中国商务年鉴

2006·总第二十三期

中国商务年鉴编辑委员会

图书在版编目(CIP)数据

中国商务年鉴 · 2006/《中国商务年鉴》编辑委员会编.—北京：中国商务出版社，2006.9
ISBN 7-80181-594-7

Ⅰ.中... Ⅱ.中... Ⅲ.商务—中国—2006—年鉴 Ⅳ.F72-54

中国版本图书馆CIP数据核字（2006）第108232号

中国商务年鉴·2006

主　　管／中华人民共和国商务部
主　　办／商务部国际贸易经济合作研究院
编　　纂／《中国商务年鉴》编辑委员会

总 编 辑／丹　舟　　副总编辑／沈炳兴
特约编辑／张　鹏　董　媛　陈明霞　刘小恒　杜　燕　李　敏
责任编辑／张尽平
英文审订／钱建初　李　君　夏晓敏
责任校对／田丽华　夏晓敏
网　　址／www.yearbook.org.cn
电　　话／010-64246856
通信地址／北京市安定门外大街东后巷28号　邮政编码：100710

出　　版／中国商务出版社
印　　刷／北京圣彩虹制版印刷技术有限公司
开　　本／889×1194毫米　大16开
印　　张／64
字　　数／2600千字
版　　别／2006年9月第一版
版　　次／2006年9月第一次印刷
定　　价／360.00元

ISSN 1673-6834
9 771673 683067 09>

ISBN 7-80181-594-7
9 787801 815941 >

ISSN 1673-6834
CN11-5319/F

ISBN 7-80181-594-7
F.945

2005年10月15日，中国国家主席胡锦涛在北京人民大会堂会见出席第七届20国集团财长与央行行长会议的美联储主席格林斯潘。

2005年5月22日，中国国务院总理温家宝在北京人民大会堂会见联合国秘书长安南。

2005年6月8日，中国国务院副总理吴仪在北京会见欧盟贸易委员彼得·曼德尔森。

商务部部长
薄熙来

序

2005年，是中国商务事业健康快速发展的一年。在党中央、国务院正确领导下，商务系统全面落实科学发展观，按照建设和谐社会、和谐世界要求，积极探索，求真务实，商务事业的深度和广度不断拓展，商务发展的大趋势更加清晰。

中国与世界经济的联系越来越紧密

中国迅速融入世界经济体系。1978年，我国贸易额只有206亿美元，居世界第二十九位，当时中国与世界的互动极小。2005年，我国贸易额超过1.4万亿美元，居世界第三位，并已成为美国第三大贸易伙伴，欧盟、日本第二大贸易伙伴，东盟第一大贸易伙伴。中国对世界经济增长作出了约10%的贡献，为世界贸易增长作出了11%的贡献。联合国贸发会议把中国和美国并称为世界经济两大“火车头”。中国需要世界，世界需要中国，已经变成了现实。

外经贸对国民经济的拉动作用越来越明显

改革开放之初，外贸对经济的贡献主要是调剂余缺。27年后，外贸对经济增长的贡献达到1/3，成为名副其实的“三驾马车”之一；累计顺差3460亿美元，利用外国直接投资6000多亿美元，极大缓解了发展中国家经济“起飞”时普遍面临的资金短缺；累计引进技术2028亿美元，有力提升了产业技术水平。2005年，进口环节税和关税占全国税收17%，外商投资企业税收占全国税收21%，外经贸从业人员1亿以上。

互利共赢的开放步伐越来越稳健

在融入世界经济体系、参与经济全球化进程中，我国立足于推动建设和谐世界，走和平发展道路。通过中央政府、地方政府、企业和商协会“四体联动”的对应机制，成功化解了一系列经贸摩擦。尤其是在2005年1月1日全球纺织品贸易实现一体化后，我们同欧美分别解决了纺织品贸易问题，取得了公平、双赢的结果，既兼顾了我与欧美经贸关系的平衡，也缓解了同发展中国家的摩擦，为国内纺织品业赢得了更大的发展空间和稳定的贸易环境。我们积极推动国内企业“走出去”，与其他国家实现共同发展，目前已有3万多家企业开展跨国经营，重大项目明显增多。

2005年，我国对外直接投资119亿美元，援建各类建设项目446个，为140多个国家培训了8000多名人员。向印度洋海啸、美国飓风、巴基斯坦地震等灾害提供了国际紧急援助，赢得了世界广泛赞誉。

多双边和区域经贸合作越来越活跃

围绕对外关系大局，主动推进多边、双边和区域经贸合作，编织经贸互动网络。2005年，全面实施中国–东盟自贸区降税计划，签署中国–智利自贸区协议、中国–巴基斯坦自贸区早期收获协议、CEPA补充协议。商建的自贸区已达9个，涉及27个国家和地区，涵盖我对外贸易额的1/4。与美、欧、俄等主要贸易伙伴共举行了51次双边会议，经贸合作更加紧密；与非洲、拉美、南太等发展中国家的经贸关系不断深化，巩固了传统友好关系。通过积极参与制定WTO规则，维护了国内产业利益。

内外贸一体化越来越深入

国内外两个市场的融合程度不断加深。2005年，社会消费品零售总额6.7万亿元，生产资料销售额14.2万亿元。在庞大的国内市场，28万家外资企业参与竞争和合作，在中国销售超过7000亿美元；24万家内资企业（其中民营企业20万家）内外贸经营一体化，在参与国际竞争中成长壮大。与此同时，城乡市场融合加速，“万村千乡市场工程”实施以来，在777个县市新建和改造7万多家标准化农家店，现代流通网络加快向广大农村延伸。知识产权保护深入开展，查处专利侵权案件4767件，版权案8060件，既净化了国内市场，也优化了外部环境。

中央和国务院领导高度重视对外经贸工作。2005年，胡锦涛主席六次国事访问，温家宝总理四次高访，每次都把经贸合作作为重要内容。吴邦国委员长、贾庆林主席在与国外议会交流时，也大力推动经济合作，取得明显成效。中央和国务院领导同志每次出访都积极开展务实合作，收获颇丰。高访期间，我国与44个国家和地区签订了161项政府间协议，还积极推动有关国家承认我市场经济地位，目前总数已达57个。

面对错综复杂的商务形势、浩如烟海的商务问题，商务系统深入调查研究，仅部领导调研就达138人次、562天。商务部还开展了转变外贸增长方式等上百个专题研究，组织各司局主要负责人集中10天时间，与数十位知名专家学者就18个重大理论问题进行研讨。

2005年，记载了商务事业的开放、繁荣与活跃。在新的一年，我们要按照科学发展观的要求，不断提高对外开放水平，大力加强现代市场体系建设，为“十一五”规划开好局，为构建和谐社会与和谐世界作出更大的努力。

《中国商务年鉴》编辑委员会

EDITORIAL BOARD OF THE CHINA COMMERCE YEARBOOK

《中国商务年鉴》特约撰稿人

SPECIAL CONTRIBUTORS TO THE CHINA COMMERCE YEARBOOK

李魁文	海关总署
苏劲美	国家质量监督检验检疫总局
周　陈	国家旅游局
李小维	国家统计局
叶海生	国家外汇管理局
刘　霞	国家开发银行
程　军	中国银行
孙　彤	商务部台港澳司
周　智	商务部台港澳司
罗晓梅	商务部亚洲司
冉德艳	商务部亚洲司
林　霄	商务部亚洲司
邓丽阳	商务部亚洲司
张　唯	商务部亚洲司
周　琛	商务部西亚非洲司
王劲松	商务部欧洲司
徐迎真	商务部美洲大洋洲司
张新宇	商务部美洲大洋洲司
谭宇威	商务部美洲大洋洲司
俞善军	商务部美洲大洋洲司
邵英军	商务部美洲大洋洲司
屈金铭	商务部美洲大洋洲司
方　昊	商务部美洲大洋洲司
兰天山	商务部外国投资管理司
唐　颂	商务部外国投资管理司
曹立生	中国商业联合会
贺登才	中国物流与采购联合会
郭　涛	中国五矿化工进出口商会
刘　春	中国机电产品进出口商会
梁世瑜	中国纺织品进出口商会
曹　红	中国轻工工艺品进出口商会
蔡小松	中国食品土畜进出口商会
张　湘	中国对外承包工程商会
宗金彩	中国国际货运代理协会
刘雪芹	商务部国际贸易经济合作研究院
张学庆	商务部国际贸易经济合作研究院
邢厚媛	商务部国际贸易经济合作研究院
薛　宏	商务部国际贸易经济合作研究院
张德金	北京市商务局
穆　群	天津市商务委员会
苏万通	河北省商务厅
吕美荣	秦皇岛市商务局
李少英	山西省商务厅
侯燕会	内蒙古自治区商务厅
张　悦	辽宁省商业厅
王智强	辽宁省对外贸易经济合作厅
范宝清	沈阳市对外贸易经济合作局
孔　强	大连市对外贸易经济合作局
华雪松	吉林省商务厅
李　军	长春市商务局
任　杰	黑龙江省商务厅
周建欣	哈尔滨市商务局
夏宝良	上海市经济委员会
王　庆	上海市对外经济贸易委员会
狄筱玲	江苏省经济贸易委员会
朱一兵	江苏省对外贸易经济合作厅
吴　哲	南京市对外贸易经济合作局
王百奇	连云港市对外贸易经济合作局
张　明	南通市对外贸易经济合作局
郑　秉	浙江省经济贸易委员会
程世昌	浙江省对外贸易经济合作厅
谢忠诚	宁波市贸易局
鲍伟伟	宁波市对外贸易经济合作局
张　婕	温州市对外贸易经济合作局
王凤鸣	安徽省商务厅
张容珍	福建省经济贸易委员会
吴文华	福建省对外贸易经济合作厅
黄寒青	厦门市贸易发展局
黄佩钦	厦门市外商投资局
林　周	福州市对外贸易经济合作局
江　疆	江西省国内贸易行业管理办公室
杨　铮	江西省对外贸易经济合作厅
刘述平	山东省经济贸易委员会
牟建芝	山东省对外贸易经济合作厅
栾正元	青岛市对外贸易经济合作局
姜英松	烟台市对外贸易经济合作局
卢凤英	河南省商务厅
李　娟	湖北省商务厅
周　樱	武汉市对外贸易经济合作局
彭继红	湖南省商务厅
陈　夫	广东省经济贸易委员会
叶志雄	广东省对外贸易经济合作厅
李冬蓓	广州市对外贸易经济合作局
李松梅	深圳市贸易工业局
王　伟	珠海市对外贸易经济合作局
黄燕萍	汕头市对外贸易经济合作局
李洪潮	湛江市对外贸易经济合作局
陈自立	广西壮族自治区商务厅
梁桂红	北海市商务局
林玉妙	海南省商务厅
沈　毅	重庆市商业委员会
何德麟	重庆市对外贸易经济委员会
刘　雪	四川省商务厅
曾繁荣	成都市商务局
张德辉	贵州省商务厅
王亚娟	云南省商务厅
王旭阳	西藏自治区商务厅
李小娟	陕西省商务厅
蒋升云	西安市对外贸易经济合作局
王成福	甘肃省商务厅
王忠文	青海省商务厅
唐河林	宁夏回族自治区商务厅
王元顺	新疆维吾尔自治区对外贸易经济合作厅
玛伊宁	新疆生产建设兵团商务局

编辑说明
EDITOR'S NOTE

一、《中国商务年鉴》由商务部主持编纂，编委会主任、副主任分别由商务部和海关总署领导担任。

二、本年鉴内容全面系统，资料翔实可靠，是一部具有权威性、指导性和实用性的大型工具书，是海内外各界人士了解、研究中国商务情况的史料性参考书。

三、本年鉴创刊于1984年，每年出版一期，每期用中文、英文两种文字分册出版。

四、本期《年鉴》全面系统地记述了2005年中国商务发展的基本情况。全书共设9个栏目，分别是"年度关键词"、"统计"、"文献"、"国别(地区)经贸"、"开发区建设"、"地方商务"、"法规"、"专文"和"附录"栏目。

五、本年鉴提及的"对外贸易"、"进出口"、"出口"、"进口"等，除有特殊标明者外，均为货物贸易。

六、本年鉴所指"限额以上批发零售贸易业、餐饮业"的统计限额标准为：批发业，年末从业人员20人及以上，年销售额2000万元以上；零售业，年末从业人员60人及以上，年销售额500万元以上； 餐饮业，年末从业人员40人及以上，年销售额200万元以上。

七、"地方商务"等栏目里的有关数字，由于统计口径、方法不一致，有些与"统计"栏目中的数字不完全一致，请以"统计"栏目中的数字为准。各省、自治区、直辖市的排列顺序，按照国务院行政区划统一规定排列。计划单列市、沿海开放城市和经济特区等均排在其所属的省、自治区后面。

八、本年鉴所涉及的单位名称、撰稿人职务均以截稿日期为准。

九、多年以来，本年鉴承蒙国家机关各部门、各地方、各公司和广大作者、译者的积极支持和帮助，在此谨表示衷心的感谢！希望各界继续给予关心和支持。对本年鉴的不足之处，诚请提出批评和改进意见，以使《中国商务年鉴》日臻完善。

通信地址：北京市安定门外东后巷28号 商务部《中国商务年鉴》编辑部
邮政编码：100710 联系电话：010-64246856 网址：www.yearbook.org.cn

商务部《中国商务年鉴》编辑部
2006年8月于北京

同中国签有经济贸易协定、投资保护协定和避免双重征税协定的国家和地区简表

（截至2005年12月31日）

“●”表示同我国签有贸易协定或议定书及经济合作协定的国家和地区（148个）

“▲”表示同我国签有双边投资保护协定的国家和地区（116个）

“◆”表示同我国签有避免双重征税协定的国家和地区（87个）

亚 洲

国家和地区	●	▲	◆
蒙古	●	▲	◆
朝鲜	●	▲	
韩国	●	▲	◆
日本	●	▲	◆
越南	●	▲	◆
老挝	●	▲	◆
柬埔寨	●	▲	
缅甸	●	▲	
泰国	●	▲	◆
马来西亚	●	▲	◆
新加坡	●	▲	◆
菲律宾	●	▲	◆
印度尼西亚	●	▲	◆
东帝汶	●		
尼泊尔	●		◆
孟加拉国	●	▲	◆
印度	●		◆
斯里兰卡	●	▲	◆
伊朗	●	▲	◆
巴基斯坦	●	▲	◆
文莱		▲	◆
塞浦路斯	●	▲	◆
哈萨克斯坦	●	▲	◆
吉尔吉斯斯坦	●	▲	◆
塔吉克斯坦	●	▲	
乌兹别克斯坦	●	▲	◆
土库曼斯坦	●	▲	
格鲁吉亚	●	▲	
阿塞拜疆	●	▲	
亚美尼亚	●	▲	◆
黎巴嫩	●	▲	
也门	●	▲	
以色列	●	▲	◆
阿曼	●	▲	◆
沙特阿拉伯	●	▲	
卡塔尔	●	▲	◆
伊拉克	●		
叙利亚	●	▲	
约旦	●	▲	
阿联酋	●	▲	◆
科威特	●	▲	◆
巴林	●	▲	◆
土耳其	●	▲	◆

非 洲

国家和地区	●	▲	◆
埃及	●	▲	◆
利比亚	●		
突尼斯	●	▲	◆
阿尔及利亚	●	▲	
摩洛哥	●	▲	◆
苏丹	●	▲	◆
埃塞俄比亚	●	▲	
吉布提	●	▲	
肯尼亚	●	▲	
坦桑尼亚	●		
卢旺达	●		
布隆迪	●		
安哥拉	●		
赞比亚	●	▲	
莫桑比克	●	▲	
毛里求斯		▲	◆
津巴布韦	●	▲	
博茨瓦纳	●	▲	
厄立特里亚	●		
南非	●	▲	◆
纳米比亚	●	▲	
毛里塔尼亚	●		
马里	●		
佛得角	●	▲	
几内亚	●	▲	
科特迪瓦	●	▲	
加纳	●	▲	
多哥	●		
贝宁	●	▲	
尼日尔	●		
尼日利亚	●	▲	◆
喀麦隆	●	▲	
赤道几内亚	●		
中非共和国	●		
刚果（布）	●	▲	
刚果（金）	●	▲	
加蓬	●	▲	
塞拉利昂	●	▲	
索马里	●		
马达加斯加	●	▲	
塞舌尔			◆
乌干达	●	▲	
利比里亚	●		

欧 洲

国家和地区	●	▲	◆
冰岛	●	▲	◆
丹麦	●	▲	◆
挪威	●	▲	◆
瑞典	●	▲	◆
芬兰	●	▲	◆
爱沙尼亚	●	▲	◆
拉脱维亚	●	▲	◆
立陶宛	●	▲	◆
俄罗斯	●		◆
白俄罗斯	●	▲	◆
乌克兰	●	▲	◆
摩尔多瓦	●	▲	◆
波兰	●	▲	◆
捷克	●	▲	◆
斯洛伐克	●	▲	◆
匈牙利	●	▲	◆
德国	●	▲	◆
法国	●	▲	◆
意大利	●	▲	◆
奥地利	●	▲	◆
欧洲联盟	●		
比利时	●	▲	◆
荷兰	●	▲	◆
卢森堡	●	▲	◆
英国	●	▲	◆
爱尔兰	●		◆
西班牙	●	▲	◆
葡萄牙	●	▲	◆
瑞士	●	▲	◆
马耳他	●		◆
塞尔维亚和黑山	●	▲	◆
斯洛文尼亚	●	▲	◆
克罗地亚	●	▲	◆
波黑	●	▲	◆
马其顿	●	▲	◆
罗马尼亚	●	▲	◆
保加利亚	●	▲	◆
阿尔巴尼亚	●	▲	◆
希腊	●	▲	◆

大 洋 洲

国家和地区	●	▲	◆
澳大利亚	●	▲	◆
新西兰	●	▲	◆
巴布亚新几内亚	●	▲	◆
瓦努阿图	●		
密克罗尼西亚	●		
萨摩亚	●		
库克群岛	●		
斐济	●		
汤加	●		

北 美 洲

国家和地区	●	▲	◆
美国	●		◆
加拿大	●		◆
墨西哥	●		◆
特立尼达和多巴哥	●	▲	◆
古巴	●	▲	◆
牙买加	●	▲	◆
巴巴多斯		▲	◆

南 美 洲

国家和地区	●	▲	◆
哥伦比亚	●		
委内瑞拉	●		◆
苏里南	●		
厄瓜多尔	●	▲	
秘鲁	●	▲	
圭亚那	●	▲	
巴西	●		◆
玻利维亚	●	▲	
智利	●	▲	
阿根廷	●	▲	
乌拉圭	●	▲	

2006 中国商务年鉴合作伙伴

PARTNERS OF CHINA COMMERCE YEARBOOK

北方国际集团有限公司
Northern International (Holding) Co.,Ltd
董事长：董国强
Chairman: Dong Guoqiang

中国国际投资股份集团有限公司
China International Investment Stock Group Limited

COVEC
中国海外工程总公司
China National Overseas Engineering Corporation

ANGANG
鞍钢集团国际经济贸易公司
Angang International
董事长：刘玠
Chairman: Liu Jie

SINOSTEEL
中国中钢集团公司
SINOSTEEL CORPORATION

BTG
首旅集团
BEIJING TOURISM GROUP
董事长：段强
Chairman: Duan Qiang

TrailerMaster
朝陽飛馬
董事长：杨乃义
Chairman: Yang Naiyi

中国电力技术进出口公司
CHINA ELECTRIC POWER TECHNOLOGY IMP. & EXP. CORP.
总经理：陈栋才
General Manager: Chen Dongcai

中國銀行
BANK OF CHINA

中国石油
总经理：陈耕
General Manager: Chen Geng

CCECC
中国土木工程集团公司
总经理：林荣新
General Manager: Lin Rongxin

Shenzhen WTO Affairs Center
深圳市世贸组织事务中心
主任/经济学博士/高级经济师：张金生
Director/Economics Ph.D/Senior Economist: Zhang Jinsheng

广东省东莞丝绸进出口有限公司
DONGGUAN SILK IMP.& EXP. CO., LTD. OF GUANGDONG
董事长兼总经理：何伟基
Chairman & General Manager: He Weiji

Choice 创展家居
北京珠江投资开发有限公司
Beijing Zhujiang Investment Development Corporation LTD.
总经理：林奕雄
General Manager: Lin Yixiong

CHEC
中国港湾
CHINA HARBOUR
董事长：陈奋健
Chairman: Chen Fenjian

中 国 对 外 贸 易 中 心
China Foreign Trade Centre

主任：胡楚生
Director: Hu Chusheng

合肥经济技术开发区管理委员会
The Administrative Committee of Hefei Economic and Technolgical Development Area

副书记、管委会副主任：李兵

长沙高新区
luvalley

主任：罗社辉
Director: Luo Shehui

济宁高新技术产业开发区
Jining New & High Tech Development Zone

济宁市副市长、高新区党工委书记、管委会主任：段修龙
Vice-mayor of Jining City, Party secretary of Jining New & High Tech Zone, President of Administrative Committee of Jining New & High Tech Zone: Duan Xiulong

QETDZ
秦皇岛经济技术开发区管理委员会
The Administrative Committee of QETDZ

主任：胡英杰
Director: Hu Yingjie

CETZ
重庆经济技术开发区管理委员会
Administrative Committee of Chongqing Economic & Technological Development Zone

党工委书记、管委会主任：唐文峰
Chairman&President：Tang wenfeng

安庆经济技术开发区管理委员会
Administration Communication of Anqing Economic Technology Development Zone

主任：丁一轩
Director：Ding Yixuan

深圳市大工业区（广东深圳出口加工区）管理委员会
The Administration of Shenzhen Grand Industrial Zone (Shenzhen Export Processing Zone, Guangdong)

主任：刘子先
Director: Liu Zixian

连云港经济技术开发区管理委员会
Lianyungang Economic and Technological Development Zone Management Committee

主任：唐国海
Director: Tang Guohai

宁 波 大 榭 开 发 区 管 委 会

Ningbo Daxie Development Zone Administrative Committee

中国稀土谷
包头稀土高新技术产业开发区
Baotou National Rare Earth Hi-tech Industrial

工任：李秉荣
Director: Li Bingrong

CAOHEJING HI·TECH PARK
上海漕河泾新兴技术开发区
Shanghai Caohejing Hi-Tech Park

董事长：王志洪
Chairman: Wang Zhihong

贵 州 省 经 济 贸 易 委 员 会
Economic and Trade Commission of Guizhou Province

副主任：龚仲富
Deputy Director-General: Gong Zhongfu

石 家 庄 市 人 民 政 府
Shijiazhuang People's Government

副市长：张殿奎
Deputy mayor: Zhang Diankui

上海市浦东新区经济贸易局
The Economic and Trade Bureau of Shanghai Pudong New Area

局长：刘正义
Director: Liu Zhengyi

SXCFTEC
绍兴县对外贸易经济合作局
The Foreign Trade&Economic Co-operation Bureau of Chaoxing County

局长：许志炎
Director: Xu Zhiyan

昆 明 市 商 务 局
Kunming Municipal Bureau of Commerce

局长：施海保
Director: Shi Haibao

西 安 市 商 业 贸 易 局
Xi'an Commerce & Trade Bureau

党委书记/局长：郝芒喜
Secretary of CPC/ Commissioner: Hao Mangxi

现代商务需要......
A MUST-HAVE FOR
INTERNATIONAL BUSINESS
CHINA
COMMERCE
YEARBOOK
2005
中國商務年鑒
政府年度出版物 中、英文分册出版
Published in separate Chinese and English editions
www.yearbook.org.cn 电话:(010)64246856

目 录

年度关键词

统　计

对外贸易

利用外资

对外经济合作

文　献

专　文

地方商务

国别(地区)经贸

开发区建设

法　规

附　录

第一部分

第二部分

第三部分

年度关键词
Annual Key Words ↘

记录历史　启迪未来
中国商务年鉴
中国商务年鉴编辑委员会
2006·总第二十三期

纺织品

2005年，中国的纺织品出口一直在各种贸易争端和壁垒的纠纷中负重前行。经过艰苦的谈判，2005年6月和11月，中国分别与欧盟、美国就纺织品问题签署谅解备忘录。中欧、中美纺织品贸易相关协议的签署，为双方企业创造了稳定和可预见的贸易环境。商务部部长薄熙来表示，这两个协议是平衡的，成为通过平等磋商来解决贸易争端的成功范例。

人民币升值

2005年7月21日，中国人民银行开始采取渐进方式允许人民币汇率浮动，人民币汇率形成机制从单一钉住美元改为钉住一揽子货币、放大人民币汇率浮动区间、富有弹性的人民币汇率机制。随之人民币兑美元汇率开始攀升，在2005年11月24日更创下人民币汇率基准价8.0805的新高。人民币升值并没有很大幅度地影响中国整体出口，并在一定程度上缓解了全球国际收支失衡的不稳定状况。

海外并购

2005年5月1日，联想集团宣布以17.5亿美元成功收购美国IBM公司全球PC业务，合并后联想集团将以130亿美元的年销售额成为全球第三大PC制造商。10月26日，总部设在加拿大的哈萨克斯坦PK石油公司宣布，加拿大地方法院已经批准中石油对其提出的41.8亿美元收购案，这是迄今为止中国公司完成的最大一起海外收购项目。

2005年6月，中国海洋石油股份有限公司（中海油）以185亿美元的全现金报价，准备收购连年亏损、申请破产的美国第九大石油公司优尼科，中海油承诺将优尼科优秀的管理团队和员工完全纳入合并后的公司。然而这次并购最后因为各种原因失败了，雪佛龙公司以低于中海油的价格收购了优尼科。

“万村千乡”工程

为切实改变农村消费不安全、不方便、不实惠的状况，商务部从2005年2月开始启动在全国农村构建现代流通网络的“万村千乡市场工程”，力争用三年时间，标准化农家店覆盖全国50%的行政村和70%的乡镇。商务部会同财政部、国家开发银行等部门制定了相关扶持政策，在中央外贸发展基金中安排专项资金用于建店补贴及配送中心建设贷款贴息。2005年，全国共有1 150家流通企业在777个市县进行试点，新建和改造7万家标准化农家店，新增营业面积800万平方米，使1亿左右的农民能在家门口买到放心、便宜的商品。

流通现代化

改革开放以来第一次由国务院召开的全国流通工作会议4月14日至15日在北京举行。此后，国务院又下发了《国务院关于促进流通业发展的若干意见》。流通业是关系国计民生的重要产业。现代流通是提高国民经济运行速度、质量和效益的重要因素，对于扩大内需、活跃市场和提高人民群众生活质量，对于解决“三农”问题、缩小城乡差别、扩大就业和保障消费安全，以及实施“引进来”和“走出去”战略有着十分重要的作用。国务院副总理吴仪指出，要以开拓市场、扩大消费为主线，大力推进商品市场体系、现代流通体系、市场监控体系、流通法律体系和商业信用体系建设，力争到2010年初步实现流通现代化。

台湾水果

2005年8月1日，祖国大陆正式对原产于台湾地区的菠萝、番荔枝、木瓜、杨桃、芒果、番石榴、莲雾、槟榔、柚、枣、椰子、枇杷、梅、桃、柿子等15种水果实施进口零关税措施。大陆的这一举措，受到了台湾广大果农的欢迎，希望能尽快实施，但却受到台湾当局设限阻挠。由于辗转运输导致的时间延误和成本增长，使得台湾水果在价格及质量方面依然存在一定的竞争劣势。为了方便台湾零关税水果通关，海关总署已制定了六大便利措施，预计随着该政策的进一步实施，企业将更全面地了解相关手续，进口的台湾水果将不断增加。

自由贸易区

2005年7月20日，按照中国—东盟自由贸易区《货物贸易协议》规定的时间表，中国与东盟的货物贸易降税计划正式启动，中国和文莱、印度尼西亚、马来西亚、缅甸、新加坡和泰国等东盟六国相互实施自贸区协定税率。该降税计划共涉及7 000种商品，2005年我国实际下调税率的商品共3 408种，包括2004年1月1日已开始实施优惠税率的“早期收获”产品。

2005年11月18日，中国和智利在韩国釜山签署了《中国—智利自由贸易协定》。这是我国与拉美国家签署的第一个自由贸易协定。

履行承诺

在加入WTO之前，中国有包括配额、许可证、特定招标管理等在内的非关税措施385种。2005年1月1日，除入世承诺中允许采用的非关税措施外，中国取消了其他所有的非关税措施，这是中国对外贸易体制发展史上的一个标志性事件。与此同时，从2005年1月1日起，我国关税总水平也由10.4%降至9.9%（其中工业品平均关税降至9.0%，农产品降到15.3%），涉及降税的共900多个税目。刚刚从WTO总干事职位上卸任的素帕猜认为，中国一直积极参加WTO的工作，在遵守WTO规则方面有着突出的表现，绝大多数成员都对中国义务履行情况感到满意。

直销管理

2005年9月2日，《直销管理条例》、《禁止传销条例》正式公布。《直销管理条例》的出台是正确引导和规范我国直销业发展的需要，也是我国履行入世承诺的一项重要举措。自1998年以来，工商部门共查处传销案件1.6万多起。在《直销管理条例》规范直销企业和直销员的经营行为的同时，我国也将一如既往地严厉打击传销。

品牌战略

2005年12月9日，商务部在北京召开全国自主出口品牌建设工作会议。商务部部长薄熙来提出，加快实施品牌战略，推动外贸增长方式转变。据了解，商务部和财政部2006年将拿出7亿元，用于企业开展自主品牌建设。此前，商务部公布了重点培育的若干个出口名牌，将在符合WTO规则的前提下，对列入名单的品牌进行重点培育。同时，对列为重点培育对象的品牌，坚持动态管理、优胜劣汰。

关于2005年GDP初步核实数据的公告

根据国家统计局《关于我国GDP核算和数据发布程序的改革》（国统字（2003）70号）的规定，GDP核算有初步核算、初步核实和最终核实三个环节。初步核算数已于2006年1月20日对外发布。近日，我局根据更新、更全面的基础资料，对2005年GDP数据进行了初步核实，形成了GDP初步核实数。现将结果公告如下：

经初步核实，2005年GDP现价总量为183 085亿元，按可比价格计算，比上年增长10.2%。其中，第一产业增加值为23 070亿元，增长速度为5.2%；第二产业增加值为87 047亿元，增长速度为11.7%；第三产业增加值为72 968亿元，增长速度为10%。按初步核实数计算的三次产业结构，第一产业占12.6%，第二产业占47.5%，第三产业占39.9%。

国家统计局

2006年8月29日

油　价

2005年8月30日，国际油价达到每桶70.90美元的全年最高位。从50多美元飙升至近80美元，2005年持续上升的国际油价再一次拖累了世界经济复苏的步伐，甚至被认为可能引发全球性的经济衰退。与此同时，美国、欧洲、日本、印度、中国等经济体的能源巨头纷纷在非洲、中亚、俄罗斯等地区寻找新的能源合作项目，在全球掀起激烈的能源争夺战。

纺织品配额

2005年1月1日，在全球实行了50年之久的纺织品配额全面取消。“后配额时代”全球的纺织品贸易格局全面洗牌。中国、印度、巴基斯坦、孟加拉国、斯里兰卡等纺织服装出口国，自然会努力赢得更多的市场；一些竞争力不强的发展中国家，在自由贸易的环境下可能成为输家；美欧等发达经济体的纺织业受到了不同程度的冲击，但也有利于其产业结构的调整。

WTO香港会议

2005年12月13日至18日，世贸组织第六次部长级会议在中国香港举行。会议通过的《香港部长宣言》宣布，发达成员和部分发展中成员2008年前向最不发达成员所有产品提供免关税、免配额的市场准入；发达成员2006年年内取消棉花的出口补贴，2013年年底前取消所有形式农产品出口补贴。多哈回合谈判已历时4年，虽然香港会议在农业、非农业以及发展问题上取得进展，但各成员今后的谈判任务仍十分艰巨。

原材料价格

2005年，国际大宗原材料价格纷纷上涨。承接2004年的涨势，原油、铁矿石等价格继续上涨，工业金属、基本工业原料价格等悉数上扬。据统计，2005年全年原油、黄金、锌、铜、铝的涨幅分别为43%、28.6%、56.8%、53%、25.6%。国际原材料价格疯涨既有美元持续贬值的因素，也与发展中国家经济的迅速增长不无关系。

禽流感

禽流感的肆虐程度从来没有像2005年这么严重。7月初，柬埔寨、菲律宾、越南等发现禽流感；8月，俄罗斯5个州出现禽流感疫情，中国西藏出现疑似高致病性禽流感；10月，泰国、印尼、哥伦比亚、希腊、克罗地亚、罗马尼亚、瑞典、英国等发现禽流感病毒；11月，传播至日本、科威特、加拿大；12月扩散至美国、乌克兰……禽流感疫情的全球扩散不仅重创了多国农业，而且对世界航空业、旅游业、保险业等带来严重损失。禽流感给生产和生活带来困扰和恐慌，也加重了对经济前景展望的不确定性。

提　息

美国联邦储备委员会2005年12月13日宣布再次小幅提息，将美国的联邦基金利率提高0.25个百分点，升至4.25%。这是美联储自2004年6月底以来连续第13次以同样的幅度提高短期利率，使该利率从当时的40多年来的最低水平1%提高为2001年4月以来的最高水平。面对通胀压力，美国、欧元区、英国等主要发达经济体纷纷提高利率，带动全球进入加息周期。

债务减免

八国集团财政部长会议2005年6月11日在伦敦决定免除18个重债穷国（其中14个在非洲）对国际货币基金组织、世界银行和非洲发展基金的全部债务，总额400亿美元，英国财政大臣布朗兴奋地称之为“有史以来最大的债务解决计划”。在2005年，减除非洲贫困的努力不仅体现为一种大规模的呼声，更转化为国际社会的切实减债行动。不过，治标的同时还需治本，与经济援助相比，为非洲国家创造良好的国际贸易条件，才是使非洲脱贫的关键。

飓　风

2005年8月，“卡特琳娜”飓风重创美国南部三州，新奥尔良市遭到了建城以来的最严重破坏，墨西哥湾地区92%的原油生产、83%的天然气生产暂停，40%的炼油生产受到影响。这一切将8月30日纽约市场油价推向每桶70.90美元的天价，也导致亚、欧、美三大洲股市全面暴跌。9月2日晚，国际能源机构宣布向市场投放6 000万桶战略石油储备。9月24日，飓风“丽塔”又开始在得克萨斯州和路易斯安那州交界地区登陆。美国国会预算局预测，两场飓风导致美国下半年经济增长率下降0.5个百分点。

复　苏

十年来持续低迷的日本经济，于2005年开始在诸多领域显露出复苏的迹象。12月8日，日本银行行长福井俊彦表示，日本经济将进入一个较长的扩张期，预计2005、2006两年的年GDP增速为2%。日元的贬值对日本经济的复苏发挥了积极作用。2005年，日元对国际主要货币汇率不断下跌。2005年8月初，日元真实有效汇率下跌至7年来的最低点。

输油管

俄罗斯输油管道工程项目一直举世瞩目。2005年3月，俄罗斯能源部提出一个折中方案，即把计划建设的输油管道在中俄国境附近分叉，分别建设通往中国和日本的两条支线，但通往中国方面的支线将优先开工。11月普京访日期间，俄承诺将在尽可能短的时间内开始输日管道的建设。不过因环保问题，原计划于2006年初开工的通往中国的一期工程仍处在僵持阶段，中日俄的能源搏弈将继续下去。

统　计

Statistics ↘

中国商务年鉴
CHINA COMMERCE YEARBOOK
政府年度出版物　中、英文分册出版
Published in separate Chinese and English editions
www.yearbook.org.cn 电话:(010)64246856
A MUST-HAVE FOR INTERNATIONAL BUSINESS
现代商务需要……

社会消费品零售总额

单位：亿元

年份	社会消费品零售总额	按销售单位所在地分			按行业分		
		市	县	县以下	批发零售业	餐饮业	其他行业
1978	1 558.6	505.2	380.4	673.0	1 363.7	54.8	140.1
1980	2 140.0	733.6	399.4	1 007.0	1 768.0	80.0	292.0
1985	4 305.0	1 874.5	737.2	1 693.3	3 272.2	196.9	835.9
1989	8 101.4	3 666.8	1 329.5	3 105.1	6 009.5	405.1	1 686.8
1990	8 300.1	3 888.6	1 337.4	3 074.1	6 127.4	419.8	1 752.9
1991	9 415.6	4 529.8	1 491.2	3 394.6	6 903.9	492.0	2 019.7
1992	10 993.7	5 470.3	1 689.8	3 833.6	7 922.2	589.7	2 481.8
1993	14 270.4	7 138.1	2 090.1	5 042.2	10 892.8	817.8	2 559.8
1994	18 622.9	9 387.8	2 558.7	6 676.4	14 903.4	1 201.4	2 518.1
1995	23 613.8	12 979.4	3 366.3	7 268.1	19 454.3	1 614.7	2 544.8
1996	28 360.2	16 199.2	3 759.7	8 401.3	23 747.5	2 070.0	2 542.7
1997	31 252.9	18 499.5	4 011.6	8 741.8	26 169.9	2 488.2	2 594.8
1998	33 378.1	20 294.1	4 220.2	8 863.8	27 859.2	2 878.8	2 640.1
1999	35 647.9	22 201.8	4 460.8	8 985.3	29 708.8	3 270.3	2 668.8
2000	39 105.7	24 555.2	4 831.1	9 719.4	32 697.3	3 836.1	2 572.3
2001	43 055.4	27 379.1	5 251.4	10 424.9	36 014.8	4 465.2	2 575.4
2002	48 135.9	31 376.5	5 566.5	11 192.9	40 926.6	5 547.1	1 662.2
2003	52 516.3	34 608.3	6 011.8	11 896.2	44 659.4	6 191.4	1 665.5
2004	59 501.0	39 695.7	6 636.0	13 169.3	50 256.8	7 550.4	1 693.8
2005	67 176.6	45 094.3	7 485.4	14 596.9	56 589.2	8 886.8	1 700.6

注： 1. 1992 年及以前为社会商品零售总额。

2. 1993 年及以后社会消费品零售总额是根据第一次经济普查结果调整的数据。

各地区社会消费品零售总额（2005 年）

单位：亿元

地　区	社会消费品零售总额	按销售单位所在地分			按行业分		
		市	县	县以下	批发零售业	餐饮业	其他行业
全　国	**67 176.6**	**45 094.3**	**7 485.4**	**14 596.9**	**56 589.2**	**8 886.8**	**1 700.6**
北　京	2 902.8	2 459.7	59.4	383.7	2 529.4	268.0	105.4
天　津	1 190.1	1 113.0	42.2	34.9	958.4	159.5	72.2
河　北	2 952.9	1 398.8	588.4	965.7	2 535.2	354.3	63.4
山　西	1 401.2	902.8	262.3	236.1	1 187.4	163.3	50.5
内蒙古	1 344.1	903.4	275.9	164.8	1 071.7	229.6	42.8
辽　宁	2 999.0	2 523.8	145.5	329.7	2 479.2	453.1	66.7
吉　林	1 460.8	1 140.7	106.7	213.4	1 238.6	217.1	5.1
黑龙江	1 760.1	1 323.0	226.4	210.7	1 518.0	204.2	37.9
上　海	2 973.0	2 588.9	21.3	362.8	2 611.3	350.3	11.4
江　苏	5 699.9	4 126.2	327.2	1 246.5	4 964.8	629.1	106.0
浙　江	4 631.7	3 046.7	460.6	1 124.4	4 020.8	533.2	77.7
安　徽	1 765.0	941.2	360.6	463.2	1 497.1	240.7	27.2
福　建	2 345.8	1 479.4	272.9	593.5	2 011.9	286.8	47.1
江　西	1 236.2	651.7	271.4	313.1	1 096.5	123.3	16.4
山　东	6 126.4	4 004.5	605.9	1 516.0	5 116.7	753.0	256.7
河　南	3 358.4	1 805.2	657.4	895.8	2 780.4	497.5	80.5
湖　北	2 964.6	2 057.3	279.1	628.2	2 402.4	386.6	175.6
湖　南	2 459.1	1 371.4	453.6	634.1	2 104.5	317.4	37.2
广　东	7 882.6	5 617.9	332.7	1 932.0	6 575.3	1 174.3	133.0
广　西	1 397.0	819.2	245.3	332.5	1 203.7	166.5	26.8
海　南	268.6	190.7	19.7	58.2	210.9	46.1	11.6
重　庆	1 215.8	714.8	163.0	338.0	1 042.6	162.0	11.2
四　川	2 981.4	1 446.9	525.9	1 008.6	2 337.6	545.6	98.2
贵　州	606.9	362.7	115.8	128.4	531.8	64.7	10.4
云　南	1 034.4	564.5	239.3	230.6	823.8	155.5	55.1
西　藏	73.1	33.0	30.8	9.3	57.9	11.2	4.0
陕　西	1 322.4	867.0	233.1	222.3	1 151.5	144.3	26.6
甘　肃	632.8	413.3	99.7	119.8	512.1	99.8	20.9
青　海	160.5	105.6	36.4	18.5	132.1	24.4	4.0
宁　夏	174.3	131.2	19.6	23.5	141.2	30.0	3.1
新　疆	637.8	442.4	95.3	100.1	509.8	90.6	37.4

注：各地区相加不等于全国总计，原因是全国数据进行了修正。

按登记注册类型分限额以上批发和零售业、住宿和餐饮业基本情况（2005 年）(1)

单位：亿元

指　　标	法人企业（个）	产业活动单位（个）	从业人数（人）
总　计	**67 064**	**156 254**	**8 068 191**
批发业合计	**26 963**	**56 157**	**2 244 131**
内资企业	**25 947**	**54 825**	**2 134 494**
国有企业	4 710	13 618	725 578
集体企业	1 099	3 448	104 940
股份合作企业	354	852	25 226
联营企业	173	263	13 581
国有联营企业	84	145	9 100
集体联营企业	18	18	868
国有与集体联营企业	38	59	1 664
其他联营企业	33	41	1 949
有限责任公司	7 442	12 810	554 321
国有独资公司	426	1 265	69 033
其他有限责任公司	7 016	11 545	485 288
股份有限公司	1 164	10 132	305 608
私营企业	10 933	13 620	399 207
私营独资企业	259	384	9 706
私营合伙企业	130	160	3 769
私营有限责任公司	10 109	12 559	369 508
私营股份有限公司	435	517	16 224
其他企业	72	82	6 033
港、澳、台商投资企业	**308**	**376**	**27 461**
合资经营企业	62	85	5 617
合作经营企业	13	14	2 032
独资经营企业	227	264	17 024
港、澳、台商投资股份有限公司	6	13	2 788
外商投资企业	**708**	**956**	**82 176**
中外合资经营企业	117	229	14 026
中外合作经营企业	14	25	2 155
外资企业	567	678	64 085
外商投资股份有限公司	10	24	1 910
零售业合计	**20 735**	**73 774**	**2 950 527**
内资企业	**20 346**	**71 673**	**2 735 193**
国有企业	2 798	11 296	348 412
集体企业	1 799	7 411	149 741
股份合作企业	487	1 546	51 561
联营企业	145	239	16 458
国有联营企业	57	96	7 360
集体联营企业	32	36	1 649
国有与集体联营企业	26	51	3 277
其他联营企业	30	56	4 172

按登记注册类型分限额以上批发和零售业、住宿和餐饮业基本情况（2005年）（2）

单位：亿元

指 标	法人企业（个）	产业活动单位（个）	从业人数（人）
有限责任公司	5 561	24 740	960 190
国有独资公司	152	520	26 574
其他有限责任公司	5 409	24 220	933 616
股份有限公司	1 068	10 176	473 967
私营企业	8 377	16 029	725 041
私营独资企业	641	875	43 775
私营合伙企业	199	297	13 824
私营有限责任公司	7 036	13 860	618 431
私营股份有限公司	501	997	49 011
其他企业	111	236	9 823
港、澳、台商投资企业	**134**	**549**	**63 603**
合资经营企业	72	400	50 803
合作经营企业	25	29	5 169
独资经营企业	33	108	4 633
港、澳、台商投资股份有限公司	4	12	2 998
外商投资企业	**255**	**1 552**	**151 731**
中外合资经营企业	146	1141	90 007
中外合作经营企业	50	159	30 477
外资企业	55	244	30 280
外商投资股份有限公司	4	8	967
住宿业合计	**9 444**	**11 228**	**1 529 270**
内资企业	**8 593**	**10 265**	**1 269 901**
国有企业	3 064	3 582	471 377
集体企业	709	834	80 817
股份合作企业	209	247	24 994
联营企业	89	100	16 143
国有联营企业	43	50	8 999
集体联营企业	15	17	1 535
国有与集体联营企业	16	17	2 844
其他联营企业	15	16	2 765
有限责任公司	1 683	2 122	321 759
国有独资公司	107	134	23 813
其他有限责任公司	1 576	1 988	297 946
股份有限公司	364	447	72 331
私营企业	2 397	2 840	272 006
私营独资企业	705	793	54 636
私营合伙企业	142	163	10 656
私营有限责任公司	1 398	1 704	187 895
私营股份有限公司	152	180	18 819
其他企业	78	93	10 474

按登记注册类型分限额以上批发和零售业、住宿和餐饮业基本情况（2005年）(3)

单位：亿元

指　标	法人企业（个）	产业活动单位（个）	从业人数（人）
港、澳、台商投资企业	**462**	**530**	**149 541**
合资经营企业	282	340	93 548
合作经营企业	87	91	35 694
独资经营企业	86	91	18 426
港、澳、台商投资股份有限公司	7	8	1 873
外商投资企业	**389**	**433**	**109 828**
中外合资经营企业	221	250	61 047
中外合作经营企业	84	84	26 848
外资企业	77	92	20 731
外商投资股份有限公司	7	7	1 202
餐饮业合计	**9 922**	**15 095**	**1 344 263**
内资企业	**9 099**	**11 764**	**1 015 102**
国有企业	580	816	83 386
集体企业	441	524	38 863
股份合作企业	319	414	27 211
联营企业	35	38	4 299
国有联营企业	9	9	994
集体联营企业	8	8	996
国有与集体联营企业	3	4	438
其他联营企业	15	17	1 871
有限责任公司	1 398	2 139	197 741
国有独资公司	16	27	3 299
其他有限责任公司	1 382	2 112	194 442
股份有限公司	245	383	39 940
私营企业	5 893	7 219	606 772
私营独资企业	1 582	1 777	120 259
私营合伙企业	365	399	33 203
私营有限责任公司	3 605	4 651	420 065
私营股份有限公司	341	392	33 245
其他企业	188	231	16 890
港、澳、台商投资企业	**365**	**748**	**87 570**
合资经营企业	152	369	37 711
合作经营企业	59	75	11 325
独资经营企业	151	299	37 867
港、澳、台商投资股份有限公司	3	5	667
外商投资企业	**458**	**2 583**	**241 591**
中外合资经营企业	177	859	72 832
中外合作经营企业	89	329	29 143
外资企业	180	1 352	136 849
外商投资股份有限公司	12	43	2 767

各地区限额以上批发业法人基本情况（2005 年）

地　区	法人企业（个）	产业活动单位（个）	从业人数（人）
全　国	**26 963**	**56 157**	**2 244 131**
北　京	2 768	3 498	146 426
天　津	1 231	1 233	56 896
河　北	516	522	72 719
山　西	472	1 174	82 707
内蒙古	308	757	29 464
辽　宁	1 280	3 121	76 426
吉　林	326	436	29 028
黑龙江	473	1 733	51 765
上　海	1 803	2 568	165 542
江　苏	1 202	3 200	125 361
浙　江	2 757	6 315	141 928
安　徽	460	1 548	59 038
福　建	1 496	2 228	74 878
江　西	249	1 047	45 140
山　东	1 440	3 304	166 142
河　南	1 383	4 369	136 741
湖　北	689	2 632	80 392
湖　南	413	926	55 550
广　东	3 928	4 006	233 783
广　西	481	1 891	57 488
海　南	173	192	10 772
重　庆	479	2 203	60 848
四　川	475	1 856	63 269
贵　州	151	413	27 874
云　南	689	1 921	63 061
西　藏	12	69	1429
陕　西	268	478	43 839
甘　肃	302	857	24 792
青　海	56	260	6 117
宁　夏	174	287	9 349
新　疆	509	1 113	45 367

各地区限额以上零售业法人基本情况（2005 年）

地　区	法人企业（个）	产业活动单位（个）	从业人数（人）
全　国	**20 735**	**73 774**	**2 950 527**
北　京	2 586	6 245	209 681
天　津	407	407	52 322
河　北	484	488	112 017
山　西	562	2 389	84 945
内蒙古	318	815	39 857
辽　宁	863	2 609	129 416
吉　林	308	1 089	46 850
黑龙江	376	1 110	62 166
上　海	493	9 295	264 523
江　苏	1 256	5 428	243 891
浙　江	1 095	5 146	134 348
安　徽	355	983	68 825
福　建	1 003	2 962	79 857
江　西	308	734	43 135
山　东	1 904	5 343	280 547
河　南	2 195	10 418	202 820
湖　北	592	2 881	123 088
湖　南	613	1 954	91 891
广　东	2 141	2 261	257 898
广　西	421	1 639	61 870
海　南	122	177	6 490
重　庆	408	1 853	50 402
四　川	437	2 364	99 363
贵　州	97	521	17 325
云　南	432	1 499	41 026
西　藏	17	94	1 829
陕　西	243	690	60 317
甘　肃	212	1 070	27 221
青　海	83	224	7 540
宁　夏	113	201	12 900
新　疆	291	885	36 167

各地区星级住宿业法人基本情况（2005 年）

地　区	法人企业（个）	产业活动单位（个）	从业人数（人）
全　国	**9 444**	**11 228**	**1 529 270**
北　京	492	610	120 133
天　津	92	99	17 647
河　北	252	255	48 861
山　西	234	248	35 679
内蒙古	166	195	21 390
辽　宁	354	400	51 193
吉　林	168	183	23 287
黑龙江	177	183	21 064
上　海	300	340	78 888
江　苏	512	541	81 768
浙　江	829	1 592	120 702
安　徽	295	310	33 018
福　建	360	397	53 422
江　西	219	241	26 740
山　东	446	501	76 407
河　南	349	439	58 434
湖　北	378	406	50 427
湖　南	397	434	61 082
广　东	1 042	1 055	217 658
广　西	272	321	42 052
海　南	254	303	33 233
重　庆	150	210	38 089
四　川	333	372	54 606
贵　州	145	158	16 578
云　南	501	603	46 414
西　藏	61	61	4 072
陕　西	222	230	35 382
甘　肃	122	143	16 405
青　海	44	45	4 413
宁　夏	46	51	7 007
新　疆	232	302	33 219

各地区限额以上餐饮业法人基本情况（2005 年）

地　区	法人企业（个）	产业活动单位（个）	从业人数（人）
全　国	**9 922**	**15 095**	**1 344 263**
北　京	1 255	2 570	144 128
天　津	178	179	24 956
河　北	133	152	18 836
山　西	156	225	27 665
内蒙古	209	253	18 324
辽　宁	351	559	45 805
吉　林	104	148	12 033
黑龙江	166	192	14 897
上　海	717	1 423	108 516
江　苏	781	1 189	106 048
浙　江	492	960	81 287
安　徽	165	233	20 202
福　建	248	533	32 564
江　西	166	214	20 958
山　东	1 012	1 269	104 214
河　南	514	693	42 581
湖　北	281	464	47 902
湖　南	293	396	43 541
广　东	1 490	1 606	270 557
广　西	121	207	17 600
海　南	37	50	3 703
重　庆	237	377	27 965
四　川	283	426	36 539
贵　州	59	74	7 613
云　南	77	142	10 540
西　藏			
陕　西	168	235	29 753
甘　肃	77	133	9 656
青　海	28	34	2 860
宁　夏	59	63	6 431
新　疆	65	96	6 589

按行业分限额以上批发和零售业商品购、销、存总额（2005 年）

单位：亿元

指　标	购进总额	销售总额			年末库存总额
			批　发	零　售	
总　计	**87 530.9**	**93 151.3**	**74 921.3**	**18 230.0**	**7 061.0**
批发业合计	**71 650.6**	**75 510.7**	**72 029.7**	**3 481.0**	**5 274.8**
农畜产品批发	1 801.9	1 798.0	1 780.6	17.4	876.9
食品、饮料及烟草制品批发	8 013.5	9 509.4	9 324.1	185.3	693.6
#米、面制品及食用油批发	655.6	693.0	675.1	17.9	170.9
烟草制品批发	5 466.7	6 682.9	6 613.5	69.3	375.7
纺织、服装及日用品批发	4 638.6	5 417.0	5 363.5	53.5	230.4
#服装批发	1 759.0	2 028.3	2 004.5	23.8	85.6
文化、体育用品及器材批发	1 046.0	1 113.6	1 070.7	42.9	139.2
医药及医疗器材批发	2 937.9	3 147.6	2 616.3	531.2	373.2
矿产品、建材及化工产品批发	37 762.5	38 924.6	36 941.4	1 983.1	1 797.4
#煤炭及制品批发	2 271.2	2 838.4	2 757.0	81.5	113.6
石油及制品批发	17 177.0	17 225.2	15 535.6	1 689.6	453.1
金属及金属矿批发	11 860.9	12 114.0	12 017.3	96.7	695.4
建材批发	1 458.7	1 492.4	1 446.0	46.5	95.5
化肥批发	1 066.6	1 110.5	1 092.0	18.5	162.5
机械设备、五金交电及电子产品批发	11 828.1	11 620.6	10 984.0	636.6	878.2
#汽车、摩托车及零配件批发	4 122.5	3 300.9	2 991.5	309.4	191.8
家用电器批发	1 738.2	1 860.8	1 743.0	117.8	221.4
计算机、软件及辅助设备批发	1 056.3	1 095.8	1 015.2	80.6	59.2
贸易经纪与代理	692.0	697.9	695.6	2.3	15.2
其他批发	2 930.2	3 282.1	3 253.5	28.5	270.6
零售业合计	**15 880.3**	**17 640.5**	**2 891.6**	**14 749.0**	**1 786.2**
综合零售	5 959.7	6 969.0	686.2	6 282.8	729.2
#百货零售	3 008.9	3 618.7	226.8	3 391.9	318.5
超级市场零售	2 614.9	3 093.5	408.0	2 685.5	388.5
食品、饮料及烟草制品专门零售	311.5	342.2	87.3	254.9	37.1
纺织、服装及日用品专门零售	351.0	429.1	73.2	355.9	67.4
#服装零售	200.5	249.2	43.3	206.0	37.4
文化、体育用品及器材专门零售	518.4	562.3	104.6	457.7	127.5
#体育用品零售	14.9	16.0	2.3	13.7	4.3
图书零售	378.2	379.6	55.4	324.2	87.2
医药及医疗器材专门零售	704.3	764.1	197.5	566.5	134.5
#药品零售	655.1	706.2	175.5	530.7	126.5
汽车、摩托车、燃料及零配件专门零售	5 755.7	6 253.9	1 364.9	4 889.0	428.2
#汽车零售	3 521.4	3765.8	483.1	3 282.7	288.3
机动车燃料零售	2 084.4	2 332.2	857.4	1 474.8	79.4
家用电器及电子产品专门零售	1 833.4	1 811.5	258.1	1 553.3	205.1
#家用电器零售	1 252.4	1 211.1	124.1	1 087.0	152.8
计算机、软件及辅助设备零售	298.2	311.1	73.1	238.0	24.0
通讯设备零售	229.8	234.4	44.9	189.6	22.3
五金、家具及室内装修材料专门零售	233.4	268.0	41.2	226.8	40.6
无店铺及其他零售	212.9	240.6	78.5	162.1	16.7
#邮购及电子销售	7.8	10.4	1.5	8.9	0.5

各地区限额以上批发和零售业商品购、销、存总额（2005 年）

单位：亿元

地区	购进总额	销售总额			年末库存总额
			批发	零售	
全国	**87 530.9**	**93 151.3**	**74 921.3**	**18 230.0**	**7 061.0**
北京	10 016.1	10 854.4	9 098.1	1 756.3	1 264.2
天津	4 192.4	4 316.0	3 897.8	418.2	204.5
河北	1 429.2	1 600.1	1 164.1	436.0	156.8
山西	1 634.3	1 461.2	1 057.5	403.8	121.7
内蒙古	627.8	848.7	610.9	237.8	75.4
辽宁	5 622.5	5 070.4	4 287.0	783.4	292.7
吉林	1 547.7	1 566.2	1 241.0	325.2	154.2
黑龙江	1 051.3	1 128.4	802.7	325.8	243.3
上海	10 957.5	12 050.8	10 425.1	1 625.7	676.4
江苏	5 268.6	5 936.7	4 329.3	1 607.4	336.9
浙江	8 851.9	9 164.1	7 787.4	1 376.7	454.0
安徽	1 513.1	1 615.5	1 276.4	339.1	116.2
福建	2 796.4	3 051.0	2 459.0	592.0	192.1
江西	688.0	765.3	533.2	232.1	76.3
山东	4 376.4	4 722.9	3 266.5	1 456.4	394.0
河南	2 294.3	2 520.8	1 873.9	647.0	199.6
湖北	2 532.8	2 673.3	2 093.6	579.7	208.5
湖南	1 184.9	1 370.8	909.4	461.4	129.5
广东	11 326.6	11 933.3	9 693.0	2 240.4	670.9
广西	1 114.3	1 168.2	870.0	298.2	69.4
海南	239.0	271.8	192.1	79.7	20.8
重庆	1 156.1	1 248.6	883.5	365.1	168.2
四川	1 563.9	1 762.4	1 291.9	470.4	131.3
贵州	380.3	479.4	359.3	120.1	54.5
云南	1 894.2	2 034.8	1 752.0	282.8	265.3
西藏	23.3	29.6	16.5	13.1	5.5
陕西	988.3	1 090.0	796.9	293.1	74.1
甘肃	842.7	894.8	748.7	146.1	61.7
青海	115.0	127.1	77.0	50.1	10.5
宁夏	195.8	212.5	159.9	52.6	25.5
新疆	1 105.8	1 182.0	967.6	214.3	207.0

限额以上批发和零售业主要商品分类销售额

单位：亿元

项　　目	销售合计		批　　发		零　　售	
	2004 年	2005 年	2004 年	2005 年	2004 年	2005 年
食品、饮料、烟酒类	11 638.7	12 692.2	9 385.9	9 895.9	2 252.8	2 796.3
粮油类	1 923.1	1 710.9	1 637.1	1 355.1	286.1	355.8
肉禽蛋类	579.1	654.2	304.9	309.4	274.2	344.8
其他食品类	2 102.3	2 537.4	1 145.8	1 266.7	956.4	1 270.6
饮料类	424.7	512.6	171.4	247.2	253.3	265.4
烟酒类	6 609.6	7 277.0	6 126.8	6 717.5	482.8	559.5
服装鞋帽、针纺织品类	5 506.5	5 612.1	3 838.8	3 593.9	1 667.7	2 018.2
服装类	3 091.3	3 243.4	1 979.2	1 880.5	1 112.0	1 362.8
鞋帽类	689.6	731.3	381.2	363.7	308.4	367.6
针纺织品类	1 725.6	1 637.4	1 478.4	1 349.7	247.2	287.7
化妆品类	505.7	480.1	238.7	145.0	267.1	335.1
金银珠宝类	289.5	336.4	73.8	81.3	215.7	255.2
日用品类	1 563.9	1 636.8	957.9	917.4	606.0	719.3
#洗涤用品类	338.1	370.5	144.7	153.5	193.5	217.0
儿童玩具类	84.3	83.8	49.3	44.6	35.0	39.2
五金、电料类	866.5	620.2	757.3	515.1	109.1	105.1
体育、娱乐用品类	331.9	307.1	223.7	185.6	108.1	121.5
书报杂志类	859.4	812.5	516.5	428.0	342.9	384.5
电子出版物及音像制品类	119.3	69.7	76.3	28.2	43.0	41.5
家用电器和音像器材类	3 421.9	3 568.5	2 006.2	1 955.5	1 415.7	1 613.0
中西药品类	3 546.8	3 517.3	2 512.9	2 395.3	1 034.0	1 122.0
#西药	2 474.6	2 511.5	1 735.9	1 685.2	738.7	826.3
中草药及中成药	734.1	791.4	522.1	544.8	212.0	246.6
文化办公用品类	1 725.1	1 409.8	1 345.3	1 019.2	379.8	390.6
家具类	193.1	253.2	98.7	130.0	94.4	123.1
通讯器材类	2 330.3	1 938.6	1 930.6	1 484.3	399.7	454.3
煤炭及制品类	2 703.5	2 828.5	2 665.2	2 798.8	38.2	29.7
木材及制品类	264.9	225.4	250.9	214.2	13.9	11.2
石油及制品类	16 471.3	18 419.1	14 167.0	15 501.2	2 304.2	2 917.9
化工材料及制品类	5 044.8	4 584.2	4 992.7	4 545.3	52.1	38.9
#化肥类	959.7	1 165.9	955.5	1 164.6	4.2	1.3
金属材料类	12 257.7	10 467.6	12 119.2	10 356.0	138.5	111.6
建筑及装潢材料类	1 019.2	786.2	898.3	635.1	120.9	151.1
机电产品及设备类	3 932.3	3 277.0	3 772.2	3 116.9	160.1	160.1
#农机类	168.6	135.3	164.0	132.3	4.6	3.0
汽车类	7 275.1	5 808.2	3 855.9	2 592.9	3 419.1	3 215.4
种子饲料类	218.9	169.9	214.7	168.8	4.2	1.0
棉麻类	625.4	679.9	624.4	678.2	1.0	1.7
其他类	4 216.9	3 999.4	3 876.1	3 561.1	340.8	438.3

各地区星级住宿业经营情况（2005 年）

单位：亿元

地　区	营业额	#客房收入	#餐费收入	#商品销售收入
全　国	**1 353.3**	**661.1**	**507.8**	**40.4**
北　京	176.1	91.4	52.1	4.8
天　津	16.8	9.0	4.9	0.6
河　北	25.6	10.4	12.6	0.6
山　西	21.9	10.0	9.7	0.8
内蒙古	13.2	6.0	6.5	0.2
辽　宁	47.6	23.8	17.3	1.0
吉　林	15.1	6.8	6.5	0.4
黑龙江	13.0	7.3	4.0	0.8
上　海	152.7	85.5	43.6	3.2
江　苏	86.1	41.4	33.9	4.3
浙　江	128.6	57.7	57.5	3.1
安　徽	21.7	10.4	8.5	1.1
福　建	43.1	18.7	19.8	0.9
江　西	14.7	8.1	4.9	0.8
山　东	66.7	28.4	29.6	3.8
河　南	37.2	16.7	15.2	2.4
湖　北	31.4	16.0	11.8	1.0
湖　南	40.5	19.5	16.0	1.3
广　东	201.9	90.2	81.4	3.4
广　西	25.6	12.9	10.3	0.7
海　南	22.4	13.9	6.7	0.2
重　庆	20.2	9.3	8.1	0.9
四　川	35.0	18.1	11.9	1.1
贵　州	9.0	5.2	3.0	0.2
云　南	27.1	15.0	8.5	1.0
西　藏	3.0	1.6	0.9	
陕　西	21.7	10.7	8.9	0.7
甘　肃	7.8	4.1	2.9	0.2
青　海	1.9	1.0	0.6	
宁　夏	4.0	1.8	1.7	0.2
新　疆	21.7	10.4	8.6	0.5

各地区限额以上餐饮业经营情况（2005 年）

单位：亿元

地　区	营业额	#客房收入	#餐费收入	#商品销售收入
全　国	**1 260.2**	**64.0**	**1 124.0**	**45.4**
北　京	149.2	1.5	139.0	4.6
天　津	29.6	0.1	26.8	2.6
河　北	13.7	0.8	12.3	0.3
山　西	19.2	2.0	15.9	1.0
内蒙古	11.8	1.3	10.2	0.2
辽　宁	48.1	2.4	43.3	1.1
吉　林	9.6	1.2	8.0	0.3
黑龙江	15.5	0.2	12.8	2.4
上　海	169.5	1.0	166.4	1.4
江　苏	107.5	10.1	91.5	2.7
浙　江	88.2	6.9	77.6	1.9
安　徽	25.0	1.2	21.5	2.0
福　建	36.3	1.1	34.3	0.4
江　西	15.7	1.3	11.7	2.6
山　东	82.9	9.8	63.8	7.6
河　南	27.9	1.5	23.1	2.3
湖　北	36.2	1.6	33.0	1.2
湖　南	30.4	2.1	27.2	0.8
广　东	219.7	10.6	198.5	4.2
广　西	9.7	0.8	8.4	0.4
海　南	3.7	0.0	3.4	0.2
重　庆	21.8	1.9	18.6	0.6
四　川	30.8	1.4	26.7	1.5
贵　州	5.1	0.1	4.5	0.4
云　南	9.5	0.2	8.5	0.2
西　藏				
陕　西	25.0	2.1	19.6	2.0
甘　肃	7.0	0.1	6.9	
青　海	1.5	0.1	1.4	
宁　夏	3.9	0.4	3.1	0.4
新　疆	6.3	0.1	5.8	0.2

按登记注册类型分限额以上批发、零售企业年末资产负债（2005年）（1）

单位：亿元

指　标	资产合计	#流动资产	#固定资产	负债合计	所有者权益合计
总　计	**36 532.0**	**26 098.7**	**4 745.6**	**26 342.2**	**10 189.2**
批发企业合计	**28 105.8**	**20 985.0**	**2 658.5**	**20 199.5**	**7 906.9**
内资企业	**25 894.4**	**19 226.0**	**2 580.4**	**18 659.2**	**7 235.8**
国有企业	8 639.2	6 114.5	969.1	5 943.7	2 695.9
集体企业	925.3	738.3	86.7	815.4	109.9
股份合作企业	182.8	141.2	20.2	137.6	45.2
联营企业	132.6	103.5	13.5	88.3	44.3
国有联营企业	79.6	59.9	10.4	47.5	32.1
集体联营企业	3.5	2.8	0.4	2.8	0.6
国有与集体联营企业	18.7	15.8	1.0	13.6	5.1
其他联营企业	30.7	24.9	1.7	24.2	6.5
有限责任公司	8 135.9	6 482.2	554.3	6 116.9	2 019.0
国有独资公司	1 321.0	907.9	117.2	824.9	496.1
其他有限责任公司	6 814.9	5 574.3	437.1	5 292.0	1 522.9
股份有限公司	3 384.7	1 827.7	680.4	2 080.4	1 304.5
私营企业	4 448.7	3 781.2	252.8	3 444.2	1 004.5
私营独资企业	77.3	60.4	8.2	61.2	16.1
私营合伙企业	23.0	20.3	1.7	18.5	4.5
私营有限责任公司	4 218.3	3 583.9	233.5	3 273.4	945.0
私营股份有限公司	130.1	116.5	9.5	91.1	38.9
其他企业	45.2	37.5	3.5	32.8	12.5
港、澳、台商投资企业	**328.3**	**295.5**	**8.5**	**256.9**	**71.5**
合资经营企业	50.9	43.8	2.1	38.6	12.3
合作经营企业	15.4	15.0	0.2	10.8	4.6
独资经营企业	235.8	221.3	5.0	193.4	42.4
港、澳、台商投资股份有限公司	26.2	15.4	1.2	14.1	12.2
外商投资企业	**1 883.1**	**1 463.5**	**69.5**	**1 283.5**	**599.6**
中外合资经营企业	293.0	241.2	24.0	216.4	76.6
中外合作经营企业	79.6	75.8	1.2	79.1	0.5
外资企业	1 498.1	1 142.7	42.8	979.1	519.0
外商投资股份有限公司	12.3	3.9	1.6	8.9	3.4

按登记注册类型分限额以上批发、零售企业年末资产负债（2005年）（2）

单位：亿元

指　标	资产合计	#流动资产	#固定资产	负债合计	所有者权益合计
零售企业合计	**8 426.2**	**5 113.7**	**2 087.1**	**6 142.7**	**2 282.3**
内资企业	**7 636.9**	**4 632.7**	**1 877.0**	**5 554.5**	**2 081.2**
国有企业	841.2	458.3	270.9	632.8	208.5
集体企业	231.2	133.3	63.8	178.5	52.7
股份合作企业	106.2	65.0	28.7	85.8	20.4
联营企业	80.3	46.7	14.5	59.3	21.0
国有联营企业	27.0	15.4	4.9	21.2	5.8
集体联营企业	5.5	2.2	2.2	3.9	1.6
国有与集体联营企业	27.1	19.3	3.3	18.1	9.1
其他联营企业	20.6	9.8	4.1	16.1	4.5
有限责任公司	2 497.5	1 589.3	574.1	1 933.4	564.1
国有独资公司	140.0	65.6	41.8	89.1	50.8
其他有限责任公司	2 357.5	1 523.7	532.3	1 844.3	513.3
股份有限公司	2 002.6	961.3	631.7	1 245.9	755.5
私营企业	1 857.6	1 364.2	289.6	1 403.9	453.7
私营独资企业	68.6	47.3	13.9	46.0	22.6
私营合伙企业	32.0	20.0	9.7	20.1	11.9
私营有限责任公司	1 639.7	1 221.7	247.7	1 257.4	382.3
私营股份有限公司	117.2	75.1	18.2	80.3	36.8
其他企业	20.3	14.5	3.6	15.0	5.3
港、澳、台商投资企业	**268.3**	**162.0**	**66.1**	**188.5**	**79.7**
合资经营企业	220.7	125.0	59.4	152.8	67.9
合作经营企业	23.3	17.7	2.7	14.7	8.5
独资经营企业	22.8	18.3	3.7	20.2	2.6
港、澳、台商投资股份有限公司	1.6	1.1	0.3	0.8	0.7
外商投资企业	**521.0**	**319.0**	**144.0**	**399.7**	**121.4**
中外合资经营企业	301.0	172.0	85.7	212.9	88.1
中外合作经营企业	128.1	90.9	26.9	112.7	15.4
外资企业	91.2	55.8	31.2	73.7	17.5
外商投资股份有限公司	0.7	0.4	0.3	0.3	0.3

按行业分限额以上批发、零售企业年末资产负债（2005年）

单位：亿元

指 标	资产合计	#流动资产	#固定资产	负债合计	所有者权益合计
总 计	**36 532.0**	**26 098.7**	**4 745.6**	**26 342.2**	**10 189.2**
批发业合计	**28 105.8**	**20 985.0**	**2 658.5**	**20 199.5**	**7 906.9**
农畜产品批发	2 656.4	2 099.2	213.1	2 470.4	186.0
食品、饮料及烟草制品批发	3 838.7	2 691.8	584.8	1 960.6	1 878.2
#米、面制品及食用油批发	675.1	492.2	78.8	557.1	118.0
烟草制品批发	2 171.9	1 514.9	352.4	708.0	1 463.9
纺织、服装及日用品批发	2 058.0	1 591.3	143.9	1 514.5	543.4
#服装批发	712.4	563.9	48.1	513.0	199.4
文化、体育用品及器材批发	582.5	409.8	61.1	380.9	201.6
医药及医疗器材批发	1 366.0	1 101.8	115.1	1 093.2	272.8
矿产品、建材及化工产品批发	11 121.6	7 816.4	1 195.0	7 816.7	3 305.2
#煤炭及制品批发	942.2	681.3	75.7	649.6	292.6
石油及制品批发	3 253.0	1 648.2	751.5	2 000.8	1 252.6
金属及金属矿批发	4 275.2	3 426.5	185.1	3 193.0	1 082.2
建材批发	735.6	561.2	59.8	557.1	178.5
化肥批发	550.0	475.9	45.1	442.1	107.9
机械设备、五金交电及电子产品批发	4 754.3	3 884.6	260.2	3 636.6	1 117.9
#汽车、摩托车及零配件批发	1 059.2	929.7	77.5	842.5	216.9
家用电器批发	707.3	536.2	40.8	583.2	124.1
计算机、软件及辅助设备批发	400.8	343.3	8.1	312.4	88.4
贸易经纪与代理	303.4	246.8	15.4	241.2	62.2
其他批发	1 424.9	1 143.4	69.9	1 085.4	339.6
零售业合计	**8 426.2**	**5 113.7**	**2 087.1**	**6 142.7**	**2 282.3**
综合零售	3 803.9	1 945.6	1 212.6	2 814.2	988.5
#百货零售	2 352.9	1 077.7	830.4	1 670.2	681.5
超级市场零售	1 310.8	792.6	344.8	1 043.6	267.1
食品、饮料及烟草制品专门零售	201.1	114.5	51.3	134.1	67.0
纺织、服装及日用品专门零售	239.0	151.3	59.9	178.4	60.7
#服装零售	152.6	89.5	44.2	114.3	38.3
文化、体育用品及器材专门零售	464.4	260.0	127.7	272.6	191.8
#体育用品零售	10.2	7.4	0.6	9.0	1.2
图书零售	322.3	169.9	101.3	185.7	136.6
医药及医疗器材专门零售	409.4	312.0	57.3	323.9	85.6
#药品零售	375.0	281.0	55.4	296.1	79.0
汽车、摩托车、燃料及零配件专门零售	2 141.4	1 469.4	409.3	1 522.9	618.5
#汽车零售	1 498.1	1 160.4	173.2	1 128.1	370.0
机动车燃料零售	571.7	250.6	227.8	341.2	230.5
家用电器及电子产品专门零售	792.6	656.0	66.9	630.9	161.7
#家用电器零售	563.2	466.3	48.1	469.2	94.0
计算机、软件及辅助设备零售	127.5	104.5	9.9	87.6	39.9
通讯设备零售	76.2	62.2	7.5	55.5	20.7
五金、家具及室内装修材料专门零售	192.9	112.4	50.2	146.7	46.2
无店铺及其他零售	181.5	92.4	51.8	119.0	62.4
#邮购及电子销售	4.1	3.8	0.2	6.1	-2.0

各地区限额以上批发和零售企业年末资产负债

单位：亿元

地区	资产总计	#流动资产	#固定资产	负债合计	所有者权益合计
全国	**36 532.0**	**26 098.7**	**4 745.6**	**26 342.2**	**10 189.2**
北京	6 106.1	4 303.8	397.6	4 350.7	1 755.4
天津	1 285.5	1 016.4	114.3	963.9	321.6
河北	679.2	419.8	159.6	531.1	148.1
山西	735.7	483.6	128.2	542.3	193.4
内蒙古	425.6	296.0	86.7	257.3	168.3
辽宁	1 431.3	1 046.9	217.6	1 168.7	263.0
吉林	515.6	398.5	84.2	461.7	53.0
黑龙江	597.9	434.0	122.6	483.3	114.6
上海	3 926.2	2 929.3	376.8	2 727.3	1 199.0
江苏	2 053.9	1 409.5	322.6	1 441.9	611.9
浙江	3 126.6	2 368.7	346.2	2 170.0	956.6
安徽	622.0	451.8	94.0	454.2	167.8
福建	1 137.9	832.5	123.0	713.2	424.6
江西	310.7	215.1	65.5	213.9	96.8
山东	2 023.8	1 446.9	324.1	1 526.5	497.3
河南	1 005.2	666.0	209.1	803.5	201.8
湖北	1 012.3	701.0	181.2	830.9	181.5
湖南	586.0	365.7	128.4	395.2	190.8
广东	4 269.1	3 057.3	541.7	3 046.5	1 222.6
广西	425.7	258.3	78.6	286.9	138.7
海南	122.3	83.1	25.3	79.1	43.2
重庆	518.4	413.3	93.4	400.1	118.3
四川	761.5	440.4	96.1	433.9	327.6
贵州	227.2	162.6	44.0	162.1	65.1
云南	946.0	705.3	111.8	610.9	335.0
西藏	26.6	14.4	9.9	12.9	13.7
陕西	423.3	280.8	83.4	330.3	92.9
甘肃	268.3	186.7	41.9	183.9	84.4
青海	50.7	30.6	8.2	27.0	23.7
宁夏	94.5	65.0	15.3	63.8	30.7
新疆	816.8	615.5	114.2	668.9	147.9

各地区限额以上批发企业年末资产负债（2005 年）

单位：亿元

地区	资产合计	#流动资产	#固定资产	负债合计	所有者权益合计
全　国	**28 105.8**	**20 985.0**	**2 658.5**	**20 199.5**	**7 906.9**
北　京	5 071.7	3 633.6	214.2	3 616.2	1 455.4
天　津	1 088.6	897.1	64.6	821.0	267.6
河　北	446.6	288.0	88.2	345.7	100.9
山　西	547.5	367.0	79.5	398.6	148.9
内蒙古	312.1	234.2	36.5	182.5	129.5
辽　宁	1 046.9	826.6	103.1	905.6	141.7
吉　林	378.1	334.5	34.2	350.4	28.0
黑龙江	445.3	353.9	63.7	360.1	85.2
上　海	3 023.2	2 430.1	152.3	2 123.2	900.0
江　苏	1 421.0	1 039.1	155.5	959.2	461.8
浙　江	2 597.8	2 035.0	225.7	1 795.5	802.3
安　徽	480.3	367.4	60.1	349.5	130.8
福　建	936.8	695.0	85.7	586.2	350.6
江　西	231.0	165.9	42.9	159.0	72.0
山　东	1 254.1	963.0	135.9	950.5	303.5
河　南	662.1	465.1	125.1	522.4	139.7
湖　北	737.7	553.8	86.0	621.6	116.0
湖　南	375.4	251.9	68.7	250.2	125.2
广　东	3 352.3	2 434.4	369.2	2 351.5	1 000.8
广　西	306.3	187.7	50.1	196.6	109.7
海　南	94.4	64.2	16.9	57.7	36.7
重　庆	421.9	349.2	68.1	328.8	93.1
四　川	584.2	316.4	60.1	310.4	273.8
贵　州	174.2	126.1	32.3	117.8	56.5
云　南	815.9	616.0	87.9	519.5	296.3
西　藏	15.7	10.5	3.6	8.9	6.8
陕　西	275.1	195.6	35.2	223.9	51.3
甘　肃	208.9	151.8	24.9	141.9	67.0
青　海	31.4	20.1	3.5	14.7	16.7
宁　夏	64.1	48.8	6.8	45.3	18.8
新　疆	705.2	563.0	77.8	585.0	120.2

各地区限额以上零售企业年末资产负债（2005 年）

单位：亿元

地区	资产合计	#流动资产	#固定资产	负债合计	所有者权益合计
全　国	**8 426.2**	**5 113.7**	**2 087.1**	**6 142.7**	**2 282.3**
北　京	1 034.5	670.2	183.4	734.5	300.0
天　津	196.9	119.3	49.7	142.9	54.0
河　北	232.6	131.8	71.4	185.4	47.2
山　西	188.2	116.5	48.7	143.7	44.5
内蒙古	113.6	61.8	50.2	74.8	38.8
辽　宁	384.4	220.3	114.5	263.1	121.3
吉　林	137.5	64.0	50.0	111.3	25.0
黑龙江	152.6	80.1	58.9	123.2	29.4
上　海	903.0	499.2	224.5	604.1	299.0
江　苏	632.9	370.3	167.2	482.8	150.1
浙　江	528.8	333.7	120.5	374.5	154.3
安　徽	141.7	84.4	33.9	104.7	37.1
福　建	201.1	137.6	37.3	127.0	74.1
江　西	79.7	49.2	22.6	54.9	24.8
山　东	769.7	483.9	188.2	576.0	193.7
河　南	343.2	200.9	84.0	281.1	62.1
湖　北	274.7	147.2	95.2	209.2	65.4
湖　南	210.6	113.8	59.7	145.0	65.6
广　东	916.8	622.9	172.5	694.9	221.8
广　西	119.3	70.6	28.5	90.3	29.0
海　南	27.9	18.9	8.3	21.4	6.5
重　庆	96.5	64.1	25.3	71.3	25.2
四　川	177.3	124.0	36.0	123.5	53.8
贵　州	53.0	36.6	11.7	44.3	8.6
云　南	130.1	89.3	24.0	91.4	38.7
西　藏	10.9	3.9	6.3	4.0	6.8
陕　西	148.1	85.2	48.1	106.5	41.7
甘　肃	59.4	34.9	17.0	42.1	17.4
青　海	19.4	10.4	4.6	12.3	7.0
宁　夏	30.4	16.1	8.5	18.5	11.9
新　疆	111.6	52.5	36.4	83.9	27.7

按登记注册类型和行业分限额以上餐饮企业年末资产负债（2005年）

单位：亿元

指　标	资产合计	#流动资产	#固定资产	负债合计	所有者权益合计
总　计	**1 111.0**	**405.3**	**485.2**	**735.6**	**375.4**
按登记注册类型分					
内资企业	**865.5**	**329.6**	**366.3**	**570.9**	**294.6**
国有企业	106.1	25.7	59.0	61.9	44.2
集体企业	37.3	10.2	19.9	26.2	11.1
股份合作企业	24.7	7.2	13.6	13.2	11.5
联营企业	4.1	0.6	3.2	2.7	1.4
国有联营企业	2.5	0.3	2.1	1.7	0.7
集体联营企业	0.2	0.1		0.1	0.1
国有与集体联营企业					
其他联营企业	1.4	0.2	1.1	0.8	0.6
有限责任公司	197.6	72.9	85.4	133.4	64.2
国有独资公司	1.7	0.7	0.9	0.9	0.7
其他有限责任公司	195.9	72.2	84.5	132.5	63.4
股份有限公司	56.5	20.1	24.5	33.2	23.3
私营企业	431.2	189.3	157.9	295.5	135.7
私营独资企业	72.4	28.0	36.1	37.9	34.5
私营合伙企业	14.2	6.9	5.6	8.9	5.3
私营有限责任公司	321.5	145.3	106.4	233.4	88.2
私营股份有限公司	23.0	9.2	9.7	15.3	7.7
其他企业	7.9	3.5	2.7	4.7	3.2
港、澳、台商投资企业	**96.7**	**34.2**	**42.3**	**73.3**	**23.4**
合资经营企业	48.8	14.7	23.4	35.8	13.0
合作经营企业	17.8	8.4	6.8	16.0	1.8
独资经营企业	30.0	10.3	12.1	21.3	8.6
港、澳、台商投资股份有限公司	0.2	0.8	0.0	0.1	0.0
外商投资企业	**148.8**	**41.6**	**76.7**	**91.5**	**57.4**
中外合资经营企业	56.7	15.0	25.2	36.3	20.3
中外合作经营企业	28.4	10.1	12.8	17.0	11.5
外资企业	61.1	15.8	37.8	36.4	24.7
外商投资股份有限公司	2.6	0.7	0.9	1.8	0.8
按国民经济行业分					
正餐服务业	959.5	359.6	408.6	643.5	316.0
快餐服务业	114.2	27.7	62.8	70.1	44.1
饮料及冷饮服务业	12.3	5.5	5.5	3.7	8.6
其他餐饮服务业	25.0	12.5	8.3	18.3	6.7

各地区限额以上餐饮企业年末资产负债（2005年）

单位：亿元

地　区	资产合计	#流动资产	#固定资产	负债合计	所有者权益合计
全　国	**1 111.0**	**405.3**	**485.2**	**735.6**	**375.4**
北　京	106.0	44.3	31.1	81.5	24.5
天　津	30.3	10.7	12.4	19.8	10.5
河　北	15.3	4.4	7.8	10.9	4.4
山　西	22.7	12.2	6.7	14.1	8.6
内蒙古	13.6	5.2	7.7	9.1	4.5
辽　宁	51.6	14.6	32.4	34.0	17.6
吉　林	12.4	2.6	6.2	6.3	6.1
黑龙江	11.9	5.3	6.0	5.6	6.3
上　海	94.5	43.6	29.1	64.1	30.4
江　苏	122.4	40.4	58.6	77.1	45.3
浙　江	81.8	27.6	34.3	56.3	25.5
安　徽	17.8	6.2	8.2	11.0	6.8
福　建	17.6	6.4	8.1	8.9	8.7
江　西	19.3	7.1	7.9	11.3	8.1
山　东	103.8	39.3	43.8	74.2	29.6
河　南	23.1	7.8	10.6	14.5	8.6
湖　北	31.2	10.5	15.4	23.2	8.0
湖　南	27.7	7.4	15.7	17.1	10.6
广　东	173.0	60.7	78.9	112.0	61.0
广　西	9.6	2.4	5.5	6.4	3.2
海　南	3.0	1.2	1.4	1.3	1.7
重　庆	22.9	7.2	13.1	15.1	7.7
四　川	36.7	14.2	17.1	22.3	14.3
贵　州	4.4	1.7	1.7	2.8	1.7
云　南	9.8	3.8	4.2	7.2	2.6
西　藏					
陕　西	32.1	12.3	14.4	19.6	12.5
甘　肃	5.5	2.3	1.8	3.0	2.6
青　海	1.5	0.6	0.8	0.9	0.7
宁　夏	5.0	1.6	2.6	3.4	1.6
新　疆	4.4	1.9	1.9	2.7	1.7

按登记注册类型分限额以上批发、零售企业主要财务指标（2005年）（1）

单位：亿元

指　　标	主营业务收入	主营业务成本	主营业务税金及附加	主营业务利　润
总　计	**82 892.1**	**75 545.3**	**127.6**	**5 591.2**
批发企业合计	**67 701.3**	**62 047.9**	**80.2**	**4 231.3**
内资企业	62 217.0	57 528.8	75.3	3 599.2
国有企业	18 221.6	16 491.5	27.3	1 404.8
集体企业	1 484.5	1 406.8	1.9	55.3
股份合作企业	555.9	527.3	0.5	23.0
联营企业	404.0	371.0	0.5	28.2
国有联营企业	282.6	259.1	0.4	21.5
集体联营企业	12.9	12.2		0.5
国有与集体联营企业	49.3	46.1	0.1	2.4
其他联营企业	59.2	53.7		3.8
有限责任公司	18 644.5	17 242.4	20.4	984.8
国有独资公司	2 231.3	1 992.8	3.1	186.4
其他有限责任公司	16 413.1	15 249.6	17.3	798.4
股份有限公司	11 128.9	10 375.6	10.0	603.2
私营企业	11 676.1	11 021.6	13.5	492.3
私营独资企业	191.9	176.4	1.6	8.7
私营合伙企业	77.0	73.3	0.1	3.1
私营有限责任公司	11 037.0	10 420.4	11.4	464.2
私营股份有限公司	370.3	351.5	0.5	16.3
其他企业	101.6	92.6	1.0	7.7
港、澳、台商投资企业	**868.6**	**786.4**	**0.3**	**65.8**
合资经营企业	161.3	142.0	0.1	16.8
合作经营企业	43.0	37.3		3.7
独资经营企业	646.2	594.8	0.2	40.6
港、澳、台商投资股份有限公司	18.2	12.2		4.7
外商投资企业	**4 615.7**	**3 732.8**	**4.6**	**566.3**
中外合资经营企业	1 067.1	735.6	1.5	79.5
中外合作经营企业	459.6	453.5		6.0
外资企业	3 081.8	2 537.3	3.1	480.2
外商投资股份有限公司	7.1	6.4		0.7

按登记注册类型分限额以上批发、零售企业主要财务指标（2005年）（2）

单位：亿元

指　　标	主营业务收入	主营业务成本	主营业务税金及附加	主营业务利　润
零售企业合计	**15 190.9**	**13 497.4**	**47.4**	**1 360.0**
内资企业	**13 682.6**	**12 215.4**	**45.4**	**1 171.5**
国有企业	1 199.1	1 023.3	5.2	139.2
集体企业	375.4	337.6	2.8	27.6
股份合作企业	215.9	197.5	0.6	16.0
联营企业	208.0	196.7	0.2	10.4
国有联营企业	46.7	42.8		3.7
集体联营企业	12.6	11.6		0.9
国有与集体联营企业	121.2	117.6		3.3
其他联营企业	27.5	24.7	0.1	2.5
有限责任公司	4 579.5	4 096.3	13.3	392.2
国有独资公司	120.8	100.5	0.4	18.4
其他有限责任公司	4 458.7	3 995.9	12.9	373.9
股份有限公司	3 156.1	2 808.6	11.1	308.0
私营企业	3 907.5	3 518.4	12.1	274.8
私营独资企业	136.7	122.7	0.7	11.5
私营合伙企业	55.9	50.0	0.3	5.3
私营有限责任公司	3 491.6	3 139.1	10.4	244.6
私营股份有限公司	223.3	206.6	0.7	13.5
其他企业	41.0	36.9	0.2	3.3
港、澳、台商投资企业	**462.5**	**385.1**	**1.0**	**58.6**
合资经营企业	347.5	282.1	0.9	49.6
合作经营企业	60.2	52.1	0.1	7.0
独资经营企业	53.3	49.6		1.9
港、澳、台商投资股份有限公司	1.4	1.2		0.2
外商投资企业	**1 045.8**	**896.9**	**1.0**	**129.9**
中外合资经营企业	554.9	475.5	0.6	74.3
中外合作经营企业	338.2	291.1	0.3	34.9
外资企业	151.9	129.6	0.1	20.5
外商投资股份有限公司	0.8	0.7		0.1

按行业分限额以上批发、零售企业主要财务指标（2005年）

单位：亿元

指　标	主营业务收入	主营业务成本	主营业务税金及附加	主营业务利润
总　计	**82 892.1**	**75 545.3**	**127.6**	**5 591.2**
批发业合计	**67 701.3**	**62 047.9**	**80.2**	**4 231.3**
农畜产品批发	1 719.0	1 605.8	1.2	76.8
食品、饮料及烟草制品批发	8 262.6	6 929.4	22.7	1 173.9
#米、面制品及食用油批发	643.0	614.9	0.5	20.3
烟草制品批发	5 797.2	4 707.9	17.1	975.3
纺织、服装及日用品批发	5 080.7	4 709.5	4.6	305.5
#服装批发	1 911.9	1 778.5	1.3	116.6
文化、体育用品及器材批发	962.9	841.5	1.6	75.9
医药及医疗器材批发	2 930.7	2 684.0	3.5	188.0
矿产品、建材及化工产品批发	34 529.8	32 431.9	33.1	1 489.2
#煤炭及制品批发	2 630.3	2 344.4	7.1	249.8
石油及制品批发	14 806.2	13 994.9	11.9	712.6
金属及金属矿批发	10 829.8	10 284.6	6.7	282.0
建材批发	1 363.8	1 282.2	2.7	54.5
化肥批发	1 056.7	997.7	0.8	45.3
机械设备、五金交电及电子产品批发	10 432.8	9 379.3	10.7	668.5
#汽车、摩托车及零配件批发	2 966.7	2 583.4	1.5	116.3
家用电器批发	1 571.4	1 437.0	1.7	114.5
计算机、软件及辅助设备批发	984.1	936.8	0.7	29.4
贸易经纪与代理	683.9	640.4	0.5	33.4
其他批发	3 098.8	2 826.2	2.3	220.0
零售业合计	**15 190.9**	**13 497.4**	**47.4**	**1 360.0**
综合零售	2 889.5	2 426.9	15.9	389.4
#百货零售	2 692.5	2 368.0	5.9	258.5
超级市场零售	266.9	225.1	1.3	34.8
食品、饮料及烟草制品专门零售	333.0	259.7	2.0	62.4
纺织、服装及日用品专门零售	205.1	159.1	1.2	38.9
#服装零售	485.6	363.9	4.0	100.6
文化、体育用品及器材专门零售	14.8	12.1		2.2
#体育用品零售	319.3	233.8	1.5	69.6
图书零售	665.6	587.4	1.5	65.8
医药及医疗器材专门零售	613.8	543.0	1.4	59.0
#药品零售	5 463.7	5 085.6	8.7	282.1
汽车、摩托车、燃料及零配件专门零售	3 539.7	3 344.5	5.6	151.9
#汽车零售	1 781.5	1 609.8	2.7	120.6
机动车燃料零售	1 742.5	1 618.2	5.2	97.7
家用电器及电子产品专门零售	1 162.3	1 084.7	4.1	63.8
#家用电器零售	312.4	286.6	0.6	18.2
计算机、软件及辅助设备零售	215.5	199.0	0.4	11.7
通讯设备零售	239.5	203.4	1.2	26.8
五金、家具及室内装修材料专门零售	205.7	181.5	0.8	19.7
无店铺及其他零售	9.4	7.0		2.4
#邮购及电子销售				

各地区限额以上批发和零售企业主要财务指标（2005 年）

单位：亿元

地 区	主营业务收入	主营业务成本	主营业务税金及附加	主营业务利 润
全 国	**82 892. 1**	**75 545. 3**	**127. 6**	**5 591. 2**
北 京	9 808. 5	9 021. 8	11. 8	775. 0
天 津	3 880. 4	3 677. 7	4. 0	145. 1
河 北	1 470. 2	1 298. 2	2. 3	100. 0
山 西	1 330. 3	1 177. 3	5. 2	117. 1
内蒙古	800. 2	639. 1	2. 7	128. 2
辽 宁	4 366. 5	3 969. 2	4. 7	212. 8
吉 林	1 481. 7	1 393. 9	1. 7	62. 9
黑龙江	1 034. 2	938. 0	1. 8	72. 8
上 海	11 236. 2	9 874. 1	10. 1	737. 7
江 苏	5 250. 9	4 757. 0	10. 7	360. 9
浙 江	7 923. 8	7 466. 2	9. 5	429. 9
安 徽	1 480. 5	1 352. 6	2. 3	110. 2
福 建	2 683. 0	2 527. 3	5. 4	155. 4
江 西	668. 2	599. 3	1. 4	60. 6
山 东	4 045. 0	3 706. 6	9. 9	266. 4
河 南	2 107. 2	1 949. 8	4. 2	153. 1
湖 北	2 228. 5	2 007. 9	4. 4	141. 2
湖 南	1 169. 3	1 001. 4	3. 4	112. 0
广 东	10 740. 2	10 008. 5	13. 7	614. 1
广 西	999. 4	911. 5	1. 9	86. 0
海 南	264. 8	238. 6	0. 4	25. 3
重 庆	1078. 0	970. 4	2. 1	88. 7
四 川	1 594. 4	1 335. 2	3. 0	195. 7
贵 州	418. 5	347. 8	1. 1	56. 5
云 南	1 705. 3	1 483. 0	3. 8	184. 1
西 藏	28. 4	22. 4	0. 1	4. 4
陕 西	1 009. 7	935. 2	2. 8	63. 6
甘 肃	859. 8	805. 7	1. 4	49. 7
青 海	100. 3	88. 7	0. 1	9. 2
宁 夏	139. 8	126. 8	0. 3	12. 0
新 疆	988. 7	914. 3	1. 4	60. 6

各地区限额以上批发企业主要财务指标（2005 年）

单位：亿元

地　区	主营业务收入	主营业务成本	主营业务税金及附加	主营业务利　润
全　国	**67 701.3**	**62 047.9**	**80.2**	**4 231.3**
北　京	8 089.2	7 479.2	8.2	601.8
天　津	3 541.2	3 376.3	3.3	120.3
河　北	1 087.7	982.6	1.4	78.2
山　西	1 021.1	897.8	4.2	94.9
内蒙古	596.6	464.3	2.1	104.4
辽　宁	3 738.7	3 419.0	2.9	158.3
吉　林	1 212.3	1 152.0	0.7	42.9
黑龙江	811.2	745.6	1.1	51.9
上　海	9 351.0	8 229.2	5.7	550.3
江　苏	3 965.9	3 621.1	5.5	247.8
浙　江	6 903.7	6 535.4	6.4	345.7
安　徽	1 208.9	1 107.8	1.6	86.9
福　建	2 292.2	2 168.6	2.3	123.4
江　西	542.9	491.2	0.9	48.0
山　东	2 749.0	2 531.2	6.0	167.3
河　南	1 592.8	1 475.5	2.2	115.2
湖　北	1 770.4	1 611.4	2.2	97.1
湖　南	780.9	660.9	1.8	75.0
广　东	8 895.4	8 362.1	9.3	448.8
广　西	797.3	732.6	1.3	63.4
海　南	224.1	202.1	0.3	21.3
重　庆	864.6	781.5	1.3	68.3
四　川	1 243.0	1 030.3	2.1	157.2
贵　州	340.9	278.9	0.9	49.5
云　南	1 486.2	1 287.9	3.4	163.5
西　藏	18.6	15.4		2.3
陕　西	805.6	754.4	0.9	45.0
甘　肃	759.2	715.9	0.9	41.0
青　海	72.9	64.6	0.1	7.5
宁　夏	102.9	94.3	0.2	8.2
新　疆	835.0	778.9	1.0	45.8

各地区限额以上零售企业主要财务指标（2005年）

单位：亿元

地　区	主营业务收入	主营业务成本	主营业务税金及附加	主营业务利　润
全　国	**15 190.9**	**13 497.4**	**47.4**	**1 360.0**
北　京	1 719.4	1 542.6	3.6	173.2
天　津	339.2	301.4	0.7	24.7
河　北	382.6	315.5	0.9	21.8
山　西	309.2	279.4	1.0	22.2
内蒙古	203.6	174.8	0.6	23.8
辽　宁	627.9	550.2	1.8	54.5
吉　林	269.4	241.9	0.9	19.9
黑龙江	223.1	192.5	0.7	21.0
上　海	1 885.2	1 644.9	4.4	187.4
江　苏	1 285.0	1 135.9	5.2	113.0
浙　江	1 020.1	930.9	3.1	84.2
安　徽	271.6	244.8	0.7	23.3
福　建	390.8	358.7	3.0	32.1
江　西	125.3	108.1	0.5	12.6
山　东	1 296.0	1 175.4	3.9	99.0
河　南	514.4	474.4	2.0	38.0
湖　北	458.1	396.5	2.2	44.1
湖　南	388.4	340.5	1.5	37.0
广　东	1 844.7	1 646.3	4.4	165.3
广　西	202.1	178.9	0.7	22.5
海　南	40.7	36.5	0.1	4.0
重　庆	213.3	188.9	0.7	20.4
四　川	351.4	304.9	0.9	38.5
贵　州	77.6	68.9	0.2	7.0
云　南	219.1	195.0	0.4	20.6
西　藏	9.8	7.0		2.2
陕　西	204.1	180.8	2.0	18.6
甘　肃	100.5	89.8	0.5	8.7
青　海	27.5	24.1		1.6
宁　夏	36.9	32.5	0.1	3.8
新　疆	153.7	135.4	0.4	14.8

按登记注册类型和行业分限额以上餐饮企业主要财务指标（2005 年）

单位：亿元

指　　标	主营业务收入	主营业务成本	主营业务税金及附加	主营业务利　润
总　计	**1 199.3**	**599.8**	**64.3**	**486.0**
按登记注册类型分				
内资企业	**869.0**	**467.6**	**47.9**	**315.1**
国有企业	49.1	23.9	2.3	20.1
集体企业	27.7	15.2	1.5	9.7
股份合作企业	24.5	13.7	1.3	7.9
联营企业	3.9	1.9	0.3	1.6
国有联营企业	0.9	0.3		0.4
集体联营企业	0.7	0.4		0.3
国有与集体联营企业	0.1	0.1		0.1
其他联营企业	2.2	1.1	0.2	0.9
有限责任公司	164.4	83.8	9.0	64.4
国有独资公司	1.0	0.5	0.1	0.4
其他有限责任公司	163.4	83.3	9.0	63.9
股份有限公司	39.7	19.4	2.0	17.0
私营企业	547.4	302.7	30.9	190.8
私营独资企业	99.6	59.7	5.6	29.3
私营合伙企业	25.4	14.5	1.5	8.3
私营有限责任公司	392.3	211.0	22.2	143.6
私营股份有限公司	30.1	17.5	1.6	9.7
其他企业	12.2	7.0	0.6	3.6
港、澳、台商投资企业	**96.7**	**41.7**	**5.0**	**46.7**
合资经营企业	46.2	19.1	2.4	24.2
合作经营企业	14.6	6.0	0.7	7.7
独资经营企业	35.6	16.4	1.9	14.7
港、澳、台商投资股份有限公司	0.3	0.2		0.1
外商投资企业	**233.6**	**90.5**	**11.4**	**124.2**
中外合资经营企业	80.5	32.5	4.0	43.6
中外合作经营企业	38.7	14.8	1.9	21.7
外资企业	113.2	42.7	5.4	58.4
外商投资股份有限公司	1.2	0.5	0.1	0.6
按国民经济行业分				
正餐服务业	948.5	496.8	52.2	358.3
快餐服务业	212.9	84.3	10.3	111.0
饮料及冷饮服务业	7.5	2.6	0.3	4.5
其他餐饮服务业	30.4	16.1	1.4	12.3

各地区限额以上餐饮企业主要财务指标（2005 年）

单位：亿元

地　区	主营业务收入	主营业务成本	主营业务税金及附加	主营业务利　润
全　国	**1 199.3**	**599.8**	**64.3**	**486.0**
北　京	153.3	71.5	8.0	73.8
天　津	29.5	14.6	1.5	8.2
河　北	11.9	7.0	0.6	3.3
山　西	19.3	10.2	1.1	7.0
内蒙古	10.0	4.9	0.5	4.2
辽　宁	46.9	23.4	2.6	19.8
吉　林	7.8	4.1	0.4	3.2
黑龙江	12.7	7.3	0.9	4.3
上　海	157.7	72.0	8.1	65.8
江　苏	105.7	53.6	5.6	38.2
浙　江	83.0	43.2	4.5	34.9
安　徽	14.7	8.0	0.8	5.6
福　建	31.1	18.9	1.7	10.5
江　西	14.4	7.4	0.7	5.5
山　东	77.7	42.2	3.9	28.2
河　南	23.8	15.2	1.1	7.6
湖　北	35.4	18.0	2.0	14.7
湖　南	27.3	14.6	1.1	9.9
广　东	220.6	105.1	13.0	94.2
广　西	9.1	4.5	0.4	4.1
海　南	2.7	1.5	0.2	1.1
重　庆	19.9	10.3	1.1	7.8
四　川	28.6	13.9	1.5	12.3
贵　州	5.0	2.6	0.3	1.6
云　南	8.7	4.4	0.4	3.9
西　藏				
陕　西	24.3	11.5	1.3	10.7
甘　肃	6.3	3.4	0.4	1.7
青　海	1.5	0.9	0.1	0.3
宁　夏	4.7	2.7	0.3	1.4
新　疆	5.8	3.1	0.3	2.2

亿元以上商品交易市场情况（按市场分，2005 年）

市场	市场数量（个）	摊位数（个）	营业面积（平方米）	成交额（万元）	批发	零售
全　国	**3 323**	**2 248 803**	**131 408 239**	**300 209 160**	**245 442 444**	**54 766 716**
一、综合市场	**767**	**716 587**	**27 924 706**	**60 770 275**	**43 379 737**	**17 390 538**
工业品综合市场	228	369 070	17 827 772	36 649 831	30 263 582	6 386 249
农产品综合市场	539	347 517	10 096 934	24 120 444	13 116 155	11 004 289
二、专业市场	**2 214**	**1 302 933**	**87 554 104**	**212 811 594**	**179 930 312**	**32 881 282**
纺织品服装鞋帽市场	409	475 842	13 927 011	47 316 558	41 854 266	5 462 292
食品饮料烟酒市场	105	66 860	2 991 427	6 822 997	6 419 801	403 196
药材药品及医疗器材市场	19	22 447	826 426	1 744 218	977 071	767 147
家具市场	71	36 260	4 858 866	3 185 729	1 728 317	1 457 412
小商品市场	83	63 545	1 758 758	7 140 954	6 522 773	618 181
文化音像书报杂志市场	24	8 862	478 344	1 902 062	1 207 198	694 864
旧货市场	14	5 133	265 468	472 486	436 512	35 974
机动车市场	169	34 141	6 201 248	16 481 845	8 925 826	7 556 019
金属材料市场	172	45 655	8 230 918	50 874 083	48 363 434	2 510 649
煤炭市场	9	1 374	9 303 736	438 547	422 923	15 624
木材市场	44	12 963	3 534 316	3 524 761	2 915 500	609 261
建材装饰材料市场	274	108 561	12 579 332	18 434 492	13 949 332	4 485 160
粮油市场	146	58 503	3 368 098	6 876 279	6 034 513	841 766
干鲜果品市场	102	41 993	2 904 767	6 348 510	5 753 509	595 001
水产品市场	69	39 286	1 649 078	7 297 392	6 738 663	558 729
蔬菜市场	265	174 748	7 973 052	16 886 592	14 406 483	2 480 109
肉食禽蛋市场	116	43 784	1 688 675	5 225 702	3 674 182	1 551 520
土畜产品市场	19	26 081	686 315	4 076 783	3 683 653	393 130
农业生产资料市场	25	6 269	838 383	2 199 970	2 150 465	49 505
计算机市场	54	19 854	707 605	4 021 879	2 410 560	1 611 319
通讯器材市场	13	1 960	106 994	676 152	491 728	184 424
花卉市场	12	8 812	2 675 286	863 603	863 603	0
三、其他市场	**342**	**229 283**	**15 929 430**	**26 627 291**	**22 132 395**	**4 494 896**

亿元以上商品交易市场情况（按摊位分，2005 年）

摊　位	摊位数（个）	成交额（万元）		
			批发	零售
全　国	**2 248 803**	**300 209 160**	**245 442 444**	**547 667 16**
1. 食品、饮料、烟酒类	781 857	75 062 156	56 733 315	18 328 841
（1）粮油类	119 216	12 256 308	9 017 726	3 238 582
（2）肉禽蛋类	117 385	10 684 579	5 576 451	5 108 128
（3）其他食品类	474 179	45 376 551	36 749 939	8 626 612
（4）饮料类	35 291	2 914 889	2 415 903	498 986
（5）烟酒类	35 786	3 829 829	2 973 296	856 533
2. 服装鞋帽、针、纺织品类	671 133	58 118 740	50 068 572	8 050 168
（1）服装类	394 056	25 218 349	19 597 728	562 0621
（2）鞋帽类	103 492	6 465 518	5 263 291	1 202 227
（3）针、纺织品类	173 585	26 434 873	25 207 553	1 227 320
3. 化妆品类	26 635	1 916 236	1 540 025	376 211
4. 金银珠宝类	6 597	1 107 003	1 049 281	57 722
5. 日用品类	161 884	14 627 231	12 677 151	1 950 080
#洗涤用品类	33 814	3 126 770	2 844 503	282 267
儿童玩具类	12 551	924 022	833 390	90 632
6. 五金、电料类	53 632	5 930 396	4 910 467	1 019 929
7. 体育、娱乐用品类	9 760	975 025	881 812	93 213
8. 书报杂志类	3 681	456 145	312 343	143 802
9. 电子出版物及音像制品类	5 595	652 031	445 367	206 664
10. 家用电器和音像器材类	31 910	5 626 100	4 435 416	1 190 684
11. 中西药品类	20 575	1 925 835	1 080 162	845 673
#西药类	1 407	138 748	41 810	96 938
中草药及中成药类	18 835	1 710 407	981 987	728 420
12. 文化办公用品类	36 601	4 751 001	2 791 920	1 959 081
13. 家具类	45 496	4 574 827	2 395 598	2 179 229
14. 通讯器材类	6 684	1 174 871	758 917	415 954
15. 煤炭及制品类	1 644	564 893	547 737	17 156
16. 木材及制品类	21 309	5 208 319	4 395 023	813 296
17. 石油及制品类	1 161	367 937	337 474	30 463
18. 化工材料及制品类	18 589	10 955 711	10 776 042	179 669
#化肥类	614	426 689	411 088	15 601
19. 金属材料类	44 510	51 523 381	48 857 353	2 666 028
20. 建筑及装潢材料类	94 093	14 466 984	10 261 066	4 205 918
21. 机电产品及设备类	37 606	7 864 015	7 148 850	715 165
#农机类	4 198	1 120 466	1 036 974	83 492
22. 汽车类	26 733	14 230 289	7 395 997	6 834 292
23. 种子饲料类	1 927	533 193	444 590	88 603
24. 棉麻类	1 695	780 152	758 522	21 630
25. 其他类	137 496	16 816 689	14 439 444	2 377 245

亿元以上商品交易市场情况（按地区分，2005年）

地　区	市场数量（个）	摊位数（个）	营业面积（平方米）	成交额（万元）		
					批发	零售
全　国	**3 323**	**2 248 803**	**131 408 239**	**300 209 160**	**245 442 444**	**54 766 716**
北　京	80	55 637	4 113 898	7 916 223	6 242 063	1 674 160
天　津	45	33 256	1 661 307	5 685 635	4 991 506	694 129
河　北	240	286 611	20 491 155	23 228 528	19 363 595	3 864 933
山　西	22	17 139	448 545	1 134 611	946 171	188 440
内蒙古	32	19 862	1 421 964	1 782 319	1 320 853	461 466
辽　宁	160	153 937	5 482 805	14 340 328	10 238 467	4 101 861
吉　林	48	57 632	2 316 141	3 062 121	2 219 265	842 856
黑龙江	57	42 532	1 147 796	2 534 046	1 981 059	552 987
上　海	51	25 368	1 124 539	21 970 140	20 665 966	1304174
江　苏	459	242 054	17 180 177	48 146 471	40 314 664	7 831 807
浙　江	520	331 830	14 280 616	62 572 922	52 552 807	10 020 115
安　徽	105	68 945	3 793 149	7 797 886	6 560 258	1 237 628
福　建	105	35 298	1 571 856	6 002 846	4 146 796	1 856 050
江　西	72	42 592	2 088 978	5 142 589	4 296 628	845 961
山　东	378	222 348	17 693 339	28 200 030	23 450 834	4 749 196
河　南	97	68 115	3 571 874	6 043 349	5 018 632	1 024 717
湖　北	112	52 776	2 805 646	5 074 087	3 598 434	1 475 653
湖　南	124	101 079	3 078 462	8 594 246	5 116 492	3 477 754
广　东	268	128 757	8 314 833	19 405 453	15 335 873	4 069 580
广　西	56	42 944	1 347 726	3 147 497	2 249 230	898 267
海　南	8	3 954	58 705	219 677	104 072	115 605
重　庆	76	53 941	2 841 159	6 834 207	5 588 027	1 246 180
四　川	54	48 022	1 864 939	3 151 953	2 518 554	633 399
贵　州	19	15 613	359 352	1 265 138	1 106 053	159 085
云　南	26	17 579	1 208 278	1 902 725	1 729 570	173 155
西　藏						
陕　西	15	13 547	232 005	743 738	701 203	42 535
甘　肃	35	30 493	1 351 540	1 202 956	838 318	364 638
青　海	8	3 905	163 960	202 374	164 063	38 311
宁　夏	16	11 048	7 452 225	759 516	637 197	122 319
新　疆	35	21 989	1 941 270	2 145 549	1 445 794	699 755

限额以上连锁零售业情况（按业态分）（1）

指　　标	计量单位	合　计		直营店		加盟店	
		2005 年	2004 年	2005 年	2004 年	2005 年	2004 年
一、门店总数	个	**90 476**	**77 631**	**61 087**	**54 841**	**29 389**	**22 790**
百货店	个	3 438	3 016	1 231	1 057	2 207	1 959
超级市场	个	15 421	12 877	9 655	8 370	5 766	4 507
专业店	个	54 241	47 825	40 266	36 648	13 975	11 177
#加油站	个	21 411	20 181	20 863	19 671	548	510
专卖店	个	5 718	4 816	1 970	1 772	3 748	3 044
便利店	个	11 218	8 824	7 658	6 762	3 560	2 062
仓储会员店	个	157	82	105	82	52	
家居建材商店	个	94	79	93	78	1	1
其他	个	189	112	109	72	80	40
二、营业面积	平方米	**82 027 379**	**72 025 758**	**74 945 260**	**66 233 608**	**7 082 119**	**5 792 150**
百货店	平方米	7 938 329	6 702 261	7 321 697	6 196 823	616 632	505 438
超级市场	平方米	18 621 268	15 274 241	16 078 482	13 274 897	2 542 786	1 999 344
专业店	平方米	51 865 204	47 004 279	48 457 167	44 069 910	3 408 037	2 934 369
#加油站	平方米	40 290 158	38 514 880	39 378 691	37 648 907	911 467	865 973
专卖店	平方米	414 011	341 823	209 300	190 549	204 711	151 274
便利店	平方米	1 536 122	1 297 408	1 239 449	1 102 943	296 673	194 465
仓储会员店	平方米	296 330	226 486	295 290	226 486	1 040	
家居建材商店	平方米	1 300 363	1 129 813	1 293 763	1 123 213	6 600	6 600
其他	平方米	55 752	49 447	50 112	48 787	5 640	660
三、从业人员	人	**1 488 235**	**1 282 285**	**1 226 552**	**1 062 057**	**261 683**	**220 228**
百货店	人	181 603	166 389	157 270	142 093	24 333	24 296
超级市场	人	562 015	479 518	459 456	394 107	102 559	85 411
专业店	人	595 175	505 060	497 149	422 105	98 026	82 955
#加油站	人	189 923	176 486	184 907	171 774	5 016	4 712
专卖店	人	44 610	38 128	24 107	21 683	20 503	16 445
便利店	人	80 256	70 587	64 389	59 652	15 867	10 935
仓储会员店	人	10 303	7 427	10 199	7 427	104	
家居建材商店	人	12 437	13 618	12 383	13 558	54	60
其他	人	1 836	1 558	1 599	1 432	237	126

限额以上连锁零售业情况（按业态分）（2）

指　标	计量单位	合　计		直营店		加盟店	
		2005 年	2004 年	2005 年	2004 年	2005 年	2004 年
四、商品购进总额	**万元**	**90 440 923**	**71 300 582**	**81 270 157**	**63 146 432**	**9 170 765**	**8 154 151**
百货店	万元	9 216 759	9 129 414	8 593 444	8 764 013	623 316	365 401
超级市场	万元	21 701 697	17 857 346	19 142 104	14 909 024	2 559 592	2 948 322
专业店	万元	54 410 013	40 186 241	49 086 723	35 871 527	5 323 290	4 314 714
#加油站	万元	33 300 254	24 068 168	32 659 766	23 598 706	640 488	469 461
专卖店	万元	1 501 091	1 186 351	1 121 687	848 590	379 405	337 762
便利店	万元	1 877 717	1 450 376	1 596 750	1 266 880	280 967	183 497
仓储会员店	万元	787 926	638 316	787 400	638 316	526	
家居建材商店	万元	890 951	796 158	888 108	792 501	2 843	3 657
其他	万元	54 769	56 379	53 942	55 581	827	798
#统一配送商品购进额	**万元**	**70 367 722**	**55 455 970**	**64 898 758**	**50 687 252**	**5 468 964**	**4 768 718**
百货店	万元	4 943 751	5 654 940	4 490 461	5 416 213	453 290	238 727
超级市场	万元	17 212 805	14 763 618	15 480 262	12 436 548	1 732 543	2 327 069
专业店	万元	44 482 628	32 119 259	41 637 852	30 250 020	2 844 776	1 869 239
#加油站	万元	28 135 165	20 303 971	27 581 682	19 910 650	553 483	393 321
专卖店	万元	780 844	645 119	599 195	476 779	181 650	168 340
便利店	万元	1 708 965	1 256 170	1 452 660	1 091 146	256 304	165 024
仓储会员店	万元	771 111	626 685	771 111	626 685		
家居建材商店	万元	415 805	335 099	415 805	335 099		
其他	万元	51 814	55 079	51 413	54 762	401	317
#自有配送中心配送商品购进额	**万元**	**57 735 641**	**44 816 703**	**53 188 021**	**41 293 615**	**4 547 620**	**3 523 088**
百货店	万元	4 539 365	5 383 195	4 238 632	5 213 208	300 734	169 987
超级市场	万元	10 458 012	8 562 879	9 297 881	7 242 303	1 160 131	1 320 576
专业店	万元	40 902 961	29 480 867	38 094 340	27 664 707	2 808 622	1 816 160
#加油站	万元	26 622 106	19 151 812	26 068 623	18 758 491	553 483	393 321
专卖店	万元	729 993	578 303	572 113	433 717	157 879	144 586
便利店	万元	944 919	681 512	824 665	609 733	120 254	71 779
仓储会员店	万元	33 113	26 725	33 113	26 725		
家居建材商店	万元	127 278	103 222	127 278	103 222		
其他	万元						
#非自有配送中心配送商品购进额	**万元**	**12 632 081**	**10 639 267**	**11 710 737**	**9 393 637**	**921 344**	**1 245 630**
百货店	万元	404 386	271 746	251 829	203 005	152 556	68 741
超级市场	万元	6 754 792	6 200 738	6 182 381	5 194 245	572 411	1 006 493
专业店	万元	3 579 667	2 638 393	3 543 512	2 585 313	36 155	53 080
#加油站	万元	1 513 059	1 152 159	1 513 059	1 152 159		
专卖店	万元	50 852	66 816	27 081	43 062	23 771	23 755
便利店	万元	764 046	574 658	627 995	481 413	136 050	93 245
仓储会员店	万元	737 998	599 960	737 998	599 960		
家居建材商店	万元	288 527	231 877	288 527	231 877		
其他	万元	51 814	55 079	51 413	54 762	401	317

限额以上连锁零售业情况（按业态分）(3)

指　标	计量单位	合　计		直营店		加盟店	
		2005 年	2004 年	2005 年	2004 年	2005 年	2004 年
五、商品销售额	**万元**	**106 683 746**	**83 936 158**	**95 096 430**	**73 995 117**	**11 587 316**	**9 941 041**
百货店	万元	11 571 706	9 298 397	10 772 210	8 696 032	799 496	602 365
超级市场	万元	28 488 359	23 415 972	24 166 659	19 452 135	4 321 700	3 963 836
专业店	万元	60 859 489	46 458 374	55 001 522	41 579 700	5 857 967	4 878 674
#加油站	万元	38 023 121	29 234 987	37 348 263	28 697 419	674 859	537 568
专卖店	万元	1 554 148	1 305 448	1 269 744	1 042 732	284 404	262 716
便利店	万元	2 264 336	1 764 485	1 945 424	1 535 956	318 913	228 529
仓储会员店	万元	861 336	706 661	860 656	706 661	680	
家居建材商店	万元	1 028 850	939 943	1 025 674	936 048	3 176	3 895
其他	万元	55 523	46 879	54 543	45 853	981	1 026
#零售额	**万元**	**78 103 204**	**61 630 819**	**68 167 287**	**52 853 004**	**9 935 917**	**8 777 815**
百货店	万元	9 930 590	7 995 069	9 207 659	7 443 638	722 931	551 431
超级市场	万元	23 760 069	19 477 883	19 514 497	15 618 044	4 245 572	3 859 839
专业店	万元	39 642 623	29 986 845	35 240 480	26 078 363	4 402 144	3 908 482
#加油站	万元	21 894 583	16 371 933	21 615 200	16 126 621	279 383	245 312
专卖店	万元	1 108 580	1 017 475	863 308	789 340	245 272	228 135
便利店	万元	1 872 303	1 520 125	1 556 461	1 294 967	315 842	225 157
仓储会员店	万元	845 508	696 400	845 508	696 400		
家居建材商店	万元	890 432	896 290	887 256	892 395	3 176	3 895
其他	万元	53 100	40 733	52 119	39 857	981	876
六、配送中心数	**个**	**2 177**	**1 969**	**1 901**	**1 721**	**276**	**248**
百货店	个	88	88	77	77	11	11
超级市场	个	429	409	341	326	88	83
专业店	个	1 417	1 249	1 291	1 142	126	107
#加油站	个	280	265	255	240	25	25
专卖店	个	6	5	4	3	2	2
便利店	个	11	11	6	6	5	5
仓储会员店	个	130	119	110	99	20	20
家居建材商店	个	95	87	72	68	23	19
其他	个	1	1			1	1

限额以上连锁零售业情况（按登记注册类型分）(1)

注册类型	门店总数（个）		营业面积（平方米）		从业人员（人）	
	2005 年	2004 年	2005 年	2004 年	2005 年	2004 年
总　计	**90 476**	**77 631**	**82 027 379**	**72 025 758**	**1 488 235**	**1 282 285**
内资企业	**85 223**	**73 790**	**74 889 135**	**66 434 875**	**1 277 144**	**1 114 682**
国有企业	11 960	10 720	15 675 516	14 238 199	125 652	117 555
集体企业	1 070	573	280 518	223 174	10 452	8 495
股份合作企业	946	824	1 040 346	872 498	18 505	15 446
联营企业	307	284	319 938	238 638	18 847	12 818
国有联营企业	130	110	16 301	14 071	966	896
集体联营企业						
国有与集体联营企业	169	165	273 637	193 067	17 261	11 202
其他联营企业	8	9	30 000	31 500	620	720
有限责任公司	31 701	25 871	13 349 405	10 670 114	432 065	363 591
国有独资公司	1 504	1 285	296 528	266 803	14 261	12 695
其他有限责任公司	30 197	24 586	13 052 877	10 403 311	417 804	350 896
股份有限公司	27 108	24 940	37 772 315	34 835 673	441 436	402 335
私营企业	11 398	9 843	6 369 186	5 287 772	227 101	191 318
私营独资企业	745	724	177 462	165 339	8 231	8 238
私营合伙企业	179	121	131 516	95 053	3 280	2 183
私营有限责任公司	10 314	8 849	5 842 900	4 823 044	209 912	175 621
私营股份有限公司	160	149	217 308	204 336	5 678	5 276
其他企业	733	735	81 911	68 807	3 086	3 124
港澳台商投资企业	**1 492**	**1 272**	**2 331 084**	**1 890 950**	**50 281**	**37 680**
港澳台合资经营企业	1 406	1 205	2 306 006	1 878 424	48 154	36 592
港澳台合作经营企业	26	17	17 799	5 692	1 205	426
港澳台独资经营企业	55	45	6 979	6 534	883	632
港澳台商投资股份有限公司	5	5	300	300	39	30
外商投资企业	**3 761**	**2 569**	**4 807 160**	**3 699 933**	**160 810**	**129 923**
中外合资经营企业	2 399	1 952	2 800 396	2 185 465	90 919	73 698
中外合作经营企业	1 203	465	1 831 727	1 381 004	64 880	51 189
外资企业	159	152	175 037	133 464	5 011	5 036
外商投资股份有限公司						

限额以上连锁零售业情况（按登记注册类型分）(2)

注册类型	商品购进总额（万元）		统一配送商品购进额		自有配送中心配送商品购进额	
	2005 年	2004 年	2005 年	2004 年	2005 年	2004 年
总　计	**90 440 923**	**71 300 582**	**70 367 722**	**55 455 970**	**57 735 641**	**44 816 703**
内资企业	**79 739 350**	**63 313 341**	**62 916 430**	**49 269 195**	**52 857 537**	**41 447 717**
国有企业	12 146 508	9 663 030	8 208 431	6 437 286	7 928 616	6 164 076
集体企业	256 968	257 202	206 030	200 585	140 633	124 059
股份合作企业	1 652 291	1 148 381	1 387 567	1 024 223	1 378 917	1 015 832
联营企业	1 429 208	1 387 870	750 213	881 416	750 213	881 416
国有联营企业	81 144	82 676	25 665	22 896	25 665	22 896
集体联营企业						
国有与集体联营企业	1 326 377	1 277 917	703 967	832 286	703 967	832 286
其他联营企业	21 687	27 277	20 581	26 234	20 581	26 234
有限责任公司	17 018 132	12 988 867	14 598 566	10 849 354	10 110 995	7 650 802
国有独资公司	862 162	706 337	645 547	503 329	645 547	503 329
其他有限责任公司	16 155 970	12 282 530	13 953 020	10 346 025	9 465 448	7 147 473
股份有限公司	38 903 661	28 856 045	31 932 088	23 453 620	28 232 977	20 371 825
私营企业	8 267 859	8 950 392	5 768 812	6 361 156	4 289 610	5 212 723
私营独资企业	92 204	80 890	91 030	79 763	75 385	66 163
私营合伙企业	117 557	57 170	101 326	51 548	18 727	17 484
私营有限责任公司	7 927 448	8 687 784	5 529 185	6 192 022	4 156 805	5 096 690
私营股份有限公司	130 650	124 549	47 271	37 824	38 694	32 387
其他企业	64 723	61 555	64 723	61 555	25 577	26 985
港澳台商投资企业	**3 275 227**	**1 731 812**	**2 095 618**	**1 556 016**	**1 592 481**	**1 120 718**
港澳台合资经营企业	3 085 094	1 674 031	1 906 158	1 499 032	1 419 587	1 063 733
港澳台合作经营企业	176 275	45 435	176 275	45 435	159 708	45 435
港澳台独资经营企业	10 354	9 069	9 683	8 273	9 683	8 273
港澳台商投资股份有限公司	3 504	3 277	3 504	3 277	3 504	3 277
外商投资企业	**7 426 346**	**6 255 429**	**5 355 674**	**4 630 758**	**3 285 623**	**2 248 268**
中外合资经营企业	4 460 612	3 135 082	2 678 063	1 766 177	1 946 064	1 310 765
中外合作经营企业	2 700 991	2 935 092	2 455 683	2 726 125	1 177 706	865 240
外资企业	264 743	185 256	221 928	138 457	161 853	72 264
外商投资股份有限公司						

限额以上连锁零售业情况（按登记注册类型分）(3)

注册类型	非自有配送中心配送商品购进额		商品销售额（万元）		商品零售额	
	2005 年	2004 年	2005 年	2004 年	2005 年	2004 年
总　计	**12 632 081**	**10 639 267**	**106 683 746**	**83 936 158**	**78 103 204**	**61 630 819**
内资企业	**10 058 893**	**7 821 478**	**92 994 409**	**73 415 235**	**66 160 699**	**52 296 611**
国有企业	279 815	273 210	14 346 667	11 975 702	9 751 165	8 191 905
集体企业	65 398	76 526	288 053	284 866	273 830	266 371
股份合作企业	8 650	8 391	1 692 103	1 196 959	1 498 578	1 153 317
联营企业			1 380 206	1 334 246	1 164 031	939 931
国有联营企业			34 525	28 830	28 992	24 611
集体联营企业						
国有与集体联营企业			1 323 529	1 287 071	1 112 887	896 975
其他联营企业			22 152	18 345	22 152	18 345
有限责任公司	4 487 571	3 198 552	20 041 500	15 565 337	16 442 878	12 926 846
国有独资公司			619 142	489 468	472 437	357 980
其他有限责任公司	4 487 571	3 198 552	19 422 357	15 075 870	15 970 440	12 568 866
股份有限公司	3 699 111	3 081 796	46 231 684	35 366 772	28 743 189	21 649 087
私营企业	1 479 202	1 148 433	8 938 058	7 612 256	8 216 600	7 095 327
私营独资企业	15 646	13 600	93 185	86 480	50 604	48 312
私营合伙企业	82 599	34 064	125 918	59 505	125 686	59 323
私营有限责任公司	1 372 381	1 095 332	8 580 375	7 332 083	7 902 538	6 853 781
私营股份有限公司	8 576	5 438	138 581	134 188	137 772	133 910
其他企业	39 146	34 570	76 138	79 099	70 428	73 827
港澳台商投资企业	**503 138**	**435 299**	**3 103 069**	**2 569 259**	**2 929 912**	**2 518 344**
港澳台合资经营企业	486 571	435 299	2 895 858	2 453 368	2 886 568	2 447 189
港澳台合作经营企业	16 567		188 634	48 494	27 546	5 761
港澳台独资经营企业			15 188	64 235	14 562	64 235
港澳台商投资股份有限公司			3 389	3 162	1 236	1 159
外商投资企业	**2 070 051**	**2 382 490**	**10 586 269**	**7 951 663**	**9 012 592**	**6 815 864**
中外合资经营企业	731 999	455 412	5 022 482	3 743 190	4 671 642	3 527 225
中外合作经营企业	1 277 978	1 860 885	5 251 790	3 984 346	4 044 908	3 078 926
外资企业	60 075	66 193	311 998	224 128	296 042	209 713
外商投资股份有限公司						

各地区限额以上连锁零售业情况（1）

地区	门店总数（个）		营业面积（平方米）		从业人员（人）		商品购进总额（万元）	
	2005 年	2004 年	2005 年	2004 年	2005 年	2004 年	2005 年	2004 年
全　国	**90 476**	**77 631**	**82 027 379**	**72 025 758**	**1 488 235**	**1 282 285**	**90 440 922**	**71 300 583**
北　京	4 726	4 203	4 341 450	3 747 208	121 229	113 119	9 249 652	7 781 478
天　津	1 183	1 070	1 034 819	924 973	20 203	18 972	1 809 094	1 401 285
河　北	2 100	1 427	2 339 406	1 543 517	26 434	21 770	997 388	709 757
山　西	955	799	568 459	491 655	20 126	17 981	559 055	333 248
内蒙古	1 355	1 276	3 204 945	2 768 916	15 539	11 072	1 237 518	800 057
辽　宁	2 951	2 757	2 805 983	2 634 510	26 915	25 995	1 877 625	1 338 735
吉　林	505	462	181 381	164 422	5 064	5 444	139 449	139 680
黑龙江	810	625	325 169	239 836	10 894	9 699	517 892	482 000
上　海	10 146	9 179	7 287 340	6 069 759	231 788	197 662	10 548 472	10 170 621
江　苏	9 778	8 120	5 105 324	3 987 403	206 208	178 308	10 937 634	7 175 403
浙　江	8 023	6 055	6 364 680	5 791 943	70 309	63 419	6 268 568	4 914 338
安　徽	4 882	3 396	2 095 507	1 515 592	56 409	46 457	3 977 432	2 913 538
福　建	1 924	1 761	1 395 167	1 283 585	26 210	21 648	2 128 041	1 520 734
江　西	2 072	1 983	1 078 875	874 541	28 089	25 792	2 041 351	1 486 424
山　东	6 816	6 210	6 769 416	5 982 235	91 174	75 972	8 275 899	6 217 793
河　南	1 961	1 687	921 948	801 560	34 244	31 826	643 624	577 016
湖　北	3 085	2 650	2 456 242	2 195 846	61 492	54 648	2 992 958	2 456 182
湖　南	2 935	2 551	5 495 421	5 096 844	63 738	49 942	2 440 648	1 757 722
广　东	8 059	7 313	15 972 308	14 498 997	214 323	165 424	14 981 902	12 293 810
广　西	2 017	2 004	1 853 248	1 931 050	20 776	22 076	1 697 109	1 292 269
海　南	323	315	55 254	59 126	3 481	3 646	284 511	204 661
重　庆	4 663	4 208	2 147 318	1 957 098	39 812	36 235	1 878 981	1 471 126
四　川	3 083	2 189	1 009 525	812 621	26 686	22 468	932 299	681 586
贵　州	1 199	1 112	2 103 755	2 008 391	10 815	10 643	1 048 138	841 319
云　南	1 731	1 256	388 465	283 452	19 151	15 842	499 378	388 233
西　藏	8	12						
陕　西	612	585	232 518	224 948	18 065	18 124	1 089 795	844 707
甘　肃	1 329	1 267	2 593 319	2 403 409	5 168	4 942	793 649	607 961
青　海	119	91	112 788	103 505	2 156	2 124	28 397	33 566
宁　夏	361	380	1 050 091	996 116	5 838	5 550	300 612	250 083
新　疆	666	602	737 258	632 700	5 899	5 485	263 857	215 252

各地区限额以上连锁零售业情况（2）

地区	统一配送商品购进额		自有配送中心配送商品购进额		非自有配送中心配送商品购进额		商品销售总额（万元）		商品零售额	
	2005年	2004年	2005年	2004年	2005年	2004年	2005年	2004年	2005年	2004年
全　国	**70 367 722**	**55 455 970**	**57 735 641**	**44 816 703**	**12 632 081**	**10 639 267**	**106 683 746**	**83 936 158**	**78 103 204**	**61 630 819**
北　京	4 227 182	3 038 646	1 920 813	1 465 138	2 306 369	1 573 508	10 356 147	9 037 330	9 175 535	8 157 331
天　津	1 590 607	1 220 731	1 527 281	1 167 596	63 326	53 136	1 787 459	1 423 381	1 778 486	1 375 449
河　北	690 296	420 156	589 545	331 223	100 751	88 933	1 048 911	744 427	871 406	588 896
山　西	510 522	301 401	507 923	299 157	2 599	2 244	610 718	488 788	492 039	345 708
内蒙古	1 227 982	796 007	1 227 982	796 007			1 385 949	908 428	1 181 922	721 392
辽　宁	168 541	144 675	157 337	139 510	11 206	5 164	2 454 151	1 727 513	1 483 941	1 100 730
吉　林	89 397	93 744	88 860	93 239	537	504	143 583	146 165	126 423	135 138
黑龙江	456 704	337 057	404 747	294 139	51 958	42 918	577 159	500 211	491 815	426 742
上　海	9 992 627	9 769 866	4 845 010	4 429 230	5 147 616	5 340 635	16 456 230	13 930 841	11 777 511	10 123 910
江　苏	8 993 835	5 714 975	7 919 727	5 128 818	1 074 107	586 156	13 185 545	8 628 760	8 502 264	5 685 890
浙　江	5 705 638	4 433 650	5 349 232	4 144 482	356 407	289 169	6 789 374	5 415 247	4 515 459	3 427 310
安　徽	2 893 295	2 140 031	2 866 368	2 130 042	26 927	9 989	4 204 786	3 147 691	2 596 311	2 031 783
福　建	1 699 116	1 200 764	1 499 506	1 020 047	199 610	180 718	2 408 320	1 724 370	1 847 871	1 268 944
江　西	1 950 314	1 426 044	603 702	429 450	1 346 612	996 594	2 216 138	1 666 763	1601 187	1 168 699
山　东	6 393 503	4 825 818	6 113 876	4 599 955	279 627	225 864	9 758 995	7 416 969	4 885 528	3 760 302
河　南	507 344	447 831	465 899	409 196	41 446	38 635	661 113	602 586	582 700	550 403
湖　北	2 003 916	1 498 892	2 001 674	1 497 462	2 242	1 430	3 909 602	3 278 773	3 148 032	2 583 163
湖　南	1 111 880	740 197	1 111 489	739 750	391	447	3 245 875	3 112 302	3 133 214	3 015 690
广　东	11 983 845	10 606 459	10 726 833	9 664 947	1 257 013	941 512	15 820 662	12 523 458	13 126 756	9 993 038
广　西	1 568 226	1 181 633	1 529 490	1 149 211	38 735	32 422	1 890 900	1 392 330	629 190	480 452
海　南	278 867	198 935	277 536	197 748	1 331	1 187	300 487	219 035	299 652	217 547
重　庆	1 574 174	1 224 816	1 554 031	1 204 935	20 142	19 882	2 079 639	1 716 035	1 406 779	1 163 307
四　川	922 907	671 357	774 133	582 488	148 774	88 869	1 063 953	755 350	918 050	637 446
贵　州	942 098	752 629	941 155	751 789	943	840	1 138 133	953 973	882 217	694 383
云　南	490 848	378 403	406 070	310 276	84 779	68 126	501 327	383 527	387 223	311 295
西　藏										
陕　西	1 051 270	807 620	982 924	758 040	68 346	49 580	1 167 043	922 248	823 506	615 266
甘　肃	790 339	605 313	790 339	605 313			819 999	647 902	817 700	645 008
青　海	28 197	33 563	28 197	33 563			59 139	63 279	57 985	62 533
宁　夏	281 789	248 825	281 789	248 825			339 086	265 313	280 755	179 529
新　疆	242 468	195 932	242 174	195 127	294	805	303 324	193 164	281 749	163 035

限额以上连锁餐饮业情况（按业态分）（1）

指　　标	计量单位	合　计		直营店		加盟店	
		2005 年	2004 年	2005 年	2004 年	2005 年	2004 年
一、门店总数	**个**	**8 514**	**7 578**	**5 518**	**4 952**	**2 996**	**2 626**
正餐	个	3 208	2 906	1 193	1 069	2 015	1 837
快餐	个	4 178	3 719	3 904	3 511	274	208
茶馆	个	200	192	200	192		
咖啡店	个	293	222	146	115	147	107
其他餐饮业	个	635	539	75	65	560	474
二、营业面积	**平方米**	**3 907 689**	**3 526 227**	**2 475 224**	**2 260 799**	**1 432 465**	**1 265 428**
正餐	平方米	2 572 139	2 382 652	1 316 289	1 247 266	1 255 850	1 135 386
快餐	平方米	1 188 229	1 032 457	1 103 000	968 606	85 229	63 851
茶馆	平方米	11 061	11 036	11 061	11 036		
咖啡店	平方米	97 728	73 754	23 558	18 679	74 170	55 075
其他餐饮业	平方米	38 532	26 328	21 316	15 212	17 216	11 116
三、经营餐饮业务餐位数	**个**	**2 004 869**	**1 800 985**	**882 972**	**796 804**	**1 121 897**	**1 004 181**
正餐	个	1 518 331	1 387 519	455 547	426 339	1 062 784	961 180
快餐	个	449 122	384 655	413 949	359 179	35 173	25 476
茶馆	个	3 760	3 298	3 760	3 298		
咖啡店	个	31 837	23 762	7 987	6 321	23 850	17 441
其他餐饮业	个	819	751	729	667	90	84
四、从业人员	**人**	**426 029**	**379 460**	**291 467**	**265 036**	**134562**	**114424**
正餐	人	224 101	198 800	104 152	95 880	119 949	102 920
快餐	人	190 358	171 370	183 032	165 552	7 326	5 818
茶馆	人	675	574	675	574		
咖啡店	人	7 151	5 262	2 265	1 678	4 886	3 584
其他餐饮业	人	3 744	3 454	1 343	1 352	2 401	2 102
五、商品购进总额	**万元**	**1 433 268**	**1 246 344**	**874 204**	**849 321**	**559 064**	**397 024**
正餐	万元	866 658	679 195	333 486	300 263	533 173	378 932
快餐	万元	540 849	546 066	524 346	534 899	16 502	11 167
茶馆	万元	829	886	829	886		
咖啡店	万元	10 797	8 019	3 449	2 688	7 348	5 331
其他餐饮业	万元	14 136	12 179	12 094	10 585	2 041	1 594
#统一配送商品购进额	**万元**	**987 093**	**893 021**	**635 733**	**632 408**	**351 360**	**260 613**
正餐	万元	464 917	364 019	130 753	115 580	334 164	248 439
快餐	万元	503 558	513 443	489 306	503 416	14 252	10 028
茶馆	万元	141	148	141	148		
咖啡店	万元	4 371	3 259	3 449	2 688	922	571
其他餐饮业	万元	14 106	12 152	12 084	10 576	2 021	1 576

限额以上连锁餐饮业情况（按业态分）（2）

指　　标	计量单位	合计		直营店		加盟店	
		2005 年	2004 年	2005 年	2004 年	2005 年	2004 年
#自有配送中心配送商品购进额	**万元**	**712 741**	**647 022**	**507 946**	**515 682**	**204 795**	**131 340**
正餐	万元	296 138	209 981	105 246	88 642	190 892	121 339
快餐	万元	400 074	423 428	389 008	415 534	11 066	7 894
茶馆	万元	141	148	141	148		
咖啡店	万元	2 526	1 528	1 680	960	846	568
其他餐饮业	万元	13 862	11 937	11 871	10 398	1 990	1 539
#非自有配送中心配送商品购进额	**万元**	**274 352**	**245 999**	**127 787**	**116 726**	**146 565**	**129 273**
正餐	万元	168 779	154 038	25 507	26 939	143 272	127 099
快餐	万元	103 484	90 016	100 298	87 882	3 186	2 134
茶馆	万元						
咖啡店	万元	1 845	1 731	1 769	1 728	76	3
其他餐饮业	万元	244	215	213	178	31	37
六、营业收入	**万元**	**3 888 664**	**3 482 336**	**2 867 562**	**2 615 446**	**1 021 103**	**866 890**
正餐	万元	1 903 736	1 672 127	986 715	880 770	917 021	791 357
快餐	万元	1 862 650	1 710 555	1 797 658	1 666 259	64 992	44 296
茶馆	万元	3 399	3 293	3 399	3 293		
咖啡店	万元	68 730	51 327	42 636	32 330	26 094	18 997
其他餐饮业	万元	50 149	45 035	37 153	32 796	12 996	12 239
#餐费收入	**万元**	**3 852 779**	**3 453 394**	**2 840 836**	**2 592 885**	**1 011 944**	**860 508**
正餐	万元	1 870 422	1 645 639	962 360	860 477	908 062	785 162
快餐	万元	1 860 978	1 708 925	1 796 068	1 664 719	64 910	44 206
茶馆	万元	3 259	3 117	3 259	3 117		
咖啡店	万元	68 730	51 327	42 636	32 330	26 094	18 997
其他餐饮业	万元	49 390	44 385	36 512	32 243	12 878	12 143
#商品销售额	**万元**	**27 844**	**23 211**	**20 330**	**18 263**	**7 513**	**4 948**
正餐	万元	25 660	21 032	18 265	16 180	7 395	4 852
快餐	万元	1 285	1 354	1 285	1 354		
茶馆	万元	140	176	140	176		
其他餐饮业	万元	758	649	640	553	118	96
#商品零售额	**万元**	**21 720**	**18 650**	**15 997**	**13 974**	**5 723**	**4 676**
正餐	万元	20 045	17 072	14 439	12 492	5 605	4 580
快餐	万元	1 126	1 013	1 126	1 013		
其他餐饮业	万元	549	565	431	469	118	96
七、配送中心数	**个**	**299**	**271**	**186**	**177**	**113**	**94**
正餐	个	107	103	69	68	38	35
快餐	个	127	118	109	101	18	17
茶馆	个	2	2	2	2		
咖啡店	个	58	43	2	2	56	41
其他餐饮业	个	5	5	4	4	1	1

限额以上连锁餐饮业情况（按登记注册类型分）（1）

注册类型	门店总数（个）		营业面积（平方米）		从业人数（人）		经营餐饮业务餐位数（个）	
	2005 年	2004 年	2005 年	2004 年	2005 年	2004 年	2005 年	2004 年
合　计	**8 514**	**7 578**	**3 907 689**	**3 526 227**	**426 029**	**379 460**	**2 004 869**	**1 800 985**
内资企业	**5 488**	**5 111**	**2 735 643**	**2 547 530**	**226 122**	**205 347**	**1 561 563**	**1 432 234**
国有企业	614	541	101 209	87 070	4 638	4 427	14 732	13 486
集体企业								
股份合作企业	51	54	34 332	30 163	2 685	2 660	9 802	8 647
联营企业								
国有联营企业								
集体联营企业								
国有与集体联营企业								
其他联营企业								
有限责任公司	2 104	2 057	1 247 736	1 200 046	125 349	114 640	1 229 925	1 129 258
国有独资公司								
其他有限责任公司	2 104	2 057	1 247 736	1 200 046	125 349	114 640	1 229 925	1 129 258
股份有限公司	152	113	182 808	147 461	9 213	6 947	30 211	26 437
私营企业	2 548	2 326	1 154 258	1 067 990	82 894	75 256	269 813	247 726
私营独资企业	392	342	187 047	185 043	13 339	13 475	63 225	58 094
私营合伙企业	52	41	51 370	43 236	2 258	2 969	10 332	8 390
私营有限责任公司	1 949	1 870	855 804	798 106	61 455	55 356	183 936	173 499
私营股份有限公司	155	73	60 037	41 605	5 842	3 456	12 320	7 743
其他企业	19	20	15 300	14 800	1 343	1 417	7 080	6 680
港澳台商投资企业	**574**	**491**	**249 412**	**210 902**	**57 914**	**56 150**	**89 492**	**75 516**
港澳台合资经营企业	315	256	160 468	132 046	17 499	16 232	57 594	46 870
港澳台合作经营企业	47	39	29 868	26 420	2 438	2 239	8 850	7 456
港澳台独资经营企业	212	196	59 076	52 436	37 977	37 679	23 048	21 190
港澳台商投资股份有限公司								
外商投资企业	**2 452**	**1 976**	**922 634**	**767 795**	**141 993**	**117 963**	**353 814**	**293 235**
中外合资经营企业	816	687	326 547	277 269	50 126	43 986	131 293	111 892
中外合作经营企业	520	411	163 114	132 166	32 452	24 948	59 386	48 647
外资企业	1 116	878	432 973	358 360	59 415	49 029	163 135	132 696
外商投资股份有限公司								

限额以上连锁餐饮业情况（按登记注册类型分）（2）

注册类型	商品购进总额（万元）		统一配送商品购进额		自有配送中心配送商品购进额		非自有配送中心配送商品购进额	
	2005 年	2004 年	2005 年	2004 年	2005 年	2004 年	2005 年	2004 年
合　计	**1 433 268**	**1 246 344**	**987 093**	**893 021**	**712 741**	**647 022**	**274 352**	**245 999**
内资企业	**890 779**	**761 785**	**514 201**	**469 444**	**337 692**	**309 237**	**176 509**	**160 208**
国有企业	14 103	11 888	1 367	840	1 050	825	317	15
集体企业								
股份合作企业	4 745	4 739	3 075	2 985	3 075	2 985		
联营企业								
国有联营企业								
集体联营企业								
国有与集体联营企业								
其他联营企业								
有限责任公司	632 248	525 129	419 631	381 190	261 854	239 982	157 777	141 208
国有独资公司								
其他有限责任公司	632 248	525 129	419 631	381 190	261 854	239 982	157 777	141 208
股份有限公司	46 276	40 883	20 134	17 054	20 134	17 054		
私营企业	188 323	174 557	69 994	67 375	51 579	48 390	18 416	18 985
私营独资企业	19 669	21 373	5 252	5 417	4 572	4 548	681	869
私营合伙企业	12 800	9 955						
私营有限责任公司	138 366	133 301	60 466	57 001	45 507	42 042	14 959	14 959
私营股份有限公司	17 489	9 928	4 276	4 957	1 500	1 800	2 776	3 157
其他企业	5 083	4 589						
港澳台商投资企业	**93 392**	**86 026**	**57 516**	**53 810**	**18 876**	**16 215**	**38 640**	**37 595**
港澳台合资经营企业	23 551	19 706	3 308	2 846	3 108	2 696	200	150
港澳台合作经营企业	21 745	21 130	6 112	5 774			6 112	5 774
港澳台独资经营企业	48 096	45 190	48 096	45 190	15 769	13 519	32 328	31 671
港澳台商投资股份有限公司								
外商投资企业	**449 097**	**398 533**	**415 375**	**369 767**	**356 173**	**321 570**	**59 203**	**48 197**
中外合资经营企业	237 716	213 091	236 662	212 172	197 761	182 679	38 901	29 493
中外合作经营企业	93 251	78 442	77 123	65 493	77 123	65 493		
外资企业	118 130	107 000	101 590	92 102	81 288	73 398	20 302	18 704
外商投资股份有限公司								

限额以上连锁餐饮业情况（按登记注册类型分）（3）

注册类型	营业收入（万元）		餐费收入		商品销售额		零售额	
	2005 年	2004 年	2005 年	2004 年	2005 年	2004 年	2005 年	2004 年
合　计	**3 888 664**	**3 482 336**	**3 852 779**	**3 453 394**	**27 844**	**23 211**	**21 720**	**18 650**
内资企业	**1 877 900**	**1 675 299**	**1 844 123**	**1 647 609**	**25 758**	**21 959**	**21 720**	**18 650**
国有企业	82 344	74 681	78 904	70 869	2 080	2 282	1 940	2 106
集体企业								
股份合作企业	27 721	26 340	27 461	26 108				
联营企业								
国有联营企业								
集体联营企业								
国有与集体联营企业								
其他联营企业								
有限责任公司	1 094 688	953 267	1 074 272	937 882	17 050	12 912	13 566	10 192
国有独资公司								
其他有限责任公司	1 094 688	953 267	1 074 272	937 882	17 050	12 912	13 566	10 192
股份有限公司	116 840	104 571	114 465	102 344	2 103	1 953	2 103	1 953
私营企业	549 185	509 889	541 900	503 854	4 525	4 812	4 111	4 399
私营独资企业	75 406	78 108	74 683	77 183	579	666	579	666
私营合伙企业	21 859	19 335	20 935	18 774	254	183	254	183
私营有限责任公司	410 226	391 210	405 378	387 466	2 904	3 158	2 490	2 745
私营股份有限公司	41 694	21 237	40 905	20 431	789	806	789	806
其他企业	7 121	6 552	7 121	6 552				
港澳台商投资企业	**351 060**	**331 921**	**349 184**	**330 752**	**1 877**	**1 169**		
港澳台合资经营企业	192 205	180 368	192 047	180 026	159	342		
港澳台合作经营企业	37 474	36 633	35 756	35 806	1 718	827		
港澳台独资经营企业	121 381	114 921	121 381	114 921				
港澳台商投资股份有限公司								
外商投资企业	**1 659 704**	**1 475 116**	**1 659 473**	**1 475 032**	**209**	**84**		
中外合资经营企业	648 757	581 523	648 757	581 523				
中外合作经营企业	346 590	279 667	346 590	279 667				
外资企业	664 357	613 926	664 126	613 842	209	84		
外商投资股份有限公司								

各地区限额以上连锁餐饮业情况（1）

地区	门店总数（个）		营业面积（平方米）		经营餐饮业务餐位数（个）		从业人员（人）		商品购进总额（万元）	
	2005年	2004年	2005年	2004年	2005年	2004年	2005年	2004年	2005年	2004年
全　国	**8 514**	**7 578**	**3 907 689**	**3 526 227**	**2 004 869**	**1 800 985**	**426 029**	**379 460**	**1 433 268**	**1 246 345**
北　京	1 066	980	517 781	450 599	153 204	137 362	49 013	43 293	211 252	192 652
天　津	643	577	117 549	100 022	25 832	22 863	8 812	8 355	687	645
河　北	233	198	2 180	2 180	1 000	1 000	173	169	863	734
山　西	161	127	42 220	36 900	15 055	13 255	3 454	3 395	10 918	9 487
内蒙古	125	122	218 100	200 200	991 000	898 980	51 073	44 629	303 400	216 800
辽　宁	201	164	79 899	70 808	24 974	21 141	13 326	11 335	13 161	13 937
吉　林	64	58								
黑龙江	86	69	6 102	6 394	3 857	4 141	1 174	1 226	95	81
上　海	679	594	247 390	221 555	76 493	65 909	31 489	28 582	5 838	61 496
江　苏	1 113	1 079	157 729	132 834	57 904	50 166	23 852	21 060	126 652	112 514
浙　江	473	360	246 320	212 746	76 603	61 375	23 169	19 395	111 154	102 387
安　徽	128	106	94 683	116 591	14 130	17 180	4 441	5 340	12 797	13 184
福　建	262	209	75 660	64 478	23 614	20 428	8 040	6 894	22 338	20 472
江　西	52	50	23 674	18 799	10 614	6 705	2 799	2 436	6 083	5 871
山　东	355	331	113 283	106 111	36 210	32 476	8 948	8 018	37 438	36 296
河　南	242	211	57 815	59 750	16 673	14 547	4 624	3 951	3 527	2 091
湖　北	250	208	221 432	196 297	54 252	49 651	19 549	17 207	7 413	7 065
湖　南	115	100	42 358	36 208	9 530	8 060	5 049	4 328	16 151	14 205
广　东	959	835	433 469	398 513	130 664	111 334	76 578	72 405	234 941	205 441
广　西	20	18								
海　南	22	18	2 600	2 000	1 154	894	160	138	1 884	1 620
重　庆	285	264	984 363	896 340	210 510	197 445	72 523	61 087	258 531	184 509
四　川	377	389	73 872	64 178	28 496	24 219	7 777	6 677	21 105	20 727
贵　州	55	47	22 170	14 409	5 567	4 667	1 857	1 537	8 356	7 290
云　南	163	137	49 955	45 330	17 980	17 409	3 483	3 366	8 745	6 655
西　藏	8	9								
陕　西	129	112	36 337	38 445	11 380	11 980	1 990	2 107	3 075	3 604
甘　肃	55	40	11 775	11 423	3 531	3 410	1 317	1 292	4 271	3 644
青　海	32	32	6 878	5 944	546	568	291	310	1 174	1 336
宁　夏	14	16								
新　疆	141	112	22 095	17 173	4 096	3 820	1 068	928	1 421	1 606

各地区限额以上连锁餐饮业情况（2）

地 区	统一配送商品购进额		自有配送中心配送商品购进额		非自有配送中心配送商品购进额		营业收入（万元）		餐费收入	
	2005 年	2004 年	2005 年	2004 年	2005 年	2004 年	2005 年	2004 年	2005 年	2004 年
全 国	**987 093**	**893 021**	**712 741**	**647 022**	**274 352**	**245 999**	**3 888 665**	**3 482 336**	**3 852 780**	**3 453 393**
北 京	120 806	111 718	75 093	70 932	45 713	40 786	545 758	497 942	545 679	497 898
天 津	687	412	370	397	317	15	156 835	143 710	156 835	143 710
河 北							1 257	972	1 257	972
山 西	7 479	5 839	7 479	5 839			36 006	34 068	35 968	34 013
内蒙古	196 950	140 725	128 018	91 471	68 932	49 254	528 288	435 511	528 288	435 511
辽 宁	13 161	13 937	12 961	13 787	200	150	139 211	136 937	139 211	136 937
吉 林										
黑龙江	95	81	95	81			10 218	8 106	10 069	7 956
上 海	5 838	61 496	5 838	61 496			362 644	337 365	362 485	337 023
江 苏	114 294	101 951	88 325	83 017	25 969	18 935	251 757	227 232	250 824	226 371
浙 江	86 944	77 942	83 682	74 402	3 262	3 541	261 512	242 660	261 126	242 442
安 徽	7 644	8 862	6 247	6 073	1 397	2 788	36 846	40 748	32 850	37 549
福 建	21 913	20 109	8 803	7 399	13 110	12 711	96 106	85 949	96 106	85 949
江 西	2 974	2 341	2 974	2 341			21 945	20 849	21 112	20 001
山 东	36 795	35 175	36 795	35 175			88 577	83 729	85 045	79 751
河 南	1 714	1 942	1 714	1 942			31 843	23 131	31 507	22 668
湖 北	4 872	4 701	4 872	4 701			157 060	157 620	154 053	155 910
湖 南	1 303	758	1 303	758			42 323	41 545	42 323	41 545
广 东	159 449	134 006	138 950	114 053	20 499	19 953	536 941	444 542	534 199	442 993
广 西										
海 南							2 756	2 444	2 756	2 444
重 庆	169 345	137 385	82 761	47 521	86 583	89 863	442 405	394 437	426 455	38 2512
四 川	21 079	20 721	13 267	13 452	7 812	7 269	62 290	51 982	61 475	51 181
贵 州							13 565	11 896	13 424	11 734
云 南	7 549	5 944	7 549	5 944			29 141	25 701	29 141	25 701
西 藏										
陕 西	3 075	3 604	2 518	2 869	557	735	12 322	13 704	9 947	11 478
甘 肃	1 213	1 033	1 213	1 033			8 811	7 893	8 811	7 893
青 海	1 174	1 336	1 174	1 336			2 135	2 165	1 722	1 752
宁 夏										
新 疆	743	1 005	743	1 005			10 115	9 499	10 115	9 499

限额以上连锁住宿业情况（按登记注册类型分）(1)

注册类型	门店总数（个）		营业面积（平方米）		从业人数（人）		经营住宿业务床位数（个）	
	2005 年	2004 年	2005 年	2004 年	2005 年	2004 年	2005 年	2004 年
合　计	**84**	**69**	**688 381**	**468 620**	**8 678**	**7 258**	**14 733**	**11 115**
内资企业	68	61	566 054	391 382	7 311	6 233	11 333	9 362
国有企业	6	6	10 954	10 954	201	202	604	604
集体企业	2	2	350	350	17	15	80	80
股份合作企业	4	4	3 208	2 458	20	21	270	215
联营企业								
国有联营企业								
集体联营企业								
国有与集体联营企业								
其他联营企业								
有限责任公司	41	34	530 369	356 447	6 551	5 377	8 147	6235
国有独资公司								
其他有限责任公司	41	34	530 369	356 447	6 551	5 377	8 147	6 235
股份有限公司	6	6	5 000	5 000	426	474	1 279	1 275
私营企业	9	9	16 173	16 173	96	144	953	953
私营独资企业	2	2	1 783	1 783	16	16	205	205
私营合伙企业								
私营有限责任公司	7	7	14 390	14 390	80	128	748	748
私营股份有限公司								
其他企业								
港澳台商投资企业	**15**	**7**	**74 141**	**29 052**	**596**	**270**	**2 817**	**1 170**
港澳台合资经营企业	15	7	74 141	29 052	596	270	2 817	1 170
港澳台合作经营企业								
港澳台独资经营企业								
港澳台商投资股份有限公司								
外商投资企业	**1**	**1**	**48 186**	**48 186**	**771**	**755**	**583**	**583**
中外合资经营企业								
中外合作经营企业								
外资企业	1	1	48 186	48 186	771	755	583	583
外商投资股份有限公司								

限额以上连锁住宿业情况（按登记注册类型分）（2）

注册类型	商品购进总额（万元）		统一配送商品购进额		营业收入（万元）		客房收入	
	2005 年	2004 年	2005 年	2004 年	2005 年	2004 年	2005 年	2004 年
合　计	**21 024**	**16 936**	**21 024**	**16 936**	**118 328**	**93 101**	**57 337**	**42 051**
内资企业	**21 024**	**16 936**	**21 024**	**16 936**	**85 684**	**70 721**	**34 209**	**27 815**
国有企业					1 419	1 483	1 395	1 452
集体企业					70	69	69	68
股份合作企业					93	103	93	103
联营企业								
国有联营企业								
集体联营企业								
国有与集体联营企业								
其他联营企业								
有限责任公司	21 024	16 936	21 024	16 936	79 697	64 306	28 776	22 243
国有独资公司								
其他有限责任公司	21 024	16 936	21 024	16 936	79 697	64 306	28 776	22 243
股份有限公司					3 614	4 105	3 085	3 294
私营企业					790	654	790	654
私营独资企业					74	71	74	71
私营合伙企业								
私营有限责任公司					717	583	717	583
私营股份有限公司								
其他企业								
港澳台商投资企业					**11 325**	**3 835**	**10 541**	**3 477**
港澳台合资经营企业					11 325	3 835	10 541	3 477
港澳台合作经营企业								
港澳台独资经营企业								
港澳台商投资股份有限公司								
外商投资企业					**21 320**	**18 545**	**12 587**	**10 759**
中外合资经营企业								
中外合作经营企业								
外资企业					21 320	18 545	12 587	10 759
外商投资股份有限公司								

各地区限额以上连锁住宿业情况（1）

地 区	门店总数（个）		营业面积（平方米）		从业人数（人）		经营住宿业务床位数（万元）		商品购进总额（万元）		统一配送商品购进总额	
	2005 年	2004 年	2005 年	2004 年	2005 年	2004 年	2005 年	2004 年	2005 年	2004 年	2005 年	2004 年
全 国	**84**	**69**	**688 381**	**468 620**	**8 678**	**7 258**	**467**	**11 115**	**23 674**	**19 598**	**21 024**	**16 936**
北 京	68	54	182 368	130 912	1 831	1 423	467	5 572				
天 津												
河 北												
山 西												
内蒙古												
辽 宁												
吉 林												
黑龙江												
上 海												
江 苏												
浙 江	15	14	457 827	289 522	6 076	5 080		4 960	21 163	17 261	21 024	16 936
安 徽												
福 建												
江 西												
山 东	1	1	48 186	48 186	771	755		583	2 511	2 338		
河 南												
湖 北												
湖 南												
广 东												
广 西												
海 南												
重 庆												
四 川												
贵 州												
云 南												
西 藏												
陕 西												
甘 肃												
青 海												
宁 夏												
新 疆												

各地区限额以上连锁住宿业情况（2）

地区	自有配送中心配送商品购进额		营业收入（万元）		客房收入		餐费收入		商品销售额		零售额	
	2005年	2004年	2005年	2004年	2005年	2004年	2005年	2004年	2005年	2004年	2005年	2004年
全　国	**21 024**	**16 936**	**118 328**	**93 101**	**57 337**	**42 051**	**41 540**	**35 045**	**630**	**663**	**543**	**642**
北　京			19 647	11 397	17 775	9 907	952	566	132	72	45	50
天　津												
河　北												
山　西												
内蒙古												
辽　宁												
吉　林												
黑龙江												
上　海												
江　苏												
浙　江	21 024	16 936	77 361	63 159	26 974	21 384	33 531	28 230	466	563	466	563
安　徽												
福　建												
江　西												
山　东			21 320	18 545	12 587	10 759	7 057	6 250	33	28	33	28
河　南												
湖　北												
湖　南												
广　东												
广　西												
海　南												
重　庆												
四　川												
贵　州												
云　南												
西　藏												
陕　西												
甘　肃												
青　海												
宁　夏												
新　疆												

2005 年中国社会消费品零售总额（按月份统计）

月度 项目	1 月		2 月		3 月		4 月		5 月		6 月		1—6 月	
	销售额（亿元）	增长率（%）	销售额（亿元）	增长率（%）	销售额（亿元）	增长率（%）	销售额（亿元）	增长率（%）	销售额（亿元）	增长率（%）	销售额（亿元）	增长率（%）	销售额（亿元）	增长率（%）
社会消费品零售总额	5 300.9	11.5	5 012.2	15.8	4 799.1	13.9	4 663.3	12.2	4 899.2	12.8	4 935.0	12.9	29 609.7	13.2
市	3 517.2	11.8	3 368.9	17.3	3 203.7	15.2	3 134.5	13.1	3 326.4	13.9	3 329.6	14.0	19 882.3	14.2
县	609.6	12.1	554.4	14.2	539.9	12.2	509.3	10.8	529.9	11.1	541.0	11.2	3 285.1	12.0
县以下	1 174.1	10.4	1 088.9	12.2	1 055.5	11.0	1 019.5	10.2	1 042.7	10.3	1 064.4	10.5	6 442.3	10.7
批发零售贸易业	4 430.4	11.2	4 188.5	16.0	3 997.4	14.0	3 899.7	11.8	4 093.9	12.3	4 129.2	12.6	24 739.1	12.9
餐饮业	734.9	15.9	679.4	18.5	648.2	17.3	620.1	18.4	663.7	19.5	669.9	18.0	4 016.2	17.9
其他行业	135.6	0.4	144.3	0.1	153.5	0.1	143.5	−0.2	141.6	0.2	135.9	−0.2	854..4	0.1

月度 项目	7 月		8 月		9 月		10 月		11 月		12 月		1—12 月	
	销售额（亿元）	增长率（%）	销售额（亿元）	增长率（%）	销售额（亿元）	增长率（%）	销售额（亿元）	增长率（%）	销售额（亿元）	增长率（%）	销售额（亿元）	增长率（%）	销售额（亿元）	增长率（%）
社会消费品零售总额	4 934.9	12.7	5 040.8	12.5	5 495.2	12.7	5 846.6	12.8	5 909.0	12.4	6 850.4	12.5	67 176.6	12.9
市	3 338.2	13.8	3 400.5	13.5	3 688.0	13.6	3 905.0	13.6	3 880.0	13.2	4 450.0	13.2	45 094.3	13.6
县	537.0	10.2	557.6	10.8	620.1	10.8	680.2	12.6	721.2	12.1	858.1	12.3	7 485.4	12.8
县以下	1 059.7	10.6	1 082.7	10.3	1 187.1	11.0	1 261.4	10.5	1 307.8	10.2	1 538.3	10.6	14 596.9	10.8
批发零售贸易业	4 112.0	12.4	4 190.3	12.4	4 564.1	12.6	4 845.0	12.7	4 925.8	12.5	5 778.0	11.3	56 589.2	12.6
餐饮业	689.3	17.5	712.3	15.8	779.5	15.8	846.7	15.8	823.1	14.5	905.1	24.0	8 886.8	17.7
其他行业	133.6	0.2	138.2	0.3	151.6	1.5	154.9	1.1	160.1	0.4	167.3	0.2	1 700.6	0.4

2005 年中国限额以上批发零售贸易业商品零售类值

单位：亿元、%

	绝对数	增长率	比重
合　计	17 556.7	17.9	100.00
食品、饮料、烟酒类	2 796.3	13.6	15.93
粮油类	355.8	37.5	2.03
肉禽蛋类	344.8	15.2	1.96
其他食品类	1 240.9	10.0	7.07
饮料类	1 270.6	9.1	7.24
烟酒类	265.4	11.1	1.51
服装鞋帽、针纺织品类	2 018.2	18.3	11.50
服装类	1362.8	19.6	7.76
鞋帽类	367.6	19.2	2.09
针纺织品类	287.7	11.6	1.64
化妆品类	335.1	19.1	1.91
金银珠宝类	255.2	13.9	1.45
日用品类	719.3	11.9	4.10
洗涤用品类	217.0	10.6	1.24
儿童玩具类	39.2	8.6	0.22
五金、电料类	105.1	15.5	0.60
体育、娱乐用品类	121.5	17.8	0.69
书报杂志类	384.5	9.6	2.19
电子出版物及音像制品类	41.5	17.6	0.24
家用电器和音像器材类	1 613.0	14.8	9.19
中西药品类	1 122.0	11.8	6.39
西药	826.3	14.2	4.71
中草药及中成药	246.6	5.7	1.40
文化办公用品类	390.6	11.4	2.22
家具类	123.1	13.3	0.70
通讯器材类	454.3	19.9	2.59
煤炭及制品类	29.7	38.9	0.17
木材及制品类	11.2	6.3	0.06
石油及制品类	2917.9	34.4	16.62
化工材料及制品类	38.9	40.6	0.22
金属材料类	111.6	45.1	0.64
建筑及装潢材料类	151.1	22.1	0.86
机电产品及设备类	160.1	16.8	0.91
汽车类	3 215.4	16.6	18.31
其他类	441.0	3.5	2.51

2005年中国30种主要生产资料新增资源情况

品种	单位	新增资源量					
		总计	同比增长（%）	生产量	同比增长（%）	进口量	同比增长（%）
煤炭	万吨	199 833.00	11.01	197 216.00	10.7	2 617.00	40.1
焦炭	万吨	23 282.00	24.40	23 282.00	24.4		
原油	万吨	30 766.00	3.67	18 084.00	3.9	12 682.00	3.3
汽油	万吨	5 405.00	3.20	5 405.00	3.2		
煤油	万吨	1 302.00	4.54	988.60	2.6	313.00	11.2
柴油	万吨	11 115.00	7.13	11 062.00	9.5	53.00	-80.6
燃料油	万吨	4 869.00	-6.00	2 261.00	8.6	2 608.00	-14.7
钢	万吨	35 067.00	23.37	34 936.00	24.6	131.00	-66.0
钢材	万吨	39 699.00	20.89	37 117.00	24.1	2 582.00	-11.9
铁矿石	万吨	69 575.00	27.97	42 049.00	25.3	27 526.00	32.3
生铁	万吨	33 067.00	27.00	33 040.00	28.2	27.00	-67.0
铜	万吨	394.85	14.75	253.35	23.0	141.50	2.5
铝	万吨	804.91	10.60	741.21	18.7	63.70	-38.4
氧化铝	万吨	1 562.87	21.46	860.90	23.2	702.00	19.4
铅	万吨	239.28	23.80	233.42	26.5	5.86	-33.1
锌	万吨	329.31	4.63	267.21	-0.6	62.10	35.1
锡	万吨	15.39	19.46	12.40	12.2	2.98	63.4
镍	万吨	18.16	34.36	9.14	31.3	9.02	37.6
铜材	万吨	601.08	7.29	489.21	11.0	111.87	-6.4
铝材	万吨	658.86	26.41	594.10	29.1	64.76	6.1
水泥	万吨	103 946.00	11.41	103 830.00	11.6	116.35	-56.4
硫酸	万吨	4 658.00	16.81	4 462.20	17.2	195.60	8.5
烧碱	万吨	1 243.10	21.24	1 240.00	21.4	3.16	-20.1
纯碱	万吨	1 428.10	11.52	1 421.10	12.7	7.06	-64.2
塑料原料	万吨	3 964.00	8.68	2 141.90	18.3	1 822.00	-0.8
天然橡胶	万吨	193.40	3.68	52.40	-9.0	141.00	9.5
合成橡胶	万吨	272.20	6.42	163.20	11.6	108.98	-0.5
轮胎	万条	32 251.00	27.83	31 820.00	28.3	431.40	5.4
纸及纸板	万吨	5 925.00	21.17	5 404.00	26.3	521.00	-14.7
汽车	万辆	631.40	12.38	615.34	13.0	16.03	-7.3

2005年中国30种主要生产资料需求增长情况

单位:%

品种	需求总计	国内消费	出口
煤炭	9.98	0.22	-17.3
焦炭	19.96	30.68	-15.0
原油	5.90	4.95	46.9
汽油	4.72	4.60	3.5
煤油	8.10	3.26	28.6
柴油	8.16	6.75	131.8
燃料油	-1.87	-2.06	26.4
钢	20.89	24.66	16.7
钢材	16.87	16.30	44..2
铁矿石	22.74	33.50	
生铁	23.83	26.60	72.4
铜	11.93	12.91	14.6
铝	6.53	13.16	-21.7
氧化铝	18.69	18.69	6.1
铅	21.48	37.02	0.1
锌	5.86	16.25	-44.2
锡	19.37	34.60	-30.6
镍	28.88	30.95	-1.4
铜材	8.37	8.46	18.9
铝材	26.03	27.33	65.1
水泥	11.36	9.40	214.5
硫酸	15.28	14.76	-17.2
烧碱	18.55	10.94	164.0
纯碱	10.74	8.45	24.3
塑料原料	9.23	9.34	88.0
天然橡胶	13.08	13.01	64.0
合成橡胶	5.78	5.03	7.1
轮胎	20.58	70.38	12.8
纸及纸板	20.48	5.15	65.2
汽车	14.69	11.53	170.2

2005 年中国商品零售价格增长率

（分月，与上年同期比）

月　份	1月	2月	3月	4月	5月	6月	7月	8月	9月	10月	11月	12月	全年
商品零售价格增长率（%）	0.9	2.4	1.4	0.6	0.6	0.5	0.8	0.3	0.0	0.4	0.6	0.9	0.8

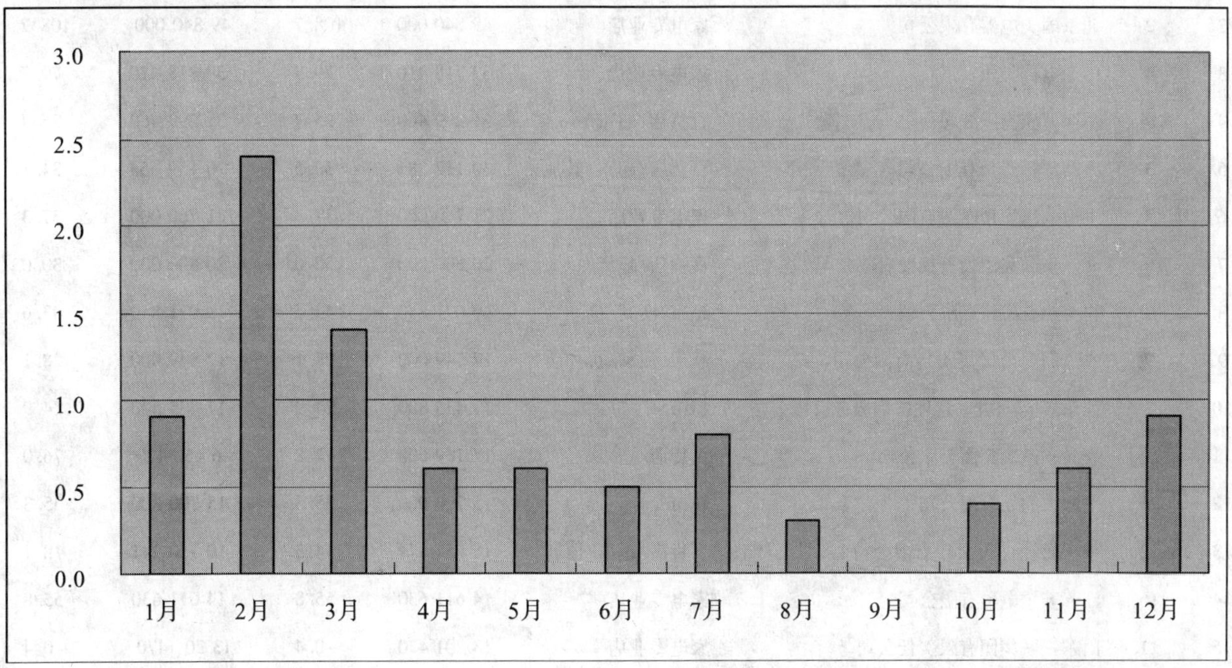

2005 年中国居民消费价格增长率

（分月，与上年同期比）

月　份	1月	2月	3月	4月	5月	6月	7月	8月	9月	10月	11月	12月	全年
居民消费价格增长率（%）	1.9	3.9	2.7	1.8	1.8	1.6	1.8	1.3	0.9	1.2	1.3	1.6	1.8

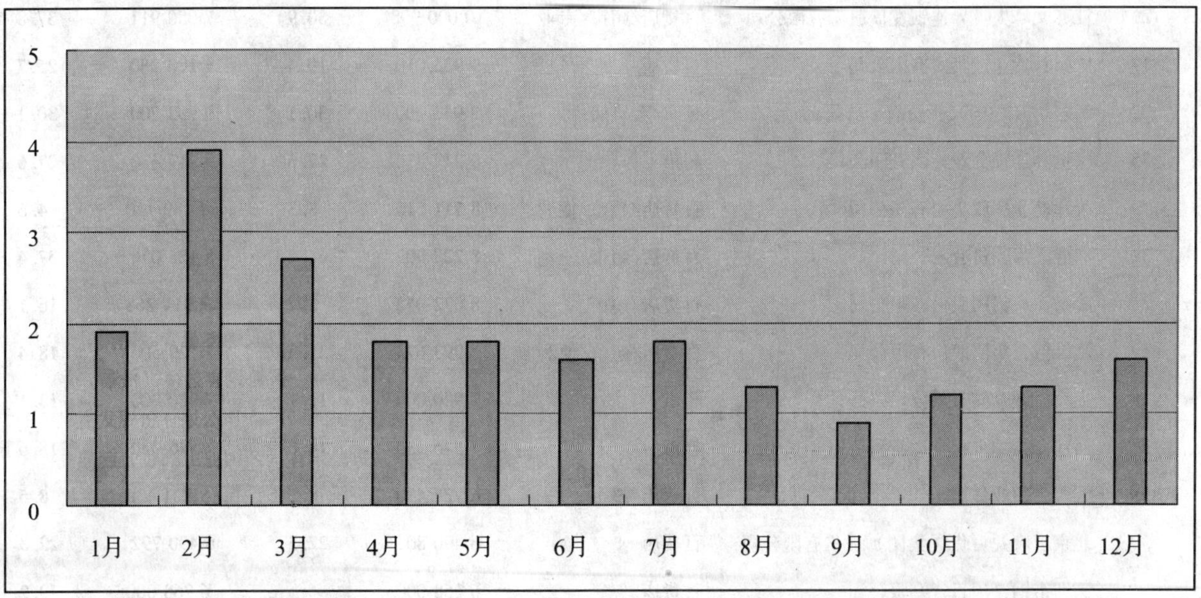

2005 年中国前 100 家零售企业名录

2005 年	2004 年	企 业 名 称	业 态	销售总额		零售总额	
序号	序号			千元	同比 ± %	千元	同比 ± %
1	1	百联（集团）有限公司	百货店/超市/便利	72 073 930	7.2	72 073 930	7.2
2	2	北京国美电器有限公司	家电专业店	49 840 000	108.7	49 840 000	108.7
3	4	苏宁电器集团	家电专业店	39 718 410	79.7	39 718 410	79.7
4	14	华润万家有限公司	百货店/超市	31 299 460	25.7	31 299 460	25.7
5	3	大商集团股份有限公司	百货店/超市/其他	30 117 386	30.5	20 159 664	34.1
6	7	上海永乐家用电器有限公司	家电专业店	21 760 000	37.3	21 760 000	37.3
7	6	北京华联集团投资控股有限公司	百货店/超市	20 800 000	30.0	20 800 000	30.0
8	10	物美控股集团有限公司	超市/便利	19 071 840	43.6	19 071 840	43.6
9	9	农工商超市（集团）有限公司	超市/便利/折扣店	17 549 000	28.1	17 549 000	28.1
10	5	家乐福（中国）管理咨询服务有限公司	超市	17 435 800	24.9	17 435 800	24.9
11		安徽省徽商集团有限公司	百货店/超市	17 139 600	12.8	6 450 420	76.0
12	26	上海大润发有限公司	超市	15 700 000	35.3	15 700 000	35.3
13	12	重庆商社（集团）有限公司	百货店/超市/便利	15 054 174	14.3	10 710 241	18.1
14	16	江苏五星电器有限公司	家电专业店	14 611 630	55.8	14 611 630	55.8
15	11	山东三联集团有限责任公司	家电专业店	13 201 470	-0.4	13 201 470	-0.4
16	13	好又多商业发展集团公司	超市	13 200 000	10.0	13 200 000	10.0
17	18	新一佳超市有限公司	超市	11 801 450	38.8	11 801 450	38.8
18		中国百盛集团	百货店/超市	11 000 000	48.6	11 000 000	48.6
19	24	合肥百货大楼集团股份有限公司	百货店/超市/专业	10 500 000	43.8	4 800 000	45.5
20	23	易初莲花（中国）连锁超市有限公司	超市	10 060 000	36.1	10 060 000	36.1
21	21	江苏文峰大世界连锁发展股份有限公司	百货店/超市/专业	10 000 998	30.9	7 050 911	37.8
22	17	广州百货企业集团有限公司	百货店	9 935 010	10.4	4 120 280	25.7
23	22	沃尔玛（中国）投资有限公司	超市/会员店	9 933 700	30.1	9 933 700	30.1
24	25	家世界连锁商业集团有限公司	超市	9 217 430	27.6	9 217 430	27.6
25	19	天津劝业华联集团有限公司	百货店/超市/便利	8 711 510	8.3	4 189 140	4.6
26	32	利群集团股份有限公司	百货店/超市/便利	8 228 909	61.2	5 126 076	57.4
27	20	武汉武商集团股份有限公司	百货店/超市	8 072 062	2.7	7 511 268	16.1
28	29	武汉中百集团股份有限公司	百货店/超市/便利	7 993 673	31.3	4 729 506	18.4
29		上海康诚仓储有限公司（乐购）	超市	7 920 000	13.1	7 920 000	13.1
30	27	锦江麦德龙现购自运有限公司	超市	7 546 330	18.6	7 546 330	18.6
31	28	人人乐商业集团	百货店/超市	6 724 430	8.5	6 724 430	8.5
32	30	北京王府井百货（集团）股份有限公司	百货店	6 490 801	22.3	6 490 792	22.3
33		深圳市铜锣湾百货有限公司	百货店	6 268 000		6 268 000	49.2

2005年中国前100家零售企业名录（续）

2005年序号	2004年序号	企业名称	业态	销售总额 千元	销售总额 同比±%	零售总额 千元	零售总额 同比±%
34	35	山东银座商城股份有限公司	百货店/超市/便利	5 600 272	26.7	5 600 272	26.7
35	31	北京京客隆商业集团股份有限公司	超市/便利	5 512 233	5.3	2 837 316	3.6
36	34	武汉中商集团股份有限公司	百货店/超市	5 182 888	13.2	4 921 970	16.5
37		上海市第一食品商店股份有限公司	食品店	5 150 450	15.5	409 380	39.1
38	46	长春欧亚集团股份有限公司	百货店	5 050 382	78.7	5 050 382	78.7
39	41	山东潍坊百货集团股份有限公司	百货店/超市/便利	5 031 480	48.3	5 031 480	48.3
40	40	欧尚（中国）公司	超市	5 000 000	42.4	5 000 000	42.4
41	38	江苏时代超市有限公司	超市	4 625 600	25.7	4 625 600	25.7
42	39	山东家家悦超市有限公司	超市/会员/折扣店	4 610 400	30.4	4 610 400	30.4
43	47	深圳天虹商场有限公司	百货店	4 255 923	50.8	4 255 923	50.8
44	37	上海豫园旅游商城股份有限公司	百货店	4 239 586	11.2	2 155 022	-8.0
45	36	江苏无锡商业大厦集团有限公司	百货店	4 099 785	4.4	3 850 691	7.3
46	73	南京新街口百货商店股份有限公司	百货店	3 988 227	-7.4	3 988 227	-7.4
47	45	南京中央商场股份有限公司	百货店	3 838 946	33.4	3 691 620	31.9
48	49	百佳超级市场有限公司	超市/便利店	3 794 560	38.0	3 794 560	38.0
49	51	石家庄北国人百集团有限责任公司	百货店	3 673 370	36.6	3 673 370	36.6
50		福建永辉集团有限公司	百货店/超市	3 575 010	80.1	3 575 010	80.1
51	56	北京新燕莎控股（集团）有限责任公司	百货店/超市/便利	3 559 070	27.1	3 559 070	27.1
52	63	山东新星集团有限公司	百货店/超市/便利	3 400 000	30.8	3 400 000	30.8
53	59	步步高商业连锁股份有限公司	百货店/超市/便利	3 370 000	59.2	3 370 000	59.2
54	48	湖南友谊阿波罗股份有限公司	百货店/超市/专业	3 211 754	7.2	2 767 320	6.6
55		华糖洋华堂商业有限公司	百货店/超市	3 100 000	14.8	3 100 000	14.8
56		新合作商贸连锁有限公司	超市/便利	3 100 000		3 100 000	
57		四川省互惠商业有限责任公司	超市/便利店	3 000 000	20.0	3 000 000	20.0
58	53	济南人民商场股份有限公司	百货店	2 898 769	25.3	2 898 769	25.3
59	52	成都红旗连锁有限责任公司	超市/便利店	2 780 260	13.0	2 780 260	13.0
60	57	北京西单友谊集团	百货店/超市/便利	2 771 680	28.6	2 771 680	28.7
61	61	宁波三江购物俱乐部有限公司	超市	2 521 570	23.0	2 521 570	23.0
62	71	辽宁兴隆百货集团	百货店	2 500 000	47.1	2 500 000	47.1
63	42	上海家得利超市有限公司	超市	2 492 000	-22.1	2 492 000	-22.1
64		烟台市振华百货集团股份有限公司	百货店	2 483 965	59.2	1 310 150	42.3
65	66	广州市广百股份有限公司	百货店/家电	2 464 390	21.0	2 000 090	20.6
66	62	上海可的便利店有限公司	便利店	2 391 390	16.7	2 391 390	16.7

2005年中国前100家零售企业名录（续）

2005年序号	2004年序号	企业名称	业态	销售总额 千元	销售总额 同比±%	零售总额 千元	零售总额 同比±%
67	60	中兴—沈阳商业大厦(集团)股份有限公司	百货店	2 289 914	11.1	2 276 018	12.8
68	54	成都人民商场（集团）股份有限公司	百货店	2 236 681	-3.1	2 139 134	-2.0
69	64	南京华诚超市有限公司	超市/便利	2 186 370	11.3	2 186 370	11.3
70	76	青岛维客集团股份有限公司	百货店/超市/便利	2 172 199	41.8	2 172 199	41.8
71	67	杭州大厦购物中心	百货店	2 158 215	14.5	2 158 215	14.5
72		广州友谊班尼路服饰有限公司	服装专卖店	2 096 980	27.6	2 096 980	27.6
73	69	西安开元商城有限公司	百货店	2 027 787	14.9	1 920 784	8.9
74		无锡朝阳股份有限公司	百货店	2 023 416	-8.1	323 727	5.3
75	68	上海捷强烟草管理（集团）连锁有限公司	超市/专业店	1 913 300	3.1	1 913 300	3.1
76		永旺（中国）商业有限公司（佳士客）	超市	1 909 000		1 909 000	
77	84	北京美廉美连锁商业有限公司	超市/便利	1 898 000	38.5	1 898 000	38.5
78	92	福建新华都购物广场有限公司	百货店/超市	1 897 680	56.3	1 897 680	56.3
79	83	广州友谊商店股份有限公司	百货店	1 803 300	33.9	1 803 300	33.9
80	77	浙江人本超市有限公司	超市/便利/折扣店	1 798 090	19.5	1 798 090	19.5
81	72	上海徐家汇商城股份有限公司	百货店	1 754 910	5.7	1 751 110	5.6
82	82	唐山百货大楼集团有限责任公司	百货店	1 750 194	24.9	1 580 682	27.3
83	75	沈阳商业城股份有限公司	百货店	1 714 637	5.0	1 670 306	9.9
84	79	北京翠微大厦股份有限公司	百货店	1 679 272	13.8	1 679 272	13.8
85		江苏省食品集团有限公司		1 639 867	16.0	306 684	116.0
86	50	天津滨江集团有限公司	百货店	1 616 964	-40.6	1 195 206	-4.5
87		安徽华夏集团	超市	1 552 780	23.3	1 075 860	22.4
88	85	南昌百货大楼股份有限公司	百货店	1 503 209	11.3	1 146 474	8.9
89	96	河北保龙仓商业连锁经营有限公司	超市	1 488 000	29.4	1 488 000	29.4
90	78	北京城乡贸易中心股份有限公司	百货店	1 444 113	-4.0	1 444 113	-4.0
91	89	上海良友金伴便利连锁有限公司	便利店	1 429 690	11.9	1 429 690	11.9
92		济南华联商厦集团股份有限公司	百货店	1 406 442	33.5	1 406 442	33.5
93		深圳市民润农产品配送连锁有限公司	超市/便利店	1 404 130	-3.0	1 404 130	-3.0
94	87	广东吉之岛天贸百货有限公司	百货店	1 399 584	7.1	1 399 584	7.1
95	93	杭州解百集团股份有限公司	百货店	1 392 738	16.2	1 152 665	13.1
96		华普超市有限公司	超市	1 381 750	34.5	1 381 750	34.5
97	90	百大集团股份有限公司杭州百货大楼	百货店	1 367 381	7.5	1 367 381	7.5
98		宁波市蔬菜有限公司	超市/便利	1 345 501	29.1	635 739	58.1
99	86	南昌洪城大厦股份有限公司	百货店	1 305 023	8.4	1 174 670	0.2
100		广东天河城百货有限公司	百货店	1 285 165	13.3	1 285 165	13.3

2005年中国前100家餐饮企业名录

单位：万元

序号	企业名称	企业性质	经营业态	2005年营业额	2004年营业额
1	中国百胜餐饮集团	外商独资	西式快餐	1 330 000	1 180 000
2	内蒙古小肥羊餐饮连锁有限公司	股份制	火锅	525 000	433 000
3	内蒙古小尾羊餐饮连锁有限公司	股份制	火锅	359 230	281 579
4	锦江国际酒店发展股份有限公司	股份制	特色酒楼、宾馆餐饮、快餐	290 852	264 284
5	河北三河市福成餐饮管理有限公司	股份制	火锅	200 000	150 000
6	重庆市德庄实业（集团）有限公司	有限责任	火锅	157 215	122 760
7	德克士食品开发有限公司	港澳台及外商合资	西式快餐	136 192	100 855
8	重庆小天鹅投资控股（集团）有限公司	有限责任	火锅、宾馆餐饮	135 063	112 439
9	中国全聚德（集团）股份有限公司	国有	特色酒楼	123 627	99 300
10	广东中山市海港饮食娱乐管理有限公司	有限责任	特色酒楼	110 413	95 290
11	内蒙古草原牧歌餐饮发展有限公司	股份制	火锅	105 167	35 505
12	山西运城大胖饮食公司	私营	火锅	98 900	86 000
13	重庆秦妈餐饮文化有限公司	股份制	火锅	92 766	84 340
14	重庆市汇源火锅研究所（奇火锅）	股份制	火锅	84 960	72 000
15	重庆市东方菜根香餐饮有限公司	有限责任	特色酒楼	84 292	70 243
16	重庆陶然居饮食文化（集团）有限公司	股份制	特色酒楼	84 000	48 000
17	上海杏花楼（集团）有限公司	国有控股	综合餐饮	81 213	75 300
18	西安饮食服务（集团）股份有限公司	国有控股	特色酒楼、中式快餐	78 960	70 500
19	重庆市毛哥食品开发有限公司	股份制	特色酒楼	75 902	56 224
20	重庆孔亮火锅	私营	火锅	75 470	61 720
21	北京东来顺集团有限责任公司	国有	火锅	75 000	65 000
22	重庆刘一手饮食文化有限公司	私营	火锅	72 000	60 000
23	湖南省韶山毛家饭店发展有限公司	私营	特色酒楼	71 836	56 250
24	上海梅龙镇（集团）有限公司	国有	综合餐饮	71 510	64 380
25	四川省谭鱼头投资股份有限公司	股份制	火锅	68 328	45 300
26	重庆苏大姐餐饮文化有限责任公司	私营	火锅	66 776	59 778
27	天津狗不理包子饮食集团	有限公司	特色酒楼、快餐、速冻食品	63 297	25 859
28	北京顺峰饮食酒店管理有限公司	有限责任	特色酒楼	62 000	61 000
29	北京吉野家快餐有限公司	外资企业	日式快餐	60 708	50 576
30	江苏苏州迪欧餐饮管理有限公司	外商独资	休闲餐饮	58 400	35 040
31	上海领先餐饮管理有限公司	港澳台及外商合资	西式快餐	58 000	46 400
32	重庆骑龙饮食文化有限责任公司	私营	火锅	56 505	47 088
33	上海虹桥小南国餐饮管理有限公司	私营	特色酒楼	51 182	51 014
34	广州酒家企业集团	国有控股	特色酒楼	51 164	45 202

2005 年中国前 100 家餐饮企业名录（续）

单位：万元

序号	企业名称	企业性质	经营业态	2005 年营业额	2004 年营业额
35	重庆市巴将军饮食文化发展有限公司	私营	火锅	48 371	32 600
36	马兰拉面快餐连锁有限责任公司	有限责任	中式快餐	46 856	48 299
37	浙江宁波江东向阳渔港餐饮发展有限公司	私营	宾馆餐饮	45 490	48 785
38	四川卞氏菜根香泡菜餐饮有限公司	私营	特色酒楼	45 000	43 000
39	上海上岛餐饮连锁经营管理有限公司	外资企业	休闲餐饮	44 000	35 000
40	江苏南京红泥大酒店有限公司	私营	宾馆餐饮	43 752	45 022
41	河南郑州京福华餐饮有限公司	私营	火锅、酒楼	43 738	32 197
42	陕西咸阳阿瓦餐饮文化连锁有限公司	私营	特色酒楼	43 200	18 000
43	山东净雅餐饮集团	私营	特色酒楼	40 333	28 208
44	重庆市君之薇餐饮文化有限公司	私营	火锅	40 280	30 000
45	广东省广州市绿茵阁餐饮连锁有限公司	私营	西餐	38 000	31 000
46	福建省厦门市舒友海鲜大酒楼有限公司	股份制	特色酒楼	37 636	35 380
47	江苏大娘水饺餐饮有限公司	私营	快餐	35 000	26 000
48	湖北武汉市亢龙太子酒轩有限责任公司	私营	特色酒楼	34 859	28 592
49	重庆五斗米饮食文化有限公司	私营	火锅	33 800	22 500
50	上海美林阁餐饮经营管理有限公司	私营	特色酒楼	33 002	28 340
51	重庆和之吉饮食文化公司	私营	特色酒楼、火锅	31 906	28 418
52	北京湘鄂情酒楼有限公司	股份制	特色酒楼	30 170	20 443
53	重庆市涪陵巴人餐饮有限公司	私营	特色酒楼、火锅	29 316	29 015
54	北京聚德华天控股有限公司	国有控股	特色酒楼	28 990	28 031
55	四川省成都市巴国布衣餐饮发展有限公司	私营	特色酒楼	28 570	26 454
56	山东蓝海酒店集团有限公司	股份制	宾馆餐饮	28 560	24 859
57	浙江省宁波市石浦酒店管理发展有限公司	股份制	特色酒楼	28 000	22 000
58	丽华快餐（中国）有限公司	私营	中式快餐	27 500	25 000
59	湖南省长沙饮食集团有限公司	股份制	特色酒楼、中式快餐	26 223	20 781
60	广东省深圳面点王饮食连锁有限公司	股份制	中式快餐	25 830	23 720
61	上海市老城隍庙饮食有限公司	股份制	特色酒楼	24 994	27 898
62	浙江杭州张生记酒店管理有限公司	私营	特色酒楼	24 959	22 211
63	北京好伦哥餐饮有限公司	外商独资	休闲餐饮	23 822	18 177
64	武汉湖锦娱乐发展有限责任公司	私营	特色酒楼	23 434	21 684
65	广东省深圳市嘉旺饮食连锁有限公司	股份制	快餐	23 138	22 012
66	浙江省宁波市汉通餐饮发展有限公司	有限责任	特色酒楼	22 600	24 198
67	山东金德利快餐连锁总公司	国有	中式快餐	22 489	17 549
68	浙江杭州新开元大酒店	私营	特色酒楼	22 417	22 712

2005年中国前100家餐饮企业名录（续）

单位：万元

序号	企业名称	企业性质	经营业态	2005年营业额	2004年营业额
69	福建省厦门市牡丹大酒楼有限公司	私营	特色酒楼	22 300	12 100
70	吉林省杨麻子大饼餐饮有限责任公司	有限公司	特色酒楼	21 996	18 036
71	浙江宁波慎业发展有限公司	私营	特色酒楼	21 600	16 280
72	吉林省四平市李连贵风味大酒楼	国有	特色酒楼	21 400	19 440
73	浙江省宁波市江东彩虹坊大酒店	股份制	宾馆餐饮	20 600	19 800
74	上海丰裕餐饮管理有限公司	股份制	特色酒楼	19 800	18 000
75	辽宁省沈阳市老边饺子馆	私营	特色酒楼	19 000	16 000
76	上海小绍兴餐饮经营管理有限公司	股份制	特色酒楼	18 358	17 022
77	北京老家快餐有限责任公司	股份制	中式快餐	18 300	17 900
78	湖北省武汉市小蓝鲸健康美食酒店管理公司	有限责任	特色酒楼	18 126	16 890
79	上海和记餐饮管理有限公司	私营	特色酒楼	18 124	14 228
80	北京首都机场餐饮发展有限公司	国有控股	快餐	18 028	11 170
81	浙江宁波来必堡餐饮有限公司	私营	快餐	18 000	11 000
82	广西桂林人集团有限公司	有限责任	综合餐饮	18 000	17 200
83	浙江杭州娃哈哈餐饮娱乐有限责任公司		特色酒楼	18 000	1 500
84	安徽梦都集团	私营	宾馆餐饮	17 868	14 559
85	湖北武汉艳阳天商贸发展有限公司	私营	特色酒楼	17 510	14 074
86	浙江杭州花中城大酒店有限公司	私营	特色酒楼	17 180	
87	北京万龙洲饮食有限责任公司	私营	快餐	16 556	12 532
88	重庆市菜香源餐饮文化有限公司	股份制	特色酒楼	16 548	15 846
89	四川成都武陵山珍餐饮管理有限公司	股份制	特色酒楼、中式快餐等	16 500	14 900
90	上海鹭鹭餐饮管理有限公司	私营	特色酒楼	16 363	13 532
91	河南百年老妈饮食管理有限公司	私营	火锅	16 353	12 862
92	福建省福州佳客来餐饮连锁有限公司	股份制	西餐	16 200	10 800
93	云南省昆明市大滇园美食有限公司	股份制	特色酒楼	16139	8 619
94	浙江温州市丁香餐饮有限公司	私营	特色酒楼	16 092	10 518
95	海南龙泉集团有限公司	私营	综合餐饮	16 000	15 000
96	黑龙江哈尔滨东方饺子王连锁经营有限公司	私营	其他	16 000	14 000
97	河南阿庆嫂实业有限公司	私营	特色酒楼	16 000	11 000
98	湖北三五醇酒店有限公司	有限责任	特色酒楼	16 000	13 000
99	上海沈家花园餐饮管理有限公司	私营	特色酒楼	15 635	11 155
100	山西省太原高新区绿岛风味大王酒店	私营	特色酒楼	15 600	13 521

1978—2005 年中国进出口总额

金额单位：亿美元

年份	进出口	出口	进口
1978	206.4	97.5	108.9
1979	293.3	136.6	156.8
1980	378.2	182.7	195.5
1981	440.2	220.1	220.2
1982	416.1	223.2	192.9
1983	436.2	222.3	213.9
1984	535.5	261.4	274.1
1985	696.0	273.5	422.5
1986	738.5	309.4	429.0
1987	826.5	394.4	432.2
1988	1 027.8	475.2	552.7
1989	1 116.8	525.4	591.4
1990	1 154.4	620.9	533.5
1991	1 357.0	719.1	637.9
1992	1 655.3	849.4	805.9
1993	1 957.0	917.4	1 039.6
1994	2 366.2	1 210.1	1 156.2
1995	2 808.6	1 487.8	1 320.8
1996	2 898.8	1 510.5	1 388.3
1997	3 251.6	1 827.9	1 423.7
1998	3 239.5	1 837.1	1 402.4
1999	3 606.3	1 949.3	1 657.0
2000	4 743.0	2 492.0	2 250.9
2001	5 096.5	2 661.0	2 435.5
2002	6 207.7	3 255.7	2 952.0
2003	8 512.1	4 383.7	4 128.4
2004	11 547.4	5 933.6	5 613.8
2005	14 221.2	7 620.0	6 601.2

1978—2005 年中国进出口总额增长速度

（比上年增长%）

年　份	进出口	出　口	进　口
1978	39. 4	28. 4	51. 0
1979	42. 0	40. 2	43. 9
1980	28. 9	33. 8	24. 7
1981	16. 4	20. 4	12. 6
1982	-5. 5	1. 4	-12. 4
1983	4. 8	-0. 4	10. 9
1984	22. 8	17. 6	28. 1
1985	30. 0	4. 6	54. 1
1986	6. 1	13. 1	1. 5
1987	11. 9	27. 5	0. 7
1988	24. 4	20. 5	27. 9
1989	8. 7	10. 6	7. 0
1990	3. 4	18. 2	-9. 8
1991	17. 6	15. 8	19. 6
1992	22. 0	18. 1	26. 3
1993	18. 2	8. 0	29. 0
1994	20. 9	31. 9	11. 2
1995	18. 7	23. 0	14. 2
1996	3. 2	1. 5	5. 1
1997	12. 2	21. 0	2. 5
1998	-0. 4	0. 5	-1. 5
1999	11. 3	6. 1	18. 2
2000	31. 5	27. 8	35. 8
2001	7. 5	6. 8	8. 2
2002	21. 8	22. 3	21. 2
2003	37. 1	34. 6	39. 9
2004	35. 7	35. 4	36. 0
2005	23. 2	28. 4	17. 6

1980—2005 年中国出口总额占世界出口总额的比重和位次

金额单位：亿美元

年 份	世界出口总额	中国出口总额	中国出口总额占世界出口总额比重（%）	位 次
1980	19 906	182.7	0.9	26
1981	19 724	220.1	1.1	19
1982	18 308	223.2	1.2	17
1983	18 078	222.3	1.2	17
1984	19 019	261.4	1.4	18
1985	19 277	273.5	1.4	17
1986	21 157	309.4	1.5	16
1987	24 969	394.4	1.6	16
1988	28 382	475.2	1.7	16
1989	30 361	525.4	1.7	14
1990	34 700	620.9	1.8	15
1991	35 300	719.1	2.0	13
1992	37 000	849.4	2.3	11
1993	36 870	917.4	2.5	11
1994	41 683	1 210.1	2.9	11
1995	50 200	1 487.8	3.0	11
1996	52 540	1 510.5	2.9	11
1997	54 550	1 827.9	3.3	10
1998	54 050	1 837.1	3.4	9
1999	54 600	1 949.3	3.6	9
2000	63 580	2 492.0	3.9	7
2001	61 624	2 661.0	4.3	6
2002	64 329	3 255.7	5.1	5
2003	74 820	4 383.7	5.9	4
2004	91 235	5 933.6	6.5	3
2005	103 931	7 620.0	7.3	3

2005 年 中 国 进 出 口 商 品 构 成

金额单位：亿美元

商品构成（按 SITC 分类）	出口		进口	
	金额	增减（%）	金额	增减（%）
总 值	**7 620.0**	**28.4**	**6 601.2**	**17.6**
一、初级产品	490.4	20.9	1 477.1	26.0
0 类 食品及活动物	224.8	19.2	93.9	2.6
1 类 饮料及烟类	11.8	-2.5	7.8	42.8
2 类 非食用原料（燃料除外）	74.9	28.1	702.1	26.8
3 类 矿物燃料、润滑油及有关原料	176.2	21.7	639.6	33.3
4 类 动植物油、脂及蜡	2.7	80.8	33.7	-20.0
二、工业制品	7 129.6	29.0	5 124.1	15.4
5 类 化学成品及有关产品	357.7	35.7	777.4	18.7
6 类 按原料分类的制成品	1 291.3	28.3	811.6	9.7
7 类 机械及运输设备	3 522.6	31.3	2 906.3	14.9
8 类 杂项制品	1 941.9	24.2	608.7	21.4
9 类 未分类的商品	16.1	44.6	20.1	31.4

2005 年 中 国 出 口 主 要 商 品 金 额

金额单位：万美元

商 品 名 称	2005 年	2004 年	同比%
机电产品 *	42 674 726	32 337 023	32.0
高新技术产品 *	21 824 802	16 553 560	31.8
自动数据处理设备及其部件	7 630 702	5 991 127	27.4
服装及衣着附件	7 388 026	6 161 535	19.9
纺织纱线、织物及制品	4 112 663	3 347 375	22.9
自动数据处理设备的零件	2 835 642	2 387 829	18.8
手持或车载无线电话机	2 063 516	1 416 587	45.7
鞋类	1 905 291	1 520 261	25.3
电视、收音机及无线电讯设备的零附件	1 814 403	1 203 102	50.8
集成电路及微电子组件	1 438 661	1 099 280	30.9
家具及其零件	1 350 387	1 016 766	32.8
钢材	1 307 968	833 376	56.9
塑料制品	1 127 745	917 685	22.9
电视机	841.087	548 553	53.3
录、放像机	764 956	740 927	3.2
旅行用品及箱包	731 154	623 837	17.2
汽车零件	658 043	440 91 9	49.2
玩具	656 229	637 946	2.9
成品油	641 083	396.018	61.9
游戏机	637 950	350 160	82.2
集装箱	587 142	512 529	14.6
数字式相机	553 489	485 869	13.9

注：机电产品和高新技术产品包括本表已列名的有关商品，商品按金额大小排序。

2005 年中国进口主要商品金额

金额单位：万美元

商 品 名 称	2005 年	2004 年	同比%
机电产品 *	35 037 841	30 204 564	16.0
高新技术产品 *	19 770 797	16 141 439	22.5
集成电路及微电子组件	8 155 281	6 104 720	33.6
原油	4 772 293	3 391 168	40.7
液晶显示板	2 750 517	2 099 298	31.0
钢材	2 460 845	2 078 471	18.4
初级形状的塑料	2 424 532	2 067 012	17.3
铁矿砂及其精矿	1 837 278	1 269 913	44.7
自动数据处理设备及其部件	1 802 081	1 445 609	24.7
电视、收音机及无线电讯设备的零附件	1 655 459	1 244 261	33.0
自动数据处理设备的零件	1 568 565	1 375 260	14.1
通断保护电路装置及零件	1 049 632	867 290	21.0
成品油	1 043 465	923 930	12.9
手持式无线电话机零件	1 038 510	786 962	32.0
计量检测分析自控仪器及器具	956 434	901 105	6.1
未锻造的铜及铜材	932 791	771 940	20.8
二极管及类似半导体器件	855.056	741 642	15.3
大豆	777 879	697 917	11.5
汽车零件	672 611	732 579	-8.2
印刷电路	657 039	507 155	29.6

注：机电产品和高新技术产品包括本表已列名的有关商品，商品按金额大小排序。

2005 年中国出口主要商品数量及价格

金额单位：美元

商 品 名 称	数量单位	数量	同比%	平均单价	同比%
玉米	万吨	864	271.9	128.2	-8.7
煤	万吨	7 168	-17.3	59.6	35.5
原油	万吨	807	46.9	334.1	38.5
成品油	万吨	1 401	22.2	457.6	32.4
棉纱线	万吨	47	8.9	2.981.6	-3.6
棉机织物	万米	610 328	15.1	1.1	0.5
塑料制品	万吨	673	6.3	1 675.8	15.7
鞋	万双	691 362	17.5	2.7	7.3
钢材	万吨	2 052	44.2	637.4	8.8
集装箱	万个	205	3.6	2 869.0	10.5
录、放像机	万台	18 058	-1.6	42.4	4.9
电视机	万台	8 590	36.2	97.9	12.6
照相机	万架	4 594	-18.4	4.2	-28.9
自动数据处理设备及其部件	万台	130 51 6	15.5	58.5	10.3
手持或车载无线电话	万台	22 791	56.0	90.5	-6.7
摩托车	万辆	955	-5.5	253.3	28.8
自行车	万辆	5 358	3.5	32.6	3.0
汽车和汽车底盘	万辆	108	170.2	1 755.9	-9.7

2005 年中国进口主要商品数量及价格

金额单位：美元

商 品 名 称	数量单位	数量	同比%	平均单价	同比%
谷物及谷物粉	万吨	627	-35.6	224.7	-1.8
大豆	万吨	2.659	31.4	292.5	-15.2
食用植物油	万吨	621	-8.1	453.3	-16.4
天然橡胶	万吨	141	9.5	1 31 5.4	10.5
合成橡胶	万吨	109	-0.5	1 649.9	27.7
纸浆	万吨	759	3.7	490.8	0.7
铁矿砂及其精矿	万吨	27 526	32.3	66.7	9.4
氧化铝	万吨	702	19.4	370.0	6.3
原油	万吨	12 682	3.3	376.3	36.3
成品油	万吨	3 143	-17.0	332.0	36.1
初级形状的塑料	万吨	1 822	-0.8	1 330.7	18.2
纸及纸板	万吨	521	-14.7	680.4	8.0
钢材	万吨	2 582	-11.9	953.1	34.4
未锻造的铜及铜材	万吨	253	-1.6	3 681.5	22.9
未锻造的铝及铝材	万吨	128	-21.9	2 545.3	19.1
自动数据处理设备及其部件	万台	32 133	35.2	56.1	-7.8
手持或车载无线电话	万台	1 267	-0.5	94.1	-18.7
汽车和汽车底盘	万辆	16	-7.3	31 371.4	3.5

2005 年中国出口主要商品量值表

金额单位：万美元

商 品 名 称	数量单位	2005 年		2004 年	
		数量	金额	数量	金额
粮谷	公吨	10 137 456	151 856	4 734 143	82 769
大米	公吨	658 321	21 107	881 918	21 884
小麦	公吨	260 265	3 670	783 934	11 208
玉米	公吨	8 610 837	109 637	2 317 859	32 400
高粱	公吨	24 105	562	148 268	2 123
大麦	公吨	3 115	63	2 078	46
荞麦	公吨	97 067	2 628	137 525	2 482
谷子	公吨	26 643	766	30 261	666
面粉	公吨	344 419	8 625	305 772	7 769
豆类	公吨	1 264 127	55 773	1 129 740	47 574
大豆	公吨	396 454	16 958	334 431	14 478
蚕豆	公吨	24 839	938	25 823	850
豌豆	公吨	2 695	88	6 291	155
绿豆	公吨	135 609	8 212	138 582	6 483
红小豆	公吨	52 613	3 920	61 229	4 929
芸豆	公吨	594 024	23 156	500 638	18 542
扁豆	公吨	34 451	1 089	37 419	1 014
食用植物油	公吨	225 214	17 207	65 214	6 325

2005 年中国出口主要商品量值表（续）

金额单位：万美元

商品名称	数量单位	2005 年		2004 年	
		数量	金额	数量	金额
花生油	公吨	20 242	2 209	14 201	1 612
豆油	公吨	63 034	4 010	19 442	1 330
棉油	公吨	1 015	75	365	14
菜油	公吨	30 637	2 098	5 455	408
芝麻油	公吨	6 263	1 520	5 303	1 224
玉米油	公吨	101 564	7 088	20 336	1 690
葵花籽油	公吨	1 121	82	14	2
其他植物油	公吨	23 116	4 044	22 645	3 535
桐油	公吨	16 563	2 752	18 868	2 653
蓖麻油	公吨	84	11	128	18
亚麻油	公吨	177	20	144	25
椰子油	公吨	0	0	2	0
食用植物油籽	公吨	972 144	60 194	822 705	50 603
花生仁	公吨	363 435	26 349	325 316	24 856
花生果	公吨	90 648	5 610	77 680	5 014
芝麻	公吨	51 208	6 066	41 551	4 690
葵花籽	公吨	115 022	11 089	75 899	5 999
芥菜籽	公吨	4	0	3	0
油菜籽	公吨	147	6	269	8
棉籽	公吨	6 063	168	8 383	220
其他植物油籽	公吨	55 422	2 820	46 306	2 264
蓖麻籽	公吨	127	8	56	3
亚麻籽	公吨	5 583	324	6 569	373
棕榈仁	公吨	1	0	763	42
活畜禽	—	0	32 877	0	33 026
活大猪	头	1 659 847	21 894	1 826 642	23 022
活中猪	头	102 060	792	139 788	943
活乳猪	头	0	0	0	0
活牛	头	54 019	3 503	58 655	3 519
活羊	头	82 305	306	153 906	505
活鸡	万只	2 496	3 729	1 913	3 308
活鸭	万只	0	0	3	9
活鹅	万只	0	0	1	8
活鸽	万只	181	172	123	127
肉食	—	0	192 236	0	159 710
猪肉	公吨	250 513	40 612	291 261	45 958
牛肉	公吨	19 106	4 150	15 594	3 033
绵羊肉	公吨	25 641	4 829	20 031	3 515
山羊肉	公吨	4 406	844	3 999	666

2005 年中国出口主要商品量值表（续）

金额单位：万美元

商品名称	数量单位	2005 年		2004 年	
		数量	金额	数量	金额
兔肉	公吨	8 925	2 106	6 396	1 007
驴马肉	公吨	237	300	68	72
鸡肉	公吨	89 976	11 145	72 843	9 245
鸭肉	公吨	4 890	554	6 251	715
鹅肉	公吨	366	54	300	45
咸腊肉	公吨	112	30	179	56
灌腊肠	公吨	26 593	7 018	21 111	5 238
鲜蛋	万个	92 097	4 352	104 674	4 028
鸡蛋	万个	91 673	4 320	104 174	4 000
鸭蛋	万个	349	10	272	11
干蛋	公吨	116	48	114	33
皮蛋	万个	7 441	670	7 355	632
咸蛋	万个	20 790	1 198	20 739	1 016
苹果	公吨	824 050	30 631	774 189	27 446
橘柑橙	公吨	426 111	12 819	333 162	9 722
柚子	公吨	21 716	873	14 073	321
梨	公吨	368 298	12 213	318 292	9 070
香蕉	公吨	23 550	749	23 422	646
菠萝	公吨	5 395	128	5 756	156
甘蔗	公吨	2 659	38	2 744	41
荔枝	公吨	10 033	752	9 653	572
荸荠	公吨	21 316	1 100	17 686	813
葡萄	公吨	21 257	998	17 799	738
李子	公吨	7 451	189	6 533	154
桃子	公吨	17 050	504	15 614	457
哈密瓜	公吨	23 486	590	16 291	313
西瓜	公吨	35 631	503	30 712	427
栗子	公吨	38 896	5 306	39 976	6 363
葡萄干	公吨	13 392	2 176	12 122	1 840
杏干	公吨	757	105	438	86
柿饼	公吨	11 553	1 623	11 067	1 321
蜜饯	公吨	89 660	11 441	82 860	10 035
核桃	公吨	1 150	131	1 069	108
核桃仁	公吨	12 447	4 611	9 907	3 001
苦杏仁	公吨	7 134	969	7 571	1 237
甜杏仁	公吨	2 588	696	1 851	471
黑瓜子	公吨	7 814	1 275	9 954	1 038
白瓜子	公吨	53 366	8 284	48 684	6 797
红瓜子	公吨	18 840	380	13 377	248

2005 年中国出口主要商品量值表（续）

金额单位：万美元

商品名称	数量单位	2005 年		2004 年	
		数量	金额	数量	金额
莲子	公吨	5 207	1 006	4 519	904
松子仁	公吨	11 655	7 632	9 550	6 897
榛子	公吨	47	5	40	3
榛子仁	公吨	50	14	0	0
壳腰果	公吨	1	0	0	0
腰果仁	公吨	9	1	13	5
白果	公吨	3 707	613	4 199	703
红枣	公吨	13 080	1 157	15 795	1 094
熟地瓜干	公吨	8 444	367	9 692	471
蔬菜	公吨	5 203 122	330 201	4 701 791	278 107
土豆	公吨	238 800	4 474	177 398	2 923
洋葱	公吨	570 001	11 764	418 137	9 036
萝卜	公吨	389 912	10 387	286 167	6 956
鲜姜	公吨	239 934	21 897	188 376	19 062
番茄	公吨	85 929	1 798	82 873	1 395
豆角	公吨	86	4	14	1
大蒜	公吨	1 155 566	56 244	1 127 883	41 918
咸蕨菜	公吨	2 494	353	2 897	411
咸水蘑菇	公吨	59 915	6 946	52 706	6 017
榨菜	公吨	19 791	1 241	17 838	1 105
速冻蔬菜	公吨	554 943	44 555	490 223	37 969
黑木耳	公吨	7 936	3 486	8 339	3 019
金针菜	公吨	20	7	9	3
蘑菇	公吨	2 761	828	1 384	367
蘑菇干片	公吨	27 239	21 189	26 739	17 280
笋干丝	公吨	3 701	1 661	3 278	1 412
水产品	—	0	435 020	0	405 997
大闸蟹	公吨	1 296	970	834	600
蟹苗	公斤	8 740	2	44 546	13
活鳗鱼	公吨	14 237	16 382	14 970	12 407
活鳗鱼苗、种	公斤	486	45	493	36
冰鲜鱼	公吨	72 252	17 266	103 847	22 041
冻鱼	公吨	428 798	57 000	429 897	50 800
冻鱼片	公吨	675 309	184 712	565 052	140 124
冻对虾	公吨	35 412	19 976	46 607	25 682
冰鲜虾	公吨	21 858	3 321	27 935	3 684
冻小虾	公吨	36 860	12 665	43 990	15 364
冻虾仁球	公吨	19 076	11 107	21 842	12 640
冻小虾仁	公吨	23 789	9 628	27 691	11 659

2005 年中国出口主要商品量值表(续)

金额单位：万美元

商品名称	数量单位	2005 年		2004 年	
		数量	金额	数量	金额
鱼翅	公吨	1 349	2 075	2 476	4 097
猪肉罐头	公吨	52 059	8 397	54 063	7 928
牛肉罐头	公吨	17 179	2 907	8 084	1 295
家禽罐头	公吨	2 623	792	1 759	553
菠萝罐头	公吨	72 084	3 700	77 064	3 667
橘子罐头	公吨	299 050	19 839	282 819	17 035
桃子罐头	公吨	76 797	6 184	70 215	5 524
荔枝罐头	公吨	23 072	1 557	19 484	1 170
梨罐头	公吨	34 511	1 870	29 808	1 555
蘑菇罐头	公吨	311 304	27 406	291 837	28 959
番茄酱罐头	公吨	602 471	30 247	437 899	22 360
整番茄罐头	公吨	9 026	497	6 077	299
芦笋罐头	公吨	105 996	12 644	97 482	9 806
核桃仁罐头	公吨	729	310	660	275
花生米罐头	公吨	2 168	244	2 142	241
糖	—	0	11 077	0	2 582
砂糖	公吨	320 677	9 572	51 771	1 300
原糖	公吨	10 184	457	7 858	335
啤酒	公吨	148 720	6 955	143 032	6 852
米酒及黄酒	公吨	42 152	3 630	38 035	3 386
葡萄酒	公吨	3 959	600	3 435	494
汽水	公吨	1	0	4	0
矿泉水	公吨	22 085	268	18 436	233
果汁	公吨	706 998	52 567	532 555	36 635
味素	公吨	18 640	1 836	9 086	855
酱油	公吨	68 754	4 245	64 426	3 680
醋	公吨	11 516	927	11 009	977
鲜奶	公吨	33 534	2 262	30 641	2 012
奶粉	公吨	17 764	4 393	9 260	2 087
奶油	公吨	6 684	331	6 878	306
炼乳	公吨	9 452	867	10 555	875
米粉干	公吨	71 488	4 409	66 627	3 997
粉丝	公吨	83 383	8 960	76 965	8 064
花生制品	公吨	320 190	28 611	286 411	26 843
蜂蜜	公吨	88 499	8 763	81 325	8 901
淀粉	公吨	226 188	6 432	190 146	5 641
麦麸	公吨	10 928	98	16 696	140
豆粕	公吨	552 952	15 068	656 459	20 840
甜菜粕	公吨	162 626	2 592	150 747	2 518

2005 年中国出口主要商品量值表（续）

金额单位：万美元

商品名称	数量单位	2005 年		2004 年	
		数量	金额	数量	金额
棉子仁饼粕	公吨	67 410	843	50 871	818
花生饼粕	公吨	8 413	76	3 564	30
菜籽饼粕	公吨	0	0	0	0
亚麻籽饼粕	公吨	600	8	120	1
葵花饼粕	公吨	12	0	4	0
木薯干片	公吨	2	0	32	3
混合饲料	—	0	11 884	0	9 416
鱼粉	公吨	3 356	199	5 026	226
骨粉	公吨	36	1	6	2
茶叶	公吨	286 563	48 431	280 193	43 684
红茶	公吨	35 847	3 994	39 370	4 118
绿茶	公吨	206 170	33 079	196 206	29 439
花茶	公吨	19 384	4 776	19 850	4 489
乌龙茶	公吨	18 814	4 516	19 459	4 499
咖啡	公吨	11 470	2 617	15 315	1 953
可可	公吨	41 503	10 988	28 465	6 959
八角	公吨	4 180	624	3 010	436
胡椒	公吨	1 812	362	2 529	475
薄荷脑	公吨	3 225	4 264	3 713	3 691
香茅油	公吨	738	354	859	354
桂油	公吨	664	731	412	473
山苍子油	公吨	447	460	442	287
桉叶油	公吨	4 799	2 436	4 068	2 130
松油	公吨	8 633	643	13 743	659
柠檬油	公吨	89	18	83	32
香叶油	公吨	118	464	170	757
天然樟脑（粉、块）	公吨	9 095	1 562	10 094	1 390
柠檬酸	公吨	424 941	31 384	400 487	28 778
松香	公吨	347 462	25 453	342 892	16 386
生漆	公吨	35	38	50	58
骨胶	公吨	51	2	292	14
明胶	公吨	14 588	3 168	10 028	1 827
蜂蜡	公吨	5 285	1 632	5 451	1 364
鞭炮烟花	公吨	325 592	40 229	285 395	34 786
蚊香	公吨	16 347	1 837	9 915	1 014
神纸（土纸）	公吨	121 797	9 778	109 569	7 711
观赏鱼	—	0	343	0	328
猪鬃	公吨	9 169	7 571	11 178	6 919
马鬃尾	公吨	919	740	1 223	758

2005 年中国出口主要商品量值表（续）

金额单位：万美元

商品名称	数量单位	2005 年		2004 年	
		数量	金额	数量	金额
鬃刷	万把	57 337	10 395	59 517	9 238
肠衣	公吨	63 624	51 010	62 661	50 522
猪肠衣	公吨	47 001	26 436	46 469	23 218
绵羊肠衣	公吨	12 932	20 931	11 586	22 152
山羊肠衣	公吨	1 241	2 520	2 189	4 254
鹅鸭绒毛	公吨	36 466	35 784	37 590	34 776
羽绒睡袋	个	430 135	1 187	548 488	1 190
骨粒粉	公吨	1 911	49	2 200	67
山羊板皮	公吨	0	0	0	0
猪革皮	公吨	2 220	675	1 181	290
羊革皮	公吨	2 295	2 556	3 214	3 725
牛革皮	公吨	96 795	17 287	108 136	19 420
生猪皮	公吨	15	0	0	0
生牛皮	公吨	163	36	37	3
绵羊皮	公吨	2	1	3	1
水貂皮	公吨	2	40	0	5
原木	立方米	6 927	204	6 137	196
桐原木	立方米	0	0	0	0
锯材	立方米	615 324	27 859	473 402	21 699
胶合板	立方米	5 591 493	187 905	4 305 046	124 968
拼花地板	公吨	22 408	3 281	214 242	27 003
箱板	—	0	5 975	0	4 859
木板门	公吨	249 809	35 039	195 812	26 549
烟类	—	0	53 725	0	51 360
烟草	公吨	161 850	26 684	182 263	26 406
烤烟	公吨	112 127	21 776	135 206	22 149
烟草制品	—	0	23 982	0	22 148
卷烟	万支	1 568 002	23 974	1 653 096	22 148
雪茄烟	万支	156	8	0	0
烟草辅料	—	0	3 059	0	2 807
棉花	公吨	5 108	812	9 283	1 600
苎麻	公吨	1 144	457	1 246	469
麻袋	万条	590	152	896	212
茧类	—	0	28	0	98
桑蚕茧	公吨	38	28	114	98
丝类	—	0	57 298	0	44 552
桑蚕丝	公吨	10 106	22 440	8 921	16 918
柞蚕丝	公吨	772	1 817	757	1 317
羊毛	公吨	59 449	21 061	48 491	14 165

2005 年 中 国 出 口 主 要 商 品 量 值 表（续）

金额单位：万美元

商品名称	数量单位	2005 年		2004 年	
		数量	金额	数量	金额
羊绒	公吨	3 662	24 765	4 158	23 575
兔毛	公吨	1 988	3 713	2 970	4 387
纺织品	—	0	4 112 662	0	3 347 829
棉纱线	件	2 587 810	139 995	2 376 550	133 432
麻纱线	件	133 568	13 467	146 229	11 975
亚麻纱线	件	88 567	10 542	64 070	7 330
苎麻纱线	件	40 621	2 676	74 372	4 198
毛纱线	件	297 009	79 669	310 145	77 344
棉布	万米	492 200	537 053	434 789	473 892
坯布	万米	121 983	82 020	107 594	78 318
漂布	万米	31 927	28 459	29 801	25 920
色布	万米	136 830	172 096	120 463	151 690
花布	万米	94 896	78 779	79 053	67 828
色织布	万米	101 694	169 948	89 537	143 427
其他棉布	万米	4 870	5 751	8 341	6 709
麻布	万米	26 318	46 722	25 212	41 802
浴巾	打	33 438 326	63 482	22 831 190	42 114
毛巾被	条	15 917 001	11 565	9 840 124	5 615
床单	条	96 678 033	44 961	58 923 701	23 149
床罩	条	70 486 282	30 138	54 264 304	19 352
棉毯	条	38 932 014	15 061	33 516 479	11 082
毛毯	条	899 786	1 187	1 036 098	1 399
纤维毯	条	261 881 751	102 479	204 601 121	79 349
绸缎	万米	29 017	72 994	25 223	58 844
服装	—	0	7 388 025	0	6 161 552
日用瓷	—	0	154 092	0	122 264
日用陶	—	0	11 852	0	11 687
美术陶瓷	—	0	72 717	0	66 525
建筑陶瓷	—	0	172 509	0	120 078
陶瓷砖	—	0	124 537	0	87 008
陶瓷管	—	0	292	0	335
卫生洁具	—	0	47 445	0	32 561
地毯及装饰毯	—	0	93 216	0	77 330
宝石	—	0	155 037	0	131 322
钻石	—	0	144 366	0	121 306
养殖珍珠	公斤	532 671	14 650	344 457	12 374
天然珍珠	公斤	0	0	0	0
天然植物编织品	—	0	114 471	0	103 548
苇帘及芦苇制品	—	0	3 238	0	2 532

2005 年中国出口主要商品量值表（续）

金额单位：万美元

商品名称	数量单位	2005 年		2004 年	
		数量	金额	数量	金额
稻草制品	—	0	13 907	0	11 645
藤制品	—	0	9 355	0	9 871
柳制品	—	0	28 134	0	25 452
竹编制品	—	0	15 571	0	16 687
鞋类	—	0	1 905 291	0	1 520 316
帽类	—	0	140 029	0	114 025
圆珠笔	打	615 031 262	43 017	545 639 296	34 787
铅笔	公斤	52 112 596	13 638	47 714 224	12 118
电子计算器	台	475 446 894	81 661	456 899 466	80 513
乒乓球	万个	21 611	849	17 792	678
玩具	—	0	656 229	0	637 914
电动玩具	—	0	4 056	0	3 664
机械玩具	—	0	71 696	0	65 749
智力玩具	—	0	35 553	0	25 440
布绒玩具	—	0	157 083	0	161 306
童车	—	0	27 001	0	18 332
乐器	—	0	92 379	0	81 055
钢琴	台	84 854	11 162	77 923	10 026
风琴	台	547 775	278	373 112	221
口琴	打	901 144	833	943 010	847
手风琴	架	167 730	770	258 936	647
提琴	套	986 403	3 529	969 260	3 288
管乐器	个	595 144	3 336	660 146	3 089
打击乐器	—	0	9 239	0	6 597
电子乐器	—	0	32 397	0	29 755
帐篷	顶	27 185 092	47 758	27 257 639	42 716
太阳伞	个	35 729 492	24 303	35 573 974	21 802
纸浆类	公吨	20 456	1 073	1 504	93
纸张	公吨	1 630 913	127 670	981 136	77 017
纸制品	公吨	2 187 877	305 220	1 824 801	237 669
玻璃器皿	—	0	55 771	0	43 894
保温瓶类	—	0	43 923	0	33 466
钟类	—	0	58 343	0	58 065
闹钟	个	171 364 070	15 868	193 967 481	16 378
表类	—	0	92 438	0	97 743
机械手表	个	8 596 054	2 773	7 759 950	2 641
电子手表	个	796 615 511	89 665	949 054 880	95 102
家具类	—	0	1 359 181	0	1 021 460
清洁用品	—	0	31 564	0	23 031

2005 年中国出口主要商品量值表（续）

金额单位：万美元

商品名称	数量单位	2005 年		2004 年	
		数量	金额	数量	金额
香皂	公吨	23 680	2 971	18 223	2 599
肥皂	公吨	9 729	603	13 958	607
牙膏	公吨	50 040	7 290	41 856	5 978
剃须膏	公斤	527 571	130	246 958	67
去污粉	公斤	2 860 068	363	6 156 160	546
化妆品	—	0	67 229	0	50 570
美容用品	—	0	52 837	0	37 688
护发美发用品	—	0	8 161	0	7 368
香水	—	0	2 058	0	1 292
锁类	公吨	355 646	119 134	324 765	95 251
灯具	—	0	539 118	0	451 747
衡器类	—	0	49 715	0	40 219
皮手套	打副	69 047 233	76 067	62 778 050	75 817
钢材	公吨	20 522 628	1 307 968	14 231 016	833 633
钢锭	公吨	162 111	6 328	96 484	3 195
废钢	公吨	1 940	97	5 812	221
铁矿砂	公吨	1 915	33	5 896	35
锰矿砂	公吨	2 140	37	2 483	41
铜矿砂	公吨	923	17	14 431	44
镍矿砂	公吨	0	0	0	0
钴矿砂	公吨	0	0	0	0
铝矿砂	公吨	140	1	576	11
铅矿砂	公吨	2	0	20	1
锌矿砂	公吨	0	0	0	0
铬矿砂	公吨	3 924	125	4 488	68
钼矿砂	公吨	27 560	109 931	29 464	54 449
生铁	公吨	2 602 306	82 587	1 774 860	53 943
铁合金	公吨	1 735 845	263 232	2 188 770	264 909
钨铁	公吨	6 071	11 306	6 701	4 725
钼铁	公吨	25 137	114 952	42 402	89 545
锰铁	公吨	169 222	14 430	301 724	25 584
铬铁	公吨	59 559	5 867	71 645	5 686
硅铁	公吨	941 024	61 402	931 515	67 566
钛铁	公吨	3 779	2 248	3 425	1 497
镍铁	公吨	4	7	63	41
钒铁	公吨	3 599	14 924	2 829	4 898
锡	公吨	27 013	19 864	38 915	32 105
水银	公吨	0	0	0	0
锑	公吨	29 995	8 351	21 592	4 922

2005 年中国出口主要商品量值表（续）

金额单位：万美元

商品名称	数量单位	2005 年		2004 年	
		数量	金额	数量	金额
硫化锑	公吨	1 768	337	1 550	216
氧化锑	公吨	52 727	15 343	53 793	12 251
铜	公吨	156 208	58 217	138 755	37 092
铜合金	公吨	846	417	1 124	457
铝	公吨	1 136 471	205 522	1 405 882	233 949
铅	公吨	465 034	47 324	464 769	41 838
锌	公吨	123 253	16 377	224 165	22 519
镍	公吨	15 210	22 977	15 422	20 015
镁	公吨	274 836	48 012	308 846	58 787
钼	公吨	2 303	19 046	1 820	5 707
铋	公吨	6 891	5 069	5 970	4 560
铬	公吨	7 703	5 304	5 239	2 381
锰	公吨	297 557	44 568	279 246	40 142
铝合金	公吨	182 128	32 430	278 504	46 129
锌合金	公吨	23 592	3 206	38 984	4 392
锡矿砂	公吨	0	0	0	0
氧化铝	公吨	23 956	1 386	22 588	1 101
氧化钼	公吨	767	2 773	629	1 151
三氧化钨	公吨	5 092	9 845	4 718	3 717
仲钨酸铵	公吨	8 012	13 557	5 909	3 853
铜材	公吨	463 560	207 366	390 023	149 683
铜管	公吨	130 587	56 956	98 088	35 347
铜棒	公吨	11 459	3 686	13 870	3 375
铜丝	公吨	21 674	8 553	22 353	6 794
铝材	公吨	711 484	195 089	430 988	112 009
铝板	公吨	170 218	43 689	81 591	20 656
铝管	公吨	21 552	7 015	19 318	6 208
铝丝	公吨	13 554	3 402	6 809	1 734
铝箔	公吨	120 854	44 457	74 952	26 287
铅材	公吨	4 851	711	4 179	556
锌材	公吨	10 597	2 213	9 994	1 600
镍材	公吨	1 267	2 384	907	1 450
镁材	公吨	3 599	1 181	2 137	568
锡材	公吨	1 373	1 014	817	537
银	公斤	4 286 275	100 091	3 579 192	73 405
钯	公斤	2 573	279	2 608	246
铑	公斤	8	62	12	41
水泥	公吨	22 157 326	68 460	7 044 299	23 039
平板玻璃	平方米	199 249 127	48 224	144 642 329	34 617

2005 年中国出口主要商品量值表(续)

金额单位：万美元

商品名称	数量单位	2005 年		2004 年	
		数量	金额	数量	金额
重烧镁	公吨	785 849	12 571	597 109	10 136
白云石	公吨	1 069 358	1 783	1 022 369	1 380
鳞片石墨	公吨	183 494	5 234	156 811	4 207
无定形石墨	公吨	310 253	3 311	294 925	2 497
滑石块	公吨	321 726	3 148	396 473	3 066
滑石粉	公吨	237 468	3 903	246 525	3 530
长石块	公吨	853 643	1 166	928 570	1 048
轻烧镁	公吨	144 022	1 852	171 064	1 910
硃石块	公吨	730 722	12 879	834 181	11 917
重晶石	公吨	3 077 098	10 695	2 394 398	7 782
煤	公吨	71 675 424	427 214	86 657 089	381 124
焦炭	公吨	12 764 093	234 058	15 012 483	394 877
型煤	公吨	2 590	86	1 362	21
电力	万度	1 119 367	71 668	941 997	60 494
石油及制品	—	0	934 033	0	548 768
原油	公吨	8 066 870	269 601	5 491 571	132 469
成品油	公吨	14 008 825	641 083	11 462 766	396 020
汽油	公吨	5 596 640	267 867	5 407 113	196 254
煤油	公吨	2 686 611	152 433	2 097 250	82 032
轻柴油	公吨	1 475 064	67 709	636 469	20 242
润滑油脂	公吨	1 781	186	1 501	128
石脑油	公吨	1 815 689	81 035	1 397 450	53 022
液化天然气	公吨	210	9	77	3
液化石油气	公吨	27 021	1 748	32 819	1 568
硫酸	公吨	4 276	46	5 165	51
硝酸	公吨	9 872	228	12 172	214
盐酸	公吨	7 489	62	9 305	64
磷酸	公吨	270 009	14 848	187 265	9 451
硼酸	公吨	899	78	1 358	99
氢氟酸	公吨	97 317	6 017	68 778	3 807
金属钠	公吨	7 935	847	6 850	695
烧碱	公吨	854 520	16 795	342 704	5 640
纯碱	公吨	1 775 024	28 900	1 428 325	16 163
硫化碱	公吨	141 665	3 505	112 534	2 226
硅酸钠	公吨	63 521	1 023	64 445	917
硝酸钠	公吨	12 826	338	17 860	386
次亚磷酸钠	公吨	20 460	3 463	19 709	3 186
过硼酸钠	公吨	12 870	927	9 944	671
氯化钠	公吨	684 852	3 539	812 578	3 467

2005 年中国出口主要商品量值表（续）

金额单位：万美元

商品名称	数量单位	2005 年		2004 年	
		数量	金额	数量	金额
氯酸钠	公吨	5 554	226	4 153	180
氰化钠	公吨	6 901	831	5 407	614
氯化钾	公吨	87 208	1 615	100 001	1 371
氯酸钾	公吨	15 078	746	21 243	1 140
硝酸钾	公吨	41 671	1 841	38 188	1 314
硫酸钾	公吨	49 955	1 365	44 405	997
氢氧化钾	公吨	22 395	1 188	13 700	663
高锰酸钾	公吨	13 087	2 024	10 101	942
重铬酸钾	公吨	966	102	555	45
碳酸钙	公吨	74 281	930	81 894	796
电石（碳化钙）	公吨	97 221	3 430	59 657	2 246
氯化钙	公吨	401 748	5 540	353 310	4 019
硫酸钡	公吨	42 248	856	32 473	687
碳酸钡	公吨	210 135	4 188	286 248	4 942
电解二氧化锰	公吨	37 880	3 816	49 815	4 110
氯化镍	公吨	2 331	924	2 161	793
氧化镍	公吨	698	879	823	984
硫酸镁	公吨	172 951	1 255	189 335	1 167
碳酸镁	公吨	3 524	225	3 095	185
氯化镁	公吨	89 452	994	115 524	1 158
氯化锌	公吨	6 096	387	7 050	376
硫酸铝	公吨	40 768	361	34 378	285
工业氢氧化铝	公吨	131 588	4 467	101 410	3 354
氟化铝	公吨	27 419	2 013	17 370	1 149
钼酸铵	公吨	1 926	6 994	1 360	1 802
硝酸钴	公吨	94 860	3 471	68 398	2 006
碳酸钴	公吨	1 727	2 185	527	938
氧化钴	公吨	2 318	5 139	1 518	4 265
氯化钴	公吨	1 206	865	668	596
钨酸	公吨	628	1 214	540	399
钨酸钠	公吨	340	541	281	155
氢氧化锂	公吨	1 576	783	1 396	524
五氧化二钒	公吨	7 847	22 439	4 966	5 250
碳酸锶	公吨	43 702	1 843	74 103	2 806
碳酸钴	公吨	1 727	2 185	527	938
工业硫酸铵	公吨	270 124	2 790	412 402	3 796
工业硝酸铵	公吨	224 434	5 756	167 025	3 321
氯化铵	公吨	299 754	3 597	317 882	3 046
磷酸二氢铵	公吨	217 228	7 164	151 360	4 011

2005 年 中 国 出 口 主 要 商 品 量 值 表（续）

金额单位：万美元

商 品 名 称	数量单位	2005 年		2004 年	
		数量	金额	数量	金额
磷酸氢二铵	公吨	714 044	20 212	857 192	21 125
氨水	公吨	31 154	202	12 288	97
活性碳	公吨	218 312	12 937	217 683	11 789
硫磺	公吨	3 359	278	3 442	239
溴素	公吨	45	9	5	2
氩气	立方米	180 461	127	110 773	41
氢气	立方米	7 808	2	12 897	2
氧气	立方米	2 775 097	115	2 504 706	100
液氯	公吨	2 262	71	2 460	83
重水	公斤	0	0	0	0
石蜡	公吨	754 981	48 690	711 444	36 535
石油焦	公吨	1 399 765	13 918	798 881	7 487
锻烧焦	公吨	652 986	11 450	426 094	6 866
沥青焦	公吨	36 675	708	37 515	689
石油沥青	公吨	38 126	605	199 656	1 534
煤焦沥青	公吨	233 902	3 924	89 807	1 514
凡士林	公吨	3 461	252	3 398	214
甲醇（木精）	公吨	54 501	1 450	32 859	858
乙醇（酒精）	升	162 310 618	6 334	97 007 507	3 300
乙二醇	公吨	12 282	1 085	25 803	1 721
甘油（丙三醇）	公吨	984	86	2 129	183
丁醇（正丁醇）	公吨	1 962	191	1 898	139
季戊四醇	公吨	20 151	2 205	15 605	1 688
环乙醇	公吨	483	479	166	163
糠醇	公吨	75 657	8 264	52 949	5 487
糠醛	公吨	38 547	3 293	26 770	2 257
甲醛	公吨	5 541	191	3 388	136
乙醛	公吨	88	23	88	23
甲酸（蚁酸）	公吨	27 284	1 355	14 049	671
甲酸钠	公吨	17 816	695	14 185	613
苯甲酸	公吨	40 129	4 934	29 366	3 408
水杨酸	公吨	3 535	1 013	3 160	737
冰醋酸（乙酸）	公吨	35 024	2 092	16 060	1 115
苯乙酸	公吨	2 584	355	1 786	342
草酸（乙二酸）	公吨	45 399	2 154	47 041	2 039
酒石酸	公吨	10 642	2 690	8 486	1 729
己二酸	公吨	2 799	445	1 603	297
癸二酸	公吨	27 743	7 157	26 811	6 266
对苯二甲酸	公吨	119	28	5 585	337

2005 年中国出口主要商品量值表(续)

金额单位：万美元

商品名称	数量单位	2005 年		2004 年	
		数量	金额	数量	金额
油酸	公吨	120	51	1 231	142
丙烯酸酯	公吨	72 719	14 121	32 148	5 428
丙酮	公吨	373	41	538	43
环己酮	公吨	3 697	518	6 025	608
乙醚	公吨	39	7	105	16
苯酚（石碳酸）	公吨	1 218	209	1 578	314
间苯二酚（雷锁辛）	公吨	476	395	267	118
对苯二酚	公吨	760	445	1 114	456
二氯甲烷	公吨	4 665	308	6 149	345
二氯乙烷	公吨	30	2	61	4
三氯甲烷（氯仿）	公吨	6	1	22	3
环氧乙烷	公吨	0	0	3	1
环乙烷	公吨	2 639	304	1 873	185
乙烯	公吨	82 067	6 125	22 313	1 651
丙烯	公吨	8 818	707	2	1
丁烯（丁烯 1 和 2）	公吨	19	26	22	5
丁二烯	公吨	11 991	1 549	3 603	363
苯乙烯	公吨	12 486	1 419	8 626	877
三氯乙烯	公吨	64	8	490	36
丙烯腈	公吨	31 893	3 836	10	0
乙二胺	公吨	149	29	94	18
二乙胺	公吨	1 058	134	1 414	158
双氰胺	公吨	28 405	3 157	27 016	3 158
三聚氰胺	公吨	84 123	8 229	73 037	6 823
己内酰胺	公吨	2 039	443	4	0
硫脲	公吨	1 084	595	745	347
纯苯	公吨	16 221	1 413	13 905	1 040
甲苯	公吨	1 725	126	1 833	100
二甲苯（含邻间对）	公吨	63 731	5 773	48 043	3 911
乙苯（乙基苯）	公吨	34	5	30	5
硝基苯	公吨	8 509	811	106	18
粗萘（工业萘）	公吨	170	22	90	14
四氢呋喃	公吨	578	134	11	3
羧甲基纤维素	公吨	14 093	1 753	11 326	1 264
防老剂	公吨	26 537	7 709	11 195	2 140
催化剂	公吨	28 997	18 342	23 936	10 010
虫胶	公吨	116	62	428	133
塑料	—	0	1 795 326	0	1 322 863
高压聚乙烯	公吨	26 509	2 959	10 228	919

2005 年中国出口主要商品量值表(续)

金额单位：万美元

商品名称	数量单位	2005 年		2004 年	
		数量	金额	数量	金额
低压聚乙烯	公吨	17 774	2 217	6 524	738
聚丙烯	公吨	22 499	3 413	15 315	1 932
ABS 树脂	公吨	14 240	2 339	15 798	2 085
电木粉（酚醛树脂）	公吨	57 589	6 352	43 815	4 580
电玉粉	公吨	23 557	971	17 511	982
聚氯乙烯（树脂）	公吨	161 498	18 663	52 718	8 403
聚苯乙烯	公吨	144 778	18 644	94 232	11 693
聚四氟乙烯	公吨	9 690	5 729	8 264	4 310
环氧树脂	公吨	77 816	19 980	58 737	11 847
聚碳酸脂	公吨	132 090	35 174	117 675	20 214
醇酸树脂	公吨	1 696	208	1 182	121
塑料雨衣	公吨	452 285	93 375	380 174	68 366
塑料雨帽	打	29 981 872	2 487	24 404 483	1 615
尼龙牙刷	罗	16 089 155	14 512	13 572 511	10 578
各种染料	公吨	231 418	75 569	226 469	64 539
硫化染料	公吨	31 328	3 522	30 991	2 983
还原染料	公吨	28 284	14 928	26 875	11 418
直接染料	公吨	10 101	2 804	9 417	2 563
酸性染料	公吨	21 440	8 343	20 691	7 598
盐基染料	公吨	15 229	6 484	15 696	5 712
活性染料	公吨	22 071	7 831	19 020	6 703
分散染料	公吨	94 961	27 742	96 238	24 682
增白粉	公吨	11 276	3 729	8 029	3 011
二硝基氯化苯	公吨	1 485	139	1 511	98
二萘酚（B 萘酚）	公吨	9 280	1 308	10 552	1 510
二甲基苯胺	公吨	2 567	955	1 614	480
苯胺	公吨	17 308	2 326	39 933	4 319
二苯胺	公吨	18 574	4 312	9 577	1 886
甲萘胺（1-萘胺）	公吨	15 407	3 142	17 183	3 308
三聚氯氰	公吨	129 226	16 878	117 992	14 869
立德粉	公吨	79 697	2 938	85 489	2 754
钛白粉	公吨	158 662	21 059	95 367	10 774
氧化锌	公吨	62 048	6 901	67 061	6 028
群青	公吨	7 287	450	6 836	382
油漆	公吨	157 101	31 043	142 004	23 715
油墨	公吨	23 813	10 362	15 583	6 775
化肥	公吨	4 802 033	103 537	7 511 371	132 870
尿素	公吨	1 570 577	36 150	3 943 209	73 771
氯化钾	公吨	87 208	1 615	100 001	1 371

2005 年中国出口主要商品量值表（续）

金额单位：万美元

商品名称	数量单位	2005 年		2004 年	
		数量	金额	数量	金额
硫铵（硫酸铵）	公吨	270 124	2 790	412 402	3 796
硝铵（硝酸铵）	公吨	224 434	5 756	167 025	3 321
过磷酸钙	公吨	840 529	13 892	838 300	11 802
硝酸钠	公吨	12 826	338	17 860	386
硫酸钾	公吨	49 955	1 365	44 405	997
农药	公吨	427 578	140 013	391 070	118 510
除草剂	公吨	203 366	58 778	175 539	47 490
杀虫剂	公吨	146 953	49 854	146 440	45 705
天然橡胶	公吨	5 056	692	796	78
合成橡胶	公吨	91 283	16 538	84 920	11 641
再生胶	公吨	20 417	972	13 657	601
轮胎	—	0	400 151	0	265 420
整套轮胎	万套	22 522	378 137	19 969	248 688
轮胎内胎	万条	25 912	17 869	22 309	13 779
胶管	公吨	42 999	11 283	28 068	7 317
运输带	公吨	44 447	9 319	26 814	6 188
乳胶手套	万副	271 521	20 189	246 086	18 028
甘草	公吨	2 908	634	3 510	714
半夏	公吨	1 376	675	1 376	522
槐米	公吨	65	8	49	7
虫草	公吨	4	1 338	5	1 574
菊花	公吨	3 915	612	4 559	748
黄芪	公吨	8 906	794	6 584	584
当归	公吨	3 803	556	3 468	404
枸杞	公吨	3 970	755	4 539	687
党参	公吨	2 691	561	2 768	455
茯苓	公吨	5 103	557	3 836	537
川芎	公吨	3 749	220	2 829	189
田七	公吨	478	415	413	334
白术	公吨	3 850	379	1 700	277
白芍	公吨	5 901	464	3 633	349
杜仲	公吨	836	140	666	123
黄连	公吨	370	196	302	238
贝母	公吨	427	207	466	239
山参	公吨	0	0	23	27
姜黄	公吨	1 164	151	1 219	146
大黄	公吨	1 376	217	1 360	218
啤酒花	公吨	54	7	46	4
啤酒花颗粒	公吨	168	66	106	30

2005 年 中 国 出 口 主 要 商 品 量 值 表（续）

金额单位：万美元

商品名称	数量单位	2005年		2004年	
		数量	金额	数量	金额
动物药材	—	0	2 410	0	2 293
鹿茸	公斤	56 500	586	80 453	786
鲜王浆	公斤	2 755 722	2 291	2 529 226	2 175
羚羊角	公吨	2	34	0	0
矿物药材	—	0	44	0	19
血竭	公吨	33	4	29	3
槟榔	公吨	19 785	9 059	16 161	8 199
丁香	公吨	15	4	24	6
片仔癀	公斤	3 268	1 400	4 036	1 544
清凉油	公斤	2 107 624	890	2 867 745	875
白药	公斤	31 501	126	14 072	70
药酒	—	0	285	0	317
抗菌素药	公吨	75 797	128 780	65 827	99 240
磺胺药	公吨	34 438	23 651	28 550	15 196
磺胺嘧啶	公斤	2 146 930	1 525	1 621 574	958
磺胺二甲基嘧啶	公斤	1 770 450	1 880	1 825 140	1 445
维生素	—	0	75 881	0	77 026
医疗器械	—	0	187 138	0	134 499
体温表	万支	12 445	3 322	6 425	2 424
血压表	万支	3 771	26 292	3 467	23 457
听诊器	万个	713	800	653	722
心电瞬时记录仪	台	16 862	829	9 710	531
体外反搏装置	万个	0	19	0	2
注射器	万支	301 867	8 227	178 846	5 117
注射针头	—	0	4 877	0	3 127
畜牧专用器械	—	0	4 196	0	2 725
医用敷料	—	0	52 597	0	43 945
各类船	艘	136 376	457 802	87 313	313 670
客船	艘	199	5 199	122	2 682
客货船	艘	662	280 134	525	184 253
冷藏船	艘	0	0	6	115
挖泥船	艘	65	332	40	540
拖轮	艘	97	19 275	76	13 275
渔船	艘	109	3 394	61	1 159
海洋平台	—	0	3 995	0	873
集装箱	只	2 046 530	587 142	1 974 716	512 529
飞机	架	26	3 236	20	1 078
汽车	辆	1 071 015	185 236	405 413	75 986
载重汽车	辆	100 305	68 686	52 881	27 668

2005 年中国出口主要商品量值表(续)

金额单位：万美元

商品名称	数量单位	2005 年		2004 年	
		数量	金额	数量	金额
小轿车	辆	962 646	85 103	346 491	31 764
客车	辆	6 439	19 664	4 784	8 103
汽车底盘	—	0	5 159	0	2 085
摩托车	辆	9 546 191	241 778	10 106 028	198 795
摩托车零件	—	0	65 151	0	53 812
汽车零件	—	0	658 042	0	441 075
显像管	万只	2 357	82 143	2 244	87 897
集成电路	—	0	1 460 236	0	1 121 911
电线电缆	公吨	1 234 080	483 929	1 077 211	370 099
蓄电池	—	0	423 071	0	322 787
铅酸蓄电池	万个	15 083	81 467	12 424	57 698
起重机械	台	31 511 830	216 882	28 428 053	160 163
金属切削机床	台	6 817 544	82 050	6 193 018	53 995
车床	台	88 595	17 634	76 963	11 883
钻床	台	1 437 546	10 195	1 737 181	9 783
镗床	台	2 503	1 000	1 668	593
磨床	台	3 639 841	9 219	3 591 021	8 040
齿轮加工机床	台	7 874	446	1 632	247
螺纹加工机床	台	19 463	338	10 926	178
铣床	台	29 152	3 308	22 902	2 181
刨床	台	265	91	169	53
插床	台	59	57	47	38
拉床	台	7	9	4	6
铸造机械	台	73 810 880	20 625	28 697 364	9 583
木工机械	台	3 969 600	35 909	4 538 405	31 003
各种泵	—	0	518 282	0	389 178
滚动轴承	套	2 577 887 200	136 908	2 323 164 362	109 010
纺织机械	台	1 470	3 347	1 209	3 053
印刷机械	—	0	34 085	0	24 572
制革制鞋机械	—	0	2 522	0	1 382
金属轧机	—	0	15 832	0	8 243
玻璃加工机械	—	0	5 416	0	4 656
橡胶或塑料加工机械	—	0	75 668	0	53 686
烟草加工机械	—	0	959	0	612
电动机及发电机	万台	326 025	340 677	336 168	291 216
发电机组	台	7 341 467	100 338	5 003 969	55 310
电动机和发电机零件	—	0	68 404	0	53 072
有线电话电报交换机	台	342 631 885	756 997	323 667 790	597 531
有线电话电报交换机零件	—	0	185 920	0	169 967
计算机	—	0	7 630 702	0	5 991 517
小型电子计算机	台	69	210	326	689
微型电子计算机	台	3 052 608	197 598	1 919 304	132 869

2005 年中国出口主要商品量值表（续）

金额单位：万美元

商品名称	数量单位	2005 年		2004 年	
		数量	金额	数量	金额
显示器	台	95 607 594	1 614 813	80 536 921	1 472 762
打印机	台	69 042 436	685 250	59 929 421	614 458
键盘	个	475 172 269	138 323	427 331 043	112 724
磁盘	万片	51 280	16 290	63 927	11 135
文字处理机	—	0	1 360	0	1 563
有线通讯设备	—	0	942 915	0	767 498
电话机	台	198 301 879	212 310	199 017 772	197 703
各种电子交换机	—	0	144 850	0	114 057
载波机	台	135 467 058	347 829	118 136 384	228 497
电传机	台	1	0	8	0
传真机	台	5 482 654	46 457	5 512 058	55 994
复印机	台	9 347 470	293 321	819 844	57 167
雷达	—	0	5 579	0	1 887
导航设备	—	0	56 522	0	3 715
电台对讲机	—	0	28 627	0	31 839
电池	—	0	109 044	0	96 903
测绘仪器	—	0	57 267	0	43 534
望远镜	—	0	19 660	0	19 678
放大镜	只	41 603 716	1 822	36 584 718	1 429
照相机	架	45 943 256	19 254	56 300 850	33 151
照相机零件	—	0	20 789	0	31 506
放大机	台	2 056	59	637	6
彩色冲洗扩印系统	—	0	252	0	282
自行车类	—	0	282 569	0	263 853
自行车	辆	53 938 690	175 552	52 126 180	164 942
自行车外胎	条	81 788 761	9 057	80 322 061	8 428
自行车内胎	条	154 455 578	6 598	151 769 384	6 035
自行车零配件	—	0	95 432	0	88 000
缝纫机类	—	0	89 930	0	71 193
缝纫机	—	0	76 825	0	60 620
家用缝纫机	台	9 455 184	29 411	9 441 139	25 549
工业缝纫机	台	2 529 469	47 415	2 258 984	35 070
缝纫机零件	—	0	13 104	0	10 574
缝纫机针	—	0	1 099	0	872
电风扇	台	520 444 767	222 116	468 336 830	182 505
吊扇	台	39 364 675	52 686	35 794 260	44 348
台扇	台	28 433 003	17 661	31 056 948	18 049
落地电扇	台	38 560 373	33 655	42 247 794	34 618
排风扇	台	24 143 911	11 931	21 378 447	9 313
电冰箱	台	7 447 119	64 614	6 246 222	45 164
洗衣机	台	9 504 113	103 604	6 293 503	58 963
空调器	台	21 197 223	316 719	19 415 043	270 544

2005 年中国出口主要商品量值表(续)

金额单位：万美元

商品名称	数量单位	2005 年		2004 年	
		数量	金额	数量	金额
吸尘器	台	83 927 976	146 523	79 120 091	121 013
空气加湿器	台	7 159 066	27 619	6 275 548	20 642
空气干燥器	台	246 622	4 293	225 557	3 107
电水壶	个	112 775 151	81 887	96 196 666	63 561
电炉	个	90 154 578	90 544	75 015 926	67 829
电热水器	个	5 125 588	12 352	8 321 967	18 919
煤气热水器	台	1 751 901	9 266	1 518 666	6 181
电面包烤炉	台	80 401 085	59 866	82 091 912	56 235
洗碗机	台	794 945	11 792	529 454	7 499
消毒柜	台	53 078	652	89 053	530
电吹风	个	87 164 017	21 877	87 652 886	21 024
电动剃须刀	个	46 131 112	24 070	37 853 261	19 084
电熨斗	个	97 429 929	52 258	88 260 546	42 448
电筒	个	718 638 755	36 719	675 023 495	29 172
台灯	—	0	67 941	0	62 423
吊灯	—	0	125 499	0	102 041
节日灯	—	0	84 790	0	70 875
卤钨灯	万只	146 528	30 323	135 970	27 166
收音机	台	274 507 280	51 459	306 738 652	36 777
录音机	—	0	295 958	0	259 879
收录两用机	台	4 107 948	791	7 858 539	1 382
电视机及散件	—	0	841 086	0	548 977
彩色电视机	台	72 855 442	825 473	49 268 983	530 309
黑白电视机	台	13 047 473	15 614	13 878 615	18 667
投影电视机	台	2 079 767	133 618	1 521 840	93 575
录像机	台	5 088 733	15 804	6 975 674	27 353
摄像机	台	250 077 957	719 819	109 684 687	546 244
音箱	万台	196 719	211 795	188 160	180 146
组合音响	万套	197	8 796	185	8 239
录像带	万盒	26 245	11 613	34 090	13 769
耳塞机	万个	148 682	94 927	115 775	63 072
麦克风	个	1 094 865 104	35 999	788 594 806	26 269
量具	—	0	31 019	0	25 606
刃具	—	0	14 234	0	10 684
磨具	—	0	16 823	0	12 793
砂布	公吨	9 983	2 298	7 741	1 644
各种锤	—	0	11 815	0	10 287
各种钳	—	0	23 617	0	20 675
各种扳手	—	0	15 935	0	12 925
各种螺丝批	—	0	15 927	0	12 759
各种钻	—	0	2 135	0	1 595
各种锉和刀	—	0	56 083	0	45 847
各种锯和锯条	—	0	41 053	0	30 178
农具	—	0	26 269	0	20 534
出版物	—	0	71 150	0	60 256

2005 年中国进口主要商品量值表

金额单位：万美元

商品名称	数量单位	2005 年		2004 年	
		数量	金额	数量	金额
粮谷	公吨	6 271 225	140 887	9 750 309	223 023
大米	公吨	513 521	19 597	761 455	25 264
小麦	公吨	3 510 133	76 213	7 233 153	164 045
玉米	公吨	3 897	79	2 320	46
高粱	公吨	9 021	79	4 262	34
大麦	公吨	2 179 212	42 944	1 707 206	32 070
荞麦	公吨	1	1	18	0
面粉	公吨	28 361	1 073	25 322	920
豆类	公吨	26 862 841	785 183	20 327 893	700 998
大豆	公吨	26 590 241	777 879	20 229 916	697 944
豌豆	公吨	241 140	4 911	68 638	1 514
绿豆	公吨	10 591	344	12 074	367
红小豆	公吨	340	55	1 606	21
芸豆	公吨	290	21	120	5
扁豆	公吨	5	0	35	1
食用植物油	公吨	6 211 323	281 508	6 757 525	366 556
花生油	公吨	381	49	419	49
豆油	公吨	1 694 327	90 777	2 516 508	154 898
棉油	公吨	183	22	182	27
菜油	公吨	177 558	10 421	352 933	21 784
芝麻油	公吨	1 796	304	2 734	477
玉米油	公吨	1 249	73	3 033	210
葵花籽油	公吨	1 198	146	22 377	1 513
其他植物油	公吨	423 107	28 040	336 325	22 555
桐油	公吨	177	28	211	19
蓖麻油	公吨	62 608	5 571	41 071	3 911
亚麻油	公吨	917	71	5 605	413
椰子油	公吨	112 176	6 854	80 005	5 047
食用植物油籽	公吨	26 887 929	786 920	20 663 357	711 969
花生仁	公吨	38	2	1 080	69
花生果	公吨	288	11	252	9
芝麻	公吨	153 603	12 491	98 252	7 621
葵花籽	公吨	1 025	613	1 592	389
芥菜籽	公吨	28	2	15	2
油菜籽	公吨	296 236	8 409	424 014	13 442
棉籽	公吨	2	1	12	1
其他植物油籽	公吨	15 905	591	22 173	880
蓖麻籽	公吨	6 017	78	4 942	98
亚麻籽	公吨	3	0	6 213	264

2005 年中国进口主要商品量值表(续)

金额单位：万美元

商品名称	数量单位	2005 年		2004 年	
		数量	金额	数量	金额
活畜禽	—	0	10 891	0	21 991
活牛	头	0	0	8	5
活羊	头	1 813	195	2 950	312
活鸽	万只	0	2	0	5
肉食	—	0	58 970	0	47 835
猪肉	公吨	31 046	2 879	70 484	5 440
牛肉	公吨	1 143	877	3 437	1 002
绵羊肉	公吨	41 366	5 471	33 035	4 259
兔肉	公吨	23	11	0	0
鸡肉	公吨	382 560	33 358	184 796	15 316
灌腊肠	公吨	501	74	271	51
鲜蛋	万个	0	1	0	0
苹果	公吨	33 204	2 543	37 281	2 942
橘柑橙	公吨	53 862	3 797	58 021	4 105
柚子	公吨	2 214	193	2 310	164
梨	公吨	81	5	500	23
香蕉	公吨	355 698	9 997	380 933	9 345
菠萝	公吨	663	33	142	12
甘蔗	公吨	103 759	171	97 392	172
荔枝	公吨	8 382	1 131	5 456	658
葡萄	公吨	57 490	8 238	58 887	6 748
李子	公吨	8 551	940	5 584	507
桃子	公吨	141	28	137	28
哈密瓜	公吨	9	1	0	0
西瓜	公吨	132 191	1 734	65 992	642
栗子	公吨	13 891	2 218	13 682	2 217
葡萄干	公吨	11 274	1 575	10 772	1 467
杏干	公吨	41	5	47	12
柿饼	公吨	59	4	21	1
蜜饯	公吨	200	30	200	30
核桃	公吨	652	55	249	32
核桃仁	公吨	1 226	377	975	233
苦杏仁	公吨	100	6	73	5
甜杏仁	公吨	2 427	838	1 271	430
黑瓜子	公吨	4	0	0	0
白瓜子	公吨	2	0	5	1
红瓜子	公吨	59	1	0	0
莲子	公吨	0	0	0	0
松子仁	公吨	27	15	75	10

2005 年中国进口主要商品量值表(续)

金额单位:万美元

商品名称	数量单位	2005 年		2004 年	
		数量	金额	数量	金额
榛子	公吨	2 432	274	942	144
榛子仁	公吨	82	67	190	85
壳腰果	公吨	132	4	80	1
腰果仁	公吨	1 582	671	750	235
白果	公吨	7	1	0	0
红枣	公吨	1	0	26	3
熟地瓜干	公吨	0	0	6	1
蔬菜	公吨	167 019	10 527	166 650	11 071
土豆	公吨	21	1	26	1
洋葱	公吨	195	6	831	55
萝卜	公吨	268	9	400	3
鲜姜	公吨	2 671	106	1 074	52
大蒜	公吨	429	30	17	2
咸蕨菜	公吨	143	18	838	94
咸水蘑菇	公吨	400	31	411	48
榨菜	公吨	0	0	0	0
速冻蔬菜	公吨	19 994	1 797	20 484	1 823
黑木耳	公吨	13	14	5	3
蘑菇	公吨	0	0	4	1
蘑菇干片	公吨	172	19	97	10
笋干丝	公吨	49	18	0	0
水产品	—	0	287 901	0	234 047
大闸蟹	公吨	1	1	0	0
活鳗鱼	公吨	181	61	129	29
活鳗鱼苗、种	公斤	44 843	671	26 110	477
冰鲜鱼	公吨	18 375	4 470	44 890	8 155
冻鱼	公吨	1 576 501	219 429	1 307 166	151 759
冻鱼片	公吨	9 677	2 002	9 124	1 932
冻对虾	公吨	5 024	2 223	3 954	1 442
冰鲜虾	公吨	2 226	866	2 821	1 068
冻小虾	公吨	52 061	12 823	51 102	11 089
冻虾仁球	公吨	171	58	331	109
冻小虾仁	公吨	6 141	2 504	7 616	2 467
鱼翅	公吨	3 338	1 774	4 774	2 752
猪肉罐头	公吨	19	5	33	5
牛肉罐头	公吨	1	0	1	0
家禽罐头	公吨	3	2	0	0
菠萝罐头	公吨	2 833	178	1 623	111
橘子罐头	公吨	246	47	118	7

2005 年 中 国 进 口 主 要 商 品 量 值 表 (续)

金额单位：万美元

商品名称	数量单位	2005 年		2004 年	
		数量	金额	数量	金额
桃子罐头	公吨	2 111	174	5 082	479
梨罐头	公吨	4	0	38	4
蘑菇罐头	公吨	22	3	67	6
番茄酱罐头	公吨	625	54	878	67
整番茄罐头	公吨	869	58	915	60
芦笋罐头	公吨	33	5	64	8
花生米罐头	公吨	58	6	13	1
糖	—	0	38 327	0	27 558
砂糖	公吨	185 604	5 880	184 775	4 907
原糖	公吨	1 202 021	32 351	1 024 731	22 469
啤酒	公吨	21 384	2 702	27 244	3 351
米酒及黄酒	公吨	585	168	520	126
葡萄酒	公吨	55 743	7 518	46 017	5 312
汽水	公吨	218	9	295	8
矿泉水	公吨	11 705	577	9 138	388
果汁	公吨	68 808	7 312	58 516	6 096
味素	公吨	1 047	123	424	64
酱油	公吨	11 306	1 596	14 390	2 292
醋	公吨	2 497	224	2 253	203
鲜奶	公吨	3 782	578	3 006	384
奶粉	公吨	106 875	23 275	144 931	27 114
奶油	公吨	1 190	286	1 090	222
炼乳	公吨	35	12	30	15
米粉干	公吨	126	12	136	11
粉丝	公吨	6	1	14	1
花生制品	公吨	375	41	442	39
蜂蜜	公吨	362	102	928	160
淀粉	公吨	555 040	15 462	755 800	15 920
麦麸	公吨	18 558	207	14 107	175
豆粕	公吨	202 562	4 931	55 451	1 460
甜菜粕	公吨	8	0	51	2
棉籽仁饼粕	公吨	0	0	11 795	102
花生饼粕	公吨	70 320	1 413	75 572	1 820
葵花籽饼粕	公吨	7 592	49	16 231	107
木薯干片	公吨	3 325 599	42 068	3 438 317	34 375
混合饲料	—	0	11 669	0	11 858
鱼粉	公吨	1 580 480	108 265	1 123 082	76 091
骨粉	公吨	48 578	1 425	20 674	629
茶叶	公吨	2 786	743	2 337	604

2005 年中国进口主要商品量值表（续）

金额单位：万美元

商品名称	数量单位	2005 年		2004 年	
		数量	金额	数量	金额
红茶	公吨	1 753	519	1 560	412
绿茶	公吨	747	100	272	50
花茶	公吨	46	41	82	45
乌龙茶	公吨	234	81	239	81
咖啡	公吨	16 346	2 277	14 406	1 615
可可	公吨	92 300	17 750	74 097	13 566
胡椒	公吨	1 272	225	507	104
薄荷脑	公吨	5 273	6 074	4 676	3 967
香茅油	公吨	69	42	88	26
桂油	公吨	11	21	11	20
山苍籽油	公吨	0	0	9	3
桉叶油	公吨	12	12	34	27
松油	公吨	239	50	601	66
柠檬油	公吨	2 262	1 402	1 698	1 051
香叶油	公吨	3	14	3	20
天然樟脑（粉、块）	公吨	200	56	242	52
柠檬酸	公吨	1 162	159	1 219	159
松香	公吨	2 557	510	2 205	455
生漆	公吨	0	0	2	2
骨胶	公吨	0	0	2	2
明胶	公吨	2 605	1 765	2 700	1 676
蜂蜡	公吨	28	22	51	20
鞭炮烟花	公吨	5	2	12	14
蚊香	公吨	6	3	7	3
神纸（土纸）	公吨	159	60	132	56
观赏鱼	—	0	30	0	13
猪鬃	公吨	0	0	40	4
马鬃尾	公吨	1 022	89	761	46
鬃刷	万把	12	12	7	7
肠衣	公吨	82 441	9 107	134 839	15 774
猪肠衣	公吨	30 082	3 266	27 832	2 621
绵羊肠衣	公吨	25 921	2 301	23 954	2 772
山羊肠衣	公吨	21	1	11	0
鹅鸭绒毛	公吨	16 523	8 576	13 581	5 521
羽绒睡袋	个	108	0	37	0
骨粒粉	公吨	1 558	189	927	70
山羊板皮	公吨	7 641	658	2 363	184
猪革皮	公吨	9 899	837	7 235	594
羊革皮	公吨	16 280	6 035	19 543	8 081

2005 年中国进口主要商品量值表(续)

金额单位：万美元

商品名称	数量单位	2005 年		2004 年	
		数量	金额	数量	金额
牛革皮	公吨	771 370	77 966	751 752	82 379
生猪皮	公吨	54 299	5 457	50 305	4 190
生牛皮	公吨	645 940	101 986	618 846	95 611
绵羊皮	公吨	179 700	23 062	146 997	23 926
水貂皮	公吨	2 839	11 250	2 441	11 067
原木	立方米	29 368 019	324 356	26 308 990	280 426
锯材	立方米	5 972 633	150 779	6 007 055	138 269
胶合板	立方米	589 148	27 668	799 805	38 427
拼花地板	公吨	431	81	2 178	292
箱板	—	0	542	0	309
木板门	公吨	557	222	754	320
烟类	—	0	38 381	0	29 201
烟草	公吨	69 404	32 406	45 759	23 225
烤烟	公吨	69 052	32 250	44 026	22 345
烟草制品	—	0	5 245	0	5 173
卷烟	万支	267 960	5 185	256 092	5 116
雪茄烟	万支	70	59	96	58
烟草辅料	—	0	731	0	803
棉花	公吨	2 572 442	319 709	1 906 858	317 623
苎麻	公吨	49	5	84	8
麻袋	万条	1	0	2	0
茧类	—	0	41	0	47
桑蚕茧	公吨	232	39	253	47
丝类	—	0	1 312	0	1 057
桑蚕丝	公吨	209	149	148	91
羊毛	公吨	269 042	131 481	245 367	120 414
羊绒	公吨	3 300	3 906	2 519	2 675
兔毛	公吨	39	61	40	53
纺织品	—	0	1 551 223	0	1 531 559
棉纱线	件	4 375 268	169 766	3 938 937	153 319
麻纱线	件	59 263	2 675	94 026	3 693
亚麻纱线	件	13 662	726	13 274	641
苎麻纱线	件	37 398	1 788	71 426	2 859
毛纱线	件	189 519	21 590	196 740	21 606
棉布	万米	135 174	174 868	137 680	174 670
坯布	万米	32 182	25 117	36 217	26 596
漂布	万米	1 716	1 958	2 096	2 095
色布	万米	58 395	87 096	58 435	87 025
花布	万米	5 170	10 123	5 841	12 676

2005 年中国进口主要商品量值表（续）

金额单位：万美元

商品名称	数量单位	2005 年		2004 年	
		数量	金额	数量	金额
色织布.	万米	36 569	47 164	33 718	43 266
其他棉布	万米	1 142	3 410	1 373	3 012
麻布	万米	10 538	15 193	12 865	16 693
浴巾	打	15 483	56	11 817	54
毛巾被	条	19 539	8	160	0
床单	条	77 301	79	72 743	69
床罩	条	309 966	75	43 862	49
棉毯	条	16 754	13	26 441	10
毛毯	条	16 785	60	12 068	19
纤维毯	条	123 493	50	55 930	27
绸缎	万米	4 594	11 748	4 106	11 576
服装	—	0	162 076	0	153 106
日用瓷	—	0	440	0	297
日用陶	—	0	172	0	111
美术陶瓷	—	0	245	0	168
建筑陶瓷	—	0	4 818	0	4 179
陶瓷砖	—	0	2 118	0	1 605
陶瓷管	—	0	773	0	748
卫生洁具	—	0	1 857	0	1 764
地毯及装饰毯	—	0	6 239	0	5 870
宝石	—	0	212 567	0	182 307
钻石	—	0	194 443	0	166 235
养殖珍珠	公斤	405 673	1 909	274 520	1 659
天然珍珠	公斤	29	1	12	2
天然植物编织品	—	0	723	0	638
苇帘及芦苇制品	—	0	1	0	0
稻草制品	—	0	6	0	4
藤制品	—	0	37	0	24
柳制品	—	0	1	0	1
竹编制品	—	0	16	0	11
鞋类	—	0	54 172	0	47 495
帽类	—	0	730	0	598
圆珠笔	打	3 674 917	850	4 776 628	772
铅笔	公斤	1 055 261	283	1 215 263	321
电子计算器	台	12 390 590	3 961	18 773 636	3 457
乒乓球	万个	1 359	26	1 349	26
玩具	—	0	11 456	0	9 939
电动玩具	—	0	182	0	187
机械玩具	—	0	541	0	476

2005 年中国进口主要商品量值表（续）

金额单位：万美元

商品名称	数量单位	2005年		2004年	
		数量	金额	数量	金额
智力玩具	—	0	813	0	514
布绒玩具	—	0	634	0	434
童车	—	0	64	0	40
乐器	—	0	12 750	0	12 375
钢琴	台	20 837	2 275	16 742	2 211
风琴	台	53	171	197	8
口琴	打	1 756	5	2 787	8
手风琴	架	201	12	81	4
提琴	套	1 190	20	283	52
管乐器	个	5 595	112	5 923	110
打击乐器	—	0	280	0	146
电子乐器	—	0	1 338	0	652
帐篷	顶	14 244	34	11 381	32
太阳伞	个	15 537	18	23 561	34
纸浆类	公吨	7 519 999	369 483	7 214 835	352 661
纸张	公吨	5 199 697	351 812	6 099 253	382 532
纸制品	公吨	308 276	100 990	323 151	96 608
玻璃器皿	—	0	53 350	0	44 592
保温瓶类	—	0	865	0	612
钟类	—	0	13 036	0	16 636
闹钟	个	449 785	181	684 585	155
表类	—	0	46 628	0	38 205
机械手表	个	468 268	23 726	345 120	17 238
电子手表	个	16 528 535	22 902	18 272 098	20 967
家具类	—	0	66 158	0	70 371
清洁用品	—	0	8 171	0	6 583
香皂	公吨	3 449	927	4 609	1 118
肥皂	公吨	2 252	119	1 529	83
牙膏	公吨	1 680	576	1 149	412
剃须膏	公斤	433 773	328	355 297	263
去污粉	公斤	886 342	207	755 331	161
化妆品	—	0	24 600	0	17 219
美容用品	—	0	20 718	0	13 787
护发美发用品	—	0	1 966	0	1 659
香水	—	0	1 186	0	1 114
锁类	公吨	17 261	23 839	17 190	19 930
灯具	—	0	11 913	0	11 130
衡器类	—	0	7 393	0	8 598
皮手套	打副	26 667	96	28 149	85

2005 年 中 国 进 口 主 要 商 品 量 值 表 (续)

金额单位：万美元

商 品 名 称	数量单位	2005 年		2004 年	
		数量	金额	数量	金额
钢材	公吨	25 816 226	2 460 845	29 302 662	2 078 723
钢锭	公吨	38 655	5 071	43 059	5 930
废钢	公吨	10 143 260	261 049	10 225 594	223 168
铁矿砂	公吨	275 260 484	1 837 278	208 088 591	1 271 195
锰矿砂	公吨	4 578 373	68 348	4 646 733	58 565
铜矿砂	公吨	4 058 876	370 672	2 880 963	223 842
镍矿砂	公吨	483 888	17 629	42 590	3 524
钴矿砂	公吨	199 146	28 291	143 594	24 188
铝矿砂	公吨	2 166 105	7 154	882 032	2 573
铅矿砂	公吨	1 030 160	60 402	830 560	43 705
锌矿砂	公吨	567 752	18 072	616 074	17 113
铬矿砂	公吨	3 024 700	59 557	2 166 189	38 131
钼矿砂	公吨	40 685	75 493	20 541	11 704
生铁	公吨	341 633	15 629	902 941	29 129
铁合金	公吨	369 911	63 527	406 510	50 875
钨铁	公吨	1	27	71	41
钼铁	公吨	223	77	109	184
锰铁	公吨	13 506	1 059	28 737	2 649
铬铁	公吨	250 503	20 899	313 502	24 746
硅铁	公吨	11 796	606	7 530	456
钛铁	公吨	249	204	679	401
镍铁	公吨	60 576	28 654	34 034	15 277
钒铁	公吨	346	1 505	1 242	1 912
锡	公吨	29 836	20 817	18 342	12 103
水银	公吨	0	6	354	285
锑	公吨	8 640	2 258	526	111
硫化锑	公吨	67	9	31	3
氧化锑	公吨	3 307	1 168	1 496	425
铜	公吨	6 250 779	817 399	5 352 822	629 903
铜合金	公吨	63 591	15 874	66 555	13 603
铝	公吨	427 474	68 012	698 039	106 910
铅	公吨	58 645	5 397	87 621	6 806
锌	公吨	392 221	54 072	239 451	24 051
镍	公吨	90 219	133 088	65 747	89 839
镁	公吨	2 428	565	4 034	921
钼	公吨	268	2 060	167	1 261
铋	公吨	128	371	64	86
铬	公吨	388	1 111	542	298
锰	公吨	414	243	158	92

2005 年中国进口主要商品量值表（续）

金额单位：万美元

商品名称	数量单位	2005 年		2004 年	
		数量	金额	数量	金额
铝合金	公吨	209 477	33 837	335 383	50 178
锌合金	公吨	228 595	27 436	219 876	24 693
锡矿砂	公吨	7 485	2 475	8 912	2 835
氧化铝	公吨	7 016 174	259 717	5 874 885	204 356
氧化钼	公吨	160	315	626	533
三氧化钨	公吨	40	82	1	2
仲钨酸铵	公吨	6	7	0	1
铜材	公吨	1 118 729	437 824	1 195 365	391 472
铜管	公吨	31 924	17 258	32 923	15 568
铜棒	公吨	119 708	31 626	124 321	28 260
铜丝	公吨	384 306	117 108	452 351	113 952
铝材	公吨	647 589	225 101	610 636	194 416
铝板	公吨	478 056	142 561	441 021	116 774
铝管	公吨	15 450	7 817	15 184	6 399
铝丝	公吨	7 793	3 011	7 818	2 843
铝箔	公吨	59 727	46 914	64 402	46 510
铅材	公吨	5 900	1 820	7 441	1 531
锌材	公吨	52 307	7 007	58 671	7 222
镍材	公吨	13 789	28 070	12 179	19 493
镁材	公吨	254	258	229	188
锡材	公吨	20 908	17 913	20 006	12 877
金	公斤	0	0	0	0
银	公斤	1 344 274	14 298	677 812	10 538
钯	公斤	5 854	3 323	5 464	2 095
铑	公斤	1 317	8 393	225	539
水泥	公吨	1 163 500	4 048	2 669 362	7 750
平板玻璃	平方米	27 055 081	34 210	42 835 481	20 551
重烧镁	公吨	2 890	188	9 075	227
白云石	公吨	31 051	615	31 308	600
鳞片石墨	公吨	21 494	596	4 460	585
无定形石墨	公吨	533	90	150	50
滑石块	公吨	144	12	199	21
滑石粉	公吨	18 377	923	20 527	972
长石块	公吨	5 360	164	4 845	162
轻烧镁	公吨	127	14	210	13
硧石块	公吨	17 002	133	5 155	48
重晶石	公吨	1 281	37	1 021	45
煤	公吨	26 170 829	138 369	18 613 472	88 672
焦炭	公吨	493	36	76 455	753

2005 年中国进口主要商品量值表（续）

金额单位：万美元

商品名称	数量单位	2005 年		2004 年	
		数量	金额	数量	金额
型煤	公吨	0	0	25	2
电力	万度	501 119	25 973	340 010	17 273
石油及制品	—	0	6 099 501	0	4 557 730
原油	公吨	126 817 726	4 772 293	122 723 840	3 391 247
成品油	公吨	31 431 893	1 043 465	37 875 929	924 835
汽油	公吨	44	12	44	12
煤油	公吨	3 283 368	185 659	3 036 784	123 723
轻柴油	公吨	532 379	26 401	2 749 227	101 416
润滑油脂	公吨	17 980	4 746	13 923	4 065
石脑油	公吨	348 968	19 025	50 869	1 672
液化天然气	公吨	483	18	400	14
液化石油气	公吨	6 168 385	283 723	6 409 013	241 629
硫酸	公吨	1 956 029	6 362	1 803 063	5 274
硝酸	公吨	2 011	275	1 694	208
盐酸	公吨	942	232	777	203
磷酸	公吨	23 316	944	1 717	360
硼酸	公吨	125 163	5 708	96 447	4 154
氢氟酸	公吨	1 719	393	1 321	312
金属钠	公吨	932	187	12	3
烧碱	公吨	47 605	1 933	91 162	1 702
纯碱	公吨	70 549	1 276	197 174	2 275
硫化碱	公吨	546	32	1 024	50
硅酸钠	公吨	689	106	739	62
硝酸钠	公吨	479	19	327	13
次亚磷酸钠	公吨	2 742	1 033	4 276	1 106
过硼酸钠	公吨	312	37	356	37
氯化钠	公吨	4 251 545	15 172	2 156 479	7 234
氯酸钠	公吨	41	3	26	7
氰化钠	公吨	27 558	2 969	31 210	3 205
氯化钾	公吨	8 833 727	182 414	7 184 772	115 880
氯酸钾	公吨	52	17	60	8
硝酸钾	公吨	11 647	401	72 690	1 950
硫酸钾	公吨	189 645	4 331	168 663	3 003
氢氧化钾	公吨	5 383	623	5 861	636
高锰酸钾	公吨	40	39	9	17
重铬酸钾	公吨	13 392	1 107	31 043	2 021
碳酸钙	公吨	37 288	1 610	41 006	1 757
电石（碳化钙）	公吨	31	5	220	6
氯化钙	公吨	1 707	135	1 581	117

2005 年中国进口主要商品量值表（续）

金额单位：万美元

商品名称	数量单位	2005 年		2004 年	
		数量	金额	数量	金额
硫酸钡	公吨	6 961	800	5 344	656
碳酸钡	公吨	663	55	798	80
电解二氧化锰	公吨	10 407	1 074	10 455	1 101
氯化镍	公吨	2 140	469	2 911	473
氧化镍	公吨	6 633	7 840	7 091	7 404
硫酸镁	公吨	118	39	190	25
碳酸镁	公吨	617	111	827	165
氯化镁	公吨	472	67	426	62
氯化锌	公吨	344	36	396	41
硫酸铝	公吨	493	40	463	33
工业氢氧化铝	公吨	11 751	1 243	18 712	1 308
氟化铝	公吨	7	16	2	3
钼酸铵	公吨	19	70	83	87
硝酸钴	公吨	577	147	291	147
碳酸钴	公吨	1 097	534	32	25
氧化钴	公吨	926	2 502	1 604	4 871
氯化钴	公吨	98	105	76	87
钨酸	公吨	0	0	20	9
钨酸钠	公吨	3	3	7	2
氢氧化锂	公吨	161	72	34	30
五氧化二钒	公吨	93	198	3 078	2 664
碳酸锶	公吨	980	70	5	3
碳酸钴	公吨	1 097	534	32	25
工业硫酸铵	公吨	8 210	61	9	1
工业硝酸铵	公吨	82 337	1 399	94 050	1 588
氯化铵	公吨	1 797	139	2 091	147
磷酸二氢铵	公吨	126 065	2 757	103 872	1 676
磷酸氢二铵	公吨	1 746 903	49 737	2 285 612	57 565
氨水	公吨	2 323	402	1 821	319
活性碳	公吨	6 355	1 871	6 041	1 806
硫磺	公吨	4 574	246	3 293	403
溴素	公吨	25 380	3 678	27 111	2 259
氩气	立方米	107 388	36	139 564	33
氢气	立方米	520	4	3 723	8
氧气	立方米	12 060	24	11 158	114
液氯	公吨	24	70	15	50
重水	公斤	2	2	30 047	440
石蜡	公吨	40 572	3 661	53 228	3 856
石油焦	公吨	584 870	3 692	786 597	5 482

2005 年中国进口主要商品量值表（续）

金额单位：万美元

商品名称	数量单位	2005 年		2004 年	
		数量	金额	数量	金额
锻烧焦	公吨	48 373	3 187	43 714	2 188
沥青焦	公吨	33 810	2 258	30 026	1 395
石油沥青	公吨	3 183 666	64 475	2 628 872	49 845
煤焦沥青	公吨	4 167	126	12 270	346
凡士林	公吨	2 065	316	2 017	320
甲醇（木精）	公吨	1 345 343	33 161	1 367 840	34 824
乙醇（酒精）	升	19 589 457	865	4 253 440	292
乙二醇	公吨	4 000 174	352 847	3 401 811	304 786
甘油（丙三醇）	公吨	58 973	4 471	45 696	3 953
丁醇（正丁醇）	公吨	239 886	20 883	293 868	19 623
季戊四醇	公吨	1 986	269	2 231	288
环乙醇	公吨	2 032	245	5 521	654
糠醇	公吨	23	7	36	12
糠醛	公吨	12	2	0	0
甲醛	公吨	2 138	470	2 495	452
乙醛	公吨	3	3	2	6
甲酸（蚁酸）	公吨	10 920	586	13 481	724
甲酸钠	公吨	14 203	342	5 474	183
苯甲酸	公吨	2 111	379	5 456	512
水杨酸	公吨	1 858	296	549	101
冰醋酸（乙酸）	公吨	542 006	34 626	527 019	26 138
苯乙酸	公吨	270	33	221	33
草酸（乙二酸）	公吨	334	82	327	58
酒石酸	公吨	264	91	306	111
己二酸	公吨	142 642	18 513	173 710	21 122
癸二酸	公吨	313	264	215	211
对苯二甲酸	公吨	6 497 323	521 499	5 724 797	417 269
油酸	公吨	2 875	314	4 012	407
丙烯酸酯	公吨	186 375	30 751	242 173	35 997
丙酮	公吨	337 394	25 885	254 267	20 531
环已酮	公吨	41 884	5 179	48 994	4 762
乙醚	公吨	1	1	0	1
苯酚（石碳酸）	公吨	291 333	31 998	281 235	27 515
间苯二酚（雷锁辛）	公吨	7 194	4 179	8 151	3 223
对苯二酚	公吨	3 173	1 226	2 938	799
二氯甲烷	公吨	47 983	3 202	60 355	3 615
二氯乙烷	公吨	491 771	18 524	421 472	17 465
三氯甲烷（氯仿）	公吨	236 580	15 842	239 528	12 149

2005 年中国进口主要商品量值表（续）

金额单位：万美元

商品名称	数量单位	2005 年		2004 年	
		数量	金额	数量	金额
三氯乙烷	公吨	1 895	211	2 646	294
环氧乙烷	公吨	31	11	8	15
环乙烷	公吨	34 945	3 210	20 735	2 130
乙烯	公吨	108 484	10 218	67 567	5 928
丙烯	公吨	188 739	18 789	213 312	17 145
丁烯（丁烯 1 和 2）	公吨	17 073	1 439	18 320	1 434
丁二烯	公吨	147 165	18 945	195 899	18 602
苯乙烯	公吨	2 813 465	298 695	2 895 043	301 640
三氯乙烯	公吨	41 210	2 802	50 025	3 331
丙烯腈	公吨	316 409	40 242	318 643	32 695
乙二胺	公吨	34 081	6 600	31 877	5 956
二乙胺	公吨	636	112	419	78
双氰胺	公吨	1 507	268	1 259	244
三聚氰胺	公吨	17 156	1 662	13 173	1 299
己内酰胺	公吨	493 141	107 285	449 781	72 215
硫脲	公吨	464	114	479	234
纯苯	公吨	255 125	21 494	52 779	4 306
甲苯	公吨	806 019	56 078	817 469	51 181
二甲苯（含邻间对）	公吨	1 969 747	172 010	1 411 941	103 143
乙苯（乙基苯）	公吨	9 441	1 178	1 647	185
硝基苯	公吨	2	5	3	1
粗萘（工业萘）	公吨	108 041	5 603	101 793	6 410
四氢呋喃	公吨	19 232	4 484	15 844	3 095
羧甲基纤维素	公吨	3 110	1 011	4 708	1 331
防老剂	公吨	122 862	28 610	131 626	26 609
催化剂	公吨	33 165	43 180	34 569	35 969
虫胶	公吨	464	140	422	135
塑料	—	0	3 332 779	0	2 806 488
高压聚乙烯	公吨	2 446 753	251 177	2 316 167	206 188
低压聚乙烯	公吨	1 108 283	120 599	1 341 944	126 888
聚丙烯	公吨	3 019 151	301 551	2 913 772	256 374
ABS 树脂	公吨	1 986 939	257 867	1 963 341	227 110
电木粉（酚醛树脂）	公吨	101 869	16 125	119 652	16 156
电玉粉	公吨	27 487	2 788	26 365	2 435
聚氯乙烯（树脂）	公吨	1 717 426	165 642	2 166 901	190 508
聚苯乙烯	公吨	3 671 000	438 690	3 799 605	403 359
聚四氟乙烯	公吨	12 781	14 174	10 983	10 492
环氧树脂	公吨	259 982	75 464	258 868	61 406
聚碳酸脂	公吨	730 632	213 057	729 803	155 162

2005 年中国进口主要商品量值表（续）

金额单位：万美元

商品名称	数量单位	2005 年		2004 年	
		数量	金额	数量	金额
醇酸树脂	公吨	38 622	6 091	49 141	6 625
塑料雨衣	公吨	4 148	3 272	4 246	3 187
塑料雨帽	打	795 991	55	345 155	67
尼龙牙刷	罗	130 412	372	144 176	415
各种染料	公吨	64 515	35 659	64 485	32 440
硫化染料	公吨	857	234	677	205
还原染料	公吨	1 521	1 040	943	657
直接染料	公吨	6 630	4 505	6 544	4 164
酸性染料	公吨	11 747	8 442	11 195	7 419
盐基染料	公吨	3 245	909	2 566	1 112
活性染料	公吨	28 526	12 599	28 715	11 330
分散染料	公吨	4 936	3 075	5 840	3 136
增白粉	公吨	11 546	2 825	8 392	2 572
二硝基氯化苯	公吨	0	1	0	0
二萘酚（B 萘酚）	公吨	50	9	46	5
二甲基苯胺	公吨	151	93	827	234
苯胺	公吨	14 585	1 675	4 084	318
二苯胺	公吨	268	633	440	320
甲萘胺（1 - 萘胺）	公吨	50	15	49	218
三聚氯氰	公吨	30 686	3 409	33 324	3 115
立德粉	公吨	72	21	35	19
钛白粉	公吨	229 551	42 445	253 065	44 115
氧化锌	公吨	22 382	2 803	20 491	2 606
群青	公吨	3 147	910	2 523	788
油漆	公吨	237 362	78 609	265 519	77 285
油墨	公吨	47 238	37 428	46 006	34 476
化肥	公吨	13 967 396	305 143	12 400 212	228 770
尿素	公吨	70 919	1 272	37 985	549
氯化钾	公吨	8 833 727	182 414	7 184 772	115 880
硫铵（硫酸铵）	公吨	8 210	61	9	1
硝铵（硝酸铵）	公吨	82 337	1 399	94 050	1 588
过磷酸钙	公吨	0	0	0	0
硝酸钠	公吨	479	19	327	13
硫酸钾	公吨	189 645	4 331	168 663	3 003
农药	公吨	36 752	18 222	27 623	14 680
除草剂	公吨	16 842	7 062	9 626	4 930
杀虫剂	公吨	7 399	4 219	6 832	3 755
天然橡胶	公吨	1 406 722	185 465	1 284 315	152 423
合成橡胶	公吨	1 089 840	179 810	1 094 795	141 424

2005年中国进口主要商品量值表(续)

金额单位：万美元

商品名称	数量单位	2005年		2004年	
		数量	金额	数量	金额
再生胶	公吨	8 584	611	6 270	398
轮胎	—	0	17 162	0	14 917
整套轮胎	万套	431	15 683	430	13 521
轮胎内胎	万条	100	91	152	134
胶管	公吨	19 416	20 791	21 050	22 909
运输带	公吨	11 847	3 838	8 032	3 766
传动带	公吨	0	0	0	0
乳胶手套	万副	50 221	2 440	41 646	1 896
甘草	公吨	981	29	1 009	42
半夏	公吨	54	9	105	20
槐米	公吨	699	119	0	0
菊花	公吨	0	0	1	1
黄芪	公吨	33	4	9	0
枸杞	公吨	13	2	3	1
茯苓	公吨	239	12	532	42
川芎	公吨	5	3	10	6
白术	公吨	341	27	302	26
白芍	公吨	7	1	5	1
杜仲	公吨	0	1	0	0
贝母	公吨	0	0	18	6
姜黄	公吨	1	0	16	1
大黄	公吨	0	0	7	0
啤酒花	公吨	0	0	50	7
啤酒花颗粒	公吨	543	288	291	151
动物药材	—	0	313	0	328
鹿茸	公斤	44 576	44	82 019	75
鲜王浆	公斤	307 804	253	32 873	204
羚羊角	公吨	1	1	2	30
矿物药材	—	0	77	0	47
血竭	公吨	2 057	245	2 791	259
槟榔	公吨	31 518	3 373	51 266	5 748
丁香	公吨	120	12	152	15
清凉油	公斤	91 527	92	77 334	89
药酒	—	0	0	0	1
抗菌素药	公吨	4 970	56 151	4 896	48 426
磺胺药	公吨	2 126	5 159	1 714	4 306
磺胺嘧啶	公斤	1 801	1	12 010	7
磺胺二甲基嘧啶	公斤	65	0	130	0
维生素	—	0	6 717	0	5 063

2005 年中国进口主要商品量值表（续）

金额单位：万美元

商品名称	数量单位	2005 年		2004 年	
		数量	金额	数量	金额
医疗器械	—	0	215 628	0	190 762
体温表	万支	117	296	94	267
血压表	万支	528	2 792	435	2 229
听诊器	万个	1	28	0	28
心电瞬时记录仪	台	5 931	1 158	5 285	754
体外反搏装置	万个	3	2 699	2	2 724
注射器	万支	10 622	3 760	12 290	2 979
注射针头	—	0	2 830	0	2 252
畜牧专用器械	—	0	1 102	0	972
医用敷料	—	0	2 126	0	2 090
各类船	艘	1 821	41 329	2 190	67 041
客船	艘	28	1 181	25	1 573
客货船	艘	281	19 720	368	39 667
冷藏船	艘	0	0	0	0
挖泥船	艘	25	3 328	37	15 181
拖轮	艘	46	1 721	74	3 626
渔船	艘	8	3 542	0	0
海洋平台	—	0	1	0	9 738
集装箱	只	2 695	525	1 761	668
飞机	架	214	576 610	146	423 126
汽车	辆	162 516	510 053	175 486	531 746
载重汽车	辆	3 048	19 806	8 079	40 429
小轿车	辆	157 580	469 057	163 952	460 166
客车	辆	1 336	5 002	2 493	5 705
汽车底盘	—	0	1 398	0	1 585
摩托车	辆	2 575	538	1 315	212
摩托车零件	—	0	2 061	0	1 466
汽车零件	—	0	672 611	0	732 632
显像管	万只	2 102	65 805	2 636	99 676
集成电路	—	0	8 219 998	0	6 145 557
电线电缆	公吨	354 265	275 409	354 756	237 494
蓄电池	—	0	384 600	0	307 740
铅酸蓄电池	万个	2 031	9 805	2 147	10 053
起重机械	台	467 658	117 719	397 521	104 973
金属切削机床	台	116 567	649 616	127 830	591 556
车床	台	16 872	56 327	17 919	53 527
钻床	台	5 308	18 709	6 838	22 714
镗床	台	932	14 767	1 176	15 244
磨床	台	16 945	85 603	17 974	73 053

2005年中国进口主要商品量值表(续)

金额单位：万美元

商品名称	数量单位	2005年		2004年	
		数量	金额	数量	金额
齿轮加工机床	台	759	12 043	1 165	9 930
螺纹加工机床	台	2 814	3 628	3 779	4 707
铣床	台	5 782	30 182	8 049	35 767
刨床	台	35	26	42	27
插床	台	18	14	16	14
拉床	台	148	1 771	148	1 318
铸造机械	台	7 071 710	49 296	11 369 851	42 900
木工机械	台	25 819	60 152	26 304	58 689
各种泵	—	0	521 486	0	508 589
滚动轴承	套	1 691 429 001	134 100	1 457 482 469	110 135
纺织机械	台	3 285	35 159	11 149	77 251
印刷机械	—	0	150 914	0	161 660
制革制鞋机械	—	0	9 539	0	9 325
金属轧机	—	0	111 233	0	100 951
玻璃加工机械	—	0	26 011	0	30 375
橡胶或塑料加工机械	—	0	245 742	0	318 638
烟草加工机械	—	0	4 849	0	14 378
电动机及发电机	万台	164 972	226 524	166 605	211 063
发电机组	台	26 382	123 002	35 706	117 479
电动机和发电机零件	—	0	118 104	0	106 753
有线电话电报交换机	台	31 291 699	140 619	23 988 136	142 871
有线电话电报交换机零件	—	0	185 875	0	211 625
计算机	—	0	1 802 081	0	1 446 864
大、中型电子计算机	台	15	2 673	11	764
小型电子计算机	台	6 878	28 997	7 258	31 914
微型电子计算机	台	14 912	2 639	9 723	2 507
显示器	台	5 839 031	97 496	4 145 932	88 745
打印机	台	6 905 999	76 607	8 236 237	87 498
键盘	个	41 322 458	24 040	32 254 218	19 289
磁盘	万片	35 447	66 796	37 684	41 974
文字处理机	—	0	173	0	167
有线通讯设备	—	0	326 492	0	354 497
电话机	台	1 666 509	5 754	1 504 699	4 545
各种电子交换机	—	0	11 752	0	4 952
载波机	台	27 920 460	105 823	20 779 639	114 445
电传机	台	11	1	7	1
传真机	台	1 583 794	15 344	1 665 750	18 000
复印机	台	1 025 205	19 351	60 546	2 404
调制解调器	台	0	0	0	0

2005 年中国进口主要商品量值表（续）

金额单位：万美元

商品名称	数量单位	2005 年		2004 年	
		数量	金额	数量	金额
雷达	—	0	6 064	0	4 422
导航设备	—	0	17 386	0	10 222
电台对讲机	—	0	4 097	0	1 599
电池	—	0	37 349	0	38 684
测绘仪器	—	0	46 769	0	39 903
望远镜	—	0	1 631	0	947
放大镜	只	354 873	150	445 881	181
照相机	架	12 326 602	4 619	2 931 305	5 312
照相机零件	—	0	25 726	0	37 516
放大机	台	11	1	77	10
彩色冲洗扩印系统	—	0	232	0	794
自行车类	—	0	19 449	0	19 955
自行车	辆	3 574	83	2 915	54
自行车外胎	条	1 796 781	460	2 141 502	333
自行车内胎	条	609 481	35	1 205 052	57
自行车零配件	—	0	18 890	0	19 534
缝纫机类	—	0	46 676	0	46 424
缝纫机	—	0	27 585	0	29 369
家用缝纫机	台	964 103	1 096	1 274 173	1 485
工业缝纫机	台	205 083	26 489	238 442	27 884
缝纫机零件	—	0	19 091	0	17 056
缝纫机针	—	0	414	0	393
电风扇	台	219 166 019	91 112	186 461 357	77 774
吊扇	台	246	9	617	4
台扇	台	812	2	827	7
落地电扇	台	304	0	587	1
排风扇	台	1 959 594	5 371	528 264	5 651
电冰箱	台	3 318	179	6 539	266
洗衣机	台	26 542	1 016	24 008	766
空调器	台	18 868	1 274	4 439	860
吸尘器	台	1 250 133	814	246 976	295
空气加湿器	台	17 461	1 401	26 906	1 468
空气干燥器	台	40 253	26 023	42 492	24 219
电饭锅	个	0	0	0	0
电水壶	个	95 848	237	90 529	211
电炉	个	77 404	1 095	213 505	1 030
电热水器	个	64 086	339	138 944	429
煤气热水器	台	6 257	164	8 469	171
电面包烤炉	台	2 772	26	4 433	19

2005 年中国进口主要商品量值表(续)

金额单位：万美元

商品名称	数量单位	2005 年		2004 年	
		数量	金额	数量	金额
洗碗机	台	12 032	848	10 708	744
消毒柜	台	3 992	2 861	9 660	2 570
电吹风	个	49 761	42	6 854	16
电动剃须刀	个	636 356	1 665	555 378	1 316
电熨斗	个	196 450	255	127 005	192
电筒	个	3 075 944	506	3 574 397	578
台灯	—	0	216	0	180
吊灯	—	0	303	0	287
节日灯	—	0	325	0	180
卤钨灯	万只	5 608	5 319	4 599	3 704
收音机	台	958 622	791	1 312 567	2 013
录音机	—	0	3 998	0	6 142
收录两用机	台	7 583	1	13 382	12
电视机及散件	—	0	12 386	0	14 811
彩色电视机	台	576 188	11 963	525 367	14 527
黑白电视机	台	132 307	422	285 252	286
投影电视机	台	42 228	4 439	27 626	3 685
录像机	台	9 405	4 543	7 671	4 231
摄像机	台	103 658 199	198 422	76 253 337	167 656
音箱	万台	117 773	46 359	100 484	36 843
组合音响	万套	2	540	3	718
录像带	万盒	20 064	7 721	23 484	8 116
耳塞机	万个	21 430	31 861	18 394	17 235
麦克风	个	700 480 726	20 510	602 239 497	17 243
量具	—	0	7 691	0	6 131
刃具	—	0	30 147	0	24 453
磨具	—	0	25 297	0	21 924
砂布	公吨	7 826	4 891	8 636	4 315
各种锤	—	0	309	0	148
各种钳	—	0	1 944	0	1 648
各种扳手	—	0	6 326	0	4 451
各种螺丝批	—	0	771	0	789
各种钻	—	0	125	0	123
各种锉和刀	—	0	2 947	0	2 412
各种锯和锯条	—	0	6 634	0	5 721
农具	—	0	114	0	104
出版物	—	0	22 263	0	16 351

2005年中国前十位贸易伙伴

金额单位：亿美元

排序	国别（地区）	金额	同比%	占比%	占比变化
	总 值	**14 221.2**	**23.2**	**100.0**	**0.0**
1	欧 盟	2 173.1	22.6	15.3	-0.1
2	美 国	2 116.3	24.8	14.9	0.2
3	日 本	1 844.4	9.9	13.0	-1.5
4	香 港	1 367.1	21.3	9.6	-0.2
5	东 盟	1 303.7	23.1	9.2	0.0
6	韩 国	1 119.3	24.3	7.9	0.1
7	台湾省	912.3	16.5	6.4	-0.4
8	俄罗斯	291.0	37.1	2.0	0.2
9	澳大利亚	272.5	33.6	1.9	0.1
10	加拿大	191.7	23.5	1.3	0.0

注：按照国别（地区）进出口总额由大到小排序。

2005年中国前十位出口市场

金额单位：亿美元

排序	国别（地区）	金额	同比%	占比%	占比变化
	总 值	**7 620.0**	**28.4**	**100.0**	**0.0**
1	美 国	1 629.0	30.4	21.4	0.3
2	欧 盟	1 437.1	34.1	18.9	0.8
3	香 港	1 244.8	23.4	16.3	-0.7
4	日 本	839.9	14.3	11.0	-1.4
5	东 盟	553.7	29.1	7.3	0.1
6	韩 国	351.1	26.2	4.6	-0.1
7	台湾省	165.5	22.2	2.2	-0.1
8	俄罗斯	132.1	45.2	1.7	0.2
9	加拿大	116.5	42.8	1.5	0.1
10	澳大利亚	110.6	25.2	1.5	0.0

注：按照国别（地区）出口额由大到小排序。

2005 年 中 国 前 十 位 进 口 来 源 地

金额单位：亿美元

排序	国别（地区）	金额	同比%	占比%	占比变化
	总　值	**6 601.2**	**17.6**	**100.0**	**0.0**
1	日　本	1 004.5	6.5	15.2	-1.6
2	韩　国	768.2	23.4	11.6	0.5
3	东　盟	750.0	19.1	11.4	0.2
4	台湾省	746.8	15.3	11.3	-0.2
5	欧　盟	736.0	5.0	11.1	-1.4
6	美　国	487.3	9.1	7.4	-0.6
7	澳大利亚	161.9	40.1	2.5	0.4
8	俄罗斯	158.9	31.0	2.4	0.2
9	沙特阿拉伯	122.5	62.8	1.9	0.6
10	香　港	122.3	3.6	1.9	-0.2

注：按照国别（地区）进口额由大到小排序。

2005 年 中 国 出 口 市 场 分 洲 别（地 区）

金额单位：亿美元

洲别（地区）	金额	同比%	占比%	占比变化
总　值	**7 620.0**	**28.4**	**100.0**	**0.0**
亚　洲	3 664.3	24.0	48.1	-1.7
东　盟	553.7	29.1	7.3	0.0
中　东	286.6	34.3	3.8	0.2
海湾六国	137.6	31.9	1.8	0.0
欧　洲	1 656.4	35.3	21.7	1.1
欧　盟	1 437.1	34.1	18.9	0.8
欧元区	1 105.0	36.3	14.5	0.8
北美洲	1 746.8	31.1	22.9	0.5
拉丁美洲	236.8	29.9	3.1	0.0
大洋洲	128.9	26.7	1.7	0.0
非　洲	186.8	35.3	2.5	0.1

2005 年 中 国 进 口 来 源 分 洲 别（地 区）

金额单位：亿美元

洲别（地区）	金额	同比%	占比%	占比变化
总　值	**6 601.2**	**17.6**	**100.0**	**0.0**
亚　洲	4 41 5.4	19.5	66.9	1.1
东　盟	750.0	19.1	11.4	0.1
中　东	318.7	44.2	4.8	0.9
海湾六国	199.9	39.8	3.0	0.5
欧　洲	964.5	8.4	14.6	-1.2
欧　盟	736.0	5.0	11.1	-1.3
欧元区	619.0	5.1	9.4	-1.1
北美洲	562.7	8.1	8.5	-0.7
拉丁美洲	267.7	23.0	4.1	0.2
大洋洲	180.1	35.0	2.7	0.4
非　洲	210.6	34.6	3.2	0.4

2005 年中国进出口商品国家（地区）总值表

金额单位：万美元

国家（地区）	2005 年			2004 年		
	进出口	出口	进口	进出口	出口	进口
总　值	**142 211 767**	**76 199 914**	**66 011 853**	**115 479 162**	**59 336 863**	**56 142 299**
亚　洲	**80 797 080**	**36 643 117**	**44 153 963**	**66 502 734**	**29 550 049**	**36 952 685**
阿富汗	5 277	5 121	156	5 792	5 697	95
巴林	25 591	18 697	6 894	21 297	12 057	9 240
孟加拉国	248 134	240 274	7 860	196 316	190 615	5 701
不丹	47	47	0	52	35	17
文莱	26 087	5 314	20 773	29 894	4 789	25 105
缅甸	120 933	93 493	27 440	114 549	93 859	20 690
柬埔寨	56 331	53 601	2 730	48 243	45 250	2 993
塞浦路斯	29 015	28 731	284	18 692	18 523	169
朝鲜	158 034	108 118	49 916	138 520	79 950	58 570
香港	13 670 808	12 448 105	1 222 703	11 267 841	10 087 802	1 180 039
印度	1 870 298	893 464	976 834	1 360 410	592 667	767 743
印度尼西亚	1 678 888	835 135	843 753	1 348 050	625 686	722 364
伊朗	1 008 393	329 655	678 738	704 626	255 471	449 155

2005 年中国进出口商品国家（地区）总值表（续）

金额单位：万美元

国家（地区）	2005 年			2004 年		
	进出口	出口	进口	进出口	出口	进口
伊拉克	82 379	40 811	41 568	46 980	14 955	32 025
以色列	302 794	195 440	107 354	248 502	154 199	94 303
日本	18 444 376	8 399 213	10 045 163	16 788 636	7 351 429	9 437 207
约旦	91 063	83 176	7 887	71 167	62 318	8 849
科威特	164 884	62 834	102 050	124 944	48 405	76 539
老挝	12 893	10 338	2 555	11 353	10 088	1 265
黎巴嫩	47 625	47 206	419	49 362	48 392	970
澳门	186 996	160 542	26 454	182 766	161 190	21 576
马来西亚	3 070 304	1 060 686	2 009 618	2 626 112	808 677	1 817 435
马尔代夫	1 696	1 693	3	809	791	18
蒙古	85 991	31 898	54 093	69 374	23 335	46 039
尼泊尔	19 644	18 794	850	17 147	16 324	823
阿曼	432 990	19 099	413 891	438 962	11 113	427 849
巴基斯坦	426 120	342 803	83 317	306 127	246 643	59 484
巴勒斯坦	2 387	2 364	23	992	985	7
菲律宾	1 755 789	468 787	1 287 002	1 332 783	426 893	905 890
卡塔尔	67 643	20 367	47 276	43 785	10 352	33 433
沙特阿拉伯	1 607 039	382 467	1 224 572	1 029 966	277 559	752 407
新加坡	3 314 906	1 663 262	1 651 644	2 668 392	1 268 729	1 399 663
韩国	11 193 125	3 510 926	7 682 199	9 006 820	2 781 842	6 224 978
斯里兰卡	97 641	93 982	3 659	71 755	69 496	2 259
叙利亚	90 634	88 860	1 774	72 057	69 256	2 801
泰国	2 181 234	782 048	1 399 186	1 734 321	580 157	1 154 164
土耳其	487 390	425 213	62 177	341 347	282 207	59 140
阿联酋	1 077 576	873 015	204 561	814 612	684 164	130 448
也门	321 485	54 716	266 769	191 630	45 775	145 855
越南	819 640	564 448	255 192	674 280	426 084	248 196
中国	5 516 361	0	5 516 361	3 866 505	0	3 866 505
台湾省	9 123 401	1 654 960	7 468 441	7 832 382	1 354 523	6 477 859
东帝汶	127	127	0	171	171	0
哈萨克斯坦	681 032	390 093	290 939	449 823	221 194	228 629
吉尔吉斯斯坦	97 220	86 715	10 505	60 229	49 274	10 955
塔吉克斯坦	15 794	14 374	1 420	6 893	5 356	1 537
土库曼斯坦	10 987	9 088	1 899	9 874	8 485	1 389
乌兹别克斯坦	68 055	23 006	45 049	57 551	17 244	40 307
亚洲其他国家（地区）	23	12	11	43	43	0
非　洲	**3 974 680**	**1 868 344**	**2 106 336**	**2 946 161**	**1 381 563**	**1 564 598**
阿尔及利亚	176 898	140 525	36 373	123 987	98 079	25 908
安哥拉	695 462	37 279	658 183	491 087	19 353	471 734

2005 年中国进出口商品国家（地区）总值表（续）

金额单位：万美元

国家（地区）	2005 年			2004 年		
	进出口	出口	进口	进出口	出口	进口
贝宁	109 234	95 295	13 939	68 853	57 726	11 127
博茨瓦纳	6 251	5 851	400	5 240	4 954	286
布隆迪	1 222	1 189	33	513	481	32
喀麦隆	19 661	12 986	6 675	24 893	10 002	14 891
加那利群岛	3 905	3 905	0	5 269	5 268	1
佛得角	519	519	0	275	275	0
中非	1 608	709	899	957	332	625
塞卜泰（休达）	159	159	0	144	144	0
乍得	20 601	1 493	19 108	22 853	594	22 259
科摩罗	183	183	0	130	130	0
刚果（布）	242 269	14 470	227 799	166 209	9 303	156 906
吉布提	11 200	11 146	54	7 274	7 223	51
埃及	214 524	193 410	21 114	157 694	138 900	18 794
赤道几内亚	145 663	1 880	143 783	100 677	1 012	99 665
埃塞俄比亚	36 971	28 400	8 571	20 847	19 408	1 439
加蓬	39 296	4 128	35 168	41 445	1 416	40 029
冈比亚	12 452	12 435	17	12 435	12 423	12
加纳	76 860	67 259	9 601	59 080	51 042	8 038
几内亚	14 731	14 431	300	10 780	9 301	1 479
几内亚比绍	579	579	0	602	599	3
科特迪瓦	22 211	13 702	8 509	23 099	12 301	10 798
肯尼亚	47 456	45 691	1 765	36 577	34 880	1 697
利比里亚	16 380	14 963	1 417	19 833	18 181	1 652
利比亚	130 222	36 050	94 172	67 167	25 491	41 676
马达加斯加	19 664	18 264	1 400	16 615	15 207	1 408
马拉维	1 842	1 635	207	1 880	1 876	4
马里	14 519	6 594	7 925	16 552	5 877	10 675
毛里塔尼亚	7 836	7 430	406	11 473	6 433	5 040
毛里求斯	18 560	17 732	828	15 783	15 118	665
摩洛哥	148 386	120 641	27 745	115 746	94 338	21 408
莫桑比克	16 501	9 148	7 353	11 944	7 515	4 429
纳米比亚	13 674	6 035	7 639	9 912	5 254	4 658
尼日尔	3 390	3 390	0	2 501	2 500	1
尼日利亚	283 035	230 339	52 696	218 273	171 951	46 322
留尼汪	3 134	3 133	1	2 363	2 363	0
卢旺达	2 354	1 201	1 153	2 116	513	1 603
圣多美和普林西比	55	55	0	156	22	134
塞内加尔	14 096	13 308	788	11 225	10 831	394
塞舌尔	341	340	1	181	178	3

2005 年中国进出口商品国家（地区）总值表（续）

金额单位：万美元

国家（地区）	2005 年			2004 年		
	进出口	出口	进口	进出口	出口	进口
塞拉利昂	3 212	3 076	136	2 986	2 826	160
索马里	1 964	1 657	307	1 733	952	781
南非	727 066	382 630	344 436	591 244	295 232	296 012
西撒哈拉	2	2	0	58	58	0
苏丹	390 806	129 360	261 446	252 178	81 590	170 588
坦桑尼亚	47 431	30 359	17 072	28 424	21 597	6 827
多哥	56 986	53 799	3 187	44 512	39 865	4 647
突尼斯	33 968	29 559	4 409	27 935	24 522	3 413
乌干达	9 937	7 937	2 000	8 802	7 638	1 164
布基纳法索	17 943	1 614	16 329	13 666	1 255	12 411
刚果（金）	22 535	4 974	17 561	13 657	3 699	9 958
赞比亚	30 020	4 850	25 170	22 214	5 104	17 110
津巴布韦	28 332	12 540	15 792	25 424	11 306	14 118
莱索托	5 615	5 582	33	4 745	4 745	0
梅利利亚	324	324	0	279	279	0
斯威士兰	3 421	1 103	2 318	2 612	1 149	1 463
厄立特里亚	842	801	41	805	754	51
马约特岛	92	92	0	69	69	0
非洲其他国家（地区）	282	204	78	170	123	47
欧　洲	**26 208 449**	**16 563 717**	**9 644 732**	**21 144 305**	**12 240 247**	**8 904 058**
比利时	1 174 515	773 977	400 538	938 017	586 028	351 989
丹麦	398 510	278 893	119 617	315 232	194 638	120 594
英国	2 450 310	1 897 702	552 608	1 972 924	1 496 828	476 096
德国	6 325 198	3 252 760	3 072 438	5 412 431	2 375 591	3 036 840
法国	2 064 943	1 164 039	900 904	1 758 530	992 210	766 320
爱尔兰	460 745	318 434	142 311	332 817	214 007	118 810
意大利	1 861 775	1 169 135	692 640	1 567 645	922 532	645 113
卢森堡	219 043	203 960	15 083	104 660	91 752	12 908
荷兰	2 880 269	2 587 683	292 586	2 148 859	1 851 915	296 944
希腊	202 192	193 523	8 669	146 692	138 050	8 642
葡萄牙	123 586	91 201	32 385	86 930	58 840	28 090
西班牙	1 052 419	843 958	208 461	722 309	547 706	174 603
阿尔巴尼亚	9 077	8 373	704	6 921	6 325	596
安道尔	324	323	1	211	211	0
奥地利	249 226	88 304	160 922	229 148	78 059	151 089
保加利亚	53 086	44 164	8 922	40 518	33 804	6 714
芬兰	625 445	362 631	262 814	551 626	249 496	302 130
直布罗陀	66	66	0	75	75	0
匈牙利	285 920	249 370	36 550	312 724	265 165	47 559

2005 年中国进出口商品国家（地区）总值表（续）

金额单位：万美元

国家（地区）	2005 年			2004 年		
	进出口	出口	进口	进出口	出口	进口
冰岛	12 143	7 470	4 673	7 329	4 595	2 734
列支敦士登	1 897	922	975	3 033	666	2 367
马耳他	53 903	30 110	23 793	52 536	27 318	25 218
摩纳哥	1 923	925	998	2 073	1 429	644
挪威	246 582	132 192	114 390	242 646	102 866	139 780
波兰	315 295	259 548	55 747	233 088	184 361	48 727
罗马尼亚	166 153	136 924	29 229	138 396	105 718	32 678
圣马力诺	163	162	1	61	61	0
瑞典	569 877	257 656	312 221	519 935	186 001	333 934
瑞士	582 745	194 672	388 073	512 714	150 577	362 137
爱沙尼亚	36 910	31 142	5 768	22 266	20 202	2 064
拉脱维亚	29 023	28 167	856	19 881	17 900	1 981
立陶宛	37 244	36 096	1 148	28 710	27 358	1 352
格鲁吉亚	4 342	4 076	266	5 706	2 290	3 416
亚美尼亚	2 338	2 303	35	1 384	1 168	216
阿塞拜疆	25 835	23 395	2 440	18 396	14 375	4 021
白俄罗斯	57 174	8 128	49 046	21 892	6 497	15 395
哈萨克斯坦	0	0	0	0	0	0
吉尔吉斯斯坦	0	0	0	0	0	0
摩尔多瓦	5 163	5 149	14	2 410	2 391	19
俄罗斯	2 910 314	1 321 224	1 589 090	2 123 196	910 250	1 212 946
塔吉克斯坦	0	0	0	0	0	0
土库曼斯坦	0	0	0	0	0	0
乌克兰	327 730	249 243	78 487	248 830	144 383	104 447
乌兹别克斯坦	0	0	0	0	0	0
塞黑	22 249	20 108	2 141	17 581	16 325	1 256
斯洛文尼亚	32 281	26 557	5 724	24 886	20 690	4 196
克罗地亚	61 747	57 364	4 383	36 645	34 455	2 190
捷克	203 921	166 745	37 176	179 319	135 095	44 224
斯洛伐克	49 137	30 835	18 302	28 836	15 983	12 853
马其顿	3 415	2 150	1 265	2 787	2 641	146
波黑	12 298	1 957	10 341	1 499	1 421	78
梵蒂冈	0	0	0	0	0	0
欧洲其他国家（地区）	0	0	0	0	0	0
拉丁美洲	**5 045 740**	**2 368 250**	**2 677 490**	**4 002 703**	**1 824 205**	**2 178 498**
安提瓜和巴布达	14 690	14 690	0	11 853	11 853	0
阿根廷	512 467	132 509	379 958	410 723	85 233	325 490
阿鲁巴岛	578	564	14	381	375	6
巴哈马	15 564	15 545	19	9 938	9 869	69

2005年中国进出口商品国家（地区）总值表（续）

金额单位：万美元

国家（地区）	2005年			2004年		
	进出口	出口	进口	进出口	出口	进口
巴巴多斯	1 940	1 919	21	1 062	1 038	24
伯利兹	3 229	3 208	21	2 258	2 258	0
玻利维亚	8 163	5 054	3 109	5 310	2 355	2 955
博内尔	0	0	0	1	1	0
巴西	1 481 728	482 754	998 974	1 235 898	367 485	868 413
开曼群岛	404	404	0	247	247	0
智利	713 440	214 989	498 451	536 480	168 852	367 628
哥伦比亚	113 532	93 017	20 515	80 502	62 951	17 551
多米尼克	5 000	4 905	95	4 731	4 556	175
哥斯达黎加	115 085	22 878	92 207	79 571	15 442	64 129
古巴	87 283	63 587	23 696	52 581	33 087	19 494
库腊索岛	4 856	4 752	104	4 345	4 289	56
多米尼加	29 325	26 415	2 910	24 836	23 278	1 558
厄瓜多尔	51 011	46 739	4 272	43 584	34 362	9 222
法属圭亚那	153	147	6	110	108	2
格林纳达	273	273	0	78	78	0
瓜德罗普	615	615	0	403	382	21
危地马拉	56 833	47 364	9 469	43 561	39 270	4 291
圭亚那	3 478	2 721	757	2 234	2 119	115
海地	3 047	3 020	27	2 248	2 222	26
洪都拉斯	14 797	13 380	1 417	13 485	12 319	1 166
牙买加	32 507	10 407	22 100	39 598	12 613	26 985
马提尼克岛	410	410	0	175	175	0
墨西哥	776 429	553 827	222 602	711 269	497 287	213 982
蒙特塞拉特	8	8	0	4	4	0
尼加拉瓜	12 820	11 403	1 417	10 454	10 159	295
巴拿马	317 325	315 105	2 220	220 179	218 688	1 491
巴拉圭	31 111	25 256	5 855	29 320	23 491	5 829
秘鲁	288 531	60 891	227 640	194 291	41 844	152 447
波多黎各	40 930	28 971	11 959	29 829	20 697	9 132
萨巴	0	0	0	6	6	0
圣卢西亚	3 554	283	3 271	232	229	3
圣马丁岛	244	244	0	144	144	0
圣文森特和格林纳丁斯	1 521	1 521	0	1 320	1 320	0
萨尔瓦多	20 439	19 389	1 050	20 067	19 688	379
苏里南	4 603	3 868	735	3 123	3 027	96
特立尼达和多巴哥	11 909	10 043	1 866	7 959	7 591	368
特克斯和凯科斯群岛	27	25	2	2	0	2
乌拉圭	45 590	28 257	17 333	31 982	20 952	11 030

2005 年中国进出口商品国家（地区）总值表（续）

金额单位：万美元

国家（地区）	2005 年			2004 年		
	进出口	出口	进口	进出口	出口	进口
委内瑞拉	214 185	90 784	123 401	133 357	59 556	73 801
英属维尔京群岛	2 218	2 218	0	349	82	267
圣基茨和尼维斯	58	58	0	19	19	0
圣皮埃尔和密克隆	4	4	0	0	0	0
荷属安的列斯群岛	3 772	3 772	0	2 488	2 488	0
拉丁美洲其他国家（地区）	58	58	0	118	118	0
北美洲	**23 094 449**	**17 467 743**	**5 626 706**	**18 529 050**	**13 323 741**	**5 205 309**
加拿大	1 916 516	1 165 381	751 135	1 551 638	816 247	735 391
美国	21 162 601	16 289 964	4 872 637	16 962 624	12 494 766	4 467 858
格陵兰	3 101	167	2 934	2 103	45	2 058
百慕大群岛	12 223	12 223	0	12 670	12 670	0
北美洲其他国家（地区）	8	8	0	16	13	3
大洋洲	**3 089 454**	**1 288 743**	**1 800 711**	**2 350 434**	**1 017 057**	**1 333 377**
澳大利亚	2 724 822	1 106 174	1 618 648	2 039 084	883 832	1 155 252
库克群岛	591	44	547	91	83	8
斐济	4 527	4 300	227	3 871	3 253	618
盖比群岛	1	1	0	25	25	0
马克萨斯群岛	2	2	0	0	0	0
瑙鲁	3	3	0	10	10	0
新喀里多尼亚	9 356	1 515	7 841	6 604	826	5 778
瓦努阿图	827	780	47	749	723	26
新西兰	268 015	135 350	132 665	249 054	107 727	141 327
诺福克岛	26	26	0	36	36	0
巴布亚新几内亚	37 605	6 659	30 946	29 637	5 251	24 386
社会群岛	571	571	0	391	391	0
所罗门群岛	10 168	508	9 660	6 127	332	5 795
汤加	294	294	0	628	628	0
土阿莫土群岛	0	0	0	1	0	1
土布艾群岛	0	0	0	0	0	0
萨摩亚	598	594	4	686	588	98
基里巴斯	142	140	2	87	87	0
图瓦卢	635	635	0	224	224	0
密克罗尼西亚联邦	244	242	2	745	745	0
马绍尔群岛	28 097	28 097	0	10 458	10 458	0
帕劳	68	68	0	43	43	0
法属波利尼西亚	1 673	1 566	107	843	758	85
瓦利斯和浮图纳	11	6	5	0	0	0
大洋洲其他国家（地区）	1 175	1 168	7	1 041	1 038	3
其他	1 916	0	1 916	3 775	0	3 775

2005年中国主要出口商品输往地

粮谷

输往地	2005年		2004年	
	数量（公吨）	金额（美元）	数量（公吨）	金额（美元）
总值	**10 137 457**	**1 518 563 890**	**4 734 144**	**827 689 944**
巴林	188	48 958	56	11 838
孟加拉国	1 959	3 214 729	1 285	2 139 483
缅甸	4 320	1 060 894	7 444	1 839 372
塞浦路斯	16	4 800	121	24 271
朝鲜	439 840	73 366 258	159 537	29 581 982
香港	150 161	43 139 600	136 826	40 393 182
印度尼西亚	75 546	19 832 006	97 247	20 904 001
伊朗	1 027 426	128 070 980	0	12
以色列	104	28 443	835	198 862
日本	1 053 920	199 482 193	977 900	200 734 035
约旦	87	21 977	1 152	291 186
科威特	470	114 148	229	53 627
老挝	461	80 374	28	6 758
黎巴嫩	1 596	492 483	1 807	400 784
澳门	3 294	1 073 669	3 327	1 064 290
马来西亚	484 384	61 911 459	255 266	33 829 970
蒙古	18 890	4 537 249	25 870	5 925 872
巴基斯坦	180	284 639	111	148 685
菲律宾	214 298	31 201 654	283 883	38 885 960
卡塔尔	142	33 760	0	0
沙特阿拉伯	415	122 546	247	57 023
新加坡	794	250 228	516	168 490
韩国	6 033 544	793 243 725	1 776 165	262 150 509
斯里兰卡	355	93 393	24 287	3 398 038
叙利亚	960	266 280	0	0
泰国	30 893	6 189 849	20 483	4 604 973
土耳其	0	112	0	0
阿联酋	1 741	422 583	1 148	254 769
也门	360	91 350	0	0
越南	116 197	23 639 881	130 684	29 040 105
台湾省	25 136	5 691 554	93 437	13 423 335
哈萨克斯坦	6 513	2 167 388	1 980	535 450
吉尔吉斯斯坦	4 180	1 403 845	1 450	373 949
塔吉克斯坦	582	176 309	120	27 000
阿尔及利亚	233	51 760	43	9 743
安哥拉	29 051	5 746 167	11	5 897
贝宁	1 000	259 636	0	0
喀麦隆	7 500	2 085 000	0	0
刚果（布）	5	1 335	5	1 904
吉布提	580	218 149	0	0
几内亚	36	88 271	1 785	589 195

2005年中国主要出口商品输往地（续）

粮谷

输往地	2005年		2004年	
	数量（公吨）	金额（美元）	数量（公吨）	金额（美元）
科特迪瓦	43 588	9 213 756	202 099	29 955 057
利比里亚	91 331	18 747 698	143 379	21 976 764
马达加斯加	10 878	2 891 552	4 326	851 874
毛里求斯	463	138 658	0	0
摩洛哥	21	4 405	601	115 177
尼日利亚	73 623	19 002 905	8 433	1 264 989
留尼汪	0	246	0	0
南非	4 543	1 042 750	3 583	689 671
苏丹	20	9 138	8	2 255
多哥	1	420	3	1 945
津巴布韦	3 000	593 867	0	0
比利时	2 137	500 165	2 345	481 449
丹麦	77	18 615	26	10 126
英国	2 366	949 191	2 408	686 026
德国	2 345	1 088 222	2 632	1 058 606
法国	4 276	1 436 059	1 230	518 347
意大利	2 117	511 766	2 892	596 457
荷兰	9 901	2 632 170	21 737	4 419 039
希腊	2	760	33	11 327
葡萄牙	922	229 366	1 053	205 723
西班牙	361	135 509	241	60 873
保加利亚	222	66 476	2 687	612 875
挪威	88	59 510	170	93 500
瑞典	35	12 063	21	5 332
俄罗斯	121 934	40 848 945	156 968	37 781 251
乌克兰	8 615	2 138 580	0	0
克罗地亚	132	50 774	0	0
巴西	1 852	416 258	1 044	200 959
智利	1	829	131	29 534
哥伦比亚	22	4 246	0	0
厄瓜多尔	28	59 685	68	123 778
墨西哥	21	15 537	0	0
秘鲁	2	1 550	1	614
特立尼达和多巴哥	6	2 404	0	0
委内瑞拉	4	2 829	2	1 465
加拿大	705	349 211	924	323 492
美国	1 660	854 136	2 736	1 244 364
澳大利亚	5 714	2 041 030	3 231	808 021
新西兰	517	182 483	548	187 777
巴布亚新几内亚	6 442	2 062 932	40 934	8 785 375
密克罗尼西亚联邦	125	37 560	212	67 440

2005年中国主要出口商品输往地（续）

玉米

输往地	2005年		2004年	
	数量（公吨）	金额（美元）	数量（公吨）	金额（美元）
总　值	**8 610 837**	**1 096 370 574**	**2 317 859**	**323 998 373**
朝鲜	267 338	35 624 520	39 338	5 545 928
香港	26 909	3 461 445	12 352	1 756 407
伊朗	1 026 811	127 830 045	0	0
日本	834 495	110 057 341	596 618	97 831 168
科威特	0	4	0	0
马来西亚	476 929	59 607 928	251 685	33 046 388
韩国	5 897 295	749 477 149	1 318 339	171 928 280
越南	76 160	9 424 308	0	0
津巴布韦	3 000	593 867	0	0
荷兰	0	1	0	0
俄罗斯	1 900	293 966	8 037	1 138 662

蔬菜

输往地	2005年		2004年	
	数量（公吨）	金额（美元）	数量（公吨）	金额（美元）
总　值	**5 203 121**	**3 301 995 884**	**4 701 790**	**2 781 079 543**
巴林	3 775	2 084 415	2 705	1 242 145
孟加拉国	42 421	23 443 090	27 518	10 314 909
文莱	2 576	1 079 540	2 433	979 907
缅甸	6 907	1 820 395	13 289	3 408 845
柬埔寨	62	259 923	2 076	1 053 401
塞浦路斯	150	95 750	15	10 200
朝鲜	8 103	6 826 102	7 030	4 256 062
香港	496 863	162 611 958	533 953	144 549 907
印度	9 507	5 000 571	22 139	8 416 850
印度尼西亚	298 580	133 198 773	277 259	95 145 359
伊朗	1 040	670 331	696	615 872
伊拉克	20	11 436	0	0
以色列	5 246	4 589 229	5 758	3 957 453
日本	1 354 334	1 313 228 251	1 326 781	1 278 327 953
约旦	430	320 604	655	263 723
科威特	3 773	1 992 073	2 535	1 388 023
老挝	92	25 006	292	103 302
黎巴嫩	1 816	940 076	1 360	511 691
澳门	39 638	9 531 437	36 582	7 885 406
马来西亚	440 662	169 045 702	366 052	116 421 561

2005年中国主要出口商品输往地（续）

蔬菜

输往地	2005年		2004年	
	数量（公吨）	金额（美元）	数量（公吨）	金额（美元）
马尔代夫	300	199 650	190	87 124
蒙古	38 956	3 185 228	35 286	3 143 994
尼泊尔	2 456	1 159 568	2 478	1 047 830
阿曼	5 342	2 649 031	4 352	1 886 203
巴基斯坦	89 844	53 377 582	61 733	31 426 211
菲律宾	78 460	31 327 062	72 345	24 066 474
卡塔尔	1 218	661 965	587	263 915
沙特阿拉伯	41 272	24 077 310	37 247	19 433 670
新加坡	58 227	35 898 134	62 613	33 539 220
韩国	528 532	254 010 424	470 820	212 851 680
斯里兰卡	19 152	8 583 997	18 285	5 757 405
叙利亚	1 468	1 339 714	1 087	1 023 230
泰国	114 022	67 703 819	79 921	42 101 930
土耳其	2 236	1 476 183	1 550	1 025 480
阿联酋	57 235	31 156 701	39 681	19 800 233
也门	8 897	4 406 769	8 100	2 875 867
越南	220 718	35 726 038	167 374	28 099 987
台湾省	65 338	44 936 426	45 102	33 161 270
哈萨克斯坦	500	238 609	24	7 129
吉尔吉斯斯坦	1 057	416 804	1 164	347 890
塔吉克斯坦	7	1 225	0	0
阿尔及利亚	12 071	6 686 088	4 767	2 027 647
安哥拉	2 387	1 112 310	2 155	797 229
贝宁	235	105 084	0	0
喀麦隆	364	186 260	471	176 826
佛得角	53	24 990	0	0
中非	0	38	0	0
刚果（布）	3 961	1 903 945	2 307	773 554
吉布提	51	25 010	0	0
埃及	3 093	1 949 355	2 430	1 018 668
埃塞俄比亚	0	25	42	23 265
加蓬	361	178 194	438	166 575
加纳	904	457 334	1 181	441 817
几内亚	143	69 631	155	73 480
几内亚比绍	15	8 080	0	0
科特迪瓦	494	221 709	102	39 685
肯尼亚	1 164	609 141	1 275	455 146
利比亚	28	58 000	26	15 080
马达加斯加	29	15 547	4	3 943

2005 年中国主要出口商品输往地（续）

蔬菜

输往地	2005 年		2004 年	
	数量（公吨）	金额（美元）	数量（公吨）	金额（美元）
马拉维	0	1 645	0	0
马里	52	30 160	104	34 580
毛里求斯	1 575	832 995	1 654	740 964
摩洛哥	1 089	1 031 789	1 202	1 119 458
莫桑比克	853	376 603	568	194 732
尼日利亚	1	4 623	0	0
留尼汪	645	370 925	811	348 942
塞内加尔	2 058	914 223	851	315 095
塞舌尔	109	76 635	224	120 067
索马里	9	4 990	0	0
南非	5 560	5 579 255	4 036	3 473 488
苏丹	2 241	1 400 277	2 242	1 172 056
坦桑尼亚	23	16 772	0	119
多哥	590	294 732	752	367 704
突尼斯	1 980	1 050 063	265	78 520
刚果（金）	104	48 620	0	0
津巴布韦	13	24 868	64	130 679
厄立特里亚	182	70 494	759	268 939
马约特岛	27	13 445	0	0
非洲其他国家（地区）	52	16 016	50	19 000
比利时	17 272	20 375 644	13 185	11 412 673
丹麦	1 807	1 662 944	1 797	1 473 996
英国	43 902	35 796 880	32 078	25 151 025
德国	53 478	82 234 453	47 880	61 790 975
法国	16 780	32 258 611	13 439	26 159 209
爱尔兰	680	454 640	676	373 260
意大利	46 212	71 490 545	40 959	60 046 263
荷兰	62 472	51 359 348	54 749	36 643 649
希腊	2 815	2 175 170	3 268	2 043 717
葡萄牙	653	731 709	676	593 410
西班牙	21 185	19 252 374	13 672	10 705 867
阿尔巴尼亚	27	23 589	0	0
安道尔	0	48	0	0
奥地利	133	209 539	121	200 617
保加利亚	2 362	1 590 420	2 105	747 051
芬兰	515	474 837	439	264 802
匈牙利	1 136	1 141 560	942	588 817
马耳他	425	267 119	34	29 818
挪威	1 643	1 585 348	1 685	1 616 576

2005年中国主要出口商品输往地（续）

蔬菜

输往地	2005年		2004年	
	数量（公吨）	金额（美元）	数量（公吨）	金额（美元）
波兰	3 851	4 106 804	5 862	3 191 692
罗马尼亚	10 739	6 105 606	11 663	5 192 397
瑞典	2 764	2 559 490	2 903	2 210 164
瑞士	344	728 728	81	1 129 802
爱沙尼亚	18	24 766	97	78 797
拉脱维亚	779	1 226 628	749	565 876
立陶宛	454	482 917	208	189 084
格鲁吉亚	1 044	501 163	1 001	379 250
亚美尼亚	226	119 150	0	0
白俄罗斯	1 656	2 128 583	563	812 901
摩尔多瓦	16	12 736	0	0
俄罗斯	353 026	90 534 683	292 396	69 663 620
乌克兰	5 689	3 659 778	6 492	3 106 178
塞黑	452	291 550	581	281 319
斯洛文尼亚	701	471 240	815	456 436
克罗地亚	3 053	1 739 601	3 795	1 712 132
捷克	895	805 608	1 088	754 129
斯洛伐克	141	135 371	67	36 840
马其顿	409	379 041	238	218 442
波黑	15	11 859	230	123 642
安提瓜和巴布达	109	81 200	50	17 250
阿根廷	1 685	2 120 628	1 369	1 017 402
阿鲁巴岛	9	10 342	5	6 204
巴巴多斯	263	137 175	259	91 670
玻利维亚	0	2 646	0	0
巴西	83 270	51 171 701	43 242	20 360 679
智利	6 670	4 651 199	4 539	2 461 779
哥伦比亚	22 611	10 477 677	21 314	7 797 360
多米尼克	905	360 343	1 854	627 900
哥斯达黎加	2 987	1 644 674	2 499	1 100 777
古巴	646	416 815	561	214 912
多米尼加	7 845	3 790 165	5 241	1 867 907
厄瓜多尔	8 035	3 439 506	9 955	3 101 479
法属圭亚那	1	6 689	0	0
危地马拉	1 452	895 744	1 180	532 975
圭亚那	2 079	951 008	1 805	565 480
海地	2 646	1 101 184	1 543	484 896
洪都拉斯	1 372	704 510	1 129	421 673
牙买加	1 551	685 519	1 465	494 827

2005年中国主要出口商品输往地（续）

蔬菜

输往地	2005年		2004年	
	数量（公吨）	金额（美元）	数量（公吨）	金额（美元）
墨西哥	1 557	1 545 354	2 090	1 323 303
尼加拉瓜	912	413 577	1 124	419 134
巴拿马	2 524	1 233 830	2 453	967 329
巴拉圭	486	242 022	150	58 375
秘鲁	22	92 751	55	102 030
波多黎各	1 941	2 103 778	1 527	1 251 643
萨尔瓦多	1 082	551 448	888	338 540
苏里南	1 260	663 123	977	388 882
特立尼达和多巴哥	2 850	1 398 724	3 176	1 049 510
乌拉圭	506	446 231	439	227 222
委内瑞拉	734	1 150 493	606	566 443
英属维尔京群岛	25	2 765	0	0
加拿大	41 226	32 942 672	35 370	25 219 524
美国	217 469	241 395 994	201 639	200 548 615
澳大利亚	25 170	25 541 545	22 817	18 613 600
斐济	1 462	697 126	1 572	583 794
新喀里多尼亚	120	63 059	76	28 620
新西兰	6 005	4 459 680	4 029	2 973 134
诺福克岛	22	150 675	0	0
巴布亚新几内亚	20	13 157	22	13 373
基里巴斯	0	23	1	310
密克罗尼西亚联邦	1	637	0	0
法属波利尼西亚	40	25 722	41	15 673
大洋洲其他国家（地区）	40	25 921	85	19 926

水产品

输往地	2005年	2004年
	金额（美元）	金额（美元）
总　值	**4 350 202 285**	**4 059 970 618**
文莱	27 766	16 440
缅甸	620	0
柬埔寨	49 466	0
塞浦路斯	333 478	365 483
朝鲜	4 148 913	5 746 668
香港	193 983 126	236 100 277
印度	227 423	171 184
印度尼西亚	10 725 015	53 862 393
伊朗	462 714	45 847
以色列	5 187 162	1 565 374
日本	1 240 912 610	1 279 353 333
约旦	1 000	0
科威特	238 567	216 350
黎巴嫩	168 050	161 505
澳门	9 904 324	12 504 747
马来西亚	32 765 562	46 045 376
马尔代夫	415 838	361 085
阿曼	820	0
菲律宾	22 653 029	16 640 885

2005 年中国主要出口商品输往地（续）

水产品

输往地	2005 年	2004 年
	金额（美元）	金额（美元）
新加坡	17 512 885	16 449 766
韩国	787 679 987	852 498 658
斯里兰卡	399 105	74 400
泰国	18 332 651	13 450 190
土耳其	1 674 312	541 555
阿联酋	2 070 881	828 192
也门	232 000	174 000
越南	10 483 486	14 750 384
台湾省	63 220 511	53 259 299
哈萨克斯坦	56 229	7 200
阿尔及利亚	146 304	0
安哥拉	240 080	95 519
加那利群岛	109 900	0
埃及	22 922	0
加纳	52 384	55 645
科特迪瓦	12 110	0
毛里求斯	410 684	148 219
摩洛哥	131 742	308 021
留尼汪	247 667	405 021
塞舌尔	20 931	0
南非	5 782 614	4 934 590
比利时	36 517 495	23 011 239
丹麦	14 679 116	4 044 475
英国	119 610 747	100 626 650
德国	268 266 280	225 767 958
法国	45 822 134	38 101 281
爱尔兰	53	109 569
意大利	14 221 442	12 440 797
荷兰	77 439 207	49 469 196
希腊	2 964 649	5 574 990
葡萄牙	16 870 903	6 166 215
西班牙	90 715 699	70 962 030
奥地利	918	0
保加利亚	1 447 997	18 085
芬兰	156 065	117 255
匈牙利	386 369	159 816
挪威	4 477 204	1 920 363
波兰	53 407 804	32 078 897
罗马尼亚	877 449	40 700
瑞典	12 074 029	9 431 543

水产品

输往地	2005 年	2004 年
	金额（美元）	金额（美元）
瑞士	51 497	70 605
爱沙尼亚	679 723	26 637
拉脱维亚	598 042	6 728
立陶宛	5 602 880	2 339 687
白俄罗斯	605 950	14 020
俄罗斯	29 705 206	12 918 461
乌克兰	12 358 571	1 988 729
塞黑	148 968	119
斯洛文尼亚	203 973	329 956
克罗地亚	1 054 591	1 500
捷克	7 781 829	6 614 789
斯洛伐克	2 010 626	1 545 547
波黑	29 920	28 820
巴巴多斯	90 250	0
巴西	80 324	25 980
智利	38	0
哥伦比亚	212 725	70 400
多米尼克	385 041	729 369
哥斯达黎加	2 789 651	205 390
古巴	1 738 291	520 725
多米尼加	1 655 274	1 519 241
厄瓜多尔	71 027	181 647
瓜德罗普	149 480	0
马提尼克岛	41 892	0
墨西哥	41 901 482	37 864 089
巴拿马	249 185	268 513
秘鲁	105 372	91 743
波多黎各	17 723 448	14 782 212
萨尔瓦多	32 000	0
特立尼达和多巴哥	78 164	0
乌拉圭	450	0
委内瑞拉	3 972	67 154
加拿大	121 591 710	87 970 440
美国	852 821 981	656 932 637
百慕大群岛	583 343	448 271
澳大利亚	46 802 003	35 109 314
斐济	1 385 978	1 025 154
新西兰	7 451 475	2 851 601
巴布亚新几内亚	249 520	1 514 749
汤加	59 600	57 300
基里巴斯	2 363	0
大洋洲其他国家（地区）	134 042	249 966

2005年中国主要出口商品输往地（续）

茶叶

输往地	2005年		2004年	
	数量（公吨）	金额（美元）	数量（公吨）	金额（美元）
总值	**286 563**	**484 305 539**	**280 193**	**436 844 676**
阿富汗	5 742	4 686 973	5 564	3 641 833
巴林	3	9 440	0	0
文莱	0	321	0	266
缅甸	1 607	2 336 716	1 977	2 561 591
柬埔寨	4	31 985	4	34 764
香港	13 867	34 657 260	12 802	27 598 497
印度	1 225	1 153 452	2 924	2 071 019
印度尼西亚	1 019	509 309	280	317 081
伊朗	1 757	1 481 426	1 866	1 244 457
以色列	192	290 594	129	177 894
日本	34 586	79 781 378	37 403	83 922 269
约旦	5	24 984	6	19 570
黎巴嫩	9	10 696	17	21 632
澳门	321	960 948	283	670 626
马来西亚	1 587	3 944 998	1 298	3 135 456
蒙古	452	191 051	512	157 656
阿曼	0	8 807	0	5 636
巴基斯坦	8 370	5 852 088	6 898	4 727 001
菲律宾	93	378 621	71	284 071
卡塔尔	3	8 410	0	0
沙特阿拉伯	1 109	2 715 033	773	2 009 585
新加坡	2 654	6 185 936	1 294	4 338 038
韩国	2 128	5 037 187	2 032	3 147 429
斯里兰卡	3 572	5 783 310	2 826	4 669 695
叙利亚	148	207 928	219	339 803
泰国	139	328 277	116	399 224
土耳其	83	93 510	20	23 424
阿联酋	597	1 185 604	511	778 299
也门	103	141 700	4	4 335
越南	386	654 659	424	581 888
台湾省	273	978 999	39	102 937
哈萨克斯坦	701	916 631	823	1 153 137
吉尔吉斯斯坦	399	301 395	356	301 398
塔吉克斯坦	1 290	819 277	806	484 668
土库曼斯坦	5 210	2 989 030	2 761	1 511 333
乌兹别克斯坦	19 287	10 141 934	17 652	9 558 371
阿尔及利亚	11 364	21 065 034	8 176	15 659 389
安哥拉	7	79 200	0	0

2005 年中国主要出口商品输往地（续）

茶叶

输往地	2005 年		2004 年	
	数量（公吨）	金额（美元）	数量（公吨）	金额（美元）
贝宁	2 853	2 750 217	3 170	2 451 405
喀麦隆	2 675	1 034 587	2 470	1 026 751
佛得角	65	180 108	0	0
乍得	44	14 000	436	152 513
刚果（布）	107	94 202	92	73 803
吉布提	7	3 499	0	0
埃及	794	1 135 881	528	616 449
加蓬	66	122 495	57	112 627
冈比亚	2 958	5 069 032	3 737	6 325 526
加纳	13 113	25 036 871	9 077	14 701 808
几内亚	957	1 646 656	872	1 451 977
科特迪瓦	1 062	1 822 388	1 187	1 923 888
肯尼亚	1 281	680 932	1 962	1 125 549
利比里亚	164	209 994	57	59 537
利比亚	5 916	8 102 293	4 257	5 122 868
马里	1 869	3 805 479	7 420	12 340 715
毛里塔尼亚	8 615	18 151 921	8 922	19 597 587
毛里求斯	5	22 389	6	25 005
摩洛哥	52 644	98 478 620	49 552	86 069 437
尼日尔	1 999	4 309 108	2 049	4 546 525
尼日利亚	2 137	694 881	4 257	1 343 885
留尼汪	3	19 231	0	0
塞内加尔	8 981	16 664 710	7 405	11 564 204
塞拉利昂	137	139 137	137	150 309
南非	42	146 167	45	116 428
苏丹	18	37 927	6	9 742
多哥	1 428	2 691 826	1 941	3 588 257
突尼斯	3 291	3 106 028	3 195	2 884 777
布基纳法索	142	229 749	448	648 150
比利时	199	579 482	164	415 354
丹麦	101	235 053	102	267 486
英国	2 595	6 098 046	5 114	7 878 782
德国	4 702	11 128 071	5 503	10 723 488
法国	2 141	5 314 887	2 184	5 142 673
爱尔兰	18	41 989	2	2 750
意大利	111	288 109	46	163 152
荷兰	2 352	3 525 644	1 881	2 221 677
希腊	10	32 751	16	35 628
西班牙	699	1 239 239	869	1 558 627

2005年中国主要出口商品输往地（续）

茶叶

输往地	2005年		2004年	
	数量（公吨）	金额（美元）	数量（公吨）	金额（美元）
奥地利	1	8 146	0	829
保加利亚	5	29 409	0	0
芬兰	120	296 162	342	676 019
直布罗陀	9	17 045	12	40 491
匈牙利	14	38 064	21	65 057
挪威	0	8 605	0	7 040
波兰	2 944	4 444 926	4 919	6 674 412
罗马尼亚	32	24 303	4	3 400
瑞典	17	43 415	29	57 709
瑞士	84	227 464	45	226 891
爱沙尼亚	0	1 287	0	2 594
拉脱维亚	65	275 214	38	69 979
立陶宛	27	37 728	18	43 461
阿塞拜疆	10	23 859	0	0
白俄罗斯	46	63 796	29	28 237
摩尔多瓦	9	35 386	10	34 650
俄罗斯	14 897	20 541 273	14 821	16 850 732
乌克兰	2 041	3 675 558	1 467	2 399 679
塞黑	9	7 080	0	0
捷克	13	51 133	26	60 025
阿根廷	99	128 813	62	80 328
巴西	45	98 503	6	40 352
智利	68	337 576	32	113 052
哥伦比亚	5	17 474	0	2 160
哥斯达黎加	2	13 221	4	27 538
多米尼加	1	6 720	0	0
墨西哥	10	26 990	66	88 800
巴拿马	36	121 518	84	203 601
秘鲁	7	44 138	8	38 696
苏里南	0	1 589	0	0
特立尼达和多巴哥	4	19 634	0	0
委内瑞拉	7	21 232	0	0
加拿大	905	2 567 467	644	1 944 375
美国	18 217	29 336 171	17 288	24 232 247
澳大利亚	200	824 901	154	648 842
新西兰	26	62 039	19	76 211

2005年中国主要出口商品输往地（续）

纺织品

输往地	2005年	2004年
	金额（美元）	金额（美元）
总　值	**41 126 628 758**	**33 478 304 998**
阿富汗	2 736 432	1 351 864
巴林	19 112 497	23 009 026
孟加拉国	1 175 906 394	944 595 681
文莱	5 767 814	7 079 336
缅甸	169 452 743	147 117 874
柬埔寨	344 412 413	286 764 304
塞浦路斯	11 608 564	16 548 361
朝鲜	69 837 998	38 682 907
香港	7 992 043 933	7 585 048 911
印度	1 210 555 620	808 853 136
印度尼西亚	698 637 434	500 875 245
伊朗	477 319 654	485 812 033
伊拉克	8 466 044	2 977 725
以色列	135 777 679	125 181 630
日本	2 835 550 210	2 543 256 732
约旦	117 029 404	95 510 196
科威特	44 828 100	46 789 059
老挝	4 569 906	5 819 573
黎巴嫩	53 371 190	53 917 460
澳门	230 586 488	222 006 518
马来西亚	410 119 924	347 882 475
马尔代夫	238 984	753 520
蒙古	73 494 219	73 946 767
尼泊尔	34 626 333	30 806 869
阿曼	9 625 709	7 955 779
巴基斯坦	425 710 722	238 692 194
巴勒斯坦	933 894	648 655
菲律宾	398 278 421	338 477 667
卡塔尔	9 362 666	10 539 560
沙特阿拉伯	397 207 310	323 046 113
新加坡	373 298 238	315 711 187
韩国	1 651 468 159	1 360 519 001
斯里兰卡	374 494 582	297 351 107
叙利亚	128 363 142	123 301 807
泰国	487 885 473	382 273 500
土耳其	541 154 295	359 658 832
阿联酋	1 273 506 321	1 161 668 755
也门	82 138 983	82 272 458
越南	764 871 482	512 386 168

纺织品

输往地	2005年	2004年
	金额（美元）	金额（美元）
台湾省	260 645 131	241 553 892
东帝汶	106 984	46 808
哈萨克斯坦	280 976 962	54 607 577
吉尔吉斯斯坦	246 879 813	150 680 910
塔吉克斯坦	9 597 086	406 066
土库曼斯坦	31 882	18 232
乌兹别克斯坦	3 813 488	2 687 965
亚洲其他国家（地区）	3 093	103 735
阿尔及利亚	102 216 718	99 684 344
安哥拉	16 169 223	13 342 339
贝宁	480 335 367	344 424 301
博茨瓦纳	7 704 014	4 275 238
布隆迪	225 545	268 092
喀麦隆	15 258 243	10 589 920
加那利群岛	22 921 552	28 764 957
佛得角	85 895	49 849
中非	444 639	23 202
塞卜泰（休达）	127 967	385 582
乍得	90 572	32 602
科摩罗	4 198	24 565
刚果（布）	29 617 241	21 555 567
吉布提	17 276 572	15 586 556
埃及	251 979 127	179 517 672
赤道几内亚	1 357 087	201 727
埃塞俄比亚	47 382 797	29 192 272
加蓬	3 346 393	982 180
冈比亚	85 649 169	86 727 302
加纳	163 066 381	136 469 277
几内亚	53 575 615	29 978 146
几内亚比绍	925 099	682 773
科特迪瓦	40 760 030	24 430 150
肯尼亚	135 748 019	116 757 518
利比里亚	2 183 721	1 950 739
利比亚	38 052 803	28 706 283
马达加斯加	88 131 964	79 212 380
马拉维	2 368 062	5 155 751
马里	1 197 479	1 787 474
毛里塔尼亚	26 148 209	25 862 712
毛里求斯	52 326 374	49 804 180
摩洛哥	164 953 717	121 509 957

2005年中国主要出口商品输往地（续）

纺织品

输往地	2005年	2004年
	金额（美元）	金额（美元）
莫桑比克	10 863 709	9 316 813
纳米比亚	17 561 994	20 900 727
尼日尔	12 536 234	10 568 925
尼日利亚	253 653 217	234 901 519
留尼汪	2 026 070	1 236 415
卢旺达	573 418	41 187
圣多美和普林西比	10 291	0
塞内加尔	47 762 566	50 177 408
塞舌尔	67 016	561 723
塞拉利昂	953 868	1 646 988
索马里	2 272 694	693 235
南非	362 222 212	331 440 987
苏丹	40 794 758	28 262 679
坦桑尼亚	39 698 661	32 672 985
多哥	300 051 274	232 401 585
突尼斯	33 901 141	33 787 428
乌干达	3 582 792	4 553 199
布基纳法索	287 430	218 164
刚果（金）	8 684 758	4 895 846
赞比亚	4 454 226	3 194 375
津巴布韦	12 673 597	9 936 689
莱索托	31 575 486	27 771 724
梅利利亚	926 790	1 239 071
斯威士兰	9 330 212	10 332 306
厄立特里亚	768 112	853 683
马约特岛	11 128	0
非洲其他国家（地区）	1 467 646	483 313
比利时	322 784 826	223 814 095
丹麦	65 295 944	46 863 367
英国	656 034 259	565 585 758
德国	924 158 833	670 877 809
法国	390 250 834	257 703 023
爱尔兰	19 443 668	14 415 398
意大利	969 731 005	638 532 661
卢森堡	61 667	60 080
荷兰	303 785 784	198 774 235
希腊	123 393 066	93 315 799
葡萄牙	81 650 670	46 442 764
西班牙	395 540 289	282 629 808
阿尔巴尼亚	8 222 132	7 361 050

纺织品

输往地	2005年	2004年
	金额（美元）	金额（美元）
安道尔	68 972	21 792
奥地利	23 606 844	18 137 135
保加利亚	26 684 273	26 286 042
芬兰	83 709 765	39 774 529
直布罗陀	256 461	329 471
匈牙利	41 477 781	53 078 174
冰岛	3 645 764	3 715 710
列支敦士登	54 996	3 432
马耳他	2 873 475	8 133 889
摩纳哥	663 992	873 271
挪威	71 494 685	69 218 412
波兰	119 268 447	103 106 749
罗马尼亚	101 037 104	83 523 154
瑞典	68 021 693	48 593 948
瑞士	34 884 880	47 784 863
爱沙尼亚	17 091 624	9 317 977
拉脱维亚	12 822 398	5 906 617
立陶宛	16 426 771	13 048 661
格鲁吉亚	1 115 164	958 780
亚美尼亚	1 013 757	2 412 885
阿塞拜疆	2 617 351	527 682
白俄罗斯	4 482 068	4 811 058
摩尔多瓦	1 668 978	349 539
俄罗斯	894 006 973	574 591 308
乌克兰	242 138 818	168 910 288
塞黑	25 306 711	16 066 368
斯洛文尼亚	14 900 598	9 381 151
克罗地亚	26 641 903	18 326 589
捷克	22 136 478	26 471 711
斯洛伐克	5 405 637	5 384 480
马其顿	4 074 990	3 830 169
波黑	867 313	679 294
安提瓜和巴布达	104 910	183 624
阿根廷	34 264 511	23 534 447
阿鲁巴岛	176 526	94 178
巴哈马	2 237 772	1 951 304
巴巴多斯	2 088 046	1 692 393
伯利兹	566 125	710 544
玻利维亚	1 026 838	1 640 321
巴西	361 344 443	292 195 522

2005 年中国主要出口商品输往地（续）

纺织品

输往地	2005 年	2004 年
	金额（美元）	金额（美元）
开曼群岛	1 271	117 990
智利	251 368 774	187 563 404
哥伦比亚	99 236 747	104 761 464
多米尼克	4 925 683	8 634 133
哥斯达黎加	27 425 737	25 970 916
古巴	38 955 208	35 437 909
库腊索岛	1 768 272	2 463 023
多米尼加	37 497 227	49 022 313
厄瓜多尔	27 575 352	21 187 852
法属圭亚那	52 197	7 143
格林纳达	161 781	23 958
瓜德罗普	114 202	177 502
危地马拉	161 514 838	175 822 206
圭亚那	3 691 949	3 739 707
海地	4 278 468	3 114 553
洪都拉斯	36 054 882	43 062 093
牙买加	11 038 017	11 413 413
马提尼克岛	84 027	59 863
墨西哥	353 357 254	480 846 594
蒙特塞拉特	26 886	0
尼加拉瓜	70 142 970	68 777 109
巴拿马	259 154 665	237 980 167
巴拉圭	9 440 862	5 959 408
秘鲁	84 571 681	57 073 007
波多黎各	10 520 260	11 140 374
圣卢西亚	353 649	442 696
圣马丁岛	872 695	666 938
圣文森特和格林纳丁斯	155 749	146 879
萨尔瓦多	80 651 490	105 737 165
苏里南	2 494 844	2 113 416
特立尼达和多巴哥	13 115 679	13 399 532

纺织品

输往地	2005 年	2004 年
	金额（美元）	金额（美元）
乌拉圭	19 542 643	15 928 942
委内瑞拉	82 829 239	76 603 319
英属维尔京群岛	4 505	94 079
圣基茨和尼维斯	47 496	0
荷属安的列斯群岛	1 233 338	649 041
拉丁美洲其他国家(地区)	4 867	7 884
加拿大	480 442 392	380 040 135
美国	4 937 546 180	3 216 913 975
格陵兰	45 255	0
百慕大群岛	5 334	16 197
北美洲其他国家（地区）	58 633	0
澳大利亚	482 986 338	445 579 917
库克群岛	19 252	96 935
斐济	9 126 305	8 599 247
新喀里多尼亚	948 287	663 266
瓦努阿图	308 781	33 729
新西兰	77 114 942	59 858 131
巴布亚新几内亚	6 640 899	4 462 565
社会群岛	752 254	618 681
所罗门群岛	441 315	419 123
汤加	138 837	184 463
萨摩亚	567 170	543 326
基里巴斯	58 157	111 432
图瓦卢	8 274	0
密克罗尼西亚联邦	1 576	576 684
马绍尔群岛共和国	398 846	514 713
帕劳共和国	53 406	2 404
法属波利尼西亚	1 075 490	773 802
大洋洲其他国家（地区）	4 251 714	6 962 874

2005年中国主要出口商品输往地（续）

棉布

输往地	2005年		2004年	
	数量（万米）	金额（美元）	数量（万米）	金额（美元）
总　值	**492 201**	**5 370 535 871**	**434 788**	**4 738 930 076**
阿富汗	5	50 490	0	0
巴林	647	11 129 727	763	11 884 585
孟加拉国	32 573	432 821 817	25 419	329 200 803
文莱	3	27 204	3	37 742
缅甸	2 615	23 778 523	1 918	21 282 354
柬埔寨	7 323	108 720 361	7 480	100 469 325
塞浦路斯	39	589 285	72	909 081
朝鲜	318	3 255 147	100	1 129 392
香港	112 228	1 569 093 357	113 832	1 513 105 402
印度	6 469	95 477 977	4 456	63 734 093
印度尼西亚	12 194	191 696 271	8 709	127 306 353
伊朗	129	1 021 909	50	636 622
伊拉克	11	74 910	0	0
以色列	1 903	24 322 163	2 434	33 937 526
日本	27 788	193 685 856	27 652	204 088 766
约旦	726	10 713 793	439	6 294 742
科威特	236	2 660 694	325	3 590 416
老挝	2	24 800	1	7 994
黎巴嫩	365	4 719 350	368	4 902 375
澳门	2 227	36 564 297	1 819	28 070 953
马来西亚	2 756	28 709 143	2 464	24 886 401
马尔代夫	1	14 650	0	0
蒙古	537	9 489 696	684	10 906 189
尼泊尔	152	1 442 773	189	1 673 968
阿曼	91	1 244 418	138	1 624 839
巴基斯坦	423	7 328 121	403	6 519 924
菲律宾	5 834	81 156 009	5 856	75 741 786
卡塔尔	168	2 118 292	433	5 809 363
沙特阿拉伯	322	2 238 342	225	1 630 878
新加坡	7 517	77 429 816	5 103	44 532 110
韩国	33 776	269 705 231	27 679	216 609 695
斯里兰卡	11 114	103 263 916	9 821	93 360 679
叙利亚	611	6 060 643	506	5 584 709
泰国	11 830	83 656 947	8 927	73 668 811
土耳其	7 172	75 471 946	2 787	35 824 674
阿联酋	4 225	53 201 356	2 813	37 128 516
也门	62	206 776	33	101 570
越南	11 211	173 468 054	7 619	115 252 078

2005年中国主要出口商品输往地（续）

棉布

输往地	2005年		2004年	
	数量（万米）	金额（美元）	数量（万米）	金额（美元）
台湾省	3 504	23 489 734	4 010	27 424 732
哈萨克斯坦	42	441 478	7	70 000
吉尔吉斯斯坦	143	1 309 320	36	391 195
塔吉克斯坦	6	56 000	0	0
乌兹别克斯坦	4	65 485	28	554 382
阿尔及利亚	870	7 791 875	1 567	14 208 128
安哥拉	821	5 464 187	877	5 950 204
贝宁	35 972	303 326 236	22 836	196 366 214
博茨瓦纳	100	1 373 848	51	674 526
喀麦隆	768	4 666 171	507	3 550 748
加那利群岛	2	21 963	61	948 291
中非	44	403 062	0	0
刚果（布）	2 767	19 945 074	1 863	13 765 877
吉布提	3	49 052	5	47 604
埃及	2 268	32 506 707	2 505	36 084 791
埃塞俄比亚	0	4 208	3	89 308
加蓬	275	1 881 970	83	588 970
冈比亚	9 249	60 011 441	7 654	55 841 921
加纳	12 055	96 449 999	9 605	76 823 432
几内亚	2 763	21 587 257	2 075	16 685 379
几内亚比绍	0	4 879	0	0
科特迪瓦	2 249	18 588 579	864	7 384 670
肯尼亚	6 374	51 385 025	7 196	57 731 434
利比里亚	160	904 674	99	477 414
利比亚	1	9 000	0	0
马达加斯加	512	8 319 833	493	8 042 497
马拉维	72	623 591	59	606 523
毛里塔尼亚	1 956	12 881 340	2 588	13 194 942
毛里求斯	933	26 034 034	1 095	29 434 151
摩洛哥	601	9 168 186	410	6 761 911
莫桑比克	208	1 352 328	16	60 652
纳米比亚	2	17 037	12	66 346
尼日尔	222	1 892 130	550	4 201 332
尼日利亚	3 853	28 893 970	5 082	35 011 848
塞内加尔	5 774	29 599 520	6 630	35 516 035
塞拉利昂	3	17 670	42	325 688
南非	3 149	37 698 596	3 143	38 842 194
苏丹	0	3 000	13	208 001
坦桑尼亚	2 829	15 616 866	2 689	14 577 017

2005 年中国主要出口商品输往地（续）

棉布

输往地	2005 年		2004 年	
	数量（万米）	金额（美元）	数量（万米）	金额（美元）
多哥	13 154	109 685 876	11 134	87 350 985
突尼斯	234	3 160 482	313	5 176 068
乌干达	139	1 372 468	197	1 638 326
刚果（金）	650	3 487 055	72	430 529
赞比亚	50	238 532	14	59 235
津巴布韦	41	812 605	76	990 494
莱索托	488	9 484 160	222	3 938 722
斯威士兰	196	2 877 721	64	944 679
非洲其他国家（地区）	195	1 328 256	50	360 296
比利时	3 784	32 963 318	1 750	16 962 798
丹麦	45	564 157	90	1 244 197
英国	1 285	10 454 182	1 162	10 925 793
德国	1 961	23 971 822	1 343	17 543 382
法国	955	11 518 527	377	6 010 591
爱尔兰	5	87 882	2	29 697
意大利	8 063	95 574 966	5 032	64 676 150
荷兰	379	2 977 567	252	2 225 667
希腊	330	5 109 364	166	2 179 459
葡萄牙	753	8 192 231	343	3 746 677
西班牙	1 808	22 384 590	753	11 457 389
阿尔巴尼亚	123	944 230	148	1 038 267
奥地利	11	45 532	26	476 024
保加利亚	220	3 516 056	402	6 209 815
芬兰	44	291 620	25	346 500
匈牙利	91	1 221 040	735	9 502 327
冰岛	7	33 427	5	33 028
挪威	116	2 286 111	135	2 070 338
波兰	86	1 426 622	400	5 544 336
罗马尼亚	178	2 869 892	209	2 734 871
瑞典	39	457 679	24	317 050
瑞士	462	6 335 864	857	11 575 178
爱沙尼亚	54	875 580	130	1 037 490
拉脱维亚	101	906 887	62	446 934
立陶宛	49	676 253	139	1 458 060
亚美尼亚	40	506 183	58	761 564
阿塞拜疆	40	554 393	0	0
白俄罗斯	28	401 679	62	1 064 071
俄罗斯	2 296	33 169 224	1 826	24 854 782
乌克兰	855	11 536 495	1 018	16 214 063
塞黑	131	2 550 801	236	4 798 524
斯洛文尼亚	25	355 708	52	810 308

2005年中国主要出口商品输往地（续）

棉布

输往地	2005年		2004年	
	数量（万米）	金额（美元）	数量（万米）	金额（美元）
克罗地亚	390	6 216 877	217	3 632 981
捷克	42	411 223	61	833 572
斯洛伐克	20	282 651	14	202 327
马其顿	198	2 755 487	182	2 509 348
波黑	0	2 754	0	455
阿根廷	48	587 081	138	1 935 745
巴哈马	1	6 534	2	29 294
巴西	2 306	17 429 477	1 733	13 768 713
智利	1 325	18 932 476	945	13 999 509
哥伦比亚	1 366	17 094 303	2 221	30 145 240
多米尼克	47	596 630	93	1 240 210
哥斯达黎加	454	3 637 321	401	3 598 257
古巴	377	3 229 953	427	4 303 585
多米尼加	307	4 401 215	668	8 082 288
厄瓜多尔	67	732 116	58	799 561
危地马拉	1 740	24 259 577	2 537	34 440 661
圭亚那	7	22 768	21	68 652
洪都拉斯	294	4 183 541	460	6 836 644
牙买加	30	267 237	25	312 982
墨西哥	6 336	65 566 407	13 019	140 238 197
尼加拉瓜	2 232	29 930 504	2 303	30 674 583
巴拿马	1 312	14 859 381	1 465	17 836 204
巴拉圭	71	760 836	5	58 779
秘鲁	564	7 002 500	439	5 566 195
波多黎各	42	435 881	27	282 192
萨尔瓦多	984	11 224 250	1 711	21 541 297
苏里南	126	711 082	111	636 008
特立尼达和多巴哥	38	229 924	27	201 305
乌拉圭	83	1 163 723	77	1 083 447
委内瑞拉	668	8 181 142	788	9 492 205
加拿大	1 195	14 637 234	1 462	17 508 618
美国	22 221	164 262 596	14 301	105 823 727
澳大利亚	1 383	16 220 567	1 992	22 317 513
库克群岛	3	12 089	15	64 261
斐济	57	454 252	93	540 348
新喀里多尼亚	0	768	42	123 430
新西兰	124	1 779 440	117	1 712 276
巴布亚新几内亚	11	60 000	20	119 282
社会群岛	3	9 425	0	0
萨摩亚	2	5 088	16	46 438
法属波利尼西亚	58	278 715	59	289 581
大洋洲其他国家（地区）	1	4 424	7	138 820

2005年中国主要出口商品输往地（续）

绸缎

输往地	2005年		2004年	
	数量（万米）	金额（美元）	数量（万米）	金额（美元）
总　值	**29 017**	**729 937 477**	**25 223**	**588 445 329**
阿富汗	103	1 699 378	0	0
巴林	13	134 095	11	109 487
孟加拉国	10	189 522	1	53 248
文莱	1	24 525	0	3 403
柬埔寨	1	56 379	2	58 309
塞浦路斯	0	19 665	0	7 885
朝鲜	2	18 336	0	0
香港	2 777	91 357 687	3 132	105 082 646
印度	9 330	185 267 361	9 523	162 850 079
印度尼西亚	149	3 169 369	98	2 141 005
伊朗	41	911 541	310	5 381 808
以色列	7	140 103	7	190 806
日本	1 846	39 889 454	1 590	31 237 397
约旦	7	80 589	7	49 037
科威特	7	227 295	10	491 611
黎巴嫩	30	1 143 732	11	522 365
澳门	4	189 162	4	114 939
马来西亚	338	9 269 030	215	5 583 085
蒙古	0	2 134	1	11 440
尼泊尔	62	1 339 387	67	1 368 591
阿曼	13	407 941	18	468 248
巴基斯坦	1 735	31 673 873	467	7 423 858
菲律宾	118	2 768 370	98	2 149 181
沙特阿拉伯	217	5 364 373	132	2 774 403
新加坡	1 350	29 522 735	995	16 372 263
韩国	2 766	80 216 599	2 848	73 454 986
斯里兰卡	35	1 532 179	20	799 027
叙利亚	1	58 000	0	2 890
泰国	26	778 275	27	891 463
土耳其	697	17 546 333	209	5 043 687
阿联酋	709	14 748 749	590	11 761 473
也门	30	1 043 370	3	93 993
越南	66	2 206 162	47	1 454 111
台湾省	21	935 896	10	457 538
哈萨克斯坦	7	101 730	2	20 978
安哥拉	0	66	0	0
埃及	2	41 298	5	69 300
马达加斯加	0	17 742	0	0

2005 年中国主要出口商品输往地（续）

绸缎

输往地	2005 年		2004 年	
	数量（万米）	金额（美元）	数量（万米）	金额（美元）
毛里求斯	0	954	0	1 644
摩洛哥	52	1 085 112	4	135 083
塞舌尔	0	1 276	0	0
南非	8	295 359	4	105 651
突尼斯	39	557 139	23	329 681
比利时	132	2 301 125	45	772 310
丹麦	6	146 353	3	108 752
英国	132	5 979 395	127	5 258 614
德国	371	10 734 571	199	5 096 926
法国	514	15 140 751	391	12 181 335
爱尔兰	0	13 947	0	0
意大利	3 267	88 608 597	2 420	65 768 195
荷兰	6	289 980	1	73 376
希腊	86	2 964 283	61	2 155 957
葡萄牙	0	17 794	0	13 614
西班牙	198	5 436 837	123	3 013 703
奥地利	0	20 515	1	39 706
保加利亚	0	15 820	1	39 223
芬兰	0	22 159	2	22 499
匈牙利	1	38 088	0	6 024
挪威	1	32 781	1	51 791
波兰	17	541 169	18	505 536
罗马尼亚	1	111 535	1	61 727
瑞典	3	104 670	3	73 636
瑞士	50	1 309 695	38	1 128 104
爱沙尼亚	0	9 063	0	0
立陶宛	1	60 038	1	24 800
白俄罗斯	0	16 087	0	14 481
俄罗斯	93	2 194 932	35	619 356
乌克兰	1	20 620	0	0
克罗地亚	3	110 692	3	75 132
捷克	3	58 378	2	29 415
阿根廷	6	181 901	1	22 880
巴西	229	7 540 137	74	2 222 257
智利	1	66 099	1	31 946
哥伦比亚	2	42 692	1	52 186
多米尼克	1	40 986	0	0
哥斯达黎加	8	557 382	9	781 102
多米尼加	0	15 135	1	7 950

2005年中国主要出口商品输往地（续）

绸缎

输往地	2005年		2004年	
	数量（万米）	金额（美元）	数量（万米）	金额（美元）
墨西哥	7	382 582	8	286 061
乌拉圭	1	41 260	0	0
委内瑞拉	2	81 287	1	9 310
加拿大	42	2 115 881	42	1 482 249
美国	1 086	51 917 769	990	42 557 150
澳大利亚	109	4 206 272	97	3 572 817
斐济	3	120 000	0	0
新西兰	8	295 944	9	236 171

服装

输往地	2005年	2004年
	金额（美元）	金额（美元）
总　值	**73 880 259 708**	**61 615 513 786**
阿富汗	302 547	1 468 279
巴林	4 821 561	3 616 513
孟加拉国	9 467 947	7 815 040
文莱	1 846 910	4 106 223
缅甸	9 490 327	11 518 262
柬埔寨	22 949 624	11 867 358
塞浦路斯	14 079 132	12 854 540
朝鲜	9 342 925	7 980 069
香港	6 830 313 658	9 725 125 494
印度	16 098 006	16 537 778
印度尼西亚	77 541 891	91 250 834
伊朗	27 444 813	21 518 374
伊拉克	25 532 367	2 492 809
以色列	338 349 402	290 572 027
日本	14 677 632 781	14 051 250 615
约旦	77 856 914	85 300 862
科威特	103 468 543	84 176 495
老挝	2 079 659	3 401 938
黎巴嫩	27 556 604	31 571 099
澳门	544 333 123	700 550 108
马来西亚	404 354 910	317 070 417
马尔代夫	182 891	149 739
蒙古	11 112 971	16 500 939
尼泊尔	34 491 549	25 388 705
阿曼	3 203 606	1 686 497
巴基斯坦	136 430 508	76 852 460
巴勒斯坦	1 135 868	1 174 640
菲律宾	120 741 861	131 775 781

服装

输往地	2005年	2004年
	金额（美元）	金额（美元）
卡塔尔	7 192 230	3 861 339
沙特阿拉伯	813 830 073	610 419 145
新加坡	1 210 396 749	1 030 006 990
韩国	2 443 945 024	2 776 922 178
斯里兰卡	15 269 024	15 018 455
叙利亚	3 487 257	4 461 428
泰国	34 816 336	26 563 000
土耳其	84 793 158	60 864 468
阿联酋	1 106 055 674	1 033 143 630
也门	53 930 480	45 924 773
越南	84 054 900	91 602 194
台湾省	337 793 267	346 244 799
东帝汶	126 862	3 706
哈萨克斯坦	939 737 946	863 435 045
吉尔吉斯斯坦	206 288 014	160 523 758
塔吉克斯坦	15 662 195	8 603 875
土库曼斯坦	877 259	704 633
乌兹别克斯坦	967 063	92 553
亚洲其他国家（地区）	5 148	119 920
阿尔及利亚	117 084 390	114 882 545
安哥拉	15 624 760	3 439 319
贝宁	18 171 183	6 623 650
博茨瓦纳	30 105 736	25 788 686
布隆迪	11 656	495 843
喀麦隆	6 297 426	7 246 076
加那利群岛	12 810 133	19 159 081
佛得角	86 321	51 910
中非	1 175	57 656
塞卜泰（休达）	1 340 941	1 053 974

2005 年中国主要出口商品输往地（续）

服装

输往地	2005 年	2004 年
	金额（美元）	金额（美元）
乍得	10 779	72 292
科摩罗	700	4 340
刚果（布）	4 083 277	4 369 007
吉布提	15 532 307	9 626 959
埃及	226 584 013	159 311 738
赤道几内亚	171 164	254 633
埃塞俄比亚	9 261 502	12 775 635
加蓬	1 692 002	838 872
冈比亚	428 391	739 386
加纳	14 889 273	15 081 137
几内亚	4 263 681	3 191 388
几内亚比绍	437 375	91 462
科特迪瓦	2 011 086	1 025 753
肯尼亚	14 598 042	13 292 987
利比里亚	747 473	201 272
利比亚	50 504 470	25 513 274
马达加斯加	9 339 777	9 738 014
马拉维	576 846	595 482
马里	1 855 614	874 250
毛里塔尼亚	1 519 159	1 097 011
毛里求斯	2 534 313	4 298 167
摩洛哥	309 879 847	311 317 277
莫桑比克	2 667 022	2 742 121
纳米比亚	2 120 040	2 974 271
尼日尔	1 284 319	111 381
尼日利亚	57 403 362	60 859 580
留尼汪	727 801	494 931
卢旺达	61 295	85 905
圣多美和普林西比	16 771	1 440
塞内加尔	3 013 481	2 445 404
塞舌尔	13 574	10 391
塞拉利昂	410 707	505 066
索马里	234 828	152 174
南非	711 663 543	555 140 486
苏丹	68 681 817	54 201 704
坦桑尼亚	21 807 998	14 801 927
多哥	45 237 850	27 321 273
突尼斯	19 933 192	53 562 287
乌干达	13 800 853	13 196 243
布基纳法索	278 158	101 847

服装

输往地	2005 年	2004 年
	金额（美元）	金额（美元）
刚果（金）	1 490 313	719 491
赞比亚	1 305 567	2 305 558
津巴布韦	1 400 788	1 123 910
莱索托	212 129	287 380
梅利利亚	125 760	918 044
斯威士兰	51 090	210 068
厄立特里亚	54 550	87 891
马约特岛	1 100	0
非洲其他国家（地区）	5 981	44 723
比利时	629 495 986	347 091 550
丹麦	541 517 194	307 100 608
英国	2 140 163 017	1 133 315 019
德国	3 076 652 832	1 759 143 084
法国	1 651 691 228	929 764 581
爱尔兰	128 368 056	78 990 165
意大利	1 803 860 183	1 055 439 536
卢森堡	10 037 136	7 035 986
荷兰	1 005 659 135	602 306 134
希腊	131 425 781	84 046 263
葡萄牙	52 973 343	33 302 950
西班牙	1 213 829 529	604 658 322
阿尔巴尼亚	6 592 586	13 341 647
安道尔	1 537 473	1 477 101
奥地利	74 399 632	46 183 049
保加利亚	96 317 708	100 249 363
芬兰	182 607 089	107 810 816
直布罗陀	3 766	2 482
匈牙利	96 006 713	308 542 592
冰岛	5 863 063	25 021 339
列支敦士登	105	30 736
马耳他	9 091 680	10 506 431
摩纳哥	3 382 460	10 933 120
挪威	396 845 757	461 052 109
波兰	265 816 035	304 886 363
罗马尼亚	530 203 084	440 657 053
圣马力诺	76 209	147 059
瑞典	389 055 136	263 714 937
瑞士	584 493 740	572 843 441
爱沙尼亚	6 494 670	5 214 449
拉脱维亚	17 969 875	10 644 378

2005年中国主要出口商品输往地（续）

服装

输往地	2005年	2004年
	金额（美元）	金额（美元）
立陶宛	18 242 705	14 276 775
格鲁吉亚	940 932	1 788 281
亚美尼亚	2 596 012	1 929 063
阿塞拜疆	119 080 002	85 889 152
白俄罗斯	3 740 447	4 803 028
摩尔多瓦	132 899	247 818
俄罗斯	5 317 550 802	4 030 701 177
乌克兰	344 250 556	267 647 004
塞黑	50 113 818	41 389 164
斯洛文尼亚	14 204 682	15 595 948
克罗地亚	211 397 951	150 813 691
捷克	139 536 368	220 645 562
斯洛伐克	14 561 667	18 968 055
马其顿	777 244	2 007 585
波黑	3 075 095	4 620 142
安提瓜和巴布达	34 883	1 716
阿根廷	19 432 429	19 963 459
阿鲁巴岛	917 789	727 949
巴哈马	1 714 924	6 905 879
巴巴多斯	667 158	742 528
伯利兹	2 468 424	4 663 404
玻利维亚	93 102	192 815
巴西	215 898 667	181 849 339
开曼群岛	933 903	571 897
智利	540 410 760	501 669 251
哥伦比亚	31 588 668	22 387 210
多米尼克	1 481 471	1 408 765
哥斯达黎加	9 311 735	3 898 695
古巴	17 110 831	6 962 192
库腊索岛	41 983 288	36 319 663
多米尼加	7 068 358	15 062 338
厄瓜多尔	21 851 318	15 368 328
法属圭亚那	53 761	57 098
格林纳达	29 488	41 250
瓜德罗普	101 910	140 922
危地马拉	40 841 044	41 501 272
圭亚那	518 588	276 605
海地	559 862	277 794
洪都拉斯	10 554 525	13 040 891
牙买加	14 169 236	34 552 781
马提尼克岛	428	0
墨西哥	341 726 919	619 271 307
尼加拉瓜	5 972 439	6 353 840

服装

输往地	2005年	2004年
	金额（美元）	金额（美元）
巴拿马	1 010 689 569	659 650 146
巴拉圭	6 955 073	6 577 751
秘鲁	27 514 465	8 823 007
波多黎各	6 303 000	2 349 210
萨巴	627	0
圣卢西亚	143 088	209 300
圣马丁岛	430 253	55 185
圣文森特和格林纳丁斯	150	819
萨尔瓦多	17 008 638	25 139 621
苏里南	626 115	779 541
特立尼达和多巴哥	13 817 805	11 329 251
乌拉圭	19 093 847	12 965 312
委内瑞拉	50 609 138	47 636 027
英属维尔京群岛	127 885	5 893
圣基茨和尼维斯	230 655	0
荷属安的列斯群岛	26 366 265	17 049 792
拉丁美洲其他国家(地区)	381 793	869 000
加拿大	1 688 961 663	1 033 222 937
美国	13 693 179 154	7 707 976 480
格陵兰	54 928	170 059
百慕大群岛	428 484	1 448 157
北美洲其他国家（地区）	5 330	374
澳大利亚	1 701 251 929	1 447 298 329
库克群岛	56 700	0
斐济	2 556 568	1 679 620
盖比群岛	5 635	0
马克萨斯群岛	16 252	0
新喀里多尼亚	423 304	486 155
瓦努阿图	362 571	383 371
新西兰	261 935 207	236 422 050
巴布亚新几内亚	6 475 012	4 889 602
社会群岛	66 603	168 379
所罗门群岛	153 554	120 962
汤加	146 939	90 469
萨摩亚	112 164	1 187 407
基里巴斯	12 468	7 133
图瓦卢	23 895	0
密克罗尼西亚联邦	52 356	1 581 831
马绍尔群岛共和国	87 886	197 098
帕劳共和国	1 911	400
法属波利尼西亚	820 429	918 744
大洋洲其他国家（地区）	4 792 853	1 212 431

2005年中国主要出口商品输往地（续）

日用瓷

输往地	2005年 金额（美元）	2004年 金额（美元）
总　值	**1 540 921 535**	**1 222 636 411**
阿富汗	282 106	73 291
巴林	445 121	497 369
孟加拉国	4 052 365	4 484 027
不丹	2 370	0
文莱	212 977	115 722
缅甸	3 390 559	3 052 312
柬埔寨	7 569 197	8 415 048
塞浦路斯	1 942 529	1 350 635
朝鲜	544 763	229 402
香港	121 705 565	81 073 508
印度	2 512 499	1 557 561
印度尼西亚	23 324 017	27 670 195
伊朗	6 261 606	7 230 603
伊拉克	661 084	73 509
以色列	12 370 966	11 814 537
日本	62 232 569	54 896 681
约旦	8 733 986	11 603 254
科威特	2 595 486	2 695 452
老挝	123 263	171 688
黎巴嫩	14 197 175	17 718 497
澳门	7 636	28 358
马来西亚	23 007 141	39 980 568
马尔代夫	23 412	2 716
蒙古	28 104	19 232
尼泊尔	77 448	65 398
阿曼	564 900	393 793
巴基斯坦	14 427 794	13 670 121
巴勒斯坦	391 893	483 827
菲律宾	7 595 183	7 329 095
卡塔尔	352 501	105 681
沙特阿拉伯	21 193 709	18 868 321
新加坡	14 307 165	12 591 952
韩国	20 487 923	13 169 701
斯里兰卡	2 287 609	2 582 894
叙利亚	2 052 322	736 128
泰国	4 756 197	5 333 239
土耳其	14 163 745	3 810 987
阿联酋	96 946 650	100 282 221
也门	278 362	442 923

日用瓷

输往地	2005年 金额（美元）	2004年 金额（美元）
越南	744 615	362 958
台湾省	3 684 446	4 147 358
哈萨克斯坦	3 201 681	2 482 853
吉尔吉斯斯坦	9 946 225	8 268 461
塔吉克斯坦	897 239	28 614
土库曼斯坦	5 689	25 151
乌兹别克斯坦	1 286 280	59 904
阿尔及利亚	16 681 593	15 547 968
安哥拉	1 222 937	1 426 909
贝宁	14 414	37 250
博茨瓦纳	17 807	32 840
喀麦隆	468 869	669 761
佛得角	13 072	0
中非	20 000	0
刚果（布）	189 544	65 375
吉布提	28 694	45 316
埃及	3 716 705	2 848 280
埃塞俄比亚	625 459	537 421
加蓬	17 837	67 466
冈比亚	8 808	9 056
加纳	435 705	614 126
几内亚	56 270	24 334
几内亚比绍	42	0
科特迪瓦	112 538	353 365
肯尼亚	2 830 993	2 879 029
利比里亚	171 759	19 546
利比亚	4 452 505	2 991 450
马达加斯加	19 942	29 210
马拉维	168	17 390
马里	17 540	7 621
毛里求斯	357 579	437 940
摩洛哥	12 308 993	11 414 558
莫桑比克	189 618	207 854
纳米比亚	34 745	89 907
尼日尔	9 485	15 250
尼日利亚	3 729 655	3 279 099
留尼汪	28 464	5 548
卢旺达	2 100	0
塞内加尔	61 692	97 032
塞舌尔	292	1 110

2005年中国主要出口商品输往地（续）

日用瓷

输往地	2005年	2004年
	金额（美元）	金额（美元）
索马里	2 815	2 349
南非	38 463 810	25 990 704
苏丹	3 027 422	3 063 223
坦桑尼亚	1 064 834	1 006 780
多哥	3 609	63
突尼斯	1 274 353	1 613 571
乌干达	857 091	824 060
布基纳法索	39 561	10 391
刚果（金）	14 126	74 202
赞比亚	3 083	51 832
津巴布韦	20 113	85 405
厄立特里亚	30 141	47 253
马约特岛	1 715	0
比利时	22 444 946	10 568 406
丹麦	9 484 330	6 036 734
英国	56 705 550	33 051 789
德国	76 849 780	46 501 098
法国	33 120 938	13 901 970
爱尔兰	2 223 475	1 204 989
意大利	71 864 904	42 536 270
卢森堡	7 757	4 093
荷兰	40 114 019	24 458 761
希腊	20 553 109	10 179 133
葡萄牙	6 371 910	2 557 837
西班牙	57 609 747	30 323 001
阿尔巴尼亚	621 353	125 679
安道尔	141 673	60 477
奥地利	4 094 511	2 498 810
保加利亚	1 366 660	671 664
芬兰	5 364 359	2 406 923
直布罗陀	2 982	2 536
匈牙利	2 260 142	2 756 820
冰岛	206 375	49 745
列支敦士登	691	5 078
马耳他	78 619	183 615
摩纳哥	74 151	52 240
挪威	5 599 725	5 593 712
波兰	19 331 689	12 427 695
罗马尼亚	3 489 675	1 492 591
圣马力诺	71 678	0

日用瓷

输往地	2005年	2004年
	金额（美元）	金额（美元）
瑞典	6 895 105	4 798 969
瑞士	2 722 669	1 695 598
爱沙尼亚	284 980	403 946
拉脱维亚	1 068 400	569 999
立陶宛	2 154 024	1 452 871
格鲁吉亚	626 767	210 035
亚美尼亚	5 838	7 082
阿塞拜疆	59 892	305 133
白俄罗斯	517 729	144 347
摩尔多瓦	14 662	0
俄罗斯	33 321 193	20 156 680
乌克兰	11 306 583	6 251 655
塞黑	1 177 403	1 541 444
斯洛文尼亚	1 102 721	1 484 176
克罗地亚	3 734 782	3 393 071
捷克	4 554 050	2 728 889
斯洛伐克	302 617	306 109
马其顿	131 862	156 662
波黑	61 769	60 394
安提瓜和巴布达	8 896	3 630
阿根廷	4 676 368	3 938 659
阿鲁巴岛	554	0
巴哈马	5 281	0
巴巴多斯	18 175	42 941
玻利维亚	7 720	4 335
巴西	9 296 995	7 379 460
智利	15 455 414	13 848 224
哥伦比亚	6 214 709	3 098 884
多米尼克	83 745	327 951
哥斯达黎加	473 523	816 775
古巴	1 066 451	669 056
多米尼加	1 502 633	534 925
厄瓜多尔	3 429 850	3 401 727
法属圭亚那	6 712	0
瓜德罗普	9 774	4 320
危地马拉	2 353 205	2 499 034
圭亚那	20 440	43 232
海地	527 754	520 615
洪都拉斯	497 645	557 030
牙买加	130 293	169 865

2005 年中国主要出口商品输往地（续）

日用瓷

输往地	2005 年	2004 年
	金额（美元）	金额（美元）
墨西哥	6 881 582	6 692 000
尼加拉瓜	85 690	14 773
巴拿马	16 158 152	10 999 721
巴拉圭	84 779	83 987
秘鲁	2 397 101	3 568 251
波多黎各	720 466	743 253
圣卢西亚	6 937	4 036
萨尔瓦多	501 238	321 684
苏里南	19 603	8 277
特立尼达和多巴哥	63 351	183 683
乌拉圭	1 109 173	656 332
委内瑞拉	3 657 307	1 922 986

日用瓷

输往地	2005 年	2004 年
	金额（美元）	金额（美元）
加拿大	40 511 093	37 473 067
美国	260 691 927	231 200 794
百慕大群岛	18 161	23 024
澳大利亚	37 647 545	41 873 656
斐济	155 107	212 145
新喀里多尼亚	37 009	87 268
瓦努阿图	2 411	0
新西兰	5 646 936	6 672 273
巴布亚新几内亚	105 079	66 691
社会群岛	4 046	4 160
所罗门群岛	3 062	768
法属波利尼西亚	5 280	57 975

地毯及装饰毯

输往地	2005 年	2004 年
	金额（美元）	金额（美元）
总　值	**932 155 558**	**773 302 753**
阿富汗	402	11 060
巴林	248 640	91 890
孟加拉国	255 827	147 351
文莱	305 561	85 562
缅甸	1 973 137	406 432
柬埔寨	36 081	18 082
塞浦路斯	329 360	149 745
朝鲜	46 401	18 602
香港	32 198 694	25 574 873
印度	2 658 222	1 347 191
印度尼西亚	981 465	1 607 087
伊朗	797 402	628 055
伊拉克	42 648	0
以色列	829 433	616 966
日本	221 117 036	177 546 625
约旦	416 799	768 451
科威特	1 620 767	910 367
老挝	4 201	361 829
黎巴嫩	865 550	765 155
澳门	604 044	917 115
马来西亚	10 841 146	12 056 721
马尔代夫	29 348	0
蒙古	2 411 780	1 717 424

地毯与装饰毯

输往地	2005 年	2004 年
	金额（美元）	金额（美元）
尼泊尔	19 090	16 433
阿曼	129 826	107 341
巴基斯坦	1 971 190	910 711
菲律宾	1 484 841	1 520 531
卡塔尔	356 537	49 934
沙特阿拉伯	9 217 867	4 766 425
新加坡	8 555 907	5 203 246
韩国	11 835 883	6 485 754
斯里兰卡	28 984	108 961
泰国	1 814 850	835 926
土耳其	37 893 833	23 076 470
阿联酋	13 233 713	13 619 452
也门	760 260	704 364
越南	944 155	785 544
台湾省	11 971 492	10 248 833
哈萨克斯坦	1 223 819	151 985
吉尔吉斯斯坦	1 867 714	75 152
塔吉克斯坦	46 128	8 903
土库曼斯坦	2 713	0
乌兹别克斯坦	25 711	40 949
阿尔及利亚	1 553 604	912 308
安哥拉	140 430	177 956
贝宁	145 612	261 985
博茨瓦纳	5 868	14 315

2005年中国主要出口商品输往地（续）

地毯与装饰毯

输往地	2005年	2004年
	金额（美元）	金额（美元）
加那利群岛	49 108	62 677
科摩罗	1 960	0
刚果（布）	17 144	2 673
吉布提	90 683	2 964
埃及	3 279 436	2 363 810
赤道几内亚	9 388	9 901
埃塞俄比亚	35 899	11 829
加蓬	69 277	54 064
加纳	70 562	104 101
几内亚	5 949	0
科特迪瓦	24 997	28 112
肯尼亚	197 187	155 410
利比亚	740 770	439 220
马达加斯加	55 843	25 530
马拉维	44 188	15 265
马里	41 363	1 351
毛里塔尼亚	269 579	746 558
毛里求斯	1 812 909	543 423
摩洛哥	467 699	264 741
莫桑比克	56 775	6 660
纳米比亚	12 308	96 680
尼日尔	16 833	0
尼日利亚	76 773	172 988
留尼汪	100 114	96 129
塞内加尔	254 553	100 185
塞拉利昂	1 137	25 487
南非	3 236 105	1 362 705
苏丹	61 687	758 377
坦桑尼亚	105 301	14 468
多哥	88 362	10 219
突尼斯	141 340	99 497
乌干达	16 136	35 383
刚果（金）	43 490	2 366
赞比亚	10 000	99 426
津巴布韦	92 136	31 942
马约特岛	6 773	0
比利时	13 085 273	8 744 577
丹麦	1 770 125	1 348 899
英国	23 289 965	28 398 762
德国	53 861 979	43 584 419

地毯与装饰毯

输往地	2005年	2004年
	金额（美元）	金额（美元）
法国	5 860 598	6 055 648
爱尔兰	481 320	181 357
意大利	14 956 504	13 068 212
荷兰	19 510 063	13 204 040
希腊	6 354 129	4 587 323
葡萄牙	13 656 232	11 410 021
西班牙	8 372 162	6 498 562
阿尔巴尼亚	14 034	8 640
奥地利	952 738	1 686 199
保加利亚	83 752	52 092
芬兰	2 083 036	829 950
匈牙利	88 429	100 969
冰岛	10 496	21 554
马耳他	67 685	283 535
摩纳哥	16 118	0
挪威	1 478 354	624 981
波兰	1 594 085	1 062 192
罗马尼亚	459 088	447 581
瑞典	4 772 784	3 907 684
瑞士	2 405 137	3 093 031
爱沙尼亚	189 719	31 841
拉脱维亚	347 840	177 467
立陶宛	161 439	253 379
格鲁吉亚	3 522	48 990
阿塞拜疆	223 972	161 955
摩尔多瓦	205	8
俄罗斯	3 525 198	3 214 238
乌克兰	1 998 264	882 108
塞黑	289 675	316 209
斯洛文尼亚	361 129	142 238
克罗地亚	271 022	159 102
捷克	456 223	532 031
斯洛伐克	31 634	93 237
马其顿	26 798	71 736
波黑	102 330	23 317
阿根廷	101 218	66 584
阿鲁巴岛	87	40 588
巴巴多斯	21 451	91 840
伯利兹	7 746	20 063
玻利维亚	7 847	0

2005年中国主要出口商品输往地（续）

地毯及装饰毯

输 往 地	2005年	2004年
	金额（美元）	金额（美元）
巴西	775 733	268 772
开曼群岛	55	3 309
智利	1 387 335	792 197
哥伦比亚	115 125	58 450
多米尼克	588	0
哥斯达黎加	116 260	69 569
库腊索岛	11 100	112 607
多米尼加	59 373	35 589
厄瓜多尔	145 827	143 072
危地马拉	37 388	28 682
圭亚那	174 797	63 087
洪都拉斯	33 334	10 654
牙买加	213 568	255 565
墨西哥	1 889 551	502 737
蒙特塞拉特	730	0
尼加拉瓜	39 387	11 585
巴拿马	3 829 701	2 623 491
巴拉圭	16 500	23 303
秘鲁	96 268	87 694
波多黎各	1 240 998	1 530 326

地毯及装饰毯

输 往 地	2005年	2004年
	金额（美元）	金额（美元）
圣卢西亚	867	0
萨尔瓦多	1 095	0
苏里南	17 280	1 070
特立尼达和多巴哥	150 169	333 798
乌拉圭	157 238	106 774
委内瑞拉	395 480	331 140
荷属安的列斯群岛	5 938	0
加拿大	10 878 823	9 837 201
美国	312 954 876	279 566 747
澳大利亚	16 211 664	15 634 794
斐济	140 410	79 089
新喀里多尼亚	295	0
瓦努阿图	22 577	22 492
新西兰	2 076 669	1 530 715
巴布亚新几内亚	71 780	24 124
所罗门群岛	80	0
帕劳共和国	33 877	0
法属波利尼西亚	2 179	9 793
大洋洲其他国家（地区）	51 503	3 031

鞋类

输 往 地	2005年	2004年
	金额（美元）	金额（美元）
总 值	**19 052 912 778**	**15 203 157 565**
阿富汗	431 478	734 842
巴林	250 327	316 567
孟加拉国	4 950 472	4 514 283
不丹	2 131	0
文莱	549 741	293 030
缅甸	10 962 366	7 890 204
柬埔寨	2 743 749	5 183 565
塞浦路斯	4 013 548	3 878 165
朝鲜	4 852 346	4 318 501
香港	1 130 280 989	957 975 918
印度	31 651 376	15 714 868
印度尼西亚	44 491 594	39 616 656
伊朗	18 447 848	13 688 315
伊拉克	2 800 754	192 423
以色列	57 672 848	51 656 195

鞋类

输 往 地	2005年	2004年
	金额（美元）	金额（美元）
日本	1 379 545 337	1 194 111 308
约旦	35 618 700	23 548 132
科威特	9 465 862	8 612 161
老挝	1 123 036	155 064
黎巴嫩	12 109 074	18 952 420
澳门	8 690 468	92 388 469
马来西亚	86 909 118	156 949 485
马尔代夫	107 182	47 710
蒙古	254 435	101 585
尼泊尔	17 131 886	14 488 278
阿曼	1 778 620	879 606
巴基斯坦	62 286 787	33 222 586
巴勒斯坦	401 178	640 411
菲律宾	71 983 071	70 313 524
卡塔尔	538 169	532 145
沙特阿拉伯	123 047 330	97 689 274

2005 年中国主要出口商品输往地（续）

鞋类

输往地	2005 年	2004 年
	金额（美元）	金额（美元）
新加坡	52 722 736	61 416 083
韩国	342 304 504	287 089 772
斯里兰卡	3 984 742	3 619 410
叙利亚	2 308 832	1 341 103
泰国	15 629 084	14 844 863
土耳其	66 116 501	36 069 150
阿联酋	293 725 542	267 555 155
也门	10 606 934	13 287 776
越南	42 517 774	42 595 662
台湾省	85 668 397	81 398 280
东帝汶	58 341	43 846
哈萨克斯坦	695 181 243	301 345 818
吉尔吉斯斯坦	93 664 632	39 500 498
塔吉克斯坦	4 116 195	1 056 235
土库曼斯坦	944 404	223 182
乌兹别克斯坦	5 401 974	250 761
阿尔及利亚	45 415 112	42 815 777
安哥拉	18 134 631	11 830 967
贝宁	52 871 711	18 402 462
博茨瓦纳	3 984 427	4 690 233
布隆迪	99 401	79 296
喀麦隆	12 579 220	15 168 633
加那利群岛	32 525	36 769
佛得角	14 544	100 806
乍得	2 500	87 644
科摩罗	7 350	6 318
刚果（布）	13 086 399	8 877 936
吉布提	7 010 453	5 109 543
埃及	48 145 074	34 503 560
赤道几内亚	123 318	48 265
埃塞俄比亚	6 916 035	6 051 420
加蓬	248 863	234 963
冈比亚	2 935 651	4 405 260
加纳	43 078 255	38 531 041
几内亚	3 463 865	3 588 728
几内亚比绍	10 665	35 932
科特迪瓦	3 532 009	4 695 639
肯尼亚	17 786 590	16 749 393
利比里亚	897 321	750 479
利比亚	20 043 714	14 202 661

鞋类

输往地	2005 年	2004 年
	金额（美元）	金额（美元）
马达加斯加	3 663 483	2 405 741
马拉维	2 831 688	2 452 896
马里	996 486	465 065
毛里塔尼亚	1 034 090	468 746
毛里求斯	4 370 753	3 731 303
摩洛哥	80 106 081	36 330 323
莫桑比克	5 271 053	5 682 115
纳米比亚	542 425	1 119 378
尼日尔	622 979	47 212
尼日利亚	29 682 666	41 454 455
留尼汪	757 981	510 102
卢旺达	81 354	49 991
圣多美和普林西比	68 320	47 577
塞内加尔	10 585 260	6 535 619
塞舌尔	295	81 066
塞拉利昂	642 633	2 481 019
索马里	809 321	215 616
南非	249 867 339	232 712 386
苏丹	13 908 844	10 220 971
坦桑尼亚	16 545 821	16 412 709
多哥	12 477 911	13 270 538
突尼斯	10 685 282	7 645 925
乌干达	15 390 296	14 836 817
布基纳法索	1 331 387	576 625
刚果（金）	4 512 490	3 117 212
赞比亚	2 644 097	3 148 676
津巴布韦	498 830	1 291 862
莱索托	283 363	537 657
梅利利亚	137 333	218 445
斯威士兰	32 244	9 142
厄立特里亚	99 035	868 126
马约特岛	1 819	0
非洲其他国家（地区）	18 864	123 524
比利时	294 203 456	215 552 128
丹麦	53 387 328	25 773 663
英国	456 988 382	321 755 175
德国	512 645 656	250 399 583
法国	322 005 692	210 074 995
爱尔兰	12 624 151	9 354 701
意大利	338 323 995	223 606 049

2005年中国主要出口商品输往地（续）

鞋类

输往地	2005年	2004年
	金额（美元）	金额（美元）
卢森堡	3 580	3 548
荷兰	346 667 863	257 447 986
希腊	65 043 798	38 880 472
葡萄牙	22 829 002	13 933 255
西班牙	329 238 352	205 324 593
阿尔巴尼亚	1 696 311	646 013
安道尔	113 142	6 132
奥地利	44 194 693	23 445 423
保加利亚	44 462 025	27 909 122
芬兰	41 926 459	38 083 538
匈牙利	51 233 782	76 835 281
冰岛	537 412	574 325
马耳他	1 751 935	1 313 074
摩纳哥	1 000 905	430 902
挪威	58 100 544	41 630 910
波兰	155 732 735	137 787 424
罗马尼亚	182 511 436	126 150 888
瑞典	70 733 325	40 104 891
瑞士	169 337 694	74 113 731
爱沙尼亚	4 734 592	2 549 082
拉脱维亚	15 038 209	16 338 635
立陶宛	14 024 612	13 823 576
格鲁吉亚	726 907	1 031 185
亚美尼亚	148 130	41 502
阿塞拜疆	38 181 584	8 319 631
白俄罗斯	735 041	651 284
摩尔多瓦	82 414	6 203
俄罗斯	1 128 883 925	802 697 255
乌克兰	288 486 113	181 483 046
塞黑	11 963 424	11 462 928
斯洛文尼亚	17 534 742	15 889 060
克罗地亚	72 263 679	32 572 329
捷克	69 175 437	59 423 043
斯洛伐克	21 860 537	14 825 432
马其顿	1 431 492	1 423 962
波黑	2 037 304	1 020 108
安提瓜和巴布达	1 767	10 017
阿根廷	30 221 101	15 478 918
阿鲁巴岛	32 616	12 372
巴哈马	46 203	34 204
巴巴多斯	731 037	272 504
伯利兹	267 963	91 114
玻利维亚	1 173 794	768 954
巴西	62 688 335	38 691 935
智利	174 246 678	146 474 428
哥伦比亚	31 095 009	26 442 339
多米尼克	941 823	1 194 160
哥斯达黎加	9 609 991	9 853 556
古巴	27 791 667	15 954 260
库腊索岛	507 395	1 246 900
多米尼加	6 538 813	6 480 264
厄瓜多尔	23 425 485	16 877 654
法属圭亚那	278 685	83 077
格林纳达	41 730	0
瓜德罗普	74 881	80 584
危地马拉	16 398 419	15 060 755
圭亚那	1 886 289	647 374
海地	303 339	574 789
洪都拉斯	4 712 822	3 834 852
牙买加	4 319 137	2 675 050
马提尼克岛	140 472	9 943
墨西哥	29 119 306	14 882 921
尼加拉瓜	1 305 255	966 218
巴拿马	325 826 648	251 478 583
巴拉圭	3 094 468	2 544 802
秘鲁	9 457 302	6 680 219
波多黎各	9 003 451	6 013 243
圣卢西亚	136 492	25 069
萨尔瓦多	12 746 953	10 944 545
苏里南	831 390	583 428
特立尼达和多巴哥	2 385 566	3 241 645
乌拉圭	13 665 932	10 570 986
委内瑞拉	25 443 437	25 063 380
荷属安的列斯群岛	2 088 283	2 336 724
拉丁美洲其他国家(地区)	4 240	0
加拿大	307 402 501	251 279 552
美国	6 782 372 411	5 956 167 195
百慕大群岛	12 400	715
澳大利亚	212 625 328	184 459 281
库克群岛	16 200	56 914

2005年中国主要出口商品输往地（续）

鞋类

输往地	2005年	2004年
	金额（美元）	金额（美元）
斐济	1 382 321	1 301 538
马克萨斯群岛	5 964	0
新喀里多尼亚	492 958	661 176
瓦努阿图	126 296	235 659
新西兰	36 354 405	33 109 407
巴布亚新几内亚	3 285 759	1 900 876
社会群岛	1 857	35 974
所罗门群岛	164 901	80 330
汤加	39 690	110 091
萨摩亚	103 546	135 793
基里巴斯	7 978	72
图瓦卢	15 736	0
密克罗尼西亚联邦	1 605	4 994
马绍尔群岛共和国	10 427	36 303
法属波利尼西亚	240 002	83 621
大洋洲其他国家（地区）	99 413	100 233

玩具

输往地	2005年	2004年
	金额（美元）	金额（美元）
总　值	**6 562 285 127**	**6 379 138 868**
巴林	338 517	382 099
孟加拉国	517 750	432 647
文莱	58 673	66 556
缅甸	186 982	2 630 495
柬埔寨	182 022	76 337
塞浦路斯	1 364 639	1 435 951
朝鲜	21 529	73 316
香港	693 765 651	725 602 021
印度	14 645 780	9 162 137
印度尼西亚	11 105 508	16 291 050
伊朗	4 100 465	1 417 790
伊拉克	222 165	41 356
以色列	10 223 202	8 996 926
日本	346 488 427	383 899 614
约旦	1 022 262	861 442
科威特	3 842 634	3 193 420
老挝	2 333 713	1 894 129
黎巴嫩	2 809 867	2 370 017
澳门	126 345	114 856
马来西亚	16 263 651	15 175 498
马尔代夫	3 390	33 595
蒙古	41 418	76 081
尼泊尔	1 728 239	1 118 090
阿曼	62 964	122 290
巴基斯坦	8 646 991	596 400
巴勒斯坦	11 933	999
菲律宾	13 061 457	9 521 835
卡塔尔	188 763	182 439
沙特阿拉伯	20 720 522	17 959 373
新加坡	15 436 418	17 625 905
韩国	48 207 662	39 483 253
斯里兰卡	854 324	606 020
叙利亚	3 418 434	3 377 424
泰国	7 696 677	6 999 830
土耳其	22 245 851	23 851 741
阿联酋	46 354 884	41 440 218
也门	933 483	793 599
越南	2 864 666	3 175 874
台湾省	20 114 652	21 951 410
哈萨克斯坦	2 460 044	2 035 262
吉尔吉斯斯坦	3 063 178	496 643
塔吉克斯坦	410 374	36 388
乌兹别克斯坦	33 771	3 430
阿尔及利亚	881 752	982 043
安哥拉	194 497	136 167
贝宁	705 228	276 555
博茨瓦纳	23 310	0
喀麦隆	48 154	58 876
佛得角	3 943	0
刚果（布）	78 647	68 289
吉布提	16 565	1 572
埃及	10 540 496	9 153 590
埃塞俄比亚	5 759	6 158
加蓬	39 521	42 889
加纳	274 195	224 040

2005年中国主要出口商品输往地（续）

玩具

输往地	2005年	2004年
	金额（美元）	金额（美元）
几内亚	2 398	6 810
科特迪瓦	182 410	372 643
肯尼亚	160 685	118 128
利比里亚	4 107	0
利比亚	623 839	223 263
马达加斯加	79 790	204 515
马里	17 617	32 993
毛里塔尼亚	21 490	0
毛里求斯	597 862	723 532
摩洛哥	2 803 532	2 271 327
莫桑比克	42 761	32 302
纳米比亚	10 771	7 188
尼日利亚	1 396 284	1 166 173
留尼汪	168 547	185 050
塞内加尔	172 600	90 028
南非	15 088 221	12 697 376
苏丹	148 535	123 077
坦桑尼亚	3 299	25 382
多哥	119 993	14 415
突尼斯	1 376 623	2 514 165
乌干达	332	31 246
布基纳法索	17 553	21 060
刚果（金）	36 212	3 375
津巴布韦	15 645	21 113
比利时	78 695 025	69 704 056
丹麦	30 750 741	21 170 307
英国	364 157 877	343 438 171
德国	273 731 868	252 512 178
法国	168 446 267	152 154 938
爱尔兰	11 531 485	8 494 343
意大利	146 871 777	138 094 446
卢森堡	53 459	112 758
荷兰	132 328 987	114 944 180
希腊	26 602 478	21 225 357
葡萄牙	12 883 382	23 861 319
西班牙	122 469 479	103 032 036
阿尔巴尼亚	41 406	41 952
安道尔	62 034	55 995
奥地利	8 507 839	7 726 576
保加利亚	2 202 877	1 496 570

玩具

输往地	2005年	2004年
	金额（美元）	金额（美元）
芬兰	7 308 819	5 869 864
直布罗陀	86 628	28 259
匈牙利	7 232 451	6 561 914
冰岛	115 981	60 770
列支敦士登	1 825	0
马耳他	388 707	231 266
摩纳哥	11 831	7 300
挪威	7 858 207	6 678 763
波兰	22 901 661	19 678 181
罗马尼亚	5 185 832	3 394 213
圣马力诺	61 483	16 775
瑞典	22 405 496	18 398 573
瑞士	8 424 492	6 687 374
爱沙尼亚	1 777 460	1 166 130
拉脱维亚	1 526 812	1 086 655
立陶宛	2 810 489	1 829 337
格鲁吉亚	140 981	7 011
亚美尼亚	84	0
阿塞拜疆	122 910	8 806
白俄罗斯	769 282	1 105 767
摩尔多瓦	28 899	0
俄罗斯	91 032 333	79 741 493
乌克兰	15 673 303	6 307 708
塞黑	1 409 288	724 984
斯洛文尼亚	2 596 183	2 068 157
克罗地亚	3 532 005	3 042 328
捷克	10 383 405	5 890 094
斯洛伐克	1 409 483	773 601
马其顿	326 548	332 399
波黑	411 651	186 547
安提瓜和巴布达	7 319	5 956
阿根廷	13 481 822	9 881 422
阿鲁巴岛	56 355	54 649
巴哈马	25 136	25 736
巴巴多斯	29 790	43 882
伯利兹	113 839	89 706
玻利维亚	405 999	299 680
巴西	34 086 923	30 192 407
智利	39 964 423	31 981 985
哥伦比亚	7 554 685	4 301 769

2005年中国主要出口商品输往地（续）

玩具

输往地	2005年	2004年
	金额（美元）	金额（美元）
多米尼克	517 939	132 820
哥斯达黎加	2 355 157	2 192 106
古巴	1 668 286	787 626
多米尼加	1 095 480	716 842
厄瓜多尔	6 885 716	5 216 037
瓜德罗普	52 012	39 698
危地马拉	3 307 605	2 685 294
圭亚那	151 788	55 409
海地	27 034	32 783
洪都拉斯	1 031 168	906 515
牙买加	376 653	240 826
马提尼克岛	20 561	16 920
墨西哥	79 693 530	63 998 250
蒙特塞拉特	36 370	23 166
尼加拉瓜	139 860	158 464
巴拿马	11 347 827	10 086 790
巴拉圭	4 306 592	5 946 353
秘鲁	8 018 159	6 322 702
波多黎各	5 271 331	4 141 007
圣马丁岛	465	0
萨尔瓦多	1 134 590	861 616
苏里南	24 566	11 853
特立尼达和多巴哥	376 381	497 667

玩具

输往地	2005年	2004年
	金额（美元）	金额（美元）
乌拉圭	4 239 679	2 963 748
委内瑞拉	10 377 330	6 457 480
英属维尔京群岛	3 480	900
荷属安的列斯群岛	11 695	18 304
加拿大	143 090 644	138 194 768
美国	3 119 264 944	3 125 309 996
格陵兰	676	13 523
百慕大群岛	1 458	6 171
澳大利亚	92 384 717	87 023 619
斐济	86 909	21 381
新喀里多尼亚	65 792	36 257
瓦努阿图	6 961	0
新西兰	9 672 413	9 527 555
巴布亚新几内亚	44 954	25 272
社会群岛	18 722	0
所罗门群岛	562	3 941
萨摩亚	320	8 784
基里巴斯	432	1 560
密克罗尼西亚联邦	3 795	0
马绍尔群岛共和国	7 369	1 718
帕劳共和国	865	0
法属波利尼西亚	81 489	38 750

纸制品

输往地	2005年		2004年	
	数量（公吨）	金额（美元）	数量（公吨）	金额（美元）
总　值	**2 187 877**	**3 052 199 029**	**1 824 802**	**2 376 698 187**
阿富汗	359	302 160	120	79 006
巴林	420	504 152	451	424 156
孟加拉国	2 573	4 673 730	2 975	3 175 827
文莱	295	439 722	320	455 863
缅甸	1 767	2 775 425	1 991	2 391 852
柬埔寨	2 037	3 500 334	2 349	2 744 994
塞浦路斯	306	483 016	186	316 738
朝鲜	6 262	6 897 827	5 343	5 463 751
香港	614 897	678 746 905	582 613	616 647 773
印度	10 843	18 780 363	7 061	12 086 644
印度尼西亚	25 697	36 507 041	21 085	26 674 478

2005年中国主要出口商品输往地（续）

纸制品

输往地	2005年		2004年	
	数量（公吨）	金额（美元）	数量（公吨）	金额（美元）
伊朗	6 550	7 449 159	4 689	4 740 513
伊拉克	3 734	3 930 654	6 486	7 054 651
以色列	5 117	8 008 209	3 643	5 509 119
日本	150 947	343 073 287	142 110	292 792 931
约旦	5 291	5 263 929	1 325	1 270 703
科威特	3 399	4 391 184	2 799	3 164 737
老挝	28	31 234	65	155 897
黎巴嫩	1 630	2 196 141	1 136	1 599 394
澳门	18 149	15 662 645	19 172	14 856 074
马来西亚	25 434	33 856 886	22 870	27 304 243
马尔代夫	78	220 127	37	78 398
蒙古	4 796	5 621 111	3 560	4 214 821
尼泊尔	365	548 495	172	191 962
阿曼	386	504 754	239	338 923
巴基斯坦	10 085	14 907 638	8 712	9 834 201
巴勒斯坦	29	66 885	25	35 050
菲律宾	16 444	23 956 309	15 509	24 182 048
卡塔尔	407	473 369	251	269 194
沙特阿拉伯	21 909	29 178 965	12 975	17 818 982
新加坡	31 208	38 136 039	23 943	25 653 418
韩国	29 852	60 105 988	21 757	36 601 812
斯里兰卡	2 015	3 489 273	1 159	1 516 123
叙利亚	3 780	3 731 687	1 526	1 731 094
泰国	18 885	29 202 388	15 104	24 090 774
土耳其	5 129	8 006 586	4 636	6 884 528
阿联酋	15 508	20 421 376	11 282	14 195 645
也门	1 595	1 303 531	1 194	871 317
越南	16 904	19 819 692	11 913	12 192 086
台湾省	106 637	115 563 224	85 600	85 628 454
东帝汶	11	4 199	19	8 498
哈萨克斯坦	5 697	13 272 831	4 109	5 098 898
吉尔吉斯斯坦	7 664	13 685 447	3 432	3 382 726
塔吉克斯坦	2 430	4 214 085	134	69 702
土库曼斯坦	313	261 583	51	43 454
乌兹别克斯坦	903	1 053 724	143	103 155
阿尔及利亚	3 001	3 008 986	2 295	2 433 202
安哥拉	1 737	1 838 127	1 039	1 319 712
贝宁	889	1 133 447	583	788 305
博茨瓦纳	96	94 041	74	51 564

2005年中国主要出口商品输往地（续）

纸制品

输往地	2005年		2004年	
	数量（公吨）	金额（美元）	数量（公吨）	金额（美元）
布隆迪	35	35 484	24	26 382
喀麦隆	788	792 507	409	545 369
加那利群岛	24	36 985	23	30 624
佛得角	46	23 531	32	13 186
中非	3	11 695	10	22 112
科摩罗	11	29 410	7	16 087
刚果（布）	2 028	1 778 259	1 626	1 519 063
吉布提	525	578 649	595	468 290
埃及	11 044	10 408 938	4 609	5 636 048
赤道几内亚	36	28 705	10	4 180
埃塞俄比亚	3 804	3 259 599	1 364	1 246 974
加蓬	101	105 986	46	266 863
冈比亚	142	135 088	54	50 181
加纳	3 661	4 374 182	1 715	1 541 635
几内亚	717	727 033	577	404 287
几内亚比绍	6	10 080	16	3 365
科特迪瓦	421	635 309	258	376 990
肯尼亚	2 178	2 900 334	1 391	1 492 994
利比里亚	472	426 897	505	466 346
利比亚	793	836 542	658	707 639
马达加斯加	1 721	1 796 168	870	1 057 603
马拉维	37	65 200	27	35 013
马里	101	106 796	68	71 706
毛里塔尼亚	347	270 172	502	372 482
毛里求斯	1 366	1 959 112	436	695 116
摩洛哥	1 159	1 767 466	1 539	2 072 570
莫桑比克	331	291 308	521	500 242
纳米比亚	63	42 747	181	47 098
尼日尔	18	54 676	14	28 803
尼日利亚	2 442	4 604 317	2 916	4 279 548
留尼汪	122	123 534	50	53 764
卢旺达	4	7 495	8	6 938
圣多美和普林西比	11	6 437	0	0
塞内加尔	656	645 201	633	626 097
塞舌尔	35	29 977	16	3 758
塞拉利昂	462	399 363	220	217 659
索马里	129	169 063	13	18 158
南非	6 533	11 395 599	4 751	6 767 954
苏丹	1 053	812 786	531	428 819

2005 年中国主要出口商品输往地（续）

纸制品

输往地	2005 年		2004 年	
	数量（公吨）	金额（美元）	数量（公吨）	金额（美元）
坦桑尼亚	834	969 923	492	518 182
多哥	1 264	1 285 780	894	837 768
突尼斯	377	454 885	380	503 074
乌干达	187	607 556	244	539 416
布基纳法索	91	80 724	5	6 031
刚果（金）	797	624 134	1 307	1 102 519
赞比亚	37	34 169	118	110 250
津巴布韦	126	130 265	135	112 503
莱索托	27	57 654	24	34 169
斯威士兰	4	12 618	0	0
厄立特里亚	27	21 659	47	37 708
马约特岛	23	27 821	3	800
非洲其他国家（地区）	0	77	0	0
比利时	6 392	12 021 026	4 986	8 861 578
丹麦	4 489	7 414 541	2 784	4 448 493
英国	87 744	130 880 852	76 046	104 396 017
德国	31 646	55 299 608	22 584	36 077 017
法国	17 768	34 524 021	15 490	26 493 957
爱尔兰	1 526	2 432 441	1 592	1 971 009
意大利	12 821	24 239 801	8 553	14 942 826
卢森堡	8	19 018	4	12 809
荷兰	25 729	43 408 681	22 937	34 217 968
希腊	5 735	9 073 949	2 611	4 294 113
葡萄牙	1 766	2 066 108	1 019	1 290 740
西班牙	12 891	22 601 799	10 688	17 081 429
阿尔巴尼亚	59	59 314	22	25 388
安道尔	0	13	0	5
奥地利	558	1 313 409	432	843 995
保加利亚	555	957 813	312	586 474
芬兰	3 222	5 298 955	2 689	4 016 209
匈牙利	3 856	5 333 246	1 696	2 440 716
冰岛	21	45 931	4	13 432
列支敦士登	0	60	0	3 076
马耳他	123	218 681	116	139 716
摩纳哥	1	3 854	34	28 866
挪威	1 726	3 232 407	1 429	2 189 208
波兰	5 663	7 352 799	2 204	3 267 926
罗马尼亚	1 197	1 083 720	945	731 963
圣马力诺	1	634	0	0

2005年中国主要出口商品输往地（续）

纸制品

输往地	2005年		2004年	
	数量（公吨）	金额（美元）	数量（公吨）	金额（美元）
瑞典	4 829	8 956 476	3 210	5 440 801
瑞士	1 728	5 901 472	631	1 602 534
爱沙尼亚	250	501 869	783	1 588 073
拉脱维亚	666	1 358 216	333	638 765
立陶宛	871	1 515 688	552	659 016
格鲁吉亚	69	108 321	36	67 231
亚美尼亚	17	56 689	9	13 354
阿塞拜疆	204	216 113	1	2 647
白俄罗斯	33	81 861	0	7 108
摩尔多瓦	1	5 887	1	400
俄罗斯	21 711	36 886 997	14 602	23 020 369
乌克兰	3 904	6 422 599	3 519	5 601 910
塞黑	253	283 255	211	241 757
斯洛文尼亚	658	654 124	431	535 083
克罗地亚	688	812 502	290	401 307
捷克	568	1 258 239	429	845 020
斯洛伐克	146	352 573	95	110 332
马其顿	7	8 405	2	2 904
波黑	78	35 106	52	35 345
安提瓜和巴布达	5	3 683	12	9 538
阿根廷	1 306	2 002 798	1 118	1 475 178
阿鲁巴岛	27	29 442	1	3 978
巴哈马	20	28 489	61	63 174
巴巴多斯	12	13 241	10	13 307
伯利兹	289	188 323	40	44 896
玻利维亚	7	15 987	19	33 990
巴西	2 065	3 450 776	1 312	2 146 170
智利	2 365	3 577 360	2 033	2 768 624
哥伦比亚	2 001	2 535 599	640	766 973
多米尼克	41	47 577	53	45 067
哥斯达黎加	1 193	1 170 469	588	689 187
古巴	5 008	5 487 978	2 862	3 578 802
库腊索岛	80	48 224	38	28 120
多米尼加	532	705 919	272	250 368
厄瓜多尔	1 063	1 520 195	784	910 285
法属圭亚那	2	2 011	1	120
格林纳达	4	3 796	1	327
瓜德罗普	6	7 560	1	459
危地马拉	1 004	1 549 681	687	840 008

2005 年中国主要出口商品输往地（续）

纸制品

输往地	2005 年		2004 年	
	数量（公吨）	金额（美元）	数量（公吨）	金额（美元）
圭亚那	91	75 659	141	135 585
海地	208	253 970	32	27 372
洪都拉斯	376	567 513	374	526 611
牙买加	4 438	6 015 487	3 267	3 867 622
墨西哥	4 701	7 486 541	4 769	6 879 346
尼加拉瓜	144	158 845	147	223 994
巴拿马	4 356	6 170 821	3 068	3 780 194
巴拉圭	189	127 456	417	217 210
秘鲁	1 850	2 480 263	1 501	1 819 221
波多黎各	308	472 775	359	570 635
圣卢西亚	7	4 912	1	614
圣马丁岛	9	10 576	9	4 053
圣文森特和格林纳丁斯	5	6 840	0	60
萨尔瓦多	555	792 820	550	678 455
苏里南	350	347 277	402	261 466
特立尼达和多巴哥	161	238 033	126	186 117
乌拉圭	604	463 398	449	347 169
委内瑞拉	2 960	3 713 693	1 124	1 340 333
英属维尔京群岛	0	328	0	0
荷属安的列斯群岛	3	3 630	18	4 731
拉丁美洲其他国家(地区)	2	1 276	0	0
加拿大	28 986	43 051 269	19 390	25 940 715
美国	557 984	798 789 837	438 500	610 780 724
格陵兰	4	8 709	0	0
澳大利亚	52 328	68 398 562	39 892	46 754 921
库克群岛	1	2 660	2	640
斐济	182	181 131	312	342 036
新喀里多尼亚	1	967	3	4 376
瓦努阿图	55	79 444	60	50 748
新西兰	4 419	6 250 936	2 818	3 400 732
巴布亚新几内亚	822	926 984	383	403 601
社会群岛	1	537	1	1 765
所罗门群岛	392	276 938	260	152 748
汤加	310	536 547	209	269 760
萨摩亚	55	49 206	20	54 763
基里巴斯	0	345	3	2 681
图瓦卢	6	1 613	0	0
密克罗尼西亚联邦	21	42 601	38	45 337
马绍尔群岛共和国	48	89 012	37	58 039
帕劳共和国	5	19 336	7	10 065
法属波利尼西亚	5	17 640	0	414
大洋洲其他国家（地区）	16	106 656	70	213 937

2005年中国主要出口商品输往地（续）

家具类

输往地	2005年	2004年
	金额（美元）	金额（美元）
总　值	**13 591 813 013**	**10 214 596 612**
阿富汗	391 004	107 681
巴林	6 120 275	5 446 604
孟加拉国	1 679 416	1 386 542
不丹	2 455	0
文莱	999 097	443 732
缅甸	1 762 662	1 318 122
柬埔寨	422 214	462 759
塞浦路斯	7 034 064	4 208 976
朝鲜	2 760 393	2 489 382
香港	1 190 211 650	1 067 090 445
印度	26 846 958	15 057 668
印度尼西亚	20 962 673	16 673 110
伊朗	17 512 437	8 845 087
伊拉克	929 343	194 079
以色列	29 639 029	19 853 723
日本	1 084 963 707	852 792 309
约旦	8 535 867	4 902 998
科威特	21 301 808	15 532 330
老挝	9 951	537 428
黎巴嫩	7 366 582	5 477 983
澳门	9 806 850	7 607 613
马来西亚	59 590 395	41 637 167
马尔代夫	712 580	1 558 905
蒙古	2 578 025	1 691 048
尼泊尔	1 046 419	651 091
阿曼	4 147 200	3 120 816
巴基斯坦	4 473 242	2 868 893
巴勒斯坦	233 110	74 171
菲律宾	20 759 346	17 556 703
卡塔尔	15 355 484	10 061 998
沙特阿拉伯	130 718 870	92 492 827
新加坡	52 873 056	42 839 480
韩国	227 379 015	136 656 398
斯里兰卡	1 571 806	1 272 436
叙利亚	755 926	317 318
泰国	19 602 906	14 296 657
土耳其	26 064 281	12 107 400
阿联酋	118 830 156	82 920 338
也门	3 514 621	2 102 330

家具类

输往地	2005年	2004年
	金额（美元）	金额（美元）
越南	28 559 557	17 083 939
台湾省	106 112 682	77 954 917
东帝汶	1 173	9 043
哈萨克斯坦	137 981 628	23 351 837
吉尔吉斯斯坦	11 118 448	1 722 968
塔吉克斯坦	4 246 919	881 811
土库曼斯坦	270 817	48 960
乌兹别克斯坦	1 975 584	424 885
阿尔及利亚	10 706 394	6 788 949
安哥拉	4 487 758	1 527 421
贝宁	1 064 081	616 009
博茨瓦纳	204 011	162 971
布隆迪	48 976	0
喀麦隆	581 369	169 419
加那利群岛	124 579	85 886
佛得角	118 594	69 291
中非	111 095	42 380
乍得	3 044	0
科摩罗	31 099	50 454
刚果（布）	1 005 784	821 422
吉布提	1 303 576	630 877
埃及	7 875 788	4 585 065
赤道几内亚	258 627	360 776
埃塞俄比亚	1 204 429	954 266
加蓬	346 824	157 080
冈比亚	154 215	129 460
加纳	3 845 763	2 415 379
几内亚	486 947	339 702
几内亚比绍	144 173	121 266
科特迪瓦	595 273	773 256
肯尼亚	1 953 942	1 644 224
利比里亚	35 495	91 335
利比亚	6 964 753	3 053 722
马达加斯加	410 362	976 525
马拉维	20 128	90 823
马里	362 746	198 271
毛里塔尼亚	63 204	117 795
毛里求斯	1 780 938	1 520 794
摩洛哥	13 356 062	8 169 271
莫桑比克	605 211	616 264

2005年中国主要出口商品输往地（续）

家具类

输往地	2005年 金额（美元）	2004年 金额（美元）
纳米比亚	712 852	219 265
尼日尔	129 256	1 268
尼日利亚	2 909 392	3 290 302
留尼汪	1 982 394	1 260 445
卢旺达	91 533	49 810
塞内加尔	1 231 774	600 423
塞舌尔	293 598	10 592
塞拉利昂	83 361	64 327
索马里	28 456	14 136
南非	58 199 648	32 150 264
苏丹	8 713 246	3 898 599
坦桑尼亚	1 824 827	1 213 878
多哥	619 921	387 354
突尼斯	417 457	279 089
乌干达	325 205	245 177
布基纳法索	71 033	128 226
刚果（金）	209 480	117 844
赞比亚	560 889	929 012
津巴布韦	73 535	268 988
莱索托	58 336	0
梅利利亚	1 980	0
斯威士兰	20 071	106 803
厄立特里亚	979	128 894
马约特岛	10 503	0
非洲其他国家（地区）	12 627	0
比利时	107 777 192	76 426 435
丹麦	117 725 069	77 031 590
英国	700 635 026	543 906 713
德国	362 550 468	256 539 512
法国	223 960 623	141 626 761
爱尔兰	32 339 191	17 304 028
意大利	157 917 355	113 160 850
卢森堡	2 889 931	2 844 486
荷兰	240 588 709	169 518 530
希腊	42 966 188	27 121 029
葡萄牙	17 246 734	12 533 594
西班牙	202 527 523	122 209 646
阿尔巴尼亚	759 257	243 545
安道尔	36 772	0
奥地利	7 507 005	5 251 053

家具类

输往地	2005年 金额（美元）	2004年 金额（美元）
保加利亚	2 732 334	879 811
芬兰	18 987 241	10 776 987
匈牙利	5 847 965	2 632 357
冰岛	2 326 752	899 314
马耳他	1 525 667	846 784
摩纳哥	360 743	59 710
挪威	25 817 635	18 474 706
波兰	36 360 855	16 592 305
罗马尼亚	5 173 917	2 393 801
圣马力诺	11 875	0
瑞典	107 663 488	64 059 357
瑞士	9 546 343	6 645 179
爱沙尼亚	3 771 814	697 123
拉脱维亚	3 630 620	940 001
立陶宛	2 484 859	2 059 517
格鲁吉亚	1 092 821	341 428
亚美尼亚	280 951	59 657
阿塞拜疆	194 764	232 467
白俄罗斯	342 022	101 285
摩尔多瓦	11 307	179 516
俄罗斯	41 102 229	24 548 892
乌克兰	20 753 447	7 413 924
塞黑	1 850 178	808 362
斯洛文尼亚	4 310 813	1 881 079
克罗地亚	4 705 992	1 361 484
捷克	6 265 214	3 206 441
斯洛伐克	841 937	588 910
马其顿	191 536	87 672
波黑	152 428	735
梵蒂冈	1 824	2 046
安提瓜和巴布达	232 210	82 393
阿根廷	6 107 001	3 873 861
阿鲁巴岛	117 669	31 685
巴哈马	364 552	232 791
巴巴多斯	366 783	238 157
伯利兹	31 775	69 372
玻利维亚	14 868	36 263
巴西	8 037 040	3 858 981
开曼群岛	11 652	33 172
智利	11 897 474	11 996 875

2005 年中国主要出口商品输往地（续）

家具类

输往地	2005 年	2004 年
	金额（美元）	金额（美元）
哥伦比亚	5 029 981	1 980 235
多米尼克	632 771	420 890
哥斯达黎加	4 103 700	2 870 136
古巴	5 661 873	3 443 255
库腊索岛	65 185	151 425
多米尼加	4 285 360	1 987 575
厄瓜多尔	5 442 197	3 663 728
法属圭亚那	36 394	42 875
格林纳达	108 910	4 934
瓜德罗普	324 923	301 319
危地马拉	2 686 163	1 964 888
圭亚那	325 992	212 739
海地	185 128	47 455
洪都拉斯	1 776 535	834 969
牙买加	2 822 308	2 539 352
马提尼克岛	268 957	168 813
墨西哥	36 335 120	24 303 533
尼加拉瓜	630 760	196 361
巴拿马	14 414 439	9 591 203
巴拉圭	122 765	63 675
秘鲁	3 105 058	1 504 690
波多黎各	22 599 733	17 044 869
圣卢西亚	47 600	47 813
圣马丁岛	68 917	50 355
圣文森特和格林纳丁斯	209	2 722
萨尔瓦多	1 180 911	1 098 520
苏里南	622 997	446 752
特立尼达和多巴哥	2 321 211	1 335 678

家具类

输往地	2005 年	2004 年
	金额（美元）	金额（美元）
乌拉圭	1 570 270	749 758
委内瑞拉	11 535 011	5 521 271
圣基茨和尼维斯	22 464	0
荷属安的列斯群岛	73 198	66 098
加拿大	441 114 064	306 165 534
美国	6 460 584 574	5 044 217 990
格陵兰	170 136	2 535
百慕大群岛	71 947	64 167
澳大利亚	395 098 085	287 509 724
库克群岛	43 135	232 325
斐济	868 955	467 337
新喀里多尼亚	501 589	310 393
瓦努阿图	35 876	17 909
新西兰	52 357 508	38 350 840
巴布亚新几内亚	276 463	161 530
社会群岛	74 014	250 457
所罗门群岛	3 687	5 693
汤加	138 371	48 995
萨摩亚	64 431	15 544
基里巴斯	580	0
图瓦卢	1 752	0
密克罗尼西亚联邦	17 030	40 197
马绍尔群岛共和国	19 683	3 114
帕劳共和国	11 393	7 995
法属波利尼西亚	345 511	153 638
瓦利斯和浮图纳	1 775	0
大洋洲其他国家（地区）	88 502	163 211

灯具

输往地	2005 年	2004 年
	金额（美元）	金额（美元）
总　值	**5 391 179 942**	**4 517 470 389**
阿富汗	298 595	126 350
巴林	3 020 208	2 063 233
孟加拉国	3 765 961	3 973 311
文莱	240 161	96 160
缅甸	1 031 345	1 005 496
柬埔寨	510 440	510 134
塞浦路斯	3 329 305	2 272 553

灯具

输往地	2005 年	2004 年
	金额（美元）	金额（美元）
朝鲜	1 037 537	459 981
香港	323 955 801	283 155 685
印度	43 542 199	46 312 538
印度尼西亚	20 811 726	19 718 952
伊朗	10 558 675	8 598 677
伊拉克	7 144 474	520 213
以色列	19 409 207	16 898 296
日本	169 347 960	140 567 197

2005 年 中 国 主 要 出 口 商 品 输 往 地（续）

灯具

输往地	2005 年	2004 年
	金额（美元）	金额（美元）
约旦	5 831 692	5 692 314
科威特	10 548 300	6 660 369
老挝	56 403	278 098
黎巴嫩	7 936 819	7 872 732
澳门	1 500 746	1 583 933
马来西亚	29 022 301	22 107 424
马尔代夫	38 830	34 510
蒙古	415 696	181 450
尼泊尔	1 748 690	1 114 264
阿曼	2 018 230	2 487 153
巴基斯坦	10 930 030	8 553 203
巴勒斯坦	285 286	133 435
菲律宾	17 691 132	19 183 835
卡塔尔	1 921 432	1 152 865
沙特阿拉伯	40 579 292	36 805 545
新加坡	19 909 056	13 992 983
韩国	49 419 334	35 507 909
斯里兰卡	4 168 829	3 286 891
叙利亚	2 452 693	1 864 373
泰国	20 445 101	17 510 140
土耳其	37 847 346	30 262 139
阿联酋	118 823 546	107 527 694
也门	6 656 915	4 040 100
越南	13 323 879	10 290 312
台湾省	21 846 881	23 887 817
哈萨克斯坦	53 517 290	22 368 984
吉尔吉斯斯坦	8 832 113	1 468 341
塔吉克斯坦	2 432 184	248 760
土库曼斯坦	34 350	101 989
乌兹别克斯坦	806 073	270 434
阿尔及利亚	5 483 917	5 581 789
安哥拉	859 755	426 530
贝宁	1 177 736	835 070
博茨瓦纳	15 840	9 994
布隆迪	20 220	2 205
喀麦隆	1 588 952	1 030 181
加那利群岛	1 613	3 262
佛得角	20 895	20 891
中非	56 152	1 993
科摩罗	9 664	164

灯具

输往地	2005 年	2004 年
	金额（美元）	金额（美元）
刚果（布）	1 084 642	770 865
吉布提	429 889	351 841
埃及	13 383 810	10 236 026
赤道几内亚	28 189	19 015
埃塞俄比亚	574 119	540 565
加蓬	217 999	98 129
冈比亚	183 450	116 236
加纳	3 266 031	4 085 388
几内亚	405 305	319 310
几内亚比绍	18 985	67 069
科特迪瓦	1 420 538	982 612
肯尼亚	3 269 148	2 867 280
利比里亚	257 493	209 265
利比亚	5 001 511	3 151 589
马达加斯加	229 108	145 147
马拉维	108 026	75 121
马里	139 946	117 259
毛里塔尼亚	56 760	22 105
毛里求斯	1 250 292	990 131
摩洛哥	11 271 425	7 332 593
莫桑比克	404 234	311 362
纳米比亚	206 387	1 293
尼日尔	19 247	0
尼日利亚	17 871 174	13 617 841
留尼汪	134 486	302 159
卢旺达	51 380	31 356
圣多美和普林西比	248	0
塞内加尔	405 451	421 575
塞舌尔	34 098	157
塞拉利昂	238 453	337 039
索马里	76 159	30 423
南非	28 732 365	20 949 587
苏丹	3 956 183	2 887 377
坦桑尼亚	1 194 044	776 464
多哥	438 269	396 894
突尼斯	1 824 113	2 033 981
乌干达	195 667	384 550
布基纳法索	60 062	57 071
刚果（金）	639 224	470 031
赞比亚	137 756	29 114

2005年中国主要出口商品输往地（续）

灯具

输往地	2005年	2004年
	金额（美元）	金额（美元）
津巴布韦	97 254	35 752
斯威士兰	10	638
厄立特里亚	13 929	15 366
非洲其他国家（地区）	1 971	0
比利时	135 891 907	107 852 060
丹麦	41 095 702	32 730 299
英国	256 770 004	243 863 049
德国	397 268 108	306 334 075
法国	119 751 834	95 836 907
爱尔兰	16 262 337	15 972 398
意大利	125 103 862	87 692 051
卢森堡	137 632	226 050
荷兰	169 271 879	154 468 950
希腊	46 948 529	32 887 120
葡萄牙	15 032 759	14 314 376
西班牙	113 272 948	85 563 671
阿尔巴尼亚	417 186	225 290
奥地利	33 388 368	30 364 401
保加利亚	1 433 716	646 584
芬兰	37 808 622	30 961 847
匈牙利	30 676 169	16 346 071
冰岛	705 300	648 255
马耳他	757 920	422 842
摩纳哥	61 872	141 808
挪威	16 502 555	14 674 487
波兰	49 591 333	31 932 819
罗马尼亚	6 724 071	3 826 455
圣马力诺	816	0
瑞典	63 712 066	48 867 791
瑞士	7 464 034	7 080 573
爱沙尼亚	10 268 485	1 329 342
拉脱维亚	3 994 682	2 296 223
立陶宛	4 258 325	3 243 654
格鲁吉亚	484 972	184 515
亚美尼亚	53 211	72 641
阿塞拜疆	69 241	104 912
白俄罗斯	382 803	739 226
摩尔多瓦	100 076	10 661
俄罗斯	91 667 735	59 999 873
乌克兰	28 980 709	17 603 628

灯具

输往地	2005年	2004年
	金额（美元）	金额（美元）
塞黑	1 628 969	838 164
斯洛文尼亚	2 724 858	1 574 913
克罗地亚	4 428 309	3 300 065
捷克	5 994 213	4 770 812
斯洛伐克	5 708 670	2 904 153
马其顿	68 059	47 622
波黑	137 178	156 720
安提瓜和巴布达	311	19 993
阿根廷	9 847 849	6 062 725
阿鲁巴岛	24 223	18 714
巴哈马	113 482	14 021
巴巴多斯	222 057	166 004
伯利兹	81 807	10 438
玻利维亚	98 239	106 520
巴西	27 498 499	20 585 692
开曼群岛	21 889	0
智利	20 405 000	20 971 061
哥伦比亚	14 334 687	8 828 558
多米尼克	311 695	404 613
哥斯达黎加	1 613 680	1 377 672
古巴	12 931 565	3 769 016
库腊索岛	41 502	97 891
多米尼加	2 162 178	1 331 851
厄瓜多尔	6 958 033	6 475 210
法属圭亚那	238	409
格林纳达	66 694	55 698
瓜德罗普	11 359	19 121
危地马拉	3 168 449	2 537 355
圭亚那	476 826	353 045
海地	255 449	333 511
洪都拉斯	1 239 152	1 039 488
牙买加	672 841	724 334
马提尼克岛	450	11 991
墨西哥	69 745 494	43 362 189
尼加拉瓜	382 230	235 827
巴拿马	19 506 812	19 554 637
巴拉圭	604 801	968 179
秘鲁	7 172 843	5 850 479
波多黎各	4 781 186	5 102 131
圣卢西亚	3 162	0

2005年中国主要出口商品输往地（续）

灯具

输往地	2005年	2004年
	金额（美元）	金额（美元）
圣文森特和格林纳丁斯	1 586	225
萨尔瓦多	838 407	734 569
苏里南	206 261	104 834
特立尼达和多巴哥	1 286 689	850 320
乌拉圭	2 194 615	2 163 279
委内瑞拉	16 905 833	7 201 698
荷属安的列斯群岛	30 085	84 110
加拿大	145 518 582	128 464 805
美国	1 866 937 907	1 683 405 041
澳大利亚	82 568 835	72 663 843
库克群岛	5 117	15 100
斐济	362 741	266 347
新喀里多尼亚	102 924	129 856

灯具

输往地	2005年	2004年
	金额（美元）	金额（美元）
瓦努阿图	4 838	27 962
新西兰	14 038 445	11 259 019
巴布亚新几内亚	420 758	239 003
社会群岛	25 149	8 221
所罗门群岛	52 589	19 623
汤加	15 220	41 799
萨摩亚	118 355	50
密克罗尼西亚联邦	11 159	1 578
马绍尔群岛共和国	293	570
帕劳共和国	1 048	0
法属波利尼西亚	44 404	58 258
大洋洲其他国家（地区）	123 759	2 970

钢材

输往地	2005年		2004年	
	数量（公吨）	金额（美元）	数量（公吨）	金额（美元）
总 值	**20 522 629**	**13 079 675 327**	**14 231 015**	**8 336 324 692**
阿富汗	8 681	3 550 442	1 269	632 024
巴林	7 027	4 098 576	6 550	3 888 763
孟加拉国	44 663	35 279 706	43 289	27 687 319
文莱	17 044	6 883 181	19 768	7 763 276
缅甸	176 947	80 919 832	134 983	59 274 635
柬埔寨	19 449	12 416 097	39 158	15 217 137
塞浦路斯	6 337	4 593 689	10 087	5 439 601
朝鲜	55 744	40 175 736	75 937	42 125 021
香港	1 492 273	839 015 031	1 142 258	614 162 287
印度	417 097	285 937 555	149 034	110 389 050
印度尼西亚	624 514	360 433 358	413 981	222 045 610
伊朗	184 691	136 701 653	119 502	74 378 709
伊拉克	26 497	17 051 379	2 696	5 295 275
以色列	17 191	17 057 405	9 067	10 756 979
日本	949 601	654 905 447	692 801	471 008 077
约旦	19 103	12 213 412	15 041	9 481 340
科威特	32 190	20 588 828	25 514	16 823 235
老挝	10 303	4 749 825	2 973	1 704 042
黎巴嫩	15 205	8 219 621	6 162	3 867 581
澳门	136 610	59 166 576	45 916	22 296 914
马来西亚	342 799	225 236 553	210 277	137 171 403

2005 年中国主要出口商品输往地（续）

钢材

输往地	2005 年		2004 年	
	数量（公吨）	金额（美元）	数量（公吨）	金额（美元）
马尔代夫	104	54 004	459	248 150
蒙古	23 600	13 659 775	10 629	6 274 400
尼泊尔	727	481 357	1 938	950 060
阿曼	3 038	3 038 398	3 360	3 581 181
巴基斯坦	79 295	56 626 414	62 653	36 933 023
菲律宾	543 308	262 777 290	304 380	151 667 763
卡塔尔	4 196	3 566 565	3 615	2 837 842
沙特阿拉伯	140 952	102 185 672	80 418	50 025 369
新加坡	788 694	441 548 272	658 970	321 722 068
韩国	5 526 792	3 003 218 460	3 414 725	1 700 063 235
斯里兰卡	43 825	24 041 811	34 159	18 827 797
叙利亚	58 602	35 857 841	61 918	35 517 493
泰国	809 537	472 408 482	476 116	246 079 623
土耳其	49 356	41 595 873	12 250	15 604 240
阿联酋	211 377	149 524 761	136 992	97 483 084
也门	49 525	23 666 146	19 489	10 850 593
越南	867 444	485 488 907	487 628	253 935 668
台湾省	853 522	618 736 985	585 713	365 285 520
东帝汶	124	99 801	0	58
哈萨克斯坦	143 273	166 828 773	34 746	25 897 542
吉尔吉斯斯坦	4 375	5 982 292	2 451	2 285 306
塔吉克斯坦	3 129	2 196 900	818	441 260
土库曼斯坦	2 811	3 295 773	4 152	3 381 326
乌兹别克斯坦	4 291	2 831 442	1 953	2 877 838
阿尔及利亚	109 792	75 497 822	61 165	34 514 023
安哥拉	34 154	16 456 609	3 807	1 784 408
贝宁	6 331	3 052 258	877	525 011
博茨瓦纳	47	53 582	626	306 091
布隆迪	48	31 831	388	185 444
喀麦隆	7 473	3 811 372	1 167	612 847
佛得角	57	28 792	0	0
中非	67	42 876	868	582 780
乍得	388	244 637	0	75
科摩罗	624	344 719	65	31 557
刚果（布）	6 225	3 063 234	2 769	1 971 508
吉布提	14 947	6 318 888	3 184	1 469 218
埃及	31 941	29 876 189	21 343	16 910 614
赤道几内亚	4 349	2 091 721	2 000	893 376
埃塞俄比亚	26 682	14 256 214	9 013	5 415 711

2005年中国主要出口商品输往地（续）

钢材

输往地	2005年		2004年	
	数量（公吨）	金额（美元）	数量（公吨）	金额（美元）
加蓬	1 968	1 006 000	324	183 548
冈比亚	1 050	509 721	143	75 594
加纳	7 716	4 071 811	4 669	2 797 882
几内亚	1 214	570 724	396	189 628
几内亚比绍	0	2 192	92	70 697
科特迪瓦	3 286	1 629 722	1 728	858 934
肯尼亚	11 461	6 563 605	5 750	4 145 462
利比里亚	4 459	3 237 062	2 624	1 337 506
利比亚	8 827	5 019 957	38 648	18 760 459
马达加斯加	3 091	1 681 169	1 481	938 369
马拉维	202	103 767	60	39 690
马里	610	260 986	1 428	779 191
毛里塔尼亚	277	223 813	398	264 583
毛里求斯	5 303	3 155 001	1 170	755 912
摩洛哥	5 246	5 055 734	5 884	4 154 040
莫桑比克	10 321	4 826 303	2 600	1 480 294
纳米比亚	139	87 482	174	82 066
尼日尔	50	25 691	2 600	1 611 109
尼日利亚	21 699	12 566 692	50 048	23 493 802
留尼汪	705	438 996	230	158 758
卢旺达	381	241 198	287	139 967
塞内加尔	2 781	1 602 380	502	325 330
塞舌尔	107	64 475	175	117 634
塞拉利昂	1 523	915 403	667	588 234
索马里	39	23 104	18	9 773
南非	41 548	33 489 465	15 949	19 415 276
苏丹	130 528	114 365 123	209 228	169 036 336
坦桑尼亚	11 572	5 930 963	15 232	7 981 213
多哥	3 720	2 025 963	482	291 893
突尼斯	28 326	16 905 436	28 389	14 152 917
乌干达	614	291 947	921	614 186
布基纳法索	546	273 074	145	76 105
刚果（金）	274	229 963	336	178 995
赞比亚	492	489 873	353	206 491
津巴布韦	135	104 580	105	115 569
厄立特里亚	426	328 741	18	11 746
非洲其他国家（地区）	10	11 663	0	0
比利时	227 466	176 012 097	135 205	99 041 547
丹麦	15 403	16 070 463	2 675	3 907 224

2005年中国主要出口商品输往地（续）

钢材

输往地	2005年		2004年	
	数量（公吨）	金额（美元）	数量（公吨）	金额（美元）
英国	166 806	117 127 151	126 215	92 232 072
德国	54 471	81 620 903	30 912	47 105 446
法国	24 054	28 552 769	10 524	14 097 503
爱尔兰	4 520	4 303 023	4 536	3 161 837
意大利	523 372	344 403 195	789 967	420 288 200
卢森堡	1 223	1 772 708	66	103 617
荷兰	23 261	44 636 802	19 634	25 436 672
希腊	38 153	50 440 477	20 346	28 209 051
葡萄牙	22 925	14 434 170	4 975	4 045 988
西班牙	200 863	143 281 001	110 975	77 523 884
阿尔巴尼亚	1 809	1 431 974	542	754 424
奥地利	714	928 980	328	353 207
保加利亚	1 190	2 577 298	868	1 182 529
芬兰	3 394	6 249 613	1 756	2 766 466
匈牙利	1 361	1 414 125	1 182	1 062 978
冰岛	145	156 895	0	33 905
马耳他	3 864	2 180 321	2 734	1 448 496
摩纳哥	120	768 684	0	0
挪威	2 753	5 075 606	1 780	4 020 700
波兰	18 601	16 159 306	18 464	13 059 549
罗马尼亚	6 572	6 776 469	5 436	5 539 753
瑞典	13 084	10 938 076	1 472	1 800 195
瑞士	321	543 634	138	251 657
爱沙尼亚	2 543	2 861 501	302	267 866
拉脱维亚	1 008	1 211 032	139	201 431
立陶宛	789	940 761	975	1 297 490
格鲁吉亚	59	50 484	20	22 029
亚美尼亚	6	29 943	1	4 050
阿塞拜疆	2 868	3 099 328	1 183	1 448 563
白俄罗斯	419	336 646	1	948
俄罗斯	57 037	57 637 044	20 554	17 797 838
乌克兰	1 360	1 895 599	625	1 098 146
塞黑	498	500 698	448	388 578
斯洛文尼亚	859	1 004 038	1 023	1 130 523
克罗地亚	969	906 257	538	816 653
捷克	1 064	2 060 877	609	973 803
斯洛伐克	1 818	1 798 140	174	171 579
波黑	23	82 022	0	0
安提瓜和巴布达	2 982	1 185 696	100	47 964

2005 年中国主要出口商品输往地（续）

钢材

输往地	2005 年		2004 年	
	数量（公吨）	金额（美元）	数量（公吨）	金额（美元）
阿根廷	5 451	10 407 559	2 763	5 274 700
巴哈马	620	356 502	227	94 498
巴巴多斯	300	187 098	36	22 031
伯利兹	796	1 113 660	361	419 435
玻利维亚	965	528 228	800	456 802
巴西	39 645	44 358 200	10 257	16 485 973
智利	13 562	12 608 435	7 530	7 635 751
哥伦比亚	7 735	8 303 623	3 263	3 888 331
多米尼克	2 061	1 103 318	1 021	669 794
哥斯达黎加	4 020	2 531 065	2 260	1 302 561
古巴	24 554	16 736 289	13 880	9 686 169
库腊索岛	23	21 732	0	0
多米尼加	5 177	3 359 713	9 049	5 415 193
厄瓜多尔	17 305	16 792 602	6 309	6 059 552
格林纳达	815	374 646	152	88 451
瓜德罗普	46	25 990	22	13 880
危地马拉	3 920	2 681 948	1 177	831 897
圭亚那	2 079	1 095 527	994	481 718
海地	699	401 596	842	452 127
洪都拉斯	2 147	1 359 134	5 634	2 523 563
牙买加	5 451	3 077 795	5 002	2 279 167
马提尼克岛	10	5 610	0	0
墨西哥	128 887	72 655 740	135 655	81 294 076
尼加拉瓜	330	213 543	9	6 192
巴拿马	24 769	15 501 646	28 365	16 832 390
巴拉圭	78	80 269	69	63 958
秘鲁	11 061	7 852 886	4 416	3 447 081
波多黎各	7 139	4 754 076	5 774	3 835 590
圣卢西亚	28	15 975	7	5 119
圣马丁岛	0	656	0	0
圣文森特和格林纳丁斯	1 380	667 333	2 092	1 080 080
萨尔瓦多	4 211	3 198 348	2 115	1 037 916
苏里南	827	698 206	1 166	599 743
特立尼达和多巴哥	3 118	2 768 609	1 734	1 282 947
乌拉圭	539	513 977	477	532 725
委内瑞拉	9 695	10 983 964	6 310	4 973 419
圣基茨和尼维斯	7	1 570	0	0
荷属安的列斯群岛	74	46 423	0	0
加拿大	587 211	421 361 727	493 894	288 061 193

2005 年中国主要出口商品输往地（续）

钢材

输往地	2005 年		2004 年	
	数量（公吨）	金额（美元）	数量（公吨）	金额（美元）
美国	2 375 536	1 819 778 627	1 946 291	1 337 849 876
格陵兰	14	11 337	0	0
澳大利亚	401 186	284 643 876	128 637	91 506 627
斐济	1 061	637 247	525	284 419
新喀里多尼亚	2 813	1 481 429	342	179 993
瓦努阿图	140	60 237	134	132 354
新西兰	20 089	14 980 760	13 695	9 565 988
巴布亚新几内亚	2 747	1 830 904	307	170 992
社会群岛	175	101 461	77	36 360
所罗门群岛	95	46 110	3	1 233
汤加	163	57 832	57	23 034
萨摩亚	629	594 319	1 069	451 950
图瓦卢	390	603 889	0	0
密克罗尼西亚联邦	412	207 785	15	6 450
马绍尔群岛共和国	18	11 387	1 494	626 512
法属波利尼西亚	40	20 684	62	38 617

水泥

输往地	2005 年		2004 年	
	数量（公吨）	金额（美元）	数量（公吨）	金额（美元）
总　值	**22 157 326**	**684 600 302**	**7 044 299**	**230 393 559**
孟加拉国	1 382 422	34 039 513	54 190	1 303 085
文莱	5 749	235 724	0	0
缅甸	77 392	3 018 228	57 441	2 294 766
朝鲜	38 710	1 280 018	20 725	723 807
香港	753 275	24 796 085	592 968	20 830 877
印度	5 576	459 468	1 527	194 446
印度尼西亚	3 141	662 294	6 681	612 435
伊朗	327 587	9 420 625	2 366	516 687
日本	55 426	5 489 106	34 522	4 911 607
约旦	3	483	0	0
科威特	626 617	16 567 309	0	10
老挝	14 671	577 231	6 259	262 838
澳门	76 145	2 582 927	78 440	3 299 681
马来西亚	224 833	6 405 092	2 178	457 545
蒙古	161 461	5 314 761	127 824	3 730 019
巴基斯坦	2 550	93 737	2 616	131 439
菲律宾	1 546	175 538	2 822	227 621

2005 年中国主要出口商品输往地（续）

水泥

输往地	2005 年		2004 年	
	数量（公吨）	金额（美元）	数量（公吨）	金额（美元）
卡塔尔	588 997	17 094 766	0	0
沙特阿拉伯	540 476	14 987 834	0	0
新加坡	22 912	749 267	33 009	1 165 636
韩国	1 934 034	65 629 833	2 256 158	73 359 077
泰国	2 135	387 129	288	73 484
土耳其	406	92 032	117	33 633
阿联酋	1 754 923	46 242 784	318 861	7 996 139
也门	110 162	3 434 584	359	24 680
越南	420 152	11 367 312	155 190	4 518 550
台湾省	1 353 450	37 959 214	686 889	18 729 554
哈萨克斯坦	28 210	1 799 223	5 478	603 142
吉尔吉斯斯坦	4 125	155 752	794	59 958
塔吉克斯坦	2 304	85 300	125	11 600
乌兹别克斯坦	529	43 700	5	1 165
阿尔及利亚	1 200	276 000	0	0
安哥拉	444 756	13 247 703	247 240	7 211 869
喀麦隆	12 300	323 481	0	0
刚果（布）	127 552	3 878 684	104 560	3 176 585
埃及	3	960	0	0
加纳	563 813	14 168 710	0	0
几内亚	209 645	6 900 037	0	0
科特迪瓦	39 055	995 903	0	0
肯尼亚	104 151	2 645 629	32 326	743 507
利比里亚	91 278	2 499 692	0	0
马达加斯加	5 251	220 370	18 868	560 285
毛里求斯	27 329	848 049	0	0
莫桑比克	6	188	37 246	949 773
纳米比亚	0	19	0	0
尼日利亚	849 612	25 995 568	0	0
塞内加尔	38 085	1 332 968	0	0
塞舌尔	0	36	0	0
塞拉利昂	76 198	1 968 327	34	6 498
索马里	22	220	0	0
南非	94 431	2 875 867	520	98 659
苏丹	15 232	1 448 635	6 898	659 848
坦桑尼亚	89	7 073	0	0
厄立特里亚	18 000	706 500	0	0
比利时	129 635	3 496 639	94	11 578
丹麦	48	6 000	48	5 280

2005年中国主要出口商品输往地（续）

水泥

输往地	2005年		2004年	
	数量（公吨）	金额（美元）	数量（公吨）	金额（美元）
英国	1 277	189 345	572	79 471
德国	25	4 218	20	1 462
法国	2	98	981	98 856
爱尔兰	504	70 560	579	81 427
意大利	136 260	3 756 657	1 231	179 272
荷兰	5 946	778 389	5 559	732 537
希腊	160	28 325	220	32 143
西班牙	2 962 564	76 034 460	136	21 272
波兰	25	2 500	0	0
罗马尼亚	200	54 000	260	39 000
瑞典	20	1 360	10	717
瑞士	0	10	0	0
俄罗斯	18 551	928 599	10 680	427 434
克罗地亚	0	104	0	0
阿根廷	118	20 460	111	16 528
巴西	77 247	1 883 580	39 954	958 896
智利	50 823	2 048 551	2 602	235 153
多米尼克	37 208	876 252	37 247	875 295
墨西哥	370	83 098	647	130 995
委内瑞拉	302	41 733	300	37 650
加拿大	4	3 325	0	48
美国	5 312 567	194 122 909	1 960 082	63 189 537
澳大利亚	116 421	5 625 750	29 914	2 000 325
瓦努阿图	65	2 902	0	0
新西兰	68 584	3 032 116	278	75 620
萨摩亚	6	453	0	0
密克罗尼西亚联邦	144	7 215	0	0
帕劳共和国	12	414	0	0
大洋洲其他国家（地区）	312	12 792	104	4 264

煤

输往地	2005年		2004年	
	数量（公吨）	金额（美元）	数量（公吨）	金额（美元）
总值	**71 675 424**	**4 272 138 419**	**86 657 089**	**3 811 241 265**
缅甸	2 250	90 999	250	9 552
朝鲜	147 471	9 590 789	270 903	11 201 219
香港	944 612	49 184 127	1 253 033	48 365 099

2005 年 中 国 主 要 出 口 商 品 输 往 地（续）

煤

输往地	2005 年		2004 年	
	数量（公吨）	金额（美元）	数量（公吨）	金额（美元）
印度	3 855 258	230 251 706	3 083 701	146 363 278
印度尼西亚	93 831	5 429 449	40 064	1 942 563
伊朗	107	18 725	1 100	121 000
以色列	1 419	168 333	2 373	281 114
日本	23 174 569	1 536 616 126	28 996 086	1 453 761 005
科威特	30	4 050	0	0
马来西亚	46 112	3 295 787	64 857	2 767 583
蒙古	31	1 142	0	0
阿曼	19	3 637	7	1 310
巴基斯坦	708 642	36 079 191	819 440	27 329 441
菲律宾	2 027 607	106 951 243	2 927 540	112 683 979
卡塔尔	6	838	0	0
沙特阿拉伯	3 606	437 439	8 459	594 623
新加坡	8 799	644 636	3 150	221 357
韩国	21 206 425	1 304 632 597	24 505 809	1 137 014 760
泰国	123	16 970	171 448	7 506 960
土耳其	1 651 333	97 788 063	1 908 255	82 579 838
阿联酋	89	11 705	140	14 001
越南	149 700	8 916 074	133 866	7 639 787
台湾省	16 230 683	769 061 975	19 854 912	669 152 405
埃及	118	19 640	36	3 828
几内亚	10	1 456	0	0
摩洛哥	131 651	8 382 280	28 463	1 483 871
苏丹	10	1 488	0	0
比利时	281 848	24 582 371	127 184	8 795 599
英国	53 983	6 756 994	171 650	5 866 480
德国	75 151	4 884 595	154 716	6 318 578
法国	8 486	950 432	240 439	9 341 872
荷兰	140 703	14 095 229	361 560	17 709 347
西班牙	219 900	21 165 312	98	12 366
摩纳哥	13 469	929 361	0	0
挪威	22 717	2 656 338	9 172	840 033
俄罗斯	504	40 824	0	0
克罗地亚	61 877	2 671 306	0	0
阿根廷	16	2 091	51	5 610
巴西	278 261	14 409 354	547 657	17 718 570
墨西哥	8 308	725 229	1 921	172 752
加拿大	64 928	5 448 170	35 005	2 560 550
美国	59 865	5 092 607	111 117	4 504 851
澳大利亚	899	127 741	808	56 442

2005 年中国主要出口商品输往地（续）

焦炭

输往地	2005 年		2004 年	
	数量（公吨）	金额（美元）	数量（公吨）	金额（美元）
总　值	**12 764 093**	**2 340 583 696**	**15 012 483**	**3 948 769 269**
孟加拉国	5 988	1 107 187	1 748	385 293
缅甸	400	27 696	0	0
塞浦路斯	41	7 725	0	0
朝鲜	25 878	2 572 495	22 317	2 213 598
印度	1 133 105	203 388 567	969 907	279 786 370
印度尼西亚	13 176	2 500 705	29 379	8 030 020
伊朗	284 147	35 461 723	214 390	50 605 387
日本	2 810 912	549 075 937	3 410 993	887 395 399
约旦	207	36 241	120	12 000
马来西亚	13 395	1 755 581	33 505	7 678 153
巴基斯坦	99 076	14 392 815	20 987	5 077 191
菲律宾	6 609	1 703 900	11 174	3 491 327
沙特阿拉伯	13 348	1 541 533	458	111 186
新加坡	21 001	4 305 845	0	0
韩国	186 602	39 358 459	359 996	98 556 612
斯里兰卡	529	78 572	20	7 000
叙利亚	300	28 500	0	0
泰国	47 726	8 955 283	50 359	14 688 349
土耳其	117 959	16 010 933	118 915	29 790 006
阿联酋	2 942	558 978	3 150	708 750
也门	20	5 301	0	0
越南	87 855	15 512 052	80 029	13 255 783
台湾省	113 616	20 081 453	142 154	36 509 601
哈萨克斯坦	305 483	42 984 548	361 088	52 743 983
吉尔吉斯斯坦	66	17 206	0	0
阿尔及利亚	1 043	343 995	0	0
塞拉利昂	40	8 800	0	0
南非	217 376	35 076 959	284 967	68 837 240
津巴布韦	17 835	2 104 530	0	0
比利时	2 028 217	350 150 086	1 353 271	329 858 165
英国	314 542	64 299 477	554 772	149 108 677
德国	317 331	57 721 415	414 390	90 232 181
法国	460 214	87 782 012	605 852	163 531 819
意大利	298 951	65 887 216	816 025	239 222 701
荷兰	320 429	63 614 696	561 375	139 012 937
挪威	52 217	6 914 173	70 187	12 981 963
瑞典	88 196	22 137 176	285 935	79 274 974
俄罗斯	8 031	2 493 972	13 734	3 389 769

2005 年中国主要出口商品输往地（续）

焦炭

输往地	2005 年		2004 年	
	数量（公吨）	金额（美元）	数量（公吨）	金额（美元）
阿根廷	62 100	11 976 500	86 576	18 568 654
巴西	1 520 698	268 047 433	1 842 134	512 711 000
智利	32 022	6 884 674	13 271	4 246 674
墨西哥	109 368	23 978 770	214 967	45 348 667
萨尔瓦多	37	7 342	0	0
加拿大	220 626	40 792 507	146 930	44 624 831
美国	1 349 016	260 389 726	1 664 018	505 576 150
澳大利亚	54 543	8 370 609	28 035	3 504 324
新西兰	879	132 393	0	0

成品油

输往地	2005 年		2004 年	
	数量（公吨）	金额（美元）	数量（公吨）	金额（美元）
总　值	**14 008 825**	**6 410 827 782**	**11 462 766**	**3 960 202 269**
巴林	330	249 508	142	99 605
孟加拉国	1 147	680 087	583	358 916
文莱	1 142	724 234	1 014	471 281
缅甸	92 299	37 991 671	76 936	22 956 627
柬埔寨	10 807	4 276 191	5 657	1 800 205
塞浦路斯	76 656	21 759 480	47 707	11 108 220
朝鲜	145 512	73 603 954	128 041	48 870 563
香港	1 339 951	562 029 928	1 110 083	351 075 880
印度	25 340	12 048 119	13 516	3 864 296
印度尼西亚	1 978 221	984 261 266	1 194 497	457 865 882
伊朗	91 488	38 620 345	77 990	25 769 373
以色列	14 786	9 531 899	10 552	4 876 999
日本	1 234 277	562 181 516	1 186 082	451 687 334
约旦	42	24 280	43	21 724
老挝	97	44 060	0	0
澳门	252 191	113 103 628	232 018	72 144 557
马来西亚	55 727	33 856 873	75 090	30 494 414
马尔代夫	184	73 933	0	0
蒙古	38 083	17 334 331	34 703	11 873 258
尼泊尔	1 478	944 017	1 598	707 527
阿曼	320	151 500	0	0
巴基斯坦	4 090	2 732 709	4 210	2 131 207
菲律宾	189 789	85 948 873	220 658	84 318 156

2005 年中国主要出口商品输往地（续）

成品油

输往地	2005 年		2004 年	
	数量（公吨）	金额（美元）	数量（公吨）	金额（美元）
卡塔尔	17 783	11 144 629	5 716	2 582 445
沙特阿拉伯	1 162	676 557	66	72 269
新加坡	2 066 698	996 977 440	1 760 182	654 059 368
韩国	791 424	348 828 794	439 996	162 138 956
斯里兰卡	1 950	1 380 607	185	103 202
叙利亚	65	47 036	109	73 283
泰国	22 720	14 025 561	178 015	67 546 830
土耳其	35 426	19 303 058	31 730	13 370 785
阿联酋	215 671	122 869 962	117 499	47 520 420
也门	0	1 159	24	25 475
越南	1 893 191	870 194 402	1 824 404	614 425 687
台湾省	11 676	7 667 022	5 248	4 102 733
哈萨克斯坦	59 767	24 982 996	68 898	22 388 754
吉尔吉斯斯坦	307	285 156	312	210 654
土库曼斯坦	1 100	701 752	546	633 887
乌兹别克斯坦	2 470	1 640 052	3 740	1 778 441
阿尔及利亚	753	352 577	61	39 338
喀麦隆	0	452	0	0
科摩罗	430	121 540	150	32 250
埃及	2 150	652 278	381	115 074
赤道几内亚	6	5 617	0	0
埃塞俄比亚	4 560	2 937 434	2 473	1 199 811
加纳	106	60 951	16	8 568
科特迪瓦	65	35 314	31	16 585
肯尼亚	862	603 718	750	439 832
利比里亚	62 355	19 626 096	59 486	13 570 773
马里	26	28 170	0	0
毛里求斯	19	17 719	18	14 890
摩洛哥	195	107 213	108	37 996
尼日利亚	280	169 344	247	106 997
南非	1 124	374 898	775	188 493
苏丹	387	529 627	17	25 195
坦桑尼亚	35 043	18 891 796	165	88 500
刚果（金）	16	8 650	0	0
津巴布韦	3 127	2 013 359	79	47 651
比利时	14 586	4 964 051	6 003	1 612 127
丹麦	658	180 693	12	12 995
英国	84 298	48 356 118	54 020	21 771 109
德国	166 905	104 466 028	145 432	66 401 650

2005 年中国主要出口商品输往地（续）

成品油

输 往 地	2005 年		2004 年	
	数量（公吨）	金额（美元）	数量（公吨）	金额（美元）
法国	120 200	76 341 236	97 389	46 153 380
爱尔兰	350	103 250	0	0
意大利	37 038	21 558 121	15 042	6 394 673
卢森堡	11 896	7 652 033	2 839	1 313 341
荷兰	102 171	64 594 820	77 874	36 567 491
希腊	50 045	14 242 440	54 282	12 301 846
葡萄牙	829	410 796	0	0
西班牙	10 449	7 627 769	249	450 143
奥地利	29 391	19 128 144	17 422	8 700 393
芬兰	38 502	24 677 270	34 165	16 038 937
直布罗陀	200	55 900	565	123 957
马耳他	36 460	11 214 455	40 060	9 446 663
挪威	7 817	2 494 900	6 407	1 507 027
罗马尼亚	14	7 480	10	4 157
瑞典	46 795	29 722 624	29 856	14 507 335
瑞士	1 765	482 945	1 148	254 521
格鲁吉亚	4	3 563	22	16 660
阿塞拜疆	50	30 550	0	0
白俄罗斯	14	33 390	176	86 586
俄罗斯	89 412	54 612 162	55 902	22 281 174
乌克兰	190	109 250	133	53 720
斯洛文尼亚	38	21 850	21	13 270
克罗地亚	787	222 749	4 978	1 121 410
安提瓜和巴布达	11 654	3 756 479	18 704	4 260 975
阿根廷	1 343	646 850	0	0
巴哈马	41 428	11 992 152	26 515	5 974 168
巴巴多斯	30	14 040	0	0
伯利兹	11 435	3 874 388	14 964	4 211 552
巴西	1 473	532 420	63	45 299
开曼群岛	1 761	688 079	1 135	271 733
智利	293	131 866	54	22 650
多米尼克	580	150 100	30	11 590
古巴	20	14 786	1	835
多米尼加	762	271 236	3 319	961 756
厄瓜多尔	31 758	15 924 031	27	19 760
危地马拉	28 374	13 138 104	34	26 652
墨西哥	17	16 542	0	0
巴拿马	1 471 873	421 517 033	1 173 217	250 338 584
圣文森特和格林纳丁斯	19 064	7 287 244	26 781	6 740 916

2005年中国主要出口商品输往地（续）

成品油

输往地	2005年		2004年	
	数量（公吨）	金额（美元）	数量（公吨）	金额（美元）
萨尔瓦多	40	29 700	0	0
加拿大	62 500	39 558 163	45 891	19 562 491
美国	520 531	295 817 313	319 522	131 895 288
百慕大群岛	7 656	2 315 565	5 946	1 314 176
澳大利亚	129 840	59 118 952	198 610	62 213 923
斐济	270	108 000	113	36 341
瓦努阿图	2 800	788 667	197	78 949
新西兰	5 243	3 644 870	30 260	8 227 985
巴布亚新几内亚	799	351 623	7 450	1 826 207
图瓦卢	820	355 516	79	39 058
马绍尔群岛共和国	17 624	5 538 174	20 529	4 735 722
法属波利尼西亚	331	164 932	0	0
大洋洲其他国家（地区）	770	331 032	0	0

塑料

输往地	2005年	2004年
	金额（美元）	金额（美元）
总 值	**17 953 256 707**	**13 228 626 475**
阿富汗	871 942	1 055 040
巴林	3 926 908	2 783 097
孟加拉国	30 713 734	18 233 684
不丹	7 065	0
文莱	3 091 610	1 748 580
缅甸	16 903 470	9 660 895
柬埔寨	5 105 856	4 426 842
塞浦路斯	6 987 034	5 751 492
朝鲜	52 439 577	32 456 662
香港	2 609 884 816	2 149 362 682
印度	201 107 242	120 601 299
印度尼西亚	155 539 057	129 631 763
伊朗	62 788 854	35 781 093
伊拉克	7 480 977	5 022 375
以色列	67 256 776	45 738 969
日本	1 633 733 782	1 255 099 482
约旦	20 148 622	13 491 297
科威特	21 183 257	15 506 599
老挝	651 541	727 057
黎巴嫩	21 423 431	17 850 951

塑料

输往地	2005年	2004年
	金额（美元）	金额（美元）
澳门	28 998 683	16 314 642
马来西亚	169 796 109	113 301 630
马尔代夫	565 332	214 988
蒙古	16 206 456	9 921 788
尼泊尔	4 500 568	3 331 113
阿曼	5 586 271	2 583 100
巴基斯坦	90 545 921	53 929 135
巴勒斯坦	434 166	94 764
菲律宾	146 859 106	115 345 548
卡塔尔	7 768 105	3 510 340
沙特阿拉伯	100 706 321	69 795 125
新加坡	164 794 363	139 801 246
韩国	430 539 055	284 061 794
斯里兰卡	18 338 410	11 331 702
叙利亚	37 567 412	18 828 510
泰国	140 032 082	99 697 218
土耳其	164 681 268	92 370 685
阿联酋	205 132 383	149 259 972
也门	17 933 855	11 985 101
越南	117 140 408	78 001 453
台湾省	363 876 597	241 194 595

2005 年中国主要出口商品输往地（续）

塑料

输往地	2005 年	2004 年
	金额（美元）	金额（美元）
东帝汶	84 208	67 773
哈萨克斯坦	238 556 917	159 247 113
吉尔吉斯斯坦	41 823 615	15 372 561
塔吉克斯坦	8 364 455	1 894 050
土库曼斯坦	1 102 139	284 019
乌兹别克斯坦	7 869 500	4 993 023
亚洲其他国家（地区）	11 801	4 617
阿尔及利亚	31 790 647	18 941 562
安哥拉	9 234 702	7 678 639
贝宁	18 478 367	9 903 140
博茨瓦纳	634 142	627 299
布隆迪	597 183	527 420
喀麦隆	5 684 448	2 976 548
加那利群岛	688 537	496 412
佛得角	861 161	553 374
中非	82 575	35 542
塞卜泰（休达）	831	1 122
乍得	37 492	37 351
科摩罗	33 759	15 185
刚果（布）	2 706 527	3 094 630
吉布提	4 669 366	2 127 274
埃及	70 473 656	33 285 319
赤道几内亚	555 794	255 447
埃塞俄比亚	14 817 314	3 961 959
加蓬	794 672	455 181
冈比亚	1 081 738	1 219 356
加纳	17 411 186	12 962 026
几内亚	2 187 724	1 335 241
几内亚比绍	42 407	40 579
科特迪瓦	4 760 240	2 732 992
肯尼亚	13 611 790	9 094 505
利比里亚	1 705 534	1 108 047
利比亚	7 121 243	3 508 953
马达加斯加	2 672 103	1 964 891
马拉维	426 338	485 522
马里	700 643	505 977
毛里塔尼亚	2 326 615	1 784 634
毛里求斯	5 935 130	5 154 214
摩洛哥	20 966 369	16 321 594
莫桑比克	3 564 933	3 408 383

塑料

输往地	2005 年	2004 年
	金额（美元）	金额（美元）
纳米比亚	865 967	879 365
尼日尔	286 932	107 113
尼日利亚	51 738 355	36 139 603
留尼汪	1 277 648	921 229
卢旺达	335 300	170 410
圣多美和普林西比	52 967	14 515
塞内加尔	5 000 893	2 448 719
塞舌尔	128 253	82 089
塞拉利昂	569 232	656 643
索马里	418 167	283 874
南非	95 345 693	59 715 261
西撒哈拉	8 784	1 248
苏丹	16 281 352	13 583 871
坦桑尼亚	9 129 223	4 233 319
多哥	4 759 226	2 202 772
突尼斯	11 475 358	6 383 658
乌干达	801 669	588 194
布基纳法索	301 008	246 443
刚果（金）	2 707 515	1 524 208
赞比亚	1 385 765	1 007 016
津巴布韦	2 660 675	1 427 673
莱索托	63 296	82 510
斯威士兰	21 903	24 992
厄立特里亚	42 641	87 051
马约特岛	22 506	8 617
非洲其他国家（地区）	19 703	0
比利时	200 742 042	165 774 086
丹麦	61 144 464	44 794 927
英国	577 838 038	467 672 358
德国	548 621 164	418 587 946
法国	316 473 053	247 117 577
爱尔兰	25 596 997	18 618 036
意大利	379 039 700	225 289 766
卢森堡	1 499 964	2 544 818
荷兰	354 073 467	290 034 190
希腊	67 631 353	48 934 271
葡萄牙	26 877 692	19 400 237
西班牙	216 673 441	161 878 341
阿尔巴尼亚	722 557	977 066
安道尔	25 110	39 783

2005年中国主要出口商品输往地（续）

塑料

输往地	2005年 金额（美元）	2004年 金额（美元）
奥地利	11 706 317	9 534 679
保加利亚	18 022 996	5 779 717
芬兰	74 928 879	50 762 723
直布罗陀	3 260	61 707
匈牙利	14 981 572	13 225 057
冰岛	805 283	561 191
列支敦士登	43 578	885
马耳他	2 968 527	3 814 701
摩纳哥	71 510	183 060
挪威	30 520 181	23 293 098
波兰	70 974 357	48 041 254
罗马尼亚	60 677 944	26 322 191
圣马力诺	1 096	21 212
瑞典	58 106 633	45 963 937
瑞士	18 480 906	13 961 061
爱沙尼亚	8 353 523	4 943 699
拉脱维亚	13 910 333	10 167 573
立陶宛	10 877 137	6 534 874
格鲁吉亚	5 014 840	920 398
亚美尼亚	2 113 545	688 547
阿塞拜疆	3 223 292	1 803 472
白俄罗斯	1 065 381	394 359
摩尔多瓦	313 504	247 662
俄罗斯	359 591 080	215 753 557
乌克兰	221 949 675	49 949 890
塞黑	12 695 250	9 669 704
斯洛文尼亚	14 083 145	15 999 645
克罗地亚	27 206 890	5 982 597
捷克	13 931 045	13 093 576
斯洛伐克	2 917 765	1 757 026
马其顿	99 035	170 366
波黑	563 399	529 155
安提瓜和巴布达	193 236	341 289
阿根廷	37 673 722	20 942 074
阿鲁巴岛	422 809	158 079
巴哈马	732 761	334 742
巴巴多斯	1 163 820	920 099
伯利兹	698 997	394 611
玻利维亚	8 268 753	162 199
巴西	104 427 347	68 741 332

塑料

输往地	2005年 金额（美元）	2004年 金额（美元）
开曼群岛	26 752	32 340
智利	55 152 361	41 925 742
哥伦比亚	31 252 030	14 778 626
多米尼克	2 584 164	1 739 443
哥斯达黎加	9 350 459	6 228 947
古巴	15 486 961	7 937 575
库腊索岛	385 664	628 044
多米尼加	11 706 837	4 681 334
厄瓜多尔	18 066 377	14 953 203
法属圭亚那	85 841	93 782
格林纳达	118 535	53 322
瓜德罗普	228 794	60 259
危地马拉	13 166 124	7 807 403
圭亚那	1 508 665	1 347 855
海地	1 803 086	1 019 882
洪都拉斯	3 157 021	2 596 624
牙买加	13 576 373	6 486 741
马提尼克岛	21 575	14 311
墨西哥	154 159 021	101 320 527
尼加拉瓜	2 108 646	2 246 610
巴拿马	60 001 624	48 124 479
巴拉圭	3 413 601	3 511 491
秘鲁	27 027 090	14 812 263
波多黎各	15 001 601	14 590 647
圣卢西亚	489 553	309 317
圣马丁岛	142 533	23 358
圣文森特和格林纳丁斯	252 395	270 542
萨尔瓦多	7 681 870	3 732 537
苏里南	3 788 157	2 652 479
特立尼达和多巴哥	5 305 180	3 386 498
乌拉圭	8 332 668	6 204 591
委内瑞拉	23 551 157	14 462 662
英属维尔京群岛	6 348	0
圣基茨和尼维斯	125 617	137 746
荷属安的列斯群岛	218 022	294 805
拉丁美洲其他国家(地区)	28 770	43 403
加拿大	352 369 621	270 473 076
美国	4 843 038 297	3 719 311 064
格陵兰	31 096	600
百慕大群岛	6 806	18 750

2005年中国主要出口商品输往地（续）

塑料

输往地	2005年	2004年
	金额（美元）	金额（美元）
澳大利亚	320 698 028	247 900 761
库克群岛	19 290	28 487
斐济	2 198 542	1 762 739
马克萨斯群岛	16 252	0
新喀里多尼亚	409 099	296 974
瓦努阿图	179 004	67 941
新西兰	43 719 057	31 019 616
诺福克岛	16 085	0
巴布亚新几内亚	2 688 072	2 086 277
社会群岛	2 179 060	944 069
所罗门群岛	298 188	118 019
汤加	180 725	203 324
土阿莫土群岛	1 599	0
萨摩亚	442 680	204 559
基里巴斯	10 464	13 462
图瓦卢	9 335	2 262
密克罗尼西亚联邦	50 007	92 801
马绍尔群岛共和国	123 461	50 788
帕劳共和国	25 103	10 868
法属波利尼西亚	665 870	292 863
大洋洲其他国家（地区）	410 875	304 729

各类船

输往地	2005年		2004年	
	数量（艘）	金额（美元）	数量（艘）	金额（美元）
总　值	**136 376**	**4 578 021 454**	**87 313**	**3 136 701 949**
巴林	2	7 075 830	2	1 422
孟加拉国	32	4 455 645	16	22 242
缅甸	7	103 904	10	246 956
柬埔寨	8	588 910	2	4 862 025
塞浦路斯	13	76 404 470	10	16 983 753
朝鲜	55	1 668 617	65	162 174
香港	16 152	545 307 247	4 017	293 413 916
印度	140	14 574 607	6	130 983
印度尼西亚	272	13 625 271	178	27 608 614
伊朗	7	47 669 624	5	150 762 104
以色列	5	2 133	60	67 144
日本	12 006	126 784 558	8 588	62 561 616
科威特	3	637	1	2 750
老挝	35	187 328	19	87 231
黎巴嫩	4	2 717	0	0
澳门	209	6 622 724	146	13 395 174
马来西亚	121	30 539 013	374	14 104 247
马尔代夫	2	106 212	0	0
蒙古	2	12 000	4	5 224
巴基斯坦	4	3 109 000	31	6 127 785
菲律宾	117	6 625 906	20	802 696
卡塔尔	10	18 125	2	4 502 628
沙特阿拉伯	502	382 038	12	3 888 802

2005 年中国主要出口商品输往地（续）

各类船

输往地	2005 年		2004 年	
	数量（艘）	金额（美元）	数量（艘）	金额（美元）
新加坡	810	597 817 328	938	206 319 196
韩国	1 468	118 973 365	698	95 144 838
斯里兰卡	24	111 730	0	0
泰国	95	2 217 792	150	125 038
土耳其	771	21 280 499	258	329 159
阿联酋	324	18 440 368	121	9 989 374
越南	128	8 349 567	121	13 454 721
台湾省	78	645 705	122	658 550
哈萨克斯坦	15	6 200	0	0
阿尔及利亚	120	1 048	0	0
安哥拉	6	16 152 320	0	0
喀麦隆	1	330 000	0	0
埃及	12	29 437	17	137 113
加蓬	32	488 129	0	0
加纳	2	2 098 765	3	225 550
几内亚	3	2 189 734	0	0
科特迪瓦	1	625	0	0
肯尼亚	1	900	0	0
利比里亚	5	75 399 479	4	106 846 836
摩洛哥	10	18 895	5	1 170 000
尼日利亚	8	896 270	18	7 172 843
南非	116	285 335	243	326 209
苏丹	12	18 591	4	21 040
坦桑尼亚	1	24 160	5	17 072
突尼斯	21	56 236	0	0
乌干达	2	1 510	0	0
比利时	9 120	84 304 689	6 428	88 983 528
丹麦	795	205 126 969	797	106 308 091
英国	5 790	148 610 298	5 198	136 346 918
德国	3 998	597 070 660	4 584	627 521 433
法国	10 796	142 751 284	6 235	91 032 086
爱尔兰	85	117 186	70	16 479
意大利	2 075	1 529 065	1 519	28 522 308
荷兰	4 221	97 566 677	4 611	23 369 003
希腊	318	209 248 503	348	58 397 778
葡萄牙	191	127 591	150	156 402
西班牙	2 485	798 942	8 829	669 915
阿尔巴尼亚	3	1 609 340	0	0
奥地利	524	198 202	1 026	311 342

2005年中国主要出口商品输往地（续）

各类船

输往地	2005年		2004年	
	数量（艘）	金额（美元）	数量（艘）	金额（美元）
芬兰	5 028	27 314 109	3 452	52 487 525
匈牙利	80	18 792	15	4 498
冰岛	4	200	1	3 895
马耳他	147	218 889 463	162	191 468 747
挪威	2 355	121 305 616	1 643	508 356
波兰	23	68 966 714	6	57 703 830
罗马尼亚	6	91 947	0	0
瑞典	1 257	93 855 299	1 106	106 752 996
瑞士	26	5 023	0	0
拉脱维亚	160	62 472	228	51 050
立陶宛	144	78 817	1	41 040
格鲁吉亚	1	30 000	1	109 500
白俄罗斯	1	1 750 000	0	0
俄罗斯	112	8 650 352	76	263 946
乌克兰	10	5 300	0	0
斯洛文尼亚	102	20 550	327	73 755
克罗地亚	1	208	0	0
捷克	90	18 686	87	19 788
安提瓜和巴布达	11	138 195 954	8	111 911 008
阿根廷	39	33 845	0	0
巴哈马	8	128 280 831	4	71 603 284
伯利兹	4	8 452 666	0	0
巴西	13	594 554	6	536 233
智利	74	77 077	199	132 676
厄瓜多尔	1	2 615 000	0	0
瓜德罗普	10	4 807	0	0
洪都拉斯	1	2 090 000	0	0
墨西哥	122	182 503	110	87 960
巴拿马	14	125 023 118	9	29 220 753
波多黎各	206	326 606	0	0
苏里南	4	963 415	0	0
委内瑞拉	40	122 933	0	0
加拿大	4 397	3 693 316	822	22 843 736
美国	43 107	51 543 438	21 195	27 436 025
澳大利亚	3 152	77 579 335	594	88 317 870
新喀里多尼亚	20	8 274	51	25 927
瓦努阿图	2	1 664 892	0	0
新西兰	1 408	815 156	1 039	573 289
图瓦卢	7	5 138 100	3	2 174 760
马绍尔群岛共和国	11	248 790 365	6	92 812 890
大洋洲其他国家（地区）	3	1 811	1	600

2005 年 中 国 主 要 出 口 商 品 输 往 地（续）

汽车

输 往 地	2005 年		2004 年	
	数量（辆）	金额（美元）	数量（辆）	金额（美元）
总 值	**1 071 015**	**1 852 365 315**	**405 413**	**759 858 564**
阿富汗	88	689 856	101	1 714 107
巴林	693	4 407 932	180	1 147 640
孟加拉国	494	5 884 740	753	10 250 600
文莱	34	191 512	0	0
缅甸	1 467	18 725 638	1 298	7 343 351
柬埔寨	65	459 952	88	1 268 926
塞浦路斯	708	755 435	68	335 854
朝鲜	2 808	24 328 367	2 436	16 329 767
香港	2 049	41 365 437	1 439	53 276 402
印度	109	4 968 920	67	184 165
印度尼西亚	528	14 196 460	548	2 441 990
伊朗	1 810	25 828 386	360	4 080 180
伊拉克	1 727	10 106 485	61	726 103
以色列	71	109 352	98	105 734
日本	5 985	11 956 627	728	7 668 237
约旦	1 032	13 003 493	346	2 534 268
科威特	4 951	14 154 366	4 012	14 812 861
老挝	134	2 082 448	141	1 576 841
黎巴嫩	2 970	3 292 941	525	1 155 670
澳门	226	2 549 497	182	2 420 262
马来西亚	2 070	19 171 776	756	4 360 151
马尔代夫	7	97 318	2	2 100
蒙古	566	11 588 941	244	3 394 303
尼泊尔	24	545 633	52	284 480
阿曼	459	6 696 221	116	1 089 255
巴基斯坦	7 486	25 093 805	3 603	13 780 173
菲律宾	1 399	7 507 957	613	5 986 394
卡塔尔	1 008	4 967 409	139	922 235
沙特阿拉伯	9 397	47 666 724	2 846	12 427 035
新加坡	638	2 932 586	220	853 342
韩国	1 336	3 084 740	969	2 050 842
斯里兰卡	948	5 422 237	389	2 973 715
叙利亚	31 274	116 763 040	19 483	71 365 675
泰国	2 314	4 335 776	1 342	1 698 649
土耳其	1 945	5 665 652	914	2 118 349
阿联酋	7 779	36 237 369	3 613	19 579 672
也门	1 345	9 696 429	874	7 243 189
越南	9 869	60 579 682	5 210	30 343 236

2005年中国主要出口商品输往地（续）

汽车

输往地	2005年		2004年	
	数量（辆）	金额（美元）	数量（辆）	金额（美元）
台湾省	104	376 828	47	812 126
哈萨克斯坦	3 135	66 119 534	2 389	33 321 110
吉尔吉斯斯坦	183	2 007 115	300	2 136 415
塔吉克斯坦	241	2 543 946	66	632 996
土库曼斯坦	6	560 000	19	1 771 676
乌兹别克斯坦	47	2 156 511	26	519 946
阿尔及利亚	19 382	113 564 565	11 488	64 853 946
安哥拉	2 479	36 518 495	465	5 469 114
贝宁	52	284 010	8	84 792
博茨瓦纳	28	840 295	2	3 267
布隆迪	33	503 508	0	0
喀麦隆	51	369 332	29	663 350
佛得角	67	179 710	0	0
中非	2	4 639	0	0
乍得	11	412 927	36	1 219 521
科摩罗	4	12 990	0	0
刚果（布）	296	5 714 489	118	2 350 319
吉布提	72	530 561	51	394 822
埃及	3 824	22 393 396	1 210	4 655 497
赤道几内亚	73	1 356 049	39	671 668
埃塞俄比亚	273	7 224 724	221	4 933 367
加蓬	235	2 419 252	27	90 048
冈比亚	23	33 019	10	69 292
加纳	1 001	17 410 677	923	12 676 375
几内亚	102	920 264	235	1 153 127
几内亚比绍	8	138 495	18	130 910
科特迪瓦	71	535 350	106	934 006
肯尼亚	70	363 290	48	1 548 630
利比里亚	26	623 282	25	406 327
利比亚	1 937	11 694 137	3 446	17 420 561
马达加斯加	785	3 404 358	453	767 696
马拉维	4	5 710	0	0
马里	93	2 493 138	34	848 424
毛里塔尼亚	16	658 514	0	0
毛里求斯	201	681 756	71	1 312 348
摩洛哥	1 101	7 157 240	206	438 756
莫桑比克	251	3 163 912	99	2 600 445
纳米比亚	305	702 888	18	107 449
尼日尔	2	48 551	16	1 314 768

2005年中国主要出口商品输往地（续）

汽车

输往地	2005年		2004年	
	数量（辆）	金额（美元）	数量（辆）	金额（美元）
尼日利亚	1 167	10 977 125	966	8 694 418
留尼汪	60	18 600	84	116 250
卢旺达	23	239 555	0	0
塞内加尔	75	638 150	14	161 158
塞舌尔	9	37 945	0	0
塞拉利昂	5	39 856	29	400 488
南非	32 880	40 061 290	13 254	13 916 566
苏丹	1 805	59 909 955	770	26 435 322
坦桑尼亚	326	7 469 336	131	3 085 875
多哥	95	1 557 605	53	2 049 048
突尼斯	1 868	11 214 706	0	0
乌干达	20	284 912	8	180 009
布基纳法索	61	438 370	0	0
刚果（金）	24	708 927	2	11 040
赞比亚	62	1 305 145	11	316 953
津巴布韦	763	12 512 417	108	2 465 388
厄立特里亚	31	122 493	0	0
比利时	36 314	117 637 523	3 915	3 925 542
丹麦	12 272	6 483 925	5 184	3 436 888
英国	69 000	24 563 402	41 835	16 322 518
德国	30 963	15 630 439	11 882	8 088 145
法国	37 038	23 873 871	9 860	13 292 892
爱尔兰	4 382	1 613 568	3 291	905 198
意大利	18 480	37 153 040	2 972	2 313 101
卢森堡	20	18 828	272	87 504
荷兰	20 356	16 238 583	4 877	3 493 563
希腊	1 621	2 675 445	1 212	1 187 147
葡萄牙	2 541	1 610 017	611	532 309
西班牙	50 119	23 019 415	8 632	4 314 484
阿尔巴尼亚	331	1 046 892	99	462 068
奥地利	1 610	1 251 196	609	386 764
保加利亚	163	2 751 737	135	258 857
芬兰	7 234	6 259 352	2 566	4 955 537
匈牙利	2 420	1 314 654	760	449 981
冰岛	586	361 395	99	84 154
马耳他	42	43 299	51	865 936
挪威	6 833	3 926 148	1 695	1 114 325
波兰	2 667	2 027 096	690	422 496
罗马尼亚	697	1 076 766	162	312 313

2005 年中国主要出口商品输往地（续）

汽车

输往地	2005 年		2004 年	
	数量（辆）	金额（美元）	数量（辆）	金额（美元）
瑞典	17 656	11 283 368	7 718	5 054 245
瑞士	851	437 164	50	33 673
爱沙尼亚	355	353 091	121	117 125
拉脱维亚	144	88 989	67	61 613
立陶宛	79	113 189	51	44 686
格鲁吉亚	73	396 114	0	0
亚美尼亚	1	39 105	0	0
阿塞拜疆	260	2 424 914	131	3 989 395
白俄罗斯	9	83 664	0	0
摩尔多瓦	32	233 221	20	113 017
俄罗斯	10 429	83 159 011	861	6 150 905
乌克兰	6 523	45 748 230	1 228	6 357 192
塞黑	53	126 600	24	24 458
斯洛文尼亚	636	488 929	56	41 520
克罗地亚	686	471 784	24	41 308
捷克	1 370	1 341 080	421	423 348
斯洛伐克	190	432 192	173	259 575
波黑	116	97 809	24	12 000
安提瓜和巴布达	71	488 360	0	0
阿根廷	5 206	3 313 479	589	544 410
阿鲁巴岛	23	66 780	109	469 531
巴哈马	33	363 471	2	7 200
巴巴多斯	18	393 646	9	367 367
伯利兹	4	14 656	10	296 000
玻利维亚	99	1 478 087	116	721 682
巴西	640	5 342 795	150	360 551
开曼群岛	7	51 682	4	18 412
智利	1 935	5 194 034	804	503 389
哥伦比亚	2 559	7 751 560	174	258 352
多米尼克	299	1 048 893	83	485 504
哥斯达黎加	1 331	3 779 534	349	1 651 898
古巴	776	39 668 823	18	253 720
库腊索岛	11	75 255	3	10 300
多米尼加	900	3 273 311	217	885 543
厄瓜多尔	1 490	2 969 259	922	1 694 123
法属圭亚那	50	7 580	0	0
格林纳达	9	193 169	0	0
瓜德罗普	16	62 588	35	24 346
危地马拉	2 738	14 065 469	1 927	6 937 789

2005 年中国主要出口商品输往地（续）

汽车

输往地	2005 年		2004 年	
	数量（辆）	金额（美元）	数量（辆）	金额（美元）
圭亚那	7	164 484	0	0
海地	93	544 836	23	176 070
洪都拉斯	718	5 497 623	240	1 469 929
牙买加	239	1 933 124	56	1 264 497
墨西哥	7 473	3 884 922	4 924	2 970 537
尼加拉瓜	164	980 239	242	1 083 855
巴拿马	1 079	3 382 299	660	2 909 893
巴拉圭	121	180 025	150	339 548
秘鲁	171	384 019	73	434 111
波多黎各	377	365 557	218	109 341
圣卢西亚	3	38 766	3	19 727
圣马丁岛	16	68 044	2	8 688
圣文森特和格林纳丁斯	8	31 405	0	0
萨尔瓦多	152	1 577 978	46	489 196
苏里南	54	649 965	56	805 490
特立尼达和多巴哥	499	4 148 462	132	844 700
特克斯和凯科斯群岛	28	247 810	0	0
乌拉圭	511	649 997	116	53 450
委内瑞拉	1 095	4 814 665	99	765 629
英属维尔京群岛	2	13 730	0	0
荷属安的列斯群岛	40	192 566	8	74 340
拉丁美洲其他国家(地区)	4	45 022	0	0
加拿大	32 827	17 311 449	4 492	3 591 216
美国	442 096	211 648 183	163 669	86 483 041
百慕大群岛	2	20 420	0	0
澳大利亚	31 548	24 889 966	15 487	10 920 712
库克群岛	8	11 080	5	8 349
斐济	21	344 410	6	38 560
新喀里多尼亚	114	254 736	21	26 556
瓦努阿图	128	1 309 278	34	366 681
新西兰	3 655	2 908 084	3 482	1 675 895
巴布亚新几内亚	33	427 152	22	594 164
社会群岛	108	888 589	28	94 474
所罗门群岛	3	14 600	1	4 400
萨摩亚	33	387 280	46	959 144
密克罗尼西亚联邦	15	237 924	50	313 129
马绍尔群岛共和国	2	680	25	182 660
帕劳共和国	10	7 800	3	21 280
法属波利尼西亚	508	3 619 007	79	603 128
瓦利斯和浮图纳	2	16 680	0	0

2005 年中国主要出口商品输往地（续）

汽车零件

输往地	2005 年 金额（美元）	2004 年 金额（美元）
总值	**6 580 425 446**	**4 410 757 862**
阿富汗	237 679	197 615
巴林	296 423	213 860
孟加拉国	17 208 809	8 802 811
文莱	305 559	154 319
缅甸	9 659 736	7 570 256
柬埔寨	616 449	337 063
塞浦路斯	753 039	419 801
朝鲜	561 003	287 710
香港	56 394 339	46 406 711
印度	41 649 596	8 322 476
印度尼西亚	79 007 695	61 734 727
伊朗	58 000 537	31 087 966
伊拉克	3 798 879	81 684
以色列	14 111 008	9 707 777
日本	1 062 551 312	756 930 058
约旦	8 948 281	4 164 863
科威特	3 471 898	2 885 918
老挝	97 368	4 957
黎巴嫩	7 636 212	5 570 431
澳门	102 673	6 425
马来西亚	94 097 467	66 843 291
马尔代夫	50	12 312
蒙古	127 845	795 446
尼泊尔	473 548	115 350
阿曼	395 120	66 927
巴基斯坦	34 658 226	21 404 868
巴勒斯坦	77 868	1 716
菲律宾	51 040 945	35 394 699
卡塔尔	278 932	115 641
沙特阿拉伯	26 873 590	17 577 051
新加坡	44 528 815	34 861 852
韩国	158 111 294	76 686 498
斯里兰卡	8 412 500	5 669 005
叙利亚	10 274 954	6 220 119
泰国	63 071 643	30 392 380
土耳其	37 700 070	25 495 021
阿联酋	155 815 399	109 084 710
也门	5 041 771	3 486 948
越南	29 859 746	21 987 382

汽车零件

输往地	2005 年 金额（美元）	2004 年 金额（美元）
台湾省	104 039 801	64 769 153
东帝汶	367	0
哈萨克斯坦	16 790 445	763 022
吉尔吉斯斯坦	3 574 484	158 506
塔吉克斯坦	153 800	7 125
土库曼斯坦	209 358	2 900 092
乌兹别克斯坦	1 693	4 434
阿尔及利亚	25 504 722	16 041 140
安哥拉	1 624 782	500 833
贝宁	3 511 397	1 628 518
博茨瓦纳	97 761	57 570
喀麦隆	155 720	182 497
加那利群岛	2 320	0
佛得角	2 909	0
中非	21	9 389
乍得	136 020	75 033
刚果（布）	911 518	438 652
吉布提	430 287	66 734
埃及	17 908 029	10 620 776
赤道几内亚	167 864	87 475
埃塞俄比亚	1 286 677	737 268
加蓬	108 699	47 097
冈比亚	4 036	22 481
加纳	1 863 789	1 202 264
几内亚	208 320	336 064
几内亚比绍	141	1 713
科特迪瓦	217 764	706 323
肯尼亚	3 850 945	1 595 165
利比里亚	92 655	5 162
利比亚	6 237 012	3 599 899
马达加斯加	869 969	458 450
马拉维	35 366	61 082
马里	428 111	482 653
毛里塔尼亚	237 011	111 657
毛里求斯	596 788	181 935
摩洛哥	4 110 958	3 682 609
莫桑比克	966 064	2 134 416
纳米比亚	59 315	43 150
尼日尔	50 688	29 878
尼日利亚	37 359 900	34 630 817

2005 年中国主要出口商品输往地（续）

汽车零件

输往地	2005 年 金额（美元）	2004 年 金额（美元）
留尼汪	108	13 015
卢旺达	60 231	10 560
塞内加尔	143 036	125 580
塞舌尔	10 434	2 790
塞拉利昂	40 415	74 385
南非	62 201 867	40 574 326
苏丹	9 237 075	5 086 934
坦桑尼亚	2 376 521	1 050 624
多哥	167 386	252 313
突尼斯	1 812 154	1 003 025
乌干达	231 324	153 960
布基纳法索	77 602	13 864
刚果（金）	56 323	15 157
赞比亚	398 005	344 402
津巴布韦	2 032 018	929 952
梅利利亚	1 930	0
厄立特里亚	304	33 477
马约特岛	1 200	0
比利时	41 825 863	25 632 904
丹麦	33 060 733	19 268 370
英国	159 809 177	106 698 800
德国	215 819 652	136 229 327
法国	119 356 752	65 554 298
爱尔兰	5 707 035	2 881 071
意大利	117 934 418	67 492 586
卢森堡	21 448	34 203
荷兰	54 360 815	31 150 728
希腊	5 965 600	3 795 259
葡萄牙	5 423 231	3 269 210
西班牙	50 258 607	38 586 868
阿尔巴尼亚	188 846	132 810
奥地利	1 251 110	1 035 175
保加利亚	1 051 435	481 596
芬兰	15 531 995	9 717 289
匈牙利	5 549 316	6 381 815
冰岛	133 594	41 360
列支敦士登	1 905	2 187
马耳他	441 610	130 799
挪威	8 519 613	3 978 447
波兰	31 441 792	18 143 490

汽车零件

输往地	2005 年 金额（美元）	2004 年 金额（美元）
罗马尼亚	3 195 025	1 448 955
圣马力诺	26 305	0
瑞典	22 675 477	9 849 471
瑞士	2 025 786	776 447
爱沙尼亚	3 787 705	1 188 274
拉脱维亚	4 319 631	2 412 249
立陶宛	28 860 168	14 892 837
格鲁吉亚	95 349	0
亚美尼亚	71 503	0
阿塞拜疆	262 126	512 526
白俄罗斯	2 679 752	2 155 963
俄罗斯	56 289 557	8 789 072
乌克兰	10 628 277	3 070 697
塞黑	681 631	564 495
斯洛文尼亚	2 401 556	809 343
克罗地亚	1 013 660	461 023
捷克	7 612 081	4 403 431
斯洛伐克	2 537 969	1 475 055
马其顿	40 608	0
波黑	63 278	30 188
安提瓜和巴布达	2 748	0
阿根廷	12 002 698	5 197 171
阿鲁巴岛	14 264	3 370
巴哈马	1 345	8 041
巴巴多斯	33 375	32 435
伯利兹	3 770	78 390
玻利维亚	241 845	426 620
巴西	31 472 688	16 254 415
智利	14 438 590	8 368 093
哥伦比亚	13 396 274	6 999 438
多米尼克	807 972	707 712
哥斯达黎加	2 657 018	2 247 882
古巴	1 972 785	277 327
多米尼加	3 422 480	2 017 139
厄瓜多尔	5 756 859	2 718 591
格林纳达	930	12 980
瓜德罗普	40 821	50
危地马拉	3 471 645	1 938 590
圭亚那	259 169	107 765
海地	254 079	52 294

2005年中国主要出口商品输往地（续）

汽车零件

输往地	2005年	2004年
	金额（美元）	金额（美元）
洪都拉斯	1 227 629	635 041
牙买加	763 856	544 258
墨西哥	61 102 161	31 127 847
尼加拉瓜	438 339	270 737
巴拿马	19 247 641	13 755 570
巴拉圭	1 163 664	815 118
秘鲁	6 253 008	3 526 104
波多黎各	4 674 244	3 700 061
圣卢西亚	12 359	0
萨尔瓦多	924 597	599 895
苏里南	163 566	59 156
特立尼达和多巴哥	1 495 336	1 127 791
乌拉圭	1 054 534	675 218
委内瑞拉	26 191 155	13 263 804
英属维尔京群岛	1 325	0

汽车零件

输往地	2005年	2004年
	金额（美元）	金额（美元）
荷属安的列斯群岛	4 898	0
加拿大	224 622 852	140 438 780
美国	2 607 621 984	1 876 825 354
澳大利亚	103 742 357	76 951 022
斐济	226 005	92 347
新喀里多尼亚	30 498	3 141
瓦努阿图	47 979	18 972
新西兰	6 966 368	6 076 348
巴布亚新几内亚	294 997	119 127
社会群岛	3 830	3 289
所罗门群岛	3 821	262
萨摩亚	6 195	18 751
密克罗尼西亚联邦	12 384	0
法属波利尼西亚	41 064	4 698
大洋洲其他国家（地区）	9 737	401

电线电缆

输往地	2005年		2004年	
	数量（公吨）	金额（美元）	数量（公吨）	金额（美元）
总　值	**1 234 080**	**4 839 285 116**	**1 077 211**	**3 700 994 616**
阿富汗	0	2 315	20	56 348
巴林	243	740 201	1 180	1 375 662
孟加拉国	4 392	13 170 612	2 861	7 261 157
文莱	42	149 806	5	17 899
缅甸	1 662	6 685 712	3 244	11 102 550
柬埔寨	97	363 059	30	98 113
塞浦路斯	336	767 875	958	2 053 655
朝鲜	1 568	5 022 129	1 157	3 076 524
香港	189 878	646 736 224	174 507	505 221 461
印度	25 414	89 333 644	18 120	53 606 413
印度尼西亚	15 011	46 499 066	13 809	34 268 558
伊朗	3 089	12 780 703	1 463	3 722 351
伊拉克	164	378 942	71	138 774
以色列	2 646	6 577 722	2 147	5 264 782
日本	100 563	995 986 507	92 604	828 607 088
约旦	623	1 033 779	763	1 474 866
科威特	1 061	3 072 022	691	2 640 039
老挝	762	2 595 056	446	1 420 046

2005年中国主要出口商品输往地（续）

电线电缆

输往地	2005年		2004年	
	数量（公吨）	金额（美元）	数量（公吨）	金额（美元）
黎巴嫩	858	1 506 210	1 360	2 002 351
澳门	1 090	5 946 645	2 556	10 767 051
马来西亚	9 892	59 650 692	7 321	43 717 224
马尔代夫	162	344 061	86	149 811
蒙古	796	2 776 649	187	573 233
尼泊尔	618	1 190 169	252	642 273
阿曼	415	1 509 694	91	181 113
巴基斯坦	4 985	16 006 562	4 735	10 493 060
巴勒斯坦	0	357	2	2 100
菲律宾	10 615	37 463 813	9 625	23 830 433
卡塔尔	148	502 061	19	67 485
沙特阿拉伯	5 088	8 213 446	4 208	5 429 612
新加坡	22 128	92 031 943	18 626	67 694 015
韩国	97 376	472 311 441	65 935	283 927 428
斯里兰卡	602	1 574 595	578	975 203
叙利亚	1 034	1 590 302	819	1 372 665
泰国	16 147	55 923 415	11 876	36 573 529
土耳其	5 931	14 368 673	3 772	8 226 635
阿联酋	19 023	41 680 584	18 432	30 159 264
也门	3 017	7 035 776	3 114	6 790 751
越南	5 707	20 018 215	3 800	11 609 039
台湾省	35 201	182 975 482	38 888	182 614 061
哈萨克斯坦	534	2 809 260	350	1 063 156
吉尔吉斯斯坦	4	19 081	24	100 797
塔吉克斯坦	21	74 159	1	2 943
土库曼斯坦	57	411 532	2	2 781
乌兹别克斯坦	199	316 093	208	628 790
阿尔及利亚	1 499	5 254 942	651	1 051 869
安哥拉	1 061	7 065 228	2 666	6 010 891
贝宁	6 838	14 687 735	4 292	6 741 961
博茨瓦纳	2	5 923	5	27 116
布隆迪	1	3 836	6	11 292
喀麦隆	173	437 771	222	432 692
佛得角	1	10 866	0	0
中非	32	161 196	68	220 357
刚果（布）	822	2 954 340	51	301 830
吉布提	101	160 774	2	9 270
埃及	5 751	7 993 202	5 742	7 159 574
赤道几内亚	80	286 508	25	94 087

2005年中国主要出口商品输往地（续）

电线电缆

输往地	2005年		2004年	
	数量（公吨）	金额（美元）	数量（公吨）	金额（美元）
埃塞俄比亚	695	2 521 236	982	2 311 559
加蓬	142	529 649	40	151 409
冈比亚	1	1 661	0	0
加纳	1 739	4 435 793	1 962	4 227 674
几内亚	17	45 372	7	107 202
科特迪瓦	280	472 036	139	216 332
肯尼亚	206	538 479	254	775 750
利比里亚	35	148 692	0	0
利比亚	1 110	2 906 368	178	409 045
马达加斯加	437	674 961	183	334 559
马拉维	6	50 431	0	0
马里	36	114 709	4	7 326
毛里塔尼亚	166	351 188	63	107 497
毛里求斯	401	807 440	353	641 463
摩洛哥	2 851	5 007 868	2 201	3 040 123
莫桑比克	158	493 918	191	466 400
纳米比亚	2	9 439	0	0
尼日利亚	9 784	26 622 570	9 178	14 040 203
留尼汪	51	108 977	25	45 595
卢旺达	10	24 484	0	0
塞内加尔	68	135 294	32	34 200
塞拉利昂	25	64 538	20	34 820
索马里	47	127 130	6	14 865
南非	4 354	11 335 393	2 837	6 585 049
苏丹	1 575	8 387 291	1 426	5 117 415
坦桑尼亚	104	311 057	238	443 783
多哥	182	621 683	11	23 754
突尼斯	199	427 704	184	371 045
乌干达	8	23 220	12	23 003
布基纳法索	4	5 855	0	0
刚果（金）	26	100 154	61	351 539
赞比亚	23	108 869	103	312 066
津巴布韦	160	754 860	5 381	13 576 942
厄立特里亚	14	50 779	4	5 350
比利时	13 138	53 654 331	9 023	31 768 475
丹麦	2 503	6 561 074	2 707	6 332 568
英国	55 674	158 852 423	53 062	130 679 481
德国	44 769	133 901 103	43 444	113 687 269
法国	31 832	80 652 849	26 384	69 613 699

2005 年中国主要出口商品输往地（续）

电线电缆

输往地	2005 年		2004 年	
	数量（公吨）	金额（美元）	数量（公吨）	金额（美元）
爱尔兰	2 775	22 149 507	1 842	15 960 904
意大利	14 563	40 425 414	13 593	31 476 425
卢森堡	6	20 642	5	25 716
荷兰	18 357	55 048 390	18 489	43 412 948
希腊	2 929	6 741 361	2 745	5 447 208
葡萄牙	1 873	4 505 277	1 535	3 249 236
西班牙	14 901	37 880 245	11 831	26 935 396
阿尔巴尼亚	236	959 626	98	294 178
奥地利	874	2 804 559	1 258	2 809 488
保加利亚	2 427	5 667 943	2 140	4 027 808
芬兰	4 233	12 689 664	3 644	13 093 134
匈牙利	4 366	19 893 992	3 979	13 410 137
冰岛	74	195 640	70	157 350
列支敦士登	0	33	0	194
马耳他	138	323 608	36	91 030
挪威	1 314	3 595 661	1 161	2 745 418
波兰	5 236	16 053 413	4 036	11 505 048
罗马尼亚	2 774	5 989 400	2 090	3 794 860
圣马力诺	0	4 180	0	0
瑞典	6 541	17 915 065	4 578	16 549 339
瑞士	547	2 329 549	677	2 210 571
爱沙尼亚	860	1 939 964	559	1 337 011
拉脱维亚	842	1 832 945	460	841 342
立陶宛	1 895	3 609 559	1 212	2 395 952
格鲁吉亚	21	26 510	2	5 489
亚美尼亚	12	46 707	2	9 250
阿塞拜疆	8	187 704	2	15 100
白俄罗斯	20	55 005	9	22 871
摩尔多瓦	39	76 895	52	82 923
俄罗斯	10 428	19 317 519	7 338	12 150 020
乌克兰	5 129	10 891 678	3 600	6 468 794
塞黑	29	92 933	53	132 389
斯洛文尼亚	665	1 587 591	505	983 250
克罗地亚	1 155	2 657 344	732	1 267 136
捷克	4 639	16 552 370	4 174	8 911 129
斯洛伐克	957	2 297 522	666	1 389 330
马其顿	1	600	241	704 671
波黑	24	65 099	43	99 428
阿根廷	773	1 918 624	613	1 611 869
巴哈马	1	3 074	0	0

2005年中国主要出口商品输往地（续）

电线电缆

输往地	2005年		2004年	
	数量（公吨）	金额（美元）	数量（公吨）	金额（美元）
巴巴多斯	4	8 234	0	0
伯利兹	17	61 529	9	25 901
玻利维亚	94	246 101	64	187 367
巴西	2 802	8 819 057	2 909	8 732 605
智利	4 831	11 098 939	2 877	6 062 640
哥伦比亚	3 012	6 780 213	1 914	3 508 559
多米尼克	72	116 706	22	43 947
哥斯达黎加	124	382 473	93	654 350
古巴	394	2 054 636	350	1 305 403
多米尼加	550	959 566	248	815 935
厄瓜多尔	1 084	2 441 871	528	986 727
法属圭亚那	5	14 768	2	1 914
瓜德罗普	9	21 648	4	6 691
危地马拉	455	931 995	319	563 378
圭亚那	25	50 135	33	73 669
海地	59	130 149	49	63 810
洪都拉斯	129	400 071	88	188 546
牙买加	320	926 472	76	192 095
墨西哥	7 064	18 961 805	6 212	18 573 076
尼加拉瓜	35	58 860	36	55 017
巴拿马	1 853	3 141 434	1 212	1 959 964
巴拉圭	27	69 931	37	85 031
秘鲁	1 517	3 786 709	1 036	2 284 152
波多黎各	393	1 078 343	288	665 672
萨尔瓦多	194	375 902	250	392 994
苏里南	18	39 369	0	0
特立尼达和多巴哥	745	2 116 026	57	132 720
乌拉圭	184	417 132	70	156 491
委内瑞拉	1 226	2 333 860	534	1 218 576
圣基茨和尼维斯	0	1 730	0	0
荷属安的列斯群岛	2	5 603	9	13 034
加拿大	11 873	31 940 558	13 624	42 214 687
美国	265 600	896 236 672	237 847	682 323 755
澳大利亚	37 193	117 980 146	24 852	67 392 027
斐济	52	149 874	21	49 911
新喀里多尼亚	3	9 048	5	10 102
新西兰	2 019	5 531 920	1 960	5 023 631
巴布亚新几内亚	45	134 166	33	84 457
汤加	0	4 433	3	9 132
密克罗尼西亚联邦	1	4 052	0	0
法属波利尼西亚	0	685	0	2 580

2005 年中国主要出口商品输往地（续）

金属切削机床

输往地	2005 年		2004 年	
	数量（台）	金额（美元）	数量（台）	金额（美元）
总　值	**6 817 544**	**820 500 026**	**6 193 018**	**539 972 101**
阿富汗	6	14 626	0	0
巴林	108	131 838	128	86 049
孟加拉国	6 299	1 662 528	4 062	1 364 913
文莱	141	54 063	5	75 694
缅甸	4 609	2 663 383	4 824	1 696 506
柬埔寨	36	49 574	22	25 733
塞浦路斯	1 152	499 875	1 039	477 153
朝鲜	126	1 505 884	151	2 337 441
香港	13 364	48 837 145	10 929	32 481 006
印度	11 712	15 318 139	1 748	5 367 788
印度尼西亚	65 878	16 435 050	66 791	13 642 688
伊朗	32 197	14 721 259	36 988	10 886 016
伊拉克	261	144 628	0	0
以色列	12 080	1 272 225	9 985	613 265
日本	183 763	72 925 588	143 297	41 900 198
约旦	5 492	1 176 562	3 495	357 906
科威特	1 801	957 556	190	226 187
老挝	59	268 793	42	155 964
黎巴嫩	4 821	1 200 930	5 637	604 951
澳门	338	1 756 421	166	1 620 609
马来西亚	25 154	21 080 023	23 375	11 984 988
马尔代夫	3	7 408	2	1 060
蒙古	61	251 352	38	110 900
尼泊尔	181	5 335	50	1 250
阿曼	22	81 751	6	60 660
巴基斯坦	5 253	5 921 482	5 139	5 551 222
巴勒斯坦	20	1 250	0	0
菲律宾	23 872	3 732 941	21 400	4 261 647
卡塔尔	220	348 724	46	258 539
沙特阿拉伯	17 924	4 266 545	9 796	3 503 219
新加坡	22 242	16 321 407	39 218	9 601 387
韩国	48 068	24 860 492	32 880	9 701 247
斯里兰卡	9 937	1 172 668	8 137	480 376
叙利亚	23 719	6 566 778	17 119	3 977 525
泰国	89 436	18 124 040	80 584	14 861 453
土耳其	60 699	29 134 162	57 855	8 704 352
阿联酋	62 850	12 860 941	48 069	7 246 102
也门	1 011	896 424	1 358	782 357

2005年中国主要出口商品输往地（续）

金属切削机床

输往地	2005年		2004年	
	数量（台）	金额（美元）	数量（台）	金额（美元）
越南	73 103	17 038 162	70 759	12 148 453
台湾省	26 258	13 230 063	14 302	11 690 698
哈萨克斯坦	1 543	2 389 978	1 476	1 608 979
吉尔吉斯斯坦	27	56 930	17	18 535
土库曼斯坦	14	6 055	0	0
乌兹别克斯坦	244	716 411	403	239 470
阿尔及利亚	4 845	652 205	2 403	533 246
安哥拉	65	20 166	684	60 084
贝宁	135	8 570	210	45 837
博茨瓦纳	1	35	9	4 390
喀麦隆	158	86 535	1	904
佛得角	2	1 209	0	0
科摩罗	2	940	0	0
刚果（布）	20	80 315	19	35 296
吉布提	253	268 839	45	247 315
埃及	27 270	3 118 458	11 973	2 853 767
赤道几内亚	4	1 336	14	68 243
埃塞俄比亚	2 114	562 013	457	247 553
加蓬	4	28 325	0	0
加纳	166	188 241	176	273 696
几内亚	2	14 966	11	15 535
科特迪瓦	162	45 032	520	8 695
肯尼亚	179	148 439	302	110 528
利比里亚	8	847	0	0
利比亚	1 147	512 524	2 938	219 869
马达加斯加	349	38 432	760	41 359
马拉维	2	1 664	3	41 694
马里	19	14 844	4	17 078
毛里求斯	189	158 895	634	102 293
摩洛哥	7 347	855 387	2 032	290 581
莫桑比克	16	76 174	25	6 128
纳米比亚	236	5 340	246	43 569
尼日利亚	7 338	1 179 959	1 670	820 331
留尼汪	100	8 311	78	6 125
卢旺达	11	11 813	6	2 821
塞内加尔	18	12 386	0	0
塞拉利昂	4	4 516	28	158 673
南非	74 997	14 337 795	83 770	9 595 574
苏丹	127	1 411 972	59	442 706

2005年中国主要出口商品输往地（续）

金属切削机床

输往地	2005年		2004年	
	数量（台）	金额（美元）	数量（台）	金额（美元）
坦桑尼亚	210	160 414	327	286 237
突尼斯	2 770	576 081	3 444	375 644
乌干达	1	1 769	63	16 815
赞比亚	10	76 888	7	18 200
津巴布韦	79	11 103	37	24 643
莱索托	6	16 354	0	0
非洲其他国家（地区）	3	7 125	0	0
比利时	183 421	9 017 369	113 123	4 709 231
丹麦	72 429	3 416 998	48 425	1 566 837
英国	283 287	18 113 771	287 470	15 808 581
德国	750 073	49 454 080	583 074	28 679 540
法国	226 789	10 016 282	248 489	7 799 176
爱尔兰	8 177	591 083	2 345	299 444
意大利	207 615	16 683 008	194 228	13 325 712
卢森堡	149	57 651	291	77 000
荷兰	447 861	19 258 512	282 109	9 418 228
希腊	28 189	2 628 543	38 090	1 758 550
葡萄牙	32 933	1 974 436	20 802	972 379
西班牙	169 201	9 685 077	188 117	7 415 846
阿尔巴尼亚	70	230 988	5	107 147
奥地利	65 669	4 349 126	51 522	2 714 114
保加利亚	4 459	133 586	2 695	73 207
芬兰	83 003	3 505 927	85 591	2 773 414
匈牙利	38 363	789 514	24 668	586 826
冰岛	2	4 770	40	3 014
马耳他	1 410	118 555	1 151	88 576
挪威	49 933	2 205 834	21 113	754 013
波兰	101 291	5 619 848	77 371	3 076 258
罗马尼亚	22 704	881 454	5 713	470 587
瑞典	68 927	3 813 570	51 827	1 955 539
瑞士	10 193	4 102 318	7 407	2 586 643
爱沙尼亚	2 861	61 977	402	6 291
拉脱维亚	48 167	717 720	36 886	539 309
立陶宛	5 757	246 019	40 453	586 397
格鲁吉亚	630	8 259	100	833
阿塞拜疆	51	207 721	0	0
白俄罗斯	1 101	15 298	0	0
摩尔多瓦	550	5 654	0	0
俄罗斯	150 503	10 184 026	108 416	5 300 383

2005 年中国主要出口商品输往地（续）

金属切削机床

输往地	2005 年		2004 年	
	数量（台）	金额（美元）	数量（台）	金额（美元）
乌克兰	44 080	1 387 944	28 276	427 970
塞黑	207	36 105	1 502	32 788
斯洛文尼亚	6 445	741 062	3 613	288 717
克罗地亚	10 351	265 203	13 654	311 813
捷克	16 696	1 705 790	47 647	4 293 303
斯洛伐克	1 414	135 819	18 687	375 431
马其顿	2	26 740	0	0
波黑	475	6 140	390	3 619
安提瓜和巴布达	62	15 227	0	0
阿根廷	79 834	11 591 787	72 006	5 863 880
阿鲁巴岛	4	7 141	1	2 568
巴哈马	1	30 732	0	0
巴巴多斯	1	1 026	4	405
伯利兹	29	8 688	29	5 414
玻利维亚	239	95 512	709	63 820
巴西	124 961	17 505 677	101 714	7 695 935
智利	42 558	5 575 118	26 068	3 643 956
哥伦比亚	22 830	4 352 779	21 817	2 033 743
多米尼克	94	4 164	0	0
哥斯达黎加	5 059	472 998	2 840	443 879
多米尼加	775	35 515	88	141 101
厄瓜多尔	16 412	1 150 843	8 388	539 567
危地马拉	2 509	208 077	3 698	222 352
圭亚那	48	2 211	4	9 894
洪都拉斯	374	36 649	841	22 191
牙买加	51	1 899	0	0
墨西哥	84 840	10 373 345	83 672	7 697 724
尼加拉瓜	701	126 038	90	35 406
巴拿马	7 257	241 992	5 276	122 073
巴拉圭	877	93 957	2 577	37 476
秘鲁	22 696	928 347	24 728	1 095 453
波多黎各	500	5 252	1 300	54 338
萨尔瓦多	54	68 239	206	35 191
苏里南	52	2 815	69	73 569
特立尼达和多巴哥	61	74 143	0	0
乌拉圭	7 908	475 209	9 824	323 221
委内瑞拉	10 952	689 143	8 903	336 751
圣基茨和尼维斯	5	425	0	0
加拿大	295 001	21 574 816	299 851	17 396 091

2005 年中国主要出口商品输往地（续）

金属切削机床

输往地	2005 年		2004 年	
	数量（台）	金额（美元）	数量（台）	金额（美元）
美国	1 709 445	146 979 521	1 863 824	112 860 167
澳大利亚	237 819	25 488 837	158 858	18 364 255
斐济	2	5 661	0	0
新喀里多尼亚	203	15 965	200	21 130
新西兰	30 516	4 387 877	24 105	3 693 052
巴布亚新几内亚	354	66 279	43	2 075
密克罗尼西亚联邦	6	1 196	0	0
法属波利尼西亚	540	24 069	644	31 825
大洋洲其他国家（地区）	3	3 474	3	204

计算机

输往地	2005 年	2004 年
	金额（美元）	金额（美元）
总　值	**76 307 019 494**	**59 915 173 516**
阿富汗	594 415	468 418
巴林	374 669	519 095
孟加拉国	12 906 325	2 253 104
文莱	196 867	189 054
缅甸	1 318 658	1 820 565
柬埔寨	354 659	59 663
塞浦路斯	1 461 286	1 131 806
朝鲜	5 278 219	2 760 492
香港	14 154 314 959	10 698 210 764
印度	458 261 130	161 591 349
印度尼西亚	48 361 011	34 324 265
伊朗	18 767 931	7 894 163
伊拉克	1 301 489	21 264
以色列	62 706 946	54 200 128
日本	7 543 892 796	6 416 766 366
约旦	2 928 410	2 678 099
科威特	4 373 390	2 429 732
老挝	44 551	414 801
黎巴嫩	4 243 116	3 026 878
澳门	1 911 250	60 850 170
马来西亚	642 880 587	552 366 238
马尔代夫	35 503	1 672
蒙古	3 129 396	573 577
尼泊尔	928 557	736 305

计算机

输往地	2005 年	2004 年
	金额（美元）	金额（美元）
阿曼	1 098 896	675 527
巴基斯坦	14 558 345	9 181 658
巴勒斯坦	13 695 762	1 309 528
菲律宾	74 626 539	85 370 715
卡塔尔	906 246	217 584
沙特阿拉伯	48 935 561	34 592 119
新加坡	1 160 257 749	1 061 336 680
韩国	1 661 888 436	1 702 136 199
斯里兰卡	4 657 713	1 498 208
叙利亚	2 937 098	4 089 720
泰国	300 027 604	182 237 862
土耳其	169 878 224	102 198 203
阿联酋	389 373 529	174 648 179
也门	1 250 262	2 727 909
越南	23 537 765	14 076 021
台湾省	982 662 839	858 224 909
哈萨克斯坦	21 320 081	38 106 463
吉尔吉斯斯坦	285 468	317 890
塔吉克斯坦	226 740	232 171
土库曼斯坦	180 893	245 554
乌兹别克斯坦	10 940 577	7 275 899
阿尔及利亚	8 204 391	7 709 079
安哥拉	480 224	246 103
贝宁	377 384	171 973
博茨瓦纳	64 056	169 642

2005年中国主要出口商品输往地（续）

计算机

输往地	2005年	2004年
	金额（美元）	金额（美元）
布隆迪	110 078	22 109
喀麦隆	163 762	176 837
佛得角	54 680	0
中非	52 982	169 115
乍得	3 549	0
科摩罗	10 177	4 439
刚果（布）	290 094	42 579
吉布提	33 000	296 666
埃及	23 212 552	13 797 778
赤道几内亚	12 732	13 284
埃塞俄比亚	1 105 523	139 324
加蓬	22 279	17 958
冈比亚	1 050	1 982
加纳	1 190 362	224 412
几内亚	5 659	39 057
几内亚比绍	68 849	74 640
科特迪瓦	520 867	889 473
肯尼亚	1 860 495	1 291 405
利比里亚	110 273	307 457
利比亚	2 131 725	662 293
马达加斯加	107 095	392 991
马拉维	2 527	0
马里	23 801	23 516
毛里塔尼亚	21 872	2 253
毛里求斯	800 190	656 486
摩洛哥	27 031 577	4 116 713
莫桑比克	319 589	363 163
纳米比亚	42 028	62 611
尼日尔	379 210	128 100
尼日利亚	12 034 140	5 035 876
留尼汪	307 708	65 368
卢旺达	48 887	913 516
圣多美和普林西比	9 642	0
塞内加尔	82 077	0
塞舌尔	441 802	230
塞拉利昂	23 153	25 613
南非	141 375 264	77 091 480
苏丹	10 407 512	1 355 995
坦桑尼亚	377 808	269 034
多哥	42 935	256 033

计算机

输往地	2005年	2004年
	金额（美元）	金额（美元）
突尼斯	6 626 677	3 552 568
乌干达	521 153	169 813
布基纳法索	56 010	0
刚果（金）	15 614	0
赞比亚	296 854	26 897
津巴布韦	997 496	255 598
莱索托	58 344	0
斯威士兰	44 210	1 549
厄立特里亚	17 511	7 133
马约特岛	24 050	0
比利时	551 079 387	575 004 818
丹麦	50 603 197	29 876 267
英国	1 431 664 332	1 382 522 982
德国	5 519 700 900	3 960 278 703
法国	1 637 624 741	2 067 724 642
爱尔兰	608 316 014	364 363 094
意大利	301 367 715	171 827 072
卢森堡	1 738 880 266	714 977 782
荷兰	9 293 222 340	6 392 731 738
希腊	22 814 888	18 848 479
葡萄牙	34 244 154	11 351 122
西班牙	349 609 723	198 652 252
阿尔巴尼亚	187 893	94 378
奥地利	96 412 362	181 135 955
保加利亚	6 400 178	3 042 191
芬兰	660 850 742	484 433 544
直布罗陀	13 841	0
匈牙利	93 590 981	69 139 564
冰岛	162 898	113 551
列支敦士登	1 000	2 622
马耳他	508 897	1 156 547
摩纳哥	8 632	0
挪威	43 207 660	12 087 924
波兰	110 293 113	31 942 086
罗马尼亚	26 823 930	17 921 933
瑞典	43 680 908	25 854 232
瑞士	80 540 371	37 878 844
爱沙尼亚	7 256 885	6 932 602
拉脱维亚	2 007 949	1 421 559
立陶宛	2 935 211	1 806 607

2005 年中国主要出口商品输往地（续）

计算机

输往地	2005 年	2004 年
	金额（美元）	金额（美元）
格鲁吉亚	3 150 625	1 475 475
亚美尼亚	400 012	22 184
阿塞拜疆	366 299	183 167
白俄罗斯	1 378 931	274 339
摩尔多瓦	86 231	297 992
俄罗斯	67 886 716	79 644 902
乌克兰	9 957 332	12 596 857
塞黑	1 588 892	1 011 743
斯洛文尼亚	3 316 587	1 892 189
克罗地亚	6 698 740	3 224 850
捷克	210 002 169	173 665 541
斯洛伐克	37 798 858	8 524 594
马其顿	494 175	2 877 190
波黑	586 092	103 194
安提瓜和巴布达	858	0
阿根廷	41 743 756	25 175 257
巴巴多斯	3 221	0
伯利兹	37 530	0
玻利维亚	191 246	43 609
巴西	128 282 115	70 816 092
智利	65 900 082	28 567 176
哥伦比亚	15 334 489	9 146 340
多米尼克	55 301	60 429
哥斯达黎加	1 778 421	2 291 647
古巴	1 313 933	3 159 496
多米尼加	87 536	473 478
厄瓜多尔	5 720 312	3 167 049
格林纳达	5 430	0
危地马拉	2 038 587	3 919 611
圭亚那	19 912	19 925
洪都拉斯	648 759	563 909

计算机

输往地	2005 年	2004 年
	金额（美元）	金额（美元）
牙买加	466 716	640 956
马提尼克岛	874 018	0
墨西哥	356 261 839	339 270 789
尼加拉瓜	100 009	64 132
巴拿马	16 773 274	5 627 440
巴拉圭	4 817 080	3 810 885
秘鲁	14 822 100	3 755 422
波多黎各	487 443	1 149 077
圣卢西亚	43 654	0
萨尔瓦多	1 155 828	704 672
苏里南	15 377	0
特立尼达和多巴哥	17 311	209 830
乌拉圭	14 686 262	9 294 716
委内瑞拉	10 276 914	4 689 185
荷属安的列斯群岛	62 420	0
加拿大	994 916 299	627 808 946
美国	22 190 649 119	18 294 456 895
格陵兰	31 434	58 752
澳大利亚	1 184 285 412	943 693 241
库克群岛	10 888	4 820
斐济	202 733	24 338
新喀里多尼亚	62 570	1 398
瓦努阿图	27 567	16 490
新西兰	98 042 674	74 815 689
巴布亚新几内亚	387 804	425 667
所罗门群岛	2 062	1 450
汤加	360	13 034
萨摩亚	10 659	18 045
马绍尔群岛共和国	324	418
法属波利尼西亚	174 577	47 178
大洋洲其他国家（地区）	34 586	1 056

显示器

输往地	2005 年		2004 年	
	数量（台）	金额（美元）	数量（台）	金额（美元）
总　值	**95 607 594**	**16 148 131 921**	**80 536 921**	**14 727 620 303**
巴林	1 379	115 153	282	25 036
孟加拉国	4 829	389 300	6 166	433 675
缅甸	3 180	295 481	343	60 399
柬埔寨	2 125	120 120	300	19 800
塞浦路斯	3 177	570 649	9 824	902 561
朝鲜	3 190	384 936	2 697	213 504

2005年中国主要出口商品输往地（续）

显示器

输往地	2005年		2004年	
	数量（台）	金额（美元）	数量（台）	金额（美元）
香港	8 130 788	1 212 894 492	4 238 791	624 647 911
印度	1 162 510	97 645 078	508 349	39 633 440
印度尼西亚	204 499	15 029 591	192 161	13 402 148
伊朗	12 950	1 242 088	13 930	1 325 700
伊拉克	1 300	74 500	275	20 264
以色列	275 259	40 282 188	339 802	42 380 585
日本	5 206 812	1 090 265 021	4 031 408	1 009 421 436
约旦	6 607	471 253	6 870	457 169
科威特	19 568	1 194 806	18 145	1 426 732
老挝	8	2 036	0	0
黎巴嫩	10 316	807 517	17 885	1 336 990
澳门	100	19 877	95	14 975
马来西亚	468 511	71 831 600	609 304	100 179 349
蒙古	8 844	726 475	4 506	333 085
尼泊尔	9 951	611 924	12 294	685 895
阿曼	660	38 537	3 220	161 420
巴基斯坦	75 649	4 951 737	45 929	3 166 710
巴勒斯坦	98 127	13 636 258	7 376	929 101
菲律宾	319 236	22 557 005	370 567	25 258 844
卡塔尔	600	49 656	767	104 154
沙特阿拉伯	193 983	16 743 826	174 898	15 759 425
新加坡	1 164 230	169 938 417	1 085 287	170 957 478
韩国	2 313 345	388 192 603	2 083 358	310 012 846
斯里兰卡	35 097	2 302 993	11 571	812 073
叙利亚	18 706	1 549 403	12 477	1 001 859
泰国	479 268	45 156 871	457 091	40 757 190
土耳其	1 035 617	94 595 899	843 237	63 697 861
阿联酋	718 349	79 200 248	675 921	70 935 144
也门	5 310	389 095	12 045	712 083
越南	91 638	6 630 071	65 654	4 481 496
台湾省	1 105 405	201 338 927	1 375 741	266 936 346
哈萨克斯坦	131 164	15 139 103	311 312	34 242 339
吉尔吉斯斯坦	1 541	129 149	2 832	273 170
塔吉克斯坦	1 046	117 754	1 477	146 403
土库曼斯坦	1 352	180 059	2 325	245 554
乌兹别克斯坦	85 793	8 215 704	61 140	5 867 933
阿尔及利亚	84 830	5 305 282	67 862	3 896 973
安哥拉	381	37 512	401	38 099
贝宁	2 378	271 795	1 130	74 580

2005 年中国主要出口商品输往地（续）

显示器

输往地	2005 年		2004 年	
	数量（台）	金额（美元）	数量（台）	金额（美元）
喀麦隆	810	79 130	1 660	113 300
佛得角	412	54 680	0	0
刚果（布）	950	78 125	180	11 893
吉布提	300	21 000	0	0
埃及	61 412	4 423 764	66 495	4 411 481
埃塞俄比亚	5 074	353 156	968	66 252
加纳	1 817	145 546	133	28 774
科特迪瓦	5 127	358 541	7 662	566 885
肯尼亚	10 364	690 512	13 135	788 008
利比亚	21 332	1 478 200	2 220	519 620
马达加斯加	1 020	77 158	5 540	350 276
毛里求斯	5 836	445 444	4 774	334 367
摩洛哥	38 236	2 539 450	32 479	2 025 549
莫桑比克	1 369	103 011	4 101	264 900
尼日利亚	117 827	6 822 433	43 960	2 872 416
留尼汪	1 480	172 820	753	60 862
塞内加尔	100	17 500	0	0
塞舌尔	350	60 072	0	0
塞拉利昂	2	312	0	0
南非	558 815	53 038 811	498 574	43 209 300
苏丹	494	37 050	8	2 910
坦桑尼亚	4 451	199 894	1 530	129 650
突尼斯	39 324	2 983 120	27 245	2 270 455
乌干达	875	56 700	1 071	82 994
赞比亚	1 050	63 000	0	0
津巴布韦	700	64 850	2 365	167 510
马约特岛	310	24 050	0	0
比利时	1 081 800	243 961 556	1 121 385	276 622 064
丹麦	62 915	10 959 080	51 646	6 385 412
英国	2 882 614	493 371 975	2 814 798	572 068 703
德国	5 144 955	969 464 335	3 894 269	818 727 076
法国	519 672	94 281 706	541 029	97 631 000
爱尔兰	184 908	31 501 597	154 534	24 931 903
意大利	282 339	46 541 998	313 592	54 362 297
卢森堡	50	12 500	5	3 225
荷兰	21 590 602	3 838 228 495	16 297 623	3 104 568 682
希腊	89 774	12 302 088	114 065	13 473 890
葡萄牙	10 528	1 939 362	6 341	1 346 143
西班牙	204 941	33 615 099	165 051	29 288 730

2005年中国主要出口商品输往地（续）

显示器

输往地	2005年		2004年	
	数量（台）	金额（美元）	数量（台）	金额（美元）
奥地利	59 593	12 342 624	80 779	23 179 998
保加利亚	20 450	2 078 848	21 068	1 690 367
芬兰	2 734 481	442 939 773	2 213 916	352 386 984
匈牙利	165 655	21 905 130	89 833	6 324 415
冰岛	307	89 122	0	0
马耳他	3 148	349 289	10 106	1 103 278
挪威	409	74 957	314	152 885
波兰	132 930	20 714 406	214 791	19 554 873
罗马尼亚	166 377	15 313 400	182 227	13 863 656
瑞典	27 889	6 367 157	28 696	10 257 914
瑞士	5 371	423 718	9 117	2 836 972
爱沙尼亚	9 086	1 026 119	61 439	5 021 079
拉脱维亚	617	56 850	2 276	254 737
立陶宛	1 360	231 479	5 820	717 606
格鲁吉亚	25 211	2 980 542	10 610	1 052 395
亚美尼亚	2 800	349 337	7	1 084
阿塞拜疆	416	31 500	0	0
白俄罗斯	4 337	635 740	1 196	129 176
摩尔多瓦	567	42 679	3 488	220 129
俄罗斯	101 616	15 398 222	460 369	56 748 357
乌克兰	31 512	3 153 428	86 490	8 831 567
塞黑	9 677	678 870	11 952	917 975
斯洛文尼亚	2 886	355 017	9 328	1 032 813
克罗地亚	16 566	1 184 748	21 357	1 594 922
捷克	25 401	3 983 313	199 925	23 084 428
斯洛伐克	7 839	852 327	22 516	1 653 102
马其顿	2 345	229 467	2 690	189 929
波黑	2 780	201 225	0	0
阿根廷	359 496	23 655 386	248 604	15 575 026
玻利维亚	1 783	100 490	256	19 773
巴西	175 362	22 116 006	145 411	19 613 868
智利	396 220	30 821 934	194 886	13 864 498
哥伦比亚	98 517	6 857 910	98 293	6 174 183
多米尼克	746	36 052	944	39 648
哥斯达黎加	17 560	1 025 464	26 716	1 717 758
古巴	3 381	305 789	13 371	911 755
多米尼加	1 526	71 595	1 647	99 982
厄瓜多尔	39 321	2 737 635	37 910	2 534 853
危地马拉	32 363	1 641 985	51 404	3 786 479

显示器

输往地	2005 年		2004 年	
	数量（台）	金额（美元）	数量（台）	金额（美元）
洪都拉斯	6 550	401 298	7 260	456 282
牙买加	6 722	394 182	6 558	424 318
墨西哥	608 867	55 727 064	386 494	39 971 085
巴拿马	169 434	12 296 709	34 839	3 554 706
巴拉圭	7 800	522 823	20 809	1 209 438
秘鲁	88 086	5 295 938	13 664	755 580
波多黎各	2 877	158 250	11 806	827 460
圣卢西亚	4	1 159	0	0
萨尔瓦多	17 553	909 790	11 422	677 580
苏里南	4	3 168	0	0
乌拉圭	61 787	5 128 916	49 523	3 504 331
委内瑞拉	106 203	7 556 130	46 565	2 651 614
荷属安的列斯群岛	780	62 420	0	0
加拿大	786 434	142 953 968	856 003	124 393 622
美国	30 749 039	5 461 463 257	28 934 107	5 699 887 609
澳大利亚	1 730 437	323 344 135	1 543 269	310 272 964
斐济	4	158 947	0	0
新喀里多尼亚	300	47 700	0	0
新西兰	137 781	25 696 837	160 371	26 133 935
巴布亚新几内亚	3 908	352 828	4 385	408 967
法属波利尼西亚	580	86 760	562	47 178

照相机

输往地	2005 年		2004 年	
	数量（架）	金额（美元）	数量（架）	金额（美元）
总　值	**45 943 256**	**192 552 364**	**56 300 850**	**331 511 449**
巴林	12 414	175 074	74 546	522 865
孟加拉国	3 208	116 651	7 656	133 016
缅甸	11 248	136 128	12 797	187 395
朝鲜	256	4 950	0	0
香港	13 390 890	48 941 002	24 126 844	103 029 799
印度	1 740 366	4 407 217	1 228 598	3 839 166
印度尼西亚	25 236	78 644	204 095	329 986
伊朗	18 836	139 383	12 320	34 602
以色列	17 602	44 308	24 534	151 820
日本	593 387	12 552 868	1 702 315	33 956 725
约旦	3 640	4 715	20 591	61 581
科威特	21 496	289 054	33 084	404 849

2005 年中国主要出口商品输往地（续）

照相机

输往地	2005 年		2004 年	
	数量（架）	金额（美元）	数量（架）	金额（美元）
老挝	10 032	36 719	0	0
马来西亚	138 671	443 159	115 329	692 622
马尔代夫	2 000	3 810	1 500	2 715
尼泊尔	28 904	493 509	45 843	792 893
阿曼	99 314	1 479 104	108 170	1 201 003
巴基斯坦	90 175	407 425	67 280	474 857
菲律宾	142 144	278 314	70 669	274 835
卡塔尔	6 850	90 678	12 894	205 934
沙特阿拉伯	443 281	2 560 648	567 856	2 800 153
新加坡	214 100	2 525 367	343 438	3 998 416
韩国	107 170	2 215 742	124 839	2 306 535
斯里兰卡	3 467	22 949	716	11 529
叙利亚	106 338	208 531	51 071	107 290
泰国	66 318	268 689	47 729	395 839
土耳其	432 390	879 509	310 005	531 616
阿联酋	2 464 080	8 720 676	2 912 307	12 103 649
也门	200	340	200	376
越南	611	36 446	4	1 300
台湾省	17 515	302 279	12 133	62 156
哈萨克斯坦	100	2 500	2 440	56 120
安哥拉	1 094	10 161	250	18 500
贝宁	18 362	78 550	1 592	115 536
埃及	87 096	130 789	79 748	146 658
科特迪瓦	2 830	358 682	0	0
肯尼亚	9 500	10 100	450	1 225
毛里求斯	1 745	6 566	180	2 148
摩洛哥	34 520	85 436	3 650	13 085
尼日利亚	50	4 350	12 370	75 977
南非	70 786	80 972	195 624	158 475
乌干达	700	700	0	0
比利时	385 150	6 622 517	511 216	13 826 178
丹麦	38 020	83 265	30 650	45 580
英国	566 859	5 216 289	1 069 421	12 745 226
德国	1 174 530	12 472 059	2 005 805	18 652 106
法国	300 706	1 660 807	282 679	2 638 179
爱尔兰	6 100	28 850	8 098	5 277
意大利	1 803 097	3 464 870	584 804	2 810 594
荷兰	981 964	6 704 336	2 051 682	17 318 941
希腊	22 010	82 695	86 535	192 557

2005年中国主要出口商品输往地（续）

照相机

输往地	2005年		2004年	
	数量（架）	金额（美元）	数量（架）	金额（美元）
葡萄牙	37 833	45 487	6 220	10 198
西班牙	391 990	1 381 478	585 391	2 642 594
奥地利	32 553	87 098	58 869	208 239
芬兰	487 796	1 157 753	527 688	1 281 295
匈牙利	24	213	27 564	281 084
挪威	2 000	3 400	6 463	42 942
波兰	37 726	87 591	656 939	991 954
罗马尼亚	82 422	175 608	56 640	127 757
瑞典	441 439	680 151	90 165	797 389
瑞士	19 290	115 034	7 930	43 483
立陶宛	45 600	110 553	480	1 115
摩尔多瓦	1	12 250	0	0
俄罗斯	386 186	245 005	67 522	209 239
乌克兰	378 233	937 867	433 740	1 166 110
塞黑	5	324	0	0
克罗地亚	11 282	9 017	11 767	16 898
捷克	900	1 323	1 900	4 035
阿根廷	57 301	530 621	55 474	275 819
玻利维亚	8	48 274	18 000	27 800
巴西	516 718	2 931 881	507 646	2 638 837
智利	120 582	361 088	132 437	290 528
哥伦比亚	44 514	393 254	93 458	482 147
古巴	19	5 439	0	0
厄瓜多尔	11 254	38 104	32 600	48 377
危地马拉	25 000	42 329	57 531	121 838
洪都拉斯	2 088	3 916	0	0
牙买加	1 000	1 680	0	0
墨西哥	547 819	2 188 214	925 986	2 717 543
巴拿马	155 881	225 859	40 272	76 454
巴拉圭	183 567	295 032	259 891	343 246
秘鲁	18 240	140 561	130 572	174 284
波多黎各	735	81 711	17 388	2 957
乌拉圭	6 065	22 524	6 650	14 202
委内瑞拉	11 023	77 788	20 187	47 207
加拿大	3 203 863	2 062 726	563 558	2 334 286
美国	12 860 929	52 192 176	11 333 258	75 108 060
澳大利亚	97 204	784 364	193 520	1 078 296
瓦努阿图	48	240	0	0
新西兰	6 760	106 049	72 120	135 736

2005年中国主要出口商品输往地（续）

自行车

输往地	2005年		2004年	
	数量（辆）	金额（美元）	数量（辆）	金额（美元）
总　值	**53 938 690**	**1 755 517 124**	**52 126 180**	**1 649 416 607**
阿富汗	10 037	153 086	13 617	400 030
巴林	7 405	237 016	7 986	188 334
孟加拉国	154 205	3 590 287	150 833	3 348 503
文莱	1 092	16 926	3 527	67 594
缅甸	119 468	2 983 701	75 376	1 844 180
柬埔寨	60 122	1 504 022	53 129	1 379 016
塞浦路斯	12 767	274 954	19 775	418 103
朝鲜	12 958	462 580	7 745	205 315
香港	1 429 524	51 801 511	1 594 848	53 995 483
印度	189 319	3 602 960	67 261	1 069 332
印度尼西亚	1 964 066	46 438 538	2 314 389	54 369 841
伊朗	712 091	14 345 095	724 176	14 690 038
伊拉克	43 892	648 486	2 289	67 806
以色列	307 335	8 471 626	273 463	7 842 434
日本	7 972 059	391 683 687	7 746 368	364 406 154
约旦	107 054	1 516 277	108 373	1 691 422
科威特	164 014	3 304 667	143 548	2 314 916
黎巴嫩	110 434	2 054 945	111 912	1 934 872
澳门	32 536	1 555 380	20 644	732 977
马来西亚	1 318 206	24 892 745	886 891	16 703 773
马尔代夫	5 110	168 106	7 542	140 820
蒙古	745	12 680	0	0
尼泊尔	17 599	397 520	9 398	236 996
阿曼	5 058	46 282	2 548	45 934
巴基斯坦	366 827	11 493 078	481 420	15 709 857
巴勒斯坦	3 500	37 460	1 468	31 436
菲律宾	426 282	8 700 561	505 667	9 724 813
卡塔尔	7 006	162 891	1 324	32 932
沙特阿拉伯	1 010 285	17 085 724	814 145	12 299 217
新加坡	169 184	4 105 095	196 657	4 206 834
韩国	1 841 344	68 145 945	1 624 730	54 261 277
斯里兰卡	372 428	9 856 843	284 231	6 869 299
叙利亚	2 920	81 860	2 943	63 030
泰国	56 069	2 523 854	25 582	1 282 822
土耳其	50 569	1 662 423	38 056	772 920
阿联酋	1 324 469	23 627 195	1 564 857	27 550 370
也门	82 228	1 221 497	65 173	1 023 595
越南	18 240	392 060	19 423	628 785

2005年中国主要出口商品输往地（续）

自行车

输往地	2005年		2004年	
	数量（辆）	金额（美元）	数量（辆）	金额（美元）
台湾省	807 820	29 371 207	664 841	21 477 248
哈萨克斯坦	49 221	1 310 206	29 318	647 206
吉尔吉斯斯坦	6 172	151 150	0	0
塔吉克斯坦	4 852	96 613	2 198	43 015
乌兹别克斯坦	4 537	128 284	0	0
阿尔及利亚	59 214	1 028 198	71 314	1 216 858
安哥拉	113 713	2 769 066	97 388	2 419 767
贝宁	10 411	245 844	3 918	115 085
博茨瓦纳	4 560	57 730	8 107	89 763
布隆迪	265	7 354	240	8 672
喀麦隆	12 950	294 251	15 055	215 639
刚果（布）	33 017	966 233	18 162	586 919
吉布提	2 700	77 691	8 070	241 230
埃及	202 535	3 223 797	116 701	2 003 455
埃塞俄比亚	48 680	1 848 115	46 893	1 654 700
加蓬	3 180	46 550	4 209	61 840
冈比亚	5 599	128 037	15 955	349 691
加纳	137 308	3 866 525	190 852	5 099 789
几内亚	37 486	877 578	41 198	1 112 147
几内亚比绍	192	6 899	0	0
科特迪瓦	23 644	390 047	26 907	308 778
肯尼亚	60 677	1 383 262	105 618	2 485 702
利比里亚	3 686	105 961	3 474	85 094
利比亚	29 708	450 993	22 832	363 977
马达加斯加	145 332	4 111 628	172 581	4 856 241
马拉维	5 216	122 041	2 300	61 200
马里	23 142	488 220	7 397	104 890
毛里求斯	47 090	1 038 404	54 813	1 293 477
摩洛哥	136 049	2 147 635	115 850	1 719 349
莫桑比克	8 461	180 132	12 903	309 402
纳米比亚	4 835	78 343	18 644	355 640
尼日利亚	116 875	2 845 336	75 366	1 802 125
留尼汪	4 022	63 486	5 608	73 294
卢旺达	3 194	84 338	4 716	161 362
塞内加尔	22 485	387 440	11 645	195 239
塞拉利昂	2 814	71 249	6 680	212 363
索马里	420	24 360	0	0
南非	456 102	8 736 807	414 153	8 044 369
苏丹	179 148	5 865 263	124 604	4 046 907

2005年中国主要出口商品输往地（续）

自行车

输往地	2005年		2004年	
	数量（辆）	金额（美元）	数量（辆）	金额（美元）
坦桑尼亚	129 972	4 477 867	120 050	4 047 325
多哥	13 730	426 706	9 330	262 621
突尼斯	12 755	163 162	5 860	140 755
乌干达	32 870	1 106 089	26 123	884 260
布基纳法索	3 700	85 994	50	760
刚果（金）	1 939	53 589	1 719	39 503
赞比亚	5 668	183 882	5 811	157 964
津巴布韦	53 127	1 548 764	50 986	1 505 451
斯威士兰	2 880	45 762	2 015	30 475
厄立特里亚	1 700	59 681	6 245	190 408
比利时	54 479	1 479 471	226 908	8 694 106
丹麦	8 921	320 614	13 468	489 273
英国	280 702	8 890 744	235 380	5 787 037
德国	299 439	6 426 635	358 791	9 949 992
法国	290 850	11 707 338	65 121	2 268 139
爱尔兰	8 483	233 200	12 154	266 457
意大利	233 502	5 911 771	211 777	4 689 350
卢森堡	16	560	0	0
荷兰	226 978	7 256 437	170 637	8 030 106
希腊	138 958	2 119 721	156 220	2 279 655
葡萄牙	84 156	2 531 471	41 180	983 536
西班牙	127 520	3 587 483	202 170	5 530 409
阿尔巴尼亚	9 354	197 123	7 034	166 096
安道尔	3	90	180	7 450
奥地利	12 149	700 878	11 875	393 219
保加利亚	29 007	444 052	43 386	570 401
芬兰	29 266	709 786	13 592	324 230
匈牙利	180 485	4 190 771	207 616	4 913 754
冰岛	14 261	760 195	10 999	505 230
马耳他	2 335	43 444	7 820	179 122
挪威	142 079	8 449 896	188 079	10 787 584
波兰	282 302	7 788 641	653 454	20 290 226
罗马尼亚	312 942	6 636 827	254 107	5 566 437
瑞典	9 433	395 424	12 237	391 255
瑞士	70 495	4 219 654	68 896	3 784 351
爱沙尼亚	12 733	354 439	37 235	1 255 877
拉脱维亚	31 772	895 963	34 842	990 856
立陶宛	85 772	2 172 341	103 616	2 779 691
格鲁吉亚	743	12 673	0	0

2005 年中国主要出口商品输往地（续）

自行车

输往地	2005 年		2004 年	
	数量（辆）	金额（美元）	数量（辆）	金额（美元）
白俄罗斯	921	13 785	1 134	14 839
摩尔多瓦	600	8 740	858	41 527
俄罗斯	1 920 554	56 425 676	1 850 067	48 321 702
乌克兰	858 240	19 079 558	537 450	10 278 513
塞黑	33 283	657 677	23 606	378 978
斯洛文尼亚	25 733	405 914	86 536	3 075 548
克罗地亚	204 566	4 836 732	163 272	3 701 550
捷克	83 211	2 514 253	266 477	9 457 160
斯洛伐克	12 024	324 610	54 429	1 723 309
马其顿	28 407	495 918	10 555	261 589
波黑	6 025	129 680	0	0
阿根廷	3 105	63 926	2 276	57 372
巴哈马	3 750	62 025	3 195	70 482
巴巴多斯	626	29 198	2 727	53 114
伯利兹	39 987	792 068	13 463	345 354
玻利维亚	1 928	91 651	348	9 048
巴西	14 525	350 528	5 280	84 706
智利	657 663	17 102 343	742 552	17 179 067
哥伦比亚	40 873	960 652	11 890	264 138
多米尼克	8 458	132 711	36 513	447 020
哥斯达黎加	125 314	3 288 111	100 386	2 018 694
古巴	7 362	171 013	8 370	109 632
库腊索岛	1 985	57 868	0	0
多米尼加	151 913	1 989 505	41 848	604 856
厄瓜多尔	232 457	4 765 881	279 140	5 818 430
瓜德罗普	405	11 870	0	0
危地马拉	97 971	1 870 457	87 794	1 667 939
圭亚那	39 485	924 312	31 224	672 490
洪都拉斯	207 670	5 086 905	202 530	4 832 892
牙买加	28 190	487 160	39 177	616 524
马提尼克岛	2 860	109 082	0	0
墨西哥	194 462	3 506 963	106 702	1 971 900
尼加拉瓜	21 658	476 811	19 625	401 878
巴拿马	485 122	6 599 436	554 496	9 239 149
巴拉圭	89 871	1 952 206	69 212	1 180 712
秘鲁	114 893	2 390 006	122 569	2 517 676
波多黎各	48 641	818 369	43 453	634 437
圣卢西亚	220	7 162	0	0
萨尔瓦多	58 030	774 919	63 703	1 030 353

2005年中国主要出口商品输往地（续）

自行车

输往地	2005年		2004年	
	数量（辆）	金额（美元）	数量（辆）	金额（美元）
苏里南	6 971	148 548	11 992	254 125
特立尼达和多巴哥	17 902	307 831	13 463	249 090
乌拉圭	11 456	1 066 414	18 032	900 759
委内瑞拉	420 055	6 089 466	181 614	2 437 000
荷属安的列斯群岛	6 315	76 738	6 310	99 120
加拿大	688 966	24 650 201	554 427	16 489 512
美国	19 220 098	653 125 175	18 346 741	615 038 010
澳大利亚	1 006 316	41 046 669	1 168 056	42 105 345
库克群岛	635	13 258	0	0
斐济	9 493	189 561	8 216	167 866
新喀里多尼亚	11 299	332 739	10 298	284 688
瓦努阿图	1 679	37 363	967	16 537
新西兰	85 206	6 571 836	102 171	5 671 705
巴布亚新几内亚	29 050	563 611	21 079	379 330
社会群岛	1 746	44 925	1 930	54 628
所罗门群岛	1 996	49 764	1 829	57 073
汤加	3 294	36 855	540	8 145
萨摩亚	439	7 038	335	6 061
基里巴斯	477	6 172	1 120	10 890
马绍尔群岛共和国	130	2 457	0	0
帕劳共和国	50	945	0	0
法属波利尼西亚	18 642	451 501	20 015	449 002
大洋洲其他国家（地区）	252	7 402	200	6 000

电风扇

输往地	2005年		2004年	
	数量（台）	金额（美元）	数量（台）	金额（美元）
总　值	**520 444 767**	**2 221 155 599**	**468 336 830**	**1 825 052 123**
阿富汗	3 148	11 189	2 940	23 879
巴林	92 164	698 352	84 058	746 455
孟加拉国	140 909	1 547 284	157 358	3 779 027
文莱	3 618	67 945	2 504	30 220
缅甸	103 270	1 364 816	77 365	892 778
柬埔寨	41 319	569 657	22 187	216 140
塞浦路斯	37 454	328 751	28 460	309 523
朝鲜	310 247	2 221 577	361 875	1 732 613
香港	211 024 686	576 619 945	183 666 046	476 905 803
印度	2 175 078	20 634 818	1 585 088	12 239 411

2005年中国主要出口商品输往地（续）

电风扇

输往地	2005年		2004年	
	数量（台）	金额（美元）	数量（台）	金额（美元）
印度尼西亚	5 387 163	29 086 698	3 954 982	18 714 009
伊朗	513 792	5 116 586	368 215	2 479 627
伊拉克	90 927	512 852	67 719	530 823
以色列	892 862	7 539 860	562 444	3 893 276
日本	44 308 343	136 564 354	40 657 431	117 279 945
约旦	735 164	6 041 308	734 501	5 397 803
科威特	186 334	1 118 513	149 945	662 850
老挝	344	618 608	677	96 965
黎巴嫩	96 962	719 451	125 273	794 728
澳门	27 839	392 021	28 505	493 790
马来西亚	10 999 533	60 772 792	6 264 132	34 773 177
马尔代夫	13 573	106 121	1 150	6 372
蒙古	282	186 552	343	107 107
尼泊尔	50 704	388 586	29 373	274 813
阿曼	125 971	1 419 456	148 591	986 233
巴基斯坦	94 027	1 892 342	58 457	637 760
巴勒斯坦	3 270	36 291	4 103	44 842
菲律宾	2 804 321	12 516 501	1 989 686	11 180 145
卡塔尔	6 138	49 211	19 083	87 008
沙特阿拉伯	660 101	4 922 479	518 856	3 407 685
新加坡	13 613 716	42 865 487	10 980 417	24 917 525
韩国	9 705 718	47 127 593	4 796 387	20 883 960
斯里兰卡	476 493	4 488 944	320 810	2 819 426
叙利亚	523 802	3 934 282	279 390	1 791 515
泰国	14 661 335	20 752 178	9 483 553	12 453 754
土耳其	750 117	1 954 992	720 989	4 127 054
阿联酋	4 917 612	36 909 308	2 792 976	19 266 580
也门	81 309	568 802	54 183	382 663
越南	261 701	4 331 736	345 965	5 361 500
台湾省	38 482 097	49 298 885	36 936 268	39 725 323
哈萨克斯坦	58 250	299 238	13 071	151 940
吉尔吉斯斯坦	13 273	79 120	0	0
塔吉克斯坦	16 800	124 331	3 740	26 180
土库曼斯坦	1	10 050	0	0
乌兹别克斯坦	3 248	46 445	19 349	176 231
亚洲其他国家（地区）	2 925	28 648	0	0
阿尔及利亚	321 826	3 108 146	606 256	4 398 677
安哥拉	87 921	793 262	149 708	1 173 267
贝宁	24 530	88 316	9 380	72 582

2005 年中国主要出口商品输往地（续）

电风扇

输往地	2005 年		2004 年	
	数量（台）	金额（美元）	数量（台）	金额（美元）
博茨瓦纳	3 800	28 880	0	0
喀麦隆	24 980	185 937	25 843	211 358
加那利群岛	19 800	143 673	10 290	60 967
佛得角	490	11 430	800	9 500
中非	3 230	30 286	0	0
刚果（布）	22 432	289 453	21 362	236 633
吉布提	1 405	26 750	2 294	90 906
埃及	2 825 785	20 494 241	1 976 930	10 469 070
赤道几内亚	1 520	24 064	1 681	44 178
埃塞俄比亚	3 204	54 942	11	159 389
加蓬	243 209	1 850 171	21 571	166 123
冈比亚	6 860	52 478	8 696	58 814
加纳	183 139	1 576 283	199 685	1 622 881
几内亚	6 506	50 923	8 425	79 228
几内亚比绍	165	7 387	122	3 158
科特迪瓦	47 825	454 909	18 830	141 561
肯尼亚	9 336	82 733	8 942	73 928
利比里亚	1 410	16 977	0	0
利比亚	37 377	237 879	70 586	510 684
马达加斯加	9 817	74 164	5 420	36 432
马里	9 420	79 860	2 363	31 457
毛里求斯	38 993	379 782	45 833	328 976
摩洛哥	473 776	3 180 368	286 439	1 925 862
莫桑比克	728	11 343	11 100	83 340
纳米比亚	5 309	68 548	0	0
尼日利亚	1 947 949	14 987 562	1 250 555	10 661 937
留尼汪	22 220	194 037	43 158	374 191
卢旺达	6 100	51 450	4 200	30 660
塞内加尔	13 506	146 297	36 922	368 379
塞舌尔	2 622	21 562	1 800	13 060
塞拉利昂	5 261	48 421	1 595	32 670
南非	1 597 511	13 314 948	1 449 125	11 321 301
苏丹	227 288	1 961 764	84 608	1 138 682
坦桑尼亚	28 351	266 330	13 827	118 635
多哥	9 104	84 376	30 890	36 309
突尼斯	29 692	156 423	243 902	1 677 369
乌干达	5 936	45 114	4 239	31 586
布基纳法索	8 675	82 895	0	0
刚果（金）	6 102	75 362	10 493	134 262

2005 年中国主要出口商品输往地（续）

电风扇

输往地	2005 年		2004 年	
	数量（台）	金额（美元）	数量（台）	金额（美元）
赞比亚	1 754	104 756	995	15 493
津巴布韦	8 264	49 094	400	12 894
马约特岛	1 735	22 460	1 482	11 509
比利时	1 003 937	7 317 008	926 632	6 050 239
丹麦	269 615	995 223	238 263	640 202
英国	6 371 653	36 079 814	7 246 976	32 512 404
德国	8 300 615	45 482 095	9 288 899	40 000 979
法国	5 375 547	41 987 309	5 124 523	34 745 612
爱尔兰	681 386	3 695 407	511 860	2 924 516
意大利	9 324 320	24 925 914	17 626 772	39 583 525
卢森堡	53 750	244 957	15 200	80 560
荷兰	13 770 278	65 504 154	10 296 530	50 372 486
希腊	331 813	2 834 303	524 564	3 896 494
葡萄牙	319 509	2 737 965	129 802	917 105
西班牙	3 287 140	25 433 664	3 162 370	24 351 996
阿尔巴尼亚	1 110	602 160	58	188 542
奥地利	287 394	446 115	77 299	320 401
保加利亚	34 815	106 784	41 956	244 125
芬兰	752 942	1 179 651	744 072	1 802 899
匈牙利	533 300	1 293 033	829 687	1 525 357
冰岛	1 050	6 820	1 100	6 995
马耳他	24 895	253 534	36 272	312 389
挪威	141 947	626 919	133 503	780 713
波兰	339 734	1 334 698	373 299	1 392 582
罗马尼亚	52 099	101 474	22 154	131 134
瑞典	361 606	2 221 058	374 615	2 532 743
瑞士	178 419	1 036 334	418 645	2 758 159
爱沙尼亚	140 725	343 205	15 335	99 289
拉脱维亚	238 480	128 650	146 874	91 865
立陶宛	33 133	164 187	11 945	87 003
亚美尼亚	16	10 990	0	0
俄罗斯	1 030 657	5 551 760	785 782	3 854 393
乌克兰	242 686	269 986	174 294	96 231
塞黑	2 130	9 449	2 980	1 486
斯洛文尼亚	19 461	103 884	153 949	995 052
克罗地亚	26 332	219 077	84 892	596 213
捷克	2 720 831	6 945 020	2 115 423	4 450 552
斯洛伐克	24 824	20 066	59 314	340 412
马其顿	20	300	0	0

2005 年中国主要出口商品输往地（续）

电风扇

输往地	2005 年		2004 年	
	数量（台）	金额（美元）	数量（台）	金额（美元）
波黑	3 542	26 780	3 500	8 750
阿根廷	1 753 375	16 197 856	1 293 277	9 926 395
巴哈马	1 752	8 586	1 950	13 493
巴巴多斯	13 615	161 265	16 951	150 208
伯利兹	2 898	80 554	8 815	75 613
玻利维亚	17 350	35 782	22 972	30 357
巴西	2 702 410	13 486 540	3 151 146	23 695 843
智利	340 240	3 391 512	200 453	1 455 100
哥伦比亚	249 817	899 886	277 470	1 257 762
多米尼克	12 954	121 211	6 300	61 170
哥斯达黎加	98 804	688 053	51 495	386 877
古巴	1 279 684	8 040 976	100 818	831 347
多米尼加	297 038	2 479 515	140 891	2 049 240
厄瓜多尔	109 203	716 424	173 809	1 282 901
瓜德罗普	20 785	193 412	23 202	182 751
危地马拉	41 722	280 934	41 574	342 774
圭亚那	2 975	25 046	3 720	26 808
海地	858	31 060	5 388	37 020
洪都拉斯	60 878	463 493	64 800	499 998
牙买加	161 202	1 642 317	105 102	1 043 683
墨西哥	4 181 004	28 991 888	5 850 776	27 592 559
尼加拉瓜	7 134	48 985	4 482	37 881
巴拿马	823 918	6 778 335	507 410	3 259 454
巴拉圭	438 473	3 014 631	787 739	2 623 226
秘鲁	269 984	661 203	247 395	436 104
波多黎各	167 337	1 961 364	115 900	888 899
萨尔瓦多	23 832	159 475	8 400	61 320
苏里南	7 522	64 322	11 220	83 851
特立尼达和多巴哥	11 386	96 210	1 100	11 841
乌拉圭	68 967	367 975	83 274	530 762
委内瑞拉	301 813	2 394 329	88 718	590 392
荷属安的列斯群岛	14 145	94 292	2 318	18 760
加拿大	1 851 884	15 271 309	3 035 427	19 483 611
美国	73 707 661	659 245 622	72 632 460	568 164 671
澳大利亚	2 065 616	19 753 452	2 335 533	19 506 079
斐济	17 047	178 731	14 968	136 235
新喀里多尼亚	230	1 702	600	4 910
瓦努阿图	6	124	0	0
新西兰	182 856	769 239	88 163	418 975

2005年中国主要出口商品输往地（续）

电风扇

输往地	2005年		2004年	
	数量（台）	金额（美元）	数量（台）	金额（美元）
巴布亚新几内亚	13 365	127 480	17 176	151 428
萨摩亚	338	26 344	880	5 896
密克罗尼西亚联邦	1	1 027	0	0
马绍尔群岛共和国	150	1 399	2 510	16 082
帕劳共和国	90	635	0	0
法属波利尼西亚	5 734	58 706	8 049	68 567
大洋洲其他国家（地区）	200	1 660	4	60

彩色电视机

输往地	2005年		2004年	
	数量（台）	金额（美元）	数量（台）	金额（美元）
总　值	**72 855 442**	**8 254 728 157**	**49 268 983**	**5 303 092 490**
阿富汗	7 339	319 731	6 909	461 253
巴林	16 263	2 216 880	24 241	2 838 642
孟加拉国	139 209	9 268 491	169 226	11 547 056
文莱	6 058	1 000 363	6 136	804 589
缅甸	34 247	2 599 204	47 896	4 229 535
柬埔寨	1 728	139 369	3 311	242 940
塞浦路斯	6 818	679 933	23 886	2 064 706
朝鲜	215 747	15 990 758	208 915	17 410 756
香港	6 273 468	828 488 123	3 646 077	554 720 767
印度	475 219	26 743 262	396 135	20 571 466
印度尼西亚	990 845	32 403 484	898 668	39 415 363
伊朗	241 029	28 958 542	173 649	21 203 685
伊拉克	130 915	6 446 604	22 742	1 593 279
以色列	489 560	50 090 472	387 731	43 636 348
日本	3 013 444	834 044 232	3 080 867	782 023 694
约旦	583 521	42 587 944	456 885	35 001 912
科威特	125 492	12 897 349	254 799	21 133 160
老挝	11 815	883 192	7 650	831 412
黎巴嫩	212 082	14 846 299	296 420	20 584 732
澳门	6 267	552 849	4 554	420 068
马来西亚	185 318	29 154 363	183 235	25 256 168
马尔代夫	1 459	104 117	544	46 784
蒙古	6 471	590 899	13 248	1 245 745
尼泊尔	41 929	2 695 211	53 174	3 400 635
阿曼	40 524	3 064 858	47 590	3 171 259
巴基斯坦	369 312	26 443 480	365 708	26 888 734

2005 年中国主要出口商品输往地（续）

彩色电视机

输往地	2005 年		2004 年	
	数量（台）	金额（美元）	数量（台）	金额（美元）
菲律宾	131 704	12 875 048	116 785	10 590 721
卡塔尔	9 680	1 326 423	8 153	1 035 395
沙特阿拉伯	929 938	71 832 088	824 863	63 553 250
新加坡	585 068	111 965 541	800 126	95 728 969
韩国	690 363	57 560 186	250 514	23 882 044
斯里兰卡	158 409	10 947 292	140 277	11 685 344
叙利亚	59 446	2 825 102	137 457	5 107 627
泰国	247 278	25 221 802	154 052	16 824 325
土耳其	397 676	26 949 611	706 506	53 506 889
阿联酋	3 832 388	219 740 817	2 805 151	175 975 333
也门	51 170	3 325 520	25 611	2 428 491
越南	174 390	11 617 270	133 924	7 486 598
台湾省	369 484	32 760 969	152 040	23 196 575
哈萨克斯坦	511 469	33 725 251	547 266	36 417 039
吉尔吉斯斯坦	118 977	8 706 596	105 160	7 619 681
塔吉克斯坦	18 137	1 896 284	6 147	704 528
土库曼斯坦	90 122	8 558 360	119 592	11 716 098
乌兹别克斯坦	91 336	8 042 771	51 832	3 730 270
阿尔及利亚	582 453	45 080 942	630 952	40 081 003
安哥拉	14 768	1 125 369	11 114	849 348
贝宁	22 029	1 405 724	7 642	537 903
博茨瓦纳	2 210	176 466	2 733	269 323
喀麦隆	15 336	948 001	8 800	493 295
佛得角	3 981	243 395	2 195	189 311
科摩罗	1 100	93 540	2 149	177 841
刚果（布）	15 065	780 716	11 777	793 566
吉布提	2 686	159 527	3 473	210 912
埃及	522 115	22 330 041	134 120	7 352 147
赤道几内亚	341	41 724	380	75 028
埃塞俄比亚	30 134	1 692 260	13 332	863 501
加蓬	2 698	219 983	1 218	102 156
加纳	23 696	1 899 185	25 047	2 195 131
几内亚	2	108	126	20 083
几内亚比绍	68	11 707	245	15 085
科特迪瓦	12 346	841 683	11 363	800 242
肯尼亚	89 934	2 969 728	32 689	1 694 837
利比里亚	1 920	101 815	3 198	230 620
利比亚	26 648	1 794 789	24 457	1 930 974
马达加斯加	6 304	519 613	55 423	3 882 492

2005 年中国主要出口商品输往地（续）

彩色电视机

输往地	2005 年		2004 年	
	数量（台）	金额（美元）	数量（台）	金额（美元）
马拉维	1	661	0	0
马里	1 118	66 370	12	1 971
毛里塔尼亚	1 048	66 822	1 168	75 490
毛里求斯	28 170	2 716 962	21 256	2 160 684
摩洛哥	758 909	42 697 089	570 991	38 317 571
莫桑比克	34 390	2 279 132	9 380	704 826
纳米比亚	1 338	134 884	6 093	545 085
尼日尔	90	23 625	61	13 198
尼日利亚	153 027	11 818 548	132 613	9 206 371
留尼汪	1 554	288 538	940	284 686
卢旺达	10	11 361	0	0
塞内加尔	5 783	492 498	4 943	425 749
塞舌尔	1 339	67 588	1 985	127 374
塞拉利昂	47	6 217	284	29 026
南非	946 108	84 785 905	725 452	66 195 173
苏丹	11 801	1 098 021	28 295	2 259 540
坦桑尼亚	4 501	368 808	5 595	219 920
多哥	3 549	143 683	5 241	355 235
突尼斯	107 966	8 673 585	64 784	4 840 803
乌干达	516	31 291	309	20 071
布基纳法索	154	12 180	0	0
刚果（金）	4 758	274 333	1 800	111 600
赞比亚	9 197	744 156	17 363	1 264 203
津巴布韦	10 962	924 220	4 552	385 864
莱索托	150 753	19 340 781	139 697	16 482 137
斯威士兰	416	28 516	0	0
马约特岛	2 850	205 150	2 439	223 568
非洲其他国家（地区）	1 884	71 592	867	60 802
比利时	551 740	42 463 732	349 886	31 827 064
丹麦	192 813	13 681 209	171 192	10 804 454
英国	3 759 256	229 127 289	2 313 106	158 807 432
德国	4 593 911	226 969 615	3 887 868	189 295 767
法国	1 477 096	106 149 210	525 788	33 992 456
爱尔兰	24 161	2 770 697	20 709	1 786 305
意大利	1 476 769	72 037 557	856 881	49 033 650
卢森堡	124 720	8 407 530	156 380	6 665 883
荷兰	2 981 366	271 330 536	1 697 341	135 436 718
希腊	106 957	8 081 600	114 582	9 570 302
葡萄牙	26 433	2 192 224	30 545	3 748 039

2005 年中国主要出口商品输往地（续）

彩色电视机

输往地	2005 年		2004 年	
	数量（台）	金额（美元）	数量（台）	金额（美元）
西班牙	1 173 625	49 358 027	390 295	28 851 780
阿尔巴尼亚	26 200	1 132 067	249	27 981
奥地利	30 671	2 950 644	33 877	5 560 021
保加利亚	219 191	14 063 983	264 594	19 578 614
芬兰	916 604	139 492 015	1 225 875	175 348 594
匈牙利	270 916	75 037 141	170 305	35 575 351
冰岛	7 337	1 923 248	6 986	800 448
马耳他	9 625	283 259	21 681	1 608 417
摩纳哥	2 454	155 273	2 214	259 512
挪威	32 219	5 175 673	14 088	1 546 834
波兰	137 798	7 393 735	74 326	6 533 061
罗马尼亚	71 598	6 700 390	56 118	4 688 603
瑞典	83 273	14 778 196	4 327	2 087 405
瑞士	82 617	11 819 027	33 363	10 798 867
爱沙尼亚	69	28 995	19 262	1 564 419
拉脱维亚	36 134	4 864 864	55 138	6 130 274
立陶宛	91 376	8 042 996	201 299	17 062 221
格鲁吉亚	18 253	1 587 358	10 149	885 177
亚美尼亚	4 150	340 844	4 297	379 822
阿塞拜疆	33 709	2 418 095	15 632	1 153 768
白俄罗斯	4 103	528 024	3 999	209 698
摩尔多瓦	13 629	1 044 659	7 269	635 531
俄罗斯	1 371 309	146 005 538	630 797	62 468 615
乌克兰	1 390 754	142 927 658	878 959	97 761 158
塞黑	51 331	4 014 584	26 800	2 484 498
斯洛文尼亚	30 625	2 258 100	19 148	1 788 894
克罗地亚	286 676	22 300 002	180 555	14 755 169
捷克	23 655	2 971 067	42 911	3 225 382
斯洛伐克	3 750	659 119	4 446	442 902
马其顿	8 003	816 582	6 509	626 214
波黑	45 794	2 787 640	36 510	3 229 599
安提瓜和巴布达	1 729	108 912	0	0
阿根廷	112 238	12 789 275	25 058	4 558 957
巴哈马	261	56 674	0	0
巴巴多斯	13	559	0	0
伯利兹	435	38 411	0	0
玻利维亚	1 587	150 515	1 912	164 213
巴西	52 299	10 004 581	16 410	2 756 240
开曼群岛	5	6 730	0	0
智利	645 090	48 461 599	373 163	30 189 211
哥伦比亚	166 276	12 343 946	131 748	9 747 068

2005 年中国主要出口商品输往地（续）

彩色电视机

输往地	2005 年		2004 年	
	数量（台）	金额（美元）	数量（台）	金额（美元）
多米尼克	7 263	527 185	4 435	340 669
哥斯达黎加	42 847	3 762 782	40 286	3 061 617
古巴	110 218	9 851 048	140 957	14 347 365
多米尼加	28 282	1 958 652	5 741	625 421
厄瓜多尔	103 368	7 883 214	116 869	9 635 926
格林纳达	325	27 625	0	0
危地马拉	68 163	4 945 589	23 169	1 773 248
圭亚那	1 400	105 686	907	61 838
海地	933	68 071	300	33 551
洪都拉斯	36 684	2 558 057	17 315	1 325 706
牙买加	12 534	1 095 652	6 363	553 965
墨西哥	236 482	32 993 201	91 109	15 598 349
尼加拉瓜	16 594	1 042 363	8 679	543 441
巴拿马	296 305	21 441 556	139 575	11 125 889
巴拉圭	27 319	1 635 591	15 622	1 062 803
秘鲁	176 340	12 874 721	105 356	8 370 887
波多黎各	9 007	772 505	7 296	437 606
圣卢西亚	1	240	0	0
萨尔瓦多	61 698	4 855 926	38 830	2 911 732
苏里南	7 196	464 645	3 273	255 899
特立尼达和多巴哥	7 191	655 480	7 603	743 713
乌拉圭	120 982	8 898 854	67 252	5 905 387
委内瑞拉	233 720	15 350 272	49 547	3 255 155
圣基茨和尼维斯	1	202	0	0
荷属安的列斯群岛	5 421	338 838	1 611	95 824
加拿大	1 080 873	172 754 405	375 626	50 659 853
美国	19 411 992	2 949 966 194	10 007 015	1 314 067 893
格陵兰	11 870	1 086 105	0	0
澳大利亚	2 022 794	319 892 878	2 061 900	240 089 380
斐济	3 856	584 538	954	98 604
新喀里多尼亚	4 050	466 972	6 307	621 420
瓦努阿图	1 292	89 788	667	45 520
新西兰	202 082	49 745 640	196 535	28 574 273
巴布亚新几内亚	14 036	825 660	5 489	422 831
所罗门群岛	252	14 430	25	2 300
萨摩亚	444	30 542	565	37 980
基里巴斯	378	27 370	3	540
帕劳共和国	2	184	0	0
法属波利尼西亚	7 426	1 205 666	3 264	247 040
大洋洲其他国家（地区）	31	2 854	303	53 782

2005年中国主要进口商品来源地

小麦

来源地	2005年		2004年	
	数量（公吨）	金额（美元）	数量（公吨）	金额（美元）
总值	**3 510 133**	**762 134 920**	**7 233 153**	**1 640 450 978**
韩国	0	151	0	30
法国	562 378	118 943 153	104 589	22 073 486
加拿大	1 449 175	338 767 267	2 532 337	606 242 343
美国	490 340	103 655 340	2 812 583	648 221 408
澳大利亚	1 008 239	200 769 009	1 783 586	363 898 218

大豆

来源地	2005年		2004年	
	数量（公吨）	金额（美元）	数量（公吨）	金额（美元）
总值	**26 590 241**	**7 778 791 949**	**20 229 916**	**6 979 442 045**
朝鲜	79	11 880	0	0
香港	52	25 839	0	0
印度	5	4 012	0	0
日本	157	40 785	1	10 799
台湾省	1	7 167	0	42
西班牙	4	3 716	0	0
俄罗斯	60	15 000	532	133 070
阿根廷	7 396 254	2 179 609 717	4 402 717	1 548 647 353
巴西	7 952 022	2 380 990 633	5 615 937	2 077 112 173
乌拉圭	181 176	53 346 679	0	0
加拿大	12 583	4 520 444	12 978	4 360 834
美国	11 047 846	3 160 216 077	10 197 710	3 349 147 495

食用植物油

来源地	2005年		2004年	
	数量（公吨）	金额（美元）	数量（公吨）	金额（美元）
总值	**6 211 323**	**2 815 076 973**	**6 757 525**	**3 665 556 238**
柬埔寨	304	105 024	108	55 257
香港	87	34 523	178	88 106
印度	360	417 046	100	130 592
印度尼西亚	1 380 726	563 106 502	1 147 524	556 840 071
以色列	28	71 430	0	0
日本	5 449	3 507 490	238	638 232
约旦	1	3 533	0	0
马来西亚	2 941 135	1 215 691 140	2 692 686	1 302 780 037
菲律宾	0	2	2	1 282
新加坡	67	121 451	1 120	1 110 732
韩国	101	103 191	104	156 064
叙利亚	0	734	0	0

2005年中国主要进口商品来源地（续）

食用植物油

来源地	2005年		2004年	
	数量（立方米）	金额（美元）	数量（立方米）	金额（美元）
泰国	7 138	2 737 758	15 242	7 415 475
土耳其	67	257 015	72	222 226
阿联酋	0	190	0	0
中国	626	416 362	15	33 440
台湾省	1 431	2 285 730	2 788	4 508 884
南非	153	194 948	160	193 705
突尼斯	8	43 821	0	0
丹麦	68	90 211	62	113 798
英国	0	1 298	0	814
德国	32	95 449	6 075	3 826 066
法国	220	360 142	6	12 898
意大利	1 121	4 462 727	833	2 425 365
荷兰	49	67 902	65	63 385
希腊	1 454	3 261 970	762	1 640 774
西班牙	1 870	6 698 205	1 180	3 429 702
瑞典	155	281 959	288	580 822
瑞士	0	151	0	26 184
克罗地亚	8	43 756	0	0
阿根廷	1 367 571	732 996 483	1 673 243	1 020 032 829
巴西	322 132	172 380 650	864 871	542 435 019
加拿大	176 864	103 546 068	338 009	208 201 198
美国	1 688	1 126 403	2 102	2 019 674
澳大利亚	406	565 709	7 946	5 570 741

糖

来源地	2004年	2003年
	金额（美元）	金额（美元）
总　值	**383 271 576**	**275 577 428**
香港	28 000	306 059
印度	106 880	79
印度尼西亚	91	116
日本	588 590	626 084
澳门	9	0
马来西亚	14 850	73 048
尼泊尔	1 812	1 178
新加坡	1 639	43
韩国	47 245 032	38 265 619
泰国	40 707 755	54 371 292
阿联酋	33 099	12
中国	120 276	128 199
台湾省	20 566	2 968
毛里求斯	13 261	0
南非	5 918 646	0
比利时	54 536	16 744

糖

来源地	2004年	2003年
	金额（美元）	金额（美元）
英国	7 017 732	2 141 190
德国	383 261	49 044
法国	715 390	3 557
意大利	172	43
荷兰	690 397	500 001
奥地利	346	54
瑞士	12 293	16 462
阿根廷	66 360	0
巴西	87 851	40 829
哥伦比亚	15 938	1 402 821
古巴	121 135 432	110 698 721
危地马拉	67 408 632	23 638 440
洪都拉斯	7 481 159	4 182 306
尼加拉瓜	13 944 905	2 209 540
萨尔瓦多	8 571 404	0
加拿大	236	83
美国	9 320	122 848
澳大利亚	60 875 706	27 286 350

2005年中国主要进口商品来源地（续）

原木

来源地	2005年		2004年	
	数量（立方米）	金额（美元）	数量（立方米）	金额（美元）
总　值	**29 368 019**	**3 243 562 059**	**26 308 990**	**2 804 255 270**
缅甸	1 133 217	129 068 415	1 054 287	100 806 216
柬埔寨	100	75 232	154	82 420
朝鲜	99 758	6 141 764	145 727	11 320 988
香港	4	3 681	0	0
印度	105	301 558	10	8 000
印度尼西亚	49 897	6 947 862	92 518	12 693 990
日本	15 137	1 375 675	7 900	625 211
老挝	20 120	8 590 955	20 322	7 559 755
马来西亚	1 859 974	268 734 767	2 721 524	417 179 588
尼泊尔	379	787 977	114	59 948
菲律宾	41	4 632	698	35 860
新加坡	202	36 560	43	3 932
韩国	148	64 018	224	58 769
泰国	4 555	2 483 854	2 241	1 081 040
越南	44 395	8 855 071	17 109	8 249 779
台湾省	5 606	2 081 671	6 167	1 876 615
哈萨克斯坦	247	21 189	3 633	301 944
吉尔吉斯斯坦	10	775	0	0
安哥拉	113	86 129	0	0
贝宁	36	9 027	0	0
喀麦隆	48 842	16 345 828	98 828	30 993 896
中非	25 579	7 922 908	20 425	6 018 406
刚果（布）	454 093	118 334 371	492 536	120 857 023
赤道几内亚	304 096	71 746 625	309 070	68 054 039
加蓬	814 274	232 542 055	632 531	165 900 993
冈比亚	331	88 685	201	45 166
加纳	36	18 037	0	0
几内亚	5 746	861 010	0	0
科特迪瓦	114	39 106	10	764
马达加斯加	6 015	3 737 607	3 052	2 110 839
马里	21	14 383	0	0
莫桑比克	109 028	40 508 252	80 500	27 569 659
纳米比亚	67	41 486	0	0
尼日利亚	18	6 884	67	15 160
塞拉利昂	40	16 060	0	0
南非	778	193 548	955	117 474
苏丹	37	18 850	30	15 040
坦桑尼亚	21 374	8 189 921	41 699	13 459 750
多哥	53	27 645	76	7 299
乌干达	22	5 517	10	6 016
刚果（金）	738	368 497	1 725	757 706
赞比亚	8	3 520	0	0

2005年中国主要进口商品来源地（续）

原木

来源地	2005年		2004年	
	数量（立方米）	金额（美元）	数量（立方米）	金额（美元）
津巴布韦	170	82 647	0	0
比利时	94 519	15 851 663	36 190	5 398 339
丹麦	1 584	471 876	918	193 750
英国	14	5 400	20	4 683
德国	445 279	79 007 795	359 135	62 108 772
法国	25 271	4 976 191	14 485	2 353 700
意大利	3	1 252	64	34 307
荷兰	4 568	801	4 252	727 566
希腊	617	265 273	0	0
奥地利	70	21 625	0	0
芬兰	112	50 712	356	127 586
波兰	42	11 950	2 006	343 660
罗马尼亚	21	9 974	89	18 510
瑞典	271	51 134	374	110 573
瑞士	837	155 821	230	47 491
俄罗斯	20 043 249	1 621 500 693	17 016 404	1 309 775 880
乌克兰	816	194 269	912	179 907
塞黑	354	60 667	0	0
克罗地亚	306	62 523	725	159 775
阿根廷	2 256	869 814	2 293	794 467
玻利维亚	23	63 368	254	182 345
巴西	180	63 695	0	0
哥伦比亚	21	6 673	0	0
哥斯达黎加	1 292	404 305	971	235 066
厄瓜多尔	624	192 362	247	72 468
圭亚那	27 207	5 846 768	3 431	527 035
墨西哥	39	55 439	63	73 066
尼加拉瓜	145	79 857	51	21 120
巴拿马	338	111 512	147	43 731
巴拉圭	876	353 038	931	336 096
秘鲁	561	313 312	0	0
苏里南	3 339	1 002 269	560	136 136
乌拉圭	254	50 994	1 245	139 191
加拿大	131 420	18 867 112	67 923	11 743 104
美国	193 735	100 603 143	147 326	74 727 076
澳大利亚	236 020	23 144 897	289 299	28 723 771
斐济	264	28 305	0	0
新西兰	638 001	64 165 928	837 592	79 049 178
巴布亚新几内亚	1 835 233	270 514 019	1 314 697	169 762 518
所罗门群岛	652 734	96 541 006	449 823	57 891 197
国别（地区）不详	0	31	0	0

2005年中国主要进口商品来源地（续）

胶合板

来源地	2005年		2004年	
	数量（立方米）	金额（美元）	数量（立方米）	金额（美元）
总　值	**589 148**	**276 681 052**	**799 805**	**384 271 910**
柬埔寨	4 609	2 694 203	8 851	4 928 710
香港	2 395	1 200 778	20 152	10 559 569
印度	10	7 866	1 150	476 864
印度尼西亚	383 442	181 111 718	497 331	250 428 423
日本	14 350	9 411 280	27 358	10 998 971
马来西亚	124 697	50 461 779	153 205	60 941 237
菲律宾	29	29 577	7	4 155
新加坡	5 104	1 176 555	4 599	1 014 883
韩国	7 907	4 736 340	38 234	21 052 014
泰国	929	326 067	1 558	545 513
中国	2 290	600 179	11 339	4 692 509
台湾省	8 353	4 558 247	7 978	3 811 052
加纳	0	149	0	0
南非	240	190 800	44	33 500
比利时	117	31 508	1 808	376 357
丹麦	1 774	1 190 833	2 359	1 568 806
德国	1 425	1 454 068	854	800 860
法国	2	2 020	0	1 023
意大利	50	132 582	172	96 554
荷兰	65	60 064	4	14 741
葡萄牙	0	159	0	0
西班牙	0	40	24	3 410
奥地利	74	64 705	48	30 932
芬兰	6 256	3 186 741	4 267	1 677 485
罗马尼亚	96	9 555	0	0
瑞典	2 647	3 113 857	1 838	2 678 426
俄罗斯	18 169	8 467 550	9 730	4 456 867
巴西	56	34 837	479	296 856
智利	44	15 494	263	28 001
加拿大	1 835	761 010	2 138	875 884
美国	1 790	1 538 058	2 632	1 362 253
澳大利亚	201	69 359	436	86 583
新西兰	192	43 074	550	148 215

棉花

来源地	2005年		2004年	
	数量（公吨）	金额（美元）	数量（公吨）	金额（美元）
总　值	**2 572 442**	**3 197 092 518**	**1 906 857**	**3 176 235 814**
缅甸	1	582	0	0
印度	124 590	151 559 432	43 950	70 869 809
印度尼西亚	281	271 983	397	423 404
伊朗	6 314	8 063 872	200	266 545
以色列	1 574	3 385 801	1 080	2 804 595

2005年中国主要进口商品来源地（续）

棉花

来源地	2005年		2004年	
	数量（公吨）	金额（美元）	数量（公吨）	金额（美元）
日本	211	659 264	142	460 177
巴基斯坦	11 893	12 506 963	4 520	5 048 312
新加坡	290	358 934	0	1 477
韩国	2 002	2 762 878	426	1 241 708
叙利亚	13 132	16 306 766	15 376	25 396 503
土耳其	1 047	1 671 673	3 995	7 007 620
阿联酋	99	124 084	140	321 467
也门	234	250 105	0	0
台湾省	39	100 980	0	0
哈萨克斯坦	6 147	7 069 697	8 092	12 050 285
吉尔吉斯斯坦	1 417	1 902 074	0	0
塔吉克斯坦	4 636	4 834 380	909	1 293 343
土库曼斯坦	9 444	11 567 977	2 956	6 038 881
乌兹别克斯坦	302 653	379 113 892	196 786	326 473 819
贝宁	100 521	126 292 807	65 780	109 034 198
喀麦隆	34 709	42 646 526	33 141	55 046 245
中非	808	985 516	0	0
乍得	15 620	19 576 842	14 946	25 268 344
埃及	11 951	24 936 612	4 725	12 167 121
加纳	901	1 082 303	4 781	7 980 543
科特迪瓦	50 531	63 240 112	57 376	93 142 251
肯尼亚	497	550 924	718	1 249 976
马拉维	1 284	1 547 534	0	0
马里	63 496	78 769 893	63 515	106 665 393
莫桑比克	4 804	5 912 388	498	642 411
尼日利亚	1 067	1 170 198	1 506	2 400 488
塞内加尔	5 208	6 452 165	1 299	2 188 943
南非	1 758	2 233 011	0	0
苏丹	9 187	13 995 267	11 003	19 981 185
坦桑尼亚	30 379	36 777 771	5 848	8 932 606
多哥	21 439	26 383 801	25 140	43 234 060
乌干达	10 384	12 388 620	6 236	9 236 356
布基纳法索	132 015	163 288 947	73 891	122 583 705
赞比亚	24 276	30 950 122	13 552	21 577 837
津巴布韦	12 451	15 864 765	11 279	18 102 333
非洲其他国家（地区）	300	370 086	0	0
希腊	9 226	10 573 502	7 860	12 285 356
西班牙	16 566	20 702 247	9 263	14 733 851
阿塞拜疆	412	480 763	0	0
阿根廷	1 255	1 488 998	203	252 727
巴西	55 672	68 314 902	17 541	26 143 033
哥斯达黎加	33	42 407	0	0
墨西哥	33 121	36 990 225	6 301	8 369 852
巴拉圭	28 854	36 002 551	30 441	48 090 519
乌拉圭	145	175 623	198	291 605
美国	1 205 544	1 469 255 770	1 057 317	1 769 026 956
澳大利亚	201 719	274 767 892	102 753	176 671 274
国别（地区）不详	300	370 091	0	0

2005 年中国主要进口商品来源地（续）

羊毛

来 源 地	2005 年		2004 年	
	数量（公吨）	金额（美元）	数量（公吨）	金额（美元）
总 值	**269 042**	**1 314 815 404**	**245 367**	**1 204 133 293**
印度	208	1 544 411	111	864 700
伊朗	173	183 931	41	33 219
日本	116	793 259	125	1 492 359
马来西亚	50	356 758	153	1 264 810
蒙古	6 030	5 257 631	6 059	5 006 026
沙特阿拉伯	15	19 794	0	0
韩国	691	5 283 528	680	5 454 156
泰国	233	1 884 399	389	3 131 652
土耳其	1 387	4 158 615	797	2 193 633
中国	1 496	6 768 380	586	2 353 296
台湾省	1 467	10 979 605	2 494	14 418 458
哈萨克斯坦	2 636	4 002 443	1 962	2 436 777
吉尔吉斯斯坦	28	31 917	133	162 905
南非	2 093	9 756 355	2 306	9 803 203
比利时	1 085	2 478 932	1 080	2 921 829
英国	2 537	7 132 643	2 600	6 774 635
德国	283	900 192	437	2 951 451
法国	2 853	6 822 566	3 747	9 893 556
爱尔兰	2 057	4 815 186	1 579	3 628 955
意大利	528	4 773 091	551	6 143 970
荷兰	1 245	2 923 437	828	1 964 264
西班牙	284	1 242 508	419	1 429 126
挪威	44	127 047	32	85 623
俄罗斯	172	333 130	219	593 741
阿根廷	7 160	27 372 518	7 197	27 052 375
智利	1 203	4 124 634	436	1 756 581
秘鲁	132	441 028	109	343 842
波多黎各	7	34 499	0	0
乌拉圭	14 454	52 474 696	13 357	52 368 525
加拿大	391	1 135 985	584	1 684 148
美国	2 616	9 594 329	2 596	9 251 212
澳大利亚	183 142	1 026 147 665	162 065	926 204 536
新西兰	32 227	110 920 292	31 572	100 156 387

2005 年中国主要进口商品来源地（续）

纺织品

来源地	2005 年	2004 年
	金额（美元）	金额（美元）
总　值	**15 512 231 972**	**15 315 607 078**
阿富汗	148 232	31 705
巴林	4 241 894	4 250 368
孟加拉国	2 839 769	2 154 463
不丹	1	0
缅甸	429 521	276 449
柬埔寨	8 111 986	9 233 164
朝鲜	1 773 368	450 752
香港	1 171 044 959	1 289 989 149
印度	142 328 198	186 417 175
印度尼西亚	192 308 869	199 731 370
伊朗	332 300	461 625
以色列	5 499 994	5 271 002
日本	3 205 221 479	3 321 638 344
约旦	271 869	2 164
科威特	115	240
老挝	45 327	55 327
黎巴嫩	3 742	60
澳门	12 910 910	46 020 930
马来西亚	110 847 614	92 185 497
马尔代夫	272	0
蒙古	1 177 710	5 043 184
尼泊尔	1 345 689	598 600
巴基斯坦	573 984 201	450 258 420
巴勒斯坦	153 287	28 696
菲律宾	15 556 200	8 891 429
卡塔尔	1 507	0
沙特阿拉伯	2 830 645	2 260 157
新加坡	43 759 851	52 221 170
韩国	2 524 540 164	2 523 137 237
斯里兰卡	889 119	865 937
叙利亚	131 196	135 668
泰国	225 321 506	218 705 644
土耳其	25 196 866	23 964 197
阿联酋	2 258 002	1 530 130
也门	5 691	0
越南	30 606 006	27 094 443
中国	2 731 967 469	2 449 544 038
台湾省	3 195 474 752	3 287 031 307
哈萨克斯坦	178 185	68 063

纺织品

来源地	2005 年	2004 年
	金额（美元）	金额（美元）
塔吉克斯坦	11 453	0
土库曼斯坦	373 269	84 064
乌兹别克斯坦	401 863	139 119
喀麦隆	648	0
埃及	2 117 654	1 182 713
埃塞俄比亚	122 653	256 158
冈比亚	53	0
几内亚	223	0
科特迪瓦	88	0
肯尼亚	236 567	13 221
马达加斯加	78 884	21 197
毛里求斯	245 005	166 659
摩洛哥	94 458	654
尼日利亚	328 817	1 426 296
南非	3 060 431	2 065 998
多哥	784	0
突尼斯	185 271	111 148
乌干达	21 143	0
布基纳法索	60	0
赞比亚	456	0
津巴布韦	5	0
莱索托	322 475	0
比利时	24 031 304	30 235 222
丹麦	5 903 750	2 775 264
英国	74 700 373	57 411 466
德国	149 327 874	133 218 780
法国	43 848 276	46 294 072
爱尔兰	2 406 719	2 356 032
意大利	336 562 784	291 203 681
卢森堡	33 071 589	28 092 596
荷兰	46 507 710	34 245 944
希腊	601 592	467 522
葡萄牙	3 861 385	2 899 909
西班牙	17 634 839	16 238 355
奥地利	13 996 946	10 091 611
保加利亚	442 897	334 833
芬兰	11 670 323	6 519 044
匈牙利	848 921	1 507 086
马耳他	792 135	855 493
挪威	2 402 872	1 425 263

2005 年中国主要进口商品来源地（续）

纺织品

来源地	2005 年	2004 年
	金额（美元）	金额（美元）
波兰	874 572	251 202
罗马尼亚	565 139	334 400
瑞典	14 757 295	13 741 519
瑞士	18 053 696	21 459 594
爱沙尼亚	88 394	41 812
拉脱维亚	1 998 514	46 236
立陶宛	136 614	202 333
白俄罗斯	3 449 869	4 285 292
俄罗斯	4 119 865	4 910 736
乌克兰	1 433 782	395 697
塞黑	8 904	1 483
斯洛文尼亚	1 124 379	1 058 326
克罗地亚	134 012	34 201
捷克	3 191 774	2 645 029
斯洛伐克	6 022 075	1 881 052
马其顿	5 280	0
波黑	159 348	120 949
阿根廷	645 007	1 874 783
玻利维亚	30	0
巴西	7 813 424	3 662 751
智利	493 490	167 284
哥伦比亚	55 248	129 702

纺织品

来源地	2005 年	2004 年
	金额（美元）	金额（美元）
多米尼克	602	7 196
哥斯达黎加	1	4 129
多米尼加	29 742	279 576
厄瓜多尔	229	72
危地马拉	158 665	5 975
洪都拉斯	88 188	25 553
墨西哥	8 205 167	8 134 290
尼加拉瓜	2 704	139 865
巴拉圭	10 939	3 335
秘鲁	1 955 215	1 910 925
波多黎各	3 488	515
萨尔瓦多	123 371	415
特立尼达和多巴哥	2 087	2 000
特克斯和凯科斯群岛	18 989	22 393
乌拉圭	2 142 371	1 007 809
加拿大	15 521 261	19 026 346
美国	374 878 228	311 624 745
澳大利亚	28 749 445	28 213 463
斐济	1 061	14 698
新西兰	3 954 900	4 599 284
大洋洲其他国家（地区）	1 600	227
国别（地区）不详	1 299 994	2 007 378

纸张

来源地	2005 年		2004 年	
	数量（公吨）	金额（美元）	数量（公吨）	金额（美元）
总　值	**5 199 697**	**3 518 118 016**	**6 099 253**	**3 825 319 667**
孟加拉国	0	98	0	0
缅甸	92	43 357	145	56 897
朝鲜	101	44 044	0	0
香港	253 043	123 055 671	288 841	146 764 537
印度	891	1 387 794	6 785	22 806 690
印度尼西亚	374 575	232 517 345	477 882	290 375 096
以色列	223	197 733	390	326 067
日本	397 172	473 790 093	453 823	479 968 072
澳门	166	113 741	173	112 892
马来西亚	48 399	28 868 713	46 740	25 090 306
尼泊尔	0	477	0	0
巴基斯坦	3	2 723	0	108

2005 年中国主要进口商品来源地（续）

纸张

来源地	2005 年		2004 年	
	数量（公吨）	金额（美元）	数量（公吨）	金额（美元）
菲律宾	36 591	15 186 890	15 973	7 646 677
沙特阿拉伯	122	274 567	2 375	806 347
新加坡	10 131	11 137 768	17 919	19 922 952
韩国	593 880	320 463 526	838 707	430 242 426
斯里兰卡	12	7 947	4	8 103
泰国	169 445	80 058 305	201 405	82 709 850
土耳其	12	15 964	116	85 272
阿联酋	0	1 529	1	1 916
越南	86	129 353	191	215 705
中国	267 562	187 787 499	237 188	163 827 942
台湾省	841 591	410 345 001	933 634	446 984 611
南非	12 475	5 430 980	20 943	9 104 462
突尼斯	6	32 306	0	0
赞比亚	0	115	0	0
比利时	5 537	5 500 658	20 523	13 009 803
丹麦	523	517 738	451	388 890
英国	20 909	39 679 524	42 371	49 588 282
德国	135 239	176 508 800	157 739	166 806 714
法国	66 416	61 528 411	93 350	68 959 737
爱尔兰	4	104 391	14	19 846
意大利	22 590	35 119 012	52 162	44 040 145
卢森堡	29	121 116	41	113 344
荷兰	58 959	33 675 110	81 172	44 502 730
希腊	29	49 016	0	201
葡萄牙	5 340	3 942 036	5 117	4 559 994
西班牙	40 726	15 819 103	54 583	20 679 591
奥地利	17 376	18 903 255	35 070	26 046 062
保加利亚	27	10 407	50	26 575
芬兰	150 326	132 176 921	185 479	146 516 951
匈牙利	2 137	693 716	9 262	2 759 070
挪威	21 427	14 136 137	11 076	8 417 263
波兰	37 731	14 693 943	39 879	16 584 305
瑞典	230 219	257 640 543	218 505	215 212 746
瑞士	8 578	12 720 299	16 011	15 910 381
白俄罗斯	3	2 013	11	4 515
俄罗斯	261 479	104 354 630	279 706	105 986 782
塞黑	19	91 441	7	62 113
斯洛文尼亚	1 327	626 958	8 533	4 334 484
捷克	4 191	3 491 265	6 619	3 341 430
阿根廷	25	23 022	222	188 912

2005年中国主要进口商品来源地（续）

纸张

来源地	2005年		2004年	
	数量（公吨）	金额（美元）	数量（公吨）	金额（美元）
巴西	19 565	16 930 240	49 199	38 773 808
智利	880	570 276	7 157	4 269 688
哥伦比亚	158	245 825	107	111 002
洪都拉斯	0	21	0	0
墨西哥	604	1 922 378	673	1 473 198
波多黎各	1	15 678	0	0
乌拉圭	1	1 267	0	0
加拿大	74 848	42 539 512	108 000	58 796 883
美国	655 392	491 551 461	729 329	496 113 093
格陵兰	0	2	0	0
澳大利亚	238 205	93 620 614	234 600	92 788 912
新西兰	112 216	47 637 110	106 722	47 068 874
国别（地区）不详	80	60 628	105	93 876

纸制品

来源地	2005年		2004年	
	数量（公吨）	金额（美元）	数量（公吨）	金额（美元）
总 值	**308 276**	**1 009 900 195**	**323 151**	**966 080 078**
孟加拉国	3	32 286	1	7 053
文莱	0	1 294	0	2 800
柬埔寨	2	21 383	1	7 578
塞浦路斯	0	256	0	214
朝鲜	0	375	23	9 415
香港	60 955	101 181 273	75 436	114 385 535
印度	48	206 882	95	255 933
印度尼西亚	986	1 253 673	1 248	1 206 645
伊朗	0	4 078	0	617
以色列	82	272 960	73	381 486
日本	44 708	264 869 823	37 728	245 957 467
约旦	0	2	0	0
黎巴嫩	0	629	0	231
澳门	449	428 420	377	367 293
马来西亚	3 330	11 147 108	3 832	9 446 784
马尔代夫	0	251	0	0
蒙古	0	2 323	1	410
尼泊尔	1	5 590	5	8 712
巴基斯坦	1	6 200	2	4 120
菲律宾	584	2 135 389	256	1 048 316
卡塔尔	2	7 381	2	10 230

2005 年中国主要进口商品来源地（续）

纸制品

来源地	2005 年		2004 年	
	数量（公吨）	金额（美元）	数量（公吨）	金额（美元）
沙特阿拉伯	2	6 373	10	16 764
新加坡	2 092	14 827 182	2 519	16 047 230
韩国	42 474	127 511 433	41 424	109 680 995
斯里兰卡	12	22 543	1	10 275
叙利亚	1	9 106	0	338
泰国	7 663	13 155 759	8 026	15 505 519
土耳其	31	233 114	36	189 282
阿联酋	14	63 512	14	45 963
越南	2 770	5 671 625	1 097	2 239 816
中国	36 601	86 244 571	33 823	77 011 199
台湾省	36 040	102 517 086	44 090	113 540 635
贝宁	0	808	0	405
埃及	0	8 202	0	1 211
埃塞俄比亚	0	477	0	1 158
肯尼亚	5	7 172	0	0
马达加斯加	0	661	0	468
毛里求斯	0	1 086	0	457
摩洛哥	1	11 518	0	24 694
南非	19	116 665	31	68 884
突尼斯	17	28 687	20	45 905
刚果（金）	0	1 171	0	0
津巴布韦	0	53	0	0
比利时	351	2 043 167	615	1 290 500
丹麦	3 794	7 253 709	3 526	5 762 840
英国	3 209	26 527 168	2 176	18 969 316
德国	8 478	40 612 093	9 656	51 474 095
法国	8 549	28 499 208	8 593	26 553 588
爱尔兰	24	928 764	47	852 879
意大利	1 389	8 495 317	2 229	10 354 349
卢森堡	3	21 935	4	14 562
荷兰	1 054	3 477 783	1 429	4 548 612
希腊	9	66 038	8	72 730
葡萄牙	76	252 923	112	195 865
西班牙	749	2 464 796	595	1 717 298
奥地利	5 658	15 471 018	4 819	13 598 001
保加利亚	0	736	1	1 484
芬兰	438	1 288 993	812	1 784 271
匈牙利	127	349 788	116	251 048
冰岛	0	484	1	1 741
列支敦士登	0	455	0	101
马耳他	0	1 652	5	5 995
挪威	165	1 286 034	65	1 321 821
波兰	25	149 035	23	82 367

2005 年中国主要进口商品来源地（续）

纸制品

来源地	2005 年		2004 年	
	数量（公吨）	金额（美元）	数量（公吨）	金额（美元）
罗马尼亚	3	55 309	1	1 025
瑞典	1 953	5 678 432	947	3 749 928
瑞士	303	2 278 330	349	2 847 005
爱沙尼亚	5	33 038	0	4 416
拉脱维亚	1	63 075	0	76
立陶宛	4	8 306	1	2 071
白俄罗斯	0	213	0	0
摩尔多瓦	0	972	0	0
俄罗斯	135	2 586 422	117	759 918
乌克兰	0	38 302	0	288 288
塞黑	0	932	0	530
斯洛文尼亚	14	115 399	6	327 164
克罗地亚	0	408	0	80
捷克	113	485 860	79	252 104
斯洛伐克	24	22 170	4	11 443
阿根廷	9	57 813	3	22 487
巴西	184	1 362 504	32	103 568
智利	1	7 378	9	14 943
哥伦比亚	0	5	0	486
多米尼克	0	15 000	0	0
哥斯达黎加	1	13 876	0	31
多米尼加	0	37	8	9 592
厄瓜多尔	0	5	1	4 015
格林纳达	0	528	0	11
危地马拉	0	138	0	0
洪都拉斯	0	1	0	636
牙买加	0	196	0	0
墨西哥	160	799 331	158	655 128
尼加拉瓜	0	229	0	1 844
巴拿马	0	461	0	0
秘鲁	0	125	0	448
波多黎各	4	66 936	3	8 218
萨尔瓦多	0	440	0	503
特立尼达和多巴哥	0	29	0	45
乌拉圭	0	6 981	0	277
加拿大	1 748	8 858 323	1 614	5 868 015
美国	27 974	112 475 772	33 133	101 224 575
澳大利亚	1 300	2 783 997	482	2 362 545
新西兰	1 346	875 051	1 186	1 134 635
国别（地区）不详	0	395	13	35 571

2005年中国主要进口商品来源地（续）

铁矿砂

来源地	2005年		2004年	
	数量（公吨）	金额（美元）	数量（公吨）	金额（美元）
总值	**275 260 484**	**18 372 782 637**	**208 088 591**	**12 711 952 447**
巴林	19 832	3 366 099	21 000	3 172 973
缅甸	322 807	5 811 987	635	15 349
朝鲜	1 385 350	69 336 798	964 892	45 707 329
印度	68 553 356	5 226 134 245	50 141 105	4 050 249 248
印度尼西亚	991 579	56 232 838	361 132	23 109 206
伊朗	2 121 124	147 145 290	1 067 273	82 462 543
日本	5 458	453 037	780	303 367
马来西亚	397 154	26 484 624	175 794	15 927 049
蒙古	162 996	8 408 778	30 587	569 360
阿曼	0	319	0	0
菲律宾	550 973	40 321 144	93 381	3 488 616
沙特阿拉伯	189 300	16 361 976	386 558	28 881 396
泰国	44 006	3 102 733	77 605	5 999 029
越南	1 153 846	46 243 495	1 618 804	49 027 826
台湾省	1 179	189 463	12 370	1 132 633
哈萨克斯坦	2 252 152	190 760 407	1 014 793	62 960 530
加纳	3	161	0	0
肯尼亚	0	343	0	0
利比里亚	180 403	13 859 507	273 852	16 485 595
毛里塔尼亚	20	243	683 004	44 732 146
莫桑比克	309 315	22 620 592	213 657	14 193 969
尼日利亚	2	5 348	0	0
塞拉利昂	0	1 209	0	0
南非	10 552 472	704 549 764	11 098 597	677 118 617
英国	80	27 328	140	45 869
德国	2	4 827	4	1 479
挪威	45	19 986	0	0
俄罗斯	4 282 443	416 193 314	2 074 508	191 080 549
乌克兰	1 476 921	152 460 806	134 651	14 572 370
玻利维亚	0	72	0	0
巴西	54 713 349	3 879 775 973	46 028 880	2 869 767 966
智利	1 608 598	135 411 218	1 992 572	158 523 769
墨西哥	1 570 164	123 447 777	760 613	55 923 737
秘鲁	3 360 048	297 027 535	3 501 603	256 200 590
特立尼达和多巴哥	51 490	4 153 514	18 165	2 156 936
委内瑞拉	2 524 357	204 035 408	2 394 870	187 034 581
加拿大	2 786 313	332 362 934	2 796 654	310 761 687
美国	651 658	56 138 237	943 520	97 431 683
澳大利亚	112 177 831	6 163 450 818	78 159 743	3 348 845 773
新西兰	863 860	26 882 490	322 997	8 942 253

2005年中国主要进口商品来源地(续)

铜矿砂

来源地	2005年		2004年	
	数量(公吨)	金额(美元)	数量(公吨)	金额(美元)
总值	**4 058 876**	**3 706 722 003**	**2 880 963**	**2 238 422 354**
缅甸	15	1 232	10	3 866
朝鲜	7 856	1 417 334	7 077	1 074 190
印度尼西亚	92 217	125 139 078	54 106	56 389 045
伊朗	62 503	47 588 877	61 038	46 570 683
日本	198	124 851	1 392	1 186 332
蒙古	512 029	349 652 754	500 082	314 814 475
巴基斯坦	95	45 614	280	83 870
菲律宾	160	149 614	1 790	945 699
韩国	1 203	786 716	1 213	811 624
泰国	60	16 640	0	0
阿联酋	35	15 592	0	0
越南	12 490	3 636 336	7 930	1 878 331
台湾省	101	96 935	0	0
哈萨克斯坦	15 092	12 031 709	119 235	86 043 300
吉尔吉斯斯坦	1 750	260 577	0	0
刚果(布)	4 901	2 588 943	7 203	3 265 168
摩洛哥	365	258 260	0	0
南非	38 439	23 075 752	40 459	26 773 364
坦桑尼亚	27 954	100 465 947	12 435	40 220 845
刚果(金)	23 593	20 242 322	4 920	3 430 325
赞比亚	3 304	2 934 169	556	296 776
比利时	1 593	1 230 124	907	812 028
意大利	1 817	1 262 684	0	0
保加利亚	7 968	4 796 533	11 120	6 735 202
罗马尼亚	7 220	4 414 784	1 226	1 325 355
阿根廷	79 090	90 294 624	9 076	9 694 940
巴西	44 458	42 297 089	15 531	13 036 209
智利	1 633 220	1 574 076 955	973 072	803 201 101
墨西哥	59 547	56 268 224	163 693	129 118 417
秘鲁	647 367	545 057 857	509 508	402 647 797
加拿大	150 804	140 769 515	81 444	77 156 553
美国	147 108	116 774 952	9 485	6 490 637
澳大利亚	454 453	416 408 964	234 960	155 948 407
巴布亚新几内亚	19 873	22 540 446	49 926	47 714 392

2005 年中国主要进口商品来源地（续）

铜

来源地	2005 年		2004 年	
	数量（公吨）	金额（美元）	数量（公吨）	金额（美元）
总　值	**6 250 777**	**8 173 991 665**	**5 352 822**	**6 299 016 049**
巴林	67	147 039	42	61 168
孟加拉国	165	449 103	0	0
缅甸	39	67 711	23	26 773
塞浦路斯	966	985 169	763	719 234
朝鲜	117	295 813	163	337 283
香港	450 908	309 708 354	225 794	184 626 712
印度	36 685	123 286 626	26 346	66 951 763
印度尼西亚	9 047	26 746 582	8 723	17 546 162
伊朗	4 268	15 980 646	9 896	27 854 067
以色列	3 057	3 480 823	2 472	2 716 240
日本	1 975 935	1 289 871 656	1 680 345	880 436 835
约旦	3 007	6 586 484	5 995	10 335 848
科威特	288	778 176	720	1 708 338
老挝	1 504	6 225 784	0	0
黎巴嫩	585	1 376 014	3 126	7 492 608
澳门	411	333 196	114	72 551
马来西亚	5 780	18 604 744	7 575	11 026 846
蒙古	540	1 198 531	418	973 111
阿曼	6 179	19 966 680	0	0
巴基斯坦	18 210	84 338 811	8 773	35 612 948
菲律宾	91 262	218 873 825	92 665	265 992 268
沙特阿拉伯	1 124	2 194 738	4 288	9 579 796
新加坡	6 171	5 763 569	8 806	8 226 462
韩国	238 851	331 272 412	187 751	154 914 940
叙利亚	315	198 783	264	158 073
泰国	6 402	11 123 592	2 346	6 098 335
土耳其	5 210	8 243 853	3 224	3 881 959
阿联酋	1 788	3 366 306	2 469	5 410 671
也门	78	188 446	264	557 276
越南	304	180 397	63	32 839
中国	35 571	116 434 139	8 704	22 825 327
台湾省	40 754	96 425 555	63 566	88 226 686
哈萨克斯坦	168 375	598 620 044	132 262	317 278 809
吉尔吉斯斯坦	4 918	9 700 432	5 786	10 747 081
塔吉克斯坦	444	909 656	318	615 161
阿尔及利亚	108	114 075	46	67 342
贝宁	4 169	11 972 478	826	2 046 377
喀麦隆	141	279 274	121	244 605

2005年中国主要进口商品来源地（续）

铜

来源地	2005年		2004年	
	数量（公吨）	金额（美元）	数量（公吨）	金额（美元）
刚果（布）	5 920	14 420 481	2 983	2 722 547
吉布提	20	47 161	0	0
埃及	461	1 347 253	2 855	6 597 164
加纳	1 069	2 626 893	1 369	3 051 541
科特迪瓦	328	879 342	406	927 094
肯尼亚	378	784 973	141	234 939
利比亚	17	29 908	124	179 782
摩洛哥	3 572	9 230 125	2 480	5 506 693
纳米比亚	11 053	40 049 116	9 877	30 140 749
尼日利亚	694	1 865 441	1 341	2 574 710
塞内加尔	40	109 968	79	170 042
南非	11 568	33 175 496	11 012	22 530 655
苏丹	112	306 670	404	931 538
坦桑尼亚	70	56 964	174	405 410
多哥	501	1 360 081	117	293 173
突尼斯	726	1 166 300	733	995 621
刚果（金）	209	249 888	250	210 729
赞比亚	57 462	201 242 195	45 480	125 004 625
比利时	350 966	308 497 437	266 601	214 509 496
丹麦	5 012	3 345 827	2 981	2 245 949
英国	87 509	83 340 877	77 610	68 976 470
德国	175 788	137 560 459	141 463	121 768 990
法国	58 048	50 964 080	52 265	40 299 421
爱尔兰	276	755 972	629	1 572 037
意大利	101 527	83 060 179	75 675	65 917 579
卢森堡	21	421 418	18	326 472
荷兰	130 423	83 345 019	85 693	55 302 230
希腊	5 617	4 483 505	6 943	4 951 245
葡萄牙	2 157	3 247 974	1 241	1 103 065
西班牙	118 485	97 308 739	57 706	53 021 461
奥地利	245	385 659	1 057	1 418 434
保加利亚	9 687	22 077 238	3 396	3 213 554
芬兰	4 929	4 255 991	3 120	2 252 136
匈牙利	868	1 635 280	281	396 321
马耳他	405	270 714	171	125 729
挪威	5 660	4 108 582	5 253	3 753 269
波兰	45 264	148 756 078	42 675	120 899 511
罗马尼亚	6 538	10 507 907	6 250	9 527 523
瑞典	13 436	9 180 364	12 532	9 990 661

2005 年中国主要进口商品来源地（续）

铜

来 源 地	2005 年		2004 年	
	数量（公吨）	金额（美元）	数量（公吨）	金额（美元）
瑞士	520	2 750 330	181	326 775
爱沙尼亚	2 154	2 046 610	721	1 154 853
拉脱维亚	753	1 513 038	504	1 021 387
立陶宛	873	811 823	343	297 252
格鲁吉亚	269	593 129	427	854 582
俄罗斯	9 373	19 009 390	12 483	21 931 638
乌克兰	11 877	27 638 303	12 825	26 377 939
斯洛文尼亚	1 229	1 421 681	990	680 184
捷克	851	1 261 382	1 157	985 534
斯洛伐克	327	625 571	306	503 343
阿根廷	1 570	2 985 454	1 190	1 852 547
巴巴多斯	24	11 931	0	0
玻利维亚	97	210 661	55	77 686
巴西	2 415	6 493 240	11 679	25 597 949
智利	616 441	2 173 498 306	707 229	1 992 930 343
哥伦比亚	5 491	13 317 158	8 699	17 918 370
多米尼克	47	69 971	186	379 016
哥斯达黎加	116	138 125	199	296 766
古巴	3 456	7 616 114	3 700	7 405 859
多米尼加	602	1 119 013	416	829 376
厄瓜多尔	1 063	2 369 437	838	1 462 675
危地马拉	1 277	1 795 152	4 437	5 519 715
洪都拉斯	427	385 972	67	74 016
牙买加	493	248 478	618	699 840
墨西哥	21 964	53 912 854	50 433	80 617 861
巴拿马	2 180	1 589 958	1 108	1 049 189
巴拉圭	724	1 506 352	271	609 713
秘鲁	68 919	173 596 830	55 511	103 796 488
波多黎各	777	1 378 695	992	1 797 235
萨尔瓦多	20	39 991	0	0
特立尼达和多巴哥	422	543 316	307	286 476
乌拉圭	625	1 311 945	470	649 254
委内瑞拉	5 050	11 244 384	11 723	23 160 037
加拿大	51 419	41 410 823	105 647	67 540 555
美国	717 407	584 846 747	693 916	508 662 523
澳大利亚	345 601	320 991 652	200 563	236 778 263
新喀里多尼亚	32	25 645	0	0
新西兰	33 091	20 915 134	42 741	32 187 645

2005年中国主要进口商品来源地（续）

铝

来源地	2005年		2004年	
	数量（公吨）	金额（美元）	数量（公吨）	金额（美元）
总　值	**427 474**	**680 122 201**	**698 039**	**1 069 099 901**
巴林	199	308 567	119	189 321
朝鲜	179	323 835	688	978 246
香港	1 893	3 189 035	3 019	4 016 300
印度	9 747	13 494 269	36 773	52 678 162
印度尼西亚	5 068	6 951 555	427	593 370
日本	156	544 252	309	1 095 915
马来西亚	41	73 543	19	25 073
新加坡	1	2 358	3 710	6 608 285
韩国	72 467	99 301 912	19 407	33 445 833
泰国	21	20 750	0	0
阿联酋	43	89 626	149	266 913
中国	138 094	218 566 396	304 386	460 288 666
台湾省	4 528	7 154 797	6 735	8 672 891
埃及	20	20 075	0	0
南非	26 313	51 120 068	38 474	67 217 678
英国	23	41 955	0	300
德国	94	258 721	14	34 621
法国	6	60 218	73	213 620
爱尔兰	31	71 339	0	0
意大利	1	848	0	0
奥地利	64	131 409	0	0
俄罗斯	55 017	77 646 709	140 177	200 806 613
加拿大	121	241 022	266	475 885
美国	3	23 310	331	864 291
澳大利亚	113 344	200 485 632	139 874	225 458 637

铜材

来源地	2005年		2004年	
	数量（公吨）	金额（美元）	数量（公吨）	金额（美元）
总　值	**1 118 729**	**4 378 235 936**	**1 195 365**	**3 914 717 863**
香港	18 163	75 901 086	29 200	91 658 684
印度	3 711	8 270 043	8 174	14 676 303
印度尼西亚	53 745	156 611 123	36 301	88 599 058
伊朗	1 868	3 957 189	1 080	1 887 042
以色列	12	146 311	2	29 821
日本	82 893	556 084 687	79 487	460 439 055
澳门	4 222	21 151 855	3 118	15 191 192
马来西亚	20 780	92 532 704	24 343	88 290 558

2005年中国主要进口商品来源地（续）

铜材

来源地	2005年		2004年	
	数量（公吨）	金额（美元）	数量（公吨）	金额（美元）
阿曼	200	333 372	0	8 061
菲律宾	5 064	33 704 600	6 964	40 849 120
新加坡	6 732	49 305 982	5 019	33 903 310
韩国	221 788	743 820 588	244 004	673 652 753
泰国	4 315	17 797 042	5 398	21 022 391
土耳其	269	724 216	66	280 021
阿联酋	0	500	5	26 010
越南	120	325 970	100	186 191
中国	165 671	654 954 233	161 811	569 306 676
台湾省	402 897	1 382 186 431	396 244	1 133 613 301
哈萨克斯坦	6 165	20 571 330	48 649	133 109 031
吉尔吉斯斯坦	4	11 040	0	0
埃及	291	731 167	0	0
摩洛哥	25	201 049	0	0
尼日利亚	0	500	0	0
南非	647	1 338 453	2 110	6 429 965
比利时	617	9 173 135	656	4 676 389
丹麦	80	1 823 455	53	1 856 200
英国	662	4 851 203	648	4 587 156
德国	42 450	221 063 148	44 310	186 971 435
法国	3 153	24 041 731	2 016	13 686 787
爱尔兰	43	1 467 970	21	1 086 125
意大利	1 179	5 742 637	1 435	5 109 182
卢森堡	2 837	17 695 860	3 093	15 982 563
荷兰	1 943	5 778 033	2 636	6 375 707
葡萄牙	146	402 077	141	352 018
西班牙	610	1 778 695	147	188 743
奥地利	185	1 454 379	116	1 277 141
保加利亚	25	104 980	0	0
芬兰	1 526	7 872 129	1 615	7 002 495
匈牙利	9	70 711	1	10 050
冰岛	0	4 610	0	0
列支敦士登	0	17 411	0	0
挪威	27	76 782	254	485 025
波兰	6 216	11 944 402	6 976	13 837 513
罗马尼亚	21	53 357	0	0
瑞典	1 260	5 592 831	1 745	7 313 026
瑞士	527	5 290 804	716	6 569 152
俄罗斯	18 164	54 971 217	29 270	81 397 470
乌克兰	1 763	2 938 221	446	621 121

2005年中国主要进口商品来源地（续）

铜材

来源地	2005年		2004年	
	数量（公吨）	金额（美元）	数量（公吨）	金额（美元）
斯洛文尼亚	0	11 843	1	10 706
克罗地亚	0	4 620	0	0
捷克	55	694 939	6	505 964
阿根廷	0	5 726	0	0
巴西	3	51 408	9	30 192
智利	383	688 352	2 385	4 034 799
洪都拉斯	0	526	0	0
墨西哥	27	202 862	58	355 207
秘鲁	46	110 189	25	85 825
加拿大	10 022	24 529 076	15 212	40 826 998
美国	8 257	109 957 186	7 325	93 539 152
澳大利亚	16 837	35 502 215	21 678	41 383 533
新西兰	71	1 605 745	52	973 219

铝材

来源地	2005年		2004年	
	数量（公吨）	金额（美元）	数量（公吨）	金额（美元）
总值	**647 589**	**2 251 014 519**	**610 636**	**1 944 157 195**
巴林	10 398	23 819 534	21 112	43 482 262
孟加拉国	1	2 469	1	1 532
香港	17 097	51 273 121	13 317	36 011 790
印度	819	1 779 011	1 891	3 735 956
印度尼西亚	2 066	5 512 480	3 132	7 409 055
伊朗	0	547	0	0
以色列	195	866 362	145	491 868
日本	82 084	448 389 784	108 210	468 192 645
澳门	45	129 749	15	29 923
马来西亚	2 345	7 049 382	2 920	8 311 019
尼泊尔	1	4 350	0	0
巴基斯坦	0	150	0	0
菲律宾	37	421 026	53	142 100
新加坡	3 905	13 938 279	5 343	20 181 914
韩国	183 583	533 789 023	162 719	440 004 879
泰国	1 621	4 659 348	925	2 971 129
土耳其	312	663 402	341	963 489
阿联酋	959	1 825 071	1 577	3 076 469
越南	110	232 423	364	515 341
中国	38 681	141 411 379	22 756	93 157 416

2005 年中国主要进口商品来源地（续）

铝材

来源地	2005 年		2004 年	
	数量（公吨）	金额（美元）	数量（公吨）	金额（美元）
台湾省	128 505	390 834 055	116 096	334 937 913
埃及	28	86 435	28	81 062
南非	10 239	34 254 236	11 307	33 462 815
比利时	1 645	4 630 930	1 871	3 753 207
丹麦	543	3 069 998	470	3 236 301
英国	6 305	27 461 063	8 211	27 574 218
德国	42 382	150 313 702	33 597	119 820 505
法国	15 088	56 433 715	11 626	38 734 643
爱尔兰	18	146 070	19	105 440
意大利	2 875	14 949 360	3 475	18 115 417
卢森堡	0	883	0	0
荷兰	3 646	16 352 234	3 115	12 578 730
希腊	3 799	12 192 339	4 810	13 426 819
西班牙	231	1 218 965	24	238 533
奥地利	655	3 220 011	177	1 430 757
芬兰	3	17 150	12	424 882
匈牙利	399	1 233 903	146	255 944
列支敦士登	0	1 638	0	423
马耳他	0	22	0	0
挪威	7 833	29 655 596	2 870	11 905 551
波兰	5	38 354	0	0
罗马尼亚	0	9	0	0
瑞典	317	2 073 048	361	2 095 526
瑞士	809	6 213 366	778	4 579 997
俄罗斯	3 642	9 046 287	5 567	10 972 725
斯洛文尼亚	0	957	34	69 066
捷克	3	46 276	19	75 583
巴西	126	336 682	96	185 396
哥斯达黎加	0	329	0	0
墨西哥	194	775 250	20	37 345
加拿大	2 320	7 408 263	1 856	5 472 569
美国	28 419	133 609 771	18 750	78 711 969
澳大利亚	43 080	108 253 326	39 815	89 153 676
新西兰	206	1 328 910	343	3 377 208
萨摩亚	15	40 724	0	0
国别（地区）不详	0	3 772	24	118 067

2005年中国主要进口商品来源地（续）

原油

来源地	2005年		2004年	
	数量（公吨）	金额（美元）	数量（公吨）	金额（美元）
总　值	**126 817 726**	**47 722 927 089**	**122 723 840**	**33 912 467 964**
文莱	501 517	207 626 375	882 436	251 012 471
印度尼西亚	4 087 717	1 592 097 626	3 427 693	958 873 448
伊朗	14 272 827	5 309 518 970	13 237 232	3 535 879 006
伊拉克	1 170 434	388 086 536	1 306 511	312 552 121
科威特	1 645 741	557 860 224	1 253 980	305 456 005
马来西亚	347 856	149 641 299	1 691 344	530 226 776
蒙古	21 699	8 265 244	24 267	6 693 604
阿曼	10 832 625	4 040 285 336	16 345 277	4 271 270 019
菲律宾	107 386	49 001 619	257 610	82 739 714
卡塔尔	343 218	141 341 936	142 395	41 729 389
沙特阿拉伯	22 178 924	8 243 089 227	17 243 550	4 634 104 883
叙利亚	0	443	0	0
泰国	1 192 282	509 120 267	915 010	274 690 638
阿联酋	2 567 745	1 028 949 571	1 343 865	413 005 754
也门	6 839 693	2 624 712 812	4 912 420	1 425 815 660
越南	3 195 172	1 290 072 371	5 351 458	1 546 965 681
哈萨克斯坦	1 290 797	517 260 192	1 285 605	348 527 098
阿尔及利亚	821 521	361 852 227	676 163	233 208 790
安哥拉	17 462 160	6 575 939 442	16 120 823	4 716 807 801
乍得	547 516	171 121 015	830 772	197 282 116
刚果（布）	5 534 806	2 057 642 442	4 773 279	1 338 835 042
埃及	79 776	16 166 340	0	0
赤道几内亚	3 707 110	1 365 261 596	3 484 773	928 113 538
利比亚	2 258 899	941 437 825	1 338 451	381 020 209
尼日利亚	1 310 429	503 894 560	1 488 953	411 931 140
苏丹	6 619 913	2 574 490 373	5 770 342	1 658 066 559
英国	0	448	157 404	42 690 248
法国	0	828	0	0
挪威	517 666	230 550 201	2 008 899	575 862 262
阿塞拜疆	0	200	129 572	31 279 741
俄罗斯	12 777 189	4 958 947 748	10 773 690	2 936 463 865
阿根廷	912 288	306 983 403	714 078	183 049 131
巴西	1 343 158	455 758 606	1 576 508	422 880 034
厄瓜多尔	92 966	25 209 815	282 619	66 316 195
危地马拉	77 047	17 335 463	0	0
委内瑞拉	1 927 264	388 838 112	334 242	72 967 398
加拿大	1	1 137	78 664	14 946 130
美国	2	1 452	110 274	27 017 331
澳大利亚	232 384	114 563 808	1 510 249	467 518 975

2005年中国主要进口商品来源地（续）

成品油

来源地	2005年		2004年	
	数量（公吨）	金额（美元）	数量（公吨）	金额（美元）
总　值	**31 431 893**	**10 434 649 415**	**37 875 929**	**9 248 352 229**
香港	60 052	28 823 579	94 702	34 359 788
印度	92 806	42 538 756	102 715	18 247 553
印度尼西亚	861 953	228 899 466	1 003 948	210 812 431
伊朗	1 671 837	483 657 676	1 629 358	336 439 108
伊拉克	81 227	26 931 897	33 192	7 250 818
以色列	1	10 012	0	275
日本	3 044 582	1 108 878 916	2 000 745	598 020 464
约旦	47 023	9 922 248	78 920	14 560 831
科威特	96 921	44 968 395	0	0
马来西亚	730 435	210 615 053	2 399 103	489 038 054
阿曼	228 675	65 888 899	0	0
菲律宾	66 281	19 913 944	39 542	10 401 193
卡塔尔	0	718	272 129	53 818 327
沙特阿拉伯	941 429	267 651 982	253 138	50 981 954
新加坡	6 206 138	2 054 169 803	9 256 481	2 149 055 618
韩国	8 963 480	3 095 296 125	10 178 542	2 739 266 494
泰国	37 218	16 431 097	473 870	139 538 057
土耳其	80	229 185	26 084	5 362 664
阿联酋	270 739	91 078 826	321 820	70 916 326
也门	111 373	38 841 488	141 025	30 481 489
越南	2 037	2 368 917	3 663	3 312 496
中国	254	632 564	490	774 748
台湾省	807 420	369 464 893	1 498 024	451 049 036
哈萨克斯坦	300 925	67 508 684	252 117	42 532 114
吉尔吉斯斯坦	3 146	563 174	0	0
乌兹别克斯坦	109 266	31 771 222	177 069	41 607 494
埃及	0	1 991	5 955	2 888 493
南非	146 192	43 392 506	6 466	2 223 532
苏丹	0	2 869	0	3 259
比利时	6 098	9 726 034	6 423	10 067 770
丹麦	6	43 249	15	242 507
英国	1 082	2 794 834	2 034	2 986 085
德国	13 219	28 898 623	15 336	31 621 767
法国	19 026	25 171 303	16 427	21 350 859
意大利	6 529	7 102 080	1 285	2 426 965
荷兰	33 155	9 732 576	264 459	54 151 674
希腊	73	120 553	146	200 150
葡萄牙	1	1 204	1	6 485
西班牙	7 965	8 255 116	6 438	5 720 682

2005年中国主要进口商品来源地（续）

成品油

来源地	2005年		2004年	
	数量（公吨）	金额（美元）	数量（公吨）	金额（美元）
阿尔巴尼亚	0	150	0	100
奥地利	22	110 273	11	50 805
芬兰	6	38 660	2	8 164
匈牙利	8	33 006	4	16 182
挪威	1	3 001	0	2 137
波兰	0	1 008	0	0
瑞典	5 212	3 903 846	8 835	4 738 595
瑞士	206	513 242	137	424 941
立陶宛	14	42 792	0	0
俄罗斯	5 127 753	1 513 333 578	5 546 322	1 188 766 261
乌克兰	59 313	11 625 292	5 403	2 491 797
捷克	4	23 788	4	14 957
阿根廷	0	3 068	1	4 138
巴西	17	87 100	18	96 130
墨西哥	25	110 620	10	20 209
秘鲁	0	543	0	0
波多黎各	0	9 117	0	0
圣卢西亚	141 723	32 645 582	0	0
委内瑞拉	735 213	185 895 348	848 331	164 707 093
加拿大	2 597	4 745 154	2 657	3 713 177
美国	353 405	219 131 645	487 289	169 117 192
澳大利亚	2 209	4 077 588	1 179	2 715 609
新西兰	7 281	4 372 318	160	82 943
巴布亚新几内亚	28 031	11 510 424	0	0
国别（地区）不详	210	131 815	51 407	9 442 712

钢材

来源地	2005年		2004年	
	数量（公吨）	金额（美元）	数量（公吨）	金额（美元）
总　值	**25 816 227**	**24 608 447 062**	**29 302 662**	**20 787 226 288**
孟加拉国	1 990	1 619 021	1 130	859 688
朝鲜	805	234 620	12 750	4 215 614
香港	21 016	16 992 947	35 039	25 107 016
印度	1 000 816	825 833 296	857 289	556 273 617
印度尼西亚	101 120	86 490 460	199 120	94 954 319
伊朗	111 970	55 910 597	105 353	43 707 232
以色列	362	1 179 483	1 651	1 556 322
日本	6 253 098	6 257 393 402	7 794 340	5 766 811 676

2005年中国主要进口商品来源地（续）

钢材

来源地	2005年		2004年	
	数量（公吨）	金额（美元）	数量（公吨）	金额（美元）
澳门	1	5 313	1	10 936
马来西亚	200 144	161 529 008	252 044	144 289 127
蒙古	4 050	806 746	10 764	1 870 718
阿曼	0	78	0	0
菲律宾	58 297	35 170 920	8 440	6 089 812
沙特阿拉伯	8 041	4 577 968	112 870	50 323 062
新加坡	23 399	62 007 398	16 749	26 815 946
韩国	4 432 843	4 598 245 610	4 941 938	4 180 451 406
斯里兰卡	0	239	0	805
泰国	494 058	298 563 967	317 182	183 087 588
土耳其	156 412	105 915 955	159 409	70 654 252
阿联酋	829	314 907	833	808 945
越南	462	523 589	4 096	3 288 844
中国	724 418	412 927 903	570 507	271 285 351
台湾省	4 891 239	4 302 098 757	4 880 393	3 704 616 792
哈萨克斯坦	854 781	496 512 327	1 088 091	523 738 839
吉尔吉斯斯坦	7	36 300	0	0
乌兹别克斯坦	0	254	0	0
安哥拉	343	92 688	0	0
埃及	96 327	47 450 467	103 506	37 557 134
毛里求斯	0	653	0	0
摩洛哥	0	40	0	0
南非	366 257	368 134 698	406 890	283 494 130
比利时	117 253	158 071 978	118 803	124 152 999
丹麦	826	3 433 396	369	1 799 374
英国	179 452	207 994 969	147 210	115 428 135
德国	620 435	1 300 339 693	806 106	897 035 273
法国	107 773	254 424 199	186 797	198 426 511
爱尔兰	99	1 372 562	1 026	509 700
意大利	245 945	545 872 844	255 316	297 712 436
卢森堡	34 695	32 443 861	42 819	30 095 752
荷兰	71 315	54 739 331	69 058	40 536 856
希腊	1 937	1 087 241	684	336 438
葡萄牙	9 960	7 436 073	5 398	3 125 729
西班牙	36 958	89 663 484	104 865	75 786 304
奥地利	37 060	99 819 860	13 736	29 499 160
保加利亚	59 838	35 008 888	76 734	28 292 141

2005年中国主要进口商品来源地（续）

钢材

来源地	2005年		2004年	
	数量（公吨）	金额（美元）	数量（公吨）	金额（美元）
芬兰	106 320	304 447 990	64 325	139 893 970
匈牙利	157	776 583	21	65 439
冰岛	124	78 195	0	0
挪威	23 484	25 455 364	15 532	15 838 868
波兰	13 734	11 990 508	54 099	23 975 210
罗马尼亚	106 983	70 689 764	395 629	167 705 400
瑞典	99 785	264 575 548	102 169	189 919 199
瑞士	3 044	11 470 801	1 725	10 362 640
爱沙尼亚	4 616	2 444 004	123	81 665
拉脱维亚	1 266	426 877	0	0
格鲁吉亚	0	584	0	0
白俄罗斯	33	15 963	232	144 408
俄罗斯	2 547 959	1 574 867 795	2 338 182	976 639 870
乌克兰	371 939	227 866 765	1 046 748	413 382 151
塞黑	28 340	19 659 333	2 877	1 912 592
斯洛文尼亚	858	1 485 287	710	1 227 665
克罗地亚	200	79 960	507	790 337
捷克	12 183	11 921 739	5 353	9 787 246
斯洛伐克	56 290	38 562 152	75 713	32 535 276
马其顿	15 105	10 881 416	0	0
波黑	7	13 416	0	0
阿根廷	53 513	58 995 534	104 269	55 982 527
巴西	525 641	331 773 286	790 136	393 553 594
智利	7 717	4 255 232	19 595	9 302 608
多米尼克	0	143	0	0
哥斯达黎加	0	201	0	0
墨西哥	91 757	74 306 589	79 869	44 539 955
巴拿马	394	149 690	0	0
秘鲁	35	34 630	0	0
特立尼达和多巴哥	0	685	0	0
委内瑞拉	18 284	11 059 015	60 338	26 600 074
加拿大	59 383	40 605 695	39 441	21 128 307
美国	216 055	496 943 234	189 979	321 069 217
澳大利亚	119 215	77 172 235	140 182	81 718 130
新西兰	4 931	2 729 769	13 384	6 864 071
国别（地区）不详	247	433 090	179	171 554

2005 年 中 国 主 要 进 口 商 品 来 源 地（续）

塑料

来 源 地	2005 年	2004 年
	金额（美元）	金额（美元）
总　值	**33 327 788 567**	**28 064 881 620**
阿富汗	452	100
孟加拉国	9 098 019	5 753 103
缅甸	943 894	123 723
柬埔寨	126 200	7 059
塞浦路斯	14 752	13 781
朝鲜	3 171 015	891 115
香港	1 267 906 775	1 131 358 318
印度	419 597 136	408 418 264
印度尼西亚	120 200 292	125 620 233
伊朗	59 424 248	27 377 330
以色列	14 262 821	10 918 948
日本	5 351 750 586	4 647 984 190
约旦	796	19 812
科威特	162 631 261	125 792 175
老挝	1 267	7 750
黎巴嫩	451 597	872 257
澳门	75 362 555	2 905 953
马来西亚	867 583 435	761 423 229
马尔代夫	9 874	123 156
蒙古	470 099	410 816
尼泊尔	25 703	29 943
阿曼	46 058	0
巴基斯坦	3 790 723	9 127 432
菲律宾	48 752 173	37 470 263
卡塔尔	244 407 314	191 557 912
沙特阿拉伯	1 061 829 782	656 467 831
新加坡	1 745 698 160	1 439 968 458
韩国	5 859 043 209	4 875 364 502
斯里兰卡	88 288	178 549
叙利亚	3 759	2 628
泰国	1 404 648 990	1 215 918 870
土耳其	6 788 330	8 368 245
阿联酋	148 209 849	127 445 051
也门	554 614	70 796
越南	10 022 511	7 412 403
中国	1 123 497 720	790 038 359
台湾省	6 346 963 326	5 711 038 442
哈萨克斯坦	830 693	680 687
吉尔吉斯斯坦	49 444	7 752

塑料

来 源 地	2005 年	2004 年
	金额（美元）	金额（美元）
乌兹别克斯坦	11 097 619	15 610 363
阿尔及利亚	1 165 028	36 051
喀麦隆	881	0
埃及	25 196 203	14 636 647
肯尼亚	67 475	59 301
利比里亚	1 714	0
利比亚	3	152 017
马达加斯加	1 003	234
毛里求斯	14	717
摩洛哥	99 359	272 427
尼日利亚	61 728	8 683
南非	33 327 226	22 394 257
苏丹	96 674	159 435
坦桑尼亚	1 208 436	334 178
突尼斯	1 589 940	495 391
乌干达	1 584	0
赞比亚	766	0
比利时	458 948 330	362 434 434
丹麦	30 523 008	25 709 231
英国	248 280 067	177 295 757
德国	1 248 442 704	947 292 951
法国	263 979 701	225 618 476
爱尔兰	7 731 565	5 793 734
意大利	218 092 851	169 709 819
卢森堡	4 183 261	7 030 275
荷兰	279 692 963	269 707 294
希腊	376 515	1 191 797
葡萄牙	1 282 453	2 372 866
西班牙	163 309 751	93 758 715
奥地利	32 721 424	27 778 624
保加利亚	2 398 560	752 578
芬兰	21 443 402	21 133 626
匈牙利	10 928 801	12 709 781
冰岛	553 143	391 676
列支敦士登	37 136	12 299
马耳他	1 901 654	68 462
摩纳哥	337 487	527 658
挪威	13 135 615	10 235 392
波兰	14 154 849	8 053 374
罗马尼亚	7 669 747	11 884 671

2005 年中国主要进口商品来源地（续）

塑料

来源地	2005 年	2004 年
	金额（美元）	金额（美元）
瑞典	58 850 850	51 455 289
瑞士	49 509 114	50 158 263
爱沙尼亚	1 366 787	717 681
拉脱维亚	179 733	130 755
立陶宛	147 546	196 653
格鲁吉亚	648	13 290
阿塞拜疆	8 131 279	4 465 071
白俄罗斯	1 137 709	1 371 584
俄罗斯	152 920 493	254 892 313
乌克兰	17 136 421	7 483 431
塞黑	3 635	177 286
斯洛文尼亚	1 400 697	681 247
克罗地亚	673 258	2 967 419
捷克	11 641 218	10 695 175
斯洛伐克	4 050 776	2 686 883
阿根廷	29 805 104	15 704 471
巴巴多斯	101 768	78 232
伯利兹	12 241	0
玻利维亚	22 390	1 257
巴西	113 842 379	69 101 019
智利	1 331 879	1 642 387
哥伦比亚	5 658 018	4 428 060
多米尼克	34 038	31 067
哥斯达黎加	503 836	350 192
古巴	84 453	82 319

塑料

来源地	2005 年	2004 年
	金额（美元）	金额（美元）
多米尼加	138 149	38 478
厄瓜多尔	1 134 979	457 230
危地马拉	4 206 781	2 207 629
洪都拉斯	605 776	228 977
牙买加	51 055	59 996
墨西哥	56 160 415	42 785 071
尼加拉瓜	23 139	18 954
巴拿马	4 893 358	918 965
巴拉圭	326 764	946 685
秘鲁	15 958 219	9 293 770
波多黎各	382 385	559 974
萨尔瓦多	129 453	102 304
苏里南	40 206	15 406
特立尼达和多巴哥	8 510	0
乌拉圭	1 669 542	1 834 695
委内瑞拉	6 697 988	113 767
加拿大	236 153 471	237 366 665
美国	2 824 266 214	2 385 506 528
澳大利亚	216 386 811	121 440 891
斐济	276	18
新喀里多尼亚	36	0
新西兰	36 856 992	23 226 338
法属波利尼西亚	103	0
大洋洲其他国家（地区）	20	0
国别（地区）不详	853 295	191 675

化肥

来源地	2005 年		2004 年	
	数量（公吨）	金额（美元）	数量（公吨）	金额（美元）
总　值	**13 967 396**	**3 051 436 695**	**12 400 213**	**2 287 692 006**
朝鲜	20	1 003	0	0
香港	10	825	13	3 850
印度	1 275	221 203	0	0
印度尼西亚	36	22 670	70	69 797
以色列	523 077	110 119 426	557 409	94 440 530
日本	33 781	2 988 994	5 997	776 636
约旦	201 295	41 761 509	306 178	49 310 977

2005年中国主要进口商品来源地（续）

化肥

来 源 地	2005年		2004年	
	数量（公吨）	金额（美元）	数量（公吨）	金额（美元）
马来西亚	13 128	4 021 130	29	88 314
菲律宾	2 013	620 815	59	85 170
新加坡	70	18 564	73	21 690
韩国	13 073	2 752 472	172	108 496
泰国	57	35 090	49	9 397
中国	0	2	13	19 570
台湾省	33 848	8 525 940	38 862	7 318 528
哈萨克斯坦	109 557	23 105 754	191 080	29 379 402
乌兹别克斯坦	100 506	15 447 106	30 527	4 250 617
摩洛哥	101 461	29 221 892	106 170	24 786 244
突尼斯	96 470	28 571 358	98 334	23 826 846
比利时	135 988	32 002 176	99 604	23 292 990
英国	513	1 199 713	323	605 024
德国	131 500	31 606 104	84 844	16 218 157
法国	1	1 523	48	105 600
爱尔兰	2	3 540	11	33 315
意大利	30	92 944	1	282
荷兰	5 401	1 775 527	396	246 725
西班牙	2	68 016	1	34 840
芬兰	81 185	22 895 648	114 315	27 994 684
匈牙利	2	2 600	0	0
挪威	432 486	87 702 418	547 781	98 341 404
罗马尼亚	48 043	11 453 629	54 815	12 133 967
拉脱维亚	22	3 341	105	16 275
立陶宛	929	179 179	1 437	221 327
白俄罗斯	1 704 274	347 240 848	161 615	25 903 586
俄罗斯	6 310 223	1 300 562 994	5 898 157	972 392 724
乌克兰	49 565	10 059 283	48 843	8 045 006
捷克	325	88 757	57	19 583
巴西	43	70 319	0	0
墨西哥	0	713	0	0
秘鲁	24	33 600	0	0
加拿大	2 265 025	491 601 731	1 944 155	333 597 385
美国	1 572 105	445 283 400	2 094 358	531 442 037
澳大利亚	30	72 082	95	59 439
新西兰	0	857	0	600

2005年中国主要进口商品来源地(续)

天然橡胶

来 源 地	2005年		2004年	
	数量（公吨）	金额（美元）	数量（公吨）	金额（美元）
总 值	**1 406 721**	**1 854 658 299**	**1 284 315**	**1 524 235 035**
缅甸	8 375	9 621 615	6 264	6 822 883
柬埔寨	3 323	3 131 005	2 224	2 531 198
香港	17	17 005	51	46 705
印度	23 009	32 694 857	33 081	39 250 220
印度尼西亚	271 306	373 759 368	207 851	255 296 802
日本	88	143 242	39	63 357
老挝	3 645	4 185 270	1 380	1 498 000
马来西亚	408 657	557 963 793	311 573	375 655 698
菲律宾	15 710	18 692 665	19 176	21 372 647
新加坡	1 503	1 951 421	1 811	2 255 727
韩国	259	270 008	292	360 857
斯里兰卡	1 063	1 513 360	737	947 025
泰国	611 581	782 510 271	642 799	757 078 324
越南	55 136	63 864 867	53 576	57 299 374
中国	18	15 256	22	14 704
台湾省	1 040	1 266 701	1 308	1 232 995
喀麦隆	202	282 744	827	919 598
加蓬	202	312 480	0	0
几内亚	658	1 017 198	0	0
科特迪瓦	597	958 495	0	0
尼日利亚	202	312 480	0	0
塞拉利昂	77	77 181	0	0
英国	1	150	0	0
德国	21	19 708	0	0
法国	4	7 249	0	0
意大利	5	3 348	0	0
美国	27	66 562	1 247	1 519 588

合成橡胶

来 源 地	2005年		2004年	
	数量（公吨）	金额（美元）	数量（公吨）	金额（美元）
总 值	**1 089 840**	**1 798 102 919**	**1 094 795**	**1 414 240 126**
香港	2 686	4 036 184	3 247	4 326 594
印度	279	490 385	180	267 766
印度尼西亚	13 388	12 644 120	31 839	24 298 199
伊朗	3 479	4 359 256	7 078	7 654 402
以色列	1	3 220	1	6 769
日本	140 800	285 468 277	154 925	251 054 276
澳门	345	460 168	365	495 543
马来西亚	4 418	4 745 218	4 398	4 325 257

2005年中国主要进口商品来源地（续）

合成橡胶

来源地	2005年		2004年	
	数量（公吨）	金额（美元）	数量（公吨）	金额（美元）
蒙古	367	477 375	0	0
菲律宾	3	6 764	8	7 465
沙特阿拉伯	74	111 270	36	42 772
新加坡	1 304	2 874 845	1 604	3 308 874
韩国	219 443	288 993 465	182 501	186 467 678
斯里兰卡	12	20 822	36	97 377
泰国	26 590	37 558 373	34 129	35 578 045
土耳其	7	18 832	399	549 025
阿联酋	132	190 916	0	0
越南	395	609 656	256	491 801
中国	27 639	33 817 761	24 866	25 243 615
台湾省	242 041	324 871 631	250 369	272 662 977
南非	34	61 865	791	779 152
比利时	21 041	56 848 485	14 238	29 029 044
丹麦	1	714	25	97 097
英国	19 428	38 988 791	23 524	34 223 812
德国	23 462	37 700 745	25 911	34 441 067
法国	42 271	74 568 453	44 024	67 039 061
爱尔兰	0	1 531	0	0
意大利	4 575	8 924 960	6 669	7 450 636
卢森堡	72	245 174	88	190 081
荷兰	11 566	27 048 703	10 074	13 342 971
西班牙	2 648	4 051 475	2 527	2 976 638
奥地利	212	789 476	227	895 654
保加利亚	151	174 567	214	286 420
芬兰	2	6 394	1 023	531 105
挪威	2	10 234	0	0
波兰	119	232 529	100	141 820
罗马尼亚	133	142 966	594	773 727
瑞典	343	1 387 202	405	1 057 847
瑞士	39	155 703	75	121 379
爱沙尼亚	479	638 452	892	792 569
白俄罗斯	108	167 909	0	0
俄罗斯	126 273	227 129 440	135 421	167 192 182
乌克兰	540	1 379 182	0	0
捷克	0	2 010	0	0
阿根廷	29	30 124	18	22 050
巴西	11 408	17 090 048	4 347	5 300 119
墨西哥	2 010	2 732 663	6 626	6 506 883
乌拉圭	10	13 692	0	0
加拿大	14 886	45 419 134	13 368	35 727 463
美国	123 395	249 069 893	105 176	186 459 586
澳大利亚	1 196	1 315 027	2 050	1 737 988
新西兰	0	1 325	25	24 822
国别（地区）不详	4	15 515	122	219 864

2005年中国主要进口商品来源地（续）

医疗器械

来 源 地	2005年	2004年
	金额（美元）	金额（美元）
总 值	**2 156 291 850**	**1 907 616 925**
朝鲜	195 695	0
香港	7 755 849	12 210 367
印度	19 949 174	14 814 496
印度尼西亚	252 867	411 981
伊朗	301	116
以色列	64 619 951	47 624 515
日本	381 854 062	383 787 950
澳门	19 676	0
马来西亚	9 386 345	7 666 790
巴基斯坦	242 051	31 158
菲律宾	1 391 867	1 236 602
新加坡	21 553 567	15 998 908
韩国	49 347 740	37 829 842
泰国	2 721 248	3 329 478
土耳其	14 835	8 660
越南	9 726	90
中国	16 559 012	23 940 869
台湾省	9 714 341	7 202 248
埃及	68 446	46 237
肯尼亚	29 764	0
毛里求斯	72 947	900
南非	28 952	8 432
比利时	3 116 834	2 505 710
丹麦	15 999 895	11 579 413
英国	50 992 809	51 359 936
德国	436 427 227	368 107 429
法国	71 901 136	53 723 058
爱尔兰	24 200 850	25 481 047
意大利	36 542 587	36 089 957
荷兰	80 608 412	61 003 497
希腊	168 355	166 349
葡萄牙	14 538	3 434

医疗器械

来 源 地	2005年	2004年
	金额（美元）	金额（美元）
西班牙	9 029 850	14 646 492
奥地利	33 151 819	24 177 246
保加利亚	15 917	2 079
芬兰	11 348 648	11 598 783
匈牙利	231 865	461 761
冰岛	106 484	188 701
列支敦士登	29 702	12 224
马耳他	150 117	14 822
挪威	17 274 616	17 839 270
波兰	51 154	6 340
瑞典	24 115 254	28 736 092
瑞士	14 443 425	17 254 327
立陶宛	65 639	28 209
俄罗斯	109 708	495 780
斯洛文尼亚	218 775	28 802
捷克	514 640	83 469
斯洛伐克	2 186	0
阿根廷	3 370	0
巴西	978 173	663 384
哥伦比亚	4 317	31 505
多米尼克	35 323	84 731
哥斯达黎加	85 259	314 598
古巴	439	0
多米尼加	3 285 622	702 165
厄瓜多尔	1 299	1 187
墨西哥	7 158 686	4 742 125
波多黎各	2 350 944	566 241
委内瑞拉	52 401	231
加拿大	6 920 414	5 047 118
美国	715 204 230	608 946 370
澳大利亚	3 274 583	4 165 180
新西兰	315 932	517 618

2005年中国主要进口商品来源地（续）

各类船

来源地	2005年		2004年	
	数量（艘）	金额（美元）	数量（艘）	金额（美元）
总　值	**1 821**	**413 295 466**	**2 190**	**670 414 122**
香港	78	4 830 115	105	3 657 636
印度尼西亚	1	1 125	0	0
日本	90	187 771 107	177	349 785 373
澳门	109	3 058 739	90	2 671 582
新加坡	17	2 396 550	13	1 419 090
韩国	10	33 520 055	57	11 362 076
泰国	32	206 090	7	50 239
中国	184	11 428 133	872	30 876 560
台湾省	10	15 593 716	8	11 603
丹麦	4	11 535	13	2 275 474
英国	60	839 253	18	1 293 527
德国	201	27 703 969	58	5 497 307
法国	90	621 952	91	128 853
爱尔兰	8	3 078	0	0
意大利	14	4 607 097	7	326 785
荷兰	11	9 324 423	24	78 951 967
希腊	1	170	0	0
葡萄牙	70	272 705	0	0
西班牙	23	13 597 942	6	48 637 974
芬兰	1	653 381	2	183 715
挪威	30	2 191 054	24	1 558 457
波兰	47	214 069	7	21 336 011
罗马尼亚	2	39 289 816	2	8 956 507
瑞典	1	380 257	0	0
瑞士	5	76 660	0	0
俄罗斯	5	18 522 918	1	9 000 825
捷克	11	11 374	0	0
斯洛伐克	49	57 481	0	0
巴西	4	15 609 170	4	31 585 293
加拿大	166	450 751	212	1 033 576
美国	356	19 008 186	344	28 034 328
澳大利亚	94	767 867	22	759 930
新西兰	37	274 728	6	103 752

2005年中国主要进口商品来源地(续)

飞机

来源地	2005年		2004年	
	数量(架)	金额(美元)	数量(架)	金额(美元)
总　值	**214**	**5 766 095 552**	**146**	**4 231 262 718**
德国	31	1 071 354 443	23	566 841 012
法国	38	1 704 571 020	29	1 348 447 492
奥地利	5	2 235 169	0	0
俄罗斯	11	107 091 022	21	206 266 210
捷克	7	696 096	2	315 434
巴西	2	309 520	0	0
加拿大	21	15 241 531	2	25 122
美国	97	2 864 490 751	68	2 109 346 111
澳大利亚	2	106 000	1	21 337

汽车

来源地	2005年		2004年	
	数量(辆)	金额(美元)	数量(辆)	金额(美元)
总　值	**162 516**	**5 100 535 847**	**175 486**	**5 317 463 464**
香港	22	1 587 654	10	3 051 691
印度尼西亚	2	24 082	0	0
日本	56 854	1 581 428 639	72 577	2 033 328 028
马来西亚	2	198 696	0	0
新加坡	2	80 997	0	0
韩国	29 541	444 963 730	35 308	375 008 852
泰国	62	989 045	299	4 318 958
土耳其	4	88 742	827	11 532 102
中国	5	9 393	2	12 474
台湾省	125	1 981 802	155	2 769 631
南非	10	4 323 119	0	0
比利时	2 395	47 203 255	157	3 361 327
丹麦	1	180 630	2	721 978
英国	3 471	154 278 825	2 481	104 291 626
德国	34 448	1 688 173 547	42 626	2 033 101 653
法国	3 034	52 646 320	1 526	44 764 147
意大利	268	35 686 620	120	12 770 118
荷兰	23	294 992	4	766 842
葡萄牙	1	24 489	294	7 174 372
西班牙	843	31 377 658	196	6 772 906
奥地利	1 237	48 635 074	2 496	80 464 972
芬兰	64	7 072 977	7	2 964 392
匈牙利	8	226 429	33	1 267 146
瑞典	5 883	224 695 719	4 790	191 244 338

2005年中国主要进口商品来源地（续）

汽车

来源地	2005年		2004年	
	数量（辆）	金额（美元）	数量（辆）	金额（美元）
瑞士	2	131 305	12	967 657
白俄罗斯	52	9 448 170	57	8 173 708
俄罗斯	5	88 132	53	1 374 164
斯洛文尼亚	2	88 487	0	0
捷克	321	5 474 542	2 307	34 931 726
斯洛伐克	1 388	65 903 653	550	29 198 233
阿根廷	78	2 777 246	91	2 536 302
巴西	1	12 450	14	487 821
墨西哥	132	2 229 186	486	9 526 717
加拿大	944	33 798 493	529	13 140 314
美国	15 277	500 679 486	7 304	292 250 602
澳大利亚	6 009	153 732 263	114	3 337 914

汽车零件

来源地	2005年	2004年
	金额（美元）	金额（美元）
总　值	**6 726 105 271**	**7 326 319 799**
孟加拉国	162	0
塞浦路斯	64	0
香港	1 167 633	928 585
印度	8 319 409	11 708 049
印度尼西亚	36 261 459	24 557 498
伊朗	11 423	14 158
伊拉克	281	0
以色列	5 162	4 136
日本	2 581 152 228	2 481 101 123
约旦	2 792	1 806
科威特	1 328	581
黎巴嫩	3 288	669
马来西亚	4 958 627	7 025 679
阿曼	314	0
巴基斯坦	308	338
菲律宾	5 424 520	3 024 218
卡塔尔	1 081	0
沙特阿拉伯	9 203	12 704
新加坡	1 440 931	1 417 936
韩国	1 642 832 823	1 123 036 392
斯里兰卡	3 987	1 170
叙利亚	1 469	0

汽车零件

来源地	2005年	2004年
	金额（美元）	金额（美元）
泰国	41 421 011	49 046 278
土耳其	3 958 893	7 876 923
阿联酋	102 710	54 925
也门	300	1 269
越南	6 139	9
中国	2 419 348	2 961 771
台湾省	242 488 025	369 414 117
阿尔及利亚	4 752	5 613
刚果（布）	100	0
埃及	2 800	1 229
加纳	492	0
摩洛哥	181	13 954
尼日利亚	483	1 153
南非	2 504 233	28 128 366
苏丹	1 673	502
赞比亚	680	0
梅利利亚	100	0
比利时	5 839 266	9 494 885
丹麦	151 184	139 743
英国	50 572 818	33 046 144
德国	1 194 875 383	2 108 603 317
法国	270 021 389	187 189 333
爱尔兰	6 352	52 524

2005 年中国主要进口商品来源地（续）

汽车零件

来 源 地	2005 年	2004 年
	金额（美元）	金额（美元）
意大利	27 202 065	41 922 004
卢森堡	597	2 533
荷兰	2 070 608	7 272 857
希腊	707	4 027
葡萄牙	959 716	912 611
西班牙	20 550 944	109 765 592
奥地利	7 594 815	21 974 725
保加利亚	820	0
芬兰	2 024 995	982 501
匈牙利	29 390 442	20 484 333
列支敦士登	824 991	3 313 184
摩纳哥	439	12 387
挪威	926 678	2 066 009
波兰	5 297 245	3 324 697
罗马尼亚	4 753	759
瑞典	31 843 502	49 421 333
瑞士	494 438	511 363
爱沙尼亚	7 835	5 170
拉脱维亚	21 802	0
立陶宛	34 575	302
白俄罗斯	1 976 385	1 004 603
俄罗斯	157 958	114 057
乌克兰	431	5 828 598

汽车零件

来 源 地	2005 年	2004 年
	金额（美元）	金额（美元）
塞黑	532	0
斯洛文尼亚	50 722	117 401
捷克	11 567 974	13 524 508
斯洛伐克	881 350	830 101
波黑	59 967	406
阿根廷	566 577	3 335 844
巴西	58 033 476	101 004 180
智利	22 497	1 273
哥伦比亚	3 359	4 562
多米尼克	48	640
哥斯达黎加	516	0
危地马拉	327	144
墨西哥	62 850 251	48 424 362
巴拿马	5 939	1 611
秘鲁	751	0
波多黎各	2 504	5 781
委内瑞拉	2 660	741
加拿大	89 854 134	211 826 043
美国	268 752 406	226 754 343
澳大利亚	5 326 074	2 635 304
新西兰	539 822	37 592
国别（地区）不详	219 840	2 779

集成电路

来 源 地	2005 年	2004 年
	金额（美元）	金额（美元）
总 值	**82 199 975 542**	**61 455 571 508**
缅甸	113 362	1 456
柬埔寨	85 440	5 260
塞浦路斯	5 084	1 504
朝鲜	809 411	992 720
香港	1 524 773 769	1 663 711 837
印度	17 563 033	8 460 595
印度尼西亚	150 826 086	145 005 972
伊朗	469 794	0
伊拉克	28 591	4 950
以色列	109 974 602	122 008 343
日本	9 285 749 048	9 139 663 921

集成电路

来 源 地	2005 年	2004 年
	金额（美元）	金额（美元）
科威特	165 133	50
黎巴嫩	16 217	1 200
澳门	496 310	153 464
马来西亚	9 704 291 899	7 346 407 073
马尔代夫	3 640	27 456
阿曼	60 893	16 650
菲律宾	7 948 357 496	5 456 559 458
沙特阿拉伯	734	880
新加坡	4 062 708 541	3 164 958 390
韩国	14 559 427 419	8 360 763 619
斯里兰卡	53 280	22 233
泰国	1 795 580 987	1 317 037 800

2005 年中国主要进口商品来源地（续）

集成电路

来 源 地	2005 年	2004 年
	金额（美元）	金额（美元）
土耳其	10 811	192 602
阿联酋	2 326	3 856
也门	2 025	0
越南	2 043 288	797 267
中国	5 300 585 723	2 968 215 536
台湾省	18 880 694 428	14 685 596 208
塔吉克斯坦	30 262	0
土库曼斯坦	5 075	0
乌兹别克斯坦	28 153	0
亚洲其他国家（地区）	105 000	0
阿尔及利亚	493	8 176
赤道几内亚	2 115	0
肯尼亚	22 500	0
马达加斯加	163 020	875
马拉维	397	0
马里	1 720	12 384
毛里塔尼亚	264	0
毛里求斯	216 100	0
摩洛哥	111 841 135	62 793 688
纳米比亚	3 300	5 163
塞内加尔	10 737	0
南非	634 261	834 375
突尼斯	2 996	4 673
斯威士兰	10 708	0
比利时	2 690 392	3 237 531
丹麦	5 604 869	1 254 579
英国	182 747 189	126 181 595
德国	900 670 423	826 219 880
法国	744 817 133	467 209 778
爱尔兰	460 543 142	311 285 175
意大利	128 600 914	81 389 844
卢森堡	775 488	0
荷兰	95 709 603	104 783 940
希腊	98 987	149 031
葡萄牙	14 226 662	7 141 129
西班牙	1 343 900	491 212
阿尔巴尼亚	43 728	3 544
奥地利	42 289 967	29 820 995
保加利亚	5 840 645	3 576 298
芬兰	24 478 490	40 604 240

集成电路

来 源 地	2005 年	2004 年
	金额（美元）	金额（美元）
匈牙利	3 378 215	2 871 422
冰岛	5 041	0
马耳他	232 581 572	249 474 601
摩纳哥	301 193	301 787
挪威	472 465	231 994
波兰	945 543	1 303 813
罗马尼亚	6 904	826 920
瑞典	26 147 676	55 934 687
瑞士	49 398 770	40 556 346
爱沙尼亚	209 125	38 231
立陶宛	28 403	1 744
格鲁吉亚	39 480	0
亚美尼亚	1 026	0
白俄罗斯	1 533 915	2 005 225
俄罗斯	26 262 481	26 833 376
乌克兰	35 077	332 514
斯洛文尼亚	141 899	102 515
捷克	2 109 677	16 286 819
斯洛伐克	745 112	129 713
阿根廷	21 663	7 428
巴西	2 333 111	1 575 447
智利	237 240	232 174
哥伦比亚	1 170	0
多米尼克	433	0
哥斯达黎加	859 246 986	590 464 469
多米尼加	314 144	0
洪都拉斯	128 449	49 494
牙买加	8 065	0
墨西哥	303 994 445	263 209 705
巴拿马	304	3 771
巴拉圭	3 207	0
秘鲁	296	7 007
波多黎各	1 495 654	441 385
萨尔瓦多	1 600	4 117
加拿大	350 276 400	212 358 658
美国	4 245 397 958	3 528 607 443
澳大利亚	21 727 337	9 793 935
新西兰	1 803 020	3 640 176
巴布亚新几内亚	196	0
瓦利斯和浮图纳	52 862	0
国别（地区）不详	128 290	144 575

2005 年中国主要进口商品来源地（续）

金属切削机床

来源地	2005 年		2004 年	
	数量（台）	金额（美元）	数量（台）	金额（美元）
总 值	**116 567**	**6 496 148 538**	**127 830**	**5 915 555 127**
朝鲜	211	600 130	282	730 352
香港	573	9 816 113	1 037	11 861 159
印度	70	3 949 450	38	1 566 339
印度尼西亚	21	335 243	124	298 542
以色列	25	1 016 728	53	914 521
日本	27 659	2 218 893 324	27 690	1 971 534 830
马来西亚	457	15 785 773	332	14 440 964
菲律宾	15	269 570	23	975 374
新加坡	1 606	79 402 605	1 353	71 454 713
韩国	11 524	434 169 313	13 424	445 469 313
泰国	722	39 979 294	571	35 602 497
土耳其	60	804 647	22	315 091
阿联酋	1	4 213	1	4 053
越南	7	18 071	0	0
中国	2 195	34 258 626	2 665	26 064 601
台湾省	51 717	1 268 607 630	61 696	1 212 871 555
哈萨克斯坦	18	115 300	0	0
南非	68	326 378	0	0
比利时	192	33 674 166	319	34 260 284
丹麦	155	7 327 438	135	4 055 850
英国	1 013	72 306 493	860	53 456 806
德国	5 006	1 075 472 848	5 104	856 628 855
法国	587	69 170 950	336	30 947 911
爱尔兰	3	598 407	11	25 725
意大利	1 556	238 536 595	1 561	248 590 514
卢森堡	17	109 715	2	2 234
荷兰	115	3 229 115	146	22 605 152
葡萄牙	7	27 517	9	1 154 366
西班牙	329	32 794 826	245	27 032 829
奥地利	157	35 202 452	173	34 277 106
保加利亚	4	70 000	1	10 965
芬兰	51	12 049 677	83	10 316 082
匈牙利	8	1 199 440	12	139 555
挪威	49	2 355 510	13	493 049
波兰	20	873 285	8	2 432 600
罗马尼亚	16	5 815 209	1	1 188 800
瑞典	180	27 642 439	151	27 510 277
瑞士	2 241	261 432 934	1 706	200 464 912
爱沙尼亚	2	60 000	0	0

2005年中国主要进口商品来源地（续）

金属切削机床

来源地	2005年		2004年	
	数量（台）	金额（美元）	数量（台）	金额（美元）
白俄罗斯	10	677 514	2	559 800
俄罗斯	1 552	26 409 692	1 981	27 249 775
乌克兰	15	1 088 535	14	403 068
塞黑	1	38 655	0	0
斯洛文尼亚	13	3 474 309	11	203 115
捷克	107	33 244 580	123	23 940 664
斯洛伐克	1	830	2	299 266
阿根廷	3	38 618	1	4 246
巴西	26	31 461 839	25	10 091 368
墨西哥	22	221 344	21	228 274
加拿大	169	17 931 929	100	10 821 560
美国	5 891	382 959 437	5 179	482 930 820
澳大利亚	85	8 552 299	137	8 569 256
新西兰	14	1 592 221	38	494 220
国别（地区）不详	1	155 312	2	17 966

铸造机械

来源地	2005年		2004年	
	数量（台）	金额（美元）	数量（台）	金额（美元）
总　值	**7 071 710**	**492 960 986**	**11 369 851**	**428 995 761**
香港	624	1 422 558	2 285	4 345 834
印度	1 180	6 174	0	0
印度尼西亚	14	721 957	0	0
以色列	79	916	0	0
日本	581 843	117 753 069	583 206	114 895 309
马来西亚	90	18 367	5	919
沙特阿拉伯	73	154	0	0
新加坡	4	32 405	303	48 267
韩国	25 502	6 211 486	19 417	9 821 850
泰国	127	118 643	53	160 247
土耳其	137	5 124	0	0
中国	843	7 608 395	3 092	5 050 877
台湾省	253 415	24 166 495	445 981	28 358 834
比利时	8 783	2 389 487	104 048	7 579 751
丹麦	10 145	2 460 815	13 624	3 925 240
英国	5 595	1 231 776	1 910	32 028
德国	2 187 321	113 078 404	5 478 546	78 533 415
法国	15 917	3 685 739	18 272	1 614 225
爱尔兰	46	608	0	0

2005 年 中 国 主 要 进 口 商 品 来 源 地（续）

铸造机械

来 源 地	2005 年		2004 年	
	数量（台）	金额（美元）	数量（台）	金额（美元）
意大利	2 809 238	76 357 577	3 592 645	66 124 699
卢森堡	1 529	96 432	104	82 776
荷兰	51 405	10 086 849	65 435	9 156 298
西班牙	542	1 190 974	417	24 995
奥地利	577 646	45 632 470	294 024	23 552 744
保加利亚	1 659	1 098 431	99 111	8 700 210
芬兰	2 933	4 769 489	1 001	56 850
匈牙利	30 830	187 706	0	0
冰岛	2	51 288	0	0
瑞典	2 916	321 302	27 422	2 804 107
瑞士	156 557	18 519 784	268 852	37 751 484
俄罗斯	90	1 175	53	4 700
乌克兰	7	317 375	3	88 500
捷克	1	2 500	1 171	258 744
巴西	109 108	1 878 980	12 337	1 210 806
墨西哥	797	20 091	41 341	51 126
加拿大	44 804	8 218 267	28 242	2 686 844
美国	189 591	43 260 277	263 119	20 088 854
澳大利亚	277	17 967	3 686	572 647
新西兰	40	19 480	0	0

橡胶或塑料加工机械

来 源 地	2005 年	2004 年
	金额（美元）	金额（美元）
总　值	**2 457 415 391**	**3 186 379 311**
香港	27 260 447	46 313 770
印度	3 212 883	1 380 599
印度尼西亚	44 159	107 356
伊朗	95	7 000
以色列	118 844	291 464
日本	929 793 770	1 091 534 030
马来西亚	9 243 287	9 576 514
巴基斯坦	1 384	0
菲律宾	1 122 320	1 200 627
沙特阿拉伯	3 818	0
新加坡	11 500 535	17 452 576
韩国	187 256 579	205 783 328
斯里兰卡	3 009	0
泰国	743 877	2 037 784

橡胶或塑料加工机械

来 源 地	2005 年	2004 年
	金额（美元）	金额（美元）
土耳其	432 564	1 053
越南	168	141
中国	45 321 018	48 421 618
台湾省	407 794 361	438 314 500
埃及	218	15 279
南非	107 567	151 721
突尼斯	40 600	0
比利时	803 688	484 161
丹麦	1 040 362	1 770 477
英国	12 258 347	38 617 260
德国	436 259 890	752 929 752
法国	27 338 404	92 787 490
爱尔兰	74 361	142
意大利	102 453 642	105 029 743
卢森堡	1 255 741	1 688 011

2005 年中国主要进口商品来源地（续）

橡胶或塑料加工机械

来 源 地	2005 年	2004 年
	金额（美元）	金额（美元）
荷兰	39 387 187	59 662 539
希腊	4 971	2 006
葡萄牙	70 488	0
西班牙	2 027 284	2 313 130
奥地利	29 535 991	61 422 662
芬兰	1 443 216	113 845
匈牙利	4 834	87 270
冰岛	652	0
挪威	200 461	299 536
波兰	1 064	10 050
罗马尼亚	334 763	0
瑞典	1 381 338	3 301 634
瑞士	20 737 070	40 977 641
俄罗斯	10	0
乌克兰	1 410	0
斯洛文尼亚	46 972	40 174
捷克	1 724 785	1 688 883
斯洛伐克	6 573 216	7 982 260
巴西	469 423	371 936
哥伦比亚	1 031	0

橡胶或塑料加工机械

来 源 地	2005 年	2004 年
	金额（美元）	金额（美元）
墨西哥	146 909	411 324
加拿大	42 298 141	44 418 497
美国	102 069 085	105 872 789
澳大利亚	3 058 218	1 217 839
新西兰	336 383	244 568
国别（地区）不详	74 551	0

烟草加工机械

来 源 地	2005 年	2004 年
	金额（美元）	金额（美元）
总 值	**48 488 851**	**143 777 671**
日本	2 891 876	2 660 609
丹麦	1 973 518	1 589 377
英国	3 523 474	13 216 797
德国	24 942 579	69 533 553
意大利	8 645 693	53 730 829
匈牙利	698 152	1 701 629
波兰	4 988 559	14
美国	825 000	883 605

电动机及发电机

来 源 地	2005 年		2004 年	
	数量（万台）	金额（美元）	数量（万台）	金额（美元）
总 值	**164 972**	**2 265 243 126**	**166 605**	**2 110 625 654**
巴林	0	243	0	0
朝鲜	1	9 588	0	0
香港	9 167	90 062 076	12 699	95 980 426
印度	7	1 373 143	3	1 525 630
印度尼西亚	1 888	26 974 210	1 598	21 315 456
伊朗	0	353	0	449
以色列	1	331 320	0	155 270
日本	4 070	319 146 569	4 658	302 118 586
约旦	0	207	0	151
马来西亚	7 829	41 933 694	7 538	45 135 534
巴基斯坦	0	316	0	0
菲律宾	852	19 306 354	1 258	26 270 342
沙特阿拉伯	0	1 179	0	539
新加坡	731	14 307 162	2 065	28 118 805

2005年中国主要进口商品来源地（续）

电动机及发电机

来源地	2005年		2004年	
	数量（万台）	金额（美元）	数量（万台）	金额（美元）
韩国	3 401	100 384 087	3 411	90 006 224
泰国	10 273	155 329 260	9 716	126 293 412
土耳其	0	62 042	0	33 702
阿联酋	0	1 927	0	1 921
越南	8 385	28 042 072	3 789	14 869 785
中国	111 346	703 397 199	111 997	655 319 778
台湾省	5 567	140 017 669	6 515	143 353 918
埃及	0	353	0	0
摩洛哥	0	22 149	3	142 997
南非	0	13 058	0	2 393
突尼斯	0	10 500	0	0
比利时	3	2 205 836	1	2 326 465
丹麦	4	1 556 151	3	1 837 693
英国	29	23 009 991	35	23 907 748
德国	330	268 071 341	435	244 398 811
法国	88	45 888 774	53	32 601 260
爱尔兰	4	665 772	0	167 221
意大利	144	32 495 804	179	40 350 489
卢森堡	0	42 154	0	245 173
荷兰	253	10 844 509	269	11 369 034
葡萄牙	0	56 032	0	0
西班牙	17	3 689 273	31	5 989 734
奥地利	27	30 363 940	3	11 512 049
芬兰	1	43 341 729	0	32 503 191
匈牙利	4	1 539 662	11	1 454 531
冰岛	0	49	0	0
列支敦士登	0	823	0	0
挪威	0	4 263 473	0	1 358 906
波兰	0	74 099	0	12 886
罗马尼亚	0	2 517	0	836 993
瑞典	12	20 097 978	2	18 387 230
瑞士	73	17 073 063	63	16 116 848
爱沙尼亚	0	6 401	0	3 953
拉脱维亚	0	35	0	4 500
立陶宛	0	397	0	210
俄罗斯	0	282 847	0	111 018
乌克兰	0	5 814	0	1 223
斯洛文尼亚	69	7 039 819	27	3 000 090
捷克	12	5 232 081	11	9 420 742
斯洛伐克	38	10 047 387	26	7 071 190

2005年中国主要进口商品来源地（续）

电动机及发电机

来源地	2005年		2004年	
	数量（万台）	金额（美元）	数量（万台）	金额（美元）
阿根廷	0	2 577	0	133 744
巴西	9	1 111 241	0	659 412
智利	0	403	0	0
多米尼加	0	883	0	0
厄瓜多尔	0	2 539	0	7 768
墨西哥	47	1 100 208	19	574 159
尼加拉瓜	0	419	0	0
波多黎各	0	93	0	0
委内瑞拉	1	45 067	0	0
加拿大	34	8 747 350	26	15 749 527
美国	250	84 732 889	154	76 451 226
澳大利亚	3	774 655	0	1 265 437
新西兰	0	5 506	0	692
国别（地区）不详	2	94 815	6	75 225

发电机组

来源地	2005年		2004年	
	数量（台）	金额（美元）	数量（台）	金额（美元）
总　值	**26 382**	**1 230 023 709**	**35 706**	**1 174 792 233**
香港	33	1 609 030	187	2 872 854
印度	12	612 677	116	973 644
印度尼西亚	9	2 602 845	41	4 446 379
以色列	1	130 000	0	0
日本	14 214	167 944 854	19 336	88 977 450
马来西亚	113	6 180 789	35	1 977 945
菲律宾	2	1 230	2	51 300
新加坡	1 040	83 149 446	2 001	124 143 943
韩国	124	15 302 913	273	16 551 884
泰国	4	5 065	0	0
中国	828	1 911 752	1 719	1 686 297
台湾省	239	9 957 137	858	34 768 057
尼日利亚	1	300	0	0
比利时	59	21 628 523	168	5 478 316
丹麦	143	23 571 283	218	54 701 624
英国	4 103	144 110 530	5 244	176 712 013
德国	379	94 055 251	290	59 828 328
法国	1 272	257 038 444	1 448	306 468 508
意大利	816	16 824 422	661	9 492 779
荷兰	263	4 115 787	172	2 801 107

2005年中国主要进口商品来源地（续）

发电机组

来源地	2005年		2004年	
	数量（台）	金额（美元）	数量（台）	金额（美元）
西班牙	504	131 776 768	926	39 921 670
奥地利	4	1 423 457	15	5 034 951
芬兰	69	40 382 905	70	31 356 840
挪威	1	7 767	0	0
瑞典	51	2 731 659	41	2 749 650
瑞士	1	5 026	1	8 300
俄罗斯	3	455 000	8	97 847
捷克	2	315 100	0	0
墨西哥	53	3 389 577	115	7 653 006
加拿大	72	2 528 470	30	2 783 384
美国	1 758	195 875 666	1 667	190 764 126
澳大利亚	209	380 036	33	1 477 228

有线电话电报交换机零件

来源地	2005年	2004年
	金额（美元）	金额（美元）
总　值	**1 858 745 134**	**2 116 248 559**
缅甸	1 730	0
柬埔寨	20 008	0
香港	26 829 342	41 317 594
印度	274 828	110 628
印度尼西亚	2 173 365	2 661 522
伊朗	375	544
以色列	15 531 272	28 550 884
日本	137 477 895	140 826 897
澳门	60 986	8 533
马来西亚	85 514 470	82 671 893
蒙古	4 382	0
巴基斯坦	5 330	381
菲律宾	22 991 634	73 779 406
沙特阿拉伯	343	18 436
新加坡	17 839 144	16 725 104
韩国	34 183 575	76 138 492
泰国	21 665 903	12 376 478
土耳其	11 613	8 204
越南	58 051	752 887
中国	193 163 737	126 736 390
台湾省	70 530 366	79 675 908
加纳	7 603	0

有线电话电报交换机零件

来源地	2005年	2004年
	金额（美元）	金额（美元）
摩洛哥	390	1 616
南非	240	459
比利时	6 361 871	8 795 868
丹麦	3 372 569	1 796 090
英国	30 134 513	32 116 093
德国	98 537 873	111 229 851
法国	30 594 478	48 334 252
爱尔兰	2 364 819	3 587 987
意大利	38 558 598	56 367 260
荷兰	4 906 239	4 040 364
希腊	5 435	0
葡萄牙	8 653	0
西班牙	2 176 962	1 641 706
奥地利	199 953	548 710
芬兰	421 875 552	452 146 997
匈牙利	1 304 924	2 675 125
挪威	1 389 133	788 743
波兰	1 599 747	657 556
罗马尼亚	200 997	978 836
瑞典	282 881 295	355 645 373
瑞士	1 124 449	1 115 657
爱沙尼亚	159 706	18 781
拉脱维亚	2 555	0

2005年中国主要进口商品来源地（续）

有线电话电报交换机零件

来源地	2005年	2004年
	金额（美元）	金额（美元）
立陶宛	97	0
俄罗斯	51 227	457 109
乌克兰	2 992	5 366
斯洛文尼亚	1 754	5 887
捷克	264 223	39 009
斯洛伐克	6 522	92 126
阿根廷	6 790	0
巴西	2 013 587	1 744 830

有线电话电报交换机零件

来源地	2005年	2004年
	金额（美元）	金额（美元）
智利	218	0
哥斯达黎加	1 953	147
墨西哥	25 744 517	24 204 900
波多黎各	26 883	89 059
加拿大	51 503 368	70 651 565
美国	220 152 449	247 238 553
澳大利亚	2 847 128	5 820 214
新西兰	14 523	8 189

计算机

来源地	2005年	2004年
	金额（美元）	金额（美元）
总　值	**18 020 810 786**	**14 468 639 321**
阿富汗	183	0
缅甸	1 250	7 973
朝鲜	13 162	2 554
香港	181 232 449	187 254 270
印度	1 969 233	1 806 656
印度尼西亚	718 038 564	581 670 161
伊朗	30 601	4 368
以色列	9 793 818	15 599 427
日本	838 490 243	939 692 996
科威特	490	0
澳门	750	711
马来西亚	818 245 872	1 069 002 523
巴基斯坦	92	119 802
菲律宾	2 104 790 542	1 330 517 091
沙特阿拉伯	2 258	20
新加坡	1 824 103 756	1 373 378 479
韩国	821 423 734	848 295 058
斯里兰卡	887	24 387
叙利亚	4 000	0
泰国	2 702 770 621	1 724 662 399
土耳其	21 853	2 132
阿联酋	5 628	4 078
越南	30 588 734	15 230 750
中国	4 776 389 969	3 289 134 640
台湾省	706 433 363	745 979 165
东帝汶	716	30

计算机

来源地	2005年	2004年
	金额（美元）	金额（美元）
埃及	6 544	0
冈比亚	412	0
加纳	1 264	0
科特迪瓦	401	18 224
肯尼亚	2 708	0
利比亚	8 304	0
摩洛哥	81 023	0
尼日利亚	2 019	150
塞舌尔	87	0
南非	332 175	35 583
突尼斯	1 550	856
比利时	8 365 833	15 081 348
丹麦	5 306 091	7 664 656
英国	27 333 774	55 361 577
德国	295 094 005	219 105 684
法国	44 928 591	38 948 386
爱尔兰	430 246 287	419 790 225
意大利	30 126 547	37 763 376
卢森堡	8 315	15 178
荷兰	9 977 677	14 385 635
希腊	40 000	6 903
葡萄牙	15 357	1 166 239
西班牙	5 878 759	1 713 393
奥地利	20 628 143	15 901 521
保加利亚	26 274	30 413
芬兰	20 416 726	17 594 946
匈牙利	29 436 344	48 597 496

2005年中国主要进口商品来源地（续）

计算机

来 源 地	2005年	2004年
	金额（美元）	金额（美元）
马耳他	3 060	7 064
挪威	2 536 854	3 913 792
波兰	749 483	210 493
罗马尼亚	9 400	332 888
瑞典	16 397 082	22 497 998
瑞士	9 401 577	7 780 810
立陶宛	582	0
格鲁吉亚	2 868	0
俄罗斯	23 050	315 653
塞黑	3 211	0
斯洛文尼亚	11 439	8 014
捷克	2 056 751	755 266
斯洛伐克	48 576	4 628
阿根廷	74 613	102 845
巴哈马	1 338	0

计算机

来 源 地	2005年	2004年
	金额（美元）	金额（美元）
巴西	76 087	314 034
智利	3 515	0
哥斯达黎加	180 895	3 987 592
多米尼加	66	0
厄瓜多尔	19 000	0
圭亚那	329	0
墨西哥	50 048 754	47 643 357
巴拉圭	239	0
波多黎各	1 180 175	614 812
加拿大	114 189 678	63 889 228
美国	1 356 109 519	1 265 593 136
澳大利亚	4 772 851	34 915 290
新西兰	254 092	99 195
巴布亚新几内亚	620	0
国别（地区）不详	37 104	0

有线通讯设备

来 源 地	2005年	2004年
	金额（美元）	金额（美元）
总 值	**3 264 919 618**	**3 544 969 443**
缅甸	1 730	0
柬埔寨	20 008	0
香港	54 815 371	64 833 402
印度	306 360	115 584
印度尼西亚	3 000 445	3 386 521
伊朗	375	569
以色列	38 790 060	56 734 692
日本	167 314 594	169 476 566
澳门	60 986	8 533
马来西亚	270 406 882	263 186 418
蒙古	4 382	0
巴基斯坦	5 330	461
菲律宾	23 066 007	74 544 149
沙特阿拉伯	343	18 436
新加坡	53 885 849	76 937 455
韩国	55 525 949	117 232 047
泰国	117 946 871	91 671 545
土耳其	11 613	8 204
阿联酋	300	0

有线通讯设备

来 源 地	2005年	2004年
	金额（美元）	金额（美元）
越南	62 146	807 804
中国	491 552 466	383 324 091
台湾省	116 288 948	133 864 796
加纳	7 603	0
利比亚	1 499	0
摩洛哥	390	12 847
南非	14 191	91 741
比利时	10 990 441	16 513 232
丹麦	4 165 319	5 030 994
英国	54 204 557	55 048 422
德国	138 617 267	152 218 760
法国	56 131 194	84 438 017
爱尔兰	11 531 245	10 867 124
意大利	65 752 619	108 157 656
荷兰	6 602 249	6 679 711
希腊	13 941	674
葡萄牙	8 653	0
西班牙	4 038 934	2 472 571
奥地利	1 715 872	1 419 152
保加利亚	366	0

2005年中国主要进口商品来源地（续）

有线通讯设备

来源地	2005年 金额（美元）	2004年 金额（美元）
芬兰	430 407 796	465 218 041
匈牙利	2 011 285	3 781 261
挪威	13 649 976	12 448 166
波兰	1 899 836	830 012
罗马尼亚	204 708	988 135
瑞典	348 466 344	391 098 545
瑞士	4 154 286	3 941 363
爱沙尼亚	159 806	19 249
拉脱维亚	609 409	1 977 391
立陶宛	97	0
俄罗斯	52 328	457 109
乌克兰	2 992	5 366
斯洛文尼亚	1 754	5 887

有线通讯设备

来源地	2005年 金额（美元）	2004年 金额（美元）
捷克	314 723	41 009
斯洛伐克	6 522	92 126
阿根廷	6 946	6 460
巴西	2 110 282	1 836 874
智利	218	0
哥斯达黎加	1 953	147
墨西哥	55 750 864	52 686 788
波多黎各	195 566	414 112
加拿大	83 674 198	145 398 755
美国	570 775 060	574 051 391
澳大利亚	3 575 603	9 455 311
新西兰	23 711	23 168

2005年中国各省、市、自治区进出口额

金额单位：万美元

地区	进出口额	出口额	进口额	增长率（%） 进出口	出口	进口
总值	**142 211 761**	**76 199 914**	**66 011 847**	**23.2**	**28.4**	**17.6**
北京	12 557 127	3 087 062	9 470 066	32.8	50.1	28.0
天津	5 330 482	2 738 476	2 592 006	26.8	31.3	22.4
河北	1 607 132	1 092 685	514 446	18.8	17.0	22.9
山西	554 598	352 872	201.726	3.0	-12.5	49.6
内蒙古	487 088	177 073	310 014	30.9	30.7	31.0
辽宁	4 101 297	2 343 9 14	1 757 384	19.2	23.9	13.4
大连	2 559 310	1 381 571	1 177 739	25.0	29.7	19.8
吉林	652 837	246 689	406 149	-3.9	43.9	-20.0
黑龙江	957 034	607 071	349 963	41.0	64.9	12.6
上海	18 634 391	9 071 969	9 562 422	16.5	23.4	10.5
江苏	22 794 131	12 298 215	10 495 916	33.4	40.6	25.9
浙江	10 738 949	7 680 298	3 058 652	26.0	32.1	13.0
宁波	3 347 120	2 221 733	1 125 387	28.4	33.4	19.6
安徽	911 897	518 930	392 967	26.4	31.8	20.0
福建	5 442 830	3 484 457	1 958 374	14.5	18.5	8.0
厦门	2 857 774	1 726 671	1 131 103	18.7	23.9	11.5
江西	405 916	243 933	161.983	15.1	22.3	5.7
山东	7 674 256	4 612 819	3 061 437	26.5	28.7	23.4
青岛	3 296 083	1 936 807	1 359 276	22.6	22.8	22.3

2005 年中国各省、市、自治区进出口额（续）

金额单位：万美元

地　区	进出口额	出口额	进口额	增长率（%）		
				进出口	出口	进口
河南	772 733	509 008	263 725	16.7	21.9	7.9
湖北	905 451	442 871	462 579	33.8	30.9	36.7
湖南	600 102	374 786	225 316	10.2	20.6	-3.6
广东	42 798 066	23 816 258	18 981 808	19.8	24.3	14.7
深圳	18 278 970	10 152 185	8 126 785	24.1	30.4	17.0
广西	518 196	287 663	230 533	21.2	20.6	21.9
海南	259 175	102 254	156 921	-23.8	-6.4	-32.0
四川	790 477	470 089	320 387	15.1	18.1	11.0
重庆	429 280	252 054	177 227	11.3	20.6	0.3
贵州	140 334	85 871	54 463	-7.3	-0.9	-15.8
云南	474 214	264 181	210 033	26.8	18.0	39.8
西藏	20 547	16.538	4 009	2.8	27.0	-42.5
陕西	457 697	307 692	150 006	25.7	28.4	20.4
甘肃	263 348	109.100	154 248	49.4	9.5	101.2
青海	41 330	32 320	9 010	-28.2	-28.9	-25.4
宁夏	96 658	68 743	27 915	6.4	6.4	6.6
新疆	794 189	504 024	290 165	41.0	65.5	12.1

2005 年中国各省、市、自治区进出口额增长率

金额单位：万美元

地　区	出口		地　区	进口	
	金额	同比%		金额	同比%
总　值	**76 199 914**	**28.4**	**总　值**	**66 011 847**	**17.6**
广东	23 816 258	24.3	广东	18 981 808	14.7
深圳	10 152 185	30.4	深圳	8 126 785	17.0
江苏	12 298 215	40.6	江苏	10 495 916	25.9
上海	9 071 969	23.4	上海	9 562 422	10.5
浙江	7 680 298	32.1	北京	9 470 066	28.0
宁波	2 221 733	33.4	山东	3 061 437	23.4
山东	4 612 819	28.7	青岛	1 359 276	22.3
青岛	1 936 807	22.8	浙江	3 058 652	13.0
福建	3 484 457	18.5	宁波	1 125 387	19.6
厦门	1 726 671	23.9	天津	2 592 006	22.4
北京	3 087 062	50.1	福建	1 958 374	8.0
天津	2 738 476	31.3	厦门	1 131 103	11.5
辽宁	2 343 914	23.9	辽宁	1 757 384	13.4

2005年中国各省、市、自治区进出口额增长率（续）

金额单位：万美元

地区	出口		地区	进口	
	金额	同比%		金额	同比%
大连	1 381 571	29.7	大连	1 177 739	19.8
河北	1 092 685	17.0	河北	514.446	22.9
黑龙江	607 071	64.9	湖北	462 579	36.7
安徽	518.930	31.8	吉林	406 149	-20.0
河南	509.008	21.9	安徽	392 967	20.0
新疆	504 024	65.5	黑龙江	349 963	12.6
四川	470.089	18.1	四川	320 387	11.0
湖北	442 871	30.9	内蒙古	310 014	31.0
湖南	374 786	20.6	新疆	290 165	12.1
山西	352 872	-12.5	河南	263 725	7.9
陕西	307 692	28.4	广西	230 533	21.9
广西	287.663	20.6	湖南	225 316	-3.6
云南	264 181	18.0	云南	210 033	39.8
重庆	252 054	20.6	山西	201.726	49.6
吉林	246 689	43.9	重庆	177 227	0.3
江西	243 933	22.3	江西	161 983	5.7
内蒙古	177 073	30.7	海南	156 921	-32.0
甘肃	109.100	9.5	甘肃	154 248	101.2
海南	102 254	-6.4	陕西	150.006	20.4
贵州	85 871	-0.9	贵州	54 463	-15.8
宁夏	68 743	6.4	宁夏	27 915	6.6
青海	32.320	28.9	青海	9.010	-25.4
西藏	16 538	27.0	西藏	4 009	-42.5

注：按累计进出口额大小排序。

2005年中国进出口贸易方式

金额单位：亿美元

贸易方式	出口		进口	
	金额	同比%	金额	同比%
总　值	**7 620.0**	**28.4**	**6 601.2**	**17.6**
一般贸易	3 150.9	29.3	2 797.2	12.7
加工贸易	4 164.8	27.0	2 740.3	23.6
来料加工	839.7	22.5	670.3	24.8
进料加工	3 325.1	28.2	2 070.0	23.2
其他贸易	304.3	39.2	1 063.7	16.4

2005 年中国进出口企业性质

金额单位：亿美元

企业性质	出口		进口	
	金额	同比%	金额	同比%
总　值	**7 620.0**	**28.4**	**6 601.2**	**17.6**
国有企业	1 688.1	9.9	1 972.0	11.8
外资企业	4 442.1	31.2	3 875.1	19.4
其他企业	1 489.8	47.3	754.1	24.8
集体企业	365.1	14.9	205.2	15.8
私营企业	1 122.3	62.1	539.8	28.6

1979—2005 年中国关税及进口环节税收入

金额单位：亿元

年　份	关税收入	同比（%）	进口环节税收入	同比（%）
1979	26.0	-9.6		
1980	33.5	28.8		
1981	54.0	61.2		
1982	47.5	-12.0		
1983	53.9	13.5		
1984	103.1	91.3		
1985	205.2	99.0		
1986	151.6	-26.1		
1987	142.4	-6.1		
1988	155.0	8.8		
1989	181.5	17.1		
1990	159.0	-12.4		
1991	187.3	17.8	149.1	
1992	212.8	13.6	166.1	11.4
1993	256.5	20.5	188.2	13.3
1994	272.7	6.3	337.4	79.3
1995	291.8	7.0	356.0	5.5
1996	301.8	3.4	503.7	41.5
1997	319.5	5.9	558.7	10.9
1998	313.0	-2.0	556.3	-0.4
1999	562.2	79.6	1013.3	82.1
2000	750.5	33.5	1491.5	47.2
2001	840.6	12.0	1651.7	10.7
2002	705.0	-16.1	1885.6	14.2
2003	关税和进口环节税收入合计：3 711.6			43.3
2004	1 043.7	13.1	3 700.3	32.7
2005	1 066.6	2.2	4 211.7	13.8

2005年中国进出口额最大的500家企业名录

金额单位：万美元

排名	公司名称	地区	进出口	出口	进口
1	中国石化国际事业有限公司	中央	3 432 604	246 782	3 185 822
2	鸿富锦精密工业（深圳）有限公司	深圳	2 716 697	1 447 417	1 269 280
3	达丰（上海）电脑有限公司	上海	1 676 689	1 145 468	531 221
4	中国中化集团公司	中央	1 213 678	256 310	957 368
5	中国石油天然气集团公司	中央	1 155 702	273 766	881 936
6	名硕电脑（苏州）有限公司	江苏	1 100 724	621 127	479 597
7	摩托罗拉（中国）电子有限公司	天津	880 863	645 099	235 764
8	三星电子（苏州）半导体有限公司	江苏	785 808	353 789	432 019
9	中国普天信息产业集团公司	中央	709 766	434 974	274 792
10	英顺达科技有限公司	上海	654 246	419 928	234 318
11	中国五矿集团公司	中央	651 508	161 978	489 530
12	友达光电（苏州）有限公司	江苏	528 349	183 075	345 274
13	诺基亚（中国）投资有限公司	中央	523 112	355 625	167 487
14	英特尔产品（上海）有限公司	上海	489 331	249 013	240 318
15	英华达（上海）电子有限公司	上海	486 257	271 310	214 947
16	中国粮油食品（集团）有限公司	中央	456 218	153 366	302 853
17	东方国际（集团）有限公司	上海	444 274	265 363	178 911
18	大连西太平洋石油化工有限公司	大连	431 200	141 996	289 204
19	中国海洋石油总公司	中央	418 863	265 967	152 896
20	中国国际海运集装箱（集团）股份有限公司	中央	418 772	324 359	94 413
21	仁宝电子科技（昆山）有限公司	江苏	416 631	279 745	136 887
22	乐金飞利浦液晶显示（南京）有限公司	江苏	412 204	121 588	290 616
23	冠捷电子（福建）有限公司	福建	401 648	278 405	123 244
24	珠海振戎公司	中央	391 664	0	391 664
25	伟创力实业（珠海）有限公司	广东	353 501	158 530	194 970
26	希捷国际科技（无锡）有限公司	江苏	350 255	194 768	155 488
27	深圳富泰宏精密工业有限公司	深圳	345 418	191 570	153 848
28	中国机械工业集团公司	中央	342 694	210 908	131 787
29	中国通用技术（集团）控股有限责任公司	中央	325 769	98 259	227 510
30	戴尔（中国）有限公司	厦门	320 519	243 395	77 124
31	广东省广新外贸集团有限公司	广东	318 505	215 647	102 857
32	明基电通信息技术有限公司	江苏	315 584	236 253	79 331
33	华为技术有限公司	深圳	311 328	205 160	106 168
34	乐金电子（惠州）有限公司	广东	306 952	180 293	126 659
35	长城国际信息产品（深圳）有限公司	深圳	302 903	302 815	88
36	天津三星通信技术有限公司	天津	302 499	117 777	184 722
37	东风汽车公司	中央	301 722	16 478	285 244
38	群康科技（深圳）有限公司	深圳	300 277	153 196	147 082
39	佛山市顺德区顺达电脑厂有限公司	广东	295 832	156 381	139 451
40	苏州三星电子液晶显示器有限公司	江苏	287 161	146 759	140 402
41	仁宝资讯工业（昆山）有限公司	江苏	287 012	237 613	49 399

2005年中国进出口额最大的500家企业名录（续）

金额单位：万美元

排名	公司名称	地区	进出口	出口	进口
42	中国船舶工业贸易公司	中央	277 847	185 869	91 978
43	无锡夏普电子元器件有限公司	江苏	269 944	145 410	124 534
44	中国第一汽车集团	中央	262 353	14 981	247 372
45	中国中煤能源集团公司	中央	239 538	214 522	25 017
46	宝山钢铁股份有限公司	上海	236 931	88 217	148 714
47	广东省东莞机械进出口有限公司	广东	228 727	131 811	96 917
48	恩斯迈电子（深圳）有限公司	深圳	225 693	112 249	113 444
49	中国电子进出口总公司	中央	223 366	123 955	99 411
50	联建（中国）科技有限公司	江苏	217 703	117 064	100 639
51	海尔集团公司	青岛	217 367	128 593	88 775
52	深圳富泰宏精密工业有限公司	深圳	216 971	104 855	112 116
53	建兴光电科技（广州）有限公司	广东	212 425	128 720	83 704
54	中国航空技术进出口总公司	中央	211 481	90 945	120 537
55	飞索半导体（苏州）有限公司	江苏	202 641	118 869	83 772
56	东芝信息机器（杭州）有限公司	浙江	195 439	129 143	66 295
57	中国华源集团有限公司	中央	195 269	137 708	57 561
58	武钢集团国际经济贸易总公司	湖北	188 092	51 613	136 480
59	新华锦集团	山东	187 670	113 693	73 977
60	中国工艺品进出口总公司	中央	186 993	81 639	105 354
61	金士顿科技电子（上海）有限公司	上海	183 490	94 798	88 693
62	华映视讯（吴江）有限公司	江苏	182 543	44 689	137 854
63	TCL集团股份有限公司	广东	180 158	101 286	78 872
64	鑫茂科技（深圳）有限公司	深圳	179 630	79 970	99 660
65	晶冠科技（深圳）有限公司	深圳	179 171	101 015	78 156
66	上海兰生（集团）有限公司	上海	178 529	115 399	63 130
67	广东省丝绸集团公司	广东	175 539	157 705	17 834
68	神华集团有限责任公司	中央	173 744	150 673	23 071
69	中国中钢集团公司	中央	171 006	53 635	117 372
70	纬创资通（昆山）有限公司	江苏	168 253	68 354	99 898
71	纬创资通（中山）有限公司	广东	168 080	81 288	86 791
72	达辉（上海）电子有限公司	上海	168 068	46 099	121 969
73	鞍钢集团国际经济贸易公司	辽宁	166 377	93 907	72 469
74	深圳赛意法微电子有限公司	深圳	166 154	82 466	83 688
75	美的集团	广东	164 931	138 650	26 281
76	苏州飞利浦消费电子有限公司	江苏	164 049	111 029	53 021
77	中国远洋运输（集团）总公司	中央	162 655	66 794	95 861
78	宝钢集团国际经济贸易总公司	上海	160 688	19 401	141 287
79	伟创力科技（珠海）有限公司	广东	158 486	83 896	74 591
80	苏州三星电子电脑有限公司	江苏	155 179	88 463	66 715
81	飞思卡尔半导体（中国）有限公司	天津	154 931	76 381	78 551
82	上海浦东国际机场进出口有限公司	上海	154 811	61 940	92 871

2005 年中国进出口额最大的 500 家企业名录（续）

金额单位：万美元

排名	公 司 名 称	地区	进出口	出口	进口
83	中国港湾建设（集团）总公司	中央	153 622	99 098	54 524
84	深圳开发科技股份有限公司	深圳	152 801	73 585	79 216
85	上海通用汽车有限公司	上海	152 232	35 156	117 076
86	佳能珠海有限公司	广东	151 345	97 856	53 490
87	中国中信集团公司	中央	149 369	40 092	109 277
88	迈拓科技（苏州）有限公司	江苏	146 719	84 462	62 257
89	浪潮乐金数字移动通信有限公司	山东	145 311	74 383	70 928
90	上海西门子移动通信有限公司	上海	145 113	81 690	63 424
91	山东魏桥创业集团有限公司	山东	143 986	74 701	69 286
92	中国烟草进出口（集团）公司	中央	143 139	56 922	86 218
93	江苏舜天国际集团有限公司	江苏	142 342	103 431	38 911
94	浙江荣大集团控股有限公司	浙江	140 287	128 199	12 088
95	亚旭电子科技（江苏）有限公司	江苏	140 243	74 422	65 822
96	爱普生技术（深圳）有限公司	深圳	139 152	92 001	47 150
97	中芯国际集成电路制造（上海）有限公司	上海	137 551	94 693	42 857
98	华宝通讯（南京）有限公司	江苏	136 552	71 715	64 837
99	联想国际信息产品（深圳）有限公司	深圳	136 068	136 050	18
100	浙江东方集团控股有限公司	浙江	134 181	105 389	28 792
101	东方航空进出口有限公司	上海	131 724	5 634	126 090
102	中国南方航空进出口贸易公司	广东	131 607	1 793	129 814
103	佛山普立华科技有限公司	广东	130 808	92 232	38 576
104	南京 LG 同创彩色显示系统有限责任公司	江苏	130 328	79 775	50 553
105	捷普电子（广州）有限公司	广东	129 127	67 906	61 221
106	日立显示器件（苏州）有限公司	江苏	129 108	68 228	60 880
107	中国纺织品进出口总公司	中央	128 873	23 153	105 721
108	雅戈尔集团股份有限公司	宁波	126 803	73 907	52 897
109	江苏国泰国际集团有限公司	江苏	125 440	108 394	17 046
110	深圳市勤辉投资开发有限公司	深圳	123 908	123 908	0
111	纬新资通（昆山）有限公司	江苏	122 161	84 919	37 242
112	深圳三星科健移动通信技术有限公司	深圳	120 842	52 544	68 298
113	苏州爱普生有限公司	江苏	120 608	61 530	59 078
114	浙江中大集团控股有限公司	浙江	120 515	92 730	27 785
115	乐金电子（天津）电器有限公司	天津	120 120	95 926	24 194
116	山东三星通信设备有限公司	山东	118 007	78 353	39 654
117	中国首钢国际贸易工程公司	北京	117 887	55 948	61 939
118	旭电（苏州）科技有限公司	江苏	116 102	52 500	63 602
119	厦门建发股份有限公司	厦门	115 980	45 973	70 008
120	志合电脑（苏州工业园区）有限公司	江苏	115 953	73 631	42 322
121	惠州三星电子有限公司	广东	115 950	79 080	36 870
122	北京京东方光电科技有限公司	北京	115 626	37 947	77 680
123	星科金朋（上海）有限公司	上海	115 311	46 630	68 681

2005 年中国进出口额最大的 500 家企业名录（续）

金额单位：万美元

排名	公 司 名 称	地区	进出口	出口	进口
124	中国北方工业公司	中央	115 275	77 839	37 436
125	神讯电脑（昆山）有限公司	江苏	114 396	57 502	56 894
126	铜陵有色金属（集团）公司	安徽	114 339	8 870	105 469
127	中国农业生产资料集团公司	中央	114 322	4 738	109 584
128	江苏开元国际集团有限公司	江苏	113 482	84 738	28 745
129	济钢集团国际贸易有限责任公司	山东	113 463	50 387	63 075
130	南京瀚宇彩欣科技有限责任公司	江苏	113 449	32 172	81 278
131	东莞三星视界有限公司	广东	112 822	65 848	46 974
132	旭丽电子（广州）有限公司	广东	111 771	65 009	46 762
133	中国南方工业集团公司	中央	111 412	33 921	77 492
134	华宇电脑（江苏）有限公司	江苏	110 450	67 816	42 634
135	江苏三房巷集团有限公司	江苏	109 711	32 904	76 807
136	大同电子科技（江苏）有限公司	江苏	109 396	60 158	49 238
137	珠海三美电机有限公司	广东	109 345	58 580	50 765
138	江苏汇鸿国际集团有限公司	江苏	108 761	94 091	14 670
139	索尼电子（无锡）有限公司	江苏	107 618	46 423	61 195
140	金川集团有限公司	甘肃	106 436	13 399	93 037
141	北京金长科国际电子有限公司	北京	105 685	35 213	70 472
142	江苏省海外企业集团有限公司	江苏	105 280	48 851	56 429
143	环旭电子（深圳）有限公司	深圳	104 696	45 363	59 333
144	天弘（苏州）科技有限公司	江苏	104 647	44 739	59 908
145	国航集团进出口贸易公司	中央	104 219	63	104 156
146	马鞍山钢铁股份有限公司	安徽	103 692	24 784	78 908
147	东莞市百业进出口有限公司	广东	102 909	62 808	40 101
148	张家港浦项不锈钢有限公司	江苏	102 585	5 735	96 849
149	广茂科技（广州）有限公司	广东	102 211	59 850	42 361
150	佳能（中山）办公设备有限公司	广东	101 128	78 001	23 127
151	纬智资通（昆山）有限公司	江苏	101 034	69 456	31 578
152	富士施乐高科技（深圳）有限公司	深圳	100 746	79 601	21 145
153	仁宝电脑工业（中国）有限公司	江苏	99 831	72 976	26 856
154	佳能（苏州）有限公司	江苏	99 820	68 137	31 683
155	无锡阿尔卑斯电子有限公司	江苏	98 892	44 956	53 936
156	联想控股有限公司	北京	98 533	11 968	86 564
157	厦门太古飞机工程有限公司	厦门	97 960	43 072	54 889
158	莱芜钢铁集团有限公司	山东	97 693	39 884	57 810
159	世成电子（深圳）有限公司	深圳	97 540	47 626	49 914
160	深圳市怡亚通商贸有限公司	深圳	96 325	754	95 571
161	上海工业投资（集团）有限公司	上海	96 134	21 401	74 733
162	苏州进出口（集团）有限公司	江苏	96 021	87 957	8 064
163	微盟电子（昆山）有限公司	江苏	95 541	48 627	46 914
164	安靠封装测试（上海）有限公司	上海	95 245	37 135	58 110

2005 年中国进出口额最大的 500 家企业名录（续）

金额单位：万美元

排名	公 司 名 称	地区	进出口	出口	进口
165	南京纺织品进出口股份有限公司	江苏	95 215	58 137	37 078
166	北方国际集团有限公司	天津	95 191	65 867	29 324
167	明德信息媒体（深圳）有限公司	深圳	93 736	54 272	39 464
168	天津三星电子显示器有限公司	天津	93 390	62 923	30 467
169	漳州灿坤实业有限公司	福建	93 228	64 266	28 961
170	昆达电脑科技（昆山）有限公司	江苏	92 543	48 942	43 601
171	上海上实国际贸易（集团）有限公司	上海	90 986	31 808	59 179
172	上海贝尔有限公司	上海	90 766	42 160	48 606
173	统宝光电（南京）有限公司	江苏	90 734	43 560	47 174
174	从化东麟钻石有限公司	广东	90 406	44 885	45 521
175	伟创力电脑（珠海）有限公司	广东	89 776	59 828	29 948
176	厦门华侨电子股份有限公司	厦门	89 275	46 359	42 916
177	英华达（上海）科技有限公司	上海	88 757	38 068	50 689
178	深圳综合信兴物流有限公司	深圳	87 764	7 090	80 674
179	本钢集团国际经济贸易有限公司	辽宁	87 354	36 437	50 917
180	深圳市中兴通讯股份有限公司	深圳	87 289	78 397	8 892
181	富士康精密组件（北京）有限公司	北京	87 085	22 181	64 904
182	苏州三星电子有限公司	江苏	85 657	70 128	15 529
183	太钢（集团）国际经济贸易有限公司	山西	85 354	28 386	56 967
184	柯达电子（上海）有限公司	上海	84 887	59 691	25 196
185	青岛益佳国际贸易集团有限公司	青岛	83 632	30 050	53 582
186	东莞华强三洋马达有限公司	广东	82 178	52 448	29 730
187	中谷粮油集团公司	中央	82 153	1 739	80 415
188	金东纸业（江苏）有限公司	江苏	81 704	32 364	49 340
189	厦门国贸集团股份有限公司	厦门	81 411	31 085	50 326
190	惠普贸易（上海）有限公司	上海	80 866	27 579	53 287
191	中国轻工业品进出口总公司	中央	80 837	44 993	35 845
192	先锋高科技（东莞）有限公司	广东	80 444	49 110	31 334
193	上海三凯进出口有限公司	上海	79 301	17 849	61 452
194	浙江物产国际贸易有限公司	浙江	79 227	14 112	65 115
195	索尼精密部件（惠州）有限公司	广东	79 160	51 353	27 807
196	安徽安天国际集团有限公司	安徽	78 845	44 061	34 784
197	中国船舶重工集团公司	中央	78 741	42 456	36 285
198	云南铜业（集团）有限公司	云南	78 604	22 457	56 147
199	友利电电子（深圳）有限公司	深圳	78 350	49 829	28 521
200	新疆野马经贸有限公司	新疆	78 318	78 310	8
201	天津三星电子有限公司	天津	77 256	53 437	23 819
202	江苏沙钢国际贸易有限公司	江苏	76 601	0	76 601
203	飞利浦电子元件（上海）有限公司	上海	76 349	47 381	28 967
204	深圳海量存储设备有限公司	深圳	76 221	36 110	40 111
205	金堆城钼业公司进出口公司	陕西	76 124	75 528	596

2005 年中国进出口额最大的 500 家企业名录（续）

金额单位：万美元

排名	公 司 名 称	地区	进出口	出口	进口
206	深圳易拓科技有限公司	深圳	75 435	49 723	25 712
207	台达电子电源（东莞）有限公司	广东	74 447	38 417	36 029
208	瑞中电子（苏州）有限公司	江苏	73 814	39 851	33 963
209	宁波市慈溪进出口股份有限公司	宁波	73 255	66 855	6 401
210	中外运国际贸易公司	北京	72 521	1 717	70 804
211	山东省机械进出口集团公司	山东	72 156	54 632	17 524
212	中国广东核电集团有限公司	中央	71 297	67 178	4 120
213	北京现代汽车有限公司	北京	71 045	355	70 689
214	理光（深圳）工业发展有限公司	深圳	70 910	48 795	22 116
215	深圳中外运储运有限公司	深圳	69 972	69 669	303
216	彩晶光电科技（昆山）有限公司	江苏	69 934	45 151	24 783
217	长城国际系统科技（深圳）有限公司	深圳	69 576	69 162	414
218	伟创力科技（深圳）有限公司	深圳	69 341	34 788	34 553
219	金宝电子（中国）有限公司	广东	68 947	33 921	35 026
220	江苏苏豪国际集团股份有限公司	江苏	68 372	57 932	10 439
221	海信集团有限公司	青岛	68 276	33 052	35 224
222	江西铜业公司	江西	68 207	9 947	58 260
223	中国远大集团有限责任公司	中央	68 201	29 869	38 332
224	上海新发展进出口贸易实业有限公司	上海	68 045	2 193	65 851
225	中国航空工业第一集团公司	中央	67 402	43 135	24 267
226	比亚迪股份有限公司	深圳	67 035	40 491	26 543
227	柯达（中国）股份有限公司厦门分公司	厦门	66 968	43 420	23 548
228	夏普办公设备（常熟）有限公司	江苏	66 583	48 598	17 985
229	宁波海田国际贸易有限公司	宁波	66 432	49 380	17 052
230	青岛马士基集装箱工业有限公司	青岛	65 973	38 868	27 105
231	惠州市德赛集团有限公司	广东	65 114	34 981	30 133
232	麦迪实电子科技（深圳）有限公司	深圳	64 793	32 186	32 607
233	信利半导体有限公司	广东	64 700	31 064	33 636
234	江苏新科电子集团有限公司	江苏	64 371	42 627	21 744
235	苏州罗技电子有限公司	江苏	64 280	39 904	24 376
236	东莞汉华光电有限公司	广东	64 191	31 792	32 399
237	上海乐金广电电子有限公司	上海	64 154	39 466	24 688
238	广川科技（广州）有限公司	广东	63 741	29 818	33 924
239	罗姆电子大连有限公司	大连	63 729	33 413	30 316
240	东莞福安纺织印染有限公司	广东	62 824	36 829	25 996
241	深圳市九立商贸有限公司	深圳	62 733	1 464	61 269
242	威讯联合半导体（北京）有限公司	北京	62 698	29 963	32 735
243	保利科技有限公司	中央	62 511	18 571	43 939
244	深圳华安液化石油气有限公司	深圳	62 427	208	62 220
245	华微半导体（上海）有限责任公司	上海	62 363	30 391	31 972
246	中国化工建设总公司	中央	62 148	33 859	28 289

2005 年中国进出口额最大的 500 家企业名录（续）

金额单位：万美元

排名	公 司 名 称	地区	进出口	出口	进口
247	日本电产（大连）有限公司	大连	60 884	40 029	20 854
248	青岛乐金浪潮数字通信有限公司	青岛	60 821	31 170	29 651
249	绥芬河市龙江商联进出口有限责任公司	黑龙江	60 667	57 352	3 315
250	山东省国际贸易集团中心	山东	60 091	44 617	15 473
251	攀枝花钢铁（集团）公司	四川	59 632	32 171	27 461
252	东莞德永佳纺织制衣有限公司	广东	59 594	39 999	19 596
253	苏州松下半导体有限公司	江苏	58 832	28 206	30 626
254	中芯国际集成电路制造（北京）有限责任公司	北京	58 652	11 660	46992
255	维科控股集团股份有限公司	宁波	58 285	52 830	5 455
256	三美电机有限公司	天津	58 166	22 471	35 695
257	广州东宝（番澳）首饰有限公司	广东	58 152	28 506	29 646
258	上海对外贸易实业有限公司	上海	57 544	48 269	9 276
259	广东格兰仕集团有限公司	广东	56 588	48 282	8 306
260	伟创力电子科技（上海）有限公司	上海	56 467	30 787	25 679
261	浙江凯喜雅国际股份有限公司	浙江	56 206	55 343	863
262	上海大众国际仓储物流有限公司	上海	56 058	0	56 058
263	北京东方冠捷电子股份有限公司	北京	55 949	36 025	19 924
264	雅邦电子（东莞）有限公司	广东	55 947	27 525	28 422
265	信泰光学（深圳）有限公司	深圳	55 839	29 264	26 576
266	天津一汽丰田汽车有限公司	天津	55 124	166	54 958
267	精茂科技（深圳）有限公司	深圳	54 918	33 370	21 548
268	京瓷美达办公设备（东莞）有限公司	广东	54 689	32 365	22 324
269	南京爱立信熊猫通信有限公司	江苏	54 633	10 923	43 711
270	安曼电子（上海）有限公司	上海	54 386	27 394	26 992
271	乐金电子（南京）等离子有限公司	江苏	54 381	19 658	34 723
272	深圳市中兴康讯电子有限公司	深圳	54 221	0	54 221
273	东莞旭福电脑有限公司	广东	54 101	31 706	22 396
274	福建华闽进出口有限公司	福建	54 084	50 115	3 969
275	英飞凌科技模组（苏州）有限公司	江苏	53 848	32 837	21 011
276	东莞航天电子有限公司	广东	52 960	32 931	20 029
277	泽康科技（吴江）有限公司	江苏	52 856	34 795	18 061
278	万利达集团有限公司	福建	52 745	37 917	14 829
279	翔鹭石化企业（厦门）有限公司	厦门	52 563	0	52 563
280	吉林粮食集团进出口有限公司	吉林	52 031	34 421	17 610
281	惠州市华阳多媒体电子有限公司	广东	51 956	32 174	19 782
282	深圳泰福仓实业有限公司	深圳	51 706	36 890	14 816
283	珠海格力集团公司	广东	51 538	42 603	8 935
284	上海大众汽车有限公司	上海	51 478	449	51 029
285	高创（苏州）电子有限公司	江苏	51 415	36 872	14 543
286	宁波宝新不锈钢有限公司	宁波	50 684	5 478	45 206
287	福建华映显示科技有限公司	福建	50 519	7 650	42 869

2005 年中国进出口额最大的 500 家企业名录（续）

金额单位：万美元

排名	公 司 名 称	地区	进出口	出口	进口
288	广东省中山食品水产进出口集团有限公司	广东	50 455	48 262	2 193
289	东莞三星电机有限公司	广东	50 368	30 480	19 888
290	唯冠科技（深圳）有限公司	深圳	50 307	29 175	21 133
291	中国恒天集团公司	中央	50 239	23 170	27 068
292	珠海松下通信系统设备有限公司	广东	50 234	30 794	19 440
293	深圳三洋华强激光电子有限公司	深圳	50 218	22 355	27 863
294	宁波宁兴股份有限公司	宁波	49 988	23 345	26 643
295	山西煤炭进出口集团公司	山西	49 982	49 600	382
296	中国医药集团总公司	中央	49 979	5 393	44 586
297	兄弟工业（深圳）有限公司	深圳	49 830	37 811	12 019
298	厦门 TDK 有限公司	厦门	49 721	23 041	26 680
299	泰金宝光电（苏州）有限公司	江苏	49 691	28 484	21 207
300	南京钢铁集团国际经济贸易有限公司	江苏	48 923	18 659	30 264
301	中国华录松下电子信息有限公司	大连	48 517	28 090	20 427
302	汉鼎光电（内蒙古）有限公司	内蒙古	48 445	22 320	26 125
303	北台钢铁集团进出口有限责任公司	辽宁	48 345	32 705	15 640
304	佛山市顺德区新宝电器有限公司	广东	48 046	36 734	11 312
305	东莞市南信实业发展有限公司	广东	47 246	723	46 523
306	互太（番禺）纺织印染有限公司	广东	46 556	24 575	21 981
307	天津钢管进出口有限公司	天津	46 438	26 313	20 124
308	益海（连云港）粮油工业有限公司	江苏	46 411	1 826	44 585
309	上海航空进出口有限公司	上海	46 288	10 810	35 479
310	上海市工艺品进出口有限公司	上海	46 213	36 637	9 576
311	中国航空器材进出口总公司	中央	46 136	6 142	39 994
312	新疆塔城三宝民贸实业进出口公司	新疆	45 983	38 642	7 341
313	乐金飞利浦液晶显示贸易（上海）有限责任公司	上海	45 873	1 982	43 891
314	上海广电 NEC 液晶显示器有限公司	上海	45 843	11 521	34 323
315	上海通用东岳汽车有限公司	山东	45 785	1	45 784
316	苏州新宁仓储有限公司	江苏	45 769	851	44 918
317	先锋高科技（上海）有限公司	上海	45 756	37 659	8 096
318	惠阳东威电子制品有限公司	广东	45 671	28 301	17 370
319	鸿富泰精密电子（烟台）有限公司	山东	45 629	17 803	27 827
320	广州市华泰兴石油化工有限公司	广东	44 796	0	44 796
321	南京夏普电子有限公司	江苏	44 769	26 465	18 304
322	佳能（中国）有限公司	北京	44 523	51	44 472
323	上海夏普电器有限公司	上海	44 316	32 613	11 703
324	华忆科技（深圳）有限公司	深圳	44 228	28 394	15 834
325	上海索广电子有限公司	上海	43 911	15 993	27 918
326	长虹电子集团公司	四川	43 857	27 288	16 569
327	福建大丰投资集团有限公司	福建	43 823	25 474	18 349
328	上海久信进出口有限公司	上海	43 699	4 746	38 953

2005年中国进出口额最大的500家企业名录（续）

金额单位：万美元

排名	公 司 名 称	地区	进出口	出口	进口
329	浙江省茶叶进出口有限公司	浙江	43 577	41 116	2 461
330	东营科英激光电子有限公司	山东	43 573	28 301	15 271
331	广州番禺对外贸易有限公司	广东	43 550	23 470	20 080
332	佳能精技（苏州）办公设备有限公司	江苏	43 445	31 056	12 389
333	秦皇岛金海粮油工业有限公司	河北	43 403	4 727	38 677
334	中国江苏国际经济技术合作公司	江苏	43 400	41 104	2 297
335	邯郸钢铁集团进出口有限公司	河北	43 319	0	43 319
336	酒泉钢铁（集团）有限责任公司	甘肃	43 263	15 428	27 835
337	深圳托普国威电子有限公司	深圳	43 262	23 051	20 211
338	新世纪控股集团有限公司	浙江	43 001	42 838	163
339	葫芦岛东越金属有限公司	辽宁	42 663	24 274	18 389
340	信华精机有限公司	广东	42 580	26 115	16 465
341	奥林巴斯（广州）工业有限公司	广东	42 555	31 622	10 933
342	杭州中策橡胶有限公司	浙江	42 463	25 360	17 103
343	联众（广州）不锈钢有限公司	广东	42 182	4 721	37 460
344	天津富士通天电子有限公司	天津	42 012	22 974	19 038
345	普丽科技（佛山）有限公司	广东	41 852	129	41 722
346	深圳中宇元一数码科技有限公司	深圳	41 823	20 173	21 650
347	芬欧汇川（常熟）纸业有限公司	江苏	41 713	16 592	25 121
348	广东溢达纺织有限公司	广东	41 693	29 333	12 360
349	富士通将军（上海）有限公司	上海	41 412	34 896	6 516
350	广东宏远集团公司	广东	41 200	22 885	18 316
351	汕头经济特区矢崎汽车部件有限公司	广东	41 179	22 601	18 578
352	上海新康电子有限公司	上海	41 177	24 936	16 241
353	云南冶金集团进出口有限公司	云南	41 053	17 958	23 096
354	包钢集团	内蒙古	41 023	17 860	23 162
355	昆山乐金微永电脑有限公司	江苏	40 988	27 893	13 095
356	南通化工轻工股份有限公司	江苏	40 794	2 704	38 090
357	东莞安美时电子有限公司	广东	40 450	17 757	22 693
358	深圳市顺安外资实业发展有限公司	深圳	40 073	26 070	14 004
359	中国有色金属进出口广东公司	广东	40 061	3 259	36 802
360	无锡松下电池有限公司	江苏	40 058	24 813	15 244
361	张家港宏发炼钢有限公司	江苏	39 900	39 803	97
362	深圳三星视界有限公司	深圳	39 845	15 192	24 652
363	上海惠普有限公司	上海	39 784	11 224	28 560
364	宁波市鄞州对外贸易股份有限公司	宁波	39 694	35 232	4 463
365	东莞市泽通贸易有限公司	广东	39 671	23 412	16 260
366	广西柳州钢铁股份有限公司	广西	39 619	4 413	35 205
367	厦新电子股份有限公司	厦门	39 515	10 411	29 104
368	美资旭电（深圳）科技有限公司	深圳	39 496	17 350	22 146
369	浙江中油华电能源有限公司	浙江	39 468	0	39 468

2005 年中国进出口额最大的 500 家企业名录（续）

金额单位：万美元

排名	公 司 名 称	地区	进出口	出口	进口
370	辽宁成大股份有限公司	辽宁	39 217	27 545	11 671
371	上海松下半导体有限公司	上海	39 175	19 072	20 103
372	新疆中成经贸有限公司	新疆	39 120	0	39 120
373	东芝复印机（深圳）有限公司	深圳	39 109	28 374	10 735
374	天津纺织集团进出口股份有限公司	天津	39 044	26 968	12 076
375	粤海（番禺）石油化工储运开发有限公司	广东	39 024	3 570	35 453
376	广东科龙电器股份有限公司	广东	39 023	31 500	7 523
377	苏州国信集团有限公司	江苏	38 830	22 790	16 040
378	佳能大连办公设备有限公司	大连	38 825	9 664	29 161
379	中国上海外经（集团）有限公司	上海	38 760	12 062	26 698
380	尼康光学仪器（中国）有限公司	江苏	38 754	21 832	16 922
381	上海市机械设备成套（集团）有限公司	上海	38 710	15 192	23 519
382	宁波乐金甬兴化工有限公司	宁波	38 708	71	38 636
383	中铝国际贸易有限公司	中央	38 569	4 254	34 315
384	美国通用电器塑料中国有限公司	广东	38 515	19 373	19 142
385	东莞万士达液晶显示器有限公司	广东	38 466	20 136	18 331
386	宇达（中国）投资有限公司	厦门	38 463	31 264	7 199
387	东莞技嘉电子有限公司	广东	38 461	17 652	20 809
388	四海电子（昆山）有限公司	江苏	38 360	13 292	25 068
389	唐山钢铁集团有限责任公司	河北	38 356	7 914	30 442
390	珠海天虎电子有限公司	广东	38 261	20 838	17 423
391	安徽省粮油食品进出口（集团）公司	安徽	38 206	19 524	18 682
392	上海宏盛科技发展股份有限公司	上海	38 164	21 699	16 464
393	大连东芝电视有限公司	大连	38 140	19 215	18 925
394	三角轮胎股份有限公司	山东	38 127	22 329	15 798
395	深圳桑菲消费通信有限公司	深圳	38 026	30 830	7 196
396	中建材集团进出口公司	中央	37 986	9 986	28 000
397	江苏弘业国际集团有限公司	江苏	37 922	28 682	9 240
398	乐金电子（沈阳）有限公司	辽宁	37 724	30 248	7 475
399	广州轻出集团有限公司	广东	37 604	32 103	5 501
400	联能科技（深圳）有限公司	深圳	37 580	19 124	18 457
401	东芝货物管理（杭州）有限公司	浙江	37 526	0	37 526
402	艾利和电子科技（中国）有限公司	广东	37 515	18 526	18 988
403	上海克虏伯不锈钢有限公司	上海	37 454	1 581	35 874
404	新利实业（深圳）有限公司	深圳	37 452	22 924	14 528
405	康佳集团股份有限公司	深圳	37 369	14 692	22 676
406	宁波联合集团进出口股份有限公司	宁波	37 358	32 175	5 182
407	浙江恒逸集团有限公司	浙江	37 319	1 082	36 237
408	兆普电子（上海）有限公司	上海	37 284	8 049	29 235
409	NEC 东金电子（厦门）有限公司	厦门	37 216	21 020	16 196
410	中山东茗影音电子有限公司	广东	37 209	20 381	16 828

2005年中国进出口额最大的500家企业名录（续）

金额单位：万美元

排名	公 司 名 称	地区	进出口	出口	进口
411	达研（上海）光电有限公司	上海	37 073	14 647	22 425
412	黑龙江华宇工贸（集团）有限责任公司	黑龙江	36 805	31 490	5 315
413	浙江物产金属集团有限公司	浙江	36 215	9 014	27 201
414	中国精密机械进出口总公司	中央	36 211	19 029	17 182
415	深圳创华合作有限公司	深圳	36 202	18 545	17 656
416	中山市中经进出口有限公司	广东	36 106	21 628	14 478
417	新美亚电子（深圳）有限公司	深圳	35 959	17 924	18 035
418	国家电网公司	中央	35 935	2 481	33 454
419	腾龙光学（佛山）有限公司	广东	35 822	18 963	16 859
420	宁波技嘉科技有限公司	宁波	35 800	13 773	22 027
421	山东晨鸣纸业集团股份有限公司	山东	35 760	14 376	21 383
422	中国化工供销（集团）总公司	中央	35 756	2 078	33 678
423	浙江远东新聚酯有限公司	浙江	35 654	2 636	33 018
424	远纺工业（上海）有限公司	上海	35 649	10341	25 308
425	中海壳牌石油化工有限公司	广东	35 617	0	35 617
426	凯博电脑（昆山）有限公司	江苏	35 418	20 034	15 384
427	江苏沙钢集团有限公司	江苏	35 376	0	35 376
428	中达电子（江苏）有限公司	江苏	35 132	23 116	12 016
429	中国农业发展集团总公司	中央	35 026	7 602	27 425
430	广东省东莞化工进出口有限公司	广东	34 868	15 560	19 309
431	台达电子工业（东莞）有限公司	广东	34 761	18 427	16 334
432	天津通广三星电子有限公司	天津	34 759	25 919	8 840
433	和舰科技（苏州）有限公司	江苏	34 733	21 036	13 698
434	创新科技（山东青岛）有限公司	青岛	34 714	17 075	17 639
435	UT 斯达康通讯有限公司	浙江	34 687	21 466	13 221
436	瑞萨四通集成电路（北京）有限公司	北京	34 656	19 284	15 372
437	恩倍福显示器（东莞）有限公司	广东	34 592	20 674	13 919
438	中国长江航运集团对外经济技术合作公司	湖北	34 484	14 679	19 805
439	中国成套设备进出口（集团）总公司	中央	34 439	24 132	10 307
440	深圳市金运达国际物流有限公司	深圳	34 407	33 435	972
441	唐山钢铁股份有限公司	河北	34 277	0	34 277
442	中国北方工业集团公司	中央	34 210	11 558	22 651
443	百得（苏州）科技有限公司	江苏	34 136	30 763	3 372
444	独山子石油化工总厂进出口贸易总公司	新疆	33 733	394	33 339
445	昆山翊腾平面显像有限公司	江苏	33 621	18 983	14 638
446	天津三星视界移动有限公司	天津	33 573	17 181	16 392
447	中国包装进出口总公司	中央	33 520	24 183	9 337
448	湖南华菱湘潭钢铁有限公司	湖南	33 520	16 604	16 915
449	东莞市旗峰对外贸易有限公司	广东	33 490	14 602	18 888
450	河南豫光金铅股份有限公司	河南	33 445	18 963	14 482
451	浙江新大集团有限公司	浙江	33 187	31 853	1 334

2005 年中国进出口额最大的 500 家企业名录（续）

金额单位：万美元

排名	公 司 名 称	地区	进出口	出口	进口
452	广东省东莞快宜外经发展有限公司	广东	33 165	15 332	17 833
453	中山广盛运动器材有限公司	广东	33 155	20 447	12 708
454	牧田（昆山）有限公司	江苏	33 149	25 877	7 272
455	上海美蓓亚精密机电有限公司	上海	32 730	26 425	6 305
456	福盛实业发展（深圳）有限公司	深圳	32 608	16 971	15 637
457	江苏阳光集团有限公司	江苏	32 568	22 751	9 817
458	沈阳南方航空进出口贸易有限公司	辽宁	32 494	5	32 489
459	上海新格有色金属有限公司	上海	32 371	12 198	20 174
460	宁波申洲针织有限公司	宁波	32 360	28 153	4 206
461	珠海松下电池有限公司	广东	32 322	16 379	15 943
462	苏州光宝康电子有限公司	江苏	32 320	15 224	17 096
463	东莞华新电线电缆有限公司	广东	32 283	0	32 283
464	索尼（中国）有限公司	北京	32 233	0	32 233
465	深圳航空有限责任公司	深圳	32 094	0	32 094
466	天津津亚电子有限公司	天津	32 033	24 625	7 408
467	天津富士光机有限公司	天津	31 946	15 709	16 237
468	山东航空股份有限公司	山东	31 931	70	31 861
469	广东顺安达太平货柜有限公司	广东	31 918	26 215	5 703
470	东莞玖龙纸业有限公司	广东	31 840	178	31 662
471	中国纺织物资（集团）总公司	中央	31 826	4 022	27 805
472	珠海碧阳化工有限公司	广东	31 760	0	31 760
473	深圳市福田外资实业发展有限公司	深圳	31 693	15 154	16 539
474	涟钢进出口有限责任公司	湖南	31 676	9 170	22 506
475	青岛即发集团股份有限公司	青岛	31 649	26 861	4 787
476	上海中燃船舶燃料有限公司	上海	31 644	15 046	16 597
477	柯尼卡美能达光学仪器（上海）有限责任公司	上海	31 642	21 177	10 465
478	捷普科技（上海）有限公司	上海	31 622	11 733	19 888
479	海南海航航空进出口有限公司	海南	31 615	315	31 300
480	广东省东莞轻工业品进出口有限公司	广东	31 571	19 449	12 122
481	嘉兴良友进出口集团有限公司	浙江	31 464	29 474	1 991
482	上海京瓷电子有限公司	上海	31 359	18 527	12 832
483	伟创力实业（深圳）有限公司	深圳	31 264	16 274	14 990
484	大连阿尔派电子有限公司	大连	31 128	20 096	11 032
485	凌海沈宏进出口有限责任公司	辽宁	31 059	21 230	9 829
486	广州本田汽车有限公司	广东	31 013	106	30 908
487	富士康（昆山）电脑接插件有限公司	江苏	30 933	14 536	16 397
488	天津服装进出口股份有限公司	天津	30 922	26 744	4 178
489	台一江铜（广州）有限公司	广东	30 907	242	30 665
490	南通富士通微电子股份有限公司	江苏	30 750	17 930	12 820
491	山东绮丽集团	山东	30 632	24 544	6 088
492	珠海恒基达鑫国际化工仓储有限公司	广东	30 589	2 923	27 667

2005 年中国进出口额最大的 500 家企业名录（续）

金额单位：万美元

排名	公司名称	地区	进出口	出口	进口
493	新疆霍尔果斯通达有限责任公司	新疆	30 575	30 552	22
494	广东粤港供水有限公司	深圳	30 555	30 555	0
495	华冠通讯（江苏）有限公司	江苏	30 491	15 439	15 052
496	苏州明基光电技术有限公司	江苏	30 475	16 446	14 029
497	广东韶钢松山股份有限公司	广东	30 400	789	29 611
498	中达视讯（吴江）有限公司	江苏	30 282	15 936	14 346
499	三洋能源（苏州）有限公司	江苏	30 202	10 605	19 597
500	上海华虹 NEC 电子有限公司	上海	30 115	17 292	12 822

2005 年中国出口额最大的 200 家企业名录

金额单位：万美元

排名	公司名称	地区	出口
1	鸿富锦精密工业（深圳）有限公司	深圳	1 447 417
2	达丰（上海）电脑有限公司	上海	1 145 468
3	摩托罗拉（中国）电子有限公司	天津	645 099
4	名硕电脑（苏州）有限公司	江苏	621 127
5	中国普天信息产业集团公司	中央	434 974
6	英顺达科技有限公司	上海	419 928
7	诺基亚（中国）投资有限公司	中央	355 625
8	三星电子（苏州）半导体有限公司	江苏	353 789
9	中国国际海运集装箱（集团）股份有限公司	中央	324 359
10	长城国际信息产品（深圳）有限公司	深圳	302 815
11	仁宝电子科技（昆山）有限公司	江苏	279 745
12	冠捷电子（福建）有限公司	福建	278 405
13	中国石油天然气集团公司	中央	273 766
14	英华达（上海）电子有限公司	上海	271 310
15	中国海洋石油总公司	中央	265 967
16	东方国际（集团）有限公司	上海	265 363
17	中国中化集团公司	中央	256 310
18	英特尔产品（上海）有限公司	上海	249 013
19	中国石化国际事业有限公司	中央	246 782
20	戴尔（中国）有限公司	厦门	243 395
21	仁宝资讯工业（昆山）有限公司	江苏	237 613
22	明基电通信息技术有限公司	江苏	236 253
23	广东省广新外贸集团有限公司	广东	215 647
24	中国中煤能源集团公司	中央	214 522
25	中国机械工业集团公司	中央	210 908
26	华为技术有限公司	深圳	205 160
27	希捷国际科技（无锡）有限公司	江苏	194 768
28	深圳富泰宏精密工业有限公司	深圳	191 570
29	中国船舶工业贸易公司	中央	185 869
30	友达光电（苏州）有限公司	江苏	183 075

2005 年中国出口额最大的 200 家企业名录（续）

金额单位：万美元

排名	公 司 名 称	地区	出口
31	乐金电子（惠州）有限公司	广东	180 293
32	中国五矿集团公司	中央	161 978
33	伟创力实业（珠海）有限公司	广东	158 530
34	广东省丝绸集团公司	广东	157 705
35	佛山市顺德区顺达电脑厂有限公司	广东	156 381
36	中国粮油食品（集团）有限公司	中央	153 366
37	群康科技（深圳）有限公司	深圳	153 196
38	神华集团有限责任公司	中央	150 673
39	苏州三星电子液晶显示器有限公司	江苏	146 759
40	无锡夏普电子元器件有限公司	江苏	145 410
41	大连西太平洋石油化工有限公司	大连	141 996
42	美的集团	广东	138 650
43	中国华源集团有限公司	中央	137 708
44	联想国际信息产品（深圳）有限公司	深圳	136 050
45	广东省东莞机械进出口有限公司	广东	131 811
46	东芝信息机器（杭州）有限公司	浙江	129 143
47	建兴光电科技（广州）有限公司	广东	128 720
48	海尔集团公司	青岛	128 593
49	浙江荣大集团控股有限公司	浙江	128 199
50	中国电子进出口总公司	中央	123 955
51	深圳市勤辉投资开发有限公司	深圳	123 908
52	乐金飞利浦液晶显示（南京）有限公司	江苏	121 588
53	飞索半导体（苏州）有限公司	江苏	118 869
54	天津三星通信技术有限公司	天津	117 777
55	联建（中国）科技有限公司	江苏	117 064
56	上海兰生（集团）有限公司	上海	115 399
57	新华锦集团	山东	113 693
58	恩斯迈电子（深圳）有限公司	深圳	112 249
59	苏州飞利浦消费电子有限公司	江苏	111 029
60	江苏国泰国际集团有限公司	江苏	108 394
61	浙江东方集团控股有限公司	浙江	105 389
62	深圳富泰宏精密工业有限公司	深圳	104 855
63	江苏舜天国际集团有限公司	江苏	103 431
64	TCL 集团股份有限公司	广东	101 286
65	晶冠科技（深圳）有限公司	深圳	101 015
66	中国港湾建设（集团）总公司	中央	99 098
67	中国通用技术（集团）控股有限责任公司	中央	98 259
68	佳能珠海有限公司	广东	97 856
69	乐金电子（天津）电器有限公司	天津	95 926
70	金士顿科技电子（上海）有限公司	上海	94 798
71	中芯国际集成电路制造（上海）有限公司	上海	94 693

2005 年中国出口额最大的 200 家企业名录（续）

金额单位：万美元

排名	公 司 名 称	地区	出口
72	江苏汇鸿国际集团有限公司	江苏	94 091
73	鞍钢集团国际经济贸易公司	辽宁	93 907
74	浙江中大集团控股有限公司	浙江	92 730
75	佛山普立华科技有限公司	广东	92 232
76	爱普生技术（深圳）有限公司	深圳	92 001
77	中国航空技术进出口总公司	中央	90 945
78	苏州三星电子电脑有限公司	江苏	88 463
79	宝山钢铁股份有限公司	上海	88 217
80	苏州进出口（集团）有限公司	江苏	87 957
81	纬新资通（昆山）有限公司	江苏	84 919
82	江苏开元国际集团有限公司	江苏	84 738
83	迈拓科技（苏州）有限公司	江苏	84 462
84	伟创力科技（珠海）有限公司	广东	83 896
85	深圳赛意法微电子有限公司	深圳	82 466
86	上海西门子移动通信有限公司	上海	81 690
87	中国工艺品进出口总公司	中央	81 639
88	纬创资通（中山）有限公司	广东	81 288
89	鑫茂科技（深圳）有限公司	深圳	79 970
90	南京 LG 同创彩色显示系统有限责任公司	江苏	79 775
91	富士施乐高科技（深圳）有限公司	深圳	79 601
92	惠州三星电子有限公司	广东	79 080
93	深圳市中兴通讯股份有限公司	深圳	78 397
94	山东三星通信设备有限公司	山东	78 353
95	新疆野马经贸有限公司	新疆	78 310
96	佳能（中山）办公设备有限公司	广东	78 001
97	中国北方工业公司	中央	77 839
98	飞思卡尔半导体（中国）有限公司	天津	76 381
99	金堆城钼业公司进出口公司	陕西	75 528
100	山东魏桥创业集团有限公司	山东	74 701
101	亚旭电子科技（江苏）有限公司	江苏	74 422
102	浪潮乐金数字移动通信有限公司	山东	74 383
103	雅戈尔集团股份有限公司	宁波	73 907
104	志合电脑（苏州工业园区）有限公司	江苏	73 631
105	深圳开发科技股份有限公司	深圳	73 585
106	仁宝电脑工业（中国）有限公司	江苏	72 976
107	华宝通讯（南京）有限公司	江苏	71 715
108	苏州三星电子有限公司	江苏	70 128
109	深圳中外运储运有限公司	深圳	69 669
110	纬智资通（昆山）有限公司	江苏	69 456
111	长城国际系统科技（深圳）有限公司	深圳	69 162
112	纬创资通（昆山）有限公司	江苏	68 354
113	日立显示器件（苏州）有限公司	江苏	68 228
114	佳能（苏州）有限公司	江苏	68 137
115	捷普电子（广州）有限公司	广东	67 906

2005年中国出口额最大的200家企业名录（续）

金额单位：万美元

排名	公 司 名 称	地区	出口
116	华宇电脑（江苏）有限公司	江苏	67 816
117	中国广东核电集团有限公司	中央	67 178
118	宁波市慈溪进出口股份有限公司	宁波	66 855
119	中国远洋运输（集团）总公司	中央	66 794
120	北方国际集团有限公司	天津	65 867
121	东莞三星视界有限公司	广东	65 848
122	旭丽电子（广州）有限公司	广东	65 009
123	漳州灿坤实业有限公司	福建	64 266
124	天津三星电子显示器有限公司	天津	62 923
125	东莞市百业进出口有限公司	广东	62 808
126	上海浦东国际机场进出口有限公司	上海	61 940
127	苏州爱普生有限公司	江苏	61 530
128	大同电子科技（江苏）有限公司	江苏	60 158
129	广茂科技（广州）有限公司	广东	59 850
130	伟创力电脑（珠海）有限公司	广东	59 828
131	柯达电子（上海）有限公司	上海	59 691
132	珠海三美电机有限公司	广东	58 580
133	南京纺织品进出口股份有限公司	江苏	58 137
134	江苏苏豪国际集团股份有限公司	江苏	57 932
135	神讯电脑（昆山）有限公司	江苏	57 502
136	绥芬河市龙江商联进出口有限责任公司	黑龙江	57 352
137	中国烟草进出口（集团）公司	中央	56 922
138	中国首钢国际贸易工程公司	北京	55 948
139	浙江凯喜雅国际股份有限公司	浙江	55 343
140	山东省机械进出口集团公司	山东	54 632
141	明德信息媒体（深圳）有限公司	深圳	54 272
142	中国中钢集团公司	中央	53 635
143	天津三星电子有限公司	天津	53 437
144	维科控股集团股份有限公司	宁波	52 830
145	深圳三星科健移动通信技术有限公司	深圳	52 544
146	旭电（苏州）科技有限公司	江苏	52 500
147	东莞华强三洋马达有限公司	广东	52 448
148	武钢集团国际经济贸易总公司	湖北	51 613
149	索尼精密部件（惠州）有限公司	广东	51 353
150	济钢集团国际贸易有限责任公司	山东	50 387
151	福建华闽进出口有限公司	福建	50 115
152	友利电电子（深圳）有限公司	深圳	49 829
153	深圳易拓科技有限公司	深圳	49 723
154	山西煤炭进出口集团公司	山西	49 600
155	宁波海田国际贸易有限公司	宁波	49 380
156	先锋高科技（东莞）有限公司	广东	49 110
157	昆达电脑科技（昆山）有限公司	江苏	48 942
158	江苏省海外企业集团有限公司	江苏	48 851
159	理光（深圳）工业发展有限公司	深圳	48 795

2005 年中国出口额最大的 200 家企业名录（续）

金额单位：万美元

排名	公 司 名 称	地区	出口
160	微盟电子（昆山）有限公司	江苏	48 627
161	夏普办公设备（常熟）有限公司	江苏	48 598
162	广东格兰仕集团有限公司	广东	48 282
163	上海对外贸易实业有限公司	上海	48 269
164	广东省中山食品水产进出口集团有限公司	广东	48 262
165	世成电子（深圳）有限公司	深圳	47 626
166	飞利浦电子元件（上海）有限公司	上海	47 381
167	星科金朋（上海）有限公司	上海	46 630
168	索尼电子（无锡）有限公司	江苏	46 423
169	厦门华侨电子股份有限公司	厦门	46 359
170	达辉（上海）电子有限公司	上海	46 099
171	厦门建发股份有限公司	厦门	45 973
172	环旭电子（深圳）有限公司	深圳	45 363
173	彩晶光电科技（昆山）有限公司	江苏	45 151
174	中国轻工业品进出口总公司	中央	44 993
175	无锡阿尔卑斯电子有限公司	江苏	44 956
176	从化东麟钻石有限公司	广东	44 885
177	天弘（苏州）科技有限公司	江苏	44 739
178	华映视讯（吴江）有限公司	江苏	44 689
179	山东省国际贸易集团中心	山东	44 617
180	安徽安天国际集团有限公司	安徽	44 061
181	统宝光电（南京）有限公司	江苏	43 560
182	柯达（中国）股份有限公司厦门分公司	厦门	43 420
183	中国航空工业第一集团公司	中央	43 135
184	厦门太古飞机工程有限公司	厦门	43 072
185	新世纪控股集团有限公司	浙江	42 838
186	江苏新科电子集团有限公司	江苏	42 627
187	珠海格力集团公司	广东	42 603
188	中国船舶重工集团公司	中央	42 456
189	上海贝尔有限公司	上海	42 160
190	浙江省茶叶进出口有限公司	浙江	41 116
191	中国江苏国际经济技术合作公司	江苏	41 104
192	比亚迪股份有限公司	深圳	40 491
193	中国中信集团公司	中央	40 092
194	日本电产（大连）有限公司	大连	40 029
195	东莞德永佳纺织制衣有限公司	广东	39 999
196	苏州罗技电子有限公司	江苏	39 904
197	莱芜钢铁集团有限公司	山东	39 884
198	瑞中电子（苏州）有限公司	江苏	39 851
199	张家港宏发炼钢有限公司	江苏	39 803
200	上海乐金广电电子有限公司	上海	39 466

2005 年中国进出口额最大的 100 家民营企业名录

金额单位：万美元

排名	公 司 名 称	出口
1	广东省东莞机械进出口有限公司	228 727
2	东莞市百业进出口有限公司	102 909
3	新疆野马经贸有限公司	78 318
4	绥芬河龙江商联进出口有限公司	60 666
5	广州市华泰兴石油化工有限公司	44 796
6	广州番禺对外贸易有限公司	43 550
7	东莞市泽通贸易有限公司	39 671
8	黑龙江华宇工贸（集团）有限责任公司	36 805
9	中山市中经进出口有限公司	36 106
10	广东省东莞化工进出口有限公司	34 868
11	广东省东莞丝绸进出口有限公司	34 162
12	东莞市旗峰对外贸易有限公司	33 490
13	广东省东莞快宜外经发展有限公司	33 165
14	宁波宁兴国贸实业有限公司	32 516
15	广东省东莞轻工业品进出口有限公司	31 571
16	天津中联进出口贸易有限公司	29 184
17	东莞市环球工艺进出口贸易有限公司	28 952
18	东莞市金马经贸有限公司	28 297
19	东莞市溢源对外贸易有限公司	27 420
20	广州市番禺区番华金银珠宝工艺厂	26 952
21	东宁吉信工贸（集团）有限责任公司	26 002
22	无锡兴达泡塑新材料有限公司	25 050
23	广东省东莞纺织品进出口有限公司	24 828
24	上海富澜宇国际贸易有限公司	24 522
25	上海仁田进出口有限公司	24 321
26	东莞市海华五金矿产进出口有限公司	24 191
27	广东省东莞市东联进出口有限公司	23 247
28	绥芬河市东泰经贸有限责任公司	23 003
29	绥芬河市凯莱经贸有限责任公司	22 401
30	深圳市嘉来源进出口有限公司	22 371
31	深圳市海港城物流有限公司	22 302
32	浙江新世纪国际贸易有限公司	22 287
33	江门市新轻出进出口有限公司	21 117
34	安徽省华安进出口有限公司	20 302
35	广州金发科技股份有限公司	19 886
36	广东省东莞医药保健品进出口有限责任公司	19 495
37	广东省东莞畜产进出口有限公司	19 292
38	昌吉德鲁克经贸有限责任公司	18 597
39	东莞市同舟化工有限公司	18 393
40	江门市新会华贸发展有限公司	18 296
41	重庆力帆实业（集团）进出口有限公司	18 161

2005 年中国进出口额最大的 100 家民营企业名录（续）

金额单位：万美元

排名	公 司 名 称	出口
42	广州保税区新纪元物流有限公司	18 153
43	中山市中粮外贸发展有限公司	17 512
44	大连经济技术开发区汇远经贸有限责任公司	17 084
45	浙江华联三鑫石化有限公司	16 833
46	深圳市华富洋进出口有限公司	16 717
47	广东东凌集团有限公司	16 447
48	东莞市建筑材料进出口有限公司	16 170
49	满洲里盛源进出口贸易有限公司	15 959
50	二连浩特宏基贸易有限责任公司	15 938
51	广东省东莞五金矿产进出口有限公司	15 653
52	山东三维油脂集团股份有限公司	15 475
53	台州中基外贸有限公司	15 365
54	深圳市中汽南华汽车有限公司	15 054
55	博尔塔拉蒙古自治州阿拉山口国瑞	14 910
56	葫芦岛市兴达冶炼厂	14 476
57	四川省新立新进出口有限责任公司	14 332
58	广东德豪润达电气股份有限公司	14 329
59	江苏长电科技股份有限公司	14 058
60	厦门市中信隆进出口有限公司	14 048
61	伊犁德鲁克经贸有限责任公司	13 909
62	佛山市骏景实业有限公司	13 873
63	广州七喜电脑股份有限公司	13 859
64	上海海博鑫惠国际贸易有限公司	13 744
65	美的（中山）电风扇制造有限公司	13 707
66	深圳市易方数码科技有限公司	13 705
67	温州市五机化医外贸有限公司	13 673
68	东莞市广利食品进出口有限公司	13 488
69	苏州工业园区大田国际物流有限公司	13 462
70	绥芬河市林源经贸有限责任公司	12 754
71	珠海实友化工有限公司	12 735
72	江苏华西国际贸易有限公司	12 666
73	海宁蒙努集团有限公司	12 467
74	张家港保税区力凯化工仓储有限公司	12 330
75	大冶有色金属有限公司	12 308
76	山西大典商贸有限公司	12 286
77	福建三钢国贸有限公司	12 137
78	广州保税区玮骏国际贸易有限公司	11 946
79	东宁县诺信贸易有限责任公司	11 930
80	合肥汇智进出口贸易有限公司	11 697
81	新疆坤宇经贸有限公司	11 633
82	江阴市华宏化纤有限公司	11 598

2005年中国进出口额最大的100家民营企业名录（续）

金额单位：万美元

排名	公 司 名 称	出口
83	绥芬河市源丰经贸有限责任公司	11 585
84	新疆霍尔果斯对外经济贸易有限公司	11 326
85	深圳市信利康实业有限公司	11 098
86	东莞市天锐贸易有限公司	11 044
87	浙江万邦浆纸集团有限公司	11 030
88	深圳市同洲电子股份有限公司	11 001
89	深圳市宝创汽车贸易有限公司	10 930
90	绥芬河市宏隆经贸有限责任公司	10 872
91	宁波联合集团上海进出口有限公司	10 861
92	深圳市天元伟业实业发展有限公司	10 787
93	厦门市嘉晟对外贸易有限公司	10 739
94	福州福辉珠宝有限公司	10 730
95	深圳市同和工贸有限公司	10 730
96	唐山三友国际贸易有限公司	10 640
97	隆鑫集团进出口有限公司	10 526
98	广州市兴贸贸易有限公司	10 423
99	天津港保税区安邦国际贸易有限公司	10 361
100	浙江联化科技股份有限公司	10 279

2005年中国出口额最大的100家民营企业名录

金额单位：万美元

排名	公 司 名 称	出口
1	广东省东莞机械进出口有限公司	131 811
2	新疆野马经贸有限公司	78 310
3	东莞市百业进出口有限公司	62 808
4	绥芬河龙江商联进出口有限公司	57 351
5	黑龙江华宇工贸（集团）有限责任公司	31 490
6	东宁吉信工贸（集团）有限责任公司	25 388
7	广东省东莞丝绸进出口有限公司	24 886
8	广州番禺对外贸易有限公司	23 470
9	东莞市泽通贸易有限公司	23 412
10	绥芬河市东泰经贸有限责任公司	22 998
11	宁波宁兴国贸实业有限公司	22 642
12	绥芬河市凯莱经贸有限责任公司	22 401
13	浙江新世纪国际贸易有限公司	22 278
14	中山市中经进出口有限公司	21 628
15	江门市新轻出进出口有限公司	19 525
16	广东省东莞轻工业品进出口有限公司	19 449
17	昌吉德鲁克经贸有限责任公司	18 592
18	重庆力帆实业（集团）进出口有限公司	17 748
19	广东省东莞纺织品进出口有限公司	17 232

2005 年中国出口额最大的 100 家民营企业名录（续）

金额单位：万美元

排名	公司名称	出口
20	深圳市海港城物流有限公司	17 210
21	东莞市金马经贸有限公司	16 877
22	东莞市环球工艺进出口贸易有限公司	16 174
23	广东省东莞化工进出口有限公司	15 560
24	广东省东莞快宜外经发展有限公司	15 332
25	中山市中粮外贸发展有限公司	15 262
26	东莞市溢源对外贸易有限公司	15 044
27	博尔塔拉蒙古自治州阿拉山口国瑞	14 910
28	安徽省华安进出口有限公司	14 835
29	东莞市旗峰对外贸易有限公司	14 602
30	四川省新立新进出口有限责任公司	13 945
31	伊犁德鲁克经贸有限责任公司	13 909
32	广州市番禺区番华金银珠宝工艺厂	13 862
33	佛山市骏景实业有限公司	13 773
34	深圳市嘉来源进出口有限公司	13 394
35	温州市五机化医外贸有限公司	13 218
36	东莞市海华五金矿产进出口有限公司	12 860
37	厦门市中信隆进出口有限公司	12 690
38	绥芬河市林源经贸有限责任公司	12 049
39	广东德豪润达电气股份有限公司	11 995
40	东宁县诺信贸易有限责任公司	11 874
41	上海富澜宇国际贸易有限公司	11 831
42	绥芬河市源丰经贸有限责任公司	11 585
43	美的（中山）电风扇制造有限公司	11 433
44	葫芦岛市兴达冶炼厂	11 352
45	新疆霍尔果斯对外经济贸易有限公司	11 214
46	广东省东莞医药保健品进出口有限责任公司	11 148
47	海宁蒙努集团有限公司	10 908
48	绥芬河市宏隆经贸有限责任公司	10 872
49	宁波联合集团上海进出口有限公司	10 849
50	厦门市嘉晟对外贸易有限公司	10 546
51	东莞市建筑材料进出口有限公司	10 433
52	隆鑫集团进出口有限公司	10 424
53	江苏长电科技股份有限公司	10 172
54	广州市兴贸贸易有限公司	10 044
55	广东省东莞五金矿产进出口有限公司	9 822
56	新疆隆博工贸有限公司	9 778
57	广东省东莞畜产进出口有限公司	9 667
58	浙江万丰奥威汽轮股份有限公司	9 419
59	霍尔果斯兴边商贸有限公司	9 346
60	广东省东莞市东联进出口有限公司	9 302

2005 年中国出口额最大的 100 家民营企业名录（续）

金额单位：万美元

排名	公司名称	出口
61	云南南磷集团进出口有限公司	8 901
62	东莞市广利食品进出口有限公司	8 896
63	东宁县贸发贸易有限责任公司	8 746
64	浙江卓力电器集团有限公司	8 654
65	霍尔果斯荣达商贸有限公司	8 507
66	江苏华瑞国际实业集团有限公司	8 311
67	宁波前程进出口有限公司	8 269
68	厦门鑫东森集团有限公司	8 170
69	山西大典商贸有限公司	8 156
70	绥芬河市汽车运输有限责任公司	8 060
71	东宁县宏达经济贸易公司	7 985
72	佛山市顺德区祈顺丝绸进出口有限责任公司	7 736
73	博州中亚旅业对外贸易有限责任公司	7 719
74	上海中大康劲国际贸易有限公司	7 675
75	深圳市易方数码科技有限公司	7 633
76	江苏华西国际贸易有限公司	7 618
77	福州浩伦东方贸易有限公司	7 408
78	江苏舜天汉唐贸易有限公司	7 280
79	福建财茂纺织进出口有限公司	7 092
80	广东省惠州纺织品进出口有限公司	7 084
81	杭州余杭轻工进出口有限公司	7 060
82	石狮市龙整进出口贸易有限公司	6 958
83	云南机械进出口股份有限公司	6 915
84	天津市衡源商贸有限公司	6 874
85	温岭市进出口有限公司	6 831
86	烟台北方家用纺织品有限公司	6 826
87	福建省福维尔进出口有限公司	6 825
88	葫芦岛保利矿产有限公司	6 818
89	黑龙江省迅港经贸有限公司	6 748
90	新疆新德科技发展有限公司	6 746
91	伊犁奔腾经贸有限责任公司	6 691
92	江门市新会华贸发展有限公司	6 678
93	同江市利民经贸有限责任公司	6 604
94	常熟市大有进出口有限责任公司	6 567
95	江阴澄星国际贸易有限公司	6 408
96	福建超大畜牧业有限公司	6 376
97	抚远县信宇经贸有限责任公司	6 349
98	浙江联化科技股份有限公司	6 341
99	福建晋江华闽进出口有限公司	6 318
100	宁波利时进出口有限公司	6 303

2005 年中国对外经济贸易主要指标

金额单位：亿美元

指标	绝对值	同比%
一、对外贸易		
进出口	14 221.2	23.2
出口	7 620.0	28.4
进口	6 601.2	17.6
顺（逆）差	1 018.8	217.4
二、外商直接投资		
批准项目数（个）	44 001.0	0.8
合同外资金额	1 890.7	23.2
实际使用金额	603.3	-0.5
三、对外经济合作		
营业额	267.8	25.3
合同额	342.2	23.5
年末在外人数（万人）	56.5	4.8
四、境外投资*	69.2	25.8
五、进出口税收（亿元）		
海关税收	5 278.4	11.3
关税	1 066.6	2.2
进口环节税	4 211.7	13.8

* 非金融类投资，包括利润再投资预估数。

中国历年吸收外商直接投资统计

金额单位：亿美元

年度	项目数（个）	实际使用外资金额
总计	**552 960**	**6 345.06**
1979—1982	920	17.69
1983	638	9.16
1984	2 166	14.19
1985	3 073	19.56
1986	1 498	22.44
1987	2 233	23.14
1988	5 945	31.94
1989	5 779	33.93
1990	7 273	34.87
1991	12 978	43.66
1992	48 764	110.08
1993	83 437	275.15
1994	47 549	337.67
1995	37 011	375.21
1996	24 556	417.26
1997	21 001	452.57
1998	19 799	454.63
1999	16 918	403.19
2000	22 347	407.15
2001	26 140	468.78
2002	34 171	527.43
2003	41 081	535.05
2004	43 664	606.30
2005	44 019	724.06

2005年中国吸收外商直接投资分方式统计

金额单位：亿美元

方式	项目个数		实际使用外资金额	
	个数	比重（%）	金额	比重（%）
总计	**44 019**	**100.00**	**724.06**	**100.00**
中外合资企业	10 480	23.81	146.14	20.18
中外合作企业	1 166	2.65	18.31	2.53
外资企业	32 308	73.40	429.61	59.33
外商投资股份有限公司	47	0.11	9.18	1.27
合作开发				
其他	18	0.04	120.81	16.69

2005年中国吸收外商直接投资分产业统计

金额单位：亿美元

行业名称	项目数（个）	比重（%）	实际使用	比重（%）
总　计	**44 019**	**100.00**	**724.06**	**100.00**
第一产业	1 058	2.40	7.18	0.99
第二产业	30 027	68.21	446.92	61.72
第三产业	12 934	29.38	269.95	37.28

2005年中国吸收外商直接投资分行业统计

金额单位：亿美元

行业名称	项目数（个）	比重（%）	实际使用	比重（%）
总　计	**44 019**	**100.00**	**724.06**	**100.00**
农、林、牧、渔业	1 058	2.40	7.18	0.99
采矿业	252	0.57	3.55	0.49
制造业	28 928	65.72	424.53	58.63
电力、燃气及水的生产和供应业	390	0.89	13.94	1.93
建筑业	457	1.04	4.90	0.68
交通运输、仓储和邮政业	734	1.67	18.12	2.50
信息传输、计算机服务和软件业	1 493	3.39	10.15	1.40
批发和零售业	2 602	5.91	10.39	1.43
住宿和餐饮业	1 207	2.74	5.60	0.77
金融业	58	0.13	123.01	16.99
房地产业	2 120	4.82	54.18	7.48
租赁和商务服务业	2 981	6.77	37.45	5.17
科学研究、技术服务和地质勘查业	926	2.10	3.40	0.47
水利、环境和公共设施管理业	139	0.32	1.39	0.19
居民服务和其他服务业	329	0.75	2.60	0.36
教育	51	0.12	0.18	0.02
卫生、社会保障和社会福利业	22	0.05	0.39	0.05
文化、体育和娱乐业	272	0.62	3.05	0.42
公共管理和社会组织			0.04	0.01

2005 年中国吸收外商直接投资分国家（地区）统计

金额单位：万美元

国别/地区	项目数（个）	增幅（%）	比重（%）	实际使用外资金额	增幅（%）	比重（%）
总　计	**44 019**	**0.81**	**100.00**	**7 240 569**	**19.42**	**100.00**
亚洲十国/地区	30 882	0.69	70.16	3 533 634	-5.19	48.80
香港	14 831	0.76	33.69	1 794 879	-5.52	24.79
印度尼西亚	128	4.92	0.29	8 676	-16.99	0.12
日本	3 269	-5.36	7.43	652 977	19.78	9.02
澳门	707	-1.12	1.61	60 046	9.9	0.83
马来西亚	371	5.4	0.84	36 139	-6.14	0.50
菲律宾	190	-21.16	0.43	18 890	-19.01	0.26
新加坡	1 217	-4.85	2.76	220 432	9.77	3.04
韩国	6 115	8.71	13.89	516 834	-17.28	7.14
泰国	147	-9.26	0.33	9 590	-46.33	0.13
台湾省	3 907	-2.37	8.88	215 171	-30.98	2.97
欧盟	2 846	17.46	6.47	519 378	22.52	7.17
比利时	68	54.55	0.15	5 384	-34.41	0.07
丹麦	65	44.44	0.15	10 043	52.84	0.14
英国	553	13.32	1.26	96 475	21.69	1.33
德国	650	6.91	1.48	153 004	44.55	2.11
法国	342	18.34	0.78	61 506	-6.35	0.85
爱尔兰	17	-19.05	0.04	973	113.38	0.01
意大利	481	34.36	1.09	32 201	14.67	0.44
卢森堡	36	89.47	0.08	14 200	393.4	0.20
荷兰	234	17.59	0.53	104 358	28.75	1.44
希腊	8	166.67	0.02	184	-93.47	0.00
葡萄牙	20	17.65	0.05	413	-87.57	0.01
西班牙	172	10.97	0.39	19 690	30.61	0.27
奥地利	78	-6.02	0.18	7 630	-21.83	0.11
芬兰	42	75	0.10	2 172	-22.46	0.03
瑞典	80	14.29	0.18	11 145	-7.66	0.15
北美洲	4 705	-4.37	10.69	351 536	-22.82	4.86
加拿大	964	-3.12	2.19	45 413	-26.02	0.63
美国	3 741	-4.69	8.50	306 123	-22.32	4.23
部分自由港	3 557	-3.21	8.08	1 232 108	24.43	17.02
开曼群岛	262	7.38	0.60	194 754	-4.65	2.69
英属维尔京群岛	2 493	-5.6	5.66	902 167	34.05	12.46
萨摩亚	802	1.52	1.82	135 187	19.76	1.87
其他	3 120	5.33	7.09	1 603 913	243.95	22.15

截至2005年中国吸收外商直接投资分方式统计

金额单位：亿美元

方　式	项目个数		实际使用外资金额	
	个　数	比　重（%）	金　额	比　重（%）
总　计	**552 960**	**100.00**	**6 345.06**	**100.00**
中外合资企业	260 417	47.10	2 370.27	37.36
中外合作企业	57 021	10.31	915.63	14.43
外资企业	235 124	42.52	2 821.83	44.47
外商投资股份有限公司	157	0.03	32.47	0.51
合作开发	191	0.03	75.07	1.18
其他	50	0.01	129.79	2.05

截至2005年中国吸收外商直接投资分产业统计

金额单位：亿美元

行业名称	项目数（个）	比 重（%）	合同外资	比 重（%）
总　计	**552 960**	**100.00**	**12 856.73**	**100.00**
第一产业	15 521	2.81	251.44	1.96
第二产业	411 728	74.46	8 830.73	68.69
第三产业	125 711	22.73	3 774.56	29.36

截至2005年中国吸收外商直接投资分行业统计

金额单位：亿美元

行业名称	项目数（个）	比 重（%）	合同外资	比 重（%）
总　计	**552 960**	**100.00**	**12 856.73**	**100.00**
农、林、牧、渔业	15 521	2.81	251.44	1.96
采矿业	1 055	0.19	38.53	0.30
制造业	398 266	72.03	8 374.91	65.14
电力、燃气及水的生产和供应业	1 499	0.27	131.45	1.02
建筑业	10 908	1.97	285.84	2.22
交通运输、仓储和邮政业	6 607	1.19	314.10	2.44
信息传输、计算机服务和软件业	3 115	0.56	65.33	0.51
批发和零售业	27 867	5.04	356.86	2.78
住宿和餐饮业	2 381	0.43	49.06	0.38
金融业	149	0.02	19.92	0.15
房地产业	44 828	8.11	2 137.85	16.63
租赁和商务服务业	21 080	3.81	454.93	3.54
科学研究、技术服务和地质勘查业	5 083	0.92	69.21	0.54
水利、环境和公共设施管理业	303	0.05	17.43	0.14
居民服务和其他服务业	10 913	1.97	182.28	1.42
教育	1 592	0.29	29.18	0.23
卫生、社会保障和社会福利业	1 247	0.23	57.45	0.45
文化、体育和娱乐业	544	0.10	20.82	0.16
公共管理和社会组织	2		0.14	

截至2005年中国吸收外商直接投资分国家（地区）统计

金额单位：亿美元

国别/地区	项目数（个）	比重（%）	实际使用外资金额	比重（%）
总　计	**552 960**	**100.00**	**6 345.06**	**100.00**
亚洲十国/地区	431 342	78.01	4 300.21	67.77
香　港	254 059	45.95	2 595.22	41.7
印　尼	1 329	0.24	14.60	0.23
日　本	35 124	6.35	533.75	8.58
澳　门	9 829	1.78	63.37	1.02
马来西亚	3 611	0.65	38.33	0.62
菲律宾	2 376	0.43	20.67	0.33
新加坡	14 367	2.6	277.44	4.46
韩　国	38 868	7.03	311.04	5
泰　国	3 684	0.67	28.23	0.45
台湾省	68 095	12.32	417.57	6.71
欧盟	21 427	3.87	473.05	7.46
比利时	582	0.11	8.08	0.13
丹　麦	377	0.07	6.86	0.11
英　国	4 897	0.89	131.96	2.12
德　国	4 762	0.86	114.39	1.84
法　国	2 933	0.53	74.19	1.19
爱尔兰	99	0.02	0.59	0.01
意大利	2 976	0.54	31.48	0.51
卢森堡	151	0.03	4.53	0.07
荷　兰	1 687	0.31	69.18	1.11
希　腊	58	0.01	0.60	0.01
葡萄牙	117	0.02	1.10	0.02
西班牙	1 082	0.2	7.94	0.13
奥地利	734	0.13	6.17	0.1
芬　兰	247	0.04	4.35	0.07
瑞　典	725	0.13	11.63	0.19
北美洲	57 906	10.47	560.79	8.84
加拿大	8 900	1.61	49.89	0.8
美　国	49 006	8.86	510.90	8.21
部分自由港	18 897	3.42	603.61	9.51
开曼群岛	1 429	0.26	86.59	1.39
英属维尔京群岛	14 011	2.53	459.17	7.38
萨摩亚	3 457	0.63	57.85	0.93

中国实际使用外资金额占全社会固定资产投资比重统计（1992—2005 年）

年度	全社会固定资产投资		实际使用外资金额（亿美元）	占固定资产投资比重（%）
	（亿元人民币）	（折合亿美元）		
1992	8 080.10	1 465.22	110.08	7.51
1993	13 072.30	2 268.71	275.15	12.13
1994	17 042.30	1 977.34	337.67	17.08
1995	20 019.30	2 397.23	375.21	15.65
1996	22 974.00	2 763.22	417.26	15.10
1997	25 300.00	3 059.97	452.57	14.79
1998	28 457	3 437.29	454.62	13.23
1999	29 876.0	3 608	403.18	11.17
2000	32 619.0	3 944.26	407.15	10.32
2001	36 898.0	4 458.11	468.46	10.51
2002	43 202.0	5 223.94	527.43	10.10
2003	55 118.0	6 664.81	535.05	8.03
2004	70 073.0	8 466.2	606.30	7.16
2005	88 604.0	10 816.31	724.06	6.69

中国外商投资企业工业产值占全国工业总产值比重统计（1990—2005 年）

金额单位：亿元人民币

年度	全国工业总产值	外商投资企业工业产值	所占比重（%）
1990	19 701.04	448.95	2.28
1991	23 135.56	1 223.32	5.29
1992	29 149.25	2 065.59	7.09
1993	40 513.68	3 704.35	9.15
1994	76 867.25	8 649.39	11.26
1995	91 963.28	13 154.16	14.31
1996	99 595.55	15 077.53	15.14
1997	56 149.70	10 427.00	18.57
1998	58 195.23	14 162.00	24.00
1999	63 775.24	17 696.00	27.75
2000	73 964.94	23 145.59	22.51
2001	94 751.78	26 515.66	28.05
2002	101 198.73	33 771.09	33.37
2003	128 306.14	46 019.55	35.87
2004	187 220.66	58 847.08	31.43
2005	249 625.00	78 399.40	31.41

中国以外商投资税收为主的涉外税收统计（1992—2005年）
（不包括关税和土地费）

金额单位：亿元人民币

年度	全国工商税收总额	增幅（%）	其中：涉外税收总额	增幅（%）	占全国（%）
1992	2 876.10	—	122.26	—	4.25
1993	3 970.52	38.05	226.56	85.31	5.71
1994	4 728.74	19.10	402.64	77.72	8.51
1995	5 515.51	16.64	604.46	50.12	10.96
1996	6 436.02	16.69	764.06	26.40	11.87
1997	7 548.00	17.31	993.00	29.97	13.16
1998	8 551.74	13.30	1 230.00	25.94	14.38
1999	10 311.89	13.40	1 648.86	33.78	15.99
2000	12 665.00	12.66	2 217.00	35.45	17.50
2001	15 165.00	19.74	2 883.00	30.04	19.01
2002	17 004.00	12.13	3 487.00	20.95	20.52
2003	20 461.60	20.34	4 268.00	22.81	20.86
2004	25 723.00	25.70	5 355.00	25.44	20.81
2005	30 867.03	20.00	6 391.34	19.35	20.71

注：来源于外商投资企业的税收占涉外税收的98%以上。

中国外商投资企业进出口商品总值统计（1986—2005年）

金额单位：亿美元

年度	进出口			进　口			出　口		
	全　国	外商投资企业	比重（%）	全　国	外商投资企业	比重（%）	全　国	外商投资企业	比重（%）
1986	738.46	29.85	4.04	429.04	24.03	5.60	309.42	5.82	1.88
1987	826.53	45.84	5.55	432.16	33.74	7.81	394.37	12.10	3.07
1988	1 027.84	83.43	8.12	552.68	58.82	10.64	475.16	24.61	5.18
1989	1 116.78	137.10	12.28	591.40	87.96	14.87	525.38	49.14	9.35
1990	1 154.36	201.15	17.43	533.45	123.02	23.06	620.91	78.13	12.58
1991	1 357.01	289.55	21.34	637.91	169.08	26.51	719.10	120.47	16.75
1992	1 655.25	437.47	26.43	805.85	263.87	32.74	849.40	173.60	20.44
1993	1 957.03	670.70	34.27	1 039.59	418.33	40.24	917.44	252.37	27.51
1994	2 366.21	876.47	37.04	1 156.15	529.34	45.78	1 210.06	347.13	28.69
1995	2 808.48	1 098.19	39.10	1 320.78	629.43	47.66	1 487.70	468.76	31.51
1996	2 899.04	1 371.10	47.29	1 388.38	756.04	54.45	1 510.66	615.06	40.71
1997	3 250.60	1 526.20	46.95	1 423.60	777.20	54.59	1 827.00	749.00	41.00
1998	3 239.23	1 576.79	48.68	1 401.66	767.17	54.73	1 837.57	809.62	44.06
1999	3 606.49	1 745.12	48.39	1 657.18	858.84	51.83	1 949.31	886.28	45.47
2000	4 743.09	2 367.14	49.91	2 250.97	1 172.73	52.10	2 492.12	1 194.41	47.93
2001	5 097.68	2 590.98	50.83	2 436.13	1 258.63	51.67	2661.55	1 332.35	50.06
2002	6 207.85	3302.23	53.19	2 952.16	1 602.86	54.29	3 255.69	1 699.37	52.20
2003	8 512.10	4 722.55	55.48	4 128.36	2 319.14	56.18	4 383.74	2 403.41	54.83
2004	11 547.93	6 631.63	57.43	5 614.24	3 245.57	57.81	5 933.69	3 386.06	57.06
2005	14 221.17	8 317.26	58.49	6 601.19	3 857.16	57.81	7 619.99	4 442.10	58.30

2005年中国出口额最大的100家外商投资企业名录

序号	企业名称	出口金额（亿美元）
1	鸿富锦精密工业（深圳）有限公司	144.74
2	摩托罗拉（中国）电子有限公司	64.51
3	名硕电脑（苏州）有限公司	62.12
4	达丰（上海）电脑有限公司	40.39
5	三星电子（苏州）半导体有限公司	35.38
6	北京诺基亚移动通信有限公司	35.03
7	达功（上海）电脑有限公司	33.63
8	达业（上海）电脑科技有限公司	32.38
9	长城国际信息产品（深圳）福保公司	30.28
10	昆山广志电子有限公司	27.97
11	英业达集团（上海）电子技术有限	27.13
12	英特尔产品（上海）有限公司	24.90
13	戴尔计算机（中国）有限公司	24.34
14	仁宝资讯工业（昆山）有限公司	23.76
15	中海石油（中国）有限公司	23.68
16	明基电通信息技术有限公司	23.63
17	福建捷联电子有限公司	23.36
18	北京爱立信移动通信有限公司	23.02
19	希捷国际科技（无锡）有限公司	19.48
20	友达光电（苏州）有限公司	18.31
21	乐金电子（惠州）有限公司	18.03
22	伟创力实业（珠海）有限公司	15.85
23	顺德市顺达电脑厂有限公司	15.64
24	群康科技（深圳）有限公司	15.32
25	苏州三星电子液晶显示器有限公司	14.68
26	无锡夏普电子元器件有限公司	14.58
27	大连西太平洋石油化工有限公司	14.20
28	杭州摩托罗拉移动通信设备有限公司	13.11
29	东芝信息机器（杭州）有限公司	12.91
30	建兴光电科技（广州）有限公司	12.87
31	乐金飞利浦液晶显示（南京）有限公司	12.16
32	超微半导体（苏州）有限公司	11.89
33	天津三星通信技术有限公司	11.78
34	联建（苏州）科技有限公司	11.71
35	恩斯迈电子（深圳）有限公司	11.22
36	苏州飞利浦消费电子有限公司	11.10
37	深圳富泰宏精密工业有限公司	10.49
38	协冠科技（深圳）有限公司	10.10
39	上海振华港口机械股份有限公司	9.84
40	佳能珠海有限公司	9.79
41	乐金电子（天津）电器有限公司	9.59

2005年中国出口额最大的100家外商投资企业名录（续）

序号	企 业 名 称	出口金额（亿美元）
42	中芯国际集成电路制造（上海）有限公司	9.47
43	佛山普立华照相机有限公司	9.22
44	爱普生技术（深圳）有限公司	9.20
45	苏州三星电子电脑有限公司	8.85
46	纬新资通（昆山）有限公司	8.49
47	迈拓科技（苏州）有限公司	8.45
48	伟创力科技（珠海）有限公司	8.39
49	深圳赛意法微电子有限公司	8.25
50	上海西门子移动通信有限公司	8.17
51	达福（上海）电脑科技有限公司	8.14
52	宏基电脑（中山）有限公司	8.13
53	鑫茂科技（深圳）有限公司	8.00
54	南京LG同创彩色显示系统有限责任	7.98
55	深圳施乐高科技有限公司	7.96
56	惠州三星电子有限公司	7.91
57	山东三星通信设备有限公司	7.84
58	佳能（中山）办公设备有限公司	7.80
59	飞思卡尔半导体（中国）有限公司	7.64
60	亚旭电子科技（江苏）有限公司	7.44
61	浪潮乐金数字移动通信有限公司	7.44
62	志合电脑（苏州工业园区）有限公司	7.36
63	深圳开发科技股份有限公司	7.36
64	仁宝电脑工业（中国）有限公司	7.30
65	上海近铁物流有限公司	7.13
66	苏州三星电子有限公司	7.01
67	纬智资通（昆山）有限公司	6.95
68	纬创资通（昆山）有限公司	6.84
69	日立显示器件（苏州）有限公司	6.82
70	佳能（苏州）有限公司	6.81
71	捷普电子（广州）有限公司	6.79
72	华宇电脑（江苏）有限公司	6.78
73	TCL王牌电器（惠州）有限公司	6.74
74	广东核电合营有限公司	6.70
75	东莞三星视界有限公司	6.58
76	旭丽电子（广州）有限公司	6.50
77	英顺达科技有限公司	41.99
78	天津三星电子显示器有限公司	6.29
79	日通国际物流（深圳）有限公司	6.22
80	苏州爱普生有限公司	6.15
81	大同电子科技（江苏）有限公司	6.02
82	伟创力电脑（珠海）有限公司	5.98

2004—2005 年度中国最大 500 家外商投资企业名录（续）

排名	企　业　名　称	销售额（万元人民币）
306	太平船务（中国）有限公司	290 836
307	奥林巴斯（广州）工业有限公司	289 814.189
308	中外运-敦豪国际航空快件有限公司	288 539.38
309	佳能物流（珠海保税区）有限公司	288 316
310	佳电国际贸易（上海）有限公司	288 198
311	河南豫港龙泉铝业有限公司	287 853.25
312	金大元（上海）有限公司	287 573
313	青岛啤酒股份有限公司	286 501.16
314	富士通将军（上海）有限公司	286 348.7692
315	东莞科泰电子有限公司	285 739.46
316	郑州日产汽车有限公司	284 985.4
317	唐山建龙简舟钢铁有限公司	284 784.31
318	武汉 NEC 移动通信有限公司	284 218
319	上海夏普电器有限公司	284 214.4571
320	南京扬子伊士曼化工有限公司	281 082
321	乐金电子（沈阳）有限公司	280 462
322	达研（上海）光电有限公司	280 445
323	大连东芝电视有限公司	280 039
324	英迈国际贸易（上海）有限公司	279 304
325	长城汽车股份有限公司	276 521
326	厦门 TDK 有限公司	276 493.9
327	沈阳兴远东汽车零部件有限公司	276 454
328	日本电产（大连）有限公司	276 408
329	丹沙中福货运代理有限公司	275 641
330	锦海捷亚国际货运有限公司	274 325
331	远纺工业（上海）有限公司	272 636
332	广东美的制冷设备有限公司	272 326
333	东芝复印机（深圳）有限公司	271 890.25
334	广深珠高速公路有限公司	271 810
335	广东电力发展股份有限公司	270 747
336	艾默生网络能源有限公司	270 660.41
337	高创（苏州）电子有限公司	270 656.57
338	统宝光电（南京）有限公司	270 605
339	成都神钢工程机械（集团）有限公司	268 019
340	上海华虹 NEC 电子有限公司	267 844
341	广州日立电梯有限公司	267 466.497
342	罗姆电子大连有限公司	265 818
343	金纸源贸易（上海）有限公司	265 705
344	松下·万宝（广州）压缩机有限公司	265 389.86
345	泽康科技（吴江）有限公司	264 685.22
346	威讯联合半导体（北京）有限公司	264 568

2004—2005 年度中国最大 500 家外商投资企业名录（续）

排名	企　业　名　称	销售额（万元人民币）
347	世成电子（深圳）有限公司	264 496.65
348	小松山推工程机械有限公司	264 111.12
349	耐克（苏州）体育用品有限公司	263 106
350	东莞广通事务机有限公司	262 887.18
351	美资旭电（深圳）科技有限公司	262 579.01
352	信泰光学（深圳）有限公司	262 563.87
353	金光食品（宁波）有限公司	260 660.78
354	长远（上海）国际贸易有限公司	260 658
355	联想（上海）有限公司	260 326
356	秦皇岛首钢板材有限公司	260 303.35
357	五羊－本田摩托（广州）有限公司	260 118.419
358	ABB（中国）有限公司	259 538.16
359	厦门金龙旅行车有限公司	258 840
360	内蒙古鄂尔多斯羊绒制品股份有限公司	257 315
361	内蒙古伊泰煤炭股份有限公司	256 889
362	伟创力科技（深圳）有限公司	256 819.72
363	江苏利港电力有限公司	256 692.99
364	天津乐金大沽化学有限公司	255 472
365	张家港联合铜业有限公司	254 972.71
366	卡特彼勒（徐州）有限公司	254 611
367	宁波中华纸业有限公司	254 225
368	河北普阳钢铁有限公司	252 928
369	中国惠普有限公司	252 737.3
370	四海电子（昆山）有限公司	252 393
371	可口可乐（中国）饮料有限公司	252 213
372	上海大金空调有限公司	251 255
373	贝朗医疗（上海）国际贸易有限公司	250 439
374	恩倍福显示器（东莞）有限公司	248 965.21
375	北京·JVC 电子产业有限公司	248 557
376	台一江铜（广州）有限公司	248 209.97
377	深圳国威电子有限公司	246 556.38
378	延锋伟世通汽车饰件系统有限公司	246 246
379	金宝电子（中国）有限公司	246 207
380	东风客车底盘有限公司	245 692.2
381	北京艾科泰电子有限公司	245 527
382	联想移动通信科技有限公司	245 455
383	湖南湘钢华光线材有限公司	244 900
384	广州广船国际股份有限公司	243 347.72
385	东芝电子（上海）有限公司	242 032.67
386	江苏恒力化纤有限公司	241 569.99
387	佛山市顺德区格兰仕家用电器有限公司	241 070.4

2004—2005 年度中国最大 500 家外商投资企业名录（续）

排名	企 业 名 称	销售额（万元人民币）
388	宏普国际发展（上海）有限公司	240 993
389	日立建机（上海）有限公司	239 427.29
390	中粮国际（北京）有限公司	238 668
391	东莞华强三洋电子有限公司	238 369
392	双城雀巢有限公司	238 254
393	苏州新锐电子工业有限公司	237 723
394	日照钢铁有限公司	237 166
395	伟创力电子科技（上海）有限公司	237 100
396	佛山市顺德区新宝电器有限公司	235 933
397	卡特彼勒（中国）投资有限公司	235 795.23
398	瓯尚盈特诺（上海）国际贸易有限公司	235 761.85
399	四川丰田汽车有限公司	235 664
400	北海粮油工业（天津）有限公司	234 808.53
401	华龙日清食品有限公司	233 974.49
402	松下电器机电（天津）有限公司	232 211.7
403	厦门正新橡胶工业有限公司	230 686.1
404	中国天津奥的斯电梯有限公司	230 457
405	深圳妈湾电力有限公司	230 307
406	南京依维柯汽车有限公司	228 749.14
407	柯达（上海）国际贸易有限公司	228 503
408	南通宝钢新日制钢有限公司	228 229.9
409	上海陆家嘴金融贸易区开发股份有限公司	227 901.05
410	东莞沙田丽海纺织印染有限公司	227 822.18
411	信利半导体有限公司	227 793
412	高效电子（东莞）有限公司	227 530.91
413	无锡市雪丰钢铁有限公司	227 496
414	大金（中国）投资有限公司	227 260
415	黄海粮油工业（山东）有限公司	226 996
416	招远利奥橡胶制品有限公司	226 906.5
417	张家港永新钢铁有限公司	226 009.59
418	浙江美可达摩托车有限公司	225 636
419	上海新格有色金属有限公司	225 420
420	百得（苏州）科技有限公司	224 886
421	唐山港陆钢铁有限公司	224 413.54
422	南京夏普电子有限公司	224 253
423	山东航空股份有限公司	222 936
424	广东美芝制冷设备有限公司	222 923.83
425	金杯通用汽车有限公司	222 808
426	厦门 ABB 开关有限公司	222 636.88
427	中山嘉华电子（集团）有限公司	222 166
428	上海汽轮机有限公司	221 859

2004—2005 年度中国最大 500 家外商投资企业名录（续）

排名	企业名称	销售额（万元人民币）
429	TCL 王牌电器（呼和浩特）有限公司	221 562
430	武汉锅炉股份有限公司	221 463
431	加德士海洋燃气能源有限公司	221 420
432	德尔福派克电气系统有限公司	221 180
433	河北文丰钢铁有限公司	220 966
434	珠海碧辟液化石油气有限公司	220 902
435	广州市佳杰旭电科技有限公司	220 405
436	夏普电子（上海）有限公司	218 916
437	天津太平（集团）有限公司	218 388
438	天合富奥汽车安全系统（长春）有限公司	218 291
439	记忆科技（深圳）有限公司	216 012. 26
440	广州珠江啤酒股份有限公司	215 924. 8
441	上海旭电子玻璃有限公司	215 705. 24
442	杭州华为三康技术有限公司	215 157
443	箭牌口香糖有限公司	215 151. 27
444	上海美蓓亚精密机电有限公司	214 334
445	东莞华新电线电缆有限公司	214 158. 65
446	英特尔贸易（上海）有限公司	213 665. 26
447	天津丰田汽车发动机有限公司	212 511
448	上海神州数码有限公司	211 229
449	上海国际商业机器工程技术有限公司	210 782
450	福建万丰鞋业有限公司	210 100. 97
451	中国－阿拉伯化肥有限公司	210 094
452	江苏常熟发电有限公司	209 326
453	天津三星电机有限公司	208 965
454	佳杰科技（上海）有限公司	208 716
455	金华盛纸业（苏州工业园区）有限公司	208 714. 96
456	惠州市 TCL 电脑科技有限责任公司	208 040
457	国美电器有限公司	207 826. 53
458	奥林巴斯（深圳）工业有限公司	207 523. 74
459	上海茉织华股份有限公司	207 288
460	沈阳航天三菱发动机制造有限公司	207 033
461	丰田通商（天津）有限公司	206 992
462	昆达电脑科技（昆山）有限公司	206 736
463	扬子巴斯夫苯乙烯系列有限公司	206 386. 01
464	合肥日立挖掘机有限公司	205 797
465	兄弟工业（深圳）有限公司	205 652. 73
466	常州邦益钢铁有限公司	205 037. 8
467	新会中集集装箱有限公司	204 191. 09
468	江阴泰富兴澄特种材料有限公司	204 145
469	东风本田汽车有限公司	203 212. 56

2004—2005 年度中国最大 500 家外商投资企业名录（续）

排名	企　业　名　称	销售额（万元人民币）
470	广东顺安达太平货柜有限公司	202 261
471	广州高露洁棕榄有限公司	202 038.14
472	苏州富士胶片映像机器有限公司	201 384
473	佳能（中国）有限公司	201 331.11
474	宁波申洲针织有限公司	201 154
475	佛山市顺德区汉达精密电子科技有限公司	199 677
476	TCL 移动通信（呼和浩特）有限公司	199 378
477	广东科龙冰箱有限公司	199 315
478	国碁电子（中山）有限公司	199 302.77
479	青岛海信空调有限公司	199 042.35
480	青岛嘉里植物油有限公司	198 949.12
481	北京北辰实业股份有限公司	198 557
482	宁波维科精华集团股份有限公司	198 412.7
483	上海虹日国际电子有限公司	197 880
484	上海松下等离子显示器有限公司	196 791
485	安徽淮南平圩发电有限公司	196 531
486	广州百佳超级市场有限公司	196 405.75
487	兖州天章纸业有限公司	195 427.62
488	广东溢达纺织有限公司	195 402.19
489	正新橡胶（中国）有限公司	195 195.89
490	埃克森美孚（中国）投资有限公司	195 146
491	上海伊藤忠商事有限公司	194 852
492	星宝电子科技（昆山）有限公司	194 469.29
493	福建莆田佳通轮胎有限公司	193 914
494	航卫通用电气医疗系统有限公司	193 185
495	佳能精技（苏州）办公设备有限公司	193 076.95
496	名硕电脑（苏州）有限公司	192 479
497	普丽科技（佛山）有限公司	192 378.43
498	中达电子（江苏）有限公司	192 098.57
499	湖南三一泵送机械有限公司	191 387.8
500	凯博电脑（昆山）有限公司	191 379

2005 年经商务部核准和备案的中国对外直接投资情况（分国家和地区）

金额单位：万美元

国家（地区）	中方投资额
合计	**695 326.9241**
港澳小计	**145 923.596**
香港	143 951.641
澳门	1 971.955
亚洲小计	**71 301.386**
朝鲜	1 437.22
韩国	1 290.25
日本	1 245.817
蒙古	28 423
越南	5 522.05
老挝	4 699.2
柬埔寨	6 056.98
缅甸	100.4
泰国	7 216.5
马来西亚	1 585.392
新加坡	2 059
印度尼西亚	3 042.927
菲律宾	162.95
尼泊尔	121.5
巴基斯坦	367.33
印度	2 311.85
孟加拉国	250.5
斯里兰卡	1 514
伊朗	441.2
土耳其	35
沙特阿拉伯	335
卡塔尔	7.98
阿联酋	1 631.83
阿曼	81
叙利亚	3
约旦	479.51
以色列	880
欧洲小计	**73 400.7989**
俄罗斯	31 999.71
乌克兰	73
乌兹别克斯坦	244.45
哈萨克斯坦	4 105.3823
吉尔吉斯斯坦	8 685.42
塔吉克斯坦	431.5
英国	2 131.38
爱尔兰	30

2005 年经商务部核准和备案的中国对外直接投资情况（分国家和地区）（续）

金额单位：万美元

国家（地区）	中方投资额
法国	5 880. 62
德国	8 057. 329
荷兰	1 481. 89
比利时	6. 5
西班牙	246. 64
意大利	2 126. 8576
马耳他	1
丹麦	337. 59
瑞典	21. 93
波兰	6 788
捷克	10. 1
保加利亚	85
匈牙利	656. 5
非洲小计	**34 561. 6215**
埃及	1 374. 5
利比亚	114. 57
阿尔及利亚	560. 57
摩洛哥	190
苏丹	20 843. 79
埃塞俄比亚	140. 86
肯尼亚	20
厄立特里亚	104. 17
坦桑尼亚	346
乌干达	36
赞比亚	792. 46
莫桑比克	150
毛里求斯	344
刚果（金）	155
刚果（布）	154. 8
乍得	600
冈比亚	20
几内亚	66
塞拉利昂	814. 5
加纳	81
贝宁	50
尼日利亚	1 903. 8
赤道几内亚	1. 2
加蓬	1 518
佛得角	85
南非	1 940. 39
纳米比亚	143. 0615

2005 年经商务部核准和备案的中国对外直接投资情况（分国家和地区）（续）

金额单位：万美元

国家（地区）	中方投资额
津巴布韦	290
安哥拉	1 319. 1
博茨瓦纳	402. 85
美、加小计	**26 628. 18**
美国	21 519. 03
加拿大	5 109. 15
拉美小计	**335 084. 065**
巴西	1 642. 75
阿根廷	50
智利	318
秘鲁	25. 3
委内瑞拉	2 403. 02
厄瓜多尔	6 924. 9
玻利维亚	1 463
墨西哥	645. 015
百慕大	33 000
开曼群岛	160 633. 48
巴拿马	10
英属维尔京群岛	127 968. 6
大洋洲小计	**8 427. 2767**
澳大利亚	3 781. 74
新西兰	594. 5367
巴布亚新几内亚	2 000
斐济	2 035
帕劳	16

2005 年中国对外承包工程、劳务合作和设计咨询业务分国家（地区）总值

金额单位：万美元

国别（地区）	新签合同份数	新签合同额	完成营业额
合　计	**73 567**	**3 421 556**	**2 677 605**
亚　洲	**9 203**	**1 857 090**	**1 207 058**
阿富汗	9	2 867	5 568
巴林	1	38	7
孟加拉国	71	38 802	61 397
不丹	1	14	14
文莱	13	1 473	982
缅甸	88	50 508	28 976
柬埔寨	129	38 105	13 401
塞浦路斯	6	36	317
朝鲜	6	4 343	3 156

2005 年经商务部核准和备案的中国对外直接投资情况（分国家和地区）

金额单位：万美元

国家（地区）	中方投资额
合计	**695 326. 9241**
港澳小计	**145 923. 596**
香港	143 951. 641
澳门	1 971. 955
亚洲小计	**71 301. 386**
朝鲜	1 437. 22
韩国	1 290. 25
日本	1 245. 817
蒙古	28 423
越南	5 522. 05
老挝	4 699. 2
柬埔寨	6 056. 98
缅甸	100. 4
泰国	7 216. 5
马来西亚	1 585. 392
新加坡	2 059
印度尼西亚	3 042. 927
菲律宾	162. 95
尼泊尔	121. 5
巴基斯坦	367. 33
印度	2 311. 85
孟加拉国	250. 5
斯里兰卡	1 514
伊朗	441. 2
土耳其	35
沙特阿拉伯	335
卡塔尔	7. 98
阿联酋	1 631. 83
阿曼	81
叙利亚	3
约旦	479. 51
以色列	880
欧洲小计	**73 400. 7989**
俄罗斯	31 999. 71
乌克兰	73
乌兹别克斯坦	244. 45
哈萨克斯坦	4 105. 3823
吉尔吉斯斯坦	8 685. 42
塔吉克斯坦	431. 5
英国	2 131. 38
爱尔兰	30

2005 年经商务部核准和备案的中国对外直接投资情况（分国家和地区）（续）

金额单位：万美元

国家（地区）	中方投资额
法国	5 880.62
德国	8 057.329
荷兰	1 481.89
比利时	6.5
西班牙	246.64
意大利	2 126.8576
马耳他	1
丹麦	337.59
瑞典	21.93
波兰	6 788
捷克	10.1
保加利亚	85
匈牙利	656.5
非洲小计	**34 561.6215**
埃及	1 374.5
利比亚	114.57
阿尔及利亚	560.57
摩洛哥	190
苏丹	20 843.79
埃塞俄比亚	140.86
肯尼亚	20
厄立特里亚	104.17
坦桑尼亚	346
乌干达	36
赞比亚	792.46
莫桑比克	150
毛里求斯	344
刚果（金）	155
刚果（布）	154.8
乍得	600
冈比亚	20
几内亚	66
塞拉利昂	814.5
加纳	81
贝宁	50
尼日利亚	1 903.8
赤道几内亚	1.2
加蓬	1 518
佛得角	85
南非	1 940.39
纳米比亚	143.0615

2005年经商务部核准和备案的中国对外直接投资情况（分国家和地区）（续）

金额单位：万美元

国家（地区）	中方投资额
津巴布韦	290
安哥拉	1 319.1
博茨瓦纳	402.85
美、加小计	**26 628.18**
美国	21 519.03
加拿大	5 109.15
拉美小计	**335 084.065**
巴西	1 642.75
阿根廷	50
智利	318
秘鲁	25.3
委内瑞拉	2 403.02
厄瓜多尔	6 924.9
玻利维亚	1 463
墨西哥	645.015
百慕大	33 000
开曼群岛	160 633.48
巴拿马	10
英属维尔京群岛	127 968.6
大洋洲小计	**8 427.2767**
澳大利亚	3 781.74
新西兰	594.5367
巴布亚新几内亚	2 000
斐济	2 035
帕劳	16

2005年中国对外承包工程、劳务合作和设计咨询业务分国家（地区）总值

金额单位：万美元

国别（地区）	新签合同份数	新签合同额	完成营业额
合　计	**73 567**	**3 421 556**	**2 677 605**
亚　洲	**9 203**	**1 857 090**	**1 207 058**
阿富汗	9	2 867	5 568
巴林	1	38	7
孟加拉国	71	38 802	61 397
不丹	1	14	14
文莱	13	1 473	982
缅甸	88	50 508	28 976
柬埔寨	129	38 105	13 401
塞浦路斯	6	36	317
朝鲜	6	4 343	3 156

2005 年中国对外承包工程、劳务合作和设计咨询业务分国家（地区）总值（续）

金额单位：万美元

国别（地区）	新签合同份数	新签合同额	完成营业额
香港	784	166 196	202 173
印度	108	181 327	41 290
印度尼西亚	118	81 831	53 458
伊朗	89	172 830	65 274
伊拉克	6	6 693	1 259
以色列	25	7 502	10 404
日本	2 919	130 008	118 980
约旦	150	9 105	11 212
科威特	46	10 125	21 494
老挝	38	18 194	17 013
黎巴嫩	3	3 886	1 182
澳门	1 316	85 408	51 227
马来西亚	123	33 787	25 343
马尔代夫	1	69	794
蒙古	52	11 384	19 469
尼泊尔	8	2 856	1 445
阿曼	14	13 817	8 725
巴基斯坦	82	88 140	75 142
巴勒斯坦	1	250	360
菲律宾	22	9 594	18 358
卡塔尔	22	39 587	2 410
沙特阿拉伯	50	126 891	33 127
新加坡	1 604	123 624	116 590
韩国	262	51 299	52 596
斯里兰卡	23	17 648	9 023
叙利亚	17	6 511	1 815
泰国	109	88 009	30 879
土耳其	102	5 756	7 409
阿联酋	143	80 585	34 010
也门	31	10 533	8 916
越南	437	115 628	29 923
台湾省	172	20 763	15 701
东帝汶	1	610	768
亚洲其他国家	1	458	5 471
非　洲	**4 283**	**866 236**	**627 418**
阿尔及利亚	491	183 980	106 535
安哥拉	33	133 637	30 574
贝宁	5	156	208
博茨瓦纳	41	23 771	26 531
布隆迪	4	1 194	262
喀麦隆	18	2 253	1 855

2005 年中国对外承包工程、劳务合作和设计咨询业务分国家（地区）总值（续）

金额单位：万美元

国别（地区）	新签合同份数	新签合同额	完成营业额
加那利群岛	0	0	55
佛得角	12	1 830	169
中非	2	789	2 385
乍得	2	2 781	1 796
科摩罗	1	1 461	528
刚果（布）	16	1 686	11 550
吉布提	30	1 542	991
埃及	1 302	33 464	27 653
赤道几内亚	153	24 160	7 493
埃塞俄比亚	60	29 413	18 296
加蓬	32	4 965	4 286
冈比亚	251	1 333	1 413
加纳	35	14 293	8 329
几内亚	416	6 304	7 697
几内亚比绍	16	2 858	2 746
科特迪瓦	15	911	2 619
肯尼亚	12	7 224	3 599
利比里亚	27	4 958	906
利比亚	25	11 725	13 221
马达加斯加	22	5 333	3 011
马拉维	6	513	360
马里	58	15 057	17 687
毛里塔尼亚	140	5 826	4 380
毛里求斯	77	9 997	9 152
摩洛哥	124	24 801	4 944
莫桑比克	8	3 983	9 615
纳米比亚	16	2 781	3 602
尼日尔	10	1 819	1 945
尼日利亚	164	103 507	79 992
卢旺达	1	897	980
圣多美和普林西比	0	0	19
塞内加尔	6	7 283	3 429
塞舌尔	54	2 449	2 165
塞拉利昂	24	2 545	1 828
南非	32	6 006	8 279
苏丹	199	74 046	134 278
坦桑尼亚	49	38 687	21 167
多哥	3	516	1 255
突尼斯	22	4 046	6 549
乌干达	33	9 326	5 644
布基纳法索	3	60	50

2005 年中国对外承包工程、劳务合作和设计咨询业务分国家（地区）总值（续）

金额单位：万美元

国别（地区）	新签合同份数	新签合同额	完成营业额
赞比亚	20	5 225	3 339
津巴布韦	19	27 419	8 992
莱索托	124	2 184	2 523
斯威士兰	2	49	119
厄立特里亚	33	7 231	1 921
刚果（金）	28	7 807	8 314
非洲其他国家	7	155	182
欧　洲	**1 611**	**333 415**	**245 061**
比利时	2	4 061	10 440
丹麦	4	1 325	326
英国	64	10 855	7 561
德国	583	22 792	32 438
法国	27	9 235	17 944
爱尔兰	3	288	1 103
意大利	19	2 861	3 235
荷兰	10	5 916	6 177
希腊	50	7 831	8 250
葡萄牙	9	1 308	797
西班牙	37	12 232	8 355
阿尔巴尼亚	0	0	2 855
奥地利	4	1 913	411
保加利亚	6	754	909
芬兰	8	2 565	1 836
匈牙利	11	675	735
冰岛	1	50	50
马耳他	2	93	67
摩纳哥	1	930	1 030
挪威	240	7 968	6 926
波兰	0	0	2
罗马尼亚	10	632	961
瑞典	11	8 160	103
瑞士	0	0	97
格鲁吉亚	6	207	282
亚美尼亚	1	17	3
阿塞拜疆	24	13 678	13 600
白俄罗斯	9	27 764	1 134
哈萨克斯坦	85	83 946	39 279
吉尔吉斯斯坦	13	17 557	15 863
俄罗斯	314	65 817	45 360
塔吉克斯坦	4	766	744
土库曼斯坦	4	657	1 665

2005 年中国对外承包工程、劳务合作和设计咨询业务分国家（地区）总值（续）

金额单位：万美元

国别（地区）	新签合同份数	新签合同额	完成营业额
乌克兰	19	7 968	5 754
乌兹别克斯坦	9	8 966	6 835
塞尔维亚和黑山	7	44	320
斯洛文尼亚	3	194	277
克罗地亚	0	237	282
捷克	10	654	708
斯洛伐克	1	179	0
马其顿	0	2 320	347
拉丁美洲	**328**	**115 034**	**146 738**
安提瓜和巴布达	5	1 927	799
阿根廷	54	1 491	12 908
巴哈马	4	635	93
巴巴多斯	11	1 157	648
伯利兹	0	0	1 014
玻利维亚	0	0	50
巴西	51	42 517	24 868
智利	11	2 491	2 734
哥伦比亚	9	2 633	2 270
多米尼克	14	1 260	933
哥斯达黎加	0	0	8
古巴	16	4 715	2 103
多米尼加共和国	0	0	645
厄瓜多尔	17	4 988	3 443
格林纳达	1	2 746	148
圭亚那	9	1 167	995
洪都拉斯	1	14	27
牙买加	4	3 135	1 625
墨西哥	17	21 570	38 675
尼加拉瓜	18	314	534
巴拿马	19	8 472	3 891
秘鲁	20	2 996	8 750
圣卢西亚	2	1 596	101
萨尔瓦多	0	0	4
苏里南	4	368	2 359
特立尼达和多巴哥	2	550	5
乌拉圭	0	0	185
委内瑞拉	39	8 292	36 923
北美洲	**2 890**	**60 748**	**52 125**
加拿大	22	2 167	2 469
美国	2 868	58 581	49 656
大洋洲	**98**	**77 657**	**9 101**

2005年中国对外承包工程、劳务合作和设计咨询业务分国家（地区）总值（续）

金额单位：万美元

国别（地区）	新签合同份数	新签合同额	完成营业额
澳大利亚	34	7 698	2 030
库克群岛	0	36	88
斐济	4	356	1 662
瓦努阿图	5	67	292
新西兰	15	432	624
巴布亚新几内亚	15	67 346	2 137
社会群岛	0	0	66
汤加	7	61	255
萨摩亚	13	617	942
密克罗尼西亚	4	1 042	933
马绍尔群岛	1	2	51
帕劳	0	0	13
东萨摩亚	0	0	8
其他国家	**55 424**	**111 376**	**390 104**

2005年中国对外承包工程业务新签合同额前30名的企业

金额单位：万美元

序号	企业名称	新签合同额
1	中国建筑工程总公司	290 556
2	华为技术有限公司	264 275
3	中国水利水电建设集团公司	163 694
4	四川东方电力设备联合公司	111 901
5	中国冶金建设集团公司	102 530
6	中铁二十工程局集团有限公司	98 169
7	中信国际合作公司	92 891
8	长城钻井公司	82 927
9	中国石油工程建设（集团）公司	74 273
10	上海振华港口机械股份有限公司	54 319
11	中国港湾建设（集团）总公司	49 034
12	中国石化集团上海工程有限公司	46 845
13	中国石油集团东方地球物理勘探有限责任公司	46 765
14	中国机械设备进出口总公司	44 867
15	中国地质工程集团公司	42 078
16	中国土木工程集团公司	40 728
17	上海贝尔阿尔卡特股份有限公司	37 234
18	中国石化集团中原石油勘探局	32 253
19	中国有色金属建设股份有限公司	31 201
20	秦皇岛国际经济技术合作公司	29 605
21	中材国际工程股份有限公司	25 820
22	上海建工（集团）总公司	22 841

2005 年中国对外承包工程业务新签合同额前 30 名的企业（续）

金额单位：万美元

序 号	企 业 名 称	新签合同额
23	北方国际合作股份有限公司	19 351
24	中国万宝工程公司	18 919
25	日林建设集团有限公司	18 859
26	中国水产总公司	18 400
27	中铁建工集团工程有限公司	18 235
28	中国葛洲坝水利水电工程集团有限公司	17 962
29	中国上海外经（集团）有限公司	17 601
30	上海电气（集团）总公司	17 310

2005 年中国对外承包工程业务完成营业额前 30 名的企业

金额单位：万美元

序 号	企 业 名 称	完成营业额
1	中国建筑工程总公司	207 607
2	华为技术有限公司	192 532
3	中国石油工程建设（集团）公司	55 246
4	长城钻井公司	53 872
5	中国机械设备进出口总公司	48 219
6	中国水利水电建设集团	46 023
7	上海贝尔阿尔卡特股份有限公司	35 223
8	中国港湾建设（集团）公司	34 906
9	中国石油集团东方地球物理勘探有限责任公司	32 929
10	上海振华港口机械股份有限公司	31 637
11	中国土木工程集团公司	27 317
12	中国水利电力对外公司	26 610
13	中国冶金建设集团公司	25 261
14	中国成达工程公司	23 366
15	中国地质工程集团公司	23 177
16	中国石化集团中原石油勘探局	23 060
17	上海电气（集团）总公司	21 287
18	四川东方电力设备联合公司	19 556
19	中信国际合作公司	19 356
20	中国路桥（集团）总公司	17 441
21	中国铁路工程总公司	15 730
22	中国海外工程总公司	15 691
23	辽宁日林建设集团有限公司	14 998
24	中国水产（集团）总公司	14 436
25	青岛建设集团公司	14 300
26	中工国际工程股份有限公司	13 414
27	胜利油田工益集团公司	13 100
28	中铁二十工程局集团有限公司	11 755
29	中国机械对外经济技术合作总公司	11 323
30	中国机械进出口（集团）有限公司	10 717

2005 年中国对外劳务合作业务完成营业额前 10 名的企业

序 号	企 业 名 称
1	中国国际技术智力合作公司
2	上海市对外服务有限公司
3	北京市外企服务集团有限责任公司
4	广东新广国际集团有限公司
5	中国天津国际经济技术合作公司
6	中远对外劳务合作公司
7	烟台国际经济技术合作公司
8	中国大连国际合作（集团）股份有限公司
9	中国山东对外经济技术合作（集团）有限公司
10	江苏省苏中建设集团股份有限公司

2005 年中国对外承包工程、劳务合作和设计咨询业务新签合同额、完成营业额分企业总值

单位：万美元

企业名称	新签合同额				完成营业额			
	合 计	承包工程	劳务合作	设计咨询	合 计	承包工程	劳务合作	设计咨询
合　计	**3 421 556**	**2 961 362**	**424 530**	**35 664**	**2 677 605**	**2 176 324**	**478 560**	**22 721**
中央企业小计	**1 276 356**	**1 191 416**	**76 388**	**8 552**	**822 415**	**755 277**	**64 931**	**2 207**
中国电子国际经济合作公司	63	0	63	0	210	3	207	0
长城钻井公司	82 927	82 927	0	0	53 872	53 872	0	0
中国体育国际经济技术合作公司	416	350	66	0	306	44	262	0
中国寰球工程公司	12 864	12 856	0	8	6 106	4 991	0	1 115
建设综合勘察研究设计院	273	248	0	25	320	245	0	75
中海海员对外技术服务有限公司	6	0	6	0	2 579	0	2 579	0
中国建材工业对外经济技术合作公司	229	229	0	0	6 554	6 438	116	0
中国铁路工程总公司	302	302	0	0	15 730	15 730	0	0
中国港湾建设（集团）总公司	49 034	49 034	0	0	35 000	34 906	94	0
中国机械对外经济技术合作总公司	5 367	4 868	499	0	11 520	11 323	197	0
中国路桥（集团）总公司	3 201	3 201	0	0	17 441	17 441	0	0
中国石油工程建设（集团）公司	74 273	74 273	0	0	55 246	55 246	0	0
中国重型机械总公司	11 631	11 631	0	0	373	373	0	0
中信国际合作公司	92 891	92 891	0	0	19 356	19 356	0	0
中国航空技术国际工程公司	265	130	135	0	1 571	1 394	177	0
中国地质工程集团公司	42 078	42 078	0	0	23 177	23 177	0	0
中国成套设备进出口（集团）总公司	5 539	4 634	905	0	8 295	7 404	891	0
中国冶金建设集团公司	102 530	102 530	0	0	25 261	25 261	0	0
中国机械进出口（集团）有限公司	802	802	0	0	10 717	10 717	0	0
中国国际工程咨询公司	21	0	0	21	19	0	0	19
中国土木工程集团公司	41 376	40 728	648	0	28 633	27 317	1 316	0
中国机械设备进出口总公司	44 867	44 867	0	0	48 219	48 219	0	0
中油测井技术服务有限责任公司	12 245	12 245	0	0	8 574	8 574	0	0
中国电力工程顾问集团公司	6 930	0	0	6 930	204	0	0	204

2005年中国对外承包工程、劳务合作和设计咨询业务新签合同额、完成营业额分企业总值（续）

单位：万美元

企业名称	新签合同额				完成营业额			
	合 计	承包工程	劳务合作	设计咨询	合 计	承包工程	劳务合作	设计咨询
中工国际工程股份有限公司	5 150	5 150	0	0	13 414	13 414	0	0
中铁建工集团工程有限公司	18 235	18 235	0	0	8 373	8 373	0	0
中国技术进出口总公司	2 620	2 620	0	0	1 520	1 520	0	0
中国出国人员服务总公司	1 118	0	1 118	0	670	0	670	0
中国有色金属建设股份有限公司	31 292	31 201	91	0	10 575	10 545	30	0
中国水利电力对外公司	13 909	13 909	0	0	26 610	26 610	0	0
中国中原对外工程公司	4 113	4 113	0	0	9 091	9 091	0	0
中国轻工业对外经济技术合作公司	7 326	5 600	1 726	0	2 073	0	2 073	0
中国建筑工程总公司	291 216	290 556	411	249	210 240	207 607	2 224	409
中国海外工程总公司	18 102	16 935	1 167	0	16 395	15 691	704	0
中国广播电视国际经济技术合作总公司	883	883	0	0	872	872	0	0
中国电力建设工程咨询公司	1 005	0	0	1 005	89	0	0	89
中国国际技术智力合作公司	55 978	0	55 978	0	41 503	0	41 503	0
国华国际工程承包公司	122	122	0	0	184	184	0	0
中国万宝工程公司	18 919	18 919	0	0	4 464	4 464	0	0
中国电力技术进出口公司	4 823	4 823	0	0	3 972	3 972	0	0
中汽对外经济技术合作公司	19	19	0	0	117	117	0	0
中国国际人才开发中心	0	0	0	0	15	0	15	0
五洲工程设计研究院	238	70	0	168	62	27	0	35
中交公路规划设计院	86	0	0	86	201	0	0	201
中国对外建设总公司	0	0	0	0	245	245	0	0
中远对外劳务合作公司	11 384	0	11 384	0	8 532	0	8 532	0
中油国际工程有限责任公司	1 479	1 479	0	0	1 534	1 534	0	0
中设国际工程有限责任公司	0	0	0	0	100	100	0	0
中国水产总公司	18 700	18 400	300	0	14 653	14 436	217	0
中外园林建设总公司	0	0	0	0	96	0	96	0
中海国际石油工程有限责任公司	1 384	1 384	0	0	1 384	1 384	0	0
中国海外经济合作总公司	1 171	0	1 171	0	381	0	381	0
中国铁道建筑总公司	3 478	3 478	0	0	3 699	3 272	427	0
中国医疗卫生对外技术合作公司	0	0	0	0	199	0	199	0
中国水利水电建设集团公司	163 754	163 694	0	60	46 083	46 023	0	60
中国海洋航空集团公司	440	0	440	0	604	0	604	0
中国水产（集团）总公司	0	0	0	0	7 824	7 785	39	0
中国化学工程总公司	2 433	2 433	0	0	2 893	2 893	0	0
中国通信建设总公司	1 610	1 610	0	0	1 307	1 307	0	0
中国电工设备总公司	4 959	4 959	0	0	1 062	1 062	0	0
中外运国际经济技术合作公司	0	0	0	0	862	0	862	0
中国交远国际经济技术合作公司	280	0	280	0	516	0	516	0
北京市	**93 732**	**56 596**	**37 023**	**113**	**71 281**	**35 526**	**35 727**	**28**
中国电气进出口联营公司	1 395	1 395	0	0	338	338	0	0
北京房管一建设经营有限责任公司	320	320	0	0	0	0	0	0
巨龙信息技术有限责任公司	0	0	0	0	1 086	1 086	0	0

2005年中国对外承包工程、劳务合作和设计咨询业务新签合同额、完成营业额分企业总值（续）

单位：万美元

企业名称	新签合同额				完成营业额			
	合计	承包工程	劳务合作	设计咨询	合计	承包工程	劳务合作	设计咨询
长江南京航道工程局	2 886	1 886	1 000	0	3 266	1 596	1 670	0
江苏中厦集团有限公司	820	820	0	0	230	230	0	0
盐城国际经济技术合作公司	1 441	0	1 441	0	1 917	0	1 917	0
江苏建兴建工集团有限公司	1 860	1 860	0	0	640	640	0	0
涟水县建筑工程公司	90	0	90	0	32	0	32	0
江苏中淮建设集团有限公司	0	0	0	0	231	231	0	0
淮阴水利建设集团有限公司	0	0	0	0	1 821	1 689	132	0
江苏三兴建工集团有限公司	525	0	525	0	577	133	444	0
连云港市建筑工程公司	530	0	530	0	332	0	332	0
连云港国际经济技术合作公司	12	0	12	0	3 739	0	3 739	0
化学工业部连云港设计研究院	0	0	0	0	120	18	102	0
启东市对外经济技术合作有限公司	1 017	0	1 017	0	1 480	0	1 480	0
启东市建筑安装工程有限公司	2 221	2 221	0	0	2 253	1 896	357	0
海门市建筑安装工程公司	1 503	1 503	0	0	885	885	0	0
江苏南通三建集团有限公司	6 565	5 910	655	0	9 245	4 750	4 495	0
通州建总集团有限公司	1 941	1 674	267	0	1 903	1 538	365	0
南通四建集团有限公司	6 370	6 370	0	0	5 273	2 945	2 328	0
南通五建建设工程有限公司	3 585	3 585	0	0	4 446	1 952	2 494	0
江苏省苏中建设集团股份有限公司	4 602	1 723	2 879	0	8 444	1 340	7 104	0
江苏帝奥服装集团股份有限公司	766	0	766	0	162	0	162	0
南通市经济技术开发区总公司	2 177	0	2 177	0	2 507	0	2 507	0
南通国际经济技术合作公司	2 547	0	2 547	0	4 069	55	4 014	0
南通远洋渔业公司	3 087	3 087	0	0	3 073	3 073	0	0
南通建筑工程总承包有限公司	768	103	665	0	1 614	829	785	0
南通市建筑安装工程总公司	6 084	6 084	0	0	7 382	7 382	0	0
吴江市外贸集团公司	353	0	353	0	266	0	266	0
苏州香山古建集团公司	0	0	0	0	12	12	0	0
苏州国信集团有限公司	56	0	56	0	52	0	52	0
苏州建设（集团）有限责任公司	8 536	8 536	0	0	8 141	8 141	0	0
苏州进出口（集团）有限公司	827	600	227	0	2 016	1 707	309	0
苏州国际经济技术合作有限公司	270	0	270	0	117	0	117	0
苏州工业设备安装集团有限公司	1 887	1 887	0	0	1 443	1 443	0	0
江苏苏州第二建筑工程集团公司	4 968	4 968	0	0	4 972	4 972	0	0
江苏苏州第一建筑工程集团公司	3 118	3 118	0	0	3 916	3 916	0	0
苏州园林发展股份有限公司	176	176	0	0	167	167	0	0
常柴集团进出口有限公司	300	300	0	0	300	300	0	0
溧阳市恒通建筑安装工程有限公司	935	935	0	0	449	449	0	0
江苏华能建设工程集团有限公司	1 722	1 722	0	0	1 053	1 053	0	0
江苏天目建设集团有限公司	2 666	2 666	0	0	2 013	2 013	0	0
金坛国际经济技术合作公司	4 229	3 149	1 080	0	3 206	2 752	454	0
金坛市建筑安装工程公司	5 780	5 780	0	0	3 865	3 865	0	0
常州国际经济技术合作（集团）有限公司	1 180	0	1 180	0	1 154	0	1 154	0

2005 年中国对外承包工程、劳务合作和设计咨询业务新签合同额、完成营业额分企业总值（续）

单位：万美元

企业名称	新签合同额				完成营业额			
	合 计	承包工程	劳务合作	设计咨询	合 计	承包工程	劳务合作	设计咨询
常州市对外经济技术贸易（集团）公司	1 603	0	1 603	0	1 653	0	1 653	0
常州市建筑设计研究院	0	0	0	0	345	345	0	0
常州建筑构件总厂	201	201	0	0	201	201	0	0
常州第一建筑工程有限公司	100	100	0	0	100	100	0	0
常州二建建设有限公司	198	198	0	0	889	889	0	0
新沂市建筑安装总公司	4 300	0	4 300	0	4 300	0	4 300	0
徐州一建集团有限公司	3 400	3 400	0	0	3 000	3 000	0	0
中国石油天然气管道第二工程公司	800	800	0	0	900	900	0	0
江苏永业集团公司	5 500	5 500	0	0	5 200	5 200	0	0
徐州工程机械集团进出口有限公司	4 500	4 500	0	0	4 430	4 430	0	0
徐州国际经济技术合作有限公司	4 600	4 600	0	0	4 410	4 410	0	0
无锡国际经济技术合作公司	33	0	33	0	131	0	131	0
江苏无锡二建建设集团有限公司	2 177	2 177	0	0	1 314	1 314	0	0
无锡市工业设备安装总公司	374	374	0	0	374	374	0	0
中国化学工程第十四建设公司	309	309	0	0	309	309	0	0
中国化学工程南京岩土工程公司	103	103	0	0	100	100	0	0
跃进汽车集团公司	490	490	0	0	490	490	0	0
中国石化金陵石油化工公司建筑安装工程公司	352	352	0	0	352	352	0	0
中设江苏机械设备进出口集团公司	40	40	0	0	40	40	0	0
江苏省建设集团公司	5 926	5 926	0	0	5 282	5 252	30	0
江苏交通建设集团有限公司	9 578	9 578	0	0	770	770	0	0
江苏建达建设股份有限公司	250	250	0	0	46	46	0	0
江苏永鼎股份有限公司	3 796	3 796	0	0	3 239	3 239	0	0
江苏省第一建筑安装有限公司	569	569	0	0	2 364	2 364	0	0
江苏省华建建设股份有限公司	90	90	0	0	1 868	1 868	0	0
江苏省地质工程有限公司	621	621	0	0	425	425	0	0
中国江苏国际经济技术合作公司	16 978	12 166	4 812	0	16 788	10 230	6 558	0
江苏省对外交流公司	572	0	572	0	560	0	560	0
中铁大桥局集团第四工程有限公司	0	0	0	0	1 230	1 230	0	0
浙江省	**83 741**	**65 496**	**17 528**	**717**	**119 901**	**100 108**	**19 267**	**526**
中国空分设备公司	30	30	0	0	444	444	0	0
中国联合工程公司	1 190	818	0	372	2 398	2 315	0	83
中国浙江国际经济技术合作有限责任公司	1 545	0	1 545	0	3 127	0	3 127	0
万向集团公司	7 005	7 005	0	0	35 000	35 000	0	0
浙江省火电建设公司	0	0	0	0	2 000	2 000	0	0
浙江省送变电工程公司	2 026	2 026	0	0	1 852	1 852	0	0
浙江海滨建设集团有限公司	0	0	0	0	1 139	1 134	5	0
华升建设集团有限公司	0	0	0	0	634	634	0	0
五洋建设集团股份有限公司	0	0	0	0	1 260	1 260	0	0
浙江舜江建设集团有限公司	1 221	1 221	0	0	717	717	0	0
绍兴第一建工集团有限公司	2 649	2 649	0	0	1 378	1 378	0	0
浙江中联建设集团有限公司	1 185	1 185	0	0	1 533	1 533	0	0

2005年中国对外承包工程、劳务合作和设计咨询业务新签合同额、完成营业额分企业总值（续）

单位：万美元

企业名称	新签合同额				完成营业额			
	合计	承包工程	劳务合作	设计咨询	合计	承包工程	劳务合作	设计咨询
温州国际经济技术合作公司	2 278	1 707	571	0	1 166	356	810	0
温州建设集团公司	350	350	0	0	270	270	0	0
中国新型建筑材料工业杭州设计研究院	0	0	0	0	205	205	0	0
杭州市对外经济贸易服务有限公司	2 110	0	2 110	0	2 670	0	2 670	0
浙江省邮电规划设计研究院有限公司	90	0	0	90	75	0	0	75
浙江东方集团控股有限公司	2 446	2 446	0	0	1 791	1 791	0	0
东方通信股份有限公司	6 500	6 500	0	0	1 700	1 700	0	0
浙江省长城建设集团股份有限公司	1 487	1 487	0	0	5 765	5 765	0	0
广厦建设集团有限责任公司	10 495	10 495	0	0	6 832	6 832	0	0
浙江东方集团股份有限公司	8	0	8	0	347	0	347	0
浙江省粮油食品进出口股份有限公司	122	0	122	0	122	0	122	0
国家电力公司华东勘测设计研究院	1 540	1 375	0	165	447	229	0	218
中国水产舟山海洋渔业公司	0	0	0	0	3 362	3 117	245	0
浙江省建设投资集团有限公司	11 459	6 745	4 714	0	14 463	9 775	4 688	0
嘉兴市对外经济技术合作有限公司	118	0	118	0	369	0	369	0
浙江省嵊州市建筑工程公司	800	800	0	0	304	304	0	0
东方建设集团有限公司	622	622	0	0	2 083	2 083	0	0
浙江省诸暨市工业设备安装公司	624	624	0	0	142	142	0	0
浙江八达建设集团有限公司	1 763	1 763	0	0	1 012	1 012	0	0
浙江暨阳建设集团有限公司	1 048	1 048	0	0	901	901	0	0
浙江樟塘建筑集团有限公司	250	250	0	0	150	150	0	0
浙江阳光集团股份有限公司	400	400	0	0	245	245	0	0
浙江中富建筑集团股份有限公司	520	520	0	0	652	652	0	0
浙江环宇建设集团有限公司	0	0	0	0	340	340	0	0
浙江中成建工集团有限公司	358	358	0	0	853	853	0	0
浙江省建工建筑设计院有限公司	90	0	0	90	0	0	0	0
浙江中大对外经济技术合作有限公司	0	0	0	0	320	0	320	0
浙江省交通规划设计研究院	0	0	0	0	150	0	0	150
钱江集团有限公司	800	800	0	0	800	800	0	0
湖州市对外经济技术合作有限公司	0	0	0	0	330	0	330	0
浙江万达建设集团有限公司	1 663	1 663	0	0	113	113	0	0
浙江中厦建设集团有限公司	876	876	0	0	605	605	0	0
浙江省对外服务公司	7 202	0	7 202	0	4 104	0	4 104	0
浙江耀江建设集团股份有限公司	150	150	0	0	763	763	0	0
浙江省正邦水电建设有限公司	520	520	0	0	718	718	0	0
浙江省水电建筑安装有限公司	0	0	0	0	147	147	0	0
浙江城建建设集团有限公司	0	0	0	0	1 500	1 500	0	0
杭州国际经济合作有限公司	0	0	0	0	340	0	340	0
绍兴国际经济技术合作有限公司	650	0	650	0	1 021	0	1 021	0
浙江中设建工集团有限公司	2 880	2 880	0	0	2 961	2 961	0	0
舟山东方国际经贸有限公司	137	0	137	0	150	0	150	0
浙江省交通工程建设集团有限公司	0	0	0	0	1 448	1 448	0	0

2005 年中国对外承包工程、劳务合作和设计咨询业务新签合同额、完成营业额分企业总值（续）

单位：万美元

企业名称	新签合同额				完成营业额			
	合计	承包工程	劳务合作	设计咨询	合计	承包工程	劳务合作	设计咨询
浙江省金华市对外经济技术合作有限公司	0	0	0	88	0	88	0	0
舟山国际经济技术合作有限公司	351	0	351	0	531	0	531	0
飞跃缝纫机集团公司	900	900	0	0	900	900	0	0
浙江省东阳市第三建筑工程公司	4 971	4 971	0	0	4 247	4 247	0	0
中天建设集团有限公司	312	312	0	0	717	717	0	0
浙江金华第一建筑安装工程有限公司	0	0	0	0	200	200	0	0
宁波市	**89 692**	**89 327**	**365**	**0**	**78 380**	**71 606**	**6 774**	**0**
浙江造船有限公司	4 002	4 002	0	0	2 577	2 577	0	0
宁波市工艺品进出口有限公司	0	0	0	0	388	0	388	0
宁波市建设集团股份有限公司	0	0	0	0	771	771	0	0
宁波市慈溪进出口股份有限公司	508	358	150	0	3 629	2 745	884	0
宁波华能国际经济贸易有限公司	13 921	13 921	0	0	13 135	13 135	0	0
中国宁波国际合作有限责任公司	215	0	215	0	3 151	0	3 151	0
宁波建工集团股份有限公司	0	0	0	0	1 214	1 214	0	0
浙江中达建设集团股份有限公司	10 079	10 079	0	0	7 111	7 111	0	0
中成宁波进出口有限公司	0	0	0	0	1 342	14	1 328	0
宁波乐惠食品制造有限公司	330	330	0	0	538	538	0	0
宁波泰联国际经贸有限公司	0	0	0	0	929	0	929	0
中基宁波对外贸易股份有限公司	2 708	2 708	0	0	2 122	2 109	13	0
浙江省电力建设总公司	10 875	10 875	0	0	345	345	0	0
宁波市鄞州对外贸易股份有限公司	2 771	2 771	0	0	4 672	4 591	81	0
龙元建设集团股份有限公司	6 950	6 950	0	0	6 300	6 300	0	0
宁波中策动力机电集团有限公司	2 340	2 340	0	0	2 110	2 110	0	0
宁波经济技术开发区二十冶金建设有限公司	2 891	2 891	0	0	1 609	1 609	0	0
宁波东海集团有限公司	2 585	2 585	0	0	2 240	2 240	0	0
宁波华星钢构股份有限公司	347	347	0	0	347	347	0	0
宁波华丰建设集团股份有限公司	11 833	11 833	0	0	562	562	0	0
宁波海天股份有限公司	928	928	0	0	1 375	1 375	0	0
浙江建安实业集团股份有限公司	0	0	0	0	1 983	1 983	0	0
宏润建设集团股份有限公司	3 139	3 139	0	0	2 306	2 306	0	0
余姚市对外贸易有限公司	8 465	8 465	0	0	9 596	9 596	0	0
中国石化集团宁波工程有限公司	4 805	4 805	0	0	8 028	8 028	0	0
安徽省	**50 398**	**36 396**	**4 731**	**9 271**	**28 250**	**12 585**	**6 968**	**8 697**
安徽建工集团有限公司	5 205	4 785	420	0	6 686	4 540	2 146	0
安徽省技术进出口股份有限公司	8	0	8	0	120	0	120	0
安徽三建集团公司	496	0	496	0	218	0	218	0
安徽省第一建筑工程公司	0	0	0	0	112	0	112	0
合肥水泥研究设计院	23 255	14 300	0	8 955	8 231	0	0	8 231
安徽电力建设第二工程公司	89	43	46	0	456	424	32	0
中国化学工程第三建设公司	0	0	0	0	76	76	0	0
淮南国际经济技术合作公司	33	0	33	0	89	0	89	0
蚌埠市国际经济技术合作公司	601	601	0	0	563	561	2	0

2005年中国对外承包工程、劳务合作和设计咨询业务新签合同额、完成营业额分企业总值（续）

单位：万美元

企业名称	新签合同额				完成营业额			
	合 计	承包工程	劳务合作	设计咨询	合 计	承包工程	劳务合作	设计咨询
中铁四局集团有限公司	0	0	0	0	1 405	1 405	0	0
合肥对外经济技术合作公司	395	0	395	0	526	0	526	0
合肥建工集团公司	0	0	0	0	2	2	0	0
安徽省古建园林市政建设有限公司	0	0	0	0	5	5	0	0
中国安徽国际经济技术合作公司	0	0	0	0	1 078	700	378	0
安庆市东浩对外经济合作有限公司	461	0	461	0	423	0	423	0
安徽省外经建设（集团）有限公司	4 434	4 289	145	0	3 671	2 694	977	0
安徽中天国际经济合作有限责任公司	0	0	0	0	97	0	97	0
芜湖市外经服务有限公司	1 227	0	1 227	0	558	0	558	0
东华工程科技股份有限公司	9 975	9 959	0	16	787	431	0	356
安徽电信工程有限责任公司	3	3	0	0	68	68	0	0
安徽省宿州国际经济技术合作公司	0	0	0	0	196	0	196	0
中冶华天工程技术有限公司	300	0	0	300	247	137	0	110
安徽省港湾劳务有限公司	1 500	0	1 500	0	247	0	247	0
安徽省建筑设计研究院	0	0	0	0	847	0	847	0
中煤第三建设（集团）有限责任公司	0	0	0	335	335	0	0	0
安庆三江建设工程总公司	0	0	0	0	70	70	0	0
中国第十七冶金建设公司	2 416	2 416	0	0	1 137	1 137	0	0
福建省	**16 783**	**5 019**	**11 764**	**0**	**20 086**	**7 552**	**12 534**	**0**
福建六建建工集团公司	87	87	0	0	438	438	0	0
福州市对外劳务合作公司	952	0	952	0	101	0	101	0
福州壮安经济开发有限公司	167	0	167	0	111	0	111	0
中国福州国际经济技术合作公司	801	0	801	0	2 572	2 027	545	0
福建莆田对外经济技术合作公司	714	0	714	0	1 007	0	1 007	0
福建省轮船总公司	18	0	18	0	148	0	148	0
福建省龙岩国际经济技术合作公司	1 289	0	1 289	0	1 120	0	1 120	0
漳浦国际经济技术合作公司	0	0	0	0	46	0	46	0
漳州国际经济技术合作公司	50	0	50	0	502	0	502	0
福建省第一公路工程公司	0	0	0	0	162	162	0	0
泉州市对外经济技术服务公司	825	0	825	0	274	0	274	0
泉州中泉国际经济技术合作（集团）有限公司	2 402	430	1 972	0	1 613	87	1 526	0
福建中福对外劳务合作有限公司	1 424	0	1 424	0	3 663	0	3 663	0
福建省工业设备安装有限公司	1 493	1 493	0	0	431	431	0	0
福建地矿建设集团公司	130	130	0	0	27	27	0	0
福建华源国际贸易经济合作公司	43	0	43	0	279	0	279	0
福建轻纺工业经济技术公司	0	0	0	0	10	0	10	0
福建省金福对外劳务合作有限公司	1 100	0	1 100	0	94	0	94	0
福建华闽进出口有限公司	830	0	830	0	541	0	541	0
福建省火电工程承包公司	139	139	0	0	0	0	0	0
福建建工集团总公司	150	150	0	0	140	140	0	0
中国武夷实业股份有限公司	2 586	2 586	0	0	4 235	4 235	0	0
福建省建筑设计研究院	4	4	0	0	5	5	0	0

2005 年中国对外承包工程、劳务合作和设计咨询业务新签合同额、完成营业额分企业总值（续）

单位：万美元

企业名称	新签合同额				完成营业额			
	合 计	承包工程	劳务合作	设计咨询	合 计	承包工程	劳务合作	设计咨询
福建省对外劳务合作公司	121	0	121	0	1 234	0	1 234	0
福建省华洋水产集团公司	0	0	0	0	219	0	219	0
莆田市国际经济合作有限公司	1 310	0	1 310	0	1 010	0	1 010	0
福建三木国际经济技术合作有限公司	148	0	148	0	104	0	104	0
厦门市	**7 546**	**0**	**7 546**	**0**	**7 997**	**450**	**7 547**	**0**
厦门海隆对外劳务合作有限公司	5 925	0	5 925	0	1 901	0	1 901	0
厦门建隆经济技术合作有限公司	110	0	110	0	165	0	165	0
厦门诚毅船务公司	193	0	193	0	412	0	412	0
厦门经济特区船务有限公司	0	0	0	0	50	0	50	0
中国厦门国际经济技术合作公司	1 318	0	1 318	0	5 469	450	5 019	0
江西省	**41 080**	**36 852**	**4 228**	**0**	**15 847**	**11 663**	**4 184**	**0**
江西省建工集团公司	1 283	1 283	0	0	1 054	1 054	0	0
江西省轻工业对外经济技术合作公司	725	0	725	0	884	0	884	0
江西华昌基建工程有限公司	121	121	0	0	20	20	0	0
景德镇市国际经济技术合作公司	16	0	16	0	74	0	74	0
赣州亿通对外经济技术合作有限公司	2 228	2 000	228	0	889	592	297	0
九江市对外经济合作公司	173	0	173	0	144	0	144	0
萍乡矿业集团有限责任公司	491	491	0	0	397	397	0	0
南昌对外工程总公司	7 608	7 593	15	0	2 445	2 151	294	0
南昌国际经济技术合作公司	2 800	1 600	1 200	0	2 212	1 267	945	0
宜春海程经贸发展有限公司	10 331	10 331	0	0	2 545	2 545	0	0
中国江西国际经济技术合作公司	15 304	13 433	1 871	0	5 183	3 637	1 546	0
山东省	**136 031**	**67 185**	**68 781**	**65**	**147 238**	**93 544**	**53 549**	**145**
山东送变电工程公司	269	269	0	0	0	0	0	0
齐鲁建设集团公司	1 647	1 647	0	0	3 822	3 822	0	0
山东省水产企业集团总公司	1 104	0	1 104	0	42	0	42	0
山东省劳务合作公司	266	0	266	0	1 514	0	1 514	0
中铁十四局集团有限公司	1 344	1 344	0	0	3 713	3 713	0	0
山东电力基本建设总公司	0	0	0	0	8 345	8 345	0	0
山东省瀚森国际经贸合作有限公司	1 552	0	1 552	0	1 269	0	1 269	0
山东寿光第一建筑有限公司	2 600	2 600	0	0	1 047	927	120	0
山东潍柴进出口有限公司	2 100	2 100	0	0	2 050	2 050	0	0
山东海化集团有限公司	900	900	0	0	200	200	0	0
潍坊中潍国际劳务有限公司	2 075	0	2 075	0	37	0	37	0
潍坊国际经济技术合作集团公司	7 865	0	7 865	0	4 039	0	4 039	0
山东电力建设第三工程公司	100	100	0	0	9 163	9 163	0	0
潍坊昌大建设（集团）总公司	1 700	1 700	0	0	3 587	2 220	1 367	0
烟台市进出口公司	49	0	49	0	19	0	19	0
烟台国际经济技术合作有限责任公司	7 944	0	7 944	0	7 415	0	7 415	0
中国水产烟台海洋渔业公司	3 650	0	3 650	0	2 106	0	2 106	0
烟台港务局	0	0	0	0	197	0	197	0
胜利油田东胜精攻石油开发集团有限公司	0	0	0	0	3 600	3 600	0	0

2005年中国对外承包工程、劳务合作和设计咨询业务新签合同额、完成营业额分企业总值（续）

单位：万美元

企业名称	新签合同额				完成营业额			
	合　计	承包工程	劳务合作	设计咨询	合　计	承包工程	劳务合作	设计咨询
胜利油田工益集团公司	16 000	16 000	0	0	13 100	13 100	0	0
东营国际经济技术合作公司	563	0	563	0	236	0	236	0
胜利石油管理局	7 535	7 535	0	0	9 021	9 021	0	0
枣庄矿业（集团）有限责任公司	1 000	1 000	0	0	10	10	0	0
淄博市建筑工程公司	1 500	1 500	0	0	2 180	2 180	0	0
中国石化集团第十建设公司	0	0	0	0	300	300	0	0
山东三箭置业集团有限公司	0	0	0	0	1 643	1 643	0	0
济南一建集团总公司	282	282	0	0	14	14	0	0
烟台二建实业股份有限公司	0	0	0	0	27	0	27	0
山东黄金集团有限公司	590	590	0	0	546	546	0	0
泰安国际经济技术合作有限公司	1 654	1 562	92	0	2 847	1 495	1 352	0
山东泰安建筑工程公司	3 152	2 970	182	0	2 384	1 150	1 234	0
兖矿集团有限公司	1 700	1 700	0	0	5 281	5 281	0	0
山东鲁抗医药集团有限公司	0	0	0	0	140	140	0	0
山东巨龙建工集团公司	406	0	406	0	232	0	232	0
山东省诸城市建筑工程公司	1 112	1 112	0	0	788	353	435	0
青州市水利建筑总公司	1 200	200	1 000	0	1 629	310	1 319	0
菏泽市对外经济技术合作公司	5 167	0	5 167	0	1 621	0	1 621	0
日照国际经济技术合作公司	5 216	0	5 216	0	3 896	0	3 896	0
山东东方路桥建设总公司	1 336	1 336	0	0	1 933	1 933	0	0
临沂国际经济技术合作有限责任公司	770	0	770	0	2 685	0	2 685	0
山东景芝建工集团公司	444	444	0	0	473	462	11	0
威海佳信国际人力资源有限公司	8	0	8	0	2	0	2	0
山东里海国际石油开发有限责任公司	11 000	11 000	0	0	9 200	9 200	0	0
中国山东对外经济技术合作集团有限公司	9 369	1 550	7 819	0	8 096	967	7 129	0
聊城国际经济技术合作公司	456	0	456	0	46	0	46	0
济宁市建工建筑有限公司	180	180	0	0	120	120	0	0
山东宏昌路桥工程有限公司	2 010	2 010	0	0	1 232	1 194	38	0
山东国际合作联合有限公司	4 024	0	4 024	0	1 955	0	1 955	0
莱芜日升国际经济合作有限公司	1 862	0	1 862	0	269	0	269	0
泰安市海华对外劳务经贸合作有限公司	2 709	0	2 709	0	39	0	39	0
日照五洲贸易有限公司	20	0	20	0	13	0	13	0
烟台市土畜产对外贸易有限公司	264	0	264	0	103	0	103	0
威海方正国际人才技术合作有限公司	1 358	0	1 358	0	939	0	939	0
山东滨州对外经济技术合作有限责任公司	21	0	21	0	19	0	19	0
山东天幕集团总公司	50	0	50	0	217	0	217	0
烟台建设集团有限公司	60	60	0	0	6 158	6 038	120	0
山东聊建集团总公司	0	0	0	0	217	217	0	0
山东德建集团有限公司	743	743	0	0	557	557	0	0
济南四建集团有限责任公司	1 674	1 674	0	0	69	69	0	0
山东省冶金设计院	621	621	0	0	225	225	0	0
山东省轻工业设计院	60	0	0	60	60	0	0	60

2005 年中国对外承包工程、劳务合作和设计咨询业务新签合同额、完成营业额分企业总值（续）

单位：万美元

企业名称	新签合同额				完成营业额			
	合计	承包工程	劳务合作	设计咨询	合计	承包工程	劳务合作	设计咨询
山东华鲁集团有限公司	18	0	18	0	223	0	223	0
威海联桥国际经济技术合作有限公司	1 398	0	1 398	0	820	0	820	0
烟台五洲国际经贸发展有限公司	0	0	0	0	9	0	9	0
济南国际经济技术合作总公司	586	0	586	0	638	0	638	0
煤炭工业部济南设计研究院	5	0	0	5	85	0	0	85
龙大食品集团有限公司	15	0	15	0	15	0	15	0
山东天元建设集团总公司	1 012	1 012	0	0	1 398	1 398	0	0
德州市国际经济技术合作公司	758	0	758	0	0	0	0	0
荣成汇成国际经济技术合作有限公司	1 356	0	1 356	0	1 307	0	1 307	0
威海迪尚国际经济合作有限公司	360	0	360	0	813	0	813	0
威海国际经济技术合作股份有限公司	7 566	1 194	6 372	0	6 861	1 417	5 444	0
威海市国际交流服务中心	895	0	895	0	1 425	0	1 425	0
威海樱泉国际经济技术合作有限公司	234	0	234	0	723	0	723	0
山东兴润建设有限公司	547	250	297	0	234	164	70	0
青岛市	**28 060**	**14 565**	**6 066**	**7 429**	**27 280**	**18 068**	**4 914**	**4 298**
山东省对外贸易集团有限公司	114	0	114	0	200	0	200	0
青岛国际交流中心	105	0	105	0	154	0	154	0
青岛海洋渔业公司	520	0	520	0	585	0	585	0
山东省新迈特五金矿产有限公司	257	0	257	0	10	0	10	0
青岛市建筑设计研究院	33	0	0	33	62	0	0	62
青岛远洋对外劳务合作有限公司	867	0	867	0	629	0	629	0
青岛建设集团公司	12 205	12 205	0	0	14 300	14 300	0	0
青岛安装建设股份有限公司	441	441	0	0	220	220	0	0
青岛经济技术开发区国际经济技术合作有限公司	470	0	470	0	403	0	403	0
中国青岛国际经济技术合作（集团）有限公司	1 627	0	1 627	0	1 749	0	1 749	0
海信集团公司	608	608	0	0	608	608	0	0
青岛市第一建筑工程公司	0	0	0	0	620	620	0	0
青岛市第二建筑工程公司	50	50	0	0	859	859	0	0
青岛第一市政工程有限公司	915	915	0	0	603	603	0	0
青岛环太经济合作有限公司	1 333	0	1 333	0	797	0	797	0
中国石油天然气第七建设公司	346	346	0	0	858	858	0	0
青岛海尔国际贸易有限公司	7 520	0	124	7 396	4 318	0	82	4 236
青岛益佳国际贸易集团有限公司	286	0	286	0	115	0	115	0
青岛开源国际经济技术合作有限公司	363	0	363	0	190	0	190	0
河南省	**62 875**	**58 534**	**3 876**	**465**	**49 803**	**45 264**	**4 119**	**420**
中南输变电设备成套有限公司	0	0	0	0	20	20	0	0
中信重型机械公司	2 461	2 461	0	0	7	7	0	0
中国洛阳浮法玻璃集团有限责任公司	1 963	1 963	0	0	200	200	0	0
中国一拖集团有限公司	22	22	0	0	22	0	22	0
河南省水利第一工程局	0	0	0	0	406	406	0	0
河南服装进出口集团有限责任公司	30	0	30	0	0	0	0	0
中国石化集团中原石油勘探局	32 253	32 253	0	0	23 060	23 060	0	0

2005 年中国对外承包工程、劳务合作和设计咨询业务新签合同额、完成营业额分企业总值（续）

单位：万美元

企业名称	新签合同额				完成营业额			
	合　计	承包工程	劳务合作	设计咨询	合　计	承包工程	劳务合作	设计咨询
河南省轻工业品进出口集团有限公司	20	0	20	0	20	0	20	0
河南吉星对外劳务合作有限公司	276	0	276	0	1 017	0	1 017	0
中国河南国际合作集团有限公司	15 366	14 131	1 235	0	8 495	7 731	764	0
新乡市海外合作有限责任公司	0	0	0	0	78	0	78	0
南阳市国际经济技术合作有限公司	0	0	0	0	1	0	1	0
许继集团有限公司	0	0	0	0	800	800	0	0
濮阳国际经济技术合作有限公司	749	0	749	0	669	0	669	0
河南省第二建筑工程有限责任公司	4	4	0	0	39	39	0	0
中国石油天然气第一建设公司	0	0	0	0	1 403	1 403	0	0
中国石化集团洛阳石油化工工程公司	95	95	0	0	787	778	0	9
中铁隧道集团有限公司	0	0	0	0	32	32	0	0
中色科技股份有限公司	164	0	0	164	175	0	0	175
机械工业部第四设计研究院	0	0	0	0	1 546	1 542	0	4
洛阳市建筑工程公司	22	22	0	0	22	22	0	0
中国化学工程第十一建设公司	1 994	1 994	0	0	3 426	3 426	0	0
中国长城铝业公司建设公司	50	50	0	0	50	50	0	0
中铁七局集团有限公司	230	230	0	0	1 822	1 822	0	0
河南金城国际经济技术合作有限公司	800	0	800	0	708	0	708	0
河南省地矿建设工程（集团）有限公司	148	148	0	0	176	176	0	0
水利部黄河水利委员会勘测规划设计研究院	301	0	0	301	232	0	0	232
河南省建筑工程总公司	1 505	1 505	0	0	1 561	1 561	0	0
中铁十五局集团有限公司	0	0	0	0	481	481	0	0
河南省水利电力对外公司	2 386	2 386	0	0	711	711	0	0
河南省对外劳务合作公司	766	0	766	0	839	0	839	0
中国石化集团河南石油勘探局	1 060	1 060	0	0	660	660	0	0
河南送变电建设公司	210	210	0	0	310	310	0	0
河南黄河工程局	0	0	0	0	3	2	1	0
河南第二火电建设公司	0	0	0	0	25	25	0	0
湖北省	**35 953**	**27 952**	**5 568**	**2 433**	**31 843**	**28 852**	**2 601**	**390**
武汉市市政工程总公司	0	0	0	0	250	250	0	0
中国第一冶金建设公司	5 688	5 688	0	0	1 584	1 581	3	0
中国长江航运集团对外经济技术合作总公司	449	0	449	0	848	0	848	0
中国武汉国际经济技术合作公司	555	555	0	0	441	441	0	0
武汉市水务建设工程公司	0	0	0	0	210	210	0	0
中国十五冶金建设有限公司	50	50	0	0	1 573	1 566	7	0
湖北中宇国际合作有限责任公司	767	0	767	0	224	0	224	0
中国化学工程第六建设公司	30	30	0	0	52	52	0	0
中国石化集团江汉石油管理局	0	0	0	0	275	275	0	0
国家电力公司中南电力设计院	1 991	0	0	1 991	214	0	0	214
宜昌国际经济技术合作公司	190	31	159	0	62	15	47	0
中铁十一局集团有限公司	0	0	0	0	2 273	2 258	15	0
湖北中天国际经济技术合作有限公司	441	0	441	0	10	0		

2005 年中国对外承包工程、劳务合作和设计咨询业务新签合同额、完成营业额分企业总值（续）

单位：万美元

企业名称	新签合同额				完成营业额			
	合 计	承包工程	劳务合作	设计咨询	合 计	承包工程	劳务合作	设计咨询
十堰国际经济技术合作公司	205	0	205	0	78	0	78	0
湖北美尔雅集团有限公司	0	0	0	0	7	0	7	0
襄樊益宝劳务服务有限公司	373	0	373	0	47	0	47	0
武汉天地国际劳务合作有限公司	1 776	0	1 776	0	624	0	624	0
中国轻工业武汉设计工程有限责任公司	28	28	0	0	0	0	0	0
武汉科岛地理信息工程有限公司	0	0	0	0	225	225	0	0
湖北省电力建设第一工程公司	0	0	0	0	438	438	0	0
湖北省建筑工程集团有限公司	959	959	0	0	793	793	0	0
武汉邮电科学研究院	1 434	1 434	0	0	301	301	0	0
武汉市鹏翔经济发展公司	210	210	0	0	192	192	0	0
武汉理工大产业集团有限公司	176	0	176	0	175	0	175	0
中铁大桥局股份有限公司	131	71	60	0	8 172	8 172	0	0
长江水利委员会长江勘测规划设计院	417	0	0	417	36	0	0	36
湖北大地国际经济技术合作有限公司	474	24	450	0	224	0	224	0
湖北省工业建筑总承包集团公司	430	0	430	0	0	0	0	0
中国葛洲坝水利水电工程集团有限公司	17 962	17 962	0	0	7 648	7 648	0	0
湖北晴川国际海员劳务开发有限公司	282	0	282	0	292	0	292	0
华中电力国际经贸有限责任公司	910	910	0	0	1 596	1 596	0	0
铁道第四勘察设计院	10	0	0	10	0	0	0	0
五环科技股份有限公司	15	0	0	15	2 979	2 839	0	140
湖南省	**61 939**	**59 281**	**2 375**	**283**	**38 497**	**34 851**	**3 355**	**291**
湖南环达公路桥梁建设总公司	15 232	15 232	0	0	1 310	1 310	0	0
湖南交通国际经济工程合作公司	3 019	3 019	0	0	4 313	4 313	0	0
湖南省送变电建设公司	0	0	0	0	12	12	0	0
湖南省建筑工程集团总公司	4 845	4 845	0	0	6 379	6 379	0	0
中国水利水电第八工程局	644	644	0	0	1 775	1 775	0	0
湖南路桥建设集团公司	3 933	3 933	0	0	387	387	0	0
湖南省机械设备进出口公司	100	100	0	0	50	50	0	0
中国有色金属工业第二十三冶金建设公司	5 841	5 841	0	0	1 020	1 020	0	0
中国湖南国际经济技术合作公司	175	0	175	0	1 335	12	1 323	0
长沙有色冶金设计研究院	0	0	0	0	12	0	0	12
国家电力公司中南勘测设计研究院	65	65	0	0	20	20	0	0
中机国际工程设计研究院	74	0	0	74	45	0	0	45
湖南省建筑设计院	67	0	0	67	67	0	0	67
湖南省郴州建设工程集团有限公司	1 975	1 975	0	0	6 052	6 052	0	0
中冶长天国际工程有限责任公司	4 407	4 311	0	96	757	608	0	149
株洲南方航空机械进出口有限公司	100	0	100	0	243	0	243	0
湖南环球（集团）公司	891	0	891	0	1 112	0	1 112	0
湖南省交通规划勘察设计院	66	66	0	0	35	35	0	0
湖南机械进出口有限公司	36	0	36	0	45	0	45	0
湖南国际工程建设有限责任公司	1 633	830	803	0	770	630	140	0
长沙市对外经济贸易有限公司	370	0	370	0	492	0	492	0

2005 年中国对外承包工程、劳务合作和设计咨询业务新签合同额、完成营业额分企业总值（续）

单位：万美元

企业名称	新签合同额				完成营业额			
	合　计	承包工程	劳务合作	设计咨询	合　计	承包工程	劳务合作	设计咨询
湖南省电力勘测设计院	46	0	0	46	18	0	0	18
岳阳市公路桥梁基建总公司	18 420	18 420	0	0	12 248	12 248	0	0
广东省	**61 382**	**28 277**	**32 762**	**343**	**64 100**	**32 883**	**30 878**	**339**
广东省建筑工程集团有限公司	1 835	1 835	0	0	1 836	1 836	0	0
广东海外建设集团有限公司	1 212	1 200	0	12	1 076	1 076	0	0
广州远洋运输公司	1 735	0	1 735	0	1 646	0	1 646	0
广州珠江实业集团有限公司	1	0	0	1	180	0	0	180
广州市第二建筑工程有限公司	1 560	1 560	0	0	321	321	0	0
中国轻工业广州设计工程有限公司	317	0	0	317	95	0	0	95
广东新广国际集团有限公司	12 434	1 455	10 979	0	20 401	3 483	16 918	0
广州市设计院	0	0	0	0	33	4	0	29
广州市建筑集团有限公司	0	0	0	0	603	603	0	0
广州对外经济发展总公司	4 509	0	4 509	0	3 244	73	3 171	0
中国广州国际经济技术合作公司	7 090	0	7 090	0	6 632	288	6 344	0
广州中海劳务合作有限公司	305	0	305	0	286	0	286	0
江门市对外劳动服务公司	824	0	824	0	1 415	0	1 415	0
广州广船国际股份有限公司	430	430	0	0	402	402	0	0
珠海对外经济劳务合作有限公司	7 320	0	7 320	0	1 082	0	1 082	0
广东省第七建筑集团有限公司	0	0	0	0	516	516	0	0
广东省机械进出口股份有限公司	20 937	20 937	0	0	20 691	20 691	0	0
广州无线电集团有限公司	570	570	0	0	682	682	0	0
广州市番禺珠江实业集团有限公司	0	0	0	0	1 963	1 963	0	0
中山市歧兴对外经济技术合作有限公司	0	0	0	0	716	700	16	0
广州市园林建筑工程公司	290	290	0	0	245	245	0	0
广东省电力设计研究院	13	0	0	13	13	0	0	13
广东省水利电力勘测设计研究院	0	0	0	0	22	0	0	22
深圳市	**298 475**	**298 475**	**0**	**0**	**214 306**	**214 306**	**0**	**0**
深圳地质建设工程公司	240	240	0	0	240	240	0	0
深圳山东核电工程公司	5 742	5 742	0	0	4 143	4 143	0	0
华为技术有限公司	264 275	264 275	0	0	192 532	192 532	0	0
北方国际合作股份有限公司	19 351	19 351	0	0	8 741	8 741	0	0
深圳市中兴通讯股份有限公司	8 867	8 867	0	0	8 650	8 650	0	0
广西壮族自治区	**1 284**	**1 274**	**10**	**0**	**2 534**	**2 534**	**0**	**0**
中国广西国际经济技术合作公司	10	0	10	0	0	0	0	0
广西壮族自治区公路桥梁工程总公司	0	0	0	0	628	628	0	0
广西电力工业勘察设计研究院	0	0	0	0	78	78	0	0
广西建工集团海外工程有限责任公司	1 274	1 274	0	0	1 278	1 278	0	0
广西建工集团第一建筑工程有限责任公司	0	0	0	0	550	550	0	0
海南省	**1 562**	**1 518**	**44**	**0**	**843**	**773**	**70**	**0**
海南省建筑工程公司	1 379	1 379	0	0	709	709	0	0
中国海南国际经济技术合作公司	183	139	44	0	134	64	70	0
重庆市	**9 576**	**8 215**	**1 361**	**0**	**7 273**	**6 653**	**620**	**0**

2005年中国对外承包工程、劳务合作和设计咨询业务新签合同额、完成营业额分企业总值（续）

单位：万美元

企业名称	新签合同额				完成营业额			
	合计	承包工程	劳务合作	设计咨询	合计	承包工程	劳务合作	设计咨询
广厦重庆第一建筑（集团）有限公司	3 089	3 089	0	0	846	846	0	0
重庆国际科技合作交流有限公司	11	0	11	0	7	0	7	0
重庆对外建设总公司	1 500	1 500	0	0	3 374	3 350	24	0
中国重庆国际经济技术合作公司	4 650	3 300	1 350	0	2 784	2 195	589	0
中冶赛迪工程技术股份有限公司	326	326	0	0	262	262	0	0
四川省	**140 805**	**138 397**	**2 364**	**44**	**60 079**	**57 274**	**2 678**	**127**
四川省机械设备进出口有限责任公司	1 490	1 490	0	0	0	0	0	0
四川华西集团有限公司	106	106	0	0	741	741	0	0
中国四川国际合作股份有限公司	147	0	147	0	1 178	711	467	0
川铁国际经济技术合作有限公司	10 799	10 793	6	0	4 554	4 407	147	0
中铁二局集团有限公司	99	99	0	0	3 150	3 150	0	0
中橡集团炭黑工业研究设计院	600	600	0	0	0	0	0	0
四川省化工建设总公司	880	880	0	0	0	0	0	0
四川德阳市国际经济技术合作有限公司	130	130	0	0	559	559	0	0
成都国际经济技术合作股份有限公司	918	0	918	0	1 277	0	1 277	0
四川省遂宁市寰宇对外劳务合作	350	0	350	0	102	0	102	0
四川公路桥梁建设集团有限公司	0	0	0	0	1 072	1 072	0	0
攀钢集团国际经济贸易总公司	100	0	100	0	0	0	0	0
四川非亚实业有限公司	115	0	115	0	4	0	4	0
四川东方电力设备联合公司	111 901	111 901	0	0	19 556	19 556	0	0
四川电力进出口公司	623	623	0	0	0	0	0	0
四川省外国企业服务有限责任公司	124	0	124	0	0	0	0	0
四川省外经实业股份有限公司	364	0	364	0	673	0	673	0
四川石油管理局	959	959	0	0	337	337	0	0
成都建筑材料工业设计研究院	7 848	7 848	0	0	952	952	0	0
中国成达工程公司	3 012	2 968	0	44	23 493	23 366	0	127
四川星城外经合作公司	240	0	240	0	8	0	8	0
中国水利水电第十工程局	0	0	0	0	2 423	2 423	0	0
贵州省	**13 783**	**13 063**	**720**	**0**	**16 396**	**16 216**	**180**	**0**
中铁五局集团有限公司	3 537	3 537	0	0	3 620	3 620	0	0
中国有色金属工业第七冶金建设公司	0	0	0	0	957	957	0	0
中国汽车工业进出口贵州公司	526	526	0	0	526	526	0	0
贵州贵航进出口公司	720	0	720	0	180	0	180	0
贵州省桥梁工程总公司	9 000	9 000	0	0	11 113	11 113	0	0
云南省	**53 366**	**53 181**	**4**	**181**	**38 766**	**38 502**	**35**	**229**
云南小额边境企业汇总	20 042	20 042	0	0	15 802	15 802	0	0
云南建工集团总公司	817	817	0	0	1 057	1 057	0	0
中国云南国际经济技术合作公司	12	8	4	0	54	19	35	0
中国石化集团滇黔桂石油勘探局	35	35	0	0	35	35	0	0
云南省机械设备进出口公司	0	0	0	0	1 004	1 004	0	0
云南第一公路桥梁工程有限公司	2 962	2 962	0	0	978	978	0	0
云南第二公路桥梁工程有限公司	4 288	4 288	0	0	1 071	1 071	0	0

2005 年中国对外承包工程、劳务合作和设计咨询业务新签合同额、完成营业额分企业总值（续）

单位：万美元

企业名称	新签合同额				完成营业额			
	合 计	承包工程	劳务合作	设计咨询	合 计	承包工程	劳务合作	设计咨询
中国有色金属工业第十四冶金建设公司	3 760	3 760	0	0	581	581	0	0
昆明市第一建筑工程有限责任公司	400	400	0	0	197	197	0	0
云南地矿勘查工程总公司（集团）	0	0	0	0	16	16	0	0
中国云南公路桥梁工程总公司	2 903	2 903	0	0	2 042	2 042	0	0
昆明市建筑设计研究院	1	0	0	1	1	0	0	1
国家林业局昆明勘察设计院	0	0	0	0	11	0	0	11
昆明有色冶金设计研究院	7	0	0	7	7	0	0	7
国家电力公司昆明勘测设计研究院	173	0	0	173	210	0	0	210
中国水利水电昆明国际公司	0	0	0	0	1 250	1 250	0	0
云南省德宏州进出口公司	230	230	0	0	230	230	0	0
昆明钢铁控股有限公司	50	50	0	0	50	50	0	0
云南路桥股份有限公司	0	0	0	0	1 395	1 395	0	0
云南第三公路桥梁工程有限责任公司	3 398	3 398	0	0	1 552	1 552	0	0
云南省机械进出口股份有限公司	4 695	4 695	0	0	4 802	4 802	0	0
云南第五公路桥梁工程有限责任公司	3 055	3 055	0	0	3 295	3 295	0	0
云南电力集团有限公司	51	51	0	0	51	51	0	0
文山州国际经济技术合作有限公司	450	450	0	0	1 305	1 305	0	0
云南德宏国际经济技术合作有限责任公司	0	0	0	0	18	18	0	0
云南公路桥梁工程有限公司	6 037	6 037	0	0	1 752	1 752	0	0
陕西省	**113 908**	**112 422**	**988**	**498**	**27 164**	**25 487**	**1 071**	**606**
西安天宝国际工程公司	128	128	0	0	55	55	0	0
西安西电国际工程有限责任公司	7 193	7 193	0	0	5 516	5 516	0	0
国家电力公司西北电力设计院	0	0	0	0	240	0	0	240
中国水电顾问集团西北勘测设计研究院	252	0	0	252	323	0	0	323
西安协力动力化学有限责任公司	37	37	0	0	37	37	0	0
煤航（集团）实业发展有限公司	42	42	0	0	42	42	0	0
长庆石油勘探局	0	0	0	0	560	560	0	0
陕西省机械设备进出口公司	58	0	58	0	45	0	45	0
中国机械工业第三安装工程公司	21	21	0	0	88	88	0	0
中国陕西国际经济技术合作公司	134	128	6	0	320	185	123	12
中铁二十工程局集团有限公司	98 169	98 169	0	0	11 755	11 755	0	0
秦海国际工程总公司	0	0	0	0	2 408	2 408	0	0
华山国际工程公司	6 704	6 704	0	0	4 841	4 841	0	0
中交第一公路勘察设计研究院	246	0	0	246	31	0	0	31
西安国际经济技术合作有限公司	924	0	924	0	903	0	903	0
甘肃省	**9 364**	**9 360**	**0**	**4**	**5 442**	**5 375**	**66**	**1**
甘肃地质工程总公司	292	292	0	0	538	538	0	0
甘肃海外工程总公司	7 205	7 205	0	0	2 575	2 575	0	0
中国石油兰州炼油化工总厂	0	0	0	0	50	0	50	0
中国甘肃国际经济技术合作公司	0	0	0	0	1 576	1 576	0	0
甘肃对外经济发展公司	0	0	0	0	16	0	16	0
兰州有色冶金设计研究院	4	0	0	4	1	0	0	1

2005年中国对外承包工程、劳务合作和设计咨询业务新签合同额、完成营业额分企业总值（续）

单位：万美元

企业名称	新签合同额				完成营业额			
	合计	承包工程	劳务合作	设计咨询	合计	承包工程	劳务合作	设计咨询
兰州石油化工装备工程总公司	1 863	1 863	0	0	686	686	0	0
宁夏回族自治区	**1 691**	**1 578**	**113**	**0**	**986**	**819**	**167**	**0**
宁夏二建集团有限责任公司	280	280	0	0	187	155	32	0
宁夏新月建筑有限公司	98	98	0	0	87	87	0	0
宁夏中建工程公司	104	0	104	0	107	0	107	0
银川国际经济技术合作有限公司	9	0	9	0	27	10	17	0
宁夏伊建国际经济技术发展有限公司	1 200	1 200	0	0	578	567	11	0
新疆维吾尔自治区	**5 982**	**4 925**	**0**	**1 057**	**10 815**	**10 464**	**0**	**351**
新疆建工（集团）有限责任公司	1 749	1 749	0	0	0	0	0	0
新疆电力建设公司	0	0	0	0	690	690	0	0
吐哈石油勘探开发指挥部	0	0	0	0	3 007	3 007	0	0
新疆石油管理局	1 358	301	0	1 057	5 196	4 845	0	351
新疆特变电工股份有限公司	0	0	0	0	911	911	0	0
新疆炼化建设集团有限公司	2 875	2 875	0	0	1 011	1 011	0	0
新疆生产建设兵团	**659**	**208**	**0**	**451**	**2 920**	**2 729**	**190**	**1**
新天国际经济技术合作（集团）有限公司	208	208	0	0	98	98	0	0
新疆生产建设兵团勘测设计院	451	0	0	451	1	0	0	1
新疆北新路桥建设股份有限公司	0	0	0	0	1 177	1 177	0	0
新疆北新建设工程（集团）有限责任公司	0	0	0	0	1 644	1 454	190	0

2005年中国对外援助成套项目建成及提供单项设备情况

行业	项目数量	项目名称	受援国家
建成成套项目	35		
交通运输	4	公路项目	蒙古
		2.6公里公路项目	卢旺达
		巴巴利利公路项目	巴新
		造船项目	瓦努阿图
工业	1	玻璃厂	朝鲜
公用民用建筑	7	外交部办公楼	马尔代夫
		马安工业城	约旦
		人民宫维修/外交部签证楼项目	科摩罗
		图书馆兼档案馆	莱索托
		总统府网络	刚果（金）
		国家剧场维修	加纳
		外交部办公楼	苏里南

2005年中国对外援助成套项目建成及提供单项设备情况（续）

行　业	项目数量	项目名称	受援国家
会议大厦	4	参议院大厦项目	加蓬
		议会堂等三项目维修	佛得角
		人民宫	几内亚
		国际会议中心	圭亚那
广播电信	6	电信网改造	土库曼斯坦
		通讯网改造	哈萨克斯坦
		广电设备维修项目	科摩罗
		兰哥尼电台维修改造	桑给巴尔
		卢萨卡、基特韦电台维修	赞比亚
		增加电视覆盖面项目	纽埃
体育设施	7	三个游泳馆	摩洛哥
		两小型体育设施	吉布提
		体育场电子积分牌	贝宁
		体育馆维修项目	尼日尔
		体育场维修项目	尼日尔
		游泳馆	萨摩亚
		体育场维修	卢旺达
文教卫生	5	医院	安哥拉
		贝尔蒂医院肾透析室项目	吉布提
		基本戈卫校增项工程	卢旺达
		中学项目	汤加
		农学院项目	瓦努阿图
水利	1	津德尔供水项目	尼日尔
单项设备	15	制作中斯已故领导人雕塑	斯里兰卡
		体育综合设施维修	尼泊尔
		向老中合作委员会提供办公设备和交通工具	老挝
		医疗设备项目	摩尔多瓦
		集装箱检测系统和电脑及电子设备	黎巴嫩
		干船坞设备	马耳他
		提供办公家具项目	马耳他
		体育场电子显示屏	约旦
		CT机	喀麦隆
		农场设备和救护车项目	瓦努阿图
		大巴车和灌溉设备等	特多
		提供风力发电机	巴新
		赠送纺织印染设备和原材料等	圭亚那
		气象服务技术系统	古巴
		一批教学设备、医疗设备和农业机械	哥伦比亚

2005年中国对外承担援外成套项目情况

行　业	承担项目数	受援国家
合　计	**57**	
公用民用建筑	29	柬埔寨、马尔代夫、蒙古、吉尔吉斯斯坦（2）、苏丹、巴勒斯坦、印度尼西亚（3）、泰国、尼泊尔、缅甸、马达加斯加（2）、莱索托、吉布提、苏丹、刚果（金）、加纳、赤道几内亚、塞舌尔、莫桑比克、密克罗尼西亚（2）、马里、卢旺达、利比里亚、斯里兰卡
工业项目	3	缅甸、土库曼斯坦、瓦努阿图
文教卫生	9	尼泊尔、纳米比亚、塞舌尔、厄瓜多尔、阿富汗（2）、多哥、佛得角、哥伦比亚
交通运输	5	柬埔寨、蒙古、塔吉克斯坦、埃塞俄比亚、玻利维亚
水利电力	2	缅甸、赞比亚
邮电通讯	1	毛里求斯
农业	1	卢旺达
体育	5	津巴布韦、萨摩亚、格林纳达、安巴、几内亚
其他	2	印度尼西亚、马达加斯加

2005年中国承担援外技术合作项目情况

行　业	承担项目数	受援国家
合　计	**64**	
农、林、牧、渔业	12	科特迪瓦、巴布亚新几内亚、贝宁、朝鲜、塞拉利昂、利比里亚、多米尼克、格林纳达、瓦努阿图、密克罗尼西亚、莫桑比克、几内亚
邮电通讯	4	中非、科摩罗、几内亚、刚果（布）
科、教、文、卫、体	23	格林纳达、斐济、多哥、刚果（布）（2）、尼日尔（2）、塞拉利昂、吉布提、毛里塔尼亚、瓦努阿图（2）、萨摩亚、安哥拉、喀麦隆（2）、尼泊尔、加蓬、科特迪瓦、古巴、刚果（金）、牙买加、几内亚
培训	19	安哥拉（2）、坦桑尼亚、叙利亚、乌克兰、阿尔巴尼亚、利比亚、塔吉克斯坦、土库曼斯坦、乌兹别克斯坦、塞拉利昂、阿富汗、朝鲜、老挝、南非、莫桑比克、巴勒斯坦、波黑、塞黑
其他	1	塞拉利昂
工业	5	马里、摩洛哥、毛里求斯、朝鲜、莱索托

文　献
Documents ↘

A MUST-HAVE FOR
INTERNATIONAL BUSINESS
CHINA COMMERCE YEARBOOK 2006
www.yearbook.org.cn
TEL:(010)64246856
CHINA COMMERCE YEARBOOK·2006
Published in separate Chinese and English editions

全球经济贸易体系中的中国

——在“中国发展高层论坛2005年会”上的演讲

商务部部长　薄熙来

非常高兴出席本次论坛。今天，众多中外朋友会聚一堂，以“世界经济格局中的中国”为主题进行探讨，对于加深世界对中国的认识很有意义。下面，我谨就全球贸易体系中的中国与各位进行交流，讲几个问题。

第一，中国的发展改善了世界人民的福祉

联合国贸发会议原秘书长里库佩罗先生曾经说过，无论根据何种标准，中国和世界经济的一体化过程都是近十年中最令人瞩目、最富有戏剧性、也最引人入胜的发展进程。从1979年到2004年，中国的GDP由1400多亿美元增长到16000多亿美元，人均GDP从181美元增长到1200美元，对外贸易额由200多亿美元，增长到11000多亿美元。

中国改革开放的总设计师邓小平先生曾经这样讲过：“中国温饱问题不解决，对世界将是一场灾难。”改善13亿人口的生活，一直是中国政府的头等大事。20多年来，中国成功地解决了占世界1/5人口的生计问题，贫困人口由2.5亿人减少到去年的2600万人，占世界这一时期贫困人口减少总量的75%。正如世界银行所评论的，中国的改革开放是人类历史上一次最大规模的减贫行动。在解决温饱问题的同时，老百姓的生活水平不断提高，越来越多的家庭开始住上宽敞、明亮的住房，越来越多的人开上了私家轿车，中国现在已经成为世界第三大汽车消费国、第一大手机用户国，建成了世界最大的固定电话网、移动通信网和第二大公用互联网。2005年，中国的网民数量预计可以超过1亿人。中国人的消费水平和过去相比发生了很大变化，中国的消费层次正在随着世界经济的发展而不断提升。

中国的发展和许多国家相比，明显具有开放性，对世界经济增长的带动效应已经日益显现出来。从总量来看，中国GDP还不到世界的4%，对世界经济增长的贡献率却达到了10%以上；对外贸易不到世界的6%，对世界贸易增长的贡献却达到了12%左右。正如联合国贸发会议所言，中国和美国正在成为世界经济的两个火车头。从供给来看，中国质优价廉的产品减少了进口国的支出，提高了消费水平，极大地增进了各国消费者的福利。美国前总统克林顿的经济顾问泰森女士曾经指出，自1997年以来，随着主要来自中国的更为低廉的商品进入美国市场，美国消费者每年至少可以节约数百亿美元的支出。从需求来看，中国加入世贸组织三年来，进口了大约1.2万亿美元的商品，在过去数年中，中国平均进口的增长速度都在20%以上，多数年份还达到了30%。从2004年开始，中国每年还要进口近6 000亿美元的商品，将为其他国家创造更多的生产和就业机会。从投资来看，中国的发展过程也是外资参与和分享利润的过程。跨国公司在中国拓展了他们的发展空间。据统计，从1990年到2003年，中国外商投资利润汇出额高达2 279亿美元。中国的对外投资也在加快，促进了东道国的增长和就业。

这里我简要谈谈对中美贸易逆差的看法。目前中美之间正在讨论贸易逆差，这也是中国政府希望逐渐缓解的一个问题。中美贸易逆差要从多方面加以分析。事实上，中国并不追求大额贸易顺差。2004年中国外贸总额超过1.1万亿美元，顺差只有300亿美元。中国对美国是顺差，对亚洲许多国家则是逆差。中美两国产业分工明显，中国主要生产中端和低端产品。中美在贸易统计上有很大差异。更重要的是，分析中美贸易，不能把贸易和投资断然分开。中国市场不仅直接接受来自美国的出口，美国的投资者也在分享中国日益增长的市场。中国的出口中，有一多半是包括美国企业在内的外国企业在华投资以后实现的。所以，如果把投资和贸易结合起来考虑，将能得到一个比较平衡的图画。同时，物美价廉的中国产品使各国进口商获得了更多利益，也给广大消费者带来了实惠，降低了欧美不少家庭的生活成本。

第二，中国的发展优化了世界经济格局

在南北格局方面，中国的快速发展不仅使发达国家获益，也提升了发展中国家在世界经济格局中的地位。20多年来，中国经济年均增速比世界快6个百分点，占世界比重由1978年的2.4%提高到2003年的3.9%。中国经济的发展，从整体上扩大了发展中国家对全球经济的影响，2002

年发展中国家占世界GDP的比重达到了18%。世界银行数据表明，没有中国的参与，发展中国家在世界生产中的比重是下降的。解决世界上南北差距的问题，应该是我们大家共同关心的问题。世界的平衡与和谐，是建立在有限的南北差距基础上的，如果南北经济差距过大，我们的世界是不可能安宁的。

在地区格局方面，中国的发展增强了亚太地区的经济互补性，激发了经济增长的活力，使这一地区成为世界经济的重要增长极。从1999年到2004年，亚太地区一直保持了6%以上的增长速度。目前，中国—东盟自由贸易区的建设进程正在加快，到2010年将初步建成一个拥有17亿人口、2万亿美元GDP 1.2万亿美元贸易额的自由贸易区，成为继欧盟、北美自由贸易区之后的世界第三个大的自由贸易区，届时将会成为世界经济最具活力的地区之一。

在产业格局方面，中国通过扩大开放，为全球产业结构的优化也拓展了空间。中国积极参与国际分工，吸纳劳动密集型的产业和加工制造环节。改革开放20多年来，中国累计吸引了5 600亿美元的外商直接投资，其中70%以上集中在制造业。由于中国处在国际分工链条的低端，处在低附加值的制造环节，这就客观上推动了其他国家向更高技术含量、更高附加值的产业升级。目前，美国高新技术产业增加值占制造业的1/4左右，日本、英国、法国也都在15%—20%之间，明显高于中国不足10%的水平。

还要指出，改革开放26年来，中国经济发展取得的成就是客观的，这种良好的发展趋势目前还在继续。但是，中国政府和经济界非常冷静，我们取得的成绩还是阶段性的、十分有限的，中国仍然是发展中国家。中国累计吸收外资5 600亿美元，如果计算折旧，存量只有2 100多亿美元，仅占世界总量的1%左右。去年中国吸引外资606亿美元，是吸收外资最多的年份，外资占全社会固定资产投资比例也只有7.2%，低于发展中国家和全球的平均水平；如果按人均计算，去年中国人均吸引外资只有160多美元，和世界平均1 100多美元也有很大差距。在对外贸易方面，虽然中国总量很大，但半数以上是加工贸易，和世界通常谈论的一般贸易有很大区别。中国贫困人口有了大幅下降，这是事实，是改革开放以来取得的巨大成就。但是，说中国农村贫困人口2 600万，是按照人均年收入不足80美元的绝对贫困标准计算的，如果按照人均年收入100美元的低收入标准计算，中国农村贫困人口就有8 000多万。中国去年人均GDP是1 200多美元，主要是东南沿海地区拉动，这些地方人均达到2 000、3 000美元，甚至更高水平，而中部地区、西部地区则远不到人均1 000美元。中国幅员辽阔，区域性差距很大，中国政府有很多难题需要解决。温总理曾有一句很著名的话：中国不论取得了多大的成就，除以13亿就小得很，而任何很小的问题，乘以13亿就大得不得了。

第三，中国在全球经济贸易体系中发挥了积极作用

中国是多边贸易体系的积极参与者。加入世贸组织三年多来，我们恪守承诺，清理并修订了约3 000多部法律、法规和部门规章。涉外经济法律体系建设不断完善，市场化进程取得了积极进展。今年1月1日，中国按照承诺取消了大多数非关税措施，关税总水平降至了9.9%，中国在银行、保险、证券、分销等服务贸易领域加快了开放步伐，不少投资者从中获益。中国积极推动新一轮多边贸易谈判，在多哈回合后开展了一系列多双边磋商，在推动发展中成员与发达成员相互沟通、减少分歧的过程中，发挥了建设性作用。2004年8月，世贸组织147个成员就削减农产品补贴等多哈回合主要议题达成了框架协议。中国和世贸组织其他成员一道，为推动谈判取得实质性进展，尽早达成共识作出了很大的努力。中国对外开放的决心是坚定的。三年前，中国加入世贸组织时，国内经济界、企业界有很多人士担心，因为我们的很多产业竞争力不强。但是中国政府最终作出了这一重大决策，即使是严峻的挑战，也准备付出代价。三年过去了，中国认真履行加入世贸组织的各项承诺，经济上取得了巨大进步，规避了不少预想中的风险，这一进程进一步鼓励了中国经济界。的确，在参与经济全球化进程中，任何国家都会有得有失，但总体上说，中国要走市场经济之路，融入全球经济的大格局中，愿意负责任地参与经济全球化的全过程。正因为如此，虽然中国加入世贸组织时作出了重要承诺，履行这些承诺已是非常困难，但中国仍愿积极推动世贸组织多哈发展议程（DDA），为新一轮多边贸易谈判和世界经济发展作出应有的贡献。

中国是区域经济合作的积极参与者。2004年，中国内地与港澳更紧密经贸关系安排正式实施。中国、东盟实施了自贸区“早期收获”，为启动自贸区谈判、建设奠定了重要基础。上海合作组织建设进入全面务实合作阶段，贸易投资便利化进程全面启动。中国还相继宣布启动了中国—南部非洲关税同盟等一系列区域性的合作计划。胡锦涛主席在去年访问拉美期间，还正式启动了中国和智利的自贸区谈判。在2003年10月胡锦涛主席访问澳大利亚、新西兰的时候，还与这两个国家签订了经济贸易合作的框架协议，都是向着自由贸易区的方向积极推进。近几年，在亚太经合组织、亚欧会议、中非论坛、大湄公河次区域合作等活动中，中国也是积极和务实的参与者。

中国是双边贸易投资自由化的积极参与者，中国同150多个国家和地区签订了双边贸易协定或议定书，同110多个国家签署了双边投资保护协定，同80多个国家签署了避免双重征税协定，与世界各国的双边经贸交流与合作不断深化。2004年，我们同52个国家和地区举行了65次双边会议，与美国召开了第十五届中美商贸联委会，与欧盟扩大补偿谈判也取得了积极进展，与日本、俄罗斯、拉美、大洋洲和非洲国家的经贸联系更加密切。

第四，世界需要更加公平、合理的全球贸易体系

中国的发展得益于对外开放，世界的发展也需要开放的全球贸易体系。今年12月，世贸组织第六届部长级会议将在中国香港举行，这次会议将对多哈回合谈判起到至关重要的作用。我相信，更理性的思维和更开放的心态，会带来更大的共识和进展。我们期待这次会议能在所有核心问题上达成一致，为2006年结束多哈谈判奠定好的基础。值此谈判前夕，作为中国的商务部长，我谨从个人的理解对全球贸易体系谈一点看法。

全球贸易体系应当具有更大的共赢性。中国有一句老话，“一花独放不是春，百花齐放春满园”。全球贸易体系应该促进世界各国共同发展。目前南北差距加大的事实更加严峻，一些国家正在被边缘化，世界最发达国家和最不发达国家的人均收入差距已经高达70倍。未来的全球贸易体系，应当高度关注发展中国家特别是最不发达国家的特殊困难和利益，促进发展中国家的经济发展，推动建立公正、合理的国际经济新秩序。

全球贸易体系应当具有更大的包容性。在世界各国国情千差万别的情况下，未来的全球贸易体系应当建立更加灵活和务实的机制，发挥每个国家的比较优势；应当是发达国家、发展中国家共同参与的体系，充分体现不同利益群体的主张；应当尊重发展中国家的经济发展目标，尊重他们自主选择渐进的市场开放模式，帮助他们提高国际竞争力和抗风险能力。

全球贸易体系应当具有更大的开放性。我们主张，应继续拆除横亘在各国之间的贸易壁垒，反对和尽快取消贸易歧视，实现世界产品、资源和要素的充分自由流动，最大限度地增进世界各国人民的福利。我相信，更具开放性的区域合作将和多边体制一道，成为推动全球贸易发展的两大支柱。

中国的发展成就是显著的，但发展水平在世界上仍然是靠后的。2003年中国国民生产总值虽然居世界第七，但人均仍排在第111位，不到主要发达国家的1/30。我们要实现全面小康，还有很长的路要走。

为了选择适合中国国情的发展道路，中国领导人站在历史的高度，充分考虑中国和世界共同发展的需要，负责任地提出了科学发展观与和谐社会的重要指导思想。我坚信，中国的全面协调可持续发展，符合历史发展的规律，符合世界人民和各个经济体的共同利益。中国的和平发展，将给世界经济的发展作出相应的贡献。

（2005年3月21日）

转变观念　统一思想　开创特办工作新局面

商务部副部长　于广洲

一、特办各项工作取得了新成绩

第一，各项管理工作有序进行。

1. 许可证发放工作。各特办都能严格执行许可证管理的条例和签发工作程序及授权范围，实现发证工作的制度化、规范化、网络化。2004年各特办共签发进出口许可证83 850份，涉及金额136.77亿美元（其中出口许可证77 274份，金额123.33亿美元，进口许可证6 576份，金额13.44亿美元）。2005年1月—5月份，共签发进口许可证22 659份，涉及金额68.16亿美元。目前没有发现越权或超范围、无配额或超配额发证现象。

2. 内部建设工作。各特办都非常重视政治理论学习，加强人员队伍的思想政治工作，同时能因地制宜，充分利用地缘优势，开展形式多样的参观学习活动，既增加了知识，又活跃了气氛。今年以来，按照部党组的统一部署，各特办都开展了保持共产党员先进性教育的活动，并能按照新时期保持共产党员先进性的具体要求，牢记宗旨，心系地方商务事业，为地方和企业察实情，讲实话，办实事。

第二，信息报送工作成绩显著。

2004年各特办报送政务信息8000余条，占全年收到政务信息总量的30%左右。被《要闻快讯》采用1633条，作为《商务部专报信息》上报中办、国办的有89条，大大超过2003年上报数量。

第三，加强同各地方的联系，为地方及企业服务不断改进。

今年3月，薄部长在同各位特派员同志座谈时提出：各特办主要的工作就是为地方服务，为企业服务，为地方为企业办事。希望各特办能成为商务部坚强有力的派驻机构，面向基层，竭诚为地方服务。

在同地方联系工作方面比较有特色的特办有：

武汉特办同湖北省商务厅、武汉市外经贸局、武汉市商业局建立了联席会议制度，每两个月召开一次联席会议，同两个市局每个季度各召开了一次联席会议，协调沟通商务政策执行和省市内外贸运行情况，研究存在问题，协商解决办法，取得了积极成果。

福州特办积极开展工作，在商务部成立后特办新职能尚未明确之前，不等不靠，主动与福建省和厦门市内贸管理部门进行沟通联系，建立工作联系机制。为特办新职能下发后各项工作的顺利开展打下了良好的基础。

天津特办针对联系省区市较多，而人员相对较少的特点，同所联系地区商务主管部门建立了联络员工作机制，旨在加强同所联系地区的沟通，及时了解情况，帮助解决问题，以便更好的为地方和企业服务。

南宁特办同广西有关部门联合主办广西和长三角、珠三角地区企业家合作交流会，为三地企业提供了沟通和交流平台，为推进东西部区域合作，对促进产业衔接和要素互补，共同开拓东盟等国际市场，发挥了积极作用。

二、特办工作面临的新形势

第一，商务工作快速发展，在国民经济中发挥更加重要的作用。

首先，商务工作的主要成绩。今年以来，按照党中央、国务院的统一部署，全国商务系统大力开拓国内外市场，加强和改善多双边经贸关系，妥善处理国际贸易争端，国内外贸易和国际经济合作总体上保持了良好的发展态势。主要表现在：(1）国内市场需求趋旺，消费对经济增长的拉动作用增强。(2）出口保持快速增长，进口增幅明显回落。(3）实际吸收外资略有下降，合同外资金额稳定增长。(4)“走出去”战略稳步推进。(5）贸易摩擦应对工作取得新进展。

其次，商务工作面临的矛盾和问题。在看到成绩的同时，我们还应清楚的看到，我国商务工作面临的一些矛盾和问题仍然比较突出，主要有以下几个方面：一是国内市场供求出现新变化，部分产品供过于求严重。二是外贸顺差大幅增加，国别贸易不平衡更为突出。三是部分高能耗和资源性产品出口增势依然较猛，宏观调控任务依然艰巨。四是针对我国的贸易保护升温，外贸环境不容乐观。五是有些地方出口退税负担加重，退税机制亟待完善。六是人民币升值的内外部压力继续增大。

再次，下半年商务重点工作。一是要巩固“保持共产党员先进性教育”的成果，将各项整改措施落到实处。二是落实全国流通工作会议精神，认真搞好“万村千乡”工程。三是推动出口增长方式转变，适当扩大进口。四是提高利用外资质量，提升国家级开发区发展水平。五是加快实施“走出去”战略，重点推进纺织等行业的原产地多元化。六是做好多双边经贸工作，积极参与区域经济合作，妥善应对国际贸易争端，切实保护国内产业。

第二，随着外贸管理职能的转变，需要对特办的功能重新定位。

2004年7月，新的《对外贸易法》正式实施。随着外贸经营权由审批制转为登记备案制，越来越多的企业拥有了外贸经营权，伴随着外贸管理职能的放开和进出口自动许可的实施，实行配额管理的产品越来越少，2005年实行配额管理的商品从2003年的60种减至现在的50种（其中出口47种，进口3种)，各特办传统的签发进出口许可证的业务在不断减少，在这种情况下，充实特办职能，扩大服务范围，势在必行。

第三，国内贸易是商务工作的重要组成部分，各特办要拓展新的业务空间。

国务院“三定”方案给予商务部的任务之一就是要加强内贸。国内贸易管理着全国社会消费品、生产资料销售等约2万多亿美元的大市场，涉及生产、流通等诸多方面，与老百姓的生活息息相关。在前不久结束的全国流通工作会议上，吴仪副总理强调：各地区、各有关部门必须深刻认识流通在发展社会主义市场经济中的重要性，大力推进现代流通，培育和引领现代消费需求，以现代流通带动现代化生产，促进国民经济持续快速协调健康发展。

商务部的工作之一就是要加快现代流通体制的改革，规范市场运行、流通秩序，打破市场垄断和地区封锁，建立健全统一、开放、竞争、有序的市场体系。

党的十六届三中全会通过的《关于完善社会主义市场经济体制若干问题的决定》中指出，要“按照市场经济和世贸组织规则的要求，加快内外贸一体化进程”。所以，我们在特办工作的同志，要改变过去作为外经贸部特办单一从事外经贸工作的思维方式，主动拓宽业务范围，把国内贸易纳入自身的工作视野中，在工作中不断学习和了解国内贸易的法律法规和相关知识，特别是要与所在地国内贸易管理机构建立起必要的工作联系，了解各地生产、流通、市场建设的基本情况和存在的问题，帮助地方解决内贸发展中遇到的问题。

各特办要在发展中完善定位，在实践中调整定位。目前，一些地方的内外贸管理机构还没有整合，这些地方的特办要充分发挥协调和连接作用，使内外贸管理机构相互衔接，相互配合，共同做好商务工作这篇大文章。

第四，按照建设服务型政府的要求，更好地为地方和企业服务。

党的十六届三中全会指出：增强政府服务职能，首要的是深化行政审批制度改革，政府职能从“全能型”转向“服务型”，政府决策建设突出规范化，增强透明度和公众参与度。完善社会主义市场经济，要求实现政府角色的转变，确立服务型政府的新定位。

最近，我部领导反复强调要建设服务型政府，全心全意为地方和企业服务，特办作为我部的派出机构，具有贴近地方和企业的特点，在为地方和企业服务方面大有可为。搞好服务的核心，就是要帮助地方和企业解决遇到的实际问题，对那些反映普遍，具有共性的问题，要及时向上反映，提出解决意见，为部机关决策提供信息。对企业反映的个性问题，也不要轻易放过，也要千方百计帮助协调。服务工作做好了，就会得到地方和企业的真心拥护和认可，有为才能有位。

（**编注**：本文系于广洲副部长2005年7月19日在商务部特派员工作会议上的讲话节录）

加强合作　优势互补　共同发展

商务部副部长　魏建国

一、全球软件产业发展情况

随着全球经济和社会发展需求的变化，信息产业的全球性结构调整日益明显，逐步由硬件主导型向软件和服务主导型发展。软件产业已经成为现代高科技竞争的焦点领域之一，是当前经济全球化的重要推动力。目前，国际软件市场竞争格局和产业分工体系已逐渐形成，除美日欧等发达国家和地区外，印度、爱尔兰等国家由于定位准确、发挥了自身优势，也在世界软件市场中赢得了一席之地。

1. 国际软件产业规模不断扩大

20世纪90年代以来，在全球信息化浪潮的推动下，软件产业发展迅速，年均增长率达12%，是同期全球经济平均增长率的5倍以上。据信息产业部统计，2004年，全球软件产业保持了稳定增长，产业规模为8 862亿美元，比2003年增长11.5%。其中，美国是全球最大的软件市场，占全球市场的38.37%，达3 400亿美元；西欧是全球第二大软件市场，占全球市场的30.16%，达2 673亿美元。2004年，中国软件产业在世界软件产业中的份额为2.99%，达265亿美元。

根据世界著名的咨询机构ADL顾问公司、IDC公司、Infocorp公司，以及日本野村综合研究所对世界计算机信息市场的分析预测，2005年，国际软件产业规模将达到9 500亿美元左右的规模。

2. 软件产业区域转移趋势显现

综合分析全球信息产业发展的不同阶段，可以发现产业国际分工体系始终处在不断调整的状态。软件产业上游的计算机硬件、外设、半导体等的制造中心，已形成了向亚太地区转移的整体趋势。而在新一轮的国际分工中，高附加值、低成本、智力密集型的软件与信息服务产业也逐步向亚太地区转移，给中国和印度等国的软件产业带来了巨大的发展机遇，也必将对整个亚太地区软件产业的发展产生重要影响。

3. 阶梯式竞争格局逐步形成

由于不同国家的软件企业依据不同的优势，进行独具特色的软件发展战略定位，从而使各国在全球软件出口市场格局中扮演不同的角色。目前，在全球软件出口市场的战略格局中，美国为主导型第一阵营，爱尔兰、以色列、印度以其优异的本地化技术和提供信息服务的能力占据软件出口第二阵营。中国目前处于第三阵营。

二、中国软件出口现状

政策环境、融资环境的持续改善，知识产权保护力度的不断加强，为中国的软件产业和软件出口提供了良好的发展环境。中国软件产业在产品与服务两个方面都得到蓬勃发展，在国内、国际两个市场上取得了双丰收。

1. 软件出口保持快速增长的良好势头

2000 年，中央政府《关于鼓励软件产业和集成电路产业发展的若干意见》发布后，中国的软件出口步入良性发展轨道。

据有关部门统计，软件出口由 1999 年的 2.5 亿美元上升到 2004 年的 28 亿美元，6 年间增长了 10 倍。软件出口在产业中的比重也在逐年上升，由 1999 年的 4.8% 上升至 2004 年的 9.6%，并显示出强劲的增长后劲。

2. 软件出口地区分布相对集中

中国软件出口市场主要是日本、美国、欧洲、东南亚等国家和地区，其中对日软件出口占较大比重。以北京市为例，据海关统计，2004 年，北京市软件出口总额为 2.27 亿美元，其中对日软件出口 1.22 亿美元，占出口总额的 53.8%。而从全国范围来看，对日出口则占到全国软件出口的 60% 左右。

3. 嵌入式软件出口是主要出口形式

中国软件出口形态呈现多样化，既有软件和信息服务外包出口，又有自主知识产权的软件产品出口，也有大量随设备出口的嵌入式软件出口。

但这些出口形式中，出口量最大的是嵌入式软件，华为、中兴等通信企业和海信、海尔等家电企业都是嵌入式软件的生产大户，也是出口主力。

4. 沿海省市是主要出口力量

中国软件出口主要集中在东部沿海地区。2004 年，中国软件出口主要集中在广东、上海、北京、大连等沿海、发达省市，其出口额将近占到全国的一半。这些地区经济整体实力较强，开放较早，能有效地吸引资金和人才，加之软件产业依托于信息产品制造业的发展，而这些地区集中了大量知名制造企业，使其成为软件出口的主要地区。不过中西部地区在西部大开发战略的推动下，也出台了一系列优惠政策，软件产业和软件出口取得较快增长。

三、国际软件和信息服务外包机遇与中国的优势

近几年在发达国家的企业界快速地掀起了将软件设计和业务流程外包（BPO – Business Process Outsourcing）转移到亚太等更低成本国家的浪潮，也就是离岸外包的浪潮。

这种以全球 500 强企业为主推动的离岸外包的实质是信息产业资源重组，是以软件设计为特色的 IT 制造业向以软件为载体的 IT 服务业的延伸，标志着软件产业已步入一个新的发展阶段。而从经济学角度来看，外包代表了经济全球化的新一轮发展趋势，代表着继西方制造业向海外转移高峰过去之后出现的一个经济全球化的新阶段。

据全球著名市场研究公司 GARTNER 公司预测，自 1999 年以来，全球 BPO 市场的年均增长率为 23%，而到 2004 年全球 BPO 服务市场总收入将达到 3000 亿美元。而联合国贸发会议的报告则指出，全球 BPO 市场到 2008 年将增长到 6 825 亿美元。目前，在 BPO 出口市场上，美国占 63%，欧洲占 26%，其他国家为 11%。

纵观国际软件出口市场，按照比较优势的分工原则，发达国家主要控制具有自主知识产权的系统软件和应用软件的出口，而发展中国家，特别是印度等国，则抓住国际 BPO 兴起的机遇，积极承接国际软件和信息服务外包业务，在加强国际合作的同时，迅速壮大了本国的软件产业，成为国际软件市场上的新兴力量。

世界各国的发展轨迹及中国 20 多年改革开放的经验都已证明，要想做大做强一个产业，必须融入全球经济链条中，根据自身条件把握各种发展机遇，选择合适的切入点，在较短的时间内实现规模增长，从而具备持续发展的可能性。目前，BPO 已经成为世界经济发展的热点之一，中国具有明显的优势，可以在这个领域有所作为。

1. 中国经济保持平稳快速增长

中国国民经济保持平稳快速增长，改革开放进一步深化，为外包业务在中国的发展提供了良好的外部环境。中国已成为吸收利用外资最多的国家之一，目前在华设立外商投资企业近 50 万家，涉及信息技术、制造业、农业、基础设施等几乎所有行业。全球最大的 500 家跨国公司中近 450 家已在华投资，部分公司还设立了地区总部。同时，加

入WTO后，中国国内市场的开放度进一步扩大。中国政府信守承诺，全面清理国内现有法律法规，提高贸易政策透明度，大幅降低关税水平，扩大银行、证券、保险、商业、旅游、电信、海运、律师事务所、会计事务所等服务领域的对外开放。

2. 政府支持软件产业发展，创造良好的发展环境

为了尽快提高中国软件产业的总体水平和国际竞争力，中国政府出台了一系列鼓励企业开拓国际市场政策措施。商务部会同有关部门组织实施科技兴贸战略，明确把发展软件和信息服务出口为特色的外包作为一项重要内容。2004年，为了促进中国软件出口发展，国务院确定北京、深圳、上海、天津、大连和西安六个国家软件出口基地，并给予政策支持。

3. 具有良好的IT设备和产品的制造能力

中国作为世界电子信息产品制造基地之一，生产越来越多的数字化产品。中国承接的外包业务大部分是手机软件、DVD软件、数码相机软件、汽车电子软件等，这些软件大量嵌入在装备里面，这有利于结合中国在电子信息产品制造业方面的合作优势。

4. 国内市场前景广阔

中国软件外包的优势还在于软件国内市场需求广阔，一方面，国内软件外包企业可以通过国内市场积累外包经验和企业规模；另一方面，由于国外软件大公司在开拓国内市场的过程中，不仅能为中国培养高素质的软件人才，而且可能将国外的软件外包业务带给其国内相关软件企业。

（**编注：**本文系魏建国副部长2005年6月23日在大连中国国际软件和信息服务外包业务年会上的演讲节录）

在"2006年全国国家级经济技术开发区高校毕业生网络招聘会"上的讲话（节录）

商务部副部长　马秀红

设立国家级开发区是我国推进对外开放的重大举措。经过20多年的艰苦创业，国家级经济技术开发区培养和聚集了一大批高速增长的优质企业，成为了所在城市经济发展中的亮点，对全国各地的高校毕业生产生了巨大的吸引力。"十一五"期间，国家级经济技术开发区将继续发展成为高新技术产业、现代服务业和高素质人才的聚集区。

20多年来，国家级经济技术开发区在改革开放中发挥了窗口、示范、辐射和带动作用，已发展成为改革开放的试验田和先行区，成为现代制造业集中、产业集聚效应突出、经济高速增长、带动力强的外向型工业区，成为我国土地集约程度最高的区域之一，成为安排就业的重要渠道，成为加快内地与港澳经济合作和互动发展、密切两岸经贸关系的纽带和桥梁，成为我国对外开放的一个亮点。

自1984年沿海开放座谈会以来，国务院先后批准设立国家级经济技术开发区49个，另有苏州工业园区、上海金桥出口加工区、厦门海沧台商投资区、宁波大榭开发区、海南洋浦经济开发区等5个经国务院批准享受国家级经济技术开发区政策的工业园区，形成了沿海、沿江、沿边、内陆省会城市全方位、多层次、宽领域的全国布局。

2005年，国家级经济技术开发区经济发展呈现良好势头，各项主要经济指标实现全面增长，对所在地区的经济发展起到积极有效的窗口、辐射、示范和带动作用。

一、主要经济指标实现高速增长，带动所在地区经济发展

2005年1月至9月份，国家级经济技术开发区的经济总量、规模都获得较大增长，实现工业总产值（现价）16 481.00亿元，同比增长了27.44%；完成工业增加值4 289.50亿元，同比增长20.29%，高于全国工业增加值增幅（16.30%）3.99个百分点，占全国工业增加值（50 449.87亿元）的比重为8.50%。

二、积极吸收外资，扩大出口，外向型程度日益提高

2005年1月至9月份，国家级经济技术开发区进出口

总额达到1 573.19亿美元，同比增长34.57%，高于全国增幅（23.70%）10.87个百分点，占全国同期进出口总额（10 245.06亿美元）的15.36%；出口784.00亿美元，增幅高于全国出口额增幅（31.30%）10.37个百分点，同比增长41.67%，占全国出口总额的14.35%。国家级经济技术开发区合同外资金额168.37亿美元，占全国的12.92%；实际利用外资91.62亿美元，占全国的21.19%。

三、坚持集约、合理使用土地，土地利用效益明显

截至2004年底，49个国家级开发区经国务院批准的规划用地面积约580平方公里，已完成规划内工业用地开发约480平方公里，占全部规划用地面积的83%。已入区工业企业3.21万家，其中外商投资企业1.65万家，占全区工业企业总数的51.4%。平均每平方公里建成投产工业企业数约67个，2004年平均每平方公里工业用地的工业产值达30.9亿元，平均每平方公里工业用地实现税收收入1.54亿元。

四、发展高新技术，优化产业结构，形成产业集群和人才聚集地

截至目前，国家级经济技术开发区内高新企业数已达到3 200家，高新技术企业工业总产值（现价）占国家级经济技术开发区工业总产值（现价）的46%，高新技术企业产品销售收入占国家级经济技术开发区工业企业销售收入的48%，高新技术产品出口额占国家级经济技术开发区出口总额的65%，机电产品出口额占国家级经济技术开发区出口总额的72%。形成了以电子信息、光机电一体化、生物医药、精细化工、汽车、环保等六大主导产业为代表的高技术产业群和研发基地，并成为国际产业分工和国际市场循环的重要环节。在国家级经济技术开发区从业人员中，10%以上具有中高级专业职称；有的国家级经济技术开发区聚集了所在城市1/3—1/2的海外留学人员。截至2004年，国家级经济技术开发区内直接从业人员超过340万人。

国家级经济技术开发区20多年来取得的成绩充分说明了党中央、国务院建立国家级经济技术开发区的决策是正确的。面对“十一五”的新形势，国家级经济技术开发区要制定好发展规划，按照国务院确定的发展方针不断开拓进取，开创新局面。

（一）新时期制定国家级经济技术开发区“十一五”发展规划要贯彻党的十六届五中全会的精神，落实2004年全国国家级经济技术开发区工作会议和《关于促进国家级经济技术开发区进一步提高发展水平的若干意见》（国办发［2005］15号）的各项要求，以国家的“十一五”规划为指导，结合所在地政府的“十一五”规划和发展目标，根据自身发展水平，要具有先导型的、示范型的、能带动当地经济发展的特点，在当地的改革开放中起到窗口、示范、辐射和带动作用。

（二）要全面落实科学发展观，要深刻理解“三为主、二致力、一促进”的内在涵义，结合国际资本流动的新趋势，重点突出向跨国公司转移高科技高附加值加工制造环节、研发中心及其服务外包业务的重要承接基地转变的特点，着重考虑加工贸易的优化升级。通过“四个转变”实现体制机制的转变，通过“四个更加”着重体现服从经济发展全局和为经济全局服务，通过坚持完善集中精简高效亲商务实的管理体制、运行机制和特定的产业经济区定位来优化综合环境，在我国对外开放和经济发展中发挥更大的作用。

（三）要通过“区区联动”、“区港联动”的一系列措施，将不同的区域和不同的港口，甚至不同地区的区域和港口结合起来，以市场需求为导向，由市场对资源进行配置，形成若干外资密集、内外结合、新的经济增长带，充分发挥国家级开发区的窗口、示范、辐射和带动作用。积极做好中西部地区投资促进和东部、西部开发区之间的人员交流工作，促进产业梯度转移，实现区域协调发展。

20多年来，国家级经济技术开发区在一片荆棘之上取得了傲人的成绩，这是与一代代开发区人的辛勤耕耘分不开的。在新的发展阶段，国家级经济技术开发区要进一步提高发展水平，就必须获得强大的人才、智力支持。希望这次网络招聘会能够在国家级经济技术开发区与高校毕业生之间搭建起沟通的平台，为高校毕业生提供充足的需求信息，为国家级经济技术开发区的用人单位提供满意的人才，为地方和中央解决就业和发展问题贡献一份力量。

（2006年1月6日）

经济全球化与世界各国的共同发展

商务部副部长　廖晓淇

当今世界，各国发展的不平衡性越来越明显。不仅发达国家和发展中国家之间发展不平衡，而且发达国家之间以及发展中国家之间的发展也很不平衡。例如，自20世纪90年代以来，美国经济在发达国家中一枝独秀，而欧盟和日本的发展则不尽如人意。在发展中国家中，亚洲经济持续高速增长，而非洲和拉美经济则长期表现不佳。世界各国发展不平衡的原因很多，既有内部因素，也有外部因素，但我认为，在经济全球化的今天，一个重要的原因在于各国能否正确认识和应对经济全球化。

经济全球化是当代世界经济发展的基本特征。正如英国著名经济学家约翰·邓宁教授所讲的，"除非有天灾人祸，经济活动的全球化不可逆转。"世贸组织首任总干事鲁杰罗也曾经指出："如果有人认为全球化是可以阻止的，那么他必须告诉大家，他有没有设想过阻止经济和技术发展的后果。阻止全球化无异于想阻止地球自转。"尽管在2001年后的几年里，经济全球化的速度有所放缓，但经济全球化的大趋势并没有改变。

经济全球化带来的最大好处是可以实现世界资源的优化配置。一国经济运行的效率无论多高，发展空间无论多大，总要受到本国资源和市场的限制，只有全球资源和市场的一体化才能实现资源配置的最优化和发展空间的最大化。经济全球化对发展中国家也十分重要。它带来了国际分工的大发展、产业的大转移和生产要素的大流动，为发展中国家弥补国内资本和技术的缺口，发挥后发优势和实现跨越式发展创造了条件。但是，经济全球化也导致国际竞争空前加剧，任何一国缺乏竞争力的企业总避免不了最终被淘汰的命运。按照优胜劣汰原则调整国内经济结构，常常成为世界各国痛苦的而又不得不去完成的课题。

显然，经济全球化对于世界各国都是一把"双刃剑"，关键是如何正确应对。总结世界各类国家和地区应对经济全球化的做法，我们可以得出如下一些基本的经验：第一，各国要实现经济发展的成功，就必须实行对外开放，积极参与经济全球化；第二，在参与经济全球化过程中，应该立足自身优势，扬长避短，趋利避害，并随着经济发展的进程适时调整产业结构，增创新优势；第三，完善的国内经济体制是有效参与经济全球化的前提，为此需要进行体制的改革和制度的创新；第四，科技创新能力是国际竞争力的核心内容，世界任何一个国家要想在经济全球化中长盛不衰，就必须重视科技、教育和人才，建立健全的科技创新体制和提高科技创新能力。

实现世界的共同发展，除了各国的自身努力外，还需要建立资源充分流动、市场相互开放的公平自由的全球经济体系。为此，需要发达国家和发展中国家的共同努力。对于发达国家来说，应该终止对世界贸易造成严重扭曲的农业补贴，取消对发展中国家优势产品的结构性高关税，避免技术性贸易措施对世界贸易造成阻碍，并为发展中国家提高贸易和经济发展能力提供必要的资本和技术支持。对于发展中国家来说，也应该转变观念，逐步开放国内市场，切实保护知识产权，尤其是要避免对其他发展中国家的出口和经济发展设置壁垒。

自实行改革开放以来，中国顺应经济全球化的历史潮流，把对外开放作为基本国策，积极有效地应对经济全球化所带来的机遇和挑战，取得了举世瞩目的"经济奇迹"。据统计，改革开放以来，国内生产总值年均增长率高达9.4%，从1980年到2004年，国内生产总值提高了36倍，人均国内生产总值提高了23倍，经济总规模由世界第12位提高到第7位。2004年国内生产总值达到1.6万亿美元，增长9.5%。根据中国国家统计局的最新统计，今年第1季度的经济增长率仍然达到9.5%，呈现出良好的发展势头。

与其他国家应对经济全球化的经验相比，中国的成功既具有共性，也具有独特性。概括起来，主要有以下几点：第一，大刀阔斧地进行经济体制改革，成功实现了由计划经济体制向市场经济体制的转变，为参与经济全球化提供了有效的制度保证。第二，把科技视为第一生产力，大力实施科教兴国战略，重视教育，重视人才，为不断增强国际竞争力提供了强有力的人才、技术和智力支持。从1978年到2004年，中国的研究与开发经费支出增加了34倍，教育经费支出增加了77倍，在校大学生人数增加了15倍。第三，大力发展对外贸易，积极引进国外资本和先进技术。从1978年到2004年，中国对外贸易总额增长了55倍，年均增长16%；累计吸收外商直接投资5 500多亿美元，累计引进国外先进技术2 000多亿美元。第四，坚持以利用外商直接投资为主，积极稳妥地开放国内资本市场，有效控制对外开放的风险，避免了在一些发展中国家频繁发生的金融风波。

与历史上许多经济崛起的国家相比，中国经济发展的开放性很强，改革开放以来，中国的平均关税总水平连年下降，已从1992年的43%下降到2001年的15%，2005年又下降到9.9%，超过了加入世贸组织承诺的10%的水平，并且取消了所有的非关税壁垒，贸易自由化和国内市场开放的速度世所罕见。中国国内市场的大幅度开放和外资的大规模流入，实现了与世界各国的互利共赢和共同发展。从1978年到2004年，中国的进口增长了近51倍，占世界总进口的比重从不足1%上升到6%。仅在中国加入世贸组织后的3年里就进口了大约1.2万亿美元的商品，对全球货物贸易增长的贡献率达到12%。中国大量的外商投资也给投资母国带来了良好的经济效益，并促进了这些国家的产业结构调整和升级。近年来，随着“走出去”战略的实施，中国对外投资规模也不断扩大，累计对外直接投资近370亿美元，开始为世界经济的发展提供资本贡献。今后，随着中国经济规模的扩大，对世界经济发展的积极作用将更加显著。

（**编注**：本文系廖晓淇副部长2005年4月23日在博鳌亚洲论坛上的演讲节录）

妥善应对贸易争端　积极改善贸易环境[①]

商务部副部长兼国际贸易谈判代表　高虎城

改革开放28年来，我国坚持对外开放和参与经济全球化，对外经济贸易持续快速发展，取得了巨大成就。但与此同时，我国的快速发展引起世界各国的高度关注，我国与贸易伙伴在资源、市场、资金、技术和人才的竞争加剧，各类摩擦和争端频现，国际贸易环境日趋复杂。《中共中央关于制定国民经济和社会发展第十一个五年规划的建议》中指出：“要增强处置贸易争端能力，维护企业合法权益和国家利益”。在我国“十一五”发展的新时期，妥善处理贸易争端，营造稳定、和谐的国际贸易环境，是实施互利共赢的对外开放战略、构建和谐世界的重要组成部分。

一、我国已进入贸易争端多发期

近年来，随着我国对外贸易高速增长，我国面临的贸易争端与日俱增，并呈现出新的特点。一是贸易争端数量多。据统计，自1979年至2005年底，国外共发起了744起针对我国产品的反倾销、反补贴、保障措施及特别保障措施的调查案件，涉及4 000多种商品，影响了我国数百亿美元的出口贸易。尽管我国目前的货物贸易出口在世界贸易总额中不大，2004年只有6.5%，但我国遭受的反倾销占了世贸组织成员反倾销总量的15.6%，2004年达到22.8%。

二是贸易争端由发达国家向发展中国家蔓延。当前我国同时受到来自发达国家和发展中国家的双重压力，贸易争端应对难度增大。在WTO成员对我发起的反倾销案件中，发展中国家占60%以上。

三是贸易争端手段由传统的反倾销、反补贴、一般保障措施向我国加入WTO有关条款、技术型贸易壁垒措施扩展。这些条款包括纺织品特别限制措施（中国加入WTO工作组报告书第242段）、“特保”（中国加入WTO议定书第16条）和“非市场经济地位”（中国加入WTO议定书第15条）。由于这三个条款是在多边框架下专门针对中国而设立的，使用条件宽泛，标准模糊，随意性较大，容易被滥用，其影响不可低估。此外，发达国家还利用技术贸易壁垒、

① 本文为高虎城副部长在《求是》杂志2006年第8期发表的《妥善应对贸易争端　积极改善贸易环境》的初稿。

技术标准、检验检疫等非关税壁垒和手段，限制我产品出口和核心竞争力的提高。

四是贸易争端由货物领域向服务贸易领域扩大。近年来，在对我纺织品、鞋等具有竞争优势的产品采取限制措施的同时，国外不断对我汽车分销、金融、保险、政府采购、建筑等产业政策和市场准入提出质疑，要求我进一步开放市场，以获取更大的服务贸易利益。

五是贸易争端由企业微观层面向宏观体制、制度层面延伸。近年来发达国家在多双边场合对我国出口管理体制、银行呆坏账核销、税收、补贴政策、劳工标准、社会责任、知识产权以及人民币汇率等问题频频发难，形成不利于我国的氛围，我国经济贸易发展面临的外部压力不断增大。

应该看到，中外贸易争端之所以愈加频繁，既有我国自身的原因，也有国际贸易环境方面的问题。受整体产业发展水平较低的制约，我国的出口增长仍属于数量扩张型的较为粗放的增长方式，出口的质量和效益有待提高，这是贸易争端的主要诱因。企业主动避免贸易争端的意识不够强，熟悉规则、运用规则发展和保护自己、化解贸易争端的能力还需进一步提高。商协会等中介组织在应对贸易争端过程中的协调、组织和服务等功能还需进一步完善和加强。

就国际贸易环境而言，随着我国综合国力和国际经济地位的显著提高，我国对世界的影响力不断增强，并已成为当今国际贸易环境中的一个显著特征。2005 年，我国国内生产总值达到 2.2 万亿美元，仅次于美、日、德，跃居世界第 4 位，进出口贸易总额为 1.4 万亿美元，居世界第 3 位，外汇储备 8 189 亿美元，居世界第 2 位。我国自 1993 年以来连续 13 年居发展中国家吸引外资的首位。截至 2005 年底，我国实际利用外资金额超过 6 200 亿美元，全球 500 强企业中的 90% 都在中国进行了投资。我国已成为世界上重要的生产加工基地，目前有 172 种商品产量居世界第一。如激光视盘机、拖拉机和集装箱占世界总产量的 80% 以上，钟表、收录机占 60% 以上，显示器、照相机、日用陶瓷占 50% 以上。

虽然我国的快速发展为周边国家和地区乃至世界经济发展提供了机遇，各国加强与我国经贸合作的意愿不断增强，但这同时也打破了国际经贸格局和利益分配格局，引起一些国家和地区的关切和忧虑。有的担心我国快速发展特别是我国国际市场份额的迅速扩大损害其既得利益。有的认为中国经济的成长和中国产品的出口，造成能源短缺，影响到他们国家的就业，造成他们产业转移等。还有一些国家受其国内政治和经济等多种因素的影响，常常将我国作为转嫁国内矛盾的对象。某些势力甚至视我国发展为威胁和挑战，制造和鼓吹所谓的“中国威胁论”等论调。这种状况在今后相当长时期内都可能存在，处理不好可能成为我国国际贸易环境中的不和谐因素。

二、立足互利共赢，正确认识贸易争端

（一）要冷静客观地看待贸易争端

进入 21 世纪，国际环境总体稳定，和平、发展、合作成为当今时代的潮流。随着各国之间贸易、投资、技术、劳务等方面合作的加强，各国比较优势的发挥，我国与世界经济的相互依存将日益加深。应当说，外部环境总体上对我国的发展是有利的。同时，国际环境复杂多变，影响和平与发展的不稳定不确定因素增多，发达国家在经济科技上占优势的压力将长期存在，世界经济发展不平衡状况加剧，贸易保护主义抬头，对我国经济社会发展和安全提出了新的挑战。在这种大背景下，国家间贸易争端的增多是正常的，是绕不过去的。正因如此，国外有专家论述，全球经济进入了所谓的“摩擦经济时代”，它的突出特点是摩擦的复杂化、综合化与常态化。对中国来说，快速的经济增长，对外贸易的迅速增加，必然与其他国家产生矛盾和摩擦，这种摩擦将是长期的，而不是短期的；是必然的，而不是偶然的。摩擦不是好事，但也并不可怕，关键看如何处理，如何应对。摩擦处理过程既是摩擦双方搏弈的过程，也是双方相互了解、相互熟悉、相互适应和寻求双方利益重新平衡的过程。

（二）要从实施互利共赢开放战略的高度认识贸易争端

《中共中央关于制定国民经济和社会发展第十一个五年规划的建议》提出了“实施互利共赢的开放战略”的要求，这是我们党在深刻认识世界经济发展形势的基础上作出的重大抉择。中国将继续坚定不移地在独立自主的基础上积极参与经济全球化，更加自觉地走一条依靠国内国际两个市场、两种资源，同一切相关国家深化依存、合作共赢的道路。这一抉择要求我们要加强同主要贸易伙伴的互信和磋商，继续保持与广大发展中国家的良好合作关系，认真处理好与美、欧、日等大国的经贸关系，逐步创新与周边国家的经贸合作内容。总的来说，我国要在与国际经济的“深化依存期”与“摩擦多发期”并存的国际环境中坚持走和平发展的道路，趋利避害，求得互利共赢，这一目标要求我们善于从国际国内形势的发展变化中把握发展方向，把握贸易争端发展趋势，全面制定我国的贸易争端应对战略。灵活运用多种资源和手段处理争端，避免激化矛盾。对于已经出现的贸易争端，要本着求同存异的原则，及时沟通交流、平等协商，以求贸易争端问题得到妥善解决。

（三）要从战略机遇期的高度认识贸易争端

21世纪头20年是全面建设小康社会的重要战略机遇期，这是党的十六大作出的科学判断。在这一重要战略机遇期内，我国经济发展对外部环境的依赖不断增大。首先，对国际能源资源的依赖程度加大。我国已成为世界能源资源的主要进口国之一。目前我国原油、铁矿砂、氧化铝、铜精矿的进口依存度高达40%—90%。今后随着我国经济的进一步发展和国内资源保障能力的下降，能源资源产品的对外依存度将进一步提高。其次，对国际市场的依赖程度加大。目前我国纺织品、服装、鞋类、彩电、摩托车、空调、DVD、集装箱等700多种商品出口居世界第一。我国在劳动力就业、商品和服务进出口、产业转移等方面对国际市场的依赖度越来越高。比如，国内DVD产量的90%，手机产量的60%都用于出口；2004年鞋和DVD出口量分别为59亿双和1.3亿台，分别占世界销量的60%和50%以上，严重依赖国际市场。此外，许多产品专利和核心技术依赖外国，重要装备仍主要依靠进口。据统计，我国85%的集成电路、85%的医药，80%以上的芯片、70%以上的数控机床和纺织机械、90%以上的汽车专利技术均掌握在外国企业手里。因此，妥善应对好贸易争端，构建良好的国际贸易环境已成为我国抓住重要战略机遇期加快发展自己的不可或缺的重要因素。

三、妥善应对贸易争端，创造和谐贸易环境

近年来，在党中央、国务院的正确领导下，在各部门、各地方的大力支持和积极配合下，我国应对贸易争端的工作取得扎实进展。目前已建立了较为完备的进出口公平贸易法律体系和工作机制。通过多层次、多渠道交涉，目前已有50多个国家承认中国市场经济地位，其中韩国是承认中国市场经济地位的国家中第一个与我国贸易额超过1 000亿美元的国家。入世以来部分世贸组织成员对我国产品总共发起19起特保调查，在我们的积极交涉和抗辩下，已经终裁的12起特保案件无一采取措施。国外对我发起的3起反补贴案应对工作也取得了积极成效。尤其是2005年我们妥善处理了与欧、美的纺织品贸易争端，为我国纺织企业赢得了稳定的、可预见的贸易增长环境。尽管如此，我们应该清醒地认识到，与欧、美等老牌世贸组织成员相比，我们从应对机制、人才培养、能力建设等方面还存在较大差距，贸易争端应对工作任重而道远。

"十一五"期间，要认真贯彻党的一系列方针政策，提高应对争端能力，营造和谐的贸易环境，应当按照"转变外贸增长方式是基础，提高应对贸易争端能力是关键，做好贸易大国和发展中国家工作是重点"的总体思路，把对外贸易发展和国际贸易环境建设两项工作并举，实现与贸易伙伴的互利共赢，创造和谐的国际贸易环境，服务于全面建设小康社会和"三步走"战略的大局。

（一）标本兼治，促进外贸增长方式转变

切实转变外贸增长方式、提高质量和效益已成为我国外贸保持持久竞争力的重要途径。我们必须转变观念，用发展的眼光看待贸易平衡，不刻意追求顺差，"在发展中求平衡，在平衡中求更大发展"，努力实现进出口贸易的平衡发展。同时，我们下大力气整顿出口秩序，采取措施改善我外贸增长方式，通过立法和执法手段对贸易秩序进行规范，促使对外贸易朝着良性方向持续发展。此外，还必须督促国内企业在生产中尽快树立科学的发展观，按照统筹经济社会发展、统筹人与自然的和谐发展等要求，要从数量扩张向质量扩张转变，要从"出口创汇"向"出口创利"转变，要从简单加工向深加工、精加工、高端加工转变，提高国际化经营能力，培育知名品牌和中国自己的世界级跨国公司，从而改善我国目前的国际分工地位，更深地参与国际经济活动，从根本上缓解贸易争端压力。

（二）突出重点，妥善处置重要产业和领域的贸易争端

针对贸易争端多发生在我国竞争力强的劳动密集型领域的特点，统筹考虑，重点做好纺织品、轻工、钢铁、白色家电等重点产业和领域的贸易争端应对工作。积极研究解决知识产权领域的贸易争端问题。在提高产品附加值和效益的同时，加强预警工作，将应对工作前移，及时化解可能出现的贸易争端。建立健全国家经济安全预警系统和产业损害预警机制，加大行业、区域、地方和重点企业产业损害预警体系建设力度。深入研究世贸组织通行规则和做法，合理运用反倾销、反补贴、保障措施等贸易救济措施，保护和发展国内产业，同时也要注意妥善使用贸易救济措施，避免引发无谓的贸易争端。

（三）重视规则，努力为企业创造公平的国际贸易环境

积极参与WTO新一轮谈判，发挥建设性作用，维护我国利益。积极参加世界银行、国际货币基金组织、联合国贸发会议等多边经贸活动，参与全球重要经济政策的讨论和制定，参与国际化标准组织等国际民间组织的活动，促使国际规则和标准尽可能反应我国的正当利益。充分利用双边、区域和多边等渠道和场合，推动建立更为公平合理的国际规则和全球贸易体系。高度重视与有关国家和地区商谈双边区域贸易协定，注重通过区域贸易协定来构建稳定的贸易环境。充分调动各种力量，利用各种途径，多层

次、多角度积极争取更多国家承认中国市场经济地位，从规则层面扭转我国企业在应对反倾销中的不利地位。与此同时，积极行使我作为世贸组织成员权利，主动利用世贸组织争端解决机制来处理中外贸易争端，防止有关国家滥用我加入WTO有关条款和采取歧视性做法。

（四）健全机制，提高处置贸易争端能力

应对贸易争端是一项长期艰巨的任务，国内企业、行业协会、地方政府和中央政府要进行科学分工和有效协作，构建高效一体的贸易争端应对机制。企业要健全财务等管理制度，熟悉和采用国际标准，自觉按照国际通行规则进行营销和定价，尽量避免陷入贸易争端。对于已经发生的贸易争端，要积极应诉，善于抗辩，尽可能争取最有利的结果。商协会要充分发挥行业自律和协调功能，加强市场信息服务，积极组织行业内企业对外应诉。政府部门要规范出口秩序，调控出口规模，杜绝倾销行为，着力抓好贸易争端大要案和技术性壁垒的应对指导。在此基础上，整合国内贸易摩擦应对资源，加大人才培养力度，建立一支能力强、素质高、熟练掌握谈判技巧的专家型人才队伍，提高对外谈判和交涉能力。抓紧建立有效的技术支撑体系，包括完善的信息交流系统和咨询系统，培育民间智库力量，提高决策的科学水平和快速反应能力，加强对国际贸易环境建设的理论研究。

（五）加强引导，做好国内外宣传工作

加强舆论引导，充分宣传我国和平发展给各国发展带来的良好机遇和巨大市场、对促进世界经济发展的积极贡献，增信释疑，努力消除国外对我国发展的误解和疑虑，树立我负责任大国和致力于建设和谐世界的良好形象。注重报道统筹城乡发展、统筹区域发展、统筹经济社会发展、统筹人与自然和谐发展、统筹国内发展和对外开放等内容，使国外对我国的认识更为全面客观。有针对性地开展对外国政府、议会、政党、工商界、新闻媒体、学术界等方面的工作，增进了解。支持国外大学、智库、消费者团体等力量开展以中国经济对世界的贡献为主题的研究，通过第三方发表独立研究报告来提高对外宣传的效果。同时应加强国内舆论引导，客观报道我国面临的贸易争端情况，营造良好的舆论环境。

努力开创内贸工作新局面

商务部副部长　姜增伟

一、关于“十一五”期间内贸工作面临的形势与任务

关于“十一五”期间商务工作面临的形势和任务，年初全国商务工作会议上薄熙来部长已经作了透彻的分析和全面的部署。从国民经济和社会发展全局来看，内贸工作在引导生产、扩大消费、增加就业、促进经济结构调整、转变经济增长方式、建设小康社会、构建和谐社会等方面，发挥着日益重要的作用。新的五年，内贸工作形势有利，任务艰巨。

一是国家把扩大消费需求作为拉动经济增长的关键因素。从支撑世界各国经济发展的主要推动力来看，消费一般都是拉动经济增长稳定而持续的力量，而1993—2003年我国最终消费率平均只有59.5%，2004年降为53.4%，2005年可能更低，比同期世界平均消费率低20个百分点。在我国拉动经济增长的三驾马车中，多年来投资增长都快于消费增长。投资过大会导致重复建设和资源浪费，而且投资在投资期内是需求，项目建成就变成了供给，为保证供需平衡，必须相应增加消费能力。同时，在世界市场竞争日益激烈，外贸摩擦不断的形势下，外贸也需要加快转变增长方式。中央确定把扩大消费作为今后拉动经济增长的关键因素，是非常正确的。这对内贸工作来说，既是机遇，也是考验。

二是提高流通效率对转变经济增长方式越发重要。据专家测算，“十五”期间我国国有商业企业流动资金年平均周转次数只有2—3次，而日本的非制造业（包括批发、零售业）流动资金年平均周转次数为15—18次，一些跨国零售集团如沃尔玛、麦德龙等流动资金周转次数年平均达到20—30次。商业周转次数慢，反映出流通效率低下，影响经济良性循环。“十一五”期间将加快转变经济增长方式，走新型工业化道路，发展先进制造业，建设资源节约型、环境友好型社会，这些都对流通效率提出了更高的要求。我们必须采取综合措施，加快商品流通和资金周转速度，发挥好流通对生产的服务和引导作用，促进经济增长方式的转变。

三是构建农村现代流通体系成为建设社会主义新农村的重要内容。“十一五”期间建设社会主义新农村，贯彻工业反哺农业、城市支持农村的方针，这既为国内贸易的发展提供了广阔的舞台，也对我们工作的着力点指明了新的方向。我们务必按照中央的要求，更加重视市场体系特别是农村现代流通体系建设，千方百计扩大农村消费，促进农村生产生活条件的根本改善。

四是发展国内贸易与服务业成为扩大就业的主渠道。“十一五”期间工业化、城镇化步伐加快，建设社会主义和谐社会，促进区域协调发展，缓解社会就业压力是关键。内贸服务业是劳动密集型行业，吸纳就业能力强，进一步加快发展，能又快又好地为社会提供更多的就业岗位。

基于以上对形势的分析判断，“十一五”期间内贸工作的主要任务，可以概括为以下九个方面。

（一）开拓市场、扩大消费

加强消费研究，把握消费发展变化的趋势和特点，引导生产结构调整，促进消费结构升级。充分利用好国内国外“两个市场”、“两种资源”，改善供给结构，增加有效供给。培育一批品牌化的重大商务活动，推进工商联手、商商联手、农商联手、银商联手开拓市场，引导和促进即期消费增长。大力推进“东桑西移”，促进农民增收。鼓励大型流通企业到农村和中西部地区开拓市场。创造诚信、健康、安全、舒适、环保的消费环境。研究制定促进消费升级的政策措施，建立与全面建设小康社会相适应的信贷消费政策体系。开拓市场、扩大消费必须城乡兼顾，尤其要把注意力和工作重心更多地向农村倾斜。

（二）推进流通现代化

加强国内贸易领域信息化、自动化、标准化技术的创新、推广和应用，引导和鼓励企业采用先进经营管理技术。推进连锁经营向更广领域、更多行业拓展。规范发展特许经营。着力发展第三方物流，加强连锁企业内部配送中心建设。在更大范围、更高层次上推进消费类电子商务发展。规范发展网络销售、电视电话销售、邮购等无店铺经营形式。大力发展新型零售业态，改造和提升传统零售业。推进批发业经营与服务方式创新，促进商品交易市场改造升级。继续深化重要商品流通体制改革，推进流通方式创新。

（三）健全现代市场体系

消除市场发展障碍，推进内外贸一体化，建设统一大市场。加强商业网点规划，健全功能，优化布局。加强农村市场体系建设工作，搞好“万村千乡市场工程”和“双百市场工程”。围绕“便利消费进社区，便民服务进家庭”的主题，加快发展城市社区商业。进一步深化国有流通企业改革，推进产权多元化，妥善处理国有流通企业的历史包袱。培育一批具有著名品牌和自主知识产权、主业突出、核心竞争力强、初步具有国际竞争力的流通领域大公司大企业集团。扶持中小流通企业发展，建立中小流通企业促进与服务体系。实施品牌战略，发展特色化、专业化、品牌化经营。保护与传承“老字号”文化，促进“老字号”企业创新发展。

（四）提高市场运行监测和调控能力

进一步完善生活必需品、重要生产资料及其他关系国计民生的重要商品和服务的城乡市场监测体系，完善商业网点和现代流通等指标体系，加强市场运行动态和供求变化趋势分析，及时准确发布市场信息，为政府和企业决策服务。进一步建立和完善中央、地方两级储备制度，加快商务部应急商品数据库等应急管理系统的建设，与进出口协同运作，形成应对突发事件的快速反应机制，保障国内市场稳健运行。

（五）加快发展服务业

建立健全服务业法律法规和标准体系。加快发展特色餐饮，培育餐饮业知名品牌和龙头企业。大力发展经济型连锁旅店，开展“争创绿色饭店”活动。加强会展设施建设规划，推进办展模式创新，培育名牌展会。积极发展洗衣、修理、家政、再生资源回收等各类便民生活服务业。积极稳妥发展融资租赁业。加强拍卖行业规划管理。加强对典当业的市场准入和执业行为管理。推进旧货业和二手车交易市场健康规范发展。

（六）促进国内贸易区域协调发展

以中心城市为依托，进一步发挥好集聚和辐射作用，形成珠江三角洲、长江三角洲、环渤海湾等内贸增长的核心区域。加快发展以郑州和武汉为核心的中南商业圈、以重庆和成都为核心的西南商业圈、以西安和兰州为核心的西北商业圈，发挥其连接东西、贯通南北的作用。加强中小城镇特别是新兴城镇商业设施的开发建设。加强内贸领域的区域合作与统筹规划，实现优势互补，优化商业资源配置。充分发挥边疆省区的区位优势，加快发展民族贸易，大力拓展周边国家市场。

（七）进一步整顿和规范市场流通秩序

打破地区封锁，废除各类歧视性规定，规范市场竞争秩序。整治流通领域中误导消费、滥用市场优势地位等各种扰乱市场秩序的行为。严厉打击制售假冒伪劣产品、商业欺诈、侵犯知识产权等严重违法行为。建立健全食品安全市场准入制度和不安全食品退出机制，保障食品安全。加快商务领域信用体系建设，形成鼓励守信、惩戒失信机制。开展"诚信兴商"活动，大力倡导商业职业道德，弘扬优秀商业文化。

（八）提高内贸领域对外开放水平

注重引进、消化和吸收国际先进的商品流通模式、经营服务方式、经营理念和流通技术。促进外商投资国内贸易领域的布局、结构调整，鼓励和推动外资投向中西部地区和农村市场体系建设，投向物流配送中心、采购中心、农产品采购基地建设。鼓励国内企业利用外资进行改组改造，改善经营机制，提高经营管理水平。推进内外贸流通企业重组和合作，使内贸企业的经营设施、网络渠道、客户资源、经营管理人才与外贸企业开拓国际市场的经验优势互补、有机结合，逐步形成连通国内外市场的流通网络，更好地促进国内优势商品出口和内贸企业全球化采购。稳步推进内贸企业到境外发展。

（九）加强内贸领域法律法规和标准体系建设

根据内贸法律体系框架，制定和修订规范市场主体、市场行为、市场秩序、市场调控和市场管理等方面的法律法规，加快构建以《反垄断法》为核心的内贸领域法律法规体系。建立健全商业服务业标准体系。

二、关于2006年内贸工作

2006年，是实施"十一五"规划的第一年，内贸工作的任务很重。我们要以科学发展观为指导，从服务国民经济和社会发展的大局出发，围绕扩大消费，继续推广"万村千乡市场工程"，推进社区商业"双进"工程，实施"万商西进"促崛起，开展"品牌万里行"活动，启动"双百市场工程"，实施"东桑西移"，大力开展"科技兴贸"，实施流通企业"减债脱困"，加强内贸信息体系建设，建设"知识产权保护网"，实施"人才强商"战略，搞好零售企业分等定级、市场运行监测调控等重点工作，努力推进内贸整体工作上新台阶。

三、关于做好内贸工作的几点要求

党中央、国务院对内贸工作高度重视，商务部党组和薄熙来部长对内贸工作寄予厚望。但是，内贸工作由于机构几经撤并调整，工作基础较差。因此，需要加快发展，才能更好地适应经济社会发展的客观需要。为此，提出以下工作要求。

（一）加快内贸领域立法步伐

立法滞后问题到了非解决不可的程度。我们要抓紧建立健全现代流通法律体系，根本改变内贸工作缺乏法律支撑的被动局面。今年要加快出台城市商业网点管理、商业特许经营、酒类管理、成品油市场管理等内贸法规，修订好《生猪屠宰管理条例》，推进《反垄断法》尽快出台。各级商务主管部门也应根据已有法律法规，制修订一批有利于加强和改善行业管理的部门规章。大多数市场经济国家商业管理的主要工作就是制定法律法规，并监督执行，重点是管理市场行为。这是一种公共商务管理，是转变内贸管理职能的重要方面。无论什么行业，工业、农业、建筑、交通等行业，只要有市场行为，都应纳入管理范围，这是大势所趋。

（二）加强流通领域标准化工作

标准化是流通现代化的重要组成部分，是建立统一开放、竞争有序的现代市场体系的重要技术基础。只有实行标准化管理，企业才能进一步提高经营效率，依法管理也才有明确的判断依据。我们要加快研究制定国内贸易领域标准化体系框架和中长期标准化发展规划，重点推进食品安全、餐饮及生活服务业、流通设施和装备、商品信息及物流信息、商业信用体系、经营服务环境等方面标准的制修订，逐步建立起覆盖面宽、结构合理、重点突出、先进适用、与相关法规衔接，同国际标准接轨的流通服务业标准化体系。现在我们已经有了一些内贸行业的新标准，各地要大力推进标准的贯彻实施，支持符合标准的流通设备和设施的开发和应用。

（三）加强基础理论研究

加强流通领域的基础理论研究，是关系到商业改革发展全局的一项基础性和战略性工作。各级商务主管部门要加强与科研院所、高等学校的沟通协作，积极推动相关学科设置的合理化，加强商业基础理论和前沿问题研究，系统深入地掌握国内外商业发展现状和问题，总结商业发展规律。建立健全专家库和专家工作组制度，为研究制定政策提供智力支持。采取多种渠道多种方式，筹集一定的商业理论研究资金，研究一批重大商业理论课题，适当搞一些商业理论优秀学术论文及研究成果评比表彰活动。理论研究一定要密切联系实际，研究新情况，解决新问题，要有一定的战略性、前瞻性，提出有针对性、可操作的工作建议。

（四）改进工作方法

目前我们的工作方法，从总体上看，还不适应市场经济发展和对外开放扩大的需要，应加快改进工作方法，提高工作水平。

一是深入开展调查研究。不能只停留在听取面上情况的汇报，而应更多地深入企业、深入基层、深入工作现场。不能只听一个方面的声音，而要听不同的声音，分析比较，作出正确的判断。

二是建立广泛的对话与交流机制。要建立政府主管部门与企业的对话与交流机制，更好地指导面上的全局工作。也要建立政府主管部门与人民群众的对话与联系渠道，更好地了解人民群众的商业需求和意见，改进我们的工作。这也是开拓市场、扩大消费的一个重要方面。

三是加大重点工作的推进和宣传力度。各级商务主管部门的领导同志要养成谋大局、抓大事的思维习惯，要养成雷厉风行、只争朝夕的工作作风。重点工作要按照既定目标加大推进力度，主要领导要亲自挂帅，组建专门的工作班子，按照工作计划和时间安排积极推进，并及时发现、排查和处理问题，确保重点工作按时完成。上级商务主管部门要加强对重点工作执行情况的指导、监督，并建立相应的奖惩措施。要通过扩大宣传，获得各方面对内贸工作的广泛理解和支持，使内贸的各项工作形成良好的社会舆论氛围。

（五）形成商业改革发展的合力

各地商务主管部门要认真履行内贸管理职责，建立健全组织机构，进一步理顺流通管理体制，优化流通管理资源配置，切实加强商业改革发展的各项工作。

一是加强部门协调。要积极主动地与发展改革、公安、财政、卫生、建设、交通、铁道、农业、税务、工商、质检等部门建立工作协调合作机制，加强沟通，密切配合，相互支持，共促发展。

二是进一步发挥行业协会的作用。建立健全内贸主管部门与行业协会之间的沟通联系机制，通过行业协会了解行业和企业的基本情况，有些专业性、技术性较强的工作，要吸纳行业协会参与，也可以委托行业协会具体承办，行政部门负责监督把关，促进协会更好地发挥参谋助手作用。

三是充分调动各方面的积极性和创造性。既要发挥商务部的规划、指导和带动作用，更要调动地方的积极性，中央支持与地方配套紧密结合，切实保证政策支持的力度和连续性。企业是改革发展最活跃的力量，要鼓励企业大胆试、大胆闯，善于从企业的实践中总结经验教训，使面上的工作有所借鉴，少走弯路。要把广大人民群众的积极性引导好、保护好、发挥好，尊重人民群众的首创精神，引导广大群众自觉支持和参与各项商业改革发展事业。

（编注：本文系姜增伟副部长在全国商业改革发展工作会议上的讲话节录，2006 年 2 月 17 日，杭州）

在 WTO 首次对中国贸易政策审议会议上的发言（节录）

中国代表团团长、商务部副部长　易小准

2001 年 12 月 11 日，中国经过 15 年的漫长谈判，成为了 WTO 成员。加入 4 年多以来，中国继续坚定不移地实行了改革开放这一 1979 年以来的基本国策，全面落实了加入时作出的广泛承诺。中国的市场经济体制已经确立，市场开放水平大幅度提高，经济保持了持续稳定快速的增长。

几个星期以前，我见到了乔治敦（Georgetown）大学的约翰·杰克逊（John H. Jackson）教授。1987 年他第一次访问中国时，曾经提出，中国融入世界经济贸易体系，是对中国的挑战，也是对世界的挑战。现在，他认为中国已很好地应对了这一挑战。中国为加入 WTO，为履行加入时作出的广泛承诺作出了巨大的努力。中国之所以作出如此巨大的努力，是因为我们充分认识到，中国的改革开放和建设社会主义市场经济体制的目标，与“以开放的、市场导向的政策为基础”的世界贸易体制所倡导的原则和发展目标是一致的。在全球化趋势不断发展的今天，中国的发展离不开世界，世界的繁荣也离不开中国。

一、中国与多边经济体系的关系

（一）中国经济快速增长，是对全球经济稳定增长的重要贡献

加入 WTO 以来，中国的国民经济继续保持了快速增长的势头。中国的国内生产总值（GDP）从 2001 年的约 1.3

万亿美元增长到了2005年的约2.2万亿美元，年均增长9.5%。人均GDP从2001年1 042美元提高到了2005年的1 700美元。稳定而快速增长的经济不仅进一步提高了13亿中国人民的生活水平，同时也为世界经济的稳定和增长提供了重要的动力。

中国是目前世界上发展速度最快、开放速度最快的市场之一。人民生活水平的改善使汽车、旅游、教育、通讯、住房等正在成为新的消费热点，购买力正在迅速增长。中国大规模的基础设施建设、产业改造和升级也为贸易伙伴增加对华出口提供了重要的契机。中国社会消费品零售总额和生产资料销售总额合计从2001年约1.1万亿美元增长到了2005年约2.6万亿美元，在这期间，中国从世界各国和各地区以年均超过28%的增幅，总共进口了近2.2万亿美元的货物。

中国出口在过去4年中的增长，既为中国提供了就业机会和经济增长的动力，也为来自世界各国各地区的投资者带来了巨大的利益。中国政府对外资一直持积极欢迎的态度。加入WTO后，随着加入承诺的逐项落实，中国的外资政策更加开放，更具可预见性。

到2005年底，中国注册的外商投资企业共有28万多家，外商直接投资在中国的存量2 700多亿美元。去年中国的出口总额中，有4 400多亿美元，即58%，来自于这些外商投资企业，它们的贸易顺差净值有844亿美元，占到中国贸易顺差总额的83%。

中国经济的发展还带来了中国海外投资的增长。中国政府实施了“走出去”战略，采取了放宽对境外投资外汇的管制等一系列措施，鼓励企业进行对外投资，尤其以广大发展中国家为重点目的地。2005年，中国对外直接投资为69.2亿美元，同比增长53.6%。其中，亚洲和非洲的发展中国家占当年中国对外投资总额的67.2%，是主要的目的地。中国的对外投资为东道国，特别是广大发展中成员经济的发展作出了贡献。

（二）中国认真履行加入WTO的承诺，是国际贸易体系中负责任的一员

中国在实现自身长足发展的同时，在国际上承担起了与自己的发展水平相称的、与自己所作的承诺相一致的义务。

为了履行加入WTO承诺，中国十分重视向各级政府和官员以及社会各界宣传普及WTO的基本知识及其倡导的宗旨和原则，争取社会公众的支持。加入WTO以后，中国政府统一组织了一系列WTO培训班，培训了来自全国各地的高级公务人员。面向企业和社会的各种形式的培训也使社会各界受益。这些努力使WTO在中国家喻户晓，并让加入承诺的履行在中国得到了广泛支持。

中国加入WTO时所作出的广泛承诺，在加入4年多以后的今天已经全面得到了履行。中国的工业品平均关税水平在加入前是14.8%，2005年降低到了9.1%。农产品平均关税在加入前是23.2%，2005年降到了15.3%。中国还以实施税率为基础，100%约束了所有关税税目。中国成为WTO中关税水平比较低的成员。中国全部取消了进口数量限制；关税配额体制根据加入承诺进行了完善；包括银行、保险、分销、电信、法律、会计等在内的10余个服务部门，100个分部门的对外开放都已经达到了承诺的水平。中国与贸易有关的法律、法规和规章，在加入后按照WTO规则和中国所作出的承诺进行了大规模的清理和修订。秘书处报告列出了中国对与贸易有关的所有主要法律法规的制定和修订情况，清楚地体现了这一点。

中国在保护知识产权方面作出了巨大努力。知识产权保护是一个全球性的问题，甚至很多发达成员都面临着这一挑战。尽管由于经济、科技发展水平等多方面的客观原因，目前中国的知识产权保护水平与发达成员相比还有差距，但是必须指出，通过短短20多年的努力，中国就在一个有着13亿人口的，最大的发展中国家建立起了完整的保护知识产权的立法和执法体系，大幅度地提高了社会公众的知识产权保护意识。特别是加入WTO以来，中国所有与知识产权保护有关的法律和法规都根据《TRIPs协定》的要求进行了修订，保护知识产权的执法力度不断加大。此外，从2004年起，中国还将每年4月的一周定为知识产权保护宣传周，目的就是要让每个公民都认识到侵犯知识产权是违法行为，要受到法律的惩处。中国政府所做的这些工作是实实在在的，成绩也是有目共睹的。中国有决心通过长期不懈的努力，不断提高知识产权保护的水平。

（三）中国实行互利共赢的对外开放战略

中国在发展过程中坚持走开放的道路，坚持“互利共赢”的基本原则。

在经济全球化的客观背景下，中国的国际投资平稳增长。产业根据比较优势发生转移，在国际间重新布局，是国际经济贸易发展的必然规律。在这一过程中，中国坚持以可持续发展为目的的开放和国际合作。中国贸易结构的特点是，增值幅度相对较低的加工贸易占重要比例。中国从国际分工链中收取的是为数不多的加工费。这种贸易模式反应了中国对就业机会的需求。与此同时，它也为全世界的消费者提供了价廉物美的日常消费品，对进口方保持低通胀率起到了积极的作用。它还为向中国出口设备，原

材料和其他制造业上游投入品的国家和地区提供了大量的就业机会，促进了它们经济的发展。中国与一些成员有贸易顺差，而与另外一些成员则存在逆差。而且，由于外国投资的流动，贸易顺差或逆差的一部分也会发生转移。总体上，中国的贸易顺差很有限。中国不追求贸易顺差。中国愿意和贸易伙伴共同努力，实现贸易大体平衡。我们也呼吁有关成员审议和放松出口管制，为更多产品进入中国市场创造条件。

中国不仅通过自身的发展，使上亿中国人民摆脱贫困，而且还尽己所能地为其他发展中国家，特别是最不发达国家和重债穷国提供帮助。迄今为止，中国共向110多个国家和区域组织提供了2 000多个援助项目，减免了44个发展中国家约166亿元人民币的对华债务。去年9月，胡锦涛主席在联合国成立60周年首脑会议发展筹资高级别会议上，提出了中国为进一步加强对其他发展中国家的帮助而将采取的五项具体措施：

第一，中国决定给予所有同中国建交的39个最不发达国家部分商品零关税待遇，优惠范围将包括这些国家的多数对华出口商品。

第二，中国将进一步扩大对重债穷国和最不发达国家的援助规模，并通过双边渠道，在今后两年内免除所有同中国有外交关系的重债穷国2004年底前对华到期未还的全部无息和低息政府贷款。

第三，中国将在今后3年内向发展中国家提供100亿美元优惠贷款及优惠出口买方信贷，用以帮助发展中国家加强基础设施建设，推动双方企业开展合资合作。

第四，中国将增加对发展中国家的医疗援助，为其提供包括防疟特效药在内的药物，帮助他们建立和改善医疗设施、培训医疗人员。具体援助项目将通过中非合作论坛和双边渠道等机制进行。

第五，中国将在今后3年内为发展中国家培训培养3万名各类人才，帮助有关国家加快人才培养。目前，这些措施目前正在逐一落实。

WTO秘书处最近为审议各成员向最不发达成员提供的市场准入情况，散发了一份名为《最不发达国家出口利益相关产品市场准入问题》的报告，文件号为WT/COMTD/LDC/W/38和TN/MA/S/19。这份报告显示，1999年以来，中国一直是最不发达国家（LDCs）产品的第三大出口市场，仅次于欧盟和美国。2003年LDCs向中国的出口中，有93.3%是免税准入。2003年中国进口的LDCs产品占LDCs对发展中国家出口总额的50.1%。2005年9月，中国宣布对LDCs产品进一步开放市场后，将使得95.2%的LDCs产品可享受免税待遇。

中国一贯主张按照世贸组织的原则和规则，通过平等对话和协商来妥善处理贸易纠纷。本着这种精神，中国与贸易伙伴之间的许多问题得到了妥善处理和解决，维护了国际经济贸易关系的稳定。中国坚决反对贸易保护主义，反对任何违反WTO基本精神的歧视性措施。

（四）中国积极维护和弘扬WTO的宗旨和原则，是推动多边贸易谈判的建设性力量

中国是多边贸易体制坚定的支持者和维护者。中国非常重视多哈回合谈判，在谈判过程中提出了40多个提案和立场文件，涵盖了谈判的很多领域。中国在2005年7月举办了大连小型部长会议，协调有关方面就谈判的难点问题进行深入的讨论。在2005年12月的香港会议期间，中国为推动会议取得成果起到了建设性作用。

中国认为，多哈回合必须以发展的主题为核心，发达成员应当承担更多责任，从而使多边贸易体制能够更加平衡地反映所有成员的贸易利益。尽管在加入WTO时中国已经作出了广泛的承诺，在履行承诺的过程中还存在很多的困难，但是中国还是在多哈回合中全力以赴，并愿意和其他成员一道，在多哈回合谈判中作出力所能及的贡献。

二、中国宏观经济政策的主要走向和“十一五”规划

（一）通过扩大内需促进经济增长

关于中国的宏观经济政策，《中国政府政策声明》中已经有了详细的阐述，我不再重复。我在此仅想向诸位强调一点，那就是通过扩大内需来促进经济增长，是中国政府既定的政策，而且将长期坚持。

1998年至2004年，中国一直实施旨在扩大国内需求的扩张性的财政政策，通过发行长期建设国债，拉动投资需求，促进经济增长。这一时期是中国基础设施建设投资最多、力度最大、发展最快的时期。在它的有效刺激下，民间投资明显恢复，外商投资继续活跃。各类投资需求的共同作用使得全社会固定资产投资快速增长，投资需求成为拉动中国经济增长的重要动力。2001年至2005年，中国全社会固定资产投资累计完成29.5万亿元，约合3.6万亿美元，超过了1981到2000年20年间全社会固定资产投资的总和。在通过投资需求拉动经济增长的同时，中国政府还着力扩大消费需求，特别是7亿农民和广大农村市场的消费需求。

温家宝总理在今年3月向十届全国人大四次会议报告工作时，明确提出，中国政府将继续坚持扩大内需的方针，增强消费对经济的拉动作用。为此，中国政府将采取增加

城乡居民收入，改善消费环境，完善消费信贷政策，改善消费心理预期等一系列政策措施。

(二) 关于“十一五”规划

国民经济和社会发展第十一个五年规划旨在全面反映根据当前中国经济社会发展所处的阶段而提出的科学发展观和建设和谐社会的发展理念，提出了“十一五”期间经济和社会发展的主要目标。鉴于其重要性，我愿意借此机会向大家做一简要介绍。

“十一五”规划的发展目标最主要的有两个，一是今后五年国内生产总值年均增长7.5%，二是“十一五”期间单位国内生产总值的能源消耗降低20%，主要污染物排放总量减少10%。主要的政策方向有以下几个方面。

首先，是更加关注农业、农村和农民问题。

其次，科技创新、能源节约和环境保护成为推进经济结构调整的优先内容。

第三，更加注重区域间的平衡发展。

“十一五”规划还提出，要继续深化改革和扩大开放，统筹国内发展和对外开放的要求，继续互利共赢的开放战略。未来五年中，中国将致力于走可持续发展道路上。我相信实现可持续发展，不断提高人民的生活水平不仅是中国及其贸易伙伴的愿望，也是WTO最根本的宗旨。中国愿意在未来的发展道路上，继续与各国保持在多边贸易体制中的沟通、交流与合作，为稳定和加强我们之间的经济贸易往来，实现可持续发展和共同繁荣作出努力。

以WTO为代表的多边贸易体制在加强国际贸易环境的稳定性和可预测性方面发挥着不可替代的作用，为世界经济的增长作出了巨大贡献。中国加入WTO以来的有益经历很好地说明了这一点。因此，中国坚定地支持这一多边贸易体制，并将继续以建设性和坚定的态度参与到WTO的所有事业当中。从这一点出发，我们呼吁成员们在这一关键时刻加倍努力，推进多哈回合谈判，忠实全面地行使发展方面的授权，造福全世界人民。

(2006年4月19日)

实施“走出去”战略　加快发展对外经济合作

商务部部长助理　陈　健

一

在党中央、国务院的正确领导下，经过20多年的快速发展，对外经济合作与对外贸易、吸引外资、对外援助相互融合，相互促进，已经成为我国开放型经济的重要组成部分。对外经济合作带动了货物、技术和服务出口，促进了外贸增长方式转变，拉动了国内消费和就业，推动了产业结构调整和技术升级，缓解了国内资源短缺，在我国现代化建设和对外开放中发挥越来越重要的作用，为经济社会发展作出了积极的贡献。同时，对外经济合作与政治外交、文化交流和人民友好往来相辅相成，相互促进，深化了我国的对外关系，为实现和平发展创造了有利条件。

我国对外经济合作发展的特点主要表现在：

规模不断扩大，发展势头强劲。境外投资跨越式增长，境外资源开发实现突破，截至2005年底，累计对外直接投资（非金融类）517亿美元，在发展中国家中位居前列。对外承包工程持续增长，累计完成营业额1357.9亿美元，跨入世界工程承包大国行列。对外劳务合作稳步发展，累计完成营业额356.1亿美元，派出各类劳务人员346.6万人次。

领域日益拓宽，布局趋于合理。境外投资从一般进出口贸易、餐饮和简单加工扩大到营销网络、航运物流、资源开发、生产制造和设计研发等众多领域；投资区域从欧美、港澳等发达国家和地区，拓展到亚太、非洲、拉美等160多个国家和地区。对外承包工程从房屋、道路、水利设施扩大到机场、港口、通讯等高技术含量、高附加值领域，从亚洲和非洲传统市场扩展到发达国家市场。外派劳务人员的构成从建筑、纺织等普通劳务扩展到海员、空乘、工程师等高级技术劳务，并形成了日本、新加坡、韩国、港澳等重点劳务输出市场。

水平逐步提高，影响力增强。通过境外投资和跨国并购，我国彩电、个人电脑、液晶显示器等行业的生产规模成功跻身世界前列。对外承包工程企业承建了一批轨道交通、航运枢纽、隧道桥梁、集装箱码头等综合性工程和标志性建筑，在业界产生了广泛影响。我国已成为建筑、纺织和海员劳务的重要输出国，缓解了国内相关行业和地区的就业压力，为当地经济社会发展作出了应有贡献。在境外中资企业集中的国家和地区建立了近40家中资企业商会，起到了良好作用。

主体结构优化，实力不断壮大。我国对外经济合作的队伍不断壮大，截至2004年底，从事对外经济合作的企业已达3万多家，从事对外经济合作的人数超过500万人。国有大型企业在我国对外经济合作中继续发挥主导作用；非公有制企业逐步成为我国对外经济合作的新兴力量。2004年，15家中国企业进入世界500大排名；49家企业进入《工程新闻记录》评选的世界最大225家国际承包商行列；在外劳务人员超千人的对外劳务合作企业达135家。

方式多种多样，主动与国际接轨。有竞争力的企业已更多地采用收购兼并、股权置换、资源共享、建立战略联盟等方式开展境外投资。对外承包工程发展到总承包、交钥匙、建设—经营—管理及带资承包等新方式。境外加工贸易在有条件的国家或地区初步形成了产业聚集区。对外劳务合作逐步摸索出团队成建制派出、政府间协议派出等成功方式。

总结上述成绩，我们认为主要有以下几条基本经验：

一是始终坚持对外开放，认真贯彻落实党中央、国务院关于大力发展对外经济合作的一系列方针、政策和重大战略部署。

二是始终坚持科学发展，注重速度、质量和效益的统筹协调，遵循对外经济合作的客观规律和基本原则。

三是始终坚持以企业为主体，充分发挥比较优势，提高管理水平，不断增强核心竞争力。

四是始终坚持推动便利化的改革方向，保持政策的系统性、协调性和稳定性，为企业开展对外经济合作创造良好的外部环境。

五是始终坚持对外经济合作与发展对外关系相结合，实现外交关系和经济合作的良性互动。

二

当前和今后一段时期我国对外经济合作仍将面临比较有利的国内外环境，但也要充分认识到形势的复杂性和不确定性。总体上看，我国对外经济合作的机遇和挑战并存，机遇大于挑战。

今后一段时期，我们要以邓小平理论和“三个代表”重要思想为指导，牢固树立和落实科学发展观，认真贯彻十六届五中全会精神，着力完成以下主要任务：

一是鼓励和支持有优势的各种所有制企业大力开展对外经济合作，形成一批有实力的跨国企业，发展壮大市场竞争主体。

二是积极采用各种方式，加快发展境外投资，充分利用两个市场，优化资源配置。

三是深化与各国的互利经济合作，拓展合作领域，扩大合作规模，促进共同发展。

四是大力发展对外承包工程，扩大国际市场份额，全面提高质量效益和水平。

五是继续鼓励和支持境外加工贸易，促进我国对外贸易可持续增长。

六是稳步发展对外劳务合作，突出“以人为本”，维护境外企业和人员合法权益，提高合作水平。

七是推动贸易、物流、金融、电信、传媒、文化、旅游、咨询等服务业“走出去”，扩大服务出口。

八是丰富对外经济合作内涵，密切我国与周边国家和地区的经济联系。

三

为了贯彻中央精神，积极稳妥地实施“走出去”战略，加快发展对外经济合作，今后一段时期，应当认真做好以下工作：

（一）要认真学习贯彻党的十六届五中全会精神，按照《中共中央关于制定国民经济和社会发展第十一个五年规划的建议》确定的指导思想和基本原则，制定并积极落实全国对外经济合作“十一五”规划。

（二）要坚决贯彻《国务院关于鼓励支持和引导个体私营等非公有制经济发展的若干意见》和《国务院关于投资体制改革的决定》精神，对从事对外经济合作业务的各种所有制企业一视同仁。

（三）要加快对外经济合作立法进程，完善对外经济合作支持政策体系。在指导企业用足用好现有政策的基础上，联合有关部门研究制定适应形势发展的财税、信贷、外汇、保险等各项政策。继续发挥部门间协作机制作用，为对外经济合作人员出境、商品通关、检验检疫、认可认证等方面提供便利。

（四）要制定对外经济合作的导向政策。继续会同有关部门完善《境外投资国别产业导向目录》和《境外加工贸易指导目录》，定期发布《国别投资障碍报告》。

（五）要为企业“走出去”营造良好的外部环境。积极商签投资保护、避免双重征税、司法协助、经济技术合作、贸易投资和领事保护等方面的政府间协定，积极参与国际经贸新规则制定和自由贸易区谈判，利用多双边场合为我国企业开展对外经济合作争取公平的市场准入条件。

（六）要加强监管，有效控制风险。

一是抓紧出台关于加强和完善境外中资企业管理的指导意见，建立各部门相互配合的协同管理体系。

二是加强风险监控，建立健全境外投资风险评估和预防机制。指导企业健全决策机制、规范决策程序，避免盲目对外投资行为。要大力加强境外安全生产监督管理。

三是维护良好的对外经济合作秩序，强化境外中资企业的社会责任意识，依法惩处各类欺诈行为，严厉打击对外经济合作中的违法行为。

四是认真落实《国务院办公厅转发商务部等部门关于加强境外中资企业、机构与人员安全保护工作的意见》。充分发挥现有部际协调机制的作用，加强协调和快速反应。

（七）要完善服务，发挥各方面作用。

一是组织各种形式的投资贸易促进活动，广泛宣传推介我有实力的企业。各商、协会、相关促进机构要积极为企业提供信息、法律、知识产权和认证等方面的服务。

二是完善网络服务系统，扩大信息采集渠道，继续办好政府网站下的合作指南、投资指南及驻外经商机构子站，为企业提供权威及时的信息。加强有针对性的培训工作。

三是驻外使领馆及经商机构要加强对驻在国中资机构的管理、服务、协调和指导。要加快建立境外中资企业商会。

四是各地区各单位应结合本地区本单位实际和特点，大胆实践，不断总结好经验、好做法，制定支持服务措施，帮助企业解决困难，促进对外经济合作更快更好地发展。

经济全球化条件下我国对外贸易的发展前景和战略

商务部部长助理　傅自应

一、经济全球化背景下国际贸易的新特点

经济全球化是当今世界的最重要特征之一。在科技革命的推动下，经济全球化加快发展，生产要素在全球范围内的流动增多，各国市场的相互依赖不断加深，国际经济贸易规则日益趋同，世界各国的经济联系越来越紧密，越来越多不同社会制度、不同发展水平的国家被纳入全球经济体系之中。

在经济全球化的推动下，国际分工日益细密，国际贸易规模迅速扩张，并且呈现出一些新的特点。

新特点之一：贸易结构发生巨大变化。

经济全球化引发了各国间产业结构和经济结构的调整，这种调整导致国际贸易结构也随之变化，突出表现在两个方面：一是货物贸易中工业制成品贸易所占比重不断上升，农产品和初级产品贸易比重持续下降。据专家测算和世贸组织统计，“二战”前工业制成品贸易占全球贸易的比重只有40%左右，1990年这一比重上升到70%，1995年后保持在80%以上。其中，高新技术产品贸易在制成品贸易中的地位越来越重要。据世界银行统计，1990年，全球高新技术产品出口额占工业制成品出口额的比重仅有17.4%，目前已经占1/4左右。二是服务贸易所占比重不断上升。经济全球化促进了全球范围内服务业和服务贸易发展，服务外包成为跨国投资的主流。据世贸组织统计，从1980年到2002年，国际服务贸易增长了3.8倍，服务贸易占国际贸易的比重从15.2%上升到19.1%。

新特点之二：投资与贸易的互动性增强。

在经济全球化条件下，跨国公司主要通过国际投资和国际贸易在全球范围内配置资源，使国际贸易和国际投资紧紧联系在一起，两者的互动性显著增强。近年来，随着国际直接投资的扩张，公司内贸易、产业内贸易等新的贸易形式得到了快速发展。

公司内贸易是跨国公司各个分支机构间的贸易。随着

跨国公司数量的增长和规模的扩大，公司内贸易在世界贸易中的地位越来越重要。根据联合国贸发会议的估计，目前公司内贸易已占世界贸易总量的1/3左右。公司内贸易使跨国公司可以在全球范围内优化配置生产要素，降低交易成本，稳定生产经营，有效地促进了国际贸易的增长。

产业内贸易是既进口又出口同类产品的贸易。跨国直接投资导致了全球范围内的产业转移，深化了产业的垂直分工，促进了产业内贸易的发展。目前产业内贸易已经占世界货物贸易的60%以上。各国不再追求产品的所有生产环节，而是选择本国最具优势的环节，以获得经济全球化带来的收益。

新特点之三：多边贸易体制在曲折中发展。

在经济全球化条件下，国际贸易规模迅速扩张，国家间的贸易摩擦和争端也呈增加趋势，多边贸易体制的作用显得越来越重要。在当今的国际贸易格局中，世贸组织在推动成员国相互开放市场，促进全球贸易投资自由化、推动世界经济贸易发展等方面发挥了不可替代的作用。世贸组织为解决各国之间的贸易争端提供了相对完善的法律和制度框架，总体上有利于全球贸易的稳定发展。目前，世贸组织成员间的贸易量已占全球贸易量的95%以上。

多边贸易体制的发展也经历了许多困难和曲折。目前正在进行的世贸组织多哈回合谈判就是最好的例证。由于各成员之间的利益矛盾，多哈回合谈判一波三折，最后能否成功达成协议还是未知数。虽然多边贸易体制的作用受到国家间利益冲突的制约，但长远来看，它能协调国际经济贸易规则的制定和执行，必将促进国际贸易的进一步发展。

新特点之四：贸易自由化成为主流，贸易保护出现新形式。

经济全球化的过程中一直伴随着贸易自由化和贸易保护主义的相互交织和斗争。随着经济全球化的发展，实行贸易保护主义的成本和代价越来越大。而贸易自由化促进了贸易的发展，带动了各国经济发展和结构调整，已成为当今各国贸易政策的主流。

但是贸易保护主义并没有消失。在经济全球化浪潮中，一些国家和产业由于各种原因在国际竞争中丧失了优势，希望依靠贸易保护来维护其原有利益，在相当长的一段时间内，贸易保护主义还会有市场。由于传统的关税等保护手段在多边贸易体制中被削弱，目前的保护手段更加隐蔽，滥用反倾销等贸易救济措施，制定歧视性的技术贸易壁垒，是最为典型的表现。这几年我国产品在国际市场上频频遭遇贸易摩擦，很大程度上是由于一些国家采取歧视性的保护措施。

二、经济全球化条件下我国对外贸易的发展状况及前景

改革开放以来，我国坚持对外开放的基本国策，积极参与经济全球化，对外贸易取得了长足发展。从1978年到2004年，我国对外贸易年均增长16%，贸易规模从206亿美元扩大到1万多亿美元，在全球贸易中的排名从第32位上升到第3位。利用外资从无到有，连续12年居发展中国家之首，到2005年9月底，我国累计实际利用外资6 053亿美元，引进国外先进技术超过2 000亿美元；坚持以利用外商直接投资为主，积极稳妥地开放国内市场，有效控制对外开放风险，避免了在一些发展中国家频繁发生的金融风波。“走出去”战略稳步实施，对外投资迈出新步伐，参与经济全球化的方式更趋多元化。有学者认为，我国是在经济全球化中受益最多的国家之一。

随着经济全球化的发展和我国参与全球化程度的不断加深，我国对外贸易和开放型经济的发展面临新的机遇。

机遇之一：我国对外贸易发展面临新的战略机遇期。多年来，我国紧紧抓住国际制造业加快转移的机遇，正在成为世界重要的加工基地，周边国家对我出口快速增长，对我依赖不断加深，为我改善多双边经贸关系提供了有利条件。同时，我国经济贸易规模不断扩大，发达国家更加重视我国巨大的市场潜力，国际制造业向我国的转移方兴未艾。另一方面，服务贸易在世界贸易中的份额不断提高，研发、物流等服务环节的国际转移日益加快，为我国服务贸易的发展带来了新的机遇。

机遇之二：我国对外贸易的市场空间更加广阔。加入世贸组织后，我国对外开放的广度和深度进一步扩展，已由政策性开放转变为在法律框架下的制度性开放。作为世贸组织成员，我国积极推动贸易投资自由化，促进多边贸易体系更趋完善，这必将为我国扩大商品出口、发展服务贸易提供更为广阔的国际市场空间，也将有助于从国际市场获得国内短缺的资源和技术。

机遇之三：跨国直接投资将进一步推动对外贸易发展。经济全球化的发展，有利于我国更好地参与国际分工，提高吸收外资的质量和水平，也将进一步推动对外贸易的发展。在“引进来”的同时，我国还将积极推动有实力、有条件的企业“走出去”，拓展经济发展空间。目前我国一批企业已经具备了一定的参与国际合作和竞争的能力，开始走出国门，建立全球生产和销售网络。对外投资的扩大，必将带动我国对外贸易的发展。

机遇之四：技术创新和金融改革将为外贸发展创造良

好条件。产业转移的加快为我们提供了大量获得外部技术和提高研发能力的机会，有利于增强我国的“后发优势”，提高我国的国际竞争能力。金融的对外开放有利于我借鉴国际经验，加强国际金融合作，进一步完善我国的金融体系，利用国际金融市场促进国内经济贸易发展。

与此同时，我们也要看到，经济全球化毕竟是一把“双刃剑”，会给我国对外贸易发展带来了一定的挑战。主要表现在以下几个方面：

挑战之一：能源资源安全问题凸显。近年来，随着我国经济快速增长，国内资源短缺的矛盾日益突出，对国际资源的依赖程度越来越高。2004 年，我国原油进口 1.2 亿吨，铁矿砂进口 2.1 亿吨，都占到国内消费量的40%左右。与此同时，我国对国际资源的控制力却很小。我国95%以上的进口矿产品以现货贸易方式直接从国际市场购买，在国外投资开发、有控制权的份额油矿资源占进口量的比例不足5%。世界上已探明优质石油储量的81%掌握在世界排名前20位的跨国公司手中，我国能源供应受国际制约较大，经常因价格变动遭受巨额损失。我国海外能源保障还存在较大的地缘政治安全风险和运输安全风险。西方国家不断散布中国能源威胁论，对我国境外资源合作与开发加强防范和干扰，我国能源保障面临日益增大的国际压力。

挑战之二：粗放型的外贸增长方式亟需转变。改革开放以来，我国对外贸易取得了举世瞩目的成就，但总体上说，我国外贸仍然没有改变数量扩张型的粗放增长方式，与世界贸易发展的特点和趋势相比，还存在一些明显的问题和差距。首先，我国货物贸易出口的层次较低，自主知识产权和自主品牌出口商品所占的比重不高。我国货物出口的55%是以加工贸易的方式实现的，高新技术产品出口中85%以上是由外资企业完成的。如何提高企业核心竞争力和创立国际品牌已经成为摆在我们面前的一个重要课题。其次，服务贸易出口发展严重滞后。服务贸易出口占我国出口贸易总额的10%，明显低于世界20%左右的平均水平。1995年以来，我国服务贸易持续逆差，而且逆差规模总体呈不断扩大的态势。第三，引进技术的消化吸收和再创新能力不足。由于缺乏科技创新意识，我国企业长期满足于引进和模仿，科技研发投入严重不足。我国虽然成为世界彩电、计算机、手机和DVD等第一生产大国，但并不拥有核心技术，仅仅是世界的“加工车间”，无法分享到更多利润。这种粗放型增长如果得不到根本性改变，我们将付出高昂的资源和环境代价，对外贸易的持续增长也难以为继。

挑战之三：贸易摩擦持续增加。随着我国经济的持续增长和贸易规模的迅速扩大，我国在很多领域与世界各国的竞争日趋激烈，我国与其他国家的贸易摩擦呈日益增多的趋势。仅2005年前9个月，我国遭遇的各类贸易摩擦涉案金额就达到91亿美元，其中美欧对我纺织品设限，涉案金额62亿美元。在涉案金额增大的同时，贸易摩擦正逐步从产品、企业等微观经济层面向我宏观经济政策、体制和制度层面延伸，涉及人民币汇率形成机制、企业用工制度和劳动保障制度等方面的摩擦不时出现。中外贸易摩擦之所以愈演愈烈，根本的原因在于国际贸易保护主义的存在。同时，我们也应看到，我国自身在经济结构、体制和政策等方面存在的问题也容易诱发贸易摩擦。根据国际经验，一个国家和地区在经济快速增长和出口迅速增加的过程中，往往会遭遇较多的贸易摩擦。今后，随着我国经济的快速发展和参与经济全球化程度的不断加深，所遭遇的贸易摩擦很可能会进一步增加。对此，既要以“平常心”看待，又要采取有效的办法积极应对。

三、“十一五”时期我国对外贸易发展的战略思考

“十一五”时期是我国全面建设小康社会的关键时期，既是黄金发展期，也是矛盾凸显期。我们要按照落实科学发展观和构建和谐社会的要求，紧紧抓住经济全球化的机遇，积极应对各种挑战，着力解决对外贸易发展中的突出问题，提高对外贸易发展的质量和效益，为国民经济平稳较快发展作出更大贡献。

（一）努力保持对外贸易稳定协调增长

随着我国经济规模的扩大，一旦经济运行出现大起大落，必然对经济社会发展造成大的破坏，给国民财富造成大的损失。保持经济平稳较快发展，避免出现大起大落，是“十一五”时期，我们必须把握好的重大原则。由于对外贸易在国民经济中的地位日益重要，必须努力保持对外贸易的稳定协调增长。

2004年，我国对外贸易规模首次突破 1 万亿美元，2005年前三季度，我国进出口总额达到10 245亿美元，经济的外贸依存度达到78%，外贸拉动GDP增长3.5个百分点左右，和投资的拉动作用相当。对外贸易在为我国强大的生产能力创造外部需求的同时，也通过进口重要原材料、引进先进技术和关键设备，弥补了国内资源和技术的不足，促进了产业升级。外贸发展还创造了大量的就业岗位，目前与对外贸易直接相关的从业人员已达8 000多万人。一旦外贸发展出现大的波动，势必影响国民经济的健康发展。

中央关于“十一五”规划的建议中提出，“十一五”时期要在优化结构、提高效益和降低消耗的基础上，实现2010年人均GDP比2000年翻一番。要实现这个目标，我国

的对外贸易必须保持必要的规模。1979年到2000年，按不变价计算，我国GDP翻了两番多，而同期进出口总额翻了四番。因此，"十一五"时期，对外贸易必须保持适度的增速。

保持对外贸易稳定协调增长，需要从提高我国的国际竞争力出发，加强外贸促进体系建设。要完善出口退税等财税政策，加大政策性金融扶持力度；要建立和完善公共信息服务体系，解决企业信息不畅问题；要培育我们自己的跨国公司，提高企业利用两个市场、两种资源和开展跨国经营的能力；要有针对性地支持中小企业和非公有制企业参与外贸经营，积极开拓国际市场。

（二）加快转变对外贸易增长方式

转变粗放型的外贸增长方式，要以科学发展观为指导，正确处理规模、速度与质量、效益的关系。在实践中，要建立科学的外贸发展绩效指标考核体系，引导地方和企业将发展外贸的重点转移提高质量和效益上来，以平常心看待速度和规模，以责任心对待质量和效益。

转变外贸增长方式，要坚持自主创新，加快培育核心竞争力和自有品牌。"十一五"时期，世界科技革命将继续快速发展，我国劳动力成本提高将使劳动力资源优势有所弱化。把比较优势转化为竞争优势，要深入实施科技兴贸战略，切实提高自主创新能力，掌握更多的自主知识产权。要加大知识产权保护力度，营造有利于技术创新的良好环境，保护企业自主创新的积极性。要完善政策支持和服务体系，支持企业技术开发。要坚定不移地推进出口品牌发展战略，建立有效的出口品牌政策支持体系，提高出口产品附加值。

转变外贸增长方式，要提高对外贸易的技术溢出和产业带动效应。加工贸易、外商投资企业均占据了我国外贸出口的半壁江山。从经济全球化的趋势看，"十一五"时期，我国对外贸易的发展一定程度上还要靠跨国投资带动。要提高对外开放水平，进一步发挥投资对贸易的促进作用，必须更加注重提高吸收外资的质量，充分发挥外商直接投资促进主导产业技术进步、参与国际间高层次水平分工的积极作用，推动我国产业结构的高度化，加快出口商品结构调整，缓解能源和资源约束。要促进加工贸易转型升级，推动加工贸易向上下游延伸，尽快提高我国在国际分工价值链中的地位；要鼓励发展配套产业，提高承接产业转移能力，发挥加工贸易的技术溢出效应，促进消化、吸收和自主创新；控制低层次加工贸易的规模，完善加工贸易管理模式。

转变外贸增长方式，要规范外贸经营秩序。贸易秩序混乱不利于对外贸易的长远发展，也减少了我国在对外贸易中获取的利益。要充分发挥行业组织的协调自律作用，引导企业合理安排进出口。2005年以来，钢铁工业协会和五矿化工进出口商会加强了铁矿砂进口协调，收到了良好效果。今后，要在政府指导下，借助行业组织的力量，抑制出口企业竞相压价和进口企业哄抬价格的现象，为提高外贸经营效益创造条件。

（三）积极参与国际经贸规则的制定

经济全球化使多边贸易体制和区域经济组织在世界贸易中发挥的作用越来越大。它们在很大程度上控制了国际经贸规则的制定和实施，影响贸易流向和利益分配。我国对外贸易要实现更大效益，必须增强在多边贸易体制和区域经济组织中的话语权，力争于我有利的国际经贸规则。

积极参与国际经贸规则制定，要求我们积极参与和推动世贸组织多哈回合谈判。世贸组织是多边贸易体制的代表，经济全球化的发展将赋予其更多的国际经贸规则制定权。目前正在进行的多哈回合谈判涉及国际贸易的多个领域，其成功与否将影响未来各国的贸易政策和国际贸易格局。2005年7月我国成功主办了大连WTO小型部长会议，会议充分讨论了多哈谈判的各项核心议题。2005年12月，WTO在香港召开第六次部长级会议，进一步讨论多哈回合各项议题。在多哈回合谈判中我国面临新的机遇，也面临市场进一步开放的压力。我们要充分利用不断增强的经贸实力，影响多边经贸规则的制定。

积极参与国际经贸规则制定，要求我们稳步推进区域经济合作。近年来，在多边贸易体制进展并不顺利的情况下，全球范围内区域经济合作步伐加快，各种区域贸易安排不断涌现，无论是发达国家还是发展中国家，都把自由贸易区谈判作为战略选择。截至2005年8月，向WTO通报的区域贸易安排已达331个，绝大多数WTO成员都参加了一个以上的自贸协定。如果我们不能顺应世界经济区域化加快发展的趋势，就有被边缘化的危险。近年来，我们积极稳妥地推进与有关国家和地区的自贸区谈判，迄今为止，我国商谈的自由贸易区达到9个，涉及27个国家和地区，进展比较顺利。今后我们将更加积极地参与区域贸易安排，逐步构建面向全球的区域经济合作网络。

（四）追求与世界各国的互利共赢和共同发展

我国坚持走和平发展道路，主张在维护世界和平中发展自己，又以自身发展促进世界和平；主张在和平环境下积极参与国际竞争，又在平等互利原则下与各国广泛合作；主张在和平共处的基础上发展同世界各国的友好关系，谋求与世界各国的互利共赢。追求共同发展和互利共赢，是我国发展对外贸易和国际经济合作的重要原则。

实现与世界各国的互利共赢，要妥善处理双边经贸关系。近年来，我们致力于加强和改善大国经贸关系，努力维护和扩大与周边国家和广大发展中国家的经贸往来，取得了积极成效。但是当前双边经贸合作中面临的问题也不少。美国对华贸易逆差持续上升，在人民币汇率、知识产权等方面要求对华采取强硬措施的声浪不断。欧盟对华反倾销势头不减，解除对华军售禁令一再推迟。中日持续"政冷"局面导致"经冷"的苗头已经出现。发展中国家对我的期望值有所升高，一些发展中国家与我的利益摩擦上升。在这种形势下，我们必须针对不同国家和地区的实际情况，制定区别对待、有取有予的国别经贸战略。

实现与世界各国的互利共赢，要妥善处理各种贸易摩擦。近年来我国遭遇的贸易摩擦有所增多，与我国当前的发展阶段、经济结构以及在全球经济分工中的地位有关，也是我国经济贸易持续增长、综合国力不断增强过程中出现的正常现象。但是如果处理不好，不仅会影响我国的国际经贸关系，也会影响经济贸易的平稳较快发展。我们既要保持"平常心"，充分认识贸易摩擦增多的必然性和长期性，又要积极妥善地加以应对。要深入研究国际贸易摩擦的新特点和发展趋势，建立健全预警系统，进一步完善应对机制，制定全面、科学、长期、有效的应对战略。2005年我国先后与欧盟和美国达成了纺织品贸易协议，就是为了使对外贸易有一个稳定的环境。"十一五"时期，我们还会遇到贸易摩擦，这需要我们提高应对贸易摩擦的能力，实现与贸易伙伴的互利共赢。

实现与世界各国的互利共赢，还要加快实施"走出去"战略。对外投资可以为东道国创造就业机会，推动其经济发展，为我国外贸发展创造更好的外部环境，还可以实现原产地多元化，有效规避贸易摩擦。"十一五"时期，我们要综合运用财政、金融、外汇管理等手段，支持我国企业合作开发境外资源，支持我国具有比较优势的纺织、轻工、家电等产业"走出去"。

求真务实　全力推进农村商品流通网络建设

商务部部长助理　黄　海

一、充分认识实施"万村千乡市场工程"的紧迫性

长期以来，由于受"重生产、轻流通"思想的影响，农村市场体系建设滞后，不适应国民经济和社会发展的需要；农村商品流通网络建设十分薄弱，商品双向流通渠道十分不畅，农民卖难、买难的问题相当突出。主要表现在：

（一）农村流通网络不健全

据统计，目前我国共有农村商品交易市场5.8万个，平均每个乡镇仅1.5个；县以下的零售店铺面积人均不足0.1平方米，只相当于上海、北京等大城市的1/10。绝大多数农村集贸市场设施十分简陋。据中消协的调查，30%以上的农民认为购买生产和生活资料不方便。由于流通企业在城市投资与在农村等额投资的毛利比约为3∶1，现在到乡镇开连锁店大型流通企业还不多。农民购入的消费品，98%以上来自流通方式落后的"夫妻店"、代销店、流动商贩和集贸市场。

（二）农村商品流通成本高

第一，运输成本高。据江苏苏农农资连锁公司测算，该公司配送到农村乡镇网点增加的物流成本，约占其在省内物流总成本的30%。第二，农村流通企业资金周转慢，机会成本高。据江苏苏果超市公司反映，该公司2004年县城店铺商品资金年周转13次，而乡村店铺周转仅9次。第三，农村流通企业的经营成本均高于城市。以用电为例，截至2004年6月底，全国只有226个县实现城乡各类用电同价，470个县实现了城乡居民生活用电同价，其他地方的农电价格均高于城市。

（三）农村市场监管工作薄弱

目前假冒伪劣消费品大量流向农村，药品质量案件中农村占80%；农村市场欺行霸市、强买强卖、价格欺诈的事件时有发生；乱收费、乱摊派和乱涨价现象在农村也比

较严重。

农村流通网络不健全，农村商品流通成本高，农村市场监管工作薄弱，使市场机制的作用在农村未能有效地发挥。这种状况既影响了农业生产和农民增收，又影响了农民消费，延缓了农村的市场化进程。农村市场体系建设滞后的状况，难以适应全面建设小康社会和国民经济翻两番目标的要求，农村流通网络建设任务相当紧迫。

二、深刻认识实施"万村千乡市场工程"的意义

党中央、国务院领导对农村商品流通工作高度重视，温家宝总理多次作出重要批示，吴仪副总理多次视察农村市场，并亲自指示要适时召开全国农村市场现场交流会。为贯彻落实国务院领导同志的指示精神，商务部今年2月份及时启动了"万村千乡市场工程"。实施这项工程对扩大农村消费，提高农村流通的商品质量，更好地为"三农"服务有着十分重要的作用。

（一）实施"万村千乡市场工程"是加强和改善宏观调控，扩大消费的重要措施

近年来，我国农村消费占全国消费的比重呈下降趋势，2004年已经下降到34.1%，成为改革开放以来的最低。去年中央经济工作会议要求在经济工作中不断调整投资和消费的关系，提高城乡居民消费能力，增强消费对经济增长的拉动作用。我国是一个农村人口占60%以上的发展中国家，各地农村在地理环境、人文历史上的差异以及经济发展不平衡而形成的农村市场递推式发展，将是相当长时期内我国经济持续快速增长的深层动力。实施"万村千乡市场工程"，建立健全农村消费品流通网络，将进一步挖掘农村消费潜力，引导和培育新的消费增长点，有效扩大内需，增强消费对经济增长的拉动作用。

（二）实施"万村千乡市场工程"有利于促进农民增收

从目前情况看，影响农民增收的不利因素仍然存在，突出的是农村居民消费价格涨幅过快，农民消费不经济。据统计，2003年4月至2005年2月全国农村居民消费价格涨幅已连续23个月超过城镇（差幅最高时达到2.1个百分点）。实施"万村千乡市场工程"，完善农村消费品流通网络，运用连锁经营、统一配送等现代营销方式，改造和提升农村流通网络，能够较好地克服农村商业网点小且分散的弱点，解决经营者无法大批量进货所造成的商品成本高的问题，并可以降低农村商品价格，减少农民支出，促进农民经济消费。

（三）实施"万村千乡市场工程"有利于实现农村安全消费

流通环节是面向消费者安全消费的最后一道防线。由于我国农村市场体系建设滞后，流通网络不健全，农村成为假冒伪劣商品、药品事件的多发地区，各种恶性案件时有发生。实施"万村千乡市场工程"，发展连锁经营、物流配送等新型业态和流通方式，有利于促进经销企业规范化经营，从流通和消费领域加强食品安全，维护农民安全消费。

（四）实施"万村千乡市场工程"有利于提高农业综合生产能力

随着科技的发展，我国农业发展越来越依赖于农业生产资料的投入，但农资市场存在着价格上涨快，假冒伪劣农资多等问题。实施"万村千乡市场工程"，通过发展大型农资连锁企业，完善农村农资流通网络，提高农资经营主体的规模和素质，增强农资经营企业抵抗价格风险的能力，以市场化的手段减少农资价格过快上涨，进而提高农业综合生产能力。

三、对实施"万村千乡市场工程"的具体要求

"万村千乡市场工程"的实质是用连锁经营的形式，建立和改造现有农村流通网络，力争用三年的时间，培育出25万家左右的"农家店"，覆盖70%左右的乡镇和50%左右的行政村，形成以城区店为龙头、乡镇店为骨干、村级店为基础的农村消费经营网络，为农村创造方便消费、安全消费和实惠消费的环境。

商务部《关于开展万村千乡市场工程试点的通知》（商建发［2005］45号）文件下发后，大部分省市都作了认真的部署和细致的安排，有些省市行动早，力度大，有的省区还成立了当地商务主管部门牵头，财政、农业、发展改革委、税务、工商、银行、供销社等多个部门组成的专门的领导小组，从组织上保证"万村千乡市场工程"的顺利推开。截至目前，部里已收到大部分省市区布置此项工作的文件。各地商务主管部门要从讲政治的高度予以重视，增强建设农村消费品流通网络的紧迫性和责任感；要从当地实际情况出发，统筹规划，真抓实干，全面推进和予以落实，特别是对于现在行动稍后的地区，要采取措施加紧赶上。

在开展"万村千乡市场工程"过程中，还要正确处理好以下六个方面的关系：

（一）处理好工业品下乡与农产品进城的关系

我国现有的农村流通网络大部分是经营工业品下乡的，属单向流通。但从我国国情出发，从增加农民收入，搞活农产品流通，充分利用网络资源来考虑，工业品下乡应与农产品进城相结合起来，这样既可以解决企业送货下乡返

城空车问题，又降低了农产品进城的运输成本。

（二）处理好本地龙头企业与外来龙头企业的关系

商务部下发的关于开展“万村千乡市场工程”的通知中，专门强调要“打破地区封锁，坚持内引外联，引导社会各方资金参与农家店建设。各试点县市应优先选择具有实力和连锁经营管理经验的优势企业作为实施主体，确保农家店健康发展”，主旨就是要求各地商务主管部门处理好本地龙头企业与外来龙头企业的关系。积极引进有实力、有经验的外来龙头企业来建设农村流通网络，有利于引进新的经营理念和经营模式，有利于引进合理的市场竞争，把当地的农村商品流通工作做大做活。

（三）处理好生活资料下乡与生产资料下乡的关系

开展“万村千乡市场工程”，主要是解决农村日用消费品流通网络问题，在推进农村连锁经营发展的同时，也要在消费品流通网络中逐步增加农资商品，将农村生产资料送下乡。需要强调的是，农资与日用消费品，一定要分开经营，仓储、销售都要物理分开，绝对保证安全。

（四）处理好各省原有的建设农村网络工程与“万村千乡市场工程”的关系

“万村千乡市场工程”是商务部今年为了贯彻落实中央关于“三农”政策的一项具体措施，它并不替代有些省市已经实施了同样旨在改善农村消费环境的一些工程。据我们了解，一些省市开展的这类工作，在主要目标、基本思路和推进方式等方面与“万村千乡市场工程”有许多相同之处，完全可以与“万村千乡市场工程”结合起来开展。但“农家店”是这项工程建店的专用名称，比较通俗实用，各地凡是纳入到“万村千乡市场工程”的店，验收时要统一按“农家店”的标准来衡量。

（五）处理好“农家店”与农村原有零售店铺的关系

目前，我国绝大部分乡（镇）和农村都有零售店铺，实施“万村千乡市场工程”，不是要求这些地区另起炉灶，而是要引导现有的零售店铺通过加盟或自愿连锁的方式加入到大中型流通企业的网络中来，让大中型企业通过先进的管理方式改造它们，当然也可以引导大中型企业直接到乡村建立直营店，给那些零售店铺树立一个样板，营造一个公平的竞争环境，使整个农村的消费品零售网络的水平得到全面提升。

（六）处理好政府扶持与企业自身努力的关系

以市场为导向、以效益为中心、以企业为主体、以政策为手段、以试点为抓手、以政府为助力来推进，是开展“万村千乡市场工程”的基本工作思路。在这里，特别要强调一下企业自身的作用。开展“万村千乡市场工程”依靠的是一大批有志于开拓农村市场的流通企业，企业的自身作用是关键，政府的任何经济手段，都只是起着导向性的作用，最终要靠企业在竞争中求得生存和发展，只有企业得以生存和发展，才有能力谈服务于农村，服务于农民。企业在壮大的过程中一定要按照科学发展观的要求，在稳中求进，不能一味贪大求洋，盲目扩张。

（**编注：**本文系黄海部长助理2005年4月11日在“万村千乡市场工程”座谈会上的讲话节录）

小资料

我国不同时期发布的同一年的GDP数据为何不一样

人们会发现，不同时期发布的同一年的国内生产总值（GDP）数据往往不一样，这是因为国内生产总值核算数据有个不断向客观性、准确性调整的过程。首先是初步估计过程。某年的国内生产总值，先是在次年的年初，依据统计快报进行初步估计。统计快报比较及时，但范围不全，准确性不很强。初步估计数一般于次年第一季度发表。其次是在次年第二季度，利用统计年报数据对国内生产总值数据重新进行核实。年报比快报统计范围全，准确度也高，采用这类资料计算得到的国内生产总值数据是初步核实数。至此，工作还未结束，因为国内生产总值核算除了大量统计资料外，还要用诸如财政决算资料、会计决算资料等大量其他资料，这些资料一般来得比较晚，大约在第二年10月左右得到，所以在第二年年底的时候，根据这些资料再做一次核实，叫最终核实。三次数据发布后，如果发现新的更准确的资料来源，或者基本概念、计算方法发生变化，为了保持历史数据的准确性和可比性，还需要对历史数据进行调整。我国在1995年利用第一次第三产业普查资料对国内生产总值历史数据进行过一次重大调整。

专 文
Special Articles ↘

记录历史 启迪未来
中国商务年鉴
中国商务年鉴编辑委员会
2006 · 总第二十三期

围绕能力建设 推进"人才强商"全面加强商务干部人才队伍建设

商务部人事教育劳动司司长 杨 益

2005年是商务部干部人才工作的"能力建设年"，我司以保持共产党员先进性教育活动为契机，以"三个代表"重要思想为指导，在部党组的正确领导下，坚持以人为本，牢固树立科学发展观和科学人才观，紧紧围绕商务中心工作，着眼全局，立足对全国商务领域干部人才工作的宏观指导，科学规划，大力推进"人才强商"；认真贯彻《2005—2008年商务部干部人才队伍建设规划》、《2005—2008年商务部教育培训工作规划》，突出重点，完善选人用人机制，加强司处级干部队伍建设；拓宽渠道，广纳贤才，建立完善多元化用人机制，优化干部人才队伍结构；创新思路，拓展培训方式，全面提升各层次干部人才的综合素质。各项工作取得了新的成绩。

一、全力以赴抓好保持共产党员先进性教育活动

我司会同机关党委圆满完成了商务部先进性教育活动的各项任务。根据部党组指示，点名抽调12名司局级干部、45名处级及以下干部，组建部先进性教育活动领导小组办公室。周密研究，稳步推进，保证我部先进性教育取得实效。认真配合做好部党组征求群众意见的工作，就群众关心的70条涉及干部人事工作的具体问题研究拟定整改方案，并抓好落实。高标准，严要求，认真抓好司内党员先进性教育活动。

二、突出重点，抓好领导班子和处级干部队伍建设

配合中组部做好我部部领导补充配备人选的考察工作。对部机关三个司局及两个商会的领导班子进行全面考核，提出了调整配备建议。对机关各司局处级职数使用及空缺情况进行了一次集中清理，研究提出了进一步加强机关处级干部任免管理的意见建议。

2005年，部机关共任免司局级干部39人次，其中提拔司局级干部22人，共任免处级干部419人次，其中提拔处级干部115人。对新提职的司处级干部按规定实行了"公示"和"试用期"制度。共任免直属事业、社团单位领导班子成员12人次，更换了2家单位的法人代表，完成了外贸中心设立理事会的工作。

着力加强后备干部队伍建设。选派优秀青年干部到驻外经商机构、特办工作，到地方和大型外经贸、流通企业挂职锻炼，在实践中培养和锻炼干部。丰富干部多岗位工作经历，2005年部机关共安排229人交流轮岗，约占总数的19.1%。大胆提拔使用后备干部，在2005年提拔使用的14名副司级干部中，有9名为副司级后备干部。

切实加强对干部选拔任用工作和司处级领导干部的监督，收到并处理了71份各类信访举报，对部分老同志的历史遗留问题进行了妥善处理。

三、立足商务工作全局，科学规划商务干部人才工作

着眼全局，谋划长期发展，启动《全国商务领域"十一五"人才强商规划》的编制工作，完成了《规划》主报告和五个系列专题报告的初稿。通过深入调研和广泛征求意见，第一次比较全面准确地了解到全国商务领域人才队伍的基本状况，确定了商务领域人才队伍建设的发展目标和主要举措。召开全国商务领域人才工作座谈会，密切与地方商务主管部门的联系，加强对全国商务领域人才工作的宏观指导。

大力加强调研工作，组织调研组深入部分司局进行干部人事工作调研试点，协助司局加强干部人事工作规划和干部队伍建设。对"建立应对国际贸易争端机制"中各司局存在的职能交叉、重叠等热点难点问题进行了调研，开展了与部分重点高校合作设立商务院（系）、如何落实商务领域大规模人才培训等专题调研，为下一步工作提供了基础材料。

四、认真学习贯彻《公务员法》，推动干部人事工作的制度化建设

为确保《公务员法》在商务部的贯彻实施，成立了商务部实施《公务员法》工作领导小组，加强对有关工作的组织领导。加大宣传力度，对组织人事干部进行脱产强化培训，为全体公务员发放《公务员法》单行本，举办《公务员法》大讲座，结合新公务员初任培训、司处级干部任职培训等培训班，讲授《公务员法》的相关内容。

进一步加强基础建设，认真做好实施《公务员法》的准备工作。完善干部人事管理工作规章制度，结合《公务员法》的规定，制定了"商务部公务员表彰奖励办法"，规范了表彰奖励工作。认真做好公务员登记、确定公务员的职务和级别、进行工资套改等重点工作的准备，积极配合财政部等有关部门，完成了我部机关及所属财政拨款事业单位各项津贴补贴的清理工作，并按要求将清理结果如实上报国务院。

五、扩大选人视野，建立完善多元化用人机制

开拓思路，研究提出了从有关单位选调部分专业骨干、加大社会在职人员的招考比重、建立外聘专家制度等具体措施。草拟了《商务部应对国际贸易争端谈判专家委员会专家选聘及管理方案》，做好国际贸易争端谈判专家委员会人员选聘准备工作。选调10名综合素质较好的干部。经过严格选拔，2005年共录用了70名新公务员，其中具有两年以上工作经验的20人，占总数的29%。接收了10名军转干部，其中部机关3名。

会同机关服务局，制定并完善文秘辅办人员选聘及管理办法，已选聘了22名文秘辅办人员，经过岗前培训已开始到司局工作。

六、全面加强能力建设，扎实开展教育培训

着力全面提升各层次干部的综合素质，针对司局级、处级、一般干部的角色特点及队伍现状，研究提出了不同层次干部的能力建设框架。重点举办了司处级干部能力建设培训班、两期主任科员基本技能培训与测试班、青年干部公文写作培训班、新公务员初任培训班。

寓教育于培训，全面培养青年干部。组织了青年干部"革命传统、国情教育井冈山、延安行"和"青年骨干浙江（义乌）行"主题活动。配合业务工作需要，抓好重点项目培训，举办业务大讲座，继续抓好外语、信息化建设、普法等培训，举办了产业损害调查、信用体系建设、知识产权保护、市场体系建设等专题培训班。拓展培训方式，扩大培训覆盖面，利用现代化手段，积极开展网上培训，初步完成了商务系列培训教材的编写工作。

2005年共举办不同层次、不同类别的培训班50个，培训部机关干部986人次，商务领域各级主管人员及从业人员3 500人次。

七、积极推进改革，做好驻外人员选派管理工作

积极参与中编办驻外改革方案的制定和讨论，经11轮沟通协商，最新的改革方案已基本吸收了我部意见。做好驻外车辆管理改革的相关工作，妥善安排了25名驻外司机按期调回。全年共选派了33名参赞、163名秘书和28名工勤人员，晋升驻外职务86人。组织了两次驻外秘书级人员考试，共有391人参加，其中160人通过考试。举办了3期、239人参加的驻外人员培训班。完善了部机关常驻人员晋职条件及国内外职级挂钩内部办理程序。积极做好驻外经商机构安全工作，及时处理突发事件。

八、积极稳妥推进事业单位改革和中介组织建设

会同外贸司等有关单位，积极推动轻工商会领导体制改革和机电商会摩托车分会改革。积极协调，推动解决事业单位改革中遇到的难点问题。推动10家直属事业单位实行聘用制度（劳动合同制度），涉及职工3 171人，占职工总数的78.53%。积极推进社会保障制度改革，推动24家直属事业社团单位全部参加北京市失业保险和基本医疗保险。

九、认真做好各项保障工作

根据部领导指示，适应商务工作发展需要，着手进行我部内设机构增设和调整工作，研究提出了增设综合司等司局的初步工作方案并向中编办报送了机构调整的请示。研究开发机关工资管理系统，大幅度提高了工作效率和工作水平。配合机关工会组织了职工培训休假。为我部全体职工办理了"交通意外伤害险"。

贯彻"安全第一"、"预防为主"方针，以确保"两会"、重大节日、重大活动及部机关大楼改造的安全为重点，认真做好检查、指导、协调和落实工作，保证了我部的安全稳定。

着力打造高素质的组织人事干部队伍。坚持不懈抓好思想政治建设、商务业务知识学习、能力建设系列活动，开展丰富多彩的文体活动，不断加强团队建设。

新时期、新形势对干部人才工作提出了新要求、新任务，2006年我司将在部党组的领导下，认真贯彻全国组织部长会议精神，以贯彻实施《公务员法》为契机，以稳步落实《人才强商规划》为着力点，以深化能力建设为主线，创新思路、创新方法，推动人性化管理与严格管理的有机结合，努力为商务领域"十一五"规划实现良好开局提供坚实的组织保证和人才支持。

完善商务法律体系　全面推进依法行政

商务部条约法律司司长　尚　明

2005年，商务法律工作坚持以邓小平理论和“三个代表”重要思想为指导，树立和落实科学发展观，认真贯彻党的十六大和十六届三中、四中、五中全会和中央经济工作会议精神，全面落实全国商务工作会议部署，紧密围绕商务中心任务开展工作。进一步加强了统一、开放、竞争、有序的现代市场法律体系建设，不断完善对外贸易和外商投资法律制度，积极推动出台与“走出去”战略配套的法律制度，全面推进依法行政，继续参与国际经贸规则的制定和有关个案的应对工作，积极维护贸易产业利益，圆满完成各项工作。

一、以立法工作为支点，完善商务法律环境

2005年，商务部积极推进各项立法工作：配合国务院法制办做好《反垄断法（送审稿）》的审议工作，进展顺利；推动《直销管理条例》出台；《生猪屠宰管理条例（修订稿）》、《生活必需品市场应急管理条例（草案）》和《核两用品及相关技术出口管制条例（修订草案）》（送审稿）已上报国务院审议；颁布或者会同有关部门颁布部门规章24部；积极参加国际经贸规则的制定。

（一）流通法律制度建设取得一定成绩

1. 以“一个基石、五大支柱”搭建流通法律体系框架。针对我国流通领域法律制度建设不能适应现代流通发展需要的现状，商务部按照全国流通工作会议要求，召开了全国流通法律工作会议。在深入讨论的基础上，初步确立了“以市场流通基本法为基石，以市场主体、市场行为、市场秩序、市场监测调控与管理以及信用管理法律制度为五大支柱”的《建立健全市场流通法律体系框架》，作为今后流通法律工作的长期指导。

2. 规范直销活动的法律制度基本形成。积极参与、配合国务院法制办做好《直销管理条例》的审议工作。经过努力，条例于2005年8月10日经国务院第101次常务会议通过，自12月1日起施行。

《直销管理条例》共五十五条，分为八章，分别是总则、直销企业及其分支机构的设立和变更、直销员的招募和培训、直销活动、保证金、监督管理、法律责任、附则。条例就直销的经营模式、直销产品的范围、直销行业的准入条件、直销企业的信息披露制度、直销企业的保证金制度、直销员计酬制度、直销员业务培训制度、直销产品退换货制度、消费者权益保护制度以及相应的监督管理和法律责任予以了规定。

为配合条例实施，商务部发布了3部配套规章。《直销企业保证金存缴、使用管理办法》（商务部、工商总局令2005年第22号）、《直销员业务培训管理办法》（商务部、公安部、工商总局令2005年第23号）、《直销企业信息报备、披露管理办法》（商务部、工商总局令2005年第24号）。上述条例和规章的出台，基本形成了较为完整的规范直销活动的法律制度。

3. 初步完成《融资租赁法》草案。向国务院上报了《生猪屠宰管理条例（修订稿）》和《生活必需品市场应急管理条例（草案）》。

制定了《二手车流通管理办法》（商务部、公安部、工商总局、税务总局令2005年第2号）、《典当管理办法》（商务部、公安部令2005年第8号）、《汽车品牌销售管理实施办法》（商务部、发展改革委、工商总局令2005年第10号）、《汽车贸易政策》（商务部令2005年第16号）、《酒类流通管理办法》（商务部令2005年第25号）等5部部门规章。

（二）做好反垄断立法及相关工作

配合国务院法制办做好《反垄断法（送审稿）》审议工作。多次召开研讨会、座谈会，并听取人大代表、政协委员等各方意见，深入研究重点难点问题，数次对草案提出修改建议。

建立健全企业并购反垄断审查的程序及实体的审查标准和制度。完成了90余件并购申报的反垄断审查工作，对可能造成垄断性市场结构的企业合并起到了预警和威慑作用。

（三）加强涉外经济法制建设，完善对外开放的制度保障

1. 继续推进外贸法配套规章建设。

着重以外贸秩序管理为主线完善相关立法，为对外贸

易发展创造良好法律环境。制定或修订了《纺织品出口自动许可暂行办法》（商务部令2005年第3号）、《对外贸易壁垒调查规则》（商务部令2005年第4号）、《机电产品国际招标机构资格审定办法》（商务部令2005年第6号）、《国际货运代理企业备案（暂行）办法》（商务部令2005年第9号）、《纺织品出口临时管理办法》（商务部令2005年第13号）、《对外贸易经营者违法违规行为公告办法》（商务部令2005年第17号）、《纺织品出口临时管理办法》（商务部令2005年第20号）、《出口加工区加工贸易管理暂行办法》（商务部令2005年第27号）等8部部门规章。

完善出口管制法律制度。完成《核两用品及相关技术出口管制条例》修订起草工作，并于12月份上报国务院。出台《向特定国家（地区）出口易制毒化学品暂行管理规定》（商务部、公安部、海关总署、安全监管总局、食品药品监管局令2005年第12号）和《两用物项和技术进出口许可证管理办法》（商务部、海关总署令2005年第29号）。

2. 利用外资立法稳步推进。

为开拓利用外资新形式，同时将“走出去”和“引进来”有机结合起来，进一步完善利用外资法律制度，研究起草外国投资者跨境换股、外商战略投资者参股境内上市公司、外商投资企业清算方面的规章。

出台了《外商投资租赁业管理办法》（商务部令2005年第5号）、《外商投资国际货物运输代理企业管理办法》（商务部令2005年第19号）、《外国投资者对上市公司战略投资管理办法》（商务部、证监会、税务总局、工商总局、外汇局令2005年第28号）。

3. 国外经济合作立法工作取得进展。

商务部加大《对外承包工程管理条例》的协调力度，向国务院法制办报送了条例修改稿，大大推进审议进程。

出台了《〈对外劳务合作经营资格管理办法〉补充规定》（商务部、工商总局令2005年第14号）、《外派海员类对外劳务合作经营资格管理规定》（商务部令2005年第15号）等2部对外劳务合作资格管理方面的部门规章。

（四）积极参加国际法律规范的制定

1. 积极参与世贸组织新一轮谈判中争端解决程序与规则谈判。

2. 积极参与中国—智利自由贸易协定的谈判商签工作以及我与新西兰、澳大利亚、香港（CEPA Ⅱ）、海合会、东盟等自贸区谈判工作。

3. 积极开展国际投资协定的商签工作。2005年和朝鲜、比利时、捷克、斯洛伐克、西班牙、葡萄牙、马达加斯加、几内亚、赤道几内亚、俄罗斯签订协定，并与印度、加拿大、墨西哥、韩国进行谈判。

4. 与欧盟就“中欧合作伙伴协定”的商签、《中欧贸易与经济协定》的修订进行了磋商。

5. 继续参加联合国国际贸易法委员会相关工作组工作、国际统一私法协会各项条约和公约的制定和APEC、OECD相关法律工作。

二、推进依法行政，开展普法宣传，建设法治政府

（一）以贯彻实施《全面推进依法行政实施纲要》和《行政许可法》为契机，全面推进依法行政工作

1. 制定《商务部行政处罚实施办法》（商务部令2005年第1号），于2005年3月1日起施行。改革商务部行政处罚工作体制，成立商务部行政处罚委员会，实行重大行政处罚案件的调查和审理适当分开的制度，对重大、复杂的行政处罚案件进行集体讨论。依照办法，对有拟作出的行政处罚决定进行把关，确保依法实施行政处罚。

2. 认真贯彻《行政许可法》，深化行政审批制度改革，对各部委、部内各司局出台的法律、法规、规章中涉及的行政许可事项提出法律意见，保证行政管理工作实现高效便民、合理行政原则。

3. 2005年9月，召开全国商务系统依法行政工作座谈会，了解各地开展依法行政工作经验和对于今后的工作建议，取得了很好的效果。

（二）妥善处理行政复议和行政应诉案件

1. 召开行政复议和行政应诉工作座谈会。与国务院法制办和有关部委交流处理行政争议事务的经验，解决办理行政争议案件过程中遇到的问题。

2. 完善行政监督机制，严格按照法律规定开展行政复议工作，积极开展行政应诉工作。2005年商务部共处理行政复议案件10件，处理行政诉讼案件5起。

（三）继续开展商务系统普法活动，进行“四五”普法验收工作

1. 通过举办培训班、发布新闻稿、接受采访、在报刊杂志开辟专栏、编写《商务立法年编》等多种途径及时有效地向社会公众宣传普及商务法律知识和国际经贸规则。

2. 在商务系统征集“五五”普法规划问题研究征文。向全国普法办报送商务系统普法教育相关材料，展示了商务部开展普法和依法行政工作的成绩。

3. 进行“四五”普法验收总结。自2005年6月开始，分准备、自查、检查、总结等四个阶段完成商务系统“四五”普法验收工作，向全国普法办报送了商务部“四五”普法情况总结。

三、以法律支持为手段，切实维护贸易产业利益

（一）围绕利用 WTO 争端解决机制，维护我国产业利益和贸易利益的宗旨，深入开展相关工作进一步建立健全工作机制，积极稳妥地做好贸易争端多边解决的准备工作。实质性地参与了 15 起 WTO 争端解决案件的审理。在美国反倾销归零案、日本紫菜案、美欧飞机补贴案等案件中，申明了立场，参与了规则的澄清和解释，从规则角度维护了我国的贸易利益，同时也积累了经验。对参与第三方案件中获取的大量贸易政策信息，向国务院有关部门，行业产业协会和商会以及企业进行了通报。

（二）继续做好纺织品特保及一般特保措施立法交涉方面的工作

积极参与中美、中欧纺织品问题谈判及协议文本审定，并参与南非、巴西的纺织品磋商；积极向哥伦比亚、巴西进行正式立法交涉；配合做好具体个案的应对工作。

（三）突出重点，积极应对，认真做好与对外贸易有关的知识产权工作

知识产权是我实现由贸易大国向强国跨越的关键。2005 年，美、欧、日不断利用多双边渠道向我施压，甚至以在世贸组织争端解决机制提起诉讼相威胁，使知识产权工作成为我对外经贸关系中的焦点。基于此，本着“突出重点，积极应对”的思路，努力开展与贸易有关的知识产权工作。

积极开展与美、欧、日、东盟的知识产权的双边对话与合作，加强交流，增进理解。积极做好知识产权的多边工作。继续参与多哈新一轮有关知识产权的谈判，协调做好 2005 年 TRIPS 审议工作。利用多双边场合正面宣传我国知识产权保护所取得的成绩。

做好有关知识产权个案应对工作。积极处理奇瑞 QQ 与通用汽车纠纷案，妥善协调和处理了 New Banlance 案、NBA 假冒案、ZIPPO 案等，协助解决海信和厦门东林商标在德国被抢注案、江苏江动商标抢注案等，维护我企业在经贸交往中的知识产权权益。

开展了国家知识产权战略中关于“保护和禁止滥用知识产权问题研究”、“国际贸易中的知识产权问题研究”的课题。就加工贸易中的知识产权保护、展会知识产权保护等问题进行调研。

（四）指导我国企业应对国外反垄断诉讼

2005 年，我维生素、镁砂企业在美国连续遭受两起反垄断法起诉，产业影响较大。指导企业积极应诉，维护企业和国家利益。

为了向我国企业宣讲国际贸易中的反垄断法律及风险，于 2005 年 10 月召开了美国及欧盟反垄断法律及风险防范研讨会。

2006 年是“十一五”规划的开局之年。我们将继续以“三个代表”重要思想和科学发展观为指导，认真贯彻党的十六大和十六届五中全会精神，积极贯彻“十一五”规划，紧密围绕我部各项中心工作，进一步加强商务立法，深入推进依法行政，全面建设法治政府，积极参与国际经贸规则制定，为商务事业发展作出更大贡献。

2005 年海峡两岸经贸交流综述

商务部台港澳司司长　唐　炜

2005 年，海峡两岸经贸交流经历了不平凡的一年。在中央对台工作方针和胡锦涛总书记新形势下发展两岸关系四点意见的指导下，祖国大陆方面相继推出一系列积极、务实、灵活有效促进两岸交流的新举措。经过两岸同胞共同努力，两岸互惠互利的经济合作格局继续巩固，贸易再创新高，台商投资保持稳定，产业逐步优化，两岸同胞相互了解不断加深，两岸经贸交流排除台湾当局干扰不断向前发展。

一、两岸经贸关系进一步发展

2005 年以来，大陆方面在两岸关系上主动采取了一系

列重大积极举措。1月28日，贾庆林主席发表重要讲话，阐述了对当前台湾局势的基本看法和对两岸关系重大问题的主张。3月4日，胡总书记提出了新形势下发展两岸关系的四点意见。3月14日，全国人大通过《反分裂国家法》。4月—7月间，中共中央和胡锦涛总书记邀请中国国民党主席连战、亲民党主席宋楚瑜、新党主席郁慕明先后率团来访，就促进两岸关系改善和发展的重大问题，广泛、深入地交换了意见，达成了多项经贸共识，取得了重要成果。这对于维护台海地区和平稳定，促进两岸同胞往来，推进两岸经贸交流，早日实现两岸全面、直接、双向"三通"，产生了重大的现实作用和深远的历史影响，开创两岸经贸交流的新局面。

2005年，大陆有关部门积极落实胡总书记与国、亲、新三党领导人会谈达成的共识，努力推动我们主动采取的一系列解决台湾同胞关心的问题、维护台湾同胞正当权益的政策措施，凡由大陆单方面可以做到的都已积极在落实，需两岸协商落实的事项也都在全力推进。具体措施包括从2005年8月1日起对台湾15种水果正式实施进口零关税措施并将水果准入品种扩大到18种；批准福州、漳州海峡两岸农业合作实验区扩大到福建全省；采取措施进一步为台湾居民入出境提供便利；修订了《台湾和香港、澳门居民在内地就业管理规定》，大幅放宽了台胞就业条件；宣布开放大陆居民赴台旅游，并与台湾各旅游业组织就具体安排进行磋商，做好各项前期准备工作。国台办与开发银行签署协议，为大陆台资企业划拨专项为期5年、额度为300亿元人民币的开发性贷款；积极推动两岸民间行业组织就两岸客运和货运包机问题展开协商，成功实现两岸春节包机；2006年，2月宣布恢复对台渔工劳务合作业务。同时，在《中共中央关于制定国民经济和社会发展第十一个五年规划的建议》中，更明确提出："支持海峡两岸和其他台商投资相对集中地区的经济发展，促进两岸经济技术交流和合作。"将台商投资集中地区的发展正式纳入国家整体的发展规划。这一系列积极措施，让岛内民众对大陆有更多的正面认识，因长期被误导而形成的对大陆的隔阂，误解甚至敌意开始"融化"。"两岸合则两利、分则两害"，"台独"不符合台湾民众的利益，正成为越来越多的台湾民众的心声。

二、两岸经贸合作规模持续扩大

两岸贸易额持续增长。2005年，两岸贸易额达912.3亿美元，同比增长16.5%，其中大陆对台湾出口165.5亿美元，同比增长22.2%，大陆自台湾进口746.8亿美元，同比增长15.3%。两岸农产品贸易有了更进一步的突破与发展，这是2005年两岸贸易的最大亮点。2005年，共进口台湾水果3 318吨，金额322万美元，其中进口零关税水果1 158.5吨，金额155.8万美元，同比增长23%，免税额180万人民币。两岸贸易仍集中在我东部沿海省市，以台资企业为主体，加工贸易为主要形式，机电产品和高新技术产品为主要商品。目前，台湾是我第七大贸易伙伴，第七大出口市场，第四大进口市场；大陆已成为台湾最大的贸易伙伴，最大的出口市场。

台商投资保持稳定。2005年大陆共批准台商投资项目3 907个，实际使用台资金额21.5亿美元。截至2005年底，大陆累计批准台资项目68 095个，实际使用台资417.6亿美元，台湾1 200多家上市、上柜公司中有近一半在大陆投资发展，大陆成为台湾最大的境外投资地区。台商投资领域仍以制造业为主，投资区域仍集中在东部沿海省市。广大台商在大陆的投资对大陆的经济发展和劳动就业作出了重要贡献，促进了两岸经贸交流与合作的长足发展，并成为联系两岸关系的最重要纽带之一，同时台湾企业也获得了巨大的发展空间，促进了岛内经济增长和结构的转型。两岸同胞的利益和命运已更加紧密地联系在一起，加强两岸经济交流与合作，符合两岸同胞的共同利益。

两岸展览蓬勃发展，入岛办展取得突破。为扩大对台出口，我们采取积极措施，突破台湾当局限制，积极支持民间行业组织赴台办展。2005年10月，中国机电产品进出口商会、海峡两岸经贸交流协会和台湾区电机电子工业同业公会在台北世界贸易中心共同主办"2005年海峡两岸秋季电子展"，12月福建省海峡商务交流协会在台中世界贸易中心主办"两岸优良家庭用品礼品博览会"，成功搭建了两岸行业合作交流平台。此外，本着突出对台特色，突出两岸携手的宗旨，支持有关部门相继在大陆各地举办一批具有一定规模和影响力的对台专业展览及研讨会，如厦门海峡两岸机械电子商品交易会暨厦门对台出口商品交易会、上海两岸农产品贸易研讨会等等，都取得了较好的效果。

三、两岸经贸交流中还存在一些问题

虽然两岸经贸关系进一步密切，但是由于台湾当局的阻挠，两岸经贸交流中还存在一些问题。一是两岸至今未能实现直接"三通"；二是两岸经贸至今尚未实现正常化，两岸经贸交流仍处于"间接、单向"的局面，如两岸间货物需经第三地转运，大陆商品输台受到歧视性限制，仍有近2200种商品无法入岛，大陆企业不能入岛设立代表处、投资、大陆经贸人士赴台受到诸多限制等。

四、2006年两岸经贸交流将进一步深化

发展两岸经贸交流与合作，必将福及全体中华子孙，推动海峡两岸经贸交流与合作，是我们的一贯政策。2006年1月，胡锦涛总书记到福建考察时指出：“谋和平、促合作、求发展，努力构建和平稳定发展的两岸关系，创造更加美好的生活，是两岸同胞的共同愿望”。当今世界，经济全球化趋势深入发展，科技进步日新月异，区域经济一体化加快推进。大陆经济持续健康快速增长、投资环境日益改善、内销市场不断增长、产业配套能力日益加强、劳动力资源极其丰富等等，这些为两岸经贸交流与合作提供了良好的条件与机遇。虽然，陈水扁当局逆潮流而动，抛出“积极管理、有效开放”的两岸经贸政策，重新推动所谓“南进”政策，但是遭遇到台湾工商界一致反对。2006年2月27日，陈水扁强行决定终上“国统会”运作和“国统纲领”适用，也立即遭到岛内主要政党、团体和各界的强烈反对和谴责。这些都证明，期盼社会安定、经济振兴、两岸关系和平稳定发展、反对“台独”冒险，加强两岸经贸交流已成为岛内的主流民意。两岸的经济交流与合作，是时代潮流的发展方向，有着广阔的空间。2006年，两岸经贸交流必然会取得更大的发展，为两岸同胞福祉，为促进祖国和平统一作出新的更大贡献。

稳步推进自由贸易区建设　深入参与多边和区域合作

商务部国际经贸关系司副司长　尹宗华

2005年，在部党组的正确领导下，国际司认真贯彻党的十六大、十六届五中全会和中央经济工作会议精神，稳步推进与有关国家和地区的自贸区谈判，取得了积极进展；深入参与联合国有关机构和亚太经合组织、大湄公河次区域经济合作、亚欧会议等区域合作机制的活动，发挥了重要作用；努力争取联合国系统和发达国家对华援助，取得了良好效果。上述工作，为我国国民经济和对外贸易的发展营造了良好的外部环境，促进了与有关国家的互利共赢和共同发展，树立了开放、负责任大国的形象，支持了中西部经济社会发展和有关部门的能力建设。

一、稳步推进与有关国家和地区的自贸区谈判

近年来，区域经济一体化迅猛发展，以自由贸易区为主要形式的各种区域贸易安排不断涌现。截至2005年底，向WTO通报的各种区域贸易安排已达336个，其中80%是在过去10年签订的，仅2005年就新增29个。自贸区已与WTO多边贸易体制一起，成为推动世界贸易自由化和各国市场开放的重要途径。

加入WTO后，我国在深入参与多边贸易谈判的同时，对外商谈自贸区也取得重要进展，初步形成了局面。迄今为止，我国对外商谈的自贸区已有9个，涉及27个国家和地区，涵盖2005年我国对外贸易近3500亿美元。

（一）全面启动中国—东盟自贸区降税进程。根据《中国—东盟全面经济合作框架协议货物贸易协议》，从2005年7月20日起，我国与东盟相互开始关税减让，7 000多个税目的产品纳入降税计划。这标志着中国—东盟自贸区建设进程的全面启动。按照降税模式，2005年我国实际进行关税减让的税目共3408个，约占全部税目的50%。到2010年，我国和东盟6个老成员将相互取消绝大多数产品的关税，东盟4个新成员将在2015年基本取消关税。中国—东盟自贸区的建设，促进了我国与东盟的贸易发展。2005年，我国与东盟贸易额达到1 303.7亿美元，同比增长23.1%，其中我国进口达到750亿美元，增长19.1%，出口553.7亿美元，增长29.1%。除货物贸易外，中国—东盟自贸区服务贸易和投资谈判也取得了积极进展。到2010年，中国—东盟自贸区将基本建成，这是涵盖18.5亿人口的亚洲地区最大的自贸区，也是发展中国家之间最大的自贸区，将有力地推动中国和东盟的经济发展，促进共同繁荣，谱写中国—东盟全方面合作的新篇章。

（二）签署《中国—智利自由贸易协定》。2005年11

月18日，中智两国在韩国釜山签署了《中华人民共和国政府和智利共和国政府自由贸易协定》，胡锦涛主席和智利总统拉戈斯出席签字仪式。这是我国与拉美国家签署的第一个自由贸易协定，将对中智全面合作伙伴关系和中拉经贸关系产生深远影响。

根据《中智自贸协定》，两国将在2006年7月1日全面启动货物贸易的降税进程。占我国税目总数97.2%的7 336个产品和占智利税目总数98.1%的7 750个产品将在10年内分阶段取消关税。我国对原产于智利的4 753种产品的关税将在协议生效后两年内降为零，其中2 806种产品在协议生效第1年就降为零；智利对我国5 891种产品的关税将在2006年7月1日立即取消。双方立即降为零关税的产品主要有：化工品、纺织品和服装、农产品、机电产品、车辆及零件、水产品、金属制品和矿产品等。此外，协议还规定，两国将在经济、中小企业、文化、教育、科技、环保、劳动和社会保障、知识产权、投资促进、矿产、工业等领域进一步加强交流合作。

（三）签署《中国—巴基斯坦自贸协定早期收获协议》。2005年4月，温家宝总理访问巴基斯坦期间，与巴基斯坦阿齐兹总理共同宣布启动中巴自贸区谈判。同时，商务部部长薄熙来与巴基斯坦商务部长胡马云签署了《中国—巴基斯坦自由贸易协定早期收获协议》。根据《早期收获协议》，我国向原产于巴基斯坦的769种产品提供零关税待遇，主要有蔬菜、水果、石料、棉坯布和混纺布等产品。同时，我国可享受巴方提供的486种产品的零关税待遇，主要为蔬菜、水果、石料、纺织机械和有机化工品。上述产品的关税将在两年内分3次，到2008年1月1日全部降为零。除零关税产品外，我国还将对原产于巴基斯坦的1 671个8位税目产品实施优惠关税，平均优惠幅度27%；巴方也将对原产于我国的575项6位税目产品实施优惠关税，平均优惠幅度22%。上述关税减让安排从2006年1月1日开始实施。中巴商谈自贸区，实施早期收获协议，将进一步巩固两国传统友谊，促进共同发展。

（四）进一步扩大内地与港澳《更紧密经贸关系安排》。2005年，内地与香港、澳门分别签署了《〈更紧密经贸关系安排〉补充协议二》。根据协议，在货物贸易方面，自2006年1月1日起，内地对原产于香港、澳门的货物全面实行零关税；在服务贸易方面，内地在法律、会计、建筑、视听、分销、银行、证券、旅游、运输和个体工商户等10个领域对香港、澳门进一步放宽市场准入条件。《安排》及其补充协议的实施，对香港、澳门经济的稳定和发展起到了积极作用。

（五）稳步推进与海合会、新西兰、澳大利亚的自贸谈判。2005年，我国与海湾合作委员会6国（沙特阿拉伯、阿曼、阿拉伯联合酋长国、卡塔尔、科威特和巴林）举行两轮自贸区谈判，就货物贸易降税模式和原产地规则等关键问题达成了一致。与新西兰、澳大利亚的自贸区谈判也取得了积极进展。

二、深入参与多边和区域经济合作

联合国相关机构和亚太经合组织、亚欧会议、大湄公河次区域经济合作等合作机制，是我国参与多边和区域合作的重要舞台。2005年，我国继续利用上述多边和区域舞台，积极倡导互利合作，努力促进共同发展，深入参与国际经贸规则制订和协调，树立了我国开放和负责任大国的形象。

联合国：2005年9月，胡锦涛主席出席联合国首脑会议，宣布对与我国建交的39个最不发达国家的部分产品给予零关税待遇，作为我国政府支持发展中国家的5项措施之一。印度洋海啸灾害发生后，我国通过联合国机构向受灾国提供了2 000万美元紧急援助。此外，还通过联合国机构向巴基斯坦地震灾区分别提供50万美元和50万人民币援助。上述举措体现了我国“构建和谐世界”理念，赢得了国际社会广泛赞誉。同时，深入参与联合国贸发会议、儿童基金、人口基金等机构的多边合作活动，积极维护发展中国家的利益，扩大了影响。

亚太经合组织：继续深入参与亚太经合组织各个层次的对话与合作活动，努力发挥建设性作用。2005年，围绕“走向一个大家庭：面对挑战，追求变革”的主题，我国推动APEC在支持多哈回合谈判、“茂物目标”中期审评、贸易便利化和经济技术合作等领域开展了富有成效的讨论，取得了多项成果。领导人会议通过了《釜山宣言》，承诺按照“釜山路线图”，继续致力于在亚太地区实现贸易投资自由化与便利化目标，不断改善贸易和投资环境，缩小各成员发展差距，实现共同繁荣。

亚欧会议：积极倡导和推动亚欧经贸合作朝务实方向发展。2005年9月，我国在厦门成功举办了“亚欧会议贸易投资博览会”。此次博览会是亚欧会议成立以来举办的一次大型经贸活动，为各成员集中展示发展成就、经济政策和贸易投资机会搭建了一个重要平台。2005年10月在荷兰举行的亚欧经济部长会议高级别会议批准了我国提出的2006年在华举办“亚欧会议旅游合作发展论坛暨展览会”和“第五届亚欧会议电子商务论坛”的倡议。这些活动的举行，将有效地推进亚欧在贸易、投资、旅游、电子商务等领域的务实合作。

大湄公河次区域经济合作：2005 年 7 月，我国成功举办了次区域经济合作第二次领导人会议，取得了重要成果。温家宝总理宣布我国向老挝、柬埔寨和缅甸 3 个最不发达国家进一步提供零关税待遇，显示了我国帮助次区域其他国家共同发展的真诚愿望。会议批准由我国倡导的《贸易投资便利化战略行动框架》，确立了海关程序、检验检疫、贸易物流和商务人员流动四大优先合作领域。《行动框架》的实施，将提升次区域贸易投资便利化水平，促进互利合作和共同发展。

《亚太贸易协定》：2005 年 11 月，《亚太贸易协定》首届部长级理事会在北京成功举行。薄熙来部长主持会议，孟加拉国、印度、老挝、韩国、斯里兰卡的主管部长和联合国亚太经社会执行秘书金学洙参加了会议。会议决定，从 2006 年 7 月 1 日起，成员国实施协定第三轮关税减让谈判成果。我国加入《亚太贸易协定》并从中发挥建设性作用，增强了该协定内部凝聚力和对外吸引力。《亚太贸易协定》的实施，将进一步密切成员国之间的经贸关系。

三、努力争取国际多双边无偿援助

2005 年，继续积极拓展与联合国有关机构和外国政府的多双边发展合作，共开展各类合作项目 93 个，争取到国际无偿援助资金 2.15 亿美元，其中欧盟 6 600 万美元、加拿大 3 456 万美元、德国 2 690 万美元、联合国儿童基金 1 929万美元。另外，联合国儿童基金会和人口基金承诺在未来 5 年向我国再提供 1.2 亿美元援助，德国决定继续将我国列为重点受援国，丹麦恢复了中断 16 年之久的对华援助。

利用这些援助资金，我们在农业、林业、卫生、扶贫、环境保护、人力资源开发、法律合作、政府管理等领域开展了富有成效的合作活动。国际多双边无偿援助项目的实施，对于促进我国经济体制改革，促进中西部地区的经济社会发展和东北等老工业基地振兴起到了积极作用。我国借鉴国际成熟经验和发展思路，通过开展农村综合扶贫项目，促进了城乡协调发展；通过开展环保和水资源管理利用项目，促进了人与自然和谐发展；通过开展公共卫生和普及义务教育项目，促进了经济和社会协调发展；通过开展对艾滋病人的关怀和保护妇女儿童权益项目，体现了“以人为本”和构建和谐社会的理念；通过开展提高行政管理水平和深化经济体制改革等项目，提高了政府部门驾驭市场经济的能力。

WTO 响起中国声音

——中国参与香港 WTO 部长级会议

商务部世界贸易组织司司长　张向晨

2005 年 12 月 13 至 18 日，WTO 第六届部长级会议在香港举行。经过六天六夜的艰苦谈判，会议通过了《香港部长宣言》。商务部薄熙来部长和农业部杜青林部长率领由商务部、农业部、财政部、发改委、外交部、海关总署等部门 110 人组成的中国代表团参会。代表团积极开展工作，有效维护了我国利益，并为推动谈判发挥了建设性作用。

一、举世关注　利益攸关

多哈回合是 WTO 成立以来发动的第一轮多边贸易谈判，各国领导人都十分重视。胡锦涛主席在“八国集团”峰会和 20 国集团财长和央行行长会议上就多哈回合谈判阐述了我国的原则立场。在 2005 年 11 月的 APEC 会议上，胡锦涛主席表示，多哈回合谈判能否成功，关系到国际贸易发展的前景，也关系到世界各国人民的切身利益。

香港会议是与会成员最多的一次 WTO 部长级会议，149 个 WTO 成员和 40 个观察员的 400 余位部长，共 5 800 余名代表出席了本次会议。美国派出了 400 余人的庞大代表团，欧盟和日本也分别派出 200 余人的代表团，2 100 余名非政府组织代表、3 000 余名国际媒体记者云集香港。

此次会议的焦点有四大问题：一是农业出口补贴的取

消期限问题；二是棉花问题；三是最不发达成员免关税和免配额问题；四是在非农产品市场准入领域采用公式的问题。

围绕上述焦点议题，会议白天进行大会一般性辩论，晚上则举行只有26个成员部长参加的“绿屋会议”（即小范围实质性谈判）。此外，各类专题部长会、高官会、协调组磋商和双边会谈也穿插进行。

多哈回合谈判为我国加入WTO后第一次全面参与国际贸易规则制定提供了舞台，谈判涉及的各项内容都与我国利益密切相关，谈判结果直接关系到我国经济发展的外部环境。作为世界第三贸易大国，我国贸易增长迅速，是多边贸易体制的受益者。多哈回合谈判成功符合我国现实和长远利益。早日确定取消出口补贴的时限有助于我国农产品出口；由于我国工业制成品已占我国出口总额的93%，采用双系数瑞士公式有助于我国制成品出口。

除此之外，我国在多哈回合谈判中还有一些特殊关注。由于我国部分农产品特别是土地密集型的大宗农产品缺乏国际竞争力，加之在加入WTO时已作出较高水平的市场开放承诺，谈判中需要为我国敏感农产品争取必要的保护。我国承诺的服务贸易开放水平已经较高，同时确定了在金融、证券、保险、电信等领域的开放底线。为了争取在多哈回合谈判中少做减让，我国在谈判中要求享受“新成员待遇”。上述关注都是我国代表团在香港会议期间的工作重点。

二、四项成果　进展积极

经过六天六夜不间断的谈判，会议最终在以下几个领域达成了一致：

1. 规定各成员必须在2013年底以前取消所有形式的农产品出口补贴。

出口补贴取消时限的确定，有利于改变国际农产品贸易扭曲的局面。该议题的谈判结果没有增加我国的新义务，有利于今后扩大我国农产品的出口和保护我国一些重要的敏感农产品。

2. 发达成员必须于2008年在至少占全部税号数97%的产品上给予最不发达成员免关税和免配额待遇。

免关税和免配额问题的解决在一定程度上缓解了最不发达成员的不满情绪。同时，《宣言》规定，“宣布自己有能力的发展中成员”可在享受过渡期和灵活性的前提下向最不发达成员提供免关税和免配额待遇。这也使我国可以根据国情在帮助最不发达成员方面保留一定的政策空间，无需将我国关注的敏感产品列入“双免”范围。

3. 发达成员必须于2006年底前取消对棉花的出口补贴，多哈回合谈判一结束就给予最不发达成员的棉花免关税和免配额待遇。

非洲一些最穷的产棉国是最大受益者。美欧取消高额的棉花补贴将有利于我国维持国内棉花价格，保护我国广大棉农的切身利益。

4. 在削减非农产品关税的公式上将采取两个系数的瑞士公式，同时，明确了发展中成员在公式之外也将享受必要的灵活性。

我国一般工业制成品具有竞争优势，这一谈判结果有利于促进我国工业制成品出口。发展中成员采用与发达成员不同的系数，以及发展中成员获得的其他灵活性也有利于我国今后适当保护少数敏感工业产品。

各方对香港会议结果的总体评价是积极的。WTO总干事拉米认为，会议使多哈谈判走出了“冬眠”。

经我国代表团据理力争，我国的重点关注也在《宣言》中得到了具体体现：

1. “新成员待遇”在《宣言》中得到体现。《宣言》正文部分第58段专门规定了新成员待遇，具体表述为“我们认识到新加入成员已在加入时作出了广泛的市场准入承诺这一特殊情况。这种情况将在谈判中加以考虑。”这一表述为今后我国争取特殊和差别待遇提供了重要的法律依据。

2. 我国农业的国内支持空间得以保留。宣言最后规定，承诺不使用农业综合支持量黄箱的发展中成员的微量允许和国内支持总量可以免予削减。这一规定意味着我国在多哈回合谈判中，不需要对我国目前享有的农业国内支持允许额度进行任何削减。

3. 允许我国通过特殊产品和特殊保障机制保护敏感农产品。宣言最后规定，发展中国家可以自主指定一定数量的农产品作为特殊产品，并有权使用特殊保障机制。这是第一次在部长级宣言中争取到了明确具体的表述，我国作为发展中成员可以选择一部分产品少减让或免于减让，并可以建立特殊保障机制，在进口激增的情况下，采取临时限制措施，以防止进口冲击。

4. 给予棉花“双免”待遇的义务仅局限于发达成员。《宣言》规定了发达成员对最不发达成员的棉花产品免关税和免配额的义务，而包括我国在内的发展中成员无此义务。这一规定有利于我国维持国内棉花价格，保护我国广大棉农的切身利益。

5. 在给予最不发达成员“双免”待遇方面享有灵活性。《宣言》规定，“宣布自己有能力的发展中成员”可在享受过渡期和灵活性的前提下向最不发达成员提供免关税和免配额待遇。这使我国可以根据国情在帮助最不发达成员方面保留一定的政策空间，可以自主决定是否在敏感产品上对最不发达成员提供免关税和免配额待遇。

三、发挥作用　坚定务实

会议期间，我国代表团参加了全部7次、累计长达50个小时的“绿屋会议”，最长的一次从晚10时持续到次日早9时。代表团还参加了几十场代表团团长会议、高官磋商、分议题谈判以及“发展中成员20国农业协调组”（G20）等部长级会议。薄熙来还与欧盟、巴西等成员的部长，以及WTO总干事拉米举行了共19场双边会谈。杜青林会见了美国农业部长。

在维护我国自身利益的前提下，我国代表团充分发挥我国作为贸易大国的影响力，替发展中成员讲话，并发挥桥梁和平衡作用，推动会议取得进展，体现了一个贸易大国负责任的态度，获得各方好评。

立场坚定，维护自身利益

薄熙来部长在大会作了主旨发言，全面阐述了中国在多哈回合谈判中的立场，要求发达国家尽快取消出口补贴、实质性削减国内支持；要求享受新成员优惠待遇；主张发展中成员自主指定特殊产品、享受特殊保障机制等。中国的立场受到各成员的高度重视。

说公道话，维护发展中国家的利益

此次会议上我国代表团积极维护发展中国家的团结，促使发展中国家形成合力，始终强调多哈回合要体现发展的主题，发达成员应当承担更多责任，反对在发展中成员中进行再分类。在此次会议前，中方还率先提出给予最不发达成员“早期收获”的建议，在发展中国家中赢得了普遍的好感和支持。

灵活务实，发挥沟通与桥梁作用

推动多哈回合取得进展总体符合我国利益。我国代表团在会议期间发挥了沟通和协调作用，妥善处理了与发达国家的关系，在关键时刻为达成协议作出了贡献。

香港会议虽然取得了局部性成果，但各成员间分歧仍然严重。会议《宣言》确定2006年4月30日前就农业和非农产品的谈判达成全面模式，进而在2006年底完成谈判。要实现这一目标，2006年的谈判任务十分艰巨，前景不容乐观。

促进发展　迎接挑战　加快转变外贸增长方式

商务部对外贸易司司长　鲁建华

2005年，面对国内外复杂多变的形势，各级商务主管部门切实落实科学发展观，积极应对纺织品贸易摩擦和大宗资源类商品价格上涨等新情况和新问题，加强和完善外贸运行调控，进一步优化进出口商品结构。全年我国对外贸易继续保持快速增长，促进了国民经济的健康发展。

一、2005年对外贸易总体情况

2005年我国对外贸易继续保持快速增长。全年进出口总值达到14 221亿美元，同比增长23.2%；其中出口7 620亿美元，增长28.4%，进口6 601亿美元，增长17.6%；贸易顺差1 019亿美元，外贸对国民经济增长的贡献率为17.9%。全年进出口税收5 278亿元，出口退税3 372亿元，年底国家外汇储备8 189亿美元。全年进出口有以下特点：

（一）出口快速增长后趋于回落，进口持续走低后逐步回升

2005年进出口规模后10个月连续超过千亿美元，其中6个月超过1 200亿美元，出口增速自30%左右逐步回落到18%，进口增速上半年保持在20%以下，从8月份开始，进口增速回升到20%以上。由于全年出口快速增长、进口大幅回落，贸易顺差创历史新高。

（二）一般贸易出口增长较快，进口增速趋缓，加工贸易进出口增长平稳

2005年一般贸易进出口5 948亿美元，增长20.9%，其中出口3 151亿美元，增长29.3%，进口2 797亿美元，增长12.7%。加工贸易进出口6 905亿美元，增长25.6%，出口4 165亿美元，增长27.0%；进口2 740亿美元，增长23.6%。

（三）外商企业进出口增长迅速，民营企业进出口持续高速增长

2005年国营企业进出口3 660亿美元，增长10.9%。外商投资企业进出口8 317亿美元，增长25.4%，占全国进出口总额的58.5%。民营企业进出口增势强劲，进出口总额2 242亿美元，增幅达到38.8%。

2005年中国进出口贸易方式、企业性质一览表

金额单位：亿美元

项目		出口		进口	
		金额	同比（%）	金额	同比（%）
总　值		**7 620**	**28.4**	**6 601**	**17.6**
贸易方式	一般贸易	3 151	29.3	2 797	12.7
	加工贸易	4 165	27.0	2 740	23.6
	其他贸易	304	39.9	1 064	16.3
企业性质	国有企业	1 688	9.9	1 972	11.8
	外商投资企业	4 442	31.2	3 875	19.4
	其他企业	1 488	47.1	754	24.8

（四）进出口商品结构进一步优化，机电、高科技商品出口比重增大，初级产品进口保持较快增速

2005年机电产品和高新技术产品出口分别增长32.0%和31.8%，占出口总额的比重分别达到56.0%和28.6%。高能耗、高污染和资源性产品出口增幅明显回落，钢材和钢坯出口量增幅分别回落60个百分点和290个百分点。纺织品服装出口增长20.9%，家具、鞋和箱包出口分别增长32.8%、26.0%和17.2%。原油、铁矿砂和大豆进口量分别增长3.3%、32.3%和31.4%。

2005年中国进出口商品构成表

金额单位：亿美元

商品构成（按SITC分类）	出口		进口	
	金额	增减（%）	金额	增减（%）
总　值	**7 619.4**	**28.4**	**6 600.3**	**17.6**
一、初级产品	490.4	20.9	1 476.8	25.9
0类　食品及活动物	224.8	19.1	93.6	2.2
1类　饮料及烟类	11.8	-2.5	7.8	42.8
2类　非食用原料（燃料除外）	74.8	28.1	702.1	26.8
3类　矿物燃料、润滑油及有关原料	176.2	21.7	639.6	33.2
4类　动植物油、脂及蜡	2.7	80.9	33.7	-20.0
二、工业制品	7 129.0	29.0	5 123.5	15.4
5类　化学成品及有关产品	357.2	35.7	776.8	18.2
6类　按原料分类的制成品	1 291.3	28.3	811.6	9.6
7类　机械及运输设备	3 522.6	31.3	2 906.3	15.0
8类　杂项制品	1 941.9	24.2	608.7	21.4
9类　未分类的商品	16.1	44.7	20.1	31.3

（五）对主要贸易伙伴出口增长强劲，进口增速减缓

欧盟仍为中国最大的贸易伙伴，2005年，对欧盟出口1 656亿美元，增长35.3%，自欧盟进口965亿美元，增幅为8.3%；对美出口1 629亿美元，增长30.4%，自美进口487.3亿美元，增长9.1%；对日出口840亿美元，增长14.3%，自日进口1 005亿美元，增长6.4%。

2005年我国进出口贸易伙伴情况

金额单位：亿美元

主要出口贸易伙伴情况				主要进口贸易伙伴情况			
位次	国别（地区）	出口金额	增速（%）	位次	国别（地区）	进口金额	增速（%）
1	美国	1 629.0	30.4	1	日本	1 004.5	6.4
2	欧盟	1 437.1	34.1	2	韩国	768.2	23.4
3	香港	1 244.8	23.4	3	欧盟	736.0	4.9
4	日本	839.9	14.3	4	东盟	750.0	19.1
5	东盟	553.7	29.1	5	台湾省	746.8	15.3
6	韩国	351.1	26.2	6	美国	487.3	9.1
7	台湾省	165.5	22.2	7	澳大利亚	161.9	40.1
8	俄罗斯	132.1	45.1	8	俄罗斯	158.9	31.0
9	加拿大	116.5	42.8	9	香港	122.3	3.6
10	澳大利亚	110.6	25.2	10	巴西	99.9	15.0

二、2005年外贸管理政策调整情况

（一）履行入世承诺，进一步下调关税税率

2005年起，我国主要行业“入世”过渡期大部分已经到期。从1月1日起，我国再次降低900多个税目的关税税率，关税总水平由2004年的10.4%降低至9.9%，其中农产品平均税率将由15.6%降低到15.3%，工业品平均税率将由9.5%降低到9.0%。其中，进口小轿车由34.2%和37.6%降至30%，汽车零部件降到13%，数码照相机及其零部件将执行零关税。

（二）完善出口退税，促进出口稳定增长

2005年8月1日，《国务院关于完善中央和地方出口退税负担机制的通知》（国发［2005］25号）下发实施，决定自2005年1月1日起，调整中央与地方出口退税分担比例，超基数部分分担比例由75∶25调整为92.5∶7.5，同时规范地方出口退税分担办法和改进出口退税退库方式。

（三）加强区域合作，促进共同发展

2005年内地较大幅度地扩大了对港澳地区销往内地产品实行零关税的范围，给予1 108种香港产品、509种澳门产品零关税待遇，比2004年分别增加了729种和191种。

2005年7月，中国与东盟正式开始相互给予优惠关税待遇，货物贸易降税计划共涉及7 000种商品。

（四）坚持依法行政，调整非关税措施

2005年商务部制定了《货物出口许可证管理办法》、《货物进口许可证管理办法》和《货物自动进口许可管理办法》，出台了《纺织品出口自动许可暂行办法》和《纺织品出口临时管理办法》。此外，还对进出口商品管理类别进行了调整。

出口方面：自2005年1月1日起，取消绿茶、乌龙茶出口指定经营管理；取消电风扇、自行车、摩托车及其发动机出口配额无偿使用招标，调整为出口许可证管理商品；纺织品被动配额全部取消；取消蚕丝类商品和烟草出口指定公司经营管理，取消人造刚玉、坯绸、部分蚕丝类商品、石蜡和重水的出口配额许可证管理；增加对氧化镁含量70%以上的矿产品许可证管理。2005年，我国实行出口许可证管理商品47种，出口额占总出口额3.7%。

进口方面：自2005年1月1日起，取消汽车及其关键件的进口配额许可证管理，实行自动进口许可管理；取消对钢材、天然橡胶、羊毛、腈纶和胶合板的进口指定经营管理；取消光盘生产设备的进口许可证管理。2005年，我

国进口管理商品13种，进口额占总进口额10.9%。

三、2005年外贸运行重要事件

（一）中欧、中美纺织品贸易摩擦应对

2005年纺织品一体化以来，欧、美不断以“市场扰乱”为由，对我纺织品出口实施限制。欧盟先后对我2种纺织品设限，对8种纺织品进行设限调查，并对另外10类产品实行监控。美国频繁对我纺织品实施242段限制措施，共有10种产品受到数量限制，24种产品进入调查程序。

商务部经过艰苦谈判，促成中欧、中美分别签署了纺织品协议，成功化解了贸易摩擦。一是6月11日，中欧在上海签署了《中华人民共和国商务部与欧盟委员会关于中国部分输欧纺织品和服装的谅解备忘录》；二是中欧于9月5日在北京签署了《磋商纪要》，妥善解决中国纺织品在欧盟卡关问题；三是经过七轮谈判磋商，11月8日，中美双方在伦敦签署了《中国和美国政府关于纺织品和服装贸易的谅解备忘录》。

（二）资源性产品进出口宏观调控

2005年，我国部分高能耗、高污染和资源性商品出口增长较快，加剧了国内“煤电油运”紧张局面，同时，铁矿石进口价格突涨，氧化铝价格居高不下，商务部等部门高度重视，采取了相应的调控措施。

出口方面：1. 分四批取消电解铝、铝合金、硅铁、锰铁、磷、碳化钙等20多类商品出口退税，并将钢材出口退税由13%下调到11%，将煤炭和钨、锡、锌、锑及其制品出口退税率下调到8%。2. 将铁矿砂、生铁、废钢、钢坯、钢锭、稀土原矿、磷矿石、电解铝和铁合金等列入加工贸易禁止类目录，取消钢材“以产顶进”政策。3. 对未锻造铝征收5%的出口关税，将黄磷和硅铁出口暂定税率分别从10%和0%提高到20%和5%。

进口方面：2005年3月起铁矿石纳入自动进口许可管理目录，并引导行业商协会通过资质标准加强行业自律，经营企业由523家减少到118家。

（三）扩大农产品出口

扩大农产品出口是增加农民收入的重要途径。商务部等六部委出台了《关于扩大农产品出口的指导性意见》，在商务、财政、农业、质检等部门共同努力下，2005年农产品虽然遭受较多的贸易壁垒，包括各国日益增多的检验检疫标准、“孔雀石绿”食品安全事件、禽流感疫情等，但全年出口272亿美元，增长达到17.7%，高出上年同期增幅9个百分点。

（四）自主出口品牌建设

2005年，商务部会同发展改革委、财政部等七部门联合发布《关于扶持出口名牌发展的指导意见》，首次明确提出实施自主出口品牌战略的指导思想、战略目标和政策体系，建立跨部门工作机制。评选出2005年度国家重点扶持的全国190个知名品牌，建立了“品牌发展资金”并制定了相应管理办法。此外，中央电视台、《人民日报》、《经济日报》等媒体通过专题节目或专栏，对自主出口品牌建设进行了宣传报道。

（五）规范贸易秩序

外贸经营权放开以来，随着外贸经营者的迅速增加，外贸经营秩序不够规范的问题日益突出，严重影响我国外贸健康发展。2005年，商务部出台措施，整顿经营秩序，颁布了《对外贸易经营者违法违规公告办法》，建立外贸“黑名单”制度；协调海关、税务部门联合发布《低开出口发票行为处罚暂行办法》，形成“三位一体”的调查和处罚格局；开展打击外贸商业欺诈专项行动；以深圳市为试点积极推进对外贸易信用体系建设。

时代在变，形势催人。“十一五”是我国经济社会发展的关键时期，我国对外贸易大国的地位已确定，但外贸增长的质量、效益依然不高，距离贸易强国还有很大的差距，如何保持对外贸易发展的速度、提高发展的质量、增强发展的后劲，仍然是今后一段时期的重要任务。

2005 年中国商品市场体系建设政策与工作情况回顾

商务部市场体系建设司司长　常晓村

围绕党的十六大和十六届三中、四中、五中全会提出的建设“统一、开放、竞争、有序”的现代市场体系的总体要求，按照中央国务院及商务部党组的统一部署，2005 年市场体系建设工作主要在服务“三农”、拉动内需、促进商品市场健康发展等方面做了如下几项工作：

一、启动“万村千乡市场工程”，建设了 7.1 万个标准化农家店，开拓农村市场成效明显

党中央、国务院高度重视“三农”问题，商务部也把开拓农村市场作为 2005 年工作中的重点来抓。作为商务领域促进“三农”问题解决、推动社会主义新农村建设的重要突破口，商务部从 2005 年 2 月开始组织实施“万村千乡市场工程”。其核心内容可以概括为六大要素：

目标：通过在农村逐步推行连锁经营，构筑以城区店为龙头、乡镇店为骨干、村级店为基础的农村现代流通网络，满足农民生产消费需求，改善农村消费环境，促进农业产业化发展。从 2005 年开始用 3 年左右的时间，力争建设和改造 25 万家左右标准化农家店，覆盖全国 50% 行政村和 70% 乡镇，为农民创造一个安全、方便、实惠的消费环境。

对象：面向全国广大农村市场。

主体：有实力的流通企业市场化运作。政府仅发挥营造环境的引导性作用，企业是主角。

载体：建设配送中心和标准化农家店。2005 年商务部发布了《农家店建设与改造规范》和《农资农家店建设与改造规范》两项国内贸易标准，明确了农家店的建设标准。

抓手：有条件的县（市）和优势企业开展试点，示范带动。为确保工程取得实效，2005 年确定在东部地区的 30% 县市和中西部地区的 20% 试点县市开展试点。

手段：财政政策、金融政策和贸易政策等扶持。2005 年 7 月，商务部会同财政部确定“万村千乡市场工程”项目的资金支持的方式有贴息和直接补助两种形式。对试点企业配送中心贷款予以贴息支持，中西部地区贴息率不超过 3%，其他地区贴息率不超过 2%；对在乡村新建和改造的农家店予以一定的资金补助，每个乡级农家店补助2 000 元，每个村级农家店补助 3 000 元，中西部地区每个农家店补助标准分别增加 800 元。

自“万村千乡市场工程”启动以来，各地都十分重视。各地商务主管部门都制订了实施规划或方案。北京、天津、安徽、云南、湖南、广西等十多个省（区、市）从财政预算中安排专项资金。安徽专门建立了联系点制度，确定 17 名联络员，每人负责联系一个市、重点抓好一个县。湖北主动搭建“成亲”平台，使试点县市和试点企业有效对接。浙江、山东、安徽等地方政府将农村流通网络建设作为有关方面领导班子政绩的考核指标。

2005 年全年，全国共有 1 150 家流通企业在 777 个县市进行“万村千乡市场工程”试点，新建和改造 7.1 万个标准化农家店，验收合格 6 万余家。工程开局良好，其成效主要为：

一是为农民消费系上了一条“安全带”，搭好了一座“方便桥”，编织了一张“实惠网”，改变了农村消费不安全、不方便、不实惠的现状。通过连锁经营，统一配送，一批走正道、售正货、树正牌的企业进入乡村，净化农产品进货渠道，保证商品特别是食品与农资的质量，使广大农民免受假冒伪劣商品的侵害。过去农民“油盐酱醋在村里，日常用品赶大集，大件商品跑县里”，自从超市进入乡村后，这种状况逐步改变，农民在家门口就能享受到与城里人一样的购物环境。超市下乡还使当地生活用品、食品价格降低 5%—10% 左右，使 1 亿农民受益。

二是使销售额成倍增长，扩大了市场占有率，为流通企业赢得经济效益。据商务部对山东、江苏、浙江、安徽实地问卷调查，传统的“夫妻店”改造为连锁超市后，销售额一般增长 2—8 倍。2005 年，“万村千乡市场工程”的实施，扩大消费约 200 亿元。销售规模扩大也降低了企业的物流成本，提高了经济效益。

三是增加了就业，改善了村容村貌，带动了农村精神文明建设，为地方和谐稳定发展助力。农家店的从业人员主要是当地农民。据不完全统计，“万村千乡市场工程”实施吸纳了35万农民就业；新建或改造后的农家店店面整洁，成为乡村一道靓丽的风景；一些乡村还以连锁超市为载体，建立集日用品与农资销售、农副产品收购、文化娱乐、科教、洗浴、代理、中介等于一体的综合购物区和综合服务中心，带动农村物质文明与精神文明建设全面发展。

二、积极推动农产品流通，启动“双百市场工程”

我国现有4 000多家农产品批发市场，承担了70%以上的农产品流通任务。由于长期依靠企业投资，大多数市场“乱、小、散、脏”，设施简陋，市场管理混乱，交易方式落后，集散功能不强。只有10%的肉类、20%的水产品、少量的牛奶和豆制品进入冷链流通，入市产品质量安全检验检测体系不健全。而发达国家政府大多将农产品批发市场作为公益性事业进行投资，85%的食品进入冷链流通。农产品批发市场的落后状况，造成农产品流通损耗率高，流通成本高，直接影响农民增收，还影响城市居民“菜篮子”安全。2005年4月，商务部会同农业部、国家税务总局、国家标准委联合下发了《关于开展农产品批发市场标准化工作的通知》（商建发［2005］30号），开始启动农产品批发市场标准化建设工作。各地对此项工作十分重视，转发了文件、上报了国家级标准化农产品批发市场推荐名单、制定了实施方案。

同时，为落实2004年和2005年两个中央一号文件精神，改变城市农产品零售主要通过集贸市场，质量卫生安全得不到保障的状况，2005年4月，商务部会同财政部、国家税务总局组织开展了农产品连锁经营试点工作。

2005年底，为进一步推动这两项工作，构建与国际市场接轨的农产品现代流通体系，保障农产品流通安全，解决农民卖农产品难问题，促进农民持续增收，商务部决定从2006年开始在全国实施“双百市场工程”。工程主要包含两方面内容：

一是重点改造100家大型农产品批发市场。商务部将会同有关部门选择100家左右辐射面广、带动能力强的全国性和跨区域农产品批发市场，重点加强冷链系统、物流配送、市场信息、检验检测、仓储及活禽交易屠宰区等基础设施建设。二是着力培育100家面向国内外市场的大型农产品流通企业。商务部会同有关部门重点推动“超市＋批发市场”、“超市＋社会化物流中心”等方式，力争用三年时间使试点企业经超市销售农产品的比重达到25%。探索和推广贸工农一体化、内外贸相结合的经营模式。

三、清理出含有地区封锁内容的文件308件、下达（发布）内贸行业标准64项，促进建设全国统一大市场

一是认真做好清理地区封锁规定工作。2004年6月，商务部等七部门联合下发了《关于清理在市场经济活动中实行地区封锁规定的通知》（商建发［2004］309号，以下简称《通知》），要求各地对阻碍商品和要素自由流动、实行地区封锁的规定进行清理。为推动清理工作的开展，2005年3月，经商国务院法制办同意，商务部下发了《商务部办公厅关于进一步做好清理在市场经济活动中实行地区封锁规定工作的通知》（商建字［2005］14号），要求各地对清理结果的数据进行统计、上报，并再次强调清理结果须在省内主要媒体上向社会公布。2005年12月，商务部会同有关部门在广西南宁召开了“进一步打破地区封锁，健全全国统一市场”座谈会，对前一阶段工作进行了总结。截至2005年底，各省、自治区、直辖市基本完成了清理工作，23个省（区、市）在本行政区域内的主要媒体上向社会公布了清理情况。据统计，本次清理工作共审核文件452 766份，清理出含有地区封锁内容的文件308份。其中，拟修改文件4份，修改文件36份。废止文件268份，涉及肉类、烟草、建筑、运输、医疗、劳动力等30多个行业（产品），有效地促进了商品和各种要素在全国范围内自由流动和充分竞争。

二是完善国内贸易标准化工作。2005年以来，商务部将内贸标准化作为建设全国统一市场的重要内容，研究提出了建立健全我国国内贸易标准化体系框架及今后五年规划意见。同时，还加快推进国内贸易标准化制修订进程。2005年共下达和发布流通领域高致病性禽流感检测技术规范等行业标准64项。

四、基本完成《国内贸易发展》、《农村市场体系建设》两个国家级“十一五”专项规划

两个规划均是改革开放以来流通领域首次编制的国家级专项规划。为提高规划的质量和水平，规划编制采取自下而上的方式，各省（区、市）制定本地区的规划发展思路，为制定全国规划提供依据和参考。同时，广泛借助外脑，围绕国内贸易发展开展了8项课题研究，围绕农村市场体系建设开展了6项课题研究，为编制规划提供了强有力的支持。在完成初稿的基础上，广泛征求国务院各部门及地方意见。目前，两个规划文本基本完善，正在进一步征求意见和履行报批手续。

各地通过编制规划，进一步摸清了市场体系建设工作家底，理清了思路，夯实了工作基础，改善了长期以来内贸基础工作薄弱的环节。地方对规划工作也高度重视，如四川省政府常务会专门讨论了《四川省商品市场体系建设纲要》并下发了省政府文件，有力地促进了内贸工作的开展。

五、大力推进城市商业网点规划工作，177个城市完成规划或规划初稿编制工作

2005年4月，吴仪副总理在全国流通工作会议上指出：城市商业网点规划不是可做可不做的工作，而是一项必须做而且一定要抓紧做好的工作，有条件的地方，要把县级市的商业网点规划工作提上议事日程。为引导商业基础设施建设有序发展，在2004年基本完成38个副省级城市网点规划的基础上，2005年商务部会同建设部、财政部重点推动地级城市商业网点规划。截至2005年底，279个地级以上城市中，有177个完成了规划初稿，其中60个已经市政府批准实施，46个报市政府待批。

为加快网点规划工作进度，提高规划编制水平，2005年商务部分别召开了全国商业网点规划工作座谈会和培训会，督促指导各地做好商业网点规划工作。各地也采取了相应措施，如湖南、河北等省按月分析工作进展情况，安徽省坚持半月汇报制度，并将商业网点规划与商业利用外资结合起来，引导外资进入已完成规划的城市。一些省市还积极推动地方相关立法，如《湖北省城市商业网点管理条例》已进入省人大立法程序。

六、开展专项整治，规范零售交易秩序

根据打击商贸活动中欺诈行为专项行动的部署，2005年9月14日，商务部会同发展改革委、公安部、税务总局、工商总局等部门联合下发了《整治商业零售企业不规范促销行为专项行动工作实施方案》和《整治商业零售企业恶意占压、骗取供应商货款欺诈行为专项行动工作实施方案》，成立部际协调小组，并向社会公布商务部和工商总局的举报电子信箱，开展诚信兴商专题宣传活动，指导和督促各地开展专项整治。各省（自治区、直辖市）有关部门按照要求，成立了由商务主管部门牵头的协调小组，对外公布了举报电话和电子信箱，积极开展专项整治。

为建立长效机制，完善零售交易秩序法律体系，商务部会同有关部门研究起草了《零售商促销行为管理办法》和《零售商供应商公平交易管理办法》。2005年10月31日—11月20日，两个《办法》通过商务部网站公开征求意见，社会反响热烈。

七、出台了3项汽车流通政策，建立汽车流通新秩序

汽车贸易作为汽车工业的下游产业，不仅是汽车工业顺利发展的重要保障，而且对引导消费、扩大内需、形成新的经济增长点发挥着重要作用。随着国民经济的发展，我国汽车市场潜在的需求开始凸显，2004年我国汽车产销量突破500万辆，已成为汽车消费大国，特别是随着汽车市场进一步扩大对外开放，迫切需要制定符合我国国情和世贸组织规则的汽车贸易政策和规章，以健全汽车贸易管理规定和管理体制，加强和改善汽车贸易管理，规范汽车市场秩序，推进先进汽车流通方式，指导汽车贸易业健康发展。

为此，商务部会同有关部门进行了大量调研和政策规定的研究起草工作，通过召开座谈会、研讨会、网上征求意见等多种形式，广泛听取社会各界的意见，2005年正式颁布了《汽车贸易政策》、《汽车品牌销售管理实施办法》、《二手车流通管理办法》等政策和规定，初步建立了汽车流通管理新秩序。

《汽车贸易政策》涉及汽车销售、二手车流通、汽车配件流通、汽车报废与报废汽车回收、汽车对外贸易等领域，涵盖了从汽车销售到报废回收的全过程，系统地提出了我国汽车贸易的发展方向、目标、经营规范和管理体制框架。《汽车品牌销售管理实施办法》、《二手车流通管理办法》是与《汽车贸易政策》配套的具体规定。

《汽车贸易政策》和两个办法的颁布和实施，是商务部履行职能，加强重要商品市场流通管理的重要举措，对建立统一、开放、竞争、有序的汽车市场，维护汽车消费者合法权益，推进我国汽车产业健康发展，扩大内需，带动就业将起到积极的促进作用。

八、规范发展典当、直销、旧货等行业

截至2004年底，全国共有典当行1340户，分支机构34个，全行业注册资本95亿元，2004年典当总额超过500亿元。2005年商务部、公安部出台了《典当管理办法》，建立了新的联会审批制度。办法旨在对典当行总量与地区布局实行宏观调控，确定了因地制宜、稳步发展的行业政策，为典当业有序健康发展提供了制度与政策保障，也为各级商务部门、公安机关依法开展监管工作提供了明确的法律依据。根据《典当管理办法》，依法批准第一批新增典当行451户，分支机构27个，新增注册资本51.5亿元（其中：10户注册资本在5 000万元以上）。各地根据《典当管理办法》，结合本地实际大胆进行创新和探索，如安徽按照金融企业会计制度，制定了“安徽省典当企业会计科目说明”，有效克服了典当行业会计制度不统一带来的统计和监管上的困难；指导安徽、湖南、湖北等省成立典当行业协会、制定典当行业发展规划。2005年商务部还针对寄售行、调剂行变相从事典当业务问题向国务院作了汇报。

2005年8月，国务院颁布了《直销管理条例》。为贯彻落实《直销管理条例》的实施，商务部会同有关部门出台了《直销企业保证金存缴、使用管理办法》、《直销员业务培训管理办法》、《直销企业信息报备、披露管理办法》等三个部门规章；关于直销产品范围的公告、关于直销员证式样的公告、关于直销培训员证式样的公告、关于2006年12月1日起废止外商投资传销转型企业有关规定的公告等四个部门公告。

2005年还出台了《商务部、劳动保障部关于在旧货行业推行鉴定估价师职业资格制度的通知》，进一步规范旧货流通健康发展。

九、积极稳步推进商业领域对外开放，全年商业利用外资合同金额18.2亿美元

2004年12月11日，为履行加入WTO承诺，我国正式取消了外资进入国内商业领域的数量、地区，以及一些股权比例限制，外资商业进入步伐明显加快。

2005年商务主管部门共批准设立约1 200家外商投资商业企业，设立数是过去十二年的3.8倍（1992年至2004年共批准设立314家）；合同利用外资约18亿美元，约占过去十二年全国商业利用外资总额的58%（1992年至2004年共计商业利用外资31亿美元）；新设店铺约1 850个，新增商业营业面积约540万平方米。

2005年商业利用外资表现出如下趋势：一是大型外资商业企业，如家乐福、沃尔玛、欧尚、百安居等扩张速度明显加快；二是以开设大型店铺为主，并向多业态发展；三是在地域上由东部省会城市向中西部和地级城市扩张；四是外商独资批发项目大幅度增长；五是并购成为外资进入国内商业领域的重要方式。目前，商务部正在建立健全对外资商业企业的动态跟踪研究机制，加强监测与指导。

2005年商业改革发展工作取得新进展

商务部商业改革发展司司长　邸建凯

2005年，全国商业改革发展工作坚持以“三个代表”重要思想和科学发展观为指导，认真贯彻落实党的十六大及其各次全会精神，落实中央经济工作会议、全国商务工作会议和全国流通工作会议部署，积极推进流通现代化，努力开拓市场、扩大消费，商业改革发展工作取得明显成效。全年社会消费品零售总额达到67 177亿元，比上年增长12.9%，其中，批发零售业零售额56 589亿元，增长12.6%；餐饮业零售额8 887亿元，增长17.7%；全社会生产资料销售额14.3万亿元，比上年增长16.2%。

一、流通业改革发展政策实现三突破

第一次由国务院组织召开了全国流通工作会议。2005年4月，国务院组织召开了全国流通工作会议，这是改革开放以来的第一次，吴仪同志出席会议并作了重要讲话。会后，北京、河北、辽宁等十多个省、市、区相继召开了当地流通工作会议。这次会议的成功召开，标志着流通工作的地位和重要性日益提高，各地对流通工作重要性的认识进一步提高，对流通工作的目标任务进一步明确，工作自觉性和紧迫感进一步增强。

第一次以国务院名义出台了推进流通业发展的重要文件。2005年6月9日，国务院下发了《国务院关于促进流通业发展的若干意见》（国发［2005］19号），针对制约我国流通业改革与发展的突出问题，从实际出发，制定了7个方面21条政策措施。为推动该文件的出台，商务部广泛征求了中央编办、发展改革委、财政部等14个部门和31个省、区、市商务主管部门的意见。该文件下发后，重庆、浙江、江苏等10个省市区结合自身实际，也分别下发了文件，制定了相应的政策措施。

争取到500亿元国家开发银行政策性贷款支持流通业发展。商务部与国家开发银行签署了《支持流通业发展开发性金融合作协议》，按照“商务部积极组织推动，国家开发银行独立审贷，依托大型流通企业，按市场化进行操作”的原则，从2005年开始，安排500亿元的政策性贷款，主要用于支持大型流通企业基础设施建设和技术改造项目以及流通企业的并购和重组等。北京物美、武汉中百的贷款项目已通过国家开发银行贷款委员会的审议，另有5家企业的贷款已完成债项评审，等待审议，7家流通企业申请贷款额85.5亿元。

二、社区商业建设工作逐步深入

2005年4月，商务部下发了《关于加快我国社区商业发展的指导意见》，提出了发展社区商业的五项重点工作。7月份又召开全国社区商业建设工作座谈会，提出了开展省级和全国级社区商业示范社区创建活动的要求。

各地把社区商业作为民心工程来抓。天津市明确了设立扶持社区商业发展的引导资金。上海按照地域范围、形态规模和服务等因素，将社区商业划分为社区商业中心、居住区商业、邻里中心和街坊商业四种类型。北京市全年新发展便民配送菜店121家，向远郊区县延伸发展了40家政府扶持的便民浴池，市内平房区和郊区低收入居民洗澡难问题得到初步缓解。

连锁企业成为社区商业建设主力军。到2005年底，天津市中心六区社区商业连锁网点总数已达2 095个，占社区商业总数的64.5%，比上年提高了58.2个百分点。黑龙江省大中城市中以发展社区连锁超市、便利店网络为主的连锁公司有18家，发展社区商业店铺600余家。济南市重点培育“阳光大姐”、“心连心”、“大家园”、“房兴物业”等家政服务企业，打造家政服务品牌。

认真开展省级和全国级社区商业示范社区的创建工作。全年共有28个省市区上报省级示范社区386个。在此基础上，商务部按照评审规范，经过初审和专家评审，最终确定了59家全国社区商业示范社区，并给予授牌表彰。示范社区的创建，为各地及全国社区商业建设提供了样板，也将对全国社区商业的建设与发展起到推动作用。

三、深化流通体制改革试点工作顺利推进

商务部继续推进深化流通体制改革试点工作，召开了试点工作会议，成立了商务部深化流通体制改革试点工作领导小组，建立了部内工作机制。

各地相继成立试点工作领导机构，及时制定了较为科学完整的改革试点实施方案并逐步进行落实，出台了相应的政策措施。辽宁省财政每年拿出2 000万元资金用于发展现代服务业；南京市每年安排1 000万元专项资金，建立流通发展资金；绵阳市每年安排流通业发展基金800万元；潍坊市制定了开拓农村市场专项基金、农产品龙头企业发展贴息资金、流通企业改革专项资金等配套政策措施；成都市建立了流通发展资金；湖北省也准备拿出5 000万元建立流通服务业发展资金，以后逐年增加；厦门市考虑建立促进流通发展专项资金，保证了“两省五市”流通体制改革试点工作的进一步深入。

四、流通企业改革工作进入攻坚阶段

培育大型流通企业工作是提高流通业竞争力的重要举措。2005年，20家重点培育大型流通企业保持了稳定增长，销售总额同比增长29%，占社会消费品零售总额8.7%，比上年提高1.2个百分点；20家企业的预计利润总额比上年同期增长38.9%，增幅较大。各地商务主管部门加大流通企业改革力度，确立了一批地方重点培育和重点联系的企业，重点培育企业的竞争力和行业带动作用进一步增强。

印发《商务部关于促进中小流通企业改革和发展的指导意见》，在深化中小流通企业改革，加快体制机制创新，促进发展等方面提出了工作思路。各地相继制定政策措施推进中小流通企业改革发展。重庆市通过举办“中小商贸流通企业服务年会”，搭建连锁加盟、产权交易、信贷支持等服务平台，为中小流通企业创造良好的发展环境；安徽省要求省市中小企业信用担保中心为符合条件的流通企业提供贷款担保服务等。

2005年，商务部对国有流通企业历史债务问题进行了专题调研，初步掌握了全国国有流通企业历史债务情况，同时与有关银行、资产管理公司等金融机构就处置历史债务问题进行了沟通和初步协商，推动地方政府借鉴重庆、天津等地经验，以债务重组方式为重点，解决国有流通企业历史包袱。

五、流通领域全面建设节约型社会

发展循环经济，是建设资源节约型、环境友好型社会和实现可持续发展的重要途径。为贯彻落实国务院建设资源节约型和环境友好型社会的要求，商务部提出了在商务领域建设节约型社会的措施：一是起草了《再生资源回收管理办法》，研究制定了规范再生资源回收体系的6个标准，深入调研，拟定了《再生资源回收体系建设工作方案》。二是加大了散装水泥推广工作力度。下发了《关于做好2005年散装水泥工作意见的通知》，与有关部门协调了加快发展预拌混凝土和预拌砂浆的有关政策，协调争取到散装水泥专项资金的延续。2005年全国散装水泥供应量3.8亿吨，比上年增长21.6%；散装率36.61%，比上年提高3.14个百分点。三是研究制订创建绿色饭店活动方案，协调有关部门在住宿行业联合开展创建绿色饭店活动。

六、流通现代化工作进一步拓展

一是坚持规范和促进并举，推进连锁经营发展。积极推动《商业特许经营管理条例》出台。按照国务院统一部署，会同国家发展改革委、公安部、工商总局、质检总局下发了《关于进一步整治商业特许经营、美容美发服务中欺诈行为的通知》，开展特许经营专项整治工作。福建、广西、黑龙江等省商务主管部门会同本省有关部门也制定并下发了特许经营整治的文件，对维护特许经营市场秩序起到了极大的促进作用。2005年，连锁经营方式进一步发展，全国连锁率达14%，全国前30家连锁企业销售额达4 911亿元，比上年增长30.9%，占社会消费品零售总额的比重达7.3%。

二是大力推进现代物流业发展。经国务院批准，建立了全国现代物流工作部际联席会议制度，召开了全国现代物流部际联席会议。会同国家标准委等8部门联合发布了《全国物流标准2005—2010年发展规划》，为我国物流标准工作有序开展打下了基础。积极推动中日韩三国物流合作，组织编写《中日韩三国流通及物流联合报告书》。对各地商务主管部门130多人进行现代物流知识、技术、标准的培训。

据不完全统计，全国已有20多个省市区和50多个中心城市制定了当地的物流发展规划，不少地方形成了综合性的物流工作协调机制。深圳市把现代物流作为支柱性产业之一，采取积极的政策措施加以推动。福建省出台《关于加快现代物流业发展的意见》。广东省委对规模较大，具有集成化、全程物流服务的第三方物流企业给予重点支持。2005年我国社会物流总额预计达48万亿元，同比增长25.4%，物流业增加值1.2万亿元，同比增长12.5%，增幅高于上年。2005年物流费用占GDP的比率为18.5%，比上年下降0.3个百分点。

七、服务业在规范中进一步发展

2005年8月，商务部召开了服务业工作会议。针对服务业法制化、标准化相对落后的局面，着重加强行业法规、标准、意见的制订和推广落实。下发了《商务部办公厅关于贯彻实施〈美容美发业管理暂行办法〉的通知》，研究起草了《住宿业管理办法》、《洗染业管理办法》。分行业开展标准的制修订工作，包括《美容美发业经营管理规范》和《餐饮业经营管理规范》等国家标准、《美容美发业分等定级规定》等行业标准；积极推动酒家酒店分等定级工作。研究完善《关于促进餐饮业发展的指导意见》和《关于促进展览业发展的指导意见》，指导行业健康发展。

2005年，商务部成功举办2005中国零售业博览会、2005中国食品博览会、2005中国餐饮业博览会、第二届中国会展经济论坛，积极开展了内贸领域其他重点展会的支持工作，全年共支持各类展会33个，有效指导和促进了会展业的规范发展。2005年，各地会展业也取得了快速发展，展会数量增多、规模扩大、门类齐全、收入增幅显著，同时还借助信息技术，开办网上投资贸易洽谈会，使展会成为拉动经济增长、促进对外开放的重要力量。

八、成品油市场管理工作进一步加强

加强规范化管理。颁布了《成品油市场管理暂行办法》(商务部令2004年第23号)，对规范成品油经营企业行为和市场管理工作起到了积极作用。研究制定了行业标准，出台了《成品油零售企业管理技术规范》。加快制定《成品油批发企业管理技术规范》和《成品油仓储企业管理技术规范》。会同各地商务主管部门和中石油、中石化两大集团，修改完善了加油站行业发展规划，制定了仓储企业发展规划。福建、云南、江苏等省市积极贯彻落实《成品油市场管理暂行办法》、《成品油零售企业管理技术规范》，制定了操作性较强的实施细则。

加强市场运行监测。建立了国际原油、成品油市场价格周报和国内成品油市场运行月报制度，及时监测分析国际、国内成品油市场的运行动态，提出调控意见和建议。多数省区市商务主管部门都能每月按时上报当地成品油市场情况，形成了一些有深度的分析报告。福建省经贸委、青岛市经贸委还积极协调有关部门和企业解决成品油市场出现的突出问题，并建立了市场每日监测制度。

深入调查研究。落实吴仪、曾培炎副总理指示，向国务院报送了《关于2006年底成品油批发经营开放后的形势预测及对策建议的报告》。落实部能源工作机制工作任务，积极开展了原油成品油价格形成机制和流通体制改革等相关课题的研究工作。

商品市场运行稳定　流通产业发展加快

商务部市场运行调节司司长　房爱卿

2005年，以科学发展观为指导，认真贯彻落实中央经济工作会议和全国流通工作会议精神，紧紧围绕商务工作的重心，以扩大消费为主线，求真务实，突出重点，城乡市场信息服务体系建设取得新进展，商品市场繁荣稳定，流通产业健康发展。

一、商品市场平稳运行，流通产业促进经济和社会发展

（一）市场规模不断扩大，流通产业作用增强

消费品市场规模再创新高。2005年，社会消费品零售总额67 177亿元，增长12.9%，剔除物价因素，实际增长12.0%，是1997年以来的较高水平。目前，全球消费品零售总额前五名分别为美国、日本、中国、英国、法国，我国大约相当于美国的1/5和日本的1/2。

生产资料市场增速高位回落。2005年，生产资料销售总额14.3万亿元，比1998年扩大2.3倍；按可比价格计算，同比增长16.2%，增速比上年回落3.3个百分点，反映出投资局部过热的矛盾有所缓解，但仍高于20世纪90年代以来年均增长13.4%的水平。

吸纳就业能力持续增强。2005年，批发零售贸易和餐饮住宿业新增就业近300万人，占全国新增就业人口的30.9%，高于去年同期0.2个百分点。全年流通业就业人数可达5 600万人，占第三产业的24%，在非农产业中居第二位。流通业个体私营从业人员占全社会个体私营就业人员45.4%，居各行业之首。但与国外情况相比，我国流通业就业比重仅相当于美国的1/3，未来增长空间还非常大。

上缴税收大幅增加。2005年，流通业共缴纳增值税、所得税和营业税3 578亿元，同比增加539亿元，增长17.7%。其中增值税1 853亿元，占全国17.3%；营业税910亿元，占全国21.5%；企业所得税816亿元，占全国18.7%。流通产业成为国家税收和财政收入的重要来源。

继续拉动经济稳定增长。2005年，批发零售餐饮业增加值17 119亿元，同比增长11.4%，占GDP的9.4%，对促进国民经济增长起到了重要作用。

（二）不同区域市场增速差距缩小，呈现协调发展态势

城乡市场增速差距缩小。加快“三农”问题的解决，实施“万村千乡”市场工程，促进了农村消费品市场增速加快。2005年，县及县以下农村市场零售额增长11.5%，同比提高0.8个百分点，与城市的增速差距由2004年的4.1个百分点，缩小到2.1个百分点。辽宁等一些地区，农村市场增幅超过了城市。

区域间市场增速差距缩小。西部大开发、中部崛起、振兴东北等老工业基地战略的实施，提高了中西部地区的购买能力，全国消费品市场均衡协调发展。2005年，绝大多数省区消费品零售额增幅相差不到2个百分点，增幅最高（江苏16%）与最低（北京10.5%）仅相差4.5个百分点，比上年减少8.9个百分点。山西、内蒙古、江西、河南、湖南、西藏等中西部地区，发展速度明显快于全国平均水平。

（三）部分商品供需偏紧的矛盾得到缓解，价格涨幅明显回落

供过于求商品增多。据商务部调查，2005年下半年600种主要消费品中，供大于求428种，占71.3%，比上半年增加1.8个百分点。300种主要生产资料中，供求平衡和供过于求279种，占93%，比上半年增加16个百分点。国家的宏观调控政策，使得部分生产资料供需偏紧的矛盾得到明显缓解。

价格涨幅明显回落。2005年，居民消费价格月度同比涨幅从2月份起逐月回落，全年价格总水平同比上涨1.8%，低于上年2.1个百分点。流通环节生产资料价格，同比上涨2.9%，比上年回落10.7个百分点，是2003年以来的最低涨幅。

（四）现代流通方式发展迅速，流通能力继续增强

流通现代化水平提高。2005年，连锁企业继续较快发展，全国前30家连锁企业共实现销售额4 910.4亿元，同比增长30.9%；店铺总数为16 665个，同比增长20.7%。30家企业平均销售额达163.7亿元，比上年平均水平提高30亿元。电子商务网上成交额5 531亿元，同比增长158%。网民网上消费总额高达135.05亿元，同比增长2.8

倍。全社会物流总规模48万亿元，同比增长25.4%；物流总费用与GDP之比为18.5:100，比上年下降0.3个百分点，物流服务业效益继续提高。

流通企业集中度提高。大型流通企业重组并购步伐加快，经营规模快速扩展。2005年，前30家连锁企业共实现销售额占社会消费品零售额7.3%，比上年提高0.2个百分点。36家重点生产资料流通企业销售额2 374.8亿元，同比增长27.4%，占全社会生产资料销售总额1.66%，增长速度高于生产资料销售总额增速2个百分点。中外企业并购活动频繁发生，上海百联与大商重组，规模进一步扩大；英国百安居收购德国欧倍德在我国投资的所有零售业务，成为目前我国境内最大的建材超市企业集团。

二、强化基础，全面推进市场运行调控各项工作

2005年，在部党组的领导下，运行调控工作按照“准确监测、深刻分析、科学决策、快速反应、及时调控”的指导思想，认真贯彻落实全国流通工作会议精神，扎扎实实打好基础，各项重点工作进展顺利，成效明显。

（一）加强市场监测，快捷反映市场变化

进一步完善了生活必需品、重要生产资料、重点流通企业和特殊内贸行业管理四个直报监测系统，新建了社会信息搜集、专项调查、专家评估三个间接监测系统和全国商品流通数据库，初步建成了覆盖广泛性、指标系统、运行智能、反应迅捷、功能多重的“城乡市场信息服务体系”。监测的商品包括600种消费品和300种生产资料；监测样本企业从2004年底的3 000家增至5 000家，信息联系部门从1个增至5个、中介组织从13个增至28个、专家从75位增至100位；监测区域从2004年的36个大中城市增加到258个地级以上城市和147个县，并掌握了11个国家和地区的相关数据；监测指标由上年底的近200个增至420个。

在监测的基础上，创立了市场动态分析、市场专题分析、市场综合分析、商品供求分析、市场预警分析和宏观经济运行分析6大“信息品牌”，对政府决策、行业管理、企业经营和居民消费发挥了积极的作用。

2005年，市场运行司通过商务部上报党中央、国务院信息600多条，被国办、中办采用280多条。对外发布信息1 000多条，市场运行司子站最高日点击次数已超过30万次，日平均点击次数20多万次；编写了《我国消费政策的演变及进一步调整建议》、《进一步增强消费对经济增长的拉动作用》、《以科学消费观为指导实现可持续消费》、《商务领域扩大消费的政策措施》等11篇消费系列研究报告，引起有关方面的关注和重视；先后发布的《中国流通产业发展报告》、《中国消费品发展报告》、《中国生产资料市场发展报告》和《我国流通领域食品安全状况报告》四个白皮书，在行业内较好反响；调查和发布了600种消费品和300种生产资料的供求分析报告，得到社会广泛认可，并被一些著名经济学家引用。

（二）完善应急系统，及时应对和调控市场

在《全国生活必需品市场供应应急预案》基础上，向国务院法制办上报了《全国生活必需品市场供应应急管理条例》，起草了《中央储备糖管理办法》和《中央储备肉管理办法》，印发了《生活必需品市场供应突发事件应急预案》。

加强重要商品管理，增加了储备肉和边销茶成品储备规模，把握中央储备商品的收储和投放时机，确保市场平稳运行，特别是在蚕茧收购高峰和广交会期间，适时增加厂丝收储，稳定了厂丝出口价格，保护了蚕农利益。

建立了覆盖31个省、自治区、直辖市的商务部市场应急管理系统，动态掌握300多家重点联系企业的17种重要商品的生产能力、库存水平和商品质量情况，为市场应急提供备用资源，提高了应对突发事件的能力。四川出现人感染猪链球菌病例后，发出《关于进一步做好防控猪链球菌疫情，加强生猪屠宰管理工作和市场供应工作的紧急通知》，启动肉品市场日报制度，加强对定点屠宰厂的检查，协调四川冻猪肉进京问题；针对禽流感疫情，下发了《商务部关于加强高致病性禽流感防控工作保障肉类食品安全和市场稳定的通知》等文件，做好禽肉市场监控，为国务院防治禽流感提供了依据。

（三）实施“三绿工程”，发展绿色市场

修订上报了《生猪屠宰管理条例》，公布了《酒类流通管理办法》、《三绿工程五年发展纲要》和《食品质量认证实施规则——酒类》，制定了《酒类商品批发经营管理规范》、《酒类商品零售经营管理规范》和《生猪屠宰企业资质等级要求》等标准。

在36个大中城市成功开展了“三绿工程宣传月”活动，组织编写了《绿色消费指南》和21本三绿工程科普宣传系列丛书，制作了《让老百姓买的放心吃的安心》专题片，推介了全国三绿工程畅销品牌33个。

培训考核国家级绿色市场审核员61人，有35家农副产品市场通过了国家绿色市场认证；开通了全国三绿工程暨食品安全信用网，建立了200多家企业的安全信用档案。

成立了酒类流通管理办公室和畜禽屠宰管理办公室，建立了专业管理队伍，并重点培训了省级和地市级管理人员800人。联合工商总局、质检总局等部门在全国范围内开展酒类和屠宰市场专项整治行动，共废止28份有碍公平竞争的地方性文件，出动执法人员43万人次，查处酒类违法经营单位3.7万个，取缔私屠滥宰窝点806个，查处假冒伪劣酒5.5万千升，没收病害肉40万公斤。

在各方面的共同努力下，目前，绿色消费影响广泛、深入人心；绿色市场发展迅速，市场把关作用明显增强；流通领域食品安全状况总体好转，食品卫生平均合格率上升2个百分点，上市蔬菜农药残留平均合格率提高近4个百分点。

2005年中国吸收外商直接投资概况和2006年前景展望

商务部外国投资管理司司长　李志群

2005年，在全球经济复苏步伐加快，跨国直接投资继续回升的形势下，我国吸收外商直接投资（FDI）保持了稳定发展，外商投资质量和水平继续提高。

一、2005年我国吸收外商直接投资基本情况

（一）总体情况

2005年，外商对华投资新设立企业（不含银行、证券、保险行业）44 001家，同比增长0.77%；合同外资金额1 890.65亿美元，同比增长23.19%；实际使用外资金额603.25亿美元，同比下降0.50%。

2003—2005年外商直接投资情况表

金额单位：亿美元

年　度	项目数（个）	同比%	合同外资金额	同比%	实际使用外资金额	同比%
2003	41 081	20.22	1 150.70	39.03	535.05	1.44
2004	43 664	6.29	1 534.79	33.38	606.30	13.32
2005	44 001	0.77	1 890.65	23.19	603.25	-0.50

数据来源：商务部外资统计。

截至2005年底，全国累计批准设立外商投资企业552 942家，合同外资金额12 856.73亿美元，实际使用外资金额6 224.26亿美元。

2005年，银行、证券、保险行业新批设立中外合资银行、保险公司、基金管理公司18家，实际使用外资金额120.81亿美元，较2004年增长279.19%。

（二）国别情况

2005年，在华新增投资的国别/地区有184个，其中亚洲十国/地区仍为我国吸收外资主要来源地区，来自欧盟、美国及部分自由港的外商直接投资也有相当规模。由于各投资来源地对华投资呈现不同的增长态势，具体国别/地区的排名情况略有变化。

2005年，亚洲十国/地区新设立企业数、合同外资金额均有增长，但实际使用外资金额有所下降。亚洲十国/地区（香港、澳门、台湾省、日本、菲律宾、泰国、马来西亚、新加坡、印尼、韩国）对华投资新设立企业30 882家，同比增长0.69%；合同外资金额1 157.24亿美元，同比增长26.07%；实际使用外资金额353.36亿美元，同比减少5.19%。其占同期我国吸收外资总量（企业总数、合同外资总额和实际使用外资总额，下同）的比重分别为

70.18%、61.21%和58.58%。

同期，在亚洲十国/地区中对华实际投入外资金额居前五位的国家/地区为：香港（179.49亿美元）、日本（65.30亿美元）、韩国（51.68亿美元）、新加坡（22.04亿美元）和台湾省（21.52亿美元）。

2005年，美国对华投资合同外资金额呈增长态势，但新设立企业数、实际投入金额为负增长。美国对华投资新设立企业数3 741家，同比下降4.69%；合同外资金额135.12亿美元，同比增长11.07%；实际使用外资金额30.61亿美元，同比下降22.32%。其占同期我国吸收外资总量的比重依次为8.50%、7.15%和5.07%，分别比2004年下降0.49、0.78和1.43个百分点。

2005年，欧盟对华投资继续保持全面增长，新设立企业数2 846家，同比增长17.46%；合同外资金额115.31亿美元，同比增长37.90%；实际使用外资金额51.94亿美元，同比增长22.52%。其占同期我国吸收外资总量中的比重依次为6.47%、6.10%和8.61%。

同期，欧盟对华实际投入外资金额居前五位的国家为：德国（15.30亿美元）、荷兰（10.44亿美元）、英国（9.65亿美元）、法国（6.15亿美元）和意大利（3.22亿美元）。

2005年，部分自由港对华投资金额有较大幅度增长。部分自由港（英属维尔京群岛、开曼群岛、萨摩亚等）对华投资新设立企业数3 557家，同比减少3.21%；合同外资金额294.72亿美元，同比增长13.86%；实际使用外资金额123.21亿美元，同比增长24.43%。其占同期我国吸收外资总量的比重分别为8.08%、15.59%和20.42%。

2005年对华投资前十位国家/地区（以实际投入外资金额计）依次为：香港（179.49亿美元）、英属维尔京群岛（90.22亿美元）、日本（65.30亿美元）、欧盟（51.94亿美元）、韩国（51.68亿美元）、美国（30.61亿美元）、新加坡（22.04亿美元）、台湾省（21.52亿美元）、开曼群岛（19.48亿美元）、萨摩亚（13.52亿美元），前十位国家/地区对华实际投入外资金额占全国实际使用外资金额的90.48%。

其中，日本排名由2004年度的第四位上升为第三位，新加坡由第八位上升为第七位，萨摩亚上升为第十位；韩国由第三位下降到第五位，美国由第五位下降为第六位，台湾地区由第六位下降到第八位。

截至2005年底，对华投资前十位国家/地区（以实际使用外资金额排序）是：香港（2 595.22亿美元）、日本（533.75亿美元）、美国（510.90亿美元）、欧盟（473.05亿美元）、英属维尔京群岛（459.17亿美元）、台湾省（417.57亿美元）、韩国（311.03亿美元）、新加坡（277.44亿美元）、开曼群岛（86.59亿美元）、澳门（63.37亿美元）①。以上国家/地区实际投资额占全国累计实际使用外资总额的比重依次为41.70%、8.58%、8.21%、7.38%、6.71%、5.00%、4.46%、2.12%、1.39%、1.02%。

2003年部分国别/地区对华直接投资增幅及比重变动一览表

金额单位：万美元

国别/地区	项目数（个）	增幅%	比重%	合同外资金额	增幅%	比重%	实际使用外资金额	增幅%	比重%
总 计	**41 081**	**20.22**		**11 506 969**	**39.03**		**5 350 467**	**1.44**	
亚洲十国/地区	29 010	17.80	70.62	7 387 075	55.14	64.20	3 388 976	4.56	63.34
欧盟	2 074	39.57	5.05	585 432	29.90	5.09	393 031	5.94	7.35
北美	4 961	21.86	12.08	1 177 119	26.51	10.23	476 202	-20.79	8.90
加拿大	901	27.26	2.19	160 972	40.17	1.40	56 351	-4.16	1.05
美国	4 060	20.73	9.88	1 016 147	24.58	8.83	419 851	-22.59	7.85
部分自由港	3 113	15.68	7.58	1 694 307	0.94	14.72	762 872	-6.70	14.26

数据来源：商务部外资统计。

① 本年度对投资来源地进行排序时，将欧盟作为整体统计，因此累计实际使用外资金额排名有较大变化。

2004年部分国别/地区对华直接投资增幅及比重变动一览表

金额单位：万美元

国别／地区	项目数（个）	增幅%	比重%	合同外资金额	增幅%	比重%	实际使用外资金额	增幅%	比重%
总　计	**43 664**	**6.29**		**15 347 176**	**33.37**		**6 062 765**	**13.31**	
亚洲十国/地区	30 671	5.73	70.24	9 179 354	24.26	59.81	3 727 123	9.98	61.48
欧盟	2 423	16.83	5.55	836 189	42.83	5.45	423 904	7.86	6.99
北美	4 920	-0.83	11.27	1 436 734	22.06	9.36	455 482	-4.35	7.51
加拿大	995	10.43	2.28	220 218	36.81	1.43	61 387	8.94	1.01
美国	3 925	-3.33	8.99	1 216 516	19.72	7.93	394 095	-6.13	6.50
部分自由港	3 675	18.05	8.42	2 588 337	52.77	16.87	990 173	29.80	16.33

数据来源：商务部外资统计。

2005年部分国别/地区对华直接投资增幅及比重变动一览表

金额单位：万美元

国别／地区	项目数（个）	增幅%	比重%	合同外资金额	增幅%	比重%	实际使用外资金额	增幅%	比重%
总　计	**44 001**	**0.77**		**18 906 398**	**23.19**		**6 032 469**	**-0.50**	
亚洲十国/地区	30 882	0.69	70.18	11 572 434	26.07	61.21	3 533 634	-5.19	58.58
欧盟	2 846	17.46	6.47	1 153 071	37.90	6.10	519 378	22.52	8.61
北美	4 705	-4.37	10.69	1 627 882	13.30	8.61	351 536	-22.82	5.83
加拿大	964	-3.12	2.19	276 732	25.66	1.46	45 413	-26.02	0.75
美国	3 741	-4.69	8.50	1 351 150	11.07	7.15	306 123	-22.32	5.07
部分自由港	3 557	-3.21	8.08	2 947 161	13.86	15.59	1 232 108	24.43	20.42

数据来源：商务部外资统计。

截至2005年底对华投资前10位国家/地区情况表

金额单位：万美元

国别/地区	项目数（个）		合同外资金额		实际使用外资金额	
	个　数	比重 %	金　额	比重 %	金　额	比重 %
合　计	**552 942**	**100.00**	**128 567 306**	**100.00**	**62 242 579**	**100.00**
香港	254 059	45.95	52 788 623	41.06	25 952 242	41.70
台湾省	68 095	12.32	8 969 292	6.98	4 175 672	6.71
美国	49 006	8.86	11 212 003	8.72	5 109 012	8.21
韩国	38 868	7.03	7 032 400	5.47	3 110 370	5.00
日本	35 124	6.35	7 856 940	6.11	5 337 539	8.58
新加坡	14 367	2.60	5 320 511	4.14	2 774 356	4.46
英属维尔京群岛	14 011	2.53	10 343 567	8.05	4 591 658	7.38
澳门	9 829	1.78	1 571 945	1.22	633 667	1.02
加拿大	8 900	1.61	1 695 662	1.32	498 940	0.80
澳大利亚	7 501	1.36	1 474 640	1.15	448 486	0.72

数据来源：商务部外资统计。

（三）地区分布情况

2005年，东部地区吸收外商直接投资继续在全国占据绝对优势，中、西部地区比重偏低，东、中、西部地区吸收外资的差距比较明显。具体情况为：

1. 东部地区吸收外资继续保持全面增长，在全国吸收外资总量中所占比重进一步上升

2005年，东部地区新设立外商投资企业38 439家，合同外资金额1 658.87亿美元，实际使用外资金额535.58亿美元，同比分别增长1.21%、25.27%、2.59%，占全国同期吸收外资总量的比重分别为87.36%、87.74%、88.78%，较2004年分别增加了0.38个、1.46个、2.67个百分点。

吸收外资最多的5个省、市均在东部，分别为广东省、江苏省、山东省、上海市、浙江省。

2. 中部地区合同外资有一定幅度增长，但实际使用外资金额明显下降

2005年，中部地区新设立外商投资企业3 752家，同比下降0.50%，占全国新设立外商投资企业数的比重为8.53%；合同外资金额159.68亿美元，同比增长21.64%，占全国吸收合同外资总额的比重为8.45%；实际使用外资48.26亿美元，同比下降27.75%，占全国实际使用外资总额的比重为8.00%。

中部地区实际使用外资最多的省是湖南省，其新设立外商投资企业716家，同比增长12.58%；合同外资金额37.62亿美元，同比增长44.29%；实际使用外资金额11.46亿美元，同比下降19.16%。

3. 西部地区合同外资金额有所下降，但实际使用外资金额有明显增长

2005年，西部地区新设立外商投资企业1 810家，同比下降5.48%，占全国新设立外资企业数的比重为4.11%；合同外资金额为72.09亿美元，同比下降9.05%，占全国吸收合同外资总额的比重为3.81%；实际使用外资金额为19.41亿美元，同比增长11.30%，占全国实际使用外资总额的比重为3.22%。

西部地区实际使用外资最多的是四川省，新设立外商投资企业413家，同比增长6.99%，合同外资金额18.35亿美元，同比增长59.10%，实际使用外资金额6.07亿美元，同比增长66.24%。

吸收外资最少的5个省、区均在西部地区，分别为贵州省、新疆自治区、甘肃省、青海省、西藏自治区。

4. 东北老工业基地合同外资金额增长迅猛，但实际使用外资金额大幅度下降

2005年，东北老工业基地新设立外商投资企业3 320家，同比增长8.07%，占全国新设立外资企业数的比重为7.55%；合同外资金额为171.17亿美元，同比增长60.35%，占全国吸收合同外资总额的比重为9.05%；实际使用外资金额为30.41亿美元，同比下降48.79%，占全国实际使用外资总额的比重为5.04%。

截至2005年底，全国累计批准设立外商投资企业552 942家，东、中、西部地区累计批准的外商投资企业分别为457 944家、59 947家、35 051家，所占的比重分别为82.82%、10.84%和6.34%；全国累计合同外资金额为12 856.73亿美元，东、中、西部地区累计合同外资金额分别为11 174.76亿美元、1 003.07亿美元、678.90亿美元，所占比重分别为86.92%、7.80%、5.28%；全国累计实际使用外资金额为6 224.26亿美元，东、中、西部地区累计实际使用外资金额分别为5 383.71亿美元、562.96亿美元、277.58亿美元，所占比重分别为86.50%、9.04%、4.46%。

2003年东部、中部、西部利用外商直接投资情况表

金额单位：亿美元

地方名称	项目个数	比重%	合同外资金额	比重%	实际使用外资金额	比重%
总　计	**41 081**	**100.00**	**1 150.70**	**100.00**	**535.05**	**100.00**
东部地区	36 159	88.02	1 005.30	87.36	459.51	85.88
中部地区	3 177	7.73	95.52	8.30	58.31	10.90
西部地区	1 745	4.25	49.88	4.33	17.23	3.22

2004年东部、中部、西部利用外商直接投资情况表

金额单位：亿美元

地方名称	项目个数	比重%	合同外资金额	比重%	实际使用外资金额	比重%
总　计	**43 664**	**100.00**	**1 534.79**	**100.00**	**606.30**	**100.00**
东部地区	37 978	86.98	1 324.25	86.28	522.07	86.11
中部地区	3 771	8.64	131.27	8.55	66.80	11.02
西部地区	1 915	4.39	79.27	5.16	17.44	2.88

2005年东部、中部、西部利用外商直接投资情况表

金额单位：亿美元

地方名称	项目个数	比重%	合同外资金额	比重%	实际使用外资金额	比重%
总　计	**44 001**	**100.00**	**1 890.65**	**100.00**	**603.25**	**100.00**
东部地区	38 439	87.36	1 658.87	87.74	535.58	88.78
中部地区	3 752	8.53	159.68	8.45	48.26	8.00
西部地区	1 810	4.11	72.09	3.81	19.41	3.22

截至2005年东部、中部、西部利用外商直接投资情况表

金额单位：亿美元

地方名称	项目个数	比重%	合同外资金额	比重%	实际使用外资金额	比重%
总　计	**552 942**	**100.00**	**12 856.73**	**100.00**	**6 224.26**	**100.00**
东部地区	457 944	82.82	11 174.76	86.92	5 383.71	86.50
中部地区	59 947	10.84	1 003.07	7.80	562.96	9.04
西部地区	35 051	6.34	678.90	5.28	277.58	4.46

数据来源：商务部外资统计。

（四）产业分布情况

从2005年全国吸收外商直接投资产业结构看，第一产业新设立外商投资企业1 058家，合同外资金额38.37亿美元，实际使用外资金额7.18亿美元，与上年相比的变化分别为-6.37%、17.31%和-35.54%，分别占全国吸收外商直接投资总量的2.40%、2.03%和1.19%。

第二产业新设立外商投资企业30 027家，合同外资金额1 344.42亿美元，实际使用外资金额446.92亿美元，与上年相比的变化分别为-4.77%、15.28%和-1.70%，分别占全国吸收外商直接投资总量的68.24%、71.11%和74.09%。

第三产业新设立外商投资企业12 916家，合同外资金额507.85亿美元，实际使用外资金额149.14亿美元，与上年相比的变化分别为17.39%、51.20%和6.13%，分别占全国吸收外商直接投资总量的29.35%、26.86%和24.72%。

截至2005年底，在全国累计新设立外商投资企业中，第一产业、第二产业、第三产业所占比重分别为2.81%、74.46%和22.73%，在合同外资累计金额中，所占比重分别为1.96%、68.69%和29.36%。

2003 年外商直接投资产业结构情况表

金额单位：万美元

产业名称	项目个数	同比%	比重%	合同外资金额	同比%	比重%	实际使用外资金额	同比%	比重%
总　计	**41 081**	**20.22**	**100.00**	**11 506 969**	**39.03**	**100.00**	**5 350 467**	**1.44**	**100.00**
第一产业	1 116	14.46	2.72	227 611	34.84	1.98	100 084	-2.61	1.87
第二产业	30 247	18.12	73.63	8 515 331	36.94	74.00	3 971 019	0.62	74.22
第三产业	9 718	28.07	23.66	2 764 027	46.27	24.02	1 279 364	4.44	23.91

数据来源：商务部外资统计。

2004 年外商直接投资产业结构情况表

金额单位：万美元

产业名称	项目个数	同比%	比重%	合同外资金额	同比%	比重%	实际使用外资金额	同比%	比重%
总　计	**43 664**	**6.29**	**100.00**	**15 347 895**	**33.38**	**100.00**	**6 062 998**	**13.32**	**100.00**
第一产业	1 130	1.25	2.59	327 096	43.71	2.13	111 434	11.34	1.84
第二产业	31 531	4.25	72.21	11 662 095	36.95	75.98	4 546 306	14.49	74.98
第三产业	11 003	13.22	25.20	3 358 704	21.51	21.88	1 405 258	9.84	23.18

数据来源：商务部外资统计。

2005 年外商直接投资产业结构情况表

金额单位：万美元

产业名称	项目个数	同比%	比重%	合同外资金额	同比%	比重%	实际使用外资金额	同比%	比重%
总　计	**44 001**	**0.77**	**100.00**	**18 906 454**	**23.19**	**100.00**	**6 032 469**	**-0.50**	**100.00**
第一产业	1 058	-6.37	2.40	383 729	17.31	2.03	71 826	-35.54	1.19
第二产业	30 027	-4.77	68.24	13 444 250	15.28	71.11	4 469 243	-1.70	74.09
第三产业	12 916	17.39	29.35	5 078 475	51.20	26.86	1 491 400	6.13	24.72

数据来源：商务部外资统计。

截至 2005 年底外商直接投资产业结构情况表

金额单位：亿美元

产业名称	项目个数		合同外资金额	
	个　数	比 重 %	金　额	比 重 %
总　计	**552 942**	**100.00**	**12 856.73**	**100.00**
第一产业	15 521	2.81	251.44	1.96
第二产业	411 728	74.46	8 830.73	68.69
第三产业	125 693	22.73	3 774.56	29.36

（五）投资方式情况

2005 年外商投资设立中外合资、中外合作企业在全国吸收外资总量中的比重继续下降，外资企业（外商独资）所占比重继续提高。

2005 年外商对华投资新设立中外合资企业 10 480 家，比上年下降 9.42%；合同外资金额 324.42 亿美元，同比增长 17.37%；实际使用外资金额 146.14 亿美元，比上年下降 10.81%。在全国吸收外资总量（全国新批设立企业数、合同外资金额和实际使用外资金额，下同）中的比重分别为 23.82%、18.01% 和 27.03%，比 2004 年所占比重分别下降了 2.68、0.85 和 2.80 个百分点。

同期，外商对华投资新设立中外合作企业 1 166 家，同比下降 13.18%；合同外资金额 86.91 亿美元，同比增长 11.59%；实际使用外资金额 18.31 亿美元，同比下降 41.15%，在全国吸收外资总量中的比重分别为 2.65%、4.60% 和 3.04%，比上年分别下降了 0.43.0.47 和 2.09 个百分点。

2005 年外商对华投资新设立外资企业（外商独资）32 308家，合同外资金额 1 459.09 亿美元，实际使用外资金额 429.61 亿美元，同比增长 5.21%、24.42% 和 6.81%，在全国吸收外资总量中的比重依次为 73.43%、77.17% 和 71.22%，比上年分别提升了 3.10、0.76 和 4.88 个百分点。

截至 2005 年底，外商对华投资新设立中外合资企业 260 417 家，合同外资金额 4 119.20 亿美元，实际使用外资金额 2 370.27 亿美元。外商对华投资新设立中外合作企业 57 021 家，合同外资金额 1 872.78 亿美元，实际使用外资金额 915.63 亿美元。外商对华投资新设立外资企业 235 124 家，合同外资金额 6 773.32 亿美元，实际使用外资金额 2 821.83亿美元。

2003—2005 年外商直接投资分方式统计

金额单位：亿美元

方　式	项目数			合同外资金额			实际使用外资金额		
	2003 年	2004 年	2005 年	2003 年	2004 年	2005 年	2003 年	2004 年	2005 年
总　计	**41 081**	**43 664**	**44 001**	**1 150.70**	**1 534.79**	**1 890.65**	**535.05**	**606.30**	**603.25**
中外合资企业	12 521	11 570	10 480	255.06	276.41	324.42	153.92	163.86	146.14
中外合作企业	1 547	1 343	1 166	74.79	77.88	86.91	38.36	31.12	18.31
外资企业	26 943	30 708	32 308	816.09	1 172.75	1 459.09	333.84	402.22	429.61
外商投资股份有限公司	37	43	47	3.89	7.74	20.22	3.28	7.77	9.18
合作开发	8			0.86			0.33	1.09	
其他	25			0.00			5.31	0.24	

截至 2005 年底外商直接投资分方式统计

金额单位：亿美元

方　式	项目个数		合同外资金额		实际使用外资金额	
	个　数	比重 %	金　额	比重 %	金　额	比重 %
总　计	**552 942**	**100.00**	**12 856.73**	**100.00**	**6 224.26**	**100.00**
中外合资企业	260 417	47.10	4 119.20	32.04	2 370.27	38.08
中外合作企业	57 021	10.31	1 872.78	14.57	915.63	14.71
外资企业	235 124	42.52	6 773.32	52.68	2 821.83	45.34
外商投资股份有限公司	157	0.03	42.51	0.33	32.47	0.52
合作开发	191	0.03	47.40	0.37	75.07	1.21
其他	26		0.13		5.70	0.09

二、2005 年外商对华投资的主要特点

（一）欧盟对华投资增长迅速，美国及亚洲十国（地区）对华实际投入外资金额有所下降

原欧盟 15 国对华投资新设立企业数、合同外资金额和实际投入资金额同比分别增长 17.46%、37.90% 和 22.52%；美国对华投资新设立企业数和实际投入资金额分别下降 4.69% 和 22.32%，合同外资金额增长 11.07%；亚洲十国/地区对华投资新设立企业数和合同外资金额分别增长 0.69% 和 26.07%，实际使用外资金额下降 5.19%；部分自由港对华投资新设立企业数下降 3.21%。香港仍然是我国吸收外资的主要来源，全年香港对内地实际投入金额 179.49 亿美元，占内地实际使用外资金额总量的 29.75%。

（二）外资企业及外商投资股份制企业吸收外资保持增长，中外合资企业、合作企业实际使用外资有较大幅度下降

中外合资企业实际使用外资同比下降 10.81%，中外合作企业实际使用外资下降 41.15%，外资企业实际使用外资增长 6.18%，外商投资股份制公司实际使用外资增长 18.21%。中外合资和合作企业仍是我国吸收外资的主要方式，在历年来累计设立的外商投资企业中，中外合资和合作企业约占实际使用外资总量的 53.5%，外资企业占 46%，其他方式所占比重不足 1%。

（三）制造业、农林牧渔业下降较为明显

制造业仍是外商投资主要领域，但其新设立企业数、实际使用外资金额同比分别下降 4.80% 和 1.31%。农林牧渔业新设立外商投资企业数和实际使用外资金额分别下降 6.37% 和 35.54%。

国家宏观调控行业新增外商投资得到有效遏制。钢铁行业全年新设立外商投资企业 43 家，投资总额共计 1 529.8 万美元，其中仅 1 家涉及炼钢、炼铁，其余均为钢铁压延加工企业；新批铝冶炼外商投资企业 4 家，均不涉及电解铝生产；水泥行业新设立外商投资企业 8 家，投资总额 1.9 亿美元；房地产开发经营实际使用外资金额 57.09 亿美元，同比下降 12.07%。

（四）服务贸易领域吸收外资情况大幅增长

2005 年 1 月—11 月银行领域实际使用外资约 100 亿美元，超过历年该领域吸收外资总和，是服务贸易领域吸收外资大幅增长的主要因素。其他服务贸易领域吸收外资有所下降，与上年相比，2005 年降幅达 4.49%。

（五）东部、西部地区实际使用外资总量持续增长，中部地区占全国比重有所下降

外商投资区域分布基本格局变化不大，东部地区仍是我国外商投资的主要聚集地，其新设立企业数、合同外资金额和实际使用外资金额分别增长 1.21%、25.27% 和 2.59%；中部地区实际使用外资降幅较大，达 27.75%，占全国总额的比重较 2004 年减少 3 个百分点。西部地区新设立企业数和合同外资金额分别下降 5.48% 和 9.05%，实际使用外资增幅较大，达 11.3%。

（六）国家级经济技术开发区吸收外资的带动作用突出

2005 年前三个季度，全国 54 个国家级经济技术开发区实际使用外资 91.62 亿美元，实现工业增加值 4 289.50 亿元，缴纳税收 878.58 亿元。截至目前，国务院批准 49 家国家级开发区规划用地面积 580 平方公里，平均每平方公里累计投入基础设施建设资金 5.25 亿元，每平方公里已投产工业企业 67 家，每平方公里实现工业产值 30.9 亿元，每平方公里实现税收 1.54 亿元，远高出全国平均水平。

（七）外商投资企业继续取得良好的经济效益

截至 2004 年底，全国现存注册外商投资企业约 28 万家，占全国注册企业总数的约 3%，我国吸收外商直接投资存量约 2 455 亿美元。全国现存运营外商投资企业总体经营情况良好，部分重要经济指标在全国总量中的比重进一步提升。

1. 外商投资企业的技术含量不断提高

外商投资高新技术领域热情不减，通信设备、计算机及其他电子设备制造业、交通运输设备制造业等实际使用外资增长较快；在外商投资企业进口额中，高新技术产品所占比重较高，且增幅较大，其中，2005 年 1 月—11 月电子信息类产品进口增幅达 29.58%，高于同期外商投资企业进口平均增幅 11 个百分点；外商投资企业是我国引进技术的主要力量，外商投资设立研发中心势头强劲，截至目前，外商以多种方式投资设立研发中心超过 750 家。

2. 外商投资企业出口结构不断优化

外商投资企业对外依存度远高于国内其他类型企业，前三季度，外商投资企业出口占其工业产值（现值）的比重高达 46.53%，比同期国内其他类型企业对外依存度（15.81%）高出 30.77 个百分点。1 月—11 月，外商投资企业高新技术产品出口额 1 711.05 亿美元，同比增长 33.32%，占全国高新技术产品出口总额的 87.89%；外商投资企业机电产品出口额 2 836.23 亿美元，同比增长 34.15%，占全国机电产品出口总额的 74.17%。

3. 外商投资企业对增加国家税收收入作出积极贡献

2005 年前三季度，外商投资企业缴纳税收额达 4 754.21 亿元，同比增长 17.47%，占全国税收总额的比重为 20.51%。其中，缴纳企业所得税 892.46 亿元，同比增长

26.62%，占全国企业所得税的20.55%；缴纳增值税和企业所得税合计3 794.89亿元，占同期全国两税总额的24.65%。

此外，外商投资企业不断创造就业机会，目前，外商投资企业吸纳直接就业人数为2 400万人，占全国城镇劳动就业人口的10%以上。

三、2006年外商对华投资的前景展望

随着经济全球化的深入发展和我国社会主义市场经济体制的不断完善，我国参与国际竞争和合作的范围扩大，层次加深，领域拓宽，吸收外资面临的国内外环境正在发生深刻变化。

（一）经济全球化深入发展，国际产业转移加快，跨国直接投资止跌回升，吸收外资正面临重要的历史机遇

经济全球化深入发展，加快了资本流动的国际化和生产活动的全球化，为发展中国家利用后发优势，实现跨越式发展提供了难得的历史机遇。当前，全球经济复苏步伐加快，据国际货币基金组织预计，未来6年世界经济将进入新一轮黄金发展周期，年均增长率将达4.3%。全球跨国直接投资回升，预计3年后将达1.2万亿美元，并购仍是跨国直接投资的主要方式。据贸发会议调查，2006—2008年，我国仍是对跨国投资最具吸引力的国家。

服务外包和高科技、高增值制造环节转移成为新一轮国际产业转移的重要特征和国际直接投资恢复增长的引擎，传统制造业转移向纵深发展。据预测，全球服务外包市场将以每年30%—40%的速度递增，到2005年和2007年分别增至5 850亿美元和1.2万亿美元。跨国公司地区性总部和区域营运中心的设立区域、覆盖范围也正进行新的布局。上述新趋势和新变化为我国优化外商投资结构，提高利用外资质量和水平提供了难得的机遇，机会难得，稍纵即逝。

（二）国际引资竞争日趋激烈，区域经济合作加速发展，我国引资竞争力相对下降，引资难度不断加大

当前，世界上包括发达国家在内的许多国家都将吸收外商直接投资作为一项重要的发展战略，引资手段日益多样化。据联合国贸发会议《2005世界投资报告》统计，2004年有102个国家和地区出台了271项与吸收外资相关的政策，其中87%的政策调整是有利于外商投资的。同年，20个国家和地区为鼓励投资而降低了企业所得税税率，其中既包括日本、法国、芬兰、丹麦、瑞士等发达国家，也包括新加坡、墨西哥、乌拉圭、保加利亚、捷克等发展中国家或经济转型国家。2004年我周边国家及主要发展中国家吸收外资大幅增长，应引起关注。

（三）走新型工业化道路，要求通过吸收外商直接投资促进国民经济运行质量和效益不断提升

提高国民经济运行质量和效益，加快走新型工业化道路，是国民经济结构战略性调整的重要内容和艰巨的任务。外商投资项目技术含量较高、经济效益较好、资源消耗较低，起到了较好的示范效应和带动作用，有利于产业结构调整和技术水平提高，加快服务业发展。如何解决900万城镇新增就业人数，及区域经济协调发展中如何发挥外商投资的作用，都对吸收外商投资工作提出了新的要求。

为进一步提高我国吸收外资的质量和水平，我们将从以下几个方面开展工作：

（一）根据地区间经济发展水平的差异和吸收外资能力不同，对外商投资进行分类指导，进一步发挥外资对区域经济协调发展的促进作用

对于东部地区，制订出台《优化外商投资结构，加速产业梯度转移，促进东部地区率先发展的指导意见》，引导东部地区把吸收外资的重点放在引进高新技术产业投资和研发中心，大力发展先进制造业和现代服务业；进一步延长产业链条，形成产业聚集带；促进产业升级，加速推进有条件的地区“腾笼换鸟”，实现向中西部地区的梯度转移，逐步淘汰投入产出比、土地集约利用水平不高的投资项目，提高资金和技术密集度。

对于中西部地区，制订出台《关于提高吸收外资水平，促进中部地区崛起的指导意见》和《关于扩大对外开放积极吸收外资，促进西部大开发的指导意见》，适时修订《中西部地区外商投资优势产业目录》，修订《外商投资企业境内投资暂行规定》，引导沿海地区与中西部地区合作，鼓励东部地区外商投资企业向中西部地区再投资，使中西部地区吸收外资工作有大的改观。

对于东北老工业基地，全面落实国务院办公厅《关于促进东北老工业基地进一步扩大对外开放的实施意见》，下发《积极有效吸收外资促进东北老工业基地调整改造振兴的指导意见》，指导东北地区吸收外资改造传统产业，积极引导外商参与国有企业改组改造，加快东北老工业基地的经济发展和结构调整，形成新的经济增长带。

（二）加强对优化外商投资产业结构的引导

适应全球跨国直接投资发展趋势和国际产业转移动向，根据“十一五”规划提出的经济结构调整目标，适时修订《外商投资产业指导目录》，将《外商投资高新技术产品目录》列入《外商投资产业指导目录》的鼓励类，并完善相应配套政策，鼓励外商投资企业技术创新，提高技术水平；推动《关于外商投资设立研发中心的规定》的出台，鼓励

外商投资设立研发中心；丰富和完善跨国公司地区总部和投资性公司的功能，吸引跨国公司把中国作为其配置全球资源的基地；继续鼓励设立出口型企业，完善相关支持政策，使外商投资继续成为发展先进制造业的积极力量。

进一步提高服务贸易领域吸收外资所占比重。认真总结现阶段服务贸易领域开放的基本经验，继续扩大服务贸易领域开放。吸引外资在重点城市建立一批为制造业配套的服务企业，以提高国内流通服务水平，降低流通成本，提高流通效率，大力推进物流配送、连锁经营等现代服务业发展，通过服务业有序开放促进现代服务业的快速发展。

（三）鼓励国内科研机构、院校企业与跨国公司开展多种形式的配套合作，最大限度地发挥外商投资的技术外溢效应

采取积极措施，引导外商投资企业引进核心技术，并通过与国内科研机构、院校、企业的合作，加强对引进技术的吸收和创新；鼓励中小企业开展对外合作，吸引更多的境外配套企业，特别是跨国公司与中小企业合作设厂，成为跨国公司全球制造业配套网络的重要组成部分；发挥龙头产品的集聚效应，形成更多各具特色的配套产业聚集区，促进我国完整的现代制造业产业链条和生产体系的形成。

（四）大力发展服务外包，积极承接跨国公司的外包业务，促进现代服务业的发展

借鉴印度等国对服务外包企业的界定标准，结合我国的实际情况，明确界定服务外包的具体领域；鼓励北京、上海等中心城市在其城市的国家级经济技术开发区等特定领域设定专门区域发展服务外包业务，使国家级开发区成为外包产业基地；加强对服务外包企业的支持，研究制订流转税、企业所得税和个人所得税等方面的税收优惠政策，鼓励国内企业承接离岸外包业务，尤其是承接已在我国投资的跨国公司的服务外包业务。

（五）鼓励外商以并购方式投资，促进国内企业，特别是民营企业扩大对外合作，提高国际竞争力

鼓励已完成改制的国有企业、民营企业主动通过积极有效吸收外资，引进先进技术、管理经验和人才来发展壮大；积极、稳妥推进跨国并购，鼓励外资参与多种所有制企业的改组改造，优化存量资源的配置；积极引进战略投资者，提高上市公司质量；总结经验，认真执行并进一步完善现行法规规章，促进外商投资风险投资；进一步扩大外资参与不良资产处置，促进国有资产的保值和增值；建立和完善竞争法律体系，防止垄断和限制竞争行为。

（六）完善吸收外资质量的考核指标体系，强化外资统计和联合年检的功能，提高外资管理水平

以现有流量统计和联合年检统计数据为基础，完善外资统计网络、外资准入管理网络、外资运营监控网络，2006年全面推行网上联合年检。强调统计在提高外资质量中的导向功能，完善外资质量考核体系，用于测评外资企业运营情况以及在扩大出口、增加税收和吸纳就业等方面的作用，以衡量外资对经济社会发展的贡献，进而综合评价利用外资的质量，其中包括资金到位率、鼓励类企业率、出口销售收入占工业产值现值比率、就业增长率、纳税金增长率、现存企业率等。为避免各地竞相攀比外资规模，合同外资金额今后仅作为研究吸收外资趋势的参考数据，不再作为各地吸收外资工作的指标；实际使用外资金额的统计必须本着真实、可靠、实事求是的原则，严格执行国家相关规定，坚决杜绝虚报。

（七）加强对外商投资企业的监管，强调公司社会责任

加强对外商投资企业合同、章程履行情况的监督管理，强化监管手段，促使投资者切实履行合同义务；在遵循我国现有各项法规、标准基础上，参考主要国家社会责任内容，制定跨国公司在华社会责任标准和行为准则；鼓励跨国公司出版年度社会责任报告，公布有关社会责任行为信息；加强对跨国公司社会责任行为的监控，并进行年度评估，对于违背社会责任标准行为进行道德劝导，及时纠正和惩罚不道德行为；研究建立跨国公司在华履行社会责任的激励机制：包括荣誉激励、政策激励、政府采购优先等，鼓励跨国公司在华采取积极措施承担社会责任。

（八）进一步完善外商投资环境，改进投资促进工作

继续保持国家鼓励外商投资的各项政策的稳定性和连续性，进一步简化审批程序，对于委托地方审批的外商投资事项，应加强管理，以确保随时掌握相关信息，提高审批工作效率；逐步推行电子政务，实现现代化的外商投资管理；加强外商投资投诉受理工作，出台《外商投资企业投诉办法》，建立以各地投诉部门为基础的投诉受理网络，依法保护中外投资者和外商投资企业的合法权益；加强知识产权宣传和执法工作，坚决打击侵权盗版行为，增强外国投资者对华投资和引进先进技术的信心。

加强对全国招商引资工作的引导，建立统一的招商引资成本评价标准，对土地价格、财政支持等实行统一要求；建立举报中心，对地方违反规定乱许诺、乱优惠的招商引资行为报请国务院予以严厉惩处，杜绝层层压指标，盲目攀比，恶性竞争；建立全国外商投资促进网络，改进传统招商模式，做好外商投资服务和协调工作；充分发挥现有

中日、中韩、中新双边投资促进机构的作用，逐步与其他主要投资国别/地区建立双边机制，有针对性地做好投资促进工作；完善《中国投资指南》网站功能，构建全国性招商引资平台。

（九）进一步鼓励国家级经济技术开发区加快发展，更大地发挥国家级经济技术开发区在促进经济社会全面协调可持续发展中的窗口示范辐射和带动作用

按照分类指导和差异化发展的原则，明确不同区域不同发展阶段的国家级开发区的功能定位和发展战略。进一步完善国家级开发区综合投资环境评价体系，建立国家级开发区联网系统，加强对国家级开发区的指导和管理，引导国家级开发区进一步加强土地集约利用、环境保护、资源综合利用，大力发展节约型经济。建立有效的知识产权保护机制，优化产业结构，大力发展高新技术产业、现代制造业和服务外包业。继续坚持管理体制创新，研究制定《国家级经济技术开发区管理条例》，为国家级开发区发展提供制度保障。坚持走土地集约化发展道路，建立有利于促进国家级开发区加快发展的土地制度。全面落实全国口岸工作会议精神，充分利用区港、区区、区区港联动政策，帮助有条件的地区和省市研究制订以国家级开发区为支撑点，形成若干外资密集、内外结合、带动力强的开放型经济增长带的方案，并予以积极推进，加快特殊经济区域资源整合，完善国家级开发区经济功能，促进国家级开发区向多功能综合性产业园区转变。创新人才开发管理机制，大力吸引优秀人才，成为高素质人才的聚集区。加大财政金融政策支持力度，加快国家级开发区发展。

2005 年中国吸收外商直接投资分国别（地区）情况

商务部外国投资管理司

一、港澳对内地投资情况

2005 年香港特别行政区对内地投资项目数、合同外资金额有所增长，但实际使用外资金额出现负增长。

2005 年香港、澳门特别行政区在内地投资新设立企业 15 538 家，比 2004 年同期增长 0.68%；合同外资金额 649.85 亿美元，同比增长 24.93%；实际使用外资金额 185.49 亿美元，同比减少 5.10%。2005 年港澳商新设外商投资企业、合同外资金额和实际投入金额分别占全国同期吸收外资总量的 35.32%、34.38% 和 30.75%。以实际使用外资金额计，2004 年香港、澳门特别行政区在内地投资额继续位居内地吸收外资国别/地区之首位。

截至 2005 年底，香港、澳门特别行政区在内地投资累计设立新资企业 263 888 家，合同外资金额 5 436.06 亿美元，实际投入金额 2 658.59 亿美元，分别占全国累计批准设立外商投资企业数、合同外资金额和实际使用外资金额总量的 47.73%、42.29% 和 42.72%。以实际使用外资累计金额计，香港、澳门特别行政区在内地投资位居第 1 位。

二、台湾省对祖国大陆投资情况

2005 年台湾地区对祖国大陆投资新设立企业数和实际投入金额均有下降，但合同台资金额继续保持增长态势。

2005 年台湾地区在祖国大陆投资新设立企业 3 907 家，同比下降 2.37%；合同外资金额 103.58 亿美元，同比增长 37.90%；实际使用外资金额 21.52 亿美元，同比下降 30.98%。2005 年台湾地区新设台商投资企业、合同外资金额和实际投入外资金额分别占全国同期吸收外资总量的 8.88%、5.48% 和 3.57%。以实际使用外资金额计，2005 年台湾地区对祖国大陆投资位居第 8 位，列香港、英属维尔京群岛、日本、欧盟、韩国、美国和新加坡之后。

截至 2005 年底，台湾地区在祖国大陆投资累计设立企业 6.81 家，合同外资金额 896.93 亿美元，实际投入外资金额 417.57 亿美元，分别占全国累计批准设立外商投资企业数、合同外资金额和实际使用外资金额总量的 12.32%、6.98% 和 6.71%。以实际使用外资累计金额计，台湾地区对祖国大陆投资居第 6 位，次于香港、日本、美国、欧盟、英属维尔京群岛。

三、美国对华投资情况

2005年美商对华投资新设立企业、实际美资金额均有所下降，合同美资金额有一定增长。

2005年美商在华投资新设立企业3 741家，比2004年同期减少4.69%；合同外资金额135.12亿美元，同比增长11.07%；实际投入外资金额30.61亿美元，同比下降22.32%。2005年，美商新设立企业、合同外资金额、实际投入外资金额分别占全国同期吸收外资总量的8.50%、7.15%和5.07%。美商对华投资位居第6位，居香港、英属维尔京群岛、日本、欧盟和韩国之后。

截至2005年底，美国在华投资累计设立美资企业49 006家，合同外资金额1 121.20亿美元，实际投入外资金额510.90亿美元，分别占全国累计批准设立外商投资企业数、合同外资金额和实际使用外资金额总量的8.86%、8.72%和8.21%。以实际使用外资累计金额计，美国居第3位，次于香港、澳门特别行政区和日本。

四、日本对华投资情况

2005年日本对华投资合同外资金额和实际投入金额全面增长，但对华投资项目数略有下降。

2005年日商在华投资新设立企业3 269家，比2004年同期减少5.36%，合同外资金额119.20亿美元，实际投入外资金额65.30亿美元，比2004年同期分别增长30.10%、19.78%。2005年日商新设外商投资企业、合同外资金额和实际投入外资金额分别占全国同期吸收外资总量的7.43%、6.30%和10.82%。以实际使用外资金额计，2005年日本对华投资位居第3位，位于香港和澳门特别行政区和英属维尔京群岛之后。

截至2005年底，日本在华投资累计设立日资企业35 124家，合同外资金额785.69亿美元，实际投入外资金额533.75亿美元，分别占全国累计批准设立外商投资企业数、合同外资金额和实际使用外资金额总量的6.35%、6.11%和8.58%。以实际使用外资累计金额计，日本对华投资位居第2位。

五、欧盟对华投资情况

2005年欧盟对华投资新设立企业数、合同外资金额和实际投入金额全面增长。

2005年欧盟在华投资新设立企业2 846家，合同外资金额115.31亿美元，实际使用外资金额51.94亿美元，比2004年同期分别增长17.46%、37.90%及22.52%。2005年欧盟新设外商投资企业、合同外资金额和实际投入外资金额分别占全国同期吸收外资总量的6.47%、6.10%和8.61%。以实际使用外资金额计，2005年欧盟对华投资位居第4位，列香港（179.49亿美元）、英属维尔京群岛（90.22亿美元）、日本（65.30亿美元）之后。

截至2005年底，欧盟在华投资累计设立企业21 427家，合同外资金额858.36亿美元，实际投入外资金额473.05亿美元，分别占全国累计批准设立外商投资企业数、合同外资金额和实际使用外资金额总量的3.88%、6.68%和7.60%。以实际使用外资累计金额计，欧盟居对华投资第4位，仅次于香港、美国、日本。

六、英属维尔京群岛对华投资情况

2005年英属维尔京群岛对华投资新设立企业数有所下降，合同外资金额和实际投入金额全面增长。

2005年英属维尔京群岛在华投资新设立企业2 493家，比2004年同期减少5.60%；合同外资金额220.28亿美元，同比增长13.57%；实际使用外资金额90.22亿美元，同比增长34.05%。2005年英属维尔京群岛新设外商投资企业、合同外资金额和实际投入外资金额分别占全国同期吸收外资总量的5.67%、11.65%和14.96%。以实际使用外资金额计，2005年英属维尔京群岛对华投资列第2位。

截至2005年底，英属维尔京群岛在华投资累计设立企业14 011家，合同外资金额1 034.36亿美元，实际投入外资金额459.17亿美元，分别占全国累计批准设立外商投资企业数、合同外资金额和实际使用外资金额总量的2.53%、8.05%和7.38%。以实际使用外资累计金额计，英属维尔京群岛居对华投资列第5位，次于香港、日本、美国、欧盟。

七、新加坡对华投资情况

2005年新加坡合同外资金额和实际投入金额稳步增长，但对华投资新设企业数有所下降。

2005年新加坡在华投资新设立企业1 217家，比2004年同期减少4.85%，合同外资金额52.14亿美元，实际使用外资金额22.04亿美元，比2004年同期分别增长17.90%和9.77%。2005年新加坡新设外商投资企业、合同外资金额和实际投入金额分别占全国同期吸收外资总量的2.77%、2.76%和3.65%。以实际使用外资金额计，2005年新加坡对华投资位居各国别/地区第7位。

截至2005年底，新加坡在华投资累计设立企业14 367

家，合同外资金额532.05亿美元，实际投入外资金额277.44亿美元，分别占全国累计批准设立外商投资企业数、合同外资金额和实际使用外资金额总量的2.60%、4.14%和4.46%。以实际使用外资累计金额计，新加坡对华投资位居第8位。

八、韩国对华投资情况

2005年韩国对华投资新设企业、合同外资金额继续保持全面增长，实际投入金额有所下降。

2005年韩商在华投资新设立企业6 115家，合同外资金额197.60亿美元，比2004年同期分别增长8.71%、42.05%，实际使用外资金额51.68亿美元，比2004年同期减少17.28%。2005年韩商新设外商投资企业、合同外资金额和实际投入金额分别占全国同期吸收外资总量的13.90%、10.45%和8.57%。以实际使用外资金额计，2005年韩国对华投资位居各国别/地区第5位。

截至2005年底，韩国在华投资累计设立韩资企业38 868家，合同外资金额703.24亿美元，实际投入外资金额311.04亿美元，分别占全国累计批准设立外商投资企业数、合同外资金额和实际使用外资金额总量的7.03%、5.47%和5.00%。以实际使用外资累计金额计，韩国对华投资位居第7位。

2005年中国吸收外商直接投资分行业情况

商务部外国投资管理司

2005年外商投资农林牧渔领域、制造业领域实际使用外资金额均出现了不同程度的下降，服务贸易领域整体上呈现较快发展势头。

一、农业吸收外商直接投资全面下降，林业吸收外商直接投资全面增长，畜牧业、渔业合同外资金额呈现增长，但实际使用外资金额明显下降

2005年农林牧渔领域新设立企业1 058家，合同外资金额38.37亿美元，实际使用外资金额7.18亿美元，同比分别为-6.37%、17.31%和-35.54%，占同期吸收外商投资总量的比重为2.40%、2.03%和1.19%，较2004年分别减少了0.19个、0.10个、0.65个百分点。

其中，农业新设立外商投资企业433家，同比下降16.41%；合同外资金额11.48亿美元，同比下降4.98%；实际使用外资金额5.37亿美元，同比下降44.6%。

林业新设立外商投资企业77家，同比增长11.59%；合同外资金额2.82亿美元，同比增长5.06%；实际使用外资金额0.61亿美元，同比增长23.55%。

畜牧业新设立外商投资企业185家，同比下降4.64%；合同外资金额7.60亿美元，同比增长8.10%；实际使用外资金额1.28亿美元，同比下降32.43%。

渔业新设立外商投资企业156家，同比增长4.70%；合同外资金额6.86亿美元，同比增长43.29%；实际使用外资金额0.83亿美元，同比下降50.76%。

二、制造业仍是外商投资主要领域，但出现了小幅下降

2005年，制造业领域新设立外商投资企业28 928家，合同外资金额1 273.57亿美元，实际使用外资金额424.53亿美元，同比分别为-4.80%、16.06%和-1.31%，占同期全国吸收外资总量的比重为65.74%、67.36%和70.37%，较2004年分别减少了3.85个、4.14个、0.58个百分点。

2005年外商在制造业领域投资的分布仍以高新技术产业、设备制造业、化工行业为主，在我占有传统比较优势的劳动密集型行业也有一定规模。按实际使用外资金额及占同期全国吸收外资总量比重排序，外商投资较为集中的行业有：通信设备、计算机及其他电子设备制造业（77.11亿美元，占12.78%）、交通运输设备制造业（38.42亿美元，占6.37%）、电气机械及器材制造业（29.40亿美元，占4.87%）、纺织服装、鞋、帽制造业（28.29亿美元，占4.69%）、化学原料及化学制品业（28.09亿美元，占4.66%）。

2005年外商投资制造业领域各行业具体的发展情况为：

1. 通信设备、计算机及其他电子设备制造业增势趋缓，仪器仪表及文化、办公机械制造业呈现全面负增长

由于投资基数较大，且行业内存在明显的投资周期，2005年通信设备、计算机及其他电子设备制造业增势趋缓。全年新设立外商投资企业2 878家，合同外资金额210.19亿美元，实际使用外资金额77.11亿美元，同比分别为-7.52%、5.02%、9.24%。

同期，仪器仪表及文化、办公机械制造业吸收外商投资出现了全面负增长。全年新设立外商投资企业497家，合同外资金额18.13亿美元，实际使用外资金额6.05亿美元，同比分别下降13.11%、6.62%、29.27%。

2. 各设备制造业合同外资金额增势良好

2005年，电气机械及器材制造业、交通运输设备制造业、通用设备制造业、专用设备制造业的合同外资金额均有较大幅度增长，分别为108.02亿美元、93.75亿美元、84.42亿美元和80.90亿美元，同比增幅达32.86%、30.94%、40.18%、26.34%。以上行业的实际使用外资金额除通用设备制造业有所下降外，也都有一定幅度的增长。

3. 化学原料及化学制品制造业，石油加工、冶焦及核燃料加工业实现合同外资和实际使用外资金额双增长

2005年，化学原料及化学制品制造业新设立外商投资企业1 525家，合同外资金额77.00亿美元，实际使用外资金额28.09亿美元，同比分别为-7.24%、19.26%、5.77%。

同期，石油加工、冶焦及核燃料加工业新设立外商投资企业72家，合同外资金额6.84亿美元，实际使用外资金额5.85亿美元，同比分别为-13.25%、14.53%、22.9%。

4. 金属制品业、橡胶制品业吸收外商直接投资全面增长

2005年，金属制品业新设立外商投资企业1 340家，合同外资52.75亿美元，实际使用外资18.25亿美元，同比分别增长5.85%、31.55%、1.70%。

同期，橡胶制品业新设立外商投资企业269家，合同外资14.51亿美元，实际使用外资6.73亿美元，同比分别增长6.75%、12.87%、63.22%，其实际使用外资金额增长率在制造业领域据首位。

5. 纺织业吸收外商直接投资全面下降，纺织服装、鞋、帽制造业合同外资金额有一定幅度增长

2005年，纺织业新设立外商投资企业1 269家，合同外资54.52亿美元，实际使用外资21.04亿美元，同比分别下降17.81%、2.52%、10.52%。

同期，纺织服装、鞋、帽制造业新设立外商投资企业3 588家，合同外资91.28亿美元，实际使用外资28.29亿美元，同比分别为-11.03%、24.27%、-4.56%。其中合同外资金额有一定幅度增长，表明纺织业的外商直接投资有向深加工领域转移的趋势。

三、基础设施建设、市场流通、高科技服务等领域有一定规模的外资分布

吸收外商直接投资规模较大的行业有（按实际使用外资排序）：房地产业（54.18亿美元，占8.98%），租赁和商业服务业（37.45亿美元，占6.21%），交通运输、仓储和邮政业（18.12亿美元，占3.00%），电力、燃气及水的生产和供应业（13.94亿美元，占2.31%），批发和零售业（10.39亿美元，占1.72%），信息传输、计算机服务和软件业（10.15亿美元，占1.68%）。以上行业中的大部分外商直接投资又可归入服务贸易领域。

小资料

套汇行为和逃汇行为

套汇行为：1. 违反国家规定，以人民币支付或者以实物偿付应当以外汇支付的进口货款或者其他类似支出的，但是合法的易货贸易除外；2. 以人民币为他人支付在境内的费用，而由对方给付外汇的；3. 明知用于非法套汇而提供人民币资金或者其他服务的；4. 以虚假或者无效的凭证、合同、单据等向外汇指定银行骗购外汇的；5. 以其他方式非法套汇的。

逃汇行为：1. 违反国家规定，擅自将外汇存放在境外的；2. 不按照国家规定将外汇卖给外汇指定银行的；3. 违反国家规定将外汇汇出或者携带出境的；4. 未经外汇管理部门批准，擅自将外币存款凭证、外币有价证券携带或者邮寄出境的；5. 明知用于逃汇而提供人民币资金或者其他服务的；6. 以其他方式逃汇的。

2005年中国服务贸易领域吸收外商直接投资情况

商务部外国投资管理司

2005年度，随本年度我国服务贸易领域对外开放进程的加快，该领域吸收外商直接投资整体上呈现较快发展势头。

银行、证券、保险行业

2005年度，金融服务业类下的银行、证券、保险行业新批设立中外合资银行、保险公司、基金管理公司18家；实际使用外资金额120.81亿美元，同比增长率达279.19%。这使得金融服务业成为服务贸易领域实际使用外资规模最大的行业。

其他行业

2005年度，服务贸易领域其他行业合计新设立外商投资企业7 445家，合同外资金额390.31亿美元，实际使用外资金额116.79亿美元，同比分别为8.65%、45.95%、-4.49%，其中新设立企业数、合同外资金额的增长幅度均高于全国水平；占同期全国吸收外资总量分别为16.92%、20.64%、19.36%，较2004年分别增加了1.23个、3.22、-0.81个百分点。

2005年度，外商投资在服务贸易其他行业中的分布情况为：商业服务业最为集中，实际使用外资金额83.30亿美元，占该领域（不含银行、证券、保险行业，下同）实际使用外资金额的71.32%。运输服务（11.98亿美元，占10.25%）、旅游和旅游相关的服务（5.67亿美元，占4.86%）、分销服务（5.21亿美元，占4.46%）、建筑和相关的工程服务（4.90亿美元，占4.20%）吸收外商直接投资也有相当的规模。各具体行业的发展特点如下：

1. 零售业、商业经纪和代理业吸收外商直接投资全面增长，且增幅较高

2005年度，零售业新设立外商投资企业437家，合同外资金额12.86亿美元，实际使用外资金额4.54亿美元，同比分别增长106.13%、94.13%、14.3%。

同期，商业经纪和代理业新设立外商投资企业235家，合同外资金额4.60亿美元，实际使用外资金额0.66亿美元，同比分别增长31.28%、260.65%、44.83%。

2. 水上运输业、交通运输辅助业总体增势迅猛，开始形成规模

2005年度，水上运输业新设立外商投资企业48家，与2004年持平；合同外资金额18.13亿美元，实际使用外资金额8.41亿美元，同比分别增长309.98%和133.41%，占服务贸易领域吸收外商投资总量的比重为4.65%和7.20%，较2004年分别增加了2.95个和4.25个百分点。

同期，交通运输辅助业新设立外商投资企业32家，合同外资金额7.98亿美元，实际使用外资金额0.83亿美元，同比分别增长77.78%、208.04%、107.94%。

3. 房地产业、建筑业实际使用外资金额有所下降，但新设立企业数及合同外资金额均有较快增长

2005年度，房地产业新设立外商投资企业2 120家，合同外资金额194.00亿美元，实际使用外资金额54.18亿美元，同比分别为19.98%、43.83%、-8.94%，占服务贸易领域吸收外资总量的比重为28.48%、49.71%、46.39%，在该领域继续占据主导地位。

同期，建筑业新设立外商投资企业457家，合同外资金额25.67亿美元，实际使用外资金额4.90亿美元，同比分别为11.19%、45.11%、-36.47%。

4. 电力、煤气及水的生产和供应业吸收外商直接投资全面增长，且实际使用外资金额增长明显

2005年度，电力、煤气及水的生产和供应业新设立外商投资企业156家，合同外资金额12.27亿美元，实际使用外资金额7.96亿美元，同比分别增长3.31%、13.68%、76.99%。

5. 计算机应用服务业合同外资和实际使用外资金额均呈增长，且增幅高于服务贸易领域总体水平

2005年度，计算机应用服务业新设立外商投资企业1 295家，合同外资金额27.94亿美元，实际使用外资金额9.28亿美元，同比分别为-8.29%、57.34%、12.69%。

6. 旅游业吸收外商直接投资全面下降，且降幅较大

2005年度，旅游业新设立外商投资企业7家，合同外资金额0.39亿美元，实际使用外资金额0.68亿美元，同比分别下降68.18%、58.21%、62.71%。

2005年中国对外援助情况

商务部对外援助司司长　王汉江

2005年是中国对外援助工作不同寻常的一年。在这一年里，胡锦涛主席在出席联合国成立60周年首脑会议上，宣布了中国支持发展中国家经济和社会发展的5项重大举措，受到国际社会的普遍关注和发展中国家广泛欢迎，标志着中国对外援助工作进入了一个新的发展阶段。2005年，中国对外援助工作呈现出几个主要特点：一是中国政府加大了国家财政对援外的投入，援外总体规模较上一年大幅增长；二是中国更加重视并积极参与国际重大救灾和救援行动，扩大了援外工作的对外影响和效果；三是与发展中国家开展多方位、多领域和多层次的人力资源开发合作，取得良好效果；四是对外优惠贷款规模迅速增加，促进了中国企业与发展中国家企业间的互利合作；五是稳步推进援外法规和制度建设，取得较大成果。中国的对外援助工作，对于加强与发展中国家友好关系和经贸合作，促进中国对外关系发展和推动在全球建立和谐稳定的国际发展环境发挥了重要作用。

一、2005年中国援外的总体情况

2005年，中国政府同112个国家和国际组织签署援助协议共366笔，在广泛领域开展了卓有成效的经济技术合作。在援款项下，在52个国家新承担了73个成套项目，主要有：柬埔寨政府办公楼、阿富汗医院、厄瓜多尔教育中心、安提瓜和巴布达板球场、格林纳达体育场、埃塞俄比亚立交桥、马达加斯加国际会议中心、纳米比亚军事学院、毛里求斯广播电视大楼、赞比亚供水设施等。当年，新开工项目31个，主要有：尼泊尔综合技校、埃塞俄比亚职业教育中心、赤道几内亚电视中心、马里三个简易体育场、多米尼克体育场、密克罗尼西亚金枪鱼管委会总部办公楼等。竣工项目35个，主要有：朝鲜玻璃厂、马尔代夫外交部办公楼、安哥拉医院、几内亚人民宫、圭亚那国际会议中心等。在46个国家新承担了61个技术合作项目。向58个国家提供了103批一般物资援助。2005年，中国进出口银行实际批贷了24个优惠贷款项目，主要有：柬埔寨缉私缉毒设备采购、孟加拉国DAP追加项目、缅甸达基化肥厂、越南铁路南北干线通信信号系统、白俄罗斯GSM电信、博茨瓦纳公路二期、津巴布韦农机设备采购、牙买加体育场等项目。

二、对外人力资源开发合作规模增长迅速，质量较好，派遣青年志愿者新方式效果明显

2005年我部共举办258期培训项目，为140个国家和区域组织培训培养了8 164名各类人才。其中，非洲国家参训人数最多，共有50个非洲国家的3 886名官员和技术人员参加了培训。此外，官员研修项目大幅增加，共有3 859名官员来华参加培训。共举办4期部级官员研讨会，近百名部级官员参加，其中科摩罗副总统卡比·穆罕默德参加了“国际人口与发展高级官员研修班”。

为推动援外与经济工作相结合，促进中外企业和产品的相互交流，积极举办专题培训，如“发展中国家民航适航官员研修班”，袁隆平杂交水稻技术培训班等，此外，还安排大批学员参观考察同方威视集装箱检测设备、深圳的通信企业、青蒿素药品生产企业和其他高科技企业，并组织部分培训班学员参加“厦门国际投资贸易洽谈会”、“东盟博览会”和“广交会”等大型经贸交流活动，为促进中外企业间的合作发挥了积极作用。

派遣援外青年志愿者这一新的援助方式自2004年启动以来，2005年继续推动实施。向埃塞俄比亚派出了12名志愿人员，是中国青年志愿者首次赴非洲工作，获得好评，埃塞方正式请求延长中国青年志愿者在埃塞的服务期限。

三、履行国际人道主义义务，积极参与国际重大人道主义灾难的紧急援助工作

2005年，世界各地海啸、地震、飓风、旱灾、疾病等自然灾害频繁，造成受灾国家巨大人员伤亡和财产损失。作为负责任的发展中大国，我国在力所能及的范围内参与了国际间重大紧急救援行动，如印度洋海啸、美国飓风灾害、巴基斯坦大地震等。此外，我国政府还向朝鲜、越南提供了防治禽流感紧急援助，向罗马尼亚水灾、伊朗地震、几内亚比绍蝗灾和霍乱、赞比亚炸药厂爆炸、厄瓜多尔登革热、乌拉圭飓风提供了物资或现汇紧急援助，并向尼日尔、布隆迪、莱索托、吉布提、赞比亚、莫桑比克提供了紧急粮食援助，在这些国家最需要帮助的时候给予了积极回应，深受当地欢迎和国际社会的赞誉。2005年，我国共向25个国家提供了33笔紧急援助，对外紧急援助工作力度大大加强。

其中，几次重大紧急援助工作执行得力，各有特色。向印度洋海啸受灾国提供我国援外历史上最大规模的紧急救援，受灾国领导人和驻华使节在不同场合向中国政府和人民表示了衷心的感谢，并称“我们深切地感受到了中国人民的深情厚谊”；向美国飓风灾区提供紧急援助，开辟了大国外交的新渠道，它超越了发达国家和发展中国家间固定的单向的帮助模式，凸显了中国作为世界大家庭的一名成员积极履行国际道义准则，赢得了美国政府和社会各界的赞誉；向巴基斯坦地震灾区提供紧急救援，力践“睦邻”政策，受到了巴官方和其他国际救援组织的高度赞扬，穆沙拉夫总统亲临我医疗队工作现场视察并给予了高度评价。

四、强化服务意识，提高工作水平，援外制度建设取得新进展

按照政务公开、加强服务、提高水平的原则，全面构筑援外制度建设体系，强化对援外项目管理的规范和监管。

2005年，全面启动各类援外项目合同标准文本的修订工作；完成《援外成套项目安全生产管理办法》、《对外援助物资项目管理办法》、《对外援助人力资源开发合作项目管理办法》等三个部门规章的起草报批工作，形成了基本完备的援外项目法规制度；制定并印发《商务部关于加强外派对外援助人员防范恐怖主义威胁指导性措施的意见》、《商务部关于进一步加快对外援助项目实施进度的意见》、《对外援助培训项目实施管理内部暂行规程》等规范性文件。同时，惩治和防范腐败体系建设工作取得新进展。

2005年我国实施“走出去”战略情况

商务部对外经济合作司司长　吴喜林

2005年，在党中央和国务院的正确领导下，我国实施“走出去”战略的步伐明显加快，“走出去”业务的促进、服务、监管和保障体系进一步完善，对外经济合作各项业务继续呈现较快增长态势。“十五”期间，实施“走出去”战略的政策推动效应明显，对外经济合作全面完成了预定目标，全方位、宽领域和多层次的“走出去”格局逐渐形成。

一、对外直接投资增长迅速，跨国并购成为主要方式

2005年，对外直接投资额（非金融类，下同）69.2亿美元，其中股本投资40.7亿美元，同比增长53.6%；经商务部批准和备案设立的境外中资企业共计1 067家，同比增长28.7%。对北美、大洋洲、非洲和亚洲的股本投资增幅都在1倍以上，对外直接投资额在1 000万美元以上的国家（地区）有30个，投资额上亿美元的国家（地区）有6个。境外并购类投资占对外直接投资总额的56.5%，主要集中在电讯、汽车、资源开发等领域；投资办厂类投资占总额的43.5%，主要集中在制造业，如纺织服装、机械、医药、电子、食品加工等。境外资源开发取得积极进展，蒙古图木尔廷—敖包锌矿等一批资源合作项目顺利建成投产。

二、对外承包工程继续快速增长，大项目明显增多

2005年，对外承包工程完成营业额和新签合同额分别为217.6亿美元和296亿美元，同比分别增长24.6%和24.2%。对外承包工程新签合同额在5 000万美元以上的项目有115个（其中上亿美元的项目49个），总计合同金额156.9亿美元，占新签合同总额的53%，比上年增加了42个，合同金额增加了62亿美元。对外承包工程主要分布在香港、苏丹、阿尔及利亚、尼日利亚、新加坡等国家和地区。2005年，我公司承揽了9亿美元的伊朗阿巴斯30万吨铝厂等一批大项目，项目技术含量也有所提高。

三、对外劳务合作继续保持健康有序发展

2005年，对外劳务合作完成营业额和新签合同额分别为48亿美元和42.5亿美元，同比分别增长27.5%和21.2%；年底在外各类劳务人员56.5万人，同比增加3万人。从地区分布看，业务主要集中在日本、新加坡、韩国、阿尔及利亚、澳门、俄罗斯、香港等国家和地区。制造业和建筑业仍是主要行业，在外护士、空乘人员、计算机技术及服务人员增长较快。

2005年，商务部在积极稳妥地实施"走出去"战略、大力发展对外经济合作方面主要做了以下工作：

1. 继续深化改革，加强"走出去"的制度建设

细化了境外投资核准工作制度。发布了《境外投资开办企业征求驻外使领馆意见有关事项的规定》、《境外中资企业（机构）报到登记制度》、《境外投资开办企业核准细则》，加强了对各地商务部门、驻外使馆经商处的工作指导。出台了《企业境外并购事项前期报告制度》，加强了对境外并购的管理。

完善对对外承包工程和劳务合作的管理政策。发布了《商务部、中国人民银行、财政部关于〈对外承包工程项目投标（议标）许可暂行办法〉补充规定的通知》、与有关部门联合下发了《〈对外劳务合作经营资格管理办法〉补充规定》、《外派海员类劳务经营资格管理办法》等一系列文件。

联合有关部门出台了关于推进信息产业"走出去"的意见。与有关省市建立了工作联系机制，推动各地区结合实际出台"走出去"鼓励政策。

编印了《2004年中国对外直接投资统计公报》（非金融部分）、2005年国外经济合作业务统计年报，为制定"走出去"发展战略和规划提供准确依据。

2. 加强对"走出去"业务的协调和管理

重视中资企业自律组织建设。指导成立了"美国中国总商会"，胡锦涛主席访美期间专门出席成立大会。目前境外中资企业商会协会已有近40家。下发了《商务部、国家外汇管理局关于2005年境外投资联合年检和综合绩效评价工作有关事项的通知》，有利于各地方、各中央企业更好地掌握标准，做好年检工作。

强化部门间合作，形成合力。联合外交部等部门成立对外承包工程部际促进协调机制。联合召开了境外资源开发利用重点国家工作会议。与国资委等共同研究加强境外国有资产监管。

成立了"打击对外经济合作领域商业欺诈专项行动工作小组"，开展外派劳务行业整顿清理。研究恢复对台渔工劳务合作，与国务院港澳办加强合作，协调管理输港澳劳务。与韩国就中韩雇佣制劳务合作进行了深入磋商。

3. 健全"走出去"的促进和服务体系

加强了对企业"走出去"的引导，发布《对外投资国别产业导向目录（二）》。印制了新版《出国劳务必读》和对外劳务合作政策解读。

充分发挥政策金融支付手段的作用，设立了对外经济技术合作专项资金。

打造信息咨询、展会、培训班等公共服务平台。"对外经济合作"指南网站点击率再创新高。利用第九届投洽会和第二届中国—东盟博览会为企业"走出去"牵线搭桥，成功举办了匈牙利"中国工程和技术展览会"和"中国—马达加斯加经贸合作研讨会"。在各地举办8期"走出去"培训班。

4. 大力开展经济外交，推动互利经济合作

加强多双边政府间磋商和合作，为企业"走出去"创造条件。与巴基斯坦签署了加强制造业合作备忘录。与蒙古、墨西哥、菲律宾等建立了政府间矿业合作机制。与毛里求斯、英国签订了政府间劳务合作协议。使用政府优惠出口买方信贷支持我国企业在有关国家承揽大型合作项目，实现互利共赢、共同发展。积极参与巴基斯坦地震灾后重建和南亚海啸受灾国重建工作。

5. 加强对境外机构及人员的安全监管工作

国务院办公厅转发了商务部等部门《关于加强境外中资企业、机构与人员安全保护工作的意见》。与有关部门联合下发了《关于加强境外中资企业安全生产监督管理工作的通知》，召开了"加强境外中资企业安全生产工作座谈会"。加强对外承包工程质量安全检查工作，会同建设部等部门赴有关国家进行实地检查。处理境外突发事件、境外劳务纠纷多起。

构筑公平贸易环境　维护产业合法权益

商务部进出口公平贸易局局长　王世春

2005年，进出口公平贸易局在商务部党组正确领导和有关各方的支持配合下，深入贯彻党的十六大和十六届三中、四中、五中全会精神，牢固树立和落实科学发展观，以构筑公平贸易环境为核心，以维护产业合法权益为己任，各方面工作取得新进展。

一、积极应对不利规则，维护出口贸易环境

2005年，针对我国的贸易摩擦加剧。全年共有18个国家/地区对我发起"两反两保"调查63起，涉案金额21亿美元。其中，反倾销51起，涉案金额17.9亿美元；特保案件7起，涉案金额2.2亿美元；保障措施5起，涉案金额0.9亿美元。此外，美国对我7种产品发起337调查，涉案金额约12亿美元。

从国别看，美洲国家对我特保调查及威胁剧增；欧盟对我反倾销调查仍居高不下而北美有所收敛，美欧在适用反倾销规则方面更趋严格；亚非拉发展中国家对我贸易救济调查频繁。从救济手段看，仍以反倾销调查为主，但337调查明显增多，特保调查于2005年下半年进入第二次频发期。从涉案产品看，主要集中于轻工、纺织、机电等我出口具有竞争力的产品。

（一）市场经济地位工作取得较大进展

通过多层次、多渠道做工作，2005年又有澳大利亚、韩国等共计13个国家承认我国市场经济地位。其中韩国是承认中国市场经济地位的国家中第一个与我国贸易额超过1 000亿美元的国家。截至目前，共有51个国家承认中国市场经济地位，加拿大推定中国所有行业为市场导向行业。对我国市场经济地位的承认，不仅标志着贸易伙伴对中国改革开放成果的认可，而且有助于中国企业摆脱在受到反倾销调查时的不公平环境。

（二）特保应对工作扎实开展

2005年下半年，我国接连遭遇7起特保调查。通过认真总结以往经验，商务部进行了全力应对。12月30日，美国总统布什宣布最终决定对中国钢管特保案不采取特保措施。此举系布什继椅座升降装置案、钢丝衣架案和刹车盘刹车毂案以来，连续第4次在针对中国产品的特保调查中作出不采取措施的最终决定。我应对美第6起特保案获得最终胜利。2005年我遭受的其余6起特保案均在紧张应对之中。

（三）反倾销大要案应诉指导成效显著

一是我国获得市场经济地位待遇的企业数量大幅度提高。2005年欧盟共给我国34家企业市场经济地位待遇，约占有史以来欧盟给予我国企业市场经济地位待遇总数量的50%，仅化纤布一案就有26家企业获得市场经济地位待遇。二是应诉结果普遍较好。2005年11月立案的美国盘条案（涉案金额3.04亿美元）以无损害结案。南非的5起反倾销裁决，4起未采取措施，另1起我国应诉企业获零税率。印尼面粉案，我国两家应诉企业1家获零税率，1家获较低税率。三是涉案企业应诉数量明显增加。在欧盟鞋类、印度丝绸等反倾销案中，数百家企业积极应诉，企业维权意识大大提高。

（四）反补贴和贸易壁垒案件应对得力

加拿大对我国发起的第3起反补贴调查即复合木地板调查，加方终裁裁定加权平均补贴量仅为3%。2005年3月份举办的"应对国外反补贴工作座谈会"进一步提升了我应对反补贴能力。我国应对3起反补贴案的胜诉，有效遏止了反补贴调查蔓延的势头。经过一年半的不懈努力，我国对日本紫菜进口管理措施发起的贸易壁垒调查取得完胜。2005年1.2亿张中国紫菜首次进入全球最大的紫菜消费市场日本。这为中国产品成功破垒、进入国际市场探索了一条新的路径。2005年美国对我国产品发起的7起337调查全部应诉。

二、主动运用规则，维护国内产业发展

（一）反倾销调查力度不断加大

2005年我国对7种进口产品发起反倾销调查；对7种进口产品采取临时反倾销措施，对6种进口产品采取最终反倾销措施。按照WTO统计方法，2005年我国共发起反倾销调查24起，采取最终反倾销措施17个，已成为世界上反倾销措施的主要使用国。根据WTO统计，2004年和2005年上半年，我国发起反倾销调查的数量分别居世界第2和第4位，采取反倾销措施的数量分别居世界第3和第2位。此外，审理完结2起反倾销日落复审案件，办理期中复审申请和退税申请各6起。

（二）运用反倾销措施对国内产业救济效果显著

反倾销措施运用后，切实维护了国内产业利益，恢复公平竞争秩序，促进了国内产业发展，提升了产业国际竞争力，并为地区产业结构调整和社会稳定作出贡献。有的产业扭亏为盈，为其进行技术升级、提高自主创新能力创造了条件。

（三）妥善处理上下游企业矛盾问题

由于我反倾销集中在化工、钢铁等原料型行业，反倾销措施对下游企业有一定影响，特别是与国际市场价格波动、供求变化交织，上下游产业矛盾日益显现，愈来愈多的下游企业、产业作为反倾销案件中的利害关系方，主动加入调查程序，案件的复杂性日益增强。我们在坚持依法调查、裁决的同时，从建立和谐社会、树立科学发展观出发，在调查中关注、研究产业发展和市场变化，召开上下游产业意见陈述会，协调上、下游企业之间的矛盾。

三、全面参与制定规则，构筑公平竞争平台

我们对美国在反倾销政策上对涉及非市场经济国家分别税率、进口原料计价方法、人工工资计算方法等方面的一系列修改提交了多份评论意见，利用多种渠道进行交涉，努力为我企业应诉美国反倾销争取有利的规则环境。举办了中美、中欧、中韩双边贸易救济合作交流会议。此外，我们还加紧与更多国家商建双边贸易救济合作机制。

我们积极参与了建立中智自由贸易区贸易救济条款的谈判，维护我国在区域贸易自由化中的利益。作为反倾销措施的主要使用国和受反倾销措施影响最重的国家，我们把握首次参与反倾销规则制定的契机，积极在新一轮规则谈判中发挥建设性作用。

四、大力搞好机制建设，狠抓调研培训宣传

经过几年的摸索实践，商务部（包括驻外经商机构）、地方主管部门、中介机构、有关企业的“四体联动”工作机制已逐步成为我们在应对贸易摩擦工作中行之有效的组织构架，并日趋理顺和完善。为更好地做到职责明确、分工协作、信息共享、快速应对，2005年修订出台了《关于商会组织应诉反倾销工作指导意见》，修订了《出口产品反倾销应诉规定》。

2005年公平贸易局分5批先后赴中部、西部、东北和东部进行综合调研，考察了湖北、湖南、江西、陕西、四川、新疆、黑龙江、吉林、辽宁、山东、浙江和宁波等11省1市的40多家企业，举办27场座谈会。2005年10月在柏林举行了“应对欧盟贸易救济措施专题工作会”，这是我部首次在境外召开研究应对贸易摩擦的专题工作会。驻欧盟使团经商参处及驻欧盟25个成员国经商参处的参赞参加会议。2005年公平贸易局组织召开各类与应对贸易摩擦有关的研讨会30余次，均起到了很好的培训宣传效果。

2005年公平贸易局在各类媒体发布新闻40多篇，接受采访和参加访谈类节目9次，在商务部网站作“司局长在线访谈”，回答网友提问90多条。这种手段多元化、互动式的宣传方式使商务部公平贸易工作更为社会各界、国内外企业所知晓，为应对贸易摩擦营造了有利的舆论环境。发布的《国别贸易投资环境报告2005》和《中国市场经济发展报告2005》引起社会各界广泛关注和好评。7月份邀请土耳其四大知名媒体记者访华，正面、客观报道了中国发展的巨大成就，对增进相互了解，缓解双边贸易摩擦发挥了积极作用。

小资料

存托凭证（DR）

存托凭证（Depository Receipt，DR）又称存股凭证、预托凭证、存券收据等，是指在一国证券市场流通的代表外国公司有价证券的可转让凭证，属公司融资业务范畴的金融衍生工具。存托凭证的当事人，在本地有证券发行公司、保管机构，在国外有存托银行、证券承销商及投资人。按其发行或交易地点之不同，存托凭证被冠以不同的名称，如美国存托凭证（American Depository Receipt，ADR）、欧洲存托凭证（European Depository Receipt，EDR）、全球存托凭证（Global Depository Receipts，GDR）等。

积极运用国际通行规则 努力开创维护产业安全工作新局面

商务部产业损害调查局局长　王琴华

2005年以来，在商务部部党组的正确领导下，产业损害调查局以“三个代表”重要思想和科学发展观统领各项工作，认真贯彻十六届四中、五中全会精神，紧紧围绕商务部的中心工作，以维护国内产业安全为中心，以运用国际通行规则为主线，结合保持共产党员先进性教育活动，顺利完成各项工作任务，工作取得实效。

一、依法运用贸易救济措施等国际通行规则，有效维护了国内产业合法利益

2005年，我国对进口产品共发起反倾销案件7起，复审案件4起，8起案件作出初步裁定，6起案件作出最终裁定，4起复审案件作出裁定，因申请人撤诉终止案件1起。截至2006年3月，我国共发起反倾销调查43起共涉及化工、轻工、纺织、钢铁、电子5大行业41种产品。其中化工产品涉案31起，占全部案件总数的72%，轻工产品涉案5起，钢铁产品涉案3起，纺织产品涉案3起，电子产品涉案1起。43起案件共涉及26个省市区的130多家企业，除贵州、安徽、海南、西藏和宁夏外，我国大陆所有省市均有反倾销案件涉案企业。截至2006年3月，我国共对33起反倾销案件作出终裁或终止调查。其中肯定性裁决案件27起，无损害裁决案件2起，倾销幅度可忽略不计终止调查案件1起，当事人撤诉终止调查案件3起，行政复议撤销反倾销措施1起，目前还有10起案件正在调查中。另外，我国还于2002年对部分进口钢铁产品实施了保障措施。

贸易救济措施效果跟踪工作搜集的数据和情况表明，反倾销措施的实施有力地维护了公平竞争市场秩序，遏制了国外产品大量低价进口的趋势，为产业恢复发展创造了良好的环境，受损害产业生产经营状况明显好转，产业结构调整和产业升级步伐加快，产业核心竞争力迅速提升。

2005产业损害调查与裁决工作的重点是：

1. 加快立案审查时间，依法加快裁决进度。与部内相关司局就加快反倾销立案达成一致，实现了“以程序审查为主”的立案指导思想。调查局严格按照外贸法、国务院条例和产业损害调查规则，本着切实维护国内产业利益的指导思想，加快办案。

2. 进一步提高调查与裁决的质量和规范化水平。通过深入研究WTO规则和其他世贸成员的法规，借鉴国际上一些典型案例的具体做法，不仅使裁决更加规范化，而且提高了裁决质量。进一步深化了对产业损害调查各项指标及因果关系的认识，对反规避、低税原则等重要问题进行了深入的研究。

3. 进一步提高产业损害调查透明度。起草了《产业损害调查信息查阅和信息披露规定》（立法建议稿）。通过商务部网站等多种信息渠道宣传我国提高透明度的具体措施。

4. 加强对上下游产业链的研究。针对近两年来下游企业对反倾销的更加关注，调查局特别注意引导产业链的健康发展，每一个案件都召开了上下游意见陈述会，对上下游利益问题进行了深入分析，为部领导和裁决委员会决策提供信息。

5. 2005年调查局正式启动“反倾销效果跟踪工作机制”，得到各省市商务主管部门和企业的积极配合。跟踪结果显示，反倾销措施的运用，有效遏制了进口产品低价倾销行为，维护了国内产业利益，促进了产业结构调整和产业升级。

二、指导重点产业后过渡期应对工作初见成效，行业组织工作丰富多样

调查局始终按照部领导关于把调查局建设成为“商务部和产业联系的窗口”指示要求，重视产业联系和行业指导工作，2005年重点指导各行业开展了后过渡期应对工作，召开了商务部第二次全国重点行业维护产业安全工作会议，对各重点产业开展应对工作进行了全面部署，来自50余家行业组织、企业、律师事务所、研究机构、国务院有关部门的100多名代表参加了会议。会后，以商务部办公厅名义下发了《关于做好重点行业进入“后过渡期”应对方案制定工作的通知》。《通知》下发后，轻工、石化、纺织、建材等十几个重点行业及时提交了应对方案。我们已将有关材料整理后上报国务院WTO工作小组办公室。

2005年，各行业组织在制定行业应对方案基础上，结合本行业特点和在后过渡期面临的主要问题做了大量富有成效的工作。

——中国工业经济联合会成立了国际贸易争端协调委员会，并组织了首届“国际贸易争端形势分析会”，为政府、行业、企业和专家提供探讨贸易争端问题的平台，帮助行业协会和企业提高应对国际贸易争端的能力，受到了行业协会和企业的广泛欢迎。

——石化产品是目前我国反倾销案件的主要涉案产品。中国石油和化学工业协会特别善于运用国际通行规则，重视指导企业充分运用反倾销等法律武器，在保护国内产业合法权益方面成果显著。

——中国纺织工业协会制定了中国纺织企业社会责任管理体系（CSC9000T），这是我国第一个关于企业社会责任标准。纺织工业协会还和商务部、纺织商会一起，联合应对欧美对我纺织品设限问题，提出大量有针对性的对策建议。

——中国机械工业联合会针对外资并购威胁产业安全这一突出问题，积极为民族产业呼吁。通过广泛调查研究，搜集了大量资料，并通过各种途径呼吁各主管部门提起重视，有效应对。已经引起了两会代表和社会各界的高度关注。

——中国有色金属工业协会会同商务部、五矿商会组织国内骨干电解铝企业建立了氧化铝进口统一谈判和协调机制。一方面组织行业自律，联合限产，一方面协调进口价格，统一对外谈判，目前已初见成效。

三、产业损害预警工作机制进一步完善

我国产业损害预警机制建设自2004年起已经连续两年被列入国务院工作要点。经过几年的努力，现已初步建成国家、地方、行业和重点企业“四位一体”的工作体系，覆盖重点敏感商品456个大类、2 733个税号，监测范围占到全国进出口总额的70%左右，建成了一套具有中国特色的产业损害预警指标以及预警模型体系。

2005年4月，调查局向各地方商务主管部门和各重点行业组织印发了《商务部关于进一步加强产业损害预警工作的指导意见》。该《意见》对规范全国各地、各行业开展产业损害预警工作发挥了重要的推动作用。

2005年调查局共编制了20期《产业损害预警报告》，为国务院和有关部门决策提供了有力的依据。其中，预警报告中反映的数控机床进口猛增、磷肥产业分销和补贴问题等都引起国务院领导的高度重视。在产业链分析和国际化工发展状况跟踪等方面也取得突破，进一步提高了预警分析的深度和针对性。

产业损害预警的数据基础不断巩固，预警信息服务功能进一步增强。一方面不断拓展数据源，形成统计局、海关、行业协会等外部数据来源，以及系统监测企业和有形市场等内部数据来源相结合的数据源，补充和完善了产业损害预警系统的基础数据库，另一方面利用网络平台更好地发挥产业损害预警机制的服务作用。通过中国贸易救济信息网等载体，及时向社会公众发布产业损害预警信息和产业国际竞争力动态以及汽车、磷肥、电子信息等产业国际竞争力报告，为行业和企业参与国际市场竞争提供信息服务。

行业和地方产业损害预警体系建设也进一步完善。2005年新启动了纺织、电子信息产品等重点行业产业损害预警机制。已有二十几个省市商务主管部门完善了本地产业损害预警机制建设方案。跨省市区域性重点产业损害预警机制建设取得初步进展，长三角地区化工、纺织产业损害预警机制和南方“五省一市”热带水果产业损害预警机制也已启动。中国石化等大型企业集团的企业级产业损害预警机制进入试运行阶段。

四、起草产业竞争力调查规则，对重点产业国际竞争力开展评价

根据《中华人民共和国对外贸易法》和2005年商务部立法计划，调查局完成了《产业竞争力调查规则》起草工作。对汽车、磷肥、电子信息产品的国际竞争力开展了调查与评价，通过建立一套符合中国国情的科学的评价指标体系、组织专家和企业参与、开展对标分析等方式，作出了产业竞争力评价报告。评价结果获得了产业界的广泛认可。产业竞争力调查与评价已经成为调查局的一项重要工作并初步发挥作用。

五、积极参与世贸组织规则谈判、通报审议和争端解决工作

调查局专门成立了规则谈判研究小组，认真研究有关多哈回合谈判内容，谈判前做好预案，研究具体谈判口径。借助部外力量对多哈规则谈判内容进行系统整理，并形成专题研究报告。与商务部内有关司局密切配合，较好完成通报审议工作。积极参与中国作为贸易救济案件争端解决第三方的工作，就案件涉及产业损害调查方面提出中方意见。

调查局负责OECD钢铁补贴协定谈判，2005年进行了与印度、欧盟的双边磋商研讨活动，经部领导批准，与欧盟建立“钢铁贸易政策对话”机制。2005年10月，OECD钢铁补贴协定谈判宣告结束，我方在国务院批准的原则基础上，成功达到了谈判既定目标，维护了国家利益。

六、深入开展法律与理论研究、培训和宣传工作

为推动产业损害调查和维护产业安全工作迈上新台阶，2005年完成了6个围绕运用国际通行规则的基础性课题研究项目，为进一步做好维护产业安全工作提供了理论和政策支持。

继续开展培训工作，2005年7月和8月，调查局和人事司共同组织了两期产业损害调查和维护产业安全培训班。来自各地主管部门的近100多位产业损害调查与维护产业安全工作负责人参加了培训。圆满完成了高虎城副部长提出的“用两年左右时间对地方工作人员轮训一遍”的指示。

七、把“中国贸易救济信息网”建成中国贸易救济措施领域的权威信息平台

按照高虎城副部长提出的“办成真正精品网站”的要求，2005年以来，加强了中国贸易救济信息网案件数据库建设和信息更新。2005年共上载各类信息240多万字，其中翻译字数近80万字，占上载资料总量的1/3。其中，案件数据查询系统可以方便地查到主要国家与我国之间的贸易救济案件信息。

协助信息化司实现了41家行业协会网站与商务部主网站的链接，有利于促进商务系统与国内各产业的信息交流和共享，促进贸易和产业的紧密结合。

八、加强调研，及时掌握重点产业发展动态

根据部领导关于加强调研的指示精神，产业损害调查局围绕中心工作，进行了大量调研。高虎城副部长亲自带队，会同信息产业部到深圳、上海对我国电子信息产业安全现状进行调研。牵头组织商务部OECD钢铁谈判小组成员赴攀钢对我国钢铁产业状况进行了专题培训和调研。另外对锦纶、随机动态存储器等行业进行了专题调研，及时掌握行业信息。

九、认真开展保持共产党员先进性教育活动，务求取得实效

按照商务部的统一部署，调查局领导班子高度重视保持共产党员先进性教育活动。调查局始终坚持“务求取得实效”的核心指导思想，全体党员一手抓业务工作不放松，一手抓先进性教育活动有实效。取得了预期效果，形成了4个重要文件：《产业损害调查局共产党员保持先进性的具体要求》、《产业损害调查局关于加强局领导班子建设的意见》、《产业损害调查局关于保持共产党员先进性教育活动整改工作的实施意见》和《产业损害调查局党支部关于保持共产党员先进性长效机制的意见》。

2005年商务信息化发展概况

商务部信息化司司长　王新培

2005年，商务领域信息化建设突出了“务实、应用、服务”，已经成为为商务工作服务的一个特色和亮点。全国商务系统的电子政务平台不断完善，为科学决策和提高效率作出了贡献；以政府网站为核心的公共商务信息服务体系已经形成，成效卓著，为社会公众、企业开辟了新的信息服务通道；电子商务应用深入发展，为企业提高竞争力和促进流通现代化注入了新的活力。

一、初步建成统一电子政务平台，为科学决策发挥了积极作用

商务部加强了电子政务的统筹规划，逐步形成了建设有规划、立项有规定、应用成体系的电子政务应用框架。重复建设和重建设轻使用的现象初步扭转。商务部统一电子政务平台已经整合为六大电子政务系统：一是全口径进出口监控预警系统，二是外商投资管理分析系统，三是走出去管理统计系统，四是国内贸易和市场运行监测系统，五是商务信用体系信息系统，六是政务信息互送处理系统。六大系统有力地支持了商务部多项重要业务工作的数据分析工作，在利用全口径系统的数据模型进行纺织品出口监测，在对外谈判中及时分析准备了数据，有效地支持了谈判的进行，在与我驻外经商机构内部工作联系和信息共享方面发挥了重要作用。

二、公共商务信息服务体系基本形成，政府网站建设成效显著

商务部在政府网站的建设宗旨上坚持政务公开和服务社会两大目标，努力把网站建成新闻发布的窗口、政务公开的平台、官民互动的桥梁和公共服务的门户。2005 年商务部政府网站月均访问量超过 2.4 亿次（日均 800 万次）。网站的全球访问量排名持续上升：2004 年底排名 1 058 位，2005 年 8 月 13 日进入全球网站 500 强行列，11 月底排名 413 位，在国务院信息化领导小组办公室举办的政府网站综合评比中，商务部网站连续三年蝉联第一，并获得“2005 年度中国优秀政府门户网站”和“2005 年中国信息化建设项目成就奖”。网站在新闻发布方面，通过新闻发布栏目全年发布重大新闻 564 件。在政务公开方面，网站实行“单位组网、网站组栏”的内容组织模式，部机关各单位、驻各省、境外经商机构都建立了自己的子站点，成为政务信息发布的重要平台。目前网站每天信息更新量超过 1 万条。互动是政府网站的一大特色，为了解群众要求、意见和愿望，商务部网站开辟了公众留言栏目，截至目前，公众已提出各类意见 11 万条，其中有表扬、批评、建议、咨询等。对这些留言，都有专人负责，在五个工作日内提供回复意见，能够解答的问题当天就予以回复。2005 年部机关先后有 20 多位司局长参加网站的全年 20 期“司局长访谈”栏目，向社会公众宣传介绍商务系统各项方针政策和重点工作，在线回答公众提出的问题 4 370 多个。例如围绕公众关注的热点问题，及时组织了《纺织品出口临时管理办法（暂行）》的商务部有关单位负责人专题访谈，有效地引导了舆论，对于防止混淆视听起到了很好的作用。在服务社会方面，商务部网站建立了中国外贸指南、中国投资指南、中国合作指南、国内市场指南、贸易救济指南、世贸咨询指南等六大业务指南构成的公共商务信息服务体系。这些指南内容丰富，涵盖国内外市场信息、法律法规信息、商品商情信息、贸易投资合作信息，深受企业的欢迎。政府网站坚持面向基层和地方服务，开通了地方商务之窗栏目，各省商务主管部门自主发布本地的商务动态、商务环境和投资信息，成为地方信息化工作的有力抓手。

三、电子商务应用进一步发展，信息领域的国际合作与交流初见成效

为促进电子商务发展，搞好电子商务的环境建设，商务部充分发动社会力量加强电子商务的理论研究，组织了包括北京大学、中国社科院等高校及科研机构共同编写了我国第一部政府发布的《中国电子商务报告》（白皮书），与教育部共同推动了 12 所高校开展电子商务案例研究，与国家统计局联合立项，启动了我国第一个电子商务统计标准项目。积极推动广交会的电子商务，力求把广交会建成有电子商务特色的交易会。为开辟国际合作与交流的新渠道，商务部积极建设中俄、中新（加坡）、上海合作组织等中外合作网站，合作网站的开通是利用信息化技术推动多双边合作，特别是为中小企业合作开辟了新途径。中俄经贸合作网站自 2004 年 9 月开通一年来，累计发布信息近 8 000条，累计上网查询各类资料达 200 万人次，日均达到 2 万人次。商务部还积极参与了亚欧电子商务会议、联合国电子商务工作组会议、联合国贸易法律会议电子商务工作组议题、APEC 电子商务工作组等多边电子商务合作机制。与 12 个国家在双边联委会机制下建立了电子商务交流与合作。

四、办公自动化取得新进展，网络信息安全体系平稳运行

通过建设商务部电子政务公文传输系统，使商务部与各地商务主管部门之间的公文传输时间从平均 15 天送达提高到当时即可送达，上报文件和信息全部实现电子化，大大提高了全国商务系统的工作效率。启用电报智能管理信息系统，提高了对电报分送的时效性。通过开发应用督办系统、值班系统和会议管理系统，实现了政务值班系统报送汇总工作的网络化、电子化。近些年来，商务系统网络安全工作经受了重大考验，网络安全意识加强。2005 年在多起破坏性病毒攻击等重大应急事件中，商务部网络系统及时制订应急预案，技术人员重点攻关，有力保障了商务系统网络安全平稳运行。

2005年海关工作概述

海关总署办公厅主任　刘广平

2005年是海关工作经历考验的一年，也是取得突出成绩的一年。全国海关认真贯彻落实党中央、国务院的一系列指示精神，提出并实施综合治税大格局，深化改革，整合创新，把关服务能力进一步增强，现代化管理水平进一步提高，干部队伍整体素质进一步提升，各项工作任务圆满完成，海关改革和建设继续保持良好的发展势头。

一、正确履行把关服务职能，圆满完成海关各项工作任务

（一）综合治税大格局初步建立，海关税收任务超额完成

2005年，全国海关齐心协力，克服困难，积极开展综合治税联合专项行动，超额完成了年度税收计划，海关年税收突破5 000亿元大关，得到了中央领导的充分肯定。全年海关税收净入库5 278.36亿元，比上年多收534.3亿元，增长11.26%，比5 207亿元的年度税收计划多收71.36亿元。其中，征收关税1 066.64亿元，进口环节税4 211.72亿元；通过归类、审价、加贸监管、后续稽查、执法监察、督察内审等各种渠道补税入库235.88亿元。

（二）打击走私职能进一步加强，反走私斗争成效明显

2005年，全国海关始终保持打私高压态势，发挥打击走私职能作用，开展反走私综合治理，坚持以打促税。全年共查获各类走私案件9 267起，案值98.5亿元，其中走私犯罪嫌疑案件1 090起，案值85亿元，对2 769名走私犯罪嫌疑人依法采取了强制措施，向检察机关移送起诉748人。查获违规案件27 434起。查获各类毒品467.9公斤、易制毒化学品4 051.3公斤，查获反动邪教等宣传品537.3万件。

（三）通关监管改革稳步推进，实际监管能力和通关效率进一步提高

通关监管新机制初步建立，海关通关监管职能进一步整合优化，区域通关改革开始起步，泛珠三角地区海关合作取得初步成效，航空口岸旅客申报制度改革顺利推进，电子通关、选择查验、卡口管理等改革试点取得进展。全年海关共审核进出口报关单3 910.7万份，监管进出口货物21.2亿吨，进出口总值达14 221.2亿美元，分别增长12.9%、2.5%、23.2%，监管进出境快件8 646万件、进出境旅客行李物品3.1亿人次，分别增长24.5%、10.6%。

（四）海关统计预警监测和统计监督作用明显增强，统计基础工作更加扎实

进出口预警监测系统作为国家级研发课题取得突破，初步实现了对货物进出口全过程的实时监测、快速反应、科学预测和动态预警。全年有310篇次统计分析信息被中办、国办采用，中央领导批示21篇次，海关统计作为国家宏观经济形势分析的重要参考依据，得到了党中央、国务院和各级地方党政的高度重视。

此外，海关国际合作更加广泛和深入，国际地位不断提升。海关财务装备保障能力和保障水平得到进一步提升，部门预算、综合理财、国库集中支付、统一规范津贴补贴等多项财务改革措施稳步推进。后勤服务保障工作得到加强。物资集中采购供应工作取得新成绩。离退休干部工作得到加强。出版工作的社会效益和经济效益有了新提高。海关学会、口岸协会、报关协会、保税区出口加工区协会等社会团体工作取得新进展。

二、现代海关制度第二步发展战略稳步推进，海关各项改革和建设顺利实施

全面推进以建立健全风险管理机制为中心环节的现代海关制度第二步发展战略是中国海关一项战略任务。2005年，全国海关通过整合信息资源、科技资源、人力资源、财力资源，努力提高海关管理的科学化、集约化水平，形成了上下联动、整体推进良好局面。

（一）风险管理试点全面推进，海关后续管理得到加强

调查职能调整顺利实施，海关管理资源进一步优化，风险管理和后续管理得到加强。总署和直属海关两级风险管理职能机构组建完成并开始运作，19个海关的试点工作进展顺利，风险管理成效进一步显现。

（二）加工贸易和保税监管制度改革不断深化，推动加工贸易转型升级取得新进展

海关会同商务部成功召开了全国出口加工区工作会议，出口加工区等海关特殊监管区域和保税监管场所建设进一步发展，管理更加规范，特别是上海洋山保税港区正式启用，成为海关保税监管制度的新的应用典范。加工贸易联网监管进一步扩大，加工贸易产业准入机制开始建立。

（三）海关信息化建设成效明显，地方电子口岸建设取得突破性进展

海关会同其他11个电子口岸委成员单位成功召开了全国地方电子口岸建设现场会，统一了认识，理顺了体制，标志着电子口岸建设进入全面发展的新阶段。H2000系统双中心容灾备份成功运行，海关信息系统安全运行管理机制初步建立。政务信息化建设成果显著，海关政务办公系统（HB2004）在全国海关普遍推广，中国海关门户网站顺利开通。

三、以人为本，建设准军事化海关纪律部队成效显著

（一）红其拉甫海关受到国务院表彰

国务院授予红其拉甫海关“艰苦奋斗模范海关”荣誉称号，国务院领导出席了中宣部、人事部和海关总署在人民大会堂联合召开的表彰大会并作重要讲话，各海关单位大力开展“弘扬红其拉甫海关艰苦奋斗精神，做祖国忠诚卫士”主题教育活动，在海关系统和全社会产生了良好反响。

（二）保持共产党员先进性教育活动成效显著

根据中央统一部署，全国海关开展的以“居安思危、永不懈怠、把好国门”为主题的保持共产党员先进性教育活动取得预期效果，海关系统党员干部队伍素质全面提高。总署向直属海关单位派出15个巡视联络组，协助地方政府，有力推动了各直属海关单位的先进性教育。

（三）领导班子和干部队伍建设得到加强

领导班子建设取得新的成效，对46个司局和直属海关单位领导班子进行了调整补充，对14名直属海关单位缉私局长进行了转任或交流，对21名总署机关和直属海关处以上领导干部进行了上下交流，干部人事制度改革取得新的进展。总署特派办监督检查的职能作用得到有效发挥，得到了中央的充分肯定。

（四）惩治和预防腐败体系开始建立

《2004—2010海关系统建立健全教育、制度、监督并重的惩治和预防腐败体系指导方案》颁布实施，党风廉政建设责任制在各级海关领导班子和领导干部中进一步落实，基层单位党风廉政建设呈现良好态势。反腐败抓源头各项工作顺利推进，关务公开更加规范，反走私与反腐败相结合的工作机制进一步健全。

落实科学发展观　提高工作有效性 进一步加快质量监督检验检疫事业发展

国家质量监督检验检疫总局办公厅副主任　刘德平

2005年，在党中央、国务院的正确领导下，全国质检系统广大干部职工团结一致，坚持以“三个代表”重要思想为指导，认真贯彻落实科学发展观，以“依法行政、严格把关”为己任，以“服务经济、促进发展”为目标，全面履行综合管理和行政执法两大职能，经受了一系列考验，比较圆满地完成了各项任务，加快了质检事业的发展步伐，为国民经济和社会发展作出了应有贡献。突出表现在以下几个方面：

一、打好食品安全攻坚战

根据国务院的规定，质检部门从2005年1月1日起负责食品生产加工环节安全监管的职能。在开展普查、摸清底数的基础上，质检系统主要采取了五项措施。一是全面实行食品生产加工市场准入制度。已对28大类370种食品实施市场准入，占食品总数的70%（还有155种食品将在2006年全部实施）。获得市场准入的食品生产企业共52 713

家，清理无证生产企业有31 744家。二是以巡查、回访、监督抽查、执法检查等监管手段，加强对生产企业的监管，实现对食品安全问题的早发现、早控制和早处理。三是重点整治小作坊，采取集中整治、关停并转，联合经营、集中检验，帮扶引导、促进发展的措施，规范小作坊的生产经营秩序。四是开展食品安全专项整治。2005年全国共查处无证生产及违法生产食品案件6 000多件，端掉食品黑窝点327个，查处假冒伪劣货值金额4.1亿元。五是按照“统一管理、分类监督、重心下移、层级负责”的总体要求，建立了食品质量安全区域监管责任制，使食品安全监管工作目标明确、任务清楚、措施具体、责任到人。

针对一些国家的动植物疫病疫情，国家质检总局高度重视进口食品安全问题。一是严格市场准入。对出口国的兽医服务、残留监控、动物疫情等状况进行评估；商签双边检验检疫要求和卫生条件议定书，对进口企业实行注册登记和进口检疫审批。二是严格检验检疫。2005年共检出不合格进口食品2 474批（同比增长3.0%），对不合格进口食品实施严格退货、销毁、无害化等处理。三是实施重点监控。2005年质检部门对肉类、水产品和奶制品等实施了重点监控，共从美、韩、泰的产品中检出大肠杆菌0157、呋喃、镉等近100批，暂停了国外22个肉类生产企业对华出口。及时实施风险预警，严厉打击非法进口食品的行为，共对13个国家发布了食品进口禁令。

二、坚持从源头抓质量

质检部门不断完善产品质量监督抽查、名牌产品评价、免检和出口产品免验、原产地域保护等评价机制，提高了监管工作的透明度。实施“以质取胜”战略取得显著成效，全国开展质量兴市的市县达到900个，海南在全省开展了质量兴省活动，辽宁省也准备在全省开展质量振兴活动。2005年被评为中国名牌的925个产品，创造出11 229亿元产值，起到了明显示范效应；96大类产品、2500家企业的免检产品市场占有率大幅提升；地理标志即原产地域产品保护工作为服务“三农”作出重大贡献，受保护的450多个产品产值达300多亿元；实施缺陷汽车召回制度，有21家汽车制造厂家进行了32次主动召回，涉及车型36种，召回车辆34万多辆。认证认可工作不断开拓新领域，强制性产品认证制度稳步推进。建立企业质量档案的步伐进一步加快，已在江西、山东等省进行了试点。

三、促进对外贸易发展

质检总局采取了三管齐下的办法。一是进一步加强对出口机电产品和农产品的生产过程监管，加强出口产品的认证工作。通过大力推行检验检疫大通关，缩短通关时间，减轻企业负担，便利企业出口。二是严格进口商品的检验检疫。通过对进口敏感产品设置不同准入门槛、严格标准等措施，限制进口产品的品种和数量，保护国内重点、敏感产业，配合我国经济、外交大局。三是积极对外交涉，妥善解决贸易磨擦中有关检验检疫的问题，努力为出口企业创造好的环境和条件。2005年我国机电产品出口质量明显提高，玉米、水果出口增加；同时克服禽流感疫情的影响，保持冰鲜禽肉供港澳、熟制禽肉出口的较好势头。熟制食品对美国出口的商谈也已进入最后阶段，有望实现突破。

四、积极应对突发事件

在总结抗击非典等突发事件经验的基础上，质检部门形成和完善了一整套应急机制。2005年，苏丹红、甲醛啤酒、孔雀石绿、猪链球菌、PVC保鲜膜、雀巢奶粉碘超标、光明奶、输韩泡菜等突发事件一个接一个。质检部门根据已有预案，快速反应，措施有力，妥善应对，监管有效，经受住了考验。比如，国内媒体炒作的甲醛啤酒事件，引起日韩等国采取限制措施。质检总局及时检测并公布我国产啤酒中甲醛含量符合安全标准，促使日韩官方很快承认中国产啤酒是安全的。

需要特别提及的是防控禽流感，这是一项长期而艰巨的任务。在国务院和全国防控高致病性禽流感指挥部的指导下，质检总局作为监管检疫组的牵头单位，按照党中央、国务院领导的要求，与各有关部门一起，认真开展工作：一是认真配合有关部门对疫区的封锁，严防疫区的禽类及其产品运出封锁区；二是加强市场和加工企业的监督管理，严防不合格和病死家禽流入市场和加工环节；三是开展以农资和防控物资为重点内容的检查整顿活动，严防制假、售假、哄抬物价等扰乱市场秩序和造谣惑众等社会公共秩序的违法犯罪活动的发生；四是加强对禽类及其产品的检验检疫，严防检疫不合格禽类及其产品进入流通环节；五是停止疫区禽类及其产品的出口和加强非疫区出口产品的监管，严防疫情的传出；六是确保交通运输畅通，严防疫情通过运输工具等途径蔓延扩散。同时，各级质检机构落实扶持政策，免除出口禽类及其产品的检验检疫费用，利用技术、信息、人才优势，帮助企业出口。由于严格管理，我国1 000多家出口禽类养殖场、加工厂没有发生禽流感疫情，供应港澳的1万多批近2 500万只活禽全部检疫合格。

五、着力维护公共安全

除了狠抓食品安全，妥善处理各种食品安全突发事件，有效引导消费外，质检部门还着力抓好国门安全和特种设备安全两项工作。在维护国门安全方面，加强了疫病疫情、有毒有害物质和外来有害生物的监管，对严重威胁人民健康、环境保护的疫情严防死守。特别是加强了对外来有害生物的监测力度，扩大了监测范围；建立和完善不同层次的检验监管工作体系，坚决防止有毒有害物质进入境内，严密防控生物、化学和核辐射产品从口岸进入我国，认真做好口岸应对突发事件准备工作。2005年在出入境人员中共发现传染病9 000余例，其中艾滋病525例；截获有害生物18万多批次（比上年增长36%），有害生物2 684种，其中一类有害生物12种；截获有毒有害物质295批。

在加强特种设备安全监管方面，加快构建动态监管体系，安全监察组织网络基本形成，信息化网络建设取得新进展，监管到位率较大幅度提高，2005年特种设备安全形势总体平稳，特种设备事故率连续五年下降。通过与企业、检验机构签订安全责任状，进一步落实了企业安全主体责任和检验技术把关责任，同时通过目标考核，落实各级质监部门的监管责任。全国已配置安全监察人员7 517人，聘用安全监察协管人员6.8万人，29个省（区、市）初步建立特种设备数据库并与国家数据库互联，动态监管体系进一步健全；有27个省级质监局制定了特种设备事故应急救援预案，21个省级局开展了应急演练，提高了应对特种设备突发事件的能力。

六、构建技术贸易措施体系

质检总局充分发挥全国部际联席会议制度的统一协调作用，密切关注国外技术贸易壁垒新动向，研究对策，并指导企业改进生产工艺，提高产品质量，适应国外技术标准。采取符合WTO规则和国际通行惯例的设置门槛、提高标准、加严检测、预警通报、严格准入等手段，构筑我国技术措施体系。加强与国外质检领域的磋商与合作，建立沟通、交流机制，努力促进扩大出口。2005年，推动实现活羊出口科威特，共出口活羊7万多只；恢复猪肉出口蒙古、新加坡；促使日本放开第二批18家出口蔬菜企业；出口沙特、黎巴嫩、马来西亚、巴基斯坦牛羊的检疫问题得到解决。

七、加强信息化建设

2005年，纳入国家重要项目的“金质工程”进展较好。检验检疫大通关进展顺利，与港务、民航实现了信息互通、共享，与海关总署建立了更紧密的关检合作机制。整个质检主干网的建设初步成形，实现了大部分质检机构的联网，目前正加紧全网建设。办公自动化、质检部门的政府门户网建设和视频会议系统陆续开通。这些信息化手段大大提高了质检部门的办事效率，减轻了企业负担，仅报检报验的电子化即可为企业节约经费4亿元以上。

八、加强技术基础建设

现在全国质检系统共有国家级重点实验室188个，系统内国家产品质检中心总数达到128家；建立了首个“全国实验室资源数据库和食品检验检测资源数据库”，对社会免费开放，形成了资源信息共享平台。认真落实国务院发展循环经济和建设节约型社会部署的具体措施，加强标准、认证认可、计量等技术基础工作。发布并推行了一批涉及人身安全、环保、节能节水节材标准；开展了森林认证、节能节电节水认证、体育服务认证、能效标识认证，进一步适应经济发展对认证认可工作的新要求；建立了新一代量子计量基准，计量基、标准的国际比对和国内比对工作稳步推进；开展了重点耗能企业能源计量管理状况调查，组织制定了重点耗能行业能源计量器具配备和管理标准。

九、深化各项事业改革

一是深化监管模式改革。围绕提高监管效率，运用质量许可、质量认证等手段，实行监督检验、型式试验、备案和登记注册等新的监管方式，推进监管模式转变。二是推进实验室和技术机构改革。按照政事分开的原则，围绕搞活机制，增强活力，盘活资产，提高事业单位自身发展能力的目标，加快推行全员聘用制和岗位聘任制，加大内部分配制度改革力度。三是鼓励各科研机构在完成好执法把关任务的同时，面向市场，扩大技术服务，充分利用社会资源，增强自身实力。四是加快职能转变改革，坚决把不该由行政机关管的事交给协会和企事业单位。

十、加强干部队伍建设

按照中央的要求，扎实深入地开展了保持共产党员先进性教育活动，全系统党群干群关系进一步密切，各级党组织的凝聚力、战斗力进一步增强。各级质检部门建立和完善了执法过错责任追究等制度，把行风建设放在突出位置来抓，彻底治理乱收费、乱发牌匾、乱办班、乱评比、乱执法等行为，全系统共清理了8万多块牌匾，砍掉了500多个培训班。并认真落实质检系统行风建设“八严禁”，进一步树立质检“科学、公正、廉洁、高效”的行业形象，其中有7个直属局、分支局获得全国文明单位称号，13个直属局、分支局获得全国精神文明创建工作先进单位称号。

中国旅游业全面实现“十五”发展各项目标

国家旅游局政策法规司司长　张坚钟

2005年，在以胡锦涛同志为总书记的党中央、国务院正确领导下，旅游全行业认真贯彻邓小平理论、“三个代表”重要思想，以科学发展观为指导，讲政治、顾大局，迎难而上，开拓进取，我国旅游业继续保持了良好的发展势头，各项经济指标实现全面增长，“十五”发展各项目标得到全面实现。

据统计，2005年全年入境旅游人数达到1.2亿人次，入境过夜旅游人数达4 681万人次，同比分别增长约10%和12%，分别比“九五”末期增长44%和50%；国内旅游人数达到12.12亿人次，同比增长10%，比“九五”末期增长63%；出境旅游者达到3 103万人次，同比增长7.5%，比“九五”末期增长196%；全年国内旅游收入达5 286亿元人民币，国际旅游收入达到293亿美元，同比分别增长12%和13%，比“九五”末期分别增长66%和80%；全年旅游总收入达到7 656亿元人民币，同比增长12%，比“九五”末期增长69%。全面完成了“十五”确定的发展任务。

一、2005年中国旅游业发展主要业绩

1. 过去一年，全国旅游行业紧紧围绕发展这个中心，坚持服从和服务于国家政治、经济、文化、社会发展这个大局，努力拼搏，开拓进取，取得了新的成绩。在贯彻落实科学发展观、构建社会主义和谐社会进程中，把发展旅游与促进各地经济社会发展紧密结合，在促进产业结构调整、推动区域经济发展、增加就业、带动脱贫致富等方面取得了明显效果。积极推动红色旅游全面展开，把发展旅游与加强爱国主义和革命传统教育相结合。继续落实胡锦涛总书记对旅游援藏的重要批示精神，圆满完成了第三批导游援藏任务。在国家政治外交和对台港澳工作大局上，旅游业发挥了独特的作用。通过促进民间交流，加强了多边双边及地区合作；在贯彻落实胡锦涛总书记就两岸关系发展的“四点主张”中，积极配合中央重大决策，推动大陆居民赴台旅游进程，为祖国统一大业作出了应有的努力；进一步加强与香港、澳门的旅游合作，为港澳经济繁荣和发展发挥了积极的助推作用。

2. 过去一年，全国旅游行业在实践中创新、在创新中发展，许多方面有所深化、有所突破。推进红色旅游发展，进一步丰富了我国旅游产品，拓展了旅游业的社会、文化功能。开展诚信旅游活动和行风建设，标本兼治，使规范旅游市场秩序的工作得到深化和发展。遵循市场机制，加强“银旅合作”，多方面拓宽了旅游投融资渠道。在各级党委、政府的推动下，各地发挥优势、因地制宜，勇于创新，涌现出了一批新的旅游发展模式，使政府主导、市场运作、社会参与的旅游发展格局不断完善。各地旅游部门和旅游企业改革开放、发展创新意识不断增强，在产品开发、市场促销、体制改革、机制创新等方面，不断取得新成绩、新进步，旅游业繁荣发展的局面得到巩固。

3. 过去一年，全国旅游行业在着力加强产业体系建设、努力夯实产业发展基础方面迈出了新步伐。在产品体系和旅游目的地建设方面，红色旅游区、红色旅游精品线路、红色旅游经典景区建设取得新进展；全国新增41个优秀旅游城市、185个4A级旅游景区和233个工农业旅游示范点；旅游区域化合作加快，精品线路有新发展。在培育市场体系方面，适时调整了三大市场的指导方针，旅游企业的网络化、集团化、品牌化、国际化步伐进一步加快，旅游企业的改制稳步推进，外资和民资进入旅游业的数量继续增加，旅游投资更趋多元化。在法规和标准化体系建设方面，启动了《旅行社管理条例》、《导游人员管理条例》和《中国公民出国旅游管理办法》的修订工作，9个省区市新出台或修订了地方旅游管理法规，旅游标准化工作取得新进展。

4. 过去一年，中国旅游巩固和发展了包括韩国、日本在内的周边市场和东南亚市场，加强了对北美、欧洲远程市场的促销和开发。中国国际旅游交易会、中国国内旅游交易会取得圆满成功，中国国际旅游网上博览会影响不断扩大，北方旅游交易会、华南旅游交易会以及红色旅游博览会等区域性、专业性旅游促销作用更加明显。各地举办的以旅游促销为主题的各种旅游节庆活动，进一步与文化产业相结合，进一步增强了国际性、参与性和群众性，使我国旅游市场更加繁荣活跃。在国际旅游舞台上，我们积极发展与世界各国和国际组织间的交流。与亚洲各国深度合作，与欧美国家积极合作，在南美和南太平洋地区进一步增强了中国旅游业的影响。在与 WTO、PATA 等各类国际旅游专业机构继续合作的基础上，交往的主动性增强，合作的领域拓宽，国际影响力扩大。

5. 过去一年，全国旅游行业认真贯彻执行《行政许可法》，深入转变政府职能，努力提高依法行政、依法办事水平。我们更加注重科学决策、民主决策，更加注重调查研究，努力促进决策机制科学化。更加注重旅游从业人员素质建设和旅游部门能力建设。结合全国旅游业发展“十一五”规划制订，全行业加强了旅游基础性重要课题的调查研究，加快推进旅游卫星账户建设，注重发挥专家学者的力量，运用各类社会智力资源，推动旅游发展。

二、2005 年中国旅游业十大事件

（一）三大旅游市场全面发展，我国旅游业再上新台阶

2005 年我国旅游业继续保持了持续、快速、协调发展的良好势头。入境旅游市场增势强劲，到 11 月底入境旅游主要指标均已超过上年全年；出境市场蓬勃发展，公民出境人数全年超过 3 000 万人次；国内旅游生机勃勃，城乡居民出游人数和旅游花费均比上年增长一成以上。

（二）抓住重点问题深入开展调研，“十一五”规划思路进一步明晰

围绕建设世界旅游强国、完善我国旅游产业体系和拓宽旅游业国际空间这三大目标，从落实先进性教育的整改措施入手，国家旅游局组织开展了全面深入的调查研究，12 个重大课题获得突破性成果，为编制中国旅游业发展“十一五”规划奠定了坚实基础。

（三）全国发展红色旅游工作会议召开，全国红色旅游协调小组成立

为贯彻落实《2004—2010 年全国红色旅游发展规划纲要》，充分发挥红色旅游在政治、经济、文化建设中的重要作用，2 月 21 日—22 日，根据党中央领导同志的指示要求，经国务院批准，国家发改委、中央宣传部和国家旅游局在北京召开了全国发展红色旅游工作会议；4 月，由 14 个党政部门组成的全国红色旅游工作协调小组成立，办公室设在国家旅游局。

（四）工农业旅游向广度和深度进军，全国新增 233 个工农业旅游示范点

各地发展工农业旅游的热情进一步高涨。经国家旅游局统一组织检查，233 个经过自检及省级初审的申报单位顺利通过验收。12 月 22 日，国家旅游局命名四川广安牌坊新村等 156 家单位为全国农业旅游示范点，海信集团等 77 家单位为全国工业旅游示范点。发展工农业旅游，已成为促进经济结构调整、加快三大产业渗透融合、建设社会主义新农村的新动力。

（五）全行业开展诚信旅游活动，一批诚信旅游企业诞生

从 9 月起，国家旅游局在旅游行业组织开展了“诚信旅游活动”，受到了各地的高度重视和积极响应。到年底，北京市推出了首批 24 家诚信旅行社，青岛推出了 16 家最佳诚信旅行社和 19 家诚信旅行社。倡导诚信守法经营，引导游客明白消费、创新市场管理机制、规范旅游市场秩序，已成为旅游全行业的广泛共识。

（六）贯彻落实科学发展观，大力推进资源节约型、环境友好型行业建设

各地积极采取措施，广泛开展了包括创建绿色饭店、节约型饭店以及绿色景区等活动，推行符合可持续发展要求的产品标准、服务标准和管理标准，大力推进资源节约型、环境友好型行业建设。可持续发展已成为旅游规划的基本原则、行业管理的重要目标和旅游者广泛参与的共同行动。

（七）旅游卫星账户工作获突破，旅游统计两部门携手攻难关

2005 年，国家旅游局和国家统计局紧密合作，进一步完善了“江苏旅游卫星账户”的试点工作经验。12 月 6 日，两部门主要领导会晤，达成以下共识：（1）建立由两局局长任召集人的联席会议制度，研究旅游统计工作中的难点问题和开拓性问题。（2）在研究建立旅游卫星账户方面，2006 年要集中力量，把工作重点放在建立国家级旅游卫星账户上；地方旅游卫星账户的编制，按照自愿的原则，在有条件的省区市积极推广江苏的试点经验。（3）争取 2006 年底以前，把“2004 年国家级旅游卫星账户”的初步结果核算出来；2007 年底以前，建立起国家级旅游卫星账户。

（八）旅游业对外开放不断扩大，中国公民出国旅游目的地增至 117 个

全年新开辟的中国公民出国旅游目的地达 46 个，使经国务院批准的中国公民出国旅游目的地国家和地区总数达到了 117 个。中国公民出国旅游目的地的开放工作，已成为我国对外工作的一个重要内容，成为中国人民走向世界、加深与世界各国人民友谊的桥梁。

（九）大陆赴台旅游考察团成行，两岸旅游合作互动加强

10 月 28 日至 11 月 5 日，中国旅游协会会长邵琪伟率大陆旅游行业考察团前往台湾进行考察，受到了台湾旅游

业界的高度重视和热烈欢迎。此行为扩大两岸民间交往、推动大陆居民赴台旅游早日实现奠定了基础。

（十）各地政府更加重视旅游工作，旅游业发展环境进一步优化

随着科学发展观的深入贯彻落实，各级政府对发展旅游业更加重视和支持。四川省委、省政府于9月在甘孜州召开了第三届全省旅游发展大会，12月又在攀枝花市召开了首届冬季旅游发展大会。青海、重庆、河北、河南、江苏、浙江等省、市也相继召开全省、市旅游业发展大会。云南、山东、辽宁、黑龙江等省人大还审议通过了《旅游管理条例》。各地对旅游业的认识进一步提高，政策扶持力度不断加大，旅游业的发展环境进一步优化。

发挥开发性金融作用　支持经济社会又快又好发展

国家开发银行政策研究室主任　陈　民

国家开发银行坚持以科学发展观统领开发性金融的实践，认真贯彻中央的方针政策，切实承担国家赋予的宏观调控职责，用融资推进市场建设、制度建设和信用建设，促进经济结构调整，加大对瓶颈领域的支持力度，在我国经济社会发展中发挥了重要作用，同时取得并保持了国际先进水平的市场业绩。

截至2005年末，开发银行资产总额达18 979亿元人民币；贷款余额17 318亿元人民币，比上年增长22.9%。不良贷款率为0.87%，不良率和不良额再次实现“双降”。实现净利润228亿元人民币，较去年增长31%，再创历史新高。资本充足率继续保持较高水平，达9.15%，贷款减值准备对不良贷款比率为177%。

开发银行的经营业绩得到国际审计机构和评级机构的认可。普华永道对开发银行连续5年出具无保留意见的审计报告。穆迪、标普、惠誉等国际评级机构对开发银行评级都为主权级信用。2005年，标普将开发银行长期评级从BBB+上调至A-，评级展望上调为正面；惠誉国际也将开发银行评级上调至A。

一、积极发挥建设市场的作用

尽管中国经济飞速增长，但市场体制依旧不成熟，某些经济领域甚至还未建立起成形的市场结构，建立规范有序的市场体系还需做大量的工作。开发性金融的市场建设是解决经济社会发展瓶颈和矛盾的有效手段，开行在市场建设和制度建设中发挥了长期、重要和独特的先锋作用。

主要做法是：一是发挥各自优势，共同致力于市场建设。将政府的财力、协调能力、立法能力、思想教育能力等优势，同开行的集中大额长期融资优势结合起来，形成银政共同推动市场建设和发展的新局面。二是市场化运作。通过银政合作，以大额政策性贷款承诺和地方政府的组织增信，共同构建市场化的信用平台和融资平台，连接政府、银行与企业，推进治理结构、法人、现金流和信用建设，共同孵化企业信用和市场信用，培育不同的市场主体，从根本上建立市场经济的运行基础。三是共同防范风险。通过建立有效的风险分担和运行机制，以及规范透明、监管严格、协调有效的决策机制，加强审计和风险控制，逐步提高市场化平台的信用能力和融资能力，从而建设健康的企业、财政和金融，实现宏观经济健康运行。截至2005年底，开发性金融合作在全国省、地、县的覆盖率分别达到94%、90%和46%。

二、缓解“两基一支”和社会瓶颈领域融资压力

大力支持国家重点项目建设。开行贷款主要集中在电力、公路、铁路、石油石化、煤炭、邮电通讯和公共基础设施等重点行业。支持了南水北调、国家石油储备、辽宁棚户区改造等一大批经济社会重点和热点项目建设。积极支持区域协调发展。截至2005年底，对西部地区的贷款余额达4 108.6亿元，对振兴东北老工业地区的专项资金支持余额达1 585.3亿元，投入到这两个地区的贷款余额占比达33.5%。

加大对社会瓶颈领域的支持。开行通过对农业、中小企业、教育和环境保护等领域的投入，加大对社会瓶颈领域的支持。全年发放贷款323亿元，累计支持中小企业、个

体工商户和农户12 413个，创造就业岗位33.9万个。与世界银行和德国复兴信贷银行合作，探索商业可持续的微小企业贷款模式，并发放了首笔微小企业贷款，这是实现融资机会人人平等的有效方式。在河南、山西、青海等地发放助学贷款7.18亿元，支持了15.7万名贫困大学生。发放应急贷款9.59亿元，有效应对了禽流感、吉化爆炸、九江地震等突发事件。稳步推进高科技创业、小城镇建设、红色旅游、农村卫生医疗、农业产业化、社保、经济适用房和廉租房、物流以及国企改组改造等业务。

三、推进金融合作，发挥开发性金融引领作用

2005年，我行共发行人民币金融债券3 650亿元，在国际市场发行了10亿美元全球债，发行境内美元债11.3亿美元，引导社会资金投向国家重点建设领域。此外，还发行次级债200亿元，进一步提高资本充足率和核心竞争力。通过银团贷款、管理资产和资产证券化等方式，成功带动商业银行共同参与信贷项目。这不仅能够有效地化解信贷风险，实现信贷市场与资本市场的对接，而且为商业银行创造了有利的信贷业务机会，满足国家重点项目和重点行业的资金需求，实现了开发性金融引导社会资金的目的。2005年12月，成功发行国内首单信贷资产支持证券（ABS）41.77亿元，这是我行对建设中国完善的金融市场的又一贡献。

开发银行积极发展管理资金业务，把商业银行的资金以及非银行的邮储、保险、社保，包括外资在内的资金都动员起来，以充分满足各地经济社会发展的融资需求。推出了CDO、CDS等新产品，成功开展第一单银行间人民币掉期交易，取得短期融资券承销资格。在北京、上海、广州、深圳等地搭建资金平台，推介项目近700亿元，得到了市场的普遍认可。除此之外，为化解地方金融风险，保障国家金融安全，我行还以合作方式促进中小金融机构完善治理结构、扩展业务领域以及重组工作。

四、积极推动国际合作业务

随着经济全球化向纵深发展，国内一些大型企业逐步走向海外，显示出中国经济所具有的巨大潜力。我行积极支持中石油、中石化、中化、中冶、五矿等企业进行海外石油和矿产资源投资开发，极大促进了中国企业的“走出去”进程和当地国家的经济发展。截至2005年末，我行国际合作业务贷款余额79.5亿美元。为进一步促进上海合作组织成员国家之间的经济与投资合作，在我行倡议与推动下，推动成立了上海合作组织银行间联合体，我行行长陈元先生被推举为银联体首届理事会主席。并分别向俄罗斯、哈萨克斯坦、吉尔吉斯斯坦、乌兹别克斯坦、塔吉克斯坦和委内瑞拉派驻了工作组。积极推动一些重大的能源、原材料项目和配套基础设施项目的开发，融资需求达390亿美元。

五、支持高新技术产业，促进自主创新

开发银行主动联合科技主管部门，充分发挥开发性金融的融资优势和政府的组织优势，加快建立高新技术产业融资新机制，促进科技创新和产业化。与科技部等单位共同推出了“科技型中小企业成长路线图计划”，旨在营造有利于我国科技型中小企业不同成长阶段发展环境，寻求社会化解决方案，从而实行科技与金融、科技与资本市场的结合，在全国科技系统建立“政府入口、开发性金融孵化、市场出口”的开发性投融资体制和信用体系；搭建清华大学和深圳清华研究所两个高科技创业贷款平台，在北京、上海、西安、重庆等地区开展科技型中小企业“打包贷款、统借统还”试点工作，累计发放贷款17亿元，支持了218家科技型中小企业；为多个国家级高新技术产业开发区提供基础设施贷款100多亿元，承销8亿元高新技术开发区债券，间接支持了高新技术产业的发展；支持了华为、奇瑞汽车、大唐电信等一批具有自主知识产权的企业，改变了我国一些领域的关键技术一直为国外控制的局面。

六、强化风险管理，提升内部管理能力

2005年，我行强化了风险管理委员会的职能，在确定全行风险管理战略和目标的基础上，对影响我行的内外部潜在风险事件进行定期跟踪和持续评估，指导完善风险管理政策。为积极准备实施《巴塞尔新资本协议》，全面开展内部评级体系的建设，进一步完善了评级打分卡系统，还开始尝试建立评级模型，通过在行业、地区、产品和客户的维度上进行经济资本配置，进一步完善经济资本的应用。

全面强化稽核监督，日常监督和营业费用逐笔稽核覆盖面100%。开展知识产权保护工作，为创新业务提供法律支持。制定人才强行战略，加强机构和队伍建设，加强行内外专家人才库建设，引进海归人才。投入大量资源提升信息技术构架，以便为满足更高的银行管理要求提供更好的支持。

2006年是国家“十一五”规划开局之年，开发银行将深入贯彻科学发展观，紧密结合国家“十一五”规划的实施，深入贯彻科学发展观，紧紧围绕“两基一支”、社会瓶颈、国际合作和金融合作四大领域，继续致力于推动市场建设，大力支持社会主义新农村建设、自主创新、节约环保等领域，发挥融资发动机的作用，支持经济社会又快又好地发展。

同心求发展　携手创繁荣
——2005年中国银行支持我国对外经济贸易发展概况

中国银行

2005年，中国银行全面贯彻落实科学发展观，坚持以质量、效益为中心，各项工作取得了新进展。中国银行资产质量不断改善，国际评级稳中有升，连续16年进入世界500强企业之列，并多次被《欧洲货币》、《财资》等国际权威媒体评选为“中国最佳银行”、“中国地区最佳贸易融资银行”，彰显出中国银行在国际银行界的地位和声誉。

2005年也是我国对外经济贸易继续保持高速增长的一年，1月—12月全国实现进出口总值14 221.2亿美元，较上年同比增长23.2%，其中出口贸易额达到7 620亿美元，增长28.4%；进口贸易额达到6 601.2亿美元，增长17.6%，对外贸易的持续快速发展已经成为我国经济增长的强劲动力。在此过程中，中国银行一如既往地依托自身在国际结算及贸易融资领域的优势，为对外贸易的快速发展提供了全方位的金融支持，发挥着支持我国外经贸发展的主渠道作用。中国银行对于我国对外经济贸易的支持作用主要体现在三个方面：一是战略上高度重视，把与对外贸易发展关系最为密切的国际结算和贸易融资业务作为我行具有战略意义的业务之一；二是授信上积极支持，继续为各类优质企业提供了充分的授信支持，其中不乏中国进出口500强企业；三是产品和服务日益丰富，通过日益丰富的国际结算和贸易融资产品以及全面的贸易服务解决方案服务各类外经贸企业，以不断提升的服务水平和服务质量协助中国企业走向世界。这三个方面的支持形成了一个相辅相成的有机整体，为促进我国对外经济贸易的发展作出了积极的贡献。

一、中国银行把大力发展国际结算和贸易融资业务作为重要的发展战略之一，为更好地服务于我国的外经贸事业奠定了基础

2005年，经过对自身特点和内外部经济环境等诸多因素进行认真研究和分析之后，中国银行逐步形成了未来一段时间的整体发展战略。在中国银行的整体发展战略中，国际结算和贸易融资业务被确定为具有战略意义的重要业务之一，并且提出了在上述领域保持品牌优势和市场领导者地位的战略目标。中国银行之所以作出这样的战略选择，一方面是充分认识到了中国对外经济贸易的快速发展将为银行自身的发展带来无限机遇，另一方面也表明中国银行愿意为我国对外经济贸易的发展作出更大的贡献。

中国银行对国际结算和贸易融资业务给予高度重视的一个表现就是在2005年对该业务的经营管理架构进行了彻底改革，即在总分行均成立了全新的国际结算部，建立了专业化的产品营销体系、业务管理体系和业务操作体系。通过这样一个独特的组织设置，能够充分发挥中国银行在国际结算业务的优势，为中国的对外经济贸易发展提供全面的服务。

二、在坚持“质量和效益”的前提下积极稳妥地为优质客户提供授信和资金支持

2005年，中国银行面临着复杂的外部环境和强大的内部压力。外部面临宏观调控、同业竞争加剧等问题，内部面临重组上市对于发展速度和资产质量的严格要求带来的强大压力。在这种情况下，中国银行仍然积极进取，一方面继续为一些优质客户提供积极的授信和资金支持，另一方面积极采取变通做法，通过丰富多样的短期融资产品支持中国企业，特别是中小企业的贸易发展，继续发挥了支持我国外经贸事业发展的主渠道作用。

1. 积极调整授信结构，向重点行业和优质客户倾斜

2005年，中国银行公司业务面临结构调整的重大转变，授信和资金的投向逐步向重点地区和重点客户转移。如何在这种转变中继续发挥中行在国际结算和外汇业务领域的传统优势，为中国的对外经济贸易发展提供更加有力的资金支持，是中国银行面临的一大挑战。通过深入分析，中国银行认识到转变公司业务结构与大力发展国际结算和贸易融资业务、支持中国对外经济贸易发展并不矛盾。由于中国对外经济贸易的经营主体和商品结构已经发生了深刻变化，大量优质的外商投资企业、生产型集团企业、优秀民营企业已经成为我国对外经济贸易发展的主角，机电、

高科技产品已经在中国的进出口贸易中占到了很高的比重，而这些企业和行业同样是中国银行需要大力拓展的目标客户。在未来中国对外经济贸易发展中最为活跃的企业，绝大多数将是中国银行公司业务的目标客户。中国银行积极拓展这类客户、向这类企业提供授信和资金支持本身即是在大力支持中国的对外经济贸易发展。2005年，中国银行在对铁道部、中石油、中外运等一批优质客户的营销中取得重大突破，为这些客户的设备采购提供了外汇贷款、外汇资金管理等优质的服务。

此外，中国银行认真总结"全球统一授信"产品推出以来的经验，成功地与众多海外著名企业建立了合作关系。以韩国为例，自2001年的四年多来，中国银行先后与一批著名企业签署战略合作协议，推动中国银行系统海内外分行与当地企业的合作。为加强对韩国企业的服务，2001年由中国银行总行公司业务部牵头成立了对韩业务小组，由银行经验丰富的专家组成团队负责对韩国企业的全球服务管理，并每年召开对韩业务会议，总结对韩资企业的服务经验。这种大手笔的营销和服务模式，取得了主要韩资集团客户40%的市场份额，有力地提高了韩资企业发展贸易的积极性，为我国引进国外先进技术、引进外资以及实现出口商品结构的升级换代作出了贡献，另一方面也促进了中国银行全球统一授信业务的稳步发展，维护了中行与一批优质跨国集团公司客户的良好合作关系。

2. 通过丰富的短期融资产品为进出口企业提供融资便利

除了为上述重点客户或大型项目提供授信支持以外，中国银行还注重发挥自身在短期贸易融资产品方面的优势来为一般的进出口企业提供融资便利。例如，针对中国企业出口贸易中以赊销作为结算方式、占压企业资金严重的现象，中国银行发挥其在保理业务领域形成的先发优势，适时地为这类出口企业提供了国际双保理融资、出口商业发票贴现等短期融资产品，加速了企业资金回笼的速度；针对中国企业向伊朗等高风险地区和国家出口日益增多，而企业对于交易对手及其所在国家的风险缺乏控制手段的情况，中国银行适时推出了福费廷业务，买断了出口企业的应收账款，帮助企业加速了资金周转、降低了交易风险。灵活多样的融资产品大大拓宽了国内企业的融资渠道，帮助国内企业争取到了更多的贸易机会，从而支持了我国对外贸易的发展。值得一提的是，2005年中国银行成功办理了服务于大型机电产品出口的中长期福费廷业务，满足了我国一些重点出口企业的融资需求，有力地支持了我国大型机电、高新技术产品的出口。

三、为我国对外经济贸易发展提供丰富的国际结算产品和服务

1. 为我国对外贸易发展提供丰富的国际结算产品和服务

2005年，中国银行在调整了国际结算和贸易融资经营管理体系之后，形成了专业化的国际结算产品研发、营销和业务处理队伍，全面提升了产品研发和业务创新能力。同时，中国银行始终坚持以客户为中心、以市场为导向，大力开发特色产品，不断推出市场需要的产品和服务，在为公司提供个性化产品和满意服务的同时，也使自己的业务得到了发展。除做好传统国际贸易结算服务以外，中国银行还在挖掘产品和服务的内涵方面做了大量工作，为中国企业走向国际市场提供更加全面的金融产品服务。譬如，2005年中国银行根据客户需求推出了信用证沉默保兑业务、中长期出口信用险项下出口应收账款买断等业务。这些创新产品提高了中国外经贸企业的竞争能力，有力地推动了相关企业进出口业务的发展，也使得中国银行在国际结算产品和服务领域继续保持了市场领先优势。中国银行在国际结算领域的市场领先地位不仅构成了中国银行的重要核心竞争力之一，也是我国对外贸易得以快速发展的重要保障之一。由此可以看出，中国银行继续在中国的对外贸易发展中发挥着不可替代的重要金融中介作用。

2. 为中国企业的对外经济合作提供全面的金融服务

中国银行具有卓著的国际信誉，其出具的外汇保函在世界各地的经贸活动中得到广泛的认同和接受。中国银行内部对保函业务已形成一套完善的操作管理方法，可为客户提供优质、高效、快捷的服务。2005年，中国银行继续在国内同业中保持了外汇保函业务的传统优势地位，为中国对外经济合作企业成功进入国际工程投标市场、劳务输出市场提供了强有力的信用支持，为中国优质集团企业成功实施"走出去"战略创造了有利的条件。

对外承包工程保函风险专项资金业务是中国银行提供的一项特色保函产品。该业务由国家财政出资设立，作为银行授信的一种替代方式，为满足条件的国内对外承包工程企业开立投标、履约和预付款保函，相当程度上缓解了企业的资金压力，在相当程度上解决了企业授信不足的问题。自2002年初开办该业务以来，中国银行和对外承包工程企业密切协作，互惠互利，使得"对外承包工程保函风险专项资金"业务在4年的时间取得了飞速的发展。截至2005年12月底，已经有一大批优质经济合作企业使用风险专项资金在中国银行开立了保函，开往全世界49个国家和

地区，涉及住房、大坝、电站、成品油管线、道路、卫生设施、供水和卫生工程、污水处理、工厂扩建改造、铁路建设等公共和民用设施，有力地支持了中国境外工程承包及劳务输出的发展，促进了中国对外出口特别是机电产品和成套设备出口的增长。

3. 为客户提供远期结售汇以及人民币兑外币掉期产品，帮助进出口企业规避汇率风险

2005 年上半年，人民币升值成为市场关注的焦点，也在进出口企业普遍预期之内。汇率的波动给进出口企业带来了诸多不确定因素，如何锁定成本以控制风险成为进出口企业开展贸易时要预先考虑的重要问题之一。中国银行充分发挥自身在外汇资金业务方面的优势，以及长期独家办理远期结售汇业务积累的丰富经验，为客户提供了及时的汇率走势咨询，推出了国际结算和贸易融资产品与远期结售汇业务的组合方案，并以最快的速度向客户推出人民币兑外币的掉期产品，成为国内首家办理此项业务的银行。银行掉期产品的推出，可以满足进出口企业很多资金管理方面的迫切需求，有利于解决客户资金管理中有关币种(包括：人民币、各种外币)、期限等不匹配的问题，提高流动资金的管理效率；有利于促进与掉期交易相关的新理财产品的推出，使企业有多种选择来满足其不同的币种、期限、收益方面的要求。这些产品帮助客户有效地化解了汇率风险，同时也为我国国内外汇市场的基础建设、完善人民币汇率机制作出了应有的贡献。

2005 年是中国银行改革发展的关键一年，是中国银行成为具有良好公司治理机制、资本充足、内控严密、运行安全、服务和效益良好、具有国际竞争力的现代商业银行的关键一年。中国银行正是凭借着在国际金融市场上丰富的经验、高素质的专业化人才队伍、严密的风险监控体系、外汇业务方面强大的技术优势以及众多信赖中行、并在与中行合作过程中不断发展壮大的客户，在与同业的竞争中脱颖而出。2006 年，中国银行将进一步落实科学发展观，着力推动各项业务健康快速发展，进一步深化股份制改革，着力完善公司治理机制和经营机制，同时充分把握我国经济和对外贸易快速发展的契机，保持平稳持续地快速健康发展，全力支持我国经济及对外贸易的持续发展，为我国的对外贸易提供更高质量的金融服务。

2005 年中国消费品市场发展状况回顾

中国商业联合会

2005 年我国社会消费品零售总额达到 67 176.6 亿元，同比增长 12.9%。其中，城市社会消费品零售额为45 094.3 亿元，同比增长 13.6%，农村社会消费品零售总额22 082.3 亿元，同比增长 11.5%。分行业看，批发零售业社会消费品零售额为 56 589.2 亿元，同比增长 12.6%，餐饮业零售额为 8 886.8 亿元，同比增长 17.7%。

如果说 2005 年我国 GDP 增长 9.9%，为第十个五年规划画上了圆满的句号，而 2005 年我国消费品市场的运行，则把第十个五年规划中消费品市场的发展推向高潮。这不仅充分反映出近几年来我国扩大内需政策措施效力的释放开始加大，也充分反映出了消费品市场的潜力，进一步增强了继续扩大内需、扩大居民消费的决心和信心。分析 2005 年我国消费品市场的运行情况，有以下特点或者新的变化：

一、我国消费品市场发展进入一个新的发展阶段

2005 年社会消费品零售总额比上年名义增长 12.9%，虽然增幅比上年低 0.4 个百分点，但如果考虑到 2003 年由于“SARS”造成的不可比因素以及 2004 年的物价上涨幅度高因素，这一增长速度是 1997 年以来最高的。从实际增长速度来看，2005 年社会消费品零售总额实际增长 12%，达到 1997 年以来的最高增速，且增长幅度也是 1997 年以来最大的，比上年提高 1.8 个百分点。

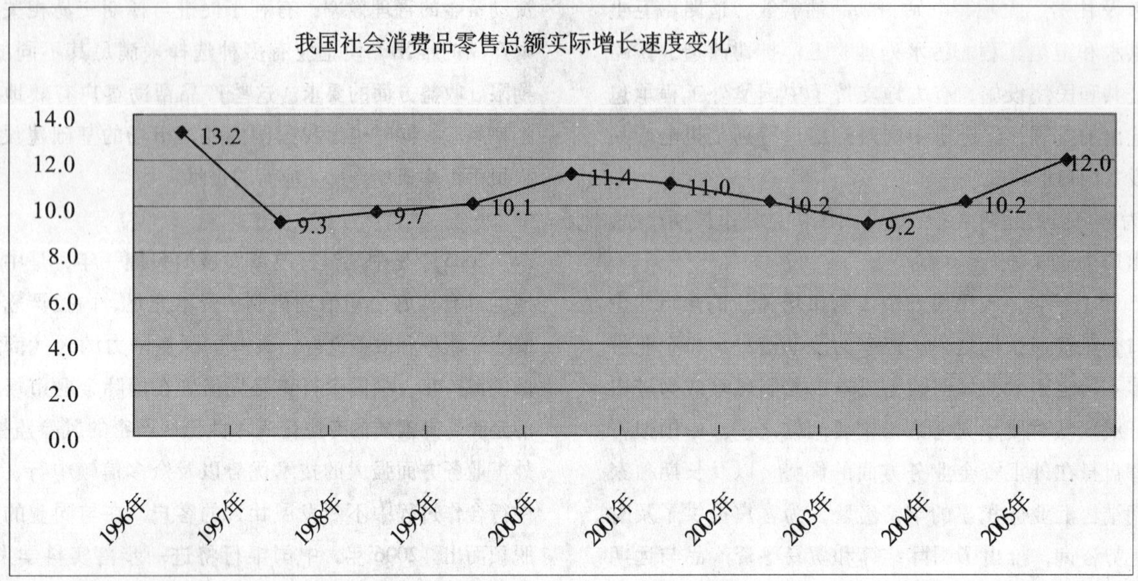

2005年我国消费品市场增长继续的情况，反映出我国消费品市场开始进入一个新的发展阶段，其特征将突出体现于两个方面：

其一，消费品市场快速发展的稳定性增强。1997年以来由于我国扩大内需政策措施的持续实施及力度的逐步加大，我国社会消费品表现出稳定增长的态势，实际增长速度均保持在9%以上，年均增长速度超过10%。从近两年的增长情况看，消费品市场快速发展的稳定性态势趋于明显。在进入第十一个五年规划发展期后，随着国家扩大内需政策措施作用的放大，消费品市场快速发展稳定性将进一步增强。"十一五"规划期间，社会消费品零售总额的实际增长速度将稳定在10%以上。

其二，消费品市场规模扩大速度加快。2005年我国社会消费品零售总额大幅突破6万亿元，达到67 176.6亿元，比上年增加7 675.6亿元，这意味着，第十一个五年规划期间，我国社会消费品零售总额将每年上一个万亿元台阶，同时也意味着，批发零售贸易、餐饮业占GDP的比重徘徊不前的状况将结束，进入增速提高的发展阶段。

二、农村消费品市场开始发生质变

2005年农村消费品市场表现出喜人的变化，一是农村社会消费品零售额名义增长速度和实际增长速度都创1997年以来的最快增速，分别增长11.5%和10%，特别是实际增长速度，比上年加快3.8个百分点，是1997年以来的最高增幅。二是农村市场社会消费品零售额突破2万亿元。从新中国成立后，我国农村社会消费品零售额达到1万亿元，用了约37年的时间，从1万亿元到2万亿元用了近9年的时间。三是农民年人均纯收入达到3 255元。我国农村居民年人均纯收入从1 000元达到2 000元，用了3年的时间（1994年为1 221元，1997年为2 090元），而从2 000元到3 000元却用了8年的时间。

农民年人均纯收入突破3 000元，农村社会消费品零售额突破2万亿元，农村社会消费品零售额名义增长速度和实际增长速度达到1997年以来最高，且处于较高水平。综合这三种状况，并根据中央建设社会主义新农村战略的实施，农村地区各项事业将加快发展的趋势来分析，农村消费品市场开始发生质的变化，这一变化的突出特征就是：农民收入增长趋于加快，农民对生活变好的期望增强，即期消费信心提高，消费增长加快。

三、适度的物价水平对于消费增长的促进作用大

2005年我国消费品市场取得如此好的增长速度，其中一个重要原因，是物价水平回落到适度的运行区间。全年居民消费价格比上年上涨1.8%，涨幅比上年回落2.1个百分点，全年商品零售价格上涨0.8%，涨幅比上年回落2个百分点。从市场总体看，物价上涨过高或物价下降过低，都不利于消费的健康、稳定、较快增长，物价上涨过高，将大大损害居民消费水平的提高，如1994年全国商品零售价格上涨21.7%，而社会消费品零售总额实际增长速度只有7.2%，1994年农村市场商品零售价格上涨了22.9%，而社会消费品零售额实际只增长了2.4%。物价上涨幅度对于低收入居民的消费影响更大，2004年，农村市场商品零售价格上涨4.2%，农村社会消费品零售额只增长6.2%，是1995年以来的最低水平。物价下降过低，

则居民持币待购心理增强。1999年全国商品零售价格和农村商品零售价格分别下降3%和2.9%，是改革开放以来的最低水平，全社会消费品零售总额名义增长速度和农村市场社会消费品零售额名义增长速度则分别增长6.8%和6.3%，是1991年以来的最低增长速度。从市场总体上讲，保持物价水平适度、温和的上涨，对消费品市场健康增长的作用最大。

四、餐饮消费成为扩大消费的重要动力

2005年我国餐饮业零售额继续保持强劲的增长速度，同比增长17.7%，零售额为8 886.8亿元，比上年增加1 336.4亿元。2000年以来餐饮业零售额年均增长速度达到16.9%。餐饮业这种强劲的增长态势，使餐饮业零售额所占比重持续提高，2005年所占比重为13.2%，比上年提高0.5个百分点。从发展前景看，随着我国宏观经济稳定、持续、健康、较快增长，我国餐饮业零售额增长的空间是巨大的，其一，我国具有独特的餐饮结构和丰富的餐饮文化，可选择性强，吸引力大；其二，我国传统的亲朋观念和待客习俗决定，只要生活水平提高，请客在外就餐的次数就多；其三，我国民族众多，传统节日多，而吃喝是我国传统节日的重要内容；其四，我国人口众多；其五，会展、商务、公务活动的快速增长，旅游热的持续升温，带动餐饮消费；其六，从最近几年的消费情况看，居民特别是较富的城市居民，日常的家庭食品消费支出向在外餐饮消费转化的趋势在扩大，转化的幅度在加大；其七，一定时间内公款消费仍将是餐饮消费增长的重要动力。在这种良好的市场环境下，第十一个五年规划期以至更长的时期内，餐饮消费将继续以15%以上的年均速度增长，对于消费品市场增长的贡献率和拉动率都将稳定提高。

五、中西部消费与东部增长趋于同速

2005年我国东部地区社会消费品零售额同比增长14.3%，中部地区增长13.9%，西部地区增长14%（东、中、西部地区社会消费品零售额相加不等于全社会消费品零售总额）；东部地区平均每个省（市）增长13.9%，中部地区平均每个省（区、市）增长14%，西部地区平均每个省（区、市）增长13.9%。

从东、中、西部社会消费品零售额增长速度来看，三个地区的差距很小，基本是在同一水平上同速增长，这不是仅从2005年的增长速度简单得出的结论，而是三个地区最近几年的社会消费品零售额增长速度表现出的趋势。2000年以来，东、中、西部地区社会消费品零售总额基本保持这一趋势，且差距趋于减小。这种趋势主要是由于中央西部大开发和中部崛起战略的实施，以及其他扩大消费政策措施效力的作用。这也提示出，中西部地区特别是西部地区消费增长慢的观念，需要改变，采取针对性措施，巩固、促进这一趋势的发展，扩大中西部地区的消费。

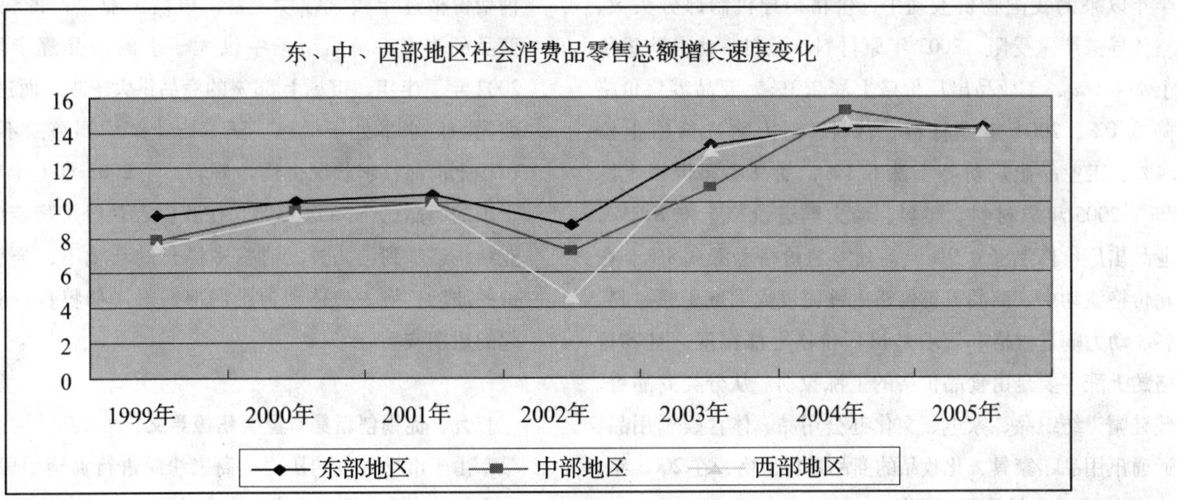

六、商品消费结构向“金字塔”演变

随着我国居民总体消费水平的提高，中产阶层的扩大，富贵人员的增多，我国消费品市场消费结构也发生新的变化，已基本形成“金字塔”型结构，这种“金字塔”型消费结构体现于三个方面：

其一，传统的基本生活消费品的消费表现出很强的刚性。据中华全国商业信息中心对全国重点大型零售企业的统计，从2000年到2004年，食品销售额年均增长26.5%，服装销售年均增长17.9%，化妆品年均增长18.5%，家电年均增长16.6%。基本生活消费品稳定增长的刚性，为我国消费品市场的稳定奠定了牢固的基础，形成“金字塔”型商品消费结构的稳重的“塔基”。

其二，体现居民消费结构升级特征的热点消费品的持续增长。2005年，我国国产轿车总销量达285.48万辆，同比增长27.4%，增幅比上年高12.2个百分点；新增移动电话用户5 860.4万户，总数达到39 342.8万户，同比增长17.5%；全国国内旅游人数为12.12亿人次，比上年增长10.0%，全国国内旅游收入为5 286亿元，比上年增长12.2%；2005年前11个月，全国商品房的销售面积比上年同期增长20.8%。这些消费点成为带动居民消费快速增长的重要动力，形成“金字塔”型商品消费结构的“塔中”。

其三，奢侈品的消费趋于活跃。全球顶级品牌的香水、化装品、服装、皮鞋、手表、酒，高档家具、汽车、跑车、私人飞机、游艇等，被不断增多的富豪们以及一些追求时尚的金领、白领人士所钟爱，成为我国消费品市场上新的活力，构成“金字塔”型商品消费结构的“塔尖”。

七、价格传导机制被现代连锁经营方式严重扭曲

价格的涨落由上游产品向下游产品、由生产环节向零售环节传递，这是价格传导机制的规律，但是在自2003年下半年以来的我国物价波动中，价格传导机制部分失灵，价格传导链严重受阻。2003年原材料、燃料、动力购进价格上涨4.8%，工业品出厂价格上涨2.3%，商品零售价格下降0.1%；2004年原材料、燃料、动力购进价格上涨11.4%，工业品出厂价格上涨6.1%，商品零售价格上涨2.8%；2005年原材料、燃料、动力购进价格上涨8.3%，工业品出厂价格上涨4.9%，商品零售价格上涨0.8%。在一轮价格波动中，商品零售价格上涨幅度大大低于原材料、燃料、动力购进价格和工业品出厂价格上涨幅度，且零售价格的上涨主要是由食品价格的上涨拉动。从分类商品看，服装鞋帽、纺织品、家电、文化办公用品、体育娱乐用品、交通通讯用品、家具、化妆品的商品零售价格，在2003年、2004年、2005年始终是下降的。

价格传导机制在大部分商品上的失灵，除了由于市场竞争的激烈，对于原材料价格的上涨，生产企业会通过加强管理、采用新技术、开发新产品等措施实现最大程度的内部消费化，以及政府对市场调控能力的增强因素外，最重要的因素是由于现代流通连锁经营方式的快速发展，现代流通连锁经营方式，一是使流通环节减少，大大降低了商品流通成本；二是从生产企业大批量直接进货，大大压低了进货价格；三是大部分零售连锁经营企业，其主要利润来源，并不是来自零售环节的加价，而是来自向生产厂家收取的各种费用，来自生产厂家的返利，以至于以低于进货价格来出售（一些大型批发企业也采取这种方式经营）。这样就大大扭曲了价格传导机制。

八、价格波动期大幅缩短

至少是从1988年开始，一直到1996年，我国居民消费价格一直处于较大幅度上涨期，处于通货膨胀期。1997年我国居民消费价格指数回复到适度的水平，居民消费价格水平为2.8%。而后从1998年一直到2003年上半年，我国居民消费价格一直在低区运行，处于通货紧缩期。无论上一次的通货膨胀期，还是通货紧缩期，持续时间都是很长的。但是这一价格波动，从2003年11月居民消费价格上涨3%，到回落到3%以下温和的上涨区间，只有14个月的时间。

价格波动期的大幅缩短，除了我国宏观经济运行的稳定性增强，国家宏观调控能力增强外，一个重要因素是商品市场供求关系的变化。据中华全国商业信息中心对600多种主要消费品供求情况的分析，1988年上半年，市场上43%的商品供不应求，至1998年上半年，市场上已没有供不应求的商品，73%的商品基本平衡，这一时间我国居民消费价格逐年较大幅度上涨。以后工业生产的快速发展，商品的丰富，商品市场中供大于求的商品逐步增多，到2002年下半年，市场上88%的商品供大于求，而这一时期，我国物价水平处于低迷。随着产业结构调整的不断深入，市场上商品供求状况也逐步好转，至2005年上半年，供过于求的商品已下降到73%。在我国宏观经济稳定向好，产业结构逐步到位，居民消费多样化的环境下，今后我国物价的波动，将主要体现为由局部因素（如粮食，能源）引起的短期波动。

九、促销创新具有重要积极意义

由于市场竞争的压力，商家纷纷进行促销手段的创新，加大促销力度，可以说当前商家的促销方式，对于2005年我国社会消费品零售总额增长速度的加快，起到了积极的促进作用。当前促销的典型代表方式有两个方面：一方面是购物返送购物券，2005年这种促销方式得到了充分的利用，不仅迅速地在全国范围内被众多的零售企业所采用，而且返送券力度进一步加大，买100返100、买200返180，甚至，返送券的金额超过花费金额。这种方式更优于打折销售，打折销售对顾客来说可能只购买一件商品，而购物返送券促销，顾客就要购买多样商品，在同样实际折扣率的情况下，一次促销活动，购物返送券方式效果要好得多，这也是被广大商家所钟爱的原因，这种方式甚至已成为一些商家的“品牌”。另一方面是发放购物券（卡），这种方式，不仅满足了社会企事业等单位方便福利发放，亲朋之间送礼方便的需求，也有利于促进销售和消费。因此来看，促销方式的创新对于扩大消费是有重要积极意义的，只要促销方式公开透明，对消费者没有欺骗行为，就应当鼓励和支持。

十、传统节日内涵有了新变化

“假日经济”对于消费的促进作用是被认可的，但是一段时间以来，我国传统节日表现出被忽视，节日气氛下降的状况。可喜的是2004年以来，传统节日的功能，又重新得到政府以及社会的重视，传统节日被挖掘和放大，对于全国人民的共同重大节日，如春节，一些城市也纷纷解除烟花爆竹的禁放。从近两年看，传统节日的内涵有了新的变化，一是传统文化气氛趋于浓厚；二是礼情更重，赠送购物券（卡）、餐券现象快速扩大；三是节日饭在饭店、餐馆消费快速增长。另一个重要的变化，进城务工的农村居民，春节等重大节日回家的人数快速增长，但是交通拥挤的状况，使他们给家人和亲戚、朋友带礼物，变得既不方便也十分不安全，因而影响了消费。对于这些新的变化，商家和有关部门从扩大消费的角度应当给予重视。

2005年中国物流业发展回顾

中国物流与采购联合会

2005年，中国经济继续保持平稳较快增长，顺利完成了第十个五年计划。中国物流在这一年的发展，同样具有里程碑式的意义。以《中共中央关于制定国民经济和社会发展第十一个五年规划的建议》，把“物流”列入要大力发展的“现代服务业”为标志，现代物流的产业地位得以确认；以建立“全国现代物流工作部际联席会议”和首次召开“全国现代物流工作会议”为契机，从国家层面到省区市一级，推进现代物流发展的政府部门间协调机制开始形成；以贯彻2004年国家发改委等九部门文件为重点，国务院有关部门都有切实的政策措施出台，物流业发展的政策环境有了实质性改善。

一、中国物流经济整体运行情况良好

（一）社会物流需求持续较快增长

2005年我国社会物流总额达48万亿元，同比增长25.2%，增幅虽比上年有所回落，但仍在快速增长区间。从结构来看，工业品物流增长最快，在社会物流总额中占有比例最大；农产品物流增长最慢，所占比重较小。

2005年我国社会物流总额统计

项　目	2005年（亿元）	比上年增长（%）	比重
社会物流总额	480 583	25.2	100.0
工业品物流总额	413 161	27.2	86.0
农产品物流总额	12 748	6.5	2.7

2005 年我国社会物流总额统计（续）

项　　目	2005 年（亿元）	比上年增长（%）	比重
进口货物物流总额	54 093	16.4	11.3
再生资源物流总额	376	15.7	0.1
单位与居民物品物流总额	205	7.7	0.0

（二）社会物流费用与 GDP 的比率开始下降

根据第三次全国经济普查后调整的统计数据计算，2004 年我国物流费用占 GDP 的比率为 18.8%。2005 年这个数据降为 18.6%，比上年下降 0.2 个百分点。

2005 年我国社会物流总费用统计

项　　目	2005 年（亿元）	比上年增长（%）	比重
社会物流总费用	33 860	12.9	100.0
运输费用	18 639	10.1	55.0
保管费用	10 632	18.4	31.4
管理费用	4 590	12.3	13.6

（三）物流业增加值超过了 GDP 的增长幅度

2005 年，物流业增加值12 140亿元，同比增长 12.7%，增幅高于上年，也超过了当年 GDP 增长 9.9% 的幅度。从单项看，配送、加工、包装业增长最快，交通运输业中的物流部分所占比重最大。

2005 年我国物流业增加值统计

项　　目	2005 年（亿元）	比上年增长（%）	比重
物流业增加值	12 140	12.7	100.0
交通运输业中物流部分	9 470	11.9	78.0
仓储业	517	12.7	4.3
贸易业	1 340	14.8	11.0
配送、加工、包装业	720	20.7	5.9
邮政业	93	6.9	0.8

（四）交通运输全面紧张的状况有所缓解

2005 年，全国完成货运量 133 亿吨，货物周转量 8 574 亿吨公里，同比分别增长 6.7%、9.3%。经过 2004 年运输的全面紧张之后，我国交通运输需求得到初步缓解。一方面，国家加大了对重点行业如钢铁、水泥、电解铝、房地产等行业的宏观调控力度，大宗散货需求放缓，对运输需求增速起到一定的抑制作用。另一方面，交通运输行业投资加快，物流能力提升，据统计，2005 年物流用固定资产投资 9 293 亿元，同比增长 22.8%。

（五）仓储业务稳定增长，周转有所放缓

据分布于全国 28 个城市的 51 家大型仓储企业提供的数据统计，2005 年货物吞吐量同比增长 10%，增幅比上年回落了 10 个百分点，储运业务收入同比增长 19%，增幅比上年回落了 1 个百分点。在储运业务中，仓储保管业务增长 16%，运输配送业务收入增长 69%，现货市场出租收入增长 30%，进出装卸收入只增长了 5%。储运企业在强化核心业务能力的基础上，整合上下游业务的力度加大，通过开发高效增值物流服务，增加了业务扩张的实力。2005 年货物平均库存量同比增长16%，是近年来库存增加最多的一年。同时，货物周转速度放缓，周转次数为11.45次，比上年下降了2.15次，库存效率有所下降。

二、行业物流从下游向上游延伸

我国行业物流从直接面对消费者的销售物流起步，目前已出现向生产物流、供应物流，下游商品向上游原材料物流延伸的趋势。2005年，钢铁、粮食、农资、医药、连锁零售等行业物流的发展，也可以看作是中国物流深入发展的重要标志。

（一）向加工和配送发展的钢铁物流

我国是目前世界最大的钢铁生产和消费国。2005年，我国粗钢和钢材产量分别达到3.52亿吨和3.97亿吨，增长幅度双双超过24%。随着调整生产结构，价格理性回归，钢铁物流开始得到比以往更多的重视。2005年，上海开始打造上海国际钢铁物流总部基地。项目建成后将成为我国面向世界的一个钢铁贸易物流、商流、信息流的集散地。欧浦钢铁有限公司斥资6亿元人民币打造的华南（国际）物流钢铁交易中心在佛山乐从正式启动，集交易、仓储、办公、信息、加工、配送和银行服务于一体，充分整合国内外资源，为购货商及厂家提供全方位“一站式”服务。由武钢着力打造的华中钢材物流中心被列为武汉市重大建设项目，将用于现代仓储、钢材加工、交易、运输配送和信息服务。宝钢改变生产方式，减少中间环节，在全国建立具有加工职能的加工配送中心，把流通与加工捆在一起构建全国网络。

（二）政府引导、市场运作的粮食物流

2005年，是中国粮食物流长足发展的一年。一是粮食物流规划得到重视。2005年，从国家到省、市各级政府都开始着手编制“十一五”粮食现代物流规划，这是粮食行业首次编制的五年规划，为发展粮食现代物流指明了的方向。二是大型粮食加工和贸易企业开始注重企业的物流发展战略。中粮集团、中储粮总公司、东海粮油等大型粮食企业意识到物流发展对企业竞争力提升的作用，开始制定企业物流发展战略。一些第三方粮食物流企业尤其是港口第三方粮食物流企业也开始编制并实施粮食物流规划。三是“政府引导、市场运作”的粮食物流项目基本投资模式得到了初步确立。政府对重要基础性、公益性设施项目进行投资和审批，并鼓励不同所有制、不同运输方式企业之间的合理竞争，同时加强必要的宏观调控，避免重复建设。另外，支持和鼓励粮食物流新技术的开发、建立必要的粮食物流技术储备、促进粮食物流新技术的推广，以及建立综合的粮食物流技术平台和技术中心工作等也得到了一定程度的发展。

（三）与邮政“三流合一”的农资物流

当前，从中央到地方都把“三农”问题列为重中之重。努力改善“三农”状况，大力发展农资物流，是实现全面小康的重要保证。中邮物流有限责任公司依托邮政“三流合一”的独特资源，短期内完成了覆盖全国的物流集散网络建设。在为城市商业企业和居民提供商品及生活消费品配送服务的同时，为农民提供种子、液肥等商品的物流配送服务，为中国物流企业服务“三农”开辟出新的道路。其大力发展农村物流、邮政配送农资、服务“三农”的经营思路已被写进2005年中央“一号文件”。目前，农资经营是供销合作社的传统骨干业务，全系统开展农资连锁经营、配送业务的企业达650多家，发展连锁配送网点3.7万个。

（四）由蓝图逐步变为现实的医药物流

在国家全面开放医药分销领域的新形势下，改善医药流通环节，降低流通成本，成为医药企业提高市场竞争力的普遍选择。国内医药物流方兴未艾，为数不少的大型医药物流中心已经或即将投入运营，更多的医药物流中心正在由蓝图变为现实。如内蒙古“北方药都”物流中心、湖南医药物流园、长春市医药物流中心等。上海医药股份有限公司物流中心园区投入运行，东药集团医药物流中心建成。这些物流中心除提供传统的仓储、配送服务外，还能够为医药企业提供信息、包装等服务。山东潍坊海王药业凭借自己的规模优势、成本优势、服务优势、总代总销的品种优势以及全市范围24小时内送货上门、全省范围48小时内送货上门的服务承诺，于2003年2月份成立了潍坊海王物流分公司。公司现已开发各类终端客户28 000多家，每天配送额高达300万元，已经形成了覆盖全省、辐射周边11省市的终端网络。

（五）物流能力快速提升的连锁零售物流

2005年，连锁零售业继续保持强劲发展势头。据商务部商业改革发展司调查显示，2005年全国前30家连锁企业共实现销售额4 910.4亿元，比上年增长30.9%，占全社会消费品零售总额的比重上升到7.3%；店铺总数为16 665个，比上年增长20.7%。有5家连锁企业销售额超过200亿元，排名第一的上海百联集团销售额达720亿元；排名第30位的连锁企业销售额由上年的45.8亿元，上升为54.3亿元。

面对企业跨区域发展和规模效应的需要，连锁零售企业纷纷加大物流配送中心的建设。沃尔玛拟在深圳龙岗区建设东南亚配送中心，建成后，该配送中心将向东南亚地区配送主要来自珠三角地区的商品。苏宁电器计划投入募集资金8 000万元，扩建南京物流配送中心，并新建北京配送中心和杭州配送中心。届时，苏宁电器商品的物流配送将彻底告别租赁时代。物美也已经与天津方面达成协议，将在天津兴建一个占地2 500亩的大型现代化商贸物流配送中心，而且有意将其打造成辐射华北的物流配送中心。投资7 500万欧元（约7亿元人民币）、占地400亩的宜家上海物流分拨中心已正式启用。该中心由建筑面积28万平方米的两座仓库构成，主要用于储存宜家在中国采购的商品，供应整个亚太地区销售。随着对物流配送要求的提高，连锁零售物流技术水平不断提高。

三、港口物流枢纽作用更为显著

（一）港口大国地位更加巩固

2005年，我国港口完成吞吐量49.1亿吨，同比增长17.7%；完成集装箱吞吐量7 580万标准箱，增长23%，这两项指标已连续三年位居世界第一。至2005年底，全国港口拥有万吨级以上生产泊位1 030个，有10个港口跻身世界亿吨大港行列。其中上海港货物吞吐量达到4.43亿吨，由世界第四跃居世界第一大港；上海港、深圳港集装箱吞吐量达到1 800万标箱和1 618万标箱，跃居世界第三位和第四位。

（二）港口建设掀起新的高潮

从2003年下半年开始的港口建设热潮在2005年进入新高潮。2005年1月5日，年设计汽车通过能力10万辆、食用油通过能力150万吨的天津港滚装码头正式启用。12月10日，上海洋山深水港建成开港，港区距国际航线45海里，距陆地27.5公里，码头水深16米，设计吞吐能力220万标准箱。12月16日，唐山港曹妃甸港区正式开港，是全国多种泊位并存、单体工程量最大的港口。大连港计划在5年内投资120亿元，力争建成东北亚重要的国际航运中心。天津市2009年之前将建成10个集装箱泊位，新增年吞吐能力400万标箱。秦皇岛港煤四期扩容工程已经投产，新增年吞吐能力1 500万吨。还有青岛港前湾集装箱物流园区项目、日照港25万吨级矿石码头、宁波港北仑港区五期工程、漳州开发区四区项目、广州港南沙港区工程、深圳港大铲湾港区等项目都在稳步推进。

（三）港口物流的合作与延伸

一是港航合作。航运业和港口业发挥各自优势，通过密切合作实现双赢。目前，香港招商局、和记黄埔集团、新加坡港务集团以及诸多世界航运巨头，已经以合资参股的方式在中国港口安家落户。其中，和记黄埔已在上海、深圳、宁波等地有码头公司，参与上海集装箱码头、深圳盐田港一、二、三期、宁波北仑港等8家集装箱码头公司的经营。在广州，新加坡港务集团与广州港务局开始了黄浦港的开发；在天津，香港招商局也与当地港务局签下了天津港第二期的合作意向书；而在上海，和记黄埔港口集团、A. P. 穆勒·马士基集团与中远集团、中海集团、上海国际港务（集团）股份有限公司成立了合资公司，共同投资建设洋山港二期项目。此外，中海、上海实业、长荣、东方海外、美国海陆、地中海航运、意大利邮船等中外资巨头的投资也纷纷瞄准了上海、厦门、天津、大连等港口。

二是增加物流功能。港口竞争已经从单纯的成本竞争转向质量竞争，进而转向服务竞争，而物流服务正渐渐成为港口竞争的核心。港口通过发挥聚集效应，整合各种生产要素，能够发挥1+1>2的效果。所以，在港口地区建设分拨中心、配送中心、流通加工中心等，提供集仓储、装卸、包装、运输、加工、配送、拆装箱和信息处理等一系列增值服务，成为港口建设与发展的方向。

港口物流相对内陆物流具有更直接、广泛的运输方式，它可以联结海、陆、铁路，港口位置的特殊性，也使港口物流成为连接海向、路向的枢纽。我国主要港口在物流领域走在了前面。如深圳的港口物流业就已成为支柱产业。近些年其物流产业增加值以年均12%的增长率递增，各具特色的不同类型的物流企业在深圳陆续崛起，并逐渐成为全国物流行业的知名品牌。

（四）保税物流成为新的“亮点”

我国第一家区港联动保税物流试点单位——上海外高桥物流中心有限公司坚持业务模式创新，2005年完成进出库1.6万票，货值25.6亿美元。截至2005年底，天津、宁波、青岛、厦门、深圳等所有8个保税物流园区都通过验收，正式投入运行。2005年，国务院批准设立国内首个保税港——洋山港保税港区。在区港联动的基础上，将保税物流园区乃至出口加工区的政策覆盖到港区，通过实施区港一体化运作，做到进口货物入港保税、出口货物入港退税，区内货物自由流通，向自由贸易区又迈出了重要一步。

四、物流基础设施和技术装备配套发展

（一）交通运输网络建设

1. 铁路。2005年，全国铁路营业里程达7.5万公里。根据2004年1月国务院审议通过的《中长期铁路网规划》，到2020年，我国铁路营业里程将达到10万公里，我国铁路网不仅规模有大的扩展，而且标准和水平将有质的飞跃。

2. 公路。2005 年全年新增公路里程 4.9 万公里，其中高速公路 6 700 公里。到 2005 年底，全国公路总里程达 192 万公里，其中高速公路 4.1 万公里。《国家高速公路网规划》2005 年 1 月公布，提出我国将用 30 年时间，形成 8.5 万公里国家高速公路网。

3. 水运。2005 年，沿海港口新扩建泊位 129 个，其中万吨级深水泊位 76 个，新增吞吐能力 1.9 亿吨，内河港口新增吞吐能力 3 188 万吨，改善内河航道里程 1 289 公里。

4. 民航。2005 年，全行业固定资产投资总额 200 亿元，共有 28 个大中型建设项目竣工投产。到 2005 年底，全国共有民用运输颁证机场 142 个。

5. 石油管道。2005 年，我国石油大企业石油管道建设达到一个新的水平。目前，中石化管道公司管辖的范围已扩展到近 5 000 公里、地跨 12 个省（直辖市）的长距离输油管道，全年累计输油 5 545 万吨。中石油在石油物流方面最具战略意义的是：中国历史上第一条跨国长输管道——中哈原油管道工程于 2005 年 12 月正式投产。中石油西部原油成品油管道也在积极建设中。

（二）物流园区（基地、中心）的建设与发展

规划建设全面铺开，专业性园区发展较快。据不完全统计，目前全国至少有 20 多个省市和 50 多个中心城市政府制订了区域性物流发展规划，在这些规划中都提出了物流园区建设规划。据零点公司的调查，全国目前已经建成或在建及规划中的物流园区或基地超过 100 家。同时，外资物流企业利用资金和技术优势建造物流中心，沃尔玛、UPS、FedEx、TNT 纷纷采取新建、收购、扩建等方式拥有大型物流中心，美国物流地产商普洛斯联手天津泰达，共同投资 4 500万美元，在天津开发区建设保税物流中心。

（三）物流技术与装备的发展

近年来，我国物流产业的发展带动了物流装备工业的提升。据北京中物联物流规划研究院发布的《中国物流装备市场调查报告》显示，所有 12 种类的物流装备在应用市场上均有高于 20% 的企业正在使用。目前，仅有 17% 的企业采用纯人力的物料搬运与装卸等操作方式，32% 的企业采用单纯的平面仓库模式，专业化的新型物流装备和新技术物流装备不断涌现。

1. 工业车辆。2005 年，共销售机动工业车辆 75 733 台，比上年增长 17.44%；手动液压托盘搬运车（包括手动叉车）销售 152 万台，比上年增长 12.3%。截至目前，14 家国外工业车辆制造商在中国以独资、合资形式办厂（或公司）销售其产品，国外的工业车辆配套件大量进入中国，中国的主机和配套件也批量出口。2005 年，我国出口叉车及装有升降或搬运装置的工业车辆共 91 万台，比上年增长 9.85%；出口金额近 3 亿美元，增长 45.8%。当年工业车辆进口金额为 2.39 亿美元，工业车辆行业第一次实现了进出口顺差。

2. 托盘。2005 年总产量为 2 509 万只，年产值达到 31.07 亿元，分别增长 2.6% 和 7.06%。从产品结构看，钢制托盘增长 30%；塑料托盘增长 20%；纸质托盘增长 3%；复合材料托盘基本持平；木质托盘略有下降。

3. 货架行业。2005 年，我国货架全行业共有 120 多家企业，估计总产量为 18 万吨左右，产值总额为 16 亿元左右，约比上年增长三成。电子、通信、医药、邮政、机械、乳品、零售等行业需求增长较快，家具、图书、金融、化工、军事、食品、冷冻冷藏等行业对货架的需求也开始萌动。随着物流技术的发展，仓储容量增加，需求货架规格之大达到历年之最。高度超过 30 米，长度达到 300 米，单体库容量货位数可接近 4 万个的需求已经出现。

4. 自动化立体库。据不完全统计，截至 2005 年底，全国自动化立体库的保有量超过 400 座。2005 年，国内建设的自动化立体库在 50 座左右，主要集中在烟草、医药保健品、食品、服装制造、通讯和信息、家具制造业、机械制造业等传统优势行业。

5. 自动分拣技术。近年来，物流系统的需求不断增长，医药、烟草、图书等行业纷纷建设物流配送中心。随着物流系统的建设，越来越多具有较高技术含量的物流自动分拣设备逐渐进入中国市场。但到目前为止，这些设备大部分还是由国外厂商提供的。

五、物流行业基础性工作取得重大进展

（一）物流标准化工作取得突破

2005 年，国家标准化管理委员会会同发展改革委、商务部等八部委发布《全国物流标准 2005—2010 年发展规划》，对今后我国物流标准化工作具有重要指导意义。国家质量监督检验检疫总局、国家标准化管理委员会发布的《物流企业分类与评估指标》推荐性国家标准，于 2005 年 5 月 1 日起正式实施，中国物流与采购联合会依据标准具体实施评估工作，并于 7 月公布了我国第一批 26 家 A 级物流企业名单。

（二）物流统计工作全面启动

2005 年，中国物流信息中心（中国物流与采购联合会科技信息部）受国家发改委和国家统计局委托，开始实施社会物流统计核算工作。经过近 3 年的准备和试行工作，由中国物流与采购联合会和国家统计局共同合作编制的中国

制造业采购经理指数（PMI）于2005年7月6日正式发布。

（三）物流教育培训整体推进

物流学历教育发展迅速，目前，全国开设物流专业的本科院校已从2001年的1所发展到165所，开设物流管理专业的高等职业院校突破450所，中等职业学校近1 000所。物流师职业资格培训工作进展较快，2005年，中国物流与采购联合会组织近2万人参加了物流师职业资格培训，其中1.2万人取得了资格证书，同时，首届全国高级物流师能力测评工作已经完成，产生了全国首批高级物流师。经过各方面努力，物流人才严重短缺的局面有所缓解。

2005年，中国物流尽管取得重大进展，但存在问题同样不容忽视，特别是一些影响物流长远发展的深层次问题有待解决。一是供需不平衡的结构性矛盾依然存在。一方面，物流需求聚集和释放的速度不快，“大而全”、“小而全”的企业物流运作比例还比较大；另一方面，物流服务供给能力还不能满足需求，特别是高端需求、即时需求、特色需求、“一体化”需求满足率不高。二是粗放经营的格局尚未根本改观。国际上通常把社会物流费用占GDP比率作为衡量一个国家物流运作水平的重要指标。发达国家经过经济结构调整，推行现代物流运作模式，这项指标普遍降为10%左右。近年来，我国的这项指标虽然有所降低，但2005年仍然高达18.6%。尽管我国经济发展阶段和经济结构与这些国家差异较大，但也反映出物流运作效率方面的差距。三是市场不规范现象仍很严重。物流组织布局分散，物流资源和市场条块分割、地方封锁和行业垄断对资源整合和一体化运作形成体制性障碍。四是体制和政策环境需要进一步改善。

2005年中国五矿化工产品进出口概况

中国五矿化工进出口商会

2005年五矿化工类商品进出口总额为3 787.3亿美元，比上年增长27.0%，高于全国3.8个百分点。其中出口1 362.1亿美元，增长31.7%，高于全国3.3个百分点。进口2 425.2亿美元，增长24.4%，高于全国6.8个百分点。贸易逆差1 063.1亿美元。

一、2005年我国五矿化工类商品进出口贸易总体情况

1. 五矿化工类商品在全国外贸中的比重呈逐年上升趋势

2005年五矿化工类商品进出口总额为3 787.3亿美元，占全国进出口总额的26.6%，比2004年、2003年分别提升0.8个和2.6个百分点。其中出口1 362.1亿美元，占全国出口总额的17.9%，比2004年、2003年分别提升0.5个和2.1个百分点。进口2 425.2亿美元，占全国进口总额的36.7%，比2004年、2003年分别提升2个和3.9个百分点。

2. 五矿化工类商品出口、进口平均价格均大幅度增长

2005年国际市场原材料价格继续上涨，其中我国出口的主要原材料商品价格上涨幅度小于进口原材料价格上涨幅度。例如出口商品中的原油、成品油、钢材、钢坯、轮胎、煤炭、焦炭、铜及铜材、铝及铝材、肥料等十大类商品合计出口额为432.2亿美元，同比增长30.0%；其中出口价格指数上涨14.9%，数量指数增长13.1%。进口商品中的原油、成品油、铁矿石、天然胶、氧化铝、铜矿砂、钢材、对苯二甲酸、化肥、塑料等十大类商品，合计进口额为1 398.0亿美元，同比增长29.1%，其中价格指数上涨为25.7%，数量指数增长为2.8%。

3. 2005年五矿化工类商品出口增幅呈逐月下降势头，但仍高于全国平均水平

五矿化工类商品各月出口累计增幅均超过30%，1月份出口累计增幅高达79.6%，然后一路回落，12月份为31.7%，但各月出口累计增幅均高于全国平均水平，但差额逐步减少。1月份出口累计增幅高于全国平均水平37.4个百分点，12月份出口累计增幅高于全国平均水平3.3个百分点。

4. 对主要贸易伙伴出口、进口增长强劲

日本仍为中国五矿化工行业最大的贸易伙伴，双边贸

易额 439.4 亿美元，增长 18.4%。其中中国对日本出口 150.2 亿美元，增长 21.9%；自日本进口 289.1 亿美元，增长为 16.7%。欧盟为我行业第二大贸易伙伴，双边贸易额 409.4 亿美元，增长 24.2%。其中中国对欧盟出口 219.2 亿美元，增长 28.8%；自欧盟进口 190.2 亿美元，增长 19.3%。韩国为我行业第三大贸易伙伴，双边贸易额 379.6 亿美元，增长 26.9%。其中中国对韩国出口 126.0 亿美元，增长 40.0%；自韩国进口 253.6 亿美元，增长 21.2%。美国为我行业第四大贸易伙伴，双边贸易额 364.6 亿美元，增长 25.0%。其中中国对美国出口 231.1 亿美元，增长 31.9%；自美国进口 133.4 亿美元，增长 14.6%。台湾省为我行业第五大贸易伙伴，双边贸易额 261.1 亿美元，增长 14.7%。其中中国对台湾省出口 52.3 亿美元，增长 14.2%；自台湾省进口 208.8 亿美元，增长 14.8%。

美国、中国香港为我行业主要贸易顺差来源地，顺差额分别为 97.7 亿美元、96.8 亿美元。中国台湾省、日本、韩国、沙特阿拉伯、俄罗斯、澳大利亚为我行业主要贸易逆差来源地，逆差额分别为 156.5 亿美元、138.9 亿美元、127.6 亿美元、112.8 亿美元、104.1 亿美元和 100.2 亿美元。

5. 国内主要出口地区中，广东所占份额最大，江苏增幅最高

2005 年五矿化工类商品出口的主要地区是：广东、江苏、上海、浙江、北京、山东、辽宁七个省市。其中广东出口 237.9 亿美元，占全国五矿化工类商品出口总额的 17.5%，增长 24.4%；江苏出口 159.5 亿美元，占 11.7%，增长 46.3%；上海出口 140.2 亿美元，占 10.3%，增长 28.6%；浙江出口 133.5 亿美元，占 9.8%，增长 40.1%；北京出口 105.2 亿美元，占 7.7%，增长 46.2%；山东出口 104.5 亿美元，占 7.7%，增长 35.4%；辽宁出口 92.2 亿美元，占 6.8%，增长 39.3%。上述 7 个省市五矿化工类商品出口总额占五矿化工类商品出口总额的 71.4%。

6. 国有企业出口所占份额最大，民营企业出口增幅最高

2005 年五矿化工类商品出口总额中，国有企业出口 544.6 亿美元，占同类商品出口总额的 40.0%，增长 15.7%；三资企业出口 485.4 亿美元，占 35.6%，增长 40.1%，其中外商独资企业出口 243.5 亿美元，中外合资企业出口 218.5 亿美元，中外合作企业出口 23.5 亿美元；民营企业出口 332.1 亿美元，占 24.4%，增长 53.0%，其中集体企业出口 81.3 亿美元，私营企业出口 250.5 亿美元。

7. 一般贸易、加工贸易项下出口快速同步增长

2005 年五矿化工类商品一般贸易项下出口 907.2 亿美元，占五矿化工类商品出口总额的 66.6%，增长 31.4%。加工贸易项下出口 392.9 亿美元，占 28.8%，增长 29.4%。其中进料加工贸易项下出口 309.6 亿美元，增长 30.3%；来料加工装配贸易项下出口 83.3 亿美元，增长 26.2%。

2005 年五矿化工类商品进出口快速增长的主要原因：

1. 2005 年世界经济温和增长，中国和印度是经济增长最快的国家。特别是美国、日本经济增速较快，进一步拉动我行业出口的增长。

2. 2005 年受国内经济快速发展，对原材料需求进一步增大，同时也刺激了国际市场价格的大幅度增长，导致五矿化工类商品出口、进口价格大幅度提高。

3. 出口退税机制进一步调整和完善，调动了各地区扩大出口的积极性。2005 年以来，针对地方分担出口退税超基数部分财政负担相对较重的问题，国家调整了中央与地方的分担比例，有效缓解了地方政府的财政压力，对出口增长起到了积极的推动作用。

4. 行业协调进一步发挥积极作用，行业出口经营秩序进一步稳定，企业自律、互律意识不断提高，对出口价格的稳定发挥了积极作用，国家利益、企业利益进一步得到维护。

二、2005 年主要商品进出口情况

出口：

成品油出口 1 401 万吨，金额 64.1 亿美元，分别增长 22.2% 和 61.9%。其中汽油出口 560 万吨，金额 26.8 亿美元，分别增长 3.5% 和 36.5%，平均单价增长 31.9%；煤油出口 263 万吨，金额 15.0 亿美元，分别增长 28.6% 和 87.2%，平均单价增长 45.6%。成品油主要出口市场：新加坡（207 万吨，10.0 亿美元）、印度尼西亚（198 万吨 9.8 亿美元）、越南（189 万吨，8.7 亿美元）、巴拿马（147 万吨 4.2 亿美元）、香港（134 万吨 5.6 亿美元）、日本（123 万吨 5.6 亿美元）。

2005 年成品油出口先增后降。由于国内油品价格低于国际市场价格，1 月—8 月份成品油出口增幅较大。8 月底，国家发改委、财政部、商务部、海关总署以及税务总局五部委联合控制成品油出口，抑制了成品油出口，9 月—12 月成品油出口明显回落。

煤炭出口 7 168 万吨，下降 17.3%，金额 42.7 亿美元，增长 12.1%，平均单价增长 35.6%。主要出口市场：日本（2 317 万吨，15.4 亿美元）、韩国（2 121 万吨，13.0 亿美元）、台湾省（1 623 万吨 7.7 亿美元）。由于世界前三大煤炭出口国——印度尼西亚、南非和澳大利亚煤炭出口预期均将增加，2006 年煤炭价格或将下跌。

焦炭及半焦炭。一方面受 2004 年国际市场焦炭价格的暴涨影响，国内焦炭生产能力大幅度增长；另一方面，国际市场上乌克兰、波兰、印度、日本等国新增了焦炭生产能力，

增强了与我焦炭的竞争。目前，国际市场焦炭价格从前期的平稳出现了较明显的回落。焦炭成为我大宗资源性商品出口价格中唯一下降的商品，焦炭市场基本处于低迷状态。焦炭及半焦炭出口1 276万吨，金额23.4亿美元，分别下降15.0%和40.7%，平均单价为183美元/吨，下降30.2%。

新的充气橡胶轮胎出口22 522万条，金额37.8亿美元，分别增长12.8%和52.1%。其中机动小客车轮胎出口5 656万条，金额12.2亿美元，分别增长62.2%和70.4%；客货车轮胎出口3 526万条，金额20.7亿美元，分别增长3.9%和46.6%。新的充气橡胶轮胎对美国出口6 254万条，金额13.4亿美元。

钢材出口2 052万吨，金额130.8亿美元，分别增长44.2%和56.9%。其中板材出口845万吨，金额52.2亿美元，分别增长46.1%和56.1%，平均单价增长6.8%；棒材出口610万吨，金额27.7亿美元，分别增长36.4%和42.1%，平均单价增长4.2%。钢材主要出口市场：韩国（553万吨，30.0亿美元）、美国（238万吨，18.2亿美元）、香港（149万吨，8.4亿美元）、欧盟（136万吨，10.7亿美元）、日本（95万吨，6.5亿美元）。

受国际市场波动及出口退税率调整的影响，2005年钢材出口数量呈大幅度波动趋势，出口价格呈先增后降的趋势。

钢坯及粗锻件出口707万吨，金额26.7亿美元，分别增长16.7%和15.6%。主要出口市场：台湾省（168万吨，6.8亿美元）、泰国（140万吨，5.2亿美元）、韩国（109万吨，4.2亿美元）、越南（93万吨，3.2亿美元）、印度尼西亚（65万吨，2.4亿美元）。

铁合金出口174万吨，金额26.3亿美元，分别减少20.7%和0.6%。其中硅铁出口94万吨，增长1.0%，金额6.1亿美元，减少9.1%，平均单价下降10.0%；钼铁出口25 137吨，下降40.7%，金额11.5亿美元，增长28.4%，平均单价增长116.5%，钼铁出口趋势值得关注。

未锻造的铝及铝材出口203万吨，减少4.0%，金额43.3亿美元，增长10.4%。其中未锻造的铝（包括铝合金）出口132万吨，金额23.8亿美元，分别减少21.7%和15.0%；铝材出口71万吨，金额19.5亿美元，分别增长65.1%和74.2%。

进口：

原油进口12 682万吨，增长3.3%，增速较上年回落31.5个百分点，金额477.2亿美元，增长40.7%，平均单价增长36.2%。主要进口市场：沙特阿拉伯（2 218万吨，82.4亿美元）、安哥拉（1 746万吨，65.8亿美元）、伊朗（1 427万吨，53.1亿美元）、俄罗斯（1 278万吨，49.6亿美元）、阿曼（1 083万吨，40.4亿美元）。

中国居美国、日本之后，继续成为世界第三大原油进口国。与此同时，2005年原油进口增量占国际原油贸易增量的比重由2004年的30%下降到10%。主要原因是国产原油增加、国内需求减缓、进口依存度降低。据专家预测，2006年中国原油进口将保持平稳增长，不会大起大落。

成品油进口3 143万吨，减少17.0%，金额104.3亿美元，增长12.8%。其中其他燃料油进口2 608万吨，减少14.7%，金额72.3亿美元，增长18.0%。成品油主要进口市场：韩国（896万吨，31.0亿美元）、新加坡（621万吨，20.5亿美元）、俄罗斯（513万吨，15.1亿美元）、日本（304万吨，11.1亿美元）。

钢材进口2 582万吨，减少11.9%，金额246.1亿美元，增长18.4%。其中板材进口2 243万吨，减少10.6%，金额201.1亿美元，增长17.0%，平均单价增长30.9%。钢材主要进口市场：日本（625万吨，62.6亿美元）、台湾省（489万吨，43.0亿美元）、韩国（443万吨，46.0亿美元）、欧盟（176万吨，33.9亿美元）。

铁矿石。我国继2003年成为世界最大的铁矿石买家后，2004年进口数量达2.08亿吨，再次成为最大的“吸铁石”。在我国强劲需求的拉动下，铁矿石进口价格仍呈上扬趋势。

2005年铁矿石进口27 526万吨，金额183.7亿美元，分别增长32.3%和44.5%，平均单价增长9.2%。主要进口市场：澳大利亚（11 218万吨，61.6亿美元）、印度（6 855万吨，52.3亿美元）、巴西（5 471万吨，38.8亿美元）。

2006年铁矿石国际供应量将继续增加，国际钢铁市场将增长低迷，中国宏观调控作用将继续发挥作用，中国对铁矿石的需求增幅将有所下降，国际市场供过于求已成定局，2006年铁矿石价格将稳中有降。

未锻造的铜及铜材进口253万吨，减少1.7%，金额93.3亿美元，增长20.7%。其中未锻造的铜（包括铜合金）进口142万吨，金额49.5亿美元，分别增长2.5%和29.8%；铜材进口112万吨，减少6.4%，金额43.8亿美元，增长11.8%。

初级形状的塑料进口1 822万吨，减少0.8%，金额242.5亿美元，增长17.3%。其中聚乙烯进口356万吨，减少2.8%，金额37.2亿美元，增长11.6%；聚丙烯进口302万吨，金额30.2亿美元，分别增长3.6%和17.6%；聚苯乙烯进口367万吨，减少3.4%，金额43.9亿美元，增长8.8%；聚酯进口128万吨，减少19.5%，金额30.7亿美元，增长21.6%。

2005 年中国机电产品进出口概况

中国机电产品进出口商会

2005 年我国机电产品进出口再创新高，进出口总额达到 7 771.3 亿美元，比上年增长（下同）24.3%，出口保持快速稳定增长，进口增长明显放缓，顺差迅速扩大，与世界机电产品贸易强国的差距不断缩小。

一、机电产品进出口情况概述

（一）机电产品出口既快且稳

我国机电产品出口已经连续 4 年实现快速稳定增长，日益成为外贸出口的中坚力量。2002 年以来特别是当年 7 月以后机电产品出口再次步入快行线，至 2004 年底的 30 个月各月增幅均在 40% 左右的高位运行；2005 年出口增速虽略有降低，但仍达到了 32%，高于全国外贸出口增幅 3.6 个百分点。2005 年全年机电产品出口总额 4 267.5 亿美元，占全国外贸出口的比重达到 56%，较上年提高 1.5 个百分点；比上年净增 1 033.4 亿美元，占全国外贸净增总额的 61.3%，拉动外贸增长 17.4 个百分点。持续、稳定、快速增长的机电产品出口为全国外贸出口增长和国民经济健康发展作出了重要贡献。

（二）进口增长趋缓但 8 月份以来有所加速

机电产品进口在前 3 年快速增长、基数迅速扩大的基础上，2005 年增势趋缓，仅增长 16%，低于全国外贸进口 1.6 个百分点，也比上年增幅 34.2% 有很大下滑。2005 年机电产品进口总额 3 503.8 亿美元，比上年净增 484.8 亿美元；占全商品进口的比重为 53.1%，降低 0.7 个百分点；从各月增幅来看，人民币升值所在的 7 月恰好是进口由缓转快的分水岭，1 月—7 月进口增幅仅为 9.6%，而 8 月—12 月各月增长均在 20% 以上，12 月份更是达到了 29.5%。

2005 年机电产品进出口按月分布图

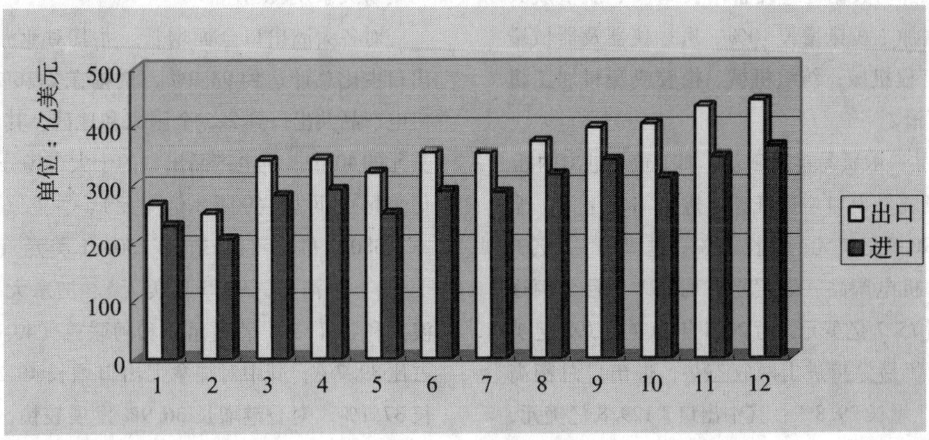

（三）机电产品贸易顺差迅速扩大

因出口保持快速增长，进口增速放缓，机电产品贸易顺差凸现：2005 年全年机电产品顺差额增至 763.7 亿美元，远超过上年 215.1 亿美元顺差的水平；顺差额接近机电产品贸易额的 10%，月均顺差达到 63.5 亿美元。

（四）机电产品贸易规模世界排位第三

从 2005 年 1 月—10 月份全球重点国家和地区机电产品贸易额比较来看，中国机电产品进出口额以 6 186.8 亿美元排在第三位，同期美国进出口额约 10 750 亿美元，德国约 7 050亿美元。其中出口以 3 392 亿美元位于第四位，与美国的 4 274 亿美元和德国的 4 492 亿美元差距较大，但与日本出口差距缩小到 200 亿美元以内，同时高于法国、英国、韩国等出口大国 1 500 亿美元以上；进口以 2 794.9 亿美元排在第二位，同期美国进口 6 500 亿美元遥遥领先，德国以

2 650亿美元位于第三位，日本、法国、英国进口额在1 400亿美元—1 900亿美元之间。

二、机电产品进出口呈现五大特点

（一）进出口商品结构不断优化，技术含量、附加价值高的商品带动整体增长

机电产品出口规模的迅速扩大，与大批高新技术类产品、附加价值高和加工深度大产品的带动密切相关。2005年全年重点商品出口中，自动数据处理设备出口1 050.2亿美元，净增208.6亿美元，通信产品出口485亿美元、净增146.5亿美元，家电及消费类电子产品出口545亿美元、净增124.2亿美元，电子元器件出口283.4亿美元、净增59.4亿美元，以上四类商品构成出口主体，累计出口占比达到55.4%，净增额占比52.1%。另外出口额超过10亿美元且增长突出的重点商品有复印设备增长413%，游戏用品增长60%，船舶增长48%，农用机械及零件增长40%，医疗仪器及器械增长41%、汽车及其关键件零附件增长34%等。

机电产品进口中电气电子产品和仪器仪表增长相对迅速，但大部分商品增幅回落，且产品间增幅差异较大。进口额最大的电子元器件进口1 079.5美元，增长26%，其进口来源地已从美国、欧盟转移到亚洲特别是东亚、东南亚地区；汽车及零部件进口136.1亿美元，下降17%，其中整车（含成套散件）进口下降4%，零附件进口下滑30%；其他大类商品中，自动数据处理设备增长20%、航空航天器增长34%、金属加工机床增长10%、医疗仪器及器械增长14%，而起重工程机械、纺织机械、橡胶或塑料加工机械、船舶等进口下滑。

（二）机电产品一般贸易首现顺差，加工贸易进出两旺

机电产品一般贸易出口增势旺盛，进口需求下滑。全年一般贸易出口990.9亿美元，增长37%；进口915.2亿美元，与上年持平；机电产品一般贸易首现顺差，且金额逐月扩大，全年达到75.7亿美元，而2004年为逆差192亿美元。机电产品加工贸易保持进出两旺态势，进出口总额高达4 944.2亿美元，增长29.8%；其中出口3 129.8亿美元，增长30.5%，占比为73.3%；进口1 814.4亿美元，增长28.7%，高于机电产品进口增幅11.4个百分点，首次占比过半达到51.8%；加工增值率［（出口－进口）/出口］为42%，比上年提高0.8个百分点。

（三）外商投资企业为外贸主要增长点，国有企业增长乏力

2005年全年国有企业机电产品贸易仅增长7.5%：进口、出口金额大致平衡，均接近600亿美元左右；从增幅来看，出口增长13.1%，进口仅为2.3%。外商投资企业拉动整体增长，进出口额达5 838.2亿美元，占比突破3/4，顺差达到505.6亿美元：其中出口3 171.9亿美元，增长33.6%，占比74.3%，是带动机电产品出口增长的主体；进口2 666.3亿美元，增长19.1%，高于平均增幅3个百分点，占比76.1%。民营企业出口增长迅速，出口额496.2亿美元，增长50.3%，占比11.6%；进口241亿美元，增长21.1%，占比6.9%。

（四）东部地区依然主导机电产品贸易整体走势

从地区分布来看，东部地区占机电产品贸易额的95.9%，出口前十位、进口前九位的省市均在东部地区；其中出口增长31.7%，进口增长16.7%，基本体现了机电产品贸易的增长情况。中部地区和西部地区占比分别为2.3%和1.8%，份额小且增幅不高。从具体省市贸易额来看，长三角、珠三角和环渤海地区贸易额位于前列，尤其是广东、江苏和上海在进口、出口方面均列前三位，出口总计占比达到72.3%，进口总计占比70.9%；同期浙江、天津和北京等进出口额也已超过360亿美元。从增长幅度来看，北京、黑龙江、吉林等5省市出口增幅超过60%，江苏、江西、河北等6省市出口增长在40%以上；进口中甘肃、吉林等份额较小的4省增长超过40%，重点省市中江苏省增长27%最为迅速，而广东、天津、山东等增幅在20%左右，另外浙江、辽宁、安徽等14个省市进口下滑。

（五）对欧美日等重点市场贸易稳定增长与部分新兴市场贸易关系发展迅速

对各大洲出口全面增长，尤其对亚洲、北美洲和欧洲出口占比总计达到93.9%，增幅在29.6%—34%之间。我机电产品共出口到225个国家和地区，其中出口超过10亿美元的40个。机电产品出口的十大市场分别是美国（984.9亿美元）、欧盟（904.8亿美元）、香港（859亿美元）、日本（380.7亿美元）、东盟（303.1美元）、韩国（144.6亿美元）、台湾省（98.5亿美元）、加拿大（58.6亿美元）、澳大利亚（53.8亿美元）和阿联酋（40.6亿美元），总计占比89.7%；其中对加拿大出口增长48.3%、对阿联酋增长37.1%、对香港增长36.9%发展较快，对美国和欧盟出口增长也超过了30%。另外对部分新兴市场出口增长迅速，出口超过5亿美元且增长超过40%的有印度、土耳其、哈萨克斯坦、俄罗斯、乌克兰、南非、埃及、苏丹、巴西等13个市场。

进口方面，自亚洲进口份额大且增长较快，金额增长20.6%，占比提高2.9个百分点达到76.1%；自欧洲进口出现下滑，降幅为1.5%，占比15%；自北美洲进口小幅增长，增幅为12.4%，占比7.8%。我机电产品进口来自174

个国家和地区，其中进口额超过10亿美元的来源地23个。机电产品进口的十大来源地为日本（671.6亿美元）、欧盟（491亿美元）、台湾省（495.7亿美元）、韩国（477.2亿美元）、东盟（471.7亿美元）、中国（主要是自保税区进口的转口货物）、美国、香港、瑞士和加拿大，总计占比达到98.3%；其中自韩国、东盟和中国进口增长较快，自欧盟进口下滑1.7%。另外，自印度、罗马尼亚、白俄罗斯、澳大利亚和哥斯达黎加等市场进口增长较快。

三、需要关注七个重点问题

（一）机电产品贸易顺差大幅增长

2005年机电产品顺差763.7亿美元，对于贸易顺差的超常规增长，我们应有全方位的认识。

一是从与具体国家和地区的贸易平衡来看，我与主要顺差国家和地区顺差增长的同时，与主要逆差国家和地区的贸易逆差也在迅速扩大，即我对香港、美国和欧盟顺差快速增长的同时，与东亚和东南亚却呈现较为普遍的逆差增势。如2005年我与香港顺差795.7亿美元（比上年提高41%）、美国顺差727.5亿美元（提高35.3%）和欧盟顺差413.8亿美元（提高121.5%）；而对台湾省逆差397.2亿美元（提高15.3%）、韩国逆差332.6亿美元（提高29.7%）和东盟逆差168.6亿美元（提高27.3%）。

二是从重点商品来看，自动数据处理设备、家电及消费类电子、通信设备等领域特别是整机部分顺差较大，而逆差主要集中在电子元器件方面。顺差方面，2005年全年自动数据处理设备及零部件顺差690.8亿美元，家电及消费类电子顺差477.4亿美元，通信设备及零件顺差305.9亿美元；逆差方面，电子元器件逆差额达到769.1亿美元，电工器材逆差16.5亿美元，汽车类逆差26.8亿美元。

三是外商投资、国际产业转移带来了国际贸易平衡中顺差随之向我国转移。从对主要贸易伙伴的进出口商品、经营企业的分析中可以看出，正是占比3/4的外商投资企业特别是大型跨国公司从东亚和东南亚等贸易逆差国进口零配件，经过加工后出口到欧美等地，由此带动我国顺差快速增长。

四是加工贸易份额的迅速扩大必将会带来贸易顺差的增长。在一般贸易项下，根据目前我国的居民消费水平、国内生产能力、投资建设情况与进口规模的对比，单纯满足日常生活需要的电子电器类产品进口将进入稳定期，顺差会有所扩大；而满足投资、建设需要的机械设备将保持一定时期的增长，仍会有一定逆差。但顺差更大的增长动力来自于加工贸易，目前进口中加工贸易所占份额已经超过50%，但是由于加工增值率的存在，这部分产品在未来一段时间会带动更多金额的出口，从而也带来相当规模的顺差。全年加工贸易的顺差达到1 315.4亿美元，为机电产品顺差总额的1.72倍，是顺差的最主要成因。

五是欧美等发达国家对我出口管制范围不断扩大。许多大型设备、技术含量高的产品受限较多甚至无法进口，导致进口不畅。

（二）许多重点产品出口量价齐增，但生产及出口成本上升需引起关注

许多重点产品在出口数量增长的同时，出口价格指数超过了100，如光通信设备、电子游戏机、复印设备出口价格指数超过了150，印刷电路、调制解调器和收录音机等价格指数超过了130，扫描仪、缝纫机、吸尘器以及电风扇等出口价格指数超过了110。产品出口价格上扬主要是受生产及出口成本上升影响，一方面能源、原材料等上游产品价格上涨，对生产成本特别是能源、资源密集型产品和粗加工产品的生产成本影响较大；另一方面欧盟两指令无疑加大了企业出口成本，将对家电、IT产品、电动工具、照明设备等领域多项产品产生影响，受影响范围占我对欧盟出口机电产品的71%。

（三）人民币升值对机电产品出口产生一定影响

2005年年初以来，因普遍存在人民币升值预期，企业出口加速而进口放缓。7月21日人民币汇率机制进行改革，虽然2%的升值幅度小于预期的5%，但因大多数企业尤其是民营企业金融风险、汇率风险意识淡薄，未采取金融保险工具进行防范，直接遭受2%的汇兑损失。据预测机电产品一般贸易出口的损失在50亿美元左右；同时，出口自主品牌占比较大的大型单机和成套设备因出口时间跨度长、资金占有量大和收汇周期长而受到很大影响，大量未收汇资金受到损失。人民币升值无疑加大了企业的出口成本，特别是对一些附加值低、市场竞争激烈、利润薄（3%—5%）的行业，在一段时间内出口价格难以提升，企业利润下滑，只能通过本年度利润来消化升值影响。

（四）整机进口放缓，电子类产品零配件进口相对较旺

随着我国加工制造能力的提升，相关产业链的逐步完善，各种电器、设备和装备的能力不断提升，“中国制造”的商品替代进口高价产品趋势增强，特别是电子产品的整机、汽车等进口有所下降，如手机下降19%、打印机下降12%、小轿车下降21%等。而国内无法供应的高端零配件进口增长旺盛，按商品八位海关税号的进口排序来看，前十位全部是电子元器件、计算机和通信设备的配件和零件，累计占进口总额的比重为38.4%，增长32.8%，如其他线宽≤0.18微米数字单片集成电路原片（306亿美元）增长

65.9%，液晶显示板（275 亿美元）增长30.9%，手机零件（104 亿美元）增长32.3%，硬盘驱动器（72.3 亿美元）增长56.7%。

（五）个体企业数量、出口额增长迅速，但平均规模仍然相对较小

2005 年全年有机电产品出口实绩的7.2 万家，其中个体企业已经达到3.1 万家，比上年增长近1 万家，数量占比超过42%。个体企业在数量上不仅远超过国有企业（0.7 万家），而且非常接近外商投资企业（3.3 万家）；但出口大型企业数量有限，在出口超过1 亿美元的531 家企业中，个体企业仅为20 家。个体企业出口额连续多年快速增长，市场份额从2000 年的0.76%提高到8.3%，但相对国有企业的14%和外资企业74.3%的出口份额仍有很大差距，出口平均规模较小。在进口中，个体企业平均规模同样较小。但也应看到，随着企业品牌意识、环保意识、知识产权意识以及参与国际市场竞争能力的增长，个体企业仍将保持较快的发展速度，市场份额不断扩张，对出口增长的贡献将日趋增大。

（六）重点产品在全球出口份额迅速增长，同时一系列国际贸易摩擦接踵而至

据初步统计，2004 年我国有68 种机电产品在全球出口中排在前五位，如笔记本电脑、激光视盘机、集装箱、空调和电动工具等多个领域36 项产品在全球出口额位于第一位，占全球出口市场份额迅速扩大。但也看到，与欧美日等发达国家相比，我出口产品的质量和价格仍然较低，低价竞争依然很激烈。同时，我国已经进入贸易摩擦的多发期，虽然现在主要集中在纺织品、化工产品等领域，但随着机电产品贸易规模的扩大和贸易不平衡等问题的加剧，肯定会成为下一步贸易摩擦的重点领域。2005 年全年我机电产品共受到11 项国际上对我发起的反倾销、特保调查和保障措施等摩擦，涉案金额3.2 亿美元，在一定程度上损害了我国出口企业利益。

（七）与世界贸易强国相比，我国机电产品出口占全商品出口的比重仍偏低

2004 年我国机电产品出口占全商品出口的比重为54.5%，与世界贸易强国相比仍旧偏低。如2004 年日本出口机电产品占比高达74%，韩国为68%，新加坡67%，墨西哥为65%，出口量最大的德国和美国分别为59% 和58%。另外，从出口结构来看，我国汽车、大型机械出口能力还有待提高，如德国汽车和成套散件出口占机电产品的份额为21%，日本、韩国和法国均达到了19%，加拿大更是高达35%，而我国仅为2.6%；另外，发达国家出口中起重工程机械、金属冶炼设备和机床等所占出口比重也均高于我国。可以看出，在我国机电产品出口已经位于世界第四位的情况下，随着汽车、大型机械和设备出口能力的增强，机电产品出口仍有很大的提升空间。

四、2006 年机电产品进出口面临的主要形势

2006 年我国将进入入世的“后过渡期”，也是实现“十一五”规划的起步之年，我国机电产品进出口将面临新的形势和挑战，主要有：

（一）世界经济稳定增长，但不利因素依然存在

2006 年世界经济仍将保持稳定增长，据国际货币基金组织、世界银行等机构预测，2006 年世界经济增长率将与2005 年大体持平，世界贸易增长率略高于2005 年，跨国并购、投资规模将进一步扩大。这些都为出口发展提供了增长空间。但制约因素依然存在，首先，如果美联储在2006 年继续执行其既定的稳步调高利率的政策，将不仅对国内需求产生负面影响，还可能会影响其他地区的利率政策，世界各国经济都将受到影响。其次，全球经济持续增长对石油的旺盛需求会使石油价格维持高位，将给世界经济带来不利影响，尤其对发展中国家冲击更大。另外，国际贸易保护主义仍然会采取反倾销、特保措施等多种手段对我出口产品设置障碍，对我出口形成制约。

（二）国内经济预测乐观，进出口贸易增长基础稳固

2006 年我国国民经济将稳定快速发展，宏观经济政策、财政和货币政策将保持稳定，投资形成的加工生产能力将进一步释放，出口持续增长的产业基础进一步得以加强；随着结构性投资过热的逐步缓解，电子产品配件、先进技术和关键设备总体短缺的格局将带动进口增长逐步回升。但出口中成本上升的压力依然存在，能源、原材料价格居高不下，劳动力成本上升，人民币汇率存在进一步升值的可能性，竞争日趋激烈出口报价难以提升等，将压缩企业特别是劳动密集型和下游企业的利润。

（三）出口增长方式将进一步转变，出口将持续发展

目前我企业尚缺乏一批具有核心竞争力和自主知识产权的名牌产品，研发实力、创新能力和售后服务亟待提高，产业集中度和产业链的建设有待加强。但随着一系列鼓励出口、促进外贸增长方式转变和规范出口秩序的法规和文件的制定和陆续出台，金融政策、金融衍生工具和出口保险政策的不断完善，我们有理由相信我国出口增长方式一定会不断改善，出口中存在的深层次的问题会逐步得以解决，出口竞争力继续提升，实现由贸易大国向贸易强国的转变。

（四）加工贸易和外商投资企业仍将保持较旺增长态势

2005年在一般贸易进口下滑的情况下，加工贸易进口则保持了28.7%的高速增长；同时外商投资企业进口增长19.1%，且近几个月以来有加速趋势。这一趋势将在2006年得以延续，与之相关的出口也将保持稳定的出口增速，而组装加工实力的增强、相关产业链的形成、吸收外商投资继续增长、国际产业向国内转移仍在继续等因素也是保证加工贸易和外商投资企业出口快速增长的重要基础。

2005年中国纺织品服装进出口概况

中国纺织品进出口商会

2005年，统治了世界纺织服装贸易长达40年之久的配额体制宣告结束，在享受纺织品一体化所带来的权益和机遇的同时，我国纺织服装业也遭遇了空前的贸易寒流，美欧对我部分纺织品重新设限，部分发展中国家也对我纺织品频频发起反倾销或实施特保。贸易环境恶化和不确定性给出口企业的经营带来了极大的困难和风险。

此外，人民币升值、能源紧张、劳动力成本上升等因素也给企业的经营带来较大压力，致使企业成本上升，利润下降。面对机遇与挑战，广大纺织品出口企业一方面紧紧把握配额放开的大好时机，扩大出口。另一方面，努力拼搏，深入挖潜，克服重重困难，在国内经济形势持续向好的带动下，实现了我国纺织品出口继续保持较高的增长。

据中国海关统计，2005年，全国纺织品服装进出口总额为1 321.7亿美元，增长18%，占全国货物贸易的9.3%。其中出口1 150.3亿美元，增长20.9%，占全国货物贸易出口的15.1%；进口171.4亿美元，增长1.7%，占全国货物贸易进口的2.6%。实现顺差978.9亿美元，增长25.1%，是全国货物贸易总顺差的96.1%。

2005年全国纺织品服装及相关产品进出口呈现如下特点：

1. 出口总额超千亿美元，连续第三年保持快速增长

2005年是配额制度取消的第一年，出口总额达到1 150.3亿美元，越过千亿美元大关，超过上年全年水平。出口增长率为20.9%，成为继2003年、2004年之后第三个出口增长率在20%以上的年度。

进口总额171.4亿美元，与上年基本持平，变化不大。

2. 6月—10月以及12月形成当年出口高峰，月度出口额均超过百亿美元

与往年的出口走势基本相同，三季度是出口最集中的时期，该季度的月平均出口额达115.5亿美元。其次是四季度，月平均出口额为100.1亿美元。一、二季度相对较少，月平均出口额分别为74.7亿美元和93.2亿美元。但与往年不同的是，6月—10月连续五个月，以及年底的12月出口额均超过了百亿美元，创下了单月出口额的新记录。

进口各月变化不大，平均月进口额为14.3亿美元，6月份进口值最高。

3. 月度出口走势与欧美贸易政策息息相关

欧盟和美国一直是我纺织品服装最主要的出口市场，这两个市场（包括经其他地区转口）占我出口总额比重的一半，且年年递增。因此欧美的贸易政策也就成为影响我纺织品服装出口最主要的因素。2005年月度出口走势成为反映欧美政策变动的“晴雨表”。从图二中可以看出，2005年纺织品服装月度出口增幅走出了一条与上年反差明显的曲线：1月—2月，出口增长是全年相对较快的时期，增长率都在30%左右，这主要是由于受配额取消的利好带动，被配额压抑多年的生产能力得到释放，使年初的出口增长即达到较高水平；进入3月份，受春节长假及设限预期的影响，出口的冲力暂为放缓，当月出口增幅回落；4月—6月，美欧相继对我纺织品重新设限，贸易前景的不确定性使出口企业无所适从，由于担心下半年设限产品无法出口、订单流失，企业在这段时间里加紧生产，赶订单、抢出运，导致原本应该是出口淡季的二季度增幅逐月放大；6月中欧

签署了《中国部分输欧纺织品和服装谅解备忘录》，由于有一个月的政策公示期，企业争相出口，因此6月—7月份对欧盟出口达到峰值。7月20日，中方开始为输欧产品颁发许可证，对欧盟出口增幅开始回落。9月初，中欧双方签署《磋商纪要》，妥善解决了滞港问题。至此，中欧纺织品问题得到成功解决，对欧盟纺织品服装贸易环境由此明朗确定。但此时，中美纺织品问题仍迟迟未决，美方的强硬态度使我出口前景愈发不明朗。经过7月份的短暂回落后，8月份纺织品服装出口增幅再次冲高，并达到了全年最高值。9月—10月，大部分输美受限商品的数量已经或即将告罄，面临封关。因此这段时期出口增幅转而向下；11月初，在经历了长达五个月的七轮磋商之后，中美双方最终签署了纺织品备忘录，当月，纺织品服装整体出口走势稳定，出口增长幅度继续缩小。

图一　2005年各月出口金额及同比图示

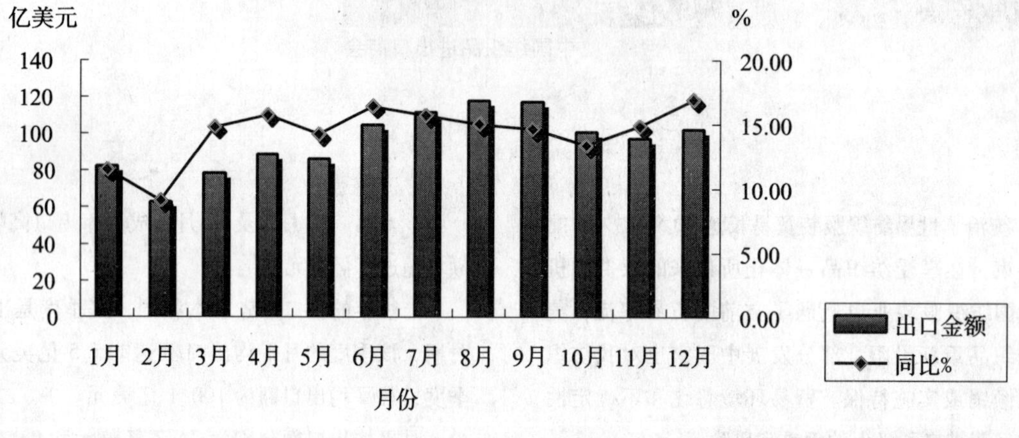

图二　2005年各月出口增长率与2004年各月对比

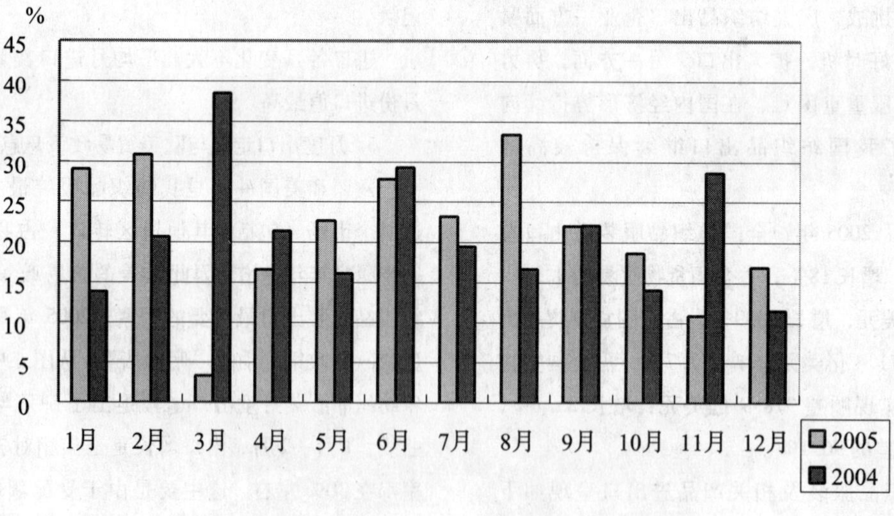

4. 贸易顺差保持快速增长，但对全国货物贸易总顺差的拉动作用明显下降

全国货物贸易自9月份开始扭转逆差局面以来，一直保持顺差，2005年的顺差额高达1 018.8亿美元。纺织品服装共实现顺差978.9亿美元，比上年增长25.1%。由于其他行业出口快速增长，纺织服装虽然仍是货物贸易顺差的主要来源且保持快速增长，但对货物贸易总顺差的拉动作用较前几年已明显减弱。2000—2004年，纺织品服装的顺差额远远大于货物贸易总顺差额，是贸易总顺差的1.5—2.4倍，而2005年却降到了贸易总顺差额之下，较总顺差额少了近40亿美元。

5. 一般贸易进口、出口比重全面提升，加工贸易发展

速度放慢

作为最主要的贸易方式，纺织品服装一般贸易近四年来一直保持快速增长，增幅始终在20%以上。2005年一般贸易共出口796亿美元，占总出口的69%，进口20.8亿美元，占总进口的12.1%，进口、出口占比均较上年有小幅提升。进口、出口额分别增长21.6%和24.5%，增幅都超过了平均增长水平。

2005年，纺织服装加工贸易出口305.2亿美元，占全国纺织服装总出口的26.5%，进口145.7亿美元，占总进口的85%，出口、进口占比较上年分别减少了3个百分点和2.1个百分点。加工贸易的发展速度开始明显放慢，出口仅增长8.9%，进口更是出现了负增长。

加工贸易比重的下降，从侧面印证了中国纺织业技术的进步。

6. 民营企业实现跨越式发展，成为出口第一主力

近年来，我国良好的经济环境使民营企业如雨后春笋迅速发展，在纺织品服装的生产和出口领域表现得尤为突出。近三年来，民营企业的纺织服装出口持续高速增长，2005年更是实现了跨越式发展。民营企业出口额达到414.5亿美元，占总出口额的36%，成为出口第一主力。从出口企业家数看，民营企业也独占鳌头，2005年，全国共有46 000多家企业从事纺织品服装出口，其中民营企业占到了52%。

三资企业出口394.8亿美元，占比为34.3%，出口家数17 062家，占比为37%；国有及国有参股企业的出口为340.5亿美元，占比缩减到30%，出口家数已经不到5 000家，占比仅为10.1%。

在各类出口企业中，民营企业的出口增长速度也是最快的。2005年出口增幅高达42.5%，远高于三资企业20.6%和国有企业2.2%的增长。

三资企业仍占据进口70%的份额，并保持微量增长。民营企业的进口增长最快，国有及国有参股企业进口下降。

7. 欧美取代日本、香港跃居我出口目标市场前两位，对非配额地区出口增幅下降

2005年配额的取消，为我国纺织品服装的出口提供了一个前所未有的发展空间，对欧美等原配额地区出口迅速增长。仅2005年前两个月，对欧美累计出口就达到了51.5亿美元，比上年同期猛增了77 %。2005年全年，对欧盟出口183.2亿美元，增长56.9%，占我出口总额的15.9%，占比较上年提升3.6个百分点；对美国出口186.4亿美元，增长70.5%。占我出口总额的16.2%，占比较上年提升4.7个百分点。美国和欧盟已经超越了日本和香港，成为我出口第一、第二大目标市场。

我国政府决定自2005年1月1日起对148种纺织品征收出口关税，并分别于2005年5月和7月分三次对出口关税税率和商品范围作出调整。由于征税面对全球所有市场和所有的贸易方式，加上受配额取消的带动，企业将更多的出口目标锁定在欧美市场，导致我对非配额地区的出口受到了一定的影响。2005年，我对非配额地区出口共计774.4亿美元，占总出口的比重为67.3%，出口增长7.4%，占比及增幅较2004年分别缩小了8.5个百分点和11个百分点。对日本累计出口仅增长了5.6%，对香港还下降了14.5%。使日本和香港在我出口市场中前两名的地位分别被美国和欧盟替代，退居第三、第四位。但从三季度末开始，情况开始发生变化，对日本单月出口额连续四个月超过欧盟，连续三个月超过美国；对香港单月出口额也在四季度各月超过欧盟。预计随着明年对欧美出口进行出口数量许可管理，日本和香港的市场地位将迅速恢复。

其他主要市场中，对俄罗斯、加拿大、印度、巴基斯坦、越南、印度尼西亚、部分独联体国家的出口均实现了较快的增长，增幅都超过30%。

8. 纺织制成品出口增长最快。服装对全球出口单价实现增长，但对美国出口单价下降依然严重

2005年，纺织品出口411.4亿美元，增长22.8%，服装出口738.9亿美元，增长19.9%。两大类商品呈现相对平衡的发展趋势，纺织品增速略快于服装。

纺织品中制成品增长35.7%，是增长最快的大类商品，其中工业用纺织品和无纺织物增幅都在40%以上，家用纺织品出口增长36%。

纱线、面料出口分别增长18%和16%。服装中针织服装出口增长19%，梭织服装增长21%，毛皮革服装增长13.8%，衣着附件增长20%。在针织、梭织服装中，棉制服装的增长最快，增幅接近40%。

对全球出口服装的单价保持稳定增长，针织服装、梭织服装的出口单价分别提升12.2%和5.5%。其中毛制、化纤制的针织服装提升最快，单价增幅都在20%左右。棉制梭织服装的增幅也超过了10%，增长较为迅速。但对欧盟和美国，尤其是对美国的出口单价仍下降较多。对美国出口针织、梭织服装单价分别下降47%和10%，各月均为负增长。配额取消的确为数量扩张和价格下降提供了条件，但特保设限造成企业的出口压力增大，贸易政策的不确定性使得企业为了拉住客户、完成定单而不惜采取低价竞销。从全年各月对美针织、梭织服装的出口走势可以看出，单价呈现明显的波段式变动，且变化的幅度较大。1月、2月份开始下降，至3月、4月份开始出现第一个波谷，出口单

价和降幅均降至低位；5月起单价缓慢提升，同比降幅也逐步缩小；10月份，单价又开始回落，至12月份，梭织服装出口单价和针织服装出口单价同比均降至全年最低点。整体而言，梭织服装的情况略好于针织服装，全年有6个月的降幅在10%以下；针织服装对美各月出口单价的降幅都在30%以上，最高更达到61%。

对欧盟出口情况略好，全年出口针织服装单价下降11.4%，梭织服装实现4.5%的增长，各月出口单价的涨跌走势与美国基本相同，但同比增减的变化特点更为鲜明，其中针织服装的月度同比自4月份开始下降，并一路走低，11月份达到最低点；梭织服装仅在6月、7月份出现同比下降，至年底保持小幅增长。

纺织品中仅棉纱线出口单价出现下降，且降幅不大。面料出口单价均实现增长。

9. 大多数省市出口实现增长，东南沿海五省市出口占全部出口的八成

2005年，以东部沿海地区为主的出口格局未发生大的变动。浙江省仍稳居出口第一，出口额超过了200亿美元，在全国首屈一指，自2002年出口超过百亿美元后，浙江后劲十足，用了三年时间实现出口额翻番。广东省、江苏省、上海市和山东省紧随其后，出口额也均超过或接近百亿美元，这五个大省市的出口额合计达887.6亿美元，占全国出口总额的77.2%。

全国80%以上的省（市、区，不包括港、澳、台地区）出口实现增长，其中10个省市的出口增幅超过20%，浙江省仍保持24.3%的出口增幅。黑龙江、京津地区和新疆增长最快。

全国40%以上的省市进口出现下降。广东省、上海市进口基本持平，江苏省也仅增长了5%。进口下降较为迅速的地区集中在西部。

2005年可谓风雨交加，尤其是上半年，美欧先后设限，企业出口处于一个不确定、不明朗的贸易环境，导致出口局部激增、价格下降、大量货物滞港等现象。我国政府英明决策，在下半年成功地与欧盟、美国签署了纺织品贸易协议，为纺织服装业的发展构筑了可预见的贸易环境，维护了我国企业的利益，稳定了贸易大局。

2005年是我国十五规划的最后一年。纵观整个十五期间，这是我国纺织服装业飞速发展的一个重要时期。除2001年外，其他四年的出口均保持了两位数的高速增长，五年共出口4 042.7亿美元，比九五期间出口的2 111.6亿美元增长了近1倍。这既得力于我国加入WTO后享受一体化及配额取消的成果，也是我国纺织服装业产能不断扩大、技术不断进步、产品质量不断提高的结果。但是随着我国纺织服装业生产、贸易的快速发展，国际贸易环境也发生了较大变化，贸易摩擦日见频繁，产业自身结构的矛盾与外在环境的冲突也不断加剧。这一系列问题在过去的一年表现得尤为突出。

2005年虽然出口依然保持了较高增长，但出口企业的利润却没有同步增长，甚至出现下降。美欧及一些发展中国家设限范围之广达到了空前的程度，原材料、劳动力、能源等生产成本不断上升，使许多企业难以为继。日益显露的危机迫使我们不得不反省：依靠低成本、低价格，追求数量增长来扩大出口规模的模式已经走到尽头，没有知名自主品牌，处于产业链低端，赚取微薄的加工费，只能受制于人，调整产业结构，提高产品质量，已经迫在眉睫。

小资料

结汇、售汇、付汇

结汇：外汇收入所有者将外汇卖给外汇指定银行，外汇指定银行根据交易行为发生之日的人民币汇率付给等值人民币的行为。

售汇：外汇指定银行将外汇卖给外汇使用者，并根据交易行为发生之日的人民币汇率收取等值人民币的行为。

付汇：经批准经营外汇业务的金融机构，根据有关售汇以及付汇的管理规定，审核用汇单位和个人提供的规定的有效凭证和商业单据后，从其外汇账户中或将其购买的外汇向境外支付的行为。

2005 年中国轻工工艺品进出口概况

中国轻工工艺品进出口商会

2005 年是我国国民经济和社会发展“十五”时期的最后一年。作为我国对外贸易组成部分的轻工工艺类商品，在过去 5 年间也不断跃上新的台阶。2001 年轻工工艺类商品进出口总额 1 104 亿美元；2002 年 1 361 亿美元，当年出口额突破 1 000 亿美元；2003 年 1 729 亿美元；2004 年跃上 2 000 亿美元新台阶，达到 2 176 亿美元，比 2000 年翻了一番、比 1995 年翻了两番；2005 年，轻工工艺品进出口总额 2 634.16 亿美元，其中出口突破 2 000 亿美元，达到 2 058.13亿美元，比 2002 年翻了一番。

2005 年，全国轻工工艺品进出口总额 2 634.16 亿美元，与 2004 年相比增长 21.04%，占全国进出口总额的 18.52%。其中出口 2 058.13 亿美元，增长 23.2%，占全国出口总额的 27.01%；进口 576.03 亿美元，增长 13.88%，占全国进口总额的 8.73%。实现贸易顺差 1 482.1 亿美元，增长 27.25%。

2005 年轻工工艺品进出口情况（单位：亿美元）

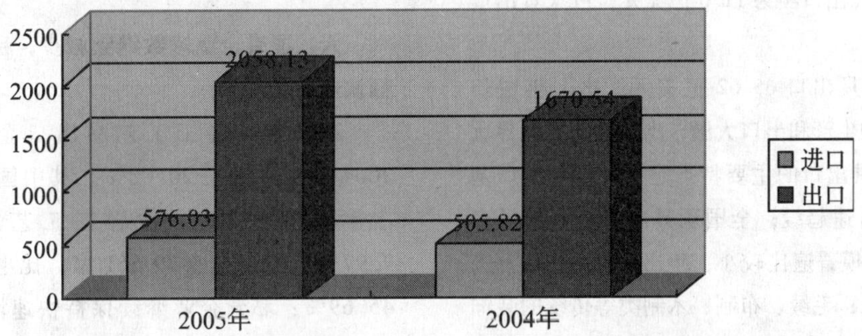

一、进出口增速仍低于全国水平，出口份额基本稳定

2003 年以来，轻工工艺品进出口年增长幅度连续三年低于全国外贸进出口增幅。2003 年低了 10.08 个百分点；2004 年低了 9.81 个百分点；2005 年低了 2.16 个百分点。虽然轻工工艺品进出口增速略显逊色，但在我国外贸出口中的份额多年来一直保持在 30% 左右，基本稳定。

二、大宗商品出口单价连年上涨

2005 年，轻工工艺品大宗商品（鞋、玩具、箱包、抽纱、塑料制品、钟表及配件、陶瓷、珠宝首饰、家具、纸张纸浆、玻璃制品、草柳竹藤）出口额 821.72 亿美元，占轻工工艺品出口总额的 39.93%。出口单价在 2004 年全线上涨的基础上，除珠宝首饰出口单价下降外，其余商品出口单价都有较大幅度提高，依次为：抽纱制品上涨 53.21%；塑料制品上涨 15.65%；钟表及配件上涨 14.46%；陶瓷制品上涨 9.89%；家具上涨 7.75%；鞋类上涨 7.14%；箱包上涨 6.25%；玻璃制品上涨 5.98%；草柳竹藤制品上涨 4.79%；玩具上涨 3.13%；纸张纸浆上涨 0.93%。

三、轻工工艺出口前五大商品情况

鞋类　鞋类出口近年一直稳居世界第一位。2005 年出口 70.67 亿双，比上年增长 17.02%；出口金额 190.53 亿美元，增长 25.32%。主要出口品种为皮鞋、塑胶鞋、纺织面鞋。主要贸易方式为加工贸易和一般贸易，分别占鞋类出口总额的 41.62% 和 44.35%。

主要出口国家和地区为美国、欧盟、日本和香港地区。对美国出口 67.82 亿美元，占鞋类出口总额的 35.6%；对欧盟出口 32.66 亿美元，占鞋类出口总额的 17.14%；对日本出口 13.8 亿美元，占鞋类出口总额的 7.24%；对香港地区出口 11.3 亿美元，占鞋类出口总额的 5.93%。

主要出口省份为广东（出口额74.22亿美元，占鞋类出口总额的38.96%）、福建（出口额35.21亿美元，占鞋类出口总额的18.48%）、浙江（出口额26.56亿美元，占鞋类出口总额的13.94%）。

家具 近几年来，家具出口增长迅速，2005年家具出口近136亿美元，比2004年增长33.06%，居世界家具出口第一位。主要出口品种为木制家具和金属家具。主要贸易方式为一般贸易和加工贸易，一般贸易52.5%，加工贸易45.8%。

主要出口国家和地区为美国（出口额64.6美元，占家具出口总额的47.5%）、欧盟（出口额24.1亿美元，占家具出口总额的17.8%）、香港地区（出口额11.9亿美元，占家具出口总额的8.8%）、日本（出口额10.8亿美元，占家具出口总额的8%）。

主要出口省份为广东（出口额55.8亿美元，占家具出口总额的41.1%）、浙江（出口额21.8亿美元，占家具出口总额的16%）、上海（出口额13.5亿美元，占家具出口总额的9.9%）、江苏（出口额为11.6亿美元，占家具出口总额的8.6%）。

玩具 2005年玩具出口65.62亿美元，比上年增长2.87%。我国是玩具的生产和出口大国，出口额约占世界玩具出口额的37%。玩具出口的主要特点是：近年来出口基本处于增长态势，但增速趋缓；全国玩具出口企业数量多达6 962家，但企业规模普遍比较小，年出口额1 000万美元以上企业只有106家；毛绒、布制、木制类等传统的装饰型、拼装型中低档玩具品种在我国玩具出口中占较大比重；加工贸易出口额占出口总额的62%。

箱包 2005年箱包出口73.12亿美元，比上年增长17.2%。主要出口市场集中在美国、欧盟、香港地区和日本。2005年向美国出口20.74亿美元，增幅17.59%；向欧盟出口18.51亿美元，增幅16.97%；向香港地区出口8.04亿美元，增幅6.59%；向日本出口7.98亿美元，增幅8.7%。

陶瓷 2005年陶瓷制品出口50.38亿美元，比上年增长29.5%。日用陶瓷全年出口16.59亿美元，增长23.88%，占陶瓷出口金额的比重为32.94%，在各类陶瓷品种中继续保持主导地位；建筑陶瓷出口12.5亿美元，增长42.9%，列各陶瓷品种增幅首位；卫生、艺术及其他类别的陶瓷出口金额也都有不同程度的增长。

四、近几年出口增长较快商品

玻璃制品 2003年，玻璃制品出口金额增长30.25%；2004年增长34.22%；2005年增长30.45%，连续三年增幅超过30%。

纸张纸浆 2003年，纸张纸浆出口金额增长35.05%；2004年增长22.95%；2005年增长38.53%，也是近几年增长较快的商品。

珠宝首饰 2004年，珠宝首饰出口金额增长32.15%；2005年增长21.97%。

抽纱制品 2003年，抽纱制品出口金额增长46.32%；2004年增长29.78%；2005年虽然出口数量和金额有所下降，但出口单价上升了53.21%。

五、一般贸易出口增幅高于加工贸易，加工贸易比重略高于一般贸易

2005年，轻工工艺品一般贸易出口927.52亿美元，同比增长27.51%，加工贸易出口1 029.45亿美元，增长17.58%。2005年加工贸易出口占轻工工艺品出口总额的50.02%，略高于一般贸易45.07%的市场比重。

六、国有企业家数继续减少，私营企业家数及出口金额快速增长

2005年，轻工工艺品出口企业达86 800家，与2004年相比增长20.08%。其中国有企业6 921家，比上年减少677家，占轻工工艺品出口企业总数的7.97%；三资企业39 661家，比上年增加3 691家，占45.69%；私营企业继续保持快速增长势头，在2004年增幅100.44%的基础上，企业数量达36 713家，占轻工工艺品出口企业的42.3%。

2005年，私营企业出口金额比2004年增长60.52%。由于私营企业规模小，出口金额在轻工工艺行业中所占比重还比较小。三资企业和国有企业出口金额占有约80%的份额。

七、出口仍集中在四大传统市场

2005年，轻工工艺品出口的主要市场仍是美国、欧盟、香港、日本。对美国出口602.95亿美元，占轻工工艺品出口额的29.3%，同比增长19.69%；对欧盟出口425.35亿美元，占轻工工艺品出口额的20.67%，同比增长32.66%；对香港出口283.23亿美元，占轻工工艺品出口额的13.76%，同比增长10.47%；对日本出口170.47亿美元，占轻工工艺品出口额的8.28%，同比增长11.09%。

在向传统市场出口的同时，2005年对俄罗斯出口在2004年增长61.66%的基础上，继续保持37.61%的高增长。

对其周边的哈萨克斯坦、吉尔吉斯斯坦、乌克兰出口增幅也比较大。

八、广东等五省市仍是出口主体

2005年，出口排名前五位的省市依然是：广东省出口833.29亿美元，占全国轻工工艺品出口额的40.49%，同比增长17.84%；浙江省出口248.46亿美元，占全国轻工工艺品出口额的12.07%，同比增长32.38%；江苏省出口232.95亿美元，占全国轻工工艺品出口额的11.32%，同比增长34.12%；上海市出口193.51亿美元，占全国轻工工艺品出口额的9.4%，同比增长18.75%；福建省出口133.72亿美元，占全国轻工工艺品出口额的6.5%，同比增长16.84%。上述五省市出口占全国轻工工艺品出口额的79.78%，仍是轻工工艺品的出口主体。

九、贸易摩擦涉案金额增加，出口最大商品遭欧盟调查

2005年，我轻工工艺品共遭受国外反倾销立案调查11起，特别保障措施2起，反规避调查1起。上述案件涉及箱包、活页夹、牙刷、文件夹拱擎装置、球类、劳保鞋、塑料袋、皮面鞋、塑料转笔刀、浮法玻璃、文具纸、钢化玻璃、卷尺、烧烤架等商品，总的涉案金额约8.7亿美元。发起上述调查的国家和地区有美国、加拿大、土耳其、阿根廷、哥伦比亚、墨西哥、欧盟、南非等。其中，欧盟诉我鞋倾销案涉案金额3亿多美元。

2005年中国农产品进出口概况

中国食品土畜进出口商会

一、2005年我国农产品进出口贸易概况

2005年，我国农产品进出口贸易继续保持双增长态势，总值达到558.3亿美元，同比增长9.3%。农产品出口克服了禽流感疫情等不利因素影响，实现较快增长，全年出口271.8亿美元，同比增长17.7%，增幅比2004年同期提高了9个百分点；进口286.5亿美元，同比增长2.4%。农产品贸易逆差大幅减少，全年逆差14.6亿美元，比上年减少70%。

2000—2005年我国农产品进出口统计

单位：亿美元

年度	进出口额	出口额	进口额
2000	268.5	156.2	112.3
2001	277.9	159.8	118.1
2002	304.3	180.2	124.2
2003	401.4	212.4	188.9
2004	510.6	230.9	279.7
2005	558.3	271.8	286.5

我国农产品出口、进口比重（2000—2005 年）

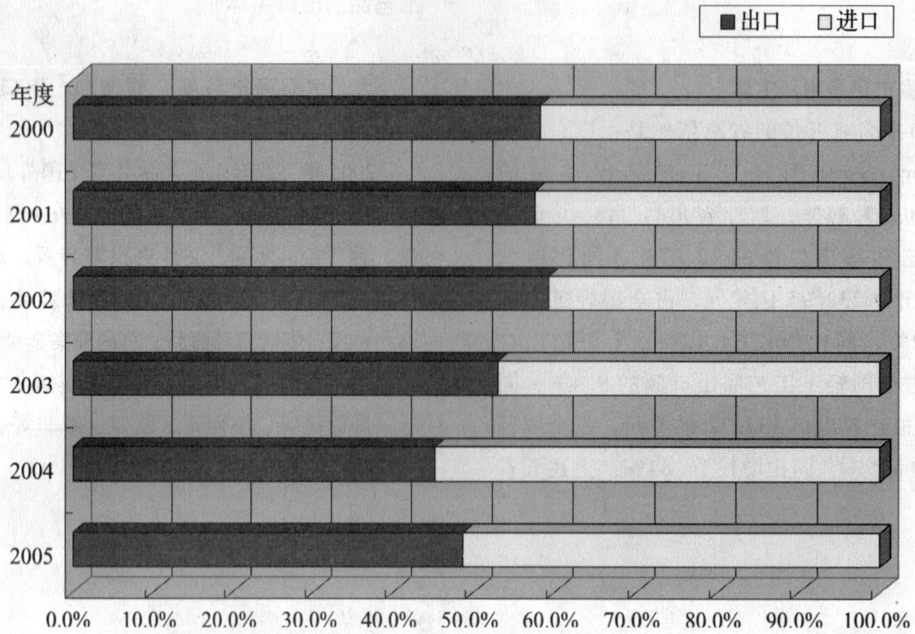

2005 年我农产品出口产品结构

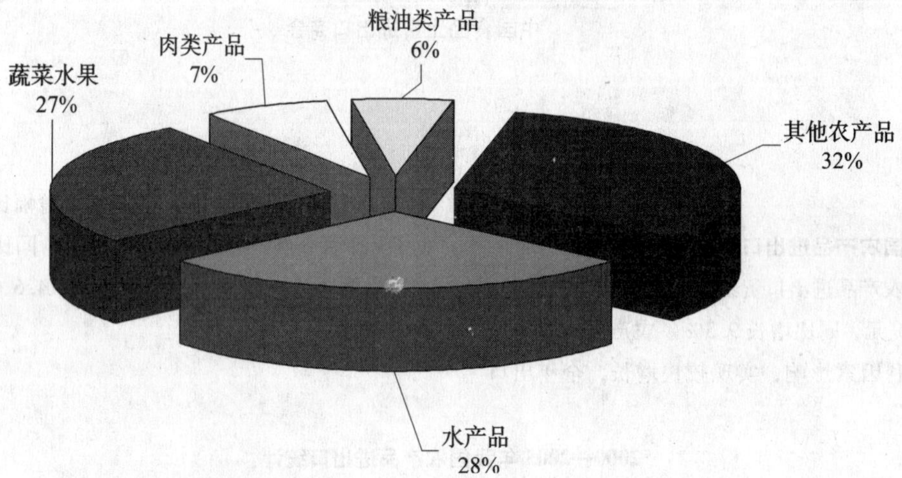

二、2005 年重点大类农产品进出口情况

（一）水产品

2005 年，我国水产品及制品出口 75.4 亿美元，同比增长 13.2%，前三大出口市场依次为日本、美国、韩国。其中，冻鱼及冻鱼片仍居水产品出口首位，出口数量和金额分别为 110.4 万吨、24.2 亿美元，分别增长 11%、26.6%；而虾出口下降幅度较大，全年出口量仅为 9.4 万吨，下降 20.6%，出口额为 3.6 亿美元，下降 19.6%；烤鳗受日本技术壁垒影响出口数量和金额分别减少 1.8 万吨、1.5 亿美元。

2005 年我水产品及制品进口 195.5 万吨、29 亿美元，增长 11.7%、22.9%，进口增幅明显高于出口增幅。其中，冻鱼的进口量仍在继续上涨，增长 20.6%，达到 157.7 万吨，而鲜冷鱼的进口量则大幅下降，只有 1.8 万吨，减少 2.7 万吨。

（二）果蔬类产品

2005 年，蔬菜、水果及坚果类产品出口额比上年增长了 19.6%，达到 72.1 亿美元，主要出口市场是日本、美国、韩国、香港、俄罗斯。在蔬菜类产品中，鲜蔬菜出口

333.5万吨、11.1亿美元，增长12.8%、28.5%；冷冻蔬菜出口55.4万吨、4.3亿美元，增长13.2%、17.3%；食用菌及其制品出口47.5万吨、8亿美元，增长4.2%、5%。水果坚果及制品的出口额为26.9亿美元，增长20%，主要出口到日本、美国、俄罗斯、德国、荷兰。其中，苹果、梨、柑橘橙的出口总量为165.8吨，增长14%，出口总额为5.7亿美元，增长21.6%；各类果汁出口70.2万吨、5.2亿美元，分别增长32.8%、43.6%，芒果、西番莲、番石榴等水果汁的出口增长迅猛。

从进口来看，果蔬类产品全年进口498.9万吨、13.4亿美元，分别比上年增长2.4%、14.8%。蔬菜产品中胡萝卜及萝卜、竹笋、芹菜等鲜蔬菜进口数量增长幅度较高，达到了87.9%；鲜水果中，进口量排名前3位的是芭蕉、龙眼和西瓜，总计63万吨，增长13.5%。

（三）肉类产品

2005年，我国肉类产品出口整体上仍为增长趋势，出口数量89.2万吨、金额19.2亿美元，分别比上年增长12.9%、20.4%，主要出口市场是日本、香港、韩国、美国、朝鲜等。畜肉产品出口数量有所下降，其中，猪肉出口数量下降幅度最大，下降14%，冻牛肉的出口数量也下降了7.2%。禽肉产品出口恢复增长，出口数量和金额均增长40%以上。

肉类及制品全年进口数量为63.5万吨，同比增长17.8%，金额5.9亿美元，增长23.3%。鸡肉及其副产品的进口量激增，达到37.7万吨，增长105.9%，鸡罐头的进口数量也由2004年的0.4吨猛增到2005年的3.5吨，增幅达716.4%。

（四）粮油类产品及关税配额农产品

2005年，我国粮食和植物油出口大幅增长，粮食出口974.6万吨，同比增长121%，主要产品是玉米，出口量达到861万吨，同比增长271.5%。植物油出口24.8万吨，同比增长182.6%，其中，菜籽油、豆油、玉米油三项产品出口总量占全年植物油出口总量的75%，出口数量分别增长了511%、224%、399%，出口金额分别增长了453%、201%、319%。大豆进口量再创历史新高，达到2 659万吨，同比增长31.4%，主要进口来源地为美国、巴西、阿根廷。关税配额农产品的进口额为79.8亿美元，占我农产品进口总额的27.9%，同比下降14.9%，小麦、菜籽油下降幅度在50%以上，大米和豆油也有较大程度的下滑。

2005年进口关税配额农产品量值表

数量：万吨，金额：万美元

商品名称	进口配额量	进口数量	进口金额	数量同比（%）	金额同比（%）
小麦	963.6	353.8	77 286.7	-51.3	-53.1
玉米	720.0	0.4	147.7	61.6	45.5
大米	532.0	52.2	19 944.6	-31.9	-21.7
棕榈油	316.8	283.8	119 927.0	18.7	2.3
豆油	358.7	169.4	90 776.9	-32.7	-41.4
菜籽油	124.3	17.8	10 420.6	-49.7	-52.2
食糖	194.5	139.0	38 327.2	14.4	39.1
羊毛	28.7	24.9	121 365.0	11.7	12.4
棉花	89.4	257.2	319 709.3	34.9	0.7

三、我国农产品进出口市场情况

（一）出口市场

2005年我农产品对各洲出口均有增长，增幅最高的是欧洲33%，其他依次为拉丁美洲29.5%、北美洲22.7%、大洋洲13.9%、亚洲13.7%、非洲10.9%。出口额超过1 000万美元的有88个国家（地区），其中32个国家（地区）的出口额在1亿美元以上；前五大出口市场是日本、欧盟25国、韩国、美国和香港，对这5个地区的出口额达到197.2亿美元，占我国农产品出口总额的73%。

（二）进口市场

2005年我国农产品从欧洲、非洲、拉丁美洲、亚洲的进口仍保持增长态势，从北美洲、大洋洲的进口有所下降。进口额在1 000万美元以上的有73个国家（地区），进口前五大市场依然是美国、东盟、巴西、阿根廷、澳大利亚，进口额188.1亿美元，占我农产品进口总额的65.7%。

我国农产品出口市场分布

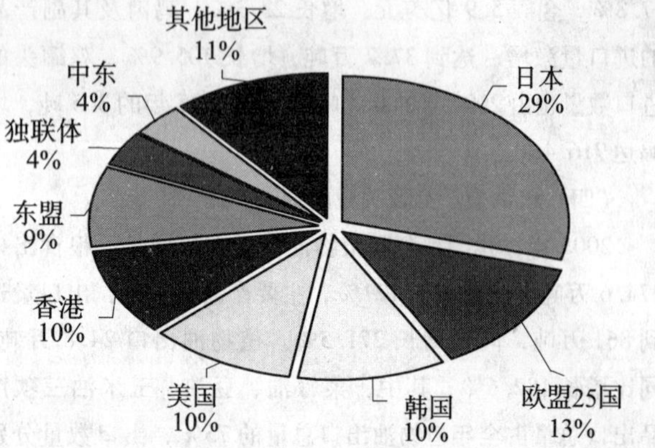

我国农产品进口市场分布

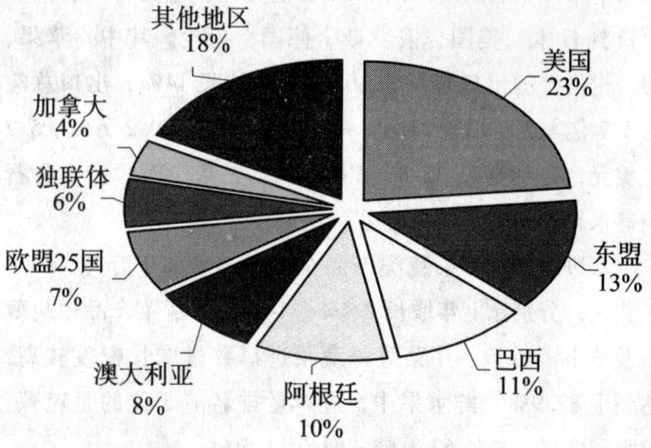

四、我国各省市地区农产品贸易进出口情况

2005年，我国东部地区农产品出口216亿美元，增长15.5%，进口261.2亿美元，增长2.3%；中西部地区农产品出口55.8亿美元，增长27.1%，进口25.3亿美元，增长4.1%。

位居农产品出口前五位的省份依次为山东、广东、浙江、辽宁、福建，五省出口额占农产品出口总额的62.7%；进口前五位的省市是北京、山东、广东、江苏、上海，五省进口额占农产品进口总额的69.8%。出口增长比较快的是吉林（77.4%）、内蒙古（55.6%）、新疆（44.5%）、甘肃（42.5%）、宁夏（39.3%），只有山西、江西、贵州三个省份出口有所下降；进口增长较快的是重庆（262.2%）、甘肃（228%）、宁夏（107.9%）、云南（60.4%）、安徽（40%），下降幅度在30%以上的省份是青海、贵州、山西、陕西、海南、湖南。

五、我国农产品出口企业情况

我国从事农产品出口的企业数量由2004年的1.6万家上升到2005年的1.8万家，同比增长13%。国有企业出口额为74.4亿美元，比2004年增长了4.4%，占我农产品出口份额的27.4%，比2004年下降3.4个百分点；私营企业出口额达到67.4亿美元，增长44.4%，占我农产品出口份额上升到24.8%；三资企业出口额为116.7亿美元，增长16.1%，占我农产品出口比重依旧保持在43%左右。

六、我国农产品进出口贸易方式情况

2005年，我国农产品一般贸易出口205.7亿美元，比上年增长18.3%，占农产品出口总额的75.7%；进料加工贸易出口45亿美元，增长17.5%，占农产品出口总额的16.6%；来料加工贸易出口13.7亿美元，增长26.1%，占农产品出口总额的5%。

全年农产品一般贸易进口额为201.6亿美元，比上年下降2.2%，占农产品进口总额的70.4%；进料加工贸易进口额为42.4亿美元，增长9.6%，占农产品进口总额的14.8%；来料加工贸易进口额为14.4亿美元，增长8.5%，占农产品进口总额的5%。

根据我国加入世贸组织的承诺，2005年是农产品关税的分界线。在"WTO后过渡期"内中国农产品关税水平将降至15%左右，预计农产品进口增长趋势将"有增无减"，同时，来自国外的技术、卫生、环保等非关税壁垒及"两反一保"贸易壁垒也会愈演愈烈，给我国农产品国际贸易环境带来更多的不利因素和可变性。可以说"WTO后过渡期"对农产品出口行业来讲，有喜有忧，任重道远。因此，我们应立足于促进农村经济和农民增收，建立起政府、行业、企业"三位一体"的农产品出口促进联动体系，坚持改革创新，努力实施"以劳动密集型农产品为基础的比较优势战略"、"以质量安全和品牌为核心的国际竞争战略"和"以市场多元化为特征的出口市场战略"，大力发展高科技农业、高附加值农业、特色农业，提升我国农产品的国际竞争力，在WTO后过渡期最大限度地趋利避害，加快我国从农业大国向农业国际贸易强国的转变。

2005年国际承包劳务市场及中国对外承包劳务业务发展综述

中国对外承包工程商会

2005年，世界经济延续上升态势，美、欧、日等经济体复苏势头强劲。全球建筑业投资继续增加，人员流动加速，各国对于专业人愿的需求保持增长。我国国民经济保持快速健康发展，对外承包工程和劳务合作业务规模继续扩大，取得不俗成绩。

一、国际承包工程和劳务合作市场发展特点

（一）国际承包工程市场

随着全球经济的持续增长，国际工程承包市场依然充满活力。根据美国《工程新闻记录》（ENR）2005年8月份统计，世界最大225家国际承包商2004年在国际工程承包市场完成营业额总和为1 675亿美元，同比增长20%。从地区分布来看，欧洲地区、亚太地区、中东和北美地区国际工程发包量占全球的86%，是全球国际工程承包最活跃的地区。从行业分布的情况看，225家国际承包商在交通运输、普通房建、石油化工领域继续保持较快增长的态势，三个领域所完成的营业额占总额的69.3%。当前，国际承包工程行业的主要发展特点有：

1. 国际工程承包的模式不断演化。随着工程项目日益大型化、复杂化，EPC（设计—采购—施工）、PMC（项目管理总承包）等一揽子式的交钥匙工程模式以及BOT（建设—经营—转让）、PPP（公共部门与私人企业合作模式）等带资承包方式成为国际大型工程项目中广为采用的模式。在基础设施特别是公共工程领域，国际大型承包商介入到项目的过程越来越早，从承包项目转向策划项目、发展项目并进行投资。

2. 国际承包工程产业分工体系深化。随着发展中国家承包商不断进入国际市场，技术水平和管理能力不断提高，国际承包工程市场的竞争日趋激烈。发达国家承包商已经开始从单纯的承包商角色越来越多地向开发商角色转变，从低端市场向高端市场转移，使得国际承包工程的产业分工体系进一步深化。

3. 国际承包商实力不断增强。为应对日趋激烈的国际市场竞争，国际承包工程行业的重组并购更加活跃。通过重组和并购，外国承包商与本地公司的有效整合资源，快速进入当地市场，提高自身的竞争力。此外，国际工程承包领域的技术创新、电子化管理、技术质量规范、环保以及安全标准等逐渐引起了大型国际承包商的高度重视。

4. 国际金融机构的支持力度加大。国际金融机构对国际工程的贷款总额每年约为300亿—400亿美元之间，其中用于资助交通运输、给排水、卫生设施、能源采矿和通讯等方面基础设施建设的项目总额约在90亿—120亿美元左右。据世界银行的2005年报告称，在未来几年世界银行将每年增加10亿美元，支持发展中国家的基础设施建设。

5. 工程安全和绿色建筑逐渐为各国所重视。将绿色建筑的原则融入项目的规划、设计和施工，已经成为建筑领域的新兴潮流。各国业主和承包商都安全保护方面投入巨资，使得事故率大大下降。

（二）国际劳务合作市场

当前，国际移民与外籍劳工问题日益受到关注。国际劳务合作已经成为国际经济合作领域的重要现象和热点问题。近期，国际劳务合作发展呈现如下特点：

1. 国际劳务合作规模持续增长。据国际劳工组织（ILO）估计，目前世界范围内的外来移民总数约为1.75亿人，其中活跃在各国的外籍劳工达8 090万人，较20年前增长了50%左右。另据联合国（UN）资料，过去30年间，发达国家的外来移民人数增长了1倍，有效缓解了某些国家“人口荒”。世界经济发展不平衡以及由此产生的工资和生活水平差异仍将继续扩大，劳动力为寻求高报酬而进行的流动将会加剧。为增强国家的科研和技术创新水平而展开的人才争夺战还会愈演愈烈。

2. 外籍劳动力总体流向依旧，亚洲区内流动渐趋活跃。在经济因素的驱动下，国际劳务的总体流向是由发展中国家向高收入的发达国家转移。在亚洲，日本、韩国、新加坡、台湾和香港等地随着经济的崛起而成为亚洲劳动力的新目标，除南亚的巴基斯坦、斯里兰卡等国仍以海湾国家为主要目的国外，东南亚国家的劳务越来越倾向于在区内

寻找工作机会。

3. 劳务人员结构呈专业人才和初级劳务两极分化，技术型和服务型普通劳务走俏市场。电信、计算机、生物工程、环保工程、金融等产业的技术人才和管理人才成为各国争夺的对象。与此同时，发达国家的矿冶、环卫和农畜等“脏累险”工种面临的工人紧缺同样需要外籍劳动力的补充。最近，不少国家逐渐松动了其对家政服务人员、厨师、公共交通服务人员、医疗护理等方面人员的入境限制。

4. 输入国政策由单纯限制向有效管理转型。近两年，在劳动力短缺和国内产业届的多重压力下，一些国家和地区不得不逐渐放宽对劳动力进入的管制。韩国雇佣许可制的实施将为普通劳务的进入拓宽渠道，英国、西班牙、澳大利亚每年引进劳动力的配额逐年增长。总的来说，各国的劳务政策逐渐从单纯抑制外籍劳务的进入转向为应对外籍劳务的增长和对劳务的引进进行有效管理。

二、2005年中国对外承包工程和劳务合作业务发展概况

（一）对外承包工程

2005年，我国对外承包工程保持了快速发展的势头，业务规模发展迅猛，合作领域不断拓宽，项目档次稳步提高，合作方式趋于多样，经营主体逐步优化，促进体系日趋完善，国际竞争力明显增强。

1. 业务规模继续扩大

2005年我国对外承包工程完成营业额217.6亿美元，同比增长24.6%；新签合同额296亿美元，同比增长24.2%。从2001至2005年的五年期间，我国对外承包工程营业额翻了一番还要多。截至2005年12月底，我国对外承包工程已经累计完成营业额1 357.9亿美元，合同额1 859.1亿美元。

2. 重点领域增势强劲

从主要业务领域的分布看，房屋建筑、交通运输、石油化工、电力工业、电子通讯等领域占据主体地位，约为总营业额的77%左右，其中房屋建筑占20%以上。

从“十五”期间我国对外承包工程行业分布格局来看，电子通讯行业所占比重一路走高，普通房建、交通运输、制造加工业所占比重呈下降趋势，而石油化工行业则呈现出波浪式发展的特点。目前电信工程服务已成为新的增长点，占总营业额的比例从2001年的3.6%上升到2005年的11.9%。从2005年新签上亿美元的大项目看，华为和上海贝尔分别新签9个、2个过亿美元的大项目。

电力工业是2005年另一个需要关注的行业，完成营业额所占比重在经历了多年的滑坡之后止跌回升，反映了我国企业在该领域的竞争优势，亦反映出电力工业市场近两年来日趋活跃。另外，随着我国经济的快速发展，石油化工行业在承包工程合同额中所占的比重逐步增长，铜矿、铁矿等资源开采类项目也呈快速增长趋势，以资源开发合作为主导的工程承包成为当前的热点领域之一。

3. 亚、非市场继续领军，难点地区取得突破

从地区分布来看，虽然亚洲和非洲是我国对外承包工程的主要市场，占我国对外承包工程总营业额的70.8%。但与2004年相比，对外承包工程完成营业额在亚洲、非洲、欧洲市场都有明显扩大的趋势。

2005年，我国对外承包工程在市场开拓方面取得了新突破。在长期以来难以进入的印度市场我国企业新签合同额17亿美元，成为当年新签合同额最高的国家。在美国市场，我国对外承包工程完成营业额4.2亿美元，新签合同额5.3亿美元。2005年，中建美国公司在美国房建领域取得突破性进展，当年新签合同额1亿美元。此外，在东欧国家如俄罗斯、白俄罗斯、哈萨克斯坦，在拉美国家如巴西等，我国对外工程承包企业皆有上佳表现。

4. 从业主体逐步扩大，结构不断优化

随着国家“走出去”战略的进一步落实，国内相关产业结构调整和升级，越来越多的企业开始走向国际市场。我国基本上形成了一支具有多行业组成、能与外国大承包商竞争的队伍，并得到了国际上的普遍认可。2005年我国拥有对外承包工程经营资格的企业已经达到了1 609家，49家企业进入“全球最大225家国际承包商”行列。在对外承包工程企业队伍扩大的同时，经营主体结构不断优化。具体表现在：一是大型企业的作用日益增强，2005年前30名企业完成的营业额为110亿美元，占总营业额比重的50.6%。部分大型企业已经在国际上确立自己的品牌形象和专业优势，形成了稳定的市场区域和市场份额。二是越来越多的开展境外直接投资、境外资源合作、境外制造加工的企业加入到对外承包工程行业中来，工程服务领域继续扩大。三是地方对外承包工程企业表现不俗，部分具有很强实力的民营企业、合资企业正在积极向国外市场发展，并取得了良好的业绩。

5. 项目档次稳步提高，合作方式趋于多样

我国对外承包工程项目日趋大型化，新签上亿美元的大项目不断增多，技术含量提高。2005年，对外承包工程新签合同额在5 000万美元以上的项目有115个，累计合同

金额156.9亿美元，占新签合同总额的53%。其中上亿美元的项目有49个，是2001年的3倍多。一批重大项目集中体现了我国企业的实力和水平，受到了当地和国际的普遍赞誉。中信集团公司与中铝国际工程有限责任公司组成的联合体中标的伊朗南方电解铝厂项目（9亿美元），该项目一期工程包括年产27万吨电解铝厂、15万吨阳极厂及配套港口设施，是伊朗近年来最大的工业项目之一，项目将采用世界最先进的电解铝技术。中建公司承揽的俄罗斯联邦大厦项目总高度达340米，既是欧洲第一高楼，也是全钢筋混凝土结构的世界第一高楼，将成为莫斯科市的地标性建筑。

部分企业不断创新承包方式，积极进入高端市场，EPC、BOT等模式的项目增多，业务结构正在发生深刻的变化。2005年11月印尼巨港电站项目开始闭环发电，整体运作良好，取得了很好的效益。该项目是2003年中国化学工程集团公司签订的BOOT项目。2005年，中国水电建设集团中标柬埔寨甘再水电站BOT项目，是继柬埔寨吉里隆电站后我公司在柬的第二个BOT项目。在一些工业项目领域，我国企业开始涉足PMC项目，逐渐渗入对外承包工程的高端业务领域。对外承包工程企业除了承揽现汇项目外，提供融资服务或带资承包已经成为企业扩大市场份额的重要手段。

6. 行业分工合作体系初步形成

2005年来，我国对外承包工程企业，特别是一些大型对外承包工程企业的一系列业务活动，显示了行业分工合作体系的雏形。主要表现为大型企业之间结成各种形式的战略联盟，在开拓国际市场的过程中，特别是在承揽大型项目时主动组成联营体，实现企业之间资源互补、风险共担，充分发挥强强联合、优势互补的作用，有力地增强了中国公司在国际市场的竞争力。此外，为了应对国际承包工程市场风险，公司通过把“引进来”和“走出去”结合起来，加强与国际大承包商开展多领域、多行业、多种形式的联合与合作，把单纯的“对抗性竞争”变为互动的“合作性竞争”，以互利共赢的竞争观进行全球性的市场扩张和资源配置。

7. 人民币汇率制度改革备受企业关注

自2005年7月的人民币汇率制度改革成为2005年备受行业内企业关注的一件大事。汇率调整使得对外承包工程行业约有300亿—500亿美元的在建项目将直接受到影响，经估算人民币升值2%给对外承包工程全行业带来的直接损失约3.5亿—5.5亿美元。由于项目类型不同，受影响程度也不同。特别是对于BOT、BOOT项目，由于其投资回收期限长，人民币汇率制度改革对这类项目产生长期影响。

人民币汇率制度改革给对外承包工程行业除带来直接经济损失外，在其他方面存在的间接影响也将逐步显现。目前企业规避人民币汇率风险的手段尚不完备，对于企业来说人民币汇率风险成为不可控风险。其次，人民币升值影响国外工资收入水平，削弱了人力资源成本的优势，使企业的国际竞争力将不可避免的有所下降。当然，人民币升值降低了部分采购成本，也存在一定的积极影响。

（二）对外劳务合作

2005年，我国对外劳务合作的内外发展环境继续改善，政策支持力度加大，业务总量继续增长，地区结构微调，企业经营管理实力增强，行业组织作用日益明显。

1. 业务整体规模继续扩大，增速加快

2005年1月~12月，我国对外劳务合作完成营业额48亿美元，同比增长27.5%；新签合同额42.5亿美元，同比增长21.2%；派出各类劳务人员27.4万人，比上年同期增加2.6万人；12月末在外各类劳务人员56.5万人，较上年同期增加3万人。截至2005年12月底，我国对外劳务合作累计完成营业额356.1亿美元；合同额403.6亿美元；累计派出各类劳务人员346.6万人。

2. 市场结构微调，亚洲比重继续下滑

2005年，我国对外劳务合作市场分布延续“亚洲为主”的格局。亚洲市场业绩上升，所占份额进一步下降，欧洲业务稳步提高，美大市场营业额有所下滑，非洲市场外派人数与营业额之间的反差更为明显。按营业额分，具体地区分布为：亚洲，占54.3%；欧洲，占6.2%；非洲，占3.2%；北美洲，占1.8%；拉丁美洲，占1.1%；大洋洲，占0.4%；其他，占12.2%；国内，占20.7%。

2005年我在亚洲市场营业额26亿美元，占营业总额的54.3%，比前几年的60%左右有所下降。其中，日、新、韩仍为重点市场，三国占全国营业总额的比重达到40%，并吸纳了35%的在外劳务人员。近年来，我输往非洲市场的劳务人员近年来快速增加。2005年已达到8.2万人，占同年在外总人数的14.5%。其中2/3为工程项下的劳务，这是因为近年我国企业在非洲连签大项目，工程承包业绩喜人，带动了大批工人和工程管理人员前往非洲。相比之下，非洲市场所谓“纯劳务”营业额多年来停滞不前。欧洲市场业务继续小幅增长，2005年完成营业额2.98亿美元，较上年增加0.5亿美元。这一增长主要归功于俄罗斯业务的上升，1.8亿美元的营业额较上年增长了

20%。2005 年我在拉美的工程承包领域捷报频传，合同额和营业额均超过 10 亿美元。但是由于路途遥远和“本地化”要求等原因，拉美工程带动普通建筑劳务输出并不像非洲那么显著。

3. 建筑劳务比重继续上升，技术性劳务突破尚需时日

2005 年，我对外劳务合作外派行业结构变化不大，普通劳务的主力军地位无可撼动。建筑业的比重逐年上升，2001 年占 21.7%，2004 年为 25.2%，2005 年更是达到了 29.4%。近年来，行业内外对于拓展技术型劳务市场寄予希望，因而我国尚具备资源优势的海员和医护行业成为关注焦点。从 2005 年的业务表现看，此两行业的表现依然无太大起色，海员外派人数略有上升，达到 4.3 万人。而设计、咨询、监理业和计算机服务业人数也维持前几年水平。可见，实现中、高端劳务行业的突破和升级仍需时日。

4. 经营主体队伍优化，骨干劳务合作企业实力有所提升

2005 年是新的《对外劳务合作经营资格管理办法》实施的第一年。对外劳务合作的经营主体所有制限制已经去除，但准入的门槛有所提升：对于企业注册年限、注册资本、以往业绩和行为记录、资产负债率、办公硬件、管理水平等反映企业经营实力等等指标作出明确要求。截至 2005 年底，对外劳务合作经营主体队伍规模达到 1 900 家左右，其中，新申请和经过审核获得对外劳务合作经营资格的企业达到 423 家（其余拥有对外承包工程经营资格而可以向其境外工程输送劳务人员的企业），较 2004 年有所减少。但企业的整体实力较以前的经营公司有了大幅提升。近两年，对外劳务合作行业集中度有所提高。2005 年我国对外劳务合作营业额前 10 名的企业营业额为 20.05 亿美元，占行业总额的 41.7%，比 2004 年的比重又上升 3 个百分点。这一现象显示我对外劳务合作行业的业务有向大公司集中的趋势，这些大型劳务企业开始注重通过增强劳务资源、目标市场的差异化来开拓新的业务领域，通过培养企业文化和打造劳务品牌来增加企业的核心竞争力。这将为他们的长远发展提供保证，也将引领行业的发展方向。

5. 政府支持体系进一步完善

在我国“走出去”发展战略的指引下，对外劳务合作的发展在 2005 年得到了各级政府的重视和支持。为实践“管理促发展”的思路，商务部继续完备以《对外劳务合作经营资格管理办法》为基础的各项对外劳务合作管理规范，进一步加强对外劳务合作业务监管与保障体系建设。同时，对外劳务合作的促进和服务体系建设取得新进展。通过加强与有关银行、保险机构的协调，出台《对外经济技术合作专项资金管理办法》，加大对对外劳务合作业务的资金支持力度。此外，我国政府利用高层互访和多双边经贸联系、磋商机制，积极推动与毛里求斯和英国两项政府间劳务合作协定的签署。各级地方政府也在年内出台了各具特色的管理和鼓励政策。对外劳务合作发展的国内政策环境得到进一步改善。

6. 对外劳务合作行业组织发挥的作用更加明显

2005 年，承包商会在“协调构建对外劳务良性发展环境，探索行业增长方式转变”上取得一定成效。在推动两岸渔工劳务合作的进程中发挥了积极作用；组织企业探讨应对以色列建筑劳务市场政策变动，推动市场的重新开放；通过召开说明推介会、组团考察等方式，引导企业开拓海员、医护等中高级劳务市场；开展企业诚信等级评定，通报违规行为，订立行业规范，动态调整成员构成，通过一系列方式加强行业自律，维护市场经营秩序；协调处理数起劳务纠纷和突发事件，接待劳务人员上访、投诉，维护外派劳务人员的合法权益；开展市场和业务调研，为企业开拓市场提供帮助，为政府主管部门制定政策提供参考；利用网络平台加强信息服务；充分利用各种媒介，宣传对外劳务合作主渠道及相关政策和法规，为开展对外劳务合作营造良好的环境和氛围；积极开展国际同行业组织交流磋商，帮助企业进行国际市场开拓和对外交涉。

我国货代业全面对外开放的机遇与挑战

中国国际货运代理协会

2005年，是贯彻国家发展和改革委员会、商务部等九部委《关于促进我国现代物流业发展的意见》的第一年，也是我国履行加入世界贸易组织的有关承诺全面放开国际货运代理行业的最后一年。2005年4月1日起，我国国际货运代理行业（内资）由审批制改为全面实行备案登记制；12月11日起，外资企业经审批可独资设立国际货运代理企业。2005年，对于国际货运代理行业而言，可谓挑战与机遇并存。

一、2005年，货代行业的政策变化

（一）内资企业由审批制改为登记制

自4月1日起实施的《国际货运代理企业备案（暂行）办法》对备案机关、程序、变更、注销等做了明确规定。国际货运代理企业备案不设门槛，不收取任何费用。企业备案运用电子政务，实行全国联网管理。商务部通过国际货运代理企业信息管理平台收集国际货运代理行业的信息数据。《备案办法》还突出了国际货运代理行业协会的作用。其第十七条规定："国际货代行业协会应协助政府主管部门做好企业备案工作，充分发挥行业协会的协调作用，加强行业自律。"

中国国际货运代理协会积极与商务部外贸司、各省市协会、商务主管部门沟通、协商，在全国范围内确定了41家业务备案协助单位和机关，建立了全国业务备案管理网络，并制定了业务备案操作程序和数据录入标准，完善了统计功能及注意事项，使全国业务备案有了统一的标准。为了提高企业对备案的认知程度，协会积极配合政府加大宣传力度。经过努力，备案工作取得了初步成果。截至2005年底，全国参加法人备案的企业有5 000余家，参加业务备案的企业有1 800余家。

（二）外资企业经审批可独资设立国际货运代理企业

自12月11日起实施的《外商投资国际货物运输代理企业管理办法》规定：允许设立外商独资国际货运代理企业；设立外商投资国际货运代理企业注册资本享受国民待遇，即海运500万元人民币，陆运300万元，快递200万元；外国投资者可以收购股权方式收购已设立的国际货运代理企业，但股权比例以及投资者资质须符合要求，涉及国有资产须按有关法律、法规的规定办理；外商投资设立经营国际快递业务的国际货运代理企业由商务部负责审批和管理；外商投资设立经营其他业务的国际货运代理企业由省级商务主管部门负责审批和管理。办法实施前已设立的外商投资国际货运代理企业，如不从事国际快递业务，其变更等事项由注册地省级商务主管部门负责代理。其补充办法规定：允许香港服务提供者和澳门服务提供者在内地以合资、合作、独资的形式设立国际货运代理企业，其注册资本最低限额与内资企业相同。

二、中国国际货运代理协会积极发挥桥梁作用，积极维护行业利益，认真搞好行业自律建设

（一）筹备FIATA 2006年上海年会

国际货运代理协会联合会（法文缩写FIATA）成立于1926年，总部设在瑞士苏黎世，是全球物流行业中最大的非政府和非盈利性国际组织，具有广泛的国际影响。在商务部的领导和支持下，中国国际货代协会代表中国于2003年获得了2006年FIATA年会在中国上海的举办权。

在商务部和上海市政府的支持下，在货代协会和上海世博集团的共同努力下，2005年，FIATA年会的各项筹备工作顺利、有序地进行。3月份和9月份，货代协会组团参加了FIATA瑞士总部的工作会议和FIATA莫斯科年会。12月28日，FIATA年会组委会第一次工作会议在上海举行，商务部高虎城副部长、上海市周禹鹏副市长出席并作了重要讲话。2005年底，FIATA年会网站开通，商务部薄熙来部长在欢迎致词中向世界各国各地区的朋友隆重发出邀请，他表示："商务部将与国际货运代理协会联合会等有关方面加强合作，积极支持国际货运代理业发展，与中外朋友共同努力，力争把本届年会办成一次成功的盛会。"

（二）打造高素质的货代从业人员队伍

1. 受商务部委托开展国内货代从业人员培训与考试

2000年，货代协会成立后，即受商务部委托开展货代

从业人员培训，到2005年底，已连续四年举办全国国际货运代理从业人员培训及考试，已有32 000人取得了由商务部监制、货代协会颁发的国际货代从业人员资格证书。2005年10月，国际货代从业人员资格考试在全国四十多个考点同时举行，报名参考人数17 200人。

2. 国际证书——FIATA培训考试资格证书在中国落地开花

FIATA培训考试资格证书是被全球货代企业广泛承认的、全球通用的国际证书，其持有人一般是货代企业的高层管理人员。2004年9月，货代协会经FIATA授权，将该证书引入我国。该证书也是目前引进我国的物流从业人员国际资格证书中含金量最高、最实用的证书。2005年11月，货代协会在我国北京、上海、大连、青岛、厦门和广州六城市组织了首次考试，全国有150多名考生参加了考试。

（三）为企业排忧解难，积极应对货代报检政策变局

2003年1月1日，国家质量监督检验检疫总局颁布实行《出入境检验检疫代理报检管理规定》，要求代理报检单位必须经国家质检总局重新注册登记，并规定代理报检企业必须具有不少于10名以上取得报检员资格证的人员，方可申请报检注册。为了维护企业的权益和经营秩序，为了使政策更加符合我国货代行业实际，协会积极到商务部、国家质检总局反映行业意见。在各方的共同努力下，得到了商务部和国家质检总局的理解和支持，协会所做的工作也得到了他们的肯定，表示将和协会一道对货运代理报检报验市场进行进一步的调研和合理的解决。

（四）多方协调将货代行业纳入物流标准化建设

为实施物流标准化运作，获得最佳流通秩序和社会效益，5月1日，国家质量监督检验检疫总局和国家标准化管理委员会联合发布了《物流企业分类与评估指标》。为了使货代行业免于边缘化，在商务部的直接领导下，货代协会积极呼吁多方争取，阐明货代行业与物流的关系，强调国家物流产业发展规划及标准必须包含货代才是完整的。经过努力，已将货代相关的18个标准列入立项中。

（五）制定行业自律公约、开展货代百强排名活动

国际货运代理业在中国拥有广阔的市场，已成为中国目前最成型的国际物流行业之一。为推动国际货运代理企业诚信经营，朝着做强、做大、走出国门的方向发展，年初，货代协会制定了行业诚信公约，又与媒体合作，成功地举办了第二届中国国际货代百强排名活动。此活动得到了商务部的支持，经过企业自报、专家审议、网上公示等步骤，排出中国国际货运代理百强排名榜，共有110家货代物流企业荣登各排名榜。货代百强企业的平均营业额从2003年度的10.832亿元增至2004年度的15.323亿元。

三、行业整体情况及展望

国际货运代理行业的使命，是支持和带动我国外经贸事业乃止整个商务运行环境的发展。改革开放的中国，国民经济取得了超速增长和跨越式发展。中国在跨国公司的全球版图上日益占据更加重要的位置。自1984年以来，伴随着我国对外贸易的高速增长，我国国际货运代理业的发展方兴未艾，已成为一个初具规模的新兴服务产业。到2005年底，我国已有国际货运代理企业1万家（包括分公司），从业人员30多万人。其中，内资国际货运代理企业占了近70%，外商投资国际货运代理企业占了近30%。这些企业遍布全国各省、自治区、直辖市，分布在30多个部门和领域，国有、集体、外商投资、股份制等多种经济成分并存，已经成为我国对外贸易运输事业的重要力量，对于我国对外贸易的发展，乃至整个国民经济的发展作出了重要的贡献。目前，我国80%的进出口贸易货物运输和中转业务（其中，散杂货占70%，集装箱货占90%），90%的国际航空货物运输业务都是通过国际货运代理企业完成的。

作为中国货代行业的全国性行业组织，中国国际货运代理协会将立足行业发展，积极发挥政府与企业之间的“纽带与桥梁”作用。同时，也将积极拓展国际同行业交流，积极推动我国国际货运代理行业向现代物流转型。我们还将借举办2006年FIATA年会的契机，将国际上先进的管理理念、经验和技术引入国内，适时引导我国货代企业“走出去”，利用国际市场发展壮大。我们将开拓进取，使我国货代行业在促进我国商务工作的发展及国民经济高速稳步的增长中发挥更大作用，作出更大贡献。

地方商务
Local Commerce ↘

2005年北京市商务发展概况

北京市商务局

北京市商务局局长

李昭　1967—1978年期间先后在黑龙江生产建设兵团和北京第一无线电器材厂工作。1978—1982年就读于中国人民大学工业经济系。毕业后就职于北京市政府，历任北京市计划委员会副主任、北京市宣武区区长、北京经济技术开发区管委会副主任等职。1999年9月16日任北京市对外经济贸易委员会主任。2003年10月任北京市商务局局长。

【国内贸易】

社会消费品零售总额　2005年北京市实现社会消费品零售额2902.8亿元，比上年的2 191.8亿元增长10.5%。其中，城镇消费品零售额2 519.1亿元；农村消费品零售额383.7亿元。分行业看，批发零售贸易业零售额2 529.4亿元，餐饮业零售额267.9亿元，其他行业零售额105.5亿元。

批发零售贸易基本情况　限额以上批发零售贸易企业（批发企业年销售额2 000万元以上，零售企业年销售额500万元以上）实现销售收入9 654.1亿元，比上年增长24%；实现利税总额326.8亿元，增长20.5%；利润总额228.1亿元，增长12.4%。

批发零售贸易业商品购、销、存总额　全市商品购进总额12 308.7亿元，增长20%，其中市内购进4 121.1亿元，增长22.7%；市外购进6 450.0亿元，增长21.2%。全市商品销售总额13 400.1亿元，其中市内销售5 958.6亿元，市外销售6 754.5亿元，出口687.0亿元。限额以上批发零售贸易企业实现商品零售额1 766.9亿元，其中：汽车类398.4亿元；家用电器及音响器材类135.4亿元；通讯器材类58.8亿元；建筑及装潢材料类16.4亿元。年末全市商品库存总额1 364.3亿元。

市场物价　居民消费价格指数为101.5（以上年价格为100），其中食品类价格指数为104.9，烟酒及用品价格指数为100，衣着价格指数为100.1，家庭设备用品及维修服务价格指数为99.7，医疗保健和个人用品价格指数为98，交通和通讯价格指数为97.5，娱乐教育文化用品和服务价格指数为99.7，居住价格指数为105.9。商品零售价格指数为99.7（以上年价格为100）。

【对外贸易】

进出口总额　2005年，北京地区货物贸易进出口1 255.7亿美元，比上年的946.6亿美元增长32.8%，高于全国增幅9.6个百分点。

出口总额　（地区）出口308.7亿美元，比上年的205.7亿美元增长50.1%，高于全国增幅21.7个百分点，增幅位居全国出口十大省市之首。

进口总额　（地区）进口总额947亿美元，比上年的740.8亿美元增长27.8%；（地方）进口总额232亿美元，比上年的174.6亿美元增长32.5%。

出口商品结构　（地区）初级产品出口额71亿美元，占出口总额的23.8%；工业制成品出口额227.4亿美元，占出口总额的76.2%。其中：机电产品出口额152.3亿美元，占出口总额的50.6%；高技术产品97.4亿美元，占出口总额的31.6%。

进口商品结构　（地区）初级产品进口额536.7亿美元，占进口总额的56.9%；工业制成品进口额407亿美元，占进口总额的43.1%。

出口商品市场　出口商品销往200多个国家和地区。

进口商品市场　进口商品来自170多个国家和地区。

2005年北京市出口额1 000万美元以上商品情况表（地区企业）

金额分类	商　品　名　称	出口金额（万美元）	占出口总额比重（%）
1亿美元以上（31种）	电机、电气、音像设备及其零件，矿物燃料、矿物油及其产品，核反应堆、锅炉、机械器具及零件，钢铁，特殊交易品及未分类商品，光学、照相、医疗等设备及零件，非针织或非钩编的服装及衣着，钢铁制品，无机化学品，贵金属等的化合物，船舶及浮动结构体，车辆及其零附件，但铁道车辆除外，针织或钩编的服装及衣着附件，谷物，有机化学品，塑料及其制品，家具，寝具等，灯具，活动房，毛皮、人造毛皮及其制品，珠宝、贵金属及制品，仿首饰，铁道车辆，轨道装置，信号设备，杂项化学产品，航空器、航天器及其零件，橡胶及其制品，蔬菜、水果等或植物其他部分，盐，硫磺，土及石料，石灰及水泥等，陶瓷产品，皮革制品，旅行箱包，动物肠，玩具、游戏或运动用品及其零件，其他纺织制品，成套物品，肉、鱼及其他水生无脊椎动物，鞋靴、护腿和类似品及其零件，其他贱金属、金属陶瓷及其制品	2 882 513	93.39
3 000万—1亿美元（25种）	油籽，籽仁，工业或药用植物，肥料，药品，玻璃及其制品，地毯及纺织材料的其他铺地制品，铝及其制品，食用蔬菜、根及块茎，贱金属器具、利口器、餐具等，木及木制品，木炭，矿物材料的制品，棉花，化学纤维短纤，贱金属杂项制品，乐器及其零件、附件，蚕丝，羊毛等动物毛，马毛纱线及其织物，纸及纸板，纸浆、纸或纸板制品，帽类及其零件，炸药，烟火，引火品，易燃材料，糖及糖食，化学纤维长丝，可可及可可制品，印刷品，手稿、打字稿及设计图纸，杂项制品，鞣料，着色料，涂料，油灰	140 412	4.54
1 000万—3 000万美元（18种）	铜及其制品，编结材料制品，篮筐及柳条编，特种机织物，簇绒织物，刺绣，铅及其制品，杂项食品，谷物粉、淀粉等或乳的制品，絮胎、毡呢及无纺织物，线绳，咖啡、茶、马黛茶及调味香料，鱼及其他水生无脊椎动物，其他动物产品，活动物，洗涤剂，润滑剂、人造蜡等，肉及食用杂碎，精油及香膏，芳香料制品，针织物及钩编织物，乳，蛋，蜂蜜，其他食用动物，特种机织物，簇绒织物，刺绣，照相及电影用品	33 447	1.10
合　计	**74种**	**3 056 372**	**99.03**

北京市2005年主要出口市场情况表

国别（地区）	出口金额（万美元）	占出口总额比重（%）	国别（地区）	出口金额（万美元）	占出口总额比重（%）
日　本	326 715	10.58	新加坡	106 736	3.46
香　港	314 657	10.19	印度尼西亚	105 800	3.43
美　国	311 952	10.11	印　度	89 967	2.91
韩　国	207 244	6.71	越　南	76 999	2.49
德　国	128 957	4.18	英　国	69 399	2.25
合　计				**4 825 493**	**56.31**

北京市2005年进口额1 000万美元以上商品情况表（地区企业）

金额分类	商品名称	进口金额（万美元）	占进口总额比重（%）
1亿美元以上（39种）	矿物燃料、矿物油及其产品，电机、电气、音像设备及其零件，核反应堆、锅炉、机械器具及零件，光学、照相、医疗等设备及零件，钢铁，矿砂、矿渣及矿灰，肥料，有机化学品，航空器、航天器及其零件，钢铁制品，塑料及其制品，油籽，子仁，工业或药用植物，无机化学品，贵金属等的化合物，车辆及其零附件，但铁道车辆，谷物，棉花，动、植物油、脂、蜡，精制食品，珠宝、贵金属及制品，仿首饰，化学纤维短纤，杂项化学产品，特殊交易品及未分类商品，铜及其制品，药品，烟草、烟草及烟草代用品的制品，羊毛等动物毛，马毛纱线及其织物，木浆等纤维状纤维素浆，废纸，食品工业的残渣及废料，船舶及浮动结构体，糖及糖食，铝及其制品，纸及纸板，纸浆、纸或纸板制品，橡胶及其制品，印刷品，手稿、打字稿及设计图纸，盐，硫磺，土及石料，石灰及水泥等，玻璃及其制品，镍及其制品，家具，寝具等，灯具，活动房，铁道车辆，轨道装置，信号设备，贱金属器具、利口器、餐具等	9 285 647	98.05
3 000万—1亿美元（16种）	鞣料，着色料，涂料，油灰，乳，蛋，蜂蜜，其他食用动物，贱金属杂项制品，化学纤维长丝，其他贱金属、金属陶瓷及其制品，木及木制品，木炭，活动物，可可及可可制品，食用蔬菜、根及块茎，鱼及其他水生无脊椎动物，精油及香膏，芳香料制品，照相及电影用品，洗涤剂、润滑剂、人造蜡等，特种机织物，簇绒织物，刺绣，钟表及其零件，絮胎、毡呢及无纺织物，线绳	88 411	0.93
1 000万—3 000万美元（20种）	蛋白类物质，改性淀粉，鞋靴、护腿和类似品及其零件，饮料、酒及醋，非针织或非钩编的服装及衣着，蔬菜、水果等或植物其他部分，杂项制品，针织或钩编的服装及衣着附件，肉及食用杂碎，其他植物纤维，纸纱线及其机织物，活植物，茎、根，插花、簇叶，陶瓷产品，食用水果及坚果，甜瓜等水果，生皮（毛皮除外）及皮革，矿物材料的制品，特种机织物，簇绒织物，刺绣，制粉工业产品，麦芽，淀粉等，玩具、游戏或运动用品及其零件，杂项食品，针织物及钩编织物，皮革制品，旅行箱包，动物肠	37 694	0.40
合　计	**75种**	**9 411 752**	**99.38**

北京市2005年主要进口市场情况表

国别（地区）	进口金额（万美元）	占进口总额比重（%）	国别（地区）	进口金额（万美元）	占进口总额比重（%）
沙特阿拉伯	746 844	7.89	韩　国	547 262	5.78
美　国	746 493	7.88	德　国	455 176	4.81
日　本	708 149	7.48	阿　曼	409 429	4.32
俄罗斯	694 700	7.34	也门共和国	262 486	2.77
安哥拉	607 425	6.41	澳大利亚	253 909	2.68
合　计				**5 431 878**	**57.36**

技术进出口 技术进出口总额50.6亿美元，比上年增长80.8%。

技术进口 北京地区企业登记技术进口合同2 013项，合同总金额40.17亿美元，同比增长90.9%。其中技术费17.65亿美元，占总金额的43.9%，增长38.1%。北京市地方企业登记技术进口合同1 354项，合同总金额13.26亿美元，增长45%，其中：技术费10.64亿美元，占总金额的80.2%，增长27.4%。

技术出口 2005年经北京市技术市场管理办公室认定登记的技术出口合同621项，技术合同成交金额10.45亿美元，增长122%。

【利用外资】

北京市2005年利用外商直接投资情况表

金额单位：万美元

名　称	项目个数		合同外资		实际投资	
	绝对值	同比%	绝对值	同比%	绝对值	同比%
总　计	2 136	18.3	651 749	4.2	352 638	14.4
中外合资企业	565	-0.7	112 381	-16.0	69 447	-12.6
中外合作企业	63	-18.2	53 467	3.5	23 609	-15.1
外资企业	1 505	29.7	462 687	6.8	259 463	29.0
外商投资股份有限公司	3		23 214	224.5	119	

外商直接投资来源 截至2005年，共有126个国家和地区来北京市投资。目前在北京投资设立外商投资企业最多的仍是香港，共8 176家，港商直接投资152.9亿美元，占合同外资总额的30.6%；英属维尔京群岛位居第二，共1 296家，58.7亿美元，占11.8%；日本2 032家，55.7亿美元，占11.2%；美国4 004家，47.9亿美元，占9.6%；德国378家，24.4亿美元，占4.9%；韩国1 729家，22.4亿美元，占4.5%；开曼群岛351家，20.3亿美元，占4.1%。以下依次为新加坡、台湾省和法国。

【对外经济合作】

承包工程和劳务合作 对外承包工程劳务合作完成营业额71 281万美元，新签合同额93 732万美元，外派劳务人员3 473人次，年末在外人数4 796人，分别比上年增长20%、16%、124%和88%，完成情况和新签合同为历史最好水平。超过1 000万美元的大项目有17个，合同总额达3.8亿美元。

对外经济技术援助 共有5家企业承担了援外项目49项，其中援外工程项目6项，援外物资项目16项，援外设计、咨询、工程监理项目14项，其他项目13项。受援国家包括毛里求斯、汤加、多哥、几内亚比绍、安提瓜和巴布达、毛里塔尼亚、阿富汗等。

对外投资 共审批境外企业和机构51家，其中，境外机构19家，境外企业32家。11家境外企业进行了增资。对外投资总额20 443.75万美元，其中中方协议投资额20 405.14万美元（含8 890.23万美元的增资），占投资总额的99.81%。投资涉及贸易、旅游、电子、计算机软件、网络等领域。美国仍然是对外投资的热点国家，2005年有项目8个，比上年增加了3个。

2005年天津市商务发展概况

天津市商务委员会

天津市商务委员会主任

李泉山　生于1952年2月，中共党员，研究生。历任天津市供销合作总社副主任，天津市集体经济办公室主任、党组书记，天津市体改委副主任，天津市商业委员会主任，2004年7月任天津市商务委员会主任。

【国内贸易】

社会消费品零售总额　2005年天津市社会消费品零售总额1 190.06亿元人民币，比上年的1 052.70亿元增长13.10%。其中，城市消费品零售额1 112.95亿元，县消费品零售额42.19亿元，县以下消费品零售额34.92亿元。分行业看，批发零售贸易业零售额958.39亿元，餐饮业零售额159.49亿元，其他行业零售额72.19亿元。

限额以上批发零售贸易、餐饮业基本情况　截至2005年，共有限额以上批发零售贸易、餐饮业法人企业2 281个，产业活动单位10个，从业人数153 911人。其中，批发零售业法人企业2 076个，餐饮业法人企业205个。

批发零售贸易业商品购、销、存总额　批发零售贸易业商品销售总额4 820.22亿元，比上年的3 213.4亿元增长50.01%。其中，限额以上企业3 752.35亿元，限额以下企业1 067.87亿元。限额以上批发零售贸易商品购进总额3 620.50亿元（其中进口126.18亿元）。商品销售总额4 820.22亿元（其中批发3 861.82亿元、零售958.39亿元、出口197.05亿元），年末库存总额182.35亿元。

市场物价　城市商品零售价格指数为99.9（以上年价格为100）；城市居民消费价格指数为101.5（以上年价格为100）。

市场体系建设　全年重点批发市场建设改造项目完成投资10亿元，国际轻工商贸城一期、天津粮油批发市场交易大厦、空港二手车交易市场、环渤海建材中心批发市场等项目相继竣工。全市年成交额超亿元的批发市场达57个，实现成交额823.29亿元，比上年增长31.1%。7个年成交额超10亿元的生产资料市场共计实现成交额428.26亿元，占全市亿元商品批发市场总成交额的52.02%。

全年共有134个菜市场建设改造项目竣工，建筑面积27.17万平方米，总投资3.69亿元。

以“日用消费品连锁经营进乡村，农业生产资料连锁经营进乡镇，农副产品进市场”为主要内容的“三进”工程在全市广大农村加速实施。全市有农业的区县已建成配送中心15个，其中日用消费品配送中心8个、农业生产资料配送中心7个；连锁超市（店）1 051个，其中：日用消费品超市（店）775个，农业生产资料超市（店）276个；配送中心、超市（店）总营业面积达到31万平方米，总投资达3.61亿元。

全年拍卖企业组织拍卖会907场，成交额达75亿元；全年典当总额5.04亿元；租赁企业累计租赁额达1.27亿元；全市共交易各类二手车5.86万辆，交易额达16.5亿元。

商业改革与发展　商业改革逐步深化。以优势企业、品牌企业、老字号企业为龙头，先后组建企业集团23家，其中市属11个集团公司的总资产、销售额、利税分别占全系统的61%、58%和76%，企业组织集中度日益增强；有66家国有大中型商业企业实行了股份制改造，占市、区两级国有商业企业总数的80%，一批具有较强市场竞争力的企业脱颖而出；2 000多家国有小企业实现了国有资本有序退出，企业的市场化进程不断加快。同时，个体、民营等非公有制经济得到快速发展，到2005年非公有制商业社会消费品零售额占全市总量比重达到75%，基本形成了多元投资主体共同繁荣、多种经济成分竞相发展的社会化大商业格局。

【对外贸易】

进出口总额 进出口总额533.87亿美元，比上年的420.19亿美元增长27.10%。

出口总额 出口总额274.15亿美元，比上年的208.7亿美元增长31.36%，占全市GDP 3 663.86亿元（相当于447.27亿美元）的61.30%，占全国出口额的4%，居全国第8位。

出口商品结构 初级产品出口额32.69亿美元，占出口总额的11.93%；工业制成品出口额241.45亿美元，占出口总额的88.08%。

天津市2005年出口额5 000万美元以上商品情况表

金额分类	商品名称	出口金额（亿美元）	占出口总额比重（%）
1亿美元以上（27种）	手持（包括车载）无线电话机，石油原油，手持无线电话机零件，毛皮衣服，微波炉，锂离子电池，20英尺集装箱，移动通讯基地站，光敏半导体器件、发光二极管，钻探石油及天然气用无缝钢铁套管及导管，二极管，山地自行车，无烟煤，橡、塑或再生皮革外底皮革鞋面的鞋靴，打印机零件、附件，空气增湿器及减湿器，其他照相机、投影仪、放大机及缩片机用物镜，其他铁或普通钢圆截面焊管（D<406.4mm），镍氢电池，以及8种未命名商品	162.16	59.15
5 000万—1亿美元（29种）	皮革或再生皮革制的衣服，真空吸尘器，自行车，餐匙、餐叉、勺等类似的厨房或餐桌用具，已装配的压电晶体，其他无缝钢铁管及空心异型材，其他钢铁结构体、钢结构体用部件，硅铁，通过电产生或扩大声音的键盘乐器，机动车辆用点火布线组及其他布线组，卧室用木家具，化纤制针织钩编套头衫、开襟衫、外穿背心，家具的零件，金属家具，耳机、耳塞及头戴送受话器，未列名阀门，新的充气橡胶轮胎，光盘驱动器，片式多层瓷介电容器，钢铁制钉、平头钉、图钉、波纹钉、U形钉等，P≤37.5W其他电动机，碳酸钠（纯碱），载客电梯，其他电视摄像机，其他电视摄像机的零件，液体泵零件，品目8517所列其他设备的零件，以及2种未命名商品	20.49	7.48
合　计	**56种**	**182.65**	**66.63**

出口商品市场 出口商品销往205个国家和地区。

进口总额 进口总额259.72亿美元，比上年的211.54亿美元增长22.785%。

进口商品结构 初级产品进口额34.90亿美元，占进口总额的13.44%；工业制成品进口额224.82亿美元，占进口总额的86.57%。

天津市2005年主要出口市场情况表

国别（地区）	出口金额（亿美元）	占出口总额比重（%）	国别（地区）	出口金额（亿美元）	占出口总额比重（%）
美　国	76.05	27.74	香　港	14.83	5.41
日　本	28.47	10.39	马来西亚	7.88	2.88
德　国	26.29	9.59	英　国	5.73	2.09
韩　国	23.43	8.55	俄罗斯	5.48	2.00
新加坡	15.61	5.70	印度尼西亚	5.24	1.92
合　计				**209.01**	**76.24**

天津市2005年进口额5 000万美元以上商品情况表

金额分类	商品名称	进口金额（亿美元）	占进口总额比重（%）
1亿美元以上（39种）	手持式无线电话机零件，铜废碎料，排量>3 000ml汽油小轿车，液晶显示板，初榨的豆油，1 500ml<排量≤2 500ml汽油小轿车，四层以上的印刷电路，2 500ml<排量≤3 000ml汽油小轿车，氯乙烯，独立功能的机器及机械器具，手持（包括车载）无线电话机，未烧结的铁矿砂及其精矿，四层及以下的印刷电路，单片集成电路，已装配的压电晶体，2 500ml<排量≤3 000ml汽油越野车，排量>3 000ml汽油越野车，电视摄像机，8541所列货品的零件，黄大豆，其他电视摄像机的零件，8471所列机器的零件、附件，锂离子电池，未锻轧的非合金镍，其他钼矿砂及其精矿，光敏半导体器件、发光二极管，其他点燃式活塞内燃发动机的零件，含有胰岛素的药品，已烧结的铁矿砂及其精矿，以及10种未命名商品	141.27	54.40
5 000万—1亿美元（34种）	塑料制品，铝废碎料，其他未列名测量或检验仪器，塑料或橡胶用注模或压模，未梳的棉花，未列名化学工业及相关工业化学产品，二极管，上部360度旋转的履带式挖掘机，其他扬声器，8535、8536或8537所列装置的其他零件，钻探石油及天然气用无缝钢铁套管及导管，耗散功率小于1瓦的晶体管，自动贴片机，乙烯聚合物的废碎料及下脚料，机动车辆用无线电导航设备，集成电路及微电子组件的零件，彩色数据/图形显示管（荧光点间距<0.4mm），小轿车用自动换挡变速箱，汽油小客车1 500ml<排量≤2 500ml，未锻轧的精炼铜阴极及阴极型材，其他未装配的光学元件，式多层瓷介电容器，电镀锌的铁或非合金钢平板轧材，彩色阴极射线电视显像管，其他镀或涂锌普通钢铁板材，汽油越野车1 500ml<排量≤2 500ml，其他自动调节或控制仪器及装置，测试或检验半导体晶片或元器件，1，2—二氯乙烷，以及5种未命名商品	23.95	9.23
合　计	**73种**	**165.22**	**63.62**

天津市2005年主要进口市场情况表

国别（地区）	进口金额（亿美元）	占进口总额比重（%）	国别（地区）	进口金额（亿美元）	占进口总额比重（%）
韩　国	63.20	24.34	德　国	11.15	4.30
日　本	53.00	20.41	香　港	10.39	4.00
美　国	21.26	8.19	印　度	3.71	1.43
新加坡	15.52	5.98	法　国	3.59	1.39
台湾省	12.35	4.76	澳大利亚	3.52	1.36
合　计				**197.69**	**76.12**

进口商品市场　进口商品来自137个国家和地区。

技术进口　共登记技术进口合同509份，合同总金额2.66亿美元，其中技术费2.49亿美元，占合同总金额的93.6%，包括：技术咨询、技术服务进口合同成交额达1.23亿美元，占合同总金额的46.24%；专有技术许可或转让合同金额为0.6亿美元，占技术进口总金额的22.56%。以前年度合同变更68份，增加金额3.91亿美元。全年技术引进合同金额共计6.57亿美元，比上年增长33.54%。

按企业性质分类：外资企业359项，1.65亿美元；国有企业98项，0.76亿美元；其他企业40项，0.24亿美元；民营企业10项，0.013亿美元。按国别地区统计，前五位的是日本193项，0.74亿美元；德国30项，0.41亿美元；韩国49项，0.39亿美元；美国79项，0.34亿美元；马来西亚3项，0.15亿美元。技术进口合同涉及的行业主要集中在制造业1.74亿美元和采掘业0.47亿美元。其中制造业中，电子及通信设备制造业0.39亿美元；采掘业中，石油和天然气开采业0.467亿美元。

【利用外资】

天津市2005年利用外资情况表

利用外资方式	批准签订的合同			实际利用外资	
	项目数（个）	外资金额（亿美元）	金额比上年增长（%）	金额（亿美元）	金额比上年增长（%）
对外借款	—	—	—	3.17	37.83
外商直接投资	1 309	73.23	31.03	33.29	34.67
合资企业	357	17.09	84.76	9.14	9.33
合作企业	16	2.14	2.39	1.43	43.00
外资企业	936	53.99	21.22	22.72	44.90
合　计	**1 309**	**73.23**	**31.03**	**36.46**	**34.94**

外商直接投资行业　外商直接投资项目中生产型项目707个，非生产型项目602个。按行业分：农业项目13个，工业项目707个，建筑业项目20个，交通运输及仓储业项目10个，房地产业项目75个，批发零售及餐饮业项目275个，社会服务业209个，其他行业12个。

外商直接投资来源　外商直接投资来自54个国家和地区。投资额居前10位的是：香港291项，外资金额15.65亿美元；英属维尔京群岛77项，5.76亿美元；韩国299项，5.60亿美元；美国156项，5.58亿美元；日本97项，2.31亿美元；德国27项，2.10亿美元；新加坡47项，2.08亿美元；台湾省80项，1.79亿美元；澳大利亚17项，1.64亿美元；加拿大43项，1.45亿美元。

外商直接投资企业生产经营情况　2005年已开业的三资企业总产值3 433.36亿元，比上年增长23.93%；工业总产值3 410.70亿元，比上年增长23.96%，占天津市工业总产值的50.3%；销售收入3 947.29亿元，比上年增长24.95%；利税总额447.97亿元，比上年增长22.18%（其中，利润总额257.75亿元，比上年增长11.63%；税金190.22亿元，比上年增长40.13%）；出口220.22亿美元，比上年增长29.12%，占全市出口总额的80.33%。

【对外经济合作】

承包工程和劳务合作　签订对外承包工程和劳务合作合同项目907个，合同金额4.32亿美元，比上年的5.47亿美元减少21.02%；完成营业额3.20亿美元，比上年的5.27亿美元减少39.28%。年末在外人数13 148人，派往的主要国家和地区：印度尼西亚、新加坡、美国、韩国、日本、台湾省、阿联酋、阿曼、尼日利亚、莱索托、巴拿马、斐济等。对外承包工程的主要有：印度水坝项目、苏丹水井施工项目、印度尼西亚海上油井作业项目、阿曼和老挝水泥生产线总包工程等，涉及建筑、石油化工、水利、交通、地质资源勘探和开发、工业生产线多个领域。

对外经济援助　承担国家对外经援项目10个，受援国主要有苏丹、俄罗斯、巴基斯坦、安哥垃、乌兹别克斯坦、尼日尔、几内亚等7个国家，涉及的行业是小型电站设备和救灾物资（农机具、医疗设备）等出口项目、技术服务项目和培训项目等。

对外投资　批准设立海外企业和机构75家，其中企业54家，总投资0.50亿美元，比上年减少19.35%；其中中方投资0.44亿美元。投资的主要行业有：服装加工、食品生产、资源开发、生物制药等。涉及俄罗斯、乌克兰、乌兹别克斯坦、哈萨克斯坦、埃及、尼日利亚、柬埔寨、越南、缅甸、阿联酋、美国、巴拿马等31个国家和地区。

【其他】

开发区 天津滨海新区实现GDP 1 608.63亿元，比上年增长28.67%；实现工业总产值3 996.73亿元，比上年增长31.87%；完成固定资产投资693.31亿元，比上年增长22.61%；实际直接利用外资26.46亿美元，比上年增长51.72%，占全市实际直接利用外资总额的79.48%；外贸出口184.69亿美元，比上年增长34.82%，占全市出口总额的67.37%；实现社会消费品零售额206.52亿元，比上年增长14.7%。

天津经济技术开发区实现GDP 642.29亿元，比上年增长25.20%；工业总产值2 305.19亿元，比上年增长26.51%；固定资产投入181.00亿元，比上年增长15.41%；新批外商投资企业223家，合同外资额25.95亿美元，比上年增长35.02%；出口139.71亿美元，比上年增长25.02%；社会消费品零售额30.81亿元，比上年增长6.9%。

天津新技术产业园区实现技工贸总收入285.04亿元，技工贸总产值258.14亿元，利润总额11.89亿元，税金总额12.59亿元，新批外商投资企业74家，合同外资额1.99亿美元，出口销售收入7.36亿美元。

保税区 天津港保税区全年固定资产投资72.17亿元，比上年增长36.69%；实现进出区货物总值187.61亿美元，比上年增长42.22%；新批外商投资企业338个，合同外资额20.70亿美元，比上年增长35.83%；外贸出口总值11.24亿美元，比上年增长58.54%；社会消费品零售额25.15亿元，比上年增长4.3%。

商务洽谈会 2005年共举办国际大型展览会、洽谈会18个，累计展位7 755个，成交总额达130.58亿元，89万人次到会。规模较大的有：中国天津全国商品交易会暨投资洽谈会、中国·天津“国美电器杯”第六届啤酒节、第四届PECC国际贸易投资博览会、第五届中国北方国际自行车展览会（荣获“2005年度中国百佳优秀品牌展会”称号）、天津国际制造业（手机）配套采购洽谈会、环渤海地区电子周、中国天津海洋石油及天然气展览会、意大利中国天津周等。

港口运输 天津港共有各类生产型泊位96个，其中万吨级以上的深水泊位55个，年吞吐能力逾亿吨。2005年海运货物吞吐总量2.41亿吨，比上年增长17%。其中完成外贸进出口货物吞吐总量1.23亿吨，比上年增长14%；出口量0.56亿吨，与上年持平；进口量0.67亿吨，比上年增长29%。港口集装箱吞吐量累计完成480.1万国际标箱，比上年增长26%。空港货邮吞吐量8.02万吨，比上年增长13%。

涉外旅游 2005年入境的国际旅游人数为74.01万人次；旅游外汇收入5.09亿美元，比上年的4.13亿美元增长23.25%。

小资料

QFII 和 QDII

QFII是Qualified Foreign Institutional Investor（合格的境外机构投资者）的首字缩写。它是一国在货币没有实现完全可自由兑换、资本项目尚未开放的情况下，有限度地引进外资、开放资本市场的一项过渡性的制度。这种制度要求外国投资者若要进入一国证券市场，必须符合一定的条件，得到该国有关部门的审批通过后汇入一定额度的外汇资金，并转换为当地货币，通过严格监管的专门账户投资当地证券市场。

QDII是Qualified Domestic Institutional Investor（合格的境内机构投资者）的首字缩写。它是在一国境内设立，经该国有关部门批准从事境外证券市场的股票、债券等有价证券业务的证券投资基金。和QFII一样，它也是在货币没有实现完全可自由兑换、资本项目尚未开放的情况下，有限度地允许境内投资者投资境外证券市场的一项过渡性的制度安排。

2005年河北省商务发展概况

河北省商务厅

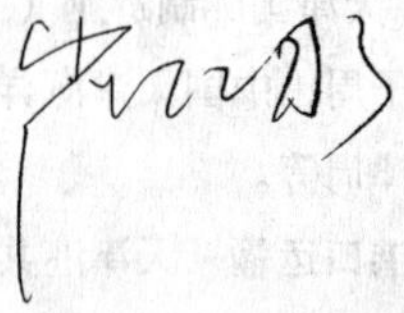

河北省商务厅厅长

崔江水　生于1953年10月，河北省晋州市人。大学学历，中共党员。1970年参加工作。历任河北省土产进出口公司总经理兼党委书记，河北省对外贸易经济合作厅党组副书记、副厅长，河北省人民政府开放办公室（河北省招商合作局）党组书记、主任（局长）等职。2003年8月任河北省商务厅厅长、党组书记。

【国内贸易】

社会消费品零售总额　2005年河北省社会消费品零售总额2 952.9亿元，比上年的2 522.9亿元增长14.6%。其中，城市消费品零售额1 382.5亿元，县消费品零售额591.3亿元，县以下消费品零售额979.1亿元。分行业看，批发零售贸易业零售额2 541.3亿元，餐饮业零售额349.6亿元，其他行业零售额62.0亿元。

限额以上批发零售贸易、餐饮业基本情况　截至2005年，共有限额以上批发零售贸易、餐饮住宿业法人企业1 385个，产业活动单位1 417个，从业人数252 433人。其中，批发业法人企业516个，产业活动单位522个，从业人数72 719人；零售业法人企业484个，产业活动单位488个，从业人数112 017人；餐饮业法人企业133个，产业活动单位152个，从业人数18 836人。

批发零售贸易业商品购、销、存总额　批发零售贸易业商品销售总额4 968.1亿元。其中，限额以上企业1 577.6亿元，限额以下企业3 390.5亿元。限额以上批发零售贸易业商品销售总额1 577.6亿元（其中批发1 194.2亿元、零售383.4亿元）。

市场物价　商品零售价格指数为101.1（以上年价格为100），其中城市101，农村101.2；居民消费价格指数为101.8（以上年价格为100），其中城市101.4，农村102.2。

市场体系建设　2005年底，全省年交易额超亿元的市场有240个，年交易额2 322.85亿元，占全省消费品零售总额的78.66%；超10亿元的市场有46个，2005年底，全省共有旧机动车交易市场21家，报废汽车拆解企业14家，报废汽车回收网点63个；典当行78家，分支机构2家，办理典当业务25 113笔，典当余额5.62亿元，增长48.15%，典当总额25.19亿元，增长68.77%；拍卖企业140家，拍卖分公司35家，全年共举办各类拍卖会2 440场，成交额40.99亿元，增长11.42%；旧货市场35家；期货市场1家。

商业改革与发展　国有商贸流通企业改革步伐加快，国有资本全部退出和改为参股的企业累计达2 649家，282家企业依法实施了破产，7万多名国企职工实现了身份转换。将流通企业做强做大取得新进展。全省年销售额超亿元的流通企业60家，有7家企业进入全国零售百强，7家企业被评为中国商业名牌企业，4家企业进入中国餐饮百强行列。流通现代化稳步发展。连锁总店发展到196家，分店2 777家；物流配送中心发展到120家。政策环境进一步优化。省政府下发了《关于促进流通业发展的实施意见》，不仅明确了全省流通业“十一五”期间的发展目标，而且在诸多政策措施上实现了突破和创新。

【对外贸易】

进出口总额　进出口总额160.71亿美元，比上年的135.26亿美元增长18.8%。

出口总额　出口总额109.27亿美元，比上年的93.40亿美元增长17.0%，占全省GDP 10 116.6亿元（相当于

1 264.6 亿美元）的 8.64%；占全国出口额的 1.43%，居全国第 10 位。

出口商品结构 初级产品出口额 19.38 亿美元，占出口总额的 17.7%；工业制成品出口额 89.88 亿美元，占出口总额的 82.3%。

出口商品市场 出口商品销往 206 个国家（地区）。

进口总额 进口总额 51.44 亿美元，比上年的 41.86 亿美元增长 22.9%。

进口商品结构 初级产品进口额 29.50 亿美元，占进口总额的 57.3%；工业制成品进口额 21.95 亿美元，占进口总额的 42.7%。

进口商品市场 进口商品来自 100 个国家（地区）。

河北省 2005 年出口额 5 000 万美元以上商品情况表

金额分类	商品名称	出口金额（万美元）	占出口总额比重（%）
5 亿美元以上（5 种）	服装及衣着附件，煤，农产品，纺织纱线、织物及制品，钢材	353190	32.32
1 亿—5 亿美元（8 种）	医药品，钢丝布、网、篱、格栅，钢坯及粗镀件，汽车零件，汽车和汽车底盘，陶瓷卫生设备，家用陶瓷器，平板玻璃	144 430	13.22
5 000 万—1 亿美元（11 种）	手用或机用工具，铝材，家具及其零件，肠衣，山羊绒，玻璃制品，水海产品，塑料制品，鲜干水果及坚果，纯碱等	72 616	6.65
合 计	**24 种**	**570 236**	**52.19**

河北省 2005 年主要出口市场情况表

国别（地区）	出口金额（万美元）	占出口总额比重（%）	国别（地区）	出口金额（万美元）	占出口总额比重（%）
俄罗斯	165 363	15.1	德 国	33 067	3.0
美 国	134 051	12.3	香 港	32 033	2.9
日 本	120 592	11.0	意大利	30 636	2.8
韩 国	116 074	10.6	英 国	20 869	1.9
台湾省	61 437	5.6	加拿大	19 878	1.8
合 计				**734 000**	**67.2**

河北省 2005 年进口额 5 000 万美元以上商品情况表

金额分类	商品名称	进口金额（万美元）	占进口总额比重（%）
5 亿美元以上（2 种）	铁矿砂及其精矿，机电仪产品及设备	301 903	58.68
1 亿—5 亿美元（3 种）	大豆，钢材，初级形状的塑料	77 545	15.07
5 000 万—1 亿美元（5 种）	金属加工机床，煤，计量检测分析自控仪器及器具，纺织机械及零件，自动数据处理设备及其部件	34 933	6.79
合 计	**10 种**	**414 381**	**80.54**

河北省2005年主要进口市场情况表

国别（地区）	进口金额（万美元）	占进口总额比重（%）	国别（地区）	进口金额（万美元）	占进口总额比重（%）
巴　西	84 179	16.4	韩　国	36 003	7.0
澳大利亚	73 809	14.3	德　国	33 921	6.6
印　度	64 038	12.4	台湾省	13 654	2.7
日　本	43 826	8.5	意大利	12 533	2.4
美　国	39 778	7.7	法　国	10 100	2.0
合　计				**411 841**	**80.1**

技术进出口　技术进出口总额8 092万美元，比上年下降27.08%。签订引进技术和进口设备合同项目60个，比上年增加1个；合同金额6 334万美元，比上年下降42.93%；签订技术出口合同项目1个，合同金额1 758万美元，比上年的55.1万美元有了大幅度的增长。

技术进口　引进项目按国民经济行业分类，主要集中在石油加工及炼焦业，合同数1个，合同金额1 505.17万美元；交流运输设备制造业，合同数13个，合同金额732.66万美元；黑色金属冶炼及压延加工业，合同数1个，合同金额699.60万美元；非金属矿物制品业，合同数2个，合同金额610.87万美元。按引进方式或合同类别，主要是进口成套设备、关键设备、生产线等，合同数2个，合同金额1 138.4万美元。技术咨询、技术服务合同数38个，合同金额2 441.84万美元；专有技术合同数16个，合同金额1 140.75万美元。按国别分类，来自14个国家和地区，主要是日本，合同数23个，合同金额1 902.93万美元；德国，合同数10个，合同金额1 259.91万美元；意大利，合同数1个，合同金额699.60万美元；美国，合同数5个，合同金额480.81万美元。按引进主体分类，国有企业，合同数9项，合同金额1 779万美元；外资企业，合同数44项，合同金额2 964万美元；民营企业，合同数6项，合同金额86万美元。

技术出口　技术出口合同数1个，合同金额1 758万美元。该项目合同为秦皇岛玻璃工业研究设计院与乌克兰签订的提供日熔化量为350吨的浮法玻璃生产线及技术服务合同。

【利用外资】

河北省2005年利用外资情况表

利用外资方式	批准签订的合同			实际利用外资	
	项目数（个）	外资金额（万美元）	金额比上年增长（%）	金　额（万美元）	金额比上年增长（%）
对外借款	4	742	-71.6	17 794	101.9
外商直接投资	577	253 154	17.9	191 256	17.8
合资企业	274	98 779	36.6	75 221	-18.9
合作企业	41	22 672	-40.6	15 023	152.4
外资企业	262	131 703	26.5	99 980	64.4
股份有限公司				1 032	-63.6
外商其他投资				18 840	-1.5
补偿贸易				1 612	
加工贸易				1 757	
对外发行股票				12 084	
其　他				3 387	
合　计	**581**	**253 896**	**16.82**	**227 890**	**15.18**

外商直接投资行业 新批外商直接投资项目中：1. 生产型项目489个，合同外资金额199 210万美元。其中农、林、牧、渔业项目32个，采矿业7个，制造业432个，电力、燃气及水的生产和供应业16个，建筑业2个。2. 非生产性项目88个，合同外资金额53 944万美元。其中交通运输、仓储和邮政业项目7个，信息传输、计算机服务和软件业1个，批发和零售业3个，住宿和餐饮业19个，金融业2个，房地产业26个，租赁和商务服务业13个，科学研究、技术服务和地质勘查业9个，水利、环境和公共设施管理业2个，居民服务和其他服务业3个，文化、体育和娱乐业3个。

河北省2005年外商直接投资主要行业投向表

行业	项目数（个）	合同外资额（万美元）	行业	项目数（个）	合同外资额（万美元）
制造业	432	172 712	住宿和餐饮业	19	10 712
房地产业	26	17 063	电力、燃气及水的生产和供应业	16	10 354
合 计				**493**	**210 841**

外商直接投资来源 外商直接投资中，亚洲项目371个，合同外资金额159 645万美元；非洲项目3个，合同外资金额646万美元；欧洲项目53个，合同外资金额15 808万美元；拉丁美洲项目39个，合同外资金额26 434万美元；北美洲项目84个，合同外资金额42 366万美元；大洋洲项目27个，合同外资金额8 255万美元。

河北省2005年外商直接投资主要来源国别（地区）表

国别（地区）	项目数（个）	合同外资额（万美元）	国别（地区）	项目数（个）	合同外资额（万美元）
香港	188	99 795	日本	45	17 049
美国	62	39 145	欧盟	36	14 692
韩国	73	24 951	东南亚联盟	28	7 723
英属维尔京群岛	36	23 468	台湾省	27	7 637

外商直接投资企业生产经营情况 全年投产项目99个。外商投资企业完成出口额34.53亿美元，比上年增长29.9%，在全省出口额中的比重为31.56%，比上年增加3.2个百分点。

【对外经济合作】

承包工程和劳务合作 签订对外承包工程和劳务合作合同项目152个，金额11.05亿美元，比上年的5.25亿美元增长1.1倍；完成营业额5.72亿美元，比上年的2.66亿美元增长1.15倍；当年派出劳务人员8 571人次，年末在外人数17 767人，派往的主要国家和地区有俄罗斯、香港、缅甸、日本、韩国、新加坡、阿拉伯联合酋长国等；承包工程的大公司和主要项目是：保定市辖区内的中石油地球物理勘探有限责任公司全年新签合同额和完成营业额分别为46 765万和32 929万美元，分别占全省新签合同额和完成营业额的42.3%和57.6%；唐山市辖区内中材建设有限公司新签合同额和完成营业额分别为16 265万和4 963万美元，分别占全省新签合同额和完成营业额的14.7%和8.7%；秦皇岛市辖区内的秦皇岛国际经济技术合作公司对印度尼西亚发电厂、轧钢厂项目新签合同额27 400万美元，占全省新签合同额的24.8%。

接受经济援助 接受国际经济援助项目1个，是荷兰政府援助河北胖龙景观科技有限公司“新兴市场合作项目”，援助金额50万欧元，在中国建立安祖花种苗基地。

对外投资 2005年在海外举办非贸易性企业15家，投资总额1.12亿美元，中方投资金额1.07亿美元。主要是省建设投资公司增资香港燕山公司项目中方投资额4 919.72万美元，衡水远大集团在柬埔寨设纺织厂项目中方投资额2 637.48万美元。分行业看，加工贸易类8家，中方投资额4 215.48万美元；资源开发类4家，中方投资额1 396.5万美元；服务贸易类3家，中方投资额5 124.72万美元。从地区分布看，亚洲10家，中方投资额9 741.7万美元，占投资总额的90.73%；非洲2家，中方投资额490万美元，占投资总额的4.56%；欧洲2家，中方投资额205万美元，占中方投资总额的1.9%；北美洲1家，中方投资额300万美元，占中方投资总额的2.79%。

【其他】

开发区 秦皇岛经济技术开发区2005年基础设施投资完成4.27亿元。批准外资项目合同21个，合同总投资3.28亿美元，合同外资金额1.89亿美元。实际利用外资1.67亿美元。GDP完成92.05亿元，工业总产值完成235.99亿元，工业销售收入完成243.55亿元，税收总额9.07亿元，财政收入10.49亿元。外贸出口完成5.83亿美元。

石家庄高新技术产业开发区2005年基础设施投资完成1.29亿元。批准外资项目17个，合同总金额5 023万美元，合同外资金额2 665万美元。实际利用外资5 016万美元。GDP完成103.01亿元，工业总产值完成310.23亿元，工业销售收入完成380.3亿元，税收总额10亿元，财政收入10亿元。外贸出口完成2.1亿美元。

保定高新技术产业开发区2005年基础设施投资完成1.29亿元。批准外资项目5个，合同总金额5 087万美元，合同外资金额3 335万美元。实际利用外资2 216万美元。GDP完成46.2亿元，工业总产值完成160.1亿元，工业销售收入完成162.79亿元，税收总额10.05亿元，财政收入5.32亿元。外贸出口完成1.92亿美元。

商务洽谈会 2005年5月在廊坊市举办了河北省对外经济贸易洽谈会，签订利用外资项目53个，总投资10.2亿美元，合同利用外资8.7亿美元。

港口运输 港口吞吐量达27 341.4万吨，增长23.6%。其中，外贸货运量7 172.6万吨，增长3.2%。

涉外旅游 接待国际游客62.6万人次，比上年的58.1万人次增长12.9%；旅游外汇收入2.1亿美元，比上年的1.9亿美元增长10.4%。

小资料

经常项目可兑换与资本项目可兑换

经常项目可兑换指本国居民可在国际收支经常性往来中将本国货币自由兑换成其所需的货币。国际货币基金经织对经常项目的可兑换性作了明确的定义，在国际货币基金组织第八条款中对基金成员在可兑换性方面应承担的义务作了具体的规定：(1) 避免对经常性支付的限制，各会员未经基金组织的同意，不得对国际经常往来的支付和资金转移施加汇兑限制；(2) 不得实行歧视性的货币措施或多种汇率措施。歧视性的货币措施主要是指双边支付安排，它有可能导致对非居民转移的限制以及多重货币做法；(3) 兑付外国持有的本国货币，任何一个成员均有义务购买其他成员所持有的本国货币结存，但要求兑换的国家能证明。总之，经常项目可兑换，是指一国对经常项目国际支付和转移不予限制，并不得实行歧视性货币安排或者多重货币制度。这是一国成为《国际货币基金经织协定》第八条款成员后必须承担的国际义务。我国于1996年12月宣布接受国际货币基金组织第八条款，实现人民币经常项目可兑换。

资本项目可兑换指一种货币不仅在国际收支经常性往来中可以本国货币自由兑换成其他货币，而且在资本项目上也可以自由兑换。这意味着一国取消对一切外汇收支的管制，居民不仅可以通过经常账户交易，也可以自由地通过资本账户交易获得，所获外汇既可在外汇市场上出售，也可自行在国内或国外持有；国内外居民也可以将本币换成外币在国内外持有，满足资产需求。

2005年秦皇岛市商务发展概况

秦皇岛市商务局

秦皇岛市商务局局长

闫树德　生于1953年3月25日，黑龙江省虎林县人。1985年毕业于哈尔滨师范大学中文系，大专学历。1973年参加工作，1976年加入中国共产党。历任黑龙江省虎林县团委副书记、中共河北省秦皇岛市委副秘书长、秦皇岛市北戴河区区长、秦皇岛市经济技术协作办公室主任、秦皇岛市人民政府副秘书长等职。2003年4月任秦皇岛市对外贸易经济合作局局长、党委书记。2004年2月任秦皇岛市商务局局长、党委书记。

【国内贸易】

社会消费品零售总额　2005年河北省秦皇岛市社会消费品零售总额147.04亿元，比上年的135.08亿元增长13.6%。其中，城市消费品零售额104.04亿元，县以下消费品零售额27.12亿元。分行业看，批发零售贸易业零售额127.0亿元，餐饮业零售额19.48亿元，其他行业零售额0.6亿元。

限额以上批发零售贸易、餐饮业基本情况　截至2004年，共有限额以上批发零售贸易、餐饮业法人企业66个，产业活动单位90个，从业人数11 247人。其中，批发业法人企业24个，产业活动单位26个，从业人数2 704人；零售业法人企业23个，产业活动单位40个，从业人数6 596人；餐饮业法人企业19个，产业活动单位24个，从业人数1 947人。

批发零售贸易业商品购、销、存总额　批发零售贸易业商品销售总额263.3亿元，比上年的189.3亿元增长39.1%。其中，限额以上企业140.1亿元，限额以下企业123.2亿元。限额以上批发零售贸易业商品购进总额117.0亿元（其中进口4.6亿元），商品销售总额140.1亿元（其中批发106.1亿元、零售34.0亿元），年末库存总额5.3亿元。

市场物价　商品零售价格指数为102.4（以上年价格为100），其中城市101.2，农村104.5；居民消费价格指数为101.1（以上年价格为100），其中城市101.4，农村101.0。

市场体系建设　2005年，秦皇岛市共有各类商品市场242个，其中消费品市场206个，生产资料市场36个，超亿元市场13个，其中农副产品市场8个。秦皇岛市农村有各类商品市场139个，农副产品市场53个。为加快农贸市场的改造升级，按照《关于秦皇岛市农贸市场标准化建设的意见》，制定了《关于开展农贸市场卫生专项整治工作的实施方案》，通过加大投人不断提高新建市场的档次和加强对旧有市场的改造，在全市开展农贸市场达标整治工作。

秦皇岛市目前有报废汽车回收拆解企业1家、典当行业2家、拍卖行6家、旧货市场4家。

商业改革与发展　2005年，秦皇岛市积极推进工贸结合和农贸结合。推动更多的企业由一般贸易转向加工贸易，全年全市共完成加工贸易出口74 358万美元。占全市出口总额的42%。为扩大农产品出口，推进农贸结合，积极组织农产品企业赴黑龙江中俄边境口岸洽谈农产品（特别是蔬菜、果品、皮毛养殖业）边境贸易事宜，并达成了部分供销协议。为深化流通体制改革，积极探索和改进供销方式，规避商贸流通企业经营风险。2005年，积极引进了苏宁、国美、大中等电器连锁经营企业，提高了商业档次。启动并积极推进了“万村千乡”市场工程，不断发展完善农村物流市场配送渠道。有3个大型自有配送中心，其中集发蔬菜配送中心，配送能力由最初3 600万公斤增加到7 200

万公斤，品种由20种增加到68种，配送网店由8家增加到150家，基地规模扩张到5 500亩，带动周边种植户4 000家积极推进建立电子系统，全市所有连锁店和大中型超市中POS达到95%以上。

【对外贸易】

进出口总额 进出口总额26.68亿美元，比上年22.05亿美元增长21.0%。

出口总额 出口总额为18.4亿美元，比上年的16.09亿美元增长14.4%，占全市GDP 501亿元（相当于61.16亿美元）的30.1%，占全省出口额的16.8%。

进口总额 进口总额82 766万美元，比上年的59 624万美元增长38.9%。

出口商品结构 出口商品达20个大类，上千种。农产品出口额1.54亿美元，占出口总额的8.37%；工业制成品出口额16.87亿美元，占出口总额的91.68%。

进口商品结构 进口商品有上千个品种。农产品进口额41 200万美元，占进口总额的49.78%；工业制成品进口额41 565万美元，占进口总额的50.22%。

出口商品市场 出口商品销往144个国家和地区，主要分布在亚洲、北美洲和欧洲。

技术进出口 技术进出口总额7 246万美元。其中，签订引进技术和进口设备项目4个，合同金额6 965万美元；签订技术出口合同项目5个，合同金额281万美元。

秦皇岛市2005年出口额100万美元以上商品情况表

金额分类	商品名称	出口金额（万美元）	占出口总额比重（%）
1 000万美元以上（12种）	豆粕、钢板、玻璃、铝箔、煤炭、轮毂、冻鸡、甜菜粕、不锈钢丝、皮革服装、船舶、水产品	152 553	82.9
500万—1000万美元（6种）	轴承基础件、板栗、粉丝、黄大豆、法兰盘、淀粉	4 524	2.5
100万—500万美元（15种）	化肥、玻璃纤维、玻璃镜、木片、柠檬酸、耐火砖、玉米糠、医疗仪器、玩具、油漆、门窗制品、陶瓷、糖、玻璃机械、防盗器、西服套装	3 897	2.1
合　计	**33种**	**160 974**	**87.5**

秦皇岛市2005年主要进口商品情况表

商品名称	进口金额（万美元）	占进口总额比重（%）	商品名称	进口金额（万美元）	占进口总额比重（%）
黄大豆	35 571	42.98	煤	1 421	1.72
丙烯氢	7 029	8.49	硝酸铵	1 369	1.65
铁砂矿	5 530	6.68	葡萄酒	1 304	1.58
棕榈油	1 668	2.02	板材热轧机	1 213	1.47
香　蕉	1 631	1.97	玻璃及其制品	971	1.17
合　计				**57 707**	**69.72**

秦皇岛市2005年主要出口市场情况表

国别（地区）	出口金额（亿美元）	占出口总额比重（%）	国别（地区）	出口金额（亿美元）	占出口总额比重（%）
日　本	5.03	27.34	菲律宾	0.29	1.58
台湾省	4.34	23.59	香　港	0.29	1.58
韩　国	3.85	20.92	加拿大	0.22	1.20
美　国	1.40	7.61	西班牙	0.15	0.82
土耳其	0.60	3.26	德　国	0.15	0.82
合　计				**16.32**	**88.70**

秦皇岛市2005年主要进口市场情况表

国别（地区）	进口金额（亿美元）	占进口总额比重（%）	国别（地区）	进口金额（亿美元）	占进口总额比重（%）
韩　国	0.90	10.87	阿根廷	0.42	5.07
美　国	0.72	8.70	台湾省	0.35	4.23
日　本	0.56	6.77	德　国	0.31	3.75
印度尼西亚	0.53	6.40	俄罗斯	0.18	2.17
印　度	0.45	5.44	菲律宾	0.16	1.93
合　计				**4.58**	**55.34**

【利用外资】

利用外资　批准外资项目55个，投资总额86 491万美元，比上年的62 889万美元增长37.53%；合同利用外资57 740万美元，比上年的40 042万美元增长44.20%；实际进入外资23 653万美元，比上年的20 164万元增长17.30%。其中直接利用外资23 613万美元，比上年20 020万美元增长17.95%。合资企业18家，合同外资22 831万美元，实际利用外资6 526万美元；合作企业2家，合同外资141万美元，实际利用外资0美元；外资企业35家，合同外资34 768万美元，实际利用外资17 087万美元。

外商直接投资行业　新批准的利用外资项目中，生产型项目40个，非生产型项目15个。

外商直接投资来源　外商投资来自16个国家和地区。

外商直接投资企业生产经营情况　已投产的外商投资企业189家，2005年实际产值234.73亿元人民币，比上年182.54亿元增长28.59%；销售收入246.27亿元，比上年的191.50增长28.6%；税金4.27亿元，比上年的3.23亿元增长32.1%；累计利润9.11亿元，比上年的8.20亿元增长11.10万元；出口创汇47 775万美元，比上年的38 867万美元增长22.92%，占全市出口总额的26.17%。

秦皇岛市2005年外商直接投资主要行业情况表

行业类型	项目数（个）	合同外资（万美元）	行业类型	项目数（个）	合同外资（万美元）
制造业	29	22 070	医药业	1	64
房地产业	4	3 753	农　业	9	2 576
餐饮业	3	2 990	其他行业	3	3 379
商务服务业	6	6 874			
合　计				**55**	**39 706**

秦皇岛市2005年外商直接投资来源情况表

国别（地区）	项目数（个）	合同外资（万美元）	国别（地区）	项目数（个）	合同外资（万美元）
美　国	6	17 386	加拿大	1	15
韩　国	14	8 567	直布罗陀	1	25
日　本	8	6 626	法　国	2	99
英属维尔京群岛	3	2 760	澳大利亚	1	3
香　港	10	1 800	新加坡	2	70
澳　门	1	444	德　国	2	1 181
英　国	1	150	台湾省	1	30
匈牙利	1	100	马来西亚	1	450
合　计				**55**	**39 706**

【对外经济合作】

承包工程和劳务合作　签订对外承包工程和劳务合作合同项目35个，合同金额6 567.78万美元，比上年的8 235.6万美元下降20.2%；完成营业额2 672.33万美元，比上年的2 583.7万美元增长3.4%；当年派出劳务人员4 128人次，比上年1 682人次增长145.4%；年末在外人数1 750人，比上年的1 307人增长33.9%。劳务人员主要派往香港、沙特阿拉伯、利比里亚、巴拿马。承包工程的主要项目是：秦皇岛市国际经济技术合作公司在印度尼西亚承揽的发电厂工程项目，秦皇岛市第三建筑公司与阿塞拜疆“夏加尔”公司在阿境内合作进行住宅楼、工厂、酒店建筑项目。

对外经济技术援助　承担援外项目1个，由耀华玻璃集团公司承建的中国政府援建朝鲜现代化玻璃厂项目进展顺利，如期竣工。派出援外人员190人，年末在外190人。

接受经济援助　美国周氏家族对昌黎县周庆恩中学无偿捐助155.8万元人民币修建学生宿舍楼、餐厅、图书馆，援助方已将48万元人民币汇入周庆恩中学。

对外投资　境外投资企业4家，投资总额1 409.5万美元，其中中方投资额1 334.5万美元。秦皇岛市鑫河钢铁矿业发展公司在老挝开采铁矿项目，被列为2005年河北省境外投资十大重点项目之一，成为老挝政府批准的唯一一家在爬立山地区合法勘探并经营矿山开发的公司。秦皇岛市通联材料工程添加剂厂、秦皇岛市通联矿业有限公司、秦皇岛市海兰建材冶金机械厂境外投资项目进展良好。

【其他】

开发区　秦皇岛市经济技术开发区基础建设投资4.27亿元，比上年的6.26亿元减少1.99亿元。全年批准外商投资企业21家，总投资32 753万美元，比上年的38 966万美元减少15.9%；合同外资18 866万美元，比上年的27 307万美元减少30.9%；实际利用外资16 666万美元，比上年的13 347万美元增长24.9%。批准内联企业287家，实际到位内资30.93亿元，比上年的31亿元减少0.2%。完成固定资产投资25.02亿元，比上年的25.8亿元减少3.0%。实现工业总产值235.99亿元，比上年的203亿元增长16.3%。出口创汇58 298万美元，比上年的44 379万美元增长31.4%。规模以上工业企业实现利税9.87亿元，比上年的9.57亿元增长3.1%。

港口运输　秦皇岛有生产泊位41个，港口吞吐能力1.7亿吨。全年实际完成货运吞吐总量1.69亿吨，比上年的1.5亿吨增长12.4%。完成外贸进出口吞吐量4 819.7万吨，比上年的5 358.5万吨减少10%。其中，出口3 639.6万吨，比上年的4 406.8万吨减少17.4%；进口1 180.1万吨，比上年的951.7万吨增长24%。

涉外旅游　接待国内旅客1 302.3万人次，比上年的1 212万人次增长7.5%。接待海外游客17.93万人次，比上年的16.28万人次增长10.1%。旅游外汇收入8 513.54万美元，比上年的7 681万美元增长10.8%。

2005年山西省商务发展概况

山西省商务厅

山西省商务厅厅长

王淑珍　生于1951年11月。1975年毕业于山西大学外语系。历任山西省五矿化工机械进出口公司、山西省机械进出口公司、山西省五金矿产进出口公司等企业的副总经理、总经理等职。1994年11月任山西省对外贸易经济合作厅副厅长。2003年2月任山西省对外贸易经济合作厅厅长。2004年4月任山西省商务厅厅长。

【国内贸易】

社会消费品零售总额　2005年山西省社会消费品零售总额1 401.15亿元，比上年的1 219.03亿元增长14.94%。其中，城市消费品零售额902.79亿元，县消费品零售额262.25亿元，县以下消费品零售额236.11亿元。分行业看，批发零售贸易业零售额1 187.36亿元，餐饮业零售额163.30亿元，其他行业零售额50.49亿元。

市场物价　商品零售价格指数为100.3（以上年价格为100），其中城市100、农村100.7，居民消费价格指数为102.3（以上年价格为100），其中城市101.7、农村103.7。

市场体系建设　一是国内贸易发展和农村市场建设规划草案顺利完成，起草了《山西省国内贸易发展“十一五”规划》和《山西省农村市场体系建设“十一五”规划》。二是“万村千乡”市场工程试点工作取得新的突破，选择了26个县作为“万村千乡”市场工程试点县，建立了“万村千乡”市场工程数据库，积极推荐试点企业利用国家开发银行与商务部签订的支持现代流通业发展的金融合作协议贷款，建设与改造配送中心16个，建设与改造连锁农家店600多家。三是农产品市场流通工程开始启动实施，加快推进农产品批发市场结构调整，推动批发市场进一步做大做强，积极开展农产品连锁经营试点，促进农产品流通的规模化，增加农民收入。四是城市商业网点规划工作取得新的进展，10个地级城市已基本完成规划编制工作。五是打破地区封锁，建设统一市场取得新的实效，会同有关部门清理文件2 252件，会同物价局、公安厅等6个部门成立了山西省整治商业零售企业不规范促销、恶意占压、骗取供应商货款欺诈行为专项行动协调小组。六是汽车市场和特殊行业管理工作规范有序，制定实施了报废汽车管理的有关规定，对全省拍卖行业进行了清理整顿，进一步加强对全省旧货、租赁行业的管理。

商业改革与发展　一是认真贯彻《国务院关于促进流通业发展的若干意见》，完成了《山西省人民政府关于促进流通业发展的实施意见》。二是努力推进现代流通方式的发展，完成了《山西省连锁经营发展调研报告》和《山西省电子商务发展的调研报告》，组织部分市商务局负责同志赴北京学习考察流通发展规划和物流发展方面的做法和经验，对全省批发市场、国有流通企业改革情况、“十一五”期间流通重点项目进行了调查摸底。三是积极推动社区商业服务体系建设，制订下发了《关于加快山西省社区商业建设的实施意见》和《山西省社区商业省级示范社区评分细则》。四是组织名优产品企业参加全国性的商品展览展销会，如4月份在陕西省西安市举行的第九届中国东西部合作与投资贸易洽谈会，10月份在成都举行的中国餐饮业博览会，9月份在太原市举行的第二届中国（太原）汽车展销会。五是进一步规范流通秩序，制订了《山西省商业零售企业促销行为规范》（试行）和《山西省商业特许经营备案管理办法（试行）》，开展了“食品放心工程”、“争创服务品牌”等一系列“百城万店无假货”活动。六是进一步加强了成品油市场管理，起草了《山西省贯彻国家商务部〈成品油市场管理暂行办法〉实施细则》（讨论稿），召开了全省成品油市场管理工作座谈会，部署了全省2006年至2010年成品油仓储、零售企业发展规划编制工作，将成品油批发、仓储、零售经营资格审批纳入厅政务大厅，建立了山西省成品油市场管理信息系统。七是酒家酒店等级评定工作开始起步，成立了山西省酒家酒店等级评定委员会，并于11月初组织参加了全国酒家酒店等级评定委员会组织的第十期国家级评审员培训。

【对外贸易】

进出口总额 进出口总额55.46亿美元，比上年的53.82亿美元增长3.05%。

出口总额 出口总额35.29亿美元，比上年的40.35亿美元下降12.54%，占全省GDP 4 121.18亿元（相当于513.22亿美元）的6.88%，占全国出口额的0.46%。

出口商品结构 初级产品出口额16.89亿美元，占出口总额的47.86%；工业制成品出口额18.40亿美元，占出口总额的52.14%。

出口商品市场 出口商品销往166个国家和地区。出口额在1亿美元以上的国家和地区有9个，出口金额24.14亿美元，占出口总额的68.41%。

山西省2005年出口额500万美元以上商品情况表

金额分类	商品名称	出口金额（万美元）	占出口总额比重（%）
1亿美元以上（4种）	焦炭及半焦炭、其他烟煤、未锻轧镁、冷轧不锈钢板材	175 403	49.71
1 000万—1亿美元（33种）	炼焦煤、未锻轧的非合金铝、计算机零附件、无烟煤、其他未锻轧镁、初级形状非合金生铁、钢铁制钉、耐火黏土、镁锉屑及颗粒、钢铁制法兰、一般体育用品及设备、冷轧不锈钢板材、活性碳、玻璃盥洗室及室内装饰等器皿、无可锻性铸铁制品、可锻性铸铁及铸钢管子附件、玻璃陶瓷器皿、手持式无线电话机零件、柠檬酸 、铸铁管及空心异型材、硝酸铵、其他热轧卷材、叉车等升降搬运装置工作机械零件、6氨基青霉烷酸（6APA）、未锻轧锰、铁道及电车道机车或车辆的轮及零件、餐桌或厨房用玻璃器皿、铁合金、碳电极、石油或天然气钻机的零件、螺钉及螺栓	114 251	32.38
500万—1 000万美元（33种）	三磷酸钠、不规则盘卷的不锈钢热轧条杆、锰铁、马来酐、固体矿物分类筛选机器零件、核桃仁、矩形截面半制普通钢铁、铁道及电车道机车等车辆的轴、芦笋罐头、工业用无可锻性铸铁制品、其他硅、抗菌素、冷轧不锈钢板材、瓷餐具、健身及康复器械、热轧不锈钢非卷材、无可锻性铸铁管子附件、硫化钠、糠醇及四氢糠醇、喀什米尔山羊细毛、装在蹄片上的制动磨擦片、高岭土、7氨基头孢烷酸及7氨基脱乙酰氧基头孢烷酸、铬铁、硫酸二钠、其他玻璃杯、硫化黑（硫化青）及以其为基本成分的制品、其他合金钢锻造条杆、硝酸盐、烟花爆竹、铁道及电车道机车零件、初级形状的聚乙烯醇、其他贵金属的无机及有机化合物	23 968	6.79
合　计	**70种**	**313 622**	**88.88**

山西省2005年主要出口市场情况表

国别（地区）	出口金额（万美元）	占出口总额比重（%）	国别（地区）	出口金额（万美元）	占出口总额比重（%）
韩　国	52 484	14.87	荷　兰	16 457	4.66
美　国	48 844	13.84	印　度	13 646	3.87
日　本	47 085	13.34	台湾省	10 888	3.09
比利时	24 815	7.03	意大利	10 304	2.92
巴　西	16 890	4.79			
合　计				**241 413**	**68.41**

进口总额　进口总额20.17亿美元，比上年的13.47亿美元增长49.74%。

进口商品结构　初级产品进口额7.66亿美元，占进口总额的37.98%；工业制成品进口额12.51亿美元，占进口总额的62.02%。

进口商品市场　进口商品来自77个国家和地区，进口额在5 000万美元以上的国家和地区有8个，进口额14.68亿美元，占进口总额的72.75%。

技术进出口　技术进出口总额744万美元，比上年的2 735万美元下降72.80%。其中，签订引进技术和进口设备合同项目17个，比上年的22个减少5个；合同金额744万美元，比上年的2 735万美元减少72.80%；引进技术和设备主要来自美国、加拿大、日本、欧盟等。

技术进口　引进项目中，制造业5项，金额339.86万美元；其他行业8项，金额351.59万美元；采掘业1项，金额25.74万美元；建筑业1项，金额15万美元，教育1项，金额5万美元。

山西省2005年进口额500万美元以上商品情况表

金额分类	商品名称	进口金额（万美元）	占进口总额比重（%）
1亿美元以上（3种）	未烧结的铁矿砂及精矿、未锻轧的非合金镍、铜矿砂及其精矿	80 276	39.79
1 000万—1亿美元（25种）	具有独立功能的机器及机械器具（绕线机）、氧化铝、板材冷轧机、铬矿砂及其精矿、镍铁、乙酸乙烯酯、铸造机、不锈钢废碎料、板材热轧机、液压千斤顶、锰矿砂及其精矿、热轧普通钢铁卷材、固体矿物质的分类筛选分离或洗涤机器、立式加工中心、烧结的铁矿砂及其精矿、2，4－和2，6－甲苯二异氰酸酯混合物（甲苯二异氰酸酯TDI）、化学木浆、不饱和无环烃、电力控制或分配盘板台等、风机风扇、非自推进的截煤机凿岩机及隧道掘进机、地下专用的连续运送货物的升降机及输送机、板坯连铸机、计算机零附件、空气泵气体压缩机通风罩循环气罩	71 102	35.25
500万—1 000万美元（28种）	自推进的截煤机凿岩机及隧道掘进机、链式连续运送货物或材料的升降机及输送机、风机风扇、滚珠轴承、冷室压铸机、7氨基头孢烷酸和7氨基脱乙酰氧基头孢烷酸、铬铁、压滤机、矿物与沥青的混合机器、未经酸洗的不锈钢平板轧材、阀门、数控外圆磨床、利用温度变化处理材料的机器装置及类似的实验室设备、电机驱动的其他制冷设备用压缩机、带式连续运送货物的升降机及输送机、卧式加工中心、多次甲基多苯基异氰酸酯（聚合MDI）、润滑油基础油、钴矿砂及其精矿、金属机械、经酸洗的不锈钢平板轧材、机械压力机、离心机、四硼酸钠、耐火砖块瓦及类似耐火陶瓷建材制品、蒸馏或精馏设备、型钢轧机	20 287	10.06
合　计	**56种**	**171 665**	**85.10**

山西省 2005 年主要进口市场情况表

国别（地区）	进口金额（万美元）	占进口总额比重（%）	国别（地区）	进口金额（万美元）	占进口总额比重（%）
澳大利亚	37 363	18.52	日　本	12 840	6.37
德　国	37 229	18.46	俄罗斯	7 150	3.54
印　度	28 512	14.13	台湾省	5 672	2.81
美　国	12 349	6.12	加拿大	5 656	2.80
合　计				**146 771**	**72.75**

【利用外资】

2005 年全省共批准外商直接投资项目 85 个，比上年减少 5.56%；项目总投资 24.43 亿美元，比上年增长 80.03%。

外商直接投资行业　外商直接投资项目中，生产型项目 52 个，占 61.18%；非生产型项目 33 个，占 38.82%。

外商直接投资来源　外商直接投资主要来自香港、泰国、新加坡、美国、巴哈马、英属维尔京群岛、台湾省、塞浦路斯、日本、加拿大等国家和地区。

山西省 2005 年利用外资情况表

利用外资方式	批准签订的合同			实际利用外资	
	项目数（个）	外资金额（万美元）	金额比上年增长（%）	金额（万美元）	金额比上年增长（%）
外商直接投资	85	110 208	172.53	27 516	205.02
合资企业	35	35 877	164.27	11 899	118.33
合作企业	21	43 606	235.35	1 379	507.49
外资企业	28	30 712	121.59	14 238	325.78
股份有限公司	1	13	—	0	—
合　计	**85**	**110 208**	**172.53**	**27 516**	**205.02**

山西省 2005 年外商直接投资分行业情况表

行　业	外商直接投资合计		
	项目数（个）	合同外资（万美元）	实际投资（万美元）
农、林、牧、渔业	2	863	27
采矿业	7	21 695	2 302
制造业	43	43 722	14 873
电力、燃气及水的生产和供应业	7	20 376	370
建筑业	3	12 410	133
交通运输、仓储和邮政业	0	0	83
信息传输、计算机服务和软件业	0	0	0
批发和零售业	5	2 123	100
住宿和餐饮业	3	675	795
房地产业	5	7 186	53
租赁和商务服务业	4	-549	1 189
科学研究、技术服务和地质勘查业	2	42	0
居民服务和其他服务业	2	1 182	7 544
卫生社会保障市社会福利业	1	471	48
文化、体育和娱乐业	1	12	0
合　计	**85**	**110 208**	**27 517**

2006 中国商务年鉴合作伙伴
PARTNERS OF CHINA COMMERCE YEARBOOK

中国中原对外工程公司
China Zhongyuan Engineering Corp.
总经理：刘雪红
General Manager：Liu Xuehong

中国水利水电建设集团公司
SINOHYDRO CORPORATION
总经理：郭建堂
General Manager: Guo Jiantang

中国机械工业集团公司
China National Machinery Industry Corporation
总裁：任洪斌
President: Ren Hongbin

CNBM
中建材集团进出口公司
CHINA NATIONAL BUILDING MATERIALS& EQUIPMENT IMPORT&EXPORT CORP.
总经理：黄安中
General Manager: Huang Anzhong

中国国际企业合作公司
China International Enterprise Cooperation Company
总经理：单忠明
General Manager: Shan Zhongming

建龙钢铁
JIANLONGSTEEL
董事长：张志祥
Chairman: Zhang Zhixiang

欧洲商业开发投资管理中心
Centre for Development of Trade and Control of Investment in Europe
中心主任：蔡桂茹

三元集团
SANYUAN GROUP
董事长、党委书记：包宗业
Chairman: Bao Zongye

一汽丰田汽车销售有限公司
FAW Toyota Motor Sales Co., Ltd.
法人代表：竺延风
The legal representative: Zhu Yanfeng

CTI
港中旅国际旅行社有限公司
Northern International (Holding) Co., Ltd.
公司法人代表：沈主英
Corporation representative: Shen Zhuying

天津市建工工程总承包有限公司
Tianjin Construction Engineering Main Contracting Co., Ltd.
董事长：李立勇
Chairman: Li Liyong

CNBM
中国凯盛国际工程有限公司
China Triumph International Engineering Co., Ltd.
董事长兼总经理：彭寿
Chairman & General Manager: Peng Shou

JIN MAO
中国金茂（集团）股份有限公司
China Jin Mao Group Co., LTD.
董事长：王宝臣
Chairman: Wang Baochen

上海申达进出口有限公司
Shanghai Shenda Imp.&Exp. Co., Ltd.
总经理：姚希毅
General Manager: Yao Xiyi

河北省廊坊市商务局
Commerce Bureau of Langfang City
局长：崔广华
Director: Cui Guanghua

河北东方绿树食品有限公司
Heibei Dongfang Green Tree Food Co., Ltd.

总裁：王立军
President: Wang Lijun

沈阳市对外贸易经济合作局
Shenyang Municipal Bureau of Foreign Trade and Economic Cooperation

局长：张宁
Director: Zhang Ning

中国第一汽车集团进出口公司
CHINA FAW GROUP IMPORT & EXPORT CORPORATION

总经理：李维斗
General Manager: Li Weidou

烟台市对外贸易经济合作局
Yantai Foreign Trade & Economic Cooperation Bureau

局长：程显萃
Director: Cheng Xiancui

浙江永康中国科技五金城有限公司

法人代表：孔体现

浙江东方集团股份有限公司
ZHEJIANG ORIENT HOLDINGS CO., LTD.

董事长：何志亮
Chairman: He Zhiliang

四川其亚铝业集团公司
Sichuan Qiya Aluminium Industry Group Co., Ltd.

董事长兼总经理：童文其
Chairman & General Manager: Tong Wenqi

厦门建发集团有限公司
Xiamen C&D Corp. Ltd.

焦作市商务局
Bureau of Commerce of Jiaozuo City

局长：魏新洪
Director: Wei Xinhong

广州纺织品进出口集团有限公司
Guangzhou Textiles Holdings Limited

总经理：江广烽
General Manager: Jiang Guangfeng

广东南方李锦记营养保健品有限公司
Guangdong Nanfang Lee Kum Kee Health Products Co., Ltd.

董事长兼总经理：李惠森
Chairman & General Manager: Lee Wai Sum Sammy

秘书处秘书长：张晓钦
General Secretary/secretariat: Zhang Xiaoqin

云南临沧市晶莹糖业有限责任公司

董事长：李世平
Chairman: Li Shiping

佛山市人民政府

People's Government of Foshan Municipality

佛山广泛参与区域经贸合作，先后与吉林延边、广西贺州、宁夏吴忠、云南红河洲建立经贸合作关系。Foshan actively involves itself in regional economic cooperation and has established economic partnership with Yanbian of Jilin Province, Hezhou of Guangxi Province, Wuzhong of Ningxia Autonomous Region and Honghezhou of Yunnan Province.

佛山市位于中国广东省中南部，地处珠江三角洲腹地，东倚广州，南邻港澳。现直辖禅城区、南海区、顺德区、高明区和三水区。全市总面积3848.49平方公里，常住人口580万人，其中户籍人口354.48万人。

改革开放以来，特别是近年来，佛山市经济社会发展取得辉煌成就，综合实力跻身全国地级市前列。1978年至2004年，全市生产总值年均递增16.6%，增长52.6倍。2005年全市生产总值达到2379.8亿元，增长19.2%。民营经济蓬勃发展。2005年，全市民营企业生产总值1273亿元，增长23%，对全市生产总值增长贡献率为62.1%。外源型经济发展迅速。2005年，全市进出口总值257.1亿美元，其中，出口总值170.8亿美元，增长23.5%；合同利用外资15.46亿美元，实际利用外资9.28亿美元，分别增长33.59%和34.3%。商贸流通市场畅旺。2005年，全市社会消费品零售总额634.47亿元，增长17%。

Foshan, located in central south of Guangdong Province of China and the hinterland of the Pearl River Delta, is adjacent to Guangzhou to the east, Hong Kong and Macao to the south. Under its jurisdiction are administrative districts of Chancheng, Nanhai, Shunde, Gaoming and Sanshui. Foshan covers a total area of 3848.49 km^2 and has a population of 5.8 million including 3,544,800 registered permanent residents.

Since the reform and opening up policy, especially in recent years, socio-economic advancement has made remarkable achievements in Foshan. The city's comprehensive strength is in the forefront among the cities of China. Between 1978 and 2004, Foshan's GDP grew 52.6 times, by an annual rate of 16.6% on average. In 2005, Foshan's GDP increased 19.2% to CNY 237.98 billion. Private economy is developing swiftly. In 2005, gross production of private business increased 23% to CNY 127.3 billion, contributing 62.1% of the city's GDP growth rate. Export-driven economy is undergoing fast development. Gross import and export volume in 2005 totaled CNY 25.71 billion, among which export volume reached CNY 17.08 billion, up 23.5%. The contractual foreign investment reached USD 1.546 billion and foreign investment in place realized 928 million USD, an increase of 33.59% and 34.3% respectively. In addition, the city shows flourishing commercial business. Retail sales volume of social consumption amounted to CNY 63.447 billion, an increase of 17%.

图2 2004年成功举办中国佛山（日本）投资推介会，签约投资总额6.15亿美元。In 2004, China Foshan (Japan) Investment Promotion was successfully held in Foshan, with USD 615 million investment signed.

图3 民营经济占据佛山经济半壁江山，包括美的集团在内的16家企业进入广东省百强民营企业行列。Private sector takes up half of Foshan's economic volume.16 Foshan enterprises including Midea Group are among the Top 100 privately-run enterprises of Guangdong Province.

图4 目前佛山共有包括汤姆逊在内的外商投资企业6500多家，投资总额超过163亿美元。At present, there are more than 6500 foreign-funded enterprises in Foshan including Thomson, with a total investment of USD 16.3 billion.

图5 佛山是珠江三角洲经济区重要的商贸中心之一，沃尔玛、吉之岛等国内外著名品牌连锁企业在佛山设点开店。 Foshan is one of the commercial centers in the Pearl River Delta economic region. A number of domestic and international retail giants have set up business in Foshan, including Wal-Mart and Jusco.

图6 佛山现有中国驰名商标10件、中国名牌产品40个。2005年，佛山被评为“中国品牌经济城市”。Now in Foshan, there are 10 China Resounding Trademarks, 40 China Top Brand Products. In 2005, Foshan was awarded the title of "China Brand Economy City".

郑州市人民政府

ZHENGZHOU MUNICIPAL PEOPLE'S GOVERNMENT

绿城新貌

有关领导接待外宾

郑州，河南省省会，是中国历史文化名城、中国八大古都之一、国家卫生城市、国家园林城市、优秀旅游城市、对外开放城市和科技进步先进城市。现辖6区5市1县和2个国家开发区、1个国家出口加工区。总面积7446.2平方公里，总人口716万。2005年全市生产总值1650亿元。

"得中原者得天下"。郑州正在努力建设全国区域性中心城市、全国重要的现代物流商贸城市、全国重要的交通通讯枢纽城市和全国著名的历史文化名城。

Zhengzhou, the capital city of Henan Province, is China's famous historical and cultural city, one of eight ancient capitals of China, and national sanitary city, national garden city, top tourist city, opening-to-outside city as well as the advanced city of technological progress.

As the saying "Conquering the Central Plain means winning all the world" goes, Zhengzhou is putting efforts to build itself into a regional central city, famous city in commerce and modern logistics, important hub of transportation and communication as well as a national well-known historical and cultural city.

黄河大观

郑东新区雄姿

水泥设备

北方国际集团有限公司

Northern International (Holding) Co., Ltd

董事长　董国强

北方国际集团成立于1998年3月8日，是天津市重点支持和授权经营国有资产的大型企业集团。集团核心企业——北方国际集团有限公司，是市有关部门批准组建的控股公司和大型外贸企业，集团公司注册资金3.58亿元人民币，资产总额44.8亿元，拥有直属企业27家。1999年以来每年连续位列全国500家最大进出口企业和出口200强企业，是中国500强企业之一。全集团出口商品涉及纺织、服装、毛毯、地毯、轻工、文体、机电及成套设备、船舶、化工、五金矿产、粮油、食品、医药保健品等众多行业，销往世界160多个国家、地区；在国内外注册商标近300个，拥有享誉海内外的名牌群体，多年来在国际市场上经久不衰。

Established on March 8th, 1998, Northern International Group is combined by the advanced enterprises among state-owned foreign trade companies in Tianjin. Now the Group has 27 enterprise members of colose level. Northern International (Holding) Co., Ltd., the core enterprise of the Group, is a holding company and solely-owned legal body with registered capital of RMB 358 Million, and a total asset of RMB 4.48 Billion, It has been listed as one of the largest 500 enterprises and the top 500 import/export enterprises as well as the top 200 exporters according to business volume in China since 1999. The Group has great actual strength and extensive business operations, maintaining friendly business ties with over 160 countries and regions.

电池－生产线

融天下财富
造福于人民

——徐建国

2006年中国国际投资股份集团有限公司，被定为《中国商务年鉴》前30家合作伙伴。《中国商务年鉴》由国家有关部门主管主办，其内容全面系统记述中国商务事业发展进程，记载着对商务领域发展有重大贡献和作用的政府、企事业单位的发展状况。入选合作伙伴的单位必须是对我国的内外贸事业和国际经济合作的发展有突出贡献的龙头单位。此外成为了中国著名的对外投资促进服务机构——中国国际贸易促进委员会编撰《中国—东盟商务年鉴》合作伙伴，同时中国商务部投资促进事务局，中国外商投资企业协会也将本企业收录在《中国外商投资企业名录》中。

中国国际投资股份集团已经赢得社会各界的认可和支持。2005年本公司与各级政府共同搭建合作平台，为政府重点扶持的近百家优秀项目达成融资协议，为中西部地区招商引资作出了成就，数十家政府及公司为我司赠送锦旗，充分体现了本公司的融资能力和敬业精神。为确保项目方融资顺利落实，本公司将在国家政策、法规的指导下，为企业构筑金桥，严格作业标准，逐步与世界金融组织接轨。

金融体系的建立与完善，确保了我们在投融资领域取得的卓越成就，推动了投融资业务稳健、安全的开展。公司本着“专业、创新、诚信、稳健”的公司宗旨，以敏锐的市场洞察力、全面的专业知识、广博的行业经验，为各方客户提供优质的投融资服务。在未来的发展中，我们将以百倍的奉献精神扶持有发展潜力的产业和企业，为推动社会经济的发展做出新的贡献。

In 2006, owning to its outstanding contributions to the development of China's domestic and foreign trade business as well as the international economic cooperation, China Int'l Investment Stock Group Limited was listed into one of the 30 cooperators of China Commerce Yearbook. China Commerce Yearbook is sponsored by relevant departments of P.R.C. It concretely and systemically records the development of China's commercial business and the developing situations of the governments and enterprises which have made great dedications to the development of China's commercial field, showing written affirmation to their achievements. All of the listed enterprises should be dragon head units having most outstanding contributions to the development of China's trading business and international economic cooperation. Further more, China Int'l Investment Stock Group Limited is also the cooperator to China-ASEAN Commerce Yearbook composed by China Council for the Promotion of International Trade (CCPIT) which is the famous foreign investment promotion service organization of China, meanwhile, the company is also listed into China Foreign Investors Invested Enterprises List of Investment Promotion Agency of Ministry of Commerce of P.R.C and China Association of Enterprises with Foreign Investment (CAEFI).

China Int'l Investment Stock Group Limited has got extensive recognition and support all over the country. In 2005, the company cooperated with each class of government, together making financing agreement on about 100 excellent projects supported by governments, making significant contributions to the investment of middle and eastern China, dozens of governments and companies have presented brocade flags to us, which fully embodies the financing capability and work-respect spirit of our company. In order to ensure the implementation of the financing to project holders, our company will be under the conduction of national policies and regulations, building golden bridge for enterprises, rigorously enforcing our working standard and gradually catching up with world financial organizations.

The establishment and amelioration of the financing system not only ensure our outstanding achievements among investment and financing fields but also accelerate the stable and safe development of investment and financing business. Based on the company's tenet of "Professional, Innovational, Honest, Steady", we shall provide high quality investment and financing services for our customers through our acute insight to markets, all-around professional knowledge and extensive industrial experience. In the future, we'll devote ourselves to supporting the industries and enterprises with great potentialities on development and making more contributions to the development of social economy.

天津经济技术开发区管理委员会

开发区

区貌

百强旗帜广场

天津经济技术开发区（英文缩写为“TEDA”），于 1984 年 12 月 6 日经国家批准成立，是首批国家经济技术开发区之一。

以“中国最高水平，世界先进水平”为目标，天津开发区致力于建设中国北方加工制造业中心、科技成果转化基地和现代化国际港口大都市的标志性区域。自 1997 年以来，天津开发区在国家有关部门对国家开发区的各项指标排名中连续位居全国之首，是中国投资环境最好的开发区之一。

截至 2005 年底，天津开发区已累计批准外商投资企业 4067 家，实际利用外资 134.01 亿美元。

以跨国公司项目为主体，天津开发区崛起了四大支柱产业——电子信息、机械制造、医药化工、食品饮料。摩托罗拉、三星集团、丰田汽车等一大批全球顶尖企业在这里共同缔造辉煌。

As one of China's earliest State development zones, Tianjin Economic-Technological Development Area (with its English abbreviation as TEDA) was founded on December 6th, 1984 upon the approval of the State.

Pursuing “the highest standard in China and the advanced standard in the world,” TEDA has been striving to build itself into a processing and manufacturing center in North China, an incubation center for high-tech achievements, and a model zone of the modernized metropolis and port. Since 1997, with its various indicators continuing to top the appraisal list of the relevant departments, TEDA has been widely accepted as one of the development zones with the best investment environment nationwide.

By 2005, TEDA has accumulatively approved 4067 overseas-funded enterprises with its actually utilized overseas investment totaling USD 13.401 billion.

With MNC-funded projects as its backbone, TEDA has brought into prominence four pillar industries, namely the electronics & telecommunications industry, the mechanical manufacturing industry, the pharmaceutical & chemical industry, and the food & beverage industry. A galaxy of global giants such as Motorola, Samsung ,and Toyota have created brilliant success here.

重庆经济技术开发区管理委员会

Administrative Committee of Chongqing Economic & Technological Development Zone

重庆经开区党工委书记、管委会主任　唐文峰

重庆经济技术开发区成立于1993年4月，经过13年开发建设，取得了较快发展。截止2005年底，全区共吸引22个国家和地区兴办三资企业417户，合同外资总额24.99亿美元，平均投资规模达到600万美元，投资1000万美元以上的大项目47个，为不断调整重庆市的产业结构发挥了积极作用。与此同时，重庆经开区的地区生产总值、工业总产值、税金总额也分别从1993年的5.8亿、6.91亿、1.36亿上升到了2005年的73.08亿、215.93亿、22.62亿元。从1993年到2005年的13年，经开区累计实现地区生产总值、工业总产值、税金总额440.64亿、1086.67亿、92.76亿元，在全市经济社会发展中起到了积极的示范、辐射和带动作用。

重庆出口加工区

Brief Introduction of the Administrative Committee of Chongqing Economic & Technological Development Zone

Chongqing Economic &Technological Development Zone (CETZ) was approved by the State Council in April, 1993. After 13-year exploitation, it gets quite brilliant achievement. By the end of 2005, there has been 417 foreign funded enterprises from 22 countries and regions in CETZ, with total contractual foreign capital of USD 2.499 billion, the average scope reaching USD 6 million. The invested account of 47 companies is beyond USD 10 million. CETZ makes great contribution to optimizing Chongqing's industry structure. From 1993 to 2005, the regional production value, total industry value, total tax revenue separately increase from CNY 0.58 billion, CNY 0.691 billion, CNY 0.136 billion to CNY 7.308 billion, CNY 21.593 billion, CNY 2.262 billion, and separately add up to CNY 44.064 billion, CNY 108.667 billion, CNY 9.276 billion by the end of 2005. As a wonderful example, CETZ gives positive influence on the economy and the society of whole Chongqing and brings them along to a higher level.

美心集团

地址：重庆渝北鸳鸯金山大厦
邮编：401122
电话：86-23-67463108/67463299
传真：86-23-67463318

Add: Jinshan Building, Yuanyang, Yubei, Chongqing, PRC
Post code:401122
Tel:86-23-67463108/67463299
Fax:86-23-67463318

长安福特厂区

青岛经济技术开发区管理委员会

Qingdao Economic & Technical Development Area

气势磅礴的国际亿吨大港
——前湾港

青岛开发区成为
外商投资热土

青岛开发区1984年10月经国家批准，1985年3月动工兴建，规划面积20.02平方公里。1992年，省、市决定将开发区与黄岛区体制合一。建区以来，在中央、省、市的正确领导和关心支持下，经过广大建设者的艰苦创业和不懈努力，开发区已经由昔日的荒野渔村，初步建设成为投资环境良好、开放型经济健康协调发展、社会各项事业日益繁荣的现代化新城区。截至2005年底，已有55个国家和地区的客商前来投资兴办实业，累计引进外商投资项目1935个，实际利用外资50.9亿美元。投资额在1000万美元以上的大项目337个，投资过亿美元的项目11个，世界500强投资项目50个。

Approved by the State in October 1984, Qingdao Ecomomic & Technical Development Area (QDA) was offcially lauched on March 28,1985. It covers a programming area of 20.02 sq.km. In1992, QDA was merged with Huangdao District. With the right guidance and support of the Center,the province and the city, the erectors have made QDA from boondocks to modern new metropolis which have good investment enviroment, exuberance and harmony opening economy,boom society career. By the end of 2005, there were a total of 1935 approved foreign-funded projects from 55 countries and regions,with USD 5.09 billion in actually utilized investment. There were 337 projects with individual investment above USD 10 million,11 of which exceeded USD 100 million, 50 projects invested by companies listed among the Global Fortune 500 in QDA.

青岛开发区新貌

世界500强—浦项制铁冷
扎不锈钢项目生产车间

位于青岛开发区的
中国石油大学校区

地址:青岛经济技术开发区长江中路369号 邮编(Post code): 266555
电话(Tel): 0532-86988981 传真(Fax): 0532-86988989
网址(Web): www.qda.gov.cn 邮箱(Email): m__hd@gov.qd.sd.cn

杭州经济技术开发区

HEDA HANGZHOU ECONOMIC & TECHNOLOGICAL DEVELOPMENT AREA

下沙新城

Xiasha New City

- 国际先进制造业基地
  ADVANCED INTERNATIONAL MANUFACTURING BASE
- 新世纪大学城
  UNIVERSITY TOWN OF NEW ERA
- 花园式生态型城市副中心
  ECOLOGICAL GARDENLIKE SUB-CITY CENTER

開發區概況

杭州经济技术开发区是1993年4月经国家批准设立的国家开发区，行政管辖面积104.7平方千米。目前在34平方千米建成区构建了完善的基础设施，优美的园区环境，便捷的生活设施，高效规范的政府服务；建成了全省最大规模的杭州下沙高教园区及全国首批试点的浙江杭州出口加工区。2004年，经国家有关部门评定，投资环境综合评价位居全国国家经济技术开发区第10位，被日本贸易振兴机构评为中国75个城市开发区投资环境开发区。

Blueprint of HEDA

Hangzhou Economic and Technology Development Area (HEDA) is a national level development Area approved by the country in April 1993, covering an area of 104.7km^2. So far, an area of 34 km^2 has been built complete infrastructure facilities. There are beautiful environment, convenient facilities and effectiveness and regulated government services. There is Xiasha Higher Education Park, one of the biggest scales in Zhejiang, and Hangzhou Export Processing Zone of Zhejiang, one of the first pilot export processing zones in China. In 2004, the Development Area was rated tenth in terms of the investment environment in all national economic and technology development areas by the relevant department. It was appraised by Japan External Trade Organization as one with the best investment environment among the 75 cities development areas in China.

宁波经济技术开发区

A Brief Introduction of Ningbo Economic & Technical Development Zone (NETD)

中国大陆第二大港口——宁波港

宁波经济技术开发区于1984年10月经国家批准设立，为首批14家国家开发区。宁波开发区紧邻中国大陆第二大港口——北仑港，具有得天独厚的区位优势。经过多年的开发建设，宁波开发区已成为浙江省、宁波市对外开放的战略重点，华东地区重要的能源、原材料基地，浙江省重要的出口加工基地和进出口物流集散基地。2005年全区合同利用外资10.5亿美元，实际利用外资6亿美元。累计已有40多个国家(地区)的客商在区域内累计兴办外资项目1120家，其中千万美元以上项目291家，实际利用外资40亿美元，有39家全球500强跨国公司落户。依托港口优势，形成了以能源、石化、钢铁、汽车及关键零配件、造船、造纸等为主体的临港产业体系，以及以注塑机及工业电脑、计算机主机及其周边产品为主的高新技术产业群。

NETD was established in October 1984 with approval from the State. It is one of the largest and earliest national development zones. NETD is adjacent to Beilun Port, which is the second largest port in Mainland China and enjoys unique geographical advantage. After many years' construction, NETD has become a strategic emphasis for opening up in Ningbo and Zhejiang Province, an important base for energy and raw materials in East China and an important base for export processing and logistics in Zhejiang Province.

In 2005, the contracted capital in NETD has reached USD 1.05 billion and utilized capital USD 600 million. Foreign investment projects amounted to 1120 from over 40 countries and regions, among which 291 are over USD 10 million. The actually utilized capital has amounted to USD 4 billion with 39 companies from the global top 500.

With its port advantage, NETD has formed coastal industrial system with energy, petrochemical, steel, auto & its key parts, ship building and paper milling as the main part and hi-tech industries with plastic injection molding machine, industrial computers, host computers and its peripheral products as the main part.

中国女排主场——北仑体艺中心

温州经济技术开发区
Wenzhou Economic & Technologlcal Development Zone

浙南唯一的国家开发区温州经济技术开发区设立于1992年月16日，1998年和2000年，省级的温州高新技术产业园区和温州开发区滨海园区相继设立，使温州开发区形成了“一区三园”联动发展的格局和“三园合一”的管理体制，总规划面积46平方公里。

建区以来，温州开发区不断优化投资环境，经济社会发展取得了显著成绩。20多个国家和地区的客商前来投资设厂，尤其是民营经济发展异常活跃。到2005年，累计引进项目1040个，引资201亿元，其中外资项目279个，总投资15.17亿美元，合同外资5.5亿美元，实际利用外资2.19亿美元，初步形成了温州传统产业和高新技术产业并存的具有一定区域特色的产业格局。2005年全区实现GDP78.32亿元，工业总产值201.51亿元，财政总收入11.03亿元。综合投资环境指标进入全国前32个国家开发区17强。

温州经济技术开发区热忱欢迎国内外有识之士前来投资兴业！

The state-level Development zone in south Zhejiang, Wenzhou Economic & Technological Development Zone was set up on march 16,1992. In 1998 and 2000, provincial-level Wenzhou Hi-Tech Industry Zone and Binhai Development Zone of Wenzhou Economic & Technological Development Zone were successively set up, making Wenzhou Development Zone form the interactive development structure of “One Zone and Three Parks” and the control system of “Three Parks in One”. Total planning area is approximately 46 sq. km.

Since the establishment, Wenzhou Development Zone has been optimizing the investment environment and improving the developing construction and foreign opening level, the economic and social development has got obvious achievements. The traveling traders from more than 20 countries and regions come here to invest for setting up factories, especially non-governmental economic development is unusually active. By the end of 2005, there had been 1040 accumulated introduction projects, the introduced capital of CNY 20.1 billion, including 279 foreign investment projects, gross investment USD 1.517 billion, contract foreign capital USD 0.55 billion, and actually used foreign capital USD 0.219 billion. It has primarily formed an industry structure, i.e. Wenzhou traditional industry and high-new technical industry at the same time, with regional characteristics. In 2005, GDP of the whole zone was CNY 7.832 billion, gross industrial output value CNY 20.151 billion, and total financial revenue CNY 1.103 billion. Its investment environment assessment index also ranked top 17 among the 32 state-level development zones in China.

Wenzhou Development Zone will further quicken its construction step to wholly perform the construction task of “One Zone and Three Parks”, really build the development zone into a real opening window of Wenzhou, industrial upgrade and innovative demonstration base, high-new tech incubation center and new growth of industrial economy. An opening, comprehensive, modern and new economic zone is rising abruptly on the seashore of the East China Sea. Wenzhou Economic & Technological Development Zone sincerely welcomes the domestic and foreign customers of sight here for investment and establishment of business!

招商热线(Tel)：0577-86996610　86998815　　http://www.wetdz.gov.cn

浙江东方集团股份有限公司
ZHEJIANG ORIENT HOLDINGS CO., LTD.

浙江东方集团股份有限公司成立于1988年，1997年上市(代码：600120)。公司自成立以来，不断开拓创新，在日益激烈的市场竞争中取得了较快发展。目前公司资产规模达到27亿元，净资产近10亿元，每年销售总额均在50亿元以上。

公司充分利用上市平台，形成以国际贸易、房地产两个主导产业和制造业、金融投资两大辅助产业，四轮驱动、混合多元的产业格局，努力打造一个现代化、集约化、综合型的企业集团，以优良的业绩回报社会。

Developing from Zhejiang Cotton Knitwear I/E Co., Zhejiang Orient Holdings Co., Ltd. was established in 1988. and went public in 1997 (stock code 600120). For the decades, the company has firmly kept the market as the guidance and the performance as the goal to improve the management quality so that it has made rapid development in the fierce market competition. Currently, the company's total assets value amounts to CNY 2.7 billions with the net assets of about CNY 1 billion, and the total sales volume keeps over CNY 5 billions every year.

Zhejiang Orient takes great advantages of public-listed company to form a diversified industrial structure with international trade and real estate as the leading industries, manufacturing and financial investment as the auxiliary industries. It is making great efforts to establish a modernized, intensified and comprehensive enterprise group so as to repay the society.

福州经济技术开发区管理委员会

福州开发区全景图
Panorama of FETDZ

华映光电股份有限公司
CPTF Optronics CO., Ltd.

福州开发区成立于1985年1月，系全国首批14个沿海开放城市经济技术开发区之一，区内设有国家保税区、台商投资区、高新技术产业园区、出口加工区等对外开放区域，是台湾海峡两岸船舶试点直航口岸以及马尾与马祖经济文化交流中心，区域面积23平方公里。

2005年全区实现地区生产总值103.46亿元，工业总产值239.2亿元，财政总收入15.7亿元，出口总值10.59亿美元，实际利用外资1.14亿美元，成为全省经济重要增长点，海峡西岸经济区发展势头最强劲的区域之一。

Fuzhou Development Zone was authorized by the country and founded in January 1985. It is one of the first economic and technical development zones in 14 coastal cities of China. Now, there are State-level Bonded Zone, Taiwanese Businessmen Investment Zone, High & New Technology Industrial Park, Export Processing Zone. Mawei is the trial port to conduct direct shipping service between both sides of the Straits and the economic&cultural exchange center between Mawei and Mazu. Zone square is 23 kilometers.

In 2005, its GDP was CNY 10.346 billion, the gross industrial output value was CNY 23.92 billion, the fiscal revenue was CNY 1.57 billion, the gross export value was USD 1.059 billion, and the actual utilized foreign capital was USD 0.114 billion. It became the important increase of provincial economy, the most booming economic zone on the West Coast of the Straits.

罗星塔
China Tower

铁岭经济开发区管理委员会

有关领导在我开发区进行考察

铁岭经济开发区始建于1992年，是经辽宁省批准的唯一农牧业高新技术开发区，享有市级经济管理权和县级行政管理权。开发区位于辽宁中部城市群之中，辖区交通便捷，基础设施完善，具有得天独厚的资源优势和区位优势。铁岭经济开发区始终坚持以经济建设为中心，以发展为第一要务，以环境建设为突破口，专心致力于对外开放和招商工作，国家振兴东北老工业基地，辽宁省加快辽西北地区发展，南资北移，铁岭市加速建设“三区一廊”建设的历史机遇，给开发区加速发展插上了腾飞的翅膀，我们有决心在“十五”期间开发区实现跨越式、超常速发展的基础上，实现“十一五”的大发展、快发展，我们愿与各界朋友携手合作，共同创造开发区更加灿烂辉煌的明天。

开发区领导班子

帽山工业园一角

大连
浪漫之都·时尚
The Romantic City-Trendy
Dalian
大连市旅游局发布
www.dltour.gov.cn www.visitdl.com

上海市浦东新区经济贸易

The Economic and Trade Bureau of Shanghai Pudong New Area

2005年，浦东新区坚持以科学发展观为指导，把握综合配套改革机遇，努力发挥浦东新区示范、带动、辐射作用。

2005年，浦东新区外商投资继续保持快速增长，全年累计新批外商投资项目1734个，引进合同外资56.54亿美元，同比增长75.4%，占全市总量40.9%，创造浦东开发以来单年度引进外商投资的新纪录。截至2005年底，浦东新区累计批准来自97个国家和地区的外商投资项目13464个，合同外资308.69亿美元，跨国公司地区总部达到64家。

2005年，浦东外贸出口依然保持高位增长的态势。据海关统计，浦东新区外贸进出口总额为895.22亿美元，其中出口372.4亿美元，同比增长14.94%。

金茂第一跳

浦东金桥

正大广场

新世纪曙光

In 2005, guided by the concept of sustainable development, take the opportunity of "further comprehensive reform", Pudong New Area of Shanghai endeavoured to play a demonstrative, radiating and stimulating role to other parts of China.

In 2005, foreign investment into Pudong kept a rapid growth.. 1734 new projects were approved, with a total contracted investment of USD 5.664 billion, accounting for 40.9 % of the total in Shanghai, which set a single-year record since 1990. By 2005, Pudong had attracted 13464 foreign-invested projects from 97 countries and regions. The total contracted investment amounted to USD 30.869 billion. 64 multinational companies set its regional head-quarters in Pudong.

In 2005, foreign trade kept to expand at a high level. The statistics from the Customs show that the total volume of export and import in Pudong was USD 895.22 billion in 2005, USD 37.24 billion of which was the export volume, with a 14.94% year-on-year increase.

地址：上海市浦东新区世纪大道2001号
Add: 2001 Century Avenue, Pudong New Area, Shanghai
邮编(Post code): 200135
电话(Tel): 021-28282742
传真(Fax): 021-68541291
网址(Web): www.pdjm.gov.cn
邮箱(E-mail): jjmy@pudong.gov.cn

东方艺术中心

三门峡市商务局

Sanmenxia City Bureau of Commerce

三门峡市商务局
局长、党委书记 李平宣

三门峡市商务局(市外商投资管理局)是负责全市利用外商直接投资、国内外贸易、国际经济合作的政府组成部门，承担着拉动国民经济增长的投资、进出口和消费三大管理职能。改革开放以来，全局上下认真贯彻落实中央和省、市一系列方针政策，始终围绕经济建设这个中心，深化改革，扩大开放，全面实施开放带动战略，积极推动投资环境的优化和改善，利用外资、出口创汇、扩大消费均呈现出持续、快速、健康发展的良好局面。“十五”期间，全市外贸出口46328万美元，年均增长43.7%，比“九五”6266万美元增长7.4倍；出口商品结构进一步优化，工业制成品占出口总值80%；全市具有进出口经营权的企业330家，同世界上50多个国家和地区开展了贸易往来。“十五”期间，利用外商直接投资21180万美元，年均增长38.6%，比“九五”10790万美元增长1.96倍。“十五”期末，全市社会消费品零售总额90亿元，年均增长超过10%。进入“十一五”时期，我们将在市委、市政府的正确领导下，深入贯彻“扩大开放、依托提升、优化结构，项目带动”发展战略，坚持科学的发展观，创新工作方式，不断开拓进取，为全面建设小康社会，跻身中原崛起第一梯队做出更大的贡献。

Sanmenxia city bureau of commerce (Sanmenxia city bureau of foreign investment administration) is part of the government, in charge of utilizing direct foreign investment, domestic and foreign trade, international economic corporation of the whole city, that can motivate the growth of the national economy, take in hand management the government investment, import and export and consumption. During the period of "tenth five-year plan ", the export in our city amounted to USD 463.28 million, increased 43.7 percent annually, and it is 7.4 times more than USD 62.66 million, which is the amount of export in the period of "ninth five-year plan". At present, the structure of exporting merchandise has further been optimized, the amount of industrial finished product has taken 80 percent in the total value of export, the quantity of the enterprises in our city which had gotten the right of import and export operation has reached 330, who have traded with more than 50 countries and districts. Also in this period, the direct foreign investment amounts to USD 211.8 million, increases 38.6 percent annually, it is 1.96 times more than USD 107.9 million, which is the amount of the direct foreign investment in the period of " ninth five-year plan". By the end of the year 2005, the total volume of retail social consumer goods had reached nearly USD 9 billion, increased by 10 percent annually.

李平宣局长同阿曼大使阿卜杜拉·扎希尔·侯斯尼先生在三门峡国际黄河旅游节欢迎宴会上

三门峡市商务局领导班子成员

地址:三门峡市湖滨区黄河路106号
Add: No. 106 of Middle section, Hubin District, Yellow River Road, Sanmenxia, Henan, China.
邮编(Post code): 472000
电话(Tel): 0398-2951861
传真(Fax): 0398-2951882

汕尾市对外贸易经济合作局

【汕尾风光】／摄影 —— 何夏逢

【汕尾风光】／摄影 —— 何夏逢

汕尾市位于广东省东南部，南濒南海，西临香港，处于珠三角与粤东地区的结合部，“青山绿水，碧海蓝天”，被誉为“粤东旅游黄金海岸”，是中国大陆最早实行对外开放口岸之一。汕尾市凭借其独特的区位优势、侨乡优势和资源优势，坚持以“让外商发财、让汕尾发展”为宗旨，积极开展对外贸易和经济合作，目前已同世界40多个国家和地区的客商士建立了稳定的经贸关系，外来投资遍及全市各行业，汕尾正在成为外商投资的热土、居家的福地。

汕尾人民热情欢迎您！

Located in the southeast part of Guangdong Province, Shanwei City borders on South China Sea in the south and faces Hong Kong to the west , It is at the intersection part of the Pearl River Delta and the East Guangdong Area, praised as “Golden Tourism Coast of East Guangdong” for its green mountain, clean water, blue sea and blue sky. It is one of the earliest open ports of Chinese, mainland. Enjoying the peculiar geographical and resourceful advantages and its advantage as homeland of overseas Chinese, Shanwei City actively conducts foreign economic cooperation, adhering to the principle of enriching the foreign investors and developing Shanwei . At present, the city has established stable economic and trade relations with businessmen from morn than 40 countries and areas in the world. Moreover, foreign investments have been made in all walks of life in the city, which is becoming a hot land the foreign investments and a blessed place for living.

The people of Shanwei warmly welcome you!

中国对外贸易中心是商务部直属事业单位，负责承办中国出口商品交易会（简称广交会）。广交会创办于1957年春，由国家有关部门和广东省联合主办，每年4月和10月在广州举行，它对中国外贸的发展起着十分重要的推动作用，是中国历史最长、规格最高、规模最大、商品种类最齐全、到会采购商最多且国别地区分布最广、效果最好的综合性国际经贸盛会之一。

2006年10月，广交会将迎来第100届盛典。刚刚结束的第99届广交会，展览总面积60万平方米，展出净面积27万平方米，有来自全国各地的13686家企业参展，来自211个国家和地区的19万采购商到会，成交额超过322亿美元。

广交会第一期（4/10月15日—20日）在琶洲展馆展出工业类商品，在流花路展馆展出纺织服装类及医药保健类商品；第二期（4/10月25日—30日）在琶洲展馆展出日用消费品类商品，在流花路展馆展出礼品类商品。

中国对外贸易中心下设企业集团——中国对外贸易中心（集团），主要经营各种形式的展览（包括来华展览、出国/境展览和国内展览）、广告、进出口贸易、旅游、宾馆、餐饮等业务。

中国出口商品交易会副主任兼秘书长、外贸中心主任胡楚生

中国对外贸易中心

China Foreign Trade Centre

China Foreign Trade Centre, an institutional unit directly led by relevant state department, is entirely in charge of organization, management and undertaking of Chinese Export Commodities Fair (also known as the Canton Fair). Held biannually in Guangzhou every autumn and spring since the spring of 1957, the CECF is co-hosted by relevant state department and Guangdong Province. As a comprehensive trade fair of international significance, the Canton Fair boasts the longest history, the highest level, the largest scale, the most complete in exhibit variety, the broadest distribution of overseas buyers, and the greatest business turnover in China.

In October 2006, the Canton Fair will celebrate its 100th anniversary. The gross exhibition area of the 99th session is 600,000 square meters, and the net exhibition area is 270,000 square meters. The 99th session has attracted 13,686 exhibitors from all over China and 190,000 buyers from 211 countries and regions, with a business turnover exceeding USD 32.2 billion.

During the first phase of the Canton Fair (April 15th-20th; October 15th-20th), industrial products are exhibited in the CECF (Pazhou) Complex, and garments, medicines and health products are exhibited in the CECF (Liuhua) Complex. During the second phase of the Canton Fair (April 25th-30th ; October 25th-30th), consumer goods are exhibited in the CECF (Pazhou) Complex, and gifts are exhibited in the CECF (Liuhua) Complex.

Subordinated to China Foreign Trade Centre, China Foreign Trade Centre (Group) handles business including all kinds of foreign exhibitions in China and Chinese exhibitions both at home and abroad, advertising, import and export, tourism, hotel and restaurant business, etc.

第99届广交会流花展馆开幕现场，人潮熙攘

在琶洲展馆的来宾报到处，熙攘的采购商将这里围了个水泄不通

众多采购商在琶洲展馆摩托车展区中洽谈甚欢

采购商在琶洲展馆的德信行(珠海)天然食品有限公司摊位上热烈洽谈

中国吉林·东北亚投资贸易博览会

第一届东北亚博览会开幕式现场

中国吉林·东北亚投资贸易博览会，是经国家批准，由有关部门共同主办的集商品展洽、投资洽谈与专业国际会议为一体的国家国际性区域综合性展会。第一届中国吉林·东北亚投资贸易博览会在中国和东北亚五国政府以及来自世界各地参会客商的大力支持、积极参与下取得圆满成功。对外贸易成交额2.92亿美元，国内贸易成交额为7.56亿元人民币；签订投资类项目276个，吸引外来投资753.94亿元，其中签订合同项目132个，吸引外来投资326亿元。国内外参展、参会客商总数超过3万人，来自46个国家的国际客商4000余人，其中各国副部级以上政要53人，52户世界500强企业集团总裁或中国总部总裁31人、副总裁14人。国内客商25000余人，国内外媒体记者1200余人，参会社会公众20余万人。

图们江区域开发第八次政府间协调协商会议会场

第二届中国吉林·东北亚投资贸易博览会将于2006年9月2日—6日在中国长春举办，以“机遇、交流、合作、发展”为主题，以打造“中国北方第一展会”并逐步办成中国乃至世界精品展会为目标，紧紧围绕东北亚区域合作和东北老工业基地振兴的主题，以商品贸易、投资合作、专业国际会议和商务日活动及文体交流为主要内容，面向全球工商界开放。第二届东北亚博览会继续邀请中国与东北亚以及世界各国（地区）的经贸高官、参展商、投资商、采购商到会，进行商品展洽、投资洽谈。搭建中国与东北亚各国及面向世界的商品贸易平台、振兴东北老工业基地和推动东北亚地区发展的投资合作平台。预计国内外各类参展参会客商逾4万人。其中参展商6千人，采购商1万人，投资洽谈商1万人，考察商1.4万人。国外客商6千人，国内外新闻媒体记者1千人。

第一届中国吉林·东北亚投资贸易博览会

同期举办的东北亚经济合作论坛、第十一届东北亚地方政府首脑会议等专业国际会议及中国与东北亚五国商务（周）日活动将邀请各国政要、各省区市领导和国内外商界精英、专家学者发表演讲，进行对话交流，共谋东北振兴和东北亚区域合作发展大计。届时，全球目光将聚焦东北亚，聚焦中国吉林·东北亚投资贸易博览会。我们坚信，第二届东北亚博览会将层次更高、规模更大、成果更多、商机无限。

长春市是吉林省省会，享有中国“北国春城”的美誉。吉林是中国唯一既与东亚的朝鲜、韩国、日本相接或相邻，又与北亚的俄罗斯远东地区相接壤的省区。便捷的交通网络，完善的服务体系，先进的会展设施，可靠的安全保障，友好的人文、投资环境，将为来宾提供便利，创造商机。

东北亚博览会是一个开放的国际性展会。东北亚博览会组委会，诚挚欢迎中外工商界朋友光临中国春城—吉林省长春市参加这一盛会，广交朋友，畅谈合作，把握商机，共同发展。

China JiLin Northeast Asia Investment and Trade Expo

大连东展集团有限公司

经营产品

大连东展集团有限公司，成立于2001年4月份，是由北台钢铁集团、营口港务局等多家单位出资组建的有限责任公司，注册于大连市沙河口区，是一家集国内外贸易、物流运输、金融投资、木塑实业为一体的综合型企业集团。现有员工500余人，具备年贸易额190亿元、年创利1.28亿元、年运输能力1000万吨、金融业务额10亿元、木塑门窗年产30万平方米、出口创汇5亿美元的经营规模。多年来，东展集团通过全力构建市场网络，使企业实现了超常规、跨越式的发展，形成了贸易领域宽泛化、贸易产品多样化的经贸格局。

东展内部刊物《激情东展》

Dalian Dongzhan Group Co., Ltd., founded in April 2001, is a joint venture company registered in Dalian Shahekou District with Beitai Iron and Steel Group, Yingkou Harbor Bureau and several other companies as its sponsors. It is a comprehensive modern enterprise group with international trade, domestic trade, modern logistics, finance and wooden-plastic industry, which has more than 500 staff, an annual trading turnover of CNY 19 billion, profit amount of CNY 0.128 billion, financial transaction turnover of CNY 1 billion, and the capacity of 300 thousand square meters wooden plastic products and 10 million tons' goods transportation. Since its establishment, by building up a market network diligently, Dongzhan Group has achieved an unconventional and great-leap-forward development and formed an economic and trade pattern of extensity of trade field and diversity of products.

单位地址：中国辽宁省大连市沙河口区中山路315号
单位电话：0411-83690000
单位传真：0411-83697369
网　　址：www.chinadongzhan.com

中国哈尔滨国际经济贸易洽谈会

International China Harbin Fair for Trade and Economic Cooperation

中国哈尔滨国际经济贸易洽谈会（简称哈洽会）是中国政府批准举办的大型对外交易会之一。哈洽会自1990年创办至今，已经连续成功地举办了十七届，平均每届有50多个国家和地区参会参展，累计参会参展的中外客商达130多万人次，总成交额近900亿美元，已经成为中俄经贸合作著名展会，东北亚地区经贸合作的重要平台。

第十八届哈洽会，将于2007年6月15日至19日在哈尔滨国际会展体育中心举行，热忱欢迎您光临！

International China Harbin Fair for Trade and Economic Cooperation (Harbin Fair) is one of the large-scale international expos authorized by the China government. 17 events have been held successfully consecutively from 1990 till now, about 1.3 million exhibitors and visitors from more than 50 countries and regions attended the fair in average and nearly USD 90 billion worth of business concluded. China Harbin Fair has come into a famous fair for China-Russia trade and economic cooperation and an important platform for trade and economic cooperation in Northeast Asia.

With the common sponsorship of variows departments, the 18th International China Harbin Fair for Trade and Economic Cooperation is to be held from June 15th to 19th, 2007 in Harbin international conference, exhibition and sports center. You are cordially invited to attend the 18th International China Harbin Fair for Trade and Economic Cooperation!

中国哈尔滨国际经济贸易洽谈会办公室
Administration Office of International China Harbin Fair for Trade and Economic Cooperation
地址：150090 哈尔滨市南岗区美顺街35号
Add: 35 Meishun St., Nangang Dist., Harbin, China 150090
联系人：张玉虹　Contact: Mrs. Zhang Yuhong
电话(Tel): +86-451-82340100 82345874　传真(Fax): +86-451-82340226
网址(Web): www.00615.net www.00615.com.cn　邮箱(E-mail): exhibition@00615.com.cn

北京二十五中学

北京二十五中学是中国历史文化名校，由美国基督教公理会创建于1864年，原名育英学校，是北京近代教育史中引进西方科学开展现代教育最早的学校。20世纪30至40年代已驰名全国，1985年为北京市十所“红旗学校”之一。60年代初为北京市重点中学。140年以来培养了大批优秀人才，遍及祖国和世界各地。

北京二十五中“为社会提供优质教育服务，为学生未来生活幸福和事业成功奠定基础”的办学宗旨，奉行“生动活泼、全面发展、培育个性、鼓励创新”的育人方针，于2000年9月创办，推行教育产业化管理。

2003年初我校成为全国首家获得ISO9001国际质量管理体系和ISO14001国际环境管理体系双标认证学校，学校与英国、德国、加拿大、新加坡等国的学校建立了友好交流与合作关系，我校具有招聘外籍教师和招收外籍学生的资格。

北京二十五中现有走读部和寄宿部校舍两处，学生来自全市全国。目前学校教学设施完备，校园环境优美，师资力量雄厚，办学理念先进，赢得社会各界及广大家长的广泛赞誉。

Brief Introduction of Beijing No.25 High School

Beijing No.25 High School is a famous school both in history and culture. It was built in 1846 by American Christian Congregational Church with original name of Yuying School. The school is one of the first schools which introduced western science and technology to be used in modern education. Since 1930s and 1940s the school has already been very famous throughout China and it was assessed to be one of the ten “Red Flag School”; in the early 1960s it was key school in Beijing. The school has been educated a lot of excellent students who is living all over China and the world for the past 140 years.

Beijing No.25 High School's education tenet is “provide high-quality education service for the society, establish solid foundation for students about their happiness in life and success in career”. The education guideline is “vivid and vigorous, all-sided development, personality cultivation, encourage innovation”, The above mentioned principles are formed in September, 2000 and aimed to promote industrialized management on education

In the early 2003, the school became the first school in the country to receive double certification on the management system, one is the ISO9001 international quality management system, another is ISO14001 international environment management system. Now the school established good relationship and cooperation with many foreign schools in UK, Germany, Canada and Singapore, etc. The school has the qualification to hire teachers of foreign nationality and recruit students of foreign nationality.

Beijing No.25 High School now has two places of schoolhouses, one is boarding school another is self-accommodated school. The students of the school are from all over the country. The infrastructure of the school, is well-developed and the environment of the school is very beautiful. The teachers group is very talented, and the concept of the education is very advanced. These merits are well-appraised by the society and patriarch.

地址：北京市东城区灯市口大街55号　邮编：100006　校务办公室电话：(010) 65257525　传真：(010) 65236510　E-mail:bjyyn25@263.net
招生负责人：尚莲茹　报名方法：我校初、高中均面向全市招生，高中新生招生指标分配到各区县，参加全市统一报考。初中新生可直接到25中招生办公室报名。
外籍学生招生负责人：崔晓华 (Annycui)　电话(传真)：(0086-010) 85115150　网址：www.bj25schooledu.com.cn E-mail:annycui2002@yahoo.com.cn foreignstudent@bj25schooledu.com

中国出口信用保险公司

China Export & Credit Insurance Corporation

公司承保的缅甸孟河水电项目

中国出口信用保险公司
党委书记、总经理 唐若昕

中国出口信用保险公司（简称"中国信保"）是我国惟一承办出口信用保险业务的政策性保险公司，2001年12月18日正式开业，资本来源为出口信用保险风险基金，由国家财政预算安排。目前，中国信保设有15个职能部门，已形成由总公司营业部、12个分公司、7个营业管理部和26个办事处组成的覆盖全国的服务网络，并在英国伦敦设有代表处。

出口信用保险对我国外经贸事业的支持作用日益显现。2002年至2005年，中国信保累计支持的出口和投资额为429.8亿美元，为数千家出口企业提供了出口信用保险服务，为100多个中长期项目提供了保险支持，包括高科技出口项目、大型机电产品和成套设备出口项目、大型对外工程承包项目等。同时，中国信保还带动43家银行为出口企业融资约1166亿元人民币，向数百家出口企业支付赔款近3.8亿美元，为出口企业追回拖欠账款近2亿美元。

China Export & Credit Insurance Corporation (SINOSURE) is China's only policy-oriented insurance company specializing in export credit insurance. It began operations on December 18, 2001, with capital coming from the Export Credit Insurance Risk Fund as arranged by the State fiscal budget. With 15 functional departments and one business operational department at headquarters, SINOSURE has formed a nationwide service network consisting of 12 branches, 7 business administrative departments and 26 business offices. It also has a representative office in London, UK.

The role of export credit insurance in supporting China's foreign trade and economic cooperation has become more and more evident. From 2002 to 2005, SINOSURE has supported exports and investments with a total value of USD 42.98 billion, with thousands of policyholders and more than one hundred medium and long term projects covered. In the meantime, SINOSURE also facilitated the lending of CNY 116.6 billion by 43 different banks, and paid claims totaling USD 380 million to hundreds of exporters. Nearly USD 200 million was successfully collected through our unfailing efforts.

六流连铸方坯生产线

厦门华侨电子股份有限公司生产现场

公司承保的德黑兰地铁项目

国家开发银行

——中国的开发性金融机构

国家开发银行是国家的开发性金融机构，1994年成立。总行在北京，目前在全国设有32家分行和5家代表处。

国家开发银行的主要任务是，根据政府的发展战略和重点，筹集和引导境内外资金，重点支持基础设施、基础产业、支柱产业以及高新技术等项目及其配套工程建设，缓解和消除经济社会发展中的瓶颈制约，促进经济社会协调全面可持续发展。

国家开发银行把国际先进的金融原理与中国国情相结合，以强国富民为宗旨，探索开发性金融的实践，以融资推动市场建设，引导社会资金，服务经济和社会发展。

国家开发银行致力于建立全面风险管理体系，自2002年以来主要经营指标保持国际先进水平，2005年底资产总额18979亿元，贷款余额17318亿元，不良贷款率仅为0.87%，实现了国家信用与市场业绩的统一。

国家开发银行具有准主权级的国际信用评级，已同100多家国外主要金融机构建立了合作关系，并参加了多个区域性国际金融组织。国家开发银行积极推动国际合作，为企业搭建融资平台，成为中国企业海外发展的坚强后盾，促进了中国企业的国际合作进程。

图1 长江三峡水利枢纽工程

开行贷款300亿元支持的举世瞩目的长江三峡工程，具有防洪、发电、航运等巨大的经济效益和社会效益。

图2 南水北调工程

开行作为牵头行，协同其他6家商业银行签订了总额为488亿元人民币的银团贷款，为南水北调工程提供资金支持，其中开行提供213亿元贷款。

图3 中石油大庆油田

开行贷款支持的中石油大庆油田是中国第一大油田，为中国石油工业发展做出了巨大贡献。

图4 神华集团神府东胜煤田

开行贷款支持的神华集团神府东胜煤田是我国重要的煤炭基地，探明地质储量2236亿吨，属世界八大煤田之一。

图5 哈大电气化铁路

开行贷款支持的哈大电气化铁路是我国投资最大、技术含量最高的电气化铁路之一，全长946.5公里。

地址：中国北京市西城区阜成门外大街29号　ADD：NO.29，FUCHENGMENWAI STREET，XICHENG DISTRICT，BEIJING，P.R.CHINA
邮编 POST CODE：100037　电话 TEL：86-10-68306688　网址 HTTP://WWW.CDB.COM.CN

地铁隧道

芜湖长江大桥

秦沈电网

衡广复线大瑶山隧道

中国铁路工程总公司

China Railway Engineering Corporation

中国铁路工程总公司有着 50 多年的发展历史，是集勘察设计、施工安装、工业制造、科研咨询、工程监理、资本经营和外经外贸于一体的多功能、特大型企业集团，所属成员企业共 43 家。有各类专业技术人员 10 万余人，其中中国工程院院士 3 人，国家勘察设计大师 7 人，高级工程师 5557 人。

中国铁路工程总公司，已建立完善的质量、环境和职业健康安全保证体系，通过了国际权威机构的评审认证。改革开放特别是 1996 年以来，全公司以“三个代表”重要思想和科学发展观为指导，大力推进“两步走”、“三化四跨”、“三大目标、两大转变”发展战略，营业额以平均每年超过 100 亿元的增幅连续实现跨越式发展，并多年跻身最大国际承包商行列。2005 年，完成企业营业额 1264 亿元人民币，其中海外营业额 8.36 亿美圆；新签合同额 2059 亿元人民币，其中海外份额 18 亿美圆；在“全球最大承包商”中位于第 4 位、“全球最大 225 家国际承包商”中名列第 48 位；2006 年又入选“世界企业 500 强”，排名第 441 位，位居中国建筑企业前茅；同时入选“世界品牌 500 强”，成为中国进入世界双 500 强的两大企业之一。

50 多年来，中国铁路工程总公司先后参与了大秦、京九、青藏等百余条铁路和高等级公路及多项桥、隧和电气化工程建设，累计完成铁路干线 55000 多公里，大型桥梁 3300 公里，隧道 3600 公里，电气化铁路 22000 公里；修建城市轨道交通 300 公里，高等级公路 4000 公里，工业与民用建筑 5300 万平米；同时还完成了数千项机场、码头、水利、电力、通讯、信号等国内大型工程的设计与施工，在祖国基础设施建设领域建成了一大批标志性工程，获得建筑工程鲁班奖 56 项。在国际市场竞争中，先后开辟了北美、东欧、西非、东非、南太平洋、东南亚、中东等国家和地区的建筑市场，并与国际大型建筑企业建立了广泛的合作关系。截至 2005 年底，共援建、承建境外工程项目 550 多项，项目分布在世界五大洲的 50 多个国家和地区。

在科技创新方面， 中国铁路工程总公司自主研发了大量的勘察设计、施工安装、机械装备、工业制造技术，有些已达到或超过了世界先进水平。在青藏铁路建设中，攻克了多年冻土、高原缺氧和生态脆弱三大世界性难题，建成了世界一流高原铁路；在客运专线施工中，采用自行研制的 600 吨架桥机架设大吨位箱梁，并在箱梁制造工艺＼软土地基处理、一次铺设跨区间无缝线路等关键技术方面取得了重大突破；在大瑶山（14.3 公里）和秦岭隧道（18.4 公里）开挖中，先后采用了大断面、机械化、新奥法施工和 8.8m 大断面 TBM 掘进机施工先进技术，创造了一流的施工速度；在城市轨道交通建设中，独创“浅埋暗挖法”施工工艺，成功应用多国先进供电技术，攻克了城轨和地铁建设中的一批重大课题；在房屋建筑和公路建设领域，也有许多项目获得国家或省部科技奖。至今，中国铁路工程总公司已获得国家科技进步奖 63 项，省部级科技进步奖 373 项。

With a history of more than 50 years, China Railway Engineering Corporation (CREC) is an engineering and construction conglomerate encompassing survey and design, construction and installation, industrial manufacturing, scientific research, technical consulting services, construction supervision, foreign trade and international economic and technical cooperation all in one. The company now has 43 member companies, and over 100,000 engineering and technical personnel. Among them, there are 3 academicians of the Chinese Academy of Engineering, 7 National Surveying and Designing Masters and 5557 senior engineers.

CREC has quite perfect Quality System, Environment System, Professional Health and Safety System and has been awarded certifications by the relevant international authorities. Since China's Reform and Opening, especially since 1996, guided by the Important Thought of “Three Represents” and the Scientific View of Development, CREC has seized the opportunity to implement vigorously its strategy of “two step development”, ”three characters, four strides” and “three objectives, two changes”, and has realized a frog jump consecutive development of CNY 10 billion per year and been one of the top global contractors for years. In 2005, CREC has accomplished a turnover of CNY 127 billion with CNY 836 million from the overseas projects, and a newly signed contract value of CNY 205.9 with CNY 1.802 billion coming from the international market. CREC has leaped to the 4th place among the Top 225 Global Contractors and the 48th among the Top 225 International Contractors. In 2006, CREC has been listed as a Fortune Global 500 Corporations, ranking 441st, exceeding its Chinese counterparts. It has also been listed in the ranking of “the World's 500 Most Influential Brands”.

For more than five decades, CREC has successively participated in the works of more than 100 railway lines like those from Datong to Qinhuangdao, Beijing to Kowloon, Qinghai to Tibet ect. and many fine grading highways, as well as numerous bridges, tunnels and railway electrification works. To date the main lines completed is 55,000 km, tunnels built is totally 3600 kilometers long, and major bridges 3300 km, electrified railways 22,000 km, urban rail traffic lines 300 km while the acreage of the civil and industrial buildings is 53 million m2, fine grading highways built is 4000 km. CREC has also completed the design and construction of several thousands of domestic large projects, such as highways (motorways), airports, wharfs, hydro power stations, metros, municipal works, factory buildings and the facilities for power, communication and signaling, and built quite some symbolic projects in China's infrastructure sector and been awarded 56 Luban Prizes for Construction Projects. In the competition of the international market, CREC has stepped into the construction market of North America, East Europe, West Africa, South Asia Pacific Area, South East Asia and Middle East, and established broad business cooperation with those large global construction companies. It has undertaken some 550 international projects all over the world. So far, CREC has 72 organs like representative office, filiale, Project Company, etc. in more than 50 countries and regions. CREC has always taken the innovation in science and technology as the driving force of the group.

In respect of innovation and application of science and technology, CREC has integrated capability regarding to surveying and designing, construction and installation, construction equipment and manufacturing, ect. In the construction of Qinghai -Tibet Railway, CREC has encountered and successfully conquered the 3 global difficulties, namely the permafrost soil, the altiplano reaction and the week ecology, and done an excellent job in building the world top-ranking plateau railway; in the construction of the Passenger-dedicated Lines, we have adopted the 600 ton bridge erecting machine designed and manufactured by CREC to erect large tonnage box girder. And many breakthroughs relating to the key technologies such as the manufacturing techniques of box girders, the treatment of soft ground and track-laying of seamless long rail tracks have been reached in the construction as well. In the excavation of Dayaoshan Tunnel (14.3 km in length) and Qinling Tunnel (18.4 km in length), the full-face mechanized NATM method and the full-face TMB with a diameter of 8.8 m have been utilized, creating pleasing construction speed. In the construction of China's urban rail traffic system, the method of shallow depth tunneling was created, the advanced power supply technology was successfully applied, and many other key problems were resolved. In the field of buildings and highways, we have also good performance and enjoyed many national and ministerial or provincial excellent prizes. To date, CREC has been awarded 63 National Sci-Tech Innovation and Invention Prizes and 373 ministerial or provincial ones.

青藏铺架

中国石油

奉 献 能 源　创 造 和 谐

中国石油天然气集团公司

CHINA NATIONAL PETROLEUM CORPORATION

www.cnpc.com.cn

中国石油天然气集团公司是特大型石油石化企业集团，是国家独资的国有公司和国家授权投资的机构，也是国内最大的石油天然气生产商和供应商之一。业务涉及油气勘探开发、炼油化工、管道运输、油气产品销售、石油工程技术服务、石油机械加工与装备制造、海外油气业务、石油科学研究等。截止到2005年底，公司资产总额达11602亿元，所有者权益7475亿元，负债率为30%，全集团职工总数为107.8万人，全员劳动生产率为36.3万元／人。2005年，公司生产原油12598万吨、生产天然气395.7亿立方米，加工原油11541万吨，生产成品油7434万吨；实现销售收入6937亿元、利润总额1770亿元、税费1336亿元，经济效益和规模实力在全国大型企业中保持领先地位。公司在2002年《财富》杂志全球500强排名中居46位，在世界最大50家石油公司排名中连续四年位居前十位，在美国2002年《商业周刊》首次评选的“亚洲150家企业”排名中位居第2位，H股总市值突破万亿港元。

China National Petroleum Corporation (CNPC) is a State-owned group corporation, which was restructured in July 1998, in accordance with the decision of the State Council, into a super large petroleum and petrochemical complex with authorized rights for investment. It is the largest oil/gas producer and supplier in China. CNPC's business covers oil & gas exploration and production, refining and chemical, pipelines and transportation, oil/products trading, engineering and services, petroleum machinery manufacturing, overseas operations, as well as petroleum research & development.

By the end of 2005, CNPC has a total assets of CNY 1160.2 billion, with owner equity CNY 747.5 billion, and debt ratio 30.0%. With 1.078 million employees, the per capita productivity of the company is CNY 363 thousand.

In 2005, CNPC produced 125.98 million tons of crude oil, 39.57 billion cubic meters of natural gas, refined 115.41 million tons of crude oil, and produced 74.34 million tons of oil products, both in and outside China. At a result, CNPC's sales revenue in 2005 stands at CNY 693.7 billion, gross profit CNY 177 billion, and CNY 133.6 billionin taxes. CNPC maintains the leading position among all SOEs in China both in terms of scale strength and economic returns.

CNPC ranks the 46th in the Fortune Global 500 in 2004, and lists among the top 10 for 4 consecutive years in the 50 largest oil majors by the U.S. “Petroleum Intelligence”, and takes the second place in the first “Best 150 Companies In Asia” by the “Business Weekly” of the United States.

中国石化集团国际石油勘探开发有限公司

Sinopec International Petroleum Exploration and Production Corporation

总经理周佰修在哈萨克斯坦 FIOC 项目签字仪式上

CEO Zhoubaixiu at signing ceremony of project FIOC Kazakhstan

安哥拉 18 区块项目签字仪式

Signing ceremony of project block 18 Angola

中国石化集团国际石油勘探开发有限公司（SIPC）是中国石化集团的全资子公司，成立于 2001 年 1 月，总部在北京，注册资本 63.1 亿元人民币。SIPC 代表中国石化集团公司统一行使上下游对外投资合作和对海外项目实行统一经营管理，是中国石化集团从事上下游海外投资与经营的唯一专业化公司。SIPC 下设 16 个职能部门和 20 多个海外分支机构。

目前，SIPC 的海外油气勘探开发项目已遍布非洲、中亚、中东、俄罗斯、美洲、南亚太的二十多个国家，已初步形成了海外油气生产合作的战略布局。在此，谨向支持 SIPC 发展的海内外各届朋友表示衷心的感谢！

今后，SIPC 将继续充分发挥中国石化集团上下游一体化经营的优势，依靠中国石化集团经营、资金、技术的综合实力，积极扩大与世界各能源国之间的合作，坚持灵活多样、互利双赢的合作方式，能源资源品种多样化的原则，遵循"追求卓越、永不满足、有序竞争、团结协作"的价值观念，与世界各能源国、石油界、金融界共同谋求 21 世纪能源工业的健康发展！

中国・北京市・海淀区北四环中路 263 号

邮政编码：100083

电话：(86-10) 82310862

传真：(86-10) 82310841

电子邮箱：sipcinfo22@sipc.cn

网址：www.sipc.cn

俄罗斯萨哈林 Veninsky 项目签字仪式.
signing ceremony of project Veninsky Sakhalin Russia

中沙天然气公司董事长周玉琦在首届董事会上
President Zhouyuqi speeching at the first board of directors meeting of Sino-Saudi Gas Ltd

Founded in January 2001, Sinopec International Petroleum Exploration and Production Corporation (SIPC), is a wholly-owned subsidiary of SINOPEC Group. Its base locates in Beijing, with a registered capital of CNY 6.31 billon. SIPC is the sole specialized subsidiary of SINOPEC to take charge of overseas investment and operation in the upstream and downstream sector. It has 16 functional departments and more than 20 overseas branches or subsidiaries.

Currently, SIPC has oil and gas exploration projects in more than twenty countries in Africa, Central Asia, Middle East, Russia, America and Southern Asia-Pacific, preliminarily having formed a strategic layout of overseas oil and gas production cooperation. Now, I extend my sincere thanks to all friends for their great support to the development of SIPC.

In the future, SIPC will keep on bringing SINOPECis integrated business advantages into full play. Relying on SINOPECis strengths in respect of business scope, funds and technologies, SIPC will, on a win-win basis and in the principle of energy diversification, adhere to flexible and diversified modes to expand its cooperation with host energy countries, petroleum and financial circle, so as to seek for a healthy development of energy industry in the 21st century.

No.263, Beisihuan Zhonglu, Haidian District, Beijing,

100083 China

Tel: 86-10-8231 0862

Fax:86-10-8231 0841

E-mail: sipcinfo22@sipc.cn

Web: www.sipc.cn

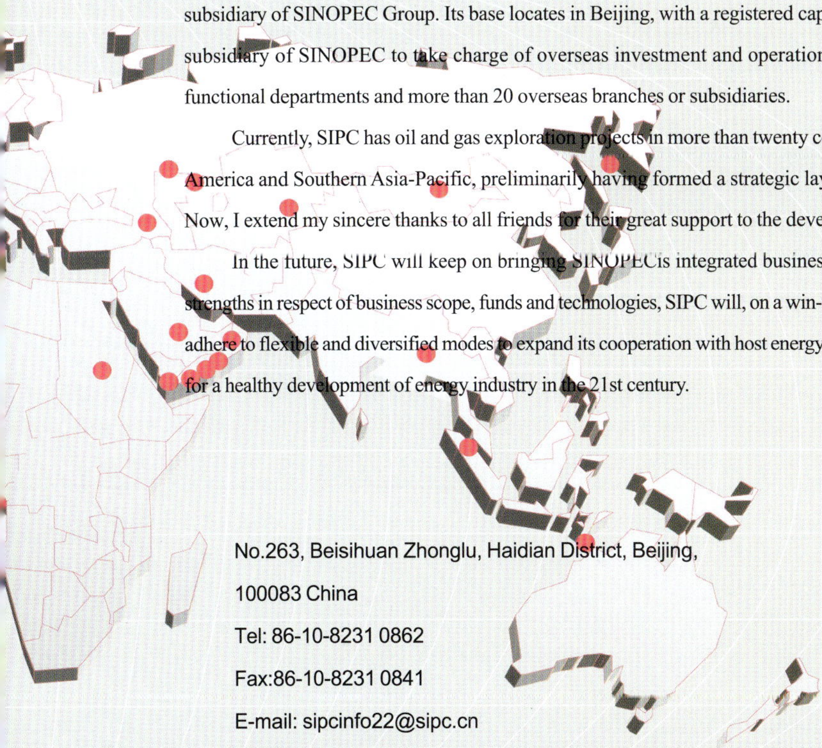

SIPC海外项目分布
Overseas Projects of SIPC

中国石油化工集团公司

Corporate Overview of Sinopec Group

中国石油化工集团公司是集石油勘探开发、炼油、化工及产品营销于一体的能源化工企业，在《财富》2006年度全球500强企业中排名第23位，其控股的中国石油化工股份有限公司在香港、纽约、伦敦和上海四地上市。

中国石化拥有包括胜利、中原等油田，燕山、扬子等炼化企业，广东、浙江等成品油销售企业在内的共80余家全资子公司、控股和参股子公司、分公司，经营资产和主要市场集中在中国最发达的东部、南部和中部地区。

中国石化原油生产能力接近4000万吨／年，炼油能力达到1.61亿吨／年，乙烯能力增至560万吨／年，建成了6个千万吨级炼油基地、4个80万吨级乙烯基地，初步形成了覆盖主要产区和市场的现代物流体系和营销网络，70％的进厂原油实现了管道化，国内成品油市场供应率超过了60％。中国石化每年向社会提供上千万吨的化工原料和上亿吨的油品，悬挂“中国石化”标识的3万多座加油站遍布中国大江南北，中国石化“长城牌”润滑油先后将“神舟”五号、六号送上浩瀚太空，中国石化“东海牌”沥青铺就了上赛场F1赛道。中国石化还以自身优势、信誉和承诺，成为北京2008年奥运会合作伙伴。

产品营销

炼油化工

China Petrochemical Corporation (Sinopec Group) is a vertically integrated energy and chemical company with business operations covering oil & gas exploration and production, refining, chemical production and marketing of refined products. Sinopec Group ranked the 23rd in Fortune Global 500 published in 2006 and its holding subsidiary, China Petroleum & Chemical Corporation (Sinopec Corp.) is publicly listed on Hong Kong, New York, London and Shanghai stock exchanges.

Sinopec Group consists of about eighty wholly-owned, holding and equity subsidiaries, such as Shengli and Zhongyuan oilfield companies, refining and petrochemical subsidiaries like Yanshan and Yangzi, and refined products marketing affiliates in Guangdong and Zhejiang provinces, etc. Sinopec's operating assets and principal markets are primarily located in the eastern, southern and central parts of China, the country's most dynamic regions.

Sinopec produces approximately 40 million tonnes of crude oil each year, with a refining capacity of 161 million tonnes per annum and annual ethylene capacity of 5.6 million tonnes. Together with six ten-million-tonne scale refining sites and four 800 kta ethylene complexes, a modern logistics and marketing network came into shape, covering Sinopec's major operation areas and principal markets. Pipeline transmission of crude oil into the refineries accounts for 70% of total processing volume and domestic market penetration for refined products exceeds 60% with more than 30,000 Sinopec branded service stations across China. Sinopec supplies tens of millions of tonnes of chemicals and refined products to fuel China's growth every year. Additionally, the 'Great Wall' lube oil was consecutively applied to Shenzhou V and VI spaceships, while the 'Donghai' brand asphalt was used for the Shanghai circuit for Formula 1 Grand Prix in China. With its capabilities, reputation and commitment, Sinopec has also successfully become the official partner for Beijing 2008 Olympics.

勘探开发

中国機械設備進出口總公司

CHINA NATIONAL MACHINERY & EQUIPMENT IMPORT & EXPORT CORPOATION

总裁:谢彪
President: Xie Biao

中国机械设备进出口总公司（CMEC）成立于1978年，是中国第一家工贸结合、以国际工程承包、成套设备出口及机电产品进出口业务为主的大型国有企业。

CMEC成套设备已出口到60多个国家和地区，项目涉及到能源、电工、重型矿山、通用机械、轻工、纺织、建材、交通运输、通讯和广播电视等多个领域，在承包国际电站工程和各类大型工程项目上居中国领先地位。

Established in 1978 as the first national corporation integrating foreign trade with industry, China National Machinery & Equipment Import & Export Corporation (CMEC) deals principally in contracting international engineering projects, exporting complete plants and equipment, importing and exporting mechanical and electrical products and engaging in external economic and technical cooperation.

CMEC has exported complete plants and equipment to over 60 countries and regions involving projects in such diverse fields as energy, electrical engineering, heavy duty mining installations, general purpose machinery, light industry, textile industry, building materials, traffic and transportation, communication, broadcast and television, etc. CMEC has been in the leading status in the contracting international power plant projects and various large scale engineering projects in China.

地址：中国北京市宣武区广安门外大街178号　邮编：(P.C)100055
Add：No.178 Guanganmenwai Street, Xuanwu District, Beijing 100055, China
电话：(Tel)：86-10-63451188　传真：(Fax)：86-10-63261865 63268203
电子信箱 E-mail：cmec@mail.cmec.com　网址 http://www.cmec.com

中蒙合作的典范工程 图木尔廷-敖包锌矿

伊朗哈通阿巴德铜冶炼厂是当时中国最大的成套设备出口项目

中国有色矿业集团有限公司

CHINA NONFERROUS METAL MINING GROUP CO., LTD.

中国有色矿业集团有限公司（简称“中国有色集团”）是由国家直接管理的中央企业，主要经营范围为国内外金属矿山的投资及经营管理，在全世界二十多个国家和地区设有办事处和经营机构，是业务涵盖勘查、设计施工、采选冶炼全过程的国际矿业公司，在金融、旅游、房地产、信息技术等领域也迈出了坚实的步伐。

中国有色集团目前已开发或正在运作的境外有色金属资源项目有：赞比亚谦比希铜矿、蒙古图木尔廷敖包锌矿、缅甸达贡山镍矿、泰中铅锑合金厂等；在国外成功承建了伊朗哈通.阿巴德铜厂、法亚布铁合金厂、佳加姆氧化铝厂、阿拉克铝厂、越南生权铜厂、巴基斯坦山达克冶炼厂等多项有色金属行业的工程。

CNMC is a state-owned enterprise under direct supervision of the state. Its business covers investment, development and management of mines at home and abroad with its focus on nonferrous metals. CNMC has representative offices and operation agencies in more than twenty countries and regions. It's an international mining corporation covering exploration, designing, construction, mining and refining.

CNMC boasts the most overseas nonferrous metal resources in China. At present, the projects both under development and operation include: Chambishi Copper Mine of Zambia, Tumurtin-Obo Zinc Mine of Mongolia, Nickel Project of Burma, Thai-China lead-Antimony Alloy Plant and so on. CNMC has established Iran Hatongabade Copper Smelting Plant, Iran Gagamu Alumina Plant, Iran Arak Aluminum Smelter, Smelter of Saindak, Pakistan and a copper plant of Vietnam.

中非合作的标志性项目赞比亚谦比希铜矿

中国化工建设总公司

CHINA NATIONAL CHEMICAL CONSTRUCTION CORPORATION

总裁　陈力华

中国化工建设总公司（简称 CNCCC）是国家国资委直接管理的，集贸易、产业、科研设计开发、服务于一身的国营企业，是化工行业对外贸易和国际合作的机构，在国内主要货源集散地、主要贸易往来国家和地区设立了 30 多个分支机构。CNCCC 自成立以来，以促进国内外化工行业的经济合作与技术交流为己任，并以优异的业绩晓谕国内外化工及贸易界。

CNCCC 积极致力于国内化工及相关行业的技术、设备、产品的研发和进出口。在化工产品，特别是精细化工产品进出口方面名列前茅，拥有非常丰富的客户资源；在技术设备引进和国际招标采购方面，先后引进大型成套装置百余项，具备各类招标的甲级资格和各种资金来源项目的招标采购资格；在工程承包和机电产品出口方面，已向十几个国家和地区出口了化工、轻工等技术和设备五十多套，并完成了六十多项承包工程；CNCCC 是全国同时拥有化肥进口权和内贸权的四家公司之一；CNCCC 还利用国家授予的国内外组展资格，促进国内外相关企业的国际交流和技术进步。

CNCCC 拥有三个国家的科研设计单位，从事精细化工产品、涂料、颜料、无机盐、催化剂、水处理等的研发和石化、化工厂的设计、咨询、监理等工作；投资兴建的化肥、专用化学品生产企业和液体化工品仓储企业，分别在国内外磷复肥、DSD 酸的生产和液体化工品的储存方面占有重要的地位。

CNCCC 将一如既往地坚持"广交朋友、诚实守信、平等互利、共同发展"的宗旨和"通达和谐、务实求新"的企业精神，把 CNCCC 建设成为具有较强综合竞争实力的现代企业集团。

China National Chemical Construction Corporation (hereinafter referred to as CNCCC) is a central nationalized group directly under the State-owned Assets Supervision Administration Commission (SASAC), and mainly involves in trade with integration of industry, R&D, engineering and various services. It is also an organization of foreign trade and international cooperation in China chemical industry. It is headquartered in Beijing. It has more than 30 domestic subsidiaries at the domestic domestic distribution centers and overseas branches in the countries and regions which are the main trading partners with China. Since it was established, CNCCC has taken the promotion of the economic cooperation and technological exchange in local and overseas chemical industry as its aim, and has an outstanding achievement in chemical and trade area.

CNCCC has been devoted to the R&D and import and export of the varies technology, equipment and products. In the field of fine chemicals, CNCCC has taken the front rank in import and export, and has owned rich customer resources; in the field of import of advanced technology and equipment, CNCCC has import ed more than 100 sets of complete plant, and it has the first grade qualification of bidding for different funding resources; and in the field of international engineering contracting and export of equipment, CNCCC has exported the technologies and about 50 sets of plant and accomplished more than 60 contracting projects in about 10 countries. CNCCC has gained the import and domestic trade authorities for chemical fertilizer which approved by the government. CNCCC also has the qualification of holding local and overseas exhibition to promote the international exchange and technical advance between the domestic and foreign enterprises.

There are 3 national level R&D institutes of chemical industry owned by CNCCC; they are engaged in development of fine chemicals, coating, pigment, inorganic salt, catalyst, water treatment, etc. and design, consultation and supervision of petrochemical and chemical factory. The fertilizer plants, fine chemical factory and chemical preservation & transportation Co. respectively took the important role in local and overseas NPK compound fertilizer, production of DSD Acid and warehousing of liquid chemical products.

CNCCC will persist the principle of "making more friends, being honest and reliable, equality and mutual benefits and common development" as well as the enterprise spirit, "be understanding and harmonious, try to be pragmatic and fresh", to be a comprehensive and competitive group enterprise.

公司地址：北京市朝阳区安贞西里三区 15 号凯康大厦
邮政编码：100029
公司总机：010-64429966
公司传真：010-64419698
电子信箱：cnccc@cnccc.com.cn
公司主页：http://www.cnccc.com.cn

Add: Bldg. No.15, Sanqu, Anzhenxili, Beijing
100029, China
Tel: 8610-64429966
Fax: 8610-64419698
E-mail: cnccc@cnccc.com.cn
Wed site: http: //www.cnccc.com.cn

中国路桥工程有限责任公司

China Road & Bridge Corporation Ltd.

中国路桥工程有限责任公司(CRBC)是承继原中国路桥（集团）总公司全部业务的国有大型企业，主要从事工程承包、施工、设计、监理、咨询以及国际贸易等业务。公司现拥有4个事业部和1家全资控股子公司，拥有35个驻外机构。公司具有公路工程施工总承包特级资质和各种专业承包资质。公司自1979年进入国际承包市场，二十七年来先后在亚洲、非洲和中东地区承包工程和劳务项目500多个，完成营业额60多亿美元。

China Road & Bridge Corporation (CRBC) is one of the largest state-owned enterprises engaged in road construction industry in China. Its scope of business covers contracts for projects both at home and abroad, including survey, design, construction, consultancy and supervision of road projects; domestic and international trade, etc. CRBC has entered into the international construction market since 1979. Over the past two decades it has concluded more than 500 contracts amounting to USD 6 billion. Its business scope has extended from road & bridge construction to sewerage and water supply, industrial and civil buildings, municipal works, railway, airport and port construction, etc. It has undertaken many famous projects as the 4th and 5th Mosul Bridge in Iraq, Friendship Harbor in Mauritania, Hong Kong New Airport Expressway North Section in West Kowloon, National highway A109 in Kenya. Addis Ababa Ring Road in Ethiopia, etc. The Suramadu Sea-crossing Bridge in Indonesia, which now is under construction, is one of the largest infrastructure projects undertaken abroad by the Chinese highway constructors.

图解

1、北京机场高速公路
Beijing Capital Airport Expresswqy
2、沪宁高速公路
Shanghai—Nanjing Expressway and the Improvement
3、济南青岛高速公路
Jinan—Qingdao Expressway
4、江苏南京长江三桥
The Third Yangze River Bridge
5、东海大桥
The Shanghai Donghai Bridge

京东方
BOE

Change life with heart
用心改变生活

京东方科技集团股份有限公司
BOE Technology Group Co., Ltd

京东方科技集团股份有限公司创立于1993年4月，总部设在北京，是一家在中国深圳证券交易所上市（京东方A：000725；京东方B：200725）的高科技公司。

经过13年的创业，京东方已发展成为中国大陆显示领域综合实力最强的高科技企业之一。2005年，公司合并收入548亿元，其中主营业务收入达134.6亿元。截至目前，公司注册资本为22亿元，总资产209亿元。2006年位列中国电子百强企业第3位。

经过多年的研究开发和技术积累，京东方已成为中国大陆唯一拥有TFT-LCD自主知识产权的企业，拥有包括全球领先的AFFS宽视角技术在内的3000多项技术专利，在显示领域专利数量排名全球前五位。

通过实施国际化、培育核心竞争力等策略，京东方正逐步成长为显示领域的全球领先企业。在中国、韩国等地，京东方拥有5个研发中心、6个制造基地，营销和服务体系覆盖全球各主要地区，员工超过15,000人。

Founded in April 1993 and based in Beijing, BOE Technology Group Co., Ltd. is a high-tech company listed on the Shenzhen Stock Exchange (BOE A Share: 000725; BOE B Share: 200725).

With 13 years rapid and steady growth, BOE has become one of the strongest hi-tech display enterprises and is the only company that owns core TFT-LCD proprietary technology in mainland China. The consolidated revenue of BOE for year 2005 hit CNY 54.8 billion, of which CNY13.46 billion is generated from the core business. As of now, the company boasts a registered capital of CNY 2.2 billion and the total assets of CNY 20.9 billion. BOE ranks No. 3 of China Top 100 Electronic and Information Enterprises for year 2006.

Benefiting from continuous innovation conceptions and great efforts for R&D in past years, BOE owns over 3000 patents now, including the world leading AFFS wide viewing angle technology, which makes BOE rank among world top five display technology companies for IP numbers.

By means of implementing strategies aimed at internationalization and fostering core competence, BOE is developing into a world leading display enterprise. Besides, five R&D centers and six manufacturing bases mainly in China and South Korea, the company has established sales and services system covering most areas of the world. BOE employs more than 15 thousands staff around the globe.

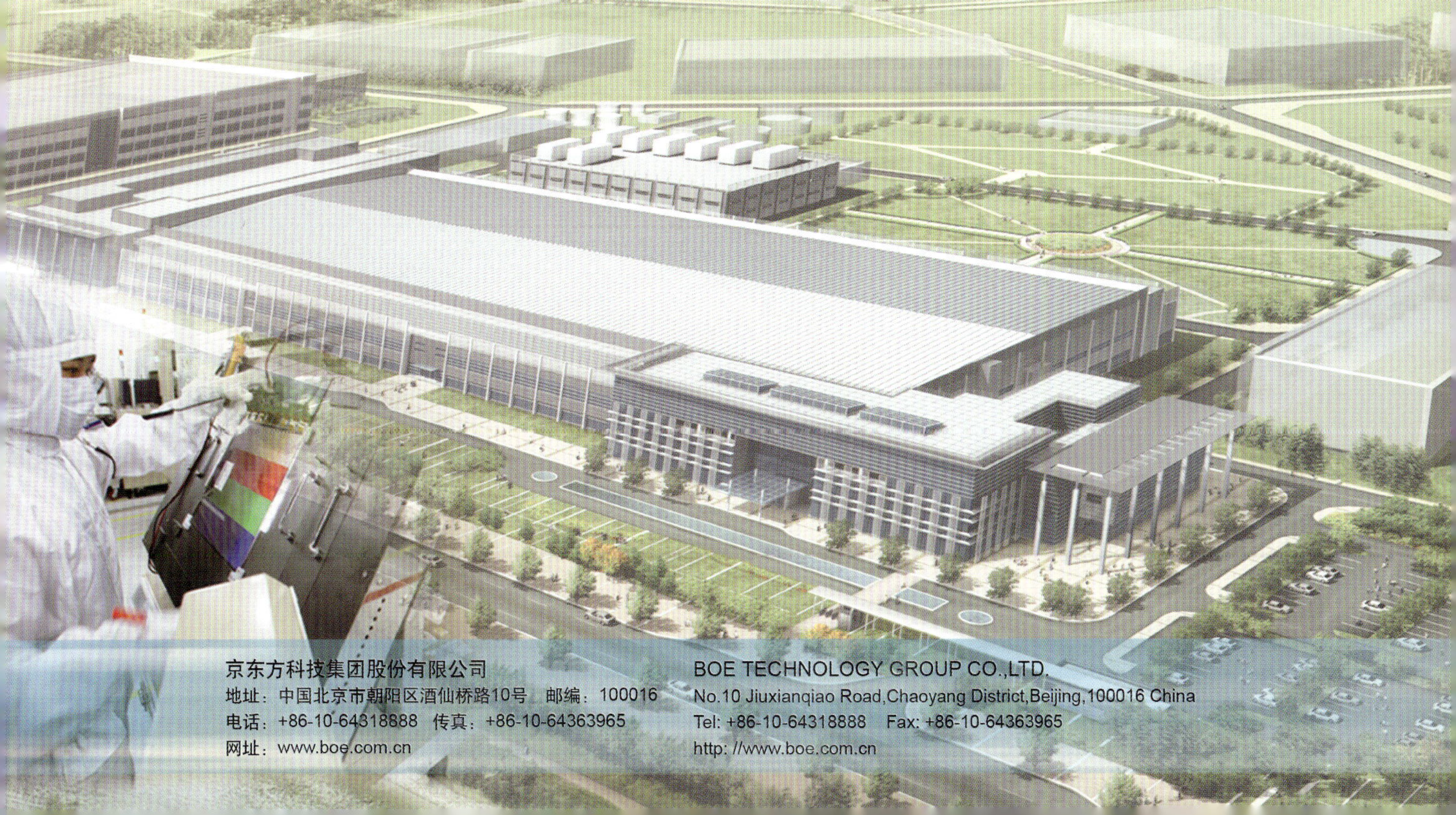

京东方科技集团股份有限公司
地址：中国北京市朝阳区酒仙桥路10号　邮编：100016
电话：+86-10-64318888　传真：+86-10-64363965
网址：www.boe.com.cn

BOE TECHNOLOGY GROUP CO.,LTD.
No.10 Jiuxianqiao Road,Chaoyang District,Beijing,100016 China
Tel: +86-10-64318888　Fax: +86-10-64363965
http: //www.boe.com.cn

珠海格力电器股份有限公司

GREE ELECTRIC APPLIANCES,INC.OF ZHUHAI

珠海格力电器股份有限公司是目前中国乃至全球的集研发、生产、销售、服务于一体的专业化空调企业之一。

十多年的迅猛发展，格力电器业绩斐然：从一个当初年产不到2万台的毫不知名的空调小厂，一跃成为今天拥有珠海、丹阳、重庆、巴西四大生产基地、员工人数18000多人、家用空调年产能力超过1300万台、商用空调年产值达30亿元的知名跨国企业；净资产从1990年的不足1000万元，增长到目前的20多亿元，增长了200多倍；1995年以来累计销售空调4000多万台（套），销售收入近700亿元，纳税超过30亿元；自1996年在深圳证券交易所上市以来共募集资金7.2亿元，而历年来向股东分红则超过14亿元；2005年实现销售收入180亿元，家用空调销量突破1000万台（套）；1995年至今，格力空调连续11年产销量、市场占有率均居行业前列（据国家轻工业局、央视调查中心等统计资料）。

同时，格力电器在技术、营销、服务和管理等创新领域硕果累累，至今已开发出包括家用空调、商用空调在内的20大类、400个系列、7000多个品种规格的产品，申请注册国家专利700多项，成功研发出GMV数码多联一拖多、离心式中央空调等高端技术，并全球首创国际领先的超低温热泵中央空调，填补了国内空白，打破了美、日等制冷巨头的技术垄断，在国际制冷界赢得了广泛的知名度和影响力。

多年来，格力空调已经奠定了国内空调市场的领跑者地位，格力电器已经在全球100多个国家和地区建立了销售和服务网络，并将“格力”牌产品成功打入英国、法国、巴西、俄罗斯、澳大利亚、菲律宾、沙特、印度等40多个国家和地区的家电市场。在巴西，“格力”牌空调自1998年进入当地市场以来，仅用了不到三年的时间，就一跃成为当地市场占有率第二的空调品牌。据海关统计，格力空调出口量、出口增幅连续多年均位居全国同行前列。

■ 格力电器重庆生产基地

■ 格力电器丹阳生产基地

■ 格力电器巴西生产基地

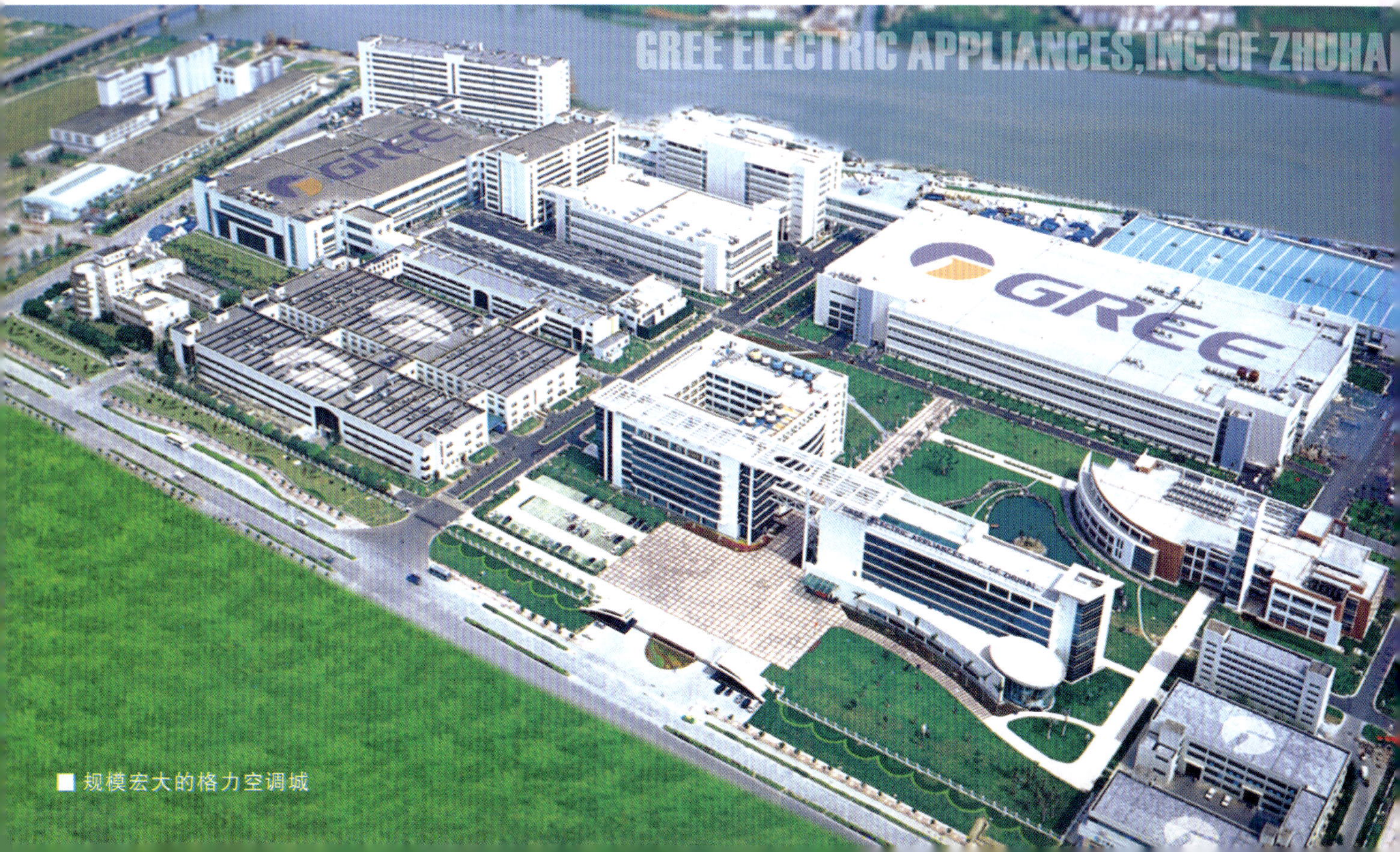

■ 规模宏大的格力空调城

贵州永红航空机械有限责任公司

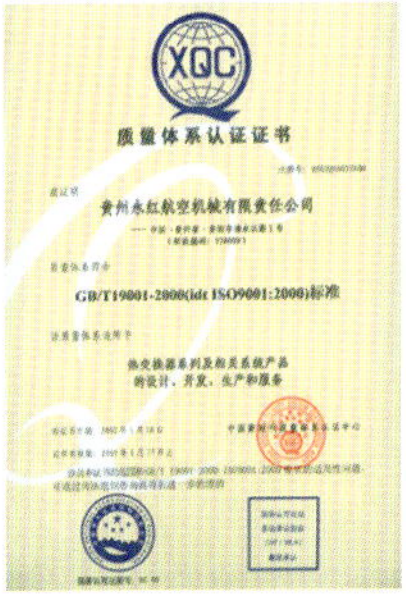

贵州永红航空机械有限责任公司隶属于中国航空工业第一集团贵航集团公司。主要从事热交换器产品的开发、设计及生产，现已成为专业化外向型的热交换器研究、开发、生产企业，年生产能力为30万只热交换器，产品已为国内外各大中型企业配套多年。目前公司60%以上产品出口国外，主要出口欧、美等国家和地区。公司现有员工600多人，其中，工程技术人员110人，占地面积106071.38平方米，总资产1.69亿元人民币，净资产1.0484亿元人民币。永红公司拥有如直读光谱仪等理化设备、压力脉冲试验台、性能试验台等检测设备，并有各种钎焊设施和现代化科技研发和生产手段，是一家实力雄厚，技术领先的现代化企业。

Guizhou Yonghong Aviation Machinery Company, LTD. belongs to Guizhou Aviation Group Company of The first Group of Aviation Industry China. We are mainly engaged in designing and manufacturing heat-exchangers. Our company becomes the specialized designing and manufacturing of heat-exchangers. The annually output of the heat-exchangers is about 300,000 pcs. Our products matched for a lot of domestic enterprises for many years. At present, more than 60% products are exported abroad, such as Europe, America and so on. Our company has more than 600 employees, including 110 technicians. The covering area of our company is 106,071.38m^2. The gross assets are CNY169 million. The net assets are CNY104.84 million.

地址:贵州省贵阳市经济技术开发区清水江路1号
邮编:550009
电话:0851-3805680
传真:0851-3834610
E-mail:aviarion@cooler.sina.net

辽宁万融贸易有限公司
LIAONING WANRONG TRADING CO., LTD.

董事长·总经理　沈庆彬

PRESIDENT & GENERAL MANAGER—SHEN QINGBIN

辽宁万融贸易有限公司是由辽宁省轻工业品进出口公司转制而成立的有限责任公司，它承接原公司所有的进出口业务与经营渠道，拥有一批精通外贸、外语、经营管理、财务、储运等方面的人才，具有丰富的进出口贸易经验和优质快捷的综合服务网络、贸易伙伴遍及全世界一百多个国家和地区。本公司主要经营品种有：玻璃器皿、蜡烛、建筑材料、木制品及家具、纸张及纸制品、文教用品、劳保用品、纺织品及服装、旅游用品、体育用品、乐器、工艺品、鞋帽、自行车、钟表、灯具、搪瓷制品、不锈钢器皿、塑料制品、日用杂品、粮油食品、机电产品等等。

我们恪守“质量第一、信誉至上、平等互利”的经营宗旨，竭诚为每一位客户提供一流的服务。

Liaoning Wanrong Trading Co.,Ltd.is a company of limited liability, which is reformed from Liaoning, Light Industrial Products Import & Export Corporation. All of the original business and channel of import & export from Liaoning Light Industrial Products Import & Export Corporation has been transferred to Liaoning Wanrong Trading Co., Ltd., which enjoys a group of talented people proficient in foreign trade, foreign languages, management & administration, financial affairs, warehousing & transportation etc.,and has accumulated rich experiences in import and export trade and possesses all-round service networks. And it has gained trading partners from over 100 countries and regions worldwide.

The company mainly deals in the following products: glassware, candles, building materials, woodwork & furniture, paper & paper products, stationery items, appliances for labor protection, textiles & garments, tourist articles, sporting goods, musical instruments, arts & crafts, shoes and hats, bicycles, clock & watches, lamps and lanterns, enamel wares, stainless steel utensils, plastic products, sundry goods, cereals, oils & foodstuffs, machinelectronics, etc.

Adhering to the principle of "Quality First, Credit above All, Equality & Mutual Benefit", the company offers every customer its wholehearted and first-rate service.

辽宁万融贸易有限公司
LIAONING WANRONG TRADING COMPANY LIMITED
地址：大连市中山区兴和街2号
Add：NO. 2, XINGHE STREET, DALIAN, CHINA
邮编：116001
P.C.：116001
电话：(0411)82657779　传真：(0411)82808346
Tel：(0411)82657779　Fax：(0411)82808346
网址：www.lnwr.com　电子信箱：xhliu@lnwr.com.cn
Http：www.lnwr.com　E-mail：xhliu@lnwr.com.cn

中国云南国际经济技术合作公司

China Yunnan Corporation for International Techno-Economic Cooperation

总经理 郭晓勇

中国云南国际经济技术合作公司，是1984年6月12日经国家批准成立的国有大型外经贸企业，“中国500家最大服务业企业”之一。1999年获得ISO9001质量体系和国际标准认证证书。

公司主要业务：对外承包工程及劳务合作，实施中国政府对外经济援助项目，在国外开办独资、合资企业，进出口贸易等。

二十多年来，公司在三十多个国家完成了180多个世行、亚行、非行、联合国的国际招投标及中国政府援外项目，向国外派出各类技术及劳务人员9000多人次。在泰国、马来西亚、越南、老挝、缅甸、柬埔寨、毛里求斯等国设有办事处和企业。公司重质量守信誉，实施的项目深受业主好评。

China Yunnan Corporation for International Techno-Economic Cooperation, a large state-owned enterprise engaged in foreign economic cooperation and trade was established in 12 June,1984 under the approval of the State. The corporation is one of the Chinese 500 largest enterprises of the service trades and obtains both the Certificate of Registration and the Quality System Certificate for ISO9001.

The main business lines of the Corporation include international engineering works & labor services; import & export business; operating sole or joint ventures abroad, and implementing the foreign economic aided projects granted by the Chinese Government.

Over 20 years, the Corporation has had win-win cooperation with more than 30 countries, and completed over 180 various kinds of projects for UN, World Bank, both Asian Development Bank and African Development Bank, as well as other international organizations while sending over 9000 all kinds of technical labors abroad. The Corporation has its branch offices and enterprises in Thailand, Malaysia, Vietnam, Laos, Myanmar, Cambodia and Mauritius. Most of the projects implemented by the Corporation have been completed for their quality assurance and reputation, thus highly appraised by all local employers and clients.

巴立交桥

毛里求斯国际机场航站楼

老挝国家文化宫

地址：昆明市春城路202号 Add: 202 Chuncheng Road, Kunming, PR China
电话：0871-3545885、3537510 Tel: 0871-3545885; 3537510
传真：0871-3547663 Fax: 0871-3547663
E-mail：yietc @ public.km.yn. E-mail：yietc @ public.km.yn.cn

老挝万荣水泥厂

21 years of exploring......
21 years of innovating......
21 years of developing......
Haier has so far obtained over 5,469 patent certificates, including 819 inventions and 589 software copyrights. Haier was involved in the constitution of 86 Chinese national standards (GB) or Chinese industrial standards (SN). Based on such rapid creating speed, Haier has developed from a small fridge factory into a multinational giant, manufacturing 96 categories of household appliances with 15,100 specifications and exploring products to more than 160 countries.
Everyday, Haier is new. Everyday Haier comes with a pleasant surprise.
Haier - Innovation changes the way of life.
Beijing 2008
Haier
北京2008年奥运会赞助商
Official Sponsor of the Beijing 2008 Olympic Games
Haier Group
Add: Haier Industrial Park, Haier Road, Hi-Tech Zone, Qingdao, China
P.C: 266101
http://www.haier.com
Tel:+86 532 88938752
E-mail: advert@haier.com

外立面

室内图

Choice

创展家居

中国·北京家居产业示范园

北京珠江投资开发有限公司

Beijing Zhujiang Investment & Development Corporation LTD.

侧面

北京珠江投资开发有限公司创建于2005年，是一家以房地产和物流产业为主，实行多元化经营的综合性企业。

现重点项目——中国北京家居产业示范园是北京珠江投资开发有限公司与北京市通州区联手打造的技工贸一体化的都市产业园区。示范园位于通州工业开发区南扩区，总规划面积2.68平方公里，总建筑面积268万平方米，是中国最大的一个具有代表性的以家居、建材为主营业务的技工贸一体化的产业基地之一。

Beijing Zhujiang Investment Co, Ltd. is a leading company with extensive experience in many diversified operation.

Demonstration Park of Furnishing Industry in Beijing, China, is a technology, project and trade integrated city industry garden that Beijing Zhujiang Investment & Development Corporation LTD. and Beijing Tongzhou District make jointly. The demonstration garden lies in the industrial expanding area of the south of development zone of Tongzhou, total planning area is 2.68 sq. km., with the whole construction area of 2,680,000 square meters, it is one of the largest representative industrial bases in north China where technology , project and trade taking house , building materials as core business is integrated.

夜景图

地址：北京市朝阳区西大望路甲23号珠江发展中心
Add: Development Center, A23, West Dawanglu,
Chaoyang District, Beijing
邮编(Post code): 100022
电话(Tel): 51205284
传真(Fax): 51205284
网址(Web): shop.bj-choice.com
电子邮箱(E-mail): 1@bjzhujiang.com.cn

鸟瞰图最新

南光(集團)有限公司

NAM KWONG (GROUP) COMPANY LIMITED

用最好的回報社會

南光（集团）有限公司是总部设在澳门的国家直属中央企业，集团前身南光贸易公司成立于一九四九年八月，是澳门最早的中资机构。在逾半个世纪的发展历程中，公司较好地完成了各个历史时期国家所赋予的不同使命，为发展内地与澳门的经贸关系、推动祖国的对外经济贸易事业、促进澳门的繁荣稳定做出了应有的贡献，赢得了良好的声誉。

集团主要业务范围包括：国际贸易及商品批发零售、酒店旅游、物流、房地产及劳务等；主要经营商品有：石油化工产品、钢材、五金矿产、粮油食品、纺织服装、汽车、医药、木浆、轮胎等；拥有大型油库、加油站、酒店、百货商场、写字楼、码头、货仓冷库、运输车队、出租物业等资产。

集团下设6家直属二级公司，分别为南光石油化工有限公司、澳门中旅（国际）酒店管理有限公司、澳门中国旅行社股份有限公司、南光实业有限公司、南光贸易有限公司，广东南光实业贸易公司，有全资及控股企业40余家；总部设职能部室4个，分别为行政人事部、财务资产部、业务发展部和审计监察部；在北京设有代表处。

集团是澳门最大的石油化工产品、主要的鲜活冷冻食品和酒店旅游、物流服务供应商之一；在澳门、杭州、桂林、加拿大拥有7家酒店，其中四星级以上酒店4家；年旅游接待人数近30万人次；有澳门最大的内港码头、干冻仓库和跨境运输车队；与美国、欧盟、独联体、韩国、东南亚等十几个国家和地区有长期贸易往来。

集团将秉承"用最好的回报社会"的企业宗旨，以诚实、守信为原则，在严细、务实、团结、自强的企业精神指引下，坚持立足澳门，拓展内地，走向海外，不断巩固澳门商品分销业务，做强物流业，稳健扩大国际贸易，加快地产开发经营、酒店旅游业务发展，稳步推进企业的改革与发展，与各界朋友一道，努力建设更加美好、光明的未来。

澳门罗理基博士大马路南光大厦十六字楼 Tel: 3911600 Fax: (853) 330853 http://www.namkwong.com.mo

昆明市商务局

昆明市商务局于2004年7月组建成立，是主管全市内外贸易、外商投资、对外经济技术合作工作的市政府工作部门，其主要职责是贯彻落实国家、省内外贸易和国际经济合作的发展战略、方针、政策，提出全市内外贸易和外经合作中长期发展规划并组织实施。研究全市现代流通业的发展规划，促进现代流通业的发展。负责定点屠宰、拍卖、典当、旧货等流通业的管理，整顿和规范市场流通秩序。依法初审成品油站的建设，负责成品油市场的管理服务，拟订全市商业网点规划。依法核准、转报、审批外商投资企业的设立和外资项目合同、章程及变更事项，指导商务系统行业协会的工作等。

Kunming Commercial Bureau was established in July 2004, and it is one of the functional department of municipal government in charge of domestic and foreign trade, foreign investment, foreign economic and technologic cooperation of the whole city. The main responsibility is implementing and carrying out development strategy, general and specific policies, putting forward middle-and-long period development plans of domestic, foreign trade and foreign economic cooperation of the whole city and then organizing and fulfilling. It makes the researches of the development plans of modern circulation industry of the whole city, and will promote the development of modern circulation industry. It is in charge of managing circulation industry such as fixed points for slaughtering, auction and mortgage, improving and standardizing market circulation order. The bureau examines the constructions of finished petroleum productions preliminarily in accordance to the law, and is responsible for the management service of finished petroleum product markets, and makes plans for commercial networks of the city. It examines, reports and approves the establishment of foreign investment enterprises, contracts of foreign capital projects, regulations and changing matters, supervises the work of commercial system and industry associations, etc.

欧洲商业开发投资管理中心

Introduction of the Centre for Development of Trade and Control of Investment in Europe

1996年，中俄两国领导定期会晤达成协议，决定在俄罗斯首都莫斯科开设中国商城。在此背景下成立了“欧洲商业开发投资管理中心”，由欧洲中心承办中国商城项目。2000年10月18日“莫斯科中国友谊商城”正式开业，承担起“恢复中国商品信誉、重塑中国商品形象”的重任。商城开业以来，有关领导陆续来商城视察过均对商城给予高度评价。如今，“友谊商城”已成为中俄两国贸易的桥头堡。愿“商城”年年成长，“友谊”岁岁增固。

The Centre for Development of Trade and Control of investment in Europe was luckily born in the background when the periodical meeting in 1996 of the leaders of the People's Republic of China and Russian Federation decided to build a China Shopping Centre in Moscow, the capital of RF,and was charged in accomplishing the important task The shopping centre has been named China Shopping Centre “Friendship” in Moscow and formally opened on October 18,2000, taking it as his goal to “Regain reputation for Chinese brands and to Recover the image of Chinese goods”. Since her opening the Shopping Centre has been visited and highly praised by so many leaders of various departments. Today the Shopping Centre “Friendship”is the considerable bridgehead of economic-trading cooperation of RF and PRC. We wish: the more our Shopping Centre grown-up ,the more our friendship intimated.

江铃汽车股份有限公司
JIANGLING MOTORS CO., LTD.

福特汽车公司总裁兼首席营运官吉姆·帕蒂拉（左二）、江铃汽车股份有限公司董事长王锡高（右二）、福特中国有限公司董事长程美玮（右一）、江铃汽车股份有限公司总裁陈远清（左一），在江铃亲密合影。

江铃前身是1968年成立的江西汽车制造厂，生产井冈山汽车。现在的江铃，已成为中国商用车行业最大的企业之一，连续三年被评为中国最具投资价值的百家上市公司之一。2005年被世界经理人年会评为25家最受尊敬上市公司之一。

江铃致力于打造中国最好的商用车基地，市场份额连年稳步攀升，稳健的业绩昭示着成长企业的投资价值和独特竞争力。我们以来自于国际前沿的汽车技术和品牌，与本地化的体系汇聚成令人自豪的强大产品阵营。实用化功能与简约时尚价值观相融合的江铃汽车产品，抓住市场中枢，充分满足不同顾客群的消费需求，不断开创节能、实用、环保汽车产品的新典范。江铃轻型柴油卡车出口量在中国企业中列前茅，是国家重点扶持的两家商用车出口品牌之一。

Jiangling has evolved from Jiangxi Motors Manufacturing Factory which was founded in 1968 and produced Jing gangshan brand vehicle. Jiangling became one of the biggest Chinese commercial auto company that has been recognized as one of the best investment value listed companies in China for three consecutive years. In 2005, JMC was awarded the honor of "the most of respectable listed company" by Word Manager Annual Seminar.

Jiangling Motors Corporation Ltd.(JMC)is focusing on building the best commercial vehicle production base in China. JMC's market shares increase steadily year over year. The solid performance demonstrates the investment value and unique competitiveness of a growth company. With pride, we have provided a powerful product portfolio integrating world class automotive technology and brand with local systems. JMC products with practical functionality and simplicity, fashionable value concept, capture the main stream markets, fully meet the demands of different customers and develop the new automotive products of energy efficient, practical and environmental. JMC has become the leading light diesel trucks exporter in China. JMC brand has also become one of the two famous commercial vehicle brands to be supported by the country for exportation.

完美（中国）日用品有限公司
PERFECT (CHINA) CO.,LTD.

完美（中国）日用品有限公司坐落在广东省中山市，正式成立于1994年3月，是由马来西亚完美资源有限公司投资设立，集科研、开发、生产、销售、服务于一体的现代化大型企业，以生产健康食品、个人护理品、家居日用品和美容护肤品等大众消费日用品而著称。2003年1月，在国内率先通过保健食品GMP认证、HACCP食品安全控制体系认证、ISO9001质量管理体系认证、ISO14001环境管理体系认证和清真食品认证。

Funded by Perfect Resources (M) Sdn Bhd, Perfect (China) Co., Ltd. was incorporated in 1994 and located in the city of Zhongshan, Guangdong Province with business anchoring in research pioneering, advanced research and development, productions, sales and marketing and services in a grand scale, modern enterprise group. Today Perfect (China) Co., Ltd.'s wide range of consumer products has created a niche market for health food, personal care, household, beauty & skin care products.

In Jan., 2003 Perfect China has acquired the main national and international certifications, in testimony of GMP - Exemplary Health Food Production Certification, HACCP Food - Food Production Risk Analyses & ISO 9001:2000 Certification upgraded from ISO 9002 (version '94), ISO 14001:1996 Environmental Management System Certification, HALAL Certification.

轩辕集团实业开发有限责任公司

Xuan Yuan Industrial Development Co. Ltd.

总裁 薛兴发

轩辕集团实业开发有限责任公司是轩辕集团下属的进出口贸易公司，其核心业务包括：机电产品、化工产品、成套设备的进出口以及国际工程承包等。

面对全球经济一体化快速发展的挑战，公司业绩不断刷新，创造了出口企业一次中标出口铁路干线机车50台的中国记录。目前，公司已在美国、欧洲、香港地区和中东等多个国家设立了分支机构，并在国内设有多家分公司。

在屡创佳绩的同时，公司也在中国及海外市场赢得了“诚信高效”的赞誉。中国银行授信为“A类信用等级企业”；中国海关授予“A类管理企业”；公司已通过了ISO9001质量体系认证。

Xuan Yuan Industrial Development Co., Ltd. is a branch enterprise under XY GROUP; the core businesses of the company include: machinery & electronics products, chemical & industry products, production lines, international project contracting and other fields.

In response to the challenges brought forth by the economic globalization, the company made record-breaking performances by successfully bidding for 50 railway locomotives one time. At present, the company has set up offices in U.S., Europe, Hong Kong, and many countries in Middle East, as well as subsidiaries in China.

While the company is prospering, the company earns "good -faith and efficient" reputation both in China and overseas. The following are some of the company's certificates awarded by Chinese government:"China's Best Credit Enterprise"; "Grade A Credit Rating Enterprise" awarded by Bank of China; "Category A Management Enterprise" awarded by China Customs. In addition, the company has been awarded the ISO9001 Certification.

电话：0451–82291108
传真：0451–82314976
网址：www.xy–group.com
电子信箱：harbin@xy–group.com

Tel:0451-82291108
FAX:0451-82314976
Http:www.xy-group.com
E-mail:harbin@xy-group.com

工作人员与外商签约

向中东出口的内燃机车

中国总部办公大楼

广东省广新外贸集团有限公司

Guangdong Foreign Trade Group Corp. Ltd.

广新外贸集团办公大楼：外贸广场

广东省广新外贸集团有限公司是国有大型企业集团。外贸集团下辖广东省广新外贸轻纺（控股）公司等15家成员企业及11家代管企业。

外贸集团的经营范围包括服装纺织品、食品、轻工业品、五金产品、机电产品、农副土特产品、石油化工产品、矿产品、林材制品、工艺品、汽车、船舶等进出口贸易以及产业投资、物业经营、物流配送、国际招标等业务。经营的商品达1万多种，产品销往世界200多个国家和地区。培养和拥有一批国际国内市场知名度较高的企业品牌及商品品牌。

集团欧广董事长与广东省有关领导、美国联泰集团董事长参加北美经贸洽谈会。

Guangdong Foreign Trade Corp., Ltd. of Guangdong Province is a large-scale state-owned enterprise group, which was authorized by People's Government of Guangdong Province in June 2000 and established by a number of large-scale specialized foreign trade companies of Guangdong Province. The Group has 15 subsidiaries, as well as 11 companies held in trust.

The business of Foreign Trade Group covers the import and export business of textiles, Foodstuff, light industrial products, hardware, electromechanical products, farm and sideline native products, petrochemicals, mineral products, wooden products, artworks, autos, and ships, etc. and industrial investment, property management, logistic distribution and international biding business, etc. The dealing merchandises are more than 10,000 types, which are exported to more than 200 countries and districts in the world. It has cultivated and possessed a number of domestic and international well-known enterprise brands and commodity trademarks. Enterprise brands that enjoy high international reputations include Guangdong Machinery Imp.

地址：广州市东风东路774号

Add: Guangdong Foreign Trade Building No.774, East Dongfeng Road, Guangzhou, P.R. China

山西省商务厅

Cormmerce Bureau of Shanxi Province

山西省商务厅党组书记、厅长　王淑珍

“十一五”时期，山西商务将紧紧抓住中部崛起的战略机遇，全面实施“开放兴省”、“流通活省”战略，抓好优化发展环境、创新体制机制、调整商务结构、加强队伍建设四个重点，努力形成大开放、大市场、大流通的商务发展新格局。

对外贸易快速增长，出口商品结构进一步优化；利用外资及经济合作稳步发展，流通规模稳步扩大，对经济发展的带动、先导作用不断增强、促进山西省经济社会全面协调可持续发展。

In the period of the 11th Five-Year Plan, the Commerce Bureau of Shanxi province will firmly grasp the strategic opportunities of the development in the middle region of China, fully implement the "opening-up for development" and "mobilization for vibrancy" policies for the province. The Bureau will emphasize the work on four key areas which are optimize and develop the environment, innovate system and mechanism, adjust commerce structure, strengthen group built-up, so as to form the new structure of the commerce development to create bigger opening-up and mobilized market.

The Bureau will speed up foreign trade, optimize export product structure, utilize the steady development of foreign investment and economic cooperation, stably expand the circulation scale, strengthen the effort for the development of regional economy, promote a full, harmonioas, and sustainable development of the economic society of Shanxi province.

2006 山西（香港）投资洽谈会开幕式

山西省2005年外商投资主要来源情况表

国别（地区）	项目数（个）	合同外资（万美元）	实际外资（万美元）
香　港	31	29 060	4 268
泰　国	3	13 370	0
新加坡	3	4 074	432
美　国	8	2 969	3 023
巴哈马	0	2 500	3 197
英属维尔京群岛	13	2 388	13 205
台湾省	3	599	20
塞浦路斯	1	520	520
日 本	5	323	621
加拿大	7	268	33
合　计	**74**	**56 071**	**25 319**

【对外经济合作】

承包工程和劳务合作　签订对外承包工程和劳务合作合同项目8个，金额2.1亿美元，比上年的1.48亿美元增长41.89%；完成营业额1.87亿美元，比上年的1.51亿美元增长23.84%；当年派出劳务人员1 143人，年末在外人数2 315人，主要派往日本、新加坡、以色列、韩国、毛里求斯等。

对外投资　在海外举办企业6个，投资总额1 435.68万美元，中方投资金额1 305.57万美元，主要在朝鲜、印度、德国等。

【其他】

开发区　全省有省级以上开发区16个（其中，国家级2个，省级14个）。

国家级开发区（太原高新技术产业开发区、太原经济技术开发区）共实现科工贸总收入462.13亿元，GDP 169.21亿元，工业总产值375.08亿元，税收收入5.3亿元，进出口3.53亿美元，引进国内资金24.62亿元，合同利用外资123万美元，实际利用外资4 618万美元。

省级开发区共实现科工贸总收入455.25亿元，GDP 136.91亿元，工业总产值233.13亿元，税收收入15.15亿元，进出口1.72亿美元，引进国内资金53.05亿元，合同利用外资4 400万美元，实际利用外资856万美元。

涉外旅游　2005年接待入境国外旅游者和港澳台同胞421 458人次，比上年的295 767人次增长42.50%。旅游外汇收入11 622.03万美元，比上年的8 123.30万美元增长43.07%。

2005年内蒙古自治区商务发展概况

内蒙古自治区商务厅

内蒙古自治区商务厅厅长

吕二喜　生于1950年11月，内蒙古包头市人，中共党员。研究生学历。1968年参加工作，历任内蒙古政府办公厅副处长，内蒙古经济信息中心副主任，内蒙古化肥厂副厂长，内蒙古人大财经委副主任、主任、常委会委员，内蒙古政府副秘书长等职。2005年3月任内蒙古自治区商务厅厅长、党组书记。

【国内贸易】

社会消费品零售总额　2005年内蒙古自治区社会消费品零售总额1 344.1亿元，比上年的891.9亿元增长15.8%。其中：城市消费品零售额903.3亿元，县消费品零售额275.9亿元，县以下消费品零售额164.8亿元。分行业看，批发零售贸易业零售额1 071.7亿元，餐饮业零售额229.6亿元，其他行业零售额42.8亿元。

限额以上批发零售贸易、餐饮业基本情况　截至2005年，共有限额以上批发零售贸易、餐饮业法人企业844个，产业活动单位2 928个，从业人数196 021人。其中，批发业法人企业309个，产业活动单位1 845个，从业人数29 494人；零售业法人企业323个，产业活动单位827个，从业人数127 865人；餐饮业法人企业212个，产业活动单位256个，从业人数38 662人。

批发零售贸易业商品购、销、存总额　批发零售贸易业商品销售总额2 128.18亿元比上年的1 834.63亿元增长16%，其中限额以上企业787.38亿元，限额以下企业及个体1 340.8亿元。限额以上批发零售贸易业商品购进总额625.3亿元（其中进口53.5亿元），商品销售总额842.4亿元（其中批发606.5亿元、零售235.9亿元、出口235.9亿元），年末库存总额75.4亿元。

市场物价　商品零售价格指数为101.5（以上年价格为100），其中城市101.5，农村101.4；居民消费价格指数为102.4（以上年价格为100），其中城市102，农村103.3。

市场体系建设　2005年内蒙古商品市场体系建设取得了显著成就。多元化的市场竞争格局已开始形成，市场化程度不断提高，多样化的现代流通形式和新型业态不断出现，市场法律制度日趋完善，商品市场建设规模增势强劲，商业集聚效应逐渐趋强，初步形成了消费品市场与生产资料市场，批发市场与零售市场，城市市场与农村市场共同发展的商品市场体系。截至2005年底，全区已建成商业网点27万个，总建筑面积7 423m^2，其中5 000m^2以上的商业网点354个，全区人均商业面积0.31 m^2/人。批准设立拍卖企业75家，2005年拍卖成交额14.4亿元；国家批准设立的典当行47家，分支机构2家，注册资本总额4.17亿元，为中小企业及个体经营户融资超过5.0亿元。

商业改革与发展　2005年全区商业改革工作进展顺利。自治区外贸、商粮、物资三大区直商贸流通集团改革工作顺利结束，国有资本全部退出，国有职工身份全部置换，国有性质经营活动全部结束，新组建的民营企业不断开拓经营，效益良好，承担的玉米出口等外贸业务再上新台阶，内贸业务也不断扩大。同时全区范围内商贸流通企业通过资产剥离、重组、股份制等形式培育组建了蒙粮集团等一批具有市场竞争力的龙头企业。全区推进流通现代化工作也取得一定进展，一批重点项目已建成并发挥效益，以包头北方物流、通辽开发区物流为代表的物流园区建设在六个重点地区展开，呼和浩特欧亚大陆桥公司直通欧洲货运专列的开运为开拓欧洲市场开辟了通道；小肥羊、草原兴发集团连锁配送网络不断扩大；电子商务、特许经营、社区建设、成品油市场监管等各项工作都得到了进一步发展。

【对外贸易】

进出口总额 进出口总额48.71亿美元，比上年37.2亿美元增长30.94%。

出口总额 出口总额17.71亿美元，比上年的13.56亿美元增长30.60%，占全区GDP 3 822.77亿元（相当于471.95亿美元）的3.75%，占全国出口额0.23%。

进口总额 进口总额31.0亿美元，比上年的23.67亿美元增长30.97%。

出口商品结构 初级产品出口额3.57亿美元，占出口总额的20.16%；工业制成品出口额14.13亿美元，占出口总额的78.84%。

进口商品结构 初级产品进口额18.69亿美元，占进口总额的60.29%；工业制成品进口额12.31亿美元，占进口总额的39.71%。

出口商品市场 出口商品销往166个国家（地区）。

进口商品市场 进口商品来自66个国家（地区）。

边境贸易 进出口额18.85亿美元，比上年的17.01亿美元增长10.82%。主要出口商品有：机电音像设备、蔬菜水果、塑料制品、硅酸盐水泥、方便面、涂塑钢铁板材、玻璃板、陶瓷制品、地毯、面粉等。主要进口商品有：原木、塑料、橡胶制品、化肥、铜矿砂、铁矿砂、烟煤、萘、原油、润滑油基础油、木浆、未漂白牛皮衬纸、废钢材、废铝、有机化学品(苯乙烯、正丁醇、表氯醇、丙酮、邻苯二甲酸酐)等。

技术进口 签订技术和设备进口合同7个，合同金额450.61万美元。

内蒙古自治区2005年出口额500万美元以上商品情况表

金额分类	商品名称	出口金额（亿美元）	占出口总额比重（%）
5 000万美元以上	纺织原料及纺织制品、未锻轧铝、钢铁卷材、玉米、机电音箱设备（储存部件、耳塞耳机、DVD）等	9.68	54.66
1 000万—5 000万美元	番茄酱罐头、饲料添加剂、碳酸氢钠、碳化钙、抗菌素、金化合物、钢铁半成制品、盘钢、石油套管、车辆（牵引车、自卸车）、铝丝、未锻造银、硅铁、塑料制品、稀土金属及混合物、蔬菜、水果等	4.41	24.90
500万—1 000万美元	活牛、乳及奶油、荞麦、钠、钙、硫化钠、氢氧化纳、肉食、砂糖、毛皮制品、玻璃制品、锯材、硅、钼铁、热轧非合金钢卷材、钢轨等	0.82	4.63
合 计	**53种**	**14.91**	**84.19**

内蒙古自治区2005年进口额100万美元以上商品情况表

金额分类	商品名称	进口金额（亿美元）	占进口总额比重（%）
5 000万美元以上	铁矿砂及其精矿、铜矿砂及其精矿、塑料制品、橡胶制品、原木、锯材、木浆、机电音像设备（耳机、耳塞、单片集成电路）、有机化学品、肥料、原油、废钢铁等	26.69	86.10
1 000万—5 000万美元	固态乳、烟煤、萘、润滑油基础油、氧化铝、生皮及皮革、车辆及其零件、光学仪器、硫磺、羊马毛纱线、钢型角材等	2.62	8.45
100万—1 000万美元	乳清、原糖、锌矿砂及其精矿、重铬酸钠、压电石英、钢轨、废铝、未锻轧非合金镍、大麦、蓖麻油、饲料鱼粉、锰矿砂、煤油、稀土及混合物、设计图纸、山羊绒、无毛山羊绒、钛管、废合金钢、钢锭等	0.89	2.87
合 计	**199种**	**30.20**	**97.42**

内蒙古自治区2005年主要出口市场情况表

国别（地区）	出口金额（万美元）	占出口总额比重（%）	国别（地区）	出口金额（万美元）	占出口总额比重（%）
香　港	29 327	16.56	蒙　古	9 393	5.30
美　国	25 473	14.39	俄罗斯	6 566	3.71
日　本	22 718	12.83	新加坡	3 547	2.00
韩　国	22 117	12.49	印　度	3 300	1.86
意大利	10 072	5.69	泰　国	3 277	1.85
合　计				**135 790**	**76.69**

内蒙古自治区2005年主要进口市场情况表

国别（地区）	进口金额（万美元）	占进口总额比重（%）	国别（地区）	进口金额（万美元）	占进口总额比重（%）
俄罗斯	169 218	54.58	美　国	6 168	1.99
蒙　古	27 279	8.80	印　度	6 081	1.96
澳大利亚	12 840	4.14	秘　鲁	5 084	1.64
德　国	12 450	4.02	意大利	4 979	1.61
智　利	11 031	3.56	台湾省	4 078	1.32
合　计				**259 208**	**83.61**

【利用外资】

内蒙古自治区2005年利用外资情况表

利用外资方式	批准签订的合同			实际利用外资	
	项目数（个）	外资金额（万美元）	金额比上年增长（%）	金　额（万美元）	金额比上年增长（%）
外商直接投资	197	138 331	-49	118 577	89
合资企业	86	40 026	-37	53 552	64
合作企业	28	17 301	-44	3 520	37
外资企业	83	81 004	-54	56 028	130
股份有限公司	—	549	—	5 477	77
合　计	**197**	**138 331**	**-49**	**118 577**	**89**

外商直接投资行业 在外商直接投资项目中，生产型项目167个，非生产型项目30个。按行业分：制造业85个，农业36个，建筑业6个，房地产业4个，采矿业26个，科学研究和综合技术服务2个，批发和零售贸易、餐饮业12个。

外商直接投资来源 外商直接投资主要来自32个国家和地区。合同外资额居前10位的是：香港72个，65 965万美元；美国24个，16 942万美元；英属维尔京群岛18个，15 952万美元；加拿大7个，5 764万美元；新加坡6个，5 102万美元；台湾省6个，4 694万美元；澳大利亚8个，4 669万美元；韩国11个，3 369万美元；萨摩亚3个，3 320万美元；澳门4个，1857万美元。实际利用外资额居前10位的是：香港80 181万美元；美国8 256万美元；开曼群岛5 488万美元；毛里求斯5 477万美元；英属维尔京群岛3 285万美元；加拿大3 190万美元；萨摩亚2 805万美元；台湾省2 614万美元；新加坡2 371万美元；日本1 681万美元。

【对外经济合作】

承包工程和劳务合作 签订对外承包工程和劳务合作合同项目92个，金额18 017万美元，比上年的55 958万美元下降67.8%；完成营业额6 100万美元，比上年的6 082万美元增长0.3%；当年派出劳务人员6 900人次，比上年的4 253人次增长62.2%，主要派往俄罗斯、蒙古国、日本；承包工程的主要项目是森林采伐、木材加工、农业种植、养殖、工程建筑，主要分布在俄罗斯、蒙古国。

接受经济援助 新落实启动国际无偿援助项目4个，援助总金额739.09万美元（折合人民币约5 986.6万元）。这些项目分别是：加拿大援助"内蒙古可持续农业发展"二期项目、中加小农户适应全球市场发展项目"内蒙古牛奶和马铃薯供应链示范"项目、日本驻华使馆利民工程无偿援助"赤峰市翁牛特旗朝格温都中心小学教学楼建设"项目、捷克政府无偿援助内蒙古塞飞亚集团"生物沼气和农作物废料处理站"二期项目。

对外投资 设立境外投资企业共15家，总投资3 312.30万美元，比上年的809.76万美元增长3.09倍；其中中方投资3 289.30万美元，比上年的712.84万美元增长3.61倍。主要项目有内蒙古新右旗新鑫矿业公司在蒙古国的矿产资源开发项目、内蒙古小肥羊餐饮连锁有限公司在香港和加拿大的餐饮开发项目、内蒙古双河羊绒集团公司在蒙古国的绒毛加工项目、满洲里国际经济技术合作公司在俄罗斯的建筑设计项目、满洲里天瑞投资发展有限公司在俄罗斯的建筑项目等，投资领域涉及矿产资源开发、建筑设计、房地产开发、餐饮、羊绒制品加工等。

【其他】

开发区 2005年呼和浩特经济技术开发区新批准设立外商投资企业8家，合同外资金额5 410万美元，实际利用外资额7 790万美元。出口创汇41 678万美元。工业总产值186.26亿元，比上年的132.27亿元增长40.81%。引进国内资金50.02亿元。工业增加值59.83亿元，比上年的45.42亿元增长31.73%。财政收入10.16亿元，比上年的8.58亿元增长18.41%。

2005年包头稀土高新技术产业开发区新批准设立外商投资企业7家，合同外资金额7 636万美元，实际利用外资额5 226万美元。技工贸总收入314亿元，比上年的248亿元增长26.6%。工业总产值328亿元，比上年的253亿元增长29.6%。引进国内资金30.2亿元。工业增加值105亿元，比上年的80亿元增长31.3%。财政收入10亿元，比上年的8亿元增长25%。

港口运输 全区口岸过货量2 701万吨，比上年的2 180万吨增长23.88%。其中，进口货物2 499万吨，比上年的2 017万吨增长23.87%；出口货物202万吨，比上年的163万吨增长24.02%。按货运方式分：铁路运输2 353万吨，比上年的1 934万吨增长21.68%；公路运输344万吨，比上年的242万吨增长41.91%；水路运输3.86万吨，比上年的3万吨增长16.97%；航空运输0.23万吨，比上年的0.8万吨下降71.97%。

涉外旅游 入境的外国人及港澳台同胞100.16万人次，比上年的79.98万人次增长25.2%；旅游外汇收入3.52亿美元，比上年的2.53亿美元增长39.1%。

2005年辽宁省商务发展概况

辽宁省商业厅 辽宁省对外贸易经济合作厅

辽宁省商业厅厅长

赵颖奇 1970年参加工作。1981年任铁岭地区百货批发公司总经理；1983—1989年任铁岭地区商业局副局长、局长；1989年12月至今任辽宁省商业厅副厅长、辽宁省贸易厅副厅长、党组副书记、辽宁省商业局局长、辽宁省商业厅厅长。

辽宁省对外贸易经济合作厅厅长

张贵新 生于1949年10月。东北财经大学国际经济贸易硕士研究生班毕业，高级经济师。曾任辽宁省粮油食品进出口公司副经理，辽宁省食品进出口公司经理，辽宁省外贸集团公司副总经理，辽宁省外贸局副局长、党组成员，辽宁省对外贸易经济合作厅副厅长、党委常委、党组副书记。2005年7月任辽宁省对外贸易经济合作厅厅长、党组书记。

【国内贸易】

社会消费品零售总额 2005年辽宁省社会消费品零售总额2 999亿元，比上年增长13.5%。按城乡分，城市消费品零售额2 523.7亿元，增长13.5%；县及县以下消费品零售额475.2亿元，增长13.3%。按行业分，批发零售贸易业零售额2 479.2亿元，比上年增长13.4%；餐饮业零售额453.1亿元，增长14.4%；其他行业零售额66.7亿元，增长8.8%。按经济类型分，国有经济零售额174.6亿元，比上年下降11.8%；集体经济零售额108.4亿元，下降15.1%；股份制经济零售额420亿元，增长42.3%；私营经济零售额491.8亿元，增长20.7%；个体经济零售额1 683.1亿元，增长11.5%；外商投资经济零售额78.6亿元，增长18.7%；港澳台投资经济零售额35.9亿元，增长19.2%。

批发零售贸易业商品购、销、存总额 批发零售贸易企业商品销售额7 341.9亿元，比上年增长22%，其中，商品批发额4 862.7亿元，增长26.9%；商品零售额2 479.2亿元，增长13.4%。限额以上批发零售贸易企业完成商品销售额4 387.1亿元，比上年增长33.2%。其中，商品批发额3 699.6亿元，增长34.8%；商品零售额687.4亿元，增长25.2%。

从商品类值看，食品、饮料、烟酒类商品销售额372.5亿元，比上年增长9.3%；服装鞋帽、针纺织品类商品销售额161.2亿元，增长16.3%；化妆品类商品销售额16.7亿元，增长25.9%；日用品类商品销售额31.5亿元，增长10.7%；体育、娱乐用品类商品销售额5.5亿元，增长28.4%；书报杂志类商品销售额17.1亿元，增长10.4%；电子出版物及音像制品类商品销售额1.8亿元，下降4.3%；家用电器和音像器材类商品销售额91.9亿元，增长10.7%；中西药品类商品销售额115.2亿元，增长20.3%；文化办公用品类商品销售额65.9亿元，下降8.8%；家具类商品销售额4.7亿元，增长51.9%；建筑及装潢材料类商品销售额22.8亿元，增长21.5%；机电产品及设备类商品销售额83.1亿元，增长24%；汽车类销售额207.4亿元，增长24.4%；通讯器材材料商品销售额33.2亿元，增长15.9%。

市场物价 居民消费价格比上年上涨1.4%。其中，城市上涨0.8%，农村上涨4%。分类别看，食品类价格比上年上涨1.8%，其中，粮食价格上涨4.0%，肉禽及其制品上涨0.4%，蛋、水产品和鲜果分别上涨2.5%、2.8%和4.9%；烟酒及用品类上涨0.9%；衣着类下降3.1%；家庭设备用品及服务类下降0.3%；医疗保健及个人用品类下降0.7%；交通和通讯类下降1.3%；娱乐教育文化用品及服务类上涨6.3%；居住类上涨4.5%。

全年工业品出厂价格比上年上涨5.1%。其中，重工业产品价格上涨7.3%；轻工业产品价格上涨1.7%。原材料、燃料、动力购进价格比上年上涨8.1%。固定资产投资价格比上年上涨2.8%。

【对外贸易】

进出口总额 进出口总额410.1亿美元，比上年的344.4亿美元增长19.1%。

出口总额 出口总额234.4亿美元，比上年的189.2亿美元增长23.9%，占全省GDP 8 005.0亿元（相当于977.2亿美元）的24%，占全国出口额的3.1%，居全国第9位。

进口总额 进口总额175.7亿美元，比上年的155.2亿美元增长13.2%。

出口商品结构 初级产品出口额51.5亿美元，占出口总额的22.0%；工业制成品出口额182.9亿美元，占出口总额的78%。

进口商品结构 初级产品进口额67.3亿美元，占进口总额的38.3%；工业制成品进口额108.4亿美元，占进口总额的61.7%。

出口商品市场 出口商品销往197个国家（地区）。

进口商品市场 进口商品来自145个国家（地区）。

边境贸易 边境贸易进出口额22 199万美元。其中，出口15 478万美元，比上年增长164.0%；进口6 721万美元，比上年增长62.0%。主要出口商品：小麦粉、钢材、塑料及制品、纺织品、汽车及底盘、电视机。主要进口商品：矿砂、废钢、塑料及制品、原木、金属加工机床、水海产品。

技术进出口 高新技术产品出口总额260 839万美元，比上年的317 889万美元下降9.9%。签订引进技术和进口设备合同项目296个，比上年减少42个；合同金额2.6亿美元，比上年的2.18亿美元增长20%。

辽宁省2005年出口额5 000万美元以上商品情况表

金额分类	商品名称	出口金额（万美元）	占出口总额比重（%）
1亿美元以上（37种）	水海产品、玉米、蔬菜、蔬菜水果制品、边或面制成连续形状的木材、熔凝或烧结镁氧矿、矿砂、原油、成品油、石蜡、蜡烛、轮胎、纺织品、耐火砖、铁合金、钢坯、钢材、电扇、空调、打印机、微机等	1 533 201	65.4
5 000万—1亿美元（30种）	芸豆、鸡肉制品、鱼制品、胶合板、锯材、硅、五氧化二矾、维生素C、染料、木制门、方便筷子、玻璃制品、阀门、金属加工机床、滚动轴承、集成电路、汽车及底盘、血压测量仪等	204 792	8.7
合　计	**67种**	**1 737 993**	**74.1**

辽宁省2005年主要出口市场情况表

国别（地区）	出口金额（亿美元）	占出口总额比重（%）	国别（地区）	出口金额（亿美元）	占出口总额比重（%）
日　本	63.1	26.9	新加坡	7.0	3.0
美　国	33.5	14.3	德　国	6.0	2.5
韩　国	28.8	12.3	朝　鲜	5.9	2.5
荷　兰	11.4	4.9	台湾省	5.2	2.2
香　港	8.6	3.7	印　尼	5.0	2.1
合　计				**174.6**	**74.5**

辽宁省2005年进口额3 000万美元以上商品情况表

金额分类	商品名称	进口金额（万美元）	占进口总额比重（%）
1亿美元以上（25种）	水海产品、大豆、矿砂、原油、医药品、橡胶及制品、革皮、纺织品、钢材、金属加工机床、发动机及零件、压缩机零件、金属轧机、计算机零件、印刷电路、集成电路等	1 214 214	69.1
3 000万—1亿美元（32种）	羊肉、大麦、香蕉、原木、锯材、硫磺、成品油、肥料、染料、废钢、铜及铜材、铝及铝材、纺织机械、焊接机、起重机、铸造模型、电容器、电子管、阀门、轴承等	193 729	11.0
合　计	**57种**	**1 407 943**	**80.1**

辽宁省2005年主要进口市场情况表

国别（地区）	进口金额（亿美元）	占进口总额比重（%）	国别（地区）	进口金额（亿美元）	占进口总额比重（%）
日　本	41.9	23.8	伊　朗	6.9	3.9
韩　国	20.6	11.7	澳大利亚	5.6	3.2
德　国	15.1	8.6	阿联酋	5.3	3.0
美　国	12.9	7.4	俄罗斯	4.7	2.7
沙　特	12.6	7.2	巴　西	3.8	2.2
合　计				**129.4**	**73.6**

【利用外资】

辽宁省2005年利用外资情况表

利用外资方式	批准签订的合同			实际利用外资	
	项目数（个）	外资金额（亿美元）	金额比上年增长（%）	金 额（亿美元）	金额比上年增长（%）
外商直接投资	**2 686**	**110.16**	**27.18**	**35.90**	**172.69**
合资企业	843	19.54	-6.11	9.19	166.99
合作企业	113	8.43	1.76	1.40	-15.78
外资企业	1 730	82.17	44.33	25.28	219.06
股份有限公司		0.03	-95.48	0.04	-73.17
合 计	**2 686**	**110.16**	**27.18**	**35.90**	**172.69**

外商直接投资行业 外商直接投资项目中，生产型项目1 868项，合同外资额76.16亿美元。其中，第一产业69项，下降14.8%，合同外资额2.1亿美元，下降11.19%，实际使用外资额2 353万美元，下降44.82%。第二产业1 799项，增长2.92%，合同外资额74.05亿美元，增长27.97%，实际使用外资额21.74亿美元，增长166.75%。

外商直接投资项目中，非生产型项目（第三产业）818项，增长23.56%，合同外资额34.00亿美元，增长28.90%，实际使用外资额13.93亿美元，增长203.43%。

外商直接投资主要行业：农、林、牧渔业项目69个，下降14.81%，合同外资额21 048万美元，下降11.19%；采矿业项目25个，下降3.85%，合同外资额6 938万美元，下降26.77%；制造业项目1 717个，增长3.06%，合同外资额716 719万美元，增长35.67%；电力、燃气及水的生产和供应业项目15个，增长15.38%，合同外资额10 534万美元，下降28.91%；建筑业项目42个，下降2.33%，合同外资额6 333万美元，下降75.73%；交通运输、仓储和邮政业项目12个，下降40%，合同外资额11 875万美元，下降13.89%；信息传输、计算机服务和软件业项目129个，增长48.28%，合同外资额41 606万美元，增长137.90%；批发和零售业项目151个，增长41.12%，合同外资额32 004万美元，增长469.07%；住宿和餐饮业项目125个，增长15.74%，合同外资额15 442万美元，下降8.22%；金融业项目4个，下降20%，合同外资额3767万美元，下降52.46%；房地产业项目178个，增长11.95%，合同外资额180 554万美元，增长7.15%；租赁和商务服务业项目139个，增长41.84%，合同外资额29 677万美元，增长159.06%；科学研究、技术服务和地质勘查业项目31个，增长19.23%，合同外资额11 235万美元，增长179.97%；水利、环境和公共设施管理业项目3个，减少76.92%，合同外资额2 006万美元，减少24.8%；居民服务和其他服务业项目28个，增长33.33%，合同外资额4 658万美元，增长32.26%；教育项目2个，减少33.33%，合同外资额12万美元，减少97.04%；卫生、社会保障和社会福利业项目1个，减少75%，合同外资额2 084万美元，减少45.54%；文化、体育和娱乐业项目15个，增长36.36%，合同外资额5 101万美元，减少33.97%。

外商直接投资来源 外商直接投资主要来自18个国家和地区，即：港澳投资项目472个，合同外资额35 5701万美元；日本投资项目538个，合同外资额121 048万美元；韩国投资项目839个，合同外资额23 7107万美元；台湾省投资项目92个，合同外资额22 758万美元；新加坡投资项目48个，合同外资额12 894万美元；马来西亚投资项目19个，合同外资额4 931万美元；泰国投资项目7个，合同外资额7 812万美元；英国投资项目25个，合同外资额5 240万美元；德国投资项目40个，合同外资额24 726万美元；法国投资项目2个，合同外资额200万美元；意大利投资项目25个，合同外资额12 871万美元；荷兰投资项目15个，合同外资额5 414万美元；西班牙投资项目4个，合同外资额254万美元；奥地利投资项目2

个，合同外资额154万美元；瑞士投资项目2个，合同外资额58万美元；美国投资项目268个，合同外资额133 755万美元；加拿大投资项目87个，合同外资额27 074万美元；澳大利亚投资项目45个，合同外资额21 552万美元。

外商直接投资企业生产经营情况 到2005年底，外商直接投资企业开业投产8 500多家，2005年外商直接投资企业出口133.3亿美元，增长22.3%，出口额占全省出口总额比重为56.9%。实现税收248.4亿元人民币，增长17.0%，实现税收占全省税收比重为19.0%。

【对外经济合作】

承包工程和劳务合作 签订对外承包工程和劳务合作合同项目900个，金额7.1亿美元，比上年增长18.3%；完成营业额6.5亿美元，比上年增长16.7%；当年派出劳务人员6.9万人次，年末在外人数7.1万人，派往的主要国家和地区为日本、韩国和新加坡；承包工程的主要项目涉及建筑、电力等行业，主要国家为巴基斯坦、泰国、俄罗斯等。

对外经济技术援助 承担援外项目10个，受援国家和地区是科特迪瓦、多哥卡拉、桑给巴尔、几内亚、佛得角、布隆迪、塔吉克斯坦、朝鲜、喀麦隆。项目涉及的行业有农业、水利设施、建筑、交通等。10个项目已建成5个，另5个项目正在建设中。

接受经济援助 接受日本国政府、德国政府等提供的国际经济无偿援助的项目10项，金额总计600.41万美元，目前项目正在实施中。

对外投资 在海外举办企业（系指非贸易性企业）的项目48个，投资总额1.08亿美元，中方投资金额9 316万美元，投资国别（地区）是美国、香港、俄罗斯、日本、韩国、朝鲜、蒙古。

【其他】

开发区 经国务院批准的经济技术开发区3家，分别是大连经济技术开发区、沈阳经济技术开发区、营口经济技术开发区。2005年3家开发区的工业总产值分别是962.00亿元、500.80亿元、203.28亿元，税收总额分别是50.30亿元、17.20亿元、8.00亿元，财政收入分别是25.30亿元、10.24亿元、2.70亿元，出口额分别是50.10亿美元、3.35亿美元、5.29亿美元，新批利用外资项目分别是180个、96个、57个，合同外资额分别是16.70亿美元、10.23亿美元、4.17亿美元，实际投资额分别是10.08亿美元、2.75亿美元、1.17亿美元。

出口加工区 经国务院批准设立的出口加工区3家，分别是大连出口加工区、沈阳高新区出口加工区、沈阳张士出口加工区。大连出口加工区于2000年4月设立，规划面积2.95平方公里。2005年已累计完成固定资产投资700亿元，实现出口值300亿美元，全区加工贸易企业已900多家。沈阳高新区出口加工区于2003年3月设立，规划面积3平方公里。2005年7月一期工程全面启动，总投资6亿元。沈阳张士出口加工区于2005年6月经国务院批准，规划面积0.62平方公里。计划2006年5月开工建设。

保税区 大连保税区2005年工业总产值82.70亿元，税收总额33.19亿元，财政收入3.08亿元，出口额13.17亿美元，新批利用外资项目164个，合同外资额7.53亿美元，实际投资额4.52亿美元。

港口运输 2005年口岸货物吞吐总量29 463.2万吨，增长21.1%。外贸进出口货物运量完成9 842.8万吨，增长25.4%。其中出口量4 343.5万吨，增长30.2%，进口量5 499.3万吨，增长21.9%。按运输方式分，海运口岸完成9 665.7万吨，占外贸货运量的98.2%，增长25.7%。陆运口岸完成1 68.5万吨，增长13%。空运口岸完成8.6万吨，增长7.5%。

涉外旅游 2005年入境的外国人数111.1万人次，港澳台同胞人数19.1万人次，分别比上年增长18.5%和33.3%。旅游外汇收入7.38亿美元，增长21.3%。

2005 年沈阳市商务发展概况

沈阳市对外贸易经济合作局

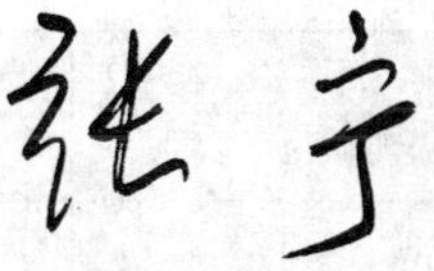

沈阳市对外贸易经济合作局局长

张宁　生于 1956 年 10 月 26 日，辽宁省沈阳市人。1974 年 8 月参加工作，1976 年 6 月加入中国共产党。1982 年 2 月毕业于南京航空航天大学飞机制造专业。1982 年 2 月至 1988 年 11 月，在沈阳飞机制造公司工作，曾任工艺员、公司团委书记。1988 年 12 月至 1991 年 1 月在沈阳团市委工作，任青工部长。1991 年 2 月起在沈阳市政府工作，曾任市侨办、市外办、市口岸办副主任，2003 年 5 月担任市政府副秘书长，2004 年 10 月任市对外贸易经济合作局局长。

【对外贸易】

进出口总额　2005 年辽宁省沈阳市进出口总额 45. 63 美元，比 2004 年的 51. 14 亿美元下降 10. 80%。

出口总额　出口总额 23. 45 亿美元，比上年的 23. 07 亿美元增长 1. 60%，占全市国内生产总值 2 240 亿元（相当于 277. 92 亿美元）的 10. 07%，占全省出口额的 10%。

出口商品结构　初级产品出口额 1. 36 亿美元，占出口总额的 5. 80%；工业制成品出口额 22. 09 亿美元，占出口总额的 94. 20%。

进口总额　进口总额 22. 19 亿美元，比上年的 28. 06 亿美元下降 20. 91%。

进口商品结构　初级产品进口额 1. 60 亿美元，占进口总额的 7. 20%；工业制成品进口额 20. 59 亿美元，占进口总额的 92. 80%。

技术进出口　技术进出口总额 14. 40 亿美元，比上年的 18. 70 亿美元下降 23%。其中，进口 8. 30 亿美元，比上年的 8. 12 亿美元增长 2. 22%，出口 6. 10 亿美元，比上年的 10. 58 亿美元下降 42. 34%。

沈阳市 2005 年出口额 100 万美元以上商品情况表

金额分类	商 品 名 称	出口金额（万美元）	占出口总额比重（%）
1 000 万美元以上（29 种）	彩色电视机及零部件、服装、医药原料、空调器、机动车辆零部件、计算机软件、木材及及制品、半导体开关原件、玉米、铅酸蓄电池、充气橡胶轮胎、机床、圣诞用品、介质变压器、制动磨擦片、塑料制品、稀土永磁铁、钢铁绞股件、绳缆	142 860	60. 92
500 万—1 000 万美元（39 种）	飞机及直升机零件、熔凝镁氧矿、袜子、木家具、水泥固转窖、钼铁、集成电路及微电子组件、蜡烛、化学配制品、稳压电源、肉鸡制品、已内酰胺、钢铁对焊件、木框架坐具	26 235	11. 19
100 万—500 万美元（210 种）	棉混纺纱线、塔式起重机、鞋靴、打印机零件、液压千斤顶、人造花、木制门、电梯、鞋面及零件镍氢电池、除草剂、镀锌钢铁丝、浮法玻璃、化妆用刷、钢铁制门框架图等	44 238	18. 87
合　计	**278 种**	**213 333**	**90. 98**

沈阳市2005年主要出口市场情况表

国别（地区）	出口金额（万美元）	占出口总额比重（%）	国别（地区）	出口金额（万美元）	占出口总额比重（%）
美 国	42 006	17.90	香 港	5 833	2.51
日 本	35 180	15.00	俄罗斯	5 135	2.19
韩 国	31 793	13.56	英 国	5 092	2.17
德 国	6 899	2.94	乌克兰	5 054	2.16
荷 兰	6 079	2.59	朝 鲜	5 005	2.13
合 计				**148 076**	**63.15**

沈阳市2005年进口额100万美元以上商品情况表

金额分类	商 品 名 称	进口金额（万美元）	占进口总额比重（%）
1 000万美元以上（20种）	飞机等航空器、轿车、机械零部件、集成电路及零件、彩色电视机及零部件、汽车及零部件、未烧结铁矿砂、内燃机发动机零件、塑料制品、烟胶片、测量检验仪器、永磁铁、钢铁绞股线缆、皮革坐具、彩色超声波诊断仪、试验台、合金镍、涡轮风扇喷气发动机、锻压冲压工具	115 925	52.3
500万—1 000万美元（39种）	离心泵、自动调节仪、拨丝机、风力发动机组、铁矿砂、印刷电路、未混和维生素A、钛白粉、摄影机、照相机零件、镍型材、光盘驱动器、铜制绕组电线、自动插件机、X射线管、液体泵零件	19 554	8.8
100万—500万美元（245种）	食品加工机械、未梳棉花、饮料罐装设备、铬矿砂、电力控制板台、无衬背铝箔、X光发生器、阀门、饲料用鱼粉、色谱仪及电泳仪、电感器、卤代基橡胶等	66 450	29.9
合 计	**304种**	**201 929**	**91.0**

沈阳市2005年主要进口市场情况表

国别（地区）	进口金额（万美元）	占进口总额比重（%）	国别（地区）	进口金额（万美元）	占进口总额比重（%）
德 国	70 021	31.56	泰 国	5 554	2.50
韩 国	43 944	19.80	意大利	3 637	1.64
日 本	33 064	14.90	台湾省	3 065	1.38
美 国	24 375	10.98	法 国	2 965	1.34
澳大利亚	6 351	2.86	马来西亚	2 485	1.12
合 计				**195 461**	**88.08**

技术进口 引进技术和设备来自13个国家和地区。其中，从韩国引进光电开关，金额5 519万美元；从韩国引进电子接插件，金额3 723万美元；从日本引进空调，金额2 360万美元；从新加坡进口电子防窃器，金额2 487万美元。

技术出口 技术出口项目主要有：向俄罗斯出口彩色

电视机，共19 640万美元；向韩国出口光电开关，共4 514万美元；向欧洲出口空调机，共2 365万美元；向印度出口蓄电池，共1 856万美元；向新加坡出口电子防窃器，共1 436万美元；向日本出口软件，共1 375万美元。

【利用外资】

沈阳市2005年利用外资情况表

利用外资方式	批准签订的合同			实际利用外资	
	项目数（个）	外资金额（亿美元）	金额比上年增长（%）	金额（亿美元）	金额比上年增长（%）
外商直接投资	901	61.67	130.20	21.23	106.00
合资企业	185	6.14	23.80	5.69	34.20
合作企业	28	3.78	-2.82	1.06	-73.10
外资企业	688	51.72	197.58	14.45	-6.83
股份有限公司		0.03	-46.42	0.03	-94.44
合　计	**901**	**61.67**	**130.20**	**21.23**	**106.00**

外商直接投资行业　外商直接投资项目中，生产型项目599个，非生产型项目302个。按行业分：农业18个；制造业599个；住宿及餐饮业37个；建筑业14个；房地产业100个；社会服务业67个；其他行业66个。

外商直接投资来源　外商直接投资来源于34个国家和地区。投资额排在前10位的是：香港143个，205 488万美元；韩国402个，187 623美元；美国77个，56 902万美元；日本77个，33 023万美元；英属维尔京群岛29个，31 115万美元；德国18个，16 222万美元；加拿大28个，14 649万美元；新加坡22个，12 377万美元；台湾省28个，10 502万美元；毛里求斯5个，10 139万美元。

外商直接投资企业生产经营情况　截至2005年，已投产开业的外商投资企业2 980家，全年总产值478亿元，比上年的434亿元增长10.14%，出口创汇14.53亿美元，比上年的17.37亿美元下降16.33%。

【对外经济合作】

承包工程和劳务合作　对外承包工程与劳务合作营业额8 859万美元，比上年增长12.28%；期末在外各类劳务人数18 600人。对外承包工程和劳务合作分布在世界70多个国家和地区。对外承包工程主要集中在新加坡、塞舌尔和英国；外派劳务市场主要分布在东南亚国家，如韩国、日本、新加坡等。

主要对外承包工程项目有：俄罗斯联邦大厦项目，越南公路项目，英国ADDINGTON酒店幕墙装饰项目，孟加拉国JFP超市项目，科威特审计署项目，喀麦隆会议大厦项目，多哥卡拉医院项目，喀麦隆使馆经商处改建项目，喀麦隆领事馆馆舍改建等。

对外投资　在境外举办投资企业的项目为7个，总投资额4 441万美元，中方投资3 375万美元，其中以技术和设备投资2 267万美元，现汇投入1 108万美元。其中有6个项目是境外加工贸易项目。境外投资的规模同比增长了120%。境外投资主要在美国、蒙古、俄罗斯、朝鲜等国家和地区。

【其他】

经济开发区　沈阳经济技术开发区实现GDP 158.50亿元，比上年的144.20亿元增长9.92%。实际利用外资4.62亿美元，比上年的3.07亿美元增长50.49%，占全市的21.76%。实现出口创汇30 078万美元，比上年的21 111万美元增长42.47%，占全市出口总额的12.83%。

沈阳高新技术产业开发区实现GDP 134亿元，比上年的115亿元增长16.52%。实际利用外资4.00亿美元，比上年的4.63亿美元下降13.60%，占全市实际利用外资总额的18.84%。实现出口创汇26 816万美元，比上年的77 148万美元下降65.26%，占全市出口的11.44%。

涉外旅游　接待涉外旅游者33万人次，比上年的27.10万人次增长21.77%。旅游外汇收入1.70亿美元，比上年的1.40亿美元增长21.43%。

2005年大连市商务发展概况

大连市对外贸易经济合作局

大连市对外贸易经济合作局局长

刘德春　生于1959年3月20日。中共党员。1978年10月至1982年7月在哈尔滨电工学院学习。1987年至1990年在大连理工大学中美合作MBA学习班脱产学习。曾任大连大重集团公司副总经理。1996年1月起任大连市外经贸委副主任、大连市对外贸易经济合作局副局长。2005年8月起任大连市对外贸易经济合作局局长。

【对外贸易】

进出口总额　2005年辽宁省大连市进出口总额235.23亿美元，比上年的194.35亿美元增长21.04%。

出口总额　出口总额124.35亿美元，比上年的101.53亿美元增长22.47%，占全市GDP 2 290亿元的43.48%，占全省出口额的54%。

出口商品结构　初级产品出口额30.77亿美元，占出口总额的24.75%；工业制成品出口额93.58亿美元，占出口总额的75.25%。

出口商品市场　出口商品销往170多个国家（地区）。

进口总额　进口总额110.88亿美元，比上年的92.82亿美元增长19.47%。

进口商品结构　初级产品进口额43.47亿美元，占进口总额的39.21%；工业制成品进口额67.41亿美元，占进口总额的60.79%。

进口商品市场　进口商品来自160多个国家（地区）。

大连市2005年出口额1亿美元以上商品情况表

金额分类	商品名称	出口金额（亿美元）	占出口总额比重（%）
1亿美元以上	成品油	14.33	11.52
	服装	11.28	9.07
	鱼类	4.31	3.47
	钢材	3.79	3.05
	电动机	3.64	2.93
	自动处理设备零附件	3.46	2.78
	钢铁制品	2.96	2.38
	自动数据处理设备	2.56	2.06
	录放器材	2.55	2.05
	家具	2.48	1.99
	船舶	2.42	1.95
	纺织品	2.33	1.88

大连市 2005 年出口额 1 亿美元以上商品情况表（续）

金额分类	商品名称	出口金额（亿美元）	占出口总额比重（%）
	通讯设备	2.29	1.84
	通讯设备零件	2.16	1.73
	集装箱	2.14	1.72
	录放设备	2.11	1.70
	有机化学品	2.11	1.69
	木制品	2.09	1.68
	风　扇	2.08	1.67
	塑料制品	1.85	1.48
	电视机	1.81	1.46
	无机化学品	1.67	1.35
	鞋	1.66	1.33
	机动车辆零附件	1.60	1.29
	贝　类	1.50	1.20
	空气调节器	1.45	1.17
	医用仪器及器具	1.40	1.17
	阀	1.32	1.06
	光学材料	1.31	1.03
	蔬　菜	1.28	1.03
	开　关	1.03	0.83
合计	**31 种**	**88.97**	**71.55**

大连市 2005 年主要出口市场情况表

国别（地区）	出口金额（亿美元）	占出口总额比重（%）	国别（地区）	出口金额（亿美元）	占出口总额比重（%）
日　本	46.22	37.17	东　盟	16.16	12.99
欧　盟	16.01	12.88	韩　国	10.97	8.82
美　国	16.51	13.27	香　港	6.88	5.53

大连市 2005 年进口额 1 亿美元以上商品情况表

金额分类	商品名称	进口金额（亿美元）	占进口总额比重（%）
1 亿美元以上	原　油	29.12	26.26
	大　豆	4.75	4.28
	纺织品	4.47	4.03
	集成电路	4.32	3.90
	钢　材	4.21	3.80
	鱼　类	2.92	2.63
	其他机器	2.51	2.27

大连市2005年进口额1亿美元以上商品情况表（续）

金额分类	商品名称	进口金额（亿美元）	占进口总额比重（%）
	有机化学品	2.01	1.81
	自动处理设备零件	1.87	1.69
	矿　石	1.62	1.46
	光学仪器	1.56	1.40
	压缩机	1.51	1.36
	通讯设备零件	1.44	1.30
	塑料制品	1.38	1.25
	电子元器件	1.33	1.20
	其他仪器	1.32	1.19
	机动车辆零附件	1.30	1.17
	开关	1.28	1.15
	金属加工机械	1.28	1.15
	通讯设备	1.14	1.03
合　计	**20种**	**71.34**	**64.34**

大连市2005年主要进口市场情况表

国别（地区）	进口金额（亿美元）	占进口总额比重（%）	国别（地区）	进口金额（亿美元）	占进口总额比重（%）
日　本	32.38	29.20	香　港	6.42	5.79
中　东	28.07	25.32	美　国	5.80	5.23
韩　国	13.08	11.79	东　盟	3.72	3.36
欧　盟	8.59	7.75	南　美	3.60	3.25

技术进出口　高新技术产品进出口总额54亿美元。其中出口29.46亿美元，比上年的26.55亿美元增长10.97%，占全市外贸出口总额的23.69%。高新技术产品进口24.54亿美元，比上年的24.53亿美元增长0.01%，占全市外贸进口总额的22.13%。

【利用外资】

大连市2005年利用外资情况表

利用外资方式	批准签订的合同		实际利用外资
	项目数（个）	外资金额（亿美元）	金　额（亿美元）
合资企业	292	9.12	7.82
合作企业	35	3.30	1.73
外资企业	731	33.61	20.49
合　计	**1 058**	**46.04**	**30.04**

外商直接投资行业 第一产业13个，第二产业624个，第三产业421个。

大连市2005年外商直接投资来源情况表

国别（地区）	投资项目数（个）	合同外资额（万美元）	国别（地区）	投资项目数（个）	合同外资额（万美元）
香 港	150	132 603	欧 洲	66	36 166
日 本	375	132 065	加拿大	24	12 866
韩 国	226	75 836	大洋洲	23	10 891
美 国	107	70 845	台湾省	27	9 264

外商直接投资企业生产经营情况 累计开业外商投资企业4 010家，职工总数33万人。2005年实现产值1 208.2亿元，同比增长22.3%，营业收入1 319.4亿元，增长22.8%，税金49.2亿元，增长18.5%，出口95.1亿美元，增长27.67%。

【对外经济合作】

承包工程和劳务合作 签订对外承包工程和劳务合作合同项目820个，金额30 118万美元，比上年的26 500万美元增长13.65%；完成营业额25 045万美元，比上年的24 227万美元增长3.38%；当年派出劳务人员26 500人，年末在外30 589人，主要派往的国家和地区是日本、韩国、香港；承包工程主要分布在中东、非洲等地区。

对外投资 2005年在海外兴办企业（系指非贸易性企业）项目数19个，投资总额3 667.2万美元，其中中方投资金额3 368.1万美元，投资国家主要为日本、德国、南非等。

【其他】

开发区 大连经济技术开发区实现GDP 450亿元，增长30.9%，占全市GDP的19.6%；实现工业总产值962亿元，增长25%；固定资产投资100.2亿元，增长40.5%；实现进出口总额100.3亿美元，增长22%，其中出口50.1亿美元，增长25%；全年实现合同外资16.7亿美元，增长85.6%；实际利用外资10亿美元，增长85.2%。

保税区 大连保税区实现GDP 82.07亿元，增长25.87%；市场交易额364亿元，增长19.93%；固定资产投资40.57亿元，增长159.73%；实现进出口总额25.03亿美元，增长10.36%，其中出口13.17亿美元，增长31.57%；实际使用外资4.52亿美元，增长83.74%。

商务洽谈会 全年举办各种展览会项目120余个，参展企业遍及70个国家和地区，中外参展商7万人次，贸易成交额323亿元。

港口运输 2005年大连地区港口货物吞吐总量1.7亿吨，比上年的1.45亿吨增长17.2%；港口集装箱吞吐量268.7万标箱，比上年的221万标箱增长21.6%。

涉外旅游 全年接待海外旅游者60万人次，同比增长15%；旅游外汇收入4亿美元，增长14%。

2005年吉林省商务发展概况

吉林省商务厅

吉林省商务厅厅长

马　明　生于1958年4月。1984年6月加入中国共产党。吉林大学世界经济专业毕业，硕士研究生学历。历任吉林省财政厅科研所副所长、办公室主任，中共长岭县副书记（正处长级），吉林省国有资产管理局副局长，吉林省财政厅副厅长，吉林省外经贸厅副厅长，中共松原市委常委、常务副市长，吉林省财政厅副厅长（正厅长级）。2006年1月至今，任吉林省商务厅厅长、党组书记。

【国内贸易】

社会消费品零售总额　2005年吉林省社会消费品零售总额1 460.8亿元，比上年的1 286.9亿元增长13.5%。其中，城市消费品零售额1 129.8亿元，县消费品零售额112.1亿元，县以下消费品零售额219亿元。分行业看，批发零售贸易业零售额1 266.3亿元，餐饮业零售额189.8亿元，其他行业零售额4.8亿元。

限额以上批发零售贸易、餐饮业基本情况　截至2005年，共有限额以上批发零售贸易、餐饮业法人企业906个，产业活动单位1 856个，从业人数11.1万人。其中，批发业法人企业326个，产业活动单位436个，从业人数2.9万人；零售业法人企业308个，产业活动单位108个，从业人数4.7万人；餐饮业法人企业104个，产业活动单位148个，从业人数1.2万人。

批发零售贸易业商品购、销、存总额　批发零售贸易业商品销售总额3 240亿元，比上年的3 200亿元增长0.3%。其中，限额以上企业1 566.2亿元。限额以上批发零售贸易业商品购进总额1 574.7亿元，商品销售总额1 566.2亿元（其中批发1 231.5亿元、零售334.7亿元），年末库存总额154.2亿元。

市场物价　商品零售价格指数为101.1（以上年价格为100），其中城市101.0，农村101.5；居民消费价格指数为101.5（以上年价格为100），其中城市101.4，农村101.9。

市场体系建设　指导长春、吉林等重点城市加快商业网点规划编制工作，明确大型百货商店、综合专业仓储超市以及商品市场等的发展定位。深入研究农村市场体系建设，围绕建设农村双向流通网络，提出农家店三年建设目标和实施意见。推进农副产品销售市场、农村消费品市场、农资市场的建设，扩大了农村商品流通。进一步加强市场运行监测和调控，重点监测消费需求总量、消费结构升级、重要农产品供给等方面的变化趋势。加强市场调控能力，制定全省消费品市场供应应急预案。及时跟踪市场运行动态，开展“放心食品”活动，实行生产企业质量承诺，批零市场和超市挂牌销售，保证了食品市场的供应稳定和上市食品的安全卫生。

商业改革与发展　落实国家扶持政策，制定促进流通业发展的政策建议，具体抓好“四个一批”，即培育长春欧亚集团等一批现代化大型流通企业，扶持恒客隆、远方超市等一批企业做大连锁经营、物流配送等新型流通业态，发展一批有利就业、方便群众的社区服务业，壮大一批连接城乡市场的批发分销网点，促进新型流通组织和现代营销方式的发展。依托资源优势，积极引导省内重点内贸加工企业向规模化、集约化、现代化发展，以品质开拓市场，以品牌建设市场。在抓龙头企业上规模、重规范的同时，促进中小企业向“专”、“精”、“信”、“特”发展。贯彻国家颁布的业态标准、绿色农产品批发、零售市场等系列标准，采用国际先进标准，推进统一市场的高层接轨。

【对外贸易】

进出口总额 进出口总额65.28亿美元，比上年的67.93亿美元下降3.9%。

出口总额 出口总额24.67亿美元，比上年的17.15亿美元增长43.9%，占全省GDP 3 350亿元（相当于413.5亿美元）的6.0%，占全国出口额的0.32%。

进口总额 进口总额40.61亿美元，比上年的50.78亿美元下降20.0%。

出口商品结构 初级产品出口额8.68亿美元，占出口总额的35.0%；工业制成品出口额16.0亿美元，占出口总额的65.0%。

进口商品结构 初级产品进口额6.60亿美元，占进口总额的15.0%；工业制成品进口额34.5亿美元，占进口总额的85.0%。

出口商品市场 出口商品销往160个国家（地区）。主要出口市场的国别（地区）为韩国、日本、美国、朝鲜、俄罗斯、伊朗、阿尔吉利亚、马来西亚、德国，金额17.84亿美元，占出口总额的72.35%。

进口商品市场 进口商品来自82个国家（地区）。主要进口市场的国别（地区）为德国、日本、美国、朝鲜、巴西、韩国、澳大利亚、匈牙利、阿根廷、意大利，金额36.07亿美元，占进口总额的88.80%。

边境贸易 2005年吉林省共审核批准边贸企业10户。目前全省拥有边贸企业220户，民营企业已占到98%。全年边境小额贸易累计进出口2.9亿美元，增长13.0%。其中出口1.7亿美元，增长25.3%；进口1.2亿美元，下降1.1%。全年边贸出口配额23.15万吨，配额使用率达到100%，其中煤炭13万吨、焦炭2万吨、大米4.5万吨、玉米5.2万吨、成品油0.45万吨。

技术进出口 技术进出口总额2.68亿美元，比上年的2.26亿美元增长18.5%。签订引进技术和进口设备合同项目206个，合同金额2.61亿美元，增长447.6%。

吉林省2005年出口额1 000万美元以上商品情况表

金额分类	商品名称	出口金额（万美元）	占出口总额比重（%）
1亿美元以上	谷物及谷物粉	49 023	30.69
	服装及衣着附件	20 354	12.74
5000万—1亿美元	汽车和汽车底盘	9 464	5.92
	铁合金	6 753	4.23
	纺织纱线、织物及制品	6 462	4.04
	钢材	5 717	3.58
	赖氨酸	5 020	3.14
1 000万—5 000万美元	新的充气橡胶轮胎	4 900	3.07
	家具及其零件	4 703	2.94
	鞋类	4 369	2.73
	干豆	4 255	2.66
	鲜、干水果及坚果	4 053	2.54
	汽车零件	2 894	1.81
	蔬菜	2 686	1.68
	食用油籽	2 672	1.67
	塑料制品	2 160	1.35
	电线和电缆	1 918	1.20
	水海产品	1 742	1.09
	医药品	1 696	1.06
	锯材	1 437	0.90
	鲜、冻牛肉	1 376	0.86
	药材	1 368	0.86
	二极管、晶体管及类似半导体器件	1 315	0.82
	家用或装饰用木制品	1 068	0.67
合　计		**147 405**	**92.25**

吉林省2005年主要出口市场情况表

国别（地区）	出口金额（亿美元）	占出口总额比重（%）	国别（地区）	出口金额（亿美元）	占出口总额比重（%）
韩 国	5.39	21.86	伊 朗	0.86	3.50
日 本	3.72	15.09	阿尔及利亚	0.70	2.82
美 国	1.93	7.84	马来西亚	0.67	2.71
朝 鲜	1.90	7.70	德 国	0.63	2.54
俄罗斯	1.43	5.79	荷 兰	0.62	2.50
合 计				**17.84**	**72.35**

吉林省2005年进口额1 000万美元以上商品情况表

金额分类	商品名称	进口金额（万美元）	占进口总额比重（%）
1亿美元以上	汽车零件	77 426	23.13
	汽车和汽车底盘	26 891	8.03
	金属加工机床	23 387	6.99
	铁矿砂	18 767	5.61
	计量检测分析自控仪器及器具	18 681	5.58
	活塞式内燃机零件	16 387	4.90
1000万—1亿美元	钢材	8 718	2.60
	型模及金属铸造用型箱	3 792	1.13
	铬矿砂	3 262	0.97
	橡胶或塑料加工机械	3 261	0.97
	焊接机器及零件	2 991	0.89
	锰矿砂	2 398	0.72
	通断及保护电路装置	2 372	0.71
	机械提升搬运装卸设备及零件	1 860	0.56
	天然橡胶	1 687	0.50
	生铁及镜铁	1 633	0.49
	液泵及液体提升机	1 529	0.46
	初级形状塑料	1 255	0.37
	阀门	1 242	0.37
	煤	1 013	0.30
合 计		**218 552**	**65.28**

吉林省2005年主要进口市场情况表

国别（地区）	进口金额（亿美元）	占进口总额比重（%）	国别（地区）	进口金额（亿美元）	占进口总额比重（%）
德　国	18.99	46.77	韩　国	1.20	2.96
日　本	8.76	21.56	澳大利亚	0.60	1.48
美　国	1.89	4.66	匈牙利	0.56	1.38
朝　鲜	1.64	4.05	阿根廷	0.53	1.31
巴　西	1.38	3.39	意大利	0.50	1.24
合　计				**36.07**	**88.80**

【利用外资】

吉林省2005年利用外资情况表

利用外资方式	批准签订的合同			实际利用外资	
	项目数（个）	外资金额（万美元）	金额比上年增长（%）	金额（万美元）	金额比上年增长（%）
外商直接投资	384	94 239	-40.6	66115	46.1
合资企业	110	32 933	-33.0	51 999	93.8
合作企业	26	15 915	-21.0	1 628	-50.9
外资企业	212	44 907	-49.02	12 034	-18.6
股份有限公司				454	37.2

外商直接投资行业　外商投资主要集中在交通运输设备制造业（22 018万美元）、食品制造业（8 052万美元）、计算机服务和软件业（5 407万美元）、燃气生产和供应业（5 123万美元）、房地产业（2 760万美元）、医药制造业（2 062万美元）等。全年外商直接投资项目348个；其中制造业220个，住宿及餐饮业27个，建筑和房地产业25个，信息产业15个，农林牧副渔业15个，燃气生产和供应业8个，采矿业8个。

外商直接投资来源　投资来源于24个国家和地区。其中，超过1 000万美元的国家和地区9个，依次为德国（16 182万美元）、美国（13 292万美元）、香港（10 791万美元）、韩国（6 902万美元）、投资性公司（4 816万美元）、英属维尔京群岛（4 794万美元）、日本（3 155万美元）、新加坡（1 553万美元）和英国（1 111万美元），总额62 596万美元，占全省的94.7%。其中项目数德国9个，美国39个，香港62个，韩国148个，投资性公司2个，英属维尔京群岛8个，日本36个，新加坡4个，英国3个。

【对外经济合作】

承包工程和劳务合作　签订对外承包工程和劳务合作合同项目108个，金额2.2亿美元，下降17.0%；完成营业额2.84亿美元，增长27.8%；当年派出劳务人员17 066人，年末在外人数38 401人，派往的主要国家和地区为韩国、日本、新加坡、俄罗斯、美国、朝鲜、阿尔及利亚；承包工程的主要项目及国别（地区）有中油化建在阿尔及利亚的60万吨炼油厂项目，中铁十三局苏丹大桥工程，吉林送变电埃塞俄比亚水电工程项目，吉林送变电尼日利亚输电项目。

对外经济技术援助　为一汽和吉林化建两户大型企业申请并获得了援外资质；利用国家"天保工程补贴"政策，推动吉林省森工集团成功减免债务3.5亿元（援外合资合作基金1.6亿元）；组织了援助发展中国家玉米及淀粉深加工培训项目；组织了由吉林大学执行的援助非洲机械工业政府官员的培训项目和非洲远程教育培训项目；组织了一汽进出口公司和省纺织公司联合竞标援外的向哈萨克斯坦出口汽车的项目。

接受经济援助　意大利政府无偿援助吉林省基础教育

项目已正式启动；组织实施了澳大利亚政府无偿援助奖学金赴澳攻读硕士学位的人才培训项目；组织实施了“增强吉林省中小企业治理意识、加强国际交流与民间实践”的欧盟援助项目；组织完成了中德职业校长培训项目；组织实施了德国政府无偿援助的“中德企业内部人力资源管理”培训项目；组织实施吉林省政府公务员赴日本留学培训项目。

对外投资 2005年在海外举办企业（系指非贸易性企业）的项目23个，投资总额4 023万美元，中方投资金额3 340万美元，投资国别（地区）主要有俄罗斯、朝鲜、阿联酋、意大利、美国和印度。

【其他】

开发区 2005年，吉林省经济开发区建设以招商引资和项目建设为核心，进一步优化投资环境，完善管理体制和运行机制，开发区继续保持良好的发展势头，取得了显著成绩。全年实现GDP 1 127.79亿元，增长16.1%，占全省的33.96%；规模以上增加值715.16亿元，增长23.8%，占全省的59.6%；财政收入127.28亿元，增长5.1%，占全省的30.4%。紧紧围绕吉林省五大基地建设，结合本地资源优势，依托现有产业，做大做强龙头企业，基本形成了汽车及零部件、农产品深加工、生物制药、光电子技术、信息技术、新型建材和旅游等七大支柱产业。2005年全年实际利用外资9.5亿美元，增长42%；实际利用内资336.32亿元，增长19.5%；完成固定资产投资514.23亿元，增长62.1%；三资企业达到600户，当年新增134户，有25个国家和地区外商到开发区投资兴业，世界500强企业有40家落户开发区。总投资超1 000万元的新建项目193个，其中超亿元的项目52个。进一步加大基础设施建设力度，充分利用国家和省的各项优惠政策，多渠道筹措资金，加大投入，开发区硬件环境进一步改善。全年完成基础设施建设投资71.1亿元，增长43.5%。按照“精简、统一、效能”和“小政府、大服务”的原则，成功实践了管委会的准政府管理体制，服务质量和水平进一步提高。

商务洽谈会 2005年9月2日，第一届东北亚博览会在长春国际会展中心隆重开幕，国内外参展、参会客商总数超过3万人，国际客商有来自46个国家的4 000余人。东北亚投资贸易博览会主要成果体现在以下三个方面：商品展洽方面，博览会对外贸易累计成交额2.92亿美元，其中出口成交额2.45亿美元，进口成交额4660万美元；国内贸易累计成交额为7.56亿元人民币，其中销售7.41亿元，采购1463万元。投资洽谈方面，共签订投资类项目248个，吸引外来投资855亿元，其中国外资金410亿元。专业国际会议及商务日方面，东北亚经济合作暨大图们江区域投资发展论坛顺利举行，UNDP图们江区域开发项目第八次政府间协商协调会议签署了“大图们江行动计划”，第五届东亚区域旅游论坛（EATOF）8国各成员省省长共同签署了EATOF 2005《联合宣言》，中韩、中朝、中蒙、中俄、中日五个友好商务日和跨国公司参与东北老工业基地改造论坛等活动也都取得了较好成果。

港口运输 吉林省是全国9个陆路边境省份之一，共有各类口岸、通道30个，其中国家一类口岸6个，国家二类口岸6个、原地方边境二类口岸4个、公务通道1个、内陆铁路口岸2个、临时过货点11个。按口岸通行方式划分，公路口岸21个，铁路口岸5个，航空口岸2个，界河口岸1个，内河口岸1个。各类口岸、通道过货能力900万吨、8万标箱，过客能力700万人次。

涉外旅游 2005年入境的外国人373 249人次，港澳台同胞336 455人，旅游外汇收入11 952.67万美元，比上年的9 600.04万美元增长24.5%。

小资料

国际收支和国际收支平衡表

国际收支是指一定时期内一经济体（通常指一国或者地区）与世界其他经济体之间的各项经济交易。其中的经济交易是在居民与非居民之间进行的。经济交易作为流量，反映经济价值的创造、转移、交换、转让或削减，包括经常项目交易、资本与金融项目交易和国际储备资产变动等。

国际收支平衡表：按照复式薄记原理，以某一特定货币为计量单位，运用简明的表格形式总括地反映一经济体（一般指一国家或地区）在特定时期内与世界其他经济体间发生的全部经济交易。

2005年长春市商务发展概况

长春市商务局

长春市商务局局长

刘亚群　生于1953年。大专文化，中共党员。历任长春市计委处长、长春高新区管委会副主任、长春市对外贸易经济合作局局长。2004年8月任长春市商务局局长。

【国内贸易】

社会消费品零售总额　2005年吉林省长春市社会消费品零售总额600亿元，比上年的544亿元增长10.2%。

批发零售贸易业商品购、销、存总额　限额以上企业商品销售总额342.2亿元。

市场物价　城市商品零售价格指数为101.3，城市居民消费价格总指数为101.7。

市场体系建设　新建商业网点市场52处，其中城区24处，县（市）28处，总占地面积102万平方米，营业面积110平方米，总投资38.1亿元人民币。

商业改革与发展　新增加各种连锁店铺165家，连锁经营的业态和业种已扩大到超市、便利店、餐饮、服务、医药、音像、图书、蔬菜、肉品等方面。

【对外贸易】

进出口总额　进出口总额45.3亿美元，比上年的53.08亿美元下降14.6%。

出口总额　出口总额12.6亿美元，比上年的8.16亿美元增长54.2%

出口商品结构　初级产品出口额6.10亿美元，占出口总额的48.44%；工业制成品出口额6.49亿美元，占出口总额的51.56%。

长春市2005年出口额1 000万美元以上商品情况表

商品名称	出口金额（万美元）	占出口总额比重（%）	商品名称	出口金额（万美元）	占出口总额比重（%）
玉米	46 726	37.10	鸡肉熟制品	4 820	3.83
服装及附件	10 935	8.67	汽车零件	2 700	2.14
汽车及汽车底盘	8 952	7.11	电线及电缆	1 520	1.21
赖氨酸	5 020	3.99	家具及零件	1 346	1.07
轮胎	4 835	3.84	玉米淀粉残渣	1 316	1.04
合　计				**88 170**	**70.01**

出口商品市场　出口商品销往150个国家和地区，其中韩国36 262万美元，日本20 233万美元，美国7 481万美元，马来西亚5 361万美元，俄罗斯3 957万美元，荷兰3 311万美元，朝鲜3 185万美元，德国2 451万美元，香港2 245万美元。

进口总额　进口总额32.76亿美元，比上年的44.96亿美元下降27.1%。

进口商品结构　初级产品进口额2.16亿美元，占进口总额的6.62%；工业制成品进口额30.58亿美元，占进口总额的93.38%。

长春市2005年进口额1 000万美元以上商品情况表

商品名称	进口金额（万美元）	占进口总额比重（%）	商品名称	进口金额（万美元）	占进口总额比重（%）
汽车零件	66 218	20.22	活塞式内燃机零件	16 370	5.00
汽车和汽车底盘	26 877	8.21	钢铁	4 399	1.34
金属加工机床	23 107	7.05	型模及金属铸造用型箱	3 550	1.08
计量检测仪器	17 762	5.42	焊接机器及零件	2 979	0.91
黄大豆	17 610	5.38	通断及保护电路装置	2 285	0.70
合　计				**181 157**	**55.31**

进口商品市场　进口商品来自66个国家和地区，其中，德国183 392万美元，日本79 563万美元，美国13 226万美元，韩国7 745万美元，匈牙利5 620万美元，巴西5 336万美元，阿根廷5 320万美元，意大利3 690万美元，法国3 330万美元，墨西哥2 282万美元。

【利用外资】

长春市2005年利用外资情况表

利用外资方式	批准签订的合同			实际利用外资	
	项目数（个）	外资金额（万美元）	金额比上年增长（%）	金额（万美元）	金额比上年增长（%）
外商直接投资	139	50 596.5	-61.5	40 799.4	35.3
合资企业	55	21 628.2	-65.3	29 419.9	66.9
合作企业	5	4 218.0	-60.8	173.0	38.0
外资企业	79	24 750.3	-5.7	7 754.0	11.6
其他				3 452.5	

【对外经济合作】

对外投资、承包工程和劳务合作　2005年在海外举办企业5户。完成对外承包工程和劳务营业额1.8亿美元，派出人数1.4万人次。

【其他】

长春高新技术产业开发区　2005年，区内企业实现技工贸总收入820亿元，实现工业总产值812亿元，实现GDP 270亿元，均比上年增长15%；实现高新技术产品产值395亿元；实现利税120亿元，完成财政收入72.8亿元。全年完成社会固定资产投资99.96亿元，其中技术改造项目投资35亿元，分别比上年增长63%和41%。引进内资31亿元，引进外资43 772万美元。引进企业126户，其中内资企业99户，外商投资企业27户，区内外商投资企业累计497户。

长春经济技术开发区　2005年，全区完成GDP 150亿元，比上年增长15.4%；工业增加值106亿元，比上年增长11.6%；财政收入18.25亿元，比上年增长10.45%，其中：一般预算财政收入14.35亿元，比上年增长9.7%；实际利用外资4.17亿美元，比上年增长13.6%，其中：直接利用外资1.54亿美元，比上年增长28%，占全市直接利用外资的51.3%；实际利用内资完成31亿元人民币，比上年增长14.8%。全年引进外商投资企业21户，投资总额7.5亿美元。

涉外旅游　2005年入境人数11万人次，旅游外汇收入5 103.28万美元。

2005年黑龙江省商务发展概况

黑龙江省商务厅

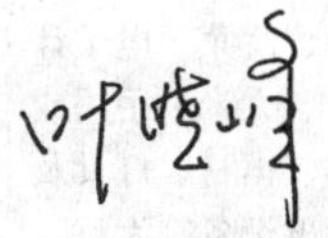

黑龙江省商务厅厅长

叶晓峰　生于1951年。研究生毕业，硕士，教授。中共党员。1968年参加工作。1972年11月—1978年3月任哈尔滨冶金测量学校团委书记。1978年3月—1982年1月、1982年9月—1985年7月分别在黑龙江商学院商业经济系读大学本科和研究生。1990年10月—1991年11月由黑龙江商学院公派赴英国进修。曾任黑龙江商学院商业经济系副主任、院长助理、副院长、院长，中共黑龙江省委企业工作委员会副书记（正厅级）等职。2002年8月任黑龙江省对外贸易经济合作厅厅长、党组书记。现任黑龙江省商务厅厅长、党组书记。

【国内贸易】

社会消费品零售总额　2005年黑龙江省社会消费品零售总额1 760亿元，比上年的1 555.40亿元增长13.00%。其中，城市消费品零售额1 323亿元，县消费品零售额226.40亿元，县以下消费品零售额210.70亿元。分行业看，批发零售贸易业零售额1 518亿元，餐饮业零售额204.10亿元，其他行业零售额37.90亿元。

市场物价　商品零售价格指标为100.4，其中城市99.7，农村102.3；居民消费价格指数为101.2，其中城市100.8，农村102.3。

市场体系建设　共有各类商业网点（包括社会商业）60余万户，从业人员230万人。各类商品批发市场2 471处，其中消费品批发市场2 035处，生产资料市场430处。外商投资额5亿多美元，外资企业200余家。打造新型农村开展流通网络，开展“万村千乡”市场工程试点，全省15个试点县市14个“龙头”流通企业完成改造农家店1 640余家。

2005年现代物流业开始起步，现已有10余家运输、邮政、仓储等物流企业。加快企业信息化建设，电子商务开始起步。拍卖企业155家，从业人员1 260多人，国家注册拍卖师180余人，全年拍卖成交额近30亿元。典当业经过清理整顿，市场比较规范，已有典当企业98家。旧机动车交易市场19家，交易额9亿元，交易量36 400辆，报废汽车回收拆解企业回收报废汽车19 037辆，增长8.78%。

商业改革与发展　推进新一轮国企改制，改制的重点已由零售、餐饮等竞争性行业转向蔬菜副食品批发市场、屠宰厂、食品公司等公益性行业。全省国有商业企业已有90%退出国有形式，实现股份化和民营化改造。新兴业态数量占零售业的70%以上，连锁公司（含部分单体超市）111个，连锁店铺1 210家，连锁企业销售额120亿元，新增连锁经营企业33个，连锁店铺411个。举办全省烹饪技术比赛和第五届美食节等活动，开发龙菜产业。出台了《关于加快家庭服务业发展的意见》，促进了家庭服务产业化、社会化、专业化进程。编制了《加油站行业发展规划》、《黑龙江省成品油仓储发展规划》。与公安、工商、质检、物价联合行动，严厉打击商业特许经营、美容美发服务中欺诈行为，规范市场经济秩序。

【对外贸易】

进出口总额　进出口总额95.72亿美元，比上年的67.92亿美元增长40.90%。

出口总额　出口总额60.72亿美元，比上年的36.82亿美元增长64.90%，占全省GDP 5 510亿元（相当于676亿美元）的9.00%；占全国出口额的0.80%。

进口总额　进口总额35亿美元，比上年的31.09亿美元增长12.60%。

出口商品结构 初级产品出口额7.72亿美元，占出口总额的12.72%；工业制成品出口额53亿美元，占出口总额的87.28%。

进口商品结构 初级产品进口额14.42亿美元，占进口总额的41.20%；工业制成品进口额20.58亿美元，占进口总额的58.80%。

出口商品市场 出口商品销往197个国家（地区）。

进口商品市场 进口商品来自79个国家（地区）。

黑龙江省2005年出口额2 000万美元以上商品情况表

金额分类	商品名称	出口金额（万美元）	占出口总额比重（%）
1亿美元以上（7种）	服装、鞋、纺织纱线织物及制品、玉米、旅行用品及箱包、塑料制品、家具	384 821	63.38
2 000万—1亿美元（20种）	鲜及冻猪肉、自动数据处理设备零件、鲜及干水果和坚果、蔬菜、电子计算器、家用或装饰用木制品、汽车和汽车底盘、汽车零件、大米、手用或机用工具、医药品、玻璃制品、石蜡、游戏机、鞋靴零件、锯材、灯具及照明装置、未锻造的铝及铝材、电视及收音机和无线电通讯设备、大豆	88 418	14.56
合　计	**27种**	**437 239**	**77.94**

黑龙江省2005年进口额1 000万美元以上商品情况表

金额分类	商品名称	进口金额（万美元）	占进口总额比重（%）
5 000万美元以上（11种）	原木、氯化钾、气轮机零件、纸浆、原油、钢铁板材、阀门、合成橡胶、航空器零件、放置式电力设备的零件、金属加工机床	181 430	51.84
1 000万—5 000万美元（16种）	计量检测分析自控仪器、锯材、亚麻、钢铁管材及空心异形材、大豆、废钢、牛皮纸、成品油、豆油、己内酰胺、集成电路及微电子组件、大麦、自动数据处理设备的零件、初级形状的聚乙烯、化肥、铁矿砂及其精矿	45 951	13.13
合　计	**27种**	**227 381**	**64.97**

黑龙江省2005年主要出口市场情况表

国别（地区）	出口金额（亿美元）	占出口总额比重（%）	国别（地区）	出口金额（亿美元）	占出口总额比重（%）
俄罗斯	38.36	63.18	苏　丹	1.03	1.70
韩　国	3.54	5.83	荷　兰	0.68	1.11
日　本	2.67	4.39	德　国	0.55	0.90
美　国	2.40	3.96	台湾省	0.43	0.70
香　港	1.48	2.44	印度尼西亚	0.40	0.66
合　计				**51.54**	**84.87**

黑龙江省2005年主要进口市场情况表

国别（地区）	进口金额（亿美元）	占进口总额比重（%）	国别（地区）	进口金额（亿美元）	占进口总额比重（%）
俄罗斯	18.40	52.57	法　国	0.68	1.94
美　国	3.21	9.17	加拿大	0.66	1.89
日　本	3.18	9.09	阿根廷	0.60	1.71
德　国	1.89	5.40	新加坡	0.58	1.66
韩　国	1.52	4.34	巴　西	0.46	1.31
合　计				**31.18**	**89.08**

边境小额贸易　进出口总额36.85亿美元，比上年的25.40亿美元增长45.09%，占全省进出口总额的38.50%，其中出口22.45亿美元，比上年的12.57亿美元增长78.66%。主要出口商品有服装、鞋类、纺织品、汽车零件、塑料制品、大米、水果、蔬菜等。进口14.40亿美元，比上年的12.83亿美元增长12.21%。主要进口商品有原木、纸浆、锯材、肥料、初级形状塑料、废钢、钢材等。

技术进出口　技术进出口总额4 158万美元，比上年的33 418万美元下降87.56%。签订引进技术和进口设备合同项目31个，比上年减少22个；合同金额4 158万美元，比上年的33 418万美元下降87.56%。

【利用外资】

黑龙江省2005年利用外资情况表

利用外资方式	批准签订的合同			实际利用外资	
	项目数（个）	外资金额（万美元）	金额比上年增长（%）	金　额（万美元）	金额比上年增长（%）
外商直接投资	266	112 164	34.99	43 098	10.47
合资企业	94	49 688	136.55	26 405	50.01
合作企业	30	18 693	15.40	1 268	0.96
外资企业	141	40 650	-10.99	15 425	-17.54
股份有限公司	1	3 133	1 330.59		
合　计	**266**	**112 164**	**34.99**	**43 098**	**10.47**

外商直接投资行业　外商直接投资266个项目中，农、林、牧、渔业19个，合同外资额5 557万美元；采矿业3个，1 074万美元；制造业150个，48 528万美元；电力、燃气及水的生产和供应业8个，6 958万美元；建筑业5个，5 437万美元；交通运输、仓储和邮政业3个，1 411万美元；信息传输、计算机服务和软件业9个，492万美元；批发和零售业5个，379万美元；住宿和餐饮业20个，1 265万美元；房地产业17个，18 588万美元；租赁和商务服务业15个，21 538万美元；科学研究、技术服务和地质勘查业4个，387万美元；水利、环境和公共设施管理业1个，319万美元；居民服务和其他服务业2个，45万美元；教育1个，12万美元；卫生、社会保障和社会福利业1个，154万美元；文化、体育和娱乐业3个20万美元。

外商直接投资来源　外商直接投资主要来源国家和地区是香港64项，合同外资金额31 645万美元；韩国38项，3 776万美元；美国37项，9 271万美元；英属维尔京群岛22项，23 253万美元；日本21项，789万美元；俄罗斯20项，715万美元；台湾省13项，2 330万美元。

【对外经济合作】

承包工程和劳务合作　签订对外承包工程和劳务合作合同项目185个，金额44 902万美元，比上年的64 004万美元下降29.85%；完成营业额32 261万美元，比上年的25 964万美元增长24.25%；当年派出劳务人员9 186人次，年末在外13 498人，主要派往俄罗斯、日本、韩国、新加坡、越南、苏丹、蒙古等16个国家和地区；承包工程的主要项目是苏丹麦罗维输变电项目，合同额39 750万美元、苏丹吉利电站二期项目，合同额11 027万美元、孟加拉国西莱特电站项目，合同额8 458万美元。

对外经济技术援助 协助商务部援外司援助俄罗斯150万吨活性碳、6台色谱仪和配套设备，金额250万元人民币；援助蒙古图木尔泰铁矿项目，金额20 000万元人民币。

对外投资 2005年在海外举办企业12家，投资总额24 551万美元，其中中方投资23 682万美元。投资国别和地区有南非、蒙古、德国、尼泊尔、美国、哈萨克斯坦、博茨瓦纳、乌兹别克斯坦、香港等，主要涉及矿产资源开采、石油冶炼、航空客货运输、农业种植加工、工业制造、保健品生产加工、餐饮服务等领域。

【其他】

港口运输 全省口岸货运量976万吨，比上年增长18.60%，其中出口货运量140万吨，增长19.66%；进口货运量836万吨，增长20.29%。按运输方式分，铁路运输748万吨；船舶运输133万吨；汽车运输93万吨；航空运输0.16万吨。

涉外旅游 2005年入境的外国人764 203人次，港澳台胞57 329人次，旅游收入3.40亿美元，比上年的3.02亿美元增长12.67%。

2005年哈尔滨市商务发展概况

哈尔滨市商务局

哈尔滨市商务局局长

朱绍清 1950年11月生。1973年12月加入中国共产党。研究生结业，经济管理专业。1969年6月参加工作，历任哈尔滨市农业生产资料公司副总经理、党委书记，哈尔滨市对外经济贸易委员会人劳处处长、工委组织部长，哈尔滨市委党风廉政建设办公室副主任，哈尔滨市政府驻北京办副主任，哈尔滨三联集团公司总经理、党委书记，哈尔滨市对外贸易经济合作局常务副局长，哈尔滨市商务局局长、党组书记。

【国内贸易】

社会消费品零售总额 2005年黑龙江省哈尔滨市社会消费品零售总额788.1亿元，比上年的699.3亿元增长12.7%。其中，城市消费品零售额654.8亿元，县消费品零售额66.7亿元，县以下消费品零售额66.6亿元。分行业看，批发零售贸易业零售额696.8亿元，餐饮业零售额86.3亿元，其他行业零售额5.1亿元。

市场体系建设 为了更好地建立健全统一、开放、竞争、有序的现代商品市场体系，哈尔滨市商务局组织编制了《哈尔滨市商品市场体系（商业网点）建设规划》，提出了"提升市级主题商业中心、发展区域商业中心、完善社区便民商业、加强特色商业街、专业批发市场提档升级、农村流通网络改造升级"的设想。同时启动了"万村千乡"市场工程，确定五常、阿城、尚志为"万村千乡"市场工程试点县（市）。对3个试点县（市）级的物流配送中心，41个乡级农家店和362个村级农家店进行了改造，现已进入验收申报阶段。在市场建设上，南岗区新建、扩建了哈达果品、海城鼎盛家居装饰材料等十处市场，建筑面积达63.72万平方米，投资12亿元；道里区引进的万达商城、泰富大厦、世纪联华超市顾乡店等已投入运营；东北地区最大的灯具市场美居国际灯饰城在道外区开张营业；百安居、麦德龙、家乐福等外商投资商业纷纷入驻哈尔滨市。

商业改革与发展 2005年是国有企业改革强力推进的一年，国有商业企业改革取得突破性进展，市区共改制181户企业，占企业总数的69.2%；盘活资产216 237.7万元；安置职工2万余人；引资10多亿元。进入程序的企业68户，占企业总数的26.2%；积极抓住国家振兴东北老工业基地的有利契机，全力推进"并轨"改革试点，共有19 764人实行了并轨，共筹集资金19 853万元。至此，69.8%的国有企业，45%的国有职工都进行了改革和并轨。

现代流通方式进一步发展。大力推进连锁经营，全市连锁商业企业已发展到50家，连锁店铺800多个，大型超市18家；电子商务进一步应用，中央红集团利用电子商务网与社区电子政务网的链接，解决了网络之间信息交换、资源共享问题。这样既能拓展政务网的服务功能，又可通过政务网了解居民的构成，有针对性地组织营销活动，满足居民的消费需求，同时实现了电子商务进社区、社区商业电子化，使社区商业的经营管理得到提档升级。

【对外贸易】

进出口总额 进出口总额200 924.77万美元，比上年的164 207.06万美元增长22.36%。

出口总额 出口总额85 895.36万美元，比上年的64 540.40万美元增长33.09%，占全市GDP 1 830.4亿元（相当于226.81亿美元）的3.79%，占全省出口额的14.15%。

进口总额 进口总额115 029.41万美元，比上年的99 666.66万美元增长15.41%。

出口商品结构 初级产品出口额13 522.81万美元，占出口总额的15.74%；工业制成品出口额72 372.55万美元，占出口总额的84.26%。

进口商品结构 初级产品进口额8 572.05万美元，占进口总额的7.45%；工业制成品进口额106 457.36万美元，占进口总额的92.55%。

出口商品市场 出口商品销往135个国家（地区）。对前10位出口市场的出口金额62 991.56万美元，占出口总额的73.34%。

进口商品市场 进口商品来自66个国家（地区）。从前10位进口市场的进口金额100 636.24万美元，占进口总额的87.49%。

哈尔滨市2005年出口额1 000万美元以上商品情况表

金额分类	商品名称	出口金额（万美元）	占出口总额比重（%）
3 000万美元以上	自动数据处理设备的零件、纺织纱线和织物及制品、家具、汽车和汽车底盘	23 073.48	26.86
1 000万—3 000万美元	服装及衣着附件、医药品、未锻造的铝及铝材、鞋类、鲜和冻猪肉	11 572.07	13.47
合　计	**9种**	**34 645.55**	**40.33**

哈尔滨市2005年主要出口市场情况表

国别（地区）	出口金额（万美元）	国别（地区）	出口金额（万美元）
韩　国	12 102.56	荷　兰	4 492.22
美　国	11 153.72	俄罗斯	4 277.00
苏　丹	10 080.99	德　国	2 671.96
日　本	8 235.06	台湾省	2 197.84
香　港	5 723.79	越　南	2 056.42
合　计			**62 991.56**

哈尔滨市2005年进口额1 000万美元以上商品情况表

金额分类	商品名称	进口金额（万美元）	占进口总额比重（%）
4 000万美元以上	汽轮机零件、阀门、航空器件、旋转式电力设备的零件	38 599.82	33.56
2 000万—4 000万美元	计量检测分析自控仪器及器具、金属加工机床、亚麻、己内酰胺、集成电路及微电子组件	12 514.41	10.88
1 000万—2 000万美元	自动数据处理设备的零件、涡轮喷气发动机、汽车零件、钢材、医药品	7 448.54	6.47
合　计	**14种**	**58 562.77**	**50.91**

哈尔滨市2005年主要进口市场情况表

国别（地区）	进口金额（万美元）	国别（地区）	进口金额（万美元）
日　本	26 986.79	意大利	3 394.83
美　国	22 844.20	英　国	3 384.20
韩　国	12 155.92	奥地利	3 147.84
德　国	9 255.04	巴　西	3 107.48
俄罗斯	6 302.72	新加坡	3 075.04
法　国	4 234.85	加拿大	2 747.33
合　计			**100 636.24**

【利用外资】

哈尔滨市2005年利用外资情况表

利用外资方式	批准签订的合同			实际利用外资	
	项目数（个）	外资金额（万美元）	金额比上年增长（%）	金　额（万美元）	金额比上年增长（%）
外商直接投资	124	53 252.20	52.4	31 118.71	21.0
合资企业	36	28 619.25	276.3	23 546.36	83.6
合作企业	15	11 191.57	-6.7	289.59	-92.9
外资企业	73	13 441.38	-12.4	7 063.59	-1.4
股份有限公司				219.17	-86.7

外商直接投资行业　外商直接投资项目中生产型项目67个，非生产型项目57个。分行业的项目数：轻工、服务18个，食品16个，机械15个，饮食11个，房地产10个，其他7个，农业、建材4个，电子、商业3个，纺织、医药、化工、建筑装修、交通运输、城市建设、科教文化2个，能源1个。

外商直接投资来源　外商直接投资主要来自香港、韩国、美国、台湾省、日本等17个国家和地区。投资项目124个，投资总额117 366.58万美元。其中：投资100万美元以下项目72个，投资总额1 432.48万美元；投资100万美元以上500万美元以下项目19个，投资总额4 095.21万美元；投资500万美元以上1 000万美元以下项目3个，投资总额5 460.35万美元；投资1 000万美元以上项目25个，投资总额106 378.54万美元。

【对外经济合作】

承包工程和劳务合作　签订对外承包工程和劳务合作合同项目12个，金额8 500万美元，完成营业额23 000万美元，当年派出劳务人员702人，派往的主要国家有日本、韩国，承包工程主要有越南宣光水电站项目。

对外投资　2005年在海外举办企业3个，投资总额1 729.5万美元，中方投资金额1 689.5万美元，投资国家和地区有美国、德国、澳门，经济效益良好。

【其他】

开发区　哈尔滨经济技术开发区、哈尔滨高新技术产业开发区继续突出发展集中区，着力优化投资环境，全力提升引资水平，大力培育新兴产业，努力做强主导产业，经济运行质量不断提高。全年实现GDP 201亿元，增长30.7%；工业总产值702亿元，增长30.5%；税收28.2亿元，增长15.9%；合同外资额3.26亿美元，增长7.2%；实际利用外资1.9亿美元，增长12.8%；内资项目协议额45.1亿元，增长28.7%；内资实际到位25亿元，增长10.2%，开发区在全市经济发展中的带头和带动作用日益显著。

商务洽谈会　第十六届中国哈尔滨经济贸易洽谈会6月15日—19日在国际会展中心召开。哈尔滨交易团进出口贸易成交9.08亿美元，比上届哈洽会增长5.11%，其中出口成交4.46亿美元，进口成交4.62亿美元。贸易成交对象共有30个国家和地区，以俄罗斯为重点，对俄贸易成交2.57亿美元。共签订利用外资项目10项，合同总额6.44亿美元，合同引进外资额5.55亿美元。签订对外经济技术合作合同金额6 791万美元，合同外派劳务261人。签订国内横向经济联合项目32项，合同投资总额125.28亿元人民币。

港口运输　哈尔滨水运口岸即哈尔滨水港，地处松花江中游南岸、哈尔滨市区东北部，是我国东北内河最大的水陆换装枢纽港，年营运期210天左右，设计年通过能力365万吨，核定年通过能力324万吨。2005年实际完成货物吞吐量224.991万吨，入出境货物为零。

哈尔滨航空口岸即哈尔滨太平国际机场，位于哈尔滨市郊距市中心40公里处，机场总占地面积332.7万平方米，候机楼年设计旅客吞吐量为666万人次。2005年哈尔滨太平国际机场运送旅客总量31.8万人次，其中：入出境人员25.5万人次，增长6.97%；执行航班总量30 397架次，其中：进出境航班2 316架次，增长9.09%；发运货物总量41 620.1吨，其中：过货量1 797吨，增长29.9%。

哈尔滨铁路货运口岸即哈尔滨内陆港，位于道外区，货场占地面积10万平方米，硬化集装箱场地75 100平方米，年吞吐能力为12万标箱。2005年货物吞吐量40.5万吨，其中：进出口货物到发量39.2万吨，增长90.89%，到发国际标准集装箱39 197标箱，增长90.89%。

涉外旅游　全年接待入境旅游者20.4万人次，其中外国旅游者14.95万人次，香港2.39万人次，澳门0.15万人次，台湾省2.9万人次。旅游外汇收入1.16亿美元，比上年的8 464.5万美元增长36.6%。

小资料

特别提款权

特别提款权是国际货币基金组织创设的一种储备资产和记账单位，亦称“纸黄金”。它是基金组织分配给会员国的一种使用资金的权利。会员国发生国际收支逆差时，可用它向基金组织指定的其它会员国换取外汇，以偿付国际收支逆差或偿还基金组织贷款，还可与黄金、自由兑换货币一样充作国际储备。但由于其只是一种记账单位，不是真正货币，使用时必须先换成其他货币，不能直接用于贸易或非贸易的支付。特别提款权定值是和“一篮子”货币挂钩，市值不是固定的。

2005年上海市商务发展概况

上海市经济委员会　上海市对外经济贸易委员会

上海市人民政府副秘书长
上海市经济委员会主任

徐建国　生于1951年3月，上海市人，汉族，中共党员。经济学硕士，高级经济师。1982年毕业于上海财经大学。历任上海市轻工业局副局长、党委书记；上海市宝山区区委副书记、区长；黄浦区区委副书记、区长。2003年8月起任上海市人民政府副秘书长，上海市经济委员会党组书记、主任。

上海市对外经济贸易委员会主任

周　波　生于1962年6月，硕士。1989年起先后担任上海氯碱总厂PVC厂仪表车间副主任，上海氯碱化工股份有限公司PVC厂长助理、副厂长，上海氯碱化工股份有限公司总经理助理、总经理、董事，上海天原（集团）有限公司总经理（兼氯碱公司总经理），上海华谊（集团）公司副总裁、总裁（兼氯碱公司董事长），2005年4月起任上海市对外经济贸易委员会（上海市外国投资工作委员会）党组书记、主任。

【国内贸易】

社会消费品零售总额　2005年上海市社会消费品零售总额2 972.97亿元，比上年的2 657.07亿元增长11.9%。其中，市区消费品零售额2 588.86亿元，比上年增长12.9%；郊县消费品零售额384.11亿元，比上年增长5.4%。分行业看，批发零售贸易业零售额2 611.31亿元，比上年增长10.3%；餐饮业零售额350.32亿元，比上年增长25.4%。

限额以上批发零售贸易、餐饮业基本情况　截至2005年，共有限额以上批发零售贸易、餐饮业法人企业3 013个，产业活动单位13 290个，从业人数539 812人。其中，批发业法人企业1 803个，产业活动单位2 568个，从业人数165 542人；零售业法人企业493个，产业活动单位9 295个，从业人数264 523人；餐饮业法人企业717个，产业活动单位1 427个，从业人数109 747人。

批发零售贸易业商品购、销、存总额　商品购进总额11 043.73亿元，比上年的9 730.16亿元增长13.5%；完成商品销售总额12 943.25万元，比上年的11 255亿元增长15%。

市场物价　全市商品零售价格指数为99.4（以上年价格为100）；居民消费价格指数为101（以上年价格为100）。

商业增加值　批发零售业和住宿餐饮业共完成增加值1 004.95亿元，比上年的890.12亿元增长12.9%。其中：批发零售业、住宿餐饮业分别完成833.95亿元、171亿元，比上年的740.63亿元、151.33亿元分别增长12.6%、13%。两个行业增幅均高于全市GDP和第三产业增加值的平均增幅，两个行业合计增加值对全市GDP和第三产业增加值增长的贡献率分别达到13.5%和29.1%，比上年提高3.1个和7.1个百分点。在第三产业增加值中，批发零售业保持总量第一。

市场体系建设 目前，上海共有农贸（菜）市场860个，其中农贸市场200个，大型批兼零农贸市场50个。二手车交易市场7个。为建立健全统一、开放、竞争、有序的现代市场体系，上海市制定和颁布了《上海市商品交易市场管理条例》，加强了对有形市场和无形市场的规范管理。另外，为了加强对废品回收市场的规范管理，制定了《上海市废旧金属收购管理规定》和《上海市生产性废旧金属收购企业设置与管理技术规范》。对拍卖、典当、租赁等特殊流通行业市场，通过强化职业培训，发挥行业自律作用，建立诚信档案和社会评估体系等实行严格管理。2005年，上海商业外商直接投资合同项目1 122项，同比增长32.6%，外商直接投资合同金额13.06亿美元，同比增长112.4%。

商业改革与发展 2005年，上海进一步深化商业结构布局的调整，大力推进流通现代化。一是着力提升中心城区商业，实施大规模的结构调整，完善功能布局，吸引国际品牌入驻，加强高端商业集聚。二是推动发展郊区商业，重点加强新城、中心镇商业发展的分类指导。三是大力发展交通枢纽型商业，制定了《上海轨道交通商业布局的指导意见》。四是推进发展社区商业，启动了《社区商业设置规范》上海市地方标准编制工作。五是扎实推进流通现代化，促进消费升级。主要连锁商业实现销售额1 672.8亿元，同比增长29.6%。连锁商业网点达到1.6万个，同比增长12.3%；连锁业态业种达到80种。2005年，超市业态实现销售742.6亿元，同比增长10.4%；大型综合超市扩张兼并加快，全市新开大卖场15家，实现销售额425.1亿元，同比增长66.6%；标准超市探索向生鲜超市转型，全年完成23家生鲜超市建设。便利店进入调整、创新期，实现销售额101.24亿元，同比增长28.6%；家电、装潢、药品、食品等专业专卖店加速发展，实现销售额314.9亿元，同比增长56%。

【对外贸易】

进出口总额 进出口总额1 863.50亿美元，比上年的1 600.19亿美元增长16.45%。

出口总额 出口总额907.24亿美元，比上年的735.07亿美元增长23.42%，占全市GDP 9 143.95亿元（相当于1 116.25亿美元）的81.28%；占全国出口额的11.91%，出口额居全国第3位。

进口总额 进口总额956.26亿美元，比上年的865.13亿美元增长10.53%。

出口商品结构 初级产品出口额24.79亿美元，占出口总额的2.73%；工业制成品出口额882.45亿美元，占出口总额的97.27%。

进口商品结构 初级产品进口额99.46亿美元，占进口总额的10.4%；工业制成品进口额856.80亿美元，占进口总额的89.6%。

上海市2005年出口额10亿美元以上商品情况表

金额分类	商品名称	出口金额（万美元）	占出口总额比重（%）
100亿美元以上	自动数据处理设备及其部件	1 442 940	15.90
20亿—100亿美元	服装及衣着附件	916 562	10.10
	集成电路及微电子组件	650 138	7.17
	自动数据处理设备的零件	404 261	4.46
	纺织纱线、织物及制品	362 658	4.00
10亿—20亿美元	钢材	193 282	2.13
	电视、收音机及无线电讯设备的零件	182 569	2.01
	机械提升搬运装卸设备及零件	138 614	1.53
	手持或车载无线电话机	118 191	1.30
	塑料制品	111 866	1.23
	家具	105 496	1.16
	汽车零件	105 256	1.16
合计		**4 731 833**	**52.16**

上海市2005年进口额10亿美元以上的商品情况表

金额分类	商品名称	进口金额（万美元）	占进口总额比重（%）
100亿美元以上	集成电路及微电子组件	1 500 109	15.69
20亿—100亿美元	自动数据处理设备及其部件	593 344	6.20
	初级形状的塑料	334 239	3.50
	自动数据处理设备的零件	281 736	2.95
	钢材	262 559	2.75
	铁矿砂	235 690	2.46
	通断及保护电路装置	233 595	2.44
	未锻造的铜及铜材	224 448	2.35
10亿—20亿美元	纺织纱线、织物及制品	194 013	2.03
	计量检测分析自控仪器及器具	178 335	1.86
	成品油	149 628	1.56
	飞机	145 055	1.52
	汽车零件	128 139	1.34
	二极管、晶体管及类似半导体器件	117 488	1.23
	电视、收音机及无线电讯设备的零件	108 435	1.13
合　计		**4 686 813**	**49.01**

上海市2005年主要出口市场情况表

国别（地区）	出口金额（万美元）	占出口总额比重（%）	国别（地区）	出口金额（万美元）	占出口总额比重（%）
美　国	2 273 497	25.06	韩　国	303 581	3.35
日　本	1 334 868	14.71	台湾省	257 081	2.83
香　港	856 324	9.44	新加坡	223 209	2.46
德　国	424 926	4.68	法　国	209 043	2.30
荷　兰	350 807	3.87	马来西亚	205 466	2.26
合　计				**6 438 802**	**70.97**

上海市2005年主要进口市场情况表

国别（地区）	进口金额（万美元）	占进口总额比重（%）	国别（地区）	进口金额（万美元）	占进口总额比重（%）
日　本	1 688 286	17.66	马来西亚	401 120	4.19
美　国	1 100 818	11.51	新加坡	318 417	3.33
台湾省	987 387	10.33	泰　国	250 290	2.62
韩　国	818 119	8.56	法　国	226 694	2.37
德　国	672 794	7.04	澳大利亚	208 362	2.18
合　计				**6 672 287**	**69.78**

技术进口 登记的技术进口合同共2 877项，比上年增长1.87%，合同金额达53.42亿美元，比上年增长47.28%。其中，制造业的技术进口规模最大，合同数达1 657个，金额数达41.79亿美元。技术进口来自50个国家。日本、德国和美国是上海的主要技术来源地，合同总数分别为853个、498个和402个。

技术出口 高新技术产品出口达362.23亿美元，比上年增长25.47%，占全市出口总额的比重达39.93%。高新技术产品出口的特点是：计算机与通讯产品、电子技术产品、光电技术产品分别占高新技术产品出口的前三位，以上三类产品出口额占上海市高新技术产品出口额的96.27%；美国、香港和东盟分别以101.98亿美元、46.08亿美元和34.92亿美元，列高新技术主要出口市场排名的前三位；外商投资企业是主要力量，高新技术进出口排名前十位的企业均为外商投资企业。

上海市2005年技术进口排名前十位行业统计表

行业	合同数（个）	合同金额（万美元）
总计	**2 877**	**534 185.19**
制造业	1 657	417 922.29
社会服务业	256	26 454.62
房地产业	169	7 492.40
科学研究和综合技术服务业	63	1 846.14
建筑业	67	1 300.65
批发和零售贸易、餐饮业	23	5 478.57
交通运输、仓储及邮电通信业	21	5 192.64
金融、保险业	8	43.07
教育、文化艺术及广播电影电视业	12	205.57
卫生、体育和社会福利业	3	101.00

上海市2005年技术进口按国别（地区）统计表

国别（地区）	合同数（个）	合同金额（万美元）	国别（地区）	合同数（个）	合同金额（万美元）
日本	853	151 614.30	瑞士	17	21 229.70
德国	498	117 412.07	香港	221	11 712.15
美国	402	63 263.81	新加坡	149	10 848.01
韩国	81	34 345.59	英国	85	10 039.93
法国	71	24 848.16			

上海市2005年高新技术产品出口按国别（地区）统计表

国别（地区）	出口额（万美元）	同比增长（%）	国别（地区）	出口额（万美元）	同比增长（%）
美国	1 019 840	28.56	卢森堡	143 101	76.66
香港	460 836	32.23	台湾省	134 434	6.70
东盟	349 206	8.24	马来西亚	127 980	18.42
日本	280 576	8.47	新加坡	122 011	12.28
荷兰	248 036	74.03	法国	112 608	-29.35
德国	225 906	29.63			

上海市2005年高新技术产品出口按产品分类统计表

品名	出口额（万美元）	同比增长（%）
计算机与通讯技术	2 436 731	27.85
电子技术	780 831	10.42
光电技术	269 761	64.71
生命科学技术	69 400	31.48
计算机集成制造技术	35 902	24.51
材料技术	12 396	1.11
航空航天技术	10 282	4.14
生物技术	5 185	23.71
其他技术	1 770	-11.03

【利用外资】

上海市2005年利用外资情况表

利用外资方式	批准签订的合同			实际利用外资	
	项目数（个）	外资金额（亿美元）	金额比上年增长（%）	金额（亿美元）	金额比上年增长（%）
外商直接投资	4 091	138.33	18.32	68.5	4.72
合资企业	601	19.62	-22.88		
合作企业	44	2.66	-58.44		
外资企业	3 442	109.48	31.95		
股份有限公司	4	6.57	214.00		

外商直接投资行业　第一产业项目数8个，合同外资0.12亿美元，分别占项目总数的0.20%和合同外资总数的0.09%；第二产业项目数1 308个，合同外资65.06亿美元，分别占31.97%和47.03%；第三产业项目数2 775个，合同外资73.14亿美元，分别占67.83%和52.88%。

外商直接投资来源　外商直接投资分国别（地区）情况前三位是：香港，项目数916个，合同外资31亿美元，分别占项目总数的22.39%和合同外资总数的22.41%；英属维尔京群岛，项目数318个，合同外资23.71亿美元，分别占7.77%和17.14%；开曼群岛，项目数65个，合同外资12.99亿美元，分别占1.59%和9.39%。

外商直接投资企业生产经营情况 外商直接投资企业销售收入139.75亿元，比上年增长35.0%；利润总额6.68亿元，下降1.4%；实缴税金总额3.89亿元，增长7.6%。

【对外经济合作】

承包工程和劳务合作 签订对外承包工程和劳务合作合同项目1 249个，金额245 962万美元，比上年增长22.4%；完成营业额194 050万美元，比上年增长29.7%；当年派出劳务人员12 876人次，年末在外人数25 717人。

对外投资 批准对外投资项目9个，投资总额6 530.9万美元，其中中方投资金额4 943.4万美元。

【其他】

开发区 张江、外高桥、金桥、陆家嘴、虹桥、闵行、漕河泾、青浦、嘉定、松江、莘庄、金山、康桥、化工区、宝山、紫竹、市北、星火、工业综合、崇明、汽车零部件配套园区等21个国家级和市级开发区共引进合同外资79.94亿美元，占全市合同外资的57.8%；实际到位资金49.6亿美元，占全市实到外资的72.4%。

开发区的投资环境不断改善。截至2005年，已有外高桥、金桥、张江、虹桥、闵行、漕河泾、青浦、嘉定、松江、莘庄、康桥、化工区、紫竹、市北、工业综合、崇明等16个开发区通过了ISO 14000认证。

2005年上海市经济区域进出口情况表

名　　称	出口额（万美元）	同比增减（%）	进口额（万美元）	同比增减（%）
外高桥保税区	966 634	10.02	2 559 906	16.21
闵行经济技术开发区	77 713	38.79	68 668	7.24
闵行出口加工区	359	0	5	420.66
漕河泾新兴技术开发区	358 803	-12.50	315 870	-8.53
漕河泾出口加工区	457 995	214.92	285 724	156.59
松江出口加工区	1 279 209	44.05	848 225	43.39
青浦出口加工区	2 819	73 967.76	1 573	-28.54
金桥出口加工区（南区）	6 976	-1.10	5 639	7.00
金桥出口加工区（北区）	479 764	0.98	534 446	0.19
总　计	**3 630 271**	**26.92**	**4 620 057**	**19.82**

商务洽谈会 2005年在上海市举办了第15届中国华东进出口商品交易会（3月1日至6日）、第七届上海国际工业博览会（11月4日至9日）、2005跨国采购洽谈会（中国上海）（9月26日至28日）等大型展会活动。

港口运输 港口吞吐量44 317.00万吨，比上年增长16.9%。其中，进口量27 539.00万吨，增长14.2%；出口量16 778万吨，增长21.7%。国际标准集装箱吞吐量1 808.4万TEU，增长24.3%。其中，进口量887.2万TEU，增长24.3%；出口量921.3万TEU，增长21.9%。

2005年江苏省商务发展概况

江苏省经济贸易委员会　江苏省对外贸易经济合作厅

韩庆华

江苏省人民政府副秘书长
江苏省经济贸易委员会主任

韩庆华　生于1949年12月，毕业于南京大学，博士生、高级经济师、高级政工师。现任南京大学、南京航空航天大学等大学客座和兼职教授。曾任南京市农垦局局长，浦口区区委书记，南京市委常委兼江宁县委书记，江苏省建材工业办公室主任，江苏省建材总公司党委书记、总经理，江苏省人民政府副秘书长。2004年3月任江苏省人民政府副秘书长兼江苏省经济贸易委员会主任、党组书记。中共十五大代表。

张　雷

江苏省对外贸易经济合作厅厅长

张雷　生于1961年7月，江苏省淮安市人。1982年毕业于南京航空航天大学。曾任苏州市团委副书记，苏州市电子工业局副局长，苏州电子控股集团公司总经理，苏州市科委主任兼苏州高新技术开发区管委会副主任，昆山市市长、人大常委会主任、市委书记等职。2003年4月任江苏省对外贸易经济合作厅厅长、党组书记。

【国内贸易】

社会消费品零售总额　2005年江苏省社会消费品零售总额5 699.89亿元，比上年的4 913.69亿元增长16.0%。其中，城市消费品零售额4 126.15亿元，县消费品零售额327.23亿元，县以下消费品零售额1 246.52亿元。分行业看，批发零售贸易业零售额4 964.84亿元，餐饮业零售额629.09亿元，其他行业零售额105.96亿元。

限额以上批发零售贸易、餐饮业基本情况　截至2005年，共有限额以上批发零售贸易、餐饮业法人企业3 239个，产业活动单位9 728个，从业人数457 700人。其中，批发业法人企业1 202个，产业活动单位2 754个，从业人数112 991人；零售业法人企业1 256个，产业活动单位5 798个，从业人数242 059人；餐饮业法人企业781个，产业活动单位1 176个，从业人数102 650人。

批发零售贸易业商品购、销、存总额　批发零售贸易业商品销售总额13 704.56亿元，比上年的11 927.38亿元增长14.9%。其中，限额以上企业5 936.71亿元，限额以下企业7 767.85亿元。限额以上批发零售贸易业商品购进总额5 268.6亿元（其中进口281.59亿元），商品销售总额5 936.71亿元（其中批发4 329.28亿元、零售1 607.43亿元、出口281.59亿元），年末库存总额336.91亿元。

市场物价　商品零售价格指数为100.3（以上年价格为100），其中城市100.0，农村101.1；居民消费价格指数为102.1（以上年价格为100），其中城市102.0，农村102.4。

市场体系建设　根据《江苏省城市商业网点发展规划纲要》，2005年全省13个省辖市全部完成了商业网点规划的编制工作，成为全国第一个完成省辖市网点规划的省份。农村市场体系建设取得了新进展。制定了“万村千乡”市场工程试点规划，通过政府营造环境、部门整合资源、企业市场运作，至2005年底建成农家店2 200多家，顺利完成第一阶段的目标。各类商品交易市场稳步发展。2005年全省年交易额超亿元的交易市场452家，交易总额4 808亿元，比上年增长19.1%，其中成交额百亿元以上的市场达到13家，比上年增加2家，逐步形成了以大型批发市场为龙头、区域市场为骨干、初级市场为基础，多层次、多门类的商品市场体系。特种行业监管有序进行。对符合条件的拍卖企业核发《拍卖经营批准证书》，举办了两期全国拍卖从业人员培训班，组织100多人参加全国拍卖师执业考试。全省拍卖企业240家，拍卖成交额110亿元。依法强化对典当业的监管，组织各市主管部门和典当企业学习新的《典当管理办法》，对新设典当企业进行法律、法规和业务基础知识培训。全省典当企业90家，典当总额52亿元。加强二手车及报废汽车管理，制止乱设报废汽车回收企业的行为，研究二手车流通管理办法实施意见，积极实施《汽车贸易政策》、《汽车品牌销售管理办法》。全省旧机动车交易市场26家，报废汽车回收企业16家，全年旧机动车交易114 423辆，交易额37.82亿元。

商业改革与发展　2005年，流通企业改革与发展上了一个新台阶。连锁经营、特许经营、电子商务等现代流通方式发展迅速，特别是连锁经营成为流通现代化的核心。到2005年底，全省商贸连锁企业271家，连锁门店11 382个，连锁经营销售额1 630亿元，同比增长47.55%，连锁销售额在消费品零售总额中的占比逐年提高。大型商贸企业特别是连锁企业发展提速，企业通过品牌扩张、资本运作，采取直营和加盟并举，省内拓展和省外扩张并进，多种业态并重的策略，不断开拓市场，增设连锁门店，扩大经营规模，全省有4家企业进入全国连锁前二十强，苏宁、苏果、五星、文峰销售额分别达到397亿元、181亿元、146亿元和100亿元，列第三、第七、第十二和第十九位。依托江苏省的产业优势、区位优势、人才优势，会展经济取得新进展。2005年全省共举办各类展会200余个，展会总规模105万平方米。其中规模较大的展会有跨国零售采购会、国际绿博会、江苏服装节、苏州电博会等。特别是与商务部再度联办的第二届跨国零售采购会取得了圆满成功，总展位1 200个，参展企业1 000多家，国内外采购商196家，达成采购合同和意向10多亿元。

【对外贸易】

进出口总额　进出口总额2 279.6亿美元，比上年的1 708.7亿美元增长33.4%。

出口总额　出口总额1 229.9亿美元，比上年的875亿美元增长40.6%，占全省GDP 18 272.12亿元（相当于2 230.6亿美元）的55.1%，占全国出口额的16.1%，位居全国第二位。

进口总额　进口总额1 049.6亿美元，比上年的833.7亿美元，增长25.9%。

出口商品结构　初级产品出口额15.8亿美元，占全省出口总额的1.3%；工业制成品出口额1 214.2亿美元，占全省出口总额的98.7%。

进口商品结构　初级产品进口额97.1亿美元，占全省进口总额的9.2%；工业制成品进口额952.5亿美元，占全省进口总额的90.8%。

出口商品市场　出口商品销往222个国家（地区）。

进口商品市场　进口商品来自163个国家（地区）。

江苏省2005年出口额5 000万美元以上商品情况表

金额分类	商品名称	出口金额（亿美元）	占出口总额比重（%）
1亿美元以上（77种）	自动数据处理设备及其部件、服装及衣着附件、纺织纱线织物及制品、自动数据处理设备的零件、液晶装置及零附件、电视收音机及无线电讯设备的零附件、集成电路及微电子组件、电视机（包括整套散件）、钢材、摄像机、印刷电路、手持或车载无线电话机、家具及其零件、手提式电动工具、二极管和晶体管及类似半导体器件、塑料制品、汽车零件、鞋类、录放像机、调制解调器、集装箱、静止式变流器、蓄电池、纸及纸张（未切成形的）、船舶、玩具、吸尘器、通断及保护电路装置及零件、钢铁结构体、新的充气橡胶轮胎、手用或机用工具、电线和电缆、旅行用品及箱包、洗衣机等	1 029.95	83.74

江苏省 2005 年出口额 5 000 万美元以上商品情况表（续）

金额分类	商品名称	出口金额（亿美元）	占出口总额比重（%）
5 000 万—1 亿美元（11 种）	电容器、摩托车及自行车的零件、录放音像机及唱机的零附件、未锻造的铝及铝材、医疗仪器及器械、摩托车、钢铁或铜制标准紧固件、灯具照明装置及类似品、蔬菜、除草剂、金属加工机床等	7.85	0.64
合　计	**88 种**	**1 037.8**	**84.38**

江苏省 2005 年进口额 5 000 万美元以上商品情况表

金额分类	商品名称	进口金额（亿美元）	占进口总额比重（%）
1 亿美元以上（92 种）	集成电路及微电子组件、液晶装置及零附件、自动数据处理设备的零件、钢材、初级形状的塑料、电视收音机及无线电讯设备的零附件、二极管和晶体管及类似半导体器件、自动数据处理设备及其部件、通短及保护电路装置及零件、印刷电路、苯乙烯、对苯二甲酸、铁矿砂及其精矿、计量检测分析自控仪器及器具、大豆、光盘生产设备、金属加工机床、乙二醇、纸浆、蓄电池及零件、变压整流电感器及零件、未锻造的铜及铜材、电容器及其零件、非泡沫塑料的板片膜箔、废钢、纺织机械及零件、羊毛、未录的磁带及类似品、橡胶或塑料加工机械及零件、放电灯管（紫外线灯管除外）、塑料制品、未锻造的铝及铝材等	895.9	85.36
5 000 万—1 亿美元（8 种）	废铜、金属冶炼铸造设备及零件、聚合物油漆及清漆、汽车和汽车底盘、旋转式电力设备的零件、废铝、涂覆或浸渍塑料的织物、锯材等	6.31	0.6
合　计	**100 种**	**902.21**	**85.96**

江苏省 2005 年主要出口市场情况表

国别（地区）	出口金额（万美元）	国别（地区）	出口金额（万美元）
美　国	2 726 707	韩　国	536 525
日　本	1 599 680	台湾省	486 843
香　港	1 360 965	英　国	320 084
德　国	738 609	新加坡	311 798
荷　兰	683 436	马来西亚	263 221

江苏省 2005 年主要进口市场情况表

国别（地区）	进口金额（万美元）	国别（地区）	进口金额（万美元）
韩　国	2 168 758	德　国	324 643
台湾省	2 114 445	菲律宾	313 935
日　本	1 947 090	新加坡	269 420
美　国	595 201	泰　国	238 520
马来西亚	393 740	澳大利亚	164 619

技术进出口 高新技术产品出口总额929.15亿美元，比上年644.04亿美元增长44.27%。其中，出口525.36亿美元，增长46.19%，占全省外贸出口的42.71%；进口403.79亿美元，增长41.84%，占全省外贸进口的38.47%。

技术进口 登记技术进口合同512份，同比增长7.79%；合同总金额5.94亿美元，同比增长24.53%。其中引进专利技术、专有技术许可或转让项目216份，金额3.71亿美元，分别占技术进口合同项目总数、总金额的42.19%、62.45%。技术咨询/技术服务合同215份，金额1.21亿美元，分别占技术进口合同总数、总金额的41.99%、20.37%。

技术出口 登记软件出口合同数量330份，金额3 500万美元，同比增长97.60%、49.83%。软件出口数量和金额均比上年有大幅的提高。

【利用外资】

江苏省2005年利用外资情况表

利用外资方式	批准签订的合同			实际利用外资	
	项目数（个）	外资金额（亿美元）	金额比上年增长（%）	金额（亿美元）	金额比上年增长（%）
外商直接投资	7 126	464.3	18.9	131.8	29.2
合资企业	1 749	60.2	24.6	24.8	—
合作企业	112	7.3	21.7	1.9	—
外资企业	5 259	394.9	18.3	104.1	—
股份有限公司	5	1.8	-18.2	9.4	—

外商直接投资行业 2005年全省新批准设立外商直接投资的项目中，生产型项目5 813个，非生产型项目1 313个。外商直接投资仍以制造业为主，新批协议注册外资375.7亿美元，占全年新批协议注册外资总额的80.9%，实际到账注册外资111亿美元，占全年实际到账外资的84.2%。电子及通信设备制造业是江苏省目前吸收外资最集中的领域，全年新批协议注册外资82.2亿美元。第三产业吸收外资保持了适度规模，全年新批协议注册外资83.5亿美元，实际到账注册外资20亿美元。

外商直接投资来源 2005年全省新批准的外商直接投资来自124个国家和地区。

江苏省2005年外商直接投资前10位国别（地区）表

国别（地区）	项目数（个）	协议外资金额（亿美元）	国别（地区）	项目数（个）	协议外资金额（亿美元）
香　港	1 988	130.1	韩　国	447	25.4
台湾省	1 105	51.2	萨摩亚	220	20.1
英属维尔京群岛	456	49.4	新加坡	252	17.5
美　国	701	38.9	毛里求斯	65	7.0
日　本	528	32.8	开曼群岛	40	7.0

外商投资企业进出口 2005年全省外商投资企业自营进出口总值1 833.1亿美元，比上年增长36.6%。其中，出口934.47亿美元，比上年同期增长44.9%，占全省当年出口总值的76%，出口超亿美元的企业达114家。2005年确认产品出口企业153家，先进技术企业40家。

【对外经济合作】

对外承包工程、劳务合作、设计咨询 全省对外新签承包工程、劳务合作、设计咨询合同额33.10亿美元，同比增长35.06%；完成营业额31.97亿美元，同比增长28.87%；新派44 163人次，同比增长25.37%；期末在外人数100 280人，同比增长10.09%。派往的主要国家和地区：日本、新加坡、毛里求斯、阿尔及利亚、香港、美国；承包工程的主要项目及国别（地区）：新加坡、德国、古巴、苏丹、希腊、阿尔及利亚、芬兰、越南。

对外经济技术合作主体 2005年全省新批对外承包工程、劳务合作、设计咨询企业26家，截至2005年，全省共有对外承包工程经营企业163家，对外劳务合作经营企业42家，涉及建筑、交通、机电、纺织、电力、石化、水利、通讯、农业、渔业、煤炭、外贸等多个领域。从经营业绩看，完成营业额超过1 000万美元的达75家，超过1 000万美元的工程项目共有44个。

接受经济援助 2005年度，"中德生态城市规划管理项目"在城市总体规划修订咨询、固体废物处置与管理、水管理、交通、生态卫生和城市绿化等方面完成了大量工作，并支持了多批中方专家、官员参加各项国际、国内生态研讨会。2005年是"中国加拿大江苏中小企业应用管理和环保项目"执行的第8个年度，当年选定周转金项目2个，发放周转金贷款300万元人民币；选定5个小额示范项目；中外专家、工程师为20多家企业提供了技术咨询，培训管理、技术人员2 000多人次。项目帮助南京理工大学建立了中小企业食品预检测培训项目，提供了价值100万元人民币的设备。11月9日成功举办了"中国—加拿大江苏中小企业应用管理和环保项目研讨会"，商务部、加拿大国际发展署、加拿大驻华使馆、中加双方项目执行机构、参与单位的官员、专家、企业家共计100多人出席了会议。

对外投资 新批境外企业125家、境外机构28家、增资项目10家，中方协议投资首次超过2亿美元，达2.05亿美元，增长63.3%。其中，新批境外非贸易企业及机构70家、增资项目10家，中方协议投资1.63亿美元，分属资源开发、电子、轻工、化学制品、纺织、建筑等行业；新批境外贸易企业及机构83家，中方协议投资0.42亿美元。在新批及增资的境外非贸易企业中有境外加工贸易企业20家，新批中方协议投资额2 332万美元，增长9.5%。

非金融类境外直接投资主要分布在亚洲6 008万美元（主要流向香港、越南、以色列等），占29.3%；大洋洲4 659万美元（主要流向澳大利亚、斐济），占22.7%；欧洲4 026万美元（主要流向俄罗斯、英国等），占19.6%；北美洲2 742万美元（主要流向美国），占13.4%；拉丁美洲2 112万美元（主要流向英属维尔京群岛、巴西、开曼群岛等），占10.3%；非洲958万美元（主要流向尼日利亚、纳米比亚等），占4.7%。

【其他】

经济技术开发区 截至2005年，经国务院批准的经济技术开发区5个，高新技术产业开发区4个。2005年9家开发区基础设施投入190.6亿元，同比增长34.9%，新批外商投资企业1 216个，利用外资合同额118亿美元，增长11.3%，实际利用外资47.3亿美元，完成GDP 2 333.7亿元，增长19%，财政收入371.8亿元，增长22.3%，区内企业自营进出口1 227.3亿美元，增长41.5%，其中出口637.8亿美元，增长47.9%。

出口加工区 全省13个出口加工区完成协议注册外资16.8亿美元，实际到账注册外资5.4亿美元。8个已封关运作的出口加工区共完成进出口242.4亿美元，其中出口137.1亿美元，同比分别增长177.3%和172.0%，比全省平均增幅高143.9和131.4个百分点，充分显示了出口加工区对加工贸易的转型升级的促进作用。昆山、苏州工业园区出口加工区的进出口规模在全国名列前茅，南京出口加工区（南片）进出口突破10亿美元。

保税区 完成GDP 61.2亿元，增长24.5%；业务总收入1 027.5亿元，同比增长28.2%，其中工业产品销售收入167亿元，增长4.4%；进出口贸易额29.5亿美元，下降9.4%，其中出口贸易额3.9亿美元，增长25.8%；财政收入13亿元，增长14.3%。

商务洽谈会 2005年，江苏省在国内外举办了以下重要展会活动：第六届中国江苏出口商品展览会（尼日利亚拉各斯，1月31日—2月3日）、日本（江苏）活动周（5月23日—30日）、第十届江苏出口商品展览会（日本大阪，5月24日—27日）、苏台经贸洽谈会（江苏徐州，6月11日—15日）、江苏——捷克经贸洽谈会（捷克布拉格，7月13日）、江苏——匈牙利经贸洽谈会（匈牙利布达佩斯，7月18日）、江苏省首届高新技术投资促进洽谈会暨第七届高交会项目配对洽谈南京分会（江苏南京，8月19日—20日）、中国南京金秋经贸洽谈会暨国际软件产品博览会（9月10日—12日）、2005（第七届）江苏农业国际合作洽谈会（江苏连云港，10月22—24日）。

港口运输 港口生产性泊位9 639个，港口吞吐能力7.3亿吨，集装箱吞吐量305万标箱，分别比上年增长15%和39.3%。外贸运输量12 664.5万吨，增长28.9%，其中出口运输量56 990万吨，进口运输量44 325.5万吨。其中沿江沿海港口吞吐量5亿吨，增长19%。陆运量7.7亿吨，增长11.2%。空运吞吐量18.9万吨，增长20.74%。

涉外旅游 接待入境旅游者378.3万人次，创汇22.6亿美元，分别比2004年增长23.39%和28.41%；接待国内旅游者1.72亿人次，收入1 625.62亿元人民币，增长17.01%和26.04%；全省旅行社组织安排出境旅游258.7万人次，增长2.9%。

2005年南京市商务发展概况

南京市对外贸易经济合作局

南京市人民政府副秘书长
南京市对外贸易经济合作局局长

牟小玉　生于1953年，山东省牟平人。中共党员。1970年参加工作，历任中共南京市委工业交通部秘书，南京市人民政府办公厅副处长、处长、副主任，南京市对外经济贸易委员会副主任、主任等职。

【国内贸易】

社会消费品零售总额　2005年江苏省南京市社会消费零售总额1 005.00亿元，比上年的863.84亿元增长16.34%。其中，城市消费品零售额943.86亿元，县消费品零售额31.65亿元，县以下消费品零售额29.49亿元。分行业看，批发和零售业零售额884.52亿元，住宿和餐饮业零售额108.19亿元，其他行业零售额12.29亿元。

限额以上批发零售贸易、住宿餐饮业基本情况　截至2005年，共有限额以上批发零售贸易、住宿餐饮业法人企业680个，产业活动单位2 324个，从业人数136 711人。其中，批发业法人企业339个，产业活动单位646个，从业人数56 857人；零售业法人企业167个，产业活动单位1 343个，从业人数51 400人；住宿餐饮业法人企业174个，产业活动单位335个，从业人数28 454人。

批发零售贸易业商品购、销、存总额　批发零售贸易业商品销售总额4 292.03亿元，比上年的3 755.06亿元增长14.30%。其中，限额以上企业2 696.09亿元，限额以下企业和个体1 595.94亿元。限额以上批发零售贸易业商品购进总额1 930.78亿元（其中进口135.99亿元），商品销售总额2 077.02亿元（其中批发1 691.66亿元、零售385.36亿元、出口417.12亿元），年末库存总额115.12亿元（注：2004年的相关数据已根据第一次全国经济普查结果进行了调整）。

市场物价　商品零售价格指数为96.7（以上年价格为100）；居民消费价格指数为102.1（以上年价格为100）。

市场体系建设　2005年，全市共有各类商品交易市场590个，营业面积350万平方米；共有商业、饮食、服务网点9万多个，其中1万平方米以上的骨干商业网点100个，商业网点面积达到810万平方米。基本形成了新街口商业中心，山西路、夫子庙、中央门等商业副中心和商业街，迈皋桥、热河路、孝陵卫等区级商业中心，樱驼村、龙江、南湖等49个社区商业中心的层次分明、结构优化的商业框架布局，城市的商贸流通功能和对外辐射能力不断加强。“万村千乡”市场工程在试点区县推开，已经建成和改造生活资料、生产资料农家连锁店233个。

商业改革与发展　通过兼并、收购、转让、关闭等多种方式，市、区、县商贸流通系统国有、集体企业基本完成改革改制，实现了国有资本的有序退出，商贸业所有制结构进一步优化，以混合所有制为主、以市场机制为主导、多种业态协调发展的流通新体制初步建立。商贸流通业利用外资方兴未艾。截至2005年，全市商贸流通业引进外商投资企业125家，实际利用外资2.67亿美元，沃尔玛、麦德龙、家乐福、欧尚、百安居、易初莲花等一批国际著名商业企业已经落户南京。商业连锁经营发展迅速。2005年，全市连锁企业达47家，连锁经营网点达8 010个，实现销售额1 002亿元。苏宁、苏果、五星等连锁企业在全国连锁20强中位次前移，分别为第3、7、12位。行业协会建设加强。全市新成立了品牌代理商协会、婚庆礼仪协会、沐浴业协会，调整了摄影业协会、洗染业协会，改组了百货业协会、餐饮业协会、肉类企业协会，目前行业协会总数达17个，作用不断扩大，推动了政府机关职能转变。

【对外贸易】

进出口总额 进出口总额270.90亿美元，比上年的206.39亿美元增长31.25%。

出口总额 出口总额142.45亿美元，比上年的104.60亿美元增长36.19%；占全市GDP 2 413亿元的47.82%；占江苏省出口总额的11.58%。

出口商品结构 初级产品出口额2.03亿美元，占出口总额的1.43%；工业制成品出口额140.42亿美元，占出口总额的98.57%。

南京市2005年出口额5 000万美元以上商品情况表

金额分类	商品名称	出口金额（万美元）	占出口总额比重（%）
1亿美元以上（14种）	液晶显示板、手持（包括车载）无线电话机、液晶显示器、等离子显像组件及其零件、阴极射线管显示器、填充的动物玩具、棉制女裤、手持（包括车载）无线电话机零件、滚动式全自动洗衣机、棉制男裤、未锻轧的未列名贱金属、棉制T恤衫、化纤制套头衫、液晶显示器彩色电视机	478 513	33.59
5 000万—1亿美元（26种）	彩色视频投影仪、显像管、电动钻、胶合板、DVD播放机、电动砂磨工具、化纤制男式防风衣、化纤制女式防风衣、帽类、电动锯、棉制灯芯绒、移动通信基地站、鞋靴、机动多用途船、女式工装裤、充气橡胶轮胎等	182 036	12.78
合　计	**40种**	**660 549**	**46.37**

出口商品市场 出口商品销往200个国家和地区。

南京市2005年主要出口市场情况表

国别（地区）	出口金额（万美元）	占出口总额比重（%）	国别（地区）	出口金额（万美元）	占出口总额比重（%）
美　国	235 094	16.50	英　国	52 760	3.70
香　港	148 454	10.42	新加坡	48 279	3.39
日　本	122 973	8.63	芬　兰	39 751	2.79
韩　国	75 157	5.28	意大利	39 107	2.75
德　国	75 094	5.27	加拿大	36 852	2.59
合　计				**873 521**	**61.32**

进口总额 进口总额128.45亿美元，比上年的101.79亿美元增长26.19%。

进口商品结构 初级产品进口额15.87亿美元，占进口总额的12.36%；工业制成品进口额112.58亿美元，占进口总额的87.64%。

南京市2005年进口额5 000万美元以上商品情况表

金额分类	商品名称	进口金额（万美元）	占进口总额比重（%）
1亿美元以上（11种）	液晶显示板、单片集成电路、液晶及部分激光制品零附件、数字式单片集成电路、铁矿砂、数字式程控电话零件、等离子显像管组件及其零件、光学元件、未梳的含脂剪羊毛、苯乙烯、机器及机械器具	658 013	51.23
5 000万—1亿美元（19种）	乙二醇、印刷电路、手持式无线电话机零件、热阴极荧光灯、非针叶木原木、石油沥青、木浆、有线数字通讯设备、煤油馏分产品、平张纸进料式胶印机、板材冷轧机等	143 505	11.17
合　计	**30种**	**801 518**	**62.40**

进口商品市场　进口商品来自111个国家和地区。其中韩国51.52亿美元，占进口总额的40.11%；台湾省22.47亿美元，占17.49%；日本9.89亿美元，占7.70%；香港6.62亿美元，占5.15%；德国4.68亿美元，占3.65%；美国4.37亿美元，占3.40%；瑞典4.16亿美元，占3.24%；澳大利亚3.11亿美元，占2.42%；印度2.06亿美元，占1.60%；荷兰1.50亿美元，占1.17%。合计110.38亿美元，占85.93%。

【利用外资】

南京市2005年利用外资情况表

利用外资方式	批准签订的合同		实际利用外资
	项目数（个）	协议注册外资（万美元）	金额（万美元）
外商直接投资	728	542 327	200 906
合资企业	160	92 946	54 730
合作企业	17	9 267	7 330
外资企业	549	439 491	138 600
股份有限公司	2	623	246

外商直接投资行业　在外商直接投资的728个项目中，生产型项目500个，非生产型项目228个。按行业分，电子通信制造业84个，机械设备制造业89个，化工医药制造业59个，其他制造业268个，房地产业88个，批发贸易、餐饮30个，农林牧渔业7个，交通运输仓储业8个，其他95个。

外商直接投资来源　外商直接投资来自49个国家和地区。主要有：香港238个，协议注册外资金额167 743万美元；台湾省108个，62 964万美元；美国94个，62 528万美元；英属维尔京群岛50个，62 393万美元；韩国37个，33 011万美元；日本32个，29 400万美元；加拿大30个，22 068万美元；萨摩亚18个，16 140万美元；新加坡13个，11 114万美元；开曼群岛6个，8 846万美元。

外商直接投资企业生产经营情况　2005年末，实有工商注册外商投资企业 3 553 家。全年销售（营业）收入 1 397亿元，比上年的1 189亿元增长 17.49%；纳税总额 100.86 亿元，比上年的 88.40 亿元增长 14.10%；出口 60.20 亿美元，比上年的 36.96 亿美元增长 62.88%，占出口总额的 42.26%。

【对外经济合作】

承包工程和劳务合作　签订对外承包工程和劳务合作合同 181 个，合同金额 52 167 万美元，比上年的 46 330 万美元增长 12.60%；完成营业额 48 326 万美元，比上年的 45 805万美元增长 5.50%；当年派出劳务人员 2 939 人，年末在外 6 313 人。劳务人员分布在约旦、阿联酋、新加坡、阿尔及利亚、日本、菲律宾、莱索托等65 个国家和地区。承包工程的主要项目有：阿尔及利亚 2 万套住宅工程项目、沙特水泥厂总承包项目、尼日利亚成套机电设备输出项目、澳门西湾大桥建设项目、新加坡樟宜海军基地项目等。

对外投资　批准在香港、美国、约旦、韩国、越南、俄罗斯、英国、日本、加拿大举办非贸易企业 18 家，总投资额 3 632 万美元，其中中方投资额 3 360 万美元。

【其他】

经济技术开发区　南京经济技术开发区全年投入基础设施建设资金 6.10 亿元，业务总收入1 069亿元，税收 17.43 亿元。2005 年批准进区外商投资企业 38 家，协议注册外资金额 52 335 万美元，实际到账注册外资金额 20 174 万美元，出口额 288 659 万美元。

南京高新技术开发区全年投入基础设施建设资金 12.90 亿元，业务总收入602 亿元，税收 33.12 亿元。2005 年批准进区外商投资企业 49 家，协议注册外资金额 50 039 万美元，注册外资实际到账金额 6 256 万美元，出口额 25 047 万美元。

出口加工区　2005 年出口加工区新批进区企业 7 个，协议注册外资 7 165 万美元，注册外资实际到账 1 409 万美元，区内自营进出口 14.17 亿美元，其中出口 7.43 亿美元。

商务洽谈会　2005 年 9 月在南京举办“南京金秋经贸洽谈会”，来自美国、德国、英国、法国、瑞典、芬兰、日本、韩国、印度、菲律宾等 45 个国家和地区的 1 470 名客商参会。签订利用外资项目 269 个，投资总额 23.38 亿美元，协议外资金额 15.10 亿美元。

港口运输　南京港全年实际完成货物吞吐总量 10 686 万吨，其中外贸货物进出口吞吐量 786 万吨（出口量 426 万吨，进口量 360 万吨）。

涉外旅游　接待海外旅游者 87.63 万人次，比上年的 71.97 万人次增长 21.80%。其中外国人 51.41 万人次，华侨和港澳台同胞 36.22 万人次。旅游创汇 5.76 亿美元，比上年的 5.08 亿美元增长 13.39%。

小资料

经常项目和资本项目

经常项目是指实质资源的流动，包括进出口货物、输入输出的服务、对外应收及应付的收益，以及在无同等回报的情况下，与其他国家或地区之间发生的提供或接受经济价值的经常转移。

资本和金融项目（简称资本项目）是指资本项目项下的资本转移、非生产/非金融资产交易以及其他所有引起一经济体对外资产和负债发生变化的金融项目。资本转移是指涉及固定资产所有权的变更及债权债务的减免等导致交易一方或双方资产存量发生变化的转移项目，主要包括固定资产转移、债务减免、移民转移和投资捐赠等。非生产/非金融资产交易是指非生产性有形资产（土地和地下资产）和无形资产（专利、版权、商标和经销权等）的收买与放弃。金融项目具体包括直接投资、证券投资和其他投资项目。

2005年连云港市商务发展概况

连云港市经济贸易委员会　连云港市对外贸易经济合作局

连云港市经济贸易委员会主任

俞向阳　生于1953年，江苏省连云港市人。中共党员。大学学历。历任连云港市灌云县副县长，连云港市乡镇企业局局长、党组书记，连云港市人民政府副秘书长等职。2002年12月任连云港市经济贸易委员会主任、党组书记。

连云港市对外贸易经济合作局局长

鲁　林　生于1962年，江苏省连云港市人。中共党员。大学文化。1983年工作。历任副科长、科长、副区长、连云港市人民政府副秘书长、市外事办公室主任、市招商局局长等职。2006年1月任连云港市人民政府副秘书长、市对外经济贸易合作局局长/党委书记、市投资促进局局长。

【国内贸易】

社会消费品零售总额　2005年江苏省连云港市社会消费品零售总额182.08亿元，比上年增长28.93%。其中，城市消费品零售额74.05亿元，县及县以下消费品零售额108.03亿元。分行业看，批发零售及住宿餐饮业35.56亿元，其中餐饮业16.07亿元。全年成交额超亿元市场共有21个，累计实现成交总额76.39亿元。

市场物价　居民消费价格指数为102.0。

【对外贸易】

进出口总额　进出口总额203 906万美元，比上年的153 923万美元增长32.47%。

出口总额　出口总额93 179万美元，比上年的76 106万美元增长22.43%，占全市GDP 455.97亿元人民币（合57亿美元）的16.35%。

出口商品结构　初级产品出口额30 180万美元，占出口总额的32.39%；工业制成品出口额62 999万美元，占出口总额的67.61%。出口总额在1亿美元以上的有化工医药、矿产品、木制品，金额45 453万美元，占出口总额的48.78%；5 000万美元以上的有车辆及零部件、植物产品、纺织品，金额为24 465万美元，占26.26%。

出口商品市场　出口商品销往148国家和地区。主要出口市场为：日本34 213万美元，占出口总额的36.72%；美国10 838万美元，占11.63%；韩国9 231万美元，占9.91%；德国3 702万美元，占3.97%；台湾省2 458万美元，占2.64%；泰国2 411万美元，占2.59%；英属维尔京群岛2 141万美元，占2.30%；英国1 516万美元，占1.63%；意大利1 390万美元，占1.49%；比利时1 280万美元，占1.37%。

进口总额　进口总额110 727万美元，比上年的77 817万美元增长42.29%。

进口商品结构　初级产品进口额93 096万美元，占进口总额的84.08%；工业制成品进口额17 630万美元，占进口总额的15.92%。主要进口商品中，1亿美元以上的有黄大豆、氧化铝，金额为72 158万美元，占进口总额的65.17%；5 000万美元以上的有机械运输设备、煤炭、硫磺，金额为19 551万美元，占17.66%。

进口商品市场 进口商品来自20个国家和地区。主要是美国27 904万美元，占进口总额的25.2%；巴西21 125万美元，占19.08%；澳大利亚12 956万美元，占11.7%；日本7 678万美元，占6.93%；印度5 837万美元，占5.27%；越南5 105万美元，占4.61%；阿根廷4 350万美元，占3.93%；韩国3 902万美元，占3.52%；法国1 730万美元，占1.56%；加拿大1 718万美元，占1.58%。

【利用外资】

连云港市2005年利用外资情况表

利用外资方式	批准签订的合同			实际利用外资	
	项目数（个）	外资金额（万美元）	金额比上年增长（%）	金额（万美元）	金额比上年增长（%）
外商直接投资	271	103 634	63.68	27 480	59.94
合资企业	59	17 018		9 387	
合作企业	8	8 618		319	
外资企业	204	81 323		17 774	
合　计	**271**	**103 634**	**63.68**	**27 480**	**59.94**

外商直接投资行业 在外商直接投资的项目中，生产型项目196个，非生产型项目75个。按行业分，工业制造业196个，采掘业3个，农林牧渔业7个，房地产业31个，其他34个。

外商直接投资来源 外商直接来自24个国家和地区，主要是韩国70个，实际利用外资1 377万美元；香港66个，9 836万美元；台湾省33个，773万美元；日本23个，779万美元；美国22个，1 385万美元；新加坡11个，5 357万美元。

外商直接投资企业生产经营情况 2005年全市外商投资企业出口创汇39 459万美元，比上年30 150万美元增长30.88%，占全市出口总额的42.35%。

【对外经济合作】

承包工程和劳务合作 签订对外承包工程合作项目215个，合同金额15 842万美元，比上年的11 143万美元增长42.17%；完成营业额16 595万美元，比上年的13 003万美元增长27.26%；当年派出劳务人员6 385人，年末在外15 134人。派往的主要国家和地区是新加坡、日本、科威特、韩国、马来西亚、俄罗斯、蒙古等20多个国家和地区。

【其他】

连云港经济技术开发区 全年完成固定资产投资33.8亿元，比上年的11.8亿元增长186.44%。新批利用外资项目49个，实际利用外资12 237万美元，比上年的6 502万美元增长88.2%。完成工业总产值176亿元，比上年的148亿元增长18.92%。实际财政收入11.1亿元，比上年的8.01亿元增长38.58%。出口总额27 663万美元，比上年的20 137万美元增长37.37%。外商投资企业出口23 895万美元，比上年的17 795万美元增长34.28%。

港口运输 到2005年底，连云港港口共有37个泊位，其中生产型泊位32个，非生产型泊位5个。在生产型泊位中，万吨级以上有27个，万吨级以下5个。港口吞吐能力3 377万吨。2005年实际完成货物吞吐总量6 016.2万吨，比上年的4 352.3万吨增长38.23%，其中完成外贸进出口货物总量3 892.9万吨（出口1 294.4万吨，进口2 578.5万吨），比上年的2 760.3万吨增长41.03%。运输标准集装箱1 005 000个，比上年的502 188个增长100.12%。

涉外旅游 2005年入境的外国人以及台港澳同胞5.3758万人次，旅游外汇收入4 600.58万美元，比上年的3 519.73万美元增长30.71%。

2005年南通市商务发展概况

南通市对外贸易经济合作局

南通市对外贸易经济合作局局长

羌强　生于1964年10月，江苏省南通市人。中共党员。1981年7月参加工作，历任南通市人民政府办公室信息督办科副科长、经济贸易科科长、副主任。2003年3月任南通市对外贸易经济合作局局长、党组书记。

【国内贸易】

社会消费品零售总额　2005年江苏省南通市社会消费品零售总额536.41亿元，比上年的461.62亿元增长16.2%。其中，城市消费品零售额256.31亿元，县消费品零售额41.31亿元，县以下消费品零售额238.79亿元。分行业看，批发零售贸易业零售额488.44亿元，餐饮业零售额45.11亿元，其他行业零售额2.86亿元。

限额以上批发零售贸易、餐饮业基本情况　截至2005年，共有批发零售贸易、餐饮业法人企业270个，产业活动单位789个，从业人数34 220人。其中，批发业法人企业105个，产业活动单位362个；零售业法人企业110个，产业活动单位369个；餐饮业法人企业41个，产业活动单位44个。

批发零售贸易商品购、销、存总额　批发零售贸易商品销售总额1366.77亿元，比上年的1 148.55亿元增长19.0%，其中批发945.07亿元，零售421.70亿元。

市场物价　市区商品零售价格指数为99.6（以上年价格为100）；居民消费价格指数为101.2（以上年价格为100）。

【对外贸易】

进出口总额　进出口总额85.20亿美元，比上年的67.93亿美元增长25.44%。

出口总额　出口总额57.93亿美元，比上年的43.49亿美元增长33.2%，占全市GDP 1 226亿元（相当于148.25亿美元）的29.33%，占江苏省出口总额的4.97%，在江苏省各市中居第5位。

进口总额　进口总额27.27亿美元，比上年的24.43亿美元增长11.61%。

出口商品结构　初级产品出口额5.13亿美元，占出口总额的8.86%；工业制成品出口额50.98亿美元，占出口总额的88.00%。

进口商品结构　初级产品进口额6.37亿美元，占进口总额的23.36%；工业制成品进口额20.73亿美元，占进口总额的76.02%。

出口商品市场　出口商品销往160个国家和地区，比上年减少4个。

进口商品市场　进口商品来自78个国家和地区，比上年减少2个。

技术进出口　高新技术产品进出口总额6.16亿美元，比上年增长24.79%，占全市进出口总额的7.23%。其中出口3.32亿美元，增长45.75%，占全市总额的5.73%；进口2.84亿美元，增长6.84%，占全市总额的11.63%。

南通市2005年出口额1亿美元以上商品情况表

商品名称	出口金额（万美元）	占出口总额比重（%）
纺织原料及纺织制品	246 579	42.57
机器电器及零件	80 302	13.86
车辆、航空器、船舶及运输设备	59 567	10.29
杂项制品	34 910	6.02
贱金属及制品	40 585	7.01
化学工业及相关工业产品	42 468	7.33
塑料、橡胶及其制品	20 783	3.59
鞋、帽、伞等制品	13 274	2.29
生皮皮革、毛皮及制品	12 842	1.83
合计	**551 310**	**95.16**

南通市2005年主要出口市场情况表

国别（地区）	出口金额（万美元）	占出口总额比重（%）	国别（地区）	出口金额（万美元）	占出口总额比重（%）
日本	172 166	29.73	英国	21 613	3.73
美国	99 788	17.23	德国	16 050	2.77
香港	43 151	7.45	巴拿马	12 658	2.19
韩国	22 153	3.82	荷兰	10 173	1.76
合计				**397 752**	**68.66**

南通市2005年进口额1亿美元以上商品情况表

商品名称	进口金额（万美元）	占进口总额比重（%）
化学工业及相关工业产品	80 731	29.60
机器电器及零件	64 375	23.61
纺织原料及纺织制品	38 027	13.94
贱金属及制品	24 493	8.98
塑料、橡胶及其制品	21 842	8.01
植物产品	10 934	4.01
合计	**240 402**	**88.16**

南通市2005年主要进口市场情况表

国别（地区）	进口金额（万美元）	占进口总额比重（%）	国别（地区）	进口金额（万美元）	占进口总额比重（%）
日本	97 980	35.93	美国	25 746	9.44
韩国	34 682	12.72	新加坡	13 051	4.79
台湾省	26 299	9.64			
合计				**197 758**	**72.52**

【利用外资】

南通市2005年利用外资情况表

利用外资方式	批准签订的合同			实际利用外资	
	项目数（个）	外资金额（万美元）	金额比上年增长（%）	金额（万美元）	金额比上年增长（%）
外商直接投资	998	507 694	34.23	174 768	55.52
合资企业	278	51 316	7.46	40 194	63.54
合作企业	20	7 802	21.34	730	64.04
外资企业	696	448 576	43.03	133 848	54.54
合　计	**1 033**	**378 277**	**34.23**	**111 071**	**55.52**

外商直接投资行业　外商直接投资998个项目中，生产型项目872个，占87.4%；非生产型项目126个，占10.5%。按行业分，主要有纺织服装、鞋、帽制造业166个，纺织业142个，化学原料及化学制品制造业48个，通用设备制造业73个，专用设备制造业28个，电子及通信设备制造业及电气机械及器材制造业49个，批发和零售业4个，房地产业66个，商务服务业11个，居民服务和其他服务业2个等。外商实际投入资金主要在制造业，尤其是化学原料及化学制品制造业，纺织服装、鞋、帽制造业，纺织业，化学纤维制造业，造纸及纸制品业。

外商直接投资来源　外商直接投资来自60个国家和地区。主要有香港365个，金额198 729万美元；美国100个，金额59 556万美元；英属维尔京群岛28个，金额32 668万美元；日本103个，金额47 592万美元；台湾省89个，金额24 231万美元。

外商直接投资企业生产经营情况　2005年全市外商投资企业送报表的852家（上年719家）企业统计，销售收入604.4亿元，出口创汇154.3亿美元，实现净利润24.9亿元。净利润超千万元的企业有7家。

【对外经济合作】

承包工程和劳务合作　对外承包劳务营业额6.62亿美元，比上年增长42.73%；新签承包劳务合同额5.42亿美元，新派人数14 028人，分别增长14.1%、3.33%；期末在外人数30 924人，各项指标连续第十年度居江苏省首位。对外承包工程大中型项目增多，新签1 000万美元以上项目6个。建筑企业在全省建筑外经十强中占五席。外经经营主体进一步扩大，苏中集团等五家企业经国家商务部批准，获得外派劳务经营资格，占江苏省的5/7。境外非贸易投资发展势头良好，新批境外投资企业4家，增长50%。

【其他】

经济技术开发区　国家级开发区南通经济技术开发区完成基本建设投资50.14亿元，经过国家批准的规划面积由5.02平方公里扩大为24.29平方公里，面积在全国52个国家级开发区中列第9位。全年区内新办外资项目57个，合同外资金额7.32亿美元，增长47.33%；商务部核准实际利用外资金额3.51亿美元，增长23.99%。新办外资项目平均注册资本达1351.7万美元，有25个项目的投资总额超过1 000万美元。

外贸外经高速增长，进出口总额达到19.8亿美元，增长36.41%，其中出口11.77亿美元，增长48.9%；对外承包劳务合同额2 177万美元，增长24.54%，对外承包劳务营业额2 507万美元，增长13.64%，新派人数1 071人。

全年完成GDP 62.89亿元，增长21%；财政收入13.77亿元，占GDP的比重达到21.9%，增长32.1%。工业总产值达到241.79亿元，增长49.3%，其中206家规模以上企业完成工业产值167.54亿元，增长41.38%。

出口加工区　南通出口加工区累计用于基础建设投资1.39亿元，进区项目14个，合同外资7 629万美元，实际外资1 153万美元。全年进出口额32 322万美元，出口14 948万美元。

商务洽谈会　9月23日—25日举办的2005中国南通港口经济洽谈会，突出推介江海开发，在历届港洽会中招商引资成效最大。10月22日—24日举办的第二届世界大城市带发展高层论坛，来自12个国家、20个国外城市的60多位嘉宾应邀与会，充分推介和放大了南通在世界第六大城市带中的比较优势和重要地位，在更高层次、更广领域促进了国际经济技术合作和文化交流。

港口运输 全年港口吞吐量8 300万吨，增长15%；外贸进出口货物运量1 830万吨，增长25%，其中进口1 118万吨，出口712万吨，增长109.6%；集装箱吞吐量30.5万标箱。洋口港区锚地停靠国际航行船舶试作业获得国家批准，为后续洋口港对外开放的申报工作奠定了坚实的基础。如皋港、洋口港、吕四港对外开放列入省“十一五”口岸规划。口岸工作效率进一步提高，口岸通关和国际快件运输环境得到改善，全市口岸发展环境得到优化。

涉外旅游 2005年入境旅游者15 305人次，比上年增长37.59%，其中外国人130 932人次，港澳台同胞20 373人次。旅游外汇收入13 531.43万美元，增长36.21%。

2005年浙江省商务发展概况

浙江省经济贸易委员会 浙江省对外贸易经济合作厅

丁耀民

浙江省经济贸易委员会主任

丁耀民 中央党校研究生。1978年起历任共青团江西省九江地委书记，共青团江西省委书记、党组书记，江西省新余市委副书记、市长、市委书记，江西省委台办主任，浙江省丽水地委书记、市委书记、市人大常委会主任。2003年2月任浙江省经济贸易委员会主任、党委书记。

冯 明

浙江省对外贸易经济合作厅厅长

冯 明 1987年起历任浙江省二轻工业总公司处长（主管外经贸）、总经理助理、副总经理，浙江省二轻工业（集团）公司总经理、党委书记。2003年2月任浙江省对外贸易经济合作厅厅长。第十届全国人大代表。兼任中国国际贸易促进委员会浙江省分会、中国国际商会浙江商会党组书记、会长，浙江省海外交流协会副会长。

【国内贸易】

社会消费品零售总额 2005年浙江省社会消费品零售总额4 631.69亿元（列全国第4位），比2004年的3 645.38亿元增长14.2%，扣除物价因素，实际增长13.2%，增幅比上年提高0.7个百分点。批发零售贸易、餐饮业增加值1 435.4亿元，比上年增长7.5%，占GDP的10.7%。分城乡看，2005年城市社会消费品零售额3 046.71亿元，增长15.2%，占社会消费品零售总额的65.8%。县及县以下社会消费品零售额1 584.98亿元，增长12.4%，占社会消费品零售总额的34.2%。分行业看，批发零售贸易业实现零售总额4 020.81亿元，增长14.1%，占社会消费品零售总额的86.81%；餐饮业实现零售总额533.20亿元，增长17.8%，占社会消费品零售总额的11.51%；其他行业实现零售总额77.68亿元，增长0.1%，占社会消费品零售总额的1.68%。

批发零售贸易、餐饮业基本情况 截至2005年，共有限额以上批发零售贸易、餐饮业法人企业4 344个，产业活动单位12 421个，从业人数357 563人。其中，批发业法人企业2 757个，产业活动单位6 315个，从业人数141 928人；零售业法人企业1 095个，产业活动单位5 146个，从业人数134 348人；餐饮业法人企业492个，产业活动单位960个，从业人数81 287人。

批发零售贸易业商品购、销、存总额 批发零售贸易业商品销售总额17 664.4亿元（列全国第2位），比上年增长8%。限额以上批发零售贸易业商品销售总额8 651.5亿元（其中批发7 363.0亿元，零售1 288.5亿元），年末库存总额4 54.0亿元。限额以下批发零售贸易业商品销售总额9 012.9亿元。

市场物价 居民消费价格指数为101.3（以上年价格为100），涨幅比上年回落2.6个百分点。其中城市101.5，农村101.2。

连锁经营 连锁经营已成为浙江省现代商业和服务业的重要组成部分，其经营规模不断扩大，发展势头良好。2005年底，全省限额以上连锁总店有165家，比上年增加5家。其中零售业143家，餐饮业20家，住宿业2家。有以下几个特点：一是连锁企业门店数量得到很大扩张。2005年连锁企业的门店总数已达到7 052个，比上年增加1 900个。其中直营店4 974个，增加639个；加盟店2 078个，增加1261个。与此同时，连锁网点不断向农村延伸，全省乡镇门店数已有1 906个，比上年增加1 029个。二是零售业连锁是浙江省连锁经营的主体。全省零售业连锁总店已占全部的86.7%，其中又以超市、专业店、便利店业态为主。2005年门店数量也达到了历史的高峰，全省有超级市场50家，比上年增加1家，门店1 115个，比上年增加356个；专业店69家，增加2家，门店3 511个，增加257个；便利店14家，增加1家，门店1 560个，增加1 051个。三是零售额比重继续攀升。2005年，限额以上连锁企业实现零售额451.6亿元，比上年增长31.7%，占社会消费品零售总额的12.8%，提高2个百分点。其中乡镇零售额38.1亿元，增长34.7%。此外，国内外大型连锁企业也纷纷抢滩浙江市场。以上海为龙头的长二角商贸圈以及美国沃尔玛、德国麦德龙、英国翠丰、法国欧尚和家乐福等纷纷在浙江省投资。

商品交易市场 浙江省加快建设现代市场体系，进一步完善市场服务功能，市场发展已从量的扩张转变为质的提高。至2005年底，全省有商品交易市场4 008个，比上年减少41个，全年实现成交额7 173亿元，增长12.4%，已连续15年排名各省、自治区、直辖市的“榜首”。其中，成交额超百亿的市场有10个（比上年增加1个），超10亿的有120个（比上年增加6个），超亿的有556个（比上年增加59个）。义乌中国小商品市场、绍兴中国轻纺城购销两旺，成交额分别达到288.5亿元和276.3亿元，同比分别增长8.1%和7.0%。重点龙头骨干市场继续呈现良好的发展态势，全省100家重点市场主动应对日益加剧的竞争环境，全年共投入38亿元进行市场改造建设，整体素质不断提高，市场成交总额3 838亿元，比上年上升9.2%，占全省商品市场成交额的54%。

【对外贸易】

进出口总额 进出口总额1 073.9亿美元，比上年的852.29亿美元增长26.00%。

出口总额 出口总额768.04亿美元，比上年的581.59亿美元增长32.09%，占全省GDP 13 365亿元（相当于1 631.6亿美元）的47.07%，占全国出口额的10.08%，继续居全国出口第4位。

进口总额 进口总额305.9亿美元，比上年的270.70亿美元增长13.00%。

出口商品结构 初级产品出口额38.12亿美元，占出口总额的4.96%；工业制成品出口额729.92亿美元，占出口总额的95.04%。

进口商品结构 初级产品进口额60.17亿美元，占进口总额的19.67%；工业制成品进口245.70亿美元，占进口总额的80.33%。

出口商品市场 出口商品销往225个国家和地区，比上年增加3个。

进口商品市场 进口商品来自169个国家和地区，与上年持平。

技术进出口 技术进出口总额97 481.78万美元，比上年的47 672万美元增长100.7%。签订技术进口合同335个，比上年增加124个，合同金额96 989.11万美元，比上年的47 572万美元增长103.88%；签订技术出口合同10个，合同金额492.67万美元，比上年的100万美元增长4.93倍（注：本条目中技术进出口总额、出口合同数及出口合同金额不包括宁波市）。

浙江省2005年出口额5 000万美元以上商品情况表

金额分类	商品名称	出口金额（万美元）	占出口总额比重（%）
1亿美元以上（55种）	服装及衣着附件，纺织纱线、织物及制品，鞋类，家具及其零件，手持或车载无线电话机，塑料制品，自动数据处理设备及其部件，汽车零件，灯具、照明装置及类似品，旅行用品及箱包，床垫、寝具及类似品，电线和电缆，钢铁或铜制标准紧固件，通断及保护电路装置，手用或机用工具，医药品，水海产品，摩托车，钢材，未锻造的铜及铜材，船舶，集装箱，新的充气橡胶轮胎，电视、收音机及无线电讯设备的零附件，轴承，成品油，电动机及发电机，玩具，摩托车及自行车的零件，家用或装饰用木制品，合成有机染料，茶叶，医疗仪器及器械，蔬菜，扬声器，集成电路及微电子组件，锁，自动数据处理设备的零件，伞，原电池，自行车，纺织机械及零件，汽车和汽车底盘，玻璃制品，圣诞用品，填充用羽毛；羽绒，工业用缝纫机，不锈钢厨具、餐具等家用电器，二极管、晶体管及类似半导体器件，珍珠、宝石及半宝石，金属加工机床，静止式变流器，手电筒，热水瓶，未锻造的铝及铝材	5 255 326	68.43
5000万—1亿美元（11种）	钢坯及粗锻件，纸及纸板（未切成形的），普通缝纫机，肠衣，原油，生丝，电视机（包括整套散件），蓄电池，餐桌、厨房及其他家用搪瓷器，录放音、像机及唱机的零附件，制作或保藏的河鳗（烤鳗）	78 295	1.02
合　计	**66种**	**5 333 621**	**69.45**

浙江省2005年主要出口市场情况表

国别（地区）	出口金额（万美元）	占出口总额比重（%）	国别（地区）	出口金额（万美元）	占出口总额比重（%）
10个主要国别（地区）					
美　国	1 612 454	20.99	阿拉伯联合酋长国	254 089	3.31
日　本	750 413	9.77	意大利	244 778	3.19
德　国	418 155	5.44	韩　国	206 248	2.69
香　港	277 590	3.61	法　国	198 360	2.58
英　国	255 153	3.32	西班牙	194 525	2.53
备注：					
欧　盟	1 950 242	25.39	东　盟	424 143	5.52
以上10国（地区）合　计				**4 411 765**	**57.43**

浙江省2005年进口额5 000万美元以上商品情况表

金额分类	商品名称	进口金额（万美元）	占进口总额比重（%）
1亿美元以上（42种）	钢材，初级形状的塑料，对苯二甲酸，废铜，集成电路及微电子组件，乙二醇，自动数据处理设备及其部件，铁矿砂及其精矿，纺织机械及零件，电视、收音机及无线电讯设备的零附件，原油，液化石油气及其他烃类气，苯乙烯，纸浆，原木，通断及保护电路装置，金属加工机床，未锻造的铜及铜材，计量检测分析自控仪器及器具，自动数据处理设备的零件，己内酰胺，合成纤维纱线，机械提升搬运装卸设备及零件，异氰酸酯，橡胶或塑料加工机械零件，大豆，汽车和汽车底盘，棉花，天然橡胶（包括胶乳），合成纤维长丝机织物，羊毛，棉机织物，纸及纸板（未切成形的），印刷电路，废钢，锯材，合成橡胶（包括胶乳），阀门，二极管及类似半导体器件，医药品，纺织用合成纤维，电动机及发电机	2 031 977	66.44
5 000万—1亿美元（23种）	饲料用鱼粉，废铝，变压、整流、电感器及零件，牛皮革及马皮革，针织或钩编织物，塑料制品，型模及金属铸造用型箱，印刷、装订机械及零件，液泵及液体提升机，涂覆浸渍塑料的织物，煤，旋转式电力设备的零件，医疗仪器及器械，非泡沫塑料的板、片、膜、箔，电线和电缆，成品油，食用植物油（包括棕榈油），甲苯，棉纱线，发电机组及旋转式变流机，制造纸及纸制品用机械及零件，谷物及谷物粉，铜矿砂及其精矿	174 100	5.72
合　计	**65种**	**2 206 078**	**72.16**

浙江省2005年主要进口市场情况表

国别（地区）	进口金额（万美元）	占进口总额比重（%）	国别（地区）	进口金额（万美元）	占进口总额比重（%）
10个主要国别（地区）					
日　本	565 276	18.48	沙特阿拉伯	89 486	2.93
韩　国	378 536	12.38	中华人民共和国	87 215	2.85
台湾省	354 739	11.6	新加坡	81 545	2.67
美　国	253 630	8.29	印　度	78 614	2.57
德　国	141 970	4.64	泰　国	69 794	2.28
备注：					
欧　盟	402 886	13.17	东　盟	315 886	10.33
以上10国（地区）合　计				**2 100 805**	**68.69**

【利用外资】

外商直接投资行业　外商直接投资项目中，生产型项目2 843个，占83.72%；非生产型项目553个，占16.28%。

外商直接投资来源　外商直接投资来自167个国家和地区。

外商投资企业生产经营情况　全年销售收入4 381.6亿元，比上年增长19.5%；盈利总额361.97亿元，比上年增长24.6%；外商投资企业出口272.63亿美元，比上年增长38.77%。

浙江省2005年利用外资情况表

利用外资方式	批准签订的合同			实际利用外资	
	项目数（个）	外资金额（万美元）	金额比上年增长（%）	金　额（万美元）	金额比上年增长（%）
对外借款		209 649	97.03	582 049	94.89
外国政府贷款		1 671	130.48	983	-46.40
境外非金融组织贷款		21 888	15.21	67 929	57.09
境外金融组织贷款		40 746	257.77	25 899	117.87
贸易信贷			277 841	17.41	
其他		145 344	93.03	209 397	4 047.29
外商直接投资	3 396	1 612 667	10.76	772 271	15.59
中外合资企业	1 388	432 004	18.30	234 626	-1.56
中外合作企业	50	35 442	21.98	9 637	-7.32
外资企业	1 954	1 141 241	7.84	523 946	25.69
股份有限公司	4	3 980	10.21	4 062	59.11
外商其他投资	35 821	599.90	39 506	403.52	
对外发行股票	35 821	599.90	35 821	599.90	
加工装配			3 685	35.08	
合　计	**3 396**	**1 858 137**	**18.53**	**1 393 826**	**43.01**

浙江省2005年外商直接投资行业情况表

行　　业	项目数（个）	合同外资（万美元）	实际外资（万美元）
第一产业	25	5 658	3 480
第二产业	2 818	1 226 587	621 986
工业	2 795	1 205 920	617 571
制造业	2 772	1 186 703	607 057
电力、煤气及水的生产	17	15 873	9 932
建筑业	23	20 667	4 415
第三产业	553	380 422	146 805
交通运输仓储业	37	61 067	20 180
信息计算机软件业	55	32 542	19 996
批发和零售贸易、餐饮业	66	32 117	13 338
房地产业	115	161 280	61 533
社会服务业	98	48 122	13 464
合　计	**3 396**	**1 612 667**	**772 271**

浙江省2005年外商直接投资主要来源情况表

国别（地区）	项目数（个）	合同外资（万美元）	实际外资（万美元）
香港	1 189	641 006	303 747
英属维尔京群岛	221	218 537	103 936
美国	356	132 829	50 261
日本	212	69 671	49 721
台湾省	312	68 448	30 090
意大利	122	49 802	18 912
萨摩亚	60	48 692	23 189
韩国	154	37 402	17 698
新加坡	58	31 957	14 417
投资性公司	24	31 312	21 945
合计	**2 708**	**1 329 656**	**633 916**

【对外经济合作】

承包工程和劳务合作 签订对外承包工程和劳务合作项目944个，金额17.34亿美元，比上年的16.8亿美元增长3.20%；完成营业额17.6亿美元，比上年的15.25亿美元增长15.4%；当年派出劳务人员9 778人次，年末在外人数27 728人。劳务派往的主要国家和地区：日本、俄罗斯、香港、新加坡、德国和约旦。承包工程主要项目有：澳门赌场、缅甸议会中心和水电站、我驻贝宁使馆改造、印度尼西亚电站、越南电站、菲律宾输变电和阿尔及利亚多个住宅项目等。

对外投资 共批境外投资项目435个，比上年增长15.08%。其中产业性项目60个，市场及营销网络项目375个；投资总额1.96亿美元、比上年增长16.93%；中方投资1.68亿美元，增长10.55%。至2005年底，浙江省境外投资累计前十位的国家和地区是：美国、韩国、香港、印度尼西亚、泰国、阿联酋、阿根廷、德国、加拿大、越南。

【其他】

经济技术开发区 全省开发区实现工业增加值1 352.42亿元，比上年增长27.82%，占全省工业增加值5 345亿元的25.29%；出口额232.45亿美元，占全省出口总额768.04亿美元的30.27%，比上年增长40.22%；财政收入318.46亿元，比上年增长12.45%；新批外商投资企业1 072家，合同外资74.93亿美元，实际外资39.84亿美元，分别比上年下降18.66%、增长5.42%和18.08%，占浙江全省三项指标的31.57%、46.46%和51.58%。

出口加工区 杭州出口加工区新批外商投资企业3家，投资总额16 139万美元，合同外资1 220万美元，实际外资2 214万美元；进出口总额27.66亿美元，其中出口15.21亿美元，比上年增长24.57%；进口12.45亿美元，增长24.75%。工业总产值131.6亿元人民币；工业增加值3.6亿元人民币。

宁波出口加工区新批外商投资企业12家，投资总额259 731万美元，合同外资15 706万美元，实际外资7 300万美元；进出口总额4.72亿美元，其中出口3.17亿美元，进口1.55亿美元。工业总产值296亿元人民币；工业增加值40亿元人民币。

涉外旅游 共接待入境旅游的外国人和台港澳同胞348万人次，比上年增长25.8%；旅游外汇收入17.2亿美元，比上年增长32.0%。

2005年宁波市商务发展概况

宁波市贸易局　宁波市对外贸易经济合作局

宁波市贸易局局长

刘猛进　生于1958年10月，浙江省余姚市人。大学学历。1975年7月参加工作。1980年12月加入中国共产党。先后担任过共青团余姚市委常委、余姚市人民政府副市长，宁波市人民政府驻杭州办事处党组书记、主任。2004年7月任中共宁波市委贸易工作委员会书记、宁波市贸易局局长。曾被评为浙江省新长征突击手、浙江省劳动模范，全国新长征突击手、全国商业劳动模范、共青团全国第十次代表大会代表。

宁波市对外贸易经济合作局局长

王仁洲　生于1957年4月，浙江省鄞县人。大学学历。1974年7月参加工作。1978年12月加入中国共产党。1996年4月—1999年9月任中共浙江省象山县委副书记、象山县县长。

【国内贸易】

社会消费品零售总额　2005年浙江省宁波市社会消费品零售总额759.8亿元，比上年的666.5亿元增长14%。其中，城市消费品零售额449.8亿元，县消费品零售额68.2亿元，县以下消费品零售额241.8亿元。分行业看，批发零售贸易业零售额664.7亿元，餐饮业零售额91.5亿元，其他行业零售额3.6亿元。

限额以上批发零售贸易、餐饮业基本情况　截至2005年，共有限额以上批发零售贸易、餐饮业法人企业758个，产业活动单位2 099个，从业人数82 279人。其中，批发业法人企业376个，产业活动单位953个，从业人数22 699人；零售业法人企业141个，产业活动单位750个，从业人数25 535人；餐饮业法人企业241个，产业活动单位396个，从业人数13 652人。

批发零售贸易业商品购、销、存总额　批发零售贸易业商品销售总额2 244.72亿元，比上年的1 877.22亿元增长19.6%。其中，限额以上企业1 827.33亿元，限额以下企业417.39亿元。限额以上批发零售贸易业商品购进总额1 744.1亿元（其中进口193.33亿元），商品销售总额1 559.5亿元（其中批发1 523.8亿元、零售35.7亿元、出口584.0亿元），年末库存总额78.7亿元。

市场物价　商品零售价格指数为101.1；城市居民消费价格指数102，农村居民消费价格指数101.7（均以上年价格为100）。

市场体系建设　大力发展各类市场，已基本形成了以国家级、省级专业市场为龙头，以一批区域性综合性市场为骨干，以遍布城乡的各类商品市场为基础，综合与专业市场相结合，大中小市场相配套，有形市场与无形市场相融合，门类齐全，布局基本合理的商品交易市场体系。年末拥有各类商品交易市场643个，比上年增加4家；年交易额突破1 000亿元，达1 092.6亿元，增长19.8%。其中年成交额亿元以上的商品交易市场有95个，比上年增加3个；实现成交额915亿元，增长13.7%。

2005年商品市场建设又上一个新台阶。一是抓住机遇，增加市场硬件建设的投入，进一步扩大商品市场规模。余姚中国塑料城投资6 500万元建设了建筑面积35 000平方米的塑料展厅和投资500万元建设了建筑面积8 000平方米的仓储用房。象山石浦水产城投资1亿多元，拟进行建筑面积55 000平方米的交易及配套用房和码头等配套设施，实施市场的全面升级。二是重点培育专业特色市场。镇海区依托近港靠海优势，大力拓展以生产资料为交易主体的液体化工市场、钢材市场、货运市场、煤炭市场、金属园区等物流园区建设，增强市场集聚力和吸引力，物流园区在高速发展的基础上，继续呈现迅猛发展的势头，全年商品市场成交额达134.9亿元，同比增长26.5%。三是加大市场信息化建设力度，促进市场交易现代化。余姚中国塑料城和镇海液体化工产品市场网上交易额达到65.8亿元，比上年增长16.4%。四是组织开展了"万村千乡"市场工程和菜市场建设改造工程。制定"万村千乡"市场工程和菜市场改造工程规划，推荐慈溪、余姚、鄞州为"万村千乡"工程试点县市，推荐北仑加贝等6家企业为试点企业。三个试点县市已开设乡（镇）级农家店116个，乡（镇）级农家店在乡（镇）的覆盖面为98%，已开设村级农家店129个，村级农家店在行政村的覆盖面为12%。全市已完成38个菜市场的新建和改造，超额完成了18个的计划。

商业改革与发展　随着经济的快速发展，2005年人均GDP达到4 700美元，消费潜力巨大，是着力进行产业结构调整和大力发展第三产业的大好时机。商贸流通企业作为第三产业的主柱行业，在改变经济增长方式，建设节约型社会，提供劳动就业等方面显示其功能，已被各级政府和各界人士高度认识，外资、民营资本纷纷进入流通领域，商贸流通企业进入前所未有的发展时期。

开拓市场成效显著。商贸企业利用黄金周、"消博会"、"服装节"等节会时机，无节造节，有节造市，开展各类营销、促销活动，让利于民，集聚商气，抬升消费，促进商品销售。实施品牌战略，积极引进国际高端商品和服务品牌，调整消费结构，满足高档消费需求。以连锁经营为代表的现代流通业快速发展，连锁商业已经成为零售商业的主体。全年连锁经营业商品总销售额158.3亿元，比上年增长27.5%。其中规模以上零售、餐饮业连锁总店达到28个，实现销售额69.5亿元，增长42.9%。本地连锁企业三江购物俱乐部、慈溪慈客隆商品总销售分别达到25.4亿元和11.6亿元，分别比上年增长27.4%和32.5%，其在全国连锁百强企业中的排位比上年进一步提升。以"百镇连锁超市"工程建设为载体，连锁经营形式已向广大的农村市场延伸拓展。全市91个农村乡镇，已有70个乡镇开设了连锁超市门店，连锁超市在乡镇的覆盖面达到76%。连锁经营模式除了传统的百货、日用品、菜篮子外，已在家电、通讯、石油、烟草、农资、钟表眼镜等领域拓展。连锁经营作为一种高效率、标准化、规模化的现代流通组织方式，正在引发传统商业领域的一场深刻变革。

【对外贸易】

进出口总额　进出口总额334.71亿美元，比上年的261.12亿美元增长28.18%。

出口总额　出口总额222.17亿美元，比上年的166.90亿美元增长33.12%，占全市GDP 2446.40亿元（相当于298.64亿美元）的74.39%；占全省出口额的28.93%。

进口总额　进口总额112.54亿美元，比上年的94.23亿美元增长19.44%。

出口商品结构　初级产品出口额10.58亿美元，占出口总额的4.76%；工业制成品出口额211.59亿美元，占出口总额的95.24%。

进口商品结构　初级产品进口额27.75亿美元，占进口总额的24.66%；工业制成品进口额84.79亿美元，占进口总额的75.34%。

出口商品市场　出口商品销往208个国家和地区，其中出口额在1 000万美元以上的国家和地区有93个，金额220.17亿美元，占出口总额的99.10%。

进口商品市场　进口商品来自137个国家和地区。其中进口额在1 000万美元以上的国家和地区有49个，金额110.63亿美元，占进口总额的98.30%。

技术进出口　签订技术引进合同项目169个，比上年增长42%；合同金额15 598万美元，比上年增长58.70%。按引进方式分，其中专有技术的许可或转让项目119个，合同金额7 322.96万美元；技术咨询、技术服务项目22个，合同金额6 414.49万美元；专利技术的许可或转让项目8个，合同金额743.56万美元。按行业分，主要以引进制造业项目为主，达89个，合同金额13 120.80万美元，占84.12%。其中，化学原料及化学制品制造业项目15个，合同金额9 747.75万美元；电子及通信设备制造业项目32个，合同金额1 804.70万美元；交通运输设备制造业项目26个，金额1 078.77万美元；其他制造业16笔，金额489.58万美元。技术引进主要来自日本、韩国、新加坡、意大利、卢森堡、德国、挪威、荷兰、英国、美国等国家。

宁波市2005年出口额1亿美元以上商品情况表

金额分类	商品名称	出口金额（亿美元）	占出口总额比重（%）
2亿美元以上（21种）	服装及衣着附件、纺织纱线织物及制品、塑料制品、灯具照明装置及类似品、集装箱、电线和电缆、汽车零件、成品油、手持或车载无线电话机、阀门、轴承、笔及其零件、家具及其零件、钢铁或铜制标准紧固件、空气调节器、手用或机用工具、液体或粉末喷射散布等机械器具及零件、旅行用品及箱包、电气空间加热器、通断保护电路装置及零件、鞋类	115.86	52.15
1亿—2亿美元（22种）	钢材、未锻造的铜及铜材、电熨斗、自动数据处理设备零件、打火机、原电池、真空吸尘器、电视收音机及无线电讯设备的零附件、船舶、钢铁结构体及其部件和所用的已加工钢材、水海产品、体育用具及设备、家用型或洗衣房用洗衣机、床垫寝具及类似品、家用铝器具和铝制卫生器具及零件、注塑机、玩具、手提式电动钻、其他钢铁制品、摩托车及自行车零件、电磁铁永磁铁及电磁永磁工件夹具、自动数据处理设备及其部件	30.83	13.87
合　计	**43种**	**146.69**	**66.02**

宁波市2005年主要出口市场情况表

国别（地区）	出口金额（亿美元）	占出口总额比重（%）	国别（地区）	出口金额（亿美元）	占出口总额比重（%）
美　国	42.48	19.12	香　港	8.36	3.76
日　本	21.38	9.62	荷　兰	7.19	3.24
德　国	11.75	5.29	意大利	7.12	3.20
英　国	9.08	4.09	西班牙	6.24	2.81
法　国	9.08	4.09	韩　国	5.95	2.68

宁波市2005年进口额5 000万美元以上商品情况表

金额分类	商品名称	进口金额（亿美元）	占进口总额比重（%）
1亿美元以上（24种）	初级形态的塑料、钢材、废铜、集成电路及微电子组件、苯乙烯、原油、对苯二甲酸、铁矿砂、电视收音机及无线电讯设备零附件、乙二醇、纸浆、腈基化合物、已内酰胺、未锻轧镍、机械提升搬运装卸设备及零件、氯乙烯、液化石油气及其他烃类气、纺织机械及零件、聚对苯二甲酸乙二酯废碎料及下脚、具有独立功能的机器及机械器具、未锻造的铜及铜材、金属加工机床、通断保护电路装置及零件、自动数据处理设备及部件	71.36	63.41
5 000万—1亿美元（21种）	废塑料、羊毛、计量检测分析自控仪器及器具、棉花、原木、橡胶或塑料加工机械及零件、废钢、1和3－丁二烯及异戊二烯、合成纤维纱线、对二甲苯、甲醇、阀门、饲料用鱼粉、合成橡胶（包括乳胶）、甲基环氧乙烷（氧化丙烯）、纸及纸板（未切成形的）、甲苯、锌废碎料、纺织用合成纤维、谷物及谷物粉、未列名利用温度变化处理材料的机器装置等	14.33	12.73
合　计	**45种**	**85.69**	**76.14**

宁波市2005年主要进口市场情况表

国别（地区）	进口金额（亿美元）	占进口总额比重（%）	国别（地区）	进口金额（亿美元）	占进口总额比重（%）
日　本	17.64	15.67	印　度	3.76	3.34
台湾省	16.10	14.31	加拿大	2.80	2.49
韩　国	14.68	13.05	法　国	2.67	2.37
美　国	9.73	8.65	沙特阿拉伯	2.52	2.24
德　国	5.01	4.45	新加坡	2.28	2.03

【利用外资】

宁波市2005年利用外资情况表

利用外资方式	批准签订的合同			实际利用外资	
	项目数（个）	外资金额（亿美元）	金额比上年增长（%）	金　额（亿美元）	金额比上年增长（%）
外商直接投资	874	38.04	-7.54	24.42	12.07
合资企业	346	10.54	89.59	5.84	2.33
合作企业	8	0.64	17.49	0.48	427.61
外资企业	520	26.28	23.24	15.09	14.09
股份有限公司	0	0.04	-56.87	0.02	-83.33
合　计	**874**	**38.04**	**-7.54**	**24.42**	**12.07**

外商直接投资行业　外商直接投资的874个项目中，生产型项目747个，非生产型项目127个。按行业分，主要有：制造业746项，实际到位外资180 606万美元；交通运输、仓储和邮政业17项，实际到位外资5 660万美元；房地产业23项，实际到位外资14 401万美元；批发和零售业46项，实际到位外资2 582万美元等。

外商直接投资来源　外商直接投资主要来自89个国家和地区，其中实际到位外资前十位的国家和地区是：香港312项，实际到位外资93 621万美元；英属维尔京群岛58项，23 648万美元；美国84项，19 878万美元；日本59项，14 932万美元；萨摩亚28项，10 145万美元；台湾省92项，8 069万美元；韩国26项，5 448万美元；新加坡19项，5 399万美元；英国22项，3 424万美元；毛里求斯6项，2 062万美元。

【对外经济合作】

承包工程和劳务合作　签订对外承包工程和劳务合作合同金额7.55亿美元，比上年的8.07亿美元下降6.44%；完成营业额6.54亿美元，比上年的4.84亿美元增长35.12%；当年派出劳务人员1 013人，比上年的1818人下降44.28%；年末在外劳务人数5 127人，比上年的7 123人下降28.02%，主要派往日本、新加坡、毛里求斯、塞班、德国、牙买加、约旦等国家和地区，主要从事的劳务职业有纺织、建筑、海上作业、餐厅服务、电子等。

对外投资　2005年在海外设立企业97家，项目总投资4 488.18万美元，其中中方投资3 446.20万美元。在海外设立的企业中，生产型企业2家，贸易型企业31家，境外经贸办事处46家，境外加工企业12家，工程公司3家，资源开发企业2家，其他1家。企业分布在美国、日本、澳大利亚、德国、加拿大等30个国家和地区。

【其他】

宁波经济技术开发区　位于宁波市东北部，于1984年10月经国务院批准成立，是中国建区最早、面积最大的国家级开发区之一，在全国国家级开发区综合评比中列前五名。经过20多年的发展，开发区已形成了良性循环的软硬投资环境，现代化临港大工业体系基本形成：电力、化工、不锈钢、修造船、汽车、现代纸业、机电、轻纺、粮油食品、塑胶、建材等产业群。2005 年基础设施投资 42.55 亿元，比上年增长 5.30%。工业总产值 663.30 亿元，比上年增长 31.60%。外贸进出口总额 43.19 亿美元，比上年增长 16.87%。财政收入 49.29 亿元，比上年增长 29.10%。新批外资企业 85 家，合同利用外资 10.51 亿美元，实际到位外资 5.88 亿美元。

宁波保税区 位于宁波市东北部，于 1992 年 11 月经国务院批准设立，具有进出口加工、国际贸易、仓储物流三大主体功能，是我国对外开放程度最高、政策最优惠的经济区域之一。2004 年 8 月，国家批准宁波进行区港联动试点，设立宁波保税物流园区，规划面积 0.95 平方公里，2005 年 8 月 30 日，宁波保税物流园区正式通过由国家联合验收组的正式验收。2005 年基础设施投资 5.15 亿元，比上年增长 171.10%。工业总产值 100.36 亿元，比上年增长 79.00%。外贸进出口总额 29.61 亿美元，比上年增长 45.97%。财政收入 11.78 亿元，比上年增长 2.40%。新批外资企业 59 家，合同利用外资 3.92 亿美元，实际到位外资 1.80 亿美元。

宁波大榭开发区 位于宁波市东北部，于 1993 年 3 月批准设立，以港口储运和临港型工业开发为主导，是迄今为止中国唯一由企业自主开发的国家级开发区。2005 年基础设施投资 1.66 亿元，比上年下降 18.20%。工业总产值 106.94 亿元，比上年增长 33.00%。外贸进出口总额 10.49 亿美元，比上年增长 14.93%。财政收入 22.27 亿元，比上年增长 34.00%。新批外资企业 1 家，合同利用外资 1.54 亿美元，实际到位外资 0.77 亿美元。

商务洽谈会 第七届浙江投资贸易洽谈会和第四届中国国际日用消费品博览会（以下简称“两会”）于 2005 年 6 月 8 日至 12 日在宁波国际会展中心举行。“两会”开展投资、贸易、科技、人才洽谈合作和举行开放论坛等活动；期间共有来自 108 个国家和地区的 11768 名投资贸易客商到会，比上届增长 13.70%；签订外商投资项目 251 个，合同利用外资 29 亿美元；成交贸易额 7.02 亿美元。“两会”的贸易洽谈除国内展馆外，还专门设立了国际馆，有来自 15 个国家和地区的 36 个国外组织和机构设展；国内展馆有来自外省、市、自治区和地区的 258 家企业近 10 万余种商品到会参展。

第八届宁波国际服装节于 2005 年 10 月 21 日至 23 日在宁波国际会展中心举行。本届博览会共吸引海内外参展企业 600 余家，设置展位数 2200 个，到会国内外客商近 3.8 万人次；主要活动有文化活动、中国青年时装周、博览活动、展评活动、经贸招商活动等。

港口运输 全年港口货物吞吐量达到 2.70 亿吨，比上年增长 19.47%，继续位居我国大陆沿海港口第二位；全年口岸进出口贸易总额达到 677.65 亿美元，比上年增长 31.39%；其中进口 313.43 亿美元、出口 364.22 亿美元，比上年分别增长 25.70% 和 36.71%。集装箱运输达到 520.8 万标箱，比上年增长 30.04%，集装箱运输吞吐量位居大陆沿海港口第四位，目前宁波集装箱航线累计达到 147 条，国际远洋干线吞吐量占全市吞吐量 87%，9200 万标箱的“地中海帕海拉”轮成功靠泊，标志着宁波步入国际重要节点港。

涉外旅游 全年接待境外游客 43.80 万人次，比上年增长 36.02%；旅游外汇收入 2.50 万美元，比上年增长 63.40%。

小资料

对外担保

对外担保是指中国境内机构（境内外资金融机构除外），以保函、备用信用证、本票、汇票等形式出具对外担保，以《中华人民共和国担保法》中第三十四条规定的财产对外抵押或者以《中华人民共和国担保法》第四章第一节规定的动产对外质押和第二节第七十五条规定的权利对外质押，向中国境外机构或者境内的外资金融机构（债权人或受益人）承诺，当债务人未按照合同约定偿付债务时由担保人履行偿付义务。对外担保包括：融资担保、融资租赁担保、补偿贸易项下的担保、境外工程承包中的担保、其他具有对外债务性质的担保。

2005年温州市商务发展概况

温州市对外贸易经济合作局

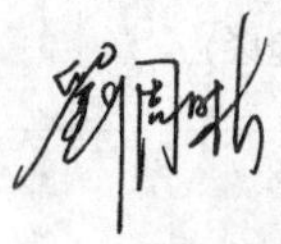

温州市对外贸易经济合作局局长

刘周晰　生于1953年2月2日，浙江省温州市人。1975年毕业于山东大学。1974年12月加入中国共产党。历任浙江省瓯海县副县长、温州市对外经济贸易委员会副主任、香港雁荡有限公司总经理、温州市人民政府副秘书长等职。2001年11月任温州市对外贸易经济合作局局长、党组书记。

【对外贸易】

进出口总额　2005年浙江省温州市进出口总额78.6亿美元，比上年的59.67亿美元增长31.74%。

出口总额　出口总额61.84亿美元，比上年的45.76亿美元增长35.16%，占全市GDP 1 600亿元的31.34%，占全省出口额的8.05%。

进口总额　进口总额16.75亿美元，比上年的13.9亿美元增长20.5%。

出口商品结构　初级产品出口额8.5亿美元，占出口总额的1.14%；工业制成品出口额53.34亿美元，占出口总额的86.3%。

进口商品结构　初级产品进口额5.4亿美元，占进口总额的32.2%，工业制成品进口额11.35亿美元，占进口总额的67.8%。

出口商品市场　出口商品销往世界上180个国家（地区）。主要出口市场（前10位）的出口金额29.5亿美元，占出口总额的47.7%。

进口商品市场　进口商品来自107个国家（地区）。主要进口市场是：美国22 579万美元，占13.5%；韩国17 991万美元，占10.7%；沙特阿拉伯17 456万美元，占10.4%；日本15 943万美元，占9.5%；台湾省14 490万美元，占8.7%；德国10 987万美元，占6.6%。

温州市2005年出口额5 000万美元以上商品情况表

金额分类	商品名称	出口金额（亿美元）	占出口总额比重（%）
1亿美元以上	鞋类、服装、眼镜、纺织品、通断器及电路装置、汽摩配件、旅行用品及箱包	36.53	59.0
5 000万—1亿美元	塑料制品、打火机、钢材、水产品、制锁	3.65	5.90
合　计	**12种**	**40.18**	**64.90**

温州市2005年进口额5 000万美元以上商品情况表

金额分类	商品名称	进口金额（亿美元）	占进口总额比重（%）
1亿美元以上	液化气、异氰酸酯、初级形状塑料、原木	7.60	45
5 000万—1亿美元	钢材、牛皮革	1.26	8
合　计	**6种**	**8.86**	**53**

温州市2005年主要出口市场情况表

国别（地区）	出口金额（万美元）	占出口总额比重（%）	国别（地区）	出口金额（万美元）	占出口总额比重（%）
美　国	62 615	10.1	西班牙	26 798	4.3
俄罗斯	35 250	5.7	意大利	25 492	4.1
阿联酋	32 695	5.3	香　港	20 640	3.3
德　国	27 417	4.4	摩洛哥	19 979	3.2
乌克兰	27 076	4.4	日　本	17 027	2.7
合　计				**294 989**	**47.7**

【利用外资】

温州市2005年利用外资情况表

利用外资方式	批准签订的合同			实际利用外资	
	项目数（个）	外资金额（万美元）	金额比上年增长（%）	金额（万美元）	金额比上年增长（%）
合资企业	143	37 369	75.0	19 139	70.2
合作企业	4	1 793	162.9	388	417.3
外资企业	77	49 907	74.6	16 187	68.7

外资直接投资行业　外商直接投资项目中，生产型项目191项，非生产型项目33项。按产业分，第一产业1项，第二产业190项，第三产业33项。

外商直接投资来源　2005年共有45个国家和地区前来投资。

外商直接投资企业生产经营情况　外商投资企业2005年实现销售收入211.52亿元，比上年增长25%；利润总额12.23亿元，比上年增长2.5%。

【对外经济合作】

承包工程和劳务合作　签订对外承包工程合同额2 118万美元，比上年的216.4万美元增长878.7%；实际完成营业额1 320万美元，比上年的822.5万美元增长60.5%；全年派出劳务人员数233人次，年末在外劳务人员188人。

对外投资　全年新批境外投资项目107个，主要分布在阿联酋、美国、俄罗斯、英国、西班牙等国，其中设立境外商品专业市场3个。

【其他】

开发区　温州经济技术开发区引进项目30个，合同外资14 214万美元，比上年增长40.5%；实际利用外资6 329万美元，比上年增长39.5%。全年外贸进出口总额5.79亿美元，其中出口4.39亿美元，比上年增长79.2%。

港口运输　全年到港国际航行船舶1 239艘次，比上年减少22.5%；通过温州口岸全年共运输外贸货物115万吨，比上年减少17.9%，其中进口86万吨，比上年减少19.6%，出口28万吨，与上年减少15.2%；全年共运输国际集装箱73 345标箱，比上年增长3.6%。

涉外旅游　接待海外旅游者21.33万人次，比上年的17.22万人次增长23.9%；旅游外汇收入9 096.71万美元，比上年的7 095.62万美元增长28.2%。

2005年安徽省商务发展概况

安徽省商务厅

安徽省商务厅厅长

王福宏　生于1955年12月，山东省龙口市人。经济学硕士。历任安徽省计划委员会处长，安徽省证券管理办公室主任，安徽省政府办公厅副主任、省政府副秘书长兼发展研究中心主任等职。2003年3月任安徽省对外贸易经济合作厅厅长、党组书记。现任安徽省商务厅厅长、党组书记。

【国内贸易】

社会消费品零售总额　2005年安徽省社会消费品零售总额1 765.0亿元，比上年的1 557.4亿元增长13.3%。其中，城市消费品零售额941.2亿元，县消费品零售额360.6亿元，县以下消费品零售额463.2亿元。分行业看，批发零售贸易业零售额1 497.1亿元，餐饮业零售额240.7亿元，其他行业零售额27.2亿元。

批发零售贸易业商品销售总额　批发零售贸易业商品销售总额3 835.3亿元，比上年的3 225.3亿元增长18.9%。其中，限额以上企业1 545.8%亿元，限额以下企业2 289.5亿元。

市场物价　商品零售价格指数为100.6（以上年价格为100），其中城市100，农村101.1；居民消费价格指数为101.4（以上年价格为100），其中城市101.1，农村101.9。

市场体系建设　开发以生活必需品、重要生产资料、重点流通企业、茧丝绸行业和农村运行监测为重点内容的《安徽省城乡市场信息监测直报系统》，制发《安徽省生活必需品市场突发事件应急预案》、《关于进一步加强市场监管长效机制建设的若干意见》，编制《安徽省整顿和规范市场经济秩序三年规划》。组织开展保护知识产权、打击商业欺诈、推进食品药品放心工程等一系列专项行动，及诚信兴商宣传月活动。培育10家省级农副产品绿色批发市场。古井贡酒、口子窖酒、迎客松茶叶、皖江牌蔬菜获全国绿色畅销品牌，合肥市成为全国三绿工程工作达标市。

全国农村商品流通改革和市场建设试点工作全面启动。2005年6月，商务部和安徽省政府共同确定，安徽作为全国农村商品流通改革和市场建设试点省。随即，安徽以推动农村流通主体创新、农村流通方式创新、农村流通政策措施创新、农村流通管理体制创新和构筑农村消费品流通体系、农业生产资料供应体系、农产品国内销售体系、农产品出口体系、农村市场运行监控服务体系为主要内容的总体方案全面启动。当年改造和新建乡村日用消费品连锁店和农资连锁店3 627个、改造标准化农产品批发市场15个、创建农副产品绿色批发市场10个、建设农产品出口示范基地10个。这项工作正在成为统筹城乡发展、建设社会主义新农村的重要举措。

商业改革与发展 全省流通工作会议召开，省政府颁布《关于促进流通业加快发展的实施意见》，全面推动流通业发展。连锁经营成为流通业发展主流，连锁商业企业销售额300亿元，占社会消费品零售总额的17.0%，比上年提高4个百分点。超市和专业店企业数占全省零售企业数的66.7%。BtoB、BtoC等电子商务有效运行。徽商集团建立全国首家网上钢材交易市场。大企业竞争能力增强，徽商集团、合肥百大进入“2005中国企业500强”，分别位居第166名、第333名。金满楼饮食集团进入全国餐饮100强。商业利用外资取得新进展，美国沃尔玛、法国家乐福、欧尚、泰国易初莲花等国际知名商业企业来安徽省开设商业零售企业。

【对外贸易】

进出口总额 进出口总额91.2亿美元，比上年的72.1亿美元增长26.4%。

出口总额 出口总额51.9亿美元，比上年的39.4亿美元增长31.8%，占全省GDP 5 375.8亿元（相当于656.3亿美元）的7.9%，占全国出口额7 620.0亿美元的0.68%。

进口总额 进口总额39.3亿美元，比上年的32.7亿美元增长20.0%。

出口商品结构 初级产品出口额3.7亿美元，占出口总额的7.1%；工业制成品出口额48.2亿美元，占92.9%。

进口商品结构 初级产品进口额20.8亿美元，占进口总额的53.0%；工业制成品进口额18.5亿美元，占47.0%。

出口商品市场 出口商品销往208个国家（地区）。主要出口市场是欧盟107 808万美元，占出口总额的20.8%；北美89 907万美元，占17.3%；日本45 694万美元，占8.8%；非洲38 978万美元，占7.5%；香港36 060万美元，占6.9%；东盟33 849万美元，占6.5%；拉丁美洲32 364万美元，占6.2%。

进口商品市场 进口商品来自91个国家和地区。主要进口市场是拉丁美洲108 015万美元，占进口总额的27.5%；欧盟58 510万美元，占14.9%；日本45 234万美元，占11.5%；澳大利亚43 944万美元，占11.2%；北美38 948万美元，占9.9%；韩国34 748万美元，占8.8%；东盟15 351万美元，占3.9%。

安徽省2005年出口额1 000万美元以上商品情况表

金额分类	商品名称	出口金额（亿美元）	占出口总额比重（%）
1亿美元以上	纺织品、服装、钢材、轮胎、汽车及底盘、电冰箱、鞋类、空调器、塑料及制品、铜及制品	25.2	48.6
5 000万—1亿美元	柠檬酸、箱包、船舶、蔬菜、家用小电器、叉车	4.1	8.0
1 000万—5 000万美元	玻璃制品、电视机配件、草柳编织品、木板材胶合板、阀门、羽毛羽绒、灯泡及灯管、纸及制品、金属银、茶叶、洗衣机、自行车、电线及电缆、芝麻、变压变流器、化肥、数据处理设备、药品、渔网、杀虫除草剂、千斤顶、电视机、抗菌素、铅、机床、蜂蜜及王浆、维生素	7.8	15.0
合　计		**37.1**	**71.6**

安徽省2005年进口额1 000万美元以上商品情况表

金额分类	商品名称	进口金额（亿美元）	占进口总额比重（%）
1亿美元以上	铜矿砂、铁矿砂、钢材、塑料原料及制品、发动机及零部件、机床、冶炼铸造设备	23.5	59.9
5 000万—1亿美元	木浆、建筑及采矿设备、计量检测分析仪器、天然橡胶	3.1	7.8
1 000万—5 000万美元	车辆及零部件、饲料用鱼粉、废纸及纸板、烟煤、石油沥青、合成橡胶、化学纤维、橡胶及塑料机械、印刷机械、制冷压缩机、矿物处理机械、薄荷醇、纺织机械、芝麻、医疗器械、棕榈油、棉花、亚麻	4.9	12.4
合　计		**31.5**	**80.1**

技术进出口　技术进出口总额6.7亿美元，比上年的3.4亿美元增长97.1%。签订技术进口合同169项，比上年增长47.0%；合同金额6.3亿美元，比上年的2.8亿美元增长125%。签订技术出口合同31项，比上年增长72.2%；合同金额4 140万美元，比上年的6 000万美元减少31%。

【利用外资】

安徽省2005年利用外资情况表

利用外资方式	批准签订的合同			实际利用外资	
	项目数（个）	外资金额（万美元）	金额比上年增长（%）	金额（万美元）	金额比上年增长（%）
外商直接投资	421	155 358	28.70	68 845	25.97
合资企业	168	41 919	14.22	23 801	12.24
合作企业	18	9 563	47.78	2 316	375.56
外资企业	233	102 721	32.62	42 728	58.22
股份有限公司	2	1 155	1 291.57	0	-100.00

外商直接投资行业　新批外商直接投资项目中：生产型项目306项，合同外资额102 633万美元；其中农林牧渔业12项，采矿业8项，制造业272项，电力、煤气及水的生产和供应业14项。服务型项目115项，合同外资额52 725万美元；其中建筑业9项，交通运输、仓储及邮政业2项，信息传输、计算机服务和软件业2项，批发和零售业5项，住宿和餐饮业17项，房地产业54项，租赁和商务服务业13项，科学研究、技术服务和地质勘查业2项，水利、环境和公共设施管理业6项，居民服务和其他服务业4项，文化、体育和娱乐业1项。

外商直接投资来源　外商直接投资主要来源于香港，新批143项，实际到位外资额34 295万美元；美国63项，2 439万美元；英属维尔京群岛30项，5 623万美元；台湾省58项，2 145万美元；英国10项，4 041万美元；新加坡10项，2 350万美元；澳大利亚12项，1 668万美元。

外商投资企业出口　外商投资企业完成出口额15.0亿美元，比上年的9.7亿美元增长55.6%，占全省出口总额的28.9%，比上年占24.5%提高4.4个百分点。

【对外经济合作】

承包工程和劳务合作　对外承包工程和劳务合作合同额50 398万美元，比上年的23 558万美元增长113.9%；完成营业额 28 250 万美元，比上年的 21 264 万美元增长 32.9%；当年派出劳务人员 5 720 人次，年末在外 11 042 人。对外承包工程和劳务合作的主要市场是巴基斯坦、沙特阿拉伯、新加坡、越南、阿尔及利亚、安哥拉。

对外投资 2005 年新批在海外举办非贸易性企业 11 家，合同投资总额 1 003.9 万美元，中方实际投资额1 839.1 万美元。对外投资国别（地区）为德国、意大利、俄罗斯、美国、英属维尔京群岛、阿联酋、印度、香港、泰国、刚果（布）等。

【其他】

开发区 合肥高新技术产业开发区全年 GDP 106 亿元，比上年增长 29%；财政收入 10.5 亿元，比上年增长 30%；固定资产投资 49 亿元，比上年增长 35%。全年实际利用外资 0.9 亿美元，比上年增长 28%；出口 3.1 亿美元，比上年增长 32%；进口 1.4 亿美元，比上年增长 30%。

合肥经济技术开发区全年 GDP 134.5 亿元，比上年增长 23.3%；财政收入 20.7 亿元，比上年增长 19.1%；固定资产投资 56 亿元，比上年增长 20.4%。全年实际利用外资 1.3 亿美元，比上年增长 29.2%；出口 4.5 亿美元，比上年增长 41.8%；进口 2.5 亿美元，比上年减少 8.5%。

芜湖经济技术开发区全年 GDP 114.3 亿元，比上年增长 19.4%；财政收入 19.9 亿元，比上年减少 4.6%；固定资产投资 47.8 亿元，比上年增长 18%。全年实际利用外资 1 亿美元，比上年减少 19.2%；出口 2.8 亿美元，比上年增长 46.7%；进口 1.5 亿美元，比上年减少 53.9%。

商务洽谈会 2005 年 5 月在合肥举办 2005 中国国际徽商大会，来自 40 多个国家和地区的 2 500 多位客商到会。大会签订外商投资项目 86 个，投资总额 22.6 亿美元。到年底已有 46 个外商投资项目注册登记，投资总额 7.9 亿美元，合同外资额 3.4 亿美元，到位外资 1.2 亿美元。

港口运输 2005 年底，安徽有 5 个一类对外开放港口，即：马鞍山、芜湖、铜陵、池州和安庆港口；有年通过能力 10 万吨以上泊位 50 个，其中对外开放的外贸泊位 20 个；港口总吞吐能力 1.1 亿吨，当年实际完成吞吐量 6 500 万吨，比上年吞吐量增长 21%。其中外贸泊位吞吐能力 1 500 万吨，当年实际完成吞吐量 290 万吨，其中进口 150 万吨，出口 140 万吨。

2005 年全省外贸进出口货运量 1 200 万吨，其中进口 900 万吨、出口 300 万吨，海运量 1 150 万吨、陆运量 47 万吨、空运量 3 万吨。安徽作为近海省，进出口货运主要通过沿海口岸。近年来，省内口岸进出口货运量不断增长，2005 年达 290 万吨，占全省进出口货运量的 25%。

涉外旅游 2005 年进入安徽的海外游客 63.3 万人次，旅游外汇收入 2.46 亿美元，比上年的 1.9 亿美元增长 29.3%。

小资料

对外质押和对外抵押

对外质押分为对外动产质押和对外权利质押。对外动产质押是指债务人或者第三人将其动产移交债权人占有，将该动产作为债权的担保，债务人不履行偿还责任时，债权人有权依照《中华人民共和国担保法》规定以该动产折价或者以拍卖、变卖该动产的价款优先受偿。对外权利质押是指以下列权利对外质押：(1) 汇票、本票、支票、债券、存款单、仓单、提单；(2) 依法可以转让的股份、股票；(3) 依法可以转让的商标专用权、专利权、著作权中的财产权；(4) 依法可以质押的其他权利。

对外抵押是指债务人或者第三人不转移对规定财产的占有，将该财产作为债权的担保。债务人不履行债务时，受益人有权依照《中华人民共和国担保法》规定，以该财产折价或以拍卖、变卖该财产的价款优先受偿。

2005年福建省商务发展概况

福建省经济贸易委员会　福建省对外贸易经济合作厅

福建省经济贸易委员会主任

徐　钢　1978年9月—1982年8月在上海复旦大学学习，后历任福建省经委科员、龙岩烟厂见习副厂长、福建省经委主任科员、建阳县人民政府科技副县长、南平地委政研室主任、福建省经济贸易委员会处长等职；1997年8月—1999年12月任莆田市人民政府副市长、常务副市长、市委常委，1999年12月—2003年8月任福建省人民政府办公厅副秘书长、厅党组成员，2003年8月—2005年11月任福建省交通厅厅长，2005年11月起任福建省经济贸易委员会主任、福建省人民政府国有资产监督管理委员会主任。

福建省对外贸易经济合作厅厅长

郑宗杰　生于1945年7月，广东省汕头人。厦门大学经济系毕业。历任福建省泉州市税务局局长、政府办公室主任、财政局局长、财委主任、外经贸委主任、副市长，福建省人民政府办公厅副秘书长、侨务办公室主任等职。2000年4月任福建省对外贸易经济合作厅厅长。

【国内贸易】

社会消费品零售总额　2005年福建省社会消费品零售总额2 345.82亿元，比上年的2 061.35亿元增长13.8%。其中，城市消费品零售总额1 479.45亿元，县消费品零售额272.9亿元，县以下消费品零售额593.47亿元。分行业看，批发零售贸易业零售额2 011.87亿元，住宿餐饮业零售额286.84亿元，其他行业零售额47.11亿元。

限额以上批发零售贸易、餐饮业基本情况　截至2005年，共有限额以上批发零售贸易、餐饮业法人企业2 747个，产业活动单位5 723个，从业人数187 299人。其中，批发业法人企业1 496个，产业活动单位2 228人，从业人数74 878人；零售业法人企业1 003个，产业活动单位2 962个，从业人数79 857人；餐饮业法人企业248人，产业活动单位533个，从业人数32 564人。

批发零售贸易业商品购、销、存总额　限额以上批发零售贸易业商品购进总额2 796.41亿元（其中进口266.42亿元），商品销售总额3 051.03亿元（其中批发2 523.03亿元、零售591.99亿元、出口527.09亿元），年末库存总额1 138.06亿元。

市场物价　商品零售价格指数为100.6（以上年价格为100），其中城市100.3，农村101.0；居民消费价格指数为102.2（以上年价格为100），其中城市101.9，农村102.8。

市场体系建设　加强闽台批发交易市场建设，在沿海城市建立了台湾水果分销大陆的枢纽。继续推进“农改超”工作。制定了《福建省建设“万村千乡”市场工程试点规划》，有27个试点县和47个试点企业，2005年首批新建和改造1 623个达到商务部规定标准的乡村农家店。推广南平市实施下派流通助理工作制度，打造社会主义新农村流通体系。进一步完善了成品油、拍卖、典当、租赁、旧货、汽车流通市场监管。建立并实施了福建经贸系统“123565”商品市场运行监测调控制度。开展了打击内贸领域商业欺诈的专项整治。利用外资引进新型商业形式有较大发展，全年全省批发零售业合同外资5 713万美元，同比增长52.9%；新开业外商投资大型商场5家，新增营业面积5.8万平方米；目前全省共有外商和港澳台资零售门店48个，其中“十五”期间开业的38个。

商业改革与发展 全省国有商贸企业改制改革累计789家，占80.7%。出台了《关于保护发展福建省“老字号”的若干意见》。建立了项目招商工作机制，2005年福建商贸行业投资合作洽谈会共推出436个商贸投资合作项目，并对149个重点项目集中进行推介，共签约188项，投资总金额41.6亿元，其中合同69项，15.92亿元；利用省外境外资金30项，15.6亿元。第三届福建省网上投资贸易洽谈会推出招商项目4 440个，比上届新增1 463个。一批新型流通业态网点开业，带动限额以上企业比重上升，全年限额以上贸易企业零售额占社会消费品零售额比重23.4%，比上年上升2.6个百分点；连锁经营企业零售额占社会消费品零售额比重18%，同比上升3个百分点。积极扩大港澳零关税商品进口，在福、厦、泉等设区市试点建设港澳零关税商品一条街或购物中心，确认了10个零关税商品一条街或购物中心。

【对外贸易】

进出口总额 进出口总额544.31亿美元，比上年的475.46亿美元增长14.48%。

出口总额 出口总额348.45亿美元，比上年的293.96亿美元增长18.53%，占全省GDP 6 560.07亿元（相当于800.82亿美元）的43.51%，占全国出口额的4.57%，居全国第6位。

进口总额 进口总额195.86美元，比上年的181.50亿美元增长7.91%。

出口商品结构 初级产品出口额20.01亿美元，占出口总额的5.74%；工业制成品出口额282.35亿美元，占出口总额的81.03%；其他未分类产品40.09亿美元，占出口总额的13.23%。

福建省2005年出口额1亿美元以上商品情况表

金额分类	商品名称	出口金额（亿美元）	占出口总额比重（%）
5亿美元以上（12种）	输入或输出部件、鞋、织物制服装、数字式自动数据处理设备、电器及电子产品、机械及设备、花岗岩碑石或建筑用石及其制品、金属制品、塑料或纺织材料作面的提箱或小手袋、其他纺织纱线和织物及制品、塑料制小雕塑品及其他装饰品、彩色电视机（包括整套散件）	218.85	62.81
1亿—5亿美元（23种）	仪器仪表、运输工具、制作或保藏的（河）鳗鱼、未列名塑料制品、其他金属家具、8471所列其他机器的零件或附件、铝材、其他雨伞及阳伞、其他金属框架坐具、供运输或包装货物用的乙烯聚合物制袋及包、折叠伞、棉机织物、小白蘑菇（洋蘑菇）罐头、陶制塑像及其他装饰品、未列名木家具、其他服装及衣着附件、塑料制餐具及厨房用具、锂离子电池、其他黄金制首饰及其零件、机动小客车用新的充气橡胶轮胎、40英尺集装箱、冻鱼、瓷制塑像及其他装饰品	42.77	12.27
合计	**35种**	**261.62**	**75.08**

进口商品结构 初级产品进口额32.56亿美元，占进口总额的16.62%；工业制成品进口额118.44亿美元，占进口总额的60.47%；其他未分类产品44.86亿美元，占进口总额的22.90%。

福建省2005年进口额1亿美元以上商品情况表

金额分类	商品名称	进口金额（亿美元）	占进口总额比重（%）
2亿美元以上（10种）	机械及设备、其他自动数据处理设备及其部件、黄大豆、电器及电子产品、8471所列其他机器的零件或附件、飞机及直升机的其他零件、其他单片集成电路、饲料用鱼粉、初级形状的聚乙烯、钢铁板材	44.11	22.52
1亿—2亿美元（17种）	4 500≥空载重量>15 000公斤飞机、未烧结的铁矿砂及其精矿、1，2-乙二醇、铝材、仪器仪表、手持式无线电话机零件、初级形状的苯乙烯聚合物、初级形状的聚丙烯、5—7号燃料油、其他的初级形态塑料、初级形状的氯乙烯聚合物、其他涡轮喷气发动机、对苯二甲酸、其他制阴极射线管用未封口玻璃外壳、金属制品、半漂白或漂白的针叶木烧碱木浆、铝废碎料	24.50	12.51
合　计	**27种**	**68.61**	**35.03**

出口商品市场　出口国别（地区）中出口额300万美元以上的国家（地区）118个。主要出口市场：美国86.34亿美元、欧盟66.53亿美元、日本57.53亿美元、香港28.78亿美元、东盟24.28亿美元、台湾省7.87亿美元、加拿大7.09亿美元、韩国6.15亿美元、阿联酋5.46亿美元、墨西哥5.06亿美元、澳大利亚4.98亿美元、沙特阿拉伯3.55亿美元、印度3.51亿美元、俄罗斯2.85亿美元、南非2.79亿美元、巴西2.67亿美元、巴拿马2.66亿美元、罗马尼亚2.47亿美元、智利2.06亿美元。对以上主要出口市场出口额合计为322.63亿美元，占出口总额的92.59%。

进口商品市场　进口国别（地区）中进口额300万美元以上的国家（地区）71个。主要进口市场：台湾省40.93亿美元、日本24.91亿美元、韩国20.49亿美元、美国19.30亿美元、马来西亚7.76亿美元、德国6.14亿美元、新加坡5.03亿美元、印度3.86亿美元、泰国3.46亿美元、英国2.97亿美元、菲律宾2.75亿美元、巴西2.54亿美元、阿根廷2.48亿美元、澳大利亚2.23亿美元、印度尼西亚2.18亿美元、意大利2.11亿美元、香港2.03亿美元。从以上主要市场进口的商品金额合计151.17亿美元，占进口总额的77.19%。

技术进出口　技术进出口总额7 914.54万美元，比上年的4 692.97万美元增长59.47%。签订引进技术和进口设备合同139项，比上年下降11.46%，合同金额6 972.54万美元，比上年的3 881.97万美元增长79.61%；签订技术出口合同170项，比上年增长26.87%。金额942.00万美元，比上年的811.00万美元增长16.15%。

【利用外资】

福建省2005年利用外资情况表

利用外资方式	批准签订的合同			实际利用外资	
	项目数（个）	外资金额（万美元）	金额比上年增长（%）	金额（万美元）	金额比上年增长（%）
外商直接投资	1 988	595 715	10.87	260 775	17.40
合资企业	301	77 223	60.47	31 021	-26.06
合作企业	24	20 319	525.78	670	-84.51
外资企业	1 663	496 142	3.85	222 422	36.04
股份有限公司		2031	-75.10	6 662	-46.07
合　计	**1 988**	**595 715**	**10.87**	**260 775**	**17.40**

外商直接投资行业 在外商直接投资项目中，生产型项目1 655个，非生产型333个。按行业分，农林牧渔业81项，采矿业6项，制造业1 544项，电力、煤气及水生产和供应业20项，建筑业4项，交通运输、仓储和邮政业25项，信息传输、计算机服务和软件业54项，批发和零售业52项，住宿和餐饮业40项，房地产业73项，租赁和商务服务业40项，科学研究、技术服务和地质勘查业13项，水利、环境和公共设施管理业6项，居民服务和其他服务业15项，教育2项，卫生、社会保障和社会福利业2项，文化、体育和娱乐业11项。

外商直接投资来源 投资者主要来自港、澳、台、东南亚和欧、美、日等国家和地区。其中香港921项、合同外资金额28.68亿美元，台湾省381项、5.45亿美元，东盟185项、4.49亿美元，美国98项、2.55亿美元，英属维尔京群岛78项、7.70亿美元，澳门66项、1.56亿美元，日本64项、1.06亿美元，欧盟61项、9 125万美元，萨摩亚34项、1.16亿美元，开曼群岛4项、9 037万美元等。

外商直接投资企业生产经营情况 2005年，全省外商投资企业实现工业产值4 776.11亿元，比上年增长20.50%，新增工业产值812.53亿元，占全省新增工业产值的58.05%；出口217.54亿美元，比上年增长18.11%，占全省出口总额的62.43%。

【对外经济合作】

承包工程和劳务合作 签订对外承包工程和劳务合作合同1 220项，合同金额5.73亿美元，比上年的5.68亿美元增长0.88%。完成营业额5.06亿美元，比上年的5.04亿美元增长0.39%。当年派出劳务人数1.78万人次，年末在外劳务人数5.05万人。劳务人员分布在新加坡、澳门、香港、以色列、塞班岛、柬埔寨、约旦、毛里求斯等80个国家和地区。主要对外承包工程项目有肯尼亚基塞沙公路、赤道几内亚公路修复工程、菲律宾棉兰老岛公路项目等。

对外经济技术援助 承担3期国外政府官员培训和4期国际技术培训，包括外向型经济、经济规划、知识产权保护研修和食用菌、花卉、菌草、海洋养殖等技术培训，共有56个国家、249位政府官员和技术人员参加了培训。

对外投资 新批准在日本、蒙古、荷兰、法国、新加坡、意大利、印度、匈牙利、南非、阿联酋、西班牙、纳米比亚、俄罗斯、佛得角、澳大利亚、新西兰、美国、德国、巴西、埃及、越南、菲律宾、印度尼西亚、泰国、柬埔寨、帕劳、巴哈马、文莱、马来西亚和香港等地举办海外投资项目66项，中方投资5 383万美元。其中加工贸易型19项、进出口贸易型45项、设立代表处2项。

【其他】

开发区 福建省经国务院批准的经济技术开发区有福州经济技术开发区、福清融侨经济技术开发区和福建东山经济技术开发区等。其中东山经济技术开发区继续加强基础设施建设，新投资534万元用于建设区内环境设施。开发区重点开发水产品、服装、罐头、金属制品等项目。2005年新批外商投资项目11项，合同外资金额3 725万美元，外商实际到资2 672万美元；全区进出口贸易3 402.70万美元，其中出口2 989.90万美元，进口412.80万美元。

商务洽谈会 第九届中国国际投资贸易洽谈会（简称“9·8”投洽会），于2005年9月8日在厦门市举行。本届洽谈会由中华人民共和国商务部主办，联合国贸发会议、联合国工发组织、国际金融公司和世界投资促进机构协办，福建省人民政府、厦门市人民政府和商务部投资促进事务局共同承办。本届大会共吸引了来自全球125个国家和地区的12 010多位境外客商到会。会上共签订外商投资合同项目1 053项，利用外资122.43亿美元；进出口贸易成交1.25亿美元。其中福建省签订外商投资合同项目756项，利用外资67.26亿美元；外贸出口成交5 716万美元。

由福建省人民政府、中国贸促会主办，福建省外经贸厅、福建省经贸委、福建省贸促分会、福州市人民政府共同承办的第二届中国福建商品交易会于2005年5月18日—5月22日在福州金山展览城成功举办。大会共接待参观、洽谈的各方人士近30万人次，进出口成交3 052万美元。

港口运输 全省港口货物吞吐量1.96亿吨，比上年增长23.80%。全年进出口货运总量6 779万吨，比上年增长20.20%。沿海港口国际标准集装箱吞吐量492.48万标箱，比上年增长15.70%。

涉外旅游 全年接待观光、探亲访友以及洽谈投资贸易的各类入境人士197.39万人次，比上年增长14.20%。其中，外国人72.36万人次，比上年增长14.70%；港澳台同胞125.03万人次，比上年增长13.70%。国际旅游（外汇）收入13.05亿美元，比上年增长22.50%。

2005年厦门市商务发展概况

厦门市贸易发展局　厦门市外商投资局

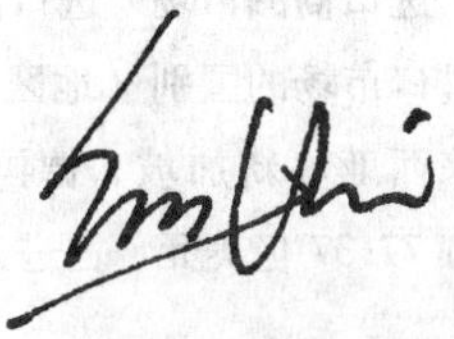

厦门市贸易发展局局长

熊衍良　生于1963年8月，福建省永定县人。博士研究生。1979—1986年在厦门大学化学系读本科与硕士研究生，1986—1988年任厦门大学化学系助教、讲师，1988—1994年在比利时鲁汶大学攻读博士学位。1994年后历任厦门市象屿保税区管委会副主任、厦门市贸易发展局副局长等职。现任厦门市贸易发展局局长、党组书记。

厦门市外商投资局局长

孙希有　哲学博士，高级经济师，现任厦门市外商投资局局长、党组书记。先后就读于吉林财贸学院、北京理工大学、吉林大学，获经济学学士、管理学硕士、哲学博士等学位。曾出版有《面向幸福的经济社会发展论》、《竞争战略分析方法》、《流量经济》、《银行调控经济原理》等近10部专著，发表论文数十篇。

【国内贸易】

社会消费品零售总额　2005年福建省厦门市社会消费品零售总额271.86亿元，比上年的234.46亿元增长16%。分行业看，批发零售贸易业零售额228.29亿元，餐饮业零售额30.08亿元，其他行业零售额13.49亿元。

限额以上批发零售贸易、餐饮业基本情况　截至2005年，共有限额以上批发零售贸易、餐饮业法人企业1021个，产业活动单位1662个，从业人数6.98万人。其中。批发业法人企业739个，产业活动单位846个，从业人数2.68万人；零售业法人企业161个，产业活动单位527个，从业人数1.90万人；餐饮业法人企业121个，产业活动单位289个，从业人数2.40万人。

批发零售贸易业商品购、销、存总额　限额以上批发零售贸易业商品购进总额1 317亿元（其中进口213亿元），商品销售总额1 403亿元（其中批发1 251亿元、零售152亿元、出口317亿元），年末库存总额113亿元。

市场物价　商品零售价格指数为99（以上年价格为100），居民消费价格指数为101（以上年价格为100）。

市场体系建设　经过近年来的有序建设和大力调整，厦门市市场体系建设取得显著成效，成为市场体系健全、商业业态丰富、居民消费方便的现代化商贸城市。目前已开业的大型批发市场（1万m^2以上）9个，大型零售商场（1万m^2以上）10个，基本形成以“富山—火车站—中山路”为核心的市级商业中心和江头、湖里、前埔等十个区域商业中心。从批发交易市场看，批发交易市场总量保持相对稳定状态，但市场成交额增长迅速，2005年亿元市场数已经达到15个，说明了厦门商品交易市场的规模在不断扩大，辐射能力有了进一步提高。特别是，培育了同安闽南果蔬批发市场、中埔农副产品批发市场、江头建材市场、厦门电子城等一批具有较强区域辐射力的专业市场，效果显著。

商业改革与发展　厦门市于2005年1月被商务部等七个部委列为全国深化流通体制改革试点城市后，积极探索培育和创新市场的新途径，组织一系列开拓市场、扩大消费活动，在活动中探索“部门配合、市场运作、市区联动”，推动商商、工商联手开拓市场的途径，取得了明显的成效。2005年社会消费品零售总额比上年增长16%，为“九五”以来少有的高速增长，也是“十五”以来增长最快的一年。同时，加强了专业街、专业市场、购物节等平台的建设和培育。制定《厦门市商业（专业）街认定办法》；策划、组织了“缤纷夏日购物月”和“厦门购物狂欢节”等活动，摸索通过培育大型购物节庆活动开拓市场、拉动消费的途径；建立了商贸系统与建设系统的季度联席会议机制，加强商贸设施建设中涉及规划布局、土地用途、建设管理等问题的协调统筹。

【对外贸易】

进出口总额　进出口总额285.79亿美元，比上年的241.00亿美元增长18.59%。

出口总额　出口总额172.68亿美元，比上年的139.46亿美元增长23.82%，占全市GDP 1 028亿元（相当于125.49亿美元）的137.60%，占全国出口额的2.30%。

进口总额　进口总额113.11亿美元，比上年的101.54亿美元增长11.39%。

出口商品市场　出口商品销往200个国家（地区）。主要出口市场的国别（地区）为：日本、美国、香港、德国、英国、台湾省、墨西哥、荷兰、加拿大和韩国等，金额120.47亿美元，占出口总额的69.76%

进口商品市场　进口商品来自128个国家（地区）。主要进口市场的国别（地区）为台湾省、日本、美国、韩国、马来西亚、新加坡、德国、菲律宾、英国、澳大利亚等，金额77.37亿美元，占进口总额68.40%。

厦门市2005年出口额5 000万美元以上商品情况表

金额分类	商品名称	出口金额（万美元）	占出口总额比重（%）
1亿美元以上（22种）	自动数据处理设备及其部件，服装及衣着附件，鞋类，石材及制品，感光材料（未曝光），体育用品及设备，纺织纱线、织物及制品，电视机，飞机及零件，塑料制品，旅行用品及箱包，树脂工艺品，家具，节能灯，自动数据处理设备的零件，伞，蔬菜，通断及保护电路装置，录音机及收录（放）音组合机（包括整套散件），蓄电池，船舶，汽车零件	1 116 033	64.63
5 000万—1亿美元（25种）	装饰用陶瓷制品，钨制品，医疗仪器及器械，制作或保藏的河鳗（烤鳗），扬声器，集装箱，金属硅，电线和电缆，电容器，钢材，电动机及发电机，蘑菇罐头，未锻造的铝及铝材，床垫、寝具及类似品，有线电话机，变压器，激光唱机，新的充气橡胶轮胎，游戏机，电视、收音机及无线电讯设备的零附件，水海产品，灯具、照明装置及类似品，录放音、像机及唱机的零附件，医药品，手持或车载无线电话机	175 562	10.17
合　计	**47种**	**1 291 595**	**74.80**

厦门市2005年进口额5 000万美元以上商品情况表

金额分类	商品名称	进口金额（万美元）	占进口总额比重（%）
1亿美元以上（23种）	集成电路及微电子组件，初级形状的塑料，自动数据处理设备的零件，自动数据处理设备及其部件，航空器零件，液晶显示板，石材荒料，钢材，大豆，铁矿砂及其精矿，飞机，通断及保护电路装置，电视、收音机及无线电讯设备的零附件，未锻造的铝及铝材，成品油，电容器及其零件，涡轮喷气发动机，乙二醇，纸浆，饲料用鱼粉，电池，计量检测分析自控仪器及器具，牛皮革及马皮革	651 662	57.62
5 000万—1亿美元（17种）	二极管及类似半导体器件，对苯二甲酸，机械提升搬运装卸设备及零件，未锻造的铜及铜材，汽车和汽车底盘，变压、整流、电感器及零件，合成橡胶（包括胶乳），煤，废纸，电线和电缆，传真机，印刷电路，橡胶或塑料加工机械及零件，合成纤维纱线，非泡沫塑料的板、片、膜、箔，感光材料，金属加工机床	116 727	10.32
合　计	**40种**	**768 389**	**67.94**

厦门市2005年主要出口市场情况表

国别（地区）	出口金额（万美元）	占出口总额比重（%）	国别（地区）	出口金额（万美元）	占出口总额比重（%）
日　本	389 812	22.57	新加坡	32 209	1.87
美　国	376 428	21.80	意大利	26 495	1.53
香　港	148 692	8.61	西班牙	25 081	1.45
德　国	66 923	3.88	马来西亚	23 654	1.37
英　国	41 657	2.41	法　国	23 521	1.36
台湾省	41 290	2.39	澳大利亚	21 969	1.27
墨西哥	37 526	2.17	比利时	21 855	1.27
荷　兰	35 219	2.04	阿联酋	20 969	1.21
加拿大	34 140	1.98	菲律宾	20 894	1.21
韩　国	33 007	1.91	印度尼西亚	15 853	0.92
合　计				**1 437 195**	**83.23**

厦门市2005年主要进口市场情况表

国别（地区）	进口金额（万美元）	占进口总额比重（%）	国别（地区）	进口金额（万美元）	占进口总额比重（%）
台湾省	171 246	15.14	菲律宾	25 411	2.25
日　本	148 714	13.15	英　国	22 427	1.98
美　国	136 852	12.10	澳大利亚	15 128	1.34
韩　国	116 516	10.30	加拿大	13 679	1.21
中　国	101 120	8.94	哥斯达黎加	13 184	1.17
马来西亚	60 164	5.32	阿根廷	13 159	1.16
新加坡	41 204	3.64	香　港	12 054	1.07
德　国	36 043	3.19	印度尼西亚	11 691	1.03
印　度	33 014	2.92	意大利	11 282	1.00
泰　国	26 626	2.35	秘　鲁	9 123	0.81
合　计				**1 018 636**	**90.10**

【利用外资】

概况　2005年厦门市共新批外商投资项目364个，合同利用外资12.9亿美元，完成当年度10.8亿美元目标的119.9%，比上年增长22.73%；实际利用外资7.07亿美元，完成当年度6亿美元目标的117.91%，比上年增长24.06%，实际利用外资居福建省各地市首位。

主要特点　1. 月平均引进合同外资额突破1亿美元，达到1.08亿美元，比上年月平均多引进2 000万美元。2. 先进国家和地区及知名企业对厦投资更加活跃，韩国对厦投资比上年增长2.3倍，欧洲国家如丹麦、法国、意大利、荷兰对厦投资分别增长7.1倍、93倍、4.3倍、4.4倍，国外知名企业如美国电力转换公司、百得公司、韩国唯开通信等分别在厦投资。3. 全球500强跨国公司在厦的投资新增8个项目，包括法国家乐福、日本丰田通商、美国柯达公司等。截至2005年，《财富》500强在厦门市累计投资65个项目，投资总额为18.19亿美元，合同利用外资12.15亿美元。4. 原有外资企业增资扩产，增加合同外资比上年增长55%。5. 吸收台资步伐加快，全年新批准设立台资（含第三地转投资，下同）项目129个，合同台资4.9

亿美元，比上年增长33.8%。6. 投资规模在千万美元以上的项目达74个，合同利用外资9.76亿美元，比上年增长44.48%，为历年来最多。7. 第三产业利用外资的比重提高、力度加大。2005年利用外资在一、二、三产业合同外资比重分别占0.59%、69.01%和30.4%，第二产业比重下降，第三产业比重较上年上升了6.74个百分点。从增幅情况看，第一产业增长93.4%，第二产业增长11.49%，第三产业增长57.7%，其中第三产业对全市增长的拉动力最强，贡献率为60%。

外商投资企业生产经营情况 外商投资企业工业总产值1 641.67亿元，同比增长22.1%，占全市工业总产值2 026.91亿元的81%。涉外税收累计86.41亿元，增长20.7%，占全市税收总额的44.7%。进出口总值184.14亿美元，占全市进出口总值的64.43%，增长19.02%；其中，出口107.21亿美元，占全市出口额的62.09%，增长24.20%；进口76.93亿美元，占全市进口额的68%，增长12.44%。

【对外经济合作】

承包工程和劳务合作 签订对外承包工程和劳务合作合同项目113个，金额7 545.70美元，比上年的12 276.0万美元下降38.50%；完成营业额7 999.90万美元，比上年的7 518.40万美元增长6.4%；当年派出劳务人员4 137人次，年末在外人数8 759人，派往的主要国家和地区为新加坡、香港、毛里求斯和巴林等。

对外投资 在海外举办企业（系指非贸易性企业）的项目16个，投资总额710.99万美元，全部为中方独资。投资国别（地区）主要为埃及、香港等。

【其他】

开发区 厦门火炬高技术产业开发区全年完成工业总产值583亿元，增长22.50%；GDP达108亿元，增长21.30%，出口36.37亿美元，增长19.99%；合同利用外资1.75亿美元，增长44.64%；实际到资9 513万美元，增长92.88%。

出口加工区 厦门出口加工区全年完成基础设施投资2 036万元，批准投资总额3 752.10万美元；合同利用外资1 740万美元，实际利用外资670万美元；进口10 290.81万美元，出口20 631.43万美元。已形成以出口为主的高新技术产业，主要有电子、生物、机械、化工等。

保税区 象屿保税区GDP达12.8亿元，增长23.00%；规模以上工业产值9.30亿元，增长14.80%；基础设施投入26 719万元（包括保税物流园区）；物流营业收入12.50亿元，增长35.00%；港口集装箱吞吐量69万标箱，增长9.70%；区内企业进出口总额23.70亿美元，增长17.10%；合同利用外资1 922万美元，实际利用外资1 625万美元。2005年12月保税物流园区（区港联动试点）顺利通过海关总署联合验收组的正式验收，并逐步建成为物流采购中心和亚太国际货物集散地。

商务洽谈会 第九届中国国际投资贸易洽谈会（简称投洽会）于2005年9月8日至9月11日在厦门举办。本届投洽会共吸引了125个国家和地区的12 015位境外各界人士参会，共签订各类投资项目1411个，总投资金额268.5亿美元，利用外资222.75亿美元，其中合同项目1 053个，总投资额147.34亿美元，利用外资122.43亿美元；进出口贸易成交1.25亿美元。此外，由温家宝总理倡议举办的亚欧会议贸易投资博览会与投洽会同期同馆举行，共签订各类投资项目226个，总投资额60.25亿美元，利用外资53.05亿美元，进出口贸易成交1 418万美元。

第九届海峡两岸机械电子商品交易会暨厦门对台出口商品交易会（简称台交会）于2005年4月12日—15日在厦门举行。本届台交会展位达1 486个，展览面积3.3万平方米，参展企业近千家。共有来自39个国家和地区的15 168名专业客商到会，比上届增长14%，其中境外客商3 231名，比上届略有增长。

港口运输 厦门港货物吞吐量为4 770.8万吨，增长11.95%。港口集装箱吞吐量达334.3万标箱，增长11.40%。

涉外旅游 共接待过夜境外游客72.31万人次，增长22.46%。其中外国人40.23万人次，香港同胞7.58万人次，澳门同胞0.69万人次，台湾同胞23.80万人次。旅游外汇收入5.521亿美元，增长32.69%。

2005年福州市商务发展概况

福州市对外贸易经济合作局

福州市对外贸易经济合作局局长

张献勇　生于1956年3月。厦门大学哲学系毕业，中共党员。2002年2月任福州市对外贸易经济合作局局长。

【国内贸易】

社会消费品零售总额　2005年福建省福州市社会消费品零售总额663.05亿元，比上年的567.32亿元增长16.87%。其中，城市消费品零售额513.70亿元，县消费品零售额41.32亿元，县以下消费品零售额108.03亿元。分行业看，批发零售贸易业零售额567.43亿元，餐饮业零售额91.33亿元，其他行业零售额4.29亿元。

市场物价　商品零售价格指数为101.1（以上年价格为100）；居民消费价格指数为102.6（以上年价格为100），其中城市103.2，农村102。

【对外贸易】

进出口总额　进出口总额1 353 490万美元，比上年1 252 722万美元增长8.04%。

出口总额　出口总额851 780万美元，比上年744 391万美元增长14.43%，占福州市GDP（1 720亿元人民币）的40.56%，占全省出口总值3 484 538万美元的24.44%。

出口商品结构　初级产品出口额46 765万美元，占出口总额的5.49%；工业制成品的出口额805 015万美元，占出口总额的94.51%。

出口商品市场　出口商品销往193个国家和地区。

福州市2005年出口额3 000万美元以上商品情况表

金额分类	商品名称	出口金额（万美元）	占出口总额比重（%）
1亿美元以上（9种）	液晶显示器，鞋，纺织制品，阴极射像管显示器，塑料及其制品，木制品，箱包，制作或保藏的小虾及对虾，制作或保藏的鳗鱼	537 143	63.06
5 000万—1亿美元（10种）	发电机组，黄金首饰及其制品，花岗岩碑石或建筑用石及其制品，液晶显示板，彩色视频投影机，钢铁制品，视频信号录像设备及零件，金属框架坐具，铝合金矩形板、片，机动车辆用点火布线组	80 315	9.43
3 000—5 000万美元（7种）	贱金属雕塑像及其他装饰品，彩色数据或图形显示管，天然砂，阴极射线管零件	14 719	1.73
合　计	**26种**	**632 177**	**74.22**

福州市2005年主要出口市场情况表

国别（地区）	出口金额（万美元）	占出口总额比重（%）	国别（地区）	出口金额（万美元）	占出口总额比重（%）
美　国	243 088	28.54	英　国	20 945	2.46
日　本	94 094	11.05	新加坡	16 375	1.92
香　港	76 932	9.03	加拿大	15 942	1.87
荷　兰	71 105	8.35	台湾省	15 710	1.84
德　国	29 231	3.43	澳大利亚	14 715	1.73
合　计				**598 137**	**70.22**

进口总额　进口总额501 710万美元，比上年498 331万美元增长0.68%。

进口商品市场　进口商品主要来自86个国家和地区。

福州市2005年进口额3 000万美元以上商品情况表

金额分类	商　品　名　称	进口金额（万美元）	占进口总额比重（%）
1亿美元以上（5种）	液晶显示板，纺织原料，饲料用鱼粉，单片集成电路，制阴极射线管用玻璃外壳及玻璃零件	238 170	47.47
5 000万—1亿美元（8种）	黄大豆，矿产品（无烟煤），整张牛、马皮革，彩色数据或图形显示管，光学元件，二极管，阴极射线管零件，初级形状的丙烯腈－丁二烯－苯乙烯共聚物	50 064	9.98
3 000—5 000万美元（4种）	棕榈液油，鞋靴零件，8525—8528所列装置及零件，木浆	13 328	2.66
合　计	**17种**	**301 562**	**60.11**

福州市2005年主要进口市场情况表

国别（地区）	进口金额（万美元）	占进口总额比重（%）	国别（地区）	进口金额（万美元）	占进口总额比重（%）
台湾省	153 920	30.68	瑞　士	9 818	1.95
日　本	72 426	14.44	德　国	8 617	1.72
韩　国	69 314	13.81	阿根廷	6 934	1.38
美　国	18 597	3.71	印度尼西亚	5 345	1.07
马来西亚	10 787	2.15	越　南	4 813	0.96
合　计				**360 571**	**71.87**

【利用外资】

新批外商投资企业项目 326 项，比上年 414 项下降 21.26%；合同外资 116 672 万美元，比上年 135 003 万美元下降 13.58%。其中合资企业 81 项，合同外资 12 603 万美元；合作经营企业 11 项，合同外资 6 581 万美元；外资企业 234 项，合同外资 96 779 万美元；股份有限公司合同外资 709 万美元。全年实际使用外资 64 017 万美元，比上年 60 635 万美元增长 5.58%。

外商直接投资行业 外商直接投资的 326 项中，农、林、牧、渔业 5 项，金额 8 141 万美元；制造业 239 项，87 433万美元；电力、燃气及水的生产和供应业 1 项，减少 5 万美元；交通运输、仓储和邮政业 7 项，5 710 万美元；信息传输、计算机服务和软件业 9 项，1 764 万美元；批发和零售业 16 项，1 858 万美元；住宿和餐饮业 10 项，2 035 万美元；房地产业 10 项，7 045 万美元；租赁和商务服务业 18 项，1 397 万美元；水利、环保和公共设施管理业 3 项，709 万美元；居民服务和其他服务业 4 项，325 万美元；文化、体育和娱乐业 2 项，177 万美元。

外商直接投资来源 投资者主要来自香港、澳门、台湾省、日本、马来西亚、印度尼西亚、新加坡、韩国、南非、德国、荷兰、阿根廷、加拿大、美国、澳大利亚等 31 个国家和地区。其中香港 51 862 万美元；英属维尔京群岛 22 617 万美元；台湾省 8 779 万美元；美国 7 375 万美元；日本 5 122 万美元；澳大利亚 2 997 万美元。

外商直接投资企业生产经营情况 全年有 225 家外商投资企业投产开业，截至 2005 年已开业投产的外商投资企业 4 335 家，当年实现工业产值 1 130.32 亿元人民币，占福州市同期规模以上工业总产值 1 874.96 亿元的 60.29%；外商投资企业出口 590 034 万美元，比上年 555 672 万美元增长 6.18%，占全市出口总额的 69.27%。

【对外经济合作】

承包工程和劳务合作 签订对外承包合同和劳务合作合同项目 122 个，合同金额7 797美元，比上年增长 6.95%；完成营业额 6 530 万美元，比上年增长 5.02%；全年外派劳务人员 2 257 人次，比上年增长 1.48%；年末在外劳务人员 5 409 人，比上年增长 3.80%。主要派往台湾省、澳门、新加坡、香港、也门、日本、印度尼西亚、马来西亚、越南、柬埔寨、以色列、缅甸、泰国、俄罗斯、希腊、罗马尼亚、牙买加、阿根廷、马达加斯加、斐济、巴布亚新几内亚等国家和地区。主要从事渔工、海员、建筑、制衣、机械、针织、电子、餐饮等业务。

对外投资 全年新批境外投资项目 14 项，比上年增长 7.69%，对外投资总额 466.6 万美元，比上年下降 46.73%，其中，中方投资 350.6 万美元，比上年下降 55.11%。

【其他】

经济技术开发区 福州经济技术开发区集国家级经济技术开发区、台商投资区、高科技园区和地方行政区于一体。2005 年国务院批准开发区区域从 10 平方公里扩大到 23 平方公里，同意设立 1.14 平方公里的出口加工区。全年新批外商投资项目 31 项，总投资 3.52 亿美元，合同外资 1.33 亿美元；实际利用外资 7 021 万美元；出口 10.59 亿美元；实现工业产值 239.20 亿元，财政收入 15.69 亿元。

福州保税区新批外商投资项目 40 项，总投资 5 055 万美元，合同外资 593 万美元；实际利用外资 347 万美元；进出口货物总值 10.14 亿美元，其中出口 1.24 亿美元，进口 8.90 亿美元；实现工业产值 2.07 亿元。

融侨开发区新批外商投资项目 38 项，总投资 1.24 亿美元，合同外资 5 083 万美元；实际利用外资 1.05 亿美元；出口 36.28 亿美元；实现工业产值 403 亿元。

元洪投资区新批外商投资项目 26 项，合同外资 1.54 亿美元，实际利用外资 1.19 亿美元。

商务洽谈会 2005 年 5 月在福州市举办的第七届海峡两岸经贸交易会，共签订外商投资项目 342 项，利用外资 24.78 亿美元，其中合同 209 项，利用外资 10.37 亿美元。9 月福州市代表团参加第九届中国投资贸易洽谈会，共签约项目 229 项，利用外资 15.11 亿 美元，其中合同 139 项，协议外资 8.5 亿美元。

港口运输 到 2005 年底福州港有生产性泊位 134 个，其中万吨级以上深水泊位 23 个。2005 年港口年货物吞吐量 7 423.06 万吨，比上年增长 27.79%，其中集装箱进出口量 80.39 万标箱，比上年增长 13.58%。外贸吞吐量 2 435.44 万吨（出口 2 124.30 万吨，进口 311.14 万吨），比上年增长 33.65%。

涉外旅游 2005 年福州市不断开拓旅游项目，拓展客源市场，培育旅游品牌。全年共接待国内外游客 798.29 万人次，旅游总收入 107.12 亿元人民币；其中接待境外游客 30.89 万人次，旅游创汇 2.74 亿美元。

2005年江西省商务发展概况

江西省国内贸易行业管理办公室　江西省对外贸易经济合作厅

江西省国内贸易行业管理办公室主任

李青华　生于1960年8月，江西省宁都县人。中央党校研究生学历，高级讲师。1979年9月加入中国共产党。历任江西省商业学校办公室主任、校长助理，江西省商业厅人事教育处副处长，江西省贸易学校校长、党委书记，江西省国内贸易行业管理办公室副主任、党组成员。2005年7月任江西省国内贸易行业管理办公室主任、党组成员。

江西省对外贸易经济合作厅厅长

杨洪基　生于1947年11月，江苏省武进人。工学学士，高级工程师。1968年参加工作。1981年加入中国共产党。历任江西汽车制造厂党委书记，南昌市人民政府副秘书长、办公厅主任、秘书长，南昌高新技术产业开发区工委书记、管委会主任，南昌市人民政府副市长、市委常委、常务副市长等职。2003年2月任江西省对外贸易经济合作厅厅长、党组书记。

【国内贸易】

社会消费品零售总额　2005年江西省社会消费品零售总额1 236.2亿元，比上年的1 074.5亿元增长15.0%。其中，城市消费品零售额651.6亿元，县消费品零售额271.4亿元，县以下消费品零售额313.1亿元。分行业看，批发零售贸易业零售额1 096.5亿元，餐饮业零售额123.3亿元，其他行业零售额16.4亿元。

限额以上批发零售贸易、餐饮业基本情况　截至2005年，共有限额以上批发零售贸易、餐饮业法人企业723个，产业活动单位1 995个，从业人数109 233人。其中，批发业法人企业250个，产业活动单位1 048个，从业人数45 162人；零售业法人企业307个，产业活动单位733个，从业人数43 113人；餐饮业法人企业166个，产业活动单位214个，从业人数20 958人。

批发零售贸易业商品销售总额　批发零售贸易业商品销售总额2 062.5亿元，比上年的1 916.5亿元增长7.6%。其中，限额以上企业商品销售额755.7亿元（其中批发530.6亿元、零售225.0亿元），限额以下企业及个体户1 306.8亿元。

市场物价　商品零售价格指数为100.9（以上年价格为100），其中城市100.3，农村101.4；居民消费价格指数为101.7（以上年价格为100），其中城市101.5，农村102.2。

市场体系建设　2005年，江西省共有各类商品交易市场2 395个，其中消费品市场2 161个，生产资料市场145个，生产要素市场89个。全年成交额10亿元以上的大型商品交易市场11个，全年成交额1亿元以上的商品交易市场72个。南昌市、景德镇市、上饶市的商业网点规划已经当地政府批准实施，新余市、鹰潭市的商业网点规划初稿已经完成，九江市、宜春市的商业网点规划正在加紧编制。在实施“万村千乡”市场工程中共建设与改造符合标准的

"农家店" 1 210 家，其中乡镇店 170 家，村级店 1 040 家。生猪定点屠宰场 389 个，县城以上城区生猪定点屠宰率达到 90%。拍卖企业 121 个，全年累计成交金额 35.6 亿元。典当 37 家，全年累计典当总额 7.3 亿元。旧机动车交易中心 14 个，全年累计交易二手车 35 174 辆。废旧物资回收经营企业 170 个，全年累计回收生产性废旧金属 185.7 万吨。报废汽车回收拆解企业 13 个，全年累计回收拆解报废汽车14 583辆。编制出台了《江西省洗涤业服务操作规程和质量要求》和《江西省洗涤企业星级的划分及评定》两个地方标准。

商业改革与发展 2005 年，江西省共有限额以上连锁内贸企业 34 个，全年累计实现销售额 221.7 亿元。物流企业 700 多个，全年完成货运量 3.4 亿吨，货物周转量 878.5 亿吨公里。开通了"江西商贸"政府门户网站，"江西美容美发网"日点击率最高达到 3 万人次。全国市场监测样本企业 134 个，样本企业信息报送率达到 70%。制定了《江西省生活必需品市场供应突发事件应急预案》。南昌市西湖区十字街道建设桥社区和东湖区滕王阁街道上凤凰坡社区被商务部授予全国商业社区示范社区，认定江西省商业社区示范社区 14 个。赣州市被全国"三绿工程"办公室评为先进单位，"四特酒"被评为全国畅销品牌。在南昌市举办了全国首届辣文化美食节。评定国家级酒家酒店 12 个。内贸行业招商引资项目 218 个，实际引进资金 13.78 亿元。全国"百城万店无假货"示范店 5 个，省级示范店 28 个，省级示范街 11 条。南昌亨得利有限责任公司被中国商业名牌管理委员会认定为中国商业名牌企业。

【对外贸易】

进出口总额 进出口总额 40.59 亿美元，比上年的 35.32 亿美元增长 14.92%。

出口总额 出口总额 24.40 亿美元，比上年的 19.95 亿美元增长 22.31%，占全省 GDP 4 070 亿元（相当于 506.85 亿美元）的 4.81%，占全国出口额的 0.32%。

进口总额 进口总额 16.19 亿美元，比上年的 15.37 亿美元增长 5.34%。

出口商品结构 初级产品出口额 1.55 亿美元，占出口总额的 6.35%；工业制成品出口额 22.85 亿美元，占出口总额的 93.65%。出口主要商品 226 种，其中出口金额在 100 万美元以上的有 82 种，计 20.32 亿美元，占出口总额的 83.28%。

进口商品结构 初级产品进口额 7.24 亿美元，占进口总额的 44.73%；工业制成品进口额 8.95 亿美元，占进口总额的 55.27%。进口主要商品 193 种，其中进口金额在 100 万美元以上的商品有 86 种，计 14.88 亿美元，占进口总额的 96.82%。

出口商品市场 出口商品销往 189 个国家和地区。出口金额在 500 万美元以上的有 52 个国家和地区，计 22.94 亿美元，占出口总额的 93.58%。

进口商品市场 进口商品来自 74 个国家和地区。进口金额在 100 万美元以上的有 40 个国家和地区，计 16.13 亿美元，占进口总额的 99.63%。

技术进出口 技术进出口总额 1.60 亿美元，比上年的 9 699 万美元增长 65.06%。签订引进技术和进口设备合同项目 68 个，比上年增加 20 个；合同金额 7 249 万美元，比上年的 4 562 万美元增长 58.90%；签订技术出口合同金额 8 760 万美元，比上年的 5 137 万美元增长 70.53%。

技术进口 引进技术和设备进口主要来自荷兰、芬兰、奥地利、日本、香港、土耳其、德国、英属维尔京群岛、意大利、俄罗斯等 10 个国家和地区。引进项目的主要行业、项目数及金额是：制造业 45 项，3 680 万美元；交通运输、仓储及邮电通讯业 4 项，3 030 万美元；农、林、渔、牧业 5 项，126 万美元。上述 54 个引进项目全部投产，经济效益较好。

技术出口 高新技术出口的主要产品有：计算机及通信技术 2 447 万美元、生命技术 2 099 万美元、电子技术 1 696万美元、材料技术 1 080 万美元。高新技术出口到 81 个国家和地区，主要出口国别和地区是：美国 1 153 万美元、新加坡 795 万美元、香港 404 万美元、印度 231 万美元、巴西 208 万美元、日本 191 万美元。

江西省 2005 年出口额 500 万美元以上商品情况表

金额分类	商品名称	出口金额（万美元）	占出口总额比重（%）
5 000 万美元以上（10 种）	服装及衣着附件、纺织纱线和织物及制品、运输工具、金属制品、钨及其化合物、机械设备、未锻造银、铁合金、鞋类、烤鳗	124 182	50.89

江西省2005年出口额500万美元以上商品情况表（续）

金额分类	商品名称	出口金额（万美元）	占出口总额比重（%）
1 000万~5 000万美元（30种）	金属碳化物、仪器仪表、烟花爆竹、橡胶轮胎、稀土金属及化合物、打火机、瓷器、塑料制品、钼及其制品、医药品、草酸钴、其他硅、活猪、碳酸钴、金化合物、氟石、玩具、钢铁制桥梁、纸及纸板、DVD播放机、智能卡、铝及制品、茶叶、铜及其制品、旅行箱包、氮化合物、玻璃制品、灯具、光学元件、毛发制品	63 599	26.06
500万~1 000万美元（11种）	米粉干、松香及树脂酸、活性炭、水龙头、蔬菜及罐头、银制器皿、花岗岩碑及制品、氧化钴、佛龛、饲料、竹制一次性筷子	6 959	2.85
合　计	**51种**	**194 740**	**79.81**

江西省2005年主要出口市场情况表

国别（地区）	出口金额（万美元）	占出口总额比重（%）	国别（地区）	出口金额（万美元）	占出口总额比重（%）
香　港	40 246	16.49	德　国	6 305	2.58
美　国	37 805	15.49	阿联酋	5 786	2.37
日　本	28 279	11.59	新加坡	5 379	2.20
荷　兰	12 476	5.11	英　国	5 177	2.12
韩　国	7 326	3.00	印度尼西亚	4 316	1.77
合　计				**153 095**	**62.74**

江西省2005年进口额500万美元以上商品情况表

金额分类	商品名称	进口金额（万美元）	占进口总额比重（%）
1 000万美元以上（17种）	机械及运输设备、铜矿砂、铜及制品、铁矿砂、仪器仪表、纸浆、钴矿砂、仪器仪表、有机化学品、集成电路、初级形状的塑料、纺织机织物、废纸、燃油泵、发电机组、天然橡胶、橡胶制品	144 813	89.23
500万~1 000万美元（8种）	合成纤维长丝、铌钽钒矿砂及精矿、塑料制品、石油沥青、铝矿砂、汽车零部件、单晶硅切片、棕榈油	5 145	3.18
合　计	**25种**	**149 958**	**92.60**

江西省2005年主要进口市场情况表

国别（地区）	进口金额（万美元）	占进口总额比重（%）	国别（地区）	进口金额（万美元）	占进口总额比重（%）
智　利	26 888	16.60	德　国	8 528	5.27
日　本	20 625	12.74	巴基斯坦	8 498	5.25
美　国	12 278	7.58	阿根廷	7 795	4.81
台湾省	10 795	6.67	秘　鲁	7 253	4.48
澳大利亚	8 779	5.42	巴　西	5 611	3.46
合　计				**117 050**	**72.28**

【利用外资】

江西省2005年利用外资情况表

利用外资方式	批准签订的合同			实际利用外资	
	项目数（个）	外资金额（万美元）	金额比上年增长（%）	金　额（万美元）	金额比上年增长（%）
外商直接投资	940	387 645	24.53	242 258	18.04
中外合资企业	175	58 993	44.34	48 614	16.64
中外合作企业	23	27 320	56.77	5 822	8.22
外资企业	741	298 353	17.96	195 180	23.44
股份有限公司	1	2 979	4 554.69	3 257	4 989.06
合　计	**940**	**387 645**	**24.53**	**242 258**	**18.04**

江西省2005年外商直接投资行业情况表

行　业	项目数（个）	合同外资（万美元）	占合同外资总额（%）
农、林、牧、渔业	78	21 260	5.48
采矿业	12	5 151	1.33
制造业	560	205 048	52.90
电力、燃气及水的生产和供应业	34	27 398	7.07
建筑业	15	15 106	3.90
交通运输、仓储和邮政业	8	8 340	2.15
信息传输、计算机服务和软件业	12	11 526	2.97
批发和零售业	13	2 785	0.72
住宿和餐饮业	50	10 532	2.72
金融业	1	500	0.13

江西省2005年外商直接投资行业情况表（续）

行　业	项目数（个）	合同外资（万美元）	占合同外资总额（%）
房地产业	106	59 994	15.48
租赁和商务服务业	13	3 572	0.92
科学研究、技术服务和地质勘查业	3	225	0.06
水利、环境和公共设施管理业	11	4 252	1.10
居民服务和其他服务业	7	2 709	0.70
教育	6	4 668	1.20
文化、体育和娱乐业	11	4 579	1.18
合　计	**940**	**387 645**	**100.00**

外商直接投资行业　外商直接投资项目中，生产型699项，占74.37%；非生产型241项，占25.63%。

外商直接投资来源　外商直接投资来自58个国家和地区。投资额居前六位的是：香港14.40亿美元，占利用外商直接投资总额的57.47%；台湾省2.16亿美元，占8.64%；新加坡1.25亿美元，占4.99%；美国1.09亿美元，占4.37%；英属维尔京群岛1.03亿美元，占4.12%；菲律宾5 684万美元，占2.27%。前六位的国家和地区投资总额为20.50亿美元，占全年利用外商直接投资的84.64%。

外商直接投资企业生产经营情况　全省有2 090家外商投资企业投产开业。截至2005年，全省累计批准外商投资企业8 779家。外商投资企业2005年出口创汇6.43亿美元，比上年的5.30亿美元增长21.34%，占全省出口总额的比重为26.34%。1 965家外商投资企业，资产总额946.76亿元，负债总额470.14亿元，实现销售收入596.37亿元，缴纳税金31.81亿元，利润39.69亿元；从业人员26.89万人，其中外籍人员2 361人。

【对外经济合作】

承包工程和劳务合作　签订承包工程和劳务合作合同项目106个，比上年减少13项；合同金额2.85亿美元，比上年的1.42亿美元增长100.7%；完成营业额2.12万美元，比上年的1.68亿美元增长26.19%；当年派出劳务人员3 184人，年末在外人数7 052人，比上年增加160人。劳务人员派往58个国家和地区，主要国家和地区是：马里、博茨瓦纳、马来西亚、津巴布韦、日本、约旦、新加坡、塞班、尼泊尔、印度尼西亚、斯里兰卡等。承包工程的主要国别及项目有：津巴布韦孔兹大坝项目8 572万美元、印度尼西亚电厂项目5 000万美元、赤道几内亚马拉伯住宅项目3 911万美元、尼日利亚哈克特港建房项目3 500万美元、津巴布韦宾都拉大坝项目2 778万美元、阿尔及利亚农田灌溉项目2 222万美元、阿联酋阿布扎比别墅项目2 000万美元。

接受经济援助　接受国际经济援助及双边援助项目2个，比上年减少3个，金额16万美元，比上年的112万美元下降85.71%。

【其他】

高新技术产业开发区　南昌高新技术产业开发区完成技工贸总收入240亿元，比上年增长60%；工业总产值210亿元，增长61.54%；销售收入205亿元，增长35.31%；财政总收入7.12亿元，增长36.92%；出口创汇9 072亿美元，增长51.82%；实际利用外资1.46亿美元，增长16.39%；利用内资34亿元，增长54.5%。

高新区基础设施建设不断加强，近年来，累计完成基础设施投资40亿元，产业区面积扩大到32平方公里。2005年，江铜耶兹、南昌科勤、东元电机、方大新材料、冠日通讯等30余家企业先后竣工投产，另有一元数码、瑞丰生化、长力弹簧、钻石工具等47个项目在建，产业集聚效应正在显现。目前，全区共有高新技术企业188家，各类技术中心28家，重点实验室15家，博士后工作站5家，其中先锋软件、中兴软件、捷德智能卡、泰豪信息4家软件企业跻身中国软件百强行列，有17个软件项目分别列为国家重点新产品、国家火炬计划项目、国家规划布局内重点软件项目。

经济技术开发区　南昌经济技术开发区实现技工贸总收入280亿元，比上年增长68.50%；工业总产值223亿元，增长21.85%；实现工业增加值50.49亿元，增长21.66%；财政收入5.04亿元，增长22.93%；出口创汇5 153万美元，增长51.69%；实际利用外资1.54亿美元，下降2.51%；利用内资32.11亿元，增长43.09%。

开发区基础设施建设不断完善，全年完成基础设施建设投资近30亿元，累计完成开发面积43平方公里；105国道、320国道、316国道交汇于开发区，昌九、昌樟、昌沪高速公路横贯开发区；京九铁路在开发区内建有客运、货运站，昌北国际机场距开发区仅15分钟车程。2005年，晶湛科技、中国普天、格林柯尔、科龙、中泰凯马、山东晨鸣纸业、三星奥克斯、鸿源数显、华科机械、百路佳客车、杭萧钢构、陆风汽车、清华科技园、北大科技园等已在区内落户，形成了以汽车制造、家用电器、电子信息、现代造纸四大产业为主导的生产基地。

九江出口加工区 九江出口加工区2005年6月经国务院批准设立，是江西省首家国家级出口加工区，出口加工区总规划面积为2.81平方公里，其中起步期0.987平方公里，已完成规划、征地拆迁，正抓紧建设之中，预计2006年7月前封关运作。

九江出口加工区位于江西省九江市的南侧，坐落在九江经济技术开发区内，距九江市中心9公里。加工区背靠庐山，面临长江，距国家一类对外开放口岸九江港15公里，距九江火车站11公里，距南昌昌北国际机场100公里、九江机场14公里，昌九高速公路、105国道、316国道从出口加工区经过，地理位置优越，交通运输便利。

商务洽谈会 2005年3月份召开了跨国公司驻北京代表处首席代表座谈会，通用汽车、三菱重工、壳牌等近100家跨国公司的驻京办事处代表、外国驻京使馆经济官员、外国商会组织代表参加座谈会。4、5月份分别在香港举办了基础设施专题招商推介会和旅游招商活动，签约项目108个，外资金额17.83亿美元。2005年还分别在德国进行了重点项目招商、在法国、荷兰进行了农业项目招商、在日本、韩国开展工业招商活动、在庐山举办了赣台经贸合作研讨会等。此外，还组团参加了华交会、广交会、厦门（中国）投资贸易洽谈会、深圳中国国际高新技术成果交易会以及日本神户、德国科隆、俄罗斯莫斯科和中东迪拜国际博览会，共签订利用外资合同305项，合同外资额39.40亿美元，成交出口商品额9.52亿美元，占全年出口总额的39.12%。

港口运输 九江港有16个泊位，港口年吞吐能力1 500万吨，2005年完成货物吞吐总量928万吨，比上年增长37.89%，其中外贸进出口货物吞吐量28.95万吨（出口量18.61万吨，增长60.71%；进口量10.34万吨，增长174.27%），增长88.60%。2005年江西省外贸运输货物总量46.24万吨（出口量28.25万吨，增长73.85%；进口量17.99万吨，下降33%），增长7.29%。按运输方式分，水运量15.33万吨，增长14.23%；空运量306吨，增长3.73%；陆运量30.88万吨，增长4.15%。

涉外旅游 接待旅游、参观、访问及从事各项交流活动的外国人、海外侨胞和港澳台同胞37.30万人次，比上年的28.75万人次增长29.74%；旅游外汇收入1亿美元，比上年的7 976万美元增长25.38%。

小资料

CPI是怎么得来的

大多数国家都编制居民消费价格指数（CPI），反映城乡居民购买并用于消费的消费品及服务价格水平的变动情况，并用它来反映通货膨胀程度。从2001年起，我国采用国际通用做法，逐月编制并公布以2000年价格水平为基期的居民消费价格定基指数，作为反映我国通货膨胀（或紧缩）程度的主要指标。经国务院批准，国家统计局城调总队负责全国居民消费价格指数的编制及相关工作，并组织、指导和管理各省区市的消费价格调查统计工作。

我国编制价格指数的商品和服务项目，根据全国城乡近11万户居民家庭消费支出构成资料和有关规定确定，目前共包括食品、烟酒及用品、衣着、家庭设备用品及服务、医疗保健及个人用品、交通和通讯、娱乐教育文化用品及服务、居住八大类，251个基本分类，约700个代表品种。居民消费价格指数就是在对全国550个样本市县近3万个采价点进行价格调查的基础上，根据国际规范的流程和公式算出来的。

2005年山东省商务发展概况

山东省经济贸易委员会　山东省对外贸易经济合作厅

山东省经济贸易委员会副主任

王德福　生于1952年，山东省济宁市人，1971年参加工作，中共党员，大学学历。1986年，山东省委企业政治部干部处副处长；1987年，山东省委组织部副处长、正处级巡视员；1995年，山东省贸易厅党组成员、人事处处长；1998年，山东省贸易厅（省政府财贸办公室）副厅长（副主任）；2001年，山东省贸易办主任、分党组书记。2006年2月任山东省经济贸易委员会副主任、党组成员，分管贸易流通等工作。

山东省对外贸易经济合作厅厅长

周嘉宾　生于1947年2月，山东省潍坊市人。大学学历，中共党员。历任中共青岛市委农村工作委员会副书记，青岛市人民政府农业办公室主任，青岛市农业委员会主任、党委书记，中共青岛市委对外开放工作委员会书记，青岛市招商委主任、党组书记，青岛市副市长、党组成员。2003年4月任山东省对外贸易经济合作厅厅长、党组书记。

【国内贸易】

社会消费品零售总额　2005年山东省社会消费品零售总额6 126.4亿元，比上年的4 483.4亿元增长15.8%。其中，城市消费品零售额4 548.6亿元，比上年增长16.3%；农村消费品零售额1 577.8亿元，增长14.3%。分行业看，批发零售贸易业零售额5 132.0亿元，餐饮业零售额722.3亿元，其他行业零售额272.1亿元。

市场物价　居民消费价格指数为101.7（以上年价格为100），其中城市101.1，农村102.4。消费品价格指数为101.2。

市场体系建设　开拓农村市场、连锁经营、城市社区商业建设取得进展。商务部组织实施“万村千乡”市场工程后，全省有54个县市的103个企业被纳入试点范围，全年新建改造农家店11 268个（其中村级店10 426个）；使用银行贷款完成配送中心建设48个，总面积31万平方米；有26个单位、企业和个人被商务部授予“万村千乡”市场工程先进集体、优秀企业和先进个人。到年底，全省商业连锁经营企业发展到351家，其中，大型综合超市280家，连锁门店达到1.23万个，分别比2002年增长1.6倍、5倍、2倍；商业连锁经营额实现845亿元，占全省社会消费品零售额的13.8%。社区商业方面，抓好积极推进、规划引导和示范社区的试点工作，骨干流通企业向城市社区延伸，一些城市制定了社区商业建设专项规划，经部、省综合评审，确定了3个国家级、16个省级商业示范社区。

拍卖业进入稳定发展阶段，全省全年拍卖成交额247亿元，比上年增长16%；旧机动车流通行业全年完成旧机动车交易量13.3万辆，实现交易额30.3亿元。

商业改革与发展　建立企业改革情况定期调度制度，每季（半年）一次调度会，研究改革中存在的困难和问题，提出分类指导意见。全省国有流通企业改制面达到90%以上，对中小企业实行一企一策，采取股份合作制、公有民营等多种形式，放开搞活；重视骨干优势企业的培育和发展，一批优势企业在竞争中脱颖而出，15户重点流通大企业销售额均突破10亿元，其中销售额过20亿元的企业有12户，过30亿元的企业8户。有4户企业销售突破50亿元，其中三联商社132亿元、利群集团82.3亿元、银座超市股份有限公司56亿元、潍百集团50.3亿元。企业竞争实力增强，重点企业大都建立起了反应快捷的信息管理系统，电子信息技术在购销调存、财务核算、资源管理、现场管理等各环节得到了广泛应用，实现了商流、物流、资金流、信息流的有机结合。物流配送体系的支撑功能和创新能力提高。

【对外贸易】

进出口总额 进出口总额768.9亿美元，比上年的607.8亿美元增长26.5%。

出口总额 出口总额462.5亿美元，比上年的358.7亿美元增长28.9%，占全省GDP 18 468.3亿元（相当于2 302.8亿美元）的20.1%；占全国出口额的6.1%，居全国第五位。

进口总额 进口总额306.3亿美元，比上年的249.1亿美元增长23%。

出口商品结构 初级产品出口额77.8亿美元，占出口总额的16.8%；工业制成品出口额384.7亿美元，占出口总额的83.2%。

进口商品结构 初级产品进口额117.3亿美元，占进口总额的38.3%；工业制成品进口额189.1亿美元，占进口总额的61.7%。

出口商品市场 出口商品销往216个国家（地区）。

进口商品市场 进口商品来自153个国家（地区）。

山东省2005年出口额5 000万美元以上商品情况

金额分类	商品名称	出口金额（亿美元）	占出口总额比重（%）
1亿美元以上（35种）	水海产品、蔬菜、花生、花生仁、食用油籽、干水果及坚果制品、煤、新的充气橡胶轮胎、生皮及皮革、纺织纱线、织物及制品、钢坯及粗锻件、钢材、未锻造的铝及铝材、胶合板及类似多层板、成品油、医药品、家具、服装及衣着附件、鞋类、玩具、水泥、玻璃制品、肥料、塑料制品、机电产品类等	403.91	87.3
5 000万 1亿美元（11种）	冻鸡、鲜冻兔肉、食用植物油、锯材、其他燃料油、家用或装饰用木制品、未锻造的铜及铜材、钢铁或铜制标准紧固件、灯具、草编结品、机电产品类	7.64	1.7
合 计	**46种**	**411.55**	**89.00**

山东省2005年主要出口市场情况表

国别（地区）	出口金额（万美元）	占出口总额比重（%）	国别（地区）	出口金额（万美元）	占出口总额比重（%）
美 国	898 459	19.4	俄罗斯	75 347	1.6
香 港	221 015	4.8	韩 国	656 055	14.2
日 本	848 234	18.3	澳大利亚	60 363	1.3
加拿大	75 890	1.6	东 盟	314 869	6.8
欧 盟	761 087	16.5	台湾省	57 344	1.2

山东省2005年进口额5 000万美元以上商品情况表

金额分类	商品名称	进口金额（亿美元）	占进口总额比重（%）
1亿美元以上（26种）	水海产品、大豆、食用植物油、天然橡胶、纸浆、生皮及皮革、铁矿砂、铜矿砂、成品油、对苯二甲酸、初级形状的塑料、合成纤维纱线、合成纤维长丝机织物、针织或钩编织物、钻石、钢材、未锻造的铝及铝材、塑料制品、机电产品类等	145.78	47.6
5 000—1亿美元（12种）	谷物及谷物粉、锯材、羊毛（包括羊毛条）、氧化铝、煤、苯乙烯、乙二醇药材、医药品、化肥、非泡沫塑料的板片膜箔、棉纱线、机电产品类	8.22	2.7
合　计	**38种**	**145.00**	**50.3**

山东省2005年主要进口市场情况表

国别（地区）	进口金额（万美元）	占进口总额比重（%）	国别（地区）	进口金额（万美元）	占进口总额比重（%）
韩　国	918 994	30.0	巴　西	113 481	3.7
俄罗斯	141 504	4.6	欧　盟	291 339	9.5
日　本	312 920	10.2	台湾省	95 150	3.1
澳大利亚	132 650	4.3	东　盟	256 829	8.4
美　国	302 524	9.9	印　度	92 607	3.0

技术进出口　2005年签订引进技术和进口设备合同项目658个，增长42.1%；合同金额4.3亿美元，增长87%。

【利用外资】

山东省2005年利用外资情况表

利用外资方式	批准签订的合同			实际利用外资	
	项目数（个）	外资金额（万美元）	金额比上年增长（%）	金额（万美元）	金额比上年增长（%）
外商直接投资	6 415	274.95	35.51	89.71	3.10
合资企业	1 295	41.22	48.19	22.73	36.80
合作企业	97	8.61	56.54	2.07	- 20.72
外资企业	5 020	222.34	31.76	68.56	1.87
股份有限公司	3	2.78	460.63	0.53	297.16
合作开发				0.77	130.93
外商其他投资		13.49	16.60	20.43	82.41
国际租赁		1.40	20.27	1.50	28.84
补偿贸易		4.46	252.34	5.20	246.99
加工贸易		5.41	286.80	12.65	895.10
对外发行股票		2.22	-71.28	1.08	-86.09
合　计	**6 415**	**288.44**	**34.49**	**110.14**	**12.15**

外商直接投资行业 新批准外商直接投资项目6 415个。按行业分，第一产业164项，第二产业5 567项，第三产业684项。

外商直接投资来源 外商投资来自87个国家（地区），比上年增加7个。主要有：韩国3 320项，合同外资额113.86亿美元；香港929项，58.06亿美元；日本470项，20.83亿美元；美国449项，17.98亿美元；台湾省359项，13.52亿美元；英属维尔京群岛123项，10.76亿美元；加拿大133项，5.57亿美元；新加坡102项，4.78亿美元；澳大利亚86项，4.11亿美元；德国53项，1.72亿美元。

外商直接投资企业生产经营情况 2005年外商投资企业进出口总额413.92亿美元，比上年增长28.4%。其中，出口238.08亿美元，增长29.3%，占全省出口总额的51.5%。

【对外经济合作】

承包工程和劳务合作 签订对外承包工程和劳务合作合同份数2 171份，新签合同额16.4亿美元，比上年的14.6亿美元增长11.87%；完成营业额17.45亿美元，比上年的15.2亿美元增长15.03%；当年外派劳务人员3.8万人次，比上年的3.5万人次增长19.3%；年末在外人数7.2万人，比上年的6.3万人增长14.2%。劳务人员主要分布在日本、新加坡、韩国、香港、阿尔及利亚等国家和地区。承包工程的主要项目有新加坡政府组屋项目、阿尔及利亚铁木森大学项目、阿塞拜疆油田开发项目、印尼气体处理厂项目、苏丹公路项目、博茨瓦纳建筑工程项目等。

对外经济技术援助 承担在建、新建项目4个，其中新建项目2个。受援国家有刚果（金）、东帝汶、尼泊尔、斯里兰卡。涉及农业、医疗、建筑等行业项目。当年派出援外人员23人，年末在外人数23人。

对外投资 2005年新批非贸易企业51家，协议投资总额1.11亿美元，其中中方协议投资0.93亿美元。投资国别（地区）主要包括韩国、蒙古、哈萨克斯坦、马来西亚、印度尼西亚、越南、加纳、南非、赞比亚、俄罗斯、加拿大等32个国家和地区，涉及农、林、牧渔、采掘、制造、地质勘探、水利管理、交通运输、仓储及邮电通信等行业，经济效益良好。

【其他】

开发区 截至2005年，经国务院批准的经济技术开发区3个。2005年3家开发区基础设施投入83亿元，比上年增加0.3%；新批外商投资企业403个，利用外资合同额22.4亿美元，实际利用外资11.7亿美元；财政收入103.5亿元，增长69.1%；区内企业自营进出口100.7亿美元，增长78.9%，其中出口48亿美元，增长71.4%。

出口加工区 2005年出口加工区基础设施投入3.1亿元，利用外资合同额1.6亿美元，实际利用外资1.1亿美元，分别增长33.3%和26.4%。区内企业自营进出口7.4亿美元，增长54.2%，其中出口3.8亿美元，增长65.2%。

保税区 2005年业务总收入201.9亿元，增长16.1%；进出口贸易额17.6亿美元，增长43.1%，其中出口贸易额5.5亿美元，增长32.6%；财政收入16.5亿元，增长38.5%。

商务洽谈会 2005年3月28日至31日，第八届中国山东出口商品展览会在日本大阪举办。全省17个市92家企业、近200人参加了展会，展出纺织、服装、食品、轻工、化工、建材等六大类近千种商品。签订出口成交额9 800万美元，进口1 330万美元。

2005年4月20日，第六届中国（寿光）国际蔬菜科技博览会在寿光高科技示范园举行。共展出17大类、1 000多个品种。参会人数达106万人次，其中，农民占参会人员的80%。签订合资、合作及独资项目117个，签约额96.7亿元，各类贸易额达153亿元。签约项目中一半以上属农产品加工及生资建设项目，其中过亿元项目19个。

2005（香港）山东经贸合作项目推介会于6月6日—9日在香港会展中心举办。全省17市组团参加了活动，共签署合同、协议、意向314项，总投资135 .5亿美元，外资额99.4亿美元。

2005中国国际消费电子博览会（SINOCES）于7月1日—4日在青岛国际会展中心举办。展区总规模26 500平方米，参展企业310多家，参展和参观的专业人数达4.1万人次，其中境外客商4 000多人次。中国政府对本届博览会高度重视，国务院副总理吴仪亲自出席开幕仪式。美方对SINOCES与CES的合作也给予了充分的关注，美国商务部第一次组团参加中国举办的专业展会。

2005第十一届鲁台经贸洽谈会于9月1日—4日，在潍坊举办。展位总数1 200个，到会台商和外商2 425人，其中台商1 556人；签订台外资项目225个，合同协议台资和外资金额45.78亿美元，其中台资项目178个。

2005第七届国际果蔬食品博览会于9月23日—26日在烟台国际会展馆举行。来自韩国、日本、美国、德国、法国、中国香港等30多个国家和地区，国内28个省市自治区的机构、企业参会参展。展位总数1 370个，参展企业1 000多家，海外企业160多家，外商3 000多人。签约成交利用外资项目48个，项目总投资9.38亿美元，合同、协议外资额5.51亿美元；进出口贸易累计成交6.98亿美元；国内贸易成交9.23亿元；利用内资项目签约成交61个，总投资202亿元。

港口运输 2005年实际完成的货物吞吐总量3.44亿吨；完成外贸进出口货物吞吐量2.34亿吨，其中出口吞吐量0.66亿吨，进口吞吐量1.68亿吨；集装箱吞吐量731.27万吨。

涉外旅游 接待海内外游客155.11万人次，比上年增长30%；入境旅游者124.78万人次，比上年增长29.7%；港澳台旅游者30.32万人次，比上年增长144.6%；旅游外汇收入7.8亿美元，比上年的5.66亿美元增长37.7%。

2005年青岛市商务发展概况

青岛市对外贸易经济合作局

青岛市对外贸易经济合作局局长

武铁军 生于1954年。中共党员。曾任山东省外经贸委、山东省计委主任科员、副处长、处长，并兼任副省长秘书。后任青岛市开发区管委会副主任（正局级）、黄岛区副区长，青岛市招商委副主任，青岛市对外经贸局副局长。现任青岛市外经贸局局长、党委书记，第九届中共青岛市委候补委员。

【对外贸易】

进出口总额 2005年山东省青岛市市属企业进出口总额304.55亿美元，比上年的243.32亿美元增长25.2%。

出口总额 出口总额175.88亿美元，比上年的139.12亿美元增长26.4%，占全市GDP 2 695.5亿元（相当于334.01亿美元）的52.7%，占全省出口总额的38.0%，居省内各市首位。

进口总额 进口总额128.67亿美元，比上年增长23.5%。

出口商品结构 初级产品出口额23.47亿美元，占出口总额的13.3%；工业制成品出口额152.41亿美元，占出口总额的86.7%。

进口商品结构 初级产品进口额44.48亿美元，占进口总额的34.6%；工业制成品进口额84.18亿美元，占进口总额的65.4%。

出口商品市场 出口商品销往212个国家（地区）。

进口商品市场 进口商品来自139个国家（地区）。

技术进口 签订技术引进合同528项，比上年的376项增长40.4%，技术费10 093万美元，比上年的8 333.74万美元增长21.1%。引进方式主要有技术咨询/技术服务、专有技术的许可或转让、专利技术的许可或转让等三种形式，合同额9 262万美元，占总数的91.8%。引进行业主要集中在电子及通信设备、电气机械及器材、交通运输设备、化学纤维以及普通机械制造业等领域，合同额分别占总数的23.5%、4.4%、11.4%、5.3%和4.2%。

青岛市2005年出口额1 000万美元以上商品情况表

金额分类	商 品 名 称	出口金额（亿美元）	占出口总额比重（%）
5 000万美元以上（61种）	花生仁，5—7号燃料油，皮革或再生皮革制的衣服，20英尺集装箱，手持式无线电话机零件，填充的玩具动物，挂车及半挂车或其他非机械驱动车辆的零件等	82.81	47.1
2 000万~5 000万美元（128种）	鲜或冷藏的蒜头，辣椒干，焦炭及半焦炭，二氧化硅，各种蜡烛及类似品，棉制男衬衫，客车、货运机动车辆用橡胶内胎，铝电解电容器，微波炉，龙头、旋塞及类似装置，家用型洗碟机，滚筒式全自动洗衣机（干衣量≤10kg），音频扩大器等	40.82	23.2
1 000万~2 000万美元（153种）	干大蒜，鲜苹果，氯化钙，磷片天然石墨，颜料及以其为基本成分的制品，塑料制餐具及厨房用具，化纤材料制成的渔网，传声器（麦克风）及其座架，电子计算器的零件、附件，台钳、夹钳及类似品，独立窗式或壁式空气调节器等	21.69	12.3
合 计	**342种**	**145.32**	**82.6**

青岛市2005年主要出口市场情况表

国别（地区）	出口金额（万美元）	占出口总额比重（%）	国别（地区）	出口金额（万美元）	占出口总额比重（%）
美 国	384 989	21.9	德 国	63 230	3.6
日 本	337 920	19.2	英 国	43 256	2.5
韩 国	233 743	13.3	丹 麦	40 597	2.3
香 港	68 738	3.9	荷 兰	35 252	2.0

青岛市2005年进口额1 000万美元以上商品情况表

金额分类	商 品 名 称	进口金额（亿美元）	占进口总额比重（%）
5 000万美元以上（38种）	冻鳕鱼（鱼肝及鱼卵除外），未烧结的铁矿砂及其精矿，对苯二甲酸，液晶显示板，烟胶片，未梳的棉花等	65.16	50.6
2 000万~5 000万美元（57种）	冻鲽鱼，针织或钩编的“长毛绒”织物，铜制绕组电线，混合集成电路，彩色阴极射线电视显像管，数字式程控电话或电报交换机的零件等	17.86	13.9
1 000万~2 000万美元（91种）	冻带鱼，轻柴油，润滑油，化纤制机制花边，注塑机，锂电子电池，已装配的压电晶体，上部360度旋转的履带式挖掘机，片式多层瓷介电容器等	12.70	9.9
合 计	**186种**	**95.72**	**74.4**

青岛市2005年主要进口市场情况表

国别（地区）	进口金额（万美元）	占进口总额比重（%）	国别（地区）	进口金额（万美元）	占进口总额比重（%）
韩　国	465 400	36.2	巴　西	44 860	3.5
日　本	141 888	11.0	澳大利亚	37 923	3.0
俄罗斯	90 047	7.0	新加坡	35 542	2.8
美　国	89 308	6.9	台湾省	32 823	2.6

【利用外资】

青岛市2005年利用外资情况表

利用外资方式	批准项目		合同外资		实际外资	
	数量（个）	同比%	金额（万美元）	同比（%）	金额（万美元）	同比（%）
中外合资企业	274	－13.8	112 777	136.1	77 636	41.7
中外合作企业	18	－5.3	17 588	138.3	5 654	－22.8
外资企业	2 236	7.2	813 485	32.0	280 130	－11.7
股份有限公司	2		10 636	10 979.2	2 205	209.7
合　计	**2 530**	**4.4**	**954 486**	**42.1**	**365 625**	**13.1**

青岛市2005年外商直接投资行业情况表

行　业	批准项目数		合同外资	
	个数	同比（%）	金额（万美元）	同比（%）
总　计	**2 530**	**4.4**	**954 486**	**42.1**
第一产业	48	－17.2	29 184	55.2
农、林、牧、渔业	48	－17.2	29 184	55.2
农业	14	－30.0	12 279	122.2
第二产业	2 142	4.2	815 479	37.7
采矿业	7	40.0	1 765	58.3
制造业	2 110	3.5	798 190	36.6
纺织业	51	－42.0	38 823	16.0
化学原料及化学制品制造业	61	13.0	19 824	92.4
医药制造业	6	－66.7	3 375	－28.2
通用设备制造业	171	1.8	65 425	14.2
专用设备制造业	129	21.7	40 430	15.1
通信设备、计算机及其他电子设备制造业	163	1.9	82 469	52.9
电力、燃气及水的生产和供应业	4	0	3 871	125.1
建筑业	21	133.3	11 653	139.7

青岛市2005年外商直接投资行业情况表（续）

行业	批准项目数		合同外资	
	个数	同比（%）	金额（万美元）	同比（%）
第三产业	340	10.0	109 823	80.7
交通运输、仓储和邮政业	21	90.9	15 738	223.3
信息传输、计算机服务和软件业	9		1 402	20.1
批发和零售业	115	-10.9	12 608	130.4
住宿和餐饮业	66	-5.7	11 835	5.5
旅游饭店	1	-50.0	-61	
房地产业	39	77.3	45 827	140.2
房地产开发经营业	32	60.0	39 557	151.8
租赁和商务服务业	46	21.1	9 414	-16.0
科学研究、技术服务和地质勘查业	5	-54.6	1 055	-4.4
水利、环境和公共设施管理业	1	-50.0	3 751	
居民服务和其他服务业	12	140.0	867	32.2
教育	3		170	-45.3
卫生、社会保障和社会福利业	2		607	
文化、体育和娱乐业	21		6 549	

外商直接投资来源 2005年外商直接投资来自48个国家和地区。合同投资额居前10位的依次是：韩国1 691项，498 754万美元；香港187项，136 008万美元；日本199项，95 144万美元；美国112项，38 842万美元；英属维尔京群岛42项，34 753万美元；台湾省86项，21 687万美元；新加坡19项，13 027万美元；澳大利亚21项，11 786万美元；英国20项，9 823万美元；加拿大28项，8 549万美元。

2005年新批总投资1 000万美元以上的项目213个，合同外资金额23.62亿美元，分别占全年新批外商投资项目数和直接合同外资总额的8.42%和24.74%。截至2005年，累计有77家世界500强企业落户青岛，共投资项目145个，合同外资达18.65亿美元。

外商直接投资企业生产经营情况 截至2004年，实有外商投资企业7 338家，申报参加2005年年检的有6 083家，复核通过的有5 905家。在申报年检的6 083家企业中，合资企业1 506家，占24.76%；合作企业274家，占4.50%；外资企业4 298家，占70.66%；股份制企业5家，占0.08%。投资总额163.99亿美元，注册资本101.09亿美元，其中中方占20.89%，外方占79.11%。投产开业企业4 963家，占81.59%；筹建企业1 010家，占16.60%；停业企业110家，占1.81%。资产总额1 909.80亿元，销售收入1 623.51亿元（比上年增长46.37%），纳税总额75.39亿元（其中含关税5.58亿元），利润总额48.27亿元。

【对外经济合作】

承包工程和劳务合作 签订对外承包工程和劳务合作项目822个，合同额28 060万美元，比上年增长33.5%；完成营业额27 280万美元，比上年增长32.2%；派出劳务6 377人次，期末在外11 437人。主要派往日本、新加坡、阿尔及利亚、香港、毛里塔尼亚、阿联酋、苏丹等国家和地区。主要承包工程项目有新加坡政府租屋建设项目，阿尔及利亚铁木森大学一期项目，南非摩谷别墅工程项目等。

对外经济技术援助 承担援外项目3个，主要涉及建筑施工和建筑设计行业，分别是塞舌尔拉扎尔湾小学项目，马达加斯加国际会议中心项目，纳米比亚总统官邸项目等。

对外投资 完成境外投资项目56个。其中，设立代表机构35家，投资总额167.4万美元；举办生产企业4家，投资总额679万美元，中方投资额161.7万美元，分别投资于赞比亚、坦桑尼亚和澳大利亚；设立加工贸易企业4家，投资总额686.4万美元，中方投资额667.8万美元；设立贸易公司13家，投资总额558万美元，中方投资额541.5万美元。

【其他】

青岛经济技术开发区 2005年青岛经济技术开发区区属基础设施投资481 229万元，比上年的462 558万元增长4.0%。全年新批利用外资项目209个，比上年的205个增长2.0%；总投资218 828万美元，比上年的206 810万美元增长5.8%；合同利用外资132 328万美元，比上年的121 643万美元增长8.8%；实际利用外资74 170万美元，比上年的58 848万美元增长26.0%。完成出口277 844万美元，比上年的177 059万美元增长56.9%。完成GDP 372.3亿元，比上年的276.3亿元增长34.7%。完成地方性财政收入26.57亿元，比上年的18.60亿元增长43.1%。

青岛高新技术产业开发区 2005年青岛高新技术产业开发区实现GDP 197.0亿元，比上年的175.0亿元增长17.6%。地方财政收入13.5亿元，比上年的11.1亿元增长21.6%。全社会固定资产投资72.6亿元，比上年的45.26亿元增长60.4%。社会消费品零售总额38.19亿元，比上年的33.15亿元增长15.2%。完成出口17.1亿美元，比上年的13.6亿美元增长25.7%。全年新批利用外资项目65个，比上年的64个增长2%；合同利用外资19 663亿美元，比上年的12 786亿美元增长53.8%；实际利用外资11 015亿美元，比上年的10 993亿美元增长0.2%。

青岛出口加工区 2004年8月，青岛出口加工正式封关运行。2005年固定资产投资达到6.3亿元；税收收入达到596.7万元；工业总产值达到25 029.9元；全年进出口总值为4 192.5万美元，其中出口达到2 142.6万美元，进口达到2 049.9万美元；2005年共批准外资项目17个，总投资22 368万美元，合同利用外资11 093万美元，实际利用外资3 806万美元；批准企业17家。

青岛保税区 2005年青岛保税区固定资产投资9.81亿元，比上年的6.29亿元增长56.0%。税收总额16.40亿元，比上年的11.91亿元增长37.6%。销售收入200.60亿元，比上年的173.92亿元增长15.3%。工业总产值60.33亿元，比上年的70.51亿元下降14.4%。商品销售额122.90亿元，比上年的95.00亿元增长29.4%。进出口货物总值18.21亿美元，比上年的12.65亿美元增长37.4%，其中出口5.53亿美元，比上年的4.22亿美元增长31.0%；进口12.68亿美元，比上年的8.43亿美元增长50.4%。批准企业373家，比上年的438家下降14.8%。

商务洽谈会 2005年，分别在青岛市以及海外举办了中国国际消费电子博览会（SINOCES）、中国青岛德国周、中国青岛日本周、中国青岛周（日本）、中国青岛周（韩国）等展会。

港口运输 2005年，青岛港拥有泊位82个，其中营运泊位59个，万吨级以上泊位40个。当年实际完成货物吞吐总量18 678万吨，比上年增长14.8%。外贸吞吐量14 178万吨，比上年增长16.9%；集装箱吞吐量完成631万标准箱，比上年增长22.8%；铁矿石吞吐量完成6 284万吨，比上年增长12.5%。2005年，青岛地区外贸运输货运量10 874.5万吨，比上年的10 464.4万吨增长3.9%。其中，海运10 862.2万吨，比上年的10 454.4万吨增长3.9%；空运7.5万吨，比上年的6.3万吨增长18.3%；陆运4.8万吨，比上年的3.6万吨增长33%。进口货运量8 024.2万吨，比上年的7 850.8万吨增长2.2%，其中，海运8 021.3万吨，比上年的7 848.8万吨增长2.2%；空运1.7万吨，比上年的1.6万吨增长6.6%；陆运1.1万吨，比上年的0.4万吨增长184.2%。出口货运量2 850.4万吨，比上年的2 613.6万吨增长9.1%，其中海运2 840.9万吨，比上年的2 605.6万吨增长9%；空运5.7万吨，比上年的4.7万吨增长22.4%；陆运3.7万吨，比上年的3.3万吨增长15.1%。

涉外旅游 入境的外国人68.44万人次，比上年的52.25万人次增长40.0%。旅游外汇收入4.15亿美元，比上年的2.88亿美元增长59.1%。

2005年烟台市商务发展概况

烟台市对外贸易经济合作局

烟台市对外贸易经济合作局局长

程显萃　生于1949年7月，山东省海阳市人。历任烟台师范学院教师、烟台行署办公室科长、烟台市政府副秘书长、龙口市副市长、蓬莱市副市长、烟台市对外经济贸易委员会副主任、中国烟台APEC贸易投资博览中心主任等职。

【国内贸易】

社会消费品零售总额　2005年山东省烟台市社会消费品零售总额599.58亿元，比上年的516.43亿元增长16.1%。其中，城市消费品零售额428.72亿元，增长16.3%，农村消费品零售额170.86亿元，增长15.5%。分行业看，零售业零售额413.84亿元，增长14.4%，餐饮业零售额59.93亿元，增长19.5%。

市场物价　商品零售价格指数为100.4，消费品价格指数为101.2，居民消费价格总指数为103.1。

市场体系建设　农村现代流通网络体系建设迈出新步伐。牟平、蓬莱、栖霞、招远等4个区市和农资总公司等8家企业，共新建改造乡、村级标准“农家店”1 368个，商品配送中心12处，为繁荣农村市场、扩大农村消费奠定了坚实的基础。流通现代化建设明显加快。全市各类连锁企业发展到36家，连锁门店达到1 590个，连锁业经营额达到95亿元、增长34.5%，占社会消费品零售总额的比重达到16%。物流配送体系建设得到较快发展，全市物流配送额达到63亿元、增长39%。20家重点流通企业和品牌商办工业实现销售收入120亿元、增长16.5%，实现利税3亿元、增长80%，分别占全市流通系统的60%和83%。

商业改革与发展　组织实施《烟台市区商业网点发展规划》，市中心区海港路市级商业中心、幸福区级商业中心和黄务专业市场群三大商圈基本形成。共完成规模以上大型商贸设施建设项目25处，累计完成投资45亿元、竣工面积80万平方米，其中全市重点调度管理的10大商贸设施项目，完成投资14亿元，竣工面积20万平方米。九隆商业街、澳柯玛商贸中心一期工程、现代果蔬批发市场、阳光国际购物广场、埃特电子大厦等一批大型商贸设施相继建成。全市人均商业网点面积由“九五”末的0.8平方米提高到1.2平方米，市民购物消费环境得到较大改善。

【对外贸易】

进出口总额　进出口总额114.79亿美元，比上年的79.94亿美元增长43.6%。

出口总额　出口总额64.83亿美元，比上年的44.95亿美元增长44.2%，占全市GDP 2 012亿元（相当于246亿美元）的26.4%，占山东省出口额的14%，居全省第2位。

出口商品结构　出口商品有17大类600多个品种，其中初级产品出口额17.47亿美元，增长27.6%，占出口总额的26.9%；工业制成品出口额47.36亿美元，增长51.5%，占出口总额的73.1%。

出口商品市场　出口商品销往192个国家和地区，比上年增加13个。

进口总额　进口总额49.97亿美元，比上年的34.99亿美元增长42.8%。

进口商品结构　初级产品进口额13.31亿美元，工业制成品进口额36.65亿美元，分别占进口总额的26.6%和73.4%。

进口商品市场　进口商品来自111个国家和地区，比上年增加9个。

烟台市2005年出口额4 000万美元以上商品情况表

金额分类	商品名称	出口金额（万美元）	占出口总额比重（%）
5亿美元以上（3种）	手机及无线电话机、服装及衣着附件、水海产品	201 623	31.1
2亿—5亿美元（3种）	纺织品、汽车零配件、蔬菜	90 654	13.9
1亿—2亿美元（4种）	轮胎、鲜干水果、电线电缆、自动数据处理设备的零件	59 634	9.2
6 000万—1亿美元（7种）	塑料制品、铜材、石材及制品、铝材、家具、水泥、旅游品及箱包	49 708	7.7
4 000万—6 000万美元（5种）	医药品、船舶、电子元器件、粉丝、轴承	27 084	4.2
合　计	**22种**	**428 703**	**64.1**

烟台市2005年主要出口市场情况表

国别（地区）	出口金额（万美元）	占出口总额比重（%）	国别（地区）	出口金额（万美元）	占出口总额比重（%）
美　国	174 258	26.8	荷　兰	13 173	2.0
日　本	152 223	23.5	新加坡	11 984	1.8
韩　国	94 437	14.6	加拿大	11 513	1.8
欧　盟	78 415	12.1	俄罗斯	9 115	1.4
香　港	21 894	3.4	印度尼西亚	8 279	1.3
合　计				**575 291**	**88.7**

烟台市2005年主要进口市场情况表

国别（地区）	进口金额（万美元）	占进口总额比重（%）	国别（地区）	进口金额（万美元）	占进口总额比重（%）
韩　国	202 140	40.5	俄罗斯	13 581	2.7
欧　盟	45 693	9.1	澳大利亚	12 387	2.5
日　本	59 972	12.0	巴　西	12 198	2.4
美　国	55 441	11.1	马来西亚	12 129	2.4
台湾省	20 102	4.0	加拿大	10 624	2.1
合　计				**444 267**	**88.9**

【利用外资】

烟台市2005年利用外资情况表

利用外资方式	批准签订的合同			实际利用外资	
	项目数（个）	外资金额（万美元）	金额比上年增长（%）	金　额（万美元）	金额比上年增长（%）
外商直接投资	1 265	611 111	50.7	190 773	44.5
外资企业	978	512 560	50.8	140 096	47.1
合资企业	269	86 281	71.3	44 998	47.2
合作企业	18	12 270	-19.4	4 915	-16.3
股份有限公司				764	119.5
外商其他投资		39 518	174.9	64 203	453.8
补偿贸易		37 839	199.2	62 524	533.9
加工贸易		1 126		1 126	
国际租赁		553		553	
合　计	**1 265**	**650 629**	**54.9**	**254 976**	**77.5**

外商直接投资行业　在外商直接投资的1 265个项目中，生产型项目1 162项，非生产型项目103项。按行业划分，农业19项，工业1 162项，第三产业84项。

外商直接投资来源　外商投资来自35个国家和地区，比上年减少6个。主要有：韩国537项，合同外资额206 325万美元；香港242项，138 559万美元；日本118项，67 388万美元；台湾省109项，57 223万美元；美国78项，34 119万美元；加拿大41项，24 077万美元。

外商直接投资企业生产经营情况　全年共有359家外商投资企业投产，全市投产的外商投资企业达到2 200家，完成销售收入666.8亿元人民币，实现利润51.4亿元，税收46.4亿元人民币，出口46.2亿美元。

【对外经济合作】

承包工程与劳务合作　签订对外承包工程与劳务合作项目110项，合同额20 078万美元，比上年的16 671万美元增长20.4%；完成营业额16 778万美元，比上年的13 835万美元增长21.2%；共派出各类劳务人员8 029人次，比上年的6 643人次增长20.8%；年末在外人数达到11 890人，比上年的9 892人增长20.2%。对外经济合作涉及的国家和地区主要有日本、韩国、香港、新加坡、台湾省、尼泊尔、以色列、也门、美国、南非等。

对外投资　2005年在海外举办企业9个，投资总额1 462万美元，其中中方投资额1 227万美元，主要投资在蒙古、澳大利亚、马来西亚、加拿大、南非、新加坡、韩国、香港等8个国家和地区。

【其他】

烟台经济技术开发区　2005年实现工业总产值610亿元，同比增长48.7%；地方财政收入8.5亿元，增长47.9%；新批利用外资项目106个，合同外资额7.3亿美元，增长47%，实际利用外资2.8亿美元，增长225%；外贸出口20.1亿美元，增长100.3%，进口26.1亿美元，增长65.3%；当年新投产企业60家。

烟台出口加工区　烟台出口加工区于2001年4月正式封关运作。目前，已有100家企业在区内投资运营。2005年新批准成立8家，新批利用外资项目合同外资额1 383万美元，增长4.8%，实际利用外资523万美元，下降66.5%。实现进出口总额20 056万美元，同比增长13.9%，其中出口11 131万美元，增长20.2%，进口8 925万美元，增长7%。

港口运输　烟台市有大中港口9个（其中烟台、龙口、蓬莱、莱州四个为一类对外开放港口），万吨级以上泊位30个，港口吞吐能力2 611万吨。烟台港现有万吨级以上泊位20个。2005年烟台市海港口岸完成货物吞吐量7 213万吨，与上年持平，其中外贸进出口货运总量2 625万吨，增长52.7%；国际货运集装箱达69.9万标准箱，增长109%。

商务洽谈会　第七届国际果蔬博览会于2005年9月23日—26日在烟台市成功举办。会议期间，共有来自30多个国家和地区，以及国内28个省市自治区的有关政府机构、中介组织和果蔬食品企业参会参展。展位总数达1 370个，参展企业1 000多家；参会重要代表团156个，其中海外重要代表团78个；参会海外客商3 000多人。会议期间，共签约成交利用外资项目48个，项目总投资9.38亿美元，合同协议外资额5.51亿美元；进出口贸易累计成交6.98亿美元，其中进口1.85亿美元，出口5.13亿美元；国内贸易成交9.23亿元人民币；利用内资项目签约成交61个，总投资202亿元人民币，其中利用市外资金189亿元。

涉外旅游 接待海内外游客1 454.6万人次，同比增长21.96%；旅游总收入117.5亿元，增长26.4%。接待海外游客18.5万人次，增长24.2%；外汇收入1.32亿美元，增长25.8%。

2005年河南省商务发展概况

河南省商务厅

河南省商务厅厅长

李清树 生于1952年9月，河南省柘城县人。汉族。河南大学外语系毕业，中共党员，高级经济师。曾任河南省土产品进出口公司总经理；河南省对外贸易经济合作厅副厅长、常务副厅长、厅长，党组书记。2003年11月任河南省商务厅党组书记、厅长。

【国内贸易】

社会消费品零售总额 2005年河南省社会消费品零售总额3 358.4亿元，比上年的2 808.2亿元增长14.3%。其中，城市消费品零售额1 805.21亿元，县消费品零售额657.42亿元，县以下消费品零售额895.8亿元。分行业看，批发零售贸易业零售额2 780.42亿元，餐饮业零售额497.51亿元，其他行业零售额80.49亿元。

批发零售贸易、餐饮业基本情况 截至2005年，共有批发零售贸易、餐饮业法人企业31 351个，产业活动单位1 185个，从业人数101.16万人。其中，批发业法人企业15 835个，产业活动单位328个，从业人数453 238人；零售业法人企业12 834个，产业活动单位691个，从业人数468 220人：餐饮业法人企业2 681个，产业活动单位166个，从业人数89 777人。

批发零售贸易业商品购、销、存总额 批发零售贸易业商品销售总额3 444.10亿元，比上年的3 013.66亿元增长14.28%。其中，限额以上企业2 520.83亿元，限额以下企业923.27亿元。商品销售总额中，批发额2 496.77亿元、零售额947.34亿元。

市场物价 商品零售价格指数为101.7（以上年价格为100）；居民消费价格指数为102.1（以上年价格为100），其中城市102.1，农村102.1。

市场体系建设 2005年，河南省各类商品交易市场近5 000个，年交易额达800多亿元，其中农村市场3 338个，交易额329.35亿元。亿元以上商品交易市场107个，共有摊位59 022个，年交易额达413.85亿元。同时，引进国外、省外大型流通企业各种先进零售业态和本土零售商业共同发展，初步形成了有形市场和无形市场、批发市场与零售市场、现货市场与期货市场、城市市场与农村市场协调发展的商品市场体系。

2005年，河南省35个试点县（市）年内建设连锁化"农家店"6 546个，位居全国第一。河南省新批准设立拍卖企业20家，全省拍卖企业平均增长数量控制在18%以内。报废汽车回收企业20家，报废汽车回收网点13家，全年回收报废机动车14 250余台，同比增长16%。

2005年，先后有家乐福、易初莲花、沃尔玛等一批外资商业进入河南省零售市场，同时，天津家世界连锁超市、家居建材超市有限公司河南分店有关外资并购事项的网点规划及项目可行性研究报告的审核工作已经完成。

商业改革与发展 河南省在大力推进国有流通企业改革，采取兼并、破产、资产重组和股份制改造等多种形式，因地制宜，对流通企业特别是国有流通企业进行了改革、改制。同时大力发展现代流通方式，逐步形成了一些初具规模的连锁企业。2005 年，全省连锁企业已发展到 260 多家，门店数约 3 800 个，销售额约 200 亿元，占整个社会消费品零售额 6%。

全省连锁企业经营采取工贸结合、连锁“专卖”、餐饮连锁等多种经营方式快速发展。其中，以漯河双汇、汇通、九头崖、周口邦杰集团等为代表的大型食品生产龙头企业坚持走以工促贸、工贸结合的道路，积极发展商业连锁，走商业连锁专卖店的道路，发展规模不断壮大。以河南思达、洛阳大张等为代表的商业连锁企业坚持走自营配送、滚动发展的路子，建成有自己的配送中心，目前已进入规模发展阶段。以国美、八方电器、通利量贩等为代表的电器“专卖”和以仟禧堂医药、方鑫药店为代表的医药“专卖”，都以独有的“专卖”特色占领各自的市场。以草原兴发、百年老妈等为代表的餐饮连锁方兴未艾。

【对外贸易】

进出口总额 2005 年河南省进出口总额 773 258 万美元，比上年的 661 346 万美元增长 16.9%。

出口总额 出口总额 510 087 万美元，比上年的 417 610 万美元增长 22.10%，占全省 GDP 10 535.20 亿元（相当于 1 316.90 亿美元）的 8%，占全国出口额 7 620 亿美元的 0.67%。

进口总额 进口总额 263 238 万美元，比上年的 243 736 万美元增长 8%，占全国进口额 6 601.22 亿美元的 0.40%。

出口商品结构 初级产品出口额 58 053 万美元，占出口总额的 11.70%；工业制成品出口额 438 921 万美元，占出口总额的 88.30%。

进口商品结构 初级产品进口额 152 187 万美元，占进口总额的 58.30%；工业制成品进口额 109 068 万美元，占进口总额的 41.70%。

出口商品市场 出口商品销往 179 个国家和地区。

进口商品市场 进口商品来自 95 个国家和地区。

技术进出口 高新技术产品进出口总额 145 800 万美元，比上年的 130 300 万美元增长 11.90%。

技术进口 签订引进技术合同项目 19 个；合同金额 3 553.94 万美元。比上年的 5 943 万美元下降 40.19%。引进项目主要来自日本、德国、意大利、美国、英国等，涉及制造业、房地产、信息、咨询服务、生物医药、环境规划和科学研究等行业。

河南省 2005 年出口额 500 万美元以上商品情况表

金额分类	商品名称	出口金额（万美元）	占出口总额比重（%）
5 000 万美元以上（22 种）	鲜、冻猪肉，蔬菜，毛皮制品，钼矿砂，人造刚玉，医药品，橡胶及其制品，亚麻、黄麻及其他植物纺织纤维纱线，棉机织物，玻壳，陶瓷产品，银及银制品，钢材，未锻造的铜及铜材，未锻造的铝及铝材，未锻扎的铅，汽车零件，服装，鞋，人发制品，纺织品，农产品	393 984	77.24
1 000 万—5 000 万美元（29 种）	猪，食用油籽，果汁，牛皮及皮革，锯材，焦碳、半焦碳，含氧基氨基化合物，地毯，棉浴巾，平板玻璃，珍珠、宝石及半宝石，硅铁，钼铁，未锻轧镁，手用或机用工具，碳化物，钢胚及粗锻件，轴承，蓄电池，汽车和底盘，摩托车及自行车的零件，家具，旅行用品及箱包，塑料制品，饲料添加剂，肠衣，烟草及烟草代用品的制品，三聚氰胺，肥料	68 214	13.37
500 万—1 000 万美元（17 种）	冻鸭，干蔬菜，鲜、干水果及坚果，天然蜂蜜，芦笋罐头，填充用羽毛，黏土及其他耐火矿物，糖精，氢氧化铝，棉纱线，玻璃制品，纺织机械，电动机及发电机，原电池，电视、收音机及无线电讯设备的零附件，通电及保护电路装置，电线和电缆	11 297	2.22
合　计	**68 种**	**473 495**	**92.83**

河南省2005年主要出口市场情况表

国别（地区）	出口金额（万美元）	占出口总额比重（%）	国别（地区）	出口金额（万美元）	占出口总额比重（%）
美 国	78 077	15.31	香 港	44 351	8.70
欧 盟	70 487	13.82	台湾省	17 424	3.42
韩 国	67 421	13.22	德 国	13 589	2.66
东 盟	45 426	8.91	印 度	12 528	2.46
日 本	44 490	8.72	荷 兰	12 494	2.45
合 计				**406 287**	**79.67**

河南省2005年进口额500万美元以上商品情况表

金额分类	商品名称	进口金额（万美元）	占进口总额比重（%）
1亿美元以上（7种）	铁矿砂，铅矿砂，大豆，氧化铝，铜及铜材，橡胶、绵羊或羔羊生皮	149 981	56.97
1 000万—1亿美元（17种）	废钢，初级形状的塑料，玻璃热加工机械，原棉，人发制品，计量检测分析仪器，纺织机械，铝及铝材，金属加工机床，汽车零件，印刷装订机械，纸浆，金属冶炼铸造设备，通断及保护电路装置，钢材，芝麻，阀门	54 841	20.83
500万—1 000万美元（6种）	化学纤维短丝，机械提升搬运装卸设备及零件，钢铁制标准坚固件，建筑及采矿用机械，型模及金属铸造用型箱，医疗仪器及器械	4 001	1.64
合 计	**30种**	**208 823**	**79.44**

河南省2005年主要进口市场情况表

国别（地区）	进口金额（万美元）	占进口总额比重（%）	国别（地区）	进口金额（万美元）	占进口总额比重（%）
澳大利亚	48 974	18.60	印 度	19 566	7.43
美 国	40 327	15.31	德 国	18 102	6.87
欧 盟	38 295	14.54	巴 西	16 585	6.30
日 本	31 618	14.54	东 盟	14 085	5.35
合 计				**227 552**	**88.94**

【利用外资】

河南省 2005 年利用外资情况表

利用外资方式	批准签订的合同			实际利用外资	
	项目数（个）	外资金额（万美元）	金额比上年增长（%）	金额（万美元）	金额比上年增长（%）
外商直接投资	472	235 176	14.51	122 960	40.74
合资企业	212	70 972	21.64	54 698	51.64
合作企业	47	32 734	-18.55	10 267	-10.17
外资企业	211	127 775	25.46	48 312	21.19
股份有限公司	2	3 695		8 629	
合作开发				1 054	
合　计	472	235 176	14.51	122 960	40.74

外商直接投资行业　外商直接投资项目涉及 27 个行业。按行业分：制造业 299 个，合同外资金额 110 905 万美元；农林牧渔业 24 个，13 571 万美元；采掘业 9 个，9 377 万美元；电力、煤气及水的生产和供应业 15 个，19 129 万美元；建筑业 5 个，3 146 万美元；交通运输、仓储和邮政业 7 个，12 974 万美元；批发和零售业 2 个，2 371 万美元；住宿和餐饮业 19 个，5 181万美元；房地产业 54 个，33 726 万美元；科学研究、技术服务和地质勘查业 10 个，5 018 万美元；社会服务业 5 个，4 574万美元；科学研究和综合技术服务业 2 个，2 426 万美元；教育业 4 个，7 493 万美元；其他行业 5 个，862 万美元。

外商直接投资来源　外商直接投资来源于 53 个国家和地区。主要国家和地区是：香港 203 个，实际利用外资金额 40 433万美元；美国 56 个，8 417 万美元；英国 10 个，8 068万美元；台湾省 43 个，11 552 万美元；日本 10 个，2 960万美元。

【对外经济合作】

承包工程和劳务合作　签订对外承包工程和劳务合作项目 171 个，金额 62 855 万美元，比上年的 50 704 万美元增长 23.96%；完成营业额 49 929 万美元，增长 84.2%；当年派出劳务人数 10 496 人次，增长 72.9%，分布在苏丹、日本、瓦努阿图、韩国、新加坡等 75 个国家和地区。承包工程金额在 1 000 万美元以上的项目主要有：塞内加尔快速路项目、沙特 B 区钻井项目、赞比亚 34.7 公里项目、厄瓜多尔钻井项目、苏丹钻井项目、也门钻井项目、厄瓜多尔物理勘探项目、埃塞灌溉项目、哈萨克斯坦钻井项目、尼日利亚钻井项目、伊拉克天然气集输项目、坦桑尼亚 34 和 42 公里道路项目、阿尔及利亚 600T 浮法线锡槽项目。

接受经济援助　接受澳大利亚宁陵县小学项目、澳大利亚台前县人畜饮水项目、日本政府中等职业教育器材装备计划项目、联合国儿童基金会小额贷款项目、联合国儿童基金会改厕及妇女活动室项目等 6 个项目。受援资金1 583万人民币。全省 7 个贫困县地区（单位），受益人达到 20 多万。

对外投资　在日本、韩国、尼日利亚、伊朗等 7 个国家和地区投资兴办企业 15 个，中方投资 1 882 万美元，比上年的 1 552 万美元增长 21.26%。

【其他】

开发区　郑州高新技术产业开发区完成基础设施等固定资产投资 28.6 亿元，累计协议投资额 43 亿元。新批准成立企业 950 家，建成投产企业 810 家。实现技工贸总收入 310 亿元，比上年的 288 亿元增长 7.64%；实现财税收入 9.5 亿元，增长 30%。新批准外商投资企业 18 家，实际利用外资 1 883万美元，比上年的 2 280 万美元下降 17.41%。出口创汇 4 759 万美元，比上年的 3 780 万美元增长 25.9%。

洛阳高新技术产业开发区完成基础设施等固定资产投资 8.49 亿元。新批准成立企业 150 家，实现技工贸总收入 251 亿元，比上年的 189 亿元增长 32.80%。实现财税收入 22.3 万元，增长 13%。新批准外商投资企业 13 家，实际利用外资 2 500 万美元，增长 34%。出口创汇 1.7 亿美元，增长 1.36%。

出口加工区　郑州出口加工区运行一年多来，基础建设全面推进，招商引资取得重要进展，外贸出口有了良好开端，加工区呈现出蓬勃向上的良好局面。2005 年引进项目 11 个，投产企业 4 家，完成固定资产投资约 3 000 万元。累计引进工业项目 22 个，协议投资额约 9.7 亿元，已投产企业 6 家；完成固定资产投资约 3.4 亿元；批准外商投资企业 10 家，合同利用外资约 5 305 万美元，实际利用外资 62 万美元；出口创汇 730 万美元。

涉外旅游　接待境外旅游者 60.05 万人次，比上年的 45 万人次增长 33.44%。旅游外汇收入 2.16 亿美元，比上年的 1.6 亿美元增长 35%。

2005年湖北省商务发展概况

湖北省商务厅

湖北省商务厅厅长

尹汉宁　生于1955年1月，湖北省鄂州市人。中南财经大学毕业，经济学博士。中共党员。1975年参加工作，历任湖北省体改委副主任、主任，湖北省人民政府副秘书长，湖北省咸宁市委副书记、市长等职。2003年2月任湖北省外经贸厅厅长、党组书记，并兼任湖北省利用外资管理委员会办公室主任、中国国际贸易促进委员会湖北省分会会长。现任湖北省商务厅厅长、党组书记，湖北省利用外资管理委员会办公室主任，中国国际贸易促进委员会湖北省分会会长。

【国内贸易】

社会消费品零售总额　2005年湖北省社会消费品零售总额2 964.58亿元，比上年的2 667.48亿元增长13.2%。其中，城市消费品零售额1 829.43亿元，县消费品零售额250.39亿元，县以下消费品零售额587.66亿元。分行业看，批发零售贸易业零售额2 128.54亿元，餐饮业零售额353.82亿元，其他行业零售额185.12亿元。

批发零售贸易业商品购、销、存总额　批发零售贸易业商品销售总额2 402.35万元，比上年的2 128.54亿元增长12.6%。

市场物价　商品零售价格指数为102.1（以上年价格为100），其中城市101.9，农村102.4；居民消费价格指数为102.9（以上年价格为100），其中城市102.7，农村103.3。

市场体系建设　商务部启动的“万村千乡”市场工程是建设社会主义新农村的基础工作，深受湖北广大农村干部群众的拥护和欢迎。2005年湖北按照商务部的要求，新建县级配送中心16个，新建和改造农家店1 190家，其中乡镇超市和农家店234家，村级农家店956家。

2005年，湖北省加大对拍卖、典当企业的监管力度，支持和引导成立全省旧货流通行业商会。一是依据《拍卖法》和商务部《拍卖管理办法》，认真开展了2004年度全省拍卖企业资格核查工作。通过核查，对135家合格企业，换发新的资格证书；对10家企业作出暂缓年检、限期整改的决定；对2家企业取消了经营资格。2004年共实现拍卖成交额58.61亿元，举办拍卖会1 762场，分别比上年增长62%、35.64%。二是召开全省拍卖行业会议。要求各地主管部门进一步加强对拍卖企业的监管，督促指导拍卖企业强化政策观念和法制意识，依法管理，依法运作。

商业改革与发展　湖北省流通领域呈现网络化、现代化的开放格局。一是商业网络基本形成。全省共有商业网点51万多个。有一定规模的商品市场4 700多家。其中生产资料市场1 400多家，生活资料市场3 000多家。有7个国家级重点市场，24个省级重点市场。目前，多种所有制参与、门类齐全、多层次的商品市场并存，覆盖面广、购物方便的商品市场网络体系已基本形成。二是流通现代化水平不断提高。目前，便民店、专卖店、仓储式商场、配送中心等现代流通方式已被城乡居民所接受。2005年现代流通方式实现的销售额568亿元，增长14.6%，比传统商店和个体户高出2.6个百分点，占全省社会消费品零售总额的比重为19.2%，较上年提高0.3个百分点，带动全省消费品零售总额增长2.8个百分点。

【对外贸易】

进出口总额　进出口总额90.92亿美元，比上年的67.72亿美元增长34.3%。

出口总额　出口总额44.50亿美元，比上年的33.84亿美元增长31.5%，占全省GDP 6 484.5亿元（相当于

791.76 亿美元）的 5.62%，占全国出口额的 0.58%。

进口总额 进口总额 46.42 亿美元，比上年的 33.88 美元增长 37%。

出口商品结构 初级产品出口额 28 154 万美元，占出口总额的 6.3%；工业制成品出口额 416 831 万美元，占出口总额的 93.7%。

进口商品结构 初级产品进口额 145 352 万美元，占进口总额的 31.3%；工业制成品进口额 318 851 万美元，占进口总额的 68.7%。

技术进出口 技术进口总额 44 489 万美元，比上年的 14 473 万美元增长 207%。签订引进技术和进口设备合同项目 111 个，比上年增长 2.78%。

湖北省 2005 年出口额 3 000 万美元以上商品情况表

金额分类	商品名称	出口金额（万美元）	占出口总额比重（%）
1 亿美元以上（5 种）	服装及衣着附件	71 755	16.1
	钢材	60 343	13.6
	纺织纱线、织物及制品	26 849	6.0
	船舶	24 429	5.5
	电子计算机	17 156	3.9
5 000 万—1 亿美元（6 种）	汽车零件	7 315	1.6
	干香菇及蘑菇罐头	7 191	1.6
	医用敷料	5 995	1.3
	汽车和汽车底盘	5 942	1.3
	无线电话机	5 248	1.2
3 000 万—5 000 万美元（5 种）	家具	4 845	1.1
	鞋类	4 161	0.9
	蓄电池	4 031	0.9
	塑料制品	3 901	0.9
	活猪（种猪除外）	3 242	0.7

湖北省 2005 年主要出口市场情况表

国别（地区）	出口金额（万美元）	占出口总额比重（%）	国别（地区）	出口金额（万美元）	占出口总额比重（%）
欧 盟	86 867	19.5	香 港	42 402	9.5
美 国	51 751	11.6	拉 美	26 989	6.1
韩 国	51 471	11.6	非 洲	15 581	3.5
日 本	46 010	10.3	台湾省	10 123	2.3
东 盟	44 421	10.0	印 度	9 817	2.2
合 计				**385 432**	**86.6**

湖北省2005年进口额3 000万美元以上商品情况表

金额分类	商 品 名 称	进口金额（万美元）	占进口总额比重（%）
1亿美元以上（7种）	铁矿砂	88 293	19.0
	汽车零部件	35 376	7.6
	铜矿砂	27 722	6.0
	金属加工机床	20 020	4.3
	金属轧机及零件	16 111	3.5
	活塞式内燃机的零件	15 495	3.3
	计量检测分析自控仪器及器具	12 882	2.8
3 000万—1亿美元（11种）	氧化铝	7 056	1.5
	初级形状的塑料	6 663	1.4
	机械装卸设备	6 498	1.1
	钢材	5 219	1.1
	集成电路及微电子组件	5 203	1.1
	原棉	5 029	1.1
	铝材	4 424	1.0
	焊接机器及零件	4 210	0.9
	通断及保护电路装置	4 008	0.9
	纸浆	3 083	0.7

湖北省2005年主要进口市场情况表

国别（地区）	进口金额（万美元）	占进口总额比重（%）	国别（地区）	进口金额（万美元）	占进口总额比重（%）
欧 盟	147 218	31.7	香 港	21 708	4.7
日 本	70 221	15.1	台湾省	21 148	4.6
澳大利亚	34 281	7.4	韩 国	19 171	4.1
美 国	31 632	6.8	智 利	17 394	3.7
巴 西	23 806	5.1	南 非	15 440	3.3
印 度	23 380	5.0	东 盟	10 339	2.2
合 计				**409 959**	**88.2**

【利用外资】

湖北省2005年利用外资情况表

利用外资方式	批准签订的合同			实际利用外资	
	项目数（个）	外资金额（万美元）	金额比上年增长（%）	金额（万美元）	金额比上年增长（%）
外商直接投资	520	211 023	11.93	218 475	5.48
合资企业	203	51 010	-32.18	89 231	-31.39
合作企业	29	24 480	53.66	10 516	-10.43
外资企业	285	132 897	37.10	108 250	74.16
股份有限公司	3	2 636	476.81	1 885	147.38
外商其他投资	—	69 335	140.58	46 480	63.00
加工装配	—	43 900	217.66	35 138	159.97
国际租赁	—	10 800	200.00	10 800	200.00
对外发行股票	—	14 635	28.38	542	-95.25
合　计	**568**	**217 354**	**-22.30**	**202 961**	**3.36**

湖北省2005年吸收外商直接投资分国别（地区）情况表

国别（地区）	实际利用外资（万美元）	所占比重（%）	国别（地区）	实际利用外资（万美元）	所占比重（%）
香　港	94 564	43.3	台湾省	8 706	4.0
英属维尔京群岛	28 318	13.0	新加坡	7 201	1.7
美　国	20 385	9.3	英　国	5 828	3.3
法　国	16 085	11.0	开曼群岛	4 067	1.9
日　本	12 884	7.4	马来西亚	3 822	1.7

外商直接投资行业　外商直接投资项目中，生产型项目353家，合同外资额12.17亿美元，实际使用外资额10.19亿美元，分别占全省总量的67.88%、57.66%和65.18%；非生产型项目16家，合同外资额8.93亿美元。

【对外经济合作】

承包工程和劳务合作　完成营业额首次突破3亿美元，达到31 843万美元，比上年的27 384万美元增长16.3%；新签合同额35 953万美元，比上年的31 141万美元增长15.5%；外派劳务5 658人次，比上年的4 042人增长40%；月末在外人数7 599人，比上年的5 854人增长29.8%。

对外经济技术援助　新获援外项目19个，较上年增加1个。一是设计验收项目由上年的13个减少为8个，所占比重由72%减至42%；二是物资采购项目得到恢复，湖北省机械设备进出口公司在2004年取得援外物资项目资格后，积极参与援外物资项目竞标，2005年获得援加蓬、尼日利亚议会、几内亚行政学院等3个办公用品采购以及援马耳他干船坞设备采购共计4个援外物资供货项目，这也是湖北省企业多年来首次获得援外物资采购项目；三是承担援外人力资源培训任务队伍扩大，新获项目大幅增加，2005年新获培训项目5个，较上年增加4个。

对外投资　核准境外企业10家，涉及国际贸易、资源开发、IT产品、医药、地质勘测、汽车配套产品及农产品加工等行业，协议投资总额536.84万美元，中方协议投资金额520.6万美元。截至2005年，湖北省在境外兴办企业共85家，协议投资总额9 227万美元，中方协议投资7 629万美元。

【其他】

商务洽谈会　2005年5月9日至13日，湖北省人民政府在香港举办了2005年香港湖北周。共签订项目合同278个，项目总投资53.7亿美元，其中合同外资45亿美元。

2005年10月12日至17日，第七届中国国际高新技术成果交易会在深圳召开。本届高交会上湖北省共有42个项目成交，包括出口贸易合同2个，招商引资项目40个（其中内资项目29个，外资项目11个）。签约项目总金额39.1亿元人民币，其中招商引资项目投资总额共计38.9亿元人民币，其中引进内资26.75亿元人民币，占投资总额的68.4%；利用外资项目投资总额1.27亿美元，其中协议外资1.07亿美元，占招商引资项目投资总额的22.3%。

第98届中国出口商品交易会于2005年10月15日至30日在广州举行。本届交易会上湖北省参展企业累计成交5.26亿美元，比上届广交会增长3.58%。

2005年10月25日至30日，湖北省经济代表团一行13人访问了日本，10月30日至11月6日又赴韩国参加“湖北周”活动。日、韩经贸活动期间，共签订投资贸易合作项目47个。其中投资项目40个，总投资额26 272万美元，协议外资20 047万美元，有14个是合同项目；签订出口贸易合同7个，出口总额3 690万美元。

港口运输

湖北省2005年进出口货运分运输方式统计

运量方式	进出口总运量（吨）					
	合计	同比±%	其中			
			进口	同比±%	出口	同比±%
总计	3 051 693	25.1	1 430 924	20.8	1 620 769	29.2
水运	3 006 272	26.2	1 423 832	21.0	1 582 438	31.2
铁路	40 320	-21.4	4 021	-14.7	36 299	-22.1
公路	696	10.0	470	288.4	226	-58.1
空运	4 362	2.9	2 580	-8.9	1 782	26.8
邮运	43	-6.5	21	-25.0	22	22.2

涉外旅游 入境旅游人数82.57万人次，比上年增长35.0%。其中：外国游客62.68万人次，增长24.9%；港、澳、台同胞19.89万人次，增长80.8%。国际旅游外汇收入2.76亿美元，增长43.6%。

小资料

基尼系数的含义是什么

20世纪初意大利经济学家基尼，根据洛伦茨曲线找出了判断分配平等程度的指标，设实际收入分配曲线和收入分配绝对平等曲线之间的面积为A，实际收入分配曲线右下方的面积为B，并以A除以A+B的商表示不平等程度。这个数值被称为基尼系数或称洛伦茨系数。如果A为零，基尼系数为零，表示收入分配完全平等；如果B为零则系数为1，收入分配绝对不平等。该系数可在零和1之间取任何值。收入分配越是趋向平等，洛伦茨曲线的弧度越小，基尼系数也越小，反之，收入分配越是趋向不平等，洛伦茨曲线的弧度越大，那么基尼系数也越大。如果个人所得税能使收入均等化，那么，基尼系数即会变小。联合国有关组织规定：若基尼系数低于0.2表示收入绝对平均；0.2－0.3表示比较平均；0.3－0.4表示相对合理；0.4－0.5表示收入差距较大；0.6以上表示收入差距悬殊。

2005年武汉市商务发展概况

武汉市对外贸易经济合作局

杨德桢

武汉市对外贸易经济合作局局长

杨德桢　生于1950年10月，湖北省武汉市人。经济管理研究生毕业。1968年12月参加工作，1972年4月加入中国共产党。历任原电子工业部（机械电子部）第752厂高级经济师、副厂长、武汉市外商投资办公室副主任、武汉市外经贸委副主任、武汉市外经贸局副局长，2003年3月任现职。曾先后荣获“电子工业部先进工作者”、“武汉市劳动模范”、武汉市“五一劳动奖章”称号。

【对外贸易】

进出口总额　2005年湖北省武汉市进出口总额61.88亿美元，比上年的42.98亿美元增长44%。

出口总额　出口总额25.40亿美元，比上年的19.31亿美元增长31.5%。

进口总额　进口总额36.48亿美元，比上年的23.67亿美元增长54.1%。

出口商品结构　初级产品出口额1.19亿美元，占出口总额的4.7%；工业制成品出口额24.21亿美元，占出口总额的95.3%。

进口商品结构　初级产品进口额10.07亿美元，占进口总额的30.3%；工业制成品进口额26.4亿美元，占进口总额的69.7%。

出口商品市场　出口商品销往169个国家（地区）。

进口商品市场　进口商品来自72个国家（地区）。

技术进出口　技术进出口总额11亿美元，比上年的6.78亿美元增长62.2%，其中高新技术产品出口4.13亿美元，比上年的3.1亿美元增长33.2%；高新技术产品进口6.87亿美元，比上年的3.67亿美元增长87.2%。

武汉市2005年出口额1 000万美元以上商品情况表

金额分类	商品名称	出口金额（万美元）	占出口总额比重（%）
1亿美元以上（5种）	钢材、服装、船舶、液晶显示器及纺织纱线及制品	141 758	55.8
1 000万—5 000万美元（17种）	无线电话机、活猪、天然蜂蜜、化工原料、鞋类、医药品、光纤光缆、蓄电池、皮革及制品、汽车及零配件、粗纱制品、烤烟、塑料制品、家具、硅、灯具及建材	43 991	17.3
合　计	**22种**	**185 749**	**73.1**

武汉市2005年进口额1 000万美元以上商品情况表

金额分类	商品名称	进口金额（万美元）	占进口总额比重（%）
1亿美元以上（5种）	铁矿砂、金属加工机床、金属轧机及零件、汽车零件、计量检测分析自控仪器	162 581	44.6
3 000万—9 000万美元（7种）	氧化铝、塑料原料、钢材、活塞式内燃机零件、焊接机器及零件、通断及保护电路装置、集成电路及微电子组件	37 257	10.2
1 000万—3 000万美元（10种）	液泵及液体提升机、印刷装订机、橡胶或塑料加工机械、型模及金属铸造用型箱、阀门、自动数据处理设备、二极管晶体管、汽车及汽车底盘、船舶、医疗仪器及器械	18 038	4.9
合　计	**22种**	**217 876**	**59.7**

武汉市2005年主要出口市场情况表

国别（地区）	出口金额（万美元）	占出口总额比重（%）	国别（地区）	出口金额（万美元）	占出口总额比重（%）
韩　国	3.82	15.0	新加坡	0.76	3.0
美　国	3.21	12.6	荷　兰	0.72	2.8
德　国	2.19	8.6	安提瓜	0.69	2.7
日　本	2.01	7.9	台湾省	0.66	2.6
香　港	1.58	6.2	比利时	0.53	2.1
合　计				**16.69**	**65.5**

武汉市2005年主要进口市场情况表

国别（地区）	进口金额（万美元）	占进口总额比重（%）	国别（地区）	进口金额（万美元）	占进口总额比重（%）
德　国	6.53	17.9	美　国	2.16	5.9
日　本	5.36	14.7	印　度	2.05	5.6
法　国	4.42	12.1	台湾省	1.99	5.4
澳大利亚	3.07	8.4	南　非	1.45	4.0
巴　西	2.21	6.1	韩　国	1.13	3.1
合　计				**30.37**	**83.2**

【利用外资】

武汉市2005年利用外资情况表

利用外资方式	批准签订的合同			实际利用外资	
	项目数（个）	外资金额（万美元）	金额比上年增长（%）	金额（万美元）	金额比上年增长（%）
外商直接投资	238	198 880	65.6	133 998	15.5
合资企业	96	36 270	0.8	52 741	-38.9
合作企业	15	18 779	179.3	7 486	-35.8
外资企业	126	114 947	130.6	73 561	305.7
股份有限公司	1	257	-43.0	210	
其他		28 627			
外商其他投资		30 449	57.2	40 003	10.7
国际租赁		10 800		10 800	
加工贸易		19 107		23 867	
对外发行股票		542		5 336	
合　计	**238**	**229 329**	**64.4**	**174 001**	**12.1**

外商直接投资行业　238个直接利用外资项目中，生产型项目178个，非生产型项目60个。按行业分，工业项目145个，房地产业28个，租赁和商务服务业14个，农林牧渔水利业10个，信息传输和计算机软件业10个，科研技术服务事业9个，批发和零售业8个，住宿和餐饮业5个，居民服务和其他服务业3个。

外商直接投资来源　外商直接投资来自27个国家（地区）。按实际到位外资金额排列前10位是：香港57 543万美元；法国15 716万美元；美国11 782万美元；日本11 035万美元；英属维尔京群岛7 542万美元；英国5 052万美元；台湾省4 841万美元；开曼群岛2 571万美元；新加坡2 248万美元；澳门1 305万美元。

【对外经济合作】

承包工程和劳务合作　签订1 000万美元以上的对外承包工程和劳务合作合同项目3个，总承包工程合同金额11 527万美元，比上年的14 381万美元下降了19.8%；完成营业额1.5亿美元，比上年的10 625万美元增长41.2%，当年派出劳务人员数1 549人，比上年的1 249人增加30.6%。

【其他】

开发区　武汉经济技术开发区全年新批利用外资项目36个，合同外资32 885万美元，实际利用外资30 130万美元；外贸出口15 680万美元；实现规模以上工业增加值375.06亿元，比上年增长56.7%；财政收入27.45亿元，比上年增长34.5%；固定资产投资70.88亿元，比上年增长35.1%。

东湖新技术开发区以“武汉·中国光谷”为建设中心，全年新批利用外资项目34个，合同外资28 725万美元，实际利用外资27 093万美元；外贸出口22 195万美元；实现规模以上工业增加值307.05亿元，比上年增长19.4%；财政收入20.04亿元，比上年增长33.4%；固定资产投资76.32亿元，比上年增长61.9%。

商务洽谈会　2005年9月23日—26日，第六届中国国际机电产品博览会在武汉国际会展中心举行。本届机博会共签约外资项目46项，投资总额11.3亿美元，合同外资7.3亿美元；签约出口合同10项，总额4.1亿美元；签约内资项目14项，投资总额35.2亿元人民币。

港口运输　口岸出入境人数14.3万人次，比上年上升13.5%。国际集装箱吞吐量达到20.58万标箱，比上年增长22.5%。

涉外旅游　入境的外国人数以及港澳台同胞人数为7.78万人次，旅游外汇收入1.72亿美元，比上年的1.26亿美元增长36.51%。

2005年湖南省商务发展概况

湖南省商务厅

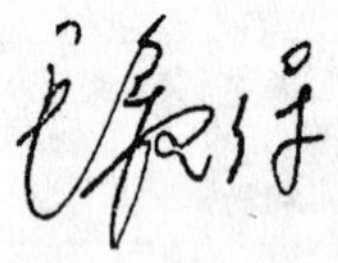

湖南省商务厅厅长

毛叙保　生于1949年12月。1969年参加工作，1978年11月加入中国共产党。先后担任过公司副经理、乡党委书记、县委办公室主任、县委常委、市外经贸委副主任、湖南省对外贸易经济合作厅副厅长、党组书记等职。2004年2月任湖南省商务厅党组书记，2004年3月任湖南省商务厅厅长。

【国内贸易】

社会消费品零售总额　2005年湖南省社会消费品零售总额2 459.12亿元，比上年的2 149.58亿元增长14.4%。其中，城市消费品零售额1 371.42亿元，县消费品零售额453.60亿元，县以下消费品零售额634.10亿元。分行业看，批发零售贸易业零售额2 104.51亿元，餐饮业零售额317.43亿元，其他行业零售额37.17亿元。

限额以上批发零售贸易、餐饮业基本情况　截至2005年，共有限额以上批发零售贸易、餐饮业法人企业1 319个，产业活动单位3 273个，从业人数219 602人。其中，批发业法人企业413个，产业活动单位926个，从业人数61 278人；零售业法人企业613个，产业活动单位1 951个，从业人数114 783人；餐饮业法人企业293个，产业活动单位396个，从业人数43 541人。

批发零售贸易业商品购、销、存总额　批发零售贸易业商品销售总额4 340.8亿元。其中，限额以上企业1 441.3亿元，限额以下企业2 899.5亿元。限额以上批发零售贸易业商品购进总额1 183.3亿元，商品销售总额1 362.4亿元（其中批发891.9亿元、零售470.5亿元、出口66.3亿元），年末库存总额498.6亿元。

市场物价　商品零售价格指数为102.3（以上年价格为100），其中城市101.6，农村103.0；居民消费价格指数为102.3（以上年价格为100），其中城市102.1，农村102.8。

市场体系建设　2005年，全省亿元市场134家，完成交易额856.4亿元，增长24.3%，占全省社会消费品零售总额的34.8%，比上年提高1.5个百分点。全省典当行40家，为中小工商企业质押、抵押贷款41 801笔，典当金额109 906.54万元。拍卖企业182家，从业人员近3 000人，全年举办各类拍卖活动达2 400余场次，拍卖成交额65亿元，比上年增长10%。全省具有经营资格的报废汽车拆解企业15家，回收拆解报废汽车总数4.1万车辆（包括报废汽车、农用运输车、摩托车），比上年增长15%。二手车交易市场33家，年交易量3.2万辆，年交易额7.2亿元，分别比上年增长18.5%和20%。全省有42个试点县、73户试点企业获国家商务部批准开展"万村千乡"市场工程试点工作，全年建设改造农家店2 900个。到年底，全省要求编制城市商业网点的13个地级市中，11个市已按商务部要求完成初稿（约占85%）。

商业改革与发展　2005年，湖南省积极推进国有流通企业改革，各地商务主管部门因地制宜，采取多种方式支持国有流通企业改组改制，增强国有流通企业活力，提高盈利能力。连锁经营、物流配送等现代流通方式进一步发展。全省限额以上连锁商贸企业46家，比上年41家增加5家。成品油消费保持稳步增长，成品油市场监管进一步规范。全省成品油市场消费量达461.29万吨，比上年增长10.1%。全年市场供应基本保持稳定，避免了大的波动。2005年，全省餐饮业实现消费品零售总额317.43亿元，增长19.3%，高出全省社会消费品零售总额增幅4.9个百分点。餐饮业发展迅速，并向品牌化、系统化、连锁化、多元化的纵深发展，健康、营养的绿色食品、有机食品将成为时尚。

【对外贸易】

进出口总额 进出口总额60.05亿美元，比上年的54.39亿美元增长10.41%。

出口总额 出口总额37.47亿美元，比上年的30.98亿美元增长20.93%，占全省GDP 6 473.61亿元（相当于790.26亿美元）的4.74%，占全国出口额的0.49%。

进口总额 进口总额22.58亿美元，比上年的23.41亿美元下降3.52%

出口商品结构 初级产品出口额32 274万美元，占出口总额的8.61%；工业制成品出口额342 393万美元，占出口总额的91.39%。

进口商品结构 初级产品进口额88 434万美元，占进口总额的39.16%；工业制成品进口额137 384万美元，占进口总额的60.84%。

出口商品市场 出口商品销往181个国家（地区）。

进口商品市场 进口商品来自79个国家（地区）。

技术进口 签订引进技术和进口设备合同项目37个，比上年增加13个；合同金额19 459万美元，比上年的8 038万美元增长142%。

湖南省2005年出口额5 000万美元以上商品情况表

金额分类	商品名称	出口金额（万美元）	占出口总额比重（%）
1亿美元以上（8种）	锰及其制品，包括废碎料；不规则盘卷的普通钢铁的热轧条、杆；银，未锻造、半制成或粉末状；瓷餐具、厨房器具及其他家用或盥洗用瓷器；烟花、爆竹、信号弹、降雨火箭等烟火制品；无缝钢铁管及空心异型材（铸铁的除外）；铍铬锗钒镓铪铟铼铌铊及其制品，包括废碎料；仅热轧，宽≥600mm普通钢铁板材	133 985	35.76
5 000万—1亿美元（8种）	肼、胲等；其他无机碱；其他金属氧化物等；热电子管、冷阴极管或光阴极管；鲜、冷、冻猪肉；未锻轧锌；床上、餐桌、盥洗及厨房用的织物制品；未锻轧铅	37 192	9.92
合 计	**16种**	**171 177**	**45.68**

湖南省2005年进口额2 000万美元以上商品情况表

金额分类	商品名称	进口金额（万美元）	占进口总额比重（%）
1亿美元以上（2种）	铁矿砂及其精矿，包括焙烧黄铁矿；主要载人的机动车辆（8702的车辆除外）	62 371	27.62
5 000万—1亿美元（5种）	大豆，不论是否破碎；铅矿砂及其精矿；金属轧机及其轧辊；热电子管、冷阴极管或光阴极管；本章未列名的具有独立功能的机器及机械器具（商品代码：8479）	33 899	15.00
2 000万—5 000万美元（13种）	8701至8705所列机动车辆的零件、附件（商品代码：8708）；货运机动车辆；非食用肉、鱼及其他动物的渣粉及团粒；油渣；塑料的废碎料及下脚料；烧碱木浆或硫酸盐木浆，但溶解级的除外；未锻轧镍；回收（废碎）纸或纸板；其他合金钢板材，宽≥600mm（商品代码：7225）；锌矿砂及其精矿；空气泵或真空泵、气体压缩机、风机、风扇等；制灯泡等用的未封口玻璃外壳及其玻璃零件；普通钢铁的半制成品；金属等的磨削、研磨、抛光或其他精加工机床	39 085	17.29
合 计	**20种**	**135 355**	**59.91**

湖南省2005年主要出口市场情况表

国别（地区）	出口金额（万美元）	占出口总额比重（%）	国别（地区）	出口金额（万美元）	占出口总额比重（%）
香　港	62 397	16.65	荷　兰	15 778	4.21
美　国	52 851	14.10	台湾省	10 055	2.68
日　本	39 825	10.63	德　国	9 796	2.61
韩　国	25 247	6.74	加拿大	9 576	2.56
印　度	16 561	4.42	英　国	8 427	2.25
合　计				**250 513**	**66.86**

湖南省2005年主要进口市场情况表

国别（地区）	进口金额（万美元）	占进口总额比重（%）	国别（地区）	进口金额（万美元）	占进口总额比重（%）
日　本	39 681	17.6	加拿大	11 446	5.1
澳大利亚	23 713	10.5	印　度	9 357	4.1
德　国	21 818	9.7	南　非	9 348	4.1
美　国	20 554	9.1	意大利	5 453	2.4
韩　国	2 022	9.0	秘　鲁	4 878	2.2
合　计				**166 468**	**73.8**

【利用外资】

湖南省2005年利用外资情况表

利用外资方式	批准签订的合同			实际利用外资	
	项目数（个）	外资金额（万美元）	金额比上年增长（%）	金额（万美元）	金额比上年增长（%）
外商直接投资	729	424 465	62.80	207 235	46.14
合资企业	265	86 537	84.92	38 146	27.10
合作企业	38	41 054	32.86	15 351	47.76
外资企业	424	262 968	44.91	119 798	19.79
股份有限公司	2	33 906	2 073.46	33 940	2 320.83

湖南省2005年利用外商直接投资分行业情况表

行　业	项目数（个）	合同外资（万美元）	实际投资（万美元）
总　计	729	424 465	207 235
农、林、牧、渔业	28	11 643	6 915
农业	12	4 983	2 463
采矿业	17	5 285	2 295

湖南省2005年利用外商直接投资分行业情况表（续）

行　　业	项目数（个）	合同外资（万美元）	实际投资（万美元）
石油和天然气开采业	1	30	
制造业	410	203 323	122 126
纺织业	24	5 263	4 076
化学原料及化学制品制造业	31	9 009	10 452
医药制造业	14	7 357	2 551
通用设备制造业	25	13 051	2 789
专用设备制造业	22	8 832	2 411
通信设备、计算机及其他电子设备制造业	20	8 791	11 057
电力、燃气及水的生产和供应业	25	31 566	9 541
建筑业	33	34 657	7 920
交通运输、仓储邮政业	6	8 828	2 198
信息传输、计算机服务和软件业	6	3 581	1 721
批发和零售业	16	5 851	3 109
住宿和餐饮业	39	13 121	5 454
旅游饭店	23	9 626	3 164
房地产业	92	56 401	36 014
房地产开发经营	86	54 260	34 518
租赁和商务服务业	19	30 324	4 103
科学研究、技术服务和地质勘查业	3	890	210
水利、环境和公共设施管理业	7	8 094	1 191
居民服务和其他服务业	10	2 570	1 346
教育	1	417	140
卫生、社会保障和社会福利业	1	1 242	180
文化、体育和娱乐业	16	6 672	2 772

湖南省2005年外商直接投资主要来源情况表

国别（地区）	项目数（个）	合同外资（万美元）	实际投资（万美元）	国别（地区）	项目数（个）	合同外资（万美元）	实际投资（万美元）
香　港	395	222 129	105 942	英　国	10	5 223	1 138
台湾省	113	39 094	19 088	韩　国	6	4 770	7 532
荷　兰	2	33 818	33 819	日　本	13	4 202	1 352
美　国	54	25 397	14 475	加拿大	21	4 100	1 881
毛里求斯	2	24 788	48	澳大利亚	9	3 675	1 595
拉丁美洲	24	19 830	4 277	澳　门	14	3 623	2 754
英属维尔京群岛	19	17 829	2 699	泰　国	2	3 440	306
德　国	23	12 315	3 680				

【对外经济合作】

承包工程和劳务合作 签订对外承包工程和劳务合作合同项目59个，金额59 281万美元，比上年的51 217万美元增长15%；完成营业额34 851万美元，比上年的37 301万美元下降0.7%；当年派出劳务人员数1 386人，年末在外人数7 518人，派往的主要国家和地区是印度、越南、德国、新加坡、韩国、日本等。承包工程的主要项目及国别（地区）是：蒙古的锌矿、印度的198烧硅工程和居拉瓦电站、埃塞俄比亚的106项目和118项目、巴西的烧洁机承包工程、越南的宣光水轮机埋件、马来西亚的巴贡水电站。

对外经济技术援助 承担援外项目正在执行的18个，受援国家和地区主要是非洲不发达国家（几内亚、利比里亚、佛得角等）和东南亚地区，涉及的行业主要是农业水稻、建筑、电站、体育场馆维修，大部分项目进展良好。

接受经济技术援助 接受国际经济组织及双边援助的项目数正在执行的有13个，金额为1 636.29万美元。项目申报16个，获批5个，金额255.3万美元。

对外投资 2005年经商务部核准设立21家境外投资企业，合同投资总额3 645.1万美元，中方投资额2 925.8万美元，投资国别和地区：德国、香港、越南、英国、泰国、老挝、柬埔寨、美国、刚果（金）、俄罗斯、尼日利亚、孟加拉国。

【其他】

开发区 长沙经济技术开发区投入基础设施建设资金达6.2亿元（含征地拆迁安置补偿费用）。引进项目62个，新批外资项目12个，外资增资项目4个，新引进了美国百事可乐、日本NEC通讯、日本三井农林3个世界500强企业。完成合同外资1.95亿美元，增长28.8%；实现到位外资1.25亿美元，增长38.8%。完成进出口总额71 920万美元，增长5.5%，其中出口18 689万美元，增长39.5%。新增境外投资项目2个，外派劳务150人。实现三资企业主营业务销售（营业）收入108.7亿元。

长沙高新区完成八条道路共计6.7公里道路路基工程以及300万余方的大型土石方任务，完成了37 000平方米住宅配套和7 000平方米配套商业用房，完成了安置小区规划中的26M以上道路及其所有市政配套管网建设。引进项目和企业落户麓谷基地有：九芝堂、威胜电子、博云新材、金荣中小企业园、苏博泰克、湘电泵业、日立电器、美国弗西比等十多个项目。实际利用外资8 463万美元，合同利用外资2.7亿美元。出口创汇5亿美元。

株洲高新技术产业开发区完成市政建设工程投资3.19亿元，市重点工程株洲大道、庐山路竣工通车，水电气讯等管网设施新增投资1.17亿元。全年包装策划了15个重点招商项目，将48个在建项目纳入考核，12个项目建成投产，22个项目进展顺利。合同利用外资7 276万美元，实际到位外资4 545万美元。引进内外资项目98个，合同引资41.2亿元人民币（外资折合人民币），实际到位资金26.8亿元。

郴州出口加工区是2005年6月3日，经国务院办公厅批准设立的国家级出口加工区。出口加工区批准的规划面积为3平方公里。根据国家对新批准的出口加工区提出的"在两年内封关运行"的要求，出口加工区力争一期在2006年8月底正式封关运行。

商务洽谈会 2005年5月底，湖南省在香港举办的"港洽周"上，共签订合同和具有法律效力的正式协议项目329个，引进外资62.97亿美元。其中：省级签约项目80个，引进外资33.46亿美元；市州和省直单位组织签约项目249个，引进外资29.51亿美元。到会外商约1 500多人，主要是港商、台商、美国和英国商人。

涉外旅游 2005年入境的外国人数以及港澳台同胞68万人次，旅游外汇收入3.6亿美元，比上年的2.9亿美元增长24%。

2005年广东省商务发展概况

广东省经济贸易委员会　广东省对外贸易经济合作厅

广东省经济贸易委员会主任

陈　冰　生于1947年4月，广东省海丰县人，汉族，中共党员，大专学历。现任广东省经济贸易委员会主任、党组书记。曾任广东省大宝山矿矿长、党委书记，广东省盐业总公司党组书记、总经理，广东省总工会主席、党组书记，中共潮州市委书记、潮州市人大常委会主任。

广东省对外贸易经济合作厅厅长

梁耀文　生于1952年3月，广东省东莞市人。中共中央党校世界经济专业研究生毕业，经济师，工艺美术师。1970年9月参加工作。1974年6月加入中国共产党。历任中国包装进出口总公司广东公司总经理、党委书记，广东省对外经济贸易委员会人事处处长、副主任、党组成员，广东省肇庆市副市长，广东省对外贸易经济合作厅副厅长、党组副书记等职。2003年3月任广东省对外贸易经济合作厅厅长、党组书记。

【国内贸易】

社会消费品零售总额　2005年广东省社会消费品零售总额7 882.64亿元，比上年的6 852.03亿元增长15.0%。其中，城市消费品零售额5 951.39亿元，增长5.0%；县以下消费品零售额1 931.25亿元，增长15.3%。分行业看，批发零售贸易业零售额6 644.00亿元，住宿餐饮业零售额1 108.20亿元，其他行业零售额132.96亿元。

限额以上批发零售业、住宿和餐饮业基本情况　截至2005年，共有限额以上批发零售业、住宿和餐饮业法人企业8 601个，其中，批发业法人企业3 928个，零售业法人企业2 141个，住宿和餐饮业法人企业2 532个。

批发零售业商品购、销、存总额　批发零售业商品销售总额18 816.69亿元，比上年的15 381.96亿元增长22.3%。其中，批发10 455.74亿元，零售2 238.77亿元；限额以上企业10 814.73亿元，限额以下企业8 001.96亿元。年末库存总额1 948.95亿元。

市场物价　商品零售价格指数为101.8（以上年价格为100），其中城市101.5，农村102.2；居民消费价格指数102.3（以上年价格为100），其中城市102.0，农村102.7。

市场体系建设　全面启动了城市商业网点规划的编制工作。至2005年底，广州、珠海等7个市已完成城市商业网点规划并经当地政府批准实施，东莞、中山、等8个市已完成编制工作并上报当地政府，其他市也正在落实之中。2005年底，全省各类商品交易市场近7 000家，其中亿元商品交易市场282家，实现成交额1 948.95亿元，比上年增长22.5%。全省1万平方米以上的购物中心和大型商场200多家，面积近900万平方米。全省拍卖企业417家，拍卖成交额465亿元，比上年增长15.7%。全省二手车交易市场

66家，二手车经销公司和经纪公司200多家，二手车鉴定评估公司40多家，二手车交易额70多亿元，交易量25万辆。全省酒类批发企业3 000多家，酒类零售企业约13万家，酒类销售额达150亿元。启动了“万村千乡”市场建设工程，开展了每年在全省范围内建设20个县级配送中心、125个镇级农家店、3 000个村级农家店的工作。社区商业发展工作稳步推进，开展了国家级社区商业示范社区的推荐工作，广州市番禺祈福新村社区、深圳市罗湖区都市名园、东莞市东城区东泰花园等3个社区被商务部认定为第一批全国社区商业示范社区。

商业改革与发展 2005年，为了加快包括现代流通业在内的现代服务业的改革与发展，省委、省政府制定出台了《关于加快我省服务业发展和改革的意见》(粤府［2005］1号)，4月份省政府又召开了全省加快服务业发展工作会议，明确提出必须把流通业作为发展现代服务业的突破口，加快发展现代流通业。在省委、省政府的有力推动下，全省流通业的改革与发展迈上了一个新的台阶。连锁经营得到更广泛认同和应用，加快从商业零售业向餐饮、服务业等领域推广，从珠江三角洲地区向东西两翼和山区迅速发展，从直营连锁向特许、加盟、自由等连锁形式转变，销售增长和比重不断提高，至2005年底，全省拥有连锁企业183家，增长44.1%；连锁分店11 076家，增长19.2%；实现销售额1 635.88亿元，增长26.1%，占社会消费品零售总额的比重达20.8%。现代物流业快速发展，在服务功能、服务技术、服务水平上比传统储运企业均有较大的提高，涌现出宝供物流、南粤物流、广东邮政物流、深圳招商物流等一批具有相当规模的现代物流企业，2005年，全省物流业增加值3 765.27亿元，比上年增长10.5%；货运量16.8亿吨，比上年增长7.6%；货物周转量达到4 136.66亿吨公里。落实CEPA，加强粤港澳服务业合作，进一步完善和健全粤港澳政策咨询服务、信息互通“两个机制”，联手搭建物流、金融、中介“三个服务平台”，为港澳服务业进入广东省提供便利化服务的政策措施与办事程序。坚持“政府搭台、企业唱戏”的形式，积极推进区域经贸合作，努力开拓“广货”市场，2005年全省共组织企业6 000多人次，与20多个省市区开展经贸活动，签署经贸合同1 254亿元。

【对外贸易】

进出口总额 进出口总额4 279.8亿美元，比上年的3 571.3亿美元增长19.8%。

出口总额 出口总额2 381.6亿美元，比上年的1 915.7亿美元增长24.3%，占全国出口总额的31.3%，出口额全国排名第一。

进口总额 进口总额1 898.2亿美元，比上年的1 655.6亿美元增长14.7%。

出口商品结构 初级产品出口额48.9亿美元，占出口总额的2.1%；工业制成品出口额2 332.7亿美元，占出口总额的97.9%。

进口商品结构 初级产品进口额202.4亿美元，占进口总额的10.7%；工业制成品进口额1 695.7亿美元，占进口总额的89.3%。

出口商品市场 出口商品销往228个国家（地区）。

进口商品市场 进口商品来自177个国家（地区）。

广东省2005年出口额5 000万美元以上商品情况表

金额分类	商品名称	出口金额（亿美元）	占出口总额比重（%）
1亿美元以上（381种）	**合计**	**1 965.12**	**82.51**
	8471所列其他机器的零件、附件	121.53	
	液晶显示器	59.72	
	重量≤10公斤的便携数字式自动数据处理设备	52.10	
	数字化视频光盘（DVD）播放机	49.05	
	手持式无线电话机零件	41.05	
	手持（包括车载）无线电话机	39.42	
	与电视接收机配套使用的电子游戏机	38.44	
	其他数字照相机	36.27	
	光盘驱动器	30.90	
	微型机的数字式处理部件	30.12	

广东省2005年出口额5 000万美元以上商品情况表（续）

金额分类	商品名称	出口金额（亿美元）	占出口总额比重（%）
5 000万—1亿美元（217种）	**合计**	**150.83**	**6.33**
	其他玩具动物	1.00	
	轧制凸凹变形及扭曲的普通钢铁的其他条、杆	1.00	
	电动的闹钟	1.00	
	烟花、爆竹	1.00	
	瓦楞纸或纸板制的箱、盒、匣	0.99	
	皮革、再生皮革或漆皮作面的手提包	0.98	
	合成纤维制针织或钩编的女裤	0.96	
	未列名视频信号录制或重放设备	0.96	
	棉制其他婴儿服装及衣着附件	0.95	
	其他坐具零件	0.94	

广东省2005年进口额5 000万美元以上商品情况表

金额分类	商品名称	进口金额（亿美元）	占进口总额比重（%）
1亿美元以上（274种）	**合计**	**1 457.46**	**76.78**
	其他线宽≤0.18微米数字单片集成电路	111.81	
	其他单片集成电路	111.11	
	液晶显示板	85.15	
	8471所列其他机器的零件、附件	47.85	
	石油原油及从沥青矿物提取的原油	42.26	
	其他0.18＜线宽≤0.35微米数字单片集成电路	38.06	
	其他线宽＞0.35微米数字式单片集成电路	33.73	
	手持式无线电话机零件	30.09	
	5—7号燃料油	28.11	
	硬盘驱动器	24.90	
5 000万—1亿美元（217种）	**合计**	**156.65**	**8.25**
	聚对苯二甲酸乙二酯非泡沫塑料板、片、膜等	1.00	
	未列名成卷成张矩形浸涂印花纸，纸板，纤维纸	1.00	
	其他镀或涂铝的铁或非合金钢平板轧材	1.00	
	额定功率不超过20瓦的其他固定电阻器	0.99	
	辛醇及其异构体	0.99	
	铝合金矩形板、片，0.28mm≤厚≤0.35mm	0.99	
	其他汞或钠蒸汽灯及金属卤化物灯	0.99	
	初级形状的苯乙烯－丙烯腈（SAN）共聚物	0.99	
	其他钟表零件	0.98	
	用于电压不超过1 000伏线路的数控装置	0.98	

广东省2005年主要出口市场情况表

国别（地区）	出口金额（亿美元）	占出口总额比重（%）	国别（地区）	出口金额（亿美元）	占出口总额比重（%）
香　港	837.2	35.2	英　国	60.5	2.5
美　国	571.0	24.0	新加坡	48.7	2.0
日　本	138.4	5.8	韩　国	44.6	1.9
德　国	75.1	3.2	台湾省	35.4	1.5
荷　兰	72.1	3.0	法　国	29.7	1.2
合　计				**1 912.7**	**80.3**

广东省2005年主要进口市场情况表

国别（地区）	进口金额（亿美元）	占进口总额比重（%）	国别（地区）	进口金额（亿美元）	占进口总额比重（%）
台湾省	308.6	16.3	香　港	61.9	3.3
日　本	302.6	15.9	泰　国	59.2	3.1
韩　国	160.4	8.4	新加坡	51.7	2.7
美　国	89.2	4.7	菲律宾	44.1	2.3
马来西亚	73.1	3.9	德　国	43.9	2.3
合　计				**1 194.6**	**62.9**

技术进口　2005年全省累计对外签订技术进口合同537项，比上年增加71项，增长15.24%。技术进口合同总金额为8.47亿美元，其中技术费为6.45亿美元，与上年持平，占合同总额的76.15%；设备费2.02亿美元，比上年增长3 270.74%，占合同总金额的23.90%。技术引进仍集中于广州、深圳及珠三角等经济发达地区，仅广州、深圳两市的技术引进合同金额就占全省合同总金额的73.86%。主要有以下几个特点：

一、专有技术的许可或转让与技术咨询是引进的主要方式。全年签订专有技术许可或转让合同235个，比上年增长22.40%，合同金额3.36亿美元，占合同总金额的39.67%；签订技术咨询、技术服务合同174个，占合同总数的32.40%，合同金额2.21亿美元，占合同总金额的26.09%。专利技术的许可或转让有较大增长，合同数量达到46个，比上年增长70.37%，合同金额0.55亿美元，同比增长228.92%。

二、技术进口仍集中于欧洲、亚洲和北美洲。2005年全省从欧洲、亚洲和北美洲引进的技术合同金额分别为3.68亿美元、2.47亿美元和2.02亿美元，占比分别为43.44%、29.21%和23.86%，法国成为广东省最大的技术引进来源国，合同金额2.42亿美元，占合同总金额的28.62%。从法国、美国和日本三地进口的技术项目304个，占合同总金额的73.06%。

三、制造业仍是技术引进的大头，能源领域增长强劲。主要集中于能源、电子、化工等行业。制造业的技术引进合同金额占全部技术引进的61.46%。其中，电力、煤气及水的生产和供应业是全省技术引进最为集中的领域，共签订技术引进合同18份，同比增长350%，合同金额2.55亿美元，占合同总金额的30.15%，同比增长1 357.75%。其次是电子及通信设备制造业，共签订技术引进合同134份，增长31.37%，合同金额2.31亿美元，占合同总金额的27.27%。

四、科学研究和综合技术服务业增长迅速。全年共签订科学研究和综合技术服务业方面的技术引进合同52个，同比增长1 200%；合同金额0.31亿美元，增长1 198.42%。

五、外商投资企业是技术引进的主体，民营企业的技术引进大幅上升，国有企业的技术引进也稳步提高。全年外商投资企业共签订技术引进合同382个，占合同总数的71.14%；合同金额4.91亿美元，比上年下降18.20%，占合同总金额的57.95%，但仍是全省技术引进的主体。民营企业全年共对外签订技术引进合同63个，增长36.96%；合同金额0.32亿美元，比上年增长39.52%。国有企业全年共签订技术引进合同60个，比上年下降13.04%，但合同金额同比增长1 697.39%，说明国有企业在技术引进工作方面大项目较多。

【利用外资】

广东省2005年利用外资情况表

利用外资方式	批准签订的合同			实际利用外资	
	项目数（个）	外资金额（万美元）	金额比上年增长（%）	金 额（万美元）	金额比上年增长（%）
外商直接投资	8 384	2 374 365	22.64	1 236 391	23.50
合资企业	1 077	293 894	-3.26	221 603	-1.61
合作企业	218	98 841	7.85	56 556	-32.39
外资企业	7 080	1 959 240	28.61	950 242	39.90
股份有限公司	9	22 390	29.86	7 990	-38.86
外商其他投资	3 402	301 330	6.94	280 967	-2.71
加工装配	3 402	301 330	21.32	280 967	10.02

外商直接投资行业　在新批准的8 384个外商直接投资项目中，制造业项目占67%以上，按行业分，农林牧渔业166个，采矿业18个，制造业5 657个，电力、燃气及水的生产和供应业22个，建筑业43个，交通运输、仓储及邮政业140个，信息传输、计算机服务和软件业310个，批发和零售业434个，住宿和餐饮业144个，金融业6个，房地产业316个，租赁和商务服务业685个，科学研究、技术服务和地质勘查业372个，水利、环境和公共设施管理业16个，居民服务和其他服务业29个，教育业3个，卫生、社会保障和社会福利业2个，文化、体育和娱乐业21个。

外商直接投资来源　外商直接投资来自113个国家（地区）。其中香港新设投资项目5 208个，合同外资金额1 220 865万美元；英属维尔京群岛534个，430 621万美元；日本191个，99 260万美元；澳门448个，79 936万美元；萨摩亚233个，74 611万美元；台湾省531个，60 237万美元；新加坡137个，53 125万美元；美国332个，42 046万美元；开曼群岛33个，41 739万美元；毛里求斯58个，30 220万美元；百慕大6个，20 937万美元；法国34个，19 646万美元；文莱99个，18 576万美元；韩国108个，14 018万美元；澳大利亚68个，13 045万美元。

外商直接投资企业生产经营情况　截至2005年，全省经批准的外商直接投资企业累计119 710家，当年全省外商投资企业出口总额1 546.8亿美元，占全省出口总额的64.9%。

【对外经济合作】

承包工程和劳务合作　2005年签订对外承包工程和劳务合作合同项目16 069个，金额359 857万美元，比上年的195 950万美元增长83.65%；完成营业额278 406万美元，比上年的190 023万美元增长46.51%。当年派出劳务人员9 937人次，年末在外21 075人，主要派往澳门、香港。

承包工程的主要项目及国别（地区）

项目名称	承建单位	项目金额（万美元）	所在国家
电信工程	华为公司	23 600	埃及
电信工程	华为公司	14 900	尼日利亚
电信工程	华为公司	13 900	巴西
电信工程	华为公司	11 300	印度
地铁机车	北方国际	4 200	伊朗

对外经济技术援助　承担援外项目2个，受援国家和地区包括阿富汗、马达加斯加、津巴布韦、老挝，涉及的行业包括水利建设、援外物资，水利项目在建，援外物资项目已完成；当年派出援外人数25人，年末在外人数25人。

对外投资　2005年在海外举办企业（系指非贸易性企业）的项目数14个，投资总额7 059万美元，中方投资金额4 463万美元，投资国别（地区）主要包括：泰国、越南、马来西亚、柬埔寨、印度尼西亚、印度、俄罗斯、波兰、墨西哥、香港、澳门，大部分项目尚未正式投产。

【其他】

2005年广东省开发区主要经济指标为：GDP 3 044.01亿元，占全省14.03%；工业总产值8 971.66亿元，占25.34%；外商直接投资项目1 085个，占12.94%；合同利用外资71.36亿美元，占30.06%；实际利用外资38.05亿美元，占30.78%；进出口贸易额857.91亿美元，占20.05%；其中进口额290.34亿美元，占15.30%；出口额567.57亿美元，占23.83%；地方财政一般预算收入224.90亿元，占12.45%。

【国家级各类开发区】

概述　全省19个国家级各类开发区（南沙、惠州出口加工区尚未运作）实现工业总产值6 492.59亿元，占全省开发区的72.37%；外商直接投资项目692个，占63.78%；合同外资37.30亿美元，占52.27%；实际利用外资22.61亿美元，占59.42%；地方财政一般预算收入188.55亿元，占83.84%；进出口贸易总额均占全省开发区86%以上。

经济技术开发区　全省4个经济技术开发区，2005年实现工业总产值2 033.44亿元；外商直接投资项目267个，合同外资22.51亿美元，实际利用外资13.82亿美元；进出口贸易总额177.07亿美元，进口贸易额为94.28亿美元，出口贸易额为82.79亿美元。

高新技术产业开发区　全省6个国家级高新技术产业开发区，全年实现工业总产值3 528.04亿元。外商直接投资项目296个，合同外资11.61亿美元；实际利用外资6.14亿美元。进出口贸易总额239.60亿美元。

保税区　全省6个保税区，全年实现工业总产值884.69亿元。外商直接投资项目122个，外商直接投资合同外资2.83亿美元；外商直接投资实际利用外资1.77亿美元。进出口贸易总额319.59亿美元，进口贸易额为156.88亿美元，出口贸易额162.71亿美元。

出口加工区　广州、深圳2个出口加工区，全年实现工业总产值46.42亿元。外商直接投资项目7个，外商直接投资合同外资0.35亿美元；外商直接投资实际利用外资0.87亿美元。进出口贸易总额7.39亿美元，进口贸易额为2.92亿美元，出口贸易额4.47亿美元。

保税功能园区发展情况　深圳盐田港保税区与港区开展区港联动试点围网封关已通过国家海关总署等部门验收。广州、深圳出口加工区经济发展保持良好势头，成为吸引外资的重要区域和促进加工贸易转型升级的新亮点。深圳出口加工区2005年实现工业增加值15.27亿元，实现工业产品销售额47.7亿元，进出口总额7.39亿美元；投资密度为每平方公里约3.37亿美元，全部企业投产后，每平方公里进出口额均值可望达到30亿美元。2005年，国务院又批准增加设立了南沙出口加工区、惠州出口加工区，目前全省共有4个出口加工区。

【省级各类开发区】

概述　2005年统计的省级各类开发区有82个，其中经济开发试验区46个，高新技术产业开发区8个，工业区20个，科技园、生物岛8个。全年实现工业总产值2 479.07亿元，占全省开发区的27.63%；外商直接投资项目393个，占36.22%；外商直接投资合同外资34.06亿美元，占47.73%；外商直接投资实际利用外资15.44亿美元，占40.58%；进出口贸易总额114.26亿美元，占13.32%；进口贸易额为36.25亿美元，占12.49%；出口贸易额为78.01亿美元，占13.74%；地方财政一般预算收入36.35亿元，占16.16%。

商务洽谈会　2005年在广东省及海外举办了广东省投资贸易推介会（3月17日，广州）、粤台经济技术贸易交流会（5月19日至20日，江门）、粤港经济技术贸易合作交流会（7月7日至9日，香港）、粤港—美国经济技术贸易合作交流会（10月14日，旧金山）、中国广东—墨西哥经贸合作洽谈会（10月18日，墨西哥城）、粤港—加拿大经济技术贸易合作交流会（10月24日，温哥华）、中国广东—澳大利亚经济技术贸易合作交流会（11月8日，悉尼）、中国广东—菲律宾经贸合作洽谈会（11月11日，马尼拉）、中国广东—印度尼西亚经贸合作洽谈会（11月15日，雅加达）、中国广东—泰国经贸合作洽谈会（11月18日，曼谷）、广东国际旅游文化节旅游招商会（11月26日，广州）等会展活动。

港口运输　截至2005年12月31日，全省经国家批准对外开放的一类口岸有51个（其中陆路10个，港口口岸36个，航空口岸5个），占全国的22%；在36个港口口岸中，客运口岸25个，货运口岸19个（部分是客货运口岸）；经省政府批准对外开放的二类口岸有90个（其中水运84个，公路1个，铁路5个）；还有进出境货运车辆检查场59个。

2005年，经广东口岸入出境旅客2.5亿人次，增长14%，约占全国的82%；入出境交通工具1 761万辆（艘、列、架）次，增长33%，约占全国的87%；进出口货运量2.8亿吨，增长11%，约占全国的30%；港口进出口集装箱2 095万标箱，增长3%，约占全国的28%；海关税收累计入库1 185亿元，增长8.8%，约占全国的22%。

2005年广州市商务发展概况

广州市对外贸易经济合作局

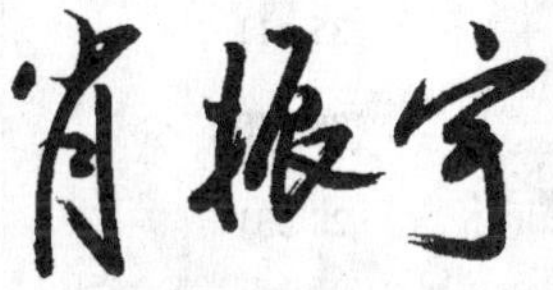

广州市对外贸易经济合作局局长

肖振宇　生于1956年11月，江西省吉安市人。理学博士，美国麻州大学MBA研究生，教授级高级工程师。历任中国有色金属广东地质局总工程师、副局长，广东省旅游集团公司董事、副总经理等职。2003年5月任广州市对外贸易经济合作局局长、党委书记。

【对外贸易】

进出口总额　2005年广东省广州地区外贸进出口总额534.88亿美元，比上年增长19.4%。广州市属企业进出口总额464.50亿美元，比上年增长21.9%。

出口总额　广州地区出口总额266.68亿美元，比上年的214.73亿美元增长24.2%。广州市属企业出口总额231.83亿美元，比上年的184.37亿美元增长25.7%，占全市GDP 5 115.75亿元（相当于624.50亿美元）的37.12%，占全省出口总额2 381.6亿美元的9.73%。广州地区出口总额居全国各城市出口规模第7名。

进口总额　广州地区进口总额268.20亿美元，比上年的233.23亿美元增长15.0%。广州市属企业进口总额232.67亿美元，比上年的196.76亿美元增长18.3%。

出口商品结构　初级产品出口额8.09亿美元，增长7.33%，占出口总额的3%；工业制成品出口额258.59亿美元，增长24.80%，占出口总额的97%。

进口商品结构　初级产品进口额48.36亿美元，增长9.23%，占进口总额的18.03%；工业制成品进口额219.86亿美元，增长16.34%，占进口总额的81.97%。

出口商品市场　出口商品销往214个国家（地区）。

进口商品市场　进口商品来自144个国家（地区）。

技术进出口　技术进出口总额5.19亿美元，比上年的1.85亿美元增长180.54%。技术进口合同项目228个，比上年的203个增加12.31%；合同金额1.84亿美元，与上年持平；软件出口合同93个，合同金额1 556.86万美元，比上年的367万美元增长324.13%。嵌入式软件出口31 951.64万美元，增长17.76%.

技术进口　技术进口合同来自20个国家和地区，按合同金额排在前5位的是日本、美国、香港、德国、瑞士。

技术出口　软件出口合同市场主要分布在13个国家和地区，按合同金额排在前5位的是印度、美国、越南、台湾省、日本。

广州市2005年出口额1亿美元以上商品情况表

商品名称	出口金额（万美元）	增长率（%）
机电、音像设备及其零件、附件	902 938	23.42
纺织原料及纺织制品	400 794	25.43
贱金属及其制品	190 175	27.61
杂项制品	180 334	19.70

广州市2005年出口额1亿美元以上商品情况表（续）

商 品 名 称	出口金额（万美元）	增长率（%）
珠宝、贵金属及制品；仿首饰；硬币	161 602	13.46
塑料及其制品；橡胶及其制品	139 668	32.32
车辆、航空器、船舶及运输设备	138 285	53.86
鞋帽伞等；羽毛品；人造花；人发品	128 357	9.06
光学、医疗等仪器；钟表；乐器	105 841	52.63
化学工业及其相关工业的产品	81 594	24.64
革、毛皮及制品；箱包；肠线制品	74 636	17.01
木浆等；废纸；纸、纸板及其制品	35 411	22.30
矿物材料制品；陶瓷品；玻璃及制品	28 510	18.40
食品；饮料、酒及醋；烟草及制品	28 331	11.73
矿产品	24 506	-4.10
木及制品；木炭；软木；编结品	23 826	28.42
活动物；动物产品	12 313	9.92

广州市2005年主要出口市场情况表

国别（地区）	出口金额（万美元）	增长率（%）	国别（地区）	出口金额（万美元）	增长率（%）
香　港	758 943	13.37	泰　国	23 488	63.18
美　国	637 922	32.12	墨西哥	23 080	16.26
日　本	150 331	3.41	韩　国	22 520	27.65
德　国	105 082	56.45	印　度	19 862	56.64
荷　兰	80 792	19.95	澳　门	17 640	-7.12
比利时	72 220	12.57	印度尼西亚	17 430	14.49
英　国	65 438	40.56	俄罗斯	16 641	56.58
新加坡	53 548	35.02	丹　麦	16 220	34.43
澳大利亚	43 424	10.04	南　非	16 216	43.13
法　国	40 996	40.11	菲律宾	14 599	19.47
意大利	36 452	36.97	瑞　士	14 562	189.88
台湾省	32 565	32.85	越　南	13 544	5.00
加拿大	30 290	36.45	沙特阿拉伯	13 240	53.76
西班牙	29 042	56.26	土耳其	11 057	32.08
马来西亚	27 098	34.34	巴　西	10 485	63.87
阿联酋	26 187	31.06	尼日利亚	10 029	20.72
巴拿马	23 627	81.73			

广州市2005年进口额1亿美元以上商品情况表

商品名称	进口金额（万美元）	增长率（%）
机电、音像设备及其零件、附件	748 446	17.60
贱金属及其制品	435 338	37.95
塑料及其制品；橡胶及其制品	238 877	6.84
化学工业及其相关工业的产品	222 655	12.22
车辆、航空器、船舶及运输设备	221 691	18.88
矿产品	213 383	12.05
纺织原料及纺织制品	115 736	2.16
珠宝、贵金属及制品；仿首饰；硬币	115 519	16.94
光学、医疗等仪器；钟表；乐器	91 617	31.60
木浆等；废纸；纸、纸板及其制品	50 509	15.84
特殊交易品及未分类商品	42 018	1.49
革、毛皮及制品；箱包；肠线制品	41 101	1.86
植物产品	38 473	-9.60
动、植物油、脂、蜡；精制食用油脂	25 410	-9.36
食品；饮料、酒及醋；烟草及制品	21 622	-45.24
木及制品；木炭；软木；编结品	18 786	-12.45
矿物材料制品；陶瓷品；玻璃及制品	13 514	1.17
杂项制品	13 235	34.06
活动物；动物产品	10 779	-34.35

广州市2005年主要进口市场情况表

国别（地区）	进口金额（万美元）	增长率（%）	国别（地区）	进口金额（万美元）	增长率（%）
日　本	492 057	8.95	印　度	48 280	16.65
台湾省	297 879	14.53	印度尼西亚	40 159	7.82
中华人民共和国	236 462	31.87	意大利	30 509	14.82
美　国	223 953	-15.28	南　非	30 039	16.85
韩　国	158 866	24.14	英　国	26 573	8.83
法　国	118 228	238.67	加拿大	22 686	-1.25
香　港	118 215	21.73	巴　西	22 492	30.73
德　国	94 130	7.75	菲律宾	21 631	28.92
比利时	87 391	26.13	阿根廷	20 841	9.99
马来西亚	83 648	-0.01	以色列	19 771	143.72
新加坡	76 188	-9.15	沙特阿拉伯	18 674	349.32
澳大利亚	54 931	35.83	智　利	18 224	179.39
泰　国	54 483	0.35	荷　兰	16 258	45.95
俄罗斯	52 039	38.60	伊　朗	12 613	-23.38
瑞　士	50 498	11.39	西班牙	10 760	54.20

广州市2005年技术引进市场情况表

国家（地区）	项目数（个）	合同金额（万美元）	比重（%）
日　本	108	7 135.30	38.70
香　港	44	1 996.00	10.83
美　国	31	6 573.26	35.65
澳大利亚	15	217.44	1.18
德　国	5	1 192.74	6.47
台湾省	4	130.36	0.71
韩　国	2	310.00	1.68
英属维尔京群岛	2	272.39	1.48
法　国	2	36.63	0.20
毛里求斯	2	30.70	0.17
合　计	**215**	**17 894.82**	**97.07**

广州市2005年技术引进行业情况表

行　业	合同数（个）	合同金额（万美元）	比重（%）
制造业	113	13 195.98	71.57
技术咨询服务业	44	2 778.41	15.07
房地产	31	1 376.07	7.46
计算机	24	559.72	3.04
旅馆业	9	108.87	0.59
公共设施服务业	3	8.71	0.05
批发零售贸易餐饮业	2	272.39	1.48
金融保险业	1	119.40	0.65
建筑业	1	18.31	0.10
合　计	**228**	**18 437.86**	**100.00**

广州市2005年软件出口市场情况表

国家（地区）	出口数量（个）	合同金额（万美元）	国家（地区）	出口数量（个）	合同金额（万美元）
香　港	27	369.92	马来西亚	4	21.56
日　本	7	38.76	阿联酋	2	1.60
美　国	19	181.51	孟加拉国	3	6.61
泰　国	2	1.51	台湾省	2	39.50
越　南	10	107.07	开曼群岛	1	20.00
印度尼西亚	4	14.77	南　非	2	5.52
印　度	1	717.50			
合　计				**93**	**1 556.86**

广州市2005年软件出口商品情况表

商品名称	出口金额（万美元）	增长率（%）
嵌入式软件	31 951.64	17.76
纯软件	1 556.86	287.60
1. 通讯软件	830.54	9457.42
2. 教育软件	21.20	-89.32
3. 金融软件	214.05	62.20
4. 其他软件	491.07	682.58

【利用外资】

广州市2005年利用外资情况表

金额单位：万美元

利用外资方式	批准签订的合同				实际利用外资	
	项目数（个）		外资金额			
	本年累计	同比±%	本年累计	同比±%	本年累计	同比±%
外商直接投资	1 061	1.43	340 205	6.15	264 882	10.34
中外合资企业	170	-13.71	47 958	-30.34	49 843	-23.24
中外合作企业	33	13.79	28 247	24.55	26 833	-23.95
外资企业	858	4.89	264 000	16.62	186 747	33.87
股份有限公司					1 459	330.38
外商其他投资	538	16.96	25 950	81.81	19 246	152.11
加工装配	538	16.96	25 950	81.81	19 246	152.11
合　计	**1 599**	**6.18**	**366 155**	**9.38**	**284 128**	**14.71**

广州市2005年外商直接投资行业情况表

金额单位：万美元

行　业	项目个数	合同外资金额		实际利用外资金额	
	本年累计	本年累计	同比%	本年累计	同比%
农、林、牧、渔业	7	247	-79.97	223	-87.98
采矿业		3	-89.29	28	
制造业	620	230 584	5.63	170 927	8.94
电力、燃气及水的生产和供应业	2	2 139	-80.70	3 615	111.90
建筑业	8	1 262	-85.73	1 993	-29.20
交通运输、仓储和邮政业	31	9 622	56.00	8 277	540.14
信息传输、计算机服务和软件业	60	7 378	24.97	4 359	27.23
批发和零售业	36	6 718	175.44	1 531	-20.63
住宿和餐饮业	25	8 415	65.03	3 123	-58.02
金融业			-100.00	3 025	15 821.05
房地产业	61	40 371	21.65	45 135	26.36

广州市2005年外商直接投资行业情况表（续）

金额单位：万美元

行业	项目个数	合同外资金额		实际利用外资金额	
	本年累计	本年累计	同比%	本年累计	同比%
租赁和商务服务业	175	27 892	73.47	18 605	-9.20
科学研究、技术服务和地质勘查业	20	1 167	-76.81	1 406	151.07
水利、环境和公共设施管理业	5	3 094	2 994.00	543	-54.83
居民服务和其他服务业	6	1 015	-20.64	936	-32.42
教育	2	195		100	
卫生、社会保障和社会福利业			-100.00	7	-41.67
文化、体育和娱乐业	3	103	-96.13	1 049	-68.32
合　计	**1 061**	**340 205**	**6.15**	**264 882**	**10.34**

广州市2005年外商直接投资来源情况表

金额单位：万美元

国别（地区）	项目个数		合同利用外资		实际利用外资金额	
	本年累计	同比（%）	本年累计	同比（%）	本年累计	同比（%）
香　港	540	6.09	154 903	0.64	102 586	-0.54
英属维尔京群岛	88	-23.48	55 424	-14.01	55 418	28.30
日　本	57	-22.97	21 854	-55.95	45 620	48.43
投资性公司投资	7	16.67	23 558	36.10	11 771	-22.22
萨摩亚	21	110.00	4 363	58.25	7 945	85.46
开曼群岛	5	25.00	11 789	380.40	6 195	302.53
新加坡	19	-40.63	10 856	106.86	6 039	-35.17
台湾省	67	-19.28	5 171	-30.37	3 757	-52.76
韩　国	19	-9.52	3 437	20.01	3 088	95.20
意大利	13	0.00	1 105	-65.30	2 959	1 581.25
瑞　士	2	100.00	-245	89.45	2 240	145.88
德　国	9	50.00	2 442	39.70	2 117	176.01
荷　兰	6	100.00	6 462	190.82	2 101	67.68
美　国	62	26.53	8 630	233.61	1 649	-73.13
文　莱	6	-33.33	1 856	-36.02	1 271	178.12
澳　门	8		2 641	475.12	1 255	67.11
毛里求斯	5	66.67	4 576	-1.23	1 251	-44.82
澳大利亚	16	0.00	5 986	1 005.60	950	69.95
马来西亚	16	60.00	681	-60.41	932	16.94
英　国	3	-50.00	1 820	-19.22	901	-63.12
法　国	11	37.50	1 015	70.88	624	127.74

广州市2005年外商直接投资来源情况表（续）

金额单位：万美元

国别（地区）	项目个数		合同利用外资		实际利用外资金额	
	本年累计	同比（%）	本年累计	同比（%）	本年累计	同比（%）
泰　国	3	-40.00	71	-96.48	475	84.82
印　度	1	-66.67	-1 763	-4 739.50	407	8 040.00
马绍尔群岛	1		1 400	478.51	342	47.41
加拿大	12	-33.33	1 297	87.97	320	-36.76
瑞　典	5	150.00	715	580.95	257	129.46
百慕大	1		1 649	359.33	166	-96.37
西班牙	3	0.00	-381	-130.07	166	-39.19
合　计	**1 061**	**1.43**	**340 205**	**6.15**	**264 882**	**10.34**

外商直接投资行业　外商直接投资项目中，生产型项目637个，占总数的60%；非生产型项目424个，占总数的40%。

外商直接投资来源　外商直接投资来自28个国家和地区，其中香港、英属维尔京群岛和日本排在前三位。

外商直接投资企业生产经营情况　2005年广州地区外商投资企业实现进出口总额322.64亿美元，其中出口167.65亿美元，增长24.53%，占全市出口总额的62.86%；进口154.99亿美元，增长15.38%。

【对外经济合作】

承包工程和劳务合作　签订对外承包工程和劳务合作合同项目11 815个，金额1.65亿美元，比上年的1.30亿美元增长26.39%；完成营业额1.62亿美元，比上年的1.32亿美元增长22.57%。当年派出劳务人员3 556人次，比上年的3 429人次增长0.74%，年末在外人数5 001人，比上年的4 968人增长12.23%。

2005年对外承包工程和劳务合作业务已涉及近30个国家和地区，完成营业额和新签合同额在亚洲地区所占份额分别为97.4%和98.98%。有4家企业申请对外工程承包经营权。广州市建筑集团成为广州市首家获得国家对外援助项目实施资格的企业。对外承包工程业务开始从房屋建筑、道路土木建设项目扩展到通信电子、港口建设等科技含量较高的项目转变。

对外投资　核准境外投资项目21个，境外总投资额6 360.73万美元，增长19.74%，其中，中方合同投资额6 166.17万美元，增长56.89%。境外投资涵盖东盟、美国、英国、东欧等国家和地区，涉及机电、计算机、通信工程、船务代理、港口建设、建筑、渔业、市政园林、装潢设计等行业。全年21个境外投资项目中，总投资额100万美元以上的项目有9个，占境外投资总项目数的42.86%，占境外总投资额的93.47%；有加工制造和服务性项目8个，其投资额占境外总投资额的66.03%。

截至2005年，全市累计批准境外企业245家，其中港澳103家，亚洲（不含港澳）48家，大洋洲16家，北美洲45家，南美洲9家，非洲3家。

【其他】

开发区　2005年广州经济技术开发区、广州高新技术产业开发区、广州保税区、广州出口加工区外贸进出口总额137.92亿美元，比上年增长28.58%。其中，出口额62亿美元，增长31.43%；进口额75.92亿美元，增长37.94%。出口额中，加工贸易出口82亿美元，增长31.67%；高新技术产品出口34.84亿美元，增长34.52%。新批准外商投资项目（含增资项目）289个，合同利用外资11.39亿美元，增长8.11%；实际利用外资6.81亿美元，比上年增长3.9%。

南沙经济技术开发区2005年进出口总额27.87亿美元，比上年增长29.51%。其中，出口额12.81亿美元，增长32.47%；进口额15.06亿美元，增长10.66%。新批准外商投资项目（含增资项目）45个，合同利用外资5.04亿美元，增长3.23%；实际利用外资4.06亿美元，增长30.84%。

商务洽谈会　2005年，广州市开展了赴日本、欧洲系列经贸活动，赴北美系列经贸活动，赴澳大利亚、东盟系列经贸活动等出访活动，并举办了2005中国（广州）汽车论坛、中欧经贸（广州）合作论坛等。

2005年深圳市商务发展概况

深圳市贸易工业局

深圳市贸易工业局局长

王学为　1997年9月—2002年9月任深圳市经发局、经贸局局长；2002年10月—2003年9月任深圳市能源集团副董事长；2003年9月—2005年4月任深圳市科技和信息局局长；2005年4月起任深圳市贸易工业局局长、党组书记。

【国内贸易】

社会消费品零售总额　2005年深圳市社会消费品零售总额1 437.67亿元，比上年的1 250.64亿元增长15.0%。分行业看，批发零售贸易业零售额1 258.17亿元，餐饮业零售额179.50亿元。

批发零售贸易业商品购、销、存总额　批发零售贸易业商品销售总额2 920.39亿元，比上年的2 456.17亿元增长18.9%。

市场物价　居民消费价格指数为101.6%（以上年价格为100）。

市场体系建设　深圳已初步形成统一、开放、竞争、有序的现代化商品市场体系。年内完成《深圳市商业网点规划（2006—2010年）》的编制工作，规划提出要建设"一轴、两带、十四个特色商业街区"的多层次城市商业体系格局，深圳的商业布局将更加合理。随着华润万象城、金光华商业广场和五洲风情购物中心等购物中心的建成开业，深圳购物环境得到提升，商业对外辐射力明显增强。开展对拍卖企业的年审工作和整顿汽车展销市场，规范了行业发展。2005年外商投资商业领域的速度明显加快，全年新增批发和零售合同外资金额3.44亿美元，同比增长279.38%，实际使用外资1.21亿美元，同比增长178.71%，外资在深圳商贸流通业中的比重进一步扩大。

商业改革与发展　连锁商业已发展成为深圳零售商业的主体。连锁企业销售额占全市社会品零售总额的比重达到47%。2005年是零售业全面对外开放的第一年，深圳大型连锁企业加速走出去布点，积极尝试通过国际合作寻求新的发展空间。据统计，全年深圳15家重点大型连锁企业在本市新开店104家，在深圳以外新开门店482家，同比分别增长13%和54%；在深圳以外的累计门店达到1 384家，同比增长了42%。物流配送在深圳商贸流通领域也得到广泛运用。目前已有沃尔玛、永旺、华润万家、天虹等多家中外商贸流通企业在深圳设立采购或配送中心。

【对外贸易】

进出口总额　进出口总额1 828亿美元，比上年的1 473亿美元增长24.13%。

出口总额　出口总额1 015亿美元，比上年的778.5亿美元增长30.41%，占全国出口额的13%，居全国大中城市首位。

进口总额　进口总额813亿美元，比上年的694.4亿美元增长17.08%。

出口商品结构　初级产品出口额17.7亿美元，占出口总额的1.74%；工业制成品出口额997.5亿美元，占出口总额的98.26%。

进口商品结构　初级产品进口额36亿美元，占进口总额的4.43%；工业制成品进口额777亿美元，占进口总额的95.57%。

出口商品市场　出口商品销往118个国家和地区。

进口商品市场　进口商品来自154个国家和地区。

深圳市2005年出口额5亿美元以上商品情况表

金额分类	商品名称	出口金额（万美元）	占出口总额比重（%）
20亿美元以上（9种）	机电产品*	7 553 579	74.41
	高新技术产品*	4 709 505	46.39
	自动处理设备及其部件	1 135 353	11.18
	自动处理设备的零件	976 722	9.62
	服装及衣着附件	446 819	4.40
	电视、收音机及无线电讯设备的零附件	384 644	3.79
	游戏机	380 539	3.75
	手持或车载无线电话机	233 252	2.30
	鞋类	218 221	2.15
5亿—20亿美元（11种）	玩具	192 603	1.90
	塑料制品	181 422	1.79
	电视机（包括整套散件）	167 617	1.65
	纺织纱线、织物及制品	118 567	1.17
	通断保护电路及零件	115 307	1.14
	旅行用品及箱包	111 194	1.10
	蓄电池	109 168	1.08
	家具	101 914	1.00
	有线电话机（包括无绳）	97 659	0.96
	静止式变流器	87 267	0.86
	印刷电路	82 923	0.82

* 机电产品和高新技术产品包括本表已列名的有关商品，商品按金额大小排序。

深圳市2005年进口额5亿美元以上商品情况表

金额分类	商品名称	进口金额（万美元）	占进口总额比重（%）
10亿美元以上（11种）	机电产品*	6 176 988	75.98
	高新技术产品*	4 163 779	51.22
	自动数据处理设备的零件	499 498	6.14
	集成电路及微电子组件	498 686	6.13
	自动数据处理设备及其部件	363 865	4.48
	初级形状的塑料	328 511	4.04
	电视、收音机及无线电讯设备的零附件	305 288	3.76
	二极管及类似半导体器件	230 546	2.84
	通断保护电路装置及零件	180 492	2.22
	印刷电路	149 197	1.84
	钢材	147 609	1.82

深圳市2005年进口额5亿美元以上商品情况表（续）

金额分类	商品名称	进口金额（万美元）	占进口总额比重（%）
5亿—10亿美元（9种）	未锻造的铜及铜材	103 550	1.27
	铜材	97 679	1.20
	电池	95 752	1.18
	电容器及其零件	91 021	1.12
	纸及纸板（未切成形的）	85 857	1.06
	变压、整流、电感器及零	84 654	1.04
	计量检测分析自控仪器及器具	70 411	0.87
	液化石油气及其他烃类气	68 443	0.84
	电视摄像机	59 381	0.73

* 机电产品和高新技术产品包括本表已列名的有关商品，商品按金额大小排序。

深圳市2005年主要出口市场情况表

国别（地区）	出口金额（亿美元）	占出口总额比重（%）	国别（地区）	出口金额（亿美元）	占出口总额比重（%）
香　港	473.7	25.91	台湾省	150.3	8.22
美　国	253.8	13.88	韩　国	80.2	4.39
东　盟	183.2	10.02	澳大利亚	14.7	0.80
日　本	172.1	9.41	加拿大	14.6	0.80
欧　盟	163.2	8.93	墨西哥	9.6	0.53
合　计				**1 828.6**	**100.00**

深圳市2005年主要进口市场情况表

国别（地区）	进口金额（亿美元）	占进口总额比重（%）	国别（地区）	进口金额（亿美元）	占进口总额比重（%）
台湾省	133.6	16.43	美　国	34.6	4.25
东　盟	129.6	15.93	香　港	23.1	2.84
日　本	126.1	15.50	墨西哥	5.8	0.72
韩　国	72.1	8.86	澳大利亚	5.7	0.70
欧　盟	44.1	5.43	沙特阿拉伯	4.6	0.56
合　计				**813.6**	**100.00**

【利用外资】

深圳市2005年利用外资情况表

利用外资方式	批准签订的合同			实际利用外资	
	项目数（个）	外资金额（万美元）	金额比上年增长（%）	金　额（万美元）	金额比上年增长（%）
外商直接投资	2 797	525 097	27.41	296 872	26.33
中外合资企业	308	68 065	-34.12	50 807	3.97
中外合作企业	12	2 375	-82.47	8 299	32.13
外资企业	2 469	437 181	55.43	230 996	36.16
股份有限公司	8	17 476	24.86	6 770	-33.59
外商其他投资	141	43 755	13.62	104 841	12.94
加工装配	141	43 755	13.62	104 841	12.94
合　计	**2 938**	**568 852**		**401 713**	

外商直接投资行业　生产型项目与非生产型项目分别为1 340个和1 457个。

深圳市2005年外商直接投资行业情况表

行　业	项目数（个）	行　业	项目数（个）
总　计	**2 797**		
农、林、牧、渔业	1	信息传输、计算机服务和软件业	196
农业	1	批发和零售业	304
采矿业	5	住宿和餐饮业	39
石油和天然气开采业	1	旅游饭店	3
制造业	1 335	金融业	6
纺织业	22	房地产业	68
化学原料及化学制品制造业	30	房地产开发经营	34
医药制造业	2	租赁和商务服务业	410
通用设备制造业	39	科学研究、技术服务和地质勘查业	348
专用设备制造业	113	水利、环境和公共设施管理业	1
通信设备、计算机及其他电子设备制造业	312	居民服务和其他服务业	9
电力、燃气及水的生产和供应业	4	卫生、社会保障和社会福利业	1
建筑业	9	文化、体育和娱乐业	4
交通运输、仓储和邮政业	57		

深圳市2005年外商直接投资主要来源

国别（地区）	项目数（个）	合同外资金额（万美元）	实际使用外资金额（万美元）
总　计	**2 797**	**525 097**	**296 872**
香　港	1 962	260 282	157 089
英属维尔京群岛	192	149 290	62 596
百慕大	5	18 788	6 061
开曼群岛	16	17 584	8 798

深圳市2005年外商直接投资主要来源（续）

国别（地区）	项目数（个）	合同外资金额（万美元）	实际使用外资金额（万美元）
新加坡	51	13 508	5 368
萨摩亚	68	12 871	10 222
日　本	45	8 802	6 590
美　国	100	5 532	9 066
巴巴多斯	2	5 000	
投资性公司投资	4	4 907	
澳　门	12	4 827	398
毛里求斯	13	4 581	3 672
英　国	24	3 710	8 517
荷　兰	9	3 264	3 251
德　国	14	1 857	347

外商直接投资企业生产经营情况　2005年深圳市外商投资企业全年出口总额676亿美元，同比增长32.57%，占全市出口总额的66.58%。外商投资企业高新技术产品出口394亿美元，增长36.19%，占全市高新技术产品出口总额的83.65%。2005年，全市限额以上外商投资工业企业工业增加值1 583.11亿元，增长20.27%，占全市工业增加值比重69.65%；工业利润总额407.38亿元，增长16.50%，占全市工业利润总额比重75.02%；吸收从业人员184.29万人，增长9.13%，占全市工业从业人员的比重为78.39%。

【对外经济合作】

承包工程和劳务合作　签订对外承包工程和劳务合作项目1 712个，金额298 475万美元，比上年的142 480万美元增长109.49%；完成营业额214 306万美元，比上年的130 628万美元增长64.06%；当年派出劳务人员7人，年末在外人数273人，派往的主要国家和地区为尼日利亚、埃及、俄罗斯、伊朗、香港等；承包工程的主要项目有华为技术有限公司埃及电信项目、北方国际合作股份有限公司埃塞俄比亚TEKEZE水电站项目、深圳市中兴通讯股份有限公司挪威CDMA项目、深圳山东核电工程公司香港输煤系统改造项目等。

【其他】

开发区　深圳市高新技术产业园区2005年实现工业总产值1 368亿元，同比增长25.7%；工业增加值260亿元，增长26.2%；出口创汇88亿美元，增长22.8%。引进32家企业的38个项目，注册资金23.3亿元，投资总额122.4亿元。高新区被国家认定为“高新技术产品出口基地”，“亚太经合组织（APEC）科技工业园区”、“先进国家高新技术产业开发区”。

出口加工区　截至2005年，深圳出口加工区共吸引来自美国、日本、法国、意大利、荷兰、香港、台湾省和国内的57家投资企业入区经营，其中外商投资企业43家，投资总额5.3506亿美元，注册资本2.3026亿美元，实际到账外资1.663亿美元；国内投资企业9家，注册资本10.92亿元。

港口运输　截至2005年12月31日，深圳港拥有500吨级及以上泊位143个，其中：万吨级以上泊位57个，集装箱专用泊位23个。2005年，全港货物吞吐量15 351.35万吨，增长13.4%，其中：进口货物吞吐量7 810.64万吨，增长6.6%，出口货物吞吐量7 540.71万吨，增长21.5%；外贸货物吞吐量10 641.78万吨，首次突破亿吨大关，增长20%。集装箱吞吐量1 619.68万标箱，增长18.6%，继续稳居全球四大集装箱港行列。

2005年全市货运量达9 806.79万吨，比上年增长23.3%，完成货物运输周转量604.60万吨公里，增长22.9%。客运量和旅客周转量分别完成12 901.07万人和228.87亿人公里，分别增长5.1%和22.3%。民航货物吞吐量55.05万吨，增长11.1%。民航旅客吞吐量1574.05万人次，增长10.5%。

涉外旅游　全年接待旅游过夜人数2 142.83万人，比上年增长10.3%。其中，海外游客616.45万人，国内游客1 526.38万人，分别增长10.1%和10.4%。全年外汇旅游收入20.09亿美元，增长12.4%。

2005 年珠海市商务发展概况

珠海市对外贸易经济合作局

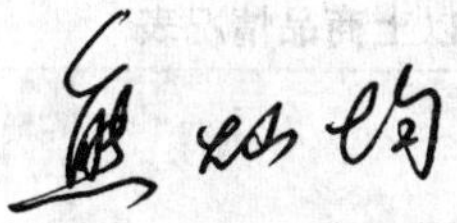

珠海市对外贸易经济合作局局长

熊灿均　生于1953年，广东省罗定市人。大专文化，助理工程师。曾任珠海市平沙机械厂厂长，珠海经济特区珠平实业总公司副总经理，珠海市香洲区经济委员会主任、工业局局长、区长助理、副区长、区委副书记、区长等职。

【对外贸易】

进出口总额　2005 年广东省珠海市进出口总额 257.3 亿美元，比上年的 218 亿美元增长 18.0%。

出口总额　出口总额 107.7 亿美元，比上年的 90.4 亿美元增长 19.2%，占全市 GDP 634.58 亿元（相当于 79.32 亿美元）的 136%，占全国出口额的 1.41%。

进口总额　进口总额 149.6 亿美元，比上年的 127.6 美元增长 17.2%。

出口商品结构　初级产品出口额 2.4 亿美元，占出口总额的 2.2%；工业制成品出口额 105.3 亿美元，占出口总额的 97.8%。

进口商品结构　初级产品进口额 57.2 亿美元，占进口总额的 38.3%；工业制成品进口额 92.3 亿美元，占进口总额的 61.7%。

出口商品市场　出口商品销往 172 个国家和地区。

进口商品市场　进口商品来自 99 个国家和地区。

技术进出口　技术进出口合同 71 份，合同金额 5 240 万美元，技术贸易对经济增长的作用明显增强。

珠海市 2005 年出口额 5 000 万美元以上商品情况表

金额分类	商品名称	出口金额（万美元）	占出口总额比重（%）
10 亿美元以上	游戏机，自动数据处理设备及零件	262 381	24.36
1 亿—10 亿美元	手持或车载无线电话机，照相机，自动数据处理设备及其部件，服装及衣着附件，印刷电路，家用空调机，有线电话机，蓄电池，集成电路及微电子组件，纺织纱线、织物及制品，电动机及发电机，电视、收音机及无线电讯设备，塑料制品、通断及保护电路装置，普通缝纫机，激光唱机，鞋类，珍珠、宝石及半宝石，电线和电缆	495 287	45.99
5 000 万—1 亿美元	静止式变流器，录放机、像机及唱机的零附件，电视机，成品油，变压器，玩具，灯具、照明装置及类似品	53 062	4.93
合　计	**28 种**	**810 730**	**75.28**

珠海市2005年主要出口市场情况表

国别（地区）	出口金额（万美元）	占出口总额比重（%）	国别（地区）	出口金额（万美元）	占出口总额比重（%）
香港	299 540	27.81	荷兰	28 364	2.63
美国	281 190	2 611	新加坡	20 249	1.88
日本	100 440	9.33	爱尔兰	16 232	1.51
德国	77 296	7.18	澳大利亚	12 525	1.16
澳门	40 934	3.80	意大利	11 749	1.09
合计				**888 519**	**82.50**

珠海市2005年进口额1亿美元以上商品情况表

金额分类	商品名称	进口金额（万美元）	占进口总额比重（%）
10亿美元以上	原油，集成电路及微电子组件，成品油	717 202	47.95
3亿—10亿美元	自动数据处理设备及零件，电视、收音机及无线电讯设备，液化石油气及其他烃类气，初级形状的塑料，自动数据处理设备及其部件	200 700	13.42
1亿—3亿美元	印刷电路，苯乙烯，钢材，二极管、晶体管及类似半导体，电池，变压、整流、电感器及零件，通断及保护电路装置及零件，计量检测分析自控仪器及器具，未锻造的铜及铜材，钻石，电容器，医药品	198 314	13.24
合计	**20种**	**1 116 216**	**74.61**

珠海市2005年主要进口市场情况表

国别（地区）	进口金额（万美元）	占进口总额比重（%）	国别（地区）	进口金额（万美元）	占进口总额比重（%）
伊朗	386 301	25.83	马来西亚	40 614	2.72
日本	233 146	15.59	美国	62 184	4.16
台湾省	134 028	8.96	新加坡	42 768	2.86
韩国	107 285	7.17	印度尼西亚	23 157	1.55
合计				**1 029 483**	**68.82**

【利用外资】

外商直接投资行业 外商直接投资项目共587个，其中生产型项目421个，非生产型项目166个。生产型项目中，制造业有400个项目，合同外资金额为19.05亿美元，占83.37%。非生产型项目中，计算机服务和软件业有48个项目，合同外资金额为1.08亿美元，占4.71%。

外商直接投资来源 外商直接投资来自42个国家和地区。

外商直接投资企业生产经营情况 截至2005年，已开业投产的外商投资企业共2 086家，2005年销售（营业）收入1 226.83亿元，比上年的1 078.24亿元增长13.78%；出口总额88.60亿美元，比上年的73.22亿美元增长21%。

珠海市 2005 年利用外资情况表

利用外资方式	项目数（个）	投资总额		实际利用外资	
		金额（万美元）	同比 ± %	金额（万美元）	同比 ± %
外商直接投资	587	383 491	13.73	66 610	41.66
合资企业	62	118 399	171.36	7 937	-16.87
合作企业	0	1 592	-59.16	1 349	88.41
外资企业	525	263 500	-9.03	57 324	55.95
外商其他投资	37	3 710	741.27	3 339	-16.21

珠海市 2005 年外商直接投资主要来源情况表

国别（地区）	项目数		合同外资金额	
	个数	比重（%）	金额（万美元）	比重（%）
香　港	181	29.97	88 172	38.58
澳　门	253	41.89	46 216	20.22
台湾省	53	8.77	24 109	10.55
英属维尔京群岛	19	3.15	22 803	9.98
新加坡	19	3.15	7 966	3.49
毛里求斯	1	0.17	6 089	2.66
开曼群岛	4	1.49	4 917	2.15
合　计	**530**	**88.59**	**200 272**	**87.63**

【对外经济合作】

承包工程和劳务合作　对外承包工程和劳务合作完成营业额 4 160 万美元，比上年的 6 078 万美元减少 31.56%；年末在外劳务人员 5 392 人，比上年底 3 278 人增加 2 114 人，主要派往澳门和东南亚地区，其中技术劳务比重呈增长态势。

对外投资　境外投资项目 4 个，投资金额 128.3 万美元。境外加工贸易增长较快，协助中富（曼谷）有限公司增资 1 156 万美元进行扩产。

【其他】

保税区　珠海保税区实现 GDP 9.79 亿元，增长 24.8%；工业总产值 50.99 亿元，增长 131.6%；物流总值 158.84 亿元，增长 3.7%；实际利用外资 3 500 万美元，增长 53%；税收收入 2.68 亿元，增长 15.45%，其中工商税收 6 500 万元，增长 49.10%，海关关税 1.59 亿元，增长 34%。

高新技术开发区　珠海高新技术开发区实现 GDP 650 亿元，其中，高新技术产品产值 460 亿元。招商引资取得了新的突破。全年合同利用外资 5.26 亿美元，实际利用外资 1.68 亿美元，使全区总项目达到 1 106 个。

港口运输　珠海港是华南沿海主枢纽港之一，已建成泊位 16 个，其中万吨级以上泊位 12 个。2005 年全市完成货物进出口总值 223.7 亿美元，其中货物出口总值 111 亿美元，增长 17.7%，进口货物总值 112.7 亿美元，增长 9.3%。集装箱进出口 28.9 万只，其中出口 20.5 万只，进口 8.4 万只。

涉外旅游　接待境外游客 298.29 万人次，比上年的 243.94 万人次增长 22.28%；其中境外过夜游客 172.90 万人次，比上年的 140.32 万人次增长 23.22%。国际旅游外汇 7.01 亿美元，比上年的 5.63 亿美元增长 24.69%。

2005 年汕头市商务发展概况

汕头市对外贸易经济合作局

汕头市对外贸易经济合作局局长

蔡佩侬　生于1964年9月，广东省汕头市人。在职研究生。中共党员。历任澄海市接待办主任、侨办主任、副市长等职。2003年3月至2003年12月任汕头市对外贸易经济合作局副局长、党组副书记。2003年12月起任汕头市对外贸易经济合作局局长、党组书记。

【对外贸易】

进出口总额　2005 年广东省汕头市进出口总额 49.6 亿美元，比上年的 41.8 亿美元增长 18.7%。

出口总额　出口总额 31.82 亿美元，比上年的 25.4 亿美元增长 25.0%，占全国出口额的 0.4%。

进口总额　进口总额 17.78 亿美元，比上年的 16.34 美元增长 8.8%。

汕头市 2005 年出口额 2 亿美元以上商品情况表

商品名称	出口金额（万美元）	占出口总额比重（%）
机电产品	91 430	28.7
服装及衣着附件	63 527	19.9
汽车零件	29 366	9.2
水海产品	27 811	8.7
玩具	26 790	8.4
旅行用品及箱包	23 184	7.3

汕头市 2005 年主要出口市场情况表

国别（地区）	出口金额（万美元）	占出口总额比重（%）	国别（地区）	出口金额（万美元）	占出口总额比重（%）
香　港	68 360	21.5	墨西哥	12 111	3.8
美　国	59 629	18.7	加拿大	10 204	3.2
日　本	33 296	10.5			

汕头市2005年进口额1亿美元以上商品情况表

商品名称	进口金额（万美元）	占进口总额比重（%）
机电产品	48 319	27.2
初级形状的塑料	31 815	17.9
液化石油气及其他烃类气	29 703	16.7
塑料制品	10 411	5.9

汕头市2005年主要进口市场情况表

国别（地区）	进口金额（万美元）	占进口总额比重（%）	国别（地区）	进口金额（万美元）	占进口总额比重（%）
日　本	32 091	18.1	台湾省	20 401	11.5
澳大利亚	22 939	12.9	韩　国	15 274	8.6

【利用外资】

概况　2005年汕头市新签外商直接投资项目86个，比上年增长10.3%；合同外资金额22 217万美元，增长26.9%；实际使用外资金额10 619万美元，增长35.7%。截至2005年，汕头市累计批准外商直接投资项目5 636家，合同外资金额107.92亿美元，实际吸收外资71.09亿美元，主要来自香港、台湾省、泰国、新加坡、美国等35个国家和地区。

外商直接投资行业　2005年新签制造业项目67个，合同外资金额14 383万美元，占全年合同外资总额的64.7%。有一批较大规模项目落户汕头市，企业增资扩产活跃。2005年全市投资总额超500万美元的新签外资项目有15个，合同外资11 082万美元，分别增长114.3%和138.5%，各占全年总数的17.4%和49.9%。外商投资企业增资扩产64个，新增合同外资金额9 301万美元，占全市合同外资金额的41.86%。

外商直接投资来源　2005年，来自香港的新签投资项目65个，占新签项目总数的75.58%；合同港资金额16 957万美元，占合同外资总额的76.32%。其他项目来自美国、澳大利亚、新加坡、台湾省、英属维尔京群岛等10个国家和地区。

小资料

我国从什么时候开始计算GDP

我国从1985年开始计算国内生产总值（GDP）。1985年前我国国民经济核算的主要指标是产生于前苏联和东欧国家的物质产品平衡表体系的国民收入，它只能反映物质生产活动成果。改革开放后，特别是80年代，我国非物质服务业发展加快，在整个国民经济中的比重不断上升，这样就提出了如何反映非物质服务业发展的问题。既能够反映物质生产活动成果，又能够反映非物质服务业发展的宏观经济指标是产生于西方发达市场经济国家国民经济核算体系的国内生产总值。1985年，我国统计部门建立了国家和省两级国内生产总值核算制度。1993年，国家统计局正式取消传统的国民收入核算，国内生产总值成为我国国民经济核算的核心指标。90年代初以来，随着国民经济核算实践的不断发展，中国国民经济核算体系正在逐步向最新国际标准——联合国1993年SNA转换。与此相适应，统计调查范围由传统的物质生产领域扩展到非物质生产领域，统计调查方法也从全面行政报表的方式正在逐渐向世界上多数国家采用的普查和抽样调查方法过渡。

2005 年湛江市商务发展概况

湛江市对外贸易经济合作局

湛江市对外贸易经济合作局局长

陈志雄　生于1962年9月，广东省湛江市人。学历在职研究生。曾任广东省湛江市霞山区团委副书记、书记，霞山区外经贸委主任，霞山区委常委、区政府常务副区长。2005年4月起任湛江市对外贸易经济合作局局长、党组书记。

【国内贸易】

社会消费品零售总额　2005年湛江市社会消费品零售总额269.25亿元，比上年的228.49亿元增长17.8%。其中，城市消费品零售额181.36亿元，县消费品零售额23.64亿元，县以下消费品零售额64.24亿元。分行业看，批发零售贸易业零售额223.87亿元，餐饮业零售额44.25亿元，其他行业零售额1.13亿元。

限额以上批发零售贸易、餐饮业基本情况　截至2005年，共有限额以上批发零售贸易、餐饮业法人企业140个，产业活动单位7个。其中批发法人企业78个，零售业法人企业34个，餐饮业法人企业28个。

批发零售贸易业商品购、销、存总额　批发零售贸易业商品销售总额484.82亿元，比上年的403.17亿元增长20.3%。其中，限额以上企业156.94亿元，限额以下企业327.89亿元。

市场物价　商品零售价格指数为101.6（以上年价格为100），其中城市100.4，农村102.8；居民消费价格指数为102.2（以上年价格为100），其中城市101.4，农村103.0。

市场体系建设　已编制《湛江市商业网点发展规划》和《湛江市现代物流发展规划》，将于2006年实施。根据商务部《关于开展万村千乡市场工程试点的通知》要求，湛江市已开展“万村千乡市场工程”试点，引导城市连锁和超市向农村延伸发展“农家店”，建立新型农村市场流通网络，改善农村消费环境。三个试点为：徐闻县农业生产资料有限责任公司、廉江市农业生产资料公司、吴川市广隆商贸有限公司。

截至2005年底，全市典当企业4家，拍卖企业18家，废旧物品企业、站（点）718家。

【对外贸易】

进出口总额　进出口总额18.3亿美元，比上年的18.4亿美元下降0.9%。

出口总额　出口总额9.6亿美元，比上年的9.4亿美元增长1.5%，占全市GDP 657.8亿元（相当于81.1亿美元）的11.5%；占全省出口额的0.4%。

进口总额　进口总额8.7亿美元，比上年的9.0亿美元下降3.4%。

出口商品结构　初级产品出口额3.5亿美元，占出口总额的36.5%；工业制成品出口额6.0亿美元，占出口总额的63.5%。

进口商品结构　初级产品进口额6.8亿美元，占进口总额的78.0%；工业制成品进口额1.9亿美元，占进口总额的22.0%。

出口商品市场　出口商品销往142个国家（地区）。

进口商品市场　进口商品来自71个国家（地区）。

湛江市2005年出口额3 000万美元以上商品情况表

金额分类	商品名称	出口金额（万美元）	占出口总额比重（%）
6 000万美元以上	家具	10 796	11.3
	制作或保藏的小虾及对虾	8 263	8.6
	冻虾仁	6 971	7.3
3 000万—6 000万美元	冻鱼、冻鱼片	8 595	6.2
	鲜、冻对虾	4 245	4.4
	硅锰铁	4 044	4.2
	桉木片	3 579	3.7
	电灯电管镇流器	3 540	3.7
合　计		**47 333**	**49.5**

湛江市2005年进口额3 000万美元以上商品情况表

金额分类	商品名称	进口金额（万美元）	占进口总额比重（%）
6 000万美元以上	原油	30 771	35.4
	大豆	8 837	10.2
3 000万—6 000万美元	棉花	5 372	6.2
	锰矿砂及其精砂	4 005	4.6
	煤	3 315	3.8
	肥料	3 181	3.7
合　计		**55 481**	**63.9**

湛江市2005年主要出口市场情况表

国别（地区）	出口金额（万美元）	占出口总额比重（%）	国别（地区）	出口金额（万美元）	占出口总额比重（%）
美　国	27 762	29.0	澳大利亚	2 998	3.1
香　港	13 581	14.2	墨西哥	2 334	2.4
日　本	11 618	12.1	加拿大	2 283	2.4
英　国	4 662	4.9	沙特阿拉伯	1 729	1.8
台湾省	3 349	3.5	奥地利	1 686	1.8
合　计				**72 002**	**75.0**

湛江市2005年主要进口市场情况表

国别（地区）	进口金额（万美元）	占进口总额比重（%）	国别（地区）	进口金额（万美元）	占进口总额比重（%）
美　国	10 196	11.7	澳大利亚	6 935	7.9
安哥拉	9 809	11.3	尼日利亚	5 517	6.3
泰　国	8 825	10.1	利比亚	4 065	4.7
越　南	8 587	9.9	印度尼西亚	2 916	3.4
巴　西	7 134	8.2	德　国	2 634	3.0
合　计				**66 618**	**77.0**

【利用外资】

湛江市2005年利用外资情况表

利用外资方式	批准签订的合同			实际利用外资	
	项目数（个）	外资金额（万美元）	金额比上年增长（%）	金额（万美元）	金额比上年增长（%）
外商直接投资	56	28 514	33.21	3 896	-45.4
合资企业	20	6 754	14.65	2 128	-16.9
合作企业	6	6 351	478.94	12	-52.0
外资企业	30	15 409	6.88	1 756	-61.4
合　计	**56**	**28 514**	**33.21**	**3 896**	**-45.4**

外商直接投资行业　外商直接投资的56个项目中，生产型项目42个，非生产型项目14个。按行业分，制造业37个，农林牧渔业3个，交通运输、仓储及邮电通信业3个，房地产业5个，社会服务业2个，其他行业6个。

外商直接投资来源　外商直接投资来自10个国家和地区。排在首位的是香港38个项目，合同外资金额24 171万美元，实际使用外资金额2 562万美元。

【对外经济合作】

对外投资　2005年对外投资项目1个，湛威摩托车有限公司、广东恒兴集团有限公司、湛江粤华水产饲料有限公司与越南河内源河有限公司在越南合资成立的“越华水产饲料联营责任有限公司”获商务部批准，投资总额为200万美元。其中，中方投资150万美元，占75.0%；外方投资50万美元，占25.0%。

【其他】

开发区　湛江经济技术开发区是国务院批准成立的全国首批14个沿海开放城市开发区之一，规划建设总面积为9.2平方公里，已开发的土地面积为8.5平方公里。2005年GDP为39.21亿元，比上年（下同）增长14.4%；工业总产值104.10亿元，增长14.0%。进出口贸易总额41 467万美元，增长0.8%。其中出口额27 050万美元，下降3.6%；进口额14 417万美元，增长10.4%。全年外商直接投资项目6个，下降33.3%；合同外资金额4 887万美元，增长23.8%；实际利用外资金额895万美元，下降77.0%。拥有固定资产16.42亿元，增长64.9%。地方财政一般预算收入1.75亿元，增长30.2%。

商务洽谈会　2005年，湛江市组团分别参加如下商务活动。5月参加广东省在本省江门市举办的粤台经济技术贸易交流会，签订外商投资项目合同（协议、意向）25个，外商投资额6 540万美元；贸易成交额2 108万美元。7月参加广东省在香港举办的粤港经济技术贸易合作交流会，签订外商投资项目合同（协议、意向）12个，外商投资额1.12亿美元；贸易成交额2 108万美元。10月参加广东省和香港特别行政区在美国旧金山举办的粤港—美国经济技术贸易合作交流会，签订外商投资项目合同（协议、意向）6个，外商投资额6 745万美元；贸易成交额6 080万美元。10月参加广东省和香港特别行政区在加拿大温哥华举办的粤港—加拿大经济技术贸易合作交流会，签订外商投资项目合同（协议、意向）5个，外商投资额3 336万美元；贸易成交额400万美元。10月参加澳门特别行政区在澳门举办的“第十届澳门国际贸易投资展览会”。11月参加广东省在澳大利亚、菲律宾、印度尼西亚、泰国举办的广东—澳大利亚、东盟系列经贸活动，签订外商投资项目合同（协议、意向）4个，外商投资额6 700万美元；贸易成交额5 450万美元。11月参加广东省在本省广州市举办的广东国际旅游文化节旅游招商会，签订外商投资项目协议（意向）2个，外商投资额3 608万美元。11月参加香港特别行政区在香港举办的“中小企业国际市场推广日”活动。

港口运输　湛江市共有港口企业31个，113个泊位。其中万吨级泊位31个，最大靠泊能力30万吨。年度通过能力为7 797万吨。2005年全市港口吞吐量为6 619.7万吨，比上年的5 096万吨增长29.9%。其中完成外贸进出口货物吞吐量3 117.4万吨，比上年的2 494万吨增长25.0%。

涉外旅游　2005年入境的海外旅客人数为34 910人次，同比增长22.5%。其中外国人入境人数为17 452人次，增长16.3%；港澳台同胞入境人数为17 458人次，增长29.3%。旅游外汇收入1 483.03万美元，增长38.4%。

2005年广西壮族自治区商务发展概况

广西壮族自治区商务厅

广西壮族自治区商务厅厅长

刘树森　生于1954年11月，辽宁省铁岭市人。1982年毕业于辽宁师范大学中文系，1996年获南开大学工商管理硕士学位。历任辽宁省体改委副主任、辽宁省人民政府研究室副主任、广西壮族自治区党委研究室主任等职。2003年4月任广西壮族自治区对外贸易经济合作厅厅长、党组书记，广西壮族自治区外商投资管理办公室主任。2004年3月任广西壮族自治区商务厅厅长、党组书记。

【国内贸易】

社会消费品零售总额　2005年广西壮族自治区社会消费品零售总额1 397.02亿元，比上年的1 222.24亿元增长14.3%。其中，城市消费品零售额819.49亿元，县消费品零售额245.26亿元，县以下消费品零售额332.27亿元。分行业看，批发零售贸易业零售额1 204.73亿元，住宿和餐饮业零售额165.72亿元，其他行业零售额26.57亿元。

限额以上批发零售贸易、餐饮业基本情况　截至2005年，共有限额以上批发零售贸易、餐饮业法人企业1 023个，产业活动单位3 737个，从业人数136 958人。其中，批发业法人企业481个，产业活动单位1 891个，从业人数57 488人；零售业法人企业421个，产业活动单位1 639个，从业人数61 870人；餐饮业法人企业121个，产业活动单位207个，从业人数17 600人。

批发零售贸易业商品购、销、存总额　批发零售贸易业商品销售总额2 640.58亿元，比上年的2 389.96亿元增长10.49%。其中，限额以上企业1 168.20亿元，限额以下企业441.43亿元。限额以上批发零售贸易业商品购进总额1 114.34亿元（其中进口13.64亿元），商品销售总额1 168.20亿元（其中批发869.96亿元，零售298.24亿元，出口33.15亿元），年末库存总额69.40亿元。

市场物价　商品零售价格指数为101.1（以上年价格为100），其中城市101.3，农村101.0；居民消费价格指数为102.4（以上年价格为100），其中城市103.0，农村101.6。

市场体系建设　截至2005年，广西共有各类市场3 300多个，其中消费品市场3 200多个。亿元以上商品交易市场共有73家，累计成交额356.3亿元，占广西社会消费品零售总额的25.5%，其中10亿元以上商品交易市场7家，5亿元以上商品交易市场17家。此外，采用电子商务与现代物流相结合的新型流通方式的无形市场也取得较快发展，广西糖网食糖批发市场、广西食糖中心批发市场和广西大宗工业原料交易市场等交易规模已位居国内同类市场的前列。

截至2005年，广西共有拍卖企业155家和22个分支机构。全年累计拍卖成交额46.1亿元，同比增长12.7%。通过指导广西拍卖协会开展拍卖从业人员和拍卖师培训工作，促进拍卖业的健康发展。

截至2005年，广西共有典当企业40户，全年累计成交典当业务1.65万笔，完成典当总额1.34亿元。

商业改革与发展　2005年，广西进一步推进国有流通企业改革，鼓励和引导非公有制经济参与流通业改革发展。至2005年底，在全区社会消费品零售总额中，国有经济所占份额为6.7%，集体经济为3.5%，私营和个体经济上升为74%，外商投资及港澳台为1%，股份制经济为11.2%，其他3.6%。鼓励创新流通方式和流通技术，以实施“万村千乡”市场工程和推进社区商业建设为载体，大力发展连锁经营，全区连锁企业门店达5 000家，连锁经营销售额占社会消费品零售总额的21%。整合企业物流资源，完善企业物流配送系统建设，降低物流成本。推动企业信息化建设，全区80%的连锁企业实现计算机管理，90%的大中型连锁企业和零售商场应用了销售时点管理系统，50%的大中型商场应用了条形码技术。

【对外贸易】

进出口总额 进出口总额518 285万美元，比上年的428 848万美元增长20.9%。

出口总额 出口总额287 741万美元，比上年的239 554万美元增长20.1%，占广西GDP 4 063.25亿元（相当于496.02亿美元）的5.8%；占全国出口额的0.38%，出口排全国20位。

进口总额 进口总额230 544万美元，比上年的189 293万美元增长21.8%。

出口商品结构 初级产品出口额41 842万美元，占出口总额的14.5%；工业制成品出口额245 899万美元，占出口总额的85.5%。

进口商品结构 初级产品进口额146 997万美元，占进口总额的63.8%；工业制成品进口额83 551万美元，占进口总额的36.2%。

出口商品市场 出口商品销往173个国家（地区）。

进口商品市场 进口商品来自78个国家（地区）。

边境贸易 边境小额贸易进出口额为7.01亿美元，同比增长26.5%；其中，出口3.77亿美元，同比增长39.4%；进口3.24亿美元，同比增长14.2%。边境小额贸易出口的主要商品为：中药材、合成短纤布、化纤制胸罩、柑橘、鲜苹果、蒜头、合成纤维制其他袜、鲜鸭梨及雪梨。边境小额贸易进口的主要商品为：未硫化的初级形状复合橡胶、煤、木薯淀粉、未烧结的铁矿砂及其精矿、鲜龙眼、鲜西瓜、锆矿砂及其精矿、钛矿砂及其精矿。

技术进出口 技术进出口总额2 815.17万美元，比上年的2 239.22万美元增长25.5%。签订引进技术和进口设备合同项目50个，比上年增加16个；合同金额2 810.17万美元，比上年的2 239.22万美元增长25.5%；签订技术出口合同项目1个，合同金额5万美元（上年为0美元）。

广西壮族自治区2005年出口额1 000万美元以上商品情况表

金额分类	商品名称	出口金额（万美元）	占出口总额比重（%）
5 000万美元以上（13种）	服装及衣着附件，瓷餐具，篮筐、柳条编结品及其他制品，纺织纱线、织物及制品松香，未锻轧铅，鲜、干水果及坚果，烟花、爆竹，电缆，木制衣架，铟，重晶石，锰铁	102 212	35.5
2 000万—5 000万美元（20种）	猪皮革，罐头，氧化锌，未锻造的锰，汽车和汽车底盘，硅锰铁，蔬菜，药材，铝及铝材，打火机等打火器及其零件，水海产品，鞋类，家具，塑料制品，原电池，铜及铜材，钛的氧化物，锡及锡合金，电视收音机及无线电讯设备的零附件，医药品，滑石	66 644	23.2
1 000万—2 000万美元（27种）	手表，未锻轧锑，硅，柴油货车，钢铁丝制品，工业化学产品，汽车零件，挖掘机，船舶，锑的氧化物，硫酸盐，硝酸铵，前铲装载机，电视摄像机的零件，钛白粉，压电晶体，磷酸氢二铵，未锻造银，铟，家用或装饰用木制品，纸及纸板，箱包，灯具、照明装置及类似品，桐油及其分离品，活猪，摩托车及自行车的零件，合成或再造的宝石或半宝石	41 804	14.5
合 计	**60种**	**210 660**	**73.2**

广西壮族自治区2005年主要出口市场情况表

国别（地区）	出口金额（亿美元）	占出口总额比重（%）	国别（地区）	出口金额（亿美元）	占出口总额比重（%）
东 盟	8.31	28.9	香 港	3.02	10.5
欧 盟	5.17	18.0	日 本	2.80	9.7
美 国	3.28	11.4			
合 计				**22.58**	**78.5**

广西壮族自治区2005年进口额1 000万美元以上商品情况表

金额分类	商品名称	进口金额（万美元）	占进口总额比重（%）
5 000万美元以上（7种）	黄大豆，铁矿砂及其精矿，煤，锰矿砂及其精矿，复合橡胶，铅矿砂及其精矿，食用水果及坚果	131 373	57.0
2 000万—5 000万美元（8种）	木薯淀粉，汽车零件，纺织原料及纺织制品，金属加工机床，皮革，计量检测分析自控仪器及器具，食用植物油，木材等硬质材料的其他加工机床	22 968	10.0
1 000万—2 000万美元（17种）	建筑及采矿用机械，初级形状的塑料，钛矿砂及其精矿，机械提升搬运装卸设备及零件，锌矿砂及其精矿，氧化铝，锆矿砂及其精矿，电视、收音机及无线电讯设备的零附件，有线电话电报设备的零附件，废铜，电视摄像机的零件，汽车和汽车底盘，钟表机芯及钟表零件，铜矿砂，阀门，天然橡胶，纸浆	24 622	10.7
合　计	**32种**	**178 963**	**77.6**

广西壮族自治区2005年主要进口市场情况表

国别（地区）	进口金额（亿美元）	占进口总额比重（%）	国别（地区）	进口金额（亿美元）	占进口总额比重（%）
东　盟	3.93	17.1	美　国	2.05	8.9
巴　西	3.68	15.9	日　本	1.52	6.6
澳大利亚	2.68	11.6	印　度	1.51	6.5
欧　盟	2.45	10.6			
合　计				**17.82**	**77.3**

【利用外资】

广西壮族自治区2005年利用外资情况表

利用外资方式	批准签订的合同			实际利用外资	
	项目数（个）	外资金额（万美元）	金额比上年增长（%）	金　额（万美元）	金额比上年增长（%）
外商直接投资	351	110 182	0.2	37 866	28.0
合资企业	110	31 818	18.8	14 960	17.0
合作企业	27	25 383	-8.2	3 072	122.9
外资企业	213	52 709	-5.2	19 562	26.9
股份有限公司	1	272	100.0	272	100.0
合　计	**351**	**110 182**	**0.2**	**37 866**	**28.0**

外商直接投资行业　外商直接投资项目中，分行业的项目数为：农、林、牧、渔业23个，采矿业16个，制造业161个，电力、燃气及水的生产和供应业20个，建筑业7个，交通运输、仓储和邮政业3个，信息传输、计算机服务和软件业6个，批发和零售业8个，住宿和餐饮业16个，房地产业58个，租赁和商务服务业17个，科学研究、技术服务和地质勘查业4个，水利、环境和公共设施管理业3个，居民服务和其他服务业3个，文化、体育和娱乐业6个。

外商直接投资来源　外商直接投资主要来自：香港156项，金额60 791万美元；英属维尔京群岛22项，金额14 015万美元；美国38项，金额11 404万美元；澳门12项，金额11 050万美元；台湾省41项，金额4 710万美元；加拿大16项，金额2 108万美元；新加坡6项，金额1 576万美元；澳大利亚13项，金额1 541万美元；英国7项，金额1 351万美元；印度尼西亚4项，金额1 034万美元。

外商直接投资企业生产经营情况　2004年度全区实有在册应参检的外商投资企业2 455家，实际参加年检1 451家。参检的1 451家企业中：筹建的289家，投产开业的1 124家，停业的38家，开业率为77%，全年销售（营业）收入总计4 056 293万元人民币；利润总额为384 337万元人民币，净利润364 281万元人民币；销售收入超过亿元人民币的企业62家，其中，净利润超过亿元人民币的企业4家；纳税总额332 137万元人民币，其中关税19 374万元人民币；资产总额为8 208 122万元人民币，负债总额为4 870 460万元人民币；外汇开户数为224个，当年外汇收入总计8 630万美元，外汇支出总计8 870万美元，收支大体平衡。

【对外经济合作】

承包工程和劳务合作　签订对外承包工程和劳务合作合同项目12个，金额1 223万美元；完成营业额2 530万美元，增长24.9%；外派劳务人员52人，年末在外劳务人员197人。对外承包工程和劳务合作业务主要分布在越南、澳门、沙特阿拉伯、冈比亚、纳米比亚、泰国等国家和地区。承包工程的主要项目有：安哥拉Sonair宾馆维修项目、越南皇家桂冠饭店项目、冈比亚医药中心项目、纳米比亚楚买别墅项目、安哥拉博物馆维修工程项目。

接受经济援助　接受国际经济组织及双边援助的项目36个，金额1 686.74万美元。

对外投资　2005年在海外直接投资项目20个，项目协议总额1 498.95万美元，其中中方投资金额1 188.95万美元。投资国家及地区涉及香港、马来西亚、越南、泰国、印度尼西亚、安哥拉、老挝、伊朗、哈萨克斯坦、意大利、美国。

【其他】

开发区　南宁经济技术开发区签订投资项目95项，合同总额322 534万元，实际投资总额85 368万元，基础设施投资额22 529万元；合同利用外资4 529万美元，实际利用外资3 309万美元；工业总产值209 608万元，工业增加值55 794万元，税收完成17 280万元；出口总值1 718万美元。

南宁高新技术产业开发区签订投资项目77项，合同总额157 165万元，实际投资总额131 596万元，基础设施投资额6 909万元；合同利用外资5 514万美元，实际利用外资4 000万美元；工业总产值1 721 100万元，工业增加值550 900万元，税收完成41 213万元；出口总值8 000万美元。

桂林高新技术产业开发区签订投资项目28项，合同总额513 200万元，实际投资总额54 835万元，基础设施投资额38 410万元；合同利用外资21 420万美元，实际利用外资200万美元；工业总产值1 572 000万元，工业增加值512 500万元，税收完成85 558万元；出口总值13 900万美元。

出口加工区　2005年，北海出口加工区先后完成了综合办公办证大楼、园区部分支线道路以及厂房周围的配套设施，启动了11 000m^2企业配套小区和7 000m^2食堂的建设，同时建设完成标准厂房9栋，建设面积约40 000m^2。招商引资方面，正式签约入区开展加工贸易的外资企业15个，加工贸易项目16个，其中六个加工项目已正式投产。从2005年4月首家企业投产至年底，加工区累计实现进出口1 148万美元（其中出口506万美元，进口642万美元）。

商务洽谈会　2005年10月，第二届中国—东盟博览会在广西南宁国际会展中心举办，到会外商6 000多人。商品交易累计总额11.5亿美元，同比增长6%。共签订涉外投资合作项目126个，总投资52.9亿美元，同比增长5.9%；签订国内合作项目263个，总投资501.8亿元人民币，同比增长5.5%。

港口运输　规模以上港口码头长度23 872米，泊位个数332个。全区港口货物吞吐总量4 993.19万吨。外贸进出口货物吞吐量2 593.85万吨，比上年增长15.82%，其中进口货物吞吐量1 686.01万吨，增长15.20%；出口货物吞吐量907.83万吨，增长16.99%。

涉外旅游　入境旅游人数147.71万人次（外国人及香港、澳门、台湾同胞），比上年增长25.6%。国际旅游（外汇）收入3.59亿美元，比上年的2.88亿美元增长24.7%。

2005年北海市商务发展概况

北海市商务局

北海市商务局局长

许锋　生于1967年5月，汉族，广西合浦县人。1986年9月—1990年7月在中山大学法律系学习，1997年9月—1999年7月在广西大学研究生班政治经济学专业学习。曾在北海市监察局、北海市委办公室、北海市铁山港区工作。1999年1月—2000年2月任合浦县副县长。2000年2月—2005年6月任共青团北海市委书记、党组书记、市人大常委会委员。2006年6月任北海市商务局局长。

【国内贸易】

社会消费品零售总额　2005年广西壮族自治区北海市社会消费品零售总额46.24亿元，比上年的40.71亿元增长13.58%。其中，城市消费品零售额28.12亿元，县消费品零售额9.29亿元，县以下消费品零售额8.82亿元。分行业看，批发零售贸易业零售额36.97亿元，餐饮业零售额5.59亿元，其他行业零售额3.67亿元。

限额以上批发零售贸易、餐饮业基本情况　截至2005年，共有限额以上批发零售贸易、住宿餐饮业法人企业53个，产业活动单位110个。其中，批发业法人企业9个，产业活动单位30个；零售业法人企业8个，产业活动单位44个；住宿餐饮业法人企业36个，产业活动单位36个。

批发零售贸易业商品销售总额　批发零售贸易业商品销售总额829 243万元，比上年的686 893万元增长20.72%，其中，限额以上企业233 227万元（其中批发190 731万元，零售42 496万元），限额以下企业596 016万元。

市场物价　居民消费价格指数为101.6（以上年价格为100），消费品价格指数为102.6（以上年价格为100）。

市场体系建设　截至2005年，全市流通业发展较快，各类商业经营网点达到2.4万个，商业从业人员超过8.4万人，占全市城镇就业人数的39.4%。全市经营农产品批发的市场8个，其中专业型市场7个，综合型市场1个，年交易额超亿元的有3个。

2005年全市15家拍卖企业举行拍卖会189场次，成交额33 726.89万元，上缴税金68.31万元；8家典当企业资产总额5 130万元，负债总额381.1万元，典当总额1 281万元，经营收入82.3万元，利润总额4.14万元。

商业改革与发展　2005年，北海市编制了《北海市"十一五"商贸业发展规划》。全市经过流通体制的改革，形成了多元化、多种所有制共同发展，公平竞争的市场新格局。在社会消费品零售总额中，国有经济同比增长13.99%，集体经济同比增长13.14%，私营经济同比增长13.72%，个体经济同比增长13.38%，其他经济同比增长14.24%。流通业已逐步从传统商业向特许经营、连锁经营等现代化流通方式发展，已拓展到零售业、餐饮业、服务业三大行业，已有麦当劳、多美丽、名典、上岛、国美电器、苏宁电器等著名连锁企业进入北海市。

【对外贸易】

进出口总额　进出口总额19 619.92万美元，比上年的14 052.65万美元增长39.62%。

出口总额　出口总额13 343.52万美元，比上年的9 791.92万美元增长36.27%，占全市GDP 183亿元（相当于22.34亿美元）的5.97%，占广西出口总额的4.64%。

进口总额　进口总额6 276.4万美元，比上年的4 260.68万美元增长47.31%。

出口商品结构 初级产品出口额3 773.25万美元，占出口总额的28.28%；工业制成品出口额9 570.27万美元，占出口总额的71.72%。

进口商品结构 初级产品进口额976.71万美元，占进口总额的15.56%；工业制成品进口额5 299.69万美元，占进口总额的84.44%。

边境贸易 边境小额贸易进出口总额3 974.66万元人民币，同比增长40.86%，其中进口总额3 893.82万元人民币，同比增长41.56%，进口主要商品为泥煤、化工燃料、钛铁原矿、虾壳碎料；出口总额80.84万元人民币，同比增长13.86%，出口主要商品为化肥、选矿螺旋机。

北海市2005年出口额100万美元以上商品情况表

金额分类	商品名称	出口金额（万美元）	占出口总额比重（%）
1 000万美元以上（3种）	烟花炮竹、水海产品、皮革及其制品	9 016.76	67.58
100万—1 000万美元（6种）	农药、纺织制品、铁合金、机电产品、芒编制品、化工产品	2 875.81	21.55
合计	**9种**	**11 892.57**	**89.13**

北海市2005年进口额100万美元以上商品情况表

金额分类	商品名称	进口金额（万美元）	占进口总额比重（%）
1000万美元以上（2种）	革皮、机电产品	4 395.15	70.03
100万—1 000万美元（3种）	煤、化工产品、塑料制品	1 712.90	27.30
合计	**5种**	**6 108.05**	**97.33**

北海市2005年主要出口市场情况表

国别（地区）	出口金额（万美元）	占出口总额比重（%）	国别（地区）	出口金额（万美元）	占出口总额比重（%）
美国	4 693.83	35.18	瑞典	588.35	4.41
日本	1 366.43	10.24	韩国	567.69	4.25
香港	1 302.48	9.76	意大利	550.19	4.12
合计				**9 068.97**	**67.96**

北海市2005年主要进口市场情况表

国别（地区）	进口金额（万美元）	占进口总额比重（%）	国别（地区）	进口金额（万美元）	占进口总额比重（%）
台湾省	2 703.27	20.26	日 本	406.01	3.04
美 国	1 018.76	7.63	德 国	260.29	1.95
越 南	905.56	6.79	香 港	231.43	1.73
合 计				**5 525.32**	**40.36**

【利用外资】

外商直接投资行业 外商直接投资项目中，生产型项目19个，非生产型项目13个。按行业划分：制造业14个，房地产业6个，租赁和商业服务业4个，采矿业3个，农、林、牧、渔业2个，信息传输、计算机服务和软件业1个，住宿餐饮业1个，文化体育和娱乐业1个。

北海市2005年利用外资情况表

利用外资方式	批准签订的合同			实际利用外资	
	项目数（个）	外资金额（万美元）	金额比上年增长（%）	金 额（万美元）	金额比上年增长（%）
外商直接投资	32	9 342	-50.76	2 387	20.98
合资企业	4	2 658	78.99	189	-86.93
合作企业	1	72	-99.46	359	70.14
外资企业	27	6 612	58.87	1 839	481.96
合 计	**32**	**9 342**	**-50.76**	**2 387**	**20.98**

北海市2005年外商直接投资来源情况表

国别（地区）	项目数（个）	合同外资额（万美元）	实际利用外资（万美元）
香 港	14	3 712	865
澳 门	0	2 610	0
台湾省	4	1 231	299
日 本	0	0	17
泰 国	1	13	11
马来西亚	1	1	0
新加坡	0	-915	0
英属维尔京群岛	4	686	228
加拿大	2	150	0
美 国	4	1 438	20
澳大利亚	2	269	6
萨摩亚	0	48	0
韩 国	0	99	0
荷 兰	0	0	850
德 国	0	0	91
合 计	**32**	**9 342**	**2 387**

【其他】

北海出口加工区　2005年，北海出口加工区紧紧围绕建设“速度加工区、创新加工区、和谐加工区、效益加工区”的发展目标，坚持封关建设与招商引资同步进行，高速度高标准进行园区发展建设，先后完成了综合办公办证大楼、园区部分支线道路以及厂房周围的配套设施，启动了11 000m^2企业配套小区和7 000m^2食堂的建设，同时建设完成标准厂房9栋，建筑面积约40 000m^2。

在招商引资方面，北海出口加工区正式签约项目16个，其中6个项目已正式投产。2005年4月首家企业投产至年底，加工区累计实现进出口1 250万美元，成为全国中西部地区首个正式运行当年进出口额超过千万美元的出口加工区。

港口运输　港口吞吐量达769.99万吨，比上年的654.06万吨增长17.73%，其中完成外贸进出口货物吞吐量228.53吨，比上年的296.55万吨下降22.9%。进出口集装箱为23 876个标箱，箱载货物总重量达173 618吨，其中出口货物量107 211吨，比上年的189 626吨下降43.46%；进口货物量66 407吨，比上年的140 674吨下降52.79%。

涉外旅游　接待境外游客3.02万人次，比上年的2.53万人次增长19.37%；旅游外汇收入642.36万美元，比上年的553.34万美元增长16.09%。

2005年海南省商务发展概况

海南省商务厅

海南省商务厅厅长

彭瑞林　生于1950年10月，湖南省常德市人。硕士研究生学历。中共党员。1968年2月参加工作。曾任对外贸易经济合作部监察局副处长、计划财务司副处长、计划财务司处长、驻海南特派员办事处副特派员等职。2002年4月任海南省对外贸易经济合作厅副厅长、党组副书记（主持全面工作）。2003年6月任海南省商务厅厅长、党组书记。

【国内贸易】

社会消费品零售总额　2005年海南省社会消费品零售总额2 685 506万元，比上年的2 325 648万元增长13.4%。其中，城市消费品零售额1 906 802万元，县消费品零售额197 115万元，县以下消费品零售额581 589万元。分行业看，批发零售贸易业零售额2 108 318万元，餐饮业零售额460 998万元，其他行业零售额116 190万元。

限额以上批发零售贸易、餐饮业基本情况　截至2005年，共有限额以上批发零售贸易、餐饮业法人企业343个，产业活动单位566个，从业人数21 783人。其中，批发业法人企业181个，产业活动单位212个，从业人数7 329人；零售业法人企业129个，产业活动单位270个，从业人数8 668人；餐饮业法人企业33个，产业活动单位84个，从业人数5 786人。

批发零售贸易业商品购、销、存总额　批发零售贸易业商品销售总额4 715 502万元，比上年的3 806 625万元增长23.9%。其中，限额以上企业2 385 695万元，限额以下企业2 329 807万元。

市场物价　商品零售价格指数为100.9（以上年价格为100），其中城市100.4，农村101.5；居民消费价格指数为101.5（以上年价格为100），其中城市101.3，农村101.7。

【对外贸易】

进出口总额 进出口总额25.92亿美元，比上年下降23.81%。

出口总额 出口总额10.22亿美元，下降6.4%。出口总额中，一般贸易出口（含天然气）8.76亿美元，下降9.1%；加工贸易出口1.44亿美元，增长11.84%。外商投资企业出口4亿美元，增长13.9%。高新技术产品出口3 530万美元，增长76.5%。

出口商品结构 出口商品共2 191个品种，其中出口额在1 000万美元以上的大宗商品20种，出口额共7.94亿美元，占出口总额77.7%。主要出口商品中，天然气、服装、水海产品、纺织品、家具、钢铁及制品等6种商品出口额在5 000万美元以上。本省产品出口5.91亿美元，占57.8%，主要有天然气、水海产品、服装、家具、肥料、钢铁及制品等。出口商品中初级产品与工业制成品的比重为36.4∶63.6。

进口总额 进口总额15.7亿美元，下降32%。

进口商品结构 初级产品进口额3.07亿美元，占19.6%；工业制成品进口额12.62亿美元，占80.4%。进口商品有1 597种，其中进口额在2 000万美元以上的商品11种，分别是运输工具、机械设备、钢铁及制品、其他矿产品、医药品、木及木制品、塑料及制品、仪器仪表、电器及电子设备、纺织品、煤。

进口商品市场 进口商品来自66个国家（地区），进口额在2 000万美元以上的国家（地区）15个，依次为美国、日本、德国、越南、法国、台湾省、伊朗、新加坡、香港、加拿大、马来西亚、意大利、澳大利亚、泰国、印度尼西亚。

海南省2005年出口商品结构表

商品类别	出口金额（万美元）	占出口总额比重（%）
初级产品	37 162	36.4
工业制成品	65 038	63.6
其中：机电产品	13 924	13.6

海南省2005年主要进出口市场情况表

序号	出口			进口		
	国别（地区）	出口额（万美元）	占出口总额比重（%）	国别（地区）	进口额（万美元）	占进口总额比重（%）
1	香港	32 128	31.41	美国	41 482	26.43
2	美国	14 385	14.09	日本	39 380	25.10
3	日本	11 023	10.76	德国	13 897	8.85
4	韩国	4 534	4.40	越南	7 656	4.90
5	德国	3 073	3.03	法国	5 318	3.38
6	英国	2 533	2.45	台湾省	5 046	3.18
7	孟加拉国	2 057	2.05	伊朗	4 752	3.06
8	荷兰	1 759	1.76	新加坡	3 244	2.04
9	马来西亚	1 637	1.57	香港	3 145	1.97
10	意大利	1 573	1.57	加拿大	3 132	1.97
11	台湾省	1 357	1.37	马来西亚	3 053	1.97
12	阿联酋	1 355	1.37	意大利	2 557	1.66
13	俄罗斯	1 249	1.17	澳大利亚	2 334	1.46
14	法国	1 239	1.17	泰国	2 255	1.46
15	西班牙	1 155	1.17	印度尼西亚	2 016	1.27

【利用外资】

2005年，海南省共批准设立外商投资企业（项目）174家，同比增长7.14%；合同外资金额3.42亿美元，减少51.23%；外商直接投资6.84亿美元，增长6.31%。新批企业按企业类型分，中外合资经营企业66家，占37.93%，合同外资金额1.05亿美元；中外合作经营企业3家，占1.72%；合同外资金额788万美元；外资企业105家，占60.34%，合同外资金额2.29亿美元。按产业分，第一产业企业23家，占13.22%，合同外资金额1 760万美元；第二产业企业52家，占29.89%，合同外资金额6 594万美元；第三产业企业99家，占56.9%，合同外资金额25 957万美元。从投资国别看，亚洲国家和地区仍是最大的投资来源地，共投资设立企业127家，占全部新批企业的72.99%，合同外资金额2.19亿美元，占全部新批企业的68.44%。

【对外经济合作】

2005年共签订对外承包工程合同2份，合同额890万美元，比上年增加274%；完成营业额715万美元，比上年增加近10倍。外派劳务59人次，减少52%；月末在外人数333人，减少14%。签订技术引进合同8项，金额4 369万美元，分别减少212%和125%。争取国际无偿援助项目1个，金额300万欧元；执行国际无偿援助项目3个。

【其他】

港口运输　2005年，海南省海港口岸出入境人数为6 987人次，比上年减少82.7%，出入境船舶2 682艘次，减少5.7%，出入境外贸货物269.5万吨，增长22.8%。

涉外旅游　2005年，海南省空港口岸出入境旅客为38.2万人次，比上年增长37.9%；出入境飞机4 038架次，增长38.6%。

商务洽谈会　2005年3月和6月，海南省连续两次策划和组织了与广东经贸代表团进行的经贸洽谈和项目对接，共接待广东经贸代表团400多人，达成合作意向项目53个，项目金额111.74亿元。

2005年7月25日至28日，在四川省成都市举办的“第二届泛珠三角经贸合作洽谈会”，海南省党政和经贸代表团共500多人参加，参加省、市、区的有：广东、广西、湖南、海南、江西、福建、云南、贵州、四川、香港、澳门，签约项目65个，签约金额204.84亿元。

2005年10月24日至29日，在上海开展的琼沪“双大互动”活动，海南省党政和经贸代表团100多人参加，达成签约项目26个，签约金额529.8亿元。

2005年11月11日至13日，在三亚举办了“海南省重点产业推介会”，来自日本、韩国、美国、香港、澳门和北京、上海、广东、浙江等十几个省市区的客商300多人参会，达成投资意向项目10个，金额60多亿元。

以上开展的4次大型区域经贸洽谈活动，海南省政府和企业代表团共1 100多人参会，签约项目154个，签约总金额906.38亿人民币。

小资料

我国三次产业的划分范围

根据2003年5月14日国家统计局发布的规定，我国三次产业划分范围如下：

第一产业是指农、林、牧、渔业。第二产业是指采矿业，制造业，电力、燃气及水的生产和供应业，建筑业。第三产业是指除第一、二产业以外的其他行业。第三产业包括：交通运输、仓储和邮政业，信息传输、计算机服务和软件业，批发和零售业，住宿和餐饮业，金融业，房地产业，租赁和商务服务业，科学研究、技术服务和地质勘查业，水利、环境和公共设施管理业，居民服务和其他服务业，教育，卫生、社会保障和社会福利业，文化、体育和娱乐业，公共管理和社会组织，国际组织。

2005 年重庆市商务发展概况

重庆市商业委员会 重庆市对外贸易经济委员会

重庆市商业委员会主任

秦文武 生于1949年，重庆市石柱县人。1970年参加工作，中共党员，在职研究生。曾任重庆市黔江地委组织部副部长，黔江县委书记、武装部党委书记，涪陵地区粮食局长、党委书记，涪陵市副市长，重庆市供销合作总社主任、党委书记。现任重庆市商业委员会主任、党组书记。

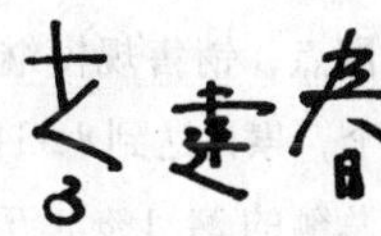

重庆市对外贸易经济委员会主任

李建春 生于1959年2月，山西省偏关县人。工商管理硕士，高级经济师。中共党员。历任重庆红岩机器厂总经济师、重庆机械设备进出口公司总经理、重庆市机械工业管理局副局长等职。现任重庆市对外贸易经济委员会主任、党组书记。

【国内贸易】

社会消费品零售总额 2005 年重庆市社会消费品零售总额1 215.76 亿元，比上年的1 068.3 亿元增长13.8%。其中，城市消费品零售额 714.78 亿元，县消费品零售额163.03 亿元，县以下消费品零售额 337.95 亿元。分行业看，批发零售贸易业零售额 1 042.58 亿元，餐饮业零售额161.97 亿元，其他行业零售额 11.21 亿元。

限额以上批发零售贸易、餐饮业基本情况 截至 2005 年，共有限额以上批发零售贸易、餐饮业法人企业 1 124 个，产业活动单位 4 434 个，从业人数 139 215 人。其中，批发业法人企业 479 个，产业活动单位 2 203 个，从业人数 60 846 人；零售业法人企业 408 个，产业活动单位 1 854 个，从业人数 50 402 人；餐饮业法人企业 237 个，产业活动单位 377 个，从业人数 27 965 人。

批发零售贸易业商品购、销、存总额 批发零售贸易业商品销售总额 2 745.11 亿元，比上年的亿元增长 24.3%。其中，限额以上企业 1 248.56 亿元，限额以下企业1 496.55 亿元。限额以上批发零售贸易业商品购进总额1 156.09亿元（其中进口 20.28 亿元），商品销售总额1 248.56亿元（其中批发 883.47 亿元、零售 365.09 亿元、出口 47.03 亿元），年末库存总额 168.22 亿元。

市场体系建设 全市集中打造都市中央商务区、区县商圈、城镇商业特色街（专业市场）和乡镇（社区）商业四个层次的商业中心，有条件的地方做到“商住分开、人车分流、立体开发、集中打造”。

按照商务部“万村千乡”市场工程试点工作的要求，2005 年，全市启动实施“乡镇建连锁超市，村社建放心商店”的农村市场“双建工程”工作，农村市场体系建设加快推进，促进了农村消费品市场的发展。

拍卖业获得稳步发展，重庆市商委印发了《重庆市拍卖业管理办法》，加强对全市拍卖行业的规范发展和管理工作。至年底，全市共有拍卖企业 77 家，成交额32.22 亿元。

2005年外商投资商业企业发展良好，世界商业巨头——美国沃尔玛在重庆市的首家店正式营业，泰国正大易初莲花在重庆市的两家店同时开业，百安居、韩国LG亦进驻重庆市。外资商业企业主要经营业态集中在百货商场、大型综合超市、货仓式卖场等。

各类市场标准化建设工作逐步推进，商场、市场引进了电子商务设施和检验检测系统，开展物流配送，促进传统市场的转型升级。生产资料市场和生产要素市场发展迅速，租赁业特别是汽车租赁成为热点。旧货市场逐渐规范化，发展状态良好。

商业改革与发展 2005年，全市流通现代化水平进一步提高。重庆市大、中型连锁企业积极向市内区县、外省市扩张网点，销售规模继续扩大。2005年全市新增连锁店铺445个，累计达到8 334个，实现连锁经营收入293亿元，占社零总额的24.1%。五户商业企业进入2005年中国连锁百强行列。

物流配送逐渐普及。大型商贸流通企业组建了自有的物流配送体系，实现了跨区域配送。物流基地正在加快建设，物流基础设施建设取得重大进展，物流平台逐步延伸。一批现代物流龙头企业经营得到较好发展，呈现出蓬勃的发展势头，全年货物运输总量增长12%。

电子商务运用加快，大型商场时点销售系统、管理信息系统和电子订货系统等信息技术的普及率80%以上。全市电子商务BtoB网上交易额53亿元，增长76.7%。贸易代理制发展迅速，知名企业的总代理、总经销商增多。

大力开拓市场、扩大消费，促进了城市消费升级和农村消费升温。城镇社零总额877.81亿元，同比增长14.6%，农村社零总额337.95亿元，同比增长11.7%，城乡增幅差距缩小至2.9个百分点。工贸结合和内外贸一体化推进顺利，大力促进农产品流通，开展农商对接，搭建起农产品进城的桥梁。

2005年全市商业企业改革取得重大进展。通过产权制度改革和内部资产整合，全市商贸流通国有及国有控股企业创新了体制，转换了机制，做大了企业，经营效益好转。市属商业企业产权制度改革取得决定性胜利，人员分流安置基本完成。区市县国有流通企业加快产权制度改革步伐，到年底，仅余144户国有企业未改制。

【对外贸易】

进出口总额 2005年重庆市进出口总额42.9亿美元，比2004年的38.6亿美元增长11.3%。

出口总额 出口总额25.2亿美元，比上年的20.9亿美元增长20.6%，占全市GDP 3 069亿元（相当于375亿美元）的6.72%，占全国出口额的0.33%。

出口商品结构 初级产品出口额1.15亿美元，占出口总额的4.57%；工业制成品出口额24.05亿美元，占出口总额的95.43%。

出口商品市场 出口商品销往180个国家和地区。

进口总额 进口总额17.72亿美元，比上年的17.66亿美元增长0.3%。

进口商品结构 初级产品进口额24 528万美元，占进口总额的13.8%；工业制成品进口额152 699万美元，占进口总额的86.2%。

进口商品市场 进口商品来自65个国家和地区。

重庆市2005年出口额1 000万美元以上商品情况表

金额分类	商品名称	出口金额（万美元）	占出口总额比重（%）
1亿美元以上（7种）	摩托车、合成药及中间体、摩托车零部件、通用发动机、汽车、铝材、钢铁制品	144 084	57.16
1 000万—1亿美元（15种）	人造刚玉、染料和颜料、聚乙烯醇、桑蚕丝及机织物、苎麻及其机织物、服装、钢材、高锰酸钾、冻猪肉、锰材、矿产品、瓷餐具、肠衣、坯绸、硅	36 536	14.50
合　计	**22种**	**180 620**	**71.66**

重庆市2005年主要出口市场情况表

国别（地区）	出口金额（万美元）	占出口总额比重（%）	国别（地区）	出口金额（万美元）	占出口总额比重（%）
美　国	31 303	12.4	巴基斯坦	8 738	3.5
日　本	20 152	8.0	印　度	8 376	3.3
香　港	14 292	5.7	尼日利亚	8 159	3.2
德　国	14 200	5.6	伊　朗	6 743	2.7
越　南	11 240	4.5	土耳其	6 373	2.5
合　计				**129 576**	**51.4**

重庆市2005年进口额1 000万美元以上商品情况表

金额分类	商品名称	进口金额（万美元）	占进口总额比重（%）
5 000万美元以上（5种）	黄大豆、发动机零件、汽车零件、铁矿砂、变速箱	43 244	24.4
1 000万—5 000万美元（11种）	容积测试仪、机器专用零件、铬矿砂、气体检测仪、硫磺、机械器具、车用照明装置、共振波谱仪、往复活塞引擎、测试控制装置、合金用压模	44 689	25.2
合　计	**16种**	**87 933**	**49.6**

重庆市2005年主要进口市场情况表

国别（地区）	进口金额（万美元）	占进口总额比重（%）	国别（地区）	进口金额（万美元）	占进口总额比重（%）
日　本	49 518	27.9	巴　西	8 091	4.6
美　国	29 134	16.4	韩　国	6 190	3.5
德　国	22 895	12.9	印　度	5 456	3.1
香　港	11 065	6.2	加拿大	5 148	2.9
台湾省	10 770	6.1	英　国	3 624	2.0
合　计				**151 891**	**85.6**

【利用外资】

重庆市2005年利用外资情况表

利用外资方式	批准签订的合同			实际利用外资	
	项目数（个）	外资金额（万美元）	金额比上年增长（%）	金　额（万美元）	金额比上年增长（%）
外商直接投资	208	80 213	20.04	51 575	26.56
合资企业	94	35 450	52.28	26 339	4.05

重庆市2005年利用外资情况表（续）

利用外资方式	批准签订的合同			实际利用外资	
	项目数（个）	外资金额（万美元）	金额比上年增长（%）	金　额（万美元）	金额比上年增长（%）
合作企业	13	12 125	420.16	5 988	55.86
外资企业	100	31 158	–14.27	19 248	91.87
股份有限公司	1	1 480	124.92		
加工贸易	58	1 664	443.79	552	126.23
合　计	**266**	**81 877**	**22.90**	**52 127**	**27.91**

外商直接投资行业　在外商投资项目中，生产型项目112个，非生产型项目96个。合同外资在2 000万美元以上的行业分布为：房地产业37个，合同外资金额39 602万美元；制造业87个，合同外资金额21 999万美元；农、林、牧、渔业8个，合同外资金额4 292万美元；批发和零售业14个，合同外资金额3 969万美元；建筑业9个，合同外资金额3 088万美元；电力、燃气及水的生产和供应业1个，合同外资金额2 348万美元。

外商直接投资来源　外商直接投资来自33个国家和地区。投资额居前5位的国家和地区是：香港72项，32 667万美元；英属维尔京群岛16项，17 968万美元；美国23项，7 053万美元；萨摩亚4项，2 751万美元；英国6项，2 600万美元；

外商直接投资企业生产经营情况　2005年外商直接投资企业出口创汇49 967万美元，比上年增长44.7%，销售收入上亿元的企业达到68家，涉外税收占全市税收总额的20%。

【对外经济合作】

承包工程与劳务合作　签订对外承包工程、劳务合作和设计咨询合同金额1.85亿美元，比上年的1.48亿美元增长25%；完成营业额1.21亿美元，比上年的1.01亿美元增长20%；当年派出劳务人员3 322人，年末在外人数7 037人。对外承包工程、劳务合作和设计咨询分布在41个国家和地区，比上年减少4个，外派劳务工种为22种，比上年减少4种。外派劳务最多的工种是建筑工和缝纫工。

接受经济援助　接受国外经济援助项目有24个，金额6 059万美元，分别来自联合国儿童基金会、粮农组织以及澳大利亚、荷兰、英国、日本等国政府。

对外投资　2005年在海外投资兴办企业26家，总投资金额2 879.7万美元，投资于16个国家和地区，投资额最大的是重庆隆鑫工业集团有限公司与印度尼西亚合资组建的境外加工贸易企业——隆鑫摩托车印尼有限公司，投资额达752.26万美元，生产销售摩托车及相关产品。

【其他】

经济技术开发区　2005年重庆经济技术开发区完成外贸进出口72 569万美元，其中出口12 525万美元；兴办外商投资企业30家，合同外资金额13 718万美元，实到外资金额11 503万美元。截至2005年底，开发区累计兴办外商投资企业411家。

高新技术产业开发区　2005年，重庆高新技术产业开发区完成外贸进出口13 453万美元，其中出口10 231万美元；兴办外商投资企业17家，合同外资金额111万美元，实到外资金额3 271万美元。截至2005年底，开发区累计兴办外商投资企业378家。

商务洽谈会　2005年4月下旬，第十届中国重庆投资贸易洽谈暨全球采购会举行。来自美国、德国、日本、英国、意大利、韩国、泰国、香港、澳门、台湾省等18个国家和地区的客商及16个兄弟省市的代表8 000余人参加了这次贸洽会，大会签约引资项目178个，拟引进国外资金7.8亿美元，国内资金398亿元人民币。出口贸易合同2个，分别为500万美元和60万美元，出口国家（地区）为德国和澳门，出口产品为通用汽油机和消防器材。

港口运输　2005年重庆进出口货物运输总量为395万吨，其中进口运量253万吨，出口运量142万吨，分别比上年增长7.3%、1.2%和20.3%。

涉外旅游　2005年，全市接待旅游、参观访问及从事各项活动的海外游客52.39万人次，比上年的43.44万人次增长20.6%；旅游外汇收入2.64亿美元，比上年的2.03亿美元增长30.2%。

2005年四川省商务发展概况

四川省商务厅

四川省商务厅厅长

谢开华　毕业于四川大学中文系。历任四川省对外贸易经济合作厅办公室副主任、基地货源处副处长，中国出口商品基地建设四川公司副总经理，四川省轻工工艺品进出口公司总经理，四川省对外经济贸易委员会副主任，四川省对外贸易经济合作厅党组副书记、副厅长。四川省对外贸易经济合作厅厅长、党组书记等职。现任四川省商务厅厅长、党组书记。

【国内贸易】

社会消费品零售总额　2005年四川省社会消费品零售总额2 981.4亿元，比上年的2 384亿元增长14%。其中，城市消费品零售额1 446.9亿元，县消费品零售额525.84亿元，县以下消费品零售额1 008.62亿元。分行业看，批发零售贸易业零售额2 337.6亿元，餐饮业零售额545.6亿元，其他行业零售额98.2亿元。

市场物价　商品零售价格指数为100.6（以上年价格为100），其中城市101.0，农村101.4；居民消费价格指数为101.7（以上年价格为100），其中城市101.9，农村100.9。

【对外贸易】

进出口总额　进出口总额79.05亿美元，比上年的68.71亿美元增长15.1%。

出口总额　出口总额47.01亿美元，比上年的39.84亿美元增长18.1%，占全省GDP 7 385.1亿元人民币（相当于911.74亿美元）的5.2%，占全国出口额的0.62%。

进口总额　进口总额32.04亿美元，比上年的28.87亿美元增长11%。

出口商品结构　初级产品出口额5.07亿美元，占出口总额的10.8%；工业制成品出口额41.94亿美元，占出口总额的89.2%。

进口商品结构　初级产品进口额5.63亿美元，占进口总额的17.6%；工业制成品进口额26.41亿美元，占进口总额的82.4%。

出口商品市场　出口商品销往182个国家（地区）。

进口商品市场　进口商品来自134个国家（地区）。

技术进出口　签订引进技术和进口设备合同项目243个，合同金额28 764.64万美元，比上年的20 598万美元增长39.6%。

四川省2005年出口额2 000万美元以上商品情况表

商品名称	出口金额（万美元）	占出口总额比重（%）
服装	8 862	1.88
纺织品	2 620	0.55
电视机及零件	2 522	0.53
合　计	**14 004**	**2.96**

四川省2005年主要出口市场情况表

国别（地区）	出口金额（万美元）	占出口总额比重（%）	国别（地区）	出口金额（万美元）	占出口总额比重（%）
美　国	60 047	12.77	德　国	11 925	2.54
日　本	34 905	7.43			
合　计				**106 877**	**22.74**

四川省2005年进口额2 000万美元以上商品情况表

商　品　名　称	进口金额（万美元）	占进口总额比重（%）
航空设备及零件	3 666	1.14
钢材	2 758	0.86
矿产品	2 304	0.71
合　计	**8 728**	**2.71**

四川省2005年主要进口市场情况表

国别（地区）	进口金额（万美元）	占进口总额比重（%）	国别（地区）	进口金额（万美元）	占进口总额比重（%）
美　国	44 480	13.89	韩　国	41 831	13.07
法　国	23 574	7.36			
合　计				**109 885**	**34.32**

【利用外资】

四川省2005年利用外资情况表

利用外资方式	批准签订的合同			实际利用外资	
	项目数（个）	外资金额（万美元）	金额比上年增长（%）	金　额（万美元）	金额比上年增长（%）
对外借款				19 505	-25.7
外商直接投资	420	200 303	73.4	88 686	26.5
合资企业	152	43 206	29.4	21 177	-30.8
合作企业	23	22 318	213.1	1 996	-61.9
外资企业	243	134 360	53.3	65 265	106.1
股份有限公司	2	419	-84.1	248	-90.6
外商其他投资		5 273		2 015	

【对外经济合作】

承包工程和劳务合作　签订对外承包工程和劳务合作合同项目245个，金额14.08亿美元，比上年的11.1亿美元增长16.8%；完成营业额6.01亿美元，比上年的4.87亿美元增长23.3%；当年派出劳务人员数17 549人次。

对外投资　2005年在海外举办企业（系指非贸易性企业）的项目数79个，中方投资金额1.73127亿美元。

【其他】

涉外旅游　2005年入境的外国人以及港澳台同胞106.3万人次，旅游外汇收入3.16亿美元，比上年的2.9亿美元增长9.4%。

2005 年成都市商务发展概况

成都市商务局

成都市商务局局长

石　磊　生于 1963 年，四川省宣汉县人。MBA 学位高级工程师。1984 年参加工作。1986 年加入中国共产党。历任 402 厂项目主任，成都艾特航空制造有限公司中方副总经理，成都高新技术产业开发区招商局局长、管委会主任助理、投资服务局局长等职。2003 年任成都市对外贸易经济合作局局长、党组书记。2006 年 3 月任成都市商务局局长、党组书记。

【国内贸易】

社会消费品零售总额　2005 年四川省成都市社会消费品零售总额 999.2 亿元，比上年的 875.28 亿元增长 14.2%。其中，城市消费品零售额 676.24 亿元，县消费品零售额 67.2 亿元，县以下消费品零售额 255.76 亿元。分行业看，批发零售贸易业零售额 780.53 亿元，餐饮业零售额 205.4 亿元，其他行业零售额 13.24 亿元。

批发零售贸易业商品购、销、存总额　批发零售贸易业商品销售总额 955.98 亿元，比上年的 691.59 亿元增长 38.23%。商品销售总额 973.98 亿元（其中批发 699.01 亿元、零售 228.47 亿元、出口 46.5 亿元），年末库存总额 62.99 亿元。

市场物价　消费品零售价格指数为 99.8（以上年价格为 100），居民消费价格指数为 102.3（以上年价格为 100）。

【对外贸易】

进出口总额　进出口总额 45.35 亿美元，比上年的 33.68 亿美元增长 34.66%。

出口总额　出口总额 26.75 亿美元，比上年的 18.71 亿美元增长 42.98%，占全市 GDP 2 371 亿元（相当于 294.64 亿美元）的 9.08%，占全省出口额的 56.90%。

进口总额　进口总额 18.60 亿美元，比上年的 14.97 亿美元增长 24.25%。

出口商品结构　初级产品出口额 3.19 亿美元，占出口总额的 11.93%；工业制成品出口额 23.56 亿美元，占出口总额的 88.07%。

进口商品结构　初级产品进口额 3 971 万美元，占进口总额的 2.13%；工业制成品进口额 18.20 亿美元，占进口总额的 97.87%。

出口商品市场　出口商品销往 167 个国家（地区）。

进口商品市场　进口商品主要来自日本、美国、德国、法国、意大利等国家（地区）。

成都市 2005 年出口额 1 000 万美元以上商品情况表

金额分类	商品名称	出口金额（万美元）	占出口总额比重（%）
5 000 万美元以上（11 种）	机电产品、钢铁及其制品、化工产品、蚕丝、服装、皮革制品、羽绒制品、家具及寝具、车辆及零件、鞋帽制品、陶瓷品	220 810	82.55

成都市2005年出口额1 000万美元以上商品情况表（续）

金额分类	商品名称	出口金额（万美元）	占出口总额比重（%）
1 000万—5 000万美元（11种）	食品、塑料制品、化纤品、木炭、装饰织物、棉花、贵金属制品、光学及医疗仪器、簇绒织物、木浆、蔬菜	34 555	12.91
合　计	**22种**	**255 365**	**95.46**

成都市2005年主要出口市场情况表

国别（地区）	出口金额（万美元）	占出口总额比重（%）	国别（地区）	出口金额（万美元）	占出口总额比重（%）
美　国	35 601	13.31	韩　国	12 078	4.52
香　港	32 047	11.98	荷　兰	8 487	3.17
印度尼西亚	22 280	8.33	德　国	8 470	3.17
日　本	21 192	7.92	巴基斯坦	7 276	2.72
印　度	14 644	5.47	俄罗斯	6 404	2.39
合　计				**168 479**	**62.98**

成都市2005年进口额1 000万美元以上商品情况表

金额分类	商品名称	进口金额（万美元）	占进口总额比重（%）
3 000万美元以上（8种）	机电产品、车辆、航空器、钢铁制品、化工产品、矿产品、光学仪器、医疗仪器	172 808	92.91
1 000万—3 000万美元（4种）	纺织品、塑料制品、工业残渣、皮革制品	8 002	4.30
合　计	**12种**	**180 810**	**97.21**

成都市2005年主要进口市场情况表

国别（地区）	进口金额（万美元）	占进口总额比重（%）	国别（地区）	进口金额（万美元）	占进口总额比重（%）
日　本	41 875	22.51	香　港	8 631	4.64
美　国	27 857	14.98	印　度	8 221	4.42
德　国	22 298	11.98	新加坡	7 155	3.84
法　国	16 192	8.71	比利时	4 792	2.58
意大利	10 019	5.39	韩　国	4 383	2.36
合　计				**151 422**	**81.41**

【利用外资】

成都市2005年利用外资情况表

利用外资方式	批准签订的合同			实际利用外资	
	项目数（个）	外资金额（万美元）	金额比上年增长（%）	金额（万美元）	金额比上年增长（%）
外商直接投资	298	299 460	105.01	139 072	101.74
合资企业	101	40 399	120.36	24 079	22.72
合作企业	16	24 368	446.25	8 632	313.61
外资企业	181	234 093	94.04	106 361	136.66
合　计	**298**	**299 460**		**139 072**	

外商直接投资行业　外商直接投资项目中，生产型项目143个，非生产型项目155个。主要行业：制造业131个，139 368万美元；农业12个，11 401万美元；服务业155个，151 777万美元（其中：房地产业41个，100 189万美元；贸易、餐饮业25个，7 588.85万美元；社会服务业32个，22 750.37万美元；其他57个，21 248.78万美元）。

外商直接投资来源　外商直接投资来自35个国家（地区），合同外资居前10位的是：香港76项，149 029万美元；英属维尔京群岛41项，58 065万美元；美国43项，38 899万美元；新加坡23项，12 591万美元；日本14项，6 216万美元；毛里求斯3项，5 892万美元；荷兰2项，4 747万美元；加拿大1项，3 682万美元；台湾省38项，3 485万美元；法国3项，2 371万美元。

外商直接投资企业生产经营情况　截至2005年，全市已累计批准外商投资企业3 734家，合同外资金额101.2亿美元，实际使用外资金额51.69亿美元。2005年，全市外商投资企业完成出口额2.29亿美元，纳税总额37.20亿元。

【对外经济合作】

承包工程和劳务合作　签订对外承包工程和劳务合作合同项目109个，金额16 035万美元，比上年增长52.31%；完成营业额6 203万美元；当年派出劳务人员2 250人，主要派往日本、韩国、阿联酋、越南、老挝等国家。

【其他】

经济技术开发区　成都经济技术开发区实现GDP 72.13亿元，增长20.00%；完成固定资产投资34.11亿元，增长36.40%；实现税收5.06亿元，增长29.4%；完成出口额5 747万美元，增长67.10%。完成合同外资9 955万美元，实际利用外资2 262万美元。目前，开发区已投入21亿元用于道路、通信、供水、供电、供气等基础设施和市政服务设施建设，投资环境日臻完善，已具备了大规模招商引资的良好条件。

涉外旅游　入境游客50.02万人次，比上年增长22.36%；旅游外汇收入17 640.10万美元，增长25.65%。

2005 年贵州省商务发展概况

贵州省商务厅

贵州省商务厅厅长

邵祥林　博士，中共党员。1977 年 3 月—1979 年在长春日报社工作。1983 年毕业于吉林财贸学院。1983—2000 年 9 月在对外贸易经济合作部工作，历任副处长、处长、副司级干部。2000 年 9 月挂职任贵阳市副市长。2002 年 2 月任贵州省贸易合作厅厅长、党组书记。现任贵州省商务厅厅长、党组书记。

【国内贸易】

社会消费品零售总额　2005 年贵州省社会消费品零售总额 606.92 亿元，比上年的 535.31 亿元增长 13.4%。其中，城市消费品零售额度 362.74 亿元，县消费品零售总额 115.80 亿元，县以下消费品零售额 128.38 亿元。分行业看，批发零售贸易业零售额 531.86 亿元，餐饮业零售额 64.69 亿元，其他行业零售额 10.37 亿元。

市场物价　居民消费价格指数为 101.0（以上年价格为 100），其中城市 100.6，农村 102.1）。

市场体系建设　改革开放以来，贵州省现代市场体系建设全面推进。

网点建设速度加快，改建、扩建和新建了一批比较规范的室内及室外集贸市场，市场体系初步形成。中心城市相继建成了一批用现代技术管理、设施比较完善的大型商场和综合、专业商品批发市场；全省县（市）所在地基本建立了集贸市场和农副产品市场。

多样化的市场流通形式和新型业态不断出现，流通方式不断创新，流通现代化水平逐渐提高，连锁经营、物流配送、电子商务等新型流通迅速得到运用和推广，大型综合超市、购物中心、仓储式商场、连锁店、便利店、专卖店、加盟店、直销店等现代化新型业态不断涌现。流通领域的对外开放步伐加快，相继引进了北京华联、北京王府井、“沃尔玛”、“德克士”、“肯德基”、“麦当劳”等国内名店和国际品牌企业。

法制化建设步伐加快，先后出台了一批地方性法规和政策性文件，对规范市场经济行为，促进商贸流通业健康有序发展发挥了重要作用。

【对外贸易】

进出口总额　进出口总额 140 425 万美元，比上年的 151 442 万美元下降 7.3%。

出口总额　出口总额 85 925 万美元，比上年的 86 709 万美元下降 0.9%，占全省 GDP 1 942 亿元（相当于 2 371 184万美元）的 3.62%；占全国出口额的 0.11%。

进口总额　进口总额 54 500 万美元，比上年的 64 734 万美元下降 15.8%。

出口商品结构　初级产品出口额 16 365 万美元，占出口总额的 19%；工业制成品出口额 69 569 万美元，占出口总额的 81%。

进口商品结构　初级产品进口额 30 786 万美元，占进口总额的 56.5%；工业制成品进口额 23 714 万美元，占进口总额的 43.5%。

出口商品市场　出口商品销往 124 个国家（地区）。

进口商品市场　进口商品来自 54 个国家（地区）。

贵州省2005年出口额1 000万美元以上商品情况表

金额分类	商品名称	出口金额（万美元）	占出口总额比重（%）
2 000万美元以上（12种）	磷酸氢二铵；未碾磨磷灰石；部分和全部去梗的烤烟；手持（包括车载）无线电话机；人造刚玉；硬盘驱动器；过磷酸钙；三磷酸钠（三聚磷酸钠）；未锻轧锰；废碎料；粉末；新的充气橡胶轮胎	40 237	46.8
1 000万—2 000万美元（11种）	碳酸钡；硅锰铁；磷酸二氢铵及其混合物；硅铁，按重量计含硅55%以上；未改性乙醇及酒精饮料；农业、林业或机器人字型胎面轮胎；客车或货运机动车辆用新的充气橡胶轮胎；其他实心或半实心轮胎；胎面及轮胎衬带；锶的碳酸盐	12 578	14.6
合　计	**23种**	**52 815**	**61.4**

贵州省2005年进口额1 000万美元以上商品情况表

金额分类	商品名称	进口金额（万美元）	占进口总额比重（%）
3 000万美元以上（4种）	未烧结的铁矿砂及其精矿；各种硫磺，但升华、沉淀及胶态硫磺除外；锰矿砂及其精矿；烟胶片	29 683	54.45
1 000万—3 000万美元（5种）	非绝缘的钢铁绞股线、绳、缆；大、中、小型计算机及其部件的零件、附件；手持式无线电话机零件；未命名；氨	7 133	13.08
合　计	**9种**	**36 816**	**67.53**

贵州省2005年主要出口市场情况表

国别（地区）	出口金额（万美元）	占出口总额比重（%）	国别（地区）	出口金额（万美元）	占出口总额比重（%）
日　本	12 630	14.70	香　港	5 207	6.06
美　国	9 929	11.56	菲律宾	3 654	4.25
韩　国	7 563	8.80	台湾省	3 296	3.84
越　南	7 146	8.32	印　尼	3 068	3.57
合　计				**52 493**	**61.10**

贵州省2005年主要进口市场情况表

国别（地区）	进口金额（万美元）	占进口总额比重（%）	国别（地区）	进口金额（万美元）	占进口总额比重（%）
印　度	11 544	21.18	美　国	3 723	6.83
加拿大	7 219	13.25	泰　国	2 870	5.27
日　本	4 943	9.07	德　国	2 725	5.00
澳大利亚	4 833	8.87	韩　国	2 133	3.91
合　计				**39 990**	**60.13**

【利用外资】

贵州省2005年利用外资情况表

利用外资方式	批准签订的合同			实际利用外资	
	项目数（个）	外资金额（万美元）	金额比上年增长（%）	金额（万美元）	金额比上年增长（%）
合资企业	19	6 420	1.41	3 392	22.13
合作企业	7	4 920	26.38	3 367	917.22
外资企业	34	8 184	236.00	4 009	117.17
合　计	**60**	**19 488**	**54.07**	**10 768**	**64.82**

外商直接投资行业　按行业分：农、林、牧、渔业5个；采掘业4个；制造业23个；电业、燃气及水的生产和供应业4个；建筑业1个；交通运输、仓储和邮政业3个；信息传输、计算机服务和软件业3个；批发和零售业4个；住宿和餐饮业1个；房地产业6个；租赁和商务服务业1个；科学研究、技术服务和地质勘查业1个；水利、环境和公共设施管理业2个；居民服务和其他服务业1个；文化、体育和娱乐业1个。

外商直接投资来源　外商直接投资来自17个国家和地区。主要投资国家和地区有：澳大利亚3 466万美元、英属维尔京群岛2 783万美元、毛里求斯1 693万美元、香港1 644万美元、萨摩亚312万美元。

外商直接投资企业生产经营情况　外商直接投资企业出口15 210万美元，同比下降19.4%；进口11 578万美元，同比下降41.8%。

【对外经济合作】

承包工程和劳务合作　签订对外承包工程和劳务合作合同项目8个，金额13 783万美元，比上年的5 624万美元增长145；完成营业额16 396万美元，比上年的5 433万美元增长201%；当年派出劳务人员560人，年末在外642人，派往的主要国家和地区有新加坡、多米尼克、加纳、圭亚那、汤加、伊朗、香港等；承包工程的主要项目及国别有：加纳公路改扩建、汤加首都中学、圭亚那国际会议中心、汤加司法部新办公楼、斯里兰卡公路立交桥、肯尼亚桥、多米尼克体育场、板球场、香港东涌公路、伊朗阿克拉铝厂电解槽筑炉制作工程等。

对外经济技术援助　承担援外项目数7个，受援国家和地区及涉及的项目有：加纳公路改扩建、汤加首都中学、圭亚那国际会议中心、汤加司法部新办公楼、斯里兰卡公路立交桥、肯尼亚桥、多米尼克体育场；当年派出援外人员384人，年末在外451人。

接受经济援助　接受国际经济组织及双边援助项目7个、人民币2 395万元，项目执行顺利。

对外投资　2005年在海外开办企业1个，投资越南，投资总额200万美元。

【其他】

开发区　2005年经国务院批准的贵阳国家级高新技术开发区、贵阳国家级经济技术开发区共完成工业总产值198.09亿元，比上年增长18.22%；完成GDP 69.83亿元，增长15.63%。2005年进出口总额33 943万美元，增长160.08%，其中，进口9 262万美元，出口24 680万美元，分别增长161.27%、159.63%。2005年利用外资项目5个，合同外资总额1 742万美元，分别减少50%、46.8%；实际到位资金2 010万美元，增长39.44%。

涉外旅游　2005年入境的外国人9.26万人次、入境的港澳台同胞18.36万人次。旅游外汇收入10 141.36万美元，比上年的8 020.27万美元增长26.44%。

2005年云南省商务发展概况

云南省商务厅

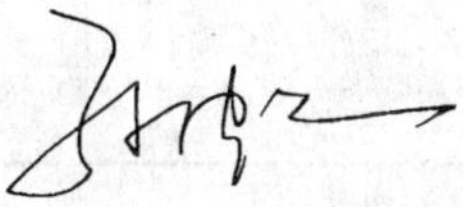

云南省商务厅厅长

孙小虹　生于1951年1月21日，山西省人。研究生学历。1979年—1998年1月在昆明市中级人民法院工作，1984年3月—1991年3月任副院长，1991年3月—1998年1月任院长。1998年1月—1999年11月任云南省高级人民法院院长。2000年9月—2003年1月任云南省贸促会会长、云南省外经贸厅副厅长。2003年1月任云南省对外贸易经济合作厅厅长、云南省贸促会会长。2004年2月任云南省商务厅厅长。

【国内贸易】

社会消费品零售总额　2005年云南省社会消费品零售总额1 034.40亿元，比上年的915.3亿元增长13.0%。其中，城市消费品零售额364.5亿元，县消费品零售额239.3亿元，县以下消费品零售额230.6亿元；分行业看，批发零售贸易业零售额823.8亿元，餐饮业零售额155.4亿元，其他行业零售额55.1亿元。

批发零售贸易、餐饮业基本情况　截至2005年，共有批发零售贸易、餐饮业法人企业15 302个，产业活动单位61.56万个，从业人数140.42万人。其中，批发业法人企业7 575个，产业活动单位3.47万个，从业人数21.6万人；零售业法人企业5 442个，产业活动单位47.28万个，从业人数79.2万人；餐饮业法人企业2 285个，产业活动单位10.81万个，从业人数39.62万人。

市场物价　商品零售价格指数为100.1（以上年价格为100），居民消费价格指数为101.4（以上年价格为100），其中城市101.7，农村101.0。

商业改革与发展　加快完善国有流通企业改革，建设满足人民群众生活需求的社区商业区，通过把我省玉溪市商业零售行业、批发市场、"万村千乡"试点农村便利店作为内贸流通试点，带动其他州市现代流通业，进而推动全省内贸流通业的发展。

【对外贸易】

进出口总额　进出口总额473 822万美元，比上年的374 292万美元增长26.6%。

出口总额　出口总额264 158万美元，比上年的223 883万美元增长18%，占全省GDP 3 472.34亿元（相当于4 340 425万美元）的6.09%，占全国出口额的0.35%。

进口总额　进口总额209 664万美元，比上年的150 410万美元增长39.4%。

出口商品结构　初级产品出口额57 636万美元，占出口总额的21.8%；工业制成品出口额206 522万美元，占出口总额的78.2%。

进口商品结构　初级产品进口额139 307万美元，占进口总额的66.4%；工业制成品进口额70 357万美元，占进口总额的33.6%。

出口商品市场　出口商品销往137个国家和地区。

进口商品市场　进口商品来自87个国家和地区。

云南省2005年出口额100万美元以上商品情况表

金额分类	商品名称	出口金额（万美元）	占出口总额比重（%）
1 000万美元以上（40种）	黄磷、石蜡、其他未锻造银、机电等	157 148	59.5
500万—1 000万美元（50种）	各类钢材、各类机床、各类制品等	34 219	13.0
100万—500万美元（196种）	家具、加工农产品、铝及铝合金制品等	44 704	16.9

云南省2005年进口额100万美元以上商品情况表

金额分类	商品名称	进口金额（万美元）	占进口总额比重（%）
1 000万美元以上（31种）	铜矿砂、铁矿砂、机器设备、原材料等	164 218	78.3
500万—1 000万美元（15种）	聚丙烯、原木、半导体器件等	10 221	4.9
100万—500万美元（99种）	木浆、天然橡胶、系统形式的小型机、硫酸等	22 923	10.9

云南省2005年主要出口市场情况表

国别（地区）	出口金额（万美元）	占出口总额比重（%）	国别（地区）	出口金额（万美元）	占出口总额比重（%）
缅　甸	41 063	15.5	泰　国	12 975	4.9
香　港	35 719	13.5	韩　国	11 012	4.2
日　本	27 647	10.5	新加坡	10 965	4.2
越　南	26 366	10.0	印度尼西亚	8 717	3.3
美　国	13 092	5.0	荷　兰	7 638	2.9

云南省2005年主要进口市场情况表

国别（地区）	进口金额（万美元）	占进口总额比重（%）	国别（地区）	进口金额（万美元）	占进口总额比重（%）
香　港	23 180	11.1	印度尼西亚	10 933	5.2
缅　甸	22 099	10.5	德　国	10 394	5.0
澳大利亚	21 899	10.4	印　度	9 193	4.4
智　利	14 268	6.8	巴　西	9 018	4.3
加拿大	12 329	5.9	美　国	8 986	4.3

边境贸易　边境小额贸易进出口总额65 466万美元，比上年的52 412万美元增长24.9%。其中，出口38 558万美元，比上年的30 875万美元增长24.9%；进口26 908万美元，比上年的21 537万美元增长24.9%。主要出口商品有：机电、纺织品、日用、石蜡、小五金、钢材及制品、农产品等；主要进口商品有：木材、天然橡胶、各类矿石等。

技术进出口　技术进出口总额5 546万美元，比上年的5 400万美元增长2.63%。其中，签订技术引进合同68个，合同金额4 994万美元，比上年的4 307万美元增长15.95%；签订技术出口合同3个，合同金额552万美元，比上年的1 093万美元下降50%。

技术进口　技术引进主要来自瑞士、英国、德国、美国等欧美发达国家，其中：云南华能澜沧江水电有限公司的小湾水电水轮发电机及其附属设备引进合同，合同金额为1 601.46万美元；云南省石油化学工业厅供销公司引进壳牌煤气化工艺，合同金额为991.7万美元；云南省昆钢国际贸易公司的粗苯加氢精制技术引进合同，合同金额为782.8万美元。

技术出口　技术出口合同共3份，金额共552万美元。分别为：昆明谊博对外展览贸易有限责任公司的合金结构钢销售合同，合同金额为16.34万美元；云南化工机械厂的产品销售设计及安装合同，合同金额为35.84万美元；昆明贝克诺顿制药有限公司的昆明贝克诺顿制药有限公司制药技术许可及合同，合同金额为500万美元。无论是合同金额量上还是质上都较往年有大的突破，技术使用国均为越南和泰国等周边国家。这是云南省利用技术比较优势，实现技术梯度转移的结果。其中昆明贝克诺顿制药有限公司与越南中央制药二十五厂签订了转让阿莫西林抗生类药品生产和斯耐普儿童感冒药品生产专有技术合同，该项目执行期10年，对专有技术转让和“贝克诺顿”商标特许使用费累计500万美元，这是云南省首次利用技术优势实现出口核心制造技术和商标特许使用，参与和开拓同盟国际市场。

【利用外资】

云南省2005年利用外资情况表

利用外资方式	批准签订的合同			实际利用外资	
	项目数（个）	外资金额（万美元）	金额比上年增长（%）	金　额（万美元）	金额比上年增长（%）
外商直接投资	152	43 623	37.10	17 352	22.61
合资企业	57	24 210	120.33	9 044	25.14
合作企业	14	9 063	58.83	2 452	134.64
外资企业	81	10 350	-31.57	5 856	-0.41

外商直接投资行业　外商直接投资按行业分，农林牧渔业23项，采掘业7项，制造业55项，电力、煤气及水的生产和供应业6项，建筑业1项，交通运输、仓储和邮政业1项，批发和零售贸易、餐饮业20项，信息传输、计算机服务和软件业3项，房地产业7项，租赁和商务服务22项，科研1项，其他行业6项。

外商直接投资来源 外商直接投资来自香港、毛里求斯、开曼群岛、荷兰、台湾省、马来西亚、新加坡、日本、英属维尔京群岛、美国等35个国家和地区，合同外资额居前十位的国家及地区为：香港46项，16 243万美元；毛里求斯2项，11 414万美元；马来西亚3项，3 101万美元；美国14项，3 099万美元；开曼群岛1项，1 813万美元；英属维尔京群岛6项，1 152万美元；日本7项，882万美元；台湾省14项，786万美元；荷兰2项，781万美元；新加坡9项，753万美元。

外商直接投资企业生产经营情况 截至2004年，已开业投产的外商投资企业652家，销售收入188.88亿元，盈利总额10.73亿元。

【对外经济合作】

承包工程、劳务合作和设计咨询 签订合同132项，总金额53 366万美元，比上年的31 604万美元增长68.86%。完成营业额38 766万美元，比上年的33 648万美元增长15.21%。当年派出劳务人员7 179人，年末在外人数10 846人。派往主要国家和地区为缅甸、老挝、越南等；承包工程项目主要为：泰国住宅局项目、泰国曼谷海军医院建筑工程、尼日利亚KEBBI州机场建设项目、保龙公路第一合同段（亚行贷款）、保龙公路第六合同段（亚行贷款）、保龙公路第十三合同段（亚行贷款）、腾冲—缅甸密支那公路建设项目、缅甸佤邦橡胶种植、缅甸第四特区205公里油路面、53公里沙石路建设项目等项目。

对外经济技术援助 承担援外项目4个，项目为：老挝琅勃拉邦老中友谊医院技术合作、老中合作委员会办公设备和交通工具、向老挝国庆30周年提供烟花、援阿富汗议会选举物资项目（安检设备）等项目。

接受经济援助 2005年申请批准的联合国多边、双边政府、国际民间组织无偿援助项目29个，金额达1 364万美元，主要来自美国、日本、加拿大、欧盟、新西兰等国家和社会组织。主要项目为：艾滋病防治、热带雨林保护、环保、扶贫、社会经济研究、花卉产业发展、机构能力建设和人力资源开发。

对外投资 新批境外投资44项，投资总额为7 293.92万美元，投资国别为：缅甸、越南、老挝、美国和香港等国家和地区。

【其他】

开发区 昆明经济技术开发区固定资产投资11.85亿元。新办外资项目3个，合同外资金额576万美元，实际利用外资金额为480万美元。工业总产值57.50亿元，比上年的41.22亿元增长39.47%。财政收入7.38亿元，比上年的5.45亿元增长35.52%。

昆明高新技术开发区新批外资项目14个，合同外资金额6 371万美元，比上年增长201.37%；实际利用外资金额为923万美元，比上年增长48.87%。工业总产值206亿元，增长76.00%。财政收入8.06亿元，增长45.90%。

商务洽谈会 2005年6月6日—10日，在昆明举办了"2005年中国昆明进出口商品交易会"，来自国内28个省区市组成28个交易团，共1 200多家企业参展。有22个国家和地区海外客商与会。交易会各项业务成交总额15.97亿美元，协议利用外资6.65亿美元。

涉外旅游 2005年入境的外国人及港澳台同胞150.3万人次，旅游外汇收入5.3亿美元，分别比上年增长36.5%和25%。

2005年西藏自治区商务发展概况

西藏自治区商务厅

谭云高

西藏自治区商务厅厅长

谭云高　生于1954年12月，山东省莱州市人。1974年11月参加工作，大专文化。1983年加入共产党。1974—1991年在西藏自治区气象局工作，任副处长。1991—1999年，在西藏自治区计委物价局工作，任局长，期间于1998年被评为优秀公务员。

【国内贸易】

社会消费品零售总额　2005年西藏自治区社会消费品零售总额73.10亿元，比上年的63.69亿元增长15.7%。其中，城市消费品零售额33.01亿元，县消费品零售额30.82亿元，县以下消费品零售额9.27亿元。分行业看，批发零售贸易业零售额57.92亿元，餐饮业零售额11.15亿元，其他行业零售额4.03亿元。

市场体系建设　2005年继续加大了整顿和规范市场经济秩序的工作。一是积极推进食品放心工程，严把上市销售食品卫生质量关；二是认真组织开展了酒类市场专项政治工作；三是积极开展了知识产权保护工作；四是加强了对报废汽车、成品油市场、二手车交易市场的规范监管，加强了对流通领域各类协会的指导；五是清理了妨碍公平竞争、设置行政壁垒、排斥外地产品和服务的各种分割市场的规定，为建立统一、规范、竞争、有序的市场体系奠定了基础；六是加强了对碘盐市场的整治，在中国关心下一代工作委员会和中盐集团的大力支持下，成功地举办了第十二届防治碘缺乏病日宣传活动，有力地推动了碘盐的推广和普及。经过整顿和监管，整个市场秩序得到有效改善，经营行为更加规范，消费环境进一步进化。

商业改革与发展　一是流通现代化水平继续提高。以连锁经营、物流配送、特许经营等为代表的现代流通方式和连锁店、超市、便民店、专卖店等新型业态进一步发展，并开始向县乡延伸。二是农牧民商品意识逐渐增强，农牧区消费环境进一步优化，消费渠道更加通畅，农牧区消费有所增长。三是各地（市）具有本地特色的各类展销会、物交会进一步发展，招商引资及商品促销活动形式多样，有力地促进了消费，增强了地方经济的活力。四是对生活必需品的市场监测力度加大，各地市市场供应充足，重大节日及“四十”周年大庆的市场供应得到有效保证，消费者消费需求得到满足，汽车、住房、通讯、餐饮、娱乐、旅游、教育等消费继续增长。

【对外贸易】

进出口总额　进出口总额20 539万美元，比上年的22 353万美元下降8.12%。

出口总额　出口总额16 531万美元，比上年的13 008万美元增长27.08%，占自治区GDP 250.60亿元（相当于30.59亿美元）的5.40%。

进口总额　进口总额4 008万美元，比上年的9 345万美元下降57.11%。

出口商品结构　初级产品出口额3 393万美元，占出口总额的20.53%；工业制成品出口额13 138万美元，占出口总额的79.47%。

进口商品结构　初级产品进口额362万美元，占进口总额的9.03%；工业制成品进口额3 646美元，占进口总额的90.97%。

贸易方式　一般贸易进出口总额8 257万美元，同比下降37.62%。其中：出口4 747万美元，增长7.42%，进口3 510万美元，下降60.19%；边境小额贸易进出口总额

12 217万美元，增长34.76%。其中：出口11 579万美元，增长35.27%，进口638万美元，增长26.09%；其他贸易进出口总额65万美元，增长27.45%。其中：进口65万美元，增长27.45%。

西藏自治区2005年出口分商品统计表

商品类别	出口金额（万美元）	占出口总额比重（%）
农产品	2 279	13.79
纺织原料及其制品	6 205	37.54
机电产品	2 017	12.20
鞋类	1 983	12.00
金化合物	1 077	6.52
其他	2 970	17.97
合 计	**16 531**	**100.00**

西藏自治区2005年主要出口市场情况表

国别（地区）	出口金额（亿美元）	占出口总额比重（%）	国别（地区）	出口金额（亿美元）	占出口总额比重（%）
尼泊尔	1.17	70.91	美 国	0.01	0.61
香 港	0.34	20.61	日 本	0.01	0.61
印 度	0.03	1.82	澳大利亚	0.01	0.61
丹 麦	0.01	0.61	加拿大	0.01	0.61
合 计				**1.59**	**96.36**

西藏自治区2005年进口分商品统计表

商品类别	进口金额（万美元）	占进口总额比重（%）
农产品	338	8.43
纺织原料及其制品	284	7.09
机电产品	3 211	80.11
其他	175	4.37
合 计	**4 008**	**100.00**

西藏自治区2005年主要进口市场情况表

国别（地区）	进口金额（亿美元）	占进口总额比重（%）	国别（地区）	进口金额（亿美元）	占进口总额比重（%）
日 本	0.30	75.00	香 港	0.01	2.50
尼泊尔	0.07	17.50			
合 计				**0.38**	**95.00**

【利用外资】

2005年，共审批设立外商投资企业16家，协议利用外资3 304.24万美元，实际利用外资1 150.99万美元。主要项目涉及矿泉水开发、皮革产品制造、酒店服务等。外资投向表明，经过多年来的宣传、培育和引导，外资已经越来越多地向特色及优势产业集中。拉萨国家级经济技术开发区恢复建设以来，各项基础设施建设全面开展，招商引资成效显著。

【对外经济合作】

在商务部的政策倾斜和支持下，经过努力和争取，2005年共落实国际多双边无偿援助项目3个，总援助金额2 060万元人民币。项目涉及职业教育、基层卫生院建设、农村发展等领域。这些项目的实施，不仅为基层的社会事业发展发挥了作用，而且开创了受援工作的新领域，填补了林芝地区受援工作的空白。

【其他】

继续组织企业参加了2005年春季广交会、第九届厦交会、第六届西部国际博览会等十余个国际国内展览、展销会，并成功举办了第十届中国西藏—尼泊尔经贸洽谈会。参展企业达146家，签订合资、合作意向性协议金额7 979万美元，出口意向性协议金额3 749.6万美元。通过参展与办展，进一步宣传了西藏，促进了西藏自治区企业与国内外企业的交往和合作，促进了自治区自产产品的出口。

2005年陕西省商务发展概况

陕西省商务厅

陕西省商务厅厅长

李雪梅　生于1952年10月23日。1977年毕业于西北大学化学系，1988年获得美国明尼苏达州圣汤姆斯大学硕士研究生学位。历任西北大学国际交流学院副院长、西安市外办副主任、西安市旅游局局长、西安市人民政府副市长。2005年10月任陕西省商务厅厅长、党组书记。

【国内贸易】

社会消费品零售总额　2005年陕西省社会消费品零售总额1 322.4亿元，比上年的1 162.8亿元增长13.7%。其中，城市消费品零售额854.61亿元，县消费品零售额240.1亿元，县以下消费品零售额227.7亿元。分行业看，批发零售贸易业零售额1 155.63亿元，餐饮业零售额140.09亿元，其他行业零售额26.7亿元。

市场物价　商品零售价格指数为100.1（以上年价格为100），其中城市99.8，农村100.8；居民消费价格指数为101.2（以上年价格为100），其中城市100.9，农村101.8。

市场体系建设　2005年市场体系建设取得了较快发展，基本形成了遍布城乡的商品流通网络，并成为西北重要的农产品集散地。全省商品交易市场达2 920个，年交易额685.8亿元，各类消费品批发、零售以及餐饮网点达到48.58万个。已建成投入使用和在建的5 000平方米以上大型商业网点128个，建筑面积295万平方米，累计投资总额69亿元，年交易额达260亿元。其中年成交额达到亿元以上的农产品批发市场38个，年交易额102亿元。农产品批发市场标准化建设已全面启动，初步确定了5个国家级标准化改造市场，10个升级标准化改造市场；“万村千乡”市场工程已全面启动，建成并通过验收的标准农家店2 000户。

拍卖、典当、租赁、二手车、报废车等特种行业健康发展，企业经营行为进一步规范，总量稳步增加，行业不断壮大。全省共有拍卖行94户，年拍卖成交总额30.56亿元；典当行49户，注册资本总额4.4亿元，年典当总额5.3亿元；二手车市场23个，年交易量4.2万辆，交易总额7.8亿元，二手车评估机构11个；报废车辆回收企业12户，年回收报废车4 852辆。

商业改革与发展　大力发展现代流通方式，加快社区商业发展。大力发展连锁经营、物流配送和电子商务等现代流通方式，加强对特许经营活动和连锁企业内部物流配送中心的建设管理，连锁经营等现代流通业态得到较快发展。连锁经营已涉及23个行业，连锁经营企业已达223家，连锁门店4 560户。按照构建和谐社会的要求，加强对社区商业工作的研究与指导，开展了创建全国和全省社区商业示范社区活动，西安市枫叶新都市、明德门北社区被商务部列为全国社区商业示范社区。

规范成品油经营行为，维护成品油市场秩序。建立和完善了长效监管机制，出台了陕西省成品油经营企业申报审批程序和日程监管工作的规定，强化了成品油市场管理，促进了全省成品油行业健康有序的发展。切实加强成品油零售经营管理，在全省开展了为期一个月的加油站（点）集中紧急整顿，全省共取缔桶子加油站163处，收缴油品11.76吨，依法关闭加油站（点）12个，停业整顿9个，限期整改21个，确保成品油经营许可的规范实施；开展了加油站规范达标活动，各地按照标准树立一批达标样板站，全省已建成规范达标样板加油站200多个，起到了以点带面作用，促进了达标活动在全省迅速开展。

不断深化流通企业改革，以产权制度改革为重点，认真贯彻省委、省政府十六号文件精神，进一步推进国有外贸企业股份制改造，按照成熟一户改造一户的原则，推进外贸企业改制进程，省属外贸企业完成83%的并轨任务。加强对批发市场改革发展和国有流通企业债务情况的调查研究，商务部将西安市列入解决国有流通企业债务试点城市。

【对外贸易】

进出口总额　进出口总额45.77亿美元，比上年的36.43亿美元增长25.66%。

出口总额　出口总额30.76亿美元，比上年的23.97亿美元增长28.34%，占全省GDP 3 673亿元（相当于456.8亿美元）的6.73%，占全国出口额的0.40%。

进口总额　进口总额15.01亿美元，比上年的12.46亿美元增长20.49%。

出口商品结构　初级产品出口额8.57亿美元，占出口总额的27.86%；工业制成品出口额22.19亿美元，占出口总额的72.14%。

进口商品结构　初级产品进口额1.66亿美元，占进口总额的11.06%；工业制成品进口额13.35亿美元，占进口总额的88.94%。

出口商品市场　出口商品销往175个国家（地区）。

进口商品市场　进口商品来自84个国家（地区）。

技术进出口　签订引进技术和进口设备合同项目40个，合同金额5 124万美元，比上年的4 764万美元增长7.6%。签订软件出口合同166份，总金额938.99万美元，同比增长43.24%。

陕西省2005年出口额1 000万美元以上商品情况表

金额分类	商品名称	出口金额（万美元）	占出口总额比重（%）
5亿美元以上（1种）	钼矿砂及其精矿	63 239	20.55
1亿—5亿美元（3种）	苹果汁，纺织纱线、织物及制品，服装及衣着附件	43 862	14.26
5 000万—1亿美元（5种）	船舶，玻璃制品，工业用缝纫机，钢材，汽车零件	36 926	12.01

陕西省2005年出口额1 000万美元以上商品情况表（续）

金额分类	商 品 名 称	出口金额（万美元）	占出口总额比重（%）
1 000万—5 000万美元（20种）	二极管及类似半导体器件，汽车零件，通断保护电路装置及零件，未锻造的铜及铜材，医药品，手用或机用工具，灯具、照明装置及类似品，钢坯及粗锻件，轴承，干豆，塑料制品，家具及其零件，硅铁，家属加工机床，汽车和汽车底盘，鞋类，电视、收音机及无线电讯设备的零件附件，电动机及发电机，鲜的、干水果及坚果，变压器，电线和电缆	42 323	13.76
合　计	**29种**	**170 966**	**60.57**

陕西省2005年进口额1 000万美元以上商品情况表

金额分类	商 品 名 称	进口金额（万美元）	占进口总额比重（%）
5 000万美元以上（5种）	计量检测分析自控仪器及器具，飞机，金属加工机床，变压、整流、电感器及零件，二极管及类似半导体器件	33 214	22.13
1 000万—5 000万美元（17种）	铁矿砂及其精矿，短路保护电路装置及零件，初级形状的塑料，医药品，未锻造的铝及铝材，自动数据处理设备及其部件，阀门，发电机组及旋转式变流机，钢材，医疗仪器及器械，铜矿砂及其精矿，集成电路及微电子组件，棉花，氧化铝，航空器零件，汽车零件，未锻造的铜及铜材	37 277	24.83
合　计	**22种**	**70 491**	**46.96**

陕西省2005年主要出口市场情况表

国别（地区）	出口金额（万美元）	占出口总额比重（%）	国别（地区）	出口金额（万美元）	占出口总额比重（%）
荷　兰	45 914	14.93	香　港	14 059	4.57
美　国	44 732	14.54	印　度	9 112	2.96
日　本	28 050	9.12	法　国	8 370	2.72
德　国	19 792	6.43	新加坡	7 992	2.60
韩　国	18 524	6.02	俄罗斯	7 509	2.44

陕西省2005年主要进口市场情况表

国别（地区）	进口金额（万美元）	占进口总额比重（%）	国别（地区）	进口金额（万美元）	占进口总额比重（%）
日　本	24 135	16.08	瑞　典	5 945	3.96
美　国	23 529	15.67	瑞　士	5 689	3.79
德　国	21 428	14.27	意大利	5 469	3.64
法　国	12 018	8.01	韩　国	3 990	2.66
比利时	10 946	7.29	澳大利亚	3 832	2.55

【利用外资】

陕西省2005年利用外资情况表

利用外资方式	批准签订的合同			实际利用外资	
	项目数（个）	外资金额（万美元）	金额比上年增长（%）	金额（万美元）	金额比上年增长（%）
外商直接投资	256	158 237	50.88	62 839	19.32
合资企业	100	40 569	112.25	13 750	-27.56
合作企业	23	23 822	8.02	6 831	10.82
外资企业	132	89 950	44.82	37 576	38.52
股份有限公司	1	3 896	144.11	4 682	1 088.32
合　计	**256**	**158 237**	**50.88**	**62 839**	**19.32**

外商直接投资行业　外商直接投资项目中，农、林、牧、渔业项目5个；采掘业项目7个；制造业项目132个；电力、煤气及水的生产和供应业项目11个；建筑业项目6个；交通运输、仓储及邮电通信业项目1个；批发和零售贸易、餐饮业项目5个；房地产业项目20个；租赁和商业服务业项目19个；科学研究、技术服务和地质勘查业2个；水利、环境和公共设施管理业1个；居民服务和其他服务业5个；文化、体育和娱乐业4个。

外商直接投资来源　外商直接投资来自25个国家（地区），外商投资来源地主要有：香港69项，22 372万美元；英属维尔京群岛22项，17 549万美元；美国39项，6 636万美元；新加坡8项，3 630万美元；日本16项，1 957万美元；萨摩亚8项，1 748万美元；加拿大16项，1 702万美元；意大利3项，848万美元；英国12项，670万美元；台湾省12项，621万美元。

【对外经济合作】

承包工程和劳务合作　签订对外承包工程和劳务合作合同金额113 908万美元，比上年的9 800万美元增长1 062.3%；完成营业额24 164万美元，比上年的12 700万美元增长90.27%；当年年末在外3 850人，派往的主要国家和地区有日本、新加坡、博茨瓦纳、加纳、毛里求斯、纳米比亚、突尼斯等；承包工程正在执行的主要项目有安哥拉罗安达国际机场与铁路大修项目等。

对外经济援助　承担援外项目2个，为桑给巴尔格尼电台维修项目、佛得角医院维修项目。

接受国际无偿援助　累计接受国际经济组织及双边援助的项目数7个，接受援助金额2 380万美元，执行金额576万美元。

对外投资　在海外举办企业及设立办事处（系指非贸易性企业）6个，投资国别（地区）分别为澳大利亚、安哥拉、英国和菲律宾，经济效益良好。

【其他】

商务洽谈会　2005年4月6日—8日，在西安举行第九届“东西部贸易与投资洽谈会”及“第四届中国西部吸收外商投资洽谈会”，设置了125个外商展位，共有来自25个国家和地区的5 000名客商参会，达成外资签约项目131个，合同外资额13.27亿美元。

涉外旅游　接待境外游客92.8万人次，外汇收入4.46亿美元，分别比上年增长16.02%和23.9%。

2005 年西安市商务发展概况

西安市对外贸易经济合作局

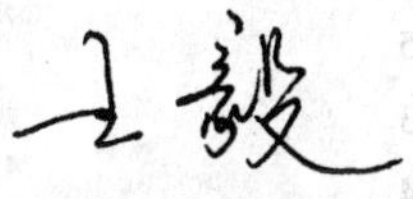

西安市对外贸易经济合作局 局长
西安市人民政府招商局

王　毅　生于1959年2月，陕西省西安市人，中共党员，博士研究生学历。1976年2月参加工作，曾任中国国际贸易促进委员会陕西分会副处长、处长；西安市对外贸易经济合作局、西安市对外开放办公室党委副书记、副局长、副主任；西安市对外开放办公室副主任（正局级）；西安市人民政府招商局党组书记、局长等职。2005年1月任西安市对外贸易经济合作局、西安市人民政府招商局党委书记、局长。

【国内贸易】

社会消费品零售总额　2005年陕西省西安市社会消费品零售总额666.48亿元，比上年的578.55亿元增长15.20%。其中，城市消费品零售额600.95亿元，县消费品零售额31.3亿元，县以下消费品零售额34.23亿元。分行业看，批发零售贸易业零售额589.16亿元，餐饮业零售额63.20亿元，其他行业零售额14.12亿元。

限额以上批发零售贸易、餐饮业基本情况　截至2005年，共有限额以上批发零售贸易、餐饮业法人企业449个，产业活动单位882个，从业人数95 482人。其中，批发业法人企业191个，产业活动单位223个，从业人数19 953人；零售业法人企业80个，产业活动单位411个，从业人数33 126人；餐饮业法人企业178个，产业活动单位248个，从业人数42 403人。

批发零售贸易业商品购、销、存总额　批发零售贸易业商品销售总额1 120.83亿元，比上年的728.45亿元增长53.87%。限额以上批发零售贸易业商品购进总额667.10亿元（其中进口20.68亿元），商品销售总额728.64亿元（其中批发552.98亿元、零售175.66亿元、出口38.95亿元），年末库存总额51.53亿元。

市场物价　商品零售价格指数为99.7；居民消费价格指数为100.3。

【对外贸易】

进出口总额　进出口总额39.01亿美元，比上年的30.93亿美元增长26.2%。

出口总额　出口总额26.34亿美元，比上年的20.35亿美元增长29.45%。

进口总额　进口总额12.67亿美元，比上年10.58亿美元增长19.81%。

西安市2005年出口额1 000万美元以上商品情况表

商　品　名　称	出口金额（万美元）	占出口总额比重（%）
已焙烧的钼矿砂及其精矿	63 239	23.99
其他苹果汁	9 869	3.74
其他机动货运船舶及客货兼运船舶	9 077	3.44
非家用型自动平缝机	6 254	2.37
涡轮喷气发动机或涡轮螺桨发动机的零件	5 803	2.20

西安市2005年出口额1 000万美元以上商品情况表（续）

商品名称	出口金额（万美元）	占出口总额比重（%）
钼酸铵	4 813	1.83
彩色阴极射线电视显像管	3 129	1.19
耗散功率1瓦及以上的晶体管	2 976	1.12
其他硅	2 946	1.12
无可锻性铸铁管子附件	2 831	1.07
其他玻璃盥洗室、办公室、室内装饰等器皿	2 777	1.05
其他电力控制或分配盘、板、台等，V >1 000V	2 659	1.01
玻璃陶瓷器皿	2 523	0.96
其他未锻轧镁	2 410	0.91
其他无可锻性铸铁制品	2 396	0.91
滚珠轴承	2 335	0.89
编号8704.2240、8704.2300及8704.3240所列车辆用其他未列	2 173	0.82
半挂车用的公路牵引车	2 114	0.80
非电气的灯具及照明装置	1 941	0.74
钼条、杆；型材及异型材、板、片、带、箔	1 927	0.73
其他餐桌或厨房用玻璃器皿	1 853	0.70
钼铁	1 698	0.64
其他醌	1 535	0.58
光敏半导体器件；发光二极管	1 497	0.57
钢铁制钉、平头钉、图钉、波纹钉、U形钉等	1 464	0.56
电视显像管零件	1 448	0.55
品目87.01至87.04所列其他车辆用未列名零件、附件	1 381	0.52
其他非家用型自动缝纫机	1 347	0.51
工业用其他钢铁丝机织布	1 341	0.51
钼粉	1 282	0.49
硅铁，按重量计含硅量在55%以上	1 231	0.47
其他机动车辆用离合器及其零件	1 058	0.4
未锻轧钼，包括简单烧结而成的条、杆	1 047	0.4
阀门零件	1 024	0.39
液体介质变压器，10WVA <额定容量 <220MVA	1 021	0.39
合计	**154 419**	**58.57**

西安市2005年进口额1 000万美元以上商品情况表

商品名称	进口金额（万美元）	占进口总额比重（%）
45 000≥空载重量 >15 000公斤的飞机等航空器	7 693	6.08
其他未列名仅含有氮杂原子的杂环化合物	5 777	4.56
涡轮喷气发动机或涡轮螺桨发动机的零件	3 390	2.68
半导体开关元件等	3 258	2.57
未列名混合或非混合产品构成的药品	3 256	2.57
液体介质变压器，额定容量≥500MVA	3 793	2.52
未烧结的铁矿砂及其精矿	3 161	2.50
初级形状的未塑化醋酸纤维素	2 950	2.33

西安市2005年进口额1 000万美元以上商品情况表（续）

商品名称	进口金额（万美元）	占进口总额比重（%）
其他结构上含有非稠合咪唑环的化合物	2 795	2.21
8479所列其他机器的零件	2 671	2.11
未列名其他缝纫机零件	2 391	1.89
铝合金矩形板、片，厚>0.35mm	2 274	1.80
未列名杂环化合物	2 258	1.78
其他含有一个嘧啶环或哌嗪环的化合物	2 123	1.68
光敏半导体器件；发光二极管	1 785	1.41
全封闭组合式高压开关装置，线路V≥500KV	1 741	1.38
铜矿砂及其精矿	1 389	1.10
其他阀门	1 326	1.05
数控切齿机、齿轮磨床或齿轮精加工机床	1 182	0.93
其他未列名测量或检验仪器、器具及机器	1 142	0.90
未列名利用温度变化处理材料的机器、装置等	1 106	0.87
合　计	**56 861**	**44.92**

西安市2005年主要出口市场情况表

国别（地区）	出口金额（亿美元）	占出口总额比重（%）	国别（地区）	出口金额（亿美元）	占出口总额比重（%）
荷　兰	4.40	16.69	香　港	0.85	3.22
美　国	4.05	15.36	法　国	0.79	3.00
日　本	2.32	8.80	新加坡	0.78	2.96
德　国	1.72	6.53	印　度	0.78	2.96
韩　国	1.50	5.69	意大利	0.55	2.09
合　计				**17.74**	**67.30**

西安市2005年主要进口市场情况表

国别（地区）	进口金额（万美元）	占进口总额比重（%）	国别（地区）	进口金额（万美元）	占进口总额比重（%）
日　本	2.09	16.51	瑞　典	0.58	4.58
美　国	1.96	15.48	瑞　士	0.53	4.19
德　国	1.80	14.22	意大利	0.49	3.87
法　国	1.17	9.24	爱尔兰	0.38	3.00
比利时	1.08	8.53	韩　国	0.32	2.53
合　计				**10.40**	**82.15**

技术进出口　技术进出口总额4 413.1万美元，比上年的3 905万美元增长13%。其中签订出口技术合同项目1个，合同金额0.5万美元；签订引进技术合同项目27个，合同金额4 412.6万美元，比上年的3 905万美元增长13%。

【利用外资】

西安市2005年利用外资情况表

利用外资方式	批准签订的合同			实际利用外资	
	项目数（个）	外资金额（万美元）	金额比上年增长（%）	金额（万美元）	金额比上年增长（%）
外商直接投资	157	121 499.29	55	57 112.54	107
合资企业	61	30 407.85	64	14 926.64	27
合作企业	10	18 074.96	15	7 248.00	25
外资企业	86	73 016.48	66	34 937.90	249
合　计	**157**	**121 499.29**	**55**	**57 112.54**	**107**

外商直接投资行业　外商直接投资项目中生产型企业　　95家，非生产型企业62家。

西安市2005年外商直接投资分行业情况表

名　　称	项目数（个）	总投资（万美元）	外资额（万美元）
工　业	94	87 023.68	52 497.99
其中：			
食品制造	3	5 665.15	4 123.80
饮料制造	8	18 459.25	10 895.49
饲料工业			600.00
纺织工业	2	510.00	485.10
化学工业	4	8 589.65	1 970.46
医药工业	3	2 527.62	1 782.07
塑料制品业	2	2 382.41	433.35
建材制品	3	1 535.55	1 024.94
有色金属	4	2 134.52	516.21
金属制品业	2	699.12	535.37
机械工业	9	4 037.88	3 401.34
电气机械	13	10 067.48	5 313.92
电子通信	13	2 244.93	1 995.18
仪器仪表	7	1 998.63	1 202.61
其他工业	19	23 669.87	16 215.70
农林牧渔水利业	1	1 959.20	1 841.10
公共饮食业	3	201.02	153.47
房地产管理业	16	67 081.94	46 448.14
服务业	19	8 921.85	9 644.26
咨询服务业	12	4 275.13	4 105.90
文化艺术事业	1	380.00	238.00
其他行业	13	11 236.49	9 172.88
合　计	**157**	**178 577.78**	**121 499.29**

外商直接投资来源　外商直接投资57个国家和地区。

西安市2005年外商直接投资来源情况表

国别（地区）	项目数（个）	总投资（万美元）	合同外资（万美元）
香　港	33	62 247.32	40 690.77
台湾省	8	320.24	237.73
日　本	14	7 013.71	1 696.20
新加坡	4	6 148.80	4 298.05
韩　国	3	1 768.93	1 133.30
德　国	3	646.77	389.94
法　国	2	1 506.04	188.42
意大利	3	443.79	167.82
英　国	8	6 566.06	3 980.68
西班牙	1	10.00	10.00
加拿大	12	24 787.67	18 301.88
美　国	31	28 060.48	25 203.39
澳大利亚	4	1 354.09	1 302.79
萨摩亚	7	5 090.00	3 172.00
英属维尔京群岛	14	20 771.36	12 109.10
南　非	2	2 994.46	2 985.80
其　他	7	8 848.15	5 631.42
合　计	**157**	**178 577.78**	**121 499.29**

【对外经济合作】

承包工程和劳务合作　签订对外承包工程和劳务合作合同项目51个，金额7 634万美元，比上年的6 207万美元增长23%；完成营业额6 067万美元，比上年的4 853万美元增长25.01%；当年派出劳务人员577人，年末在外2 412人，派往的主要国家和地区：新加坡、日本、纳米比亚、毛里求斯、蒙古；承包工程的主要项目及国别（地区）分别为：新加坡输变电线及输变电站；阿联酋输变电站；香港中华电力输变电站；菲律宾输变电站。

接受经济援助　接受国际经济组织及双边援助项目1个，总金额9.046万美元，正在执行。

【其他】

西安高新技术产业开发区　2005年，全区实现营业收入1 042.3亿元，比上年增长30.13%；实现GDP 270.11亿元，增长30%；完成合同外资4.16亿美元，占全市的34.2%；实际引进外资1.98亿美元，占全市的34.7%；完成固定资产投资106.25亿元，增长32.8%。全年新注册企业1 101户，新增孵化企业102家，引进留学人员63人，留学人员企业达到416家。

西安经济技术开发区　2005年，全区引进项目90个，总投资达98亿元。其中引进世界500强企业5家，引进投资额超过亿元的项目10余个。全区累计完成GDP 101.5亿元，增长42.9%；完成工业总产值245.5亿元，增长43.5%；完成工业增加值72.8亿元，增长42.7%；完成合同外资3.93亿美元，增长62.4%；实际引进外资1.71亿美元，增长59.6%；实际引进内资40.2亿元，增长274.4%；实现外贸出口1.59亿美元，增长72%；实现财政收入2.61亿元，增长32.2%。完成固定资产投资63.3亿元，增长40.4%。

陕西西安出口加工区　2005年实现进出口总额12 284万美元，其中进口1 600万美元，出口10 684万美元。2005年批准入区项目15个，投资额2.2亿元人民币，项目主要涉及机械、电子、新材料、新能源等产业。

涉外旅游　2005年人境的涉外旅游者775 620人次，增长19.27%。其中，外国人658 578人次，增长24.85%；中国香港游客55 549人次，增长0.38%；中国澳门游客3 535人次，增长7.25%；中国台湾游客57 958人次，下降9.74%。旅游外汇收入4.09亿美元，增长24%。

2005年甘肃省商务发展概况

甘肃省商务厅

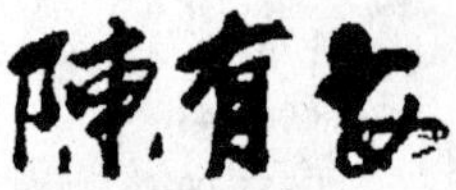

甘肃省省长助理
甘肃省商务厅厅长

陈有安　生于1958年3月，吉林省人。天津大学毕业，博士研究生学历。1974年7月参加工作，1976年1月入党。曾任国家开发银行华东地区信贷局副局长，国家开发银行兰州分行行长、党委书记。现任甘肃省人民政府党组成员、省长助理兼甘肃省商务厅厅长、党组书记。

【国内贸易】

社会消费品零售总额　2005年甘肃省社会消费品零售总额632.8亿元，比上年的535.84亿元增长12.87%。其中，城市消费品零售额413.35亿元，县及县以下消费品零售额219.45亿元。分行业看，批发零售贸易业零售额512.12亿元，餐饮业零售额99.75亿元，其他行业零售额20.93亿元。

市场物价　居民消费价格总水平比上年上涨1.7%。其中城市居民消费价格总水平比上年上涨1.2%，农村居民消费价格总水平比上年上涨3.0%，全省商品零售价格总水平比上年下降0.1%。

市场体系建设　截至2005年，全省登记在册的各类商品交易市场1 092个（上亿元的55个），其中生活资料市场1 028个，生产资料市场64个，已形成农副产品、日用工业品、生产资料等多门类，大、中、小型批发市场等多层次，大型超市、购物广场、专卖店等多业态的商品市场体系。市场规模不断扩大，市场功能不断完善，流通中介组织发展迅速，市场营销协会、农产品流通协会、饭店协会、肉类食品协会、商业联合会等成为搞活流通健全市场体系的重要力量。全省典当企业34家，为民间融资发挥了重要作用。全省拍卖企业35家，拍卖标的范围由最初的罚没物品、文化艺术品等，扩大到房地产、银行不良资产及其他有形与无形资产。2005年全省拍卖企业拍卖成交额近12亿元。

商业改革与发展　2005年，省商务厅完成了以企业改革、机关人事制度改革、事业单位人事制度改革、公务用车改革、公务接待改革等“五项改革”，取得了显著成效。将机关全体公务员及14个市州商务局长派送到新加坡南洋理工大学商学院进行国际培训。

【对外贸易】

进出口总额　进出口总额26.33亿美元，比上年的17.73亿美元增长49.5%。

出口总额　出口总额10.91亿美元，比上年的9.96亿美元增长9.5%，占全省GDP 1 928.14亿元（约235亿美元）的4.6%，占全国出口额的0.143%。

进口总额　进口总额154 248万美元，比上年的77 663万美元增长101%。

出口商品结构　初级产品出口额16 737万美元，占出口总额的15%；工业制成品出口额92 362万美元，占出口总额的85%。

进口商品结构　初级产品进口额120 990万美元，占进口总额的78%；工业制成品进口额33 258美元，占进口总额的22%。

出口商品市场　出口商品销往125个国家（地区）。

进口商品市场　进口商品来自54个国家（地区）。

技术进出口　技术进出口总额3 765万美元，比上年的4 303.28万美元，下降12.15%。签订引进技术和进口设备合同项目7个，比上年减少8个；合同金额3 765万美元，比上年的4 303.28万美元下降12.15%。

技术进口　引进石油加工项目1个，金额249.6万美元；黑色金属冶炼项目2个，金额1 065.78万美元；电气机械及器材制造业项目2个，金额1 110万美元。

甘肃省2005年出口额1 000万美元以上商品情况表

金额分类	商 品 名 称	出口金额（万美元）	占出口总额比重（%）
1亿美元以上	钢材	15 705	14
	铝	15 134	14
	硅铁	12 507	11
	镍	11 583	11
2 000万—1亿美元	纺织服装	5 309	5
	采油机械	4 889	4
	苹果汁	3 511	3
	滚动轴承	2 719	2
	锌	2 191	2
	干酪素	2 109	2
1 000万—2 000万美元	葵花籽	1 653	2
	焦炭	1 313	1
	钴	1 290	1
	石墨电极	1 122	1
	铅	1 121	1
	单片集成电路	1 114	1
	银	1 083	1
合 计		**84 353**	**76**

甘肃省2005年进口额1 000万美元以上商品情况表

金额分类	商 品 名 称	进口金额（万美元）	占进口总额比重（%）
1亿美元以上	铜精矿	42 007	27
	镍锍	32 502	21
	机械设备	22 781	15
	镍矿砂	16 452	11
	氧化铝	13 215	9
	铁矿砂	10 492	7
1 000万—1亿美元	钴矿砂	3 422	2
	电器及电子产品	2 672	2
	仪器仪表	2 040	1
	锌矿砂	1 423	1
合 计		**147 006**	**96**

甘肃省2005年主要出口市场情况表

国别（地区）	出口金额（万美元）	占出口总额比重（%）	国别（地区）	出口金额（万美元）	占出口总额比重（%）
韩　国	22 546	21	新加坡	4 567	4
日　本	19 173	18	德　国	4 193	4
美　国	15 520	14	菲律宾	3 859	4
香　港	6 642	6	荷　兰	3 788	3
台湾省	5 328	5	印度尼西亚	1 923	2

甘肃省2005年主要进口市场情况表

国别（地区）	进口金额（万美元）	占进口总额比重（%）	国别（地区）	进口金额（万美元）	占进口总额比重（%）
澳大利亚	56 230	36	秘　鲁	6 739	4
智　利	20 172	13	印　度	6 050	4
德　国	17 569	11	哈萨克斯坦	4 822	3
美　国	6 854	4	印度尼西亚	4 612	3

【利用外资】

外商直接投资行业　外商直接投资项目34项，其中生产型企业22项，非生产型企业12项。

外商直接投资来源　外商直接投资主要来自15个国家（地区）。

甘肃省2005年利用外资情况表

利用外资方式	批准签订的合同			实际利用外资	
	项目数（个）	外资金额（万美元）	金额比上年增长（%）	金　额（万美元）	金额比上年增长（%）
外商直接投资	34	13 396	-58.86	2 044	-42.26
合资企业	13	7 255	53.71	1 415	-13.14
合作企业	3	1 932	-74.97	108	-80.54
外资企业	18	4 209	-79.08	521	-61.58

甘肃省2005年利用外资行业分析表

行　　业	项目数（个）	合同外资金额（万美元）	实际使用外资金额（万美元）
农业	4	254	7
采矿业	2	131	
制造业	13	6 721	1 756
电力、燃气及水的生产供应业	3	2 392	
建筑业	2	2 652	
交通运输、仓储和邮政业	1	385	
信息传输、计算机服务和软件业	3	325	

甘肃省2005年利用外资行业分析表（续）

行　业	项目数（个）	合同外资金额（万美元）	实际使用外资金额（万美元）
批发和零售业	1	85	13
住宿和餐饮业	2	50	
房地产业		-334	
租赁和商业服务业			10
科学研究、技术服务和地质勘查业	2	318	108
水利、环境和公共设施管理业		2	
居民服务和其他服务业	1	15	
教育		400	150

甘肃省2005年利用外资主要来源情况表

国别（地区）	项目数（个）	合同外资金额（万美元）	实际使用外资金额（万美元）
香　港	13	9 013	288
日　本	2	58	10
澳　门	1	-446	
菲律宾	1	100	
泰　国	1	424	
台湾省	2	451	
芬　兰	1	6	
俄罗斯	1	100	
瑞　士			16
斯洛伐克			20
伯利兹	2	11	
开曼群岛	1	900	150
英属维尔京群岛	1	165	35
加拿大	2	45	73
美　国	3	2 161	2
澳大利亚	1	308	
其他太平洋岛屿	1	150	
投资性公司投资	1	100	100
丹　麦			1 269
英　国			35
德　国			46

【对外经济合作】

承包工程和劳务合作　新签对外承包工程和劳务合作合同39份，新签合同额9 630万美元，比上年新签合同额4 004万美元，增长134%；完成营业额5 790万美元，比上年完成营业额5 175万美元增长12%；当年派出各类劳务人员471人，年末在外684人，派往的主要国家和地区有：赞比亚、津巴布韦、马拉维、喀麦隆、加纳、南非、莫桑比克、苏丹、阿尔及利亚、也门、沙特阿拉伯、阿联酋、新加坡和港澳地区等。

新签的主要外经项目：甘肃海外工程公司安哥拉广电

中心项目，合同额2 750万美元；津巴布韦拜特布里奇边检站扫描工程，合同额3 800万美元；津巴布韦津大校园服务中心项目，合同额957万美元。甘肃省地质工程总公司赞比亚东部省农用水供应二期工程，合同额285万美元；喀麦隆BID300眼水井项目，合同额300万美元；喀麦隆水井项目，合同额324万美元。兰州石油化工装备工程总公司美国FPSO压力器及分离器项目，合同额1 560万美元。

对外经济援助　援助纳米比亚军事学院项目，项目正在进行中；援几内亚人民宫和总统府二期技术合作，项目已结束；援科特迪瓦剧场三期技术合作，项目已结束；援瓦努阿图农业学院，项目已结束；援几内亚人民宫和总统府三期技术合作，项目正在进行中。

对外投资　在海外投资设立非贸易性企业3家，总投资额837万美元。其中金川公司在澳大利亚的金田镍业有限公司，金川公司参股加拿大戈壁矿业公司，亚盛集团在阿联酋的格林兰农业公司全部为中方投资，目前这三家企业正在筹建和运行中。

接受经济援助　2005年共执行国际多、双边无偿援助项目47项，其中多边无偿援助项目21项，双边无偿援助项目21项，国际民间组织援助项目5项，完成执行额1 097万美元。

主要项目有：联合国儿童基金援助的“贫困地区社会发展项目”、联合国开发计划署援助的“农村扶贫项目”、英国政府援助的“甘肃基础教育项目”、加拿大国际发展署援助“甘肃省妇女就业项目”、欧盟援助的“甘肃基础教育项目”、新西兰援助“甘肃省农村综合扶贫发展项目”、德国援助“农村再生能源项目”、荷兰援助“马铃薯淀粉生产项目”、希腊援助“油橄榄种植和加工项目”、新西兰扶贫基金援助“少数民族妇女权益保障培训项目”、“永靖县西河镇二房村基础设施建设项目”、加拿大基金援助“渭源县清泉小学建设项目”、“武山县沿安乡人畜饮水项目”、澳大利亚援助“通渭县中医院建设项目”、日本利民工程援助“渭源县周家窑小学建设项目”等。

【其他】

开发区　兰州经济技术开发区是经国务院批准的国家级经济技术开发区。2005年，兰州经济技术开发区完成技工贸总收入50亿元，增长40%；实现全部经济增加值11亿元，增长27%，其中：实现工业经济增加值7.5亿元，增长35%；完成社会固定资产投资9亿元，增长28.3%；完成财政收入1.1亿元，增长12%；实现进出口总额425万美元，全是进口。进出口总额与上年持平。

商务洽谈会　第十三届中国兰州投资贸易洽谈会（简称兰洽会）于2005年7月6日至7月9日在兰州市举办，来自博茨瓦纳、韩国、美国、法国、日本、澳大利亚、新西兰、埃及、哈萨克斯坦、香港、台湾省等10多个国家和地区的34个团组共计15 000人参加本届洽谈会。组委会组织的重大项目签约共签订合同项目41个，签约总额55.44亿元，拟引进国内外资金51.35亿元。本届兰洽会除在黄河展览中心设立主会场外，还设立了文博会、建材、汽车机械、劳务洽谈等专业展会，各展会都按照突出企业、突出项目、突出品牌、突出洽谈的原则进行布展和推介，主展馆和各分会场商品展销总成交额10.54亿元。

涉外旅游　2005年全省旅游业收入增长较快。全年国内旅游人数1 207.85万人次，比上年增长27.20%；国内旅游收入57.68亿元，增长11.74%。全年境外入境28.84万人次，比上年增长21.84%，其中：外国人17.20万人次，增长13.61%；港澳台同胞11.64万人次，增长36.46%。全年国际旅游外汇收入0.59亿美元，比上年增长34.20%。

2005年青海省商务发展概况

青海省商务厅

青海省商务厅厅长

何少民　生于1953年6月，陕西省合阳县人。1978年毕业于华东化工学院无机化学专业。历任青海第一化肥厂副厂长、厂长，青海省重工业厅副处长、处长、副厅长，青海省经济贸易委员会副主任，中共海西州委副书记。2002年1月任青海省对外贸易经济合作厅厅长、党委书记。2004年3月任青海省商务厅厅长、党组书记。

【国内贸易】

社会消费品零售总额　2005年青海省社会消费品零售总额160.51亿元，比上年的141.2亿元增长13.7%。其中，城市消费品零售额105.59亿元，县消费品零售额36.45亿元，县以下消费品零售额18.47亿元。分行业看，批发零售贸易业零售额132.16亿元，餐饮业零售额24.39亿元，其他行业零售额3.97亿元。

限额以上批发零售贸易、餐饮业基本情况　截至2005年，共有限额以上批发零售贸易、餐饮业法人企业167个，产业活动单位539个，从业人数16 693人。其中，批发业法人企业72个，产业活动单位233个，从业人数7 244人；零售业法人企业95个，产业活动单位306个，从业人数9 449人；餐饮业法人企业171个，产业活动单位201个。

批发零售贸易业商品购、销、存总额　批发零售贸易业商品销售总额132.16亿元，比上年的115.44亿元增长14.5%。其中，限额以上企业31.23亿元，限额以下企业100.93亿元。

市场物价　商品零售价格指数为100.7（以上年价格为100），其中城市100.6，农村101；居民消费价格指数为100.8（以上年价格为100），其中城市99.7，农村103.1。

市场体系建设　2005年全省商品交易市场已达333个，其中，生产资料市场22个，消费品市场311个，商品市场成交额64.87亿元，占社会消费品零售总额的50.90%；全省成交额上亿元的商品交易市场9个，摊位4 755个，交易额14亿元。先后制定出台了《青海省美容美发业管理实施办法》、《青海省拍卖业管理办法》和《青海省成品油市场管理暂行办法》，对于规范相关行业的管理起到了积极作用。

商业改革与发展　积极实施“两抓两退”战略，即坚持抓住关系国计民生重要商品，做好宏观调控和市场平衡；抓住一批大型骨干流通企业进行重点培植，发挥其稳定市场和辐射带动作用，逐步退出中小批发、零售和餐饮服务业等一般性经营领域的国有资本；退出县级和县以下流通领域的大部分国有资本，积极发展混合所有制和个体、私营等非公有制经济，鼓励多种所有制经济加强合作，实现优势互补。截至2005年，全省商贸流通企业（批发零售贸易业）改制面已达100%。积极引进北京西单、苏宁电器、国美电器等连锁企业进驻。同时，扶持优势商贸流通企业发展连锁经营、物流配送、电子商务等现代流通方式，新型流通业态开始发展，流通现代化水平有所提高。

【对外贸易】

进出口总额　进出口总额41 338万美元，比上年的57 552万美元下降28.2%。

出口总额　出口总额32 324万美元，比上年的45 476万美元下降28.9%，占全省国内生产总值543亿元（相当于66.29亿美元）的4.9%；占全国出口额的0.04%。

出口商品结构　初级产品出口额1 371万美元，占出口总额的4.24%；工业制成品出口额30 690万美元，占出口总额的94.9%。

出口商品市场　出口商品销往73个国家和地区。

青海省2005年出口额1 000万美元以上商品情况表

金额分类	商品名称	出口金额（万美元）	占出口总额比重（%）
1亿美元以上（1种）	未锻造的铝（包括铝合金）	14 702	45.5
2 000万—5 000万美元（4种）	硅铁	3 516	10.9
	纺织纱线、织物及制品	3 010	9.3
	地毯	2 157	6.7
	服装及衣着附件	2 024	6.3
1 000万—2 000万美元（2种）	碳化硅	1 522	4.7
	铅	1 436	4.4
合　计	**7种**	**28 367**	**87.8**

青海省2005年主要出口市场情况表

国别（地区）	出口金额（万美元）	占出口总额比重（%）	国别（地区）	出口金额（万美元）	占出口总额比重（%）
日　本	10 669	33.0	阿联酋	2 625	8.1
美　国	4 240	13.1	台湾省	949	2.9
香　港	3 809	11.8	新加坡	819	2.5
韩　国	2 874	8.9	泰　国	801	2.5
合　计				**26 786**	**82.9**

进口总额　进口总额9 014万美元，比上年的12 076万美元下降25.4%。

进口商品结构　初级产品进口额7 206万美元，占进口总额的79.9%；工业制成品进口额1 808万美元，占进口总额的20.1%。

进口商品市场　进口商品来自28个国家和地区。

青海省2005年进口额100万美元以上商品情况表

金额分类	商品名称	进口金额（万美元）	占进口总额比重（%）
5 000万美元以上（1种）	氧化铝	6 855	76.0
100万—500万美元（6种）	汽车和汽车底盘	201	2.2
	印刷、装订机械及零件	182	2.0
	建筑及采矿用机械及零件	149	1.7
	冷冻机和制冷设备	133	1.5
	计量检测分析自控仪器及器具	131	1.5
	制造纸及纸制品用机械	115	1.3
合　计	**7种**	**7 766**	**85.5**

青海省2005年主要进口市场情况表

国别（地区）	进口金额（万美元）	占进口总额比重（%）	国别（地区）	进口金额（万美元）	占进口总额比重（%）
澳大利亚	3 313	36.8	牙买加	390	4.3
印　度	1 273	14.1	日　本	370	4.1
波　黑	1 086	12.0	哈萨克斯坦	322	3.6
罗马尼亚	880	9.8	秘　鲁	298	3.3
合　计				**7 931**	**88.0**

技术进出口　技术进出口总额3 298万美元。签订引进技术和进口设备合同项目9个，合同金额3 298万美元。

【利用外资】

青海省2005年利用外资情况表

利用外资方式	批准签订的合同			实际利用外资	
	项目数（个）	外资金额（万美元）	金额比上年增长（%）	金　额（万美元）	金额比上年增长（%）
外商直接投资	29	35 562	0.66	26 600	18.2
合资企业	15	28 787	471.60	21 519	570.9
合作企业	5	3 946	-26.30	2 947	-13.6
外资企业	9	2 750	-86.10	2 055	-83.7
股份有限公司		79	-90.70	79	-85.4
合　计	**29**	**35 562**	**0.66**	**26 600**	**18.2**

外商直接投资行业　生产型项目23个，非生产型项目6个。按行业分，农林牧渔业6个，制造业12个，电力、燃气及水的生产和供应业2个，采矿业1个，交通运输、仓储和邮政业1个，住宿和餐饮业1个，房地产业3个，租赁和商务服务业1个，水利、环境和公共设施管理业2个。

外商直接投资来源　外商直接投资来自13个国家和地区。

青海省2005年外商直接投资来源情况表

国别（地区）	项目数（个）	合同外资额（万美元）	国别（地区）	项目数（个）	合同外资额（万美元）
亚　洲			**欧　洲**		
香　港	12	5 665	英　国	3	26 832
印度尼西亚	1	1 000	法　国	1	6
泰　国	1	605	**北美洲**		
韩　国	1	150	加拿大	1	880
日　本	3	77	**大洋洲**		
马来西亚	1	40	澳大利亚	2	8
阿联酋	1	12			
合　计				**27**	**35 287**

【对外经济合作】

劳务合作　当年派出劳务170人，年末在外310人，派往国别为老挝、安哥拉、埃塞俄比亚。

接受经济援助　接受国际多双边援助的项目50个，金额905.1万美元。

对外投资　境外投资项目2个，投资总额340万美元，其中中方投资额340万美元，投资国别和地区为老挝、香港。

【其他】

经济技术开发区　2005年西宁国家级经济技术开发区完成固定资产投资8.8亿元，同比增长21%，开工建设道路5条3.3公里以及与道路相配套的雨污水、供水、天然气管网等。建设了总面积近10 000平方米轻钢结构的标准化厂房。实现工业增加值2.48亿元，完成税收10 323.5万元，同比增长57%。新批准入驻企业51家，其中生产性企业15家，非生产性企业36家，新投产企业16家。入驻企业开工项目41个，其中新建项目22个，继建项目19个。引进省外到位资金3.07亿元；合同利用外资1 540万美元。

商务洽谈会　2005年6月25日—27日，由青海省人民政府、西藏自治区人民政府、中国食品土畜进出口商会共同主办的2005’青海藏毯国际展览会在青海省西宁市举行。有1 500余名国内外客商到会，其中外商300余人。展会共实现成交额1 500万美元。

涉外旅游　2005年入境的境外人数为3.5万人次，旅游外汇收入1 102万美元，比上年的912万美元增长20.8%。

2005年宁夏回族自治区商务发展概况

宁夏回族自治区商务厅

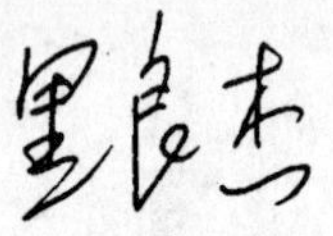

宁夏回族自治区商务厅厅长

黑良杰　生于1948年3月，山东省人，回族。1976年毕业于北京大学无线电系水声物理专业。中共党员。曾在北京大学、国务院上海经济区规划办公室、中国新兴集团总公司、中国四达国际经济技术有限公司、最高人民法院任职。2001年7月到宁夏回族自治区对外贸易经济合作厅工作。现任宁夏回族自治区商务厅厅长、党组书记。

【国内贸易】

社会消费品零售总额　2005年宁夏回族自治区社会消费品零售总额174.34亿元，比上年增长13.6%，扣除价格因素实际增长13.1%，增速比上年提高2.1个百分点。2005年批发零售贸易和餐饮业实现增加值47.77亿元，比上年增长11.9%。

分区域看，城市消费品零售额131.23亿元，比上年增长14.2%，占社会消费品零售总额的75.3%；农村消费品零售额43.11亿元，增长11.7%。分行业看，限额以上批发零售贸易业实现零售额53.1亿元，比上年增长13.6%；餐饮业实现零售额30亿元，比上年增长15.6%。限额以上批发零售贸易企业及餐饮企业是拉动消费品市场的主要动力。分经济类型看，全区个体、私营经济发展较快，全年实现消费品零售总额117亿元，同比增长14%，占社会消费品零售总额的67.1%。从商品销售结构看，吃、穿、用类商品全面旺销，商务厅监测的27个大类商品销售24个同比增长，有21个大类增幅在2位数以上，其中吃的商品销售同比增长26%，增幅较去年上升了13.7个百分点。穿的商品销售增长22.8%，增幅下降了17个百分点。用的商品销售增长19.9%，增幅上升了8.1个百分点。吃、穿、用消费占总消费的比重较上年变化不大，吃的持平，穿的下降1个百分点，用的提高了1.2个百分点。

批发零售贸易、餐饮业基本情况 据宁夏经济普查公报统计，在法人单位和产业活动单位的行业分布中，批发和零售业、住宿和餐饮业、租赁和商务服务业、居民服务和其他服务业法人单位6 385个，占全部法人单位的比重达26.5%；产业活动单位7 813个，占全部产业活动单位的比重达22.8%。在全区个体经营中，分布在批发和零售业、住宿和餐饮业、租赁和商务服务业、居民服务和其他服务业的户数达13.82万户，占全部行业65.4%，就业人员达23.27万人，占全部行业就业比重的59.2%。

市场物价 市场价格总水平略有上扬。2005年居民消费价格总水平比上年上涨1.5%。其中，城市上涨1.6%，农村上涨1.2%。食品类价格上涨1.9%，衣着价格上涨3.5%，居住类价格上涨6.3%，交通和通讯类价格上涨0.5%，服务项目价格指数上升3.4%。除此之外，烟酒及用品类价格下降1.0%，娱乐教育文化用品及服务类价格下降0.4%，家庭设备用品及维修服务类、医疗保健和个人用品分别下降0.9%和1.8%。商品零售价格总水平比上年上涨0.4%。其中，城市上涨0.5%，农村上涨0.1%。生产领域价格涨幅较大。工业品出厂价格指数比上年上涨6.2%，原材料、燃料及动力价格指数比上年上涨9.7%，农业生产资料价格上涨9.3%。

整顿和规范市场经济秩序 "三绿工程"建设扎实推进。制定了中长期发展规划和创建绿色市场评审标准，牵头并组织开展了"三绿工程"咨询日和宣传月、畅销品牌推荐活动，集中开展食品清仓查库，有效打击了制假贩假行为，推动了我区食品安全保障体系的建设。同时，认真履行商务厅在自治区"放心食品工程"中的职责，完成食品安全工作目标任务，被自治区食品安全委员会评为"食品安全达标单位"。各项专项整治成效明显。认真履行自治区整顿和规范市场经济秩序领导小组办公室组织协调职责，安排部署整顿和规范市场经济秩序工作，完成了自治区和五市整规三年规划编制工作。牵头组织了保护知识产权、打击商业欺诈专项行动和诚信兴商宣传月活动，协调开展了推进食品药品放心工程等一系列整治行动；落实陈书记重要批示，联合有关部门对典当行、寄卖行进行专项检查和整顿，市场经营环境有所改善。

【对外贸易】

进出口总额 进出口总额9.67亿美元，比上年增长6.43%，相当于"九五"末期的2.18倍。

出口总额 出口总额6.87亿美元，比上年增长6.37%，相当于"九五"末期的2.1倍，五年平均增长16.48%，高于自治区GDP平均增速5.5个百分点。全年实现贸易顺差4.08亿美元。

进口总额 进口总额2.8亿美元，比上年增长6.57%。

出口商品结构 初级产品出口比重下降，工业制成品出口比重上升，占出口总额的90%。出口商品品种达840多种。高新技术产品出口达到2.27亿美元，增长29.5%，占全区出口总额的33.04%；机电产品出口6 360万美元，增长2.3%，占9.25%；农产品出口9 000万美元，增长36%，占13.1%。

进口商品结构 进口商品主要有氧化铝、风力发电机组、天然橡胶、钽铌钒矿砂、电力设备、机器零配件、医疗设备等。

出口商品市场 出口商品销往110个国家和地区。

进口商品市场 进口商品来自41个国家和地区。

出口企业 截至2005年，全区拥有进出口经营权的各类企业671家（不含外商投资企业），比上年增加198家，有出口实绩的企业（含外商投资企业）达到187家，其中有42家企业为首次出口。出口额超过1 000万美元的企业达21家。

宁夏回族自治区2005年出口额500万美元以上商品情况表

金额分类	商品名称	出口金额（万美元）	占出口总额比重（%）
2 000万美元以上（9种）	硅铁	12 904	18.77
	无毛绒	7 205	10.48
	金属镁	6 435	9.37
	钽制品	4 072	5.93
	高纯银	3 130	4.56
	轮胎	2 905	4.23
	机床铸件	2 675	3.89
	红霉素	2 473	3.60
	双氰胺	2 339	3.40

宁夏回族自治区2005年出口额500万美元以上商品情况表（续）

金额分类	商品名称	出口金额（万美元）	占出口总额比重（%）
1 000万—2 000万美元（7种）	羊绒衫	1 559	2.27
	活性炭	1 554	2.26
	四环素及盐	1 513	2.20
	增碳剂	1 454	2.12
	泰乐菌素	1 350	1.96
	碳化硅	1 284	1.87
	铝锭	1 215	1.77
500万—1 000万美元（5种）	石墨制品	796	1.15
	甄炭	758	1.10
	脱水蔬菜	745	1.08
	正肥丹	590	0.86
	焦炭	571	0.83

宁夏回族自治区2005年进口额100万美元以上商品情况表

金额分类	商品名称	进口金额（万美元）	占进口总额比重（%）
500万美元以上（9种）	氧化铝	15 147	54.26
	天然橡胶	1 251	4.48
	风力发电机组	1 217	4.35
	铌钽钒矿砂	892	3.19
	机床零配件	669	2.40
	电力控制分配盘	765	2.74
	空气泵等	649	2.32
	合成橡胶	597	2.14
	发动机组零件	551	1.97
100万—500万美元（11种）	未梳其他山羊绒	489	1.75
	未列名具有独立功能机器	500	1.79
	无缝锅炉管	333	1.19
	金属切削加工中心	316	1.13
	自动控制设备	311	1.11
	理化分析仪器	189	0.68
	胶印机	188	0.67
	矿物分选处理器	134	0.48
	核磁共振成像装置	134	0.48
	电动机	124	0.44
	医用X射线等设备	118	0.43

宁夏回族自治区2005年主要出口市场情况表

国别（地区）	出口金额（万美元）	占出口总额比重（%）	国别（地区）	出口金额（万美元）	占出口总额比重（%）
美　国	11 187	16.27	荷　兰	2 731	3.98
日　本	9 975	14.51	蒙　古	1 904	2.77
意大利	6 545	9.53	德　国	1 827	2.66
香　港	4 868	7.08	台湾省	1 508	2.19
印　度	4 121	6.00	加拿大	1 175	1.71
韩　国	3 693	5.37	新加坡	1 014	1.48
英　国	2 789	4.06			

宁夏回族自治区2005年主要进口市场情况表

国别（地区）	进口金额（万美元）	占进口总额比重（%）	国别（地区）	进口金额（万美元）	占进口总额比重（%）
澳大利亚	8 666	30.95	委内瑞拉	1 001	3.57
日　本	2 834	10.12	马来西亚	895	3.20
牙买加	2 834	10.12	意大利	750	2.68
印　度	2 827	10.10	德　国	739	2.64
西班牙	1 771	6.33	法　国	705	2.52
美　国	1 701	6.09			

【利用外资】

利用外资规模　新批利用外资项目41个，合同外资金额20 182万美元，减少48.6%，实际使用外资14 107万美元，增长12.54%。其中：新批外商直接投资企业32个，减少28.89%；合同外资19 053万美元，减少32.95%；实际使用外资6 712万美元，下降0.34%。在新批外商直接投资企业中，中外合资企业12家，中外合作企业5家，外商独资企业15家。

宁夏回族自治区2005年利用外资情况表

利用外资方式	批准签订的合同			实际利用外资	
	项目数（个）	外资金额（万美元）	金额比上年（±%）	金额（万美元）	金额比上年（±%）
对外借款	4	1 030	-90.51	7 296	25.79
外商直接投资	32	19 053	-32.84	6 712	-0.34
合资企业	12	3 180	-70.89	2 670	-57.08
合作企业	5	8 538	1 452.36	1 401	7 273.68
外资企业	15	7 335	-56.58	2 641	488.19
外国其他投资	5	99	115.22	99	115.22
加工贸易	5	99	115.22	99	115.22
合　计	**41**	**20 182**	**-48.6**	**14 107**	**12.54**

外商直接投资行业　32个外商直接投资项目中，生产型项目有24个，非生产型项目有8个。32个项目分别归属于以下行业：化学原料及化学制品制造、通信设备制造、饲料加工、肥料制造、交通安全及管制专用设备制造、合成纤维制造、有色金属合金制造、毛纺织、建筑材料制造、食品加工、电子设备制造、房地产开发、物业管理、经济咨询、餐饮娱乐。

外商直接投资来源　实际利用外商直接投资分别来自以下国家和地区：香港370万美元、韩国989万美元、美国97万美元、日本1 306万美元、台湾省7万美元、英属维尔京群岛2 239万美元、奥地利1 055万美元、德国337万美元、开曼群岛165万美元、玻利维亚34万美元、比利时11万美元、西班牙11万美元、泰国17万美元、萨摩亚74万美元。

【对外经济合作】

承包工程和劳务合作　完成对外工程承包、劳务合作营业额419万美元，外派劳务229人次，年末在外人数221人。“十五”期间，全区完成境外工程承包营业额1 700多万美元，比“九五”期间增长118%；累计外派劳务人员800多人次，增长53%。

对外投资　“十五”期间，全区累计对外直接投资800多万美元，比“九五”期间增长1.3倍。一些有实力的企业开始走出去开展跨国经营，宁夏东辉运动器械有限公司在罗马尼亚投资项目进展顺利；东方钽业股份有限公司启动了在卢旺达的钽资源开发合作项目；阿尔法绒业拟在蒙古国、吴忠仪表拟在巴基斯坦、青铝集团拟在印度的投资计划正在积极推进。

接受国际无偿援助　2005年接受实施国际多边、双边无偿援助项目9个，到位援助资金715万元人民币。“十五”期间，全区累计接受实施国际多边、双边无偿援助项目26个，到位受援资金1 600万美元。

2005 年新疆维吾尔自治区商务发展概况

新疆维吾尔自治区对外贸易经济合作厅

新疆维吾尔自治区
对外贸易经济合作厅厅长

钱　勇　生于1958年5月，山东省商河县人。大学学历。1987年6月加入中国共产党。曾任新疆维吾尔自治区人民政府办公厅农牧处副处长、专职秘书(处级)，新疆维吾尔自治区对外贸易经济合作厅副厅长等职。现任新疆维吾尔自治区对外贸易经济合作厅厅长、党组副书记。

【国内贸易】

社会消费品零售总额　2005年新疆维吾尔自治区社会消费品零售总额6 377 787.2万元，比上年的5 634 128.8万元增长13.2%。其中，城市消费品零售额4 424 163.5万元，县消费品零售额952 377.7万元，县以下消费品零售额1 001 246.0万元。分行业看，批发零售贸易业零售额5 098 238.4万元，餐饮业905 466.5万元，其他行业零售额374 082.3万元。

批发零售贸易业商品购、销、存总额　批发零售贸易业商品销售总额16 412 360.8万元，比上年的12 710 659.0万元增长29.1%。其中，限额以上企业10 508 535.0万元，限额以下企业5 903 825.8万元。商品销售总额16 412 360.8万元，其中批发11 467 999.8万元，零售4 944 361.0万元。

市场物价　商品零售价格指数为99.4（以上年价格为100），其中城市99.5，农村99.3；居民消费价格指数为100.7（以上年价格为100），其中城市100.6，农村100.2。

【对外贸易】

进出口总额　进出口总额794 189万美元，比上年的563 563万美元增长40.9%。

出口总额　出口总额504 024万美元，比上年的304 658万美元增长65.5%，占全区GDP 2 604亿元（相当于317.88亿美元）的15.86%，占全国出口总额的0.66%。

出口商品结构　初级产品出口额49 432万美元，占出口总额的9.8%；工业制成品出口额454 592万美元，占出口总额的90.2%。

出口商品市场　出口商品销往145个国家和地区。

新疆维吾尔自治区2005年出口额2 000万美元以上商品情况表

金额分类	商品名称	出口金额(万美元)	占出口总额比重(%)
1亿美元以上(7种)	服装、机电产品、鞋类、番茄酱罐头、纺织纱线及织物、塑料制品、家具	406 219	80.60
6 000万~1亿美元(2种)	焦炭、灯具	14 677	2.90

新疆维吾尔自治区2005年出口额2 000万美元以上商品情况表（续）

金额分类	商 品 名 称	出口金额（万美元）	占出口总额比重（%）
2 000万~6 000万美元（11种）	电视机、高新技术产品、铝材、钢材、水果、旅行箱包、玻璃制品、蔬菜、汽车、热水瓶、无线电零件	44 521	8. 83
合 计	**20种**	**465 417**	**92. 33**

新疆维吾尔自治区2005年主要出口市场情况表

国别（地区）	出口金额（万美元）	占出口总额比重（%）	国别（地区）	出口金额（万美元）	占出口总额比重（%）
哈萨克斯坦	304 203	60. 35	美 国	8 866	1. 76
吉尔吉斯斯坦	64 591	12. 82	香 港	8 053	1. 60
巴基斯坦	34 188	6. 78	俄罗斯	5 931	1. 18
阿塞拜疆	16 298	3. 23	日 本	5 084	1. 01
塔吉克斯坦	9 018	1. 79	意大利	4 204	0. 83
合 计				**460 436**	**91. 35**

进口总额 进口总额290 165万美元，比上年的258 905万美元增长12. 1%。

进口商品结构 初级产品进口额117 075万美元，占进口总额的40. 35%；工业制成品进口额173 090万美元，占进口总额的59. 65%。

进口商品市场 进口商品来自69个国家和地区。

新疆维吾尔自治区2005年进口额4 000万美元以上商品情况表

金额分类	商 品 名 称	进口金额（万美元）	占进口总额比重（%）
1亿美元以上（7种）	铜及铜材、废钢、钢材、原油、机电产品、铁矿砂、高新技术产品	220 303	75. 9
6 000万—1亿美元（3种）	飞机、肥料、氧化铝	21 740	7. 49
4 000万—6 000万美元（2种）	棉花、成品油	9 907	3. 41
合 计	**12种**	**251 950**	**86. 80**

新疆维吾尔自治区2005年主要进口市场情况表

国别（地区）	进口金额（万美元）	占进口总额比重（%）	国别（地区）	进口金额（万美元）	占进口总额比重（%）
哈萨克斯坦	197 361	68.02	智　利	5 288	1.82
美　国	18 184	6.27	德　国	4 984	1.72
俄罗斯	17 469	6.02	日　本	3 762	1.30
吉尔吉斯斯坦	10 095	3.48	韩　国	3 038	1.05
乌兹别克斯坦	9 640	3.32	台湾省	1 588	0.55
合　计				**271 409**	**93.55**

边境贸易　进出口额553 885万美元，比上年的370 839万美元增长49.4%，占全区进出口总额的69.74%。其中出口额386 238万美元，比上年的223 782万美元增长72.6%。出口的主要商品有：服装服饰、鞋靴、塑料餐具、家居用品、自来水笔、家具、灯具、铝箔、家具附件、电视机、工程设备、焦炭、建筑用石、瓷餐具、客货车、婴孩车、革、毛皮及制品、箱包等。进口额167 648万美元，比上年的147 057万美元增长14%。进口的主要商品有：废钢、铜材、锌铝材、铁矿砂、原油、氧化铝、化肥、初级形状聚乙烯、羊毛、棉花、棉短绒、油菜籽、原木、羊皮、收割机零件等。

技术进口　签订引进技术和进口设备合同项目19个，比上年17个增加2个，合同金额4 910.66万美元，比上年的2 050万美元增长139.5%。引进技术和设备来自加拿大、美国、德国、法国、瑞典、意大利、英国、日本、新加坡、香港等国家和地区，涉及的行业有石油和天然气开采业、航空运输业、教育、农林牧渔服务业、计算机应用服务业、石油加工及炼焦业、电气机械及器材制造业、化学原料及化学制品制造业等。

【利用外资】

新疆维吾尔自治区2005年利用外资情况表

利用外资方式	批准签订的合同			实际利用外资	
	项目数（个）	外资金额（万美元）	金额比上年增长（%）	金　额（万美元）	金额比上年增长（%）
外商直接投资	76	27 237	5.63	4 749	16.83
合资企业	32	8 957	-8.27	1 182	-53.30
合作企业	15	7 112	-9.05	2 440	9 660.00
外资企业	29	10 811	31.81	1 127	-9.70
股份有限公司	增资			357	36.78
合　计	**76**	**27 237**	**5.63**	**4 749**	**16.83**

外商直接投资行业　外商直接投资的76个项目中，生产型项目52项，非生产型项目24项。按行业划分，制造业35项、农林牧渔业9项、采矿业8项、批发和零售业6项、住宿和餐饮业5项、房地产业6项、租赁和商务服务业3项、电力燃气及水的生产供应业3项、教育1项。

外商直接投资来源　外商直接投资分别来自26个国家和地区。主要有香港25项，合同外资金额12 312万美元；丹麦1项，2 462万美元；英属维尔京群岛6项，2 093万美元；新加坡3项，2 022万美元；美国5项，1 852万美元；意大利2项，1 530万美元；哈萨克斯坦8项，1 524万美元；泰国2项，1 030万美元；德国2项，647万美元；日本1项，516万美元；开曼群岛1项，500万美元；加拿大3项，345万美元；英国2项，303万美元；澳大利亚1项，285万美元；伊朗1项，175万美元；台湾省5项，116万美元。

【对外经济合作】

承包工程和劳务合作 完成对外承包工程和劳务合作营业额10 840万美元，比上年的6 538万美元增长65.8%。

对外投资 在哈萨克斯坦、乌兹别克斯坦、吉尔吉斯斯坦、巴基斯坦等国家兴办项目23个，协议总投资额5 600万美元，其中中方协议投资额5 253万美元，比上年增长310%。

【其他】

经济技术开发区 乌鲁木齐高新技术产业开发区2005年完成基础设施投资额22.6万元。新批生产型项目39个，总投资额26.4亿元，注册资本0.67亿元，其中：三资企业12家，投资额7.77亿元，注册资本3.14亿元。项目涉及矿产开采、汽车用化工产品、食品生产、农药生产、节水灌溉等行业。整个开发区内1 543家企业全年共实现工业总产值32.73亿元；税收收入7.03亿元；财政收入3.84亿元；进出口总额9.07亿美元，其中进口0.84亿美元，出口8.23亿美元；国内贸易销售额95亿元。

乌鲁木齐经济技术开发区2005年完成基础设施投资额1.449亿元。新批生产型项目17个，总投资额27.6亿元，其中：三资企业7个，投资额2 5707.8万美元，注册资本8 461.1万美元。项目涉及移动通信终端产品、铅锌矿开发、食品加工、环保异味清除剂、粮食储藏加工等行业。整个开发区内97个企业全年共实现工业总产值28.3亿元；税收收入4.54亿元；财政收入2.99亿元；进出口总额2.44亿美元，其中进口2 320万美元，出口22 127万美元；国内贸易销售额50.4亿元。

乌鲁木齐出口加工区2005年完成基础设施投资额14 493万元。新批生产型项目5个，总投资额1.4亿元。

伊宁边境经济合作区2005年完成基础设施投资额1 800万元。新批生产型项目4个，总投资额9.76亿元，到位资金4.32亿元。项目涉及金属冶炼、乳制品深加工、农产品深加工、造纸等行业。整个合作区全年共实现工业总产值41 357.6万元；税收收入6 191.46万元；财政收入8 589万元；进出口总额13 541万美元，其中出口13 541万美元；国内贸易销售额57 122.7万元。

塔城边境经济合作区2005年完成基础设施投资额45万元。新批生产型项目1个，总投资额150万元，注册资金55万元。整个合作区30家企业全年共实现工业总产值2 929.1万元；税收收入2 576万元；进出口总额19 904万美元，其中进口15 028万美元，出口4 876万美元。

博乐边境经济合作区2005年完成基础设施投资额545万元。新批生产型项目4个，总投资额2 000万元。整个合作区85家企业全年共实现工业总产值19 860万元；财政收入3 300万元。

商务洽谈会 2005年9月1日—5日在乌鲁木齐举办的2005年乌鲁木齐对外经济贸易洽谈会，有俄罗斯、哈萨克斯坦、吉尔吉斯斯坦等28个国家和地区的外商1 630余人参会。共签订对外经济贸易合同总额26.7亿美元，其中：出口成交总额10.4亿美元，进口订货8.1亿美元；对外经济技术合作项目及利用外资成交8.2亿美元。国内贸易和经济技术合作项目成交596.9亿元人民币，其中：国内贸易成交375.4亿元人民币，国内经济技术合作项目成交221.5亿元人民币。

港口运输 全区已经国家批准开放的一类口岸17个，其中航空港2个，陆路口岸15个。已建成开通的15个，2005年乌鲁木齐海关监管进出口货物1 166万吨，比上年的977.10万吨增长19.3%，其中出口250万吨，进口916万吨。按运输方式分：陆运1 164.5万吨，空运1.5万吨。

涉外旅游 2005年入境游客33万人次，比上年的31.69万人增加4.1%。旅游外汇收入1亿美元，比上年的9 108.3万美元增加9.8%。

2005年新疆生产建设兵团商务发展概况

新疆生产建设兵团商务局

新疆生产建设兵团商务局局长

何若群　生于1953年11月，湖南省平江县人。大专文化，中共党员。历任连队政治指导员、党支部书记，团办公室秘书，师纪检委专职检查员、专职常委，师商业处处长、外经处处长、外贸公司总经理，副师长、师党委常委，新疆生产建设兵团对外贸易经济合作局副局长（主持工作）、党委副书记，局长、党组书记。现任新疆生产建设兵团商务局局长、党组副书记。

【国内贸易】

社会消费品零售总额　2005年新疆生产建设兵团社会消费品零售总额93.38亿元，比上年的81.38亿元增长14.75%。其中，城市消费品零售额52.33亿元，县消费品零售额2.20亿元，县以下消费品零售额32.78亿元。分行业看，批发零售贸易额73.04亿元，餐饮业零售额12.42亿元，其他行业零售额8.7亿元。

限额以上批发零售贸易、餐饮业基本情况　截至2005年，共有限额以上批发零售贸易、餐饮业法人企业742个，产业活动单位520个，从业人数12 943人。其中，批发业法人企业303个，产业活动单位376个，从业人数8 569人；零售业法人企业281个，产业活动单位290个，从业人数970人；餐饮业法人企业108个，产业活动单位110个，从业人数3 404人。

批发零售贸易业商品购、销、存总额　批发零售贸易业商品销售总额369.31亿元，比上年331.87亿元增长11.3%。其中，限额以上企业288.20亿元，限额以下企业81.11亿元。限额以上批发零售贸易业商品购进总额282.58亿元（其中进口97.87亿元），商品销售总额288.2亿元（其中批发285.25亿元、零售2.95亿元、出口152.65亿元），年末库存总额93.48亿元。

市场物价　商品零售价格指数为99.4（以上年价格为100），居民消费价格指数为100.7（以上年价格为100），其中城市100.6，农村101.2。

市场体系建设　截至2005年，共有商业网点10 983个，典当行3家，旧货流通企业1家。万村千乡工程建设了1 463个农家店。2005年交易量1亿元以上的综合性农产品批发市场有6家，分别是一师阿拉尔、一师金银川、一师阿拉尔市南市区、三师三运司、四师71团第一综合、十师额河。交易量1亿元以上的专业性农产品批发市场有5家，分别是石河子市瓜果批发、石河子市活畜交易、石河子市种子批发、十师兴盛街农副产品交易、农十二师大浦沟农产品批发市场。

商业改革与发展　截至2005年，全兵团连锁经营企业29家，其中，农资类14家，石油类1家，日用百货类和餐饮业14家。

经过改革，资产联合、兼并、重组，兵团商贸流通领域最大的企业有两家，一是兵团农资集团公司已建立600多个连锁经营网点，年销售额160亿元；二是兵团石油有限责任公司已建立161个直营加油站经营网点，年销售额160亿元。

【对外贸易】

进出口总额　进出口总额31.05亿美元，比上年的19.72亿美元增长57.7%。“十五”期间累计进出口85.56亿美元，比“九五”期间的18.94亿美元增长3.5倍。

出口总额　出口总额18.92亿美元，比上年的8.35亿美元增长126.6%，占全兵团GDP 131.12亿元（相当于41.05亿美元）的46.09%，占新疆维吾尔自治区出口额

50.4亿美元的37.54%。

出口商品结构 初级产品出口额1.29亿美元，占出口总额的6.8%；工业制成品出口额17.63亿美元，占出口总额的93.2%。

出口商品市场 出口商品销往131个国家和地区。

新疆生产建设兵团2005年出口额1 000万美元以上商品情况表

金额分类	商品名称	出口金额（万美元）	占出口总额比重（%）
1亿美元以上（5种）	服装	55 276	29.22
	鞋类	28 872	15.26
	机电产品	27 937	14.77
	纺织制品	19 128	10.11
	塑料制品	10 620	5.61
5 000万—1亿美元（2种）	番茄酱	9 751	5.15
	家具	8 515	4.50
1 000万—5 000万美元（9种）	灯具	2 931	1.55
	热水瓶	2 840	1.50
	箱包	2 135	1.13
	寝具	1 971	1.04
	汽车零件	1 326	0.70
	铝材	1 194	0.64
	汽车	1 185	0.63
	聚氯乙烯	1 078	0.57
	焦炭	1 022	0.54
合计	**16种**	**175 781**	**92.92**

新疆生产建设兵团2005年主要出口市场情况表

国别（地区）	出口金额（万美元）	占出口总额比重（%）	国别（地区）	出口金额（万美元）	占出口总额比重（%）
哈萨克斯坦	134 102	70.88	坦吉克斯坦	1 841	0.97
阿塞拜疆	9 387	4.96	加纳	1 501	0.79
吉尔吉斯斯坦	2 080	1.10	俄罗斯	1 368	0.72
香港	3 237	1.71	阿联酋	1 336	0.71
巴基斯坦	2 671	1.41			
合计				**157 523**	**83.25**

进口总额 进口总额12.13亿美元，比上年的11.37亿美元增长7%。

进口商品结构 初级产品进口额2.83亿美元，占进口总额的23.3%；工业制成品进口额9.3亿美元，占进口总额的76.6%。

进口商品市场 进口商品来自98个国家和地区。

新疆生产建设兵团2005年进口额1 000万美元以上商品情况表

金额分类	商品名称	进口金额（万美元）	占进口总额比重（%）
1亿美元以上（3种）	铜　材	54 942	45.29
	废　钢	18 524	15.27
	钢　材	11 460	9.45
5 000万—1亿美元（2种）	机电产品	7 784	6.42
	棉　花	5 264	4.34
1 000万—5 000万美元（5种）	肥　料	4 613	3.81
	成品油	2 031	1.67
	纺织机械	1 593	1.31
	铝　材	1 580	1.30
	高新技术产品	1 307	1.08
合　计	**10种**	**109 098**	**89.94**

新疆生产建设兵团2005年主要进口市场情况表

国别（地区）	进口金额（万美元）	占进口总额比重（%）	国别（地区）	进口金额（万美元）	占进口总额比重（%）
哈萨克斯坦	93 591	77.16	美　国	2 977	2.45
乌兹别克斯坦	7 417	6.12	日　本	2 153	1.77
吉尔吉斯斯坦	3 779	3.12	德　国	1 277	1.05
俄罗斯	3 474	2.86			
合　计				**114 668**	**94.53**

边境贸易　边境贸易进出口额20.07亿美元，占全兵团进出口总额的64.6%，比上年的11.8亿美元增长69.22%。其中，出口额15.42亿美元，增长155.98%；出口的主要商品有：服装、鞋类、机电产品、纺织制品、塑料制品、番茄酱、家具、灯具、热水瓶、箱包、寝具、汽车零件、铝材、聚氯乙烯、焦炭、棉花、棉纱及制品、日用品、家用电器、建材、金属焊条、电视机、玩具等。进口额4.65亿美元，下降20.37%；进口的主要商品有：铜材、钢材、铝材、机电产品、废旧金属、塑料原料、原油、成品油、棉花、棉短绒、化肥、纺织机械、食品加工机械、木材、纸浆、纸张、毛皮产品等。

【利用外资】

新疆生产建设兵团2005年利用外资情况

利用外资方式	批准签订的合同			实际利用外资	
	项目数（个）	外资金额（万美元）	金额比上年增长（%）	金　额（万美元）	金额比上年增长（%）
对外借款	9	3 494.00	201.2	2 502.6	196.50
外商直接投资	8	1 297.34	-66.6	633.5	-81.24

新疆生产建设兵团2005年利用外资情况（续）

利用外资方式	批准签订的合同			实际利用外资	
	项目数（个）	外资金额（万美元）	金额比上年增长（%）	金额（万美元）	金额比上年增长（%）
合作企业	1	3.32	332.0	0	0
合资企业	4	531.84	-84.7	66.4	-97.7
外资企业	3	762.08	91.0	567.1	41.8
合　计	**17**	**4 791.34**	**134.6**	**3 136.1**	**115.3**

外商直接投资行业　外商直接投资8个项目中，生产型4个，非生产型4个；按行业划分为纺织业1项、食品加工业2项、农业3项、批发和零售业1项、建筑业1项。

外商直接投资来源　外商直接投资分别来自6个国家（地区），主要是新加坡2项，金额750万美元；韩国1项，金额423.2万美元；俄罗斯1项，5万美元；加拿大1项，45.345万美元；英国1项，3.32万美元；香港2项，70.47万美元。

【对外经济合作】

承包工程和劳务合作　完成对外承包工程和劳务合作营业额2 919万美元，比上年的2 030万美元增长43.8%；当年派出劳务人员603人，年末在外人数426人，派往的主要国家是：巴基斯坦、阿联酋、阿尔及利亚、蒙古、吉尔吉斯斯坦。承包的主要项目是：水电站、公路、住房，国别分别为巴基斯坦、阿联酋、阿尔及利亚、蒙古、吉尔吉斯斯坦。

对外经济技术援助　承担援外项目3个，受援国家是：格林纳达、多米尼克、布隆迪；涉及的行业有：农业、水电工程；当年派出援外人员28人，年末在外人数28人。

接受经济援助　接受国际组织无偿援助项目1个，五家渠医院获得澳大利亚政府40万元人民币支持，用于疾病控制病房建设。项目执行情况良好。

对外投资　2005年在海外设立企业21家，总投资额1 529.57万美元；其中，中方投资1 083万美元。投资国别（地区）为法国、哈萨克斯坦、乌兹别克斯坦、吉尔吉斯斯坦、阿塞拜疆、柬埔寨、香港。

【其他】

经济技术开发区　2005年，石河子经济技术开发区完成基础设施投资额651万元。新批准注册企业38家，注册资本3.9亿元。其中，三资企业2个，投资额1 500万美元，注册资本750万美元。项目涉及食品加工。全年实现工业总产值53.49亿元，增长45.92%；实现税收2.1亿元，增长53.81%；财政收入2.58亿元，增长31.34%。完成外贸进出口总额1.2亿美元，其中，出口4 000万美元，进口0.8亿美元。

涉外旅游　接待入境旅游者8.09万人次，增长3.1%；旅游及旅游购物创汇920万美元。

2005年香港特别行政区商务发展概况

商务部国际贸易经济合作研究院

在内地经济高速增长与世界经济强劲复苏的带动下，2005年香港经济继续保持快速增长。2005年香港与内地“更紧密经贸关系的安排”的全面实施及补充协议的出台，进一步开放了内地市场，强化了香港与内地在贸易投资便利化方面的合作。内地居民“香港自由行”的持续扩大，“泛珠三角地区”经济合作全面推广等一系列活动，带动了香港投资、消费、货物贸易及服务贸易的全面发展，2005年香港GDP达1.382万亿港元，超过1997年水平。香港已经完全摆脱了亚洲金融危机的负面影响，重新恢复了经济增长的活力。2005年，香港经济增长率为7.3%。

【对外贸易】

对外贸易是香港经济重要的支柱性产业之一。作为一个外向型经济体，香港对外贸易发展对世界经济有较强的依赖性。2005年，在世界经济增势强劲、中国内地经济贸易持续快速发展的带动下，香港对外贸易发展取得了良好的业绩。

2005年，香港对外贸易总额为45 796.43亿港元，较上年的41 302.37亿港元，增长10.9%。其中出口贸易总额为22 501.74亿港元，较上年的20 191.14亿港元，增长11.4%；进口贸易总额为23 294.69亿港元，较上年的21 111.23亿港元增长10.3%。在香港总体出口中，港产品出口总值1 360.30亿港元，较上年的1 259.82亿港元增长8.0%；转口贸易总额为21 141.43亿港元，较上年的18 931.32亿港元增长11.7%。

2005年香港对外贸易

	2005年		2004年	
	金额（亿港元）	比上年增长（%）	金额（亿港元）	比上年增长（%）
贸易总额	45 796.43	10.9	41 302.37	16.4
总出口	22 501.74	11.4	20 191.14	15.9
港产品出口	1 360.30	8.0	1 259.82	3.5
转口	21 141.43	11.7	18 931.32	16.8
进口	23 294.69	10.3	21 111.23	16.9

资料来源：《香港统计月刊》，2006年2月。

港产品出口　中国内地与香港更紧密经贸关系安排实施后，内地与香港之间生产要素流动速度加快，市场开放度进一步扩大，港产品竞争力有所提高。2005年港产品出口1 360.30亿港元，较上年增长7.98%。在主要贸易伙伴中，中国内地与台湾省对港产品需求增大，香港港产品对其出口分别增加了17.8%及10.3%。受市场竞争及其他贸易伙伴市场需求等因素的影响，香港港产品对美国、英国及德国出口出现下滑。2005年港产品对上述国家的出口分别下降了2.3%、10.8%及12.7%。

2005年港产品五大出口市场

国别（地区）	金额（亿港元）		比上年增长（%）		占港产品出口总额比重（%）	
	2005年	2004年	2005年	2004年	2005年	2004年
美　国	377.67	386.86	-2.3	7	27.76	31
中国内地	446.43	378.98	17.8	4	32.82	30
英　国	73.04	81.90	-10.8	6	5.37	7
德　国	43.53	49.85	-12.7	3	3.19	4
台湾省	51.42	46.64	10.3	28	3.78	4

资料来源：《香港统计月刊》，2006年2月。

转口贸易　2005年，香港转口贸易呈现快速增长态势，全年转口额为21 141.43亿港元，较上年增长11.7%。2005年中国内地仍是香港转口货物的最大来源地和目的地。内地大量货物经香港转口，提升了香港国际转口港的地位，对香港转口贸易发展起着重要的拉动作用。2005年全年内地货物经香港转口占其转口总值62.1%，较上年增长15.7%。其他主要转口市场为：日本（占8.8%）下降4.2%、台湾省（占7.2%）增长13.9%、韩国（占7.0%）增长15.0%，美国（占3.0%）增长4.1%。从转口货物的用途类别来看，香港转口总值中消费品所占比重最大达34.74%，较上年增长8.2%。其次是原料及半成品（占34.1%），较上年增长9.0%；资本品（占30.4%），增长19.6%。香港输往祖国内地及台湾省的转口货物主要是机电产品，加工用原料及半成品，转往美国及其他市场主要为消费品。

2005年香港主要转口来源地

国别（地区）	金　额（亿港元）	比上年增长（%）	占转口总额比重（%）	
			2005年	2004年
中国内地	13 132.11	15.7	62.1	60.0
日　本	1 860.65	-4.2	8.8	10.3
台湾省	1 524.96	13.9	7.2	7.1
韩　国	740.30	15.0	7.0	3.4
美　国	643.04	4.1	3.0	3.3

资料来源：《香港统计月刊》，2006年2月。

进口　2005年，香港进口贸易总额为21 111.23亿港元，较上年增长10.3%。祖国内地仍是香港最大的进口来源地，自内地进口额为10 493.35亿港元，较上年增长14.3%，占香港进口总值的45.0%。2005年，随着"内地与香港更紧密经贸关系安排"实施领域的进一步扩展与深化，内地居民港澳"自由行"范围持续扩大，促使香港经济发展的主要动力消费、投资与出口出现了良性互动、均衡发展的态势。2005年，香港的金融、保险、地产、物流、旅游及零售等服务业持续上年高速增长势头，制造业保持了一定幅度增长，失业率创近4年来的新低，股市总市值、全年成交额等均创历史新高。香港经济的全面复苏刺激了香港内需增长。2005年香港的进口贸易继续呈现上升趋势。2005年香港进口留用的产品按用途划分，资本品进口较上年增长6.6%，消费品进口增加了3.7%。而原料及半成品、燃料等商品的进口值则较上年增长4.9%、23.7%。

2005 年香港五大进口来源地

国别（地区）	金　额 （亿港元）	比上年增长 （%）	占进口总额比重（%）	
			2005 年	2004 年
中国内地	10 493.35	14.2	45.0	44
日　本	2 565.01	0.1	11.0	13
台湾省	1 682.27	9.4	7.2	8
美　国	1 192.52	6.5	5.1	6
新加坡	1 351.90	21.8	5.8	6
其　他	2 859.75	4.4	12.3	13

资料来源：《香港统计月刊》，2006 年 2 月。

【旅游】

香港是国际著名的旅游中心，旅游业发展对香港经济增长起着重要的支持作用。2005 年，中央政府开放内地城市居民“香港自由行”进一步扩展。到 2005 年 10 月，内地已开放 38 个城市居民赴港旅游，涵盖近 2 亿内地居民。为支持香港经济及旅游业发展，内地在允许香港银行开办人民币业务的基础上，又推出了扩大业务范围的措施，极大地方便了内地居民在香港的消费。据香港统计，2005 年前 10 个月，仅“自由行”前往香港旅游的内地游客已达 465 万人次，“自由行”为香港带来的收入达 60 多亿港元。在内地游客赴港旅游增加的同时，其他国家及地区居民赴港旅游也急剧增长。2005 年访港旅客总计 2 335.92 万人次，较上年增长了 7.1%。酒店及旅店入住率 86%。从访港旅客来源地来看，祖国内地赴港旅游人数仍位居榜首，达 1254.12 万人次，较上年增长 2.4%，占赴港游客总数的 53.6%。台湾省、南亚及东南亚、美洲与欧洲、非洲及中东等地区访港人数分别增长 2.7%、16.2%、11.8%、25%。旅游业的发展激活了香港酒店、餐饮、商业与零售、娱乐等行业的景气，香港服务业增长 8.0%。随着香港经济的全面增长，2005 年香港居民出外旅游的人数急剧上升，全年达 7 229.99 万人次，增长 4.9%。

2005 年澳门特别行政区商务发展概况

商务部国际贸易经济合作研究院

2005 年，澳门经济继续呈现稳定健康发展的良好态势。内地与澳门“更紧密经贸关系安排”进一步拓宽及深化，内地居民参与港澳“自由行”的城市范围及人数持续增加，这些均推动了澳门旅游博彩业的发展，促进了澳门货物贸易及服务贸易的增长。2005 年，澳门建筑业增势强劲，楼宇买卖数目及价值大幅提升。酒店、餐饮、运输及零售等行业生意兴隆，投资增长，失业率下降。2005 年澳门全年经济实质增长 6.7%，成为回归以来第六个经济增长年。

【对外贸易】

概况　2005 年，澳门的对外贸易发展呈现出口贸易下滑、进口贸易持续快速增长的态势。2005 年全球纺织品贸易的配额体制宣告结束，实现了纺织品贸易一体化。纺织品及成衣是澳门出口的主导产品，2005 年占澳门出口贸易的比重为 77.4%。由于澳门的纺织品及成衣多为劳动密集型产品，纺织品配额的取消使其竞争力受到较大影响，也使澳门出口贸易出现了负增长。今后一个时期，加速澳门出口加工业的结构调整和升级，实现出口产品的多元化将是澳门出口贸易发展的关键所在。进口贸易持续增长主要原因在于：澳门博彩业市场开放后，整个行业发展迅速，为进一步增强竞争力，经营者不断增加服务设施，扩大运营规模，导致私人投资大幅增长 70.3%；CEPA 的深化实施，促进中国内地访澳门游客持续增加，推动了澳门以旅游博彩业为龙头的服务业快速发展及消费增长；2005 年澳门跨境工业园区进入全面建设和实施阶段，加上政府的旧区改造计划加紧落实，带动政府投资增长 13.5%。澳门投资及消费需求快速增长，使 2005 年澳门建筑业和房地产业延续了上年的增长势头，全年建筑及设备投资增长 88.9% 及 11.4%。澳门内需的扩大，带动进口贸易呈现良好的发展态势。据澳门特区政府统计，2005 年澳门对外贸易总值为 511.63 亿元（澳门元，下同），较上年的 504.65 亿元增长 1.4%。其中出口总值 198.23 亿元，较上年的 225.61 亿元下降 12.14%；进口贸易总值为 313.40 亿元，较上年的 279.04 亿元，增长 12.31%。在总出口中，澳门本地的产品出口出现下降，出口值 143.63 亿元，较上年下降 17.09%；转口货值 54.60 亿元，较上年增长 4.2%。全年贸易逆差为 115.17 亿元，较上年激增 115.55%。

2005 年澳门对外贸易主要指标

	2005 年（亿澳门元）	2004 年（亿澳门元）	2005 年增长率（%）
总出口	198.23	225.61	-12.14
本地产品出口	143.63	173.23	-17.09
转口	54.60	52.38	4.24
进口	313.40	279.04	12.31
贸易差额	-115.17	-53.43	115.55

资料来源：澳门统计暨普查局《澳门统计月刊》2006 年 2 月。

出口 2005 年澳门受全球纺织品配额取消的影响，出口贸易出现了负增长。从出口货物类别来看，占总出口货值比重 77.4% 的“纺织品及成衣”类别，出口降幅为 15.1%；非纺织品类别的出口较上年下降 31.0%。其中，成衣出口下降 15.3%，鞋类下降 91.5%，而机器设备与零件则增长了 13.5%。其他纺织品出口也大幅下跌，跌幅为 14.3%。

按出口目的地统计，2005 年，美国与欧盟仍是澳门出口的主要市场，共占澳门总出口货值的 65.8%。其中美国占澳门总出口额的 48.7%，欧盟占 17.1%，对这两个市场的出口额，分别较上年下降 12.2% 及 30.6%。祖国内地和香港分别为澳门的第三与第四大出口市场，其中祖国内地占澳门出口总额的 14.9%，香港占澳门出口总额的 9.8%。2005 年澳门对香港出口继续保持上年的快速增长态势，增长速度为 14.1%。2005 年澳门对祖国内地出口则出现下滑，较上年下降 6.2%。

2005 年澳门主要出口商品

商品类别	2005 年出口额（亿澳门元）	比　重（%）	2004 年出口额（亿澳门元）	比　重（%）	2005 年增长率（%）
纺织品及成衣	153.35	77.4	180.70	83.9	-15.1
成衣：	132.19	66.7	156.02	70.3	-15.3
针织	80.80	40.8	87.76	39.0	-7.9
梭织	51.39	26.0	68.26	31.4	-24.7
其他纺织品	21.16	10.7	24.68	9.5	-14.3
非纺织品	13.59	6.9	19.70	8.7	-31.0
机器设备及零件	12.88	6.5	11.35	5.4	13.5
鞋类	0.71	0.4	8.35	2.3	-91.5

资料来源：澳门统计暨普查局《澳门经济季刊》2005 年第四季。

2005 年澳门主要出口市场

国别（地区）	2005 年出口额（亿澳门元）	比 重（%）	2004 年出口额（亿澳门元）	比 重（%）	2005 年增长率（%）
美 国	96.47	48.7	109.90	48.6	-12.2
欧 盟	33.88	17.1	48.83	21.9	-30.7
中国内地	29.46	14.9	31.40	14.1	-6.2
日 本	1.71	0.86	1.84	0.9	-7.4
台湾省	1.82	0.92	2.02	1.2	-9.9
香 港	19.43	9.8	17.04	6.3	14.0
其 他	15.46	7.8	14.58	6.5	6.0

资料来源：澳门统计暨普查局《澳门经济季刊》2005 年第四季。

进口 2005 年澳门经济发展态势良好，旅游博彩业景气兴旺，内部需求激增。居民收入增加，失业率较上年有所下降，带动私人消费支出较上年增长 7.5%，政府最终消费支出增长 6.3%，2005 年澳门区内固定资本形成总额大幅增长 53.0%。投资及消费增势强劲，拉动进口贸易快速发展。2005 年进口贸易额 313.4 亿澳门元，较上年增长 12.3%。在整体进口货物大类中，消费品和资本货物进口分别上升 9.3% 及 20.6%。燃料及润滑油、原料及半成品的进口货值则分别在上年快速增长的基础上，大幅增长 41.3% 及 5.4%。

澳门的进口市场主要集中在亚洲地区。2005 年，祖国内地与香港仍是澳门最重要的进口来源地，共占澳门进口总值的 53.1%。2005 年澳门从内地进口较上年增长了 9.0%，从香港进口增长 6.0%。此外，在澳门的进口市场中，欧盟占澳门进口货值的 13.1%，在上年高速发展基础上又增长 18.4%；日本占澳门进口货值的 10.9%，较上年大幅增长 27.1%；美国占 4.1%，增长 12.9%；而澳门自台湾省进口则下降了 6.9%。

2005 年澳门主要进口商品

	2005 年进口额（亿澳门元）	比 重（%）	2004 年进口额（亿澳门元）	比 重（%）	2005 年增长率（%）
消费品	119.84	38.2	109.67	40.2	9.3
原料及半成品	105.27	33.6	99.84	32.8	5.4
燃料及润滑油	30.32	9.7	21.46	8.1	41.3
资本货物	57.97	18.5	48.07	18.8	20.6

资料来源：澳门统计暨普查局《澳门经济季刊》2005 年第四季。

2005 年澳门主要进口市场

国别（地区）	2005 年进口额（亿澳门元）	比 重（%）	2004 年进口额（亿澳门元）	比 重（%）	2005 年增长率（%）
中国内地	135.15	43.1	123.94	43.4	9.0
香 港	31.26	10.0	29.50	11.3	6.0
欧 盟	41.17	13.1	34.76	12.0	18.4
台湾省	12.61	4.0	13.54	4.4	-6.9
日 本	34.12	10.9	26.84	10.2	27.1
美 国	12.76	4.1	11.31	3.9	12.9
其 他	70.33	22.4	39.15	14.0	79.6

资料来源：澳门统计暨普查局《澳门经济季刊》2005 年第四季。

【旅游】

2005年，在澳门经济持续稳定发展，中国内地参与港澳“自由行”的城市进一步增加，澳门博彩业发展态势良好等因素的作用下，澳门旅游业增势强劲，入境游客、酒店入住率均创历史新高，据澳门统计，2005年入境旅客总人数为1 871.12万人次，较上年增加12.2%。2005年酒店平均入住率为70.93%。旅游业发展也刺激了澳门消费的增长，2005年零售业消费总额较上年增长16.8%。

2005年祖国内地赴澳门旅客人数再次创下历史新高，达1 046.30万人次，较上年增长9.8%，居澳门客源市场排名的第一位，占澳门入境旅客总数的55.9%。香港仍是澳门客源的第二大市场，赴澳门游客达561.49万人次，较上年增长11.2%。欧洲、美洲、日本及台湾省等国家及地区居民赴澳门旅游，改变了上年的颓势，分别增长29.8%、27.3%、38.4%及15.2%。韩国则大幅增长84.0%。

2005年台湾省商务发展概况

商务部国际贸易经济合作研究院

2005年台湾省经济总体呈现“内冷外温”格局。岛内需求不足，民间投资与消费低速增长，股市低迷，外商投资及岛内对海外投资下降等因素直接影响了台湾省经济发展。2005年台湾省经济呈现缓慢增长态势，上半年台湾省经济平均增长2.75%，下半年经济形势尽管有所好转，但仍未达到2004年的增长水平，全年经济增长率仅为4%。然而，受益于世界经济强劲增长和祖国大陆经济贸易快速发展，2005年台湾省外部需求继续保持一定幅度增长，带动了台湾省对外贸易发展，也弥补了岛内需求不足，支持了台湾省经济增长。

【对外贸易】

概况 在全球经济快速发展，国际市场需求旺盛，尤其是在祖国大陆经济持续高速增长的带动下，2005年台湾省进出口贸易仍保持一定幅度增长。但是，受台湾岛内制造业大量外移，各产业海外生产比重不断提高，岛内能源及原材料价格大幅上扬，新台币升值等因素影响，2005年上半年台湾省工业生产基本处于停滞状态，下半年，在电子零组件及计算机通信产业增产带动下，形势有所好转。但从总体来看，台湾省出口竞争力下降，出口增长速度较2004年大幅下滑，出口增幅下降也使进口增速减缓。据台湾“行政院主计处”统计，台湾省2005年对外贸易总额为3 810.51亿美元，比上年的3 419.04亿美元，增长8.5%，其中，出口1 984.35亿美元，较上年的1 740.14亿美元，增长8.8%；进口1 826.16亿美元，较上年的1 678.90亿美元增长8.2%。贸易顺差额为158.19亿美元，较上年的136.13亿美元增加22.06亿美元，增长16.2%。

2005年台湾省出口总额及主要出口商品

	2005年		2004年		2005年增减	
	出口额（亿美元）	占出口总额比重（%）	出口额（亿美元）	占出口总额比重（%）	出口额增加值（亿美元）	年增长率（%）
出口总额（含其他）	**1 984.35**	**100.0**	**1 823.71**	**100.0**	**160.64**	**8.8**
机械及电机设备	982.73	49.5	947.83	50.5	34.9	3.7
基本金属及其制品	204.69	10.3	184.29	10.5	20.4	11.1
车辆及运输设备	73.17	3.7	65.33	3.7	7.8	12.0
精密仪器	144.36	7.3	122.16	6.6	22.2	18.2

2005年台湾省出口总额及主要出口商品（续）

	2005年		2004年		2005年增减	
	出口额（亿美元）	占出口总额比重（%）	出口额（亿美元）	占出口总额比重（%）	出口额增加值（亿美元）	年增长率（%）
化学品	101.27	5.1	79.70	4.4	21.6	27.1
纺织品	118.40	6.0	125.72	7.2	-7.3	-5.8
塑胶橡胶及其制品	147.33	7.4	126.47	7.2	20.9	16.5

资料来源：台湾省“行政院主计处”《统计月报》第483期。

2005年台湾省进口总额及主要进口商品

	2005年		2004年		2005年增减	
	进口额（亿美元）	占进口总额比重（%）	进口额（亿美元）	占进口总额比重（%）	进口额增加值（亿美元）	年增长率（%）
进口总额（含其他）	**1 826.16**	**100.0**	**1 687.58**	**100.0**	**138.58**	**8.2**
电子产品	333.46	18.3	308.70	18.2	24.76	8.0
机械	173.05	9.5	176.69	10.5	-3.64	-2.1
化学品	194.95	10.7	175.93	10.5	19.02	10.8
塑胶及其制品	52.12	2.9	45.85	2.7	6.27	13.7
基本金属及其制品	188.08	10.3	184.79	11.0	3.29	1.8
车辆及运输设备	69.77	3.7	53.21	3.2	16.56	31.1
精密仪器	113.34	6.2	125.95	7.4	-12.61	-10.0

资料来源：台湾省“行政院主计处”《统计月报》第483期。

出口商品结构　在全球贸易快速扩张，外部需求强劲，尤其是祖国大陆经济快速发展、进口需求高速增长的带动下，2005年台湾省出口贸易较上年增长了8.8%。台湾省的重化工业品、非重化工业品出口分别较上年增长10.4%及3.4%，农产加工品较上年增长1.2%，农产品则较上年下降3.3%。

进口商品结构　2005年台湾省经济呈现低速增长。由于失业率增加，岛内居民收入下降，严重影响了民间消费，全年民间消费仅增长4.8%。岛内投资环境恶化，大量生产企业向岛外转移，民间投资增长受到较大制约。内需严重不足，制约了进口贸易发展。2005年台湾省的机械及精密仪器进口分别下降2.1%及10.0%。电子产品、化学品、塑胶及其制品、车辆及运输设备、基本金属及其制品进口尽管分别增长8.0%、10.8%、13.7%、31.1%及1.8%，但上述产品的进口增幅却大大低于上年30%以上的增长速度。

2005年台湾省出口商品结构

商品类别	2005年		2004年		2005年增减	
	出口额（亿美元）	占出口总额比重（%）	出口额（亿美元）	占出口总额比重（%）	出口额增加值（亿美元）	年增长率（%）
农产品	3.79	0.2	3.92	0.2	-0.13	-3.3
农产加工品	21.09	1.1	20.84	1.2	0.25	1.2
重化工业品	1 569.23	79.1	1 421.55	77.2	147.68	10.4
非重化工业品	390.25	19.7	377.40	21.4	12.85	3.4

资料来源：台湾省“行政院主计处”《统计月报》第483期。

2005 年台湾省进口商品结构

商品类别	2005 年		2004 年		2005 年增减	
	进口额（亿美元）	占进口总额比重（%）	进口额（亿美元）	占进口总额比重（%）	进口额增加值（亿美元）	年增长率（%）
资本设备	360.53	19.7	361.84	21.4	-1.31	-0.36
农工原料	1 307.91	71.6	1 187.42	70.4	120.49	10.15
消费品	157.73	8.6	138.31	8.2	19.42	14.04

资料来源：台湾省“行政院主计处”《统计月报》第483 期。

进出口贸易市场 2005 年台湾省的主要出口市场依次是祖国大陆（436.50 亿美元）、香港（340.36 亿美元）、美国（291.13 亿美元）、东盟（291.13 亿美元，包括新加坡、马来西亚、泰国、印尼、菲律宾及越南等六国，下同）、日本（151.11 亿美元）及韩国（58.86 亿美元）。据台湾省统计，上述国家及地区分别占台湾省出口总额的 22.0%、17.2%、13.6%、7.6%及 3.0%。2005 年在台湾省主要的出口市场中，对祖国大陆出口增长 20.1%，对香港增长 3.5%，对东盟六国出口增长 13.7%，对韩国出口增长 4.5%；2005 年台湾省对美国及日本出口继续保持增长趋势，出口增幅分别为 1.3%及 9.4%。

据台湾省统计，2005 年台湾省前五大进口市场依次为日本（460.55 亿美元）、美国（211.71 亿美元）、东盟（210.81 亿美元）、祖国大陆（200.94 亿美元）及韩国（132.39 亿美元 ）。其中自日本和美国进口金额分别为436.32 亿美元及 216.32 亿美元，分别占进口总额的 25.2%及 11.6 %。自祖国大陆进口额为 166.79 亿美元，比上年增长 19.7%，祖国大陆为台湾省第四大进口地区。

2005 年台湾省贸易顺差的主要来源地是祖国大陆、香港及美国。顺差额分别为 235.56 亿美元（祖国大陆统计为 581.31 亿美元）、319.36 亿美元及 79.42 亿美元。前三大逆差来源地分别是日本、韩国和德国。全年对日本逆差 309.44 亿美元，对韩国和德国逆差值分别为 73.53 亿与 17.17 亿美元。对上述三地逆差值分别比上年增长 1.7%、17.2%和 30.3%。

【投资】

海外华侨和外国人在台湾省投资 根据台湾省有关统计，2005 年，台湾当局共核准侨外直接投资金额 42.3 亿美元，较上年增长 7.0%，低于历年平均水平，其中华侨对台湾省投资较上年下降 24.9%，外国人投资较上年增加 7%。据联合国统计各地区实际到位的外商直接投资，台湾省远远落后于祖国大陆、香港、新加坡、韩国等地区，反映岛内投资环境持续恶化。

台湾省对外投资 台湾省对大陆以外地区投资继续衰退，2005 年对外投资金额 24.5 亿美元（不含祖国大陆，下同），较上年的 33.8 亿美元下降 27.6%。2005 年台湾省对美国、日本、香港、新加坡及泰国等国家和地区投资共占其对外投资总额的23%，其余投资大多集中在加勒比海地区。

台湾省对祖国大陆投资情况 祖国大陆经济持续稳健快速增长，投资软硬环境不断改善，吸引台商继续赴大陆投资。据商务部统计，2005 年，祖国大陆共批准台资项目 3 907个，合同台资金额 103.6 亿美元，增长 11.3%；实际使用台资金额 21.6 亿美元，同比下降 31.0%。按实际使用金额统计，台资居祖国大陆吸收境外投资排名的第六位。截至 2005 年，祖国大陆累计批准台资项目 68 095 个，实际使用台资金额 417.7 亿美元（未含台商经第三地的转投资）。目前，台湾省 1 200 多家上市、上柜公司中有近一半在大陆投资发展，大陆成为台湾省最大的海外投资地区。

台商在大陆投资领域仍以制造业为主。2005 年，台商投资产业居前五位分别为电子及电器制造、基本金属及金属制品业、化学品制造与塑胶制品、食品饮料与精密仪器制造等，合计占台湾省对大陆投资总额的 62%。在上述行业中，台商对电子及电器制造等高新技术业的投资比重持续增加，占台商对大陆投资总额近 40%。由于祖国大陆加快产业结构调整与升级，合理引导外资投向，再次修订了《外商投资产业指导目录》，增加了鼓励类内容，重点鼓励外商投资高新技术产业、设立研发中心及投资现代服务业，带动了台商对大陆高新技术产业的投资持续增加。按照加入世贸组织承诺，迄今为止大陆几乎开放所有服务贸易领域，也吸引台商对批发零售、餐饮、物流、国际贸易及金融保险等服务业加大投资力度。

台商投资区域仍集中在东部沿海省市，长江三角洲与珠江三角洲的一些主要省市仍是台商制造业及服务业投资的热点地区。2005 年，大陆正式公布了《关于促进东北老工业基地进一步对外开放的实施意见》，鼓励外资参与国有企业改组改造，重新修订了《中西部地区外商投资优势产业目录》，进一步拓展原有的鼓励外商投资范围，这些措施也促进台资加快了向内陆地区及中西部地区转移的步伐。

CHINA COMMERCE YEARBOOK
2006
The Editorial Board of the China Commerce Yearbook
A MUST-HAVE FOR
INTERNATIONAL BUSINESS
www.yearbook.org.cn
TEL:(010)64246856
CHINA COMMERCE YEARBOOK·2006
Published in separate Chinese and English editions

国别（地区）经贸

Foreign Economic Relations and Trade with Countries and Regions

现代商务需要……
A MUST-HAVE FOR
INTERNATIONAL BUSINESS
CHINA
COMMERCE
YEARBOOK
2006
政府年度出版物　中、英文分册出版
Published in separate Chinese and English editions
www.yearbook.org.cn 电话：(010)64246856

2005年中国内地与香港、澳门特别行政区的经济贸易关系

商务部台港澳司港澳处

2005年随着外部经济形势的好转和中央政府一系列支持港澳经济发展措施的实施，港澳地区经济发展良好，内地与港澳的经贸交流也呈现出合作领域不断扩大，层次不断提升，往来更为密切，渠道更为畅通的态势。

一、内地与港澳进出口贸易统计分析

(一) 内地与香港

据国家海关总署统计，2005年，内地与香港进出口总额1367.1亿美元，同比增长21.3%。其中，内地对港出口1244.8亿美元，增长23.4%；自港进口122.3亿美元，增长3.6%。内地对香港顺差1122.5亿美元。

2005年，香港为内地第四大贸易伙伴（前三位依次为欧盟、美国、日本）、第三大出口市场和第十大进口伙伴。

2005年内地从香港进口的前15种主要商品及金额

商品名称	金额（亿美元）	同比（%）
总计	**122.3**	**3.6**
机电产品	63.3	0.2
高新技术产品	40.9	6.8
集成电路及微电子组件	14.9	-7.8
电视、收音机及无线电讯设备的零附件	6.0	24.8
手持式无线电话机零件	4.9	38.6
棉机织物	4.6	0.2
初级形状的塑料	3.7	17.8
自动数据处理设备的零件	3.4	10.1
印刷电路	3.3	43.1
废铜	3.1	70.9
通断保护电路装置及零件	2.7	-1.9
废铝	2.7	102.3
液晶显示板	2.4	3.5
二极管及类似半导体器件	2.3	-16.3
废钢	2.3	-22.9

加工贸易在内地与香港进出口贸易中占有重要地位。根据香港特区政府统计处统计，2005年内地进口香港的货物中有38%是用作外发加工，货值3 885亿港元。另一方面，内地出口香港货物中有66%与外发内地加工有关，货值6 920亿港元。同期，原产内地经香港输往其他地方的转口货品中有79%是在内地加工制造，货值7 566亿港元。

(二) 内地与澳门

据国家海关总署统计，2005年，内地与澳门进出口总额为18.7亿美元。其中，内地对澳出口16.1亿美元，自澳进口2.7亿美元，分别比上年增长2.0%、下降0.8%和增长22.5%。目前，内地是澳门第一大进口来源地，是澳门最重要的贸易伙伴。

2005年内地从澳门进口的前15种主要商品及金额

商品名称	金额（亿美元）	同比（%）
总计	**26 454**	**22.6**
未锻造的铜及铜材	2 115	39.2
机电产品	941	27.3
废钢	755	56.4
针织或钩编织物	387	-77.5
废纸	380	21.8
高新技术产品	369	274.9
船舶	306	14.5
棉机织物	301	-67.0
玻璃纤维	262	-8.4
二极管及类似半导体器件	262	378.4
变压、整流、电感器及零件	130	-47.7
塑料制品	123	-24.5
棉纱线	86	-83.3
毛纱线	81	-70.6
合成纤维纱线	78	-81.6

2005年内地从澳门进口金额超过1 000万美元的商品仅有未锻造的铜及铜材。

2005年，内地与港澳进出口贸易总额及内地对港澳出口均呈现较快增长速度，与世界经济贸易的加快复苏有关，但内地与香港、澳门《关于建立更紧密经贸关系的安排》（以下简称《安排》）及其《补充协议》和《补充协议二》的签署和实施起到了重要的作用。《安排》的实施，减少和消除了内地与港澳间的贸易投资障碍，提高了内地与港澳经贸交流与合作的水平。

二、内地吸收港澳投资情况

2005年，内地吸收香港直接投资项目14 831个，增长0.8%；合同港资金额632.3亿美元，增长26.1%；实际使用港资金额179.7亿美元，下降5.4%。香港继续成为内地吸收境外投资的最大来源地。截至2005年，内地累计吸收香港直接投资项目数254 059个，合同港资金额5 278.9亿美元，实际使用港资2 595.4亿美元，分别占全国总数的46.0%、41.1%、41.7%。

2005年，内地吸收澳门直接投资项目707个，下降1.1%；合同澳资金额17.5亿美元，下降7%；实际使用澳资5.9亿美元，增加7.8%。截至2005年，内地累计吸收澳门直接投资项目数9 829个，合同澳资金额157.2亿美元，实际使用澳资63.3亿美元，分别占全国总数的1.8%、1.2%、1.0%。

三、内地在港澳开展的承包工程和劳务合作情况

2005年，内地在香港承包工程、劳务合作及设计咨询合同数共计784份，合同金额16.7亿美元，下降16.5%；完成营业额20.2亿美元，下降27%；年底在港劳务人数20 926人，下降4.5%。

2005年，内地在澳门承包工程、劳务合作及设计咨询合同数共计1 316份，合同金额8.5亿美元，增长30.1%；完成营业额5.1亿美元，增长45.7%；年底在澳人数27 283人，增长17.9%。

四、内地企业赴港澳投资情况

为进一步鼓励内地企业赴港澳投资，2004年8月，商务部、港澳办联合下发了《关于内地企业赴香港、澳门特别行政区开办经贸企业核准事项的规定》，积极支持包括民营企业在内的有能力的各种所有制的内地企业赴香港、澳门投资，开办企业。该规定出台后取得了很好效果。

截至2004年，经商务部（含外经贸部）核准备案的内地在港设立非金融类企业有2 258家，占驻外中资企业数的27.2%；内地对港非金融类直接投资净额累计达304亿美元，占驻外中资企业投资总额的68%。2005年内地在香港设立中资企业253家，同期内地对香港股本投资16亿美元，占同期内地境外股本投资（40.7亿美元）的39.3%。

截至2004年，内地对澳非金融类直接投资净额累计达6.25亿美元，占驻外中资企业投资总额的1.4%。2005年内地在澳门设立中资企业12家，全年内地对澳门直接投资1 972万美元。

五、重要经贸往来及大事记

2005年，内地与港澳经贸交流取得了丰硕成果。

（一）内地与香港、澳门《关于建立更紧密经贸关系的安排》实施十分顺利

货物贸易领域：截至2005年，香港发证机构共收到原产地证书申请10 532份，签发了10 055份原产地证书，涉及货品类别包括食品、化学产品、药品、塑胶及塑胶制品、纸品及印刷品、纺织及成衣制品、电机及电子产品、首饰及贵金属、金属制品、钟表、玩具等，其中，纺织及成衣制品涉及原产地证书数最多，共申请原产地证书3 742份，核发3 458份；药用及护理用品涉及货值最高，达18.2亿港元。截至2005年，香港共有1 108个税号的产品享受零关税待遇，内地累计进口享受零关税待遇香港货物总值4.1亿美元，关税优惠额2.5亿元人民币。以药品和纺织品为例，截至2005年，内地累计进口享受零关税待遇香港药品和纺织品总值分别为2.3亿美元和5 085万美元，分别占香港同类产品进口的76%和40%，关税优惠额分别为7 448万元人民币和6 081万元人民币。

截至2005年，澳门经济局共收到230份原产地证书申请，签发182份原产地证书，涉及水泥、纺织品、咖啡豆、塑料袋等，截至2005年，澳门共有509个税号的产品享受零关税待遇，内地累计进口享受零关税待遇澳门货物总值为121.6万美元，关税优惠额为97.1万元人民币。

服务贸易领域：截至2005年，香港工贸署共收到香港服务提供者证明书申请954份，核发915份，涵盖运输及物流、分销、银行、保险、电讯、广告、法律、建筑、医疗、视听、旅游等行业。其中运输服务及物流服务业最为踊跃，共收到证明书申请432份，核发423份，分别占申请和核发总数的45.3%、46.2%。

截至2005年，澳门经济局共核发澳门服务提供者证明书225份，主要涉及货代、运输、仓储、物流、电信、广告、零售、法律、会议服务和展览服务、公路卡车和汽车货运、集装箱堆场服务行业。

截至2005年11月，内地共注册香港个体工商户共1 856户，从业人员4 197人，注册资金1.02亿元人民币；内地共注册澳门个体工商户共193户，从业人员381人，注册资金702万元人民币。

（二）签署了内地与香港、澳门《〈关于建立更紧密经贸关系的安排〉补充协议二》

经国务院批准，2005年10月18日和21日，商务部副部长廖晓淇分别与香港特区政府财政司司长唐英年、澳门特区政府经济财政司司长谭伯源签署了《〈内地与香港关于建立更紧密经贸关系的安排〉补充协议二》、《〈内地与澳门关于建立更紧密经贸关系的安排〉补充协议二》。这次签署的《〈安排〉补充协议二》，是继2003年和2004年内地两次对香港、澳门开放货物贸易和服务贸易领域之后，进一步扩大开放的成果。其主要内容：一是在货物贸易方面，自2006年1月1日起，对输往内地的原产于香港、澳门的货物全面实行零关税；二是在服务贸易方面，在原已开放26个服务领域的基础上，对其中的法律、会计、建筑、视听、分销、银行、证券、旅游、运输和个体工商户等10个领域（对澳门扩大开放的领域为9个，不包括证券）进一步放宽市场准入的条件，扩大开放的程度。

《〈安排〉补充协议二》的签署标志着从2006年1月1日起，内地与香港、澳门实现货物贸易自由化，中央政府如期履行了承诺。内地对香港、澳门服务贸易领域的开放范围、地域和程度又有新的扩展。

（三）成功举办了香港WTO第六届部长级会议

2005年12月中旬香港成功举办了WTO第六届部长会议。在会议议题、大会组织等方面，内地与香港特区政府加强合作，由商务部薄熙来部长率领的中国代表团在会议期间积极开展工作，有效维护了我国利益，并为推动谈判取得超过预期结果的局面发挥了建设性作用，赢得了各方好评。香港特区行政长官曾荫权在会议结束后表示“没有中央政府的支持，没有中国代表团不分昼夜地做各方工作，会议不可能取得如此好的成果。”

香港WTO第六届部长会议的成功举办，向全世界反映了香港回归祖国实施一国两制方针保持繁荣稳定的大好局面，增强了全世界对香港的认识，再次提升了香港的国际地位。

2005年中国与日本的经济贸易关系

商务部亚洲司一处

一、双边贸易情况

（一）中日贸易统计

据中国海关统计，2005年中日贸易总额为1 844.5亿美元，较上年增长9.9%。占我对贸易总额的13%。其中我对日出口839.9亿美元，同比增长14.3%；我自日本进口1 004.5亿美元，同比增长6.5%。中方逆差164.6亿美元。日本列欧盟、美国之后，为2005年我国第三大贸易伙伴。

从总体看，2005年中日贸易额平稳，但增幅低于我国整体对外贸易增幅13个百分点，出口同比低14个百分点，进口低11个百分点，也大大低于中欧、中美贸易的增长幅度。同时，中日双边贸易中我方对日逆差已大幅减少。

根据日方统计，2005年日中贸易总额为1 893.9亿美元，较上年增长12.7%，占日本对外贸易总额的17%。贸易额虽然仍保持增长态势，但增幅却大大减缓，日本对中国出口803.6亿美元，增长8.9%；自中国进口1 090.2亿美元，增长15.7%，增幅分别较上年下降了20个和10个百分点。2005年中国是日本第二大贸易伙伴，若加上香港部分，中国则是日本最大的贸易伙伴。此外，中国是日本第二大出口市场和第一大进口来源。

（二）主要进出口商品情况

2005年中国对日主要出口商品为：1. 机电产品（381.4亿美元，增长18.6%），主要包括：自动数据处理设备及其部件、零附件92.5亿美元；家电及消费类电子产品及零件43.4亿美元；电工器材36.6亿美元；消费类电子产品及零件27.2亿美元；电子元器件23.3亿美元；通信设备及零件18.9亿美元；机械基础件18.7亿美元；电视、收音机及无线电讯设备的零附件15.8亿美元。2. 轻纺类产品（223.9亿美元，增长7.9%），主要包括：服装及衣着附件146.8亿美元；纺织纱线、织物及制品28.4亿美元；鞋类13.8亿美元；塑料制品12.5亿美元；家具及其零件10.8亿美元；旅行用品及箱包8.0亿美元；玩具3.5亿美元。3. 农产品（79.3亿美元，增长7.3%），主要包括：肉、水产品的制品25.2亿美元；水海产品12.4亿美元；蔬菜、水果制品10.3亿美元；食用蔬菜10.2亿美元。4. 贱金属及其制品（54.3亿美元，增长22.0%），其中，钢铁及其制品30.1亿美元。5. 化工产品（36.5亿美元，增长39.4%）。6. 矿产品（35.1亿美元，增长6.1%），主要包括：原煤15.4亿美元；成品油5.6亿美元；焦炭5.5亿美元；原油3.4亿美元。7. 对日出口产品中，高新技术产品达177.7亿美元，增长12.5%。从上述情况看，2005年我对日机电产品、高科技产品、金属制品、化工产品等出口继续保持快速增长势头。在农产品中，日方于2005年2月取消了对我紫菜产品的歧视性措施，进而实现了中国紫菜对日出口零的突破，全年我对日出口紫菜1.2亿张，金额达700多万美元。此外，日本汽车及零部件生产厂家自2005年以来纷纷扩大在中国的投资，因此原动机、汽车及零部件的出口增幅很大。

2005年我自日主要进口商品为：1. 机电产品（671.5亿美元，同比增长2.8%），主要包括：集成电路及微电子组件90.3亿美元；电视、收音机及无线电讯设备零附件28.8亿美元；通断及保护电路装置及零件28.6亿美元；自动数据处理设备的零件26.1亿美元；汽车零件25.8亿美元；二极管及类似半导体器件25.4亿美元；汽车零附件22.4亿美元；计量检测分析自控仪器及器具22.3亿美元；金属加工机床22.2亿美元。2. 贱金属及其制品（114.3亿美元，增长14.5%），主要包括：钢铁及其制品77.3亿美元。3. 化工产品（88.7亿美元，增长15.7%）。4. 塑料及其制品（51.6亿美元，增长14.1%）。5. 纺织品原料及其制品（37.5亿美元，减少2.4%）。6. 中国自日本高新技术产品进口303.8亿美元，增长1.8%。从上述情况看，2005年机电产品自日进口仍为占主要地位，但增幅减缓；此外，随着日本汽车及零部件企业在中国投资生产的增多，汽车整车进口有所下降，零部件进口增幅较小。

（三）中日技术贸易情况

据商务部业务统计，2005年中国与日本签订技术引进合同2 573份，合同总金额38.54亿美元（其中技术费

32.26 亿美元），同比增长 31.2%，占我技术引进总额的 20.2%，仅次于德国，居我技术引进来源第二位。我国从日本技术引进集中在电子和通信设备制造业、黑色金属冶炼及压延加工业、化学原料及化学制品制造业、电力·蒸汽·热水的生产和供应业、交通运输设备制造业等。

二、中日资金合作情况

（一）日本企业对华直接投资

2005 年上半年新签合同金额曾一度波动走低，但下半年已明显大幅回升。据商务部统计，2005 年全年日本对华直接投资项目数 3 269 个，同比下降 5.36%；合同金额 119.2 亿美元，同比增长 30.1%；实际到位金额 65.3 亿美元，同比增长 19.78%。截至 2005 年，我累计利用日资项目达 35 124 个，合同金额 785.69 亿美元，实际到位金额 533.75 亿美元，日本为我利用外资第二大来源。

此外，从 2005 年日本投资的地区看，东部地区占 94.85%；中部和西部地区分别占 3.78% 和 1.38%，其中对西部地区投资有所增加；从投资的行业看，日本对华投资仍主要集中在制造业和采矿业，约占实际到位金额的 71.81%，较上年有所下降；服务业约占 27.57%，较上年有大幅增加；农林牧渔业约占 0.62%。

（二）中日政府资金合作

2004 年度日元贷款政府换文签字仪式于 2005 年 3 月 29 日在北京举行。2004 年度对华日元贷款金额为 858.75 亿日元，将用于中西部地区 8 个项目的建设，贷款金额比上年度削减 11%，中国的位次从 2003 年度的第三位下滑到第四位，贷款利率为 0.75%（贷款期 40 年）和 1.50%（贷款期 30 年，含宽限期 10 年）。2004 年度贷款项目如下：陕西城镇供水 11 亿日元、西安环境综合治理（二期）195.64 亿日元、内蒙古人才培养项目 50.73 亿日元、湖南长沙引水及水质环境工程 199.64 亿日元、新疆伊宁市环境综合治理 64.62 亿日元、内蒙古包头市大气环境治理工程 84.69 亿日元、四川生态建设工程 65.03 亿日元、贵州省贵阳市水环境治理工程 121.40 亿日元。截至 2005 年 3 月，日本政府已累计向中国政府承诺提供日元贷款协议金额约 31 330.56 亿日元，用于 232 个项目的建设。截至 2004 年 9 月，我国实际使用日元贷款约 2 万亿日元，已还本 4 259.76 亿日元，付息 4 836.63 亿日元，合计约 9 096.39 亿日元，债务余额约 16 515.44 亿日元。

2005 年日本政府对华无偿援助金额为 10.45 亿日元，项目为 3 个。具体项目如下：人材培养讲学计划（分两次换文）6.76 亿日元、第二期黄河中游防护林建设计划（四）3.69 亿日元。这样，截至 2005 年，中国共接收日本无偿援助累计 1 376.26 亿日元，用于 136 个项目的建设，涉及环保、教育、扶贫、医疗等领域。

三、我对日投资及中日研修生合作情况

2005 年全年，我非金融类对日投资 2 867.3 万美元。目前在日各类研修人员 11.8 万人，完成营业额 10.88 亿美元。由于日本国内经济运行成本居高不下，国内流通渠道复杂，加之我具有世界级实力企业较少，我对日“走出去”同日本对华投资相比尚属起步阶段。

据商务部统计，2005 年中国对日本直接投资额 2 867 万美元（非金融类），截至 2005 年，我对日投资累计达 16 816 万美元。

2005 年我对日新签各类对外经济合作（承包工程、研修生、对外设计咨询）新签合同份数 2 919 个，合同金额 13 亿美元，实际完成营业额 11.9 亿美元，新派出人数 54 977 人，年末在日人数 121 435 人。截至 2005 年，我对日经济合作合同额累计 72.8 亿美元，完成营业额 57.09 亿美元。

四、中日主要经贸往来

1 月 20 日，黄海部长助理在京分别会见了日本三菱商事中国总代表武田胜年和丸红公司中国总代表真锅忠夫，就两公司在华投资情况及外国企业设立商业企业等问题交换了意见。

1 月 20 日，易小准部长助理在京会见了日本外务省亚大局新任局长佐佐江贤一郎。双方就中日双边经贸关系及多边领域加强合作等问题交换了意见。

1 月 24 日，薄熙来部长在京会见了日本电产公司社长永守重信，就中日经贸合作关系等交换了意见。

2 月 28 日，安民副部长会见了日本朝阳贸易株式会社董事长华井满。安民副部长对朝阳贸易多年来在中日经贸合作领域的积极努力表示肯定，并鼓励该公司今后继续扩大对华投资合作。

2 月 28 日，安民副部长会见了以大川三千男为团长的日本经济团体联合会日中通商代表团。双方就中日经贸合作关系、知识产权保护和我国入世后贸易权流通权的进一步开放等问题交换了意见。

4 月 4 日，薄熙来部长会见了日本前首相、日本国际贸易促进协会会长桥本龙太郎一行，就进一步发展两国经贸合作问题交换了意见。

4 月 5 日，安民副部长陪同吴仪副总理会见日本国际贸易促进协会会长桥本龙太郎一行，并出席该协会答谢晚宴。

4月5日，马秀红副部长会见日本YKK株式会社社长吉田忠裕一行，就该公司对华投资和中日经贸合作关系等交换了意见。

4月6日，安民副部长陪同吴仪副总理会见日本YKK株式会社社长吉田忠裕一行。

4月18日，薄熙来部长会见了日本佳能公司中国总代表足达洋六。足达介绍了近年来该公司在华业务情况，薄部长鼓励其进一步积极开展对华投资。

4月19日，廖晓淇副部长陪同国务院副总理吴仪在中南海紫光阁会见了日本丰田汽车公司名誉会长丰田章一郎。

4月21日至22日，安民副部长率商务部代表团访日，同以日下一正审议官（副部级）为团长的日本经济产业省代表团举行了两部第十一次定期磋商，并与日本经济界进行了两场座谈。

5月17日，廖晓淇副部长会见了日本丸红株式会社社长胜俣宣夫，就该公司对华投资和商业领域对外开放等交换了意见。

5月17日至23日，安民副部长随同吴仪副总理出席日本爱知世博会中国馆日活动并顺访日本。

6月15日，安民副部长会见了以日本国际知识产权保护论坛主席、本田技研工业株式会社特别顾问宗国旨英为团长、日本贸易振兴机构理事长渡边修为副团长的日本保护知识产权官民联合高层访华团，双方就中国保护知识产权问题及两国加强在保护知识产权方面的合作等问题交换了意见。

6月16日，安民副部长出席了由中国贸促会和日本贸易振兴机构主办的中日商务联合研讨会并致辞。会前，安副部长会见了日本贸易振兴机构理事长渡边修。

6月21日，魏建国副部长在大连会见了来华参加第三届中国国际软件及信息服务交易会的日本经济产业省平田耕一大臣政务官一行。双方就加强中日双边经贸合作，特别是软件及信息服务合作交换了意见。

7月7日，安民副部长会见了由日中经济协会前任会长渡里杉一郎、新任会长千速晃率领的日中经济协会访华团。就中日经贸关系、中日长贸协议续签等共同关心的问题交换了意见。

7月7日，吴仪副总理会见并宴请了由日中经济协会前任会长渡里杉一郎、新任会长千速晃率领的日中经济协会访华团。就中日关系、双方经贸合作等共同关心的问题交换了意见。于广洲副部长参加了会见。

7月11日，薄熙来部长在大连会见前来参加WTO小型部长会议的日本农水大臣岛村宜伸。双方就加强两国农业合作等问题交换了意见。

7月13日，薄熙来部长在大连会见前来参加WTO小型部长会议的日本经产大臣中川昭一。双方就加强两国经贸合作关系等问题交换了意见。

8月31日，安民副部长在京会见了以东海日中贸易中心会长横井明为团长的2005年度日本中部地区经济界访华团一行。

9月6日，吴仪副总理宴请日本东海日中贸易中心会长横井明，安民副部长陪同出席了宴请。

9月21日，安民副部长出席2005年度中日长贸协议定期协商。

9月22日，安民副部长出席我部与日本日中经济协会2005年度大型访华团座谈会，亚洲司、条法司、外资司等相关司局领导也出席了座谈会。

9月26日，温家宝总理会见了日本日中经济协会2005年度大型访华团，安民副部长参加了会见。

10月28日，薄部长在北京会见了以日本瑞穗综合研究所社长大内俊昭为首的日本瑞穗金融集团代表团一行，双方就发展双边经贸合作等交换了意见。

11月15日，薄熙来部长在韩国釜山会见了日本经济产业大臣二阶俊博，就两国关系和双边经贸合作等交换了意见。

11月22日，薄熙来部长会见了日本富山县知事石井隆一为团长的访华代表团一行。双方就中日关系和两国经贸合作等交换了意见。薄部长希望富山县积极参与中国东北老工业基地的振兴和建设，继续为推动两国经贸合作关系做出努力。

12月15日，薄熙来部长在香港会见了出席第六届WTO部长级会议的日本经济产业大臣二阶俊博，双方就WTO新一轮谈判各自立场和中日经贸合作等问题交换了意见。

2005年中国与韩国的经济贸易关系

商务部亚洲司四处

2005年是中韩经贸关系发展史上具有里程碑意义的一年，双边经贸合作取得丰硕成果，主要有：两国贸易额突破1 000亿美元大关；两国领导人确定在2012年实现双边贸易2 000亿美元目标；韩国宣布承认我国市场经济地位等。中韩两国自1992年建交以来经济贸易合作一直顺利发展，互为重要经贸合作伙伴的关系不断得到巩固与加强，可以说，目前中韩经贸合作已完成单纯“量”的累积阶段，正逐步进入“以量促质”、全面提高合作层次与水平的新的发展时期。

一、2005年中韩两国贸易突破1 000亿美元大关，两国领导人确立2012年实现双边贸易2 000亿美元新目标

自1992年建交以来，中韩贸易一直顺利发展，保持了年均约27%的增长，且多年来持续高于全国外贸平均增幅。据中国海关统计，2005年两国贸易额达1 119.31亿美元，同比增长24.3%，其中中方出口351.09亿美元，进口768.22亿美元，同比分别增长26.2%和23.4%。两国领导人2003年确定的2008年双边贸易额达1 000亿美元的目标提前3年实现。目前韩国是中国第四大贸易伙伴（不包括欧盟和东盟），中国是韩国第一大贸易伙伴。

2005年11月，胡锦涛主席成功访问韩国，两国领导人根据两国研究部门的研究结果提出了在2012年两国建交20周年时争取实现双边贸易额2 000亿美元的新的发展目标，为今后两国经贸关系发展指明了方向。

二、韩国宣布承认中国完全市场经济地位

2005年11月，胡锦涛主席访韩期间，韩方宣布承认中国市场经济地位，韩国是中国主要贸易伙伴中率先承认中国市场经济地位的国家，意义重大。同时，商务部与韩国产业资源部签署了关于促进两国贸易投资发展和扩大两国贸易救济领域合作的备忘录。在备忘录中，韩方承诺将在三个月内修改相关承认中国市场经济地位法规，中方向韩提出希望尽快解决纺织品特殊保障措施和针对中国特定商品的保障措施问题，双方还提出了加强两国在贸易救济领域合作等问题。

三、两国完成《中韩经贸合作中长期发展规划联合研究报告》

根据2003年中韩两国领导人所达成的共识，经过两年的研究，2005年商务部与韩国外交通商部组织完成并签署了《中韩经贸合作中长期发展规划联合研究报告》（以下简称《报告》），这一研究成果在胡锦涛主席访韩时对外宣布。《报告》提出了今后两国经贸合作发展目标、两国重点合作领域、合作方案并提出相关政策性建议，是今后两国扩大贸易、投资等中长期经贸合作的重要指针。《报告》提出的促进两国贸易投资便利化五项措施（预防和减少贸易摩擦、促进电子贸易发展、加强通关程序简便化合作、提高法规政策的透明度、消除投资障碍）及加强12个重点领域的合作（汽车、流通物流、钢铁、环境、纳米和生物技术、信息和通信、西部大开发、东北老工业基地振兴、农业、2008年北京奥运会信息通讯系统合作和中国火电和核电站建设以及京—沪高速铁路建设管理合作）在两国经济界引起了很大反响。

四、中韩自由贸易区民间联合研究工作正式启动

根据胡锦涛主席与卢武铉总统在智利APEC领导人会议期间达成的共识，2005年3月，中国国务院发展研究中心和韩国对外经济政策研究院开始启动中韩自贸区民间联合研究工作，计划研究期两年，两国研究部门将在2006年底完成研究工作并将向两国政府提出政策性建议。

五、韩国企业对华投资成果显著，中国企业对韩“走出去”步伐加快

据商务部统计，2005年，中方共批准韩国企业来华直接投资6 115项，同比增长8.7%，协议韩资金额197.6亿美元，同比增长42.1%，韩实际到位资金51.7亿美元，同比下降17.3%。按照实际到位基准，韩是我第四大外商直接投资来源，仅次于香港、英属维尔京群岛和日本。截至

2005年，中方共批准韩国企业对华直接投资3.89万项，协议韩资金额703.2亿美元，实际使用韩资311.01亿美元。

据商务部统计，2005年，中国对韩国非金融类直接投资5.9亿美元，截至2005年，中国对韩投资达11.5亿美元。目前，中国企业在韩投资较大的项目主要有：上海汽车集团收购双龙汽车、京东方科技股份有限公司收购韩HYNIX（原现代电子）的TFT液晶显示器部门、上海汽车集团参股通用大宇汽车公司等。

六、中韩劳务与承包工作继续顺利开展

据商务部统计，2005年中韩新签劳务和工程承包合同金额5.13亿美元，完成营业额5.26亿美元，同比分别增长28.25%、38.4%。截至2005年，中国在韩劳务人员为5.2万名。

七、中日韩等多边合作渐趋务实，合作体制日益成熟

中日韩经贸部长会议机制是根据三国领导人达成的共识建立的，目前已举行了三次会议，会议就加强三国流通物流合作等达成诸多共识。中方在2004年第三次会议上提出希望中日韩共同编纂三国流通物流报告书建议，得到日韩积极响应。2005年三国完成了报告书草案，拟于2006年正式出版。

中日韩环黄海经济技术交流机制经过五年的发展，已发展成为涵盖政府、经济团体、企业及教育界等多领域的综合性会议，为三方合作提供了良好的平台和机会。2005年11月，中日韩三方在韩国大田市举行了第五次会议，会议规模达350人，会议提出了进一步促进三国环黄海地区贸易、投资及技术交流诸多合作方案并形成共同文件，特别是会议首次启动的环黄海地区大学校长论坛，就三国设立外语教育及留学生中心、在汽车、信息技术等领域进行共同研发及某些尖端设备共享等形成共识，并成立了相应机制予以落实。

中韩经贸合作总体发展比较顺利，但也存在着一些问题，主要是中方贸易逆差不断扩大致使双边贸易严重失衡，2005年中方逆差达417.1亿美元，同比增长21.2%，逆差额远大于我出口额。另外，韩国对中国出口农产品检疫苛刻、韩国媒体炒作中国农产品质量等问题对两国经贸合作也造成了一定的干扰。

目前，中韩两国经济合作正面临着新的发展机遇，为此，有必要对两国经贸合作进行整体规划，不断为企业创造公平的、可预见的贸易环境，在发展中寻求两国贸易平衡，同时积极落实中韩经贸合作中长期发展规划相关建议与措施，从更深层次上加强两国在各领域的合作，努力推动2 000亿美元目标如期实现。

2005年中国与东盟国家的经济贸易关系

商务部亚洲司二处

2005年，中国与东盟国家的友好关系进一步发展，双方高层互访频繁，各领域合作交流进一步深化。中国和东盟已形成了政治上相互尊重、经济上相互促进、安全上相互信任的良好态势。中国与东盟的经贸合作关系也取得了新的进展，继2004年双边贸易额实现历史性的跨越，突破1 000亿美元大关之后，2005年中国—东盟双边贸易额再创新高，达1 303.7亿美元。当年东盟对华投资项目2 342项，合同外资金额95.03亿美元，实际投入金额31.05亿美元。2005年经商务部核准和备案的对外直接投资达3.04亿美元。全年我在东盟国家新签承包工程合同金额52.55亿美元，完成营业额28.62亿美元。

根据2004年11月29日商务部部长薄熙来在老挝万象召开的第八次中国—东盟领导人会议期间与东盟十国经贸部长分别代表各自政府签署的中国—东盟自由贸易区《货物贸易协议》和《争端解决机制协议》，双方已从2005年7月起全面启动降税进程。中国和东盟六国至2010年将绝大多数产品关税削减为零。中国—东盟自由贸易区建设进入了实质性全面启动的阶段。中国—东盟自贸区是一项互惠双赢的经贸安排，它的建立不仅深化和密切了中国—东盟全面合作关系，而且对东亚地区的经济一体化进程也产生了重要的推动作用。

2005年10月19日至22日，由中国商务部与东盟十国经贸主管部门及东盟秘书处共同主办的第二届中国—东盟博览会暨第二届中国—东盟商务与投资峰会在广西南宁举行，在中国、东盟及自贸区外引起广泛关注。中国国家副主席曾庆红、柬埔寨首相洪森、缅甸总理梭温、老挝国家副主席朱马里、泰国第一副总理颂奇、越南常务副总理阮晋勇以及中国与东盟十国经贸部长、东盟秘书长等中外政要出席博览会。与首届相比，第二届博览会规模更大，内容更专，配对更优，服务更好，活动更多，特色更鲜明，经贸成效有了进一步提高，参展参会客商、采购商2.5万人，商品贸易成交11.5亿美元，同比增长6%；签订涉外投资合作项目126个，总投资52.9亿美元，同比增长5.9%。与博览会同期举办的第二届中国—东盟商务与投资峰会也取得了圆满成功。

随着中国与东盟经贸关系的持续发展以及中国—东盟自由贸易区的建立，中国—东盟经贸合作进入了全面深入发展的新阶段，形成了贸易、投资、经济合作全面发展并相互促进的良好格局。

一、双边贸易

自1990年以来，中国—东盟贸易额以年均约20%的速度递增。东盟已连续13年成为中国第五大贸易伙伴，是中国在发展中国家中最大的贸易伙伴。东盟已成为我第五大出口市场和第四大进口来源地。2005年，中国—东盟贸易总额达到创纪录的1 303.7亿美元，比上年增长23.1%。其中我出口553.7亿美元，增长29.1%；进口750亿美元，增长19.1%。

20世纪90年代以前，中国对东盟出口的主要是农副产品和轻纺产品，从东盟进口的主要是原料性商品。近年来，双边贸易的主要商品实现了由初级产品向工业制成品的转变，机电产品和高新技术产品进出口增长迅速，所占比重不断增加。

自1993年起，中国对东盟贸易由顺差变为逆差，2005年达196.3亿美元，比上年下降2.2%，东盟成为我第四大逆差来源地。主要逆差来源国为马来西亚（94.9亿美元）、菲律宾（81.8亿美元）和泰国（61.7亿美元）。

按国家排列，2005年，新加坡、马来西亚、泰国、菲律宾、印尼在中国前二十大贸易伙伴中分别位居第七、第八、第十三、第十八和第十九位。

二、相互投资

东盟是我国吸引外资的重要地区之一。根据商务部统计，2005年，东盟对华投资项目2 342项，合同外资金额95.03亿美元，实际投入金额31.05亿美元。截至2005年，东盟国家对华投资项目26 855项，合同外资金额821.24亿美元，实际投入385.18亿美元。

在东盟对华投资不断增长的同时，中国政府也鼓励企业“走出去”。由于地理位置相邻，文化背景相似，东盟国家逐步成为中国企业对外投资的重要地区之一。2005年经商务部核准和备案的对外直接投资达3.04亿美元，截至2005年，经商务部批准和备案，中国企业在东盟十国投资总额为10.8亿美元。

三、经济技术合作

2005年中国公司在东盟国家开展的承包劳务合作继续取得积极成效。全年我在东盟国家新签承包工程合同金额52.55亿美元，完成营业额28.62亿美元。新签劳务合作合同金额3.24亿美元，完成营业额4.70亿美元。新签设计咨询合同金额2 894万美元，完成营业额1 712万美元。

截至2005年，中国企业在东盟国家签订承包劳务合同总金额350.2亿美元，完成营业额232亿美元。新加坡、马来西亚、缅甸、泰国和越南是中国在东盟国家开展承包劳务合作的主要国家。其中，新加坡已成为我对外承包工程第四大目的地和对外劳务合作第二大市场。

四、重要经贸往来

1月17日，薄熙来部长和陈健部长助理会见了来访的菲律宾贸工部长普利斯马和环境与自然资源部长迪范瑟。

1月19日，薄熙来部长会见了来访的印尼力宝集团董事长李文正一行。

2月2日，薄熙来部长会见了来访的新加坡外长杨荣文。

3月29日，薄熙来部长会见了来访的新加坡交通部长姚照东一行。

4月20日至28日，薄熙来部长陪同胡锦涛主席对文莱、印度尼西亚、菲律宾等东南亚三国进行国事访问，并出席了亚非峰会和万隆会议55周年纪念活动。

4月24日，陪同胡锦涛主席访问印尼的薄熙来部长与印尼贸易部长冯慧兰举行了会谈。

4月27日，安民副部长会见了来访的泰国外交部副部长布瑞差。

5月12日上午，张志刚副部长出席了在北京举办的“中国—东盟电信周”开幕式并发表了题为《促进互利合作，实现共同繁荣》的演讲。开幕式前，张副部长陪同国务院副总理黄菊会见了参加电信周的东盟秘书长王景荣和东盟各国电信部长。

5月17日至19日，吴邦国委员长访问新加坡。5月18日，吴邦国委员长出席了中新经贸合作论坛开幕式并发言，魏建国副部长与新加坡贸工部常秘王文辉签署了《关于成立中新投资促进委员会的协议》。

5月20日上午，廖晓淇副部长出席了“中国—泰国商业机遇研讨会”并致词。

5月20日，薄熙来部长在钓鱼台国宾馆会见了泰国副总理兼财政部长颂奇一行。

6月2日，安民副部长会见了率团来华进行泰国大米推介活动的泰国商业部副部长素里亚。

6月6日，安民副部长与缅甸计划发展部部长吴梭达在缅甸首都仰光共同主持召开了中缅经济、贸易和科技合作联委会第一次会议。

6月9日，安民副部长在菲律宾首都马尼拉出席由商务部主办、机电商会承办的中国机电产品展览会开幕式。

6月9日，安民副部长在马尼拉与菲律宾贸工部副部长阿基诺共同主持召开了中菲贸联会第二十四次会议。

6月10日，安民副部长会见了菲律宾众议长德贝内西亚。

6月27日，薄熙来与来访的印尼经济统筹部长巴克利举行会谈。

7月1日，安民副部长参加温家宝总理与来访的泰国总理塔信的会谈。

7月1日晚，廖晓淇副部长陪同黄菊副总理会见了来访的泰国总理塔信。

7月4日，大湄公河次区域国家（GMS）第二次领导人会议在昆明召开。期间，安民副部长陪同温家宝总理分别会见了越南总理潘文凯、老挝总理本扬、缅甸总理梭温、柬埔寨首相洪森并出席了中缅、中柬政府有关经贸合作协议的签字仪式。

7月9日，廖晓淇副部长陪同黄菊副总理会见了泰国正大集团董事长谢国民。

7月11日上午，安民副部长会见了来京参加中印尼高官会的印尼经济统筹部副部长马亨德拉一行。

7月15日，薄熙来部长与来访的越南贸易部长张庭选举行会谈。

7月18日，薄熙来部长参加胡锦涛主席与来访的越南国家主席陈德良的会谈。会谈结束后，薄部长分别与越贸易部长张庭选和越计划投资部长武洪福签署了《中越WTO双边市场准入协议》和《中越两国政府关于中国向越南提供优惠贷款的框架协议》。

7月19日上午，温家宝总理会见了越南国家主席陈德良，廖晓淇副部长参加。

7月19日下午，魏建国副部长应约会见了陪同越南国家主席陈德良访华的越南工业部长黄忠海。

7月22日，安民副部长、易小准部长助理分别会见了应邀来访的新加坡贸工部常秘王文辉。

同日，廖晓淇副部长与王文辉举行了会谈，并在会后共同签署了“中华人民共和国商务部与新加坡共和国贸工部关于建设中新经贸合作网站的谅解备忘录”。

7月28日上午，安民副部长陪同温家宝总理会见了来华进行国事访问的印尼总统苏希洛。

7月28日下午，安民副部长参加胡锦涛主席与苏希洛总统的会谈，并与印尼财政部长尤素夫·安瓦尔签署了《中印尼两国政府经济技术合作协定》。

8月10日，魏建国副部长陪同温家宝总理会见了来访的柬埔寨国王诺罗敦·西哈莫尼。

8月11日，薄熙来部长参加胡锦涛主席与来访的柬埔寨国王诺罗敦·西哈莫尼的会谈。

8月25日，高虎城副部长陪同吴仪副总理会见了来华参加泰国上市公司推介活动的泰国副总理兼商业部长颂奇。

8月29日，薄熙来部长与印尼贸易部长冯慧兰在北京共同主持召开中印尼经贸和技术联委会第七次会议。

8月30日，安民副部长出席了印尼贸易部在中国国际展览中心主办的第二届印尼展览会的开幕式并发表讲话。

8月30日，张志刚副部长出席了印尼贸易部和印尼工商会在北京联合举办的印尼风情文化晚宴，并礼节性会见了印尼副总统尤素夫和贸易部长冯慧兰。

8月31日，安民副部长参加曾庆红副主席与来访的印尼副总统尤素夫·卡拉的会谈。

9月1日，安民副部长陪同黄菊副总理会见并宴请了来访的马来西亚副总理纳吉布。

9月8日，陈健部长助理在厦门会见了参加第九届中国国际投资贸易洽谈会的泰国投资促进委员会副秘书长塔荣·玛哈察里雅沃一行。

9月8日，陈健部长助理在厦门会见了参加第九届中国国际投资贸易洽谈会的新加坡国际企业发展局局长李奕贤一行。

9月16日，魏建国副部长陪同吴仪副总理会见了来访的亚洲企业领袖协会代表团。

9月19日，在新加坡访问的吴仪副总理拜会了新加坡总统纳丹，新加坡副总理黄根成为吴仪副总理举行了欢迎宴会，薄熙来部长参加。

9月20日上午，吴仪副总理与新加坡副总理黄根成共同主持召开了中新双边合作联委会第二次会议，双方就重点领域合作、中新双边自贸区、金融和劳务合作等问题深入交换了意见，薄熙来部长参加。会后，双方举行了“中新经贸合作网站”的开通仪式。

9月20日下午，吴副总理分别拜会了新加坡总理李显龙以及新加坡国务资政吴作栋，薄熙来部长参加。

9月20日上午，于广洲副部长在河内与越南贸易部副部长潘世瑞共同主持召开了中越经贸合委会第五次会议。下午，于副部长与越南计划投资部长武洪福举行了会谈。

9月21日，于广洲副部长与越南贸易部副部长潘世瑞在河内签署了中越经贸合委会第五次会议纪要。随后，于副部长拜会了越南副总理武宽。

9月22日，在吴仪副总理访问泰国期间，商务部与泰国商业部在清迈共同举办了“中泰经贸与投资合作研讨会”，会议由薄熙来部长主持，吴仪副总理和泰国副总理颂奇出席了会议并发表讲话。研讨会后，吴仪副总理与泰国副总理颂奇共同主持了中泰贸易、投资和经济合作联合委员会第二次会议并在会后签署了会议纪要，薄熙来部长参加。

9月22日晚，吴仪副总理会见了泰国总理塔信并出席了塔信为吴副总理一行设的家宴，薄熙来部长参加。

9月22日，薄熙来部长会见了泰国财政部副部长瓦拉贴，双方重点就清迈卷烟厂项目交换了意见。

9月23日，薄熙来部长与泰国交通部长鹏萨、商业部副部长刘树勋和财政部副部长瓦拉贴举行会谈。

9月24日，正在文莱访问的吴仪副总理会见了文莱代苏丹王储比拉；当晚，吴副总理会见了文莱外交和贸易大臣穆罕默德亲王并出席了其主持的欢迎宴会。薄熙来部长参加。

9月27日，正在老挝访问的于广洲副部长会见了老挝副总理兼老中经贸技术合委会主席通伦。

9月27日，正在老挝访问的于广洲副部长会见了老挝贸易部长苏里冯·达拉冯。

9月29日，于广洲副部长率团出席了在老挝万象举行的东盟和中、日、韩（10+3）经贸部长会议以及东盟—中国（10+1）经贸部长会议。

10月18日下午，曾庆红副主席分别会见了前来南宁出席第二届中国—东盟博览会和第二届中国—东盟商务与投资峰会的缅甸总理梭温、老挝副主席朱马里、越南副总理阮晋勇及东盟各国经贸部长，薄熙来部长参加。期间，薄部长与缅甸计划发展部长吴梭达签署了《中国政府向缅甸联邦政府提供优惠贷款的框架协议》。

10月18日晚，中国—东盟博览会组委会、中国—东盟商务与投资峰会组委会举行欢迎宴会。曾庆红副主席出席了宴会，薄熙来部长致欢迎词。

尔后，薄部长分别会见了在南宁出席第二届中国—东盟博览会暨商务与投资峰会的文莱工业与初级资源大臣艾哈迈德、印尼贸易部长冯慧兰、缅甸国家计划发展部长吴梭达及缅甸商务部长丁乃登准将。

10月19日上午，第二届中国—东盟博览会开幕式在广西南宁举行。曾庆红副主席宣布博览会开幕，薄熙来部长、广西壮族自治区主席陆兵、东盟秘书长王景荣先后致词，广西壮族自治区副主席李金早主持开幕式。柬埔寨首相洪森、缅甸总理梭温、老挝国家副主席朱马里、越南副总理阮晋勇、泰国副总理颂奇以及东盟十国的经贸部长、东盟秘书长出席了开幕典礼。

10月19日上午，曾庆红副主席在南宁分别会见了前来出席第二届中国—东盟博览会及商务与投资峰会的柬埔寨首相洪森和泰国副总理兼商业部长颂奇，薄熙来部长参加。

10月19日下午，薄熙来部长分别会见了泰国副总理兼商业部长颂奇、越南贸易部长张庭选、老挝贸易部长苏里冯·达拉冯、柬埔寨国务兼商业大臣占蒲拉西、新加坡贸工部政务部长曾士生、马来西亚贸工部政务次长陈仪乔、菲律宾贸工部副部长阿龙佐及东盟秘书长王景荣。

10月19日下午，第二届中国—东盟商务与投资峰会在南宁开幕。薄熙来部长、贸促会万季飞会长、广西壮族自治区陆兵主席、东盟秘书处秘书长王景荣出席并致词。缅甸总理梭温、老挝国家副主席朱马里、泰国副总理颂奇作了主题演讲，开幕式由广西壮族自治区常务副主席郭声琨主持，出席开幕式的还有越南副总理阮晋勇、中共广西壮族自治区委书记曹伯纯等。

10月20日上午，陈健部长助理在南宁出席了第二届中国—东盟商务与投资峰会并作主旨演讲。

10月25日下午，温家宝总理在北京与来访的新加坡总理李显龙的会谈，于广洲副部长参加。

10月31日，胡锦涛总书记访问越南，并与越南农德孟总书记和陈德良主席举行会谈，薄熙来部长参加。会谈后，薄熙来部长与越南计划投资部长武洪福共同签署了中越两国政府经济技术合作协定、中方向越方提供优惠贷款的框架协议和为越方培训党政干部的换文。

11月1日，在越南访问的胡锦涛总书记先后会见越南国会主席阮文安和越中友协领导人，并与越南领导人共同接见两国青年代表，薄熙来部长参加。

11月15日，薄熙来部长在韩国釜山会见了出席APEC部长级会议的印尼贸易部长冯慧兰。

11月19日，在陪同胡锦涛主席出席在韩国釜山举行的APEC第十三次领导人非正式会议期间，薄熙来部长分别会见了越南贸易部长张庭选和菲律宾贸工部长法维拉，易小准副部长参加了会见。

11月28日，陈健部长助理应约会见来华考察访问的越南贸易部副部长杜如汀。

12月11日下午，于广洲副部长陪同温家宝总理分别在吉隆坡会见了菲律宾总理阿罗约和柬埔寨首相洪森，。

12月11日晚，于广洲副部长与柬埔寨国务兼商业大臣占蒲拉西、老挝贸易部长苏里冯·达拉冯、缅甸计划与经济发展部副部长杜英佐分别签署了中国向三国提供特殊优惠关税待遇的换文。

12月12日上午，在马来西亚访问的温家宝总理出席了东亚峰会领袖对话会，于广洲副部长参加。

12月12日中午，于广洲副部长陪同温家宝总理视察了正在吉隆坡举行的“东亚商业展览会”中国展区。

12月12日下午，温家宝总理在吉隆坡出席了第九次东盟与中日韩(10+3)领导人会议和第九次中国与东盟(10+1)领导人会议，于广洲副部长参加。

12月12日晚，温家宝总理在吉隆坡会见了泰国总理塔信，于广洲副部长参加。

12月13日下午，陪同温家宝总理在马来西亚出席东亚领导人系列会议的于广洲副部长视察了由商务部在吉隆坡太子贸易中心主办的“马来西亚2005中国出口商品展览会暨投资洽谈会”。

12月13日下午，在马来西亚出席东亚领导人系列会议的温家宝总理先后会见了马来西亚友好人士代表，于广洲副部长参加。

12月14日上午，温家宝总理在吉隆坡出席了首届东亚峰会，于广洲副部长参加。

12月14日下午，温家宝总理在吉隆坡先后会见了在此出席东亚领导人系列会议的印尼总统苏希洛和缅甸总理梭温，于广洲副部长参加。

12月15日上午，陪同温家宝总理在马来西亚访问的于广洲副部长与外交部李肇星部长、武大伟副部长、驻马来西亚大使王春贵及马外交部长赛义德、贸工部副部长马袖强、驻华大使赛义德等共同出席了中马两国经贸合作项目签约仪式。

12月15日上午，温家宝总理出席了巴达维总理为温家宝总理访马举行的欢迎仪式，于广洲副部长参加。

12月15日上午，温家宝总理出席了与巴达维总理举行的大组会谈和两国政府间合作文件的签字仪式，于广洲副部长参加。

12月16日，陈健部长助理会见了来华访问的马来西亚种植及原产业部长陈华贵。

2005年中国与南亚及部分西亚国家的经济贸易关系

商务部亚洲司三处

2005年，中国与南亚及部分西亚国家高层往来频繁，经贸合作不断加强。双方在贸易、投资、承包工程与劳务等领域的互利合作卓有成效，为双边友好合作关系注入了实质性内容。

一、双边贸易

2005年，中国同南亚国家（印度、巴基斯坦、孟加拉国、尼泊尔、斯里兰卡、马尔代夫、阿富汗和不丹）的贸易发展继续呈现强劲的增长势头。当年，我与南亚各国贸易总额为266.9亿美元，较上年增长36%。其中我出口159.6亿美元，进口107.3亿美元，分别较上年增长42%和28%。印度继续成为我在南亚地区最大的贸易伙伴。2005年，中印双边贸易额达到187亿美元，占我与南盟贸易总额的70%。我同巴、孟、斯三国贸易继续稳步发展，双边贸易增长率分别为39.2%、26.4%和36.1%。但我出口增幅均超过进口增幅，贸易不平衡状况有所加剧。

我对南亚国家的出口商品主要是机电产品、纺织品、化工产品、医药原料、生丝、焦炭、煤、钢材、水泥等。中国从南亚进口的主要商品有铁矿砂、钢材、矿产、皮革、纺织原料等。

2005年我同部分西亚国家（土耳其、塞浦路斯和伊朗）的贸易总额为152.5亿美元，其中我出口78.4亿美元，进口74.1亿美元，较上年分别增长43%、41%和46%。其中，我对伊朗贸易达到100.8亿美元，较上年增长43%，双边贸易互补性进一步体现，但我方贸易逆差继续扩大。中土贸易也迅速增长，较上年增长43%，但贸易不平衡问题仍然突出，我方贸易顺差达到36.3亿美元。

我对上述三国主要的出口商品有机电产品、成套设备、纺织品、五矿化工、仪器仪表等；主要进口商品有原油、石化产品、铬矿砂等。

二、经济技术合作

2005年，中国同南亚和部分西亚国家的经济技术合作得到较大发展。我在南亚国家新签经济技术合同额32.9亿美元，完成营业额19亿美元。中印和中巴经济技术合作增长势头强劲，2005年我在印度和巴基斯坦分别新签经济技术合同18.1亿美元和8.8亿美元。我同西亚三国新签经济技术合作合同额17.9亿美元，完成营业额7.3亿美元。该地区继续成为我对外经济技术合作尤其是承包工程的重要市场。

三、双向投资

2005年，经商务部核准和备案的我在南亚和部分西亚国家新投资5 041万美元；南亚和部分西亚国家在华投资项目180个，协议投资金额3.98亿美元，实际投资额8 528万美元。随着我企业加快实施“走出去”战略以及我国投资环境的不断改善和市场吸引力的扩大，双向投资呈现进一步扩大的趋势。

四、重要经贸往来

2月2日，薄熙来部长会见来访的土耳其副总理兼外长阿卜杜拉·居尔，高虎城副部长参加了会见。

3月21日至23日，安民副部长率团访问印度，同印财政部部长秘书莫汗共同主持召开了中印经贸合作五年规划联合研究小组第四次会议。双方签署了《中印全面经贸合作五年规划》，宣布联合研究完成。

3月31日，陈健部长助理会见了巴基斯坦新任驻华大使萨尔曼·巴希尔。会见后，双方签署了《中华人民共和国政府和巴基斯坦伊斯兰共和国政府关于中国向巴基斯坦提供优惠贷款的框架协议》。

4月5日至12日，薄熙来部长陪同温家宝总理对巴基斯坦、孟加拉国、斯里兰卡、印度进行了正式访问。

4月6日，陪同温家宝总理访问巴基斯坦的薄熙来部长同巴基斯坦总理财政顾问萨尔曼共同主持召开中巴经贸科技联委会第十二次会议。

4月8日，陪同温家宝总理访问斯里兰卡的薄熙来部长与斯财政部部长萨拉特·阿穆努加马分别代表各自政府签署了《中华人民共和国和斯里兰卡民主社会主义共和国政府关于进一步深化双边经贸合作关系的协议》。

4月10日，陪同温家宝总理访问印度的薄熙来部长会见印度商工部长卡迈勒·纳特。双方就中印经贸合作等有关问题广泛而深入地交换了意见。

4月25日，于广洲副部长参加了曾庆红副主席和来访阿富汗副总统哈利利在人民大会堂举行的会谈。

5月20日至23日，商务部于广洲副部长率中国政府经贸代表团访问孟加拉国，同孟财政部经济关系局秘书扎比胡拉共同主持召开了中孟经贸联委会第十一次会议，并会见了孟商务部长阿尔塔夫举行了会谈，孟服装制造商和出口商协会主席哈克和孟纺织企业协会主席安瓦尔。双方就进一步发展双边经贸关系广泛而深入地交换了意见。

6月21日，安民副部长会见了来华参加“促进中土经贸发展小组”第二次会议的土耳其外贸署协定司司长泰菲克·芒古一行。

7月11日至13日，薄熙来部长在大连分别会见了前来参加WTO小型部长会议的印度商工部长卡迈勒·纳特、巴基斯坦商务部长胡马云·阿赫塔尔·汗和孟加拉国商务部长阿尔塔夫·侯赛因·乔杜里。

8月18日，安民副部长参加了温家宝总理与来访的孟加拉国总理卡莉达·亚齐举行的双边会谈。

8月25日，安民副部长同尼泊尔财政大臣马杜卡·S·J·B·拉纳在京共同主持召开了中尼经贸联委会第九次会议，并签署联委会纪要。联委会结束后，薄熙来部长会见了拉纳一行。

8月30日，安民副部长参加了胡锦涛主席与来访的斯里兰卡库马拉通加总统举行的双边会谈。会谈结束后，安民副部长与斯里兰卡财政部常秘贾亚桑德拉分别代表本国政府签署了《中华人民共和国政府和斯里兰卡民主社会主义共和国政府经济技术合作协定》。

8月31日，安民副部长参加了温家宝总理与来访的斯里兰卡总统库马拉通加举行的双边会见。

9月24日至25日，于广洲副部长率中国政府经贸代表团访问马尔代夫。期间，于副部长拜会了马总统加尧姆，并与马经济发展和贸易部部长默哈迈德·贾利举行会谈。双方就进一步发展中马双边经贸合作广泛而深入地交换了意见。

12月3日至9日，中国政府采购团赴孟加拉国参加2005孟加拉国“中国商品与技术展”开幕式。

2005年中国与非洲国家的经济贸易关系

商务部西亚非洲司协调处

2005年，中国和非洲国家继续保持密切的高层交往，互访频繁，吴邦国等6位党和国家领导人先后访问了非洲12个国家，14位非洲国家元首或政府首脑以及20多个负责经济合作事务的部级代表团相继访华。这些互访充分表明了中非领导人始终高度重视进一步加强中非友好合作，有力地推动了中非经贸合作的发展。年内，中国与苏丹、突尼斯、阿尔及利亚、赤道几内亚、喀麦隆、纳米比亚等6国召开了经贸混委会。2005年10月，中国与西非政治经济大国塞内加尔正式恢复了外交关系。

一、2005年中非进出口贸易持续快速增长

据中国海关统计，2005年中非进出口贸易总额累计达到397.5亿美元，同比增长34.9%，高于全国进出口增幅11.8个百分点，占我国外贸总额的2.8%。其中，我国出口186.8亿美元，同比增长35.2%；进口210.6亿美元，同比增长34.6%。

出口方面：2005年，我国对非出口实现35.2%的增幅。其中，对北非、中西非、东南非地区的出口额分别为65亿美元、57.9亿美元和63.5亿美元，同比分别增长了40.3%、34.8%和31.4%。2005年，我国向非洲出口的十大商品是：机电产品、纺织品、服装、高新技术产品、钢铁及其制品、鞋类、新充气橡胶轮胎、塑料制品、家具和贱金属制品，出口金额总计177.4亿美元，占对非出口总额的95%。其中，我国对非机电和高新技术产品的出口分别达到81.7亿美元和18.3亿美元，占对非出口总额的53.8%，两项产品出口分别增长49%和18%。机电和高新技术产品对中国向非洲出口增长的贡献率高达70.8%。

2005年中国对非洲主要出口商品类别统计

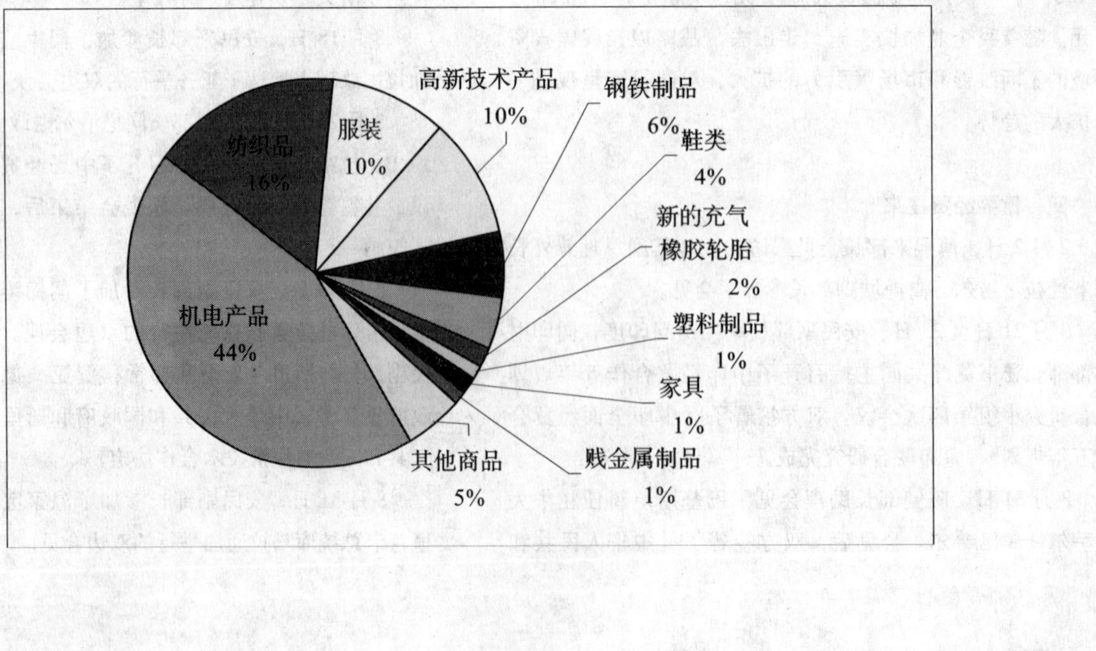

进口方面：2005 年，我国自非洲商品进口总额达到 210.6 亿美元，同比增长 34.6%，远高于全国 17.6% 的进口增幅。我国从非洲进口仍以原油、铁矿砂、棉花、钻石、原木、钢铁制品、铜制品、锰矿砂、铜矿砂等产品为主（上述产品进口占自非洲进口额的 86.4%）。

2005 年中国从非洲主要进口商品类别统计

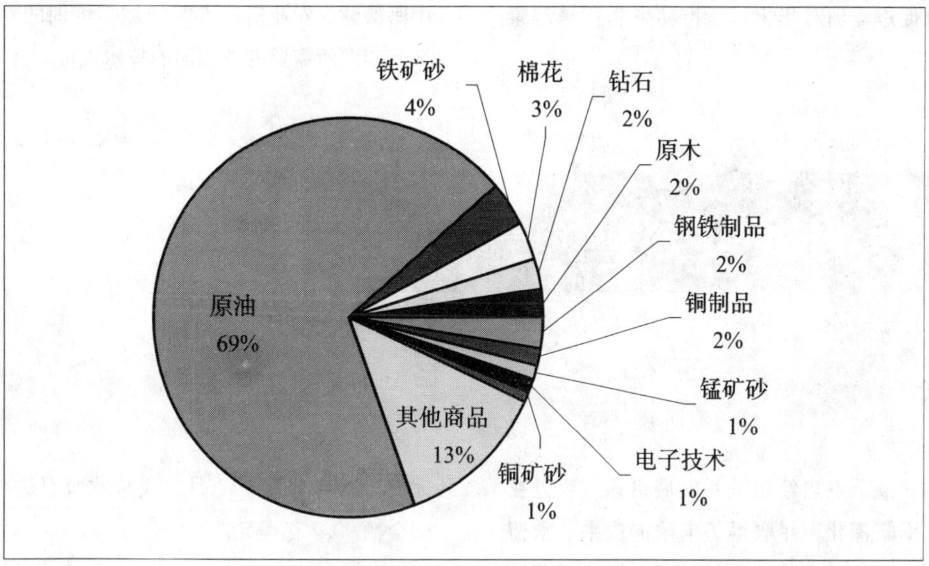

二、对非投资保持增长，投资领域不断扩大

据初步统计，2005 年，中国在非洲新设立非金融类企业达 98 家，中方协议投资额 3.5 亿美元，中方实际投资额 2.8 亿美元。截至 2005 年，经商务部核准和备案的中国在非洲投资的非金融类企业已达 813 家，其中中方协议投资额 17.1 亿美元，中方在非直接投资额累计达 11.8 亿美元。中国对非投资项目分布在 49 个非洲国家，涉及贸易、生产加工、资源开发、交通运输、农业及农产品综合开发等多个领域。

三、中非经济技术合作取得进展

2005 年，中国在非洲新签承包劳务合同额 86.1 亿美元，完成营业额 62.4 亿美元。截至 2005 年，中国在非承包劳务累计合同额 412.1 亿美元，完成营业额 289.5 亿美元，中国在非从事承包工程和劳务合作人员达 8.2 万人。我国对非承包工程和劳务合作涉及房屋建筑、石化、电力、交通运输、通讯、水利、冶金、铁路等国民经济各领域，大项目不断增多，技术含量日益提高。

四、对非援助进展顺利

2005 年，中国与非洲国家共签订各类援款 171 笔，在非洲地区承担成套项目 26 个，技术合作项目 36 个，优惠贷款项目 9 个。截至 2005 年，中国共向非洲 53 个非洲国家提供了各类援助，在 49 个国家建成了 772 个成套项目，在 31 个非洲国家承担了 74 个优惠贷款项目，形成了一定的生产能力和规模。

五、中非合作论坛后续行动稳步实施，机制不断完善

在中非合作论坛第二届部长级会议上，中国政府宣布对非洲最不发达国家部分输华商品给予免关税待遇，并承诺 2004—2006 年三年间力争培训 1 万名各类非洲人才。中方高度重视论坛有关后续行动的落实工作，并取得了可喜进展。

（一）对非免关税政策取得实质性进展。截至 2004 年，中国政府已同 25 个非洲最不发达国家就免关税事宜签署了有关换文，这 25 个国家是：贝宁、布隆迪、佛得角、中非、科摩罗、刚果（金）、吉布提、厄立特里亚、埃塞俄比亚、几内亚、几内亚比绍、莱索托、利比里亚、马达加斯加、马里、毛里塔尼亚、莫桑比克、尼日尔、卢旺达、塞拉利昂、苏丹、坦桑尼亚、多哥、乌干达、赞比亚。自 2005 年 1 月 1 日起，中国开始对这 25 个国家的 190

个税号的产品实施零关税待遇。2005年，中国政府又分别同安哥拉和赤道几内亚政府签署了有关部分输华商品免关税的换文协议。

据中国海关统计，2005年，在这190种税目项下，中国从25个受惠国进口的商品总额为3.8亿美元，同比增长87.8%，超过同期我国从非洲进口增幅56个百分点。这充分证明此项举措对促进非洲对华出口、推动中非贸易健康发展发挥了积极作用。

（二）中国进一步加强与非洲在人力资源开发方面的合作。为进一步做好对非人力资源开发工作，商务部牵头成立了“对外人力资源开发合作部际协调机制”，以整合培训资源，扩大培训效果。2005年全年中国共为非洲国家举办各类培训班168期，培训了3 886名各类人才，培训内容涉及贸易投资、经济管理、招商引资、网络通信、环境保护、中医保健、农业新技术等领域，培训的对象既有政府官员又有非洲所需要的各方面的技术人员。

2005年中国与欧洲联盟的经济贸易关系

商务部欧洲司四处

2005年，中国—欧盟双边经贸关系发展迅速，双方在经贸各领域的合作不断深化，并取得了丰硕的成果。欧盟继续保持为中国第一大贸易伙伴、累计第四大投资来源地和累计第一大技术供应方。

一、双边贸易

目前，欧盟是我第一大贸易伙伴。中国是欧盟第二大贸易伙伴（仅次于美国）。据中方统计，2005年全年中欧双边贸易额达2 173亿美元，同比增长22.6%。其中我国出口1 437亿美元，增长34.1%，进口736亿美元，增长5%。德国、荷兰、英国、法国和意大利是中国在欧盟内的主要贸易伙伴。

二、对华投资

欧盟是中国累计第四大实际投资方，仅低于香港地区、美国和日本。截至2005年12月，欧盟在华投资累计设立企业22 680家，合同外资金额873.7亿美元，实际投入477.8亿美元。其中2005年全年，欧盟在华投资项目2 942个，合同外资金额120亿美元，实际投入52.6亿美元。

三、技术引进

欧盟是我累计最大技术引进来源地。截至2005年12月，我从欧盟累计引进技术21 511项，合同金额900亿美元。2005年1月—12月，我从欧盟引进技术2 512项，合同金额90.7亿美元。

四、发展合作

中欧双方在培训、科技、发展援助等领域开展了广泛的合作，如欧盟为中方培养高级翻译人员、双方合资成立的中欧国际工商学院等项目运转良好。自1993年以来，中方共接受欧委会及其成员国对华无偿援助约4.66亿美元。2002年至2006年，欧盟对华发展援助规划金额为2.5亿欧元。

五、重要经贸往来

2月，薄熙来部长会见来访的欧委会贸易委员曼德尔森，双方就双边重点经贸问题交换了意见；

2月，高虎城副部长陪同吴仪副总理会见欧委会贸易委员曼德尔森；

4月，张志刚副部长出访欧盟总部布鲁塞尔，就纺织品问题同欧方进行交涉；

5月，高虎城副部长访问欧盟总部，就中欧纺织品贸易问题与欧方磋商；

6月，薄熙来部长与欧委会贸易委员曼德尔森在上海就纺织品问题进行了长达10小时的谈判并签署了《中欧纺织品谅解备忘录》；

7月，薄熙来部长在大连举行WTO小型部长会议期间同欧委会贸易委员曼德尔森举行了会谈；

7月，薄熙来部长陪同温家宝总理与来访的欧盟委员会主席巴罗佐举行了会谈；

7月，于广州副部长与欧委会贸易总司总司长卡尔在京共同主持中—欧（盟）第二次贸易政策对话；

9月，薄熙来部长与来访的欧委会贸易委员曼德尔森就输欧纺织品卡关问题举行谈判并达成协议；

9月，于广州副部长出席在京举行的中欧同传培训二十周年庆祝活动；

9月，薄熙来部长出席在京举办的第二届中欧工商峰会并致词；

9月，薄熙来部长陪同温家宝总理与来访的欧委会巴罗佐主席、英国布莱尔首相举行中欧第八次领导人会晤；

11月，薄熙来部长与欧委会对外关系委员瓦尔德纳和贸易委员曼德尔森在布鲁塞尔共同主持召开了第二十届中欧经贸混委会；

12月，薄熙来部长在香港与参加第六届WTO部长级会议的欧委会贸易委员曼德尔森举行了双边会谈。

六、对话机制

目前，中欧经贸混委会在经贸、环保、能源、科技和信息领域都建立了定期工作磋商机制，分别为经贸、环保、能源3个工作组、科技指导委员会以及中欧信息社会对话。近两年来，中欧又相继建立并启动了知识产权、贸易政策、竞争政策和纺织品贸易四个对话机制。此外，双方还成立了市场经济问题高层对话机制和技术工作组，上述对话与机制扩展丰富了中欧经贸合作的渠道与内涵。

七、商签中欧新框架协定

2003年中欧决定发展全面战略伙伴关系。2004年第七次中欧领导人会晤（荷兰海牙）联合声明指出“双方将探讨达成新的伙伴合作协议的可能性”。2005年9月，第八次中欧领导人会晤（北京）发表的联合声明宣布：“双方同意致力于尽早启动商签新框架协定的谈判……以体现中欧战略伙伴关系的广度和深度”。同年12月，欧盟部长理事会授权欧委会与我商签《中欧伙伴合作协定》。

八、中欧经贸关系中的主要问题

（一）完全市场经济地位及欧盟对华反倾销政策

欧盟是最早对我国产品实行反倾销调查且数量仅次于美国的地区，截至2005年，欧盟对华反倾销案件已达115起，其中2005年立案8起。

2003年6月，我正式向欧盟提出申请要求其承认我反倾销中的完全市场经济地位。此后，我先后三次向欧盟提交反映我国市场经济建设成就的材料，并积极地与欧方加强交流和研讨。2004年6月，欧委会向中方提交就我市场经济地位问题的初步评估报告，认为中方不符合欧盟评估市场经济地位五条标准中的四条。

随后，中欧联合成立技术工作组，目前已召开三次会议。2005年11月4日，中欧双方在第20届经贸混委会上就市场经济地位问题交换了意见，同意把现有的中欧市场经济地位技术工作组升格为正司级，同时新设一个副部级高层对话机制，就解决中国市场准入方面存在的问题进行讨论。

（二）欧盟对华高技术出口限制问题

欧盟对华高科技产品出口限制问题与欧盟对华军售禁令密切相关。1989年欧美共同对华实施制裁和军售禁令。此后，中方多次就军售问题与欧方进行高层交涉，要求欧方尽快取消其歧视性的对华军售禁令。2004年11月欧洲议会通过决议，主张在欧盟出台一项武器出口行为准则之前，继续维持禁令。同年12月17日，欧盟首脑会议重申继续为解除对华武器禁售努力的政治意愿。2005年解禁未获得新的进展。

2005年中国与独联体及波罗的海国家的经济贸易关系

商务部欧洲司一处、二处、综合处

一、中国与独联体国家及波罗的海三国的经贸关系

1991年下半年至1992年上半年，中国分别与独联体国家和波罗的海三国建立了外交关系。截至目前，中国与这些国家都签订了政府间《经贸合作协定》(或《经济合作协定》)，与大多数国家签订了《投资保护协定》和《避免双重征税协定》。这些协定的签署为双边经贸关系的长期发展奠定了牢固的法律基础。

2005年，中国与上述国家高层互访和商务主管部门往来频繁。5月，胡锦涛主席访问俄罗斯，出席纪念卫国战争胜利60周年庆典，6月—7月对俄罗斯进行国事访问；11月，俄罗斯总理弗拉德科夫访华，与温家宝总理举行中俄总理第十次定期会晤，茹科夫副总理访华，与吴仪副总理共同主持中俄总理定期会晤委员会第九次会议；6月，曾培炎副总理访问俄罗斯；9月，俄罗斯联邦委员会主席米罗诺夫访华，与人大副委员长成思危共同出席中俄地区经贸合作研讨会。胡锦涛主席出席在阿斯塔纳召开的上海合作组织元首峰会并访问哈萨克斯坦，温家宝总理赴莫斯科参加上海合作组织总理会晤，吴仪副总理赴阿斯塔纳主持召开中哈合作委员会第二次会议并访问哈萨克斯坦、乌兹别克斯坦、土库曼斯坦、塔吉克斯坦四国，于广洲副部长赴杜尚别出席上合组织经贸部长例行会议、出访乌克兰、爱沙尼亚、拉脱维亚，张志刚副部长访吉尔吉斯斯坦、哈、塔、土并出席上海合作组织比什凯克经贸部门领导会议，易小准副部长赴哈参加中哈世贸谈判，出访白俄罗斯；阿塞拜疆总统阿里耶夫、乌兹别克斯坦总统卡里莫夫、白俄罗斯总统卢卡申科访华，哈萨克斯坦副总理叶西莫夫访华并签署哈加入世贸组织双边协议，格鲁吉亚议长布尔扎纳泽及经济发展部副部长科乌紫里泽、土库曼斯坦副总理比尔德耶夫、白俄罗斯外长马丁诺夫、总统办公厅主任舍依曼、亚美尼亚总统办公厅主任图马尼扬、吉尔吉斯斯坦外长杰克申库洛夫、代理外长奥通巴耶娃、乌兹别克斯坦对外经济、投资和贸易部第一副部长纳日莫夫先后访华；俄罗斯经贸部长格列夫访华，与商务部薄熙来部长主持召开中俄总理定期会晤委员会经贸分委会第八次会议；中国与白俄罗斯、格鲁吉亚、亚美尼亚、爱沙尼亚、拉脱维亚、立陶宛分别召开双边政府间经贸合作委员会例会。上述高层互访和会议的成功举行有力地推动了我与有关国家经贸合作的进一步发展。

据中国海关统计，2005年中国与独联体国家的贸易总额为420.6亿美元，比上年增长39.9%，其中，中国出口213.7亿美元，增长54.5%；进口206.9亿美元，增长27.5%。中方顺差6.8亿美元。

2005年中国与波罗的海三国贸易总额10.3亿美元，比上年增长45.3%。其中，中国出口9.5亿美元，增长46.8%；进口7 772万美元，增长44%。

截至2005年，独联体国家及波罗的海三国在华直接投资项目2 157个，合同外资金额16.7亿美元，实际使用外资金额6.0亿美元；经商务部批准或备案的我在独联体地区及波罗的海三国投资企业数826家，中方累计投资额13.4亿美元。其中，2005年当年独联体国家及波罗的海三国在华新增直接投资项目209个，合同外资金额3.6亿美元，实际使用9 000万美元；2005年当年我在独联体国家及波罗的海三国新增投资企业97个，中方投资额4.5亿美元。

2005年中国与独联体国家及波罗的海三国新签劳务和工程承包合同金额22.5亿美元，完成营业额12.9亿美元。1976—2004年我与这一地区签订劳务及工程承包合同累计97亿美元，营业额54.9亿美元。

现将中国与独联体国家及波罗的海三国经贸关系分述如下：

俄罗斯是我在独联体内第一大贸易伙伴。2005年，中俄贸易保持良好发展趋势，双边贸易额再创新高，达到291亿美元，比上年增长37.1%。其中出口132.1亿美元，同比增长45.2%；自俄进口158.9亿美元，同比增长31%。贸易逆差为26.8亿美元，比上年同期减少11.6%。目前，俄罗斯是我第八大贸易伙伴。中国是俄第四大贸易伙伴。

传统大宗商品仍在对俄出口中占主要地位，其中轻纺产品约占对俄出口的56%左右；机电和高科技产品出口增

长较快，机电产品出口同比增长67.8%，占对俄出口比重为24.8%，贸易结构有所改善。2005年自俄进口中，资源和原材料等初级产品占主要地位，其中，自俄进口原油1 278万吨，进口金额49.6亿美元，同比增长68.9%，占自俄进口总额的31.2%，占全国进口该产品总额比重的10.4%。机电产品进口继续呈下降趋势，2005年较上年同比下降41%，占自俄进口比重由2004年的4.9%下降至2.2%。

2005年，我从事对俄经贸合作的主体进一步多元化，非国有企业对俄贸易占比（56%）继续超过国有企业（44%）。其中私营企业实现双边贸易额的36%，在对俄出口中已超过一半（70亿美元），增幅达65%。自俄进口中国有企业仍居主要地位（63%）。

截至2005年，经商务部批准和备案的中国在俄投资项目共657个，中方协议投资额约9.77亿美元。我在俄投资主要分布在能源、矿产资源开发、林业、贸易、轻纺、家电、通信、建筑、服务、房地产开发等领域。俄对华投资总体规模不大。截至2005年，俄在华投资累计设立企业1 849个，合同投资金额累计约14.05亿美元，实际投资额累计约5.41亿美元。俄对华投资主要集中在制造业、建筑、交通运输等领域。

截至2005年，中俄双方共签署劳务和工程承包合同金额55.5亿美元，完成营业额约为27亿美元。期末在外人数约2.2万人。我对俄劳务合作集中在俄远东、西伯利亚地区，主要从事农业种植、建筑、森林采伐、木材加工、制衣、医疗及其他服务行业。

中亚五国（哈萨克斯坦、吉尔吉斯斯坦、乌兹别克斯坦、塔吉克斯坦、土库曼斯坦）是我实施“走出去”战略和实现能源进口渠道多元化的重要地区。2005年我与五国贸易总额达87.3亿美元，比上年增长49.4%。其中，我出口52.3亿美元，增长73.5%；进口35亿美元，增长23.7%。在贸易额大幅增长的同时，贸易商品结构进一步改善，我高新技术和机电产品出口呈现增长势头。

哈萨克斯坦是我在中亚最大、独联体内第二大贸易伙伴，2005年中哈贸易额68.1亿美元。吉尔吉斯斯坦、乌兹别克斯坦是我在独联体内第四、第五大贸易伙伴，2005年我与两国贸易额分别为9.7亿和6.8亿美元。

我国与中亚各国以油气、基础设施建设领域为主的双边经济技术合作获得较快发展。截至2005年，经商务部批准或备案的我在中亚五国累计协议投资额为3.1亿美元，主要涉及油气勘探开发和管线建设、公路建设、化工、城市基础设施、电信等领域；中亚五国累计在华投资项目数163个，合同外资金额1.43亿美元，实际使用1 843万美元。2005年我与五国新签劳务、工程承包和对外设计咨询合同额11亿美元，完成营业额6.3亿美元。贸易与经济技术合作形成良性互动，全面提升了我与中亚五国经贸合作的水平和规模。

乌克兰是中国在独联体国家中的第三大贸易伙伴。2005年中乌贸易额32.8亿美元，比上年增长31.7%，其中我出口24.9亿美元，增长72.7%，进口7.8亿美元，减少24.9%。我向乌主要出口轻纺产品、计算机及通讯产品、家电及消费类电子产品、农产品、化工产品、机械及电工器材等；自乌主要进口钢材及其制品、已内酰胺、矿产品、船舶等。2005年乌在华新增投资项目10个，合同外资金额1 080万美元，实际使用外资金额126万美元，中国对乌新增投资73万美元。2005年当年中乌新签劳务和工程承包合同额7 968万美元，完成营业额5 754万美元。

白俄罗斯是中国在独联体国家中的第六大贸易伙伴。2005年中白贸易额5.7亿美元，比上年增长161.2%，其中我出口8 128万美元，增长25.1%，进口4.9亿美元，增长218.6%。我向白主要出口计算机及通讯产品、家电及消费类电子产品、轻纺产品、电子元件等；自白主要进口已内酰胺、钢铁制品、钾肥、汽车及底盘等。2005年白在华新增投资项目2个，合同外资金额91万美元。2005年当年中白新签劳务和工程承包合同额2.8亿美元，完成营业额1 134万美元。

2005年中国与**外高加索三国**（阿塞拜疆、格鲁吉亚、亚美尼亚）贸易总额为3.3亿美元，比上年增长32%。其中，我出口为3亿美元，增长66.7%；进口2 741万美元，下降64.2%。我向三国主要出口纺织原料及制品、机电产品、箱包鞋帽、贱金属及其制品、车辆等，自三国主要进口氧化铝、聚乙烯等塑料橡胶制品、纺织原料、金属、木材等。我与三国双边经济技术合作取得较大进展，截至目前我在该地区投资累计超过1亿美元，主要项目涉及油气资源开发和电站建设等。2005年三国在华新增投资项目4个，合同外资金额319万美元，实际使用外资金额74万美元，2005年我与外高三国新签劳务和工程承包合同金额1.4亿美元，完成营业额1.4亿美元。

2005年中国与**波罗的海三国**（爱沙尼亚、拉脱维亚、立陶宛）贸易额达10.3亿美元，比上年增长45%，其中我出口9.5亿美元，增长43.9%，进口7 772万美元，增长44%。我向波罗的海三国主要出口机电产品、贱金属及制品、纺织原料及制品、食品、化工产品、塑料、橡胶及制品等；自波罗的海三国进口计算机与通讯技术、机电产品、木及木制品、塑料、橡胶及制品、鱼等。2005 年三国在华新增投资项目 2 个，合同外资金额 252 万美元，实际使用外资金额 85 万美元。

2005 年，中国与**摩尔多瓦**贸易额 5 163 万美元，比上年增长 114.3%，其中我出口 5 149 万美元，增长 115.3%，进口 14 万美元，减少 24.8%。我向摩主要出口农产品、家电及消费类电子产品、计算机及通讯产品，自摩主要进口纺织原料及制品。

二、经贸合作中存在的问题

（一）贸易结构单一

我对该地区出口仍以传统的轻纺产品为主，进口以能源和原材料产品为主。双边贸易中机电产品和高科技产品比重不大。

（二）双方企业间缺乏相互了解

双方企业对对方国家优势行业和产品了解不多，各自优势尚未在双边经贸合作中得以充分体现。加之中国赴该地区经商人员“三难”（签证难、入境难、居留难）问题普遍，增加了开拓当地市场的难度，我企业对与该地区部分国家开展合作热情不高。

（三）合作主体实力有限

独联体部分国家经济水平普遍不高，购买力相对较低。企业缺乏资金，技术和管理经验滞后，信誉不高，竞争力有限。中国企业在独联体、波海国家投资合作涉足不深，大型项目不多。

（四）对方国家投资经营环境欠佳

在独联体一些国家内法规多变，执法过程中有关部门各自为政，人为因素比较明显。加之社会治安、官员腐败等问题，中国企业及经贸人员财产、人身安全和合法权益得不到保障。开拓当地市场风险较大。

（五）双边贸易秩序问题突出

俄罗斯等部分独联体国家灰色清关盛行，中国商品进入当地市场后得不到合法货物来源凭证，屡次受到执法部门的查抄，自身利益难以得到保护。

（六）双边贸易服务体系较为薄弱

独联体国家商业银行信用较低、风险高，两国银行直接结算规模不大。同时，保险、信贷领域合作水平不高，一定程度上制约了双边经贸合作的健康发展。

2005 年中国与欧洲其他国家的经济贸易关系

商务部欧洲司三处、六处

一、中国与中东欧国家的经济贸易关系

中东欧地区 12 国包括罗马尼亚、波兰、匈牙利、捷克、塞尔维亚和黑山、克罗地亚、斯洛伐克、保加利亚、斯洛文尼亚、阿尔巴尼亚、马其顿和波黑，总面积 117 万平方公里，总人口 1.2 亿。他们是第一批与我建交的国家，也是我传统友好合作伙伴。该地区自然条件较好，工业门类齐全，文化教育程度和人口素质较高，科技实力较为雄厚，旅游资源发达、劳动力价格相对低廉，是我实施市场多元化和“走出去”战略的重点地区之一。

2004 年 5 月 1 日，波兰、捷克、匈牙利、斯洛伐克和斯洛文尼亚五国加入欧盟；2005 年 4 月 25 日，罗马尼亚和保加利亚与欧盟签署入盟协议，两国也将于 2007 年 1 月 1 日成为欧盟新成员，这为我发展与该地区国家的经贸关系带来了新的机遇。

（一）中东欧国家总体情况

中东欧国家于 20 世纪 80 年代末发生政治体制剧变，结束了 40 多年的社会主义制度，开始实行多党议会民主制。之后的 16 年，各国均经历了急风暴雨式的政治、经济和社会动荡。直至 21 世纪初，动荡已基本结束。各国均以加入欧盟和北约为目标，在政治制度、经济体制、贸易和投资政策、法律法规等各方面向欧盟靠拢。

20 世纪 90 年代初以来，中东欧国家打破计划经济体制，开始了以私有化为主体的市场经济转轨过程。目前各国经济都基本摆脱了转轨初期的下滑局面，开始不同程度的恢复和发展。私有成分在各国经济中已占绝对优势，且比例不断上升。特别是随着该地区的多个国家相继加入欧盟，各国法制体系逐步健全，政策透明度提高，投资环境趋好。

2005 年，中东欧 12 国 GDP 均有不同程度增长，全区 GDP 总值 7 829 亿美元，平均增长 4.8%，人均 GDP 6 731 美元，外贸进出口总值 7 325 亿美元，其中出口 3 369 亿美元，进口3 956亿美元。

目前，该地区国家经济发展状况参差不齐，大体可分为两类：一类为波兰、捷克、匈牙利等已入盟国家和罗马尼亚、保加利亚等即将入盟的 7 个国家；另一类为巴尔干地区前南等 5 个国家。此外，各国的经济结构也不尽相同。匈牙利和塞黑在农业和农产品加工方面有着良好的自然条件和较强的生产能力；而捷克、斯洛伐克和波兰的钢铁、汽车和机械制造业历史悠久，技术成熟；还有克罗地亚的造船工业、斯洛文尼亚的医药工业、罗马尼亚的纺织工业等也具有一定水平和规模，是各自的优势产业。

（二）我与中东欧国家的经贸关系

1. 双边贸易

中东欧国家与我国有着传统的友好合作关系。20 世纪 90 年代初，双边贸易方式由记账转为现汇贸易。在双方的不懈努力下，双边贸易额在经历了贸易方式转换初期的下滑后快速回升，近几年呈高速增长态势，至 2005 年已连续 6 年保持两位数增长，平均增幅达 32.5%。

据我海关统计，2004 年我与中东欧 12 国贸易额 102.3 亿美元，增长 24.8%；其中我出口 82.2 亿美元，增长 26.1%；进口 20.1 亿美元，增长 19.7%。2005 年我与中东欧 12 国贸易额 121.4 亿美元，增长 18.7%；其中我出口 100.4 亿美元，增长 22.2%；进口 21.0 亿美元，增长 4.6%。2005 年我在该地区最大的贸易伙伴是波兰，两国贸易额达 31.5 亿美元，其次为匈牙利、捷克和罗马尼亚。上述 4 国与我贸易额为 97.2 亿美元，占我与该地区贸易额的 80.0%。

在我与 12 国的贸易中，我主要出口产品有：机电产品（约占 60.4%），高新技术产品（约占 32.9%）和轻纺类产品（约占 27.5%）；主要进口产品有：机电产品（约占 50%），贱金属及其制品（约占 20.7%）和化工产品（约占 17.8%）。

2. 相互投资

中国与中东欧国家贸易方式自 1991 年转变以来，双方企业在相互投资、生产技术合作等方面进行了有益探讨，取得了显著成果。据商务部统计，截至 2005 年，中东欧国家在华投资项目共 1 545 个，合同总额 18.0 亿美元，实际投资额 6.7 亿美元，涉及机械、汽车、食品、医药、化工、电力等领域。其中，匈牙利、捷克和罗马尼亚在开展对华投资方面成效突出。

随着我“走出去”战略的逐步实施，中东欧部分国家已经或即将入盟以及该地区投资环境的改善，我企业对该地区投资日趋活跃。据不完全统计，截至 2005 年，我在该地区总投资额已超过 6 亿美元。目前我在该地区投资取得较好成效的国家是罗马尼亚、匈牙利、波兰、保加利亚和捷克。其中罗马尼亚和匈牙利是我在该地区投资最多的国家，总投资额约达 2 亿美元左右。我企业在这些国家投资的主要领域涉及木材加工、家电组装、卷烟、自行车制造和餐饮等。

（三）我与中东欧国家经贸合作的特点

1. 双边贸易额高速增长。我与该地区贸易额已连续 6 年实现两位数增长，平均增幅达 32.5%。

2. 进出口商品结构不断改善。高附加值的机电产品和高新技术产品占比不断提高。2005 年我出口中机电产品占 60% 以上，高新技术产品占 32%，进口中机电产品占 50%。

3. “走出去”战略取得初步成效。近年来，我企业对该地区投资的兴趣趋浓。一批有实力的企业陆续在该地区国家投资设厂，不仅取得了较好的经济收益，也促进了当地经济的发展，达到了双赢的效果。

4. 双边经贸合作向多元化、多领域发展。除货物贸易外，项目招标、金融、资本运营、高科技、服务贸易等领域的合作势头喜人。华为公司、中兴通讯、中国石油集团等企业先后在多个国家的通讯、石油勘探等项目中中标；中国银行在布达佩斯设立了分行；捷克 PPF 金融集团成功购买我国内企业的不良资产；中国和匈牙利于 2004 年 8 月开通直航等。此外，捷克、匈牙利、克罗地亚、罗马尼亚等国已经成为中国公民因私旅游目的地国。

（四）存在的主要问题

目前，中国与中东欧国家双边经贸合作总体情况良好，但也存在着一些不容忽视的问题，主要有：

1. 双边贸易额偏小。虽然双边贸易额增速较快，但占各自外贸额的比例仍较小，与各国经济发展水平不相适应。2005 年我与中东欧 12 国贸易总额 121.4 亿美元，仅占我外贸总额的 0.86%，占我对欧贸易额（2 711 亿）的 4.5%。

2. 贸易不平衡问题依然严重。2005 年我对该地区贸易顺差为 79.4 亿美元，我出口是进口的 4 倍多。虽然我采取了一系列措施，并取得了一定成效，但顺差绝对值仍较高，对方国家多有抱怨。

3. 我企业在该地区涉足不深，缺乏有影响力的大型项目。在欧盟和日本、韩国等加大对该地区投资的情况下，我企业态度仍不够积极，对该地区投资额较小，缺乏大型生产性项目的支撑，需要加大“走出去”战略实施力度。

4. 加入欧盟后，对欧盟外国家贸易标准提高。入盟后各新成员国将执行欧盟统一贸易政策，法律、法规也将同欧盟接轨。这意味着它们在海关税率、商品品质鉴定、技术合格评定、卫生检疫、安全要求等方面准入门槛要随之提高，其将成为制约我产品进入该市场的新壁垒。

二、中国与瑞士的经济贸易关系

2005年，中瑞两国经贸关系持续健康发展。7月，瑞联邦委员兼经济部长戴斯来华访问，与商务部薄熙来部长举行了会谈。双方积极评价了两国在经贸合作领域所取得的成就，并就进一步推动双边经贸关系向更深更广的层面发展充分交换了意见。

瑞是我在西欧除欧盟外最大的贸易伙伴。在双边贸易中，转口贸易占有一定比重。根据我海关统计，2005年双边贸易额为58.3亿美元，比上年增长13.8%，其中我出口19.5亿美元，进口38.8亿美元，分别增长29.3%和7.4%。我主要出口商品包括机电产品、纺织品、化工原料、玩具、体育器材和皮革制品等，我主要进口商品包括机电产品、化工医药产品、光学和医疗设备及钟表等。

在双边贸易持续发展的同时，两国在投资领域的合作也不断加强。以ABB、雀巢、罗氏为代表的一批瑞大企业纷纷加大对华合作力度，有力促进了中瑞经贸关系的深入发展。2005年，新签瑞在华直接投资项目125个，协议瑞资金额为5.8亿美元，实际利用瑞资2.1亿美元。截至2005年，瑞对华直接投资项目累计826个，协议瑞资金额33.8亿美元，实际利用瑞资23.1亿美元。从投资的行业分布看，瑞士在华投资企业主要集中在制造业领域。从投资的地区分布看，瑞士对华投资主要分布在沿海省市，其中在上海、天津、江苏、广东（不含深圳）四地的实际投资占其对华实际投资总额比重约为49%。

为促进中瑞企业，尤其是中小企业间的合作，1997年12月，我国家开发银行和瑞联邦经济部签署了成立中瑞合作基金（SSPF）的有关文件。基金的投资总额为9375万瑞士法郎，其中首期规模3 125万瑞士法郎，中瑞双方分别持股20%和80%。2003年12月起，中瑞合作基金开始二期资金注资，资金规模仍然为3 125万瑞士法郎，中瑞出资比例为40%∶60%。目前，基金股东累计出资额为3 958.33万瑞士法郎，预计将在2006年8月25日之前全部完成注资。2002年7月，中瑞双方筹划成立了首家中外合资风险基金管理公司—中瑞创业投资管理公司。截至2005年，中瑞合作基金共投资9个项目，已收回投资项目2个，基金投资总额1 443万瑞士法郎。

瑞一直是我国技术引进的主要来源国之一。据我部统计，截至2005年，我从瑞技术引进合同累计1 257个，金额约32.6亿美元。2005年，新签合同121个，合同金额4.2亿美元。

三、中国与挪威的经济贸易关系

近年来，中挪双边经贸关系发展顺利。挪威政府对全方位加强对华合作态度积极，曾于2001年出台了“对华关系新战略”。2002年1月挪首相邦德维克率100多位挪工商企业家访华，2004年吴邦国委员长与科斯莫议长实现互访，2005年4月回良玉副总理访挪，这些高层互访有力地促进了中挪经贸关系的发展。自1981年至今，中挪经贸联委会共召开16次会议。中挪经贸联委会第16次会议于2005年5月在挪举行，双方就加强双边经贸合作深入交换了意见。

据中国海关统计，2005年中挪双边贸易额达24.6亿美元，增长1.6%。其中，我出口13.2亿美元，增长28.5%；进口11.4亿美元，下降18.2%。目前，中国是挪威第十大贸易伙伴、在亚洲最大的贸易伙伴和第五大进口来源国。中国对挪出口主要商品有船舶、纺织服装、机电产品、鞋类、箱包、焦炭、蘑菇罐头；从挪进口主要商品有原油、机电产品、肥料、建筑及采矿用机械、装卸设备及零件、铁矿砂。

截至2005年，挪对华投资项目224个，协议挪资金额4.8亿美元，挪方实际投资2.5亿美元。其中，2005年挪对华投资项目27个，协议挪资金额6 440万美元，挪方实际投资2 624万美元。挪在华投资的主要领域有航运、电子、机械、通讯及化工等。

截至2005年，中挪共签订技术设备引进合同244个，合同金额4.7亿美元。其中，2005年我与挪共签订技术设备引进合同42个，合同金额为1 967万美元。引进的技术和设备主要用于邮电、电子、机械、交通、轻工、农业、环保等领域。

此外，中挪在造船、海员劳务、信息通讯、财政等领域的合作不断扩大。

2005年中国与美国的经济贸易关系

商务部美洲大洋洲司三处

2005年，中美经贸关系保持了比较平稳的发展势头，实现了双边经贸合作的较快发展。中美双方通过多个层次、多种渠道，加强沟通、促进交流，这对促进中美建设性合作关系的发展，促进两国在各个领域的合作具有重要意义。

一、高层会晤频繁，为中美经贸关系的健康发展奠定基础

2005年9月，在纽约出席联合国成立60周年首脑峰会期间，中国国家主席胡锦涛与美国总统布什会晤；11月，布什总统访华，中美两国领导人就包括中美经贸问题在内的中美关系及其他国际问题交换了意见。两国元首希望充分利用中美商贸联委会等对话机制，通过平等协商解决经贸分歧，推动中美经贸合作健康稳定发展。

同年7月11日，吴仪副总理与来访的美国商务部部长古铁雷斯和贸易代表波特曼在北京共同主持了第16届中美商贸联委会。在联委会会议上，中美双方回顾了一年多来中美经贸合作的成果，总结并充分肯定了双方在落实第15届商贸联委会共识方面所做的努力和取得的进展，并着重就市场经济地位、知识产权保护、市场准入、履行加入世贸组织承诺、出口管制、纺织品贸易、农产品检验检疫、投资贸易促进等八个方面议题坦率深入地交换了意见，在诸多问题上达成共识或取得积极进展。

第16届联委会的成功举行为中美经贸关系及双边关系的稳定发展创造了重要条件。双方各有关部门在中美商贸联委会框架下，为落实有关后续工作也开展了大量卓有成效的工作。

年内，中美双方政府高层经贸官员多次就双方关注的重大经贸议题交换看法，两国省、州之间密切的交往也将经贸议题作为突出内容。这些活动加强了双方的沟通与交流，增进了相互理解，为促进中美经贸关系持续健康稳定的发展创造了积极条件。

二、中美贸易和投资规模不断扩大，经贸合作保持迅速发展势头

2005年中美双边经贸关系保持了平稳较快发展的势头，合作规模不断扩大，合作领域不断拓宽，合作深度也有了进一步增强。

美国是中国第二大贸易伙伴，第一大出口市场，第六大进口来源地，第三大技术进口来源地；中国则为美国第三大贸易伙伴，第二大进口来源地，并于2005年超过英国成为美国第四大出口市场。根据中国海关统计，2005年，中美贸易额2 116.3亿美元，同比增长24.8%；其中我对美出口1 629.0亿美元，同比增长30.4%；进口487.3亿美元，同比增长9.1%。中方顺差1 141.7亿美元，同比增长29.8%。据美方统计，2005年中美贸易额2 853.0亿美元，同比增长23.3%；其中我对美出口2 434.6亿美元，同比增长23.8%；进口418.4亿美元，同比增长20.4%。美方逆差2 016.3亿美元，同比增长24.5%。

在双向投资方面，美仍是中国外资重要的来源地之一。2005年，美对华投资项目3 741个，同比下降4.69%，合同美资135.12亿美元，同比增长11.07%，实际投入30.61亿美元，同比减少22.32%。截至2005年，美对华投资项目累计达49 006个，合同美资金额1 121.2亿美元，美方实际投入510.9亿美元。美资企业特别是跨国公司对华直接投资有了更快的发展，规模逐渐增大，领域不断拓宽。从区域分布看，美资企业主要投资于中国沿海地区，有向中西部地区转移的趋势。

从中国对美投资看，中国在美国兴办的贸易型和非贸易型公司也呈增长趋势。2005年，中国在美直接投资额1.1亿美元。截至2005年，中国在美直接投资达7.8亿美元。我在美投资企业范围广泛，涉及工业、科技、服装、农业、餐饮、食品加工、旅游、金融、保险、运输和承包等各领域。中美经贸合作方式朝多样化发展，两国在经贸领域的相互依赖进一步加强。

三、在推动解决双方关注的经贸重点问题方面取得进展

关于纺织品问题，中美双方通过七轮艰苦谈判，最终就双边纺织品贸易问题达成协议，为两国企业创造了稳定和可预测的环境。

关于加强中美相关部门间的合作，中国公安部和美国执法部门同意建立打击跨境知识产权侵权犯罪刑事执法合

作机制；中国文化部、广电总局和美国电影协会已建立中美电影版权保护协作机制；中美版权部门同意就国际互联网公约国内立法加强交流与合作；双方在商贸联委会框架下设立旅游合作工作组，召开了旅游合作工作组第一次会议；中美证券监管机构同意建立对话机制；中美保监部门、电信监管部门也分别就相关领域的问题进行了对话。

关于知识产权保护，美方承认中国在知识产权保护方面取得的成绩和自2004年第15届商贸联委会以来在加强知识产权刑事执法方面取得的突破性进展；对中方提出的对中医药、传统知识和遗传资源知识产权保护的关注，美方表示将认真研究；双方于2005年10月份召开商贸联委会知识产权工作组第三次会议并就工作组下四个合作机制具体事宜进行讨论；为进一步加强与美方在保护知识产权方面的交流，中方向驻美国使馆派驻知识产权专员。

关于农产品贸易，中美双方在第16届中美商贸联委会期间就《食品安全和动植物卫生谅解备忘录》达成一致并草签。美方同意尽快解决中国熟制禽肉、鸭梨、香梨、苹果、柑橘、盆景、人造圣诞树的对美出口和对中国禽流感的解禁问题，同意采取有效措施，提高对华出口农产品的质量和安全。中方宣布质检总局批准52家美国企业可向中国出口牛精液、牛胚胎和猪精液。双方同意加强能力建设的合作、相互进行人员培训，并同意加强疯牛病和禽流感等方面的交流；中国农业部宣布对美NK603转基因玉米的检测工作已经结束，可以实现贸易。

关于贸易和投资促进，中美双方开展了形式多样的贸易投资促进活动。中国机电商会等进出口商、协会以及地方商务主管部门组织了多个采购团，赴美购买美国商品。中国与美国波音公司年内签署了购买60架波音787飞机和70架波音737飞机的协议，总价值超过110亿美元。同时，美国加利福尼亚、明尼苏达、夏威夷、德克萨斯、爱达荷、北卡罗来纳、肯塔基等州州长也相继访华，并举行了经贸洽谈、投资说明会、拜会等活动，丰富了中美经贸合作的内容。

2005年中国与加拿大的经济贸易关系

商务部美洲大洋洲司二处

2005年，中国和加拿大双边经贸合作发展顺利。中加双边贸易稳步增长，双向投资不断扩大，发展合作进展良好。

一、双边贸易

据中国海关统计，2005年，中加双边贸易额为191.7亿美元，再创历史新高，同比增长23.5%。其中我对加出口116.6亿美元，从加进口75.1亿美元，同比分别增长42.8%和2.2%。加拿大目前是中国第十大贸易伙伴。中国对加出口主要商品为机电产品（58.6亿美元，增长48.3%）、高新技术产品（21.8亿美元，增长69.9%）、服装（16.9亿美元，增长63.5%）、电脑及其部件（9.9亿美元，增长58.8%）、纺织品（4.8亿美元，增长26.4%）、家具（4.4亿美元，增长44.0%）、钢材（4.2亿美元，增长46.3%）、鞋类（3.1亿美元，增长22.3%）等。中国从加进口主要商品为机电产品（15.9亿美元，增长5.1%）、纸浆（9.5亿美元，增长2.0%）、乙二醇（8.9亿美元，增长7.4%）、高新技术产品（8.9亿美元，增长32.1%）、氯化钾（4.9亿美元，增长47.3%）、集成电路（3.5亿美元，增长65.4%）、小麦（3.4亿美元，下降44.1%）等。

二、双向投资

2005年，加在华投资项目数964个，同比下降3.12%；合同外资金额27.7亿美元，同比增长25.66%；加方实际投入4.5亿美元，同比下降26.02%。截至2005年，中国累计批准加在华直接投资项目8 900个，合同协议投资额169.56亿美元，加方实际投入49.89亿美元。

加拿大在华投资的地区分布广泛，既有在沿海发达地区、中部地区的投资项目，也有在西部地区的投资项目，如内蒙古、新疆、山西、青海、宁夏等。投资的行业主要有：电信设备制造、轻工机械设备制造、工程设计、软件开发、种植业、服装制造、房地产、矿业、娱乐服务等。

2005年，我在加新增企业数21家，中方投资5 109万美元。截至2005年，我在加的投资项目已达194个，中方投资2.63亿美元。涉及的行业主要有资源开发、工业生产、建筑承包、农牧渔业、餐饮业、科技文化交流、交通运输、咨询服务等。

三、贷款合作与发展合作

自1986年起，加拿大政府开始向中国提供优惠贷款。截至目前，加拿大共向我承诺了六批贷款，承诺总金额达24.86亿加元（约合15.66亿美元）。其中，前五批贷款已基本执行完毕，实际使用贷款金额约8.22亿美元，共生效了185个项目。项目主要集中在邮电通讯、水电、能源、石化、纸浆造纸、轻工建材、城市建设等领域。

2005年2月，加方正式通知我财政部，终止对华优惠贷款合作。

中加发展合作始于1982年。20多年来，双方进行的合作涉及农业、林业、能源、交通、教育、通讯、环保、人才开发、体制改革和扶贫等领域，项目总数达到110个，其中已完成的合作项目80个，正在执行的项目30个。据统计，加方对已签署备忘录的110个项目协议投入资金总额约为7.6亿加元。

在中加双方的共同努力下，贷款及发展合作项目进展顺利，取得了较好的经济和社会效益。

2005年中国与拉丁美洲国家的经济贸易关系

商务部美洲大洋洲司一处

2005年国家主席胡锦涛、政协主席贾庆林、国家副主席曾庆红和政治局常委罗干先后访问墨西哥、秘鲁、委内瑞拉、古巴、哥伦比亚、乌拉圭、阿根廷等拉美国家，哥伦比亚和秘鲁总统等拉美国家领导人访华。高访期间，我与有关国家签署了一些政府间协议和企业合作协议，就在诸多领域开展合作进行了深入探讨，为我与有关国家双边经贸关系的进一步发展注入了新的活力。

2005年我与墨西哥举行了中墨高层工作组第一次会议，并召开投资贸易促进组和市场经济地位组首次会议；分别与乌拉圭、玻利维亚、委内瑞拉和古巴举行了双边经贸混委会会议。通过上述双边常设机制，推动落实高层互访期间签署的重要协议，就我与有关国家双边经贸关系中的一些重大问题进行了商谈，推动解决双边贸易摩擦问题，为双边经贸合作的进一步发展创造良好环境。

2005年11月我与智利签署自由贸易协定，成为我与拉美国家签署的第一个自贸协定，也是继中国—东盟协定后我对外签署的第二个自贸协定。

2005年拉美地区经济保持增长，特别是我国经济和对外贸易继续强劲增长，为中拉经贸合作的进一步发展创造了条件。据我海关统计，2005年中拉贸易总额达504.57亿美元，同比增长26.06%。其中，中方出口为236.82亿美元，同比增长29.82%；中方进口267.75亿美元，同比增长22.91%。

2005年中国在拉美地区的前五大贸易伙伴分别为巴西、墨西哥、智利、阿根廷和巴拿马，双边贸易额分别达148.17亿美元、77.64亿美元、71.34亿美元、51.25亿美元和31.73亿美元。

我在拉美地区的前五大出口市场为墨西哥、巴西、巴拿马、智利和阿根廷。我对拉美出口的主要商品有：计算机与通讯技术、非针织或钩编的服装、针织或钩编的服装、电视、收音机及无线电通讯设备的零附件、外底及鞋面均以橡胶或塑料制的鞋、DVD、自动数据处理设备的零附件、摩托车、其他棉机织物、其他燃料油、旅行用品及箱包等。

我在拉美地区的前五大进口来源国为：巴西、智利、阿根廷、秘鲁和墨西哥。我从拉美进口的主要商品有：WTO口径农产品、铁矿砂及其精矿、大豆、未锻造的铜（包括铜合金）、铜矿砂及其精矿、电子技术、原油、集成电路及微电子组件、饲料用鱼粉、豆油、纸浆、牛皮革及马皮革等。

2005年，中国在拉美地区非金融类对外直接投资存量6.59亿美元；拉美国家在华投资项目2 982个，合同外资266亿美元，实际投资113亿美元；中国企业在拉美地区共签订经济合作合同328个（包括承包工程合同、劳务合作合同、设计咨询合同），总金额11.5亿美元，完成营业额14.7亿美元。截至2005年，中国在拉美地区非金融类对外直接投资存量为89.27亿美元；拉美国家在华投资项目17 956个，合同外资金额1 282亿美元，实际使用外资金额569亿美元。中国企业共在拉美地区签订经济合作合同总金额68.3亿美元，完成营业额61.5亿美元。

2005年中国与加勒比地区的经济贸易关系

商务部美洲大洋洲司四处

2005年，中国与加勒比地区各国双边关系及双边经贸关系不断深化，经贸交流不断，人员往来日益频繁。目前，中加经贸合作处于历史最好时期。

2005年初，曾庆红副主席访问了特立尼达和多巴哥、牙买加等国并出席了中国政府和牙买加政府在牙首都金斯敦共同举办的首届“中国—加勒比经贸合作论坛”。中国和加勒比11个建交国签署了《中国—加勒比经贸合作论坛2005年部长级会议经贸合作行动纲领》，为加强双方在贸易、投资、农渔业、旅游、金融、人力资源开发等领域的合作做出了规划。论坛期间还举行企业家大会、“中国—加勒比贸易展”等配合活动。论坛以“促进合作，共同发展”为主题，为中国与加勒比国家共商合作与发展提供了良好的平台。

一、双边贸易

据中国海关统计，2005年中国与加勒比地区的贸易额达26.8亿美元，同比增长34.2%，其中中国出口20亿美元，同比增长41.76%；进口6.8亿美元，同比增长15.76%。2005年，中国在加勒比地区的贸易伙伴中，双边贸易额超过1亿美元的有7个，依次为古巴（8.7亿美元）、波多黎各（4.1亿美元）、牙买加（3.3亿美元）、多米尼加共和国（2.9亿美元）、巴哈马（1.6亿美元）、安提瓜和巴布达（1.5亿美元）、特立尼达和多巴哥（1.2亿美元）。

中国与加勒比地区的贸易中以中国出口为主，主要出口产品包括：机电产品、轻纺类产品、化工产品等。中国从加勒比地区进口的主要产品包括氧化铝、沥青、原木及海产品等。

二、相互投资及经济技术合作

根据商务部业务统计，截至2005年，中国在加勒比地区投资企业共有187家，中方投资总额为32.33亿美元。其中，2005年新批境外企业22家，中方投资总额为28.8亿美元。

与此同时，加勒比地区在华投资继续保持良好发展势头。截至2005年，该地区在华投资项目15 996个，合同外资1 239亿美元，实际使用外资556亿美元。2005年，加勒比地区在华新设项目2 841个，合同外资金额261亿美元，实际投资金额112亿美元。英属维尔京群岛和开曼群岛居于在华最大的投资者之列。

2005年中国企业在加勒比地区新签承包劳务和技术咨询合同额1.9亿美元，完成营业额1.1亿美元。截至2005年，中国企业在加勒比地区累计签订各类承包劳务合同金额15.1亿美元，完成营业额10.8亿美元。

2005年，中国同加勒比国家加强了经济技术合作，并举办了多期人力资源培训班。

2005年中国与澳大利亚、新西兰的经济贸易关系

商务部美洲大洋洲司二处

一、中国与澳大利亚的经济贸易关系

2005年，中国与澳大利亚的双边经贸关系继续保持良好发展势头。2005年5月吴邦国委员长访澳期间，中澳两国正式启动自贸区谈判。

（一）双边贸易

据中国海关统计，2005年中澳双边贸易总额再创历史新高，达到272.5亿美元，比上年增长33.6%。其中中国对澳出口110.6亿美元，增长25.2%；从澳进口161.9亿美元，增长40.1%。澳大利亚为中国第九大贸易伙伴。

从进出口贸易的构成来看，机电产品为中国对澳出口的第一大类商品，其次为高新技术产品和纺织品服装。2005年中国对澳出口大项商品主要有：机电产品（53.8亿美元）、高新技术产品（22.8亿美元）、服装（17.0亿美元）、电脑（11.8亿美元）、纺织纱线织物（4.8亿美元）和家具（3.9亿美元）等。2005年中国从澳进口的主要商品有：铁矿石（61.6亿美元，1.12亿吨）、氧化铝（14.4亿美元，392万吨）、羊毛（10.1亿美元，18.1万吨）、机电产品（6.7亿美元）和煤（5.6亿美元，589万吨）等。

（二）经济技术合作

1. 双向投资

2005年，澳新设在华投资项目692个，协议金额27亿美元，实际投入4亿美元。截至2005年，中国累计批准澳在华直接投资项目7 501个，协议投资额147.45亿美元，实际投入44.86亿美元。投资行业分布在农业、建材、纺织、电子、服务业等领域。澳大利亚是中国吸收外资的主要来源地之一。

与此同时，中国在澳的投资也有了新的发展。截至2005年，中国在澳的投资项目数已达272个，中方协议金额5.46亿美元。中国在澳投资以矿产和油气资源开发为主，如铁矿砂、有色金属和稀有金属等。中澳两国已互为重要的投资伙伴。

此外，中澳双方在技术援助、羊毛、有色金属、机电、冶金、能源等方面的合作也富有成效。

2. 技术合作

自1981年10月中澳两国政府正式签署《中澳技术合作促进发展计划协定》以来，由于两国政府的重视及双方的共同努力，中澳技术合作进展顺利，成果显著。20多年来，合作领域不断扩大，已涉及农业、林业、牧业、能源、矿产、交通、纺织、建材、教育、卫生、审计、城市改造等方面。迄今，中国利用澳援助完成合作项目113个，澳方投入2.4亿美元；正在执行项目20个，澳方预计投入1.64亿美元。

二、中国与新西兰的经济贸易关系

2005年，中新两国经贸合作关系继续呈良好发展势头。2004年12月，中新启动自贸协定谈判，新西兰成为第一个与我进行自贸协定谈判的发达国家。

（一）双边贸易

据中国海关统计，2005年两国贸易额为26.8亿美元，比上年增长7.6%。其中中国从新西兰进口13.3亿美元，同比下降6.1%；对新西兰出口13.5亿美元，同比增长25.6%。

从商品结构看，2005年中国对新西兰的出口商品以机电轻纺产品为主，主要包括：机电产品（5.8亿美元）、服装（2.6亿美元）、高新技术产品（2.2亿美元）、纺织纱线织物（7 711万美元）等。近年来，机电产品、高新技术产品等对新出口增长迅速，对新出口商品结构得到进一步改善。

2005年中国从新西兰进口仍多为原料性产品，主要包括：乳制品（2.22亿美元）、纸浆（1.19亿美元，26.5万吨）、羊毛（1.09亿美元，3.19万吨）、原木（0.64亿美元，63.8万立方米）等。目前中国从新进口的商品中，虽然初级产品仍占较大比重，但高新技术产品等制成品也在不断扩大其市场份额。双边贸易的内容正在不断丰富。

（二）双向投资

2005年，新西兰在华新设投资项目141个，协议金额4亿美元，实际投入1.3亿美元。截至2005年，中国共批准新西兰在华投资项目总数1 104个，协议金额14亿美元，实际投入6亿美元。在华投资主要分布在农林、轻工、纺织、冶金、食品加工、医药、计算机等领域。

截至2005年，中国在新投资企业共有40家，中方协议投资5 877万美元。

（三）经济技术援助

中新技术合作始于1989年，截至2005年，新方总共向中国提供了约2 000万新元的无偿援款，用于对中国经济不发达地区的扶贫，并将其先进的农牧业技术和设备介绍到中国，收到了很好的经济和社会效益。

记录历史　启迪未来
中国商务年鉴
中国商务年鉴编辑委员会
2006·总第二十三期

开发区建设
Development Zones ↘

中国商务年鉴
CHINA COMMERCE YEARBOOK
政府年度出版物 中、英文分册出版
Published in separate Chinese and English editions
www.yearbook.org.cn 电话：(010)64246856
A MUST-HAVE FOR INTERNATIONAL BUSINESS
现代商务需要……

2005年国家级经济技术开发区发展概况

商务部外国投资管理司

2005年3月21日，国务院办公厅转发了商务部、国土资源部、建设部《关于促进国家级经济技术开发区进一步提高发展水平的若干意见》，制定了国家级经济技术开发区进一步发展的指导思想和目标，明确了促进国家级经济技术开发区提高发展水平的工作重点。2005年度，国家级经济技术开发区在正确的发展方针指导下，各个方面取得了不同程度的发展。

一、国家级经济技术开发区基本情况

截至2005年，我国批准设立49个国家级经济技术开发区和5个享受国家级经济技术开发区政策的其他国家级工业园区，其中：东部地区32个，中部地区9个，西部地区13个。

截至2005年，49个国家级经济技术开发区国务院批准面积为635.25平方公里，5个其他国家级工业园区国务院批准面积为206.67平方公里，共占地总面积为841.92平方公里，不到占全国总面积的万分之一。

二、国家级经济技术开发区主要经济指标继续增长

2005年，国家级经济技术开发区继续在经济总量和规模上取得了较大的发展。54个国家级经济技术开发区实现GDP 8 195.20亿元，同比增长24.14%，高于全国增幅14.24个百分点，占全国GDP的4.5%。其中：实现工业增加值为5 981.35亿元，增长23.18%，高于全国增幅16.40个百分点，占全国工业增加值的7.85%；税收收入1 219.28亿元，增长30.68%，高于全国增幅20个百分点，占全国税收收入的30.68%；进出口总额2 252.35亿美元，增长35.51%（出口1 137.97亿美元，进口1 114.38亿美元，分别增长28.40%和17.60%），高于全国增幅12.31个百分点，占全国进出口总额的15.84%；外商实际投资130.23亿美元，占全国实际利用外资的21.60%。

表1　2005年54个国家级经济技术开发区主要经济指标

	国内生产总值（亿元）	工业增加值（亿元）	税收收入（亿元）	进出口总额（亿美元）	其中：出口（亿美元）	进口（亿美元）	外商实际投资（亿美元）
开发区	8 195.20	5 981.35	1 219.28	2 252.35	1 137.97	1 114.38	130.23
全国	182 321.00	76 190.00	30 866.00	14 221.00	7 620.00	6 601.00	603.00
所占比重（%）	4.49	7.85	3.95	15.84	14.93	16.88	21.60
同比增长（%）	24.14	23.18	30.68	35.51	41.71	29.72	-4.3
全国增幅（%）	9.90	16.40	20	23.20	28.40	17.60	-0.50
增幅差额（百分点）	14.24	6.78	10.68	12.31	13.31	12.12	-3.80

三、国家级经济技术开发区区域发展各具特点：东部规模大，中西部发展快

2005年，东部32个国家级经济技术开发区实现GDP 6 647.71亿元，占全国国家级经济技术开发区GDP总量的81.12%，增长23.93%。其中，工业增加值4 880.27亿元，税收收入1 013.42亿元，出口1 093.83亿美元，进口1 067.16亿美元，外商实际投资109.26亿美元，分别占全国国家级经济技术开发区各项指标总量的81.59%、83.12%、95.94%和83.90%。

表2　东部32个国家级经济技术开发区主要经济指标

经济指标	国内生产总值（亿元）	工业增加值（亿元）	税收收入（亿元）	进出口总额（亿美元）	其中：出口（亿美元）	进口（亿美元）	外商实际投资（亿美元）
2005年	6 647.71	4 880.27	1 013.42	2 160.99	1 093.83	1 067.16	109.26
2004年	5 363.90	3 980.23	775.52	1 603.23	778.1	825.13	114.34
同比增长（%）	23.93	22.61	30.68	34.79	40.58	29.33	-4.44
比重（%）	81.12	81.59	83.12	95.94	96.12	95.76	83.90

中部9个国家级经济技术开发区实现GDP总量1 053.38亿元，同比增长25.57%，高于全国增幅15.67个百分点；工业增加值787.09亿元，同比增长28.34%，高于全国增幅11.94个百分点；税收收入130.33亿元，同比增长34%，高于全国增幅31.10个百分点；进出口总额59.70亿美元，同比增长54.30%，高于全国增幅31.10个百分点；外商实际投资15.43亿元，同比下降15.96%，出现较大幅度的下降，比全国增幅低15.46个百分点。

表3　中部9个国家级经济技术开发区主要经济指标

经济指标	国内生产总值（亿元）	工业增加值（亿元）	税收收入（亿元）	进出口总额（亿美元）	其中：出口（亿美元）	进口（亿美元）	外商实际投资（亿美元）
2005年	1053.38	787.09	130.33	59.70	28.51	31.19	15.43
2004年	838.88	613.27	97.26	38.69	16.20	22.49	18.36
同比增长（%）	25.57	28.34	34	54.3	75.99	38.68	-15.96
全国增幅（%）	9.90	16.40	20	23.20	28.40	17.60	-0.50

西部13个国家级经济技术开发区实现GDP总量494.12亿元，同比增长23.95%，高于全国增幅14.05个百分点；工业增加值313.99亿元，同比增长19.78%，高于全国增幅3.38个百分点；税收收入75.54亿元，同比增长25.36%，高于全国增幅5.36个百分点；进出口总额31.63亿美元，同比增长56.82%，高于全国增幅33.62个百分点；外商实际投资5.53亿元，在全国吸收外资普遍下降的情况下，出现较大幅度的增长，同比增长63.61%，高于全国增幅64.11个百分点。

表4　西部13个国家级经济技术开发区主要经济指标

经济指标	国内生产总值（亿元）	工业增加值（亿元）	税收收入（亿元）	进出口总额（亿美元）	其中：出口（亿美元）	进口（亿美元）	外商实际投资（亿美元）
2005年	494.12	313.99	75.54	31.63	15.6	16.03	5.53
2004年	398.66	262.13	60.26	20.17	8.75	11.42	3.38
同比增长（%）	23.95	19.78	25.36	56.82	78.29	40.37	63.61
全国增幅（%）	9.90	16.40	20	23.20	28.40	17.60	-0.50

四、国家级经济技术开发区集约、节约用地，土地利用效益明显

国家级经济技术开发区逐渐成为土地集约节约利用率最高的区域之一，经济增长的质量和土地利用效率都不断提高。截至2005年，54个国家级经济技术开发区经国务院批准规划用地面积841.92平方公里，已完成规划内工业用地面积 591.82 平方公里，占全部规划面积的 70%。2005 年度，54 个国家级经济技术开发区平均每平方公里工业用地工业总产值为 39.5 亿元，平均每平方公里工业用地工业增加值高达 10.11 亿元，每平方公里税收收入为 1.45 亿元，每平方公里财政收入为 1.53 亿元，远远超过国内平均水平。

表 5　以上各项指标排在前五位的开发区

每平方公里工业总产值（亿元）	漕河泾	闵行	南京	北京	上海金桥
	153.67	135.11	130.46	127.21	93.91
每平方公里工业增加值（亿元）	漕河泾	闵行	上海金桥	北京	广州
	52.05	46.98	25.36	23.67	22.95
每平方公里财政收入（亿元）	昆山	重庆	上海金桥	烟台	广州
	5.42	4.80	4.48	4.18	4.06
每平方公里税收收入（亿元）	虹桥	上海金桥	昆山	广州	天津
	7.46	4.31	4.29	3.79	3.51

注 1：每平方公里工业总产值和每公里工业增加值采用口径的是工业项目用地面积，每平方公里税收收入和每公里财政收入采用的是国务院批准面积；

注 2：虹桥开发区由于采取公司制管理模式，无财政收入，只有税收收入的统计数据。

五、国家级经济技术开发区高新技术快速发展，产业结构不断优化

国家级经济技术开发区始终坚持“三为主，二致力，一促进”的发展方针，将承接国际制造业转移作为重点，不断优化外资结构，在促进产业链条迅速延伸的同时，产业聚集效应凸显，形成了以电子信息、光机电一体化、生物医药、精细化工、汽车、环保等六大主导产业为代表的高技术产业群和研发基地，并成为国际产业分工和国际市场循环的重要环节。

为了加快实施科技兴国战略，加强自主创新，国家级经济技术开发区大力发展高新技术产业，进一步优化产业结构。截至 2005 年，国家级经济技术开发区高新企业数达到 3 205 家，2005 年实现工业总产值（现价）10 887.55 亿元，占全部工业总产值（现价）的 46.46%；按高新技术企业工业总产值排名，天津、北京、南京、漕河泾经济技术开发区和上海金桥出口加工区分列前五位。

六、国家级经济技术开发区外向型经济日益凸现，进出口贸易总额继续增长

从开放程度上看，国家级经济技术开发区是经济特区之后的第二开放带，在我国对外开放中处于前沿地位，外向型经济日益凸现。国家级开发区在全国进出口贸易的比重持续提高，2005 年，54 家开发区进出口总额占全国进出口总额的 15.84%。苏州工业园区（192.44 亿美元）、昆山开发区（161.10 亿美元）、天津开发区（139.71 亿美元）、漕河泾开发区（83.12 亿美元）、广州开发区（62.51 亿美元）分别列在出口总额的前五位。

2005 年，54 个国家级开发区实际利用外资 130.23 亿美元，同比下降了 4.3%，占全国的 21.60%。截至 2005 年，54 家开发区累计吸收外商投资金额达 999.32 亿美元，期末实有外商投资企业数达到 19 966 家，国家级经济技术开发区仍然是外商投资的重点区域和我国引进优质外商投资的重要阵地。

七、国家级经济技术开发区投资环境不断优化，形成了人才的集聚地

国家级经济技术开发区不断优化投资环境，一方面实行精简高效的管理和服务机制，完善投资环境的“软件”；另一方面，加强基础设施建设，继续优化投资环境的硬件设施。截至 2005 年，国家级经济技术开发区共完成固定资产投资 3 473.70 亿元，比上年增加了 29.93%，其中土地开发投资 502.67 亿元，比上年增加了 6.95%。

良好的投资环境吸引了一大批企业前来投资经营，2005 年度，国家级经济技术开发区新设立批准企业 20 056

家，其中外商投资企业2 747家。同时也为社会提供了大量的就业岗位，截至2005年，国家级经济技术开发区总从业人数达到417.27万人，同比增长了21.21%。

商务部、人事部和教育部联合举办了国家级经济技术开发区高校毕业生网络招聘会。54个国家级经济技术开发区以及区内的587家企事业单位、中国外商投资企业投资性公司工作委员会的会员企业参加了本次网络招聘会，提供了约17 000个工作岗位，其中外商投资企业岗位约占62%。在为期两周的网络招聘会期间，2006年国家级经济技术开发区高校毕业生网络招聘会专用网页累计点击量达到4 175万次，平均日点击量达到298万次，为国家级经济技术开发区于当代大学生之间进行双向选择创造了一条捷径，对于促进高校毕业生就业发挥了积极作用。

总之，2005年度，国家级经济技术开发区的发展又上了一个新台阶。着眼于未来，我们在2005年制定了国家级经济技术开发区“十一五”发展规划。在新的规划中，国家级经济技术开发区将继续担任重要的发展任务，完成新时期赋予的历史使命。

2005年国家级经济技术开发区主要经济指标

经济指标	全国同比增幅（%）	54个国家级开发区			东部32个国家级开发区		
	2005年	2005年	2004年	2005年增幅（%）	2005年	2004年	2005年增幅（%）
国内生产总值（亿元）	9.9	8 195.20	6 601.44	24.14	6 647.71	5 363.90	23.93
其中：工业增加值（亿元）	16.4	5 981.35	4 855.62	23.18	4 880.27	3 980.23	22.61
工业总产值（现价）（亿元）		23 376.88	17 949.11	30.24	19 578.03	15 015.60	30.38
税收收入（亿元）	20	1 219.28	933.04	30.68	1 013.42	775.52	30.68
进出口总额（亿美元）	23.2	2 252.35	1 662.08	35.51	2 160.99	1 603.23	34.79
其中：出口（亿美元）	28.4	1 137.97	803.04	41.71	1 093.83	778.10	40.58
进口（亿美元）	17.6	1 114.38	859.04	29.72	1 067.16	825.13	29.33
外商实际投资（亿美元）	-0.5	130.23	136.07	-4.30	109.26	114.34	-4.44

经济指标	全国同比增幅（%）	中部9个国家级开发区			西部13个国家级开发区		
	2005年	2005年	2004年	2005年增幅（%）	2005年	2004年	2005年增幅（%）
国内生产总值（亿元）	9.9	1 053.38	838.88	25.57	494.12	398.66	23.95
其中：工业增加值（亿元）	16.4	787.09	613.27	28.34	313.99	262.13	19.78
工业总产值（现价）（亿元）		2 726.46	2 096.98	30.02	1 072.39	836.52	28.20
税收收入（亿元）	20	130.33	97.26	34.00	75.54	60.26	25.36
进出口总额（亿美元）	23.2	59.70	38.69	54.30	31.63	20.17	56.82
其中：出口（亿美元）	28.4	28.51	16.20	75.99	15.60	8.75	78.29
进口（亿美元）	17.6	31.19	22.49	38.68	16.03	11.42	40.37
外商实际投资（亿美元）	-0.5	15.43	18.36	-15.96	5.53	3.38	63.61

2005 年东部 32 个国家级经济技术开发区国内生产总值情况表

单位：万元

序号	开发区名称	2005 年	2004 年	2005 年增长率（%）
1	广　州	6 529 412.00	5 620 708.00	16.17
2	天　津	6 422 936.00	5 302 181.00	21.14
3	苏州工业园区	5 807 000.00	5 027 000.00	15.52
4	昆　山	5 359 249.00	4 113 729.00	30.28
5	大　连	4501122.00	3610120.00	24.68
6	青　岛	3 722 689.00	2 762 754.00	34.75
7	金桥出口加工区	3 678 990.00	3 951 261.00	-6.89
8	漕河泾	3 297 643.00	2 417 106.00	36.43
9	烟　台	2 800 400.00	2 023 434.00	38.40
10	宁　波	2 352 664.00	1 768 130.00	33.06
11	北　京	2 350 000.00	1 270 700.00	84.94
12	沈　阳	1 987 535.00	1 569 421.00	26.64
13	杭　州	1 708 951.00	1 300 341.00	31.42
14	厦门海沧	1 649 200.00	1 334 700.00	23.56
15	福　州	1 353 488.00	1 173 499.00	15.34
16	南　沙	1 229 581.00	911 523.00	34.89
17	南　京	1 162 936.00	795 172.00	46.25
18	闵　行	1 087 657.97	958 078.00	13.52
19	营　口	1 040 268.00	800 000.00	30.03
20	福清融侨	971 699.00	855 904.00	13.53
21	秦皇岛	920 491.00	732 138.00	25.73
22	南　通	828 207.00	622 152.00	33.12
23	威　海	826 421.00	710 265.00	16.35
24	温　州	783 200.00	663 500.00	18.04
25	宁波大榭	765 000.00	700 000.00	9.29
26	虹　桥	725 109.00	533 639.00	35.88
27	连云港	655 367.00	524 165.00	25.03
28	萧　山	554 800.00	465 440.00	19.20
29	惠州大亚湾	531 575.00	446 230.00	19.13
30	湛　江	431 356.00	348 172.00	23.89
31	海南洋浦	314 162.00	205 780.00	52.67
32	东　山	127 949.00	121 757.00	5.09
	合　计	**66 477 057.97**	**53 638 999.00**	**23.93**

2005年东部32个国家级经济技术开发区工业总产值（现价）情况表

单位：万元

序号	开发区名称	2005年	2004年	2005年增长率（%）
1	天　津	23 051 921.00	18 221 439.00	26.51
2	昆　山	17 606 666.00	12 611 816.00	39.60
3	苏州工业园区	16 528 000.00	14 045 000.00	17.68
4	广　州	16 082 394.00	13 384 948.00	20.15
5	金桥出口加工区	13 194 992.00	12 340 731.00	6.92
6	北　京	11 016 200.00	6 800 000.00	62.00
7	南　京	10 475 625.00	6 211 563.00	68.65
8	大　连	9 620 000.00	7 121 300.00	35.09
9	漕河泾	8 359 666.00	5 634 222.00	48.37
10	青　岛	8 084 895.00	6 061 136.00	33.39
11	杭　州	7 259 373.00	5 042 764.00	43.96
12	宁　波	6 630 000.00	5 037 677.00	31.61
13	烟　台	6 402 261.00	4 101 686.00	56.09
14	沈　阳	6 254 825.00	4 595 920.00	36.10
15	厦门海沧	4 640 900.00	3 824 800.00	21.34
16	福清融侨	4 030 961.00	3 663 113.00	10.04
17	闵　行	3 107 594.20	2 737 367.00	13.52
18	福　州	2 713 848.00	2 722 998.00	-0.34
19	南　沙	2 487 987.00	1 701 290.00	46.24
20	萧　山	2 439 011.00	1 939 361.00	25.76
21	南　通	2 417 870.00	1 603 953.00	50.74
22	秦皇岛	2 359 923.00	2 028 668.00	16.33
23	营　口	2 032 841.00	1 642 232.00	23.79
24	温　州	2 015 139.00	1 657 474.00	21.58
25	连云港	1 766 260.00	1 483 236.00	19.08
26	威　海	1 675 364.00	1 409 700.00	18.85
27	宁波大榭	1 069 389.00	801 485.00	33.43
28	湛　江	1 041 792.00	857 346.00	21.51
29	惠州大亚湾	725 813.00	515 954.00	40.67
30	海南洋浦	432 883.00	114 290.00	278.76
31	东　山	255 898.00	242 528.00	5.51
32	虹　桥	0.00	0.00	0.00
	合　计	**195 780 291.2**	**150 155 997.00**	**30.38**

2005年东部32个国家级经济技术开发区工业增加值情况表

单位：万元

序号	开发区名称	2005年	2004年	2005年增长率（%）
1	天　津	5 386 378.00	4 359 123.00	23.57
2	广　州	5 053 150.00	4 553 200.00	10.98
3	昆　山	4 348 846.00	3 342 131.00	30.12
4	苏州工业园区	3 785 000.00	3 454 000.00	9.58
5	金桥出口加工区	3 562 648.00	3 887 330.00	-8.35
6	漕河泾	2 831 694.00	1 971 978.00	43.60
7	大　连	2 500 900.00	2 062 001.00	21.29
8	青　岛	2 285 153.00	1 613 692.00	41.61
9	北　京	2 050 000.00	1 072 000.00	91.23
10	烟　台	1 921 489.00	1 257 050.00	52.86
11	沈　阳	1 634 410.00	1 252 421.00	30.50
12	宁　波	1 501 900.00	1 308 100.00	14.82
13	杭　州	1 414 067.00	1 073 244.00	31.76
14	厦门海沧	1 341 800.00	1 113 000.00	20.56
15	闵　行	1 080 629.13	952 316.00	13.47
16	南　京	1 054 654.00	704 645.00	49.67
17	福清融侨	927 121.00	835 778.00	10.93
18	福　州	859 475.00	747 437.00	14.99
19	南　沙	655 723.00	579 659.00	13.12
20	温　州	560 208.00	452 490.00	23.81
21	秦皇岛	549 321.00	442 400.00	24.17
22	威　海	536 328.00	482 728.00	11.10
23	南　通	516 185.00	370 204.00	39.43
24	萧　山	501 867.00	414 269.00	21.15
25	连云港	494 136.00	420 554.00	17.50
26	营　口	490 885.00	354 400.00	38.51
27	湛　江	359 418.00	298 356.00	20.47
28	宁波大榭	212 049.00	200 371.00	5.83
29	惠州大亚湾	171 979.00	122 818.00	40.03
30	海南洋浦	138 563.00	31 753.00	336.38
31	东　山	76 769.00	72 814.00	5.43
32	虹　桥	0.00	0.00	0.00
	合　计	**48 802 745.13**	**39 802 262.00**	**22.61**

2005年东部32个国家级经济技术开发区税收收入情况表

单位：万元

序号	开发区名称	2005年	2004年	2005年增长率（%）
1	广　州	1 463 500.00	1 119 669.00	30.71
2	天　津	1 332 454.00	733 904.00	81.56
3	苏州工业园区	869 475.00	690 893.00	25.85
4	金桥出口加工区	689 031.00	703 897.00	-2.11
5	大　连	503 123.00	332 681.00	51.23
6	北　京	470 668.00	304 000.00	54.82
7	青　岛	454 316.00	296 749.00	53.10
8	昆　山	428 884.00	359 750.00	19.22
9	宁　波	382 613.00	312 237.00	22.54
10	厦门海沧	352 900.00	335 064.00	5.32
11	烟　台	334 784.00	247 870.00	35.06
12	闵　行	284 584.90	248 304.80	14.61
13	杭　州	260 316.00	174 961.00	48.79
14	沈　阳	222 385.00	200 381.00	10.98
15	宁波大榭	208 529.00	163 817.00	27.29
16	漕河泾	196 392.00	166 240.00	18.14
17	南　京	174 302.00	154 292.00	12.97
18	萧　山	171 140.00	140 283.00	22.00
19	南　沙	167 038.00	138 716.00	20.42
20	南　通	137 654.00	103 484.00	33.02
21	福　州	123 899.00	112 649.00	9.99
22	温　州	120 254.00	112 927.00	6.49
23	连云港	109 337.00	78 208.00	39.80
24	威　海	100 928.00	74 226.00	35.97
25	营　口	100 068.00	77 540.00	29.05
26	惠州大亚湾	99236.00	83 609.00	18.69
27	海南洋浦	98 850.00	63 987.00	54.48
28	秦皇岛	90 747.00	75 680.00	19.91
29	福清融侨	76 800.00	66 500.00	15.49
30	湛　江	51 543.00	39 190.00	31.52
31	虹　桥	48 479.00	33 877.00	43.10
32	东　山	9 962.00	9 624.00	3.51
	合　计	**10 134 191.90**	**7 755 209.80**	**30.68**

2005年东部32个国家级经济技术开发区出口总额情况表

单位：万美元

序号	开发区名称	2005年	2004年	2005年增长率（%）
1	苏州工业园区	1 924 379.00	1 188 487.00	61.92
2	昆　山	1 610 985.00	1 139 149.00	41.42
3	天　津	1 397 066.00	1 117 503.00	25.02
4	漕河泾	831 234.00	552 988.00	50.32
5	广　州	625 117.00	475 549.00	31.45
6	北　京	569 386.00	232 482.00	144.92
7	大　连	501 000.00	400 326.00	25.15
8	金桥出口加工区	486 740.00	482 173.00	0.95
9	杭　州	393 144.00	254 136.00	54.70
10	福清融侨	362 778.00	341 559.00	6.21
11	南　京	324 821.00	231 533.00	40.29
12	青　岛	277 844.00	177 059.00	56.92
13	宁　波	250 638.00	197 896.00	26.65
14	烟　台	241 127.00	100 436.00	140.08
15	厦门海沧	174 600.00	138 800.00	25.79
16	南　沙	127 292.00	95 849.00	32.80
17	南　通	117 719.00	79 060.00	48.90
18	萧　山	102 048.00	86 743.00	17.64
19	福　州	89 331.00	72 539.00	23.15
20	闵　行	75 594.50	54 211.00	39.44
21	温　州	68 873.00	52 647.00	30.82
22	威　海	64 484.00	43 300.00	48.92
23	沈　阳	58 500.00	49 382.00	18.46
24	秦皇岛	58 298.00	44 379.00	31.36
25	营　口	52 939.00	40 532.00	30.61
26	宁波大榭	39 756.00	32 269.00	23.20
27	湛　江	38 180.00	37 022.00	3.13
28	惠州大亚湾	37 267.00	33 739.00	10.46
29	连云港	27 663.00	20 137.00	37.37
30	东　山	9 388.00	8 948.00	4.92
31	海南洋浦	94.00	183.00	-48.63
32	虹　桥	0.00	0.00	0.00
	合　计	**10 938 285.50**	**7 781 016.00**	**40.58**

2005年东部32个国家级经济技术开发区进口总额情况表

单位：万美元

序号	开发区名称	2005年	2004年	2005年增长率（%）
1	苏州工业园区	2 131 148.00	1 625 093.00	31.14
2	昆　山	1 245 145.00	847 470.00	46.92
3	天　津	1 146 751.00	1 000 228.00	14.65
4	广　州	754 050.00	594 997.00	26.73
5	漕河泾	653 672.00	548 259.00	19.23
6	北　京	625 832.00	386 279.00	62.02
7	金桥出口加工区	540 086.00	538 675.00	0.26
8	大　连	502 000.00	422 866.00	18.71
9	南　京	499 817.00	267 006.00	87.19
10	福清融侨	331 044.00	311 885.00	6.14
11	烟　台	321 451.00	158 178.00	103.22
12	宁　波	298 000.00	251 856.00	18.32
13	杭　州	282 971.00	222 128.00	27.39
14	青　岛	280 808.00	168 070.00	67.08
15	南　沙	150 602.00	130 380.00	15.51
16	厦门海沧	148 800.00	115 700.00	28.61
17	福　州	135 784.00	134 730.00	0.78
18	秦皇岛	91 310.00	50 391.00	81.20
19	南　通	80 346.00	66 150.00	21.46
20	连云港	71 085.00	54 262.00	31.00
21	闵　行	67 927.80	62 189.00	9.23
22	宁波大榭	64 943.00	58 990.00	10.09
23	沈　阳	56 420.00	45 200.00	24.82
24	威　海	54 691.00	38 300.00	42.80
25	萧　山	36 797.00	31 887.00	15.40
26	营　口	29 554.00	25 140.00	17.56
27	湛　江	19 922.00	16 791.00	18.65
28	惠州大亚湾	18 263.00	14 749.00	23.83
29	海南洋浦	15 973.00	47 157.00	-66.13
30	温　州	13 994.00	14 017.00	-0.16
31	东　山	2 376.00	2 239.00	6.12
32	虹　桥	0.00	0.00	0.00
	合　计	**10 671 562.80**	**8 251 262.00**	**29.33**

2005 年东部 27 个国家级经济技术开发区合同外资金额情况表

单位：万美元

序号	开发区名称	2005 年	2004 年	2005 年增长率（%）
1	天 津	259 504.00	192 171.00	35.04
2	广 州	135 401.00	131 709.00	2.80
3	青 岛	132 328.00	182 963.00	-27.67
4	昆 山	113 332.00	111 324.00	1.80
5	宁 波	105 083.00	104 058.00	0.99
6	沈 阳	102 731.00	49 888.00	105.92
7	烟 台	78 389.00	64 952.00	20.69
8	北 京	73 784.00	114 283.00	-35.44
9	南 通	73 215.00	49 694.00	47.33
10	杭 州	65 170.00	52 026.00	25.26
11	大 连	65 000.00	96 060.00	-32.33
12	南 京	52 335.00	51 078.00	2.46
13	南 沙	50 410.00	48 832.00	3.23
14	营 口	41 719.00	35 872.00	16.30
15	连云港	38 895.00	23 961.00	62.33
16	惠州大亚湾	34 244.00	22 726.00	50.68
17	萧 山	27 153.00	26 061.00	4.19
18	威 海	20 945.00	20 906.00	0.19
19	秦皇岛	18 866.00	27 307.00	-30.91
20	温 州	14 214.00	10 118.00	40.48
21	福 州	13 359.00	11 250.00	18.75
22	福清融侨	10 507.00	9 289.00	13.11
23	闵 行	10 246.93	5 892.84	73.89
24	虹 桥	6 470.00	989.00	554.20
25	湛 江	5 088.00	3 813.00	33.44
26	漕河泾	4 863.00	12 479.00	-61.03
27	东 山	3 725.00	3 630.00	2.62
	合 计	**1 556 976.93**	**1 463 331.84**	**6.40**

2005年东部32个国家级经济技术开发区实际使用外资金额情况表

单位：万美元

序号	开发区名称	2005年	2004年	2005年增长率（%）
1	苏州工业园区	158 109.00	181 236.00	-12.76
2	天　津	128 492.00	94 919.00	35.37
3	青　岛	74 170.00	120 415.00	-38.40
4	昆　山	72 704.00	67 253.00	8.11
5	广　州	68 106.00	65 548.00	3.90
6	北　京	61 322.00	57 160.00	7.28
7	宁　波	58 806.00	58 005.00	1.38
8	沈　阳	42 000.00	30 715.00	36.74
9	南　沙	40 565.00	31 003.00	30.84
10	惠州大亚湾	39 146.00	30 076.00	30.16
11	金桥出口加工区	37 594.00	50 652.00	-25.78
12	南　通	35 104.00	28 496.00	23.19
13	大　连	35 000.00	54 000.00	-35.19
14	杭　州	32 002.00	29 018.00	10.28
15	烟　台	29 458.00	25 469.00	15.66
16	南　京	20 174.00	36 125.00	-44.16
17	厦门海沧	17 653.00	15 047.00	17.32
18	威　海	17 622.00	20 448.00	-13.82
19	秦皇岛	16 666.00	13 347.00	24.87
20	海南洋浦	16 000.00	31 520.00	-49.24
21	萧　山	15 785.00	14 726.00	7.19
22	连云港	12 237.00	6 502.00	88.20
23	营　口	11 721.00	14 514.00	-19.24
24	福清融侨	10 298.00	9 225.00	11.63
25	宁波大榭	7 740.00	1 298.00	496.30
26	闵　行	7 566.30	5 740.47	31.81
27	漕河泾	7 526.00	17 310.00	-56.52
28	福　州	7 021.00	21 028.00	-66.61
29	温　州	6 329.00	4 538.00	39.47
30	东　山	2 762.00	2 021.20	36.65
31	虹　桥	1 974.00	1 985.00	-0.55
32	湛　江	941.00	4 022.00	-76.60
	合　计	**1 092 593.30**	**1 143 361.67**	**-4.44**

2005年中部9个国家级经济技术开发区国内生产总值情况表

单位：万元

序号	开发区名称	2005年	2004年	2005年增长率（%）
1	长　春	2 300 453.00	1 920 102.00	19.81
2	武　汉	1 481 300.00	1 168 600.00	26.76
3	芜　湖	1 143 400.00	958 000.00	19.35
4	哈尔滨	1 129 405.00	907 356.00	24.47
5	南　昌	1 411 351.00	921 200.00	53.21
6	合　肥	1 344 878.00	1 090 628.00	23.31
7	长　沙	1 253 545.00	1 023 214.00	22.51
8	郑　州	376 529.00	312 892.00	20.34
9	太　原	92 950.00	86 782.00	7.11
	合　计	**10 533 811.00**	**8 388 774.00**	**25.57**

2005年中部9个国家级经济技术开发区工业总产值（现价）情况表

单位：万元

序号	开发区名称	2005年	2004年	2005年增长率（%）
1	长　春	5 472 500.00	4 560 410.00	20.00
2	哈尔滨	4 168 000.00	3 318 000.00	25.62
3	武　汉	3 840 600.00	2 596 000.00	47.94
4	芜　湖	3 528 300.00	2 914 000.00	21.08
5	合　肥	3 422 688.00	2 810 088.00	21.80
6	南　昌	3 166 730.00	1 963 500.00	61.28
7	长　沙	2 803 246.00	2 178 752.00	28.66
8	郑　州	531 817.00	464 174.00	14.57
9	太　原	330 777.50	164 925.00	100.56
	合　计	**27 264 658.50**	**20 969 849.00**	**30.02**

2005年中部9个国家级经济技术开发区工业增加值情况表

单位：万元

序号	开发区名称	2005年	2004年	2005年增长率（%）
1	长　春	1 640 150.00	1 408 050.00	16.48
2	南　昌	1 411 351.00	921 200.00	53.21
3	合　肥	1 344 878.00	1 090 628.00	23.31
4	长　沙	1 253 545.00	1 023 214.00	22.51
5	武　汉	1 178 200.00	886 800.00	32.86
6	芜　湖	1 063 300.00	876 000.00	21.38
7	哈尔滨	964 355.00	760 000.00	26.89
8	郑　州	376 529.00	312 892.00	20.34
9	太　原	92 950.00	86 782.00	7.11
	合　计	**7 870 827.00**	**6 132 693.00**	**28.34**

2005年中部9个国家级经济技术开发区税收收入情况表

单位：万元

序号	开发区名称	2005年	2004年	2005年增长率（%）
1	武　汉	254 552.00	164 575.00	54.67
2	哈尔滨	193 551.00	180 889.00	7.00
3	合　肥	169 978.00	100 208.00	69.63
4	南　昌	161 306.00	50 258.00	220.96
5	长　春	160 560.00	141 404.00	13.55
6	芜　湖	158 913.00	177 000.00	-10.22
7	长　沙	144 019.00	114 571.00	25.70
8	郑　州	48 374.00	39 803.00	21.53
9	太　原	12 018.00	3 878.00	209.90
	合　计	**1 303 271.00**	**972 586.00**	**34.00**

2005年中部9个国家级经济技术开发区出口总额情况表

单位：万美元

序号	开发区名称	2005年	2004年	2005年增长率（%）
1	长　春	65 918.00	31 641.00	108.33
2	合　肥	45 292.00	31 945.00	41.78
3	长　沙	44 963.00	35 094.00	28.12
4	哈尔滨	34 959.00	22 861.00	52.92
5	芜　湖	28 449.00	19 388.00	46.74
6	武　汉	27 247.00	10 829.00	151.61
7	南　昌	23 326.00	5 277.00	342.03
8	太　原	11 250.00	2 624.00	328.73
9	郑　州	3 958.00	2 297.00	72.31
	合　计	**285 362.00**	**161 956.00**	**76.20**

2005年中部9个国家级经济技术开发区进口总额情况表

单位：万美元

序号	开发区名称	2005年	2004年	2005年增长率（%）
1	武　汉	116 568.00	55 580.00	109.73
2	长　沙	59 231.00	48 934.00	21.04
3	长　春	44 117.00	29 625.00	48.92
4	合　肥	25 242.00	27 598.00	-8.54
5	哈尔滨	24 779.00	23 176.00	6.92
6	南　昌	15 053.00	3 750.00	301.41
7	芜　湖	14 988.00	32 530.00	-53.93
8	太　原	11 059.00	3 655.00	202.57
9	郑　州	964.00	83.00	1 061.45
	合　计	**312 001.00**	**224 931.00**	**38.71**

2005 年中部 9 个国家级经济技术开发区合同外资金额情况表

单位：万美元

序号	开发区名称	2005 年	2004 年	2005 年增长率（%）
1	长　春	43 094.00	53 459.60	-19.39
2	武　汉	32 885.00	34 567.00	-4.87
3	哈尔滨	32 600.00	30 435.00	7.11
4	南　昌	22 306.00	21 699.00	2.80
5	长　沙	19 536.00	17 178.00	13.73
6	郑　州	8 482.00	20 900.00	-59.42
7	太　原	7 791.80	12 141.00	-35.82
8	合　肥	5 305.00	4 658.00	13.89
9	芜　湖	2 416.00	5 918.00	-59.18
	合　计	**174 415.80**	**200 955.60**	**-13.21**

2005 年中部 9 个国家级经济技术开发区实际使用外资金额情况表

单位：万美元

序号	开发区名称	2005 年	2004 年	2005 年增长率（%）
1	长　春	41 025.00	36 102.10	13.64
2	武　汉	30 130.00	76 596.00	-60.66
3	南　昌	20 859.00	15 719.00	32.70
4	哈尔滨	19 031.00	16 864.00	12.85
5	长　沙	13 417.00	10 110.00	32.71
6	合　肥	12 624.00	9 770.00	29.21
7	芜　湖	10 309.00	11 484.00	-10.23
8	郑　州	3 507.00	4 504.00	-22.14
9	太　原	3 489.00	2 475.00	40.97
	合　计	**154 391.00**	**183 624.10**	**-15.92**

2005 年西部 12 个国家级经济技术开发区国内生产总值情况表

单位：万元

序号	开发区名称	2005 年	2004 年	2005 年增长率（%）
1	西　安	1 015 216.00	710 413.00	42.91
2	重　庆	730 859.00	771 321.00	-5.25
3	成　都	721 300.00	601 100.00	20.00
4	呼和浩特	662 122.00	507 511.00	30.46
5	昆　明	377 862.00	266 135.00	41.98
6	南　宁	296 032.00	200 674.00	47.52
7	银　川	263 331.00	236 927.00	11.14
8	贵　阳	261 000.00	217 415.00	20.05
9	石河子	204 776.00	154 185.00	32.81
10	乌鲁木齐	174 649.00	159 547.00	9.47
11	兰　州	137 006.00	80 150.00	70.94
12	西　宁	97 000.00	81 240.00	19.40
	合　计	**4 941 153.00**	**3 986 618.00**	**23.94**

2005年西部12个国家级经济技术开发区工业总产值（现价）情况表

单位：万元

序号	开发区名称	2005年	2004年	2005年增长率（%）
1	西　安	2 455 183.00	1 710 163.00	43.56
2	重　庆	2 159 359.00	2 104 246.00	2.62
3	呼和浩特	1 862 593.00	1 322 727.00	40.81
4	成　都	848 410.00	663 240.00	27.92
5	昆　明	591 882.00	424 380.00	39.47
6	南　宁	574 383.00	434 887.00	32.08
7	石河子	534 937.00	380 147.00	40.72
8	银　川	462 491.00	418 860.00	10.42
9	贵　阳	459 128.00	327 655.00	40.13
10	乌鲁木齐	406 484.00	328 368.00	23.79
11	兰　州	289 000.00	176 812.00	63.45
12	西　宁	80 000.00	73 724.00	8.51
	合　计	**10 723 850.00**	**8 365 209.00**	**28.20**

2005年西部12个国家级经济技术开发区工业增加值情况表

单位：万元

序号	开发区名称	2005年	2004年	2005年增长率（%）
1	西　安	728 001.00	510 687.00	42.55
2	呼和浩特	598 296.00	454 180.00	31.73
3	重　庆	498 732.00	619 375.00	-19.48
4	成　都	295 430.00	232 210.00	27.23
5	昆　明	220 180.00	164 500.00	33.85
6	南　宁	158 783.00	117 265.00	35.41
7	石河子	139 876.00	100 685.00	38.92
8	银　川	138 747.00	132 714.00	4.55
9	贵　阳	132 000.00	109 347.00	20.72
10	乌鲁木齐	118 025.00	108 109.00	9.17
11	兰　州	87 104.00	53 044.00	64.21
12	西　宁	24 800.00	19 168.00	29.38
	合　计	**3 139 974.00**	**2 621 284.00**	**19.79**

2005年西部12个国家级经济技术开发区税收收入情况表

单位：万元

序号	开发区名称	2005年	2004年	2005年增长率（%）
1	重　庆	226 212.00	187 404.00	20.71
2	西　安	112 805.00	90 177.00	25.09
3	呼和浩特	95 407.00	86 637.00	10.12
4	昆　明	79 061.00	56 708.00	39.42
5	成　都	50 612.00	39 140.00	29.31
6	乌鲁木齐	45 510.00	36 014.00	26.37
7	贵　阳	38 794.00	30 882.00	25.62
8	南　宁	33 687.00	24 049.00	40.08
9	银　川	28 289.00	20 545.00	37.69
10	石河子	21 000.00	13 790.00	52.28
11	兰　州	12 895.00	9 816.00	31.37
12	西　宁	11 080.00	7 443.00	48.86
	合　计	**755 352.00**	**602 605.00**	**25.35**

2005年西部12个国家级经济技术开发区出口总额情况表

单位：万美元

序号	开发区名称	2005年	2004年	2005年增长率（%）
1	呼和浩特	41 686.00	8 369.00	398.10
2	乌鲁木齐	36 159.00	18 074.00	100.06
3	西　安	17 043.00	11 748.00	45.07
4	西　宁	13 468.00	11 841.00	13.74
5	重　庆	12 525.00	7 300.00	71.58
6	银　川	8 718.00	10 910.00	-20.09
7	成　都	5 747.00	3 439.00	67.11
8	昆　明	5 651.00	4 820.00	17.24
9	贵　阳	5 199.00	4 634.00	12.19
10	南　宁	4 662.00	3 088.00	50.97
11	石河子	4 652.37	2 807.11	65.74
12	兰　州	495.00	422.00	17.30
	合　计	**156 005.37**	**87 452.11**	**78.39**

2005年西部12个国家级经济技术开发区进口总额情况表

单位：万美元

序号	开发区名称	2005年	2004年	2005年增长率（%）
1	重 庆	60 044.00	54 700.00	9.77
2	呼和浩特	29 346.00	744.00	3 844.35
3	西 宁	19 300.00	19 112.00	0.98
4	银 川	16 989.00	2 507.00	577.66
5	西 安	9 492.00	8 058.00	17.80
6	石河子	7 952.35	12 343.09	-35.57
7	昆 明	5 773.00	4 944.00	16.77
8	乌鲁木齐	5 259.00	6 436.00	-18.29
9	成 都	4 006.00	3 412.00	17.41
10	贵 阳	2 021.00	1 703.00	18.67
11	兰 州	85.00	279.00	-69.53
12	南 宁	0.00	0.00	0.00
	合 计	**160 267.35**	**114 238.09**	**40.29**

2005年西部12个国家级经济技术开发区合同外资金额情况表

单位：万美元

序号	开发区名称	2005年	2004年	2005年增长率（%）
1	西 安	39 296.00	24 193.00	62.43
2	银 川	27 481.00	11 606.00	136.78
3	南 宁	11 749.00	11 827.00	-0.66
4	重 庆	14 298.00	11 414.00	25.27
5	成 都	9 955.00	2 160.00	360.88
6	呼和浩特	5 410.00	9 760.00	-44.57
7	乌鲁木齐	4 514.00	580.80	677.20
8	兰 州	2 980.00	1 000.00	198.00
9	石河子	1 500.00	800.00	87.50
10	西 宁	1 500.00	1 474.00	1.76
11	贵 阳	782.00	1 470.00	-46.80
12	昆 明	609.00	1 604.40	-62.04
	合 计	**120 074.00**	**77 889.20**	**54.16**

2005 年西部 12 个国家级经济技术开发区实际使用外资金额情况表

单位：万美元

序号	开发区名称	2005 年	2004 年	2005 年增长率（%）
1	西　安	17 091.00	10 709.00	59.59
2	重　庆	11 503.00	5 028.00	128.78
3	银　川	9 698.00	7 458.00	30.03
4	呼和浩特	6 418.03	3 191.00	101.13
5	乌鲁木齐	3 907.30	472.80	726.42
6	成　都	2 262.00	2 461.00	-8.09
7	南　宁	1 507.70	1 257.00	19.94
8	贵　阳	1 050.00	753.00	39.44
9	石河子	750.00	400.00	87.50
10	西　宁	600.00	596.00	0.67
11	昆　明	504.00	432.70	16.48
12	兰　州	0.00	1 000.00	-100.00
	合　计	**55 291.03**	**33 758.50**	**63.78**

法　规
Laws and Regulations ↘

记录历史　启迪未来
中国商务年鉴
中国商务年鉴编辑委员会
2006 · 总第二十三期

中国商务法规检索（2005）

（按发布时间顺序排列）

发布时间	发布文号	法规名称
2005－01－05	财会［2005］1号	信托业务会计核算办法
2005－01－08	国办发［2005］2号	国务院办公厅关于加快电子商务发展的若干意见
2005－01－10	银发［2005］10号	中国人民银行关于商业银行对外资保险公司办理人民币协议存款业务的利率等相关问题的通知
2005－01－10	农业部、质检总局公告第448号	农业部、国家质量监督检验检疫总局公告第448号
2005－01－12	质检总局令第71号	保税区检验检疫监督管理办法
2005－01－13		商务部对外援助项目招标委员会通告2005年第1号
2005－01－13	质检总局、海关总署、商务部、林业局公告2005年第4号	质检总局、海关总署、商务部、林业局公告2005年第4号——公布出境货物木质包装有关要求
2005－01－18	财政部令第24号	会计师事务所审批和监督暂行办法
2005－01－20	国法函［2005］10号	对《商务部关于请对中外合资经营企业合营各方出资及外商投资企业清算相关行政法规条文具体应用问题予以解释的函》的复函
2005－01－20		商务部对外援助项目招标委员会通告2005年第2号
2005－01－21	商资函［2005］3号	商务部关于依法行政做好外商投资企业审批工作的通知
2005－01－21	汇发［2005］5号	国家外汇管理局关于对已办理出口收汇核销手续的核销单和报关单电子数据进行清理的通知
2005－01－22	财政部令第26号	会计从业资格管理办法
2005－01－24	汇发［2005］11号	国家外汇管理局关于完善外资并购外汇管理有关问题的通知
2005－01－26	汇发［2005］4号	国家外汇管理局关于2005年境内外资银行短期外债指标核定工作的通知
2005－01－26	商务部公告2005年第3号	商务部公告2005年第3号——公布2005－2006年度“商务部重点培育和发展的出口名牌”名单
2005－01－27	汇发［2005］3号	国家外汇管理局关于做好贸易进口付汇核销监管系统升级工作的通知
2005－01－27	汇发［2005］9号	国家外汇管理局、外交部、公安部、监察部、司法部关于实施《个人财产对外转移售付汇管理暂行办法》有关问题的通知
2005－01－27	汇综发［2005］11号	国家外汇管理局综合司关于转发中国注册会计师协会《外汇收支情况表审核指导意见》的通知
2005－01－31	国税发［2005］13号	国家税务总局、国家外汇管理局关于个人财产对外转移提交税收证明或者完税凭证有关问题的通知
2005－02－01	汇发［2005］6号	国家外汇管理局关于境外上市外汇管理有关问题的通知
2005－02－01	商务部公告2005年第2号	商务部公告2005年第2号——公布复审获得全国绢纺企业生产准产证的企业名单
2005－02－02		商务部对外援助项目招标委员会通告2005年第3号
2005－02－03	商务部公告2005年第5号	商务部公告2005年第5号——决定对原产于日本、韩国的进口甲苯二异氰酸酯所适用的反倾销措施进行倾销及倾销幅度期中复审
2005－02－04	汇发［2005］7号	国家外汇管理局关于调整经常项目外汇账户限额管理办法的通知
2005－02－05	汇发［2005］8号	国家外汇管理局关于加强进口延期付汇、远期付汇管理有关问题的通知

续表

发布时间	发布文号	法规名称
2005-02-06		商务部对外援助项目招标委员会通告2005年第4号
2005-02-06	商务部、海关总署公告2005年第7号	纺织品出口自动许可目录
2005-02-07	国函［2005］5号	国务院关于同意设立丽水海关的批复
2005-02-09	商务部、公安部令2005年第8号	典当管理办法
2005-02-16	国办函［2005］15号	国务院办公厅关于同意石岛海关更名为荣成海关的复函
2005-02-16	黑政发［2005］10号	黑龙江省人民政府关于扩大机电产品出口的若干意见
2005-02-16	商务部公告2005年第6号	商务部公告2005年第6号——公布6项外经贸行业标准编号及名称
2005-02-17	建市［2005］20号	建设部关于对国务院批准的《〈内地与香港关于建立更紧密经贸关系的安排〉补充协议》和《〈内地与澳门关于建立更紧密经贸关系的安排〉补充协议》有关事项的通知
2005-02-19	国发［2005］3号	国务院关于鼓励支持和引导个体私营等非公有制经济发展的若干意见
2005-02-21	商运字［2005］7号	商务部办公厅、农业部办公厅关于下达2005年度全国桑蚕种桑蚕茧桑蚕丝生产指导性计划的通知
2005-02-21	商务部、发改委、工商总局令2005年第10号	汽车品牌销售管理实施办法
2005-02-21	商务部、海关总署公告2005年第9号	商务部、海关总署公告2005年第9号
2005-02-22		商务部对外援助项目招标委员会通告2005年第5号
2005-02-22	商务部、农业部、海关总署、质检总局公告2005年第8号	商务部、农业部、海关总署、质检总局公告2005年第8号——关于恢复来源于加拿大的有关禽类及其产品进口的公告
2005-02-23	国函［2005］13号	国务院关于完善珠澳跨境工业区珠海园区政策措施的批复
2005-02-24	国函［2005］12号	国务院关于同意设立遵义海关的批复
2005-02-24	商建字［2005］6号	商务部办公厅关于实行拍卖经营批准证书编码管理的通知
2005-02-24	商合字［2005］17号	商务部办公厅关于做好2005年对外经济合作企业《经营资格证书》年审工作的通知
2005-02-25		商务部对外援助项目招标委员会通告2005年第6号
2005-02-25	财税［2005］25号	财政部、国家税务总局关于生产企业出口货物实行免抵退税办法后有关城市维护建设税教育费附加政策的通知
2005-02-25	商务部、海关总署公告2005年第11号	商务部、海关总署公告2005年第11号——调整第一批《纺织品出口自动许可目录》
2005-02-28	中华人民共和国主席令第33号	中华人民共和国可再生能源法
2005-02-28	发改委令第28号	国际金融组织和外国政府贷款投资项目管理暂行办法
2005-02-28	商务部公告2005年第10号	商务部公告2005年第10号——关于终止日本紫菜进口管理措施贸易壁垒调查的公告
2005-03-02	汇发［2005］15号	国家外汇管理局关于中国石化国际事业有限公司所属经营部办理进口付汇核销业务有关问题的通知
2005-03-02	商机电函［2005］3号	商务部、海关总署关于明确天然橡胶内销及加工贸易业务审批有关问题的通知
2005-03-02	商务部令2005年第9号	国际货运代理企业备案（暂行）办法
2005-03-03	汇发［2005］14号	国家外汇管理局关于边境地区境外投资外汇管理有关问题的通知
2005-03-08	财税［2005］34号	财政部、国家税务总局关于出口货物退（免）税若干具体问题的补充通知

续表

发布时间	发布文号	法规名称
2005 - 03 - 10		商务部关于加强对特许经营活动管理的通知
2005 - 03 - 13	信息产业部令第 36 号	电信服务规范
2005 - 03 - 14	苏发改工业发［2005］188 号	江苏省发改委关于过渡时期外商投资工业固定资产投资项目管理的若干意见
2005 - 03 - 16	商务部公告 2005 年第 12 号	商务部公告 2005 年第 12 号——公布原油、成品油（燃料油）非国营贸易进口经营备案企业名单（第四批）
2005 - 03 - 17	国税发［2005］45 号	国家税务总局、商务部关于技术进口企业所得税减免审批程序的通知
2005 - 03 - 17		商务部对外援助项目招标委员会通告 2005 年第 8 号
2005 - 03 - 17		商务部对外援助项目招标委员会通告 2005 年第 7 号
2005 - 03 - 17	商务部公告 2005 年第 13 号	商务部公告 2005 年第 13 号——公布成品油（燃料油）非国营贸易进口经营备案企业名单（第五批）
2005 - 03 - 18	商法字［2005］32 号	商务部办公厅关于转发国务院法制办公室对于外商投资企业投资者出资及清算具体应用问题的复函的通知
2005 - 03 - 19	商改字［2005］6 号	商务部办公厅关于贯彻实施《美容美发业管理暂行办法》的通知
2005 - 03 - 21	国办发［2005］15 号	国务院办公厅转发商务部等部门关于促进国家级经济技术开发区进一步提高发展水平若干意见的通知
2005 - 03 - 22	人事部、工商总局令 2005 年第 4 号	人事部、国家工商行政管理总局关于修改《人才市场管理规定》的决定
2005 - 03 - 22	农业部、质检总局公告第 478 号	农业部、国家质量监督检验检疫总局公告第 478 号
2005 - 03 - 22	商务部公告 2005 年第 14 号	商务部公告 2005 年第 14 号——2004 年国际招标机构年审公告
2005 - 03 - 25		商务部对外援助项目招标委员会通告 2005 年第 9 号
2005 - 03 - 26	国办发［2005］18 号	国务院办公厅关于加强我国非物质文化遗产保护工作的意见
2005 - 03 - 28	财税［2005］51 号	财政部、国家税务总局、国家发展改革委关于暂停尿素和磷酸氢二铵出口退税的补充通知
2005 - 03 - 28	财税［2005］57 号	财政部、国家税务总局关于钢坯等钢铁初级产品停止执行出口退税的通知
2005 - 03 - 29	财税［2005］1 号	财政部、海关总署、国家税务总局关于文化体制改革中经营性文化事业单位转制后企业的若干税收政策问题的通知
2005 - 03 - 29	津政办发［2005］18 号	天津市人民政府办公厅关于转发市商务委等八部门关于加快天津保税物流园区发展实施意见的通知
2005 - 03 - 30	国办发［2005］19 号	2005 年全国整顿和规范市场经济秩序工作要点
2005 - 03 - 30	国办发［2005］20 号	2005 年全国食品药品专项整治工作安排
2005 - 03 - 30	国办发［2005］21 号	国务院办公厅关于开展打击商业欺诈专项行动的通知
2005 - 03 - 30	商务部公告 2005 年第 16 号	商务部公告 2005 年第 16 号——未漂白牛皮箱纸板反倾销调查延期公告
2005 - 03 - 31	商合发［2005］131 号	企业境外并购事项前期报告制度
2005 - 03 - 31	农业部、质检总局公告第 486 号	农业部、国家质量监督检验检疫总局公告第 486 号
2005 - 04 - 01	铁道部令第 14 号	铁路机车车辆设计生产维修进口许可管理办法
2005 - 04 - 01	铁道部令第 17 号	铁路危险货物承运人资质许可办法
2005 - 04 - 01	铁道部令第 18 号	铁路危险货物托运人资质许可办法
2005 - 04 - 01	铁道部令第 22 号	铁路专用计量器具新产品技术认证管理办法
2005 - 04 - 01	汇发［2005］22 号	国家外汇管理局关于下达 2005 年境内外资银行短期外债指标的通知

续表

发布时间	发布文号	法规名称
2005-04-02	商资函［2005］第9号	商务部关于外商投资非商业企业增加分销经营范围有关问题的通知
2005-04-04	国发［2005］9号	国务院关于2005年深化经济体制改革的意见
2005-04-05	商资统进便字［2005］019号	关于上报外商投资焦炭生产企业复核材料的补充通知
2005-04-06	商合函［2005］9号	商务部、国家外汇管理局关于2005年境外投资联合年检和综合绩效评价工作有关事项的通知
2005-04-07		商务部对外援助项目招标委员会通告2005年第10号
2005-04-08	汇发［2005］25号	国家外汇管理局关于下达2005年度中资机构短期外债余额指标的通知
2005-04-08	商务部公告2005年第15号	商务部公告2005年第15号——不锈钢冷轧薄板反倾销期终复审立案公告
2005-04-11	发改办规划［2005］682号	国家发展和改革委员会办公厅关于调整内资项目进口设备免税确认书出具依据等事项的通知
2005-04-13	商务部公告2005年第19号	商务部公告2005年第19号——决定对原产于日本、新加坡、韩国、美国和台湾地区的进口氨纶进行反倾销立案调查
2005-04-15	汇发［2005］26号	国家外汇管理局关于外汇担保项下人民币贷款有关问题的补充通知
2005-04-16	商务部公告2005年第22号	商务部公告2005年第22号——批准《微型计算机及其外围设备维修服务部等级评定规范》等5项国内贸易行业标准
2005-04-16	商务部公告2005年第17号	商务部公告2005年第17号——三氯乙烯反倾销案延期公告
2005-04-20		商务部对外援助项目招标委员会通告2005年第11号
2005-04-25	商调查发［2005］221号	商务部关于进一步加强产业损害预警工作的指导意见
2005-04-25	商务部公告2005年第18号	中华人民共和国商务部关于对原产于韩国晓星公司的进口聚酯切片所适用的反倾销措施的期中复审裁定
2005-04-26		商务部对外援助项目招标委员会通告2005年第12号
2005-04-27	财税［2005］73号	财政部、国家税务总局关于降低钢材产品出口退税率的通知
2005-04-28	商务部公告2005年第24号	中华人民共和国商务部关于对原产于台澎金马单独关税区的进口锦纶6、66长丝反倾销调查的终裁决定
2005-04-29	国家版权局、信息产业部令2005年第5号	互联网著作权行政保护办法
2005-04-29	商资字［2005］37号	商务部办公厅关于加强外商投资处置不良资产审批管理的通知
2005-04-29	财税［2005］75号	财政部、国家税务总局关于调整部分产品出口退税率的通知
2005-04-29	商务部、海关总署公告2005年第26号	商务部、海关总署公告2005年第26号——公布《列入加工贸易禁止类的商品目录》
2005-04-30	商资函［2005］12号	商务部关于外商投资移动通信系统及终端产品生产企业审批权限的通知
2005-04-30	商建发［2005］30号	商务部、农业部、国家税务总局、国家标准委关于开展农产品批发市场标准化工作的通知
2005-05-09	天津市人民政府令第88号	天津市企业国有资产监督管理暂行办法
2005-05-10	商务部公告2005年第23号	中华人民共和国商务部关于对原产于日本、美国、欧盟的进口氯丁橡胶反倾销调查的终裁决定
2005-05-11	人民银行公告2005年第9号	全国银行间债券市场债券远期交易管理规定
2005-05-11	财政部令第22号	资产评估机构审批管理办法
2005-05-12	商务部、海关总署公告2005年第21号	商务部、海关总署公告2005年第21号——对中矾土的海关税则编码调整的公告
2005-05-12	商务部公告2005年第25号	商务部公告2005年第25号——双酚A反倾销延期公告

续表

发布时间	发布文号	法规名称
2005－05－17	国质检食函［2005］318号	国家质量监督检验检疫总局关于对进出口食品开展对位红检测的通知
2005－05－17	汇发［2005］33号	国家外汇管理局关于现阶段完善出口预收货款和转口贸易收汇管理有关问题的通知
2005－05－17	汇发［2005］34号	国家外汇管理局关于修改《国有企业境外商品期货套期保值业务外汇管理操作规程（试行）》有关问题的通知
2005－05－17	商务部公告2005年第27号	商务部公告2005年第27号——公布《酒类商品批发经营管理规范》等2项国内贸易行业标准
2005－05－18		商务部对外援助项目招标委员会通告2005年第13号
2005－05－19	汇发［2005］35号	国家外汇管理局关于扩大境外投资外汇管理改革试点有关问题的通知
2005－05－20	质检总局令第74号	计量器具新产品管理办法
2005－05－20	国质检验［2005］140号	国家质量监督检验检疫总局关于对进口家用电冰箱、房间空气调节器能源效率标识进行检验监督管理有关问题的通知
2005－05－20	国质检认［2005］155号	国家质量监督检验检疫总局关于发布《进出口弹力织物检验规程》等44项出入境检验检疫行业标准的通知
2005－05－20	京政发［2005］11号	北京市人民政府贯彻实施国务院关于投资体制改革决定的意见
2005－05－23	财税［2005］93号	财政部、国家税务总局关于出口复合竹地板有关事宜的通知
2005－05－24	人事部、商务部、工商总局令2005年第5号	人事部、商务部、国家工商行政管理总局关于修改《中外合资人才中介机构管理暂行规定》的决定
2005－05－25	商务部公告2005年第31号	商务部公告2005年第31号——国家储备糖竞卖
2005－05－30	商资字［2005］28号	《汽车品牌销售管理实施办法》项目申报备案材料
2005－05－30	质检总局令第75号	定量包装商品计量监督管理办法
2005－05－30	质检总局令第76号	商品条码管理办法
2005－05－30	国办发［2005］32号	关于做好土地利用总体规划修编前期工作的意见
2005－05－30	沪府发［2005］16号	上海市人民政府关于贯彻《国务院关于鼓励支持和引导个体私营等非公有制经济发展的若干意见》的实施意见
2005－05－30	商贸发［2005］124号	关于扶持出口名牌发展的指导意见
2005－05－31	国质检动函［2005］380号	国家质量监督检验检疫总局关于加强出口韩国活水生动物检验检疫工作有关问题的通知
2005－05－31	商务部公告2005年第28号	商务部公告2005年第28号——未漂白牛皮箱纸板初裁公告
2005－05－31	商务部公告2005年第29号	商务部公告2005第29号——决定对原产于美国、日本的进口邻苯二酚进行反倾销立案调查
2005－06－01	质检总局令第77号	进出口商品复验办法
2005－06－01	国质检动函［2005］388号	国家质量监督检验检疫总局关于对来自台湾水果实施便捷检验检疫措施的通知
2005－06－01	商务部公告2005年第33号	商务部公告2005年第33号——发布对日、美丙烯酸酯反倾销措施即将到期的公告
2005－06－01		商务部对外援助项目招标委员会通告2005年第14号
2005－06－02	海关总署公告2005年第41号	中华人民共和国海关总署公告2005年第41号
2005－06－02	汇综发［2005］66号	国家外汇管理局综合司关于出口加工区货物出区深加工结转售付汇有关问题的通知
2005－06－02	汇发［2005］38号	国家外汇管理局行政许可项目表
2005－06－03	国办函［2005］53号	国务院办公厅关于增设上海嘉定等出口加工区的复函

续表

发布时间	发布文号	法规名称
2005-06-06	国办发［2005］33号	国务院办公厅关于进一步推进墙体材料革新和推广节能建筑的通知
2005-06-06	商务部公告2005年第30号	商务部公告2005年第30号——PBT树脂立案公告
2005-06-07	质检总局令第78号	地理标志产品保护规定
2005-06-09	财政部令第28号	中外合作经营企业外国合作者先行回收投资审批办法
2005-06-09	国发［2005］19号	国务院关于促进流通业发展的若干意见
2005-06-09	人民银行公告［2005］第13号	中国人民银行公告2005年第13号
2005-06-13	商务部公告2005年第34号	商务部公告2005年第34号——决定对原产于美国和欧盟的进口耐磨纸进行反倾销立案调查
2005-06-13	财税［2005］103号	财政部、国家税务总局关于股权分置试点改革有关税收政策问题的通知
2005-06-15	人民银行公告［2005］第15号	中国人民银行公告2005年第15号
2005-06-15		商务部对外援助项目招标委员会通告2005年第15号
2005-06-15	海关总署公告2005年第25号	中华人民共和国海关总署公告2005年第25号
2005-06-16	上海市人大常委会公告（第52号）	上海市企业名称登记管理规定
2005-06-16	商务部公告2005年第41号	商务部公告2005年第41号——赋予10家企业预乙级国际招标资格
2005-06-16	商务部公告2005年第32号	中华人民共和国商务部关于对原产于日本、欧盟和美国的进口呋喃酚反倾销调查的初裁决定
2005-06-17	财企［2005］85号	财政部、商务部关于2004年资源类境外投资和对外经济合作项目前期费用扶持有关问题的补充通知
2005-06-18	法释［2005］5号	最高人民法院关于审理涉及国有土地使用权合同纠纷案件适用法律问题的解释
2005-06-19	商务部、海关总署公告2005年第38号	商务部、海关总署公告2005年第38号——关于OPA产品免领出口自动许可证的公告
2005-06-19	商务部令2005年第13号	纺织品出口临时管理办法（暂行）
2005-06-21	商务部公告2005年第39号	商务部公告2005年第39号——赋予3家企业机电产品国际招标甲级资格
2005-06-22	发改委令第32号	价格评估机构资质认定管理办法
2005-06-22	国函［2005］54号	国务院关于设立洋山保税港区的批复
2005-06-22		商务部对外援助项目招标委员会通告2005年第16号
2005-06-24	财税［2005］107号	财政部、国家税务总局关于股息红利有关个人所得税政策的补充通知
2005-06-24	财库［2005］187号	财政部、国家税务总局、中国人民银行关于股息红利个人所得税退库的补充通知
2005-06-27	环保总局公告2005年第28号	达到国家机动车排放标准第二阶段排放限值的新机动车型和发动机型（第三十七批）
2005-06-27	商务部、海关总署公告2005年第44号	商务部、海关总署公告2005年第44号——第一批《纺织品出口自动许可目录》所列商品不再实施出口自动许可
2005-06-28	汇发［2005］45号	国家外汇管理局关于启用外汇反洗钱信息系统的通知
2005-06-28	商务部公告2005年第35号	农家店建设与改造规范
2005-06-28		商务部对外援助项目招标委员会通告2005年第17号
2005-06-29	国函［2005］57号	国务院关于同意内蒙古策克口岸对外开放的批复
2005-06-30	国办发［2005］36号	国务院办公厅关于促进东北老工业基地进一步扩大对外开放的实施意见
2005-07-01	财税［2005］109号	财政部、国家税务总局关于外商投资企业执行软件和集成电路企业所得税政策有关审批程序的通知
2005-07-02	国发［2005］22号	国务院关于加快发展循环经济的若干意见

续表

发布时间	发布文号	法规名称
2005-07-03	闽政［2005］13号	福建省人民政府关于进一步做好利用外资工作的若干意见
2005-07-04	商务部、海关总署、质检总局公告2005年第45号	商务部、海关总署、质检总局公告2005年第45号——公布《纺织品出口临时管理商品目录》
2005-07-04	商务部公告2005年第40号	商务部公告2005年第40号——丙烯酸酯期中复审裁决公告
2005-07-05		商务部对外援助项目招标委员会通告2005年第18号
2005-07-06	发改委公告2005年第34号	车辆生产企业及产品（第一百零二批）
2005-07-07	国务院令第439号	营业性演出管理条例
2005-07-07	商务部公告2005年第47号	商务部公告2005年第47号——公布输欧盟十类纺织品2005年第一次分配全国总量
2005-07-08	发改委令第35号	钢铁产业发展政策
2005-07-08	商规发［2005］302号	商务部、财政部关于对2005年“万村千乡”市场工程项目予以资金支持的通知
2005-07-08		商务部对外援助项目招标委员会通告2005年第19号
2005-07-09	国办发［2005］37号	国务院办公厅关于推行行政执法责任制的若干意见
2005-07-09	国务院令第440号	中华人民共和国工业产品生产许可证管理条例
2005-07-11	国发［2005］24号	国务院关于2005年深化农村税费改革试点工作的通知
2005-07-11	发改委公告2005年第36号	中华人民共和国国家发展和改革委员会公告2005年第36号
2005-07-12	商合发［2005］318号	商务部、公安部关于严禁向境外博彩色情经营场所派遣劳务人员的通知
2005-07-12	汇发［2005］50号	国家外汇管理局关于境内外资银行集中管理结售汇周转头寸的通知
2005-07-12	商运发［2005］328号	商务部、国家统计局关于做好重点流通企业监测工作的通知
2005-07-12	商配发［2005］376号	纺织品临时出口许可证件申领签发工作规范（暂行）
2005-07-13	商资字［2005］76号	商务部、海关总署办公厅关于保税区及保税物流园区贸易管理有关问题的通知
2005-07-13	国办发［2005］38号	国务院办公厅转发发展改革委等部门关于加强钨锡锑行业管理意见的通知
2005-07-15	天津市人民政府令第91号	天津市市政公用事业特许经营管理办法
2005-07-15		商务部对外援助项目招标委员会通告2005年第20号
2005-07-15	商务部公告2005年第42号	商务部公告2005年第42号——初级形态二甲基环体硅氧烷反倾销案延期公告
2005-07-19	海关总署公告2005年第34号	海关总署公告2005年第34号——关于实施中国—东盟自由贸易区协定税率
2005-07-19		商务部对外援助项目招标委员会通告2005年第21号
2005-07-20	财税［2005］74号	财政部、国家税务总局关于外商投资企业和外国企业购置国产设备有关企业所得税政策问题的通知
2005-07-20	湖北省人民政府令第276号	湖北省粮食流通管理办法
2005-07-20	桂政发［2005］34号	广西壮族自治区企业投资项目核准目录和核准备案办法
2005-07-21	人民银行公告［2005］第16号	中国人民银行关于完善人民币汇率形成机制改革的公告
2005-07-21	银发［2005］183号	中国人民银行关于银行间外汇市场交易汇价和外汇指定银行挂牌汇价管理有关事项的通知
2005-07-21	环保总局公告2005年第31号	达到国家机动车排放标准第二阶段排放限值的新机动车型和发动机型（第三十八批）
2005-07-21	商务部公告2005年第49号	商务部公告2005年第49号——关于实施临时出口10类纺织品中输欧手工制品及OPT产品出口问题
2005-07-21	财税［2005］119号	财政部、国家税务总局关于取消未锻轧锰出口退税政策的通知
2005-07-21	海关总署公告2005年第35号	中华人民共和国海关总署公告2005年第35号

续表

发布时间	发布文号	法规名称
2005-07-22	渝府发［2005］70号	重庆市人民政府关于加快现代物流业发展的意见
2005-07-22	商务部公告2005年第37号	中华人民共和国商务部关于对原产于俄罗斯和日本的进口三氯乙烯反倾销调查的最终裁定
2005-07-23	苏发［2005］17号	中共江苏省委江苏省人民政府关于加快发展现代服务业的若干政策
2005-07-24	苏政办发［2005］79号	江苏省农产品出口振兴计划（2005—2010年）
2005-07-25	甬政发［2005］70号	宁波市2005年深化经济体制改革实施意见
2005-07-25	豫政［2005］32号	河南省人民政府关于进一步加快经济技术开发区发展的若干意见
2005-07-25	内政字［2005］189号	内蒙古自治区人民政府关于进一步加强招商引资工作的意见
2005-07-26	法释［2005］8号	最高人民法院关于当事人申请承认澳大利亚法院出具的离婚证明书人民法院应否受理问题的批复
2005-07-26	商务部公告2005年第52号	商务部公告2005年第52号——批准《流通领域高致病性禽流感检测技术规范》等4项国内贸易行业标准
2005-07-27	陕政办发［2005］59号	2005年下半年陕西省整顿和规范市场经济秩序工作安排
2005-07-27	闽经贸市场［2005］319号	福建省成品油市场管理规定
2005-07-27	苏发［2005］16号	江苏省人民政府关于加快发展现代服务业的实施纲要
2005-07-27		商务部对外援助项目招标委员会通告2005年第22号
2005-07-28	鄂政发［2005］26号	湖北省人民政府关于进一步促进开发区规范管理和健康发展的决定
2005-07-29		中华人民共和国国家质量监督检验检疫总局公告2005年第103号
2005-08-01	国发［2005］25号	国务院关于完善中央与地方出口退税负担机制的通知
2005-08-01	商务部、公安部、海关总署、安监总局、药监局令2005年第12号	向特定国家（地区）出口易制毒化学品暂行管理规定
2005-08-01	商务部、海关总署公告2005年第50号	中华人民共和国商务部、中华人民共和国海关总署公告2005年第50号，公布列入加工贸易禁止类的商品目录
2005-08-02	银发［2005］201号	中国人民银行关于扩大外汇指定银行对客户远期结售汇业务和开办人民币与外币掉期业务有关问题的通知
2005-08-02	汇发［2005］58号	国家外汇管理局关于放宽境内机构保留经常项目外汇收入有关问题的通知
2005-08-03	国务院令第442号	麻醉药品和精神药品管理条例
2005-08-03	汇发［2005］60号	国家外汇管理局关于调整境内居民个人经常项目下因私购汇限额及简化相关手续的通知
2005-08-04	深府［2005］135号	深圳市应对入世后过渡期行动纲要
2005-08-04	商务部公告2005年第48号	商务部公告2005年第48号——核苷酸类食品添加剂初裁公告
2005-08-05	甬政发［2005］73号	宁波市人民政府关于进一步增强科技自主创新能力促进经济增长方式转变的意见
2005-08-05	青政［2005］47号	青海省人民政府鼓励支持和引导个体私营等非公有制经济加快发展的若干政策措施
2005-08-05	商务部公告2005年第51号	商务部公告2005年第51号——三元乙丙橡胶反倾销调查延期公告
2005-08-08	鄂发［2005］15号	中共湖北省委、湖北省人民政府关于进一步加快个体私营等非公有制经济发展的若干意见
2005-08-08	鲁政发［2005］96号	山东省人民政府关于加快沿海港口发展的意见
2005-08-08	银发［2005］202号	中国人民银行关于加快发展外汇市场有关问题的通知

续表

发布时间	发布文号	法规名称
2005－08－10	商规发［2005］389 号	商务部、中国出口信用保险公司关于实行出口信用保险专项优惠措施支持个体私营等非公有制企业开拓国际市场的通知
2005－08－10	商务部令 2005 年 16 号	汽车贸易政策
2005－08－10		商务部对外援助项目招标委员会通告 2005 年第 24 号
2005－08－11	商务部公告 2005 年第 53 号	商务部公告 2005 年第 53 号——决定对进口三氯甲烷进行反倾销调查
2005－08－11	商务部公告 2005 年第 54 号	商务部公告 2005 年第 54 号——呋喃酚反倾销调查延期公告
2005－08－12	鲁发［2005］26 号	山东省人民政府关于加强金融生态环境建设促进全省经济持续快速协调健康发展的意见
2005－08－15	商务部、工商总局令 2005 年第 14 号	《对外劳务合作经营资格管理办法》补充规定
2005－08－15	法释［2005］11 号	最高人民法院关于当事人申请财产保全错误造成案外人损失应否承担赔偿责任问题的解释
2005－08－15	发改委、商务部公告 2005 年第 49 号	2005 年农产品进口关税配额再分配公告
2005－08－16	汇发［2005］61 号	国家外汇管理局关于调整境内银行为境外投资企业提供融资性对外担保管理方式的通知
2005－08－16	甬政发［2005］82 号	宁波市人民政府关于实施商贸流通服务业新突破的若干意见
2005－08－16	汇发［2005］61 号	国家外汇管理局关于调整境内银行为境外投资企业提供融资性对外担保管理方式的通知
2005－08－16		商务部对外援助项目招标委员会通告 2005 年第 25 号
2005－08－17	商资字［2005］96 号	商务部办公厅关于印发《国家级经济技术开发区扩建审批原则和审批程序》的通知
2005－08－18	国发［2005］28 号	国务院关于全面整顿和规范矿产资源开发秩序的通知
2005－08－18	皖政办［2005］41 号	推进农业标准化，促进安徽省农产品出口工作方案
2005－08－19	浙政发［2005］39 号	浙江省循环经济发展纲要
2005－08－20	国务院令第 448 号	国务院关于修改《征收教育费附加的暂行规定》的决定
2005－08－22	财政部令第 29 号	国家农业综合开发资金和项目管理办法
2005－08－23	国务院令第 443 号	直销管理条例
2005－08－23	国务院令第 444 号	禁止传销条例
2005－08－23	证监发［2005］80 号	中国证券监督管理委员会、国务院国有资产监督管理委员会、财政部、中国人民银行、商务部关于上市公司股权分置改革的指导意见
2005－08－23	商务部令 2005 年第 17 号	对外贸易经营者违法违规行为公告办法
2005－08－24	吉政发［2005］27 号	吉林省人民政府关于支持汽车及零部件出口的意见
2005－08－24	发改经贸［2005］1606 号	国家发展和改革委员会、财政部、商务部、海关总署、国家税务总局关于调整成品油出口政策有关问题的通知
2005－08－24	商务部公告 2005 年第 56 号	商务部公告 2005 年第 56 号
2005－08－25	财会［2005］14 号	金融工具确认和计量暂行规定（试行）
2005－08－25	财税［2005］133 号	财政部、国家税务总局关于暂停汽油石脑油出口退税的通知
2005－08－25	汇发［2005］63 号	国家外汇管理局关于下放部分资本项目外汇业务审批权限有关问题的通知
2005－08－26	国务院令第 445 号	易制毒化学品管理条例
2005－08－26	汇综发［2005］97 号	国家外汇管理局综合司关于调整进口付汇核销监管系统有关问题的通知

续表

发布时间	发布文号	法规名称
2005-08-27	甬政发［2005］83号	宁波市人民政府关于加快推进宁波电子口岸建设的实施意见
2005-08-28	中华人民共和国主席令第39号	中华人民共和国公证法
2005-08-29	商务部、公安部、工商总局、税务总局令2005年第2号	二手车流通管理办法
2005-08-29	农业部、国家林业局、质检总局公告第538号	农业部、国家林业局、国家质量监督检验检疫总局公告第538号
2005-08-30		商务部对外援助项目招标委员会通告2005年第26号
2005-08-30	文化部令第34号	营业性演出管理条例实施细则
2005-08-30	海关总署公告2005年第43号	中华人民共和国海关总署公告2005年第43号
2005-08-31	国务院令第447号	中华人民共和国进出口商品检验法实施条例
2005-08-31	农业部令第55号	新兽药研制管理办法
2005-09-01	浙政发［2005］45号	浙江省人民政府关于进一步加强企业技术改造工作的通知
2005-09-02	商务部公告2005年第55号	2005年非国营贸易原油、成品油进口允许量调整事宜
2005-09-03	发改委公告2005年第54号	有色金属行业标准样品定点研制单位名单、有色金属行业标准样品定点销售单位名单
2005-09-05		中华人民共和国国家质量监督检验检疫总局公告2005年第129号
2005-09-05		中华人民共和国国家质量监督检验检疫总局公告2005年第130号
2005-09-05	安监总协调字［2005］113号	关于加强境外中资企业安全生产监督管理工作的通知
2005-09-05	财金［2005］90号	财政部关于呆账准备提取有关问题的通知
2005-09-06	陕政办发［2005］76号	陕西省人民政府办公厅关于加强和规范招商引资工作的通知
2005-09-06	商运发［2005］441号	商务部、发展改革委、工商总局关于做好2005年秋茧生产与收购工作的通知
2005-09-06	皖政［2005］80号	安徽省人民政府关于进一步深化经济体制改革的意见
2005-09-06		商务部对外援助项目招标委员会通告2005年第27号
2005-09-07		中华人民共和国国家质量监督检验检疫总局公告2005年第131号
2005-09-09	质检总局公告2005年第136号	中华人民共和国国家质量监督检验检疫总局公告2005年第136号
2005-09-11	渝府发［2005］85号	重庆市人民政府贯彻国务院关于鼓励支持和引导个体私营等非公有制经济发展若干意见的实施意见
2005-09-11	陕政发［2005］27号	陕西省人民政府关于鼓励支持和引导个体私营等非公有制经济发展的实施意见
2005-09-12		商务部对外援助项目招标委员会通告2005年第28号
2005-09-13	财行［2005］216号	质量技术监督专项补助经费管理办法
2005-09-13	发改委公告2005年第58号	2006年粮食、棉花进口关税配额数量、申请条件和分配原则
2005-09-14	国务院令第449号	放射性同位素与射线装置安全和防护条例
2005-09-14	商合发［2005］447号	境外中资企业（机构）报到登记制度
2005-09-15	商务部公告2005年第58号	辛醇立案公告
2005-09-15	汇发［2005］67号	国家外汇管理局关于进一步简化贸易进口付汇及核销手续有关问题的通知
2005-09-16	商务部公告2005年第62号	2006年原油非国营贸易进口允许量、分配依据和申请程序、2006年成品油非国营贸易进口允许量、分配依据和申请程序
2005-09-17	国办发明电［2005］24号	国务院办公厅关于加强液态奶生产经营管理的通知
2005-09-18	鄂政发［2005］31号	湖北省人民政府关于加快发展高新技术产业的若干意见
2005-09-19	发改委令2005年第36号	中央投资项目招标代理机构资格认定管理办法

续表

发布时间	发布文号	法规名称
2005－09－20	商运字［2005］61号	商务部办公厅关于做好全国缫丝企业生产准产证复审工作的通知
2005－09－21	商务部公告2005年第57号	中华人民共和国商务部关于对原产于俄罗斯、韩国、日本和美国的进口环氧氯丙烷反倾销调查的初裁决定
2005－09－21	商务部公告2005年第63号	商务部公告2005年第63号——公布2006年输欧盟十类纺织品分配全国总量
2005－09－21		商务部对外援助项目招标委员会通告2005年第29号
2005－09－22	商务部令2005年第20号	纺织品出口临时管理办法
2005－09－22	汇发［2005］69号	国家外汇管理局关于调整银行结售汇头寸管理办法的通知
2005－09－23	国办发［2005］46号	国务院办公厅转发建设部等部门关于优先发展城市公共交通意见的通知
2005－09－24	苏政办发［2005］108号	江苏省省级外贸发展资金管理办法
2005－09－25	国务院新闻办公室、信息产业部令2005年第37号	互联网新闻信息服务管理规定
2005－09－26	工商总局令第20号	商标评审规则
2005－09－26	商务部公告2005年第64号	2006年食糖进口关税配额申请和分配细则
2005－09－26	商务部公告2005年第65号	2006年羊毛、毛条进口关税配额管理实施细则
2005－09－27	财税［2005］145号	财政部、国家税务总局关于保险公司开办的一年期以上返还性人身保险业务免征营业税的通知
2005－09－28	工商总局令第21号	关于按照新修订的《广告管理条例施行细则》调整有关广告监管规章相应条款的决定
2005－09－28	国办发［2005］48号	国务院办公厅转发商务部等部门关于加强境外中资企业机构与人员安全保护工作意见的通知
2005－09－29	商务部公告2005年第46号	中华人民共和国商务部关于对原产于日本、美国、英国和德国的进口初级形态二甲基环体硅氧烷反倾销调查的初步裁定
2005－09－29	商务部公告2005年第67号	2006年化肥关税配额进口总量、分配原则和申请程序
2005－09－29		商务部对外援助项目招标委员会通告2005年第30号
2005－09－30	新闻出版总署令2005年第31号	期刊出版管理规定
2005－09－30	新闻出版总署令2005年第32号	报纸出版管理规定
2005－09－30	商务部公告2005年第60号	中华人民共和国商务部关于对原产于美国、泰国、韩国和台湾地区的进口未漂白牛皮箱纸板反倾销调查的终裁决定
2005－09－30	海关总署公告2005年第50号	中华人民共和国海关总署公告2005年第50号
2005－09－30	浙江省人大常委会公告第47号	浙江省专利保护条例
2005－10－08		国家环境保护总局、海关总署、国家质量监督检验检疫总局公告2005年第47号
2005－10－08	质检总局公告2005年第145号	中华人民共和国依法管理的计量器具目录（型式批准部分）
2005－10－09		商务部办公厅关于开展中央储备肉活畜储备承储单位资格审定工作的通知
2005－10－09	深府办［2005］129号	深圳市高新技术产业带企业或项目入区审核与监管指导意见（试行）
2005－10－09	商改字［2005］50号	商务部办公厅关于开展部分连锁企业物流配送中心建设和部分零售企业信息化建设情况调查的通知
2005－10－10	皖政［2005］93号	安徽省人民政府关于开展农村商品流通改革和市场建设试点工作的实施意见
2005－10－10	财发［2005］39号	国家农业综合开发投资参股经营试点管理办法
2005－10－11	商建发［2005］543号	农资农家店建设与改造规范

续表

发布时间	发布文号	法规名称
2005－10－11	商务部公告2005年第69号	商务部公告2005年第69号
2005－10－12		商务部对外援助项目招标委员会通告2005年第31号
2005－10－13	法释［2005］12号	最高人民法院、最高人民检察院关于办理侵犯著作权刑事案件中涉及录音录像制品有关问题的批复
2005－10－13	海关总署公告2005年第51号	中华人民共和国海关总署公告2005年第51号
2005－10－14	商务部公告2005年第61号	中华人民共和国商务部关于对原产于欧盟的进口邻苯二酚的期中复审裁定
2005－10－14	商务部公告2005年第66号	商务部公告2005年第66号——丁醇立案公告
2005－10－14	汇发［2005］73号	国家外汇管理局关于进一步简化出口收汇核销手续有关问题的通知
2005－10－17	质检总局令第83号	出入境特殊物品卫生检疫管理规定
2005－10－17	商合发［2005］527号	境外投资开办企业核准工作细则
2005－10－19	国发［2005］34号	国务院批转证监会关于提高上市公司质量意见的通知
2005－10－20	商规发［2005］507号	农轻纺产品贸易促进资金暂行管理办法
2005－10－21		《内地与澳门关于建立更紧密经贸关系的安排》补充协议二
2005－10－21		商务部办公厅关于印发《市场运行监测工作绩效考核指导意见》的通知
2005－10－21	安徽省人大常委会公告第63号	安徽省专利保护和促进条例
2005－10－21	汇发［2005］74号	国家外汇管理局关于完善外债管理有关问题的通知
2005－10－21	汇发［2005］75号	国家外汇管理局关于境内居民通过境外特殊目的公司融资及返程投资外汇管理有关问题的通知
2005－10－24	商务部公告2005年第68号	商务部公告2005年第68号——公布23家获预乙级国际招标资格企业名单
2005－10－25	中华人民共和国主席令第41号	中华人民共和国外国中央银行财产司法强制措施豁免法
2005－10－25	商运字［2005］67号	商务部办公厅关于实施大型商业、物资企业订单和库存情况统计监测的通知
2005－10－26	商资发［2005］565号	商务部、证监会关于上市公司股权分置改革涉及外资管理有关问题的通知
2005－10－26	商务部公告2005年第77号	2006年农产品、纺织品和部分工业品出口配额总量
2005－10－27	中华人民共和国主席令第42号	中华人民共和国公司法（2005年修订）
2005－10－27	中华人民共和国主席令第43号	中华人民共和国证券法（2005年修订）
2005－10－27	中华人民共和国主席令第44号	中华人民共和国个人所得税法、全国人民代表大会常务委员会关于修改《中华人民共和国个人所得税法》的决定
2005－10－27	商办资函［2005］127号	商务部办公厅关于外商投资企业进出口配额许可证管理商品2005年调整及2006年数量申请有关事项的通知
2005－10－28	商务部、农业部、海关总署、质检总局公告2005年第78号	暂停从发生禽流感国家进口禽类及其产品的公告
2005－10－28	发改委、科技部、环保总局公告2005年第65号	国家鼓励发展的资源节约综合利用和环境保护技术
2005－10－28	鲁政发［2005］149号	山东省人民政府关于加快实施“走出去”战略的意见
2005－10－28	汇发［2005］78号	国家外汇管理局关于推广外债统计监测系统（银行版）和调整外债数据报送要求的通知
2005－10－31	质检总局公告2005年第156号	中华人民共和国国家质量监督检验检疫总局公告2005年第156号
2005－10－31	财建［2005］637号	国外矿产资源风险勘查专项资金管理暂行办法
2005－10－31	汇发［2005］79号	国家外汇管理局关于简化石油类企业对外承包工程项下出口收汇核销手续有关问题的通知

续表

发布时间	发布文号	法规名称
2005-11-01	商务部、工商总局令2005年第22号	直销企业保证金存缴、使用管理办法
2005-11-01	商务部、公安部、工商总局令2005年第23号	直销员业务培训管理办法
2005-11-01	商务部、工商总局令2005年第24号	直销企业信息报备、披露管理办法
2005-11-01	财金[2005]103号	外国政府贷款项目采购公司招标办法
2005-11-01	商务部公告2005年第74号	关于发布《直销员证》式样的公告
2005-11-01	商务部公告2005年第75号	关于发布《直销培训员证》式样的公告
2005-11-02	商务部、工商总局公告2005年第72号	商务部、国家工商行政管理总局公告2005年第72号——公布直销产品范围
2005-11-02	质检总局公告2005年第157号	国家质量监督检验检疫总局、卫生部公告2005年第157号
2005-11-02		商务部对外援助项目招标委员会通告2005年第32号
2005-11-03	国办发[2005]54号	国务院办公厅转发发展改革委等部门关于制止铜冶炼行业盲目投资若干意见的通知
2005-11-03	汇综发[2005]112号	国家外汇管理局综合司关于金融机构对境外资产负债及损益申报有关事项的通知
2005-11-04	财金[2005]105号	上市公司金融类国有股股东参与股权分置改革审批程序的有关规定
2005-11-04	商改发[2005]541号	商务部、国家发展和改革委员会、公安部、国家工商行政管理总局、国家质量监督检验检疫总局关于进一步整治商业特许经营、美容美发服务中欺诈行为的通知
2005-11-04	质检总局公告2005年第159号	中华人民共和国国家质量监督检验检疫总局公告2005年第159号
2005-11-06	商务部公告2005年第79号	2006年钨品、锑品、白银国营贸易出口企业资格标准、2006年钨品、锑品出口供货企业资格标准以及年审申报程序
2005-11-07	商务部公告2005年第70号	中华人民共和国商务部关于原产于日本、俄罗斯、新加坡、韩国和台湾地区的进口双酚A反倾销调查的裁决
2005-11-07		商务部对外援助项目招标委员会通告2005年第33号
2005-11-08	商技发[2005]609号	商务部关于对北京等15个国家医药出口基地认定的决定
2005-11-09	商资函[2005]72号	商务部、国土资源部、建设部关于同意秦皇岛经济技术开发区扩大建设用地规划范围的复函
2005-11-09	商务部公告2005年第83号	10项出口商品技术指南名称
2005-11-10	商务部公告2005年第84号	输美纺织品管理公告
2005-11-11	商务部、农业部、海关总署、质检总局公告2005年第80号	关于暂停来源于安徽、湖南、辽宁三省疫区所在县的禽类及其产品出口的公告
2005-11-11	商务部公告2005年第73号	核苷酸类食品添加剂反倾销案延期公告
2005-11-14	商贸函[2005]104号	商务部关于下达输美21种纺织品2006年度第一次分配方案的通知
2005-11-14	商务部公告2005年第59号	商务部公告2005年第59号——下放外商投资企业备案和批准证书发放管理权限、进一步简化审批程序等有关问题
2005-11-14	财会[2005]18号	上市公司股权分置改革相关会计处理暂行规定
2005-11-14	海关总署公告2005年第54号	中华人民共和国海关总署公告2005年第54号
2005-11-14		商务部对外援助项目招标委员会通告2005年第34号
2005-11-14	法释[2005]13号	最高人民法院关于审理信用证纠纷案件若干问题的规定
2005-11-14		最高人民法院《关于审理信用证纠纷案件若干问题的规定》的说明

续表

发布时间	发布文号	法规名称
2005－11－15	发改委、科技部、财政部、商务部、人民银行、税务总局、工商总局、银监会、证监会、外汇局令第39号	创业投资企业管理暂行办法
2005－11－15	海关总署公告2005年第56号	中华人民共和国海关总署公告2005年第56号
2005－11－16	海关总署公告2005年第55号	中华人民共和国海关总署公告2005年第55号
2005－11－16	商务部公告2005年第76号	三元乙丙橡胶初裁公告
2005－11－18	商务部公告2005年第91号	2006年稀土出口企业资质标准和申报程序
2005－11－18	国务院令第450号	重大动物疫情应急条例
2005－11－18	国办发［2005］56号	国务院办公厅关于扶持家禽业发展的若干意见
2005－11－21	环保总局公告2005年第54号	达到国家机动车排放标准第二阶段排放限值的新机动车型和发动机型（第四十二批）
2005－11－21		商务部对外援助项目招标委员会通告2005年第35号
2005－11－22	商建字［2005］70号	商务部办公厅关于实施《二手车流通管理办法》有关问题的通知
2005－11－23	商务部令2005年第15号	外派海员类对外劳务合作经营资格管理规定
2005－11－23	商务部、海关总署、质检总局公告2005年第87号	对美出口纺织品临时管理商品目录
2005－11－23	商务部公告2005年第71号	终止对原产于日本和美国进口到中国境内的丙烯酸酯所使用的反倾销措施
2005－11－24	汇综发［2005］124号	国家外汇管理局综合司关于下发《关于完善外债管理有关问题的通知》及《关于境内居民通过境外特殊目的公司融资及返程投资外汇管理有关问题的通知》操作规程的通知
2005－11－28	商务部公告2005年第86号	关于启动2005－2006年度援外项目奖励评审工作的公告
2005－11－28	商资字［2005］141号	商务部办公厅关于切实执行外国牌号碳酸饮料管理工作的通知
2005－11－28	发改委公告2005年第71号	93项电力、石化、黑色冶金、物流、制药装备、汽车行业标准编号、名称及实施日期
2005－11－28	财税［2005］165号	财政部、国家税务总局关于增值税若干政策的通知
2005－11－28	财税［2005］176号	财政部、国家税务总局关于2005年东北地区扩大增值税抵扣范围固定资产进项税额退税问题的通知
2005－11－28	桂政发［2005］56号	广西壮族自治区人民政府关于加快发展循环经济的意见
2005－11－28	财金［2005］121号	财政部、国家发展改革委关于印发《美国进出口银行主权担保融资管理暂行办法》的通知
2005－11－29	国家知识产权局令第37号	涉及公共健康问题的专利实施强制许可办法
2005－11－29		商务部对外援助项目招标委员会通告2005年第36号
2005－12－01	商务部令2005年第19号	外商投资国际货物运输代理企业管理办法
2005－12－01	财税［2005］155号	财政部、国家税务总局关于合格境外机构投资者营业税政策的通知
2005－12－01	商贸函［2005］102号	商务部关于下达输美21种纺织品2006年度第一次可申请数量的通知
2005－12－01	海关总署公告2005年第59号	中华人民共和国海关总署公告2005年第59号
2005－12－01	天津市人民政府令第97号	天津市流通领域商品质量监测办法
2005－12－02	商务部公告2005年第82号	商务部关于对原产于美国和日本进口的邻苯二酚反倾销调查的初裁决定
2005－12－02	海关总署公告2005年第60号	中华人民共和国海关总署公告2005年第60号
2005－12－02	发改委令第40号	产业结构调整指导目录（2005年本）

续表

发布时间	发布文号	法规名称
2005－12－02	国发［2005］40号	促进产业结构调整暂行规定
2005－12－05	商务部公告2005年第88号	苯酚反倾销新出口商复审立案公告
2005－12－06	发改委公告2005年第77号	公布2006年煤炭出口配额的有关事项
2005－12－06	商务部公告2005年第94号	丁苯橡胶反倾销期中复审立案公告
2005－12－07	财税［2005］166号	财政部、国家税务总局关于家禽行业有关税收优惠政策的通知
2005－12－07	商务部公告2005年第99号	输欧盟纺织品出口许可数量2005年第二次分配全国总量
2005－12－07	商贸函［2005］101号	商务部关于下达2006年蚕丝类商品出口配额的通知
2005－12－07	商贸函［2005］672号	商务部关于下达部分输欧盟纺织品2005年度第二次可申请数量的通知
2005－12－07	商务部公告2005年第93号	取消豆油、棕榈油、菜籽油进口关税配额和进口国营贸易管理实行自动进口许可证
2005－12－07	汇发［2005］91号	国家外汇管理局、海关总署关于旅游购物商品出口退出外汇核销管理有关问题的通知
2005－12－08	商务部公告2005年第107号	《2006年钨品、锑品、白银国营贸易出口企业名单》及《钨品、锑品出口供货企业名单》
2005－12－09	财企［2005］225号	对外经济技术合作专项资金管理办法
2005－12－09	商资函［2005］94号	商务部关于委托地方部门审核外商投资商业企业的通知
2005－12－09	发改委公告2005年第78号	《焦化行业准入条件》的企业名单（第一批）
2005－12－10	商务部、海关总署公告2005年第101号	2006年自动进口许可证目录
2005－12－10	商务部、海关总署公告2005年第106号	自动进口许可机电产品目录
2005－12－11	商务部、海关总署、环保总局公告2005年第105号	加工贸易禁止类商品目录
2005－12－12	商务部、海关总署、质检总局公告2005年第104号	商务部、海关总署、质检总局公告2005年第104号
2005－12－12	海关总署公告2005年第62号	中华人民共和国海关总署公告2005年第62号
2005－12－12	财税［2005］168号	财政部、国家税务总局关于调整钼矿石等品目资源税政策的通知
2005－12－12	商务部、海关总署、质检总局公告2005年第103号	输欧盟纺织品出口临时管理商品目录
2005－12－13	商务部公告2005年第81号	丁苯橡胶反倾销期中复审裁定
2005－12－13		商务部对外援助项目招标委员会通告2005年第37号
2005－12－14	商合字［2005］114号	商务部办公厅关于启用《中国企业境外投资批准证书》的通知
2005－12－14	商贸函［2005］103号	商务部关于下达部分输欧盟纺织品2005年度第二次分配方案的通知
2005－12－14	法释［2005］14号	最高人民法院关于人民法院执行设定抵押的房屋的规定
2005－12－15	商资函［2005］98号	商务部关于答复涉及直销业有关问题的函
2005－12－16	发改委、商务部公告2005年第79号	国家发展和改革委员会、商务部公告2005年第79号
2005－12－16	国务院令第453号	国务院关于修改《中华人民共和国统计法实施细则》的决定
2005－12－18	国务院令第451号	国务院关于修改《中华人民共和国公司登记管理条例》的决定
2005－12－19	商务部公告2005年第108号	中华人民共和国商务部公告2005年第108号
2005－12－19	商援函［2005］20号	商务部关于做好2006年度对外援助项目实施企业资格认定工作有关问题的通知

续表

发布时间	发布文号	法规名称
2005-12-19	国务院令第452号	国务院关于修改《中华人民共和国个人所得税法实施条例》的决定
2005-12-19	国办发［2005］60号	国务院办公厅转发国资委关于进一步规范国有企业改制工作实施意见的通知
2005-12-20	商务部公告2005年第112号	关于国家储备糖加工竞价的公告
2005-12-20	商贸批［2005］450号	商务部关于印发《2006年度部分工业品出口配额第一次招标中标企业名单及额度表》的通知
2005-12-21	商务部公告2005年第89号	环氧氯丙烷反倾销案延期公告
2005-12-21	商务部公告2005年第98号	商务部公告2005年第98号——公布成品油（燃料油）非国营贸易进口经营备案企业名单
2005-12-21	商办贸函［2005］150号	商务部、发展改革委、海关总署办公厅关于核定2006年第一季度加工贸易成品油出口数量的函
2005-12-23	商办机电函［2005］63号	商务部、海关总署、质检总局办公厅关于加工贸易禁止类目录执行中有关问题的通知
2005-12-23	财税［2005］184号	财政部、国家税务总局关于调整煤焦油等产品出口退税率的通知
2005-12-23	国办发［2005］62号	国务院办公厅关于做好贯彻实施修订后的公司法和证券法有关工作的通知
2005-12-25	国办发［2005］61号	国务院办公厅转发发展改革委等部门关于鼓励发展节能环保型小排量汽车意见的通知
2005-12-25	国务院令第454号	中华人民共和国海关统计条例
2005-12-26	商贸函［2005］108号	商务部关于下达2006年度部分农产品出口配额有关问题的通知
2005-12-26	深府［2005］214号	深圳市知识产权战略纲要（2006-2010年）
2005-12-26	法释［2005］15号	最高人民法院关于审理破坏林地资源刑事案件具体应用法律若干问题的解释
2005-12-27	商务部、海关总署公告2005年第90号	2006年进口许可证管理货物目录
2005-12-27	发改委、商务部公告2005年第82号	中华人民共和国国家发展和改革委员会、中华人民共和国商务部公告2005年第82号
2005-12-27	商务部公告2005年第120号	702家复审获得全国缫丝企业生产准产证的企业名单
2005-12-27	海关总署公告2005年第65号	中华人民共和国海关总署公告2005年第65号
2005-12-27	商务部、海关总署公告2005年第85号	2006年出口许可证管理货物目录
2005-12-27	工商总局令第22号	公司注册资本登记管理规定
2005-12-28	商资字［2005］130号	商务部办公厅关于扩大开放、提高吸收外资水平、促进中部崛起的指导意见
2005-12-28	商务部公告2005年第122号	第三批10项出口商品技术指南名称
2005-12-28	商务部公告2005年第109号	中华人民共和国商务部关于对原产于韩国的进口聚酯薄膜所适用的反倾销措施的期终复审裁定
2005-12-28	商合函［2005］54号	商务部关于调整境外投资批准证书网上发放系统的通知
2005-12-28	商务部公告2005年第121号	国家储备糖竞卖公告
2005-12-28	商技发［2005］716号	商务部关于设立首批出口商品技术服务中心的决定
2005-12-28	商办法函［2005］158号	商务部办公厅关于《再生资源回收管理办法（征求意见稿）》征求意见的函
2005-12-28	司法部令第99号	司法部关于修改《取得内地法律职业资格的香港特别行政区和澳门特别行政区居民在内地从事律师职业管理办法》的决定
2005-12-28	司法部令第100号	司法部关于修改《香港特别行政区和澳门特别行政区律师事务所与内地律师事务所联营管理办法》的决定

续表

发布时间	发布文号	法规名称
2005－12－28	海关总署令第138号	中华人民共和国海关进出口货物查验管理办法
2005－12－28	财政部令第31号	政府采购代理机构资格认定办法
2005－12－29	中华人民共和国主席令第45号	中华人民共和国畜牧法
2005－12－29	中华人民共和国主席令第46号	全国人民代表大会常务委员会关于废止《中华人民共和国农业税条例》的决定
2005－12－29	商务部公告2005年第102号	壬基酚反倾销调查立案公告
2005－12－29	海关总署、商务部、质检总局公告2005年第67号	中国—巴基斯坦自由贸易区原产地规则
2005－12－29	海关总署令第139号	中华人民共和国海关关于执行《中国－巴基斯坦自由贸易区原产地规则》的规定
2005－12－29	海关总署令第140号	中华人民共和国海关行业标准管理办法（试行）
2005－12－29	财税［2005］192号	财政部、国家税务总局、国家发展改革委关于继续暂停部分化肥品种出口退税的通知
2005－12－30	商务部公告2005年第118号	2006年焦炭出口企业名单
2005－12－30	商务部公告2005年第119号	2006年稀土出口企业名单
2005－12－30	商务部公告2005年第111号	中华人民共和国商务部公告2005年第111号——公布2006年化肥进口关税配额分配情况
2005－12－30	海关总署令第141号	海关总署关于修改《中华人民共和国海关关于执行〈内地与香港关于建立更紧密经贸关系安排〉项下〈关于货物贸易原产地规则〉的规定》的决定
2005－12－30	海关总署令第142号	海关总署关于修改《中华人民共和国海关关于执行〈内地与澳门关于建立更紧密经贸关系安排〉项下〈关于货物贸易原产地规则〉的规定》的决定
2005－12－30	海关总署令第143号	中华人民共和国海关进出口货物报关单修改和撤销管理办法
2005－12－30	商改发［2005］655号	商务部、国家发展和改革委员会、国务院国有资产监督管理委员会、国家环境保护总局、国家旅游局、国家标准化管理委员会关于开展创建绿色饭店活动的通知
2005－12－31		商务部对外援助项目招标委员会通告2005年第39号
2005－12－31	商务部、海关总署令2005年第29号	两用物项和技术进出口许可证管理办法
2005－12－31	商务部、证监会、税务总局、工商总局、外汇局令2005年第28号	外国投资者对上市公司战略投资管理办法
2005－12－31	商务部、工商总局公告2005年第100号	关于废止外商投资转型企业有关规定的公告
2005－12－31	商务部、海关总署、环保总局公告2005年第116号	《禁止进口货物目录》（第六批）、《禁止出口货物目录》（第三批）
2005－12－31	商务部公告2005年第124号	2006年进口许可证管理货物分级发证目录
2005－12－31	商务部公告2005年第125号	2006年出口许可证管理货物分级发证目录
2005－12－31	质检总局令第84号	进境货物木质包装检疫监督管理办法

国际货运代理企业备案（暂行）办法

第一条 为加强对国际货物运输代理业的管理，根据《中华人民共和国对外贸易法》（以下简称《外贸法》）和《中华人民共和国国际货物运输代理业管理规定》的有关规定，制订本办法。

第二条 凡经国家工商行政管理部门依法注册登记的国际货物运输代理企业及其分支机构（以下简称国际货代企业），应当向商务部或商务部委托的机构办理备案。

第三条 商务部是全国国际货代企业备案工作的主管部门。

第四条 国际货代企业备案工作实行全国联网和属地化管理。

商务部委托符合条件的地方商务主管部门（以下简称备案机关）负责办理本地区国际货代企业备案手续；受委托的备案机关不得自行委托其他机构进行备案。

备案机关必须具备办理备案所必需的固定的办公场所，管理、录入、技术支持、维护的专职人员以及连接商务部国际货运代理企业信息管理系统（以下简称信息管理系统）的相关设备等条件。

对于符合上述条件的备案机关，商务部可出具书面委托函，发放由商务部统一监制的备案印章，并对外公布。备案机关凭商务部的书面委托函和备案印章，通过信息管理系统办理备案手续。对于情况发生变化、不符合上述条件的以及未按本办法第六、七条规定办理备案的备案机关，商务部可收回对其委托。

第五条 国际货代企业在本地区备案机关办理备案（有计划单列市的省份仍按省和计划单列市的管理范围进行管理）。

国际货代企业备案程序如下：

（一）领取《国际货运代理企业备案表》（以下简称《备案表》）。国际货代企业可以通过商务部政府网站（http://www.mofcom.gov.cn）下载，或到所在地备案机关领取《备案表》（样式附后）。

（二）填写《备案表》。国际货代企业应按《备案表》要求认真填写所有事项的信息，并确保所填写内容完整、准确和真实；同时认真阅读《备案表》背面的条款，并由法定代表人签字、盖章。

（三）向备案机关提交如下备案材料：

1. 按本条第二款要求填写的《备案表》；

2. 营业执照复印件；

3. 组织机构代码证书复印件。

第六条 备案机关应自收到国际货代企业提交的上述材料之日起5日内办理备案手续，在《备案表》上加盖备案印章。

第七条 备案机关在完成备案手续的同时，应当完整准确地记录和保存国际货代企业的备案信息材料，依法建立备案档案。

第八条 国际货代企业应凭加盖备案印章的《备案表》在30日内到有关部门办理开展国际货代业务所需的有关手续。从事有关业务，依照有关法律、行政法规的规定，需经有关主管机关注册的，还应当向有关主管机关注册。

第九条 《备案表》上的任何信息发生变更时，国际货代企业应比照本办法第五条的有关规定，在30日内办理《备案表》的变更手续，逾期未办理变更手续的，其《备案表》自动失效。

备案机关收到国际货代企业提交的书面材料后，应当即时予以办理变更手续。

第十条 国际货代企业应当按照《中华人民共和国国际货物运输代理业管理规定》的有关规定，按要求向商务部或其委托机关（机构）提交与其经营活动有关的文件和资料。商务部和其委托机关（机构）应当为提供者保守商业秘密。

第十一条 国际货代企业已在工商部门办理注销手续或被吊销营业执照的，自营业执照注销或被吊销之日起，《备案表》自动失效。

第十二条 备案机关应当在国际货代企业撤销备案后将有关情况及时通报海关、检验检疫、外汇、税务等部门。

第十三条 国际货代企业不得伪造、变造、涂改、出租、出借、转让和出卖《备案表》。

第十四条 备案机关在办理备案或变更备案时，不得变相收取费用。

第十五条 原经审批从事货代行业的企业应当依照本办法备案。

第十六条 外商投资国际货代企业按照《外商投资国际货物运输代理企业管理办法》有关规定办理。

第十七条 国际货代行业协会应协助政府主管部门做好企业备案工作，充分发挥行业协会的协调作用，加强行业自律。

第十八条 本办法由商务部负责解释。

第十九条 本办法自2005年4月1日起施行。凡与本办法不一致的规定，自本办法施行之日起废止。

附件：国际货运代理企业备案表（样式）（略）

（2005年3月2日商务部令2005年第9号发布）

商务部关于加强对特许经营活动管理的通知

各省、自治区、直辖市、计划单列市及新疆生产建设兵团主管部门：

近年来，特许经营作为一种新型流通方式在我国快速发展，成为企业规模扩张的有效方式。实践证明，特许经营在扩大消费、促进中小企业发展、吸纳民间资本、扩大就业等方面起到了积极作用。但由于相关立法和监管滞后，出现了少数不法分子借特许经营之名进行商业欺诈、损害投资者利益的现象。为进一步加强对特许经营活动的管理，规范特许经营行为，促进特许经营健康有序地发展，现就有关问题通知如下：

一、认真贯彻落实《商业特许经营管理办法》，提高依法管理的水平和能力

《商业特许经营管理办法》（以下简称《办法》）是当前规范特许经营活动的重要部门规章。《办法》对特许经营当事人资质、特许经营合同、信息披露、广告宣传、监督管理、外商投资企业从事特许经营、法律责任等作出了明确规定。《办法》的颁布和实施，是规范商业特许经营行为，保护当事人的合法权益，促进商业特许经营健康有序发展和实现商业特许经营管理规范化、法制化的基础和保证。各级商务主管部门要提高对《办法》的认识，认真组织学习和培训，保证《办法》的贯彻落实。同时，要结合本地实际，研究制定切实可行的配套政策和具体措施，提高依法管理特许经营活动的水平和能力。

二、坚持分类指导，加强对特许经营活动的监管

针对特许经营发展速度快、涉及行业广、监管难度较大等特点，各级商务主管部门要遵循现代流通发展规律和企业发展实际，坚持分类指导的原则，管理和指导全社会的特许经营活动。对重点地区、重点企业特许经营发展情况，要加强调查研究，掌握特许经营发展的第一手资料。建立"预警"机制，及时发现带有倾向性的问题，对有违规行为的企业实施动态管理。要加强与工商、税务、公安等部门的合作，对涉嫌商业欺诈，借特许经营之名从事传销和变相传销等行为的特许经营企业，要及时通报有关部门。指导企业提高管理水平，集聚发展后劲，增强扩张能力。

各地特许经营发展情况及《2004年商业特许经营情况调查表》（见附表）请于2005年3月底以前报我部商业改革发展司。

三、规范特许经营展会，防止利用展会进行商业欺诈

当前，各类展会是特许经营推介活动的有效平台，但也有不法分子利用展会从事诈骗、圈钱等非法活动，各级商务部门必须加强对各类特许经营展会的监督管理。展会组织者要按照国家有关规定，对特许经营参展商的资格严格把关，保证参展企业的合法性和推广活动的真实性。商务主管部门要加强对涉及特许经营的对外经济技术展览会的管理，对发现利用展会进行商业欺诈的参展企业，要会同工商行政主管部门予以查处。

四、加强宣传，创造有利于特许经营发展的良好氛围

特许经营在我国尚属新生事物，社会各有关方面对特许经营了解不多，各级商务主管部门要加大对特许经营的宣传力度。通过各种渠道和途径，广泛宣传特许经营在促进中小企业发展、扩大就业等方面起到的积极作用，提高全社会对发展和规范特许经营重要意义的认识。利用网站、报纸、刊物开展对特许经营的专题宣传，重点宣传特许经营基本知识、国外特许经营立法和发展情况、我国特许经营发展情况，对守法经营的特许企业给予表彰，对违规经营的特许企业及时曝光等。通过集中宣传和经常性宣传相结合，提高特许经营企业的守法意识，创造发展特许经营的良好社会氛围。

五、充分发挥行业协会的作用，加强行业自律

结合政府职能转变，各级商务主管部门要充分发挥协会在政府与企业之间的桥梁和纽带作用。引导协会倡导诚信经商的理念，通过开展商业信用教育、培训及典型示范，强化信用观念和信用意识，逐步建立特许企业的信用评估体系。加强培训工作，利用多种形式和途径，开展对特许经营从业人员培训，引导特许企业实现规范化、科学化管理，提高企业的核心竞争力。依据有关法规、政策制定特许经营的行规、行约和道德规范，发挥行业协会的协调、服务、监督的职能，加强行业自律，促进特许经营健康发展。

附件：商业特许经营情况调查表（略）

商务部

2005年3月10日

国家税务总局、商务部关于技术进口企业所得税减免审批程序的通知

国税发［2005］45号

各省、自治区、直辖市和计划单列市国家税务局、商务厅，广东、海南省和深圳市地方税务局，各省、自治区、直辖市及计划单列市及新疆生产建设兵团商务主管部门：

为鼓励技术进口，规范税收减免程序，现对技术进口所涉及的特许权使用费企业所得税减免审批程序问题，进一步明确规定如下：

一、技术进口指从中国境外向中国境内通过贸易、投资或者经济技术合作的方式转移技术的行为。对于符合规定的技术进口合同，外国企业可以享受减免企业所得税的优惠。

二、对外商提供属于《中华人民共和国外商投资企业和外国企业所得税法》第十九条第三款第（四）项及其《实施细则》第六十六条所列举的专有技术所取得的特许权使用费，且技术先进或者条件优惠的，需减免所得税的均应呈报国家税务总局批准。

三、外商申请办理所得税减免的，可委托技术进口受让方办理有关手续。受让方首先应向为其登记技术进口合同的主管部门申请办理《关于建议减免企业所得税的函》。建议函分为A类、B类两种（格式见附件一、附件二），技术进口合同作为外商投资企业合同/章程附件的申请B类，其他的均申请A类。申请时应提供以下资料：

（一）技术进口合同副本；

（二）技术进口合同登记证书；

（三）技术进口合同数据表；

（四）外国企业所得税减免申请函；

（五）外国企业委托受让方办理减免税手续的委托书；

（六）受让方提出的减免税申请函。

技术进口合同作为外商投资企业合同/章程附件的，以合同/章程批文及《外商投资企业批准证书》或《台港澳侨投资企业批准证书》代替前款《技术进口合同登记证书》，到合同/章程原审批机关申请办理《关于建议减免企业所得税的函》（B类）。

四、受让方办理《关于建议减免企业所得税的函》后，同时提供本通知第三条列举的其他材料，向税务部门办理有关减免税手续。

五、商务部门在出具建议函时应依据《中华人民共和国外商投资企业和外国企业所得税法》及其《实施细则》的规定严格审核。对于技术进口合同中有下列情形之一的，均不

视为税法规定的“条件优惠”，原则上不得出具建议函：

（一）进口限制类技术的；

（二）合同条款中存在严重限制性条款等违背《中华人民共和国技术进出口管理条例》内容的；

（三）以提成费方式支付特许权使用费，提成率超过5%的。

对其中确属技术先进需要出具建议函的，应附有特别说明。

六、国家税务总局对于各省、自治区、直辖市和计划单列市商务主管部门出具的建议函有疑问时，可提请商务部予以复核。

七、商务部负责统一设计建议函的格式，地方商务主管部门可到商务部网站科技司子站法律法规栏目内下载。

八、本通知自下发之日起执行。

附件：1. 关于建议减免企业所得税的函（A类）（略）

2. 关于建议减免企业所得税的函（B类）（略）

国家税务总局

中华人民共和国商务部

2005年3月17日

商务部办公厅关于贯彻实施《美容美发业管理暂行办法》的通知

商改字［2005］6号

各省、自治区、直辖市商务主管部门：

商务部制定的《美容美发业管理暂行办法》（2004年第19号令，以下简称《办法》）已经实施，为更好地推进各地对美容美发业的指导、协调、监督和管理，现就《办法》贯彻实施的有关事项通知如下：

一、以科学发展观为指导促进行业发展

美容美发业是我国居民服务业的重要组成部分，对提高人民生活水平、增加社会就业岗位、扩大居民服务消费具有重要作用。经过改革开放以来二十几年的发展，美容美发行业服务水平不断提高，市场发展具有很大潜力和空间。但是，部分企业经营行为不规范，行业管理不到位，已经影响到美容美发行业健康有序发展。各地商务主管部门要以科学发展观为指导，坚持执政为民，提高对美容美发行业管理重要性的认识，加大促进行业发展的引导和监督力度，研究建立以地方为主的美容美发业发展促进体系，以发展促进规范，引导行业向规范化、产业化方向发展。各省、自治区、直辖市商务主管部门要依据《办法》，并结合本行政区域的实际情况，尽快研究制定实施细则，规范与促进行业发展。

二、加大对行业发展的指导力度

各地商务主管部门要加大对美容美发行业发展的指导力度，研究制定行业发展规划，发展新型服务方式，引导企业发展连锁经营等现代经营方式，开拓社区服务，培育服务品牌，不断促进行业经营、服务和技术水平的提高；指导行业建立信息服务体系，发布市场经营信息，开展投资咨询，引导科学消费；组织建立行业专家队伍，引导发展科学的经营理念和新技术，开展专业技术培训，规范服务技术、服务程序，促进服务质量的提高；引导行业建立信用规范，形成自律机制，推动行业诚信服务，对于经营规范、诚信服务的企业要扩大其社会影响力；加强服务，切实为企业发展创造良好的环境。

三、开展标准化建设工作

美容美发服务质量关系到消费者的健康安全，各地商务主管部门要指导和开展标准化建设工作，逐步建立起美容美发行业服务技术、操作规程、服务质量等方面的标准体系，指导和组织行业贯彻实施标准。我部正在依据《标准化法》的规定，抓紧组织制订美容美发业开业专业条件和美容美发业分等定级的行业标准，标准公布后将做统一部署实施。

四、规范市场秩序

各地商务主管部门应当积极与有关部门进行联系与沟

通，建立协调机制，联合开展规范美容美发市场秩序和企业经营行为的工作，重点整治消费者反映强烈的商业欺诈行为，坚决打击无证经营、使用假冒伪劣产品和虚假广告宣传等违法行为；要指导行业建立“黑名单”制度，对失信违规企业及人员应当进行社会公示，对于违反有关法律、法规的应当提请有关部门依法处罚，形成对失信违规行为的惩戒机制。

五、充分发挥行业组织的作用

各地商务主管部门要充分发挥行业协会（商会）的作用，指导行业协会（商会）开展信息、咨询等多种服务工作，促进企业发展；依托行业协会（商会）建立行业自律机制，监督企业依法经营，维护经营者的合法权益；支持行业协会（商会）根据企业要求，开展各种专业技术培训，提高行业从业人员素质；引导行业协会（商会）建立技术委员会，调解消费纠纷，保护消费者的合法权益，促进行业服务水平的提高。

各地实施《办法》的情况和建议，请及时报我部商业改革发展司。

2005年3月19日

关于促进国家级经济技术开发区进一步提高发展水平的若干意见

商务部　国土资源部　建设部

国务院办公厅转发商务部等部门关于促进国家级经济技术开发区进一步提高发展水平的若干意见的通知

国办发［2005］15号

各省、自治区、直辖市人民政府，国务院各部委、各直属机构：

商务部、国土资源部、建设部《关于促进国家级经济技术开发区进一步提高发展水平的若干意见》已经国务院同意，现转发给你们，请认真贯彻执行。

中华人民共和国国务院办公厅
2005年3月21日

建立国家级经济技术开发区，是党中央、国务院作出的重要决策，是改革开放和社会主义现代化建设的一大创举，是中国特色社会主义建设的成功实践和重要组成部分。经过20多年的艰苦创业，国家级经济技术开发区已发展成为我国土地集约程度较高、现代制造业集中、产业集聚效应突出的外向型工业区，充分发挥了窗口、示范、辐射和带动作用。同时，也存在着总体发展不平衡、片面追求园区规模和引资数量等问题。为促进国家级经济技术开发区进一步提高发展水平，提出如下意见：

一、国家级经济技术开发区进一步发展的指导思想和目标

（一）国家级经济技术开发区进一步发展的指导思想：以邓小平理论和“三个代表”重要思想为指导，全面落实科学发展观，坚持“以提高吸收外资质量为主，以发展现代制造业为主，以优化出口结构为主，致力于发展高新技术产业，致力于发展高附加值服务业，促进国家级经济技术开发区向多功能综合性产业区转变”的发展方针，以外资带动内资，增强自主创新能力，充分发挥辐射带动作用，推动形成若干新的经济增长点，为全面建设小康社会作出新的贡献。

（二）今后一个时期国家级经济技术开发区的发展目标：努力建设成为促进国内发展和扩大对外开放的结合体；成为跨国公司转移高科技高附加值加工制造环节、研发中心及其服务外包业务的重要承接基地；成为高新技术产业、现代服务业和高素质人才的聚集区；成为促进经济结构调整和区域经济协调发展的重要支撑点；成为推进所在地区城市化和新型工业化进程的重要力量；成为体制改革、科技创新、发展循环经济的排头兵。

（三）当前国家级经济技术开发区要着力把握好以下几点：一要牢固树立和落实科学发展观，努力实现体制、机制和经济增长方式的转变，不断提高发展水平。加快实现从单纯发展制造业为主向发展现代制造业和承接国际服务外包转变，从注重规模效益向注重质量效益转变，从偏重技术引进向注重消化吸收创新转变，从依靠政策优势向依靠体制优势和综合投资环境优势转变。二要自觉服从国家经济大局和宏观调控，更加注重结构调整和优化升级，更加注重引进高新技术和开发创新，更加注重开发项目的质量和效益，更加珍惜和合理开发利用土地。三要始终坚持体制创新，增强自主发展能力。要区别于城市的行政区，不断完善集中精简、灵活高效、亲商务实的管理体制和运行机制，优化综合投资环境，努力为区内各类市场主体提供公平竞争环境和良好服务。

二、促进国家级经济技术开发区提高发展水平的工作重点

（四）抓紧研究制定《国家级经济技术开发区管理条例》，为其持续发展提供法律保障。各省、自治区、直辖市可依法制定适用于本行政区域内国家级经济技术开发区的地方性法规和地方政府规章。

（五）坚持和完善精简高效的管理体制。国家级经济技术开发区的管理机构一般是所在地市级以上人民政府的派出机构，除其中具有企业性质的外，根据授权行使同级人民政府行政审批、经济协调与管理等职能。国家级经济技术开发区原则上不与所在行政区合并管理或取消管委会建制。

（六）严格依据土地利用总体规划和城市总体规划进行开发建设。国家级经济技术开发区的发展要纳入土地利用总体规划和城市总体规划并实行统一管理。符合条件、确有必要扩大规划面积或调整区位的，应当按照《国家级经济技术开发区扩建审批原则和审批程序》的规定报批；建设用地必须以现代制造业、高新技术产业和承接服务外包业为主，不得擅自改变土地用途，不得用于大规模的商业零售，不得用于房地产开发；严格执行占用耕地补偿制度，切实做好被征地农民的安置工作。

（七）坚持十分珍惜和合理利用土地、切实保护耕地的基本国策，集约、高效开发利用土地。要加强对国家级经济技术开发区经济增长、土地利用等方面的考核，建立土地利用和规划实施的考核制度。严格执行土地利用年度计划，按照法律规定的程序审批和供应土地；涉及农用地转用和土地征收，依法需报国务院批准的，国家级经济技术开发区可按城市分批次用地形式单独组织报批，经所在地县级以上地方人民政府逐级审核同意后，报国务院审批；在土地利用总体规划范围内，不改变土地使用用途且符合国家产业政策的建设项目用地，有关部门应依法、及时办理相关手续。

（八）继续对国家级经济技术开发区给予金融政策支持。鼓励国家政策性银行、商业银行对符合条件的国家级经济技术开发区区内基础设施项目及公用事业项目给予信贷支持，支持符合条件的区内企业通过资本市场扩大直接融资等。

（九）大力支持中西部地区国家级经济技术开发区发展。继续实行对中西部地区国家级经济技术开发区基础设施建设项目的贷款贴息政策，适当增加贷款贴息规模，对东北地区等老工业基地国家级经济技术开发区给予同等的贴息政策；中西部外贸发展专项基金、政府间、国际组织的援助资金，可用于支持中西部和东北地区等老工业基地国家级经济技术开发区发展。

（十）推动国家级经济技术开发区在新一轮国际产业转移中大力吸引跨国公司投资。鼓励跨国公司在国家级经济技术开发区设立研发中心、财务中心、技术服务中心、培训中心、采购中心、物流中心、运营中心和配套基地。鼓励通过设立创业服务机构、留学生创业园等，吸引高素质人才进区投资创业。抓紧研究鼓励国家级经济技术开发区承接高附加值服务业和服务外包业务等方面的政策措施，完善鼓励创新保障体系。

（十一）促进现代物流业发展和加工贸易优化升级。鼓励符合条件的国家级经济技术开发区申请设立出口加工区、保税物流中心、出口监管仓库和保税仓库；支持条件成熟的国家级经济技术开发区开展与出口加工区、保税区和保税物流园区联动试点，实现优势互补。

（十二）完善国家级经济技术开发区投资环境综合评价体系。要增加高新技术产业集聚程度、环境保护等指标的考核内容，推动开展区域环境管理标准化的认证工作，有效控制高消耗、有污染、低水平的项目。

三、加强对国家级经济技术开发区的组织领导

（十三）各省、自治区、直辖市人民政府和国务院有关部门要充分认识继续办好国家级经济技术开发区的重要性，切实采取有效措施，进一步支持国家级经济技术开发区在新形势下创新体制和机制，为其健康发展创造良好的制度环境和政策环境。

（十四）商务部会同国土资源部、建设部等部门加强对国家级经济技术开发区工作的宏观指导，帮助解决国家级经济技术开发区发展中面临的实际困难和问题，积极支持国家级经济技术开发区走新型工业化道路，加快向多功能综合性产业区发展。

（十五）国家级经济技术开发区要根据本意见制订和实施具体落实方案，通过自身努力，加快实现发展目标，更好地发挥在改革开放中的窗口、示范、辐射和带动作用，努力在世界同类产业区中保持竞争优势。

2005年全国整顿和规范市场经济秩序工作要点

国务院办公厅关于印发2005年全国整顿和规范市场经济秩序工作要点的通知

国办发［2005］19号

各省、自治区、直辖市人民政府，国务院各部委、各直属机构：

《2005年全国整顿和规范市场经济秩序工作要点》已经国务院同意，现印发给你们，请认真贯彻执行。

国务院办公厅

2005年3月30日

根据国务院工作部署，2005年全国整顿和规范市场经济秩序工作要按照树立和落实科学发展观、构建社会主义和谐社会的要求，继续紧紧围绕关系人民群众身体健康与生命安全和切身权益等突出问题，以食品药品专项整治、保护知识产权专项行动、打击商业欺诈专项行动为重点全面推进。

一、大力开展食品药品专项整治

（一）认真实施食品药品管理方面的法律法规，全面贯彻《国务院关于进一步加强食品安全工作的决定》（国发［2004］23号），强化地方政府和监管部门对食品药品安全的监管责任，落实监管责任制和责任追究制，努力解决人民群众反映强烈的问题，尤其要在清理整顿食品加工小企业和儿童食品、农村食品市场整治方面取得明显成效。

（二）要切实加强对农村、城乡接合部、偏远地区等区域，八小时以外、节假日等特殊时段，小型、分散的生产经营单位的监管；加强对未成年人、农民和城市低收入者等群体合法权益的保护，保证人民群众饮食用药安全。

（三）要揭露和曝光制售假冒伪劣食品药品的违法犯罪行为，加强对优秀企业、优质产品的正面宣传，普及食品药品安全知识，增强人民群众的消费信心。

（四）具体工作安排，另行印发。

二、加强知识产权保护工作

（五）继续开展保护知识产权专项行动。专项行动延续到今年年底。要按照既定部署，一件一件做实做细。采取切实有力措施，加强协调配合，完善保护知识产权的工作制度，提高保护知识产权的能力和水平。今年内要完成地市一级政府部门办公软件正版化的任务，经济发达地区争取普及到县。国务院将对重点地区开展专项行动的情况进行督查。专项行动结束后，要认真总结，巩固成果。

（六）加大对侵犯知识产权犯罪行为的刑事处罚力度。依据保护知识产权法律法规和办理侵犯知识产权刑事案件的司法解释，严厉查处大要案，形成强大的威慑力。推进国际合作，共同打击和防范跨境侵犯知识产权违法犯罪行为。继续完善保护知识产权沟通协调和执法协作机制。

（七）做好知识产权权利人的权益保护工作。提高知识产权管理部门的行政能力，解决知识产权确权和保护工作中的突出问题，更好地为知识产权权利人服务。鼓励企业开发具有自主知识产权的核心技术，注册、使用自己的商标，培育和维护商标信誉，形成和增强以自有知识产权为核心的竞争力。

（八）加强对内教育和对外宣传。大力宣传我国保护知识产权的原则立场和取得的成绩，树立良好的国际形象。组织好2005年的“保护知识产权宣传周”。在“四五”普法总结验收中对知识产权法律法规宣传教育情况进行检查，在“五五”普法中继续把这方面的法律法规作为重要内容。发展知识产权专业教育，培养熟悉知识产权法律法规和国际惯例，具备实际工作能力的专门人才；加强对公务员、企业管理者、中介机构从业人员的相关培训。

三、严厉打击商业欺诈行为，净化市场环境

（九）重点是整治虚假违法广告尤其是虚假药品广告，打击非法行医和商贸活动中的商业欺诈行为，同时研究制定规范打击各种商业欺诈行为特别是以高额回报为诱饵非法敛财行为的措施和办法。具体行动方案，另行印发。

四、结合行业和地方特点，搞好其他专项整治

（十）严厉打击制售假冒伪劣种子、农药、肥料、饲料、兽药、农机及其配件、汽车配件、建材、卷烟和贩卖私盐等危害人民群众生命财产安全的违法犯罪行为。

（十一）严厉打击走私贩私和传销及变相传销违法犯罪行为。

（十二）推进依法治税，加强税收征管，开展重点稽查和专项整治，坚决打击虚开增值税发票和偷逃骗税违法犯罪行为。

（十三）加强金融监管，取缔地下钱庄和变相期货市场，打击洗钱违法犯罪行为。

（十四）继续抓好安全生产，开展土地、文化、房地产、建筑、建材等市场及价格秩序和矿产资源开采秩序专项整治。

（十五）各地区还要针对本地的突出问题开展专项整治。

五、探索治本之策，建立长效机制

（十六）完善法律法规和执法体制。适时提出制定、修改和废止有关规范市场经济秩序法律法规的建议。继续细化相关制度，完善行政执法机关与公安机关、司法机关的信息共享与案件移送机制，凡涉嫌构成犯罪、依法需要追究刑事责任的案件，行政执法机关应及时移送公安机关，检察机关要加强监督。积极探索和推行多种形式的综合行政执法，提高执法效率，解决多头执法、重复执法、执法扰民、执法争利等问题。运用现代技术强化执法手段，推进执法技术创新，加强执法能力建设。强化监管部门责任，加大责任追究力度，纠正和查处违法违规行政行为，查处在市场监管中失职渎职案件。切实防止并纠正执法不严、打击不力的行为，对内外勾结、玩忽职守、徇私枉法、纵容犯罪的执法人员，要依法严厉查处。

（十七）推进全国统一市场的形成。按照《国务院关于禁止在市场经济活动中实行地区封锁的规定》（国务院令第303号），依法撤销地方各级人民政府制定的排斥外地商品和服务、对本地商品和服务予以特殊保护的各种公文。把发展现代流通组织形式作为打破地区封锁的重要手段，培育一批具有较强竞争力的大型流通企业集团，实现连锁经营、物流配送的跨地区发展，促进商品和各种生产要素在全国范围内自由流动和充分竞争。

（十八）深入开展诚信宣传教育，推动社会信用体系建设。配合打击商业欺诈专项行动，开展全国范围的诚信兴商活动，普及信用知识，增强信用意识，营造诚实守信的社会氛围。进一步完善行政管理部门信用等级分类监管和信息共享制度，促进信用信息公开，推动企业和行业建立信用自律和风险防范制度，逐步形成失信惩戒机制。

（十九）加强基础建设，促进整规工作规范化、制度化。各地区、各有关部门要按时完成整规三年规划编制工作。加强整规队伍和机构建设，进一步落实整规工作的办事机构、人员编制和经费。各级整规办要配备专职工作人员；各级整规领导小组成员单位要进一步重视整规工作，加强领导，充实力量。完善联合督查、沟通协调、案件督办、新闻宣传、调查研究等工作制度。

国务院办公厅关于开展打击商业欺诈专项行动的通知

国办发［2005］21号

各省、自治区、直辖市人民政府，国务院各部委、各直属机构：

当前，社会经济活动中各种形式的商业欺诈时有发生，在某些地区和领域还出现蔓延势头。违法犯罪分子通过虚构事实、发布虚假信息和签订虚假合同等手段以及非法行医，误导、欺骗企业、消费者和患者，骗取钱财，直接损害人民群众的合法权益和身体健康。为了严厉打击商业欺诈，国务院决定，用一年左右时间，在全国范围内开展专项行动。现将有关事项通知如下：

一、提高认识，明确目标

商业欺诈流毒甚广，为害甚烈，侵害人民群众特别是社会困难群体的权益，容易引发不稳定因素，群众反映强烈，如任其发展，将成为社会公害，必须采取果断措施，严厉打击。这是实践“三个代表”重要思想，坚持以人为本、执政为民，构建社会主义和谐社会的重要举措。

通过专项行动，实行打防并举，查处一批大案要案，惩治一批违法犯罪分子，形成对商业欺诈活动的强大威慑力，遏制商业欺诈泛滥的势头。

结合专项行动，完善打击商业欺诈的法律法规和执法体系，实现联合监管和信息共享，倡导诚信兴商、守法经营的社会风尚，提高企业、消费者和患者自主维权的意识和能力，逐步形成政府监管、行业自律、舆论监督、群众参与的反商业欺诈长效机制。

二、突出重点，落实责任

要针对关系群众切身利益、社会危害严重的商业欺诈行为，集中整治。重点是整治虚假违法广告、打击非法行医和商贸活动中的欺诈行为。

（一）整治虚假违法广告。

规范广告市场秩序，严禁以新闻报道形式发布广告；严禁未经审批擅自发布和篡改审批内容发布保健食品、药品广告；在保健食品、药品、化妆品和医疗服务广告中，严禁使用任何人包括社会公众人物的形象，以消费者、患者、专家的名义作证明；严禁在保健食品广告中宣传疗效和在药品、化妆品、美容服务广告中夸大功能，以及在医疗服务广告中宣传保证治愈；严禁在互联网上发布虚假广告和不实信息。加强对广告行业的管理，健全广告监管制度。

整治虚假违法广告由工商总局牵头。工商总局要负责组织专项检查以及与有关部门的协调工作，依法查处虚假违法广告；对发布未经审批广告的媒体，依法停止其广告发布业务；对发布虚假违法广告、造成恶劣社会影响、情节严重的媒体，依法停止其广告发布业务，直至取消广告发布资格；会同有关部门建立广告监管公告制度，建立广告活动主体市场退出机制。新闻出版总署和广电总局要加强对报刊出版单位和广播电视等新闻媒体刊登、发布广告行为的管理，建立领导责任追究制。食品药品监管局要依法做好对保健食品、药品广告的审查；对篡改审批内容或者发布虚假广告情节严重的，主管部门要撤销广告批准文号，并在一年内不受理其广告审查申请。卫生部、中医药管理局要做好对化妆品标签、标识宣传内容的监管，配合工商总局整治医疗机构非法发布医疗广告的行为。信息产业部要配合工商总局对发布虚假广告的互联网信息和电信服务提供者依法进行处理。

（二）打击非法行医。

非法行医现象在一些地方特别是农村、城乡接合部大量存在，严重扰乱了医疗服务市场秩序和社会治安，危害人民群众的身体健康和生命安全，必须予以严厉打击。重点是：打击无证行医；查处医疗机构聘用非卫生技术人员行医和出租、承包科室的行为；打击非法性病诊疗活动；查处利用B超非法鉴定胎儿性别的行为。

打击非法行医由卫生部牵头。卫生部、中医药管理局负责组织专项检查，打击无《医疗机构执业许可证》和无行医资格人员擅自开展诊疗活动的行为，查处医疗机构聘用非卫生技术人员行医和出租、承包科室的行为，打击非法性病诊疗活动。卫生部、人口计生委负责查处利用B超非法鉴定胎儿性别的行为，查处计划生育技术服务机构超范围开展诊疗活动以及聘用非卫生技术人员行医和出租、承包科室的行为。卫生部、科技部根据职责分工，负责对医学科研机构从事医疗服务的监管，查处其非法行医行为。

（三）打击商贸活动中的欺诈行为。

重点是：打击企业不规范促销、虚构或者夸大特许经营品牌效应、骗取加盟费的行为；打击服务业违规经营行为；打击对外贸易和对外经济合作领域中的各类欺诈行为。

打击商贸活动中的欺诈行为由商务部牵头。商务部、发展改革委和工商总局要加强对商业和服务业促销活动的监督检查,查处虚假促销、以次充好等行为。商务部、工商总局要督促美容美发业经营者建立和落实进货查验制度,加强对店内产品质量的监管,适时发布质量监测结果,对不合格的产品要坚决清除出市场,并查清生产源头和进货渠道。商务部、工商总局要开展特许经营摸底调查,确定重点监控地区和企业,查处特许人披露信息不完整、不规范,没有风险提示,或故意夸大投资回报的行为,加强对特许经营展会活动的管理,防止不法分子利用展会骗取加盟费。商务部、海关总署、税务总局、工商总局、外汇局要对外贸经营活动实行联合监管,建立监管记录,加强信息沟通和复核。商务部、发展改革委、劳动保障部、建设部、海关总署、工商总局、外汇管理局要按照职责分工,加强对外经济合作活动的监管,查处发布虚假信息,欺骗劳务人员、施工单位和投资者的行为和无资质、超范围经营行为;强化对境外就业中介服务机构的管理,查处建筑企业境外承包工程中的欺诈行为和违反外汇、海关管理规定的行为。

三、探索建立反商业欺诈长效机制

（一）完善法律法规和管理制度。

要研究分析各类商业欺诈行为,特别是以高额回报为诱饵非法敛财等欺诈行为的特点和规律,摸清惯用手法、骗术类型和高发领域,制定有针对性的规范性文件,制定、修订有关法律法规,堵塞法律和制度漏洞,为打击商业欺诈行为提供依据。

（二）加强综合监管。

加强行业管理部门、行政执法部门间的相互配合，强化日常监督检查。行政执法和行业管理部门要建立和完善市场监管信息系统，形成信息共享机制，实现联合监管。对有过商业欺诈行为的企业、个人和医疗机构，要列入“黑名单”。有关部门要各司其职，密切跟踪欺诈行为的变化动向，做到及早发现、准确定性、依法查处。

（三）推进社会诚信建设。

推动各地区、各行业开展多种形式的诚信自律活动，发挥行业协会的作用，加强对企业的约束，形成行业自律机制，提高行业整体诚信意识。加强企业和医疗机构信用建设，完善信用管理制度，弘扬诚实守信的良好行风。开展信用知识培训，引导企业形成诚信守法经营的商业伦理和信用文化。倡导“诚信兴商”和“守合同重信用”，揭露和鞭挞违法违规和失信行为，营造良好的社会氛围，组织开展“诚信兴商宣传月”活动。

（四）充分发动和依靠群众。

密切与人民群众的联系，方便群众举报，对群众的投诉举报要做到有回音，有着落；加强舆论监督，揭露骗术骗局，曝光典型案例，使商业欺诈难以为害；加强宣传教育，调动和发挥群众的参与意识，普及防骗常识，提高识假防骗的能力，使人民群众放心，欺诈者寸步难行。

四、加强领导，稳步推进

（一）强化地方政府责任。

商业欺诈不仅侵害群众利益，而且破坏社会稳定，恶化投资环境，影响经济发展。地方人民政府要从维护稳定、规范秩序、促进发展的高度，充分认识打击商业欺诈的重要意义，下大力气切除这个“毒瘤”。要精心组织，务求实效。

（二）加强部门配合。

商务部、卫生部、工商总局要切实负起牵头责任，会同有关部门制订工作方案，明确任务，落实责任，加强督促检查。参与部门要按照各自职责和本通知的规定，完成好各自的工作任务。

公安机关要积极配合，加强与行政执法部门和行业管理部门的工作联系，及时掌握案件线索，对情节严重、涉嫌犯罪的案件要及时介入，并依法移送检察机关提起公诉。要加强对违法犯罪分子的查控，防止其卷款潜逃。要严厉打击暴力抗法行为。

监察机关要对各地区和各部门开展专项行动的情况进行监督，对拒不执行国家法律法规、违法违规审批、问题严重的地区和部门，要严肃追究有关领导和人员的责任。

（三）分步骤实施。

专项行动从2005年4月开始,分三个阶段实施,为期一年。

动员部署阶段（2005年4月－2005年5月），建立工作机制，印发行动方案，召开工作会议，进行全面部署。

组织实施阶段（2005年5月－2006年5月），按照行动方案规定的职责分工和工作步骤组织实施。

总结检查阶段（2006年6月），组织督查组，检查专项行动各项工作开展情况，进行总结验收。

各省、自治区、直辖市人民政府要在2006年6月底以前，将专项行动的情况报送全国整顿和规范市场经济秩序领导小组办公室，由办公室汇总后报国务院；办公室要加强对专项行动的协调和督查。

国务院办公厅

2005年3月30日

商务部关于外商投资非商业企业增加分销经营范围有关问题的通知

商资函［2005］第9号

根据《外商投资商业领域管理办法》（商务部2004年第8号令）有关规定，现就外商投资非商业企业增加分销经营范围有关问题通知如下：

外商投资非商业企业增加分销经营范围，企业投资各方应依法修改企业合同、章程，填写申请表（见附件一、附件二），按扩大企业经营范围的相关法定程序上报，并换领外商投资企业批准证书。外商投资非商业企业增加分销经营范围，应明确具体分销方式（批发、零售、佣金代理），并在申请时报送所经营商品目录清单。

从事特许经营活动的，按照《商业特许经营管理办法》审核。具体要求另行通知。

省级商务主管部门应填写外商投资非商业企业/投资性公司增加分销经营范围上报申请表（见附件三）。

外商投资非商业企业增加分销经营范围并开设零售店铺的，以及新设立外商投资企业经营范围包括非自产产品分销业务的，应按照8号令的有关规定审核。

各地省级商务主管部门应根据8号令规定的审批权限，受理或转报企业增加分销经营范围的申请。

中华人民共和国商务部

2005年4月2日

附件一：外商投资非商业企业增加分销经营范围申请表（略）

附件二：投资性公司/地区总部增加分销经营范围申请表（略）

附件三：外商投资非商业企业/投资性公司增加分销经营范围（略）

商务部关于进一步加强产业损害预警工作的指导意见

商调查发［2005］221号

各省、自治区、直辖市、计划单列市及新疆生产建设兵团商务主管部门，有关行业协会和商会，有关中央企业：

党的十六届四中全会指出，要推动建立健全妥善应对国际贸易争端的机制，善于运用国际通行规则发展和保护自己。根据《中华人民共和国对外贸易法》（以下简称外贸法）中关于建立预警应急机制及开展产业国际竞争力调查的规定，按照国务院2005年工作要点中关于完善产业损害预警机制的要求，在总结近年来开展产业损害预警工作经验的基础上，提出进一步加强产业损害预警工作的意见。

一、开展产业损害预警工作的指导思想和工作目标

建立和完善产业损害预警机制是运用国际通行规则，维护国内产业安全的基础性、前瞻性、预防性工作。该机制主要通过对国际经济发展变化、货物进出口、技术进出口和国际服务贸易异常情况的连续性监测，分析其对国内产业已造成及可能造成的影响，及时发布相关预警信息，制定应对预案，为政府主管部门、产业和企业决策服务。

建立产业损害预警机制的指导思想是以维护产业安全为中心，以贯彻实施外贸法为主线，以现代信息技术手段为依托，以科学的分析评价体系为基础。整体规划，分步实施；先易后难，由点到面。工作目标是2006年底前在全国范围内形成覆盖重点产业、重点区域的资源共享、优势互补的产业损害预警监测体系；通畅、准确、快捷的预警信息收集、分析、发布体系；反应灵敏、有效的预警应对

体系；建设分工合作、运转协调的包括政府、行业组织、企业、中介机构的工作体系。

二、开展产业损害预警工作的方法及步骤

各地区、各行业开展产业损害预警工作要从本地区、本行业实际出发，突出重点，有所为，有所不为。已建立产业损害预警机制的地方商务主管部门、行业协会和商会要不断总结经验，改进和完善产业损害预警机制的功能，发挥产业损害预警机制的作用；尚未开展产业损害预警工作的地方商务主管部门、行业协会和商会，要根据各自的具体情况，确定工作思路，制定建立产业损害预警机制的实施方案和时间表。起步阶段，选择监测产品或服务应量力而行。条件成熟后，再逐步扩大监测范围。

开展产业损害预警工作的方法主要是：定量分析与定性分析相结合，重点监测与综合分析相结合，预警模型分析与专家分析相结合，预警信息日常发布与专题研究相结合。

工作步骤为：

（一）确定重点监测目录

确定监测产品或服务目录应主要考虑：

1. 本地区、本行业在全国占相当重要地位、且易受进口冲击的主导产品或服务。

2. 本地区、本行业具有比较优势，且对经济发展具有重要意义的产品或服务。

3. 规模虽较小，但涉及国计民生，且可能受国际市场影响的产品或服务。

4. 本地区、本行业规划中拟重点发展，目前尚属幼稚产业的产品或服务。

（二）建立监测指标体系

选择监测指标应突出以下要素：

1. 客观描述国际经济发展变化及其对国内产业的影响的指标。

2. 准确反映货物进出口、技术进出口和服务贸易的异常情况对国内产业的影响的指标。

3. 兼顾世界贸易组织规则以及我国相关法律法规中有关产业损害的指标。

4. 充分考虑与现行的统计指标体系的衔接。

（三）收集预警信息

1. 收集渠道

预警信息收集渠道主要有：国家有关部门；行业协会、商会等中介组织；数据公司以及科研院所等数据提供机构；抽样调查等其他渠道。

预警信息的获得应尽可能利用公开或商业信息渠道。如有必要，可采取抽样调查的办法，通过监测重点企业等方式加以补充。

2. 收集方式

预警信息的收集方式主要包括：采集公开信息；购买商业数据；抽样调查；监测企业自愿填报。

3. 抽样调查中重点监测企业样本的确定

对监测产品或服务，可确定若干重点监测企业，通过企业定期（如每季、每月）报送相关数据，获取信息。监测企业的选择应至少符合以下条件之一：一是在国内市场占有率较高；二是在行业内具有代表性；三是出口量较大；四是与本地区、本行业监测产品有关的主要流通企业、港口。

地方商务主管部门、行业协会和商会应与监测企业建立联络员制度。监测企业应确定专人负责，主动向预警监测部门提供有关监测数据。凡涉及企业商业秘密的数据，预警监测部门负有保密义务。

（四）建立科学的评价体系

1. 建立专家队伍

组织相对固定的专家队伍，对监测产品或服务中异常情况进行综合评价。专家队伍中应包括产业专家、贸易专家、法律专家和经济分析专家等。

2. 加强分析评估

对进口产品或服务，应着重分析其异常变化对本地区、本行业生产、经营、效益和可持续发展的影响，发现进口产品或服务可能对国内产业的损害或损害威胁的迹象，为国内产业及时运用贸易救济措施有效保护自己提供信息支撑。

对出口产品或服务，应着重分析其异常变化与国内相关产业结构的关系及对调整产业、产品或服务结构的影响。

有条件的地方商务主管部门、行业协会和商会可自行编制产业损害预警模型，通过定量计算的方法，对产业损害的状况进行量化分析。

（五）建立预警应急机制

根据对预警数据的分析评估，各地区、各行业应按现有分工模式或工作机制制定应对预案并组织实施。

对一般预警信息，包括国际经济、贸易发展变化情况、产业国际竞争力资讯以及相关预警动态信息，可通过商务部网站以及各地区、各行业相关媒体对外发布。也可以适时召开座谈会或研讨会、研究报告发布会等形式将预警信息反馈给相关行业和企业。

对重要的预警信息，各地方商务主管部门和行业组织应及时上报商务部，同时报送同级人民政府。根据应对预案的需要，选择适当的时机和适当的方式，通报涉及的行业和企业。对敏感商品预警信息的发布，要征求有关主管部门的意见。

三、分工与合作机制

在产业损害预警工作中，商务部与地方商务主管部门、行业协会和商会、WTO 事务研究、咨询机构及有关企业应充分发挥各自优势，分工合作、共建共享。

（一）商务部

1. 根据国家“十一五”规划的总体要求和商务部编制“十一五”规划的工作安排，负责编制全国产业损害预警工作的总体方案，并组织实施。

2. 指导地方商务主管部门、行业协会和商会、有关企业编制本地、本行业、本企业产业损害预警机制建设方案。

3. 负责建立或合作建立重点敏感产品、重点行业的产业损害预警机制，必要时给予适当的技术和资金支持。

4. 指导或组织跨省市的区域性重点产业损害预警机制的建设工作。

5. 指导有关科研院所、WTO 事务研究咨询机构等中介机构开展产业损害预警和产业国际竞争力调查与评价理论和方法研究。

6. 培训产业损害预警工作相关人员，组织预警机制建设经验交流。

7. 对各地区、各行业、各企业产业损害预警方案的编制和实施提供技术支持。例如，提供参考指标体系范例、产业损害预警模型编制的方法范例、产业损害评估的主要指标因素范例和相关产业损害预警信息等。

（二）地方商务主管部门、行业协会和商会

1. 在商务部的指导下，负责组织建立本地区、本行业的产业损害预警机制。

2. 负责设立或指定相应的机构及人员编制本地区、本行业的产业损害预警机制建设方案并组织实施。

3. 负责本地区、本行业产业损害预警系统的培训工作。

4. 受商务部委托，地方商务主管部门、行业协会和商会可开展部分重点敏感商品的区域或国别分析研究，或者对某一产业的竞争力状况进行分阶段的跟踪研究。也可根据需要自行委托中介机构对特定产品、特定国别的有关情况进行分析。

5. 及时向商务部反映本地区、本行业最新的产业、贸易、市场监测信息，有效地发挥产业损害预警机制在发展和保护国内产业方面的作用。

6. 条件成熟的地方，可针对涉及多省市的同类敏感产品开展跨省市的区域性产业损害预警机制建设试点工作。

7. 有条件的地方和行业，可开展与本地区、本行业相关的产业竞争力调查与评价工作。

（三）WTO 事务相关研究机构

1. 在商务部指导下，开展有关产业损害预警和产业国际竞争力调查与评价的理论和方法研究。

2. 接受地方商务主管部门委托，参与本地区产业损害预警机制建设工作。

3. 接受商务部委托，与地方商务主管部门配合，开展建立跨省市的区域性产业损害预警机制的可行性研究，参与试点建设工作。

4. 向商务主管部门报送有关产业损害预警和产业国际竞争力调查与评价的研究成果。

四、开展产业损害预警工作的条件保障

中央财政对商务部产业损害预警机制建设作了专项经费安排。地方商务主管部门应积极争取本级财政部门在年度预算中增列产业损害预警专项经费。同时，在原有业务经费中适当安排产业损害预警机制建设的专项费用。

地方商务主管部门、行业协会和商会应为产业损害预警工作配备用于统计、分析的计算机以及上网设备等必要的硬件及软件。

五、有关企业可参照本指导意见，积极开展本企业产业损害预警机制建设工作。

中华人民共和国商务部

2005 年 4 月 25 日

财政部、国家税务总局关于降低钢材产品出口退税率的通知

财税［2005］73号

各省、自治区、直辖市、计划单列市财政厅（局）、国家税务局，新疆生产建设兵团财务局：

经国务院批准，自2005年5月1日起对税则号7208、7209、7210、7211、7212、7213、7214、7215、7216、7217、7219、7220、7221、7222、7223、7225、7226、7227、7228、7229项下的钢材，出口退税率下调为11%。具体执行时间按《出口货物报关单［出口退税专用]》上海关注明的出口日期为准。

特此通知。

中华人民共和国财政部

国家税务总局

2005年4月27日

财政部、国家税务总局关于调整部分产品出口退税率的通知

财税［2005］75号

各省、自治区、直辖市、计划单列市财政厅（局）、国家税务局，新疆生产建设兵团财务局：

经国务院批准，自2005年5月1日起调整下列产品的出口退税率：

一、将煤炭，钨、锡、锌、锑及其制品的出口退税率下调为8%。具体税号见附表1。

二、取消稀土金属、稀土氧化物、稀土盐类，金属硅，钼矿砂及其精矿，轻重烧镁，氟石、滑石、碳化硅，木粒、木粉、木片的出口退税政策。具体税号见附表2。

具体执行时间按《出口货物报关单［出口退税专用]》上海关注明的出口日期为准。

特此通知。

附表：1. 出口退税率下调为8%的产品目录

2. 取消出口退税的产品目录

中华人民共和国财政部

国家税务总局

2005年4月29日

附表1

出口退税率下调为8%的产品目录

序 号	税 则 号	产 品 名 称	退税率下调为
1	28418010 28418040 28259012 28259019．10 28259011 28418020 28418030 28499020 81011000．11 81011000．19 81011000．90 81019400	前列税则号项下的钨及钨制品	8%
2	80011000．10 80011000．90 80012020 80012010 80012090 80030000 80040000 80060000	前列税则号项下的所有锡及锡制品	8%
3	79011100 79011200 79012000	前列税则号项下的锌及锌合金	8%
4	81101010 81101020 81109000 28258000	前列税则号项下的锑及锑制品	8%
5	27011100 27011290 27011900 27012000 27021000 27022000 27030000	前列税则号项下的煤炭产品	8%

附表 2

取消出口退税的产品目录

序　号	税 则 号	产 品 名 称
1	4401	木片、木粒
3	4405	木丝、木粉
4	28046900．1	前列税则号项下的金属硅类产品
5	2613	钼矿砂及精矿
6	25191000 25199010 25199020 25199030 25309099．10 25199099．10	前列税则号项下的轻重烧镁类产品
7	25292100 25292200	前列税则号项下的萤石（氟石）产品
8	25261020 25262020	前列税则号项下的滑石产品
9	28492000 38249090．10	前列税则号项下的碳化硅产品
10	28053011 28053012 28053019 28053021 28053029	前列税则号项下的稀土金属类产品
11	28461010 28469011 28469012 28469013 28469014 28469019	前列税则号项下的稀土氧化物类产品
12	28469029 28461020 28461030 28469049 28461090 28469090 28469030 28469028 28469048	前列税则号项下的稀土盐类产品

商务部办公厅关于加强外商投资处置不良资产审批管理的通知

商资字［2005］37号

各省、自治区、直辖市、计划单列市及新疆生产建设兵团商务主管部门，各国家级经济技术开发区：

经国务院批准，自2001年颁布《金融资产管理公司吸收外资参与资产重组与处置的暂行规定》以来，我国吸收外资处置金融资产（主要是债权资产）稳步发展，取得了良好成效。现就进一步规范吸收外资参与我国不良资产重组与处置，维护不良资产处置市场的健康发展通知如下：

一、为加快我国国有银行及金融资产管理公司的不良资产处置，减少国有资产的流失，2001年经国务院批准允许金融资产管理公司吸收外资参与资产重组与处置，允许向外商转让所持有的股权、债权等不良资产，或设立外商投资企业从事债务重组、债权追偿等不良资产处置活动，由于此类投资方式政策性强、敏感度高、涉及面广，在审批时应从严掌握，凡此类外商投资企业的设立均应报请国家商务部批准，各级地方商务主管部门和国家级经济技术开发区不得擅自批准企业设立。

二、2000年，国家经济贸易委员会、公安部、国家工商行政管理总局下发了《关于取缔各类讨债公司严厉打击非法讨债活动的通知》（国经贸综合［2000］568号），明确规定取缔各类讨债公司，禁止任何单位和个人开办任何形式的讨债公司。各级地方商务主管部门和国家级经济技术开发区要严格执行上述规定，不得批准设立外商投资讨债公司和变相讨债公司。

三、各单位在审批经济委托、商务代理、管理咨询、财务咨询、资产咨询类外商投资企业时，应要求企业做出不得从事债务重组、债权追偿等不良资产处置经营活动的书面承诺。

四、对于未经国家商务部批准超范围经营，擅自从事不良资产处置、债权追偿的，一经发现，速报国家商务部，凡按要求逾期不做整改的，应按照有关法律法规规定作出相应处理。

五、请各单位收到通知后，即刻转发所属各级商务主管部门，严格遵照执行，执行中如有问题，请及时向商务部外资司反映。

中华人民共和国商务部办公厅

2005年4月29日

商务部关于外商投资移动通信系统及终端产品生产企业审批权限的通知

商资函［2005］12号

各省、自治区、直辖市、计划单列市及新疆生产建设兵团商务主管部门，上海外资委：

近日，各地商务主管部门纷纷询问关于外商投资移动通信系统及终端产品生产企业设立及企业变更事项审批权限问题。现一并回复如下：

2004年11月30日修订的《外商投资产业指导目录》是经国务院批准，国家发改委、商务部共同发布并实施的法规，《目录》中移动通信产品属鼓励外商投资的产品范围，没有设置不同于其他鼓励类产品的审批条件与程序。各地商务部门对有关企业申请应依据《外商投资产业指导目录》，按鼓励类外商投资企业的审批程序予以办理；在办理过程中要严格依法行政，有问题应及时反映。

中华人民共和国商务部

2005年4月30日

关于扶持出口名牌发展的指导意见

改革开放以来,我国外贸出口持续快速增长,2004年,出口额5 934亿美元,是1978年的6倍,出口额世界排名也从第32位跃升至第3位。在积极参与国际分工合作的过程中,我国劳动力资源丰富的比较优势得到充分发挥,加工制造水平稳步提高,以消费品为代表的部分商品已经具备了较强的国际竞争力,在国际市场上占据了重要份额,产业结构升级步伐明显加快,配套能力不断增强,已经成为世界产业链上的重要一环,出口商品和贸易主体结构逐步优化,初步涌现出了一批拥有自主品牌的出口企业,出口大国地位日益稳固。

在规模迅速扩张的同时,出口增长质量不高已经成为我国外贸发展面临的主要矛盾,突出表现为自主品牌建设薄弱。目前,国际市场上名牌所占比例不到3%,但市场占有率高达40%,销售额超过50%,个别行业超过90%,国内市场上,2003年80多种主要消费品销量前十位名牌的市场份额高达65%,最高的家电行业达到80%,而同年全国出口企业中拥有自主品牌的不到20%,自主品牌出口占全国出口总额的比重低于10%,称得上世界名牌的更是寥寥无几,部分企业虽然已经开始出口自主品牌商品,但由于缺乏自主知识产权,特别是缺乏核心技术,品牌的附加值偏低。企业大量从事贴牌出口,主要是在加工制造环节参与国际分工,以品牌为标志的研发和营销等高增值环节基本上还不掌握,既影响了贸易收益,也不利于国际竞争力的提高和对外贸易可持续发展。

与此同时,随着改革开放不断深化、社会主义市场经济体制逐步完善、中国加入世贸组织、国民经济快速增长、企业名牌意识不断增强,实施出口名牌战略正面临前所未有的机遇。

发达国家的经验和我国参与国际竞争的实践表明,实施出口名牌战略,加强自主品牌建设,培育一批出口名牌,是增强国际竞争力和综合国力的重要手段,是转变外贸增长方式、实现外贸可持续发展的必然选择,是实现贸易大国向贸易强国转变的必由之路,是全面建设小康社会的客观要求,意义重大,影响深远,势在必行。为此,现提出指导意见如下:

一、统一认识,明确目标,积极贯彻实施出口名牌战略

指导思想:以邓小平理论和“三个代表”重要思想为指导,全面落实党的十六大“形成一批有实力的跨国企业和著名品牌”和《中共中央关于完善社会主义市场经济体制若干问题的决定》“鼓励国内企业充分利用扩大开放的有利时机,增强开拓市场、技术创新和培育自主品牌的能力”精神,树立和落实科学发展观,建立和完善培育出口名牌的政策体系和工作机制,鼓励和支持广大出口企业增强技术创新和国际营销能力,扩大自主品牌出口,培育出口名牌,全面提高出口竞争力,实现贸易大国向贸易强国的转变。

战略目标:通过各级政府政策扶持,中介组织密切配合,出口企业自身实践,争取到2010年,有40%以上的出口企业拥有自主品牌,自主品牌出口占全国出口总额的比重超过20%,培育出一批具有国际影响的自主知名品牌,每个地区、每个行业都有能够发挥龙头带动作用的出口名牌。

二、点面结合,以点带面,形成多层次、全方位的出口名牌培育机制

结合我国自主品牌建设地区间、行业间发展不平衡的实际,采取点面结合,以点带面的工作方式。一方面,广泛发动,鼓励和支持广大出口企业积极开展境外商标注册,进行国际通行的质量管理体系、环境管理体系和行业认证,设立境外营销机构和售后服务体系等自主品牌建设基础性工作,全面提高我国自主品牌建设的整体水平;另一方面,借鉴发达国家的成功经验,选准一批基础条件好、发展潜力大的自主品牌,集中力量进行重点培育,争取在较短的时间内形成一批自主世界名牌,使广大出口企业学有榜样、学有方向、学有动力,通过示范效应引导带动全国自主品牌建设工作。适度加大对民营经济的扶持力度,对农产品出口企业适当倾斜,支持其培育出口名牌。

建立完善多层次、全方位的出口名牌培育机制。商务部委托中介机构和专家学者在全国范围内确定一批基础条件好、发展潜力大的出口名牌(“商务部重点培育和发展的出口名牌”),集中力量进行重点培育,形成出口名牌的国家队;各地区可以结合区域经济特点和发展状况,确定本地区的出口名牌，有针对性的出台扶持政策，进行重点培育。对列为重点培育对象的出口名牌，坚持动态管理，根据培育效果，定期调整，优胜劣汰，始终保持培育对象的先进性和代表性。

三、积极扶持，提高科技创新水平，增强出口名牌竞争力

国家在外贸发展基金中安排“出口品牌发展资金”，专项用于支持企业开展自主品牌建设、培育发展出口名牌；对列入“商务部重点培育和发展的出口名牌”（以下简称出口名牌）名单的企业（以下简称名牌出口企业）所需的进出口配额，在法律法规允许的范围内，优先予以安排；各级政府在各类政府采购中，在同等条件下应当优先采购出口名牌；鼓励名牌出口企业以名牌为纽带进行资产重组和资源整合。

支持名牌出口企业提高自主研发和自主创新能力，大力引进先进技术和关键设备，不断提高出口名牌的技术含量和附加值；在同等条件下，优先安排名牌出口企业使用技术更新改造项目贷款贴息资金和出口产品研究开发资金；优先安排名牌出口企业符合产业发展方向的技术进步项目，积极支持其建立国家级企业技术中心。

四、培育渠道，增强市场开拓能力，鼓励名牌出口企业在内外贸一体化的基础上加快“走出去”步伐

鼓励出口名牌到“百城万店无假货”活动示范店及知名商业企业中销售；大力发展品牌连锁、专卖店、专业店等符合现代流通发展趋势的新型流通组织形式，建立多层次的出口名牌销售渠道；利用外贸发展基金等多种手段，通过在重点出口市场定期举办出口名牌展，在广交会设立品牌展区，支持名牌出口企业参加国际知名展会、在目标市场投放广告、设立境外营销机构和售后服务体系等方式，帮助名牌出口企业逐步建立自主国际营销渠道，直接进入终端目标市场。

鼓励名牌出口企业“走出去”，境外加工贸易的各项优惠政策和措施优先用于支持名牌出口企业；采取境外投资和用汇便利化措施，鼓励有条件的名牌出口企业扩大对外投资，开展国际化经营，逐步建立国际化的研发、生产、销售和服务体系；优先安排名牌出口企业使用优惠贷款和各项扶持政策，到受援国加工、生产、组装出口名牌；在一般物资援助安排中，努力推动出口名牌出口；在制定对外承包工程鼓励政策时，向出口名牌适当倾斜；通过培育和建立海外科技园区和孵化器等渠道，为名牌出口企业“走出去”提供海外科技服务平台。

五、转变观念，加强服务，为名牌出口企业提供贸易便利

对符合相关规定的名牌出口企业，质检部门优先予以免检，海关积极提供通关便利措施；鼓励银行和保险公司在符合市场原则的前提下，对名牌出口企业予以适当倾斜，提供融资和保险便利；鼓励出口信用保险公司将名牌出口企业列为“重点支持客户”，为其量身定做开发新产品和承保模式，在费率等承保条件上给予优惠，优先提供各项增值服务；海关积极配合有关部门对自主品牌出口统计方法的研究工作，为相关管理提供基础信息。

充分发挥驻外使领馆的积极作用，对驻在国产业、市场情况进行深入调研，为名牌出口企业提供信息支持，对名牌出口企业开拓驻在国市场给予指导和帮助，利用各种场合和机会积极向驻在国商界宣传推介出口名牌，拓展经济外交空间。

六、加强宣传，保护知识产权，为出口名牌发展创造良好的舆论和市场环境

充分发挥新闻媒体作用，加大对实施出口名牌战略和出口名牌的宣传力度，形成全社会争创出口名牌、发展出口名牌、保护出口名牌的舆论氛围，重点加强对出口名牌质量、信誉和安全等国际市场最为关注领域的宣传力度，鼓励消费者消费出口名牌，提高出口名牌的国际知名度；提高公共信息服务水平，宣传各级政府培育出口名牌的政策措施，提供及时准确的国际市场信息，帮助广大出口企业开拓国际市场，扩大自主品牌出口，创立出口名牌。

工商、海关等知识产权管理部门将出口名牌有关的知识产权列入重点保护范围，并将其作为已经开展的保护知识产权专项行动的一项重要内容；加强国际科技合作与贸易中的知识产权管理，制定规章制度，开展知识产权法规的宣传培训工作，通过社会各界的共同努力，形成培育、发展、保护出口名牌的良好氛围。

七、各司其职，增强企业主动性，发挥行业协调服务作用

作为创出口名牌的主体，广大出口企业要增强名牌意识，充分认识名牌对于开拓市场、提高效益、增强竞争力的重要作用，实事求是，因企制宜，制定切实可行的出口名牌发展规划，由易到难，循序渐进，从基础性工作做起，逐步提高研发设计、加工制造、营销服务等方面的水平，提高出口商品的科技含量、档次和附加值，长期坚持，扎扎实实推进出口名牌建设。

充分发挥中介组织行业协调、指导和服务功能，根据行业特点和发展状况，结合会员企业意愿，制定本行业出口名牌发展规划，研究出台本行业的扶持政策，加强出口名牌政策宣传，及时向政府主管部门反映会员企业的意见和建议，在行业内广泛开展培训交流活动，为政府当好参谋，为企业做好服务。

八、加强领导，完善工作机制，全面实施出口名牌战略

商务部会同发展改革委、财政部、科技部、海关总署、税务总局、工商总局、质检总局等部门，指导出口名牌工作。

各级人民政府要进一步加强对出口名牌工作的领导，结合区域经济特点和发展状况，制定本地区的出口名牌发展规划，建立健全工作机制，落实扶持政策，全面实施出口名牌战略。

各地区、各部门、各行业要认真贯彻落实十六大和十六届三中全会精神，统一认识，密切配合，开拓创新，深入实施出口名牌战略，为转变外贸增长方式，促进国民经济全面、协调、可持续发展作出新的贡献。

（商务部、发展改革委、财政部、科技部、海关总署、税务总局、工商总局、质检总局2005年5月30日发布）

国务院办公厅关于增设上海嘉定等出口加工区的复函

国办函［2005］53号

海关总署：

你署《关于增设出口加工区的请示》（署加发［2005］204号）收悉。经国务院批准，现函复如下：

一、同意增设以下出口加工区：上海嘉定出口加工区，广东南沙出口加工区、惠州出口加工区，云南昆明出口加工区，江苏常州出口加工区、吴中出口加工区、吴江出口加工区、扬州出口加工区、常熟出口加工区，四川绵阳出口加工区，辽宁沈阳（张士）出口加工区，江西九江出口加工区，河北廊坊出口加工区，湖南郴州出口加工区，浙江慈溪出口加工区，福建福州出口加工区、福清出口加工区、泉州出口加工区。

二、上述出口加工区的建设，要严格按照《国务院办公厅关于进行设立出口加工区试点的复函》（国办函［2000］37号）的有关规定执行。每个出口加工区要严格按照批准的四至范围（见附件）进行规划建设。请你署通知有关地方人民政府认真做好筹建工作，待条件具备后，由你署会同有关部门验收。

鉴于江苏吴中、吴江、扬州、常熟和江西九江、河北廊坊、湖南郴州、浙江慈溪、福建泉州等9个出口加工区所在的省级开发区尚未通过全国开发区清理整顿，请你署通知有关地方人民政府在相应的省级开发区通过审核验收并确认出口加工区在开发区内后，再报送出口加工区的具体建设方案，由你署会同发展改革委审核批准后开工建设。

三、你署要会同有关部门，对已设立的出口加工区的发展状况进行评估，及时总结经验，抓紧完善出口加工区的准入退出机制，制订具体操作办法，促进出口加工区健康有序地发展。同时，要研究采取措施将出口加工区所在地符合条件的加工贸易新增项目逐步引入出口加工区内，实现对加工贸易的集中规范管理，坚决防止新的重复建设，不断提高工作水平。

附件：18个出口加工区规划面积及四至范围

国务院办公厅

2005年6月3日

附件

18个出口加工区规划面积及四至范围

序　号	出口加工区名称	规划面积（平方公里）	四至范围
1	上海嘉定出口加工区	3	东至沪嘉浏高速公路、西至盐铁河、南至宝钱公路、北至张江门泾
2	广东南沙出口加工区	1.36	万顷沙镇十涌至十一涌、凤凰大道至蕉门水道
3	广东惠州出口加工区	3	东至澳头新桥立交桥、西至板樟岭、南至西四大道、北至西三大道
4	云南昆明出口加工区	2	东至南昆铁路、西至开发区二期主干道、南至大羊甫、羊堡车站一线、北至云南大学软件学院
5	江苏常州出口加工区	1.66	东至科技大道及江阴区界、西至通江大道、南至新竹路、北至沿江公路
6	江苏吴中出口加工区	3	东至吴淞江大道、西至郭巷大道、南至绕城高速绿化带、北至新车郭路
7	江苏吴江出口加工区	1	东至苏嘉杭高速公路、西至京杭大运河、南至夏家浜河、北至龙字湾路
8	江苏扬州出口加工区	3	东至新扬圩路、西至扬子江路、南至邗江河、北至施沙路
9	江苏常熟出口加工区	0.94	东至电厂路、西至一纵道路、南至建新塘、北至沿江高等级公路
10	四川绵阳出口加工区	0.56	东至樊华林桥、西至边堆山石桥铺大桥、南至高新区古泉村、北至安昌河
11	辽宁沈阳（张士）出口加工区	0.62	东至昆明湖街、大明湖街、西至松花湖街、南至沈辽路、北至花海路、星海路
12	江西九江出口加工区	2.81	东至白马岭、西至昌九高速公路、南至双瑞路、北至彭塘湾
13	河北廊坊出口加工区	0.5	东至京津塘高速公路、西至锦华道（南北边界具体以界址点控制）
14	湖南郴州出口加工区	3	东至塘溪大道、西至林邑路和福城大道、南至福源大街、北至苏仙大道和郴资大道
15	浙江慈溪出口加工区	2	东至四灶浦江、西至咏春河、南至滨海一路、北至九塘
16	福建福州出口加工区	1.14	东至长安港区10号码头、西至长安投资区长顺小区项目用地、南至闽江、北至104国道
17	福建福清出口加工区	0.81	东至经十路、西至新厝旗山、南至新江疏港公路、北至纬八路
18	福建泉州出口加工区	3	东至市外环路、西至曾岭村、南至324国道、北至五道水库

国务院关于促进流通业发展的若干意见

国发［2005］19号

各省、自治区、直辖市人民政府，国务院各部委、各直属机构：

随着改革开放不断深入和社会主义市场经济体制的完善，我国流通业在促进生产、引导消费、推动经济结构调整和经济增长方式转变等方面的作用日益突出。当前，我国商品市场供求总格局已发生根本性变化，面临的国际化竞争更趋激烈，但流通领域仍存在流通企业规模偏小，组织化程度低，现代化水平不高，市场体系不够完善等问题，迫切需要我们在流通领域树立和落实科学发展观，建设大市场，发展大贸易，搞活大流通，加快推进内外贸一体化和贸工农一体化，促进经济结构调整和经济增长方式转变，为促进城乡协调发展和国民经济持续快速健康发展作出新贡献。为此，特提出以下意见：

一、加大改革力度，提高流通企业竞争能力

（一）大力推进国有流通企业改组改制。积极推进国有流通企业改革，建立现代企业制度。各级人民政府要因地制宜，采取多种方式支持国有流通企业改组改制，增强国有流通企业活力，提高盈利能力；对资不抵债、长期亏损、扭亏无望的国有流通企业，依法实施租赁、出售、债务重组和关闭破产；支持企业进行跨行业、跨地区、跨所有制的资产重组，鼓励各种资本参与流通企业改组改造；在深化流通企业改革过程中，注意保全银行信贷资产，防止逃废银行债务。

（二）妥善处理国有流通企业历史包袱。允许国有流通企业通过将其使用的、已划拨的土地在补办出让手续、补交土地出让金后纳入企业总资产冲抵企业债务；经财政、国有资产管理部门同意，按照国家有关规定，国有流通企业可以通过出售所持国有产权抵偿历史债务。

（三）妥善安置职工，降低国有流通企业改革成本。国有流通企业享受原国家经贸委等八部门《关于国有大中型企业主辅分离辅业改制分流安置富余人员的实施办法》（国经贸企改［2002］859号）的政策措施；对流通企业依法出售自有产权的营业或办公用房收入以及处置企业使用划拨土地的收入，可优先留给企业用于缴纳社会保险费和安置职工；对向企业经营者或职工定向出售的国有中小流通企业资产，应规范“招拍挂”程序，在履行决策、资产清查、财务审计和资产评估审核程序后，要维护企业职工权益，在同等价格条件下，优先卖给本企业职工，卖给其他单位和个人的，要切实妥善安排好原企业的职工；纳税确有困难的流通企业，可按现行规定申请减免生产性用房的房产税和城镇土地使用税。

（四）加快培育大型流通企业集团。要按照市场经济规律和世贸组织规则，积极培育一批有著名品牌和自主知识产权、主业突出、核心竞争力强、具有国际竞争力的大型流通企业；鼓励具有竞争优势的流通企业通过参股、控股、承包、兼并、收购、托管和特许经营等方式，实现规模扩张，引导支持流通企业做强做大。

国务院各有关部门和有关金融机构要扶持流通企业做强做大，在安排中央外贸发展基金和国债资金、设立财务公司、发行股票和债券、提供金融服务等方面予以支持。重点培育的大型流通企业可直接向商务部申请进出口配额、许可证、国营贸易经营权和相关资质等。

地方各级人民政府要结合实际，采取具体措施，支持国家和地方重点培育大型流通企业的发展。

（五）进一步放开搞活中小流通企业。商务部、发展改革委、财政部、科技部等有关部门要按照资金使用方向和程序，在安排中央外贸发展基金、中小企业发展专项资金、中小企业科技创新资金等方面支持中小流通企业发展。鼓励有条件的流通企业到境外开展流通业务。

地方各级人民政府要采取切实有效的措施支持中小流通企业发展，在市场准入、信用担保、金融服务、物流服务、人才培训、信息服务等方面进行扶持。

（六）努力创造流通企业公平竞争的环境。加快电价改革步伐，积极推动工商企业同网同价；引导和规范零售企业的促销和进货交易等行为，依法打击商业欺诈，整顿规范流通秩序；有序推进流通业对外开放，鼓励流通企业实行内外贸一体化经营，为内外资流通企业公平竞争创造良好的环境。

二、加快创新步伐，提高流通现代化水平

（七）切实推进连锁经营快速发展。国务院各部门和地方各级人民政府要进一步研究制订并完善实施办法，切实把《国务院办公厅转发国务院体改办国家经贸委关于促进连锁经营发展若干意见的通知》（国办发［2002］49号）的各项政策措施落到实处。

（八）推动流通企业进行流通方式和技术创新。充分运用财政和金融手段支持流通企业进行结构调整，重点支持现代流通方式的推广和运用。地方各级人民政府要在财政补贴、土地使用等方面，鼓励连锁经营企业发展，尤其是到城市社区、农村建立营销网络；鼓励发展循环经济，从财政等方面支持优势再生资源回收企业通过连锁经营等方式拓展回收网络；加大利用信息技术改造流通业传统作业方式的力度，采用现代物流的管理模式，提高管理效率，降低成本，鼓励各类流通企业发展电子商务。

（九）鼓励发展物流配送中心。企业利用原使用的国有划拨土地使用权引进资金和设备建设物流配送中心，可在依法办理经营性用地出让手续、按市场价格补缴土地使用权出让金后，将土地使用权作为法人资产出资。根据城市规划需要对旧仓库等设施进行拆迁易地改造且新建物流配送中心的，城市政府在拆迁或收回企业土地使用权和建筑物时，应依法进行合理补偿，并在城市物流规划用地上给予相应安排。对农产品仓储设施建设用地按仓储用地对待。

三、加强流通基础设施建设，建立健全流通领域公共信息服务体系

（十）加大流通基础设施建设投入力度。积极运用财政贴息等政策措施，加大对农产品批发市场、物流配送中心等流通基础设施建设的投入力度；加强食品安全，支持“三绿工程”发展，建立、完善流通环节食品检疫检测体系，实行无害化处理制度，所发生费用由财政负担的相应列入各级财政预算。

（十一）建立健全流通领域公共信息服务体系。中央财政从2005年起每年拿出一定资金支持全国流通领域公共信息服务系统建设，从中央外贸发展基金中安排一定资金支持全国市场信息服务体系建设。地方各级财政要加大资金投入，支持当地商品信息服务系统的建设和运行维护。商务主管部门要制订流通领域公共信息服务体系建设规划，加强管理。

四、建立调控和应急机制，确保国内市场稳定有序

（十二）建立和完善重要商品储备制度。要进一步完善糖、肉、边销茶等生活必需品和茧丝绸等重要商品的中央储备制度，妥善处理储备商品历史遗留问题。中央储备商品储备费用按有关规定执行。地方各级人民政府也要结合实际建立地方生活必需品储备制度，所需储备费用由地方政府确定。

（十三）建立应急调控快速反应机制。中央应急调控发生的费用由商务部商财政部根据国家有关突发事件应急保障的规定，保障组织应急物资供应所需的合理费用；地方应急调控发生的费用，由地方商务主管部门商地方财政部门根据当地人民政府有关规定处理。

五、支持商业服务业发展，方便人民群众生活

（十四）支持生活保障性服务业发展。支持发展社区商业网点，逐步形成门类齐全、便民利民的城市社区服务网络。重点支持与人民群众生活息息相关的便利店和便民早餐网点、清真餐饮网点、废旧物资回收网点建设。在城市开发建设的新居住区内，规划确定的商业网点用房、用地，以及作为小区公益性资产的便民网点，不得挪作他用。各地也要从改善农民生产生活条件、方便农民消费需求出发，发展综合性的农村社区商业服务网点。

地方各级人民政府要采取各种措施解决低收入群体的洗浴问题，优先保证便民浴池用水，并实行优惠政策；对吸纳下岗失业人员的服务型企业和自谋职业从事服务业的下岗失业人员，要按规定切实落实好有关再就业优惠政策；鼓励经济型连锁饭店进行卫生、安全设施改造；鼓励和支持新兴服务业发展。

六、积极培育统一大市场，扩大国内消费需求

（十五）打破地区封锁，加快建设全国统一大市场。切实清除制约全国统一市场形成、实行地区封锁的有关规定，取消各种不合法收费，推进全国高效率鲜活农产品流通“绿色通道”建设，并加大执法和舆论宣传力度。

（十六）加大知识产权保护力度，实施品牌战略。鼓励流通企业创立和维护商标信誉，培育企业品牌。加大对侵权行为的打击力度，重视和加强对知名流通企业、全国性和地方性商业老字号的“著名商标”和“驰名商标”的认定和保护工作。

（十七）建立和完善农村流通体系。加大农村市场建设的力度，完善农村流通基础设施，促进农村市场的形成，

有条件的地区要在财政预算中安排一定数量的资金给予支持。鼓励优势流通企业用连锁经营方式完善农村流通网络，采取多种方式开拓农村市场，引导农村消费。开展农产品连锁经营试点，对增值税一般纳税人购进免税农产品按13%的扣除率计算进项税抵扣；对试点企业从农业生产单位购进农产品的，鼓励其取得农业生产单位开具的普通发票，作为进项税额抵扣凭证；对试点企业建设冷藏、低温仓储、运输为主的农产品冷链系统的，可以实行加速折旧。

（十八）规范和发展消费信贷。努力扩大消费需求，优化消费结构，完善消费手段，扩大消费信贷品种、范围和规模。打破垄断，鼓励竞争，支持商业银行与流通企业在充分协商的基础上推广银行卡。大力推进商业信用体系建设。

七、完善政策法规，为流通业发展提供有力保障

（十九）加快制订我国流通领域的法律法规。要从建立和完善统一开放、竞争有序的现代市场体系出发，按照依法行政和实现对全社会流通统一管理的要求，借鉴发达国家流通立法经验，结合我国丰富的流通实践，加快修订和研究制订规范商品流通活动、流通主体、市场行为、市场调控和管理等方面的法律法规和行政规章。

（二十）加强队伍建设，理顺和强化流通行业管理。各级人民政府要按照中央提出的“加强内贸”的要求，切实加强领导，充分发挥国内流通行业主管部门的职能作用；加强队伍建设，吸引优秀人才参与国内流通业的管理；加强人员培训，建立多层次人才培训体系，鼓励大专院校、研究院所设置专业课程培训高级流通业管理人才，鼓励中介组织开展职业培训，提高流通从业人员素质。

（二十一）充分调动各方面的积极性，促进流通业发展。国务院有关部门、地方各级人民政府要积极研究制定促进流通业发展的政策措施，地方政府可根据当地财力和流通业发展实际，建立促进流通业发展的相应机制；加强流通理论研究，做好大型流通设施建设规划，加快流通业标准化建设步伐。充分发挥流通行业中介组织作用，规范行业协会行为，创造良好的流通业发展环境。

中华人民共和国国务院
2005年6月9日

国务院办公厅关于促进东北老工业基地进一步扩大对外开放的实施意见

国办发［2005］36号

各省、自治区、直辖市人民政府，国务院各部委、各直属机构：

进一步扩大对外开放是实施东北地区等老工业基地振兴战略的重要组成部分，也是实现老工业基地振兴的重要途径。根据《中共中央国务院关于实施东北地区等老工业基地振兴战略的若干意见》（中发［2003］11号）精神，结合东北地区实际情况，经国务院同意，现就进一步扩大东北地区对外开放提出如下实施意见：

一、鼓励外资参与国有企业改组改造，加快体制和机制创新

（一）按照对国有经济实行战略性调整的要求，探索和拓展利用外资新方式，鼓励外资参与国有企业改组改造，促进体制和机制创新，增强老工业基地国有企业适应市场经济的能力。

（二）鼓励外国投资者以并购、参股等多种方式参与国有企业改组改造。外国投资者并购和参股改造国有企业，原国有企业历史形成、确实难以归还的历史欠税，按照规定条件经国务院批准后给予豁免。支持符合条件的外商投资股份制公司在国内外资本市场上市。

（三）积极探索盘活国有资产的有效形式。允许外商投资企业依法购买金融资产管理公司的不良债权和股权，并对其拥有的资产进行重组与处置。

（四）进一步完善促进外商投资企业发展的社会保障环境。外国投资者并购国有企业后设立的外商投资企业，在劳动关系处理、经济性减员和社会保障等方面按照国民待遇执行国家现行法律规定和制度。

（五）进一步规范和促进外国投资者并购重组国内企业的活动。建立健全东北地区产权交易机制，为外国投资者以并购、参股等方式投资提供便利和规范的环境；外国投资者并购国有企业，按照我国有关法律和政策进行资产评估，资产交易价格以经相关部门备案或核准的资产评估结果为基础确定。

二、加强政策引导，推进重点行业和企业的技术进步

（六）立足现有基础，发挥比较优势，以增强产业整体素质和核心竞争力为重点，积极吸收外资加快重点行业和重点企业的技术改造，加强对引进技术的消化、吸收，大力提高自主创新能力，推进产业升级。

（七）支持外商投资重点行业和企业。积极引导外商投资国家重点发展的现代农业、装备制造业、化工业、高新技术产业和农产品加工业等行业，加快发展配套产业，形成具有较强竞争力的现代产业基地。国家在上述行业重大项目布局安排上向东北地区倾斜，重大关键技术和设备引进给予政策性信贷支持，重大项目经批准可适当降低资本金比例；外商投资已获国家批准的国债重点项目，原批准项目贷款贴息、补助和资本金补助数额不变，按规定批准后，可转增中方国有企业股权。

（八）扩大外商投资优势产业目录的执行范围。《中西部地区外商投资优势产业目录》执行省份增列辽宁省（吉林省、黑龙江省已列入），凡符合该目录的东北地区外商投资项目，可享受鼓励类外商投资项目的进口税收优惠政策。

（九）鼓励外商投资高新技术产业和研究开发中心。鼓励跨国公司在东北地区以独资或与当地企业、科研机构、高等院校合资的形式设立研究开发中心。外商投资研究开发中心除按《国务院关于调整进口设备税收政策的通知》（国发［1997］37号）和《国务院办公厅转发外经贸部等部门关于当前进一步鼓励外商投资意见的通知》（国办发［1999］73号）的规定享受有关优惠政策外，对经核准的外商投资企业技术中心，其进口国内不能生产的自用耗材、试剂、样机、样品等可按现有规定免征关税和进口环节增值税。

（十）鼓励外商投资接续、替代产业。国家采取在重大项目生产力布局上优先安排等措施，鼓励、引导外资投向东北地区资源枯竭型城市的精深加工和接续产业等项目，充分发挥和综合利用现有资源、人才、生产能力的优势，积极推进资源枯竭型城市转型。

三、进一步扩大开放领域，着力提升服务业的发展水平

（十一）适应对外开放新形势和老工业基地优势产业发展以及城市功能转换与进一步促进就业的需要，在积极引进外资改组提升传统服务业的同时，以发展现代服务业为重点，推进服务贸易领域对外开放。

（十二）鼓励外商投资城市公共设施建设。在城市政府建立有效监管机制并确保公共利益和安全的条件下，放宽外商投资城市燃气、热力和供排水管网建设、经营项目的股比限制，经批准，允许外方控股。

（十三）扩大金融服务业对外开放。按照我国加入世界贸易组织金融开放有关承诺，进一步扩大银行业的对外开放，加快发展证券、期货、保险等金融服务。对外资银行在东北地区设立机构和开办业务给予优先许可。鼓励外资金融机构参股地方城市商业银行，参与农村信用社改制重组。鼓励在企业年金、农业保险等方面有优势的外资保险公司进入东北地区。对外商在东北地区设立合资证券公司、证券投资基金管理公司、保险经纪公司和外资保险公司经营机构给予优先许可。

（十四）鼓励外商投资交通运输业。对铁路客运和货运、跨境和境内公路运输及定期、不定期国际海上运输业务和国际集装箱多种方式联运业务等，经批准可放宽外资股比限制。鼓励外商投资航空运输业和通用航空业。

（十五）扩大外商投资物流企业试点范围。外商投资物流企业的试点，可扩大到辽宁、吉林、黑龙江三省。

四、发挥区位优势，促进区域经济合作健康发展

（十六）依托地缘优势，通过实施“走出去”战略，进一步深化同周边国家的能源、原材料、矿产资源的开发合作。主动参与区域经济合作，积极开拓国际市场，带动商品、技术和劳务输出。继续支持东北地区构筑同周边国家开展国际贸易、投资、科技、旅游等合作的平台。

（十七）大力发展东北地区边境贸易。研究促进边境贸易发展的政策，在出口退税、进出口商品经营管理、人员往来等方面，在加强管理的同时，简化手续。完善和推广边境贸易人民币结汇办法，促进贸易、投资便利化。研究在东北地区进行边境小额贸易出口货物以人民币结算的出口退税试点。

（十八）加强东北亚地区国际经济技术合作，推进边境地区开发和对外开放。继续扩大图们江区域国际合作开发。积极探索边境地区开发和对外开放的新模式。加快建设边境经济合作区、互市贸易区和出口加工区，并使黑河、绥芬河（东宁）、珲春、丹东等边境地区具有物流贸易集散、进出口加工和国际商贸旅游等功能。

（十九）鼓励以合资、合作、并购等多种方式进行境外开发。进一步积极研究相关政策，完善政策支持体系，加大对东北地区企业境外重点开发项目前期费用补助、国内贷款贴息的支持力度，对其产品优先组织安排进口。

（二十）鼓励具备资格的企业积极参与援外项目竞标和承担对外合作项目。对境外工程承包和境外投资能带动设备出口及劳务输出的生产加工型项目和技术合作项目，国家在现行的国内贷款贴息、优惠贷款及境外办展、广告等市场开拓费用补助等方面进一步加大支持力度。

（二十一）加快发展大连东北亚国际航运中心。加强港口设施建设，进一步提高大连口岸的开放度，增强吸收外资和聚集航运要素的能力。研究扩大大连区港联动试点的范围。对外商投资的大型港口码头、鼓励类的临港工业和物流项目给予政策支持，并予以优先审批。

五、营造良好的发展环境，为加快对外开放提供保障

（二十二）加大国外优惠贷款支持东北地区基础设施建设，以及环保、教育、公共医疗卫生等社会事业发展的力度。进一步转变政府职能，提高服务意识和服务水平，为外商投资企业经营活动提供便利条件和良好的环境。

（二十三）进一步提高现有开发区发展水平。大力推动以开放条件下的自主创新为特征的东北区域创新体系建设，提高现有开发区的自主创新能力。设在东北地区的国家级开发区，以及发展较好、产业特色明显、带动力较强的省级开发区，可在原批准规划面积已得到充分利用的情况下，依据土地利用总体规划和城市总体规划，按照土地市场治理整顿要求，履行规定程序，合理确定用地规模。支持东北地区借鉴其他地区的成功经验，以欧盟及其成员国或其他发达国家为合作伙伴，在现有开发区中选择基础条件较好的建成新型工业园区，建设现代制造业基地。

（二十四）加强基础设施建设。加大国家对东北地区港口和边境口岸、公路、铁路、桥梁及边境城市、边境农场基础设施建设资金的投入力度，尽快建设东北东部铁路通道工程，促进对俄路、港、口岸和对朝路、港、区一体化建设，推动境外合作项目的实施。国家在实施对外援助上，优先安排连接东北地区边境口岸的交通、港口、机场等基础设施建设项目。

（二十五）鼓励外国投资者投资合作建立职业教育培训机构。外国投资者按照《中华人民共和国中外合作办学条例》的规定与中国高等教育、职业教育机构合作建立培养各类职业技能人才、国际商务人才的高级职业技能教育培训机构，除国家法律法规另有规定外，可享受国内其他职业教育机构同等待遇，同时有关部门要积极研究其进口科研和教育用品享受免征进口税的税收优惠政策问题。符合中央财政支持条件的实验培训基地均可享受统一的扶持政策。

（二十六）鼓励东北地区积极引进海外人才与智力，利用留学项目为东北地区培养紧缺人才。加大对东北地区聘请外国专家和派出国（境）培训的资助额度，支持有条件的部门和单位广泛开展国际人才交流与合作。积极争取并利用世界银行贷款和其他国际合作项目，引进优质教育资源，促进和推动东北地区中外合作办学，支持东北地区发展教育。

（二十七）建立健全中小企业引进境外投资的服务体系。鼓励外国投资者以中外合资方式注资设立担保机构，有针对性地为中小企业提供融资担保、信息咨询和法律支援等服务。

（二十八）认真抓好扩大对外开放的组织落实。扩大东北地区对外开放是一项系统工程，也是一项长期任务，必须加强领导，抓好实施。国务院各有关部门和东北三省人民政府要依据本实施意见制定具体的实施细则。振兴东北办要与国务院有关部门和东北三省建立有效的协调机制，加强协调，切实将各项政策措施落到实处。

（二十九）对港澳台企业、其他经济组织和个人参与东北老工业基地振兴，可参照上述政策执行。

国务院办公厅

2005年6月30日

商务部、财政部关于对2005年“万村千乡”市场工程项目予以资金支持的通知

商规发［2005］302号

各省、自治区、直辖市、计划单列市及新疆生产建设兵团商务主管部门、财政厅（局）：

为进一步贯彻落实《国务院办公厅转发商务部等部门关于进一步做好农村商品流通工作意见的通知》（国办发［2004］57号）精神，引导企业、社会各类资本参与农村商品流通网络建设，推动“万村千乡”市场工程的顺利开展，商务部、财政部决定对2005年纳入“万村千乡”市场工程的试点项目予以资金支持。现将有关事项通知如下：

一、本通知所称“万村千乡”市场工程项目是指根据《商务部关于开展“万村千乡”市场工程试点的通知》（商建发［2005］45号）要求，列入各省级商务主管部门“万村千乡”市场工程试点规划并报商务部备案的企业，经批准在县级（内蒙古、西藏、甘肃、青海、新疆、新疆生产建设兵团的地级市、地区、师，下同）及县以下农村地区建设和改造流通网络、发展新型流通业态的建设项目。

二、本通知所称资金支持，是指国家对承担“万村千乡”市场工程项目的企业，为完善农村流通网络，建设区域性配送中心（含具有配送功能的中心店，以下统称配送中心）所取得的银行贷款予以适当的利息补助，以及开办农家店给予适当的资金支持。资金从中央外贸发展基金中内外贸一体化项目中安排。

三、安排资金支持的原则是：以企业为主体，通过建立新型农村流通网络，改善农村消费环境，降低农村商品流通成本，提高农村商品流通质量。

四、资金使用范围

（一）县级区域性商品（包括日用消费品、农业生产资料）配送中心、配送设施及信息系统的改造、建设项目；

（二）乡（镇）级与村级农家店建设和改造项目。

五、支持方式及标准

（一）贴息：对建设或改造配送中心的银行中长期固定资产投资贷款，予以1年贷款利息补助。中、西部地区贴息率不超过3%，其他地区贴息率不超过2%；

（二）农家店资金补助：每个乡级农家店补助2 000元，每个村级农家店补助3 000元。中、西部地区，每个农家店补助标准分别增加800元。

六、申请资金支持的项目应符合以下条件：

（一）经批准列入试点地区的试点企业，符合本通知第四项规定范围、且在2005年1月1日－12月31日完成的配送中心及农家店建设、改造项目；

（二）承担项目的企业依法注册，无销售假冒伪劣产品、坑农害农的记录，并与所在地地级以上商务主管部门签订了不销售假冒伪劣产品保证书；

（三）配送中心的建设、改造项目贷款，经国家开发银行等政策性银行或中国农业银行等商业银行批准同意，承办企业与银行已签订贷款合同；

（四）农家店标准符合商务部制定的《农家店建设与改造规范》（暂定名，以正式发布为准）。

七、项目的组织与申报

各省、自治区、直辖市、计划单列市及新疆生产建设兵团商务主管部门（包括业务和财务部门，下同）会同当地财政厅（局）（以下统称地方主管部门）共同负责本地区资金支持项目的组织申报、初审、汇总和上报等工作，并于2005年8月31日前将有关申请材料报商务部（市场建设司）、财政部（企业司）。

各地上报的材料包括：

（一）“万村千乡”市场工程当年实施方案，包括各试点企业拟在乡镇和村建店的名录汇总表；

（二）2005年配送中心和农家店项目安排情况及申请资金支持情况；

（三）“万村千乡”市场工程资金申请汇总表（附表1）。

八、资金拨付

（一）商务部对各地报送的资金支持项目进行汇总后，会同财政部进行联合审核。根据审核结果，商务部、财政部联合下达本年度“万村千乡”市场工程资金支持计划；

（二）凡经批准纳入“万村千乡”市场工程支持计划，并在2005年12月31日前实际完成的项目，承担“万村千乡”市场工程的企业应在2006年1月底前向地方主管部门

提出资金拨付申请；

（三）各地方主管部门对承办企业提交的市场工程资金拨付申请进行审核，并在2006年3月底前向商务部、财政部上报资金拨付申请。财政部按照预算管理级次将资金拨付到地方财政部门，地方财政部门在收到上级财政部门拨付的资金起20日内将资金下达到承办企业。承办企业收到市场工程资金后，应按照国家有关规定进行账务处理。

九、各地商务主管部门要加强对“万村千乡”市场工程项目申报及有关业务管理工作，完善项目申报机制。对于企业报送的项目申请和资金拨付申请等有关材料妥善保管，以备核查。

（一）试点企业申请项目计划的材料主要有：

1. 申请“万村千乡”市场工程资金报告；

2. 承办“万村千乡”市场工程方案：包括企业基本情况和项目基本情况。其中，配送中心项目需报送配送中心地点、规模、辐射范围、项目进度、项目所需资金总额及需向银行贷款金额、利息与申请贴息额等；农家店项目需报送农家店数量、地区分布、项目进度、申请支持金额等。

（二）试点企业申请拨付“万村千乡”市场工程项目资金的材料主要有：

1. “万村千乡”市场工程资金申请表（见附表2）；

2. “万村千乡”市场工程项目实际执行情况总结；

3. 配送中心建设、改造项目，提供企业与承贷银行签订的项目贷款合同、借款凭证及实际支付的贷款利息结算清单（复印件，需加盖企业公章）。

十、各地商务主管部门，特别是财务和业务部门要加强沟通，通力合作，按照工作职责加强对“万村千乡”市场工程的财务和业务管理；要积极配合当地财政主管部门，定期对“万村千乡”市场工程项目的执行和资金的落实情况进行监督、检查，确保工程项目顺利进行、资金及时到位，并于2006年6月底以前向商务部、财政部上报2005年度市场工程资金的执行情况报告。报告内容应包括“万村千乡”市场工程总结、市场工程资金的拨付、使用、贷款项目预期效益与实际效益比较、分析和评价，试点企业上年度的计划完成情况等。

十一、严禁任何单位骗取、挪用或截留“万村千乡”市场工程资金。对违反本通知规定的单位，财政部、商务部将全额收回资金，并取消其以后年度申请资格，核减直至取消所在地年度资金；情节严重或涉嫌触犯国家法律的，依法追究相关人员或单位的责任。

十二、各地在执行本通知过程中，应加强调查研究，认真总结经验，如有问题，及时向商务部（规划财务司、市场建设司）、财政部（企业司）反映。

附件：

1. 2005年“万村千乡”市场工程资金申请汇总表（略）

2. 2005年“万村千乡”市场工程资金申请表（略）

商务部

财政部

2005年7月8日

商务部办公厅、海关总署办公厅关于保税区及保税物流园区贸易管理有关问题的通知

各省、自治区、直辖市、计划单列市及新疆生产建设兵团商务主管部门，各直属海关：

为切实履行我国加入世界贸易组织承诺，完善对保税区、保税物流园区内企业的贸易管理，现就有关问题通知如下：

一、保税区、保税物流园区内的企业和个人可依照《中华人民共和国对外贸易法》、《对外贸易经营者备案登记办法》和《外商投资商业领域管理办法》及其他相关规定，依法取得贸易权、申请分销权。取得上述权限的企业和个人，可依法与境内区外企业和个人（包括未取得贸易权的企业和个人）开展贸易活动。取得分销权的外商投资企业可依法在国内从事分销活动。

二、保税区、保税物流园区内的对外贸易经营者向境内区外销售产品，以及从境内区外采购产品，应遵守国家有关进出口、外汇和税收管理等方面的规定。

（一）保税区、保税物流园区与境内区外之间进出的货

物，按海关有关规定办理进出口手续。区内企业以对外贸易经营者身份将货物分销至境内区外的，以区内企业的名义办理报关及外汇核销等手续；区外企业和个人向区内企业和个人购买货物的，按现行规定办理。

（二）保税区、保税物流园区区内的对外贸易经营者与境外之间进出的货物，除中华人民共和国参加或缔结的国际条约及法律、行政法规以及相关规章另有明确规定外，不实行进出口许可证管理。

（三）从境内区外进入保税区、保税物流园区的属于《纺织品出口临时管理商品目录》的纺织品，海关不验核许可证，待上述货物实际离境时，按照有关规定，对出口至需实行纺织品临时出口管理的国家或地区的，海关凭许可证办理验放手续。

三、保税区、保税物流园区区内企业的设立应符合国家产业政策，区内任何企业均不得在国家禁止投资的领域从事生产和经营活动。

四、对保税区、保税物流园区区内各类企业的税收、海关监管、外汇管理事项，按国家税务总局、海关总署、国家外汇管理局相关规定办理。

中华人民共和国商务部办公厅
中华人民共和国海关总署办公厅
2005年7月13日

财政部、国家税务总局关于取消未锻轧锰出口退税政策的通知

财税［2005］119号

各省、自治区、直辖市、计划单列市财政厅（局）、国家税务局、新疆生产建设兵团财务局：

经国务院批准，自2005年8月1日起取消税号为81110010未锻轧锰、锰废碎料、粉末的出口退税政策。具体执行时间按《出口货物报关单［出口退税专用］》上海关注明的出口日期为准。

特此通知。

中华人民共和国财政部
国家税务总局
2005年7月21日

中华人民共和国商务部公告（2005年第52号）——批准《流通领域高致病性禽流感检测技术规范》等4项国内贸易行业标准

商务部批准《流通领域高致病性禽流感检测技术规范》等4项国内贸易行业标准（标准编号、名称及实施日期见附件），现予公布。

以上标准由中国标准出版社出版发行。

附件：《流通领域高致病性禽流感检测技术规范》等4项国内贸易行业标准编号、名称及实施日期

中华人民共和国商务部
2005年7月26日

附件

《流通领域高致病性禽流感检测技术规范》等4项国内贸易行业标准编号、名称及实施日期

序　　号	标准编号	标准名称	实施日期
1	SB/T 10394－2005	流通领域高致病性禽流感检测技术规范	2005年10月1日
2	SB/T 10395－2005	畜禽产品流通卫生操作技术规范	2005年10月1日
3	SB/T 10396－2005	生猪屠宰企业资质等级要求	2005年10月1日
4	SB/T 10397－2005	招商制建材家居市场建设及管理技术规范	2005年10月1日

国务院关于完善中央与地方出口退税负担机制的通知

国发［2005］25号

各省、自治区、直辖市人民政府，国务院各部委、各直属机构：

改革出口退税机制，是党中央、国务院为促进外贸体制改革，保持外贸和经济持续健康发展的一项重大决策。出口退税机制改革一年多来进展总体顺利，基本实现了预期目标，全部还清了历年累计拖欠的出口退税款，建立了中央与地方共同负担出口退税的机制，调动了企业出口积极性，优化了出口商品结构，促进了外贸出口快速增长。但是，新机制在运行中也出现了一些新情况和新问题，主要是地方负担不均衡，部分地区负担较重，个别地方甚至限制外购产品出口、限制引进出口型外资项目等。为此，国务院决定，在坚持中央与地方共同负担出口退税的前提下完善现有机制，并自2005年1月1日起执行。现将有关问题通知如下：

一、调整中央与地方出口退税分担比例。国务院批准核定的各地出口退税基数不变，超基数部分中央与地方按照92.5∶7.5的比例共同负担。

二、规范地方出口退税分担办法。各省（区、市）根据实际情况，自行制定省以下出口退税分担办法，但不得将出口退税负担分解到乡镇和企业；不得采取限制外购产品出口等干预外贸正常发展的措施。所属市县出口退税负担不均衡等问题，由省级财政统筹解决。

三、改进出口退税退库方式。出口退税改由中央统一退库，相应取消中央对地方的出口退税基数返还，地方负担部分年终专项上解。

中华人民共和国国务院

2005年8月1日

商务部办公厅关于成立商务部畜禽屠宰管理办公室、商务部酒类流通管理办公室的通知

商运字［2005］36号

各省、自治区、直辖市、计划单列市、省会城市及新疆生产建设兵团商务主管部门：

为了贯彻落实《国务院关于进一步加强食品安全工作的决定》(国发[2004]23号)精神，加强流通领域食品安全工作，指导、协调各地开展畜禽屠宰和酒类流通管理，现决定成立商务部畜禽屠宰管理办公室、商务部酒类流通管理办公室。

商务部畜禽屠宰管理办公室、商务部酒类流通管理办公室为非常设机构，具体工作由我部市场运行调节司承担。其职能是：拟订畜禽屠宰管理和酒类流通管理相关标准并组织实施；研究提出政策建议，协调解决有关重大问题；深化屠宰和酒类流通管理体制改革，加强行业管理，以及处理其他有关事项等。

请各地从践行"三个代表"的高度重视畜禽屠宰和酒类流通工作，充实管理力量，加强调研，深化改革，逐步采用信息技术，确保肉类和酒类商品安全，并要加强工作联系，及时将各地畜禽屠宰和酒类流通管理中存在问题和工作建议报商务部畜禽屠宰管理办公室和商务部酒类流通管理办公室。

特此通知。

附件：商务部畜禽屠宰管理办公室、酒类流通管理办公室领导机构和联系方式

商务部办公厅

2005年8月9日

附件

商务部畜禽屠宰管理办公室、商务部酒类流通管理办公室领导机构和联系方式

一、畜禽屠宰管理办公室

主　任：	黄　海	商务部部长助理
副主任：	房爱卿	市场运行调节司司长
	李　玲	条约法律司巡视员
	江　帆	对外贸易司副司长
	徐息和	市场运行调节司助理巡视员
	王贵际	商务部屠宰技术鉴定中心主任
	王　琨	中国肉类协会副会长
成　员：	孔令羽	市场运行调节司处长
	邢文凯	市场运行调节司调研员
	赵　箭	商务部屠宰技术鉴定中心副主任
	董柏玉	商务部屠宰技术鉴定中心副主任
	张晨阳	条约法律司副处长
	石莉丽	对外贸易司副处长

联系人：邢文凯

联系电话：010－85226336、85226339、65135863（传真）

二、酒类流通管理办公室

主　任：	房爱卿	市场运行调节司司长
副主任：	李　玲	条约法律司巡视员
	王北鹰	市场运行调节司副司长
	江　帆	对外贸易司副司长
	王晓川	商业改革与发展司副司长
	王沪生	市场体系建设司助理巡视员
	王新国	中国酒类流通协会会长
	王延才	中国酿酒工业协会理事长
成　员：	孔令羽	市场运行调节司处长
	曲　英	市场运行调节司副处长（正处级）
	黄　忻	对外贸易司处长
	刘小峰	市场体系建设司调研员
	李嘉建	商业改革与发展司调研员
	张晨阳	条约法律司副处长

联系人：曲　英

联系电话：010－85226338、85226339、65135863（传真）

中华人民共和国商务部令
2005 年 16 号

《汽车贸易政策》已经商务部部务会审议通过，现予发布，自发布之日起施行。

部长　薄熙来
2005 年 8 月 10 日

第一章　总　　则

第一条　为建立统一、开放、竞争、有序的汽车市场，维护汽车消费者合法权益，推进我国汽车产业健康发展，促进消费，扩大内需，特制定本政策。

第二条　国家鼓励发展汽车贸易，引导汽车贸易业统筹规划，合理布局，调整结构，积极运用现代信息技术、物流技术和先进的经营模式，推进电子商务，提高汽车贸易水平，实现集约化、规模化、品牌化及多样化经营。

第三条　为创造公平竞争的汽车市场环境，发挥市场在资源配置中的基础性作用，坚持按社会主义市场经济规律，进一步引入竞争机制，扩大对内对外开放，打破地区封锁，促进汽车商品在全国范围内自由流通。

第四条　引导汽车贸易企业依法、诚信经营，保证商品质量和服务质量，为消费者提供满意的服务。

第五条　为提高我国汽车贸易整体水平，国家鼓励具有较强的经济实力、先进的商业经营管理经验和营销技术以及完善的国际销售网络的境外投资者投资汽车贸易领域。

第六条　充分发挥行业组织、认证机构、检测机构的桥梁纽带作用，建立和完善独立公正、规范运作的汽车贸易评估、咨询、认证、检测等中介服务体系，积极推进汽车贸易市场化进程。

第七条　积极建立、完善相关法规和制度，加快汽车贸易法制化建设。设立汽车贸易企业应当具备法律、行政法规规定的有关条件，国务院商务主管部门会同有关部门研究制定和完善汽车品牌销售、二手车流通、汽车配件流通、报废汽车回收等管理办法、规范及标准，依法管理、规范汽车贸易的经营行为，维护公平竞争的市场秩序。

第二章　政策目标

第八条　通过本政策的实施，基本实现汽车品牌销售和服务，形成多种经营主体与经营模式并存的二手车流通发展格局，汽车及二手车销售和售后服务功能完善、体系健全；汽车配件商品来源、质量和价格公开、透明，假冒伪劣配件商品得到有效遏制，报废汽车回收拆解率显著提高，形成良好的汽车贸易市场秩序。

第九条　到 2010 年，建立起与国际接轨并具有竞争优势的现代汽车贸易体系，拥有一批具有竞争实力的汽车贸易企业，贸易额有较大幅度增长，贸易水平显著提高，对外贸易能力明显增强，实现汽车贸易与汽车工业的协调发展。

第三章　汽车销售

第十条　境内外汽车生产企业凡在境内销售自产汽车的，应当尽快建立完善的汽车品牌销售和服务体系，确保消费者在购买和使用过程中得到良好的服务，维护其合法权益。汽车生产企业可以按国家有关规定自行投资或授权汽车总经销商建立品牌销售和服务体系。

第十一条　实施汽车品牌销售和服务。自 2005 年 4 月 1 日起，乘用车实行品牌销售和服务；自 2006 年 12 月 1 日起，除专用作业车外，所有汽车实行品牌销售和服务。

从事汽车品牌销售活动应当先取得汽车生产企业或经其授权的汽车总经销商授权。汽车（包括二手车）经销商应当在工商行政管理部门核准的经营范围内开展汽车经营活动。

第十二条　汽车供应商应当制订汽车品牌销售和服务网络规划。为维护消费者的利益，汽车品牌销售和与其配套的配件供应、售后服务网点相距不得超过 150 公里。

第十三条　汽车供应商应当加强品牌销售和服务网络的管理，规范销售和服务，在国务院工商行政管理部门备案并向社会公布后，要定期向社会公布其授权和取消授权的汽车品牌销售和服务企业名单，对未经品牌授权或不具备经营条件的经销商不得提供汽车资源。汽车供应商有责任及时向社会公布停产车型，并采取积极措施在合理期限内保证配件供应。

第十四条 汽车供应商和经销商应当通过签订书面合同明确双方的权利和义务。汽车供应商要对经销商提供指导和技术支持，不得要求经销商接受不平等的合作条件，以及强行规定经销数量和进行搭售，不应随意解除与经销商的合作关系。

第十五条 汽车供应商应当按国家有关法律法规以及向消费者的承诺，承担汽车质量保证义务，提供售后服务。

汽车经销商应当在经营场所向消费者明示汽车供应商承诺的汽车质量保证和售后服务，并按其授权经营合同的约定和服务规范要求，提供相应的售后服务。

汽车供应商和经销商不得供应和销售不符合机动车国家安全技术标准、未获国家强制性产品认证、未列入《道路机动车辆生产企业及产品公告》的汽车。进口汽车未按照《中华人民共和国进出口商品检验法》及其实施条例规定检验合格的，不准销售使用。

第四章　二手车流通

第十六条 国家鼓励二手车流通。建立竞争机制，拓展流通渠道，支持有条件的汽车品牌经销商等经营主体经营二手车，以及在异地设立分支机构开展连锁经营。

第十七条 积极创造条件，简化二手车交易、转移登记手续，提高车辆合法性与安全性的查询效率，降低交易成本，统一规范交易发票；强化二手车质量管理，推动二手车经销商提供优质售后服务。

第十八条 加快二手车市场的培育和建设，引导二手车交易市场转变观念，强化市场管理，拓展市场服务功能。

第十九条 实施二手车自愿评估制度。除涉及国有资产的车辆外，二手车的交易价格由买卖双方商定，当事人可以自愿委托具有资格的二手车鉴定评估机构进行评估，供交易时参考。除法律、行政法规规定外，任何单位和部门不得强制或变相强制对交易车辆进行评估。

第二十条 积极规范二手车鉴定评估行为。二手车鉴定评估机构应当本着"客观、真实、公正、公开"的原则，依据国家有关法律法规，开展二手车鉴定评估经营活动，出具车辆鉴定评估报告，明确车辆技术状况（包括是否属事故车辆等内容）。

第二十一条 二手车经营、拍卖企业在销售、拍卖二手车时，应当向买方提供真实情况，不得有隐瞒和欺诈行为。所销售和拍卖的车辆必须具有机动车号牌、《机动车登记证书》、《机动车行驶证》、有效的机动车安全技术检验合格标志、车辆保险单和交纳税费凭证等。

第二十二条 二手车经营企业销售二手车时，应当向买方提供质量保证及售后服务承诺。在产品质量责任担保期内的，汽车供应商应当按国家有关法律法规以及向消费者的承诺，承担汽车质量保证和售后服务。

第二十三条 从事二手车拍卖和鉴定评估经营活动应当经省级商务主管部门核准。

第五章　汽车配件流通

第二十四条 国家鼓励汽车配件流通采取特许、连锁经营的方式向规模化、品牌化、网络化方向发展，支持配件流通企业进行整合，实现结构升级，提高规模效应及服务水平。

第二十五条 汽车及配件供应商和经销商应当加强质量管理，提高产品质量及服务质量。

汽车及配件供应商和经销商不得供应和销售不符合国家法律、行政法规、强制性标准及强制性产品认证要求的汽车配件。

第二十六条 汽车及配件供应商应当定期向社会公布认可和取消认可的特许汽车配件经销商名单。

汽车配件经销商应当明示所销售的汽车配件及其他汽车用品的名称、生产厂家、价格等信息，并分别对原厂配件、经汽车生产企业认可的配件、报废汽车回用件及翻新件予以注明。汽车配件产品标识应当符合《产品质量法》的要求。

第二十七条 加快规范报废汽车回用件流通，报废汽车回收拆解企业对按有关规定拆解的可出售配件，必须在配件的醒目位置标明"报废汽车回用件"。

第六章　汽车报废与报废汽车回收

第二十八条 国家实施汽车强制报废制度。根据汽车安全技术状况和不同用途，修订现行汽车报废标准，规定不同的强制报废标准。

第二十九条 报废汽车所有人应当将报废汽车及时交售给具有合法资格的报废汽车回收拆解企业。

第三十条 地方商务主管部门要按《报废汽车回收管理办法》（国务院令第307号）的有关要求，对报废汽车回收拆解行业统筹规划，合理布局。

从事报废汽车回收拆解业务，应当具备法律法规规定的有关条件。国务院商务主管部门应当将符合条件的报废汽车回收拆解企业向社会公告。

第三十一条 报废汽车回收拆解企业必须严格按国家有关法律、法规开展业务，及时拆解回收的报废汽车。拆解的发动机、前后桥、变速器、方向机、车架“五大总成”应当作为废钢铁，交售给钢铁企业作为冶炼原料。

第三十二条 各级商务主管部门要会同公安机关建立报废汽车回收管理信息交换制度，实现报废汽车回收过程实时控制，防止报废汽车及其“五大总成”流入社会。

第三十三条 为合理和有效利用资源，国家适时制定报废汽车回收利用的管理办法。

第三十四条 完善老旧汽车报废更新补贴资金管理办法，鼓励老旧汽车报废更新。

第三十五条 报废汽车回收拆解企业拆解的报废汽车零部件及其他废弃物、有害物（如油、液、电池、有害金属等）的存放、转运、处理等必须符合《环境保护法》、《大气污染防治法》等法律、法规的要求，确保安全、无污染（或使污染降至最低）。

第七章 汽车对外贸易

第三十六条 自2005年1月1日起，国家实施汽车自动进口许可管理，所有汽车进口口岸保税区不得存放以进入国内市场为目的的汽车。

第三十七条 国家禁止以任何贸易方式进口旧汽车及其总成、配件和右置方向盘汽车（用于开发出口产品的右置方向盘样车除外）。

第三十八条 进口汽车必须获得国家强制性产品认证证书，贴有认证标志，并须经检验检疫机构抽查检验合格，同时附有中文说明书。

第三十九条 禁止汽车及相关商品进口中的不公平贸易行为。国务院商务主管部门依法对汽车产业实施反倾销、反补贴和保障措施，组织有关行业协会建立和完善汽车产业损害预警系统，并开展汽车产业竞争力调查研究工作。汽车供应商和经销商有义务及时准确地向国务院有关部门提供相关信息。

第四十条 鼓励发展汽车及相关商品的对外贸易。支持培育和发展国家汽车及零部件出口基地，引导有条件的汽车供应商和经销商采取多种方式在国外建立合资、合作、独资销售及服务网络，优化出口商品结构，加大开拓国际市场的力度。

第四十一条 利用中央外贸发展基金支持汽车及相关商品对外贸易发展。

第四十二条 汽车及相关商品的出口供应商和经销商应当根据出口地区相关法规建立必要的销售和服务体系。

第四十三条 加强政府间磋商，支持汽车及相关商品出口供应商参与反倾销、反补贴和保障措施的应诉，维护我国汽车及相关商品出口供应商的合法权益。

第四十四条 汽车行业组织要加强行业自律，建立竞争有序的汽车及相关商品对外贸易秩序。

第八章 其 他

第四十五条 设立外商投资汽车贸易企业，除符合相应的资质条件外，还应当符合外商投资有关法律法规，并经省级商务主管部门初审后报国务院商务主管部门审批。

第四十六条 加快发展和扩大汽车消费信贷，支持有条件的汽车供应商建立面向全行业的汽车金融公司，引导汽车金融机构与其他金融机构建立合作机制，使汽车消费信贷市场规模化、专业化程度显著提高，风险管理体系更加完善。

第四十七条 完善汽车保险市场，鼓励汽车保险品种向个性化与多样化方向发展，提高汽车保险服务水平，初步实现汽车保险业专业化、集约化经营。

第四十八条 各地政府制定的与汽车贸易相关的各种政策、制度和规定要符合本政策要求并做到公开、透明，不得对非本地生产和交易的汽车在流通、服务、使用等方面实施歧视政策，坚决制止强制或变相强制本地消费者购买本地生产汽车，以及以任何方式干预经营者选择国家许可生产、销售的汽车的行为。

第四十九条 本政策自发布之日起实施，由国务院商务主管部门负责解释。

附件

汽车贸易政策使用术语说明

一、“汽车贸易”包括新车销售、二手车流通、汽车配件流通、汽车报废与报废汽车回收、汽车对外贸易等方面。

二、除涉及汽车品牌销售外，本政策所称“汽车”包括低速载货汽车、三轮汽车（原农用运输车）、挂车和摩托车。

三、“二手车”是指从办理完注册登记手续到达到国家强制报废标准之前进行交易并转移所有权的汽车。

四、“供应商”是指汽车或汽车配件生产企业及其总经销商。

五、“经销商”是指汽车或配件零售商。

商务部、中国出口信用保险公司关于实行出口信用保险专项优惠措施支持个体私营等非公有制企业开拓国际市场的通知

商规发［2005］389号

各省、自治区、直辖市、计划单列市及新疆生产建设兵团商务主管部门、中国出口信用保险公司各营业机构：

为贯彻落实《国务院关于鼓励支持和引导个体私营等非公有制经济发展的若干意见》（国发［2005］3号），进一步完善个体、私营等非公有制企业（以下简称非公有制企业）出口配套政策，健全非公有制企业出口促进体系，推动非公有制企业积极"走出去"开拓国际市场，商务部、中国出口信用保险公司（以下简称中国信保）决定对非公有制企业实行专项优惠支持措施。现就有关事宜通知如下：

一、各级商务主管部门和中国信保各营业机构要建立有效的工作协调机制，帮助非公有制企业积极利用出口信用保险开拓国际市场，提高风险管理能力，提高国际化经营的效益。

二、商务部、中国信保共同为非公有制企业提供出口贸易风险管理培训，帮助非公有制企业建立健全出口贸易风险管理机制，规避贸易风险，实现稳健经营。

三、中国信保各营业机构要与当地商务主管部门密切配合，向非公有制出口企业宣传出口信用保险的政策性功能，及时了解企业需求，制定专项服务计划，实施有针对性的支持，并向当地商务主管部门及时通报有关情况。

四、对大型非公有制出口企业提供个性化便利服务，中国信保及各营业机构要根据企业需求为企业量身定做出口信用保险服务方案。

五、对中小型非公有制出口企业简化投保程序，提供便捷服务。中国信保短期出口信用保险业务的"中小企业综合保险"在试用期向中小型非公有制企业全面开放。

六、积极协助非公有制企业解决融资问题，为非公有制出口企业提供出口信用保险项下的贸易融资便利和担保服务。

七、中国信保为投保的非公有制企业开通"信保通"网上业务操作系统，便利企业减少人工成本，提高工作效率。

八、中国信保为非公有制企业"走出去"提供全方位的出口信用管理优惠服务，包括短期出口信用保险、中长期出口信用保险、海外投资保险、国内贸易信用保险、海外商账追收等产品组合服务。

请各地区、各单位认真贯彻落实本通知精神，执行中如有问题，请向商务部（规划财务司）和中国信保（业务发展部）反映。

特此通知。

中华人民共和国商务部
中国出口信用保险公司
2005年8月10日

商务部关于加强流通法律工作的若干意见

商法发［2005］400号

各省、自治区、直辖市、计划单列市及新疆生产建设兵团商务主管部门：

随着改革开放不断深入和社会主义市场经济体制的完善，我国流通业在促进生产、引导消费、推动经济结构调整和经济增长方式转变等方面的作用日益突出。但与其他领域法制建设相比，市场流通法制建设相对滞后，不能适

应深化流通体制改革和促进流通业迅速发展的需要。为贯彻落实全国市场流通工作会议精神和《国务院关于促进流通业发展的若干意见》，今后一个时期市场流通法律工作的总体思路是“以党的十六大精神和科学发展观为指导，从建立和完善我国统一、开放、竞争、有序的现代市场体系出发，适应依法行政和实现对全社会流通统一管理的要求，大力推进市场流通立法工作，力争用3至5年的时间，使我国流通立法状况得到明显改善，初步建立起包括规范市场主体、市场行为、市场秩序、市场调控与管理等方面法律制度的现代市场流通法律体系。”

一、充分认识建立健全流通法律体系的重要性，高度重视市场流通法律工作

流通法律体系是我国社会主义市场经济法律体系的重要组成部分。适应新的形势和任务，建立和完善流通法律体系，积极推进流通法制化进程，是建立现代流通体系的迫切需要，是转变政府职能和依法规范管理市场流通的工作基础，也是进一步改革开放和积极应对加入世贸组织的重要举措。

各级商务主管部门应高度重视流通法律工作，深刻认识流通法律工作在保障和促进我国市场流通业发展中的重要作用，认真学习和贯彻落实全国流通工作会议和《国务院关于促进流通业发展的若干意见》的精神和要求。各单位要确定一名主要负责人主管流通法律工作，加强领导，将流通领域的法制建设作为当前和今后一个时期商务领域一项重要的基础性工作来抓。

二、建立健全商务主管部门法制机构，充分发挥法制机构在流通工作中的作用

健全的机构和人员是开展流通法律工作的基础。各级商务主管部门要重视本部门的法制机构建设，在机构设置、人员配备、业务培训等方面给予保障和支持；尚未建立专门机构的要尽快建立起来，已经建立的应结合实际情况，进一步充实力量，配备专门的法制人员；同时要重视和加强对商务法律工作人员的培养，不断提高他们的业务素质和工作能力，使其能适应流通法律工作的要求。

各级商务主管部门要在流通立法和流通管理、流通执法工作中充分发挥法制机构的作用，维护法律工作的严肃性，支持法律工作人员的工作，重大决策征求法制机构的意见。各级商务主管部门法制机构应当切实负责，提高能力，积极围绕本部门流通工作重点做好工作，当好领导的参谋助手。

三、做好地方流通立法工作，促进流通法制建设

建立健全我国流通法律体系框架是今后一个时期流通立法工作的方向和指导。各地商务主管部门应认真研究并以此为指导，结合本地实践，根据轻重缓急制定并组织落实本地区的立法规划和计划，做好在市场主体、市场行为、市场秩序和市场调控与管理领域的地方性法规、规章、规范性文件的起草、制定工作，推动重点法规和规章的出台，并切实做好以下几项工作：

（一）认真贯彻落实国家颁布的流通法律、行政法规和部门规章，结合当地实际情况，制定配套的地方性法规、规章和规范性文件，确保地方立法与国家有关法律、行政法规的一致性；

（二）发挥地方立法的主动性和积极性，在国家有关流通法律、行政法规没有出台前，针对流通领域、流通工作中的新情况、新问题，各地可先行探索，充分利用当地人大、政府的立法资源，通过制定地方性法规、规章予以规范，为全国统一立法积累经验。

（三）开展本地区有关流通法规、规章和规范性文件的清理工作，对已不适应当前流通业发展要求的法律文件按照法定程序分别予以废止、修订，做好流通法制建设的基础工作。

（四）建立健全立法工作程序和规范，按照国家有关法律、法规的规定和要求，完善地方有关立法项目实施年度计划、法规规章审议、规范性文件审核、重大问题法律意见论证等制度，严格按照法律要求和法定程序开展流通法律工作。

（五）结合各地工作实践，认真总结经验，对流通法律工作和建立健全我国市场流通法律体系框架提出意见和建议，使市场流通法律体系建设方案日趋完善。

四、加强流通立法调研工作，提高立法质量

针对流通领域问题多，情况复杂，新的流通主体、流通方式、流通业态发展迅速的特点，各地商务主管部门应切实加强立法调研工作，使制定出台的各项法规和规章具有针对性和可操作性，切实符合当前流通业发展的需要，解决实际问题。调研工作方式应灵活多样，充分吸收国内外立法经验，广泛听取各界意见，积极发挥学术机构和专家学者的作用。

经国务院批准进行流通体制改革试点的省市应按照《深化流通体制改革试点方案》（商改发［2004］654号）的统一部署和要求，作做流通领域立法试点工作，加快流通领域的立法进程，局部试行，总结经验，完善规则，推进适用于全国的流通领域法律法规的制定工作。

五、转变政府职能，加强依法行政，做好流通领域行政执法与执法监督工作

各级商务主管部门在流通法律工作中应认真贯彻执行《行政许可法》和《国务院关于全面推进依法行政实施纲要》的要求，针对行政许可的管理方式在市场流通的很多领域已不适用的情况，积极探索、研究在现行法律框架下政府对经济活动进行事后监管的新方式，加强对流通领域的后期管理。

机构改革后商务系统在流通领域执法职能有所加强，各级商务主管部门应切实做好行政执法与执法监督工作，建立新形势下流通领域行政执法与执法监督工作的新机制，理顺执法关系，明确执法分工，规范执法行为，加强行政执法工作的组织协调，促进流通法律制度的有效实施。

六、加强普法宣传教育工作

针对近年来和今后一个时期流通领域颁布实施的法律、法规和规章数量多，涉及领域广的特点，各级商务主管部门应按照国家和商务系统普法工作的统一部署，继续做好普法宣传教育工作，加强对流通领域的法律知识普及和宣传、培训，积极探索法律宣传教育的新形式，提高各级商务领导干部和工作人员的法律素质和依法行政的能力，增强流通企业人员法律意识和依法经营观念。

商务部将进一步加强对商务系统流通法律工作的指导和监督，并在适当时候对各地开展流通法律工作的情况进行专项检查、考核。同时将逐步采取相应措施，加强对全系统法律人员在流通法律领域的培训和信息交流，为整个商务系统流通法律工作跃上新台阶创造必要的条件。

各地商务主管部门应结合实际，认真贯彻执行上述意见，切实加强本地流通法律工作。

商务部

2005年8月15日

对外贸易经营者违法违规行为公告办法

第一条 为维护公平、自由的对外贸易秩序，根据《中华人民共和国对外贸易法》（以下简称《外贸法》）及其他有关法律、行政法规的规定，制订本办法。

第二条 本办法适用于在对外贸易以及与对外贸易有关的知识产权保护中，违反《外贸法》规定，危害对外贸易秩序的违法违规对外贸易经营者及其行为。

第三条 本办法所称对外贸易经营者，是指依法办理工商登记或者其他执业手续，依照《外贸法》和其他有关法律、行政法规的规定从事对外贸易经营活动的法人、其他组织或者个人。

第四条 商务部负责沟通、协调、汇总违法违规对外贸易经营者及其行为的信息，并通过官方网站和指定的全国性刊物向社会公告违法违规对外贸易经营者及其行为。

商务部及地方商务主管部门会同海关、税务、工商、质检、外汇管理、公安、法院等有关部门建立信息交换和协调机制。

第五条 向社会公告的违法违规对外贸易经营者及其行为，是指在对外贸易经营活动中有下列行为之一，并且依照法律、行政法规规定受到处理、处罚，或被依法追究刑事责任的：

（一）进出口属于禁止进出口的货物、技术的，或者未经许可擅自进出口属于限制进出口的货物、技术的行为。

（二）违反国营贸易管理规定，非经授权擅自进出口实行国营贸易管理的货物的行为。

（三）从事属于禁止的国际服务贸易、未经许可擅自从事属于限制的国际服务贸易的行为。

（四）进出口货物侵犯知识产权，并危害对外贸易秩序的行为。

（五）违反有关反垄断的法律、行政法规的规定实施垄断行为。

（六）实施以不正当的低价销售商品、串通投标、发布虚假广告、进行商业贿赂等不正当竞争行为。

（七）伪造、变造进出口货物原产地标记，伪造、变造或者买卖进出口货物原产地证书、进出口许可证、进出口配额证明或者其他进出口证明文件。

（八）骗取出口退税。

（九）走私。

（十）逃避法律、行政法规规定的认证、检验、检疫。

（十一）违反国家有关外汇管理规定。

（十二）违反法律、行政法规规定，危害对外贸易秩序的其他行为。

第六条 公告对外贸易经营者违法违规行为的信息包括：

（一）经营者的名称、组织机构代码、住所、经营场所、法定代表人、工商登记注册号。

（二）违法违规行为。

（三）依照法律、行政法规规定所受到的处理、处罚和被追究刑事责任的内容。

第七条 对已受到行政处罚、或已被依法追究刑事责任的对外贸易经营者，但属于下列情况之一的，不予或暂不予以公告：

（一）在法律规定的有效期限内对行政处罚提起行政复议或行政诉讼，但尚未作出终局性决定、裁定或判决的；

（二）涉及国家安全、商业秘密等法律、法规规定不予披露的。

第八条 商务部按照公平、公正的原则，向社会公告危害对外贸易秩序的违法违规对外贸易经营者及其行为。

第九条 依照本办法负责公告的工作人员玩忽职守，给对外贸易经营者造成不良影响和损失的，依据相关法律法规承担责任，并对有关责任人追究领导责任。

第十条 本办法由商务部负责解释。

第十一条 本办法自2005年9月1日起施行。

（2005年8月23日商务部令2005年第17号发布）

直销管理条例

中华人民共和国国务院令

第443号

《直销管理条例》已经2005年8月10日国务院第101次常务会议通过，现予公布，自2005年12月1日起施行。

总理　温家宝

2005年8月23日

第一章　总　　则

第一条 为规范直销行为，加强对直销活动的监管，防止欺诈，保护消费者的合法权益和社会公共利益，制定本条例。

第二条 在中华人民共和国境内从事直销活动，应当遵守本条例。

直销产品的范围由国务院商务主管部门会同国务院工商行政管理部门根据直销业的发展状况和消费者的需求确定、公布。

第三条 本条例所称直销，是指直销企业招募直销员，由直销员在固定营业场所之外直接向最终消费者（以下简称消费者）推销产品的经销方式。

本条例所称直销企业，是指依照本条例规定经批准采取直销方式销售产品的企业。

本条例所称直销员，是指在固定营业场所之外将产品直接推销给消费者的人员。

第四条 在中华人民共和国境内设立的企业（以下简称企业），可以依照本条例规定申请成为以直销方式销售本企业生产的产品以及其母公司、控股公司生产产品的直销企业。

直销企业可以依法取得贸易权和分销权。

第五条 直销企业及其直销员从事直销活动，不得有欺骗、误导等宣传和推销行为。

第六条 国务院商务主管部门和工商行政管理部门依照其职责分工和本条例规定，负责对直销企业和直销员及其直销活动实施监督管理。

第二章 直销企业及其分支机构的设立和变更

第七条 申请成为直销企业，应当具备下列条件：

（一）投资者具有良好的商业信誉，在提出申请前连续5年没有重大违法经营记录；外国投资者还应当有3年以上在中国境外从事直销活动的经验；

（二）实缴注册资本不低于人民币8000万元；

（三）依照本条例规定在指定银行足额缴纳了保证金；

（四）依照规定建立了信息报备和披露制度。

第八条 申请成为直销企业应当填写申请表，并提交下列申请文件、资料：

（一）符合本条例第七条规定条件的证明材料；

（二）企业章程，属于中外合资、合作企业的，还应当提供合资或者合作企业合同；

（三）市场计划报告书，包括依照本条例第十条规定拟定的经当地县级以上人民政府认可的从事直销活动地区的服务网点方案；

（四）符合国家标准的产品说明；

（五）拟与直销员签订的推销合同样本；

（六）会计师事务所出具的验资报告；

（七）企业与指定银行达成的同意依照本条例规定使用保证金的协议。

第九条 申请人应当通过所在地省、自治区、直辖市商务主管部门向国务院商务主管部门提出申请。省、自治区、直辖市商务主管部门应当自收到申请文件、资料之日起7日内，将申请文件、资料报送国务院商务主管部门。国务院商务主管部门应当自收到全部申请文件、资料之日起90日内，经征求国务院工商行政管理部门的意见，作出批准或者不予批准的决定。予以批准的，由国务院商务主管部门颁发直销经营许可证。

申请人持国务院商务主管部门颁发的直销经营许可证，依法向工商行政管理部门申请变更登记。

国务院商务主管部门审查颁发直销经营许可证，应当考虑国家安全、社会公共利益和直销业发展状况等因素。

第十条 直销企业从事直销活动，必须在拟从事直销活动的省、自治区、直辖市设立负责该行政区域内直销业务的分支机构（以下简称分支机构）。

直销企业在其从事直销活动的地区应当建立便于并满足消费者、直销员了解产品价格、退换货及企业依法提供其他服务的服务网点。服务网点的设立应当符合当地县级以上人民政府的要求。

直销企业申请设立分支机构，应当提供符合前款规定条件的证明文件和资料，并应当依照本条例第九条第一款规定的程序提出申请。获得批准后，依法向工商行政管理部门办理登记。

第十一条 直销企业有关本条例第八条所列内容发生重大变更的，应当依照本条例第九条第一款规定的程序报国务院商务主管部门批准。

第十二条 国务院商务主管部门应当将直销企业及其分支机构的名单在政府网站上公布，并及时进行更新。

第三章 直销员的招募和培训

第十三条 直销企业及其分支机构可以招募直销员。直销企业及其分支机构以外的任何单位和个人不得招募直销员。

直销员的合法推销活动不以无照经营查处。

第十四条 直销企业及其分支机构不得发布宣传直销员销售报酬的广告，不得以缴纳费用或者购买商品作为成为直销员的条件。

第十五条 直销企业及其分支机构不得招募下列人员为直销员：

（一）未满18周岁的人员；

（二）无民事行为能力或者限制民事行为能力的人员；

（三）全日制在校学生；

（四）教师、医务人员、公务员和现役军人；

（五）直销企业的正式员工；

（六）境外人员；

（七）法律、行政法规规定不得从事兼职的人员。

第十六条 直销企业及其分支机构招募直销员应当与其签订推销合同，并保证直销员只在其一个分支机构所在的省、自治区、直辖市行政区域内已设立服务网点的地区开展直销活动。未与直销企业或者其分支机构签订推销合同的人员，不得以任何方式从事直销活动。

第十七条 直销员自签订推销合同之日起60日内可以随时解除推销合同；60日后，直销员解除推销合同应当提前15日通知直销企业。

第十八条 直销企业应当对拟招募的直销员进行业务

培训和考试，考试合格后由直销企业颁发直销员证。未取得直销员证，任何人不得从事直销活动。

直销企业进行直销员业务培训和考试，不得收取任何费用。

直销企业以外的单位和个人，不得以任何名义组织直销员业务培训。

第十九条 对直销员进行业务培训的授课人员应当是直销企业的正式员工，并符合下列条件：

（一）在本企业工作1年以上；

（二）具有高等教育本科以上学历和相关的法律、市场营销专业知识；

（三）无因故意犯罪受刑事处罚的记录；

（四）无重大违法经营记录。

直销企业应当向符合前款规定的授课人员颁发直销培训员证，并将取得直销培训员证的人员名单报国务院商务主管部门备案。国务院商务主管部门应当将取得直销培训员证的人员名单，在政府网站上公布。

境外人员不得从事直销员业务培训。

第二十条 直销企业颁发的直销员证、直销培训员证应当依照国务院商务主管部门规定的式样印制。

第二十一条 直销企业应当对直销员业务培训的合法性、培训秩序和培训场所的安全负责。

直销企业及其直销培训员应当对直销员业务培训授课内容的合法性负责。

直销员业务培训的具休管理办法由国务院商务主管部门、国务院工商行政管理部门会同有关部门另行制定。

第四章 直销活动

第二十二条 直销员向消费者推销产品，应当遵守下列规定：

（一）出示直销员证和推销合同；

（二）未经消费者同意，不得进入消费者住所强行推销产品，消费者要求其停止推销活动的，应当立即停止，并离开消费者住所；

（三）成交前，向消费者详细介绍本企业的退货制度；

（四）成交后，向消费者提供发票和由直销企业出具的含有退货制度、直销企业当地服务网点地址和电话号码等内容的售货凭证。

第二十三条 直销企业应当在直销产品上标明产品价格，该价格与服务网点展示的产品价格应当一致。直销员必须按照标明的价格向消费者推销产品。

第二十四条 直销企业至少应当按月支付直销员报酬。直销企业支付给直销员的报酬只能按照直销员本人直接向消费者销售产品的收入计算，报酬总额（包括佣金、奖金、各种形式的奖励以及其他经济利益等）不得超过直销员本人直接向消费者销售产品收入的30%。

第二十五条 直销企业应当建立并实行完善的换货和退货制度。

消费者自购买直销产品之日起30日内，产品未开封的，可以凭直销企业开具的发票或者售货凭证向直销企业及其分支机构、所在地的服务网点或者推销产品的直销员办理换货和退货；直销企业及其分支机构、所在地的服务网点和直销员应当自消费者提出换货或者退货要求之日起7日内，按照发票或者售货凭证标明的价款办理换货和退货。

直销员自购买直销产品之日起30日内，产品未开封的，可以凭直销企业开具的发票或者售货凭证向直销企业及其分支机构或者所在地的服务网点办理换货和退货；直销企业及其分支机构和所在地的服务网点应当自直销员提出换货或者退货要求之日起7日内，按照发票或者售货凭证标明的价款办理换货和退货。

不属于前两款规定情形，消费者、直销员要求换货和退货的，直销企业及其分支机构、所在地的服务网点和直销员应当依照有关法律法规的规定或者合同的约定，办理换货和退货。

第二十六条 直销企业与直销员、直销企业及其直销员与消费者因换货或者退货发生纠纷的，由前者承担举证责任。

第二十七条 直销企业对其直销员的直销行为承担连带责任，能够证明直销员的直销行为与本企业无关的除外。

第二十八条 直销企业应当依照国务院商务主管部门和国务院工商行政管理部门的规定，建立并实行完备的信息报备和披露制度。

直销企业信息报备和披露的内容、方式及相关要求，由国务院商务主管部门和国务院工商行政管理部门另行规定。

第五章 保证金

第二十九条 直销企业应当在国务院商务主管部门和国务院工商行政管理部门共同指定的银行开设专门账户，存入保证金。

保证金的数额在直销企业设立时为人民币2000万元；直销企业运营后，保证金应当按月进行调整，其数额应当保持在直销企业上一个月直销产品销售收入15%的水平，但最高不超过人民币1亿元，最低不少于人民币2000万元。保证金的利息属于直销企业。

第三十条 出现下列情形之一，国务院商务主管部门和国务院工商行政管理部门共同决定，可以使用保证金：

（一）无正当理由，直销企业不向直销员支付报酬，或者不向直销员、消费者支付退货款的；

（二）直销企业发生停业、合并、解散、转让、破产等情况，无力向直销员支付报酬或者无力向直销员和消费者支付退货款的；

（三）因直销产品问题给消费者造成损失，依法应当进行赔偿，直销企业无正当理由拒绝赔偿或者无力赔偿的。

第三十一条 保证金依照本条例第三十条规定使用后，直销企业应当在1个月内将保证金的数额补足到本条例第二十九条第二款规定的水平。

第三十二条 直销企业不得以保证金对外担保或者违反本条例规定用于清偿债务。

第三十三条 直销企业不再从事直销活动的，凭国务院商务主管部门和国务院工商行政管理部门出具的凭证，可以向银行取回保证金。

第三十四条 国务院商务主管部门和国务院工商行政管理部门共同负责保证金的日常监管工作。

保证金存缴、使用的具体管理办法由国务院商务主管部门、国务院工商行政管理部门会同有关部门另行制定。

第六章　监督管理

第三十五条 工商行政管理部门负责对直销企业和直销员及其直销活动实施日常的监督管理。工商行政管理部门可以采取下列措施进行现场检查：

（一）进入相关企业进行检查；

（二）要求相关企业提供有关文件、资料和证明材料；

（三）询问当事人、利害关系人和其他有关人员，并要求其提供有关材料；

（四）查阅、复制、查封、扣押相关企业与直销活动有关的材料和非法财物；

（五）检查有关人员的直销培训员证、直销员证等证件。

工商行政管理部门依照前款规定进行现场检查时，检查人员不得少于2人，并应当出示合法证件；实施查封、扣押的，必须经县级以上工商行政管理部门主要负责人批准。

第三十六条 工商行政管理部门实施日常监督管理，发现有关企业有涉嫌违反本条例行为的，经县级以上工商行政管理部门主要负责人批准，可以责令其暂时停止有关的经营活动。

第三十七条 工商行政管理部门应当设立并公布举报电话，接受对违反本条例行为的举报和投诉，并及时进行调查处理。

工商行政管理部门应当为举报人保密；对举报有功人员，应当依照国家有关规定给予奖励。

第七章　法律责任

第三十八条 对直销企业和直销员及其直销活动实施监督管理的有关部门及其工作人员，对不符合本条例规定条件的申请予以许可或者不依照本条例规定履行监督管理职责的，对直接负责的主管人员和其他直接责任人员，依法给予行政处分；构成犯罪的，依法追究刑事责任。对不符合本条例规定条件的申请予以的许可，由作出许可决定的有关部门撤销。

第三十九条 违反本条例第九条和第十条规定，未经批准从事直销活动的，由工商行政管理部门责令改正，没收直销产品和违法销售收入，处5万元以上30万元以下的罚款；情节严重的，处30万元以上50万元以下的罚款，并依法予以取缔；构成犯罪的，依法追究刑事责任。

第四十条 申请人通过欺骗、贿赂等手段取得本条例第九条和第十条设定的许可的，由工商行政管理部门没收直销产品和违法销售收入，处5万元以上30万元以下的罚款，由国务院商务主管部门撤销其相应的许可，申请人不得再提出申请；情节严重的，处30万元以上50万元以下的罚款，并依法予以取缔；构成犯罪的，依法追究刑事责任。

第四十一条 直销企业违反本条例第十一条规定的，由工商行政管理部门责令改正，处3万元以上30万元以下的罚款；对不再符合直销经营许可条件的，由国务院商务主管部门吊销其直销经营许可证。

第四十二条 直销企业违反规定，超出直销产品范围从事直销经营活动的，由工商行政管理部门责令改正，没收直销产品和违法销售收入，处5万元以上30万元以下的罚款；情节严重的，处30万元以上50万元以下的罚款，由工商行政管理部门吊销有违法经营行为的直销企业分支机构的营业执照直至由国务院商务主管部门吊销直销企业的直销经营许可证。

第四十三条 直销企业及其直销员违反本条例规定，有欺骗、误导等宣传和推销行为的，对直销企业，由工商行政管理部门处3万元以上10万元以下的罚款；情节严重的，处10万元以上30万元以下的罚款，由工商行政管理部门吊销有违法经营行为的直销企业分支机构的营业执照直至由国务院商务主管部门吊销直销企业的直销经营许可证。对直销员，由工商行政管理部门处5万元以下的罚款；情节严重的，责令直销企业撤销其直销员资格。

第四十四条 直销企业及其分支机构违反本条例规定招募直销员的，由工商行政管理部门责令改正，处3万元以上10万元以下的罚款；情节严重的，处10万元以上30万元以下的罚款，由工商行政管理部门吊销有违法经营行为的直销企业分支机构的营业执照直至由国务院商务主管部门吊销直销企业的直销经营许可证。

第四十五条 违反本条例规定，未取得直销员证从事直销活动的，由工商行政管理部门责令改正，没收直销产品和违法销售收入，可以处2万元以下的罚款；情节严重的，处2万元以上20万元以下的罚款。

第四十六条 直销企业进行直销员业务培训违反本条例规定的，由工商行政管理部门责令改正，没收违法所得，处3万元以上10万元以下的罚款；情节严重的，处10万元以上30万元以下的罚款，由工商行政管理部门吊销有违法经营行为的直销企业分支机构的营业执照直至由国务院商务主管部门吊销直销企业的直销经营许可证；对授课人员，由工商行政管理部门处5万元以下的罚款，是直销培训员的，责令直销企业撤销其直销培训员资格。

直销企业以外的单位和个人组织直销员业务培训的，由工商行政管理部门责令改正，没收违法所得，处2万元以上20万元以下的罚款。

第四十七条 直销员违反本条例第二十二条规定的，由工商行政管理部门没收违法销售收入，可以处5万元以下的罚款；情节严重的，责令直销企业撤销其直销员资格，并对直销企业处1万元以上10万元以下的罚款。

第四十八条 直销企业违反本条例第二十三条规定的，依照价格法的有关规定处理。

第四十九条 直销企业违反本条例第二十四条和第二十五条规定的，由工商行政管理部门责令改正，处5万元以上30万元以下的罚款；情节严重的，处30万元以上50万元以下的罚款，由工商行政管理部门吊销有违法经营行为的直销企业分支机构的营业执照直至由国务院商务主管部门吊销直销企业的直销经营许可证。

第五十条 直销企业未依照有关规定进行信息报备和披露的，由工商行政管理部门责令限期改正，处10万元以下的罚款；情节严重的，处10万元以上30万元以下的罚款；拒不改正的，由国务院商务主管部门吊销其直销经营许可证。

第五十一条 直销企业违反本条例第五章有关规定的，由工商行政管理部门责令限期改正，处10万元以下的罚款；拒不改正的，处10万元以上30万元以下的罚款，由国务院商务主管部门吊销其直销经营许可证。

第五十二条 违反本条例的违法行为同时违反《禁止传销条例》的，依照《禁止传销条例》有关规定予以处罚。

第八章　附　　则

第五十三条 直销企业拟成立直销企业协会等社团组织，应当经国务院商务主管部门批准，凭批准文件依法申请登记。

第五十四条 香港特别行政区、澳门特别行政区和台湾地区的投资者在境内投资建立直销企业，开展直销活动的，参照本条例有关外国投资者的规定办理。

第五十五条 本条例自2005年12月1日起施行。

禁止传销条例

中华人民共和国国务院令

第 444 号

《禁止传销条例》已经 2005 年 8 月 10 日国务院第 101 次常务会议通过，现予公布，自 2005 年 11 月 1 日起施行。

总理　温家宝

2005 年 8 月 23 日

第一章　总　　则

第一条　为了防止欺诈，保护公民、法人和其他组织的合法权益，维护社会主义市场经济秩序，保持社会稳定，制定本条例。

第二条　本条例所称传销，是指组织者或者经营者发展人员，通过对被发展人员以其直接或者间接发展的人员数量或者销售业绩为依据计算和给付报酬，或者要求被发展人员以交纳一定费用为条件取得加入资格等方式牟取非法利益，扰乱经济秩序，影响社会稳定的行为。

第三条　县级以上地方人民政府应当加强对查处传销工作的领导，支持、督促各有关部门依法履行监督管理职责。

县级以上地方人民政府应当根据需要，建立查处传销工作的协调机制，对查处传销工作中的重大问题及时予以协调、解决。

第四条　工商行政管理部门、公安机关应当依照本条例的规定，在各自的职责范围内查处传销行为。

第五条　工商行政管理部门、公安机关依法查处传销行为，应当坚持教育与处罚相结合的原则，教育公民、法人或者其他组织自觉守法。

第六条　任何单位和个人有权向工商行政管理部门、公安机关举报传销行为。工商行政管理部门、公安机关接到举报后，应当立即调查核实，依法查处，并为举报人保密；经调查属实的，依照国家有关规定对举报人给予奖励。

第二章　传销行为的种类与查处机关

第七条　下列行为，属于传销行为：

（一）组织者或者经营者通过发展人员，要求被发展人员发展其他人员加入，对发展的人员以其直接或者间接滚动发展的人员数量为依据计算和给付报酬（包括物质奖励和其他经济利益，下同），牟取非法利益的；

（二）组织者或者经营者通过发展人员，要求被发展人员交纳费用或者以认购商品等方式变相交纳费用，取得加入或者发展其他人员加入的资格，牟取非法利益的；

（三）组织者或者经营者通过发展人员，要求被发展人员发展其他人员加入，形成上下线关系，并以下线的销售业绩为依据计算和给付上线报酬，牟取非法利益的。

第八条　工商行政管理部门依照本条例的规定，负责查处本条例第七条规定的传销行为。

第九条　利用互联网等媒体发布含有本条例第七条规定的传销信息的，由工商行政管理部门会同电信等有关部门依照本条例的规定查处。

第十条　在传销中以介绍工作、从事经营活动等名义欺骗他人离开居所地非法聚集并限制其人身自由的，由公安机关会同工商行政管理部门依法查处。

第十一条　商务、教育、民政、财政、劳动保障、电信、税务等有关部门和单位，应当依照各自职责和有关法律、行政法规的规定配合工商行政管理部门、公安机关查处传销行为。

第十二条　农村村民委员会、城市居民委员会等基层组织，应当在当地人民政府指导下，协助有关部门查处传销行为。

第十三条　工商行政管理部门查处传销行为，对涉嫌犯罪的，应当依法移送公安机关立案侦查；公安机关立案侦查传销案件，对经侦查不构成犯罪的，应当依法移交工商行政管理部门查处。

第三章　查处措施和程序

第十四条　县级以上工商行政管理部门对涉嫌传销行为进行查处时，可以采取下列措施：

（一）责令停止相关活动；

（二）向涉嫌传销的组织者、经营者和个人调查、了解有关情况；

（三）进入涉嫌传销的经营场所和培训、集会等活动场所，实施现场检查；

（四）查阅、复制、查封、扣押涉嫌传销的有关合同、票据、账簿等资料；

（五）查封、扣押涉嫌专门用于传销的产品（商品）、工具、设备、原材料等财物；

（六）查封涉嫌传销的经营场所；

（七）查询涉嫌传销的组织者或者经营者的账户及与存款有关的会计凭证、账簿、对账单等；

（八）对有证据证明转移或者隐匿违法资金的，可以申请司法机关予以冻结。

工商行政管理部门采取前款规定的措施，应当向县级以上工商行政管理部门主要负责人书面或者口头报告并经批准。遇有紧急情况需要当场采取前款规定措施的，应当在事后立即报告并补办相关手续；其中，实施前款规定的查封、扣押，以及第（七）项、第（八）项规定的措施，应当事先经县级以上工商行政管理部门主要负责人书面批准。

第十五条　工商行政管理部门对涉嫌传销行为进行查处时，执法人员不得少于2人。

执法人员与当事人有直接利害关系的，应当回避。

第十六条　工商行政管理部门的执法人员对涉嫌传销行为进行查处时，应当向当事人或者有关人员出示证件。

第十七条　工商行政管理部门实施查封、扣押，应当向当事人当场交付查封、扣押决定书和查封、扣押财物及资料清单。

在交通不便地区或者不及时实施查封、扣押可能影响案件查处的，可以先行实施查封、扣押，并应当在24小时内补办查封、扣押决定书，送达当事人。

第十八条　工商行政管理部门实施查封、扣押的期限不得超过30日；案件情况复杂的，经县级以上工商行政管理部门主要负责人批准，可以延长15日。

对被查封、扣押的财物，工商行政管理部门应当妥善保管，不得使用或者损毁；造成损失的，应当承担赔偿责任。但是，因不可抗力造成的损失除外。

第十九条　工商行政管理部门实施查封、扣押，应当及时查清事实，在查封、扣押期间作出处理决定。

对于经调查核实属于传销行为的，应当依法没收被查封、扣押的非法财物；对于经调查核实没有传销行为或者不再需要查封、扣押的，应当在作出处理决定后立即解除查封，退还被扣押的财物。

工商行政管理部门逾期未作出处理决定的，被查封的物品视为解除查封，被扣押的财物应当予以退还。拒不退还的，当事人可以向人民法院提起行政诉讼。

第二十条　工商行政管理部门及其工作人员违反本条例的规定使用或者损毁被查封、扣押的财物，造成当事人经济损失的，应当承担赔偿责任。

第二十一条　工商行政管理部门对涉嫌传销行为进行查处时，当事人有权陈述和申辩。

第二十二条　工商行政管理部门对涉嫌传销行为进行查处时，应当制作现场笔录。

现场笔录和查封、扣押清单由当事人、见证人和执法人员签名或者盖章，当事人不在现场或者当事人、见证人拒绝签名或者盖章的，执法人员应当在现场笔录中予以注明。

第二十三条　对于经查证属于传销行为的，工商行政管理部门、公安机关可以向社会公开发布警示、提示。

向社会公开发布警示、提示应当经县级以上工商行政管理部门主要负责人或者公安机关主要负责人批准。

第四章　法律责任

第二十四条　有本条例第七条规定的行为，组织策划传销的，由工商行政管理部门没收非法财物，没收违法所得，处50万元以上200万元以下的罚款；构成犯罪的，依法追究刑事责任。

有本条例第七条规定的行为，介绍、诱骗、胁迫他人参加传销的，由工商行政管理部门责令停止违法行为，没收非法财物，没收违法所得，处10万元以上50万元以下的罚款；构成犯罪的，依法追究刑事责任。

有本条例第七条规定的行为，参加传销的，由工商行政管理部门责令停止违法行为，可以处2000元以下的罚款。

第二十五条　工商行政管理部门依照本条例第二十四条的规定进行处罚时，可以依照有关法律、行政法规的规定，责令停业整顿或者吊销营业执照。

第二十六条　为本条例第七条规定的传销行为提供经

营场所、培训场所、货源、保管、仓储等条件的，由工商行政管理部门责令停止违法行为，没收违法所得，处5万元以上50万元以下的罚款。

为本条例第七条规定的传销行为提供互联网信息服务的，由工商行政管理部门责令停止违法行为，并通知有关部门依照《互联网信息服务管理办法》予以处罚。

第二十七条 当事人擅自动用、调换、转移、损毁被查封、扣押财物的，由工商行政管理部门责令停止违法行为，处被动用、调换、转移、损毁财物价值5%以上20%以下的罚款；拒不改正的，处被动用、调换、转移、损毁财物价值1倍以上3倍以下的罚款。

第二十八条 有本条例第十条规定的行为或者拒绝、阻碍工商行政管理部门的执法人员依法查处传销行为，构成违反治安管理行为的，由公安机关依照治安管理的法律、行政法规规定处罚；构成犯罪的，依法追究刑事责任。

第二十九条 工商行政管理部门、公安机关及其工作人员滥用职权、玩忽职守、徇私舞弊，未依照本条例规定的职责和程序查处传销行为，或者发现传销行为不予查处，或者支持、包庇、纵容传销行为，构成犯罪的，对直接负责的主管人员和其他直接责任人员，依法追究刑事责任；尚不构成犯罪的，依法给予行政处分。

第五章 附 则

第三十条 本条例自2005年11月1日起施行。

二手车流通管理办法

商务部、公安部、工商总局、税务总局令

2005年第2号

《二手车流通管理办法》已经2004年12月18日商务部第18次部务会议审议通过，并经公安部、工商总局、税务总局同意，现予公布，自2005年10月1日起施行。

部长：薄熙来

部长：周永康

局长：王众孚

局长：谢旭人

2005年8月29日

第一章 总 则

第一条 为加强二手车流通管理，规范二手车经营行为，保障二手车交易双方的合法权益，促进二手车流通健康发展，依据国家有关法律、行政法规，制定本办法。

第二条 在中华人民共和国境内从事二手车经营活动或者与二手车相关的活动，适用本办法。

本办法所称二手车，是指从办理完注册登记手续到达到国家强制报废标准之前进行交易并转移所有权的汽车（包括三轮汽车、低速载货汽车，即原农用运输车，下同）、挂车和摩托车。

第三条 二手车交易市场是指依法设立、为买卖双方提供二手车集中交易和相关服务的场所。

第四条 二手车经营主体是指经工商行政管理部门依法登记，从事二手车经销、拍卖、经纪、鉴定评估的企业。

第五条 二手车经营行为是指二手车经销、拍卖、经纪、鉴定评估等。

（一）二手车经销是指二手车经销企业收购、销售二手车的经营活动；

（二）二手车拍卖是指二手车拍卖企业以公开竞价的形式将二手车转让给最高应价者的经营活动；

（三）二手车经纪是指二手车经纪机构以收取佣金为目

的，为促成他人交易二手车而从事居间、行纪或者代理等经营活动；

（四）二手车鉴定评估是指二手车鉴定评估机构对二手车技术状况及其价值进行鉴定评估的经营活动。

第六条 二手车直接交易是指二手车所有人不通过经销企业、拍卖企业和经纪机构将车辆直接出售给买方的交易行为。二手车直接交易应当在二手车交易市场进行。

第七条 国务院商务主管部门、工商行政管理部门、税务部门在各自的职责范围内负责二手车流通有关监督管理工作。

省、自治区、直辖市和计划单列市商务主管部门（以下简称省级商务主管部门）、工商行政管理部门、税务部门在各自的职责范围内负责辖区内二手车流通有关监督管理工作。

第二章 设立条件和程序

第八条 二手车交易市场经营者、二手车经销企业和经纪机构应当具备企业法人条件，并依法到工商行政管理部门办理登记。

第九条 二手车鉴定评估机构应当具备下列条件：

（一）是独立的中介机构；

（二）有固定的经营场所和从事经营活动的必要设施；

（三）有3名以上从事二手车鉴定评估业务的专业人员（包括本办法实施之前取得国家职业资格证书的旧机动车鉴定估价师）；

（四）有规范的规章制度。

第十条 设立二手车鉴定评估机构，应当按下列程序办理：

（一）申请人向拟设立二手车鉴定评估机构所在地省级商务主管部门提出书面申请，并提交符合本办法第九条规定的相关材料；

（二）省级商务主管部门自收到全部申请材料之日起20个工作日内作出是否予以核准的决定，对予以核准的，颁发《二手车鉴定评估机构核准证书》；不予核准的，应当说明理由；

（三）申请人持《二手车鉴定评估机构核准证书》到工商行政管理部门办理登记手续。

第十一条 外商投资设立二手车交易市场、经销企业、经纪机构、鉴定评估机构的申请人，应当分别持符合第八条、第九条规定和《外商投资商业领域管理办法》、有关外商投资法律规定的相关材料报省级商务主管部门。省级商务主管部门进行初审后，自收到全部申请材料之日起1个月内上报国务院商务主管部门。合资中方有国家计划单列企业集团的，可直接将申请材料报送国务院商务主管部门。国务院商务主管部门自收到全部申请材料3个月内会同国务院工商行政管理部门，作出是否予以批准的决定，对予以批准的，颁发或者换发《外商投资企业批准证书》；不予批准的，应当说明理由。

申请人持《外商投资企业批准证书》到工商行政管理部门办理登记手续。

第十二条 设立二手车拍卖企业（含外商投资二手车拍卖企业）应当符合《中华人民共和国拍卖法》和《拍卖管理办法》有关规定，并按《拍卖管理办法》规定的程序办理。

第十三条 外资并购二手车交易市场和经营主体及已设立的外商投资企业增加二手车经营范围的，应当按第十一条、第十二条规定的程序办理。

第三章 行为规范

第十四条 二手车交易市场经营者和二手车经营主体应当依法经营和纳税，遵守商业道德，接受依法实施的监督检查。

第十五条 二手车卖方应当拥有车辆的所有权或者处置权。二手车交易市场经营者和二手车经营主体应当确认卖方的身份证明，车辆的号牌、《机动车登记证书》、《机动车行驶证》，有效的机动车安全技术检验合格标志、车辆保险单、交纳税费凭证等。

国家机关、国有企事业单位在出售、委托拍卖车辆时，应持有本单位或者上级单位出具的资产处理证明。

第十六条 出售、拍卖无所有权或者处置权车辆的，应承担相应的法律责任。

第十七条 二手车卖方应当向买方提供车辆的使用、修理、事故、检验以及是否办理抵押登记、交纳税费、报废期等真实情况和信息。买方购买的车辆如因卖方隐瞒和欺诈不能办理转移登记，卖方应当无条件接受退车，并退还购车款等费用。

第十八条 二手车经销企业销售二手车时应当向买方提供质量保证及售后服务承诺，并在经营场所予以明示。

第十九条 进行二手车交易应当签订合同。合同示范文本由国务院工商行政管理部门制定。

第二十条 二手车所有人委托他人办理车辆出售的，应当与受托人签订委托书。

第二十一条 委托二手车经纪机构购买二手车时，双方应当按以下要求进行：

（一）委托人向二手车经纪机构提供合法身份证明；

（二）二手车经纪机构依据委托人要求选择车辆，并及时向其通报市场信息；

（三）二手车经纪机构接受委托购买时，双方签订合同；

（四）二手车经纪机构根据委托人要求代为办理车辆鉴定评估，鉴定评估所发生的费用由委托人承担。

第二十二条 二手车交易完成后，卖方应当及时向买方交付车辆、号牌及车辆法定证明、凭证。车辆法定证明、凭证主要包括：

（一）《机动车登记证书》；

（二）《机动车行驶证》；

（三）有效的机动车安全技术检验合格标志；

（四）车辆购置税完税证明；

（五）养路费缴付凭证；

（六）车船使用税缴付凭证；

（七）车辆保险单。

第二十三条 下列车辆禁止经销、买卖、拍卖和经纪：

（一）已报废或者达到国家强制报废标准的车辆；

（二）在抵押期间或者未经海关批准交易的海关监管车辆；

（三）在人民法院、人民检察院、行政执法部门依法查封、扣押期间的车辆；

（四）通过盗窃、抢劫、诈骗等违法犯罪手段获得的车辆；

（五）发动机号码、车辆识别代号或者车架号码与登记号码不相符，或者有凿改迹象的车辆；

（六）走私、非法拼（组）装的车辆；

（七）不具有第二十二条所列证明、凭证的车辆；

（八）在本行政辖区以外的公安机关交通管理部门注册登记的车辆；

（九）国家法律、行政法规禁止经营的车辆。

二手车交易市场经营者和二手车经营主体发现车辆具有（四）、（五）、（六）情形之一的，应当及时报告公安机关、工商行政管理部门等执法机关。

对交易违法车辆的，二手车交易市场经营者和二手车经营主体应当承担连带赔偿责任和其他相应的法律责任。

第二十四条 二手车经销企业销售、拍卖企业拍卖二手车时，应当按规定向买方开具税务机关监制的统一发票。

进行二手车直接交易和通过二手车经纪机构进行二手车交易的，应当由二手车交易市场经营者按规定向买方开具税务机关监制的统一发票。

第二十五条 二手车交易完成后，现车辆所有人应当凭税务机关监制的统一发票，按法律、法规有关规定办理转移登记手续。

第二十六条 二手车交易市场经营者应当为二手车经营主体提供固定场所和设施，并为客户提供办理二手车鉴定评估、转移登记、保险、纳税等手续的条件。二手车经销企业、经纪机构应当根据客户要求，代办二手车鉴定评估、转移登记、保险、纳税等手续。

第二十七条 二手车鉴定评估应当本着买卖双方自愿的原则，不得强制进行；属国有资产的二手车应当按国家有关规定进行鉴定评估。

第二十八条 二手车鉴定评估机构应当遵循客观、真实、公正和公开原则，依据国家法律法规开展二手车鉴定评估业务，出具车辆鉴定评估报告；并对鉴定评估报告中车辆技术状况，包括是否属事故车辆等评估内容负法律责任。

第二十九条 二手车鉴定评估机构和人员可以按国家有关规定从事涉案、事故车辆鉴定等评估业务。

第三十条 二手车交易市场经营者和二手车经营主体应当建立完整的二手车交易购销、买卖、拍卖、经纪以及鉴定评估档案。

第三十一条 设立二手车交易市场、二手车经销企业开设店铺，应当符合所在地城市发展及城市商业发展有关规定。

第四章 监督与管理

第三十二条 二手车流通监督管理遵循破除垄断，鼓励竞争，促进发展和公开、公平、公正的原则。

第三十三条 建立二手车交易市场经营者和二手车经营主体备案制度。凡经工商行政管理部门依法登记，取得营业执照的二手车交易市场经营者和二手车经营主体，应当自取得营业执照之日起2个月内向省级商务主管部门备案。省级商务主管部门应当将二手车交易市场经营者和二手车经营主体有关备案情况定期报送国务院商务主管部门。

第三十四条 建立和完善二手车流通信息报送、公布制度。二手车交易市场经营者和二手车经营主体应当定期将二手车交易量、交易额等信息通过所在地商务主管部门报送省级商务主管部门。省级商务主管部门将上述信息汇总后报送国务院商务主管部门。国务院商务主管部门定期向社会公布全国二手车流通信息。

第三十五条 商务主管部门、工商行政管理部门应当在各自的职责范围内采取有效措施，加强对二手车交易市场经营者和经营主体的监督管理，依法查处违法违规行为，维护市场秩序，保护消费者的合法权益。

第三十六条 国务院工商行政管理部门会同商务主管部门建立二手车交易市场经营者和二手车经营主体信用档案，定期公布违规企业名单。

第五章 附 则

第三十七条 本办法自2005年10月1日起施行，原《商务部办公厅关于规范旧机动车鉴定评估管理工作的通知》（商建字［2004］第70号）、《关于加强旧机动车市场管理工作的通知》（国经贸贸易［2001］1281号）、《旧机动车交易管理办法》（内贸机字［1998］第33号）及据此发布的各类文件同时废止。

中华人民共和国进出口商品检验法实施条例

中华人民共和国国务院国务院令

第447号

《中华人民共和国进出口商品检验法实施条例》已经2005年8月10日国务院第101次常务会议通过，现予公布，自2005年12月1日起施行。

总理 温家宝

2005年8月31日

第一章 总 则

第一条 根据《中华人民共和国进出口商品检验法》（以下简称商检法）的规定，制定本条例。

第二条 中华人民共和国国家质量监督检验检疫总局（以下简称国家质检总局）主管全国进出口商品检验工作。

国家质检总局设在省、自治区、直辖市以及进出口商品的口岸、集散地的出入境检验检疫局及其分支机构（以下简称出入境检验检疫机构），管理所负责地区的进出口商品检验工作。

第三条 国家质检总局应当依照商检法第四条规定，制定、调整必须实施检验的进出口商品目录（以下简称目录）并公布实施。

目录应当至少在实施之日30日前公布；在紧急情况下，应当不迟于实施之日公布。

国家质检总局制定、调整目录时，应当征求国务院对外贸易主管部门、海关总署等有关方面的意见。

第四条 出入境检验检疫机构对列入目录的进出口商品以及法律、行政法规规定须经出入境检验检疫机构检验的其他进出口商品实施检验（以下称法定检验）。

出入境检验检疫机构对法定检验以外的进出口商品，根据国家规定实施抽查检验。

第五条 进出口药品的质量检验、计量器具的量值检定、锅炉压力容器的安全监督检验、船舶（包括海上平台、主要船用设备及材料）和集装箱的规范检验、飞机（包括飞机发动机、机载设备）的适航检验以及核承压设备的安全检验等项目，由有关法律、行政法规规定的机构实施检验。

第六条 进出境的样品、礼品、暂准进出境的货物以及其他非贸易性物品，免予检验。但是，法律、行政法规另有规定的除外。

列入目录的进出口商品符合国家规定的免予检验条件的，由收货人、发货人或者生产企业申请，经国家质检总局审查批准，出入境检验检疫机构免予检验。

免予检验的具体办法，由国家质检总局商有关部门制定。

第七条 法定检验的进出口商品，由出入境检验检疫机构依照商检法第七条规定实施检验。

国家质检总局根据进出口商品检验工作的实际需要和国际标准，可以制定进出口商品检验方法的技术规范和标准。

进出口商品检验依照或者参照的技术规范、标准以及检验方法的技术规范和标准，应当至少在实施之日6个月前公布；在紧急情况下，应当不迟于实施之日公布。

第八条 出入境检验检疫机构根据便利对外贸易的需要，对进出口企业实施分类管理，并按照根据国际通行的合格评定程序确定的检验监管方式，对进出口商品实施检验。

第九条 出入境检验检疫机构对进出口商品实施检验的内容，包括是否符合安全、卫生、健康、环境保护、防止欺诈等要求以及相关的品质、数量、重量等项目。

第十条 出入境检验检疫机构依照商检法的规定，对实施许可制度和国家规定必须经过认证的进出口商品实行验证管理，查验单证，核对证货是否相符。

实行验证管理的进出口商品目录，由国家质检总局商有关部门后制定、调整并公布。

第十一条 进出口商品的收货人或者发货人可以自行办理报检手续，也可以委托代理报检企业办理报检手续；采用快件方式进出口商品的，收货人或者发货人应当委托出入境快件运营企业办理报检手续。

第十二条 进出口商品的收货人或者发货人办理报检手续，应当依法向出入境检验检疫机构备案。

代理报检企业、出入境快件运营企业从事报检业务，应当依法经出入境检验检疫机构注册登记。未依法经出入境检验检疫机构注册登记的企业，不得从事报检业务。

办理报检业务的人员应当依法办理报检从业注册，并实行凭证报检。未依法办理报检从业注册的人员，不得从事报检业务。

代理报检企业、出入境快件运营企业以及报检人员不得非法代理他人报检，或者超出其业务范围从事报检业务。

第十三条 代理报检企业接受进出口商品的收货人或者发货人的委托，以委托人的名义办理报检手续的，应当向出入境检验检疫机构提交授权委托书，遵守本条例对委托人的各项规定；以自己的名义办理报检手续的，应当承担与收货人或者发货人相同的法律责任。

出入境快件运营企业接受进出口商品的收货人或者发货人的委托，应当以自己的名义办理报检手续，承担与收货人或者发货人相同的法律责任。

委托人委托代理报检企业、出入境快件运营企业办理报检手续的，应当向代理报检企业、出入境快件运营企业提供所委托报检事项的真实情况；代理报检企业、出入境快件运营企业接受委托人的委托办理报检手续的，应当对委托人所提供情况的真实性进行合理审查。

第十四条 国家质检总局建立进出口商品风险预警机制，通过收集进出口商品检验方面的信息，进行风险评估，确定风险的类型，采取相应的风险预警措施及快速反应措施。

国家质检总局和出入境检验检疫机构应当及时向有关方面提供进出口商品检验方面的信息。

第十五条 出入境检验检疫机构工作人员依法执行职务，有关单位和个人应当予以配合，任何单位和个人不得非法干预和阻挠。

第二章 进口商品的检验

第十六条 法定检验的进口商品的收货人应当持合同、发票、装箱单、提单等必要的凭证和相关批准文件，向海关报关地的出入境检验检疫机构报检；海关放行后20日内，收货人应当依照本条例第十八条的规定，向出入境检验检疫机构申请检验。法定检验的进口商品未经检验的，不准销售，不准使用。

进口实行验证管理的商品，收货人应当向海关报关地的出入境检验检疫机构申请验证。出入境检验检疫机构按照国家质检总局的规定实施验证。

第十七条 法定检验的进口商品、实行验证管理的进口商品，海关凭出入境检验检疫机构签发的货物通关单办理海关通关手续。

第十八条 法定检验的进口商品应当在收货人报检时申报的目的地检验。

大宗散装商品、易腐烂变质商品、可用作原料的固体废物以及已发生残损、短缺的商品，应当在卸货口岸检验。

对前两款规定的进口商品，国家质检总局可以根据便利对外贸易和进出口商品检验工作的需要，指定在其他地点检验。

第十九条 除法律、行政法规另有规定外，法定检验的进口商品经检验，涉及人身财产安全、健康、环境保护项目不合格的，由出入境检验检疫机构责令当事人销毁，或者出具退货处理通知单并书面告知海关，海关凭退货处理通知单办理退运手续；其他项目不合格的，可以在出入境检验检疫机构的监督下进行技术处理，经重新检验合格的，方可销售或者使用。当事人申请出入境检验检疫机构出证的，出入境检验检疫机构应当及时出证。

出入境检验检疫机构对检验不合格的进口成套设备及其材料，签发不准安装使用通知书。经技术处理，并经出入境检验检疫机构重新检验合格的，方可安装使用。

第二十条 法定检验以外的进口商品，经出入境检验检疫机构抽查检验不合格的，依照本条例第十九条的规定处理。

实行验证管理的进口商品，经出入境检验检疫机构验证不合格的，参照本条例第十九条的规定处理或者移交有关部门处理。

法定检验以外的进口商品的收货人，发现进口商品质量不合格或者残损、短缺，申请出证的，出入境检验检疫机构或者其他检验机构应当在检验后及时出证。

第二十一条 对属于法定检验范围内的关系国计民生、价值较高、技术复杂的以及其他重要的进口商品和大型成套设备，应当按照对外贸易合同约定监造、装运前检验或者监装。收货人保留到货后最终检验和索赔的权利。

出入境检验检疫机构可以根据需要派出检验人员参加或者组织实施监造、装运前检验或者监装。

第二十二条 国家对进口可用作原料的固体废物的国外供货商、国内收货人实行注册登记制度，国外供货商、国内收货人在签订对外贸易合同前，应当取得国家质检总局或者出入境检验检疫机构的注册登记。国家对进口可用作原料的固体废物实行装运前检验制度，进口时，收货人应当提供出入境检验检疫机构或者经国家质检总局指定的检验机构出具的装运前检验证书。

国家允许进口的旧机电产品的收货人在签订对外贸易合同前，应当向国家质检总局或者出入境检验检疫机构办理备案手续。对价值较高，涉及人身财产安全、健康、环境保护项目的高风险进口旧机电产品，应当依照国家有关规定实施装运前检验，进口时，收货人应当提供出入境检验检疫机构或者经国家质检总局指定的检验机构出具的装运前检验证书。

进口可用作原料的固体废物、国家允许进口的旧机电产品到货后，由出入境检验检疫机构依法实施检验。

第二十三条 进口机动车辆到货后，收货人凭出入境检验检疫机构签发的进口机动车辆检验证单以及有关部门签发的其他单证向车辆管理机关申领行车牌证。在使用过程中发现有涉及人身财产安全的质量缺陷的，出入境检验检疫机构应当及时作出相应处理。

第三章 出口商品的检验

第二十四条 法定检验的出口商品的发货人应当在国家质检总局统一规定的地点和期限内，持合同等必要的凭证和相关批准文件向出入境检验检疫机构报检。法定检验的出口商品未经检验或者经检验不合格的，不准出口。

出口商品应当在商品的生产地检验。国家质检总局可以根据便利对外贸易和进出口商品检验工作的需要，指定在其他地点检验。

出口实行验证管理的商品，发货人应当向出入境检验检疫机构申请验证。出入境检验检疫机构按照国家质检总局的规定实施验证。

第二十五条 在商品生产地检验的出口商品需要在口岸换证出口的，由商品生产地的出入境检验检疫机构按照规定签发检验换证凭单。发货人应当在规定的期限内持检验换证凭单和必要的凭证，向口岸出入境检验检疫机构申请查验。经查验合格的，由口岸出入境检验检疫机构签发货物通关单。

第二十六条 法定检验的出口商品、实行验证管理的出口商品，海关凭出入境检验检疫机构签发的货物通关单办理海关通关手续。

第二十七条 法定检验的出口商品经出入境检验检疫机构检验或者经口岸出入境检验检疫机构查验不合格的，可以在出入境检验检疫机构的监督下进行技术处理，经重新检验合格的，方准出口；不能进行技术处理或者技术处理后重新检验仍不合格的，不准出口。

第二十八条 法定检验以外的出口商品，经出入境检验检疫机构抽查检验不合格的，依照本条例第二十七条的规定处理。

实行验证管理的出口商品，经出入境检验检疫机构验证不合格的，参照本条例第二十七条的规定处理或者移交有关部门处理。

第二十九条 出口危险货物包装容器的生产企业，应当向出入境检验检疫机构申请包装容器的性能鉴定。包装容器经出入境检验检疫机构鉴定合格并取得性能鉴定证书的，方可用于包装危险货物。

出口危险货物的生产企业，应当向出入境检验检疫机构申请危险货物包装容器的使用鉴定。使用未经鉴定或者经鉴定不合格的包装容器的危险货物，不准出口。

第三十条 对装运出口的易腐烂变质食品、冷冻品的集装箱、船舱、飞机、车辆等运载工具，承运人、装箱单位或者其代理人应当在装运前向出入境检验检疫机构申请清洁、卫生、冷藏、密固等适载检验。未经检验或者经检验不合格的，不准装运。

第四章 监督管理

第三十一条 出入境检验检疫机构根据便利对外贸易的需要，可以对列入目录的出口商品进行出厂前的质量监督管理和检验，对其中涉及人身财产安全、健康的重要出口商品实施出口商品注册登记管理。实施出口商品注册登记管理的出口商品，必须获得注册登记，方可出口。

出入境检验检疫机构进行出厂前的质量监督管理和检验的内容，包括对生产企业的质量保证工作进行监督检查，对出口商品进行出厂前的检验。

第三十二条 国家对进出口食品生产企业实施卫生注册登记管理。获得卫生注册登记的出口食品生产企业，方可生产、加工、储存出口食品。获得卫生注册登记的进出口食品生产企业生产的食品，方可进口或者出口。

实施卫生注册登记管理的进口食品生产企业，应当按照规定向国家质检总局申请卫生注册登记。

实施卫生注册登记管理的出口食品生产企业，应当按照规定向出入境检验检疫机构申请卫生注册登记。

出口食品生产企业需要在国外卫生注册的，依照本条第三款规定进行卫生注册登记后，由国家质检总局统一对外办理。

第三十三条 国家对进出口化妆品生产企业实施卫生注册登记管理。具体办法由国家质检总局商国务院卫生主管部门制定。

第三十四条 进出口食品、化妆品在进出口前，其经营者或者代理人应当接受出入境检验检疫机构对进出口食品、化妆品标签内容是否符合法律、行政法规规定要求以及与质量有关内容的真实性、准确性进行的检验，并取得国家质检总局或者其授权的出入境检验检疫机构签发的进出口食品、化妆品标签检验证明文件。

第三十五条 出入境检验检疫机构根据需要，对检验合格的进出口商品加施商检标志，对检验合格的以及其他需要加施封识的进出口商品加施封识。具体办法由国家质检总局制定。

第三十六条 出入境检验检疫机构按照有关规定对检验的进出口商品抽取样品。验余的样品，出入境检验检疫机构应当通知有关单位在规定的期限内领回；逾期不领回的，由出入境检验检疫机构处理。

第三十七条 进出口商品的报检人对出入境检验检疫机构作出的检验结果有异议的，可以自收到检验结果之日起15日内，向作出检验结果的出入境检验检疫机构或者其上级出入境检验检疫机构以至国家质检总局申请复验，受理复验的出入境检验检疫机构或者国家质检总局应当自收到复验申请之日起60日内作出复验结论。技术复杂，不能在规定期限内作出复验结论的，经本机构负责人批准，可以适当延长，但是延长期限最多不超过30日。

第三十八条 国家质检总局或者出入境检验检疫机构根据进出口商品检验工作的需要，可以指定符合规定资质条件的国内外检测机构承担出入境检验检疫机构委托的进出口商品检测。被指定的检测机构经检查不符合规定要求的，国家质检总局或者出入境检验检疫机构可以取消指定。

第三十九条 在中华人民共和国境内设立从事进出口商品检验鉴定业务的检验机构，应当符合有关法律、行政法规、规章规定的注册资本、技术能力、人员资格等条件，经国家质检总局和有关主管部门审核批准，获得许可，并依法办理工商登记后，方可接受委托办理进出口商品检验鉴定业务。

第四十条 对检验机构的检验鉴定业务活动有异议的，可以向国家质检总局或者出入境检验检疫机构投诉。

第四十一条 国家质检总局、出入境检验检疫机构实施监督管理或者对涉嫌违反进出口商品检验法律、行政法规的行为进行调查，有权查阅、复制当事人的有关合同、发票、账簿以及其他有关资料。出入境检验检疫机构对有根据认为涉及人身财产安全、健康、环境保护项目不合格的进出口商品，经本机构负责人批准，可以查封或者扣押，但海关监管货物除外。

第四十二条 国家质检总局、出入境检验检疫机构应当根据便利对外贸易的需要，采取有效措施，简化程序，方便进出口。

办理进出口商品报检、检验、鉴定等手续，符合条件的，可以采用电子数据文件的形式。

第四十三条 出入境检验检疫机构依照有关法律、行政法规的规定，签发出口货物普惠制原产地证明、区域性优惠原产地证明、专用原产地证明。办理原产地证明的申请人应当依法取得出入境检验检疫机构的注册登记。

出口货物一般原产地证明的签发，依照有关法律、行政法规的规定执行。

第四十四条 出入境检验检疫机构对进出保税区、出口加工区等海关特殊监管区域的货物以及边境小额贸易进出口商品的检验管理，由国家质检总局商海关总署另行制定办法。

第五章 法律责任

第四十五条 擅自销售、使用未报检或者未经检验的属于法定检验的进口商品，或者擅自销售、使用应当申请进口验证而未申请的进口商品的，由出入境检验检疫机构没收违法所得，并处商品货值金额5%以上20%以下罚款；构成犯罪的，依法追究刑事责任。

第四十六条 擅自出口未报检或者未经检验的属于法定检验的出口商品，或者擅自出口应当申请出口验证而未申请的出口商品的，由出入境检验检疫机构没收违法所得，并处商品货值金额5%以上20%以下罚款；构成犯罪的，依法追究刑事责任。

第四十七条 销售、使用经法定检验、抽查检验或者验证不合格的进口商品，或者出口经法定检验、抽查检验或者验证不合格的商品的，由出入境检验检疫机构责令停止销售、使用或者出口，没收违法所得和违法销售、使用或者出口的商品，并处违法销售、使用或者出口的商品货值金额等值以上3倍以下罚款；构成犯罪的，依法追究刑事责任。

第四十八条 进出口商品的收货人、发货人、代理报检企业或者出入境快件运营企业、报检人员不如实提供进出口商品的真实情况，取得出入境检验检疫机构的有关证单，或者对法定检验的进出口商品不予报检，逃避进出口商品检验的，由出入境检验检疫机构没收违法所得，并处商品货值金额5%以上20%以下罚款；情节严重的，并撤销其报检注册登记、报检从业注册。

进出口商品的收货人或者发货人委托代理报检企业、出入境快件运营企业办理报检手续，未按照规定向代理报检企业、出入境快件运营企业提供所委托报检事项的真实情况，取得出入境检验检疫机构的有关证单的，对委托人依照前款规定予以处罚。

代理报检企业、出入境快件运营企业、报检人员对委托人所提供情况的真实性未进行合理审查或者因工作疏忽，导致骗取出入境检验检疫机构有关证单的结果的，由出入境检验检疫机构对代理报检企业、出入境快件运营企业处2万元以上20万元以下罚款；情节严重的，并撤销其报检注册登记、报检从业注册。

第四十九条 伪造、变造、买卖或者盗窃检验证单、印章、标志、封识、货物通关单或者使用伪造、变造的检验证单、印章、标志、封识、货物通关单，构成犯罪的，依法追究刑事责任；尚不够刑事处罚的，由出入境检验检疫机构责令改正，没收违法所得，并处商品货值金额等值以下罚款。

第五十条 擅自调换出入境检验检疫机构抽取的样品或者出入境检验检疫机构检验合格的进出口商品的，由出入境检验检疫机构责令改正，给予警告；情节严重的，并处商品货值金额10%以上50%以下罚款。

第五十一条 出口属于国家实行出口商品注册登记管理而未获得注册登记的商品的，由出入境检验检疫机构责令停止出口，没收违法所得，并处商品货值金额10%以上50%以下罚款。

第五十二条 进口或者出口国家实行卫生注册登记管理而未获得卫生注册登记的生产企业生产的食品、化妆品的，由出入境检验检疫机构责令停止进口或者出口，没收违法所得，并处商品货值金额10%以上50%以下罚款。

已获得卫生注册登记的进出口食品、化妆品生产企业，经检查不符合规定要求的，由国家质检总局或者出入境检验检疫机构责令限期整改；整改仍未达到规定要求或者有其他违法行为，情节严重的，吊销其卫生注册登记证书。

第五十三条 进口可用作原料的固体废物，国外供货商、国内收货人未取得注册登记，或者未进行装运前检验的，按照国家有关规定责令退货；情节严重的，由出入境检验检疫机构并处10万元以上100万元以下罚款。

已获得注册登记的可用作原料的固体废物的国外供货商、国内收货人违反国家有关规定，情节严重的，由出入境检验检疫机构撤销其注册登记。

进口国家允许进口的旧机电产品未办理备案或者未按照规定进行装运前检验的，按照国家有关规定予以退货；情节严重的，由出入境检验检疫机构并处100万元以下罚款。

第五十四条 提供或者使用未经出入境检验检疫机构鉴定的出口危险货物包装容器的，由出入境检验检疫机构处10万元以下罚款。

提供或者使用经出入境检验检疫机构鉴定不合格的包装容器装运出口危险货物的，由出入境检验检疫机构处20万元以下罚款。

第五十五条 提供或者使用未经出入境检验检疫机构

适载检验的集装箱、船舱、飞机、车辆等运载工具装运易腐烂变质食品、冷冻品出口的，由出入境检验检疫机构处10万元以下罚款。

提供或者使用经出入境检验检疫机构检验不合格的集装箱、船舱、飞机、车辆等运载工具装运易腐烂变质食品、冷冻品出口的，由出入境检验检疫机构处20万元以下罚款。

第五十六条 擅自调换、损毁出入境检验检疫机构加施的商检标志、封识的，由出入境检验检疫机构处5万元以下罚款。

第五十七条 从事进出口商品检验鉴定业务的检验机构超出其业务范围，或者违反国家有关规定，扰乱检验鉴定秩序的，由出入境检验检疫机构责令改正，没收违法所得，可以并处10万元以下罚款，国家质检总局或者出入境检验检疫机构可以暂停其6个月以内检验鉴定业务；情节严重的，由国家质检总局吊销其检验鉴定资格证书。

第五十八条 未经注册登记擅自从事报检业务的，由出入境检验检疫机构责令停止非法经营活动，没收违法所得，并处违法所得1倍以上3倍以下罚款。

代理报检企业、出入境快件运营企业违反国家有关规定，扰乱报检秩序的，由出入境检验检疫机构责令改正，没收违法所得，可以并处10万元以下罚款，国家质检总局或者出入境检验检疫机构可以暂停其6个月以内代理报检业务；情节严重的，撤销其报检注册登记。

报检人员违反国家有关规定，扰乱报检秩序的，国家质检总局或者出入境检验检疫机构可以暂停其6个月以内执业；情节严重的，撤销其报检从业注册。

第五十九条 出入境检验检疫机构的工作人员滥用职权、故意刁难当事人的，徇私舞弊、伪造检验结果的，或者玩忽职守、延误检验出证的，依法给予行政处分；违反有关法律、行政法规规定签发出口货物原产地证明的，依法给予行政处分，没收违法所得；构成犯罪的，依法追究刑事责任。

第六十条 出入境检验检疫机构对没收的商品依法予以处理所得价款、没收的违法所得、收缴的罚款，全部上缴国库。

第六章 附 则

第六十一条 当事人对出入境检验检疫机构、国家质检总局作出的复验结论不服，或者对国家质检总局、出入境检验检疫机构作出的处罚决定不服的，可以依法申请行政复议，也可以依法向人民法院提起诉讼。

当事人逾期不履行处罚决定，又不申请行政复议或者向人民法院提起诉讼的，作出处罚决定的机构可以申请人民法院强制执行。

第六十二条 出入境检验检疫机构实施法定检验、经许可的检验机构办理检验鉴定业务，按照国家有关规定收取费用。

第六十三条 本条例自2005年12月1日起施行。1992年10月7日国务院批准、1992年10月23日原国家进出口商品检验局发布的《中华人民共和国进出口商品检验法实施条例》同时废止。

国家发展和改革委员会、财政部、商务部、海关总署、国家税务总局关于调整成品油出口政策有关问题的通知

发改经贸［2005］1606号

中国石油天然气集团公司、中国石油化工集团公司，各省、自治区、直辖市和计划单列市、新疆生产建设兵团发展改革委、财政厅（局）、商务主管部门、国家税务局、海关总署广东分署，天津、上海特派办，各直属海关：

为保证国内成品油供应，现就今年年底前控制成品油出口有关政策通知如下：

一、暂停汽油和石脑油出口退税，具体规定由财政部、国家税务总局另行通知。

二、原则上不再批准新的原油加工贸易合同。已批准并在海关备案的原油加工贸易合同，汽油、柴油产品全部

留在国内销售，不再出口，按原油办理加工贸易内销补税手续。确需履约出口的，需报国家发改委、商务部、海关总署批准，主管海关凭有关批件放行。

三、对个别企业的加工贸易业务和中石化与境外企业签订的长期合同业务按以下方式处理：

（一）西太平洋公司和湛江东兴石油企业公司，可继续从事原油加工贸易业务，加工数量按严格控制的原则，由国家发展改革委、商务部、海关总署核定。在国内需要时，其生产的汽油、柴油由中石油和中石化两家公司回购在国内市场销售，按本文第二条办理内销补税。

（二）中石化供应港澳、越南市场的航空煤油，可以继续采取加工贸易方式进口原油、出口航空煤油，具体数量由国家发改委、商务部核定。其加工出的汽油、柴油由中石化集团公司留在国内市场销售，原则上不再出口，按本文第二条办理内销补税。中石化通过加工贸易方式供澳门、缅甸、越南的汽油、柴油长期合同的数量由国家发展改革委、商务部核定。

（三）上述业务的加工贸易合同由商务部审批，同时抄送国家发展改革委、海关总署备案。海关凭商务部门核发的加工贸易批准证办理加工贸易备案手续。

以上各项自2005年9月1日起至12月31日执行。

国家发展和改革委员会
中华人民共和国财政部
中华人民共和国商务部
中华人民共和国海关总署
国家税务总局
2005年8月24日

商务部关于印发《纺织品出口许可数量招标实施细则》的通知

商贸发［2005］502号

各省、自治区、直辖市及计划单列市及哈尔滨、长春、沈阳、南京、武汉、成都、广州、西安商务厅（局），配额许可证事务局，电子商务中心，纺织品进出口商会，外商投资企业协会，各有关中央管理企业：

为进一步完善纺织品出口管理工作，经国务院批准同意，商务部将对2006年的部分纺织品出口许可数量实施招标。为配合招标管理工作需要，商务部依据《出口商品配额招标办法》（原外经贸部2001年第11号部令）制订了《纺织品出口许可数量招标实施细则》，现印发给你们，请遵照执行。

特此通知。

商务部
2005年9月16日

附件

纺织品出口许可数量招标实施细则

第一章 总 则

第一条 根据《纺织品出口临时管理办法》和《出口商品配额招标办法》，制定本实施细则。

第二章 招标管理机构

第二条 商务部纺织品出口许可数量招标委员会（以下简称招标委员会）设主任一人、副主任一至二人、委员若干人。

主任由商务部主管部领导担任；副主任由商务部对外贸易司负责人担任；委员由商务部对外贸易司、外国投资管理司、机电产品进出口司、规划财务司的相关人员担任。

第三条 招标委员会履行下列职责：

（一）审定纺织品出口许可数量（以下简称出口数量）招标方案，包括：

1. 确定招标类别、招标数量和招标时间；

2. 制定投标资格标准并核定投标企业资格；

3. 确定中标保证金的缴付比例；

4. 其他需要在招标方案中明确的事项。

（二）发布招标的各类通知、公告、决定等；

（三）主持开标及评标工作，并审定中标结果；

（四）受理招标办公室上报的企业上交数量以及数量转受让备案；

（五）审查中标保证金和中标金的收取及出口数量使用情况；

（六）其他须由招标委员会确定的事项。

商务部对外贸易司负责招标委员会的日常工作。

第四条 招标办公室由主任一人、副主任一人、成员若干人组成。主任由中国纺织品进出口商会负责人担任，副主任及成员由中国纺织品进出口商会、中国外商投资企业协会、相关行业协调部门的代表及有关方面的专家担任。

招标办公室采取一人一票、少数服从多数的办事规则。

第五条 招标办公室履行下列职责：

（一）拟订招标方案，对方案中有关投标资格标准等重大事项，由招标办公室组织行业代表讨论、表决，确定初步方案后，报招标委员会审定；

（二）按照投标资格标准确定投标企业名单，并报招标委员会审定；

（三）拟订招标的各项通知、公告、决定等并报招标委员会审定；

（四）确定招标管理相关的各类电子证书的统一格式，包括《纺织品出口许可数量招标中标金交款凭证》、《招标纺织品出口许可证申领证明书》、《招标纺织品出口数量转受让证明书》等，并进行有关证书的电子传输和核查；

（五）核查企业交纳中标保证金、中标金等情况，并向招标委员会报告；

（六）接受企业上交的出口数量，收回无法使用的出口数量，并报招标委员会审定；受理、批准企业出口数量转受让申请，并报招标委员会备案；

（七）检查、监督企业的出口数量、许可证使用情况，跟踪核查招标商品出口及市场变化情况，并按季度报招标委员会；

（八）办理招标委员会交办的有关招标的其他事项。

中国纺织品进出口商会负责招标办公室的日常事务。

第三章 投标资格

第六条 投标资格

凡按国家有关规定享有出口经营资格、在工商行政管理部门登记注册，在规定时段内在所投标类别上有对全球市场出口业绩的企业，均可参加投标。

前款规定的时段和出口金额标准由招标委员会在招标公告中公布。

第七条 投标资格审查

（一）初审

各省、自治区、直辖市和计划单列市及哈尔滨、长春、沈阳、南京、武汉、成都、广州、西安商务厅（局）（以下统称“各地商务主管部门”）负责对所属地方企业的投标资格进行初审。在京中央管理企业的投标资格由北京市商务局负责初审，地方中央企业由所在地地方商务部主管部门负责初审。

各地商务主管部门应在收到申请之日起五个工作日内完成初审，并将初审结果报招标办公室。

（二）复审

招标办公室须在五个工作日内对投标企业资格进行复审，并将复审结果及有关材料报招标委员会审定。

第八条 审核投标企业的出口实绩以中国海关总署统计数据（计算采用商品10位码）为基准。

第四章 评标规则及程序

第九条 招标办公室须将招标方案报招标委员会审定。经审定后，招标委员会在指定新闻媒介上发布招标公告。

第十条 投标价格

投标企业自主决定投标价格。为防止出现不合理的低标价，招标委员会可视具体情况事先确定并公布最低投标价格，低于最低投标价格的标书和明显背离正常价格水平的高价标书均视为废标。

第十一条 投标数量

为了防止中标数量过分集中或分散，招标委员会根据具体情况设定各类别最低投标数量，并根据投标企业出口金额大小进行分档，设定各档企业的投标数量上限。

前款规定的最低投标数量和分档标准及投标数量上限在招标公告中公布。

低于最低投标量或高于投标数量上限的标书视为废标。

第十二条 投标方式

企业须在规定的时点前以电子标书的方式投标。截标、开标、评标等均以电子标书为准。各类出口企业在规定的截标时间内只能投标一次。企业在发出电子标书后，务必通过电脑接收中国国际电子商务中心发出的标书到达反馈信息，在确认标书安全到达后，投标工作方告完成。企业无法在规定的时间内发出电子标书，视为自动放弃投标资格。

第十三条 评标工作由招标委员会主持，并按照本细则第十条、第十一条、第十二条的规定，确认合格标书。

第十四条 电子标书出现下列情况之一者即作为废标处理：

（一）在规定的开标时间前企业主动向招标办公室申请废标的标书；

（二）超过规定的截标时间送达的标书；

（三）同一企业在规定的时点前送达两份以上（含两份）的标书，不论内容相同与否；

（四）其他根据本实施细则应被确认为废标的情况。

第十五条 中标企业的确定

将所有合格投标企业的投标价格由高到低进行排列，按照排序先后累计投标企业的投标数量，当累计投标数量与招标总量相等时，计入累计投标总量（即招标总量）的企业，即为中标企业。

如果在最低中标价位的企业投标数量之和超过剩余出口数量时，此价位的企业全部中标，但中标数量低于最低投标数量的除外。

第十六条 中标价格、中标数量的确定

中标企业的中标价格为其投标价格；中标企业的中标数量为其投标数量，如果在最低中标价位的企业投标数量之和超过剩余出口数量时，此价位的企业按其投标数量比例分配剩余出口数量。企业中标数量低于最低投标数量的，按未中标处理。

第十七条 招标委员会在开标当日以电子方式公布初步中标结果。投标企业如有疑问，可于公布初步中标结果日起两个工作日内向招标办公室提出。招标办公室须在公布日起三个工作日内将对初步中标结果报招标委员会审定。

第十八条 招标委员会审定中标结果后，须在两个工作日内通知招标办公室，公布中标企业名单。

第十九条 招标办公室须根据招标委员会通知，及时通过电子投标系统向中标企业发出正式中标结果。

第五章 中标金

第二十条 中标企业须按下列规定交纳中标保证金和中标金，且不得由其他企业代交：

（一）中标企业须在规定时间内以支票、汇票、汇款等形式将中标保证金汇到指定银行账户（以到账日期为准），并以电子方式发出《纺织品出口许可数量招标中标金交款凭证》。无论中标出口数量使用情况如何，中标保证金一律不予退还。

（二）招标各批次各类别中标价格最高的10%的企业中标保证金为中标金的100%，其余中标企业的中标保证金比例为30%。中标企业必须将同一招标批次的各类别中标出口数量的中标保证金一次性交齐，不允许中标企业放弃部分中标类别的出口数量，而只缴纳剩余部分中标类别出口数量的中标保证金。

（三）企业在每次申领出口许可证前，按领证数量向指定银行账户交纳相应数额的中标金余额，并以电子方式发出《纺织品出口许可数量招标中标金交款凭证》。

第二十一条 在收到企业交纳的中标金后，招标办公室以电子方式发出《招标纺织品出口许可证申领证明书》。

第二十二条 招标办公室应在中标保证金收取截止日后五个工作日内向招标委员会报告收取情况。

第六章 出口数量的上交、转让、受让和收回

第二十三条 企业可根据自愿原则将本年度中标出口数量通过招标办公室上交或转让。

第二十四条 企业向招标办公室上交出口数量的时间不得迟于出口数量当年度的7月31日，上交出口数量不计入浪费数量。

招标办公室在7月31日前收到企业上交的出口数量，其中已交纳相应中标金的，可予以退还，但中标保证金不予退还。

第二十五条 中标企业可在向指定银行账户交纳拟转让部分出口数量的相应全额中标金后进行转让，也可以在交纳中标保证金后进行转让，剩余中标金由受让企业在使用出口数量时交纳。

第二十六条 转受让企业必须将双方同意进行出口数量转受让的申请以电子方式报招标办公室审批。受让企业必须是在工商行政管理部门登记注册，并具有出口经营资格的企业。

第二十七条 当根据需要设立新的出口数量调剂机制时，按商务部批准的办法执行。

第二十八条 对企业上交的出口数量，招标办公室须在接受上交出口数量三个工作日内将情况上报招标委员会；对于企业的转受让申请，招标办公室须在受理后三个工作日内按照规定完成审批，并将电子《招标纺织品出口数量转受让证明书》定期报招标委员会备案，同时通知中国国际电子商务中心。

第二十九条 招标办公室须及时从上交出口数量企业或转让企业中标出口数量中扣除其上交或转出的出口数量，在以电子方式发出《纺织品出口数量转受让证明书》的同时，向受让企业以电子方式发出《招标纺织品出口许可证申领证明书》，并以电子方式分别通知有关发证机关。

第三十条 中标企业必须于出口数量当年度10月31日前将所有中标出口数量的100%中标金交至招标委员会指定的银行账户。对于逾期未交纳100%中标金的中标出口数量，招标委员会将视为已无法使用而予以收回，且不退还已交纳的中标保证金，并将收回出口数量的20%计为该企业该类别当年度浪费出口数量。

第三十一条 对收回的、上交的出口数量以及其他剩余出口数量，招标委员会可以根据其数量大小决定实行再次招标或采取经商务部批准的其他方式进行处置。

第七章　出口许可证

第三十二条 出口数量招标中标企业名单及其中标数量，由商务部核准并下发各有关许可证发证机关及各地商务主管部门。

第三十三条 核发招标商品出口许可证除依据有关出口许可证管理规定外，还须同时依据由招标办公室以电子方式发出的《纺织品出口数量转受让证明书》或《招标纺织品出口许可证申领证明书》。

第八章　罚　　则

第三十四条 对招标过程中发生下列行为的，按照《出口商品配额招标办法》及《商务部行政处罚实施办法》进行处罚；情节严重的，移交司法部门追究其刑事责任：

（一）违反本实施细则的作弊行为；

（二）以串标、虚报投标资格条件及以其他手段扰乱招标工作的行为；

（三）已中标而不按规定交纳中标保证金的行为；

（四）其他故意破坏招标工作的行为。

第三十五条 对于企业未按规定上交、转让，又未在出口数量有效期截止日之前领取出口许可证以及虽领取出口许可证但未实际使用的出口数量，视为被浪费的出口数量。

对中标出口数量浪费率＜5%的企业，免于处罚；对5%≤中标出口数量浪费率＜30%的企业，取消其下一年该类别商品投标资格；对中标出口数量浪费率≥30%的企业，取消其下两年该类别商品投标资格。

中标出口数量浪费率的计算公式为：

$$中标出口数量浪费率=\frac{已交100\%中标金但未使用的数量+收回中标数量}{中标数量-转让数量+受让数量-上交数量}\times 20\%$$

第九章　附　　则

第三十六条 招标委员会在指定银行开立专用账户，用于收取中标保证金和中标金，具体事务委托中国纺织品进出口商会办理。开户行和账号信息由招标委员会在招标公告中发布。

第三十七条 纺织品出口数量招标的公告、通知等由招标委员会在《国际商报》、中国国际电子商务网上发布。

第三十八条 未经商务部或招标委员会批准，任何单位、组织或个人均不得发布与纺织品出口数量招标有关的规定、公告或通知等。

第三十九条 本细则由商务部负责解释。

商务部关于促进中小流通企业改革和发展的指导意见

为贯彻落实《国务院关于促进流通业发展的若干意见》（国发［2005］19号）和《国务院关于鼓励支持和引导个体私营等非公有制经济发展的若干意见》（国发［2005］3号）精神，引导中小流通企业（包括商品批发、零售、外贸、餐饮业、住宿业和其他居民服务业的中小企业）加快改革发展步伐，促进中小流通企业健康发展，提出以下意见。

一、指导思想和发展目标

中小流通企业是流通业的主体，约占全国流通企业总数的99%以上，实现的销售额约占全社会消费品零售总额的90%以上，并提供了大量就业机会。近年来，随着国有经济布局调整步伐加快，中小流通企业在促进国民经济稳定增长、拉动民间投资、方便群众生活、缓解就业压力、促进市场繁荣、保持社会稳定等方面发挥着越来越重要的作用。但是，长期以来，中小流通企业缺乏必要的政策支持和引导，在发展中存在许多困难和问题，制约了其健康发展。

指导思想：以"三个代表"重要思想为指导，全面贯彻党的十六大、十六届三中全会和国务院召开的全国流通工作会议精神，树立科学发展观，促进大、中、小型流通企业的协调发展，充分发挥中小流通企业在增加就业、解决"三农"问题、促进国民经济持续协调发展等方面的重要作用，积极推进中小流通企业改革，推动中小流通企业运用信息技术和现代营销技术，大力发展现代流通方式，不断提高经营管理和现代化水平，加大扶持力度，采取有力措施切实解决制约中小流通企业发展的主要问题，改善经营环境，促进中小流通企业健康发展。

发展目标：到2010年，中型流通企业基本建立现代企业制度，小型流通企业健全经营管理制度，经营行为更加规范，经营管理水平显著提高，抵抗风险的能力明显增强，流通基础设施和应用现代信息技术水平显著改善。中小流通企业的数量进一步增加。中小流通企业销售收入年均增长速度争取达到9%，适当快于国民经济的增长速度，培育一批中小企业的知名品牌。按照各相关行业标准，实现规范经营。吸纳就业人员的能力进一步增强，新增就业人数位居各行业前列。

二、深化改革，增强中小流通企业活力

各级商务主管部门要结合当地实际情况，深化中小国有流通企业改革，进一步增强企业活力。推进企业产权制度改革，建立归属清晰、权责明确、保护严格、流转顺畅的现代产权制度。引导企业采取联合、收购、兼并、租赁、承包经营、出售等多种形式进行产权制度和经营机制改革，加快国有中小流通企业改制。在中型流通企业中大力推行股份制改革，鼓励和支持民间资本、外资等非公有资本参与国有中小流通企业改革，实现投资主体多元化。大力发展国有资本、集体资本和非公有资本参股的混合所有制中小流通企业。

推动中型流通企业深化企业制度改革，健全企业法人治理结构，按照现代企业制度要求，转换经营机制，完善企业经营、用工、人事和收入分配等制度，调动企业职工的积极性。引导中小流通企业重视基础管理工作，进一步加强企业管理，依法建立商品经营管理、财务管理、合同管理、人力资源管理、安全管理等企业内部管理制度，完善企业内部管理规范和标准。

鼓励优势企业兼并、重组、托管困难企业，对长期亏损、资不抵债、扭亏无望的企业依法实施破产。要加强对中小流通企业改革的引导与规范。在企业改制过程中规范操作，防止国有资产流失，防止逃废、悬空银行债务。要正确处理改革、发展、稳定的关系，维护职工正当权益，保持社会稳定。

各地商务主管部门要积极协调当地有关部门出台鼓励创业、支持中小流通企业经营创新、技术创新和开拓市场的税收政策和金融支持政策，降低中小流通企业的改革、改制成本。鼓励有条件的地方通过国有企业资产经营收益、商业用地变现、流通企业国有资本减持、转让以及财政拨付等方式筹措资金，建立国有中小流通企业改革的专项资金，用于无力支付改制费用企业的改制费用以及破产企业资产变现后不足支付职工社会保险、经济补偿等方面费用。

要积极协调，争取地方房产管理部门的支持，解决国有中小流通企业长期使用的商业用房产权归属问题。要认真落实国家关于企业吸纳下岗职工就业和国有企业下岗职工创办中小企业的优惠政策。

三、大力发展现代流通方式，提高中小流通企业现代化水平

积极推进连锁经营、特许经营、物流配送、代理制、多式联运、电子商务等组织形式和服务方式的发展，中小流通企业可以根据自身特点，着重发展特许加盟和中小企业间的自由连锁，进一步提高中小企业的组织化程度。鼓励用现代流通方式改造传统流通业态，鼓励中小流通企业发展联合采购，努力提高服务质量和规模经营效益。

推动中小流通企业实施品牌战略。大力发展特色化、专业化、品牌化经营，培育一批中小企业的知名品牌，弘扬和发展中华老字号。引导企业实行错位经营，转变经营方式上陈旧雷同、缺乏服务品牌和以“价格战”等低层次竞争手段为主的状况。积极倡导通过联合、合作、特许经营和自由连锁等方式，依托有竞争力的企业，形成一批拥有著名服务品牌、多元投资主体的优势中小流通企业。

各地商务主管部门要积极协调当地有关部门，认真贯彻落实《国务院办公厅转发国务院体改办国家经贸委关于促进连锁经营发展若干意见的通知》（国办发［2002］49号）中提出的各项支持政策，在简化行政审批手续、实行统一纳税、减少重复检查等方面切实为中小流通企业发展创造良好外部环境。

引导中小企业采用适合自身发展水平和实际需要的信息技术，在有条件的地区进行中小流通企业电子商务试点。

四、支持创办中小流通企业，放宽市场准入限制

坚持发展流通领域大公司、大集团与扶持中小流通企业并举。鼓励创办中小流通企业，积极开发新的工作岗位。在市场准入、专营商品和服务的指定经营、土地使用等方面，应给予中小流通企业更多的支持，除国家法规有特殊规定外，各地给予外资企业和大企业的优惠政策，应同样适用中小流通企业。应从鼓励开办、方便注册的角度出发，简化中小流通企业设立审批程序，除法律、行政法规有特殊规定外，不得设置前置审批。

创造公平竞争的外部环境。认真清理各种不利于中小流通企业发展的行政法规和政策规定，研究制定符合世贸组织规则又有利于中小流通企业发展的政策措施。进一步整顿和规范市场秩序，严肃查处不正当竞争行为，坚决取消地方保护主义措施，创造有利于中小流通企业与大企业公平竞争的市场环境。要切实减轻中小流通企业负担，对已取消的收费项目要进行监督检查，对巧立名目、变相增加中小流通企业负担的，要坚决予以查处。

支持开展内外贸一体化经营，加快内外贸企业的融合，打破大宗商品内外贸分割的经营管理体制。鼓励中小流通企业根据企业实际开展进出口业务和国内经营，促进内外贸企业合作，结成战略合作伙伴，发挥各自优势，共同开拓国内外市场。对符合《中小企业国际市场开拓资金管理（试行）办法》和《中小企业国际市场开拓资金管理办法实施细则》规定的，要按有关规定给予资金支持。促进中小流通企业引进国外先进经验和经营管理技术，鼓励有条件的中小流通企业实施“走出去”战略，尤其是与优势工业企业联手开拓国际市场，积极扩大进出口贸易和对外服务。在对外投资、进出口信贷、出口信用保险等方面中小流通企业应与其他企业享受同等待遇。

五、完善中小流通企业融资体系，切实解决融资难问题

积极争取地方有关部门设立的中小企业发展专项资金，支持中小流通企业的发展。鼓励有条件的地区设立支持中小流通企业的发展基金，或在政府统一支持的中小企业发展基金中安排一定规模的资金，重点用于扶持中小流通企业的创立、扩大经营服务规模、人员培训、信用担保及服务体系建设等方面。各地商务主管部门应积极协调各商业银行，推动其按照《中国人民银行关于进一步加强对有市场、有效益、有信用中小企业信贷支持的指导意见》（银发［2002］224号）精神，加大对中小流通企业的信贷支持，完善对中小流通企业的金融服务，扩大授信额度，开发新的信贷服务项目；鼓励各类信用担保机构积极开展中小流通企业的担保业务；要制定相应政策，鼓励、引导社会各方面资金投入中小流通企业的改造和发展。

拓宽融资渠道，支持符合条件的中小流通企业利用股票上市、资产重组、股权置换等多种方式筹措资金。鼓励上市公司和外商参股、整合中小流通企业，引导、推动并规范中小流通企业通过合资、合作、产权出让等方式利用外资进行改组改造。符合条件的中小流通企业可依照国家有关规定申请发行企业债券。

六、切实将中小流通企业发展纳入当地经济发展规划，在用地、用电等方面给予积极支持

各地商务主管部门要结合城市发展和城区改造以及新建居民区的开发，合理规划大中小商业网点布局，促进大型商店与中小店铺的协调发展。要合理安排中小流通企业的用地，为中小流通企业提供生存发展空间。大中城市根据城市总体规划，迁出或关闭的市区污染大、占地多等不适应城市功能定位的工业企业所退出的土地，商务主管部门要协调城市规划部门，支持符合规划的中小流通企业使用。逐步解决流通企业用电价格高于工业企业的不合理现象。

加大对中西部和东北地区中小流通企业发展的扶持力度。西部地区和东北地区地方商务主管部门要积极争取和用好西部大开发和振兴东北老工业基地的各项政策，包括在财政、税收和土地使用等方面的政策。鼓励和吸引国内各类投资者以及外商到中西部和东北地区投资创办中小流通企业。

加快农村地区中小流通企业发展步伐，要积极鼓励创办为农民、农村、农业服务的中小流通企业。要注意适应当地市场需求，因地制宜地发展有优势的中小流通企业，大力吸纳农村富余劳动力参与流通业。鼓励优势流通企业改造现有农村流通网点，注重改善当地流通和服务的条件，提高农村商品流通水平。鼓励中小流通企业成为“贸工农、产供销”一体化龙头企业，参与农产品流通。

七、积极支持中小流通企业进行科技创新和技术改造

积极倡导采用现代化科技管理技术，提高中小流通企业运用现代科技成果的能力。支持中小流通企业开展技术改造，改变店容店貌，积极应用计算机管理等现代化手段，在零售企业和门店经营中推广使用时点销售系统（POS），逐步建立和完善信息管理系统（MIS），积极创造条件，提高中小流通企业的信息化水平。

认真落实好国家有关支持企业技术改造的政策，对符合国家产业政策的技术改造项目，可列入国债资金项目计划给予贴息支持。各地商务主管部门要争取当地有关部门加大对中小流通企业技术改造的支持力度，对中小流通企业的技改投资、购置设备等给予一定的扶持政策。对中小流通企业科技创新按有关支持政策给予有效扶持。

充分运用财政和金融手段支持流通企业进行结构调整，重点支持现代流通方式的推广和运用。地方各级人民政府要在财政补贴、土地使用等方面，鼓励连锁经营企业发展，尤其是到城市社区、农村建立营销网络；引导企业加大利用信息技术改造传统作业方式的力度，采用现代管理技术，提高管理效率，降低成本；鼓励各类流通企业发展电子商务。

八、健全中小流通企业服务体系，提供人才培训、信息服务

鼓励具备条件的地区建立面向广大中小流通企业的公共信息服务平台，为中小流通企业在政策、技术、市场、人才信息等方面提供服务。

加强人才培训。整合社会资源，创新培训方式，形成政府引导、社会支持和企业自主相结合的培训机制，开展面向中小流通企业的投资咨询和职业技能等方面的培训。积极探索面向流通行业的职业教育体系建设，加快培养中小流通企业所需各类人才，加强岗位职业培训，提高从业人员的职业道德、信誉意识、竞争意识、服务意识和业务水平。

要积极发挥行业协会的作用，推动中小企业行业协会等中介机构的发展，发挥其在服务企业、行业自律、加强企业与政府沟通等方面的作用。鼓励社会各类中介服务组织增强服务意识，为中小企业提供创业辅导、企业诊断、市场营销、投资融资、贷款担保、产权交易、技术支持、人员培训、对外合作、展览展销、法律咨询等服务。

九、加强组织领导，扎扎实实做好工作

各地商务主管部门要进一步转变观念，统一思想，充分认识新阶段、新形势、新体制下加快发展中小流通企业的重要意义，真正把促进中小流通企业的发展放到重要位置。要学习借鉴发达国家政府十分重视扶持中小企业发展的经验，做好对中小流通企业的扶持、引导、服务工作，努力为中小流通企业的发展创造良好环境。同时，要进一步研究探索并逐步建立中小流通企业相关统计制度。

要转变职能，结合地方机构改革，将扶持中小流通企业发展作为商务主管部门的职责和重点工作。要牢固树立为中小流通企业服务的意识，针对他们在发展中遇到的困难和问题，研究具体措施予以解决。要加强舆论宣传，充分利用新闻媒体，营造中小企业发展的良好舆论氛围。

各级商务主管部门要在当地党委、政府的领导和支持下，加强与发展改革委、财政、金融、税收、工商等有关部门的沟通与协调，积极争取各方面的理解与支持，会同有关部门，研究提出本地区贯彻实施《中小企业促进法》和本意见的工作计划和实施方案，制定和实施促进中小流通企业发展的具体政策措施，明确工作重点，因地制宜，切实做好协调、指导和服务工作。

关于加强境外中资企业机构与人员安全保护工作的意见

商务部　外交部　国资委

国务院办公厅转发商务部等部门关于加强境外中资企业机构与人员安全保护工作的意见的通知

国办发［2005］48 号

各省、自治区、直辖市人民政府，国务院各部委、各直属机构：

商务部、外交部、国资委《关于加强境外中资企业机构与人员安全保护工作的意见》已经国务院同意，现转发给你们，请认真贯彻执行。

国务院办公厅

2005 年 9 月 28 日

随着我国对外开放不断扩大和“走出去”战略的深入实施，境外中资企业、机构与人员迅速增多，地域分布日趋广泛。为维护我公民的生命财产安全和国家利益，保障“走出去”战略顺利实施，促进对外经济合作的发展，根据《国家涉外突发事件应急预案》（国办函［2005］59 号）等相关规定，现就做好境外中资企业、机构与人员安全保护工作提出以下意见：

一、树立全面的安全观和发展观

各地区、各有关部门和单位要以邓小平理论和“三个代表”重要思想为指导，坚持执政为民、以人为本的基本原则，从全局和战略的高度，进一步提高对境外中资企业、机构与人员所面临安全形势的认识，认真指导有关企业、机构与人员认清在境外特别是在安全问题突出国家和地区开展经济活动面临的安全风险，建立健全工作协调、应急处置和内部防范等机制，正确处理安全与发展的关系，树立发展是根本、安全是保障，发展是硬道理、安全是大前提的安全观和发展观；坚决摒弃片面或单纯追求经济效益的思想，牢固树立人民群众生命财产安全高于一切的观念；加强风险防范意识，落实预防为主、防范处置并重的要求；及时果断处置突发事件，避免或最大程度地减少我公民生命财产损失，维护我国家利益。

二、加强安全教育和管理，强化安全意识

各地区、各有关部门和单位要切实做好境外中资企业、机构与人员出境前后的安全教育和管理工作。按照“谁派出，谁负责”的原则，要求派出企业、机构负责对外派人员进行安全教育和应急培训，增强其安全防范意识和自我保护能力。进一步严格驻外企业、机构与人员的管理，对安全问题突出的国家和地区要制订驻外人员行为守则，就行动范围、人员交际及突发事件应急处理方法和联系方式等予以规范和指导。各地区、各有关部门和单位要对所派出企业、机构的安全教育和管理工作提出明确要求并做好监督检查。外交部、公安部、劳动保障部、铁道部、交通部、商务部、国资委、民航总局等部门在为出境人员提供相关服务时，要有针对性地加强宣传和指导，方便其学习掌握必要的安全知识。

三、严格履行对外经济合作业务管理规定，切实把好安全关

对国内企业在境外开办企业、开展工程承包和劳务合作等业务，有关主管部门在审批核准时，应事先就当地安全形势征求驻外使领馆的意见；要从国别（地区）投资环境、投资导向政策、安全状况、双边关系、地区合理布局、相关国际义务、保障企业合法权益等方面进行认真审核，必要时，可实行安全一票否决。对在安全问题突出的国家和地区开展业务活动的，应重点加强安全评估和企业权益保障。要求核准的企业应凭主管部门的批准证书或其他批复文件，及时到驻外使领馆登记报到，并保持经常联系。承担援外项目建设任务的企业，应根据援外管理规定，自觉接受驻外使领馆的领导。

四、完善信息收集和报送制度，建立安全风险预警机制

各地区、各有关部门和单位要建立和完善境外企业、机构与人员应对突发事件的预警机制。外交部、公安部、安全部、商务部等部门及驻外使领馆等驻外机构要加强对安全问题突出的国家和地区有关政治经济形势、民族宗教矛盾、社会治安状况、恐怖主义活动等信息的收集工作，及时掌握境外各种可能危及我国企业、机构与人员安全的情报信息。各地区、各有关部门及驻外使领馆要及时向境外中资企业、机构通报所在国家（地区）的安全形势，使其对自身安全状况有正确认识和评估。外交部、商务部等部门要对不同国家和地区的安全状况进行动态综合评估，对境外可能发生涉我突发事件的预警信息，报境外中国公民和机构安全保护工作部际联席会议办公室汇总，并由其商有关部门或单位，按各自职责分工，适时以相应方式经授权发布，提醒我境外企业和人员采取适当预防和自我保护措施。

五、建立和完善内部安全防范与应急处置机制

各地区、各有关部门和单位要指导和监督相关企业、机构建立组织机构，统一协调安全工作。在安全问题突出的国家和地区开展经营活动，特别是承担重大援建项目和投资、承包工程、劳务等对外经济合作项目建设任务的企业，要建立安全工作机构和应急处置机制，制订安全防范措施和应急预案，做到机制完善、职责明确、措施到位。境外中资企业和机构要在工作、生活区域配备必要的安全保卫设施，雇佣有防护能力的当地保安，必要时聘请武装军警，增强防护能力。

外交部、公安部、安全部、商务部、国资委等部门根据需要组成境外安全巡查工作组，对在安全问题突出的国家和地区的对外经济合作项目尤其是重点项目建设进行安全检查和指导。

六、充分利用现有工作机制，加强部门间的协作配合

充分利用境外中国公民和机构安全保护工作部际联席会议制度和驻外使领馆牵头、其他驻外机构配合的我国境外人员和机构安全保护应急协调处理机制，进一步加强外交部、公安部、安全部、财政部、交通部、商务部、卫生部、国资委、民航总局等部门之间的沟通、交流与协作，重点对境外领事保护、境外企业和项目管理、应急资金支持、交通运输、医疗救护、保险保障等工作进行协调，合力推进相关法律法规建设，建立健全安全防范和应急处置工作机制，互通安全情报等，共同做好境外中资企业、机构与人员安全保护工作。

七、进一步发挥驻外使领馆的作用

驻外使领馆要加大对外交涉力度，做好驻在国军队、内务、警察等部门的工作，争取其为我国境外中资企业、机构与人员安全保护工作提供更多帮助。要与境外中资企业、机构及援建、承包、劳务企业加强联系，保持信息畅通。在发生境外涉我突发事件时，除按照有关应急预案的规定做好事发现场先期处置等工作外，应积极协助我国境外中资企业、机构与人员在遭受突发安全侵害后向所在国索赔，争取合理赔偿。对涉及我国境外企业、机构与人员的一般性安全事件，继续做好领事保护工作。

八、建立项目安全风险评估和安全成本核算制度，加强境外人员与机构的保险保障

各有关企业除了要做好对外经济合作项目的商业评估外，还要对项目所在国家和地区的安全状况进行风险评估，根据不同的安全风险，相应制订分类管理的安保措施，并把安全防护费用计入成本。要逐步推行符合国际惯例的合同条款，把安全保障条款纳入安全问题突出的国家和地区项目协议或合同，把安全投入成本纳入承包项目预算。对于援外项目，由相关部门商承办企业对受援国安全环境进行风险评估和安全成本核算，并将有关费用纳入援外项目预算。

劳动保障部要继续研究做好与有关国家签订双边社会保险协定的工作，更好地维护境外中资企业、机构与人员的社会保障权益。保险机构要开发、完善与境外人员和机构安全保护相关的险种。各派出企业必须为外派人员购买境外人身意外伤害、职业暴露等保险，提高境外人员和机构的抗风险能力。

九、妥善处理与所在国家（地区）居民及团体的利益关系，积极开展本地化经营

各有关企业开展对外经济合作业务时，要充分考虑所在国家（地区）居民和团体的利益，包括与被雇佣者的利益关系，避免引发商业纠纷，尤其要防止陷入当地利益冲突。要加强与所在国家（地区）政府有关部门、社会团体及其他相关方面的联系与沟通，广泛争取理解和支持，增进友谊，避免或减少矛盾，以便在突发危险时能得到及时保护和救助。要着眼于企业长远发展，在安全问题突出的国家和地区推进项目本地化经营，合理确定中方人员比例，通过采取本地分包等方式帮助扩大本地就业，尽可能降低我境外人员安全风险。

十、完善相关法律法规，把境外中资企业、机构与人员安全保护工作纳入法制化轨道

有关部门要借鉴世界主要国家保护境外人员和机构的做法，结合我国实际情况，推动尽快出台对外援助、对外投资、对外承包工程及劳务合作等方面的法规，并对现有的政策规定进行修订、补充和完善，增加安全保护条款。要认真研究对外经济合作项目涉及的合同文本、突发事件职责分工、善后处理、伤亡人员抚恤补偿标准、保险理赔等问题并作出明确规定。

十一、加强领导，落实责任

各地区、各有关部门和单位要切实加强对境外中资企业、机构与人员安全保护工作的领导，主要负责同志亲自抓，把这项工作列入重要议事日程。要坚持以人为本、预防为主、统一领导、分级负责、依法办事、处置果断的方针，加强宣传教育，明确职责分工，制订完善相应措施和工作机制，加强督促检查，确保各项安全保护工作得到充分落实。对于敷衍塞责、严重失职的地方、部门及单位，要依法追究有关领导和人员的责任。

农资农家店建设与改造规范

商务部关于印发《农资农家店建设与改造规范》的通知

各省、自治区、直辖市、计划单列市及新疆生产建设兵团商务主管部门：

根据《商务部关于开展“万村千乡”市场工程试点的通知》（商建发［2005］45号）精神，为进一步做好农村商品流通工作，建立和完善农业生产资料产品经营网络，特制定《农资农家店建设与改造规范》，现印发给你们，请遵照执行。

从2005年开始，农资农家店纳入“万村千乡”市场工程试点范围，具体验收办法按《商务部关于“万村千乡”市场工程项目验收的通知》（商建发［2005］533号）的有关规定执行。请各地将执行过程中遇到的问题和建议，及时向我部（市场建设司）反馈。

特此通知。

中华人民共和国商务部

2005年10月11日

一、适用范围

本规范规定了农村村级农资农家店和乡级农资农家店的规模、经营设施、设备和经营管理基本要求，适用于农村村级和乡级农资农家店的建设、改扩建及管理。

农资农家店是指设在乡镇或村，通过连锁经营的方式，向农村居民主要销售化肥、农药、种子、农地膜、小型农机具、兽药饲料等农业生产资料，并提供相应农技服务的农村零售店铺。其中村级农资农家店设在非乡镇人民政府所在地的村；乡级农资农家店设在乡镇人民政府所在地的行政村（或街道）。

二、村级农资农家店的基本要求

（一）规模要求

东部地区营业面积在30m^{2}以上，中西部地区营业面积在20m^{2}以上。

（二）经营管理基本要求

1. 经营化肥、农药、农地膜、种子、小型农机具、兽药饲料等农业生产资料在2大类以上，化肥、农药等2类农资商品的品种配送率在70%以上。

2. 设在建筑的一层，与住宅分开，店堂内通风、明亮，墙壁和地面便于清扫；店面、店内标示必须是连锁企业的统一字号或形象。

3. 商品按品类划分不同区域分类、分品种摆放，整齐美观，有与经营商品相匹配的陈列货架或柜台，根据所销售的商品情况，采取自由的售货方式。

4. 使用检定合格的计量器具，并按相关规定定期送检；具有与连锁经营方式相适应的信息基础设备。

5. 有与其经营的农资商品相适应的仓储设施、安全防护设施、措施。

6. 店内明示对顾客的质量承诺，不得销售假冒伪劣商品。

7. 销售的商品宜符合当地的种植结构，优先选择销售名牌产品。

8. 建立商品准入和可追溯制度，统一配送及指定供货商的商品由连锁总部建立商品准入制度，对质量进行负责。

农家店自行采购的商品要对进货渠道及进货商进行登记管理，对销售的商品质量负责。

9. 执行国家物价管理政策，所有商品明码标价。

10. 从业人员必须身体健康，无传染性疾病；定期参加连锁总部举办的培训，熟悉农资商品的性能和使用方法及相关知识，依法经营，依照连锁经营总部统一管理的规章，诚实守信；提供必要的农技服务和市场信息。

三、乡级农资农家店的基本要求

（一）规模要求：东部地区营业面积在60m² 以上，中西部地区营业面积在40m² 以上。

（二）经营管理基本要求

1. 化肥、农药及其他农资商品的大类齐全；经营化肥、农药、种子、农地膜、小型农机具、兽药饲料等农业生产资料在3大类以上，化肥、农药等2类农资商品的配送率在80%以上。

2. 符合第二条第二款村级“农资农家店”2—10条的基本要求。

3. 根据所销售的商品情况，采取柜台面售与开架相结合的售货方式，批零兼营。

4. 有必要的运输工具，能为消费者提供大宗商品送货上门的销售服务；能为村级连锁店提供代购或批发、配送服务。

5. 附设与其业务相适应的仓储库房。

6. 从业人员需从事农资销售或农资服务2年以上。

7. 为消费者提供农资市场信息和技术咨询服务功能，并根据消费者需求适时组织规模较大的农业技术服务、讲座等。

出入境特殊物品卫生检疫管理规定

国家质量监督检验检疫总局令

第83号

《出入境特殊物品卫生检疫管理规定》已经2005年5月16日国家质量监督检验检疫总局局务会议审议通过，现予公布，自2006年1月1日起施行。

局长　李长江

2005年10月17日

第一章　总　　则

第一条　为规范出入境特殊物品的卫生检疫监督管理，根据《中华人民共和国国境卫生检疫法》及其实施细则的有关规定，制定本规定。

第二条　本规定适用于入境、出境的微生物、人体组织、生物制品、血液及其制品等特殊物品的卫生检疫监督管理。

第三条　国家质量监督检验检疫总局（以下简称国家质检总局）统一管理全国出入境特殊物品的卫生检疫监督管理工作；国家质检总局设在各地的出入境检验检疫机构（以下简称检验检疫机构）对辖区内出入境特殊物品实施卫生检疫监督管理。

第四条　出入境特殊物品的卫生检疫管理实行卫生检疫审批、现场查验和后续监督管理制度。

第五条　取得《入/出境特殊物品卫生检疫审批单》（以下简称《卫生检疫审批单》），并经卫生检疫合格的出入境特殊物品，方准入境、出境。

第六条　出入境特殊物品由国家质检总局指定并公布的口岸入境、出境。

第二章　卫生检疫审批

第七条　直属检验检疫局负责所辖区域内出入境特殊

物品的卫生检疫审批。

第八条 入境、出境特殊物品的货主或者其代理人应当在交运前向入出境口岸直属检验检疫局提交《入/出境特殊物品卫生检疫审批申请单》（以下简称《审批申请单》）。

货主或者其代理人应当根据出入境特殊物品的分类填写《审批申请单》，每一类别填写一份。

第九条 申请办理出入境微生物、人体组织、血液的卫生检疫审批手续的，应当提供以下材料：

（一）相关主管部门出具的准许出入境证明（原件和复印件）；

（二）特殊物品所含病原微生物的学名（中文和拉丁文）和生物学特性（中英文对照件）的说明性文件；

（三）含有或者可能含有3至4级病原微生物的入境特殊物品，及含有或者可能含有尚未分级病原微生物的入境特殊物品，使用单位应当具备BSL-3级（P3级）实验室，并提供相应资质的证明；

（四）科研用特殊物品应当提供科研项目批准文件原件或者科研项目申请人与国内外合作机构协议（原件和复印件，中、英文对照件）；

（五）供移植用器官应当提供有资质医院出具的供体健康证明和相关检验报告。

第十条 申请办理生物制品、血液制品的卫生检疫审批手续的，货主或者其代理人应当提供以下材料：

（一）用于治疗、预防、诊断的入境生物制品、血液制品，应当提供国家药品监督管理部门出具的进口注册证明；

（二）用于治疗、预防、诊断的出境生物制品、血液制品，应当提供药品监督管理部门出具的《药品销售证明》；

（三）用于其他领域的出入境生物制品、血液制品，应当提供相关主管部门出具的进口批件。

第十一条 直属检验检疫局对申请材料齐全，符合法定形式的申请，应当予以受理。

第十二条 受理申请的直属检验检疫局对申请材料进行实质性审查，并在20个工作日内作出准予许可或者不准予许可的决定，20个工作日内不能作出决定的，经负责人批准可以延长10个工作日，并应当将延长期限的理由告知申请人。

准予许可的，应当签发《卫生检疫审批单》，不准予许可的，应当书面说明理由。

对于尚未认知其传染性的特殊物品，直属检验检疫局应当报请国家质检总局开展技术分析。技术分析所需时间不计入审批期限，但应当书面告知货主或者其代理人。

第十三条 出入境的特殊物品卫生检疫审批单只能使用一次，有效期限为90天。

第十四条 供移植用器官因特殊原因未办理卫生检疫审批手续的，入境、出境时检验检疫机构可以先予放行，货主或者其代理人应当在放行后10日内申请补办卫生检疫审批手续。

第三章 卫生检疫

第十五条 入境、出境特殊物品到达口岸后或者离开口岸前，货主或者其代理人应当依法向口岸检验检疫机构报检。有下列情形之一的，检验检疫机构不予受理报检：

（一）不能提供《卫生检疫审批单》的；

（二）《卫生检疫审批单》超过有效期的；

（三）伪造、涂改有关文件或单证的；

（四）其他不符合检验检疫要求的。

第十六条 受理报检的口岸检验检疫机构按照下列要求对出入境特殊物品实施现场查验，并填写《入/出境特殊物品卫生检疫现场查验记录》：

（一）检查出入境特殊物品名称、批号、规格、数量、输出/输入国和生产厂家等项目是否与审批单列明的内容相符；

（二）检查出入境特殊物品包装是否安全无破损，不渗、不漏；

（三）对出境的特殊物品应核查出厂检验合格报告，检查生产记录、原材料来源，以及生产流程是否符合卫生要求。

第十七条 对需抽样检验的入境特殊物品，经口岸检验检疫机构许可，货主或者其代理人可先运至有储存条件的场所，待检验合格后方可移运或使用。口岸检验检疫机构不具有检验能力的，应当委托国家质检总局指定的实验室进行检验。

第十八条 邮寄、携带的出入境特殊物品，因特殊情况未办理卫生检疫审批手续的，检验检疫机构应当予以截留，要求按照规定办理卫生检疫审批手续，并按照第十六条进行查验，经检疫合格后方可放行。

第十九条 口岸检验检疫机构对经卫生检疫符合要求的出入境特殊物品予以放行。发现有下列情况之一的，签发《检验检疫处理通知书》，并予以封存、退回或者销毁：

（一）名称、批号、规格、数量等与审批内容不相符的；

（二）包装或者保存条件不符合要求的；

（三）超过有效使用期限的；

（四）经检验不符合卫生检疫要求的；

（五）被截留物品自截留之日起 60 日内未获准许可的。

口岸检验检疫机构对处理结果应当做好记录、归档，并上报国家质检总局。

第四章　后续监管

第二十条　检验检疫机构对辖区内含有或可能含有病原微生物的入境特殊物品实施后续监管。

需要后续监管的入境特殊物品，未经检验检疫机构的同意，不得擅自使用。

第二十一条　对需要实施异地后续监管的入境特殊物品，口岸检验检疫机构应当出具《入境货物调离单》，并及时电子转单给目的地检验检疫机构。使用单位应当在特殊物品入境后 30 日内，持《入境货物调离单》到目的地检验检疫机构申报，并接受后续监管。

第二十二条　检验检疫机构对入境特殊物品实施后续监管的内容包括：

（一）含有或者可能含有病原微生物入境特殊物品的使用单位是否具有相应等级的生物安全实验室，P3 级以上实验室必须获得国家认可机构的认可；

（二）使用单位实验室操作人员是否具备相应的资质；

（三）入境特殊物品使用情况记录，是否按照审批用途使用。

使用单位应当及时向检验检疫机构提供使用情况说明。

第二十三条　检验检疫机构在后续监管过程中发现有不符合要求的，应当责令限期整改，并对已入境的特殊物品进行封存，直至整改符合要求。如经整改仍不符合要求的，责令其退运或者销毁。

第二十四条　检验检疫机构对后续监管过程中发现的问题，应当立即报告国家质检总局，并通报原审批的直属检验检疫局。

第五章　附　　则

第二十五条　违反本规定，有下列行为之一的，检验检疫机构可以给予警告或者处以 5000 元以下的罚款：

（一）瞒报或者漏报禁止进口的微生物、人体组织、生物制品、血液及其制品等特殊物品的；

（二）未经检验检疫机构许可，擅自移运、销售和使用特殊物品的；

（三）在规定时限内未向检验检疫机构申报或者拒绝接受特殊物品卫生检疫后续监管的；

（四）伪造或者涂改检疫单、证的。

第二十六条　对违反本规定，引起检疫传染病传播或者有引起检疫传染病传播严重危险的，依照《中华人民共和国刑法》的有关规定追究刑事责任。

第二十七条　本规定下列用语的含义：

（一）微生物是指病毒、细菌、真菌、放线菌、立克次氏体、螺旋体、衣原体、支原体等医学微生物；

（二）人体组织是指人体胚胎、器官、组织、细胞、人体分泌物、排泄物；

（三）生物制品是指：细菌类疫苗、病毒类疫苗、抗毒素、各种诊断用试剂、干扰素、激素、酶及其制剂以及其他活性制剂（毒素、抗原、变态反应原、单克隆抗体、重组 DNA 产品、抗原－抗体复合物、免疫调节剂、微生态制剂、核酸制剂等），以及其他生物材料制备的有关制品；

（四）血液及其制品是指全血、血浆、血清、血细胞以及由血液分离、提纯或者应用生物技术制成的血浆蛋白组分或者血细胞组分制品。

第二十八条　进出保税区、出口加工区的出入境特殊物品的卫生检疫管理，按照本规定执行。

第二十九条　本规定由国家质检总局负责解释。

第三十条　本规定自 2006 年 1 月 1 日起施行。

农轻纺产品贸易促进资金暂行管理办法

第一条 为提高我国出口农产品、轻工产品、纺织品的质量与安全水平，增强我国相关产业的国际竞争力，规范农轻纺产品贸易促进资金（简称“农轻纺资金”）的使用，提高资金使用效益，特制定本办法。

第二条 本办法所称农轻纺资金来源于外贸发展基金。

第三条 农轻纺资金实行项目管理，无偿使用，坚持公平、公正原则，农轻纺资金的使用应符合国际惯例和我国加入世界贸易组织的承诺，有利于提高和增强我国企业参与国际合作与竞争能力。

第四条 农轻纺资金的使用范围：

（一）农产品：获得国际通行的产品和体系认证、有机认证；建立质量溯源体系；出口农产品行业标识、原产地标记注册的推广；

（二）轻工产品：制定行业出口中长期发展规划；制定、推广行业操作规范和行业标识；获得国际通行的质量体系认证；新技术、新设计、新营销理念培训与交流；

（三）纺织品：多（双）边政府对话、国际交流与合作；节能降耗、产业集群区能源综合利用等项目立项的前期扶持；绿色产品的推广；技术交流与服装设计的促进；

（四）商务部组织全国性的农轻纺贸易促进活动和评审工作。

第五条 农轻纺资金的支持对象为企业和出口行业组织。

第六条 申请资金须符合以下条件：

（一）在中国关境内注册，具有企业法人资格，且依法备案登记的对外贸易经营者，或者是具有我国境内的社团法人资格的出口行业组织；

（二）有独立、健全的财务核算和管理制度，财务状况良好；

（三）近3年来在对外贸易活动中无严重违法违规行为；

（四）出口行业组织：近3年主办或承办过全国性或国际性行业展览会、研讨会、培训等活动；

（五）申请轻工产品资金，还须同时符合下列条件：

1. 企业：拥有自主知识产权和国（境）外注册的自有品牌；遵守国家相关法律法规，按规定缴纳职工社会养老保险、失业保险和医疗保险；

2. 出口行业组织：会员企业数量超过1 000家；

（六）申请纺织品资金，还须同时符合下列条件：

1. 企业：在过去3年中有新产品研发项目，所申请项目有一定的独创性；在过去3年中承担过国家级或省部级的科研项目；

2. 出口行业组织：在纺织行业内有一定的影响力和号召力，且会员单位不少于500家。

第七条 农轻纺资金的使用实行项目管理的原则。具体申请和项目的确定程序如下：

（一）商务部会同财政部发布申报指南。

（二）地方企业、地区出口行业组织根据申报指南向省级（各省、自治区、直辖市、计划单列市及新疆生产建设兵团，下同）商务主管部门和财政主管部门提出申请。省级商务主管部门根据本办法的规定对申请项目初审后，会商同级财政部门联合上报商务部、财政部。

（三）中央企业及其直属单位、全国性出口行业组织根据申报指南直接向商务部、财政部提出申请。

（四）商务部会同财政部组织专家对申请项目进行评审，根据评审结果和申报项目的排序确定支持项目和支持金额。

第八条 财政部门按照财政国库管理制度规定拨付相关资金。对已实行国库集中支付的，按国库集中支付规定拨付资金；对未实行国库集中支付的，按现行规定办理。

第九条 各级商务、财政部门要加强对使用农轻纺资金的监督管理，及时拨付，督促项目实施，严禁挤占、挪用。

第十条 所有与使用农轻纺资金有关的项目单位，均须建立完善的项目档案管理，自觉接受商务部、财政部对资金使用情况的监督与检查。

第十一条 所有的项目执行单位均须在项目完成后两个月内向所属的省级商务主管部门、财政部门或商务部、财政部提交项目总结报告，并接受监督检查。

第十二条 省级商务主管部门和财政部门（中央管理

企业、全国性行业中介组织）每年应对本地区（单位）的农轻纺资金使用情况进行总结分析，对每个项目作出评价，并于次年3月底前上报商务部和财政部。

第十三条 任何单位不得擅自更改农轻纺资金用途，截留、挪用、侵占农轻纺资金。对违反本办法的单位，按照《财政违法行为处罚处分条例》（国务院第427号令）进行处理。

第十四条 本规定自发布之日起执行。

第十五条 本规定由商务部、财政部解释。

（商务部、财政部商规发［2005］507号2005年10月20日发布）

商务部、证监会关于上市公司股权分置改革涉及外资管理有关问题的通知

商资发［2005］565号

各省、自治区、直辖市、计划单列市及新疆生产建设兵团商务主管部门，中国证监会各地证监局，上海证券交易所，深圳证券交易所，中国证券登记结算公司：

为落实《关于上市公司股权分置改革的指导意见》（证监发［2005］80号）的要求，积极稳妥推进股权分置改革工作，根据外商投资法律法规及外商投资股份公司的有关规定，现就股权分置改革涉及的与外资管理有关的问题通知如下：

一、持有外商投资企业批准证书的A股上市公司（以下简称外商投资上市公司）股权分置改革涉及的股权变更程序

外商投资上市公司的董事会应在发出召开相关股东会议通知后的两个工作日内将股权分置改革方案直接报送商务部备案。股权分置改革方案在相关股东会议表决通过后，外商投资上市公司董事会应在1个工作日内通过各省、自治区、直辖市、计划单列市及新疆建设兵团商务主管部门（以下简称省级商务主管部门）报送下列文件：

（一）申请书；

（二）相关股东会议的表决结果；

（三）股权分置改革说明书；

（四）保荐机构意见书；

（五）法律意见书；

（六）涉及国家股或国有法人股的，应提交国有资产管理部门有关处置相关非流通股股份的批准文件；

（七）拟处置股份已设立质押的，应提交质权人的同意函；

（八）法律、法规要求的其他文件。

省级商务主管部门应在收到申请文件后两个工作日内向商务部转报。商务部在收到上报文件之日起两个工作日内征求证监会意见，证监会于两个工作日内向商务部书面确认无异议后，商务部于5个工作日内依法就外商投资上市公司股权变更事项作出批复。

二、外商投资上市公司股权分置改革后的企业性质和企业待遇

（一）外商投资上市公司股权分置改革方案实施后，在原外资法人股股东承诺不出售股票的期限（以下简称限售期）内，上市公司继续持有外商投资企业批准证书，享受的外商投资企业优惠待遇不变。由于股权分置改革引起外资股比例变化原则上不影响该上市公司已有的相关政策。

（二）限售期满后，原外资法人股股东不出售其股份的，上市公司继续持有外商投资企业批准证书，享受的外商投资企业待遇不变。

（三）限售期满后，原外资法人股东出售其股份的：

1. 原外资股股东出售股份后外资股比不低于25%的，上市公司继续持有外商投资企业批准证书，享受的外商投资企业待遇不变。

2. 原外资股股东出售股份导致公司外资股比低于25%但高于10%的，上市公司继续持有外商投资企业批准证书，公司已享受的外商投资企业优惠分别按税务、海关、外汇管理等部门的有关规定办理相关手续。

3. 原外资股股东出售股份导致上市公司外资股比低于10%的，上市公司需在3个工作日内到商务部和工商管理部

门等相关单位依法办理相关变更手续，上市公司不再持有外商投资企业批准证书。

三、境外投资者向上市公司战略性投资

根据《关于上市公司股权分置改革的指导意见》和外资并购的有关规定，允许境外投资者对上市公司进行战略性投资。股权分置改革后上市公司因实施发展战略需要引进境外战略投资者的，经商务部等有关部门批准，境外战略投资者可以购买并承诺在一定年限内持有一定比例（原则上参照国际货币基金组织关于外商直接投资的定义，有明确规定的从其规定）的上市公司A股股份。境外战略投资者购买上市公司股份的审批程序、股票账户管理等，由商务部、证监会另行制定管理办法。

四、持有外商投资企业批准证书的含H股或B股的A股上市公司，股权分置改革后继续持有外商投资企业批准证书。

五、股权分置改革后，外商投资上市公司应按要求及时向商务部报送外资股比例变动情况，中国证券登记结算公司根据商务部要求提供相关的数据查询服务。

六、暂未进行股权分置改革的外商投资上市公司，其股权变更仍按现行有关规定办理。

七、本通知由商务部和证监会负责解释。

八、本通知自发布之日起执行。

商务部

证监会

2005年10月26日

外国政府贷款项目采购公司招标办法

财政部关于印发修订后的《外国政府贷款项目采购公司招标办法》的通知

各省、自治区、直辖市、计划单列市财政厅（局），新疆生产建设兵团财务局，各采购公司：

为进一步完善外国政府贷款项目采购公司招标制度，规范和简化招标程序，提高工作效率，我部对现行的《外国政府贷款项目采购公司招标办法》（以下简称《办法》）再次进行了修订。现将修订后的《办法》印发给你们，请遵照执行。财政部《关于印发修订后的〈外国政府贷款项目采购公司招标办法〉的通知》（财金［2004］22号）同时废止。

请地方财政部门严格按照《办法》的规定，强化自我约束，加强对招标过程的监督、检查和管理，严格防范和杜绝违规、违法现象的发生。

附件：外国政府贷款项目采购公司招标办法

中华人民共和国财政部

2005年11月1日

第一章　总　　则

第一条　为加强外国政府贷款项目采购公司招标工作的管理，规范采购公司招标程序，增强招标工作透明度，提高招标工作效率，确保招标工作公开、公平、公正和有效地进行，制定本办法。

第二条　本办法适用于利用“外国政府贷款”（含日本国际协力银行不附带条件贷款、北欧投资银行贷款）和经国务院批准参照外国政府贷款管理的其他国外优惠贷款项目（以下简称贷款项目）采购公司的招标工作。

第三条　本办法所称“采购公司”是指具有商务部颁发的《国际招标资格甲级证书》的公司（贷款国另有要求的除外）。

第四条　本办法所称“借款人”是指与转贷银行签署转贷协议，承担外国政府贷款项目还款义务的机构或法人实体。

第二章　招标程序

第五条　财政部定期就符合条件的贷款项目通知各省、

自治区、直辖市、计划单列市财政部门（以下简称地方财政部门）进行选定采购公司的招标工作。

第六条 地方财政部门收到财政部通知后，应组织或指导、监督借款人进行采购公司招标工作。所有贷款项目的采购公司招标工作必须在财政部发出通知之日起40个工作日内完成。

第七条 借款人应向3家以上（含3家）采购公司同时发出投标邀请书（格式见附1）涉及2个以上子项目的打捆项目应作为一个项目发出投标邀请书。

投标邀请书中规定的采购公司提交代理申请书（格式见附2）的截止时间，自投标邀请书发出之日起至代理申请书送达借款人之日（以邮戳或借款人单位签收为准）止不得少于10个工作日。

第八条 收到投标邀请书的采购公司应按要求填写代理申请书。代理申请书须由采购公司总经理或副总经理签字，并加盖公司公章。采购公司应将代理申请书密封，按投标邀请书中规定的时间和地址提交借款人。采购公司不按本条规定提交代理申请书的视为无效投标。

在截止时间内收到代理申请书的采购公司如少于3家，借款人应在此前已发出投标邀请书的采购公司外，另行邀请数量至少足以补足3家的其他采购公司参加投标。如第二次招标后收到代理申请书的采购公司累计仍少于3家，则不必重新发出邀请，可在已收到代理申请书的采购公司范围内进行评标。

第九条 采购公司可按自愿协商的原则联合投标。联合投标各方应明确一方作为牵头单位，并共同签订合作协议，规定各方的责任、权利、义务和收益分配方案。牵头单位在报送代理申请书时应附合作协议和其合作伙伴的基本情况，评标时打分以牵头单位得分为准。

第十条 借款人应组织成立由5至7名评审委员（以下简称评委）组成的评审委员会（以下简称评委会）。借款人单位代表任评委会负责人，全面负责评定工作。

对于二类项目，地方财政部门可派代表参加评委会并履行评委职责；对于三类项目，地方财政部门原则上不派代表参加评委会。

第十一条 采购公司的代理申请书应密封提交借款人。评委会负责人主持评标会议，将所有代理申请书同时启封，各评委按照本办法第二章规定的评委会评分标准当场独立打分。

各评委打分后，去掉其中的最高分和最低分，其余评委的打分相加，得分最高的采购公司中标。

如两家以上采购公司得分相同且高于其他公司，由评委对这些公司当场投票表决（不需打分），得票最多者中标。

第十二条 评委会应对采购公司提交的代理申请书内容保密，各评委在评标结果公布前不得泄露。严禁参加投标的采购公司采用不正当手段对评委施加影响，严禁任何单位和个人干预评标工作。

第十三条 评委会应在评标工作完成后5个工作日内，向地方财政部门报送评委组成情况、评标过程、对各采购公司打分的详细情况及评标结果。地方财政部门收到评标结果报告后，根据本办法的有关规定进行审核，在5个工作日内将评标结果报财政部备案，并抄送中标的采购公司和有关借款人。地方财政部门不得更改评委会的评标结果，如对评标结果有不同意见，可在备案报告中提出。

如财政部对评标结论无异议，则备案报告送达财政部10个工作日后，招标结果即可生效。如对评标结论有异议，财政部应在收到备案报告之日起10个工作日内将处理意见函告地方财政部门和相关采购公司。

借款人应在评标结果生效之日起15个工作日内与中标的采购公司签订《委托协议书》（格式见附3）。

第十四条 采购公司招标工作结束后，所有招投标原始文件和打分记录应由借款人存档5年备查。

第十五条 对下列特殊情况，财政部将通知地方财政部门采用不同方法对采购公司进行招标：

（一）借款人尚未明确，但需确定采购公司；

（二）对两个以上部门或省（自治区、直辖市、计划单列市）的项目进行打捆实施；

（三）贷款国有特殊要求；

（四）项目实施紧迫，无法按正常时间完成采购公司招标工作；

（五）其他情况。

第三章　评委会评分标准

第十六条 对500万美元以上（含500万美元）贷款项目：

（一）近3年内承担委托代理的贷款项目累计金额3 000万美元以上（含3 000万美元）25分；3 000万美元以下、2 000万美元以上（含2 000万美元）20分；2 000万美元以下、1 000万美元以上（含1 000万美元）15分；1 000万美元以下、500万美元以上（含500万美元）10分；500万美元以下5分。

（二）近3年累计进口非贷款项目成套设备到货金额

3 000万美元以上（含3 000万美元）20 分；3 000万美元以下、1 000万美元以上（含1 000万美元）15 分；1 000万美元以下、500 万美元以上（含500 万美元）10 分；500 万美元以下5 分。

（三）承担同类行业项目招标业务的业绩，0-10 分。

（四）拟负责采购业务人员的资格、能力和业绩，0-15 分。

（五）工作计划和拟投入工作量，0-15 分。

（六）根据项目特点，其他需要考虑的技术因素，0-10 分。

第十七条 对500 万美元以下贷款项目：

（一）近3 年内承担委托代理的贷款项目累计金额2 000万美元以上（含2 000万美元）25 分；2 000万美元以下、1 000万美元以上（含1 000万美元）20 分；1 000万美元以下、500 万美元以上（含500 万美元）15 分；500 万美元以下、300 万美元以上（含300 万美元）10 分；300 万美元以下5 分。

（二）近3 年内累计进口非贷款项目成套设备到货金额2 000万美元以上（含2 000万美元）20 分；2 000万美元以下、1 000万美元以上（含1 000万美元）15 分；1 000万美元以下、500 万美元以上（含500 万美元）10 分；500 万美元以下5 分。

（三）承担同类行业项目招标业务的业绩，0-10 分。

（四）拟负责采购业务人员的资格、能力和业绩，0-15 分。

（五）工作计划和拟投入工作量，0-15 分。

（六）根据项目特点，其他需要考虑的技术因素，0-10 分。

第十八条 采购公司因工作优异得到财政部通报表扬或因工作出现问题被财政部通报批评的，可在自通报之日起1 年内的评标中增加0-5 分或减少0-5 分。

第十九条 采购公司拟收取的手续费不符合财政部印发的《外国政府贷款项下采购工作管理暂行规定》（财债字[1999] 34 号），按废标处理。

第四章 招标的监督检查和管理

第二十条 地方财政部门应加强对招标过程和委托协议的执行情况的监督、检查和管理。如在工作中发现借款人未按本办法办理采购公司招标工作，地方财政部门应及时采取有效措施，限期予以解决和纠正，并将问题和处理情况通报财政部和有关主管部门。

第二十一条 如在检查中发现重大违法违纪问题，地方财政部门应及时向纪检、监察、司法部门和财政部汇报，并配合有关部门做好调查核实工作。对调查属实的问题，应及时移交有关部门处理。

第二十二条 对不遵守国内有关法律、法规及贷款国相关规定，违规办理贷款项目采购公司招标工作的单位，财政部将视情节采取公开通报批评、建议废除投标资格等必要措施。

第五章 附 则

第二十三条 地方财政部门应根据本办法及财政部关于外国政府贷款采购工作有关规定制订实施细则，实施细则不得与本办法相抵触。

第二十四条 国务院有关部门、计划单列企业集团及中央直属企业贷款项目采购公司的招标工作，参照本办法办理。

第二十五条 现行外国政府贷款管理的有关规定与本办法不符的，以本办法为准。

第二十六条 本办法自印发之日起施行。

附1：投标邀请书（格式）（略）

附2：代理申请书（格式）（略）

附3：委托协议书（格式）（略）

直销企业保证金存缴、使用管理办法

商务部、工商总局令

2005 年第 22 号

《直销企业保证金存缴、使用管理办法》已经 2005 年 10 月 19 日商务部第 15 次部务会议审议通过，并经工商总局同意，现予以发布，自 2005 年 12 月 1 日起施行。

部长：薄熙来

局长：王众孚

2005 年 11 月 1 日

第一条 根据《直销管理条例》第三十四条第二款规定，制定本办法。

第二条 企业申请直销应提交其在指定银行开设的保证金专门账户凭证，金额为 2000 万元人民币。保证金为现金。

第三条 直销企业与指定银行签订的保证金专门账户协议应包括下述内容：

（一）指定银行根据商务部和国家工商行政管理总局（以下简称工商总局）的书面决定支付保证金；

（二）直销企业不得违反《直销管理条例》擅自动用保证金，不得以保证金对外担保或者违反《直销管理条例》规定用于清偿债务；

（三）指定银行应及时向商务部和工商总局通报保证金账户情况，商务部和工商总局可以查询直销企业保证金账户；

（四）直销企业和指定银行的权利义务及争议解决方式。

企业在申请设立时应提交与指定银行签署的开设保证金专门账户协议。

第四条 直销企业开始从事直销经营活动 3 个月后，保证金金额按月进行调整。直销企业于次月 15 日前将其上月销售额的有效证明文件向指定银行出具，并通过直销行业管理网站向商务部和工商总局备案。直销企业对出具的证明文件的真实性、完整性负责，指定银行应当对证明文件进行形式审查。

直销企业保证金金额保持在直销企业上月直销产品销售收入的 15% 水平。账户余额最低为 2000 万元人民币，最高不超过 1 亿元人民币。

根据直销企业月销售额，如需调增保证金金额的，直销企业应当在向指定银行递交月销售额证明文件后 5 日内将款项划转到其指定银行保证金账户；如需调减保证金金额的，按企业与指定银行签订的协议办理。

第五条 出现下列情形之一，商务部和工商总局共同决定，可以使用保证金：

（一）无正当理由，直销企业不向直销员支付报酬，或者不向直销员、消费者支付退货款的；

（二）直销企业发生停业、合并、解散、转让、破产等情况，无力向直销员支付报酬或者无力向直销员和消费者支付退货款的；

（三）因直销产品问题给消费者造成损失，依法应当进行赔偿，直销企业无正当理由拒绝赔偿或者无力赔偿的。

第六条 直销员或消费者根据《直销管理条例》和本办法第五条规定要求使用保证金的，应当持法院生效判决书或调解书，向省级商务主管部门或工商行政管理部门提出申请，省级商务主管部门或工商行政管理部门接到申请后 10 个工作日内将申请材料报送商务部和工商总局。

直销员除持法院生效判决书、调解书外，还应出示其身份证、直销员证及其与直销企业签订的推销合同。消费者除持法院生效判决书、调解书外，还应出示其身份证、售货凭证或发票。

商务部和工商总局接到申请材料后 60 个工作日内作出是否使用保证金支付赔偿的决定，并书面通知指定银行、直销企业和保证金使用申请人。

直销员违反《禁止传销条例》有关规定的，其申请不予受理。

第七条 根据本办法规定支付保证金后，直销企业应当自支付之日起 30 日内将其保证金专门账户的金额补足到本办法第四条第二款规定的水平。

第八条 直销企业保证金使用情况应当及时通过商务部和工商总局直销行业管理网站向社会披露。

第九条 直销企业不再从事直销活动的，凭商务部和工商总局出具的书面凭证，可以向指定银行取回保证金。

企业申请直销未获批准的，凭商务部出具的书面凭证到指定银行办理保证金退回手续。

第十条 直销企业违反本办法规定的，按照《直销管理条例》第五十一条予以处罚。

第十一条 商务部和工商总局共同负责直销保证金的日常监管工作。

第十二条 本办法由商务部、工商总局负责解释。

第十三条 本办法自2005年12月1日起施行。

直销企业信息报备、披露管理办法

国发［2005］19号

商务部、工商总局令

2005年第24号

《直销企业信息报备、披露管理办法》已经2005年10月19日商务部第15次部务会议审议通过，并经工商总局同意，现予以发布，自2005年12月1日起施行。

部长：薄熙来

局长：王众孚

2005年11月1日

第一条 根据《直销管理条例》第二十八条规定，制定本办法。

第二条 直销企业应建立完备的信息报备和披露制度，并接受政府相关部门的监管检查和社会公众的监督。

第三条 商务部和国家工商行政管理总局（以下简称工商总局）直销行业管理网站向社会公布下列内容：

（一）有关法律、法规及规章；

（二）直销产品范围公告；

（三）直销企业名单及其直销产品名录；

（四）直销企业省级分支机构名单及其从事直销的地区、服务网点；

（五）直销企业保证金使用情况；

（六）直销员证、直销培训员证式样；

（七）直销企业、直销培训员及直销员违规及处罚情况；

（八）其他需要公布的信息。

第四条 直销企业通过其建立的中文网站向社会披露信息。直销企业建立的中文网站是直销企业信息报备和披露的重要组成部分，并应在取得直销经营许可证之日起3个月内与直销行业管理网站链接。

第五条 直销企业设立后应真实、准确、及时、完整地向社会公众披露以下信息：

（一）直销企业直销员总数，各省级分支机构直销员总数、名单、直销员证编号、职业及与直销企业解除推销合同人员名单；

（二）直销企业及其分支机构名称、地址、联系方式及负责人，服务网点名称、地址、联系方式及负责人；

（三）直销产品目录、零售价格、产品质量及标准说明书，以及直销产品的主要成分、适宜人群、使用注意事项等应当让消费者事先知晓的内容。

根据国家相关规定直销产品应符合国家认证、许可或强制性标准的，直销企业应披露其取得相关认证、许可或符合标准的证明文件；

（四）直销员计酬、奖励制度；

（五）直销产品退换货办法、退换货地点及退换货情况；

（六）售后服务部门、职能、投诉电话、投诉处理程序；

（七）直销企业与直销员签订的推销合同中关于直销企业和直销员的权利、义务，直销员解约制度，直销员退换货办法，计酬办法及奖励制度，法律责任及其他相关规定；

（八）直销培训员名单、直销员培训和考试方案；

（九）涉及企业的重大诉讼、仲裁事项及处理情况。

上述内容若有变动，直销企业应在相关内容变动（涉及行政许可的应在获得许可）后1个月内及时更新网站资料。

第六条 直销企业设立后，每月15日前须通过直销行业管理网站向商务部、工商总局报备以下上月内容：

（一）保证金存缴情况；

（二）直销员直销经营收入及纳税明细情况：

1. 直销员按月直销经营收入及纳税金额；

2. 直销员直销经营收入金额占直销员本人直接向消费者销售产品收入的比例。

（三）企业每月销售业绩及纳税情况；

（四）直销培训员备案；

（五）其他需要报备的内容。

第七条 直销企业应于每年4月份以企业年报的方式公布本办法第五条所列内容。

第八条 直销企业及直销员所使用的产品说明和任何宣传材料须与直销企业披露的信息内容一致。

第九条 直销企业未按照《直销管理条例》和本办法进行信息披露，或直销企业披露的信息存在虚假、严重误导性陈述或重大遗漏的，按照《直销管理条例》第五十条规定予以处罚。

第十条 本办法由商务部和工商总局负责解释。

第十一条 本办法自2005年12月1日起实施。

直销员业务培训管理办法

国发［2005］19号

商务部、公安部、工商总局令

2005年第23号

《直销员业务培训管理办法》已经2005年10月19日商务部第15次部务会议审议通过，并经公安部、工商总局同意，现予以发布，自2005年12月1日起施行。

部长：薄熙来

部长：周永康

局长：王众孚

2005年11月1日

第一条 根据《直销管理条例》第二十一条第三款规定，制定本办法。

第二条 在中华人民共和国境内举办直销员业务培训（以下简称直销培训）及考试活动，适用本办法。

第三条 本办法所称直销培训，是指直销企业对本企业拟招募的直销员和本企业的直销员进行国家相关法律法规规章、直销基础知识等各种培训活动。

本办法所称直销员考试是指直销企业对本企业拟招募的直销员的考试。

第四条 直销企业向符合《直销管理条例》规定条件的直销员、直销培训员颁发《直销员证》、《直销培训员证》。

直销企业应在每月15日前将本企业上一个月取得《直销培训员证》的人员名册，通过企业所在地省级商务主管部门向商务部备案。未经备案的人员，不得对直销员开展培训。直销培训员只能接受所属企业指派进行培训。

《直销员证》、《直销培训员证》由直销企业按商务部制定的规范式样印制。

第五条 直销员向消费者推销产品时、直销培训员在进行直销培训活动时，应佩戴《直销员证》、《直销培训员证》。

不得伪造、变造、涂改、出租、出借、转让、出卖《直销员证》、《直销培训员证》。

第六条 直销培训内容以《直销管理条例》、《禁止传销条例》、《合同法》、《消费者权益保护法》、《产品质量法》、《反不正当竞争法》等法律法规中的相关内容、直销员道德规范、直销风险揭示以及营销方面的知识为主。

直销员考试应含有上款所规定的内容。

第七条 直销企业进行直销培训和考试，不得收取任何费用。其他单位和个人，不得以任何名义组织直销培训和考试。

第八条 直销培训不得宣扬迷信邪说、色情、淫秽或者渲染暴力；不得扰乱社会秩序，破坏社会稳定；不得对企业产品进行夸大、虚假宣传，贬低同类其他产品，强迫参加培训的人员购买产品；不得以任何方式宣扬直销员以往的收入情况，宣扬大多数参与者将获得成功；不得从事违反国家宪法、法律法规和国家规定禁止的其他活动。

直销企业不得以召开研讨会、激励会、表彰会等形式变相对直销员进行培训。

第九条 直销企业应在本企业设有服务网点的地区组织直销培训。直销培训不得在政府、军队、学校、医院的场所及居民社区、私人住宅内举办。

第十条 直销企业应于直销培训或考试活动7日前将培训或考试计划（包括培训时间、具体地点、内容、人数及直销培训员、培训资料和考试时间、地点、人数）在直销企业中文网站上公布。

第十一条 直销企业应当对每期直销培训讲授内容进行录音，完整保存参加培训的人员名单、直销员考试试卷。录音资料、直销员考试试卷应妥善保管，至少保存3年。

第十二条 直销企业应当于每年1月底前将上一年度举办的直销培训及考试情况通过企业所在地省级商务、工商主管部门报商务部、国家工商行政管理总局备案。备案内容包括：上一年度举办培训期数（每次培训时间、地点、参加人数、直销培训员、培训资料的名称）、上一年度举办考试次数（每次考试时间、地点、试卷、参加人数、合格人数）。

第十三条 商务部门、工商行政管理部门依照《直销管理条例》和本办法负责对直销培训进行监管；商务部负责制定《直销员证》、《直销培训员证》的规范式样。

第十四条 参加直销培训的人员，如发现直销企业组织的培训、直销培训员讲授的内容违反法律法规或本办法的规定，有权当场指出，并向培训所在地县级以上工商行政管理部门举报。

第十五条 直销企业、直销培训员进行直销培训，违反《直销管理条例》或本办法的，以及直销企业以外的单位和个人组织直销培训的，按照《直销管理条例》第四十六条规定予以查处。

第十六条 直销企业开展直销培训和考试活动，构成违反治安管理行为的，由公安机关依法予以查处；构成犯罪的，依法追究其刑事责任。

第十七条 各级商务、工商、公安机关应建立联系制度，定期通报直销企业培训和查处违规培训情况。

第十八条 本办法自2005年12月1日起施行。

酒类流通管理办法

国发［2005］19号

商 务 部 令

2005年第25号

《酒类流通管理办法》已经2005年10月19日商务部第15次部务会议审议通过，现予以发布，自2006年1月1日起施行。

部长：薄熙来

2005年11月7日

第一章 总 则

第一条 为规范酒类流通秩序，促进酒类市场有序发展，维护国家利益，保护酒类生产者、经营者和消费者的合法权益，根据国家有关法律、法规，制定本办法。

第二条 本办法所称酒类是指酒精度（乙醇含量）大于0.5%（体积分数）的含酒精饮料，包括发酵酒、蒸馏酒、配制酒、食用酒精以及其他含有酒精成分的饮品。经国家有关行政管理部门依法批准生产的药酒、保健食品酒类除外。

本办法所称酒类流通包括酒类批发、零售、储运等经营活动。

第三条 在中华人民共和国境内从事酒类流通活动，应当遵守本办法。

第四条 酒类流通实行经营者备案登记制度和溯源制度。

第五条 商务部负责全国酒类流通监督管理工作。

县级以上商务主管部门负责本行政区域内酒类流通监督管理工作。

第二章 备案登记

第六条 从事酒类批发、零售的单位或个人（以下统称酒类经营者）应当在取得营业执照后60日内，按属地管理原则，向登记注册地工商行政管理部门的同级商务主管部门办理备案登记。

第七条 酒类经营者备案登记程序如下：

（一）领取《酒类流通备案登记表》（以下简称《登记表》）。《登记表》可以通过商务部政府网站（http://www.mofcom.gov.cn）下载，或到所在地商务主管部门领取。

（二）填写《登记表》。酒类经营者应完整、准确、真实地填写《登记表》；同时认真阅读《登记表》所附条款，并由法定代表人或业主签字、盖章。

（三）向商务主管部门提交下述备案登记材料：

1. 按本办法第七条第（二）项要求填写的《登记表》一式两份；

2. 由法定代表人或业主签字、盖章的营业执照复印件和卫生许可证复印件；

3. 经商务部认可并由省级商务主管部门公示要求提交的其他材料。

第八条 商务主管部门应自收到酒类经营者提交的上述材料之日起5个工作日内办理备案登记手续，在《登记表》上加盖印章。

第九条 商务主管部门应当完整准确地记录和保存酒类经营者的备案登记信息和登记材料，建立备案登记档案，定期向上级主管部门报送，并可向社会公布。

第十条 登记表上的任何登记事项发生变更时，酒类经营者应当自变更之日起30日内（属于工商登记事项的自工商登记变更之日起30日内）向商务主管部门办理变更手续。

商务主管部门收到酒类经营者提交的书面材料后，应当在5个工作日内办理变更手续。

《登记表》自酒类经营者在工商行政管理部门注销登记或被吊销营业执照之日起自动失效。商务主管部门应定期与同级工商行政管理部门核实注销或吊销情况。

第十一条 商务主管部门在办理备案登记或变更备案登记时，仅可收取经当地物价部门核定的工本费，不得收取其他费用。

第十二条 酒类经营者不得伪造、涂改、出租、出借、转让、买卖或骗取《酒类流通备案登记表》。

第三章 经营规则

第十三条 从事酒类批发、零售、储运等经营活动应当依法执行国家或行业有关标准的规定。

第十四条 酒类经营者（供货方）在批发酒类商品时应填制《酒类流通随附单》（以下简称《随附单》），详细记录酒类商品流通信息。《随附单》附随于酒类流通的全过程，单随货走，单货相符，实现酒类商品自出厂到销售终端全过程流通信息的可追溯性。

《随附单》内容应包括售货单位（名称、地址、备案登记号、联系方式）、购货单位名称、销售日期、销售商品（品名、规格、产地、生产批号或生产日期、数量、单位）等内容，并加盖经营者印章。

已建立完善的并符合本办法要求的溯源制度的酒类经营者，经商务部认可，可以使用自行制定的单据，代替本办法规定的《随附单》。

第十五条 酒类经营者采购酒类商品时，应向首次供货方索取其营业执照、卫生许可证、生产许可证（限生产商）、登记表、酒类商品经销授权书（限生产商）等复印件。

酒类经营者对每批购进的酒类商品应索取有效的产品质量检验合格证明复印件以及加盖酒类经营者印章的《随附单》或符合本办法第十四条第二款规定的单据；对进口酒类商品还应索取国家出入境检验检疫部门核发的《进口食品卫生证书》和《进口食品标签审核证书》复印件。

酒类经营者应建立酒类经营购销台账，保留3年。

第十六条 酒类经营者应当在固定地点贴标销售散装酒，禁止流动销售散装酒。

散装酒盛装容器应符合国家食品卫生要求，粘贴符合国家饮料酒标签标准的标识，并标明开启后的有效销售期、经营者及其联系电话。

第十七条 酒类经营者储运酒类商品时应符合食品卫生管理、防火安全和储运的相关要求。酒类商品应远离高污染、高辐射地区，不得与有毒、有害、污染物（源）、腐蚀性等物品混放。

第十八条 酒类经营者销售酒类商品应明码标价，诚实守信。

第十九条 酒类经营者不得向未成年人销售酒类商品，并应当在经营场所显著位置予以明示。

第二十条 禁止批发、零售、储运以下商品：

（一）使用非食用酒精等有害人体健康物质兑制的酒类商品；

（二）伪造、篡改生产厂名、厂址、生产日期的酒类商品；

（三）侵犯商标专用权等知识产权的酒类商品；

（四）掺杂使假、以次充好、以假充真、超过保质期等的酒类商品和非法进口酒；

（五）其他国家法律法规禁止销售的酒类商品。

第四章 监督管理

第二十一条 县级以上商务主管部门依据国家有关法律、法规和本办法，对本行政区域内酒类流通进行监督管理。

各级商务主管部门不得限制或阻碍合法酒类商品在本地区的流通。

第二十二条 商务主管部门在监督管理时，应出示有效证件，执法人员不得少于两人。在有证据或接到举报等情况下，执法人员可以查阅账册或抽取样品。抽取样品的，应当向当事人出具有效凭证。

商务主管部门有义务为当事人保守商业秘密。

酒类经营者应配合商务主管部门的监督检查，如实提供情况，不得擅自转移、销毁待查受检酒类商品。

第二十三条 商务主管部门应建立酒类流通监测体系，对当地酒类流通情况进行监测分析，建立酒类经营者信用档案，并适时向社会公布。

商务部应用现代信息技术建立酒类流通管理和酒类商品安全信息系统，各级商务主管部门和酒类经营者应及时报送相关信息。

第二十四条 商务主管部门可自行或会同有关部门对本地区销售的酒类商品进行抽样检验，并可向社会公布检验结果。

商务主管部门出具或认可的酒类鉴定结论应以国家法定检测机构检测结果为依据。

第二十五条 鼓励酒类行业组织建立和完善行业自律制度。

第二十六条 任何单位或个人有权向当地商务主管部门、工商行政管理部门或有关部门举报、投诉违反本办法的行为。

第五章 法律责任

第二十七条 违反本办法第六条、第十条第一款规定的，由商务主管部门给予警告，责令其限期改正；逾期拒不改正的，可视情节轻重，对酒类经营者处2 000元以下罚款，并可向社会公告。

违反本办法第十二条规定的，可视情节轻重，处10 000元以下罚款；违反工商行政管理法律法规的移送工商行政管理机关依法处理；构成犯罪的，依法追究刑事责任。

第二十八条 违反本办法第十四条、第十五条规定的，由商务主管部门予以警告，责令改正，并可向社会公布；拒不改正的，可视情节轻重，处5 000元以下罚款，并向社会公告。

第二十九条 违反本办法第十六、十七条规定的，由商务主管部门予以警告、责令改正；情节严重的，可处10 000元以下罚款，并可移送工商行政管理机关依法处理；构成犯罪的，依法追究刑事责任。

第三十条 违反本办法第十九条规定的，由商务主管部门或会同有关部门予以警告，责令改正；情节严重的，处2 000元以下罚款。

第三十一条 违反本办法第二十条规定的，由商务主管部门或会同有关部门没收非法商品，并可视情节轻重处30 000元以下罚款；违反工商行政管理法律法规及侵犯商标专用权的，移送工商行政管理机关依法处理；违反其他法律法规的，移送相关机关依法处理；构成犯罪的，依法追究刑事责任。

第三十二条 违反本办法第二十二条第三款规定的，由商务主管部门予以警告、责令改正；情节严重的，可处10 000元以下罚款。

第三十三条 商务主管部门从事酒类流通监督管理违反本办法规定的，依法给予行政处分。

第六章 附 则

第三十四条 已依法实行酒类流通行政许可管理的地

区，应继续执行许可证制度，酒类商品流通按本办法实行溯源制度，酒类流通许可证书视同《登记表》。

第三十五条 《登记表》和《随附单》由商务部统一制定，省级商务主管部门负责具体实施。

第三十六条 县级以上商务主管部门可以依法委托相关机构从事酒类流通监督管理工作。

第三十七条 本办法由商务部负责解释。

第三十八条 本办法自2006年1月1日起施行，自施行之日起设立3个月过渡期。在过渡期内，酒类经营者应当按照本办法规定办理备案登记和建立酒类流通溯源制度。

商务部关于对北京等15个国家医药出口基地认定的决定

北京、天津、上海、深圳、石家庄、长春、杭州、长沙、广州、成都、西安、通化、泰州、淄博、桂林市人民政府：

为贯彻落实《国务院办公厅转发商务部等部门关于进一步实施科技兴贸战略的若干意见》（国办发［2003］92号），加快优化外贸出口结构，转变外贸增长方式，大力推动高科技含量、高附加值的高新技术产品出口，特别是抓紧培育生物医药等具有潜在竞争力的高新技术产品出口，商务部2005年以来开展了国家医药出口基地的申报和认定工作。

根据《国家医药出口基地认定指标体系》，我部组织专家对各地申报材料进行了认真的审查和综合评审。北京、天津、上海、深圳、石家庄、长春、杭州、长沙、广州、成都、西安、通化、泰州、淄博、桂林等15个城市医药产业集中，研发力量雄厚、医药出口产业及企业整体竞争力较强，基本符合国家医药出口基地的条件，同意认定为国家医药出口基地。

请各国家医药出口基地城市尽快成立本地区医药出口基地建设管理委员会，制定相关发展规划和政策措施，组织协调相关部门，尽快落实出口基地建设的各项工作，创造良好的资金、政策、人才、技术、市场和出口条件，充分发挥集聚效应和规模优势，争取在短时间内推动医药出口工作有更大的突破，尽快形成以国家医药出口基地为龙头，辐射、示范并带动周边地区以及全国的医药产品出口，为振兴我国医药产业做出更大贡献。

中华人民共和国商务部

2005年11月8日

中华人民共和国商务部公告

2005年第84号

11月8日，中国商务部长薄熙来与美国贸易谈判代表波特曼在伦敦签署了《中华人民共和国政府和美利坚合众国政府关于纺织品和服装贸易的谅解备忘录》，现就协议产品相关管理问题公告如下：

一、产品及数量

协议共涉及21种纺织品，具体如下：

产　品	单位	2006 年	2007 年	2008 年
200/301 棉纱、缝纫线及精梳棉纱	公斤	7 529 582	8 659 019	10 131 052
222 针织布	公斤	15 966 487	18 361 460	21 482 908
229 特殊用途布	公斤	33 162 019	38 467 942	45 007 492
332/432/632 类别－部分（及婴儿袜）母类别 T	打双	64 386 841	73 963 859	85 058 437
332/432/632 类别－部分（及婴儿袜）子类别 B	打双	61 146 461	70 318 431	80 866 195
338/339 类别－部分 棉制针织衬衫	打	20 822 111	23 424 875	26 938 606
340/640 男式梭织衬衫	打	6 743 644	7 586 600	8 724 590
345/645/646 套衫	打	8 179 211	9 201 612	10 673 870
347/348 棉制裤子	打	19 666 049	22 124 305	25 442 951
349/649 胸衣	打	22 785 906	25 634 144	29 479 266
352/652 棉及化纤制内衣	打	18 948 937	21 317 554	24 515 187
359S/659S 泳衣	公斤	4 590 626	5 164 454	5 990 767
363 起绒毛巾	条	103 316 873	116 231 482	134 828 519
666 类别－部分 纺织制百叶窗及窗幔	公斤	964 014	1 084 516	1 268 884
443 毛制西装套装	套	1 346 082	1 514 342	1 756 637
447 毛制裤子	打	215 004	241 880	280 581
619 化纤织物	平方米	55 308 506	62 222 069	72 177 600
620 其他合纤织物	平方米	80 197 248	90 221 904	103 755 190
622 玻璃纤维织物	平方米	32 265 013	37 104 765	43 412 575
638/639 类别－部分 化纤制针织衬衫	打	8 060 063	9 067 571	10 427 707
647/648 类别－部分 化纤制裤子	打	7 960 355	8 955 399	10 298 709
847 植物纤维制裤子	打	17 647 255	19 853 162	23 029 668

因上述协议产品的部分税号需要拆分和新建，中美双方目前正抓紧进行相关技术性工作，随后将公布具体的税号目录。

二、国内管理

2006 年度的协议产品数量将采取业绩分配和公开招标两种方式进行管理。业绩分配数量占协议数量的 70%，具体按《纺织品出口临时管理办法》（商务部 2005 年第 20 号令）执行；公开招标数量占协议数量的 30%，具体按《纺织品出口许可数量招标实施细则》（商贸发［2005］502 号）执行。2006 年度协议产品数量的首次业绩分配和招标工作将在 11 月下旬至 12 月上旬期间进行。

三、双边管理

企业凭中方签发的出口许可证和原产地证书向中国海关申报出口。美国海关凭中方提供的上述数据核查验放。

商务部

2005 年 11 月 10 日

中华人民共和国商务部公告

2005年第59号

根据《国务院关于第三批取消和调整行政审批项目的决定》（国发［2004］16号），国务院部委、直属机构及部分授权企业等部门（以下简称国务院有关部门）审批设立限额以下外商投资企业（包括合同、章程）的备案、发证权限下放到省、自治区、直辖市、计划单列市商务主管部门（以下简称省级商务主管部门）。为切实做好有关落实工作，与现行外商投资企业审批工作相衔接，现就下放外商投资企业备案和批准证书发放管理权限、进一步简化审批程序等有关问题公告如下：

一、根据国务院授权，今后国务院有关部门批准设立外商投资企业或变更，应将企业批复文件（包括合同、章程等申报材料）向企业所在地省级商务主管部门备案，由省级人民政府颁发外商投资企业批准证书；今后国务院有关部门核准的新设外商投资项目，合同、章程报企业所在地省级人民政府审批并颁发批准证书。对于本通知下发之前国务院有关部门已经批准设立的外商投资企业合同、章程的变更、发证等，一律报企业所在地省级商务主管部门批准并办理有关手续。国务院投资体制改革决定确定的由商务部审批的外商投资项目，须报商务部批准；法律、法规对批准设立外商投资企业有专项规定的，按有关规定办。

二、地方商务主管部门办理上述备案、发证，变更、换证时，对于新设、增资、减资项目，应按外商投资统计的有关规定进行外商投资统计，对于其他类型的备案、变更或换发外商投资企业批准证书，不得计入本地的外商投资统计。

三、各级商务主管部门应进一步简化审批程序，方便外商投资企业。对已设立外商投资企业合同、章程内容非实质性的修改，如外商投资企业名称变更、投资者名称变更、企业法定地址变更等事项，企业可持有关文件向原审批部门直接备案，并变更批准证书。

以上公告事项自2006年1月1日起执行。

中华人民共和国商务部

2005年11月14日

外商投资国际货物运输代理企业管理办法

中华人民共和国商务部令

2005年第19号

《外商投资国际货物运输代理企业管理办法》已于2005年10月19日经由中华人民共和国商务部第十五次部务会议修订通过，现将修订后的《外商投资国际货物运输代理企业管理办法》予以发布，自2005年12月11日施行。

部长　薄熙来

2005年12月1日

第一条　为促进中国国际货运代理业的健康发展，规范外商投资国际货物运输代理企业的设立及经营行为，根据有关外商投资企业的法律、法规和《中华人民共和国国际货物运输代理业管理规定》，制定本办法。

第二条　本办法所称的外商投资国际货物运输代理企业是指外国投资者以中外合资、中外合作以及外商独资形式设立的接受进出口货物收货人、发货人的委托，以委托人的名义或者以自己的名义，为委托人办理国际货物运输及相关业务并收取服务报酬的外商投资企业（以下简称外商投资国际货运代理企业）。

第三条 外商投资设立经营国际快递业务的国际货运代理企业由商务部负责审批和管理；外商投资设立经营其他业务的国际货运代理企业由各省、自治区、直辖市、计划单列市及新疆生产建设兵团商务主管部门（以下简称省级商务主管部门）负责审批和管理。

本办法实施前已设立的外商投资国际货运代理企业，如不从事国际快递业务，其变更等事项由注册地省级商务主管部门负责办理。

第四条 外商投资国际货运代理企业应遵守中华人民共和国法律、行政法规及相关规章，其正当经营活动及合法权益受中国法律的保护。

第五条 外国投资者可以合资、合作方式在中国境内设立外商投资国际货运代理企业。

自2005年12月11日起，允许设立外商独资国际货运代理企业。

外国投资者可以收购股权方式收购已经设立的国际货运代理企业，但股权比例以及投资者资质须符合本规定要求，涉及国有资产的须按有关法律、法规的规定办理。

第六条 设立外商投资国际货运代理企业注册资本最低限额为100万美元。

自2005年12月11日起，对上述注册资本的最低要求实行国民待遇。

第七条 经批准，外商投资国际货运代理企业可经营下列部分或全部业务：

（一）订舱（租船、包机、包舱）、托运、仓储、包装；

（二）货物的监装、监卸、集装箱拼装拆箱、分拨、中转及相关的短途运输服务；

（三）代理报关、报验、报检、保险；

（四）缮制有关单证、交付运费、结算及交付杂费；

（五）国际展品、私人物品及过境货物运输代理；

（六）国际多式联运、集运（含集装箱拼箱）；

（七）国际快递（不含私人信函和县级以上党政军机关公文的寄递业务）；

（八）咨询及其他国际货运代理业务。

第八条 从事信件和信件性质物品（不含私人信函和县级以上党政军机关公文的寄递业务）国际快递业务的企业经商务主管部门批准后应向邮政部门办理邮政委托手续。

第九条 设立外商投资国际货运代理企业应按国家现行的有关外商投资企业的法律、法规所规定的程序，向省级商务主管部门呈报第十条规定的文件。

省级商务主管部门自收到全部申报文件30日内，作出同意或不同意的决定，经审查批准的，颁发《外商投资企业批准证书》；不予批准的，书面说明理由。根据本规定第三条及其他外商投资法律法规超过省级商务主管部门审批权限的，省级商务主管部门应在对报送文件进行初审后，自收到全部申请文件之日起15日内上报商务部。

商务部应自收到全部申报文件60日内，作出同意或不同意的决定，经审查批准的，颁发《外商投资企业批准证书》；不予批准的，书面说明理由。

第十条 设立外商投资国际货运代理企业需提供如下文件：

（一）申请书；

（二）项目可行性研究报告；

（三）设立外商投资国际货运代理企业的合同、章程，外商独资设立国际货运代理企业仅需提供章程；

（四）董事会成员名单及各方董事委派书；

（五）工商部门出具的企业名称预核准通知书；

（六）投资者所在国或地区的注册登记证明文件及资信证明文件。

第十一条 外商投资国际货运代理企业正式开业满1年且注册资本全部到位后，可申请在国内其他地方设立分公司。分公司的经营范围应在其总公司的经营范围之内。分公司民事责任由总公司承担。

外商投资国际货运代理企业每设立一个从事国际货物运输代理业务的分公司，应至少增加注册资本50万元人民币。如果企业注册资本已超过最低限额，超过部分，可作为设立公司的增加资本。

第十二条 申请设立分公司的，应向总公司所在地省级商务主管部门提出申请，由总公司所在地省级商务主管部门在征得拟设立分公司所在地省级商务主管部门同意意见后批准。根据本规定第三条及其他外商投资法律法规超过省级商务主管部门审批权限的，省级商务主管部门应在初审后将全部申请材料及拟设立分公司所在地商务主管部门的同意意见函上报商务部，由商务部负责审批。审批程序时限同第九条。

第十三条 外商投资国际货运代理企业设立分公司需提供以下文件：

（一）申请书；

（二）董事会决议；

（三）如增资，需提交有关增资的董事会决议及增资事项对合营合同、章程的修改协议，外商独资国际货运代理企业仅需提交章程修改协议；

（四）企业验资报告。

第十四条 鼓励外商投资国际货运代理企业参加中国

国际货代协会、中国外商投资企业协会等民间团体及同业行会，自觉接受同业监督和指导。

第十五条 香港、澳门、台湾地区的公司、企业、其他经济组织和个人在大陆投资设立国际货运代理企业，参照本规定办理。

第十六条 外商投资企业申请增加国际货物运输代理业务的，参照本规定办理。

第十七条 外商投资国际货运代理企业的备案工作由商务部统一负责，具体事宜由商务部另行通知。

第十八条 本办法由商务部负责解释。

第十九条 本办法自2005年12月11日施行，原《外商投资国际货物运输代理企业管理办法》（对外贸易经济合作部令［2002］第36号）和《〈外商投资国际货物运输代理企业管理办法〉补充规定》（商务部令［2003］第12号）一并废止。

附　件

为了促进香港、澳门与内地建立更紧密经贸关系，鼓励香港服务提供者和澳门服务提供者在内地设立从事国际货运代理业务的企业，根据国务院批准的《内地与香港关于建立更紧密经贸关系的安排》及其补充协议和《内地与澳门关于建立更紧密经贸关系的安排》及其补充协议，现就香港和澳门投资者投资国际货物运输代理业作如下补充规定：

一、允许香港服务提供者和澳门服务提供者在内地以合资、合作、独资的形式设立国际货运代理企业。

二、符合条件的香港服务提供者和澳门服务提供者在内地投资设立国际货运代理企业的注册资本最低限额应当符合下列要求：

（一）经营海上国际货物运输代理业务的，注册资本最低限额为500万元人民币；

（二）经营航空国际货物运输代理业务的，注册资本最低限额为300万元人民币；

（三）经营陆路国际货物运输代理业务或者国际快递业务的，注册资本最低限额为200万元人民币。

经营前款两项以上业务的，注册资本最低限额为其中最高一项的限额。

三、香港服务提供者和澳门服务提供者在内地投资设立的国际货运代理企业在缴齐全部注册资本后，可申请在国内其他地方设立分公司。每设立一个分公司，应当增加注册资本50万元。如果企业注册资本已超过最低限额，则超过部分，可作为设立分公司的增加资本。

四、本办法中的香港服务提供者和澳门服务提供者应分别符合《内地与香港关于建立更紧密经贸关系的安排》和《内地与澳门关于建立更紧密经贸关系的安排》中关于“服务提供者”定义及相关规定的要求。

五、香港服务提供者和澳门服务提供者申请设立国际货运代理企业的其他规定，仍按本办法执行。

促进产业结构调整暂行规定

国务院关于发布实施
《促进产业结构调整暂行规定》的决定

各省、自治区、直辖市人民政府，国务院各部委、各直属机构：

《促进产业结构调整暂行规定》（以下简称《暂行规定》）已经2005年11月9日国务院第112次常务会议审议通过，现予发布。

制定和实施《暂行规定》，是贯彻落实党的十六届五中全会精神，实现“十一五”规划目标的一项重要举措，对于全面落实科学发展观，加强和改善宏观调控，进一步转变经济增长方式，推进产业结构调整和优化升级，保持国民经济平稳较快发展具有重要意义。各省、自治区、直辖市人民政府要将推进产业结构调整作为当前和今后一段时期改革发展的重要任务，建立责任制，狠抓落实，按照《暂行规定》的要求，结合本地区产业发展实际，制订具体措施，合理引导投资方向，鼓励和支持发展先进生产能力，限制和淘汰落后生产能力，防止盲目投资和低水平重复建设，切实推进产业结构优化升级。各有关部门要加快制定和修订财税、信贷、土地、进出口等相关政策，切实加强与产业政策的协调配合，进一步完善促进产业结构调整的政策体系。各省、自治区、直辖市人民政府和国家发展改革、财政、税务、国土资源、环保、工商、质检、银监、电监、安全监管以及行业主管等有关部门，要建立健全产业结构调整工作的组织协调和监督检查机制，各司其职，密切配合，形成合力，切实增强产业政策的执行效力。在贯彻实施《暂行规定》时，要正确处理政府引导与市场调节之间的关系，充分发挥市场配置资源的基础性作用，正确处理发展与稳定、局部利益与整体利益、眼前利益与长远利益的关系，保持经济平稳较快发展。

国务院
2005年12月2日

第一章　总　则

第一条　为全面落实科学发展观，加强和改善宏观调控，引导社会投资，促进产业结构优化升级，根据国家有关法律、行政法规，制定本规定。

第二条　产业结构调整的目标：

推进产业结构优化升级，促进一、二、三产业健康协调发展，逐步形成农业为基础、高新技术产业为先导、基础产业和制造业为支撑、服务业全面发展的产业格局，坚持节约发展、清洁发展、安全发展，实现可持续发展。

第三条　产业结构调整的原则：

坚持市场调节和政府引导相结合。充分发挥市场配置资源的基础性作用，加强国家产业政策的合理引导，实现资源优化配置。

以自主创新提升产业技术水平。把增强自主创新能力作为调整产业结构的中心环节，建立以企业为主体、市场为导向、产学研相结合的技术创新体系，大力提高原始创新能力、集成创新能力和引进消化吸收再创新能力，提升产业整体技术水平。

坚持走新型工业化道路。以信息化带动工业化，以工业化促进信息化，走科技含量高、经济效益好、资源消耗低、环境污染少、安全有保障、人力资源优势得到充分发挥的发展道路，努力推进经济增长方式的根本转变。

促进产业协调健康发展。发展先进制造业，提高服务业比重和水平，加强基础设施建设，优化城乡区域产业结构和布局，优化对外贸易和利用外资结构，维护群众合法权益，努力扩大就业，推进经济社会协调发展。

第二章　产业结构调整的方向和重点

第四条　巩固和加强农业基础地位，加快传统农业向现代农业转变。加快农业科技进步，加强农业设施建设，调整农业生产结构，转变农业增长方式，提高农业综合生产能力。稳定发展粮食生产，加快实施优质粮食产业工程，建设大型商品粮生产基地，确保粮食安全。优化农业生产布局，推进农业产业化经营，加快农业标准化，促进农产品加工转化增值，发展高产、优质、高效、生态、安全农业。大力发展畜牧业，提高规模化、集约化、标准化水平，保护天然草场，建设饲料草场基地。积极发展水产业，保护和合理利用渔业资源，推广绿色渔业养殖方式，发展高效生态养殖业。因地制宜发展原料林、用材林基地，提高木材综合利用率。加强农田水利建设，改造中低产田，搞好土地整理。提高农业机械化水平，健全农业技术推广、农产品市场、农产品质量安全和动植物病虫害防控体系。积极推行节水灌溉，科学使用肥料、农药，促进农业可持续发展。

第五条 加强能源、交通、水利和信息等基础设施建设，增强对经济社会发展的保障能力。

坚持节约优先、立足国内、煤为基础、多元发展，优化能源结构，构筑稳定、经济、清洁的能源供应体系。以大型高效机组为重点优化发展煤电，在生态保护基础上有序开发水电，积极发展核电，加强电网建设，优化电网结构，扩大西电东送规模。建设大型煤炭基地，调整改造中小煤矿，坚决淘汰不具备安全生产条件和浪费破坏资源的小煤矿，加快实施煤矸石、煤层气、矿井水等资源综合利用，鼓励煤电联营。实行油气并举，加大石油、天然气资源勘探和开发利用力度，扩大境外合作开发，加快油气领域基础设施建设。积极扶持和发展新能源和可再生能源产业，鼓励石油替代资源和清洁能源的开发利用，积极推进洁净煤技术产业化，加快发展风能、太阳能、生物质能等。

以扩大网络为重点，形成便捷、通畅、高效、安全的综合交通运输体系。坚持统筹规划、合理布局，实现铁路、公路、水运、民航、管道等运输方式优势互补，相互衔接，发挥组合效率和整体优势。加快发展铁路、城市轨道交通，重点建设客运专线、运煤通道、区域通道和西部地区铁路。完善国道主干线、西部地区公路干线，建设国家高速公路网，大力推进农村公路建设。优先发展城市公共交通。加强集装箱、能源物资、矿石深水码头建设，发展内河航运。扩充大型机场，完善中型机场，增加小型机场，构建布局合理、规模适当、功能完备、协调发展的机场体系。加强管道运输建设。

加强水利建设，优化水资源配置。统筹上下游、地表地下水资源调配、控制地下水开采，积极开展海水淡化。加强防洪抗旱工程建设，以堤防加固和控制性水利枢纽等防洪体系为重点，强化防洪减灾薄弱环节建设，继续加强大江大河干流堤防、行蓄洪区、病险水库除险加固和城市防洪骨干工程建设，建设南水北调工程。加大人畜饮水工程和灌区配套工程建设改造力度。

加强宽带通信网、数字电视网和下一代互联网等信息基础设施建设，推进“三网融合”，健全信息安全保障体系。

第六条 以振兴装备制造业为重点发展先进制造业，发挥其对经济发展的重要支撑作用。

装备制造业要依托重点建设工程，通过自主创新、引进技术、合作开发、联合制造等方式，提高重大技术装备国产化水平，特别是在高效清洁发电和输变电、大型石油化工、先进适用运输装备、高档数控机床、自动化控制、集成电路设备、先进动力装备、节能降耗装备等领域实现突破，提高研发设计、核心元器件配套、加工制造和系统集成的整体水平。

坚持以信息化带动工业化，鼓励运用高技术和先进适用技术改造提升制造业，提高自主知识产权、自主品牌和高端产品比重。根据能源、资源条件和环境容量，着力调整原材料工业的产品结构、企业组织结构和产业布局，提高产品质量和技术含量。支持发展冷轧薄板、冷轧硅钢片、高浓度磷肥、高效低毒低残留农药、乙烯、精细化工、高性能差别化纤维。促进炼油、乙烯、钢铁、水泥、造纸向基地化和大型化发展。加强铁、铜、铝等重要资源的地质勘查，增加资源地质储量，实行合理开采和综合利用。

第七条 加快发展高技术产业，进一步增强高技术产业对经济增长的带动作用。

增强自主创新能力，努力掌握核心技术和关键技术，大力开发对经济社会发展具有重大带动作用的高新技术，支持开发重大产业技术，制定重要技术标准，构建自主创新的技术基础，加快高技术产业从加工装配为主向自主研发制造延伸。按照产业聚集、规模化发展和扩大国际合作的要求，大力发展信息、生物、新材料、新能源、航空航天等产业，培育更多新的经济增长点。优先发展信息产业，大力发展集成电路、软件等核心产业，重点培育数字化音视频、新一代移动通信、高性能计算机及网络设备等信息产业群，加强信息资源开发和共享，推进信息技术的普及和应用。充分发挥我国特有的资源优势和技术优势，重点发展生物农业、生物医药、生物能源和生物化工等生物产业。加快发展民用航空、航天产业，推进民用飞机、航空发动机及机载系统的开发和产业化，进一步发展民用航天技术和卫星技术。积极发展新材料产业，支持开发具有技术特色以及可发挥我国比较优势的光电子材料、高性能结构和新型特种功能材料等产品。

第八条 提高服务业比重，优化服务业结构，促进服务业全面快速发展。坚持市场化、产业化、社会化的方向，加强分类指导和有效监管，进一步创新、完善服务业发展的体制和机制，建立公开、平等、规范的行业准入制度。发展竞争力较强的大型服务企业集团，大城市要把发展服务业放在优先地位，有条件的要逐步形成服务经济为主的产业结构。增加服务品种，提高服务水平，增强就业能力，提升产业素质。大力发展金融、保险、物流、信息和法律服务、会计、知识产权、技术、设计、咨询服务等现代服务业，积极发展文化、旅游、社区服务等需求潜力大的产业，加快教育培训、养老服务、医疗保健等领域的改革和发展。规范和提升商贸、餐饮、住宿等传统服务业，推进连锁经营、特许经营、代理制、多式联运、电子商务等组织形式和服务方式。

第九条 大力发展循环经济，建设资源节约和环境友好型社会，实现经济增长与人口资源环境相协调。坚持开发与节约并重、节约优先的方针，按照减量化、再利用、资源化原则，大力推进节能节水节地节材，加强资源综合利用，全面推行清洁生产，完善再生资源回收利用体系，形成低投入、低消耗、低排放和高效率的节约型增长方式。积极开发推广资源节约、替代和循环利用技术和产品，重点推进钢铁、有色、电力、石化、建筑、煤炭、建材、造纸等行业节能降耗技术改造，发展节能省地型建筑，对消耗高、污染重、危及安全生产、技术落后的工艺和产品实施强制淘汰制度，依法关闭破坏环境和不具备安全生产条件的企业。调整高耗能、高污染产业规模，降低高耗能、高污染产业比重。鼓励生产和使用节约性能好的各类消费品，形成节约资源的消费模式。大力发展环保产业，以控制不合理的资源开发为重点，强化对水资源、土地、森林、草原、海洋等的生态保护。

第十条 优化产业组织结构，调整区域产业布局。提高企业规模经济水平和产业集中度，加快大型企业发展，形成一批拥有自主知识产权、主业突出、核心竞争力强的大公司和企业集团。充分发挥中小企业的作用，推动中小企业与大企业形成分工协作关系，提高生产专业化水平，促进中小企业技术进步和产业升级。充分发挥比较优势，积极推动生产要素合理流动和配置，引导产业集群化发展。西部地区要加强基础设施建设和生态环境保护，健全公共服务，结合本地资源优势发展特色产业，增强自我发展能力。东北地区要加快产业结构调整和国有企业改革改组改造，发展现代农业，着力振兴装备制造业，促进资源枯竭型城市转型。中部地区要抓好粮食主产区建设，发展有比较优势的能源和制造业，加强基础设施建设，加快建立现代市场体系。东部地区要努力提高自主创新能力，加快实现结构优化升级和增长方式转变，提高外向型经济水平，增强国际竞争力和可持续发展能力。从区域发展的总体战略布局出发，根据资源环境承载能力和发展潜力，实行优化开发、重点开发、限制开发和禁止开发等有区别的区域产业布局。

第十一条 实施互利共赢的开放战略，提高对外开放水平，促进国内产业结构升级。加快转变对外贸易增长方式，扩大具有自主知识产权、自主品牌的商品出口，控制高能耗高污染产品的出口，鼓励进口先进技术设备和国内短缺资源。支持有条件的企业"走出去"，在国际市场竞争中发展壮大，带动国内产业发展。提高加工贸易的产业层次，增强国内配套能力。大力发展服务贸易，继续开放服务市场，有序承接国际现代服务业转移。提高利用外资的质量和水平，着重引进先进技术、管理经验和高素质人才，注重引进技术的消化吸收和创新提高。吸引外资能力较强的地区和开发区，要着重提高生产制造层次，并积极向研究开发、现代物流等领域拓展。

第三章 产业结构调整指导目录

第十二条 《产业结构调整指导目录》是引导投资方向，政府管理投资项目，制定和实施财税、信贷、土地、进出口等政策的重要依据。

《产业结构调整指导目录》由发展改革委会同国务院有关部门依据国家有关法律法规制订，经国务院批准后公布。根据实际情况，需要对《产业结构调整指导目录》进行部分调整时，由发展改革委会同国务院有关部门适时修订并公布。

《产业结构调整指导目录》原则上适用于我国境内的各类企业。其中外商投资按照《外商投资产业指导目录》执行。《产业结构调整指导目录》是修订《外商投资产业指导目录》的主要依据之一。《产业结构调整指导目录》淘汰类适用于外商投资企业。《产业结构调整指导目录》和《外商投资产业指导目录》执行中的政策衔接问题由发展改革委会同商务部研究协商。

第十三条 《产业结构调整指导目录》由鼓励、限制和淘汰三类目录组成。不属于鼓励类、限制类和淘汰类，且符合国家有关法律、法规和政策规定的，为允许类。允许类不列入《产业结构调整指导目录》。

第十四条 鼓励类主要是对经济社会发展有重要促进

作用，有利于节约资源、保护环境、产业结构优化升级，需要采取政策措施予以鼓励和支持的关键技术、装备及产品。按照以下原则确定鼓励类产业指导目录：

（一）国内具备研究开发、产业化的技术基础，有利于技术创新，形成新的经济增长点；

（二）当前和今后一个时期有较大的市场需求，发展前景广阔，有利于提高短缺商品的供给能力，有利于开拓国内外市场；

（三）有较高技术含量，有利于促进产业技术进步，提高产业竞争力；

（四）符合可持续发展战略要求，有利于安全生产，有利于资源节约和综合利用，有利于新能源和可再生能源开发利用、提高能源效率，有利于保护和改善生态环境；

（五）有利于发挥我国比较优势，特别是中西部地区和东北地区等老工业基地的能源、矿产资源与劳动力资源等优势；

（六）有利于扩大就业，增加就业岗位；

（七）法律、行政法规规定的其他情形。

第十五条　限制类主要是工艺技术落后，不符合行业准入条件和有关规定，不利于产业结构优化升级，需要督促改造和禁止新建的生产能力、工艺技术、装备及产品。按照以下原则确定限制类产业指导目录：

（一）不符合行业准入条件，工艺技术落后，对产业结构没有改善；

（二）不利于安全生产；

（三）不利于资源和能源节约；

（四）不利于环境保护和生态系统的恢复；

（五）低水平重复建设比较严重，生产能力明显过剩；

（六）法律、行政法规规定的其他情形。

第十六条　淘汰类主要是不符合有关法律法规规定，严重浪费资源、污染环境、不具备安全生产条件，需要淘汰的落后工艺技术、装备及产品。按照以下原则确定淘汰类产业指导目录：

（一）危及生产和人身安全，不具备安全生产条件；

（二）严重污染环境或严重破坏生态环境；

（三）产品质量低于国家规定或行业规定的最低标准；

（四）严重浪费资源、能源；

（五）法律、行政法规规定的其他情形。

第十七条　对鼓励类投资项目，按照国家有关投资管理规定进行审批、核准或备案；各金融机构应按照信贷原则提供信贷支持；在投资总额内进口的自用设备，除财政部发布的《国内投资项目不予免税的进口商品目录（2000年修订）》所列商品外，继续免征关税和进口环节增值税，在国家出台不予免税的投资项目目录等新规定后，按新规定执行。对鼓励类产业项目的其他优惠政策，按照国家有关规定执行。

第十八条　对属于限制类的新建项目，禁止投资。投资管理部门不予审批、核准或备案，各金融机构不得发放贷款，土地管理、城市规划和建设、环境保护、质检、消防、海关、工商等部门不得办理有关手续。凡违反规定进行投融资建设的，要追究有关单位和人员的责任。

对属于限制类的现有生产能力，允许企业在一定期限内采取措施改造升级，金融机构按信贷原则继续给予支持。国家有关部门要根据产业结构优化升级的要求，遵循优胜劣汰的原则，实行分类指导。

第十九条　对淘汰类项目，禁止投资。各金融机构应停止各种形式的授信支持，并采取措施收回已发放的贷款；各地区、各部门和有关企业要采取有力措施，按规定限期淘汰。在淘汰期限内国家价格主管部门可提高供电价格。对国家明令淘汰的生产工艺技术、装备和产品，一律不得进口、转移、生产、销售、使用和采用。

对不按期淘汰生产工艺技术、装备和产品的企业，地方各级人民政府及有关部门要依据国家有关法律法规责令其停产或予以关闭，并采取妥善措施安置企业人员、保全金融机构信贷资产安全等；其产品属实行生产许可证管理的，有关部门要依法吊销生产许可证；工商行政管理部门要督促其依法办理变更登记或注销登记；环境保护管理部门要吊销其排污许可证；电力供应企业要依法停止供电。对违反规定者，要依法追究直接责任人和有关领导的责任。

第四章　附　　则

第二十条　本规定自发布之日起施行。原国家计委、国家经贸委发布的《当前国家重点鼓励发展的产业、产品和技术目录（2000年修订）》、原国家经贸委发布的《淘汰落后生产能力、工艺和产品的目录（第一批、第二批、第三批）》和《工商投资领域制止重复建设目录（第一批）》同时废止。

第二十一条　对依据《当前国家重点鼓励发展的产业、产品和技术目录（2000年修订）》执行的有关优惠政策，调整为依据《产业结构调整指导目录》鼓励类目录执行。外商投资企业的设立及税收政策等执行国家有关外商投资的法律、行政法规规定。

商务部、海关总署、质检总局公告

2005年第104号

根据《中华人民共和国与美利坚合众国政府关于纺织品和服装贸易的谅解备忘录》有关产品的规定，商务部、海关总署、质检总局对《对美出口纺织品临时管理商品目录》（商务部、海关总署、质检总局2005年87号公告）进行了调整，现公告如下：

类别847项下取消编码6103290010，增加编码6112190059；类别620项下增加5407510021和5407510029。

商务部

海关总署

质检总局

2005年12月12日

商务部关于答复涉及直销业有关问题的函

商资函［2005］98号

各省、自治区、直辖市、计划单列市及新疆生产建设兵团商务主管部门：

《直销管理条例》（以下简称《条例》）及相关配套规章颁布以来，各地商务主管部门认真学习并做好各项前期准备工作。由于直销是一种全新的营销模式，各地商务主管部门对条例实施时需明确的操作事项提出了一些问题。现答复如下：

一、关于计划单列市转报企业申报材料

鉴于计划单列市享有省级经济管理权限，计划单列市行政辖区内的企业如申请从事直销经营，可由计划单列市商务主管部门转报商务部。

二、关于境外投资者从业经验证明

境外投资者申请从事直销经营，应提交其在境外的企业注册登记证明、法定代表人（以公司股东大会或董事会议授予全权代表公司对外进行活动的人）证明、会计/审计机构审验的近3年资产负债表及损益表，上述证明文件须经境外投资者所在国家或地区公证机构予以公证，出具公证文书（并提供中文翻译件）；境外投资者还应出具其在境外有3年以上从事直销活动经验的书面声明。

三、关于直销产品标准

直销产品必须符合商务部、工商总局2005年第72号公告规定的直销产品范围，并应符合国家认证、许可、质检或强制性标准；国家未有认证、许可、质检或强制性标准的，应符合行业标准。

四、关于服务网点

企业申报时，应提交其在拟从事直销地区的服务网点具体方案。方案应能满足不同地区最终消费者、直销员了解商品性能、价格并便于退换货的要求。服务网点不得设在居民住宅、学校、医院、部队、政府机关等场所。

服务网点方案涉及地区的县级以上（含县级）商务主管部门，根据《条例》第十条第二款规定对服务网点方案予以认可，并向省级商务主管部门出具该服务网点方案可便于并满足当地最终消费者、直销员了解产品性能、价格和退换货的要求，且未设在居民住宅、学校、医院、部队、政府机关等场所的书面认可函。

省级商务主管部门向商务部转报企业申报材料时，同时出具确认函，确认：（1）企业服务网点方案经涉及地区县以上（含县级）商务主管部门认可；（2）该企业在本省拟从事直销业务区域内的服务网点方案符合《条例》第十条第二款规定的条件。

经批准，可从事直销的企业应于批准文件下发之日起6个月内按其上报的服务网点方案完成服务网点的设立。出具服务网点方案认可函的商务主管部门，对其服务网点是否符合经批准的方案进行核查，并将核查结果报商务部。商务部通过直销行业管理网，公布直销企业可从事直销业务的地区及服务网点。未完成设立服务网点的地区不得开展直销业务。6个月内未能按服务网点方案完成服务网点设立的企业，不得在未完成服务网点方案的地区从事直销业务。该企业若要在这些地区开展直销业务，应按《条例》及配套规章规定的相关规定另行申报。

直销企业可根据业务发展需要增加服务网点。在已批准从事直销的地区增加服务网点不需要报批，但其方案应通过省级商务主管部门报商务部备案，商务部将通过直销行业管理网公布直销企业在已批准从事直销的地区增加的服务网点。地方商务主管部门可根据《条例》第十条第二款要求直销企业在本地区增加服务网点，但应说明理由。直销企业调整服务网点方案，减少服务网点，应报原审批部门批准。

五、关于保证金缴存指定银行

中国建设银行总行为指定的申报企业保证金缴存银行。申报企业应与中国建设银行总行签订保证金专用账户管理协议后，按《条例》相关规定，将保证金存入中国建设银行总行指定的账户。

六、关于直销企业省级分支机构

申报企业设立省级分支机构，由申报企业住所地的省级商务主管部门向商务部转报。申报企业跨省、自治区、直辖市设立分支机构的，申报企业住所地的省级商务主管部门应征求分支机构所在地的省级商务主管部门的意见，后者出具的意见应包括对申报企业在本行政区域内设立的服务网点是否符合《条例》第十条第二款规定予以明确（参见上述第四项内容）。

遇有问题，请及时与我部（外资司、市场建设司、条法司）联系。

中华人民共和国商务部

2005年12月15日

商务部办公厅关于扩大开放、提高吸收外资水平、促进中部崛起的指导意见

商资字［2005］130号

河南、山西、安徽、湖北、江西、湖南商务主管部门：

为贯彻落实党中央、国务院作出的“中部崛起”战略决策，加快中部地区经济发展步伐，积极合理有效利用外资，促进中部地区全面提高开放水平，抓住有利时机，充分发挥地区优势，因地制宜地做好吸收外商直接投资工作，现就促进中部地区进一步扩大吸收外资规模，提高吸收外资水平提出若干指导性意见。

一、战略意义

促进中部地区崛起，是党中央、国务院从我国现代化建设全局出发作出的重大战略决策，是全面落实科学发展观，统筹区域发展，促进东中西互动，实现优势互补，共同发展的必然选择。进一步扩大中部地区对外开放，扩大吸收外资规模，提高中部地区吸收外资水平，是加快促进中部地区崛起的重要内容，是充分发挥中部发展潜力和比较优势的重要途径，是中部地区全面建设小康社会的重要举措。

二、指导思想和工作目标

指导思想：以邓小平理论和“三个代表”重要思想为指导，全面贯彻党的十六大、十六届五中全会和中央经济工作会议的精神，坚持科学发展观统领经济社会发展全局，进一步解放思想，更新发展观念，增强创新意识，坚定不移地扩大中部地区对内对外开放，继续扩大吸收外资规模，优化外

资结构、提高吸收外资质量，加速产业结构调整和优化升级，引进先进技术、管理经验和高素质人才，以提升自主创新能力为出发点，发挥区域优势，实现经济和社会效益双增长，形成东中西良性互动、区域经济协调发展的新格局。

工作目标：各地要高度重视吸收外资在中部地区崛起过程中的重要性，以扩大开放，更多更好地吸收外资作为中部崛起的突破口，紧紧抓住国际产业转移加快的有利时机，完善政策法规，拓宽吸收外资渠道，扩大吸收外资规模；发挥中部地区人才、资源比较优势，引导跨国公司向中部地区转移附加值较高的加工制造环节、服务外包业务。经过努力，力争使中部地区实际使用外资金额在今后3-5年内逐年有较大幅度的增长，实际使用外资占全国比例有较大地提升，吸收外资的质量和水平进一步提高，外商投资产业结构进一步调整和优化，外商投资的技术溢出效应不断增强，外资在中部地区崛起方面发挥的重要作用更加明显。

三、具体措施

（一）积极探索和拓展吸收外资新方式，鼓励外国投资者以并购、参股等多种方式参与国有企业改组改造，促进体制和机制创新，增强中部地区国有企业适应市场经济的能力，实现国有经济实行战略性调整的要求。支持符合条件的外商投资股份制公司在国内外资本市场上市。

（二）积极探索盘活国有资产的有效形式，鼓励外资参与中部地区不良资产的重组与处置，允许外商投资企业依法购买金融资产管理公司的不良债权和股权，并对其拥有的资产进行重组与处置。

（三）立足中部地区现有的农业、资源、交通、人力等优势和区位优势，积极吸收外资加快重点行业和重点企业的技术改造，不断提高产业整体素质和核心竞争力，推进产业升级，加强对引进技术的消化、吸收，大力提高自主创新能力。

（四）结合中部各省的区域优势，尽快修改《中西部地区外商投资优势产业目录》，支持外商投资重点行业和企业。积极引导外商投资国家重点发展的现代农业、钢铁、汽车、机械、化工和装配备制造业等，促进产品更新换代，提高竞争力。积极吸收外资发展服装、食品、轻工、电子等劳动密集型产业，促进就业，形成具有较强竞争力的现代产业基地。国家在上述行业重大项目布局安排上向中部地区倾斜，重大关键技术和设备引进给予政策性信贷支持，重大项目经批准可适当降低资本金比例。

（五）鼓励外商投资高新技术产业和研究开发中心。充分发挥和综合利用现有资源、人才、生产能力的优势，鼓励跨国公司在中部地区以独资或与当地企业、科研机构、高等院校合资的形式设立研究开发中心。鼓励跨国公司在中部地区设立投资性公司、地区总部。

（六）促进中部地区不断发展现代服务业，推进服务贸易领域对外开放。各项服务贸易利用外资试点，优先考虑选择中部地区开展试点工作。发挥中部在全国交通格局中的枢纽作用，吸引外资大力发展物流、交通运输等行业，外商投资物流企业的试点扩大到中部地区。推动中部地区开展承接国际服务贸易转移和东部地区产业梯度转移。

（七）研究落实CEPA有关规定，支持和指导中部地区做好对接工作，促进港澳地区的现代服务业投资中部地区。

（八）加大宣传力度，推动中西部地区现有优惠政策的落实。

（九）加大政策支持力度，采取措施鼓励外商以多种方式参与中部地区基础设施建设，改善外商投资中部地区硬件设施环境，提高中部地区的引资竞争力。

（十）根据我国目前重点整合和培育的会展品牌总体规划，支持中部地区举办中部地区投资贸易洽谈会，帮助中部地区打造国际性、专业性的博览会。

（十一）支持和指导中部地区开展投资促进工作，协助中部地区制定投资促进战略、编制中部地区优势产业投资促进报告；推动中部地区整合投资促进资源，形成整体地域优势；支持中部地区利用中国国际投资贸易洽谈会等平台，不断做好招商引资工作。

（十二）完善投资服务体系，加强投资促进平台建设和开放型经济人才培训。继续使用“中央外贸发展基金”支持中部地区吸收外资加快发展。支持中部地区加强同国际组织、境外机构的交流与合作。

（十三）发挥中部地区资源优势，积极支持中部地区通过吸收外资提高资源产品深加工和精加工能力，促进中部地区企业扩大高附加值产品出口。

（十四）加快中部地区现有国家级开发区建设，提高自主创新能力。对发展势头较好、产业特色明显、带动力较强的开发区，在原批准规划面积已得到充分利用的情况下，依据土地利用总体规划和城市总体规划，适当扩大用地规模。鼓励中部地区省级开发区加快发展。

（十五）鼓励东部沿海外商投资企业投资中部地区，推动东部和中部以及中部省际之间建立协调合作机制，创造条件促进东部和中部地区之间加强投资和贸易合作。

商务部办公厅

2005年12月28日

关于废止外商投资转型企业有关规定的公告

国务院颁布的《直销管理条例》于2005年12月1日正式实施。经研究，《对外贸易经济合作部、国家工商行政管理局、国家国内贸易局关于外商投资传销企业转变销售方式有关问题的通知》（［1998］外经贸资发第455号）、《关于〈关于外商投资传销企业转变销售方式有关问题的通知〉执行中有关问题的规定》（工商公字［2002］第31号）、《国家工商行政管理总局关于外商投资传销转型企业分支机构登记问题通知》（工商外企字［2002］第88号）、《国家工商行政管理局关于转型为店铺销售并雇佣推销员的原外商投资传销企业非雇拥推销员分公司变更登记问题的通知》（工商企字［1999］第13号）、《国家工商行政管理总局关于外商投资转型企业违规经营行为处理决定的答复》（工商公字［2003］第6号）等关于外商投资转型企业的规定于2006年12月1日废止。

自2006年12月1日起，未依法获得直销许可，以店铺加雇佣推销人员（系指非企业正式雇员，通过为该企业推销产品取得劳动报酬的人员）从事经营活动的，比照《直销管理条例》第三十九条关于未经批准从事直销活动的规定查处。

商务部

国家工商行政管理总局

2005年12月31日

外国投资者对上市公司战略投资管理办法

国发［2005］19号

第一条　为了规范股权分置改革后外国投资者对A股上市公司（以下简称上市公司）进行战略投资，维护证券市场秩序，引进境外先进管理经验、技术和资金，改善上市公司治理结构，保护上市公司和股东的合法权益，按照《关于上市公司股权分置改革的指导意见》的要求，根据国家有关外商投资、上市公司监管的法律法规以及《外国投资者并购境内企业暂行规定》，制定本办法。

第二条　本办法适用于外国投资者（以下简称投资者）对已完成股权分置改革的上市公司和股权分置改革后新上市公司通过具有一定规模的中长期战略性并购投资（以下简称战略投资），取得该公司A股股份的行为。

第三条　经商务部批准，投资者可以根据本办法对上市公司进行战略投资。

第四条　战略投资应遵循以下原则：

（一）遵守国家法律、法规及相关产业政策，不得危害国家经济安全和社会公共利益；

（二）坚持公开、公平、公正的原则，维护上市公司及其股东的合法权益，接受政府、社会公众的监督及中国的司法和仲裁管辖；

（三）鼓励中长期投资，维护证券市场的正常秩序，不得炒作；

（四）不得妨碍公平竞争，不得造成中国境内相关产品市场过度集中、排除或限制竞争。

第五条　投资者进行战略投资应符合以下要求：

（一）以协议转让、上市公司定向发行新股方式以及国家法律法规规定的其他方式取得上市公司A股股份；

（二）投资可分期进行，首次投资完成后取得的股份比例不低于该公司已发行股份的百分之十，但特殊行业有特别规定或经相关主管部门批准的除外；

（三）取得的上市公司A股股份三年内不得转让；

（四）法律法规对外商投资持股比例有明确规定的行业，投资者持有上述行业股份比例应符合相关规定；属法律法规禁止外商投资的领域，投资者不得对上述领域的上市公司进行投资；

（五）涉及上市公司国有股股东的，应符合国有资产管理的相关规定。

第六条 投资者应符合以下要求：

（一）依法设立、经营的外国法人或其他组织，财务稳健、资信良好且具有成熟的管理经验；

（二）境外实有资产总额不低于1亿美元或管理的境外实有资产总额不低于5亿美元；或其母公司境外实有资产总额不低于1亿美元或管理的境外实有资产总额不低于5亿美元；

（三）有健全的治理结构和良好的内控制度，经营行为规范；

（四）近三年内未受到境内外监管机构的重大处罚（包括其母公司）。

第七条 通过上市公司定向发行方式进行战略投资的，按以下程序办理：

（一）上市公司董事会通过向投资者定向发行新股及公司章程修改草案的决议；

（二）上市公司股东大会通过向投资者定向发行新股及修改公司章程的决议；

（三）上市公司与投资者签订定向发行的合同；

（四）上市公司根据本办法第十二条向商务部报送相关申请文件，有特殊规定的从其规定；

（五）在取得商务部就投资者对上市公司进行战略投资的原则批复函后，上市公司向中国证监会报送定向发行申请文件，中国证监会依法予以核准；

（六）定向发行完成后，上市公司到商务部领取外商投资企业批准证书，并凭该批准证书到工商行政管理部门办理变更登记。

第八条 通过协议转让方式进行战略投资的，按以下程序办理：

（一）上市公司董事会通过投资者以协议转让方式进行战略投资的决议；

（二）上市公司股东大会通过投资者以协议转让方式进行战略投资的决议；

（三）转让方与投资者签订股份转让协议；

（四）投资者根据本办法第十二条向商务部报送相关申请文件，有特殊规定的从其规定；

（五）投资者参股上市公司的，获得前述批准后向证券交易所办理股份转让确认手续、向证券登记结算机构申请办理登记过户手续，并报中国证监会备案；

（六）协议转让完成后，上市公司到商务部领取外商投资企业批准证书，并凭该批准证书到工商行政管理部门办理变更登记。

第九条 投资者拟通过协议转让方式构成对上市公司的实际控制，按照第八条第（一）、（二）、（三）、（四）项的程序获得批准后，向中国证监会报送上市公司收购报告书及相关文件，经中国证监会审核无异议后向证券交易所办理股份转让确认手续、向证券登记结算机构申请办理登记过户手续。完成上述手续后，按照第八条第（六）项办理。

第十条 投资者对上市公司进行战略投资，应按《证券法》和中国证监会的相关规定履行报告、公告及其他法定义务。

第十一条 投资者对其已持有股份的上市公司继续进行战略投资的，需按本办法规定的方式和程序办理。

第十二条 上市公司或投资者应向商务部报送以下文件：

（一）战略投资申请书（格式见附件1）；

（二）战略投资方案（格式见附件2）；

（三）定向发行合同或股份转让协议；

（四）保荐机构意见书（涉及定向发行）或法律意见书；

（五）投资者持续持股的承诺函；

（六）投资者三年内未受到境内外监管机构重大处罚的声明，以及是否受到其他非重大处罚的说明；

（七）经依法公证、认证的投资者的注册登记证明、法定代表人（或授权代表）身份证明；

（八）经注册会计师审计的该投资者近三年来的资产负债表；

（九）上述（一）、（二）、（三）、（五）、（六）项中规定提交的文件均需经投资者法定代表人或其授权代表签署，由授权代表签署的还应提交经法定代表人签署的授权书及相应的公证、认证文件；

（十）商务部规定的其他文件。

前款所列文件，除第七项、第八项所列文件外，必须报送中文本原件，第七项、第八项所列文件应报送原件及中文译件。

商务部收到上述全部文件后应在30日内作出原则批复，原则批复有效期180日。

第十三条 符合本办法第六条规定的外国公司（“母公司”）可以通过其全资拥有的境外子公司（“投资者”）进行战略投资，投资者除提交本办法第十二条所列文件外，还应向商务部提交其母公司对投资者投资行为承担连带责任的不可撤销的承诺函。

第十四条 投资者应在商务部原则批复之日起15日内根据外商投资并购的相关规定开立外汇账户。投资者从境外汇入的用于战略投资的外汇资金，应当根据外汇管理的有关规定，到上市公司注册所在地外汇局申请开立外国投资者专用外汇账户（收购类），账户内资金的结汇及账户注销手续参照相关外汇管理规定办理。

第十五条 投资者可以持商务部对该投资者对上市公司进行战略投资的批准文件和有效身份证明，向证券登记结算机构办理相关手续。

对于投资者在上市公司股权分置改革前持有的非流通股份或在上市公司首次公开发行前持有的股份，证券登记结算机构可以根据投资者申请为其开立证券账户。

证券登记结算机构应根据本管理办法制定相应规定。

第十六条 投资者应在资金结汇之日起15日内启动战略投资行为，并在原则批复之日起180日内完成战略投资。

投资者未能在规定时间内按战略投资方案完成战略投资的，审批机关的原则批复自动失效。投资者应在原则批复失效之日起45日内，经外汇局核准后将结汇所得人民币资金购汇并汇出境外。

第十七条 战略投资完成后，上市公司应于10日内凭以下文件到商务部领取外商投资企业批准证书：

（一）申请书；

（二）商务部原则批复函；

（三）证券登记结算机构出具的股份持有证明；

（四）上市公司营业执照和法定代表人身份证明；

（五）上市公司章程。

商务部在收到上述全部文件之日起5日内颁发外商投资企业批准证书，加注“外商投资股份公司（A股并购）”。

如投资者取得单一上市公司25%或以上股份并承诺在10年内持续持股不低于25%，商务部在颁发的外商投资企业批准证书上加注“外商投资股份公司（A股并购25%或以上）”。

第十八条 上市公司应自外商投资企业批准证书签发之日起30日内，向工商行政管理机关申请办理公司类型变更登记，并提交下列文件：

（一）公司法定代表人签署的申请变更申请书；

（二）外商投资企业批准证书；

（三）证券登记结算机构出具的股份持有证明；

（四）经公证、认证的投资者的合法开业证明；

（五）国家工商行政管理总局规定应提交的其他文件。

经核准变更的，工商行政管理机关在营业执照企业类型栏目中加注“外商投资股份公司（A股并购）”字样，其中，投资者进行战略投资取得单一上市公司25%或以上股份并承诺在10年内持续持股不低于25%的，加注“外商投资股份公司（A股并购25%或以上）”。

第十九条 上市公司应自外商投资企业营业执照签发之日起30日内，到税务、海关、外汇管理等有关部门办理相关手续。外汇管理部门在所颁发的外汇登记证上加注“外商投资股份公司（A股并购）”。如投资者进行战略投资取得单一上市公司25%或以上股份并承诺在10年内持续持股不低于25%的，外汇管理部门在外汇登记证上加注“外商投资股份公司（A股并购25%或以上）”。

第二十条 除以下情形外，投资者不得进行证券买卖（B股除外）：

（一）投资者进行战略投资所持上市公司A股股份，在其承诺的持股期限届满后可以出售；

（二）投资者根据《证券法》相关规定须以要约方式进行收购的，在要约期间可以收购上市公司A股股东出售的股份；

（三）投资者在上市公司股权分置改革前持有的非流通股份，在股权分置改革完成且限售期满后可以出售；

（四）投资者在上市公司首次公开发行前持有的股份，在限售期满后可以出售；

（五）投资者承诺的持股期限届满前，因其破产、清算、抵押等特殊原因需转让其股份的，经商务部批准可以转让。

第二十一条 投资者减持股份使上市公司外资股比低于25%，上市公司应在10日内向商务部备案并办理变更外商投资企业批准证书的相关手续。

投资者减持股份使上市公司外资股比低于10%，且该投资者非为单一最大股东，上市公司应在10日内向审批机关备案并办理注销外商投资企业批准证书的相关手续。

第二十二条 投资者减持股份使上市公司外资股比低于25%，上市公司应自外商投资企业批准证书变更之日起

30日内到工商行政管理机关办理变更登记，工商行政管理机关在营业执照上企业类型调整为“外商投资股份公司（A股并购）”。上市公司应自营业执照变更之日起30日内到外汇管理部门办理变更外汇登记，外汇管理部门在外汇登记证上加注“外商投资股份公司（A股并购）”。

投资者减持股份使上市公司外资股比低于10%，且投资者非为单一最大股东，上市公司自外商投资企业批准证书注销之日起30日内到工商行政管理机关办理变更登记，企业类型变更为股份有限公司。上市公司应自营业执照变更之日起30日内到外汇管理部门办理外汇登记注销手续。

第二十三条 母公司通过其全资拥有的境外子公司进行战略投资并已按期完成的，母公司转让上述境外子公司前应向商务部报告，并根据本办法所列程序提出申请。新的受让方仍应符合本办法所规定的条件，承担母公司及其子公司在上市公司中的全部权利和义务，并依法履行向中国证监会报告、公告及其他法定义务。

第二十四条 投资者通过A股市场将所持上市公司股份出让的，可凭以下文件向上市公司注册所在地外汇局申请购汇汇出：

（一）书面申请；

（二）为战略投资目的所开立的外国投资者专用外汇账户（收购类）内资金经外汇局核准结汇的核准件；

（三）证券经纪机构出具的有关证券交易证明文件。

第二十五条 投资者持股比例低于25%的上市公司，其举借外债按照境内中资企业举借外债的有关规定办理。

第二十六条 相关政府机构工作人员必须忠于职守、依法履行职责，不得利用职务便利牟取不正当利益，并对知悉的商业秘密负有保密义务。

第二十七条 香港特别行政区、澳门特别行政区、台湾地区的投资者进行战略投资，参照本办法办理。

第二十八条 本办法自发布之日起30日后施行。

附件1：战略投资申请书（略）

附件2：战略投资方案（略）

（商务部、中国证券监督管理委员会、国家税务总局、国家工商行政管理总局、国家外汇管理局2005年12月31日发布）

中华人民共和国商务部公告

2005年第108号

根据《中华人民共和国对外贸易法》有关规定，授予新疆农垦进出口（集团）股份有限公司棉花进口国营贸易经营权，按照国家有关国营贸易管理规定经营，现予以公告。

中华人民共和国商务部

2005年12月19日

中华人民共和国商务部、海关总署、国家环境保护总局公告——公布《禁止进口货物目录》（第六批）和《禁止出口货物目录》（第三批）

2005年第116号

为保护人的健康，维护环境安全，淘汰落后产品、履行《关于在国际贸易中对某些危险化学品和农药采用事先知情同意程序的鹿特丹公约》和《关于持久性有机污染物的斯德哥尔摩公约》，根据《中华人民共和国对外贸易法》、《中华人民共和国货物进出口管理条例》以及国家《产业结构调整指导目录》，现公布《禁止进口货物目录》（第六批）和《禁止出口货物目录》（第三批），自2006年1月1日起实施。

附件：

1.《禁止进口货物目录》（第六批）

2.《禁止出口货物目录》（第三批）

商务部

海关总署

国家环境保护总局

2005年12月31日

附件1

禁止进口货物目录（第六批）

序号	商品编码	商品名称	备注
1	25240010．10	长纤维青石棉	包括青石棉（蓝石棉）、阳起石石棉、铁石棉、透闪石石棉、直闪石石棉
2	25240090．10	其他青石棉	
3	29033090．20	1，2－二溴乙烷	
4	29034990．10	二溴氯丙烷	1，2－二溴－3－氯丙烷
5	29035900．10	艾氏剂、七氯、毒杀芬	
6	29036990．10	多氯联苯	
7	29036990．10	多溴联苯	
8	29089090．10	地乐酚及其盐和酯；二硝酚	
9	29109000．10	狄氏剂、异狄氏剂	
10	29159000．20	氟乙酸钠	
11	29189000．10	2，4，5－涕及其盐和酯	2，4，5－三氯苯氧乙酸
12	29190000．10	三（2，3－二溴丙基）磷酸酯	
13	29215900．20	联苯胺（4，4'－二氨基联苯）	
14	29241990．20	氟乙酰胺（敌蚜胺）	
15	29252000．20	杀虫脒	
16	29329990．60	二恶英	多氯二苯并对二恶英
17	29329990．60	呋喃	多氯二苯并呋喃

附件 2

禁止出口货物目录（第三批）

序　号	商品编码	商 品 名 称	备　注
1	25240010．10	长纤维青石棉	包括青石棉（蓝石棉）、阳起石石棉、铁石棉、透闪石石棉、直闪石石棉
2	25240090．10	其他青石棉	
3	29033090．20	1，2－二溴乙烷	
4	29034990．10	二溴氯丙烷	1，2－二溴－3－氯丙烷
5	29035900．10	艾氏剂、七氯、毒杀芬	
6	29036990．10	多氯联苯	
7	29036990．10	多溴联苯	
8	29089090．10	地乐酚及其盐和酯；二硝酚	
9	29109000．10	狄氏剂、异狄氏剂	
10	29159000．20	氟乙酸钠	
11	29189000．10	2，4，5－涕及其盐和酯	2，4，5－三氯苯氧乙酸
12	29190000．10	三（2，3－二溴丙基）磷酸酯	
13	29215900．20	联苯胺（4，4’－二氨基联苯）	
14	29241990．20	氟乙酰胺（敌蚜胺）	
15	29252000．20	杀虫脒	
16	29329990．60	二恶英	多氯二苯并对二恶英
17	29329990．60	呋喃	多氯二苯并呋喃

中华人民共和国海关统计条例

中华人民共和国国务院令

第 454 号

现公布《中华人民共和国海关统计条例》，自 2006 年 3 月 1 日起施行。

总理　温家宝

2005 年 12 月 25 日

第一条　为了科学、有效地开展海关统计工作，保障海关统计的准确性、及时性、完整性，根据《中华人民共和国海关法》和《中华人民共和国统计法》的有关规定，制定本条例。

第二条　海关统计是海关依法对进出口货物贸易的统计，是国民经济统计的组成部分。

海关统计的任务是对进出口货物贸易进行统计调查、统计分析和统计监督，进行进出口监测预警，编制、管理和公布海关统计资料，提供统计服务。

第三条　海关总署负责组织、管理全国海关统计工作。

海关统计机构、统计人员应当依照《中华人民共和国统计法》、《中华人民共和国统计法实施细则》及本条例的规定履行职责。

第四条　实际进出境并引起境内物质存量增加或者减少的货物，列入海关统计。

进出境物品超过自用、合理数量的，列入海关统计。

第五条　下列进出口货物不列入海关统计：

（一）过境、转运和通运货物；

（二）暂时进出口货物；

（三）货币及货币用黄金；

（四）租赁期 1 年以下的租赁进出口货物；

（五）因残损、短少、品质不良或者规格不符而免费补偿或者更换的进出口货物；

（六）海关总署规定的不列入海关统计的其他货物。

第六条　进出口货物的统计项目包括：

（一）品名及编码；

（二）数量、价格；

（三）经营单位；

（四）贸易方式；

（五）运输方式；

（六）进口货物的原产国（地区）、启运国（地区）、境内目的地；

（七）出口货物的最终目的国（地区）、运抵国（地区）、境内货源地；

（八）进出口日期；

（九）关别；

（十）海关总署规定的其他统计项目。

根据国民经济发展和海关监管需要，海关总署可以对统计项目进行调整。

第七条　进出口货物的品名及编码，按照《中华人民共和国海关统计商品目录》归类统计。

进出口货物的数量，按照《中华人民共和国海关统计商品目录》规定的计量单位统计。

《中华人民共和国海关统计商品目录》由海关总署公布。

第八条　进口货物的价格，按照货价、货物运抵中华人民共和国境内输入地点起卸前的运输及其相关费用、保险费之和统计。

出口货物的价格，按照货价、货物运抵中华人民共和国境内输出地点装卸前的运输及其相关费用、保险费之和统计，其中包含的出口关税税额，应当予以扣除。

第九条　进口货物，应当分别统计其原产国（地区）、启运国（地区）和境内目的地。

出口货物，应当分别统计其最终目的国（地区）、运抵国（地区）和境内货源地。

第十条　进出口货物的经营单位，按照在海关注册登记、从事进出口经营活动的法人、其他组织或者个人统计。

第十一条　进出口货物的贸易方式，按照海关监管要求分类统计。

第十二条　进出口货物的运输方式，按照货物进出境时的运输方式统计，包括水路运输、铁路运输、公路运输、航空运输及其他运输方式。

第十三条　进口货物的日期，按照海关放行的日期统计；出口货物的日期，按照办结海关手续的日期统计。

第十四条　进出口货物由接受申报的海关负责统计。

第十五条　海关统计资料包括海关统计原始资料以及以原始资料为基础采集、整理的相关统计信息。

前款所称海关统计原始资料，是指经海关确认的进出口货物报关单及其他有关单证。

第十六条　海关总署应当定期、无偿地向国务院有关部门提供有关综合统计资料。

直属海关应当定期、无偿地向所在地省、自治区、直辖市人民政府有关部门提供有关综合统计资料。

第十七条　海关应当建立统计资料定期公布制度，向社会公布海关统计信息。

海关可以根据社会公众的需要，提供统计服务。

第十八条　海关统计人员对在统计过程中知悉的国家秘密、商业秘密负有保密义务。

第十九条　当事人有权在保存期限内查询自己申报的海关统计原始资料及相关信息，对查询结果有疑问的，可以向海关申请核实，海关应当予以核实，并解答有关问题。

第二十条　海关对当事人依法应当申报的项目有疑问的，可以向当事人提出查询，当事人应当及时作出答复。

第二十一条　依法应当申报的项目未申报或者申报不实影响海关统计准确性的，海关应当责令当事人予以更正，需要予以行政处罚的，依照《中华人民共和国海关行政处罚实施条例》的规定予以处罚。

第二十二条　本条例自2006年3月1日起施行。

两用物项和技术进出口许可证管理办法

第一章　总　　则

第一条　为维护国家安全和社会公共利益，履行我国在缔结或者参加的国际条约、协定中所承担的义务，加强两用物项和技术进出口许可证管理，依据《中华人民共和国对外贸易法》、《中华人民共和国海关法》和有关行政法规的规定，制定本办法。

第二条　本办法所称有关行政法规系指《中华人民共和国核出口管制条例》、《中华人民共和国核两用品及相关技术出口管制条例》、《中华人民共和国导弹及相关物项和技术出口管制条例》、《中华人民共和国生物两用品及相关设备和技术出口管制条例》、《中华人民共和国监控化学品管理条例》、《中华人民共和国易制毒化学品管理条例》及《有关化学品及相关设备和技术出口管制办法》。

本办法所称两用物项和技术是指前款有关行政法规管制的物项和技术。

第三条　商务部是全国两用物项和技术进出口许可证的归口管理部门，负责制定两用物项和技术进出口许可证管理办法及规章制度，监督、检查两用物项和技术进出口许可证管理办法的执行情况，处罚违规行为。

第四条　商务部会同海关总署制定和发布《两用物项和技术进出口许可证管理目录》（见附件1，以下简称《管理目录》）。商务部和海关总署可以根据情况对《管理目录》进行调整，并以公告形式发布。

第五条　商务部委托商务部配额许可证事务局（以下简称许可证局）统一管理、指导全国各发证机构的两用物项和技术进出口许可证发证工作，许可证局对商务部负责。

许可证局和商务部委托的省级商务主管部门为两用物项和技术进出口许可证发证机构（以下简称发证机构），省级商务主管部门在许可证局的统一管理下，负责委托范围内两用物项和技术进出口许可证的发证工作。《两用物项和技术进出口许可证发证机构名单》附后（见附件2）。

第六条 以任何方式进口或出口，以及过境、转运、通运《管理目录》中的两用物项和技术，均应申领两用物项和技术进口或出口许可证（许可证格式见附件3）。

两用物项和技术在境外与保税区、出口加工区等海关特殊监管区域、保税场所之间进出的，适用前款规定。

两用物项和技术在境内与保税区、出口加工区等海关特殊监管区域、保税场所之间进出的，或者在上述海关监管区域、保税场所之间进出的，无需办理两用物项和技术进出口许可证。

第七条 两用物项和技术进出口时，进出口经营者应当向海关出具两用物项和技术进出口许可证，依照海关法的有关规定，海关凭两用物项和技术进出口许可证接受申报并办理验放手续。

第八条 根据有关行政法规的规定，出口经营者知道或者应当知道，或者得到国务院相关行政主管部门通知，其拟出口的物项和技术存在被用于大规模杀伤性武器及其运载工具风险的，无论该物项和技术是否列入《管理目录》，都应当申请出口许可，并按照本办法办理两用物项和技术出口许可证。

出口经营者在出口过程中，如发现拟出口的物项和技术存在被用于大规模杀伤性武器及其运载工具风险的，应及时向国务院相关行政主管部门报告，并积极配合采取措施中止合同的执行。

第九条 两用物项和技术的进出口经营者应当主动向海关出具两用物项和技术进出口许可证，进出口经营者未向海关出具两用物项和技术进出口许可证而产生的相关法律责任由进出口经营者自行承担。

海关有权对进出口经营者进口或者出口的商品是否属于两用物项和技术提出质疑，进出口经营者应按规定向相关行政主管部门申请进口或者出口许可，或者向商务主管部门申请办理不属于管制范围的相关证明。省级商务主管部门受理其申请，提出处理意见后报商务部审定。对进出口经营者未能出具两用物项和技术进口或者出口许可证或者商务部相关证明（格式见附件4）的，海关不予办理有关手续。

第十条 实施临时进出口管制的两用物项和技术的进出口许可证管理，适用本办法。

第二章 两用物项和技术进出口许可证的申领和签发

第十一条 进出口经营者获相关行政主管部门批准文件后，凭批准文件到所在地发证机构申领两用物项和技术进口或者出口许可证（在京的中央企业向许可证局申领），其中：

（一）核、核两用品、生物两用品、有关化学品、导弹相关物项、易制毒化学品和计算机进出口的批准文件为商务主管部门签发的两用物项和技术进口或者出口批复单。其中，核材料的出口凭国防科工委的批准文件办理相关手续。

外商投资企业进出口易制毒化学品凭《商务部外商投资企业易制毒化学品进口批复单》或《商务部外商投资企业易制毒化学品出口批复单》申领进出口许可证。

（二）监控化学品进出口的批准文件为国家履行禁止化学武器公约工作领导小组办公室签发的监控化学品进口或者出口核准单。监控化学品进出口经营者向许可证局申领两用物项和技术进出口许可证。

第十二条 通过对外交流、交换、合作、赠送、援助、服务等形式出口两用物项和技术的，视为正常出口，出口经营者应按规定申请出口许可，并按本办法办理两用物项和技术出口许可证。

第十三条 两用物项和技术进出口许可证实行网上申领。申领两用物项和技术进出口许可证时应提交下列文件：

（一）本办法第十一条规定的有关批准文件。

（二）进出口经营者公函（介绍信）原件、进出口经营者领证人员的有效身份证明以及网上报送的两用物项和技术进出口许可证申领表。

如因异地申领等特殊情况，需要委托他人申领两用物项和技术进出口许可证的，被委托人应提供进出口经营者出具的委托公函（其中应注明委托理由和被委托人身份）原件和被委托人的有效身份证明。

第十四条 发证机构收到相关行政主管部门批准文件（含电子文本、数据）和相关材料并经核对无误后，应在3个工作日内签发两用物项和技术进口或者出口许可证。

第十五条 两用物项和技术进口许可证实行“非一批一证”制和“一证一关”制，同时在两用物项和技术进口许可证备注栏内打印“非一批一证”字样。

两用物项和技术出口许可证实行“一批一证”制和“一证一关”制。同一合同项下的同一商品如需分批办理出口许可证，出口经营者应在申领时提供相关行政主管部门签发的相应份数的两用物项和技术出口批准文件。同一次申领分批量最多不超过十二批。

“非一批一证”制是指每证在有效期内可多次报关使

用，但最多不超过十二次，由海关在许可证背面“海关验放签注栏”内逐批核减数量；“一批一证”制是指每证只能报关使用一次；“一证一关”制是指每证只能在一个海关报关使用。

第十六条 两用物项和技术进出口许可证一式四联。第一联为办理海关手续联；第二联为海关留存核对联；第三联为银行办理结汇联；第四联为发证机构留存联。

第十七条 进出口经营者在申领两用物项和技术进出口许可证时，应如实申报，不得弄虚作假，严禁以假合同、假文件等欺骗或其他不正当手段获取两用物项和技术进出口许可证。

第三章 特殊情况的处理

第十八条 “一批一证”制的大宗、散装的两用物项在报关时溢装数量不得超过两用物项和技术出口许可证所列出口数量的5%。“非一批一证”制的大宗、散装两用物项，每批进口时，按其实际进口数量进行核扣，最后一批进口物项报关时，其溢装数量按该两用物项和技术进口许可证实际剩余数量并在规定的溢装上限5%内计算。

第十九条 赴境外参加或举办展览会运出境外的展品，参展单位（出口经营者）应凭出境经济贸易展览会审批部门批准办展的文件，按规定申请两用物项和技术出口许可，并按本办法办理两用物项和技术出口许可证。

对于非卖展品，应在两用物项和技术出口许可证备注栏内注明“非卖展品”字样。参展单位应在展览会结束后六个月内，将非卖展品如数运回境内，由海关凭有关出境时的单证予以核销。在特殊情况下，可向海关申请延期，但延期最长不得超过六个月。

第二十条 运出境外的两用物项和技术的货样或实验用样品，视为正常出口，出口经营者应按规定申请两用物项和技术出口许可，并按本办法办理两用物项和技术出口许可证。

第二十一条 进出境人员随身携带药品类易制毒化学品药品制剂和高锰酸钾的，按照《易制毒化学品管理条例》中的规定执行，并接受海关监管。

第二十二条 对于民用航空零部件等两用物项和技术以特定海关监管方式出口的管理另有规定的，依照其规定。

第二十三条 凡两用物项和技术出口涉及国营贸易管理和出口配额管理商品的，出口经营者须具备相应的资格条件。

第四章 监督检查

第二十四条 两用物项和技术进出口许可证仅限于申领许可证的进出口经营者使用。

两用物项和技术进出口许可证不得买卖、转让、涂改、伪造和变造。

第二十五条 两用物项和技术进出口许可证应在批准的有效期内使用，逾期自动失效，海关不予验放。

第二十六条 两用物项和技术进出口许可证有效期一般不超过一年。

两用物项和技术进出口许可证跨年度使用时，在有效期内只能使用到次年3月31日，逾期发证机构将根据原许可证有效期换发许可证。

第二十七条 两用物项和技术进出口许可证一经签发，任何单位和个人不得更改证面内容。

如需对证面内容进行更改，进出口经营者应当在许可证有效期内向相关行政主管部门重新申请进出口许可，并凭原许可证和新的批准文件向发证机构申领两用物项和技术进出口许可证。

第二十八条 两用物项和技术进口许可证证面的进口商、收货人应分别与海关进口货物报关单的经营单位、收货单位相一致；两用物项和技术出口许可证证面的出口商、发货人应分别与海关出口货物报关单的经营单位、发货单位相一致。

第二十九条 已领取的两用物项和技术进出口许可证发生遗失的，进出口经营者应当立即向相关行政主管部门和原发证机构及许可证证面注明的口岸地海关书面报告，并在全国性经济类报刊登载“遗失声明”。发证机构凭遗失声明，并核实该证确未通关后，可注销该许可证，并依据原许可证内容签发新证。

第三十条 进出口经营者应妥善保存两用物项和技术进出口的文件和有关资料五年，以备相关行政主管部门检查。

第三十一条 任何单位和个人均可向商务部或海关举报进出口经营者违反国家有关法律、行政法规和本办法规定的行为。商务部和海关应为举报者保密，并依法对违规行为予以查处。对查证属实的，主管机关按有关规定可给予举报者奖励。

第三十二条 发证机构应及时传送发证数据，保证进出口经营者顺利报关和海关核查；对海关反馈的核查数据应认真核对，定时检查两用物项和技术进出口许可证的使用情况并找出存在的问题。许可证局应当每季度将核对后的海关反馈核查数据报商务部。

第三十三条 各发证机构不得越权或者超范围发放两用物项和技术进出口许可证。越权或者超范围发放的两用物项和技术进出口许可证无效。

对于前款所涉进出口许可证，一经查实，商务部予以吊销。对海关在实际监管或者案件处理过程中发现的涉及上述许可证的问题，发证机构应当给予明确回复。

第三十四条 商务部授权许可证局对各发证机构进行检查。检查的内容为发证机构执行本办法的情况，重点是检查是否有越权或者超发证范围违章发证以及其他违反本办法的问题。检查的方式，实行各发证机构定期或者不定期自查与许可证局抽查相结合的办法。

许可证局应当将检查的情况向商务部报告。

第五章 法律责任

第三十五条 未经许可，或者超出许可范围进出口两用物项和技术的，依照有关法律、行政法规处罚；构成犯罪的，依法追究刑事责任。

第三十六条 违反本办法规定，走私两用物项和技术的，由海关依照《中华人民共和国海关法》、《中华人民共和国海关行政处罚实施条例》的有关规定给予行政处罚；构成犯罪的，依法追究刑事责任。

第三十七条 伪造、变造或者买卖两用物项和技术进出口许可证的，依照刑法关于非法经营罪或者伪造、变造、买卖国家机关公文、证件、印章罪的规定，依法追究刑事责任；尚不够刑事处罚的，依照《中华人民共和国海关法》及有关法律、行政法规的规定给予行政处罚。

以欺骗或者其他不正当手段获取两用物项和技术进出口许可证的，商务部依法吊销其许可证，并可给予警告，或处三万元以下罚款。

第三十八条 对违反第十九条规定，未将属于两用物项和技术出口许可证管理的非卖展品按期如数运回由海关核销的，由海关按有关规定处理，并将有关情况通知商务部和出境经济贸易展览会审批机构。

商务部可给予该组展单位和参展单位警告，或对组展单位处一万元以下罚款。

第三十九条 依据《中华人民共和国对外贸易法》，商务部可自第三十五条至三十八条规定的行政处罚决定生效之日起或者刑事处罚判决生效之日起一年以上三年以下的期限内，禁止违法行为人从事有关的对外贸易经营活动。

第四十条 对违反本办法第三十三条，越权或者超范围发证的发证机构，商务部可暂停或者取消对其发证委托。

第四十一条 发证机构工作人员玩忽职守、徇私舞弊或者滥用职权，构成犯罪的，依法追究刑事责任；尚不构成犯罪的，应当调离工作岗位，并依法给予行政处分。

第六章 附 则

第四十二条 商务部对委托的发证机构进行调整时，自调整之日起，原发证机构不得再签发两用物项和技术进出口许可证。进出口经营者在发证机构调整前申领的两用物项和技术进出口许可证在有效期内继续有效。

第四十三条 本办法由商务部和海关总署按照各自职责负责解释。

第四十四条 本办法自二〇〇六年一月一日起施行。

《敏感物项和技术出口许可证暂行管理办法》（商务部、海关总署2003年第9号令），商务部、海关总署2003年第74号公告，《海关总署关于保税区内企业经营航空发动机修理等业务出境监管问题的通知》（署法发［2004］235号），《海关总署办公厅、外经贸部办公厅关于敏感物项和技术出口证件海关验放问题的通知》（署办发［2002］89号），《政法司、监管司关于明确敏感物项和技术出口许可证海关监管问题的通知》（政法函［2004］2号）同时废止。

《货物出口许可证管理办法》（商务部2004年27号令）和《货物进口许可证管理办法》（商务部2004年28号令）与本办法不一致的，以本办法为准。

附件（均略）：

1. 两用物项和技术进出口许可证管理目录
2. 两用物项和技术进出口许可证发证机构名单
3. 中华人民共和国两用物项和技术进口许可证
   中华人民共和国两用物项和技术出口许可证
4. 商务部相关证明

（商务部、海关总署令2005年第29号2005年12月31日发布）

附　录
Appendix ↘

中国国民经济与社会发展总量指标（一）

指　标	单位	1978 年	1989 年	1997 年	2004 年	2005 年
人口						
年底总人口	万人	96 259	112 704	123 626	129 988	130 756
城镇人口	万人	17 245	29 540	39 449	54 283	56 212
乡村人口	万人	79 014	83 164	84 177	75 705	74 544
就业、失业和工资						
就业人员数	万人	40 152	55 329	69 820	75 200	75 825
#职工人数	万人	9 499	13 742	14 668	10 576	10 942
城镇登记失业人员	万人	530. 0	377. 9	576. 8	827. 0	839. 0
职工工资总额	亿元	569	2 619	9 405	16 900	19 981
职工平均工资	元	615	1 935	6 470	16 024	18 405
国民经济核算						
国内生产总值	亿元	3 645	16 992	78 973	159 878. 3379	182 320. 5936
第一产业	亿元	1 018	4 228	14 265	20 956	22 718
第二产业	亿元	1 745	7 278	37 543	73 904	86 208
第三产业	亿元	882	5 486	27 165	65 018	73 395
人均国内生产总值	元/人	381	1 519	6 420	12 336	13 985
支出法国内生产总值	亿元	3 606	16 466	74 894	160 280	185 496
最终消费	亿元	2 239	10 557	43 579	87 033	96 714
资本形成总额	亿元	1 378	6 095	28 458	69 168	80 437
净出口	亿元	－11	－186	2 857	4 079	8 346
固定资产投资						
全社会固定资产投资总额	亿元		4 410	24 941	70 477	88 604
国有经济及其他	亿元		2 808	17 661	50 631	62 642
集体经济	亿元		570	3 851	9 966	11 925
个体经济	亿元		1 032	3 429	9 881	14 037
财政和金融						
国家财政收入	亿元	1 132	2 665	8 651	26 397	31 628
国家财政支出	亿元	1 122	2 824	9 234	28 487	33 708
金融机构人民币各项存款余额	亿元	1 135	10 786	82 390	241 424	287 170
金融机构人民币各项贷款余额	亿元	1 850	14 360	74 914	178 198	194 690
货币和准货币（M_2）	亿元			90 995	254 107	298 756
狭义货币（M_1）	亿元			34 826	95 970	107 279
流通中现金（M_0）	亿元	212	2 344	10 178	21 468	24 032
外汇储备	亿美元	1. 7	55. 5	1 398. 9	6 099. 3	8 188. 7
主要农业、工业产品产量						
粮食	万吨	30 477	40 755	49 417	46 947	48 402
棉花	万吨	216. 7	378. 8	460. 3	632. 4	571. 4
油料	万吨	521. 8	1 295. 2	2 157. 4	3 065. 9	3 077. 1
肉类	万吨			5 269	7 245	7 743
原煤	亿吨	6. 18	10. 54	13. 73	19. 92	21. 90
原油	万吨	10 405	13 764	16 074	17 587	18 084
发电量	亿千瓦小时	2 566	5 848	11 356	22 033	24 747
粗钢	万吨	3 178	6 159	10 894	28 291	35 239
汽车	万辆	14. 9	58. 4	158. 3	509. 1	570. 5

中国国民经济与社会发展总量指标（二）

指　　标	单位	1978 年	1989 年	1997 年	2004 年	2005 年
建筑业						
建筑业企业房屋施工面积	万平方米		40 650	128 680	310 986	348 969
建筑业企业房屋竣工面积	万平方米		19 723	62 244	147 364	150 166
交通和邮电						
货物周转量	亿吨公里	9 829	25 591	38 385	69 445	80 257
旅客周转量	亿人公里	1 743	6 075	10 055	16 309	17 467
沿海主要港口货物吞吐量	万吨	19 834	49 025	90 822	246 074	292 777
邮电业务总量	亿元	30.9	123.5	1 773.3	9 712.3	12 198.9
本地电话年末用户	万户	193	568	7 031	31 176	35 043
移动电话年末用户	万户		1	1 323	33 482	39 343
国内商业和对外贸易						
社会消费品零售总额	亿元	1 558.6	8 101.4	31 252.9	59 501.0	67 176.6
货物进出口总额	亿美元	206.4	1 116.8	3 251.6	11 545.5	14 219.0
出口额	亿美元	97.5	525.4	1 827.9	5 933.2	7 619.5
进口额	亿美元	108.9	591.4	1 423.7	5 612.3	6 599.5
利用外资						
实际利用外资额	亿美元		100.6	644.1	640.7	638.1
#外商直接投资	亿美元		33.9	452.6	606.3	603.3
旅游						
入境过夜旅游者人数	万人次	72	936	2 377	4 176	4 681
国内旅游人数	亿人次			6.4	11.0	12.1
国际旅游外汇收入	亿美元	2.6	18.6	120.7	257.4	293.0
国内旅游总收入	亿元			2 112.7	4 710.7	5 285.9
教育、科技、文化、卫生						
在校学生数						
普通高等学校	万人	85.6	208.2	317.4	1 333.5	1 561.8
普通中学	万人	6 548	4 554	6 018	8 695	8 591
普通小学	万人	14 624	12 373	13 995	11 246	10 864
研究与试验发展经费支出	亿元			509	1 966	2 367
技术市场成交额	亿元		82	351	1 334	1 551
图书总印数	亿册（张）	37.7	58.6	73.1	64.1	64.0
杂志总印数	亿册	7.6	18.4	24.4	28.4	27.5
报纸总印数	亿份	127.8	207.0	287.6	402.4	404.0
医院、卫生院数	个	64 311	61 613	67 479	60 867	60 397
医生数	万人	103.3	171.8	198.5	190.5	193.8
医院、卫生院床位数	万张	184.7	253.8	286.9	304.7	313.5
城市公用事业						
城市房屋集中供热面积	亿平方米		1.9	8.1	21.6	22.3
年末供水综合生产能力	万立方米/日	2 530	12 821	20 566	24 753	24 686
年末污水处理能力	万立方米/日		1 022	3 277	7 387	8 091
年末城市道路长度	公里	26 966	96 078	138 610	222 964	230 846

注： 1. 由于计算误差的影响，按支出法计算的国内生产总值不等于按生产法计算的国内生产总值。

2. 本表价值量指标中，邮电业务总量 2000 年及以前按 1990 年不变价格计算，2001 年起按 2000 年不变价格计算，其余按当年价格计算。

3. 社会消费品零售总额 1989 年及以前为社会商品零售总额，即包括农业生产资料零售额在内。

中国国民经济与社会发展速度指标（一）

指　　标	2005 年为下列各年（%）				平均每年增长（%）		
	1978 年	1989 年	1997 年	2004 年	1979—2005 年	1990—2005 年	1998—2005 年
人口							
年底总人口	135.8	116.0	105.8	100.6	1.1	0.9	0.7
城镇人口	326.0	190.3	142.5	103.6	4.5	4.1	4.5
乡村人口	94.3	89.6	88.6	98.5	-0.2	-0.7	-1.5
就业、失业和工资							
就业人员数	188.8	137.0	108.6	100.8	2.4	2.0	1.0
#职工人数	115.2	79.6	74.6	103.5	0.5	-1.4	-3.6
城镇登记失业人员	158.3	222.0	145.5	101.5	1.7	5.1	4.8
职工工资总额	3 512.2	763.1	212.4	118.2	14.1	13.5	9.9
职工平均工资	548.1	382.0	251.1	113.1	6.5	8.7	12.2
国民经济核算							
国内生产总值	1 195.5	440.7	198.0	109.9	9.6	9.7	8.9
第一产业	335.9	189.1	132.1	105.2	4.6	4.1	3.5
第二产业	1 797.1	609.6	214.1	111.4	11.3	12.0	10.0
第三产业	1 534.1	432.4	208.7	109.6	10.6	9.6	9.6
人均国内生产总值	876.8	378.1	186.8	109.3	8.4	8.7	8.1
固定资产投资							
全社会固定资产投资总额		2 009.0	355.3	125.7		20.8	14.6
国有经济及其他		2 230.8	354.7	123.7		21.9	14.8
集体经济		2 092.2	309.7	119.7		22.0	12.6
个体经济		1 359.8	409.3	142.1		15.9	15.8
财政和金融							
国家财政收入	2 793.3	1 186.8	365.6	119.8	13.1	16.7	17.6
国家财政支出	3 004.0	1 193.7	365.1	118.3	13.4	16.8	17.6
金融机构人民币各项存款余额	25 312	2 662.4	348.5	118.9	22.7	22.8	16.9
金融机构人民币各项贷款余额	10 523.8	1 355.8	259.9	109.3	18.8	17.7	12.7
货币和准货币（M_2）			328.3	117.6			16.0
狭义货币（M_1）			308.0	111.8			15.1
流通中现金（M_0）	11 336	1 025.2	236.1	111.9	19.1	15.7	11.3
外汇储备	490 343	14 754	585.4	134.3	37.0	36.6	24.7
主要农业、工业产品产量							
粮食	158.8	118.8	97.9	103.1	1.7	1.1	-0.3
棉花	263.7	150.8	124.1	90.4	3.7	2.6	2.7
油料	589.7	237.6	142.6	100.4	6.8	5.6	4.5
肉类			147.0	106.9			4.9
原煤	354.4	207.8	159.5	109.9	4.8	4.7	6.0
原油	173.8	131.4	112.5	102.8	2.1	1.7	1.5
发电量	964.4	423.2	217.9	112.3	8.8	9.4	10.2
粗钢	1 108.9	572.2	323.5	124.6	9.3	11.5	15.8
汽车	3 826.2	977.7	360.5	112.1	14.5	15.3	17.4

中国国民经济与社会发展速度指标（二）

指　　标	2005 年为下列各年（%）				平均每年增长（%）		
	1978 年	1989 年	1997 年	2004 年	1979—2005 年	1990—2005 年	1998—2005 年
建筑业							
建筑业企业房屋施工面积		858.5	271.2	112.2		14.4	13.3
建筑业企业房屋竣工面积		761.4	241.3	101.9		13.5	11.6
交通和邮电							
货物周转量	816.5	313.6	209.1	115.6	8.1	7.4	9.7
旅客周转量	1 002.1	287.5	173.7	107.1	8.9	6.8	7.1
沿海主要港口货物吞吐量	1 476.1	597.2	322.4	119.0	10.5	11.8	15.8
邮电业务总量	52 985	13 261	923.3	125.6	26.2	35.7	32.0
本地电话年末用户	18 200	6 169.1	498.4	112.4	21.3	29.4	22.2
移动电话年末用户		4 014 592	2 973	117.5		94.0	52.8
国内商业和对外贸易							
社会消费品零售总额	4 310.1	829.2	214.9	112.9	15.0	14.1	10.0
进出口总额	6 889.1	1 273.2	437.3	123.2	17.0	17.2	20.3
出口额	7 814.9	1 450.2	416.8	128.4	17.5	18.2	19.5
进口额	6 060.2	1 115.9	463.5	117.6	16.4	16.3	21.1
利用外资							
实际利用外资额		634.3	99.1	99.6		12.2	-0.1
#外商直接投资		1 778.4	133.3	99.5		19.7	3.7
旅游							
入境过夜旅游者人数	6 501.3	500.0	196.9	112.1	16.7	10.6	8.8
国内旅游人数			188.2	110.0			8.2
国际旅游外汇收入	11 139	1 575.1	242.6	113.8	19.1	18.8	11.7
国内旅游总收入			250.2	112.2			12.1
教育、科技、文化、卫生							
在校学生数							
普通高等学校	1 824.5	750.1	492.1	117.1	11.4	13.4	22.0
普通中学	131.2	188.6	142.8	98.8	1.0	4.0	4.5
普通小学	74.3	87.8	77.6	96.6	-1.1	-0.8	-3.1
研究与试验发展经费支出			464.9	120.4			21.2
技术市场成交额		1 903.1	441.5	116.3		20.2	20.4
图书总印数	169.8	109.2	87.6	99.8	2.0	0.6	-1.6
杂志总印数	361.8	149.5	112.7	96.8	4.9	2.5	1.5
报纸总印数	316.1	195.2	140.5	100.4	4.4	4.3	4.3
医院、卫生院数	93.9	98.0	89.5	99.2	-0.2	-0.1	-1.4
医生数	187.6	112.8	97.6	101.7	2.4	0.8	-0.3
医院、卫生院床位数	169.7	123.5	109.3	102.9	2.0	1.3	1.1
城市公用事业							
城市房屋集中供热面积		1 151.0	276.4	103.2		16.5	13.5
年末供水综合生产能力	975.7	192.5	120.0	99.7	8.8	4.2	2.3
年末污水处理能力		791.7	246.9	109.5		13.8	12.0
年末城市道路长度	856.1	240.3	166.5	103.5	8.3	5.6	6.6

注：本表价值量指标中，除国内生产总值、人均国内生产总值、邮电业务总量和平均工资按可比价格计算，其他按当年价格计算；平均每年增长速度除固定资产投资额按累计法计算外，其他按水平法计算。

中国国民总收入和国内生产总值（一）

年　份	国民总收入（亿元）	国内生产总值（亿元）			
			第一产业	第二产业	
					工业
1978	3 645.2	3 645.2	1 018.4	1 745.2	1 607.0
1979	4 062.6	4 062.6	1 258.9	1 913.5	1 769.7
1980	4 545.6	4 545.6	1 359.4	2 192.0	1 996.5
“六五”时期	**32 490.0**	**32 401.7**	**10 105.1**	**14 257.0**	**12 824.0**
1981	4 889.5	4 891.6	1 545.6	2 255.5	2 048.4
1982	5 330.5	5 323.4	1 761.6	2 383.0	2 162.3
1983	5 985.6	5 962.7	1 960.8	2 646.2	2 375.6
1984	7 243.8	7 208.1	2 295.5	3 105.7	2 789.0
1985	9 040.7	9 016.0	2 541.6	3 866.6	3 448.7
“七五”时期	**73 081.1**	**73 036.8**	**19 044.2**	**31 326.9**	**27 672.0**
1986	10 274.4	10 275.2	2 763.9	4 492.7	3 967.0
1987	12 050.6	12 058.6	3 204.3	5 251.6	4 585.8
1988	15 036.8	15 042.8	3 831.0	6 587.2	5 777.2
1989	17 000.9	16 992.3	4 228.0	7 278.0	6 484.0
1990	18 718.3	18 667.8	5 017.0	7 717.4	6 858.0
“八五”时期	**191 942.5**	**193 030.5**	**39 467.3**	**88 381.0**	**76 990.9**
1991	21 826.2	21 781.5	5 288.6	9 102.2	8 087.1
1992	26 937.3	26 923.5	5 800.0	11 699.5	10 284.5
1993	35 260.0	35 333.9	6 887.3	16 454.4	14 188.0
1994	48 108.5	48 197.9	9 471.4	22 445.4	19 480.7
1995	59 810.5	60 793.7	12 020.0	28 679.5	24 950.6
“九五”时期	**417 009.3**	**423 443.5**	**72 032.8**	**196 971.6**	**172 282.5**
1996	70 142.5	71 176.6	13 885.8	33 835.0	29 447.6
1997	77 653.1	78 973.0	14 264.6	37 543.0	32 921.4
1998	83 024.3	84 402.3	14 618.0	39 004.2	34 018.4
1999	88 189.0	89 677.1	14 548.1	41 033.6	35 861.5
2000	98 000.5	99 214.6	14 716.2	45 555.9	40 033.6
“十五”时期	**705 116.4**	**708 009.5**	**92 497.4**	**325 957.2**	**287 357.0**
2001	108 068.2	109 655.2	15 516.2	49 512.3	43 580.6
2002	119 095.7	120 332.7	16 238.6	53 896.8	47 431.3
2003	135 174.0	135 822.8	17 068.3	62 436.3	54 945.5
2004	159 586.7	159 878.3	20 955.8	73 904.3	65 210.0
2005	183 191.8	182 320.6	22 718.4	86 207.6	76 189.6

注：本表按当年价格计算。

中国国民总收入和国内生产总值（二）

年　份	建筑业	第三产业	#交通运输仓储邮电通信业	#批发和零售贸易餐饮业	人均国内生产总值（元/人）
1978	138.2	881.6	172.8	265.5	381
1979	143.8	890.2	184.2	220.2	419
1980	195.5	994.2	205.0	213.6	463
“六五”时期	**1 433.0**	**8 039.6**	**1 446.7**	**1 976.5**	**631**
1981	207.1	1 090.5	211.1	255.7	492
1982	220.7	1 178.8	236.7	198.6	528
1983	270.6	1 355.7	264.9	231.4	583
1984	316.7	1 806.9	327.1	412.4	695
1985	417.9	2 607.8	406.9	878.4	858
“七五”时期	**3 654.9**	**22 665.7**	**3 615.0**	**6 827.2**	**1 321**
1986	525.7	3 018.6	475.6	943.2	963
1987	665.8	3 602.7	544.9	1 159.3	1 112
1988	810.0	4 624.6	661.0	1 618.0	1 366
1989	794.0	5 486.3	786.0	1 687.0	1 519
1990	859.4	5 933.4	1 147.5	1 419.7	1 644
“八五”时期	**11 390.1**	**65 182.2**	**11 619.5**	**17 826.8**	**3 258**
1991	1 015.1	7 390.7	1 409.7	2 087.0	1 893
1992	1 415.0	9 424.0	1 681.8	2 735.0	2 311
1993	2 266.5	11 992.2	2 205.6	3 198.7	2 998
1994	2 964.7	16 281.1	2 898.3	4 338.4	4 044
1995	3 728.8	20 094.3	3 424.1	5 467.7	5 046
“九五”时期	**24 689.1**	**154 439.2**	**26 995.1**	**40 196.4**	**6 816**
1996	4 387.4	23 455.8	4 068.5	6 379.2	5 846
1997	4 621.6	27 165.4	4 593.0	7 314.1	6 420
1998	4 985.8	30 780.1	5 178.4	8 084.8	6 796
1999	5 172.1	34 095.3	5 821.8	8 788.6	7 159
2000	5 522.3	38 942.5	7 333.4	9 629.7	7 858
“十五”时期	**38 600.2**	**289 554.9**	**53 850.4**	**68 586.8**	**10 976**
2001	5 931.7	44 626.7	8 406.1	10 787.4	8 622
2002	6 465.5	50 197.3	9 393.4	11 950.9	9 398
2003	7 490.8	56 318.1	10 098.4	13 480.0	10 542
2004	8 694.3	65 018.2	12 147.6	15 249.8	12 336
2005	10 018.0	73 394.6	13 804.8	17 118.7	13 985

注：各时期人均国内生产总值为该时期各年的平均数。

中国国内生产总值构成

（国内生产总值＝100）

年份	第一产业	第二产业	工业	建筑业	第三产业	#交通运输仓储邮电通信业	#批发和零售贸易餐饮业
1978	27.9	47.9	44.1	3.8	24.2	4.7	7.3
1979	31.0	47.1	43.6	3.5	21.9	4.5	5.4
1980	29.9	48.2	43.9	4.3	21.9	4.5	4.7
1981	31.6	46.1	41.9	4.2	22.3	4.3	5.2
1982	33.1	44.8	40.6	4.2	22.1	4.4	3.7
1983	32.9	44.4	39.8	4.5	22.7	4.4	3.9
1984	31.8	43.1	38.7	4.4	25.1	4.6	5.7
1985	28.2	42.9	38.3	4.6	28.9	4.5	9.7
1986	26.9	43.7	38.6	5.1	29.4	4.6	9.2
1987	26.6	43.5	38.0	5.5	29.9	4.5	9.6
1988	25.5	43.8	38.4	5.4	30.7	4.4	10.8
1989	24.9	42.9	38.2	4.7	32.2	4.6	9.9
1990	26.9	41.3	36.7	4.6	31.8	6.2	7.6
1991	24.3	41.8	37.1	4.7	33.9	6.5	9.6
1992	21.5	43.5	38.2	5.3	35.0	6.2	10.2
1993	19.5	46.6	40.2	6.4	33.9	6.2	9.1
1994	19.6	46.6	40.4	6.2	33.8	6.0	9.0
1995	19.8	47.2	41.1	6.1	33.0	5.6	9.0
1996	19.5	47.5	41.4	6.1	33.0	5.7	9.0
1997	18.1	47.5	41.7	5.8	34.4	5.8	9.3
1998	17.3	46.2	40.3	5.9	36.5	6.1	9.6
1999	16.2	45.8	40.0	5.8	38.0	6.5	9.8
2000	14.8	45.9	40.3	5.6	39.3	7.4	9.7
2001	14.1	45.2	39.8	5.4	40.7	7.7	9.8
2002	13.5	44.8	39.4	5.4	41.7	7.8	9.9
2003	12.6	46.0	40.5	5.5	41.4	7.4	9.9
2004	13.1	46.2	40.8	5.4	40.7	7.6	9.5
2005	12.5	47.3	41.8	5.5	40.2	7.6	9.4

注：本表按当年价格计算。

中国固定资产投资概况

指标	单位	1990年	1995年	2000年	2004年	2005年
全社会固定资产投资额	**亿元**	**4 517.0**	**20 019.3**	**32 917.7**	**70 477.4**	**88 604.3**
按城乡划分						
城镇	亿元	3 274.4	15 643.7	26 221.8	59 028.2	75 096.5
农村	亿元	1 242.6	4 375.6	6 695.9	11 449.2	13 507.8
按经济类型分						
国有及其他经济	亿元	2 986.3	14 169.7	23 406.8	50 631.1	62 641.8
集体经济	亿元	529.5	3 289.4	4 801.5	9 965.7	11 925.4
个体经济	亿元	1 001.2	2 560.2	4 709.4	9 880.6	14 037.1
按资金来源分						
国家预算内资金	亿元	393.0	621.1	2 109.5	3 254.9	4 049.1
国内贷款	亿元	885.5	4 198.7	6 727.3	13 788.0	16 123.6
利用外资	亿元	284.6	2 295.9	1 696.2	3 285.7	3 972.7
自筹资金	亿元	2 954.4	13 409.2	22 577.1	41 272.6	54 878.4
其他资金	亿元				12 963.7	15 418.1
按隶属关系分						
中央项目	亿元		4 533.7	6 433.8	7 524.6	8 650.4
地方项目	亿元		15 485.6	26 483.9	62 952.8	79 953.9
按构成分						
建筑安装工程	亿元	3 008.7	13 173.3	20 536.3	42 803.6	53 572.9
设备工器具购置	亿元	1 165.5	4 262.5	7 785.6	16 527.0	21 170.5
其他费用	亿元	342.7	2 583.5	4 595.9	11 146.8	13 860.9
新增固定资产	**亿元**	**3 995.3**	**14 521.7**	**26 842.2**	**45 783.9**	**53 626.0**
房屋建筑面积						
施工面积	万平方米	137 171	215 085	263 294	376 495	427 318
#住宅			140 452	180 634	217 580	238 445
竣工面积	万平方米	107 952	145 600	181 974	207 019	218 527
#住宅	万平方米	86 425	107 433	134 529	124 881	125 938
房地产开发						
房地产开发投资额	亿元	253.3	3 149.0	4 984.1	13 158.3	15 759.3
新增固定资产	亿元		1 434.7	3 698.6	6 871.0	8 779.8
开发房屋竣工住宅面积	万平方米	3 527	12 525	20 603	34 677	40 004
固定资产投资效果系数	**元/百元**	**37.1**	**62.9**	**29.0**	**34.1**	**25.3**

中 国 黄 金 和 国 家 外 汇 储 备

年份	黄金储备（万盎司）	国家外汇储备（亿美元）	年份	黄金储备（万盎司）	国家外汇储备（亿美元）
1978	1 280	1. 67	1992	1 267	194. 43
1979	1 280	8. 40	1993	1 267	211. 99
1980	1 280	-12. 96	1994	1 267	516. 20
1981	1 267	27. 08	1995	1 267	735. 97
1982	1 267	69. 86	1996	1 267	1 050. 29
1983	1 267	89. 01	1997	1 267	1 398. 90
1984	1 267	82. 20	1998	1 267	1 449. 60
1985	1 267	26. 44	1999	1 267	1 546. 75
1986	1 267	20. 72	2000	1 267	1 655. 70
1987	1 267	29. 23	2001	1 267	2 121. 65
1988	1 267	33. 72	2002	1 929	2 864. 07
1989	1 267	55. 50	2003	1 929	4 032. 51
1990	1 267	110. 93	2004	1 929	6 099. 32
1991	1 267	217. 12	2005	1 929	8 188. 72

中国历年外汇储备总表（1950—2005年）

单位：10亿美元

年份	外汇储备	年份	外汇储备	年份	外汇储备
1950	0. 157	1969	0. 483	1988	3. 372
1951	0. 045	1970	0. 088	1989	5. 550
1952	0. 108	1971	0. 037	1990	11. 093
1953	0. 090	1972	0. 236	1991	21. 712
1954	0. 088	1973	-0. 081	1992	19. 443
1955	0. 180	1974	0. 000	1993	21. 199
1956	0. 117	1975	0. 183	1994	51. 620
1957	0. 123	1976	0. 581	1995	73. 597
1958	0. 070	1977	0. 952	1996	105. 049
1959	0. 105	1978	0. 167	1997	139. 890
1960	0. 046	1979	0. 840	1998	144. 959
1961	0. 089	1980	-1. 296	1999	154. 675
1962	0. 081	1981	2. 708	2000	165. 574
1963	0. 119	1982	6. 986	2001	212. 165
1964	0. 166	1983	8. 901	2002	286. 407
1965	0. 105	1984	8. 220	2003	403. 251
1966	0. 211	1985	2. 644	2004	609. 932
1967	0. 215	1986	2. 072	2005	818. 872
1968	0. 246	1987	2. 923		

中国国家财政收支和债务收支情况

单位：亿元

指　　标	1990 年	1995 年	2000 年	2004 年	2005 年
财政收入	**2 937.1**	**6 242.2**	**13 395.2**	**26 396.5**	**31 628.0**
中央	992.4	3 256.6	6 989.2	14 503.1	16 535.9
地方	1 944.7	2 985.6	6 406.1	11 893.4	15 092.0
财政收入指数（上年＝100）	110.2	119.6	117.0	121.6	119.8
财政收入按项目分					
#各项税收	2 821.9	6 038.0	12 581.5	24 165.7	28 775.1
#增值税	400.0	2 602.3	4 553.2	9 017.9	10 793.9
消费税		541.5	858.3	1 501.9	1 633.8
营业税	515.8	865.6	1 868.8	3 582.0	4 232.6
个人所得税	21.1	131.3	659.6	1 737.1	2 094.7
关税	159.0	291.8	750.5	1 043.8	1 065.6
企业所得税	716.0	878.4	1 662.0	3 957.3	5 336.4
国有企业亏损补贴	－578.9	－327.8	－278.8	－217.9	－193.3
债务收入	**375.5**	**1 549.8**	**4 180.1**	**6 871.4**	**6 922.9**
国内债务	197.3	1 510.9	4 157.0	6 726.3	6 922.9
国外债务	178.2	38.9	23.1	145.1	
财政支出	**3 083.6**	**6 823.7**	**15 886.5**	**28 486.9**	**33 708.1**
中央	1 004.5	1 995.4	5 519.9	7 894.1	8 775.7
地方	2 079.1	4 828.3	10 366.7	20 592.8	24 932.4
财政支出指数（上年＝100）	109.2	117.8	120.5	115.6	118.3
财政支出按项目分					
#基本建设支出	547.4	789.2	2 094.9	3 437.5	4 006.3
企业挖潜改造资金和科技三项费用	153.9	494.5	865.2	1 243.9	1 472.3
支农支出	221.8	430.2	766.9	1 693.8	1 776.3
文教科学卫生事业费	617.3	1 467.1	2 736.9	5 143.7	6 060.8
抚恤和社会福利救济费	55.0	115.5	213.0	563.5	706.7
社会保障补助支出			526.0	1 524.5	1 794.2
国防费	290.3	636.7	1 207.5	2 200.0	2 474.9
行政管理费	303.1	872.7	1 787.6	4 059.9	4 811.8
债务还本付息支出	**190.1**	**883.0**	**1 579.8**	**3 671.6**	**4 737.9**

注： 1. 本表及其他各表有关财政数据由财政部提供。2005 年全国数据为预算执行数，以前各年数据为财政决算数。

2. 财政收入和财政支出不包括国内外债务收支。

3. 行政管理费包括国家财政支出中的“行政管理费”、“公检法司支出”和“外交外事支出”。

4. 1990 年和 1995 年企业所得税数据包括国有和集体企业所得税。

中国金融、证券、保险基本情况

（年底数）

项　　目	单位	2001 年	2002 年	2003 年	2004 年	2005 年
金融						
银行系统机构总数	个	118 691	108 631	97 802	88 150	82 453
银行系统职工人数	万人	187.9	182.7	177.7	174.5	180.0
金融机构人民币资金来源	亿元	154 876	184 025	225 313	262 740	302 043
#各项存款	亿元	143 617	170 917	208 056	241 424	287 170
金融机构人民币资金运用	亿元	154 876	184 025	225 313	262 740	302 043
#各项贷款	亿元	112 315	131 294	158 996	178 198	194 690
金融机构现金收入和支出						
现金收入	亿元	321 380	365 593	455 528	567 879	626 978
现金支出	亿元	322 416	367 182	457 996	569 601	629 542
投放（+）回笼（-）	亿元	1 036	1 589	2 468	1 722	2 564
国家银行人民币资金来源	亿元	118 424	137 173	164 524	193 543	226 481
#各项存款	亿元	97 347	113 452	134 650	153 557	181 121
国家银行人民币资金运用	亿元	118 424	137 173	164 524	193 543	226 481
#各项贷款	亿元	80 078	90 893	106 156	116 051	120 851
货币供应量						
货币和准货币（M_2）	亿元	158 302	185 007	221 223	254 107	298 756
狭义货币（M_1）	亿元	59 872	70 882	84 119	95 970	107 279
流通中现金（M_0）	亿元	15 689	17 278	19 746	21 468	24 032
黄金储备	万盎司	1 267	1 929	1 929	1 929	1 929
外汇储备	亿美元	2 122	2 864	4 033	6 099	8 189
证券						
境内上市公司（A 股、B 股）	家	1 160	1 224	1 287	1 377	1 381
境外上市公司（H 股）	家	60	75	93	111	122
股票发行量	亿股	141.1	291.7	281.4	227.9	541.5
股票筹资额	亿元	1 252.3	961.8	1 357.8	1 510.9	1 882.6
保险						
保险系统职工人数	万人	18.6	19.4	20.0	26.2	36.7
保险公司经济技术指标						
保费	亿元	2 109	3 054	3 880	4 318	4 932
赔款及给付	亿元	597	707	841	1 004	1 137

注：国家银行统计口径包括中国人民银行、政策性银行、国有独资商业银行、邮政储蓄机构。

中国保险业基本情况

年份	机构数（个）	职工人数（人）	保费（亿元）	财产保险公司	人寿保险公司	赔款及给付（亿元）	财产保险公司	人寿保险公司
1994			376					
1995			453					
1996			538					
1997			773	382	390	247	215	32
1998		172 892	1 256	506	750	532	290	242
1999		171 865	1 406	527	879	508	280	228
2000	33	166 602	1 598	608	990	526	308	218
2001	35	185 502	2 109	685	1 424	597	333	264
2002	44	194 383	3 054	780	2 274	707	403	304
2003	62	199 705	3 880	869	3 011	841	476	365
2004	68	262 429	4 318	1 125	3 194	1 004	579	426
2005	93	366 559	4 932	1 283	3 649	1 137	691	446

中国交通运输业基本情况

指标	单位	1990 年	1995 年	2000 年	2004 年	2005 年
运输线路长度						
铁路营业里程	万公里	5.8	6.2	6.9	7.4	7.5
公路里程	万公里	102.8	115.7	140.3	187.1	193.1
内河航道里程	万公里	10.9	11.1	11.9	12.3	12.3
民航航线里程	万公里	50.7	112.9	150.3	204.9	199.9
客运量	万人	**772 682**	**1 172 596**	**1 478 573**	**1 767 453**	**1 847 018**
#铁路	万人	95 712	102 745	105 073	111 764	115 583
公路	万人	648 085	1 040 810	1 347 392	1 624 526	1 697 381
旅客周转量	亿人公里	**5 628**	**9 002**	**12 261**	**16 309**	**17 467**
#铁路	亿人公里	2 613	3 546	4 533	5 712	6 062
公路	亿人公里	2 620	4 603	6 657	8 748	9 292
货运量	万吨	**970 602**	**1 234 937**	**1 358 682**	**1 706 411.5**	**1 862 066**
#铁路	万吨	150 681	165 982	178 581	249 017	269 296
公路	万吨	724 040	940 387	1 038 813	1 244 990	1 341 778
水运	万吨	80 094	113 194	122 391	187 394	219 648
货物周转量	亿吨公里	**26 208**	**35 909**	**44 321**	**69 445**	**80 257**
#铁路	亿吨公里	10 622	13 050	13 771	19 289	20 726
公路	亿吨公里	3 358	4 695	6 129	7 841	8 693
水运	亿吨公里	11 592	17 552	23 734	41 429	49 672
铁路机车数量	台	**13 970**	**15 554**	**15 253**	**17 022**	**17 473**
国家铁路	台	13 592	15 146	14 472	16 066	16 547
地方铁路	台	378	408	327	352	348

中国交通运输业基本情况（续）

指　　标	单位	1990 年	1995 年	2000 年	2004 年	2005 年
合资铁路	台			454	604	578
铁路客车数量	辆	**27 526**	**32 663**	**37 249**	**41 353**	**41 974**
铁路货车数量	辆	**368 561**	**436 414**	**443 902**	**526 894**	**548 368**
民用汽车拥有量	万辆	**551.4**	**1 040.0**	**1 608.9**	**2 693.7**	**3 159.7**
#载客汽车	万辆	162.2	417.9	853.7	1 735.9	2 132.5
载货汽车	万辆	368.5	585.5	716.3	893.0	955.5
#私人汽车	万辆	81.6	250.0	625.3	1 481.7	1 851.9
民用运输船舶拥有量	艘	**425 934**	**364 968**	**229 676**	**210 700**	**207 294**
#机动船	艘	325 858	299 717	185 018	166 854	165 900
驳船	艘	82 482	57 998	44 658	43 846	41 394
#私人运输船舶	艘	231 168	196 736	142 117	115 503	95 838
沿海主要港口货物吞吐量	万吨	**48 321**	**80 166**	**125 603**	**246 074**	**292 777**

注： 1. 铁路营业里程、机车车辆及运量含国家铁路、地方铁路和合资铁路数据。
2. 1995 年起铁路货物运输统计口径调整，增加了行包运量。

中国民用航空航线及飞机架数

指　　标	单位	1990 年	1995 年	2000 年	2003 年	2004 年	2005 年
民用航空航线条数	条	**437**	**797**	**1 165**	**1 155**	**1 279**	**1 257**
国际航线	条	44	85	133	194	244	233
国内航线	条	385	694	1 032	961	1 035	1 024
地区航线	条	8	18	42	43	45	43
民用航空航线里程	万公里	**50.7**	**112.9**	**150.3**	**175.0**	**175.0**	**199.9**
国际航线	万公里	16.6	34.8	50.8	71.5	71.5	85.6
国内航线	万公里	32.9	75.1	99.5	103.4	103.4	114.3
地区航线	万公里	1.1	3.0	5.6	6.3	6.3	6.1
民航国内通航机场	个	**94**	**139**	**139**	**126**	**133**	**135**
民用飞机架数	架	**499**	**722**	**828**	**1 007**	**1 119**	**1 246**
#运输飞机	架		416	527	664	754	863
大中型飞机	架		330	462	580	675	785
小型飞机	架		86	65	84	79	78
#通用飞机	架		306	301	343	365	383

注： 1. 1999 年以前民航航线合计数据为国际、国内和地区之和，1999 年起为国际和国内之和，地区航线为国内其中项。
2. 民航国内通航机场不含香港、澳门特别行政区。
3. 民用飞机架数合计中不含教学校验用飞机。

中国沿海主要港口货物吞吐量

单位：万吨

港口	1990年	1995年	2000年	2003年	2004年	2005年
总计	**48 321**	**80 166**	**125 603**	**201 126**	**246 074**	**292 777**
大连	4 952	6 417	9 084	12 602	14 516	17 085
营口	237	1 156	2 268	4 009	5 978	7 537
秦皇岛	6 945	8 382	9 743	12 562	15 037	16 900
天津	2 063	5 787	9 566	16 182	20 619	24 069
烟台	668	1 361	1 774	2 936	3 431	4 506
青岛	3 034	5 103	8 636	14 090	16 265	18 678
日照	925	1 452	2 674	4 507	5 108	8 421
上海	13 959	16 567	20 440	31 621	37 896	44 317
连云港	1 137	1 716	2 708	3 752	4 352	6 016
宁波	2 554	6 853	11 547	18 543	22 586	26 881
福州	561	1 032	2 426	4 753	5 939	7 443
厦门	529	1 314	1 965	3 404	4 261	4 771
深圳		3 080	5 697	11 220	13 537	15 351
广州	4 163	7 299	11 128	17 187	21 520	25 036
湛江	1 557	1 885	2 038	2 866	3 780	4 647
海口	288	468	808	1 329	1 416	2 118
八所	431	275	378	425	548	486
三亚	37	42	48	61	58	49
其他港口	4 281	9 977	22 675	39 077	49 227	58 466

中国邮电业务基本情况

指标	单位	1990年	1995年	2000年	2004年	2005年
邮电业务量						
邮电业务总量	亿元	155.5	988.9	4 792.7	9 712.3	12 198.9
邮政业务总量	亿元	46.0	113.3	232.8	564.3	623.6
电信业务总量	亿元	109.6	875.5	4 559.9	9 148.0	11 575.3
函件	亿件	54.9	79.6	77.7	82.8	73.6
特快专递	万件	343	5 563	11 031	19 772	22 879
报刊期发数	万份	20 078	21 689	20 090	14 789	14 601
长途电话	亿次	11.6	101.4	210.8	226.2	260.1
无线寻呼年末用户	万户	43.7	1 739.2	4 884.3	395.2	97.1
移动电话年末用户	万户	1.8	362.9	8 453.3	33 482.4	39 342.8
本地电话年末用户	万户	685.0	4 070.6	14 482.9	31 175.6	35 043.3
城市电话	万户	538.4	3 263.6	9 311.6	21 025.1	23 976.8
#住宅	万户	152.7	2 358.4	7 219.4	15 246.5	17 205.7
乡村电话	万户	146.6	807.0	5 171.3	10 150.5	11 066.5
#住宅	万户	30.7	551.4	4 597.8	9 240.5	10 016.1
公用电话用户	万户	4.6	85.0	352.0	2 215.0	2 660.4
邮政局所及邮电通信电路						
邮政局所	处	53 629	61 898	58 437	66 393	65 917

中国邮电业务基本情况（续）

指　标	单位	1990年	1995年	2000年	2004年	2005年
邮路及农村投递路线总长度	万公里	498.3	523.2	643.8	686.7	697.1
长途光缆线路长度	公里	3 334	106 882	286 642	695 271	719 018
邮电通信设备拥有量						
长途自动交换机容量	万路端	16.1	351.9	563.5	1 263.0	1 338.8
局用交换机容量	万门	1 232	7 204	17 826	42 347	46 954
用户交换机容量	万门		1 450	1 588	1 420	1 414
移动电话交换机容量	万户	5	797	13 986	39 684	48 283
电话机（含移动电话）	万部	1 233	5 762	25 607	64 658	74 386
#固定电话	万部	1 231	5 399	17 153	31 176	35 043
邮电通信服务水平						
全国电话普及率（含移动）	部/百人	1.11	4.66	20.10	50.03	57.30
移动电话普及率	部/百人	0.002	0.30	6.77	25.91	30.30

注：1. 邮电业务总量2000年及以前按1990年不变价格计算，2001年起按2000年不变价格计算。

2. 1997年及以前城市电话用户为市内电话用户数，乡村电话用户为农村电话用户数。

3. 1998年及以前邮政局所为邮电局所。

中国旅游人数和收入

指　标	单位	2000年	2001年	2002年	2003年	2004年	2005年
旅游人数							
入境旅游人数	**万人次**	**8 344.4**	**8 901.0**	**9 790.8**	**9 166.2**	**10 903.8**	**12 029.2**
外国人	万人次	1 023.6	1 122.4	1 343.9	1 140.3	1 693.3	2 025.5
#日本	万人次	220.2	238.6	292.6	225.5	333.4	339.0
韩国	万人次	134.5	167.9	212.4	194.6	284.5	354.5
菲律宾	万人次	36.4	40.8	50.8	45.8	54.9	65.4
新加坡	万人次	39.9	41.5	49.7	37.8	63.7	75.6
英国	万人次	28.4	30.3	34.3	28.8	41.8	50.0
德国	万人次	23.9	25.3	28.2	22.2	36.5	45.5
俄罗斯	万人次	108.0	119.6	127.2	138.1	179.2	222.4
加拿大	万人次	23.7	25.4	29.1	23.0	34.8	43.0
美国	万人次	89.6	94.9	112.1	82.3	130.9	155.5
澳大利亚	万人次	23.4	25.5	29.1	24.5	37.6	48.3
港澳同胞	万人次	7 009.9	7 434.6	8 080.8	7 752.7	8 842.1	9 592.8
台湾同胞	万人次	310.9	344.0	366.1	273.2	368.5	410.9
#入境过夜旅游者人数	万人次	3 122.9	3 316.7	3 680.3	3 297.1	4 175.1	4 680.9
国内旅游人数	**亿人次**	**7.4**	**7.8**	**8.8**	**8.7**	**11.0**	**12.1**
国内居民出境人数	**万人次**	**1 047.3**	**1 213.4**	**1 660.2**	**2 022.2**	**2 885.0**	**3 103.0**
#因私出境人数	万人次	563.1	694.7	1 006.1	1 481.1	2 298.0	2 514.0
旅游收入							
国际旅游外汇收入	亿美元	162.2	177.9	203.9	174.1	257.4	293.0
国内旅游总收入	亿元	3 175.5	3 522.4	3 878.4	3 442.3	4 710.7	5 285.9

2005年人民币交易中间价汇总表

人民币元/100外币

月份	币种	期初价	期末价	最高价	最低价	期平均	累计平均
1月	美元	827.65	827.65	827.65	827.65	827.65	827.65
	欧元	1 125.88	1 078.33	1 125.88	1 072.78	1 087.61	1 087.61
	日元	8.0573	8.0188	8.0997	7.8967	8.0128	8.0128
	港币	106.41	106.09	106.41	106.07	106.15	106.15
2月	美元	827.65	827.65	827.65	827.65	827.65	827.65
	欧元	1 077.84	1 092.08	1 096.19	1 056.20	1 077.68	1 083.05
	日元	7.9862	7.8503	7.9954	7.8237	7.9147	7.9677
	港币	106.07	106.07	106.09	106.06	106.07	106.11
3月	美元	827.65	827.65	827.65	827.65	827.65	827.65
	欧元	1 097.58	1 071.80	1 111.70	1 067.97	1 092.41	1 086.64
	日元	7.9049	7.7231	7.9569	7.7231	7.8676	7.9293
	港币	106.08	106.08	106.09	106.07	106.08	106.10
4月	美元	827.65	827.65	827.65	827.65	827.65	827.65
	欧元	1 069.18	1 069.55	1 083.99	1 060.10	1 070.86	1 082.40
	日元	7.7149	7.8489	7.8489	7.6085	7.7106	7.8707
	港币	106.08	106.11	106.11	106.07	106.09	106.09
5月	美元	827.65	827.65	827.65	827.65	827.65	827.65
	欧元	1 066.88	1 037.22	1 066.88	1 036.06	1 049.35	1 076.45
	日元	7.8737	7.6696	7.8865	7.6614	7.7431	7.8477
	港币	106.09	106.36	106.38	106.08	106.18	106.11
6月	美元	827.65	827.65	827.65	827.65	827.65	827.65
	欧元	1 025.75	996.10	1 025.75	995.00	1 008.05	1 064.12
	日元	7.6431	7.5149	7.7418	7.5149	7.6257	7.8077
	港币	106.37	106.49	106.52	106.29	106.40	106.16
7月	美元	827.65	810.80	827.65	810.80	822.90	826.95
	欧元	1 000.07	977.78	1 010.32	974.31	992.94	1 053.67
	日元	7.5040	7.1980	7.5040	7.1954	7.3601	7.7419
	港币	106.45	104.22	106.45	104.22	105.91	106.13
8月	美元	810.56	809.73	810.90	809.54	810.19	824.63
	欧元	982.21	988.70	1 010.36	966.61	993.91	1 045.39
	日元	7.2327	7.2970	7.4297	7.2243	7.3198	7.6835
	港币	104.23	104.18	104.33	104.16	104.22	105.86
9月	美元	809.98	809.30	809.98	808.71	809.22	822.83
	欧元	986.74	975.93	1014.27	972.34	992.25	1 039.17
	日元	7.2654	7.1656	7.3938	7.1656	7.2871	7.6371
	港币	104.17	104.30	104.30	104.12	104.21	105.67
10月	美元	809.20	808.40	809.24	808.40	808.89	821.61
	欧元	973.88	982.56	982.56	961.38	973.56	1 033.44
	日元	7.1529	7.0197	7.1529	6.9844	7.0441	7.5853
	港币	104.27	104.25	104.30	103.90	104.23	105.54
11月	美元	808.45	807.96	808.77	807.96	808.40	820.33
	欧元	974.69	954.53	974.70	944.06	954.44	1 025.81
	日元	6.9826	6.7866	6.9826	6.7419	6.8362	7.5130
	港币	104.25	104.16	104.28	104.16	104.21	105.41
12月	美元	808.04	807.02	808.08	807.02	807.59	819.17
	欧元	952.25	957.97	969.61	945.23	957.21	1 019.53
	日元	6.7673	6.8716	6.9509	6.6565	6.8085	7.4484
	港币	104.17	104.03	104.17	104.03	104.11	105.30
全年	美元	827.65	807.02	827.65	807.02	819.17	819.17
	欧元	1 125.88	957.97	1 125.88	944.06	1 019.53	1 019.53
	日元	8.0573	6.8716	8.0997	6.6565	7.4484	7.4484
	港币	106.41	104.03	106.52	103.90	105.30	105.30

2005年中国国际收支平衡表[1]

单位：千美元

项　目	行次	差　额	贷　方	借　方
一、经常项目	**1**	**160 818 311**	**903 581 787**	**742 763 476**
A. 货物和服务	2	124 797 704	836 887 831	712 090 128
a. 货物	3	134 189 095	762 483 733	628 294 638
b. 服务	4	−9 391 392	74 404 098	83 795 490
1. 运输	5	−13 021 024	15 426 523	28 447 547
2. 旅游	6	7 536 930	29 296 000	21 759 070
3. 通讯服务	7	−118 173	485 231	603 404
4. 建筑服务	8	973 567	2 592 949	1 619 382
5. 保险服务	9	−6 650 142	549 418	7 199 559
6. 金融服务	10	−14 244	145 231	159 476
7. 计算机和信息服务	11	217 676	1 840 184	1 622 509
8. 专有权利使用费和特许费	12	−5 163 852	157 402	5 321 254
9. 咨询	13	−861 408	5 322 132	6 183 540
10. 广告、宣传	14	360 521	1 075 729	715 208
11. 电影、音像	15	−20 096	133 859	153 954
12. 其他商业服务	16	7 497 029	16 884 780	9 387 752
13. 别处未提及的政府服务	17	−128 175	494 661	622 836
B. 收益	18	10 635 139	38 959 100	28 323 961
1. 职工报酬	19	1 519 648	3 337 062	1 817 414
2. 投资收益	20	9 115 491	35 622 038	26 506 547
C. 经常转移	21	25 385 468	27 734 856	2 349 387
1. 各级政府	22	−176 234	48 848	225 082
2. 其他部门	23	25 561 702	27 686 008	2 124 305
二、资本和金融项目	**24**	**62 963 916**	**418 956 199**	**355 992 283**
A. 资本项目	25	4 101 792	4 155 147	53 355
B. 金融项目	26	58 862 124	414 801 052	355 938 929
1. 直接投资	27	67 821 043	86 071 263	18 250 220
1.1 我国在外直接投资	28	−11 305 688	564 857	11 870 546
1.2 外国在华直接投资[2]	29	79 126 731	85 506 406	6 379 674
2. 证券投资	30	−4 932 837	21 997 437	26 930 274
2.1　资产	31	−26 156 889	74 453	26 231 342
2.1.1　股本证券	32	0	0	0
2.1.2　债务证券	33	−26 156 889	74 453	26 231 342
2.1.2.1　(中)长期债券	34	−25 482 189	74 453	25 556 642
2.1.2.2　货币市场工具	35	−674 700	0	674 700
2.2　负债	36	21 224 052	21 922 984	698 932

2005年中国国际收支平衡表（续）

单位：千美元

项　　目	行次	差　额	贷　方	借　方
2.2.1　股本证券	37	20 346 000	20 346 000	0
2.2.2　债务证券	38	878 052	1 576 984	698 932
2.2.2.1　（中）长期债券	39	567 318	1 263 324	696 006
2.2.2.2　货币市场工具	40	310 734	313 660	2 926
3. 其他投资	41	−4 026 082	306 732 352	310 758 434
3.1　资产	42	−48 947 355	10 371 244	59 318 599
3.1.1　贸易信贷	43	−22 905 281	0	22 905 281
长期	44	−916 211	0	916 211
短期	45	−21 989 070	0	21 989 070
3.1.2　贷款	46	−12 993 134	833 559	13 826 693
长期	47	−1 505 000	0	1 505 000
短期	48	−11 488 134	833 559	12 321 693
3.1.3　货币和存款	49	−10 317 342	3 921 661	14 239 003
3.1.4　其他资产	50	−2 731 599	5 616 023	8 347 622
长期	51	0	0	0
短期	52	−2 731 599	5 616 023	8 347 622
3.2　负债	53	44 921 273	296 361 109	251 439 836
3.2.1　贸易信贷	54	25 411 524	25 411 524	0
长期	55	1 168 930	1 168 930	0
短期	56	24 242 594	24 242 594	0
3.2.2　贷款	57	2 924 034	228 013 342	225 089 309
长期	58	1 444 382	16 341 770	14 897 388
短期	59	1 479 651	211 671 572	210 191 921
3.2.3　货币和存款	60	13 365 542	38 303 708	24 938 167
3.2.4　其他负债	61	3 220 174	4 632 534	1 412 360
长期	62	461 454	596 062	134 608
短期	63	2 758 720	4 036 472	1 277 752
三、储备资产	**64**	**−207 016 000**	**1 929 000**	**208 945 000**
3.1　货币黄金	65	0	0	0
3.2　特别提款权	66	−5 000	0	5 000
3.3　在基金组织的储备头寸	67	1 929 000	1 929 000	0
3.4　外汇	68	−208 940 000	0	208 940 000
3.5　其他债权	69	0	0	0
四、净误差与遗漏	**70**	**−16 766 227**	**0**	**16 766 227**

① 表中数字均按四舍五入原则显示。

② 2005年国际收支平衡表中，外国在华直接投资流入（贷方）包括我国非金融部门和金融部门的外国在华直接投资流入。同时，根据国际货币基金组织《国际收支手册》（第五版）的原则，境内外母子和关联公司往来及贷款、以及境外机构购买境内建筑物亦属于直接投资统计范畴，本年也纳入统计。

2005 年中国对外债务简表

单位：万美元

债务人/债务类型	外国政府贷款	国际金融组织贷款	国外银行及其他金融机构贷款	买方信贷	向国外出口商、国外企业或私人借款	对外发行债券	延期付款	海外私人存款	国际金融租赁	补偿贸易中用现汇偿还的债务	贸易信贷	其他	合计
国务院部委	0	26 143 043.3	453 380.5	0	0	6 411 528.8	0	0	0	0		0.00	**33 007 952.60**
中资银行	27 167 813.6	179 183.4	2 826 809.9	8 104 301.2	26 791.5	5 157 325	12 799 332.8	1 247 739.5	28 859.4	193 235.6		242 199.10	**57 973 591.00**
中资非银行金融机构	1 420.5	0	1 266 489.2	32 583.2	62 676.1	1 281 058.8	0	2 909.7	5 572	0		450 353.20	**3 103 062.70**
外商投资企业	19 695.3	445 283.4	8 221 648.9	989 586.6	36 958 872.2	156 897	0	7 030.9	3 108 186	401.5		605 137.00	**50 512 738.80**
中资企业	5 750.7	17 000	387 707.6	122 361.1	259 914.5	0	0	0	3 563 063.4	83 848		136 783.10	**4 576 428.40**
外资银行	252.2	3 860.6	35 843 928	780.7	22 375.1	0	463 991.2	3 949 676.7	117.6	84.2		179 759.00	**40 464 825.30**
外资非银行金融机构	0	0	174 106.9	24 600	131 757.7	0	0	69	3 594.8	0		9 857.40	**343 985.80**
其他	0	0	5 872.9	890	251 636	54.1	1 500.1	315.2	0.1	0.1		1 983.60	**262 252.10**
贸易信贷											90 800 000		**90 800 000**
合计	**27 194 932.3**	**26 788 370.7**	**49 179 943.9**	**9 275 102.8**	**37 714 023.1**	**13 006 863.7**	**13 264 824.1**	**5 207 741**	**6 709 393.3**	**277 569.4**	**90 800 000**	**1 626 072.40**	**281 044 836.70**

中国长期与短期外债的结构与增长

项目/年度		1996	1997	1998	1999	2000	2001	2002	2003	2004	2005
外债余额（十亿美元）		116.28	130.96	146.04	151.83	145.73	184.80	186.33	208.76	247.49	281.05
中长期外债	余额（十亿美元）	102.17	112.82	128.70	136.65	132.65	119.53	115.55	116.59	124.29	124.90
	比上年增长（%）	7.9	10.4	14.1	6.2	-2.9	—	3.33	0.89	6.60	0.49
	占总余额的比例（%）	87.9	86.1	88.1	90.0	91.0	64.68	62.02	55.85	50.20	44.44
短期外债	余额（十亿美元）	14.11	18.14	17.34	15.18	13.08	65.27	70.78	92.17	123.21	156.14
	比上年增长（%）	18.5	28.6	-4.4	-12.5	-13.8	—	8.44	30.22	33.68	26.73
	占总余额的比例（%）	12.1	13.9	11.9	10.0	9.0	35.32	37.98	44.15	49.80	55.56
	与外汇储备的比例（%）	13.4	13.0	12.0	9.8	7.9	30.76	24.71	22.86	20.20	19.07

中国外债与国民经济、外汇收入

项　目／年　度	1996	1997	1998	1999	2000	2001	2002	2003	2004	2005
1. 外债余额（十亿美元）	116.28	130.96	146.04	151.83	145.73	184.80	186.33	208.76	247.49	281.05
2. 比上年增长（%）	9.1	12.6	11.5	4.0	-4.0	—	0.83	12.04	18.55	13.56
3. 国内生产总值（十亿元人民币）	7 117.7	7 897.3	8 440.2	8 967.7	9 921.5	10 965.5	12 033.3	13 582.3	15 987.8	18 232.1
4. 比上年增长（%）	10	9.3	7.8	7.6	8.4	8.3	9.1	10	10.1	9.9
5. 负债率（%）	13.6	13.7	14.3	14.0	12.2	13.9	12.82	12.72	12.81	12.63
6. 外汇收入（十亿美元）	171.68	207.24	207.42	220.96	279.56	299.41	365.40	485.0	655.0	836.8
7. 比上年增长（%）	16.6	20.7	0.09	6.5	26.5	7.1	22.04	32.73	35.05	27.76
8. 债务率（%）	67.7	63.2	70.4	68.7	52.1	56.8	46.12	39.92	37.78	33.59

注： 1. 从1998年开始，原使用的“国民生产总值”数据调整为“国内生产总值”数据，以前年份数据均按《中国统计提要1998》中公布数据进行了调整。计算负债率时按当年平均交易中间价折美元。

2. 第四行“比上年增长”是按不变价格计算。

3. 从1998年开始，本报告中的外汇收入指国际收支口径的货物和服务收入，以前年份的数据均按此国际规范口径进行了调整，据此计算的债务率也进行了相应的调整。

4. 自2001年起，我国按照国际标准对原外债口径进行了调整（具体调整内容见《2001年末全国所欠外债简表》有关附注），由于新口径外债数据与2000年外债数据（原口径）不具可比性，故未计算上表中“外债余额比上年增长”项。

5. 根据第一次全国经济普查的结果，国家统计局调整了1993—2004年度国内生产总值数据。

中国外债流动与国民经济、外汇收入

项　目／年　度	1996	1997	1998	1999	2000	2001	2002	2003	2004	2005
1. 外债流入（十亿美元）	30.95	43.10	45.66	30.05	24.92	25.16	60.87	101.54	205.97	281.05
2. 比上年增长（%）	-20.9	39.3	5.9	-34.2	-17.1	1.0	141.95	66.81	102.84	36.45
3. 外债流出（十亿美元）	22.47	32.42	42.48	36.45	35.01	31.28	69.67	98.13	190.24	271.59
4. 比上年增长（%）	-29.1	44.3	31.0	-14.2	-4.0	-10.7	122.73	40.84	93.87	42.76
5. 外债净流入（十亿美元）	8.48	10.68	3.18	-6.40	-10.09	-6.12	-8.80	3.42	15.73	9.46
6. 国内生产总值（十亿元人民币）	7 117.7	7 897.3	8 440.2	8 967.7	9 921.5	10 965.5	12 033.3	13 582.3	15 987.8	18 232.1
7. 外债流出/国内生产总值（%）	2.6	3.4	4.2	3.4	2.9	2.4	4.79	5.98	9.85	12.20
8. 外汇收入（十亿美元）	171.68	207.24	207.42	220.96	279.56	299.41	365.40	485.0	655	836.8
9. 偿债率（%）	6.0	7.3	10.9	11.2	9.2	7.5	7.89	6.85	3.19	3.07

注： 1. 从1998年开始，原使用的“国民生产总值”数据调整为“国内生产总值”数据，以前年份数据均按《中国统计提要1998》中公布数据进行了调整。计算外债流出与国内生产总值比值时按当年平均交易中间价折美元。

2. 从1998年开始，本报告中的外汇收入指国际收支口径的货物和服务收入，以前年份的数据均按此国际规范口径进行了调整，据此计算的偿债率也进行了相应的调整。

3. 外债流出金额为外债项下偿还本金和支付利息之和。

4. 偿债率为当年中长期外债还本付息额加上短期外债付息额除以当年国际收支口径的外汇收入。

5. 根据第一次全国经济普查的结果，国家统计局调整了1993—2004年度国内生产总值数据。

中国城乡零售价格分类指数

上年为：100

年份	食品类		粮食		油脂类[1]		鲜菜		肉禽蛋[2]		水产品	
	城市	农村	城市	农村	城市	农村	城市	农村	城市	农村	城市	农村
1983	103.7	100.6	102.1	100.2		113.1						
1984	104.0	101.4	100.0	99.6	104.6	101.2	107.5		106.5	102.1	113.2	105.8
1985	**116.5**	**112.5**	**103.3**	**117.6**	**109.8**	**114.4**	**134.5**		**104.3**	**120.2**	**123.5**	**131.2**
1986	107.2	107.5	104.1	113.0	108.0	113.1	103.3		110.2	110.0	112.3	110.8
1987	112.0	108.4	106.2	106.1	108.4	107.2	117.7		115.4	117.7	120.9	111.0
1988	125.2	120.9	114.1	114.0	118.4	116.1	131.7		134.8	140.0	130.7	131.9
1989	114.4	118.0	116.9	125.0	123.7	120.0	102.1		114.6	113.8	113.4	121.8
1990	**98.8**	**101.7**	**93.5**	**96.7**	**100.4**	**102.4**	**99.6**		**98.2**	**97.4**	**100.0**	**98.1**
1991	105.4	101.3	120.7	99.9	123.1	101.6	106.1		98.3	96.9	103.1	98.7
1992	110.7	104.7	139.2	112.7	111.0	101.8	109.6		105.4	103.9	105.8	104.8
1993	116.5	112.0	131.1	124.6	115.4	117.0	115.7		115.2	112.1	118.4	112.9
1994	134.2	136.3	150.7	150.7	159.4	163.1	136.2	140.2	140.6	142.7	121.4	119.2
1995	**123.6**	**126.4**	**132.5**	**136.3**	**114.2**	**119.2**	**126.6**	**133.4**	**124.1**	**124.5**	**113.8**	**114.7**
1996	107.9	107.5	109.4	105.8	91.9	92.4	117.3	120.0	106.2	106.6	106.3	104.7
1997	100.1	99.2	93.9	90.4	101.4	101.9	99.6	99.3	101.3	101.5	101.2	101.1
1998	96.9	96.6	96.9	96.9	102.1	98.4	99.3	102.0	93.0	91.9	94.5	93.4
1999	95.8	96.0	96.2	96.6	94.7	94.0	99.8	101.5	90.6	91.8	94.2	92.2
2000	**97.6**	**97.4**	**91.2**	**88.9**	**84.7**	**88.4**	**104.8**	**106.3**	**95.5**	**97.1**	**103.4**	**101.0**
2001	98.9	99.6	101.4	101.7	89.9	90.0	103.4	103.2	103.3	102.3	95.9	97.2
2002	99.7	100.3	98.5	98.9	100.4	99.6	99.5	103.0	100.3	100.7	96.3	95.9
2003	103.2	103.7	102.0	102.6	111.6	113.5	116.4	116.1	102.8	104.2	100.8	99.2
2004	108.8	111.9	125.2	128.3	115.0	119.1	94.4	96.8	116.8	117.6	111.1	115.7

注：(1) 油脂类在1993年以前以食用植物油为指标进行统计。
(2) 2003年肉禽蛋零售价格指数指肉禽及其制品零售价格指数。

中国城乡居民家庭人均食品消费量比较

单位：千克/人

年份	粮食		蔬菜		食油（植物油）		猪牛羊肉		家禽		水产品	
	农村	城市	农村	城市	农村	城市	农村	城市	农村	城市	农村	城市
1983	260.0	144.5	131.0	165.0	3.5	6.5	10.0	19.9	0.8	2.6	1.6	8.1
1984	267.0	142.1	140.0	149.0	4.0	7.1	10.6	19.9	0.9	2.9	1.7	7.8
1985	**257.0**	**134.8**	**131.1**	**144.4**	**4.0**	**5.8**	**11.0**	**18.7**	**1.0**	**3.2**	**1.6**	**7.1**
1986	259.0	137.9	134.0	148.3	4.2	6.2	11.8	21.6	1.1	3.7	1.9	8.2
1987	259.0	133.9	130.0	142.6	4.7	6.4	11.7	21.9	1.2	3.4	2.0	7.9

中国城乡居民家庭人均食品消费量比较（续）

单位：千克/人

年份	粮食		蔬菜		食油（植物油）		猪牛羊肉		家禽		水产品	
	农村	城市	农村	城市	农村	城市	农村	城市	农村	城市	农村	城市
1988	260.0	137.2	130.0	147.0	4.8	6.7	10.7	19.8	1.3	4.0	1.9	7.1
1989	262.0	133.9	133.0	144.6	4.8	6.2	11.0	20.3	1.3	3.7	2.1	7.6
1990	**262.1**	**130.7**	**134.0**	**138.7**	**5.2**	**6.4**	**11.3**	**21.7**	**1.3**	**3.4**	**2.1**	**7.7**
1991	255.6	127.9	127.0	132.2	5.7	6.9	12.2	22.2	1.3	4.4	2.2	8.0
1992	250.5	111.5	129.1	124.9	5.9	6.7	11.8	21.4	1.5	5.1	2.3	8.2
1993	251.8	97.8	107.4	120.6	5.7	7.1	11.7	20.8	1.6	3.7	2.5	8.0
1994	257.6	102.0	109.0	121.0	5.7	7.7	11.0	20.2	1.6	4.1	3.0	8.5
1995	**260.1**	**97.0**	**104.6**	**118.6**	**5.8**	**7.6**	**11.3**	**19.7**	**1.8**	**4.0**	**3.4**	**9.2**
1996	256.2	94.7	106.3	118.5	6.1	7.7	11.9	20.4	1.9	5.4	3.7	9.3
1997	250.7	88.6	107.2	115.2	6.2	7.7	12.7	19.0	2.4	6.5	3.4	9.3
1998	250.2	86.7	109.0	113.8	6.2	7.6	13.2	19.2	2.2	6.3	3.6	9.8
1999	247.5	84.9	108.9	114.9	6.2	7.8	13.9	20.0	2.5	4.9	3.8	10.3
2000	**249.5**	**82.3**	**112.0**	**114.7**	**7.1**	**8.2**	**14.6**	**20.1**	**2.9**	**7.4**	**3.9**	**11.7**
2001	238.6	79.7	109.3	115.9	7.0	8.1	14.5	19.2	2.9	7.3	4.1	12.3
2002	236.5	78.5	110.2	116.5	7.5	8.5	14.9	23.3	2.9	9.2	4.4	13.2
2003	222.4	79.5	107.4	118.3	6.3	9.2	15.0	23.7	3.2	9.2	4.7	13.4
2004	219.3	78.2	106.6	122.3	5.3	9.3	14.8	22.9	3.1	8.4	4.5	12.5

注：城镇居民家庭人均食品消费量指全年购买的主要商品数量。

农村经济在中国国民经济中的地位

年份	农业增加值占国内生产总值的比重（%）	农业从业人员占社会从业人员的比重（%）	农村非农产业劳动力占社会从业人员的比重（%）	农村消费品零售额占全社会消费品零售额的比重（%）	农业各税占财政收入的比重（%）	用于农业支出占财政支出的比重（%）	农业贷款占金融机构人民币各项贷款的比重（%）	农产品进口额占进口总额的比重（%）	农产品出口额占出口总额的比重（%）
1983	33.9	67.1	6.5	51.4	4.2		26.6	22.3	
1984	33.1	64.2	8.7	52.5	3.7		18.5	22.6	
1985	**29.8**	**62.4**	**13.8**	**53.0**	**2.1**	**8.3**		**12.1**	**24.5**
1986	28.5	41.5	10.2	52.1	2.1	7.9		12.0	24.5
1987	28.3	60.0	15.8	51.7	2.4	8.0		14.8	22.0
1988	27.2	59.5	16.3	50.8	3.1	7.9		16.8	22.0
1989	26.4	60.1	15.7	50.0	3.1	9.4		17.1	20.5
1990	**28.4**	**60.2**	**15.7**	**48.5**	**3.0**	**10.0**	**6.8**	**16.1**	**17.2**
1991	26.2	60.0	15.6	47.0	2.9	10.3	6.7	13.7	15.8
1992	23.6	58.6	16.8	45.5	3.4	10.1	6.7	12.0	14.5
1993	21.5	56.0	18.5	44.6	2.9	9.5	6.5	8.1	13.7

农村经济在中国国民经济中的地位（续）

年份	农业增加值占国内生产总值的比重（%）	农业从业人员占社会从业人员的比重（%）	农村非农产业劳动力占社会从业人员的比重（%）	农村消费品零售额占全社会消费品零售额的比重（%）	农业各税占财政收入的比重（%）	用于农业支出占财政支出的比重（%）	农业贷款占金融机构人民币各项贷款的比重（%）	农产品进口额占进口总额的比重（%）	农产品出口额占出口总额的比重（%）
1994	21.6	53.3	19.5	43.9	4.4	9.2	4.9	10.8	12.9
1995	**20.8**	**52.2**	**18.4**	**43.2**	**4.5**	**8.4**	**3.1**	**9.3**	**9.4**
1996	20.4	50.5	18.9	43.2	5.0	8.8	3.1	7.1	8.4
1997	18.3	49.9	19.4	43.4	4.6	8.3	4.4	7.0	8.2
1998	18.0	49.8	19.7	38.9	4.0	10.7	5.1	7.0	7.5
1999	17.6	50.1	19.8	38.7	3.7	8.2	5.1	5.0	6.9
2000	**16.4**	**50.0**	**21.3**	**38.2**	**3.5**	**7.8**	**4.9**	**5.0**	**6.3**
2001	15.8	50.0	21.6	37.4	2.9	7.7	5.1	4.9	6.0
2002	15.3	50.0	22.4	36.7	3.8	7.2	5.2	4.2	5.6
2003	14.6	49.1	23.79	35.0	4.0	7.1	5.3	4.6	4.9
2004	15.2	46.9	25.4	34.1	3.4	7.5	5.5	5.0	3.9

中国农产品生产及进出口情况：粮食、食用植物油

年份	粮食[(1)]				食用植物油			
	生产量（万吨）	进口量（万吨）	出口量（万吨）	人均占有量（千克/人）	生产量（万吨）	进口量（万吨）	出口量（万吨）	人均占有量（千克/人）
1983	38 728	1 344	196	376	360	3.5	15.6	3.5
1984	40 731	1 045	357	390	382	1.4	13.1	3.7
1985	**37 911**	**600.0**	**932.0**	**361**	**401**	**3.5**	**16.2**	**3.8**
1986	39 151	773.0	942.0	367	441	19.8	16.6	4.1
1987	40 298	1 628.0	737.0	372	478	51.1	5.6	4.4
1988	39 408	1 533.0	717.0	358	480	21.4	2.6	4.3
1989	40 755	1 658.0	656.0	364	496	105.6	6.2	4.4
1990	**44 624**	**1 372.0**	**583.0**	**393**	**544**	**112.0**	**14.0**	**4.8**
1991	43 529	1 345.0	1 086.0	378	644	61.0	9.9	5.6
1992	44 266	1 175.0	1 364.0	380	661	42.0	6.8	5.6
1993	45 649	742.5	1 365.1	387	965	103.4	28.4	8.1
1994	44 510	924.9	1 187.5	374	723	312.5	64.6	6.0
1995	**46 662**	**2 070.1**	**102.5**	**385**	**1 144**	**362.7**	**51.7**	**9.4**
1996	50 450	1 195.5	143.6	419	947	267.4	48.2	7.7
1997	49 417	705.5	853.6	402	894	279.9	82.4	7.3
1998	51 230	708.6	906.5	412	602	206.7	30.9	4.9
1999	50 839	772.1	759.0	406	734	214.0	10	5.8
2000	**46 218**	**1 356.8**	**1 401.3**	**366**	**835**	**187.1**	**11.2**	**6.6**
2001	45 264	1 738.4	903.1	356	1 383	167.5	13.4	10.9
2002	45 706	1 416.7	1 514.3	357	1 531	321.2	9.8	11.9
2003	43 070	2 282.8	2 229.9	334	1 584	541.8	6.0	12.3
2004	46 947	2 998.3	514.4	381		676.4	6.6	

注：(1) 包含大豆。

中国农产品生产及进出口情况：棉花、食糖

年 份	棉 花				食 糖			
	生产量（万吨）	进口量（万吨）	出口量（万吨）	人均占有量（千克/人）	生产量（万吨）	进口量（万吨）	出口量（万吨）	人均占有量（千克/人）
1983	463.7	23.0	5.8	4.5		190.0	6.0	39.8
1984	625.8	4.0	18.9	6.0		123.0	5.2	45.8
1985	**415**	**0.0**	**34.7**	**3.9**		**191.0**	**18.4**	**57.5**
1986	354	0.0	55.8	3.3	525	118.0	26.6	4.9
1987	425	0.6	75.5	3.9	506	183.0	45.2	4.7
1988	415	3.5	46.8	3.7	461	371.0	24.8	4.2
1989	379	51.9	27.2	3.4	501	158.0	43.0	4.5
1990	**451**	**42.0**	**16.7**	**4.0**	**582**	**113.0**	**57.0**	**5.1**
1991	568	37.0	20.0	4.9	640	101.0	34.3	5.6
1992	451	28.0	14.5	3.9	829	110.0	167.0	7.1
1993	374	4.2	20.4	3.2	771	45.1	185.3	6.5
1994	434	55.3	12.6	3.6	592	155.2	94.7	5.0
1995	**477**	**78.6**	**2.9**	**4.0**	**559**	**295.4**	**48.0**	**4.6**
1996	420	70.6	1.1	3.5	640	125.5	66.5	5.3
1997	460	80.4	0.6	3.7	703	78.3	37.9	5.7
1998	450	22.4	5.1	3.6	826	50.8	43.6	6.6
1999	383	7.3	24.3	3.1	861	41.7	36.7	6.9
2000	**442**	**8.4**	**29.9**	**3.5**	**700**	**64.1**	**41.5**	**5.5**
2001	532	11.3	6.0	4.2	653	119.9	19.6	5.1
2002	492	20.8	15.9	3.8	926	118.3	32.6	7.2
2003	486	95.4	11.7	3.8	1 084	77.5	10.3	8.4
2004	632	198.4	1.2	6.4	1 018	121.4	8.5	8.7

中国农产品生产及进出口情况：猪肉

年 份	肉猪年末存栏头数（万头）	肉猪出栏头数（万头）	猪肉生产量（万吨）	出口活猪（万头）	进口猪肉（万吨）	出口猪肉（万吨）	全国人均占有量（千克/人）
1983	29 854	20 661	1 316	321			12.5
1984	30 679	22 047	1 445	308			13.6
1985	**33 140**	**23 875**	**1 655**	**296.0**			**15.3**
1986	33 719	25 722	1 796	310.0			16.4
1987	32 773	26 177	1 835	302.0			16.5
1988	34 222	27 570	2 018	303.0			17.9
1989	35 281	29 023	2 123	297.0			18.6
1990	**36 241**	**30 991**	**2 281**	**300.0**			**19.7**
1991	36 965	32 897	2 452	285.0			20.9
1992	38 421	35 170	2 635	290.0			22.3
1993	39 300	37 824	2 854	272.3	0.03	14.09	23.9
1994	41 462	42 103	3 205	269.5	0.05	18.62	26.5
1995	**44 169**	**48 051**	**3 648**	**253.3**	**0.44**	**23.33**	**29.8**
1996	36 284	41 225	3 158	240.2	0.36	18.55	25.8
1997	40 035	46 484	3 596	227.0	0.51	15.68	29.2
1998	42 256	50 215	3 884	219.5	2.55	15.82	31.3
1999	43 020	51 977	3 891	195.8	13.25	11.11	32.0
2000	**44 682**	**52 673**	**4 031**	**203.1**	**23.79**	**11.20**	**31.9**
2001	45 743	54 937	4 184	196.5	20.40	17.20	32.9
2002	46 292	56 684	4 327	188.0	21.95	23.63	33.8
2003	46 602	59 200	4 519	187.8	31.20	30.50	35.1
2004	48 189	61 801	4 702	196.6	29.11	41.48	36.2

注：进出口数据来自海关统计。其他指标数据均来自国家统计局。其中，1996 年以前为国家统计局公布数据，1996—1999 年为国家统计局调整数据，2000 年以后为抽样调查数据。

2005 年世界主要国家（地区）货物贸易额

金额单位：亿美元

出口					进口				
排名	国家（地区）	出口额	比重（%）	年增长率（%）	排名	国家（地区）	进口额	比重（%）	年增长率（%）
1	德国	9 707	9.3	7	1	美国	17 327	16.1	14
2	美国	9 043	8.7	10	2	德国	7 741	7.2	8
3	中国	7 620	7.3	28	3	中国	6 601	6.1	18
4	日本	5 958	5.7	5	4	日本	5 161	4.8	14
5	法国	4 592	4.4	2	5	英国	5 012	4.7	6
6	荷兰	4 013	3.9	12	6	法国	4 958	4.6	5
7	英国	3 779	3.6	9	7	意大利	3 797	3.5	7
8	意大利	3 668	3.5	4	8	荷兰	3 579	3.3	12
9	加拿大	3 596	3.5	14	9	比利时	3 204	3.0	12
10	比利时	3 296	3.2	7	10	加拿大	3 201	3.0	14
11	中国香港	2 923	2.8	10	11	中国香港	3 006	2.8	10
12	韩国	2 847	2.7	12	12	西班牙	2 776	2.6	7
13	俄罗斯	2 453	2.4	34	13	韩国	2 610	2.4	16
14	新加坡	2 296	2.2	16	14	墨西哥	2 317	2.2	12
15	墨西哥	2 137	2.1	14	15	新加坡	2 000	1.9	15
16	中国台湾省	1 966	1.9	8	16	中国台湾省	1 859	1.7	10
17	西班牙	1 861	1.8	2	17	印度	1 316	1.2	35
18	沙特阿拉伯	1 788	1.7	42	18	澳大利亚	1 253	1.2	15
19	马来西亚	1 409	1.4	11	19	俄罗斯	1 251	1.2	28
20	瑞典	1 299	1.3	5	20	奥地利	1 247	1.2	4
21	瑞士	1 259	1.2	6	21	瑞士	1 212	1.1	9
22	奥地利	1 233	1.2	4	22	泰国	1 182	1.1	25
23	巴西	1 183	1.1	23	23	土耳其	1 164	1.1	19
24	阿联酋	1 125	1.1	36	24	马来西亚	1 146	1.1	9
25	泰国	1 101	1.1	14	25	瑞典	1 106	1.0	10
26	爱尔兰	1 095	1.1	5	26	波兰	1 005	0.9	12
27	澳大利亚	1 058	1.0	22	27	巴西	776	0.7	17
28	挪威	1 033	1.0	25	28	阿联酋	770	0.7	25
29	印度	898	0.9	19	29	捷克	769	0.7	10
30	波兰	889	0.9	19	30	丹麦	765	0.7	12
	以上合计	**87 127**	**83.8**	—		**以上合计**	**90 111**	**83.8**	—
	世界	**103 931**	**100.0**	**13**		**世界**	**107 531**	**100.0**	**13**

资料来源：世界贸易组织《新闻简报》，2006 年 4 月 11 日。

2005年世界主要国家（地区）服务贸易额

金额单位：亿美元

出口					进口				
排名	国家（地区）	出口额	比重（%）	年增长率（%）	排名	国家（地区）	进口额	比重（%）	年增长率（%）
1	美国	3 533	14.6	10	1	美国	2 887	12.2	10
2	英国	1 834	7.6	-1	2	德国	1 986	8.4	4
3	德国	1 429	5.9	7	3	英国	1 501	6.4	4
4	法国	1 137	4.7	4	4	日本	1 359	5.8	1
5	日本	1 066	4.4	12	5	法国	1 029	4.4	7
6	意大利	934	3.9	13	6	意大利	923	3.9	15
7	西班牙	912	3.8	8	7	中国	853	3.6	…
8	中国	812	3.4	…	8	荷兰	692	2.9	1
9	荷兰	750	3.1	4	9	爱尔兰	675	2.9	5
10	印度	676	2.8	…	10	印度	674	2.9	…
11	中国香港	603	2.5	11	11	西班牙	653	2.8	15
12	爱尔兰	547	2.3	5	12	加拿大	623	2.6	10
13	奥地利	538	2.2	11	13	韩国	580	2.5	17
14	比利时	534	2.2	6	14	奥地利	517	2.2	12
15	加拿大	506	2.1	9	15	比利时	512	2.2	6
16	瑞士	452	1.9	9	16	新加坡	440	1.9	9
17	新加坡	451	1.9	10	17	俄罗斯	376	1.6	15
18	韩国	435	1.8	9	18	丹麦	360	1.5	…
19	瑞典	428	1.8	12	19	瑞典	352	1.5	7
20	卢森堡	396	1.6	20	20	中国香港	316	1.3	5
	以上合计	**17 950**	**74.4**	**—**		**以上合计**	**17 300**	**73.3**	**—**
	世界	**24 150**	**100.0**	**11**		**世界**	**23 600**	**100.0**	**11**

资料来源：世界贸易组织《新闻简报》，2006年4月11日。

世界货物贸易额及增长率

年份	贸易额（亿美元）			增减率（%）		
	出口	进口	总额	出口	进口	总额
1980	19 936.25	20 474.25	40 410.50	21.6	21.4	21.5
1981	19 763.11	20 360.88	40 123.99	-0.9	-0.6	-0.7
1982	18 575.50	19 222.31	37 797.81	-6.0	-5.6	-5.8
1983	18 124.94	18 718.42	36 843.36	-2.4	-2.6	-2.5
1984	19 093.15	19 799.69	38 892.84	5.4	5.8	5.6
1985	19 300.05	20 005.50	39 305.55	1.1	1.0	1.1
1986	21 280.93	21 979.05	43 259.98	10.3	9.9	10.1
1987	24 908.05	25 596.64	50 504.69	17.0	16.5	16.7
1988	28 253.38	29 118.79	57 372.17	13.4	13.8	13.6
1989	30 213.46	31 347.24	61 560.70	6.9	7.7	7.3
1990	34 250.43	35 565.09	69 815.52	13.4	13.5	13.4
1991	34 299.09	35 517.42	69 816.51	0.1	-0.1	0
1992	36 856.45	37 986.12	74 842.57	7.5	7.0	7.2

世界货物贸易额及增长率（续）

年份	贸易额（亿美元）			增减率（%）		
	出口	进口	总额	出口	进口	总额
1993	37 079.21	37 556.27	74 635.48	0.6	-1.1	-0.3
1994	42 235.99	42 615.22	84 851.21	13.9	13.5	13.7
1995	50 513.09	50 905.31	101 418.40	19.6	19.5	19.5
1996	52 571.03	53 275.63	105 846.66	4.1	4.7	4.4
1997	53 054.78	53 576.22	106 631.00	0.9	0.6	0.7
1998	52 136.57	52 860.84	104 997.41	-1.7	-1.3	-1.3
1999	54 133.65	55 036.98	109 170.63	3.8	4.1	4.0
2000	60 669.42	62 276.17	122 945.59	12.1	13.2	12.6
2001	58 289.42	59 968.75	118 258.17	-3.9	-3.7	-3.8
2002	61 010.03	62 120.31	123 130.34	4.7	3.6	4.1
2003	70 827.00	72 407.23	143 234.23	16.1	16.6	16.3
2004	85 675.94	87 883.75	173 559.69	21.0	21.4	21.2

资料来源：联合国《统计月报》，世界贸易组织《新闻简报》。

世界服务贸易额及增长率

年份	贸易额（百万美元）			增减率（%）		
	出口	进口	总额	出口	进口	总额
1981	413 000	412 000	825 000	—	—	—
1982	405 000	400 000	805 000	-1.9	-2.9	-2.4
1983	391 000	384 000	775 000	-3.5	-4.0	-3.7
1984	403 000	397 000	800 000	3.1	3.4	3.2
1985	380 900	401 600	782 500	-5.5	1.2	-2.2
1986	449 600	452 700	902 300	18.0	12.7	15.3
1987	532 800	536 500	1 069 300	18.5	18.5	18.5
1988	600 100	618 200	1 218 300	12.6	15.2	13.9
1989	657 000	679 400	1 336 400	9.5	9.9	9.7
1990	782 700	818 300	1 601 000	19.1	20.4	19.8
1991	826 100	845 900	1 672 000	5.5	3.3	4.4
1992	924 200	939 100	1 863 300	11.9	11.0	11.4
1993	940 600	958 300	1 898 900	1.8	2.0	1.9
1994	1 031 100	1 041 800	2 072 900	9.6	8.7	9.2
1995	1 182 200	1 198 000	2 380 200	14.7	15.0	14.8
1996	1 267 900	1 265 500	2 533 400	7.2	5.6	6.4
1997	1 318 200	1 301 600	2 619 800	4.0	2.9	3.4
1998	1 346 300	1 330 600	2 676 900	2.1	2.2	2.2
1999	1 397 000	1 383 900	2 780 900	3.8	4.0	3.9
2000	1 485 100	1 473 600	2 958 700	6.3	6.5	6.4
2001	1 488 700	1 487 900	2 976 600	0.2	1.0	0.6
2002	1 588 100	1 569 000	3 157 100	6.7	5.5	6.1
2003	1 804 700	1 784 100	3 588 800	13.6	13.7	13.7
2004	2 127 500	2 094 500	4 222 000	17.9	17.4	17.6

资料来源：世界贸易组织《世界贸易发展年度报告》。

世界部分国家（地区）货物贸易进口额

金额单位：百万美元

国家/地区　年份	2000	2001	2002	2003	2004
世界	**6 227 617**	**5 996 875**	**6 212 031**	**7 240 723**	**8 788 375**
发达的市场经济国家	4 294 275	4 112 966	4 212 445	4 868 318	5 770 571
发展中的市场经济国家	1 716 269	1 642 992	1 731 437	2 030 155	2 570 091
石油输出国组织	173 894	182 066	187 465	216 596	256 338
其他国家	217 073	240 917	268 149	342 250	447 713
美洲	**1 788 457**	**1 687 320**	**1 685 619**	**1 808 104**	**2 120 218**
美国	1 259 300	1 179 180	1 200 230	1 303 050	1 525 680
加拿大	238 812	221 757	221 961	239 083	273 084
墨西哥	174 500	168 276	168 679	170 490	197 347
巴西	58 631	58 351	49 599	50 720	65 953
智利	18 507	17 429	17 091	19 381	24 871
阿根廷	25 280	20 320	8 990	13 834	22 445
哥伦比亚	11 539	12 834	12 711	13 889	16 746
委内瑞拉	16 213	18 323	12 963	9 256	16 679
秘鲁	7 407	7 273	7 440	8 244	9 812
哥斯达黎加	6 389	6 569	7 188	7 663	8 268
厄瓜多尔	3 721	5 363	6 431	6 567	7 872
多米尼加共和国	6 416	5 937	6 037	5 266	7 845
危地马拉	5 171	5 606	6 304	6 722	7 812
萨尔瓦多	3 795	3 866	3 902	4 375	4 891
特立尼达和多巴哥	3 308	3 569	3 643	3 892	4 858
洪都拉斯	2 855	2 942	2 981	3 276	3 916
牙买加	3 302	3 361	3 533	3 637	3 772
巴拿马	3 379	2 964	2 982	3 086	3 594
乌拉圭	3 466	3 061	1 964	2 206	2 918
欧洲	**2 610 362**	**2 592 810**	**2 707 336**	**3 265 907**	**3 950 779**
德国	495 450	486 053	490 157	604 729	718 269
英国	334 371	320 956	335 458	380 821	451 715
法国	311 029	302 015	312 131	370 190	442 317
意大利	238 071	236 128	246 613	297 405	354 765
比利时	176 992	178 715	198 125	234 947	285 596
荷兰	198 882	195 552	193 657	233 091	283 734
西班牙	152 901	153 634	163 575	208 553	257 672
奥地利	68 986	70 461	72 881	88 265	108 866
瑞士	76 104	77 086	79 129	92 014	106 645
瑞典	72 982	63 471	66 410	84 222	100 437
波兰	48 970	50 378	55 141	68 153	89 094
俄罗斯	33 884	41 883	46 177	57 347	75 581
捷克	32 180	36 473	40 736	51 245	68 435
丹麦	44 364	44 132	48 890	56 227	66 883
爱尔兰	51 444	51 305	51 508	53 315	61 414
匈牙利	31 955	33 724	37 787	47 602	59 636
希腊	29 221	29 928	31 164	44 375	51 559

世界部分国家（地区）货物贸易进口额（续）

金额单位：百万美元

国家/地区 \ 年份	2000	2001	2002	2003	2004
芬兰	33 900	32 114	33 642	41 600	50 677
葡萄牙	38 192	39 422	38 326	40 843	49 225
挪威	34 351	32 954	34 889	39 284	48 061
罗马尼亚	13 055	15 561	17 862	24 003	32 664
斯洛伐克	13 413	15 501	17 460	23 760	30 469
卢森堡	10 718	11 153	11 602	13 694	16 829
保加利亚	6 505	7 263	7 987	10 887	14 467
马耳他	3 400	2 726	2 840	3 399	3 829
冰岛	2 591	2 253	2 274	2 788	3 551
非洲	**125 997**	**129 569**	**133 370**	**158 542**	**189 366**
南非	28 980	27 421	28 261	39 649	46 266
摩洛哥	11 534	11 038	11 868	14 243	17 633
尼日利亚	8 721	11 586	7 547	10 853	14 164
埃及	14 010	12 756	12 552	11 170	12 859
突尼斯	8 567	9 529	9 526	10 910	12 738
利比亚	3 731	4 391	4 400	4 322	5 650
肯尼亚	3 105	3 189	3 245	3 725	4 553
科特迪瓦	2 395	2 420	2 466	3 335	3 783
埃塞俄比亚	1 261	1 807	1 622	2 119	3 087
毛里求斯	2 091	1 987	2 159	2 364	2 778
坦桑尼亚	1 523	1 715	1 661	2 125	2 513
喀麦隆	1 278	1 580	2 848	2 021	2 100
加蓬	996	858	954	1 036	1 280
马达加斯加	733	744	508	1 218	1 230
马拉维	533	563	695	786	933
亚洲	**1 613 684**	**1 506 501**	**1 594 796**	**1 896 426**	**2 393 800**
中国	225 094	243 553	295 171	413 062	560 683
日本	379 491	349 189	337 209	383 085	454 592
中国香港	212 805	201 076	207 644	231 896	271 074
韩国	160 481	141 098	152 126	178 827	224 463
中国台湾省	140 011	107 237	112 530	127 249	167 890
新加坡	134 546	116 004	116 441	127 935	163 851
马来西亚	81 963	73 867	79 868	81 949	105 299
土耳其	54 503	41 399	49 663	65 637	96 368
泰国	61 923	61 961	64 645	75 805	94 637
印度	51 563	50 391	56 495	71 239	94 070
印度尼西亚	43 595	37 534	38 310	42 243	52 076
阿联酋	35 009	37 293	42 652	51 955	47 640
沙特阿拉伯	30 197	31 181	32 293	36 915	44 517
以色列	37 686	35 449	35 517	36 303	42 864
菲律宾	36 887	34 944	37 202	39 502	42 345
伊朗	14 347	17 626	21 180	27 676	34 705
前苏联亚洲地区	13 710	16 144	16 077	19 904	26 688

世界部分国家（地区）货物贸易进口额（续）

金额单位：百万美元

国家/地区 \ 年份	2000	2001	2002	2003	2004
巴基斯坦	10 864	10 192	11 227	13 038	17 949
科威特	7 157	7 869	9 008	10 993	12 005
孟加拉国	8 358	8 349	7 913	9 516	11 266
阿曼	5 040	5 798	6 005	6 572	8 865
约旦	4 597	4 871	5 076	5 743	8 128
斯里兰卡	6 281	5 973	6 105	6 672	7 973
叙利亚	4 055	4 757	5 097	5 120	7 070
巴林	4 634	4 306	5 013	5 116	6 345
卡塔尔	3 252	3 758	4 052	4 897	6 004
塞浦路斯	3 846	3 922	3 863	4 288	5 659
中国澳门	2 255	2 386	2 530	2 755	3 478
缅甸	2 401	2 877	2 348	2 092	2 196
尼泊尔	1 573	1 475	1 419	1 754	1 870
文莱	1 098	1 148	1 003	1 244	1 298
大洋洲	**89 116**	**80 677**	**90 909**	**111 745**	**134 212**
澳大利亚	71 537	63 890	72 693	89 089	109 383
新西兰	13 906	13 308	15 047	18 565	23 201
新喀里多尼亚	918	934	1 009	2 614	1 640
巴布亚新几内亚	1 151	1 071	1 235	1 358	1 680
斐济	857	886	906	1 208	1 446
法属波利尼西亚	930	1 016	1 268	1 558	…
瓦努阿图	87	86	90	105	128
所罗门	98	87	67	82	100

资料来源：联合国《统计月报》2006年1月，世界贸易组织《世界贸易发展年度报告》2005年。

世界部分国家（地区）货物贸易出口额

金额单位：百万美元

国家/地区 \ 年份	2000	2001	2002	2003	2004
世界	**6 066 942**	**5 828 942**	**6 101 003**	**7 082 700**	**8 567 594**
发达的市场经济国家	3 956 753	382 374	3 938 636	4 507 159	5 282 007
发展中的市场经济国家	1 860 095	1 742 057	1 869 611	2 201 165	2 778 888
石油输出国组织	361 429	317 907	326 735	379 873	482 149
其他国家	250 094	263 351	292 756	374 376	506 699
美洲	**1 327 262**	**1 247 757**	**1 209 117**	**1 281 938**	**1 473 349**
美国	781 918	729 100	693 103	724 771	818 520
加拿大	276 645	259 857	252 408	272 696	304 456
墨西哥	166 367	158 547	160 682	165 396	189 083
巴西	55 086	58 223	60 362	73 084	96 475
阿根廷	26 341	26 543	25 650	29 566	34 550
委内瑞拉	31 413	25 353	25 890	23 990	33 929
智利	19 210	18 272	18 180	21 524	32 025
哥伦比亚	13 043	12 290	11 911	13 080	16 224
秘鲁	6 955	7 026	7 714	9 091	12 617
厄瓜多尔	4 927	4 678	5 042	6 223	7 753

世界部分国家（地区）货物贸易出口额（续）

金额单位：百万美元

国家/地区　年份	2000	2001	2002	2003	2004
特立尼达和多巴哥	4 274	4 280	3 881	5 178	6 374
哥斯达黎加	5 850	5 021	5 264	6 102	6 297
乌拉圭	2 295	2 060	1 861	2 198	2 950
危地马拉	2 711	2 464	2 473	2 632	2 939
洪都拉斯	1 380	1 324	1 321	1 321	1 537
萨尔瓦多	1 332	1 213	1 238	1 255	1 475
牙买加	1 295	1 220	1 114	1 175	1 390
多米尼加共和国	966	805	834	1 041	…
巴拿马	859	911	846	864	944
欧洲	**2 650 321**	**2 677 675**	**2 855 445**	**3 403 500**	**4 097 713**
德国	550 222	571 460	615 705	751 824	911 859
法国	300 083	297 188	311 820	365 490	424 274
意大利	239 934	244 253	254 219	299 468	353 785
英国	281 525	267 357	276 315	304 268	341 621
荷兰	213 447	216 155	221 367	258 915	317 936
比利时	187 876	190 361	215 877	255 598	306 816
西班牙	113 348	115 175	123 563	156 024	182 156
俄罗斯	103 093	99 969	106 712	133 656	181 634
瑞典	86 962	75 788	81 369	102 405	123 223
瑞士	74 867	78 126	83 922	97 165	114 138
奥地利	64 167	66 671	70 891	87 567	109 004
爱尔兰	77 097	83 020	87 497	92 431	104 197
挪威	60 063	59 193	59 576	67 103	81 710
丹麦	50 390	51 077	56 308	65 280	75 617
波兰	31 684	36 159	41 032	53 699	74 831
捷克	29 057	33 399	38 488	48 715	67 198
芬兰	45 482	42 802	44 671	52 513	60 916
匈牙利	28 016	30 530	34 512	42 532	54 893
葡萄牙	23 279	24 449	25 536	30 714	33 023
斯洛伐克	11 889	12 641	14 478	21 966	27 605
罗马尼亚	10 367	11 391	13 876	17 619	23 485
希腊	10 747	9 483	10 315	13 195	14 996
卢森堡	7 950	8 239	8 499	9 980	12 181
保加利亚	4 809	5 115	5 749	7 540	9 931
冰岛	1 891	2 021	2 227	2 386	2 896
马耳他	2 443	1 958	2 223	2 468	2 639
非洲	**141 254**	**132 895**	**136 301**	**164 677**	**202 927**
南非	29 267	28 439	28 713	35 032	43 707
尼日利亚	20 975	17 261	15 107	19 887	31 148
利比亚	10 415	8 903	8 017	11 433	14 664
摩洛哥	7 423	7 144	7 848	8 776	9 744
突尼斯	5 850	6 631	6 874	8 027	9 685
埃及	4 691	4 128	4 708	6 327	7 530
科特迪瓦	3 897	3 955	5 265	5 850	6 475
刚果（布）	2 477	2 055	2 122	2 630	3 900
加蓬	2 465	2 646	2 411	2 826	3 490
喀麦隆	1 534	2 102	2 278	2 246	2 700
肯尼亚	1 734	1 943	2 116	2 411	2 684

世界部分国家（地区）商品贸易出口额（续）

金额单位：百万美元

国家/地区 \ 年份	2000	2001	2002	2003	2004
毛里求斯	1 551	1 628	1 801	1 899	2 005
坦桑尼亚	663	777	902	1 129	1 336
埃塞俄比亚	486	456	480	496	678
马拉维	379	449	407	525	483
亚洲	**1 869 632**	**1 692 977**	**1 821 214**	**2 144 992**	**2 689 040**
中国	249 203	266 098	325 591	437 899	593 439
日本	479 227	403 616	416 730	471 999	565 743
中国香港	201 860	189 894	200 092	223 762	259 260
韩国	172 267	150 439	162 470	193 817	253 845
新加坡	137 806	121 755	125 177	144 183	179 611
中国台湾省	148 321	122 866	130 597	144 180	173 014
马来西亚	98 230	88 006	93 264	99 370	125 745
沙特阿拉伯	77 480	67 973	72 453	93 245	125 728
泰国	68 963	64 919	68 108	80 333	96 248
阿联酋	49 878	48 773	52 163	65 826	82 750
印度	42 378	43 352	49 232	57 086	71 798
印度尼西亚	65 403	57 361	60 164	64 107	71 261
土耳其	27 775	31 334	34 561	46 576	61 683
伊朗	28 461	23 904	28 186	33 788	44 446
菲律宾	39 794	32 664	36 510	37 028	39 689
以色列	31 404	29 081	29 347	31 784	38 618
前苏联亚洲地区	18 172	18 625	19 667	23 903	32 644
科威特	19 436	16 203	15 369	20 678	28 729
卡塔尔	11 594	10 706	10 771	13 193	15 510
巴基斯坦	9 028	9 238	9 908	11 930	13 379
阿曼	11 319	11 074	11 172	11 669	13 341
巴林	6 195	5 577	5 794	6 364	7 562
孟加拉国	4 787	4 826	4 566	5 263	6 597
斯里兰卡	5 433	4 815	4 699	5 125	5 757
叙利亚	4 674	5 254	6 831	5 731	5 384
文莱	3 877	3 401	3 742	4 144	4 606
约旦	1 899	2 294	2 770	3 082	3 950
中国澳门	2 539	2 300	2 356	2 581	2 812
缅甸	1 647	2 382	3 046	2 485	2 380
塞浦路斯	951	976	770	834	1 081
尼泊尔	804	738	567	662	756
大洋洲	**78 470**	**77 641**	**78 909**	**86 968**	**104 153**
澳大利亚	63 878	63 389	65 036	71 551	86 420
新西兰	13 297	13 730	14 380	16 505	20 373
巴布亚新几内亚	2 095	1 805	1 641	2 206	2 558
新喀里多尼亚	573	448	496	785	1 012
斐济	537	549	521	678	678
法属波利尼西亚	197	175	170	151	…
所罗门	65	23	30	77	74
瓦努阿图	26	19	19	27	37

资料来源：联合国《统计月报》2006 年 1 月，世界贸易组织《世界贸易发展年度报告》2005 年。

世界部分国家（地区）服务贸易进口额

金额单位：百万美元

国家/地区 ＼ 年份	2000	2001	2002	2003	2004
世界	**1 473 600**	**1 487 900**	**1 569 000**	**1 784 100**	**2 094 500**
北美洲	**269 400**	**266 000**	**272 900**	**296 100**	**335 100**
美国	209 049	206 131	211 272	228 535	259 999
加拿大	43 597	43 340	44 567	50 016	55 856
墨西哥	16 718	16 521	17 031	17 571	19 250
中南美洲	**54 700**	**54 800**	**48 600**	**50 600**	**57 600**
巴西	15 574	15 825	13 496	14 350	16 066
阿根廷	8 871	8 205	4 559	5 265	6 427
智利	4 664	4 848	4 953	5 437	6 401
委内瑞拉	4 236	4 509	3 837	3 261	4 271
哥伦比亚	3 242	3 536	3 234	3 270	3 795
秘鲁	2 215	2 266	2 408	2 484	2 672
厄瓜多尔	1 225	1 395	1 590	1 540	1 667
牙买加	1 391	1 480	1 552	1 527	1 611
巴拿马	1 096	1 053	1 256	1 244	1 382
哥斯达黎加	1 262	1 156	1 169	1 175	1 256
危地马拉	786	891	1 018	1 086	1 247
多米尼加共和国	1 340	1 249	1 271	1 178	1 156
巴哈马	950	892	914	995	1 143
萨尔瓦多	912	938	1 007	1 018	1 056
荷属安的列斯	730	764	764	801	835
阿鲁巴	617	591	575	683	755
洪都拉斯	584	613	606	662	736
乌拉圭	842	768	575	582	634
玻利维亚	451	382	417	461	506
尼加拉瓜	327	336	316	349	385
巴拉圭	406	362	316	316	316
巴巴多斯	460	471	466	492	…
特立尼达和多巴哥	363	339	340	…	…
欧洲	**672 700**	**694 800**	**750 100**	**890 000**	**1 025 000**
德国	135 810	140 593	143 428	170 388	192 984
英国	96 279	96 594	104 890	119 021	136 068
法国	59 936	61 781	68 127	81 783	96 400
意大利	54 632	56 087	61 110	73 318	80 609
荷兰	49 940	52 166	56 476	65 176	72 434
爱尔兰	31 212	35 281	41 899	52 237	58 440
西班牙	30 950	33 709	37 098	45 615	53 672
比利时－卢森堡	41 444	42 856	35 245 *	42 221 *	48 254 *
奥地利	29 573	31 373	34 914	41 298	47 055
丹麦	21 063	22 121	24 305	28 254	33 385
瑞典	23 368	22 920	23 856	28 647	32 993

世界部分国家（地区）服务贸易进口额（续）

金额单位：百万美元

国家/地区 \ 年份	2000	2001	2002	2003	2004
俄罗斯	16 229	19 958	22 853	26 487	32 766
挪威	14 306	14 973	16 771	19 784	23 989
瑞士	1 449	16 350	17 086	19 135	21 099
希腊	10 918	11 189	10 306	10 731	13 400
波兰	8 860	8 852	9 089	10 526	12 293
芬兰	8 323	7 994	7 900	9 925	11 750
土耳其	8 532	6 464	6 272	7 769	10 302
匈牙利	4 708	5 470	6 749	8 987	9 987
捷克	5 364	5 487	6 372	7 240	9 120
葡萄牙	6 484	6 299	6 568	7 642	8 946
哈萨克斯坦	1 831	2 609	3 506	3 712	4 937
乌克兰	2 590	3 167	3 143	3 979	4 695
罗马尼亚	1 948	2 113	2 304	2 913	3 820
克罗地亚	1 783	1 918	2 378	2 950	3 527
斯洛伐克	1 779	1 979	2 322	3 012	3 416
保加利亚	1 660	1 705	1 869	2 541	3 225
阿塞拜疆	475	650	1 283	2 037	2 702
斯洛文尼亚	1 423	1 442	1 715	2 165	2 611
冰岛	1 149	1 058	1 105	1 479	1 814
爱沙尼亚	868	976	1 077	1 358	1 707
立陶宛	655	669	878	1 215	1 512
拉脱维亚	687	663	697	926	1 166
白俄罗斯	551	829	892	894	1 009
阿尔巴尼亚	413	422	561	734	965
马耳他	708	714	712	796	924
非洲	**37 700**	**38 500**	**40 600**	**47 200**	**54 500**
南非	5 657	5 104	5 243	7 803	9 079
埃及	7 161	6 356	6 013	6 038	7 393
尼日利亚	3 964	3 530	4 013	4 839	4 207
摩洛哥	1 521	1 705	1 903	2 350	2 800
突尼斯	1 119	1 332	1 353	1 510	1 869
毛里求斯	748	799	775	876	1 013
坦桑尼亚	620	627	647	746	964
加纳	514	538	548	734	881
博茨瓦纳	538	512	508	638	715
莫桑比克	439	607	531	528	484
塞舌尔	170	165	194	197	193
安哥拉	2 271	3 176	3 197	3 689	…
阿尔及利亚	1 411	1 413	1 511	1 510	…
科特迪瓦	1 142	1 188	1 447	1 606	…

世界部分国家（地区）服务贸易进口额（续）

金额单位：百万美元

国家/地区 \ 年份	2000	2001	2002	2003	2004
加蓬	846	695	832	933	…
喀麦隆	769	810	1 080	1 062	…
肯尼亚	665	712	578	568	…
埃塞俄比亚	479	516	556	695	…
塞内加尔	396	403	457	568	…
马达加斯加	396	424	317	406	…
中东	**46 100**	**44 600**	**45 200**	**50 800**	**60 800**
以色列	12 308	12 225	11 293	11 730	13 273
沙特阿拉伯	10 928	7 155	7 152	7 936	11 039
科威特	4 115	4 520	4 880	5 537	6 135
阿曼	1 756	1 896	1 834	2 059	2 578
叙利亚	1 468	1 494	1 675	1 697	1 795
约旦	1 463	1 520	1 541	1 564	1 733
也门	757	794	883	947	984
巴林	739	748	927	886	934
亚洲（包括大洋洲）	**369 400**	**360 000**	**377 600**	**409 600**	**511 700**
日本	115 686	107 027	106 612	110 263	134 013
中国	35 858	39 032	46 080	54 852	71 602
韩国	32 957	32 473	36 132	39 861	49 642
印度	18 896	19 792	20 778	25 511	40 950
新加坡	27 317	28 243	29 608	29 423	36 193
中国台湾省	25 707	23 435	23 852	24 803	29 859
中国香港	24 475	24 576	25 472	25 789	29 818
澳大利亚	18 009	16 617	17 742	21 030	25 613
泰国	15 329	14 475	16 572	17 999	23 042
马来西亚	16 603	16 539	16 248	17 323	18 776
新西兰	4 482	4 226	4 645	5 494	6 798
菲律宾	6 384	5 196	4 063	4 841	5 081
孟加拉国	1 523	1 423	1 318	1 595	1 838
斯里兰卡	1 592	1 735	1 553	1 646	1 833
中国澳门	812	876	1 028	1 067	1 255
马尔代夫	108	108	110	120	137
瓦努阿图	63	67	41	49	54
印度尼西亚	15 381	15 596	16 770	17 171	…
越南	3 252	3 382	3 698	4 165	…
巴基斯坦	2 109	2 216	2 095	3 102	…
巴布亚新几内亚	772	662	370	…	…
缅甸	310	347	310	340	…
尼泊尔	193	205	231	256	…

* 仅比利时数字。

资料来源：世界贸易组织《世界贸易发展年度报告》2005 年。

世界部分国家（地区）服务贸易出口额

金额单位：百万美元

国家/地区　年份	2000	2001	2002	2003	2004
世界	**1 485 100**	**1 488 700**	**1 588 100**	**1 804 700**	**2 127 500**
北美洲	**331 300**	**319 200**	**327 200**	**342 100**	**379 000**
美国	278 468	268 417	274 852	287 695	318 297
加拿大	39 271	38 280	39 832	41 945	46 754
墨西哥	13 567	12 550	12 474	12 477	13 931
中南美洲	**47 100**	**46 200**	**44 700**	**48 900**	**55 800**
巴西	8 961	8 718	8 790	9 570	11 473
智利	3 995	4 071	4 315	4 870	5 872
阿根廷	4 648	4 364	3 111	3 967	4 851
多米尼加共和国	3 143	3 024	2 982	3 368	3 429
巴拿马	1 961	1 958	2 241	2 520	2 690
哥斯达黎加	1 911	1 875	1 742	1 996	2 197
牙买加	1 988	1 867	1 881	2 097	2 182
哥伦比亚	1 984	2 123	1 799	1 831	2 064
巴哈马	2 009	1 832	1 955	1 954	2 056
荷属安的列斯	1 592	1 603	1 577	1 653	1 801
秘鲁	1 495	1 398	1 428	1 560	1 725
阿鲁巴	994	980	979	1 022	1 211
危地马拉	702	948	1 053	954	1 063
委内瑞拉	1 057	1 242	913	791	1 008
乌拉圭	1 249	1 099	727	751	960
萨尔瓦多	673	680	750	811	921
厄瓜多尔	793	799	859	830	885
洪都拉斯	429	432	473	538	593
巴拉圭	596	525	531	558	555
玻利维亚	207	221	242	283	311
尼加拉瓜	187	188	192	213	243
巴巴多斯	1 055	1 032	1 003	1 124	…
特立尼达和多巴哥	543	563	598	…	…
欧洲	**722 000**	**742 100**	**807 600**	**960 300**	**1 125 800**
英国	117 751	116 293	128 758	145 767	171 799
德国	79 659	84 272	96 649	116 032	133 857
法国	80 330	81 775	85 297	97 968	109 453
西班牙	53 199	57 843	62 034	76 252	84 464
意大利	55 998	57 098	59 562	70 052	82 018
荷兰	48 360	50 087	54 573	63 074	72 965
比利时－卢森堡	48 556	48 970	36 153*	43 107*	49 283*
奥地利	31 060	33 001	34 835	42 352	48 256
爱尔兰	18 326	23 267	28 369	37 732	46 875
瑞典	20 014	21 758	23 757	30 337	37 842

世界部分国家（地区）服务贸易出口额（续）

金额单位：百万美元

国家/地区 \ 年份	2000	2001	2002	2003	2004
瑞士	27 741	26 120	29 021	33 229	36 828
丹麦	23 721	25 134	26 667	31 672	36 346
希腊	19 181	19 384	20 125	24 204	33 180
挪威	17 134	17 468	18 512	21 465	25 893
土耳其	20 177	15 913	14 724	18 989	23 804
俄罗斯	9 565	11 215	13 451	16 088	20 164
葡萄牙	8 369	8 720	9 552	11 387	13 776
波兰	10385	9745	10 030	11 170	13 330
匈牙利	5 836	6 949	7 336	8 613	10 050
捷克	6 751	7 034	7 024	7 754	9 654
克罗地亚	4 056	4 883	5 581	8 634	9 615
芬兰	6 118	5 775	6 399	7 807	8 908
乌克兰	3 800	3 897	4 583	5 013	6 041
保加利亚	2 129	2 081	2 324	3 123	4 083
斯洛伐克	2 218	2 463	2 787	3 270	3 701
罗马尼亚	1 720	2 007	2 326	3 000	3 584
斯洛文尼亚	1 882	1 956	2 311	2 787	3 462
爱沙尼亚	1 495	1 640	1 705	2 199	2 786
立陶宛	1 052	1 147	1 451	1 864	2 470
哈萨克斯坦	906	1 093	1 363	1 528	1 809
拉脱维亚	1153	1 164	1 226	1 496	1 760
白俄罗斯	989	1 124	1 317	1 477	1 729
冰岛	936	1 004	1 038	1 280	1 525
马耳他	1 088	1 086	1 119	1 239	1 375
阿尔巴尼亚	429	495	552	695	970
非洲	**30 500**	**30 700**	**32 000**	**39 700**	**47 600**
埃及	9 687	8 815	9 127	10 837	14 048
南非	4 888	4 533	4 576	7 328	8 066
摩洛哥	2 854	3 787	4 098	5 126	6 422
突尼斯	2 680	2 829	2 603	2 842	3 520
毛里求斯	1 066	1 218	1 146	1 274	1 449
尼日利亚	1 130	1 110	1 203	1 505	1 446
坦桑尼亚	575	618	609	627	785
加纳	490	515	539	612	684
博茨瓦纳	306	326	439	591	678
塞古尔	281	282	290	304	300
莫桑比克	325	249	336	300	246
阿尔及利亚	927	884	1 191	1 287	…
肯尼亚	727	793	737	832	…
科特迪瓦	415	510	513	601	…

世界部分国家（地区）服务贸易出口额（续）

金额单位：百万美元

国家/地区 \ 年份	2000	2001	2002	2003	2004
埃塞俄比亚	387	391	450	588	…
喀麦隆	371	365	419	524	…
塞内加尔	330	345	389	389	…
安哥拉	267	203	207	229	…
马达加斯加	314	274	158	202	…
加蓬	171	143	154	181	…
中东	**29 100**	**27 700**	**27 200**	**30 600**	**35 500**
以色列	14 457	11 743	10 955	12 227	14 179
沙特阿拉伯	4 779	5 008	5 177	5 713	5 858
科威特	1 571	1 399	1 372	1 765	2 067
约旦	1 599	1 391	1 473	1 462	1 499
巴林	934	950	1 068	1 260	1 558
叙利亚	1 480	1 566	1 347	1 181	2 222
亚洲（包括大洋洲）	**307 800**	**303 300**	**326 100**	**356 000**	**450 400**
日本	73 362	68 630	70 155	75 933	94 933
中国	30 146	32 901	39 381	46 375	62 056
中国香港	38 668	39 370	42 946	45 570	53 578
韩国	29 746	28 103	27 345	31 502	40 047
印度	16 030	16 799	19 125	23 092	39 638
新加坡	29 307	29 005	29 894	30 622	36 542
中国台湾省	19 890	19 760	21 501	23 028	25 531
澳大利亚	18 197	16 295	17 447	20 629	24 774
泰国	13 785	12 932	15 304	15 694	18 932
马来西亚	13 812	14 331	14 753	13 459	16 655
新西兰	4 363	4 318	5 094	6 370	7 830
中国澳门	3 280	3 768	4 467	5 246	7 579
菲律宾	3 935	3 112	3 028	3 299	4 101
巴基斯坦	1 284	1 302	1 496	1 476	1 697
斯里兰卡	915	1 334	1 247	1 386	1 503
马尔代夫	345	351	360	429	511
孟加拉国	283	243	305	398	421
瓦努阿图	118	112	78	92	111
印度尼西亚	5 061	5 362	6 519	5 143	…
越南	2 702	2 810	2 948	3 272	…
缅甸	459	388	357	277	…
尼泊尔	410	303	192	302	…
巴布亚新几内亚	243	285	152	…	…

* 仅比利时数字。

资料来源：世界贸易组织《世界贸易发展年度报告》2005 年。

世界初级产品出口价格指数

（1995年=100）

产品名称 \ 年份	2000	2001	2002	2003	2004
食品、饮料	77	77	80	84	95
食品	79	81	82	86	98
谷物	67	70	80	81	87
小麦	64	72	84	83	89
玉米	71	73	81	85	91
大米	64	54	60	62	77
大麦	74	90	105	101	95
油籽、油及油脂、油籽饼及粉	74	71	83	98	114
肉类	101	109	103	106	129
牛肉	101	112	110	104	132
羊肉	100	115	129	141	146
猪肉	94	98	75	85	113
禽肉	107	115	114	119	137
海产品	88	77	66	66	69
鱼类	76	61	62	63	70
虾类	113	113	77	73	66
糖	66	67	57	62	68
香蕉	95	131	119	84	118
橙子	68	112	106	129	161
饮料	65	54	63	67	69
咖啡	50	35	35	39	46
可可豆	63	76	124	122	108
茶叶	151	121	109	118	121
农业原料	81	77	78	81	86
原木	88	80	80	84	94
棉花	60	49	47	65	63
羊毛	79	75	96	108	100
橡胶	44	38	48	69	83
皮革及革皮	91	96	92	78	76
矿石及有色金属（不包括原油）	82	74	72	81	110
铜	62	54	53	61	98
铝	86	80	75	79	95
铁矿砂	101	105	103	113	134
锡	88	72	66	79	137
镍	105	73	83	117	168
锌	109	86	76	80	102
铅	72	76	72	82	140
磷酸盐石	71	74	84	96	155
以上总计	**79**	**76**	**77**	**82**	**97**
能源	156	138	138	161	210
天然气	155	153	123	162	180
原油	164	141	145	168	220
煤炭	68	85	70	74	142
初级产品总计	**116**	**106**	**106**	**120**	**151**

注：以美元计算的指数。

资料来源：世界贸易组织《世界贸易发展年度报告》。

世界部分国家（地区）工业制成品出口价格指数

（2000 年 =100）

国家（地区） \ 年份	2001	2002	2003	2004
世界	**98**	**98**	**104**	**…**
市场经济发达国家	98	99	107	116
美洲	99	100	103	106
加拿大	97	96	103	112
美国	100	102	103	104
欧洲	99	100	111	121
奥地利	94	100	…	…
比利时	98	104	125	141
丹麦	100	103	122	136
芬兰	95	100	117	120
法国	98	84	101	111
德国	99	104	118	128
意大利	100	…	104	…
荷兰	104	104	117	128
挪威	97	100	110	126
瑞士	104	109	…	…
英国	94	97	…	113
其他市场经济发达国家	94	91	97	108
澳大利亚	90	92	101	133
以色列	98	97	100	104
日本	94	92	97	107
新西兰	98	99	112	125
南非	…	…	…	…
发展中国家（地区）	98	96	97	…
中国香港	95	93	93	94
印度	92	99	…	…
韩国	91	81	81	90
巴基斯坦	100	96	101	108
新加坡	98	100	99	98
土耳其	99	96	108	124

注：用美元计价的出口单价指数。

资料来源：联合国《统计月报》。

世界主要国家（地区）国内生产总值（用美元计算）

（估计数字）

金额单位：百万美元

国家（地区）\年份	2000	2001	2002	2003	2004
世界	**31 535 529**	**31 203 983**	**32 400 683**	**36 211 676**	**44 433 002**
发达的市场经济国家	23 988 500	23 666 900	26 111 430	29 268 245	3 248 346
发展中的市场经济国家	6 621 000	6 508 000	…	…	…
转轨市场经济国家	766 300	866 400	…	…	…
非洲	**577 209**	**557 758**	**553 166**	**645 195**	**689 697**
南非	128 022	114 233	106 339	159 886	214 989
埃及	103 311	96 073	92 229	76 399	78 753
阿尔及利亚	54 462	54 935	56 220	65 172	85 016
尼日利亚	42 246	42 747	43 893	48 422	71 318
摩洛哥	33 335	33 901	36 094	44 704	50 031
突尼斯	19 444	19 969	21 016	25 183	28 445
利比亚	33 961	28 420	19 131	20 207	30 162
苏丹	11 549	13 067	13 517	15 438	21 610
科特迪瓦	10 682	10 735	11 717	14 742	15 501
肯尼亚	10 454	11 236	12 309	14 197	16 088
喀麦隆	9 273	8 973	10 089	12 859	15 784
留尼汪	6 514	6 744	8 085	11 051	…
坦桑尼亚	9 093	9 453	9 699	10 024	11 298
安哥拉	9 130	8 936	9 796	9 874	19 595
加纳	4 978	5 301	6 150	7 414	8 863
博茨瓦纳	4 971	5 025	5 057	7 111	9 064
塞内加尔	4 374	4 610	5 038	6 475	7 637
埃塞俄比亚	6 019	6 051	5 950	6 436	9 733
乌干达	5 735	5 762	6 022	6 249	6 823
毛里求斯	4 113	4 161	4 558	5 694	5 919
刚果（金）	4 961	4 907	5 527	5 669	6 515
马达加斯加	3 878	4 569	4 437	5 535	4 357
加蓬	5 024	4 334	4 558	5 521	7 324
纳米比亚	3 458	3 163	2 881	4 585	5 721
赞比亚	3 239	3 637	3 697	4 305	5 430
莫桑比克	3 685	3 436	3 495	4 196	6 035
刚果（布）	3 220	2 788	3 014	3 908	4 349
马里	2 443	2 629	3 147	3 874	4 943
布基纳法索	2 192	2 477	2 875	3 821	5 155
几内亚	3 063	2 985	3 214	3 598	3 970
贝宁	2 255	2 371	2 719	3 510	4 053
尼日尔	1 798	1 909	2 130	2 723	3 057
津巴布韦	7 204	9 057	8 304	2 456	4 700
马拉维	1 743	1 711	2 016	1 912	1 903
多哥	1 329	1 329	1 479	1 850	2 012

世界主要国家（地区）国内生产总值（用美元计算）（续）

（估计数字）

金额单位：百万美元

国家（地区）＼年份	2000	2001	2002	2003	2004
斯威士兰	1 389	1 274	1 166	1 781	2 351
卢旺达	1 732	1 654	1 646	1 549	1 835
索马里	2 052	1 310	1 219	1 537	…
美洲	**12 567 537**	**12 759 542**	**12 918 475**	**13 545 750**	…
美国	9 762 100	10 019 700	10 383 100	10 857 200	11 734 300
加拿大	713 791	704 708	724 844	853 832	993 443
墨西哥	580 756	623 890	637 039	615 051	683 486
巴西	601 732	508 433	460 838	481 866	603 783
阿根廷	284 346	268 831	102 042	129 707	151 958
波多黎各	67 897	69 664	74 993	80 731	…
哥伦比亚	83 766	81 724	81 119	77 117	96 788
委内瑞拉	121 258	126 197	95 424	76 951	110 104
智利	74 860	68 264	66 425	71 495	94 100
秘鲁	53 089	53 659	56 430	60 795	68 635
古巴	27 635	28 806	29 239	31 216	…
厄瓜多尔	15 934	21 024	24 572	27 411	30 282
危地马拉	18 904	20 561	22 804	24 239	25 959
多米尼加共和国	25 086	27 504	27 494	21 059	18 435
哥斯达黎加	15 946	16 394	16 818	17 482	18 531
萨尔瓦多	13 127	13 804	14 284	14 996	15 802
乌拉圭	20 086	18 561	12 277	11 183	13 267
巴拿马	10 019	10 079	10 277	10 608	14 204
特立尼达和多巴哥	8 172	9 096	9 314	9 910	13 206
玻利维亚	8 391	8 023	7 801	7 738	8 784
牙买加	7 709	7 784	8 099	7 427	8 714
洪都拉斯	5 898	6 267	6 426	6 799	7 400
瓜德罗普	4 295	4 460	5 015	6 381	…
巴拉圭	7 722	6 848	5 594	5 887	6 916
马提尼克	4 113	4 161	4 558	5 694	…
巴哈马	4 309	4 307	4 430	4 539	5 711
百慕大	3 397	3 599	3 719	4 242	…
尼加拉瓜	3 953	4 012	4 003	4 100	4 556
荷属安的列斯	2 769	2 836	2 856	2 928	3 081
巴巴多斯	2 592	2 547	2 575	2 668	2 845
海地	3 515	3 324	2 999	2 499	3 537
亚洲	**8 896 954**	**8 272 487**	**8 416 866**	**9 229 266**	…
日本	4 763 833	4 175 594	3 987 514	4 317 131	4 587 070
中国	1 080 415	1 159 025	1 266 052	1 409 848	1 931 642
印度	468 229	486 591	508 033	591 455	665 867
韩国	461 520	427 235	476 690	527 508	679 675

世界主要国家（地区）国内生产总值（用美元计算）（续）

（估计数字）　　　　金额单位：百万美元

国家（地区）\年份	2000	2001	2002	2003	2004
土耳其	199 264	145 573	183 120	243 783	302 561
印度尼西亚	150 196	141 255	172 911	207 530	254 466
沙特阿拉伯	188 693	186 489	188 329	207 318	250 892
中国香港	165 359	162 843	161 532	159 445	165 841
伊朗	102 930	109 978	136 852	143 273	161 483
泰国	122 570	115 309	126 654	142 832	161 688
以色列	120 353	117 792	108 395	116 449	116 905
马来西亚	90 041	88 050	94 989	103 247	118 318
新加坡	91 475	84 871	86 970	90 141	107 502
菲律宾	75 912	72 043	77 954	80 420	86 123
巴基斯坦	63 679	60 177	67 278	76 534	103 421
阿联酋	53 309	57 041	58 169	66 274	104 204
缅甸	41 675	50 374	55 748	58 072	…
孟加拉国	48 626	48 635	51 908	56 475	58 305
越南	31 349	32 944	35 364	38 301	45 289
科威特	35 830	32 793	35 331	34 395	55 719
塔吉克斯坦	18 292	22 153	24 637	27 554	43 152
叙利亚	24 714	25 547	26 372	26 647	23 867
卡塔尔	17 760	17 741	17 881	21 161	28 451
阿曼	19 868	19 949	20 310	21 064	24 824
黎巴嫩	16 462	16 791	17 462	18 346	21 768
斯里兰卡	16 280	15 622	16 415	17 400	20 055
土库曼斯坦	4 932	6 512	12 269	14 978	13 982
伊拉克	17 782	20 449	19 120	14 952	…
塞浦路斯	8 816	9 120	10 089	12 861	15 501
朝鲜	10 608	11 022	11 114	11 207	…
约旦	8 480	8 947	9 344	9 865	11 515
也门	8 532	8 536	9 066	9 686	13 565
巴林	7 971	7 928	8 418	9 085	11 010
乌兹别克斯坦	13 759	7 048	9 902	8 815	9 922
阿塞拜疆	5 273	5 708	6 236	7 138	8 682
尼泊尔	5 338	5 474	5 410	5 860	6 773
文莱	4 316	4 150	4 280	4 626	5 692
阿富汗	2 169	2 093	3 236	3 991	5 971
格鲁吉亚	3 044	3 206	3 395	3 945	5 201
柬埔寨	3 367	3 413	3 680	3 927	4 879
亚美尼亚	1 912	2 118	2 367	2 769	3 219
欧洲	**9 041 484**	**9 182 084**	**10 031 934**	**12 177 550**	**13 982 378**
德国	1 870 277	1 855 643	1 986 162	2 403 068	2 754 727
英国	1 439 281	1 430 979	1 564 611	1 798 540	2 133 206

世界主要国家（地区）国内生产总值（用美元计算）（续）

（估计数字）

金额单位：百万美元

国家（地区）＼年份	2000	2001	2002	2003	2004
法国	1 308 400	1 320 421	1 436 937	1 757 551	2 045 581
意大利	1 074 763	1 091 844	1 184 271	1 465 835	1 724 953
西班牙	561 759	584 593	655 223	838 620	1 041 038
荷兰	370 638	384 003	418 473	512 882	607 531
俄罗斯	259 718	306 618	345 605	433 490	590 705
瑞士	240 266	245 237	267 737	311 737	359 042
比利时	228 295	227 112	244 704	301 885	357 447
瑞典	239 567	219 417	240 580	301 129	350 664
奥地利	190 410	190 165	205 480	253 116	294 711
挪威	166 905	169 780	190 477	221 578	255 106
丹麦	158 451	159 234	172 928	211 855	245 172
波兰	164 146	183 391	188 997	206 619	252 369
希腊	113 461	117 248	133 033	172 221	207 842
芬兰	119 905	121 008	131 491	161 769	186 154
爱尔兰	94 753	102 678	121 729	153 729	184 700
葡萄牙	106 457	110 114	121 669	147 352	177 598
捷克	55 603	61077	73 566	90 425	107694
匈牙利	46 681	51 833	64 927	82 806	100 742
罗马尼亚	37 025	40 166	45 749	56 951	75 487
乌克兰	31 262	38 009	41 477	47 289	65 039
斯洛伐克	20 291	20 884	24 188	32 519	41 091
克罗地亚	18 428	19 861	22 422	28 329	34 309
斯洛文尼亚	18 964	19 527	21 960	27 443	32 494
卢森堡	19 586	19 675	21 077	26 001	31 908
保加利亚	12 600	13 599	15 563	20 000	24 331
立陶宛	11 175	11 875	13 804	17 918	22 625
白俄罗斯	10 418	12 355	14 595	17 496	23 141
冰岛	8 426	7 649	8 498	10 520	13 084
拉脱维亚	7 169	7 664	8 403	10 276	13 723
爱沙尼亚	5 149	5 601	6 503	8 246	11 229
波黑	4 443	4 674	5 420	6 714	8 590
阿尔巴尼亚	3 836	4 263	4 832	6 065	7 461
马耳他	3 555	3 626	3 857	4 648	5 368
大洋洲	**452 344**	**432 112**	**480 241**	**613 916**	…
澳大利亚	388 043	368 762	408 984	523 349	637 472
新西兰	51 690	51 389	58 364	74 988	97 874
法属波利尼西亚	3 297	3 290	3 554	4 379	…
新喀里多尼亚	2 681	2 538	3 107	3 826	…
巴布亚新几内亚	3 420	2 898	2 814	3 295	3 830
斐济	1 653	1 673	1 862	2 316	2 619

资料来源：联合国《国民核算统计年鉴》。

世界主要国家（地区）人均国内生产总值（用美元计算）

（估计数字）

金额单位：美元

国家（地区）＼年份	2000	2001	2002	2003	2004
世界	**5 202**	**5 096**	**5 229**	**5 793**	**6 418**
发达的市场经济国家	28 040	27 510	…	…	…
发展中的市场经济国家	1 380	1 340	…	…	…
转轨市场经济国家	1 870	2 110	…	…	…
非洲	**716**	**676**	**654**	**766**	**895**
留尼汪	10 102	9 014	9 188	10 849	…
塞舌尔群岛	7 764	7 507	8 912	8 783	8 874
赤道几内亚	2 708	3 897	4 650	5 392	7 845
毛里求斯	3 839	3 790	3 922	4 613	5 123
博茨瓦纳	2 787	2 777	2 849	4 144	4 771
加蓬	3 955	3 544	3 645	4 175	4 710
南非	2 913	2 569	2 374	3 526	4 507
利比亚	6 400	5 252	3 466	3 421	3 403
突尼斯	2 033	2 064	2 149	2 524	2 815
纳米比亚	1 825	1 639	1 502	2 115	2 661
阿尔及利亚	1 788	1 777	1 791	2 045	2 497
斯威士兰	1 358	1 238	1 155	1 771	2 231
佛得角	1 197	1 226	1 345	1 719	1 947
摩洛哥	1 129	1 131	1 186	1 416	1 589
安哥拉	660	629	670	919	1 309
埃及	1 535	1 391	1 327	1 138	1 222
刚果（布）	937	786	825	946	1 129
喀麦隆	604	624	699	869	1 007
科特迪瓦	638	630	674	810	908
吉布提	774	782	790	817	852
莱索托	481	425	389	598	764
塞内加尔	423	435	464	582	672
苏丹	351	388	430	489	562
贝宁	313	319	355	443	500
赞比亚	303	333	333	381	463
肯尼亚	341	357	382	439	443
几内亚	369	352	364	403	421
毛里塔尼亚	351	355	347	384	416
加纳	251	261	297	359	403
津巴布韦	447	442	424	388	351
多哥	248	240	259	296	348
冈比亚	320	308	265	255	281
美洲	**15 017**	**15 111**	**15 115**	**15 751**	**16 855**
百慕大	53 735	56 016	58 575	61 398	64 749
美国	34 364	35 107	36 004	37 425	39 650
加拿大	23 280	22 752	23 209	27 075	31 031
波多黎各	18 047	18 472	19 142	20 276	21 481
巴哈马	14 296	14 119	14 182	14 585	15 099

世界主要国家（地区）人均国内生产总值（用美元计算）（续）

（估计数字）

金额单位：美元

国家（地区）＼年份	2000	2001	2002	2003	2004
安圭拉	9 617	9 646	9 733	9 976	10 811
巴巴多斯	9 739	9 544	9 390	10 054	10 538
特立尼达和多巴哥	6 347	6 846	6 852	8 102	8 772
安提瓜和巴布达	7 653	7 910	8 037	8 399	8 595
墨西哥	5 803	6 125	6 301	6 122	6 397
智利	4 857	4 377	4 211	4 600	5 838
哥斯达黎加	4 059	4 086	4 110	4 187	4 325
巴拿马	3 939	3 927	4 007	4 124	4 269
委内瑞拉	4 966	5 072	3 764	3 324	4 260
阿根廷	7 707	7 212	2 711	3 410	3 988
格林纳达	3 440	3 314	3 390	3 661	3 872
乌拉圭	6 011	5 514	3 620	3 277	3 842
伯利兹	3 125	3 188	3 327	3 469	3 594
多米尼克	3 484	3 383	3 244	3 320	3 466
牙买加	3 056	3 119	3 229	3 101	3 225
巴西	3 461	2 883	2 576	2 788	3 225
古巴	2 535	2 648	2 741	2 882	3 059
多米尼加共和国	3 029	3 272	3 223	2 432	2 706
苏里南	1 800	1 507	1 863	2 260	2 475
秘鲁	2 047	2 037	2 111	2 231	2 439
厄瓜多尔	1 295	1 684	1 919	2 116	2 302
危地马拉	1 295	1 684	1 919	2 116	2 302
萨尔瓦多	2 090	2 157	2 194	2 249	2 301
哥伦比亚	1 989	1 908	1 876	1 789	2 130
巴拉圭	1 412	1 222	975	1 028	1 168
洪都拉斯	918	952	956	986	1 046
圭亚那	958	955	971	992	1 037
玻利维亚	1 009	945	901	890	935
尼加拉瓜	797	798	776	785	820
海地	485	457	412	353	471
英属维尔京群岛	34 849	38 530	42 365	46 549	…
瓜德罗普	10 030	10 323	11 507	14 518	…
马提尼克	10 664	10 723	11 677	14 504	…
法属圭亚那	8 011	7 737	8 108	9 705	…
亚洲	**2 430**	**2 235**	**2 245**	**2 432**	**2 684**
卡塔尔	29 290	27 615	28 715	32 191	36 620
日本	37 361	32 700	31 138	33 594	36 501
新加坡	23 043	20 949	21 248	21 889	25 002
中国香港	24 915	24 227	23 509	22 761	23 641
科威特	16 604	14 554	14 430	16 535	19 876
阿联酋	21 719	19 939	19 000	19 856	19 659
以色列	19 886	19 093	17 161	17 746	18 651

世界主要国家（地区）人均国内生产总值（用美元计算）（续）

（估计数字）

金额单位：美元

国家（地区） \ 年份	2000	2001	2002	2003	2004
塞浦路斯	11 603	11 913	12 931	16 101	18 562
巴林	11 861	11 576	12 137	13 609	15 332
文莱	12 944	12 156	12 248	13 226	14 454
韩国	10 938	10 244	11 572	12 813	14 266
沙特阿拉伯	8 783	8 297	8 316	9 126	10 202
阿曼	8 136	8 072	8 146	8 642	9 656
黎巴嫩	4 845	4 890	5 034	5 263	5 634
马来西亚	3 927	3 746	3 970	4 245	4 731
土耳其	2 920	2 101	2 621	3 364	4 182
哈萨克斯坦	1 217	1 483	1 655	2 076	2 746
土库曼斯坦	1 096	1 480	1 879	2 281	2 596
泰国	1 998	1 863	2 028	2 266	2 519
伊朗	1 551	1 648	2 005	2 017	2 401
马尔代夫	2 151	2 098	2 096	2 204	2 345
中国	863	933	1 001	1 109	1 283
叙利亚	1 169	1 203	1 222	1 128	1 261
亚美尼亚	620	691	779	923	1 195
格鲁吉亚	645	687	736	874	1 132
菲律宾	1 002	922	975	990	1 059
印度尼西亚	718	675	806	958	1 022
阿塞拜疆	647	696	756	860	991
伊拉克	1 223	1 266	1 179	651	952
斯里兰卡	820	780	812	888	935
印度	455	466	482	555	626
朝鲜	486	501	540	581	612
巴基斯坦	496	461	495	550	605
越南	396	410	434	476	551
蒙古	379	403	438	460	486
乌兹别克斯坦	557	373	389	386	450
缅甸	148	153	202	192	219
欧洲	**12 500**	**12 708**	**13 890**	**16 868**	**19 539**
列支敦士登	75 583	75 020	82 037	94 532	101 654
卢森堡	45 044	44 658	47 995	59 670	69 423
挪威	37 072	37 486	41 798	48 215	54 383
瑞士	34 328	34 815	38 359	44 536	49 367
圣马力诺	28 708	29 975	32 087	39 107	44 607
丹麦	29 632	29 656	31 808	39 110	44 593
冰岛	29 891	26 768	29 159	35 932	41 913
瑞典	26 986	24 681	27 051	33 616	38 457
奥地利	23 942	23 789	25 590	31 317	35 777
英国	24 514	24 312	26 488	30 327	35 718

世界主要国家（地区）人均国内生产总值（用美元计算）（续）

（估计数字）

金额单位：美元

国家（地区）\年份	2000	2001	2002	2003	2004
荷兰	23 314	24 039	26 077	31 750	35 683
芬兰	23 163	23 355	25 364	30 988	35 515
比利时	22 168	22 013	23 730	29 311	33 879
安道尔	17 312	18 643	21 557	27 904	33 335
德国	23 076	22 945	24 511	29 586	33 162
摩纳哥	21 776	21 877	23 695	28 958	32 984
法国	21 776	21 877	23 695	28 958	32 984
意大利	18 622	18 891	20 497	25 332	28 913
西班牙	14 261	14 796	16 488	20 903	24 386
希腊	10 341	10 668	12 068	15 640	18 492
斯洛文尼亚	9 710	9 974	11 246	14 106	16 359
葡萄牙	10 411	10 671	11 702	14 182	16 063
马耳他	9 811	9 758	10 289	12 293	14 074
捷克	5 425	5 935	7 198	8 832	10 462
匈牙利	4 565	5 081	6 379	8 085	9 908
爱沙尼亚	3 997	4 400	5 218	6 771	8 227
斯洛伐克	3 757	3 866	4 487	6 047	7 607
克罗地亚	4 090	4 415	5 060	6 369	7 557
立陶宛	3 252	3 474	4 051	5 313	6 391
波兰	4 310	4 809	4 958	5 430	6 265
拉脱维亚	3 256	3 492	3 929	4 748	5 876
俄罗斯	1 772	2 100	2 374	2 974	4 047
罗马尼亚	1 674	1 824	2 088	2 622	3 358
保加利亚	1 576	1 712	1 974	2 535	3 137
阿尔巴尼亚	1 207	1 338	1 461	1 960	2 554
白俄罗斯	1 039	1 239	1 471	1 807	2 335
波黑	1 158	1 204	1 394	1 759	2 017
乌克兰	636	783	883	1 055	1 384
大洋洲	**14 770**	**13 955**	**15 413**	**19 546**	**23 093**
澳大利亚	20 320	19 120	21 111	26 734	31 598
新西兰	13 651	13 462	15 388	20 280	24 499
法属波利尼西亚	13 955	13 692	14 540	17 612	19 605
新喀里多尼亚	12 455	12 607	13 261	15 846	17 538
库克群岛	4 295	4 591	5 559	7 394	8 945
帕劳	6 076	6 194	6 520	6 602	6 717
瑙鲁	2 702	2 518	2 784	3 582	4 322
斐济	2 031	2 058	2 284	2 780	3 229
图瓦卢	1 204	1 253	1 421	1 838	2 141
密克罗尼西亚	2 023	2 053	2 056	2 038	2 072
汤加	1 430	1 281	1 377	1 590	1 930
马绍尔群岛	1 896	1 855	1 862	1 833	1 797
瓦努阿图	1 164	1 095	1 083	1 259	1 405

资料来源：联合国《国民核算统计年鉴》。

世界主要国家（地区）外汇储备

（期末数）

金额单位：百万美元

国家（地区）\ 年份	2001	2002	2003	2004	2005*
世界	**2 073 834**	**2 284 422**	**2 852 416**	**3 571 240**	**4 105 947**
日本	387 727	451 458	652 790	824 264	824 269
中国	212 165	286 407	403 251	609 932	794 223
中国台湾省	122 210	161 660	206 630	241 740	253 750
韩国	102 488	120 811	154 509	198 175	207 579
俄罗斯	32 538	44 051	73 172	120 805	164 540
印度	45 251	66 994	97 617	125 164	136 582
中国香港	111 160	111 900	118 360	123 540	122 380
新加坡	74 851	81 367	94 975	111 498	114 014
马来西亚	29 585	33 280	43 466	65 409	72 044
墨西哥	44 384	49 895	57 740	62 778	71 458
巴西	35 729	37 409	49 108	52 736	64 031
阿尔及利亚	17 963	23 108	32 942	43 113	54 245
泰国	32 350	38 042	40 965	48 498	49 232
土耳其	18 733	26 884	33 793	35 480	47 776
挪威	22 198	30 692	35 890	43 078	42 749
澳大利亚	16 434	18 618	29 966	33 901	40 906
德国	43 710	42 495	41 095	39 899	39 885
波兰	25 162	27 959	31 725	34 553	39 267
英国	31 940	32 790	35 150	39 840	38 920
美国	28 980	33 820	39 720	42 720	37 460
瑞士	30 141	38 164	45 560	53 634	34 927
丹麦	16 117	25 901	36 004	38 196	31 687
印度尼西亚	27 048	30 754	34 742	34 724	31 342
加拿大	30 484	32 685	31 537	30 166	31 212
捷克	14 189	23 315	26 294	27 844	28 890
以色列	23 179	23 665	25 778	26 616	27 985
法国	26 363	21 965	23 122	29 077	25 520
沙特阿拉伯	14 796	16 715	17 662	23 273	24 805

世界主要国家（地区）外汇储备（续）

（期末数）

金额单位：百万美元

国家（地区）\年份	2001	2002	2003	2004	2005 *
意大利	20 905	24 588	26 056	24 011	24 178
尼日利亚	10 456	7 331	7 128	16 955	23 925
委内瑞拉	8 825	8 038	15 546	17 867	22 911
阿根廷	14 542	10 395	13 145	18 007	20 780
瑞典	12 740	15 520	18 015	20 611	20 134
埃及	12 891	13 151	13 400	14 108	19 810
罗马尼亚	3 916	6 123	8 040	14 616	19 428
乌克兰	2 704	4 213	6 710	9 301	19 207
南非	5 765	5 601	6 164	12 794	17 697
匈牙利	10 302	9 721	12 015	15 312	16 233
智利	14 041	14 814	15 211	15 495	15 675
菲律宾	13 353	13 200	13 523	12 980	15 379
哥伦比亚	9 659	10 190	10 188	12 769	14 010
秘鲁	8 670	9 338	9 776	12 176	13 062
科威特	9 191	8 357	6 641	7 347	10 222
芬兰	7 198	8 437	9 545	11 522	9 342
西班牙	27 905	32 590	17 513	10 481	8 651
保加利亚	3 247	4 362	6 175	8 712	8 226
比利时	8 743	8 909	7 651	7 715	7 376
荷兰	5 930	6 017	7 180	6 657	7 027
新西兰	2 605	3 258	4 235	4 786	6 915
奥地利	11 444	8 540	7 144	6 763	6 782
突尼斯	1 962	2 260	2 913	3 895	4 117
葡萄牙	9 228	10 656	5 249	4 631	4 092
巴布亚新几内亚	414	315	490	631	709
爱尔兰	5 196	4 879	3 425	2 324	576
希腊	4 787	7 629	3 843	744	414
阿联酋	13 918	14 897	14 732	18 209	…

注： * 仅11月底数字。

资料来源： 国际货币基金组织《国际金融统计》（月刊和年鉴）、联合国《统计月报》、中国台湾省《统计月报》。

世界主要国家（地区）黄金储备

（期末数）　　　　单位：万盎司

国家（地区）＼年份	2001	2002	2003	2004	2005
世界	**94 298**	**93 118**	**91 356**	**90 084**	…
美国	26 200	26 200	26 155	26 159	26 150
德国	11 113	11 079	11 058	11 038	11 021
法国	9 725	9 725	9 725	9 598	9 085
意大利	7 883	7 883	7 883	7 883	7 883
瑞士	7 068	6 162	5 251	4 354	4 148
荷兰	2 844	2 738	2 500	2 500	2 234
日本	2 460	2 460	2 460	2 460	2 460
中国	1 610	1 929	1 929	1 929	1 929
西班牙	1 683	1 683	1 638	1 638	1 472
葡萄牙	1 951	1 903	1 663	1 486	1 342
俄罗斯	1 360	1 246	1 255	1 244	1 244
印度	1 150	1 150	1 150	1 150	1 150
委内瑞拉	1 094	1 056	1 147	1 149	1 149
英国	1 142	1 009	1 007	1 004	999
奥地利	1 117	1 021	1 021	989	973
黎巴嫩	922	922	922	922	922
比利时	830	829	829	829	732
菲律宾	798	873	822	712	…
瑞典	596	596	596	596	541
阿尔及利亚	558	558	558	558	558
利比亚	462	462	462	462	462
沙特阿拉伯	460	460	460	460	460
南非	572	558	398	398	399
土耳其	373	373	373	373	373
希腊	394	394	345	346	347
罗马尼亚	338	339	338	338	…
波兰	331	331	331	331	331
印度尼西亚	310	310	310	310	310
泰国	248	250	260	270	270
澳大利亚	256	256	256	256	257
科威特	254	254	254	254	254
埃及	243	243	243	243	…
丹麦	214	214	214	214	214
巴基斯坦	209	209	210	210	210
哈萨克	184	171	174	183	192
阿根廷	1	1	1	177	176
芬兰	158	158	158	158	158
保加利亚	129	128	128	128	128
挪威	118	118	118	118	…
马来西亚	117	117	117	117	117
斯洛伐克	113	113	113	113	113
秘鲁	111	111	111	111	111
巴西	46	44	45	45	44
加拿大	105	60	11	11	11
智利	7	1	1	1	1
乌拉圭	1	1	1	1	1

资料来源：国际货币基金组织《国际金融统计》2006 年 2 月，联合国《统计月报》2006 年 1 月。

国际直接投资流量

年份	发达经济体		发展中经济体		东南欧和独联体		所有国家	
	流入	流出	流入	流出	流入	流出	流入	流出
金额（单位：百万美元）								
1993—1998（平均）	256 200	353 300	138 900	56 600	6 600	1 300	401 700	411 200
1999	849 100	1 014 100	232 500	88 200	10 500	2 600	1 092 100	1 104 900
2000	1 134 300	1 092 700	253 200	143 200	9 100	3 200	1 396 500	1 239 100
2001	596 300	662 200	217 800	78 600	11 800	2 700	825 900	743 500
2002	547 778	599 895	155 528	47 775	12 821	4 511	716 128	652 181
2003	442 157	577 323	166 337	29 016	24 106	10 584	632 599	616 923
2004	380 022	637 360	233 227	83 190	34 897	9 707	648 146	730 257
占世界比重（%）								
1993—1998（平均）	63.78	85.92	34.58	13.76	1.64	0.32	100	100
1999	77.75	91.78	21.29	7.98	0.96	0.24	100	100
2000	81.22	88.18	18.13	11.56	0.65	0.26	100	100
2001	72.20	89.07	26.37	10.57	1.43	0.36	100	100
2002	76.49	91.98	21.72	7.33	1.79	0.69	100	100
2003	69.90	93.58	26.29	4.70	3.81	1.72	100	100
2004	58.63	87.28	35.98	11.39	5.38	1.33	100	100
增长率（%）								
1999	79.69	60.59	19.81	65.05	-56.80	11.88	58.07	60.77
2000	33.59	7.75	8.90	62.36	-13.33	23.08	27.87	12.15
2001	-47.43	-39.40	-13.98	-45.11	29.67	-15.63	-40.86	-40.00
2002	-8.14	-9.41	-28.59	-39.22	8.65	67.07	-13.29	-12.28
2003	-19.28	-3.76	6.95	-39.27	88.02	134.63	-11.66	-5.41
2004	-14.05	10.40	40.21	186.70	44.76	-8.29	2.46	18.37

资料来源：联合国贸发会议《2005年世界投资报告》。

发达国家向发展中国家和国际多边机构提供的官方发展援助

按当前价格和汇率计算的净交付额

国家　　年份	百万美元							占国民总收入的百分比						
	1988—1989 平均值	1993—1994 平均值[a]	2000	2001	2002	2003	2004	1988—1989 平均值	1993—1994 平均值[a]	2000	2001	2002	2003	2004
澳大利亚	1 060	1 022	987	873	989	1 219	1 460	0.42	0.34	0.27	0.25	0.26	0.25	0.25
奥地利	292	265	440	633	520	505	678	0.23	0.14	0.23	0.34	0.26	0.20	0.23
比利时	652	769	820	867	1 072	1 853	1 463	0.43	0.35	0.36	0.37	0.43	0.60	0.41
加拿大	2 334	2 325	1 744	1 533	2 004	2 031	2 599	0.47	0.44	0.25	0.22	0.28	0.24	0.27
丹麦	929	1 393	1 664	1 634	1 643	1 748	2 037	0.91	1.03	1.06	1.03	0.96	0.84	0.85
芬兰	657	323	371	389	462	558	655	0.62	0.37	0.31	0.32	0.35	0.35	0.35
法国	5 632	8 191	4 105	4 193	5 486	7 253	8 473	0.59	0.62	0.30	0.31	0.37	0.40	0.41
德国	4 839	6 886	5 030	4 990	5 324	6 784	7 534	0.40	0.34	0.27	0.27	0.27	0.28	0.28
希腊	…	…	226	202	276	362	465	…	…	0.20	0.17	0.21	0.21	0.23
爱尔兰	53	95	234	287	398	504	607	0.18	0.23	0.29	0.33	0.40	0.39	0.39
意大利	3 403	2 874	1 376	1 627	2 332	2 433	2 462	0.40	0.29	0.13	0.15	0.20	0.17	0.15
日本	9 049	12 249	13 508	9 847	9 283	8 880	8 906	0.31	0.28	0.28	0.23	0.23	0.20	0.19
卢森堡	18	55	123	139	147	194	236	0.20	0.38	0.71	0.76	0.77	0.81	0.83
荷兰	2 162	2 521	3 135	3 172	3 338	3 972	4 204	0.96	0.79	0.84	0.82	0.81	0.80	0.73
新西兰	96	104	113	112	122	165	212	0.24	0.24	0.25	0.25	0.22	0.23	0.23
挪威	951	1 075	1 264	1 346	1 696	2 042	2 199	1.09	1.03	0.76	0.80	0.89	0.92	0.87
葡萄牙	97	269	271	268	323	320	1 031	0.23	0.31	0.26	0.25	0.27	0.22	0.63
西班牙	395	1 304	1 195	1 737	1 712	1 961	2 437	0.11	0.28	0.22	0.30	0.26	0.23	0.24
瑞典	1 666	1 794	1 799	1 666	2 012	2 400	2 722	0.91	0.97	0.80	0.77	0.84	0.79	0.78
瑞士	587	888	890	908	939	1 299	1 545	0.31	0.35	0.34	0.34	0.32	0.39	0.41
英国	2 616	3 059	4 501	4 579	4 924	6 282	7 883	0.32	0.31	0.32	0.32	0.31	0.34	0.36
美国	8 909	10 025	9 955	11 429	13 290	16 320	19 705	0.18	0.15	0.10	0.11	0.13	0.15	0.17
总计	**46 399**	**57 484**	**53 749**	**52 435**	**58 292**	**69 085**	**79 512**	**0.33**	**0.30**	**0.22**	**0.22**	**0.23**	**0.25**	**0.26**
其中：欧盟国家	23 413	29 796	25 289	26 388	29 969	37 130	42 886	0.45	0.42	0.32	0.33	0.35	0.35	0.35

资料来源：经济合作与发展组织发展援助委员会2006年2月公布的《2005年发展合作评论》。a）除总计外，包括1991年和1992年对非官方发展援助的债务减免。

发达国家双边援助的部门分布

国家＼年份	社会公共基础设施		经济基础设施		农业		工业和其他产业		物资援助和方案援助		紧急援助		其他领域		备注：非政府组织援助额所占比例[1]
	1983—1984	2003—2004	1983—1984	2003—2004	1983—1984	2003—2004	1983—1984	2003—2004	1983—1984	2003—2004	1983—1984	2003—2004	1983—1984	2003—2004	2003—2004
澳大利亚	25.8	46.4	6.2	5.3	6.1	6.4	2.4	0.7		51.6	4.3	1.8	14.1	6.1	22.8
奥地利	29.7	47.7	47.8	2.3	1.6	1.8	7.9	2.6		1.8	0.5	2.2	14.4	9.0	30.7
比利时	37.0	27.1	10.1	5.5	7.2	4.1	7.5	0.8		1.4	2.6	0.3	8.4	36.5	51.4
加拿大	13.9	43.3	25.7	3.8	16.1	7.9	13.5	2.7		15.1	2.4	2.4	12.1	13.2	27.9
丹麦	17.6	42.5	26.2	17.6	12.5	6.0	26.9	4.6		1.9	3.5	0.2	0.9	14.7	25.0
芬兰	16.5	46.3	15.5	7.0	17.0	2.2	28.3	1.8		0.6	3.1	2.2	11.5	19.9	28.2
法国	50.6	31.3	16.2	5.6	8.5	2.2	5.3	1.0		6.5	2.0	0.1	7.3	12.7	50.6
德国	28.4	39.3	38.1	16.1	9.1	2.9	7.2	1.3		2.9	1.0	0.7	3.2	13.6	36.2
希腊	…	81.9	…	1.9	…	0.6	…	0.4		…	0.8	…	4.8	…	9.5
爱尔兰	—	61.6	—	2.1	—	5.3	—	0.1		—	6.9	—	8.4	100.0	15.6
意大利	16.5	17.4	22.2	2.4	18.3	1.7	15.6	1.9		6.8	5.8	2.3	7.2	18.3	63.7
日本	22.3	20.6	35.4	26.2	11.5	4.7	12.4	2.0		3.5	0.4	0.1	2.4	14.8	43.8
卢森堡	…	46.4	…	2.4	…	7.8	…	0.7		…	2.1	…	13.0	…	27.6
荷兰	28.5	32.8	14.3	10.5	16.6	3.3	6.4	0.9		6.6	4.1	2.3	9.3	25.2	39.1
新西兰	21.7	45.9	31.3	3.3	12.0	2.6	3.7	1.9		25.2	7.7	1.5	15.4	4.6	23.2
挪威	27.2	42.2	25.6	8.1	20.3	4.6	9.8	1.0		2.2	4.6	4.9	20.3	9.9	19.3
葡萄牙	…	23.6	…	1.2	…	0.5	…	0.3		…	0.7	…	1.8	…	71.8
西班牙	…	36.3	…	16.6	…	5.0	…	2.0		…	0.7	…	6.1	…	33.3
瑞典	19.3	33.6	10.0	7.9	12.4	2.1	9.3	0.7		1.2	4.5	11.5	20.0	36.3	31.2
瑞士	19.0	20.3	9.9	8.3	22.2	5.9	18.2	4.9		9.9	3.4	11.2	23.4	9.6	33.7
英国	21.4	38.4	28.3	8.2	11.4	4.1	12.7	1.6		3.7	1.4	0.8	11.3	21.7	35.1
美国	19.3	39.5	4.7	11.6	11.4	1.5	7.2	4.7		23.4	9.1	2.2	13.0	31.8	20.5
总计	**26.7**	**34.1**	**18.8**	**13.1**	**11.4**	**3.2**	**8.9**	**2.6**		**12.1**	**4.1**	**1.6**	**9.1**	**20.5**	**33.7**

注：[1] 按净交付额计算。

发达国家官方发展援助协议额的财政条件[1]

2003—2004 年平均值

国家	官方发展援助总额中的赠予成分标准：86%[2]		无偿援助所占比例：		官方发展援助贷款中赠予成分所占比例	向最不发达国家提供的官方发展援助中赠予成分所占比例[3]	向最不发达国家提供的双边援助中赠予成分所占比例
	1993—1994 年	2003—2004 年	双边援助	援助总额			
澳大利亚	100.0	100.0	100.0	100.0	—	100.0	100.0
奥地利	92.6	100.0	100.0	100.0	—	100.0	100.0
比利时	99.7	99.7	98.4	99.0	80.9	99.9	99.9
加拿大	99.7	100.0	99.7	99.8	90.1	100.0	100.0
丹麦	100.0	100.0	97.0	98.2	—	100.0	100.0
芬兰	99.3	99.9	97.8	98.7	48.6	100.0	100.0
法国	93.7	95.5	84.6	88.1	51.1	99.5	99.5
德国	96.5	96.8	80.6	88.2	65.4	100.0	100.0
希腊	—	100.0	100.0	100.0	—	100.0	100.0
爱尔兰	100.0	100.0	100.0	100.0	—	100.0	100.0
意大利	98.7	99.5	72.0	91.6	90.6	99.6	99.5
日本	85.8	88.2	47.9	58.5	71.6	99.3	98.9
卢森堡	100.0	100.0	100.0	100.0	—	100.0	100.0
荷兰	100.0	100.0	100.0	100.0	—	100.0	100.0
新西兰	100.0	100.0	100.0	100.0	—	100.0	100.0
挪威	99.8	100.0	97.7	98.4	—	100.0	100.0
葡萄牙	100.0	92.1	99.7	99.8	61.2	100.0	100.0
西班牙	90.7	94.8	66.8	80.6	71.0	94.1	91.7
瑞典	100.0	100.0	99.1	99.3	51.8	99.9	99.8
瑞士	100.0	100.0	97.8	98.5	—	100.0	100.0
英国	100.0	100.0	90.4	93.9	—	100.0	100.0
美国	99.5	99.9	99.7	99.7	68.3	100.0	100.0
总计	**95.4**	**97.3**	**86.9**	**90.1**	**69.4**	**99.7**	**99.7**

注：[1] 不包括债务重组。

[2] 官方援助与国民总收入的比例低于发展援助委员会平均值的国家被认为没有达到财政条件标准。据此，2004 年意大利和葡萄牙没有达标。

[3] 包括多边援助中的赠予成分。

非发展援助委员会国家的官方援助净交付额

百万美元

国别（地区）/年份	2000	2001	2002	2003	2004	2004 年 ODA 占 GNI %
非发展援助委员会国家						
捷克	16	26	45	91	108	0.11
匈牙利	…	…	…	21	55	0.06
冰岛	9	10	13	18	21	0.18
韩国	212	265	279	366	423	0.06
波兰	29	36	14	27	118	0.05
斯洛伐克	6	8	7	15	28	0.07
土耳其	82	64	73	67	339	0.11
阿拉伯国家						
科威特	165	73	20	133	209	
沙特阿拉伯	295	490	2 478	2391	1734	0.69
阿联酋	150	127	156	188	181	
其他国家/地区						
中国台湾省	…	…	…		421	0.13
以色列[1]	164	76	114	92	66	0.06
其他国家/地区[2]	1	2	3	4	22	0.05
总　计	**1 128**	**1 178**	**3 201**	**3 411**	**3 726**	
其中：双边援助						
非发展援助委员会国家						
捷克	6	15	31	80	63	
匈牙利	…	…	…	14	21	
冰岛	4	5	5	14	16	
韩国	131	172	207	245	331	
波兰	13	31	9	19	25	
斯洛伐克	2	3	4	9	11	
土耳其	26	19	27	26	292	
阿拉伯国家						
科威特	164	73	20	109	185	
沙特阿拉伯	129	395	2 146	2 40	1 691	
阿联酋	150	127	156	188	181	
其他国家/地区						
中国台湾省					410	
以色列[1]	158	69	107	84	57	
其他国家/地区[2]	0	1	0	1	2	
总　计	**784**	**909**	**2 711**	**3 129**	**3 285**	

1）包括向来自发展中国家的人员（这些国家大部分都发生了国内战争或局势动荡），或者是那些由于人道主义或政治原因离开本国的难民提供的第一年的生活费。这些费用2000 年为6 680 万美元，2001 年为5 010 万美元，2002 年为8 780 万美元，2003 年为6 880 万美元，2004 年为4 790 万美元。

2）包括爱沙尼亚、拉脱维亚和立陶宛。

注：中国也提供援助，但未提供数据。

2004 年世界最大 225 家国际工程承包公司营业额的市场分布

承包商国籍	公司数量	国外营业额		中东		亚洲		非洲		欧洲		美国		加拿大		拉美/加勒比	
		亿美元	%	亿美元	%	亿美元	%	亿美元	%	亿美元	%	亿美元	%	亿美元	%	亿美元	%
美国	55	323.0	19.3	118.7	46.7	26.8	8.8	19.8	13.8	98.5	16.3	NA	NA	34.8	70.1	24.4	27.0
加拿大	4	2.9	0.2	0.3	0.1	0.3	0.1	0.0	0.0	0.2	0.0	2.2	1.0	NA	NA	0.0	0.0
欧洲	56	996.7	59.6	72.2	28.4	116.4	38.2	71.3	49.9	463.8	77.0	204.6	89.8	14.8	29.9	53.5	59.1
英国	5	100.2	6.0	6.9	2.7	15.6	5.1	4.1	2.8	39.7	6.6	33.0	14.5	0.7	1.5	0.2	0.2
德国	6	186.0	11.1	2.0	0.8	71.9	23.6	7.2	5.0	29.7	4.9	73.0	32.0	0.3	0.5	2.0	2.2
法国	8	256.7	15.3	17.4	6.8	17.4	5.7	35.3	24.7	139.7	23.2	29.7	13.0	9.2	18.5	8.1	9.0
意大利	12	66.8	4.0	19.7	7.8	3.2	1.0	12.9	9.1	12.2	2.0	3.2	1.4	0.0	0.0	15.6	17.3
荷兰	2	49.8	3.0	0.0	0.0	0.0	0.0	0.0	0.0	46.2	7.7	3.6	1.6	0.0	0.1	0.0	0.0
西班牙	7	87.4	5.2	3.8	1.5	1.4	0.5	3.5	2.4	49.4	8.2	2.3	1.0	3.5	7.1	23.5	26.0
其他	16	249.8	14.9	22.4	8.8	7.0	2.3	8.4	5.9	146.9	24.4	59.9	26.3	1.1	2.2	4.1	4.5
日本	18	145.6	8.7	24.9	9.8	73.8	24.2	7.8	5.4	20.2	3.4	17.0	7.4	0.0	0.0	1.8	2.0
中国	49	88.3	5.3	10.3	4.1	51.1	16.8	21.1	14.7	2.6	0.4	1.7	0.8	0.0	0.0	1.5	1.6
韩国	8	30.8	1.8	9.1	3.6	14.5	4.8	6.4	4.5	0.3	0.0	0.2	0.1	0.0	0.0	0.2	0.2
土耳其	14	21.8	1.3	4.6	1.8	5.3	1.7	2.8	2.0	9.1	1.5	0.0	0.0	0.0	0.0	0.0	0.0
所有其他	21	63.4	3.8	14.0	5.5	16.4	5.4	13.6	9.6	8.1	1.3	2.2	1.0	0.0	0.0	9.1	10.0
全部公司	**225**	**1 672.4**	**100.0**	**254.2**	**100.0**	**304.7**	**100.0**	**142.8**	**100.0**	**602.7**	**100.0**	**228.0**	**100.0**	**49.6**	**100.0**	**90.5**	**100.0**

资料来源：美国《工程新闻记录》2005 年 8 月 22—29 日。

2004年世界最大200家国际工程设计咨询公司营业额的市场分布

设计商国籍	公司数量	国外营业额		中东		亚洲		非洲		欧洲		美国		加拿大		拉美	
		亿美元	%	亿美元	%	亿美元	%	亿美元	%	亿美元	%	亿美元	%	亿美元	%	亿美元	%
美　国	84	101.1	41.8	8.4	34.6	29.3	48.2	6.2	24.5	37.8	50.8	NA	NA	10.9	70.7	8.5	61.2
加拿大	9	22.8	9.5	1.5	6.1	4.6	7.6	5.9	23.5	3.9	5.3	5.4	19.5	NA	NA	1.5	10.5
欧　洲	59	90.9	37.7	7.3	29.9	17.0	28.0	10.0	39.8	30.5	41.0	18.5	67.0	4.4	28.5	3.2	23.5
英　国	12	35.0	14.6	2.6	10.8	8.7	14.4	4.4	17.3	6.6	8.8	8.6	31.3	3.4	22.1	0.7	4.8
德　国	8	3.0	1.2	0.5	2.0	0.5	0.8	0.7	2.8	1.1	1.5	0.0	0.1	0.0	0.1	0.2	1.5
法　国	7	10.6	4.4	0.9	3.7	2.1	3.5	2.2	8.9	4.1	5.5	1.0	3.6	0.0	0.0	0.3	1.8
意大利	3	0.9	0.4	0.2	1.0	0.0	0.1	0.3	1.2	0.2	0.3	0.0	0.0	0.0	0.0	0.1	0.9
荷　兰	8	22.2	9.2	1.6	6.5	2.5	4.2	0.8	3.3	8.9	12.0	6.7	24.4	0.6	4.1	1.0	7.4
其　他	21	19.2	7.9	1.5	6.0	3.1	5.2	1.6	6.2	9.6	12.9	2.1	7.6	0.3	2.2	1.0	7.1
日　本	15	9.2	3.8	2.6	10.6	4.5	7.4	1.4	5.6	0.2	0.3	0.2	0.7	0.0	0.0	0.3	2.3
中　国	13	2.5	1.0	0.2	0.8	1.7	2.8	0.5	1.9	0.1	0.1	0.0	0.0	0.0	0.0	0.1	0.6
所有其他	20	15.0	6.2	4.4	18.0	3.6	6.0	1.2	4.7	1.9	2.6	3.5	12.8	0.1	0.8	0.3	1.9
全部公司	200	241.5	100.0	24.3	100.0	60.7	100.0	25.2	100.0	74.4	100.0	27.6	100.0	15.5	100.0	13.8	100.0

资料来源：美国《工程新闻记录》2005年7月25日。

2004年世界最大100家国际工程承包公司名录

金额单位：百万美元

排名	公 司 名 称	国家/地区	国外营业额	总营业额	新签合同额
1	霍克蒂夫公司/ Hochtief AG	德国	12 632.0	14 975.0	19 394.3
2	斯勘斯卡公司/ Skanska AB, Stockholm	瑞典	11 436.3	14 138.3	16 590.0
3	凯洛格布朗路特公司/ KBR	美国	9 830.8	10 899.4	2 379.6
4	维西公司/ VINCI	法国	9 202.0	24 268.0	24 186.0
5	柏克德集团公司/ Bechtel	美国	8 105.0	14 424.0	12 855.0
6	布依格公司/ BOUYGUES	法国	7 464.0	20 148.0	21 353.0
7	泰克尼普集团/ TECHNIP	法国	6 377.0	6 484.0	6 966.0
8	斯特拉巴格公司/ Bau Holding Strabag AG	奥地利	5 993.4	8 131.3	9 198.2
9	皇家BAM集团公司/ Royal BAM Groep NV	荷兰	5 027.0	9 108.0	NA
10	比尔芬格柏格建筑公司/ Bilfinger Berger AG	德国	4 915.0	7 602.0	7 636.0
11	法罗里奥集团/ Grupo Ferrovial	西班牙	3 650.0	9 855.0	NA
12	福陆公司/ Fluor Corp.	美国	3 635.6	6 906.6	13 028.6
13	阿莫克公司/ AMEC plc	英国	3 219.0	6 005.0	2 044.0
14	鲍维斯林德/ Bovis Lend Lease	英国	3 204.0	5 088.0	6 995.0
15	ACS集团/ Grupo ACS	西班牙	2 453.5	14 929.7	NA
16	JGC公司/ JGC Corp.	日本	2 306.0	3 029.0	3 396.0
17	中国建筑工程总公司	中国	2 124.3	10 271.7	13 957.5
18	联合承包商国际公司/ Consolidated Contractors Intl Co.	希腊	2 119.8	2 119.8	1 989.1
19	斯南普罗格蒂公司/ Snamprogetti	意大利	1 937.0	3 217.0	1 903.0
20	鹿岛建设株式会社/ Kajima Corp.	日本	1 935.4	13 213.5	15 667.3
21	欧德布莱克特公司/ Construtora Odebrecht	巴西	1 729.0	2 205.0	2 313.0
22	埃法日/ EIFFAGE	法国	1 717.0	10 482.0	10 001.0
23	福斯特惠勒公司/ Foster Wheeler Ltd.	美国	1 671.0	1 942.0	1 639.0
24	鲍佛贝蒂公司/ Balfour Beatty plc	英国	1 661.0	7 633.0	7 295.0
25	塞若莱克/ CEGELEC	比利时	1 566.0	3 931.0	3 509.0
26	PCL建筑商公司/ PCL Construction Enterprises Inc.	美国	1 480.0	2 321.0	3 172.0
27	千代田株式会社/ Chiyoda Corp.	日本	1 469.0	1 992.0	3 429.0
28	大林组株式会社/ Obayashi Corp.	日本	1 390.0	12 565.0	11 548.0
29	大成建设株式会社/ Taisei Corp.	日本	1 327.0	13 757.0	14 620.0
30	东洋工程公司/ Toyo Engineering Corp.	日本	1 304.0	1 640.0	1 448.0
31	现代工程建筑公司/ Hyundai eng'g & constr. Co. Ltd.	韩国	1 287.1	4 224.8	6 312.0
32	雅可伯工程集团公司/ Jacobs Pasadena	美国	1 198.0	2 565.8	6 242.0
33	英波基洛公司/ IMPREGILO SpA	意大利	1 175.0	3 763.0	4 930.0
34	克瓦纳/ Aker Kvaerner ASA Oslo	挪威	1 154.1	1 640.9	1 008.8

2004 年世界最大 100 家国际工程承包公司名录（续）

金额单位：百万美元

排名	公司名称	国家/地区	国外营业额	总营业额	新签合同额
35	泰琴特建筑公司/ Techint Compagnia Tecnica Internazionale	意大利	1 042.0	1 213.0	781.0
36	竹中工务店/ Takenaka Corp.	日本	1 001.0	10 799.0	10 796.0
37	乔安诺帕拉斯特维德姆海外公司/ Joannou & Paraskevaides (Overseas) Ltd.	英国	967.3	967.3	991.4
38	PETROFAC LTD	海峡群岛	964.2	964.1	1 446.6
39	中国港湾建设（集团）总公司	中国	925.2	4 429.7	5 580.3
40	泰克尼蒙特/ TECNIMONT SPA	意大利	901.0	965.0	561.0
41	芝加哥桥梁钢铁公司/ Chicago Bridge & Iron Co.	美国	900.0	1 897.0	2 614.0
42	清水建设株式会社/ Shimizu Corp.	日本	846.5	12 596.8	12 574.3
43	Obrascon Huarte Lain SA	西班牙	825.1	2 774.2	3 281.5
44	Fomento de constr. y Contratas (FCC)	西班牙	794.8	7 359.1	8 829.9
45	华盛顿国际集团公司/ Washington Group International Inc.	美国	768.0	2 771.9	2 671.9
46	莱顿控股有限公司/ Leighton Holdings Ltd.	澳大利亚	759.0	4 622.0	NA
47	中国机械装备（集团）公司	中国	708.0	1 138.0	1 792.0
48	中国铁路工程总公司	中国	678.6	11 612.6	16 881.0
49	阿斯塔尔蒂公司/ Astaldi SpA	意大利	670.2	1 347.6	2 169.8
50	大气社公司/ Taikisha Ltd.	日本	629.8	1 846.2	1 884.9
51	BESIX 公司/ BESIX	比利时	627.0	1 167.8	1 860.5
52	恩卡建筑产业公司/ Enka Constr. & Ind. Co. Inc.	土耳其	614.2	760.6	1 926.7
53	三星工程公司/ Samsung Engineering Co. Ltd.	韩国	603.0	1 586.0	1 034.0
54	威德克公司/ Veidekke ASA	挪威	599.9	1 617.9	1 087.0
55	西松建设株式会社/ Nishimatsu Construction Co. Ltd.	日本	563.9	4 029.8	4 114.7
56	法国地基建筑公司/ SOLETANCHE BACHY	法国	548.0	926.0	851.0
57	特克尼塔斯雷乌尼达斯集团/ Tecnicas Reunidas	西班牙	547.0	781.0	800.0
58	中国石油工程建设（集团）公司	中国	500.2	500.0	670.7
59	桑达克斯/ Centex	美国	452.1	10 670.1	12 714.9
60	三星集团/ SAMSUNG CORP.	韩国	443.0	3 911.1	453.0
61	ABB 鲁玛斯全球公司/ ABB Lummus Global	美国	441.1	450.0	1 222.8
62	Grinaker - LTD 公司/ Grinaker - LTA Ltd.	南非	439.8	1 128.0	1 128.0
63	奥拉斯建筑/ Orascom Construction Industries	埃及	436.0	642.2	1 094.0
64	GAMA 公司/ GAMA Endustri AS	土耳其	435.4	538.9	742.9
65	大宇 E&C 公司/ Daewoo E&C Co. Ltd.	韩国	434.4	4 217.5	5 357.8
66	WORLEYPARSONG	澳大利亚	418.1	469.3	47.4
67	NECSO 公司/ NECSO	西班牙	397.0	3 555.0	4 737.0
68	上海建工（集团）总公司	中国	381.2	3 810.8	3 683.2

2004年世界最大100家国际工程承包公司名录（续）

金额单位：百万美元

排名	公 司 名 称	国家/地区	国外营业额	总营业额	新签合同额
69	中国土木工程集团公司	中国	379.7	407.8	381.8
70	动力工程/ Tractebel Engineering	比利时	374.6	403.4	NA
71	里查尼公司/ Rizzani de Eccher	意大利	373.2	522.1	369.1
72	地球工程公司 EARTH TECH INC.	美国	373.0	630.0	696.0
73	五洋建设株式会社/ Penta – Ocean Construction Co. Ltd.	日本	367.1	3 064.5	3 156.5
74	旭普林/ Zublin	德国	360.0	1 850.0	2 020.0
75	E. 皮尔父子公司/ E. Pihl & Son AS	丹麦	353.8	693.1	846.3
76	前田株式会社/ Maeda Corp.	日本	340.0	4 116.0	3 625.0
77	佩里尼公司/ Perini Corp.	美国	336.0	1 842.0	1 327.0
78	Shaw 集团公司/ The Shaw Group Inc.	美国	322.9	2 108.5	2 466.5
79	SKE 集团/ SKE Group	美国	308.0	348.0	520.0
80	彼特凯维特父子公司/ Peter Kiewit Sons´Inc.	美国	305.8	3 236.2	2 540.5
81	中国水利水电建设集团公司	中国	303.2	2 989.9	4 639.2
82	Construtora Andrade Gutierrez SA	巴西	300.3	643.9	262.5
83	熊谷组株式会社/ Kumagai Gumi Co. Ltd.	日本	299.0	2 542.0	2 148.0
84	中国路桥（集团）总公司	中国	290.6	2 990.7	4 044.3
85	国家石油建筑公司/ National Petroleum Constr. Co.（NPCC）	阿联酋	289.8	564.0	570.2
86	鲍尔公司/ Bauer Spezialtiefbau GmbH	德国	286.5	540.8	264.2
87	阿拉伯建筑公司/ Arabian Construction Co.	黎巴嫩	265.6	321.1	907.2
88	阿拉伯阿斯曼承包商/ The Arab Contractors O. A. O. & Co.	埃及	261.2	1 341.5	1 389.0
89	索莱尔玻恩国际公司/ Solel Boneh International Ltd.	以色列	259.2	259.2	276.8
90	CTCI 公司/ CTCI Corp.	中国台湾	252.4	524.9	738.2
91	Soares Da Costa – Grupo SGPS	葡萄牙	250.9	656.1	502.0
92	泰克芬建筑安装公司/ Tekfen constr. & Installation Co. Inc.	土耳其	249.0	593.0	506.0
93	Quattrogemini Ltd.	芬兰	234.7	251.3	277.7
94	CH2M 希尔公司/ CH2M HILL Cos. Ltd.	美国	226.5	709.4	NA
95	克拉夫/ CLOUGH LTD.	澳大利亚	225.0	548.8	266.9
96	间组株式会社/ Hazama Corp.	日本	219.0	1 910.0	1 711.0
97	布莱克韦奇公司/ Black & Veatch	美国	217.9	517.7	1 493.4
98	三井住友建筑/ Sumitomo Mitsui Construction Co. Ltd.	日本	207.0	4 329.0	4 329.0
99	SADE – CGTH	法国	206.5	1 276.5	194.9
100	Alarko Contracting Group	土耳其	201.5	243.2	127.1

资料来源：美国《工程新闻记录》2005年8月22—29日。

2004 年世界最大 100 家国际工程设计咨询公司名录

金额单位：百万美元

排名	公 司 名 称	国别/地区	国际市场营业额	占总营业额(%)
1	福陆公司/ Fluor Corp.	美国	1 794.0	79
2	SNC 拉瓦林国际公司/ SNC – Lavalin International Inc.	加拿大	1 493.3	56
3	阿莫克公司/ AMEC plc	英国	1 346.0	91
4	凯洛格布朗路特公司/ KBR	美国	1 179.9	83
5	福格勒公司/ Fugro NV	荷兰	1 144.0	91
6	ARCADIS 公司/ ARCADIS NV	荷兰	721.0	65
7	ABB 鲁玛斯全球公司/ ABB Lummus Global	美国	710.8	99
8	雅可伯工程集团公司/ Jacobs	美国	590.4	30
9	柏克德集团公司/ Bechtel	美国	582.0	37
10	AECOM 技术公司/ AECOM Technology	美国	578.1	28
11	路易斯伯杰集团公司/ The Louis Berger Group Inc.	美国	540.8	80
12	WorleyParsons	澳大利亚	529.6	71
13	达艾尔汉德萨咨询公司/ Dar Al – Handasah Consultants (Shair & Partners)	埃及	502.0	100
14	雅可保利集团/ Jaakko Poyry Group	芬兰	473.0	80
15	阿路普公司 ARUP Group Ltd.	英国	446.7	56
16	福斯特惠勒公司/ Foster Wheeler Ltd.	美国	425.0	75
17	泰克尼普集团/ TECHNIP	法国	413.0	80
18	莫特麦克唐纳公司/ Mott MacDonald	英国	402.4	43
19	JGC 公司/ JGC Corp.	日本	402.0	72
20	克瓦纳/ Aker Kvaerner ASA	挪威	357.7	84
21	WSP 集团公司/ WSP Group plc	英国	347.2	58
22	Ramboll 集团/ Ramboll Gruppen A/S	丹麦	324.6	61
23	Egis 集团/ Egis	法国	323.0	59
24	帕森斯普林克赫夫公司/ Parsons Brinckerhoff	美国	300.5	34
25	阿特金斯集团/ Atkins	英国	298.0	14
26	地球工程公司/ Earth Tech Inc.	美国	291.0	36
27	COWI 工程规划咨询公司/ COWI	丹麦	287.0	61
28	哥德联合公司/ Golder Associates Corp.	加拿大	277.9	67
29	MWH	美国	271.5	39
30	URS	美国	270.9	10
31	Hatch 集团/ Hatch Group	加拿大	264.5	65
32	布莱克韦奇公司/ Black & Veatch	美国	234.4	32
33	鲍佛贝蒂公司/ Balfour Beatty plc	英国	220.0	88

2004 年世界最大 100 家国际工程设计咨询公司名录（续）

金额单位：百万美元

排名	公司名称	国别/地区	国际市场营业额	占总营业额（%）
34	CH2M 希尔公司/ CH2M Hill Cos. Ltd.	美国	201.9	12
35	ERM 控股有限公司/ ERM Holdings Ltd.	美国	179.3	48
36	索菲图/ SYSTRA	法国	176.0	73
37	海科路集团有限公司/ Halcrow Group Ltd.	英国	173.7	38
38	DHV 集团/ DHV Group	荷兰	168.6	42
39	特拉克特贝尔工程公司/ Tractebel Engineering	比利时	163.4	39
40	太平洋咨询国际集团/ Pacific Consultants International	日本	161.3	32
41	Shaw 集团公司/ The Shaw Group Inc.	美国	152.8	24
42	斯坦泰克公司/ Stantec Inc.	加拿大	147.9	39
43	CDI Business Solutions	美国	144.0	36
44	HOK 集团公司/ HOK	美国	142.2	43
45	日本科恩有限公司/ Nippon Koei Group	日本	141.0	41
46	帕森斯公司/ Parsons	美国	127.4	12
47	伟信顾问集团/ Scott Wilson	英国	122.0	40
48	Hyder 咨询公司/ Hyder Consulting	英国	108.0	46
49	Mustang 工程公司/ Mustang Engineering	美国	105.0	35
50	中国成达化学工程公司	中国	104.0	80
51	博恩斯罗集团公司/ Burns and Roe	美国	100.0	62
52	VECO 公司/ VECO Corp.	美国	90.6	27
53	BCEOM 联合公司/ BCEOM SociEte Francaise d'Ingenierie	法国	89.1	77
54	辛克莱奈特莫兹公司/ Sinclair Knight Merz	澳大利亚	87.0	26
55	CDM	美国	76.0	15
56	拉米耶国际公司/ Lahmeyer International GmbH	德国	76.0	78
57	联合咨询工程公司/ Associated Consulting Engineers	希腊	72.0	98
58	皇家 BAM 集团公司/ Royal BAM Group nv	荷兰	72.0	42
59	千代田株式会社/ Chiyoda Corp.	日本	71.0	77
60	Fichtner GmbH & Co. KG	德国	70.0	69
61	司南普吉提公司/ Snamprogetti	意大利	70.0	26
62	KA 联合工程公司/ Khatib & Alami	黎巴嫩	69.1	91
63	斯哥德默尔公司/ Skidmore Owings & Merrill LLP	美国	69.0	36
64	瑞豪集团/ Royal Haskoning	荷兰	66.0	23
65	霍克蒂夫公司/ Hochtief AG	德国	55.9	21
66	易道/ EDAW	美国	51.0	37

2004年世界最大100家国际工程设计咨询公司名录（续）

金额单位：百万美元

排名	公司名称	国别/地区	国际市场营业额	占总营业额（%）
67	联合承包商国际公司/ Consolidated Contractors Intl Co.	希腊	50.0	100
68	雪山工程公司/ SMEC（Snowy Mountains Eng'g Corp.）	澳大利亚	49.6	68
69	生态与环境股份公司/ Ecology and Environment Inc.	美国	48.8	44
70	TAHAL咨询工程公司/ TAHAL Consulting Engineers Ltd.	以色列	46.6	78
71	科恩佩德森福克斯公司/ Kohn Pedersen Fox Associates PC	美国	43.0	53
72	ENVIRON	美国	40.3	32
73	RTKL联合公司/ RTKL Associates Inc.	美国	40.3	32
74	Conestoga - Rovers & Assoc.	美国	40.0	24
75	WATG公司/ Wimberly Allison Tong & Goo	美国	38.3	55
76	三井住友建筑/ Sumitomo Mitsui Construction Co. Ltd.	日本	37.5	83
77	贝卡集团/ Beca Group Ltd.	新西兰	37.0	36
78	根斯勒公司/ Gensler	美国	35.8	12
79	林同炎国际顾问公司/ T. Y. Lin International	美国	33.9	33
80	索格利/ SOGREAH	法国	32.6	35
81	NBBJ	美国	32.1	23
82	科坡罗公司/ Corrpro Cos. Inc.	美国	30.3	32
83	联合技术公司/ Tecnicas Reunidas SA	西班牙	30.0	43
84	斯坦利工程顾问公司/ Stanley Consultants Inc.	美国	29.6	24
85	Tauw	荷兰	29.4	26
86	Albert - Garaudy and Associates Inc.	美国	27.5	75
87	现代工程有限公司/ Hyundai Engineering Co. Ltd.	韩国	26.8	29
88	CTCI公司/ CTCI Corp.	中国台湾	26.3	23
89	中国水利电力对外公司	中国	26.0	76
90	中国机械装备（集团）公司	中国	26.0	14
91	挪威咨询公司/ Norconsult AS	挪威	26.0	20
92	Anshen + Allen Architects	美国	25.8	38
93	Colenco Power Engineering Ltd.	瑞士	24.4	70
94	Tecsult	加拿大	24.3	31
95	ILF工程咨询公司/ ILF Consulting Engineers	奥地利	23.6	37
96	H. P. Gauff国际股份有限公司/ H. P. Gauff Ingenieure GmbH & Co. KG - JBG	德国	23.4	47
97	鹿岛建设株式会社/ Kajima Corp.	日本	22.5	11
98	INGEROP	法国	22.0	13
99	KEO国际咨询顾问公司/ KEO International Consultants	科威特	21.6	63
100	E. ON Engineering GmbH	德国	21.6	22

资料来源：美国《工程新闻记录》2005年7月25日。

2003 年按国外资产排序的世界最大 100 家非金融类跨国公司名录

（100 万美元和雇员数）

排名			公司名称	国别/地区	行业	资产额		销售额		雇员数		跨国指数（%）	子公司数目		国际化指数（%）
国外资产	跨国指数	国际化指数				国外	总计	国外	总计	国外	总计		国外	总计	
1	77	37	通用电气/ General Electric	美国	电器和电子设备	258 900	647 483	54 086	134 187	150 000	305 000	43.2	1 068	1 398	76.39
2	7	95	沃达丰/ Vodafone Group Plc	英国	电信	243 839	262 581	50 070	59 893	47 473	60 109	85.1	71	201	35.32
3	72	12	福特汽车/ Ford Motor Company	美国	汽车	173 882	304 594	60 761	164 196	138 663	327 531	45.5	524	623	84.11
4	90	65	通用汽车/ General Motors	美国	汽车	154 466	448 507	51 627	185 524	104 000	294 000	32.5	177	297	59.60
5	10	78	英国石油/ British Petroleum Company Plc	英国	石油开采/冶炼/分销	141 551	177 572	192 875	232 571	86 650	103 700	82.1	60	117	51.28
6	31	41	埃克森－美孚/ ExxonMobil Corporation	美国	石油开采/冶炼/分销	116 853	174 278	166 926	237 054	53 748	88 300	66.1	218	294	74.15
7	22	80	壳牌/ Royal Dutch/Shell Group	英国/荷兰	石油开采/冶炼/分销	112 587	168 091	129 864	201 728	100 000	119 000	71.8	454	929	48.87
8	68	94	丰田汽车/ Toyota Motor Corporation	日本	汽车	94 164	189 503	87 353	149 179	89 314	264 410	47.3	124	330	37.58
9	16	48	道达尔菲纳－埃尔夫/ Total	法国	石油开采/冶炼/分销	87 840	100 989	94 710	118 117	60 931	110 783	74.1	419	602	69.60
10	62	69	法国电信/ France Telecom	法国	电信	81 370	126 083	21 574	52 202	88 626	218 523	48.8	118	211	55.92
11	14	58	里昂苏伊士水务公司/ Suez	法国	电、气、水供应	74 147	88 343	33 715	44 720	111 445	172 291	74.7	605	947	63.89
12	89	34	法国电力/ Electricite De France	法国	电、气、水供应	67 069	185 527	16 062	50 699	51 847	167 309	32.9	204	264	77.27
13	80	63	意昂/ E. On	德国	电、气、水供应	64 033	141 260	18 659	52 330	29 651	69 383	41.2	478	790	60.51
14	85	74	德国电信/ Deutsche Telekom AG	德国	电信	62 624	146 601	23 868	63 023	75 241	248 519	37.0	97	178	54.49
15	59	67	莱茵集团/ RWE Group	德国	电、气、水供应	60 345	98 592	23 729	49 061	53 554	127 028	50.6	377	650	58.00
16	23	23	和记黄埔/ Hutchison Whampoa Limited	中国香港	多种经营	59 141	80 340	10 800	18 699	104 529	126 250	71.4	1 900	2 350	80.85
17	32	40	西门子公司/ Siemens AG	德国	电器和电子设备	58 463	98 011	64 484	83 784	247 000	417 000	65.3	753	1011	74.48
18	53	46	大众/ Volkswagen Group	德国	汽车	57 853	150 462	71 190	98 367	160 299	334 873	52.9	203	283	71.73
19	21	35	本田汽车/ Honda Motor Co Ltd	日本	汽车	53 113	77 766	54 199	70 408	93 006	131 600	72.0	102	133	76.69
20	34	89	威望迪/ Vivendi Universal	法国	多种经营	52 421	69 360	15 764	28 761	32 348	49 617	65.2	106	238	44.54
21	42	83	雪佛龙－德士古/ ChevronTexaco Corp.	美国	石油开采/冶炼/分销	50 806	81 470	72 227	120 032	33 843	61 533	59.2	93	201	46.27
22	3	30	新闻集团/ News Corporation	澳大利亚	传媒	50 803	55 317	17 772	19 086	35 604	38 500	92.5	213	269	79.18
23	65	29	辉瑞/ Pfizer Inc	美国	制药	48 960	116 775	18 344	45 188	73 200	122 000	47.5	73	92	79.35

2003 年按国外资产排序的世界最大 100 家非金融类跨国公司名录（续）

（100 万美元和雇员数）

排名			公司名称	国别/地区	行业	资产额		销售额		雇员数		跨国指数（%）	子公司数目		国际化指数（%）
国外资产	跨国指数	国际化指数				国外	总计	国外	总计	国外	总计		国外	总计	
24	93	85	意大利电信/ Telecom Italia Spa	意大利	电信	46 047	101 172	6 816	34 819	14 910	93 187	27.0	33	73	45.21
25	50	18	宝马/ BMW AG	德国	汽车	44 948	71 958	35 014	47 000	26 086	104 342	54.0	129	157	82.17
26	60	53	埃尼/ Eni Group	意大利	石油开采/冶炼/分销	43 967	85 042	29 341	58 112	36 658	76 521	50.0	154	226	68.14
27	4	9	罗氏集团/ Roche Group (Umoe AS)	瑞士	制药	42 926	48 089	22 790	23 183	57 317	65 357	91.8	139	159	87.42
28	95	79	戴姆勒－克莱斯勒/ DaimlerChrysler AG	德国/美国	汽车	41 696	225 143	55 195	153 992	76 993	362 063	25.2	281	558	50.36
29	44	32	菲亚特/ Fiat Spa	意大利	汽车	41 552	79 160	36 078	53 353	88 684	162 237	58.3	339	436	77.75
30	15	3	雀巢/ Nestlé SA	瑞士	食品和饮料	41 078	72 402	44 308	65 329	247 506	253 000	74.1	471	501	94.01
31	55	5	国际商用机器/ IBM	美国	电器和电子设备	40 987	104 457	55 369	89 131	180 515	319 273	52.6	315	342	92.11
32	83	47	科菲/ ConocoPhillips	美国	石油开采/冶炼/分销	36 510	82 402	29 428	90 491	14 982	39 000	38.4	103	147	70.07
33	46	31	索尼/ Sony Corporation	日本	电器和电子设备	35 257	84 880	44 366	64 661	96 400	162 000	56.6	236	299	78.93
34	58	71	家乐福/ Carrefour SA	法国	零售	34 323	49 335	39 368	79 780	138 283	419 040	50.6	128	231	55.41
35	96	24	沃尔玛/ Wal-Mart Stores	美国	零售	34 018	104 912	47 572	256 329	361 765	1 500 000	25.0	67	83	80.72
36	69	54	西班牙电信/ Telefonica SA	西班牙	电信	33 466	66 825	10 508	32 054	85 765	148 288	46.9	133	199	66.83
37	36	70	威立雅环境集团/ Veolia Environnement SA	法国	水供给	33 399	49 154	17 578	32 283	205 694	309 563	62.9	424	760	55.79
38	43	21	宝洁/ Procter & Gamble	美国	多种经营	33 361	57 048	27 719	51 407	68 694	110 000	58.3	174	215	80.939
39	41	10	安万特/ Sanofi-Aventis	法国	制药	33 024	44 484	12 291	22 247	36 576	75 567	59.3	335	385	87.01
40	57	16	惠普/ Hewlett-Packard	美国	电器和电子设备	32 144	74 708	43 843	73 061	73 158	142 000	51.5	179	215	83.26
41	92	77	三菱/ Mitsubishi Corporation	日本	批发贸易	31 258	78 342	20 054	130 912	14 765	49 219	28.4	170	314	54.14
42	87	13	德国邮政/ Deutsche Post AG	德国	运输和仓储	29 524	195 748	19 714	45 166	175 775	383 173	34.9	341	406	83.9
43	35	62	联合利华/ Unilever	英国/荷兰	多种经营	28 654	47 952	27 635	48 186	179 000	234 000	64.5	316	522	60.54
44	6	49	飞利浦电子/ Philips Electronics	荷兰	电器和电子设备	28 524	36 626	31 594	32 773	136 750	164 438	85.8	263	378	69.58
45	63	91	日产汽车/ Nissan Motor Co Ltd	日本	汽车	28 517	73 388	42 002	64 082	50 836	123 748	48.5	58	146	39.73
46	11	27	拉法基集团/ Lafarge SA	法国	非金属产品	28 127	31 365	13 117	15 415	50 524	75 338	80.6	389	489	79.55

2003 年按国外资产排序的世界最大 100 家非金融类跨国公司名录（续）

（100 万美元和雇员数）

排名			公司名称	国别/地区	行业	资产额		销售额		雇员数		跨国指数（%）	子公司数目		国际化指数（%）
国外资产	跨国指数	国际化指数				国外	总计	国外	总计	国外	总计		国外	总计	
47	66	56	雷普索尔/ Repsol YPF SA	西班牙	石油开采/冶炼/分销	27 933	48 034	14 515	40 710	14 924	30 644	47. 5	81	124	65. 32
48	48	28	巴斯夫/ BASF AG	德国	化学制品	27 099	42 437	21 999	37 653	37 054	87 159	54. 9	206	259	79. 54
49	25	33	圣-戈班/ Compagnie De Saint-Gobain SA	法国	非金属矿产品	27 056	38 008	23 834	33 967	122 696	172 811	70. 8	612	791	77. 37
50	45	6	诺华/ Novartis	瑞士	制药	26 748	49 317	16 076	24 864	41 031	78 541	57. 0	232	256	90. 63
51	84	75	三井物产/ Mitsui & Co Ltd	日本	批发贸易	26 262	62 709	47 508	105 936	10 826	39 735	38. 0	198	364	54. 40
52	86	14	奥驰亚集团/ Altria Group Inc	美国	烟草	25 711	96 175	34 371	60 704	40 557	165 000	36. 0	196	234	83. 76
53	78	81	恩德萨/ Endesa	西班牙	电力服务	25 488	58 155	6 228	18 328	12 939	26 777	42. 0	85	177	48. 02
54	8	4	加拿大铝业/ Alcan Inc.	加拿大	金属和金属制品	25 275	31 957	13 172	13 640	38 000	49 000	84. 4	306	328	93. 29
55	26	90	必和必拓集团/ BHP Billiton Group	澳大利亚	采矿和采石	24 254	36 675	17 673	24 943	25 294	35 070	69. 7	42	98	42. 86
56	28	50	葛兰素—史克/ Glaxosmithkline Plc	英国	制药	23 893	42 813	32 296	35 006	56 360	100 919	68. 0	158	229	69. 00
57	82	55	雷诺/ Renault SA	法国	汽车	22 342	71 283	27 330	42 353	34 921	130 740	40. 9	136	207	65. 70
58	37	93	英美/ Anglo American	英国	采矿和采石	21 623	43 105	10 872	18 562	151 000	193 000	62. 3	197	524	37. 60
59	19	87	荷兰皇家阿赫德/ Koninklijke Ahold	荷兰	零售	20 884	29 552	47 744	63 282	189 945	257 140	73. 3	74	164	45. 12
60	20	64	埃伊斯发电/ AES Corporation	美国	电、气、水供应	20 871	29 904	6 257	8 415	21 622	30 000	72. 1	56	93	60. 22
61	54	22	道化学/ Dow Chemical Company	美国	化学制品	20 039	41 891	19 810	32 623	22 964	46 400	52. 7	216	267	80. 90
62	18	43	沃尔沃/ Volvo AB	瑞典	汽车	19 451	31 787	23 160	24 023	47 603	75 740	73. 5	233	319	73. 04
63	47	57	碧诺春天雷都集团/ Pinault-Printemps Redoute SA	法国	批发贸易	19 254	30 649	16 828	30 767	51 847	100 779	56. 3	287	449	63. 92
64	74	42	拜尔/ Bayer AG	德国	制药/化学制品	18 892	47 020	17 033	32 334	48 700	115 400	45. 0	236	320	73. 75
65	1	1	汤姆森/ Thomson Corporation	加拿大	传媒	18 418	18 732	7 943	8 159	38 350	39 000	98. 0	300	310	96. 77
66	33	36	新电信/ Singtel Ltd.	新加坡	电信	17 911	21 668	4 672	6 884	8 642	19 081	65. 3	23	30	76. 67
67	30	52	英美烟草公司/ British American Tobacco Plc	英国	烟草	17 871	33 891	27 972	41 832	68 702	86 941	66. 2	248	363	68. 32

2003 年按国外资产排序的世界最大 100 家非金融类跨国公司名录（续）

（100 万美元和雇员数）

排名			公司名称	国别/地区	行业	资产额		销售额		雇员数		跨国指数（%）	子公司数目		国际化指数（%）
国外资产	跨国指数	国际化指数				国外	总计	国外	总计	国外	总计		国外	总计	
68	81	99	英国国家电力供应公司/ National Grid Transco	英国	能源	17 563	41 780	7 673	15 848	9 029	27 308	41. 2	42	244	17. 21
69	24	2	诺基亚/ Nokia	芬兰	电信	17 050	29 273	36 763	37 202	28 979	51 359	71. 2	98	103	95. 15
70	99	84	日立/ Hitachi Ltd	日本	电器和电子设备	16 296	89 545	21 177	80 602	80 226	326 344	23. 0	309	670	46. 12
71	49	20	美国联合技术公司/ United Technologies Corporation	美国	运输设备	16 212	34 648	14 257	31 034	143 000	203 300	54. 4	345	422	81. 75
72	94	68	马来西亚国家石油公司/ Petronas-Petroliam Nasional Bhd	马来西亚	石油开采/冶炼/分销	16 114	53 457	8 981	25 661	3 625	30 634	25. 7	234	411	56. 93
73	38	92	麦当劳/ McDonald's Corporation	美国	零售	15 913	25 525	11 101	17 140	240 142	418 000	61. 5	26	67	38. 81
74	27	25	恩索纸业/ Stora Enso OYJ	芬兰	纸业	15 910	22 646	10 382	15 373	29 156	42 814	68. 6	229	285	80. 35
75	61	44	杜邦/ Du Pont（E. I.）de Nemours	美国	化学制品	15 840	37 039	14 888	26 996	39 657	81 000	49. 0	115	158	72. 78
76	12	82	力拓/ Rio Tinto Plc	英国	采矿和采石	15 419	24 015	9 773	10 009	26 000	36 016	78. 0	68	145	46. 90
77	98	86	杜克能源公司/ Duke Energy Corporation	美国	电、气、水供应	15 414	56 203	5 537	22 529	4 652	23 800	23. 8	33	73	45. 21
78	40	38	路易·威登－轩尼诗公司/ Lvmh Moët-Hennessy Louis Vuitton SA	法国	纺织品和皮革制品	15 386	24 356	8 285	15 063	35 360	56 241	60. 4	296	390	75. 90
79	73	66	蒂森克虏伯集团/ Thyssenkrupp AG	德国	金属和金属制品	15 237	36 641	20 074	45 641	92 179	184 358	45. 2	389	668	58. 23
80	67	15	雅培制药/ Abbott Laboratories	美国	制药	15 214	26 715	7 703	19 681	33 166	72 181	47. 3	103	123	83. 74
81	70	76	松下/ Matsushita Electric Industrial Co., Ltd.	日本	电器和电子设备	14 739	69 449	42 025	69 839	170 965	290 493	46. 8	274	504	54. 37
82	100	100	弗莱森电讯/ Verizon Communications	美国	电信	13 831	165 968	2 449	67 752	17 269	203 100	6. 8	13	219	5. 94
83	76	88	麦德龙/ Metro AG	德国	零售	13 600	33 571	32 104	67 690	107 210	242 010	44. 1	245	549	44. 63
84	29	39	挪威海德鲁公司/ Norsk Hydro Asa	挪威	多种经营	13 429	32 729	23 158	25 716	30 866	44 602	66. 8	254	335	75. 82

2003 年按国外资产排序的世界最大 100 家非金融类跨国公司名录（续）

（100 万美元和雇员数）

排名			公司名称	国别/地区	行业	资产额		销售额		雇员数		跨国指数（%）	子公司数目		国际化指数（%）
国外资产	跨国指数	国际化指数				国外	总计	国外	总计	国外	总计		国外	总计	
85	52	97	克里斯蒂奥/ Christian Dior SA	法国	纺织品	13 388	31 895	8 461	15 745	36 391	56 815	53. 3	10	35	28. 57
86	2	8	CRH Plc	爱尔兰	木材和其他建材商	13 184	13 976	13 070	13 608	51 694	54 239	95. 2	421	476	88. 45
87	64	61	苏格兰电力/ Scottish Power	英国	公用电力	12 991	24 665	4 753	10 352	6 663	14 339	48. 4	71	115	61. 74
88	71	72	美国铝业/ Alcoa	美国	金属和金属制品	12 931	31 711	8 319	21 504	70 700	120 000	46. 1	104	188	55. 32
89	9	11	阳狮集团/ Publicis Groupe SA	法国	商务服务	12 919	13 400	4 367	4 879	21 451	35 166	82. 3	295	342	86. 26
90	97	73	丸红株式会社/ Marubeni Corporation	日本	批发贸易	12 814	39 722	25 175	73 815	1 723	24 417	24. 5	161	293	54. 95
91	13	60	赫尔辛/ Holcim AG	瑞士	非金属矿产品	12 808	20 091	6 596	10 187	46 946	48 200	75. 3	105	170	61. 76
92	5	17	吉百利史威士/ Cadbury Schweppes Plc	英国	食品和饮料	12 804	14 209	8 862	10 525	48 390	55 799	87. 0	94	113	83. 19
93	79	26	惠氏/ Wyeth	美国	制药	12 776	29 727	6 269	15 851	21 617	52 385	41. 3	67	84	79. 76
94	88	96	Statoil Asa	挪威	石油开采/冶炼/分销	12 721	33 174	9 684	37 239	7 491	19 326	34. 4	35	112	31. 25
95	17	98	英国宇航系统公司/ BAE Systems Plc	英国	运输设备	12 695	16 802	17 530	22 450	48 900	72 300	73. 8	57	248	22. 98
96	56	19	博世/ Robert Bosch GmbH	德国	机械设备	12 683	40 410	32 761	45 919	123 000	232 000	51. 9	210	256	82. 03
97	51	45	摩托罗拉/ Motorola Inc	美国	电信	12 618	32 098	17 983	27 058	48 400	88 000	53. 6	79	109	72. 48
98	39	51	贝塔斯曼/ Bertelsmann	德国	传媒	12 498	25 466	14 694	21 219	46 157	73 221	60. 5	320	468	68. 38
99	75	7	三星电子/ Samsung Electronics Co Ltd	韩国	电器和电子设备	12 387	56 524	41 362	54 349	19 026	55 397	44. 1	80	89	89. 89
100	91	59	国际纸业公司/ International Paper Company	美国	纸业	12 088	35 525	6 992	25 179	28 980	82 800	32. 3	93	148	62. 84

资料来源：联合国贸发会议《2005 世界投资报告》。

跨国指数为以下三个比率的平均数：国外资产与总资产比率、国外销量与总销量比率、国外雇员与总雇员比率。

国际化指数为国外子公司与子公司总数比率。

2003 年按国外资产排序的发展中国家（地区）最大 50 家非金融类跨国公司名录

（100 万美元和雇员数）

排名			公司名称	国别/地区	行业	资产额		销售额		雇员数		跨国指数（%）	子公司数目		国际化指数（%）
国外资产	跨国指数	国际化指数				国外	总计	国外	总计	国外	总计		国外	总计	
1	7	10	和记黄埔/ Hutchison Whampoa Limited	中国香港	多种经营	59 141	80 340	10 800	18 699	104 529	126 250	71. 4	1 900	2 350	80. 85
2	27	12	新加坡电信/ Singtel Ltd.	新加坡	电信	17 911	21 668	4 672	68 848	8 642	21 716	43. 1	23	30	76. 67
3	42	16	马来西亚国家石油公司/ Petronas – Petroliam Nasional Bhd	马来西亚	石油开采/冶炼/分销	16 114	53 457	8 981	25 661	3 625	30 634	25. 7	167	234	71. 37
4	26	3	三星电子/ Samsung Electronics Co., Ltd.	韩国	电器和电子设备	12 387	56 524	41 362	54 349	19 026	55 397	44. 1	80	89	89. 89
5	12	15	墨西哥水泥公司/ Cemex S. A.	墨西哥	建材	11 054	16 021	5 189	7 167	17 051	25 965	69. 0	35	48	72. 92
6	23	14	美洲移动/ América Móvil	墨西哥	电信	8 676	13 348	3 107	7 649	8 403	18 471	50. 4	12	16	75. 00
7	31	27	中国远洋运输（集团）总公司	中国	运输和仓储	8 457	18 007	6 076	9 163	4 600	64 586	40. 1	22	56	39. 29
8	46	44	巴西石油公司/ Petroleo Brasileiro S. A. – Petrobras	巴西	石油开采/冶炼/分销	7 827	53 612	8 665	42 690	5 810	48 798	15. 6	13	79	16. 46
9	25	4	LG 电子/LG Electronics Inc.	韩国	电器和电子设备	7 118	20 173	14 443	29 846	36 268	63 951	46. 8	134	151	88. 74
10	16	17	怡和控股/ Jardine Matheson Holdings Ltd	中国香港	多种经营	6 159	8 949	5 540	8 477	57 895	110 000	62. 3	16	23	69. 57
11	10	37	塞佩公司/ Sappi Limited	南非	纸业	4 887	6 203	3 287	4 299	9 454	16 939	70. 4	115	456	25. 22
12	33	6	萨索尔公司/ Sasol Limited	南非	化工	4 226	10 536	5 033	9 722	5 643	31 150	36. 7	21	25	84. 00
13	50	21	中国石油天然气集团公司	中国	石油开采/冶炼/分销	4 060	97 653	5 218	57 423	22 000	1 167 129	5. 0	119	204	58. 33
14	22	49	嘉德置地/ Capitaland Limited	新加坡	房地产	3 936	10 316	1 449	2 252	5 033	10 175	50. 7	2	61	3. 28
15	8	8	城市发展有限公司/ City Developments Limited	新加坡	酒店	3 879	7 329	703	930	11 549	13 703	70. 9	228	275	82. 91
16	4	2	香格里拉(亚洲)有限公司/ Shangri – La Asia Limited	中国香港	酒店	3 672	4 743	436	542	12 619	16 300	78. 4	29	31	93. 55
17	15	18	中信泰富有限公司/ Citic Pacific Ltd.	中国香港	多种经营	3 574	7 167	2 409	3 372	8 045	12 174	62. 5	2	3	66. 67
18	45	35	中电控股有限公司/ CLP Holdings	中国香港	电、气、水供应	3 564	9 780	298	3 639	488	4 705	18. 3	3	11	27. 27
19	41	30	中国建筑工程总公司	中国	建筑	3 417	9 677	2 716	9 134	17 051	121 549	26. 4	28	75	37. 33

2003 年按国外资产排序的发展中国家（地区）最大 50 家非金融类跨国公司名录（续）

（100 万美元和雇员数）

排名			公司名称	国别/地区	行业	资产额		销售额		雇员数		跨国指数（%）	子公司数目		国际化指数（%）
国外资产	跨国指数	国际化指数				国外	总计	国外	总计	国外	总计		国外	总计	
20	24	29	MTN 集团有限公司/ MTN Group Limited	南非	电信	3 374	4 819	1 308	3 595	2 601	6 063	49. 8	6	16	37. 50
21	2	25	亚洲食品及不动产有限公司/ Asia Food & Properties	新加坡	食品和饮料	3 331	3 537	1 232	1 273	32 295	41 800	89. 4	2	4	50. 00
22	11	5	伟创力国际/ Flextronics International Ltd.	新加坡	电器和电子设备	3 206	5 634	4 674	8 340	80 091	82 000	70. 2	92	106	86. 79
23	30	34	淡水河谷公司/ Companhia Vale do Rio Doce	巴西	采矿和采石	3 155	11 434	6 513	7 001	224	29 632	40. 5	16	55	29. 09
24	29	41	杨忠礼集团/ YTL Corp. Berhad	马来西亚	公用服务	2 878	6 248	489	1 060	1 518	4 895	41. 1	24	115	20. 87
25	20	13	鸿海精密/ Hon Hai Precision Industries	中国台湾省	电器和电子设备	2 597	6 032	4 038	10 793	78 575	93 109	54. 9	25	33	75. 76
26	9	40	华润/ China Resources Enterprises	中国香港	石油开采/冶炼/分销	2 364	4 034	2 542	4 450	76 364	80 000	70. 4	4	19	21. 05
27	49	50	印度石油天然气公司/ Oil & Natural Gas Corp.	印度	石油开采/冶炼/分销	2 328	15 249	648	9 370	4 515	38 033	11. 4	1	40	2. 50
28	5	20	东方海皇轮船公司/ Neptune Orient Lines Ltd.	新加坡	运输和仓储	2 266	4 064	4 705	5 523	10 367	11 322	77. 5	6	10	60. 00
29	37	47	联华电子/ United Microelectronics Corporation	中国台湾省	电器和电子设备	2 251	10 302	1 891	2 781	1 045	10 576	33. 2	7	75	9. 33
30	44	31	新加坡航空有限公司/ Singapore Airlines Limited	新加坡	运输和仓储	2 118	11 278	2 932	6 182	2 465	29 734	24. 8	4	11	36. 36
31	32	32	热道尔冶金公司/ Metalurgica Gerdau S. A.	巴西	金属和金属制品	2 056	4 770	2 096	4 531	5 334	19 597	38. 9	19	53	35. 85
32	21	24	Barloworld Ltd	南非	多种经营	1 967	3 482	2 380	4 574	10 514	22 749	51. 6	2	4	50. 00
33	40	1	昆腾/ Quanta Computer Inc	中国台湾省	电脑和相关产品	1 934	4 593	737	8 657	5 772	17 318	28. 0	4	4	100. 00
34	1	9	第一太平洋有限公司/ First Pacific Company Limited	中国香港	电器和电子设备	1 910	2 074	2 162	2 162	46 926	46 951	97. 3	28	34	82. 35
35	43	11	现代汽车/ Hyundai Motor Company	韩国	汽车	1 780	20 334	12 008	20 935	4 825	51 837	25. 1	8	10	80. 00

2003 年按国外资产排序的发展中国家（地区）最大 50 家非金融类跨国公司名录（续）

（100 万美元和雇员数）

排名			公司名称	国别/地区	行业	资产额		销售额		雇员数		跨国指数（%）	子公司数目		国际化指数（%）
国外资产	跨国指数	国际化指数				国外	总计	国外	总计	国外	总计		国外	总计	
36	36	33	台湾积体电路制造公司/ Taiwan Semiconductor Manufacturing Co Ltd	中国台湾省	电脑和相关产品	1 539	11 957	3 787	6 067	4 442	16 997	33.8	4	12	33.33
37	17	48	明基公司/ Benq Corp.	中国台湾省	电脑和相关产品	1 497	2 778	1 838	3 774	11 100	14 911	59.0	1	14	7.14
38	48	28	中国海洋石油总公司	中国	石油和天然气	1 467	14 479	1 877	6 507	1 000	24 000	14.4	41	105	39.05
39	19	23	花莎尼有限公司/ Fraser & Neave Limited	新加坡	食品和饮料	1 395	4 536	1 232	2 140	9 951	12 878	55.2	80	148	54.05
40	39	26	太古股份有限公司/ Swire Pacific Limited	中国香港	商务服务	1 387	12 060	1 042	2 263	18 791	56 700	30.2	231	470	49.15
41	35	42	吉宝集团/ Keppel Corporation Limited	新加坡	多种经营	1 361	5 928	898	3 496	11 364	20 402	34.8	10	53	18.87
42	3	22	裕元工业/ Yue Yuen Industrial Holdings Limited	中国香港	纺织品和皮革制品	1 317	2 569	2 470	2 520	241 800	242 000	83.1	18	33	54.55
43	13	19	宏碁/ Acer Inc.	中国台湾省	电器和电子设备	1 244	3 451	3 637	4 640	5 374	6 368	66.3	9	14	64.29
44	28	43	台达电子/ Delta Electronics Inc.	中国台湾省	电子	1 219	1 861	266	1 458	1 356	3 238	41.9	13	78	16.67
45	38	39	Grupo Bimbo SA De Cv	墨西哥	食品	1 156	2 716	1 417	4 153	15 525	70 644	32.9	50	232	21.55
46	14	46	中国五矿集团公司	中国	采矿和加工	1 150	5 352	1 933	1 168	973	33 000	63.3	22	162	13.58
47	6	7	马联工业集团/ The MUI Group	马来西亚	酒店	1 135	1 840	499	621	9 022	11 000	74.7	166	199	83.42
48	18	38	Gruma S. A. De C. V.	墨西哥	食品和饮料	1 086	2 081	1 396	2 051	8 519	15 104	58.9	12	52	23.08
49	47	45	香港电灯集团有限公司/ Hongkong Electric Holdings Limited	中国香港	电、气、水供应	1 074	7 305	258	1 449	295	2 092	15.5	1	7	14.29
50	34	36	南亚塑胶/ Nan Ya Plastics Corporation	中国台湾省	橡胶和塑料制品	1 030	8 576	936	5 052	16 478	22 027	35.1	3	11	27.27

资料来源：联合国贸发会议《2005 世界投资报告》。

跨国指数为以下三个比率的平均数：国外资产与总资产比率、国外销量与总销量比率、国外雇员与总雇员比率。

国际化指数为国外子公司与子公司总数比率。

2005 年世界最大 500 家公司名录

排名	公司名称		2005 年总收入（百万美元）	2005 年利润（百万美元）
1	埃克森-美孚	Exxon Mobil	339 938.0	36 130.0
2	沃尔玛	Wal-Mart Stores	315 654.0	11 231.0
3	皇家荷兰/壳牌集团	Royal Dutch Shell	306 731.0	25 311.0
4	英国石油	BP	267 600.0	22 341.0
5	通用汽车	General Motors	192 604.0	-10 567.0
6	雪佛龙	Chevron	189 481.0	14 099.0
7	戴姆勒-克莱斯勒	DaimlerChrysler	186 106.3	3 536.3
8	丰田汽车	Toyota Motor	185 805.0	12 119.6
9	福特汽车	Ford Motor	177 210.0	2 024.0
10	康菲	ConocoPhillips	166 683.0	13 529.0
11	通用电气	General Electric	157 153.0	16 353.0
12	道达尔	Total	152 360.7	15 250.0
13	荷兰国际集团	ING Group	138 235.3	8 958.9
14	花旗集团	Citigroup	131 045.0	24 589.0
15	安盛保险	AXA	129 839.2	5 186.5
16	安联保险	Allianz	121 406.0	5 442.4
17	大众	Volkswagen	118 376.6	1 391.7
18	富通	Fortis	112 351.4	4 896.3
19	农业信贷银行	Crĕdit Agricole	110 764.6	7 434.3
20	美国国际集团	American Intl. Group	108 905.0	10 477.0
21	忠利保险	Assicurazioni Generali	101 403.8	2 384.0
22	西门子	Siemens	100 098.7	2 854.9
23	中国石化	Sinopec	98 784.9	2 668.4
24	日本电信电话	Nippon Telegraph & Telephone	94 869.3	4 404.6
25	家乐福	Carrefour	94 454.5	1 784.3
26	汇丰控股	HSBC Holdings	93 494.0	15 873.0
27	埃尼集团	ENI	92 603.3	10 919.7
28	英杰华	Aviva	92 579.4	3 211.4
29	IBM	Intl. Business Machines	91 134.0	7 934.0
30	麦克埃森	McKesson	88 050.0	751.0
31	本田汽车	Honda Motor	87 510.7	5 273.2
32	国家电网（中国）	State Grid	86 984.3	1 073.5
33	惠普	Hewlett-Packard	86 696.0	2 398.0
34	法国巴黎银行	BNP Paribas	85 687.2	7 271.5
35	委内瑞拉石油公司	PDVSA	85 618.0	4 661.0
36	瑞银集团	UBS	84 707.6	11 257.5
37	美洲银行集团	Bank of America Corp.	83 980.0	16 465.0
38	日立	Hitachi	83 596.3	329.6
39	中国石油	China National Petroleum	83 556.5	12 950.0
40	墨西哥石油	Pemex	83 381.7	-7 001.7

2005 年世界最大 500 家公司名录（续）

排名	公　司　名　称		2005 年总收入（百万美元）	2005 年利润（百万美元）
41	日产汽车	Nissan Motor	83 273.8	4 575.6
42	伯克希尔·哈撒韦	Berkshire Hathaway	81 663.0	8 528.0
43	家得宝	Home Depot	81 511.0	5 838.0
44	瓦莱罗能源	Valero Energy	81 362.0	3 590.0
45	J. P. 摩根-大通	J. P. Morgan Chase & Co.	79 902.0	8 483.0
46	三星电子	Samsung Electronics	78 716.6	7 458.8
47	松下电器	Matsushita Electric Industrial	78 557.7	1 363.8
48	德意志银行	Deutsche Bank	76 227.6	4 385.0
49	苏格兰哈里法克斯银行	HBOS	75 798.8	5 870.4
50	弗莱森电讯	Verizon Communications	75 111.9	7 397.0
51	卡迪纳尔健康	Cardinal Health	74 915.1	1 050.7
52	保诚保险	Prudential	74 744.7	1 359.5
53	雀巢	Nestlě	74 658.6	6 415.5
54	德国电信	Deutsche Telekom	74 061.8	6 938.5
55	Dexia 集团	Dexia Group	72 814.3	2 532.3
56	麦德龙	Metro	72 814.3	659.8
57	瑞士信贷	Credit Suisse	72 193.5	4 694.3
58	皇家苏格兰银行	Royal Bank of Scotland	71 164.3	9 997.8
59	特易购	Tesco	71 127.6	2 820.8
60	标致	Peugeot	69 915.4	1 278.6
61	美国邮政总局	U. S. Postal Service	69 907.0	1 445.0
62	Altria 集团	Altria Group	69 148.0	10 435.0
63	苏黎世金融服务	Zurich Financial Services	67 186.0	3 214.0
64	意昂	E. ON	66 313.2	9 203.7
65	索尼	Sony	66 025.6	1 091.8
66	沃达丰	Vodafone	65 314.2	-39 092.9
67	兴业银行	Sociětě Gěněrale	64 441.9	5 524.4
68	法国电力	ělectricitě De France	63 434.1	4 028.4
69	日本生命保险	Nippon Life Insurance	61 158.3	1 812.5
70	国家石油（挪威）	Statoil	61 032.7	4 768.7
71	法国电信	France Tělěom	60 932.9	7 093.8
72	LG	LG	60 574.1	587.5
73	克罗格	Kroger	60 552.9	958.0
74	慕尼黑再保险集团	Munich Re Group	60 255.7	3 318.9
75	德国邮政总局	Deutsche Post	59 989.8	2 777.1
76	州立农业保险	State Farm Insurance Cos	59 223.9	3 241.8
77	马拉松石油	Marathon Oil	58 958.0	3 032.0
78	宝马汽车	BMW	57 973.1	2 782.1
79	菲亚特	Fiat	57 833.9	1 653.9
80	现代汽车	Hyundai Motor	57 434.9	2 268.7

2005年世界最大500家公司名录（续）

排名	公　　司　　名　　称		2005年总收入（百万美元）	2005年利润（百万美元）
81	宝洁	Procter & Gamble	56 741.0	7 257.0
82	荷兰银行	ABN AMRO Holding	56 614.9	5 444.9
83	皇家阿霍德	Royal Ahold	56 427.3	165.3
84	莱普索尔·YPF	Repsol YPF	56 423.6	3 876.8
85	法通保险	Legal & General Group	56 384.8	1 715.7
86	巴西石油	Petrobrās	56 324.0	10 344.0
87	东芝	Toshiba	56 028.0	690.6
88	戴尔	Dell	55 908.0	3 572.0
89	劳埃德—TSB集团	Lloyds TSB Group	55 407.0	4 530.9
90	蒂森—克虏伯	ThyssenKrupp	55 260.7	1 294.1
91	波音	Boeing	54 848.0	2 572.0
92	美媛—贝尔根健康服务	AmerisourceBergen	54 589.6	264.6
93	桑坦德集团	Santander Central Hispano Group	53 848.8	7 728.9
94	巴斯夫	BASF	53 113.3	3 736.0
95	好市多	Costco Wholesale	52 935.2	1 063.1
96	里昂苏伊士水务	Suez	52 742.9	3 122.2
97	塔吉特	Target	52 620.0	2 408.0
98	摩根士丹利	Morgan Stanley	52 498.0	4 939.0
99	博世	Robert Bosch	52 207.6	2 918.8
100	雷诺	Renault	51 365.1	4 183.7
101	辉瑞	Pfizer	51 353.0	8 085.0
102	俄罗斯天然气工业	Gazprom	50 824.4	14 865.2
103	巴克莱银行	Barclays	50 634.3	6 264.8
104	强生	Johnson & Johnson	50 514.0	10 411.0
105	莱茵集团	RWE	50 346.2	2 772.2
106	联合利华	Unilever	49 580.8	4 679.5
107	西尔斯控股	Sears Holdings	49 124.0	858.0
108	西班牙电话	Telefōnica	48 833.3	5 524.3
109	法国国家人寿保险	CNP Assurances	48 474.9	1 183.3
110	美林	Merrill Lynch	47 783.0	5 116.0
111	鲜京	SK	47 142.6	1 595.7
112	大都会人寿	MetLife	46 983.0	4 714.0
113	东京电力	Tokyo Electric Power	46 418.3	2 741.5
114	陶氏化学	Dow Chemical	46 307.0	4 515.0
115	卢克石油	Lukoil	46 284.0	6 443.0
116	联合健康集团	UnitedHealth Group	45 365.0	3 300.0
117	Wellpoint	Wellpoint	45 136.0	2 463.8
118	新日本石油	Nippon Oil	45 071.2	1 470.7
119	第一相互生命保险	Dai-ichi Mutual Life Insurance	44 597.8	1 340.8
120	马来西亚国家石油	Petronas	44 280.4	11 565.4

2005 年世界最大 500 家公司名录（续）

排名	公司名称		2005 年总收入（百万美元）	2005 年利润（百万美元）
121	美国电话电报	AT&T	43 862.0	4 786.0
122	时代华纳	Time Warner	43 652.0	2 905.0
123	圣戈班	Saint-Gobain	43 626.4	1 570.6
124	高盛集团	Goldman Sachs Group	43 391.0	5 626.0
125	劳氏	Lowe's	43 243.0	2 771.0
126	联合技术	United Technologies	42 725.0	3 069.0
127	三菱商事	Mitsubishi	42 633.2	3 091.7
128	NEC	NEC	42 615.4	107.2
129	UPS	United Parcel Service	42 581.0	3 870.0
130	欧洲航空航天	EADS	42 503.1	2 082.5
131	诺基亚	Nokia	42 484.5	4 493.1
132	意大利国家电力	Enel	42 320.5	4 839.8
133	富士通	Fujitsu	42 319.4	605.4
134	沃尔格林	Walgreen	42 201.6	1 559.5
135	欧尚集团	Groupe Auchan	42 073.2	1 197.8
136	泰科国际	Tyco International	41 780.0	3 032.0
137	阿塞洛	Arcelor	40 521.3	4 778.9
138	富国银行	Wells Fargo	40 407.0	7 671.0
139	埃伯森	Albertson's	40 397.0	446.0
140	微软	Microsoft	39 788.0	12 254.0
141	意大利电信	Telecom Italia	39 764.5	3 996.1
142	永旺	AEON	39 480.6	257.8
143	葛兰素-史克	GlaxoSmithKline	39 366.1	8 752.9
144	英特尔	Intel	38 826.0	8 664.0
145	飞利浦电子	Royal Philips Electronics	38 579.1	3 563.7
146	塞夫韦商店	Safeway	38 416.0	561.1
147	三菱-日联金融集团	Mitsubishi UFJ Financial Group	37 925.6	6 807.2
148	美可健康服务	Medco Health Solutions	37 870.9	602.0
149	全球保险	Aegon	37 694.4	3 394.7
150	洛克希德·马丁	Lockheed Martin	37 213.0	1 825.0
151	CVS	CVS	37 006.2	1 224.7
152	摩托罗拉	Motorola	36 843.0	4 578.0
153	印度石油	Indian Oil	36 537.0	1 115.3
154	房地美	Freddie Mac	36 526.0	2 130.0
155	三井物产	Mitsui	36 349.3	1 787.7
156	卡特彼勒	Caterpillar	36 339.0	2 854.0
157	阿彻-丹尼尔斯-米德兰	Archer Daniels Midland	35 943.8	1 044.4
158	美联银行	Wachovia Corp.	35 908.0	6 643.0
159	赛诺菲-安万特	Sanofi-Aventis	35 429.2	2 805.7
160	好事达保险	Allstate	35 383.0	1 765.0

2005年世界最大500家公司名录（续）

排名	公司名称		2005年总收入（百万美元）	2005年利润（百万美元）
161	穆勒-马士基	Moller（A. P.）-Maersk	35 214.7	3 349.8
162	英国电信	BT	34 808.3	2 759.5
163	拜耳	Bayer	34 804.2	1 984.4
164	Seven & I 控股	Seven & I Holdings	34 717.3	783.6
165	斯普林特—耐克斯太尔	Sprint Nextel	34 680.0	1 785.0
166	住友生命保险	Sumitomo Life Insurance	34 625.7	632.2
167	德国合作银行集团	DZ Bank	34 554.5	523.1
168	新日本制铁	Nippon Steel	34 501.8	3 037.5
169	Groupe Caisse Děpargne	Groupe Caisse Děpargne	34 245.1	2 573.4
170	佳能	Canon	34 091.6	3 488.0
171	明治—安田生命保险	Meiji Yasuda Life Insurance	33 632.4	2 036.6
172	标准人寿保险	Standard Life Assurance	33 452.1	0.0
173	Caremark Rx	Caremark Rx	32 991.3	932.4
174	住友三井金融集团	Sumitomo Mitsui Financial Group	32 725.0	6 066.4
175	百事	PepsiCo	32 562.0	4 078.0
176	雷曼兄弟控股	Lehman Brothers Holdings	32 420.0	3 260.0
177	诺华	Novartis	32 212.0	6 130.0
178	沃尔沃	Volvo	32 183.6	1 746.2
179	弗朗茨·海涅尔	Franz Haniel	32 172.5	730.6
180	沃尔特·迪士尼	Walt Disney	31 944.0	2 533.0
181	三菱电机	Mitsubishi Electric	31 833.4	845.2
182	保德信金融	Prudential Financial	31 708.0	3 540.0
183	荷兰合作银行	Rabobank	31 659.3	2 359.6
184	瑞穗金融集团	Mizuho Financial Group	31 421.5	5 740.2
185	Veolia 环境	Veolia Environnement	31 368.4	774.1
186	全美管道	Plains All Amer. Pipeline	31 177.3	217.8
187	太阳石油	Sunoco	31 176.0	974.0
188	德国联邦铁路	Deutsche Bahn	31 132.4	720.7
189	百思买	Best Buy	30 848.0	1 140.0
190	Northrop Grumman	Northrop Grumman	30 721.0	1 400.0
191	布伊格	Bouygues	30 548.4	1 033.8
192	西斯科	Sysco	30 281.9	961.5
193	美国运通	American Express	30 080.0	3 734.0
194	千禧控股	Millea Holdings	30 029.8	794.6
195	必和必拓集团	BHP Billiton	29 587.0	6 398.0
196	英美资源集团（英国）	Anglo American	29 434.0	3 521.0
197	联邦快递	FedEx	29 363.0	1 449.0
198	Foncière Euris	Foncière Euris	29 308.4	21.1
199	中国工商银行	Industrial & Commercial Bank of China	29 167.1	4 113.5
200	霍尼韦尔国际	Honeywell Intl.	28 862.0	1 655.0

2005年世界最大500家公司名录（续）

排名	公司名称		2005年总收入（百万美元）	2005年利润（百万美元）
201	英格拉姆·麦克罗	Ingram Micro	28 808.3	216.9
202	中国移动	China Mobile Communications	28 777.8	5 053.8
203	J. 圣斯伯雷	J. Sainsbury	28 649.0	114.2
204	罗氏集团	Roche Group	28 495.6	4 643.7
205	杜邦	DuPont	28 491.0	2 053.0
206	鸿海精密	Hon Hai Precision Industry	28 350.1	1 268.1
207	电装	Denso	28 160.4	1 498.4
208	米塔尔钢铁	Mittal Steel	28 132.0	3 365.0
209	瑞士再保险	Swiss Reinsurance	28 092.8	1 164.3
210	纽约人寿保险	New York Life Insurance	28 051.0	1 421.6
211	江森自控	Johnson Controls	28 019.5	909.4
212	法国天然气	Gaz de France	27 826.0	2 165.8
213	俄罗斯统一能源	UES of Russia	27 768.1	1 868.2
214	鲁尔煤矿	RAG	27 762.1	210.7
215	丸红	Marubeni	27 732.2	651.8
216	科尔斯·梅耶	Coles Myer	27 408.8	465.4
217	中国人寿保险	China Life Insurance	27 389.2	25.0
218	JFE控股	JFE Holdings	27 365.9	2 879.3
219	戴菲	Delphi	27 201.0	−6 369.0
220	哈特福德金融服务	Hartford Financial Services	27 083.0	2 274.0
221	KDDI	KDDI	27 034.1	1 683.2
222	挪威水电	Norsk Hydro	27 032.8	2 426.7
223	万喜	Vinci	26 991.5	1 082.5
224	三星人寿保险	Samsung Life Insurance	26 692.3	618.4
225	美铝公司	Alcoa	26 601.0	1 233.0
226	澳洲银行	National Australia Bank	26 471.4	3 163.3
227	宏利金融	Manulife Financial	26 446.5	2 715.9
228	法航—荷航集团	Air France-KLM Group	26 098.9	1 110.8
229	法国国营铁路	SNCF	26 086.4	1 579.3
230	耆卫	Old Mutual	26 084.1	1 575.7
231	泰森食品	Tyson Foods	26 014.0	353.0
232	乔治·威斯顿	George Weston	25 947.2	576.0
233	教师保险和退休基金	TIAA-CREF	25 916.8	2 000.8
234	国际纸业	International Paper	25 797.0	1 100.0
235	马自达汽车	Mazda Motor	25 788.9	589.2
236	浦项制铁	POSCO	25 677.8	3 916.4
237	出光兴产	Idemitsu Kosan	25 370.0	241.9
238	森特理克	Centrica	25 062.7	1 839.3
239	威旺迪	Vivendi	25 061.3	3 919.0
240	韩国电力	Korea Electric Power	24 841.0	2 350.5

2005 年世界最大 500 家公司名录（续）

排名	公司名称		2005 年总收入（百万美元）	2005 年利润（百万美元）
241	思科系统	Cisco Systems	24 801.0	5 741.0
242	夏普	Sharp	24 705.0	783.2
243	三菱重工	Mitsubishi Heavy Industries	24 660.8	263.3
244	哥伦比亚医药卫生	HCA	24 455.0	1 424.0
245	普利司通	Bridgestone	24 440.2	1 641.8
246	圣保罗旅行者保险	St. Paul Travelers	24 365.0	1 622.0
247	邦奇	Bunge	24 275.0	530.0
248	立博	Ladbrokes	24 271.0	601.2
249	铃木汽车	Suzuki Motor	24 257.6	582.4
250	加拿大皇家银行	Royal Bank of Canada	24 145.6	2 781.4
251	伍尔沃特	Woolworths	24 035.7	594.6
252	法国邮政总局	La Poste	24 017.5	692.1
253	阿斯利康	AstraZeneca	23 950.0	4 706.0
254	巴登-符腾堡州立银行	Landesbank Baden-Wurttemberg	23 943.7	836.2
255	中国银行	Bank Of China	23 860.1	3 851.6
256	新闻集团	News Corp.	23 859.0	2 128.0
257	日本矿业控股	Nippon Mining Holdings	23 615.3	855.9
258	富士胶卷	Fuji Photo Film	23 560.2	326.9
259	和记黄埔	Hutchison Whampoa	23 474.8	1 844.1
260	金巴斯集团	Compass Group	23 468.7	1.8
261	国际旅游联盟集团	TUI	23 364.9	567.5
262	联合百货	Federated Dept. Stores	23 347.0	1 406.0
263	赫斯	Hess	23 255.0	1 242.0
264	德尔海兹集团	Delhaize Group	23 162.0	453.4
265	泰国国家石油	PTT	23 109.0	2 125.7
266	中国南方电网	China Southern Power Grid	23 105.0	367.1
267	可口可乐	Coca-Cola	23 104.0	4 872.0
268	惠好	Weyerhaeuser	23 000.0	733.0
269	布拉德斯科银行	Banco Bradesco	22 920.4	2 265.2
270	东日本铁路	East Japan Railway	22 896.9	1 391.7
271	安泰	Aetna	22 885.0	1 634.5
272	比利时联合银行	KBC Group	22 879.3	2 794.5
273	美纳国际	Magna International	22 811.0	639.0
274	住友商事	Sumitomo	22 799.9	1 415.3
275	麻省相互人寿保险	Massachusetts Mutual Life Insurance	22 798.8	1 446.0
276	关西电力	Kansai Electric Power	22 779.1	1 422.4
277	中国建设银行	China Construction Bank	22 770.6	5 748.8
278	阿第克	Adecco	22 742.7	562.9
279	中国电信	China Telecommunications	22 735.8	2 376.3
280	恩德萨	Endesa	22 650.7	3 953.8

2005年世界最大500家公司名录（续）

排名	公司名称		2005年总收入（百万美元）	2005年利润（百万美元）
281	ABB	ABB	22 642.0	735.0
282	汉莎集团	Lufthansa Group	22 446.9	562.9
283	雅培制药	Abbott Laboratories	22 337.8	3 372.1
284	丹麦银行集团	Danske Bank Group	22 336.5	2 137.3
285	Comcast	Comcast	22 255.0	928.0
286	意大利联合信贷银行	UniCredito Italiano	22 230.7	3 069.1
287	贝塔斯曼	Bertelsmann	22 229.5	1 093.5
288	春天集团	PPR	22 075.0	665.3
289	默克	Merck	22 011.9	4 631.3
290	加拿大鲍尔集团	Power Corp. of Canada	21 962.1	869.0
291	威廉·莫里森超市	William Morrison Supermarkets	21 939.3	-452.6
292	迪尔	Deere	21 930.5	1 446.8
293	雷神	Raytheon	21 894.0	871.0
294	全国保险企业	Nationwide	21 832.0	1 149.0
295	T&D控股	T&D Holdings	21 588.8	313.9
296	宝钢集团	Baosteel Group	21 501.4	1 395.2
297	华盛顿相互保险	Washington Mutual	21 326.0	3 432.0
298	通用动力	General Dynamics	21 290.0	1 461.0
299	三菱化学	Mitsubishi Chemical Holdings	21 276.6	755.8
300	三洋电器	Sanyo Electric	21 171.3	-1 816.5
301	3M	3M	21 167.0	3 199.0
302	利宝互助保险集团	Liberty Mutual Ins. Group	21 161.0	1 027.0
303	甘保险集团	Groupama	21 093.8	676.0
304	中化	Sinochem	21 089.0	260.2
305	卡尔斯泰特-奎尔	Karstadt Quelle	21 004.2	-393.2
306	哈利伯顿	Halliburton	20 994.0	2 358.0
307	沙特阿拉伯基础工业	SABIC	20 865.5	5 108.7
308	Wolseley	Wolseley	20 806.2	852.4
309	公众超市	Publix Super Markets	20 744.8	989.2
310	力拓集团	Rio Tinto Group	20 742.0	5 215.0
311	德国商业银行	Commerzbank	20 721.0	1 447.6
312	美利坚航空	AMR	20 712.0	-861.0
313	加铝集团	Alcan	20 659.0	129.0
314	南方贝尔	BellSouth	20 613.0	3 294.0
315	技术数据	Tech Data	20 542.1	26.6
316	电子数据系统	Electronic Data Systems	20 537.0	150.0
317	意大利邮政总局	Poste Italiane	20 485.2	433.5
318	麦当劳	McDonald's	20 460.2	2 602.2
319	爱立信	L. M. Ericsson	20 311.6	3 272.4
320	英国航空航天	BAE Systems	20 228.3	1 005.1

2005年世界最大500家公司名录（续）

排名	公司名称		2005年总收入（百万美元）	2005年利润（百万美元）
321	百时美—施贵宝	Bristol-Myers Squibb	20 222.0	3 000.0
322	西班牙石油	Cepsa	20 114.4	1 255.3
323	巴西银行	Banco Do Brasil	19 959.9	1 706.3
324	瓦卢超市批发	Supervalu	19 863.6	206.2
325	拉法基	Lafarge	19 842.5	1 361.9
326	莎莉	Sara Lee	19 727.0	719.0
327	固特异轮胎橡胶	Goodyear Tire & Rubber	19 723.0	228.0
328	伊藤忠商事	Itochu	19 592.1	1 282.0
329	威廉·希尔	William Hill	19 530.6	202.5
330	胜腾	Cendant	19 471.0	1 341.0
331	国泰金融控股	Cathay Financial Holdings	19 468.5	677.4
332	全美汽车租赁	AutoNation	19 468.0	496.5
333	日本航空	Japan Airlines	19 425.7	-417.3
334	奥地利石油天然气	OMV Group	19 389.5	1 560.8
335	米其林	Michelin	19 371.6	1 104.6
336	西北相互保险	Northwestern Mutual	19 220.8	923.8
337	科斯莫石油	Cosmo Oil	19 100.0	545.8
338	中部电力	Chubu Electric Power	18 994.0	1 055.1
339	J. C. 佩尼	J. C. Penney	18 968.0	1 088.0
340	杜克能源	Duke Energy	18 944.0	1 824.0
341	SHV 控股	SHV Holdings	18 825.7	444.3
342	信实工业	Reliancc Industries	18 773.3	2 125.1
343	惠氏	Wyeth	18 755.8	3 656.3
344	爱信精机	Aisin Seiki	18 729.7	539.6
345	三菱汽车	Mitsubishi Motors	18 725.1	-814.0
346	可口可乐企业	Coca-Cola Enterprises	18 706.0	514.0
347	联合商业银行	Banca Intesa	18 645.9	3 758.8
348	三井住友保险	Mitsui Sumitomo Insurance	18 608.6	632.9
349	Lyondell 化工	Lyondell Chemical	18 606.0	531.0
350	澳大利亚联邦银行	Commonwealth Bank of Australia	18 576.6	3 002.1
351	全国金融	Countrywide Financial	18 536.9	2 528.1
352	康力斯集团	Corus Group	18 429.0	821.5
353	Gasunie 贸易和供应	Gasunie Trade & Supply	18 311.7	44.7
354	曼恩集团	MAN Group	18 229.7	574.1
355	苏格兰和南方能源	Scottish & Southern Energy	18 096.6	1 145.7
356	永明金融服务	Sun Life Financial Servicos	18 087.6	1 540.7
357	克里斯蒂安·迪奥	Christian Dior	18 086.8	767.9
358	Koc 控股	Koc Holding	18 083.7	443.8
359	欧莱雅	LOreal	18 057.6	2 450.7
360	优势资源	Dominion Resources	18 041.0	1 033.0

2005 年世界最大 500 家公司名录（续）

排名	公司名称		2005 年总收入（百万美元）	2005 年利润（百万美元）
361	CRH	CRH	17 954.2	1 240.0
362	巴伐利亚州立银行	Bayerische Landesbank	17 896.4	740.8
363	奥托集团	Otto Group	17 858.6	113.4
364	韩国国民银行	Kookmin Bank	17 853.1	2 187.9
365	日本烟草	Japan Tobacco	17 742.2	1 780.1
366	住友电气	Sumitomo Electric Industries	17 727.7	515.3
367	俄罗斯石油	Rosneft Oil	17 670.0	4 159.0
368	巴哈拉特石油	Bharat Petroleum	17 613.8	111.3
369	联合航空	UAL	17 379.0	-21 176.0
370	星座能源	Constellation Energy	17 374.8	623.1
371	伊莱克斯	Electrolux	17 321.2	235.9
372	艾默生电子	Emerson Electric	17 305.0	1 422.0
373	瑞士人寿保险	Swiss Life	17 286.2	690.1
374	Vattenfall	Vattenfall	17 279.6	2 573.4
375	来爱德	Rite Aid	17 271.0	1 273.0
376	大陆	Continental	17 193.6	1 155.1
377	中国农业银行	Agricultural Bank of China	17 165.6	127.4
378	印度斯坦石油	Hindustan Petroleum	17 106.4	102.2
379	埃森哲	Accenture	17 094.4	940.5
380	利尔	Lear	17 089.2	-1 381.5
381	韩华	Hanwha	17 068.5	107.6
382	日本财产保险	Sompo Japan Insurance	17 059.4	595.1
383	澳大利亚电信	Telstra	17 042.9	3 345.1
384	日本邮船	Nippon Yusen	17 040.2	813.1
385	日本邮政	Japan Post	17 000.5	-2.6
386	伟世通	Visteon	16 976.0	-270.0
387	TNT	TNT	16 974.7	818.8
388	Mediceo Paltac 控股	Mediceo Paltac Holdings	16 973.2	184.1
389	豪赫蒂夫	Hochtief	16 965.0	78.0
390	英美烟草	British American Tobacco	16 947.8	3 218.7
391	理光	Ricoh	16 914.7	857.2
392	意大利圣保罗银行	San Paolo IMI	16 885.2	2 464.0
393	阿尔斯通	Alstom	16 852.6	216.6
394	国家电力供应（英国）	National Grid	16 840.5	6 863.9
395	国家电力（墨西哥）	CFE	16 825.0	443.8
396	加拿大能源	EnCana	16 801.0	3 426.0
397	韩国电信	KT	16 748.7	1 027.0
398	美洲电信（墨西哥）	America Telecom	16 719.2	1 083.2
399	信诺保险	Cigna	16 684.0	1 625.0
400	斯堪斯卡土木工程	Skanska	16 678.8	519.0

2005 年世界最大 500 家公司名录（续）

排名	公 司 名 称		2005 年总收入（百万美元）	2005 年利润（百万美元）
401	单化联盟	Alliance Unichem	16 668. 3	384. 0
402	石油天然气（印度）	Oil & Natural Gas	16 609. 2	3 481. 7
403	合众银行	U. S. Bancorp	16 596. 0	4 489. 0
404	西德意志银行	WestLB	16 535. 9	380. 2
405	贝尔加拿大企业	BCE	16 506. 4	1 618. 3
406	Tesoro	Tesoro	16 473. 0	507. 0
407	达能集团	Groupe Danone	16 455. 3	1 819. 1
408	斯道拉—恩索	Stora Enso	16 386. 3	−156. 9
409	米格罗百货	Migros	16 357. 8	560. 9
410	西班牙对外银行	Banco Bilbao Vizcaya Argentaria	16 339. 7	4 729. 2
411	阿尔卡特	Alcatel	16 321. 1	1 206. 5
412	西方石油	Occidental Petroleum	16 286. 0	5 281. 0
413	Express Scripts	Express Scripts	16 266. 0	400. 0
414	达美航空	Delta Air Lines	16 191. 0	−3 818. 0
415	伊塔乌投资银行	Itausa-Investimentos	16 185. 8	943. 7
416	拉卡德尔集团	Lagardere Groupe	16 169. 5	832. 5
417	皇家邮政控股	Royal Mail Holdings	16 153. 7	704. 6
418	阿克苏-诺贝尔	Akzo Nobel	16 153. 3	1 194. 1
419	万宝盛华	Manpower	16 080. 4	260. 1
420	Staples	Staples	16 078. 9	834. 4
421	TJK	TJX	16 057. 9	690. 4
422	加普	Gap	16 023. 0	1 113. 0
423	澳新银行	Australia & New Zealand Banking	15 940. 4	2 310. 4
424	艾德卡	Edeka Zentrale	15 916. 4	5. 3
425	金佰利	Kimberly-Clark	15 902. 6	1 568. 3
426	日本通运	Nippon Express	15 844. 5	164. 8
427	野村控股	Nomura Holdings	15 835. 0	2 687. 9
428	KFW 银行集团	KFW Bankengruppe	15 827. 4	776. 4
429	Altadis	Altadis	15 790. 8	716. 5
430	西太平洋银行	Westpac Banking	15 715. 3	2 157. 3
431	施乐	Xerox	15 701. 0	978. 0
432	鹿岛建设	Kajima	15 679. 8	198. 8
433	伟创力	Flextronics International	15 566. 0	141. 2
434	康家食品	ConAgra Foods	15 515. 7	641. 5
435	Centex	Centex	15 465. 1	1 289. 3
436	加拿大帝国商业银行	Canadian Imporial Bank of Commerce	15 431. 9	−26. 3
437	Exelon	Exelon	15 405. 0	923. 0
438	大成建设	Taisei	15 403. 5	250. 5
439	洛斯	Loews	15 363. 3	1 211. 6
440	多伦多道明银行	Toronto-Dominion Bank	15 327. 6	1 830. 4

2005 年世界最大 500 家公司名录（续）

排名	公司名称		2005 年总收入（百万美元）	2005 年利润（百万美元）
441	中国铁路工程	China Railway Engineering	15 293.7	82.7
442	英国航空	British Airways	15 188.7	804.5
443	苏古特石油天然气	Surgutneftegas	15 153.6	4 046.2
444	Finmeccanica	Finmeccanica	15 129.5	463.5
445	三星物产	Samsung	15 113.7	77.3
446	丰业银行	Bank of Nova Scotia	15 054.2	2 635.2
447	ACS	ACS	15 052.3	756.3
448	安海斯—布希	Anheuser-Busch	15 035.7	1 839.2
449	小松	Komatsu	15 032.4	1 009.4
450	卡索—环球电信	Carso Global Telecom	14 956.5	1 020.2
451	Cemex	Cemex	14 934.5	2 058.3
452	大荣	Daiei	14 927.9	3 681.9
453	庞巴迪	Bombardier	14 903.0	249.0
454	广达电脑	Quanta Computer	14 900.5	339.6
455	Pulte 家居	Pulte Homes	14 895.5	1 491.9
456	汉高	Henkel	14 878.5	940.6
457	皇家 KPN 电信	Royal KPN	14 831.2	1 785.6
458	Holcim	Holcim	14 819.5	1 235.8
459	索迪斯联合	Sodexho Alliance	14 819.0	201.9
460	北欧联合银行	Nordea Bank	14 798.9	2 811.9
461	神户制钢	Kobe Steel	14 726.3	746.9
462	东北电力	Tohoku Electric Power	14 662.1	478.5
463	中粮	COFCO	14 653.8	198.6
464	礼来大药厂	Eli Lilly	14 645.3	1 979.6
465	计算机科学	Computer Sciences	14 623.6	634.0
466	Iberdrola	Iberdrola	14 585.5	1 717.3
467	SK Networks	SK Networks	14 570.5	466.7
468	CBS	CBS	14 536.4	−7 089.1
469	施耐德电气	Schneider Electric	14 511.7	1 235.5
470	中国一汽	China First Automotive Works	14 510.8	116.1
471	翠丰	Kingfisher	14 483.8	252.2
472	英博	Inbev	14 483.3	1 123.3
473	Humana	Humana	14 418.1	308.5
474	Onex	Onex	14 395.5	796.4
475	上汽	Shanghai Automotive	14 365.2	21.4
476	美国家庭人寿保险	AFLAC	14 363.0	1 483.0
477	斯伦贝谢	Schlumberger	14 317.2	2 207.0
478	惠而浦	Whirlpool	14 317.0	422.0
479	前进保险	Progressive	14 303.4	1 393.9
480	Office Depot	Office Depot	14 278.9	273.8

2005 年世界最大 500 家公司名录（续）

排名	公　司　名　称		2005 年总收入（百万美元）	2005 年利润（百万美元）
481	友诚保险	Friends Provident	14 277. 9	307. 2
482	柯达	Eastman Kodak	14 268. 0	-1 362. 0
483	阿海珐	AREVA	14 196. 3	1 303. 4
484	苏格兰电力	Scottish Power	14 172. 0	2 752. 9
485	中国铁道建筑	China Railway Construction	14 138. 9	53. 2
486	中建	China State Construction	14 122. 4	166. 4
487	GUS	GUS	14 118. 5	1 016. 0
488	丘博	Chubb	14 082. 3	1 825. 9
489	帕卡	Paccar	14 057. 4	1 133. 2
490	美国钢铁	United States Steel	14 039. 0	910. 0
491	五十铃	Isuzu Motors	13 971. 5	520. 7
492	苹果电脑	Apple Computer	13 931. 0	1 335. 0
493	马科斯和斯潘塞	Marks & Spencer	13 909. 2	933. 1
494	Qwest 电信	Qwest Communications	13 903. 0	-779. 0
495	Lennar	Lennar	13 870. 3	1 355. 2
496	D. R. Horton	D. R. Horton	13 863. 7	1 470. 5
497	旭硝子	Asahi Glass	13 863. 5	545. 0
498	印度国家银行	State Bank of India	13 755. 8	1 250. 4
499	住友化学	Sumitomo Chemical	13 748. 5	800. 8
500	耐克	Nike	13 739. 7	1 211. 6

资料来源：《财富》，2006 年 7 月。

国家统计局关于2005年重要数据和部分历史数据修订的公告

根据国家统计局的有关制度，2005年的部分初步统计和核算数已依据统计快报资料作了修订。另外，依据第一次全国经济普查结果1993年至2004年社会消费品零售总额，1999年至2004年原煤产量、能源生产总量和能源消费总量等历史数据也作了调整。这些数据和一批新统计数据已在最新出版的《中国统计摘要》中发布。为方便用户使用，现将已修订和新公布的主要指标数据列示如下，详细情况见2006年版《中国统计摘要》。

新公布和修订的2005年主要数据：

国民总收入183 192亿元

支出法国内生产总值185 496亿元

旅客周转量17 467亿人公里

货物周转量80 257亿吨公里

民用汽车拥有量3 160万辆（不包括三轮汽车和低速货车）

私人汽车1 852万辆（不包括三轮汽车和低速货车）

修订的主要历史数据：

年份	社会消费品零售总额（亿元）	原煤（亿吨）	能源生产总量（万吨标准煤）	能源消费总量（万吨标准煤）
1993	14 270.4			
1994	18 622.9			
1995	23 613.8			
1996	28 360.2			
1997	31 252.9			
1998	33 378.1			
1999	35 647.9	12.80	125 935	133 831
2000	39 105.7	12.99	128 978	138 553
2001	43 055.4	13.81	137 445	143 199
2002	48 135.9	14.55	143 810	151 797
2003	52 516.3	17.22	163 842	174 990
2004	59 501.0	19.92	187 341	203 227
2005	67 176.6	21.90	206 300	222 468

特此公告

国家统计局

2006年6月16日

2005 年中国服务贸易状况

一、2005 年中国服务贸易总体情况

2005 年，中国服务贸易的规模继续扩大，但逆差出现近五年来的首次减少。服务贸易收支总规模达到 1 582 亿美元，增长 18%，占同期中国 GDP 的 7%，较上年略有上升。其中，服务贸易收入 744 亿美元，比上年增长 19%；服务贸易支出 838 亿美元，增长 16%；收支逆差 94 亿美元，比上年减少 3%。中国服务贸易收支中三个较大的项目仍然是运输、旅游和其他商业服务，三项合计占收支总额的近 4/5。

2005 年中国服务贸易收入增长进一步加快，多数项目实现了不同程度的增长，反映中国服务行业对外竞争力进一步增强，总体发展前景呈良好态势。运输、旅游和其它商业服务项目是服务贸易收入的主要来源，收入分别为 154 亿美元、293 亿美元和 169 亿美元，比上年分别增长 28%、14% 和 6%，占服务贸易总收入比重分别为 21%、39% 和 23%，合计占服务贸易总收入的 83%。运输收入所占比重较上年上升 2 个百分点，旅游和其他商业服务收入所占比重分别下降 2 个和 3 个百分点。电影音像收入增速最快，增长 227%；其次是建筑和咨询收入，分别增长 77% 和 69%。这些变化得益于中国货物贸易的快速增长、来华旅游和商务活动的持续增加。

2005 年中国服务贸易进口稳步增长，运输、旅游、其他商业服务和保险项目是中国服务贸易支出的主体，支出分别为 284 亿美元、218 亿美元、94 亿美元和 72 亿美元，比上年分别增长 16%、14%、11% 和 18%，占服务贸易总支出的比重分别为 34%、26%、11% 和 7%，合计占服务贸易总支出的 78%。除电影音像支出下降外，其余项目均呈现不同程度的增长。

2005 年中国服务贸易发展的基本特点是：

1. 服务贸易逆差规模略有减少。2005 年中国服务贸易逆差改变了近几年一直快速增长的趋势，比上年同期减少 3 亿美元。逆差项目的构成并未发生变化，仍主要集中在运输。保险、专有权利使用费和特许费项目，逆差规模分别为 130 亿美元、67 亿美元和 52 亿美元，比上年分别增长 4%、16% 和 21%，运输项目的逆差与其他逆差项目的总和几乎相当。顺差项目主要集中在旅游和其他商业服务，顺差规模均为 75 亿美元，分别增长 14% 和 0.3%。

2. 运输和保险逆差增速减缓。由于货物贸易出口的快速增长，推动了与货物贸易相关的货物运输和保险收入的快速上升，同时，货物贸易进口增速放缓，相应的运输和保险支出增速放缓。运输收入 154 亿美元，增长 28%；支出 284 亿美元，增长 16%，逆差 130 亿美元，增长 4%。保险收入 6 亿美元，增长 44%，支出 72 亿美元，增长 18%，逆差 67 亿美元，增长 16%。

3. 旅游顺差继续扩大。伴随着对外开放和国际交流的逐步加深，中国对外旅游收入和支出均增长较快。2005 年，旅游收入 293 亿美元，支出 218 亿美元，顺差 75 亿美元，均比上年增长 14%。

4. 专有权利使用费和特许费逆差增加较快。中国对外支付的专有权利使用费和特许费达 53 亿美元，同比增长 18%；而收入仅有不到 2 亿美元，下降 33%；逆差 52 亿美元，增长 21%。该项逆差扩大表明，中国在提高自主创新能力上仍有很长的路要走。

5. 电影音像收入增加较快，逆差有所缓解。2005 年，由于对外出售 2008 年北京奥林匹克运动会电视转播权等，中国电影音像的收入增加了两倍多，达到 1.3 亿美元。同时，中国国内电视和广播行业对外支付的 F1 方程式锦标赛承办费、体育报道等费用保持一定规模，电影音像的总支出达 1.5 亿美元，下降 12%。收支逆差 0.2 亿美元，下降 85%。

2005 年中国服务贸易发展状况

金额单位：亿美元

项　　目	进出口		出　口		进　口		差额
	金额	增速（%）	金额	增速（%）	金额	增速（%）	
服务贸易总额	1582.0	18	744.0	19	838.0	16	-93.9
1. 运输	438.7	20	154.3	28	284.5	16	-130.2
2. 旅游	510.6	14	293.0	14	217.6	14	75.4
3. 通讯服务	10.9	19	4.9	10	6.0	28	-1.2
4. 建筑服务	42.1	50	25.9	77	16.2	21	9.7
5. 保险服务	77.5	19	5.5	44	72.0	18	-66.5
6. 金融服务	3.0	31	1.5	55	1.6	15	-0.1
7. 计算机和信息服务	34.6	20	18.4	12	16.2	30	2.2
8. 专有权利使用费和特许费	54.8	16	1.6	-33	53.2	18	-51.6
9. 咨询	115.1	46	53.2	69	61.8	31	-8.6
10. 广告、宣传	17.9	16	10.8	27	7.2	2	3.6
11. 电影、音像	2.9	33	1.3	227	1.5	-12	-0.2
12. 其他商业服务	262.7	8	168.8	6	93.9	11	75.0
13. 别处未提及的政府服务	11.2	23	4.9	31	6.2	17	-1.3

资料来源：国家外汇管理局。

6. 建筑服务顺差快速增长。建筑服务项目收入 26 亿美元，增长 77%；支出 16 亿美元，增长 21%；顺差 10 亿美元，增长 654%。建筑服务收入迅速增加的主要原因是中国企业加快了参与国际工程和劳务项目的步伐。

7. 其他商业服务顺差与上年基本持平。其他商业服务（包括转口贸易买卖、佣金、回扣等）收入继续扩大，达到 169 亿美元，增长 6%；支出 94 亿美元，增长 11%；顺差 75 亿美元，与上年基本持平。

二、影响当前中国服务贸易发展的因素

1. 国内第三产业发展相对滞后

第三产业是发展服务贸易的基础。近几年，中国第三产业有了较快发展，占 GDP 的比重逐年提高，从 1991 年的 33% 提高到 2005 年的 40%。但与发达国家相比，中国第三产业的发展水平仍相当落后，占 GDP 的比重相对偏低。据世界银行统计，发达国家服务业产值占 GDP 的比重一般在 60% 以上，中等收入国家平均在 50% 左右。中国第三产业的相对滞后影响了服务贸易的发展，因此大力发展第三产业，不断提高第三产业的层次和水平是服务贸易快速发展的前提。

2. 长期“重制造，轻服务”的政策导向客观造成服务贸易发展相对缓慢

改革开放以来，为推动国民经济发展，中国采取了首先鼓励发展国内制造业和积极推动货物贸易出口相结合的政策。伴随着全球范围内产业结构调整，国际制造业加快向中国转移，进一步推动了中国货物贸易的发展。货物贸易企业和服务贸易企业的发展出现明显的不均衡，服务贸易发展落后于货物贸易，并且长期处于逆差状况。同时，中国大部分服务领域（如电信、运输、金融和保险等）以少数国有大中型企业为主，市场竞争程度不够，在一定程度上也延缓了中国服务业的发展速度。2005 年中国服务贸易占整个对外贸易（含货物和服务）比重的 10%，较上年略有下降。

3. 服务贸易领域的法规和管理不够完善

受开放程度和市场化程度的制约，中国服务贸易法律法规不够健全，不少领域的法规仍是空白。近年来，中国加快了服务贸易立法步伐，颁布了一批涉及服务贸易领域的重要法律法规，但立法尚未形成体系，已颁布的一些有关服务贸易的法律法规比较宽泛，缺乏可操作性。另外，中国对外服务贸易的管理涉及多个部门，这种管理体制在一段时间里对服务贸易的发展起过积极作用，但目前协调的任务更加繁重。

4. 高附加值或技术含量较高的服务贸易发展落后

受体制、技术、知识和文化等基础因素制约，中国服

务业优势主要集中在传统服务行业且附加值较低的项目，如运输和旅游服务出口占中国服务贸易出口的一半以上。而占全球服务贸易量较大的金融、保险、咨询、计算机信息服务、广告宣传和电影音像等技术密集和知识密集型的高附加值服务行业，在中国仍处于初级发展阶段，国际竞争力低，发展速度相对缓慢。由于中国服务贸易项目结构单一，对货物贸易的依赖性较强，在货物贸易高速增长的带动下，同货物进出口直接关联的传统服务贸易项目，即生产性服务贸易增长很快，如国际运输服务、国际货物保险等。因此，尽管中国服务贸易收支增长态势良好，但项目结构非常不平衡。

5. 服务贸易的发展不平衡，地区差异较大

据不完全统计，目前中国服务贸易收支伙伴主要集中在中国香港、美国等国家（地区）；在国内，服务贸易收支主要集中在上海、北京、浙江、江苏和广东（含深圳）等经济发达地区，而中西部地区所占份额极小。服务贸易交易项目和地区分布的不均衡发展，形成了中国服务贸易发展的总体水平偏低且短期内难以有所突破的格局。同时，由于中国服务贸易发展的多元化程度不够，直接导致中国服务贸易抗冲击能力较差，易受国内外形势影响而波动。

（资料来源：商务部）

2005 年中国国际收支报告

一、国际收支概况

2005 年，我国经济平稳较快发展，对外贸易快速增长，外商直接投资保持较大规模，国际收支继续保持“双顺差”。其中，经常项目顺差1 608亿美元，资本和金融项目顺差 630 亿美元，国家外汇储备增加2 089亿美元。

（一）国际收支主要特点

1. 经常项目顺差明显扩大

2005 年，经常项目顺差 1 608 亿美元，比 2004 年增长 134%。经常项目顺差增加主要是因为货物贸易顺差大幅上升。

货物贸易：根据国际收支统计口径，2005 年货物贸易顺差 1 342 亿美元，增长 128%。其中，出口 7 625 亿美元，进口 6 283 亿美元，分别增长 28% 和 18%。

服务贸易：2005 年，服务贸易逆差 94 亿美元，下降 3%。其中，运输逆差 130 亿美元，增长 4%；保险服务逆差 67 亿美元，增长 16%，专有权利使用费和特许费逆差 52 亿美元，增长 21%；旅游顺差 75 亿美元，增长 14%；其他商业服务顺差 75 亿美元，与 2004 年持平。

收益项目：2005 年，收益项目顺差 106 亿美元，2004 年为逆差 35 亿美元。

经常转移：2005 年，经常转移顺差 254 亿美元，增长 11%。

2. 资本和金融项目顺差有所下降

2005 年，资本和金融项目顺差 630 亿美元，下降 43%。资本和金融项目顺差下降主要是由于证券投资和其他投资由顺差转为逆差。

直接投资：2005 年，直接投资顺差 678 亿美元，增长 28%。其中，外商来华直接投资净流入 791 亿美元，增长 44%；我国对外直接投资净流出 113 亿美元，增长 526%。

证券投资：2005 年，证券投资逆差 49 亿美元，2004 年为顺差 197 亿美元。其中，我国对外证券投资净流出 262 亿美元，2004 年为净流入 65 亿美元；境外对我国的证券投资净流入 212 亿美元，增长 61%。

其他投资：2005 年，其他投资逆差 40 亿美元，2004 年为顺差 379 亿美元。

3. 储备资产较大幅度增加

2005 年，我国储备资产增加 2 070 亿美元。其中，外汇储备增加 2 089 亿美元，特别提款权增加 0. 05 亿美元，在国际货币基金组织的储备头寸减少 19 亿美元。2005 年末我国外汇储备余额达到 8 189 亿美元。

4. 净误差与遗漏出现在借方

2005 年，净误差与遗漏出现在借方，为 168 亿美元，

相当于国际收支统计口径下货物贸易进出口总额的1.21%，在国际公认5%的合理范围以内。

（二）国际收支运行评价

1. 国际收支运行总体状况

我国国际收支交易规模继续保持较快增长。1982—2004年，我国国际收支交易总规模年均增长18%，由540亿美元升至1.91万亿美元，占GDP的比重由19%升至99%（根据修正后的GDP计算）。2005年，国际收支交易总规模2.42万亿美元，比2004年增长27%，占GDP比重进一步上升到109%。这表明我国经济对外开放度进一步扩大，与世界经济的融合更加紧密，对外经济运行对国内经济的影响增强。

经常项目顺差对国际收支总体顺差的贡献度较快上升。2001—2004年，经常项目顺差合计1 674亿美元，占国际收支总体顺差的42%。2005年，由于货物贸易顺差大幅上升，经常项目顺差占国际收支总体顺差的比例上升为72%。

资本和金融项目顺差对国际收支总体顺差的贡献度下降。2001—2004年，资本和金融项目顺差合计2305亿美元，占国际收支总体顺差的58%。2005年，由于对外投资增长较快，资本和金融项目顺差占国际收支总体顺差的比例下降至28%。

2001—2005年国际收支顺差结构

单位：亿美元

项　　目	2001年	2002年	2003年	2004年	2005年
经常项目差额	174	354	459	687	1608
占国际收支总体顺差比例	33%	52%	47%	38%	72%
资本和金融项目差额	348	323	527	1107	630
占国际收支总体顺差比例	67%	48%	53%	62%	28%

2. 国际收支风险评价

国际收支风险是指未来可能引起国际收支较大逆差，进而发生对外支付能力不足和货币危机的各种潜在因素。

2005年，我国国际收支继续保持较强的整体抗风险能力。首先，世界经济处于较为平稳的增长阶段，我国经济呈现增长较快、效益较好、价格平稳、活力增强的良好发展态势，为国际收支的基本稳定奠定了良好基础。其次，经常项目顺差在国际收支顺差中占据主导地位，经常项目代表了实体经济活动，具有比较稳定的特点，一般来说，外汇储备增长中来自经常项目顺差的比重越高，国际收支突发逆转的可能性就越低。再次，人民币汇率形成机制改革稳步推进，汇率弹性逐步增强，有利于增强我国抵御外来冲击的能力。此外，衡量国际收支风险的其他指标也处于良好状态。按照国际上通常使用的风险指标，2005年，从进口支付能力看，我国外汇储备相当于15个月的进口额；从债务偿付能力看，2005年末我国外汇储备与短期外债的比例为524.44%，远高于国际公认的100%的警戒线；偿债率为3.07%，远低于25%的国际经验标准。总之，近期我国发生国际收支危机的风险较小。

3. 国际收支大额顺差的影响和反映的主要问题

国际收支大额顺差对宏观经济运行也产生一定的不利影响：一是一些高投入、高消耗、高污染商品出口增长过快，加大国内资源和环境压力，不利于经济增长方式转变和结构调整；二是贸易顺差的快速增长和外汇储备的较快增加，容易引发我国与有关国家和地区的贸易摩擦；三是大额顺差使货币投放不断扩张，市场流动性过多，容易增加银行体系的脆弱性，同时增加了固定资产投资反弹和资产价格上涨过快的压力，制约宏观调控的主动性和有效性。

我国国际收支大额顺差有其必然性。国内稳定的政治经济环境、良好的投资机会和较低的劳动力成本，以及巨大的市场潜力，吸引国际产业加快向中国转移，形成以加工贸易为主导的持续性较大贸易顺差。同时也与我国经济运行中的一些深层次矛盾和问题还没有得到妥善解决有关。主要包括：一是传统观念、制度缺陷、改革未到位等深层次原因导致国民储蓄持续大于投资，国内有效需求不足，对出口依赖性较强；二是国内投融资体制不健全，金融市场不发达，融资渠道有限且成本较高，国内储蓄不能有效利用，使一些国内企业赴境外融资，扩大了资本流入；三是一些地方的政策调整相对滞后，在充分落实科学发展观，保护劳工利益和生态环境，以及土地、资源的合理定价与使用等方面出现偏差，扭曲了成本，扩大了顺差；四是涉外经济管理体制和政策调整滞后，对外贸易“奖出限入”、资本流动“宽进严出”，扩大了对外贸易和金融项目顺差。

专栏1

国际收支顺差与宏观经济的关系

国际收支状况是国内经济运行在对外经济上的反映。近年来，我国国际收支保持“双顺差”格局，顺差规模不断扩大，2005年为2 238亿美元，比2001年增长3.3倍。这反映了国内经济运行中存在的一些不平衡问题正在加剧。

经常项目顺差占GDP的比重从2001年的1.3%上升到2005年的7.2%。根据国民收入恒等式，经常项目顺差反映了国民储蓄大于国内投资，也反映了国内总产出大于总需求，生产能力相对过剩。

近年来，虽然我国投资需求增长较快，但国民储蓄增长更快，导致储蓄与投资的剩余进一步扩大，形成经常项目顺差。据测算，我国投资率（国内资本形成/GDP）从2001年的38%提高到46%，而同期国民储蓄率（国民总储蓄/GDP）从40%上升到接近50%。我国国民储蓄包括家庭储蓄、企业储蓄和政府储蓄，近年来这三项储蓄均较快增长。从家庭储蓄来看，长期形成的高储蓄传统，体制转型阶段社会保障、住房、教育体制等改革尚未完全到位，居民预防性储蓄意愿增强。从政府储蓄（政府财政收入减去政府消费性支出）来看，近年来财政收入大幅增长，但教育、公共卫生、行政等消费性财政支出比例较低，导致政府储蓄增长较快。从企业储蓄来看，近年国有企业利润大幅增长，2005年达9 047亿元，比上年增长25%，但由于国有企业与政府的利润分配机制尚未理顺，国有企业很少向国有股东分红派息，一定程度上导致国有企业储蓄增加；而民营企业由于从正规金融体系融资有一定的难度，企业往往依赖保留收益用于日常经营和扩大投资，储蓄增长也很快。

从国内供给和需求的角度看，由于我国投融资体制改革滞后、金融市场不发达，利率尚未完全市场化，不能真实反映资金成本，刺激了企业的投资需求。近年来我国新一轮“投资热”主要集中在钢铁、水泥、电力、电解铝、汽车等制造业和出口加工贸易部门，由此形成的生产能力已超出国内需求，必然导致相关生产的出口扩大、进口减少。

在经常项目顺差大幅增加的同时，近年来我国资本和金融项目一直保持顺差，直接投资稳定增长。“十五”期间，我国累计吸收外商直接投资超过2 700亿美元，位列全球第三和发展中国家首位。这既反映了我国吸引外商直接投资的巨大优势，也在一定程度上与长期以来鼓励外资流入的政策有关。一方面，一些地方甚至不计成本，以牺牲国家税收、农民工利益和环境、土地为代价招商引资。另一方面，由于国内金融市场不发达，企业融资渠道有限且成本较高，一些国内企业不得不到境外融资，一定程度上加剧了资本流入。

二、国际收支主要项目分析

（一）货物贸易

2005年，按国际收支统计口径，货物贸易进出口总值为1.39万亿美元，比2004年增长23%。其中：货物贸易出口7 625亿美元，增长28%；进口6 283亿美元，增长18%；顺差1 342亿美元，增长128%。

据海关统计，2005年我国货物贸易呈现以下特点：

出口继续保持快速增长，进口增速明显放缓，顺差大幅增加。2005年，全国进出口总值14 221亿美元，比上年增长23%。其中，出口7 620亿美元，增长28%，增幅较上年回落了7个百分点；进口6 601亿美元，增长18%，增幅较上年回落了18个百分点；进出口顺差由2004年的320亿美元增加到1 019亿美元。上半年，出口同比增长33%，进口同比增长14%；下半年，出口同比增长25%，增速较上半年回落8个百分点，进口同比增长21%，增速较上半年上升7个百分点，反映国家宏观调控起到一定效果。

一般贸易由逆差转为顺差，加工贸易顺差扩大。2005年，一般贸易进出口总值5 948亿美元，加工贸易进出口总值6 905亿美元，分别占进出口总值的42%和49%。一般贸易顺差354亿美元，而2004年为逆差46亿美元；加工贸易顺差1 425亿美元，同比上升34%。

外商投资企业继续占据进出口主导地位，进出口顺差占全国总顺差的比重继续上升。2005年，外商投资企业进出口总值8 317亿美元，占进出口总值的58%。外商投资企业出口4 442亿美元，增长31%；进口3 875亿美元，增长19%；进出口顺差567亿美元，增长305%。外商投资企业进出口顺差占总顺差的比重由上年的44%上升至56%。

2005年货物贸易顺差迅速扩大的原因是复杂的，以下因素有一定的作用：世界经济保持较快增长，国际市场需求旺盛；固定资产投资的持续扩张，大幅提高了我国国内生产能力，而国内市场供大于求的矛盾仍然比较突出，企业开拓国际市场的动力和压力都有所增强；为解决地方财政分担出口退税超基数部分负担相对较重的问题，国家调整了中央与地方的分担比例，从75∶25调整到92.5∶7.5，维持了地方的出口积极性；出口配额取消为我国纺织品服装的出口提供了巨大的发展空间，对欧美等原配额地区出口迅速增长；国内加工业产业链的延长使得配套能力进一步提高，形成了一定的进口替代效应等。

（二）服务贸易

2005年，我国服务贸易收入744亿美元，比2004年增长19%；服务贸易支出838亿美元，增长16%；服务贸易逆差94亿美元，下降3%。

2005年，我国服务贸易呈以下主要特点：

服务贸易规模继续扩大，逆差下降。2005年，服务贸易收支总额达1 582亿美元，增长18%，占我国GDP的7%，较上年的比例略有上升。由于旅游项目顺差扩大，服务贸易逆差自1999年以来首次下降。

与货物贸易相比，服务贸易发展相对滞后。2005年，服务贸易总规模增速较货物贸易低6个百分点。货物贸易与服务贸易出口的比例为10.2∶1，远高于世界平均4.2∶1的水平（美国这一比例为2.6∶1）。国内第三产业发展相对滞后，服务业对外开放度相对较低，是影响服务贸易发展的重要原因。

服务贸易发展不平衡，项目过于集中。我国服务贸易收支主要集中在旅游、运输和其他商业服务，2005年分别占服务贸易总收支的32%、28%和17%，合计占服务贸易总收支的77%。而金融、通讯、计算机和信息服务等项目占比很小，分别占服务贸易总收支的5%、1%和2%。

2005年服务贸易收支构成

服务贸易收入构成

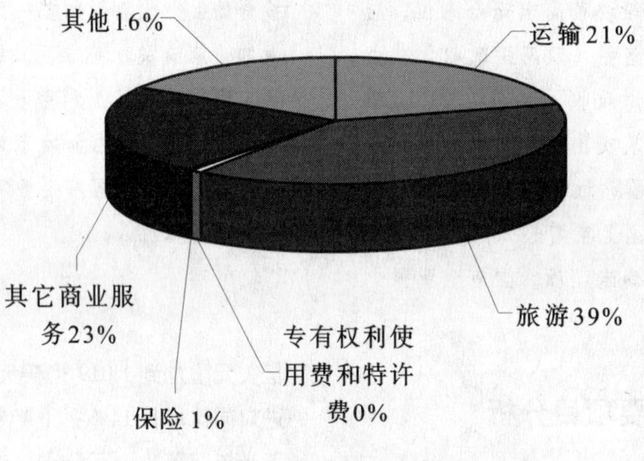

服务贸易支出构成

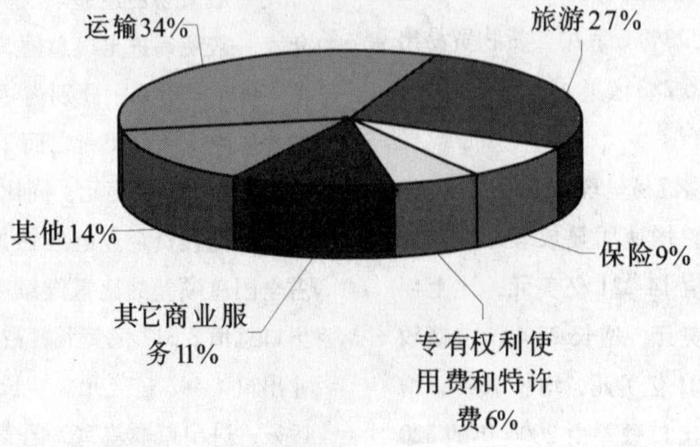

高附加值或技术含量较高的现代服务贸易发展落后。我国服务业的优势部门主要集中在传统服务业项目，对货物贸易的依赖性较强，同货物进出口直接关联的传统服务贸易项目发展较快，运输和旅游服务的出口占我国服务贸易出口的一半以上。而在全球服务贸易量较大的金融、保险、咨询、计算机信息服务、广告宣传和电影音像等技术密集和知识密集型的高附加值服务行业，仍处于初级发展阶段、国际竞争力还不高。

专栏2

近几年个人跨境收支基本情况

随着我国经济体制改革的深化和对外开放程度的提高，个人跨境收支（个人通过我国境内银行发生的所有对境外的资金收付）已从单一的侨汇发展为包括贸易、服务及投资性质的复杂交易，规模也随之迅速膨胀。近年来，受本外币利差和人民币升值预期影响，个人跨境收支保持高速增长态势。

个人跨境资金收支规模增长迅速，2005年达到717亿美元，是2000年的4倍，但收、支增长不平衡，个人跨境收入年均增长46%，支出年均增长不足10%。个人跨境收入在全部跨境收入中的比重从2000年的4%上升至2005年的7%，支出则从2000年的3%下降至2005年的1%，导致资金净流入逐年上升。2005年个人跨境收支规模仅占全部跨境收支规模的4%，但资金净流入规模却占全部跨境资金净流入的20%以上（2000年为9%）。

从交易性质看，个人跨境收入中经常转移所占比例最大，为259亿美元，占全部个人跨境收入的41%。其中侨汇174亿美元，占个人经常转移收入的67%。侨汇资金主要来自美国、香港地区，占全部侨汇的50%以上；主要流向粤、浙、沪、闽四地区，占全部侨汇的80%以上。近年来，广东、福建的侨汇资金流入规模保持稳定，年增幅很小，而浙江、上海的侨汇年增幅均在40%以上。结合上海、浙江的房地产价格波动远高于广东、福建的情况，不排除侨汇增长与房价波动之间存在一定联系的可能。服务收入是个人跨境收入第二大项目，2005年个人服务收入213亿美元，占全部个人跨境收入的34%。个人跨境支出总体规模较小，其中最大的项目是服务支出，为59亿美元，占个人全部跨境支出的70%，主要是用于旅游和其他商业服务。

从个人跨境收入的来源国别或地区看，来自美国、香港的收入占一半以上，主要流向沿海经济发达省份，粤、浙、沪、京、闽五地区个人跨境收入占全国的70%以上。

从交易结算的币种看，个人跨境收入主要以美元、港币、欧元及日元为主，以这四种货币结算的收入占全部个人跨境收入的95%以上。在个人跨境支出中，币种分布较为分散。人民币在对外支付中愈发活跃，尤其是2005年，人民币以7.69亿美元的规模成为除美元和英镑外最主要的支付货币。人民币主要用于我国边境省份与邻国间的个人贸易往来支付，如广西与越南、内蒙古与蒙古间的个人贸易结算。

（三）直接投资

1. 外商来华直接投资

据国际收支统计，2005年外商来华直接投资流入855亿美元，比2004年增长41%；投资资本金撤回清算64亿美元，增长12%；外商来华直接投资净流入791亿美元，增长44%。

从部门构成看，2005年我国非金融部门吸收外商来华直接投资734亿美元，其中，境内外母子和关联公司往来及贷款流入97亿美元，境外机构购买建筑物34亿美元；金融部门吸收外商来华直接投资流入121亿美元。

近几年来，外商来华直接投资规模稳步上升。2001年，外商来华直接投资流入468亿美元，2005年达到855亿美元。同时，外商来华直接投资的形式和领域逐步多样化。随着我国经济快速发展和对外开放进一步扩大，外商直接投资逐渐由以投资设厂为主扩大到股权转让和并购等方式，由加工和制造业等传统领域转向通信设备、计算机等高新技术领域以及银行、保险和证券等金融服务业。2005年，我国金融部门吸收的外商来华直接投资为121亿美元，主要是国有银行吸收的战略投资者投资。

2001—2005 年外商来华直接投资

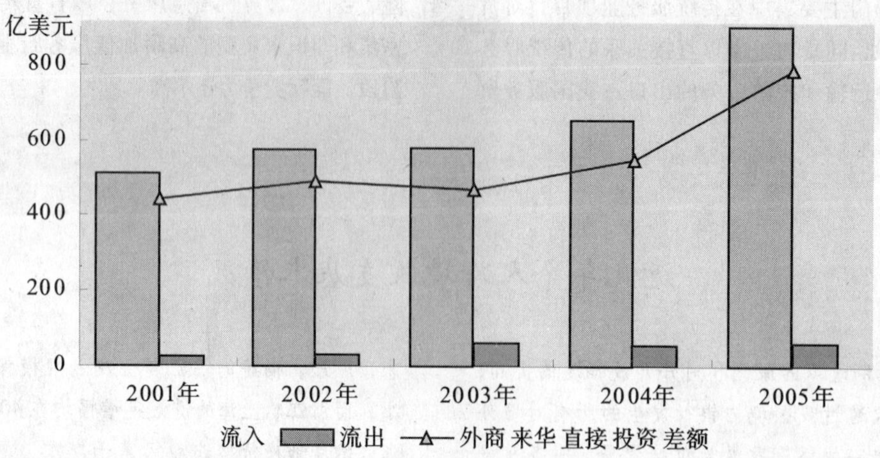

2. 对外直接投资

据国际收支统计，2005 年，我国对外直接投资流出 119 亿美元，比 2004 年增长 470%；对外直接投资撤资清算 6 亿美元，增长 105%；对外直接投资资金净流出 113 亿美元，增长 526%。

从部门构成看，我国非金融部门是对外直接投资的主体。2005 年我国非金融部门对外直接投资 113 亿美元，较 2004 年扩大 4.5 倍；金融部门对外直接投资 6 亿美元，规模较小。我国对外直接投资的形式和领域逐步多样化，尤其以股东贷款形式进行的直接投资发展迅速。

2005 年我国境外投资较快增长的主要原因是：

一是国内经济稳定增长为企业境外投资发展创造了良好条件。近年来，我国经济保持了持续快速的增长，国际收支持续顺差，人民币汇率基本稳定，外汇供应充足。

二是“走出去”发展战略发挥重要作用。国务院各相关部门协调配合，不断完善境外投资的政策支持体系，推动“走出去”服务体系的建立，帮助、指导和协调企业境外投资行为，积极引导企业采取直接投资的方式，有效利用“两个市场、两种资源”，取得了明显的效果。

三是境内企业自身实力增强，境外投资需求加大。近年来，随着我国经济快速增长，许多企业的国际竞争力迅速提升，形成了一大批资本雄厚，技术、管理水平先进、具备“走出去”能力的企业。利用外国当地的技术和管理经验，结合自身的比较优势，到国外投资办厂或为出口产品提供售后服务等，成为企业开拓市场的现实选择。在国内资源短缺、经济和产业结构不尽合理、与其他国家的贸易摩擦增多的情况下，境内企业依国际惯例参与全球化生产和资源配置的要求更为紧迫，境外投资的内在动力推动了企业境外投资的发展。

（四）证券投资

2005 年，我国证券投资项目逆差 49 亿美元，2004 年为顺差 197 亿美元。证券投资由顺转逆的主要原因是境内机构对境外证券投资的大幅增长。

2005 年，我国证券投资项目呈现以下主要特点：

对外证券投资（证券投资资产）持续增加。2005 年，我国境内机构证券投资净流出 262 亿美元，2004 年为净流入 65 亿美元。对外证券投资增长较快的主要原因有两个方面：首先，作为对境外投资主体的境内银行等机构，由于股份制改革和境外上市等因素，可运用的外汇资金增加；其次，受国际金融市场利率持续提高以及国内金融市场投资空间有限等多方面因素影响，金融机构对外投资相应增加。

境外对我国证券投资（证券投资负债）扩大。2005 年，境外对我国的证券投资净流入 212 亿美元，增长 61%。其中，境内银行和企业在境外发行股票 189 亿美元。

专栏3

合格境外机构投资者（QFII）制度运行良好

合格境外机构投资者（Qualified Foreign Institutional Investors，简称QFII）制度是一些新兴市场经济国家在货币没有实现完全可自由兑换、资本项目尚未完全开放的情况下，有限度地引进外资、开放国内资本市场的一项过渡性制度。QFII制度允许符合一定条件并得到东道国有关政府部门审批通过的境外机构投资者，在批准的额度范围内汇入一定的外汇资金，转换为当地货币，并通过严格监管的特别账户投资当地资本市场。

我国的QFII制度始于2002年。中国人民银行和中国证券监督管理委员会于当年11月5日联合发布了《合格境外机构投资者境内证券投资管理暂行办法》，正式宣布在中国引入QFII制度。2002年11月28日，国家外汇管理局发布了《合格境外机构投资者境内证券投资外汇管理暂行规定》，对QFII制度所涉及的外汇管理进行了细化。2002年12月1日，上海和深圳两地证券交易所以及中国证券登记结算公司分别发布了专门针对QFII制度的交易和清算细则。自此，与QFII制度有关的资格审批、额度核准、证券交易以及托管清算等方面的规定基本明确，为QFII制度正式进入操作阶段扫清了技术障碍。2003年5月，瑞士银行和野村证券成为首批获得QFII资格的境外机构投资者，并于同年6月获得投资额度。2003年7月，QFII正式投资于我国证券市场。

2005年，QFII制度整体运行状况良好。国家外汇管理局根据国际收支情况，合理控制QFII投资额度的审批节奏，全年共批准QFII投资额度18笔，共计22.2亿美元，其中批准7家QFII初始投资额度共计6.95亿美元，批准10家QFII增加投资额度共计15.25亿美元。全年QFII汇入资金共计14.24亿美元，汇出120万美元。截至2005年底，国家外汇管理局共批准31家QFII投资额度共计56.45亿美元，QFII累计汇入资金44.34亿美元。

QFII制度的实施对促进A股市场的健康发展和投资机构行为的规范化，起到了积极作用。具体体现在：一是QFII进入后，不断从国际经验的角度提出其对完善A股市场建设的意见和建议，促进了A股市场各项规章制度日益规范化以及与国际接轨。二是QFII不断将金融创新引入国内市场，QFII的各种运作模式也逐渐被市场所了解和认识，A股市场投资新品种有了一定的增加。此外，许多境内金融机构通过与QFII的合作，有机会接触到国际金融市场最前沿的理论和实践，也增强了自身的创新能力。三是QFII所倡导的“价值投资”理念在较大程度上影响了境内机构的投资行为，改变了A股市场同涨同跌的格局，公司股价开始出现分化，大盘蓝筹股受到投资者的追捧。四是促进了金融中介机构服务和竞争能力的提高。

国家外汇管理局在国务院批准的投资额度范围内，进行QFII额度审批工作，并密切关注QFII在国内市场的投资活动，通过窗口指导、新闻宣传等方式，引导QFII改善投资分布。

（五）外债

截至2005年末，我国外债余额为2 810.5亿美元（不包括香港特区、澳门特区和台湾地区对外负债，下同），比2004年末增加335.5亿美元，增长13.6%，同比少增5.0个百分点。

2005年，我国外债变动呈以下主要特点：

登记外债增速得到有效控制，净流入显著下降。2005年末，在外债余额中，登记外债余额为1 902.5亿美元，增长4.5%，同比少增11.5个百分点。登记外债新提款2 810.5亿美元，增长36.5%；还本付息2 715.9亿美元，增长42.8%；净流入（新借款额减去还本付息额）94.6亿美元，减少39.9%。2005年末登记外债占外债余额的67.7%，比2004年下降5.9个百分点。

2001—2005年登记外债流量情况表

单位：亿美元

	2001年	2002年	2003年	2004年	2005年
新提款	251.6	608.74	1 015.44	2 059.73	2 810.48
偿还本息	312.8	696.71	981.27	1 902.40	2 715.86
净流量	-61.2	-87.97	34.17	157.33	94.62

外资金融机构和外商投资企业债务余额在登记外债中占比上升。从债务人类型看，境内外资金融机构债务余额408.1亿美元，占登记外债余额的21.5%，比2004年末上升4.1个百分点；外商投资企业债务余额505.1亿美元，占26.6%，上升2.0个百分点；国务院部委借入的主权债务、中资金融机构和中资企业债务余额为986.6亿美元，占51.9%，下降6.1个百分点。

贸易信贷（负债）增长较快。2005年末贸易信贷余额为908亿美元，比2004年末增加254亿美元，增长28.0%，在外债余额中占比32.3%，比2004年末上升5.9个百分点。我国贸易信贷的较快增长与进出口贸易的大幅增长直接相关。2005年，我国进出口贸易额达到14 221.2亿美元，增长23.2%。进出口迅速增长使得与贸易有关的融资需求上升，贸易信贷的增长与进出口贸易的增长之间具有一定的同步性，同时贸易信贷的增长在一定程度上反映了进出口企业利用延期付款和提前收汇等方式来防范汇率风险的意愿较强。

短期外债占比继续上升。按期限划分，2005年末中长期外债（剩余期限）余额为1 249.0亿美元，占外债余额的44.4%，比2004年末增加6.1亿美元；短期外债（剩余期限）余额为1 561.4亿美元，比2004年末增加329.4亿美元，占外债余额的55.6%。贸易信贷的增长是短期外债占比增长的主要原因，对短期外债增长的贡献度达到77.1%。

专栏4

“贸易信贷”概念及其基本情况

随着对外贸易快速发展，近期我国外贸经营主体海外应收账款规模与质量引起社会舆论较大关注。实际上，衡量一国贸易收付款规模和能力的指标不只是出口应收款。国际收支统计中，专设“贸易信贷”项目，记录进出口商之间直接商业信用的流量和存量数据，包括供货商和货物、服务交易买方直接提供的信贷、在建（或即将动工的）工程的预付款以及与这类交易有关的款项。

贸易信贷由资产和负债两部分构成。其中，资产包括出口应收未收款（简称出口应收款）和进口预付款，是居民向非居民提供的直接商业信用；负债包括进口应付未付款（简称进口应付款）和出口预收款，是非居民向居民提供的直接商业信用。一般情况下，除造船、机电、航空等行业外，绝大部分货物贸易结算周期在一年之内，这决定了贸易信贷以短期为主。随着我国对外贸易规模的不断扩大，贸易信贷已成为资本和金融项目的重要组成部分。

我国自2001年起采用企业抽样调查方法测算贸易信贷数据，调查方式为对大型进出口企业重点调查和对中小企业抽样调查相结合。目前有13个地区[1]、5 000多家进出口企业参加调查。从调查结果看，近年来我国贸易信贷的主要特点是：一是贸易信贷存量大幅增长。贸易信贷资产由2001年末的333亿美元增长到2005年末的900亿美元，负债由363亿美元增长到908亿美元。二是贸易信贷占进出口总额的比重较为稳定。近年来这一比例基本稳定在12%至14%之间，表明我国贸易信贷总体增速与海关进出口增速相匹配。三是贸易信贷净值[2]较小。2001年至2005年分别为净负债30亿美元、18亿美元、6亿美元、33亿美元和8亿美元。四是贸易信贷以短期为主，短期贸易信贷资产和负债占比基本稳定在95%左右。

上述数据表明，我国绝大多数企业的贸易信贷与货物贸易进出口规模和增长适应。同时，人民币汇率走势、本外币利差、国家宏观经济政策预期等也对企业贸易收付汇安排有一定影响。

需要说明的是，贸易信贷（trade credits）不同于与贸易有关的信贷（trade - related credits），前者是进出口商之间的直接商业信用，后者是除直接商业信用外的其他与贸易有关的信贷，包括通过银行提供的融资，如外国金融机构或出口信贷机构向买方提供的贷款等。

[1] 包括天津、辽宁、上海、江苏、青岛、湖北、广东、深圳、四川、浙江、福建、北京、重庆。

[2] 贸易信贷净值=贸易信贷资产－贸易信贷负债。

三、外汇市场运行与人民币汇率

2005年，人民币汇率形成机制改革迈出重要步伐，外汇市场建设加快。自2005年7月21日起，我国对人民币汇率形成机制进行改革，实行以市场供求为基础、参考一篮子货币进行调节、有管理的浮动汇率制度。中国人民银行和国家外汇管理局稳步推进人民币汇率机制改革，采取了一系列措施，积极发展外汇市场，放宽汇价管理。汇率机制改革后，人民币汇率总体保持平稳波动，弹性逐渐增强。外汇市场参与主体不断扩大，新产品相继推出，交易量有所放大。

（一）人民币汇率机制改革的主要内容

2005年7月21日人民币汇率机制改革主要包括三个方面：一是汇率调控的方式。实行以市场供求为基础、参考一篮子货币进行调节、有管理的浮动汇率制度。人民币汇率不再盯住单一美元，而是参照一篮子货币、根据市场供求关系来进行浮动。这将有利于增加汇率弹性，抑制单边投机，维护多边汇率稳定。二是中间价的确定方法。中国人民银行于每个工作日闭市后公布当日银行间外汇市场美元等交易货币对人民币汇率的收盘价，作为下一个工作日该货币对人民币交易的中间价格。三是初始汇率的调整。2005年7月21日19时，美元对人民币交易价格调整为1美元兑8.11元人民币，作为次日银行间外汇市场上外汇指定银行之间交易的中间价，外汇指定银行可自此时起调整对客户的挂牌汇价。人民币汇率制度改革重在人民币汇率形成机制的改革，而非单纯人民币汇率水平的升值。

2006年1月3日，我国再次对汇率中间价形成方式进行调整：中国外汇交易中心于每日银行间外汇市场开盘前向所有银行间外汇市场做市商询价，并将全部做市商报价作为人民币兑美元汇率中间价的计算样本，去掉最高和最低报价后加权平均，得到当日人民币对美元汇率中间价，权重由中国外汇交易中心根据报价方在银行间外汇市场的交易量及报价情况等指标综合确定。各外汇指定银行在此价格基础上，按照规定的浮动范围制定本行各币种现钞及现汇的买入、卖出价。人民币汇率中间价的进一步完善反映了市场在决定人民币汇率中的基础性作用进一步提高。

（二）外汇市场建设

为配合人民币汇率机制改革，中国人民银行和国家外汇管理局采取了一系列措施，加大市场深度，扩展市场广度，提高流动性，增加透明度，充分发挥其在汇率发现、资源配置和风险管理中的作用。

1. 增加外汇市场主体，增加供求多样性

增加即期外汇市场交易主体。2005年8月8日，允许更多符合条件的非银行金融机构和非金融性企业进入银行间即期外汇市场。截至2005年底，共有会员384家，其中当年新增30家。中国中化集团公司成为第一家非金融企业会员。

银行间外汇市场会员结构

会 员 类 型	数 量
国有独资银行	4
股份制商业银行	11
政策性银行	3
城市商业银行	41
商业银行授权分行	109
外资银行	188
农村信用联社	25
信托投资公司	2
非金融企业	1
合 计	**384**

注：数据截止时间为2005年12月31日。

扩大对客户办理远期结售汇业务的主体和业务范围。自2005年8月2日起，将银行对客户的远期结售汇业务从7家中资银行扩大至具有即期结售汇业务和衍生产品交易业务资格的所有银行。截至2005年底，新增39家中外资银行开办远期结售汇业务，使得具有远期结售汇业务资格的银行达到46家。其中，中资银行15家，外资银行31家（同一外资银行的不同分行合并计算）。远期结售汇业务的范围扩大到所有经常项目外汇收支，以及外债、直接投资、境外上市等部分资本项下的外汇收支活动。远期结售汇业务的期限结构、合约展期次数和汇率由银行自行确定。

2. 增加外汇市场交易品种，满足市场主体各种避险需求

开办银行间市场外币间买卖业务，建立了境内金融机构进入国际外汇市场的直接通道。2005年5月18日，银行间市场推出外币对外币买卖业务。截至2005年底，银行间市场有外币买卖做市商银行11家，会员银行41家。

允许银行对客户开办掉期业务。2005年8月2日起，凡获准办理远期结售汇业务6个月以上的银行，向国家外汇管理局备案后即可对客户办理不涉及利率的人民币与外币间的掉期业务。截至2005年底，核准7家银行（均为中资银行）开办人民币对外币的掉期业务。

开办银行间远期外汇交易和人民币与外币掉期业务。2005年8月8日起，符合条件的中国外汇交易中心会员经国家外汇管理局备案后可参与银行间远期外汇交易。目前已有64家中外资银行会员进入银行间远期外汇市场。其中，中资银行15家，外资银行49家。

3. 丰富交易方式，提高交易灵活性和市场流动性

增加询价交易方式，提高交易灵活性。2005年8月15日，银行间人民币外汇远期交易正式上线。远期交易引入双边授信、双边清算的询价方式。即期外汇市场于2006年初引入了询价交易方式，询价方式交易费用大幅降低到竞价方式的三十分之一。交易时间从竞价市场的15:30延长到17:30。银行间外汇市场会员可自主决定采取询价交易方式或竞价交易方式。从2006年第一季度情况看，竞价与询价交易量之比约为1.5∶8.5。

在银行间外汇市场引入人民币对外币交易做市商制度，增强市场流动性。2005年11月24日，国家外汇管理局发布《银行间外汇市场做市商指引（暂行）》，决定在银行间外汇市场引入人民币对外币交易做市商制度。截至2005年底，共核准做市商13家，其中，中资银行8家，外资银行5家。从2006年第一季度情况看，做市商交易量占询价和竞价市场总成交量的90%以上。

专栏5

人民币对外币交易做市商制度和询价交易方式

一、人民币对外币交易做市商制度

2005年11月24日，国家外汇管理局发布《银行间外汇市场做市商指引（暂行）》，决定在银行间外汇市场全面正式引入人民币对外币交易做市商（简称做市商）制度。银行间外汇市场做市商，是指经国家外汇管理局核准，在我国银行间外汇市场持续向其他交易方提供人民币与外币的买、卖报价的银行。

做市商制度是国际外汇市场的基本市场制度。做市商通过不间断的买卖双边报价和交易，为市场提供流动性，减少市场价格波动，提高交易效率，分散风险，并通过买卖价差盈利。同时，做市商也集中了市场供求信息，成为重要的定价中心。从国际主要外汇市场情况看，做市商在提供外汇市场的流动性、提高市场交易效率、转移和分担风险，促进市场发展等方面具有重要作用。2002年，我国银行间外汇市场在欧元和港币交易中进行了引入做市商的试点。

2006年1月4日，银行间市场正式全面引入做市商交易。截至2006年3月底，15家银行获做市商资格，其中，中资银行9家，外资银行6家。

二、询价交易方式

询价交易方式是指银行间外汇市场交易主体以双边授信为基础，通过自主双边询价、双边清算进行的外汇交易。为进一步深化外汇市场建设，降低外汇交易清算风险，为外汇市场主体提供多种可选择的交易模式，国家外汇管理局于2005年11月24日发布《关于在银行间外汇市场推出即期询价交易有关问题的通知》，决定从2006年第一个交易日起，在银行间外汇市场引入即期询价交易方式，同时保留竞价交易方式。

询价交易是场外（OTC）外汇市场的主流交易方式，场外外汇市场具有灵活、成本低、信用风险分散等优点，更好地适应了外汇市场主体多元、需求多样的特点，因而在国际外汇市场上得到了迅猛发展。

2005年8月，银行间外汇市场率先推出了远期询价交易，几个月来银行间人民币远期市场运行平稳，受到远期会员欢迎。即期市场引入询价交易方式后，银行间市场即期会员可自主选择集中授信、集中清算的竞价交易方式或者双边授信、双边清算的询价交易方式，按照中国人民银行规定的银行间市场交易汇价浮动幅度，在银行间外汇市场进行即期外汇交易。

4. 进一步放宽汇价和头寸管理，增强银行自主性

放松银行间市场交易汇价日波幅管理。在保持每日银行间外汇市场美元对人民币的交易价在央行公布的美元交易中间价上下0.3%的幅度内浮动的基础上，自2005年9月23日起，非美元货币对人民币的交易价在央行公布的该货币交易中间价上下3%的幅度内浮动。

调整挂牌汇价管理办法。自2005年9月23日起，调整了外汇指定银行挂牌汇价管理措施：一是允许银行对挂牌货币实行一日多价。二是取消银行对客户非美元货币挂牌汇价的价差幅度限制，扩大美元挂牌汇价的价差区间。其中，美元现汇卖出价与买入价的价差不得超过央行公布的汇率中间价的1%，美元现钞卖出价与买入价的价差不得超过央行公布的汇率中间价的4%。三是给银行经营更大自主权，银行既可自行制定单笔大额交易标准，还可选择特定客户议价。四是调整外汇指定银行结售汇头寸管理。从2005年9月22日起，将现行结售汇周转头寸涵盖范围扩展为外汇指定银行持有的因人民币与外币间交易而形成的外汇头寸，实行结售汇综合头寸管理。该头寸包括由银行办理符合外汇管理规定的对客户结售汇业务、自身结售汇业务和参与银行间外汇市场交易而形成的外汇头寸。现阶段结售汇综合头寸限额的管理区间下限为零、上限为外汇局核定的限额，银行体系的总限额有较大幅度提高。此举有利于增强银行办理结售汇业务和外汇资金管理的灵活性和主动性，对中外资银行统一管理政策和限额核定标准，有助于实现银行间的公平竞争。

（三）银行间市场即期外汇交易

2005年前半期，人民币对美元继续保持稳定。美元对人民币日加权平均价一直维持在1美元兑8.2765元人民币的水平[3]。2005年7月22日，美元对人民币交易中间价为8.11，人民币升值幅度为2.05%。7月22日至12月30日，美元对人民币价格小幅振荡，有升有降，双向浮动，总体保持平稳波动，中国人民银行公布的人民币收盘价由最初的1美元兑8.11元人民币小幅升值至年末的1美元兑8.0702元人民币。全年人民币对美元升值了2.56%。美元对人民币收盘价最低达到8.0702（12月30日），最高为8.1128（7月27日）。上下波幅达到426个基点。

2005年，人民币对欧元、日元和港币总体呈现升值走势，7月21日汇率机制改革后，人民币对欧元、日元升值幅度较大。2005年末，人民币对日元汇率报收于6.8716元/100日元，比2004年底的8.0573升值17.25%；人民币对欧元汇率报收于9.5797元/欧元，比2004年底的11.2588升值17.53%；人民币对港币汇率报收于1.0403元/港元，比2004年底的1.0641升值2.29%。

（四）银行间市场远期外汇交易

2005年8月15日银行间市场正式推出远期人民币外汇交易业务，全年市场发生交易的有美元/人民币的1周、1个月、2个月、3个月、6个月、9个月和1年七个期限品种，以及日元/人民币的1周、1个月、2个月、3个月四个期限品种。交割方式分全额交割和差额交割两种。2005年远期外汇各币种共成交277笔，其中美元成交263笔，日元成交14笔。成交量最大的两个期限品种为美元1年期和1月期。全年银行间远期外汇市场共有98个交易日，各币种、各期限合计成交量26.90亿美元，日均成交2 745万美元。

从美元1年期远期报价走势看，美元远期价格稳中趋降。1年期美元远期报价在业务推出之初先上行并企稳，8月末回复初始价位，此后在相当长时间内保持稳定。11月报价呈逐级下行之势，12月止住跌势，月末一度大幅上扬，但随即迅速回归，以7.7500的全年最低点报收。

（五）银行间市场外币对外币交易

中国外汇交易中心外币对外币买卖系统于2005年5月18日试运行，6月20日正式上线。截至2005年底，银行间外币买卖市场有做市商银行11家，会员银行41家。全年共有159个交易日，8个外币对累计达成交易24 243笔，累计成交量折合521.33亿美元，日均成交量3.28亿美元；其中，第四季度成交量折合230.82亿美元，日均成交量3.85亿美元。8个外币对中，交易最活跃的三个外币对为欧元/美元、美元/港币和美元/日元，成交量占总交易量的比重分别为41.6%、25.6%和23.2%。

[3] 从2005年7月22日起，央行公布银行间外汇市场美元等交易货币对人民币汇率的收盘价，作为下一工作日该货币对人民币交易的中间价；相应地，图中所示价格在2005年1月4日至2005年7月21日为日加权平均价，2005年7月22日至2005年12月30日为收盘价。下同。

2005年银行间外币对外币买卖情况表

单位：亿美元

货币对	欧元/美元	澳元/美元	英镑/美元	美元/日元	美元/加元	美元/瑞士法郎	美元/港币	欧元/日元
成交量	216.97	16.13	19.26	120.80	3.33	5.11	133.51	6.22
占比（%）	41.6%	3.1%	3.7%	23.2%	0.6%	1.0%	25.6%	1.2%

银行间外币买卖市场形成的8个外币对价格和国际外汇市场价格的走势基本一致。对于欧元/美元、美元/日元、英镑/美元等活跃币种，银行间外币买卖市场报价的买卖价差一般都只有几个基点，有时还会出现买卖价格持平的情况，表明市场流动性较好。

四、宏观经济环境和相关政策调整

（一）国际经济形势

世界经济总体保持适度增长。2005年，美国经济表现良好，实际GDP增长3.5%。欧元区经济持续缓慢复苏，实际GDP增长2.1%。日本经济复苏势头较为明显，实际GDP增长2.7%。亚洲和拉美新兴市场经济保持较快增长。

全球经济结构不平衡的局面仍未得到明显改善，贸易保护主义势力增强。美国贸易赤字占GDP的比重从2004年的5.3%上升至5.7%，财政赤字占GDP的比重从2004年的3.3%下降至2.5%，经济结构性失衡仍然严重，特别是居民储蓄进入负区间，消费与储蓄的差距进一步扩大。这是全球经济失衡的最重要原因。国际能源及原材料价格快速上涨使得能源和原材料出口国的贸易顺差和外汇储备规模均出现明显上升，亚洲一些国家的外汇储备也有明显的增长。随着全球化背景下贸易不平衡进一步扩大，贸易保护主义趋势增强，贸易摩擦从商品贸易领域扩大到服务贸易领域和投资领域，给全球贸易和经济的稳定和增长带来威胁。

全球通货膨胀水平保持稳定。在美联储持续加息的影响下，美国核心消费者物价指数未受到油价上涨和自然灾害频发等不利因素的过多影响，维持在2.1%的水平；欧元区名义消费者物价指数下半年受石油价格上涨的影响先升后降，全年平均水平为2.2%；日本核心消费者物价指数在年底回正，通货紧缩的局面呈好转迹象。国际商品市场上石油、工业金属等能源和原材料产品价格出现较大上涨，纽约商品交易所原油期货价格在8月份达到最高的68.94美元/桶，年末收于61.04美元/桶，与上年底的42.12美元/桶相比，涨幅达44.9%。工业金属价格也有较大上涨，高盛能源和工业金属商品价格指数较2004年分别上升了31.2%和36.3%，对通货稳定造成了潜在威胁。

美元受美国加息的影响，对主要货币汇率出现全面反弹。2005年美联储保持小步快走的加息步伐，全年连续八次将美国基准利率从年初的2.25%提高到了4.25%，使美元转为高息货币，对各主要货币全面转强。年末欧元兑美元汇率收于1.1840，较上年底的1.3558下降了12.67%；美元兑日元汇率收于117.92，较2004年底的102.45上涨了15.10%。据美联储计算，年末美元对以主要货币国家贸易加权的实际有效汇率指数为92.78，比上年末（85.07）上升9.1%。

世界经济的增长为我国对外贸易和外商投资的发展提供了良好的外部环境，有利于我国充分利用“两个市场”、“两种资源”，全面提高对外开放水平。但是，油价维持在高位、贸易结构不平衡、贸易保护主义抬头以及金融市场波动加剧，对我国际收支增添了更多的不确定因素。

（二）国内经济形势

国民经济平稳较快增长。2005年，我国GDP增长9.9%，增幅比2004年回落0.2个百分点。其中，第一产业、第二产业和第三产业分别增长5.2%、11.4%和9.6%。

固定资产投资平稳增长，结构有所改善。2005年，全社会固定资产投资增长25.7%，与2004年基本持平。国家加强对重点行业和重点产品的宏观调控效果逐步显现，农业等基础性行业投资增幅扩大，房地产、钢铁等过热行业投资增幅回落。2005年房地产行业投资增长19.8%，比2004年回落8.3个百分点。

消费需求稳步扩大，物价涨幅有所下降。2005年，全国城镇居民人均可支配收入实际增长9.6%，增速比2004年提高1.9个百分点；农民人均纯收入实际增长6.2%。消费需求较快增长，全年社会消费品零售总额实际增长12%，比2004年提高1.8个百分点。全年居民消费价格总水平比上年上涨1.8%，增幅下降2.1个百分点。

货币供应平稳增长，信贷增幅下降。全年广义货币供应量增长17.6%，增速比2004年提高3个百分点；金融机构人民币信贷增长11.8%，比2004年下降1.8个百分点。

财政收支状况有所改善，支出结构进一步优化。2005年国家财政收入3.16万亿元，增长19.8%；财政支出3.37万亿元，增长18.3%，财政赤字2 080亿元。随着稳健的财政政策逐步到位，财政支出结构进一步优化，资金更多向农业、能源等基础产业倾斜。

进口增速明显放缓，贸易顺差进一步扩大。2005年海关外贸出口7 620亿美元，增长28.4%，增幅较2004年回落7个百分点；进口6 601亿美元，增长17.6%，增幅回落18个百分点；进出口贸易顺差达到1 019亿美元，增长2倍多。

当前，国民经济平稳较快增长，国内需求有所扩大，有利于促进国际收支平衡。但影响国际收支平衡的一些深层次总量和结构性、体制性矛盾短期内仍难以彻底消除，特别是在经济全球化大背景下，全球经济恢复平衡需要多方面共同努力，尤其是在全球经济中居于重要地位经济体的努力。同时，在恢复平衡中要特别防止出现大的波动和振荡，从而给经济的平稳发展造成新的威胁。总之，实现国际收支基本平衡的目标需要较长的努力，任务仍比较艰巨。

（三）国家涉外经济政策调整

2005年，国家继续运用货币、财政等政策加强和改善宏观调控，加快经济结构调整，进一步转变外贸增长方式，提高利用外资的质量。金融体系改革取得进展，整体稳健性增强。

1. 对外贸易相关政策调整

综合运用市场和产业手段抑制高污染、高能耗、高投入和资源性产品出口。对国内钢铁、电解铝、铁合金、成品油等产品出口加以限制，限定汽、煤、柴油等资源性产品的出口数量，加强对电石、炼焦、铁合金和小水泥等产品的市场准入管理，停止化工、铜矿和纸张等原材料的出口加工贸易；出台纺织品出口临时管理办法，对部分纺织品出口实行自主设限；取消或调低黄磷、钢材、煤炭等的出口退税，暂停汽油和石脑油出口退税，对未锻造铝、尿素加征出口关税；改革出口退税机制，将中央和地方政府出口退税分成比例由2004年的75∶25调整为92.5∶7.5。促进贸易便利化，在广东、辽宁、北京等部分出口企业试行申报出口退税电子数据审核。

加强跨国贸易磋商和合作，改善多边经贸关系。给予非洲25个最不发达国家190种输华商品免关税待遇，与欧盟达成纺织品出口协定，启动中国—东盟《货物贸易协议》，启动和完成与澳大利亚、巴基斯坦等国的自由贸易协定谈判等。

进一步简化手续，满足服务贸易多样化发展要求。取消旅游购物出口项下的外汇核销管理，大幅简化相关手续和凭证，提高居民个人购汇指导性限额，满足居民个人用汇需求。在上海浦东新区开展综合配套改革试点，先行先试九项外汇管理措施，便利了跨国公司的经营活动。

2. 直接投资相关政策调整

加大政策调整和引导，提高利用外资质量。为鼓励外商投资软件和集成电路行业，简化手续，允许企业在所得税纳税申报时自行确定购进软件或生产性设备的折旧或摊销年限；明确规定在出口加工区着力吸引技术水平高、增值含量大的加工贸易企业和带动配套能力强的大型下游企业，严格禁止开展高耗能、高污染等不符合国家产业政策要求的加工贸易，禁止东部沿海出口加工区引进低水平、低附加值的劳动密集型企业；此外，配合国家振兴东北老工业基地，扩大东北等地区的金融、交通等服务业对外开放，鼓励外商投资城市公共设施建设和交通运输业。

综合运用多项政策支持国内企业“走出去”。发布了第二批对外投资国别产业导向目录，支持信息产业、对外承包工程、对外劳务合作等有比较优势的企业有序开展对外经济技术合作；扩大境外投资外汇管理改革试点，提高境外投资购汇总额度，对境内银行为境外投资企业提供融资性对外担保实行余额管理，扩大担保银行和受益企业范围，帮助“走出去”企业解决后续融资的问题。

3. 证券投资相关政策调整

规范和发展合格境外机构投资者制度。将合格境外机构投资者的投资总额度增加到100亿美元，积极引导境外合格机构投资者的投资方向，促进国内资本市场健康发展。对合格境外机构投资者在我国从事证券买卖业务取得的差价收入，免征营业税。

有序拓宽对外金融投资渠道。允许保险公司以自有外汇资金投资境外资本市场，截至2005年，累计批准2家保险公司20亿美元开展境外资金运作。允许境内机构和个人以特殊目的公司形式在境外从事股权融资和境内返程投资，支持非公有制经济健康发展。

4. 外债相关政策调整

中国人民银行两次上调境内商业银行美元、港币存款利率，有助于抑制境外投机资金流入和外债增长；加强对贸易项下资金流动的监控，对进口延期付汇实行登记备案，出口预收货款和转口贸易收汇纳入待结汇账户管理，并将

20万美元（含）以上、付款期限超过180天的延期付款纳入外债管理。对境内注册的跨国公司将境外关联公司资金纳入在岸使用，纳入外债管理。规范境内贷款项下的境外担保管理，认真审核办理外商投资企业的资本金和外债资金结汇。严格控制中外资银行短期外债指标。

五、国际收支形势展望和政策取向

（一）形势展望

从国际看，2006年世界经济将进入相对平稳的增长阶段。国际货币基金组织预测世界经济增长率为4.3%，同2005年增速持平。国际经济保持平稳增长为我国对外经济的发展提供了良好的外部环境。但是，也应看到，国际经济、金融领域还存在着一些不确定因素。国际商品市场以石油为主的能源和原材料价格受需求旺盛、投机、地缘政治不确定性等因素的作用，仍将继续高位波动。随着美联储货币政策趋紧，长期利率可能逐渐上升，存在主要货币汇率和资产价格出现大幅度波动的可能，并引发资本流动逆转和金融市场无序调整。此外，全球贸易不平衡所导致的贸易摩擦和贸易保护主义抬头仍是全球贸易和经济增长所面临的重大威胁。

从国内看，2006年国民经济将继续保持平稳健康发展。受在建新建固定资产投资规模较大等因素的影响，固定资产投资将保持较高增幅。在城乡居民收入水平增长较快的带动下，消费需求将保持良好势头。由于全球经济稳定增长，出口有望保持较高增速，国内经济增长势头良好，也将带动进口需求回升。

在上述宏观背景下，预计2006年国际收支仍将保持“双顺差”格局。受对外贸易较大顺差和经常转移、收益项下净流入增加的影响，经常项目仍将保持较大顺差。受本外币负利差以及我国有序拓宽资本流出渠道的相关政策效果逐步显现等因素影响，对外金融投资规模可能进一步增加，同时，直接投资项下仍将有较大的净流入，预计资本和金融项目将维持一定的顺差。

（二）政策取向

实现国际收支基本平衡是党的十六届五中全会和中央经济工作会议提出的目标。实现这一目标需要全面贯彻落实科学发展观，按照“十一五”规划的要求，积极扩大内需，加快转变经济增长方式，调整经济结构，努力提高自主创新能力，深化土地、资源、社保、环保、医疗等改革；加大涉外经济政策调整力度，逐步实现内外资、内外贸的公平待遇，优化出口结构，支持扩大进口，提高利用外资的质量；积极培育和发展金融市场，促进储蓄向投资和消费的转化，完善人民币汇率形成机制，更多发挥市场在人民币汇率形成中的基础性作用。

在外汇管理方面，要继续深化外汇管理体制改革，大力推进贸易投资便利化，稳步推进资本项目可兑换，拓宽资本流出渠道，积极培育和发展外汇市场，加强短期资本流动管理和国际收支监测预警。主要包括：

深化经常项目外汇管理改革，进一步放宽市场主体持有和使用外汇的限制。加快进出口核销制度改革，建立非现场核查体系。改进经常项目外汇账户管理，进一步满足企业的外汇需求。简化服务贸易用汇手续，促进服务贸易便利化。放宽个人购汇限制，进一步满足个人用汇需求。

拓宽资金流出渠道，稳步推进资本项目可兑换。在风险可控的前提下，加大对境外投资企业融资支持，取消境外投资用汇额度限制，允许境外投资前期费用先行汇出。稳妥开辟对外金融投资新渠道，引导境内机构和个人外汇资金有序进入境外资本市场。完善合格境外机构投资者制度，支持国内资本市场发展。

进一步规范资金流入，维护国家经济金融安全。加强对外汇流入的监测和管理，重点监测房地产领域、个人外汇交易领域、跨境关联交易和离岸账户的资金流动情况，严格控制投机资金，研究运用经济手段调控银行超短期外债指标借款行为。全面推广外汇违法信息披露工作，开展有针对性的专项检查，继续打击各种外汇违法行为，整顿和规范外汇市场秩序。

提高外汇管理信息化水平，加强跨境资本流动和国际收支监测预警建设。完善高频债务监测预警和市场预期调查系统，逐步建立或有负债和境外债权的管理和统计监测体系。

加快外汇市场发展，夯实人民币汇率形成的市场基础。鼓励市场创新，为金融机构和企业提供更多外汇避险工具。进一步理顺外汇供求关系，逐步增强汇率弹性。加强对外汇市场系统性风险监管，保障市场有效运行。（资料来源：国家外汇管理局）

2005年中国通信业发展统计公报

2005年我国通信业认真贯彻党中央、国务院的决策部署和中央经济工作会议精神，落实科学发展观，加强宏观调控和行业指导，全行业继续保持平稳增长态势。

一、2005年通信业发展基本情况

2005年全年累计完成通信业务总量12 198.9亿元，同比增长24.6%，其中，电信11 575.3亿元，增长25.4%；邮政623.6亿元，增长10.1%。完成通信业务收入6 373.7亿元，同比增长11.3%，其中，电信5 799.0亿元，增长11.7%；邮政574.7亿元，增长7.7%。通信行业增加值完成4 159.6亿元，同比增长12.0%。通信固定资产投资2 071.3亿元，同比下降4.7%，其中，电信2 033.4亿元，下降4.8%；邮政37.9亿元，增长2.8%。

2005年全国新增固定电话用户3 867.7万户，总数达到35 043.3万户。其中：无线市话用户新增2 045.3万户，总数达到8 532.7万户；公用电话新增445.4万部，总数达到2 660.4万部。新增移动电话用户5 860.4万户，总数达到39 342.8万户。移动分组数据用户新增4 493.7万户，总数达到7 101.1万户。固定电话主线普及率和移动电话普及率分别达到27.0部/百人和30.3部/百人。基础电信企业互联网用户中，拨号用户达到3 566万户，同比减少1 556.3万户；专线用户达到68 618户，同比增加3 584户；宽带接入用户达到3 750.4万户，同比增加1 262.9万户，宽带接入用户中xDSL用户2 635.9万户，LAN用户968.2万户，WLAN用户3.4万户。全社会互联网使用人数新增约1 700万人，总数达到1.11亿人[1]。

2005年全年固定电话本地网内区间通话量827.4亿次，增长7.9%；区内通话量6 211.9亿次，增长5.5%；无线市话短信业务量完成240.0亿条；固定传统国内长途通话时长894.1亿分钟，增长21.9%；国际去话通话时长5.5亿分钟，增长9.4%；港澳台去话通话时长6.1亿分钟，增长13.1%。移动电话本地通话时长11 788.6亿分钟，增长33.6%；移动电话国内长途通话时长713.5亿分钟，增长18.3%；国际通话时长3.3亿分钟，增长11.9%；港澳台通话时长3.3亿分钟，增长0.9%；移动短信业务量完成3 046.5亿条，增长39.9%。IP电话国内长途通话时长1 318.7亿分钟，增长16.7%；国际通话时长14.0亿分钟，增长36.0%；港澳台通话时长11.6亿分钟，增长3.8%。固定电话互联互通通话时长完成2 038.7亿分钟，增长58.9%；移动电话互联互通通话时长完成3 042.1亿分钟，增长31.7%。

2005年全国光缆线路长度新增53.1万公里，达到405.0万公里；光缆纤芯长度新增940.0万芯公里，达到7 582.0万芯公里。固定长途电话交换机容量新增75.8万路端，达到1 338.8万路端；局用交换机容量新增4 607.5万门，达到46 954.3万门，其中，接入网设备容量新增3 585.9万门，达到20 875.8万门。移动电话交换机容量新增8 598.3万户，达到48 282.5万户。固定电话和移动电话的实装率分别达到74.6%和81.4%。互联网宽带接入端口新增1 257.8万个，达到4 835.9万个。互联网国际出口带宽136 106M。网站总数约为69.4万个，域名总数约为259.2万个。

二、2005年通信业发展主要特点

（一）业务总量平稳增长，业务收入增速趋缓，收入结构相对稳定

2005年全国通信业务总量增长平稳，各月同比增长保持在25%左右。通信业务收入增长速度趋缓，2005年前4个月电信业务收入的同比增长均低于10%，最高月份的收入增长率也只有11.7%，相当于2004年最低的月收入增长水平。第一季度增长率8.8%，是1990年以来通信业务收入增长首次低于两位数。第二季度以后，收入增长呈稳步回升态势，但各月同比增长率仍明显低于前两年。

收入增长放缓主要有以下原因：一是电话用户增长放缓，特别是东部发达地区和城市，而在普及率较低的西部和农村潜在市场，受实际消费能力限制，尚不能形成较大的需求。二是以投入为手段、以规模扩张为特征的粗放型增长模式还没有根本转变，企业创新能力不足，当用户增量规模下降时，电信业务收入也随之出现下降。

2002—2005 年各月通信业务收入比较

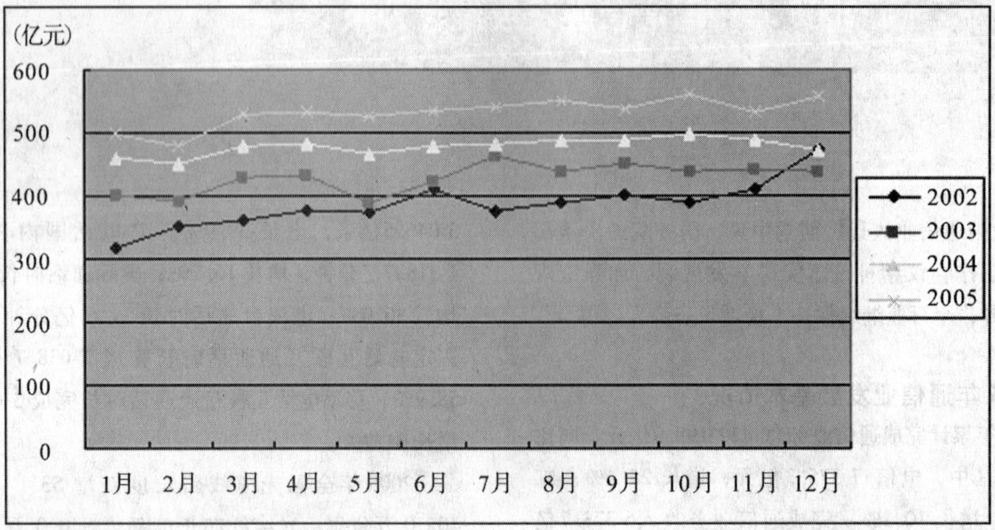

在收入增长放缓的同时，电信业务收入结构保持相对稳定。移动通信仍是电信业务收入的主要组成部分，其45.1%的比例和17.2%的增长率保证了电信业务收入的稳步增长。数据通信依然是增长最快的领域，其收入同比增长率高达22.7%，是电信主营业务收入增长率的2倍。固定本地电话和长途电话业务收入占总收入的比重比2004年同期分别下降了1.2个和1.4个百分点，而移动通信和数据通信业务收入所占比重则分别上升了2.1个和0.6个百分点。在移动通信领域，移动数据业务发展迅速，其业务收入占移动通信业务收入的16.4%。

2004、2005 年电信业务收入构成比较

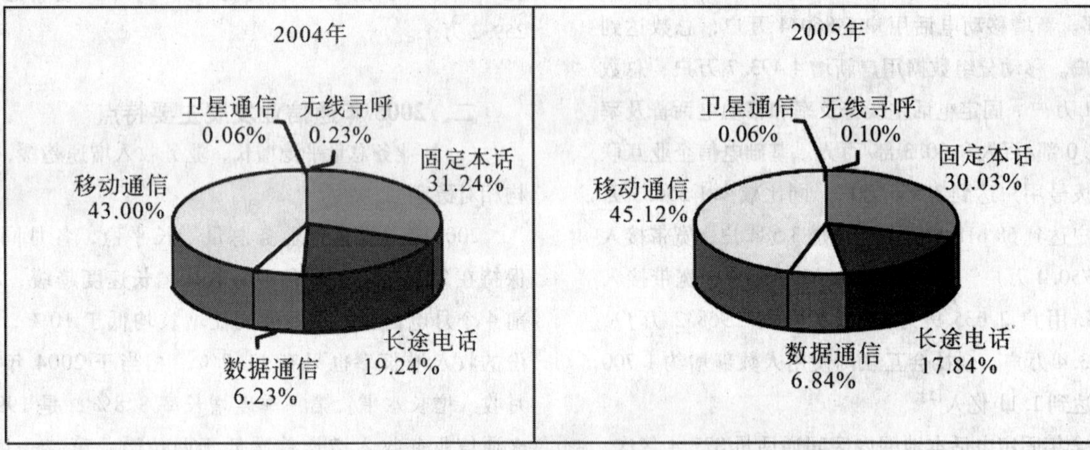

（二）电话用户增长放缓，无线市话的带动作用下降，互联网接入用户宽带化趋势明显

2005年固定和移动电话用户均呈现增长放缓局面。全年新增固定和移动电话用户分别比去年同期减少了1 101.9万户和626.7万户。新增无线市话用户在新增固定电话用户中所占比重比去年同期下降了3.3个百分点，对固定电话用户增长的带动作用有所下降。

移动电话对固定电话的异质竞争的优势更加明显。2005年各月新增移动用户平均是新增固定电话用户的1.5倍，如果将具有移动通信特征的无线市话用户按移动电话用户计算，则这一比例将扩大到4.3倍。

2005 年各月电话用户增长情况比较

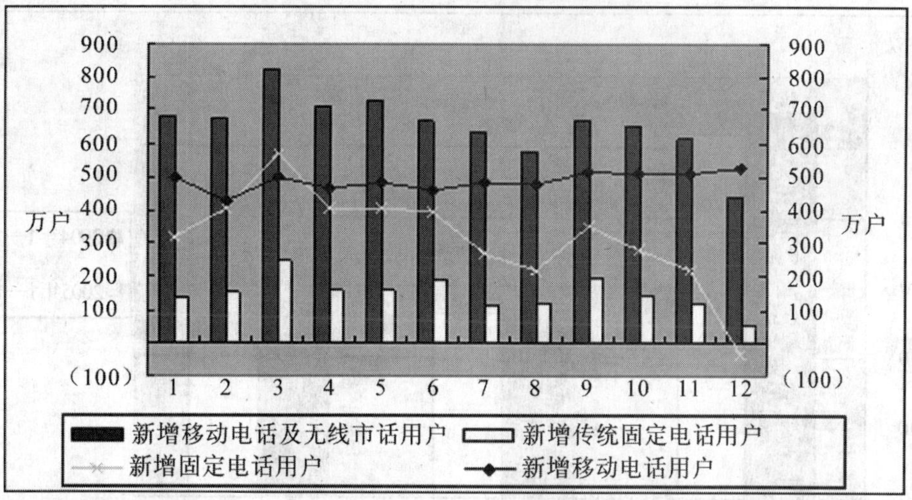

互联网宽带接入技术及业务的发展，使得拨号接入用户向宽带接入用户的更迭加快。2005 年，互联网拨号接入用户减少了 1 556.3 万户，而宽带接入用户新增 1 262.9 万户，总数达到 3 750.4 万户。宽带接入用户总数已超过窄带拨号接入用户。

（三）投资规模基本平稳，行业整体效益逐步提升，企业赢利能力差异较大

2005 年通信业固定资产投资累计完成 2 071.3 亿元，略低于 2004 年的投资规模。电信运营企业的投资更加审慎，主要有以下一些原因：现有网络大规模建设投入期基本结束，企业主要根据用户发展情况进行网络扩容和优化；企业对 3G 发展的预期影响了部分投资；企业创新能力不足，缺乏新的投资热点；资本市场对企业投资回报率的关注等。

在投资下降的同时，行业整体效益逐步提升。六家主要基础电信企业的利润总额达 1 143.6 亿元，同比增长 19.9%，高于收入增长。各电信运营企业在竞争和资本市场的双重压力下，充分认识到效益优先的重要性，采取了优化成本结构、集中采购以及深挖企业内部潜力、合理配置各种资源等多种措施，使各项业务成本支出得到有效控制，效益逐步提升，收入利润率呈上升趋势。但是各运营商的实力依然悬殊，赢利能力差异较大。

（四）中部地区市场增长潜力逐渐释放，西部快速增长步伐放缓

2005 年东、中、西部通信业务收入同比增长分别为 10.3%、13.5% 和 12.6%，通信固定资产投资分别同比下降 12.6%、7.1% 和 15.4%，中部电信市场增长潜力逐渐显现。与此同时，西部地区电信业增长速度放缓，但仍快于同期 GDP 的增长，这与西部地区社会经济发展现状是基本适应的。在西部大开发战略及各项促进政策的带动下，近年来西部电信业实现了较快发展，但受经济水平的制约，西部电信业增长有所放缓，未来的持续增长将需要长效的机制予以保证。

2004—2005 年同期东、中、西部通信业务收入

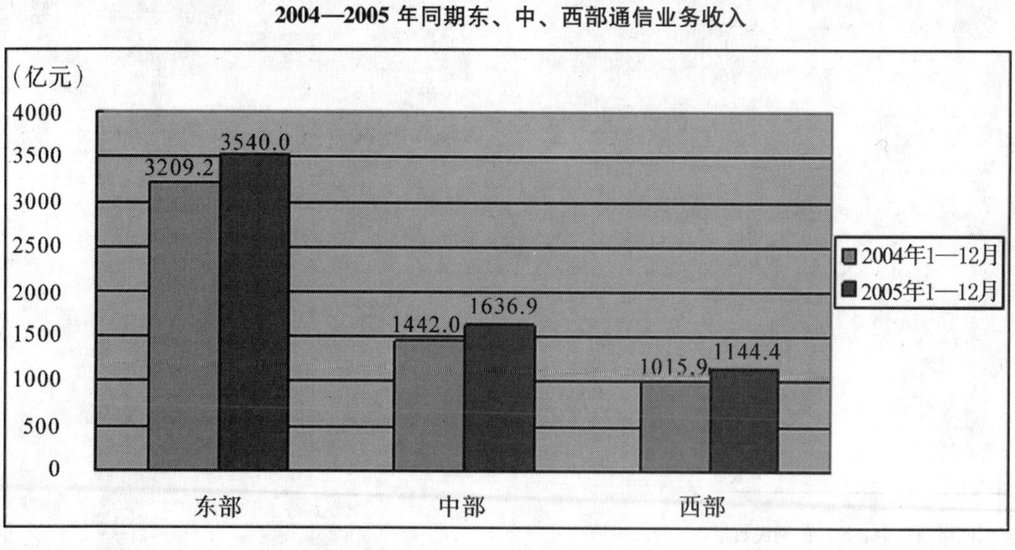

2004—2005 年同期东、中、西部通信固定资产投资

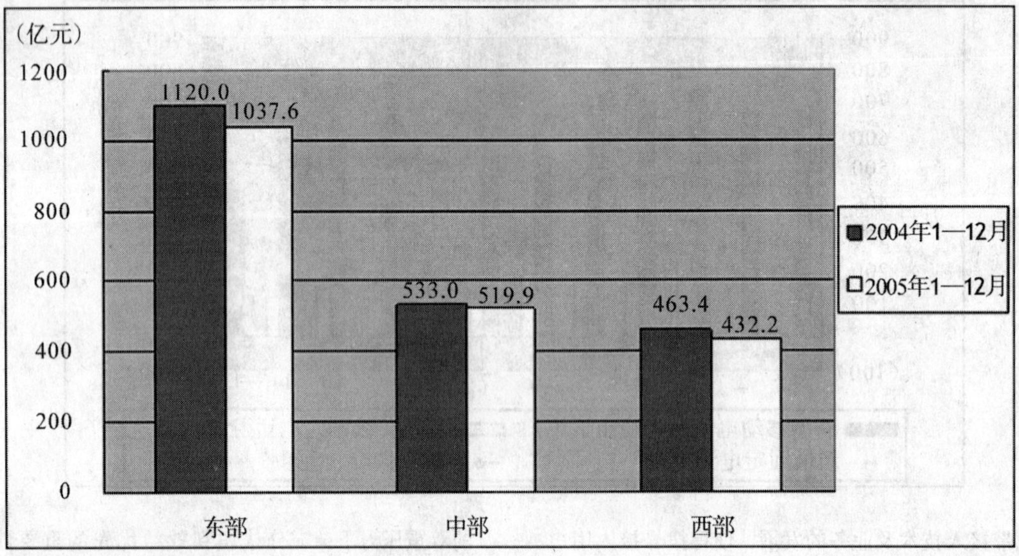

（五）村通工程取得积极进展，发展农村通信仍任重道远

由信息产业部和六家主要基础电信企业实施的村村通电话工程自 2004 年 1 月开始实施，截至 2005 年 11 月 24 日，第一阶段指定工程任务已全部超额完成。“村通”工程累计使 52 304 个行政村新开通电话，全国行政村通电话比率从“村通”工程开始前的 89% 上升到 97%，提高了 8 个百分点，提前一个多月超额完成邮电“十五”计划中“95% 行政村通电话”的目标。各地“村通”工程也取得较大进展，全国 31 省（区、市）中，11 个省（市）实现所有行政村通电话，19 个省份超额完成指定工程任务。

尽管“十五”村通工程的目标已经提前完成，但农村通信市场的持续发展仍是行业面临的艰巨任务。2005 年农村固定电话用户增长仅为 9%，仍低于城镇固定电话 14% 的增长率。从长远来看，必须建立有关长效机制，通过市场调节、宏观调控等手段保证农村通信的顺利推进。

2005 年，我国通信行业运行秩序明显改善，各项工作取得了显著的成绩。但目前我国的人均通信水平，企业管理、创新和效益水平距世界先进水平仍有较大差距；一些不规范竞争以及电信服务质量问题仍然存在。随着通信行业监管不断加强，改革不断深化，通信业将继续保持持续、健康、稳定的发展。（资料来源：信息产业部）

注：本公报数据为快报初步核算数。

[1] 中国互联网络信息中心统计的网民数量。

2005年中国公路水路交通行业发展统计公报

2005年是“十五”计划的最后一年。公路水路交通行业在党中央、国务院的领导下，以科学发展观统领交通发展全局，认真贯彻落实国家加强和改善宏观调控的各项政策措施，交通事业保持了持续快速健康发展的好势头。交通基础设施建设取得瞩目成就，运输安全得到显著提升，较好地完成了“十五”时期的主要任务，为“十一五”时期公路水路交通发展奠定了坚实基础。

一、交通基础设施

1. 公路

公路总量继续增长。2005年底，全国公路总里程达到193.05万公里，比上年末增加5.99万公里，比“九五”期末增加25.07万公里。路网结构进一步完善。全国公路总里程中，国道132 674公里、省道233 783公里、县道494 276公里、乡道981 430公里、专用公路88 380公里，分别占公路总里程的6.9%、12.1%、25.6%、50.8%和4.6%。

公路技术等级和路面等级不断提高。2005年底，全国等级公路里程159.18万公里，占公路总里程的82.5%，比上年末提高1.4个百分点，比“九五”期末提高4.2个百分点。其中二级及二级以上高等级公路里程32.58万公里，占公路总里程的16.9%，比上年末提高0.9个百分点，比“九五”期末提高3.8个百分点。按公路技术等级分组，各等级公路里程分别为：高速公路41 005公里、一级公路38 381公里、二级公路246 442公里、三级公路344 671公里、四级公路921 293公里，等外公路338 752公里。全国有铺装路面和简易铺装路面公路里程99.46万公里，占总里程的51.5%，比上年末提高3.6个百分点。按公路路面类型分组，各类型路面里程分别为：有铺装路面532 697公里，其中沥青混凝土路面226 075公里，水泥混凝土路面306 622公里；简易铺装路面461 901公里；未铺装路面935 945公里。

高速公路建设实现历史性突破。“十五”期间建成高速公路2.47万公里，是“七五”、“八五”和“九五”建成高速公路总和的1.5倍。2005年，全国新增高速公路通车里程6 717公里。河南、广东、内蒙古、江苏、河北、浙江、山西和甘肃八省全年新增高速公路通车里程均超过300公里。截至年底，全国有29个省（市、区）的高速公路里程均超过500公里。高速公路突破千公里的省（区、市）上升到19个。分别是：山东（3 163公里）、广东（3 140公里）、江苏（2 886公里）、河南（2 678公里）、河北（2 135公里）、浙江（1 866公里）、辽宁（1 773公里）、四川（1 758公里）、山西（1 686公里）、湖北（1 649公里）、江西（1 559公里）、安徽（1 501公里）、云南（1 421公里）、广西（1 411公里）、湖南（1 403公里）、陕西（1 226公里）、福建（1 208公里）、甘肃（1 006公里）和内蒙古（1 001公里）。

县乡公路里程继续大幅度增长，公路密度不断提高，公路通达情况进一步改善。2005年底，全国县道、乡道里程达到147.57万公里，比上年末增加5.12万公里，占全国新增公路里程的85.4%。全国公路密度为20.1公里/百平方公里，比上年末提高0.6公里/百平方公里，比“九五”期末提高2.6公里/百平方公里。全国通公路的乡（镇）占全国乡（镇）总数的99.81%，比上年末提高0.23个百分点，比“九五”期末提高1.5个百分点。通公路的行政村占全国行政村总数的94.3%，比上年末提高1.5个百分点，比“九五”期末提高4.8个百分点。全国还有75个乡镇和38 426个行政村不通公路。

各地区公路里程持续增长，公路技术状况进一步提高。2005年底，东部地区公路里程63.13万公里，比上年末增加2.45万公里，增长4.0%；中部地区65.99万公里，比上年末增加1.76万公里，增长2.7%；西部地区63.93万公里，比上年末增加1.77万公里，增长2.9%。2005年底，东部地区高速公路19 909公里，二级及二级以上公路15.17万公里，分别比上年增加2 763和9 600公里；中部地区高速公路12 978公里，二级及二级以上公路11.65万公里，分别比上年增加2 826公里和12 166公里；西部地区高速公路8 118公里，二级及二级以上公路5.76万公里，分别比上年增加了1 127公里和4 536公里。

公路桥梁和隧道建设取得新成就。2005年底，全国公路桥梁达33.66万座、1 474.75万延米，比上年末增加1.50万座、137.11万延米。其中特大桥梁876座、145.96万延米，大桥23 290座、512.53 万延米，中桥 7.17 万座、393.74万延米，小桥24.07万座、422.53万延米。全国公路隧道达2 889处、152.70万延米，比上年末增加394处、28.15万延米。其中特长隧道43处、16.59万延米，比上年末增加10处、3.96万延米。其他隧道情况分别为：长隧道381处、62.51万延米，中隧道485处、34.18万延米，短隧道1 980处、39.43万延米。全国公路渡口有502处，其中机动渡口409处。

公路养护和绿化里程不断增加。2005年底，全国公路养护里程达184.01万公里，占公路总里程的95.3%，比上年末增加5.12万公里。全国公路绿化里程突破100万公里，达102.63万公里，占公路总里程的53.2%，比上年末增加3.24万公里。

2. 内河航道

2005年底，全国内河航道通航里程12.33万公里。其中等级航道6.10万公里，占总里程的49.5%，比上年末提高0.2个百分点；三级及三级以上航道8 631公里，占总里程的7.0%，提高0.3个百分点；五级及五级以上航道23 659公里，占总里程的19.2%，提高0.3个百分点。各等级内河航道通航里程分别为：一级航道1 404公里、二级航道2 513公里、三级航道4 714公里、四级航道6 697公里、五级航道8 331公里、六级航道18 771公里、七级航道18 584公里。全国内河航道中，天然河流及渠化河段64 718公里，限制性航道36 158公里，宽浅河流航道6 130公里，山区急流河段航道4 312公里，湖区航道3 462公里，库区航道8 483公里。全国内河航道通航里程超过万公里的省份有四个，分别是江苏（24 349公里）、广东（11 844公里）、湖南（11 495公里）、四川（10 720公里）。

2005年底，全国内河航道共有4 131处枢纽，其中具有通航功能的枢纽2 330处。通航建筑物中，有船闸826座、升船机42座。

3. 港口码头泊位

港口码头泊位继续增加。2005年底，全国港口拥有生产用码头泊位35 242个，比上年净增134个，其中万吨级及以上泊位1 034个，比上年净增90个。

全国沿海港口拥有生产用码头泊位4 298个，其中万吨级及以上泊位847个；内河港口拥有生产用码头泊位30 944个，其中万吨级及以上泊位187个。内河港口万吨级泊位分布在长江干流、长江支流和珠江水系，分别为179个、4个和4个。

港口码头泊位继续向大型化、专业化方向发展。全国沿海港口万吨级及以上泊位中，1万—3万吨级（不含3万吨级）泊位476个、3万—5万吨级（不含5万吨级）泊位155个、5万—10万吨级（不含10万吨级）泊位167个、10万吨级以上泊位49个，比上年末分别增加11个、12个、22个和12个，比“九五”期末分别增加39个、50个、77个和30个。全国内河港口万吨级及以上泊位中，1万—3万吨级（不含3万吨级）泊位106个、3万—5万吨级（不含5万吨级）泊位51个、5万—10万吨级（不含10万吨级）30个，比上年末分别增加8个、16个和9个。全国万吨级及以上泊位中，通用件杂货泊位276个、通用散货泊位134个、专业化泊位577个。专业化泊位中原油泊位55个、成品油及液化气泊位97个、煤炭泊位119个、粮食泊位31个、集装箱泊位175个。

二、公路、水路运输装备

1. 公路运输车辆

公路运输能力较快增长。2005年底，全国公路营运汽车达733.22万辆，比上年增加43.35万辆，比“九五”期末增加198.15万辆。其中载客汽车128.40万辆、1 859.28万客位，分别比上年增加0.72万辆、114.42万客位；载货汽车604.82万辆、2 537.75万吨位，分别比上年增加42.63万辆、357.63万吨位。

运力结构进一步优化。2005年底，全国拥有大型营运客车13.81万辆，比上年增加1.28万辆；大型营运货车190.65万辆，比上年增加2.26万辆；专用载货汽车24.54万辆，比上年增加2.78万辆，其中集装箱车5.87万辆，同比增加0.27万辆。

2. 水路运输船舶

水上运力结构不断调整优化。2005年底，全国拥有水上运输船舶20.73万艘，比上年末减少0.34万艘；净载重量10 178.64万吨，比上年末增加1 561.39万吨；平均净载重量491.02吨，比上年末增加82.04吨；载客量101.13万客位，比上年末增加1.51万客位；集装箱箱位80.72万TEU，比上年末增加14.76万TEU；船舶功率3 639.93万千瓦，比上年末增加587.2万千瓦。水上运输船舶中，集装箱船1 999艘，集装箱箱位75.31万TEU，分别比上年增加427艘和13.70万TEU。

2005年底，全国拥有内河运输船舶19.58万艘，比上年末减少4 126艘，净载重量4 481.49万吨，比上年末增加667.01万吨，载客量86.00万客位，比上年末增加1.15万客位，集装箱箱位5.29万TEU，比上年末增加2.02万TEU。全国沿海运输船舶9 409艘，比上年末增加709艘，净载重量2 047.76万吨，比上年末增加503.97万吨，载客量13.67万客位，比上年末增加0.30万客位，集装箱箱位8.46万TEU，比上年末增加3.74万TEU。全国远洋运输船舶2 082艘，比上年末增加11艘，净载重量3 649.40万吨，比上年末增加390.41万吨，载客量1.47万客位，比上年末增加0.07万客位，集装箱箱位66.97万TEU，比上年末增加8.99万TEU。

三、公路、水路运输量

1. 公路运输

公路客运增长较快。2005年全社会完成公路客运量169.74亿人，旅客周转量9 292.08亿人公里，分别比上年增加7.29亿人和543.71亿人公里，分别比2000年增加35.00亿人和2 634.66亿人公里。公路货运增势强劲。2005年全社会完成公路货运量134.18亿吨，货物周转量8 693.19亿吨公里，分别比上年增加9.68亿吨和852.33亿吨公里，分别比2000年增加30.30亿吨和2 563.81亿吨公里。公路客运量、旅客周转量在综合运输体系中所占比重分别为91.9%和53.2%；公路货运量、货物周转量在综合运输体系中所占比重分别为72.3%和10.9%。

2005年全国公路客运平均运距为54.74公里，比上年提高0.89公里；货运平均运距为64.79公里，比上年提高1.81公里。

2. 水路运输

水路货运总量持续快速增长。2005年全社会完成水路货运量21.96亿吨，货物周转量49 672.28亿吨公里，分别比上年增加3.23亿吨和8 243.59亿吨公里，分别比2000年增加9.73亿吨和25 938.10亿吨公里。水路客运稳步回升。2005年全社会完成水路客运量2.02亿人，旅客周转量67.77亿人公里，分别比上年增加0.12亿人和1.52亿人公里。水路客运量、旅客周转量在综合运输体系中所占比重分别为1.1%和0.4%；水路货运量、货物周转量在综合运输中所占比重分别为11.5%和61.4%。

在全社会水路货运中，内河运输完成货运量10.57亿吨、货物周转量2 626亿吨公里，分别占全社会水路货运量、货物周转量的48.1%和5.3%；沿海运输完成货运量6.54亿吨、货物周转量8 495亿吨公里，分别占29.8%和17.1%；远洋运输完成货运量4.85亿吨、货物周转量38 552亿吨公里，分别占22.1%和77.6%。

在内河货物运输中，长江水系完成货运量4.21亿吨，货物周转量1 484.54亿吨公里，分别占全国内河货运量和货物周转量的39.9%和56.5%；京杭运河完成货运量2.19亿吨，货物周转量502.29亿吨公里，分别占20.7%和19.1%；珠江水系完成货运量1.47亿吨，货物周转量243.55亿吨公里，分别占13.9%和9.3%；黑龙江水系完成货运量0.13亿吨，货物周转量10.18亿吨公里，分别占1.2%和0.4%。

2005年全国水路客运平均运距33.51公里，比上年减少1.29公里；货运平均运距2 261.45公里，比上年提高50.7公里。

3. 集装箱运输

公路、水路集装箱运输量持续较快增长。2005年全社会公路运输集装箱2 465万TEU，货运量27 060万吨，分别比上年增长18.1%和14.4%。全社会水路运输集装箱1 940万TEU，集装箱货运量21 992万吨，分别比上年增长20.9%和38.0%。其中远洋运输集装箱1 396.15万TEU，集装箱货运量15 050万吨，分别比上年增长15.6%和34.6%。

四、国道交通量

国道网交通量和行驶量进一步增长。2005年全国国道网年平均日交通量达9 673辆/日（当量标准小客车，下同），比上年增长3.5%。其中东部地区17 295辆/日，中部地区8 180辆/日，西部地区4 906辆/日，比上年分别增长2.6%、9.0%和5.1%。全年国道网车流量较大的地区主要集中在京津地区、上海、浙江、广东，上述地区国道网的年平均日交通量均超过2万辆。2005年全国国道网年平均行驶量为128 337万车·公里/日（当量标准小客车，下同），比上年增长5.8%。其中东部地区69 021万车·公里/日，中部地区34 488万车·公里/日，西部地区24 828万车·公里/日，分别增长4.6%、12.0%和7.5%。

国道网交通拥挤程度下降。2005年全国国道网年平均交通拥挤度为0.44，比上年降低17.5%。北京、天津、河北、上海、浙江、山东、河南、广东、海南等省（市）国道相对拥挤，上述省市国道年平均拥挤度均超过0.6，其中北京和天津平均拥挤度超过0.8，上海超过了1.0。

2005年全国国道主干线年平均日交通量达13 938辆/日，比上年增长8.1%，年平均行驶量44 411万车·公里/日，同比增长9.7%；全国高速公路年平均日交通量为16 388辆/日，与上年相比基本持平，年平均行驶量为67 197万车·公里/日，比上年增长13.8%。

2005年底，全国拥有国道交通量观测站点4 688个，其中连续式观测站点383个，间隙式及其他观测站点4 305个，观测里程10.93万公里，占国道总里程的82.3%。

五、港口吞吐量

港口货物吞吐量持续较快增长。2005年全国港口完成货物吞吐量48.54亿吨，比上年增长16.4%，比“九五”末增长1.2倍。沿海港口完成30.09亿吨，增长18.6%，内河港口完成18.45亿吨，增长12.9%。全国港口完成外贸货物吞吐量13.67亿吨，比上年增长18.3%，比“九五”末增长1.4倍。其中沿海港口完成12.53亿吨，增长18.7%，内河港口完成1.14亿吨，增长14.7%。

综合性大型枢纽港发展进一步加快。2005年货物吞吐量超过亿吨的港口由上年的8个上升到11个，其中吞吐量超过2亿吨的港口为4个。上海港吞吐量突破4亿吨，达4.43亿吨，比上年增长16.9%。其他10个亿吨港的完成情况分别为：宁波港2.69亿吨、广州港2.50亿吨、天津港2.41亿吨、青岛港1.87亿吨、大连港1.71亿吨、秦皇岛港1.69亿吨、深圳港1.54亿吨、苏州港1.19亿吨、上海内河港1.07亿吨、南京港1.07亿吨。

集装箱吞吐量继续快速增长。2005年全国港口完成集装箱吞吐量7 564万TEU，比上年增长22.8%，比“九五”末增长2.2倍。其中沿海港口完成7 002万TEU，增长23.7%，内河港口完成562万TEU，增长12.9%。

2005年集装箱吞吐量超过100万TEU的港口由上年的8个上升为9个。上海港完成1 808万TEU，深圳港完成1 620万TEU。青岛港631万TEU、宁波港521万TEU、天津港480万TEU、广州港468万TEU、厦门港334万TEU、大连港269万TEU、连云港101万TEU。

集装箱和干散货吞吐量增幅较大。2005年全国港口完成干散货吞吐量27.56亿吨，比上年增长18.0%；液体散货5.84亿吨，比上年增长8.1%；件杂货6.14亿吨，比上年增长10.0%；集装箱吞吐量（按重量计算）6.94亿吨，比上年增长26.0%；滚装吞吐量2.05亿吨，比上年增长9.7%。干散货、液体散货、件杂货、集装箱和滚装车辆在港口货物吞吐量中所占比重分别为56.8%、12.0%、12.7%、14.3%和4.2%。

煤炭及制品、石油天然气及制品、金属矿石、钢铁和矿建材料在港口货类中占较大比重，其吞吐量保持较快增长。全国规模以上港口完成货物吞吐量39.42亿吨，比上年增长18.6%，比“九五”末增长1.3倍。其中煤炭及制品吞吐量8.07亿吨、石油天然气及制品4.83亿吨、金属矿石5.75亿吨、钢铁1.96亿吨、矿建材料4.95亿吨，比上年分别增长12.1%、6.9%、33.3%、14.9%和46.0%。上述货类分别占全国规模以上港口货物吞吐量的20.5%、12.3%、14.6%、5.0%和12.6%，其中金属矿石、矿建材料所占比重比上年分别提高1.6个和2.4个百分点。

港口旅客吞吐量稳步回升。全年全国港口完成旅客吞吐量2.06亿人，比上年增加0.07亿人，同比增长3.3%。其中沿海港口旅客吞吐量0.78亿人，比上年增加0.01亿人，同比增长1.6%；内河港口旅客吞吐量1.29亿人，比上年增加0.05亿人，同比增长4.3%。

六、交通固定资产投资

交通基础设施建设投资再上新台阶。2005年全国交通固定资产完成投资突破6 000亿元，达6 445.04亿元，比上年增长21.3%，比“九五”末增长1.5倍。“十五”期间累计完成交通固定资产投资22 354.68亿元，是“九五”期间完成投资的2.2倍。

1. 公路建设

公路建设投资规模继续加大。全社会完成公路投资5 484.97亿元，比上年增加782.69亿元，同比增长16.6%，比“九五”末增长1.4倍。

重点项目投资快速增长。公路重点项目完成投资2 585.86亿元，比上年增加836.29亿元，增长47.8%。县乡公路完成1 399.04亿元，比上年增加156.79亿元，增长12.6%。路网改造完成1 500.07亿元，为上年的87.7%。

公路建设资金仍以国内贷款和自筹资金为主。全年公路建设到位资金4 880.65亿元，同投资完成额相比，资金到位率为89.0%。到位资金中，国家预算内资金占2.4%，车购税占10.3%，国内贷款占38.2%，利用外资占1.3%，自筹及其他资金占43.1%，上年末节余资金占4.7%。

全年公路建设投资突破200亿元的省有九个，分别是浙江（541.22亿元）、江苏（420.65亿元）、河南（404.13亿元）、广东（334.41亿元）、山东（332.92亿元）、内蒙古（270.27亿元）、云南（261.91亿元）、湖北（213.86亿元）和河北（209.13亿元）。

全年新建公路12.12万公里，改建公路19.53万公里。

2. 水运建设

水运建设投资持续快速增长。2005年全国沿海及内河建设完成投资688.77亿元，比上年增加280.96亿元，同比增长68.9%，比“九五”末增长4.1倍。其中沿海建设完成投资576.24亿元，比上年增加239.82亿元，同比增长71.3%；内河建设完成投资112.53亿元，比上年增加41.14亿元，同比增长57.6%。

沿海港口新（扩）建码头泊位124个，新增吞吐能力21 192万吨，其中万吨级以上泊位83个，新增吞吐能力20 471万吨。内河港口新（扩）建码头泊位190个，新增吞吐能力2 091万吨。全年新增及改善内河航道里程1 338

公里。

3. 其他建设

2005 年其他交通建设完成投资 271.30 亿元，比上年增加 67.31 亿元，同比增长 33.0%，比“九五”末增长 1.2 倍。其中海事系统完成 5.46 亿元，救助打捞完成 11.64 亿元，科研教育完成 6.22 亿元，信息、通信完成 2.61 亿元。

七、水上安全和救助打捞

水上运输安全进一步提升。2005 年全年发生水上交通事故 532 起，死亡和失踪人数 479 人，沉船或全损船舶 306 艘，直接经济损失 4.95 亿元，比上年分别下降 5.3%、2.0%、7.3% 和增加 34.2%。

2005 年交通救助打捞系统共执行了 601 次救助任务，出动救助船舶 580 艘次，出动救助飞机 120 架次，救助遇险人员 3 667 人，其中外籍人员 343 人，救助遇险船舶 152 艘，其中外籍船舶 29 艘，完成抢险打捞任务 57 次，其中打捞沉船 10 艘，打捞落（溺）水人员 61 人，获救财产价值约 48.37 亿元。

备注：

1. 本公报为年报正式统计数据。

2. 香港和澳门特别行政区及台湾省统计数据未包括在本公报内。

3. 公路路面、桥梁、隧道统计指标的分类标准按照《公路工程技术标准》（JTGB01－2003）执行。

4. 公路水路运输量占综合运输体系比重依据国家统计局提供的年快报数据计算。

5. 从 2005 年开始，交通量计算单位使用标准小客车当量数。

6. 规模以上港口是指年货物吞吐能力在 100 万吨及以上的沿海港口、200 万吨及以上的内河港口以及经营外贸、集装箱业务的港口。

7. 水上安全数据摘自《水上交通事故月报》，救助打捞数据摘自《2005 救助打捞年报》。

（资料来源：交通部）

2005 年我国旅游业各项统计情况

经国家统计局确认的统计结果表明：2005 年，我国入境旅游人数达到 12 029 万人次，旅游外汇收入达到 292.96 亿美元，国内旅游出游人数达到 12.12 亿人次，国内旅游收入达到 5 286 亿元，国际国内旅游业总收入为 7 686 亿元，公民出国（境）人数达到 3 103 万人次，各项统计指标均创历史新高。具体统计结果如下：

一、入境旅游

——2005 年，我国入境旅游人数 12 029.23 万人次，比上年增长 10.3%。其中：外国人 2 025.51 万人次，增长 19.6%；香港同胞 7 019.38 万人次，增长 5.5%；澳门同胞 2 573.41 万人次，增长 17.6%；台湾同胞 410.92 万人次，增长 11.5%。

——2005 年，我国入境过夜旅游者人数 4 680.90 万人次，比上年增长 12.1%。

——2005 年，全国旅游外汇收入为 292.96 亿美元，比上年增长 13.8%。

二、国内旅游

——2005 年，全国国内旅游人数为 12.12 亿人次，比上年增长 10.0%，其中：城镇居民 4.96 亿人次，比上年增长 8.1%；农村居民 7.16 亿人次，比上年增长 11.4%。

——全国国内旅游收入为 5 286 亿元，比上年增长 12.2%，其中：城镇居民旅游支出 3 656 亿元，农村居民旅游支出 1 630 亿元。

——全国国内旅游人均出游花费 436.13 元。其中：城镇居民出游人均花费 737.12 元，农村居民出游人均花费 227.62 元。

三、旅游业总收入

2005 年，全国国际国内旅游业总收入 7 686 亿元，比上年增长 12.4%。

四、出境旅游

2005年，中国公民出境总人数为3 102.63万人次，比上年增长7.5%。其中：因公出境588.63万人次，比上年增长0.2%，占出境总人数的19.0%；因私出境2 514.00万人次，比上年增长9.4%，占出境总人数的81.0%。

（资料来源：国家旅游局）

2005年我国入境旅游人数及收汇情况

2005年我国入境旅游人数1 2029.23万人次，比上年增长10.32%；入境过夜旅游者4 680.90万人次，比上年增长12.09%；入境外国游客2 025.51万人次，比上年增长19.62%；根据2005年入境游客花费抽样调查结果测算并经国家统计局审定，2005年，全国旅游（外汇）收入为292.96亿美元，比上年增长13.82%。

一、入境旅游人数

2005年，我国入境旅游人数1 2029.23万人次，比上年增长10.32%。其中：外国人2 025.51万人次，增长19.62%；香港同胞7 019.38万人次，增长5.49%；澳门同胞2 573.41万人次，增长17.61%；台湾同胞410.92万人次，增长11.50%。

二、过夜旅游者人数

2005年，我国入境过夜旅游者人数4 680.90万人次，比上年增长12.09%。其中：外国人1 641.91万人次，增长20.20%；香港同胞2 259.43万人次，增长5.94%；澳门同胞421.37万人次，增长18.28%；台湾同胞358.19万人次，增长11.50%。

三、主要客源市场情况

2005年，各洲入境旅游外国人数与上年相比都实现两位数增长。16个主要客源国中，除日本增幅为1.67%、印尼增幅为7.94%外，其余各国的增幅均达到两位数，其中有8个国家的增幅超过两成；韩国超过日本成为本年度我国第一大客源国。具体情况是：法国增长32.33%，澳大利亚增长28.34%，泰国增长26.30%，韩国增长24.62%，德国增长24.51%，俄罗斯增长24.09%，加拿大增长23.48%，马来西亚增长21.26%，英国增长19.49%，菲律宾增长19.04%，美国增长18.86%，新加坡增长18.70%，蒙古增长15.93%，印度增长15.21%，印尼增长7.94%，日本增长1.67%。

四、全国旅游外汇收入情况

2005年，全国旅游外汇收入累计测算数为292.96亿美元，比上年增长13.82%。其中：过夜旅游者在华花费为265.82亿美元，占全国旅游外汇收入的90.74%；一日游游客在华花费为27.14亿美元，占9.26%。

2005年全年按不同客源地划分的游客在华花费情况如下：

（1）外国人在华花费为153.04亿美元，比上年增长21.11%，占总花费的52.24%；

（2）香港同胞在内地花费70.11亿美元，增长1.40%，占总花费的23.93%；

（3）澳门同胞在内地花费28.98亿美元，增长14.37%，占总花费的9.89%；

（4）台湾同胞在大陆花费40.83亿美元，增长11.74%，占总花费的13.94%。

（资料来源：国家旅游局）

“十五”回眸：我国社会经济发展取得巨大成就

“十五”时期的五年，是我国社会主义现代化进程中极不平凡的五年，是继往开来与时俱进的五年，是我们战胜各种困难大踏步前进的五年。五年来，面对世界经济低迷、贸易保护主义抬头、石油价格大幅上涨、恐怖主义猖獗等风云变幻的国际环境，面对突如其来的非典疫情和重大自然灾害的冲击，在党中央、国务院的正确领导下，全国各族人民认真贯彻落实党的十六大和十六届三中、四中、五中全会精神，以科学发展观为指导，聚精会神搞建设，一心一意谋发展，战胜了非典等突发灾难，有效地抑制了经济运行中出现的不稳定不健康因素，国民经济保持平稳较快发展，综合经济实力明显增强，人民生活水平显著提高，市场经济体制继续完善，各项社会事业蓬勃发展，社会主义现代化建设事业取得举世瞩目的巨大成就。

一、国民经济快速增长，综合国力显著增强

“十五”时期，通过实施积极的财政政策，加强和改善宏观调控，积极有效应对经济运行中出现的问题和困难，国民经济实现了持续平稳较快发展。国内生产总值由2000年的99 215亿元上升到2005年的182 321亿元，平均每年以9.5%的速度递增，比“九五”时期平均增速高0.9个百分点。其中，第一、第二、第三产业增加值分别达到22 718亿元、86 208亿元和73 395亿元，平均增长速度分别为3.9%、10.7%和9.9%。

经济的快速发展使我国在世界的地位持续提高。预计2005年我国的经济总量将超过意大利、法国和英国，跃至世界第四位，我国国内生产总值占世界的份额也将提高到接近5.0%。人均GDP则由2000年的7 858元（949美元）提高到2005年的13 985元（1 707美元）。人均GDP步入1 000美元—3 000美元的新的发展阶段，在向中等发达国家水平挺进的道路上迈出了重要一步。

二、工农业生产迅速发展，生产能力持续大幅提高

农业特别是粮食生产在波动中得到加强。“十五”前期，农业生产特别是粮食生产曾一度陷入低谷，2003年粮食产量只有8 614亿斤，已低于1991年的水平。面对这种严峻局面，党中央、国务院采取了多项支持“三农”的政策，特别是宣布用三年时间全面取消农业税，极大地调动了农民的生产积极性，2004年农业生产出现重要转机，粮食获得大丰收，全年粮食总产量达9 389亿斤，扭转了1999年以来连续五年下降的局面。2005年在2004年丰收的基础上又增产291亿斤，总产量重新登上9 600亿斤台阶，达到9 680亿斤。棉花、油料产量分别达到570万吨和3 078万吨，比2000年增长29%和4.2%。

工业生产持续快速增长。“十五”时期，大规模的基础设施投资以及近几年固定资产投资的快速增长刺激了对工业品的需求，也带来了工业生产能力的迅速扩大，工业生产持续快速增长，煤炭、冶金、电力、建材等产业在经济发展中的作用越来越显著。2005年工业增加值突破7万亿元，达到76 190亿元，比2000年增长了67.5%（按可比价计算），平均每年增长10.9%，比“九五”时期平均每年10.2%的增速高0.7个百分点。2001年至2005年五年间共生产原煤87.4亿吨、发电量9.7万亿度、钢材13.1亿吨、水泥42.8亿吨，分别比“九五”时期五年的产量高21.4亿吨、3.7万亿度、7.6亿吨和15.7亿吨。

三、固定资产投资快速增长，基础设施和基础产业得到明显加强

“十五”时期，在国家积极财政政策和稳健货币政策的作用下，民间投资得到明显恢复，外商投资依然活跃，在各类投资需求的共同作用下，全社会固定资产投资快速增长。2005年全社会固定资产投资达到88 604亿元，五年年均增长20.2%（按累计法计算），比“九五”时期平均每年增长速度高9个百分点。2001年至2005年全社会固定资产投资累计完成29.5万亿元，比“九五”期间增加15.6万亿元，超过了1981—2000年20年间全社会固定资产投资的总和。

与此同时，通过发行国债，扩大投资，“十五”时期集中办了一些多年来想办而没有办成的大事。这五年，是基础设施建设、基础产业投资最多、力度最大、发展最快

的时期，一大批重大基本建设项目和重点骨干企业的技术改造项目建成投产。五年来，我国新建公路35万公里，其中高速公路2.4万公里（超过2000年以前的高速公路长度总和），新建铁路投产里程7 063公里，港口万吨级码头泊位新增吞吐能力45 232万吨。一批对经济社会长远发展有重大促进作用的项目相继建成投产、发挥效益。西气东输管道工程实现全线商业运营；青藏铁路全线铺通，结束了西藏地区不通铁路的历史；三峡工程进展顺利，电站工程已投产运行14台发电机组，累计发电940亿千瓦时；西电东送北通道、中通道、南通道共形成输送能力超过3 250万千瓦。2005年末发电装机容量超过5亿千瓦，比2000年末增加1.8亿千瓦。五年新增局用交换机容量23 254万门，新增光缆线路长度214万公里。产业技术进步步伐加快，装备制造业技术水平迅速提高，高技术产业快速发展。

四、对外经济迅猛发展，对外开放水平不断提高

“十五”时期，是改革开放以来我国对外贸易发展最快的时期。经过艰苦谈判，我国终于成功地加入了世界贸易组织，对外经济贸易环境发生了深刻而重大的变化，我们在享受运用世界贸易规则带来好处的同时，也不断迎接了来自各个方面各种各样的挑战，并在克服困难、解决问题中不断发展壮大。2005年，我国进出口贸易总额达14 221亿美元，比2000年增长199.8%，平均每年增长24.6%，比“九五”平均增长速度快13.6个百分点，进出口贸易总额占我国GDP的比重已经接近65%。2004年，我国进出口贸易总额已占世界贸易量的6.2%，在世界各国和地区排名由2000年的第八位跃居到第三位，成为仅次于美国和德国的贸易大国。2005年，我国出口7 620亿美元，比2000年增长205.8%，平均每年增长25%，比“九五”平均增长速度快14.1个百分点；进口6 601亿美元，比2000年增长193.3%，平均每年增长24%，比“九五”平均增长速度快12.7个百分点。

利用外资发展也比较快。2005年实际使用外商直接投资603亿美元，比2000年增长48.2%，平均每年增长8.2%，比“九五”平均增长速度快6.6个百分点。“走出去”战略取得明显进展，对外投资规模不断扩大。2003年到2005年，对外直接投资额（非金融部分）分别为29亿美元、55亿美元和69亿美元。

国家外汇储备大幅度增加，2005年底达到8 189亿美元，比2000年末增加近4倍。

五、国内市场持续繁荣活跃，人民生活水平不断提高

经过多年努力，“十五”时期市场商品供应充裕，已基本不存在供不应求的商品，加上进口规模的不断扩大，消费者有了前所未有的选择余地。经济的快速发展，人民收入水平的不断提高，加上消费环境的不断完善，也有效地刺激了人们的消费欲望，城乡商品交易市场繁荣活跃，商业经济保持良好发展态势。2005年，社会消费品零售总额达到67 177亿元，比2000年增长71.8%，五年间年均增长11.4%，比“九五”平均增长速度快0.8个百分点。

城乡居民收入水平持续提高，储蓄规模继续扩大。2005年，城镇居民人均可支配收入达10 493元，扣除价格因素，比2000年实际增长58.3%，年均增长9.6%，比“九五”平均增长速度快3.9个百分点，是改革开放以来历次五年计划期增长速度最快的；农村居民家庭人均纯收入达3 255元，扣除价格因素，比2000年实际增长29.2%，年均增长5.3%，比“九五”平均增长速度快0.6个百分点，增速仅次于“六五”时期。到2005年底，城乡居民人民币储蓄存款余额达14.1万亿元，比2000年末增加了7.7万亿元。

居民消费结构明显改善，生活质量继续提高。2005年城镇居民家庭恩格尔系数为36.7%，农村居民家庭恩格尔系数为45.5%，分别比2000年降低2.7和3.6个百分点。电话普及率由2000年末的20.1部/百人提高到2005年末的57部/百人，其中移动电话普及率由6.8部/百人提高到30部/百人；城镇居民每百户拥有家用汽车由2000年末的0.5辆提高到2005年末的3.4辆，农村居民每百户拥有摩托车由21.9辆提高到41辆。城乡居民的居住条件和生存环境进一步改善。城镇居民人均住房使用面积由2000年末的18平方米扩大到2005年末的21.3平方米；农村居民人均住房面积则由24.8平方米扩大到29.7平方米。扶贫工作成效明显。农村贫困人口由2000年的3 209万人降低到2 365万人。

六、注重科技教育，各项社会事业全面协调发展

“十五”时期，党中央科学分析了我国经济和社会发展的国情，提出了以人为本、科学发展、和谐发展的方针，推动了我国经济增长方式的转变和社会事业的全面发展。

就业和社会保障体系建设成效显著。转变经济增长方式，实现和谐发展，必须建立强有力的社会保障体系。“十五”时期，社会保障事业取得了比较明显的进展。一是实施积极的就业政策，始终把扩大就业摆在经济社会发展更加突出的位置上。五年来，平均每年解决城镇就业人口836万人，五年共增加就业人员4 180万人，城镇登记失业率稳定在4%左右，其中2005年登记失业率为4.2%。二是采取多种措施，大力完善城镇职工基本养老和基本医疗、失业、工伤、生育保险制度，建立健全与经济发展水平相适应的社会保障体系。到2005年末，全国有17 444万人参加了基本养老保险，有10 648万人参加了失业保险，有13 709万人参加了医疗保险，分别比2000年末增加3 827万人、240万人和10 846万人。累计有9 920万城镇居民得到最低生活保障。社会救济和优抚安置政策逐步完善，农村社会保障工作开始起步。

科技事业成果丰硕。转变经济增长方式，关键要靠科技。2001—2005年间，全国研究与试验发展（R&D）经费支出8 203亿元，占同期国内生产总值的1.16%，其中2005年达到1.3%；组织实施“863”计划课题6 000多项，安排高技术产业化示范工程项目1 000多项。基础研究和战略高技术研究成果丰硕。在生物技术领域，在国际上率先完成水稻基因组测序工作；在航天领域，神舟五号、神舟六号载人航天飞行取得圆满成功，标志着我国成为第三个掌握载人航天技术的国家；在纳米材料领域，成功开发纳米“超级开关”材料，实现纳米表面材料超疏水与超亲水之间的可逆转变。重大科技成果转化步伐明显加快。成功研制并启用10万亿次高性能计算机，64位高性能通用CPU芯片龙芯2号自主研制成功。自主建成的大型商用核电站秦山核电站二期工程建成并投入商业运行。世界上第一条商业化运营磁悬浮列车线在上海建成运行。科研和生产的结合更加紧密，传统产业的创新能力大幅提高。短短五年间，就取得省部级以上科技成果15.3万项，技术合同成交金额5 596亿元。

教育事业快速发展。五年来，各级政府坚持教育优先发展的方针，加大了对基础教育的投入力度，增加了对农村和西部偏远地区的教育补贴，义务教育普及程度继续提高，普通高中的办学条件进一步改善，高等教育办学规模明显扩大，职业教育得到迅速发展，教育结构有所改善。2005年，普通高等教育招生505万人，在校生1 562万人，分别比2000年增加284万人和1 006万人；各类中等职业教育招生647万人，在校生1 559万人，分别比2000年增加239万人和275万人；普通高中教育招生878万人，在校生2 409万人，分别比2000年增加405万人和1 208万人。五年累计，普通高等教育、中等职业教育、普通高中、普通小学毕业生分别达到971万人、1 919万人、2 391万人和11 171万人。

公共卫生事业得到明显加强。针对突如其来的非典和高致病性禽流感等重大疫情，“十五”时期，国家以建设全国疾病预防控制体系和突发公共卫生事业医疗救治体系为重点，加快公共卫生体系建设，并取得积极成效。到2004年末，全国1 410个县级和250个省、市（地）级疾病预防控制中心基本建成，290所紧急救援中心也陆续开工，基本建成了有效应对重大疫情的公共卫生网络体系。医疗体制改革也做了积极的探索，新型农村合作医疗制度改革的试点工作逐步推开。到2005年末，参加新型农村合作医疗的农民达到1.77亿人。

此外，文化、体育等其余社会事业也得到了长足的发展。特别值得指出的是，在雅典奥运会上，我国运动员奋力拼搏，迭创佳绩，共获得金牌32块、银牌17块、铜牌14块，金牌总数居世界第二位，创造了新的历史记录。

七、社会主义市场经济体制逐步完善，重点领域关键环节的改革取得突破

“十五”时期，我国各项改革步入攻坚阶段。党的十六届四中全会通过的《中共中央关于完善社会主义市场经济体制若干问题的决定》系统提出了新时期我国经济体制改革的总体框架，在这一纲领性文件的指引下，各项改革进一步深化。

行政管理体制改革有了新的突破。按照经济调节、市场监管、社会管理和公共服务等市场经济对政府的要求，全力推进政企分开，投资体制改革和行政机构改革有所深化，特别是在减少和规范行政审批的数量方面有较大进展，《行政许可法》颁布实施后，国务院先后取消和调整了1 795个行政审批事项，较原来减少了48.9%，各级政府开始更多的靠经济手段和法律手段管理经济。

财税金融体制改革进展平稳。公共财政体系建设步伐加快，部门预算改革，“收支两条线”管理改革，国库管理体制改革，政府采购管理制度改革稳步推进，增值税转型也在进行当中，个人所得税改革迈出了重要步伐。金融改革方面，国内外广泛关注的完善人民币汇率形成机制改革顺利实施，利率市场化改革取得积极进展，上市公司股权分置改革进展平稳，国有商业银行股份制改革迈出重要步伐，深化农村信用社改革全面推进。

国有经济布局和结构调整、国有企业改革取得重要进展。适应市场经济要求，“十五”时期在继续完善国有资本有进有退、合理流动机制的同时，一方面，加快了国有大型企业股份制的改革，健全国有资产管理和监督机制，健全公司法人治理制度，截至2004年底，2 903家国有及国有控股大型骨干企业中已有1 464家企业改制为多元股东的公司制企业。国有控股的境内外上市公司已达1 000多家，其实现利润占全部国有及国有控股企业的46%。另一方面，把深化垄断行业改革作为重点，放宽了市场准入，电信、石化、电力、民航等大的国有公司通过改组、分立已经初步形成了市场竞争的局面。

农村综合改革成效显著。在农村土地制度方面，实施了最严格的土地保护制度，按照保护农民权益、控制土地规模的原则，完善了征地程序，农民的利益和国家的粮食安全得到了最大限度的保护。在完善农产品市场体系方面，放开了粮食收购市场，特别把通过流通环节对农民的间接补贴改为直补，有效地保护了农民的利益。在农村税费改革方面，尤其值得关注。由“十五”初期的完善农村税费制度的各项政策逐步过渡到全面取消农业税和农林特产税，农民负担大幅度降低。

与此同时，社会保障、住房、科技、教育、文化等方面的改革也取得新的进展。

总之，“十五”时期，我国的经济发展和各项社会事业都取得了长足的进步，“十五”时期经济和社会发展的巨大成就为“十一五”时期更辉煌的发展奠定了良好基础。尤其重要的是，以人为本、全面协调可持续的科学发展观和构建社会主义和谐社会重大思想的提出将对全面建设小康社会和推进社会主义现代化事业起到全局和长远的指导作用。

我们在充分肯定“十五”成绩的同时，还要看到经济运行和社会发展过程中存在的问题，主要有：一是经济整体素质依然不高，经济结构仍不合理，经济增长依然粗放。比如，对当前我国相对偏高的投资率而言，消费率依然偏低，经济增长仍过分依赖第二产业，第三产业比重仍然偏低等。再如，在经济发展的过程中，仍存在片面追求速度，轻视质量和效益的现象。二是改革仍有些滞后。“十五”时期，围绕完善社会主义市场经济体制，进行了多项改革，取得了重要进展。但与社会主义市场经济发展的要求相比，仍有许多不适应，从而影响了社会经济的更好更快发展。如，行政管理体制改革、投融资体制改革相对滞后，妨碍了科学发展观和正确政绩观的落实。三是地区经济发展仍然不平衡，居民收入分配差距仍然较大。2005年城镇居民人均可支配收入是农民人均纯收入的3.2倍，比2000年的2.8倍又有所扩大。在全国各省和自治区当中，城镇居民人均可支配收入最高的浙江是最低的新疆的2倍，农民人均纯收入最高的浙江是最低的贵州的3.5倍。到2005年末，农村仍有贫困人口2 365万人。四是经济与社会的发展仍不协调。我们必须高度重视这些问题和矛盾，认真总结经验教训，认真应对。

“十五”时期取得的巨大成就为我国在新世纪的发展奠定了更坚实的基础。站在新的历史起点上，展望未来，我们既面临着严峻的挑战，更有着前所未有的机遇。我们相信，只要我们紧密团结在以胡锦涛同志为总书记的党中央周围，高举邓小平理论和“三个代表”重要思想伟大旗帜，全面贯彻落实科学发展观，把握机遇，开拓进取，求真务实，艰苦奋斗，就一定能够继续把我国改革开放和社会主义现代化建设推向新的阶段。

“十五”回眸：城镇居民收支保持较快增长

“十五”时期，我国国民经济继续保持快速、平稳、协调发展，价格总水平保持基本稳定。全国城镇居民收入增长幅度明显超过“九五”时期，城镇居民消费能力进一步增强，消费结构升级加快，生活质量显著提高，生活水平向富裕扎实迈进。

一、城镇居民收入增长快于“九五”时期，收入来源多样化

（一）收入快速上升，2005年人均可支配收入突破万元大关

“十五”时期，全国城镇居民人均可支配收入年平均实际增长9.6%，比“九五”时期的5.7%高出3.9个百分点。2005年，全国城镇居民年人均可支配收入达到10 493元，首次突破万元大关，比2000年的6 280元增加了4 213元，扣除价格因素影响，5年实际增长58.3%。

（二）收入来源多样化，收入构成发生较大变化

“十五”时期，随着产业结构的不断调整和优化，就业渠道不断扩宽，为城镇居民就业和增收创造了条件。同时，政府高度重视低收入家庭和离退休人员的生活，加大了转移支付的力度，城镇居民获得收入的渠道趋向多元化，收入构成发生了较大变化。工薪收入以外的经营、转移性收入已经成为城镇居民收入增长的新亮点。

工薪收入和财产性收入比重下降，经营性收入和转移性收入比重上升。2005年，城镇居民的全部收入中，工薪收入占68.9%，比2000年下降2.3个百分点；经营净收入占6.0%，比2000年上升2.1个百分点；财产性收入占1.7%，比2000年下降0.3个百分点；转移性收入占23.4%，比2000年上升0.5个百分点。

1. 工薪收入快速增长。“十五”时期，国有、集体和其他经济类型单位职工的工资水平均有较大幅度的提高。2005年城镇居民人均工薪收入7 798元，比2000年增长74.0%，年均增长11.7%。

2. 非公经济发展迅猛，经营净收入高速增长。“十五”时期，政府出台了一系列发展非公经济的优惠政策，特别是对下岗、失业人员从事非公经济给予更大的优惠，城镇居民人均经营净收入高速增加。2005年，城镇居民人均经营净收入680元，比2000年增长1.8倍，年均增长22.5%。

3. 转移性收入快速增长。“十五”时期，各级政府提高了最低生活保障标准、最低工资标准和其他相关标准，给低收入家庭和离退休人员带来了实惠。2005年，城镇居民家庭人均转移性收入2 651元，比2000年增长84.0%，年均增长13.0%。

二、城镇居民消费领域不断拓展，生活质量显著提高

“十五”时期，在城镇居民收入大幅度增长的同时，居民消费支出也全面增加。各类消费支出均呈增长态势，消费结构趋于优化。作为基本生存需要的食品、衣着和用品类消费占消费支出的比重逐年下降和稳定；万元级的电脑、十万元级的小汽车、商品房，逐步进入百姓家庭；旅游、无线通信以及服务性消费成为“十五”时期城镇居民消费的热点和亮点，居民生活质量显著提高。

2005年城镇居民人均消费性支出7 943元，比2000年的4 998元增加了2 945元，扣除物价因素，5年实际增长50.5%，年均实际增长8.5%，比“九五”时期的5.0%高出3.5个百分点。

（一）食品消费由量的满足转向质的提高，恩格尔系数持续下降

“十五”时期，城镇居民在吃饱吃好的基础上，更加注重膳食结构，追求科学的、平衡的和合理的膳食。2005年城镇居民人均食品支出2 914元，比2000年增长47.8%，年均增长8.1%。食品支出占消费支出的比重从2000年的39.4%下降至2005年的36.7%，减少了2.8个百分点。恩格尔系数持续下降，标志着城镇居民生活质量的进一步提高。从主要食品消费量看，主食消费略有下降，肉、油、蛋、奶等食品消费显著增加，营养结构有所改善。随着居民消费观念的更新，在外用餐支出迅速增长。2005年城镇居民人均在外用餐支出607元，比2000年增长1.1倍，年均增长16.1%。

（二）汽车开始进入百姓家庭，成为新的代步工具

“十五”时期，随着城镇居民收入的大幅度提高，汽车工业的蓬勃发展，汽车快速进入居民家庭，至2005年底，

城镇居民每百户拥有家用汽车3.4辆，比2000年底增加了2.9辆，增长了5.6倍，年均增长45.9%。与之相应的交通支出也有大幅增长。2005年城镇居民人均交通支出500元，比2000年增长了1.6倍，年均增长20.8%；占消费支出的比重为6.3%，比2000年上升了2.4个百分点。

（三）旅游消费增长快速，外出旅游成为居民享受生活的体现

居民休闲时间增加，利用节假日外出，领略祖国的大好风光或异国风情成为居民享受生活的重要体现。“十五”时期三大黄金周的推行，为上班族外出旅游创造了条件。城镇居民黄金周的出游促进了旅游消费的增长。据旅游专项调查资料显示，2005年城镇居民国内出游总人次为4.96亿人次，比2000年增加了1.67亿人次，增长50.9%。人均用于旅游的花费为736.5元，比2000年增长了8.5%。

（四）通信和网络快速发展，信息消费成为亮点

随着信息产业的快速崛起，计算机与通讯技术的不断创新，极大地刺激了居民的信息消费需求，使城镇居民通信消费和网络消费保持着旺盛的购买力和较高的增长水平。2005年城镇居民人均通信消费支出497元，比2000年增加了264元，年均增长16.3%。每百户城镇居民移动电话拥有量达137部，比2000年增长6倍，年均增长了47.7%。每百户居民接入互联网计算机和移动电话数达32.2台/部。

（五）居民保健意识增强，支出增长迅猛

生活水平的提高，以及生活方式的改变使得城镇居民对自身的保健愈加重视，各类健身器材、保健器材和滋补保健品迅速进入普通居民家庭，使保健消费支出迅猛增长。2005年城镇居民家庭人均保健支出为86.2元，比2000年增长了1.8倍，年均增长率为22.7%。

（六）文化娱乐支出及社会化家庭服务消费支出增势强劲

收入的增长和人民精神文化需求的增多促进了文化事业和文化产业在“十五”时期的繁荣，城镇居民文化娱乐支出增势强劲。2005年城镇居民人均用于文化娱乐的消费支出为526元，比2000年增长72.0%，年均增长11.5%。其中用于文化娱乐服务的支出从2000年的88元猛增至2005年的246元，年均增幅达到22.8%。

随着社会服务行业和家政行业等第三产业的发展，城镇居民家庭花钱雇保姆、请钟点工，将家务劳动社会化，给生活带来极大方便。2005年城镇居民人均服务性消费支出2 224元，比2000年增长了94.1%，年平均增长14.2%。家庭服务性消费支出快速增长体现出城镇居民生活方式和消费理念的转变。

（七）居住支出增加，居住质量提高，向“居者有其屋”的目标逐渐迈进

“十五”时期，随着住房改革的全面推进，住房货币化的全面实施，出现了购新换旧以及购房投资的热潮。2005年底，住宅中房屋产权私有率为88.6%，比2000年提高了11.5个百分点，离实现“居者有其屋”的目标更近了一步。

一方面，居民用于购房建房的支出增长迅速，2005年人均713元，比2000年增长56.8%，人均归还住房贷款187元，比2000年增长了5.2倍。

另一方面，居民住房的配套设施、使用面积和住宅式样都发生了质的飞跃。2005年底，城镇居民人均使用面积为21.3平方米，比2000年增加了3.3平方米。2005年，有2.9%的城镇居民家庭居住单栋住宅，比2000年提高了0.7个百分点；有33.1%的家庭居住三、四居室，比2000年提高5.8个百分点；有6.8%的城镇居民家庭居住平房，比2000年下降12.8个百分点。同时住宅的配套设施得到明显改善。2005年住宅内无卫生设备的家庭比重为5.5%，比2000年下降9.8个百分点；有87.6%的家庭使用管道煤气和液化气，比2000年提高9.9个百分点；有99.2%的城镇居民家庭能饮用洁净水，比2000年提高1.0个百分点。

（八）衣着支出比重及家庭设备用品支出趋于稳定

2005年城镇居民人均衣着支出占消费支出的比重为10.1%，与2000年持平。家庭设备用品也由于前期的积累，普及率较高，基本进入饱和期。居民家庭用于购置家庭设备用品的支出减少。购买家庭设备用品支出占消费支出的比重为5.6%，比2000年下降了1.9个百分点。

三、“十一五”时期仍然需要关注的问题

“十五”时期，在城镇居民生活质量显著提高并逐步走向富裕的同时，也存在着平均消费倾向低、不同收入群体间收入差距拉大等一些亟待解决的问题，“十一五”时期必需认真研究解决。

（一）平均消费倾向走低

“十五”时期，城镇居民的平均消费倾向有逐年下降的态势。2005年城镇居民平均消费倾向为75.7%，比2000年下降了3.9个百分点。高低收入阶层的消费倾向呈相反的趋势。按居民家庭收入从高到低排队，相对等分成10组，10%的低收入组在2005年的消费倾向为99.3%，比2000年提高了3.5个百分点。而10%的高收入组的消费倾向为66.6%，比2000年下降了2.9个百分点。表明一方面低收入阶层的收支基本相抵，有旺盛消费需求但无购买力；另一方面有强盛购买力的高收入群体，其基本消费需求已满

足，收入大量以储蓄和金融资产的形式沉淀下来。

（二）不同收入群体间收入差距扩大

“十五”时期，城镇居民中不同收入阶层收入差距呈逐年扩大之势。2005年10%的最高收入户人均可支配收入为28 773元，是全国平均水平人均收入的2.7倍（2000年为2.1倍）。10%的最低收入户家庭人均可支配收入为3 135元，是全国平均水平人均收入的29.9%（2000年为42.2%）。最高10%与最低10%收入户的人均可支配收入之比从2000年的5.0倍扩大为9.2倍。“十五”时期最高10%收入户的收入名义增长1.2倍（“九五”时期为61.9%），最低10%收入户的收入名义增长18.2%（“九五”时期为22.3%），最高10%收入户的收入增长明显高于最低10%收入户。

四、政策建议

（一）完善并落实就业优惠政策，千方百计扩大就业

增加居民收入的最好途径就是增加就业机会。“十一五”时期要进一步完善并坚决贯彻落实好就业、再就业政策和税费减免、小额信贷等各项优惠政策措施，全面加强政府在职业介绍、职业指导、职业培训等方面的作用，切实提供优质就业服务，让更多的失业人员充分就业。大力消除影响居民消费的各种障碍，努力拓宽消费领域，在促进消费的同时，创造出更多的就业机会。

（二）规范收入分配秩序，理顺收入分配关系

要切实注重社会公平，强化收入分配的宏观调控力度，深化收入分配制度改革，充分发挥税收的调节作用，加强对垄断行业收入分配的监督和管理，有效地调整和规范收入分配秩序，努力缓解地区之间和社会成员之间收入差距扩大的趋势。

（三）完善社会保障制度，提高社会保障水平，切实解决城镇低收入群体的困难

要健全社会保障体系。进一步完善养老、医疗和失业保险，将尽可能多的从业人员纳入到社会保险制度中来，切实解决城镇居民的后顾之忧。进一步完善最低生活保障制度，关键是要抓好落实。一方面要把符合条件的困难群众纳入保障范围，做到应保尽保；另一方面要尽可能地完善最低生活保障的运行机制。认真解决好低收入群体在住房、医疗、就业和子女就学等方面的难题。

“十五”回眸：农村居民生活水平进一步提高

“十五”时期，中央出台了一系列惠农政策和改革举措，农民收入持续稳定增长，农民消费增长出现积极变化，生活质量得到明显改善。

一、农村居民收入增速回升

农村居民人均纯收入由2000年的2 253元增加到2005年的3 255元，增加1 002元，增长44.4%，五年平均递增7.6%；扣除价格因素，年均实际增长5.2%，比“九五”时期年均增速快0.5个百分点。“十五”时期农村居民收入增速回升的主要原因是：

第一，农业增收为“十五”时期农民增收做出重要贡献。“十五”时期，中央采取了一系列支持农民增收的重大政策，农业走出多年徘徊局面，粮食增产、农民增收成为国民经济运行中的亮点。受政策支持和粮价回升的共同影响，2004年农业收入创历史新高。2005年粮价虽有小幅回落但由于产量增加，全年农业收入仍保持稳定增长，达到人均1 098元，比2000年增加264元，对“十五”时期农民人均纯收入增长的贡献率为26.3%，比“九五”时期增加21.2个百分点。

第二，工资性收入增长是农民增收的主要动力。2005年工资性收入人均1 175元，比2000年增加473元，对农民人均纯收入增长的贡献率为47.2%。2000年农村居民人均工资性收入占全年纯收入的31.2%，到2005年占全年纯收入的比重上升为36.1%，提高了4.9个百分点。

第三，政策性收入大量增加，税费负担显著下降。“十五”时期农民从“三补贴、两减免”上受益颇多，2004年

和2005年两年间农民从粮食直补、良种补贴和购置更新大型农机具补贴得到的收入人均34元。农民税费负担从2000年的人均96元下降到2005年的人均13元，税费负担占当年人均纯收入的比重由2000年的4.2%下降为2005年的0.4%。

二、农村居民生活消费水平提高，生活质量改善

（一）生活消费支出年均实际增长6.4%，各项支出全面增长

2005年，农村居民人均生活消费支出2 555元，比2000年增加885元，年均增加177元，扣除价格因素的影响，年均实际增长6.4%，快于纯收入的增长速度。

分项来看，2005年农村居民消费的食品、衣着、居住、家庭设备用品的支出水平分别达到1 162元、149元、370元和111元，比2000年分别增长了41.6%、54.8%、43.3%和47.7%；交通通讯、医疗保健、文教娱乐方面的消费水平提高更快，分别达到245元、168元和295元，比2000年增加了1.6倍、92%和58.2%。

（二）消费结构继续优化

2005年，农村居民食品消费支出占生活消费支出的比重（恩格尔系数）为45.5%，比2000年下降3.7个百分点。

农村居民消费结构正在向追求生活便利、提高质量、注重健康方面进一步发展，用于交通通讯、医疗保健和文教娱乐的支出增幅明显快于其他支出。2000年农村居民生活消费支出的结构序列为吃、住、文教娱乐、穿、交通通讯、医疗保健、家庭设备及服务，2005年转变为吃、住、文教娱乐、交通通讯、医疗保健、穿、家庭设备及服务。消费层次较高的交通通讯和医疗保健支出在消费支出结构序列中位置提前，农村居民的消费结构进一步优化，向享受型、发展型结构转变。

（三）现金消费支出比重提高

2005年农村居民生活消费中，现金消费支出2 138元，比2000年增加853元，增长66.4%，现金消费支出占全部生活消费支出的比重为83.7%，比2000年提高6.8个百分点。

（四）消费质量明显改善

1. 食品消费质量提高

食品消费质量提高表现为主食消费减少，有利于身体健康的食品消费增加。2005年农民人均消费粮食210公斤，比2000年减少15.7%；植物油6.9公斤，比2000年增加26%；奶及奶制品2.9公斤，是2000年的2.7倍；水产品4.9公斤，比2000年增加26.1%。随着高质量的食物数量的增加，农村居民膳食营养状况也有所改善。2005年农村居民每人每日食物热能摄入量为2 437千卡，蛋白质摄入量67克，热量、蛋白质来源于动物性食物的比重分别为11.3%和17.5%，分别比2000年提高2.7个百分点和5.4个百分点。

2. 高档耐用消费品在普通百姓家庭迅速普及

2005年农村居民平均每百户拥有彩色电视机84台，比2000年增加35.3台；电冰箱20.1台，比2000年增加7.8台；洗衣机40.2台，比2000年增加11.6台。现代家庭生活的许多耐用消费品，如电话、移动电话、空调、电脑等也进入了农民家庭。2005年，农民每百户拥有电话机58.3部，移动电话50.2部，空调6.4台，电脑2.1台，分别是2000年的2.2倍、12倍、4.8倍和3倍。

3. 住房条件明显改善，居住日趋舒适

从住房面积和质量来看，2005年人均居住面积29.7平方米，比2000年增加4.9平方米，增长19.7%，其中55.9%的农户人均居住面积大于25平方米，比2000年增加12.4个百分点。钢筋混凝土结构住房面积人均11.2平方米，比2000年增加5平方米，增长82.1%；居住在钢筋混凝土结构住房中的农户占31.1%，增加11.4个百分点。砖木结构住房面积人均14.1平方米，比2000年增加0.5平方米，增长3.6%；居住在砖木结构住房中的农户占58.9%，减少2.9个百分点。

从居住条件来看，一是住房卫生条件改善，90.6%的农户居住的住房拥有卫生设备，比2000年提高5.3个百分点；其中，住房有水冲式卫生厕所的农户占13.1%，提高6.1个百分点，无厕所的农户占9.4%，减少个4.2个百分点。二是供暖条件改善，43.9%的农户住房拥有取暖设备，比2000年提高2个百分点。三是使用清洁能源的农户增加，使用清洁燃料液化气和电的农户占13.6%，提高6.2个百分点。四是饮用水更加卫生，2005年71.5%农户饮用安全饮用水，比2000年提高6.8个百分点；其中，饮用自来水的农户占37.6%，提高9.9个百分点。五是住房外部环境改善，28.3%的农户住宅外有水泥或柏油状路面，26.3%的农户住宅外有石头或石板等硬质路面。

（五）各地区农村居民生活普遍改善

2005年，东部地区农村居民人均生活消费支出3 257元，比2000年增加1 141元；中部地区农村居民人均生活消费支出2 314元，比2000年增加796元；西部地区农村居民人均生活消费支出1 933元，比2000年增加661元。2005年东中西部消费比为1.69:1.20:1，比2000年的1.66:1.19:1有所扩大。

三、农村居民生活消费存在的主要问题

（一）农村居民收入水平低制约消费增长

虽然“十五”时期农村居民人均纯收入和人均生活消费支出的年均增幅均明显高于前三个五年计划时期，农村居民生活消费增长出现积极变化，农村消费市场出现回暖迹象，但是长期以来农村居民收入偏低、缺乏增收长效机制等问题仍然存在。“十五”时期农民增收的支撑因素主要是政策支持、粮价回升、粮食增产及务工增长，目前农产品价格上涨因素对农民增收的拉动效应趋降，粮食大幅增产的可能性不大，生产资料价格上涨增加农业生产成本，这些因素都会制约农民收入进一步增长，从而制约农民消费能力的进一步提高。

（二）农村消费环境差

农村消费环境差主要表现在基础设施落后和流通体制不健全两个方面。“十五”时期农村交通、通讯、水电等基础设施虽然得到进一步发展，但仍然存在一些问题。例如部分地区电网设施落后，电压不稳，电价高，电视信号弱，制约了农村居民电器购买欲望；多数地区没有自来水系统，限制了洗衣机使用，部分地区甚至连人畜饮水都困难，更谈不上用洗衣机；交通通讯条件差，产品维修不便与售后服务跟不上也使部分农村居民放弃了购买计划。另一方面，目前农村流通体制尚不健全，农村市场规模小、服务质量差，有的地方市场秩序混乱，假冒伪劣商品充斥，农民不敢放心消费。

（三）农村居民内部消费能力不均衡

农村低收入组恩格尔系数还在50%以上，很大一部分人尚处于入不敷出的状态。中等收入组整体生活步入温饱，但同低收入组一样，购买力仍然有限，有效需求明显不足。高收入组整体生活水平正在向小康过渡，具有购置高档耐用消费品的能力，消费结构升级的愿望强烈。但是，只依靠高收入组来拉动农村消费市场显然是不够的，要注重提高中低收入农户的收入和消费水平，促进农村消费水平的普遍提高。

（四）城乡居民收入和消费差距大

2005年农村居民人均纯收入3 255元，只相当于城镇居民可支配收入的31%；人均生活消费支出2 555元，相当于城镇居民消费性支出的32%。城乡居民收入比从2000年的2.79:1扩大到2005年的3.22:1，消费比从2000年的2.99:1扩大到2005年的3.09:1。总的来看，农村居民的收入水平、消费水平、消费结构、耐用消费品拥有情况均落后城市10余年。城乡差距日益突出可能成为农村经济乃至整个国民经济发展的障碍。

四、提高农村居民生活水平的建议

当前要抓住新农村建设和城乡统筹的历史机遇，从以下几个方面提高农村居民生活消费水平。

（一）千方百计增加农民收入，提高农民消费能力

收入是消费的决定因素，扩大农村消费最根本的还在于提高农民收入。目前城镇化发展已进入加速阶段，新农村建设即将启动，工业化发展空间广阔，农民增收进程必将与此紧密联系在一起，收入增长会越来越依靠非农产业的发展和劳动力的流动转移。因此，要适应农民收入增长格局的变化，加快农业结构调整，加快工业化和城镇化步伐，拓宽农村居民收入渠道，千方百计增加农村居民收入。

（二）加快新农村建设，发展基础设施，改善农村消费环境

大力加强农村基础设施建设不仅有利于促进消费，提高农村居民生活质量，而且有利于增加农村非农产业就业，提高农民收入，进而提高消费能力。建议国家通过社会主义新农村建设，大力开展改水、改电、改厕、改厨和环境治理，改善农村生活条件。同时，政府还应深化农村流通体制改革，整顿市场秩序，加强市场法制建设，维护农村消费者合法权益，并鼓励商家生产农村地区适销对路的优质产品和培育新的消费热点，为改善农民生活、扩大农村消费市场创造良好消费环境。

（三）加强农村社会保障体系和信贷市场建设，转变农民消费观念，提高农民消费倾向

在收入之外的众多因素中，预防性储蓄多和流动性约束高是使得农村居民平均消费倾向长期偏低的主要原因。中国农村居民消费习惯和消费观念比较保守，为了养老和防病，总要留一笔钱防患于未然；没有攒够足够的钱不敢消费，更不敢借贷消费。因此，一方面要帮助农民逐步转变保守的传统消费观念，另一方面要加快包括农村医疗保险和养老保险在内的农村社会保障的发展，提高农户防范风险的能力，减少预防性储蓄，同时要大力发展农村信贷市场，减少农户所受到的流动性约束，增加跨时预算能力，提高即期消费水平。

（四）加强小城镇建设，拓宽农村居民消费空间

城镇化是经济发展的必然趋势，顺应潮流，可以达到提高收入和增加消费双赢的目标。发展小城镇，可以让更多的农村居民进城，迅速减少农村人口，让余下的农村人口更多地分享农村剩余；发展小城镇，可以拓宽农产品消费市场，支撑农业附加值；发展小城镇，可以让农村劳动力在城镇建设中获得更多的非农收入。这是小城镇建设的农村居民收入增长效应。如果农村居民进城了，他就要建房置业，增加消费；第三产业也顺应而起，促进消费。

“十五”回眸：繁荣稳定的国内消费品市场

“十五”时期，国内消费品市场繁荣活跃，稳定发展。市场规模不断扩大，销售热点纷呈，市场主体多元化发展，非公经济发展迅速，市场运行的稳定性增强，对外开放进入历史性发展新阶段。

“十五”时期的市场发展，得益于良好的市场运行环境。宏观经济方面，国家实行了以扩大内需为主的宏观经济政策，国民经济持续稳定发展，2002 年全国 GDP 总额就登上了 10 万亿元的台阶。从市场供需角度看，城乡居民购买力水平连年提升，消费结构升级，各类商品供给充裕。从外部环境看，“十五”时期，中国加入了 WTO，给国内消费品市场的发展带来了空前的挑战和机遇，极大地促进了国内消费品市场的外向型发展。

市场运行的主要情况和特征

一、市场销售稳定增长，规模连年扩大。“十五”时期，国内市场社会消费品零售总额年平均增长 11.4%，扣除物价因素，实际年平均增长 11.1%，比“九五”时期实际年平均增长速度高 0.5 个百分点。

二、市场主题多元化格局鲜明，非公经济发展迅速。“十五”时期，商业流通体制改革不断深化，形成了适应市场经济发展需要，竞争更加充分的多元化发展格局。根据第一次全国经济普查资料，在全部批发和零售贸易业企业法人单位中，私营企业占 63.0%，港澳台商投资企业占 0.3%，外商投资企业占 0.8%，而国有、国有联营和国有独资公司共占 8.3%，集体、集体联营和股份合作企业共占 12.8%，其余类型企业占 14.8%。

在批发和零售贸易业法人企业从业人员中，私营企业占 39.2%，港澳台商投资企业占 0.9%，外商投资企业占 2.0%，国有、国有联营和国有独资公司共占 20.0%，集体、集体联营和股份合作企业共占 12.7%，其余类型企业占 25.2%。

三、居民消费升级及其进程的延续，使市场销售热点纷呈。随着我国居民收入的增长和市场商品供应的丰富，加速了以住房、汽车、通讯电子、教育、旅游休闲为主要消费点的居民消费升级进程，这是“十五”时期消费品市场的重大经济现象，也使市场销售热点纷呈。根据全国限额以上批发零售贸易业零售统计，销售热点主要集中在以下几个大商品类：一是居民住房及其相关家居类商品的消费。“十五”期间，我国居民个人购买商品房年均增长 23%—43%，由此带动了家用电器、建筑及装潢材料、家具及日用品等家居类商品的消费。二是汽车消费快速进入家庭。“十五”期间，限额以上批发零售贸易业汽车类零售额年平均增长 37%，城镇居民家庭家用汽车拥有量 2000 年底每百户不到 1 辆，2005 年已经超过 3 辆。三是个人享受、发展教育及服务性消费所带动的商品销售，如化妆品类、金银珠宝类、体育、娱乐用品类、电子出版物及音像制品类、文化办公用品类、书报杂志类、儿童玩具类等商品销售增长均保持在 10% 以上。四是以 IT 产品为主的通讯电子商品类。移动电话、个人电脑、移动存储设备、MP3、数码照（摄）相机等 IT 产品成为居民消费新宠，是现代家庭特别是青年学生的必备用品。“十五”期间，限额以上批发零售贸易业通讯器材类零售额年平均增长 49.4%，我国居民移动电话普及率由 2000 年每百人 6.8 部上升到 2005 年末的每百人 30 部，城镇居民家庭家用电脑每百户拥有量由 2000 年的 9.7 台上升到 2005 年的近 40 台，对网络通讯的需求也与日俱增。

四、“假日消费”带动市场繁荣。从 1999 年开始实行的“黄金周”休假制度，不仅给旅游市场带来了发展机遇，也在很大程度上促进了消费品市场的繁荣。从有关部门的统计监测数据看，每年 3 个“黄金周”期间，国内重点旅游城市所监测的部分商业企业和餐饮企业的商品销售额和营业收入同比增长速度均快于所在月份社会消费品零售总额的同比增长速度。同时，以“黄金周”为契机，带动了形式多样的周末城市周边休闲度假旅游，加之机关、企事业单位职工的休假以及学生的寒暑假，“假日消费”迅速发展成为消费品市场新的增长点。

五、餐饮业销售保持较快增长速度。“十五”期间，我国餐饮业零售额年平均增长速度达到 16.7%，领先于社会消费品零售总额平均增长速度近 6 个百分点。餐饮业零售额占社会消费品零售总额的比重，由 2000 年的 11% 上升到 2005 年的 13.2%。餐饮业零售额的较快增长，主要原因在于庞大的市场需求能力：一是由于居民生活水平的提高，外出就餐、亲友团聚的次数增加。二是社会上各种类型的公务、商务活动频繁。三是国内旅游市场的快速发展，直接拉动了餐饮市场的销售。

六、大中型商业企业发展迅速，竞争优势凸现。“十五”期间，我国消费品市场新型业态发展基本成型，各类大中型超级市场、购物中心、连锁经营的专卖店、专业店不仅给消费者提供了相对规范的售前售后服务和舒适的购物环境，商品价格也易于为消费者接受，使大中型商业企业在市场竞争中获得了明显优势，对价高值大的耐用消费品销售更处于垄断地位。“十五”期间，限额以上批发零售贸易业消费品零售额年平均增长18.1%，高于同期社会消费品零售总额年平均增长速度7个百分点。

七、农村市场发展相对滞后，但已初现良好发展势头。我国农民从整体看现金收入相对偏低，加上农村消费环境的局限，使农村市场发展长期滞后于城市市场。“十五”期间，县及县以下消费品零售额年平均增长8.7%，比城市零售额平均增长速度低4.2个百分点。但2004年以来，农村市场销售出现持续回升的良好态势，消费品零售额月度同比增长速度稳定在10%以上，摆脱了自1997年以来的长期低迷状态，成为国内消费品市场稳定发展的重要因素。

八、市场运行的稳定性调节能力大大增强。由于国内市场总体供求稳定，政府部门对突发事件及时有效的调控能力，消费者对市场短期波动的承受能力及其理性消费，使市场运行活跃而稳定。“十五”期间，曾遭遇到“非典”、禽流感、疯牛病、口蹄疫的影响，以及粮食、油料等重要商品个别时期供不应求所造成的短期价格波动，但这些负面影响均被控制在可控范围内，没有对社会经济生活造成较长时期或较大程度的危害。

九、市场外向型发展进入历史新阶段。“十五”初期的2001年底，中国加入了WTO，入关给中国消费品市场带来了巨大而深远的影响。首先是关税下降使国内市场上诸如汽车、高档家用电器等消费品尤其是进口商品销售价格不断下滑，带动了消费；其次，外资抢占中国市场，世界级零售商业巨头迅速进入中国；第三，加速了消费的国际化，不少国际名牌商品能以与发达国家市场同步的速度进入中国市场；第四，促进了国内消费品市场的现代化建设，组成了一批大型连锁企业集团，借鉴国际上先进的营销理念和管理方式，提高了市场竞争能力。

几个问题

一、从国民经济发展全局角度看，消费率仍然偏低。虽然我国连续几年实行扩大内需政策，使消费保持了稳定增长，但是“十五”期间消费率却持续走低，并且处于1978年以来的较低水平，说明消费增长滞后于经济的增长。2005年底召开的中央经济工作会议提出了要努力调整投资消费的比例关系，把增加居民消费特别是农民消费作为扩大消费需求的重点，显然是针对目前失衡的投资消费比例关系所采取的一个重大举措。增强消费对经济增长的拉动作用，应成为“十一五”期间宏观经济调控的一个重要任务。

二、不断扩大的居民收入差距，对市场发展速度有明显制约。根据有关调查资料，目前我国城镇居民人均可支配收入高低差距已经超过8倍，而反映贫富差距程度的基尼系数也超过0.4的预警线。收入差距扩大到一定程度，对消费品市场发展也有较大的制约。一是容易形成消费断层，延迟消费升级进程。很显然的一个原因就是高收入阶层消费升级已经进入稳定期，边际消费倾向趋弱，低收入群体又难以积累消费升级所需的购买能力，这是目前我国居民储蓄偏高，而消费难以出现高增长的重要原因之一。二是中低收入群体消费增长更易受日益增加的服务性消费以及水电气涨价的拖累，从而使启动市场的难度加大，影响商品性消费的增长速度。

三、开放的市场亟需管理的规范化和法制化。问题主要集中在食品安全和虚假广告宣传、服务收费不规范等方面，其中不乏名牌产品，严重影响消费者合法权益，甚至导致人身伤害。因此，必须加强市场立法和执法力度，才能保证市场运行健康有序，实现可持续发展。

“十一五”市场发展展望

我国“十一五”时期经济社会发展的目标，是要实现国民经济持续快速协调健康发展和社会全面进步，坚持立足于扩大国内需求的战略方针，注重扩大消费需求，进一步发挥消费对经济增长的拉动作用。新农村建设，将进一步增强农民购买能力，改善农村消费环境。因此，国内消费品市场将获得良好的经济政策环境，市场消费需求将保持稳定增长。农村消费品市场销售较快增长将是“十一五”时期市场的一个增长点，城乡市场增长差距有可能进一步缩小。

居民消费升级进程的延续将是“十一五”市场的另一个增长点。吃、穿着类商品销售将继续保持平稳增长，以家用电器、家装建材、家具及日用品为代表的家居类商品以及个人发展、旅游、休闲享受及服务性消费等方面的市场销售将保持稳定的涨势，汽车类、IT产品类消费还有进一步增长的空间。

平稳发展，稳中有活仍将是“十一五”国内消费品市场的运行特征。

“十五”回眸：产业结构调整成效明显

“十五”时期进行的新一轮产业结构调整，与前两次大的结构调整相比，在发展阶段、体制条件、外部环境等方面都有了显著不同。首先，它是在短缺经济结束、传统产业普遍供过于求的背景下进行的“升级型”调整。其次，它是在经济全球化趋势加快的背景下进行的“适应型”调整。第三，它是在技术进步加速的背景下进行的产业结构升级的调整。总结“十五”时期我国产业结构调整所取得的成功经验，审视当前产业结构中存在的突出问题，探讨“十一五”时期产业结构进一步调整的对策，具有重要的现实意义。

一、“十五”时期我国产业结构调整成效明显

（一）三次产业结构变动

“十五”时期，我国GDP年均增长9.5%，比“九五”时期上升了0.9个百分点。其中第一、第二和第三产业增加值分别增长3.9%、10.6%和9.9%。三次产业增长速度的不同导致了产业结构的明显变化。三次产业增加值在GDP中的比例关系，由2000年的14.8%∶45.9%∶39.3%变为2005年的12.4%∶47.3%∶40.3%。

表1　全国三次产业增加值结构变化

年份	GDP（亿元）	第一产业		第二产业		第三产业	
		（亿元）	构成（%）	（亿元）	构成（%）	（亿元）	构成（%）
“六五”时期平均	6 480	2 021	31.2	2 851	44.0	1 608	24.8
“七五”时期平均	1 4607	3 809	26.1	6 265	42.9	4 533	31.0
“八五”时期平均	3 8606	7 893	20.4	17 676	45.8	13 036	33.8
“九五”时期平均	8 4689	14 407	17.0	39 394	46.5	30 888	36.5
“十五”时期平均	141 602	18 499	13.1	65 192	46.0	57 911	40.9
2000	99 215	14 716	14.8	45 556	45.9	38 942	39.3
2001	109 655	15 516	14.1	49 512	45.2	44 627	40.7
2002	120 333	16 239	13.5	53 897	44.8	50 197	41.7
2003	135 823	17 068	12.6	62 436	46.0	56 318	41.5
2004	159 878	20 956	13.1	73 904	46.2	65 018	40.7
2005	182 321	22 718	12.4	86 208	47.3	73 395	40.3

对比改革开放以来五个五年计划时期，可以看出：（1）第一产业比重始终呈下降的趋势。中间两个五年下降幅度较大，由“六五”时期的31.2%下降到“七五”时期的26.1%，再下降到“八五”时期的20.4%，几乎每年下降1个百分点。但从“九五”时期开始，第一产业比重下降幅度有所趋缓，在此期间它下降了3.4个百分点，在“十五”时期下降了3.9个百分点。（2）第二产业比重总体上稳中趋升。除“七五”和“十五”时期略有下降外，“八五”和“九五”都是呈上升的趋势。第二产业比重已由“六五”时期的44.0%上升为“十五”时期的46.0%。（3）第三产业比重稳步上升。“七五”时期，第三产业比重上升最快，平均每年上升1.2个百分点。但从“八五”时期开始，上升幅度有所减缓，平均每年上升0.6个百分点。“九五”时期平均每年上升0.5个百分点，“十五”时期平均每年上升0.9个百分点。与“六五”时期相比，“十五”时期第三产业比重上升了16.1个百分点。

从“十五”时期年度间的变化观察，三次产业增加值在GDP中所占比重的变动互不相同：第一产业比重呈稳步下降趋势，第二产业和第三产业比重在波动中呈上升趋势。这种经济结构变化符合经济发展的内在要求。

（二）第一产业内部结构变动特点

“十五”时期，农、林、牧、渔业产值在农业总产值中的比例关系进一步得到调整，即纯农业比重明显下降，牧业比重显著上升，林业和渔业比重基本稳定。在2000年农林牧渔业总产值中，农业占55.6%，林、牧、渔业分别占3.8%、29.7%和10.9%；而到2004年，农业占50.1%，

下降了5.5个百分点；林业、渔业分别占3.7%和9.9%，分别下降了0.1和1.0个百分点；牧业比重为33.6%，上升了3.9个百分点。在农作物总播种面积中，粮食播种面积由2000年的69.4%下降为2004年的66.2%，而棉花播种面积由2.6%上升为3.7%，蔬菜、果园面积则分别由9.7%、5.7%上升为11.4%、6.4%。经过五年的调整，优质早稻、特用玉米、“双低”油菜、名特优水果和蔬菜正从规模化种植走向产业化经营，大宗农作物向优质高产高效优势产区集中，种植业生产向区域化、专业化迈出重要步伐。

（三）工业内部结构变动特点

工业结构调整是“十五”时期产业结构调整的重点之一。在“十五”时期前两年，我国轻重工业在工业增加值中的比重基本保持稳定。从2003年起，重工业在工业增加值中的比重迅速上升，由2002年的62.6%上升为2005年的69.0%，轻工业则从2002年的37.4%回落为2005年的31.0%。

表2 “十五”期间轻重工业比重变化情况（%）

年份	2000	2001	2002	2003	2004	2005
轻工业	37.5	37.1	37.4	34.2	32.4	31.0
重工业	62.5	62.9	62.6	65.8	67.6	69.0

从40个工业行业大类增加值的比重变化看，“十五”期间我国工业产业结构有所改善。2000年，位于工业增加值比重前五位的行业分别为电力蒸汽热水生产供应业、石油和天然气开采业、电子及通信设备制造业、化学原料及制品制造业、交通运输设备制造业，而到2005年，位于工业增加值比重前五位的行业则变为电子及通信设备制造业、黑色金属冶炼及压延加工业、电力蒸汽热水生产供应业、化学原料及化学制品制造业、石油和天然气开采业。统计数据显示，“十五”期间以电力、煤炭、石油为主的能源工业明显加强，钢铁、纺织、建材等传统的原材料和加工工业有所压缩，以电子及通信设备制造业为主的信息产业迅速成长。信息产业的迅速崛起，不仅打破了传统的行业生产格局，同时也为其他行业和领域提供了先进的技术、装备，促进了国民经济产业结构的优化升级进程。

（四）第三产业内部结构变动特点

从几个大的服务行业来看，“十五”时期第三产业内部结构变动的主要特点是：“批发和零售贸易餐饮业”比重有所下降，而“其他服务业”比重明显上升。2000年，“批发和零售贸易餐饮业”占全部第三产业的比重为24.7%，到2005年该比重下降为23.3%，下降了1.4个百分点；“其他服务业”在第三产业中的比重则由35.3%上升到38.4%，上升了3.1个百分点。房地产业发展不断加快，其占第三产业比重有所上升。

表3 “十五”期间第三产业内部结构变化（%）

年份	2000	2001	2002	2003	2004	2005
第三产业总计	100.0	100.0	100.0	100.0	100.0	100.0
运输邮电业	18.8	18.8	18.7	17.9	18.7	18.8
批零贸易餐饮业	24.7	24.2	23.8	23.9	23.5	23.3
金融保险业	10.5	9.8	9.2	8.9	8.3	8.4
房地产业	10.7	10.6	10.7	11.0	11.0	11.1
其他服务业	35.3	36.7	37.6	38.3	38.5	38.4

从更细的行业看，归入“其他服务业”的“社会服务业”、“科学研究和综合技术服务业”、教育和文化艺术及广播电影电视业、卫生体育和社会福利等新兴服务行业和归入“交通运输和邮电通信业”的“邮电通信业”等发展迅速，其在第三产业中的比重呈上升态势。

二、目前我国产业结构中存在的主要问题

尽管“十五”期间我国产业结构调整取得了较明显的成效，但结构方面的问题仍然不少，主要表现在：

在农业方面。一是农业基础设施仍比较落后，抗御自

然灾害的能力仍然较差，农业生产仍未摆脱“靠天吃饭”的状况。二是我国农业产业化和规模化经营还处于起步阶段，农业生产经营规模小，农户组织化程度低，农业生产粗放经营，造成主要农产品生产经营成本较高。三是农业社会化服务体系不健全，农民缺乏快速、准确的市场信息来源，农业投入的风险较大。

在工业方面。一是生产结构不够合理。一方面表现为低水平下的结构性、地区性生产过剩，另一方面又表现为企业生产的高消耗、高成本。二是产业组织结构不够合理。目前我国各类产业的一个普遍现象是分散程度较高，集中度较低。三是产业技术结构不够合理。由于我国长期依靠政府拨款进行科技开发，企业投入很少。技术和质量的提高过分依赖引进，自主开发能力弱，在激烈的国际竞争中显得不太适应。

在服务业方面。一是服务业发展相对滞后，第三产业增加值在GDP中所占比重偏低。与世界大部分国家相比，我国第三产业增加值在GDP中所占比重明显偏低。目前，绝大部分发达国家的这一比重在60%—80%，大部分发展中国家在40%—50%左右，而我国2005年这一比重仅为40.3%。二是从第三产业内部结构看，我国服务业仍以传统的商业、交通运输业为主，一些基础性第三产业（如邮电、通讯）和新兴第三产业（如金融保险、信息、咨询、科技等）发展仍然不足。三是市场化程度低，技术创新能力不够。我国服务业除批发零售贸易餐饮业、交通运输业和部分社会服务业等传统产业市场化程度较高外，其他服务业的市场化程度都比较低。另外，服务业无论在服务品质上还是在服务技术上仍需大力改进。

三、“十一五”时期产业结构调整方向与政策建议

针对目前我国产业结构中存在的主要问题，建议“十一五”时期我国产业结构调整应着重抓好以下几个方面的工作：

（一）在稳定和加强农业基础地位的同时，继续搞好农业产业结构调整。一是加大对农业基础设施投资的力度，加强以水利为重点的农业基础设施建设，包括大江大河堤防建设、农田水利建设、农田灌溉及节水工程、生态工程的建设，提高抗御自然灾害的能力。二是发展农业产业化经营。着力培育一批竞争力、带动力强的龙头企业和示范基地，推广企业与农户有机结合的组织形式，让农民从产业化经营中得到更多的实惠。三是进一步完善农业社会化服务体系，加强农业信息体系建设。

（二）在继续调整、改造我国传统工业行业的同时，加快资源整合，提高生产集中度和产业集约化水平，大力发展信息产业、高新技术产业和环保产业。一是加快资源整合，促进资源向优势产业和企业集聚，提高生产集中度和产业集约化水平。集约是转变经济增长方式的直接要求，也是结构调整的有效途径。因此，发挥市场在资源配置中的基础作用，加快资源整合，提高产业的集约化水平，是经济结构调整的主要任务。另外，在投资方面，要逐步形成一种有利于经济结构调整的机制，提高技术改造投资的比重。二是制定和实施分类产业政策。根据不同产业的特点，可考虑采用不同类型的产业政策来推动经济结构调整。三是用信息化带动工业化、用先进适用技术改造传统产业，提升产业的整体水平。经济结构调整和优化并不意味着各个产业的同步发展，而是区分不同情况，实现整体优化成长。一方面要坚持走新型工业化道路，用信息化带动工业化，加快信息等高新技术产业发展，提高产业信息化水平。另一方面要加大用先进适用技术改造传统产业的力度。四是大力发展高新技术产业。充分发挥技术组合优势、综合优势和尖端优势，培育具有国际竞争力的高新技术产业。重点加快电子信息、生物工程、新能源、航空航天、新材料等高技术的产业化，形成具有国际竞争力的高新技术产业体系。五是积极发展环保产业。环保产业是世界最大的新兴产业之一，我国环境污染日益严重，环保产业已成为国家重点发展的领域。环保设备要以工业和城市污染处理设备开发为重点，开发工艺先进的废水治理、大气污染治理和垃圾处理等环保设备。

（三）继续加强传统服务业，大力发展基础性服务业和新兴服务业。一是加快服务业行业管理体制改革，建立公开、平等、规范的行业准入制度，消除产业发展的体制障碍。通过引入竞争机制，有步骤地开放金融、保险市场，进一步鼓励并规范证券业的有序发展。拓宽服务领域，制定和完善服务业行业标准。二是以加快铁路和高等级公路建设为重点，以发展运输大通道为中心，加快综合运输体系的建设。在人口较为密集的大城市，可考虑重点加强公共交通网络建设，形成地铁、轻轨、工交、出租等多种方式的立体式城市交通网络。三是对商业等传统服务业要实现充分竞争，改革传统商业的运营模式，逐步推行连锁经营、物流配送、代理制、电子商务等组织形式和服务方式。四是促进房地产业健康发展，使之成为国民经济的支柱产业。当前，要完善住房产权制度、住房公积金制度，理顺租售房比价关系，规范税费，适当降低售价，完善住房售后服务，培育二级市场，加强物业管理。五是大力促进与居民生活密切相关的科技、市政、社区、租赁、信息咨询服务以及法律、会计、审计、评估等中介服务组织的发展。

"十五"回眸：我国经济和社会发展水平的国际比较

"十五"时期（2001—2005 年）是 21 世纪头 20 年我国发展重要战略机遇期的第一个五年，全球政治经济局势动荡，面对伊拉克战争爆发、美元贬值、国际贸易和股市汇率波动等复杂多变的国际形势，我国经济继续保持了较快增长，国内生产总值、对外贸易总额、吸引外国直接投资居世界的位次进一步上升。这一时期，我国人均国民总收入首次超过1 000美元，城乡居民生活水平显著提高，标志着我国经济和社会发展已经进入新的阶段。

一、国民经济保持较快增长，经济规模跃居世界第四位

2001—2005 年我国国民经济持续快速增长，国内生产总值（GDP）年均增长率高达 9.5%，比世界平均水平高出 5.7 个百分点，分别比发达国家和发展中国家年均增长速度高 7.4 个和 3.7 个百分点。初步核算，2005 年我国国内生产总值达到 182 321 亿元（按当年平均汇率折合 22 257 亿美元），按可比价格计算，比上年增长 9.9%。

2001—2005 年世界主要国家（地区）经济增长率

单位：%

国家和地区	2001 年	2002 年	2003 年	2004 年	2005 年[①]	五年平均
世界总计	**2.4**	**3.0**	**4.0**	**5.1**	**4.3**	**3.8**
发达国家	1.2	1.5	1.9	3.3	2.5	2.1
美国	0.8	1.6	2.7	4.2	3.5	2.6
欧盟	2.0	1.3	1.3	2.5	1.6	1.7
日本	0.2	-0.3	1.4	2.7	2.0	1.2
发展中国家和地区	4.1	4.8	6.5	7.3	6.4	5.8
中国	8.3	9.1	10.0	10.1	9.9	9.5
中国香港	0.5	1.9	3.2	8.1	6.3	4.0
中国台湾省	-2.2	3.9	3.3	5.7	3.4	2.8
韩国	3.8	7.0	3.1	4.6	3.8	4.5
新加坡	-1.9	3.2	1.4	8.4	3.9	2.9
马来西亚	0.3	4.4	5.4	7.1	5.5	4.5
印度	3.9	4.7	7.4	7.3	7.1	6.1
俄罗斯联邦	5.1	4.7	7.3	7.2	5.5	6.0
巴西	1.3	1.9	0.5	4.9	3.3	2.4

注：① 2005 年数据为预测数。

资料来源：国际货币基金组织数据库。

2001—2004 年，我国国内生产总值稳居世界第六位。根据初步预计数，2005 年可能升至第四位。我国国内生产总值占世界的份额由 2001 年的 4.2 % 提高到 2005 年的 5.0%，我国经济总体实力和在世界上的影响力进一步提高。

2001—2005年国内生产总值居世界前十位国家比较

单位：亿美元

位次	2001年			2005年①		
	国家和地区	国内生产总值	占世界比重（%）	国家和地区	国内生产总值	占世界比重（%）
	世界总计	314 587	100.0	世界总计	442 020	100.0
1	美国	101 280	32.2	美国	124 524	28.2
2	日本	41 675	13.2	日本	46 723	10.6
3	德国	18 926	6.0	德国	27 998	6.3
4	英国	14 353	4.6	中国	22 257	5.0
5	法国	13 416	4.3	英国	21 968	5.0
6	中国	13 248	4.2	法国	21 134	4.8
7	意大利	10 913	3.5	意大利	17 189	3.9
8	加拿大	7 156	2.3	西班牙	11 245	2.5
9	墨西哥	6 237	2.0	加拿大	11 062	2.5
10	西班牙	6 089	1.9	韩国	7 997	1.8

注：①2005年数据为预测数。

资料来源：国际货币基金组织数据库。

二、工农业主要产品产量稳居世界前列

2001—2004年我国工农业生产发展迅速，工农业主要产品产量继续保持世界领先地位。

2004年工业产品产量中，钢、煤和水泥的产量继续保持世界第一；发电量继续位居世界第二；糖产量居世界第三；原油居世界第六位。

2004年农业产品产量中，谷物、肉类、棉花、花生、油菜籽、水果的产量继续保持世界第一；茶叶产量位居世界第二；大豆产量位居世界第四。

2001—2004年我国工农业主要产品产量及居世界位次

单位：万吨

工业产品	2001年		2004年		农业产品	2001年		2004年	
	产量	位次	产量	位次		产量	位次	产量	位次
钢	15 163	1	27 280	1	谷物	39 840	1	41 357	1
煤	116 100	1	195 600	1	肉类	6 531	1	7 443	1
原油	16 396	5	17 500	6	棉花	532	1	632	1
发电量①	14 808	2	21 870	2	大豆	1 541	4	1 760	4
水泥	66 104	1	97 000	1	花生	1 447	1	1 439	1
化肥	3 383	1	4 469	1③	油菜籽	1 133	1	1 304	1
糖	653	3	1 084	3③	茶叶	72	2	84	2
电视机②	4 094	1	7 329	1	水果	6 894	1	8 065	1

注：① 亿千瓦小时。② 万台。③ 2003年位次。

资料来源：《中国统计年鉴》、联合国数据库和粮农组织数据库。

三、经济实力进一步增强，人均国民总收入超过1 000美元

2001—2004年，我国经济实力稳步提高，人均国民总收入于2001年首次突破1 000美元，2004年进一步上升到1 490美元，居世界的位次由2001年的第138位上升到2004年的第129位。这一时期，我国消费结构特别是城镇居民消费结构，已开始向发展型、享受型升级，汽车、电脑、高档电器快速进入家庭，人们对于住房条件改善的需求不断增长。消费结构的升级推动产业结构的升级，进而为我国经济的进一步增长提供新的动力。

2001—2004年中国与世界前十位国家和地区人均国民总收入比较

单位：美元

位次	2001年		2002年		2003年		2004年	
	国家和地区	人均国民总收入	国家和地区	人均国民总收入	国家和地区	人均国民总收入	国家和地区	人均国民总收入
1	卢森堡	43 150	卢森堡	40 920	卢森堡	45 750	卢森堡	56 230
2	百慕大	①	百慕大	①	百慕大	①	挪威	52 030
3	瑞士	37 540	挪威	38 990	挪威	43 400	百慕大	①
4	挪威	37 100	瑞士	36 840	瑞士	40 680	瑞士	48 230
5	日本	35 780	列支敦士登	①	美国	37 870	美国	41 400
6	列支敦士登	①	美国	35 430	列支敦士登	①	丹麦	40 650
7	美国	34 760	日本	33 650	日本	34 190	列支敦士登	①
8	丹麦	30 480	海峡群岛	①	丹麦	33 580	冰岛	38 620
9	冰岛	28 430	丹麦	29 880	海峡群岛	①	日本	37 180
10	瑞典	26 700	冰岛	27 450	冰岛	30 910	瑞典	35 770
	中国	1 038	中国	1 132	中国	1 270	中国	1 490

注：①无准确数据，近似排位。

资料来源：世界银行《世界发展指标》。

四、对外开放水平进一步提高，已跻身于对外贸易大国行列

（一）对外贸易总额从2001年的第六位上升到第三位，占全球贸易总额比重进一步提高

2004年我国对外贸易进出口总额为11 546亿美元（2005年达到14 221亿美元），居世界的位次由第六位上升到第三位，占全球贸易进出口总额的比重由2001年的4.0%提高到2004年的6.2%。这表明，我国在世界贸易以及经济发展中发挥着越来越重要的作用。

2001—2004年对外贸易总额居世界前十位国家（地区）比较

单位：亿美元

位次	2001年			2004年		
	国家和地区	贸易总额	占世界比重（%）	国家和地区	贸易总额	占世界比重（%）
	世界总计	**126 533**	**100.0**	**世界总计**	**185 818**	**100.0**
1	美国	19 100	15.1	美国	23 454	12.6
2	德国	10 578	8.4	德国	16 323	8.8
3	日本	7 526	5.9	中国	11 546	6.2
4	法国	6 520	5.2	日本	10 200	5.5
5	英国	6 057	4.8	法国	9 151	4.9
6	中国	5 097	4.0	英国	8 076	4.3
7	加拿大	4 872	3.9	意大利	6 951	3.7
8	意大利	4 807	3.8	荷兰	6 786	3.7
9	荷兰	4 395	3.5	加拿大	5 978	3.2
10	中国香港	3 931	3.1	比利时	5 961	3.2

资料来源：世界贸易组织数据库。

（二）商品贸易出口额和进口额的位次均由第六位上升到第三位，占全球比重进一步提高

2004年我国商品贸易出口总额达到5 933亿美元（2005年为7 620亿美元），居世界的位次由第六位上升到第三位，占全球商品贸易出口总额的比重由2001年的4.3%提高到2004年的6.5%，比2003年的5.9%提高了0.6个百分点。同期，我国商品贸易进口总额达到5 612亿美元（2005年为6 601亿美元），居世界的位次也由第六位上升到第三位，占全球商品贸易进口总额的比重由2001年的3.8%提高到2004年的5.9%，比2003年的5.3%也提高了0.6个百分点。我国经济发展与世界的联系更加紧密。

2001—2004年货物贸易进口和出口额居世界前十位国家（地区）比较

单位：亿美元

位次	2001年				2004年			
	国家和地区	出口额	国家和地区	出口额	国家和地区	出口额	国家和地区	出口额
	世界总计	61 858	世界总计	64 676	世界总计	91 235	世界总计	94 583
1	美国	7 308	美国	11 792	德国	9 148	美国	15 264
2	德国	5 716	德国	4 861	美国	8 190	德国	7 175
3	日本	4 035	日本	3 491	中国	5 933	中国	5 612
4	法国	3 234	英国	3 330	日本	5 655	法国	4 641
5	英国	2 727	法国	3 286	法国	4 510	英国	4 620
6	中国	2 661	中国	2 436	荷兰	3 588	日本	4 545
7	加拿大	2 599	意大利	2 362	意大利	3 461	意大利	3 490
8	意大利	2 445	加拿大	2 273	英国	3 456	荷兰	3 199
9	荷兰	2 309	荷兰	2 086	加拿大	3 220	比利时	2 872
10	中国香港	1 911	中国香港	2 020	比利时	3 089	加拿大	2 758

资料来源：世界贸易组织数据库。

五、吸引外国直接投资居世界第三位

由于市场竞争日益激烈，跨国公司加大了向发展中国家转移制造业生产线的力度，并开始把一些研发部门转移到发展中国家，以降低生产成本和占领新兴市场。在此背景下，2004年发展中国家吸引外国直接投资出现了强劲增长，全球对外直接投资略有反弹，这是全球对外直接投资连续三年下跌后的首次增长。2004年全球吸引外国直接投资由2003年的6 326亿美元上升到6 481亿美元，上升幅度为2%。我国由于廉价的劳动力和巨大的市场潜力，吸引外国直接投资持续增长，由2001年的469亿美元增加到2005年的603亿美元，增长28.6%；吸引外国直接投资额仅次于美国和英国，居世界第三位。

世界主要国家（地区）吸引外国直接投资（FDI）比较

单位：亿美元

位次	2001年		2002年		2003年		2004年	
	国家和地区	FDI	国家和地区	FDI	国家和地区	FDI	国家和地区	FDI
1	美国	1 595	卢森堡	1 172	卢森堡	911	美国	959
2	比利时－卢森堡	882	美国	713	美国	568	英国	784
3	英国	526	中国	527	中国	535	中国	606
4	荷兰	519	德国	505	法国	425	卢森堡	570
5	法国	505	法国	490	比利时	321	澳大利亚	426
6	中国	469	西班牙	437	西班牙	290	比利时	344
7	西班牙	280	爱尔兰	290	德国	273	中国香港	340
8	加拿大	275	荷兰	250	爱尔兰	269	法国	243
9	墨西哥	268	英国	240	英国	203	西班牙	184
10	中国香港	238	加拿大	215	荷兰	193	巴西	182

资料来源：联合国贸发会议《世界投资报告》2005年。

六、国际旅游收入和国际入境旅游人数分别居世界第六位和第五位

随着中国改革开放的深入，到中国旅游观光的外国人逐年增加。国际旅游收入增长迅猛，由2001年的177.9亿美元增加到2005年的297亿美元，增长66.9%，居世界前列。据世界银行的资料显示，2003年我国国际旅游收入总额居世界第六位，占世界国际旅游收入总额的2.8%。

2005年我国国际入境（过夜）旅游人数达到12 029万人次。据世界银行的资料显示，2003年我国国际旅游人数居世界第五位。

2001—2003年世界前十位国家（地区）国际旅游收入和旅游人数比较

单位：亿美元

国家和地区	国际旅游收入（亿美元）			国家和地区	国际旅游人数（万人次）		
	2001年	2003年			2001年	2003年	
		位次	收入			位次	人数
世界总计	**5551.2**		**6266.0**	**世界总计**	**67606.0**	**68172.3**	
美国	1 069.0	1	998.2	法国	7 520.2	1	7 504.8
西班牙	359.7	2	459.7	西班牙	5 009.4	2	5 247.8
意大利	269.2	3	325.7	美国	4 489.8	3	4 035.6
德国	240.5	4	316.4	意大利	3 956.3	4	3 960.4
英国	260.1	5	306.6	中国	3 316.7	5	3 297.0
中国	177.9	6	174.1	英国	2 283.5	6	2 478.5
奥地利	120.3	7	162.5	奥地利	1 818.0	7	1 907.8
澳大利亚	116.3	8	145.3	墨西哥	1 981.0	8	1 866.5
加拿大	126.8	9	122.1	德国	1 786.1	9	1 839.9
日本	57.5	10	114.8	加拿大	1 967.9	10	1 753.4

资料来源：世界银行数据库。

七、外汇储备大幅增长，稳居世界第二位

近几年来我国外汇储备持续大幅增长，2005年达到8 189亿美元，比2001年的2 122亿美元增长2.9倍；目前仅次于日本，居世界第二位。这为我国经济持续稳定发展奠定了重要基础。

2001—2004年外汇储备居世界前十位国家（地区）

单位：亿美元

国家和地区	2001年	2002年	2003年	2004年	
				位次	外汇储备
日本	3 877	4 515	6 528	1	8 243
中国	2 122	2 864	4 033	2	6 099
中国台湾省	1 222	1 617	2 066	3	2 417
韩国	1 025	1 208	1 545	4	1 982
印度	453	670	976	5	1 252
中国香港	1 112	1 119	1 184	6	1 235
俄罗斯联邦	325	441	732	7	1 208
新加坡	749	814	950	8	1 115
马来西亚	296	333	435	9	654
瑞士	301	382	456	10	536

资料来源：联合国《统计月报》在线数据库；中国台湾省《统计月报》。

八、人民生活水平显著提高

（一）人文发展指数（HDI）居人类发展中等水平

人文发展指数（HDI）是由反映人类生活质量的三大要素指标（出生时预期寿命、受教育程度、实际人均GDP）合成的一个复合指数，通常作为衡量人类发展水平的综合尺度。据联合国开发计划署公布的《人文发展报告》资料显示，2001年我国人文发展指数首次超过世界平均水平，居人类发展中等水平。2005年我国人文发展指数为0.755，比2001年的0.718提高了5.2%；居世界的位次由2001年的第87位提高到第85位。其中，预期寿命指数（用于测度一个国家在人口出生时预期寿命方面所取得的相对成就）从2001年的0.75提高至0.78，增长了4.0%，比预期寿命指数中等水平0.70高出11.4%，居预期寿命指数的世界排名第73位。教育指数（用于衡量一个国家在成人识字及初、中、高级教育综合毛入学率两方面所取得的相对成就）由2001年的0.80提高至0.84，增长了5.0%，比教育指数中等水平的0.75高出12%，居教育指数的世界排名第93位。GDP指数（用按美元购买力平价的人均国内生产总值计算）从2001年的0.60提高至0.65，增长了8.3%，比GDP指数中等水平的0.70低7.1%，居GDP指数的世界排名第97位。这表明，随着改革开放的不断深入和经济的持续发展，我国社会和经济的综合发展水平不断提高。

2001—2005年我国人文发展指数与居世界前十位国家（地区）比较

单位：亿美元

位次	2001年①		2005年②	
	国家和地区	HDI	国家和地区	HDI
1	挪　威	0.939	挪　威	0.963
2	澳大利亚	0.936	冰　岛	0.956
3	加拿大	0.936	澳大利亚	0.955
4	瑞　典	0.936	卢森堡	0.949
5	比利时	0.935	加拿大	0.949
6	美　国	0.934	瑞　典	0.949
7	冰　岛	0.932	瑞　士	0.947
8	荷　兰	0.931	爱尔兰	0.946
9	日　本	0.928	比利时	0.945
10	芬　兰	0.925	美　国	0.944
	中　国	0.718	中　国	0.755

注：① 2001年人文发展指数用1999年数据计算。② 2005年人文发展指数用2003年数据计算。

（二）居民生活正向更加宽裕水平过渡

根据调查数据测算，2004年我国城乡居民消费中用于食品消费的比重（恩格尔系数）为40.6%，比2001年的41.4%下降了0.8个百分点。其中，城镇居民的恩格尔系数为37.7%（2005年为36.7%），比2001年的38.2%下降了0.5个百分点；农村居民的恩格尔系数为47.2%（2005年为45.5%），也比2001年下降了0.5个百分点。作为反映人民生活水平的重要指标，恩格尔系数下降说明我国城乡居民生活水平不断提高。

与高收入国家和中等收入国家现阶段情况相比，我国城乡居民恩格尔系数高于美国、日本等高收入国家水平约20个百分点，高于韩国、墨西哥等中等收入国家约10个百分点。由此看来，我国恩格尔系数仍存在较大的下降空间，提高居民生活水平还有许多工作要做。

从消费支出构成对比情况看，我国居民住房支出比重、交通通讯消费支出比重明显偏低；而医疗、教育等方面的支出比重明显偏高。2004年我国城乡居民住房和交通通讯消费支出比重分别为11.6%和10.9%，而2002年美、法、英、日四国平均为21.2%和15.5%，分别高出我国9.6个和4.6个百分点。医疗、教育已成为我国居民消费的支出大项，2004年我国城乡医疗保健消费支出比重为6.9%，低于美国（17.6%），高于英国（1.5%）、法国（3.7%）、日本

(3.7%)、加拿大（4.6%）、澳大利亚（5.1%）等高收入国家水平。2004年我国城乡居民教育文化娱乐服务消费支出比重为13.5%，仅略低于澳大利亚（14.6%），高于美国（12.0%）、法国（9.6%）等发达国家的水平。为了提高我国人口素质，国家应进一步改革和完善医疗和教育制度，提高财政支出比重，制定更优惠的政策。

世界主要国家最新年份居民消费支出构成比较

单位:%

国家	年份	食品	衣着	家庭设备用品及服务	医疗保健	交通通讯	教育文化娱乐服务	居住	杂项商品与服务
韩国	2003	17.6	4.3	4.0	4.5	16.7	13.6	17.0	22.3
日本	2002	17.7	5.0	4.2	3.7	13.2	11.9	26.4	17.9
美国	2002	9.0	5.0	5.1	17.6	14.0	12.0	17.1	20.2
法国	2003	17.7	4.5	5.9	3.7	17.1	9.6	24.1	17.3
英国	2002	13.2	6.6	6.7	1.5	17.6	13.9	17.2	23.3
加拿大	2002	13.9	5.2	6.7	4.6	17.3	12.2	23.4	16.9
墨西哥	2002	27.0	3.1	8.2	4.1	19.2	6.0	13.6	18.1
澳大利亚	2002	14.0	4.0	5.7	5.1	14.5	14.6	20.6	21.6
中国	2004	40.6	8.4	5.2	6.9	10.9	13.5	11.6	3.0
#城镇	2004	37.7	9.6	5.7	7.4	11.7	14.4	10.2	3.3
农村	2004	47.2	5.5	4.1	6.0	8.8	11.3	14.8	2.2

九、中国经济发展对世界经济具有积极的影响

“十五”时期，中国经济取得了举世瞩目的成就。与此同时，中国经济快速稳定的增长也促进了世界经济的繁荣，突出表现在中国经济的发展为世界发展带来机会，成为世界经济增长和世界贸易繁荣的重要组成部分。

（一）中国经济发展有力地推动了世界经济发展

首先，中国经济已成为世界经济增长的重要驱动力之一。根据世界银行公布的数据显示，2000年至2004年，中国经济增长对世界GDP增长的平均贡献率为14.3%，仅次于美国的30.9%，排名第二。

中美对世界经济增长的贡献

汇率法	年份				
	2000年	2001年	2002年	2003年	2004年
GDP总量（2000年不变价，亿美元）					
世界	316 052	320 528	326 559	336 095	349 938
中国	11 126	12 049	13 146	14 460	15 921
美国	97 648	98 153	100 320	103 430	107 981
GDP增速（%）					
世界	4.0	1.4	1.8	2.9	4.1
中国	8.4	8.3	9.1	10.0	10.1
美国	3.7	0.5	2.2	3.1	4.4
对世界经济增长的贡献（%）					
中美合计	**35.6**	**31.9**	**54.1**	**46.4**	**43.4**
中国	7.1	20.6	18.2	13.8	10.5
美国	28.5	11.3	35.9	32.6	32.9

其次，在2001年即“十五”的第一年，世界经济形势急转直下，经济增长率降到1.4%。其中，美国、欧元区和日本作为世界经济的三大“火车头”复苏乏力，经济仅分别增长0.5%、1.7%和0.2%。在此情形下，中国经济却保持了8.3%的快速增长，从而给世界经济的复苏带来了动力和信心。

（二）中国对外贸易的扩大给世界各国带来了诸多益处

首先，“十五”时期，在中国出口商品总量中，外商投资企业所占比重均超过50%。2001年至2005年，外商投资企业出口占总出口的比重分别为50.0%、52.2%、57.1%、54.8%和58.3%，已超过半壁江山，所占比重逐年提高，成为中国出口增长的重要推动力。在进口商品总量中，外商投资企业所占比重同样很大，2001年至2005年，外商投资企业进口占总进口的比重分别为51.7%、54.3%、56.2%、57.8%和58.7%。特别值得一提的是，同期相应的外商投资企业贸易顺差分别为74亿美元、97亿美元、84亿美元、140亿美元和567亿美元，占对外贸易顺差总额的32.8%、31.8%、33.1%、43.8%和55.6%，即1/3至一半以上的顺差是外商投资企业创造的。这主要是由于世界范围内竞争加剧，中国稳定的政治经济环境、廉价的劳动力和巨大的国内市场潜力为企业的生存发展提供了有利的环境和巨大的发展机遇。

其次，中国在积极扩大出口的同时，也积极开放市场，努力扩大进口，保持了进出口的协调发展。“十五”时期，中国的进口规模逐年扩大，2001年至2005年，中国进口额分别为的2 436亿美元、2 952亿美元、4 128亿美元、5 612亿美元和6 601亿美元。进口规模扩大为其他国家创造了大量的就业岗位，支持了相关国家经济的发展和社会的稳定。

再次，中国商品出口对世界经济的发展有着积极的促进作用。中国物美价廉的商品通过自由贸易，合理竞争，有利于让交易国双方共同享受自由贸易的好处，一方面提高了进口国居民的实际购买力，刺激了其消费的增长；另一方面也降低了企业生产成本，有利于增强其市场竞争力，扩大投资。

综上所述，“十五”时期我国经济和社会发展取得了显著的成绩，国家综合国力和国际竞争力进一步提高，已经跻身于世界经济大国行列。但必须清醒地看到，我国经济和社会发展水平与发达国家还有很大差距，特别是人均水平在世界上还比较落后，经济增长的成本还比较高，城乡之间的发展也很不平衡，步入经济强国之列尚有较大差距。在世界政治经济形势比以往更加错综复杂的情况下，要进一步加快我国改革开放的步伐，坚定不移地落实科学发展观，迎接挑战并抓住发展的机遇，推动我国国民经济持续快速协调健康发展和社会全面进步，使我国综合国力和国际竞争力提高到一个新的水平。

营口三诚国际合作有限公司
Yingkou Sunsung International Cooperation Co.,Ltd.

营口三诚国际合作有限公司，位于辽宁省营口市。公司主要经营范围：向境外派遣各类劳务人员、进出口及代理、国际贸易、技能培训等。是国家国资委商业技能鉴定中心设在辽宁的培训基地。各类劳务人员出国前在我公司均能接受技能培训及出国前教育。劳务主要派遣地区：韩国、日本、新加坡、新西兰、塞班岛、阿联酋等。

Located in Yingkou City, Liaoning.The scope of business: dispatch all kinds of labors to overseas, import & export and agency, international trade and skill training etc. It is Liaoning training base warranted by Commercial Training Appraisal Centre of State Assets Supervision Administration Committee. All kinds of labors accept skill training and education before going abroad. Areas, of dispatching: Korea, Japan, Singapore, New Zealand, Saipan, UAE, etc.

地址：辽宁省营口市西市区体育馆路5号
Add:No.5 Tiyuguan Road, Xishi District, Yingkou City, Liaoning Province
邮编(Post Code): 115003
电话(Tel): 0417-2892131 2892132
传真(Fax): 0417-2892136
邮箱(E-mail):ysico@126.com

广东省五金矿产进出口集团公司
Guangdong Metals & Minerals Import & Export Group Corporation

广东省五金矿产进出口集团公司成立于1953年。公司拥有"五羊"牌水泥、"长城"牌水磨石粉、"GRAND"牌镀银器、"钻石"牌铸铁制品等一大批在国外享有盛名的优质出口商品。

主要经营出口商品有：水泥砂石、建筑材料、黑色金属及制品、有色金属、非金属矿产品、稀土原料及制品、大小五金、镀银器及饰品、铰链门锁、金属铸件、水暖器材、手工艺品等；并专营进口各类钢材、有色金属等；同时还兼营轻工纺织、粮油食品、机械化工、电子产品、设备仪器、文体用品、土产畜产等的进出口业务。

Established in 1953, Guangdong Metals & Minerals Import & Export Group Corporation (GDMM) has "FIVE RAMS" brand cement, "GREAT WALL" brand limestone powder, "GRAND" silver plated ware, "DIAMOND" brand cast iron products, etc.

GDMM's main export commodities are: cement, stone, building materials, ferrous metals and products, non-metallic minerals, hardware, silver plated ware and ornaments, hinges, door locks, metal castings, arts & handicrafts, etc. Specially, it is entitled to import various kinds of steel products and non-ferrous metals. At the same it also deals in the import & export of light industrial products, textiles, and sports product, native produce & animal by-products, etc.

地址：广州市东风东路774号
Add:No. 774 Dong Feng Road (E.), Guangzhou, China
邮编(Post Code):510087
电话(Tel):0086-20-87752204
传真(Fax):0086-20-87752205
邮箱(E-mail):Wk@minmetals-gd.com
网址(Web):www.minmetals-gd.com

欧洲商业开发投资管理中心
Centre for Development of Trade and Control of Investment in Europe

欧洲中心是国家国资委管理的中商集团所属全资子公司，是中国在俄罗斯贸易类投资额的企业之一。主要经营范围：投资、管理、进出口贸易、海关、仓储、展销、运输、加工、销售、商务办公及咨询等业务。已在俄投资设立了：莫斯科中国友谊商城、莫斯科中国友谊保税加工区有限责任公司、波司登·友谊国际有限责任公司、中俄友维国际货运代理有限责任公司等下属企业。

Europe centre , a subsidiary company of commercial group of China administered by State-owned Assets Supervision and Administration Commission of the State, is the biggest investor in Russia in the line of trade. It mainly engages in investment, supervision, international trade, bonded warehouse, customs, exhibition, transportation, processing, distribution, official business work and offering consultation and so on. It has set up some subsidiary companies in Russia, namely, Moscow-China friendship shopping mall, Moscow-China Friendship Bonded and Processing Zone, Co., Ltd., "friendship-venta" Co., Ltd. Beijing China-Russia International Logistics Company, Bosideng-Friendship International Company, etc.

地址：北京市复兴门内大街45号
Add:No.45 Fuxingmennei Avenue, Beijing
邮编(Post Code):100801
电话(Tel): 010-66094028 66094031
传真(Fax): 010-66039639
邮箱(E-mail): OZZX@EUROPE-CENTRE.COM
网址(Web): www.europe-centre.com

中兴通讯股份有限公司
ZTE CORPORATION

中兴通讯是全球领先的综合性通信制造企业，业务范围涵盖无线、网络和手机三大领域。作为在香港和深圳两地上市的大型通信制造业上市公司，凭借在无线产品（CDMA、GSM、3G、WiMAX等）、网络产品（xDSL、NGN、光通信等）、手机终端（CDMA、GSM、小灵通、3G等）和数据产品（路由器、以太网交换机等）四大产品领域的卓越实力，以及7×24小时的全球专业售后支持网络，凭借卓越的业界表现和稳健成长，中兴通讯作为中国内地唯一的通信制造企业率先成为全球"IT百强"。

ZTE is a leading global provider of telecommunications equipment and network solutions. ZTE's product range is the most complete in the world-covering virtually every sector of the wireline, wireless and handset markets. ZTE was the only Chinese IT and telecoms manufacturer listed in Business Week 2005's Information Technology 100. ZTE Corporation is a pioneer of China's telecommunications equipment manufacturing industry, and a comprehensive provider of telecommunications equipment, mobile terminals and services. With its four product series - wireless, network, data and terminal (mobile phones) - ZTE is capable of providing global customers with diversified integrated telecommunications network solutions and a wide range of professional services on a 24×7 basis. Moreover, ZTE is involved in the provision of international telecommunications operation services.

地址：深圳市南山区高新技术产业园科技南路中兴通讯大厦
Add: A Wing, ZTE plaza, Keji Room South, Hi-Tech Industrial Park, Nanshan District, Shenzhen, P.R.China
电话(Tel)：+86-755-26770000
传真(Fax)：+86-755-26770411

广州市外商投资管理服务中心
Guangzhou Administration and Service Center for Foreign Investors

是广州市政府直属机构，负责统筹、协调、检查、监督全市外商投资服务事宜；集中了政府涉外投资职能部门窗口，为投资者提供一站式服务；营销广州投资环境，推介投资项目，提供政策、法规咨询；受理全市外商投诉事宜，维护投资者合法权益；拥有完善投资促进服务体系与专业服务人员，为投资者提供全方位的配套服务。

*Directly under the Guangzhou Municipal Government,our agency is responsible for the planning,coordinating and supervising the investment services to foreign investors.

*Our government agencies are jointly available to provide you a one-stop service.

*Introduce investment environment of Guangzhou and investment projects,provide consultation of investment service on laws and regulations etc.

*Our investor-care office handles your complaints and effectively protects your legal interests at all times through its network which covers the entire city.

*Our topping investment promotion service system has excellent rapport with governmental agencies home and abroad,organizations and enterprises.

*Our professional team provides you comprehensive services at all times.

地址：广州市越秀区广仁大厦2－5楼
Add:2-5/F,Guangren Building,1 Guangren Rd.,Guangzhou,China
邮编(Post Code): 510030
电话(Tel): 020－83375678,83377009,83373350
传真(Fax): 020－83377641

中远国际货运有限公司
中远集装箱船务代理有限公司
COSCO International Freight Co., Ltd.
COSCO Container Shipping Agency Co., Ltd.

国际、国内集装箱货运代理；国际、国内船舶代理；沿海货物运输；拼箱、多式联运等相关业务。

International and domestic ocean container freight forwarding; international and domestic shipping agency; coastal freight transportation; LCL service and intermodal transport, etc..

地址：北京市东长安街6号
Add:NO.6, DONG CHANG'AN AVE.,BEIJING,CHINA
邮编(Post Code): 100740
电话(Tel): 010-65121188
传真(Fax): 010-65120824
网址(Web): www.cosfre.com

中国铁道建筑总公司

中国铁道建筑总公司由国有资产监督管理委员会管理，经国家批准具有特级工程总承包资质和对外经营权。辖中铁十一至二十五局集团公司、中国土木工程集团、中铁建设集团有限公司、铁道第一、四、五勘察设计院等27家单位。总公司主要是以建筑工程、工程技术研究、服务、地质勘查、设备制造与房地产开发为主业，设计咨询、劳务合作、进出口贸易、实业投资等多业并举的国际大型企业，施工能力年完成产值在1300亿元以上。

China Railway Construction Corporation(CRCC),is under the administration of the Chinese Central Enterprise Industrial Committee. It has the national Grade-1 qualification license ratified by the Chinese Government for project contracting and conducting overseas. CRCC consists of over 27 subsidiaries. Its business has extended to 40 countries and regions. The corporation has become a sizeable global enterprise whose business has extended from the construction, projects, technical research, service, geology research and real estate development, equipment produce, tendering to design consultation, labor services, import & export trade, investment. Annual construction capability is about RMB 130 billion Yuan.

地址：北京市海淀区复兴路40号
Add: No.40, Fuxing Road, Beijing, China
邮编(Post Code): 100855
电话(Tel): 86-010-51888114
传真(Fax): 86-010-68217382
网址(Web):www.crccg.com

河南亿星实业集团有限公司
Henan Yixing Industrial Group Co.,Ltd

河南亿星实业集团是2000年元月周口市首家完成产权制度改革的民营企业，于2003年2月组建集团公司，现已发展成为一个拥有员工2000多人、总资产达8亿元的跨行业、多元化、综合型的大型股份制企业。下辖商业副食有限公司、御宴楼餐饮有限公司、超市连锁有限公司、糖业有限公司、置业有限公司、周口市天然气有限公司、周口市天然气电力有限公司（筹）、周口京华百货有限公司、牧业有限公司（活体储备基地）等10多个子公司实体机构，二十几个分公司。

Henan Yixing Industry Group is the first private company done the property right system reform in Zhoukou City in Jan. 2000, and was founded the group company in Feb,2003. And today it is developing into a joint-stock group company which has 2000 employees and possesses RMB 800 million.She is an intercrossing company and getting involved in various integrated businesses.Its core business is ranging several fields including Commercial Nonstaple Co.,Ltd.,Yuyanlou Restaurant Co., Ltd., Supermarket Chain Co., Ltd,Sugar Industry Co.,Ltd,Property Management Agency Co., Ltd,ZhouKou City Natural Gas Co., Ltd, ZhouKou City Natural Gas Electric Power Co., Ltd(Preparing),ZhouKou Jinghua Department Store Co., Ltd and Stock-Raising Co., Ltd(Live Repertory Base) etc more than 10 legal subsidiary companies and more than 20 more than branch companies.

地址：河南省周口市太昊路东段18号
Add:No.18,East Section,Taihao Road,Zhoukou City,Henan Province.
邮编(Post Code):466000
电话(Tel):0394-8318008
传真(Fax):0394-8383142
网址(Web): www.hnyixing.com
邮箱(E-mail): hnyixing@163.com

东莞市沙田对外经济开发总公司
Dongguan Shatian Fonreign Economy Development Main Corporation

主营：办理厂场开办业务；自营和代理各类商品和技术的进出口，但国家限定公司经营或禁止进出口的商品和技术除外，（凭有效资格证经营）兼营：服务及其他缝纫品。

Main Business:Handles the factories and mines to set up the service;self-management and agent each kind of commodity and technical import and export. But the country defined company managed or the import banned commodity and the technology is an exception. (Depend on effective qualifiation card management.) Concurrently Business:Service and other tailoring.

地址：东莞市沙田镇横流
Add: Dongguan Shatian Town Crossflow
邮编(Postal code): 523980
电话(Tel): 0769-88862001
传真(Fax): 0769-88862701

中国建材装备有限公司
CHINA NATIONAL BUILDING MATERIAL EQIPMENT CORP.,LTD.

主要经营或服务项目：建材工程所需的成套设备、机组单机通用设备、相关的配件、建筑材料、玻璃膜的销售、服务；货物进出口、技术进出口、代理进出口。

Scope of Business: Supply and service of complete sets of equipment, unit general equipment, relative spare parts, building materials, glass film for building-material engineering projects; import & export of building material product,equipment and technique;Import & export agency.

地址:北京市海淀区三里河路17号甘家口大厦12层
Add:12th Floor, Ganjiakou Plaza,No.17 Sanlihe Road,Haidian District,Beijing,P.R.China.
邮编(Post Code):100037
电话(Tel): 0086+10+68344876 88371494
传真(Fax): 0086+10+68311354
网址(Web): www.cbmec.com
邮箱(Email): cbmec@cbmec.com

广州市海珠高新技术创业服务中心
Guangzhou Hai Zhu Hi-Tech Incubation Center

中心自2000年成立以来，引企、引资、引进人才成果显著，较快实现聚集、培育中小科技企业功能，形成良好科技创业环境，对加速区域产业结构调整、引进科技人才、创造劳动就业、推动高新技术产业发展及经济可持续发展作出积极的贡献。

在各方面的共同努力下，中心于2000年12月被广州市科技局认定为"市级创业服务中心"，2001年9月被市科技局批准成为广州市留学人员创业（海珠）基地，2005年12月被国家有关部门批准认定为国家高新技术创业服务中心。

Since its establishment in 2000, the center has made great achievements in attracting enterprises, investment and professionals. The center made its efforts in gathering, incubating middle and small size sci-tech companies to create a good environment for technology incubation. It also put efforts on speeding up the adjustment of district economic structure, introducing technology professionals, creating job opportunities, impelling the development of hi-tech industry and the sustainable development of economy. With the efforts from all the departments, the center was recognized as "city-level incubation service center" in December, 2000 and "Guangzhou Oversea-educated Scholars Incubation (Haizhu) Base" in September, 2001 by Guangzhou Sci-Tech Bureau. In December, 2005, Relevant department awarded the center as "National Hi-Tech Incubation Service Center".

地址：广州市海珠区广州大道南敦和路189号
Add: No.189, Nandunheln, Guangzhou Road, Haizhu District, Guangzhou City
邮编(Post Code): 510300
电话(Tel):020-89225040
传真(Fax):020-89225984
网址(Web):www.cy_center.com
邮箱(E-mail): jby7699@163.com

辽宁慧缘国际合作有限公司
Liaoning Huiyuan International Cooperation Corporation LTD.

辽宁慧缘国际合作有限公司是由辽宁省总工会投资500万元人民币注册成立的。具有国家有关部门授予的中华人民共和国对外经济合作经营资格，是中国对外承包工程商会和中国中日研修生协力机构会员单位。

慧缘公司以对外劳务输出为主要业务之一。目前已与新西兰、日本和澳门等国家和地区建立了业务合作关系。截止2006年3月末，已向日本外派研修生115人、为新西兰选送技术工人70余人次、为澳门星级酒店选送服务人员49人次。

Liaoning Huiyuan International Cooperation Corporation LTD. was established by the Trade Union of Liaoning Province through investing CNY 5 million. It holds the Operating Qualification Certificate for Foreign Economic Cooperation in the People's Republic of China issued by relevant department, and is the member of China International Contractors Association and the Sino-Japan Trainee Cooperation Organization of China.

One of main businesses of the Huiyuan Company is the export of labor service. Now it has established business-based cooperative relationship with such countries and regions as New Zealand, Japan and Macao, etc. By the end of March 2006, it has exported 115 trainees to Japan, more than 70 person-time technicians to New Zealand, and 49 person-time attendants for the star hotels in Macao.

地址：中国辽宁省沈阳市沈河区北站路118号
Add: No.118, Beizhan Road, Shenhe DIST, Shenyang City, Liaoning Province, P.R.China.
邮编(Post Code): 110013
电话(Tel):86-024-22581079
传真(Fax):86-024-22581191
邮箱(E-mail): lnhyltd@yahoo.com.cn

深圳市国际投资促进会

深圳市国际投资促进会于1997年4月成立，在各级外经贸部门的指导下，为投资者介绍合作伙伴，提供投资顾问，办理投资手续，承办驻深机构，举办政策培训，组织联谊活动，开展商务考察，代办外国人来华工作签证，承办外资企业中方员工因公出国（赴港澳）手续，组织外商投资企业运动会和文化艺术活动，优化投资环境，促进引进外资。先后为400余家外商投资项目提供全套承办服务；受理并协助1800多家外国企业完成驻深代表机构的设立、变更、延期手续。

Established in April, 1997, under the guidance of the authorities of foreign economic cooperation and trade, Shenzhen Council for the Promotion of International Investment (SCPII) offers agency services, such as introducing business partners, providing investment consultation, handling investment procedures, going through the procedures for establishing offices in Shenzhen, holding policy training programs, organizing business parties, arranging business surveys, applying for work visas for foreign employees who are going to work in China Mainland, undertaking the procedures for Chinese employees that work for foreign invested enterprises to go abroad (including to Hong Kong and Macao) for business trip, organizing sports meetings, cultural and artistic activities for foreign invested enterprises, optimizing investing environment, and promoting attracting foreign investment. We have successfully offered complete services for over 400 foreign invested companies and helped more than 1800 representative offices with their establishment, renewal and valid duration prolonging.

电话(Tel):0755-82973421
传真:(Fax)0755-82973635
网址(Web):www.shenzhenfdi.cn
邮箱(E-mail):tzcjh@shenzhenfdi.cn

中车进出口有限责任公司
LORIC Import & Export Corp., Ltd.

铁路机车车辆、城市轨道交通车辆、铁路起重机械、各类机电设备等产品的设计、制造、修理和租赁等。提供轨道交通产品、机、电、铸、锻配件和“三来一补”服务。进口生产技术、原辅材料、机械设备、仪器仪表、零配件等。承包工程，派遣劳务。

公司的生产基地全部通过了ISO 9000质量体系认证，有些还获得了ISO 14000、OHSAS18000和AAR认证，在质量、服务以及快速供应优质产品方面有着良好的信誉。

Design, manufacture, refurbishment, overhaul and lease of locomotives and rolling stocks, urban railway vehicles, railway cranes and related mechanical and electric devices. Supply of railway vehicles, mechanical and electronic parts, castings, forgings and components processing with provided samples, design or material as well as compensation trade. Import of new technology, material, equipment, instruments and spare parts. Contract of project and sending labor abroad.

All enterprisesbases bases, received the globally recognized certification for Quality: ISO 9000. Some have certificates of ISO 14000, OHSAS 18000 and AAR. We have developed a strong reputation for quality and service, offering rapid turnaround of product orders with the delivery of high-qualified products.

地址:北京海淀区羊坊路11号
Add: NO.11. Yangfangdian Road, Beijing 100844
邮编(Post code):100038
电话(Tel):51862369
传真(Fax):51862374
网址(Web):www.cnrgc.com.cn
邮箱（E-mail):loriciec@cnrgc.com.cn

南京经济技术开发区
Nanjing Economic and Technological Development Zone (NETDZ)

南京经济技术开发区紧邻亚洲内河第一大港——南京港新生圩外贸港区，设有国家出口加工区、国家显示器件产业园等近10个“区中园”，现已形成电子信息、生物医药、轻工机械、新材料四大支柱产业。其中，以代表世界先进技术的乐金飞利浦、瀚宇彩欣、夏普为龙头，拥有平板显示研发、生产、配套企业60多家，总投资16亿美元，LCD模组产量全国第一，已成为全国最大的平板显示器件产业基地之一。

Nanjing Economic and Technological Development Zone (NETDZ) adjoins the biggest inner river harbor of Asia, Nanjing Xin Sheng Wei foreign trade harbor, and there are also national level export processing zone, national level display devices' industrial park and almost 10 different characteristic industrial parks have been established in NETDZ. The IT industry, biological pharmaceutics industry, light machinery industry and new material industry are the four pillar industries in the zone. NETDZ has become the biggest panel display devices' industrial production base in China and this industry is represented by the leading enterprises of LG Philips, Hannstar, Sharp and supported by the other 60 complementary enterprises who all have the world advanced technology in D&R and produce the panel display devices and components. With a total investment more than 1600 million USD in this industry, LCD module producing in NETDZ takes the first place compared with its competitors in the domestic market.

地址: 南京新港大道100号
Add: No.100, Nanjing Xin Gang Da Dao
邮编(Post Code): 210038
电话(Tel): +86-25-85800902
传真(Fax): +86-25-85800906
网址(Web): www.njxg.com
邮箱(E-mail): gwh@njxg.com

沈阳桃仙国际机场股份有限公司
Shenyang Taoxian International Airport Co., Ltd

经营范围：航空客货地面运输及过港保障与服务；机场航空及其辅助设施投资；包装、装卸、搬运业务；候机楼场地租赁；候机楼综合服务；停车服务；广告业务；航空客货运输销售代理。

Business Scope: Air service, ground transportation of passengers and cargoes and transmit service; investment of airport, aviation and its auxiliary facilities; business of packing, loading and conveying; leasing of site in air terminal; general service in air terminal; parking and advertising business; agent of passenger & cargoes air transportation and sales.

地址:沈阳市东陵区桃仙镇
Add: Taoxian County, Dongling District, Shenyang, Liaoning, China
邮编(Post Code): 110169
电话(Tel): 024-89398890
传真(Fax): 024-89398809

广州日立电梯有限公司
Guangzhou Hitachi Elevator Co., Ltd.

日立，全球企业500强中排名23位的跨国集团，拥有超过80年的电梯研发经验，至今已累计生产电扶梯产品28万台。广州日立电梯有限公司是日立集团海外最大的合资电梯企业，华南地区最大的电梯生产商之一，也是2004－2005中国外商投资企业500强之一。公司以设计制造具有国际知名品牌的日立牌电梯为主导，经营各类电梯、扶梯、自动人行道、立体停车场、大楼设备管理网络技术系统等业务，集产品研发、制造、销售、进出口贸易、安装、维修、保养工程服务于一体。

Hitachi, a multinational group ranking the 23nd among the top 500 enterprises in the world (quoted from Fortune 2004), owns over 80 years' experience in elevator research and production. Up to present, it has produced 280,000 elevators and escalators. Guangzhou Hitachi Elevator Co., Ltd. is the largest joint-venture elevator enterprise abroad of Hitachi Group, the largest elevator manufacturers in the Southern China region and one of the 2004-2005 Top 500 Foreign-invested Enterprises appraised by Ministry of Commerce of the People's Republic of China. Specializing in designing and manufacturing international famous brand Hitachi elevator, Guangzhou Hitachi covers a wide business scope of varied elevators, escalators, automatic walkway, multi-layers parking lot, and mansion equipment management network technology system. Besides R&D and manufacture, Guangzhou Hitachi's business activities also include marketing, import and export trading, installation, repairs, and maintenance service.

地址:广州市天河北路233号中信广场办公楼62楼（公司总部）
Add: 62/F,Office Building, CITIC Plaza, 233 Tianhe North Road, Guangzhou 510613, China
广州市番禺区大石镇石北工业区（生产基地）
Shibei Industrial Zone, Dashi Town, Panyu District, Guangzhou 511430,China (Production Base)
电话(Tel):38770662
传真(Fax):38770882

中国出国人员服务总公司
China National Service Corporation for Chinese Personnel Working Abroad(CNSC)

公司的经营范围主要有：向出国人员提供免税外汇商品及向驻外机构提供生活物资、进出口贸易及代理、中国政府援外一般物资项目、对外劳务合作、国际仓储运输、实业投资等业务。中国出国人员服务总公司属于国有大型综合性国际商贸企业，曾数度入选中国进出口企业500强。

CNSC's major business scope covers: sales in foreign exchange of duty-free imported goods for Chinese personnel working abroad; supply of life necessities for Chinese institutions in overseas; operation and agency of import and export; material supply of Chinese government aids for foreign countries and labor service cooperation; international logistics and industrial investment, etc. CNSC is a state owned large-scale comprehensive enterprise of international trade and economic cooperation. Over the years, it has been ranked for many times as one of the Top 500 of Chinese international trading enterprises.

地址:北京市朝阳区惠新东街4号
Add: 4, Huixindongjie, Chaoyang District, Beijing 100029, P. R. China
邮编(Post code):100029
电话(Tel):010-84648145
传真(Fax):010-84648145
网址(Web):http://www.cnsc.com.cn

哈尔滨中央红集团股份有限公司
Harbin Zhongyanghong Group Stock-holding Co., Ltd.

哈尔滨中央红集团股份有限公司成立于2000年12月22日，是一家以电子商务整合实体商业发展的科技型现代流通企业集团。集团拥有总资产1亿美金，员工3000人，年流转规模10亿余元，目前有科技公司、电子商务门户网站、专业网站、实体百货店、社区超市、社区便利店、食品加工、商品物流配送、社区服务等11家多元化公司。连续多年成为中国连锁商业百强企业、黑龙江省纳税百强企业。

Harbin Zhongyanghong Group Stock-holding Co., Ltd is an enterprise limited by shares , founded in Dec,22,2000. At the early stage of its founding, according to the management mode for the worldly-advanced commercial enterprises , the group incorporation became bigger and stronger . Now it has developed into an enterprises group with multivariant - property right, multivariant -business states, chain department stores, chain shops for the convenience of the residents, chain supermarkets, and also engaging in food processing, traveling, administrative consultation, training, computer exploitation, etc. Now its total assets has reached USD one hundred million, and its employees over 3000. It has been listed among the top 100 national chain commercial enterprises for the years running, and top 100 tax payment enterprises in circulation industry in Heilongjiang province.

地址:哈尔滨市道里区埃德蒙顿路73号
Add: No 73, Aidemengdun Road, Daoli District, Harbin
邮编(Post code): 150070
电话(Tel): 0451-84885100
传真(Fax): 0451-84885111

中国国际经济贸易仲裁委员会华南分会
China International Economic and Trade Arbitration Commission, South China Sub-Commission

中国国际经济贸易仲裁委员会华南分会于1984年成立，以仲裁方式独立、公正地解决各类国际、涉外和国内经济贸易合同争议案件。作出的裁决可在世界140多个国家和地区获得承认和执行。

China International Economic & Trade Arbitration Commission, South China Sub-Commission, founded in 1984, independently and impartially resolves, by means of arbitration, disputes arising from all kinds of international, foreign-related and domestic economic and trade contracts. Its arbitral awards can be recognized and enforced within more than 140 countries and districts around the world.

地址:中国广东省深圳市福田区彩田路5015号中银大厦B座19层
Add: 19/F, Block B, Zhongyin Building, 5015 Caitian Road, Futian District, Shenzhen 518026, China
邮编(Post code): 518026
电话(Tel): 86-755-83501700
传真(Fax): 86-755-82468591、82468573
邮箱(E-mail): info@sccietac.org
网址(Web): www.sccietac.org

中国石油化工股份有限公司北京燕山分公司
中国石化集团北京燕山石油化工有限公司
SINOPEC Beijing Yanshan Company
SINOPEC Beijing Yanshan Petrochemical Co.,Ltd.

燕山石化公司是中国石化集团下属的特大型石油化工联合企业之一。目前公司原油加工能力为850万吨/年，拥有实际生产能力达80万吨/年的乙烯装置及配套的聚乙烯、聚丙烯、合成橡胶、苯酚丙酮等装置。燕山石化公司生产约94种411个牌号的石油化工产品，其中清洁汽油、树脂及塑料、合成橡胶、基本有机化工产品是国内最大的生产商之一。

Yanshan Petrochemical Company is one of the extra-large petrochemical complex of SINOPEC. The company now has 8.5 million MTA of crude oil processing capacity, an ethylene plant with real production capacity of 800000 MTA and down stream polyethylene, polypropylene, synthetic rubber and phenol-acetone plants etc. Yanshan Petrochemical Company produces 94 kinds with 411 different grades of petrochemical products and is one of the largest producers in the production of clean gasoline, resin and plastic, synthetic rubber and basic organic chemical materials.

地址:北京市房山区燕山岗南路1号
Add: No.1 Yanshan Gangnan Road, Fangshan District, Beijing
邮编(Post Code):102500
电话(Tel):010-69342295
传真(Fax):010-69342736

中国葛洲坝集团国际工程有限公司
CHINA GEZHOUBA (GROUP) CO.,LTD

主要经营或服务项目：水利水电、电力、港口、公路、机场、铁路、城市轨道、房屋建筑、桥梁、河道疏浚、基础工程处理、市政及工业与民用建筑等建设工程的总承包及工程勘测、设计、采购、施工、咨询、项目管理；与上述业务相关的技术开发、服务和转让；机电设备、工程机械的、生产制造、安装、销售与租赁；建筑材料的开发、生产和销售；房地产开发及相关的技术服务；物业管理；实业投资及资产管理业务。

China Gezhouba Group Corporation (hereinafter referred to as CGGC) is a super huge enterprise groups established by the approval of State Council of the People's Republic of China. CGGC not only mainly contracts construction of water resources and hydropower projects on turnkey basis, but also conducts survey, design, and construction in respect of electric power, transportation, municipal infrastructures, industrial or civil structures, airport, etc. CGGC enjoys the rights to carry out foreign trade business independently, international cooperation and labor service cooperation as well as construction of overseas projects.

地址:湖北宜昌清波路2号
邮编(Post code):443002
电话(Tel):0717-6713210
传真(Fax):0717-6852896

广州市天河区经济贸易局
Guangzhou Tianhe District Bureau of Economic and Trade

天河区处于广州市地理中心位置和广州市“东进”、“南拓”重点发展战略的交会点，是建设中的广州市国际化大都市中心区，也是广州市二十一世纪中央商务区核心区域、广州市区域性金融中心、2010年第十六届亚运会主会场和中国十大软件产业基地之一所在地，区内环境优美，交通方便，区位优势明显，各种配套设施齐全，以商贸服务业和软件业为主的第三产业高度发达，外资企业众多，90%以上外资投向第三产业。

Tianhe district, located in the center of Guangzhou, the intersection of key developmental strategy, "further in east, extend in south of Guangzhou", is the metropolitan central district, the key district of GCBD21, the regional financial center, the main stadium for the 2010 Asian Games and one of the top ten bases of software industry in China. It has fine environment and well-established transportation network. Its distinctive advantages are obvious and supplementary infrastructures are completed. The tertiary industry is highly developed primarily in commerce and trade industry and software industry. The foreign-owned enterprises are numerous and 90% of them invest in the tertiary industry.

地址:广州市天河区天府路1号区政府大楼6楼
ADD: 6F, No.1 Tianfu Road, Guangzhou, P.R.China
邮编(Post code):510655
电话(TEL):8620-38622696
传真(FAX):8620-38623200

成都经济技术开发区管理委员会
The Administrative Committee of Chengdu Economic & Technological Development Zone

成都经济技术开发区创办于1990年7月，2000年2月被国家正式批准为国家经济技术开发区，是四川省唯一的国家经济技术开发区、是国家（成都）电子元器件产业园，是四川省、成都市工业经济发展、城市建设的重点，对外开放的窗口，现代制造业基地。控制性规划面积9.94平方公里，总体规划面积26平方公里。位于国家批复的成都市城市总体规划所明确的向东发展重点区域，距市中心12.5公里。

Chengdu Economic & Technological Development Zone was founded in July, 1990 and was approved to be national level by the government in February, 2000. It is the only national economic & technological development zone in Sichuan Province, China (Chengdu) Electronic Apparatus Industry Park, key region for industrial economic development and urban construction in Sichuan Province and Chengdu City, a window of opening-up and modern manufacturing industry base. The total planning area of the zone is 26 square kilometers in which 9.94 square kilometers belongs to the first phase. The zone is located in main area of Chengdu Eastern Development Strategy approved by the government. It is 12.5 kilometers away from Chengdu downtown area.

地址:中国·成都·龙泉驿
Add: Longquanyi, Chengdu, China
邮编(Post code):610100
电话(Tel):86-28-84853233
传真(Fax):86-28-84872887
网址(Web):www.cdetdz.com

湖北省襄樊鱼梁洲经济开发区管委会

鱼梁洲经济开发区位于湖北省襄樊市中心，总面积31.28平方公里，是汉江中最大洲岛，也是全国所有大中城市中心区域绝无仅有的一块旅游开发宝地。最新的襄樊市“十一五”规划中把鱼梁洲的开发定位于“城市休闲、生态旅游”，未来的鱼梁洲将被建成一个集观光、度假、娱乐、体育等为一体的综合性旅游中心。开发区也将以大开放的姿态，热忱欢迎中外客商前来观光考察，投资开发。

Yuliangzhou is located in the city of XiangFan, HuBei Province, covers an area of 31.28km². It's the biggest island in Han River and the unique island in the center of city to develop tourism in China. Yuliangzhou will at be a comprehensive international center of the sighting, sports and relaxion. And we welcome investors from all over the world to Yuliangzhou.

地址:襄樊市绿洲大道
Add: Lvzhou Road, Xiangfan
邮编(Post code):441000
电话(Tel):0710—3431082
传真(Fax):0710—3434152

北京三元食品股份有限公司

北京三元食品股份有限公司是以奶业为主，兼营麦当劳快餐和房地产开发的中外合资股份制企业，现有员工3000余人，是1997年5月在香港成功上市的北京控股有限公司的成员企业之一。北京三元食品股份有限公司由六家优质企业出资组成，公司总股本48500万股，总资产13亿元人民币。

北京三元食品股份有限公司具有45年的乳品加工历史，到目前已建成了与国际接轨、在国内处于领先地位的液态奶、发酵奶、固态奶、科研培训中心四大基地，通过ISO9001体系认证。三元牛奶已被人民大会堂评选为“人民大会堂专用牛奶”。

三元食品控股的三元嘉铭房地产开发有限公司，以雄厚的经济和技术实力运作首都房地产开发业。北京三元食品股份有限公司全体员工秉承“以人为本，情系千家万户”的经营理念，以提高国民健康水平、不断满足消费者需求为己任，真诚与社会各界合作，共创三元食品的美好未来。

地址：北京市西城区鼓楼西大街75号
邮编：100009
电话 010-64027956
传真 010-64010250

泉州市经济委员会

Quanzhou Ecomomic Committee

泉州市经济委员会主要职能是研究提出并组织实施新型工业化发展战略，监测、分析工业经济运行态势，拟定全市产业集群发展、工业结构调整的目标和措施，研究企业技术进步、技术创新的政策措施，负责全市工业固定资产投资项目的日常管理协调工作，推进循环经济、履行电力和水电行政管理职能，指导全市工业行业协会，参与全市国民经济中长期规划的制订，组织市际、区际间的区域性横向经济技术协作活动，管理外地政府及企事业单位驻我市办事机构。

The primary function of Quanzhou Economic Eommittee is to research and propose the new industrial development strategy, monitor, and analyse industry economic trend, to develop the industry cluster development, industrial restructuring objectives and measures, to research technological progress and innovation; it is also responsible for the daily management of the industrial fixed assets investment, promotes the circulation economy, fulfills the administrative functions of electricity and the industrial profession associations; also it participates the long-term national economic development planning, organizes the economic and technological cooperation activities from region to region, and manages the administrative body from other cities.

地址:泉州市庄府巷24号
Add:No.24, Zhuangfu road, Quanzhou
邮编(Post code):362000
电话(Tel):0595-22285400
传真(Fax):0595-22282886
网址(Web):www.qzgy.gov.cn
邮箱(E-mail):22285400@163.com

温州市进出口联合有限公司

Wenzhou Imp. & Exp. United Co., Ltd.

公司主要的出口产品包括太阳眼镜、光学架、打火机、服装鞋帽、宠物用品、文具、机电产品、汽摩配及其它轻工产品（包括剃须刀、美容用品等）。其中太阳眼镜、光学架、打火机等产品的出口数量在温州同类产品中占有相当的份额。主要的进口产品有：化工原料、纸以及机械设备等。2005年进出口总额1.365亿美元。

Our main export items contain: sunglasses, optical frames, lighters, clothes, footwear & headwear, pet products, stationery, mechanical and electrical products, auto parts and other light industrial products (including razors, cosmetics). Main import items contain: chemical materials, paper and machines. In 2005, the total import and export volume amounted to USD136.5 million.

地址:浙江省温州市黎明西路236号国贸中心10-12楼
Add:10-12F. Wenzhou International Trade Centre, NO.236 Liming RD.(W), Wenzhou, China
邮编(Post code):325003
电话(Tel):86-577-88844551
传真(Fax):86-577-88844557
邮箱(E-mail):wieu@wieu.cn
网址(Web):http://www.wieu.cn

北方国际合作股份有限公司

Norinco International Cooperational Ltd.

北方国际是以国际国内工程总承包为主营业务的国际化工程公司。工程涉及交通、房建、能源、通讯和环保等多个行业领域。具有国家有关部门颁发的市政公用工程、房屋建筑工程施工总承包一级资质和建筑幕墙工程、金属门窗工程专业承包一级资质。同时，房地产开发、建筑工程和铝业业务也快速发展.

NORINCO International is one of the leading engineering companies in China with domestic and international engineering contracting as its major business. The company has successfully implemented dozens of projects related to transportation, house building, energy, communications and environmental protection in Asia, Africa and Europe. The company has been granted China National Class A1 Qualification in general contracting of municipal project, housing construction by the relevant state department. The rapid development in the fields of real estate, overseas investment and aluminum products has enabled it to gradually form up an operational framework at both domestic and overseas markets.

地址:北京市广安门南街甲12号
Add:12A, Guang An Men Nan Jie,Beijing,China
邮编(Post code):100053
电话(Tel):010-83919077
传真(Fax):010-83528922
网址(Web):www.norinco-intl.com
邮箱(E-mail):soyoung@norinco.com.cn

中国国际电子商务中心

China International Electronic Commerce Center (CIECC)

中国国际电子商务中心成立于1996年，是中华人民共和国商务部信息化建设执行机构和技术支撑单位，肩负国家信息化建设重点工程主干网建设、维护、运营的使命，是国家电子商务全程服务机构。

中国国际电子商务中心致力于为国内外商贸企业提供贸易信息服务、贸易撮合服务、贸易应用服务、贸易公共服务、企业信用服务、安全认证服务、技术咨询服务和电子商务培训服务，现已经拥有会员近80万家，服务对象覆盖中国商贸领域主要企业，并在亚太地区乃至国际电子商务促进工作中发挥着重要作用。

Established in 1996, China International Electronic Commerce Center (CIECC) is the informatization construction executive organization and technical supporting unit of Ministry of Commerce. As a nation level e-commerce all-round service organization, CIECC shoulders the mission of constructing, maintaining and running the backbone network of national informatization construction project.

CIECC is committed to provide all-round service for enterprises on commerce and trade. The service includes trade information service, trade encouragement service, trade application service, public trade service, enterprise credit service, security certification service, technical consulting and e-commerce training service etc. At present, CIECC has nearly 800,000 registered enterprise members and provides service for most major enterprises on trade market in China. Moreover, CIECC plays an important role in promoting e-commerce application not only in Asia-Pacific region but also around the world.

地址:中国北京经济技术开发区荣华中路11号
Add: No.11, Ronghua Road (Middle), Beijing Economy and Technology Development Area
邮编(Post code):100176
电话(Tel):86-10-67800060 67800465 67800215
传真(Fax):86-10-67800140

南通市经济技术开发区总公司

Nantong Economic & Technological Development Zone Corporation

我公司是一九八五年经国家有关部门批准，享有自营和代理进出口经营权的综合性集团公司，注册资本壹亿五仟万元人民币。

公司经营范围广泛，主要包括：1、进出口业务：包括各类纺织品、服装；轻工、工艺产品、文体用品；粮油食品、土畜产；机械设备、仪器仪表；五金工具；化工、医药产品；2、承办中外合资合作经营业务，公共型保税仓储及“三来一补”业务；3、从事开发区内的建设，对外经济技术合作，房地产及餐饮、运输等行业。

总公司固定资产达20亿元人民币。对外贸易连续十年进出口总额超壹亿美元，连续十年进入全国进出口总额500强。

Nantong Economic & Technological Deveiopment Zone Corporation is a comprehensive group incorporation enjoying the rights of import & export for itself or as agent with the approval of the relevant department in 1985, The registered capital of our corporation is 150 million RMB.

We have a wide besiness scope which mainly covers: 1 Import and export of various kinds of textiles garments light industrial products and crafts, stationery and sporting goods; cereals oils and foodstuffs,national roducts and animal by-products; mechanical, instruments and meters, metals and tools, chemicals, medical & health products. 2 Application and establishment of Sino-Foreign joint ventures, public boned storage the business of production as per sample or imported materials and compensatory trade. 3 The construction of NETDA: international economic and technological cooperaticn; real estate; transportation and other services.

We have CNY 2 billion of fixed assets. The yearly volume of cur import and export has been over USD 100 million for ten years. We have been listed in the China Top 500 Import & Export Enterprises continuously for ten years.

地址：江苏省南通市经济技术开发区星湖大厦
Add: Xinghu Building,Nantong Economic and Technological Development Zone Jiangsu, China
电话(Tel):(0513)3518908/3518964
传真(Fax):(0513)3518792
网址(Web):www.netdagroup.com
邮箱(E-mail):dtad@public.nt.js.cn

南京钢铁联合有限公司

Nanjing Iron & Steel United Co., Ltd

南京钢铁联合有限公司现已具备500万吨钢的年综合生产能力。销售收入南钢集团在中国企业500强中名列第92位。公司不断开发新品种，现已形成中厚板（卷）、中板、棒材、高速线材、钢带等五大类，100多个钢种、近万个规格的产品系列。公司已通过ISO9001：2000标准质量体系认证。主要产品中板、螺纹钢、带钢、高线等均获得全国冶金产品实物质量“金杯奖”。船用中板在全国率先通过9个国家船级社认证。南钢倡导优质服务，先后被评为“全国质量效益型企业”和“全国用户满意企业”。

Nanjing Iron & Steel United Co., Ltd. has annual general production capacity of 5 million tons of steel. NISCO ranks 92th among the top 500 China enterprises in terms of sales revenue. With progressive innovation in product mix, NISCO can produce five main categories of products including wide plate (coil), plate, bar, strip, high-speed wire rod and strip, which covers more than 100 steel grades and nearly 10 thousands of products with different sizes. NISCO have successfully got the certification of ISO09001: 2000 for Quality Assurance/Management System. Main products such as plate, rebar, strip and high-speed wire rod were awarded with the “Golden Cup Award” in terms of actual quality.

江苏省徐州经济开发区

Jiangsu Xuzhou Economic Development Zone

经营范围：招引国内外客商，承接资本、项目、产业。

Business Scope: Attract investors home and abroad; Carry on industry of capital Project.

地址:中国徐州市金山桥
Add: Jinshanqiao, Xuzhou City, China
邮编(Post code):221004
电话(Tel):0086-516-7793418 7793404
传真(Fax):0086-516-7793408
网址(Web):http://WWW.xedz.com
邮箱(E-mail):cploveyy@163.com

辽宁庆阳化学工业集团公司进出口公司

Liaoning Qingyang Chemical Industries Group Corporation Import and Export Co.,Ltd

经营范围：经营的化工产品以苯及苯的衍生物为主的有机化工品，主要产品有硝基甲苯、对硝基甲酸、对甲苯胺、苯胺、二苯胺、间苯二胺、硝化棉等，以及各种炸药、爆破器材，如TNT，太安、起爆具等。同时兼营其他化工品的进出口业务。

The company is dealing with chemical materials and mechanical equipments. Major products are PNT, P-nitrobenzoic acid, aniline oil, diphenylarnine, m-phenylenediamine, nitrocellulose, etc. At the same time, we are handling the export of dynamite and explosies, such as TNT, PEIN, boosters and so on. All chemical materials are workable from us to export to the world market.

地址:辽宁省辽阳市东京陵工人路10号
Addr: 10 Gongren Rd.,Dongjingling,Liaoyang,Liaoning Province.
邮编(post code):111001
电话(Tel):+86-419-3164793
传真(Fax):+86-419-3166888
邮箱(E-mail): yongjin@qingyang.com.cn

惠州市华阳多媒体电子有限公司

Foryou Multimedia Electronics Co.,Ltd.

惠州市华阳多媒体电子有限公司成立于2001年11月，是惠州市华阳集团有限公司投资控股的中港合资企业，注册资金6600万港元，投资总额1.3亿港元，主要从事DVD机芯、激光头及其配件、精密压铸、注塑及真空吸塑产品的设计开发、生产制造和销售。

公司以“质量、成本、速度、创新”为经营理念，凭借股东雄厚的资金、技术及市场网络实力，公司取得了迅猛发展。2004年，公司销售额达18.5亿元人民币，总资产达4.16亿元人民币。公司现有员工8000余人，拥有振动仪、恒温恒湿箱、三次元/二次元测量仪、等设备6000余台，工厂建筑面积140,000平方米。公司已通过ISO9001：2000及ISO14001：1996认证。

本着“技术为本，诚信为商”的原则，公司愿与世界各地的企业商家诚意合作，拓展市场。

With registered capital of HKD 66 million and the total investment of HKD 130 million, invested and stock-controlled by Foryou Group Co., Ltd., Foryou Multimedia Electronics Co., Ltd. is a joint venture set up in November 2001. The company mainly designs, manufactures and sells DVD Loader & Mechanism, DVD pick-up and accessories, products of precision die-casting, plastic molding by injection and the plastic molding by vacuum sucking.

Quality, Cost, Speed and Innovation is our business idea. Since the establishment, on the basis of the strong funds, advanced technology and broad market network of the shareholders, the company has been developing rapidly. In 2004, sales turnover reached CNY 1850 million and the total capital CNY 416 million. With an area of 140,000 square meters, the company now has total 8000 staff and owns over 6000 advanced equipments and facilities, including Vibration Testing Equipment, Programmable Temperature and Humidity Chamber, Coordinate Measuring Machine, etc.. So far, the company has acquired certificates of ISO9001:2000, ISO14001:1996.

Abiding by the principle: based on the technology and be honest in our business, we welcome enterprises worldwide to cooperate with us and exploit the market together.

总部地址:广东省惠州市仲恺高新技术开发区松山工业园平安东路6号
Add: No.6, Ping'an Dong Road, Songshan Industrial Park, Zhongkai High-New Technology District,Huizhou City, Guangdong Province, P.R.China
邮编(Post code):516006
电话(Tel):0086-752-2616699
传真(Fax):0086-752-2616698
网址(Web):www.foryoumedia.com.cn

南通市经济贸易委员会
Nantong Economic&Trade Committee

南通市经济贸易委员会是政府负责调节全市近期国民经济运行的综合经济部门；对经贸工作中的重大问题进行研究分析并提出意见和建议，负责编制并组织实施全市工业、商贸、规划及计划，拟定工业商贸方面的有关政策、措施，并组织实施。

As a comprehensive economic department, Nantong Economic and Trade Committee carries out the governmental regulation of the present operation of the city's national economy. It researches and analyses vital economic&trade problems, then gives advice and suggestions. It is responsible for drafting industrial, economic&trade layouts and plans of the whole city, also responsible for organising and implementing these layouts and plans. And it studies out the correlatively industrial, economic&trade policy and measurement, then organises and puts into practice.

电话(Tel): 0513-5098763
传真(Fax): 0513-5098751
邮编(Post code): 226018

天津机械进出口有限公司
Tianjin Machinery Import & Export Corporation

经营项目：各种成套项目，包括纺织、化工、造纸、冷冻厂等；修造船、机电设备、仪器仪表、运输工具、工程机械、工农具、医疗器械、橡胶和塑料机械及制品、黑色金属、轻工业品、化工产品、五金矿产以及纺织品、服装、工艺品等；承包境外工程和境内国际招标工程；对外派遣工程、生产及服务行业的劳务人员。

Business Scope: Handling of various complete sets of equipment for textiles, chemicals, paper making and cold storage plant etc; ship-building and repairing, machinery and electronic products, instruments and meters, transportation vehicles, construction machinery, tools and agricultural implements, medical apparatus and instruments, rubber and plastic machinery and their products, ferrous metals, light industrial products, chemicals, metals & minerals, textiles, garments, arts and crafts etc; undertaking of overseas and domestic tender projects; dis-patch of Personnel abroad for construction, production and services.

地址：中国天津市和平区彰德道18号
Add: 18 zhangde Road, Heping District, Tianjin, China
邮编(Post code): 300042
电话(Tel): 86-22-23311001
传真(Fax): 86-22-23310929
网址(Web): http://www.tmg.cn
邮箱(E-mail): timachinery@tmg.cn

海丰县对外贸易经济合作局
Foreign Trade and Economy Cooperation Bureau of Haifeng County

主要成绩："十五"期间，海丰县的外源性经济发展成绩斐然，全县外贸出口总额达81227万美元，比"九五"增长85.49%，年平均增长5.1%；合同利用外资21532万美元，比"九五"增长96.33%；实际利用外资27089万美元，比"九五"增长76.72%年平均增长10.6%。

During the tenth five-year plan, the foreign-oriented economy of Haifng County achieves brilliant results. The total sum of export amounts to USD 812.27 million which has increased 85.49% compared with that of the ninth five-year plan with the 5.1% of annual rate of increase on average. Contractual foreign investment accumulates to USD 215.32 million, which has increased 96.33% compared with that of the ninth five-year plan. The actual foreign investment is USD 270,89 million which has increased 76.72% compared with that of the ninth five-year plan with 10.6% of annual rate of increase on average.

地址：广东省汕尾市海丰县城海银路1号外经贸大楼
Add: Foreign Trade Building, Haiyin Road, No. 1, Haifeng County, Shanwei City, Guangdong Province
邮编(Post code): 516400
电话(Tel): 0660-6622081/6601583
传真(Fax): 0660-6683282

番禺潭洲振裕纺织染印有限公司
PANYUTANZHOU PERFECTA SPINNING, WEAVING DYEING & PRINTING.,LTD

公司隶属香港银润实业有限公司投资的外商独资企业。创建于1992年，注册资本7680万美元，占地面积1000余亩，职工3000余人。是一家从棉纺到织造、染印、制衣于一体的多元综合型企业。

公司每年荣获国家、省市各级有关部门授予的先进单位称号，1999年至今被海关评为"AA"类企业。2001年为全国外贸出口500强企业，2002年全国印染行业销售收入前20名。已通过ISO9001：2000国际质量管理体系认证。产品主要出口美国和欧洲及日本，深受客户好评。

Panyu tanzhou Perfecta Spinning Weaving Dyeing & Printing Ltd, is an exclusively foreign-funced enterprise founded in 1992 with registered capital USD 76,800,000 and subsidiary to Hong Kong Silver Yield Industries Ltd. The floor area of factory building and necessary installation covers more than 1000mu. It has more than 3000 staffmembers. It is a comprehensive enterprise including spinning weaving dyeing printing & clothes manufacturing.

Panyu tanzhou Perfecta Spinning Weaving Dyeing & Printing Ltd. is awarded the title of Excellent Enterprise by the state, provincial and the municipal relative department every year. It has been the AA enterprise assessed by the Customs since 1999. It was among the best of 2001 China's Top 500 Foreign Trade & Export Enterprises. The 2002 sales revenue ranked among the first 50 places in the state's printing and dyeing trades. It has been authorized by ISO9001:2000. The products that mainly exported to Japan the United States and the European countries are highly appreciated.

地址：广州市番禺区大岗镇潭洲工业开发区
Add: Tanzhou Industrial Development Zone Dagang Town, Panyu, Guangzhou
邮编(Post code): 511470
电话(Tel): 020-84931139
传真(Fax): 020-84931233

深圳市裕泰实业股份有限公司
SHENZHEN YUTAI BUINESS STOCK-JOINT CO., LTD.

经营范围：兴办实业（具体项另行申报）；国内商业、物资供销业（不含专营、专控，专卖商品）；经营进行口业务；投资兴办仓储业（具体项另行申报）。

Buiness Scope:development enterprise (line of advance appointment); domestic business, merchandise supply and sale (Excluding of specialized business, specialized control, specialized goods); business import and export trade, investment development warehouse (line of advance appointment).

Add: Yutai Building NO.3 three Village NO.15 District Yantian Zone Shenzhen, Guangdong Province, the PRC
邮编(Post code): 518083
电话(Tel): 0755-25280829/25282662
传真(Fax): 0755-25280829

广东洋迪实业有限公司
GUANGDONG YANGDI INDUSTRY CO., LTD.

经营范围：有色金属（包括但不限于锡锭、锡合金、无铅焊锡产品）、黑色金属的生产经营；大宗有色金属原材料铝锭、石油焦、稀土金属等产品的贸易；煤炭的储运及销售；化工产品片碱、液碱的销售；白砂糖、茧丝的贸易等；以及前述产品相关的进出口业务。

Business scope: manufacturing and management of coloured metal (including but not limit to tin ingot, tutania, lead-free soldering tin products) and black metal; the trade of a large amount of coloured metal's raw and processed materials such as aluminum ingot, benzoline, thulium; the storage-transport and sales of coal the sales of chemical products such as slice alkali, liquid alkali; the commerce of white granulated sugar, cocoon silk; the interrelated imports and exports operation of forementioned products.

地址：广州市黄埔大道中209号海景大厦六楼6J信箱
Add: Box6J, 6/F. HaiJing Building, 209Huangpu Rd., Guangzhou, China
邮编(Post code): 510655
电话(Tel): 020-85523660
传真(Fax): 020-85522001
邮箱(E-mail): yangdi@21.cn.net

河南万基铝业股份有限公司
He'nan Wanji Aluminium Industry Share Co., Ltd.

河南万基铝业股份有限公司始建于1996年6月，年产重熔铝锭19万吨，注册商标为"万基牌"，公司总资产22亿元。

采用160KA和300KA大型预焙阳极板电解槽和干法烟气净化回收技术，质量监控引用英国阿郎（ARUN）公司CCD光电光谱仪，整流器采用国产最大的可控硅元件，电流效率达93%以上。公司先后荣获"全国对外贸易信用AAA级企业"、"全国部门造林绿化400佳单位"、"河南省工业利税百强企业"等荣誉。产品远销欧洲、韩国、日本等二十多个国家和地区。

He'Nan Wanji Aluminium Industry Share Co., Ltd was built in june, 1996, the production of primary aluminium ingot is 190 thousand tons annually, the registered brand is "wanji", the total asset is 2.2 billion.

The 160KA and 300KA pre-baked anode big pot and dry serubber gas recovery technology is adopted, the quality is monitored by CCD matclscan from England Arun company, rectifer adopt~ the biggest Silicon controlled element made in China, current efficiency reach 93% or more. Company is awarded "China external trade credit AAA class enterprise", "China unit plant tree 400 excellent unit" "he'nan province industry profit and tax 100 strongest enterprise" etc the product is saled far to Europe, R.O.K., Japan etc., more than 20 countris and areas.

地址：河南省洛阳市新安县铁门镇庙头村
Add:Miaotou, Xin'an county, Luoyang city, He'nan Province
邮编(Post code): 471832
电话(Tel): 0379-67332405
传真(Fax): 0379-67332428
邮箱(E-mail): wjwuxingzhong@163.com

清华同方威视技术股份有限公司
NUCTECH COMPANY LIMITED

清华同方威视技术股份有限公司，简称威视股份，组建于1997年7月，是一家源于清华大学的高科技企业。是目前世界上最大的集装箱检查系统供货商之一。

诚为国内外客户提供系列高科技安全产品，如集装箱/车辆检查系统、航空集装货物/车辆安全检查系统、通过式放射性监测系统、工业无损检测系统。产品与服务广泛涉及海关口岸、航空安检、工业制造、医疗卫生、环境保护、食品加工等行业和领域。威视股份期待着与社会各界诚信合作，共同进步。

NUCTECH COMPANY LIMITED (NUCTECH), founded in July 1997, is a prestigious high-tech company originating from Tsinghua University. As one of the largest suppliers of container inspection systems, NUCTECH hal developed varieties of other 1o, roducts, in-cluding Cargo/Vehicle Inspection Systems Mail Steri/~ation Systc~, Radioactlvi~, Monitor, Non-intrusive Inspection System, etc. THSCAN Inspection Systems are being used in a comprehensive range of fields, including file customs, aviation securily inspection, industrial mauufacturlug, medical devices, environmental protection and food processing etc.

地址：北京市海淀区双清路同方大厦A座2层
Add: 2/F Block A, Tongfang Building, Shuangqinglu Haidian District, Beijing 100084, PR China
邮编(Post code): 100084
电话(Tel): +86-10-62780909
传真(Fax): +86-10-62788896
网址(Web): http://www.nuctech.com

东莞市对外加工装配服务公司
Dongguan External Processing Assembling Service Co.,Ltd.

东莞市对外加工装配服务公司成立于1987，注册资金100万人民币。经营范围：承办三来一补企业及三资企业业务，承办本市和省驻东莞市单位对外加工装配，补偿贸易代理业务，指导所属有关区镇对外加工装配服务公司工作，协助企业对外商务洽谈、签约、报关、结汇、协调工缴费和补偿产品出口价格，办理对外加工装配、补偿贸易项目设备，原辅料件的进口和成品、半成品的出口。

Dongguan External Processing and Assembling Company was established in 1987, with total registered capital of CNY 1 million. Its business scope mainly covers providing the service for the processing manufactories and foreign invested enterprises, serving as an agent for all the enterprises in Dongguan in external processing and assembling trade and compensation trade, offering guidance for Dongguan external processing and assembling companies of township, associating enter-prises in the regards of foreign business negotiation, contract signing, customs clearance, coordination between processing fees and export prices of compensation goods, and the business of relative equipments and facilities. Meanwhile, the company also operates in the import of raw and subsidiary materials, and the export of finished and semi-finished products.

地址：东莞市莞太大道33号3楼通关业务科
Add: No.33 Guan tai Road Dongguan City, Guangdong Province
邮编(Post code): 523071
电话(Tel): 0769-22819712
传真(Fax): 0769-22817650
网址(Web): www.dgbofec.gov.cn

西藏拉萨市商务局

地址：西藏拉萨市林廓东路105号
邮编：850000
电话 0891-6323116
传真 0891-6363726

中国辽化联合对外贸易有限公司
China Liaohua United Foreign Trade Company Ltd.

中国辽化联合对外贸易有限公司（以下简称公司）是中国石油辽阳石油化纤公司所属的专业对外贸易公司，主要从事石油化工产品、设备以及技术的进出口业务。

公司主要经营的品种有：混合二甲苯、对二甲苯、邻二甲苯、纯苯、PTA、乙二醇、二乙二醇、纺丝油剂、碳钯催化剂，石油焦、己二酸、三乙基铝、石油化工机器设备以及备品备件等。多年来，公司积累了丰富的国际贸易经验，与世界各地众多客商有着长期和稳定的联系与交往，在客户中享有良好的声誉。

China Liaohua United Foreign Trade Company Ltd.(CLUFT) is a foreign trade company under CNPC Liaoyang Petrochemical Fiber Company. CLUFT has engaged in the import and export of petrochemical products, equipment and technologies.

The business which CLUFT operates mainly covers mixed xylene (MX), paraxylene (PX) O-xylene (OX), pure benzene, PTA, ethylene glycol (EG), Diethylene glycol (DEG), spin finish, C8 catalyst, green petroleum coke (GPC), adipic acid (AA), TEA and mechanical equipment used for petrochemical facilities including spare parts. With rich experience in the business over the past years, CLUFT has established a long-term and stable business contact with businessmen around the world and is held in high repute among the customers.

地址：辽宁省辽阳市宏伟区宏伟路134号
Add: No.134 Hongwei Road, Hongwei district, Liaoyang City, Liaoning Province, China
电话(Tel): 0419-5152755
传真(Fax): 0419-5154860
网址(Web): www.cluft.com
邮箱(E-mail): cluft@liaohua.cn

四川长虹电器股份有限公司
Sichuan Changhong Electric Co., Ltd

历经40余年磨砺，长虹形成了电视、空调、冰箱、通讯、数码等产业，逐步成为全球最具竞争力的消费电子产品、内容服务提供商；成功构架了开放的自主创新体系，与全球众多产业主导企业设立联合实验室；海外经营遍布欧洲、美洲、澳洲、东南亚，为全球100多个国家和地区提供优质的产品与服务。

2005年，长虹实现营业额176亿元，同比增长28.73%，品牌价值跃升至398.61亿元，荣膺世界品牌500强。倡行"创造、快乐"的品牌精神，长虹致力于为消费者创造更富乐趣和想象的娱乐消费体验。

Incorporated in 1958, CHANGHONG has grown into a rule maker and a content & service provider, not a simple household appliance manufacturer. Engaged in industries as digital TV, AC, refrigerator, IT, communication, digital, network, electrical power source, commercial electronics and petty appliance, etc., CHANGHONG's sales in 2005 hit CNY 17.6 billion sales, 28.73 percent rise compared with that of the same period last year and CHANGHONG brand valued CNY 39.861 billion is honorably enrolled into the World's 500 Most Influential Brands. With an open independent innovation system, CHANGHONG set up many united laboratories with the top enterprises of the world; subsidiary companies spread to America, Australia, Southeast Asia and Europe; products and service have reached over 100 countries and regions in the world.

With "Creation & Happiness" brand spirit, CHANGHONG sets the goal to become the leader of 3C-converged new life, committing to create more delightful and more imaginary happy experience for consumers.

地址：四川绵阳市高新区绵兴东路35号
Add: 35 East Mianxing Road,High-Tech Park, Mianyang 621000, Sichuan, China
邮编(Post code): 621000
电话(Tel): 0816-2418378
传真(Fax): 0816-2418518
网址(Web): WWW.changhong.com.cn
邮箱(E-mail): gmoffice@changhong.com

深圳市庆成科技有限公司
Shenzhen Qingcheng Technology Co., Ltd.

庆成公司自从1984年成立以来，庆成公司已经成为中国最大的10个元件分销商之一。

经营范围：电子产品：通讯器材的技术开发、销售；国内商业；兴办实业；进出口业务。

Qingcheng established since 1984, has now become one of the top 10 component distributors in China.

Business scope: technique development and sale of the communications equipment and electronic product; demostic business; Import and export of business.

地址：广东省深圳市深南中路2070号电子科技大厦A座3403室
Add: Rm 3403A,Electronic Science and Technology Building, No.2070 Shennan Mid Road, Shenzhen, China
邮编(Post code): 518031
电话(Tel): 0755-83782626
传真(Fax): 0755-83781753
邮箱(E-mail): dxzheng@qce.com.cn

辽宁冶金进出口有限责任公司
LIAONING METALLURGICAL IMPORT & EXPORT CO., LTD.

自营和代理各类商品及技术的进出口业务（国家限定公司经营或禁止进出口的商品及技术除外），经营进料加工和“三来一补”业务，经营对销贸易和转口贸易；金属材料、建筑材料、日用百货销售。

Self-management and agency of import and export business concerning the commodities and technologies (those managed by the appointed firms by the state or prohibited by the state will be excluded) as follows: metallurgical raw materials, auxiliary materials, metallic and non-metallic mineral ores; ferrout metal products such as pig iron, steel billet, slab and ingot as well as other products; metallic material and its products, steel scrap; retiactory material and its products; rare-earth alloy, ferro-alloy and its produets. graphite and its products, non-ferrous metal and its products, forged and east parts and their standardized parts of various machinery and equipments, building and decoration materials, chemical products; textiles and dresses; food; health care nutrition; including the domestic purchasing and selling of these products.

地址：辽宁省沈阳市和平区和平南大街35号
Add: 35.South Heping Street,Heping District, Shenyang Liaoning,PR.China
邮编(Post code): 110003
电话(Tel): 024-23870482
传真(Fax): 024-23875451
邮箱(E-mail): sunshinsunshin139@hotmail.com

中国中纺集团公司
CHINATEX CORPORATION

中国中纺集团公司是一家以纺织品对外贸易和生产为主业的大型企业集团，从事棉纺、印染、毛条生产、针梭织成衣生产等各领域，业务涵盖从原料到服装所有纺织产品的生产和销售，并从事油脂原料贸易及加工业务，是中国最大的成衣出口商、粮油原料贸易加工商、纱、布生产供应商之一。

Chinatex Corporation is a large-scale enterprise group engaged mainly in foreign trade and production of textiles, the industries cover cotton spinning, weaving, printing and dyeing, wool top processing, knitwear and woven garment production, etc. The business covers production and sales of all textiles ranging from raw material, yarns and fabrics to garments. Chinatex also stands as an essential oil seeds trader and processor. Chinatex is one of the largest Chinese clothing exporters as well as a major oil seeds trader and processor and supplier of yarn and fabric.

地址：中国北京建国门内大街19号
Add: No.19, Jianguomennei Street, Beijing, P.R.China
邮编(Post code): 100005
电话(Tel): 010-65281122
传真(Fax): 010-65124711
网址(Web): www.chinatex.com
邮箱(E-mail): headof@chinatex.net

辽阳国际经济技术合作公司
Liaoyang International Corporation of Eco. & Tec. Cooperation

主要经营项目：
☆对外派遣各类工程、生产及服务行业的劳务人员（不含海员）
☆进出口贸易

Main Business Scope:
☆ Dispatching labors abroad on various project, production and service industries (not including seamen)
☆ Importing & Exporting trade

辽阳国际经济技术合作公司成立于一九九二年，是辽阳市有关部门所属的对外经济技术合作窗口企业。与日本、美国、新加坡等十多个国家和地区建立了良好的合作关系。曾多次被辽阳市有关部门授予“外经贸工作先进单位”。二00二年被中国中日研修生协力机构授予“中国外派日本研修生十佳企业”。

Liaoyang international Corporation of Eco. & Tec. Cooperation (CLIC), subordinate to relevant department of Liaoyang, was set up in 1992. CLIC is a main window to outside in foreign economic & technical cooperation in Liaoyang region. During the years, we have established business relations with more than ten regions and countries, such as Japan、USA、Singapore, etc. We were awarded as the "Advanced Enterprise in Foreign Economy & Trade" by relevant department of Liaoyang for many times. In 2002, JITCO awarded us as the "Ten Best Enterprises in Dispatching Trainees to Japan" for our remarkable achievements in that field.

地址：辽宁省辽阳市文圣区北新华路176-13号
Add: No.176-13, North Xinhua Road, Wensheng District, Liaoyang City, Liaoning Province
邮编(Post code): 111000
电话(Tel): 0419-3230659
传真(Fax): 0419-3231359

北京市海淀区商务局
Beijing Haidian District Bureau of Commerce

北京市海淀区商务局组建于2004年7月，是海淀区政府负责区域内外贸经济工作的宏观管理部门。该局组建后，在制定投资促进、对外经济合作、内外贸经济发展的中长期规划，在加强对外交流、积极引进和利用外资，在促进消费，保持市场稳定和繁荣，在发展社区商业服务、开展便民工作，在履行行政审批职责、加强行业管理，在市场秩序整顿、优化商务环境建设，在促进行业协会建设、开展诚信活动等方面取得明显成绩。

Beijing Haidian Bureau of Commerce, established in July of 2004, is the Haidian District Government division responsible for managing foreign trade and business activities within the district. Since being established, the bureau has made distinct achievements in promoting investment in Haidian, international business collaborations, and local and international trade development, strengthening international exchanges, recruiting and utilizing foreign investment, promoting commerce and maintaining market prosperity, developing community commercial services, clarifying and fulfilling administrative duties, supporting business associations, improving truth-in-business initiatives, and improving the overall business environment.

地址：海淀区长春桥路17号
Add: NO.6 Changchunqiao Road, Haidian District
电话(Tel): 010-88496798
传真(Fax): 010-88496790
邮箱(E-mail): hdqswj@tom.com

法国液化空气公司集团——法国液化空气公司在中国
Air Liquide Group —— Air Liquide in China

1. 法国液化空气集团（法液空）

成立于1902年，法液空是世界上最大的工业和医用气体及相关服务的生产企业之一，工厂遍及70多个国家。2005年104亿欧元销售额（80%在法国境外实现），在世界各地拥有35,900名员工。

2. 法液空在中国

法液空于1990年再次到中国展开业务，现在拥有雇员约1500人。

目前，法液空在中国大陆的三个主要区域开展业务：华北；华东；华南及在杭州的工程制造中心，该中心是中国大型空分设备的主要供应商。从2004年以来，法液空加强在中国发展的决心，目标是实现在2004-2008年间向中国投资5亿欧元的计划。

1. Air Liquide Group

Founded in 1902 in France, Air Liquide is one of the world leaders in industrial and medical gases and related services, present in more than 70 countries, total sales in 2005 is 10.4 billions •uros (80% outside France), total employees 35,900.

2. Air Liquide in China

Air Liquide has re-started operations in China in 1990 and has now about 1500 employees.

Air Liquide has gas production facilities in three key regions of mainland China: Northern China; Eastern China; Southern China and a major engineering center in Hangzhou, it is the leading supplier of large Air separation plants in China. Its presence has been considerably strengthened since 2004 with the commitment of a five years investment plan in China of 500 million Euros to be realized in the period from 2004-2008.

中国通用技术(集团)控股有限责任公司
China General Technology (Group) Holding, Limited (Genertec)

其主营业务经营范围包括：成套设备与工程、电力能源、船舶与飞行器、铁道交通、汽车、工业机械、通讯设备、仪器仪表与电子信息产品、技术服务、工业原材料的进出口业务；外国政府、国际金融组织提供资金、贷款项下的招标、投标和采购业务；政府招标采购业务；国内外工程项目的设计、设备分包、产品返销、国内外投标、国际工程承包和劳务输出业务；中国对外经济技术援助项目和援助物资的执行业务；

Its main business lines include complete plant equipment and projects, power energy, ships and aircrafts, rail transport, automobiles, industrial machinery, telecommunication equipment, instruments and meters and electronic information products, technical service, industrial raw material import an export; inviting and participating in public bidding and sourcing financed by funds or loans provided by foreign governments and international financial organizations; government procurement through public bidding; domestic and foreign project designing, equipment outsourcing, domestic safe of products originally for export, participating in public bidding at home and abroad, international project contracting and labor service export; enforcement of China's foreign economic and technical assistance projects and assistance in kind;

地址：北京市丰台区西三环中路90号通用技术大厦
Add: Genertec Plaza, No.90, Xisanhuan Zhonglu, Fengtai District, Beijing 100055, P.R. China
电话(Tel): 010-63348888
传真(Fax): 010-63348118
邮编(Post code): 100055
网址(Web): www.genertec.com.cn

中润纺织品进出口公司
China Resources Textiles Imp.& Exp. Company

中润纺织品进出口公司是享有进出口经营权的独立法人企业，是中国南洋进出口有限公司的子公司，是香港华润纺织集团有限公司的下属企业。

公司主要从事各类针织、梭织服装、家用纺织品、棉纱、棉布的生产和销售。凭借积累的近二十年贸易经验和渠道以及华润纺织集团有限公司拥有的全资和控股的十六家生产企业的优势，公司营销网络已遍布欧洲、日本、美国、澳大利亚、中东和南美地区。

China Resources Textiles Imp.& Exp. Company (CRTIEC) is an enterprise engaged mainly in foreign trade and production of various kinds of textiles ranging from knitted and woven garments to yarn and fabric. Thanks to the foreign trade experience for almost 20 years and wide-range of connections as well as with the support of 16 manufacturing factories such as spinning and weaving mills, printing and dyeing plants and garment factories, CRTIEC has established good business relationships with customers from various countries and areas such as U.S.A., Europe, Japan, Australia, Middle East and Latin American countries.

地址：北京东安门大街55号王府世纪大厦603室
Add: Room No.603, Wangfu Century, No.55 Donganmen Street, Beijing, China
邮编(Post code): 100006
电话(Tel): 65596229
传真(Fax): 65264640 65264643
网址(Web): www.crtiec.com
邮箱(E-mail): crtiec@ec.com.cn

河南省张弓酒业有限公司

河南省张弓酒业有限公司座落在中州名镇“张弓镇”。这里盛产丰富的酿酒原料小麦、高粱，有质地纯净的地下水，酿酒资源得天独厚。历史上该镇酿酒作坊林立，并以其浓香味醇而闻名全国，自古有“酿酒名镇”之称。张弓酒始于商，兴于汉，盛于今，具有悠久的历史渊源和丰富的文化内涵。

现为国家大型一档企业，国家二级计量单位，河南省一级先进企业。先后荣获全国轻工优秀产品出口创汇先进企业，全国质量管理先进企业及质量万里行先进单位等荣誉称号一百多项。该企业占地面积31万平方米（417亩），年生产曲酒能力为5万余吨。1995年至1998年产销量和经济效益连续四年居河南省同行业之首、全国同行业第36强。

张弓酒业公司现有高、中、低度，高、中、低档和内部用酒三大系列产品。张弓系列酒以其“窖香浓郁，绵甜爽净、醇厚丰满，回味悠长”而享誉全国。

地址：河南省商丘市宁陵县张弓镇
邮编：476733
电话：0370-7601218
传真：0370-7608888
网址：www.zhanggongjiuye.com
邮箱：zgsg@vip.sina.com

福建省晋江市商务局
Jinjiang Municipal Bureau of Commerce. Fujan Province

负责全市内外贸易、国际经济合作、外商投资、国有商贸企业服务管理和指导工作，规范市场经济运行，整顿市场经济秩序，推进流通产业结构和培育商品出口基地等工作。外商投资的规划、审批、监督、检查；进出口贸易的管理服务；对外经济技术合作，境外投资和国际服务贸易的管理和服务；加工贸易管理和服务；各类企业对外经营权的审查、申报、登记工作；指导和管理各类对外经贸洽谈会、交易会、展览会及境外来展。晋江商务局欢迎您来考察、投资！

In charge of all the trade and commercial business of the city; responsible for international economic corporation international and national trade investments and business enterprises, directing administrating and service work; coordinating the economy market operation; improving the construction of the industries and building the basis of exporting products. The plan examine and approve supervise and check up of foreign investment; the management and service of the import and export; the management and service of foreign economic and technology cooperation foreign investment and international service trade; the management and service of processing trade; the examination report and registration for the right of the foreign tack of enterprises; directing and managing foreign trading fair and exhibition. Jinjiang Municipal Bureau of Commerce welcome you to explore and invest!

地址：福建省晋江市外经贸大厦5-6楼
Add: Foreign Trade Building 5-6, Jinjiang City, Fujian Province
电话(Tel): 0595-85681641
传真(Fax): 0595-85686843
网址(Web): www.jjssww.com

大九国际流通有限公司
DAIKYU INTERNATIONAL TRADE & LOGISTICS CO., LTD.

经营范围：国际货运代理、仓储、运输、集装箱中转站、机电设备安装。

Business scope: Shipping arrangement in China, international transportation, customs clearance in China, cther import & export formalities, domestic transportation in China, warehousing in China, installation of plant & equipment.

地址：中国大连保税区黄海西二路102号
Add: 102,Huanghai Xier road, Free trade zone of Dalian, P.R.China
邮编(Post code): 116600
电话(Tel): 0411-87311631
传真(Fax): 0411-87316375, 87302056
邮箱(E-mail): yangmzdj@online.in.cn

ITT 工业（中国）投资有限公司
ITT Industries (China) Investment Co., Ltd.

ITT 公司总部设在美国纽约，财富500强企业。是包括水处理在内的流体及水管理；国防通信，光电子，信息技术与服务；电子互连和开关；以及其他专业产品市场的主要供应商。ITT 工业公司与中国的渊源从1928年在上海安装中国第一台电话交换机开始。1996年，ITT 工业（中国）投资有限公司成立。目前，ITT 在的沈阳，天津，上海， 南京，南通，厦门和深圳设有9家投资企业，拥有员工7,000人，总投资额超过1.5亿美元。

ITT Industries, Inc. supplies advanced technology products and services in key markets including: fluid and water management including water treatment; defense communication, opto-electronics, information technology and services; electronic interconnects and switches; and other specialty products. Headquartered in White Plains, NY, ITT is a Fortune 500 Company. ITT's cooperation with China started with the installation of the first telephone exchange in 1928. ITT Industries (China) Investment Co., Ltd. was established in 1996. ITT has 9 invested enterprises in Shenyang, Tianjin, Shanghai, Nanjing, Nantong, Xiamen and Shenzhen with 7000 employees and the total investment is USD150 million.

地址:北京市东长安街1号东方广场东三写字楼902室
Add: 902 E3 Oriental Plaza, 1 East Changan Ave., Beijing
邮编(Post code): 100738
电话(Tel): 86-10-85184188
传真(Fax): 86-10-85188438
网址(Web): www.ittindustries.com.cn

广东省建筑工程集团有限公司
GUANGDONG CONSTRUCTION ENGINEERING GROUP CO.,LTD

广东建工集团是经营范围最广、专业结构最齐、技术资质最高的省属综合型建筑企业之一。拥有国家资质——房屋建筑施工总承包特级资质以及专业齐全的总承包一级资质，拥有直接对外经营权和劳务输出权，业务范围覆盖基本建设所在专业，目前已发展成为以建设工程项目总承包为主要形式，以房屋建筑、水利水电、机电安装、市政路桥、装饰装修、金属结构为主业，多种经营并举，工贸科研相结合的大型建筑企业集团。

Guangdong Engineering Group Co., Ltd. is one of integrated building enterprises with the widest scope of business, the fullest professional structure and the highest technical qualification, owns the highest national qualifications, including the Super Class qualification in general contracting of house construction and the Class I qualification in general contracting of a full range of specialties, as well as the power of external operation and labor export. Its business scope almost covers all specialties in capital construction. At present, it has become a large building enterprise group with the main business form of general contracting of construction projects, and diversified businesses of house building, water conservancy, hydropower, electromechanical installation, municipal roads and bridges, decoration and metal structure.

地址:中国广州市天河区天润路87号广建大厦
Add: Guangjian Building, No.87, Tianrun Road, Tianhe, Guangzhou, China
邮编(Post code): 510635
电话(Tel): 020-38486648　020-38486666
传真(Fax): 020-38486668

西安喜来登大酒店
Sheraton Xian Hotel

西安喜来登大酒店毗邻西高新技术开发区，距离市中心15分钟路程。从酒店到西安咸阳机场30分钟车程。酒店拥有438间精心设计的客房及套房，均配有豪华客用品，房间服务设施齐全，包括：24小时送餐服务、国内/国际直拨电话、国际互联网高速接入、有线电视、迷你酒吧、保险箱、免费提供的咖啡/茶冲饮设施；酒店还设有无烟楼层、行政楼层及酒廊，满足您的不同需求，为您提供轻松、舒适的超值享受。

Sheraton Xian Hotel located near the Xian Developing Zone of High Technology Industries and 30 minutes drive from the Xian Xianyang International Airport. All 438 guest rooms are equipped with a wide range of deluxe amenities including 24 hour room service, IDD phone, broadband internet access, satellite TV, hairdryer, air-conditioning / heater, mini bar, in-room electronic safe box, complimentary in-room coffee-tea and mineral water.

地址:陕西省西安市莲湖区丰镐东路262号
Add: No 262, Fenghao Road, Xi'an, Shaanxi
邮编(Post code): 710077
电话(Tel): 029-84261888
传真(Fax): 029-84262188

东莞市长安镇
Chang'an town Dongguan City

改革开放以来，长安镇致力实施“外向带动”战略，依托有利的地理条件，努力营造优良的投资环境，吸引了大量的外商前来投资设厂。至2004年底，来自香港、台湾、日本、美国、韩国、马来西亚等国家和地区的外商投资企业共1666家，利用外资总额26.5亿美元。主要行业是电子、电器、五金、机械、玩具、制鞋、制衣等。2003年全镇外资企业出口总额达33.0亿美元，连续第六年居全国乡镇之首。在外向型经济的带动下，民营经济发展迅速，现有民营企业627家，投资总额17.8亿元，有“步步高”、“金正”等驰名品牌。

Chang'an has been applying itself to implementing the strategy of "Impelling Economy by Export-oriented Industry". Chang'an makes full use of its advantages in geography so as to improve its investment environment and attract foreign investment. By the end of 2004, 1666 export-oriented enterprises from Hongkong, Taiwan, Tapan, the U.S. R.O.K. and Malaya have been set up. The total foreign fund reached 26.5 billion the main industres are electronic appliance, hard ware, toys. Shoe making, clothing making and so on. The total amount of enterprise export reachd USD 33 billion, becoming the top town in the country. With the development of export-oriented economy, the individual economy develops quickly having 627 individual enterprises, including the well-known brands "BBK" and "Nintaus", and the total investment amounting to CNY 1758 billion.

招商电话(Tel): 0769-5535663　5332810
联系人: 王志明　张朝霞
Person in charge: Wang Zhiming　Zhang Zhaoxia
邮箱(E-mail): office@cawjb.com

天津市自行车行业协会
TIANJIN BICYCLE INDUSTRIAL ASSOCIATION

天津市自行车行业协会成立于1995年，是由众多企业发起成立、并依法登记注册的行业协会组织。行业协会始终遵循“集行业之力、办行业之事、促行业之兴”的宗旨，把振兴天津自行车产业作为崇高使命，发扬创新精神和务实作风，竭诚为广大企业服务。天津市自行车行业协会以不平凡业绩赢得国内外业界的普遍尊重，多次受到政府表彰，先后被天津市评为“优秀社团”和“示范行业协会”，2004年又荣获“全国先进民间组织”称号。

Tianjin Bicycle Industrial Association was established in 1995. It is a kind of chamber of commerce industry organization committee initiated by lots of local bicycle enterprises and registered according to the Chinese relative law and policy. The association always follows the principle of "gathering the wisdom of the whole staff, devoting us to working and making bicycle industry booming". We regard the booming industry as our key mission and provide the best service for enterprises with the working spirit of innovation and down to earth. After several years' hard working and efforts, we have achieved much performance and won the great respect among the domestic and international industry. Furthermore, we have been honored by the government several times. We have selected as the "excellent unit" and "model industrial association" in Tianjin. In 2004 the association was granted the honorable title of "advanced domestic nongovernmental organization".

地址: 天津市和平区营口道71号
Add: No.71, Yingkou Road, Heping District, Tianjin, China
邮编(Post code): 300041
电话(Tel): 27115865
传真(Fax): 27114300
网址(Web): www.norbicycle.cn
邮箱(E-mail): tj-xiehui@aorbicycle.cn

深圳外贸基地建设开发公司
SHENZHEN FOREIGN TRADE EXPORT COMMODITIES BASES CONSTRUCTION & DEVELOPMENT CORPORATION

深圳外贸基地建设开发公司是一个大型的以进出口业务为主，工贸结合的外贸企业，拥有一批经验丰富的专业人才，有近20年的对外贸易经验。

公司经营方式为进出口、批发、零售、生产、加工，主要是经营轻工业品、纺织品、机电产品、化工产品、服装、陶瓷、文具等商品的进出口业务，公司一贯坚持重合同守信用，经多年的努力，已与国内外多家客商建立稳定而紧密的合作关系。

Shenzhen foreign trade export commodities bases construction & development corporation is a large foreign trade enterprise which sets up with its businesses covering mainly export and import, industry and trade. We have many professional people who have rich experience. And we have 20 years experience about trading.

Our company deals with export & import wholesale, retail producing and processing. Our businesses scope covers industry, textile, mechanical, electrical, chemical products, clothing, porcelain and stationery ect. We have a sound reputation. With many year's operating our company has set up stable and close cooperation's with customers all over the world.

地址: 深圳市东门南路6号文锦渡口岸报关大楼B座14楼
Add: 14/F., BLOCK B, WENJINDU PORT BUILDING, DONGMEN SOUTH ROAD, SHENZHEN, CHINA
电话(Tel): 0755-82185334
传真(Fax): 0755-82220896

中国石油化工股份有限公司天津石油分公司
China Petroleum & Chemical Corporation Tianjin Oil Products Company

主要从事成品油、润滑油、燃料油的零售、直销和批发业务。

It's mainly involved in retailing, direct and whole selling of finished oil, lubricating oil and fuel oil.

天津商学院
Tianjin University of Commerce

天津商学院创建于一九八〇年，以天津市管理为主。是一所以工、商为主，经、法、文，理多学科相互支撑、协调发展的高等院校。学校占地1400亩，现有12个二级学院，24个授予硕士学位的学科，36个本科专业，在校生15000余人。图书馆现有中外文藏书147万余册，期刊杂志1800余种，教学科研仪器设备总值已超过亿元。学校将建成一所以培养本科生为主、兼有研究生教育的，文理渗透、工商结合，多科性、有特色、高水平大学。

Tianjin University of Commerce was established in 1980. It has become a university specializing in engineering and commerce and supported by economics, law. liberal arts and science. The university covers an area of 1400mu. It has 12 colleges, 24 Master's degree programs and 36 undergraduate programs. The current enrollment of students is over 15,000. The library of the university has a collection of 1,470,000 books in Chinese and foreign languages and more than 1800 periodicals. The sum cost of facilities of teaching and research is over CNY one hundred million CNY. The university will be developed into one distinctive and high-level university with undergraduate and postgraduate education specializing in the infiltration of liberal arts and science, the combination of engineering and commerce.

地址: 天津市北辰区津霸公路东口
邮编(Post code): 300134
电话(Tel): 022-26651929
传真(Fax): 022-26675789
网址(Web): www.tjcu.edu.cn
邮箱(E-mail): tianshang@tjcu.edu.cn

北京菜市口百货股份有限公司
Caishikou Department Store Corporation, Beijing

主要经营（服务）项目：

北京菜市口百货股份有限公司（以下简称菜百公司）是北京规模最大、品种最全的黄金珠宝专营公司之一，主要经营足金、千足金首饰、金条、摆件、铂金、钻石、珠宝、玉石、银饰品、18K金、金银币章等十几大类商品，几十万个花色款式。另外在“金街”——王府井大街和大兴卫星城分别有两家分店。

菜百公司不断摸索，逐步确立、完善、发展了黄金珠宝特色经营。2004年10月，中国商业企业管理协会又授予菜百公司“中国黄金第一家”的殊荣。为给顾客提供方便、快捷的服务，菜百公司成立了北京首家“黄金珠宝首饰服务咨询中心”，实现了首饰清洗、修理、咨询、以旧换新“一体化”服务。

菜百公司积极与世界黄金协会、国际铂金协会、DTC钻石推广中心等多家国际知名推广组织合作，为传播首饰文化、引导时尚消费做出了贡献。

地址：北京市宣武区广安门内大街306号
Add: No.306, Guang'anmennei Street, Xuanwu District, Beijing
邮编(Post code): 100053
电话(Tel): 010-83520088
传真(Fax): 010-83520468

天津圣德进出口贸易有限公司
TIANJIN SANDE IMP. & EXP. CO., LTD.

天津圣德进出口贸易有限公司是现代经营机制的股份制企业，已同美国、加拿大、欧盟、日本、澳大利亚等国家和地区近百家客户建立了稳定良好的贸易关系。

公司自营和代理各类商品和技术的进出口，主要包括箱包、手套、裘皮制品、帽子、服装等，与国内数百家生产企业保持着长期合作关系并能够提供满意的产品和服务。

公司员工具有从事国际贸易多年的经验，因此能够为您提供优质服务和开展多种灵活的贸易方式。

The Tianjin SANDE import-export trade limited company is the modern management mechanism stock company type of enterprise, has established the stable good trade relations.

The company with nearly hundred customers in the us, Canada, European Union, gupan, Australia, etc. self-manages and agents each kind of commodity and the technical import and export, mainly including the box package, the glove, the fur product, the hat, the clothing and so on, and is maintaining the long-term cooperation relations with the domestic several hundred production enterprises and can provide satisfactory product and service. The company staffs have engaged in international trade many years, therefore can provide the high-quality service and develop many kinds of nimble trades for you.

地址: 天津市和平区大理道11号余门
Add: 11A Dali Street, Tianjin, China
邮编(Post code): 300051
电话(Tel): 022-23328426
传真(Fax): 022-23304460
邮箱(E-mail): lizhj@tjsande.com

宁波港进出口公司
Ningbo Port Import and Export Company

经营范围(Range of management)

自营和代理各类商品及技术的进出口业务、经营进料加工和“三来一补”业务、经营对销贸易和转口贸易、经营金属材料、化工原料、五金装潢、普通机械、电器机械、针织及纺织品、百货、咨询服务，室内装潢。

Manage and act for ou kinds of import and export business concerning product and technology, such as dealing with processing material, processing and compensation, counter trade and entrepot trade, and engage in metal material, chemistry material, hardware workmanship, common machine, electric machine, knitting and textile, general merchandise, consultation and indoors decoration.

地址: 中国宁波北仑新矸迎宾路
Add: Yingbin Road, Xinqi, Beilun District, Ningbo, China
邮编(Post code): 315800
电话(Tel): 0086-0574-27697492/27697299
传真(Fax): 0086-0574-27697168
邮箱(E-mail): nbpie@nbPort.com.cn

广东省茂名市茂南城郊经济开发试验区

开发区成立于1992年，2005年度被茂名市评为“文明镇”、“新型农村合作医疗工作先进单位”、“人口与计划生育先进单位”，被茂南区评为“文明单位”、“先进基层党组织”。

近年随着投资4000多万元的连接茂名市区光华南路的高架桥建成通车，投资4000多万元的连接市环市西路和高水一级公路的茂南大道初步建成，茂南开发区的路网全部畅通。

The Development Zone was founded in 1992 and won "Best Civilized Township", "Best and New Working Unit of Medical Treatment Cooperation in Rural Region" and "Best Working Unit on Population and Family Planning" awards in 2005 by the Maoming city. It also won "Best Civilized Unit" and "Best Fundamental Group of the CPC Party" awards by Maonan district.

In recent year, after the completion of overhead viaduct at Guanghua Nanlu of Maoming district with CNY 40 million project investment, and the near completion of Maonan Avenue connecting the city west ring road and Gaoshui first class road with another 40 million yuan project investment, the road transportation network of the Maonan development zone became expedite.

地址: 广东省茂名市茂南开发区站南十街10号
Add: No.10, Zhannan Street, Maonan development zone, Maoming city, Guangdong Province
邮编(Post code): 525000
电话(Tel): 0668-2810618
传真(Fax): 0668-2826327

浙江物产国际贸易有限公司

Zhejiang Materials Industry International Co., Ltd.

浙江物产国际贸易有限公司成立于1999年，总部坐落于杭州，注册资本3亿元。浙江省物产集团公司是我司的控股股东，该集团是国家重点培育的20家大型流通企业之一，以其雄厚实力名列“2005中国企业500强”第61位。中粮集团旗下的全资子公司中粮集团（深圳）有限公司是我司的战略投资者。

2005年进出口总额达到7.96亿美元。内贸销售额43亿元，增长75%。

公司经营的主导品种为钢铁、汽车，同时从事电子、纺织等产品的代理与销售。

Zhejiang Materials Industry International Co., Ltd, which was founded in 1999, is located in Hangzhou, with the registered capital in amount of CNY 300 million. The major shareholder, Zhejiang Materials Industry Group Corp., is one of the 20 key large trading companies, ranked No.61 among "Enterprise Top 500 In China" in 2005. And Cofco (Shenzhen) Co., Ltd. is the strategic investor, which is the fully-owned subsidiary of Cofco.

The import and export of ZMI in 2005 valued at USD 796 million, and the domestic trade sale reached CNY 4.3 billion, which has increased by 75%.

ZMI mainly deals in steel and automobile, and acts as the sales agent of electronic products and textiles.

地址: 凯旋路445号
Add: No.445, Kaixuan Road
邮编(Post code): 310004
电话(Tel): 0086-571-87058666

湖南对外经济贸易职业学院

Hunan Foreign Economic Relations & Trade College

宗旨和业务范围：培养高等专科学历技术应用人才，促进科技文化与经贸发展。

国际贸易、商务外语、服务贸易、电子信息、商务管理、商务技术。

地址: 湖南省长沙市天心区莫家坳
邮编: 410114
电话/传真: 0731-5631227
网址: www.hnwmxy.com

上海富迪健康科技有限公司

FOR YOU HEALTH WARE TECHNOLOGY CO., LTD.

上海富迪健康科技有限公司是由美国FORYOU集团1994年投资设立的中外合作企业，总投资额2000万美元，注册资本1000万美元。中方是上海市浦东新区川沙镇工业总公司。公司是1998年国家有关部门联合批准销售方式转变为“店铺销售并雇佣推销员”的全国十大转型企业之一，是一家自设工厂、生产、销售一条龙的大型直销型公司。

公司主要经营项目包括：养生保健系列用品、中高档化妆品、护肤用品系列、个人清洁、沐浴用品系列、洗涤日用品系列，有氧按摩保健器材系列等高科技产品。

Shanghai FOR YOU Health Ware Technology Co., Ltd. was invested by FOR YOU Group cooperated with China in 1994. The whole investment is USD 20 million, and the bankroll is USD 10 million, The Chinese part is the Industry Company attached to relevant department of Chuansha Town, Pudong New Area. The company has several high quality production assembly line therefore it has a team of manufactories developing experts and professional design lab. It is a big company combining own factory. Manufacturing and sale together.

Our business projects are that health series products, high and medium toiletry, skin care series, man using cleaning products, bathing products, daily scour series and oxygen massage equipment.

地址: 上海市漕溪路199号
Add: 199 Caoxi Road, Shanghai, China
邮编(Post code): 200235
电话(Tel): 64680900
传真(Fax): 64682131
网址(Web): www.foryou-china.com
邮箱(E-mail): fyhtco@cnline.sh.cn

厦门夏商农产品集团有限公司

Xiamen Seashine Agriculture Produce Group Co., Ltd.

厦门夏商农产品集团有限公司是一家以开发建设、经营管理批发市场为核心业务，以基地种植养殖、进出口、物流配送等为延伸业务的集团性商贸企业。是全国“菜篮子”放心工程优秀企业和国家、省、市农业产业化重点龙头企业，2005年销售总额35亿元。所属厦门中埔蔬菜农副产品批发市场荣获“2004年度全国十强蔬菜农副产品批发市场”称号，检测检验站通过了国家实验室认证并成为国家有关部门在厦的定点食品安全检测站。

Xiamen Seashine Agriculture Produce Group Co., Ltd. is a commercial group enterprise engaged in the core business of building, developing, operating and managing wholesales markets, and conducts extended business of planting and breeding, import and export trade, and logistics and distribution. The Company is a key pillar enterprise at the national level and in Fujian Province's and Xiamen City's agricultural industrialization programs, and an outstanding enterprise of the nation's "Vegetable Basket" Carefree Project. The Company registered sales of CNY 3.5 billion in 2005. Its Zhongpu Wholesales Market of Vegetable and Agricultural and Sideline Products ranked among China's top 10 market of vegetable and agricultural and sideline products in 2004. Its inspection and testing station has been certified by the National Laboratory and is the food safety inspection and testing station in Xiamen designated by relevant department.

地址: 厦门市禾山路2-8号民兴商城8楼
Add: 8/F, Minxing Commercial City, No. 2-8 Heshan Road, Xiamen
邮编 (Post code): 361009
电话(Tel): 0592-5585536
传真(Fax): 0592-5527732
邮箱(E-mail): xmshucai@public.xm.fj.cn

中国纺织物资（集团）总公司

China Textile Resources Corporation

中国纺织物资（集团）总公司是国有大型企业。拥有中纺投资发展股份有限公司（上市公司）和13家全资子公司、控股子公司。多年来，集团总公司连续入围中国最大500家大企业集团和中国进出口企业500强。集团总公司主要经营纺织原辅料及纺织品、服装的进出口贸易；纺织品、服装、纺织原材料、化轻材料的开发、生产、销售；纺织机械电子工业设备的开发、生产、技术转让、销售；技术咨询、技术服务；文化交流等。

China Textile Resources Corporation (CTRC) is a large state-owned enterprise. It possesses Sinotex Investment and Development Co., Ltd. (listed company), 13 wholly-owned and share-holding subsidiary companies. Over the years, CTRC has continuously been evaluated as one of the 500 largest group companies in China and one of the top 500 Chinese enterprises engaged in import and export trade. CTRC mainly deals in the import and export of textile raw and auxiliary materials, garments; the development, manufacturing and marketing of textile products, garments, textile raw materials, chemical and light industry materials; development, manufacturing, technology transfer, marketing of textile machinery and electronic equipments; technology consulting, technology service; and cultural exchanges, etc.

地址: 北京市朝阳区安苑路15号
Add: 15 An Yuan Road, Chaoyang District, Beijing , China
邮编(Post code): 100029
电话(Tel): 86-10-64922799
传真(Fax): 86-10-64922877
网址(Web): www.ctrc.com.cn
邮箱(E-mail): ctrc@ctrc.com.cn

中国船舶燃料有限责任公司

China Marine Bunker (PetroChina) Co., Ltd.

中国船舶燃料有限责任公司（简称“中燃”）前身是中国船舶燃料供应总公司。2003年12月，由中国石油天然气股份有限公司和中国远洋运输（集团）总公司改制为有限责任公司，分别持股50%。

公司的主营业务是为国际航线船舶和沿海沿江运输船舶供应燃油、润滑油及淡水，同时从事燃料油的进口贸易和各类油品的运输及仓储等，在境内外拥有30余家成员企业。

The predecessor of China Marine Bunker (PetroChina) Co.,Ltd (abbreviated as CHIMBUSCO) is China Marine Bunker Supply Head Corporation. In December 2003, PetroChina Company Limited and China Ocean Shipping (Group) Company (COSCO) restructured China Bunker Supply Head Corporation into a limited liability company, and respectively hold its 50% stock.

The main business of CHIMBUSCO is provide fuel, lubricant oil and freshwater for those ships on the international course and freight ships along the coast and Yangtze River. Meanwhile, it is also engaged in the import of fuel, transportation and storage of various oil products. And CHIMBUSCO has more than 30 member-enterprises at home and abroad.

地址: 北京市朝阳区安贞西里5区2号仟村商务大楼A座13层
Add: 13/F Qiancun Mansions A, No.2, 5th Block, Anzhenxili, Chaoyang District, Beijing, China
邮编(Post code): 100029
电话(Tel): 010-64411718
传真(Fax): 010-64430669
网址(Web): www.chimbusco.com.cn
邮箱(E-mail): office@chimbusco.com.cn

中能电力工业燃料公司

Zhong Neng Power Industry Fuel Co.

中能电力工业燃料公司宗旨：

以服务于电力企业燃料供应和管理为根本，通过服务、协调、监督和指导，保证电力燃料供应和电力生产安全稳定。

受国家有关部门委托，负责贯彻执行国家燃料供应管理各项法规、条例、政策；负责电煤订货组织工作、协调电力企业燃料供应中的重大问题；负责全国电力燃料专业管理；组织制定电力燃料工作管理标准和管理规范；参与制定燃料设施、设备有关标准和规范；指导电力燃料信息化和科技进步等工作。

Mission of Zhongneng Power Fuel Co.:

Zhongneng Power Industry Fuel Co. is committed to fuel supply and management for power enterprises, service, coordination, supervision and guidance, in an effort to ensure the power fuel supply and smooth power generation.

Entrusted by competent government authorities, Zhongneng Power Industry Fuel Co. enforces the laws, regulations and policies about fuel supply, coordinates major issues of power plant fuel supply, undertakes management of the national power plant sector, formulates management standards and rules of power fuels, participates in the formulation of standards and regulations of fuel facilities and equipment and guides the power fuel system information and technological advance.

地址:北京市宣武区白广路二条1号
Add: No 1, 2 Street Baiguang Road, Xuanwu District, Beijing
电话(Tel): 010-63415607
传真(Fax): 010-63415710

东方国际集团上海市对外贸易有限公司

ORIENT INTERNATIONAL HOLDING SHANGHAI FOREIGN TRADE CO., LTD.

经营范围：

自营和代理五金矿产化工、粮油、轻纺、机械等各类产品的进出口业务。

Self-run and represent import & export business covering metals & minerals, chemicals & oils, textiles, machinery, etc.

地址: 上海市娄山关路85号东方国际大厦B座
Add:Suite B, Orient International plaza, 85 Loushanguan Road, Shanghai
邮编(Post code): 200336
电话(Tel): 021-62786500
传真(Fax): 021-62786586
网址(Web): www.cnsftc.com
邮箱(E-mail):business@cnsftc.com

北京一轻控股有限责任公司

Brief Introduction to Beijing Yiqing Holding Co., Ltd

北京一轻控股有限责任公司是北京市授权的大型控股公司，总资产111亿元，所有者权益44亿元，国有全资、控股、参股等各类权属企业109家，其中中外合资企业43家，拥有以高技术信息纸、高技术玻璃、食品酿酒、日用洗涤化妆品、中西乐器、光机电一体化及环保产品为主的六大支柱产业。星海钢琴、清华阳光太阳能热水器为中国名牌产品；大豪电脑刺绣机控制系统、红星牌系列白酒等12个产品为北京市名牌产品。

Beijing Yiqing Holding Co., Ltd is a large holding corporation authorized by Beijing relevant department. With the total assets of 11.1 billion Yuan and the ownership interest of CNY 4.4 billion, it has 109 enterprises, Which are full, holding, participating capital stock companies, as well as 43 joint ventures. It covers six main industries of green hi-tech paper, hi-tech glass, food and wine, daily use detergent and cosmetics, musical instrument, as well as integration of light, machinery and electron. Xinghai Piano and Tsinghua Solar Glass-vacuum Energy-heat System are granted the title of "Chinese Famous Brand",12 kinds of products are granted the title of "Beijing Famous Brand",Such as "Dahao Computer System of Embroider Machine","Red Star Liquor", etc.

地址: 北京市宣武区东经路5号
Add: 5#, Dongjing Road, Xuanwu District, Beijing, China
邮编(Post code): 100050
电话(Tel): 010-63157942
传真(Fax): 010-63157941
网址(Web): www.bjyq.com.cn
邮箱(E-mail): bjyq@bjyq.com.cn

满洲里国际经济技术合作有限公司

Manzhouli International Economic and Technical cooperation Corp.

满洲里国际经济技术合作有限公司成立于1991年4月。是经国家有关部门批准成立的外经贸企业。公司注册资本3264万元。我公司以口岸为依托，充分利用地缘优势，对外业务范围不断扩大。现主要经营业务是：对外工程承包、国际劳务合作；对外培训、派遣本行业工程、生产及服务行业的劳务人员；进出口贸易；代理进出口贸易；对俄罗斯、蒙古边境小额贸易；国际货运代理；仓储；房地产开发；教育；信息咨询等各项业务。

Manzhouli International Economic and Technical cooperation Corp was established in April,1991.It is a state-owned foreign trade enterprise approved relevant department with registered capital CNY 32.64 million .The company makes a good use of geographic advantage and enlarges the business scope. Now the main business scope is:

Contracting engineering projects abroad, international labor services cooperation; training; sending the relative engineering producing and catering staff; importing and exporting; agent; barter trade with Russia and Mongolia; international Freight agency ; storage; reel estate; education; information consulting and so on.

地址: 中国满洲里市北区五道街26号
Add: No.26, Fifth Street , North Area, MANZHOULI, P,R,China
邮编(Post code): 021400
电话(Tel): 0470-6227406
传真(Fax): 0470-6223179

中国中原对外工程公司

China Zhongyuan Engineering Corporation

中国中原对外工程公司是于1983年3月25日经国家批准成立的国际经济技术合作企业，中国核工业集团公司的全资子公司.。其跻身于国际市场，致力于国际经济技术合作，已走过二十年的历程。公司经营贯彻“以核为本、多种经营”的方针，业务由工程承包、劳务合作和技术服务扩展到设计咨询、工程监理、房地产开发和进出口贸易等领域，地域遍及五大洲三十多个国家和地区。

China Zhongyuan Engineering Corporation (CZEC), an economic entity directly affiliated to China National Nuclear Corporation (CNNC) and engaged in activities of the international economic cooperation upon the approval of the country, was established on the 25th of March 1983. The past 20-odd years witnessed all its best shows on the arena of international economic cooperation. Pursuing the guild line of "Giving priority to the international nuclear cooperation, and having a diversified business development." CZEC has successfully extended its business to over 30 countries of the world.

地址: 北京市海淀区花园路B3号
Add: No. B3, South Building, Huayuan Rd, Haidian District, Beijing, China
邮编(Post code): 100083
电话(Tel): 010-62355635
传真(Fax): 010-62355640
网址(Web): www.czec.com.cn

烟台市对外贸易经济合作局

Yantai Foreign Trade & Economic Cooperation Bureau

烟台市对外贸易经济合作局是烟台市综合管理全市对外经济贸易工作的职能部门，主要职责集中于利用外资、促进外贸进出口、加快对外经济技术合作、开拓国际市场、指导企业应对国际贸易壁垒等方面。下设外资科、外企科、贸管科、外商投诉中心等12个科室。

Yantai Foreign Trade & Economic Cooperation Bureau is the professional organization of Yantai city to administrate foreign economic & foreign trade, and focus on the FDI,export & import, foreign economic and technical cooperation, international market development, Instructing enterprises to the international trade barrier. It consists of 12 sections & office including Foreign Investment Section, Foreign investment Enterprises Section, Foreign Trade Administration Section, The Center for foreign businessman complains.

地址: 烟台市芝罘区建设路71号
Add: No. 71 Jianshe Road, Zhifu District, Yantai, China
邮编(Post code): 264000
电话(Tel): 0535-6251739
传真(Fax): 0535-6247543
网址(Web): www.ytboftec.gov.cn
邮箱(E-mail): Wjmbg@public.ytptt.sd

四川省宜宾市进出口商会

四川省宜宾市进出口商会（Yibin Chamber of Commerce for Imports & Exports，缩写YCCIE），是由宜宾市外经贸行业从事生产、经营、科研、教学、服务的企事业单位及个人自愿组成，具有独立法人资格的社会团体，是为全市外经贸企业服务、维权、协调的自律性、非赢利性的法人社团，是跨地区、跨行业，涵盖全市各类从事外经贸业务的企业的外向型行业组织。

会长：万忠林
地址：中国四川省宜宾市外南街63号
邮编：644000
电话 0831-8230988/8225066
传真 0831-8233288/8229598
邮箱 yccie@ybcom.gov.cn
网址 http://www.yccie.cn

四川省宜宾市国际投资促进会

四川省宜宾市国际投资促进会 （Yibin Council for Promotion of Foreign Investment），是由宜宾市和国内其他城市以及境外、国外有志于促进、帮助境外和国外的法人、自然人到宜宾市投资发展以及帮助宜宾市的法人、自然人到境外、国外投资发展的人士和相关企业自愿组成的、具有独立社团法人资格的非营利性社会组织。担任该会高级顾问（顾问）的有大连、烟台、威海、青岛、温州、佛山、中山、番禺等沿海发达地区外经贸局负责人。

会长：万忠林
地址：中国四川省宜宾市外南街63号 邮 编：644000
电话 0831-8230988/8221068
传真 0831-8233288/8229598
邮箱 ybinvest@ybcom.gov.cn
网址 http://www.ybinvest.com

中国水利水电建设集团公司

SINOHYDRO CORPORATION

中国水利水电建设集团公司，英文全称为：Sinohydro Corporation，简称：Sinohydro。

公司是跨国经营的特大型综合性工程建设企业，注册资本为人民币40亿元；拥有23个全资子公司，2个控股企业；资产总额257亿元；员工12余万人，具有国家施工总承包一级企业资质、AAA级信用等级。

作为中国水利水电建设的主力军，公司从上世纪50年代开始，先后承建了国内75%的大中型水电站和水利枢纽工程，先后建成大中型水电站近百座，其中100万千瓦以上的水电站15座，装机总规模6000余万千瓦，为中国常规水电站装机容量、在建规模位居世界首位做出了突出的贡献。目前，集团公司在国内的在建工程包括三峡、龙滩、小湾等特大型及大中型水利水电工程达50余项。

Sinohydro Corporation ("Sinohydro" in short) is an extra-large international integrated engineering enterprise. It has 23 fully owned subsidiaries and 2 holding companies, with registered capital of CNY 4 billion and total assets of CNY 25.7 billion. The staff number has amounted to 120 thousand. It possesses the Top-Grade Qualification for general contracting of civil engineering & construction and related works in China, and the triple "A" credit rating as well.

Since its founding in the early 1950s, Sinohydro has successively completed construction of more than 100 large or medium scale hydropower projects in China with the total installed capacity of more than 60,000MW including 15 hydropower stations above 1,000MW, making up to 75 percent of large and medium-scale hydropower and multipurpose dam projects in China. Sinohydro has made extraordinary contribution to the fact that China's conventional installed capacity and on-going scale are ranked the leading position in the world. Sinohydro is currently engaged in more than fifty gigantic and large-scale water and hydropower projects including the Three Gorges Project, Longtan Project and Xiaowan Hydropower Station Project.

云南临沧市晶莹糖业有限责任公司

云南临沧市晶莹糖业有限责任公司于2004年10月29日依法注册成立。下设8个糖业子公司，拥有10条亚硫酸法制糖工艺生产线，日处理甘蔗23800吨，年产“晶莹”牌白砂糖35万吨，食用酒精2.5万吨，实现工业产值10亿元，利税2亿元；现有资产总额155959万元，蔗区种蔗面积80余万亩，高优蔗园面积达80%，涉农70余万人；现有在职职工4069人，有门类齐全、结构合理的高、中、初级专业技术人才，占职工总数的67.73%。

公司以“公司+专业村（组）+农户”运作模式，实施“农、工、科、贸一体化”战略，为实现长效持续发展夯实原料基础；以提高产品科技含量为重点，积极引进国内外先进的生产工艺和技术设备，提高装备水平及产品质量；以科研院所和大专院校为坚强后盾，在做强主业的同时，进一步提高综合利用率，加速“十一五”规划项目蔗渣造纸、燃料酒精、酵母、麦角、木糖醇等新产品开发，延伸产业链；以“环保”为己任，实施循环经济，建立“三废”治理利用中心，专业化生产有机肥，培肥地力，提高甘蔗单产，增加总产；以高度的社会责任感，积极实施“走出去”战略，发展境外毒品替代种植，增加中缅双方边民的经济收入，共建平安富民的和谐社会。

公司按照“蔗糖为主，综合发展”的思路，内强素质，外树形象，坚持走可持续发展的道路。恪守“诚信互助、平等互利”的商业道德和经营准则，愿与国内外实业界的朋友真诚合作，优势互补，共图大业。

地址：云南省临沧市临翔区南塘街7号
邮编：677000
电话：0883-2121069
传真：0883-2128869
网址：http://www.jyty.com.cn
邮箱：jyty@163.com

安庆经济技术开发区管理委员会

Administration Committee of Anqing Economic Technology Development Zone

安庆经济技术开发区以“仿真的国际投资环境，建设现代化新城区”为建区宗旨，以“工业强区、科技兴区”为发展战略，坚持“三为主，二致力，一促进”工作方针，深入践行发展是硬道理、经营开发区、招商引资是开发区第一要务、工业兴区、投资环境是开发区发展灵魂、科学发展、国家和人民利益高于一切、改革是发展动力等八大理念，突出建设汽车零部件、机械制造、纺织、精细化工四大工业园，着力成为全市招商引资的重要载体，工业发展的重要平台和经济发展的重要增长极，在安徽东向发展和安庆奋力崛起进程中发挥排头兵作用。

Anqing Economic and Technological Development Zone insists on the tenet of "Constructing Modern New City District with Emulating International Investment Environment", takes the strategy of "strengthening the Zone through industry, blossoming the Zone with science" on the guidance of the important development thoughts of State development zone "three main points, two dedications and one promotion". The zone sticks to the eight criteria which include attracting bid for investments, the investment environment is the soul of the development zone and so on. The Zone should pay more attention to the construction of four Industrial gardens: Auto parts Industrial garden, mechanical manufacturing Industrial garden, textile Industrial garden and refine chemical Industrial garden, in order to make the zone as a pace-setter in the eastward development of Anhui Province and the proceedings of Anqing's prosperity.

福建省工艺品厦门进出口公司

FUJIAN PROVINCIAL ARTS & CRAFTS XIAMEN IMP. & EXP. CORP.

福建省工艺品厦门进出口公司经营进出口贸易已有长久的历史，公司拥有一批精通外贸、外语、经营管理、财务、储运等方面的人才，贸易伙伴遍布世界一百多个国家和地区。销售以欧洲各国及美国市场为主。公司经营的品种有：陶瓷、树脂工艺品，箱包，鞋类，铁木制品，编织品及各种轻工业品。“艺盛”牌是我们公司注册的商标。

我们坚持“质量第一，信誉至上，平等互利”的经营宗旨，竭成为每一位客户提供一流的服务，欢迎海内外朋友与我们建立贸易合作关系。

Fujian Provincial Arts & Crafts Xiamen Imp. & Exp. Corp. has a long history in handing import and export business, which enjoys a group of talented people to be proficient in foreign trade, foreign languages, management and administration, financial affairs, warehousing and transportation etc., and it has gained trading partners from over 100 countries and regions worldwide. Mostly for European countries and U. S. A. market.

The corporation mainly deals with the following products: artistic cramics, resin crafts, cases and bags, various shoes, iron and woodworks, wickerwork articles, light industrial products. "YISHENG" is our registered trade mark.

The corporation offers every customer its wholehearted and firse-rate service, and cordially welcomes domestic and overseas friends to establish trade and cooperative relations.

地址：中国厦门湖滨北路10号新港广场12楼
Add: 12F/., NEW PORT PLAZA, 10 HUBINBEILU, XIAMEN, CHIAN
邮编(Post code): 361012
电话(Tel):+86-592-5311888/5310116
传真(Fax):+86-592-5310555
邮箱(E-mail): wmgy@xiamenart.net

浙江金鹰股份有限公司

金鹰以制造麻、毛、绢、丝成套纺机装备和塑料机械为基础产业，并用自制设备建成了我国民族工业最大规模60000锭绢纺企业和73000锭亚麻纺织企业，成功开创了国内独树一帜的纺机成套设备研制与纺织试验基地建设并驾齐驱、同步发展、交融互动的金鹰特色。主导产品“金鹰”牌绢丝被评为中国名牌产品，“金鹰”牌亚麻纱（布）被评为中国麻纺行业知名品牌，产品出口欧盟、日本等三十多个国家。

Ramie, wool silk and spun silk spinning series equipment and injection mould machinery manufacturing are regarded as its basic industries of Zhejiang Golden Eagle Co., Ltd . It has the biggest production scope of spun silk spinning 60000 spindles and flax spinning 73000 spindles based on its own-manufactured equipment. It has developed a unique system of combing textile machinery development and manufacturing with textile process tightly together. The brand "Golden Eagle" of spun silk and linen yarn & fabric are respectively regarded as the Chinese famous brand and the well-known brand in the Chinese linen industry. The products have been exported to more than 30 countries and areas such as EU, USA , Japan, and etc.

地址：浙江省舟山市定海
Add: Dinghai, Zhoushan, Zhejiang
邮编(Post code): 316000
电话(Tel): 0580-8020089
传真(Fax): 0580-8020228
网址(Web): WWW.CN-GOLDENEAGLE.COM
邮箱(E-mail): 8021184@163.com gecl@mail.zsptt.zj.cn

西安市商业贸易局

Xi'an Commerce & Trade Bureau

作为中国西部及黄河中上游中心城市，近年来，西安市商业贸易局发挥区位优势，优化商贸规划布局，深化流通体制改革，积极发展会展、物流等新型业态，不断加大对外开放力度，加快商贸设施建设，致力于营造规范、和谐的市场环境，有力促进了城乡市场繁荣和商贸事业的蓬勃发展，全市社会消费品零售总额年均增长速度13.5%，2004年达到506.5亿元，商贸服务业已成为西安经济发展的支柱产业。面向“十一五”，西安市商贸局按照“国际化、市场化、人文化、生态化”的发展理念，引导全行业抢抓机遇，开拓创新，加快发展，科学发展，努力把西安建设成我国中西部商贸服务中心。

地址：西安市二府街27号
Add: No.27, Erfu Street, Xi' an
电话(Tel):029-87295053
传真(Fax):029-87295037
网址(Web):www.xasmw.com

连云港经济技术开发区管理委员会

Lianyungang Economic and Technological Development Zone Management Committee

连云港经济技术开发区（以下简称开发区）是1984年经国家批准设立的第一批国家开发区，现已形成国家经济技术开发区、出口加工区、新医药产业基地，省级高新技术产业开发区等特色功能园区，营造了可接纳各类项目入驻的优良载体。现有30多个国家和地区的客商进区投资，建成了医药、机械、食品、精细化工、纺织等主导产业。

区内基础设施完善，土地、能源和人力资源丰富，服务环境优良，投资政策优惠，已成为海内外客商投资兴业的首选之地。

Lianyungang Economic and Technological Development Zone is one of the first state level development zones approved by the country in December 1984. It has built many specialized zones suitbale for various projects, such as Export Processing zone, New Pharmeutical Industry Base, provincial level High and New Technological Development Zone. Merchants from more than 30 countries and regions have invested here. Its main industry includes pharmacy, machine, food, fine chemical and textile.

It has perfect infrastructure, abundant land, energy and huaman resources as well as enviroment of high qulity and sound policies, which will be the first choice for investors.

地址:中国江苏连云港经济技术开发区黄河路43号
Add: 43#, Huanghe Road, Lianyungang Economic and Technological Development Zone
邮编(Post code):222047
电话(Tel): 0518—2341809
传真(Fax): 0518—2349001
网址(Web):www.ldz.gov.cn
邮箱(E-mail):admin@ldz.gov.cn

天津市建工工程总承包有限公司

Tianjin Construction Engineering Main Contracting Co., Ltd

天津市建工工程总承包有限公司，既拥有房屋建筑工程施工总承包特级资质，又拥有市政公用工程、机电安装工程、装修装饰工程、钢结构专业承包四项一级资质，且具有国家有关部门授予对外经营资格的现代化施工企业。

公司主营房屋建筑工程、市政公用工程、机电安装工程施工总承包。根据业主需求，可以提供从工程前期策划、设计、施工、机电设备安装、园林绿化直至竣工交钥匙全过程总承包管理，为境内外各界提供全方位、全过程、全专业的总承包服务

Tianjin Construction Engineering Main Contracting Co., Ltd owns super-grade qualifications of building main contracting, in the mean time, owns four first grade qualification of specialized contracting including municipal public projects, machinery installation project, decoration project and steel components. Moreover, this company has got the certificate of Qualification for External Business issued by the relevant department.

The company mainly engages in main contracting of building construction works, municipal public projects, and machinery installation. According to different requirements of customers, our company can undertake overall contracting management from the beginning to handling over keys, including planning, design, construction, machinery installation, landscaping etc. and can provide general contracting service overall and professionally during the whole process.

地址：天津新技术产业园区华苑产业区开华道1号
Add: No.1 Kaihua Road, Huayuan Industrial Park, New Technology Industrial District, Tianjin. China
邮编(Post code): 300384
电话(Tel): 022-58393165
传真(Fax): 022-58393170
网址(Web): www.jgzcb.com.cn
邮箱(E-mail): jgzbhwhe@public.tpt.tj.cn

金城集团有限公司

Jincheng Corporation Jincheng Corp.

金城集团有限公司，是中国500家大型工业企业之一。公司主要从事航空机载设备、摩托车及发动机、工程液压产品的研制、生产与销售，以及进出口贸易、国内外投资和第三产业，公司拥有近200万平方米的土地。拥有外经、外贸和外事权。拥有8家中外合资企业和19家参控股企业，总资产36亿元。“金城”牌摩托车拥有36cc~250cc排量近80个品种，销往40多个国家和地区。在国外设有合资公司、海外办事处及摩托车组装生产线。2005年居中国摩托车行业前茅。

It primarily involves in research ,production and sales of air-borne equipment, motorcycles and engines, hydraulic products for construction machines. It is also engaged in import and export business, investment at home and abroad and tertiary industry. Jincheng Corporation owns 2 million square meters of land in Nanjing. Jincheng Corporation enjoys independent rights in foreign economy, foreign trade and foreign affairs and has 8 sino-foreign joint ventures and 19 share holding companies. The total fixed assets in Jincheng reaches USD 3.6 billion.Jincheng brand motorcycles have 80 models in the displacements from 36cc-250cc, and they are being well exported to nearly 40 countries and regions. Jincheng has established overseas offices, assembly lines and joint venture companies in many countries.In 2005, Jincheng ranked the leading position in Chinese Motorcycle industry.

地址：中国南京市中山东路518号
Add: 518 East Zhongshan Rd, Nanjing
邮编(Post code): 210002
电话(Tel): 86-25-84491875, 84600617, 84593388(总机)
传真(Fax): 86-25-84591758, 84480734
邮箱(Email): jieco@public1.ptt.js.cn
网址(Web):Http//www.jincheng.com
Http://www.jincheng-global.com

朝阳飞马铸造有限责任公司

CAIEC Trailer Master Co., Ltd.

本厂于1999年开始生产汽车轮毂与刹车鼓，2001年开始生产刹车盘，现有刹车鼓400多种，轮毂150多个种，刹车盘100多种，及其它一些拖车，叉车及挂车配件。产品销售主要往北美、欧洲，南美、澳大利亚与东南亚市场，主要客户有ARVINMERITOR，DANA，HAAS，YORK，FUWA等。按客户提供的图纸或样品开发，产品经过美国汽车协会的30万次的疲劳检测。工厂在1999年通过ISO9002认证，2001通过QS9000认证，现在正在进行TS16949认证，预计2006年底可通过此项认证。

We are a middle sized foundry, and start to produce brake drums, hubs, wheels and discs from 1999. Now we can produce about 400 kinds of brake drums, 150 kinds of hubs and wheels, 100 kind of discs(rotors) for trailers ,transit, heavy trucks and truck forks. We are one of suppliers of ARVINMERITOR, DANA, HAAS, YORK, FUWA. We sell our products to America, European, Australia and South-east Asia. Both samples and drawing can be accepted as the resource, our parts passed the 300000 fatigue test of SAE. We are certified as ISO9002, QS9000, now we are applying for the TS16949 and plan to pass it in the end of 2006.

地址：辽宁省喀左县北公营子镇
Add: Gongyingzi, Kazuo Town, Liaoning Province, China
邮编(Post code):122304
网址(Web): www.trailer-master.com
邮箱(E-mail): fm@trailer-master.com

四川其亚铝业集团公司

Sichuan Qiya Aluminium Industry Group Co., Ltd

四川其亚铝业集团公司是以电解铝生产为主，铸造、碳素、机电为辅的综合性生产体系。公司占地面积54万平方米，拥有职工1500多人，总资产23亿元，年产铝锭15万吨，年销售收入30亿元，是乐山市大型重点民营企业，四川省80户重点优势企业之一。

“十一五”期间，公司正构建形成“水(火)力发电—氧化铝生产—铝锭生产—铝深加工”的标准产业链。到2012年，公司将成为年产值150亿元以上的大型企业集团。

Sichuan Qiya Aluminium Industry Group Co., Ltd. mainly produces eletrolytic aluminium and casting, carbon, mechanical-electrical fabrication are supplement. The Group occupies land area of 540000 square meters, has employees of 1500, total asset CNY 2.3 billion, annual aluminium ingot output 150000MTs, yearly sales revenue CNY 3.0 billion. The Group is one of the major important enterprises in Leshan City and one of the top 80 enterprises in Sichuan Province.

During the period of the eleventh five-year-plan, the Group is devoting to form a standard industrial chain “hydraulic(theramal)power generating—alumina refining—alumina eletrolysing—aluminium extending”. To 2012 the Group will become a large-scale coporation group whose yearly productive value will be CNY 15 billion.

地址:四川省峨眉山市桂花桥镇彭桥
Add: Pengqiao, Guihuaqiao Emeishan, Sichuan
邮编(Post code):614200
电话(Tel):0833--5533185
传真(Fax):0833--5524065
网址(Web):www.scqyly.com
邮箱(E-mail):emlygs@163.com

广东南方李锦记营养保健品有限公司

Guangdong Nanfang Lee Kum Kee Health Products Co., Ltd.

广东南方李锦记营养保健品有限公司（南方李锦记）是李锦记集团下属独资公司，成立于1992年，生产与销售“无限极”中草药系列健康产品。南方李锦记坚持产品的高科技投入，与第一军医大学、清华大学、香港科技大学、香港中文大学、香港大学等科研机构建立了良好的合作关系。

长沙国家高新技术产业开发区

CHANGSHA NATIONAL HI-TECH INDUSTRIAL DEVELOPMENT ZONE

长沙国家高新技术产业开发区（简称长沙高新区）创建于1988年10月，1991年3月经国家批准为首批国家高新区。已形成了电子信息、先进制造、新材料、生物医药四大支柱产业，建立了国家的软件基地、新材料转化及产业化基地、先进制造技术产业基地和高新技术产品出口基地，连续五次被评为全国先进高新区。

麓谷科技新城是长沙高新区管委会新建的直管园区，总体规划控制面积80平方公里，现已形成了12平方公里开发规模，是湖南省和长沙市重点建设的科技新城。

Changsha National Hi-tech Industrial Development Zone (CHTIDZ) was founded in Oct 1988, and approved by the cowntry as one of the China's earliest national Hi-tech zone in 1991. CHTIDZ already formed four pillar industries the electronic information, advanced manufacturing, new material and bio-medical production, and established the national software base, new material transformation and industrialization base, advanced technology manufacturing base and hi-tech products export base. CHTIDZ has been awarded the national model zone constantly for 5 times.

Lu Valley is under the direct administration of the Administrative Committee of CHTIDZ, with a total planned area of 80 km^2, 12 km^2 of that has been developed. Lu Valley is the emphasis construction area of Hunan province and Changsha city.

地址:湖南省长沙市河西麓谷大道668号
Add: No. 668, Lugu Road, Changsha, Hunan, P.R. China
邮编(Post Code): 410205
电话(Tel): 86-731-8995555
传真(Fax): 86-731-8995617
邮箱(E-mail): luvalley-IPCB@vip.sina.com
网址(Web): www.cshtz.gov.cn

深圳市大工业区（广东深圳出口加工区）管理委员会

The Administration of Shenzhen Grand Industrial Zone (Shenzhen Export Processing Zone, Guangdong)

深圳市大工业区（简称大工业区）是深圳市直接设立的大型经济技术开发区。大工业区位于深圳市东北部，中心区规划面积38平方公里。截止2005年底，累计引进项目120项，其中，总投资超过2000万美元的项目35个，累计协议投资总额28.4亿美元。2005年实现工业总产值131.8亿元人民币，实现工业增加值41.02亿元人民币。

深圳出口加工区（简称出口加工区）是经国家批准成立，由海关监管的特殊封闭区域。出口加工区与大工业区采取“两块牌子，一套班子”的管理模式。出口加工区位于大工业区中心区的西片区，面积3平方公里。

Shenzhen Grand Industrial Zone(SGIZ) is an economic and technical development area directly sponsored, developed by the city. SGIZ is located in the northeast of Shenzhen with a central area of 38km2.By the end of 2005, SGIZ has already accumulated more than 120 major projects, and among them, 35 projects have total investment greater than USD 20 million. The accumulated investment total shall exceed USD 2.84 billion. In 2005, the gross industrial output value reached CNY 13.18 billion and the increased industrial output value amounted to CNY 4.102 billion.

A partial area of 3 square kilometers within west side of SGIZ is Shenzhen Export Processing Zone(SEPZ).SEPZ was authorized by special consent of the cowntry. SGIZ and SEPZ will be jointly using the model of two titles but one management system.

地址:深圳市龙岗区坪山兰竹大道1号大工业区管委会
Add: NO.1,Lanzhu Rd, Grand Industrial Zone, Pingshan Town, Longgang District, Shenzhen
电话(Tel): 86-755-84637572
传真(Fax): 86-755-84622924
网址(Web): www.szgiz.gov.cn
邮箱(E-mail): Szgiz@szgiz.gov.cn

中国海外工程总公司

China National Overseas Engineering Corporation

中国海外工程总公司（COVEC）是最早进入国际工程承包、境外实业投资和劳务输出领域的中国企业之一，至今已有30多年的经营历史。在国际工程承包、外派劳务、对外经援、国际矿产资源开发、境外实业投资和进出口贸易等领域拥有雄厚实力，被美国《工程新闻纪录》评为全球最大225家国际工程承包商之一，在东、西、南、北、中部非洲，在南部太平洋岛国，在东南亚等区域市场上，“COVEC”已成为著名的国际工程承包商品牌。

With a history of more than 30 years of business operation, COVEC is one of the first Chinese enterprises to step into the fields of international contract business, industrial investment and overseas labor service. It is strong and highly competent in business operations such as international contract business, overseas labor service, implementation of Chinese government financed projects in foreign countries, import and export trade and overseas industrial investment.

COVEC has been listed as one of “The Top 225 International Contractors” by the US magazine 《Engineering News Record》 for years. It has established perfect business reputation and popularity in regions such as Western and Southeastern Africa, South Pacific and Southeast Asia, where “COVEC” has become a well-known brand name in the international engineering contract business.

地址：中国北京海淀区紫竹院路1号7号楼中海外大厦
Add: Bldg. No.7, COVEC Mansion, No.1 Zizhuyuan Rd., Haidian District , Beijing China
邮编(Post code): 100044
电话(Tel): 88566601/6602; 88566603
传真(Fax): 88566998
邮箱(E-mail): covec@covec.com
网址(Web): www.covec.com

厦门建发集团有限公司

Xiamen C&D Corp., Ltd.

厦门建发集团有限公司系厦门市所属国有投资型企业集团，成立于1980年12月。集团现拥有包括40多家全资及控参股企业，核心业务包括贸易及物流、房地产开发、旅游酒店等。目前公司总资产约160亿元人民币，位列2005年中国企业500强第136名，并连续多年位居福建省企业集团100强和集团资产100强首位。曾先后获得全国外经贸质量效益型先进企业、全国守合同重信用企业、全国五一劳动奖状、福建省文明单位等多项殊荣。

Xiamen C & D Corp., Ltd. was established in December 1980, which is a national single-venture enterprise group owned by Xiamen city. Xiamen C & D Corp., Ltd. now has over 40 wholly-owned subsidiaries share-holding and share-entering enterprises, its core business focuses on import & export and logistic, real estate development and management, travel and hotel services, etc. Now the total capital of the group is about CNY 16 billion, In 2005, Xiamen C & D Corp., Ltd. listed No. 136 of Top 500 enterprises in China, No. 1 of Top 100 enterprise groups and Top 100 groups on assets in Fujian province.

The corporation has successively gotten many honors such as: Advanced Foreign Trade Company in Quality and Revenue in China, Advanced Faithful Company in China, National Labor Day Diploma, Civilized Unit in Fujian Province, etc.

地址:厦门鹭江道52号海滨大厦
Add: Seaside Building, No. 52, Lujiang Road, Xiamen
邮编(Post code): 361001
电话(Tel): 0592—2263333(总机)
传真(Fax): 0592-2033406
网址(Web): www.chinacdc.com
邮箱(E-mail): info@chinacdc.com

北京三元集团有限责任公司

Beijing Sanyuan Group Co., Ltd.

北京三元集团有限责任公司，现有总资产88.4亿元；独资、控股、参股的有12个国有农场、20家专业性公司、41家中外合资合作企业和3家境外公司。其中三元食品股份有限公司已在国内A股上市。先后与世界上十多个著名的大公司进行合资合作，建成了麦当劳快餐、荷美尔肉制品、丘比沙拉酱系列、星巴克咖啡、八喜冰激凌等深受广大消费者喜爱的企业。

三元集团确立了以种畜种禽为主的养殖业，以优良籽种为主的高效精品农业，以奶业加工为主的食品加工业，以仓储物流、物业为主的保障业的“四大板块”产业发展战略，“十一五”期间将建成首都标志性的大型现代化农业产业集团。

Beijing Sanyuan Group Co., Ltd. is a group of companies with the total assets of CNY 8.84 billion, consisting 12 state farms, 20 specialized companies, 41 Sino-foreign joint ventures and 3 overseas subsidiaries. Beijing Sanyuan Foods Co., Ltd. is one of the specialized companies listed in Shanghai for A shares. The Group has worked successfully with a number of world-famed companies and built outstanding joint ventures including McDonald's fast food, Starbucks coffee, Hormel meat, QB salad dressing, Buds ice-cream, etc., which are appreciated by the consumers.

The group has set up its four core businesses including the animal-husbandry based on breeding, the high-efficient farming based on seeding, the food manufacture based on dairy processing and the guarantee sector based on logistics and social service. The group plans to become a large-sized, modernized and symbolized agri-business group in Beijing during the term of the Eleventh 5-year Program.

地址:北京市西城区德外裕民中路4号
Add: No. 4, Yuminzhonglu, Xicheng District Beijing P.R. of China 100029
邮编(Post code): 100029
电话(Tel): 01062003680
传真(Fax): 62003721
网址(Web): www.bsyg.com.cn

焦作市商务局

Bureau of Commerce of Jiaozuo City

焦作市商务局肩负着全市对外贸易、招商引资、国际经济合作、扩大消费、整顿和规范市场经济秩序等重要职能。全市商务系统广大干部职工在市委、市政府的正确领导下，紧紧围绕“总量进位次、人均居前列、速度争第一”的总体要求，团结一致，奋力拼搏，使得各项工作都取得了显著成绩。连年荣获“河南省出口工作先进单位”、“河南省利用外资工作先进单位”、“河南省内贸工作先进单位”、“河南省整规工作先进单位”等多项先进称号。

焦作市商务局热忱欢迎海内外朋友前来共创大业，共铸辉煌。

Bureau of Commerce of Jiaozuo City shoulders important functions of foreign trade, inviting investment, international economic cooperation, expanding consumption, rectifying and standardizing the market economic order, etc. of the whole city. Under the correct leading of municipal committee and government, centering firmly on the general requirements of “advancing good position in total, ranking in the front per person, striving for first in speed”, numerous cadres and workers of commerce system unite at one and spare no efforts to make prominent achievement on every work. Bureau of Commerce has won many honorable titles such as “advanced units of export work of Henan Province”, “advanced units of utilizing foreign capitals of Henan Province”, “advanced units of domestic commerce of Henan Province”, “advanced units of rectifying and standardizing work of Henan Province” for years.

Bureau of Commerce of Jiaozuo City warmly welcomes domestic and foreign friends to come and create great undertakings jointly.

地址：焦作市车站街51号
Add: No. 51, Chezhan Street, Jiaozuo City
邮编(Post code): 454100
局长办公室电话(Chief of Bureau of Commerce office): 0391-2031801
局办公室电话(Bureau Office). 0391-2031800
传真(Fax): 0391-2031880

合肥经济技术开发区管理委员会

The Administrative Committee of Hefei Economic and Technolgical Derelopment Area

合肥经济技术开发区于1993年4月成立至今，初步形成了汽车与工程机械、家电与电子、日用化工和食品产业等为支柱产业的现代制造加工业基地。建成了具有国际水平的安徽国际会展中心、合肥首家五星级明珠国际大酒店、合肥首家4A级风景区—徽园、易初莲花超市等一批提升开发区形象和影响力的城市景观和服务设施，有力地推动了我区现代服务业的快速发展。以新型工业化带动现代化新城区建设发展，开发区将致力打造一个“投资环境最佳之一，创业环境最佳之一，人居环境最佳之一”的新城区。

Founded in April of 1993, by the end of 2005, HETDA has attracted 570 projects, among which there are 167 foreign-invested projects with the actual foreign investment of USD 1.08 billion. It has realized a total industrial output value of CNY 119.1 billion, the industrial additions of CNY 32.6 billion, the fiscal revenues of CNY 7.38 billion and the tax amount of CNY 5.12 billion. The fixed assets investment amounted to CNY 26.57 billion. HETDA has become an important manufacturing base with such pillar industrial sectors of automobile and engineering machinery, household appliances, chemicals and foods. The tertiary industry represented by Anhui Exhibition & Conference Center, the Five-star Sofitel Grand Park Hefei Hotel, the supermarket Lotus upgrades the image of HETDA and boosts the development of the modern service industry. HETDA is dedicated to be a modern economic area with the development of new type industries and aims at building the most comfortable environment for investment, working and living.

地址：安徽省合肥经济技术开发区管理委员会
Add: Hefei Economic and Technological Development Area, Hefei, Anhui
邮编(Post code): 230601
电话(Tel): 0551-3811287
传真(Fax): 0551-3811889
邮箱(E-mail): HFBLI@hotmail.com

中 国 银 行

中国银行成立于1912年,是中国四大商业银行之一,拥有中国商业银行之中最广泛的国际分支机构网络。商业银行、投资银行及保险业务组合,为中国银行建立了全方位的金融业务平台,能够为客户提供综合服务。

中国银行总行设于北京,并在中国内地、香港、澳门及其他海外地区经营业务。2005年营业利润为536.36亿元人民币。截止2005年12月31日,中国银行的总资产为人民币47,400.48亿元。

中国银行拥有全国最广泛的本地分销网络之一,截至2005年12月31日止在全国设有超过11,000家分行及分支机构、580个自助银行和11,600部自助服务设备。同时,中国银行拥有庞大的国际网络,截至2005年12月31日止,其国际网络包括超过600家海外分行、子公司及代表处,遍及全球27个国家及地区,更与超过1400家外国银行有业务往来。

中国银行亦是港澳两地具领先地位的商业银行。按照截至2005年12月31日止的总资产计算,中国银行的子公司中银香港是香港第二大商业银行。中银香港的直接控股公司中银香港控股在香港联交所上市。根据澳门政府公布的数据,按照截至2005年12月31日止的总资产计算,中国银行所属的澳门分行是澳门最大的商业银行。

中银香港和中国银行澳门分行各自为其所在司法辖区内少数获授权发行钞票的银行之一。

中国机械工业集团公司

China National Machinery Industry Corporation

中国机械工业集团公司[国机集团]成立于1997年1月,原名中国机械装备(集团)公司,是国资委直接管理的大型国有企业集团。

经过多年发展,国机集团已成为中国最大的国际工程承包和进出口贸易企业之一,是中国机械工业实力最强的科研开发及产业化基地和勘察设计施工企业。连续多年入选美国《工程新闻记录》(ENR)"全球225家最大国际承包商"前50强和"全球200强工程咨询设计企业"前100强。

With approval of the country, China National Machinery Industry Corporation (SINOMACH) was established in January 1997, originally registered as "China National Machinery & Equipment Corporation (CNMEG). SINOMACH is a large scale, state-owned enterprise group.

SINOMACH has become one of the largest contractors for international projects, and one of the largest traders for imports and exports. It is the strongest commercialization base for product research and development in the machinery sector and houses the most powerful workforce for the sector's engineering prospect and design and construction. For many mispelled years successively, SINOMACH has been listed by the US ENR as the first fifty of "The Top 225 International Contractors"and the first one hundred of "The Top 200 International Design Firms".

鞍钢集团国际经济贸易公司

Angang International

鞍钢集团国际经济贸易公司(简称"鞍钢国际"),作为鞍山钢铁集团公司的全资子公司,是鞍钢联系世界的桥梁和纽带,负责海外资源开发和国际合作,主营钢铁产品贸易与加工配送、大宗冶金原燃材料进口、成套冶金设备及备品备件引进,以及相关的国际货运、国际工程招投标业务,2005年销售钢材能力达738万吨,综合贸易额358亿元人民币,连续多年名列全国进出口企业500强。

Angang Group International Trade Corporation (hereinafter referred to Angang International), is a wholly-owned subsidiary of Angang Group, and is the bridge and tie between Angang Group and the world. It is responsible for the development of the overseas resources and international cooperation. The main business of Angang International is exporting, processing and distributing iron and steel products, importing large amount metallurgical raw and fuel materials, complete sets of metallurgical equipment and spare parts, relative international transportation and international project bidding, etc. In year 2005, Angang International sold 7.38 million tons of high quality steel products from Angang, the turnover was CNY 35.8 billion, with a continous ranking among China's 500 top import and export enterprises.

地址: 辽宁省鞍山市铁东区团结街42号
Add: No. 42 Tuanjie Street, Anshan , Liaoning, China
邮编: 114002
电话(Tel): 0412—6310808
传真(Tel): 0412—6723754
网址(Web):www.angangintl.com
(E-mail): fanghong@angangintl.com

建龙钢铁控股有限公司

JIANLONG STEEL HOLDINGS CO., LTD.

建龙钢铁控股有限公司位于北京市丰台区总部基地,公司拥有唐山建龙、宁波建龙、承德建龙、吉林建龙、黑龙江建龙、抚顺新钢铁、建龙矿业、建龙化工、建龙水泥、自动化、工程技术、机械制造等13家控股子公司和参股子公司--通钢,是集钢铁、矿业、水泥、化工、房地产、科研、经贸于一体的大型钢铁联合企业。

建龙控股在中国企业联合会、中国企业家协会排名的中国企业500强中,2004年名列第270位,2005年名列第221位。

Jianlong Steel Holdings Co. Ltd (Jianlong Holdings), lies in Tengtai district Beijing, is a large scale conglomerate company engaging in iron and steel, mining,cement,chemistry, real estate, technical research,economy and trading. It has 13 share holding subsidiaries: tangshan jianlong, ningbo jianlong, chengde jianlong,jilin jianlong, heilongjiang jianlong, fushun new steel, jianlong mining, jianlong coal chemistry, jianlong cement, jianlong automation, engineering technology, machinery making etc. and one share-jointing subsidiary of tonsghua steel.

Jianlong holdings ranks 270th in 2004 and 221st in 2005 in the strongest companies evaluated by China enterprise union and entrepreneur society.

地址: 北京市丰台区南四环西路188号总部基地二区4号楼
Add: Building 4, Block 2, Advanced Business Park, No. 188,
West Road, South Ring 4, Fengtai Disrict, Beijing
邮编(Post code):100070
电话(Tel): 010-83627434
传真(Fax): 010-83627005
网址(Web): www.ejianlong.com

绍兴县对外贸易经济合作局

The Foreign Trade&Economic Co-operation Bureau of Shaoxing County

绍兴县政府驻地——柯桥是亚洲最大的轻纺专业市场中国轻纺城所在地。县委县府依托纺织产业优势,立志打造纺织品制造中心和纺织品贸易中心,现代国际贸易区拔地而起。以滨海工业区和柯桥经济开发区两大开发区为核心形成了强势工业集聚,成为外商投资的热土。2005年,绍兴县实现自营进出口总额45.35亿美元,其中自营出口33.64亿美元,实现合同利用外资5亿美元,实到外资2.35亿美元,连续四年位居浙江省前茅。

Shaoxing County is seated in Keqiao, market complex in Asia, In these years, the CPC Committee and the government of the county have been relying on the textile advantages, determined to forging a textile products manufacturing and trading hub. At present a modern international trading zone springs up, and a combined markes an eye-catching debut; easy of access and with beautiful environment for habitation, a vigorous new city has taken shape. In 2005, the imports and exports stood at USD 4.535 billion, of which the exports accounted for USD 3.364 billion, ranking the county among the top runners in Zhejiang province for four at rainght years; contracted foreign capital hit USD 500 million and actual foreign in put USD235 million.

地址: 浙江绍兴柯桥群贤路1661号行政中心
Add: 1661 Qunxian Road, Keqiao, Shaoxing County, Zhejiang, China
邮编(Post code): 312030
电话(Tel): 0575-4119082
传真(Fax): 0575-4119084
网址(Web): www.sxcftec.com.cn
邮箱(E-mail): sxte@mail.sxptt.zj.cn

中国土木工程集团公司

CHINA CIVIL ENGINEERING CONSTRUCTION CORPORATION

中国土木工程集团公司(简称:中土集团公司)是最早进入国际市场的中国公司之一,成立于1979年,其前身是铁道部援外办公室(组织实施过中国最大的经援项目—坦赞铁路),2003年并入中国铁道建筑总公司(简称:总公司)。

中土集团公司拥有特级工程总承包资质,是以铁路工程为特色,承包工程、房地产开发、设计咨询、劳务合作为主业,进出口贸易、实业投资、酒店管理等多业并举的国有大型企业,是总公司涉外项目的牵头单位。多年入选全球225家国际承包商前列,经营业务遍及世界40多个国家和地区,在世界20多个国家(地区)设有常驻机构,拥有一大批掌握国际商务、投标报价、施工管理的技术人才。

中土集团公司愿与各界朋友携手共创美好未来

China Civil Engineering Construction Corporation (CCECC) was established in 1979 according to the approval of the People's Republic of China. As one of the pioneers performing international contracting and economic cooperation, CCECC has been developed from the earlier Foreign Aid Department of the Ministry of Railways (with the experience of executing the biggest foreign-aid project of China, the TAZARA) into a large-scale state-owned enterprise with Chinese national Super Grade qualification for project contracting. With the strenuous efforts in the last two decades, its business scope expands from international contracting for railway construction to civil engineering design & consultancy, real estate development, trading, industrial investment and hotel management as well. After the merger with China Railway Construction Corporation (CRCC) in 2003, CCECC also acts as the leading company for CRCC's overseas business. The business activities of CCECC have spread over 40 countries and regions where more than 20 overseas offices or subsidiaries have been established. With its excellent performance and high quality in services, CCECC has been listed among the world's top 225 international contractors for many years.

CCECC is willing to cooperate with friends all over the world and develop hand in hand on the basis of mutual benefit for a prosperous future.

地址: 中国北京海淀区北蜂窝4号
Add: 4, Beifengwo, Haidian District, Bei jing, China
电话(Tel): 010-63263392
传真(Fax): 010-63263864
邮编(Post code): 100038
网址(Web): www. ccecc.com.cn
邮箱(E-mail): zongban@ccecc. com. cn

济宁高新技术产业开发区

Jining New & High Tech Development Zone

济宁高新区是1992年经省批准成立的省级高新技术开发区,总规划面积176.2平方公里,耕地面积14.3万亩,人口14.1万,其中农业人口10万。全区拥有各类企业1938家,其中年销售收入过亿元的企业27家,过千万元的企业55家,高新技术企业60家。在区内投资的国内外上市公司已达17家、世界500强企业16家。区内建有国家创业中心、国家生物技术产业基地、国家纺织新材料产业基地和国家火炬计划工程机械产业基地,是ISO14001环境管理体系认证园区。2005年综合经济实力跃居全省15家国家级、省级高新区首位,跻身全国高新区前20强。

Jining New & High Tech Zone is a provincial new & high tech development zone approved by the province in 1992. It has a total layout area of 176.2 square kilometer, farm land of 14.3mu, population of 141 thousand and farmers of 100 thousand. It has 1938 varied enterprises, the annual sales income of 27 among which goes up to 100 million, 55 goes up to 10 million, 60 are high tech enterprises. 17 public companies from home and abroad, 16 among world top 500 enterprises have invested here. It has national incubation center, national biotech industrial base, national textile new material industrial base and national torch project construction machinery industrial base with the approved environmental management system certificate of ISO14001. The comprehensive economic power of Jining New & High Tech Zone leaps to the leading position among 15 national, provincial high tech zones in Shandong and ranks top 20 high tech zones in China.

地址: 济宁市吴泰闸路116号
Add: 116,Wutaizha Road,Jining
电话(Tel): 0537-2363117
传真(Fax): 0537-2363042
网址(Web): www.jnhn.gov.cn

广东省东莞丝绸进出口有限公司

DONGGUAN SILK IMP.& EXP. CO., LTD. OF GUANGDONG

广东省东莞丝绸进出口有限公司是由原广东省东莞丝绸进出口公司转制而成立的公司,成立于2004年1月。注册资本人民币2242.00万元,由广东省丝绸(集团)公司相对控股,公司内部职工持股的责任有限专业外贸公司,现有职工66人,设有18个业务和管理部门。公司主要经营业务是:丝类、纺织品、服装、机电产品、高新技术商品、鞋类、箱包、玩具等。公司现己拥有工业园区厂房面积达6万平方米。

Guangdong Dongguan Silk Export and Import Co., Ltd., originally named Guangdong Dongguan Silk Export and import Co., was founded in Jan. 2004. It is a limited liability Corporation specialized in foreign trade, with a registered capital of CNY 22.42 million. Guangdong Silk (Group) Co. holds the controlling stock of the company while the 66 staff members of it are owners of stocks of the company. By far it has possessed a factory building of 60,000m^2 and set up 18 businesses and administrative departments, with its major business ranging from silk, textile products, clothing, electromechanical products, high-tech commodities, shoes, suitcases to toys.

地址: 广东省东莞市南城区莞太大道15号
Add: NO.15, Guantai AV., Nancheng District, Dongguan
City, Guangdong Province
邮编(Post code): 523009
电话(Tel): 0769-22482923
传真(Fax): 0769——22483639
邮箱(E-mail): xiao7104@sohu.com

北京首都旅游集团有限责任公司

Beijing Tourism Group

首旅集团,是1998年初经北京市批准成立并授权经营管理国有资产的大型集团公司,是以经营旅游业为主,涵盖酒店、旅行社、汽车、购物,餐饮、会展、娱乐、景区等业务,并向旅游房地产和金融市场以及其它相关领域发展的现代化企业,首旅集团目前拥有总资产逾200亿元人民币。

BTG is a large group founded at the beginning of 1998 with the approval of Beijing city and authorized to run and manage State-owned assets, and a modem enterprise with tourism as the main operation and simultaneously engaged in hotel, travel service, automobile, shopping, dinning and cuisines, conference and exhibition service, entertainment and scenic spots business, which is also expanding towards fields including tourism real estate, financial markets and other related industries. The group currently owns total assets exceeding CNY 20 billion.

地址:北京市朝阳区雅宝路街10号
Add: No.10 Yabaolu, Chaoyang District, Beijing
邮编(Post code): 100020
电话(Tel): 85629988
传真(Fax): 85618080
网址(Web): www.btg.com.cn

中建材集团进出口公司

CHINA NATIONAL BUILDING MATERIALS& EQUIPMENT IMPORT&EXPORT CORP.

中建材集团进出口公司成立于1985年,经过近二十年的发展,现已成为集建材及非金属矿出口;建材成套设备、技术和单机零配件出口;大宗建材产品的进口;国外新产品新技术和住宅家居产品的代理经销;电子商务服务和物流配送等综合服务于一体的专业服务商。作为全国外贸500强企业,公司已与世界上100多个国家的客户建立了广泛的联系。

中建材集图进出口公司将秉承"以最低成本帮助客户实现其商业目标"的企业理念,与全球客户建立长期稳定的合作。

With nearly twenty years development since its establishment in 1985, CBMIE has become the largest professional supplier of building materials in China. As the trade platform of CNBM, CBMIE possesses product resources of cement, glass, ceramic, glass fiber, compound materials and new building materials as well as strong technical support.

CBMIE has established close relations with more than 100 countries. Various building materials have been exported to many countries worldwide. With the development of domestic construction industry in recent years, CBMIE, as a distributor, has developed wide cooperation with overseas partners in introducing new products, new technology and residential products into China. In order to link domestic enterprise with international market after China's entry into WTO, the first domestic comprehensive building materials web site was set up that provides all-round services on information and e-business for enterprises both at home and abroad.

地址: 北京海淀区三里河路11号
邮编: 100831
电话: 68031718
传真: 68031718

中国港湾工程有限责任公司

CHINA HARBOUR ENGINEERING COMPANY LTD. (CHEC)

中国港湾工程有限责任公司(英文缩写CHEC)。中国港湾致力于建设领域的一体化服务。产业涵盖水运工程、疏浚吹填、道路桥梁、港口机械、勘察设计五大核心领域,涉及港口、沿海及内河的船坞与船台、疏浚、路桥、隧道、机场.水利、环保、市政、工民建、港口机械、航标制造安装、勘察设计、工程监理、对外经贸等多项业务。形成工程建设总承包、设计总承包、EPC、PMC、BT、BOT、项目融资等服务模式。

China Harbor Engineering Company Ltd. (hereinafter referred to as CHEC). CHEC is a full-service operator in the construction sector, CHEC business scope has covered five major areas: marine engineering, dredging and reclamation, road and bridge, port machinery, investigation and design. It provides different services including main-contracting of engineering works, design and build, BOT, BT, EPC, PMC, and project financing, etc.

地址: 东直门外春秀路9号
Add: No.9, Chunxiu Road, Dongzhimenwai, Beijing, China
邮编(Post code): 100027
电话(Tel): 86-010-64174532
传真(Fax): 86-010-64168276
网址(Web): www.chec.bj.cn
邮箱(E-mail): marketing@chec.bj.cn

深圳市世贸组织事务中心
Shenzhen WTO Affairs Center

深圳市世贸组织事务中心于2002年12月设立。2003年12月加挂“深圳市贸易壁垒申诉与调查服务中心”。2005年1月成立“深圳市WTO学会”。中心致力于为政府和企业提供与WTO事务相关的专业服务；致力于维护并促进公平贸易秩序；致力于保障深圳的产业安全；致力于促进深圳国际化城市建设。中心以咨询、培训、论坛、法律服务等为手段，以顾问委员会和专家工作委员会为依托，高起点、高水平、高标准、高质量地开展深圳市WTO事务工作。

Shenzhen WTO Affairs Center (SZWTOAC), set up on December 20 2002, is a local agency for WTO affairs. In December 2003, SZWTOAC started operation of Shenzhen Trade Barriers Complaint & Investigation Services Center. In January 2005, Shenzhen WTO Research Association was established. SZWTOAC offers high quality consulting, training, forum organizing and legal services on WTO affairs for government and enterprises from a high starting point, at a high level and to a high standard. SZWTOAC is committed to safeguarding industries, maintaining a fair trade order and promoting Shenzhen's internationalization.

地址：深圳市福田区福中三路市民中心
Add: Civic center, Road 3rd Fuzhong, District Futian, Shenzhen, P.R.China. 518035
邮编：518035
电话(Tel)：0755-82107401
传真(Fax)：0755-82002090
网址(Web)：www.szwto.gov.cn

包头国家稀土高新技术产业开发区
Baotou National Rare Earth Hi-tech Industrial Development Zone

包头稀土高新技术产业开发区是国家批准的全国53个国家高新区中唯一冠以专业名称的国家高新区，也是内蒙古自治区唯一的国家高新区。

稀土高新区注册企业已达1300多家，有美国、英国、法国、日本等11个国家与地区在此投资。有稀土企业67家，有上市公司18家，有自治区科技厅认定的高新技术企业161家，高新技术企业占全自治区高新企业总数的50%以上，占包头市的90%以上。稀土高新区已成为包头市建设经济强市的“第二方面军”。

Baotou National Rare Earth High and New Technology Industrial Development Zone Baotou Rare Earth High and New Technology Industrial Development Zone, approved by the country, became the only one among 53 national level hi-tech zones to specially focus on a particular industry, and is the only national hi-tech zone in Inner Mongolia.

There are over 1300 companies registered in the zone, with investment coming from 11countries and regions including the USA, the UK, France, Japan. 67 companies are specializing in rare earth; 18 are listed companies; 161 are high and new technology companies certified by Inner Mongolia Science and Technology Department. High and new technology companies account for over 50% of the total in Inner Mongolia, and over 90% of the total in Baotou. The zone has become the "Second Army" in building Baotou into an economically strong city.

地址：包头市阿尔丁大街79号稀土大厦
Add: The Rare Earth Mansion, No.79, Aerding Ave., Baotou City, Inner Mongolia

上海市浦东新区经济贸易局
The Economic and Trade Bureau of Shanghai Pudong New Area

上海市浦东新区经济贸易局是浦东新区的一个重要职能部门，主管区域内的投资促进、对外贸易、农业发展、工业经济、国内协作、商业、旅游会展和安全生产监察工作。根据区政府的统一部署，贯彻执行国家和本市有关经贸发展的方针、政策、法律、法规、规章，结合浦东新区实际，会同相关部门研究起草相应的地方法规、规章和政策，并组织实施。

The Economic and Trade Bureau is an important working organization of Shanghai Pudong New Area, It is in charge of the investment promotion, foreign trade, development of industries including agriculture, manufacturing, commerce, tourism, conference, exhibition and working safety of the region. According to the overall planning of Pudong government, the Economic and Trade Bureau carries out state or municipal guidelines, policies, laws and regulations for the economic and trade issues, It also makes and executes local rules and policy based on the reality of Pudong.

地址：上海市浦东新区世纪大道2001号
Add: 2001 Century Avenue, Pudong New Area, Shanghai
邮编(Post code)：200135
电话(Tel)：021-28282742
传真(Fax)：021-68541291
网址(Web)：www.pdjm.gov.cn
邮箱(E-mail)：jjmy@pudong.gov.cn

中国国际投资股份集团有限公司
China Int'l Investment Stock Group Limited

培养高素质年青化的管理团队，通过建立稳定、高效、安全的资金渠道，在政府的大力支持和政策的引导下，结合中国国情，因地制宜的扶持具有发展潜力的产业和企业，以此来打造中国招商引资的旗舰，最终实现产业化格局，推动国家经济持续、健康发展，造福社会。

Cultivating high quality and young management team, through the establishment of stable, effective and safe funds channels, based on the strong support and political conduction, combined with the present situation of China, adjusting our measures to support those industries and enterprises with great potentiality on development so as to build the flagship for the invitation of outside investment of China, finally realizing industrialized structures, accelerating the sustainable and healthy development of the national economy and benefiting the whole society.

公司宗旨：专业、创新、诚信、稳健
Company Tenet: Professional Innovational Honest Steady

地址：北京市朝阳区建国门外外交公寓12号楼13层
Add:13F/12th Apartment, Jianguomenwai Diplomatic Residence Compound, Chaoyang District, Beijing, China.
邮编(Post Code)：100600
电话(Tel)：+86－10－85321866　+86－10－85321686
传真(Fax)：+86－10－85321866　+86－10－85321686
网址(Web)：www.chning.com

广州纺织品进出口集团有限公司
Guangzhou Textiles Holdings Limited

广州纺织品进出口集团有限公司成立于1980年，公司现有资产总值十五亿元人民币，年进出口额近二点八亿美元以上。是中国进出口额最大的五百家企业及出口额最大的二百家企业之一，是中国海关实施A类管理的企业，一直保持“重合同、守信用”的称号。

公司主营纺织品、服装，兼营轻工产品、粮油食品、工艺品、土畜产品、五金矿产、化工、机械及设备、仪器仪表、医药和有色金属等国家非专营专控商品。经营方式有自营进出口、代理进出口、加工生产和国内批发零售、代销业务。

公司在2001年获得国际权威认证机构德国莱茵TÜV ISO9001:2000国际质量认证体系，竭诚为顾客提供优质高效的专业化服务，谋求共赢发展。

Founded in 1980, Guangzhou Textiles Holdings Limited is one of China's Top 500 Import and Export Enterprises and one of China's Top 200 Export Enterprises, classified as Class A Enterprises directed by China Customs, enjoying the reputation of Honoring Contract and Keeping Faith. The corporation's total assets now have amounted to CNY 1.5 billion and the annual import-export volume has reached over USD 280 million.

The corporation is dealing mainly in the import & export of textiles and garments. Meanwhile, it also handles light industrial products, cereals, oils & foodstuffs, machinery, apparatus, pharmacy, handicraft articles; native products & animal by-products etc. its business modes involve self-operation of import and export, import and export on agency basis, processing, domestic wholesales and retails, procurement services as well as commission sales.

The corporation obtained ISO9001: 2000 authentication issued by TÜV Rheinland in 2001, ready to provide the best and the most efficient service wholeheartedly.

地址：广州市东风中路438号广德大厦
Add: Guangtex Building, No.438 Dong Feng Rd Co., GZ, China
邮编(Post code)：510040
电话(Tel)：0086-20-83348898
传真(Fax)：0086-20-83343898
网址(Web)：www.sources-china.com
邮箱(E-mail)：gztex@sources-china.com

重庆经济技术开发区管理委员会
Administrative Committee of Chongqing Economic & Technological Development Zone

2005年，在宏观调控政策作用下，全区经济仍然保持平稳较快增长。全区实现总收入318.61亿元、地区生产总值73.09亿元，同比分别增长30.44%、27.70%，其中北区分别为146.26亿元、30.17亿元，同比分别增长55.95%、40.32%；实现预算内可支配财力12.49亿元，其中北区11.95亿元，同比分别增长92.08%、163.08%；入库税金22.62亿元，其中北区15.65亿元，同比分别增长40.50%、54.93%。全社会固定资产投资139.00亿元，其中北区完成投资95.40亿元，同比分别增长50.64%、39.25%。增速仍居全市前列，在2004年国家开发区投资环境评价中排名第13位。

In 2005, the economy of CETZ has kept stable and rapid growth in spite of macroeconomic measures. The total income of CETZ reached CNY 31.861 billion and local GDP was CNY 7.309 billion, increased by 30.44% and 27.70% respectively. Those in North Park were CNY 14.626 and CNY 3.017 billion, increased by 55.95% and 40.32% respectively. CETZ has also achieved total dispensable distributable funds of CNY 1.249 billion, and that of the Northern Park is CNY 1.195 billion, increasing 40.50% and 54.93% respectively over last year. Tax in treasury reach CNY 2.262 billion, and that of the Northern Park CNY 1.565 billion, increasing 40.50% and 54.93% respectively over last year. Investment in fixed assets of the entire society was CNY 13.9 billion with an increase of 50.64%, and that in Northern Park was CNY 9.540 billion with an increase of 39.25%. Its growth speed ranked among the top ones in Chongqing. It ranked 13 among national level development zones for investment environment assessment.

地址：重庆渝北鸳鸯金山大厦
Add: Jinshan Building, Yuanyang, Yubei, Chongqing, PRC
电话(Tel)：86-23-67463108/67463299
邮编(Post code)：401122
传真(Fax)：86-23-67463318

中国—东盟博览会
The China-ASEAN Expo

中国—东盟博览会是由中国和东盟10国共同主办的国际性经贸盛会。设商品贸易、投资合作、先进适用技术、魅力之城及旅游四大专题。

第三届中国—东盟博览会将于2006年10月31日—11月3日与中国—东盟纪念峰会在中国广西南宁同期举办。11国领导人将出席博览会开幕式、巡视展览。本届博览会将在展览专业化、商机创造、互利共赢等方面进一步发展，成为中国—东盟自贸区重要合作平台。

The China-ASEAN Expo is the international grand economic and trade event co-sponsored by China and the 10 ASEAN countries. Four pavilions will be set up during the China-ASEAN Expo, namely, Pavilion of Commodity Trade, Pavilion of Investment Cooperation, Pavilion of Advanced and Applicable Technology and Pavilion of Cities of Charm & Tourism.

The 3rd China-ASEAN Expo will be staged on October 31-November 3, 2006 in Nanning, Guangxi, China, along with the China-ASEAN Commemorative Summit. State leaders of China and the 10 ASEAN countries will present at the opening ceremony of the 3rd China-ASEAN Expo and will inspect the exhibitions. The 3rd China-ASEAN Expo will gain further progress in the specialization of exhibition and creating business opportunities for a win-win result, and thus become a major platform of cooperation within the China-ASEAN Free Trade Area.

地址：中国广西南宁市竹溪大道98号
Add: 98 Zhuxi Ave., Nanning, Guangxi, P. R. China
邮编(Post code)：530021
电话(Tel)：＋86－771－5813111
传真(Fax)：＋86－771－5813388
客服热线(Customer Hotline)：＋86－771－961236
网址(Web)：www.caexpo.org
邮箱：caexpo@caexpo.org

北方国际集团有限公司
Northern International (Holding) Co., Ltd

北方国际集团暨北方国际集团有限公司，由中国天津外经贸企业优质资产整合组建，传承百余年津沽商贸界之精髓，弘扬五十载天津外贸业之传统，以为消费者提供优质商品和一流服务、促进国际经贸交流为己任，真诚与海内外各界朋友合作，秉承“诚信惟先，服务惟实”的经营理念，不断推进体制、机制、经营、管理、服务的全面创新，营造和谐发展氛围，努力成为以贸易为龙头，带动外经、生产、研发科技、物流等全方位协调发展，业务经营、资产经营、资本经营三位一体的跨国企业集团。

Northern international Group, namely Northern International (Holding) Co., Ltd., is formed by fine asset of foreign trade and economic enterprises of Tianjin in China, inheriting century soul of Tianjin commerce and trade and carrying forward 50 year's tradition of Tianjin foreign trade. Taking it as our task to provide excellent commodities and first-grade service to our consumers, and cooperating sincerely with friends from all fields at home and abroad, we have been following our business spirit of "Honesty to be the first, Service to be faithful" and carry through constantly general creation of system, mechanism, business, management and service. We strive for a three-in-one multinational enterprise group of business operation, asset management and capital management in the way of taking trade as the head to bring along the harmonious development of foreign economy, production, research & exploiter, science & technology and logistics.

地址：天津市和平区常德道49号
Add: No.49 Changde Road, Tianjin, China
邮编(Post code)：300050
电话(Tel)：022-23133578
传真(Fax)：022-23133579
网址(Web)：www.northernint.com
邮箱(E-mail)：biz@mail.zlnet.com.cn

中国凯盛国际工程有限公司
China Triumph International Engineering Co., Ltd.

中国凯盛国际有限公司成立于1953年，是香港上市的中国建材股份有限公司的核心业务板块。拥有建筑材料（全行业）、轻纺（日用硅酸盐）、建筑等工程设计和总承包、咨询、监理等甲级资质及对外经营权。

公司以工程设计和总承包为主营业务，涵盖玻璃工程、水泥工程、建筑工程、环保工程等领域。已承担了63条浮法玻璃生产线、近60条水泥生产线、总计超过1000个大中型工程项目的总承包或工程设计；拥有数十项专利或专有技术。

Established in 1953, China Triumph International Engineering Co., Ltd. (CTIEC) is the core business unit of China National Building Material Co., Ltd. (A listed company in HKEx). CTIEC possesses foreign trade right and Grade-A qualifications for design & general contracting, engineering consultation and supervision in fields of building materials (the whole trade), light textile (domestic silicate), civil engineering, etc.

The main business unit of CTIEC is engineering design and general contracting, covering works of glass, cement, civil and environmental protection. Obtaining National Gold Design Prize, National Invention Prize and Scientific Progress Award, tens of patents and expertise, CTIEC has designed or constructed over 63 float glass lines, nearly 60 cement lines and over 1000 large or middle scale engineering works.

地址：上海市中山北路2000号27楼
Add: Floor 27th, No. 2000, Zhongshan Bei Road, Shanghai, PRC
邮编(Post code)：200063
电话(Tel)：0086-021-62030071, 52916280
传真(Fax)：0086-021-62033390, 52906280
网址(Web)：www.ctiec.net
邮箱(E-mail)：shanghai@ctiec.net

昆明市商务局
Kunming Municipal Bureau of Commerce

昆明市商务局于2004年7月组建成立，是主管全市内外贸易、外商投资、对外经济技术合作工作的市政府工作部门，其主要职责是贯彻落实国家、省内外贸易和国际经济合作的发展战略、方针、政策，提出全市内外贸易和外经合作中长期发展规划并组织实施。研究全市现代流通业的发展规划，促进现代流通业的发展。负责定点屠宰、拍卖、典当、旧货等流通业的管理，整顿和规范市场流通秩序。依法初审成品油站的建设，负责成品油市场的管理服务，拟订全市商业网点规划。依法核准、转报、审批外商投资企业的设立和外资项目合同、章程及变更事项，指导商务系统行业协会的工作等。

Kunming Commercial Bureau was established in July of 2004, one of the functional department of municipal government in charge of domestic and foreign trade, foreign investment, foreign economic and technologic cooperation of the whole city. The main responsibility is implementing and carrying out development strategy, general and specific policies, putting forward middle-and-long period development plans of domestic, foreign trade and foreign economic cooperation of the whole city and then organizing and fulfilling. It makes the researches of the development plans of modern circulation industry of the whole city, and will promote the development of modern circulation industry. It is in charge of managing circulation industry such as fixed points for slaughtering, auction and mortgage, improving and standardizing market circulation order. The bureau exams the constructions of finished petroleum productions preliminarily in accordance to the law, and is responsible for the management service of finished petroleum product markets, and makes plans for commercial networks of the city. It exams, reports and approves the establishment of foreign investment enterprises, contracts of foreign capital projects, regulations and changing matters, supervises the work of commercial system and industry associations etc.

地址：中国云南省昆明市东风东路17号
Add: 17 Dongfeng Road(East), Kunming ,Yunnan Province, China 650011
邮编(Post code)：650011
电话(Tel)：0871-3137855
传真(Fax)：0871-3137266
网址(Web)：www.kmsw.gov.cn swjshb@kmsw.gov.cn

北京珠江投资开发有限公司
Beijing Zhujiang Investment & Development Corporation Ltd.

北京珠江投资开发有限公司创建于2005年，是一家以房地产和物流产业为主，实行多元化经营的综合性企业。

现重点项目——中国北京家居产业示范园是北京珠江投资开发有限公司与北京市通州区联手打造的技工贸一体化的都市产业园区。示范园位于通州工业开发区南扩区，总规划面积2.68平方公里，总建筑面积268万平方米，是中国最大的一个具有代表性的以家居、建材为主营业务的技工贸一体化的产业基地之一。

Beijing Zhujiang Investment Co., Ltd. is a leading company with extensive experience in many diversified operation.

Demonstration Park of Furnishing Industry in Beijing, China, which Beijing Zhujiang Investment & Development Corporation Ltd. and Beijing Tongzhou District technology, project and trade integrated city industry garden jointly make, is a the demonstration garden lies in the industrial expanding area of the south of development zone of Tongzhou, total planning area is 2.68 sq. km., with the whole construction area of 2,680,000 square meters, it is the industrial base which is a largest and representative technology, project and trade integrated base with house furnishing, building materials as core business in north China.

地址：北京市朝阳区西大望路甲23号珠江发展中心
Add: Development Center, A23, West Dawanglu, Chaoyang District, Beijing
邮编(Post code)：100022
电话(Tel)：51205284
传真(Fax)：51205284
网址(Web)：shop.bj-choice.com
邮箱(E-mail)：1@bjzhujiang.com.cn

中国石油天然气集团公司
China National Petroleum Corporation

中国石油天然气集团公司是国内最大的油气生产商和供应商之一。公司注册资本1149亿元，总资产11602亿元，职工总数107.8万人；在国内有13个大型特大型油气田、16个大型特大型炼油化工企业，在全球有近30个石油勘探开发和生产建设项目。经济效益和规模实力在国内保持领先地位。公司在全球500强中排名第46位，在世界最大油公司中连续四年位居前十位，H股总市值超过万亿港元。

China National Petroleum Corporation (CNPC) is China's largest oil and gas producers and suppliers with a registered capital of CNY 114.9 billion, total assets of CNY 1160.2 RMB billion yuan, and 1.078 million employees.

In China, CNPC has 13 large and super large oil and gas fields, 16 large and super large refining and chemical companies. Globally, CNPC is engaged in nearly 30 petroleum exploration and development and construction projects.

CNPC is taking a lead in economic benefits and overall strength domestically and ranks 46th among Fortune Global 500. For the fourth consecutive year, CNPC has remained on the list of world Top 10 oil majors. The total market capitalization of our H share in Hong Kong has exceeded 1 trillion HK dollars.

地址：北京市西城区六铺炕街6号
Add: Liupukang, Beijing, China
邮编(Post code)：100724
电话(Tel)：010-62094735
传真(Fax)：010-62094205
网址(Web)：www.cnpc.com.cn
邮箱(E-mail)：liuyansheng@cnpc.com.cn

浙江永康中国科技五金城有限公司

中国科技五金城，创建于1992年，是国内最大的五金专业市场，荣列全国商品专业市场竞争力50强第3名，全国百强工业品交易市场第4名，浙江省重点市场，浙江省文明单位。浙江省四星级文明规范市场，浙江省质量达标市场，全国五金专业市场委员会会长单位，浙江省五金建材会会长单位。

"永康五金志向世界，世界五金汇集永康"。创建立足国内、面向世界的以商品市场和生产要素相统一为特色的"中国五金之都"。

经营项目：五金产品批发、零售

地址：永康市金城路60号
邮编：321300
联系人：徐东方
电话：0579-7213421
传真：0579-7213910
邮箱：ykhwcity@mail.jhptt.zj.cn

沈阳市对外贸易经济合作局
Shenyang Municipal Bureau of Foreign Trade and Economic Cooperation

近几年来，沈阳市对外经济贸易进入全面快速发展时期，在对外贸易、利用外资和国际经济技术合作等方面都取得了显著成绩，为沈阳经济和社会发展做出了重要贡献。2005年，沈阳市累计批准外商投资企业901家，实际利用外商直接投资21.23亿美元；累计实现进出口总额45.9亿美元，其中出口23.7亿美元；累计实现对外工程承包和劳务合作营业额8859万美元，外派劳务1.43万人次。在全国同类城市中位居前列。

In recent years, while entering an all-round and rapid development period, Shenyang has achieved great success in foreign trade , foreign investment urilization, international economic cooperation and so on, which contributes greatly to the economic and social development of Shenyang. In 2005, 901 foreign enterprises were approved to invest in Shenyang by the city. The realized foreign direct investment reached USD 2.123 billion. The import and export volume reached USD 4.59 billion and the export volume was USD 2.37 billion. The total turnover of foreign contracted projects and foreign labor services was USD 88.59 million, and 14.3 thousand person-time were sent to work overseas. Compared with the similar cities in china, Shenyang ranked top in all these fields.

地址：沈阳市沈河区青年大街35号
Add: No.35 Youth Street, Shenyang, P.R.C
邮编(Post code)：110014
电话(Tel)：024-22722006
传真(Fax)：024-22724746
网址(Web)：http://www.symoftec.gov.cn
邮箱(E-mail)：22722006@163.com

上海漕河泾新兴技术开发区
Shanghai Caohejing Hi-Tech Park

上海市漕河泾新兴技术开发区发展总公司统一负责上海漕河泾开发区的基础设施建设、土地开发、经营管理，以及综合协调服务等工作。

上海漕河泾新兴技术开发区是国家批准的国家经济技术开发区、高新技术产业开发区和出口加工区，总规划面积14.3平方公里。开发区现已汇聚中外高科技企业千余家，主要集中在信息、生物医药、新材料和航天航空等高新科技产业领域。2005年，开发区实现销售收入930.7亿元，工业总产值836亿元，出口总额83.1亿美元。

自2000年以来，漕河泾开发区积极创建双优园区、数字园区和国际园区，并努力将园区建成循环经济生态工业园。

Shanghai Caohejing Hi-Tech Park Development Corp. is responsible for the infrastructure construction, land development, operation and management, and services of the Caohejing Hi-Tech Park.

Shanghai Caohejing Hi-tech Park (CHJ) is a state-level economic and technological development zone, a hi-tech industrial development zone as well as a nationgal export processing zone, with projected area of 14.3 sq.km. CHJ is now home to over 1000 domestic and overseas hi-tech companies, in the hi-tech clusters covering information technologies, new materials, biotech, and aerospace industries. In 2005, the sales revenue of CHJ amounted to CNY 93 billion, with the industrial output value reaching CNY 83.6 billion, and export value exceeding USD 8.3 billion.

Building an ISO-certified, digital-formulated and international-styled park has been the goal of CHJ since 2000. Furthermore, CHJ is currently committed to developing recyclable econorny and making efforts to turn itself into an ecological industrial park.

地址：中国上海宜山路900号A17楼
Add: 900 Yishan Rd., Shanghai, China
邮编：200233
电话：+86-21-64850000
传真：+86-21-64850523
网址：www.caohejing.com
邮箱：chj@caohejing.com

中国国际企业合作公司
China International Enterprise Cooperation Company

中国国际企业合作公司是从事国际经济技术交流，进出口贸易以及实业投资与咨询服务的综合性经济实体。

人力资源与咨询部是国企公司的主要业务部门之一，以开展国际企业合作，综合信息咨询服务，承办向外国企业驻华机构、外商投资企业派遣中方雇员，并提供配套的人事管理服务和外事服务为主要业务。同时，向各类企业提供人力资源咨询与服务，从事人才交流服务业务。承办向国内企业选派外籍雇员；开展外国专业人才来华工作的中介服务等业务。

China internationgal enterprise cooperation company is a comprehensive business entity dealing with internationl economic and technological exchange, import & export, industrial investment and consultation service.

HR & Consuliation Department is one of major business departments in International Enterprise Company, mainly engaging in developing international enterprise cooperation, offering coomprehensive information consultation service assigning Chinese employess to China offices of foreign enterprises and foreign invested companies and providing supporting service on personnel management and foreign affairs. In the meantime, it offers enterprises HR consultation and service and engages in personel exchang service. It also undertakes assuming foreign employees to internal interprises and providing job agency for foreign specialized talents and other businesses.

地址：北京市东城区安定门东大街28号雍和大厦东楼D座6层
Add: 6/F, Tower D,East Building, Yong He Plaza, No.28, An Ding Men Dong Da Jie, Dong Cheng District, Beijing, China
电话(Tel)：010-64097988
网址(Web)：www.ciecco.cn
邮箱(E-mail)：ciecco@ciecco.cn

贵州省经济贸易委员会
Economic and Trade Commission of Guizhou Provincial

主要职责是：负责全省经济运行与调节工作，组织拟定和实施地方性工业产业结构调整工作，组织和指导全省企业技术改造与投资管理工作。负责相关行业规划及管理工作，研究和指导流通体制改革，培育和完善市场体系；监测分析市场运行和重要商品的供求状况并组织调控；指导并组织企业开拓市场；负责全省企业资源节约和综合利用，组织协调工业环境保护和环保产业的发展。参与对外经济技术协作的指导和协调工作，管理省煤炭管理局。

Main responsibility: to be in charge of the provincial economical operation and accommodation; organize to draw up and implement the regional industry wide adjustment in structure; to organize and supervise the provincial enterprises' technical innovation and investment control; to research and draw up the provincial policies、 measures and means of enterprises' reforms and development; to participate in the construction and supervising of the all-around economic statutes and policies; to responsible for the programming and management of industries; to study and supervise the reform of currency system, foster and perfect the market system; to monitor and analyze the supply and demand condition of important merchandise, organize to regulation and control; to instruct and organize the enterprises to develop new market; organize to coordinate the environmental protection of industry and it's development; to administrate the provincial cement in bulk; to supervise the Coal Bureau of Guizhou Province.

地址：贵阳市中华北路187号
Add: No.187, North Zhonghua Rd., Guiyang
邮编(Post code)：550004
电话(Tel)：0851-6892386
传真(Fax)：0851-6867593
网址(Web)：www.gzjmw.gov.cn
邮箱(E-mail)：mysc@gzjmw.gov.cn

河北东方绿树食品有限公司
Hebei Dongfang Green Tree Food Co. Ltd

河北东方绿树食品有限公司隶属于深州东方实业集团，拥有优秀的销售和管理团队，卓越的产品质量，强大的科研队伍，目前主要产品是"绿树"牌苹果脆片系列产品 该产品通过包括ISO 9001：2000质量管理体系在内的各种认证，并完成美国FDA（美国食品药品管理局）注册，该产品远销欧、美、澳、中东和亚洲50个国家和地区。此外，其他水果脆片、饮品等新产品的开发，如梨片，苹果醋饮等也受到国内外消费者的喜爱。

欢迎国内外客商前来洽谈订购。

Hebei Dongfang Green Tree Food Co., Ltd. is a fully-owned subsidiary of the privately-owned Dongfang Industrial Group. It has experienced and talented managers and supervisors. It has outstanding quality. Presently, the major food products is apple cider under the Green Tree brand. The products have achieved international and domestic recognition, such as ISO 9001:2000 certifications, the US FDA, etc.The Company's food products have reached over 50 countries including North America, Europe and Asia. In addition, pear chips and apple cider are gaining them greater popularity among consumers both locally and overseas. They look forward to working with you for mutual benefit through expanding your product lines to serve your customers and thereby grow your business.

地址：北京东三环南路17号京璃大厦B5
Add: b-5f, 17 Dongsanhuannanlu.
邮编(Post code)：100021
电话(Tel)：010-87664866
传真(Fax)：010-87665333
网址(Web)：www.dongfanggroup.com.cn
邮箱(E-mail)：hsdfwang@heinfo.net

一汽丰田汽车销售有限公司
FAW Toyota Motor Sales Co., Ltd. (FTMS)

一汽丰田汽车销售有限公司是由一汽集团、丰田汽车公司共同出资成立的合资公司。公司总部设立在北京，主要销售皇冠、锐志、花冠、威驰、陆地巡洋舰、普拉多、柯斯达、以及达路·特锐等丰田国产车。至2005年10月底，公司在全国认定并开业的经销店达到196家。

FAW Toyota Motor Sales Co., Ltd. is a joint-venture company established by FAW Group and Toyota Motor Corporation. Headquartered in Beijing, the company is selling models of CROWN, REIZ, COROLLA, VIOS, LAND CRUISER、PRADO、COASTER and DARIO TERIOS of all TOYOTA's domestic produced vehicles. At the end of Oct. 2005, total 196 dealers are in service around China.

地址：北京朝阳区光华路1号
邮编：100020
电话：85296688
传真：85297108

中国电力技术进出口公司
China Electric Power Technology Imp.& Exp. Corp

中国电力技术进出口公司隶属于国家电网公司。近20年来，在国内外大型火电、水电、抽水蓄能及其它电力项目的招投标工作中做出了突出业绩，累计招投标总额 156 亿美元。今后，我公司将为实现国家电网公司"电网坚强、资产优良、服务优质、业绩优秀"的战略发展目标，运用集约化经营的先进理念，在从事国家电网公司集中规模招标采购、特高压骨干电网建设、抽水蓄能电站建设和国际能源（经济）合作等领域提供更加优质的服务。

China Electrical Power Technology Import & Export Corporation is subordinate to State Grid Corporation of China. In recent 20 years, it has made an outstanding achievement in the business of bidding & tendering of large thermal power plant, hydropower station, pumped storage station and other projects related to the power industry both in China and abroad, and the accumulative total turnover achieves to USD 15.6 billion. In the future, to help State Grid Corporation of China to realize its strategy target of "strong power grid, excellent assets, service and performance ", and equipped with advanced conception of intensify operation, we will continue to provide higher quality service in the business of bidding and purchasing, construction of ultra-high voltage key power grid, pumped storage station and international energy sources (economy) cooperation and so on.

地址：北京市西城区六铺炕街5号
Add: No. 5, Liupukang St., Xicheng District, Beijing, China
邮编(Post code)：100011
电话(Tel)：64015511
传真(Fax)：64015137
网址(Web)：www.cetic.com.cn
邮箱(E-mail)：mail.cetic.com.cn

秦皇岛经济技术开发区管理委员会
The Administrative Committee of QETDZ

秦皇岛经济技术开发区是1984年10月经有关部门批准设立的首批国家经济技术开发区之一，是河北省唯一的国家开发区， 2001年6月被国家有关部门批准为"ISO14000国家示范区"。截止2005年底，全区已累计批准各类项目4155个，其中外商投资项目631个，总投资42.29亿美元，实际到位外资13.36亿美元；内资项目3524个，实际引进内资158.14亿元。美国铝业、通用电气、ADM等一大批世界跨国公司和国内知名企业在区内投资兴业，发展速度日渐强劲。

Qinhuangdao Economic and Technological Development Zone (QETDZ) is one of the first batch of the national-level economic and technological development zones set up with the approval of the country in October, 1984. It's the national development zone in Hebei province. In June 2001, relevant department approved QETDZ as an ISO14000 National Demonstration Zone. By the end of 2005, the number of approved projects reached 4155, in which 631 projects were foreign-invested, with a total investment of USD 4.229 billion and the actual value invested from the contracts was USD 1.336 billion. The number of domestic-invested projects was 3524, with the actual value of CNY 15.814 billion. A number of transnational corporations and domestic well-known companies such as ALCOA, GE, ADM and so on also invested here. The development speed is becoming faster and gaining more and more momentum.

地址：秦皇岛经济技术开发区黄河中道69号
Add: No. 69 Middle Part of Huanghe Road, QETDZ
邮编(Post code)：066004
电话(Tel)：0335-8019298
传真(Fax)：0335-8019200
网址(Web)：www.QETDZ.com.cn

新疆农资（集团）有限责任公司

Xinjiang Nongzi(Group) Co.,Ltd.

经营范围：化肥，农药，农膜，棉花，种子，农业机械，五金交电化工产品，日用百货，再生资源，钢材，木材，建筑材料，汽车配件，粮油食品，烟花爆竹，茶叶，高科技农资产品开发，资本运营，餐饮旅游酒店服务及农业开发等。

The main business of the Company: Fertilizer, Pesticides, Membrane, Cotton, Seeds, Small household article, Renewable resources, Steel, automobile accessories, Fireworks and firecracker, tea, The farm machinery, Hardware and chemical engineering product, timber, The building material, Edible oil and Food, High- techagriculture article development, Capital operation, Dining tour Cabaret service, Agriculture development Etc.

地址：新疆乌鲁木齐市中山路185号
Add: No.185. Zhongshan Road, Urumqi 830002, Xingjiang, China
邮编(Post code): 830002
电话(Tel): 0991-2841161
传真(Fax): 0991-2834472

中国第一汽车集团进出口公司

CHINA FAW GROUP IMPORT & EXPORT CORPORATION

第一汽车拥有全资子公司30家，控股子公司15家，其中包括一汽解放汽车有限公司、富奥汽车零部件有限公司等全资子公司和一汽轿车股份有限公司、天津一汽夏利股份有限公司、一汽四环股份有限公司等上市公司及一汽－大众汽车有限公司、天津一汽丰田汽车有限公司等中外合资企业。在东北、华北和胶东、西南、华东形成布局合理的生产基地，以及在国内汽车行业具有产品开发和工艺材料开发领先水平的技术中心。固定资产总额1062亿元，员工12.4万人。

FAW has 27 wholly owned subsidiaries and controlling interest in 20 partially owned subsidiaries. Among these are FAW Jiefang Truck Co. Ltd. and Fawer Automobile Parts Co. Ltd., which are wholly owned subsidiaries; FAW Car Co. Ltd., Tianjin FAW Xiali Automobile Co. Ltd., and Changchun FAW Sihuan Automobile Co. Ltd., whose shares are traded on the stock exchange, and FAW-Volkswagen Automobile Co. Ltd. and Tianjin FAW Toyota Motor Co. Ltd., both of which are Sino-foreign joint ventures. FAW's production bases are evenly distributed throughout China, with locations in northern China's Tianjin Municipality, northeastern China's Jilin and Heilongjiang provinces, eastern China's Shandong province, and southwest China's Sichuan province. FAW's government-certified engineering development and test center, the largest in China, is a leader in its field. It stands alone in China in possessing both cold and semi-tropical weather vehicle testing facilities. The company's total assets are valued at CNY 102.4 billion (USD 12.4 billion).

地址：中国长春东风大街3025号
Add: No.3025, Dongfeng Street, Changchun, China
邮编(Post code): 130011
传真(Fax): 0431-7614780
网址(Web): www.Faw.com

南昌市对外经济贸易合作委员会

Nanchang Foreign Trade & Economic Relations Cooperation Committee

南昌市对外经济贸易合作委员会，是负责协调管理全市的开放型经济工作的政府职能部门，内设办公室、外资管理处、外贸管理处、区域协作处、投资促进处等12个处室。主要负责利用外资工作、对外贸易工作，对外经济合作和区域经济技术合作工作。同时对我市境内外重大招商引资活动进行组织与管理，为外来投资者提供投资咨询服务和项目代办业务。

Nanchang Foreign Trade & Economic Relations Cooperation Committee is a government institute responsible for the coordination and management of open economy. It consists of 12 offices and departments including Office, Foreign Investment Management Department, Foreign Trade Management Department, Regional Cooperation Department and Investment Promotion Department. It's in charge of foreign trade, foreign funds utilization and horizontal economic and technological cooperation in Nanchang City. In addition, it organizes and manages major programs of inviting investment from at home and abroad, and serves investors as investment consultant and project agent.

地址：江西省南昌市红谷滩行政中心政府大楼6楼北
Add: 6 F, Government Building(N), Honggutan New Zone Administration Center, Nanchang City, Jiangxi Province
邮编(Post code): 330038
电话(Tel): 0791-3884192
传真(Fax): 0791-3884174

鲁泰纺织股份有限公司

LUTHAI TEXTILE CO., LTD.

鲁泰纺织股份有限公司为外商投资股份制企业，A、B股上市公司，是具有棉花种植、纺纱、漂染、织布、整理、制衣综合垂直生产能力的纺织企业集团。公司现有员工12000余人，总资产44亿元，在北京、上海、青岛、香港等地建有多家分公司和专卖店。其自有品牌"鲁泰·格蕾芬"获"中国名牌"、"国家免检"及"有关部门重点培育和发展的出口名牌"。

LUTHAI TEXTILE CO., LTD. is foreigner invested joint-stock company, with Share A and B issued, which is a textile company group having the compositive vertical production ability---cotton planting, spinning, dyeing and bleaching, weaving, finishing, shirts making. Company has over 12000 staff now, total assets 44 hundred millions, and has a lot of filiales and shops in Beijing, Shanghai, Qingdao, Hongkong. Its own brand "LT·GRFF" achieves "Chinese name brand", "National exemptions from examination" and "the emphatically cultivated and developed export name brand".

地址：山东省淄博市高新技术开发区铭波路11号
Add: No.11, Mingbo Road, Zibo-newly Technical Development Zone, Shandong Province, China
邮编(Post code): 255000
电话(Tel): 0533-5280809 5278431
传真(Fax): 0533-5282188
网址(Web): www.lttc.com.cn
邮箱(E-mail): lttc@lttc.com.cn

大连市经济委员会

大连市经济委员会（大连市中小企业局）的主要职责

（一）监测、分析全市工业经济运行态势，调节全市工业经济日常运行，发布工业经济信息，定期向市政府，省和国家报告全市工业经济运行情况。

（二）组织实施国家工业产业政策，监督、检查执行情况；指导工业产业结构调整。

（三）组织拟定全市工业经济发展产业规划、主要指标和法规政策，并组织实施和监督检查。

（四）研究企业技术进步的方针、政策，指导技术创新、技术引进、技术改造、重大装备国产化和重大技术装备研制以及新产品开发和新技术推广工作。

（五）负责全市工业企业利用外资工作，编制有关规划；研究制定有关政策、法规和措施；组织开展招商引资、国际化经营及与国际组织、国外政府等之间的交流。

（六）组织制定和实施委属工业企业改革方案，负责对企业实行宏观管理和指导，规范企业行为规则；参与指导企业直接融资工作。

（七）负责电力行业行政执法和监督工作。

（八）负责全市食盐专营任务的落实及食盐行业生产企业管理和行政稽查工作。

（九）依法负责黄金矿产开采的审批和生产管理。

（十）负责制定全市中小企业、乡镇企业、民营企业发展规划；拟定促进其发展的法规、政策和措施，指导全市集体、乡镇企业改革与发展；对全市县域经济和区街经济工作进行宏观指导和服务。

（十一）承办市委、市政府交办的其它事项。

浙江省对外服务公司

Zhejiang Foreign Service Corp

始建于1984年的浙江省对外服务公司，隶属浙江省外事办公室，是浙江省最具影响力的、以人力资源服务为基础的综合性涉外服务机构，年营业额超亿元的现代国有独资企业。

公司在全国范围内为各类企业提供集人才招聘中介、人事代理、人才派遣、企业培训和商务代理于一体的全程人力资源服务，以及劳务输出、因私出入境中介、自费出国留学中介、国际贸易等业务，并设有浙江外企人才网"（www.zjfesco.com）、"浙江出国网"（www.zjchuguo.com）两大专业网站。

Zhejiang Foreign Service Corp (ZFSC) was established in 1984 with affiliation to Zhejiang Province. It is the most influential state-owned entity in Zhejiang, providing comprehensive, international business related services, especially in human resource services, with annual turnover CNY 100 million.

ZFSC is dedicated to providing all enterprises with packaged HR-oriented services that integrate: personnel recruiting, personnel representation, talent employment, custom-tailored personnel training and business delegations. It has also been able to conduct agent services in export labor, private overseas affairs, international education as well as international trade. And, ZFSC has professional HR website <www.zjfesco.com> and Zhejiang-Go-Abroad website <www.zjchuguo.com>.

地址：杭州市司马渡巷60号4楼
Add: 4/F 60 Simaduxiang, Hangzhou, China
邮编(Post code): 310003
电话(Tel): 0571-87221922
传真(Fax): 0571-87210075
网址(Wob): www.zfsc.com
邮箱(E-mail)zfsc@zfsc.com

中国·黑龙江
龙兴国际资源开发集团有限公司

China Heilongjiang
Long Xing International Resources Development Group Co., Ltd.

黑龙江龙兴国际资源开发集团有限公司是特大型国际资源开发企业，同时承担黑龙江省与国家开发银行开发性金融合作之境外资源开发融资平台职能。集团董事长、法人代表为林树德先生。公司注册资本202.7亿元人民币。公司主要经营范围：1、项目投资及投资管理；2、国内外矿产、土地、农业、水、森林等资源开发和经营；3、货物及技术进出口；4、产权转让的咨询服务；5、经济技术合作。欢迎国内外相关企业加盟合作，共谋大计，互利双赢。

Long Xing International Resources Development Group Co., Ltd. is an extra large international resources development company, and also a media to bear financial cooperation on behalf of Heilongjiang Province and the State Development Bank. The broad chairman and representative of law of the company is Lin Shude and the registered capital is CNY 20.27 billion. The main business scope of the company include: (1) project investment and management.(2) the development and operation of minerals, land, agriculture, water resources and forestation both in domestic and overseas countries.(3) the import and export of the goods and technology.(4) providing the consulting service for the transferring of the property.(5) the cooperation of economy and technology. Welcome the friends both at home and abroad to join with us for cooperation in and work out great plans together in order to get mutual benefits.

地址：黑龙江省哈尔滨市香坊区中山路122号
Add: No.122, Zhongshan Road of Xiangfang area of Harbin, Heilongjiang Province
邮编(Post code): 150036
电话(Tel): 0451—55625205 55641345
传真(Fax): 0451—55649051 55625205

港中旅国际旅行社有限公司

China Travel International Ltd.

港中旅国际旅行社有限公司经国家旅游局批准，国家工商局注册，在北京成立。公司注册资本1.773亿元人民币。公司经营范围包括：外国人，华人华侨，港澳台居民的入境旅游，中国公民的出境旅游和国内旅游，专项旅游，会展，奖励旅游，商务旅行管理以及港澳台旅游业务。

CTI was officially registered in Beijing with the approval of the country, its total registered capital amounting to 1.773 billion. The business scope of CTI covers inbound travel, outbound travel and chinese domestic travel, including Hong Kong & Macao tours.

地址：北京市宣武区广安门内大街338号
Add: No.338, Gruanganmen nei Street, Xuanwu District, Beijing
邮编(Post code): 100053
电话(Tel): 51379988
传真(Fax): 51379958
网址(Web): www.ctiol.com
邮箱(E-mail): cti@chinatravelintl.com

浙江东方集团股份有限公司

ZHEJIANG ORIENT HOLDINGS CO., LTD.

浙江东方集团股份有限公司成立于1988年，1997年上市（代码：600120）。公司自成立以来，不断开拓创新，在日益激烈的市场竞争中取得了较快发展。目前公司资产规模达到27亿元，净资产近10亿元，每年销售总额均在50亿元以上。

公司充分利用上市平台，形成以国际贸易、房地产两个主导产业和制造业、金融投资两大辅助产业，四轮驱动、混合多元的产业格局，努力打造一个现代化、集约化、综合型的企业集团，以优良的业绩回报社会。

Developing from Zhejiang Cotton Knitwear I/E Co., Zhejiang Orient Holdings Co., Ltd was established in 1988. and went public in 1997 (stock code 600120). For the decades, the company has firmly kept the market as the guidance and the performance as the goal to improve the management quality so that it has made rapid development in the fierce market competition. Currently, the company's total assets value amounts to CNY 2.7 billions with the net assets of about CNY 1 billion.,and the total sales volume keeps over CNY 5 billions every year.

Zhejiang Orient takes great advantages of public-listed company to form a diversified industrial structure with international trade and real estate as the leading industries, manufacturing and financial investment as the auxiliary industries. It is making great efforts to establish a modernized, intensified and comprehensive enterprise group so as to repay the society.

地址：浙江省杭州市西湖大道12号
Add: No.12, West Lake Avenue, Hangzhou, China
电话(Tel): 0571-87600666
传真(Fax): 0571-87600333
网址(Web): www.zjorient.com

上海申达进出口有限公司
上海八达纺织印染服装有限公司

Shanghai Shenda Imp.&Exp.Co., Ltd.
Shanghai Bada Textile Co., Ltd.

上海申达进出口有限公司和上海八达纺织印染服装有限公司是上海申达股份有限公司下属的外贸企业。2005年，申达公司创汇2.80亿美元，销售收入24.27亿元，八达公司创汇2.20 亿美元，销售收入18.98亿元，双双进入全国500强进出口企业和上海100强进出口企业之列。两公司还全部通过ISO9001-2000版的审核，先后获得上海市AA企业、上海市一类企业、纳税信用A类企业和出口收汇荣誉企业的称号。

Shanghai Shenda Imp.&Exp. Co., Ltd. and Shanghai Bada Textile Co., Ltd.are the two subsidiaries of Shanghai Shenda Holding Co., Ltd. In 2005, the foreign trade turnover of the each two companies reached USD 280 million and USD 2.2 million while the sales revenue achieved USD 242.70 million and USD 189.80 million. The two companies are ranked top 500 enterprises in China and top 100 enterprises in Shanghai respectively. Both passed the re-inspection the ISO9001: 2000(version number) and are respectively awarded honors as below: AA Grade Enterprise by Customs; First-grade and well-managed Enterprise by Entry-Exit Inspection and Quarantine Bureau; A-Credit grade Rate-paying Enterprise and Foreign Trade Honorary Enterprise.

地址：上海市武宁南路448号
Add: No. 448, Wuning Road(s)
电话(Tel): 62319898
传真(Fax): 62310841
网址(Web): www.cnshenda.com.cn
邮箱(E-mail): office@shenda.com.cn

河北省廊坊市商务局

Commerce Bureau of Langfang City

廊坊市位于河北省中部偏东，地处京津两大城市之间，环渤海腹地。城市基础建设完善，交通便利，是中国二十佳投资区之一。

2005年，全市商务系统围绕加快"壮县、强市、富民"步伐，以招商引资为第一要务，紧紧抓住"5.18"、项目、出口、外经、商贸流通及市场整治六大重心工作，创新工作方式，强化服务职能，加大监管力度，很抓措施落实，开创了商务工作"结构趋势、总量扩大、增速提高、质量提升"的新局面。

Langfang city is located at the eastern side of the cennal part of Hebei province, and is in the middle of beijing and tianjin these to municipal cities. The city is at the hinterland of Bohai sea region. The city has complete infrastructure construction, convenient transportation, which result to one of the major investment region in China.

地址：廊坊市新华路56号
邮编：065000
电话：0316-5902100
传真：0316-5902101
邮箱：shihaian515@sina.com

中国扬州国际珠宝城

Yangzhou International Jewelry City, China

两年来，珠宝城高端的规划、宏伟的规模、先进的文化管理理念、功能配套齐全，已在80多个国家和地区产生了强烈反响，2005年扬州国际珠宝城成为江苏省"十一·五"计划中二十一世纪现代服务业三大市场集群，2006年被国家授予"中华(国际)珠宝产业基地"命名及"国家A级守信企业"等，董事长钟永森被评为"中国守信企业家"。

建成后的扬州珠宝城，将汇聚200多家世界珠宝厂商，4000多家珠宝及相关商家，近2万多从业人数，逾100亿年交易额。

During the past two years, YIJCC strongly influenced more than 80 countries and areas by its super program, huge scope, advanced cultural management idea and matched functions. In the year of 2005, YIJCC honored one of three top markets of 21-century modern service industry in Jiangsu "eleventh five year plan". In 2006, it awarded "Chinese (International) Jewelry Industrial Base" and "A level keeping faith enterprise". The president Mr. Zhong Yongsen, got the prize of "Chinese keeping faith entrepreneur".

YIJCC will attract more than 200 jewelry manufactories of the world, 4000 jewelers and businessmen, almost 20,000 practitioners and will have more than CNY 10 billion annual revenue when the all project be finished.

地址：扬州市江阳西路111号
Add: Jiangyang Wast Road 111, Yang Zhou
邮编(Post code): 225009
电话(Tel): 0514-7770011
传真(Fax): 0514-7770013
网址(Web): www.yz-zbc.com
邮箱(E-mail): ljh10231023@hotmail.com

浙江新大集团

Zhejiang Shindai Group Co., Ltd.

浙江新大集团是由21家成员企业组建而成。集团母公司是由创立于1981年的浙江省畜产进出口公广西国际博览事务局司改制设立。

二十多年来，随着改革的不断深化和经营体制的不断创新，企业获得了长足的发展，进出口业务迅速扩大，创汇额逐年递增。自1992年来，跻身于全国进出口500强企业。2005年进出口额达32459万美元。

集团出口以服装、针纺织品为主，兼有食品、鞋制品、地毯、五金机电产品、成套设备等二十多个大类，数百个品种。主要出口国家和地区为美国、欧盟、日本、非洲及东南亚等。

近年来，集团在房地产业上取得了新的拓展，正朝着多元化、国际化的综合性企业集团发展。

Zhejiang Shindai Group Co., Ltd. is reformed from Zhejiang Animal By-products I/E Corp. which was founded in 1981. It is composed by 21 subsidaries.

Since twenty years ago, with the reform in depth and innovation in management system, the group has witnessed a rapid development. Its import and export business has been developing very rapidly, and the turnover in foreign currency increase every year. Since 1992, our group has been ranked on the top 500 largest import and export enterprises in China. In 2005, its I/E turnover has reached USD 324.59 million.

Our group mainly deals in garments and all kinds of textile products. Besides, we have hundreds of items in more than twenty categories, such as foods, shoes, carpets, hardware, machinery& electric products and the whole equipments etc. We are mainly export to U.S.A., Europe Union, Japan, Africa and Southeast Asia.

In recent years, our group also has made big progress and development in real estate. Now we are just working hard to become a multiple and international comprehensive large group.

法国液化空气公司集团
——法国液化空气公司在中国

Air Liquide Group——Air Liquide in China

1.法国液化空气集团（法液空）

成立于1902年，法液空是世界上最大的工业和医用气体及相关服务的生产企业之一，工厂遍及70多个国家。2005年104亿欧元销售额（80%在法国境外实现），在世界各地拥有 35,900 名员工。

2.法液空在中国

法液空于1990年再次到中国展开业务，现在拥有雇员约1500人。

目前，法液空在中国大陆的三个主要区域开展业务：华北；华东；华南及在杭州的工程制造中心，该中心是中国大型空分设备的主要供应商。从2004年以来，法液空加强在中国发展的决心，目标是实现在2004-2008年间向中国投资5亿欧元的计划。

1. Air Liquide Group

Founded in 1902 in France, Air Liquide is one of the world leaders in industrial and medical gases and related services, present in more than 70 countries, total sales in 2005 is 10.4 billions •uros (80% outside France), total employees 35,900.

2. Air Liquide in China

Air Liquide has re-started operations in China in 1990 and has now about 1500 employees.

Air Liquide has gas production facilities in three key regions of mainland China: Northern China; Eastern China; Southern China and a major engineering center in Hangzhou, it is the leading supplier of large Air separation plants in China. Its presence has been considerably strengthened since 2004 with the commitment of a five years investment plan in China of 500 million Euros to be realized in the period from 2004-2008.

保利科技有限公司

POLY TECHNOLOGIES INC.

主要经营或服务项目：

保利科技有限公司成立于1984年，主要经营通用商品和特种装备及技术的进出口业务，累计进出口额达数百亿美元，2005年在有关部门公布的全国进出口额最大500强中排名63位。同时，公司还在国内外投资开发煤炭、石油、铁、铬、稀土等资源产业，目前已拥有全资、控股、参股企业21家，已成为主业突出、有较强国际竞争力的贸工一体化的大型企业集团。

Founded in 1984, Poly Technologies Inc. is mainly engaged in import and export business of general merchandise and special equipment and technology. The accumulated trading volume of the company exceeded tens of billion US Dollars, ranking 63 among the Top 500 foreign trade enterprises in the country published by relevant department in 2005. Poly Technologies Inc. has been investing both at home and abroad in the exploration of coal, oil, iron, chromium and rare-earth metal etc. The company has wholly owned equity interest, controlling equity interest, participating equity interest, in 21 companies. The company has become a large holding group corporation combined trading with industry with clear core business, strong competitive edge in international market.

地址：北京市东城区东直门南大街14号
Add: Poly Plaza, No.14 Dongzhimen Nandajie, Dongcheng District, Beijing, P.R.China
邮编(Post code): 100027
电话(Tel): 65003334
传真(Fax): 65004484

浙江大和纺织印染服装(集团)有限公司

Zhejiang Dahe Textile Printing and Garment (Group) Co.,

浙江大和纺织印染服装(集团)有限公司是一家集热电、轻纺、化工等的企业集团，是"国家大型企业"、"全国出口创汇先进企业"。拥有从美国、德国、法国、意大利、韩国、日本、台湾、香港等国家和地区引进具有国际先进水平的毛皮针织提花机、梳毛机、平网印花机、定型机、蒸化机、烫剪机等设备。公司主要生产的产品：各类麻布、棉布、弹力织物等染色、印花面料，以及仿羊羔绒、仿水貂毛皮、各类摇粒绒，产品销往五十多个国家和地区，其中70%的产品出口。

Zhejiang Dahe Textile Printing and Garment (Group) Co., Ltd. an enterprise group of thermo electricity, light and textile, chymist, etc., is a state-owned large scale enterprise, excellent enterprise in foreign exchange earnings. There are international advanced fake fur knitting Jacquard dk-18z, carding machine, square screen printing machine, rofary screen printing machine, sizing machine, steamer and iron shearing machine from countries and districts of U.S.A., Germany, France, Italy, Korea, Japan, Taiwan, Hong Kong and so on. The company carries out dyeing of various textiles including flax, cotton, elasticity fabric, and figer cashmere, fake mink fur, polyester polar fleece. Products have been sold to more than 50 countries and districts, and there are 70% of export product.

地址：浙江绍兴县安昌镇大和
Add: Inching Shaoxing
邮编(Post code): 312080
电话(Tel): 0575-5655288
传真(Fax): 0575-5653856
网址(Web): www.cn-dahe.com
邮箱(E-mail): dahe-zj@texindex.com

奉化市爱伊美进出口有限公司

Fenghua Aiyimei I/E Co., Ltd

公司创建于1979年，是一家设计、制造、销售爱伊美品牌系列服装的大型生产企业。公司现有员工4500名，占地面积26万平方米，建筑面积15万平方米，生产设备3500多台（套）。2005年，实现销售收入12亿元，创汇1亿美元，利税1.06亿元。

公司以羊绒大衣为龙头产品，形成西装、休闲服、时装、职业装、风衣系列化生产，年产量达450万件(条)，其中主导产品羊绒大衣年产量100余万件，销售于国内和日本、欧美、中东、东南亚等国家，成为国内最大的羊绒服饰生产出口基地之一。

Established in 1979, Aiyimei Garments Co., Ltd, has become a large manufactory engaged in designing, producing and marketing of the products with AIYIMEI brand. Now it boasts of 4500 staff and workers and covers an area of 260,000 square meters, with its floor area of 150,000 square meters. Now it possesses production equipment of over 3500 sets. In 2005, its sales output reached USD 1.5 billion, exporting commodity value USD 1.0 billion.

The company is producing a series of products with cashmere overcoats and western-style suits as our leading products, including, leisure clothes, fashionable clothes, office clothes, dust coat, etc. The annual output reaches 4.5 million pieces (pairs), among which the cashmere overcoats production is over one million pieces ,with a ready market throughout China and Japan, European, American and Mid-East countries. Now, Aiyimei Group has become the biggest production and export base of cashmere products in China.

地址：奉化市南山北路9号
Add: 9# North Nanshan Rd., Fenghua, Ningbo, China.
邮编(Post code): 315500
电话(Tel): 0574-88914866/88914877/88914868
传真(Fax): 0574-88932210/88927088

上海华谊（集团）公司

经营范围：

授权范围内的国有资产经营与管理，实业投资，化工医药产品及设备的制造和销售，从事化工医药装备工程安装、维修及承包服务，承包境外化工工程和境内国际招标工程，上述境外工程所需的设备、材料出口，对外派遣实施上述境外工程所需的劳务人员，从事货物及技术的进出口业务（涉及许可证经营的凭许可证经营）。

电话：021-64736060
传真：021-64455880
邮编：200025
地址：上海市徐家汇路560号

上海新国际博览中心(SNIEC)

Shanghai New International Expo Centre (SNIEC)

上海新国际博览中心(SNIEC)由上海陆家嘴（集团）有限公司 / 德国汉诺威展览公司 / 德国杜塞尔多夫展览公司 / 德国慕尼黑展览有限公司联合投资建造。

目前，SNIEC拥有9个展厅，室内面积达103,500平方米，室外展览面积100,000平方米。SNIEC的全面扩建将于2010年完成，届时室内面积将达到200,000平方米，室外面积130,000平方米。SNIEC的扩建将进一步巩固其在中国市场的领导地位，并确保上海作为东亚地区会展中心的领导地位。作为一个多功能的场馆，SNIEC也是举办各种社会、公司活动的理想场地。

Shanghai New International Expo Centre (SNIEC) opened on November 2, 2001, and is owned by Shanghai Lujiazui Development (Group), Deutsche Messe AG, Messe Duesseldorf GmbH and Messe Muenchen GmbH.

Currently SNIEC has 9 exhibition halls with the total indoor exhibition space of 103500sqm and the total outdoor area of 100000sqm. Also, SNIEC will be gearing up for the full completion of all SNIEC facilities and capacity before 2010. By then, the indoor space will comprise 200,000 sqm and the outdoor area 130,000 sqm. The expansion of SNIEC shall cement its market leadership in China and secure Shanghai's leading position as an exhibition hub in East Asia. As a multifunctional venue, SNIEC also opens to the diverse social and corporate events.

地址：中国上海浦东新区龙阳路2345号 (201204)
Add: 2345 Longyang Road, Pudong New Area Shanghai P.R.C, 201204
电话(Tel): +86 21 28906666
传真(Fax): +86 21 28906777
邮箱(E-mail): info@sniec.net
网止(Web): www.sniec.net

中国金茂（集团）股份有限公司

China Jin Mao Group Co., LTD.

中国金茂（集团）股份有限公司（中文简称"金茂集团"，英文简称"Jin Mao Group"）成立于1993年2月，注册资本26.35亿元，股东为中国中化集团公司、中国粮油食品（集团）有限公司、中国五矿集团公司等10家大型企业集团，是按现代企业制度和现代产权制度规范运作的大型股份制企业。

作为金茂大厦的独家发展商，金茂集团扎根于浦东这片热土，已初步形成了以金茂大厦为载体，强化和延伸高档楼宇经营及设施管理、高级酒店经营和高端旅游休闲产品开发为核心的三大功能，有机联系，协同发展，实现了自身的发展壮大。

展望未来，金茂集团将通过功能强化与延伸、战略联盟、品牌战略、资本运作和组织能力建设等五大举措，创造品牌经济与组织，实现战略扩张，成为具有国际竞争力和影响力的优秀企业。

China Jin Mao Group Co., Ltd. (Jin Mao Group) was established in February 1993, with a registered capital of CNY 2.635 billion (USD 325.3 million). It's a big joint-stock corporation, launched by ten large corporations including Sinochem Corporation, China National Cereals, Oils & Foodstuffs Corporation and China Minmetals Corporation. It's formed and operating in line with modern corporate system and ownership.

As the only developer of Jin Mao Tower, Jin Mao Group takes its root in Pudong New Area, Shanghai - China's financial and economic hub, and is growing rapidly based on the building and extended core businesses like high-end property management, top-class hotel management and travel service & product development.

Looking into the future, we are committed to achieving a strategic expansion and making Jin Mao a well-known brand, by strengthening and expanding our current businesses, increasing the brand's influence, seeking strategic partners, enhancing corporate governance as well as skillful asset management. We strive to make Jin Mao Group stand among the most influential companies in the world.

地址：上海浦东新区世纪大道88号金茂大厦8楼
Add: 8F Jin Mao Tower, 88 shiji Dadao Pudong New Area, Shanghai, China
电话(Tel): 021-50476688
传真(Fax): 021-50472608
网址(Web): www.jinmao88.com

宁波大榭开发区管委会

Ningbo Daxie Development Zone Administrative Committee

宁波大榭开发区经过十余年开发建设，已初步形成港口运输、临港石化、能源中转三大主导产业，成为华东地区重要的港口仓储、能源化工和先进制造业基地。已建成各类码头泊位25个，吞吐能力达4000万吨以上，进入我国中型港口行列，是国家一类对外开放口岸。2005年实现生产总值76.5亿元，财政收入22.3亿元，固定资产投资33.7亿元，合同利用外资15361万美元，实际利用外资7740万美元，海关税收收入125亿元。

With more than ten years' development, Ningbo Daxie Development Zone (NDDZ) has sprung up and formed three major industries incorporating energy transshipment, port-related petrochemical and modern logistics, which has become Daxie as the important base of storage, energy, petrochemical and advanced manufacturing center in East China. NDDZ, Class A Port opening to outside, with 25 berths operational covering the handling capacity of 40 million tons, has listed one of China's medium-size ports. In 2005, NDDZ fruited CNY 3.37 billion in fixed assets investment, GDP of CNY 7.65 billion, fiscal revenue of CNY 2.23 billion and customs tax of CNY 12.5 billion. The contractual foreign investment and FDI reached USD 153.61 million and USD 77.4 million respectively.

地址：宁波大榭开发区行政商务区
Add: Administrative and commercial area, Ningbo Daxie Development Zone
邮编(Post code): 315812
电话(Tel): 86768850
传真(Fax): 86768850